IMPROBIDADE
ADMINISTRATIVA

Emerson Garcia

Doutor e Mestre em Ciências Jurídico-Políticas pela Universidade de Lisboa. Especialista em *Education Law and Policy* pela European Association for Education Law and Policy (Antuérpia – Bélgica) e em Ciências Políticas e Internacionais pela Universidade de Lisboa. Membro do Ministério Público do Estado do Rio de Janeiro, Diretor da *Revista de Direito* e Consultor Jurídico da Procuradoria-Geral de Justiça. Consultor Jurídico da Associação Nacional dos Membros do Ministério Público (CONAMP). Professor convidado de inúmeras instituições de ensino. Examinador em quase uma centena de concursos públicos, coordenando, inclusive, a Banca de Direito Constitucional do Exame Nacional da Ordem dos Advogados do Brasil. Membro da American Society of International Law e da International Association of Prosecutors (Haia – Holanda). Membro Honorário do Instituto dos Advogados Brasileiros.

Rogério Pacheco Alves

Doutor em Direito Constitucional e Teoria do Estado pela PUC-Rio. Mestre em Sociologia e Direito pela Universidade Federal Fluminense. Pós-graduado em Filosofia Contemporânea pela PUC-Rio. Promotor de Justiça no Estado do Rio de Janeiro (aprovado em 1º lugar no XIX Concurso de Provas e Títulos). Professor convidado da Escola Nacional do Ministério Público (ENAMP). Membro das bancas de Filosofia do Direito e Direitos Humanos do Exame Nacional da Ordem dos Advogados do Brasil. Membro da International Association of Prosecutors (Haia – Holanda).

EMERSON GARCIA
ROGÉRIO PACHECO ALVES

IMPROBIDADE ADMINISTRATIVA

9ª edição
3ª tiragem
2017

ISBN 978-85-472-1406-7

DADOS INTERNACIONAIS DE CATALOGAÇÃO NA PUBLICAÇÃO (CIP)
ANGÉLICA ILACQUA CRB-8/7057

Garcia, Emerson
　　Improbidade administrativa / Emerson Garcia, Rogério Pacheco Alves. – 9. ed. – São Paulo : Saraiva, 2017.

　　1. Administração política e moralidade 2. Corrupção administrativa 3. Direito administrativo 4. Ilícito administrativo 5. Responsabilidade administrativa I. Alves, Rogério Pacheco. II. Título.

16-1333　　　　　　　　　　　　　　　　CDU 35.086

Índice para catálogo sistemático:
1. Improbidade administrativa : Direito administrativo　35.086

SOMOS EDUCAÇÃO | saraiva jur

Av. das Nações Unidas, 7.221, 1º andar, Setor B
Pinheiros – São Paulo – SP – CEP 05425-902

SAC 0800-0117875
De 2ª a 6ª, das 8h às 18h
www.editorasaraiva.com.br/contato

Presidente	Eduardo Mufarej
Vice-presidente	Claudio Lensing
Diretora editorial	Flávia Alves Bravin
Conselho editorial	
Presidente	Carlos Ragazzo
Consultor acadêmico	Murilo Angeli Dias dos Santos
Gerência	
Planejamento e novos projetos	Renata Pascual Müller
Concursos	Roberto Navarro
Legislação e doutrina	Thaís de Camargo Rodrigues
Edição	Daniel Pavani Naveira
Produção editorial	Ana Cristina Garcia (coord.)
	Luciana Cordeiro Shirakawa
	Clarissa Boraschi Maria (coord.)
	Guilherme H. M. Salvador
	Kelli Priscila Pinto
	Marília Cordeiro
	Mônica Landi
	Surane Vellenich
	Tatiana dos Santos Romão
	Tiago Dela Rosa
Diagramação e revisão	Perfekta Soluções Editoriais
Comunicação e MKT	Elaine Cristina da Silva
Capa	IDÉE arte comunicação
Produção gráfica	Marli Rampim
Impressão e acabamento	Brasilform Editora e Ind. Gráfica

Data de fechamento da edição: 14-3-2017

Dúvidas? Acesse www.editorasaraiva.com.br/direito

Nenhuma parte desta publicação poderá ser reproduzida por qualquer meio ou forma sem a prévia autorização da Editora Saraiva. A violação dos direitos autorais é crime estabelecido na Lei n. 9.610/98 e punido pelo art. 184 do Código Penal.

CL 602708　　CAE 603523

Agradecimentos

Múltiplos foram aqueles que, de forma direta ou indireta, colaboraram para o surgimento e o aperfeiçoamento da obra que se oferece ao público. Familiares, amigos, colegas de trabalho e colaboradores anônimos, ávidos pela construção de um país melhor, todos, cada qual a seu modo, tiveram participação decisiva em nossas reflexões. A cada um deles, nossos sinceros agradecimentos.

Os Autores

Abreviaturas

ACO	–	Ação Cível Originária
ADCT	–	Ato das Disposições Constitucionais Transitórias
ADCOAS	–	*Boletim de Informações Jurídicas e Empresariais*
ADI	–	Ação Direta de Inconstitucionalidade
ADIMC	–	Ação Direta de Inconstitucionalidade – Medida Cautelar
ADI-QO	–	Ação Direta de Inconstitucionalidade – Questão de Ordem
Ag.	–	Agravo
AGRAI	–	Agravo Regimental em Agravo de Instrumento
AGREDREsp	–	Agravo Regimental nos Embargos de Divergência em Recurso Especial
AGRG	–	Agravo Regimental
AGRMC	–	Agravo Regimental em Medida Cautelar
AGRRE	–	Agravo Regimental em Recurso Extraordinário
AGRSS	–	Agravo Regimental em Suspensão de Segurança
AI	–	Agravo de Instrumento
AIA	–	Ação de Improbidade Administrativa
AP	–	Apelação
AREsp	–	Agravo no Recurso Especial
BDA	–	*Boletim de Direito Administrativo*
BPI	–	Índice de Pagadores de Suborno (*Bribe Payers Index*)
c/c	–	combinado com
CC	–	Câmara Cível
CComp	–	Conflito de Competência
CDC	–	Código de Defesa do Consumidor
CE	–	Código Eleitoral
CICC	–	Convenção Interamericana Contra a Corrupção

cf.	–	confira
CJ	–	Conflito de Jurisdição
CLT	–	Consolidação das Leis do Trabalho
CP	–	Código Penal
CPC	–	Código de Processo Civil
CPI	–	Comissão Parlamentar de Inquérito
CPM	–	Código Penal Militar
CPP	–	Código de Processo Penal
CR/1988	–	Constituição da República de 1988
CTN	–	Código Tributário Nacional
DECIF	–	Departamento de Combate a Ilícitos Cambiais e Financeiros
DJ	–	*Diário da Justiça*
DJe	–	*Diário da Justiça eletrônico*
DOU	–	*Diário Oficial da União*
EC	–	Emenda Constitucional
ED	–	Embargos de Declaração
EI	–	Embargos Infringentes
ENCCLA	–	Estratégia Nacional de Combate à Corrupção e à Lavagem de Dinheiro
ERE	–	Embargos de Declaração em Recurso Extraordinário
EREsp	–	Embargos de Declaração em Recurso Especial
FPE	–	Fundo de Participação dos Estados
FPM	–	Fundo de Participação dos Municípios
FUNDEB	–	Fundo de Manutenção e Desenvolvimento da Educação Básica e de Valorização dos Profissionais da Educação
GCC	–	Grupo de Câmaras Cíveis
GRECO	–	*Group of States against Corruption*
HC	–	*Habeas Corpus*
Inf.	–	*Informativo*
Inq.	–	Inquérito
j.	–	julgado(a)
JTJRS	–	*Jurisprudência do Tribunal de Justiça do Rio Grande do Sul*
LC	–	Lei Complementar
LCP	–	Lei das Contravenções Penais
LINDB	–	Lei de Introdução às Normas do Direito Brasileiro

Abreviaturas

LOMAN	–	Lei Orgânica da Magistratura Nacional
LRF	–	Lei de Responsabilidade Fiscal
LRPJ	–	Lei de Responsabilidade das Pessoas Jurídicas
MC	–	Medida Cautelar
MI	–	Mandado de Injunção
MP	–	Medida Provisória
MS	–	Mandado de Segurança
OAB	–	Ordem dos Advogados do Brasil
ob. cit.	–	obra citada
OCDE	–	Organização de Cooperação e Desenvolvimento Econômico
OEA	–	Organização dos Estados Americanos
p.	–	página
QO	–	Questão de Ordem
R.	–	Região
RDA	–	*Revista de Direito Administrativo*
RDP	–	*Revista de Direito Público*
RE	–	Recurso Extraordinário
Rcl.	–	Reclamação
rel.	–	relator
REO	–	Remessa *Ex Officio*
Rep	–	Representação
REsp	–	Recurso Especial
RF	–	*Revista Forense*
RICO	–	*Racketeer Influenced and Corrupt Organizations*
RHC	–	Recurso em *Habeas Corpus*
RJTSE	–	*Revista de Jurisprudência do Tribunal Superior Eleitoral*
RMS	–	Recurso em Mandado de Segurança
RO	–	Recurso Ordinário
RR	–	Recurso de Revista
RSTJ	–	*Revista do Superior Tribunal de Justiça*
RT	–	*Revista dos Tribunais*
RTCMRJ	–	*Revista do Tribunal de Contas do Município do Rio de Janeiro*
RTDP	–	*Revista Trimestral de Direito Público*
RTJ	–	*Revista Trimestral de Jurisprudência*
s.	–	seguintes

SL	–	Suspensão de Liminar
SLS	–	Suspensão de Liminar e Sentença
STF	–	Supremo Tribunal Federal
STJ	–	Superior Tribunal de Justiça
t.	–	tomo
T.	–	Turma
TCU	–	Tribunal de Contas da União
TJDF	–	Tribunal de Justiça do Distrito Federal
TJGO	–	Tribunal de Justiça de Goiás
TJMG	–	Tribunal de Justiça de Minas Gerais
TJPR	–	Tribunal de Justiça do Paraná
TJRJ	–	Tribunal de Justiça do Rio de Janeiro
TJRS	–	Tribunal de Justiça do Rio Grande do Sul
TJSP	–	Tribunal de Justiça de São Paulo
TRACFIN	–	*Service de traitement du renseignement et d'action contre les circuits clandestins*
TRF	–	Tribunal Regional Federal
TRT	–	Tribunal Regional do Trabalho
TSE	–	Tribunal Superior Eleitoral
TST	–	Tribunal Superior do Trabalho
un.	–	unânime
v.	–	volume

Sumário

Agradecimentos 5
Abreviaturas 7
Prefácio 23
Nota à 9ª Edição 27
Nota à 8ª Edição 29
Nota à 7ª Edição 31
Nota à 6ª Edição 33
Nota à 5ª Edição 35
Nota à 4ª Edição 37
Nota à 3ª Edição 39
Nota à 2ª Edição 41
Plano da Obra 43

PRIMEIRA PARTE
Improbidade Administrativa
Emerson Garcia

Introdução 49

Capítulo I – Da Corrupção **53**

1. Considerações Iniciais 53
2. Corrupção e Democracia 53
3. Corrupção e Procedimento Eletivo 57
4. Corrupção e Divisão dos Poderes 59
5. Corrupção e Deficiências na Organização Estatal 60
6. A elaboração e a gestão do orçamento como fontes da corrupção 62
7. Corrupção e Publicidade 64
8. Corrupção e Desestatização 68

9. Corrupção e Responsabilidade do Agente Público 68
10. Dosimetria das Sanções e Perspectiva de Efetividade 71
11. Corrupção e Interesse Privado.. 72
12. Custos Sociais da Corrupção 74
13. Simulação da Licitude dos Atos de Corrupção 76
14. O Redimensionamento de Práticas Privadas como Mecanismo de Contenção da Corrupção 77
15. Corrupção e Globalização 77
16. O Combate à Corrupção no Plano Internacional 78
    16.1. A Convenção da Organização dos Estados Americanos contra a Corrupção ... 86
    16.2. A Lei Anticorrupção da França... 90

Capítulo II – Dos Princípios Regentes da Probidade 93

1. Princípios. Aspectos Gerais.. 93
    1.1. O Caráter Normativo dos Princípios 96
    1.2. Distinção entre Regras e Princípios 98
2. Delineamento da Probidade 103
3. Princípio da Juridicidade 108
    3.1. Princípio da Impessoalidade 110
        3.1.1. Impessoalidade e responsabilidade pessoal do agente público 111
    3.2. Princípio da Publicidade 112
    3.3. Princípio da Eficiência.. 113
    3.4. Princípio da Supremacia do Interesse Público.. 115
    3.5. Princípio da Razoabilidade 116
4. Princípio da Legalidade. Notícia Histórica 118
    4.1. O Estado Democrático de Direito 121
    4.2. O Conteúdo do Princípio da Legalidade 122
    4.3. A Lei como Fundamento de Validade dos Atos Estatais 125
    4.4. A Lei como Elemento Condicionante da Vontade Estatal................... 128
    4.5. O Princípio da Constitucionalidade 129
5. Princípio da Moralidade Administrativa. Introito 130
    5.1. A Moral no Direito Privado 133
    5.2. A Moral no Direito Administrativo e seu Alicerce Dogmático 134
        5.2.1. Delimitação da moralidade administrativa 138
        5.2.2. Essência da moralidade administrativa 140
        5.2.3. Previsão normativa 143
        5.2.4. A moralidade e os elementos do ato administrativo 144
        5.2.5. A moralidade administrativa na jurisprudência pátria 146

6. Princípio da Proporcionalidade 150
   6.1. A Proporcionalidade na Alemanha 152
   6.2. A Razoabilidade na Inglaterra 157
   6.3. A Razoabilidade nos Estados Unidos da América 158
   6.4. Necessidade de Utilização Responsável do Princípio 163
   6.5. A Proporcionalidade no Brasil 164
   6.6. A Proporcionalidade na Jurisprudência do Supremo Tribunal Federal 166
   6.7. A Proporcionalidade e o Combate à Improbidade 169
      6.7.1. A relevância da má-fé na aferição da proporcionalidade 176
7. Probidade e Honestidade: entre o semântico e o normativo 180

Capítulo III – Controle Preventivo da Probidade Administrativa 187

1. Códigos de Conduta 187
   1.1. Código de Conduta da Alta Administração Federal 189
   1.2. Código de Ética Profissional do Servidor Público Civil do Poder Executivo Federal 194
2. O *Ombudsman* 196
3. Incompatibilidades 199
4. Monitoramento da Evolução Patrimonial e das atividades desempenhadas 201
   4.1. Sistemática da Lei n. 8.429/1992 – Declaração de Bens 203
   4.2. Sistemática da Lei n. 8.730/1993 – Declaração de Bens 205
   4.3. Sistemática da Lei n. 12.813/2013 – Declaração de Atividades 207
      4.3.1. Conflito contemporâneo 208
      4.3.2. Conflito posterior 209
      4.3.3. O controle interno como mecanismo de coibição do conflito de interesses ... 211

Capítulo IV – Controle Repressivo da Improbidade Administrativa 215

1. Das Funções Estatais e o Princípio da Divisão dos Poderes 215
2. Formas de Controle 219
3. Do Controle Administrativo 222
4. Do Controle Legislativo 232
   4.1. O Controle Financeiro e o Tribunal de Contas 235
      4.1.1. A competência do Tribunal de Contas na apreciação das contas de governo e das contas de gestão 247
   4.2. As Comissões Parlamentares de Inquérito 249
5. Do Controle Jurisdicional 258
   5.1. Sistema de Jurisdição Única 259

5.2. Sistema de Jurisdição Dúplice	259
5.3. Relevância do Controle Jurisdicional	262
5.4. Natureza do Controle Jurisdicional no Brasil	262
5.4.1. Amplitude	263

Capítulo V – Normas de Combate à Improbidade — 267

1. Breve Histórico das Normas de Combate à Improbidade	267
2. Antecedentes Legislativos	273
2.1. Âmbito Constitucional	273
2.2. Normas Infraconstitucionais	275
2.2.1. Lei n. 3.164/1957	276
2.2.2. Lei n. 3.502/1958	277
2.2.3. Atos da Ditadura Militar	278
2.2.4. Lei n. 4.717/1965	281
2.3. Aspectos Finais	282
3. Competência Legislativa	282
4. Normatização Básica	284
5. Ementa da Lei n. 8.429/1992	286
6. Vigência da Lei n. 8.429/1992	288
7. Perspectivas de Efetividade da Lei n. 8.429/1992	291

Capítulo VI – Sujeitos dos Atos de Improbidade — 297

1. Sujeito Passivo	297
1.1. Sindicatos	303
1.2. Conselhos de Fiscalização do Exercício Profissional	305
1.3. Partidos Políticos	308
1.4. Terceiro Setor	311
1.5. Consórcios Públicos	327
2. Sujeito Ativo	331
2.1. Agentes de Fato	339
2.2. Hierarquia Administrativa e Dever Jurídico de Fiscalizar	340
2.2.1. Delegação de funções administrativas	342
2.3. Advogados	343
2.4. Árbitros	345
2.5. Delegatários das Serventias do Registro Público	348
2.6. Estagiários	352
3. Terceiros	354

3.1. As Pessoas Jurídicas	357
4. Da Responsabilidade do Sucessor do Ímprobo	358

Capítulo VII – Tipologia dos Atos de Improbidade 365

1. Conceitos Jurídicos Indeterminados e os Atos de Improbidade	365
2. Enriquecimento Ilícito	372
2.1. Vantagem Patrimonial Indevida	382
2.2. Lavagem de Dinheiro	388
2.3. Paraísos Fiscais	390
2.4. Reflexões sobre a Criminalização do Enriquecimento Ilícito	393
3. Atos Lesivos ao Patrimônio Público	397
3.1. Amplitude da Noção de Patrimônio Público	403
4. Atos de Concessão ou Aplicação Indevida de Benefício Financeiro ou Tributário	406
5. Atos Atentatórios aos Princípios Regentes da Atividade Estatal	412
5.1. O Princípio da Juridicidade e os Deveres dos Agentes Públicos	422
6. Efetiva Ocorrência de Dano. Desnecessidade	425
7. Elemento Subjetivo nos Atos de Improbidade	429
8. MP n. 2.088-35/2000	435
9. A Improbidade no Direito do Trabalho	441

Capítulo VIII – Dos Atos de Improbidade 445

1. *Iter* de Individualização dos Atos de Improbidade	445
1.1. Primeiro Momento	446
1.2. Segundo Momento	447
1.3. Terceiro Momento	447
1.4. Quarto Momento	448
1.5. Quinto Momento	449
2. Tentativa	450
3. Dos Atos Funcionais. Conceitos Material e Formal	451
4. Atos Administrativos	458
4.1. Poder Discricionário	459
4.1.1. Diretrizes para o controle do poder discricionário	461
4.1.2. O erro de apreciação (juízo de fato e juízo de valor)	462
4.1.3. A questão da discricionariedade técnica	463
4.2. Abuso de Poder	465
5. Atos Legislativos	468
5.1. A Imunidade Parlamentar	471

6. Atos Jurisdicionais... 476
   6.1. Influência de Fatores Externos 479
   6.2. Omissão Deliberada.. 480
   6.3. Reprimenda 481
7. Atos do Ministério Público.. 485

Capítulo IX – Da Casuística **489**

1. Explicação.. 489
2. Aquisição de Bens em Montante Superior à Renda 489
3. Não Aplicação de Receita Mínima em Educação e saúde........................... 494
   3.1. O FUNDEB 497
4. Fundo Especial dos Direitos da Criança e do Adolescente e Direcionamento das doações 500
5. Irregularidades no Procedimento Licitatório.. 504
   5.1. Inclusão de Cláusula Restritiva no Edital... 508
   5.2. Publicação de Edital com Lacunas e Cláusulas Subjetivas 509
   5.3. Fraude na Constituição de Pessoa Jurídica Participante....................... 510
   5.4. Fracionamento Indevido do Objeto Licitado... 511
   5.5. Oferecimento de Bens ou Serviços por Preço Inferior ao de Mercado 513
   5.6. Superfaturamento da Proposta e do Objeto do Contrato...................... 514
   5.7. Existência de Vínculo Subjetivo entre os Concorrentes em Detrimento dos Princípios da Isonomia e da Competitividade........................ 515
   5.8. Empresa que Participa do Procedimento Licitatório e que Abriga, em seu Quadro Societário, Servidor do Órgão Contratante.............. 516
   5.9. Alteração do Objeto do Contrato... 518
   5.10. Alteração da Forma e das Condições de Pagamento Previstas no Edital da Licitação 518
   5.11. Contratação de Obras ou Serviços Inexistentes 519
   5.12. Dispensa Indevida de Licitação 519
   5.13. Vícios na Adesão ao Sistema de Registro de Preços........................... 526
6. Contratação sem Concurso Público 528
7. Da Lei Inconstitucional e seu Repúdio pelo Poder Executivo.................... 540
   7.1. Argumentos Contrários 540
   7.2. Argumentos Favoráveis 542
   7.3. Análise Crítica.. 544
   7.4. Ato Praticado com Base em Lei Inconstitucional e Improbidade Administrativa 547
8. Violação ao Princípio da Impessoalidade... 551

9. Descumprimento da Lei de Responsabilidade Fiscal 556
   9.1. A Lei de Responsabilidade Fiscal à Luz da Constituição 557
   9.2. Vigência 559
   9.3. Natureza das Sanções Cominadas 561
   9.4. Função das Leis Orçamentárias 562
   9.5. A Lei de Responsabilidade Fiscal e a Ideologia Participativa 564
   9.6. Exação em Matéria Tributária 567
   9.7. Medidas Precedentes à Despesa Pública 569
   9.8. Limites de Gastos com Pessoal 570
      9.8.1. Limites de gastos com pessoal no Poder Legislativo Municipal 572
      9.8.2. Terceirização de serviços e de mão de obra 574
   9.9. Limites Temporais e Materiais para a Contratação de Despesas 577
   9.10. Restrições à Aplicação das Receitas de Capital 582
   9.11. Considerações Finais 582
10. Inobservância do Estatuto da Cidade 583
11. Ato Administrativo Fundado em Parecer Técnico Equivocado 589
12. A Inabilidade do Agente Público e a Inobservância do Dever de Eficiência ... 592
13. O Nepotismo 597
14. Atos de Improbidade Praticados em Detrimento do Procedimento Eletivo 607
15. Inobservância das Normas que Dispõem sobre o Sistema Nacional de Atendimento Socioeducativo 613

Capítulo X – Das Sanções 615

1. Introdução 615
2. Constitucionalidade do Art. 12 da Lei n. 8.429/1992 618
3. Natureza Jurídica 620
   3.1. Atos de Improbidade e Crimes de Responsabilidade 631
4. Perda de Bens ou Valores Acrescidos Ilicitamente ao Patrimônio 643
5. Ressarcimento Integral do Dano 647
   5.1. O Dever Jurídico de não Causar Dano a Outrem 651
   5.2. Dano Moral 652
      5.2.1. Os atos de improbidade e o dano moral coletivo 658
   5.3. Contrato Nulo e Enriquecimento Ilícito do Poder Público 661
   5.4. Dever de Reparar o Dano. Preexistência à Lei n. 8.429/1992 668
   5.5. Empresa Privatizada e Ressarcimento do Dano 671
   5.6. Parcelas que Integrarão o Montante a ser Ressarcido 672
6. Perda da Função Pública 674
   6.1. Presidente da República 683

6.2. Senadores e Deputados Federais, Estaduais e Distritais 687
6.3. Membros do Ministério Público, do Poder Judiciário e dos Tribunais de Contas . 689
6.4. Servidores Militares Estaduais e Federais 693
6.5. Inatividade e não Incidência da Sanção de Perda da Função Pública 702
7. Suspensão dos Direitos Políticos 704
8. Multa Civil 708
9. Proibição de Contratar com o Poder Público ou Receber Incentivos Fiscais ou Creditícios, Direta ou Indiretamente, Ainda que por Intermédio de Pessoa Jurídica da qual Seja Sócio Majoritário 712
10. Independência e Comunicabilidade entre as Instâncias Penal, Civil e Administrativa 717
11. Nulidade do Ato e demais Sanções Previstas na Legislação Extravagante 725
12. Individualização e Dosimetria das Sanções 728
    12.1. Diretivas de Proporcionalidade na Individualização das Sanções 729
    12.2. Fixação da Reprimenda Base 736
    12.3. Circunstâncias Atenuantes e Agravantes 737
    12.4. Subsunção da Conduta a mais de um Tipo 738
    12.5. Pluralidade de Atos de Improbidade 741
    12.6. Considerações Finais 743
13. Efeitos Específicos da Condenação por Ato de Improbidade 743
14. Prescrição 752
    14.1. Prescrição Intercorrente 770
    14.2. Retroatividade da Norma Prescricional 772

Capítulo XI – Da Lei de Responsabilização das Pessoas Jurídicas 777

1. Introdução 777
2. Competência Legislativa 777
3. Vigência 779
4. Sujeitos passivos 779
5. Sujeitos ativos 780
6. Terceiros 783
7. Atos lesivos à Administração Pública 784
8. Elemento subjetivo 787
9. As sanções cominadas e sua natureza jurídica 789
    9.1. Reflexos da independência entre as instâncias na aplicação das sanções ... 794
10. Processo administrativo de responsabilização 797
11. Acordo de leniência no âmbito do processo administrativo 801
12. Do Processo Judicial de Responsabilização 804

13. Prescrição	805
14. A Extraterritorialidade da Lei de Responsabilização das Pessoas Jurídicas	807
15. Os Cadastros Nacionais de Empresas Punidas e de Empresas Inidôneas e Suspensas	809

SEGUNDA PARTE
Aspectos Investigatórios e Processuais da Improbidade Administrativa
Rogério Pacheco Alves

Introdução – A Defesa do Patrimônio Público como um Direito Difuso	813
Capítulo I – O Momento Investigativo. O Inquérito Civil	**821**
1. Natureza Jurídica e Origens	821
2. Finalidade	822
3. Instrumento de Investigação da Improbidade Administrativa	827
4. O Princípio da Obrigatoriedade: Conteúdo e Sentido	829
5. Representação e Comunicação	835
5.1. Delação Anônima	839
6. Sigilo das Investigações	842
7. O Alcance dos Poderes Investigatórios	847
7.1. Aspectos Gerais	847
7.2. Resguardo Constitucional da Privacidade	857
7.3. Sigilo Bancário	858
7.4. Sigilo Patrimonial	865
7.5. Dados Cadastrais referentes aos Usuários de Serviços de Telefonia. Registros das Conversações Telefônicas	870
7.6. Mecanismos de Acesso aos Dados Sigilosos	878
8. Valor Probatório	881
9. Vícios do Inquérito Civil e seus Reflexos na Ação Civil Pública	884
10. O Encerramento das Investigações	885
10.1. Arquivamento	885
10.2. Trancamento	894
11. Controle de Legalidade dos Atos Praticados no Inquérito Civil	898
12. Desarquivamento	899
13. Termo de Ajustamento de Conduta e Recomendações na Seara da Improbidade Administrativa	904

13.1. Atos de Improbidade Administrativa de "Menor Potencial Ofensivo"............... 911
13.2. Delação ou Colaboração Premiada... 914
13.3. O Acordo de Leniência da Lei Anticorrupção (Lei n. 12.846/2013) 916

Capítulo II – O Momento Processual. A Ação Civil de Improbidade 923

1. Ação Civil Pública: Seu Cabimento, ou não, no Campo da Improbidade Administrativa 923
2. Disciplina Processual Aplicável 928
3. O Princípio da Obrigatoriedade 932
4. Controle Incidental de Constitucionalidade 934
5. Ação Civil Pública e Ação Popular no Campo da Improbidade 938
6. Legitimação *Ad Causam* 942
   6.1. Legitimação Ativa: Aspectos Gerais 942
   6.2. Pessoas Jurídicas de Direito Público 944
   6.3. Ministério Público 946
   6.4. Associações 952
      6.4.1. Defensoria Pública 957
      6.4.2. Litisconsórcio entre Colegitimados e entre Ministérios Públicos 959
      6.4.3. Omissões Objetivas e Subjetivas da Inicial. Atuação Supletória dos Colegitimados 960
      6.4.4. Abandono da Ação 964
      6.4.5. Postura do Ministério Público e dos demais Legitimados 967
   6.5. Legitimação Passiva 969
      6.5.1. Aspectos gerais 969
      6.5.2. Sucessão processual 972
      6.5.3. Pessoa jurídica de direito privado 973
         6.5.3.1. Desconsideração da personalidade jurídica 975
      6.5.4. A pessoa jurídica de direito público lesada 979
7. Competência 985
   7.1. Competência Originária dos Tribunais. O Foro por Prerrogativa de Função 986
      7.1.1. Considerações de ordem geral 986
      7.1.2. Ampliação do foro por prerrogativa de função ao campo da improbidade administrativa (Lei n. 10.628/2002) 990
      7.1.3. A prevalecer o foro por prerrogativa de função 998
      7.1.4. A Proposta de Emenda Constitucional n. 358/2005 1002
   7.2. Justiça do Trabalho 1006
   7.3. Justiça Federal 1008
   7.4. Competência Territorial 1013

7.5. Prevenção	1019
8. Atribuição do Órgão do Ministério Público	1021
9. O Pedido	1023
9.1. Possibilidade de Cumulação de Pedidos na Ação de Improbidade. A Questão do Dano Moral Difuso	1023
9.2. Pedidos Implícitos	1029
9.3. Correlação entre Pedido e Sentença	1031
10. Procedimento	1038
10.1. Aspectos Gerais	1038
10.2. Imputação e Defesa Prévia	1041
10.3. Juízo de Admissibilidade da Petição Inicial	1045
10.4. Considerações Finais	1048
11. Publicidade dos Atos Processuais e Direito à Informação	1049
12. Revelia	1057
13. Confissão Judicial e Extrajudicial	1061
14. Prova Emprestada	1064
15. Medidas Cautelares	1070
15.1. Aspectos Gerais. O CPC/2015	1070
15.1.1. Processo cautelar e efetividade do processo	1071
15.1.2. Requisitos das providências cautelares. Possibilidade de decretação de medidas cautelares *inaudita altera pars*	1073
15.1.3. Possibilidade de adoção das medidas cautelares nos próprios autos da ação principal. Recursos cabíveis	1076
15.1.4. Inaplicabilidade da Lei n. 8.437/92	1078
15.1.5. Prazo para o ajuizamento da ação principal	1079
15.2. Medidas Cautelares em Espécie	1082
15.2.1. Afastamento do agente público	1083
15.2.1.1. Afastamento do agente público e suspensão de liminares e sentenças	1094
15.2.2. Medidas cautelares patrimoniais	1099
15.2.2.1. Indisponibilidade de bens	1102
15.2.2.2. Sequestro	1110
15.3. Medidas Cautelares Atípicas	1115
15.4. Medidas de Urgência no Plano Internacional e Cooperação Jurídica	1118
16. Antecipação dos Efeitos da Tutela	1135
16.1. Visão Geral do Instituto	1135
16.2. Cabimento, ou não, na Ação Civil de Improbidade	1142
17. Sentença	1147

17.1. Requisitos da Sentença na Ação Civil de Improbidade – Fundamentação, Clareza e Precisão 1147
17.2. A Sentença de Procedência 1150
17.3. A Sentença de Improcedência 1153
17.4. Sucumbência e Litigância de Má-Fé 1157
18. Coisa Julgada 1162
18.1. Visão Panorâmica do Instituto 1162
18.2. Coisa Julgada nas Demandas Coletivas 1164
18.3. Ação Civil de Improbidade e Ação Popular 1167
18.4. Ação Civil de Improbidade e Ações Individuais 1169
18.5. Influência Recíproca entre as Jurisdições Civil e Criminal 1171
19. Jurisprudência Consolidada do Superior Tribunal de Justiça em matéria processual   1173
20. Por uma nova disciplina processual da LIA. O Anteprojeto ENCCLA 1183

Anteprojeto da Lei de Improbidade Administrativa elaborado pela ENCCLA (revogação da Lei n. 8.429/1992) 1195

Referências Bibliográficas 1211

Prefácio

Desde a antiguidade mais remota, a sociedade nunca deixou de distinguir os comportamentos humanos em dois campos antagônicos, representativos do bem e do mal. As virtudes, de um lado, e os defeitos, de outro, como elementos bipolarizados na vida social, apresentaram-se como fatores de valoração humana em todo o processo histórico e perpassaram todos os segmentos da humanidade – religioso, social, econômico, ético, artístico etc. Tais valores, positivos ou negativos, são inerentes ao grupamento humano, dele inafastáveis e indissociáveis, conforme demonstram as mais modernas teorias sociológicas e antropológicas.

A probidade, valor positivo, e a improbidade, valor negativo, foram dois dos mais comentados fatores de avaliação social e, a despeito de terem sido identificados no grupo social geral, espraiaram-se através dos inúmeros vetores que circundam a especial relação entre o homem e o Estado. Essa é a razão por que os filósofos políticos sempre lhes fizeram referência, seja como aconselhamentos, seja como reprimendas, mas principalmente para realçar a certeza de que esses valores fazem parte da própria sociedade.

MAQUIAVEL ("O Príncipe"), nas solertes lições sobre qual a melhor conduta dos soberanos, advertia que o príncipe não deveria manter-se fiel às suas promessas quando, extinta a causa, seu cumprimento pudesse causar-lhe algum gravame, e isso porque nem todos os homens eram bons. LOCKE ("Dois Tratados de Governo Civil") exortava a sociedade a garantir-se contra quaisquer atentados, mesmo dos legisladores, sempre que fossem levianos ou maldosos e dirigissem planos contra a liberdade e propriedade das pessoas. MONTESQUIEU ("O Espírito das Leis") dedica vários capítulos à corrupção na democracia, na aristocracia e na monarquia. ROUSSEAU ("Do Contrato Social"), afirmando que a verdadeira filosofia é a virtude, lamentava que não mais se encontrassem homens virtuosos, mas apenas alguns menos corrompidos que outros.

O processo histórico-filosófico, portanto, nunca esqueceu a improbidade dos homens da sociedade e dos homens do Estado. Aquela é a improbidade comum, própria da humanidade em geral; esta, a improbidade que atinge os valores morais do Estado – a improbidade administrativa.

O Direito pátrio, por seus estudiosos e sua legislação, deu alguma configuração à improbidade administrativa, procurando até mesmo demonstrar que comportamentos dessa natureza estariam a merecer sanções. Mas foi a Constituição de 1988 que peremptoriamente estabeleceu princípios e normas pertinentes à moralidade e à improbidade administrativas. O art. 37 consignou a moralidade como princípio expresso da Administração Pública. O art. 37, § 4º, por sua vez, sentenciou que a improbidade administrativa produziria vários efeitos sancionatórios, como a suspensão dos direitos políticos, a perda da função pública, a indisponibilidade dos bens e o ressarcimento ao erário. Enfim, não foi difícil perceber que o Constituinte, cansado de constatar os numerosos abusos de poder e o enfrentamento, nem sempre frutífero, dos comportamentos ímprobos, exortou a sociedade num todo, administrados e Administração, a adotar postura de maior dignidade e a afastar-se dos terrenos lamacentos onde ela própria se encontrava chafurdando. E foi com lastro nos parâmetros constitucionais que veio a lume a Lei n. 8.429, de 2/6/1992, em ordem a regular, com maior minudência, os casos de improbidade, os autores, as sanções, as providências processuais, o ressarcimento ao erário etc.

Depois de ser convidado pelos autores a ler os originais desta obra e tecer alguns comentários sobre os temas nela enfocados, coube-me a honra de receber novo convite: o de prefaciá-la. E, ao fazê-lo, lembro-me de que a leitura dos originais, que pretendia fazer de uma forma mais ou menos superficial, acabou tornando-se uma perquirição aprofundada sobre cada um dos temas tratados pelos autores, e a razão é simples: a constatação de que EMERSON GARCIA e ROGÉRIO PACHECO ALVES não se limitaram apenas a escrever, mas e principalmente pesquisaram e trouxeram inegável visão crítica sobre vários dos institutos relativos à improbidade administrativa. Não esgotaram a matéria, porque ninguém esgota mesmo, mas chegaram perto, e isso é a retribuição mais gratificante que o estudioso pode receber.

A obra é dividida em duas partes, uma pertinente ao direito material e outra ao direito processual.

Na primeira parte, EMERSON GARCIA faz alentada análise dos princípios regentes da probidade, para a seguir tratar, de forma didática, do controle preventivo e repressivo da improbidade administrativa. Prossegue analisando os sujeitos dos atos de improbidade e os elementos tipológicos dos atos inquinados desse vício. De modo original, examina os atos de improbidade, inclusive sobre os diversos momentos da sequência de que se compõe o *iter* de individualização. Voltando-se para aspectos pragmáticos, desenvolve uma série de casos concretos em que a improbidade esteve em discussão. Culmina seu trabalho com o estudo das sanções decorrentes da improbidade administrativa, destacando as várias peculiaridades de que se revestem os diversos agentes públicos do Estado.

Na segunda parte, coube a ROGÉRIO PACHECO ALVES dissecar os aspectos processuais da improbidade administrativa. Analisa primeiramente o procedimento pré-processual do inquérito civil, fundamental para a precisão de que se deve revestir a atuação do Ministério Público. Trata, a seguir, da ação civil pública, examinando-a sob os mais variados vetores. Estuda o cabimento da ação civil pública e da ação popular no campo da improbidade, estendendo-se para outros aspectos processuais, como a legitimação, o

Prefácio

litisconsórcio, o abandono, a sucessão processual. Pesquisa, ainda, outros tópicos importantes da ação, como a competência, a atribuição, o pedido, a revelia, a confissão judicial e extrajudicial e as medidas cautelares. Encerra suas lições com argutas observações sobre os recursos cabíveis, a antecipação dos efeitos da tutela, a sentença e a coisa julgada.

Tudo examinado de modo claro, inteligível e reconhecidamente científico, ainda que o estudioso possa divergir desta ou daquela opinião. As divergências, aliás, são salutares e próprias do Direito, e por meio da dialética das ideias procura alcançar-se o degrau mais consentâneo com as verdades jurídicas.

Eis aí o breve prefácio deste profundo trabalho. Breve, porque é da mesma natureza da "praefatio" dos romanos – a alocução preliminar, os dizeres antecedentes, as primeiras palavras. Deixemos que os estudiosos desfrutem a alocução principal, que é esta que contém os excelentes ensinamentos sobre a matéria.

Por fim, um voto de louvor a EMERSON GARCIA e ROGÉRIO PACHECO ALVES, jovens juristas, meus colegas do Ministério Público do Rio de Janeiro, pela paciente pesquisa a que se dedicaram na confecção da obra e pelas lições que ministraram, sobretudo a mim, um eterno discípulo dos grandes mestres.

José dos Santos Carvalho Filho

Nota à 9ª Edição

A nova edição que se oferece ao público, a exemplo das anteriores, foi objeto de ampla revisão doutrinária e jurisprudencial. Além disso, foi reestruturada, em diversas partes, à luz do novo Código de Processo Civil, veiculado pela Lei n. 13.105, de 16 de março de 2015, e da Lei Complementar n. 157, de 29 de dezembro de 2016, que alterou a Lei n. 8.429/1992. Este último diploma normativo instituiu uma nova tipologia de atos de improbidade, que versa sobre a concessão ou aplicação indevida de benefício financeiro ou tributário ao contribuinte do ISS, somente produzindo efeitos a partir de 31 de dezembro de 2017.

No plano dos acréscimos, a análise da Lei n. 12.846/2013, que trata da responsabilização das pessoas jurídicas pelos atos lesivos à Administração Pública, foi deslocada para capítulo próprio, sendo sensivelmente ampliada. Ainda foram inseridos itens específicos a respeito do ato de improbidade consistente na concessão ou aplicação indevida de benefício financeiro ou tributário, dos vícios na adesão ao sistema de registro de preços, da delação ou colaboração premiada e da jurisprudência consolidada do Superior Tribunal de Justiça em matéria processual.

Por fim, aproveitamos o ensejo e externamos nossos sinceros agradecimentos ao Dr. Fausto Trentini, entusiasta da densa produção do Tribunal de Justiça do Estado do Paraná em matéria de improbidade administrativa e que gentilmente nos ofereceu farto material de consulta.

Os Autores

Nota à 8ª Edição

Com duas tiragens esgotadas em menos de doze meses, procedeu-se a uma nova atualização da obra, desta feita em sua 8ª edição. Doutrina e jurisprudência foram amplamente revisitadas, sempre com o objetivo de expor ao leitor todas as tendências contemporâneas.

No âmbito das inovações, foi inserido tópico específico a respeito da declaração de atividades, sendo analisada a sistemática instituída pela Lei n. 12.813, de 16 de maio de 2013, que descreve as situações que podem caracterizar conflito de interesses envolvendo certos agentes vinculados ao Poder Executivo Federal. Também mereceu análise mais detida a Lei n. 12.846, de 1º de agosto de 2013, que entrou em vigor em 29 de janeiro de 2014. Trata-se da *Lei de Responsabilização das Pessoas Jurídicas*, que dispôs sobre a responsabilização das pessoas jurídicas, nos planos administrativo e cível, pela prática de atos contra a administração pública, nacional ou estrangeira. Foi igualmente analisada a configuração da improbidade administrativa a partir da inobservância das normas que dispõem sobre o Sistema Nacional de Atendimento Socioeducativo, instituído pela Lei n. 12.594/2012. Por fim, a obra foi adaptada à Lei n. 13.019, de 31 de julho de 2014, que estabeleceu normas gerais para as parcerias voluntárias, envolvendo ou não transferências de recursos financeiros pelo Poder Público.

Boa leitura a todos!

Os Autores

Nota à 7ª Edição

Decorridos pouco mais de doze meses desde o lançamento da última edição, nova versão da obra é oferecida ao público, desta feita sob a responsabilidade da prestigiosa Editora Saraiva. Nesta nova edição, procurou-se absorver a intensa produção doutrinária e jurisprudencial a respeito da improbidade administrativa, que tem aumentado exponencialmente nos últimos anos. Como o objetivo é o de oferecer um amplo alicerce de ordem dogmática e pragmática ao operador do Direito, teve-se a preocupação constante de manter o leitor informado a respeito das teses contrárias àquelas prestigiadas pelos autores, de modo que ele próprio possa alcançar suas conclusões e direcionar-se de acordo com elas.

A primeira parte da obra vem acrescida de itens relativos (1) à elaboração e à gestão do orçamento como fontes da corrupção; (2) à relevância da má-fé na aferição da proporcionalidade; (3) à competência do Tribunal de Contas na apreciação das contas de governo e das contas de gestão; (4) aos estagiários, como sujeitos ativos em potencial dos atos de improbidade; (5) à inabilidade do agente público e correlata inobservância do dever de eficiência; e (6) à inatividade e à não incidência da sanção de perda da função pública. A segunda parte desenvolve novos enfoques sobre a disciplina processual aplicável e o foro por prerrogativa de função. Analisa também os reflexos da Lei de Acesso à Informação (Lei n. 12.527/2011) em relação ao alcance dos poderes investigatórios sobre o ato de improbidade e a publicidade processual.

Espera-se, sinceramente, que a obra continue a ser útil a todos aqueles que pretendam se inteirar em temática tão relevante, cuja ocorrência certamente consubstancia um entrave de inegável importância para a evolução do País.

Os Autores

Nota à 6ª Edição

A nova edição da obra, que vem a público poucos meses após o lançamento da 5ª edição, além da imprescindível atualização, encontra-se acrescida de item intitulado "Reflexões sobre a criminalização do enriquecimento ilícito".

Fica aqui o sincero agradecimento pela sua generosa acolhida, que longe de esmorecer, só fez aumentar com o passar dos anos. Nesse particular, é grande a satisfação de vermos inúmeras posições aqui sustentadas, certamente polêmicas à época da 1ª edição, serem acolhidas como lugar-comum pelos setores mais representativos da doutrina e da jurisprudência.

Os Autores

Nota à 5ª Edição

Essa nova edição preserva os contornos essenciais da obra e promove a sua atualização, adaptando-a às novas tendências práticas e metódicas afetas à improbidade administrativa.

Na primeira parte, que busca estabelecer bases teóricas de maior solidez para a compreensão e o consequente combate à improbidade administrativa, além da imprescindível atualização doutrinária e jurisprudencial, foram reestruturados os itens relativos ao ressarcimento integral do dano e ao dano moral, sendo inserido item específico voltado ao estudo da correlação entre atos de improbidade e dano moral coletivo. O texto foi igualmente adaptado às relevantes alterações introduzidas no sistema eleitoral brasileiro pela Lei Complementar n. 135/2010, também denominada de "Ficha Limpa". Merece realce, nesse particular, a total reformulação do item intitulado "Efeito Específico da Condenação por Ato de Improbidade".

Na segunda parte, o leitor perceberá uma ampla atualização da jurisprudência, com análise crítica de sua evolução e de seus retrocessos.

Também foi adicionado, entre os anexos, o Anteprojeto de Lei de Improbidade Administrativa elaborado pela ENCCLA*, ao longo de todo o ano de 2009 e do primeiro semestre de 2010, cujo texto registra diversas sugestões de aperfeiçoamento dos aspectos processuais contidas nesta obra.

Os Autores

---

* Estratégia Nacional de Combate à Corrupção e à Lavagem de Dinheiro.

Nota à 4ª Edição

Fruto de anos de pesquisa e incessante dedicação, a obra que se oferece ao público, desta feita em sua 4ª edição, é exemplo vivo da imperfeição característica e indissociável de toda e qualquer realização humana. Essa conclusão inicial é facilmente alcançada com a só constatação dos relevantes acréscimos que a obra tem sofrido a cada edição, o que bem demonstra a dificuldade em oferecer ao leitor um material de consulta denso e relativamente completo.

Somente dois anos após o lançamento da 3ª edição, isto sem olvidar a sua 2ª tiragem, estando a obra já esgotada há vários meses, conseguimos levar a termo a empreitada de atualizá-la. O trabalho foi particularmente difícil não só em razão da produção doutrinária superveniente, como, também, do evolver da jurisprudência, da legislação e, por que não, das iniciativas legislativas que já começam a florescer em torno da temática da improbidade administrativa.

A primeira parte do trabalho, não bastasse a necessária atualização, teve redimensionados os itens sobre "a proporcionalidade na jurisprudência do Supremo Tribunal Federal" e "atos de improbidade e crimes de responsabilidade". No plano dos acréscimos, merecem menção (1) a responsabilidade pessoal do agente público à luz do princípio da impessoalidade, (2) as delegações administrativas e a individualização do sujeito ativo do ato de improbidade, (3) a influência da lavagem de dinheiro e dos paraísos fiscais na temática do enriquecimento ilícito dos agentes públicos, (4) os atos de improbidade dos membros do Ministério Público, (5) a aplicação dos recursos do denominado FUNDEB, (6) o Fundo Especial dos Direitos da Criança e do Adolescente e o direcionamento das doações realizadas pela iniciativa privada e (7) o ato praticado com base em lei inconstitucional e a improbidade administrativa.

A segunda parte do trabalho, além da atualização doutrinária e jurisprudencial, aborda a nova disciplina do inquérito civil dada pela Resolução n. 23/07 do Conselho Nacional do Ministério Público. Ainda quanto à investigação, analisa a possibilidade de acesso aos registros de conversações telefônicas no âmbito de uma investigação por improbidade administrativa. A Convenção das Nações Unidas Contra a Corrupção, recentemente promulgada entre nós, também foi objeto de reflexão, tanto em seus aspectos relacionados à investigação quanto em seus reflexos sobre os institutos processuais. Foram também criados tópicos específicos para a análise da legitimidade da Defensoria Pública, da competência da Justiça do Trabalho, da publicidade dos atos processuais e da Proposta de Emenda Constitucional n. 385/05, que tenta trazer de volta o velho fantasma do foro especial para as ações por ato de improbidade administrativa. O tema do afastamento cautelar do agente público e a suspensão de liminares e sentenças, já abordado desde a 1ª edição, mereceu, igualmente, um tópico específico. Por fim, tendo em conta as atuais discussões em torno da conveniência, ou não, da existência de um "Código Brasileiro de Processo Coletivo", são apresentadas ao debate público algumas propostas de melhor disciplinamento dos aspectos processuais relacionados à improbidade administrativa.

Conquanto não se tenha a pretensão de que o quadro de imperfeição descrito no limiar desta breve apresentação tenha sido irremediavelmente superado, não se pode esconder a esperança de que, ao menos em alguns poucos passos, esta nova edição tenha dele se distanciado.

Os Autores

Nota à 3ª Edição

Dando continuidade ao projeto inicial, é oferecida ao leitor uma nova edição da obra, que, embora revista e atualizada, preserva os contornos e os propósitos originais. Imbuíram-se os autores do objetivo de aprofundar a pesquisa, com incursões na doutrina mais atual, e de atualizar as remissões à jurisprudência, sempre de forma direta e objetiva, o que tem permitido a condensação do texto, facilitando a sua consulta.

A primeira parte da obra, além de ser acrescida de itens voltados ao estudo do Código de Ética Profissional do Servidor Civil do Poder Executivo Federal e da repercussão dos novos consórcios públicos no plano dos sujeitos passivos dos atos de improbidade, teve redimensionados os itens dedicados ao poder discricionário e ao controle jurisdicional no sistema de jurisdição dúplice.

A segunda parte foi acrescida da análise da cooperação jurídica e das medidas de urgência no plano internacional, sendo igualmente abordados, em vários momentos, os reflexos processuais resultantes da aplicação da Convenção Interamericana de Combate à Corrupção, promulgada no Brasil por intermédio do Decreto n. 4.410, de 7 de outubro de 2002.

Ainda merece especial menção o esforço da Editora em redimensionar o padrão editorial da obra, possibilitando a diminuição do número de páginas e dinamizando o seu manuseio.

Por fim, renovam os autores os agradecimentos pela grande acolhida dispensada à obra, adotada, inclusive, em inúmeras universidades, possibilidade sequer cogitada quando do seu lançamento, isto em razão da especificidade dos temas abordados.

Os Autores

Nota à 2ª Edição

Incentivados pela grande acolhida dispensada à 1ª edição da obra, que, em poucos meses, teve duas tiragens esgotadas, imbuíram-se os autores do propósito de aperfeiçoá-la e atualizá-la. Como toda realização humana, é bem possível que a pesquisa, em alguns pontos, tangencie a linha imaginária da imperfeição. Evitar que tal ocorra é o objetivo principal e indeclinável dos autores. Não obstante a pureza dos fins, bem se sabe que tal dificilmente ocorrerá, mas, a exemplo do que se verifica em relação à proscrição da improbidade, que também é um objetivo de difícil consecução, não se pode recriminar quem busca alcançar fim tão nobre.

Em suas linhas gerais, esta edição manteve a estrutura da primeira. Apesar disso, nota-se um sensível aumento das referências à jurisprudência de inúmeros tribunais do País, bem como uma nítida ampliação do universo de pesquisa, terminando por abranger um considerável número de obras e artigos relativos ao tema.

Quanto aos acréscimos, a primeira parte da obra recebeu todo um capítulo dedicado ao estudo da corrupção, sendo dispensada uma grande ênfase ao direito comparado, em especial aos tratados, convênios e cartas de princípios internacionais. Dentre outros, foram inseridos itens referentes ao Código de Conduta da Alta Administração Federal, à perspectiva de efetividade da Lei de Improbidade, aos sujeitos dos atos de improbidade (Sindicatos, Conselhos de Fiscalização Profissional, Partidos Políticos, Árbitros e Delegatários das Serventias do Registro Público), à inobservância do Estatuto da Cidade, ao nepotismo, à distinção entre atos de improbidade e crimes de responsabilidade e à prescrição intercorrente. A segunda parte da obra foi acrescida, dentre outros, de itens concernentes à instauração do inquérito civil a partir de delação anônima, aos atos de improbidade de menor potencial ofensivo, à legitimidade *ad causam* das associações, à desconsideração da personalidade jurídica, à ampliação do foro por prerrogativa de função introduzido pela Lei n. 10.628/2002, à prova emprestada, ao prazo para o ajuizamento da ação principal após o deferimento da pretensão cautelar e às medidas cautelares atípicas.

A exemplo do que se verificou por ocasião da 1ª edição, múltiplos foram os que colaboraram para o aperfeiçoamento das teses aqui declinadas. Nesse particular, agradecemos aos membros do Ministério Público brasileiro que, com suas críticas e questionamentos, em muito contribuíram para alcançarmos a versão que ora ofertamos ao leitor. Em especial, agradecemos à ilustre Defensora Pública Suyan Liberatori e ao não menos ilustre membro do *Parquet* gaúcho, José Guilherme Giacomuzzi, pela gentil cessão de valioso material bibliográfico.

Os Autores

Plano da Obra

O trabalho que ora se apresenta ao público, desde a sua gênese, viu-se envolto na preocupação dos autores em conferir-lhe uma praticidade condizente com a agitação da vida hodierna. Não se ignora, é certo, que, aqui ou ali, o estudo prático cedeu lugar ao dogmatismo jurídico, o que, longe de desvirtuar o objetivo inicial, serviu unicamente para consolidá-lo, conferindo maior solidez às soluções apresentadas ao operador do Direito.

É importante frisar que esta obra não traz consigo a inovação característica das grandes descobertas. Tem índole eminentemente expositiva, sendo o resultado de inúmeras pesquisas realizadas junto à doutrina especializada. Se algum mérito possui, é o de ter coligido e exposto o pensamento dos estudiosos, e, nos casos em que permaneceram silentes, o mérito reside unicamente na iniciativa de se ter dito aquilo que certamente diriam se oportunidade tivessem.

É um livro de época, escrito a partir do direito positivo e destinado a lhe conferir uma efetividade máxima. Como sugere seu título, o tema central de abordagem é a improbidade administrativa, criatura lendária e abominável que, tal qual uma insaciável quimera, teima em povoar a administração pública pátria e aterrorizar os oprimidos administrados.

Os doutos certamente observarão a pouca profundidade com que foram tratados alguns assuntos de importância periférica à obra, pecado este que, na medida do possível, buscou-se evitar na abordagem dos temas diretamente correlacionados ao seu alicerce estrutural. A observação, no entanto, é importante, pois esta obra não substitui os manuais de Direito Administrativo, Constitucional e Processual, e o delineamento da improbidade, por óbvias razões, pressupõe a existência de noções básicas a respeito de institutos característicos daqueles ramos do Direito.

O livro é dividido em duas partes, as quais, em que pese à constante troca de informações entre seus autores, possuem individualidade própria, tendo cada uma delas seguido o padrão que se afigurou mais adequado ao seu autor, o que justifica, por exemplo, a existência de duas referências bibliográficas distintas em uma mesma obra.

Como não poderia deixar de ser, tendo em vista o objetivo da obra, a exposição desenvolve-se com o estudo dos múltiplos enfoques dispensados à Lei n. 8.429, de 2 de junho de 1992, publicada no *Diário Oficial* de 3 de junho do mesmo ano, verdadeira pedra angular no combate à improbidade.

A primeira parte da obra destina-se ao estabelecimento de parâmetros para a individualização dos atos de improbidade, à análise dos meios de controle preventivo da probidade e dos mecanismos de controle repressivo da improbidade, ao estudo da normatização básica relativa à matéria, à identificação dos sujeitos ativo e passivo de tais atos, à exemplificação de inúmeras condutas que consubstanciam atos de improbidade e ao estudo das diversas sanções cominadas aos ímprobos.

Busca-se individualizar os atos de improbidade a partir de uma perspectiva principiológica, considerando-se como tais todos os atos que infrinjam o princípio da juridicidade, designativo que aglutina todos os princípios regentes da atividade estatal, merecendo maior realce, dentre estes, os princípios da legalidade e da moralidade. Como instrumento necessário ao temperamento de possíveis excessos que decorreriam da aplicação indiscriminada desse entendimento, é estudado o princípio da proporcionalidade, o qual assume importância dúplice, sendo utilizado na operação de adequação típica e, posteriormente, como mecanismo que direciona a aplicação das sanções cominadas ao ímprobo.

A manutenção da probidade administrativa, com o que se evitará a aplicação da normatização repressiva, poderá ser alcançada com a instituição de mecanismos preventivos, dentre os quais sobressaem os Códigos de Conduta, a previsão de incompatibilidades e o monitoramento da evolução patrimonial do agente. Afora os meios de prevenção, são igualmente estudados os controles administrativo, legislativo e jurisdicional dos atos administrativos, verdadeiros mecanismos de coibição à improbidade.

No capítulo relativo aos sujeitos dos atos de improbidade, é realizada uma breve análise do denominado terceiro setor, composto por pessoas jurídicas de direito privado, sem fins lucrativos, destinadas à consecução de um fim de utilidade pública, e que podem ter sua atuação comprometida pela ação dos ímprobos. Quanto aos sujeitos ativos, são instituídos tópicos específicos em relação aos agentes de fato, aos superiores hierárquicos dos agentes ímprobos e aos advogados, sempre com o objetivo final de identificar os reais destinatários da Lei de Improbidade.

Considerando a técnica legislativa adotada pela Lei n. 8.429/1992, são tecidas considerações prévias sobre os denominados conceitos jurídicos indeterminados, o que é justificável por terem sido utilizados em profusão pela referida lei, em especial para a constituição da tipologia legal dos atos de improbidade. Em linhas gerais, os atos de improbidade podem ser enquadrados sob quatro epígrafes, conforme importem em enriquecimento ilícito do ímprobo, causem dano ao patrimônio público, acarretem a concessão ou aplicação indevida de benefício financeiro ou tributário ao contribuinte do ISS ou infrinjam os princípios regentes da atividade estatal. Ulteriormente, a tipologia legal dos atos de improbidade é estudada sob a ótica dos distintos atos passíveis de serem praticados pelas funções estatais: legislativa, executiva e judiciária. Complementando essa linha de explanação, construiu-se um capítulo com inúmeros exemplos de atos de improbidade vistos no cotidiano dos agentes públicos, dentre os quais destacam-se as irregularidades no procedimento licitatório e o descumprimento da Lei Complementar n. 101/2000 (Lei de Responsabilidade Fiscal).

Ao final da primeira parte da obra, são identificadas e individualmente estudadas todas as sanções cominadas aos ímprobos. Além disso, são analisados a sua natureza jurídica, as peculiaridades que envolverão a sua aplicação em relação a determinados agentes políticos e o lapso prescricional em que tal se dará.

A segunda parte do trabalho busca analisar os meios de investigação da improbidade e a ação ajuizada com vistas à reparação integral do dano, quando for o caso, e à responsabilização do agente.

Num primeiro momento, procurou-se fixar a natureza jurídica e a finalidade do inquérito civil, com ênfase para o papel desempenhado pelo princípio da obrigatoriedade e ao palpitante problema das "lides temerárias".

No capítulo relativo ao alcance dos poderes investigatórios, visou-se abordar, com enfoque específico e amplas referências doutrinárias e jurisprudenciais, os tormentosos aspectos concernentes aos sigilos constitucional e legalmente assegurados, bem assim os mecanismos de acesso a tais dados.

Posteriormente, estudaram-se o valor probatório do inquérito e a origem dos vícios nele verificados, cuidando-se, em seguida, do encerramento das investigações, quer pelo arquivamento, quer por intermédio do denominado "trancamento" do inquérito civil. Ao cabo dos capítulos referentes ao momento pré-processual, são sugeridas algumas diretrizes a respeito do desarquivamento do inquérito, com ou sem a indicação de prova nova, avaliando-se, outrossim, as potencialidades do ajustamento de conduta e das recomendações no campo da improbidade, alvitrando-se a conveniência de alteração legislativa com vistas a um melhor aproveitamento do ajuste.

Quanto ao momento processual, intentou-se, logo de início, demonstrar o cabimento da ação civil pública no campo da improbidade, com a demonstração do entendimento jurisprudencial sobre o tema. Mais que isso, demonstrou-se a possibilidade de incidência da "técnica de tutela" dos interesses difusos consubstanciada, principalmente, pelas Leis da Ação Civil Pública e da Ação Popular, bem como pelo Código de Defesa do Consumidor, fixando-se o campo legislativo de regência da matéria.

Considerando a existência de divergências doutrinárias sobre o tema, analisou-se também a questão da coexistência da ação civil pública e da ação popular em matéria de improbidade, ressaltando-se as semelhanças e dessemelhanças entre os institutos.

Deu-se ênfase especial, num segundo momento, aos intrincados problemas relativos à legitimação *ad causam* (ativa e passiva), tomando-se posição singular sobre a legitimação das associações e enfatizando-se a questão do aditamento da inicial por parte dos colegitimados. No que se refere à legitimação passiva, abordou-se não só a questão da sucessão processual, como também, e principalmente, a legitimação passiva das pessoas jurídicas de direito privado e de direito público. Também a competência mereceu especial abordagem, da mesma forma que os inexplorados temas da revelia e da confissão no âmbito da improbidade.

O fecho da segunda parte vai enfocar pontos fulcrais relativos ao pedido (cumulação, dano moral, pedidos implícitos e correlação), ao procedimento e à sentença na ação de improbidade, matérias pouco estudadas pelos comentadores da lei. Por último, intentou-se conferir ao processo cautelar e à antecipação dos efeitos da tutela uma disciplina mais sistemática, isso em razão do evidente papel desempenhado por tais institutos na busca da efetividade do processo por improbidade, findando-se por analisar a questão da coisa julgada, em especial a correlação entre as demandas coletivas e individuais.

Expostos os lineamentos básicos da obra, deve-se frisar, uma vez mais, que ela não tem a veleidade de levar ao leitor qualquer originalidade, mas, entre citações e remissões, certamente a visão pessoal dos autores poderá ser vista em alguns tópicos. De qualquer modo, em que pese à pouca autoridade de seus mentores, se comparados com os juristas de escol que se têm debruçado por sobre o tema – de importância ímpar para uma depuração da administração pública pátria –, de um pecado a obra não padecerá: a omissão. Não se teve o receio, por um momento sequer, de arriscar soluções para os problemas que surgem com a aplicação da lei, soluções estas que, apesar de seu reduzido valor, certamente poderão auxiliar o leitor *que não possui moedas mais valiosas* no deslinde das questões que se apresentam no dia a dia forense.

Os Autores

PRIMEIRA PARTE

Improbidade Administrativa

Emerson Garcia

Introdução

Ainda hoje, em muitos rincões de nosso País, são encontrados administradores públicos cujas ações em muito se assemelham às de Nabucodonosor, filho de Nabopolassar e que assumiu o Império Babilônico em 624 a.C. Este, buscando satisfazer sua Rainha Meda, saudosa das colinas e florestas de sua pátria, providenciou a construção de estupendos jardins suspensos, tendo tal excentricidade consumido anos de labor e gastos incalculáveis, culminando em erigir uma das sete maravilhas do mundo antigo.

Tal "maravilha", que originou maiores ônus do que propriamente benefícios, apresenta grande similitude com os devaneios atuais, quando se constata que o dinheiro público é consumido com atos de motivação fútil e imoral, finalidade dissociada do interesse público e em total afronta à razoabilidade administrativa, havendo flagrante desproporção entre o numerário despendido e o benefício auferido pela coletividade, qual seja, nenhum. O administrador, tal qual o mandatário, não é o senhor dos bens que administra, cabendo-lhe tão somente praticar os atos de gestão que beneficiem o verdadeiro titular: o povo.

Além da insensatez detectada nos atos de administração, constata-se a existência de situação mais grave e preocupante, a degeneração de caráter em muitos dentre os que ascendem à gestão do interesse público. Tal degeneração, em alguns casos, precede a investidura; em outros, tem causas endêmicas, sendo o resultado inevitável da interação com um meio viciado.

Nesse sentido, as regras de experiência são irrefutáveis: jogue um fruto fresco a um cesto que contém outros já deteriorados e em breve também ele o estará. Temos consciência de que essa realidade, já arraigada na administração pública, quer seja pátria ou alienígena, não será alterada com algumas poucas linhas de irresignação ou com arroubos isolados no meio social. Pelo contrário, é indispensável a paulatina implementação de um processo de conscientização, o que possibilitará a mobilização das diferentes camadas sociais contra um inimigo comum: a corrupção.

A corrupção, em verdade, é um fenômeno social que surge e se desenvolve em proporção semelhante ao aumento do meio circulante e à interpenetração de interesses entre os componentes do grupamento. Sob esta ótica, os desvios comportamentais que infrinjam a normatividade estatal, ou os valores morais de determinado setor em troca de uma vantagem correlata, manifestar-se-ão como formas de degradação dos padrões ético-jurídicos que devem reger o comportamento individual nas esferas pública e privada.

Especificamente em relação ao Brasil, a corrupção tem suas raízes entranhadas na própria colonização do País. O sistema colonial português foi erguido sobre os pilares de uma monarquia absolutista, fazendo que Monarca e administradores se mantivessem unidos por elos eminentemente pessoais e paternalistas, o que gerou a semente indesejada da ineficiência. Não bastasse isso, tinham por objetivo comum o lucro desenfreado e, como única ação, o desfacelamento das riquezas da colônia a si subjugada, sem qualquer comprometimento com ideais éticos, deveres funcionais ou interesses coletivos. Remonta a essa época a concepção de que a coisa pública é coisa de ninguém, e que sua única utilidade é satisfazer aos interesses da classe que ascendeu ao poder.

No início do século XVIII, o contrabando de ouro, sempre acompanhado dos efeitos deletérios inerentes às práticas dessa natureza (*v.g.*: evasão tributária e corrupção), se disseminou mesmo no meio religioso. Era prática comum, dentre os denominados "frades renegados", o transporte de ouro em pó no interior das estátuas de madeira que portavam, daí a expressão "santinho do pau oco"[1].

Com a chegada da família real ao Brasil, a distribuição de honrarias e títulos de nobreza foi uma das formas encontradas por D. João VI para conquistar o apoio político e financeiro da elite local, variando a importância dos títulos conforme a intensidade do "apoio" declinado à Coroa. Em apenas oito anos, D. João VI distribuiu mais títulos de nobreza que Portugal nos trezentos anos anteriores[2]. Essa elite, destituída de valores éticos e movida pelo espírito de "troca" ("é dando que se recebe"), ascendeu ao poder e sedimentou um verdadeiro cancro na estrutura administrativa. O tesoureiro-mor de D. João VI, Bento Maria Targini, um dos marcos da época, foi nomeado barão e depois visconde, sendo imortalizado nessa célebre quadrinha: "Quem furta pouco é ladrão/ Quem furta muito é barão/ Quem mais furta e esconde/ passa de barão a visconde"[3].

No início do século XIX, as distorções comportamentais não permaneciam adstritas aos detentores de poder, já estando disseminadas no próprio ambiente social. Thomas Lindley[4] assim se referia ao comportamento dos comerciantes baianos da época: "[e]m seus negócios, prevalece a astúcia mesquinha e velhaca, principalmente quando efetuadas as transações com estrangeiros, aos quais pedem o dobro do preço que acabarão aceitando por sua mercadoria, ao passo que procuram desvalorizar o que terão de obter em troca, utilizando-se de todos os artifícios ao seu alcance. Numa palavra, salvo algumas exceções, são pessoas inteiramente destituídas do sentimento de honra, não possuindo aquele senso geral de retidão que deve presidir a toda e qualquer transação entre os homens". Como se percebe, ética e honestidade não eram valores que gozavam de grande prestígio à época.

---

1   Cf. CAVALCANTI, Pedro. *A corrupção no Brasil*. São Paulo: Editora Siciliano, 1991, p. 30.
2   Cf. GOMES, Laurentino. *1808 – Como uma rainha louca, um príncipe medroso e uma corte corrupta enganaram Napoleão e mudaram a História de Portugal e do Brasil*. São Paulo: Planeta, 2007, p. 196-197.
3   Cf. CAVALCANTI, Pedro. *A corrupção...*, p. 46.
4   *Narrativa de uma viagem ao Brasil*. São Paulo: Cia. Editora Nacional, 1969, p. 173.

Introdução

A proclamação da independência preservou o cenário, limitando-se a modificar os atores. O tráfico negreiro, não obstante os múltiplos tratados e atos normativos firmados, por pressão inglesa, com o objetivo de proscrevê-lo, passou a dominar a rotina do Império. Eram medidas "para inglês ver". Somente em 1850, quando os ingleses literalmente invadiram os portos brasileiros em busca de navios negreiros e ameaçaram afundar as embarcações que aqui aportassem, é que o tráfico foi efetivamente abolido.

Proclamada a República, onde os títulos nobiliárquicos foram proscritos, mas os civis do gabinete presidencial graciosamente elevados à categoria de Generais de Brigada do Exército Nacional (Decreto de 25 de maio de 1890), a paisagem foi dominada pelas fraudes eleitorais. Nesse período, representatividade política e legitimidade democrática não andavam de braços dados, prática que somente um século depois, com a informatização das eleições, começou a ser contida.

A reiteração de tais práticas e a inevitável sedimentação da concepção de que, além de inevitáveis, são toleráveis, possibilita a "institucionalização da corrupção", o que tende a atenuar a consciência coletiva e associar a corrupção às instituições, implementando uma simbiose que dificilmente será revertida.

Evitar que a corrupção se generalize e se torne sistêmica é dever de todos, o que importará na preservação de todas as instituições dotadas de poder decisório e evitará que utilizem este poder de forma discricionária em favor de determinados grupos e em detrimento do interesse público.

Com isso, será possível uma assepsia do sistema, evitando-se a sua degeneração, pois "também aqui, como dizem os médicos sobre a tuberculose, no início o mal é fácil de curar e difícil de diagnosticar. Mas, com o passar do tempo, não tendo sido nem reconhecida nem medicada, torna-se fácil de diagnosticar e difícil de curar. O mesmo sucede nos assuntos de Estado. Prevendo os males que nascem, o que só é permitido a um sábio, estes são curados rapidamente. Mas quando se permite que cresçam, por não havê-los previsto, todos os reconhecem, porém não há mais remédio"[5].

O combate à corrupção pode se dar de forma preventiva ou repressiva.

A prevenção pressupõe a solidificação dos padrões éticos, exigindo a implementação de uma política educacional apta a atenuar as mazelas atuais e a depurar as gerações vindouras, sendo igualmente importante o fortalecimento das instituições com a instalação e funcionamento de Tribunais de Ética, que atuariam como órgãos de controle interno e elementos de assepsia do sistema.

A repressão, por sua vez, materializar-se-á com a aplicação do vasto arcabouço normativo já existente, sendo o lenitivo adequado para se curar a ferida aberta com a inescondível sensação de impunidade que há muito assola o povo brasileiro e que, pouco a pouco, se busca dissipar.

---

5 MAQUIAVEL, Nicolau. *O Príncipe*, p. 22.

Dentre os múltiplos mecanismos de contenção da corrupção, merece ser mencionado o relevante papel desempenhado pela liberdade de imprensa. Com ela, permite-se que os verdadeiros detentores do poder acompanhem a atividade de seus mandatários, compelindo-os a pautar sua conduta por princípios mais rígidos, sempre com a certeza de que qualquer deslize poderá comprometer o seu desempenho no pleito vindouro, já que os eleitores certamente terão acesso ao teor de seus atos.

A corrupção, em essência, atenta contra o próprio sistema democrático, contribuindo para a sedimentação da ideia de que os mandatários do povo, regra geral, são desonestos, o que representa a semente indesejada de medidas antidemocráticas ou mesmo de regimes ditatoriais. Em um País onde a corrupção encontra-se arraigada, caracterizando-se como verdadeira chaga social, afigura-se sempre oportuna a tentativa de sistematização dos princípios que delineiam o obrar do agente probo. Aperfeiçoado o estudo e identificada a origem, melhores resultados serão auferidos na coibição da improbidade.

CAPÍTULO I
Da Corrupção

1. CONSIDERAÇÕES INICIAIS

Sob o prisma léxico, múltiplos são os significados do termo corrupção. Tanto pode indicar a ideia de destruição como a de mera degradação, ocasião em que assumirá uma perspectiva natural, como acontecimento efetivamente verificado na realidade fenomênica, ou meramente valorativa.

Especificamente em relação à esfera estatal, a corrupção indica o uso ou a omissão, pelo agente público, do poder que a lei lhe outorgou em busca da obtenção de uma vantagem indevida para si ou para terceiros, relegando a plano secundário os legítimos fins contemplados na norma. Desvio de poder e enriquecimento ilícito são elementos característicos da corrupção.

Como será constatado no item seguinte, a corrupção configura tão somente uma das faces do ato de improbidade, o qual possui um espectro de maior amplitude, englobando condutas que não poderiam ser facilmente enquadradas sob a epígrafe dos atos de corrupção. Improbidade e corrupção relacionam-se entre si como gênero e espécie, sendo esta absorvida por aquela.

Em que pese à perspectiva eminentemente secundária da corrupção em relação ao objeto da obra, parece-nos relevante uma análise, ainda que breve, de alguns aspectos desse fenômeno. Assim pensamos por ser o termo corrupção, aos olhos do leigo e de não poucos operadores do Direito, o elemento aglutinador das condutas mais deletérias à função pública, isto sem olvidar a degradação de caráter que indica ao mais leve exame.

Por tais razões, procuraremos realizar, a título meramente ilustrativo, um esboço de sistematização das causas da corrupção e dos efeitos deletérios produzidos por sua proliferação no âmbito da atividade estatal.

2. CORRUPÇÃO E DEMOCRACIA

A democracia, na medida em que permite a ascensão do povo ao poder e a constante renovação dos dirigentes máximos de qualquer organização estatal, possibilita um contínuo debate a respeito do comportamento daqueles que exercem ou pretendem exercer a representatividade popular, bem como de todos os demais fatos de interesse coletivo.

A partir dessa singela constatação, é possível deduzir que os regimes ditatoriais e autocráticos[1], por serem idealizados e conduzidos com abstração de toda e qualquer participação popular, mostram-se como o ambiente adequado à aparição de altos índices de corrupção.

A debilidade democrática facilita a propagação da corrupção ao aproveitar-se das limitações dos instrumentos de controle, da inexistência de mecanismos aptos a manter a administração adstrita à um referencial de legalidade substancial, da arbitrariedade do poder e da consequente supremacia do interesse dos detentores da *potestas publica* face ao anseio coletivo. Não é incomum que governos totalitários permaneçam adstritos à lei formal, que é cuidadosamente delineada para a satisfação dos seus interesses[2], sem qualquer preocupação com os valores coletivos.

Esse estado de coisas, longe de se diluir com a ulterior transição para um regime democrático, deixa sementes indesejadas no sistema, comprometendo os alicerces estruturais da administração pública por longos períodos. Ainda que novos sejam os mecanismos e as práticas corruptas, os desvios comportamentais de hoje em muito refletem situações passadas, das quais constituem mera continuação. Afinal, não é incomum a construção da seguinte lógica: se os meus antecessores lucraram, também eu hei de lucrar no poder[3].

O sistema brasileiro, como não poderia deixar de ser, não foge à regra. Os intoleráveis índices de corrupção hoje verificados em todas as searas do poder são meros desdobramentos de práticas que remontam a séculos, principiando pela colonização e estendendo-se pelos longos períodos ditatoriais com os quais convivemos. A democracia, longe de ser delineada pela norma, é o reflexo de lenta evolução cultural, exigindo uma contínua maturação da consciência popular. O Brasil, no entanto, nos cinco séculos que se seguiram ao seu descobrimento pelo "velho mundo", por poucas décadas conviveu com práticas democráticas.

Como desdobramento dessas breves reflexões, é possível afirmar, com certa tristeza, que a ordem natural das coisas está a indicar que ainda temos um longo e tortuoso caminho a percorrer. O combate à corrupção não há de ser fruto de mera produção normativa, mas, sim, o resultado da aquisição de uma consciência democrática[4] e de uma lenta e

---

1 O regime autocrático se distingue do liberal na medida em que seus lineamentos básicos advêm de um grande número de normas, produzidas de forma livre pelo poder político e que regem todos os domínios da esfera social, de modo que os mecanismos de controle da produção normativa e a margem deixada à autonomia, individual ou coletiva, englobando os direitos, liberdades e garantias, são em muito enfraquecidos. Cf. HAMON, Francis; TROPPER Michel; BURDEAU, Georges. *Droit Constitutionnel*, p. 87.
2 Cf. DUARTE, André Macedo. Totalitarismo, *in* Corrupção. Ensaios e Críticas. AVRITZER, Leonardo, BIGNOTTO, Newton, GUIMARÃES, Juarez e STARLING, Heloísa Maria Murgel, p. 117 (120).
3 Cf. GONZÁLEZ PÉREZ, Jesús. *Corrupción, ética y moral en las administraciones públicas*, p. 41.
4 Segundo Eduardo A. Fabián Caparrós ("La Corrupción Política y Económica: Anotaciones para el Desarollo de su Estudio", in *La Corrupción: Aspectos Jurídicos y Económicos*, org. por Eduardo A. Fabián Caparrós, p.

paulatina participação popular, o que permitirá a contínua fiscalização das instituições públicas, reduzirá a conivência e, pouco a pouco, depurará as ideias daqueles que pretendem ascender ao poder. Com isto, a corrupção poderá ser atenuada, pois eliminada nunca o será.

Essa observação se faz necessária na medida em que a maior participação popular, inclusive com um sensível aumento do acesso aos meios de comunicação, pode conduzir à equívoca conclusão de que, não obstante os ventos democráticos que atualmente arejam o País, a corrupção tem aumentado. A corrupção, em verdade, sempre existiu. Em regimes autoritários poucos se atreviam a retirar o véu que a encobria, mostrando-lhe a face. Os motivos, aliás, são de todos conhecidos. Assim, é preciso não confundir inexistência de corrupção com desconhecimento da corrupção. Em ambientes democráticos tem-se um "processo de desocultação da corrupção"[5].

A corrupção está associada à fragilidade dos padrões éticos de determinada sociedade, os quais se refletem sobre a ética do agente público. Por ser um mero "exemplar" do meio em que vive e se desenvolve, é factível que um contexto social em que a obtenção de vantagens indevidas é vista como prática comum dentre os cidadãos, em geral, certamente fará com que idêntica concepção seja mantida pelo agente nas relações que venha a estabelecer com o Poder Público. Um povo que preza a honestidade provavelmente terá governantes honestos. Um povo que, em seu cotidiano, tolera a desonestidade e, não raro, a enaltece, por certo terá governantes com pensamento similar[6].

Observa-se, ainda, ser comum que considerável parcela da população mostre-se indignada com a corrupção nas estruturas estatais de poder, mas, no seu dia a dia, descumpra as mais comezinhas obrigações de convívio social (*v.g.*: aguardar a vez, respeitar sinais, recolher tributos etc.). Esse estado de coisas, quase imperceptível nas origens, traz à lembrança, de imediato, a teoria norte-americana das *broken windows*, indicando que pequenas infrações, caso não coibidas, evoluirão para infrações mais graves. Num am-

---

18), "por todo ello, la dimensión política de la corrupción no cabe resolverla tan sólo desde las garantías formales, sino, sobre todo, desde el fomento entre el cuerpo social de una democracia militante. Recordando a Löwenstein, si no se trasciende desde lo meramente semántico al ámbito de lo normativo, los mecanismos de control carecerán de contenido y, por ello, de eficacia. Frente a esa contracultura, es preciso edificar una cultura de la participación ciudadana que no se resigne a convivir día a día con el cohecho, favoreciendo la intervención de particulares y colectivos comprometidos en la lucha contra la corrupción".

5   FILGUEIRAS, Fernando. *Corrupção, democracia e legitimidade*. Belo Horizonte: Editora UFMG, 2008, p. 146 e 168 e s.
6   Joaquim Nabuco, referindo-se à realidade norte-americana, observou que "o governo na America é uma pura gestão de negocios, que se faz, mal ou bem, honesta ou deshonestamente, com a tolerancia e o conhecimento do grande capitalista que a delega. A corrupção politica é, por isso, na America do Norte, (...) uma simples erupção na pelle, enquanto em outros paizes ella é um mal profundo, visceral" (*Minha formação*. Rio de Janeiro: Garnier, 1900, p. 165). Esse estado de coisas é diretamente influenciado, em primeiro lugar, pela elevada consciência crítica do povo norte-americano e, em segundo lugar, pela existência de uma imprensa livre, que desnuda, de forma implacável, a vida e a obra de todos aqueles que pretendem exercer ou exercem o poder estatal.

biente democrático, ocorre o mesmo. O cidadão que principia com pequenas violações à juridicidade tende a evoluir para violações mais graves sempre que aumente o seu potencial de ação, o que inevitavelmente ocorre com a ascensão ao poder e a correlata ineficiência dos mecanismos de controle.

Conquanto sejamos sensíveis à afirmação de que não se deve presumir ou visualizar corrupção e desonestidade em todos os atos dos agentes públicos, o que pode conduzir à edição de padrões normativos que *"paralisem a Administração Pública"*[7], também não podemos deixar de observar que a realidade brasileira é mais que preocupante. A corrupção, por força de uma base de valores desvirtuada, tornou-se endêmica em diversas estruturas de poder. Portanto, chega a ser pitoresca a afirmação de que há uma verdadeira"indústria das ações de improbidade", que oprime administradores públicos probos e honestos, cujo único objetivo é o de atuar em prol do bem comum. Se existe uma"indústria", é a da corrupção e da improbidade: funciona ininterruptamente e, em face da sua extrema lucratividade, recruta colaboradores com grande facilidade. Pela intensidade e frequência dos ilícitos, é intuitivo que o que temos é um grande *deficit* de ações. Equívocos são praticados no combate à corrupção e à improbidade? É óbvio que sim! Agora, tentar transformar o lenitivo em patologia autônoma e o opressor em vítima é algo que rompe as raias do inusitado.

É importante ressaltar que o próprio regime democrático possui vertentes que propiciam, ou mesmo estimulam, a prática de atos de corrupção. Em que pese à pureza de seus ideais, a democracia, muitas vezes, tende a ser deturpada por agentes que pretendem perpetuar-se no poder. Um dos instrumentos comumente utilizados para esse fim é o ilegítimo repasse de recursos financeiros aos partidos políticos ou àqueles que prestigiem a"postura ideológica"por eles sustentada, o que pode ocorrer de múltiplas formas, como o repasse de verbas às vésperas da eleição, a realização de obras com a nítida intenção de promoção político-partidária e a admissão de correligionários do partido em cargos em comissão, com a ilegítima permissão de que busquem sua promoção pessoal no exercício da função etc.

Em se tratando de uma democracia preponderantemente semântica, como é típico dos países em vias de desenvolvimento, em que a capacidade crítica do povo é limitada em razão do seu baixo nível de instrução, o quadro ainda torna-se mais grave, pois o próprio sistema jurídico tende a ser moldado, pelos detentores do poder, de modo a facilitar a prática de atos de corrupção e a dificultar a sua coibição.

A corrupção é a via mais rápida de acesso ao poder. No entanto, traz consigo o deletério efeito de promover a instabilidade política, já que as instituições não mais estarão alicerçadas em concepções ideológicas, mas, sim, nas cifras que as custearam[8].

---

7 ROCHA, Cármen Lúcia Antunes. *Princípios constitucionais da Administração Pública*. Belo Horizonte: Del Rey, 2009, p. 214-215.
8 De acordo com o Relatório Nolan, elaborado pela Comissão de igual nome instituída no Reino Unido, em outubro de 1994, com o fim de analisar as normas de conduta vigentes na administração pública e propor

3. CORRUPÇÃO E PROCEDIMENTO ELETIVO

Não raro os desvios comportamentais dos gestores do patrimônio público, especificamente daqueles que ascenderam ao poder via mandato eletivo, são meros desdobramentos de alianças que precederam a própria investidura do agente.

Por certo, ninguém ignora que o resultado de um procedimento eletivo não se encontra unicamente vinculado às características intrínsecas dos candidatos vitoriosos. O êxito nas eleições, acima de tudo, é reflexo do poder econômico, permitindo o planejamento de uma estratégia adequada de campanha, com a probabilidade de que seja alcançada maior parcela do eleitorado. Esta receita, por sua vez, é originária de financiamentos, diretos ou indiretos, de natureza pública ou privada.

O dinheiro público é injetado em atividades político-partidárias com a utilização dos expedientes de liberação de verbas orçamentárias, de celebração de convênios às vésperas do pleito etc., fazendo que o administrador favorecido aufira maior popularidade, que reverterá para si, caso seja candidato à reeleição, ou para a legenda partidária a que pertença, alcançando os candidatos por ela apoiados.

Tratando-se de financiamento privado, a imoralidade assume perspectivas ainda maiores. Estas receitas, em regra de origem duvidosa, não consubstanciam mero ato de benevolência ou um abnegado ato de exteriorização de consciência política. Pelo contrário, podem ser concebidas como a prestação devida por um dos sujeitos de uma relação contratual de natureza sinalagmática, cabendo ao outro, tão logo seja eleito, cumprir a sua parte na avença, que normalmente consistirá na contratação de pessoas indicadas pelos colaboradores para o preenchimento de cargos em comissão, na previsão de dotações orçamentárias ou na liberação de verbas destinadas a projetos de interesse dos financiado-

---

as alterações pertinentes, isto em virtude de inúmeros escândalos veiculados pelos meios de comunicação, o paulatino aumento da desconfiança da população nos agentes públicos é um fator de desestabilização do próprio sistema democrático, o que torna imperativo que práticas corruptas sejam severamente perquiridas e punidas. Esse Relatório, apresentado ao Parlamento em 16 de maio de 1995, veicula as "Normas de Conduta nas Instituições Públicas", tendo densificado sete princípios básicos: a) altruísmo – os agentes públicos devem atuar em prol do interesse público, sendo vedado atuar em benefício próprio ou de terceiros; b) integridade – não podem ser assumidas obrigações financeiras passivas de influir no exercício da função; c) objetividade – as decisões devem ser tomadas consoante critérios de mérito, em especial na adjudicação de contratos e na contratação de pessoal; d) responsabilidade – os agentes públicos devem responder pelos atos praticados; e) transparência – os fundamentos das decisões devem ser declinados, somente sendo admitido o segredo quando o interesse da maioria o exija; f) honestidade – os agentes devem apresentar declaração de bens e tomar providências para resolver qualquer conflito entre os seus interesses e os da administração; e g) liderança – os agentes devem apoiar essa lista de princípios e dar exemplo aos demais. A observância desses princípios deveria ser apoiada por duas medidas adicionais: a) a existência de instâncias de controle externo independentes da administração; b) os ocupantes de cargos públicos devem ser educados e formados sobre o significado e a amplitude dos valores que sustentam a administração pública. Cf. SEÑA, Jorge F. Malem. *La corrupción, aspectos éticos, económicos, políticos y jurídicos*, p. 8485, e GONZÁLEZ PÉREZ, Jesús. *La ética en la administración pública*, p. 29.

res, na contratação de obras e serviços sem a realização do procedimento licitatório, ou mesmo com a sua realização em caráter meramente formal, com desfecho previamente conhecido etc.[9].

Nessa linha, é inevitável a constatação de que a imoralidade detectada no financiamento da campanha permite projetar, com reduzidas perspectivas de erro, o comportamento a ser adotado pelo futuro agente público[10]. Para remediar esse quadro, não deve ser desconsiderada a possibilidade de limitação das despesas passíveis de serem realizadas ou das doações a serem direcionadas, pela iniciativa privada, às campanhas eleitorais[11].

Esse quadro assume perspectivas ainda mais dramáticas quando contextualizado no plano da atividade legislativa, em que a própria produção normativa pode ser direcionada

---

[9] Esse fenômeno, evidentemente, não é setorial. Dworkin (*Sovereign Virtue, The Theory and Practice of Equality*, p. 351), ao discorrer sobre "política americana e o século que termina", não hesitou em afirmar que "nossos políticos são uma vergonha, e o dinheiro é a raiz do problema. Nossos políticos precisam, angariam e gastam mais e mais dinheiro em cada ciclo de eleições. O candidato que tenha ou angarie mais dinheiro, como as eleições do período de 1998 demonstraram mais uma vez, quase sempre vence. Funcionários começam a angariar dinheiro para a próxima eleição no dia seguinte à última, e frequentemente dispensam mais tempo e dedicação a essa tarefa do que àquela para a qual foram eleitos. Além disso, eles gastam a maior parte do dinheiro que arrecadaram com publicidades na televisão, que são normalmente negativas e quase sempre inertes, substituindo *slogans* e canções como argumento. De mais dinheiro precisam os políticos para serem eleitos, e mais eles precisam de ricos contribuintes, e mais influência cada contribuinte terá sobre suas decisões políticas uma vez eleito".

[10] No Direito brasileiro, as exceções certamente existem, mas sua ocorrência é tão insignificante que dispensa comentários que desbordem do mero registro, motivo pelo qual nos limitamos a ele. Para evitar esses efeitos deletérios, é imprescindível seja conferida maior efetividade aos mecanismos de proteção à moralidade previstos na legislação eleitoral, os quais, infelizmente, são cuidadosamente preparados para que poucos efeitos possam gerar. Citando-se apenas um exemplo, pode-se mencionar o lapso de três anos de inelegibilidade previsto na Lei Complementar n. 64/1990, antes das modificações introduzidas pela Lei Complementar n. 135/2010, a que estavam sujeitos todos que incorressem em abuso de poder político ou econômico praticado em detrimento do procedimento eletivo. Levando-se em conta que as eleições são quadrienais, não são necessárias maiores divagações para se concluir que caso o agente concorresse sempre a determinado cargo, a sanção de inelegibilidade nunca seria aplicada, pois os três anos começariam a fluir a contar da eleição em que o abuso fora praticado, o que tornaria a aplicação da sanção restrita às situações em que o agente pretendesse concorrer a cargo diverso, cuja eleição fosse realizada no triênio. Esse quadro de desrespeito à moralidade política foi atenuado com a edição da (1) Lei n. 9.840/1999, que inseriu o art. 41-A na Lei n. 9.504/1997 e tratou da captação ilícita de votos, permitindo o afastamento imediato do agente na hipótese de condenação; e da (2) Lei Complementar n. 135/2010, de iniciativa popular, que ampliou o prazo de inelegibilidade para oito anos, tornando-o efetivo após o pronunciamento de um órgão colegiado, ainda que a decisão não tenha transitado em julgado.

[11] Na realidade brasileira, além de a Lei n. 11.300/2006 ter vedado certas despesas durante a campanha eleitoral, como a realização de "showmícios", o Supremo Tribunal Federal reconheceu a inconstitucionalidade das normas da Lei n. 9.504/1997 (Lei das Eleições) que autorizavam a realização de doações, por pessoas jurídicas, para as campanhas, o que vinha comprometendo a normalidade e a legitimidade do processo eleitoral (Pleno, ADI n. 4.650/DF, rel. Min. Luiz Fux, j. em 17/9/2015, *DJ* de 24/2/2016). Resta, agora, evitar que a vedação seja contornada com a utilização de laranjas, que podem ser os próprios dirigentes das pessoas jurídicas com interesse em aumentar a sua influência junto aos futuros governantes.

por interesses menos nobres. As leis em geral, ontologicamente voltadas ao bem-estar da coletividade, passam a satisfazer os interesses de grupos específicos, que financiam os parlamentares justamente com esse objetivo.

Situação igualmente lamentável reside não na obtenção de vantagens indevidas a partir da produção normativa, mas no delinear as leis punitivas de modo a inviabilizar a apuração e a punição dos atos de corrupção anteriormente praticados. Tais iniciativas, normalmente encobertas com a retórica de que buscam aperfeiçoar a legislação de regência, bem demonstram os efeitos deletérios de um voto impensado, insensível ao passado do candidato e à sua degeneração moral.

Assegurar a reduzida operatividade dos organismos de controle (*v.g.*: a estrutura policial) e desarticular o sistema punitivo (*v.g.*: editando leis anacrônicas) são apenas algumas razões que justificam a intensa penetração das organizações criminosas nos altos escalões de poder, em especial naqueles de natureza eletiva.

4. CORRUPÇÃO E DIVISÃO DOS PODERES

Em que pese não ser imune a críticas, a democracia é o sistema político que com maior probabilidade preserva o interesse público. A democracia, no entanto, deve estar cercada de mecanismos aptos à preservação das instituições e à prevenção da ilicitude. Nesse particular, merece realce o relevante papel desempenhado pelo sistema dos *checks and balances*, o qual, como veremos em tópico próprio, permite que o poder venha a conter os excessos do próprio poder.

O poder de decisão, sempre que outorgado ao agente público, trará consigo a semente do abuso, que pode ou não florescer[12]. A manutenção desse poder nos limites da lei e da razão é uma das finalidades a serem alcançadas pelo sistema da divisão dos poderes, o que evitará a disseminação do arbítrio e da corrupção. A partir de um controle recíproco entre as diferentes funções estatais, maior será a possibilidade de contenção dos desvios comportamentais dos agentes públicos.

O sistema dos *checks and balances*, em linhas gerais, possui relevância ímpar na produção normativa, permitindo a confluência de forças entre Executivo e Legislativo na edição da norma mais adequada à contenção da corrupção. É igualmente relevante no controle da execução da norma por parte da administração, o qual se subdivide nas vertentes judicial e legislativa, neste último caso com a possibilidade de responsabilização política dos agentes públicos.

A exemplo do que se verifica em qualquer vertente da atividade estatal, também a separação de poderes deve estar direcionada à consecução do interesse público. Assim,

---

[12] Como afirma Alejandro Nieto (*Corrupción en la España democrática*, p. 7), a "corrupção acompanha o poder como a sombra ao corpo", sendo um fator de tentação cuja constância e potencial degenerativo nem todos sabem resistir.

merecem total reprovação os padrões normativos editados pelo Poder Legislativo com o fim, único e exclusivo, de desautorizar decisões judiciais e beneficiar agentes que integram a classe dominante[13].

5. CORRUPÇÃO E DEFICIÊNCIAS NA ORGANIZAÇÃO ESTATAL

A ineficiência estatal, na esfera legislativa, administrativa ou jurisdicional, é um importante fator de desenvolvimento das práticas corruptas.

Como manifestações inequívocas das falhas do aparato estatal, podem ser mencionadas: a) as decisões arbitrárias, que resultam de uma excessiva discricionariedade dos agentes públicos e desvirtuam o uso do poder, estimulando as práticas corruptas e o seu uso em benefício de terceiros; b) as conhecidas mazelas no recrutamento dos ocupantes dos cargos comissionados, que relegam a plano secundário a valoração da competência e prestam-se ao favorecimento pessoal, o que termina por estimular a corrupção em razão dos desvios comportamentais de tais agentes; c) o corporativismo presente em alguns setores do Poder, em especial no Judiciário e no Legislativo, isto sem olvidar o Ministério Público – que, no Brasil, em que pese não ostentar esse designativo, tem prerrogativas próprias de um Poder – o que em muito dificulta a investigação de ilícitos praticados pelos setores de

---

[13] No Brasil, país de democracia incipiente e opinião pública embrionária, os desvios da função legislativa ainda são frequentes. Para citarmos apenas um exemplo, merece ser lembrado o caso do Senador da República que utilizou o serviço gráfico do Senado Federal para confeccionar calendários contendo a sua imagem, com ulterior envio aos cidadãos do Estado no qual possuía domicílio eleitoral, tudo em pleno ano eleitoral. Reconhecido o abuso de autoridade pelo Tribunal Superior Eleitoral (*Caso Humberto Lucena*, RO n. 12.244, rel. Min. Marco Aurélio, j. em 13/9/1994, *RJTSE* v. 7, n. 1, p. 251) e mantida a decisão pelo Supremo Tribunal Federal (STF, Pleno, RE n. 186.088/DF, rel. Min. Néri da Silveira, j. em 30/11/1994, *DJ* de 24/2/1995, p. 3696), o Legislativo pouco tardou em praticar um dos mais deploráveis atos surgidos sob a égide da Constituição de 1988. Trata-se da Lei n. 8.985, de 7 de fevereiro de 1995, que foi considerada constitucional pelo Supremo Tribunal Federal, prevalecendo o entendimento de que a concessão da anistia está sujeita aos critérios de conveniência e oportunidade do Legislativo (Pleno, ADI n. 1.231/DF, rel. Min. Carlos Velloso, j. em 15/12/2005, *DJ* de 28/4/2006, p. 4). Essa lei, por bem representar a degradação moral da classe dominante à época, merece ser transcrita: "Art. 1º É concedida anistia especial aos candidatos às eleições gerais de 1994, processados ou condenados ou com registro cassado e consequente declaração de inelegibilidade ou cassação do diploma, pela prática de ilícitos eleitorais previstos na legislação em vigor, que tenham relação com a utilização dos serviços gráficos do Senado Federal, na conformidade de regulamentação interna, arquivando-se os respectivos processos e restabelecendo-se os direitos por eles alcançados. Parágrafo único. Nenhuma outra condenação pela Justiça Eleitoral ou quaisquer outros atos de candidatos considerados infratores da legislação em vigor serão abrangidos por esta lei. Art. 2º Somente poderão beneficiar-se do preceituado no *caput* do artigo precedente os membros do Congresso Nacional que efetuarem o ressarcimento dos serviços individualmente prestados, na conformidade de tabela de preços para reposição de custos aprovada pela Mesa do Senado Federal, excluídas quaisquer cotas de gratuidade ou descontos. Art. 3º Esta Lei entra em vigor na data de sua publicação, aplicando-se a quaisquer processos decorrentes dos fatos e hipóteses previstos no art. 1º desta Lei. Art. 4º Revogam-se as disposições em contrário". Um país cuja classe política tem a coragem (ou o desatino!) de idealizar, discutir, votar, aprovar, sancionar e publicar uma lei como essa, certamente ainda tem um longo caminho a percorrer. O Supremo Tribunal Federal, ao reconhecer a constitucionalidade da lei, afirmou que "é da natureza da anistia beneficiar alguém ou a um grupo de pessoas".

maior primazia nesses órgãos; d) a quase que total ineficiência dos mecanismos de repressão aos ilícitos praticados pelos altos escalões do poder; e) a concentração, em determinados funcionários, do poder de gerenciar ou arrecadar elevadas receitas; e f) a tolerância, em especial na estrutura policial, das práticas corruptas.

Os desvios comportamentais que redundam em estímulo à proliferação da corrupção, na medida em que se apresentam como práticas rotineiras, ainda possuem uma dimensão mais deletéria e maléfica à organização estatal: ensejam o surgimento de um código paralelo de conduta, à margem da lei e da razão, que paulatinamente se incorpora ao *standard* de normalidade do *homo medius*[14]. Uma vez iniciado esse processo, difícil será a reversão ao *status quo*, fundado na pureza normativa de um *dever ser* direcionado à consecução do bem de todos.

Além disso, a corrupção no ápice da pirâmide hierárquica serve de fator multiplicador da corrupção dentre aqueles que ocupam posição inferior, desestimulando-os a ter conduta diferente. Como a corrupção "ama as alturas"[15], não é incomum que os servidores mais modestos sofram uma influência daninha dos superiores hierárquicos, resultando na proliferação desse fenômeno degenerativo de cima para baixo.

Outro fator de estímulo à corrupção pode ser identificado na própria substância de certas normas de conduta. Como se sabe, o legislador deve ter uma visão prospectiva, pois o texto normativo, em regra, é editado com o fim de regular situações futuras. Ao absorver as regras de experiência e valorar de forma responsável o presente, poderá o legislador estabelecer o regramento das situações que se formarão na linha de desdobramento da evolução da sociedade. A partir dessa singela equação, é possível afirmar que a produção normativa, em sua essência, não deve afastar-se da realidade que pretende regular. Fosse de outro modo, bastaria transpor a legislação de um país com altos índices de desenvolvimento social e humano para outros que ressintam desses fatores para que, tal qual um passe de mágica, todos os problemas da humanidade fossem solucionados. Infelizmente, tal não é possível.

Considerando que a norma de conduta se destina a regular as relações jurídicas de determinado grupamento, em certo local e em dado período da história, sempre que o conteúdo formal da norma se distanciar da realidade que pretende regular, menores serão as perspectivas de sua efetividade. Em consequência, vendo-se impossibilitado de adequar seu comportamento às exigências do ordenamento jurídico, maiores serão as perspectivas de que o indivíduo trilhe o caminho da corrupção. O legislador, assim, ao dispor sobre o que *deve ser*,

---

14 Reproduzindo a aguçada percepção de Jorge F. Malem Seña (*La corrupción, aspectos éticos, económicos, políticos y jurídicos*, p. 55), "aqueles que violam a lei são protegidos e aqueles que tornam públicos tais comportamentos são degradados e submetidos a represálias. Desse modo, aqueles que não compactuam com as práticas venais são intimidados e obrigados a guardar silêncio. Nesse contexto, todos são conhecedores das práticas corruptas e a administração pública se transforma numa ferramenta mais para o benefício não do interesse geral como se poderia esperar, senão daqueles que participam da rede de corrupção".

15 Cf. NIETO, Alejandro. *Corrupción...*, p. 136.

terá de atentar para o que é *possível ser*, isto sob pena de esvaziar o comando normativo – que se tornará inócuo ante a impossibilidade de cumprimento – e estimular a corrupção.

6. A ELABORAÇÃO E A GESTÃO DO ORÇAMENTO COMO FONTES DA CORRUPÇÃO

Em qualquer estrutura orgânica, e com o Poder Público não poderia ser diferente, a realização das despesas há de observar um mínimo de planejamento, devendo ajustar-se à receita passível de ser gerada. Despesa inferior à receita gera uma situação de superávit, permitindo a poupança; despesa superior, por sua vez, conduz ao déficit, cuja consequência é o endividamento e o correlato comprometimento de investimentos futuros.

Em ambientes democráticos, nenhum ato das estruturas estatais de poder pode ser praticado à margem da lei, daí a necessidade de que a receita prevista e a despesa autorizada sejam contempladas em um ato formal aprovado pelo Parlamento. Esse ato formal consubstancia a denominada lei orçamentária, também conhecida como "lei de meios". Não é incomum, ademais, que essa sistemática sofra aprimoramentos, ensejando, como ocorre na realidade brasileira, o surgimento de um microssistema orçamentário, que encontra raízes no âmbito constitucional e se estende, ao nível infraconstitucional, com a edição do plano plurianual, da lei de diretrizes orçamentárias e da lei orçamentária propriamente dita. O objetivo, sempre e sempre, é permitir o planejamento e o controle de todo o fluxo financeiro, que somente pode principiar e ser ultimado quando se ajustar ao orçamento.

A importância do orçamento, como se percebe, é imensa. Sem ele não há despesa pública, sem despesa pública não há serviço público, *ratio essendi* das próprias estruturas estatais de poder. Além de sua essencialidade, o orçamento consubstancia o ato normativo que gere o bem mais cobiçado pelos corruptos: o dinheiro. É fácil deduzir, portanto, que são necessários sólidos valores éticos e democráticos, bem como aprimorados sistemas de controle, para que a autorização e a efetiva realização da despesa pública sejam direcionadas não pela satisfação do interesse individual, normalmente refletido no desejo de se apropriar do alheio, mas, sim, pela satisfação do interesse público.

A República Federativa do Brasil tem presenciado, de longa data, a sedimentação de uma prática, de natureza e fins nitidamente reprováveis, que ensejou o surgimento de um verdadeiro código paralelo de conduta. A tradicional tensão dialética entre Poder Executivo e Poder Legislativo há muito foi substituída pela tensão entre "bloco de governo" e "bloco de oposição", fazendo com que a hegemonia de um só grupo junto aos dois Poderes inviabilize qualquer tipo de controle e legitime todo tipo de prática. Como o Poder Executivo brasileiro é mais que reforçado, são grandes as benesses a serem oferecidas a partidos políticos e parlamentares para que venham a aderir ao "bloco de governo", o que em muito enfraquece a oposição e dificulta o surgimento de contrapontos argumentativos.

Especificamente em relação ao orçamento, é sabido que o respectivo projeto de lei é apresentado pelo Poder Executivo, cabendo ao Poder Legislativo, com ou sem emendas, aprová-lo. Caso sejam apresentadas emendas ao projeto original, é necessário sejam observados os rígidos balizamentos previstos no art. 166, § 3º, da Constituição de 1988, como é o caso de sua compatibilidade com o plano plurianual e a lei de diretrizes orçamentárias; da necessidade de corresponderem à anulação de despesas, exceto aquelas que correspondam a dotações para pessoal e seus encargos, a serviço da dívida, a transferências tributárias cogentes entre os entes federados; e da necessidade de serem relacionadas à correção de erros e omissões ou terem pertinência temática com o texto do projeto de lei.

Em face da própria funcionalidade do orçamento, os políticos, de um modo geral, há muito descobriram que o direcionamento de recursos públicos aos seus "nichos eleitorais" é fonte de prestígio e de dividendos eleitorais, para si, para seus aliados ou para a legenda a que pertençam. A partir dessa constatação, as emendas parlamentares passaram a ser utilizadas e impostas ao Poder Executivo, que, ao menos teoricamente, teria poder de veto, para que seja assegurado o apoio de partidos e parlamentares na aprovação de projetos de lei de interesse do governo. Caso o Executivo não concorde com as emendas apresentadas ao seu projeto e venha a vetá-las, será enfraquecido o "bloco de governo" e a governabilidade comprometida. Não é incomum, ademais, que as emendas sejam direcionadas por objetivos menos nobres, de cunho exclusivamente politiqueiro, sem um real vínculo com o interesse público.

A sistemática de aprovação e liberação dos recursos das emendas parlamentares é certamente desconhecida da maior parte dos cidadãos. Para atestar a total deterioração dos freios inibitórios dos governantes brasileiros, que institucionalizaram práticas que, além de imorais, desafiam o próprio senso de racionalidade do *homo medius*, iremos nos socorrer do "jornalismo investigativo", mais especificamente da obra do jornalista Lúcio Vaz[16], ao narrar o modo como atuava a "máfia dos sanguessugas". Parlamentares apresentavam emendas ao projeto de orçamento, normalmente de cunho genérico, fazendo referência à "estruturação do sistema de atenção básica à saúde", e sem indicar os municípios beneficiados. Esses recursos eram utilizados pelos Municípios para a aquisição de ambulâncias. Uma das condicionantes para a liberação dos recursos, o que, pasmem, era feito pelos próprios parlamentares, isso apesar de saírem do "Fundo Nacional de Saúde", era que as licitações fossem direcionadas, de modo que, entre alguns conluiados, a empresa vencedora fosse aquela indicada pelo respectivo parlamentar, bem como que as ambulâncias entregues fossem recebidas, isso apesar de sua evidente má qualidade. As empresas vencedoras, como é intuitivo, tinham vínculo com o respectivo parlamentar e com ele repartiam o proveito obtido. Com abstração da fraude na licitação, matéria estranha ao presente item, o que mais nos chama a atenção nessa narrativa é o poder outorgado ao Parlamentar e a correlata possibilidade de ele ser direcionado por interesses menos nobres, sem que os mecanismos de controle venham a identificar a irregularidade.

A respeito desses fatos, o então Ministro da Saúde, Agenor Álvares, deu uma declaração no mínimo preocupante ao referido jornalista. Após realçar a dificuldade em se identificar o conluio entre os participantes da licitação, o Ministro declarou que "[o]u a gente

---

16 *Sanguessugas do Brasil*. São Paulo: Geração Editorial, 2012, p. 39-64.

mexe na forma de formulação das emendas ou o Orçamento continuará sendo uma fonte inesgotável de corrupção"[17]. Segundo o jornalista, "[o] Ministro disse que a maior brecha para as fraudes estaria nas emendas com enunciado genérico, que não definem os municípios a serem contemplados. Após aprovar suas emendas, no plenário do Congresso, os parlamentares recebiam uma senha do Ministério da Saúde para acompanhar a sua tramitação. Com essa senha, os congressistas acessavam o sistema informatizado do ministério e determinavam, *on-line*, os municípios que queriam ver atendidos. Escutas telefônicas feitas pela PF mostravam que alguns deputados haviam emprestado suas senhas para integrantes da quadrilha"[18].

Não é necessária uma percepção incomum para se constatar que, além das negociatas entre Executivo e Legislativo a respeito da aprovação das emendas parlamentares, o nível de imoralidade alcançou a linha imaginária do absurdo ao se outorgar ao próprio parlamentar o poder de substituir-se ao administrador e decidir, *in concreto*, o modo de aplicação dos recursos. Nesse caso, a divisão dos poderes é solenemente ignorada e a liberação dos recursos públicos passa a ser condicionada a uma "segunda rodada" de negociatas. Trata-se de processo já institucionalizado e ao qual se atribui ares de absoluta normalidade. O mínimo que se espera é que, uma vez aprovadas as emendas, cujo teor deveria ser especificado e amplamente divulgado à população, cessasse a ingerência dos parlamentares na execução da despesa pública[19].

7. CORRUPÇÃO E PUBLICIDADE

Como decorrência lógica de sua natureza ilícita, não se costuma conferir publicidade ou transparência aos atos de corrupção, o que torna tarefa assaz difícil a realização de um estudo estatístico a respeito desse desvio comportamental dos agentes públicos. Dificuldades à parte, é digna de encômios a atividade desenvolvida pela organização não governa-

---

17 *Sanguessugas...*, p. 57.
18 *Sanguessugas...*, p. 58.
19 O déficit de moralidade que assola nossos homens públicos é bem estampado pelo art. 29 da Lei n. 13.019/2014, com a redação dada pela Lei n. 13.204/2015, que tem a seguinte redação: "[o]s termos de colaboração ou de fomento que envolvam recursos decorrentes de emendas parlamentares às leis orçamentárias anuais e os acordos de cooperação serão celebrados sem chamamento público, exceto, em relação aos acordos de cooperação, quando o objeto envolver a celebração de comodato, doação de bens ou outra forma de compartilhamento de recurso patrimonial, hipótese em que o respectivo chamamento público observará o disposto nesta Lei". Portanto, a legislação brasileira, além de permitir a celebração de parcerias com organizações da sociedade civil, o que tem sido fonte inesgotável de atos de corrupção, ainda autorizou que o vinculo do parlamentar à receita principie no orçamento e se estenda à escolha do próprio ente que praticará a atividade concreta, tendo dispensado o chamamento público. A gravidade desse quadro é bem percebida pela manchete do jornal *O Globo* de 15 de janeiro de 2016. Após noticiar que, apesar da grave financeira que assolava o País, a lei orçamentária fixou as receitas endereçadas ao fundo partidário em valor correspondente a quase o triplo da proposta original do governo, acresceu que, *além disso, os 594 parlamentares terão direito a R$ 9 bilhões em emendas individuais ao Orçamento da União*.

mental germânica, sem fins lucrativos, denominada *Transparência Internacional*, fundada em 1993 por um grupo de executivos do Banco Mundial, e que, desde 1995, estuda o problema utilizando uma série de índices que buscam delinear os atores envolvidos e a intensidade dos atos de corrupção.

Anualmente, a *Transparência Internacional* divulga um quadro analítico contendo um amplo estudo da corrupção em inúmeros países do mundo. Para tanto, são colhidas informações junto a empresários, analistas, usuários de serviços públicos e a população em geral.

Os três principais estudos realizados referem-se ao "índice de percepção da corrupção", ao "índice de pagadores de suborno" e ao "barômetro global da corrupção". O objetivo desses estudos é expor, de forma sintética, aos dirigentes de cada um dos países pesquisados e à comunidade internacional, os diferentes graus de corrupção que degeneram suas estruturas organizacionais, o que, em um segundo momento, atuará como elemento estimulador de políticas públicas tendentes a atenuá-la.

Tomando-se como parâmetro os estudos concernentes ao exercício de 1998, os resultados não são nada animadores. Com efeito, variando o "índice de percepção da corrupção" (CPI) em uma escala de 0 a 10[20], dos 85 países avaliados, 50 receberam uma avaliação inferior a 5 e 20 deles não alcançaram sequer a nota 3. Em 1999, o estudo abrangeu 99 países[21]; em 2002, a pesquisa foi realizada em 102 países[22]; em 2009, a 180[23]; em 2011, a 183[24]; e, em 2015, a 168[25].

---

20 O CPI (*Corruption Perception Index*) varia consoante a probabilidade de que os particulares, quando realizem negócios nos países estudados, sejam instados a entregar determinado numerário como suborno, sendo menor a pontuação obtida conforme aumente tal probabilidade.

21 Em 1999, os quatro primeiros colocados foram Dinamarca, com um CPI de 10; Finlândia, 9.8; Nova Zelândia e Suécia, ambos com 9.4. O Brasil, com um CPI de 4.1, ocupou a 45ª posição.

22 O índice de percepção da corrupção (CPI) relativo ao ano de 2002 apresentou os seguintes resultados: 1º) Finlândia 9.7, 2º) Dinamarca 9.5, 3º) Nova Zelândia 9.5, 4º) Islândia 9.4, 5º) Cingapura e Suécia 9.3, 7º) Canadá, Luxemburgo e Holanda 9.0; 10º) Reino Unido 8.7; (...) 40º) Costa Rica, Jordânia, Maurício e Coreia do Sul 4.5, 44º) Grécia; 45º) Brasil, Bulgária, Jamaica, Peru e Polônia 4.0; 50º) Gana 3.9, 51º) Croácia 3.9, (...) 98º) Angola, Madagascar e Paraguai 1.7, 101º) Nigéria 1.6 e 102º) Bangladesh 1.2.

23 Eis os resultados de 2009: 1º) Nova Zelândia – 9,4; 2º) Dinamarca – 9,3; 3º) Singapura e Suécia 9,2; 5º) Suíça – 9,0; (...) 14º) Alemanha –8,0; (...) 17º) Japão e Reino Unido 7,7; (...) 19º) EUA 7,5; (...) 25º) Chile e Uruguai – 6,7; (...) 35º) Portugal – 5,8; (...) 56º) Namíbia e Samôa 4,5 ; (...) 75º) Brasil, Colômbia, Peru e Suriname 3,7; (...) 106º) Argentina, Benin e Gabão – 2,9; (...) 154º) Costa do Marfim, Nova Guiné, Paraguai e Iêmem – 2,1; (...) 176º) Iraque –1,5; (...) e 180º) Somália – 1,1.

24 Os resultados de 2011 foram os seguintes: 1º) Nova Zelândia – 9,5; 2º) Dinamarca e Finlândia– 9,4; (...) 14º) Alemanha e Japão – 8,0; (...) 25º) França, Santa Lúcia e Uruguai – 7; (...) 54º) Hungria e Kuwait – 4,6; (...) 69º) Gana, Itália, Macedônia Francesa e Samôa – 3,9; (...) 73º) Brasil – 3,8; (...) 118º) Bolívia e Mali – 2,8; (...) 172º) Burundi, Guiné Equatorial e Venezuela – 1,9; (...) e 183º) Somália – 1.

25 Os resultados de 2015 foram os seguintes: 1º) Dinamarca – 91; 2º) Finlândia – 90; (...) 16º) Estados Unidos – 81; (...) 21º) Uruguai – 74; 22º Katar – 71; 23º) Estônia, França e Emirados Árabes – 70; (...) 40º Cabo Verde e Costa Rica – 40; (...) 61º) Itália – 44; (...) 76º) Brasil – 38; (...) 119º) Rússia – 29; 130º) Paraguai – 27; (...) e 150º) Camboja – 21.

O índice de percepção da corrupção indica a predisposição dos agentes públicos à percepção de vantagens indevidas, não indicando, com precisão, a frequência com que tal ocorre. Isto é justificável na medida em que as empresas, por reconhecerem o caráter delituoso dessa prática, não colaboram com o fornecimento de informações dessa natureza. Por essa razão, somente em 1999 a Transparência Internacional divulgou o "índice de pagadores de suborno" (BPI), que alcançava os 19 principais países exportadores do mundo e procura refletir a frequência com que as empresas neles situadas pagam suborno, aumentando a pontuação conforme diminuam os pagamentos[26]. Em 2006, a pesquisa alcançou 30 países, incluindo o Brasil; em 2008, 22[27]; e, em 2011, 28[28].

Enquanto o "*índice de percepção da corrupção*" reflete a percepção da corrupção pelos empresários e outros analistas, o "*barômetro global da corrupção*" mede o seu impacto sobre as pessoas por ela afetadas. Tal medição, longe de ser realizada com a elaboração de um índice unitário, é integrada por múltiplos referenciais de análise, permitindo a visualização do impacto causado pela corrupção sob diferentes ângulos.

O "*barômetro global da corrupção*", relativo ao ano de 2005, foi apresentado em 9 de dezembro, dia internacional de combate à corrupção. Esse índice tem revelado que o impacto da corrupção sobre a vida pessoal e familiar é mais acentuado nos lugares mais pobres. Conquanto possa soar paradoxal, um percentual relativamente pequeno de famílias em países com alta circulação de riquezas admitiu ter pago subornos nos últimos 12 meses, enquanto uma proporção relativamente alta de famílias de um grupo de países da Europa Oriental, África e América Latina admitiram tê-lo feito[29]. Tomando como parâmetro

---

26 Tomando-se como parâmetro o BPI (*Bribe Payers Index*) de 1999, os países com melhor colocação são os seguintes: Suécia 9.3 pontos, Austrália, Canadá 8.1 para ambos, Áustria 7.8, Suíça 7.7 e Holanda 7.4. Os piores, por sua vez, são China 3.1, Coreia do Sul 3.4, Taiwan 3.5, Itália 3.7, Malásia 3.9 e Japão 5.1. Em 2002, a linha de pesquisa foi ampliada e os índices foram os seguintes: 1º) Austrália 8.5, 2º) Suécia e Suíça 8.4, 4º) Áustria 8.2, 5º) Canadá 8.2, 6º) Holanda e Bélgica 7.8, 8º) Reino Unido 6.9, 9º) Cingapura 6.3, 10º) Alemanha – 6.3, 11º) Espanha 5.8, 12º) França 5.5, 13º) Estados Unidos 5.3, (...) 20º) China 3.5, e 21º) Rússia 3.2. Quanto às atividades mais propícias à corrupção entre os funcionários públicos, eis os dados de 2002: obras públicas e construção 1.3, armamento e defesa 1.9, petróleo 2.7, área imobiliária 3.5, telecomunicações 3.7, (...) e agricultura 5.9, sendo esta última a que apresenta a menor probabilidade de práticas corruptas.
27 Os países com melhor colocação no BPI de 2008 foram: 1º) Bélgica e Canadá 8,8; 3º) Holanda e Suíça 8,7; 5º) Alemanha, Reino Unido e Japão 8,6. Eis os piores: 17º) Itália e Brasil 7,4; 19º) Índia 6,8; 20º) México 6,6; 21º) China 6,5; e 22º) Rússia 5,9.
28 O BPI de 2011 teve os seguintes contornos: 1º) Holanda e Suíça – 8,8; 2º) Bélgica e Alemanha – 8,6; (...) 10º) Estados Unidos – 8,1; 11º) França e Espanha – 8,0; (...) 13º) Coreia do Sul – 7,9; 14º) Brasil – 7,7; (...) 23º) Argentina e Emirados Árabes – 7,3; 25º) Indonésia – 7,1; 26º) México – 7,0; 27º) China – 6,5; e 28º) Rússia – 6,1.
29 Respondendo à pergunta "*você ou alguém da sua família pagou algum tipo de suborno nos últimos 12 meses?*", responderam "sim": a) 31% 45% Camarões, Paraguai, Camboja e México; b) 11% 30% Etiópia, Gana, Guatemala, Lituânia, Moldávia, Nigéria, Romênia, Togo, Bolívia, República Tcheca, República Dominicana, Equador, Grécia, Indonésia, Índia, Quênia, Paquistão, Peru, Rússia, Senegal, Sérvia e Ucrânia; c) 5% a 10% Argentina, Bulgária, Bósnia, Colômbia, Croácia, Kosovo, Luxemburgo, Macedônia, Malásia, Nicarágua, Panamá, Filipinas, Polônia, África do Sul, Tailândia, Turquia e Venezuela; d) menos de 5% Áustria, Canadá,

a renda *per capita*, o efeito econômico do suborno difere de um país para outro, podendo absorver ou não uma considerável parcela do orçamento familiar[30]. Quanto aos setores mais corruptos, as instituições políticas ocupam o ápice da escala em 45 dos 65 países alcançados pela pesquisa[31]. No *barômetro global* relativo ao período 2010/2011, foram consideradas, como instituições mais afetadas pela corrupção, os partidos políticos, a polícia, o Judiciário, o Legislativo, o setor privado, os servidores públicos, o sistema de educação, a mídia e os corpos religiosos. Na República Federativa do Brasil, a primazia foi dos partidos políticos, quadro que permaneceu inalterado no índice de 2013.

À probidade e à transparência está contraposta a corrupção. Por tal razão, o grau de corrupção também está diretamente relacionado ao denominado "fator opacidade"[32], que pode ser expresso pela seguinte fórmula: "$Oi = 1/5\,[Ci + Li + Ei + Ai + Ri]$". As variáveis da fórmula expressam as informações a seguir discriminadas:

"i= país;

O= pontuação final;

C= impacto de práticas corruptas;

L= efeito da opacidade legal e judicial;

E= efeito da opacidade econômica e política;

A= efeito da opacidade contábil; e

R= impacto da opacidade regulatória e incerteza e arbitrariedade".

Costa Rica, Dinamarca, Espanha, Finlândia, França, Alemanha, Hong Kong, Islândia, Israel, Japão, Coreia do Sul, Holanda, Noruega, Portugal, Singapura, Suíça, Taiwan, Reino Unido, Uruguai e EUA.

30 Num universo de 19 países pesquisados, são os seguintes os custos do suborno: a) as famílias de Camarões, Gana e Nigéria gastam de um quinto a um terço de sua renda *per capita* com subornos; b) as famílias da Índia, Quênia, Moldávia, Togo e Ucrânia pagam cerca de 10 a 20% de sua renda *per capita*; e c) as famílias da Bolívia, República Dominicana, Guatemala, Lituânia, México, Paquistão, Paraguai, Peru, Romênia, Rússia e Sérvia, menos de 10%.

31 Observada uma escala de 1 (pouco corrupto) a 5 (muito corrupto), são os seguintes os setores e instituições mais afetados pela corrupção: a) partidos políticos – 4,0; b) parlamento – 3,7; c) polícia – 3,6; d) sistema legal/Judiciário – 3,5; e) negócios/setor privado – 3,4; f) tributação – 3,4; g) alfândega – 3,3; h) mídia – 3,2; i) serviços médicos – 3,2; j) concessionárias de serviços públicos – 3,0; k) sistema educacional – 3,0; l) militares – 2,9; m) registro e autorização de atividades – 2,9; n) organizações não governamentais – 2,8; e o) organismos religiosos – 2,6. Realizando-se uma divisão por região, o resultado é o seguinte: a) Ásia – partidos políticos (4,2), parlamentos (3,9) e polícia (3,9); b) África – polícia (4,4), partidos políticos (4,2) e aduana (4,0); c) Europa Ocidental – partidos políticos (3,7), parlamentos (3,3) e iniciativa privada (3,3); d) Europa Central e Oriental – polícia (4,0), partidos políticos (4,0) e parlamentos (3,9); e) América Latina – partidos políticos (4,5), parlamentos (4,4) e polícia (4,3).

32 Cf. estudo apresentado no Congresso Nacional de Jovens Lideranças Empresariais, Ética e Transparência para o Aperfeiçoamento Contínuo da Sociedade, *apud* Lincoln Magalhães da Rocha, "Probidade administrativa, equidade, e responsabilidade fiscal e social num mundo globalizado", *Revista do Tribunal de Contas da União* n. 92/312.

8. CORRUPÇÃO E DESESTATIZAÇÃO

Por ser a corrupção uma consequência assaz comum nas hipóteses de concentração de poder, uma das estratégias normalmente utilizadas para combatê-la consiste na limitação do poder, quer reduzindo a amplitude das competências, quer aprimorando os mecanismos de controle, quer eliminando a própria atuação estatal. Especificamente no que concerne à intervenção do Estado no domínio econômico, abstraindo-nos de concepções ideológicas, é possível afirmar que a sua paulatina redução importará em proporcional diminuição dos poderes dos agentes públicos, o que acarretará o estreitamento do seu campo de ação e em muito restringirá o estímulo à prática dos atos de corrupção.

É sabido que a burocracia estatal não apresenta a agilidade necessária ao desempenho de certas atividades típicas dos regimes de livre iniciativa, máxime em searas de intensa inovação tecnológica, dependentes de constantes e elevados investimentos. Nesses casos, a competitividade tende a aumentar a qualidade do serviço prestado e a diminuir os custos para os respectivos usuários. Daí a opção de somente se admitir a exploração de atividades econômicas, pelo Estado, em situações excepcionais, que se mostrem verdadeiramente relevantes à satisfação do interesse público.

A retração da intervenção estatal no domínio econômico e o estímulo à iniciativa privada são importantes medidas de combate à corrupção. Oferecendo-se facilidades, pouco espaço sobra para que o agente público venda dificuldades. Quanto menor for a intervenção do Estado, menor será a relevância do papel desempenhado pelo agente público, o que em muito reduzirá o espaço aberto à corrupção.

Não se ignora, no entanto, que a livre concorrência, apesar de apresentar os aspectos favoráveis acima referidos, não pode ser levada a extremos. Não raro, será imperativa a intervenção do Estado no domínio econômico, o que preservará a igualdade de oportunidades e reduzirá a possibilidade de dominação de mercados.

Frise-se, ainda, que a própria redução da intervenção estatal no domínio econômico tem sido fonte de incontáveis atos de corrupção, em especial para a obtenção de informações privilegiadas e consequente limitação da competitividade nos respectivos leilões de privatização. A transferência, à iniciativa privada, do controle acionário de empresas estatais exige uma avaliação adequada não só do ativo imobilizado, como, também, do seu potencial faturamento, de modo que a alienação não se transmude em pura e simples doação.

9. CORRUPÇÃO E RESPONSABILIDADE DO AGENTE PÚBLICO

Como derivação da própria noção de democracia, que congrega a ideia de representatividade de interesses alheios, deve ser prestigiada a possibilidade de responsabilização de todos aqueles que desempenhem esse *munus*.

Em sua essência, a responsabilidade do agente público pelos ilícitos que venha a praticar é consequência lógica da inobservância do dever jurídico de atuar em busca da consecução do interesse público. Dessa concepção teleológica derivam o dever de transparência e o dever de prestar contas da gestão dos recursos públicos. Descumpridos os deveres, há de incidir a sanção correspondente. Inexistindo sanção, ter-se-á o enfraquecimento da própria concepção de dever.

A responsabilização dos agentes públicos pode se disseminar em múltiplas vertentes, assumindo um colorido administrativo, político, penal, cível ou mesmo moral. Tais vertentes, que acompanharão a natureza do ato e a sua potencialidade lesiva no contexto social, possibilitarão a aplicação de sanções extremamente variáveis, quer em grau, quer em essência.

A responsabilidade administrativa exige o aprimoramento dos mecanismos de controle interno, permitindo o acesso de qualquer servidor aos órgãos correcionais e, em situações extremas, resguardando o sigilo da identidade daqueles que realizaram a respectiva provocação[33]. O acesso aos mecanismos de controle deve ser livre e imediato, evitando os malefícios de um intrincado sistema erguido em bases hierárquicas de cunho escalonado e sucessivo. Em outras palavras, deve ser assegurado o acesso à autoridade que ocupe o ápice da pirâmide hierárquica, tornando-se dispensável a provocação daqueles que ocupem posições intermédias. O sigilo da identidade do noticiante, em sua pureza conceitual, evita represálias futuras e em nada compromete a ampla defesa do servidor noticiado, consubstanciando mero elemento deflagrador da investigação. Sob outra ótica, no entanto, o anonimato atua como fator de desestabilização social, permitindo sejam vilipendiados os recantos mais ocultos da honra alheia, muitas vezes por motivações políticas ou mero espírito de emulação[34].

A inter-relação entre as responsabilidades política e judicial (*rectius*: penal ou cível) merece uma breve reflexão. Como ensinam as regras de experiência, na medida em que se ascende no escalonamento hierárquico, mais remotas se mostram as possibilidades de responsabilização do agente público. Tal constatação deriva das maiores prerrogativas que a lei concede ao agente, de sua ascendência política, da possibilidade de manipulação da opinião pública, da maior disponibilidade de recursos financeiros – o que lhe permitirá uma ampla defesa (quer lícita, quer ilícita) – e de um possível direcionamento da estrutura administrativa à consecução de seus próprios interesses. No que concerne aos agentes políticos, que normalmente ocupam o ápice do escalonamento funcional, raros são os casos de responsabilização política, o que deriva da constatação de que a própria atividade partidária, a cada dia mais ampla e organizada, tende a evitar que o Chefe do Executivo tenha contra si uma forte oposição no Parlamento, isto sem olvidar os ajustes políticos de toda ordem que são diuturnamente realizados.

---

33 Cf. MALEM SEÑA, Jorge F. *La corrupción...*, p. 83.
34 O STF reconheceu a inconstitucionalidade do art. 55, § 1º, da Lei Orgânica do Tribunal de Contas da União ("Ao decidir, caberá ao Tribunal manter ou não o sigilo quanto ao objeto e à autoria da denúncia"), por incompatibilidade com o art. 5º, IV e X, da CR/1988 (Pleno, MS n. 24.405/DF, rel. Min. Carlos Velloso, j. em 3/12/2003, *Inf.* n. 332 e *DJ* de 23/4/2004).

Além da blindagem que inviabiliza a responsabilização política dos altos escalões do poder, ainda merece menção o total esvaziamento de outra forma de responsabilidade similar, de cunho igualmente político e que permanece à margem de uma tipificação formal ou de um processo regular. Trata-se da sustentabilidade política dos agentes acusados de corrupção e que ocupem cargos demissíveis *ad nutum* (*v.g.*: Ministros ou Secretários de Estado). A natureza das funções que exercem e a ascendência do cargo que ocupam perante o funcionalismo em geral são suficientes para demonstrar que devem ostentar reputação ilibada e conduta exemplar, referenciais de todo incompatíveis com o envolvimento em escândalos de corrupção. Não que sua permanência no cargo torne-se inviável com qualquer maledicência; o que se afirma, em verdade, é que fatos contundentes, normalmente apurados e comprovados pelo denominado jornalismo investigativo, devem ser objeto de aferição e de pronta resposta por parte do agente responsável pela nomeação (*v.g.*: Presidente da República ou Governador de Estado). O que se constata, no entanto, é uma lamentável abstenção valorativa sob o argumento de que o agente envolvido no escândalo ainda não foi definitivamente condenado perante os órgãos jurisdicionais. A presunção de inocência, como se sabe, é valor basilar de qualquer sociedade civilizada, mas não pode ser deturpada ao ponto de legitimar abstenções em valorações políticas a serem necessariamente realizadas pelos altos escalões do poder. A responsabilização política, que se mostra imprescindível à credibilidade e ao regular funcionamento das instituições, não deve incidir de modo seletivo, normalmente adstrito às conveniências pessoais do agente responsável pela sua efetivação. Deve assumir uma perspectiva essencialmente distinta, privilegiando-se o interesse público, o que exige alterações do foco de análise de juízos valorativos dessa natureza.

Ante a ínfima possibilidade de responsabilização política, que seria um eficaz mecanismo de prevenção e repressão à corrupção, resta a responsabilização perante os órgãos judiciais, o que pressupõe a tramitação de um demorado e custoso processo e o preenchimento dos requisitos legais, como o elemento subjetivo exigido pela norma (dolo ou culpa) e o enquadramento da conduta em uma tipologia específica. A distinção entre responsabilidade política e responsabilidade judicial, como será visto em tópico próprio, conquanto clara para o operador do Direito, é quase que imperceptível à população em geral. Como consequência, uma possível condenação judicial pode ensejar, aos olhos do leigo, o surgimento de um sentimento de ilegitimidade em relação ao Poder Judiciário, pois o agente político contou com o beneplácito dos parlamentares, que são representantes do povo, o que impossibilitou o simultâneo reconhecimento de sua responsabilidade política. Com isso, tem-se uma indesejável semente de desprestígio do aparato judicial frente à população, já que à condenação jurídica não esteve atrelada a condenação política e a necessária responsabilização moral. A recíproca, à evidência, também é verdadeira.

Especificamente em relação à responsabilidade moral, tem-se a projeção dos efeitos da publicidade do ato no organismo social, que os absorverá e formará um juízo crítico a respeito das virtudes e dos valores ético-morais do agente público. Sua conduta tanto poderá merecer o beneplácito como o repúdio de seus pares, o que terá grande relevância nas hipóteses em que o agente, por pretender exercer a representatividade popular, dependa dos votos daqueles que tiveram conhecimento de seus atos. O juízo crítico acima referido, elemento condicionante da própria responsabilidade moral, variará em graus semelhantes à capacidade de percepção do organismo social. A disseminação da informação pressupõe uma imprensa livre (e responsável), enquanto a sua assimilação exige uma população com níveis satisfatórios de desenvolvimento social e intelectual[35]. Em um país de baixo desenvolvimento humano, como é fácil concluir, a responsabilização moral do agente é sensivelmente enfraquecida, terminando por se diluir com uma mistura infalível: o passar do tempo e um bom exercício de retórica. Frustrados os mecanismos de controle social, não resta outra alternativa senão buscar a efetividade dos instrumentos de persecução e de repressão à corrupção.

10. DOSIMETRIA DAS SANÇÕES E PERSPECTIVA DE EFETIVIDADE

Além dos mecanismos de prevenção já mencionados, o combate à corrupção está diretamente entrelaçado à perspectiva de efetividade das sanções cominadas. A prática de atos de corrupção, dentre outros fatores, sofre um sensível estímulo nas hipóteses em que seja perceptível ao corrupto que reduzidas são as chances de que sua esfera jurídica venha a ser atingida em razão dos ilícitos que perpetrou. Por outro lado, a perspectiva de ser descoberto, detido e julgado, com a consequente efetividade das sanções cominadas, atua como elemento inibidor à prática dos atos de corrupção.

Ainda que esse estado de coisas não seja suficiente a uma ampla e irrestrita coibição à corrupção, seu caráter preventivo é indiscutível. Além das sanções de natureza penal, que podem restringir a liberdade individual, é de indiscutível importância a aplicação de reprimendas que possam, de forma direta ou indireta, atingir o bem jurídico que motivou a prática dos atos de corrupção: o patrimônio do agente.

Quanto maiores forem os prejuízos patrimoniais que o agente poderá suportar e mais aprimorados se mostrarem os meios de controle, menores serão os estímulos à corrupção. Essa afirmação, aparentemente simples, não deve ser interpretada como um mero exercí-

---

[35] Uma valoração responsável do comportamento do agente público exige breves reflexões em torno da noção de moral crítica. Enquanto a moral comum apresenta dissonâncias compatíveis com uma sociedade pluralista, não sendo divisado, em linha de princípio, qualquer compromisso com a justificação de seus conceitos, a moral crítica resulta de um *iter* procedimental destinado a conferir racionalidade às conclusões que dela defluam. Para maior desenvolvimento do tema, *vide* HART, H. L. A. *Law, Liberty and Morality*. Stanford: Stanford University Press, 1963, p. 20. A importância da moral crítica torna-se bem perceptível ao lembrarmos as palavras de D. Pedro I que, em carta ao Ministro João Severiano Maciel da Costa, posteriormente nomeado Marquês de Queluz, deu-lhe um conselho que certamente foi incorporado às diretrizes comportamentais seguidas pela classe política brasileira. Dizia ele: "[n]ão preciso recomendar-lhe que faça muito espalhafato, indo aos arsenais, alfândegas, etc., etc.; já governou e sabe muito bem como se engana o povo" (SOUSA, Octávio Tarquínio de. *História dos fundadores do Império do Brasil*. A vida de D. Pedro I, São Paulo: EDUSP, 1988, v. 2, p. 173).

cio de retórica. À sua concreção no plano fático deve estar vinculada a efetiva existência de custo econômico para o agente que venha a sofrê-las. Esse custo econômico estará atrelado não só à perda patrimonial atual, como também à futura. A perda patrimonial futura refletirá, em especial, os ganhos que o agente deixará de receber caso venha a perder o cargo ocupado e a inabilitação para o exercício de outra função no prazo fixado em lei. Dessa constatação resulta a conclusão de que o receio do prejuízo patrimonial, verdadeiro elemento inibidor da corrupção, será tanto maior quanto mais elevada for a remuneração recebida pelo agente. Remuneração insignificante, além de atentatória à dignidade da função e comprometedora da subsistência do agente, é um indiscutível elemento de estímulo à corrupção[36].

Merece ser realçado que, além do aspecto jurídico das sanções, os agentes públicos, em especial aqueles que exercem função política, em muito prezam a reputação que ostentam e, uma condenação por corrupção, como se sabe, reduz sensivelmente as perspectivas de êxito em um futuro pleito.

Repita-se, uma vez mais, que é absolutamente inútil a cominação de severas sanções se os mecanismos de controle e de execução são ineficazes. O temor que reduzirá o ímpeto do agente para a prática do ilícito surge a partir da constatação de que uma sanção será inevitavelmente aplicada. Ao revés, não obstante a cominação legal, havendo a certeza de que a sanção não se efetivará, o temor se transmuda em estímulo, em muito enfraquecendo os freios inibitórios do agente.

Além do aspecto preventivo, a sensação de efetividade das sanções terá como sucedâneo a lenta e paulatina diminuição dos próprios custos com os mecanismos de controle, pois, na medida em que se difunde a repulsa à ilicitude, em menor número serão aqueles que se aventurarão à sua prática.

11. CORRUPÇÃO E INTERESSE PRIVADO

A corrupção, a partir da relação estabelecida entre corruptor e corrompido, busca minimizar os custos e maximizar as oportunidades. Nessa perspectiva, a corrupção se apresenta como um meio de degradação do interesse público em prol da satisfação do interesse privado. O agente público, apesar de exercer suas funções no âmbito de uma estrutura organizacional destinada à consecução do bem comum, desvia-se dos seus propósitos originais e passa a atuar em prol de um interesse privado bipolar, vale dizer, aquele que, a um só tempo, propicia uma vantagem indevida para si próprio e enseja um benefício para o particular que compactuou com a prática corrupta. A questão, caso disso-

---

36 Observa Jorge F. Malem Seña (*La corrupción...*, p. 75) que Gana, no ano de 1969, apresentava níveis salariais tão baixos na administração pública que, mesmo se um funcionário decidisse gastar toda a sua remuneração com comida, não conseguiria satisfazer uma dieta equilibrada, o que contribuía para a compreensão dos altos índices de corrupção então existentes.

ciada de balizamentos éticos, sendo analisada sob uma ótica meramente patrimonial, permite concluir que, em inúmeras oportunidades, o particular tenderá a aceitar a prática corrupta para a satisfação mais célere ou menos custosa do seu interesse privado, ainda que o interesse público termine por ser prejudicado.

Essa ausência de consciência coletiva, com a correlata supremacia do interesse privado sobre o público, é, igualmente, um poderoso elemento de estímulo à corrupção, tornando-a socialmente aceitável[37]. Na conhecida classificação de Arnold Heidenheimer[38], que leva em consideração a percepção das elites e da opinião pública em relação à corrupção, esta se subdivide em negra, cinza e branca. Na corrupção negra, é divisado um consenso entre as elites e a opinião pública quanto à reprovabilidade de um ato e à imprescindibilidade de sua punição. Na corrupção cinza, alguns elementos, normalmente oriundos das elites, defendem a punição do ato, enquanto a maioria da população assume uma posição dúbia. Por último, na corrupção branca, a maior parte das elites e da população, por tolerar certos atos de corrupção, não apoia com vigor a sua criminalização e consequente coibição. O "jeitinho brasileiro" reflete uma "zona cinzenta moral", em que, a depender das circunstâncias, condutas normalmente tidas como erradas passam a ser vistas como certas ou, ao menos, como toleráveis[39]. A aceitação social da corrupção possui um potencial expansivo diretamente proporcional à possibilidade, ou não, de que certa conduta seja considerada um mero "jeitinho", o que, sob os olhos da realidade social, a retiraria do plano da ilicitude. Seu combate está diretamente relacionado ao desenvolvimento dos padrões educacionais e da consciência cívica da população, fatores que exigem um processo contínuo de aperfeiçoamento e que somente apresentam resultados satisfatórios a longo prazo.

Deve-se afastar a vetusta concepção de que a coisa pública não é de ninguém, fruto indesejado do perverso ciclo de perpetuação da ignorância popular[40]: povo ignorante não se insurge contra o agente corrupto, o agente corrupto desvia recursos públicos e os afasta das políticas de concreção da cidadania, o povo fica mais ignorante e dependente daquele que o lesou, sendo incapaz de romper o ciclo – quando muito, altera os personagens. Não é exagero afirmar que um dos principais mecanismos de combate à corrupção é o aumento da educação popular, premissa indispensável para o surgimento de uma sociedade justa e virtuosa. A ausência de virtude social aumenta a responsabilidade dos padrões

---

37 Cf. BIGNOTTO, Newton. Republicanismo, in Corrupção. Ensaios e Críticas. AVRITZER, Leonardo; BIGNOTTO, Newton; GUIMARÃES, Juarez e STARLING, Heloísa Maria Murgel, p. 103 (108-109).

38 Perspectives on the Perception of Corruption, in *Political Corruption, A Handbook*, org. por Arnold Heidenheimer *et alii*, p. 161 e s.

39 Cf. ALMEIDA, Alberto Carlos. *A cabeça do brasileiro*. Rio de Janeiro – São Paulo: Editora Record, 2007, p. 47-48.

40 Nas palavras de Konrad Hesse (*Elementos de Direito Constitucional da República Federal da Alemanha*, p. 133), "em tudo, democracia é, segundo seu princípio fundamental, um assunto de cidadãos emancipados, informados, não de uma massa ignorante, apática, dirigida apenas por emoções e desejos irracionais que, por governantes bem-intencionados ou mal-intencionados, sobre a questão do próprio destino, é deixada na obscuridade".

normativos e dos mecanismos institucionais de combate à corrupção. O complicador é que, se esses fatores são delineados por homens e mulheres oriundos de uma sociedade não virtuosa, é muito provável que padeçam de vício similar, o que faz que a corrupção torne-se endêmica.

Regra geral, a corrupção é deflagrada por grupos de pressão, que atuam de forma sistemática junto aos poderes constituídos visando à consecução de seus objetivos, culminando em direcionar-se para aquela vertente sempre que não alcancem seus fins por meios diversos.

Sob a ótica empresarial, a corrupção, em inúmeras ocasiões, é vista como um instrumento necessário à manutenção da própria competitividade entre os que atuam em um meio reconhecidamente corrupto. Aqueles que abdicarem da corrupção se verão em uma posição de inferioridade em relação aos competidores que se utilizam desse mecanismo, sendo possível, até mesmo, sua exclusão da própria competição (*v.g.*: órgão público cujos agentes fraudam com frequência suas licitações, ou que exigem um percentual do objeto do contrato para a sua adjudicação, somente permitirá que o certame seja vencido por empresa que se ajuste ao esquema de corrupção). Incide, aqui, em toda a sua intensidade o conhecido dilema do prisioneiro: os corruptos não se abstêm das práticas ilícitas porque desconhecem o comportamento que será adotado pelos seus pares.

O contratante beneficiado pelos atos de corrupção, por vezes, deixa de cumprir os requisitos técnicos exigidos para o caso e não realiza a melhor prestação, isto porque o custo da corrupção haverá de ser transferido para a execução do contrato, o que redundará em prestação com quantidade ou qualidade inferior à contratada.

As formas de corrupção – não só toleradas como estimuladas no âmbito empresarial – apresentam múltiplas variações. Dentre as mais comuns, podem ser mencionadas: a) a entrega de presentes aos agentes públicos que, no exercício da função, de algum modo possam beneficiar a empresa; b) a desmesurada hospitalidade na recepção dos agentes públicos; c) o custeio de despesas que recaem sobre tais agentes; d) o fornecimento de viagens gratuitas etc.

A corrupção pode manifestar-se, igualmente, como projeção das alianças que propiciaram ao agente público a ascensão ao poder. Em casos tais, os benefícios auferidos pelo agente antecederam o próprio exercício da função pública, mas acarretarão reflexos na atividade finalística a ser por ele ulteriormente desenvolvida. Trata-se de verdadeira *corrupção diferida*, na qual a vantagem recebida no presente desvirtuará a atividade administrativa em momento futuro.

12. CUSTOS SOCIAIS DA CORRUPÇÃO

O regular funcionamento da economia exige transparência e estabilidade, características de todo incompatíveis com práticas corruptas. A ausência desses elementos serve de desestímulo a toda ordem de investimentos, que serão direcionados a territórios menos conturbados, o que, em consequência, comprometerá o crescimento, já que sensivelmente diminuído o fluxo de capitais.

Quanto maior for a relevância dos interesses que o agente público venha a dispor em troca das benesses que lhe sejam ofertadas, maior será o custo social de sua conduta[41].

As políticas públicas, ademais, são sensivelmente atingidas pela evasão fiscal, que consubstancia uma das facetas dos atos de corrupção. Com a diminuição da receita tributária, em especial daquela originária das classes mais abastadas da população, diminui a redistribuição de renda às classes menos favorecidas e aumenta a injustiça social. Esse quadro ainda servirá de elemento limitador à ajuda internacional, pois é um claro indicador de que os fundos públicos não chegam a beneficiar aqueles aos quais se destinam.

Esse ciclo conduz ao estabelecimento de uma relação simbiótica entre corrupção e comprometimento dos direitos fundamentais do indivíduo. Quanto maiores os índices de corrupção, menores serão as políticas públicas de implementação dos direitos sociais[42]. Se os recursos estatais são reconhecidamente limitados, o que torna constante a invocação da *reserva do possível*[43] ao se tentar compelir o Poder Público a concretizar determinados direitos consagrados no sistema, essa precariedade aumentará na medida em que os referidos recursos, além de limitados, tiverem redução de ingresso ou forem utilizados para fins ilícitos[44].

Como os atos de corrupção normalmente não ensejam o surgimento de direitos amparados pelo sistema jurídico, já que escusos, a solução dos conflitos de interesses verificados nessa seara normalmente redunda na prática de infrações penais, o que estimula o aumento da própria criminalidade.

---

41 Conforme conclusões exaradas em estudo realizado pelo Banco Mundial, publicado na revista *Veja* n. 1.491, de 14/3/2001, acaso diminuídos os níveis de corrupção pela metade, acarretariam eles a redução dos seguintes fatores de arrefecimento social: a) mortalidade infantil – 51%; b) desigualdade na distribuição de renda – 54%; e c) porcentagem da população que vive com menos de dois dólares por dia – 45%. Além disso, ressalta que "a diferença básica entre os países não é a existência da corrupção, mas a forma de puni-la. Há, neste particular, diferenças culturais. No Japão, país opaco, políticos e empresários que são flagrados recebendo regalos em troca de benefícios se matam de vergonha. Na Itália, perdem o poder. Na Arábia Saudita, perdem a mão. Em Cingapura, paraíso da transparência, são condenados à morte".
42 Cf. GORDILLO, Agustín. Un Corte Transversal al Derecho Administrativo: La Convención Interamericana Contra la Corrupción, *LL*, 1997-E, p. 1091.
43 *Vide* BÖCKENFÖRDE, Ernest W. Los Derechos Fundamentales Sociales en la Estructura de la Constitución, in *Escritos sobre Derechos Fundamentales*, trad. de Juan Luis Requejo Pagés, p. 72 e s.
44 Após afirmar que alguns Estados transitam de uma democracia para uma cleptocracia, Susan Rose-Ackerman (*Corrupção e Governo*, p. 169), distinguindo entre cleptocratas fracos e fortes, lembra a seguinte anedota, repetida em várias ocasiões nas comunidades em desenvolvimento: "O governante *A* exibe a sua nova mansão ao governante *B*. Apontando para a nova autoestrada, *A* explica a existência da sua nova casa dizendo: '30%'. Mais tarde, *A* visita *B* na sua nova e ainda mais rica mansão. À pergunta de como tinha sido financiada, *B* diz: 'Vê aquela autoestrada além?' *A* olha surpreendido porque não vê nenhuma autoestrada. 'É aí que bate o ponto', diz *B*, '100%'".

A corrupção, assim, gera um elevado custo social, sendo os seus malefícios sensivelmente superiores aos possíveis benefícios individuais que venha a gerar[45].

13. SIMULAÇÃO DA LICITUDE DOS ATOS DE CORRUPÇÃO

Em inúmeras ocasiões, a normatização de regência das relações intersubjetivas é utilizada como mecanismo de legitimação da vantagem indevida obtida com os atos de corrupção. Tal simulação pode revestir-se de inúmeras facetas. À guisa de ilustração, mencionaremos as seguintes: a) simulação de contratos de compra e venda, com objeto fictício ou com a fixação de preço superior ao valor real do bem, o que termina por conferir ares de legitimidade ao numerário que exceder o valor real; b) transferência de recursos para paraísos fiscais, nos quais, normalmente, a abertura das contas é realizada por meios eletrônicos, inexistindo prova contundente de que o agente é o seu titular; c) utilização de títulos ao portador ou de pessoas jurídicas – não raro controladas por outras pessoas jurídicas sediadas no exterior e cujo acionista controlador é desconhecido; d) estabelecimento de relações fictícias entre pessoas jurídicas nacionais e estrangeiras, possibilitando a lavagem de dinheiro e a indevida remessa de divisas para o exterior; e) instrumentos procuratórios que propiciam a manipulação dos denominados "laranjas" ou "testas de ferro", normalmente pessoas humildes e com reduzida capacidade intelectiva que assumem, formalmente, a titularidade dos bens do corrupto; f) utilização de pessoas jurídicas, normalmente sem fins lucrativos (associações e fundações) para gerir os recursos captados com a corrupção, transmitindo a falsa impressão de que sua origem é lícita e de que se destinam à satisfação do interesse social.

A tendência é que tais mecanismos venham a se proliferar, tornando cada vez mais complexa a sua compreensão e consequente repressão. A contenção desse estado de coisas exige que aos agentes públicos seja dispensado um tratamento jurídico diferenciado em relação aos particulares, o mesmo devendo ser feito quanto aos particulares que pre-

---

[45] Como lembra María Victoria Muriel Patino (Economía, Corrupción y Desarrollo, in *La corrupción: aspectos jurídicos y económicos*, org. por Eduardo A. Fabián Caparrós, p. 27-28), alguns sustentam a existência de aspectos positivos nas práticas corruptas: "Hay que destacar que no todos los analistas concluyen que la corrupción produce efectos indiscutiblemente negativos sobre la economía, si bien la postura que defiende que los efectos netos son positivos es cada vez más minoritaria. En este sentido, algunos autores señalan que la corrupción en ocasiones mitiga – aunque no elimina – el problema de la pobreza, al permitir que algunos ciudadanos escapen a legislaciones demasiado restrictivas que les impedirían todo acceso a determinados bienes y actividades – economía sumergida, construcción ilegal de viviendas... – que proporcionan un cierto bienestar. También se argumenta que la corrupción puede incluso dar lugar a un mayor crecimiento económico, dado que los individuos corruptos generalmente disponen de mayor renta y, por tanto, de mayor capacidad para realizar inversión productiva. En cualquier caso, no puede pasarse por alto el hecho de que ambos argumentos únicamente tienen un sentido parcial, no generalizable. Incluso aceptando que pequeños actos de corrupción puedan mejorar puntualmente el bienestar de algunos de los individuos más pobres, no cabe duda de que existen numerosas formas de afrontar el problema subyacente de distribuición de la renta más adecuadas que la tolerancia de la corrupción".

tendem contratar com o Poder Público. Em casos tais, as perspectivas de efetividade das posturas preventiva e repressiva dissentem entre si em grande intensidade, sendo esta nitidamente inferior àquela.

14. O REDIMENSIONAMENTO DE PRÁTICAS PRIVADAS COMO MECANISMO DE CONTENÇÃO DA CORRUPÇÃO

O agente público, na medida em que exerce uma função de igual natureza, deve ter uma conduta absolutamente transparente, daí a necessidade de serem amenizadas as regras que reduzem a publicidade de sua evolução patrimonial, em especial as concernentes ao sigilo bancário e fiscal[46]. Devem ser instituídos órgãos responsáveis pelo efetivo monitoramento da evolução patrimonial do agente, sempre buscando analisar a compatibilidade entre o que fora informado e a realidade fenomênica. Com isto, evitar-se-ão situações que em muito contribuem para o enfraquecimento das instituições, como na hipótese de o agente receber parca remuneração e usufruir de bens de consumo de alto custo, sem que nenhum órgão afira a desproporção entre esses dois vetores.

Determinadas operações deveriam ser necessariamente transparentes, ainda que oriundas de profissionais liberais, como os advogados, ou de instituições financeiras (*v.g.*: necessidade de comunicar a existência de depósitos superiores a valores que superem o padrão médio, proscrição dos títulos ao portador e dos depósitos não identificados etc.). Como forma de proteção à intimidade, que em um Estado Democrático não pode ser concebida como um direito absoluto, o que legitima a sua ponderação com outros valores relevantes à sociedade, o acesso poderia ser restrito a um órgão governamental, que seria responsável pelo cadastramento e batimento das informações coletadas.

O combate à corrupção, assim, longe de estar unicamente atrelado à existência de severas normas sancionadoras, em muito depende do redimensionamento de institutos regidos pelo direito privado que, acaso utilizados com abuso de direito, inviabilizam a sua identificação e consequente coibição. Enfraquecidos os subterfúgios utilizados para simular a licitude do numerário obtido com a prática da corrupção, melhores perspectivas surgirão na atividade investigatória, já que sensivelmente reduzidos os meandros a serem percorridos na identificação do ilícito.

15. CORRUPÇÃO E GLOBALIZAÇÃO

Apesar de a corrupção estar presente em praticamente todas as fases do desenvolvimento humano, o aumento das transações comerciais internacionais e o constante fluxo de capitais entre os países em muito contribui para a sua proliferação.

---

[46] No Brasil, a Lei n. 8.730/1993 – que dispõe sobre a obrigatoriedade de apresentação da declaração de bens e rendas para o exercício, no âmbito da União, de cargos nos Poderes Executivo, Legislativo e Judiciário, bem como no Ministério Público – prevê, em seu art. 1º, § 2º, IV, que o Tribunal de Contas publicará, *"periodicamente, no Diário Oficial da União, por extrato, dados e elementos constantes da declaração"*.

Por estarem alheias aos prejuízos sociais que as práticas corruptas podem acarretar, as multinacionais delas se utilizam com frequência, buscando obter informações privilegiadas, licenças de operação, facilidades no escoamento da produção etc.

Há poucos anos, era comum que países desenvolvidos, buscando aumentar a competitividade de suas empresas, autorizassem o pagamento de "comissões" a agentes públicos de países importadores, admitindo, inclusive, que tais valores fossem deduzidos dos tributos devidos ao fisco. Regra geral, o único elemento limitador dessa prática era o de que os atos de corrupção deveriam ser praticados fora do território nacional[47].

Em relação ao comércio internacional, é extremamente delicada a situação das alfândegas, seara em que a corrupção é o mecanismo diuturnamente utilizado para encobrir inúmeras "práticas comerciais", *verbi gratia*: a) a triangulação comercial, utilizada para fraudar o país de origem da mercadoria com o objetivo de submeter o produto a tratamento tributário mais favorável; b) o subfaturamento ou a aquisição de produtos novos como se usados fossem, influindo na base de cálculo do tributo ou no próprio regime de tributação; c) a aquisição de produtos proibidos (contrabando); d) a aquisição de produtos permitidos sem o correspondente recolhimento do tributo (descaminho); e e) a obtenção de isenções sem o cumprimento dos requisitos essenciais do *drawback*.

A globalização também se apresenta como elemento estimulador da corrupção na medida em que realça e aproxima as desigualdades de ordem econômica, social, cultural e jurídica, o que permite a coexistência de realidades que em muito destoam entre si. Com isto, tem-se um campo propício ao oferecimento e à consequente aceitação de vantagens indevidas, em especial quando os envolvidos ocupam polos opostos em relação aos mencionados indicadores.

16. O COMBATE À CORRUPÇÃO NO PLANO INTERNACIONAL

A corrupção, quer estudada sob o prisma sociológico, quer jurídico, há muito deixou de ser concebida como um fenômeno setorial, que surge e se desenvolve de forma

---

[47] Essa prática foi acolhida por inúmeros países europeus na década de 70, podendo ser mencionados a Alemanha e a França. Neste último país, a exclusão do crédito tributário era precedida de um procedimento confidencial, instaurado no âmbito do Ministério das Finanças, no qual o exportador "negociava" a exclusão pretendida e fornecia, em obediência ao Código Geral de Impostos, o "nome, prenome, função e endereço do beneficiário" do pagamento (Christophe Guettier, *La Loi Anticorruption*, p. 40). Nos Estados Unidos da América, esse tipo de comportamento foi proibido com a edição do *Foreign Corrupt Practices Act* de 1977, cuja Seção 162 (*Internal Revenue Code*) dispõe que os pagamentos efetuados a funcionários estrangeiros não poderão ser deduzidos nos casos em que a legislação do país de origem desses últimos os considere ilegais. Esse diploma aperfeiçoou o sistema americano, que já contava com a lei sobre organizações corruptas e negócios ilícitos (RICO – *Racketeer Influenced and Corrupt Organizations*, 18 U.S.C. Secs. 1962 e s.), que buscou combater a máfia, e com a lei que autorizava o confisco das vantagens auferidas com o suborno (18, U.S.C. Sec. 3.666). Em 1997, quase 40 países integrantes da Organização de Cooperação e Desenvolvimento Econômico subscreveram a Convenção de luta contra os subornos a funcionários públicos estrangeiros em transações comerciais de caráter internacional e que recomendava não fossem permitidas quaisquer deduções, em matéria tributária, das importâncias pagas a título de suborno.

superposta aos lindes territoriais de determinada estrutura organizacional. Na medida em que a corrupção rompe fronteiras, expandindo-se de forma desenfreada, torna imperativa a existência de ações integradas e de mecanismos de cooperação entre os diferentes Estados.

Neste tópico, realizaremos uma breve referência a alguns acordos de cooperação que bem refletem a preocupação da comunidade internacional com esse deletério fenômeno. A enumeração, por evidente, não é exaustiva, e a abordagem é eminentemente ilustrativa. De qualquer modo, pareceu-nos relevante a referência. Nos itens subsequentes, analisaremos, de modo um pouco mais amplo, a Convenção da Organização dos Estados Americanos contra a Corrupção e os instrumentos de combate à corrupção existentes na França.

Em 13 de novembro de 1989, foi editada, pelo Conselho das Comunidades Europeias, a Diretiva sobre coordenação das normas relativas às operações com informação privilegiada, que alcança tanto o setor público como o privado.

O Conselho das Comunidades Europeias editou, em 10 de junho de 1991, a Diretiva n. 91/308, relativa à prevenção da utilização do sistema financeiro para a lavagem de dinheiro. Essa diretiva, em linhas gerais, buscou combater tal prática assegurando o acesso a informações que permitissem identificar a realização de operações ilícitas com a intermediação de instituições financeiras[48].

A Declaração de Arusha sobre Cooperação e Integridade Aduaneira, celebrada na Tanzânia, em 7 de julho de 1993, sob a coordenação da Organização Mundial do Comércio, buscou adotar medidas de combate à corrupção na área aduaneira. Essa Declaração, observada por mais de 150 (cento e cinquenta) países, estatuiu, dentre outras medidas, a necessária rotatividade entre os funcionários das alfândegas, a existência de critérios rígidos e objetivos de seleção, a redução da esfera de discricionariedade de tais agentes, o pagamento de remuneração compatível com a importância do cargo e a existência de mecanismos efetivos de controle, em especial na órbita disciplinar.

O Convênio relativo à proteção dos interesses financeiros das comunidades europeias, de 26 de julho de 1995, coíbe a participação de agentes públicos em fraudes fiscais, falsificações, desvios ou retenções indevidas de fundos, prática que evitaria a redução do ingresso de receitas tributárias, em especial aquelas originárias dos impostos aduaneiros[49].

---

[48] Na Espanha, a diretiva redundou na edição da Lei n. 19, de 28 de dezembro de 1993, que impôs inúmeras obrigações às instituições financeiras. No caso de descumprimento, dependendo da gravidade da conduta, que pode ser grave ou muito grave, são previstas as sanções de advertência privada, advertência pública, multa, suspensão do empregado responsável pela prática indevida, inabilitação para o exercício de funções em instituições financeiras e revogação da autorização para operar. Essa Lei foi regulamentada pelo Real Decreto n. 925, de 9 de junho de 1995.

[49] Trata-se de Convênio composto por 13 artigos: art. 1º) elenca inúmeras condutas que consubstanciam fraude contra os interesses financeiros das Comunidades Europeias e dispõe sobre a obrigação de os Estados-membros trasladá-las ao direito penal interno; art. 2º) necessidade de as sanções penais serem efetivas,

Esse Convênio, firmado com base no artigo K3 do Tratado da União Europeia, foi integrado pelo Protocolo Adicional de 21 de setembro de 1996, direcionado ao combate à corrupção dos agentes públicos.

A Organização Mundial do Comércio difundiu critérios de ordem objetiva a serem observados pelo Poder Público na contratação de obras e serviços no âmbito internacional, todos direcionados à transparência do procedimento licitatório. Tais diretrizes foram veiculadas no Acordo plurilateral sobre contratação pública, celebrado em Marrakech, no ano de 1996.

Em 26 de maio de 1997, foi firmado, no âmbito da União Europeia, com base na alínea *c* da cláusula 2 do artigo K3 do Tratado da União Europeia, o Convênio de luta contra atos de corrupção nos quais estejam envolvidos funcionários das Comunidades Europeias ou de Estados membros da União Europeia[50]. Esse convênio já foi ratificado por inúmeros países, como França, Alemanha, Espanha, Suécia e Finlândia.

---

proporcionais e dissuasórias, devendo ser previstas, ao menos em relação à fraude grave, penas privativas de liberdade que possam dar lugar à extradição, sendo admissível, quanto às fraudes leves, sanções mais brandas; art. 3º) consagra a responsabilidade penal dos dirigentes de empresa, com poderes de decisão ou controle, ainda que a fraude seja praticada por uma pessoa submetida a sua autoridade, desde que atue em nome da empresa; art. 4º) estabelece regras de competência para a persecução das infrações; art. 5º) o Estado-membro que não conceda a extradição deve adotar as medidas necessárias à coibição das infrações, ainda que praticadas fora do seu território; art. 6º) estabelece regras de cooperação quanto à investigação das infrações penais, ao cumprimento de diligências judiciais e à execução das sanções aplicadas; art. 7º) veda, ressalvadas algumas exceções (*v.g.*: fatos que constituam crime contra a segurança ou outros interesses essenciais do Estado-membro e ilícito praticado por funcionário de Estado-membro que importe em descumprimento das obrigações do cargo – sendo afastada a incidência das exceções no caso de processamento ou deferimento do pedido de extradição), a persecução do mesmo fato em Estados-membros diferentes nos casos em que a sanção já tenha sido cumprida, esteja em vias de ser executada ou não possa ser executada segundo as leis do Estado que a impôs; art. 8º) dispõe sobre a competência do Tribunal de Justiça da União Europeia; art. 9º) consagra a possibilidade de os Estados-membros adotarem disposições cujo alcance seja maior que aquelas do convênio; art. 10) dispõe sobre o dever de comunicação, à União Europeia, dos textos adotados no âmbito do direito interno em cumprimento ao convênio; art. 11) trata da entrada em vigor do Convênio, o que ocorrerá noventa dias após a notificação pelo Estado-membro que, em último lugar, implemente, no âmbito do direito interno, as medidas necessárias à sua adoção; art. 12) contempla a possibilidade de adesão por outros Estados que venham a se tornar membros da União Europeia; e art. 13) o depositário do Convênio será o Secretário-Geral do Conselho da União Europeia.

50 Esse Convênio é integrado por 16 artigos: art. 1º) estabelece o conceito de funcionário, gênero que engloba os funcionários comunitários e nacionais; art. 2º) define o crime de corrupção passiva, que se consuma com o recebimento de vantagem ou com a mera promessa; art. 3º) define o crime de corrupção ativa; art. 4º) dispõe que a prática de crimes de corrupção por altas autoridades nacionais será perquirida de modo similar àquele relativo às autoridades da Comunidade Europeia; art. 5º) dispõe que, sem prejuízo das medidas disciplinares, as sanções penais cominadas aos crimes de corrupção, além de poderem ser idênticas àquelas, o que reflete a independência entre as instâncias, deverão ser proporcionais e dissuasórias, incluindo, ao menos em relação aos casos graves, penas privativas de liberdade que podem dar lugar à extradição (o que não exclui, sequer, os nacionais); art. 6º) consagra a responsabilidade penal dos dirigentes de empresa, com poderes de decisão ou controle, ainda que o crime de corrupção seja praticado por uma pessoa submetida a sua autoridade, desde

As sucessivas medidas adotadas pela União Europeia com o fim de depurar as relações mantidas entre os Estados-membros, em especial aquelas estritamente relacionadas aos agentes públicos, ensejou a elaboração do *Corpus Juris* 2000 de disposições penais para a proteção dos interesses financeiros da União Europeia, sendo encontrados no texto oito tipos penais. Trata-se de uma proposta legislativa que busca unificar, no âmbito da União Europeia, princípios comuns de direito penal dos Estados-membros, com vistas a estatuir uma estrutura judicial comum. À guisa de ilustração, merece referência o art. 5.2 do *Corpus Juris*, que tipifica os atos de corrupção ativa ou passiva que possam ocasionar prejuízos a interesses financeiros dos Estados-membros[51].

Em relação às tendências verificadas no âmbito da União Europeia, múltiplas vozes sustentaram a necessidade de ser criado um "Ministério Público Europeu Anticorrupção", que exerceria funções inerentes ao Ministério Público, em especial as de *ombudsman* e de investigação de infrações penais. Com isso, seriam robustecidos certos instrumentos, como a "Oficina de Luta Antifraude", que seria supervisionada pela referida estrutura orgânica.

O Tratado de Lisboa, assinado em 13 de dezembro de 2007 e que entrou em vigor em 1º de dezembro de 2009, introduziu importantes alterações no Tratado da União Europeia (Maastricht, 1992) e no Tratado que estabelece a Comunidade Europeia (Roma, 1957), que passou a ser denominado de Tratado sobre o Funcionamento da União Europeia. Foi prevista, no seu art. 69E, a criação de uma Procuradoria Europeia, a partir da *Eurojust*, a fim de combater as infrações lesivas aos interesses financeiros da União. Essa Procuradoria atuará perante os órgãos jurisdicionais dos Estados-membros.

---

que atue em nome da empresa; art. 7º) estatui diretrizes para a fixação da competência do órgão jurisdicional; art. 8º) dispõe sobre a extradição, inclusive de nacionais; art. 9º) estabelece regras de cooperação quanto à investigação das infrações penais, ao cumprimento de diligências judiciais e à execução das sanções aplicadas; art. 10) veda, ressalvadas algumas exceções (*v.g.*: fatos que constituam crime contra a segurança ou outros interesses essenciais do Estado-membro e ilícito praticado por funcionário de Estado-membro que importe em descumprimento das obrigações do cargo), a persecução do mesmo fato em Estados-membros diferentes nos casos em que a sanção já tenha sido cumprida, esteja em vias de ser executada ou não possa ser executada segundo as leis do Estado que a impôs, sendo garantida, nas hipóteses em que a persecução seja admitida, a detração da pena já cumprida; art. 11) consagra a possibilidade de os Estados-membros adotarem disposições cujo alcance seja maior que aquelas do convênio; art. 12) dispõe sobre a competência do Tribunal de Justiça da União Europeia; art. 13) trata da entrada em vigor do Convênio, o que ocorrerá noventa dias após a notificação pelo Estado-membro que, em último lugar, implemente, no âmbito do direito interno, as medidas necessárias à sua adoção; art. 14) contempla a possibilidade de adesão por outros Estados que venham a se tornar membros da União Europeia; art. 15) somente admite a formulação de reservas quanto ao art. 7º, cláusula 2 (normas de competência) e ao art. 10, 2 (situações que justificam a persecução de um mesmo fato mais de uma vez); e art. 16) o depositário do Convênio será o Secretário-Geral do Conselho da União Europeia.

51 Além da pena privativa de liberdade, a condenação pela prática das infrações penais constantes do *Corpus Juris*, dependendo da gravidade, pode ensejar a divulgação do decreto condenatório em publicações da União Europeia, a impossibilidade de receber subsídios, a vedação de contratar com o Poder Público, a proibição de exercer função pública por até cinco anos e a perda dos bens auferidos com o ilícito (art. 14 – *Penalties and measures*).

Em 5 de maio de 1998, o Comitê de Ministros do Conselho da Europa editou a Resolução n. 7, que autorizou a criação do "Grupo de Estados contra a Corrupção" ("GRECO – *Group of States against Corruption*"). O Conselho da Europa adotou, em 22 de dezembro de 1998, a Ação Comum "sobre a corrupção no setor privado"[52]. Em 27 janeiro de 1999, foi firmado, pelos países integrantes do Conselho da Europa, o Convênio de Direito Penal contra a corrupção[53]. Posteriormente, em 4 de novembro de 1999, o Conselho da Europa editou o Convênio de Direito Civil sobre corrupção, segundo o qual os Estados-partes deveriam adotar medidas legislativas em prol daqueles que tenham sofrido danos como resultado de atos de corrupção, permitindo a defesa de seus direitos, incluindo a possibilidade de compensação pelos danos sofridos[54]. Esses convênios, como é fácil perceber, buscavam estabelecer medidas preventivas e repressivas à corrupção em suas múltiplas vertentes, alcançando, inclusive, o setor privado, regra geral o principal beneficiário de tal prática.

Trinta e três Estados integrantes da Organização de Cooperação e Desenvolvimento Econômico subscreveram, em 17 de dezembro de 1997, na Cidade de Paris, a Convenção de Luta Contra a Corrupção de Agentes Públicos Estrangeiros em Transações Comerciais de Caráter Internacional, que considera infração penal o suborno de tais agentes[55]. Ante-

---

52 A Ação Comum é composta de 10 artigos: art. 1º) define pessoa, pessoa jurídica e descumprimento das obrigações; art. 2º) define o crime de corrupção passiva no setor privado, que está associado ao recebimento de vantagem ou à promessa de recebê-la, em razão de uma ação ou omissão relacionada ao exercício da atividade empresarial; art. 3º) define o crime de corrupção ativa no setor privado; art. 4º) necessidade de as sanções penais serem efetivas, proporcionais e dissuasórias, devendo ser prevista, ao menos nos casos graves, penas privativas de liberdade que possam dar lugar à extradição; art. 5º) dispõe sobre a responsabilidade das pessoas jurídicas, sem prejuízo da responsabilidade penal das pessoas físicas, em relação aos atos de corrupção praticados por pessoa que ostente um cargo de direção ou que ostente poder decisório, bem como sobre a responsabilidade dos subordinados em relação aos atos de corrupção ativa advindos do descumprimento do dever de vigilância que recai sobre os superiores hierárquicos; art. 6º) as pessoas jurídicas poderão estar sujeitas, dentre outras sanções de caráter penal ou administrativo, à exclusão do recebimento de vantagens ou ajudas públicas, à proibição temporária ou permanente de desenvolver atividades comerciais, à vigilância judicial e à medida judicial dissolutória; art. 7º) estatui diretrizes para a fixação da competência do órgão jurisdicional; art. 8º) dois anos após a entrada em vigor da Ação Conjunta, os Estados-membros apresentarão propostas visando à sua efetividade e, três anos após a sua entrada em vigor, o Conselho da União Europeia avaliará o seu cumprimento pelos Estados-membros; art. 9º) a Ação Comum será publicada no *Diário Oficial*; e art. 10) entra em vigor na data da publicação.
53 O Convênio é composto de 42 artigos. Dentre outras disposições, estatui alguns conceitos (art. 1º) e um rol de condutas que devem ser tipificadas como infrações penais pelos Estados-partes (corrupção no setor público, corrupção em transações internacionais, corrupção no setor privado, corrupção de organizações internacionais, tráfico de influências e lavagem de dinheiro – arts. 2º *usque* 14).
54 A implementação do Convênio será monitorada pelo GRECO – *Group of States against Corruption* (art. 14).
55 Dispõe o Convênio que os atos de corrupção devem sujeitar os envolvidos a penas privativas de liberdade, a extradição, a sanções pecuniárias e ao perdimento do que auferissem com o ilícito (art. 3, incisos 2 e 3). Além disso, poderiam os Estados-partes, de forma adicional, cominar outras sanções cíveis ou administrativas. Por força desse Convênio, inúmeros Estados realizaram ajustes em sua legislação penal. A Espanha, por meio da

riormente, a OCDE já emitido, nos idos de 1976, a Declaração sobre Investimento Internacional e Empresas Multinacionais, que exortava as empresas não deveriam oferecer ou dar vantagens indevidas com o fim de obter ou conservar mercados. Ainda foi expedida recomendação, em 23 de maio de 1997, de que não deveriam ser permitidas quaisquer deduções, em matéria tributária, das importâncias pagas a título de suborno[56].

O Fundo Monetário Internacional, em 26 setembro de 1999, aglutinou inúmeras medidas de combate à corrupção, em matéria financeira, no Código sobre Boas Práticas de Transparência em Políticas Monetárias e Financeiras. Esse Código busca tornar acessível ao cidadão comum, de forma simples e objetiva, as medidas econômicas, monetárias e financeiras adotadas pelos governantes[57].

A Organização das Nações Unidas editou as Resoluções n. 50/106, de 20 de dezembro de 1995, 51/191, de 16 de dezembro de 1996, e 53/176, de janeiro de 1999, que veiculam medidas de combate à corrupção nas transações internacionais.

A Assembleia Geral das Nações Unidas, por intermédio da Resolução n. 51/59, de janeiro de 1997, veiculou um Código de Conduta para Funcionários Públicos, que, dentre

---

Lei Orgânica n. 3, de 11 de janeiro de 2000, alterou o Código Penal de 1995 para introduzir, após o Título XIX ("Delitos contra la Administración Pública"), o Título XIX-*bis* ("Delitos de corrupción en las transacciones comerciales internacionales"), constituído por um só artigo. A Turquia, que ratificara a Convenção em 2000, aprovou a Lei n. 4.782, de 2 de janeiro de 2003, introduzindo alterações no art. 211 do antigo Código Penal (Lei n. 765). Com o advento do novo Código Penal (Lei n. 5.237), que entrou em vigor em 1º de junho de 2005 e apresenta grande semelhança com a legislação norte-americana (*U.S. Foreign Corrupt Practices Act*), a matéria recebeu ampla disciplina (art. 252). O Brasil ratificou a convenção por meio do Decreto Legislativo n. 125, de 14 de junho de 2000, sendo posteriormente promulgada pelo Decreto n. 3.678, de 30 de novembro de 2000. Consoante o art. 1º, *caput*, desse último decreto, a convenção "deverá ser executada e cumprida tão inteiramente como nela se contém", ressaltando, em seu parágrafo único, que "a proibição de recusa de prestação de assistência mútua jurídica, prevista no Artigo 9, parágrafo 3, da Convenção, será entendida como proibição à recusa baseada apenas no instituto do sigilo bancário, em tese, e não a recusa em decorrência da obediência às normas legais pertinentes à matéria, integrantes do ordenamento jurídico brasileiro, e a interpretação relativa à sua aplicação, feitas pelo Tribunal competente, ao caso concreto". Incorporada a Convenção ao direito interno, foi editada a Lei n. 10.467, de 11 de junho de 2002, que acresceu o Capítulo II-A, intitulado "Dos Crimes Praticados por Particular contra a Administração Pública Estrangeira", ao Título XI do Código Penal, sendo referido capítulo integrado por três artigos. Além disso, acresceu um inciso VIII ao art. 1º da Lei n. 9.613/1998, que dispõe sobre os "crimes de lavagem ou ocultação de bens, direitos e valores".

56 "The Council, (...) I. Recommends that those Member Coutries which do not disallow the deductibility of bribes to foreign public officials reexamine such treatment with the intention of denying this deductibility. Such action may be facilitated by the trend to treat bribes to foreign officials as illegal".

57 Dentre as práticas sugeridas com o fim de aumentar a transparência e diminuir a corrupção estão: acesso dos cidadãos às informações financeiras do Poder Público, necessária apresentação de contas pelos funcionários dos organismos financeiros estatais, imperativa publicidade das decisões relacionadas à política financeira; transparência no exercício da função pública e definição de responsabilidades e objetivos dos bancos centrais. Um exemplo de materialização das diretivas veiculadas pelo Código de boas práticas do FMI é a Lei de Responsabilidade Fiscal brasileira, de 4 de maio de 2000, que, entre outras medidas, em inúmeros preceitos estimula a ideologia participativa (arts. 48, 51, 56, § 3º, e 67).

outras medidas, estabeleceu inúmeras incompatibilidades incidentes sobre aqueles que tivessem acesso a informações privilegiadas no exercício da função. Em 21 de fevereiro de 1997, emitiu a Declaração sobre a Corrupção e os Subornos nas Transações Comerciais Internacionais, que, além de outras providências, dispôs que os Estados examinariam a possibilidade de considerar o enriquecimento ilícito de agentes públicos, incluindo os eleitos, como uma prática ilícita[58].

A Organização dos Estados Americanos, em agosto de 1998, editou um Modelo de Legislação sobre Enriquecimento Ilícito e Suborno Transnacional, que, dentre outras sanções, previa a impossibilidade de obtenção de benefícios fiscais ou subvenções de origem pública.

A Organização da União Africana adotou, em 11 de julho de 2003, em Maputo, a Convenção da União Africana de Prevenção e Combate à Corrupção, documento de indiscutível qualidade e que busca sedimentar os alicerces de uma política integrada, de cunho continental, destinada a conter a avassaladora disseminação da corrupção entre os Estados africanos[59].

---

58 "(...) Member Sates, individually and through international and regional organizations, taking actions subject to each State's own constitutional and fundamental legal principles and adopted persuant to national laws and procedures, commit themselves: (...) 7. To examine establishing illicit enrichment by public officials or elected representatives as na offence."

59 A Convenção, consoante o seu art. 23, 2, entra em vigor 30 dias após o depósito do 15º instrumento de ratificação ou adesão, sendo composta de 28 artigos, subdivididos em inúmeros incisos e alíneas. Principiando pelo preâmbulo, o combate à corrupção é associado ao respeito e à implementação dos direitos fundamentais; à consolidação das instituições democráticas; e à estabilidade política, econômica, social e cultural dos Estados africanos. No rol das normas programáticas que veicula, merecem referência: a) os objetivos de combate à corrupção nos setores público e privado, de cooperação entre os Estados e de combate à impunidade (art. 2º); b) a observância dos princípios de participação popular, *rule of law*, respeito aos direitos humanos, transparência e controle dos negócios públicos, promoção da justiça social e condenação e repulsa aos atos de corrupção (art. 3º); c) a aplicação da Convenção aos atos de corrupção ativa e passiva, enriquecimento ilícito e outros que importem na obtenção de vantagens indevidas ou na violação de determinados princípios da administração pública (art. 4º); d) a adoção de medidas legislativas visando à implementação da Convenção; ao controle das operações de empresas estrangeiras; à criação, manutenção e fortalecimento de agências e autoridades nacionais independentes anticorrupção; à manutenção e ao fortalecimento de um sistema de controle das contas públicas e da arrecadação tributária; à proteção de testemunhas e noticiantes dos atos de corrupção, incluindo a proteção de suas identidades; à punição daqueles que noticiem falsamente a prática de atos de corrupção; e à educação da população no respeito dos bens e interesses públicos, o que alcança a criação de programas escolares específicos e a participação da mídia (art. 5º); e) a criminalização da lavagem de dinheiro (art. 6º); f) a obrigatoriedade de os agentes públicos apresentarem declaração de bens; a necessidade de serem criadas comissões internas incumbidas de redigir e fiscalizar a aplicação de códigos de conduta; o aperfeiçoamento dos procedimentos de investigação, inclusive com a utilização dos avanços tecnológicos; a garantia de transparência, equidade e eficiência no serviço público; e a adoção de providências para que a imunidade assegurada aos agentes públicos não se erija como obstáculo à apuração de atos de corrupção (art. 7º); g) a adoção das medidas necessárias ao combate ao enriquecimento ilícito (art. 8º); h) a garantia de acesso às informações necessárias ao combate à corrupção (art. 9º); i) a impossibilidade de utilização de fundos ilegais no financiamento dos partidos políticos e o dever de transparência dos fundos

Capítulo I – Da Corrupção

A Assembleia Geral das Nações Unidas, com a edição da Resolução n. 58/4, de 31 de outubro de 2003, adotou duas importantes medidas no combate à corrupção: sedimentou uma visão cosmopolita do fenômeno, escolhendo o dia 9 de dezembro como o dia internacional de combate à corrupção, e adotou a Convenção das Nações Unidas contra a Corrupção[60], que entrou em vigor em 14 de dezembro de 2005, noventa dias após o depó-

---

geridos (art. 10); j) o combate à corrupção no setor privado (art. 11); l) a necessidade de mobilização da sociedade civil e da mídia, que devem participar do processo de implementação da Convenção (art. 12); m) o confisco dos bens adquiridos com ofensa à Convenção, bem como a sua repatriação (art. 16); n) a impossibilidade de ser invocado o sigilo bancário para justificar a recusa na cooperação com outros Estados no combate à corrupção (art. 17); o) a atuação dos Estados signatários em conjunto com organizações internacionais de combate à corrupção (art. 19); p) a indicação de autoridades ou agências nacionais responsáveis pela fiscalização da Convenção (art. 20); e q) a criação de um Conselho de Aconselhamento sobre a Corrupção na União Africana, integrado por 11 membros, com as funções de promover a aplicação da Convenção, coletar informações sobre a corrupção na África, desenvolver metodologias de estudo, aconselhar os Governos, analisar o comportamento das multinacionais, promover a harmonização dos códigos de conduta, manter parcerias, bem como apresentar e receber relatórios (art. 22).

60 É subdivida em 71 artigos, apresentando as seguintes linhas estruturais: a) em seu preâmbulo, realça o efeito deletério da corrupção sobre a segurança e a estabilidade das sociedades; as estreitas relações da corrupção com outros ilícitos, como a lavagem de dinheiro; o seu caráter transnacional; e a necessidade de ser combatida de forma conjunta por todos os Estados; b) estabelece o propósito de facilitar a cooperação internacional e de promover medidas mais fortes e eficazes no combate à corrupção (art. 1º); c) define conceitos como agente público, agente público estrangeiro, bens oriundos de crime, indisponibilidade e confisco (art. 2º); d) dentre os objetivos da Convenção está o de facilitar a recuperação dos ativos gerados pela corrupção (art. 3º); e) a aplicação da Convenção não afetará a soberania dos Estados (art. 4º); f) medidas preventivas de combate à corrupção, especialmente com a criação de organismos técnicos de controle; o estabelecimento de critérios de transparência na rotina do serviço público, como é o caso da imperiosa realização de concursos públicos de acesso, do pagamento de remuneração adequada e da garantia de transparência dos fundos utilizados nas eleições; a criação de códigos de ética para os servidores públicos; previsão de procedimentos voltados à transparência das finanças públicas; publicidade dos atos administrativos; o fortalecimento da integridade e da independência do Judiciário e do Ministério Público; a adoção de providências voltadas à corrupção no setor privado; o estímulo da participação da sociedade; a prevenção à lavagem de dinheiro, especialmente com a supervisão das instituições financeiras e o monitoramento do fluxo de capitais (arts. 5º a 14); g) a necessidade de criminalização da corrupção voltada aos agentes públicos nacionais e estrangeiros; da apropriação de recursos públicos; do tráfico de influências; do abuso de poder; do enriquecimento ilícito; da corrupção no setor privado; da apropriação de recursos na iniciativa privada; da manutenção da posse de bens cuja origem ilícita é conhecida; da obstrução da justiça (arts. 15 a 28); h) são previstas várias medidas voltadas à persecução penal, incluindo disposições relativas ao confisco e à indisponibilidade de bens, à proteção de testemunhas, à cooperação entre as autoridades, à eliminação de obstáculos relativos ao sigilo bancário e à competência dos órgãos jurisdicionais (arts. 29 a 42); i) disciplina a cooperação internacional (arts. 43 a 50); prevê mecanismos para a recuperação de ativos (arts. 51 a 59); j) prevê a assistência técnica e a troca de informações entre os Estados ou entre estes e as organizações internacionais (arts. 60 a 62); l) mecanismos para a implementação da Convenção (arts. 63 e 64); e m) disposições finais, que incluem a obrigação de os Estados adotarem as medidas necessárias à efetivação das disposições da Convenção e a previsão de solução das disputas entre os Estados por meio de negociação, arbitragem ou pelo Tribunal Internacional de Justiça, admitida a reserva quanto a este último aspecto (arts. 65 a 71).

sito do trigésimo instrumento de ratificação[61]. Nessa Convenção, além das vertentes tradicionalmente abordadas, é verificada uma grande preocupação com a corrupção no setor privado, indicativo de que esse deletério fenômeno, na medida em que reflete um modo de ser e de pensar, deve ser combatido em todas as suas especificidades.

Na senda das medidas anticorrupção adotadas no plano internacional, inúmeros países têm redimensionado seus sistemas de combate à corrupção. No Brasil, foi editada a Lei de Improbidade Administrativa, de 2 de junho de 1992, diploma singular e sem paralelo no mundo. Na Itália, o Código de comportamento dos empregados das Administrações Públicas, de 1993. Na França, a Lei sobre a prevenção da corrupção e a transparência da vida econômica e dos procedimentos públicos, de 29 de janeiro de 1993. Na Espanha, a Lei n. 10, de 1995, criou a *Fiscalía Especial*, também conhecida como *Fiscalía Anticorrupción*, órgão integrante do Ministério Público incumbido da repressão aos crimes econômicos relacionados à corrupção. Na Alemanha, a Lei de combate à corrupção, de 20 de agosto de 1997. Na Argentina, a Lei Ética da Função Pública (Lei n. 25.188, de 29 de setembro de 1990). Na Colômbia, a Lei n. 190, de 6 de junho de 1995, voltada à preservação da moralidade na administração pública. Na Costa Rica, foi criada a Procuradoria da Ética Pública (Lei n. 8.242, de 9 de abril de 2002), sendo posteriormente editada a Lei contra a corrupção e o enriquecimento ilícito dos funcionários públicos (Lei n. 8.422, de 6 de abril de 2004). No México, a Lei Federal de Responsabilidades Administrativas dos Servidores Públicos, de 14 de março de 2002. No Uruguai, a Lei de Prevenção e Luta contra a Corrupção (Lei n. 17.060, de 23 de dezembro de 1998). Na Venezuela, a Lei contra a Corrupção (publicada em 7 de abril de 2003). Na Grã-Bretanha, o United Kingdom Bribery Act, de 2010, que entrrou em vigor em 1º de julho de 2011.

16.1. A Convenção da Organização dos Estados Americanos contra a Corrupção

Sensíveis ao fato de que a corrupção, além de comprometer a legitimidade das instituições públicas, atenta contra a sociedade, a ordem moral e a justiça, retardando o próprio desenvolvimento dos povos, os Estados-membros da Organização dos Estados Americanos (OEA) subscreveram, em 29 de março de 1996, na Cidade de Caracas, a Convenção Interamericana contra a Corrupção (CICC)[62].

---

61 *Vide* art. 68, 1. A Convenção foi subscrita por 140 Estados e, até 24 de agosto de 2007, já havia sido ratificada por 95. No Brasil, a Convenção foi aprovada pelo Decreto Legislativo n. 348, de 18/5/2005; depositado o instrumento de ratificação em 15/6/2005; e promulgada pelo Decreto n. 5.687, de 31/1/2006, *DOU* de 1º/2/2006.

62 O Brasil ratificou a Convenção em 25 de junho de 2002 (Decreto Legislativo n. 152), sendo ela posteriormente promulgada pelo Decreto n. 4.410, de 7 de outubro de 2002 (*DOU* de 8/10/2002), sofrendo pequena alteração redacional por força do Decreto n. 4.534, de 19 de dezembro de 2002. A única reserva feita à Convenção refere-se ao art. XI, 1, c ("*Art. XI. 1. A fim de impulsionar o desenvolvimento e a harmonização das*

Essa Convenção, como resulta de seu preâmbulo, tem por fim despertar a consciência coletiva para a existência e a gravidade do problema, estimular ações coordenadas entre os Estados para o combate aos atos de corrupção que transcendam os lindes de seu território e evitar que se tornem cada vez mais estreitos os vínculos entre a corrupção e as receitas provenientes do tráfico ilícito de entorpecentes, *"que minam e atentam contra as atividades comerciais e financeiras legítimas e a sociedade, em todos os níveis"*.

O texto é especificamente direcionado à prevenção, detecção, sanção e erradicação da corrupção no exercício de funções públicas e nas atividades especificamente vinculadas a tal exercício. Considera função pública toda a atividade, temporária ou permanente, remunerada ou não, realizada por pessoa natural a serviço ou em nome da administração direta ou indireta, qualquer que seja o nível hierárquico. Funcionário público, por sua vez, é aquele que mantém vínculo com a administração, alcançando os oriundos de eleição, contratação ou aprovação em concurso público (art. I).

Além de veicular normas de natureza penal e penal internacional, a CICC buscou introduzir modificações no próprio sistema administrativo dos Estados-partes, cuja atuação deveria ser necessariamente direcionada por critérios de equidade, publicidade e eficiência.

O art. III veicula um extenso rol de medidas preventivas que os Estados se comprometem a implementar. Por sua importância, passamos a transcrevê-las:

1. Normas de conduta para o correto, honorável e adequado cumprimento das funções públicas. Essas normas deverão estar orientadas a prevenir conflitos de interesses e assegurar a prevenção e o uso adequado dos recursos atribuídos aos funcionários públicos no desempenho de suas funções. Estabelecerão também as medidas e sistemas que exijam dos funcionários públicos informar às autoridades competentes sobre os atos de corrupção na função pública de que tenham conhecimento. Tais medidas ajudarão a preservar a confiança na integridade dos funcionários públicos e na gestão pública.

2. Mecanismos para tornar efetivo o cumprimento das referidas normas de conduta.

3. Instruções ao pessoal das entidades públicas, que assegurem a adequada compreensão de suas responsabilidades e das normas que regem suas atividades.

---

legislações nacionais e a consecução dos objetivos desta Convenção, os Estados-partes julgam conveniente considerar a tipificação das seguintes condutas em suas legislações e a tanto se comprometem: (...) c. toda ação ou omissão realizada por qualquer pessoa que, por si mesma ou por interposta pessoa, ou atuando como intermediária, procure a adoção, por parte da autoridade pública, de uma decisão em virtude da qual obtenha ilicitamente, para si ou para outrem, qualquer benefício ou proveito, haja ou não prejuízo para o patrimônio do Estado). Segundo o art. 1º do Decreto n. 4.410/2002, a Convenção "será executada e cumprida tão inteiramente como nela se contém". Em outros países, a ratificação da Convenção foi muito mais célere: na Argentina, por exemplo, tal se deu com a Lei n. 24.759, sancionada em 4 de dezembro de 1996 e promulgada em 13 de janeiro de 1997 (B.O. de 17/1/1997).

4. Sistemas para a declaração de rendas, ativos e passivos por parte de pessoas que desempenham funções públicas nos cargos que estabeleça a lei e para a publicação de tais declarações nos casos correspondentes.

5. Sistemas para a contratação de funcionários públicos e para a aquisição de bens e serviços por parte do Estado que assegurem a publicidade, equidade e eficiência de tais sistemas.

6. Sistemas adequados para a arrecadação e o controle das rendas do Estado, que impeçam a corrupção.

7. Leis que eliminem os benefícios tributários de qualquer pessoa ou sociedade que realize ações em violação à legislação contra a corrupção dos Estados-partes.

8. Sistemas para proteger os funcionários públicos e cidadãos particulares que denunciem de boa-fé atos de corrupção, incluindo a proteção de sua identidade, de conformidade com a Constituição e os princípios fundamentais do ordenamento jurídico interno, e a legislação contra a corrupção dos Estados-partes.

9. Órgãos de controle superior, com o fim de desenvolver mecanismos modernos para prevenir, detectar, sancionar e erradicar as práticas corruptas.

10. Medidas que impeçam o suborno de funcionários nacionais e estrangeiros, tais como mecanismos para assegurar que as sociedades mercantis e outros tipos de associações mantenham registros que reflitam com exatidão e razoável detalhamento a aquisição e alienação de ativos, e que estabeleçam suficientes controles contábeis internos que permitam ao seu pessoal detectar atos de corrupção.

11. Mecanismos para estimular a participação da sociedade civil e das organizações não governamentais nos esforços destinados a prevenir a corrupção.

12. O estudo de outras medidas de prevenção que levem em conta a relação entre uma remuneração equitativa e a probidade no serviço público.

Ao menos sob o aspecto formal, inúmeras medidas preventivas de combate à corrupção já foram adotadas no Brasil: a) múltiplas unidades da Federação estatuíram códigos de conduta para os seus servidores; b) a omissão do superior hierárquico na informação dos ilícitos praticados por seus subordinados pode configurar o ato de improbidade previsto no art. 11 da Lei n. 8.429/1992 e o crime de condescendência criminosa, tipificado no art. 320 do CP; c) o fornecimento anual da declaração de rendas já é contemplado no art. 13 da Lei n. 8.429/1992 e na Lei n. 8.730/1993; d) os agentes públicos, ressalvadas algumas exceções, são recrutados por meio de concurso público; e) as contratações de bens e serviços são precedidas de licitação, o que assegura a sua publicidade e equidade; f) a gestão das receitas do Estado, além de ser objeto de fiscalização pelas Cortes de Contas, deve render obediência aos ditames da Lei de Responsabilidade Fiscal; g) as pessoas físicas e jurídicas que se envolvam na prática de atos de corrupção, consoante o art. 12 da Lei n. 8.429/1992, podem ser proibidas de contratar com o Poder Público; h) a lei contempla um programa de proteção às testemunhas; i) a todos é assegurado o direito de representação etc. Resta, no entanto, a necessidade de que tais medidas venham a ser transpostas do plano normativo para o fático, o que ainda não ocorreu em sua inteireza.

Segundo o art. VI, a Convenção será aplicada aos seguintes atos de corrupção:

a. requerimento ou aceitação, direta ou indiretamente, por um funcionário público ou uma pessoa que exerça funções públicas, de qualquer objeto de valor pecuniário ou outros benefícios como dádivas, favores, promessas ou vantagens para si mesmo ou para outra pessoa ou entidade em troca da realização ou omissão de qualquer ato no exercício de suas funções públicas;

b. o oferecimento ou a concessão, direta ou indiretamente, a um funcionário público ou a uma pessoa que exerça funções públicas, de qualquer objeto de valor pecuniário ou outros benefícios em troca da realização ou omissão de qualquer ato no exercício de funções públicas;

c. a realização por parte de um funcionário público ou de uma pessoa que exerça funções públicas de qualquer ato ou omissão no exercício de suas funções, com o fim de obter ilicitamente benefícios para si mesmo ou para um terceiro;

d. o aproveitamento doloso ou a ocultação de bens provenientes de qualquer dos atos a que se refere o presente artigo;

e. a participação como autor, coautor, instigador, cúmplice, acobertador ou em qualquer outra forma na prática, tentativa de prática, associação ou confabulação para a prática de qualquer dos atos a que se refere o presente artigo.

Além do rol mínimo de ilícitos que devem ser necessariamente coibidos pelos Estados-partes, nada impede que outros mais sejam previstos na legislação interna. Também o suborno internacional foi objeto de preocupação pela Convenção, devendo ser proibidas e sancionadas as condutas consistentes em oferecimento ou entrega de vantagens a funcionário de outro Estado, com o fim de obter a prática ou a omissão de determinado ato (art. VIII).

O art. IX da Convenção veicula regra de relevância ímpar para a contenção da corrupção no setor público, dispondo que os Estados-partes devem adotar as medidas necessárias no sentido de tipificar, como infração penal, o enriquecimento ilícito do agente público. Considerar-se-á enriquecimento ilícito a evolução patrimonial que exceda, de forma significativa, as receitas recebidas legitimamente pelo agente em razão do exercício de suas funções e *"que não possa ser razoavelmente justificada por ele"*. Nessa hipótese, como deflui dos claros termos do preceito, caberá ao órgão responsável pela persecução penal o dever de provar a desproporção entre o patrimônio e a renda do agente, enquanto sobre este recairá o ônus de demonstrar os fatos impeditivos, modificativos ou extintivos da pretensão autoral, vale dizer, a origem lícita das receitas que propiciaram tal evolução patrimonial.

No art. XI é veiculado um rol de condutas correlato aos atos de corrupção e que deve ser igualmente coibido pelos Estados-partes. São elas: a) a utilização indevida de informações privilegiadas obtidas em razão ou no exercício da função; b) o uso indevido, em proveito próprio ou de terceiros, de bens a que o agente teve acesso em razão ou no exercício da função; c) o comportamento de agentes estranhos à administração que busquem obter desta uma decisão que lhes propicie um benefício ilícito em detrimento do patrimônio público; d) o desvio de finalidade, quer em benefício próprio, quer em benefício de terceiros, no emprego de bens ou valores que tenha recebido em razão ou no exercício da função.

Outra importante regra contemplada na Convenção é a de que a sua incidência independe da produção de prejuízo patrimonial para o Estado, o que é um indicativo de que a preservação da moralidade administrativa foi um dos vetores que nortearam a sua elaboração (art. XII). A obtenção de vantagens indevidas, em razão da função, é um indicativo da degradação moral do agente, ainda que não seja divisado qualquer dano ao erário.

Buscando a efetividade de seus preceitos, dispõe a Convenção que os Estados-partes devem colaborar entre si na identificação, no rastreamento, na indisponibilidade e no confisco dos bens obtidos com infringência aos seus preceitos (art. XV). Para tanto, nem mesmo o sigilo bancário pode ser erigido como óbice a tal cooperação (art. XVI).

A Convenção está sujeita a ratificação dos Estados-partes (art. XXII), sendo admissível a formulação de reservas (art. XXIV) e a denúncia por qualquer dos Estados (art. XXVI).

16.2. A Lei Anticorrupção da França

O direito positivo francês inaugurou uma nova fase no combate à corrupção com a edição da Lei n. 93.122, de 29 de janeiro de 1993[63], *"relativa à prevenção da corrupção e à transparência da vida econômica e dos processos públicos"*[64-65].

Os seis primeiros artigos da lei, que não estão situados sob um título específico, tratam da instituição de um novo serviço administrativo, vinculado ao Ministério da Justiça, que é encarregado de centralizar e analisar as informações úteis à prevenção da corrupção, encaminhando-as ao Procurador-Geral da República em sendo detectada a prática ilícita[66]. Esse *Service Central* busca suprir uma das grandes deficiências detectadas no combate a esse tipo de ilícitos: a pulverização de informações entre órgãos desvinculados

---

63 *JO* de 30/1/1993, p. 1588 e s.

64 Esse diploma legal aperfeiçoou e deu continuidade às ações que buscavam moralizar a vida política, econômica e financeira na França. Anteriormente a ele, já haviam sido editadas inúmeras leis com idêntico objetivo: a) leis que buscavam regulamentar o financiamento dos partidos e das campanhas eleitorais (Lei Orgânica n. 88.226 e Lei n. 88.227, de 11/3/1988, *JO* de 12/3/1988, p. 3288, concernentes à transparência financeira da vida política; Lei n. 9.055, de 15/1/1990, *JO* de 16/1/1990, p. 639, que tratava da limitação das despesas eleitorais e do esclarecimento do financiamento das atividades econômicas); b) Lei n. 89.531, de 2/8/1989, *JO* de 4/8/1989, que reformou os poderes da Comissão de Operações da Bolsa; c) Lei n. 90.614, de 12/7/1990, *JO* de 14/7/1990, p. 8329, concernente à repressão à lavagem de dinheiro originário do tráfico de entorpecentes; e d) Lei n. 91-3, de 3/1/1991, *JO* de 5/1/1991, p. 236, que dispunha sobre o controle das contratações públicas.

65 No Código Penal francês, a Seção 3 do Capítulo II do Título III do Livro IV é intitulada "Des Manquements au Devoirs de Probité" ("As Faltas ao Dever de Probidade"), englobando alguns crimes contra a Administração Pública, como a concussão (art. 432.10) e a corrupção (art. 432.11).

66 Art. 2º da Lei n. 93.122, de 29/1/1993.

entre si, o que confere maior lentidão à sua circulação e compromete a efetividade das medidas a serem adotadas. Iniciativa semelhante já fora divisada com a edição da Lei n. 90.614, de 12/7/1990[67], que instituíra a estrutura denominada TRACFIN (*Service de traitement du renseignement et d'action contre les circuits clandestins*). Essa estrutura detinha alguns poderes investigatórios, sendo-lhe assegurado o anonimato de suas fontes de informação, e lhe era interdito utilizar os dados obtidos para fins outros que não a luta contra a lavagem de capitais oriundos do tráfico de entorpecentes[68]. Sobre o *Service Central* instituído pela Lei Anticorrupção recai o dever de fornecer informações aos órgãos legitimados a obtê-las, expedir recomendações e disponibilizar os serviços de auditores ao Ministério Público e ao Poder Judiciário em matéria financeira. A forma de exercício desses poderes deve ser disciplinada pelo Conselho de Estado[69], o que foi feito com a edição do Decreto n. 93.232, de 22/2/1993[70].

O primeiro título da lei dispõe sobre o financiamento das campanhas eleitorais e dos partidos políticos[71]. Nesse particular, o sistema francês evoluiu da seguinte forma: a) até 1988 – proibição total de doações; b) de 1988 até 1990 – permissão de doação aos candidatos a cargos do Legislativo e à Presidência, sendo prevista, inclusive, a possibilidade de deduções fiscais; c) de 1990 até 1993 – permissão de doação também aos partidos políticos; e d) a partir da Lei Anticorrupção – é admitida a doação, mas são instituídos mecanismos rígidos de publicidade, o que inclui o dever de publicar uma relação das pessoas, físicas e jurídicas, responsáveis pelos repasses financeiros. Com essa última medida, possibilitou-se a própria identificação dos setores sociais com os quais os candidatos e os partidos se comprometeram no curso da campanha. Em que pese à insistência de algumas vertentes políticas, em especial daquelas de colorido socialista, foram consideradas "irreais" e "inexequíveis" as propostas que preconizavam a proibição do financiamento privado, devendo a atividade partidária ser custeada unicamente com os recursos repassados pelo erário.

Ainda em relação ao financiamento das campanhas e dos partidos, a Lei Anticorrupção instituiu os critérios para o repasse de recursos públicos, os quais coexistiriam com aqueles de origem privada: a) parte da receita seria repartida entre os partidos que, nas eleições nacionais, apresentaram candidatos em pelo menos cinquenta circunscrições eleitorais; e b) a outra parte seria repartida proporcionalmente ao número de parlamentares que foram eleitos pela legenda partidária.

O segundo título da lei veicula inúmeras medidas de transparência das atividades econômicas, alcançando: a) a contratação de publicidade[72] – estabelecendo mecanismos

---

67 JO de 14/7/1990, p. 8329.
68 As atribuições do TRACFIN foram ampliadas pelos arts. 72 e 73 da Lei n. 93.122, de 29/1/1993.
69 Art. 6º da Lei n. 93.122, de 29/1/1993.
70 JO de 24/2/1993, p. 2937.
71 Arts. 7º *usque* 17 da Lei n. 93.122, de 29/1/1993.
72 Arts. 20 *usque* 29 da Lei n. 93.122, de 29/1/1993.

para a identificação das receitas auferidas pelas agências que intermediam as negociações entre o anunciante e o veículo de comunicação, somente sendo admitida a percepção de remuneração atribuída àquele, com o que se busca assegurar a lealdade para com o contratante; b) o urbanismo comercial[73] – estabelecendo critérios objetivos de aferição e evitando que as dificuldades no atendimento aos requisitos exigidos para a urbanização de "grandes superfícies" atuem como estímulo à corrupção (é a denominada "gestão da raridade", que faz com que a menor oferta aumente a corrupção entre os incorporadores e os políticos locais); c) as delegações de serviço público e as contratações públicas, ainda que estabelecidas com empresas vinculadas ao Poder Público[74], tornando obrigatória a concorrência e a transparência do procedimento, o que restringirá a contratação direta às hipóteses de ausência de proposta ou no caso de a administração não aceitar, por desvantajosa, aquela formulada; e d) as atividades imobiliárias[75], disciplinando as cessões de terrenos e do direito de construir das coletividades locais ou das sociedades de economia mista locais, bem como o dever de disponibilizar equipamentos públicos (praças, escolas etc.) nas áreas construídas.

O terceiro título da lei veicula disposições relativas às coletividades locais[76], garantindo-lhes a possibilidade de explorarem diretamente algumas atividades de interesse público, prevendo a expedição de avisos, pelas cortes regionais de contas, buscando orientar a execução orçamentária, veiculando normas de controle das sociedades de economia mista locais, dispondo sobre o cumprimento das decisões judiciais que fixem *astreintes*, submetendo os políticos locais à competência da Corte de Disciplina Orçamentária e criminalizando qualquer obstáculo oposto ao exercício dos poderes das Cortes de Contas ou das Câmaras Regionais de Contas, sendo cominada pena pecuniária.

O descumprimento das normas veiculadas pela Lei n. 93.122 poderá acarretar a nulidade do ato e a apuração da responsabilidade do infrator perante órgão competente, em regra com a adoção de medidas de caráter penal.

---

73 Arts. 30 *usque* 37 da Lei n. 93.122, de 29/1/1993.
74 *Vide*, respectivamente, arts. 38 *usque* 50 da Lei n. 93.122, de 29/1/1993.
75 Arts. 51 *usque* 71 da Lei n. 93.122, de 29/1/1993.
76 Arts. 72 *usque* 81 da Lei n. 93.122, de 29/1/1993.

CAPÍTULO II
Dos Princípios Regentes da Probidade

1. PRINCÍPIOS. ASPECTOS GERAIS

Tradicionalmente, os princípios vêm sendo estudados pela Teoria Geral do Direito, tendo se irradiado pelos diferentes ramos da ciência jurídica e assumido grande importância na atividade de aplicação das regras jurídicas, atuando como mecanismos que viabilizam sua interpretação e integração.

Em sua acepção clássica, de alicerce *jusnaturalista*, os princípios seriam proposições supremas, de natureza universal e necessária, próprios da razão humana e cuja observância independe do poder de coerção inerente à criação legislativa. Para o direito natural, os princípios são extraídos da natureza humana, sendo informados por elementos racionais, de consciência e pela interação do homem com o ambiente.

Para os *positivistas*, que encontram na *Teoria Pura do Direito* de Hans Kelsen a sua pedra fundamental, os princípios, em essência, são proposições básicas, verdadeiros alicerces do sistema jurídico, sendo utilizados para limitar e direcionar sua aplicação. Podem ser explícitos ou implícitos, conforme estejam expressamente previstos no direito positivo ou dele sejam extraídos com a utilização de um processo hermenêutico, o que permitirá que sejam densificados e aplicados pelo intérprete.

A identificação dos princípios não prescinde do direito positivo, antes se apresentam como o alicerce fundamental que o sustenta e que deflui de sua estrutura. É neste sentido que se fala em princípios gerais de direito[1], ou, como preferem os italia-

---

[1] Na lição de Eduardo García de Enterría y Tomás Ramon Fernández (*Curso de Derecho Administrativo*, v. I, p. 63), "la expresión 'principios generales del Derecho', empleada un tanto intuitivamente por el artículo 6 CC en su primeira redacción (hoy artículo 1º – 4), y más tarde generalizada en casi todos los países, es muy certera para indicar su verdadero contenido. Al decir que se trata de 'principios' se está precisando su caráter básico, en sentido ontológico, no sólo lógico, como soportes primarios estructurales del sistema entero del ordenamiento, al que por ello prestan todo su sentido. Son 'generales' por lo mismo, porque trascienden de un precepto concreto y organizam y dan sentido a muchos, y a la vez, porque no deben confundirse con apreciaciones singulares y particulares que pudieran expresar la exigencia de uma supuesta 'justicia del caso concreto' y mucho menos con opiniones subjetivas del intérprete; lo general, lo comunitario, es lo propio del mundo jurídico, aunque por supuesto, el primero de los valores comunitarios, más aún, el fin propio de

nos[2], em princípios gerais do ordenamento jurídico, nomenclatura esta que torna mais clara sua origem, associando-os aos princípios implícitos.

A estruturação dos princípios que compõem o alicerce de determinado sistema jurídico é normalmente realizada a partir de um processo indutivo, em que o estudo de preceptivos específicos permite a densificação dos princípios gerais[3] que os informam. Assim, parte-se do particular para o geral, com a consequente formação de círculos concêntricos – em nítida progressão dos graus de generalidade e abstração – que conduzirão à identificação da esfera principiológica em que se encontram inseridos os institutos e, no grau máximo de generalidade, o próprio sistema jurídico. Essa operação, no entanto, ainda apresenta maior complexidade, pois a própria interpretação dos preceptivos específicos será informada por determinados valores que se encontram condensados em princípios, os quais foram previamente densificados a partir de operações semelhantes[4].

De acordo com Giorgio Del Vecchio[5], a própria compreensão das regras específicas encontra-se condicionada à identificação e análise dos princípios extraídos do sistema em que estão inseridas, o que garante a harmonia entre este e as partes que o integram.

A partir desse método de generalização crescente, será o operador do Direito conduzido à identificação dos princípios específicos norteadores de determinado instituto, àqueles que informam certo ramo da ciência jurídica e, ulteriormente, aos princípios que alicerçam o sistema jurídico em sua integridade.

Como se vê, esse prisma de análise se distingue daquele que é encampado pelos léxicos, em que o princípio é concebido como uma "proposição que se põe, no início de uma dedução, e que não é deduzida de nenhuma outra dentro do sistema considerado, sendo

---

todos ellos, sea justamente la libertad humana. Pero son, finalmente, principios 'del Derecho', esto es, como va hemos notado, fórmulas técnicas del mundo jurídico y no simples criterios morales, o menos aún, las famosas buenas intenciones o vagas o imprecisas directivas".

2   O art. 12 das disposições preliminares do Código Civil italiano assim dispõe: *Se uma controvérsia não pode ser decidida com uma disposição precisa, devem-se levar em conta disposições que regulem casos semelhantes ou matérias análogas; se o caso permanece ainda duvidoso, deve ser decidido segundo os princípios gerais do ordenamento jurídico do Estado.*

3   Utilizamos a expressão princípios gerais ante a sua consagração legal, doutrinária e jurisprudencial. No entanto, é inevitável a constatação de seu contorno pleonástico. Princípio, sob a ótica jurídica, é designativo de algo dotado de generalidade (*rectius*: não restrito a um preceito concreto), logo, o complemento que tradicionalmente o acompanha é simplesmente redundante e desnecessário; conclusão que em nada é arranhada pelos distintos graus de generalidade que informam os princípios, pois os valores que os direcionam são em si próprios e gerais.

4   Sensível a essa realidade, Robert Alexy (*Teoria da argumentação jurídica*, p. 249) afirma que os "princípios são proposições normativas de um tão alto nível de generalidade que podem, via de regra, não ser aplicados sem o acréscimo de outras premissas normativas e, habitualmente, são sujeitos às limitações por conta de outros princípios".

5   *Les Principes Généraux de Droit*, apud *Recueil d'Études sur les Sources du Droit en l'Honneur de Francoise Geny*, v. II, p. 69.

admitida, provisoriamente, como inquestionável"[6]. Para estes, o princípio é o elemento deflagrador de todo o sistema, enquanto sob a ótica jurídica, rompidas as concepções do jusnaturalismo, o princípio é extraído do sistema[7].

Os princípios que não defluem do ordenamento jurídico, também denominados princípios "extrassistêmicos", originários do ideal de justiça próprio do jusnaturalismo[8] e normalmente frutos de concepções políticas e morais, por sua própria volatilidade e imprecisão, não têm sido aceitos pela doutrina contemporânea. Frise-se, ainda, em abono dos argumentos que combatem sua aceitação, que os princípios extrassistêmicos não têm origem em métodos estritamente lógicos, somente sendo limitados pelo grau de criatividade do operador do Direito, o qual deixará de exercer uma atividade cognoscitiva para enveredar-se pelos caminhos da própria criação normativa. É importante, no entanto, não se realizar uma simbiose entre princípios implícitos[9] e princípios extrassistêmicos, pois são designativos de concepções diversas e inconfundíveis.

À luz do exposto, vê-se que os princípios podem ter sua origem no ordenamento jurídico, sendo explícitos ou implícitos, conforme encontrem previsão expressa no direito positivo ou, apesar de não terem sido expressamente previstos, defluam do sistema – neste último caso, tem-se os denominados princípios gerais de direito.

---

[6] Aurélio Buarque de Holanda, *Novo Dicionário da Língua Portuguesa*, p. 1393.

[7] Kelsen (*Teoria Geral do Direito e do Estado*, p. 356), criticando os dogmas do direito natural, afirma que os "princípios jurídicos nunca podem ser pressupostos por uma ordem jurídica; eles apenas podem ser criados por essa ordem. Pois eles são 'jurídicos' única e exclusivamente porque, e na medida em que, são estabelecidos por uma ordem jurídica positiva. Certamente, a criação do direito positivo não é uma criação a partir do nada. O legislador, assim como o costume, é dirigido por alguns princípios gerais. Mas esses princípios são morais ou políticos, e não jurídicos; consequentemente, não podem impor deveres jurídicos ou conferir direitos jurídicos a homens ou Estados, na medida em que esses princípios não são estipulados por legislação ou costume. Como princípios jurídicos, eles não são a fonte ou a base da ordem jurídica pela qual são estipulados; pelo contrário, a ordem jurídica positiva é a sua fonte ou base".

[8] Otto Bachoff, em sua conhecida obra *Normas constitucionais inconstitucionais*, sustenta que o direito supralegal, situado fora e acima do texto constitucional, quer tenha sido positivado ou não, é apto a estabelecer limites ao Constituinte, originário ou derivado, e, *ipso iure*, servir de parâmetro à declaração de inconstitucionalidade da norma dele dissonante (p. 67). Em tal caso, a norma constitucional seria considerada inconstitucional em tendo violado uma Constituição material que transcende os lindes do texto formal e abriga os princípios imanentes ao direito natural.

[9] O ordenamento jurídico é profícuo na referência aos princípios implícitos. O art. 4º da LINDB é expresso no sentido de que *quando a lei for omissa, o juiz decidirá o caso de acordo com a analogia, os costumes e os princípios gerais de direito*. O CPC/2015, apesar de não ter reproduzido o art. 126 do CPC/1974, dispôs, em seu art. 140, que *o juiz não se exime de decidir sob a alegação de lacuna ou obscuridade do ordenamento jurídico, tendo restringido a decisão por equidade aos casos previstos em lei*. Portanto, implicitamente, admitiu o uso das demais fontes de direito. De acordo com o art. 8º da Consolidação das Leis do Trabalho, tem-se que: *as autoridades administrativas e a Justiça do Trabalho, na falta de disposições legais ou contratuais, decidirão, conforme o caso, pela jurisprudência, por analogia, por equidade e outros princípios e normas gerais de direito, principalmente do direito do trabalho, e, ainda, de acordo com os usos e costumes, o direito comparado, mas sempre de maneira que nenhum interesse de classe ou particular prevaleça sobre o interesse público*.

Os princípios gerais de direito não se confundem com os princípios extrassistêmicos, associados à concepção de direito justo e normalmente alicerçados em um referencial metafísico qualquer (*v.g.*: razão, humanidade, moral etc.). Essa assertiva não deve ser confundida com uma plena aceitação da *concepção positivista clássica*, que veda ao intérprete qualquer consideração de ordem axiológica e limita sua atividade a uma operação de subsunção do fato à norma. Em verdade, ele faz uso contínuo dos valores subjacentes ao ambiente social sempre que interpreta os preceitos integrados aos textos normativos. Esses preceitos, como realçado pela metódica estruturante de Friedrich Müller, não se confundem com as normas, tão somente concorrendo no processo conducente à sua individualização.

Apesar de sua densificação estar associada aos valores que veiculam, os princípios deles se distinguem. Para Canaris[10], que bem explicitou tal distinção, "a passagem do valor para o princípio é extraordinariamente fluida; poder-se-ia dizer, quando se quisesse introduzir uma diferenciação de algum modo praticável, que o princípio está já num grau de concretização maior do que o valor: ao contrário deste, ele já compreende a bipartição, característica da proposição de Direito em previsão e consequência jurídica. Assim, por exemplo, por detrás do princípio da autodeterminação negocial, está o valor da liberdade; mas enquanto este, só por si, ainda não compreende qualquer indicação sobre as consequências jurídicas daí derivadas, aquele já exprime algo de relativamente concreto, e designadamente que a proteção da liberdade é garantida através da legitimidade, conferida a cada um, para a regulação autônoma e privada das suas relações com os outros".

A integração dos valores aos princípios foi exposta por Karl Larenz[11] da seguinte forma: "Os 'princípios jurídicos' não são senão pautas gerais de valoração ou preferências valorativas em relação à ideia de Direito, que todavia não chegaram a condensar-se em regras jurídicas imediatamente aplicáveis, mas que permitem apresentar 'fundamentos justificativos' delas. Estes princípios subtraem-se, como todas as pautas 'carecidas de concretização', a uma definição conceptual; o seu conteúdo de sentido pode esclarecer-se com exemplos".

1.1. O Caráter Normativo dos Princípios

Em sua gênese, conforme a doutrina tradicional, as normas se confundiam com as regras de conduta que veiculavam, sendo os princípios utilizados, primordialmente, como instrumentos de interpretação e integração.

Hodiernamente, tem-se um período pós-positivista, em que os princípios deixaram de ser meros complementos das regras, passando a ser vistos como formas de expressão da própria norma, a qual é subdividida em regras e princípios. Na lição de Jorge Miranda[12],

---

10 *Pensamento sistemático e conceito de sistema na ciência do direito*, trad. de A. Menezes Cordeiro, p. 8687.
11 *Metodologia da ciência do direito*, trad. de José Lamego, p. 316.
12 *Manual de direito constitucional*, p. 198.

"os princípios não se colocam, pois, além ou acima do Direito (ou do próprio Direito positivo); também eles – numa visão ampla, superadora de concepções positivistas, literalistas e absolutizantes das fontes legais – fazem parte do complexo ordenamental. Não se contrapõem às normas, contrapõem-se tão somente aos preceitos; as normas jurídicas é que se dividem em normas – princípios e normas – disposições".

Aqueles que se opõem ao caráter normativo dos princípios normalmente acenam com sua maior abstração e com a ausência de indicação dos pressupostos fáticos que delimitarão a sua aplicação, o que denotaria uma diferença substancial em relação às normas, as quais veiculam prescrições dotadas de maior determinabilidade, permitindo a imediata identificação das situações, fáticas ou jurídicas, por elas reguladas[13].

Em nosso entender, tais elementos não são aptos a estabelecer uma distinção profunda o suficiente para dissolver a relação de continência existente entre normas e princípios, figurando estes como espécies daquelas. Inicialmente, deve-se dizer que o maior ou o menor grau de generalidade existente em duas normas, a exemplo do maior ou do menor campo de aplicação, é parâmetro incapaz de estabelecer diferenças de ordem ontológica entre elas.

Os princípios, a exemplo das regras, carregam consigo acentuado grau de imperatividade, exigindo a necessária conformação de qualquer conduta aos seus ditames, o que denota o seu caráter normativo (*dever ser*). Sendo cogente a observância dos princípios, qualquer ato que deles destoe será inválido, consequência esta que representa a sanção para a inobservância de um padrão normativo cuja reverência é obrigatória.

Em razão de seu maior grau de generalidade, os princípios veiculam diretivas comportamentais que devem ser aplicadas em conjunto com as regras sempre que for identificada uma hipótese que o exija, o que, a um só tempo, acarreta um dever positivo para o agente – o qual deve ter seu atuar direcionado à consecução dos valores que integram o princípio – e um dever negativo, consistente na interdição da prática de qualquer ato que se afaste de tais valores. Constatada a inexistência de regra específica, maior importância assumirão os princípios, os quais servirão de norte à resolução do caso apreciado.

Em sua dimensão integrativa, os princípios conferem maior unidade ao sistema normativo, possibilitando o estabelecimento de uma conexão entre as múltiplas regras que o compõem e permitindo que os valores que veiculam incidam de forma adequada e coerente sobre diferentes situações, afastando o risco de contradições no sistema.

Discorrendo sobre o tema, Norberto Bobbio[14] afirma que "os princípios são apenas, a meu ver, normas fundamentais ou generalíssimas do sistema, as normas mais gerais. A palavra princípios leva a engano, tanto que é velha a questão entre os juristas se os princípios gerais são normas. Para mim, não há dúvida: os princípios gerais são normas como

---

13   Cf. ROJO, Margarita Beladiez. *Los principios jurídicos*, p. 75 e s.
14   *Teoria do ordenamento jurídico*, p. 158-159.

todas as outras. E esta é também a tese sustentada por Crisafulli. Para sustentar que os princípios gerais são normas, os argumentos são dois, e ambos válidos: antes de mais nada, se são normas aquelas das quais os princípios são extraídos, através de um procedimento de generalização sucessiva, não se vê por que não devam ser normas também eles: se abstraio da espécie animal obtenho sempre animais, e não flores ou estrelas. Em segundo lugar, a função para a qual são extraídos e empregados é a mesma cumprida por todas as normas, isto é, a função de regular um caso. E com que finalidade são extraídos em caso de lacuna? Para regular um comportamento não regulamentado: mas então servem ao mesmo escopo a que servem as normas expressas. E por que não deveriam ser normas?"[15].

Especificamente em relação aos princípios regentes da atividade estatal, é importante lembrar que estão eles inseridos, em profusão, no texto constitucional. Este fato, longe de representar a mera constatação da força legitimante da Constituição, por ocupar ela o ápice da pirâmide normativa, torna cogente que aos princípios sejam conferidas a normatividade e a imperatividade inerentes a todo e qualquer comando contido na norma fundamental. Negar essas características como inerentes aos princípios é o mesmo que negar a própria dignidade normativa da Constituição, relegando a plano secundário sua rigidez e supremacia e fazendo com que a adequação ao texto constitucional seja vista sob um prisma meramente formal, mantendo em plano secundário a pauta de valores contemplada pelo Constituinte. Apesar disso, a similitude entre a legitimidade formal das regras e dos princípios não tem o condão de afastar certas distinções de ordem estrutural, o que será objeto de estudo no item seguinte.

1.2. Distinção entre Regras e Princípios

De forma correlata à evolução dogmática que terminou por delinear a relação de continência existente entre as normas e os princípios, resta identificar os elementos que os

---

[15] Na doutrina pátria, são inúmeros os autores que visualizam o caráter dicotômico das normas, subdividindo-as em regras e princípios. Para mencionar apenas alguns, podemos elencar: Paulo Ricardo Schier, *Filtragem Constitucional, Construindo uma nova dogmática jurídica*, p. 122-130; Ruy Samuel Espíndola, *Conceito de princípios constitucionais*, p. 55; Paulo Bonavides, *Curso de Direito Constitucional*, p. 243-247; José Afonso da Silva, *Aplicabilidade das normas constitucionais*, p. 4081; José Ghilherme Giacomuzzi, *A moralidade administrativa e a boa-fé da Administração Pública*, p. 201 e s.; Humberto Bergmann Ávila, A Distinção entre princípios e regras e a redefinição do dever de proporcionalidade, *RDA* 215/151; Luís Roberto Barroso, *Interpretação e Aplicação da Constituição*, p. 141 e s.; Eros Roberto Grau, *A ordem econômica na Constituição de 1988 – interpretação e crítica*, p. 92 e s.; Inocêncio Mártires Coelho, *Interpretação Constitucional*, p. 79 e s.; Willis Santiago Guerra Filho, *Processo constitucional e direitos fundamentais*, p. 51 e s.; Wálter Claudius Rothenburg, *Princípios Constitucionais*, p. 13 e s.; Fábio Corrêa Souza de Oliveira, *Por uma Teoria dos Princípios – O Princípio Constitucional da Razoabilidade*, p. 17 e s.; Daniel Sarmento, *A Ponderação de Interesses na Constituição Federal*, p. 41 e s.; Suzana de Toledo Barros, *O Princípio da Proporcionalidade e o Controle da Constitucionalidade das Leis Restritivas de Direitos Fundamentais*, p. 155 e s.; e Marcos Maselli Gouvêa, *O Controle Judicial das Omissões Administrativas*, p. 102 e s.

distinguem das regras. Trata-se de consequência lógica dos argumentos expostos no item precedente, pois, fossem regras e princípios designativos de objetos idênticos, certamente dispensável seria uma classificação dicotômica, bastando falar em normas jurídicas.

Não obstante a evolução, ainda não se chegou a um consenso quanto à identificação da linha limítrofe que separa as regras dos princípios, vale dizer, quando determinada disposição consubstanciará uma regra ou quando deve ser concebida como um princípio.

As concepções doutrinárias podem ser subdivididas, basicamente, em duas posições: de acordo com a primeira, denominada de *concepção fraca dos princípios*, a distinção para com as regras é quantitativa, ou de grau; enquanto a segunda, intitulada de *concepção forte dos princípios*, sustenta que a diferença é qualitativa.

A *concepção fraca de princípios* está vinculada a uma visão positivista do Direito, não visualizando uma distinção substancial em relação às regras, mas, unicamente, uma maior generalidade e abstração, o que conduz os princípios à condição de normas fundamentais do sistema[16] e lhes confere um grande valor hermenêutico, sem aptidão, contudo, para fornecer uma unidade de solução no caso concreto.

A *concepção forte de princípios* identifica distinções sob os aspectos lógico e qualitativo, o que individualiza os princípios como normas jurídicas que se diferenciam das regras em razão de sua composição estrutural. A imperatividade da ordem jurídica não se esgotaria na previsão explícita das regras jurídicas, estendendo-se aos valores consubstanciados nos princípios[17]. Ante o prestígio auferido por esta concepção, para a qual converge a grande maioria dos estudos contemporâneos, teceremos breves considerações a respeito de dois de seus maiores expoentes.

Para Dworkin, os princípios se distanciam das regras na medida em que permitem uma maior aproximação entre o direito e os valores sociais, não expressando consequências jurídicas que se implementam automaticamente com a simples ocorrência de determinadas condições, o que impede sejam previstas, *a priori*, todas as suas formas de aplicação. A efetividade dos princípios não é resultado de uma operação meramente formal e alheia a considerações de ordem moral. Os princípios terminam por indicar determinada direção, mas não impõem uma solução em particular.

A distinção lógica entre regras e princípios é evidenciada por Dworkin ao dizer que "ambos estabelecem *standards* que apontam para decisões particulares sobre obrigações jurídicas em circunstâncias determinadas, mas distinguem-se quanto ao caráter de direção que estabelecem. *Regras são aplicáveis à maneira do tudo ou nada*. Se ocorrem os fatos estipulados pela regra, então ou a regra é válida, caso em que a resposta que fornece deve ser

---

16 Neste sentido, BOBBIO, Norberto. Ob. cit., p. 158-159.
17 Neste sentido, DWORKIN, Ronald. *Taking rights seriously*, e ALEXY, Robert. *Teoría de los derechos fundamentales*.

aceita, ou não é, caso em que em nada contribui para a decisão"[18]. Dessa distinção deflui que os princípios possuem uma dimensão de peso, o que influirá na solução dos conflitos, permitindo a identificação daquele que irá preponderar. Quanto às regras, por não apresentarem uma dimensão de peso, a colisão entre elas será resolvida pelo prisma da validade, operação que será direcionada pelos critérios fornecidos pelo próprio ordenamento jurídico: critério hierárquico (*lex superior derogat inferiori*), critério cronológico (*lex posterior derogat priori*) e critério da especialidade (*lex specialis derogat generali*).

Segundo Robert Alexy[19], enquanto as regras impõem determinado padrão de conduta, os princípios são normas jurídicas impositivas de uma *otimização*, ordenando que algo seja realizado na melhor medida possível, podendo ser cumpridos em diferentes graus[20], sendo que a medida de seu cumprimento dependerá tanto das possibilidades reais como também das jurídicas. O âmbito das possibilidades jurídicas é determinado pelos princípios opostos, que incidem na espécie e que igualmente buscam a prevalência de suas potencialidades, e pelas regras que, de algum modo, excepcionam o princípio que se pretende aplicar. Além de encerrarem *comandos de otimização* que variarão consoante as circunstâncias fáticas e jurídicas presentes por ocasião de sua aplicação, os princípios apresentam peculiaridades em relação às regras.

Para o jurista alemão, os princípios convivem harmonicamente, o que permite a sua coexistência e que, em caso de colisão, um deles seja preponderantemente aplicado ao caso concreto, a partir da identificação de seu peso e da ponderação de outros princípios, conforme as circunstâncias em que esteja envolto[21]. O conflito entre regras, por sua vez, será solucionado com a introdução de critérios de especialidade entre elas ou com o reconhecimento da invalidade de uma ou de algumas das regras confrontadas, permitindo seja identificada aquela que regulará a situação concreta. Aqui, diferentemente do que ocorre com os princípios, não se tem um exercício de ponderação, mas uma forma de exclusão, sendo cogente a aplicação da regra ao caso sempre que verificado o seu substrato fático típico. *Enquanto os conflitos entre regras são dirimidos na dimensão da validade,*

---

18 *Taking rights seriously*, p. 24.
19 *Teoría de los Derechos Fundamentales*, p. 86 e s.
20 A afirmação de que os princípios podem ser cumpridos em diferentes graus resulta do fato de não veicularem mandados definitivos. Assim, o comando que deles inicialmente deflui pode ser afastado por razões opostas, sendo que a solução deste conflito não é identificada *a priori*, variando gradativamente conforme os valores em jogo no caso concreto.
21 Nas palavras de Alexy (Colisão de Direitos Fundamentais e Realização de Direitos Fundamentais no Estado de Direito Democrático, *RDA* 217/75), "princípios e ponderações são dois lados do mesmo objeto. Um é do tipo teórico-normativo, o outro, metodológico. Quem efetua ponderações no direito pressupõe que as normas, entre as quais é ponderado, têm a estrutura de princípios e quem classifica normas como princípios deve chegar a ponderações. A discussão sobre a teoria dos princípios é, com isso, essencialmente, uma discussão sobre ponderação".

os conflitos entre princípios o são na dimensão do peso[22]. Portanto, as regras contêm determinações no âmbito do fático e juridicamente possível, o que significa que a diferença entre regras e princípios, espécies do gênero norma jurídica, é qualitativa e não de grau.

De acordo com Canotilho[23], seguindo a doutrina de Alexy e de Dworkin, "os princípios, ao constituírem exigências de optimização, permitem o balanceamento de valores ou interesses (não obedecem, como as regras, à 'lógica do tudo ou nada'[24]), consoante o seu peso e a ponderação de outros princípios eventualmente conflituantes; as regras não deixam espaço para qualquer outra solução, pois se uma regra vale (tem validade) deve cumprir-se na exacta medida das suas prescrições, nem mais nem menos. (...) em caso de conflito entre princípios, estes podem ser objeto de ponderação, de harmonização, pois eles contêm apenas 'exigências' ou '*standards*' que, em 'primeira linha' (*prima facie*), devem ser realizados; as regras contêm 'fixações normativas' definitivas, sendo insustentável a validade simultânea de regras contraditórias. Realça-se também que os princípios suscitam problemas de validade e peso (importância, ponderação, valia); as regras colocam apenas questões de validade (se elas não são correctas devem ser alteradas)".

Após essa sintética abordagem das doutrinas de Dworkin e de Alexy, constata-se que a distinção existente entre regras e princípios é melhor identificada a partir da visualização da espécie de solução exigida para os casos de colisão, o que nos leva a encampar a *concepção forte dos princípios*.

É de se notar, ainda, que a regra é um tipo de norma que, presentes os pressupostos autorizadores de sua aplicação, regerá determinada situação fática ou jurídica, de forma incontestável e definitiva. Princípio, por sua vez, é um tipo de norma cujos pressupostos autorizadores de sua aplicação não assumem contornos precisos, o que lhe confere maior imprecisão e menor determinabilidade, fazendo com que atue como meio de otimização de certo comportamento, impregnando-o com os valores extraídos das possibilidades fáticas e jurídicas do caso.

Como será visto por ocasião do estudo da tipologia dos atos de improbidade, o formato estrutural dos princípios em muito se afeiçoa à categoria das cláusulas gerais e dos *conceitos jurídicos indeterminados*, nos quais, com frequência, se visualiza um núcleo fixo ou zona de certeza, em que é, *prima facie*, identificada a adequação ou a inadequação de determinada conduta aos valores que veicula, e um halo conceitual ou zona de dúvida, vaga e nebulosa. Neste ponto, aumenta a fluidez do conteúdo do princípio, o que exige um maior aprofundamento da operação valorativa destinada à concreção do seu conteúdo. Essa constatação, no entanto, não descaracteriza sua feição normativa.

---

22 *Teoria...*, p. 89.
23 *Direito constitucional e teoria da Constituição*, p. 1087.
24 Em síntese, esta é a doutrina de Dworkin (*Taking Rights Seriously*), para quem o padrão de comportamento veiculado pelas regras, diversamente do que ocorre com os princípios, incide sobre a forma do "tudo ou nada" ("*aplicable* in *all or nothing fashion*").

Na dogmática contemporânea, os princípios podem assumir diversas funções. No que diz respeito ao objetivo específico desta obra, podem assumir uma função explicativa, permitindo a identificação da *mens legis* e sua contínua adequação aos valores socioculturais existentes por ocasião de sua aplicação[25], ou uma função normativa, tornando cogente que os fatos, simultaneamente, sejam valorados em conformidade com as regras e os princípios que lhes são subjacentes.

A adoção dos princípios tornará a norma mais fluida e indeterminada, pois revestem-se de um grau de abstração e generalidade mais acentuado do que as regras; por outro lado, a menor determinabilidade do campo de aplicação da norma será compensada com uma adequação mais célere aos valores que disciplina, o que também exige maior responsabilidade do operador do Direito ao sopesar sua axiologia e densificar seu conteúdo. De forma sintética, pode-se dizer que a aplicação das regras se esgota em uma operação de subsunção, enquanto os princípios possibilitam uma atividade de concreção, densificando os valores incidentes no caso, e um exercício de ponderação, permitindo sejam sopesados os valores que informam tal situação fática, culminando com a identificação da solução justa para o caso concreto[26].

Os princípios incidirão diretamente sobre a esfera de determinado bem jurídico, permitindo a integração da regra, aclarando o seu significado linguístico e delimitando o seu objeto. É nesse sentido que avulta a importância dos princípios para o desenvolvimento deste estudo, pois, como será visto, o Poder Público deve sempre atuar em conformidade com a norma, e esta é integrada por regras e princípios, o que permite dizer que a imperatividade destes elementos, cada qual com seu grau de determinabilidade, haverá de ser observada pelo agente. Além dessa função normativa, a concreção da regra, delineada e limitada pelos princípios, terminará por indicar a *otimização,* e consequente correção, do comportamento do agente público. Em uma palavra, sua probidade.

Segundo Canotilho[27], que sintetiza as teorias existentes, vários são os critérios sugeridos para a distinção entre regras e princípios, destacando-se os seguintes:

---

25 Nas palavras de Eduardo García de Enterría (Hermeneutica e Supremacia Constitucional – el principio de la interpretación conforme a la Constitución de todo el ordenamiento, *RDP* 77/33), "lo esencial de la Constitución no sería una cierta concepción material del hombre, sino construir la vida social y política como un proceso indefinidamente abierto; éste había de ser, por tanto, el criterio interpretativo fundamental".

26 Segundo Agustín Gordillo (Un Corte Transversal al Derecho Administrativo: la Convención Interamericana Contra la Corrupción, *LL*, 1997-E, p. 1091), algunos se preguntarán cómo voy a resolver en un caso concreto si se há violado la norma de honorabilidad, integridad, uso adecuado y preservación de recursos públicos, justicia o equidad, publicidad, eficiencia? Es lo mismo que preguntar cómo sabré si se há actuado con mala fe, abuso del derecho, abuso de posición dominante, desviación de poder, lesión, mala praxis? Es formularse la pregunta fundamental de qué es el derecho y cómo se decide en derecho. Digámoslo una vez más en palabras ajenas: Há sido, es y será siempre, una ciencia de casos singulares y concretos, en la cual la única regla es que no hay ninguna regla, solo grandes principios, y todo depende del análisis de los hechos y de la prueba. Quien no comprenda eso y busque lo absoluto de la norma reglamentario, no ha entendido aún que es el derecho".

27 *Direito constitucional e teoria da Constituição*, p. 1086.

"Grau de abstracção: *os princípios são normas com um grau de abstracção relativamente elevado; de modo diverso, as* regras *possuem uma abstracção relativamente reduzida.*

Grau de determinabilidade *na aplicação do caso concreto; os princípios, por serem vagos e indeterminados, carecem de mediações concretizadoras (do legislador? Do juiz?), enquanto as* regras *são susceptíveis de aplicação directa.*

Carácter de fundamentalidade *no sistema das fontes de direito: os princípios são normas de natureza ou com um papel fundamental no ordenamento jurídico devido à sua posição hierárquica no sistema das fontes (ex.: princípios constitucionais) ou à sua importância estruturante dentro do sistema jurídico (ex.: princípio do Estado de Direito).*

Proximidade da ideia de direito: *os princípios são standards juridicamente vinculantes radicados nas exigências de 'justiça' (Dworkin) ou na 'ideia de direito' (Larenz); as* regras *podem ser normas vinculativas com um conteúdo meramente funcional.*

Natureza normogenética: *os princípios são fundamento de regras, isto é, são normas que estão na base ou constituem a ratio de regras jurídicas, desempenhando, por isso, uma função normogenética fundamentante*".

2. DELINEAMENTO DA PROBIDADE

Concebidos os princípios como espécies das normas jurídicas, a análise da deontologia dos agentes públicos pressupõe, necessariamente, que todos os seus atos sejam valorados em conformidade com as regras e os princípios que os informam.

Partindo-se dessa premissa, é importante observar que a grande maioria das regras a que estão subordinados os agentes públicos têm natureza infraconstitucional, buscando seu fundamento de validade na Lei Maior. Fenômeno inverso ocorre com os princípios regentes da atividade estatal, os quais, em sua maior parte, têm sua base estrutural na Constituição da República, irradiando efeitos para os demais princípios e regras que dela emanam.

Em razão disso, além dos métodos tradicionais de hermenêutica, a identificação da validade e da própria legitimidade dos atos do Poder Público torna imperativa a prévia análise dos princípios constitucionais, atividade que deve ser iniciada pelo estudo do princípio mais genérico, deflagrando-se um processo de concretização sucessiva que passará pelos princípios de maior especificidade até atingir um grau de densidade semelhante ao das regras que irão reger a espécie.

Dentre as múltiplas classificações existentes na doutrina, nacional e alienígena, utilizaremos aquela exposta por Luís Roberto Barroso[28]. De acordo com esse jurista, a Constituição abriga: a) os princípios fundamentais, veiculadores da ideologia política fundamental do sistema e que constituem o seu núcleo imodificável, englobando, dentre ou-

---

28 *Interpretação e aplicação da Constituição*, p. 151-155.

tros, o princípio republicano (art. 1º, *caput*), o princípio federativo (art. 1º, *caput*), o princípio do Estado Democrático de Direito (art. 1º, *caput*), o princípio da separação dos poderes (art. 2º) etc.; b) os princípios gerais, os quais se diferenciam dos princípios fundamentais por terem um menor grau de abstração e por não terem caráter organizatório do Estado, mas sim limitativo de seu poder, resguardando situações individuais, bem como por veicularem um conteúdo mais ético do que político, sendo exemplos o princípio da legalidade (art. 5º, II), o princípio da liberdade (art. 5º, IV, VI, IX, XIII etc.), o princípio de acesso ao Judiciário (art. 5º, XXXV), o princípio do devido processo legal (art. 5º, LIV), o princípio da autonomia estadual e municipal (art. 18); c) princípios setoriais ou especiais, distribuídos por diferentes títulos da Constituição e que se irradiam sobre um número limitado de normas afetas a determinado tema, sendo agrupados de acordo com a respectiva área de atuação – I. Administração Pública (art. 37 – princípios da legalidade, da moralidade, da impessoalidade etc.), II. Organização dos Poderes (arts. 95 e 96 – princípios da imparcialidade e da independência dos juízes etc.), III. Tributação e Orçamento (art. 150, I – princípio da legalidade tributária etc.) etc.

Além de conferirem unidade ao sistema normativo constitucional, os princípios atuam como fatores de imposição, de interpretação e de integração. Possuem caráter imperativo, exigindo que indivíduos e poderes constituídos adotem as medidas necessárias, na medida mais ampla possível, à materialização dos valores que albergam. Influem na interpretação dos padrões normativos do sistema, contribuindo para estender ou retrair o seu potencial de incidência. Permitem sejam contornadas as lacunas da Constituição formal, contribuindo para o aperfeiçoamento da completude da ordem constitucional.

A licitude dos atos dos agentes públicos há de ser extraída da conjunção das regras e dos princípios, quer explícitos, quer implícitos, o que conferirá a estes um grau de obrigatoriedade que há muito é difundido mas que pouco tem se concretizado. A unidade da Constituição indica que todas as normas por ela formalmente encampadas têm igual força e hierarquia, sendo cogente sua observância pelos agentes públicos.

Como será oportunamente visto, a previsão de meios de coibição à improbidade administrativa tem esteio constitucional, tendo sido o art. 37, § 4º, da Constituição regulamentado pela Lei n. 8.429/1992, texto legal que instituiu a tipologia dos atos de improbidade e cominou as respectivas sanções.

Face à própria técnica legislativa adotada, que considerou ato de improbidade a mera violação aos princípios regentes da atividade estatal[29], devem ser buscadas novas perspectivas para a compreensão da probidade, considerada por muitos mera especificação do princípio da moralidade administrativa[30].

---

29 Art. 11 da Lei n. 8.429/1992: *Constitui ato de improbidade administrativa que atenta contra os princípios da administração pública qualquer ação ou omissão que viole os deveres de honestidade, imparcialidade, legalidade e lealdade às instituições, e notadamente...*

30 Para José Afonso da Silva (*Curso de direito constitucional positivo*, p. 563), "a improbidade administrativa é uma imoralidade qualificada pelo dano ao erário e correspondente vantagem ao ímprobo ou a outrem".

Também associando a probidade à moralidade administrativa: Marcelo Harger, *Improbidade administrativa. Comentários à Lei n. 8.429/92*. São Paulo: Atlas, 2015, p. 14; Marçal Justen Filho, *Curso de direito administrativo*. 10ª ed., São Paulo: Revista dos Tribunais, 2014, p. 1084; Márcio Camarosano, *O princípio constitucional da moralidade e o exercício da função administrativa*. Belo Horizonte: Fórum, 2006, p. 109; Edilson Pereira Nobre Júnior, Improbidade administrativa: alguns aspectos controvertidos, *Revista do TRF da 5ª Região* n. 56/320 (328), 2004; Gina Copola, *A improbidade administrativa no direito brasileiro*. Belo Horizonte: Editora Fórum, 2011, p. 30; Patrícia Verônica Nunes Carvalho Sobral de Souza, *Corrupção e improbidade. Críticas e Controle*. 1ª reimpressão. Belo Horizonte: Editora Fórum, 2012, p. 33; Edmilson da Costa Lima. Positivação da probidade administrativa: neokelsenianismo, *Revista da Escola Superior da Magistratura do Maranhão*, v. 7, n. 7, p. 15, jan./dez. de 2011; Kele Bahena, *O princípio da moralidade administrativa e seu controle pela Lei de Improbidade*, p. 114; Eurico Bitencourt Neto, *Improbidade administrativa e violação de princípios*, p. 105; José Antonio Lisbôa Neiva, *Improbidade administrativa*: estudo sobre a demanda na ação de conhecimento e cautelar, p. 12; George Sarmento, *Improbidade administrativa*, p. 121; Marcelo Figueiredo, *O controle da moralidade na Constituição*, p. 47, e *Probidade administrativa, comentários à Lei 8.429/1992 e legislação complementar*, p. 20; Juarez Freitas, Do princípio da probidade administrativa e sua máxima efetivação, *RDA* 204/71; Pedro Paulo de Rezende Porto Filho, Improbidade administrativa – requisitos para tipicidade, *Revista Interesse Público* 11/81; Francisco Octávio de Almeida Prado, *Improbidade administrativa*, p. 16; Ives Gandra da Silva Martins, Aspectos procedimentais do instituto Jurídico do "impeachment" e conformação da figura da improbidade administrativa, *RT* 685/291; Cristiano Álvares Valladares do Lago, Improbidade administrativa, *RT* 786/791; Carlos Eduardo Terçarolli, *Improbidade administrativa no exercício das funções do Ministério Público*, p. 32; José Guilherme Giacomuzzi, *A moralidade administrativa e a boa-fé da administração pública*, p. 178; Márcia Noll Barboza, *O princípio da moralidade administrativa...*, p. 134, nota 346; João Batista de Almeida, Adequação da ação e combate à improbidade administrativa, in *Improbidade Administrativa, 10 anos da Lei n. 8.429/1992*, p. 132; José Nilo de Castro, Improbidade administrativa municipal, *Revista Interesse Público* n. 8/79, 2000; José Jairo Gomes, Apontamentos sobre a improbidade administrativa, in *Improbidade Administrativa, 10 anos da Lei n. 8.429/1992*, p. 252, Sérgio de Andréa Ferreira, A probidade na administração pública, *Boletim de Direito Administrativo*, agosto/2002, p. 618; Salomão Ribas Júnior, Improbidade administrativa sob a ótica das Cortes de Contas, *Revista Atuação Jurídica* n. 7/35, da Associação Catarinense do Ministério Público, 2001; e Luís Pinto Ferreira, *Comentários à Constituição brasileira*, p. 363. Silvio Antonio Marques vê na improbidade um atentado à moralidade que também viola o bem jurídico tutelado pelos arts. 9º, 10 e 11 (*Improbidade administrativa*: ação civil e cooperação jurídica internacional. São Paulo: Editora Saraiva, 2010, p. 41). Wallace Paiva Martins Júnior (*Probidade administrativa*, p. 99) sustenta que "contido no princípio da moralidade administrativa está o da probidade", mas posteriormente acrescenta que "probidade administrativa é o respeito aos princípios da Administração pública" (p. 110), sendo a vinculação entre probidade e moralidade justificável por serem ambos informados pelos mesmos valores (p. 111). Modesto Carvalhosa defende que moralidade e probidade se equivalem, mas parece não compreender bem a distinção entre regras e princípios ao afimar que "o princípio da moralidade administrativa está constitucionalmente positivado, sendo, portanto, regra jurídica concreta do ordenamento jurídico" (*Considerações sobre a Lei Anticorrupção das Pessoas Jurídicas – Lei 12.846/2013*. São Paulo: Revista dos Tribunais, 2015, p. 275). Affonso Ghizzo Neto e Alexandre Rosa (*Improbidade Administrativa e Lei de Responsabilidade Fiscal – Conexões Necessárias*, p. 41 e 47), após associarem a improbidade à inobservância dos "princípios administrativos constitucionais básicos", afirmam que todos eles se bastariam no princípio da moralidade, "que representa a matriz de um ordenamento complexo". Sob esta perspectiva, ver o item 5 do Capítulo II, no qual o princípio da moralidade é visto como *standard* aglutinador de todos os valores regentes da atividade estatal. Benedicto de Tolosa Filho (*Comentários à Lei de Improbidade Administrativa*, p. 42-43), no entanto, não confere identidade à moralidade e à probidade, visualizando nesta um espectro mais amplo, abrangendo todos os princípios regentes da atividade estatal. Neste sentido: Ney de Barros Bello Filho (Aplicabilidade da Lei de Improbidade Administrativa à atuação da administração ambiental brasileira, *Revista de Direito Ambiental* n. 18/57); Rita Tourinho, *Discricionariedade administrativa, ação de improbidade & controle principiológico*, p. 126-127; Gusta-

Em que pese ser a observância ao princípio da moralidade um elemento de vital importância para a aferição da probidade, não é ele o único. Todos os atos dos agentes públicos devem observar a normatização existente, o que inclui toda a ordem de princípios, e não apenas o princípio da moralidade. Assim, quando muito, será possível dizer que a probidade absorve a moralidade, mas jamais terá sua amplitude delimitada por esta.

No âmbito das estruturas estatais de poder, a concepção de boa gestão administrativa, em sentido algo diverso ao que se verifica no direito privado, confere igual importância e intensidade a referenciais instrumentais e finalísticos. Em outras palavras, a boa gestão exige tanto a satisfação do interesse público como a observância de todo o balizamento jurídico regulador da atividade que tende a efetivá-lo. O amálgama que une meios e fins, entrelaçando-os e alcançando uma unidade de sentido, é justamente a probidade administrativa. A improbidade aponta não só para uma desconsideração dos fins como também para uma situação de ruptura entre meios e fins.

Ainda merece breve consideração a postura daqueles que, no afã de inovar, baralham conceitos e, de forma algo arbitrária, buscam construir um conceito "seletivo" de improbidade, sempre circundado por um número tal de exceções que dificulta a individualização da própria regra geral proposta. Essas concepções, longe de associar a improbidade à imoralidade, o que, ao menos, encontraria alguma justificativa na tradição e no léxico, não visualizam, na violação dos princípios constitucionais, um elemento estrutural da improbidade, isto apesar de reconhecerem o seu caráter normativo, postura que consubstancia uma curiosa contradição lógica.

Fazem menção aos referenciais de imoralidade, deslealdade e ineficiência como importantes vetores de individualização da improbidade, mas, de forma algo paradoxal, advogam a necessidade de sua imperativa integração por uma regra legal, entendimento que estendem à própria aplicação da Lei de Improbidade, que estaria *integralmente* dependente de complementação por outras normas jurídicas, pois a sua tipologia, segundo os prosélitos da tese, não teria estabelecido qualquer balizamento direto para a atuação dos agentes públicos. Ora, se os princípios não possuem força normativa suficiente para justificar a punição daqueles que descumprem os valores que condensam, como justificar a existência de deveres jurídicos neles alicerçados? Afirmar que não possuem imperatividade suficiente, mas que são aptos a qualificar a ilegalidade de modo a caracterizar a improbidade, é algo verdadeiramente curioso. Regras e princípios não são gêmeos siameses, de modo que sempre se movimentem em conjunto. Pelo contrário, são espécies do gênero norma, cada qual com uma funcionalidade específica, mas tendo, em comum, a imperatividade subjacente ao poder estatal. Não bastasse isto, dando continuidade às contradições,

---

vo Senna, *Princípios do juiz natural e sua aplicação na Lei de Improbidade Administrativa*, p. 112-113; Rafael Carvalho Rezende Oliveira, *Manual de improbidade administrativa*, 1ª parte. São Paulo: Grupo Editorial Nacional, 2012, p. 7-9; Pedro Roberto Decomain, *Improbidade administrativa*. São Paulo: Dialética, 2007, p. 25-26; e Waldo Fazzio Júnior, *Atos de improbidade administrativa*, p. 4-6 e 71-75.

os opositores dessa constatação, para os quais a improbidade pressupõe a simultânea violação de regras e princípios, chegam a defender que o enquadramento da conduta na tipologia da Lei de Improbidade deve principiar pelo seu art. 11, que versa justamente sobre a violação aos princípios.

Como pano de fundo dessa postura seletiva, costumam invocar a necessidade de resguardar a segurança jurídica dos agentes públicos, que não podem ficar à mercê de uma ampla liberdade valorativa do intérprete no delineamento dos princípios constitucionais. Esquecem, no entanto, de mencionar que o art. 37 da Constituição da República, em seu *caput*, dispõe expressamente sobre o dever de observância dos princípios regentes da atividade estatal, enquanto o § 4º conferiu ao legislador a liberdade de conformação no delineamento da improbidade. E o que fez o legislador democraticamente legitimado? Editou a Lei n. 8.429/1992 e qualificou como ato de improbidade a violação dos princípios regentes da atividade estatal. À luz dessa constatação, é sustentável a tese de que a referida lei viola o princípio (implícito) da segurança jurídica, sendo, por isso, inconstitucional? Ou será que a inobservância de um dever jurídico, como sói ser o cumprimento das normas constitucionais de estrutura principiológica, autoriza a cominação e consequente aplicação de sanções? Uma resposta negativa a esse último questionamento, por certo, exigiria uma desconsideração da própria evolução da ciência jurídica, a cada dia mais sensível ao caráter prospectivo do direito e à necessária interpenetração entre texto normativo e realidade, o que jamais será alcançado à margem de juízos valorativos[31].

É crível que os prosélitos da tese contrária desconheçam o papel dos princípios constitucionais no Estado contemporâneo, embasando direitos prestacionais (*v.g.*: fornecimento de medicamentos, ainda que não especificados pela legislação infraconstitucional, com o objetivo de resguardar a dignidade humana), direcionando a atuação do Estado e regendo a própria interpretação da ordem jurídica, do que pode resultar a contenção da severidade das regras ou a exasperação de sua leniência? Ao tentarem embasar o seu entendimento no *princípio* da segurança jurídica não reconhecem, *ipso iure*, que os princípios permitem o surgimento de garantias e, por via reflexa, de deveres perante o Estado? Os questionamentos, como se percebe, poderiam se suceder em demasia, o que só corrobora o equívoco de interpretar a ordem jurídica de modo "anatômico": dissecam-se os membros da lei e aproveita-se somente o que interessa[32].

Deve ser objeto de novas reflexões o entendimento de que "a lei não pune o administrador incompetente, mas unicamente o desonesto", máxime quando se constata a inclusão do princípio da eficiência no rol constante do art. 37, *caput*, da Constituição.

---

31 Nesse sentido, *vide*, de nossa autoria, *Conflito entre normas constitucionais*: esboço de uma teoria geral. São Paulo: Saraiva, 2015, p. 194-196.
32 Cf. BARBOSA, Rui. *Commentários à Constituição Federal brasileira*, coligidos e ordenados por Homero Pires. São Paulo: Saraiva, 1932, v. I, p. 404.

Incompetência e eficiência veiculam premissas conceituais que se excluem, não sendo suscetíveis de coexistir harmonicamente como vetores da atividade estatal.

Evidenciada a harmonia entre os fatos, o ato praticado e os valores consubstanciados nos princípios regentes da atividade estatal, estará demonstrada a probidade. Descumprida a regra ou inobservados os princípios, ter-se-á um relevante indício de configuração da improbidade. Este pensamento pode ser condensado com a assertiva de que os atos dos agentes públicos devem estar em conformidade com o "princípio da juridicidade", nomenclatura utilizada para englobar todas as regras e os princípios (inclusive a moralidade) a que devem estar circunscritos os atos do Poder Público.

A configuração da improbidade, no entanto, ainda pressupõe a ponderação do ato em cotejo com os valores que violou, denotando sua potencialidade lesiva em detrimento dos interesses tutelados, operação esta que será realizada com a utilização do princípio da proporcionalidade, a ser oportunamente estudado.

3. PRINCÍPIO DA JURIDICIDADE

Pouco a pouco, os princípios regentes da atividade estatal foram erguidos aos estamentos mais elevados do ordenamento jurídico, sempre buscando manter o Estado adstrito às suas finalidades institucionais e garantir a estrita observância das liberdades públicas, com o consequente aumento da segurança dos administrados. No Brasil, têm recebido enfoque específico e aumentado em extensão com os sucessivos textos constitucionais.

Ao atingirem o ápice da pirâmide normativa, foi inevitável a constatação de que o princípio da legalidade deixou de ser o único elemento de legitimação e limitação da atividade estatal, isto porque dele não mais defluía a totalidade dos valores inerentes à organização estatal. Pelo contrário, passaram a coexistir lado a lado.

A adequação do ato à norma deixou de ser vista sob um prisma meramente formal – que consubstanciava a concepção clássica de legalidade – passando a ser perquirida a sua correspondência aos valores que conduzem à concreção da própria noção de direito. Daí se falar em *legalidade substancial*, o que pressupõe um juízo de valoração da essência do ato, com a sua consequente legitimação à luz dos vetores do Estado de Direito.

Com a constitucionalização dos princípios, que terminaram por normatizar inúmeros valores de cunho ético-jurídico, a concepção de legalidade cedeu lugar à noção de juridicidade[33], segundo a qual a atuação do Estado deve estar em harmonia com o Direito, afastando a noção de legalidade estrita – com contornos superpostos à regra –, passando a compreender regras e princípios.

---

33 A cunhagem do termo deve-se a Merkl, que incluía sob o signo do princípio da juridicidade todo o ordenamento jurídico, abrangendo os regulamentos, os princípios gerais, os costumes etc., tendo reservado a nomenclatura de princípio da legalidade unicamente à lei em sentido formal (cf. ENTERRÍA, Eduardo García de y FERNÁNDEZ, Tomás Ramon. *Curso de derecho administrativo*, v. I, p. 251).

Essa evolução dogmática está estritamente vinculada à própria concepção de Estado de Direito, o qual, segundo Canotilho[34], "visa conformar as estruturas do poder político e a organização da sociedade segundo a *medida do direito*", acrescendo que "o direito compreende-se como um *meio de ordenação* racional e vinculativa de uma comunidade organizada e, para cumprir esta função ordenadora, o direito estabelece *regras e medidas*, prescreve *formas e procedimentos* e cria instituições".

O princípio da legalidade passou a ser visto como integrante de um princípio maior: o princípio da juridicidade. Com isto, consagra-se a inevitável tendência de substituição do princípio da legalidade pelo princípio da constitucionalidade, do "direito por regras" pelo "direito por princípios".

Como observou Germana de Oliveira Moraes[35], "a noção de legalidade reduz-se ao seu sentido estrito de conformidade dos atos com as leis, ou seja, com as regras – normas em sentido estrito. A noção de juridicidade, além de abranger a conformidade dos atos com as regras jurídicas, exige que sua produção (a desses atos) observe – não contrarie – os princípios gerais de direito previstos explícita ou implicitamente na Constituição". Exemplo claro dessa tendência pode ser visto na Lei Fundamental de Bonn, cujo art. 20 estatui que tanto o Poder Executivo como os Tribunais estão vinculados *an Gesetz und Recht* (à Lei e ao Direito). O art. 103, I, da Constituição espanhola também é expresso ao reconhecer que "la Administración Pública sirve con objetividad los intereses generales y actúa de acuerdo con los principios de eficacia, jerarquía, descentralización, desconcentración y coordinación, con sometimiento pleno a la ley y al Derecho".

Em que pese o fato de os princípios da legalidade (*rectius*: constitucionalidade) e da moralidade serem os vetores básicos da probidade administrativa, afigura-se evidente que tais princípios estão abrangidos por uma epígrafe mais ampla, sob a qual se encontram aglutinados todos os princípios regentes da atividade estatal, papel que é desempenhado pelo princípio da juridicidade. A exigência de conformação da atividade administrativa ao Direito também indica que o Poder Público não está vinculado unicamente às normas que cria, sendo detectada uma esfera subtraída à sua disponibilidade[36].

No caso específico do Direito Administrativo, objeto principal deste escrito, afora os princípios que defluem do sistema (implícitos), preocupou-se o Constituinte em estatuir, de forma expressa, aqueles que deveriam ser necessariamente observados pelos agentes públicos. Nesta linha, dispõe o art. 37, *caput*, da Constituição: "A administração pública direta e indireta de qualquer dos Poderes da União, dos Estados, do Distrito Federal e dos Municípios obedecerá aos princípios de legalidade, impessoalidade, moralidade, publicidade, eficiência e, também, ao seguinte: ...".

---

34 Ob. cit., p. 239.
35 *Controle jurisdicional da administração pública*, p. 24.
36 Cf. OTERO, Paulo. *Legalidade e administração pública*: o sentido da vinculação administrativa à juridicidade. Coimbra: Livraria Almedina, 2003, p. 15.

Como se constata pela leitura do texto constitucional, os princípios contemplados no art. 37 devem ser observados pelos agentes de *todos* os Poderes, não estando sua aplicação adstrita ao Poder Executivo, o qual desempenha funções de natureza eminentemente administrativa. Tratando-se de norma de observância obrigatória por todos os agentes públicos, seu descumprimento importará em flagrante infração aos deveres do cargo, sendo indício de consubstanciação do ato de improbidade[37].

Note-se que a letra do art. 37, § 4º, da Constituição, a qual refere-se à improbidade *administrativa,* não tem o condão de adstringir as sanções que advêm desta prática àqueles cuja atividade finalística tenha natureza estritamente administrativa, culminando em manter incólumes os magistrados e legisladores ímprobos. Como será visto, também estes devem apresentar retidão de caráter, decência e honestidade compatíveis com as atividades que exercem.

Não obstante o extenso rol de princípios, expressos ou implícitos, que norteiam a atividade do agente público, entendemos que merecem maior realce os princípios da legalidade e da moralidade. Aquele condensa os comandos normativos que traçam as diretrizes da atuação estatal; este aglutina as características do bom administrador, do agente probo cuja atividade encontra-se sempre direcionada à consecução do interesse comum. Da conjunção dos dois extrai-se o alicerce quase que integral do princípio da probidade, o qual deflui da observância das regras e princípios próprios do sistema.

A partir dessa construção principiológica, constata-se que os demais princípios assumem caráter complementar, incidindo em um grau de especificidade que presta grande auxílio na verificação da observância dos dois vetores básicos da probidade.

À guisa de ilustração e em caráter meramente enunciativo, teceremos breves considerações a respeito de alguns dos princípios complementares à legalidade e à moralidade, remetendo o estudo destes para tópico próprio.

3.1. Princípio da Impessoalidade

Impessoal, para o léxico, é o que não diz respeito a uma pessoa em especial. Essa concepção, no plano administrativo, pode ser direcionada tanto à Administração Pública como aos administrados em geral, assumindo uma perspectiva dúplice.

No primeiro sentido, estatui que o autor dos atos estatais é o órgão ou a entidade, e não a pessoa do agente público (acepção ativa). Tanto as realizações propriamente ditas

---

[37] Pedro T. Nevado Batalla Moreno (Responsabilidad de los servidores públicos: rendimiento como garantía a la legalidad de la actuación pública, in *La Corrupción: Aspectos Jurídicos y Económicos,* organizado por Eduardo A. Fabián Caparrós, p. 46), após enunciar um extenso rol de princípios administrativos, afirma que "no puede desconocerse que la relación de principios citada y su correspondiente concreción normativa determina el patrimonio jurídico de los ciudadanos, por lo que su materialización precisará a la vez el grado de satisfacción de aquéllos, de los sujetos a los que se dirige su actividad y por tanto la credibilidad de la actuación administrativa".

como a publicidade dos respectivos atos devem ser atribuídos ao ente legitimado à sua prática, não aos recursos humanos que viabilizaram a sua concretização.

Sob outra ótica, o princípio torna cogente que a Administração dispense igualdade de tratamento a todos aqueles que se encontrem em posição similar, exigindo que os atos praticados produzam os mesmos efeitos e atinjam a todos os administrados que se encontrem em idêntica situação fática ou jurídica. Esse *modus operandi* caracteriza a imparcialidade[38] do agente público (acepção passiva). Presente a concorrência ou o conflito de interesses entre particulares, as especificidades e qualidades pessoais de cada um dos envolvidos somente devem influir no correto delineamento dos aspectos objetivos subjacentes ao caso, não na formação de pré-conceitos que culminem na desconsideração da ordem jurídica e do bem comum[39]. Para que a imparcialidade seja assegurada, de modo que tanto a deontologia administrativa como as garantias individuais sejam asseguradas, deve o agente público deixar de atuar sempre que configurada uma hipótese de impedimento ou suspeição. As relações pessoais, na medida em que possam afetar a objetividade da atuação do agente, exigem a sua abstenção, assegurando a imparcialidade da Administração[40].

Ainda em torno da impessoalidade, vale lembrar a lição de Cícero[41]: "Quem quiser governar deve analisar estas duas regras de Platão: uma, ter em vista apenas o bem público, sem se preocupar com a sua situação pessoal; outra, estender suas preocupações do mesmo modo a todo o Estado, não negligenciando uma parte para atender à outra. Porque quem governa a República é tutor que deve zelar pelo bem de seu pupilo e não o seu: aquele que protege só uma parte dos cidadãos, sem se preocupar com os outros, introduz no Estado o mais maléfico dos flagelos, a desavença e a revolta".

Com isto, preserva-se o princípio da isonomia entre os administrados e a própria teleologia da atividade administrativa, que aponta para a necessidade de a atividade estatal ter sempre por objetivo a satisfação do interesse público, sendo vedada a prática de atos discriminatórios que busquem unicamente a implementação de um interesse particular.

3.1.1. Impessoalidade e responsabilidade pessoal do agente público

O princípio da impessoalidade, em sua acepção ativa, ao atribuir ao órgão ou à entidade a autoria dos atos praticados pelo agente público, exige reflexões suplementares em

---

38 A Constituição italiana, em seu art. 97, refere-se ao bom andamento e à imparcialidade da administração: "I publici uffici sono organizzati secondo disposizioni di legge, in modo chi sono assicurati il buon andamento e l'imparzialità dell'Amministrazione". Norma semelhante é contemplada no art. 226 da Constituição portuguesa de 1976:"(...) 2. Os órgãos e agentes da administração estão subordinados à Constituição e à lei e devem actuar, no exercício das suas funções, com respeito pelos princípios da igualdade, da proporcionalidade, da justiça e da imparcialidade".
39 Cf. MIRANDA, Jorge. *Manual de direito constitucional*, v. IV, p. 246.
40 Cf. GONZÁLEZ PÉREZ, Jesús. *La ética en la administración pública*, p. 96-97.
41 *In Dos Deveres*, trad. de Alex Martins, p. 56.

relação aos alicerces estruturais de sua responsabilidade pessoal. Afinal, se o ato é fisicamente despersonalizado, figurando o agente público como mero instrumento de concretização, como justificar possam recair sobre ele efeitos jurídicos negativos decorrentes de algo que a ele não é imputado?

A solução, à evidência, está nitidamente associada ao referencial de juridicidade. Em outras palavras, a atuação do agente público somente é amparada pelo direito, incluindo o princípio da impessoalidade, enquanto adstrito a ele. Assim, tanto ao desempenhar as atividades próprias do seu ofício, interagindo com o administrado, como ao observar uma dada diretriz comportamental decorrente do vínculo jurídico que mantém com a Administração (*rectius*: o regime jurídico da categoria), o agente deve dirigir-se por um padrão de juridicidade.

Rompendo com o dever jurídico subjacente ao seu *status* funcional, o agente passa a ser regido por uma sistemática legal cuja incidência é deflagrada com a prática do ato ilícito, daí surgindo um novo dever jurídico, que pode consistir na imperativa reparação do dano causado ou na sujeição a uma medida punitiva de natureza penal, cível, política ou administrativa. É importante ressaltar, no entanto, que o primeiro dever jurídico, decorrente do *status* funcional, também absorve a norma proibitiva implícita em todo comando normativo cujo preceito secundário imponha uma consequência negativa ao agente: a tipificação penal da corrupção, por exemplo, faz surgir o dever jurídico de o agente público não se corromper. Nessa linha, o primeiro dever jurídico encontra-se embasado em normas prescritivas e proibitivas, enquanto o segundo assume contornos nitidamente consequenciais, decorrendo da inobservância do primeiro. A inobservância do primeiro é *condictio sine qua non* ao surgimento do segundo.

A existência de uma "face oculta" da Administração somente é concebível na medida em que, atuando em harmonia com a ordem jurídica, realize o bem comum. Dele se distanciando, as "feições administrativas" têm seus contornos delineados, afastando o referencial de impessoalidade. Como acentuou Kelsen, "um indivíduo atua como órgão do Estado apenas na medida em que atua baseado na autorização conferida por alguma norma válida"[42].

3.2. Princípio da Publicidade[43]

Com exceção das hipóteses expressas na Constituição, todos os atos do Poder Público devem ser levados ao conhecimento externo, permitindo sua fiscalização pelo povo e pelos demais legitimados para o seu controle.

---

42 *Teoria geral do direito e do Estado*, p. 376.
43 "A publicidade não é elemento formativo do ato; é requisito de eficácia e moralidade" (MEIRELLES, Hely Lopes *Direito administrativo brasileiro*, p. 82). Esse entendimento já foi acolhido pelo STJ: "Administrativo. Cargo público. Aposentadoria. Retratação do pedido antes da publicação do ato. Retorno ao *status quo ante*.

Inexistindo transparência, não seria passível de aferição a necessária adequação que deve existir entre os atos estatais e a consecução do interesse público, razão de ser do próprio Estado[44]. Tal culminaria em impedir que os interessados zelassem por seus direitos, pois, se não conhecem os motivos que embasaram o agir da administração, tornar-se-ia tarefa assaz difícil impugná-los, o que torna obrigatória a declinação dos substratos fáticos e jurídicos que motivaram a conduta.

A publicidade haverá de ser ampla, sendo ilícitas as omissões ou incorreções eventualmente detectadas. O princípio, ademais, é de observância obrigatória por todos os entes da administração pública, direta ou indireta, de qualquer dos Poderes e de todas as esferas da Federação.

3.3. Princípio da Eficiência

O Poder Público deve buscar o bem comum utilizando-se de meios idôneos e adequados à consecução de tais objetivos, assegurando um certo padrão de qualidade em seus atos.

O princípio da eficiência consagra a tese de que a atividade estatal será norteada por parâmetros de economia e de celeridade na gestão dos recursos públicos, utilizará adequadamente os meios materiais ao seu dispor[45] e que não será direcionada unicamente à

---

1. Regida a Administração Pública pelo princípio da publicidade de seus atos, estes somente têm eficácia depois de verificada aquela ocorrência, razão pela qual, retratando-se o servidor, antes de vir a lume o ato de aposentadoria, sua situação funcional deve retornar ao *status quo ante*, vale dizer, subsiste a condição de funcionário ativo. 2. Recurso em mandado de segurança provido" (6ª T., RMS n. 390289, rel. Min. Fernando Gonçalves, j. em 15/8/2000, *DJU* de 4/9/2000, p. 193).

44 A publicidade dos atos administrativos decorre da Constituição, somente podendo ser excepcionada nas hipóteses em que "o sigilo seja imprescindível à segurança da sociedade e do Estado" (art. 5º, XXXIII). O Supremo Tribunal Federal, por ocasião do julgamento do MI n. 284-DF, sendo relator designado o Ministro Celso de Mello, sensível à nova realidade do País, assentou que "alguns dos muitos abusos cometidos pelo regime de exceção instituído no Brasil em 1964 traduziram-se, dentre os vários atos de arbítrio puro que o caracterizaram, na concepção e formulação teórica de um sistema claramente inconveniente com a prática das liberdades públicas... ao privilegiar e cultivar o sigilo, transformando-o em *praxis* governamental institucionalizada, frontalmente ofendeu o princípio democrático, pois, consoante adverte Norberto Bobbio, em lição magistral sobre o tema (*O Futuro da Democracia*, 1986, Paz e Terra), não há, nos moldes políticos que consagram a democracia, espaço possível reservado ao mistério. O novo estatuto político brasileiro – que rejeita o poder que oculta e não tolera o poder que se oculta – consagrou a publicidade dos atos e das atividades estatais como valor constitucionalmente assegurado, disciplinando-o com expressa ressalva para as situações de interesse público, entre os direitos e garantias fundamentais. A Carta Federal, ao proclamar os direitos e deveres individuais e coletivos (art. 5º), enunciou preceitos básicos, cuja compreensão é essencial à caracterização da ordem democrática como um regime do poder visível, ou na lição expressiva de Bobbio, como 'um modelo ideal do governo público em público'" (Pleno, j. em 22/11/1991, *RTJ* 139/713).

45 À guisa de ilustração, infringirão o princípio da eficiência: a) a aquisição de bens em montante nitidamente superior às necessidades da administração, o que redundará no seu inevitável perecimento; b) a aquisição de bens já ultrapassados ao mesmo custo de outros mais modernos; e c) o início de novas obras sem a prévia ultimação de outras, que se destinavam a idêntico fim, já iniciadas.

busca de um *bom resultado*, mas, sim, que deve visar, de forma incessante, ao *melhor resultado*[46] para os administrados. Com isto, o próprio vetor da legalidade passará a ser valorado sob uma ótica material, deixando de ser analisado sob um prisma meramente formal.

O princípio da eficiência garante aos usuários dos serviços públicos um mecanismo para a busca de seu constante aperfeiçoamento, permitindo sua adequação aos valores e às necessidades do grupamento no momento de sua prestação[47].

É importante frisar que a eficiência dos serviços públicos, em que pese continuar situada sob a epígrafe das "utopias públicas", assume um papel de norma de conduta, de imperativa observância pela administração. Em verdade, ao menos teoricamente, a eficiência sempre esteve ínsita no fim buscado por qualquer ato estatal, sendo um princípio implícito há muito consagrado pelo sistema, não sendo propriamente uma inovação introduzida pela EC n. 19/1998[48].

---

46 O art. 2º da Lei n. 10.216/2001, que dispõe sobre a proteção e os direitos das pessoas portadoras de transtornos mentais, é expresso no sentido que,"nos atendimentos em saúde mental, de qualquer natureza, a pessoa e seus familiares ou responsáveis serão formalmente cientificados dos direitos enumerados no parágrafo único deste artigo. Parágrafo único. São direitos da pessoa portadora de transtorno mental: I – ter acesso ao *melhor tratamento* do sistema de saúde, consentâneo às suas necessidades" (destaque nosso). Não obstante a letra da lei, é importante frisar que a ideia de *melhor tratamento* já está ínsita no princípio da eficiência. Assim, terminou-se por explicitar uma norma que já fora consagrada pelo texto constitucional, não se tratando de um preceito inovador.

47 A EC n. 19/1998, ao modificar o art. 37, § 3º, da CR/1988, estimulou a participação do usuário dos serviços públicos com o fim de buscar o aperfeiçoamento da atividade estatal. Previu a edição de lei para regulamentar a matéria, a qual deveria dispor especialmente sobre o direito de reclamação quanto à qualidade dos serviços (inc. I), o direito de acesso dos usuários aos registros administrativos e a informações sobre atos de governo (inc. II) e o direito de representação contra o exercício negligente ou abusivo de cargo, emprego ou função na administração pública (inc. III). Este último inciso está diretamente associado à possibilidade de o servidor estável perder o cargo "mediante procedimento de avaliação periódica de desempenho, na forma de lei complementar, assegurada ampla defesa" (art. 41, § 1º, III, da CR/1988). Anteriormente, já dispunha o art. 144, § 7º, da CR/1988 que "a lei disciplinará a organização e o funcionamento dos órgãos responsáveis pela segurança pública, de maneira a garantir a eficiência de suas atividades".

48 A própria Carta de 1988 já continha referência ao princípio da eficiência em outros preceitos: a) os Poderes Legislativo, Executivo e Judiciário manterão sistema de controle interno com a finalidade de avaliar os resultados, quanto à eficácia e eficiência, da gestão orçamentária, financeira e patrimonial nos órgãos e entidades da administração federal, bem como da aplicação de recursos públicos por entidade de direito privado (art. 74, II, da CR/1988); b) o Congresso Nacional, com o auxílio do Tribunal de Contas, avaliará a legitimidade e a economicidade da atividade estatal (art. 70, *caput*, da CR/1988); c) "a lei disciplinará a organização e o funcionamento dos órgãos responsáveis pela segurança pública, de maneira a garantir a eficiência de suas atividades" (art. 70, § 7º, da CR/1988); e d) a lei disporá sobre a obrigação de as concessionárias e permissionárias de serviço público prestarem serviço adequado (art. 175, parágrafo único, IV, da CR/1988). No âmbito infraconstitucional, o Decreto-Lei n. 200/1967 fez implícita referência à eficiência em inúmeros preceitos: arts. 13, 25, V e VIII, 26, III, e 100. O Superior Tribunal de Justiça, do mesmo modo, também invocou o princípio em momento anterior à EC n. 19/1998: 6ª T., RMS n. 5.590, rel. Min. Vicente Cernicchiaro, j. em 16/4/1996, *DJ* de 10/6/1996. A Constituição espanhola de 1978, a exemplo da brasileira, contemplou o princípio de forma expressa: "La Administración Pública sirve con objetividad los intereses generales y actúa de acuerdo con los principios de eficacia, jerarquía, descentralización y coordinación, con sometimiento pleno a la ley y al Derecho".

Na feliz imagem de Agustín Gordillo[49], o Estado tem uma "obrigação de resultado, que é a eficiência da despesa e da receita pública na contratação estatal. E parafraseando uma expressiva imagem do direito privado, não é suficiente que o matrimônio seja legítimo e consensual (funcionários *de iure*), se tenha ocupado com dedicação e esmero da educação e supervisão de seus filhos (licitação pública impecável, menor preço, melhor oferta etc.): se o filho termina por ser um vândalo (uma obra inútil, cara, faraônica etc.) se pode concluir, como questão de puro direito e sem lugar a dúvidas nem prova em contrário, que a gestão paterna (do funcionário) não foi eficiente".

A inobservância do princípio da eficiência, além de comprometer a prestação dos serviços públicos ou a viabilidade do próprio Erário, ainda produz efeitos extremamente deletérios ao organismo social, como é o caso do constante aumento da carga tributária. Tomando-se como referencial um dado objetivo, o administrador incompetente necessitará de recursos consideravelmente superiores que o competente para alcançar objetivos idênticos, o que exige o aumento de receita, regra geral com o correlato empobrecimento da população[50].

A ineficiência ainda traz consigo a triste consequência de comprometer o crescimento socioeconômico de qualquer país, que se vê atravancado pela mediocridade dos recursos humanos disponíveis e pelo excesso de burocracia do aparato estatal, passando ao largo de qualquer referencial de boa gestão administrativa. Trata-se de campo fértil à proliferação da corrupção: em meio a tantas dificuldades, há de ter o seu "valor" aquele que vende alguma facilidade.

No mais, não se deve perder de vista que eficiência, moralidade e legalidade não são premissas conceituais antinômicas. Pelo contrário, integram-se e complementam-se, o que exige do agente a busca incessante do melhor resultado, sem descurar dos mandamentos legais e dos padrões éticos subjacentes ao bom administrador. Além disso, a eficiência se correlaciona com outros princípios, como o da proporcionalidade, apresentando-se como importante diretriz para aferir a sua observância pelo administrador.

3.4. Princípio da Supremacia do Interesse Público

Trata-se de princípio implícito com indiscutível importância para o convívio social, denotando, num primeiro momento, a ideia de que toda atividade estatal deve buscar a

---

49 Un Corte Transversal al Derecho Administrativo: la Convención Interamericana Contra la Corrupción, *LL* 1997-E, p. 1091.

50 Na sugestiva expressão de Kiyoshi Harada (Administração Pública: relação direta entre carga tributária elevada e mau administrador, *Revista Jurídica Consulex* 183/45, 2004), "a incompetência do administrador público e a exacerbação tributária são como irmãos siameses, inseparáveis", acrescentando que "não há lei capaz de transformar o incompetente e ímprobo em competente e probo. O exercício da cidadania é a última instância para reverter a cultura do favorecimento que tende a ser aceita com normalidade na vida administrativa da Nação".

consecução de uma finalidade pública[51]. Para tanto, deve afastar-se de considerações puramente subjetivas, embasadas em valores outros como a vida pessoal e os interesses patrimoniais de ordem estritamente individual. Não bastasse o direcionamento do *facere* estatal, ainda exige um *non facere*: o agente público deve abster-se de praticar qualquer ato que atente contra a juridicidade da atuação estatal, fundamento existencial da própria concepção de interesse público.

O princípio da supremacia do interesse público, em seus contornos mais basilares, é um imperativo de ordem lógica. Afinal, se idealizarmos uma balança imaginária, constataremos que o prato sobre o qual repousa o interesse público muito mais peso possui que aquele em que está o interesse individual. Isto, no entanto, não autoriza que juízos de ponderação sejam realizados a partir da mera qualificação dos interesses envolvidos, permitindo que, *a priori*, com abstração das circunstâncias fáticas e jurídicas subjacentes ao caso concreto, seja identificado o interesse prevalecente. Por vivermos em um Estado de Direito, a proteção de qualquer interesse, independentemente de sua extensão ou de quem sejam os seus titulares, há de se dar na forma prescrita no ordenamento jurídico.

Não é por outra razão que os poderes outorgados aos agentes públicos, visando à consecução da finalidade pública inerente à atividade estatal, devem ser empregados com estrita observância da sistemática legal, sendo injurídica a sua utilização ao bel-prazer do administrador, culminando em violar direitos individuais sob o pretenso abrigo da supremacia do interesse público. Somente com a antecedente previsão normativa, os direitos fundamentais individuais, na amplitude de sua concepção, podem ser temporária ou definitivamente sacrificados em prol do interesse público[52].

De qualquer modo, em sendo divisadas áreas de tensão entre os direitos individuais e os coletivos, com a simultânea incidência das normas que os amparam em determinada situação, a solução a ser dispensada, com a consequente identificação da norma que irá preponderar, pressupõe uma valoração responsável das circunstâncias que envolvem o caso, o que exigirá a realização de um juízo de ponderação.

3.5. Princípio da Razoabilidade

Diz-se que determinado ato é razoável quando o juízo de valor que motivou sua prática encontra-se adequado aos *standards* de aceitabilidade existentes em determinado meio.

---

[51] De acordo com o art. 103, I, da Constituição espanhola de 1978, "la Administración pública sirve com objetividad los intereses generales".

[52] Na vida em sociedade, é comum que os direitos individuais sofram limitações ou restrições em prol da conservação e do fomento de bens coletivos, do que é exemplo marcante a imprescindível proteção ao meio ambiente. A Constituição da República, aliás, é pródiga em preceitos dessa natureza: a necessidade de que a propriedade cumpra sua função social (arts. 5º, XXIII, 170, III, e 182, § 2º), a desapropriação para fins de reforma agrária (art. 184), as requisições civis e militares (arts. 5º, XXV, e 22, III), o tombamento (art. 216, § 1º), o estado de defesa (art. 136), o estado de sítio (art. 137) etc.

Capítulo II – Dos Princípios Regentes da Probidade

É necessário que haja uma relação de adequação entre a situação fática ou jurídica e a natureza do ato praticado, o que exige uma ponderação correta entre a causa e o efeito pretendido, consequência imediata de uma responsável identificação dos valores subjacentes ao caso[53].

---

53 Neste sentido, podem ser citadas as seguintes decisões do STF:"Administrativo. Funcionalismo. Mandado de Segurança preventivo. Legitimidade passiva *ad causam* do Presidente da República porque competente para a aplicação da pena disciplinar proposta no processo administrativo. A mera requisição dos autos de inquérito pela Justiça Federal, porque momentânea e precária, não desfigura a atualidade da ameaça, nem prejudica o *writ* preventivo. Preliminares rejeitadas. Carece de razoabilidade a tese segundo a qual, ajuizado mandado de segurança em qualquer fase do inquérito administrativo disciplinar, contra ato de comissão processante, o chefe superior da Administração Pública estaria compelido a aguardar o trânsito em julgado da ulterior decisão denegatória – impugnada mediante recurso sem efeito suspensivo – para que pudesse penalizar o servidor, o que, na prática, equivaleria a impedi-lo de desempenhar suas atribuições legais e constitucionais. Livre acesso do impetrante ao Poder Judiciário com a utilização dos recursos possíveis. Inexistência de direito líquido e certo. MS indeferido" (STF, Pleno, MS n. 20.987, rel. Min. Célio Borja, j. em 14/12/1989, *DJ* de 16/2/1990)."Concurso público. Edital. Parâmetros. Observação. As cláusulas constantes do edital de concurso obrigam candidatos e administração pública. Na feliz dicção de Hely Lopes Meirelles, o edital é a lei interna da concorrência. Concurso público. Vagas. Nomeação. O princípio da razoabilidade é conducente a presumir-se, como objeto do concurso, o preenchimento das vagas existentes. Exsurge configurador de desvio de poder, ato da Administração Pública que implique nomeação parcial de candidatos, indeferimento da prorrogação do prazo do concurso sem justificativa aceitável e publicação de novo edital com idêntica finalidade.'Como o inciso IV (do art. 37 da Constituição Federal) tem o objetivo manifesto de resguardar precedências na sequência dos concursos, segue-se que a Administração não poderá, sem burlar o dispositivo e sem incorrer em desvio de poder, deixar escoar deliberadamente o período de validade de concurso anterior para nomear os aprovados em certames subsequentes. Fora isto possível e o inciso IV tornar-se-ia letra morta, constituindo-se a mais rúptil das garantias' (Celso Antônio Bandeira de Mello, *Regime Constitucional dos Servidores da Administração Direta e Indireta*, p. 5)" (STF, 2ª T., RE n. 192.568, rel. Min. Marco Aurélio, j. em 23/4/1996, *DJ* de 13/9/1996)."ICMS. Base de cálculo. Deflação. Surge harmônico com o Sistema Tributário Nacional decisão no sentido de o imposto sobre circulação de mercadorias e serviços ser calculado considerado o valor do negócio jurídico decorrente da deflação. Tomar-se como base o valor primitivo implica menosprezo aos princípios da realidade e da razoabilidade, alcançando a Fazenda do Estado verdadeira vantagem sem causa" (STF, 2ª T., AGRAI n. 203.186, rel. Min. Marco Aurélio, j. em 17/4/1998, *DJ* de 12/6/1998)."Ação Direta de Inconstitucionalidade. Medida Cautelar. Lei 11.601, de 11 de abril de 2001, do Estado do Rio Grande do Sul. Publicidade dos atos e obras realizados pelo Poder Executivo. Iniciativa parlamentar. Cautelar deferida em parte. 1. Lei disciplinadora de atos de publicidade do Estado, que independem de reserva de iniciativa do Chefe do Poder Executivo Estadual, visto que não versam sobre criação, estruturação e atribuições dos órgãos da administração pública. Não incidência de vedação constitucional (cf. artigo 61, § 1º, II, e). 2. Norma de reprodução de dispositivo constitucional, que se aplica genericamente à administração pública, podendo obrigar apenas um dos Poderes do Estado sem implicação de dispensa dos demais. 3. Preceito que veda"toda e qualquer publicação, por qualquer meio de divulgação, de matéria que possa constituir propaganda direta ou subliminar de atividades ou propósito de governo, bem como de matéria que esteja tramitando no Poder Legislativo" (§ 2º do artigo 1º), capaz de gerar perplexidade na sua aplicação prática. Relevância da suspensão de sua vigência. 4. Cláusula que determina que conste nos comunicados oficiais o custo da publicidade veiculada. Exigência desproporcional e desarrazoada, tendo-se em vista o exagero dos objetivos visados. Ofensa ao princípio da economicidade (cf. artigo 37, *caput*). 5. Prestação trimestral de contas à Assembleia Legislativa. Desconformidade com o parâmetro federal (cf. artigo 84, inciso XXIV), que prevê prestação anual de contas do Presidente da Repú-

Se a análise do ato, à luz da situação fática e da finalidade almejada, denotar que ele possui um desmesurado exagero, ou uma injustificada limitação, restará clara sua irrazoabilidade. Diversamente, se o conteúdo do ato for congruente com os motivos e os fins que o justificam, estará presente a sua razoabilidade, o que demonstra que este princípio é sustentado pelo mesmo conteúdo normativo dos princípios da legalidade e da finalidade[54].

Para os fins dessa exposição, concebemos o princípio da razoabilidade como o indicador de uma relação de natureza lógica entre meios e fins, enquanto ao princípio da proporcionalidade é atribuído um conceito mais amplo, alcançando outros aspectos da intensidade do ato, que deve ser adequado, necessário e proporcionar benefícios maiores do que os malefícios gerados, terminando por assumir grande relevância na medida em que evita a imposição de restrições aos direitos individuais em intensidade superior à necessária à preservação do interesse público.

4. PRINCÍPIO DA LEGALIDADE. NOTÍCIA HISTÓRICA

Desde os primórdios da civilização, estavam os componentes de qualquer grupamento sujeitos a padrões de conduta, o que permitia a compatibilização dos diversos interesses existentes e viabilizava a manutenção da agregação social. Referidas normas, inicialmente estabelecidas consensualmente, passaram a ser impostas por aquele que se elevou à categoria de autoridade superior aos demais. Tinha-se, assim, o detentor de um poder superior, que determinava, em termos absolutos, o padrão de conduta a ser seguido. Essa forma de exercício do poder conduzia à supremacia do interesse do soberano em detrimento dos interesses individuais dos membros da coletividade, conclusão decorrente da própria forma de elaboração normativa e da ausência de balizamentos superiores.

Com o evolver dos tempos, o flagrante descompasso existente entre o papel desempenhado pelo detentor do poder e os anseios da coletividade a si subjugada sofreu diversas mutações. Estas tiveram como marcos significativos a Magna Carta inglesa de 1215, o *Petition of Rights* de 1628, o *Habeas Corpus Act* de 1679[55] e o *Bill of Rights* de 1689, atingindo

---

blica ao Congresso Nacional. Cautelar deferida em parte. Suspensão da vigência do § 2º do artigo 1º; do artigo 2º e seus parágrafos; e do artigo 3º e incisos, da Lei 11.601, de 11 de abril de 2001, do Estado do Rio Grande do Sul" (STF, Pleno, ADIMC n. 2.472/RS, rel. Min. Maurício Corrêa, j. em 13/3/2002, DJU de 3/5/2002, p. 013). O antigo TFR teve oportunidade de proferir decisão emblemática a respeito do tema: "Concurso Público. Delegado de Polícia. Prova de esforço. Teste de Cooper. Candidato que comprovou gozar de boa saúde física e psíquica, nos termos do art. 9º, inciso V, da Lei n. 4.878, de 1965. A prova de esforço físico deve ser aferida nos termos legais e de forma razoável, pois Delegado manda e os agentes, em regra, é que executam as ordens; trabalha, usualmente, em gabinete e dificilmente, mesmo em diligência, teria ele próprio de sair correndo atrás de deliquentes. Precedentes do TFR. Remessa de ofício denegada" (1ª T., REO n. 110.873/DF, rel. Min. Washington Bolívar, DJ de 26/2/1987).

54 Arts. 5º, II e LXIX, 37 e 84 da CR/1988.
55 O *Habeas Corpus Act* de 1679 restringiu a utilização desse relevante instrumento àqueles que tinham sua liberdade de locomoção cerceada sob a acusação da prática de crime. Posteriormente, o *Habeas Corpus*

o ápice com a Declaração francesa dos Direitos do Homem e do Cidadão de 1789, não se olvidando a Constituição norte-americana de 1787 e suas ulteriores emendas.

Tais diplomas consagraram a existência dos denominados *direitos fundamentais*, estabelecendo princípios de limitação e de divisão dos poderes, o que culminou em erigir o princípio da legalidade à categoria de garantia dos direitos do homem, protegendo-o contra o absolutismo dos governantes[56] e apresentando-se como verdadeiro alicerce da solidariedade e da interdependência sociais.

Os *direitos fundamentais*, em um primeiro momento, foram concebidos como meros limites ao poder do soberano, assumindo a feição de *direitos de defesa* dos administrados em relação ao Estado. Pouco a pouco, no entanto, sedimentou-se a concepção de que o Estado deveria contribuir de forma mais eficaz para a evolução do organismo social, o que ensejou o surgimento do Estado Social de Direito. Com isto, os direitos fundamentais deixaram de consubstanciar meros limites ou obrigações negativas do Estado, passando a exigir sua efetiva atuação na concreção dos direitos sociais, o que fez com que assumissem o contorno de *direitos a prestações*.

Como matizes do mesmo tom, tem-se a liberdade e a igualdade, podendo o indivíduo fazer tudo o que ao próximo não prejudique, devendo a lei ser igual para todos, seja para proteger, seja para punir.

A Magna Carta inglesa, imposta pelos Barões[57] e pelo Clero ao Rei João Sem Terra, buscou impor limites ao poder real, sendo a reação aos seus atos despóticos e ao descumprimento dos compromissos que assumira por ocasião de sua coroação em 1199[58]. Muito se discute sobre se o extenso rol de direitos consagrados nos 63 capítulos[59] da Magna Car-

---

Act de 1816 conferiu ao instituto o contorno atual, admitindo a sua utilização em qualquer caso de restrição à liberdade de locomoção, ainda que o cerceamento não estivesse relacionado à imputação de um crime.

56 De acordo com a conhecida expressão atribuída a Cícero, *legum servi debemus, ut liberi esse possimus* (devemos ser escravos das leis, a fim de que possamos ser livres). Ao pensamento de Cícero devem ser acrescidas as profundas reflexões de Robert Alexy (Direitos Fundamentais no Estado Constitucional Democrático, RDA 217/61, 1999) no sentido que "o direito do homem ao direito positivo não é um direito do homem ao direito positivo de qualquer conteúdo, senão a um direito positivo que respeita, protege e fomenta os direitos do homem, porque é exatamente o asseguramento dos direitos do homem que fundamenta o direito do homem ao direito positivo. A observação aos direitos do homem é uma condição necessária para a legitimidade do direito positivo".

57 A Magna Carta, que em grande parte repetiu as práticas do reino de Henrique II, foi redigida a partir do alicerce formado pelos *Articles of the Barons*, documento dirigido pelos Barões ao Rei, que continha o rol de direitos e garantias que entendiam indispensáveis.

58 De acordo com Capítulo 61, o poder do Rei estava sujeito ao controle de uma comissão composta por 25 senhores feudais, que deveria aferir a execução da Carta e estava autorizada a usar a força contra a Coroa em caso de inobservância.

59 Após o falecimento do Rei João Sem Terra, a Magna Carta, em razão do caráter pessoal do governo feudal, foi sucessivamente confirmada pelos Monarcas ingleses nos séculos seguintes. Na reconfirmação realizada pelo Rei Henrique III, em 1225, o texto foi reduzido de 63 para 37 capítulos.

ta era de aplicação restrita aos Barões feudais ou se era extensivo aos súditos[60]. De nossa parte, limitamo-nos em observar que o *Baluarte da Democracia*, como é cognominada por alguns, foi escrito em latim, e a plebe, lamentavelmente, era analfabeta, o que não deixava de ser um interessante complicador para o exercício de eventuais direitos. De qualquer modo, ainda que reduzidos fossem os seus destinatários, a Magna Carta rompeu com as *meras tolerâncias* do soberano para consagrar direitos verdadeiramente fundamentais, dentre os quais se destaca o *iudicium per legem terrae* (julgamento segundo a lei do país)[61], ancestral da cláusula *due process of law*[62].

O *Petition of Rights* de 1628, editado sob a inspiração de *Sir* Edward Coke, da Câmara dos Comuns, dispôs que "o homem livre somente pode ser preso ou detido pela lei da terra, ou pelo devido processo legal, e não pela ordem especial do Rei sem qualquer acusação"[63], o que terminou por consagrar a garantia de que ninguém seria preso sem a evidência de uma justa causa[64].

A Declaração francesa de 1789[65] consagrou os *droits naturels et sacrés de l'homme*, tendo antecedido a elaboração do texto constitucional e estabelecido uma disciplina vinculativa para este, culminando em situá-lo em um plano imediatamente inferior.

A Constituição francesa de 1791, por sua vez, tornou incontroverso o primado da lei, dispondo em seu art. 3º que "não há na França autoridade superior à da Lei. O Rei não reina acima dela e somente em nome dela pode exigir obediência", o que, apesar da subsistência da monarquia, visava à exclusão de qualquer similitude com o regime anterior.

Ao instituir a primazia da lei, assegurou aos cidadãos a garantia de que a norma de conduta somente poderia ser editada por um órgão representativo da vontade popular; por ser elaborada pelos representantes da nação, a lei era a fonte de direito imediatamente inferior à Constituição, o que tornava cogente sua observância por parte dos poderes consti-

---

60 À guisa de ilustração, rememore-se o Capítulo 60, que tornava cogente que os Barões conferissem aos seus homens as liberdades que haviam recebido.

61 Segundo pesquisa de Robert Eugene Cushman, a mais remota elaboração da cláusula em estudo é encontrada em um decreto feudal, de 28 de maio de 1037, do Rei Conrado II, Imperador romano, que assim dispunha: "No man shall be deprived of his fief ... but by the laws of the Empire and the judgement of his peers" (cf. LIMA, Maria Rosynete Oliveira, *Devido Processo Legal*, p. 33).

62 "Somente no ano de 1354, quando a Magna Carta é confirmada sob o reinado do Rei Eduardo III, é que o documento aparece pela primeira vez no idioma inglês. É em razão de lei do mesmo ano, conhecida como *Statute of Westminster of the Liberties of London*, que, no Capítulo 29 da Magna Carta de 1215, em lugar do enunciado em latim *per legem terrae*, passa a figurar a expressão inglesa *due process of law*" (LIMA, Maria Rosynete Oliveira. Ob. cit., p. 3435).

63 "That freeman be imprisioned or detained only by the law of the land, or by due process of law, and not by king's special command without any charge."

64 Cf. LIMA, Maria Rosynete Oliveira. Ob. cit., p. 37.

65 A Declaração de 1789, por força do preâmbulo da Constituição francesa de 27 de outubro de 1946 e do art. 4º da Lei Constitucional de 3 de junho de 1958, ainda permanece em vigor.

tuídos. Sendo fruto da vontade geral, a lei deveria ser genérica, o que resguardava o princípio da igualdade e repudiava as *leges privatae* (privilégios) próprias do *Ancien Régime*[66].

4.1. O Estado Democrático de Direito

Presente a agregação social e identificada a existência de normas de conduta a todos impostas, constata-se o surgimento das sociedades politicamente organizadas e o amadurecimento da própria concepção de Estado (*status* – estar firme).

Os homens que detêm o poder são submetidos ao direito e unidos pelo direito, o que representa uma forma de garantir os cidadãos contra os desmandos do Poder Público, impondo a submissão deste último a um quadro normativo geral e abstrato, disposto de forma prévia e que tem a função conformadora da atividade estatal[67]. Identificada a submissão do Estado ao direito, tem-se o que os germânicos denominaram de Estado de Direito (*Rechtsstaat*).

O Estado é um eficaz instrumento de garantia do bem-estar geral, permitindo a consecução de objetivos específicos de interesse das células que compõem o organismo social, o que certamente seria inviabilizado com a adoção de ações isoladas. Como pondera Duguit[68], "a questão frequentemente discutida de saber qual é o objetivo do Estado, ou mais exatamente do poder público, se resolve da seguinte maneira: o poder público tem por objetivo realizar o direito; ele é obrigado pelo direito a fazer tudo o que esteja ao seu alcance para garantir o reinado do direito. O Estado é criado pela força, mas essa força só é legítima enquanto se exerce em conformidade com o direito. Não dizemos como Ihering que o direito é a política da força, mas sim que o poder público é a força posta a serviço do direito". Dessa conclusão não destoa Kelsen, para quem "o poder político é a eficácia da ordem jurídica reconhecida como Direito"[69].

Em que pese à engenhosidade da crítica à doutrina de Ihering, é importante ressaltar que sua correção somente deve ser admitida em sendo restringido o designativo de força às *forças sociais*, ou mesmo aos *fatores reais de poder* a que se referia Lassale[70], pois, em nosso pensar, é perfeitamente possível, e isto remonta a Rousseau, que o Estado resulte do consenso.

A transição do Estado Despótico, marcado pela imposição de deveres e o não reconhecimento de direitos, passando pelo Estado Absoluto, em que são atribuídos al-

---

66 Cf. CANOTILHO, J. J. Gomes. *Direito constitucional e teoria da Constituição*, p. 92-93.
67 "La legalidad de la Administración no es así una simple exigencia a ella misma, que pudiese derivar de su condición de organización burocratica y racionalizada: es también, antes que eso, una técnica de garantizar la libertad" (ENTERRÍA, Eduardo García de. *Curso de derecho administrativo*, v. II, p. 48).
68 *Manuel de droit constitutionnel*, 1923, p. 2526.
69 *Teoria geral do direito e do Estado*, p. 275.
70 LASSALLE, Ferdinand. *A essência da Constituição*, p. 1011.

guns direitos privados, até alcançar o Estado de Direito, em que direitos públicos e privados são oponíveis às estruturas estatais de poder, reflete a transposição do epicentro sociopolítico do pensamento contemporâneo, que se desprende do Estado e adere ao indivíduo[71].

O Estado de Direito é o verdadeiro alicerce do positivismo jurídico, encontrando seu fundamento de validade na norma, sendo esta a fonte primária de sua existência e de todos os atos estatais. A esta concepção, no entanto, deve ser acrescido o elemento aglutinador dos valores e das aspirações que emanam do grupamento, o que é reflexo da identificação do real detentor do poder: o povo. Com isto, integra-se o aspecto legal com os valores que o antecedem e o direcionam, ensejando o surgimento do *Estado Democrático de Direito*.

Além de legal, o ato do agente público deve se manter circunscrito aos lindes delimitadores de sua legitimidade, o que importa na necessária observância dos valores existentes e das próprias aspirações dos detentores do poder. Para tanto, sobreleva a importância dos princípios, os quais, em conjunto com as regras, compõem a norma de conduta. Sob a ótica específica das aspirações, não se pode esperar da atuação estatal senão a busca do melhor resultado à coletividade. Em uma palavra: eficiência.

Nessa linha, serão injurídicos aqueles atos que não busquem seu fundamento de validade na norma ou que excedam o âmbito de atuação por ela estatuído. Nos países de pouca tradição democrática, onde a consciência política não está arraigada entre os cidadãos, a norma escrita se apresenta como fator imprescindível à contenção do arbítrio e da tirania.

Na lição de Enterría[72], "o princípio limitativo do poder e de definição de zonas isentas ou de liberdade individual é, com efeito, princípio essencial do constitucionalismo. Por um lado, porque a liberdade é substancial à ideia mesma de poder como relação entre homens; o conceito de um poder absoluto ou ilimitado é intrinsecamente contraditório, pois ninguém pode estar submetido integralmente a outro semelhante sem negar sua própria existência humana, sem 'coisificar-se'. Todo poder social é, e não pode deixar de ser, se deve respeitar os homens sobre os quais é exercido, essencialmente limitado. Resulta, por isso, imprescindível que no momento de fundar-se ou constituir-se um poder se defina seu campo próprio e, consequentemente, seus limites".

4.2. O Conteúdo do Princípio da Legalidade

Partindo-se da própria etimologia da expressão, seria inevitável a assertiva de que a identificação do conteúdo do princípio da legalidade não comporta maiores dificul-

---

71 Cf. BOBBIO, Norberto. *A era dos direitos*. 9. ed., Rio de Janeiro: Campus, 2004, p. 60. Como afirmou o jurista, "o Estado de Direito é o Estado do cidadão".
72 A Constituição como norma, *RDP* 78/09.

dades. Legalidade deriva de lei, logo, nada mais coerente que situar no âmbito da lei o conteúdo do princípio da legalidade. Coerência à parte, são múltiplas as vozes que buscam conferir maior amplitude à concepção de legalidade, passando a concebê-la como um elemento aglutinador de todas as normas de conduta cuja observância seja cogente pela administração.

Aproveitando-nos da pesquisa realizada por Charles Eisenmann[73], "podemos identificar três tendências a respeito da matéria. Para André de Laubadère (*Traité*, n. 369), a legalidade é o conjunto: a) das leis constitucionais; b) das leis ordinárias; c) dos regulamentos; d) dos tratados internacionais; e) dos usos e costumes; f) das normas jurisprudenciais, entre as quais, em primeiro lugar, os princípios gerais do direito – ou seja, quatro elementos de caráter 'escrito', dos quais os dois primeiros formam o 'bloco legal' (Hauriou), os três primeiros o 'bloco legal das leis e regulamentos', e dois elementos de caráter não escrito. Georges Vedel (*La Soumission de l'Administration à la loi*, n. 47) encampa uma posição ainda mais ampla de legalidade, acrescendo que 'às regras de direito obrigatórias para a Administração vêm unir-se as normas peculiares que as vinculam – as dos atos administrativos individuais e as dos contratos. Assim, compõem o 'bloco da legalidade' a totalidade das normas cuja observância impor-se-ia à Administração; a legalidade se identifica então pura e simplesmente com a regulamentação jurídica em seu todo, com o 'direito vigente'". Por último, tem-se a noção originária e restritiva do princípio da legalidade, impondo à Administração a observância das normas criadas pelo legislador, as quais se reduzem à lei (*lato sensu*).

Feita essa breve exposição a respeito das correntes existentes, resta melhor analisar o tema sob a ótica do Estado Democrático de Direito. Como fora visto no item anterior, a concepção de Estado de Direito encontra-se estritamente atrelada à necessidade de obediência, por parte da administração, da norma de conduta a todos imposta. Aqui, norma guarda identidade com lei, não apresentando equivalência com a amplitude da noção de regra de conduta. Limita-se a indicar uma espécie, que deve ser estabelecida pelo Parlamento com estrita observância do processo legislativo pertinente. Essa posição é robustecida quando se contata que ao Estado de Direito foi acrescido o designativo *democrático*, o qual pressupõe a participação popular na condução do destino do ente público, o que inclui a produção normativa.

Além do elemento histórico, não se deve perder de vista que o desmesurado elasticimento do princípio da legalidade terminará por associar efeitos diversos de institutos distintos. Ainda segundo Eisenmann, "não seria extremamente lamentável qualificar o direito jurisprudencial – e o direito costumeiro também – por elementos da legalidade, enquanto na teoria das fontes do direito, todos concordam em colocá-los, necessariamente, em oposição à lei, ao direito legislativo?".

---

73 O Direito Administrativo e o princípio da legalidade, *RDA* 56/47.

Para aqueles que adotam a teoria extensiva do princípio da legalidade, o regulamento seria elemento componente de seu conteúdo. No entanto, como será visto por ocasião do estudo dos conceitos material e formal dos atos funcionais, regulamento não guarda similitude com lei, sendo tão somente um ato administrativo dotado de maior abstração e generalidade. Com isso, não se nega que, entrando em vigor, o regulamento tem força obrigatória para todos[74], mas não pode ser ele considerado elemento integrante do princípio da legalidade.

Por ser o princípio da legalidade verdadeira norma fundamental do Direito Administrativo, não é possível dizer que os regulamentos vinculem a administração com intensidade semelhante às leis. Os regulamentos são confeccionados pela administração com obediência à lei. A lei, por sua vez, é imposta à administração pelo Poder responsável pela produção normativa. Assim, ainda que os agentes que ocupem um grau inferior da escala hierárquica devam obedecer os regulamentos de forma irrestrita, ao responsável por sua edição sempre restará a possibilidade de revê-los. Enquanto permanecerem em vigor, os regulamentos condicionarão os atos administrativos que tangenciem as matérias por eles reguladas, mas essa relação de subordinação, a exemplo do que ocorre entre o regulamento e a lei, não os erige a uma posição de igualdade com esta última, já que antologicamente distintos.

O que foi dito em relação aos regulamentos é igualmente aplicável aos atos e aos contratos administrativos, cujos efeitos, em que pese vincularem a administração, surgem a partir de sua iniciativa, o que não se confunde com o efeito genérico e abstrato da lei.

O princípio da legalidade não deve ser estendido a ponto de alcançar todo e qualquer ato que imponha determinado comportamento ao Poder Público, pois concepção como essa desvirtuaria a própria natureza das coisas, rompendo com os alicerces do Estado Democrático de Direito. Entendemos, como mais consentânea com a pureza dos institutos, a adstrição da concepção de legalidade às normas editadas pelos órgãos a quem o texto constitucional outorgou, com a observância de um procedimento previamente estabelecido, a produção normativa, o que faz que referido princípio tenha seus contornos traçados pela lei em sentido material.

A adoção da posição restritiva em relação ao princípio da legalidade não deve ser interpretada como negação da existência de outras normas, além das produzidas pelo Po-

---

[74] Na lição de Forsthoff (*Traité de Droit Administratif Allemand*, p. 226), ele deve ser observado não somente pelos cidadãos, como também pelas autoridades públicas, quer estejam situadas acima ou abaixo da autoridade que editou o regulamento. Mesmo esta autoridade encontra-se limitada por ele. Ela pode ab-rogá-lo ou modificá-lo, mas, enquanto o regulamento estiver em vigor, ela deve aplicá-lo. Seria equivocado, segundo o mestre germânico, querer deduzir por um raciocínio *a majore ad minus* que a autoridade que pode editar o regulamento pode tomar as decisões particulares que o contrariem, concluindo que esse raciocínio não é possível senão quando se trate de modalidades de ação qualitativamente idênticas. O poder de assentar as normas gerais e o poder de agir em um caso particular não são da mesma natureza, o que afasta essa possibilidade. Cf. Eisenmann, O Direito Administrativo e o princípio da legalidade, *RDA* 56/47.

der Legislativo (*v.g.*: regulamentos), que servirão como parâmetros de aferição da legitimidade dos atos administrativos. Como frisou Eisenmann[75], "é bem certo que o princípio de legalidade implica na obrigação de respeitar todas as normas de direito e mesmo as normas publicadas pelas autoridades às quais a própria lei dá poder para tanto: sujeitando-se a elas, por exemplo, cumpre-se indiretamente a lei, a norma legislativa de competência", complementando que "não haveria interesse algum em asseverar um 'princípio de regularidade' dos atos administrativos, do qual o 'princípio da legalidade' não seria senão uma das especificações, porque, como já se salientou, este 'princípio', por si mesmo, não teria conteúdo algum definido: remetido implicitamente ao rol das fontes do direito administrativo, ele próprio se reduziria, em suma, a esta pobre tautologia segundo a qual os órgãos administrativos devem respeitar as normas, e de forma ainda mais plena, as normas que os vinculam".

4.3. A Lei como Fundamento de Validade dos Atos Estatais

Na medida em que o Estado deve submeter-se à ordem jurídica, todos os atos do Poder Público devem buscar o seu fundamento de validade no padrão normativo originário do órgão competente[76].

Os atos administrativos devem ser praticados com estrita observância dos pressupostos legais, o que, por óbvio, abrange as regras e princípios que defluem do sistema; a atividade legislativa somente produzirá comandos normativos válidos em havendo harmonia com a Constituição da República[77]; e a atividade jurisdicional, não obstante o livre convencimento do julgador, deve manter-se adstrita às normas constitucionais e infraconstitucionais, sendo defesa a prolação de decisões dissonantes do sistema jurídico[78].

---

75 Ob. cit., p. 55.
76 Como exceção, a Inglaterra não conhece o princípio da legalidade em toda a sua extensão, o que decorre do cunho absolutista do Parlamento inglês. A autoridade do Parlamento é ilimitada, inexistindo Constituição escrita que limite o exercício do poder legislativo, sendo possível, inclusive, através de um *Act of Indemnity*, a legalização, *a posteriori*, de atos não assentes em textos legislativos. Na lição de Blackstone, "o poder do Parlamento é absoluto e sem controle; tem autoridade soberana e incontrolável para fazer, confirmar, ampliar, restringir, ab-rogar, revogar, restabelecer e interpretar qualquer lei... Em verdade, o que faz o Parlamento nenhuma autoridade sobre a terra pode desfazer; é, portanto, o verdadeiro soberano, isto é, a autoridade suprema, irresistível, absoluta, incontrolável" (*apud* ENTERRÍA, Eduardo García de. A Constituição como norma, *RDP* 78/13).
77 Deverão ser igualmente respeitados os demais atos de hierarquia normativa superior à do ato praticado, ou mesmo aqueles vinculados à competência de outro ente da Federação. Ainda que o Poder Legislativo tenha a possibilidade de modificar ou suprimir determinada norma, deverá render obediência a ela até que venha a modificá-la ou suprimi-la com a estrita observância do processo legislativo próprio.
78 Em rigor lógico, deve-se dizer que é tarefa assaz difícil compreender a violação do sistema jurídico pelo Poder Judiciário, isto porque a garantia da inafastabilidade da jurisdição permite concluir que a norma possuirá o sentido e o alcance que o Judiciário lhe conferir no exercício de sua atividade finalística. Como frisou o Ministro Celso de Mello, "o ordenamento normativo nada mais é senão a sua própria interpretação, no-

O princípio da legalidade, no entanto, pode ser concebido em uma perspectiva dicotômica: a) como uma *relação de compatibilidade* do ato com a lei, resultando na não contrariedade dos preceitos normativos; ou b) como uma *relação de conformidade* do ato com a lei, o que somente legitimaria a atuação estatal em havendo previsão normativa e na medida em que os atos praticados se mantivessem adstritos aos seus limites.

Certamente, inexistirão dúvidas de que nenhum agente público está autorizado a praticar atos contrários à lei, o que inclui o seu dever de agir ou de se abster sempre que esta o determinar. O mesmo, no entanto, não pode ser dito nas hipóteses em que inexistir previsão legal. Nesse caso, estará o agente legitimado a agir da forma que melhor lhe aprouver para a consecução do interesse público?

Atualmente, o princípio da legalidade é concebido em uma perspectiva distinta da de outrora, época em que a atividade estatal não tinha como pressuposto a previsão normativa, mas unicamente a ausência de limitação por ela imposta.

Nada dispondo a lei, ou sendo ela obscura, reconhecia-se ao agente público uma larga margem de liberdade para a apreciação dos fatos e consequente definição de sua esfera de atuação[79]. De acordo com essa concepção, majoritária até o século XIX, a administração pública podia fazer tudo o que não lhe fosse proibido por lei. A liberdade era a regra, sendo a vinculação a exceção, o que tornava exigível que existisse unicamente uma *relação de compatibilidade* entre o ato e a lei, vale dizer, o ato era válido sempre que não a contrariasse, ainda que na lei não encontrasse amparo imediato.

Com o evolver da doutrina publicista e a contínua reflexão sobre o papel desempenhado pelo Estado, a lei deixou de ser unicamente o elemento limitador da atividade estatal, passando a assumir a posição de seu substrato legitimador, o que interdita a prática de atos *contra legem* ou *praeter legem* e torna cogente a obrigação de agir *secundum legem*, conforme a conhecida fórmula de Stassinopoulos[80].

---

tadamente quando a exegese das leis e da Constituição emanar do Poder Judiciário, cujos pronunciamentos qualificam-se pela nota da definitividade"(STF, 2ªT., AGRRE n. 263.975/RN, j. em 26/9/2000, *DJ* de 2/2/2001). Na conhecida fórmula do *Justice* Hughes, "we are under a Constitution but the Constitution is what the judges say it is". De qualquer modo, ainda que transitoriamente, sempre será possível identificar uma possível violação à norma enquanto não for editado provimento definitivo sobre a lide.

79 Cf. DUGUIT, Léon. *Traité de droit constitutionnel*, t. I, p. 175.
80 Nas palavras de Kelsen (*Teoria Geral do Direito e do Estado*, p. 376), "um indivíduo atua como órgão do Estado apenas na medida em que atua baseado na autorização conferida por alguma norma válida. Esta é a diferença entre o indivíduo e o Estado como pessoas atuantes, ou seja, entre o indivíduo que não atua como órgão do Estado e o indivíduo que atua como órgão do Estado. Um indivíduo que não funciona como órgão do Estado tem permissão para fazer qualquer coisa que a ordem jurídica não o tenha proibido de fazer, ao passo que o Estado, isto é, um indivíduo que funciona como órgão do Estado, só pode fazer o que a ordem jurídica o autoriza a fazer. É, portanto, supérfluo, do ponto de vista da técnica jurídica, proibir alguma coisa a um órgão do Estado. Basta não autorizá-lo. Se um indivíduo atua sem autorização da ordem jurídica, ele não mais o faz na condição de órgão do Estado". Acrescenta, ainda, que "é preciso proibir um órgão de efetuar certos atos apenas quando se deseja restringir uma autorização prévia" (p. 377).

Como consectário lógico da organização política da República Federativa do Brasil, o princípio da legalidade encontra previsão expressa no art. 37, *caput*, da Constituição, sendo cogente sua observância por parte da administração pública de qualquer dos Poderes. O tratamento dispensado pelo sistema constitucional[81] ao referido princípio denota claramente que, regra geral, deve existir uma *relação de conformidade* entre os atos administrativos e a lei. A atividade estatal deve adequar-se ao princípio da legalidade em uma dupla vertente: pressupõe a antecedência da lei e deve ser conforme a ela sob os prismas formal e material.

A subordinação da atividade administrativa à lei é concebida em um sentido negativo, sendo o princípio da legalidade o limite a que estará sujeita a administração, contendo sua atuação, e em um sentido positivo, somente podendo a administração fazer o que por lei seja consentido[82]. Nesse último sentido, constata-se a *relação de conformidade* que deve existir entre o ato e a lei.

De acordo com Eisenmann[83], "o princípio da compatibilidade permitirá à Administração fazer tudo o que não lhe seja, de uma forma ou de outra, interdito pela lei. O princípio de conformidade não lhe permitirá fazer o que não lhe for permitido, de uma forma ou de outra, por esta mesma lei. E a ausência de lei relativa a um ato, que assegura *a priori* sua não contrariedade, exclui pelo contrário *a priori* sua conformidade".

Percebe-se que a *conformidade* contém em si a *compatibilidade*, pois o ato conforme a lei será necessariamente com ela compatível; bem como que, no sistema da conformidade, a administração somente pode atuar após a intervenção do legislador, enquanto no sistema da compatibilidade, a atuação é admissível independentemente da existência de expressa disciplina legal, o que resulta em maior restrição no primeiro sistema e em ampla liberdade no segundo.

Essa relação de conformidade do ato com a lei somente não será exigível nas hipóteses em que a norma assim o dispuser. É o que ocorre com os regulamentos, os quais têm o seu limite estabelecido pela lei e devem manter uma relação de adequação com ela, mas podem dispor sobre tudo aquilo que não infrinja o princípio da reserva de lei e não contrarie os termos da norma cuja execução visam a disciplinar, o que denota uma nítida relação de compatibilidade quanto às disposições que não se limitem em repetir o conteúdo da lei. No que concerne aos atos cuja disciplina não esteja estritamente prevista em lei (*v.g.*: atos de guerra, pedagógicos, científicos etc.), tão somente a sua execução não deverá manter uma relação de conformidade com a lei, pois seria inconcebível tamanho elastério desta última, mas tal relação deverá ser observada quanto à base legitimadora do ato, que se manifestará na aferição da legalidade dos seus elementos, o mesmo ocorrendo em relação aos atos discricionários.

---

81 Na Constituição da República, também são manifestações expressas do princípio da legalidade os arts. 5º, II (geral) e XXXIX (matéria penal), 84, IV (adstrição do Executivo à lei) e 150, I (matéria tributária).
82 Cf. ALESSI, Renato. *Sistema istituzionale del diritto ammnistrativo italiano*, p. 9.
83 Ob. cit., p. 56.

De qualquer modo, a atuação do agente será limitada pela regra de competência, e, como é voz corrente, não é competente quem quer, mas quem a lei considera como tal, o que sempre exigirá a previsão normativa para a sua atuação, sendo-lhe defeso agir sem lei que o autorize.

Enfim, devendo a administração perseguir a realização do interesse público, a legalidade administrativa não é entendida somente como uma regra de conduta negativa, tal qual aquela que é imposta aos indivíduos (de não agir com objetivos ilícitos), mas como uma diretiva positiva impondo aos administradores uma certa filosofia, um certo estado de ânimo[84], cuja relevância será vista ao estudarmos o princípio da moralidade administrativa.

Com isso, conferiu-se tratamento distinto ao Estado e ao particular, permanecendo este último com a possibilidade de fazer tudo o que não lhe seja por lei vedado (art. 5º, II, da CR/1988). De qualquer modo, restou consagrada a "força vinculante bilateral da norma" a que se referia Ihering, vale dizer, a norma vincula todas as autoridades e todos os cidadãos, conferindo legitimidade aos atos praticados e segurança às relações jurídicas.

4.4. A Lei como Elemento Condicionante da Vontade Estatal

Estatuído o princípio da legalidade e sedimentada a concepção de que a existência do Estado se destina à consecução do bem-estar geral, tornou-se incontroverso que o princípio da autonomia da vontade é inaplicável aos atos dos agentes públicos.

Na lição de Almiro do Couto e Silva[85], "a autonomia da vontade resulta da liberdade humana, que não é uma criação do direito, mas sim um dado natural, anterior a ele. O direito restringe e modela essa liberdade, para tornar possível sua coexistência com a liberdade dos outros. Sobra sempre, porém, uma larga faixa que resta intocada pelo Direito. A Administração Pública não tem essa liberdade. Sua liberdade é tão somente a que a lei lhe concede, quer se trate de Administração Pública sob regime de Direito Público, de Direito Privado ou de Direito Privado Administrativo". Estabelecida a norma de conduta pelo órgão competente, traduzindo-se como a vontade geral da coletividade[86], estão os detentores do poder público coarctados aos limites objetivos estabelecidos por ela, sendo-lhes defeso, salvo expressa autorização legal, inserir elementos de ordem subjetiva em sua atuação ou dissociarem-se do interesse público que se almejou tutelar[87].

---

84 Cf. VEDEL, Geoges. *Droit Administratif*, p. 324.
85 Princípios da Legalidade da Administração Pública e da Segurança Jurídica no Estado de Direito Contemporâneo, *RDP* 84/53.
86 Art. 1º, parágrafo único, da CR/1988: *Todo o poder emana do povo, que o exerce por meio de representantes eleitos ou diretamente, nos termos desta Constituição.*
87 "Observa-o admiravelmente Mortara, fazendo notar que a atividade do indivíduo é sempre livre, condicionada só ao arbítrio de quem age (liberdade), ao passo que a atividade estatal é, em qualquer sentido, con-

No direito privado, é permitido aos particulares a prática de todos os atos que não lhes sejam por lei vedados[88]. No direito público, porém, somente serão válidos os atos praticados em conformidade com a tipologia legal, sendo imprescindível a existência de norma autorizadora.

Como regra geral, a lei garante ao particular a prerrogativa de praticar determinado ato, sendo ampla a possibilidade de valoração. Para o agente público, ao revés, tem-se o dever de praticar o ato em estando presentes os substratos que o legitimam, mantendo-se sua liberdade adstrita aos lindes delimitados pelo legislador.

Nas lúcidas palavras de Rafael Bielsa[89], "uma lei pode ser violada em seu texto (violação grosseira e visível), em seu espírito (violação tortuosa e sutil), na verdade de seus desígnios sociais, econômicos, administrativos etc. (falsa motivação). Deve-se compreender, além disso, como violação de lei, toda interpretação arbitrária das normas aplicadas em detrimento do interesse geral ou do patrimônio ou erário do Estado, bem como a errônea ou falsa motivação, seja nos desígnios de fato, seja na determinação dos motivos; isto é, tanto na apreciação dos motivos anteriores ao ato (caso de inexistência desses motivos ou de não justificação para agir) quanto nos motivos determinantes, que se dão na decisão. Se assim não fosse, repetimos, bastaria apoiar-se em pressuposições de fato e em citações legais para legitimar os atos. E dada a tendência dos governos arbitrários a um excessivo legalismo falso, puramente literal e palavroso, é necessário e lógico estender o campo ou domínio da ação popular a este conceito de violação de lei".

Com efeito, a inobservância do princípio da legalidade, ainda que possível simulação busque demonstrar o contrário, acarreta a nulidade do ato, podendo o vício ser perquirido, dentre outras formas, por meio de ação popular (art. 2º, *c*, e parágrafo único, *c*, da Lei n. 4.717/1965)[90].

4.5. O Princípio da Constitucionalidade

Feita essa digressão em relação ao princípio da legalidade e não obstante a utilização de uma nomenclatura aparentemente restritiva, não devemos esquecer que a lei e os demais atos estatais auferem seu fundamento de validade na Constituição, o que enseja o surgimento de um princípio dotado de maior amplitude e importância: o princípio da

---

dicionada (dependente) do interesse público (necessidade)" (FAGUNDES, M. Seabra. *O controle dos atos administrativos pelo Poder Judiciário*, p. 209).
88 A Constituição da República, em mais de um preceito, assegura a autonomia da vontade, sendo exemplos a livre iniciativa (arts. 1º, IV, e 170, parágrafo único) e a liberdade de associação (art. 5º, XVII).
89 A Ação Popular e o Poder Discricionário da Administração, *RF* 157/40.
90 "O agente público está adstrito ao princípio da legalidade, não podendo dele se afastar por razões de conveniência subjetiva da administração"(STJ, 2ªT., AGRMC n. 4.193/SP, rel. Min. Laurita Vaz, j. em 22/10/2001, *DJU* de 4/2/2002, p. 317).

constitucionalidade, expressando, na síntese de Zagrebelsky[91], a "função unificadora da Constituição".

Deixou-se de conceber a lei como o ponto nuclear da atividade estatal e ascendeu-se para o fundamento legitimador de sua existência, a Constituição. Essa alteração da perspectiva de análise, já existente outrora, mas hoje maximizada, deve-se à constante necessidade de aperfeiçoamento dos instrumentos utilizados para a defesa dos direitos fundamentais, os quais, como não poderia deixar de ser, assumiram um papel de destaque no Estado contemporâneo.

Não raras vezes, em diversas épocas e em distintos Estados, o princípio da legalidade legitimou abusos e atrocidades, o que exigiu a idealização de um fundamento de validade superior, aqui residindo a importância do princípio da constitucionalidade.

Para Forsthoff[92], a unidade da administração, manifestada pelo exercício da função que a assegura, "se incorpora à unidade da própria existência do Estado, mostra o ponto onde a Administração e a Constituição têm os contatos mais estreitos. A Administração tem por vocação realizar as tarefas do Estado. Estas tarefas são determinadas pelas estruturas sociais e pelas ideias políticas que caracterizam um Estado, portanto, pela substância mesma da Constituição. A Administração deve respeitá-los e levá-los em conta em todas as suas atividades".

O administrador deve obediência às normas em geral; o legislador, ao elaborar a norma infraconstitucional, deve obediência à Constituição; e o juiz deve zelar pelo respeito à Constituição, o que inclui os princípios e regras que dela defluem, normas que a todos obrigam: Executivo, Legislativo e Judiciário.

Dessa forma, a ilegalidade ou a inconstitucionalidade do ato apresenta-se como relevante indício de consubstanciação da improbidade, já que o agente não observou o principal substrato legitimador de sua existência e norteador da atividade estatal. Indício, é importante frisar, já que a improbidade não apresenta uma relação de identidade com toda e qualquer ilegalidade.

5. PRINCÍPIO DA MORALIDADE ADMINISTRATIVA. INTROITO

O conceito de moral é eminentemente volátil, sendo norteado por critérios de ordem sociológica que variam consoante os costumes e os padrões de conduta delimitadores do alicerce ético de determinado grupamento. Moral, por conseguinte, é noção de natureza universal, apresentando conteúdo compatível com o tempo, o local e os mentores de sua concepção.

---

91 *Il diritto mite*. Torino: Einaudi, 1992 (12ª reimp. de 2010), p. 47-49.
92 *Traité de droit administratif allemand*, p. 55.

Com o evolver das relações sociais e a paulatina harmonização dos interesses do grupamento, foi inevitável a formulação de conceitos abstratos, os quais condensam, de forma sintética, a experiência auferida com a convivência social, terminando por estabelecer concepções dotadas de certa estabilidade e com ampla aceitação entre todos, o que contribui para a manutenção do bem-estar geral.

Assim, entende-se por moral o conjunto de valores comuns entre os membros da coletividade em determinada época; ou, sob uma ótica restritiva, o manancial de valores que informam o atuar do indivíduo, estabelecendo os seus deveres para consigo e sua própria consciência sobre o bem e o mal. No primeiro caso, conforme a distinção realizada pelo filósofo Bergson, tem-se o que se convencionou chamar de moral fechada; e, no segundo, a moral aberta.

A moral fechada, componente indissociável de qualquer sociedade, cujos contornos essenciais apresentam maior abrangência e uniformidade, se espraia por sobre todo o tecido social, coexistindo com incontáveis concepções de moral aberta. Num Estado Democrático, alicerçado sob os pilares do direito e da isonomia de tratamento, alcança a todos indistintamente. Como afirmou o Papa João Paulo II na Encíclica *Veritatis Splendor*, "não há nenhuma diferença entre ser o dono do mundo ou o último dos 'miseráveis' da terra; ante as exigências morais somos todos absolutamente iguais".

Mesmo entre os romanos, que não realizavam uma distinção nítida entre a moral e o direito, é possível encontrar referência à primeira. Nos textos de Ulpiano (*Digesto*, 1, 1, 10 e *Institutas* 1, 1, 3), dentre os *iuris praecepta*, figuravam o *honeste vivere*, o *alterum non laedere* e o *suum cuique tribuere*, que consubstanciavam os deveres jurídicos de viver honestamente, não lesar a outrem e de dar a cada um o que é seu.

As relações do Direito com a moral são tão antigas quanto polêmicas. Diogo Figueiredo Moreira Neto[93] noticia que "no estudo dessas relações, desde logo encontramos o magno problema da distinção entre os dois campos, da Moral e do Direito, e, destacadamente, duas geniais formulações: primeiro, no início do século XVIII, de Cristian Thommasius, e, depois, já no fim desse mesmo século, de Immanuel Kant. Thommasius delimitou as três disciplinas da conduta humana: a Moral (caracterizada pela ideia do *honestum*), a Política (caracterizada pela ideia do *decorum*) e o Direito (caracterizado pela ideia do *iustum*), para demonstrar que os deveres morais são do 'foro interno' e insujeitáveis, portanto, à coerção, enquanto os deveres jurídicos são externos e, por isso, coercíveis. Immanuel Kant, sem, de todo, abandonar essa linha, ao dividir a metafísica dos costumes em dois campos, distinguiu o da *teoria do direito* e o da *teoria da virtude* (Moral); as regras morais visam a garantir a liberdade interna dos indivíduos, ao passo que as regras jurídicas asseguram-lhes a liberdade externa na convivência social".

---

[93] Moralidade Administrativa: Do Conceito à Efetivação, *RDA* 190/1.

As teorias de Thommasius e Kant, que terminaram por influenciar a doutrina de Kelsen, tinham por objetivo traçar limites para o poder estatal, pois, embora reconhecessem a possibilidade de o Estado regular os fatos externos ao indivíduo, negavam-lhe o poder de realizar incursões nos fatos internos, em especial na dimensão da consciência individual[94].

A partir dos sentimentos auferidos no campo moral, é possível delinear e nortear a regra de direito. Com a moral, tornou-se possível identificar e proteger os que estão de boa-fé e, na outra vertente, castigar os que agem com malícia e perseguem a fraude. Apesar disto, observa-se que nem sempre a moral se exterioriza como mero elemento "propedêutico" da ciência jurídica. Não raras vezes, a regra moral penetra no mundo jurídico e, com o auxílio do poder de coerção estatal, torna-se uma regra obrigatória de conduta.

Além de ser relevante na produção legislativa, a moral possui um importante papel na fase de aplicação da norma, permitindo que o órgão jurisdicional possa interpretá-la e integrá-la em harmonia com os valores sociais.

Nas percucientes palavras de Georges Ripert[95], "o dever de não fazer mal injustamente aos outros é o fundamento do princípio da responsabilidade civil; o dever de se não enriquecer à custa dos outros, a fonte da ação do enriquecimento sem causa; o dever de prestar assistência ao próximo poderá chegar à consagração legal?". Por certo, uma resposta positiva a este questionamento, pouco a pouco, vai se delineando. À guisa de ilustração, pode ser mencionado o preceito constitucional que impõe à sociedade o dever de assegurar à criança e ao adolescente, com absoluta prioridade, o direito à vida, à saúde, à alimentação, à educação etc.[96]. Não seria este um caminho adequado a uma larga interpenetração da moral na regra de direito e, consequentemente, uma forma de construção de "uma sociedade livre, justa e solidária"[97]?

A presença da moral sempre se fará sentir na regra de direito (*rectius:* norma de direito), quer quando toma a sua própria forma, quer quando forneça o colorido da realidade social que haverá de ser regida pela norma de conduta, permitindo a sua integração e a consecução do tão sonhado ideal de justiça. Em que pese inexistir uma superposição total entre a regra de direito e a regra moral, em essência, não há uma diferença de domínio, de natureza e de fim entre elas; e nem pode existir, porque o direito deve realizar a justiça, e a ideia de justo é uma ideia moral[98].

---

94 Nesse sentido é o adágio *cogitationis nemo poenam patitur* (ninguém pode ser punido por aquilo que pensa).
95 *A regra moral nas obrigações civis*, p. 24.
96 Art. 227, *caput*, da CR/1988.
97 Art. 3º, I, da CR/1988.
98 Cf. Ripert, ob. cit., p. 27. Citando a lição de Gény, aponta o jurista uma diferença de caráter entre a regra moral e a regra jurídica: "A regra moral torna-se regra jurídica graças a uma injunção mais energética e a uma sanção exterior necessária para o fim a atingir".

Identificada a existência de um regramento moral e outro jurídico, a observância deste será tanto mais forte quanto for sua superfície de coincidência com os padrões de moralidade do grupamento que haverá de ser por ele regido. Correspondendo ao ideal moral, a norma será respeitada de forma voluntária, tendo-se um reduzido número de irresignações. Colidindo com os padrões de moralidade, haverá grande resistência à sua observância[99], o que comprometerá os próprios fins almejados com a sua edição, culminando com uma instabilidade social – situação que persistirá até que a norma consiga subjugar os ideais preexistentes, vindo a criar outros à sua imagem e semelhança[100].

5.1. A Moral no Direito Privado

Foi no âmbito do Direito Civil que a regra moral primeiramente se fez sentir, rompendo com os dogmas da onipotência do princípio da legalidade. Paulo já dissera que nem todo ato que respeita a lei está em harmonia com a moral: *non omne quod licet honestum est*.

A maior maleabilidade da regra moral permite um acompanhamento mais célere dos influxos sociais, tornando-se indispensável à efetivação do ideal de justiça, o qual, em determinados casos, não é passível de ser alcançado pelo engessamento normativo. Tal pode ser percebido com a contínua remissão legislativa à ideia de *bons costumes*, expressão que carrega consigo induvidosa carga moral.

Inicialmente com a teoria do exercício abusivo dos direitos e posteriormente com as doutrinas que impunham vedações ao enriquecimento ilícito e legitimavam a obrigação natural, sempre buscou-se envolver a regra jurídica em uma atmosfera axiológica própria das regras de coexistência humana[101].

---

99 Nas palavras do filósofo André Comte Sponville (*Pequeno Tratado das Grandes Virtudes*, p. 7374), "quando a lei é injusta, é justo combatê-la – e pode ser justo às vezes violá-la... Sócrates, condenado injustamente, recusou a salvação que lhe propunham pela fuga, preferindo morrer respeitando as leis, dizia ele, a viver transgredindo-as. Era levar longe demais o amor à justiça, parece-me, ou antes, confundi-la erroneamente com a legalidade... Lei é lei dizia eu, seja justa ou não; nenhuma democracia, nenhuma república seria possível se apenas obedecêssemos às leis que aprovamos. Sim. Mas nenhuma seria aceitável se fosse necessário, por obediência, renunciar à justiça ou tolerar o intolerável. Questão de grau, que não se pode resolver de uma vez por todas. É o domínio da casuística, exatamente no bom sentido do termo. Às vezes é necessário entrar na luta clandestina, às vezes obedecer ou desobedecer tranquilamente... O desejável é, evidentemente, que leis e justiça caminhem no mesmo sentido, e é nisso que cada um, enquanto cidadão, tem a obrigação moral de se empenhar".

100 Cf. Ripert, ob. cit., p. 41-42.

101 Ripert (ob. cit., p. 74), a partir da análise da jurisprudência francesa do início do século XX, elenca os seguintes mandamentos de preservação da moral: "Não disporás da vida, do corpo e da liberdade do teu próximo para fins inúteis; tu próprio respeitarás a tua vida e o teu corpo; não procurarás tirar proveito do teu deboche ou de outrem; não enriquecerás injustamente pelo jogo ou pelo azar, por astúcia ou pela força ou por embuste, mesmo quando este não seja punível; não farás por interesse o que deves fazer por dever; não estipularás remuneração por atos que não devam ser pagos; não obterás por dinheiro uma impunidade culpável".

O impacto inicial desta nova variante, que orientaria e condicionaria a aplicação da regra jurídica, foi pouco a pouco diluído, resultando em uma ampla compreensão de sua importância, o que terminou por fazer que a regra moral migrasse para outros ramos do Direito, em especial para o Direito Público.

5.2. A Moral no Direito Administrativo e seu Alicerce Dogmático

Não obstante as divergências de cunho dogmático, componente indissociável da própria evolução da ciência jurídica, sob um aspecto a doutrina é praticamente uníssona: o impulso inicial na estruturação da moralidade administrativa deve-se aos estudos realizados por Hauriou a respeito da jurisprudência do Conselho de Estado na França. Esse país testemunhou, sucessivamente, uma total ausência de controle da atividade administrativa, própria do *Ancien Régime*, a exigência de compatibilidade dos atos da Administração à lei, passando pela ulterior necessidade de conformidade destes ao ordenamento jurídico, até o alargamento do espectro de controle com o redimensionamento da doutrina do *détournement de pouvoir*. Com isto, o recurso por excesso de poder não mais seria utilizado unicamente para o controle da legalidade formal do ato administrativo, avançando na sindicação de sua própria finalidade.

Deve-se a Maurice Hauriou o pioneirismo na idealização e no estudo da moralidade administrativa, iniciativa esta que cresce em relevância quando se constata que o seu desenvolvimento se deu no ápice do positivismo jurídico, o que representava importante óbice aos mecanismos de contenção da atividade estatal que não se reduzissem a um mero preceito normativo.

Em seu *Précis de Droit Administratif et de Droit Public*, Hauriou sustenta que "o recurso por excesso de poder é uma via de nulidade que outorga ao Conselho de Estado o poder de anular uma decisão executória, se ela contém um excesso de poder formal da autoridade que tomou a decisão (incompetência, violação das formas, desvio de poder, violação da lei), e que, por ele mesmo, tende a impedir o procedimento executório de ação direta"[102], esclarecendo posteriormente que a irresignação por violação da lei somente tem sido anexada ao recurso por excesso de poder de uma forma artificial, pois enquanto os limites deste devem ser fruto de uma disciplina interna, resultando do próprio equilíbrio interior do órgão, em matéria de legalidade tem-se um limite exterior ao poder administrativo, imposto pelo legislador[103].

Esse tipo de recurso criou a possibilidade de se penetrar em regiões novas, à medida que o próprio Conselho de Estado desejasse expandi-las, sendo talvez este um dos argumentos utilizados para se impor maior resistência a essa doutrina.

---

102 Ob. cit., p. 435 e s.
103 Ob. cit., p. 455.

Hauriou captara e desenvolvera a ideia de que o Estado não é um fim em si mesmo, mas, sim, um instrumento utilizado em prol do interesse público, o que exigia a construção de mecanismos que o mantivessem adstrito a esse fim, tendo concluído, a partir das decisões do Conselho de Estado, "que os poderes da administração têm um certo objetivo ou que os atos da Administração têm uma certa causa final que é o interesse público ou a boa administração, e que se o administrador, no lugar de agir dentro do interesse geral, tomou sua decisão, seja sob influência de um interesse particular a satisfazer, seja mesmo sob a influência de um interesse fiscal, há um desvio de poder e o ato deve ser anulado".

Em seguida, distingue os recursos por *détournement de pouvoir* e por *violation de la loi*, esclarecendo que eles "visam a conformidade da ação administrativa, seja com o objetivo da boa administração (desvio de poder), seja com as prescrições da legalidade (violação da lei)". Buscando estabelecer parâmetros adequados para a individualização do desvio de poder, conclui que este "não se reduz à legalidade, como se tem dito, pois o objetivo da função administrativa é determinado muito menos pela lei que pela moralidade administrativa"[104].

Em sua gênese, a moralidade administrativa buscou justificar a sindicabilidade do móvel do agente público. O controle dos objetivos a serem alcançados, de importância ímpar na teoria da instituição desenvolvida por Hauriou, seria divisado sob uma perspectiva externa (*la fin*) e outra interna (*but*), configurando esta última o propósito, o *animus* do agente, o que permitiria um ampla aferição da adstrição do ato aos objetivos da instituição.

Segundo Antônio José Brandão[105], não obstante a semeadura do princípio, somente na 10ª edição de seu *Précis* Hauriou indicou o que entendia por moralidade administrativa, tendo cunhado o conceito hoje plenamente difundido entre os juristas pátrios, em que sobreleva a distinção com a moral comum, tratando-se de uma moral jurídica que é caracterizada como "o conjunto de regras de conduta tiradas da disciplina interior da Administração". Antes disso, no entanto, mais especificamente em 1903, já se encontra referência ao princípio no artigo intitulado *La Declaratión de Volonté dans le Droit Administratif Français*[106].

---

104 Ob. cit., p. 439.
105 Moralidade administrativa, *RDA* 25/457.
106 Artigo elaborado em conjunto com Ghillaume Bezin e publicado na *Revue Trimestrielle de Droit Civil* n. 3/543. José Guilherme Giacomuzzi (*A Moralidade Administrativa e a Boa-fé da Administração Pública*: o conteúdo dogmático da moralidade administrativa, p. 50-67), valendo-se das premissas estabelecidas pelo publicista francês no referido artigo, discorreu sobre a origem do pensamento de Hauriou a partir da teoria do ato jurídico. Da obra do jurista gaúcho vê-se que com o desenvolvimento do voluntarismo jurídico, que situava na vontade humana a criação, a modificação e a extinção das obrigações, surgiram a teoria clássica da autonomia da vontade (*Willenstheorie*), que tinha em Savigny e Windscheid seus maiores expoentes e que implementou uma fusão entre vontade e ato jurídico e sustentou que este defluía daquela, chegando mesmo a ignorar a existência anterior do direito objetivo; e a teoria da declaração (*Erklärungstheorie*), que contrapôs-se à teoria da vontade (*Willenstheorie*), pois esta consagraria o arbítrio e comprometeria a segurança

Não é suficiente que o agente permaneça adstrito ao princípio da legalidade, sendo

jurídica, terminando por defender a tese de que a vontade interna é apenas uma fase passageira do negócio jurídico, sendo tão somente uma *causa*, não um de seus elementos constitutivos. Para esta teoria, que configura um rompimento com o princípio da autonomia da vontade, somente a vontade de declaração é útil, não a vontade interna ou de efeito; o que foi declarado deve se sobrepor ao elemento psicológico. Na teoria da declaração, a perquirição da vontade seria direcionada por critérios sociológicos, afastando-se as investigações psicológicas, o que permitiria identificar o "sentido normal da declaração", o que o "homem honesto suficientemente esclarecido" teria visado. Hauriou, que entendia ser possível utilizar categorias próprias do direito privado no direito administrativo, encampou a teoria da declaração (*Erklärungstheorie*). Assim, se "o ato jurídico administrativo não é outra coisa que a declaração de vontade da Administração", acrescendo que esta exteriorizará sua vontade normalmente de forma escrita, o cotejo entre a vontade da Administração e a declaração exteriorizada é de extrema importância, ainda que o ato administrativo tenha a peculiaridade de ter um imediato caráter executório, o que não se verifica em relação aos casos ordinariamente estudados sob a epígrafe da teoria da declaração. Com isto, é estabelecida a primeira premissa para o estudo da moralidade administrativa: "O ato administrativo é uma declaração de vontade da Administração, que se torna independente do sujeito e se objetiva por completo no momento da emissão, sendo tendente a produzir, por si, execução" (Giacomuzzi, ob. cit., p. 61). Enfocando os vícios do consentimento, Hauriou observara que a superioridade da Administração poderia conduzir à prática de violência por parte desta, conduzindo ao vício capital do ato administrativo: o excesso de poder. O erro (entendido como vício de vontade da Administração), no entanto, além de não ser considerado um vício do ato administrativo à época (1903) e, portanto, um vício de vontade, não permitia a utilização do recurso por excesso de poder, pois, afora não ser aceito pelo Conselho de Estado, somente poderia ser invocado em benefício do autor da declaração, não do administrado. Como não era permitido o exame do aspecto subjetivo do ato (intenção do agente), mas apenas do elemento declarado (o vício deveria estar patente no ato praticado), o que era consequência da concepção objetiva da declaração de vontade, o administrado não tinha qualquer mecanismo de proteção, sendo esta a segunda premissa a ser estabelecida. Em sequência, "considerando que a moral social deseja que os atos jurídicos tenham um fim lícito", o ato administrativo deveria ser analisado sob o prisma da teoria da causa, que era considerada um "corretivo do princípio da autonomia da vontade"; a causa seria o próprio fim buscado pelo agente, concebida a finalidade como o objetivo (*le but*) a ser seguido com a prática do ato, uma "noção do que está adiante". Equiparando a causa à ideia de intenção, com feição eminentemente subjetiva, Hauriou a associou à teoria objetiva da declaração de vontade, sustentando que o fim particular que a lei francesa denomina causa e fixa abstratamente está inserido na declaração; a causa se confundiria com o conteúdo da declaração, o que, ante a concretude deste ponto de partida, permite concluir pela sua total inutilidade. Ante essa constatação, Hauriou buscou no direito alemão mecanismos que melhor se adequassem à sua concepção voluntarista objetiva, o que permitiria o atingimento dos mesmos efeitos que a teoria da causa, de feição eminentemente subjetiva, poderia produzir. Para tanto, Hauriou se utilizou do Código Civil alemão (*BGB* de 1900) para sustentar que sempre que uma declaração encobrisse um fim outro que não o externado deveria ser realizada uma constatação objetiva dos usos correntes, confiando não na lei, mas preferencialmente na noção comum de boa-fé que existe no tráfego jurídico. Por utilizar-se da teoria adotada pelo *BGB*, conclui o jurista gaúcho que Hauriou precisou encampar expedientes análogos aos adotados no direito alemão, o que o levou a prestigiar "a equivalência entre boa administração – que veicula uma 'moralidade objetiva' – e boa-fé. Essa a verdadeira origem da ideia moralidade administrativa" (Giacomuzzi, ob. cit., p. 66). Com esta construção teórica, Hauriou buscou contornar a posição do Conselho de Estado que se abstinha de "examinar o vício em outro lugar que não seja a vontade jurídica da Administração, manifestada no mesmo ato, ou em atos anteriores". Assim, seria evitado que o juiz, ao apreciar a licitude de uma declaração de vontade, se contentasse com o fim aparente mencionado na declaração, o que permitiria a consagração do fictício e a ocultação do verdadeiro. A garantia contra tal arbitrariedade fora consagrada pelo legislador francês na teoria da causa e pelo alemão na constatação objetiva dos usos correntes,

necessário que obedeça à ética administrativa, estabelecendo uma relação de adequação entre seu obrar e a consecução do interesse público. A norma, instituída pelo órgão que detenha tal prerrogativa, delimita as atribuições dos agentes públicos e estatui os meios a serem por eles utilizados para o alcance de determinados fins, denotando seu caráter funcional, como ideia de obra a realizar.

A moral administrativa, por sua vez, é extraída do próprio ambiente institucional[107], condicionando a utilização dos meios (*rectius*: poderes jurídicos) previstos em lei para o cumprimento da função própria do Poder Público, a criação do bem comum, o que denota um tipo específico de moral fechada, sendo fruto dos valores de um círculo restrito ocupado pelos agentes públicos. Enquanto a moral comum direciona o homem em sua conduta externa, permitindo-lhe distinguir o bem do mal, a moral administrativa o faz em sua conduta interna, a partir das ideias de boa administração e de função administrativa, conforme os princípios que regem a atividade administrativa.

Marcel Waline[108] critica a posição de Hauriou, concluindo que a violação à moralidade administrativa permite sancionar as violações ao espírito da lei que respeitem a sua letra; mas, em verdade, a violação ao espírito da lei ainda é uma violação à lei, logo, o desvio de

---

confiando não na lei, mas na noção comum de boa-fé que existe no tráfego jurídico (§ 157 do *BGB*:"os contratos são interpretados como o exija a boa-fé, com consideração pelo costume do tráfego").

[107] Sobre a teoria da instituição de Hauriou, conferir o interessante estudo de José Guilherme Giacomuzzi (ob. cit., p. 90-102), do qual expomos singelo resumo nas linhas seguintes. Diversamente dos adeptos do monismo jurídico, que concebem o Estado como sendo a única fonte de Direito, o que contribui para a sua unidade jurídica, Hauriou era um pluralista. Para aqueles que prestigiam essa orientação fiolosófica, o formalismo legal não teria legitimidade para subjugar o conteúdo concreto da vida social, o que permitiria que a produção normativa incorporasse a influência dos influxos do meio em que surgira e ao qual se destinava. Hauriou, que se dedicara ao estudo das instituições personificadas (existem as instituições que não se personificam – as instituições coisas), nelas identificou três elementos estruturantes:"(i) ideia de obra a realizar em um grupo social; (ii) o poder organizado posto ao serviço desta ideia para sua realização; (iii) as manifestações de comunhão que se produzem no grupo social em respeito à ideia e à sua realização" (p. 92). Após examinar as teorias subjetiva e objetiva, que, respectivamente, vislumbravam a correlação ou a não correlação do direito à vontade consciente de determinados sujeitos, Hauriou desenvolveu uma forte argumentação psicológica, que, ao lado do "triplo movimento de interiorização, incorporação e personificação da instituição", correlacionou a psicologia corporativa (da instituição) à psicologia individual (dos seus integrantes), vislumbrando a possibilidade de, em certa medida, assimilá-las. A instituição, que é uma *ideia objetiva* e que se impõe objetivamente aos homens, é informada pelo subjetivismo inerente à *ideia de obra a realizar*, que reflete as concepções subjetivas das consciências individuais que se unem a ela. Desta concepção, surgiu a *teoria da instituição* e a conclusão pela natureza institucional da administração pública e pela natureza funcional da atividade administrativa. Na linha de desdobramento de sua teoria, Hauriou desenvolveu as noções de "moralidade objetiva da Administração" ou "moralidade própria da instituição administrativa pública" ou "moralidade administrativa" (p. 98). Na síntese de Giacomuzzi,"é que a Administração, instituição que é, dotada de personalidade jurídica, de ideia própria – e fundante –, pode ter, nesse contexto, uma moral própria. Em suma, a moral interna está para o indivíduo como a moralidade administrativa está para a instituição 'Administração'" (p. 98-99). Os fins específicos da administração pública determinam a natureza da função exercida pelo agente e a estrutura normativo moral inerente à instituição.

[108] *Droit administratif*, p. 489.

poder advindo de um ato imoral também é uma forma de ilegalidade. Em verdade, a imoralidade conduziria à ilegalidade, sendo absorvida por esta.

Para Georges Vedel[109], a exatidão da doutrina de Hauriou não é absoluta, pois o desvio de poder deve ser analisado como uma variação da ilegalidade, situando-se na violação da lei que imponha ao agente a obrigação de perseguir um objetivo determinado com a exclusão de todos os outros. Ressalta, no entanto, que a ideia de Hauriou não deve ser completamente rejeitada, já que o juiz (administrativo), sob o amparo "do espírito" da lei, ou sob o amparo dos princípios gerais de direito, pode integrar as diretivas da moralidade à legalidade. Ao final, conclui que do ponto de vista do direito feito (*droit fait*), o desvio de poder nada mais é que uma variação da ilegalidade; enquanto do ponto de vista do direito que se faz (*droit qui si fait*), o desvio de poder incorpora à legalidade certos princípios de moralidade aos quais o juiz confere o respeito necessário.

A partir da segunda metade do século XIX, o Conselho de Estado francês alargou o espectro do recurso por excesso de poder, até então restrito ao aspecto objetivo da legalidade dos atos administrativos, passando a admitir a sua utilização para a perquirição do desvio de finalidade, vício que seria impregnado de elementos subjetivos, em especial daqueles relacionados ao móvel do agente. Ter-se-ia o desvio sempre que o agente utilizasse os poderes que lhe foram outorgados pela lei para fins dissociados do interesse público a ser alcançado pela modalidade de ato utilizado (*la fin*) ou mesmo quando sua intenção (*but*), aparentemente direcionada à consecução dos objetivos contemplados em lei, buscasse satisfazer interesses meramente privados. Tomando como norte as decisões do Conselho de Estado, Hauriou cunhou a sua doutrina da moralidade administrativa, expressão até então não utilizada pelo referido órgão.

Posteriormente, especificamente no início do século XX, o Conselho de Estado passou a admitir a persecução da exatidão material dos motivos declinados, iniciativa que se refletiu na conhecida teoria dos motivos determinantes, largamente difundida no direito pátrio. A moralidade administrativa, no entanto, nunca auferiu grande prestígio na doutrina e na jurisprudência francesas, sendo relevante observar que os vícios que normalmente estariam relacionados a ela (em especial, a intenção viciada do agente) são vistos como vícios de legalidade interna[110]. Apesar disso, é possível afirmar que o controle da moralidade administrativa sugerido por Hauriou efetivamente é exercido, ainda que enquadrado sob a epígrafe do exame da legalidade.

5.2.1. Delimitação da moralidade administrativa

Expostas, em síntese, as concepções de Hauriou, Waline e Vedel, cumpre estabelecer nosso entendimento a respeito do princípio da moralidade.

---

109 *Droit administratif*, p. 610.
110 Cf. CHAPUS, René. *Droit administratif général*, t. I, p. 941 e s.

Em um primeiro plano, não vislumbramos uma dicotomia absoluta entre a moral jurídica e a moral comum, sendo plenamente factível a presença de áreas de tangenciamento entre elas, o que possibilitará a simultânea violação de ambas.

Sob outra ótica, constata-se que os atos dissonantes do princípio da legalidade, regra geral[111], sempre importarão em violação à moralidade administrativa, concebida como o regramento extraído da disciplina interna da administração; a recíproca, no entanto, não é verdadeira. Justifica-se, já que um ato poderá encontrar-se intrinsecamente em conformidade com a lei, mas apresentar-se informado por caracteres externos em dissonância com a moralidade administrativa, vale dizer, com os ditames de justiça, dignidade, honestidade, lealdade e boa-fé[112] que devem reger a atividade estatal.

Convém ressaltar, ainda, que apesar de não guardar sinonímia com o princípio da legalidade, a moralidade administrativa apresenta uma relação de continência com o princípio da juridicidade, o qual abrange todas as regras e princípios norteadores da atividade estatal. Violado o princípio da moralidade administrativa, maculado estará o princípio da juridicidade, o que reforça a utilização deste como parâmetro para a identificação dos atos de improbidade.

Assim, somente seria possível negar autonomia ao princípio da moralidade se à legalidade for dispensado um conceito amplo, abrangendo todos os valores juridicizados veiculados pelas regras e pelos princípios, usurpando o próprio conteúdo do princípio da juridicidade, o que importaria na adoção de sistemática de estudo distinta daquela encampada nesta obra.

Ao valorar os elementos delineadores da moralidade administrativa, é defeso ao agente público direcionar seu obrar por critérios de ordem ideológica ou de estrita subjetividade. Ao interpretar e aplicar a norma, deve o agente considerar os valores norteadores do sistema jurídico, ainda que se apresentem dissonantes de sua visão pessoal. Assumindo espontaneamente o ônus de gestor da coisa pública, tem o agente o dever de agir em har-

---

[111] Meros vícios de forma, que em nada comprometam os fins visados pela norma, não poderão ser intitulados de imorais, pois em nada afetaram a substância do ato. Neste caso, a insignificante lesão à legalidade não pode conduzir à imoralidade.

[112] A 4ª Turma do STJ, de forma expressa, visualizou na boa-fé um elemento de densificação da noção de moralidade administrativa. No RMS n. 6.183/MG (rel. Min. Ruy Rosado de Aguiar, *LEX-STJ* 82/90), o Tribunal suspendeu execução movida pelo Banco do Brasil contra mutuário por entender que seria contrário à moralidade administrativa negar validade a memorando em que essa Instituição, juntamente com órgão da União, assumiu o compromisso público de suspender por 90 dias os processos em curso, com o fim de alcançar composições amigáveis com os mutuários. No REsp n. 184.487/SP (rel. Min. Ruy Rosado de Aguiar, *RSTJ* 120/386), considerou impossível que o Município anulasse promessa de compra e venda de lote celebrada com particular em razão de ilegalidades no loteamento, de responsabilidade do próprio Município. Em abono do seu entendimento, sustentou o relator que "o princípio da boa-fé deve ser atendido também pela administração pública, e até com mais razão por ela, e o seu comportamento nas relações com os cidadãos pode ser controlado pela teoria dos atos próprios, que não lhe permite voltar sobre os próprios passos, depois de estabelecer situações em cuja seriedade os cidadãos confiaram".

monia com as finalidades institucionais próprias do órgão que ocupa, o que demonstra que o conceito de moralidade administrativa tem índole eminentemente teleológica.

Ainda que o alicerce da moralidade se situe na própria norma, compreendendo as regras e os princípios, a influência de fatores externos em sua conformação – entendidos como tais as circunstâncias que envolvem a ação, verdadeiros elementos de densificação dos valores que compõem a moralidade – impede que sua delimitação e seu alcance sejam superpostos aos da lei, o que faz com que cada situação concreta assuma peculiaridades que não são identificadas a partir do maior grau de concretude que emana da lei. Ademais, no direito positivo pátrio, legalidade e moralidade coexistem lado a lado por força de expressa disposição constitucional.

5.2.2. Essência da moralidade administrativa

De forma correlata à moral comum, o princípio da moralidade administrativa também exige que o administrador observe determinados valores, os quais assumem certa especificidade em razão da própria natureza de sua atividade.

Enquanto a moral comum consubstancia o conjunto de valores ordinários entre os membros de determinada coletividade, possuindo maior generalidade e abstração, a moral administrativa toma como parâmetro os valores subjacentes à atividade estatal[113].

É importante observar que moralidade administrativa e moralidade pública não são designativos de objetos idênticos. Enquanto a moralidade administrativa é elemento indissociável da atividade administrativa, a moralidade pública guarda correlação com o comportamento de qualquer integrante de determinado grupamento em relação a assuntos estritamente afetos à coletividade[114]. Aquela é inerente ao *intraneus*, esta é de observância obrigatória por todos, agentes públicos ou não.

---

113 Refletindo o ceticismo de alguns quanto à existência de um padrão moral na esfera administrativa, vale lembrar as divertidas linhas de Rico y Amat, escritas nos idos de 1855 (*apud* PÉREZ GONZÁLEZ, Jesús. *La ética en la Administración pública*, p. 20). Segundo ele, o "verdadeiro sentido" da palavra moralidade é o seguinte: "Señora estraviada en la corte cuyo paradero se ignora, por más que se há ofrecido un hallazgo al que la presente. Los que más aparentan buscarla le cierran la puerta cuando se presenta en sus casas y, aburrida de tanto desprecio, dicen que va peregrinando ahora por los pueblos pequeños, acompañada de su hermana la justicia, tan despreciada como ella. Probablemente tendrán que emigrar pronto de España, sino quieren morir de una sofocación".

114 Art. 65 da Lei n. 6.815/1980 (Estatuto do Estrangeiro): "É passível de expulsão o estrangeiro que, de qualquer forma, atentar contra a segurança nacional, a ordem política ou social, a tranquilidade ou *moralidade pública* e a economia popular, ou cujo procedimento o torne nocivo à convivência e aos interesses nacionais". Não raro, objetivando contornar a maior fluidez da noção de moralidade pública, máxime quando identificados pontos de tensão de cunho ideológico, o administrador insurge-se contra determinado ato invocando regras e princípios de outra ordem. No interessante caso narrado por Jesús González Pérez (*Administración pública y moral*, p. 65), as autoridades municipais de Barcelona, para retirar das lojas de objetos sexuais determinadas peças íntimas comestíveis, invocaram o descumprimento das normas sobre o acondicionamento de produtos alimentícios, o que deslocou a questão para o âmbito da saúde pública.

Como foi visto, no Estado de Direito os atos dos agentes públicos auferem seu fundamento de validade na norma. O fim destes atos, em razão da própria natureza do Estado, haverá de ser sempre a consecução do bem comum. Em razão disto, é possível dizer que legalidade e moralidade integram-se e complementam-se, sendo cogente sua observância pelos agentes públicos.

O princípio da legalidade exige a adequação do ato à lei, enquanto o da moralidade torna obrigatório que o móvel do agente e o objetivo visado estejam em harmonia com o dever de bem administrar. Ainda que os contornos do ato estejam superpostos à lei, será ele inválido se resultar de caprichos pessoais do administrador, afastando-se do dever de bem administrar e da consecução do bem comum.

A moralidade limita e direciona a atividade administrativa, tornando imperativo que os atos dos agentes públicos não subjuguem os valores que defluam dos direitos fundamentais dos administrados, o que permitirá a valorização e o respeito à dignidade da pessoa humana. Além de restringir o arbítrio, preservando a manutenção dos valores essenciais a uma sociedade justa e solidária, a moralidade confere aos administrados o direito subjetivo de exigir do Estado uma eficiência máxima dos atos administrativos, fazendo que a atividade estatal seja impreterivelmente direcionada ao bem comum, buscando sempre a melhor solução para o caso.

A correção dessas conclusões, no entanto, pressupõe que um caminho mais árduo e tortuoso seja percorrido: a necessária conscientização de todos os setores da sociedade de que devem zelar pela observância do princípio da moralidade. O controle sobre os atos dos agentes públicos deve ser rígido e intenso, o que permitirá um paulatino aperfeiçoamento da atividade estatal e, o que é mais importante, a necessária adequação dos agentes públicos aos valores próprios de um Estado Democrático de Direito, no qual o bem comum representa o pilar fundamental.

Aqui, busca-se transmudar para o administrador público o ideal de que deve agir como um "bom pai de família", o que permite dizer que o sentido jurídico da norma restará prejudicado sempre que estiver ausente o componente moral que caracteriza o "bom administrador".

Dizer que o princípio da moralidade tem como alicerce os valores próprios da atividade estatal é conferir ares de banalidade a uma operação extremamente complexa e delicada, qual seja, extrair a essência desses valores e compatibilizá-la com a realidade fenomênica sem impregná-la do intenso subjetivismo que certamente se desprenderá do agente responsável por esta operação.

Diversamente do que ocorre com o princípio da legalidade, que é resultado direto da produção normativa estatal, o princípio da moralidade tem maior generalidade e abstração, o que exige uma atividade responsável e coerente para a correta identificação dos padrões de conduta que individualizam o bom administrador, vinculando-o à finalidade pública que é peculiar à atividade estatal, sempre com a necessária impessoalidade que deve estar presente em atos dessa natureza.

De acordo com Antônio José Brandão[115], para que se possa falar em boa administração, é preciso que esteja presente "o exercício do senso moral com que cada homem é provido, a fim de usar retamente – para o bem, entenda-se –, nas situações concretas trazidas pelo quotidiano, os poderes jurídicos e os meios técnicos; e, por outro lado, exige ainda que o referido bom uso seja feito em condições de não violar a própria ordem institucional, dentro da qual eles terão de atuar, o que implica, sem dúvida, uma sã noção do que a Administração e a função administrativa são".

Partindo-se da premissa de que o alicerce ético do bom administrador é extraído do próprio ordenamento jurídico, é possível dizer que o princípio da moralidade administrativa atua como um verdadeiro mecanismo aglutinador, extraindo o sumo de todos os princípios regentes da atividade estatal e condensando-os em *standards* que podem ser mais facilmente percebidos do que definidos.

Talvez seja por esse motivo que a jurisprudência pátria, ao fundamentar suas decisões com base no princípio da moralidade administrativa, normalmente o faz em conjunto com outro princípio dotado de maior especificidade para o caso concreto (*v.g.*: moralidade e impessoalidade, moralidade e publicidade etc.). Tal, longe de arranhar a autonomia do princípio da moralidade, demonstra apenas que os valores extraídos do outro princípio utilizado concorreram de maneira mais incisiva na conformação do *standard* adotado como padrão de bom administrador naquela situação[116].

Quando dizemos que referido *standard* representa o padrão de bom administrador à luz de determinada situação – fática ou jurídica –, queremos dizer que tal parâmetro não subsiste por si só, sendo imprescindível associá-lo à finalidade própria do ato a ser praticado. O dever de bem administrar somente será atingido quando for identificada e perseguida a *mens legis* criadora da regra de competência, pois o administrador de interesses alheios encontra-se sempre vinculado à consecução da finalidade que melhor aprouver ao verdadeiro titular do direito, *in casu*, o interesse público.

Progressivamente, tem-se a identificação da situação que ensejou a prática do ato, a finalidade a ser atingida com ele, os princípios administrativos que possuem maior especificidade para o caso e, derradeiramente, a operação de aglutinação dos valores que consubstanciam a moralidade administrativa, com a consequente densificação do *standard* do bom administrador, o que haverá de ser feito tomando-se como referencial as três primeiras etapas anteriormente referidas.

A moralidade administrativa também se aproxima, em certa medida, da concepção de *boa-fé como regra de conduta*[117], como referencial objetivo a ser necessariamente observado na atividade estatal. O conteúdo material da boa-fé estaria lastreado na imperativa prote-

---
115 Moralidade administrativa", *RDA* 25/459.
116 Neste sentido: FIGUEIREDO, Marcelo. *O controle da moralidade na Constituição*, p. 138.
117 Cf. ROCHA, António Manuel da; MENEZES CORDEIRO, A. M. R. *Da boa-fé no direito civil*, 3ª tiragem, Coimbra: Almedina, 2007, p. 632-660.

ção da confiança e na projeção dos dados materiais relevantes do sistema, refletindo uma postura pós-formalista[118]. Apesar da semelhança estrutural entre boa-fé (objetiva) e moralidade administrativa, a primeira assume contornos essencialmente restritos, estando finalisticamente voltada à proteção da confiança de outrem. A moralidade administrativa, por sua vez, assume uma funcionalidade mais ampla, alcançando toda a teleologia da atividade estatal. Pode-se afirmar, assim, que a moralidade administrativa absorve a boa-fé (objetiva), não se identificando com ela.

5.2.3. Previsão normativa

O princípio da moralidade administrativa, em que pese não ter tido previsão expressa nas Constituições anteriores à de 1988[119], há muito encontra-se arraigado no ordenamento jurídico pátrio, sendo considerado princípio implícito regente da atuação administrativa[120].

Hodiernamente, o princípio está expressamente previsto no art. 37, *caput*, da CR, o qual dispõe que "a administração pública direta e indireta de qualquer dos Poderes da União, dos Estados, do Distrito Federal e dos Municípios obedecerá aos princípios de legalidade, impessoalidade, moralidade, publicidade e eficiência..."; acrescendo-se, ainda, que o âmbito de abrangência da ação popular, a teor do art. 5º, LXXIII, da Constituição, foi ampliado para alcançar a possibilidade de anulação dos atos lesivos à moralidade administrativa. Deste último preceito, aliás, ressalta com clareza o caráter normativo do princípio da moralidade, pois tanto será inválido o ato administrativo que infrinja a regra de direito, como aquele que não esteja em harmonia com a moral administrativa, do que resulta a legitimidade da atuação do Poder Judiciário na aferição desta.

São igualmente formas de expressão do princípio da moralidade, os preceitos constitucionais que preveem como objetivo fundamental da República Federativa do Brasil a construção de uma sociedade livre, justa e solidária[121] e que resguardam o decoro parlamentar[122] e o dever de probidade do Presidente da República[123].

---

118 Cf. MENEZES CORDEIRO, A. M. R. *Da boa-fé...*, p. 1298-1299.
119 Não obstante a ausência de menção ao designativo "moralidade administrativa" nos textos constitucionais pretéritos, são encontradas referências à "probidade administrativa" (art. 57 da CR/1934, art. 85 da CR/1937, art. 89 da CR/1946 e art. 84 da CR/1967) e à exigência de "talentos e virtudes" para o exercício de cargos públicos civis, políticos e militares (arts. 45, § 3º, e 199, 14, da Carta de 1824). O princípio da moralidade administrativa, no entanto, foi contemplado pelo Decreto n. 19.398, de 11 de novembro de 1930, norma de equivalência constitucional que foi editada após a Revolução de outubro do mesmo ano, tendo instituído o Governo Provisório da República dos Estados Unidos do Brasil. O seu art. 7º manteve em vigor as leis, obrigações e direitos na esfera pública, "salvo os que, submetidos a revisão, contravenham o interesse público e a moralidade administrativa".
120 STF, RE n. 160.381/SP, rel. Min. Marco Aurélio, *RTJ* 153/1030.
121 Art. 3º, I, da CR/1988.
122 Art. 55, II e § 1º, da CR/1988.
123 Art. 85, V, da CR/1988.

Como se vê, os princípios da legalidade e da moralidade mantém uma relação harmônica, ocupando o mesmo grau hierárquico na estrutura principiológica que rege os atos estatais, o que afasta qualquer concepção que considere o princípio da moralidade elemento secundário ou meramente complementar.

Tal qual o princípio da legalidade, é requisito de legitimidade da atuação do agente e de validade do ato administrativo, logo, sua inobservância pode acarretar a anulação do ato por meio de ação popular ou de ação civil pública[124].

5.2.4. A moralidade e os elementos do ato administrativo

Os atos administrativos devem apresentar plena adequação ao sistema normativo que os disciplina e ter sua finalidade sempre voltada à consecução do interesse público. A partir da presença de determinada situação fática, deve o agente público, nos limites de sua competência, praticar o ato administrativo que se ajuste à hipótese. Esta adequação, por sua vez, deve ser por ele demonstrada com a exteriorização dos motivos que o levaram a praticar o ato, o qual deve necessariamente visar a uma finalidade pública.

Não obstante presentes os elementos do ato (competência, finalidade, forma, motivo e objeto) e a plena compatibilidade entre eles e a lei, em muitos casos será vislumbrada a inadequação dos motivos declinados e da finalidade almejada com a realidade fática e o verdadeiro elemento volitivo do agente.

Para que o ato praticado em consonância com a lei esteja em conformidade com a moralidade administrativa, é imprescindível que haja uma relação harmônica entre a situação fática, a intenção do agente e o ato praticado, sendo analisadas no contexto deste a motivação declinada e a finalidade almejada.

A intenção do agente deve surgir estritamente vinculada ao propósito de atingir o bem comum, escolhendo um fim que se harmonize com a previsão abstrata da norma e permitindo que o ato, em sua gênese, se apresente, a um só tempo, em conformidade com a lei e a moralidade administrativa.

A conduta do agente deve ser juridicamente possível e estar em harmonia com os efeitos jurídicos previstos na norma, o que, aliado à real intenção de atingi-los, conferirá licitude ao ato. No entanto, ainda que haja completa adequação da conduta à norma e esta possa produzir determinados efeitos, o ato será ilícito se for viciada a intenção do agente em relação aos reais efeitos que pretende alcançar, pois somente na aparência haverá adequação à lei.

Para que seja identificada a real intenção do agente, a qual poderá revelar a verdadeira motivação do ato e o objetivo colimado com a sua prática, afigura-se impossível a penetração em seu psiquismo, o que conduzirá à análise de tal elemento volitivo a partir da

---

124 Arts. 129, III, da CR/1988 e 25, III, *b*, da Lei n. 8.625/1993.

situação fática embasadora do ato e dos elementos externos – ainda que não declinados – que venham a influir na sua prática.

A intenção, assim, é indício aferidor da moralidade do ato, sendo também verificada a partir da compatibilidade entre a competência prevista na norma e a finalidade pretendida com a prática do ato. Na lição de Manoel de Oliveira Franco Sobrinho[125], "a qualidade moral de um ato não deixa de ser para o hermeneuta de fácil constatação. A leitura da norma em face do ato, a eficácia do ato conforme o fato, levam ao conhecimento das situações criadas e das relações estabelecidas. As distorções ficam evidentes. A intenção fica ou não fica clara. O ato afronta ou não à ordem jurídica". Quanto à situação fática, esclarece que "o fato imaginado, fantasioso, inventado, possivelmente criado, irrelevante para a sociedade, que não exterioriza acontecimento concreto, de gênese e fins políticos, estranho às formas aconselhadas pelo direito, tal fato só pode germinar reflexos não morais na ordem jurídica"[126].

O ato formalmente adequado à lei, mas que busque, em essência, prejudicar ou beneficiar a outrem, será moralmente ilegítimo[127], isto em virtude da dissonância existente entre a intenção do agente, a regra de competência e a finalidade que deveria ser legitimamente alcançada com esta[128].

Como desdobramento do que já foi dito, constata-se que, para a visualização da moralidade do ato, será sempre necessário analisar o motivo e o objeto em cotejo com o interesse público consubstanciado na finalidade, o que permitirá a identificação de eventuais vícios dos atos discricionários ou mesmo a presença de abuso de poder.

Pode-se afirmar que "estará ausente a moralidade administrativa quando o agente praticar o ato fundando-se em motivo inexistente (ausência da situação de fato ou de direito que determine ou autorize a prática de um ato), insuficiente (o valor dos motivos não denota a necessidade do ato), inadequado (falta de correspondência entre o que deveria motivar o ato – causa – e a natureza categorial de seu objeto – efeito), incompatível (ausência de adequação com o objeto do ato) e desproporcional (valoração irrazoável dos motivos, levando a um resultado incompatível com o interesse público específico a que deveria visar o ato); identificando-se igual vício quando o objeto for impossível (o resulta-

---

125 *O princípio da moralidade administrativa*, p. 20.
126 Ob. cit., p. 56-57.
127 O administrador público deve "servir a Administração com honestidade, procedendo no exercício de suas funções sem aproveitar os poderes ou facilidades delas decorrentes em proveito pessoal ou de outrem a quem queira favorecer" (CAETANO, Marcelo. *Manual de Direito Administrativo*, t. II, p. 684).
128 À guisa de ilustração, será imoral o ato de administrador público que, buscando recompor perdas salariais de sua categoria, conceda, de forma pródiga e irrazoável, gratificações por acumulação aos seus agentes (*v.g.*: instituindo auxílios recíprocos, com a percepção da gratificação por ambos os agentes; designando inúmeros agentes para acumular determinado órgão e, não obstante a divisão de tarefas, remunerando a todos com a gratificação integral etc.).

do jurídico visado não se compatibiliza com o ordenamento jurídico ou com a realidade física), desconforme (incompatibilidade lógica entre a escolha e o interesse público contido na regra da finalidade) ou ineficiente (grave comprometimento do interesse público pela desproporcionalidade entre custos e benefícios)"[129].

Na percuciente lição de Caio Tácito[130], nem sempre a imoralidade administrativa será causa de anulação do ato administrativo, o que será constatado sempre que for possível evidenciar a autonomia entre os motivos da conduta do administrador. Em outras palavras, não obstante a presença de um motivo imoral, sendo a prática do ato justificada por outro de indiscutível licitude, o ato deve ser considerado válido, isto sem prejuízo da responsabilização do agente. Em suas palavras, "a exigência ou aceitação de propina para a prática de ato legalmente válido conduzirá à responsabilização administrativa – ou até mesmo penal – sem que necessariamente se contamine a legalidade da prestação administrativa. Admita-se, a título de exemplo, que o licitante ao qual foi regularmente adjudicado determinado serviço, pela oferta da melhor proposta, seja compelido ao pagamento de vantagem indevida para obter a celebração do contrato. A concussão ou corrupção administrativa, passível de sanção, não obrigará, em tal caso, à anulação do contrato celebrado com observância do procedimento adequado".

Observe-se, no entanto, que somente se poderá sustentar a validade do ato em sendo possível isolar, em um compartimento estanque, o motivo imoral dos demais. Assim, aquele que desapropria o imóvel de um desafeto político, para construir uma escola, pratica um ato imoral, vício este que acarretará a invalidade do ato. Neste caso, é inaceitável o argumento que a escola era necessária para o bem-estar da coletividade, isto porque os motivos, morais e imorais, se interpenetram de tal forma que é impossível valorar um deles sem a influência do outro.

5.2.5. A moralidade administrativa na jurisprudência pátria

Em inúmeras oportunidades, os tribunais têm sido instados a analisar a compatibilidade dos atos do Poder Público com o princípio da moralidade administrativa. À luz da jurisprudência pátria, infringem tal princípio:

a) a participação de Juiz integrante de TRT em eleição destinada a compor lista tríplice para preenchimento de vaga de juiz togado quando um dos candidatos é filho do mesmo[131];

---

129 MOREIRA NETO, Diogo Figueiredo. Ob. cit., p. 1113.
130 Moralidade administrativa, *RDA* 218/9, 1999.
131 STF, Pleno, MS n. 17.481, rel. Min. Néri da Silveira, j. em 14/4/1994, *DJ* de 10/6/1994.

b) bacharel em Direito que ocupa o cargo de assessor de desembargador e exerce a advocacia[132];

c) ato de Presidente do TRT que, ante o afastamento do representante classista titular, deixa de convocar o suplente que com ele fora nomeado, "pinçando", à sua livre discrição, o suplente que substituirá o titular[133];

d) fixação da remuneração do Prefeito, Vice-Prefeito e dos Vereadores para viger na própria legislatura em que fora estabelecida, o que também importa em violação ao art. 29, VI, da CR[134];

e) abertura de conta corrente em nome de particular para movimentar recursos públicos, independentemente da demonstração de prejuízo material aos cofres públicos[135];

f) manter o monopólio da conta única do Estado, sem prévia licitação, em instituição financeira privatizada[136].

g) o custeio, pela municipalidade, das despesas de viagem ao exterior da esposa do Prefeito, em companhia dele, o que não representa nenhum benefício para o Município, ainda que ela dirigisse algum órgão público; sendo idêntica a conclusão em relação às despesas com viagens do Prefeito não autorizadas pela Câmara Municipal[137];

h) remoção por permuta entre inexperiente escrivã distrital, que ocupa serventia de pouco movimento, e titular de ofício do principal cartório de imóveis da Capital, respectivamente filha e pai, às vésperas da aposentadoria deste; situação que não atende ao interesse da justiça, visando, única e exclusivamente, à manutenção do "cartório da família"[138];

i) ato de Câmara Municipal que, sob o argumento de "oferecer exemplo à coletividade", reduz a remuneração dos edis para a legislatura seguinte, após a realização da eleição em que a grande maioria não foi reeleita[139];

j) omissão deliberada da administração pública, sob a alegação de discricionariedade, deixando de convocar o estágio probatório que consubstancia condição indispensável ao acesso dos terceiros sargentos do quadro complementar da Aeronáutica ao quadro regular, tendo feito com que exercessem tarefas próprias dos postos mais elevados sem a contrapartida salarial devida[140];

---

132 STF, 2ª T., RE n. 199.088/CE, rel. Min. Carlos Velloso, j. em 1º/10/1996, *DJ* de 16/4/1999.
133 STF, 2ª T., RE n. 197.888-1, rel. Min. Marco Aurélio, j. em 13/10/1997, *DJ* de 28/11/1997.
134 STF, 2ª T., RE n. 206.889-6, rel. Min. Carlos Velloso, j. em 25/3/1997, *DJ* de 13/6/1997.
135 STF, 1ª T., RE n. 170.768-2, rel. Min. Ilmar Galvão, j. em 26/3/1999, *DJ* de 13/8/1999.
136 STF, Pleno, ADI n. 3.578-MC/DF, rel. Min. Sepúlveda Pertence, j. em 14/9/2005, *DJ* de 24/2/2006.
137 STJ, 1ª T., REsp n. 37.275-5, rel. Min. Garcia Vieira, j. em 15/9/1993, *RSTJ* 53/322.
138 STJ, 2ª T., RMS n. 1.751/PR, rel. Min. Américo Luz, j. em 27/4/1994, *RSTJ* 62/154.
139 STJ, 1ª T., REsp n. 21.156-0, rel. Min. Mílton Pereira, j. em 19/9/1994, *RSTJ* 73/192.
140 STJ, 6ª T., REsp n. 79.961, rel. Min. Anselmo Santiago, j. em 29/4/1997, *RSTJ* 97/405.

k) contrato de risco entre sociedade de economia mista federal e ente estadual, visando à exploração de petróleo, celebrado com desvio de finalidade, forma imprópria, por agente incapaz e incompetente e sem que houvesse consentimento do Estado nos limites estabelecidos pela lei, terminando por causar "colossal" prejuízo a este[141];

l) empresa que participa de procedimento licitatório e possui, em seu quadro de pessoal, servidor ou dirigente do órgão ou entidade contratante ou responsável pela licitação[142];

m) transferência do controle acionário de banco estatal, por valor inferior à avaliação realizada um ano antes do negócio, provocando vantagem desmedida à pessoa jurídica privada e, em sentido contrário, significativos danos para a administração pública[143];

n) percepção de duplo pensionamento, tendo o Estado como fonte pagadora de ambas, quando há um único fato gerador – *in casu* a ocupação do cargo público[144];

o) restringir, após a sua apresentação pelos candidatos, a área de pertinência temática dos trabalhos jurídicos a serem valorados em prova de títulos[145];

p) contratação de funcionários públicos além da cota permitida para cada Vereador, com divisão e repasse da remuneração percebida pelos "funcionários" a outros particulares, assessores "informais", sem vínculo com a Administração[146];

q) alienação de lotes de terrenos pertencentes à municipalidade, contíguos a outros de propriedade do Prefeito, e posteriormente por ele adquiridos pelo valor da avaliação, acarretando a valorização da área contínua quando agregada à primitiva[147];

r) ato de legislar em causa própria, por meio do qual os vereadores concederam aposentadoria especial a si próprios, após o curto lapso de 8 (oito) anos de contribuição, com desvio de verba pública para cobrir *déficit* técnico[148];

s) realização de gastos excessivos, a pretexto de outorga de títulos e honrarias, com bebidas, comestíveis, peças de vestuário etc.[149];

t) resolução de Câmara de Vereadores que fixou os subsídios destes, em época de congelamento de preços e salários instituído no plano federal, em quantia exorbitante[150];

---

141 STJ, 2ª T., REsp n. 14.898, rel. Min. Pádua Ribeiro, *DJ* de 9/12/1997.
142 STJ, 1ª T., REsp n. 254.115/SP, rel. Min. Garcia Vieira, j. em 20/6/2000, *RSTJ* 137/169.
143 STJ, 1ª T., REsp n. 295.604/MG, rel. Min. José Delgado, j. em 21/3/2002, *DJ* de 22/4/2002.
144 STJ, 5ª T., RMS n. 13.092/PI, rel. Min. Felix Fischer, j. em 14/5/2002, *DJ* de 3/6/2002.
145 STJ, 5ª T., RMS n. 17.878/MG, rel. Min. Gilson Dipp, j. em 20/5/2004, *DJ* de 14/6/2004.
146 STJ, 1ª T., REsp n. 713.537/GO, rel. Min. Luiz Fux, j. em 23/10/2007, *DJ* de 22/11/2007.
147 TJSP, 7ª CC, AP n. 145.916-1/2, rel. Des. Campos Mello, j. em 26/6/1991, *RT* 673/61.
148 TJSP, 6ª CC, AP n. 193.482-1/7, rel. Des. Leite Cintra, j. em 9/12/1993, *RT* 706/63.
149 TJSP, 4ª CC, AP n. 186.613-1/0, rel. Des. Alves Braga, j. em 24/6/1993, *RT* 702/71.
150 TJMG, 4ª CC, AP n. 1.039/7, rel. Des. Alves de Mello, j. em 29/12/1992, *RT* 699/140.

u) doação de materiais de construção a particular, realizada pelo Prefeito Municipal, sem prévia autorização legislativa e sem obediência a qualquer critério objetivo e razoável, com simultânea infração ao princípio da impessoalidade[151];

v) a contratação de centenas de servidores para prestação de serviços supostamente emergenciais, aliada à inexistência de qualquer conduta tendente à realização de concurso público para o preenchimento de cargos de provimento efetivo, no transcorrer de todo o mandato de Prefeito Municipal[152];

w) pagamento de diárias a servidora que reside, por longa data, em sede diversa da sua lotação, onde tem apartamento locado e na qual deveria realizar determinado serviço e verba que pressupõe o deslocamento temporário do servidor da sede onde está lotado e que tem a finalidade de indenizar as despesas de alimentação e pousada, pressupostos ausentes na hipótese[153];

x) candidato em concurso público, já vinculado à administração, que tem acesso a material de preparação ao certame pelo menos um mês antes dos demais. Existindo apenas uma vaga, que foi conquistada por aquele, restaram inferiorizados os demais candidatos, os quais não tiveram igualdade de oportunidades[154];

y) lei municipal que concede benefícios concretos a pequenas empresas, em detrimento de outras, no interesse de pessoas determinadas, ligadas aos responsáveis pelo ato causador do dano ao erário[155];

z) remuneração da gratificação natalina e das férias de agentes políticos estabelecida em lei e em resolução com efeitos retroativos[156];

a') empréstimo de dinheiro, a juros abusivos, com nítida prática do crime de usura, realizado por escrivão judicial, valendo-se das comodidades e do prestígio inerentes ao seu cargo, o que se agrava em se tratando de conduta reiteradamente praticada em comarca do interior[157];

b') ato que modifica os critérios de aproveitamento de candidatos aprovados em concurso público, terminando por beneficiar apenas um deles[158];

c') emissão de parecer técnico em caráter privado, pelo Diretor e pelo Chefe da Seção Técnica do Instituto Médico Legal, com o objetivo de desacreditar os pareceres oficiais exarados pelo órgão[159].

---

[151] TJMG, 6ª CC, AP n. 1.0000.00.3301132/000, rel. Des. José Domingues Ferreira Esteves, j. em 23/9/2003, DJ de 24/12/2003.

[152] TJMG, 5ª CC, AP n. 1.0000.00.3368198/000, rel. Des. Dorival Guimarães Pereira, j. em 28/8/2003, DJ de 10/10/2003.

[153] TJRS, 3ª CC, AP n. 597.121.730, rel. Des. Tael João Selistre, j. em 27/11/1997.

[154] TJRS, 1º GCC, EI n. 598466415, rel. Des. Irineu Mariani, j. em 18/6/1999.

[155] TJRS, 3ª CC, AP n. 599399946, rel. Des. Luiz Ari Azambuja Ramos, j. em 26/10/2000.

[156] TJRS, 3ª CC, AP n. 70001776897, rel. Des. Augusto Otávio Stern, j. em 15/2/2001.

[157] TJRS, 4ª CC, AP n. 70003638541, rel. Des. Vasco Della Giustina, j. em 28/12/2001.

[158] TRF, 4ª R., MS n. 0409985, rel. Juíza Ellen Gracie Northfleet, DJ de 8/3/1995.

[159] TJPR, 5ª CC, AP n. 1.253.791-8, rel. Des. Nilson Mizuta, j. em 9/12/2014.

6. PRINCÍPIO DA PROPORCIONALIDADE

Sedimentada a concepção de que a atividade finalística do Estado deve ter sempre por objetivo a consecução do bem comum, e sendo inevitável a constatação de que o princípio da legalidade, em certas ocasiões, é insuficiente à plena garantia das liberdades públicas, eis que frequente a prática de atos, normativos ou não, com extensão e intensidade dissonantes do interesse público ou com exacerbada lesividade aos direitos individuais, foi inevitável a realização de uma construção dogmática destinada a garantir a legitimidade da atuação estatal e a preservar o equilíbrio, a harmonia e a racionalidade dos atos praticados.

Dentre outros mecanismos utilizados, foi concebido o princípio da proporcionalidade, o qual desempenhou importante papel no Direito Penal, consagrando o entendimento de que as penas deveriam ser proporcionais à gravidade dos crimes praticados[160].

Teve, ainda, larga aplicação no Direito Administrativo, sempre visando a estabelecer limites aos atos administrativos e evitar que aos administrados fossem impostas constrições em sua liberdade ou propriedade que não se apresentassem como indispensáveis à preservação do interesse público. Demonstrada a imposição de um sacrifício exagerado ao administrado e a inadequação do ato ao atingimento da finalidade legal, ter-se-ia sua desproporcionalidade e, *ipso facto*, sua própria ilegalidade[161].

O princípio da proporcionalidade impõe a obrigação de que o Poder Público utilize os meios adequados e interdita o uso de meios desproporcionais. Na síntese de Pierre Muller[162], "é em função do duplo caráter de obrigação e interdição que o princípio da proporcionalidade tem o seu lugar no Direito, regendo todas as esferas jurídicas e compelindo os órgãos do Estado a adaptar em todas as suas atividades os meios de que dispõem aos fins que buscam e aos efeitos de seus atos. A proporção adequada se torna assim condição da legalidade".

Em razão de suas peculiaridades e dos constantes abusos praticados pelo Poder Público, o princípio da proporcionalidade foi fecundamente utilizado como elemento limita-

---

[160] Há mais de dois séculos, Beccaria (*Dos Delitos e das Penas*, § 15) já observava que, "entre as penas, e na maneira de aplicá-las proporcionalmente aos delitos, é mister, pois, escolher os meios que devem causar no espírito público a impressão mais eficaz e mais durável, e, ao mesmo tempo, menos cruel ao corpo do culpado.

[161] Canotilho (ob. cit., p. 262) cita os seguintes exemplos: "(1) poderá a autoridade administrativa competente proibir uma conferência literária com o fundamento na necessidade de manutenção da ordem pública antes de recorrer a outras medidas menos coactivas da liberdade de expressão e criação literária? (2) será 'necessária', 'adequada' e 'proporcional', a medida administrativa de encerramento de um 'estabelecimento comercial' por colocar à venda produtos sem tabelamento de preços? (3) haverá violação do princípio ou proibição do excesso numa medida administrativa que proíbe o exercício de religião numa construção de interesse histórico com fundamento na necessidade de protecção de valores arquitetônicos?".

[162] Le Principe de la Proportionalité, *Revue de Droit Suisse*, 1979, p. 12, *apud* BONAVIDES, Paulo. *Curso de direito constitucional*, p. 319.

dor do poder de polícia, permitindo um exercício de ponderação entre os distúrbios da ordem e da segurança pública de um lado e a limitação à propriedade e à liberdade do outro, o que terminou por viabilizar a escolha dos meios adequados à recomposição da normalidade social e à preservação da teleologia do próprio Estado de Direito.

Na França, de forma explícita ou implícita, há muito o princípio é utilizado pelo Conselho de Estado na valoração dos atos originários do exercício do denominado poder discricionário (*pouvoir discrétionnaire*), apresentando-se como importante subsídio na atividade de controle do excesso de poder (*détournement du pouvoir*)[163]. Tal se dá com a identificação das situações em que tenha ocorrido erro manifesto de apreciação e com a utilização da técnica do *bilan coût-avantages* (contabilização dos custos e benefícios), importando este último em um verdadeiro exercício de ponderação de valores.

De forma lenta e progressiva, o princípio da proporcionalidade, a exemplo do que ocorrera com outros princípios, foi transportado para os domínios do Direito Constitucional, seara em que também possui intensa aplicação na garantia dos direitos fundamentais, impedindo que a produção normativa do Estado avance na desarrazoada limitação de tais direitos e termine por abalar o próprio alicerce legitimador de sua existência.

Essa migração para o Direito Constitucional pode ser explicada pelo fato de, em um primeiro momento, ter sido o legislador tido como juridicamente ilimitado, o que era derivação direta da ideia de soberania popular. O Parlamento, consoante o tradicional princípio britânico, pode fazer tudo, menos transformar um homem numa mulher e uma mulher num homem[164]. Com isto, enquanto o legislador se mantivesse adstrito aos limites de suas competências constitucionais (nos países em que tais limites existissem), poderia fazer o que melhor lhe aprouvesse, sem qualquer limitação. Paulatinamente, foi identificada a necessidade de se instituírem critérios para estabelecer uma vinculação jurídica do legislador, o que, na Alemanha, terminou por ser doutrinariamente reconhecido a partir da Lei Fundamental de Bonn de 1949.

Segundo Heinrich Scholler[165], essa transformação, para muitos, significa "uma evolução do princípio da 'reserva de lei' (*Vorbehalt des Gesetzes*) para o princípio da 'reserva da lei proporcional' (*Vorbehalt des verhältnismässigen Gesetzes*)". Prossegue afirmando que "no momento em que se reconheceu o princípio da reserva legal como sendo o da reserva da lei proporcional, passou a ser admitida a possibilidade de impugnação e eliminação não apenas das medidas administrativas desproporcionais, mas também das leis que, ofensivas à relação entre os meios e os fins, estabelecem restrições aos direitos fundamentais".

---

163 Cf. PHILIPPE, Xavier. *Le controle de proportionnalité dans le jurisprudences constitutionelle et administrative française*.
164 "The Parliament can do anything, but not change a man into a woman or a woman into a man."
165 O Princípio da Proporcionalidade no Direito Constitucional e Administrativo da Alemanha, *Revista Interesse Público* 2/96, 1999.

Em síntese, ainda que o legislador atue no espaço de conformação deixado pela Constituição, pode o Judiciário identificar e coibir os excessos, muitas vezes ínsitos em normas harmônicas com a letra, mas contrárias à essência do texto constitucional, o que terminará por preservar o núcleo essencial dos direitos fundamentais.

6.1. A Proporcionalidade na Alemanha

Na Europa, o princípio foi inicialmente utilizado na Alemanha do pós-guerra, tendo sido a fórmula encontrada pelo Tribunal Constitucional para se contrapor aos abusos do legislador, isto em virtude das atrocidades praticadas sob o nacional socialismo de Hitler – todas sob o pálio do princípio da legalidade –, o que garantiu ao princípio o *status* de princípio do Estado de Direito.

Muito se discute sobre ser o princípio da proporcionalidade um "princípio normativo" ou um "princípio aberto", celeuma que não obstante longe de encontrar um termo final, em muito contribui para a própria compreensão de seu alcance, o qual, no campo dos direitos fundamentais, assume relevância similar ao próprio princípio da igualdade.

De forma correlata à indiscutível importância da concepção de proporcionalidade, concebida pela Carta dos Direitos Fundamentais da União Europeia como princípio geral de direito[166] e que se encontra expressamente prevista na Constituição portuguesa[167], foi constante a mutação dogmática até se atingir o atual estágio de compreensão sobre o tema[168].

De acordo com o excelente estudo de Paulo Bonavides[169], "resume Hirschberg os 'grandes estádios', a saber, a trajetória temporal do 'princípio da proporcionalidade', qual hoje o conhecemos e utilizamos em sua acepção lata, que abrange todos aqueles aspectos ou conteúdos parciais inseridos em sua composição, sob a denominação de *Übermassverbot*[170]. Tem o mesmo significado do princípio da necessidade (*Erforderlichkeit*) no Direito de Polícia (*Polizairecht*), conforme consta da noção conceitual estabelecida por Jellinek. A seguir,

---

166 Art. 49, 3, da Carta dos Direitos Fundamentais da União Europeia (*JO*, C 364, de 18/12/2000, p. 122).

167 *A lei só pode restringir os direitos, liberdades e garantias nos casos expressamente previstos na Constituição, devendo as restrições limitar-se ao necessário para salvaguardar outros direitos ou interesses constitucionalmente protegidos* (art. 18, 2). *Os órgãos e agentes administrativos estão subordinados à Constituição e à lei e devem actuar, no exercício das suas funções, com respeito pelo princípio da igualdade, da proporcionalidade, da justiça, da imparcialidade e da boa-fé* (art. 226, § 2º). *As medidas de polícia são as previstas em lei, não devendo ser utilizadas para além do estritamente necessário* (art. 272, 2).

168 Em relação à terminologia, no Direito germânico fala-se em *Verhältnismässigkeit* (proporcionalidade) e *Übermassverbot* (proibição de excesso), termos empregados para designar os elementos constitutivos do princípio: *Geeignetheit* (adequação), *Erforderlichkeit* (necessidade) e *Verhältnismässigkeit*, i.e., *Sinn* (proporcionalidade em sentido estrito); enquanto na Itália se fala em *idoneità del provvedimento, necessità del provvedimento e proporcionalità*.

169 Ob. cit., p. 327.

170 A teoria da proibição de excesso (*Übermassverboten*) era utilizada para coibir a ação do legislador que atuava além dos limites da autorização constitucional, sendo noção antecedente à de proporcionalidade.

biparte-se nos princípios da necessidade e da proporcionalidade em sentido estrito, compreendendo ainda um círculo de aplicação relativamente limitado, qual flui dos ensinamentos de Lerche. De último, a par da *Übermassverbot*, que não foi desterrada do uso terminológico, serve a proporcionalidade para designar as 'trias' de subprincípios ou conceitos parciais conhecidos por regras de adequação, necessidade e proporcionalidade em sentido estrito (*Geeignetheit, Erforderlichkeit e Verhältnismässigkeit i. e. S.*)".

Partindo-se da concepção atualmente difundida entre os publicistas germânicos, pode-se dizer que determinado ato normativo estará em harmonia com o princípio da proporcionalidade em sendo observados seus três elementos constitutivos: adequação, necessidade e proporcionalidade em sentido estrito[171].

Consoante o primeiro elemento, a norma deve ser apta a alcançar a consecução do interesse público, o que denota ser imprescindível a presença de uma relação de adequação entre o meio utilizado e o fim visado, importando em nítida vedação ao arbítrio. Aqui, é analisada unicamente a adequação da norma, não sendo o momento oportuno para a valoração da eficácia do meio escolhido ou o grau de restrição aos direitos do cidadão, o que será objeto de aferição específica através do subprincípio da necessidade.

Observe-se, ainda, que a relação meios/fins (*ZweckMittel*) apresentará nuances distintas nas esferas legislativa e administrativa, pois à primeira é conferida maior discricionariedade que à segunda, o que é justificável por adotar medidas em relação a situações de risco potencial e abstrato, enquanto o administrador, em regra, atua frente a situações atuais e concretas.

A norma será necessária quando não exceder os limites indispensáveis à consecução do objetivo almejado, devendo-se preferir ao meio menos lesivo aos direitos fundamentais. Em havendo possibilidade de escolha de outro meio, com idêntica eficácia, passível de impor menores limitações ao direito do cidadão, a norma não será necessária e, consequentemente, será desproporcional. À necessidade ou exigibilidade da norma, de acordo com Canotilho[172], devem ser acrescentados "outros elementos conducentes a uma maior operacionalidade prática: a) a exigibilidade material, pois o meio deve ser o mais 'poupado' possível quanto à limitação dos direitos fundamentais; b) a exigibilidade espacial aponta para a necessidade de limitar o âmbito da intervenção; c) a exigibilidade temporal pressupõe a rigorosa delimitação no tempo da medida coactiva do poder público; d) a exigibilidade pessoal significa que a medida se limitará à pessoa ou pessoas cujos interesses devem ser sacrificados".

---

171 Como frisou Robert Alexy (*Teoría de los Derechos Fundamentales*, p. 111), as três máximas fundamentais que informam o princípio da proporcionalidade, adequação, necessidade (postulado do meio mais benigno) e proporcionalidade em sentido estrito (postulado de ponderação propriamente dito) são logicamente inferidas da própria natureza do princípio, dele se deduzindo.

172 Ob. cit., p. 264-265.

Não se deve perder de vista que a aferição da necessidade ou exigibilidade da norma deve ser precedida pela verificação da existência de autorização para que o legislador possa adotar uma medida restritiva em relação a determinado direito. Ausente a autorização, ter-se-á a inconstitucionalidade material da norma, não por infringência ao princípio da proporcionalidade, mas, sim, por inobservância da regra de competência ou por violação ao núcleo intangível do texto constitucional.

Na oportuna lição de Scholler[173], "a adequação representa a relação com a realidade empírica e deveria ser aferida em primeiro lugar, ainda que o critério da necessidade tenha a melhor relevância jurídica. Meios que são adequados podem, mas não precisam ser necessários. Em contrapartida, meios necessários serão sempre adequados".

Por último, deve ser verificada a proporcionalidade em sentido estrito, nítido mandamento de ponderação ou valoração, segundo o qual o conteúdo da norma deve ser o que melhor preserve os interesses envolvidos no caso específico em análise, demonstrando a correção da escolha do meio, vale dizer, sua "justa medida"; logo, a constrição imposta pela norma deve ser inferior ao benefício que se pretenda obter com a sua edição, sob pena de infração ao princípio da proporcionalidade e consequente inconstitucionalidade. Segundo Grabitz[174], sintetizando o entendimento do Tribunal Constitucional Alemão, "quanto mais a intervenção afeta formas de expressão elementar da liberdade de ação do homem, tanto mais cuidadosamente devem ser ponderados os fundamentos justificativos de uma ação cometida contra as exigências fundamentais da liberdade do cidadão".

Não basta que a norma seja adequada e necessária à satisfação de determinado direito, sendo imprescindível a comprovação, a partir de um exercício de ponderação, de que este oferece maiores vantagens do que a carga coativa imposta a um outro direito, o que exige que ambos sejam identificados, delimitados e sopesados, permitindo a verificação de possível desproporcionalidade da medida adotada.

Os direitos cuja extensão não esteja perfeitamente delimitada, assumindo contornos "abertos" ou "móveis" e, em especial, os princípios jurídicos, facilmente entram em colisão entre si, o que é reflexo da falta de fixação de sua amplitude. Em caso de conflito, um direito deve ceder em prol do outro, ou ambos devem realizar concessões mútuas até que seja encontrada a situação mais justa e consentânea com o ordenamento jurídico no caso concreto. Por não representarem os direitos grandezas quantitativamente mensuráveis, a ponderação, em verdade, é apenas uma imagem que reflete a sua valoração, pois a ausência de um escalonamento hierárquico entre todos os bens e valores impede que as hipóteses de conflito sejam adredemente solucionadas como numa tabela[175].

---

173 O Princípio da Proporcionalidade no Direito Constitucional e Administrativo da Alemanha, *Revista Interesse Público* 2/99, 1999.
174 *Der Grundsatz*, p. 581, *apud* BONAVIDES, Paulo. *Curso de Direito Constitucional*, p. 330.
175 Cf. LARENZ, Karl. *Metodologia da ciência do direito*, p. 575-576.

Capítulo II – Dos Princípios Regentes da Probidade

A ponderação, no entanto, não deve ser desenvolvida em uma atmosfera de intenso subjetivismo, pois o contrário certamente conduziria ao arbítrio. Segundo Robert Alexy[176], deve ser ela direcionada por critérios racionais que culminarão em estabelecer uma *relação de precedência condicionada*, identificando o princípio que possui maior peso em determinada situação a partir da verificação das condições específicas que envolvem essa ponderação. Com isto, se chegará à estruturação da *lei de colisão*, segundo a qual as condições que conduzem à prevalência de um princípio sobre o outro constituem o pressuposto fático de uma regra que explica a consequência jurídica do princípio precedente, sendo que, "quanto maior é o grau de não satisfação ou de afetação de um princípio, tanto maior tem que ser a importância de satisfação do outro"[177].

Ainda sobre a ponderação, afirma Alexy que ela deve suceder em três fases. "Na primeira fase deve ser determinada a intensidade da intervenção. Na segunda fase se trata, então, da importância das razões que justificam a intervenção. Somente na terceira fase sucede, então, a ponderação no sentido estrito e próprio"[178].

A técnica da ponderação tem sido utilizada pelo Tribunal Constitucional Federal Alemão para solucionar situações de colisão entre direitos fundamentais, do que é exemplo o importante *caso Lebach*, que foi objeto de comentário por Robert Alexy[179]. O litígio versava sobre a pretensão de uma emissora de televisão em exibir um filme documentário sobre o

---

176 *Teoría de los derechos fundamentales...*, p. 92.
177 Cf. ALEXY, Robert. Ob. cit., p. 94.
178 "Colisão de Direitos Fundamentais e Realização de Direitos Fundamentais do Estado de Direito Democrático", *RDA* 217/78, 1999. Em outra oportunidade, observou Alexy que "essa estrutura elementar mostra o que céticos, acerca da ponderação, radicais como, por exemplo, Schlink, devem contestar, quando dizem que nos 'exames da proporcionalidade em sentido estrito ... somente a subjetividade do examinador' tem 'efeito' e que 'as operações de valoração e ponderação do exame da proporcionalidade em sentido estrito... devem' ser 'efetuadas somente por decisão não fundamentada'. Eles devem contestar que sentenças racionais sobre intensidades de intervenção e graus de importância são possíveis. Pois bem. Mas facilmente se deixam encontrar exemplos, nos quais tais sentenças sem mais podem ser tomadas. Assim, é dever dos produtores de artigos de tabacaria colocar em seus produtos alusão a perigos à saúde – uma intervenção relativamente leve na liberdade de profissão. Uma intervenção grave seria, pelo contrário, uma proibição total de todos os produtos de tabacaria. No meio disso deixam-se classificar casos de intensidade de intervenção mediana. Dessa forma, nasce uma escala com os graus 'leve', 'médio' e 'grave'. O exemplo mostra que associações válidas a esses graus são possíveis. O mesmo vale para as razões em sentido contrário. Os perigos à saúde unidos ao fumo são altos. As razões de intervenção pesam, por conseguinte, gravemente. Se, desse modo, está determinada a intensidade da intervenção como leve e o grau de importância da razão de intervenção como alto, então o resultado da ponderação, como o tribunal constitucional federal observa em sua decisão sobre alusão à advertência, é 'manifesto' (*BverfGE* 95, 173, 187). A razão de intervenção grave justifica a intervenção leve" (Direito constitucional e direito ordinário. Jurisdição constitucional e jurisdição especializada, *RT* 799/43, 2002).
179 *Teoria...*, p. 95 e s. Outros exemplos de ponderação de bens colhidos na jurisprudência do Tribunal Constitucional Federal e do Supremo Tribunal Federal da Alemanha, devidamente comentados, podem ser colhidos em Karl Larenz, *Metodologia da ciência do direito*, p. 574-587.

assassinato de soldados em Lebach, crime que assumira trágicas proporções no país e que consistira na morte de quatro soldados do Exército Federal, lotados em um depósito de munições próximo a Lebach. O crime fora praticado enquanto as vítimas dormiam e visava à subtração de armas do local, as quais seriam utilizadas para a prática de outros crimes. Um dos cúmplices do crime, que havia sido condenado e estava prestes a deixar a prisão, considerou que a exibição do documentário, no qual era nominalmente identificado e tinha sua fotografia exibida, violaria seus direitos à honra e à privacidade, além de em muito dificultar a sua ressocialização. Após a negativa das instâncias inferiores, que haviam prestigiado os direitos à informação e à liberdade de imprensa, denegando a pretensão de que fosse proibida a divulgação do filme, foi apresentado recurso à Corte Constitucional.

Após a realização de ampla instrução, na qual foram inquiridos diversos especialistas em criminologia, comunicação social e psicologia, o Tribunal Constitucional, ao apreciar a questão, equacionou o litígio em três vertentes.

Na primeira, visualizou a tensão existente entre a proteção da personalidade e o direito à informação, ambos amparados pela Lei Fundamental. Enquanto o primeiro princípio, por si só, conduziria à proibição da transmissão, o segundo a autorizaria. Como nenhum dos dois princípios tinha precedência sobre o outro e não seria possível declarar a invalidez de qualquer deles, a identificação do interesse que deveria prevalecer seria realizada a partir da ponderação das circunstâncias do caso em particular.

Identificada a colisão de princípios, o Tribunal, em uma segunda etapa, concluiu pela precedência geral da liberdade de imprensa quanto à informação sobre fatos criminosos contemporâneos à sua veiculação. Essa precedência geral, no entanto, não é intangível, pois nem todas as informações atuais poderão ser livremente expostas, sendo admitidas exceções consoante a situação concreta.

Ao final, a Corte Constitucional decidiu que a repetição de informações sobre um crime há muito perpetrado, e que já não correspondia aos interesses atuais de informação, comprometia a ressocialização do autor, o que fez com que a proteção da personalidade, no caso, tivesse precedência sobre a liberdade de imprensa[180].

---

180 No Brasil, ainda que não expressamente invocada, a técnica da ponderação de interesses é constantemente utilizada. Neste sentido, merece ser lembrada a decisão proferida pelo Pleno do Supremo Tribunal Federal ao julgar, em 21/2/2002, a Rcl n. 2.040/DF. Tratava-se de cantora mexicana que se encontrava detida na carceragem da Polícia Federal aguardando o desfecho do processo em que o Governo mexicano pleiteava a sua extradição. Neste período, a extraditanda engravidou, tendo afirmado que fora vítima de estupro realizado pelos policiais responsáveis pela sua custódia. Ante a negativa de todos os policiais envolvidos e o iminente descrédito da Instituição, a Corte autorizou, contra a vontade expressa da extraditanda, a utilização de material biológico da placenta para a realização de exame de DNA. Na ocasião, sendo vencido o Min. Marco Aurélio, afirmou-se que a ponderação entre os valores constitucionais contrapostos, quais sejam, o direito à intimidade e à vida privada da extraditanda, e o direito à honra e à imagem dos servidores e da Polícia Federal como instituição – atingidos pela declaração de a extraditanda haver sido vítima de estupro carcerário, di-

6.2. A Razoabilidade na Inglaterra

No sistema da *common law*, a ideia de proporcionalidade é vinculada a parâmetros de razoabilidade, tendo amplo desenvolvimento como decorrência da cláusula do *due process of law*.

Originariamente, remonta à *Magna Charta* inglesa de 1215, a qual instituíra a cláusula *law of land*[181]. No entanto, ante a inexistência de um controle de constitucionalidade das leis, o princípio não apresentou grande evolução na Inglaterra, mantendo-se praticamente adstrito ao exame da razoabilidade dos atos administrativos.

Em que pese o fato de a cláusula *due process of law* nunca ter significado controle sobre a legislação, pois todo ato legislativo sempre foi considerado em harmonia com tal princípio, a supremacia do Parlamento inglês, em uma única ocasião, chegou a ser abalada. Isso ocorreu por força da decisão proferida, em 1610, no litígio conhecido como *Dr. Bonham's Case*. O Dr. Bonham era acusado de exercício ilegal da Medicina por ter exercido a profissão na cidade de Londres, sem pertencer ao Colégio de Médicos, o que era um requisito indispensável, pois somente os profissionais filiados a esta entidade tinham o direito de ali exercer a Medicina, conforme privilégio concedido pelo Rei. Ao prolatar a decisão, Sir Edward Coke (1552-1634) cassou a carta régia por infração à *common law* e acrescentou: "Quando uma lei do Parlamento contraria o direito comum e a razão, ou é inaceitável, ou o direito comum deverá controlá-la e promover a sua anulação". Consagrou-se, assim, a teoria da revisão judicial, que autoriza o órgão jurisdicional a declarar inválido um ato do Rei ou da Assembleia que venha a macular os direitos assegurados pela Constituição[182].

Como marco da tendência de controle da razoabilidade dos atos administrativos, tem-se o caso *Wednesbury Corporation*, o qual remonta ao ano de 1948, no qual o Tribunal de Apelação inglês admitiu que as ações de uma autoridade local poderiam ser submetidas

---

vulgada pelos meios de comunicação – indicava que deveria prevalecer o esclarecimento da verdade. Frisou-se, ainda, que o exame de DNA seria realizado sem invasão da integridade física da extraditanda e de seu filho. Ao final demonstrou-se a inverdade das declarações, sendo outro detento, antigo namorado da extraditanda, o pai de seu filho.

181 Capítulo 39: "Ne corpus liberi hominis capiatur nec imprisionetur nec disseisiatur nec autlagetur nec exuleter, nec aliquo modo destruatur, nec rex eat vel mittat super eum vi, nisi per judicium parium, suorum, vel per legem terrae" ("Nenhum homem livre será detido ou sujeito à prisão, ou privado dos seus bens, ou colocado fora da lei ou exilado, ou de qualquer modo molestado e nós não procederemos ou mandaremos proceder contra ele, se não mediante um julgamento regular pelos seus pares e de harmonia com a lei do país"). Apenas em 1354, por ocasião da confirmação da Magna Carta sob o reinado do Rei Eduardo III, é que o documento apareceu pela primeira vez em inglês e, em razão de lei do mesmo ano, o enunciado em latim *per legem terrae* foi substituído pela expressão *due process of law* (Cf. LIMA, Maria Rosynete Oliveira. *Devido processo legal*, p. 34-35).

182 Cf. WEINBERGER, Andrew D. *Fredom and Protection – The Bill of Rights*. Trad. de Hersília Teixeira Leite Vasconcelos; Rio de Janeiro: Forense, 1965, p. 24-25, *apud* LIMA, Maria Roynete Oliveira. Ob. cit., p. 38, com amplas referências históricas.

a controle para verificar se ela valorou os elementos que deveria ter em conta ou, ao contrário, deixou de valorar algum que deveria ter considerado. Ainda que tenha sido legítima a conduta da autoridade, tendo permanecido dentro dos limites de sua competência, pode o Tribunal intervir sempre que se tiver chegado a uma conclusão irrazoável, considerando-se como tal aquela que nenhuma autoridade razoável teria encampado.

Esse procedimento, também conhecido como teste de razoabilidade, passou a se desenvolver a partir de um método comparativo entre o ato impugnado e o conceito de razoável de uma pessoa sensata (*accepted moral standards*), não se aplicando unicamente o conceito de razoável próprio do órgão jurisdicional. Esta técnica pressupõe um certo consenso na comunidade em relação ao padrão de razoabilidade, possuindo extrema importância para a correta aplicação das normas que veiculem cláusulas gerais e conceitos jurídicos indeterminados, como é o caso da Lei n. 8.429/1992.

6.3. A Razoabilidade nos Estados Unidos da América

Nos Estados Unidos, com a edição das emendas 5ª e 14ª à Constituição[183], consagradoras da cláusula do devido processo legal, o princípio da razoabilidade evoluiu paulatinamente, culminando em atingir o colorido do *substantive due process of law*. Tal evolução tem correlação direta com o controle de constitucionalidade, largamente difundido naquele país, sendo o cenário adequado para contínuas reflexões sobre os limites a serem estabelecidos para o Poder Público na constrição dos direitos fundamentais.

Em um primeiro momento, a Suprema Corte dos Estados Unidos dispensou ao princípio do devido processo legal uma dimensão estritamente processual, não tendo reconhecido ao Judiciário a possibilidade de valorar e coibir o arbítrio do Legislativo na produção normativa e do Executivo na realização das normas, especificamente em relação aos atos discricionários.

Entendia-se por devido processo a obrigatoriedade de serem observadas as regras relativas a um tipo de procedimento ordenado em lei (*ordely proceeding*) para que alguém

---

[183] A 5ª emenda estabelece que *ninguém será obrigado a responder por crime capital, ou de natureza infamante, senão em virtude de denúncia, ou acusação perante um grande júri, exceto em delitos cometidos pelas forças de terra ou mar, ou pela milícia, quando se achar em serviço ativo em tempo de guerra ou de perigo público; nem pessoa alguma poderá, pelo mesmo crime, sujeitar-se por duas vezes a um processo que lhe ponha em risco a vida ou algum membro do corpo; nem poderá ser obrigada a servir de testemunha, em pleito criminal contra si mesma, nem será privada da vida, liberdade ou propriedade sem o devido processo legal, nem a propriedade privada poderá ser tomada para uso público sem justa compensação*. A 14ª emenda, por sua vez, que estendeu a incidência do princípio aos Estados componentes da Federação americana, dispõe que *todas as pessoas nascidas ou naturalizadas nos Estados Unidos, e sujeitas à sua jurisdição, são cidadãs dos Estados Unidos e do Estado onde residem. Nenhum Estado promulgará nem executará leis que restrinjam os privilégios e as imunidades dos cidadãos dos Estados Unidos; nenhum Estado privará qualquer pessoa da vida, liberdade ou propriedade sem o devido processo legal, nem poderá negar a ninguém, que se achar dentro da sua jurisdição, a proteção, igual para todos, das leis.*

pudesse sofrer sanções restritivas da vida, da liberdade e da propriedade. Era a fase adjetiva do devido processo legal (*procedural due process of law*)[184].

O princípio é de larga aplicação no Direito Penal, tendo como elementos essenciais a exigência de um juiz natural e imparcial (o que engloba o direito a uma decisão fundada na prova dos autos e que decline os motivos do convencimento do órgão jurisdicional), o respeito ao direito de defesa e ao contraditório (abrangendo a acusação formal, a oportunidade de apresentação de defesa oral perante o juiz, a possibilidade de oferecimento de provas, a permissão de contraditar as provas contra si apresentadas, o direito de ser assistido por advogado em todos os atos do processo, a vedação da autoincriminação forçada e a impossibilidade de ser julgado mais de uma vez pelo mesmo fato), a estrita obediência do procedimento descrito em lei e a proibição de leis retroativas.

Ainda como manifestação do *procedural due process of law*, pode ser mencionada decisão proferida pela Suprema Corte no processo *Mapp v. Ohio* (1961), em que foi anulada uma condenação realizada pela Corte Estadual por ter o julgamento aproveitado provas obtidas ilegalmente, isto em razão dos inúmeros vícios detectados por ocasião da busca e apreensão realizada pela polícia. Com isto, acolheu-se a doutrina conhecida como "frutos da árvore envenenada" (*fruits of the poisonous tree doctrine*), que tem fundamento na concepção de que uma árvore envenenada (atividade ilegal da polícia) necessariamente produzirá frutos envenenados (provas obtidas com o exercício da atividade ilegal).

Ulteriormente, passou a coexistir com essa concepção o entendimento de que processo devido é o "processo justo de criação legal de normas jurídicas, designadamente das normas restritivas das liberdades dos cidadãos. Por outras palavras porventura mais expressivas: o *due process of law* pressupõe que o processo legalmente previsto para aplicação de penas seja ele próprio um 'processo devido' obedecendo aos trâmites procedimentais formalmente estabelecidos na constituição ou plasmados em regras regimentais das assembleias legislativas. Procedimentos justos e adequados moldam a actividade legiferante"[185].

Para essa teoria, desenvolvida pela Suprema Corte por intermédio de uma construção jurisprudencial (*construction*), a concepção material de um processo justo decorre do fato de os cidadãos terem direito a um processo não somente legal, mas a um processo legal, justo e adequado, o que certamente não seria alcançado se fosse permitido ao legislador, sem qualquer limite, tornar qualquer processo um processo justo[186]. Nesse caso, ter-se-ia a

---

184 Discorrendo sobre o princípio, leciona Maria Rosynete Oliveira Lima (ob. cit., p. 244-245) que, além da necessária harmonia entre os atos e a previsão normativa que disciplina sua prática, devem ser igualmente aferidos seus elementos intrínsecos, o que permitirá que se verifique se o objetivo da norma efetivamente fora alcançado, possibilitando a defesa da liberdade ou dos bens.

185 CANOTILHO, J. J. Gomes. Ob. cit., p. 461.

186 O *substantive due process* busca evitar assertivas, como a de Fábio Medina Osório, no sentido de que "as leis são abstratas e gerais, quer dizer, iguais para todos, o que também significa que não são teoricamente arbi-

transmudação dos vícios e arbitrariedades presentes na elaboração da norma para a sua execução, o que macularia o princípio do devido processo legal.

Devem os juízes valorar a norma em conformidade com os demais princípios constitucionais, garantindo o primado da justiça e da equidade, o que importará em análise intrínseca do ato e permitirá sua aferição em face da Constituição. Assim, a atuação estatal deve ser submetida a um teste de racionalidade (*rationality test*), sendo aferida sua compatibilidade com o comando constitucional a partir de um padrão de razoabilidade (*reasonablesse standard*). Esta, em síntese, é a teoria substantiva (*substantive due process of law*), na qual foi ulteriormente identificada a variante conhecida como *personal substantive due process*, essencialmente direcionada à aplicação dos direitos fundamentais[187].

Como marco remoto da teoria substantiva, pode ser indicado o julgamento do processo *Dred Scott v. Sandford* (1857), em que a Suprema Corte terminou por julgar inconstitucional o *Missouri Compromise Act*, de 1820, por entender que teriam sido violados os direitos dos senhores de escravos sem o devido processo legal, em uma nítida demonstração de predisposição ao acolhimento da concepção substantiva da referida teoria.

Em sua gênese, o caso está vinculado à solicitação do território do Missouri, ao Congresso dos Estados Unidos, para que fosse admitido como Estado da Federação, do que resultou o *Missouri Compromise Act*, segundo o qual estariam para todo o sempre abolidas a escravidão e a servidão involuntária, salvo na punição de crime pelo qual a parte tenha sido regularmente condenada, em todo o território denominado Louisiana, *excetuando a parte dele que é incluída nos limites do Estado contemplado por esta Lei*. Assim, tinha-se a abolição da escravidão em toda a Louisiana, com exceção do Missouri.

O processo propriamente dito teve início em 1846, tendo o escravo negro Dred Scott proposto uma ação em face da viúva de seu antigo senhor sob o argumento de que havia sido levado por seu amo (Dr. John Emerson), um cirurgião militar, do Missouri, Estado escravagista, para Fort Armstrong, situado em Illinois (1834) e, posteriormente, para *Fort Snelling*, localizado em Wiscosin (1836), sendo os negros livres em ambos os territórios. Ulteriormente, e desta feita com a família que constituíra, Dred Scott foi trazido de volta para o Estado do Missouri, tendo retomado a condição de escravo. Entendendo ser ilegítimo o seu retorno à servilidade, sustentou que ao ingressar em Illinois, território livre por força do *Missouri Compromisse Act*, adquirira a liberdade, a qual não mais lhe poderia ser retirada (*once free, always free*). Não obstante a decisão favorável em primeira instância, a Suprema Corte Estadual, em grau de apelação, terminou por entender que Dred Scott retomara o seu primitivo estado servil.

A questão, posteriormente, foi renovada, agora perante a Justiça Federal (*Circuit*) e com o Sr. John A. Sandford no polo passivo (a antiga viúva de seu amo passou a compactuar com a causa abolicionista e forjou a venda do escravo ao Sr. Sandford para que a

---

trárias, nem irracionais, tampouco injustas" (*Teoria da Improbidade...*, p. 136).
187 Cf. LIMA, Maria Rosynete Oliveira. Ob. cit., p. 123.

questão pudesse voltar a ser discutida). O caso finalmente foi julgado pela Suprema Corte dos Estados Unidos em 6 de março de 1857, restando decidido que: a) os escravos negros não eram cidadãos americanos, não tendo direitos a serem protegidos; b) deveria ser observada, pela Suprema Corte, a lei do Estado do Missouri que considerava o demandante um escravo; e c) o mais importante, que o *Missouri Compromisse Act* excedia o poder do Congresso ao abolir a escravidão nos territórios, pois a Constituição não outorgara a este poderes para intervir no direito de propriedade dos senhores dos escravos, os quais haviam sido privados de sua propriedade sem o *due process of law*[188].

A partir do final do século XIX e início do século XX, o *substantive due process of law* foi largamente aplicado pela Suprema Corte norte-americana, em especial com o fim de restringir a intervenção do Estado na ordem econômica, terminando por prestigiar a doutrina do *laissez faire*. Como exemplo, pode ser mencionada a decisão proferida no caso *Lochner vs. New York* (1905), em que, prestigiando a liberdade de contrato, considerou-se inconstitucional uma lei do Estado de New York que limitava a jornada de trabalho dos padeiros[189].

O Estado de New York, como medida sanitária, proibiu o emprego de qualquer pessoa em padarias ou confeitarias por mais de 60 horas semanais. O Juiz Peckham bem definiu a questão submetida à apreciação da Corte: "Será este um bom, razoável e apropriado exercício do poder de polícia do Estado, ou será ele uma interferência ilógica e desnecessária ao direito do indivíduo de exercer sua liberdade pessoal ou de entrar naqueles contratos em relação ao trabalho, que lhe possam parecer apropriados ou necessários para o seu sustento ou de sua família?" Acresceu, ainda, que "se o ato estiver dentro do poder do Estado é válido, embora o julgamento da Corte pudesse ser totalmente oposto à promulgação de tal lei. Mas a pergunta permaneceria ainda: está ela dentro do poder de polícia do Estado? E esta pergunta deve ser respondida pela Corte".

A Suprema Corte, por maioria, entendeu que não havia nenhuma alegação razoável para interferir na liberdade da pessoa ou no direito de contratar livremente a determinação das horas de trabalho na ocupação de padeiro. Assim concluiu por não visualizar qualquer liame entre a qualidade do pão e o número de horas trabalhado pelo padeiro, ou mesmo entre este e a maior inclinação do padeiro à limpeza, o que seria indicador da má utilização do poder de polícia. Na hipótese examinada, afirmou-se que "a conexão, se existe alguma, é demasiadamente obscura e estreita para construir qualquer argumento para a interferência do Legislativo". Qualquer interferência nos direitos do indivíduo deve estar lastreada em uma "boa alegação lógica".

---

188 Anota Peter Irons (*A People's History of the Supreme Court*, p. 157) que nenhum litigante individual na história constitucional da América teve fama semelhante à de Dred Scott, tamanha a importância dos interesses que foram apreciados no julgamento de seu caso. Para mencionar apenas um, basta dizer que a decisão da Suprema Corte foi decisiva para a deflagração da Guerra de Secessão, pois era manifestamente favorável à postura escravagista mantida pelos Estados do sul.
189 Cf. SWISHER, Carl Brent. *Decisões históricas da Suprema Corte*. Trad. de Arlette Pastor Centurion, p. 108-112.

Outro exemplo emblemático de aplicação da cláusula do *substantive due process of law* é o caso *Roe vs. Wade* (1973), em que a Suprema Corte declarou a inconstitucionalidade de uma lei do Texas que criminalizava o aborto, não o permitindo mesmo antes do terceiro mês de gravidez. Na ocasião, foi consagrado um direito não expressamente previsto na Constituição: o direito à privacidade. Jane Roe, nome fictício utilizado por Norma McCorvey, fora vítima de estupro nos idos de 1969, crime praticado por um grupo composto de três homens e duas mulheres. Semanas depois, descobriu que estava grávida e que desconhecia a identidade do pai da criança que estava por vir. Não desejando que o nascimento da criança terminasse por perpetuar a violência que sofrera, Roe pleiteou, judicialmente, que lhe fosse permitida a realização do abortamento, pretensão esta que desde 1857 não encontrava acolhida na legislação do Texas, a qual não permitia o "aborto sentimental", mas tão somente o "aborto terapêutico" – com o fim de salvar a vida da gestante.

Ao julgar o caso, a Corte, por larga maioria (7 x 2), decidiu que o direito à privacidade decorreria do direito à liberdade pessoal consagrado na 14ª emenda, sendo abrangente o suficiente para incluir a decisão de uma mulher sobre o futuro de sua gravidez[190]. Assim, a lei do Texas, por não distinguir os abortamentos realizados no início da gravidez daqueles praticados no seu evolver, era excessivamente abrangente, não resistindo à legítima pretensão de Roe. O abortamento, no entanto, nunca chegou a ser concretizado, mas a sua descriminalização possibilitou que milhares de mulheres, com menos de três meses de gravidez, o realizassem voluntariamente. Posteriormente, a Corte voltou a sufragar o mesmo entendimento em inúmeros *cases*, dentre eles o *City of Akron v. Akron Center of Reproductive Health Inc.* (1983) e o *Thorburg vs. American College of Obstetricians and Gynecologists* (1986).

Rotunda e Novak[191] subdividem a evolução do *substantive due process of law* nas seguintes fases: a) surgimento, ainda que embrionário – 1865 a 1900; b) evolução e consequente consolidação – 1900 a 1936; c) desprestígio e correlato declínio a partir de 1937; d) ressurgimento no final dos anos 50; e) postura de *self restraint* (autocontenção) a partir da década de 80.

No final da segunda metade do século XIX, período subsequente à Guerra Civil, a Suprema Corte passou por uma acentuada transformação, migrando de uma *non interventionist philosophy* para uma *intervention philosophy*. As medidas de polícia dos Estados, que somente eram invalidadas quando em colisão com uma proibição específica da Constituição ou se interferissem no poder federal de regulação do comércio, passaram a ser cotejadas, para fins de proteção da indústria contra a regulação governamental, com a ideia de *substantive due*

---

190 Nas palavras do *Justice* Blackmun, que teve influência decisiva no julgamento, o qual se estendeu por mais de um ano, a 4ª emenda "is broad enough to encompass a woman's decisions wether or not to terminate her pregnancy". Em seu voto, Blackmun reviveu o *substantive due process*, doutrina que a Corte tinha rejeitado em 1937 no *West Coast Hotel*, decisão confirmada pela Corte Warren em 1963 (cf. IRONS, Peter. Ob. cit., p. 447).
191 *Treatise on Constitutional Law*, v. 2, Substance and Procedure, p. 382 e s.

process[192]. Com a virada do século, o conceito passou a ser usado como contenção à legislação que restringia a liberdade de contratar: a partir do *Case Allgeyer v. Louisiana*[193], a Corte passou a invocar o *substantive due process* para anular normas de cunho econômico ou social que, no seu entender, infringissem uma *unreasonably* restrição a tal liberdade. No final da década de 30, a utilização da cláusula sofreu um acentuado arrefecimento, culminando com o seu quase que total abandono, até que, nos anos 50, sob a presidência de Earl Warren, o ativismo voltou a predominar. Atualmente, a Corte tem se distanciado da valoração das opções legislativas e administrativas do Poder Público, optando por uma postura de *selfrestraint*.

6.4. Necessidade de Utilização Responsável do Princípio

Em *ultima ratio,* tanto o princípio da proporcionalidade, com o contorno que obteve na doutrina germânica, como a razoabilidade derivada do *substantive due process of law* destinam-se a garantir o uso moderado do poder, prevenindo e coibindo o excesso.

A utilização do princípio da proporcionalidade, pelo Poder Judiciário, não deve erigir-se como óbice ao livre exercício da atividade legislativa na esfera de liberdade que lhe foi outorgada pela Constituição, não sendo legítima sua intervenção em decisões de cunho eminentemente político, quer sejam de natureza econômica, financeira ou social.

A invalidação de um ato normativo sob o fundamento de colidência com o princípio da proporcionalidade haverá de ser precedida de grande cautela, com responsável valoração dos fins da norma, sob pena de usurpação de atividade própria de outra função.

O Poder Judiciário deve velar sempre pela plenitude da Constituição, impedindo que os direitos fundamentais sejam atingidos pelos excessos praticados pelo legislador sob o singelo argumento de estar atuando no campo de liberdade aberto por aquela[194].

É constantemente sustentado o argumento de que a adoção do princípio da proporcionalidade importaria no surgimento da "justiça do caso concreto", comprometendo a segurança jurídica que emana das normas *in abstrato* e desestabilizando o próprio princípio da separação dos poderes.

A crítica não é desarrazoada, sendo flagrante o risco de abusos por magistrados que resolvam se autoinvestir na função de "legisladores do caso concreto", o que demonstra que o princípio deve ser aplicado com grande prudência, sempre visando a conter sua desmesurada e irresponsável expansão.

Apesar da aparente fluidez do princípio, sua aplicação, ainda que riscos de abusos existam, não pode ser descartada, pois entendimento contrário culminaria em deflagrar

---

192 Cf. Rotunda e Novak. Ob. cit., p. 389.
193 165 *US* 578 (1897).
194 De acordo com Grabitz (*Freiheit und Verfassungsrecht*, p. 95), "quanto mais livre o legislador para estabelecer o fim de sua produção normativa, tanto mais fraca a eficácia do princípio da proporcionalidade" (*apud* BONAVIDES, Paulo. Ob. cit., p. 343).

uma nítida involução para o positivismo da Constituição de Weimar, retirando o respeito aos direitos fundamentais do ponto nuclear da ordem jurídica e relegando o respeito ao princípio da constitucionalidade, importante conquista do pós-guerra, a plano secundário.

No atual estágio da dogmática jurídica, correlato à proteção dispensada pela norma aos direitos fundamentais, o princípio da proporcionalidade representa importante mecanismo para a sua proteção ante os abusos do legislador, garantindo o primado da Constituição. Constata-se, assim, o relevante papel do princípio no controle de constitucionalidade das leis, o qual possibilita a contenção de abusos que estejam em aparente conformidade com a letra da Constituição, mas em flagrante dissonância com os seus princípios.

Em suma, trata-se de um princípio de controle cuja aplicação é imprescindível à supremacia da Constituição, coexistindo com a liberdade de conformação do legislador conferida por esta.

6.5. A Proporcionalidade no Brasil

No Brasil, a utilização do princípio da proporcionalidade vem sendo diuturnamente ampliada pelos tribunais e, em que pese não estar expressamente previsto no texto constitucional[195], deflui de vários princípios[196], tendo vasto campo de aplicação.

Em essência, o princípio da proporcionalidade deflui da concepção de Estado Democrático de Direito e da necessidade de proteção aos direitos fundamentais assegurados pela Constituição, neles estando ínsito. Isto porque de nada valeria estruturar uma organização política sob os auspícios da ordem jurídica, ou mesmo conferir determinados direitos, liberdades e garantias aos indivíduos, se eles, a qualquer tempo, pudessem sofrer indiscriminadas limitações, as quais poderiam chegar ao extremo de comprometer os próprios fins visados pelo Constituinte. Proporcionalidade, assim, além da ideia de equilíbrio inerente à sua etimologia, é princípio de defesa da ordem jurídica, restringindo o arbítrio e preservando a legitimidade da normatização estatal.

Apesar de não estar devidamente individualizado em um preceito específico, são múltiplas as manifestações do princípio na Constituição, podendo ser citadas as seguintes: a) o princípio da capacidade contributiva, segundo o qual os impostos devem respeitar as possibilidades do contribuinte (art. 145, § 1º); b) o direito de resposta proporcional ao agra-

---

[195] O art. 111 da Constituição do Estado de São Paulo, dentre outras Constituições estaduais, inclui o princípio da razoabilidade dentre os princípios de observância obrigatória pela administração pública.

[196] Princípio do Estado Democrático de Direito (art. 1º, *caput*), princípio da dignidade da pessoa humana (art. 1º, III), princípio fundamental de que a República Federativa do Brasil deve buscar construir uma sociedade livre, justa e solidária (art. 3º, I), princípio da igualdade (art. 5º, *caput*), princípio da legalidade (art. 5º, II), princípio da garantia de acesso ao Judiciário (art. 5º, XXXV), princípio do devido processo legal (art. 5º, LIV), a garantia de outros direitos que defluam dos princípios constitucionais (art. 5º, § 2º) e a impossibilidade de supressão dos princípios mencionados, os quais erigem-se como cláusulas pétreas (art. 60, § 4º, IV).

vo (art. 5º, V); c) piso salarial proporcional à extensão e à complexidade do trabalho (art. 7º, V); d) aviso prévio proporcional ao tempo de serviço (art. 7º, XXI); e) nos casos que legitimam a intervenção de um ente federativo em outro, o decreto do Executivo limitar-se-á a suspender a execução do ato impugnado, se essa medida bastar ao restabelecimento da normalidade (art. 36, § 3º); f) aplicação, pelo Tribunal de Contas, de multa proporcional ao dano causado pelo administrador público (art. 71, VIII); g) o Ministério Público deve zelar pelo efetivo respeito dos Poderes Públicos e dos serviços de relevância pública aos direitos assegurados na Constituição, promovendo as medidas necessárias a sua garantia (art. 129, II); h) a exploração direta de atividade econômica pelo Estado só será permitida quando necessária aos imperativos da segurança nacional ou a relevante interesse coletivo (art. 173, *caput*) etc.

Na linha do controle de constitucionalidade, o princípio da proporcionalidade pode ser igualmente utilizado como um princípio de interpretação do enunciado normativo, possibilitando sua adequação ao texto constitucional sem a supressão, parcial ou total, do texto.

Sendo admitidas várias interpretações, à norma deve ser dispensada aquela que seja compatível com a Constituição. Nesta seara, o papel desempenhado pelo princípio assume relevância ímpar, possibilitando a compatibilização de diversas normas constitucionais – dentre as quais é cediço inexistir hierarquia – que simultaneamente projetem seus efeitos sobre determinado caso concreto, o que lhe confere maior densidade e retira o livre-arbítrio do operador do Direito.

Tal princípio é útil no controle de constitucionalidade das leis e na aferição da legitimidade dos demais atos do Poder Público, permitindo verificar, além da adequação e da necessidade da medida, se é legítimo que o alcance de determinado princípio constitucional seja mitigado em prol da incidência de outro em razão da natureza dos interesses em jogo[197].

---

197 A esse respeito, o STJ proferiu as seguintes decisões: "Penal. Processual. Gravação de conversa telefônica por um dos interlocutores. Prova lícita. Princípio da proporcionalidade. *Habeas corpus*. Recurso. 1. A gravação de conversa por um dos interlocutores não é interceptação telefônica, sendo lícita como prova no processo penal. 2. Pelo Princípio da Proporcionalidade, as normas constitucionais se articulam num sistema, cuja harmonia impõe que, em certa medida, tolere-se o detrimento a alguns direitos por ela conferidos, no caso, o direito à intimidade. 3. Precedentes do STF. 4. Recurso conhecido, mas não provido" (5ª T., RHC n. 7.216/SP, rel. Min. Edson Vidigal, j. em 25/5/1998, *RSTJ* 109/269). "Constitucional e Processual Penal. *Habeas corpus*. Escuta telefônica com ordem judicial. Réu condenado por formação de quadrilha armada, que se acha cumprindo pena em penitenciária, não tem como invocar direitos fundamentais próprios do homem livre para trancar ação penal (corrupção ativa) ou destruir gravação feita pela polícia. O inciso LVI do art. 5º da Constituição, que fala que 'são inadmissíveis ... as provas obtidas por meio ilícito', não tem conotação absoluta. Há sempre um substrato ético a orientar o exegeta na busca de valores maiores na construção da sociedade. A própria Constituição Federal brasileira, que é dirigente e programática, oferece ao juiz, através da 'atualização constitucional' (*verfassungsaktualisierung*), base para o entendimento de que a cláusula constitucional invocada é relativa. A jurisprudência norte-americana, mencionada em precedente do Supremo Tribunal Federal, não é tranquila. Sempre é invocável o princípio da 'razoabilidade' (*reasonableness*). O 'princípio da exclusão das provas ilicitamente obtidas' (*exclusionary rule*) também lá pede tempera-

Como bem observou o sempre citado Paulo Bonavides[198], "o critério da proporcionalidade é tópico, volve-se para a justiça do caso concreto ou particular, se aparenta consideravelmente com a equidade e é um eficaz instrumento de apoio às decisões judiciais que, após submeterem o caso a reflexões prós e contras (*Abwägung*), a fim de averiguar se na relação entre meios e fins não houve excesso (*Übermassverbot*), concretizam assim a necessidade do ato decisório de correção".

6.6. A Proporcionalidade na Jurisprudência do Supremo Tribunal Federal

O Supremo Tribunal Federal, de forma explícita ou implícita, não poucas vezes tem pautado suas decisões em critérios de proporcionalidade e razoabilidade, utilizando-os, normalmente, como mecanismos de contenção, evitando a desmedida atuação estatal na restrição de direitos alheios. A jurisprudência pode ser aglutinada em três grupos distintos, conforme a fundamentação utilizada: 1º) teoria do desvio legislativo, com forte embasamento na doutrina francesa do *détournement de pouvoir*; 2º) desdobramento dos princípios constitucionais implícitos[199] e explícitos (especialmente o princípio da igualdade); e 3º) derivação do princípio do devido processo legal[200], sendo normalmente situada a questão sob o prisma da adequação, subjacente à ideia de razoabilidade.

No julgamento do RE n. 18.331, sendo relator o eminente Ministro Orozimbo Nonato, a 2ª Turma, em 21 de setembro de 1951, decidiu que "o poder de taxar não pode chegar à desmedida do poder de destruir, uma vez que aquele somente pode ser exercido dentro dos limites que o tornem compatível com a liberdade de trabalho, comércio e da indústria e com o direito de propriedade. É um poder cujo exercício não deve ir até o abuso, o excesso, o desvio, sendo aplicável, ainda aqui, a doutrina fecunda do *détournement de pouvoir*. Não há que estranhar a invocação dessa doutrina ao propósito da inconstitucionalidade, quando os julgados têm proclamado que o conflito entre a norma comum e o preceito da Lei Maior pode-se acender não somente considerando a letra, o texto, como, também, e, principalmente, o espírito e o dispositivo invocado. O imposto, ainda que imodesto, é exigível, a não ser que aniquile a atividade particular"[201].

---

mentos. Ordem denegada" (6ª T., HC n. 3.982/RJ, rel. Min. Adhemar Maciel, j. em 5/12/1995, *RSTJ* 82/322). "Perdimento. Apreensão de mercadoria estrangeira. Veículo transportador. Princípio da proporcionalidade. Recurso da Fazenda não conhecido. Inadmissível a aplicação da pena de perdimento do veículo, quando evidente a desproporção entre o seu valor e o da mercadoria de procedência estrangeira apreendida" (2ª T., REsp n. 109.710/PR, rel. Min. Hélio Mosimann, j. em 18/3/1997, *DJU* de 22/4/1997).
198 Ob. cit., p. 345.
199 Art. 5º, § 2º, da CR/1988.
200 Art. 5º, LIV, da CR/1988.
201 *RF* 145/164. Nota: o recurso foi improvido, já que, no caso concreto, não foi identificada a alegada desproporcionalidade.

Capítulo II – Dos Princípios Regentes da Probidade

O desvio de poder foi invocado, em sede cautelar, na ADI n. 2.667/DF, desta feita em conjunto com a dimensão material do devido processo legal, para se declarar a inconstitucionalidade de lei distrital que dispunha sobre a emissão de certificado de conclusão do ensino médio e autorizava o fornecimento de histórico escolar para alunos da terceira série que comprovassem a aprovação em vestibular para ingresso em instituição de ensino superior[202].

Em inúmeras oportunidades, o Tribunal invocou os referenciais de proporcionalidade e razoabilidade para fundamentar a inconstitucionalidade de comandos legais, contratuais e jurisdicionais, dentre as quais destacamos as seguintes: (1) determinação de pesagem, à vista do consumidor, de botijões de gás liquefeito de petróleo entregues ou recebidos para substituição, com o pagamento imediato de eventual diferença a menor, medida que poderia causar danos irreparáveis à economia do setor[203]; (2) fixação da taxa judiciária em valor desproporcional ao custo da atividade estatal referida diretamente ao contribuinte, o que poderia inviabilizar o acesso de muitos à Justiça[204]; (3) devolução de valores, em virtude de desistência, ao término do grupo de consórcio, pelo valor nominal, sem correção monetária[205]; (4) submissão compulsória ao fornecimento de sangue para a pesquisa do DNA, pelo suposto pai, em ação de investigação de paternidade[206].

Apesar da plena aceitação do entendimento de que o devido processo legal, não obstante ausente nos textos constitucionais pretéritos[207], há muito é uma garantia implícita que decorre do sistema, não foi ele utilizado com grande intensidade no controle de constitucionalidade das leis. Atualmente, com a explicitação contida no art. 5º, LIV, da Constituição, são divisadas novas perspectivas em seu âmbito de aplicação.

À guisa de ilustração, no julgamento da ADI n. 1.158-8, o Tribunal, em sede de cognição sumária, reconheceu a inconstitucionalidade de lei estadual que outorga gratifica-

---

202 Pleno, ADIMC n. 2.667/DF, rel. Min. Celso de Mello, j. em 19/6/2002, *DJ* de 12/3/2004.
203 Pleno, ADI n. 855/PR, rel. Min. Sepúlveda Pertence, j. em 1º/7/1993, *DJ* de 1º/10/1993, *RDA* 194/347. As noções de razoabilidade e de proporcionalidade também foram invocadas pelo Tribunal ao divisar a inconstitucionalidade dos arts. 188, I, e 485, X, do CPC/1974, com a redação dada pelas MPs n. 1.703/1998 e 1.798-3/1999, que duplicavam o prazo para que o Poder Público ajuizasse ação rescisória e ampliava o rol de hipóteses que justificavam o manejo dessa ação rescisória (ADIMC n. 1.910/DF, rel. Min. Sepúlveda Pertence, *Inf.* n. 146).
204 Pleno, ADIMC n. 1.772/MG, rel. Min. Carlos Velloso, j. em 15/4/1998, *DJ* de 9/9/2000, p. 4.
205 2ª T., RE n. 175.161, rel. Min. Marco Aurélio, j. em 15/12/1998, *DJ* de 14/5/1999, p. 19.
206 STF, 1ª T., HC n. 76.060, rel. Min. Sepúlveda Pertence, j. em 31/3/1998, *DJ* de 15/5/1998.
207 Com exceção da Constituição Imperial de 1824, todas as demais consagraram a existência de outros direitos, liberdades e garantias decorrentes do sistema e dos princípios adotados pela Constituição: a de 1891 em seu art. 78, a Carta de 1934 em seu art. 114, o texto de 1937 no art. 123, o de 1946 no art. 144, a Constituição de 1967 no art. 150, § 35, a EC n. 1/1969 no art. 153, § 36, e a Carta de 1988 no art. 5º, § 2º. A 9ª emenda à Constituição americana dispõe que "a enumeração de certos direitos na Constituição não será interpretada de modo a negar ou desacreditar outros assegurados ao povo".

ção de férias a servidores inativos. Em face da ausência de justificativa plausível, afirmou-se que "a norma legal, que concede a servidor inativo gratificação de férias correspondente a um terço (1/3) do valor da remuneração mensal, ofende o critério da razoabilidade que atua, enquanto projeção concretizadora da cláusula do *substantive due process of law*, como insuperável limitação ao poder normativo do Estado. Incide o legislador comum em desvio ético-jurídico, quando concede a agentes estatais determinada vantagem pecuniária cuja razão de ser se revela absolutamente destituída de causa"[208]. A peculiaridade do caso reside na utilização da cláusula do *substantive due process of law* em hipótese na qual inexistia qualquer lesão aos direitos fundamentais, mas, sim, prejuízo aos cofres públicos em virtude da desarrazoada concessão de vantagens a servidores públicos inativos. Curiosamente, em seu voto, observou o eminente Ministro Celso de Mello que "a essência do *substantive due process of law* reside na necessidade de proteger os direitos e as liberdades das pessoas contra qualquer modalidade de legislação que se revele opressiva ou, como no caso, destituída do necessário coeficiente de razoabilidade". Com isso, verifica-se que foi ampliada a concepção originária dessa cláusula, optando o Tribunal por situar em seu contexto o critério de razoabilidade que norteou o julgamento, isto em vez de invocar os princípios implícitos que defluem do sistema.

Em outra oportunidade, o Supremo Tribunal Federal invocou o princípio do devido processo legal em sentido material para, também em sede de cognição sumária, suspender, até decisão final, a eficácia do art. 6º e seus incisos da MP 2.045/2000, que suspendia, até 31 de dezembro de 2000, o registro de arma de fogo a que se refere o art. 3º da Lei n. 9.437/1997, exceto para os entes, órgãos e empresas discriminados em seus incisos. A razoabilidade teria sido afrontada na medida em que a norma, apesar de não proibir a comercialização de armas de fogo, praticamente inviabiliza a sua comercialização[209].

E ainda, como manifestações do critério de proporcionalidade, também podem ser citados os enunciados n. 70 ("É inadmissível a interdição de estabelecimento como meio coercitivo para cobrança de tributo"), 323 ("É inadmissível a apreensão de mercadorias como meio coercitivo para pagamento de tributos") e 547 ("Não é lícito à autoridade proibir que o contribuinte em débito adquira estampilhas, despache mercadorias nas alfândegas e exerça suas atividades profissionais") das Súmulas da Jurisprudência predominante do Supremo Tribunal Federal.

---

208 Pleno, ADI n. 1.158-8, liminar, rel. Min. Celso de Mello, j. em 19/12/1994, *DJ* de 26/5/1995. No julgamento da ADI n. 2.019/MS, rel. Min. Ilmar Galvão, realizado em 2/8/2001, o STF reconheceu a inconstitucionalidade da Lei n. 1.949/1999, do Estado do Mato Grosso do Sul, que instituía programa de pensão de um salário mínimo mensal para crianças geradas a partir de estupro. O Tribunal entendeu não haver razoabilidade na concessão do benefício nos termos da lei impugnada, por não ter sido levado em consideração o estado de necessidade dos beneficiários, mas tão somente a forma em que eles foram gerados (*DJ* de 21/6/2002). A falta de razoabilidade também fundamentou a declaração de inconstitucionalidade de norma de Constituição Estadual que fixara o décimo dia útil de cada mês como a data para pagamento dos servidores do Estado (STF, Pleno, ADI n. 247/RJ, rel. p/ acórdão Min. Nelson Jobim, j. em 17/6/2002, *DJ* de 26/3/2004).
209 Pleno, ADIMC n. 2.290/DF, rel. Min. Moreira Alves, j. em 18/10/2000, *DJ* de 23/2/2001.

6.7. A Proporcionalidade e o Combate à Improbidade

De forma correlata ao extenso rol de normas constitucionais consagradoras de direitos fundamentais, o Constituinte originário, no art. 37, § 4º, da Constituição, conferiu autorização expressa ao legislador infraconstitucional para que estatuísse restrições aos referidos direitos sempre que fosse identificada a prática de atos de improbidade, os quais estariam igualmente sujeitos à reserva de lei.

A Lei n. 8.429/1992, regulamentando o preceito constitucional, enumerou, de forma exemplificativa, os atos ilícitos configuradores da improbidade administrativa, tendo igualmente cominado as respectivas reprimendas. Nesta linha, foram previstas três ordens de sanções, conforme o ato importe em enriquecimento ilícito do agente (art. 9º), cause dano ao erário (art. 10) ou esteja em dissonância dos princípios norteadores da administração pública (art. 11). Em momento posterior, a Lei Complementar n. 157/2016 estabeleceu uma quarta ordem de sanções, aplicável ao ato de concessão ou aplicação indevida de benefício financeiro ou tributário ao contribuinte do ISS (art. 10-A).

Com isso, teve-se uma nítida colisão entre direitos fundamentais do agente público (cidadania, patrimônio e livre exercício da profissão) e bens jurídicos do Estado (patrimônio público e normatização disciplinadora da conduta dos agentes públicos), colisão esta que foi objeto de prévia valoração pelo legislador, o qual terminou por prestigiar o interesse coletivo em detrimento do individual. Por força do art. 12 da Lei n. 8.429/1992, dispositivo que veicula as sanções cominadas aos atos de improbidade, em sendo aviltados os bens jurídicos do Estado, legítima será a restrição aos direitos fundamentais do agente público.

Uma interpretação literal do texto legal conduziria à conclusão de que um agente público que anotasse um recado de ordem pessoal em uma folha de papel da repartição pública incorreria nas sanções do art. 12, II, da Lei n. 8.429/1992, já que causara prejuízo ao erário. Situação parecida ocorreria com aquele que recebesse um confeito de um particular ou se utilizasse de um grampo da repartição para prender documentos pessoais e levá-los para a sua residência, pois estaria sujeito às sanções do art. 12, I, em virtude do enriquecimento ilícito.

Tais exemplos demonstram, *prima facie*, a flagrante desproporção entre a conduta do agente que viole os princípios norteadores de sua atividade e as consequências que adviriam da aplicação indiscriminada da Lei n. 8.429/1992[210]. Em razão disso, afigura-se necessário o estabelecimento de critérios passíveis de demonstrar a configuração da improbidade administrativa em sua acepção material, evitando-se a realização de uma operação mecânica de subsunção do fato à norma.

---

210 "Para mostrar o vício de um princípio, é permitido levar as consequências até onde elas podem ir... Quando um princípio leva a consequências absurdas, é porque é falso"(Abade Sieyès, *Qu'estce que le Tiers État?*, p. 17). Tendo-se como norte a advertência de Sieyès, é necessário estabelecer um critério de adequação entre a violação ao princípio da juridicidade e a configuração da improbidade. Assim, serão evitadas conclusões desarrazoadas que culminariam em enfraquecer a própria credibilidade da Lei n. 8.429/1992.

À atividade de concreção dos valores previamente prestigiados pelo legislador, *in abstrato*, devem ser opostos limites, isto sob pena de se transmudar uma *legitimidade de direito* em uma *ilegitimidade de fato*. É com este objetivo que deve ser utilizado o princípio da proporcionalidade na aplicação da Lei n. 8.429/1992. A sua utilização, no entanto, exige que o operador do Direito realize uma valoração responsável da situação fática, o que garantirá uma relação harmônica entre os *fins da lei* e os *fins que serão atingidos com a sua aplicação ao caso concreto*. Somente assim será possível dizer que a lei restritiva de direitos fundamentais manteve-se em harmonia com os limites constitucionais, não incursionando nas veredas da despropositada aniquilação desses direitos.

Como foi visto, o princípio da proporcionalidade tem sido objeto de amplos estudos no Direito Constitucional, sendo utilizado, primordialmente, na identificação da legitimidade das normas que buscam na Constituição o seu fundamento de validade. Este princípio deflui do sistema e visa a evitar restrições desnecessárias ou abusivas aos direitos constitucionais, permitindo a busca da solução menos onerosa para os direitos e liberdades que defluem do ordenamento jurídico.

Em linhas gerais, o princípio da proporcionalidade será observado com a verificação dos seguintes fatores: a) adequação entre os preceitos da Lei n. 8.429/1992 e o fim de preservação da probidade administrativa, salvaguardando o interesse público e punindo o ímprobo; b) necessidade dos preceitos da Lei n. 8.429/1992, os quais devem ser indispensáveis à garantia da probidade administrativa; c) proporcionalidade em sentido estrito, o que será constatado a partir da proporção entre o objeto perseguido e o ônus imposto ao atingido, vale dizer, entre a preservação da probidade administrativa, incluindo as punições impostas ao ímprobo, e a restrição aos direitos fundamentais (livre exercício da profissão, liberdade de contratar, direito de propriedade etc.). Afora estes, os quais formariam a denominada razoabilidade interna, Luís Roberto Barroso[211] acrescenta a razoabilidade externa, que representa a compatibilidade entre o meio utilizado, o fim colimado e os valores constitucionais.

Em um primeiro plano, entendemos ser indiscutível a adequação da Lei n. 8.429/1992 à garantia da probidade administrativa, não só quanto à natureza das condutas previstas na tipologia legal, como também em relação às sanções cominadas. Assim, a atenção haverá de se voltar para a necessidade de utilização dos comandos legais e para o princípio da proporcionalidade em sentido estrito.

A prática de atos que importem em insignificante lesão aos deveres do cargo, ou à consecução dos fins visados, é inapta a delinear o perfil do ímprobo[212], isso porque, afora a insignificância do ato, a aplicação das sanções previstas no art. 12 da Lei n. 8.429/1992 ao

---

211 *Interpretação e aplicação da Constituição*, p. 233.
212 Nesse sentido, invocando o princípio da significância: STJ, 1ª Turma, AgRg no REsp 968.447/PR, rel. Min. Napoleão Nunes Maia Filho, j. em 16/4/2015, *DJe* 18/5/2015.

agente acarretaria lesão maior do que aquela que ele causara ao ente estatal, culminando em violar a relação de segurança que deve existir entre o Estado e os cidadãos.

Determinadas condutas, não obstante a flagrante inobservância da norma, não podem ser objeto de valoração isolada, hermeticamente separadas do contexto em que surgiram e se desenvolveram. Em essência, a norma, qualquer que seja ela, visa a preservar o equilíbrio e a estabilidade sociais, terminando por cominar determinadas sanções àqueles que causem alguma mácula aos valores tutelados. Identificados os fins da norma, torna-se tarefa assaz difícil sustentar sua aplicação ao agente que manteve uma conduta funcional compatível com os valores que se buscou preservar, ainda que formalmente dissonantes de sua letra.

Verificado que a aplicação da Lei n. 8.429/1992 é desnecessária à preservação da probidade administrativa, a qual não fora sequer ameaçada pela conduta do agente, não deve ser ela manejada pelo operador do Direito. Eventualmente, ao agente poderão ser aplicadas sanções outras, desde que compatíveis com a reprovabilidade de sua conduta e com a natureza dos valores porventura infringidos (*v.g.*: aplicação de advertência ao servidor que tenha descumprido o seu horário de trabalho).

O Superior Tribunal de Justiça[213] já se pronunciou sobre a necessária distinção entre mera irregularidade e improbidade administrativa, sendo esta última insuscetível de se ajustar ao princípio da insignificância. A razão de ser do entendimento encontra suporte na constatação de que ou a moralidade administrativa é violada e a improbidade está configurada, ou não, caso em que estaríamos perante mera irregularidade. Não se pode, assim, afastar a configuração da improbidade com argumentos de ordem meramente quantitativa (*v.g.*: a pequena lesão ao erário)[214], descurando daqueles de natureza qualitativa (*v.g.*: a efetiva lesão aos princípios regentes da atividade estatal). O que se verifica, em verdade, é que atos de pouco ou nenhum potencial lesivo no plano financeiro podem gerar efeitos devastadores à gestão da coisa pública e às relações com a população, terminando por criar um código paralelo de conduta que estimula a proliferação de comportamentos desonestos e nitidamente deploráveis.

À improbidade formal[215] deve estar associada a improbidade material, a qual não restará configurada quando a distorção comportamental do agente importar em lesão ou

---

213 STJ, 2ª T., REsp n. 892.818/RS, rel. Min. Herman Benjamin, j. em 1º/11/2008, *DJ* de 10/2/2010.
214 De acordo com Marcelo Harger, como o art. 1º, *b*, da Lei n. 9.469/1997 autoriza que a Administração Pública não cobre judicialmente créditos de até R$ 10.000,00, esse mesmo Estado não pode exercer a pretensão punitiva contra quem cause dano prejuízo nesse valor (Improbidade..., p. 62-63). O autor ainda acresce que a possível estranheza com essa solução "desaparece se considerarmos que o orçamento de um ente público comumente alcança a 'casa dos milhões'". Entendimento como esse leva o argumento quantitativo a extremos. Além de equiparar o agente público ao Poder Público, desconsidera toda ordem de princípios afrontada pelo ato de improbidade.
215 Com escusas pela obviedade, é importante ressaltar que a referência à improbidade formal busca tão somente estabelecer um diferencial em relação às situações enquadráveis na tipologia da Lei n. 8.429/1992 e aquelas que permitirão o efetivo acionamento do seu sistema punitivo. Tanto na improbidade formal como na

enriquecimento de ínfimo ou de nenhum valor; bem como quando a inobservância dos princípios administrativos, além daqueles elementos, importar em erro de direito escusável ou não assumir contornos aptos a comprometer a consecução do bem comum (art. 3º, IV, da CR/1988).

Tais circunstâncias devem ser aferidas a partir da natureza do ato, da preservação do interesse público e da realidade social[216], o que permitirá uma ampla análise do comporta-

---

improbidade material são realizados juízos valorativos inerentes à própria interpretação jurídica, mas somente a segunda ostenta um *plus*, permitindo a individualização de um ato materialmente ímprobo.

216 O STJ não visualizou ato de improbidade na conduta de Prefeito Municipal que celebrou contrato de locação, ao arrepio da Lei de Licitações, visando à instalação de posto de atendimento do Ministério do Trabalho (1ª T., REsp n. 467.004/SP, rel. p/ o acórdão Min. Luiz Fux, j. em 10/6/2003, *DJU* de 29/9/2003, p. 151). O Tribunal realçou que, poucos meses após a instalação do posto, foi editada lei municipal legitimando a contratação realizada, não tendo ocorrido enriquecimento ilícito (os aluguéis fixados eram compatíveis com o mercado), dano ao erário ou má-fé, isto sem olvidar a grande serventia do posto para a comunidade local. Na ocasião, afirmou o relator que "o Ministério Público não pode, via ação civil pública, opor-se à vontade manifestada pela comunidade através de lei, porquanto os legisladores eleitos sobrepõem-se ao *Parquet* na revelação da real vontade comum". Declinados, ainda que sucintamente, os fundamentos do acórdão, parece relevante formular algumas observações a seu respeito. Primeira: deve-se lembrar que a norma infraconstitucional não se sobrepõe à constitucional, abrigando esta última, como todos sabem, as noções de legalidade, impessoalidade e obrigatoriedade de certame licitatório. Segunda: o vilipêndio às normas constitucionais e à respectiva legislação integradora de eficácia, a um primeiro exame, consubstancia ato de improbidade e viola o direito difuso a uma administração pública adstrita à noção de juridicidade, o que justifica a atuação do Ministério Público. Terceira: subvertida a conhecida pirâmide de Kelsen, serão inválidas as normas inferiores que destoem das superiores, ainda que as primeiras correspondam à "vontade da comunidade". Quarta: existem valores subjacentes às contratações da administração que não podem ser reconduzidos ao interesse público imediato satisfeito com a prática do ato (*v.g.*: a observância da ideia de impessoalidade), preocupação nitidamente acolhida pela atual Lei de Licitações, que exige o concurso de dois vetores básicos para a validade do ato: a identificação da proposta mais vantajosa para a administração e a preservação da igualdade dos interessados no certame. Quinto: a depender da ótica de análise, as noções de dolo e má-fé tanto podem aproximar-se (estando a administração autorizada a agir apenas *secundum legem*, o ato que se distancie dessa perspectiva será indicativo do dolo e da correlata má-fé do agente, que voluntariamente anuiu a objetivo diverso) como se distanciar (concepção a ser adotada caso se admita que o dolo indica o descumprimento voluntário da prescrição normativa e a má-fé a não consecução do interesse público a ela subjacente), sendo a primeira opção mais adequada à sistemática administrativa. A partir dessas observações e dos efeitos de ordem sociojurídica dela decorrentes, é possível concluir que o acórdão conferiu uma amplitude demasiado restrita à noção de improbidade material, terminando por afastar do conceito um ato que, embora tenha satisfeito uma parcela do interesse público, maculou outra igualmente relevante, isto em razão da inobservância de normas basilares da administração pública e da lesão aos direitos dos interessados em potencial na celebração do contrato de locação com a municipalidade. Também invocando a ausência de má-fé, o Tribunal não visualizou ato de improbidade na conduta de alienar remédios ao Município vizinho, em estado de calamidade, sem prévia autorização legal (1ª T., REsp n. 480.387/SP, rel. Min. Luiz Fux, j. em 16/3/2004, *DJU* de 24/5/2004, p. 163). Nesse caso, cremos que a posição do Tribunal foi correta, já que o ato visou à satisfação do interesse público, não foram lesados interesses individuais ou da administração e violação à juridicidade foi ínfima se comparada com a magnitude dos bens que se buscou preservar, relacionados a um problema de saúde pública. Como a conduta foi direcionada ao descumprimento das disposições normativas que regulam o certame licitatório, o

mento do agente em cotejo com o fim perseguido pelo Constituinte com a edição dos arts. 15, V, e 37, § 4º, qual seja, que os agentes públicos respeitem a ordem jurídica, sendo justos e honestos, tudo fazendo em prol da coletividade.

Encampado o princípio da dignidade da pessoa humana como direito fundamental, deve ser ele utilizado em conjunto com o princípio da proporcionalidade da medida restritiva, o que, a partir de um exercício de ponderação, fará com que quaisquer restrições desproporcionais ao âmbito de proteção de tais direitos sejam consideradas ilegítimas.

Deve ser aqui adotada a técnica utilizada no direito germânico para a identificação da "justa medida" na restrição aos direitos fundamentais. De acordo com Scholler[217], "na aferição da constitucionalidade de restrições aos direitos fundamentais, o Tribunal Federal Constitucional (Alemão) acabou por desenvolver, como método auxiliar, 'a teoria dos degraus' (*Stufentheorie*) e a assim denominada 'teoria das esferas' (*Sphänrentheorie*). De acordo com a primeira concepção, as restrições a direitos fundamentais devem ser efetuadas em diversos degraus. Assim, por exemplo, já se poderá admitir uma restrição na liberdade de exercício profissional (art. 12 da Lei Fundamental) por qualquer motivo objetivamente relevante (*aus jedem sachlichen Grund*), ao passo que no degrau ou esfera mais profunda, o da liberdade de escolha da profissão, tida como sendo em princípio irrestringível, uma medida restritiva apenas encontrará justificativa para salvaguardar bens e/ou valores comunitários de expressiva relevância de ameaças concretas, devidamente comprovadas, ou pelo menos altamente prováveis". Evidentemente, operação como essa, à luz do direito pátrio, não deverá sopesar uma ordem axiológica supralegal; na Alemanha, ao revés, é constante a adoção dessa técnica pelo Tribunal Constitucional, o que, não obstante as críticas, encontra ressonância no direito positivo daquele país[218].

Apesar de inexistirem critérios rígidos e objetivos para a determinação dos fatores que concorrerão para a identificação da relação de proporcionalidade entre a conduta praticada e a incidência da Lei n. 8.429/1992, é possível estabelecermos algumas diretrizes argumentativas. É o que ocorre, por exemplo, quando (1) a violação à juridicidade não desbordou o plano das formas, sendo preservada a essência dos valores protegidos; (2) o dano causado ou o benefício auferido pelo agente foi ínfimo (na verdadeira acepção da palavra, *v.g.*: destruição de uma folha de papel comum, utilização de um grampo para fins privados etc.), o que não impedirá, em certas situações, a configuração de uma intensa

---

dolo restou caracterizado. No entanto, a ausência de má-fé e a indiscutível satisfação do interesse público afastaram a caracterização da improbidade material.

217 Ob. cit., p. 102.

218 O art. 20, 3, da Lei Fundamental de Bonn dispõe: *O Poder Legislativo está vinculado à ordem constitucional; os Poderes Executivo e Judiciário obedecem à lei e ao direito.* Preservando a intangibilidade do preceito, assim dispõe o art. 79, 3: *Não é permitida qualquer modificação desta Lei Fundamental que afete a divisão da Federação em Estados, ou o princípio da cooperação dos Estados na legislação, ou os princípios consignados nos artigos 1º e 20.*

violação à juridicidade[219]; (3) o ato atingiu (quase) *in totum* o fim previsto na norma, praticamente afastando a reprovabilidade da conduta, ao menos no plano sancionador; (4) foram realizados objetivos de evidente interesse público, sem afronta a bens jurídicos correlatos, como saúde, educação etc.; (5) não foram violados interesses individuais; (6) no contexto em que o ato foi praticado, o erro de direito era plenamente escusável; e (7) o agente não agiu com má-fé, nela compreendida tanto a indiferença em relação ao conhecimento da ilicitude da conduta, como o propósito manifesto de não realizar o bem comum. Essas diretrizes argumentativas, como é intuitivo, não podem ser analisadas de modo isolado. Pelo contrário, devem atuar concorrentemente na aferição do critério de proporcionalidade, permitindo seja alcançada a conclusão de que a aplicação da Lei n. 8.429/1992 apresentará nítida desproporção com o ato, estando ausente a proporcionalidade em sentido estrito, pois o ônus imposto ao agente em muito superará a lesividade de sua conduta e o benefício social obtido com a punição.

Não sendo identificada a prática de um ato objetivamente relevante, não se poderá ascender, sequer, ao *primeiro degrau* da escala de restrição dos direitos, o qual seria atingido com a mera aplicação da Lei n. 8.429/1992[220]. Os *degraus subsequentes*, por sua vez, serão galgados na medida em que for identificada a relevância do ato, valorada a sua potencialidade lesiva e constatada a reprovabilidade da conduta do agente, o que permitirá que seja aferida a sanção que se afigura mais justa ao caso, matéria que será objeto de maior desenvolvimento no item relativo à *individualização e dosimetria das sanções,* para o qual remetemos o leitor.

Nos casos de improbidade meramente formal, restará a incidência das sanções de ordem política ou administrativa, de natureza e grau compatíveis com a reprovabilidade do

---

219 Pratica ato de improbidade a servidora da Justiça Eleitoral que exigiu "R$ 5,00 (cinco reais) para a expedição de certidão de quitação eleitoral": TRF-5ª R., AP n. 519.742/RN, rel. Juiz Federal César Carvalho, j. em 3/8/2012.

220 Carlos Frederico Brito dos Santos (*Improbidade administrativa, reflexões sobre a Lei n. 8.429/1992*, p. 47 e s.), analisando a questão especificamente sob a ótica do princípio da legalidade, sustenta que a infração desse princípio somente justificará a incidência da Lei de Improbidade quando estiverem presentes os seguintes elementos: a) ação ou omissão dolosa do agente público; b) violação ao dever de legalidade; c) a ocorrência de perigo de dano patrimonial ao erário; e d) que, diante do potencial ofensivo da conduta, a opção pela aplicação das sanções previstas no art. 12, III, não atente contra o princípio da proporcionalidade. Kele Bahena (*O princípio da moralidade...*, p. 138), que restringe a improbidade à violação à moralidade administrativa, também defende o requisito da alínea *c*. Em linhas gerais, visualizamos uma relativa harmonia entre os elementos constantes das alíneas *c* e *d* e o conteúdo desse tópico. Como única dissonância, identificamos a exigência do perigo de dano patrimonial para que a infração ao princípio da legalidade possa justificar a incidência da Lei de Improbidade. Essa interpretação, com a devida vênia, conduz a uma inversão de valores, já que o patrimônio público assume a condição de principal interesse tutelado, enquanto a satisfação do interesse público, razão de ser do próprio Estado e cuja acepção é muito mais lata, é relegada a plano secundário. Assim, não obstante a coerência lógica da argumentação desenvolvida, não encampamos a exegese restritiva sugerida. Melhor seria associar a incidência da Lei n. 8.429/1992, além de outros fatores, à não satisfação do interesse público.

ato. Por outro lado, identificada a *tipicidade* do ato – a qual, repita-se, somente deve ser excluída em situações excepcionais – iniciar-se-á o processo de identificação das sanções cabíveis, matéria que será oportunamente estudada.

Note-se que a ausência de reprovabilidade aqui sustentada não almeja a abertura das portas da impunidade, motivo pelo qual sua aplicação deve manter-se adstrita às hipóteses em que a consubstanciação da improbidade venha a ferir o senso comum, importando em total incompatibilidade com os fins sociais da norma e as exigências do harmônico convívio social (art. 5º, *caput*, da LINDB)[221]. Merece ser lembrada, aqui, a célebre frase de Jellinek, que sintetiza a ideia de proporcionalidade: "Não se abatem pardais disparando canhões"[222].

Tal linha de raciocínio, desde que não venha a ser deturpada – risco, infelizmente, sempre existente –, permitirá o estabelecimento de uma relação de congruência entre a

---

[221] O STJ, com esteio no princípio da proporcionalidade, já proferiu decisão sobre a atipicidade de determinada conduta frente à norma do art. 32 da LCP (hoje, parcialmente revogado), *in verbis*: "I – A paciente, que possuía carteira de habilitação para dirigir veículo automotor, foi autuada por estar com exame médico vencido. A seguir, denunciada como incursa no art. 32 da LCP: falta da 'devida habilitação'. II – O art. 32 da LCP não pode ser interpretado isoladamente. Deve, ao contrário, ser interpretado em consonância com o art. 79 do CNT (interpretação sistemática). Não se pode equiparar a situação jurídica de quem, como a paciente, se achava com exame de vista vencido com a de quem sequer prestou exame para tirar carteira. Princípio da proporcionalidade da pena. O ilícito, pois, é administrativo e não contravencional. III – *Writ* concedido. Ação trancada" (STJ, 6ª T., RHC n. 2.4190SP, rel. Min. Adhemar Maciel, j. em 8/2/1993, *RSTJ* 46/447). Apreciando conduta de Prefeito condenado pelo desvio de bens públicos, assim decidiu o STJ: "Inaplicabilidade do princípio da insignificância, seja pela impropriedade da via eleita, seja porque não se pode ter como insignificante o desvio de bens públicos levado a cabo por Prefeito Municipal, que, no exercício de suas funções, deve obediência aos mandamentos legais e constitucionais, notadamente ao princípio da moralidade pública. Legitimidade da imposição da suspensão dos direitos políticos, eis que, a teor do art. 12 do Código Penal, o art. 1º do Decreto-Lei 201/1967 (lei de cunho especial) não foi revogado pela Lei 7.209/1984, que aboliu as penas acessórias. Ordem denegada" (5ª T., Petição n. 1.301/MS, rel. Min. José Arnaldo da Fonseca, *DJ* de 19/3/2001, p. 119). A questão da desproporcionalidade entre a conduta e a incidência da tipologia legal também foi analisada pelo STF, ainda que de forma sucinta, sob a ótica do Decreto-Lei n. 201/1967. A hipótese versava sobre conivência de Prefeito Municipal com o transporte de material de construção, para uma edificação particular, em veículo municipal. O agente terminou por ser condenado nas penas do art. 1º, II, do referido diploma legal, restando assentado que a pequena monta do prejuízo ao erário municipal deve ser devidamente valorada por ocasião da fixação da reprimenda cominada, sendo incabível o reconhecimento da alvitrada desproporcionalidade (ver HC n. 74.362-5/GO, 1ª T., rel. Min. Moreira Alves, j. em 24/9/1996, *DJ* de 21/3/1997). Em outra oportunidade, decidiu que "uma vez verificada a insignificância jurídica do ato apontado como delituoso, impõe-se o trancamento da ação penal por falta de justa causa. A isso direcionam os princípios da razoabilidade e da proporcionalidade. Consubstancia ato insignificante a contratação isolada de mão de obra, visando à atividade de gari, por município, considerado período diminuto, vindo o pedido formulado em reclamação trabalhista a ser julgado improcedente, ante a nulidade da relação jurídica por ausência do concurso público" (STF, 2ª T., HC n. 77.003/PE, rel. Min. Marco Aurélio, *DJ* de 11/9/1998). Regra geral, o princípio da insignificância haverá de ser adotado na aplicação da Lei n. 8.429/1992, observando-se, no entanto, que a aplicação desta somente deve ser afastada em caráter excepcional, pois a mera violação aos princípios administrativos configura ato de improbidade.

[222] *Apud* PHILIPPE, Xavier. Ob. cit., p. 3.

conduta do agente, a Lei n. 8.429/1992 e a Constituição da República, evitando-se a desproporcional restrição dos direitos fundamentais.

6.7.1. A relevância da má-fé na aferição da proporcionalidade

No processo de individualização dos atos de improbidade administrativa, é comum que os Tribunais e a doutrina especializada façam constante referência à má-fé, isso sem a correlata preocupação de delinear os seus contornos conceituais e a funcionalidade que ostenta. A ausência de maior preocupação dogmática faz que a funcionalidade da má-fé varie ao sabor do intérprete de ocasião, o que em muito dificulta a ação do operador do Direito ao aferir se uma determinada situação fática consubstancia, ou não, um ato de improbidade administrativa. É constante, por exemplo, a associação da má-fé (a) ao elemento subjetivo do agente público (*rectius*: ao seu dolo) ou (b) ao conhecimento da ilicitude de sua conduta, o que termina por gerar perplexidades no intérprete sempre que procure justificar, dogmaticamente, o emprego desse conceito.

A correta identificação do potencial expansivo do conceito de má-fé exige intensos juízos valorativos por parte do intérprete. Se Jellinek[223], há mais de um século, afirmara que o signo *lei* (*Gesetz*) pertence à ambiguidade (*vieldeutigsten*) da linguagem científica e da vida diária, o mesmo pode ser dito, com intensidade semelhante, em relação à concepção de má-fé na ciência jurídica contemporânea.

Como já tivemos oportunidade de afirmar[224], etimologicamente, fé, do latim *fides*, significa fidelidade, crença em algo, físico ou metafísico, já consumado ou a ser realizado, nesse último caso denotando um objetivo. Boa seria a fé depositada em algo perfeito, correto ou altruísta. Má, por sua vez, seria a fé depositada em algo imperfeito, incorreto ou egoísta. Embora sejam sempre úteis os caminhos oferecidos pela linguagem ordinária, definir má-fé, no âmbito da ciência jurídica, é não só difícil, como desaconselhável. Afinal, a boa ou a má-fé, além de não prescindir de considerações de ordem sociocultural, pode exigir reflexões quanto ao modo como o agente vê a si próprio ou ao semelhante; à propensão de manter-se adstrito aos balizamentos estabelecidos pela ordem jurídica, incluindo os deveres que dela emanam; ao efetivo conhecimento dos referenciais de licitude e dos deveres a serem observados; à realização de objetivos nobres, como a prática do bem etc.

No plano jurídico, a boa-fé será normalmente vista como parte integrante dos juízos valorativos realizados pelo agente no direcionamento de sua conduta. O Código Civil de 2002 é pródigo nas referências à boa-fé, que assumiu indiscutível relevância na definição dos efeitos dos atos jurídicos que destoem da juridicidade, incluídos sob essa epígrafe o contrato e a lei. De um modo geral, apesar de alguns preceitos fazerem referência genérica

---

223 *Gesetz und Verordnung*. Tübingen: Scientia Verlag Aalen, 1887 (reimp. de 1964), p. 226.
224 Cf. GARCIA, Emerson. A relevância da má-fé no delineamento da improbidade administrativa, *Boletim de Direito Administrativo* n. 7, julho de 2012, p. 817.

à boa-fé[225], ela é normalmente associada ao desconhecimento da injuridicidade de certa conduta ou da presença de circunstâncias fáticas e jurídicas que exigiriam a adoção de comportamento diverso[226]. A boa-fé também pode se aproximar do dever de lealdade, denotando a ausência de manipulação ou de omissão de informações que possam influir sobre a formação da vontade alheia[227]. A boa-fé também é utilizada para a aferição do caráter ilícito de um ato sempre que o titular do direito, ao exercê-lo, exceda os limites impostos por ela[228].

Especificamente em relação à má-fé no âmbito da improbidade administrativa, a Lei n. 8.429/1992 a ela não fez referência. No entanto, face à importância assumida pelo conceito no âmbito da teoria do direito, de grande utilidade para o delineamento da ilicitude ou do juízo de reprovabilidade de determinada conduta, foi natural que, pouco a pouco, se desse a sua penetração no âmbito da jurisprudência, em especial nos acórdãos do Superior Tribunal de Justiça, os quais, embora tenham se referido indistintamente à má-fé, lhe atribuíram funcionalidades bem diversificadas.

Em não poucos acórdãos, a má-fé é sobreposta ao dolo, perdendo a sua própria individualidade[229]. De acordo com essa simbiose existencial, a má-fé nada mais seria que a má-intenção, vale dizer, o objetivo deliberado de afrontar a norma proibitiva implícita no tipo sancionador e eventualmente expressa no estatuto jurídico da categoria. Daí a conclusão de que meras irregularidades administrativas, destituídas de potencial lesivo, não seriam alcançadas pela Lei n. 8.429/1992[230]. No extremo oposto, também se considerou que o ato de improbidade pode se praticado de modo culposo, isso na hipótese do art. 10 da Lei n. 8.429/1992, o que torna desinfluente a análise da má-fé[231].

---

225 *Vide* arts. 113, 164 e 422.
226 *Vide* arts. 1.201 (*[é] de boa-fé a posse, se o possuidor ignora o vício, ou o obstáculo que impede a aquisição da coisa*) e 1.202 (*[a] posse de boa-fé só perde este caráter no caso e desde o momento em que as circunstâncias façam presumir que o possuidor não ignora que possui indevidamente*). Diversos outros preceitos possuem a mesma essência, isso apesar de não veicularem definição semelhante à do art. 1.201: *vide* arts. 128; 167, § 2º; 242; 286; 307, parágrafo único; 309; 523; 606; 637; 686; 689; 814, § 1º; 878; 879, *caput* e parágrafo único; 896; 925; 1.049; 1.149; 1.214, *caput* e parágrafo único; 1.217; 1.219; 1.222, *caput* e § 4º; 1.238; 1.242; 1.247, parágrafo único; 1.255, *caput* e parágrafo único; 1.257; 1.258, *caput* e parágrafo único; 1.259; 1.260; 1.261; 1.268, § 1º; 1.270, *caput* e § 1º; 1.561, *caput* e § 1º; 1.563; 1.817; 1.827, parágrafo único; e 1.828.
227 *Vide* art. 765.
228 *Vide* arts. 186 e 187.
229 STJ, 1ª T., REsp n. 1.130.198/RR, rel. Min. Luiz Fux, j. em 2/12/2010, *DJe* de 15/12/2010; e REsp n. 1.149.427/SC, rel. Min. Luiz Fux, j. em 17/8/2010, *DJ* de 9/9/2010.
230 STJ, 1ª T., REsp n. 1.026.516/MT, rel. Min. Luiz Fux, j. em 22/2/2011, *DJe* de 7/4/2011; e 1ª T., REsp n. 980.706/RS, rel. Min. Luiz Fux, j. em 3/2/2011, *DJe* de 23/2/2011; 1ª T., REsp n. 1.038.777/SP, rel. Min. Luiz Fux, j. em 3/2/2011, *DJe* de 16/3/2011; 2ª T., REsp n. 1.107.215/SP, rel. Min. Castro Meira, j. em 22/3/2011, *DJe* de 4/4/2011.
231 STJ, 2ª T., AGRG no Ag. n. 1.365.386/RS, rel. Min. Herman Benjamin, j. em 22/3/2011, *DJe* de 25/4/2011. Tiago do Carmo Martins sustenta a compatibilidade da má-fé com a improbidade culposa, estando consubs-

A má-fé também foi associada ao conhecimento da ilicitude, compondo, junto com o dolo, o elemento subjetivo do ato de improbidade administrativa[232]. Nessa linha, a acumulação remunerada de cargos públicos, devidamente amparada por pareceres jurídicos sustentando a juridicidade da contratação, consubstanciaria mera irregularidade, não ato de improbidade administrativa, isso em razão da ausência de dolo ou má-fé por parte do contratado[233]. Igual entendimento prevaleceu em relação a professores que requereram, administrativamente, progressão profissional com base em diplomas de mestrado ainda não convalidados no Brasil, isso porque, no seu entender, a exigência somente seria necessária para fins acadêmicos[234]. E, ainda, contratações temporárias, ao arrepio da Constituição e da legislação federal de regência, mas realizadas com base em lei municipal autorizadora, denotariam a ausência de dolo ou má-fé[235]. Esses exemplos, como se percebe, se ajustam à teoria extremada do dolo, que, no direito penal, incluía sob sua epígrafe a efetiva consciência da ilicitude. Afinal, como o dolo é um fator psicológico, todos os seus elementos teriam natureza similar, de modo que a ausência de real conhecimento da ilicitude o excluiria. Face à dificuldade em se demonstrar a atual consciência da ilicitude, foi desenvolvida a teoria limitada do dolo, exigindo, apenas, o potencial conhecimento da ilicitude. Essa última teoria também foi abandonada com o surgimento da teoria finalista da ação, que deslocou a análise dessa consciência do dolo para a culpabilidade[236]. A questão, em consequência, passou a ser contextualizada na reprovabilidade da conduta.

Por fim, há julgados em que (a) a ausência de má-fé foi objeto de mera referência, sem qualquer preocupação quanto ao esclarecimento de sua influência no *decisum*[237]; (b) ficou explícito que o elemento subjetivo do ato de improbidade, na hipótese do art. 11 da Lei n. 8.429/1992, é o dolo, não havendo qualquer referência à má-fé[238]; e c) a má-fé foi

---

tanciada"na excessiva falta de cuidado do agente público para com os misteres do cargo, emprego ou função ocupado, verdadeiro desleixo, revelador de menoscabo pelos haveres entregues à sua guarda e gestão"(*Anotações à Lei de Improbidade Administrativa*. Porto Alegre: Verbo Jurídico, 2012, p. 92). José Antonio Lisbôa Neiva também sustenta essa possibilidade, mas, por fim, entende que isso levará à equiparação da ação ou omissão ao atuar doloso (*Improbidade administrativa*. Legislação Comentada Artigo por Artigo. Niterói: Editora Impetus, 2009, p. 9). De nossa parte, temos certa dificuldade em compreender como é possível falar em boa ou má-fé de modo dissociado de um agir voluntário. A boa ou má-fé ilumina uma conduta a partir de certo juízo de valor realizado pelo agente em relação aos seus aspectos intrínsecos (*v.g.*: licitude, fins, transparência etc.). A culpa, por sua vez, é direcionada pela involuntariedade na violação à ordem jurídica, o que a torna incompatível com um juízo de valor negativo, como aquele característico da má-fé.

232 STJ, 2ª T., REsp n. 1.245.765/MG, rel. Min. Mauro Campbell Marques, j. em 28/6/2011, *DJe* de 3/8/2011.
233 STJ, 2ª T., REsp n. 1.245.622/RS, rel. Min. Humberto Martins, j. em 16/6/2011, *DJe* de 24/6/2011.
234 STJ, 2ª T., REsp n. 1.127.438/PI, rel. Min. Castro Meira, j. em 8/2/2011, *DJe* de 18/2/2011.
235 STJ, 2ª T., AGRG no Ag. n. 1.324.212/MG, rel. Min. Mauro Campbell Marques, j. em 28/9/2010, *DJe* de 13/10/2010.
236 Cf. JESUS, Damásio E. de. *Direito penal*: parte geral. 25ª ed. São Paulo: Saraiva, 2002, v. 1, p. 475-477.
237 STJ, 2ª T., REsp n. 1.107.215/SP, rel. Min. Castro Meira, j. em 22/3/2011, *DJe* de 4/4/2011.
238 STJ, 2ª T., REsp n. 912.448/RS, rel. Min. Mauro Campbell Marques, j. em 2/12/2010, *DJe* de 14/12/2010; e REsp n. 1.156.209/SP, rel. Min. Herman Benjamin, j. em 19/8/2010, *DJe* de 27/4/2011.

associada à *má intenção* do agente[239], de modo que ela não estaria presente na manutenção de escolas rurais com poucos alunos, em aparente afronta à economicidade, mas com o nítido propósito de prestigiar o direito à educação[240]. Neste último caso, a má-fé foi excluída em razão dos fins visados pelo agente com a prática do ato.

A má-fé, como veremos por ocasião da análise do elemento subjetivo do ato de improbidade, não pode ser confundida com o dolo. Face às características ostentadas pelo elemento subjetivo, pode-se afirmar que o seu delineamento sempre antecede qualquer investigação em torno da má-fé do agente público. Tal ocorre justamente porque é o elemento subjetivo que vai estabelecer o vínculo entre o agente público e a conduta considerada ilícita. A má-fé, por sua vez, contribuirá para a aferição da reprovabilidade, ou não, de sua conduta, justificando, ou não, a incidência do sistema sancionador veiculado pela Lei n. 8.429/1992, o qual, como todo e qualquer sistema, não prescinde de coerência (*Kohärenz*) interna e externa[241]. Outra constatação é que a má-fé, por consubstanciar um juízo valorativo negativo e, portanto, reprovável, vinculando o agente ao resultado de sua conduta, somente se compatibiliza com o atuar doloso. Em outras palavras, tratando-se de ato de improbidade culposo, tal qual previsto no art. 10 da Lei n. 8.429/1992, a aferição da reprovabilidade da conduta deverá considerar elementos outros que não a má-fé, isso porque a culpa reflete o mero descumprimento do dever de cuidado, não uma conduta direcionada à inobservância dos *standards* de correção jurídico-moral sedimentados no ambiente social.

As reflexões em torno da má-fé do agente público hão de ser realizadas com o objetivo de aferir a compatibilidade do ilícito praticado com o respectivo sistema sancionador. Verificando-se que a aplicação da Lei n. 8.429/1992 é desnecessária à preservação da probidade administrativa, que não fora sequer ameaçada pela conduta do agente, não deve ser ela manejada pelo operador do Direito. Eventualmente, ao agente poderão ser aplicadas sanções outras, desde que compatíveis com a reprovabilidade de sua conduta e com a natureza dos valores porventura infringidos (*v.g.*: aplicação de advertência ao servidor que tenha descumprido o seu horário de trabalho).

A má-fé não pode ser vista como o epicentro estrutural do ato de improbidade administrativa[242]. É, tão somente, um dos fatores a serem levados em consideração para a aplicação da Lei n. 8.429/1992. Além dos atos de improbidade culposos, que prescindem da má-fé para a sua configuração, é perfeitamente possível que um ato praticado com absoluta boa-fé justifique a incidência da Lei n. 8.429/1992. Basta pensar na hipótese de um Prefeito Municipal que, descumprindo voluntariamente a legislação de regência, destine recursos afetos à educação para a construção, na única praça pública existente na localida-

---

239 STJ, 2ª T., AGRG no AREsp n. 81.766/MG, rel. Min. Humberto Martins, j. em 7/8/2012, *DJe* de 14/8/2012.
240 STJ, 1ª T., REsp n. 1.319.558/RS, rel. Min. Benedito Gonçalves, j. em 10/5/2011, *DJe* de 13/5/2011.
241 SEELMANN, Kurt. *Rechtsphilosophie*. 4ª ed. München: Verlag C. H. Beck, 2007, p. 57.
242 Em sentido contrário, entendendo que a presença da boa-fé afasta a configuração do ato de improbidade: Hager, *Improbidade...*, p. 17.

de, de um monumento em prol da família, o que leva à extinção da referida área de lazer e à interrupção da atividade escolar. Nesse exemplo, apesar de o Chefe do Executivo ter atuado dolosamente, era evidente a sua boa-fé, sendo direcionado pelo nobre objetivo de exortar a importância da família. No entanto, mesmo assim, estará caracterizado o ato de improbidade. E isso pelas seguintes razões; (1) foi maculada a juridicidade; (2) foi comprometido o atendimento do direito à educação, não sendo demais lembrar que crianças e adolescentes, consoante o art. 227, *caput*, da Constituição de 1988, têm prioridade absoluta na implementação de políticas públicas; (3) a receita disponível foi integralmente direcionada a um fim que, embora de interesse público, não ostentava igual importância para a coletividade; (4) é evidente o dano causado à coletividade, que foi privada do serviço de educação e ainda perdeu a área de lazer; e (5) a área de lazer precisará ser recomposta, o que, à míngua de outra área específica, causará prejuízo financeiro à Administração Pública em decorrência da demolição do monumento.

É factível que todo ser humano pode ter boas intenções, mas, em se tratando de agentes públicos, as boas intenções hão de se desenvolver com observância dos balizamentos oferecidos pela legislação de regência, não de acordo com o seu alvedrio. Note-se, ainda, que as escusas da ignorância e da incompetência devem ser recepcionadas com cuidado. Afinal, por dever de ofício, o agente público, diversamente do particular, somente pode fazer o que a norma de conduta o autorize, o que lhe impõe o dever de conhecê-la. E, dentre essas normas, está o princípio constitucional da eficiência.

7. PROBIDADE E HONESTIDADE: ENTRE O SEMÂNTICO E O NORMATIVO

A probidade encontra sua origem mais remota no latim *probus*, que significa aquilo que brota bem (*pro* + *bho* – da raiz *bhu*, nascer, brotar), denotando o que é bom, o que tem boa qualidade. De forma correlata ao sentido etimológico, teve-se uma contínua utilização do vocábulo em uma concepção figurada, sendo frequentemente empregado para caracterizar o indivíduo honrado, íntegro, reto, leal, que tem bons costumes e é honesto, casto e virtuoso. Este uso terminou por relegar a pureza linguística a plano secundário, tendo sido consagrada a linguagem figurada. Observa-se que a linguagem é um fenômeno essencialmente cultural, absorvendo sons, unidades de significado e estruturas gramaticais de modo intimamente interligado ao contexto de sua utilização[243]. Esse contexto aponta não só para os aspectos circunstanciais que envolvem a comunicação, como, principalmente, para a base de desenvolvimento social que confere sustentação à linguagem[244], base esta que reflete a identidade construída e os projetos de aperfeiçoamento de uma sociedade, absor-

---

243 Cf. MERTZ, Elisabeth. *The language of Law school: learning to "think like a lawyer"*. New York: Oxford University Press, 2007, p. 45.
244 Cf. HÄBERLE, Peter. Function und Bedeutung der Verfassungsgerichte in vergleichender Perspektive, *in Europäische Grundrechte Zeitschrift* 32. Jg. Heft 22-23, 2005, p. 685-688.

vendo os símbolos e as ações que a caracterizam[245]. Como derivação do designativo individual (*probus*) tem-se a variante caracterizadora de tal qualidade, papel desempenhado pelos vocábulos *probitas* ou *probitatis*, os quais, em vernáculo, espelham a probidade[246].

Probidade, assim, significa retidão de conduta, honradez, lealdade, integridade, virtude e honestidade[247].

De Plácido e Silva[248] conceituou improbidade da seguinte forma: "Derivado do latim *improbitas* (má qualidade, imoralidade, malícia), juridicamente, liga-se ao sentido de desonestidade, má fama, incorreção, má conduta, má índole, mau caráter. Desse modo, improbidade revela a qualidade do homem que não procede bem, por não ser honesto, que age indignamente, por não ter caráter, que não atua com decência, por ser amoral. Improbidade é a qualidade do ímprobo. E ímprobo é o mau moralmente, é o incorreto, o transgressor das regras da lei e da moral. Para os romanos, a improbidade impunha a ausência de *existimatio*, que atribui aos homens o bom conceito. E sem a *existimatio*, os homens se convertem em *homines intestabiles*, tornando-se inábeis, portanto, sem capacidade ou idoneidade para a prática de certos atos.'Qui sierit testatier, libripensve fuerit, ni testimonium feriatur, improbus intestabilisque esto'".

O signo linguístico *improbidade* há muito frequenta os padrões normativos inerentes à ordem jurídica brasileira. Nossa primeira Constituição republicana, de 1891, em seu art. 54, § 6º, em redação reproduzida pelos sucessivos textos constitucionais, considerava crime de responsabilidade do Presidente da República qualquer atentado à *probidade da administração*. Já a Consolidação das Leis do Trabalho, em seu art. 482, *a*, incluiu o *ato de improbidade* entre as situações que justificam a rescisão do contrato de trabalho por justa causa[249]. Apesar da previsão normativa, não havia a preocupação de definir o que se deve entender por improbidade, tarefa transferida à doutrina e à jurisprudência, que se desincumbiam desse *munus* com observância da funcionalidade da norma e das especificidades do respectivo ramo do Direito. Com os olhos voltados às singularidades dos textos normativos

---

245 Cf. BARRON, Anne. *Acquisition* in *interlanguage pragmatics: learning how to do things with words* in *a study abroad cotext*, v. 108 de *Pragmatics & beyond*. Philadelphia: John Benjamins Publishing Company, 2003, p. 24.

246 D. Pedro I, ao nomear José Bonifácio de Andrada e Silva como tutor dos príncipes menores, já realçara a importância da probidade na esfera administrativa, *verbis*: "[t]endo maduramente refletido sobre a posição política deste Império, conhecendo quanto se faz necessária minha abdicação, e não desejando mais nada neste mundo senão glória para mim, e felicidade para a minha pátria. Hei por bem, usando do direito que a Constituição me concede no capítulo 5º, art. 130, nomear, como por este meu imperial decreto nomeio, tutor de meus amados e prezados filhos ao muito probo, honrado e patriótico cidadão José Bonifácio de Andrada e Silva, meu verdadeiro amigo. Boa Vista, aos seis de abril de mil oitocentos e trinta e um, 10º da Independência e do Império. Imperador Constitucional e Defensor Perpétuo do Brasil".

247 Com sentido similar, tem-se: *probidad* (Espanha); *probità* (Itália); *probité* (França); *integrity* (EUA); e *Rechtschafenheit* (Alemanha).

248 *Vocabulário jurídico*, v. III, p. 799.

249 Engana-se Marcelo Harger ao afirmar que, antes da Constituição de 1988, "o termo jurídico improbidade inexistia no ordenamento jurídico brasileiro" (*Improbidade...*, p. 15).

mencionados, é factível que a improbidade no plano político-constitucional assumirá contornos distintos da improbidade praticada no âmbito de uma relação de trabalho. Em qualquer caso, ainda que a norma não ofereça uma definição exata de *improbidade*, a densificação do seu conteúdo há de principiar pela base semântica oferecida ao intérprete.

Com os olhos exclusivamente voltados à linguagem ordinária e totalmente indiferentes ao seu entorno, setores representativos da doutrina e da jurisprudência têm defendido que *os atos de improbidade administrativa* a que se refere o art. 37, § 4º, da Constituição de 1988, devidamente regulamentado pela Lei n. 8.429/1992, nada mais são que atos desonestos. A partir dessa linha argumentativa, que poderíamos denominar de "monocular", isso em razão de sua limitada noção de profundidade, chegam a conclusões cuja principal funcionalidade é a de limitar o potencial expansivo da lei de regência. É o caso da tese da inconstitucionalidade do ato de improbidade culposo previsto em seu art. 10, isso porque ninguém pode ser desonesto culposamente[250], e, por razões similares, da necessária exigência de má-fé para a configuração da improbidade administrativa.

Em outra oportunidade, observamos[251] que o equívoco desse entendimento certamente está associado à inglória tarefa de se definir institutos jurídicos com o só recurso ao dicionário. A crescente ampliação do universo de conhecimento e de atuação dos seres humanos torna inevitável que o processo de comunicação linguística sofra sucessivos refinamentos, de modo a aumentar a sua precisão e, consequentemente, a evitar o surgimento de interferências, responsáveis pelo comprometimento da compreensão da mensagem veiculada. Nessa linha, é natural o surgimento das *linguagens para propósitos específicos*[252], como é o caso da linguagem jurídica. Essas linguagens, juntamente com a linguagem ordinária, situam-se sob a epígrafe mais ampla da linguagem convencional.

A linguagem jurídica, analisada sob a ótica dos signos linguísticos utilizados, costuma ser caracterizada por um arquétipo básico, que se reflete no emprego de (1) termos técnicos, com significados puramente técnicos; (2) termos técnicos com significados comuns; (3) termos ordinários com significados comuns[253]; (4) termos ordinários com significados incomuns ou técnicos; (5) termos de origem estrangeira, especialmente latina; e (6) termos

---

250 Cf. ALVARENGA, Aristides Junqueira. Reflexões sobre Improbidade Administrativa no Direito Brasileiro, in BUENO, Cassio Scarpinella; PORTO FILHO, Pedro Paulo de Resende (orgs.). Improbidade Administrativa, Questões Polêmicas e Atuais. São Paulo: Malheiros Editores, 2001, p. 89; NOBRE JÚNIOR, Edilson Pereira. Improbidade Administrativa. Alguns Aspectos controvertidos, *Revista do TRF-5ª Região* n. 56/336, 2004; BITENCOURT NETO, Eurico. Improbidade Administrativa e Violação de Princípios. Belo Horizonte: Livraria Del Rey Editora, 2005, p. 115; FERREIRA, Sérgio de Andréa. A Probidade na Administração Pública, *Boletim de Direito Administrativo*, agosto/2002, p. 621; e HAGER, *Improbidade...*, p. 15, 21, 25, 45 e 116.
251 Improbidade é sinônimo de desonestidade?, *Revista Jus*, Ano 43, n. 26, jan./jun. 2012, p. 11.
252 Cf. VIOLA, Francesco; ZACCARIA, Giuseppe. *Diritto e interpretazione. Lineamenti di teoria ermeneutica del diritto*. 6ª ed. Roma: Laterza, 2009, p. 278 e s.
253 Cf. VILLAR PALASI, José Luis. *La Interpretación y los Apotegmas Jurídico-Lógicos*. Madrid: Editorial Tecnos, 1975, p. 98.

técnicos ou ordinários, vagos ou ambíguos[254], daí decorrendo uma polissemia interna (significados distintos na própria linguagem jurídica) ou uma polissemia externa (um significado na linguagem ordinária e outro na linguagem jurídica)[255], o que aumenta o risco de interferências no processo de comunicação. Não é por outra razão que, na atualidade, a linguagem estritamente jurídica, pelas barreiras que cria, não tem se mostrado um meio totalmente eficaz à veiculação dos conteúdos jurídicos[256]. Distanciar-se do *egocentrismo* e aproximar-se do *conhecimento mútuo* é o grande desafio a ser enfrentado tanto pelas autoridades responsáveis pela elaboração dos textos normativos, como pelo intérprete, aumentando, com isso, as chances de sucesso no processo de comunicação normativa.

Apesar das especificidades da linguagem jurídica e das dificuldades que oferece para a sua exata compreensão, existem diversos fatores que concorrem para a atribuição de significado às expressões linguísticas utilizadas e contribuem para a diminuição dos seus níveis de polissemia e ambiguidade. Com os olhos voltados à compreensão dos denominados *atos de improbidade*, destacaremos um fator em particular, que é o contexto.

O contexto reflete o universo existencial do enunciado linguístico interpretado, podendo ser visto sob uma perspectiva linguística ou não linguística. Aliás, remonta aos romanos o brocardo *lex non est textus sed contextus*. Alguns autores reservam o designativo *contexto* ao universo linguístico, referindo-se ao não linguístico como *situação*[257].

O contexto linguístico alcança todos os fatores de natureza homônima que apresentem algum tipo de conexão com o enunciado interpretado, o que pode redundar em sucessivos níveis de dependência e generalidade, principiando pelas relações com os demais signos e enunciados inseridos no texto: avançando pelas relações do texto com outros textos, até alcançar as relações entre conjuntos de textos, cada qual representando um sistema específico. Não é incomum que o contexto linguístico seja dividido em distintos setores disciplinares, formando universos distintos e relativamente independentes, de modo que as conexões linguísticas permaneçam adstritas a cada um desses setores. Essa separação é particularmente perceptível em relação aos distintos ramos do Direito, sendo possível que um mesmo signo linguístico ostente significados diversos conforme o ramo em que utilizado[258].

Em relação ao contexto não linguístico, observa-se que ele absorve um amplo e variado leque de fatores, incluindo aspectos sociopolíticos e econômicos e os contornos cultu-

---

254 Cf. AUBERT, Jean-François. *Traité de Droit Constitutionnel Suisse*, Neuchatel: Éditions Ides et Calendes, 1967, v. I, p. 116.
255 Cf. CONSTANTINO PETRI, Maria José. *Manual de Linguagem Jurídica*. 2ª tiragem. São Paulo: Editora Saraiva, 2009, p. 30-31.
256 Cf. SCHNEIDEREIT, Gaby. *Legal Language as a Special Language: Structural Features of English Legal Language*. Germany: GreenVerlag, 2007, p. 4.
257 Cf. MODUGNO, Franco. *Interpretazione Giuridica*. Padova: CEDAM, 2009, p. 112 e 136.
258 Cf. TRIMARCHI, Pietro. *Istituzioni di Diritto Privato*. 6ª ed. Milano: Giuffrè, 1983, p. 11.

rais da sociedade[259], propósitos e objetivos tidos como relevantes, ou, mesmo, as peculiaridades de uma situação concreta[260]. Todos amplamente suscetíveis à ação do tempo. As normas jurídicas, enquanto padrões de regulação social, não podem ser individualizadas à margem dessa realidade. Pelo contrário, o seu significado será definido com a necessária influência da totalidade do contexto, mais especificamente com a influência do modo pelo qual o intérprete vê e apreende esse contexto[261]. O processo de interpretação não permanece adstrito ao material fornecido pelas fontes formais, sendo factível que a ele se soma uma multiplicidade de conceitos que delineiam o patrimônio cultural da sociedade e, em *ultima ratio*, do próprio intérprete. É o contexto social que justifica a existência da regulação estatal e estabelece os significados correntes da linguagem utilizada[262].

Se a multiplicidade de fatores que compõem o contexto não linguístico é facilmente perceptível, o mesmo pode ser dito em relação à sua falta de sistematização e à indeterminação da exata influência que exercem na atribuição de significado aos significantes normativos. A falta de coerência que reina nessa seara não tem impedido que tais fatores sejam constantemente considerados pelo intérprete, não de modo uniforme, mas com evidentes variações qualitativas e quantitativas. Essas variações costumam ser influenciadas pelos referenciais ideológicos encampados pelo intérprete e pela teoria da interpretação adotada. Na medida em que cada intérprete enumera os fatores que têm por relevantes e atribui a cada um deles o peso que lhe pareça mais adequado às peculiaridades espaciais, temporais e pessoais que envolvem o processo de interpretação, afigura-se evidente que as escolhas a serem realizadas terão influência direta no delineamento dos significados em potencial.

É possível, no entanto, traçar alguns balizamentos à escolha desses fatores.

O primeiro deles reside na necessidade de o intérprete manter-se adstrito àqueles fatores que estejam conectados à situação concreta e ao enunciado linguístico escolhido como base do processo de interpretação. Somente esses fatores podem ser considerados relevantes, não aqueles que apenas encontrem ressonância na pré-compreensão e nas aspirações pessoais do intérprete.

Um segundo balizamento consiste na constatação de que, embora não seja possível atribuir contornos puramente objetivos a escolhas dessa natureza, o intérprete somente

---

259 Cf. AVELAR FREIRE SANT'ANNA, Alayde. *A Radicalização do Direito*. Porto Alegre: Sérgio Antônio Fabris Editor, 2004, p. 37 e s (*How Judges Think?* Cambridge: Harvard University Press, 2008, p. 231).

260 Como ressaltado por Richard Posner, não é incomum que o juiz norte-americano adote uma postura *legalista* ou *não legalista*, permanecendo adstrito ou distanciando-se do texto normativo, a partir da reação moral ou emocional (*v.g.*: repulsa, indignação, contentamento etc.) que tenha em relação à conduta de uma das partes envolvidas na lide.

261 Cf. BELLERT, Irena. *La linguistica testuale* (*On a Condition of the Coherence of Text*). Trad. de M. Elisabeth Conte. Milano: Feltrinelli, 1977, p. 180.

262 Cf. LAVAGNA, Carlos. *Costituzione e socialismo*. Bologna: Il Mulino, 1977, p. 39.

encontrará receptividade por parte dos demais participantes do processo de comunicação normativa caso consiga "generalizar" seus argumentos. Argumentos empíricos dessa natureza não podem destoar da base cultural e dos padrões de racionalidade já sedimentados no ambiente sociopolítico, isso sob pena de serem desautorizadas as conclusões alcançadas. A invocação das regras de experiência, do senso comum, do *aquis* social e de outras formas de expressão do consenso ou, simplesmente, da ampla convergência, são recursos úteis para o intérprete.

O terceiro balizamento, particularmente útil nas situações de internormatividade, consiste na necessidade de o intérprete considerar os fatores de natureza normativa que podem influenciar na interpretação do enunciado linguístico. Trata-se de imperativo de coerência que assegura a unidade do sistema jurídico.

O quarto balizamento indica que esses fatores nem sempre ostentarão o mesmo grau de importância, tanto no que diz respeito à situação concreta como em relação ao enunciado linguístico interpretado. É possível, assim, seja estabelecida uma ordem de preferência entre eles, ordem esta que não deve destoar dos *standards* normalmente seguidos no ambiente sociopolítico.

Essas, portanto, são as diretrizes que utilizaremos na verificação da alegada sobreposição dos referenciais de improbidade e desonestidade.

Ao analisarmos se os denominados *atos de improbidade administrativa* devem ter o seu conteúdo delineado com o só recurso à linguagem ordinária ou se refletem um conceito técnico, inserido em uma linguagem para propósitos específicos, não podemos prescindir da verificação dos contextos linguístico e não linguístico.

Principiando pelo contexto linguístico, merece transcrição o art. 37, § 4º, da Constituição de 1988, *verbis*: "Os atos de improbidade administrativa importarão a suspensão dos direitos políticos, a perda da função pública, a indisponibilidade dos bens e o ressarcimento ao erário, na forma e gradação previstas em lei, sem prejuízo da ação penal cabível". O enunciado linguístico em que inserida a expressão objeto de análise indica as sanções básicas a serem aplicadas ao ímprobo, acrescendo que tal se daria na forma e gradação previstas em lei. Caberia à norma associar os atos de improbidade às sanções correspondentes, estabelecendo, ainda, um escalonamento entre eles, consoante a sua gravidade, daí decorrendo a cominação de sanções mais severas ou mais brandas. Antes de avançarmos para a legislação infraconstitucional, ainda é importante observarmos que o art. 37 da Constituição de 1988 veicula uma série de regras e princípios regentes da atividade estatal, todos vinculantes para os agentes públicos.

O referido § 4º do art. 37 foi regulamentado pela Lei n. 8.429/1992, que estabeleceu um novo contexto linguístico para a identificação do sentido dos atos de improbidade. Esse contexto, de contornos normativos, após as alterações promovidas pela Lei Complementar n. 157/2016, contém quatro espécies distintas de atos de improbidade, que são (1) o enriquecimento ilícito, (2) o dano ao patrimônio público, (3) a concessão ou aplicação indevida de benefício financeiro ou tributário ao contribuinte do ISS e (4) a violação aos princípios regentes da atividade estatal, sendo sabido por todos que estes últimos podem veicular diversos conteúdos distintos (*v.g.*: princípios da legalidade, da moralidade, da impessoalidade etc.). Nesse momento, já podemos alcançar uma conclusão parcial: como a própria lei, partindo de um comando constitucional, indicou o que se deveria entender por atos de improbidade, o significado dessa expressão nitidamente se desprendeu da linguagem ordinária e adentrou no domínio da linguagem para propósitos específicos.

Como já tivemos oportunidade de dizer, de acordo com a sistemática atualmente vigente no direito positivo pátrio, a improbidade não está superposta à imoralidade, tratando-se de conceito mais amplo que abarca não só componentes morais, como também os demais princípios regentes da atividade estatal, o que não deixa de estar em harmonia com suas raízes etimológicas. Justifica-se, pois sob a epígrafe do agente público de *boa qualidade* somente podem estar aqueles que atuem em harmonia com as normas a que estão sujeitos, o que alcança as regras e os princípios. Estes, por sua vez, certamente não se limitam à moralidade administrativa, daí a noção de juridicidade.

Além do contexto linguístico, também o não linguístico evidencia que o ambiente sociopolítico é plenamente refratário a um agente público que passe ao largo das regras e dos princípios regentes da atividade estatal. Afinal, o surgimento de *códigos paralelos de conduta* tende a lesar interesses individuais e a comprometer a satisfação do interesse público, o que leva a sociedade a ostentar elevados níveis de desconfiança em relação aos poderes constituídos, situação sempre perigosa ao lembrarmos que há pouco deixamos de conviver com um regime de exceção, de triste memória para o povo brasileiro.

De acordo com a sistemática adotada pelo art. 37, § 4º, da Constituição da República e pela Lei n. 8.429/1992, é perfeitamente possível termos atos de improbidade que não sejam propriamente atos desonestos. Basta pensarmos na conduta de agentes públicos que, voluntariamente, descumpram os padrões normativos a que estão vinculados e realizem fins diversos daqueles amparados pela norma, terminando por causar intensos danos ao interesse público na vã ilusão de estarem gerando um benefício à coletividade. Nesses casos, com a devida observância do critério de proporcionalidade, será possível configurar o ato de improbidade de um agente público honesto e que, apesar do dolo de sua conduta, agiu de boa-fé.

Tivesse a Lei n. 8.429/1992 feito mera referência à violação da probidade administrativa e estabelecido a respectiva sanção, não teríamos dúvida em afirmar que na integração do conceito deveria preponderar o seu sentido semântico[263]. A opção, no entanto, foi outra: a lei de regência indicou o que se deve entender por improbidade, daí a impossibilidade de o semântico sobrepor-se ao normativo.

---

263 Cf. GONZÁLEZ PÉREZ, Jesús. *La ética en la administración pública*, p. 44.

CAPÍTULO III
Controle Preventivo da Probidade Administrativa

1. CÓDIGOS DE CONDUTA

A atividade administrativa, de forma correlata à observância das prescrições legais, deve render obediência aos valores que defluem do sistema, normalmente condensados sob a epígrafe do princípio da moralidade. A densificação desse princípio, cujo conteúdo deflui de normas explícitas e implícitas, representa, como já fora visto, tarefa extremamente delicada e complexa, o que é consequência inevitável de seu alto teor de abstração. Por tal motivo, são extremamente relevantes as iniciativas que buscam elaborar diretrizes básicas para nortear a atuação dos agentes públicos.

Com isso, são densificados os valores afetos à moralidade administrativa e, consequentemente, tem-se um aumento de efetividade do princípio, pois seu alto grau de abstração passa a coexistir com comandos específicos que delineiam as vedações e os deveres a serem cumpridos pelo agente e que disciplinam a forma de exercício de seus direitos. Para alcançar tais objetivos, são editados os denominados "Códigos de Ética" ou "Códigos de Conduta", os quais, como deflui da própria etimologia da expressão, estatuem os padrões éticos a serem observados por seus destinatários.

A Convenção das Nações Unidas contra a Corrupção[1] preconiza a edição de "Códigos de Conduta" para os agentes públicos, de modo a propagar os deveres de honestidade, integridade e responsabilidade, se possível encampando iniciativas já difundidas no plano internacional, como o modelo de Código anexo à Resolução n. 51/59, da Assembleia Geral, de 12 de dezembro de 1996. "Códigos" dessa natureza devem facilitar a comunicação dos atos de corrupção às autoridades competentes e dispor sobre a obrigatoriedade de declaração das atividades externas, dos empregos, investimentos e bens possuídos pelo agente, bem como dos interesses que possam, de algum modo, gerar conflitos com a função pública[2].

---

1 Art. 8º.
2 No direito espanhol, merece referência o "Código de buen gobierno de los Miembros del Gobierno y de los altos cargos de la Administración General del Estado", aprovado pelo Conselho de Ministros em 18/2/2005

Em face da sua própria origem, alheia aos influxos democráticos, já que editados no âmbito do próprio ente em que projetarão os seus efeitos, esses "Códigos" encontram-se normalmente desprovidos de aparato jurídico sancionador, o que enseja não poucos debates quanto à própria efetividade de suas recomendações[3]. Conquanto reconheçamos a sua utilidade, é de todo atécnico, como fazem alguns[4], misturar categorias ontologicamente distintas, como são esses "Códigos" e as leis de colorido sancionador (*v.g.*: a denominada "Lei de Improbidade Administrativa"). Acresça-se que, abstraindo as normas de prescrição categórica, que dispõem sobre a organização do Estado ou fixam atribuições na ordem pública ou privada e independem de qualquer condição para a sua incidência (*v.g.*: art. 101 da Constituição de 1988 – *O Supremo Tribunal Federal compõe-se de onze ministros...*), as demais, vale dizer, as normas de prescrição condicional ou hipotética, que preveem um fato e uma consequência dele decorrente, sempre indicarão um padrão de conduta a ser seguido ou a ser evitado. Assim, em *ultima ratio*, sempre refletirão "códigos de conduta", constatação que só reforça a impropriedade da utilização dessa expressão, pois, além de associar categorias distintas, acaba por gerar um padrão conceitual que alcança todas as categorias normativas, terminando por eliminar qualquer distinção entre elas. Em síntese: é conceito que nada conceitua.

No Brasil, tais "Códigos" são extremamente difundidos entre diversas categorias profissionais (Códigos de Ética dos advogados, dos médicos etc.) e coexistem, em diversas unidades da Federação, com o regime jurídico dos servidores públicos[5].

No âmbito da administração pública, a ética deve se projetar em múltiplas direções, todas merecedoras de igual preocupação e imperativa reverência: a) na inter-relação com os demais agentes públicos, superiores, do mesmo nível ou inferiores; b) na relação com a administração pública, em especial na consecução de sua atividade finalística; e c) no con-

---

(BOE de 3/3/2005), que estabelece princípios éticos, jurídicos e de bom governo. Dentre os referenciais éticos, podem ser mencionados os seguintes: (1) observância dos direitos fundamentais, em especial a isonomia, (2) incessante satisfação dos interesses gerais, (3) abstenção de toda atividade privada que possa gerar um conflito de interesses, (4) não aceitação de favor ou situação que implique privilégio ou vantagem injustificada por parte de pessoas físicas ou entidades privadas, (5) atuarão com transparência e de acordo com os princípios de eficácia, economia e eficiência e (6) assumirão a responsabilidade por seus atos e pelos atos dos órgãos que dirijam. Dentre os princípios jurídicos, têm-se os seguintes: (1) o desempenho de cargos em órgãos de direção de partidos políticos não comprometerá o exercício de suas funções, (2) o zelo em suas funções deve ser um exemplo para os empregados públicos, (3) deve ser rechaçado qualquer presente, favor ou serviço que ultrapasse os usos habituais, sociais e de cortesia, podendo influir no desempenho de suas funções (os bens de maior significado se incorporam ao patrimônio do Estado) e (4) os bens e serviços públicos não podem ser utilizados em benefício próprio.

3   Cf. GONZÁLEZ PÉREZ, Jesús. *Corrupción, ética y moral...*, p. 50.
4   Ver Fábio Medina Osório, que cognomina a Lei n. 8.429/1992 de "Código Geral de Conduta dos agentes públicos brasileiros" (*Teoria da improbidade administrativa*. São Paulo: Revista dos Tribunais, 2007, p. 183).
5   A Lei n. 13.303/2016, em seu art. 9º, § 1º, determinou a elaboração de Código de Conduta e Integridade no âmbito das empresas públicas e das sociedades de economia mista.

tato com os administrados, destinatários finais de uma atividade a ser necessariamente desempenhada com a observância de valores éticos.

Estatuída a deontologia a ser seguida pelos agentes públicos e sendo certo que ela aufere o seu fundamento de validade nos princípios regentes da atividade estatal, conferindo-lhes maior determinabilidade com a previsão de condutas específicas a serem seguidas, torna-se possível dizer que a violação dos deveres éticos normatizados pelo Poder Público consubstanciará relevante indício da inabilitação moral do agente para o exercício da função pública, já que violado o princípio da moralidade.

Ainda que não recebam esse designativo, contêm acentuado conteúdo ético os inúmeros preceitos que veiculam os deveres e as proibições a que estão sujeitos os agentes públicos e que podem ser encontrados nas leis que regem o regime jurídico da respectiva categoria[6].

Além das sanções de ordem disciplinar a que estará sujeito o agente, também incidirá a tipologia específica dos atos de improbidade constante da Lei n. 8.429/1992, que assume uma feição nitidamente repressiva. Ocorre que, como antecedente lógico, os "Códigos de Ética" desempenham um papel eminentemente preventivo, pois individualizam, de forma explícita ou implícita, os preceitos proibitivos que consubstanciam a improbidade administrativa, o que certamente contribuirá para que os agentes adquiram consciência dos valores de ordem ética que devem seguir, direcionando, *pari passu*, sua atuação e evitando a prática dos atos de improbidade.

1.1. Código de Conduta da Alta Administração Federal

Com o fim de prevenir condutas incompatíveis com o padrão ético almejado para a administração pública, o Governo Federal, em 21 de agosto de 2000, aprovou o *Código de Conduta da Alta Administração Federal*, publicado, no dia imediato, no *Diário Oficial da União*[7].

---

[6] Ver arts. 116 e 117 da Lei n. 8.112/1990 (Regime Jurídico dos Servidores Públicos Civis da União); arts. 43 e 44 da Lei n. 8.625/1993 (Lei Orgânica Nacional do Ministério Público); arts. 236 e 237 da Lei Complementar n. 75/1993 (Lei Orgânica do Ministério Público da União); art. 74 da Lei n. 8.443/1992 (Lei Orgânica do Tribunal de Contas da União); arts. 35 e 36 da Lei Complementar n. 35/1979 (Lei Orgânica da Magistratura Nacional); e arts. 54 e 55, I e II, da Constituição da República.

[7] Ressalte-se a existência do Ministério da Transparência, Fiscalização e Controladoria-Geral da União – CGU, criado pela Lei n. 13.341/2016, que sucedeu e absorveu as competências da Controladoria-Geral da União (*vide* arts. 6º, II e 7º, II). Este último órgão era responsável por assistir "direta e imediatamente ao Presidente da República no desempenho de suas atribuições quanto aos assuntos e providências que, no âmbito do Poder Executivo, sejam atinentes à defesa do patrimônio público, ao controle interno, à auditoria pública, à correição, à prevenção e ao combate à corrupção", tal qual dispunha o art. 17, *caput*, da Lei n. 10.683/2003, com a redação dada pela Lei n. 11.204/2005, preceito que foi revogado pela Lei n. 13.341/2016. As atribuições do referido Ministério estão detalhadas no art. 27, X, da Lei n. 10.683/2003, com a redação dada pela Lei n. 13.341/2016. Ainda merece referência a Lei n. 12.813/2013, que dispõe sobre o conflito de interesses no exercício de cargo ou emprego do Poder Executivo Federal e contém diversos comandos similares àqueles veiculados no Código de Conduta.

Como ressalta da Exposição de Motivos, as diretrizes comportamentais ali traçadas, na medida em que alcançam os altos escalões da administração federal, buscam igualmente estimular que as autoridades de hierarquia inferior se conduzam de forma similar, assegurando a lisura e a transparência dos atos praticados na condução da coisa pública. Com isso, almeja-se preencher a *zona cinzenta* que normalmente se apresenta na valoração de determinados comportamentos à luz da ética, espaço no qual se verifica um tangenciamento entre o interesse público e o interesse privado, o que gera inúmeras incertezas a respeito da correção do comportamento do agente. Ao indicar determinadas condutas consideradas incompatíveis com o padrão ético que deve nortear a administração federal, o *Código* em muito reduz a abrangência da *zona cinzenta*, já que, *a priori*, considera imorais aquelas condutas que dele destoem.

Segundo o art. 1º, o *Código*, dentre outras finalidades, visa a: a) conferir maior transparência à administração; b) estimular a ideologia participativa, permitindo que a sociedade identifique a compatibilidade entre o processo decisório da administração e as diretrizes comportamentais traçadas; c) aperfeiçoar os padrões éticos da administração; d) conferir maior segurança ao administrador, o qual terá um padrão a nortear sua conduta; e e) diminuir o espaço de tensão entre o interesse privado e o dever funcional do administrador.

Estão sujeitos ao *Código*, de acordo com o art. 2º, determinadas autoridades que exercem funções de natureza política ou que ocupam cargos de confiança, todas com a característica comum de serem normalmente demissíveis *ad libitum* do Presidente da República. São eles:"I- Ministros e Secretários de Estado; II- titulares de cargos de natureza especial, sercretários-executivos, secretários ou autoridades equivalentes ocupantes de cargo do Grupo-Direção e Assessoramento Superiores – DAS, nível seis; III- presidentes e diretores de agências nacionais, autarquias, inclusive as especiais, fundações mantidas pelo Poder Público, empresas públicas e sociedades de economia mista".

Não obstante o alcance aparentemente restritivo do *Código*, alguns de seus dispositivos, especificamente aqueles compatíveis com a lei, como veremos, devem nortear a conduta de todos os agentes que integram a esfera federal. A justificativa é simples: é inconcebível a existência de inúmeros padrões éticos no seio de uma mesma instituição. Quando muito, será possível atenuar ou exasperar as consequências de determinados atos conforme a importância da atividade desenvolvida pelo agente ou o grau de discernimento exigido para o cargo que ocupa. O padrão ético é um só, as consequências para a sua inobservância é que podem apresentar variações.

Acresça-se, ainda, que apesar de o *Código* não ter natureza normativa, já que não foi editado em conformidade com o processo legislativo regular, mas, sim, por ato do Chefe do Executivo, inexiste qualquer óbice a que os valores por ele veiculados, todos extraídos da disciplina interna da administração federal, venham a auxiliar na densificação do princípio da moralidade administrativa, este sim de cunho obrigatório a todos os agentes públicos.

Além da declaração de bens de que trata a Lei n. 8.730/1993, devem as autoridades públicas, no prazo de dez dias contados de sua posse, prestar à Comissão de Ética Pública

– CEP – informações sobre sua situação patrimonial que possam suscitar conflito com o interesse público, indicando o modo pelo qual irão evitá-lo[8]. À CEP serão igualmente informadas, de ofício ou mediante solicitação, quaisquer alterações relevantes no patrimônio da autoridade, especialmente as transferências patrimoniais a parentes; a aquisição, direta ou indireta, do controle de empresa[9]; a alterações significativas no valor ou na natureza do patrimônio; ou atos de gestão de bens cujo valor possa ser substancialmente alterado por decisão ou política governamental[10].

É vedado à autoridade receber qualquer vantagem (*v.g.*: dinheiro, transporte, hospedagem etc.) de fonte privada em desacordo com a lei, ou mesmo favores que possam gerar dúvida sobre a sua probidade ou honorabilidade. É permitida a participação em eventos (*v.g.*: seminários), desde que divulgadas ao público a possível remuneração e realizado o pagamento de despesas pelo promotor, o qual não poderá ter interesse em decisão a ser tomada pela autoridade[11].

Pode a autoridade ser mandatária, desde que tal não implique na prática de atos de comércio ou quaisquer outros incompatíveis com o exercício do seu cargo ou função, nos termos da lei[12].

Conforme o art. 9º, é vedado à autoridade a aceitação de presentes, salvo de autoridades estrangeiras nos casos protocolares em que houver reciprocidade. O parágrafo único, por seu conteúdo inusitado, merece ser transcrito: "Não se consideram presentes para os fins deste artigo os brindes que: I – não tenham valor comercial; ou II – distribuídos por entidades de qualquer natureza a título de cortesia, propaganda, divulgação habitual ou por ocasião de eventos especiais ou datas comemorativas, não ultrapassem o valor de R$ 100,00 (cem reais)"[13].

---

8   Art. 4º do Código de Conduta da Alta Administração Federal.
9   De acordo com o art. 6º do Código de Conduta da Alta Administração Federal, "a autoridade pública que mantiver participação superior a cinco por cento do capital de sociedade de economia mista, de instituição financeira, ou de empresa que negocie com o Poder Público, tornará público este fato".
10 Art. 5º do Código de Conduta da Alta Administração Federal. O § 1º tem o seguinte teor: "É vedado o investimento em bens cujo valor ou cotação possa ser afetado por decisão ou política governamental a respeito da qual a autoridade tenha informações privilegiadas, em razão do cargo ou função, inclusive investimentos de renda variável ou em *commodities*, contratos futuros e moedas para fim especulativo, excetuadas aplicações em modalidades de investimento que a CEP venha a especificar" (redação dada pela Exm n. 360, de 17/9/2001). Cf. art. 11, III e VII, da Lei n. 8.429/1992.
11 Art. 7º do Código de Conduta da Alta Administração Federal. Cf. art. 9º, I e VII, da Lei n. 8.429/1992.
12 Art. 8º do Código de Conduta da Alta Administração Federal. Cf. art. 11, I, da Lei n. 8.429/1992.
13 Na Turquia, a Lei n. 3.628/1990 introduziu restrições ao recebimento, pelos agentes públicos, de presentes dados por países ou indivíduos estrangeiros, bem como por pessoas jurídicas. Tais "restrições", no entanto, mais se assemelham a um estímulo ao recebimento de benesses. Afinal, ao dispor que os bens de valor superior a 10 (dez) meses de salário oficial (em agosto de 2007, o valor mensal do salário era de aproximadamente 305 dólares) devem ser revertidos ao Poder Público, atribuiu ares de normalidade ao recebimento de bens que não alcancem esse elevado limite. Incongruências à parte, o permissivo, ao menos, está contemplado em lei.

O art. 9º, II, enseja o surgimento de alguns questionamentos. Na medida em que o Código de Conduta, como ressalta de sua Exposição de Motivos, busca alcançar os servidores de menor hierarquia, os quais "sempre se sentirão estimulados por demonstrações e exemplos de seus superiores", é possível concluir que todos poderão receber "agrados" de valor não superior a R$ 100,00 (cem reais)? Este valor pode ser considerado irrisório quando constatamos que, por ocasião da sua fixação (21/8/2000), o salário mínimo, que se destina a atender o extenso rol de necessidades previsto no art. 7º, IV, da Constituição da República, equivalia a R$ 151,00 (cento e cinquenta e um reais)? O Chefe do Executivo teria competência para "regulamentar" e, pior, reduzir o alcance do art. 9º, *caput*, da Lei n. 8.429/1992, o qual considera ato de improbidade o recebimento de qualquer tipo de vantagem patrimonial indevida em razão do exercício de função pública? Esta pseudorregulamentação poderia ser suscitada pelo agente para excluir o dolo de sua conduta e eximi-lo da imputação de ato de improbidade? A nosso ver, as respostas deveriam ser negativas.

Rompe as raias do inusitado entender que o alcance da Lei de Improbidade possa ser restringido por um ato da Presidência da República; e o pior, que este ato, espúrio e ilegítimo, possa servir de escusa à configuração da improbidade. A simples iniciativa na edição desse preceito, em si, já é um ato imoral. Como justificar que em um país massacrado pela miséria, em que um trabalhador, ativo ou inativo, era compelido a sobreviver com a importância de R$ 151,00, seria dado aos agentes públicos receber tantos "agrados" quantos conseguissem carregar, desde que não ultrapassassem o valor individual de R$ 100,00? O preceito, na amplitude em que se encontra redigido, por certo faria melhor figura em um anedotário, não em um Código de Ética. Qualquer "agrado", por força do princípio da impessoalidade, deve ser destinado à administração, não ao agente. Por certo, em uma recepção oficial ou em um evento no qual sejam oferecidos brindes de valor *módico* a todos os participantes, agentes públicos ou não, não haverá que se falar em improbidade; a propaganda ou a divulgação habitual (*v.g.*: distribuição de calendários), indistintamente realizada junto a todos, não ensejará, igualmente, o surgimento de ato de improbidade[14].

---

14 Maior habilidade e sensatez foram demonstradas pelo Legislador do Estado do Rio de Janeiro com a edição da Lei n. 3.910/2002, que tem o seguinte teor: "Art. 1º A oferta e a aceitação de presentes pelo Governador e pelos demais ordenadores de despesas no âmbito dos três Poderes do Estado do Rio de Janeiro regem-se por esta Lei. Art. 2º A oferta e a aceitação de presentes são admitidas exclusivamente por ocasião de atividades oficiais, eventos protocolares, solenidades especiais e missões diplomáticas. Parágrafo único. Admite-se a aceitação de presentes em situações não incluídas nas disposições do *caput*, desde que seu custo seja arcado pelo próprio ofertante, vedada a aceitação de presente ofertado por pessoa, empresa ou entidade que: I- esteja sujeita à jurisdição regulatória do órgão a que pertence a autoridade; II- tenha interesse pessoal, profissional ou empresarial em decisão, individual ou em caráter coletivo, que possa ser tomada pela autoridade, em razão do cargo; III- mantenha relação comercial com o órgão a que pertence a autoridade; IV- represente interesse de terceiros, como procurador ou preposto. Art. 3º A oferta de presentes, na forma do disposto no artigo anterior, só será permitida se houver dotação orçamentária consignada como Verba de Representação, em programa de trabalho apropriado, da unidade orçamentária ou órgão que o ofertante representa. Art. 4º É vedada a oferta de brindes de qualquer natureza, salvo quando resultante de eventos

Agora, voltamos a dizer, afirmar que é legítima a percepção, por agente público, de "agrado", em percentual correspondente a 66% do salário mínimo, pelo simples fato de ocupar um cargo público, é indiscutivelmente inusitado[15]. E o pior, na forma em que se encontra redigido, o preceito parece excepcionar o art. 7º do Código de Conduta, permitindo que os "agrados" sejam realizados por pessoas que possam ser atingidas por atos da autoridade, o que está em frontal colidência com o art. 9º, I, da Lei n. 8.429/1992.

Caso o agente aceitasse o "agrado" no valor de R$ 100,00, ter-se-ia um relevante indício de configuração do ato de improbidade previsto no art. 9º, *caput*, da Lei de Improbidade, no qual igualmente incidiria a autoridade responsável pelo Código de Conduta, já que, conforme dispõe o art. 3º da Lei n. 8.429/1992, induzira seus comandados à prática de atos de improbidade. Além disso, violaria o princípio da moralidade, o que ensejaria a aplicação subsidiária do art. 11 do mesmo diploma legal. Não obstante a plena coerência dessas observações, a Lei n. 12.813/2013, que dispõe sobre o conflito de interesses no exercício de cargo ou emprego do Poder Executivo federal, reconheceu, em seu art. 5º, VI, a possibilidade de o agente público receber presente de quem tenha interesse em decisão sua ou de colegiado do qual participe, desde que observados os limites e condições estabelecidos em regulamento. O comando, pelas razões já expostas, é mais que inadequado.

A autoridade deve, ainda, declarar o seu impedimento para a prática de determinados atos[16], sendo-lhe vedado opinar publicamente a respeito do comportamento de outras autoridades, sobre o mérito de atos por elas praticados[17] e sobre divergências internas[18].

Os arts. 14, 15 e 16 estabelecem uma espécie de *quarentena*, restringindo a possibilidade de atuação da autoridade junto à iniciativa privada no período imediatamente posterior à sua saída do cargo. Por restringirem o livre exercício da atividade laborativa do agente, tais preceitos, evidentemente, somente serão eficazes nos casos em que a lei assim o dispuser; nos casos em que a lei for silente, serão ineficazes. Apesar disso, se por um lado não possuem imperatividade suficiente para impedir que a atividade seja exercida, têm força suficiente para demonstrar a inadequação do comportamento do ex-agente e, *ipso facto*, a violação à ética na administração.

Verificada a infração ao Código de Conduta, estará a Comissão de Ética Pública autorizada a instaurar, de ofício ou a partir de denúncia fundamentada, o processo de

---

oficiais ou concursos, e desde que haja dotação orçamentária consignada em programa de trabalho vinculado à unidade orçamentária ou órgão promotor do evento ou concurso. Art. 5º (*Vetado*.) Art. 6º (*Vetado*.) Art. 7º Esta Lei entrará em vigor no primeiro dia do ano seguinte à sua aprovação, revogadas as disposições em contrário".

15 No mesmo sentido: Benedicto de Tolosa Filho, *Comentários...*, p. 70.
16 Art. 10 do Código de Conduta da Alta Administração Federal.
17 Art. 12 do Código de Conduta da Alta Administração Federal.
18 Art. 11 do Código de Conduta da Alta Administração Federal.

apuração[19] e legitimada a aplicar as sanções de advertência, aplicável às autoridades no exercício do cargo, ou censura ética, cominada às autoridades que já tiverem deixado o cargo[20]. Conforme o caso, poderá a Comissão encaminhar sugestão de demissão à autoridade hierarquicamente superior.

Além de aplicar as sanções, está a Comissão de Ética Pública legitimada a responder consultas[21], expedir recomendações ou formular sugestões ao Presidente da República no sentido de que sejam editadas normas complementares ao Código de Conduta[22].

O entendimento encampado pela Comissão de Ética em relação a determinado assunto, por óbvias razões, não vinculará o Ministério Público ou o Poder Judiciário na perquirição dos atos de improbidade, ou mesmo afastará a responsabilidade do agente em relação aos atos de improbidade que venha a praticar. As deliberações de um órgão administrativo não têm o condão de revogar ou restringir o alcance da lei; não sendo igualmente possível falar-se em ausência de dolo do agente, isto sob pena de legitimar-se toda e qualquer lesão ao ordenamento jurídico sempre que referida Comissão, usurpando a competência do Poder Judiciário, divisasse, ao arrepio da lei, a licitude da conduta. Seguindo o deliberado pela Comissão, agirá o agente por sua conta e risco – sem prejuízo da apuração da conduta dos integrantes da Comissão que o induziram à prática do ato.

1.2. Código de Ética Profissional do Servidor Público Civil do Poder Executivo Federal

Além do *Código de Conduta da Alta Administração Federal*, deve ser lembrado o *Código de Ética Profissional do Servidor Público Civil do Poder Executivo Federal*, instituído pelo Decreto n. 1.171, de 22 de junho de 1994[23]. Na Seção I do Capítulo I, o Código de Ética veicula as denominadas *regras deontológicas*, dentre as quais se destacam: a) a necessidade de preservação da honra e da tradição do serviço público; b) a observância do elemento ético, devendo preservar a dicotomia entre o honesto e o desonesto; c) a observância da morali-

---

19   Art. 18 do Código de Conduta da Alta Administração Federal.
20   Art. 17 do Código de Conduta da Alta Administração Federal.
21   Arts. 5º, § 3º, e 19 do Código de Conduta da Alta Administração Federal.
22   Art. 19 do Código de Conduta da Alta Administração Federal.
23   O Decreto n. 6.029/2007 instituiu o Sistema de Gestão da Ética do Poder Executivo Federal, integrado (1) pela Comissão de Ética Pública – CEP, instituída pelo Decreto de 26 de maio de 1999; (2) pelas Comissões de Ética de que trata o Decreto n. 1.171, de 22 de junho de 1994; e (3) pelas demais Comissões de Ética e equivalentes, existentes nas entidades e órgãos do Poder Executivo Federal. De acordo com o art. 15 desse Decreto, "[t]odo ato de posse, investidura em função pública ou celebração de contrato de trabalho, dos agentes públicos referidos no parágrafo único do art. 11, deverá ser acompanhado da prestação de compromisso solene de acatamento e observância das regras estabelecidas pelo Código de Conduta da Alta Administração Federal, pelo Código de Ética Profissional do Servidor Público Civil do Poder Executivo Federal e pelo Código de Ética do órgão ou entidade, conforme o caso".

dade administrativa com a distinção do bem e do mal e com a necessária satisfação do interesse público; d) ressalvadas as exceções legais, a publicidade dos atos administrativos é requisito de eficácia e moralidade, da sua omissão decorrendo o comprometimento ético do bem comum; e) o dever de dizer a verdade; f) a cortesia e a boa vontade no serviço; g) a preservação do patrimônio público; e h) o atendimento inadequado, permitindo a formação de longas filas, viola a ética e causa dano moral aos usuários dos serviços; i) a obediência às ordens legais dos superiores.

Em curiosa superfetação, logo após as *regras deontológicas*, a Seção II veicula os *principais deveres do servidor público*, os quais, não é difícil imaginar, pouco inovam em relação ao elenco anterior. De qualquer modo, merecem lembrança os deveres de pronta prestação de contas; de zelar, no exercício do direito de greve, pelas exigências específicas da defesa da vida e da segurança coletiva; manter limpo e em ordem o local de trabalho; manter-se atualizado; facilitar a fiscalização por quem de direito; e exercer as prerrogativas funcionais com moderação.

A Seção III trata das *vedações ao servidor público* e pouco inova em relação às *regras deontológicas* e aos *principais deveres*. De qualquer modo, vale reproduzir o teor de sua alínea *g, verbis*: "pleitear, solicitar, provocar, sugerir ou receber qualquer tipo de ajuda financeira, gratificação, prêmio, comissão, doação ou vantagem de qualquer espécie, para si, familiares ou qualquer pessoa, para o cumprimento da sua missão ou para influenciar outro servidor para o mesmo fim". Embora não se trate de permissivo semelhante àquele contemplado no parágrafo único do art. 9º do Código de Conduta da Alta Administração (*rectius*: a licitude dos "agrados" não superiores a R$ 100,00), a vedação ora mencionada também não rende estrita obediência à Lei de Improbidade, exigindo um "dolo específico" do servidor: a vantagem deve estar associada ao cumprimento de um dever funcional ou à influência em relação ao dever funcional de outro servidor. A dissonância da Lei n. 8.429/1992 é constatada pela análise do seu art. 9º, I, que considerou ato de improbidade o recebimento de qualquer vantagem patrimonial indevida, "a título de comissão, percentagem, gratificação ou presente de quem tenha interesse, direto ou indireto, que possa ser atingido ou amparado por ação ou omissão decorrente das atribuições do agente público". Tal vantagem está associada ao exercício da função pública, sendo indevida na medida em que é percebida pelo servidor unicamente por ostentar essa condição, não sendo fruto da contraprestação paga pelo Poder Público em razão dos serviços prestados. Face à identidade dos fundamentos, nos reportamos ao que foi dito no item anterior.

O Capítulo II dispõe sobre as *Comissões de Ética*, integradas por três servidores e respectivos suplentes, que devem ser criadas em todas as entidades da administração pública federal direta e indireta, com o fim de "orientar e aconselhar sobre a ética profissional do servidor, no tratamento com as pessoas e com o patrimônio público, competindo-lhe conhecer concretamente de imputação ou de procedimento susceptível de censura". Sua atuação tanto pode ocorrer de ofício ou mediante provocação de terceiros, servidores ou não. Ultimado o respectivo procedimento, a Comissão de Ética poderá aplicar ao servidor a pena de censura (art. XXII), considerando-se servidor "todo aquele que, por força de lei, contrato ou de qualquer ato jurídico, preste serviços de natureza permanente, temporária ou excepcional, ainda que sem retribuição financeira, desde que ligado direta ou indiretamente a qualquer órgão do poder estatal, como as autarquias, as fundações públicas, as entidades paraestatais, as empresas públicas e as sociedades de economia mista, ou em qualquer setor onde prevaleça o interesse do Estado" (art. XXIV).

Anteriormente à posse ou investidura em função pública em órgão do Poder Executivo Federal, "deverá ser prestado, perante a respectiva Comissão de Ética, um compromisso solene de acatamento e observância das regras estabelecidas por este Código de Ética e de todos os princípios éticos e morais estabelecidos pela tradição e pelos bons costumes" (art. XXV).

2. O *OMBUDSMAN*

Há muito se busca o aperfeiçoamento dos meios de controle da atividade estatal, sempre visando a assegurar a sua eficiência, a garantia das liberdades públicas e a proteção dos direitos fundamentais. A efetividade desses objetivos, no entanto, pressupõe o desenvolvimento de fórmulas que possibilitem o encurtamento da distância existente entre a previsão abstrata da norma, a realidade fenomênica e os anseios da população. Para tanto, idealizou-se a figura do *ombudsman*, agente que teria a relevante missão de fiscalizar o Poder Público em todas as suas variantes.

Sua origem remonta à Constituição sueca de 1809, em que se consagrou a figura do *justitieombudsman* (comissário de justiça), o qual era investido em suas funções pelo Parlamento (*Riksdag*) e tinha a atribuição de supervisionar a observância dos atos normativos pelos servidores públicos e pelos juízes[24]. Em 1915, parte de suas funções foi destacada e atribuída ao *militieombudsman* (comissário militar), sendo posteriormente refundidas em um único órgão. Ante o seu largo espectro de atuação, o *ombudsman* foi objeto de nova reforma em 1975, ocasião em que suas atividades foram subdivididas entre quatro comissários.

Ulteriormente, irradiou-se por diversos países, originando o *defensor del pueblo* na Espanha, o *provedor de justiça* em Portugal, o *public protector* em Nassau, o *défenseur des droits* na França, o *public prosecutor* na Iugoslávia, o *Wehrbeauftrager des Bundestages* na

---

[24] Sobre a fiscalização do *ombudsman* junto aos órgãos jurisdicionais, é oportuno mencionar o precedente indicado por Adhemar Ferreira Maciel (*Dimensões do direito público*, p. 146): "Vez por outra o *ombudsman* comparece com seus assessores perante um determinado órgão judicial e, aleatoriamente, sorteia alguns processos para exame detalhado. A propósito, há um caso interessante, que vale a pena ser contado, pois, para nós, de formação jurídica romano-germânica, não deixa de ser inusitado e desconcertante: uma empregada doméstica alemã, de 16 anos de idade, e que não falava sueco, foi acusada (confessou) de furtar pequenos objetos de sua patroa. A lei sueca da época permitia ao juiz (distrital), em crimes de menor potencial ofensivo, dispensar a nomeação de advogado dativo para a defesa. A mocinha foi apenada a dois meses de trabalho supervisionado e posterior expulsão do país. O *ombudsman*, ao examinar o caso, entendeu que o juiz, embora tenha agido formalmente de acordo com a norma, fugiu a seu espírito: deveria ter nomeado advogado de defesa, sobretudo tendo em conta a gravidade das penas aplicadas. Com isso, o juiz foi processado pela sua má interpretação da lei".

Alemanha, o *defensore civico* na Itália etc. Não obstante tenham realidades distintas e sejam regidos por normatização diversa, os países que instituíram órgãos dessa natureza têm objetivos similares: conferir a um servidor público independente a atribuição de recepcionar denúncias que veiculem irregularidades no funcionamento dos órgãos públicos, realizar as inspeções que se fizerem necessárias à aferição de sua idoneidade e formular as sugestões pertinentes. A partir desses elementos comuns, é o instituto adaptado às peculiaridades locais, podendo o *ombudsman* intervir unicamente no controle da legalidade dos atos estatais, avançar no denominado mérito administrativo ou mesmo atuar como mero órgão de repasse de informações, encaminhando-as àqueles competentes para a adoção das providências cabíveis.

Qualquer que seja a denominação que venha a lhe ser atribuída, *ombudsman*, protetor parlamentar, corregedor, ouvidor etc., o servidor público que desempenhar tal *munus* atuará como ponto de convergência de críticas, denúncias e sugestões, devendo providenciar a extração de seu sumo e, posteriormente, encaminhar recomendações de aperfeiçoamento aos respectivos órgãos, isto sem prejuízo da remessa dos elementos necessários aos agentes responsáveis pelo controle repressivo. Regra geral, trata-se de órgão não jurisdicional e que pode agir de ofício ou mediante provocação.

Além de contribuir para a manutenção da atividade estatal nos trilhos da juridicidade, o *ombudsman* desempenha importante papel no estreitamento das relações entre administração e administrados, atuando como elemento de equilíbrio e aproximação entre os anseios da comunidade e os deveres do Poder Público, sempre em busca da concreção do princípio da eficiência.

O *ombudsman* tem a relevante missão de zelar pelo constante aperfeiçoamento da atividade estatal e, *ipso iure,* controlar a probidade dos agentes públicos. A depender da independência que seja assegurada ao órgão e da seriedade com que seja exercida a função, ter-se-á um eficaz mecanismo de prevenção dos atos de improbidade. Os ímprobos terão a certeza de que, além dos tradicionais meios de controle interno, dispõe o Poder Público de um mecanismo aglutinador de todas as informações de que dispõem os administrados, o que permitirá uma visão de sistema e uma fiscalização dotada de máxima efetividade, erigindo-se como importante mecanismo inibidor da ilicitude.

Também as organizações não governamentais podem atuar como um verdadeiro *ombudsman* não oficial, fiscalizando e pleiteando a adequação dos atos do Poder Público à ordem jurídica. Para tanto, são múltiplos os instrumentos passíveis de serem utilizados: elaboração de relatórios, declarações públicas, campanhas informativas junto à população e mobilização da opinião pública, dentre outros[25]. A publicidade, em muitos casos, mostrou-se mais eficaz que o próprio aparato coercitivo do Estado.

---

25 Cf. WEISBRODT, David. The contribution of international nongovernmental organizations to the protection of human rights, in Ed. Theodor Meron, *Human rights in international law*: legal and policy issues, *apud* PIOVESAN, Flávia. *Direitos Humanos e o Direito Constitucional Internacional*, p. 307-308.

Especificamente no direito brasileiro, é comum a criação de *ouvidorias* nas distintas esferas da Federação, o que é normalmente feito por meio de decreto, estando o ouvidor passível de ser exonerado *ad libitum* do Chefe do Executivo. Trata-se, em verdade, de meras estruturas operacionais que giram em torno das conveniências de seu superior hierárquico, não possuindo qualquer independência em sua atuação. De qualquer modo, representam importante instrumento de estímulo à inter-relação entre governantes e governados, estimulando o desenvolvimento de uma democracia verdadeiramente participativa.

Nos trabalhos preparatórios à Assembleia Constituinte, o *ombudsman* foi objeto de sugestão apresentada pela Comissão Provisória de Estudos Constitucionais, instituída pelo Decreto n. 91.450, de 18 de julho de 1985, a que presidiu o Professor Afonso Arinos, e que foi encarregada de elaborar um anteprojeto de Constituição. O art. 56 do anteprojeto da Comissão de Notáveis previa a figura do Defensor do Povo, tendo o seguinte teor:

> *Art. 56. É criado o defensor do povo, incumbido, na forma de lei complementar, de zelar pelo efetivo respeito dos poderes do Estado aos direitos assegurados nesta Constituição, apurando abusos e omissões de qualquer autoridade e indicando aos órgãos competentes as medidas necessárias à sua correção ou punição.*
>
> *§ 1º O defensor do povo poderá promover a responsabilidade da autoridade requisitada no caso de omissão abusiva na adoção das providências requeridas.*
>
> *§ 2º Lei complementar disporá sobre a competência, a organização e o funcionamento da Defensoria do Povo, observados os seguintes princípios:*
>
> *I. o defensor do povo é escolhido, em eleição secreta, pela maioria absoluta dos membros da Câmara dos Deputados, entre candidatos indicados pela sociedade civil e de notório respeito público e reputação ilibada, com mandato renovável de cinco anos;*
>
> *II. são atribuídos ao defensor do povo a inviolabilidade, os impedimentos, as prerrogativas processuais dos membros do Congresso Nacional e os vencimentos dos ministros do Supremo Tribunal Federal;*
>
> *III. as Constituições estaduais poderão instituir a Defensoria do Povo, de conformidade com os princípios constantes deste artigo.*

O Constituinte originário, como se sabe, não recepcionou a sugestão formulada pela Comissão dos Notáveis, mas incorporou às atribuições do Ministério Público a relevante função de "defesa da ordem jurídica, do regime democrático e dos interesses sociais e individuais indisponíveis"[26], devendo "zelar pelo efetivo respeito dos Poderes Públicos e dos serviços de relevância pública aos direitos assegurados nesta Constituição, promovendo as medidas necessárias à sua garantia"[27]. Como se vê, as atribuições do *ombudsman*, em es-

---

26 Art. 127, *caput*, da CR/1988.
27 Art. 129, II, da CR/1988.

sência, foram encampadas pelo Ministério Público, instituição que vem diuturnamente exercendo tais funções.

3. INCOMPATIBILIDADES

Concebida a atividade estatal como um instrumento utilizado para a consecução do interesse público e sendo tal atividade direcionada pelos princípios da isonomia e da impessoalidade, afigura-se necessária a previsão de meios que resguardem a imparcialidade do agente público, evitando que sua conduta seja direcionada por propósitos outros que não o bem comum.

Para preservar a pureza dos fins da atividade estatal, são comumente editados determinados comandos, embasados em razões de ordem pessoal ou patrimonial, que desaconselham ou impedem a atuação do agente em certas situações fáticas. Tais preceitos, apesar da ausência de unicidade terminológica, podem ser denominados de incompatibilidades, que assumiriam a forma de impedimentos e suspeições.

As incompatibilidades podem erigir-se como fatores impeditivos ao próprio exercício da função pública, o que torna imperativo que o agente deixe de exercer todas as atividades consideradas incompatíveis com tal *munus*[28]. Em situações outras, a incompatibilidade resultará de circunstâncias supervenientes, impedindo que o agente desempenhe suas atividades quando tiver algum interesse na solução da questão ou mesmo quando possua determinado tipo de vínculo com terceiros que tenham interesse nos atos a serem praticados. Nesses casos, a incompatibilidade poderá ser de ordem absoluta ou relativa.

À incompatibilidade de ordem absoluta denominamos impedimento, sendo normalmente considerada um vício insanável do ato, havendo a presunção *iuris et de iure* de que, em situações tais, o agente agirá com parcialidade[29]. A incompatibilidade relativa, por sua vez, é denominada de suspeição[30], caracterizando-se como um vício sanável do ato, o que

---

28 Como exemplo, podem ser mencionadas as vedações constantes dos arts. 54 e 55 da CR/1988, direcionadas aos Deputados e Senadores, e extensivas aos Deputados Estaduais (art. 27, § 1º) e aos Vereadores (art. 29, IX).

29 O art. 9º da Lei n. 8.666/1993 proíbe, dentre outros, que o autor do projeto e o servidor ou dirigente de órgão ou entidade contratante ou responsável pela licitação participe, direta ou indiretamente, da licitação ou da execução de obra ou serviço e do fornecimento de bens a eles necessários. O art. 18 da Lei n. 9.784/1999 proíbe que o agente atue em procedimento administrativo no qual tenha interesse, direto ou indireto; no qual tenha sido testemunha, perito ou representante etc. O art. 252 do CPP e o art. 144 do CPC/2015 preveem casos de impedimento aplicáveis aos juízes, membros do Ministério Público, serventuários etc. O art. 30, I, da Lei n. 8.906/1994 (Estatuto da OAB) proíbe o exercício da advocacia por servidores públicos contra o ente a que estejam vinculados.

30 O art. 20 da Lei n. 9.784/1999 prevê a suspeição do agente para atuar em procedimento administrativo sempre que tenha amizade íntima ou inimizade com algum dos interessados ou quando determinadas pessoas a ele ligadas estejam envolvidas (cônjuge, parentes etc.). O art. 253 do CPP e o art. 145 do CPC/2015 preveem casos de suspeição aplicáveis aos juízes, membros do Ministério Público, serventuários etc.

ocorrerá se não for oportunamente alegada, existindo uma presunção *iuris tantum* de que o agente atuará com parcialidade.

Com a previsão de incompatibilidades, evita-se que o agente falte para com o dever de imparcialidade a que está obrigado, sendo ele afastado das situações em que, consoante as regras de experiência, isto normalmente ocorreria. Acaso seja prevista a incompatibilidade e, apesar disso, persista o agente em atuar nas situações que lhe são vedadas, incidirá a figura do art. 11, *caput*, da Lei n. 8.429/1992, que considera improbidade administrativa a violação ao dever de imparcialidade. Em casos tais, restará ao agente a possibilidade de produção de provas aptas a demonstrar que não atuara de forma parcial, o que somente será admissível em não se tratando de presunção *iuris et de iure*.

Além das incompatibilidades contemporâneas ao exercício da função, têm sido previstas, ainda que de forma incipiente, incompatibilidades ulteriores à dissolução do vínculo com a Administração Pública, tendo como objetivo evitar que informações privilegiadas sejam repassadas a terceiros pelos agentes públicos[31-32]. É o que se convencionou chamar de "quarentena"[33].

---

31 O art. 37, § 7º, da CR/1988 estatui que a lei disporá sobre os requisitos e as restrições ao ocupante de cargo ou emprego da administração direta e indireta que possibilite o acesso a informações privilegiadas. Na Espanha, consoante o art. 2º da Lei n. 12, de 11 de maio de 1995 (Lei de Incompatibilidades dos Membros do Governo da Nação e Altos Cargos) e o art. 9º da Lei n. 53, de 26 de dezembro de 1984 (Lei de Incompatibilidades do pessoal a serviço da Administração Pública), as incompatibilidades alcançam as atividades privadas que possam estar associadas às atribuições inerentes à função outrora exercida pelo agente, em especial naquelas em que haja manuseio de informações sigilosas; e à celebração de contratos de assistência técnica com a administração pública. Jesús González Pérez (*La ética en la Administración pública*, p. 102-103) critica a timidez dessas disposições, pois deixam de fora o ingressar "a serviço de empresas privadas como recompensa por serviços prestados, ainda que se abstenham de atuar – ao menos aparentemente – em assuntos em que tenha atuado como servidor público".

32 A EC n. 45/2004 introduziu a proibição, extensiva aos membros do Ministério Público (art. 128, § 6º, da CR/1988), de o magistrado "exercer a advocacia no juízo ou no Tribunal do qual se afastou, antes de decorridos três anos do afastamento do cargo por aposentadoria ou exoneração" (art. 95, V, da CR/1988). A Lei n. 9.427/1996, instituidora da Agência Nacional de Energia Elétrica, prevê hipóteses de impedimento prévio para o exercício de cargo de direção, quando o agente tenha exercido determinadas atividades em período anterior (art. 6º), enquanto o art. 9º trata de impedimento (para o exercício de atividade privada) posterior à dissolução do vínculo com o Poder Público, período no qual o agente continuará a ser remunerado pelos cofres públicos. A Lei n. 9.472/1997, instituidora da Agência Reguladora dos Serviços de Telecomunicações, além de prever impedimentos contemporâneos ao exercício da função (art. 28), dispõe sobre impedimento posterior para o exercício de determinadas atividades privadas, configurando sua infringência ato de improbidade (art. 30). A Lei n. 9.478/1997, instituidora da Agência Nacional do Petróleo, prevê hipóteses de impedimento prévio para o exercício de cargo de direção quando o agente tenha exercido determinadas atividades em período anterior (art. 13), enquanto o art. 14 trata de impedimento posterior do ex-dirigente para o exercício de atividades privadas em sua área de atuação, lapso no qual continuará a perceber remuneração dos cofres públicos.

33 Recomendada no art. 12, II, *e*, da Convenção das Nações Unidas Contra a Corrupção.

Não obstante o louvável objetivo dessa previsão, é evidente que o outrora agente público não necessita de um vínculo formal com entes privados para o repasse de informações. Na percepção de Jesús González Pérez, "las prácticas para solapar el sistema de incompatibilidades son tan simples y burdas como comunes. La fábrica, el despacho, la oficina o el estúdio del que era miembro el que accede al cargo incompatible sigue funcionando con los demás, que procurarán divulgar – cuando no era ya notório – la vinculación con aquél, o se confia a la mujer, hijos o correligionario"[34]. Ainda merecem menção os laços de companheirismo que o uniam aos demais agentes que permaneceram atuando na Administração Pública, os quais não serão dissolvidos com o mero afastamento da função. Isto, provavelmente, também contribuirá para um tratamento privilegiado.

4. MONITORAMENTO DA EVOLUÇÃO PATRIMONIAL E DAS ATIVIDADES DESEMPENHADAS

Prática comum e extremamente difundida em diversos países, consiste na previsão de mecanismos que permitam aferir a licitude da evolução patrimonial do agente público[35]. Evolução patrimonial consentânea com os rendimentos auferidos em razão do exer-

---

34 *Corrupción, ética y moral...*, p. 107.
35 Na Espanha, a Lei n. 12, de 11 de maio de 1995 (Lei de Incompatibilidades dos Membros do Governo da Nação e Altos Cargos) exigiu, nos três meses seguintes à posse, a apresentação de declaração das atividades exercidas (art. 5º) e de declaração de bens e direitos (art. 6º). A primeira declaração é encaminhada ao Registro de Atividades de Altos Cargos, tendo caráter público; a segunda é remetida ao Registro de Bens e Direitos, de caráter reservado e que só pode ser acessado na forma do art. 8º (*v.g.*: pelo Ministério Público, quando realize investigações no exercício de suas funções e o conhecimento desses dados seja necessário, e pelos órgãos jurisdicionais). Essa restrição à publicidade da declaração de bens é criticada por Jesús González Pérez (*La ética en la Administración pública*, p. 92-93), que sustenta a necessidade de serem prestigiados o interesse público presente no livre acesso a tais informações e a regra do art. 105 da Constituição espanhola, que garante o direito de acesso aos arquivos e registros administrativos. Também a Lei n. 53, de 26 de dezembro de 1984 (Lei de Incompatibilidades do pessoal a serviço da Administração Pública) prevê exigências semelhantes. Em Portugal, a Lei n. 4, de 2 de abril de 1984 (Controle Público da Riqueza dos Titulares de Cargos Políticos), dispôs que os ocupantes de cargos políticos, assim definidos em seu art. 4º, deveriam apresentar declaração de bens ao Tribunal Constitucional, até 60 dias após o início de exercício de suas funções, renovando-a anualmente, isto sob pena de perda do mandato, demissão ou destituição judicial, penalidade esta não aplicável ao Presidente da República, ao Presidente da Assembleia da República e ao Primeiro Ministro (art. 3º). Acresça-se que qualquer cidadão pode consultar as declarações (art. 5º), sendo livre a sua divulgação, salvo motivo relevante devidamente constatado pelo Tribunal (art. 6º). O monitoramento da evolução patrimonial dos agentes públicos tem sido uma preocupação constante em diversos países da América Latina: a) na Argentina, a Lei n. 25.188, de 29 de setembro de 1999 (Lei Ética da Função Pública) – arts. 4º a 12; b) na Colômbia, a Lei n. 190, de 6 de junho de 1995 (normas tendentes a preservar a moralidade na Administração Pública) – arts. 13 a 16; c) na Costa Rica, a Lei n. 8.422, de 6 de abril de 2004 (Lei contra a corrupção e o enriquecimento ilícito dos funcionários públicos) – arts. 21 a 36; d) no México, a Lei Federal de Responsabilidades Administrativas dos Servidores Públicos, de 14 de março de 2002 – arts. 35 a 46; e) no Uruguai, a Lei n. 17.060, de 23 de dezembro de 1998 (Lei de Prevenção e Luta contra a Corrupção) – arts. 10 a 19; e f) na Venezuela, a Lei contra a Corrupção, publicada em 7 de abril de

cício da função pública e com as demais receitas de origem lícita percebidas pelo agente apresenta-se como indício veemente de preservação da ética administrativa, denotando que os bens e valores de natureza pública não foram utilizados na satisfação de interesses privados, o que estaria em flagrante dissonância dos fins da norma.

Para o monitoramento da evolução patrimonial do agente, são normalmente utilizadas a declaração de atividades e a declaração de bens.

A primeira costuma abranger todas as atividades que o agente desempenhou ou desempenha na iniciativa privada paralelamente ao exercício da função pública, o que, além de possibilitar o controle dos rendimentos percebidos de fontes outras que não os cofres públicos, permitirá a identificação de eventuais incompatibilidades em razão de relações preteritamente mantidas com terceiros, garantindo-se a imparcialidade daquele que deve perseguir a consecução do bem comum.

A declaração de bens, por sua vez, é providência que em muito facilita a coibição do enriquecimento ilícito, pois, sendo conhecido o patrimônio pertencente ao agente no momento em que este inicia o exercício da função pública, será facilmente identificada uma evolução patrimonial dissonante dos rendimentos percebidos dos cofres públicos, o que em muito contribuirá para a valoração da conduta do agente e a identificação da improbidade.

Para que tais mecanismos alcancem a efetividade esperada, é imprescindível que as declarações sejam apresentadas no limiar do exercício das funções públicas, sendo constantemente atualizadas, o que, regra geral, é feito anualmente.

Além disso, seria de bom alvitre que os dados constantes da declaração, ainda que por amostragem e de forma perfunctória, fossem objeto de verificação por parte do Poder Público, o que evitaria uma avaliação dos bens em valores superiores à realidade, culminando em legitimar ulterior enriquecimento ilícito. Tal engodo poderia ocorrer com a substituição dos bens existentes por outros cujo valor real fosse idêntico ao valor ficto do antigo bem. Com isso, seria possível conferir ares de licitude a montante equivalente à diferença existente entre o valor real do bem preteritamente possuído pelo agente e o valor ficto informado por este ao apresentar a declaração de bens (*v.g.*: agente possui bem que vale

---

2003 – arts. 23 a 32. A legislação turca, por sua vez, é especialmente severa. A Lei n. 3.628, em vigor desde 4 de maio de 1990, exige que a declaração de bens seja apresentada no ingresso e na saída do serviço público, bem como a cada ano que termine em 0 ou 5: a inobservância do prazo sujeita o agente à pena de prisão de até 3 (três) meses; a não apresentação à pena de 3 (três) meses a 1 (um) ano; a apresentação de declaração incorreta à pena de 6 (seis) meses a 3 (três) anos. A falsidade ainda sujeitará o agente à proibição de exercer função pública pelo mesmo período da pena de prisão e, constatada a impossibilidade de comprovação da origem do bem, a proibição pode se tornar vitalícia. A pena de prisão, ademais, raramente pode ser convertida em penalidade pecuniária. O sistema foi aperfeiçoado pelas Leis n. 5.020, de 12 de dezembro de 2003, e n. 5.176, de 25 de maio de 2004, que, dentre outras medidas, determinaram que as declarações de bens seriam fiscalizadas pelo Escritório de Ética no Serviço Público, que poderia, inclusive, ter acesso a informações consideradas sigilosas pela lei.

10 e informa que o mesmo vale 100; ao assumir o cargo desvia 90 dos cofres públicos e adquire um bem cujo valor real é de 100; por fim, ao atualizar sua declaração, informa que tão somente trocara de bem, tendo mantido o valor de seu patrimônio invariável).

É de bom alvitre que cada ente federativo discipline a denominada "sindicância patrimonial", espécie de procedimento inquisitorial de caráter preliminar cujo objetivo é subsidiar a decisão de instauração, ou não, de processo administrativo disciplinar, o que ocorrerá sempre que constatados indícios de evolução patrimonial incompatível com a renda do agente[36].

A Convenção Interamericana Contra a Corrupção, adotada no âmbito da Organização dos Estados Americanos e assinada pelo Brasil em 29 de março de 1996, sendo promulgada na ordem interna por meio do Decreto n. 4.410, de 7 de outubro de 2002, dispôs, em seu art. III, 4, que os Estados-partes deveriam criar, manter e fortalecer "[s]istemas para a declaração das receitas, ativos e passivos por parte das pessoas que desempenhem funções públicas em determinados cargos estabelecidos em lei e, quando for o caso, para a divulgação dessas declarações".

No direito positivo pátrio, a matéria encontra-se regulada pelas Leis n. 8.429/1992 e n. 8.730/1993, que serão estudadas em seguida.

4.1. Sistemática da Lei n. 8.429/1992 – Declaração de Bens

Visando prevenir e coibir os atos de improbidade que importem em enriquecimento ilícito, estabeleceu o art. 13 da Lei n. 8.429/1992 que "a posse e o exercício de agente público ficam condicionados à apresentação de declaração de bens e valores que compõem o seu patrimônio privado, a fim de ser arquivada no Serviço de Pessoal competente"[37].

A amplitude conferida à expressão *agente público* pelo art. 2º do mesmo diploma legal demonstra que todos aqueles que possuam um vínculo com o Poder Público, ainda que transitoriamente ou sem remuneração, devem apresentar referida declaração.

O disposto no art. 13 apresenta-se como elemento complementar à configuração do ato de improbidade descrito no art. 9º, VII, o qual dispõe que importa em enriquecimento ilícito "adquirir, para si ou para outrem, no exercício de mandato, cargo, emprego, ou função pública, bens de qualquer natureza cujo valor seja desproporcional à evolução do patrimônio ou à renda do agente público".

---

36 No âmbito da Administração Pública Federal, merece referência o Decreto n. 5.483/2005.
37 Disposição semelhante já constava do art. 3º da Lei n. 3.164/1957, a qual falava em *registro público obrigatório dos valores e bens pertencentes ao patrimônio privado* do servidor, preceito este que se inspirara na conhecida mensagem encaminhada pelo Presidente Henry Truman, em 1951, ao Congresso dos Estados Unidos, sugerindo a aprovação de lei neste sentido, o que visava recompor a desgastada imagem de sua administração com os sucessivos escândalos relativos à corrupção de agentes públicos (*New York Times*, edição de 28/9/1951, *apud* PINTO, Francisco Bilac Moreira. *Enriquecimento ilícito no exercício de cargos públicos*).

Individualizado o patrimônio do agente por ocasião de seu ingresso no serviço público, será facilmente identificada uma evolução incompatível com os subsídios por ele recebidos por seus serviços; ou, em não sendo recebida remuneração do Poder Público, a adequação do patrimônio aos rendimentos ordinariamente auferidos em outras atividades.

Além de estimular os agentes públicos a melhor valorarem seus atos, servindo de freio inibitório à improbidade, a entrega da declaração de bens representará um eficaz meio de defesa dos agentes probos contra as acusações ou insinuações inverídicas que venham a ser formuladas por seus desafetos.

Como foi visto, a posse e o exercício do agente estão condicionados à apresentação da declaração de bens. Com a posse se dá o provimento do cargo, sendo o marco inicial dos direitos e deveres funcionais; dos impedimentos, incompatibilidades e restrições; e o requisito necessário ao exercício da função. Regra geral, este se dá sucessivamente à posse, em momento distinto. É com o exercício da função que se integra e aperfeiçoa o provimento do cargo, surgindo o direito ao subsídio devido pelo Poder Público. Ausente a declaração, não haverá que se falar em posse ou em exercício da função.

Afora a apresentação da declaração por ocasião do ingresso no serviço público, deve ser ela atualizada anualmente, sendo cogente a entrega de uma declaração final na data em que o agente "deixar o exercício do mandato, cargo, emprego ou função" (art. 13, § 2º).

Sem prejuízo de outras sanções previstas no regime jurídico da categoria, será punido com a pena de demissão, a bem do serviço público, o agente que se recusar a prestar a declaração de bens no prazo estabelecido pela administração pública (art. 13, § 3º). Prestando-a falsa, além das sanções referidas, estará incurso nas penas cominadas ao crime de falsidade ideológica.

A demissão, penalidade máxima na órbita administrativa, consiste no desligamento do agente do quadro de pessoal da administração pública, podendo ser simples ou agravada. Neste caso, diz-se que foi aplicada a *bem do serviço público*, demonstrando que a conduta do agente apresentou grande lesividade ao interesse público. Tratando-se de medida de combate à corrupção, é justificável que a não apresentação da declaração de bens tenha sido considerada como tal.

A demissão pressupõe a recusa ou a falsidade, tratando-se de ato doloso que não pode ser assemelhado à simples desídia na apresentação da declaração no prazo legal. Verificada esta situação, deve o responsável pelo Serviço de Pessoal instar o agente a apresentá-la; persistindo a inércia, caracterizada estará a recusa motivadora da demissão.

É relevante observar que a previsão da penalidade de *demissão* para o agente que se recusar a prestar a declaração de bens não tem o condão de deixar incólume aquele que estiver no exercício de mandato eletivo.

A extinção do vínculo com o Poder Público é extensiva a todos os agentes públicos, ainda que o vínculo decorra de mandato eletivo, consoante a clara redação do *caput* e do § 2º do art. 13. A imprecisão terminológica não pode afastar a lógica do sistema, o que certamente seria feito com a utilização do método gramatical de interpretação.

Identificada a omissão, poderá o agente ter seu mandato cassado mediante decisão judicial em ação civil ajuizada pelos legitimados contemplados na Lei n. 8.429/1992[38], ocasião em que deverá ser devidamente comprovada sua recusa em apresentar a declaração de bens ou a falsidade desta.

De acordo com o art. 13, § 1º, "a declaração compreenderá imóveis, móveis, semoventes, dinheiro, títulos, ações, e qualquer outra espécie de bens e valores patrimoniais, localizados no País ou no exterior, e, quando for o caso, abrangerá os bens e valores patrimoniais do cônjuge ou companheiro, dos filhos e de outras pessoas que vivam sob a dependência econômica do declarante, excluídos apenas os objetos e utensílios de uso doméstico". Note-se que esse preceito não promove qualquer incursão indevida na esfera jurídica alheia, já que o agente público, por imposição das autoridades fazendárias, sempre foi obrigado a apresentar os dados pessoais daqueles que indica como sendo seus dependentes, inclusive com a obtenção de benefícios tributários a partir desse estado de coisas.

Além de relacionar os bens cuja existência deve ser informada, esclarece o dispositivo legal que a declaração deve abranger aqueles pertencentes a todos os que estejam sob a dependência econômica do agente, já que tal dependência torna presumível que todos os bens têm origem comum, qual seja, os rendimentos do agente.

Ante a similitude de conteúdo, pode o agente, ao invés de elaborar declaração específica, entregar cópia da declaração anual de bens apresentada à Delegacia da Receita Federal para fins de lançamento por homologação do imposto sobre a renda ou proventos de qualquer natureza (art. 13, § 4º). Como esta declaração é apresentada à Receita Federal alguns meses após o término do exercício financeiro, deverá o agente providenciar as atualizações necessárias sempre que pretender utilizá-la por ocasião do ingresso ou da saída do serviço público.

4.2. Sistemática da Lei n. 8.730/1993 – Declaração de Bens

Não obstante a sistemática instituída pelo art. 13 da Lei de Improbidade, em 10 de novembro de 1993 foi promulgada a Lei n. 8.730, a qual, consoante sua ementa, "estabelece a obrigatoriedade da declaração de bens e rendas para o exercício de cargos, empregos e funções nos Poderes Executivo, Legislativo e Judiciário, e dá outras providências". Com raras exceções, pouco inovou a respeito, mas é digna de encômios por ter melhor explicitado uma obrigação comum a todos os agentes públicos.

De forma correlata à apresentação da declaração de bens, é obrigatório que o agente indique as fontes de renda que possua, seja no limiar de seu vínculo com o Poder

---

38 Os legitimados são a pessoa jurídica lesada e o Ministério Público (Lei n. 8.429/1992, art. 17). O STJ já teve oportunidade de decidir que o Conselho Federal da OAB não está incluído nesse rol: STJ, 1ª T., REsp n. 1.275.469/SP, rel. Min. Sérgio Kukina, j. em 12/2/2015, *DJe* de 9/3/2015.

Público, seja ao término deste (art. 1º, *caput*). Consoante a dicção legal, trata-se de obrigação a ser cumprida por parte das autoridades e servidores públicos indicados nos incisos do art. 1º, *verbis*: Presidente da República, Vice-Presidente da República, Ministros de Estado, membros do Congresso Nacional, membros da Magistratura Federal, membros do Ministério Público da União e todos quantos exerçam cargos eletivos e cargos, empregos ou funções de confiança, na administração direta, indireta e fundacional, de qualquer dos Poderes da União. Tornou-se incontroverso, assim, que os detentores de mandato político também têm o dever de apresentar a declaração de bens e indicar as fontes de receita.

Apresentada a declaração, deve ser ela transcrita em livro próprio de cada órgão e assinada pelo declarante (art. 1º, § 1º), o qual igualmente remeterá uma cópia ao TCU (art. 1º, § 2º). Devem constar da declaração os bens elencados no art. 2º, de conteúdo similar ao art. 13, § 1º, da Lei n. 8.429/1992.

A cópia da declaração encaminhada ao Tribunal de Contas possibilitará que este órgão realize o acompanhamento da evolução patrimonial do agente; adote as providências inerentes às suas atribuições e represente ao Poder competente sempre que apurar abusos ou irregularidades; confira publicidade à declaração, divulgando, através do *Diário Oficial*, extrato contendo dados e elementos desta, bem como fornecendo informações relativas a ela a qualquer cidadão para viabilizar a propositura de ação popular que vise a anular ato lesivo ao patrimônio público ou à moralidade administrativa (art. 1º, § 2º, incisos I a VI)[39].

Poderá o Tribunal de Contas, ainda, além de instituir formulários relativos à declaração e prazos máximos de remessa, exigir, a qualquer tempo, a comprovação da legitimidade da procedência dos bens e rendas acrescidos ao patrimônio do agente no período relativo à declaração (art. 2º, § 7º).

Apurada variação patrimonial em relação à declaração apresentada no exercício pretérito, deverá o agente indicar a origem dos recursos que hajam propiciado o acréscimo (art. 2º, § 5º). Da declaração também deverá constar menção a cargos de direção e de órgãos colegiados que o declarante ocupe ou haja ocupado nos últimos dois anos, em empresas privadas ou de setor público e outras instituições, no País e no exterior (art. 2º, § 6º).

Deixando de apresentar a declaração de bens a que se refere o art. 1º, estará o agente impedido de tomar posse e, caso esta já tenha ocorrido, será decretada sua nulidade, já que implementada sem o concurso de um requisito essencial (art. 3º, *caput*). Nos demais casos, a teor do art. 3º, parágrafo único, a não apresentação da declaração, a falta ou o atraso de remessa de sua cópia ao TCU ou a declaração dolosamente inexata implicarão, conforme o caso:"*a*) crime de responsabilidade, para o Presidente e o Vice-Presiden-

---

39 A Constituição marroquina de 2011, além de estatuir a obrigação de os agentes públicos apresentarem a declaração de bens (art. 158), dispôs, em seu art. 147, § 4º, que o Tribunal de Contas deveria analisá-las.

te da República, os Ministros de Estado e demais autoridades previstas em lei especial, observadas suas disposições; ou *b*) infração político-administrativa, crime funcional ou falta grave disciplinar, passível de perda do mandato, demissão do cargo, exoneração do emprego ou destituição da função, além da inabilitação, até cinco anos, para o exercício de novo mandato e de qualquer cargo, emprego ou função pública, observada a legislação específica".

Como desdobramento lógico do art. 70, parágrafo único, da Constituição da República, todos aqueles que tenham o dever de prestar contas ao TCU são obrigados a juntar, à documentação correspondente, cópia da declaração de rendimentos e de bens, relativa ao período-base da gestão, entregue à repartição competente, de conformidade com a legislação do Imposto sobre a Renda (art. 4º, *caput*).

Em que pese ser direcionada aos agentes públicos dos distintos Poderes da União, as diretrizes traçadas pela Lei n. 8.730/1993, por força do seu art. 7º, devem ser adotadas pelos Estados, pelo Distrito Federal e pelos Municípios, no que couber, como normas gerais de direito financeiro. O complicador desse comando é que a temática, à evidência, não apresenta qualquer correlação com a disciplina afeta à receita e à despesa públicas. Portanto, é estranha ao direito financeiro.

4.3. Sistemática da Lei n. 12.813/2013 – Declaração de Atividades

A necessária compatibilidade axiológica entre as atribuições afetas ao agente público e suas atividades privadas deve estar ínsita em qualquer sistema jurídico sensível aos referenciais de moralidade e impessoalidade. Com isso, evita-se que o agente seja posto na incômoda situação de ver-se obrigado a praticar atos extremamente deletérios à sua esfera jurídica individual para bem desempenhar os deveres do cargo ou, ainda, que, em razão das informações recebidas no exercício da função, coloque-se em situação de vantagem em relação aos demais particulares. Esses aspectos evidenciam a importância de a Administração Pública ter pleno conhecimento das atividades desempenhadas por seus agentes, antevendo conflitos éticos e potenciais situações de impedimento ou suspeição. Esse objetivo é alcançado com as denominadas *declarações de atividade*.

A Lei n. 12.813, de 16 de maio de 2013, descreve as situações que podem caracterizar conflito de interesses envolvendo certos agentes vinculados ao Poder Executivo Federal. Prevê, ainda, a necessidade de serem preenchidos certos requisitos e observadas determinadas restrições por aqueles que tenham acesso a informações privilegiadas, isso sem olvidar os impedimentos posteriores ao exercício da função.

De acordo com o art. 2º, *caput*, da Lei n. 12.813/2013, submetem-se ao regime jurídico por ela instituído os ocupantes de cargos e empregos (1) de Ministro de Estado; (2) de natureza especial ou equivalentes; (3) de presidente, vice-presidente e diretor, ou equivalentes, de autarquias, fundações públicas, empresas públicas ou sociedades de economia mista; e (4) do Grupo-Direção e Assessoramento Superiores – DAS, níveis 6 e 5 ou equivalentes. Com exceção do Presidente e do Vice-Presidente da República, é perceptível que a norma alcança os escalões mais elevados do Poder Executivo Federal, todos com elevada ascendência hierárquica na estrutura administrativa a que estão vinculados. Além desses agentes, também estarão sujeitos aos ditames da lei (5) aqueles cujo exercício da função, independentemente do seu nível hierárquico, *proporcione acesso a informação privilegiada capaz de trazer vantagem econômica ou financeira para o agente público ou para terceiro, conforme definido em regulamento.*

Embora tenha circunscrito a incidência dos seus comandos a uma parcela específica dos agentes públicos, a Lei n. 12.813/2013 dispôs, em seu art. 10, que todos os agentes vinculados ao Poder Executivo Federal devem observar o contido (a) no art. 4º, que institui o dever de o agente público prevenir o conflito e esclarecer as dúvidas existentes, bem como ressalta que a ocorrência do conflito independe de lesão ao patrimônio público e do recebimento de vantagem; (b) no art. 5º, que define as situações de conflito contemporâneas ao exercício da função; e (c) no art. 6º, I, que estabelece, como conflito posterior ao exercício da função, a divulgação ou o uso, a qualquer tempo, de informação privilegiada obtida em razão das atividades exercidas.

Considera-se conflito de interesse *a situação gerada pelo confronto entre interesses públicos e privados, que possa comprometer o interesse coletivo ou influenciar, de maneira imprópria, o desempenho da função pública"*[40]. Conflito dessa natureza, em linha de princípio, há de ser aferido de maneira objetiva, consoante as regras de experiência e a dinâmica das relações sociais, abstraindo-se, por via reflexa, a efetiva vontade do agente em afrontar o bem jurídico tutelado. Como sua presença é aferida em potência, não é necessário que seja demonstrada a efetiva lesão ao patrimônio público ou o recebimento de qualquer vantagem ou ganho pelo agente ou por terceiro[41]. Tal ocorrendo, ter-se-á o exaurimento de um ilícito configurado em momento antecedente.

O conflito de interesses ainda pode ser contemporâneo ou posterior ao exercício da função pública. O primeiro compromete o regular exercício da função pública; o segundo, por sua vez, põe o ex-agente público em posição de vantagem no exercício de uma atividade privada.

4.3.1. Conflito contemporâneo

As situações de conflito contemporâneo foram definidas nos sete incisos do art. 5º da Lei n. 12.813/2013, dispondo o parágrafo único desse preceito que elas alcançam os destinatários da lei ainda que eles estejam em gozo de licença ou em período de afastamento. A razão desse último comando é mais que evidente, pois, pela natureza das situações descritas, o agente público efetivamente está se valendo da função pública para agir à mar-

---

40   Lei n. 12.813/2013, art. 3º, I.
41   Lei n. 12.813/2013, art. 4º, § 2º.

gem da juridicidade. Note-se que, por força do art. 10 da mesma lei, esse comando é aplicável *a todos os agentes públicos no âmbito do Poder Executivo Federal*. Eis as situações:

I – divulgar ou fazer uso de informação privilegiada, em proveito próprio ou de terceiro, obtida em razão das atividades exercidas – comando que se assemelha ao art. 11, III, da Lei n. 8.429/1992;

II – exercer atividade que implique a prestação de serviços ou a manutenção de relação de negócio com pessoa física ou jurídica que tenha interesse em decisão do agente público ou de colegiado do qual este participe – comando que se assemelha ao art. 9º, VIII, da Lei n. 8.429/1992;

III – exercer, direta ou indiretamente, atividade que em razão da sua natureza seja incompatível com as atribuições do cargo ou emprego, considerando-se como tal, inclusive, a atividade desenvolvida em áreas ou matérias correlatas;

IV – atuar, ainda que informalmente, como procurador, consultor, assessor ou intermediário de interesses privados nos órgãos ou entidades da administração pública direta ou indireta de qualquer dos Poderes da União, dos Estados, do Distrito Federal e dos Municípios;

V – praticar ato em benefício de interesse de pessoa jurídica de que participe o agente público, seu cônjuge, companheiro ou parentes, consanguíneos ou afins, em linha reta ou colateral, até o terceiro grau, e que possa ser por ele beneficiada ou influir em seus atos de gestão;

VI – receber presente de quem tenha interesse em decisão do agente público ou de colegiado do qual este participe fora dos limites e condições estabelecidos em regulamento – esse comando reconheceu, expressamente, a possibilidade de os agentes públicos receberem presentes de terceiros com interesse direto em sua atuação funcional, desde que observados os balizamentos estabelecidos em regulamento. Note-se que esse permissivo não impede que a juridicidade do regulamento seja aferida à luz do princípio da moralidade administrativa;

VII – prestar serviços, ainda que eventuais, a empresa cuja atividade seja controlada, fiscalizada ou regulada pelo ente ao qual o agente público está vinculado – comando que se assemelha ao disposto no art. 9º, VIII, da Lei n. 8.429/1992.

4.3.2. Conflito posterior

As situações de conflito posterior estão previstas nos dois incisos do art. 6º da Lei n. 12.813/2013. Nesses casos, ou o agente faz uso, a qualquer tempo, de informações consideradas privilegiadas, ou, nos seis meses subsequentes à dissolução do vínculo funcional, pratica atos em que se valerá da expertise adquirida ou da influência que poderá exercer[42].

---

42 O veto aposto aos arts. 7º e 15 teve por objetivo permitir que o Poder Executivo Federal continuasse a pagar remuneração compensatória no período de impedimento pós-funcional. Ver Lei n. 9.986/2000 (art. 8º), MP n. 2.216-37/2001 (art. 16) e MP n. 2.225-45/2001 (arts. 6º e 7º).

Considera-se informação privilegiada *a que diz respeito a assuntos sigilosos ou aquela relevante ao processo de decisão no âmbito do Poder Executivo Federal que tenha repercussão econômica ou financeira e que não seja de amplo conhecimento público*[43]. Em relação à qualidade da informação, sua natureza privilegiada tanto pode decorrer de sua classificação anterior como *assunto sigiloso* quanto ser deduzida da relevância que ostenta no processo de decisão no âmbito do Poder Executivo Federal. Nesse último caso, ainda é preciso que a decisão a ser tomada tenha repercussão econômica ou financeira e que não seja de conhecimento público, pois não se pode considerar privilegiada uma informação que todos possuam. São as seguintes as situações previstas:

I – a qualquer tempo, divulgar ou fazer uso de informação privilegiada obtida em razão das atividades exercidas – esse comando, de acordo com o art. 10 da Lei n. 12.813/2013, é aplicável "a todos os agentes públicos no âmbito do Poder Executivo Federal";

II – no período de 6 (seis) meses, contado da data da dispensa, exoneração, destituição, demissão ou aposentadoria, salvo quando expressamente autorizado, conforme o caso, pela Comissão de Ética Pública ou pela Controladoria-Geral da União[44] – trata-se de período de incompatibilidade genericamente imposto ao alto escalão do Poder Executivo Federal:

a) *prestar, direta ou indiretamente, qualquer tipo de serviço a pessoa física ou jurídica com quem tenha estabelecido relacionamento relevante em razão do exercício do cargo ou emprego;*

b) *aceitar cargo de administrador ou conselheiro ou estabelecer vínculo profissional com pessoa física ou jurídica que desempenhe atividade relacionada à área de competência do cargo ou emprego ocupado;*

c) *celebrar com órgãos ou entidades do Poder Executivo Federal contratos de serviço, consultoria, assessoramento ou atividades similares, vinculados, ainda que indiretamente, ao órgão ou entidade em que tenha ocupado o cargo ou emprego;*

d) *intervir, direta ou indiretamente, em favor de interesse privado perante órgão ou entidade em que haja ocupado cargo ou emprego ou com o qual tenha estabelecido relacionamento relevante em razão do exercício do cargo ou emprego.*

Caso o agente tenha dúvidas em como prevenir ou impedir o surgimento de situações que configurem conflito de interesses, será possível consultar: a Comissão de Ética Pública do Poder Executivo Federal, caso se enquadre em uma das categorias referidas nos itens (1) a (4) *supra*; ou o Ministério da Transparência, Fiscalização e Controladoria-Geral da União – CGU, que sucedeu a Controladoria-Geral da União, isso em relação à categoria

---

43 Lei n. 12.813/2013, art. 3º, II.
44 Sucedida pelo Ministério da Transparência, Fiscalização e Controladoria-Geral da União – CGU (Lei n. 13.341/2016, arts. 1º, III; 6º, II; e 7º, II).

(5)[45]. Este último órgão também deverá orientar os demais servidores do Poder Executivo Federal, já que todos, por força do art. 11 da Lei n. 12.813/2013, estão sujeitos aos comandos do art. 4º.

Sobre os agentes alcançados pela Lei n. 12.813/2013 recai o dever jurídico de prevenir ou impedir possível conflito de interesses e de resguardar a informação privilegiada[46]. Ressalte-se que a dúvida não lhes socorre, pois a lei previu a existência de órgãos administrativos com a atribuição de orientá-los. Portanto, verificada a situação de conflito de interesses ou a divulgação da informação privilegiada, o *modus operandi* do agente pode tornar-se ainda mais censurável caso não tenha procurado evitar esse estado de coisas.

4.3.3. O controle interno como mecanismo de coibição do conflito de interesses

A existência de mecanismos de controle, inseridos na própria estrutura administrativa a que está vinculado o agente público, é medida mais que salutar. Afinal, permite que a juridicidade seja preservada de maneira mais célere, possibilitando que a própria Administração Pública, embasada no princípio hierárquico, anule os atos ilegais ou revogue aqueles que não se mostrem convenientes e oportunos. Forte nessa premissa, a Lei n. 12.813/2013, em seu art. 8º, outorgou atribuições de fiscalização e avaliação à Comissão de Ética Pública e à Controladoria-Geral da União, tendo sido esta última sucedida pelo Ministério da Transparência, Fiscalização e Controladoria-Geral da União – CGU, criado pela Lei n. 13.341/2016. A competência desses órgãos é estabelecida de acordo com a natureza da função desempenhada pelo agente público envolvido. A atuação da Comissão de Ética alcançará os agentes referidos nos incisos I a IV do art. 2º, enquanto a atribuição do Ministério assumirá contornos residuais, alcançando todos os agentes cujo exercício da função, independentemente do seu nível hierárquico, *proporcione acesso a informação privilegiada capaz de trazer vantagem econômica ou financeira para o agente público ou para terceiro, conforme definido em regulamento.*

O art. 8º outorgou a esses órgãos competência normativa, fiscalizatória, consultiva, de orientação e decisória.

No exercício da competência normativa devem *estabelecer normas, procedimentos e mecanismos que objetivem prevenir ou impedir eventual conflito de interesses,* bem como *dispor, em conjunto com o Ministério do Planejamento, Orçamento e Gestão, sobre a comunicação pelos ocupantes de cargo ou emprego no âmbito do Poder Executivo Federal de alterações patrimoniais relevantes, exercício de atividade privada ou recebimento de propostas de trabalho, contrato ou negócio no setor privado.*

---

45 Lei n. 12.813/2013, art. 4º, § 1º.
46 Lei n. 12.813/2013, art. 4º, *caput.*

A competência fiscalizatória exige que esses órgãos avaliem e fiscalizem a ocorrência de situações que configurem conflito de interesses e determinem medidas para a prevenção ou eliminação do conflito. A Comissão de Ética, em particular, ainda deve fiscalizar a divulgação da agenda de compromissos públicos, a ser diariamente inserida na rede mundial de computadores – internet – pelos agentes referidos nos incisos I a IV do art. 2º, tal qual determinado pelo art. 11.

A competência consultiva consiste na emissão de *opinio*, vinculada, ou não, a um caso concreto, refletindo a manifestação sobre a existência de conflito de interesses nas situações submetidas à sua apreciação. Devem ser igualmente dirimidas as dúvidas acerca da interpretação dos padrões normativos que regulam o conflito de interesses, temática a respeito da qual também devem ser expedidas orientações e dirimidas possíveis controvérsias.

A competência decisória da Comissão de Ética e do Ministério da Transparência é exercida de modo contemporâneo ou posterior ao vínculo funcional. Esses órgãos podem autorizar que o ocupante de cargo ou emprego no âmbito do Poder Executivo Federal exerça atividade privada, quando verificada a inexistência de conflito de interesses ou sua irrelevância. Autorização dessa natureza é particularmente relevante ao constatarmos que, uma vez emitida, será tarefa assaz difícil enquadrar a conduta do agente público no âmbito da Lei n. 8.429/1992, isso em razão da ausência do dolo de violar a juridicidade. Os referidos órgãos ainda têm competência para *dispensar a quem haja ocupado cargo ou emprego no âmbito do Poder Executivo Federal de cumprir o período de impedimento a que se refere o inciso II do art. 6º, quando verificada a inexistência de conflito de interesses ou sua irrelevância*.

Para viabilizar o exercício do controle interno, o art. 9º da Lei n. 12.813/2013 estabeleceu duas ordens de obrigações para os agentes públicos referidos no art. 2º, a serem observadas mesmo quando se encontrem em gozo de licença ou em período de afastamento, isso em razão da subsistência do vínculo funcional. A primeira obrigação é a de *enviar à Comissão de Ética Pública ou ao Ministério da Transparência, Fiscalização e Controladoria-Geral da União – CGU, conforme o caso, anualmente, declaração com informações sobre situação patrimonial, participações societárias, atividades econômicas ou profissionais e indicação sobre a existência de cônjuge, companheiro ou parente, por consanguinidade ou afinidade, em linha reta ou colateral, até o terceiro grau, no exercício de atividades que possam suscitar conflito de interesses*. A segunda obrigação, por sua vez, diz respeito à necessidade de comunicar *por escrito à Comissão de Ética Pública ou à unidade de recursos humanos do órgão ou entidade respectivo, conforme o caso, o exercício de atividade privada ou o recebimento de propostas de trabalho que pretende aceitar, contrato ou negócio no setor privado, ainda que não vedadas pelas normas vigentes, estendendo-se esta obrigação ao período a que se refere o inciso II do art. 6º*. Portanto, foi estabelecida a obrigação de o agente apresentar declaração anual de bens e de comunicar o exercício de atividades potencialmente incompatíveis com a função pública. Nesse último caso, embora não tenha sido fixado um prazo específico para comunicação, é factível a necessidade de que seja realizada com a maior brevidade possível, isso em razão do dever jurídico, previsto no art. 4º, de prevenir ou impedir a ocorrência do conflito de interesses.

O parágrafo único do art. 9º ainda acresce a obrigação de *as unidades de recursos humanos, ao receber a comunicação de exercício de atividade privada ou de recebimento de propostas de trabalho, contrato ou negócio no setor privado, deverão informar ao servidor e ao Ministério da Transparência, Fiscalização e Controladoria-Geral da União – CGU as situações que suscitem potencial conflito de interesses entre a atividade pública e a atividade privada do agente.*

Após enunciar uma série de vedações e deveres jurídicos para os agentes públicos a que se refere, dispôs a Lei n. 12.813/2013, em seu art. 12, que a presença do conflito de interesses, contemporâneo ou posterior ao exercício da função, configuraria improbidade administrativa, na forma do art. 11 da Lei n. 8.429/1992, isso quando não caracterizada qualquer das condutas descritas nos arts. 9º e 10. Comando dessa natureza, embora dispensável em razão da possibilidade de a inobservância de dever jurídico ou de norma proibitiva permitir o enquadramento direto da conduta na Lei n. 8.429/1992, certamente colabora para reforçar a reprovabilidade da conduta do agente público. Como desdobramento da constatação anterior, observa-se que não só a prática dos atos descritos nos arts. 5º e 6º como também a inobservância de qualquer dever jurídico decorrente do vínculo funcional podem, com observância do critério de proporcionalidade, configurar ato de improbidade. Forte na independência entre as instâncias, a Lei n. 12.813/2013 ainda dispôs, em seus arts. 12, parágrafo único, e 13, que os seus comandos não afastariam a incidência da Lei n. 8.112/1990, que dispõe sobre o regime jurídico dos servidores públicos federais.

CAPÍTULO IV
Controle Repressivo da Improbidade Administrativa

1. DAS FUNÇÕES ESTATAIS E O PRINCÍPIO DA DIVISÃO DOS PODERES

Com contornos semelhantes ao legado de Montesquieu, estatuiu o texto constitucional que "são Poderes da União, independentes e harmônicos entre si, o Legislativo, o Executivo e o Judiciário" (art. 2º).

Não obstante a sedimentação dos alicerces da clássica doutrina da "tripartição do poder", são constantes e vivas as reflexões a respeito do tema, havendo uma nítida tendência de ampliação dos órgãos que exercem os atributos da soberania popular. No entanto, não nos parece ser este o momento adequado para a realização de incursões neste debate, motivo pelo qual nos manteremos adstritos à doutrina tradicional e à letra do texto constitucional.

O poder do Estado é forma de expressão de sua soberania, a qual, consoante a *Teoria da Soberania Nacional*, cunhada sob os influxos das ideias político-filosóficas dos séculos XVII e XVIII, é una, indivisível, inalienável e imprescritível[1]. O exercício do poder soberano, por sua vez, é realizado por intermédio de órgãos autônomos que desempenham as tarefas estatais, incumbindo-lhes o exercício das denominadas funções do poder político[2].

É importante lembrar que a soberania, em que pese ser exercida por órgãos estatais, é atributo inerente ao corpo de cidadãos que formam a organização política. Por este motivo, em diversas Constituições democráticas, não mais encontramos referência aos Poderes Legislativo, Executivo e Judiciário, mas, sim, às respectivas funções exercidas[3]. O poder deixou de ser visto como o centro gravitacional da atividade estatal, passando a ser concebido como o instrumento utilizado para a consecução de determinado fim; com isto, substituiu-se a concepção de dominação, supremacia – inerente à etimologia do vocábulo –, pela de *dever-poder*. Assim, nada mais natural do que se dispensar maior atenção à atividade finalística, materializada no exercício da *função pública*, do que ao instrumento empregado para atingi-la – o *poder estatal*.

---

1 Cf. Duguit, *Manuel de droit constitutionnel*, p. 85.
2 Para Duguit, essa nomenclatura não é exata, sendo preferível falar-se em "atividade jurídica dos governantes" (*Manuel de droit constitutionnel*, p. 86).
3 A Constituição portuguesa fala em órgãos de soberania (art. 111), não utilizando a nomenclatura "poderes".

O poder soberano é exercido por meio de funções estatais, as quais, consoante a atividade preponderantemente desenvolvida, recebem a denominação de Poder Legislativo, Poder Executivo e Poder Judiciário, não sendo divisada, em linha de princípio, a predominância de qualquer delas. Apesar disto, à paridade de ordem dogmática nem sempre estará atrelada a realidade fática.

Não raro ocorrerá que o exercício de determinada função se apresente mais eficaz que o das demais, o que poderá ser fruto de um exercício excessivo, ultrapassando os lindes delimitadores de sua legitimidade, ou da desídia das demais funções, exercendo o poder em intensidade inferior à normal.

A divisão em funções garante a sua especialização e a independência em seu exercício, o que evita os conhecidos e inevitáveis males da concentração do poder[4]. Não se trata unicamente de princípio de especificação de órgãos e funções, é, em essência, princípio de coordenação e manutenção da unidade e organicidade do Estado.

À função legislativa compete a formação do direito (*rule making*); enquanto às funções executiva e jurisdicional é atribuída a sua realização (*law enforcement*)[5].

---

[4] De acordo com o art. 16 da Declaração dos Direitos do Homem e do Cidadão de 1789, "toute societé dans laquelle la garantie des Droits n'est pas assurée, ni la séparation des pouvoirs déterminée, n'a point de constitution" (Toda a sociedade em que a garantia dos direitos não é assegurada, nem a separação de poderes determinada, não possui Constituição). "Quando, na mesma pessoa ou no mesmo corpo de Magistratura, o Poder Legislativo é reunido ao Executivo, não há liberdade. Porque pode temer-se que o mesmo Monarca ou o mesmo Senado faça leis tirânicas para executá-las tiranicamente. Também não haverá liberdade se o Poder de Julgar não estiver separado do Legislativo e do Executivo. Se estivesse junto com o Legislativo, o poder sobre a vida e a liberdade dos cidadãos seria arbitrário: pois o Juiz seria Legislador. Se estivesse junto com o Executivo, o Juiz poderia ter a força de um opressor" (Montesquieu, *L'Esprit des Lois*). Na conhecida sentença de Lord Acton, "todo o poder corrompe e o poder absoluto corrompe absolutamente". O princípio da divisão dos poderes é, em essência, um instrumento indispensável à salvaguarda das liberdades e dos direitos individuais.

[5] Com esteio nesta concepção, entende Berthélemy (*Traité Élémentaire de Droit Administratif*, p. 10-12) que o princípio da separação dos poderes não deveria ser entendido no sentido de que existem três poderes, isto porque fazer as leis e executá-las parecem, "em boa lógica", dois termos entre os quais, ou ao lado dos quais, não há lugar a tomar. O ato de "interpretar a lei em caso de conflito" faz necessariamente parte do ato geral de "fazer executar a lei", o que torna o Judiciário um ramo do Executivo. Em abono de seu entendimento, cita a lição de Esmein (*Droit Constitutionnel*, 5ª ed., p. 17), segundo o qual, além da função legislativa, "os outros atributos da soberania que resultam em um direito geral de comando e coerção permaneceram unidos, formando um outro poder ao qual os romanos davam o nome de império e que os modernos chamam de poder executivo", acrescentando que "da estrutura do império, na maior parte do tempo, um outro atributo da soberania se separou, a administração da justiça". Conclui Berthélemy que, sendo a jurisdição uma parte do império e tendo dele se separado em razão da evolução social, deve-se admitir que "a administração e a justiça são dois ramos que se separaram de um tronco único". Apesar disto, afirma que a separação entre tais funções é necessária, pois exigem qualidades distintas dos agentes e mantém a imparcialidade dos magistrados (p. 18), mas ressalta ser plenamente possível que esta separação seja alcançada com a instituição de órgãos especializados, integrantes da própria função executiva (p. 993, nota 1). Kelsen (*Teoria Geral do Direito e do Estado*, p. 365), do mesmo modo, observa que a usual tricotomia "é, no

Por meio da função legislativa, o Estado formula a norma de direito que se aplica a todos, governantes e governados, cabendo-lhe, assim, definir os lindes delimitadores da ação destes.

À função jurisdicional compete velar pela prevalência da norma de direito[6], atuando nos casos de ameaça ou efetiva violação ou quando a lei o determinar, ainda que não haja violação; sua intervenção final, observada a sistemática legal, será definitiva (*final enforcing power*), sendo esta a principal característica que a diferencia da outra função de realização da regra posta pelo legislador.

A função executiva, também denominada de administrativa, praticará atos de execução da norma de direito, devendo se manter adstrita aos limites por esta estabelecidos; possibilitará o surgimento de situações jurídicas subjetivas e, caso adentre no plano da normatização geral e impessoal (*v.g.*: com a edição de regulamentos), somente integrará a norma naquilo que for autorizado pela função legislativa; e realizará as operações de ordem material que garantirão o funcionamento dos serviços públicos.

Lei, sentença e ato administrativo são as três formas típicas pelas quais se explica a atividade do Estado.

Ante a inafastabilidade de tal divisão, a Constituição disciplina as diferentes funções estatais de forma que cada uma exerça suas próprias atribuições e obedeça à esfera das demais, o que afastará a oposição de óbices recíprocos e permitirá a coadjuvação e a comunhão entre todas as funções. Conclui-se que independência e harmonia não são premissas conceituais que se excluem, pelo contrário, integram-se e complementam-se[7].

---

fundo, uma dicotomia, a distinção fundamental entre *legis latio* e *legis executio*. A segunda função, no sentido mais restrito, está subdividida em função jurídica e função executiva". Discorrendo sobre o tema, Barthélemy e Duez (*Traité Élémentaire de Droit Constitutionnel*, p. 155) ressaltam que o importante é resguardar a independência dos juízes, sendo irrelevante questionar se o Judiciário "é um poder ou simplesmente uma autoridade do Estado", pois "ele é o que nós o fizermos, ele terá o nome que arbitrariamente nós lhe dermos".

6 Releva observar que o Poder Judiciário, em sua atividade de realização do direito, a partir da valoração da situação fática e do regramento posto pelo Legislativo, será responsável pela confecção da regra que regerá o caso concreto. Neste particular, é visível o aperfeiçoamento da doutrina positivista clássica, na qual o comando normativo era exaurido pelo legislador, após sopesar a realidade fenomênica, cabendo ao intérprete, unicamente, a realização de uma operação de subsunção, sem qualquer liberdade de conformação, ainda que direcionada ao caso concreto. Atualmente, raras são as vozes que se insurgem contra a imprescindibilidade da atividade do intérprete no papel de agente densificador do conteúdo normativo editado pelo legislador, máxime com a intensificação do uso de princípios jurídicos, cláusulas gerais e conceitos jurídicos indeterminados, que somente serão passíveis de efetividade com a identificação dos valores que lhes são subjacentes.

7 Nos Estados Unidos da América, a partir da Declaração de Independência (1776), vislumbrou-se uma ampla aceitação da doutrina da divisão dos poderes. Com a independência das treze colônias, foi editado, no mesmo ano, um acordo de colaboração mútua denominado "Artigos da Confederação". Neste, os Estados-membros preservavam sua soberania, havendo uma entusiástica defesa da liberdade, com o correlato enfraquecimento das funções executiva e judiciária em prol daquela. As Constituições dos Estados estabeleciam, sistematicamente, a necessidade de separação das funções estatais (*Os Poderes Legislativo, Executivo e*

Em virtude da independência entre as funções, tem-se que cada uma delas, ressalvadas as exceções de natureza constitucional, providenciará a investidura e a permanência dos agentes nos respectivos órgãos, exercerá suas atividades de forma independente e organizará os mecanismos aptos à consecução de seus fins.

Às atividades preponderantemente desempenhadas por cada qual são aplicáveis as diretrizes traçadas na Constituição, as quais buscam garantir a integridade dos fins almejados, a concreção dos objetivos colimados e a estrita observância dos princípios norteadores do Estado Democrático de Direito.

Com o desiderato final de garantir a integridade dos fins do aparato estatal e a pureza dos meios utilizados pelas funções constituídas, são estabelecidos mecanismos de integração entre elas, permitindo-se a implementação de um sistema de controle recíproco[8] e

---

Judiciário devem ser mantidos tão separados e independentes uns dos outros quanto o admita a natureza de um governo livre; ou na medida compatível com aquela cadeia de elos que liga todo o tecido da Constituição num laço indissolúvel de unidade e amizade – Constituição de New Hampshire, apud James Madison et alii, *Os Artigos Federalistas*, n. XLVII, p. 334), mas admitiam uma certa interpenetração entre elas, o que representava importante elemento garantidor da harmonia. Ulteriormente, ante as imperfeições detectadas nos Artigos da Confederação, foi realizada, no ano de 1787, a Convenção de Filadélfia, que visava tão somente aperfeiçoá-los. No entanto, após quatro meses de reunião, os delegados dos Estados, com exceção de Rhode Island, culminaram em realizar uma reformulação total e assinar o texto da atual Constituição norte-americana, o que aconteceu em 17 de setembro de 1787, tendo ocorrido a posterior ratificação por parte dos legislativos estaduais. Nesta, restaram fortalecidas as funções executiva e judiciária, o que permitiu um maior equilíbrio com a função legislativa. Ainda aqui foi resguardada a divisão dos poderes, sendo estabelecido que a função judiciária seria exercida em todos os casos de direito ou de equidade sob o regime da Constituição, das leis dos Estados Unidos e dos tratados já firmados ou que venham a ser celebrados (artigo III, Seção 2); o que permite um amplo controle da adequação dos atos das demais funções aos ditames do Estado de Direito.

[8] É o denominado sistema dos freios e contrapesos (*système de freins et de contrapoids* ou *checks and balances*), o qual visa proscrever o arbítrio e a tirania, já que a consecução destes estaria condicionada ao improvável conluio entre autoridades independentes e que apresentam um certo grau de interpenetração em suas atividades, importando em controle mútuo (*Le pouvoir arrête le pouvoir*) que visa preservar a harmonia norteadora da coexistência das diferentes funções estatais. E ainda, releva observar que nenhuma função pode fiscalizar as demais sem ser fiscalizada, pois *Qui custodict custodem?* À guisa de ilustração e tendo como parâmetro o enunciado por João Barbalho (*Constituição Federal Brasileira – Commentários*, p. 71), são citados os seguintes exemplos de controle recíproco: a) os excessos da Câmara dos Deputados são freados pelo Senado e reciprocamente; b) os do Legislativo pelo veto do Executivo; c) os deste pelo Legislativo, por meio do *impeachment*, da sustação dos atos regulamentares em dissonância com o poder regulamentar ou com os limites da autorização legislativa, da não conversão de medida provisória em lei etc.; d) os do Executivo pelo Judiciário, pois este pode sustar os efeitos dos atos daquele por inobservância da lei ou da Constituição; e) os do Judiciário pelo Legislativo, o qual, observados os limites constitucionais, pode fixar regras procedimentais, restringir-lhe a autoridade e julgar as mais altas autoridades daquele por crimes de responsabilidade; f) os do Legislativo pelo Judiciário, por ocasião do controle de constitucionalidade das leis; g) os do Presidente da República pelo Senado, quanto à nomeação de funcionários sujeita à sua aprovação; h) os dos titulares de cargos eletivos pelo povo, mediante eleições periódicas; i) o Presidente da República, em determinadas situações, pode solicitar urgência ao Legislativo para a apreciação de projetos de sua iniciativa, os quais devem ser necessariamente apreciados em determinado lapso; j) os membros dos Tribunais Superiores são escolhidos pelo Executivo e aprovados pelo Senado.

o legítimo exercício de atividades anômalas[9], ontologicamente pertencentes a determinada função, mas constitucionalmente outorgadas a outra.

Não obstante a independência entre as funções, a tão preconizada e indispensável harmonia denota que nenhuma delas fica absolutamente separada, o que consagra o *sistema de colaboração entre as funções*[10]."Como dizia Guizot, a virtude e a bondade do sistema consistem precisamente na dependência mútua dos poderes e nos esforços que ela lhes impõe para chegarem à unidade, não havendo dependência mútua senão entre Poderes investidos de uma forte independência e bastante fortes para mantê-la (*Histoire des Orig. du Gouv. Représ.*, vol. II, leç. 18)"[11].

A identificação e ulterior coibição da improbidade somente serão possíveis com uma ampla análise da observância dos princípios constitucionais que regem a atividade estatal. Para tanto, o princípio da divisão dos poderes não pode ser erigido à categoria de óbice intransponível à aferição da integral subsunção dos atos do Poder Público aos princípios constantes do art. 37 da Constituição da República, o mesmo ocorrendo em relação aos princípios implícitos nesta e que defluem do sistema.

Considerando que todos têm esteio constitucional, sendo os últimos considerados princípios setoriais pertinentes à administração pública, e, o primeiro, princípio fundamental da República Federativa do Brasil[12], a sua interpretação deve ser norteada por critérios lógico-sistemáticos, o que possibilitará a sua maior integração e a potencialização de seus fins.

2. FORMAS DE CONTROLE

De modo correlato à própria concepção de Estado Democrático de Direito, tem-se a necessidade de serem estabelecidos mecanismos de controle da atividade estatal, sempre com o objetivo de mantê-la adstrita às fronteiras de sua legitimidade. Não é demais lem-

---

9 "Não há, nem nunca houve, perfeita simetria entre os órgãos e as funções. Bem que princípios *a priori* pretendessem e pretendam que a regra jurídica há de ser feita pelo órgão legislativo, que a execução caiba ao órgão executivo, e a função de julgar ao órgão judiciário, o que se vê, na vida real e no direito positivo, ainda onde se parta da separação dos poderes, é competirem: ao Poder Legislativo atos e, pois, funções, que são executivas, e, às vezes, judiciárias; ao Poder Executivo, a edição de regras jurídicas e a prática de atos que valem julgamento; e ao Poder Judiciário, atos puramente administrativos, tais como nomeações, concessões de licenças, demissões, bem como a colaboração, quotidiana e eficiente, na elaboração de regras jurídicas, ao lados daquelas que partem do Poder Executivo, ou, ainda, ao lado da criação costumeira" (PONTES DE MIRANDA, F. C. Independência e harmonia entre os poderes, *RDP* 20/22).

10 Além do sistema de colaboração, tem-se os sistemas da confusão e da separação dos poderes (*rectius*: funções). Neste, as atividades estatais são desempenhadas por órgãos diversos e independentes entre si, os quais ocupam compartimentos estanques da soberania estatal, sem qualquer interpenetração nas atividades desempenhadas por outro órgão. No sistema da confusão, enquadram-se as organizações constitucionais em que um único órgão exerce todas as atividades estatais (Executiva, Legislativa e Judiciária).

11 BARBALHO, João. *Constituição Federal brasileira – commentários*, p. 71.

12 Para maior desenvolvimento do tema, ver Luís Roberto Barroso, *Interpretação e Aplicação da Constituição*, p. 153-156.

brar que o significante *controle* carece de purismo vernacular, caracterizando-se como um neologismo que não encontra correspondência exata na língua portuguesa. Controle deriva do francês *contrôle*, contração de *contrerole*, indicando um registro feito em duplicidade[13]. Além desse significado base, é largamente empregado pelos publicistas no sentido de verificação, revisão, fiscalização e sindicação. É nesse sentido que o utilizamos, pois não seria coerente repudiarmos um vocábulo há muito sedimentado na doutrina especializada.

Sob a epígrafe do *controle* devem ser enquadrados todos os mecanismos utilizados na fiscalização e na correção da atividade desempenhada pelas estruturas de poder existentes no Estado de Direito. O *controle*, que deve manter-se adstrito aos limites da lei e da Constituição, pode sofrer inúmeras classificações. Sob o prisma do controlador, é possível analisarmos o controle conforme a sua (1) posição e (2) natureza. No que diz respeito à atividade desenvolvida, a análise pode ser direcionada (3) à sua natureza, (4) ao seu objeto e (5) à amplitude do controle[14].

Principiando pela posição do controlador, é possível que esteja inserido na mesma estrutura do órgão controlado ou ser estranho a ela. No primeiro caso, fala-se em controle interno, no segundo, em contorno externo. Interno é o controle que encontra o seu alicerce de sustentação na autonomia existencial de uma dada estrutura estatal e no princípio hierárquico. Enquanto a autonomia indica capacidade de se direcionar de acordo com suas próprias decisões, a hierarquia direciona o processo de formação dessas decisões. A atuação dos órgãos internos observa a divisão de competências no âmbito da respectiva estrutura estatal, podendo manter entre si uma "*relação de equiordenação, supra ou infraordenação*"[15], o que significa dizer que podem estar horizontalizados (*v.g.*: a auditoria interna normalmente não tem qualquer ascendência hierárquica sobre os órgãos controlados) ou verticalizados (*v.g.*: o chefe de um órgão deve exercer controle constante sobre os seus subordinados), nesse último caso, com a existência de uma hierarquia entre eles. É factível que o controle interno pode ser exercido por ambos.

Quando o controle é realizado por órgãos verticalizados, o órgão supraordenado pode rever ou anular os atos praticados pelo órgão infraordenado. Em se tratando de órgãos horizontalizados, a função primordial do órgão "*equiordenado*" normalmente será a de detectar a injuridicidade e, ato contínuo, provocar o órgão supraordenado, que valorará os argumentos apresentados e decidirá pela anulação ou revogação do ato. Órgãos dessa natureza estão previstos no art. 74 da Constituição de 1988. Sua atuação, ademais, pode ser provocada por qualquer pessoa, já que a ordem constitucional, em seu art. 5º, XXXIV, *a*, assegurou a todos "*o direito de petição aos Poderes Públicos em defesa de direitos ou contra ilegalidade ou abuso de poder*".

---

13 *Cf.* DUBOIS, J., MITTERAND, H. e DAUZART, A. *Dictionnaire d'étymologie*, p. 182.
14 *Cf.* GARCIA, Emerson. O Conselho Nacional do Ministério Público e a semântica do controle, *in* Boletim de Direito Administrativo n. 7, ano XXX, julho de 2014, p. 737.
15 OTERO, Paulo. *Conceito e Fundamento da Hierarquia Administrativa*, p. 33.

Diversamente do controle interno, ontologicamente amplo, o controle externo, que encontra sua gênese na divisão das funções estatais, é necessariamente restrito, somente se desenvolvendo nos limites estabelecidos pela ordem jurídica. A justificativa decorre da constatação de que o controle externo comprime a autonomia da estrutura controlada, somente podendo ser desenvolvido nos estritos limites da ordem jurídica.

Ao avançarmos da posição ocupada pelo órgão controlador para a sua natureza jurídica, vamos aportar na divisão tripartite do poder tão bem sistematizada por Montesquieu, que apregoa a existência das funções administrativa, legislativa e judiciária. Portanto, a estrutura do órgão de controle há de ser enquadrada numa dessas vertentes. À guisa de ilustração, os Tribunais de Contas e os Conselhos Nacionais de Justiça e do Ministério Público exercem atividade tipicamente administrativa.

À classificação bipartida dos órgãos controlados, soma-se, como dissemos, a classificação tripartida da atividade desenvolvida.

Quanto à natureza da atividade desenvolvida, uma vez mais nos socorreremos da sistematização oferecida por Montesquieu. Quando pensamos em Poderes Legislativo, Executivo e Judiciário, é evidente que esse designativo está associado à atividade fim desenvolvida por certas estruturas de poder. Portanto, com escusas pela tautologia, é possível dizermos que o Legislativo legisla, o Executivo administra e o Judiciário julga. Por outro lado, também é evidente que cada uma dessas estruturas contará com uma organização interna que viabiliza o seu funcionamento e que pratica atos essencialmente administrativos, podendo revê-los ou revogá-los. Considerando que o controle interno decorre das noções de autonomia existencial e hierarquia administrativa, é possível concluir que ele sempre terá natureza administrativa. Em relação ao controle externo, muitas controvérsias surgirão. O Executivo, ainda que seus atos assumam um viés político (*v.g.*: com o veto a projeto de lei aprovado pelo Legislativo), sempre praticará atos de natureza administrativa no âmbito das atividades de controle. O Judiciário, do mesmo modo, ao apreciar os atos praticados pelas demais estruturas de poder, sempre emitirá, no exercício desse controle externo, provimentos de natureza jurisdicional. O Poder Legislativo, por sua vez, ao exercer o controle externo, também pratica atos de natureza administrativa e jurisdicional. É o que ocorre com a competência para fiscalizar e controlar, diretamente ou por qualquer de suas Casas, os atos do Poder Executivo, incluídos os da administração indireta (CR/1988, art. 49, X), e para julgar o Presidente e o Vice-Presidente da República nos crimes de responsabilidade (CR/1988, arts. 51, I e 52, I). Especificamente em relação ao controle externo realizado por órgãos constitucionalmente autônomos (*v.g.*: Tribunais de Contas e Conselhos Nacionais de Justiça e do Ministério Público), os atos praticados sempre terão natureza administrativa, isso em razão do princípio da inafastabilidade da tutela jurisdicional.

Quanto ao objeto do controle, é possível afirmar que ele sempre será um ato praticado pelo órgão controlado. Em se tratando de controle interno, o objeto será um ato administrativo, unilateral ou não: será inicialmente cotejado com a juridicidade, o que pode resultar na sua anulação e, em tendo sido praticado com base no poder discricionário, será reavaliada a sua conveniência e oportunidade, podendo, inclusive, ser revogado. Essa competência, na medida em que lastreada no princípio hierárquico, há de ser exercida por um órgão supraordenado. No que diz respeito ao controle externo, a divisão das funções estatais e a autonomia funcional assegurada a certas estruturas de poder, como o Ministério Público, indicam que ele não poderá recair sobre os atos tipicamente funcionais, que refletem a atividade fim da estrutura estatal controlada. Essa regra, à evidência, estará sujeita às exceções contempladas pela Constituição, que não são poucas. À guisa de ilustração, observa-se que as leis aprovadas pelo Poder Legislativo estão sujeitas ao controle de constitucionalidade realizado pelo Judiciário (arts. 97, 102, I, *a*, e 125, § 2º) e os atos normativos do Poder Executivo que exorbitem do poder regulamentar podem ser sustados pelo Legislativo (art. 49, V).

Por fim, quanto à amplitude, tem-se uma distinção substancial em relação ao potencial expansivo do controle interno e do controle externo, os quais apresentam sensíveis distinções quando cotejados entre si. Enquanto o primeiro é ontologicamente amplo, sendo intuitiva a conclusão de que a própria estrutura estatal deve delinear a sua vontade final, o segundo é necessariamente restrito. Afinal, caminha em norte contrário à divisão das funções estatais e à autonomia que a ordem constitucional assegurou a certas estruturas de poder. Em verdade, controle externo amplo e irrestrito é a antinomia suprema a qualquer referencial de independência e autonomia existencial.

O controle externo, como limitador da independência e da autonomia, somente pode se desenvolver com observância dos limites estabelecidos pela ordem jurídica. E, aqui, o padrão sistêmico encampado pela ordem constitucional brasileira se baseia na dicotomia existente entre juridicidade e liberdade valorativa: a primeira é da essência do Estado de Direito, cujo primado não pode ser tergiversado; a segunda, por sua vez, reflete, em toda a sua intensidade, a autonomia das estruturas controladas, não podendo sofrer qualquer limitação pelo controlador.

Objetivando estabelecer uma metodologia de estudo, a extensão e a oportunidade do controle a que se submeterá a atividade estatal serão melhor analisadas por ocasião do estudo dos atos administrativos, legislativos e jurisdicionais, momento em que será aferida a possibilidade de enquadramento destes últimos na tipologia da Lei n. 8.429/1992, pois, em linha de princípio, não se enquadram sob a epígrafe da administração pública.

3. DO CONTROLE ADMINISTRATIVO

Na organização de cada um dos Poderes que desempenham as distintas funções estatais, é outorgada aos órgãos que os integram competência para fiscalizar e rever seus próprios atos administrativos, ou desempenhar tal atividade em relação aos que emanem dos órgãos que ocupem degraus inferiores da pirâmide hierárquica[16].

---

16   Para fins de ilustração, pode-se mencionar o controle exercido pelos Ministros de Estado sobre os órgãos que integram sua estrutura administrativa e sobre as entidades que compõem a administração federal indi-

Convencionou-se chamar este *dever-poder* de autotutela[17], o qual mantém-se adstrito ao âmbito interno de cada Poder, sem qualquer ingerência extrínseca. O controle administrativo pode culminar em ratificar, suprimir ou modificar os atos administrativos praticados a partir da verificação da compatibilidade destes com os princípios regentes da atividade estatal, ou mesmo por razões de conveniência e oportunidade da Administração[18].

De diferentes formas pode ser deflagrado o controle administrativo, sendo normalmente instaurado de ofício, sempre que o órgão competente tenha conhecimento de determinada irregularidade; como consequência do exercício do *right of petition*, pois o art. 5º, XXXIV, *a*, da Constituição da República garante a todos "o direito de petição ao Poderes Públicos em defesa de direitos ou contra ilegalidade ou abuso de poder"; e com a interposição de recursos administrativos[19], meio utilizado pelo administrado para que determinados atos sejam revistos pela autoridade que os praticou ou por outra de hierarquia superior.

Ressalte-se que a deflagração dos mecanismos de controle interno, com a consequente identificação de atos dissonantes da juridicidade que deve nortear a atuação estatal, não redundará, necessariamente, na individualização de um ato de improbidade. Esse estado de coisas será especialmente percebido quando o próprio agente responsável pela prática do ato, sem a influência de fatores exógenos (*v.g.*: a movimentação dos mecanis-

---

reta. Na primeira hipótese, tem-se o controle interno por subordinação, sendo extremamente amplo e ilimitado por ser derivação da hierarquia existente no serviço público; enquanto na segunda fala-se em controle externo por vinculação, o qual é limitado aos aspectos que a lei fixar, isto em razão da autonomia dos entes que compõem a administração indireta. De acordo com o art. 19 do Decreto-Lei n. 200/1967, *todo e qualquer órgão da administração federal, direta ou indireta, está sujeito à supervisão do Ministro de Estado competente*.

17 O controle exercido pela administração direta em relação às entidades da administração indireta por ela criadas (Autarquias, fundações etc.) recebe a denominação de tutela. Somente se fala em autotutela quando o controle é exercido na esfera da própria administração, não em relação às pessoas jurídicas a ela vinculadas.

18 A administração pública pode declarar a nulidade de seus próprios atos (Súmula 346 do STF). A administração pode anular seus próprios atos quando eivados de vícios que os tornam ilegais, porque deles não se originam direitos; ou revogá-los, por motivo de conveniência ou oportunidade, respeitados os direitos adquiridos e ressalvada, em todos os casos, a apreciação judicial (Súmula 473 do STF). O STF, reconhecendo a inconstitucionalidade da tripla acumulação de cargos públicos, rejeitou a "teoria do fato consumado" e concluiu que "o direito adquirido e o decurso do tempo não podem ser opostos quando se tratar de manifesta contrariedade à Constituição" (1ª T., RE n. 381.204/RS, rel. Min. Ellen Gracie, j. em 11/10/2005, DJ de 11/11/2005).

19 Os recursos administrativos são doutrinariamente divididos em certas categorias. Denomina-se representação o recurso que narra abusos ou ilegalidades praticados por um agente público, podendo ser apresentado por qualquer administrado; reclamação aquele que busca a revisão de um ato que seja prejudicial ao administrado, somente podendo ser ofertado por este; pedido de reconsideração o recurso endereçado à autoridade que praticou o ato para que esta o reveja; revisão o que visa à reapreciação de decisão proferida em processo administrativo já ultimado, sendo imprescindível a apresentação de provas não valoradas anteriormente; e recurso hierárquico o que almeja o reexame do ato por autoridade superior à que o proferiu.

mos de persecução penal), identificar a ilicitude e procurar corrigi-la. Com isso, demonstrará a ausência de dolo ao contrariar a ordem jurídica e, principalmente, externará o zelo com o interesse público ao procurar corrigir ilicitudes até então desconhecidas dos órgãos de controle externo. Identificada a influência de fatores exógenos, o provável será que o real propósito do agente seja eximir-se da responsabilidade por um ilícito já consumado e que se esperava não fosse descoberto.

Detectada a improbidade administrativa, serão revistos os atos praticados pelo ímprobo, o qual, após o trâmite regular do procedimento administrativo instaurado, será passível de sofrer as sanções administrativas cominadas no estatuto regente de sua categoria funcional, o que é consequência direta do poder disciplinar do Poder Público sobre seus agentes. Tais sanções, consoante expressa previsão do art. 12 da Lei n. 8.429/1992, são independentes daquelas previstas neste diploma legal, não podendo elidi-las, comutá-las ou abatê-las.

A denominada Lei de Improbidade coexiste com os diversos diplomas normativos editados pelos diferentes entes da Federação com o fim de disciplinar as obrigações de seus agentes e cominar as sanções aplicáveis em sendo detectada a sua inobservância. Caracterizam-se como esferas distintas de combate à improbidade, sendo oportuno frisar que as sanções previstas no art. 12 da Lei n. 8.429/1992 somente poderão ser aplicadas pelo Poder Judiciário[20], restando às autoridades administrativas, no exercício do controle interno da administração pública, aplicar aquelas previstas no regime jurídico de seus agentes, em contrato administrativo ou mesmo na legislação específica que discipline a matéria[21].

No direito comparado, o poder sancionador da Administração tem sido concebido como projeção da própria noção de Estado de Direito, refletindo um instrumento necessário à preservação e à própria recomposição da juridicidade. Tratando-se de princípio implícito nas ordens constitucionais, o delineamento dos seus contornos pela legislação infraconstitucional e a sua ulterior concreção, observadas as garantias individuais, não costumam ser objeto de contestação, já estando plenamente arraigados no meio social.

Como exceção, pode ser mencionada a Constituição espanhola de 1978, cujo art. 25, 3, expressamente reconhece a existência do poder administrativo sancionador:"La Administración civil no podrá imponer sanciones que, directa o subsidiariamente, impliquen privación de libertad". No plano das garantias, como observa Alejandro Nieto[22], o art. 127, 1, da Lei do Processo Administrativo "se ha preocupado de establecer unos límites muy concretos al ejercicio de la potestad sancionadora referidos a la posibilidad de ejercicio

---

20 Nesse sentido: 1ª T., RMS n. 24.699/DF, rel. Min. Eros Grau, j. 30/11/2004, DJ de 1º/7/2005.
21 À guisa de ilustração, pode ser mencionado o art. 87 da Lei n. 8.666/1993, o qual prevê diversas sanções que podem ser aplicadas pela administração ao contratado que não cumprir a obrigação assumida.
22 *Derecho sancionador*, p. 82.

('cuando haya sido expresamente atribuida por una norma con rango de ley'), al Derecho material ('de acuerdo con lo establecido en este título') y al procedimiento ('con aplicación del procedimiento previsto para su ejercicio')".

No Brasil, de igual modo, não tem sido suscitada uma possível inconstitucionalidade desse poder, não sendo demais lembrar que o art. 71, VIII, da Constituição da República, autoriza que um órgão administrativo, como sói ser o Tribunal de Contas, aplique sanções administrativas ("aplicar aos responsáveis, em caso de ilegalidade de despesa ou irregularidade de contas, as sanções previstas em lei, que estabelecerá, entre outras cominações, multa proporcional ao dano causado ao erário"), isto sem olvidar o exercício do poder disciplinar, contemplado nos arts. 41 e 142, § 2º, da Constituição. Exige-se, tão somente, a definição legal da conduta objeto de imposição ou de proibição, bem como da respectiva sanção cominada, sendo cogente a observância, por ocasião de sua aplicação, do procedimento e das demais garantias contempladas no ordenamento jurídico, meras projeções da cláusula do devido processo legal.

Especificamente em relação à fiscalização financeira e orçamentária, é expresso o texto constitucional no sentido de que todos os Poderes deverão manter um sistema de controle interno, sem prejuízo do controle externo exercido pelo Poder Legislativo com o auxílio das Cortes de Contas. Não obstante referir-se unicamente à União, todos os entes federativos devem zelar pela obediência dos princípios preconizados no art. 74 da Constituição da República, o qual está assim redigido:

> *Art. 74. Os Poderes Legislativo, Executivo e Judiciário manterão, de forma integrada, sistema de controle interno com a finalidade de:*
>
> *I – avaliar o cumprimento das metas previstas no plano plurianual, a execução dos programas de governo e dos orçamentos da União;*
>
> *II – comprovar a legalidade e avaliar os resultados, quanto à eficácia e eficiência, da gestão orçamentária, financeira e patrimonial nos órgãos e entidades da administração federal, bem como da aplicação de recursos públicos por entidades de direito privado;*
>
> *III – exercer o controle das operações de crédito, avais e garantias, bem como dos direitos e haveres da União;*
>
> *IV – apoiar o controle externo no exercício de sua missão institucional.*
>
> *§ 1º Os responsáveis pelo controle interno, ao tomarem conhecimento de qualquer irregularidade ou ilegalidade, dela darão ciência ao Tribunal de Contas da União, sob pena de responsabilidade solidária.*
>
> *§ 2º Qualquer cidadão, partido político, associação ou sindicato é parte legítima para, na forma da lei, denunciar irregularidades ou ilegalidades perante o Tribunal de Contas da União.*

O dispositivo constitucional acima transcrito, após fixar diretrizes básicas para a realização do controle administrativo, estabelece a obrigatoriedade de a autoridade responsável comunicar ao Tribunal de Contas as irregularidades que detectar. Não o fazendo, além de estar sujeita à responsabilização solidária, será patente a configuração do crime de condescendência criminosa[23].

Realçando a necessidade de serem observadas as normas relativas à gestão financeira, estatuiu o texto constitucional uma variante específica do direito de petição, conferindo a qualquer cidadão e a algumas pessoas jurídicas legitimidade para encaminhar ao Tribunal de Contas informações relativas às irregularidades praticadas pelos agentes públicos.

No mesmo norte caminhou o legislador ordinário, sendo expresso o art. 14 da Lei n. 8.429/1992 no sentido que "qualquer pessoa poderá representar à autoridade administrativa competente para que seja instaurada investigação destinada a apurar a prática de ato de improbidade"[24]. Como se vê, o dispositivo fala em pessoa, o que abrange aquelas de natureza física ou jurídica, importando em conceito evidentemente mais amplo que o de cidadão.

A representação deve ser oferecida por escrito. Não o sendo, será reduzida a termo e assinada, afigurando-se necessário que contenha a qualificação do representante, informações sobre o fato e sua autoria e indique as provas do alegado (art. 14, § 1º). Ainda que não tenha o representante conhecimento de quaisquer provas, nada impedirá que o fato seja apurado em sendo constatada a idoneidade de seu arrazoado.

Ausentes os requisitos necessários, será a representação rejeitada pela autoridade administrativa em despacho fundamentado[25], o que não impedirá sua renovação em sendo supridas as falhas detectadas. A fundamentação é requisito obrigatório do ato[26], pois o exame dos motivos que conduziram à rejeição possibilitará que seja aferido o cumprimento da atividade fiscalizatória, a ser necessariamente desempenhada pelo superior hierárquico em relação aos subordinados, e permitirá o manejo da irresignação recursal pertinente.

É aconselhável, tanto quanto possível, que sejam apuradas as ilicitudes narradas por qualquer do povo, ainda que a representação não preencha os requisitos legais. Em casos tais e de forma semelhante à conhecida *sindicância*, deve a autoridade administrativa apurar os fatos como forma de exercício de seu poder hierárquico e, verificada a plausibilidade do alegado, deflagrar o procedimento disciplinar, seara em que será imperativa a observância dos princípios do contraditório e da ampla defesa.

---

23 Art. 320 do CP.
24 Art. 19 da Lei n. 8.429/1992: "Constitui crime a representação por ato de improbidade contra agente público ou terceiro beneficiário quando o autor da denúncia o sabe inocente. Pena: detenção de seis a dez meses e multa. Parágrafo único. Além da sanção penal, o denunciante estará sujeito a indenizar o denunciado pelos danos materiais, morais ou à imagem que houver provocado".
25 A rejeição da representação pela autoridade administrativa não impede que o interessado a encaminhe ao Ministério Público (arts. 14, § 2º, e 22 da Lei n. 8.429/1992).
26 Ver arts. 2º, VII, e 50, II, da Lei n. 9.784/1999.

Situação peculiar ocorrerá quando o agente público intitulado de ímprobo for o próprio Chefe do Poder. Em casos tais, entender que tal agente estaria obrigado a instaurar o procedimento necessário à apuração dos fatos a si imputados seria subverter o sistema constitucional, em especial o direito de permanecer em silêncio[27], o qual é manifestação direta do direito contra a autoincriminação. Por certo, ainda que no exercício de seu *munus*, não está ele obrigado a reconhecer a existência de indícios de sua desonestidade, o que seria feito se acolhesse a representação e instaurasse o procedimento pertinente. Do mesmo modo, não se poderá exigir do agente que determine aos seus subordinados que ajam de forma diversa.

Apesar disso, entendemos que a omissão do agente em encaminhar a representação aos demais órgãos legitimados ao controle da atividade estatal (*v.g.:* Ministério Público e Tribunal de Contas), para que apurem os fatos noticiados, importará em flagrante lesão ao princípio da moralidade administrativa, o que, por si só, será passível de configurar a improbidade. Tal decorre da incompatibilidade verificada entre a posição de órgão fiscalizador e de agente fiscalizado e da flagrante violação ao dever de imparcialidade que deve nortear a atuação estatal, pois é defeso a qualquer agente agir visando à consecução de objetivos pessoais, o que seria verificado com a sua omissão.

Em sendo recebida a representação, serão os fatos apurados com a instauração de procedimento administrativo disciplinar, o qual seguirá o regramento instituído pelo estatuto regente da categoria a que pertença o ímprobo, devendo ser garantido o contraditório e a ampla defesa. Tratando-se de servidor federal, a matéria seguirá o estatuído nos arts. 148 a 182 da Lei n. 8.112/1990 e na Lei n. 9.784/1999, no que for compatível; no caso de servidor militar, será observado o respectivo regulamento disciplinar[28].

O procedimento administrativo pode ser igualmente instaurado de ofício[29] – o que raramente ocorre – ou a partir de requisição do Ministério Público (art. 22 da Lei n. 8.429/1992)[30]. Essa requisição é de todo aconselhável, pois estimula a paulatina sedimen-

---

27 Art. 5º, LXIII, da CR/1988.
28 Art. 14, § 3º, da Lei de Improbidade.
29 Como observou Sérgio Ferraz (Aspectos Processuais na Lei sobre Improbidade Administrativa, in *Improbidade Administrativa, Questões Polêmicas e Atuais*, p. 383), "a instauração de ofício pode materializar-se por múltiplas formas, segundo o direito positivo regedor da esfera competente para o processo em concreto. Assim, pode ela exteriorizar-se mediante decreto, portaria, auto de infração, notificação, representação, despacho, ordem de serviço etc. Sempre e sempre, o veículo será um ato administrativo de carga determinativa: a instauração não contém manifestação opinativa ou dispositiva. Ela se cristaliza num mandamento, que deflagra, desde sua edição, efeitos e impulsos incoercíveis, eis que timbrado o processo administrativo também pelos princípios da oficialidade e da inquisitoriedade. Daí a imprescindibilidade, pena de nulidade até, de o ato descrever nitidamente os fatos, a capitulação tipológica e sancionatória em tese aplicáveis, a identificação da autoridade deflagradora etc.".
30 O STJ tem decidido pela possibilidade de instauração de inquérito civil ou procedimento administrativo para apurar a veracidade de notícia anônima (2ª T., RMS n. 38.010/RJ, rel. Min. Herman Benjamin, j. em

tação do ideal de probidade na administração e a necessária responsabilidade dos seus agentes. Além disso, possibilita que ilícitos de reduzida potencialidade lesiva venham a ser sancionados (*v.g.:* com advertência) nos casos em que não seja divisada a improbidade material, já que infrutífera a persecução judicial. Omitindo-se a administração na instauração do procedimento requisitado, ter-se-á um indício de configuração do ato de improbidade previsto no art. 11, II, da Lei de Improbidade.

Instaurado o procedimento administrativo para apurar a prática de ato de improbidade, deverá a comissão processante cientificar o Ministério Público, caso não o tenha requisitado, e o Tribunal ou Conselho de Contas sobre sua existência, sendo-lhes facultado designar representante para acompanhar o procedimento (art. 15). O nível federativo da instituição a ser cientificada variará conforme o sujeito passivo do ato de improbidade, que pode estar situado nos planos federal, estadual ou municipal. Enquanto o Ministério Público pode ser Federal ou Estadual, o Tribunal de Contas também pode ser municipal, nesse último caso exclusivamente nos Municípios de São Paulo e Rio de Janeiro, únicos que contam com Conselhos de Contas Municipais.

Em nosso entender, a ausência da comunicação prevista no art. 15 da Lei n. 8.429/1992 não acarretará a nulidade de todos os atos praticados a partir do momento em que ela deveria se realizada, não sendo passível de aplicação analógica o disposto no art. 279 do CPC/2015, preceito destinado ao processo judicial, não ao administrativo. Ademais, em prevalecendo entendimento contrário, ter-se-ia a criação de nulidades não instituídas em lei e em desacordo com a própria *ratio* desta, já que a atuação do Ministério Público na apuração dos fatos não será elidida pela referida omissão.

O art. 15, parágrafo único, da Lei n. 8.429/1992 dispõe que *o Ministério Público ou Tribunal ou Conselho de Contas poderá, a requerimento, designar representante para acompanhar o procedimento administrativo*. Considerando a independência funcional e a natureza institucional destes órgãos, sempre que recebam a comunicação referida no *caput*, ser-lhes-á aberta a oportunidade de acompanhar diretamente as investigações a serem realizadas. O *requerimento* referido no preceito tão somente exteriorizará o interesse da comissão processante no sentido que tal faculdade seja efetivamente exercida, não havendo qualquer óbice à indicação de representante caso a presença deste não seja solicitada.

Qualquer que seja a disciplina estabelecida no regime jurídico a que esteja sujeito o agente, serão facilmente identificadas as fases de instauração, compreendendo o oferecimento da representação, o seu recebimento e a constituição da comissão processante por meio de portaria; investigação, abrangendo a instrução, a defesa e o relatório; e julgamento, ato que ultimará o procedimento com a consequente absolvição ou condenação do agente.

2/5/2013, *DJe* de 16/5/2013). Nesse acórdão, foram citados os seguintes precedentes: 1ª T., RMS n. 37.166/SP, rel. Min. Benedito Gonçalves, *DJe* de 15/4/2013; 2ª T., RMS n. 30.510/RJ, rel. Min. Eliana Calmon, *DJe* de 10/2/2010; 3ª Seção, MS n. 13.348/DF, rel. Min. Laurita Vaz, *DJe* de 16/9/2009.

Capítulo IV – Controle Repressivo da Improbidade Administrativa

Instaurado o procedimento administrativo e denotando o contexto probatório que o agente efetivamente praticara o ato de improbidade[31], deverá a comissão processante representar ao *Ministério Público ou à Procuradoria do órgão para que requeira ao juízo competente a decretação do sequestro*[32] *dos bens do agente ou terceiro que tenha enriquecido ilicitamente ou causado dano ao patrimônio público* (art. 16, *caput*, da Lei n. 8.429/1992)[33].

---

31 Em sede de cognição sumária, não é exigida a formação de um juízo de certeza, mas tão somente a probabilidade que sejam verdadeiros os fatos imputados ao agente. O art. 16 da Lei n. 8.429/1992 fala em "fundados indícios", o que é um antecedente lógico da certeza que deve estar presente ao final do procedimento. Na lição do Mestre das Provas, Nicola Framarino Dei Malatesta, "a probabilidade consiste na percepção dos motivos convergentes e divergentes, julgados todos dignos, na medida dos seus diversos valores, de serem levados em conta... A probabilidade percebe os motivos convergentes e divergentes e os julga todos dignos de serem levados em conta, se bem que mais os primeiros e menos os segundos. A certeza acha, ao contrário, que os motivos divergentes da afirmação não merecem racionalmente consideração e, por isso, afirma" (*A lógica das provas em matéria criminal*, v. I, p. 61).

32 O art. 7º da Lei n. 8.429/1992 também prevê a providência cautelar de indisponibilidade dos bens, que se distingue do arresto na medida em que este prevê a apreensão da *res*, enquanto aquela somente acarreta a proibição de disposição. Quanto ao sequestro, leciona Ernani Fidélis dos Santos (Aspectos Processuais da Lei de Improbidade Administrativa, in *Improbidade Administrativa, 10 anos da Lei n. 8.429/1992*, p. 112-113) que a remissão aos arts. 822 a 825 do CPC/1974, constante do art. 16, § 1º, da Lei de Improbidade, refere-se unicamente ao processamento, não havendo exigência de cumprimento dos requisitos específicos do sequestro comum. A semelhança, assim, restringe-se à possibilidade de apreensão de bens. Segundo o jurista, o *Codice di Procedura Civile* da Itália trata do sequestro de maneira genérica, consistindo na apreensão de bens para prevenção de litígios sobre a posse ou propriedade (*sequestro giudiziario* – art. 670, 1 e 2) ou para a garantia de crédito (*sequestro conservativo* – art. 671), que se assemelha ao arresto previsto no art. 813 do CPC/1974. Por tal motivo, não vislumbra nenhum engano na Lei de Improbidade na referência ao sequestro – para muitos o correto seria arresto –, já que ausente qualquer vínculo com outras medidas típicas. Em suas palavras, "assim como na Itália, o termo sequestro é usado, genericamente, como apreensão de bens para finalidades diversas, pode-se tipificar, com as mesmas características, medida cautelar distinta e específica, sem importarem os fins a que se destina". Ao final, elogia a boa técnica da lei, pois existe a possibilidade de que a sentença opere a transferência de determinados bens, a ser garantida através de medida análoga à de sequestro comum, ou que determine a perda de valores resultantes do aumento indevido de patrimônio ou correspondentes ao dano causado, provimento este que seria resguardado por medida semelhante ao arresto, já que não individualizados os bens. Note-se que o art. 301 do CPC/2015 faz menção ao arresto e ao sequestro sem descer a minúcias a respeito da distinção entre os institutos.

33 A atuação do Ministério Público, desde que embasada em outros elementos probatórios, independe da representação prevista no art. 16 da Lei n. 8.429/1992. No mesmo sentido: STJ, 2ª T., AgRg no AREsp n. 53.058/MA, rel. Min. Eliana Calmon, j. em 17/9/2013, *DJe* de 24/9/2013; TRF da 2ª R., 3ª T., AI n. 98.02.25794-0, rel. Juiz Júlio Martins, j. em 7/4/1999, *DJ* de 28/9/1999; e TJPR, 1ª CC, AI n. 77397700, rel. Des. Pacheco Rocha, j. em 10/8/1999. Igual entendimento será adotado em relação ao ente lesado, o qual tem legitimidade para acionar o ímprobo ainda que não tenha instaurado qualquer procedimento administrativo prévio. Neste sentido: TJPR, 3ª CC, AI n. 76819-4, rel. Des. Ruy Fernando de Oliveira, j. em 30/5/2000, e 5ª CC, AI n. 76180800, rel. Des. Lauro Laertes de Oliveira, j. em 21/3/2000. Segundo Sérgio de Andreia Ferreira (A Probidade na Administração Pública, *Boletim de Direito Administrativo*, agosto/2002, p. 622), como a acusação da prática de ato de improbidade é atentatória à dignidade do agente público, que consubstancia um direito fundamental assegurado pelo art. 1º, III, da CR/1988, a Lei n. 8.429/1992 "exige, como condição da ação de improbidade, o prévio procedimento administrativo". Com a devida vênia do jurista, a nosso ver, tanto as premissas como a conclu-

Referida representação poderá igualmente pleitear *a investigação, o exame e o bloqueio*

são estão equivocadas. Com efeito, tendo a Constituição consagrado o princípio da inafastabilidade da tutela jurisdicional (art. 5º, XXXV, da CR/1988), é tarefa assaz difícil sustentar que uma pretensão e os respectivos fundamentos, igualmente amparados na Constituição (art. 37, § 4º), possam estar dissonantes do art. 1º, III, que consagra o princípio da dignidade da pessoa humana. Não bastasse isto, as conclusões do processo administrativo são eminentemente precárias, o que, por via reflexa, faria que subsistisse a alegada ofensa à dignidade, a qual somente seria diluída com o transito em julgado de uma possível decisão condenatória, terminando por conferir certeza aos fatos e legitimidade à acusação. Esta conclusão, no entanto, geraria um problema insolúvel: se somente a sentença transitada em julgado confere legitimidade à acusação, toda a acusação, por ser obviamente oferecida antes da sentença, seria ilícita, logo, como proferir a sentença sem uma prévia acusação?! Outro equívoco é imaginar que um procedimento administrativo poderia legitimar uma acusação atentatória à dignidade da pessoa humana. A dignidade da pessoa humana, que congrega os valores inerentes à sua existência e que devem ser universalmente observados, segundo alguns (*v.g.:* Daniel Sarmento, *Ponderação de Bens*, p. 196), sequer pode ser objeto de ponderação com outros bens jurídicos, o que tornaria ilegítima a tentativa de arrefecê-la. Caso tal ocorresse, do modo imaginado pelo jurista, ter-se-ia a ilegitimidade de todo e qualquer pleito que imputasse um ilícito a outrem. Ainda que se entenda que a dignidade da pessoa humana, observado um conteúdo mínimo intangível, possa ser objeto de ponderações (*v.g.:* Robert Alexy, *Teoría de los Derechos Fundamentales*, p. 95, posição que conta com nosso modesto apoio), isto certamente não seria necessário com o mero (e legítimo!) ajuizamento de uma ação. Restando claro inexistir qualquer infração à dignidade da pessoa humana com o exercício do direito de ação, bem como que ambos têm estatura constitucional, torna-se incontroverso que a questão deve ser analisada sob a ótica infraconstitucional. Ainda aqui, melhor sorte não tem a tese sustentada. Qualquer condição ao exercício do direito de ação deve resultar do texto legal, não da imaginação do intérprete. E, neste particular, salta aos olhos que a lei estabeleceu unicamente um *modus operandi* a ser seguido pela administração pública. A preocupação com lides temerárias, apesar de não tangenciar com a tese do nobre jurista, foi devidamente encampada pelo Legislador, já que a ação deve ser instruída com um mínimo de provas – ou justificativa da impossibilidade de obtê-las – e o Judiciário realizará um juízo prévio sobre a sua admissibilidade (art. 17, §§ 6º e 8º, da Lei n. 8.429/1992). Como se vê, as garantias constam do texto legal, sendo desnecessário criar outras mais. Tese similar é prestigiada por César Asfor Rocha (*Breves reflexões críticas sobre a ação de improbidade administrativa*. Ribeirão Preto: Editora Migalhas, 2012, p. 62-68), ao afirmar que a apuração prévia, na esfera administrativa, é imprescindível ao ajuizamento da ação judicial, sendo que, em relação aos agentes políticos, por não estarem sujeitos a processo disciplinar (*v.g.:* Lei n. 8.112/1990, arts. 148 a 182), a ação "somente poderá ser validamente instaurada se apoiada em prévia manifestação definitiva da Corte de Contas". No entender do autor, "essa solução é uma imposição da aludida lógica interna ou do seu princípio fundamental" (*Breves reflexões...*, p. 62-68 e 85-87). A tese, com a vênia devida, passa ao largo da independência entre as instâncias, visualizando condições específicas da ação onde elas, decididamente, não existem. A instância administrativa de responsabilização é independente da judicial, sendo certo que, *in casu*, as conclusões alcançadas pela autoridade administrativa são irrelevantes para a condução do processo judicial. É perfeitamente possível que a justa causa exigida para o ajuizamento da ação civil seja obtida a partir de elementos probatórios colhidos no âmbito do inquérito civil, instrumento constitucionalmente outorgado ao Ministério Público para a defesa do patrimônio público e de outros interesses difusos e coletivos (cf. CR/1988, art. 129, III). Essa investigação, de índole inquisitorial e esteio constitucional, vai tão somente subsidiar a propositura de uma ação em juízo, daí a inexistência de qualquer violação às garantias do contraditório e da ampla defesa, que serão respeitadas na sede própria. Além disso, o patrimônio público não pode ficar à mercê das autoridades que deveriam protegê-lo, contendo, com sua omissão, a eficácia da norma constitucional que outorgou um relevante *munus* ao Ministério Público. Quanto à exigência de prévia decisão do Tribunal de Contas em relação à conduta imputada aos agentes políticos, ela está em rota de colisão com o disposto no art. 21, II, da Lei n. 8.429/1992, segundo o qual a aplicação das sanções ali previstas independe "da aprovação ou rejeição das contas pelo órgão de controle interno ou pelo

de bens, contas bancárias e aplicações financeiras mantidas pelo indiciado no exterior, nos termos da lei e dos tratados internacionais (art. 16, § 2º).

O estudo da Lei n. 8.429/1992 demonstra que o procedimento administrativo irá se bifurcar em duas veredas distintas. De acordo com a primeira, servirá de embasamento para que o Ministério Público ou a pessoa jurídica a que pertença a comissão processante ajuíze as ações cabíveis para apurar a responsabilidade do ímprobo e aplicar-lhe as sanções cominadas no art. 12 da Lei n. 8.429/1992. Consoante a segunda, o procedimento administrativo culminará com a aplicação das sanções previstas no estatuto da categoria em sendo comprovado que o agente praticara o ato de improbidade que lhe fora imputado. Prevalece, nesse último caso, a independência entre as instâncias de responsabilização: embora seja evidente que as sanções previstas na Lei n. 8.429/1992 somente podem ser aplicadas pelo Poder Judiciário, não há qualquer óbice a que os mesmos fatos deem origem a sanções distintas, em esfera diversa de responsabilização. A advertência é necessária para se evitar o equívoco de afirmar que a sanção de perda da função pública foi simplesmente proscrita dos regimes jurídicos funcionais, isso porque, segundo o art. 20 da Lei n. 8.429/1992, ela somente se efetivaria "com o trânsito em julgado da sentença condenatória"[34]. Excluindo deturpações, que só contribuem para a sedimentação da im-

---

Tribunal ou Conselho de Contas". No âmbito das curiosidades e sem maiores delongas, já que claramente desnecessárias, vale mencionar que para Rogério Lauria Tucci (Ação Civil Pública: abusiva utilização pelo Ministério Público e distorção pelo Poder Judiciário, *RT* 802/41) a ação cautelar de sequestro, a teor do art. 17 da Lei de Improbidade, também é condição de procedibilidade da ação de improbidade. Para o jurista – cuja tese é indiscutivelmente original –, a ação de conhecimento deve ser necessariamente precedida (ainda que tal não seja necessário) de uma ação cautelar, sendo o ajuizamento desta um requisito essencial para o exame do mérito daquela (?!!).

34 Nesse sentido: ROCHA, César Asfor. *Breves reflexões críticas*..., p. 114-117. O autor invoca, em abono de sua tese, o acórdão prolatado pela 1ª Turma do Supremo Tribunal Federal no julgamento do MS n. 24.699-DF, no qual, anulando-se penalidade de demissão aplicada ao servidor, afirmou o seguinte: "4. Ato de improbidade: a aplicação das penalidades previstas na Lei n. 8.429/92 não incumbe à Administração, eis que privativa do Poder Judiciário" (rel. Min. Eros Grau, j. em 30/11/2004, *DJU* de 1º/7/2005). Certamente passou despercebido ao nobre autor que o conteúdo da ementa não refletia, com a completude necessária, as razões de decidir. *In casu*, o agente público havia sido demitido com base em dois motivos distintos: um fundado na Lei n. 8.112/1990 (Estatuto dos Servidores Públicos Civis da União), outro na Lei n. 8.429/1992. Como o primeiro motivo foi considerado nulo, somente restou o segundo, que foi igualmente afastado pelo Tribunal sob o correto entendimento de que não cabe à Administração Pública aplicar as sanções ali previstas. Com inegável didática, assim se manifestou o relator: "Sucede que muitos desses atos tipificados na Lei n. 8.429/92 encontram correspondentes em crimes definidos na legislação penal e nas infrações administrativas enunciadas no Estatuto dos Servidores Públicos – Lei n. 8.112/90. É certo que, nessa hipótese, nada impede a instauração de processos nas três instâncias, administrativa, civil e criminal.(...) No entanto, impõe-se esclarecer o que se irá apurar em cada uma dessas instâncias. Na primeira apura-se o ilícito administrativo em consonância com as normas estabelecidas no estatuto funcional; na segunda, a improbidade administrativa, com aplicação das sanções previstas na Lei n. 8.429/92; na terceira apura-se o ilícito penal segundo as normas do Código de Processo Penal.(...) Caberia à autoridade administrativa, no caso, simplesmente verificar se há equivalência entre o suposto ato de improbidade administrativa e o seu correspondente na Lei n. 8.112/90, aplicando-lhe,

probidade administrativa, é fácil concluir que a aplicação dessa última norma somente alcança a esfera judicial de responsabilização, não a administrativa.

Como tivemos oportunidade de frisar, o procedimento administrativo referido no art. 14 da Lei de Improbidade, por força de seu § 3º, tem feição eminentemente disciplinar. Isto porque o texto é claro ao referir-se, de forma enunciativa, aos *servidores federais* e aos *servidores militares*, e ao determinar que a apuração dos fatos seja realizada em conformidade com o estatuto regente da categoria. Considerando que o conceito de agente público encampado pela Lei n. 8.429/1992 não se restringe àqueles que mantenham algum vínculo de natureza funcional com o Poder Público, concluímos que os particulares que tão somente recebam recursos do erário não seriam alcançados pelo art. 14, pois inexistente a relação hierárquica e, *ipso facto*, o próprio poder disciplinar.

Em que pese à não sujeição do particular ao poder disciplinar da administração pública, nada impede – e tudo aconselha – que, cientificado da possível prática de atos de improbidade, o órgão responsável pelo controle interno instaure um procedimento administrativo, no curso do qual deverá inquirir as testemunhas arroladas, colher as demais provas existentes e permitir que o agente intitulado de ímprobo se pronuncie sobre os fatos narrados. Trata-se de providência salutar que visa à preservação do patrimônio público, o que confere legitimidade à conduta do administrador que assim proceda.

No que concerne ao rito e aos prazos a serem seguidos, poderá a autoridade administrativa, em não havendo lei específica regulando a matéria, utilizar-se da disciplina constante do estatuto dos servidores da respectiva unidade da Federação, ou mesmo seguir procedimento diverso, desde que observadas as garantias constitucionais do contraditório e da ampla defesa – em havendo possibilidade de aplicação de alguma sanção, de ordem administrativa ou contratual, no bojo do próprio procedimento. No mais, devem ser adotadas as providências previstas na Lei n. 8.429/1992, em especial nos seus arts. 15 e 16.

4. DO CONTROLE LEGISLATIVO

Em linhas gerais, como mecanismos que compõem o sistema de controle recíproco entre os Poderes, exerce o Legislativo dois tipos de controle sobre a administração pública: o político e o financeiro (*lato sensu*).

---

em consequência, a penalidade cabível, com esteio no Estatuto dos Servidores. Não lhe cabe punir com base na Lei de Improbidade Administrativa, visto que o procedimento correcional administrativo não é a via apropriada para se averiguar a sua ocorrência". O STJ também reconheceu que "[a] interpretação sistemática do art. 20 da LIA indica tão somente ser vedada a execução provisória de parcela das sanções previstas no art. 12 do mesmo diploma. Não se estabeleceu aí uma derrogação de todo e qualquer dispositivo presente em outra esfera que estabeleça a condenação de mesmo efeito; tampouco se quis criar lei mais benéfica ao acusado, por meio de diploma que ostensivamente buscava reprimir condutas reprováveis e outorgar eficácia ao comando constitucional previsto no art. 37, § 4º – afinal, é inconcebível que uma lei redigida para coibir com maior rigor a improbidade administrativa no nosso País tenha terminado por enfraquecer sua perquirição" (1ª Seção, MS n. 16.428/DF, rel. Min. Herman Benjamin, j. em 8/8/2012, *DJe* de 24/8/2012).

O exercício do controle legislativo, ou parlamentar, que será desenvolvido no âmbito de cada ente da Federação, é atribuição do Senado Federal, da Câmara dos Deputados, das Assembleias Legislativas, da Câmara Distrital e das Câmaras de Vereadores, observadas as respectivas esferas de competência.

O controle político visa a fiscalização de atos relacionados à função administrativa e à própria organização dos Poderes Executivo e Judiciário. Em determinadas situações, aprecia a atividade administrativa em toda sua amplitude, inclusive sob o prisma da discricionariedade, podendo ser exemplificado com o poder de apreciar os atos de concessão e renovação de concessão de emissoras de rádio e televisão praticados pelo Executivo (art. 49, XII, da CR/1988); com a aprovação prévia da alienação ou concessão de terras públicas com área superior a dois mil e quinhentos hectares (art. 49, XVII, da CR/1988); com a possibilidade de convocação dos Ministros de Estado para que prestem informações sobre assuntos previamente determinados (art. 50 da CR/1988); com o processo e julgamento do Presidente e do Vice-Presidente da República nos crimes de responsabilidade (art. 52 da CR/1988); com a sustação dos atos normativos do Poder Executivo que exorbitem o poder regulamentar ou os limites da delegação legislativa (art. 49, V, da CR/1988); com a aprovação da escolha de Magistrados e dos Ministros do TCU (art. 52, III, da CR/1988) etc.

São múltiplos os instrumentos existentes para a realização do controle político, podendo-se destacar o *poder convocatório* de que dispõe o Legislativo, o *poder de sustação*, o *pedido de informações*[35] e o *poder investigatório* que é exercido por intermédio das Comissões Parlamentares de Inquérito, objeto de tópico próprio no âmbito desta obra.

O controle financeiro, por sua vez, é exercido pelo Legislativo sobre todos os Poderes, inclusive sobre os atos que praticar, com o necessário auxílio do Tribunal de Contas[36], importando na realização de um controle externo da administração pública, o qual consiste na fiscalização contábil, financeira, orçamentária, operacional e patrimonial dos entes da

---

35 Como decidiu o STJ, o controle externo exercido pelo Legislativo Municipal não justifica seja intitulada de ilegal a negativa do Prefeito em prestar informações requeridas, de modo individual, por Vereador (2ª T., RMS n. 12.942/SP, rel. Min. Franciulli Neto, j. em 24/8/2004, *DJU* de 28/2/2005).

36 A Constituição de 1891 foi a primeira a se referir ao Tribunal de Contas, sendo nítida a timidez com que foi fixada a sua competência, *verbis*: "Art. 89. É instituído um tribunal de contas para liquidar as contas da receita e despesa e verificar a sua legalidade, antes de serem prestadas ao Congresso. Parágrafo único. Os membros deste tribunal serão nomeados pelo Presidente da República com aprovação do Senado, e somente perderão os seus lugares por sentença". A finalidade da instituição foi assim definida por Rui Barbosa: "Convém levantar entre o poder que autoriza periodicamente a despesa e o poder que cotidianamente a executa, um mediador independente, auxiliar de um e de outro, que comunicando com a legislatura e intervindo na administração, seja não só o vigia como a mão forte da primeira sobre a segunda, obstando a perpetuação das infrações orçamentárias por um veto oportuno aos atos do executivo que, direta ou indiretamente, próximo ou remotamente, discrepem da linha rigorosa das leis de finanças" (*apud* TÁCITO, Caio. A Nova Lei do Tribunal de Contas da União, in *Temas de direito público*, p. 842). Atualmente, a atuação do Tribunal de Contas também é disciplinada pelas Leis n. 8.443/1992 e 8.730/1993.

Federação e das entidades da administração direta e indireta, quanto à legalidade, legitimidade, economicidade, aplicação das subvenções e renúncia de receitas[37].

Segundo o art. 56 da LC n. 101/2000 (Lei de Responsabilidade Fiscal), as contas dos Tribunais de Contas receberão parecer prévio da comissão mista permanente referida no § 1º do art. 166 da Constituição ou equivalente das Casas Legislativas estaduais e municipais. Trata-se de preceito salutar e que resguarda o princípio da imparcialidade, pois não seria admissível que alguém pudesse julgar a si próprio. O Supremo Tribunal Federal, ademais, já teve a oportunidade de reconhecer a constitucionalidade de preceito dessa natureza[38].

As contas deverão ser prestadas por qualquer pessoa física ou jurídica, pública ou privada, que utilize, arrecade, guarde, gerencie ou administre dinheiro, bens e valores públicos ou pelos quais ao ente da Federação responda, ou que em nome destes assuma obrigações de natureza pecuniária[39], sendo o dever de prestar contas verdadeiro princípio fundamental da administração pública[40].

As normas que disciplinam o TCU, no que concerne à organização, composição e fiscalização, aplicam-se aos Tribunais de Contas dos Estados e do Distrito Federal[41], bem como aos Tribunais e Conselhos de Contas dos Municípios preexistentes à promulgação da Constituição, sendo vedada a ulterior criação destes órgãos nos Municípios[42]. Este pre-

---

37 Art. 70, *caput*, da CR/1988.
38 STF, Pleno, Rep. n. 1.021-RJ, rel. Min. Djaci Falcão, j. em 25/4/1984, *RTJ* 110/476. Na ementa do acórdão, restou assentado que "não obstante o papel do Tribunal de Contas no controle financeiro e orçamentário, como órgão eminentemente técnico, nada impede que o Poder Legislativo, exercitando o controle externo, aprecie as contas daquele que, no particular, situa-se como órgão auxiliar. Inexistência, no sistema constitucional brasileiro, de norma que revele vedação ao controle externo das contas dos Tribunais de Contas". No mesmo sentido: STF, Pleno, ADI n. 1.175/DF, rel. p/ acórdão Min. Marco Aurélio, j. em 4/8/2004, *Inf.* n. 355; e ADI n. 2.597/PA, rel. Min. Nelson Jobim, j. em 4/8/2004, *Inf.* n. 355.
39 Art. 70, parágrafo único, da CR/1988. Analisando sobre quem deveria recair o dever de prestar contas, o STF já decidiu da seguinte forma: "Mandado de Segurança. Tribunal de Contas da União. 1. Prestação de Contas referente à aplicação de valores recebidos de entidades da administração indireta, destinado a Programa Assistencial de Servidores de Ministério, em período em que o impetrante era Presidente da Associação dos Servidores do Ministério. 2. O dever de prestar contas, no caso, não é da entidade, mas da pessoa física responsável por bens e valores públicos, seja ele agente público ou não. 3. Embora a entidade seja de direito privado, sujeita-se à fiscalização do Estado, pois recebe recursos de origem estatal, e seus dirigentes hão de prestar contas dos valores recebidos; quem gere dinheiro público ou administra bens ou interesses da comunidade deve contas ao órgão competente para a fiscalização. 4. Hipótese de competência do Tribunal de Contas da União para julgar a matéria em causa, a teor do art. 71, II, da Constituição, havendo apuração dos fatos em procedimentos de fiscalização, assegurada ao impetrante ampla defesa. 5. Regimento Interno do Tribunal de Contas da União, arts. 9º, §§ 1º e 8º, 119 e 121. Pauta especial de julgamento publicada com inclusão do processo em referência. 6. Não cabe rediscutir fatos e provas, em mandado de segurança. 7. Mandado de segurança indeferido" (Pleno, MS n. 21.644-1/160-DF, rel. Min. Néri da Silveira, j. em 4/11/1993, *DJ* de 8/11/1996).
40 Art. 34, VII, *d*, da CR/1988.
41 Art. 75 da CR/1988.
42 Art. 31, §§ 1º e 4º, da CR/1988.

ceito constitucional, no entanto, alcançou poucos entes, pois, com raras exceções, os demais tiveram suas Cortes de Contas extintas na vigência da ordem constitucional anterior[43], tendo sido a possibilidade de criação de novas Cortes restringida aos Municípios com população superior a dois milhões de habitantes e renda tributária acima de quinhentos milhões de cruzeiros novos[44].

É relevante observar que não importará em afronta à Constituição a criação de Tribunal com competência para apreciar as contas dos Municípios que integram o Estado, somente sendo vedada a criação de órgãos municipais, não de órgão estadual com competência específica para julgar as contas municipais.

4.1. O Controle Financeiro e o Tribunal de Contas

Em linha de princípio, constata-se que o Tribunal de Contas, embora seja órgão auxiliar do Poder Legislativo, é funcionalmente autônomo, o que afasta qualquer relação de hierarquia ou de subordinação. Trata-se de órgão[45] de controle eminentemente técnico,

---

[43] Art. 191 da EC n. 1/1969.

[44] Art. 16, § 3º, da EC n. 1/1969.

[45] Apesar de ter legitimidade para figurar no polo passivo de determinadas demandas, em especial as de natureza mandamental, o Tribunal de Contas não tem personalidade jurídica, sendo destituído de legitimidade para demandar em juízo em matérias estranhas à defesa de suas prerrogativas. Apreciando questão similar, assim decidiu o STJ: "Processual Civil. Recurso especial. Ausência de prequestionamento. Interpretação de direito local. Tribunal de Contas e legitimidade para recorrer na defesa de suas decisões. Impossibilidade. No âmbito do especial só se apreciam questões jurídicas que tenham sido discutidas e decididas nas instâncias ordinárias, sendo infenso ao reexame de matéria pertinente ao direito local (normas regimentais). Em havendo omissão no julgado, compete, à parte, manifestar, *congruo tempore*, embargos declaratórios. Persistindo o Tribunal na omissão (rejeitando os embargos), cabe ao recorrente forcejar o especial tendo como fundamento não a questão de mérito sobre a qual não se emitiu juízo de valor, mas a afronta ao art. 535 do CPC. O Tribunal de Contas do Estado, malgrado figurar no polo passivo da ação mandamental, não tem personalidade jurídica, por ser mero órgão auxiliar do Poder Legislativo (e a sua personalidade é meramente judiciária), não podendo, por isso mesmo, utilizar-se do recurso especial. Não é jurídico nem legal cometer-se aos Conselhos de Contas a legitimação para defender, em juízo (ativa ou passivamente), as suas decisões, mas as suas prerrogativas. Interpretação de tal sorte dilargante, imporia o dever de se conceder aos Juízes e Tribunais Judiciários, o poder de litigar, pela via recursal, porfiando a manutenção de seus julgados e, também, à autoridade coatora, na ação de segurança, o direito de recorrer, que é cometido à pessoa jurídica de direito público. Órgãos da natureza dos Tribunais de Contas só podem residir em juízo (e consequentemente recorrer) nas lides internas, em confronto com outros órgãos ou com Poderes do Estado e, no momento em que, algum destes lhes retire prerrogativa ou lhes afronte direitos que lhes são próprios, porque indesjungíveis de seus fins constitucionais. Não tendo, o recurso especial, efeito suspensivo, poderia o Tribunal de Contas (e deveria), tão logo anulada a sua decisão sobre as contas do ex-governador, emitir novo parecer sobre a mesma matéria, escoimando-o dos defeitos identificados no acórdão do Tribunal de Justiça, independentemente da manifestação de qualquer recurso. Havendo, *in casu*, o Tribunal de Justiça apreciado a lide com arrimo em legislação local (normas de Regimento), inexiste divergência, eis que esta só se configura quando decorrente do conflito de teses jurídicas, na interpretação da mesma legislação federal. Recurso especial não conhecido. Decisão unânime" (1ª T., RMS n. 7.232-RO, rel. Min. Demócrito Reinaldo, j. em 18/9/1997, *RSTJ* 104/158). O

ao qual compete fiscalizar o cumprimento das regras e princípios jurídicos que disciplinam a utilização dos recursos públicos, estando sua competência disciplinada nos incisos do art. 71 da Constituição da República, nas Constituições Estaduais e na legislação infraconstitucional[46].

O Tribunal de Contas pode desempenhar, dentre outras: atividade de análise técnica, ao emitir parecer prévio sobre as contas prestadas anualmente pelo Chefe do Executivo, as quais serão afinal julgadas pelo Poder Legislativo (arts. 71, I, 49, IX, e 31, § 2º, da CR/1988)[47];

TJSP já decidiu que "guardadas normas de independência entre os poderes, os Tribunais de Contas têm competência de, por iniciativa própria, ou a requerimento de pessoa ou órgão legitimado, realizar inspeção ou auditoria de natureza puramente jurídica, cujo resultado é subsídio técnico direto para o controle externo atribuído ao Poder Legislativo, da legalidade dos atos da Administração direta e indireta. E podem tutelar essa competência, por via de mandado de segurança" (2ª CC, AP n. 162.166-1/3, rel. Des. Cezar Peluso, *ADCOAS* n. 138310/92).

46 No âmbito infraconstitucional, são os seguintes os diplomas legais que dispõem sobre a competência do Tribunal de Contas: a) a Lei n. 8.666/1993 (Lei de Licitações), que consagra o direito de representação ao TCU a respeito de qualquer irregularidade detectada na sua aplicação; b) a Lei n. 8.730/1993, que outorgou ao TCU a atribuição de verificar a evolução patrimonial de agentes públicos vinculados aos Poderes Executivo, Legislativo, Judiciário e ao Ministério Público; c) a Lei n. 11.494/2007, que trata do FUNDEB, atribui ao TCU e às demais Cortes de Contas o dever de fiscalizar a aplicação das verbas e o consequente cumprimento do disposto no art. 212 da CR/1988 (art. 26); d) a Lei n. 9.452/1997, que garante às Câmaras Municipais a possibilidade de encaminharem representação ao TCU sempre que não forem notificadas da liberação de recursos federais; e e) a LC n. 101/2000 (Lei de Responsabilidade Fiscal), que outorgou às Cortes de Contas o dever de fiscalizar a regularidade da gestão fiscal e consagrou o direito de representação no caso de inobservância das imposições legais (art. 73-A).

47 Ao apreciar as contas do Chefe do Executivo, o Tribunal de Contas desempenha atividade consultiva, não havendo qualquer vinculação do Poder Legislativo ao seu parecer, o qual realiza um julgamento eminentemente político. Analisando a questão, assim decidiu o STJ: "Prestação de contas. Tribunal de Contas do Estado da Bahia. Parecer técnico. Nulidade. Indeferimento. Recurso ordinário. Mandado de segurança. Governador de Estado. Prestação de contas. Parecer prévio do TCE. Natureza. Julgamento da Assembleia Legislativa. Impedimento pelo Judiciário. Impossibilidade. Inexistência de alternatividade de pedidos. Nulidade de ato irrealizado. Declaração inadmissível. 1. Sendo peça opinativa, o parecer prévio do Tribunal de Contas Estadual não vincula o pronunciamento posterior da Assembleia Legislativa, cujo exercício da competência constitucional não pode ser impedido pelo Judiciário. 2. Entendimento contrário implica em contrariedade ao princípio da independência dos Poderes. 3. É inconfundível a natureza técnica do parecer prévio do TCE com o julgamento político da Assembleia Legislativa Estadual. 4. Indeferido o pedido de nulidade do parecer do TCE, inconcebível que o julgador se manifeste sobre a validade de ato futuro, e não realizado, da Assembleia Legislativa, para declará-lo nulo. 5. Recurso ordinário conhecido e improvido" (2ª T., RMS n. 2.622-0-BA, rel. Min. Peçanha Martins, *DJ* de 10/6/1996). No caso específico dos Prefeitos Municipais, o parecer da Corte de Contas somente não prevalecerá por decisão de dois terços dos membros da Câmara Municipal (art. 31, § 2º, da CR/1988). De qualquer modo, deve ser "propiciado ao interessado a oportunidade de opor-se ao referido pronunciamento técnico, de maneira ampla, perante o órgão legislativo, com vista a sua almejada reversão" (STF, 1ª T., RE n. 261.885/SP, rel. Min. Ilmar Galvão, *DJ* de 16/3/2001, *Inf.* n. 220). Frise-se, ainda, que o STJ já teve oportunidade de decidir que a atividade consultiva restringe-se à apreciação das contas da unidade federativa, inexistindo óbice a que o Tribunal de Contas aplique sanções ao Prefeito em razão de sua responsabilidade pessoal na gestão do dinheiro público: "O conteúdo das contas globais prestadas pelo Chefe do Executivo é diverso do conteúdo das contas dos administradores e

atividade de julgamento, ao apreciar as contas dos gestores da coisa pública, que não o Chefe do Poder Executivo, podendo aprová-las ou rejeitá-las (art. 71, II, da CR/1988); e atividade sancionadora, ao aplicar aos agentes que tiveram suas contas rejeitadas multa proporcional ao dano causado ao erário, bem como a obrigação de repará-lo (art. 71, VIII, da CR/1988).

Acresça-se, ainda, que a Lei n. 10.028/2000 dispôs, em seu art. 5º, sobre inúmeras infrações administrativas contra as leis de finanças públicas, tendo cominado multa de até trinta por cento dos vencimentos anuais do agente que lhe der causa e fixado a competência do Tribunal de Contas para a sua aplicação.

Analisando o alcance da fiscalização realizada pelo Tribunal de Contas junto às empresas públicas e às sociedades de economia mista, pessoas jurídicas de direito privado que integram a Administração indireta, entendeu o Supremo Tribunal Federal, num primeiro momento, que ela estaria limitada, tal qual deflui da redação do art. 71, II, da Constituição da República, aos bens e valores públicos por elas administrados[48], o que as excluiria do alcance da tomada de contas especial. Tratando-se de uma instituição bancária, *v.g.* a Caixa Econômica Federal, seria admissível a fiscalização sempre que atuasse como gestora de fundos governamentais (FGTS) ou na condição de depositária de recursos relativos a programas e projetos de caráter regional, *estritamente quanto à guarda e administração de tais recursos*. Ainda que o controle acionário de tais empresas pertencesse ao Poder Público, sendo plenamente factível a possibilidade de uma administração deficitária causar oscilações no capital social, gerando prejuízos indiretos ao controlador, não seria admissível a fiscalização da atividade privada desenvolvida pelos entes da Administração indireta. A fiscalização somente seria admitida com a edição da lei prevista no art. 173, § 1º, da Constituição da República, que, em seu inciso I, autoriza a instituição de mecanismos de fiscalização pelo Estado e pela sociedade.

Em momento posterior, realçando que esse último preceito não poderia ser interpretado isoladamente, bem como que a Corte de Contas detém competência para fiscalizar

---

gestores de recurso público. As primeiras demonstram o retrato da situação das finanças da unidade federativa (União, Estados, DF e Municípios). Revelam o cumprir do orçamento, dos planos de governo, dos programas governamentais, demonstram os níveis de endividamento, o atender aos limites de gasto mínimo e máximo previstos no ordenamento para saúde, educação, gastos com pessoal. Consubstanciam-se, enfim, nos Balanços Gerais prescritos pela Lei 4.320/1964. Por isso é que se submetem ao parecer prévio do Tribunal de Contas e ao julgamento pelo Parlamento (art. 71, I, c/c art. 49, IX, da CF/1988). As segundas, contas de administradores e gestores públicos, dizem respeito ao dever de prestar (contas) de todos aqueles que lidam com recursos públicos, captam receitas, ordenam despesas (art. 70, parágrafo único, da CF/1988). Submetem-se a julgamento direto pelos Tribunais de Contas, podendo gerar imputação de débito e multa (art. 71, II e § 3º, da CF/1988). Destarte, se o Prefeito Municipal assume a dupla função, política e administrativa, respectivamente, a tarefa de executar o orçamento e o encargo de captar receitas e ordenar despesas, submete-se a duplo julgamento. Um político perante o Parlamento, precedido de parecer prévio; o outro técnico a cargo da Corte de Contas" (2ª T., RMS n. 11.060/GO, rel. Min. Paulo Medina, j. em 25/6/2002, *DJ* de 16/9/2002).

48 STF, Pleno, MS n. 23.627-DF, rel. Min. Ilmar Galvão, j. em 7/3/2002, *DJ* de 16/6/2006.

todos os entes da Administração Pública Indireta, sendo certo que a lesão aos interesses das empresas públicas e das sociedades de economia mista é inegavelmente prejudicial aos interesses do Poder Público, sempre acionista majoritário, o Tribunal alterou o seu entendimento[49]. Assim, prestem, ou não, serviço público, a integridade patrimonial das sociedades de economia mista e das empresas públicas está sujeita à fiscalização do Tribunal de Contas. A maior maleabilidade operacional desses entes, característica própria do regime jurídico de direito privado, jamais poderia imunizá-las do controle exercido pelo Tribunal de Contas, indicativo do acerto da nova orientação firmada. Afinal, seus bens e direitos assumem inegável conotação pública. Essa fiscalização, no entanto, não permite a substituição, pelo órgão de controle financeiro, de juízos valorativos finalisticamente voltados ao exercício da atividade empresarial, estes sim sujeitos à regra específica do art. 173, § 1º, da Constituição, que remete à lei ordinária o seu delineamento. A Lei n. 6.223 (art. 9º), aliás, é expressa no sentido de que "os Tribunais de Contas, no exercício da fiscalização referida no art. 8º, não interferirão na política adotada pela entidade para a consecução dos objetivos estatutários contratuais".

As decisões proferidas pelo Tribunal de Contas de que resultem imputação de débito e multa terão eficácia de título executivo[50]. Não obstante a omissão do texto constitucional,

---

[49] Pleno, MS n. 25.092, rel. Min. Carlos Velloso, j. em 10/11/2005, DJ de 17/3/2006; e MS n. 25.181, rel. Min. Marco Aurélio, j. em 10/11/2005, DJ de 16/6/2006.

[50] Art. 71, § 3º, da CR/1988. Fernando Rodrigues Martins (*Controle do Patrimônio Público*, p. 126-128) sustenta que, em se tratando de multa, a qual tem indiscutível natureza sancionatória, a legitimidade para o ajuizamento da ação de execução seria da Fazenda Pública, aplicando-se o entendimento prevalente em relação à multa penal (STJ, REsp n. 180.921-SP, rel. Min. Adhemar Maciel, DJ 19/10/1998), sendo "simples forma de dar cumprimento ao poder de polícia do Tribunal de Contas e do Legislativo". Tratando-se de título relativo à reparação do dano, a legitimidade seria do Ministério Público, pois as questões pertinentes ao patrimônio público estão inseridas sob a epígrafe dos interesses difusos. Também encampando a legitimidade do Ministério Público quando já liquidado o débito: Marino Pazzaglini *et alii*, ob. cit. p. 141. Diga-se, ainda, que esse entendimento não importa em negativa de vigência do art. 129, IX, da CR/1988, o qual veda ao Ministério Público a representação judicial e a consultoria jurídica de entidades públicas. Justifica-se: se o Ministério Público tem legitimidade para deflagrar um processo de conhecimento que poderá culminar com a condenação do ímprobo ao ressarcimento do dano, com muito maior razão deverá executar um título que já tenha tornado líquida, certa e exigível a obrigação de ressarcir. A legitimidade do Ministério Público, como ressalta Marco Antônio da Silva Modes (As Decisões dos Tribunais de Contas e o Ministério Público..., *Revista Fórum Administrativo*, julho de 2001, p. 569), deflui do objeto da ação, que se destina à proteção do patrimônio público e social, sendo irrelevante a natureza do instrumento utilizado (ação civil pública, ação de execução etc.). Esse entendimento, ademais, não se afasta da jurisprudência consolidada no Superior Tribunal de Justiça, o qual tem sistematicamente reconhecido a legitimidade do Ministério Público para a defesa do patrimônio público, sempre examinando a questão sob a ótica do art. 129, III, da CR/1988 e da Lei n. 7.347/1985, o que, por certo, não afasta a utilização dos demais instrumentos previstos no ordenamento jurídico com idêntico desiderato. O STJ, aliás, já proferiu decisão do seguinte teor: "Processual Civil. Ação Civil. Ministério Público. Legitimidade. 1. O Ministério Público tem legitimidade para promover ação civil pública com a pretensão de exigir a devolução de remuneração a maior recebida por vice-prefeito, conforme decisão de tribunal de contas. 2. Após a vigência da CF/1988, foi ampliada a legitimidade ativa do Ministério Público para propor ação civil pública, especialmente na defesa dos interesses coletivos, presen-

afigura-se evidente que se trata de título executivo extrajudicial, isto porque o Tribunal de Contas não integra o Poder Judiciário, exercendo atividade administrativa; e, ante o princípio da inafastabilidade da tutela jurisdicional[51], suas deliberações são passíveis de revisão[52],

---

tes em tal concepção de modo inequívoco, o de se zelar pela integridade do patrimônio estatal. 3. Inteligência do art. 1º da Lei n. 7.347/1985, fazendo-se aplicação do comando posto no art. 129, III, da CF/1988. 4. Precedentes: REsp n. 67.148/SP (rel. Min. Adhemar Maciel, *DJU* 4/12/1995, p. 42.148) e AI n. 97.838/GO (rel. Min. Pádua Ribeiro, *DJU* de 29/3/1996, p. 9234). 5. Recurso provido para se afastar a extinção do processo" (1ª T., REsp n. 190.886-MG, rel. Min. José Delgado, j. em 20/5/1999, *RSTJ* 127/81). Já se entendeu subsistente o título e presente a legitimidade do Ministério Público para executá-lo mesmo na hipótese de o parecer do Tribunal de Contas, relativo às contas do Prefeito, não ter sido recepcionado pela Câmara Municipal (TJSP, AP n. 197.831-1, rel. desig. Des. Alfredo Migliore, *JTJ* 156/127). E ainda, por falta de interesse processual, já se extinguiu ação civil pública sem resolução de mérito em hipótese na qual o Ministério Público dispunha do título executivo extrajudicial oriundo do Tribunal de Contas (TJPB, 2ª CC, rel. Des. Luiz Sílvio Ramalha Júnior, *DJ* de 18/7/1999) – exemplos coligidos por Marcos Antônio da Silva Modes (ob. cit., p. 572). Reconhecendo-se a legitimidade do Ministério Público, não ficará o patrimônio público à mercê do administrador desidioso, havendo uma legitimidade disjuntiva e concorrente, do Ministério Público e da pessoa jurídica lesada, para a execução do título, o qual será igualmente inscrito como dívida ativa desta. No mais, em havendo negligência na execução do título, ter-se-á a configuração do ato de improbidade previsto no art. 10, X, da Lei n. 8.429/1992. E ainda, a Lei n. 8.443/1992 (Lei Orgânica do Tribunal de Contas da União), em seu art. 28, dispõe que: "Expirado o prazo a que se refere o *caput* do art. 25 desta Lei, sem manifestação do responsável, o Tribunal poderá: I – determinar o desconto integral ou parcelado da dívida nos vencimentos, salários ou proventos do responsável, observados os limites previstos na legislação pertinente; ou II – autorizar a cobrança judicial da dívida por intermédio do Ministério Público junto ao Tribunal, na forma prevista no inciso III do art. 81 desta Lei". Caso este órgão, que constitui um Ministério Público "especial" e está agregado à estrutura do Tribunal de Contas da União (STF, Pleno, ADI n. 789-1/DF, rel. Min. Celso de Mello, j. em 26/5/1994, *DJ* de 19/12/1994, p. 35180), não adote as providências necessárias, provocando a Advocacia Geral da União ou a Procuradoria do ente interessado, poderá o Ministério Público agir. Também reconhecendo a legitimidade do Ministério Público para a execução do título resultante de decisão do Tribunal de Contas: STJ, 1ª Seção, REsp n. 1.119.377-SP, rel. Min. Humberto Martins, j. em 26/8/2009, *DJ* de 4/9/2009. Acresça-se que o STJ distinguiu as situações em que ocorre imputação de débito daquelas em que há aplicação de multa: a primeira é reflexo do dever de ressarcir o dano causado, revertendo o produto da arrecadação para o ente lesado; a segunda, por sua vez, possui caráter punitivo, devendo ser recolhida em benefício da pessoa jurídica em que inserido o Tribunal de Contas que a aplicou; em qualquer caso, não é dado ao Tribunal de Contas ou ao Ministério Público Especial promover a execução do título executivo (2ª T., AGRG no REsp n. 1181122/RS, rel. p/acórdão Min. Mauro Campbell Marques, j. em 6/5/2010, *DJ* de 21/5/2010). Em sentido similar: STF, Pleno, RE n. 223.037/SE, rel. Min. Maurício Corrêa, j. em 2/5/2002, *DJ* de 2/8/2002; e 1ª T., RE n. 606.306 – AgR/RS, rel. Min. Ricardo Lewandowski, j. em 18/6/2013, *DJe* de 27/11/2013.

51 Art. 5º, XXXV, da CR/1988.

52 A competência do órgão jurisdicional será fixada em conformidade com a origem da verba e o ente da Federação a que pertença a Corte de Contas que apreciou a regularidade da gestão financeira: "Conflito negativo de competência. Constitucional e Processual Civil. Ex-secretário estadual. Desvio de verba federal subordinada ao controle do Tribunal de Contas da União através de convênio. Competência da Justiça Comum Federal" (STJ, 3ª Seção, CComp n. 15.703-RO, rel. Min. Adhemar Maciel, j. em 13/3/1996, *RSTJ* 108/267). Sobre a matéria, o STJ editou dois enunciados: Súmula n. 208. *Compete à Justiça Federal processar e julgar prefeito municipal por desvio de verba sujeita a prestação de contas perante órgão federal.* E Súmula n. 209: *Compete à Justiça Estadual processar e julgar prefeito por desvio de verba transferida e incorporada ao patrimônio municipal.*

velando-se pela preservação dos direitos e garantias fundamentais, dos quais são expoentes os princípios do devido processo legal, do contraditório e da ampla defesa.

No que concerne ao mérito das decisões proferidas pelas Cortes de Contas, há quem sustente que é defeso ao Judiciário revê-las[53], isto porque àquele órgão a Constituição outorgou competência privativa para *julgar* tecnicamente as contas dos administradores públicos que não o Chefe do Executivo, sendo as contas deste último julgadas pela Casa Legislativa.

Não corroboramos esse entendimento, pois a aferição da regularidade das contas é uma atividade nitidamente vinculada, consistindo, em essência, na análise de sua adequação aos princípios regentes da atividade estatal, em especial aos princípios da legalidade e da eficiência.

Como averbou Oswaldo Aranha Bandeira de Mello[54], em extenso artigo dedicado à matéria, "o 'julgar' no sentido de lavrar ou pronunciar sentença não pede objeto direto, diz-se 'julgar do direito de alguém'. Já o 'julgar' no sentido de avaliar, entender, pede objeto direto, diz-se 'julgo' que tem razão (cf. Cândido de Figueiredo, verbete 'julgar' in *Novo Dicionário da Língua Portuguesa*, 3ª ed., v. II, Portugal/Brasil, s/d). Por conseguinte, a alteração da regência prova contra a tese dos que pretendem a expressão 'julgar as contas' corresponda à de sentenciar, ou seja, de exercício de função jurisdicional. Na verdade, essa regência do verbo, ao contrário da outra de 'julgar da legalidade', autoriza a conclusão de que a expressão 'julgar as contas' se refere ao significado de avaliá-las, entendê-las, reputá-las bem ou mal prestadas, jamais no sentido de sentenciar, de decidir a respeito delas".

---

53 Neste sentido: Carlos Roberto de Siqueira Castro (A Atuação do Tribunal de Contas em face da Separação de Poderes do Estado, *Revista de Direito Constitucional e Internacional* n. 31/64), Eduardo Carone Costa Júnior (As Funções Jurisdicional e Opinativa do Tribunal de Contas, *Revista Fórum Administrativo*, outubro de 2001, p. 1051), Jorge Ulisses Jacoby Fernandes (*Tomada de Contas Especial*, p. 25) e Eduardo Domingos Bottallo (Competência dos Tribunais de Contas na Constituição de 1988, *RDP* 89/216), sendo normalmente citado antigo precedente do STF: "Ao apurar o alcance dos responsáveis pelos dinheiros públicos, o Tribunal de Contas pratica ato insusceptível de revisão na via judicial, a não ser quanto ao seu aspecto formal ou tisna de ilegalidade manifesta. Mandado de segurança não conhecido" (Pleno, MS n. 7.280, rel. Min. Henrique D'Avila, j. em 20/6/1960, *RTJ* 14/96). Para José Augusto Delgado (A Lei de Responsabilidade Fiscal e os Tribunais de Contas, *Revista Interesse Público*, 7/11), "o juízo emitido pelos Tribunais de Contas, em seu mérito, desde que harmônico com os fatos e com a lei, torna-se insuscetível de controle pelo Poder Judiciário, pois este, não obstante, formalmente, possa examinar o *decisum* prolatado e guerreado, só lhe resta confirmá-lo, quando baseado em fundamentos incontroversos". Ora, se ao Judiciário é dado examinar a adequação entre a decisão proferida pela Corte de Contas e os elementos probatórios que a embasaram, evidentemente é amplo o controle que exerce sobre o seu mérito. Por outro lado, afigura-se óbvio que se o mérito do *decisum* estiver "harmônico com os fatos e com a lei" e "baseado em fundamentos incontroversos" não deverá a *Justiça* modificá-lo, caso contrário, não fará jus a esse designativo. O autor, no entanto, ao exercer a função jurisdicional, esclareceu que "o Tribunal de Contas é órgão administrativo e não judicante, e sua denominação de Tribunal e a expressão julgar, ambas são equívocas" (STJ, 6ª T., REsp n. 472.399/AL, rel. Min. José Delgado, j. em 26/3/2001, *DJ* de 19/12/2002).

54 Tribunais de Contas: natureza, alcance e efeitos de suas funções, *RDP* 73/188, 1985.

Prossegue o mestre afirmando inexistir qualquer óbice quanto à possibilidade de o Poder Judiciário rever a decisão administrativa proferida pelo órgão auxiliar de controle financeiro, pois "não se trata de rejulgamento pela Justiça Comum, porque o Tribunal de Contas é órgão administrativo e não judicante, e sua denominação de Tribunal e a expressão de julgar ambas são equívocas. Na verdade, é um Conselho de Contas e não as julga, sentenciando a respeito delas, mas apura da veracidade delas para dar quitação ao interessado, em tendo-as como bem prestadas, ou promover a condenação criminal e civil do responsável verificando o alcance. Apura fatos. Ora, apurar fatos não é julgar"[55].

Acrescenta que "a Constituição de 91 havia abolido o contencioso administrativo. Por conseguinte o seu restabelecimento só se poderá admiti-lo, mesmo parcial, para julgamento das contas, dos responsáveis por dinheiros e bens públicos, quando tal viesse dito no texto de modo indiscutível, o que se conseguiria declarando-se que a decisão do Tribunal de Contas nessa matéria teria força de sentença". A seguir, conclui que "a certidão do Tribunal de Contas em afirmando o alcance do agente público, como documento de instrução do processo judicial tem tão somente a presunção de verdade *iuris tantum*, ante o texto constitucional, e não *iuris et de iure*. Isso porque não possui força de sentença judicial e isso não pode ter, a menos que se lhe fosse atribuída competência de julgar o próprio ilícito civil e penal"[56].

A atuação das Cortes de Contas independe de qualquer provocação, ao contrário do que normalmente ocorre em relação aos órgãos jurisdicionais, bem como é dispensável a participação de advogados nos procedimentos instaurados, profissional este que somente é imprescindível à administração da justiça[57].

Em razão disso, afigura-se evidente que o agente público prestador das contas tem o direito subjetivo de vê-las apreciadas em conformidade com a lei e a Constituição, sendo aplicado em sua inteireza o princípio da inafastabilidade da tutela jurisdicional, direito fundamental de todo e qualquer agente. Pelos motivos expostos, é de todo infeliz a redação do art. 4º da Lei n. 8.443/1992 (Lei Orgânica do TCU), o qual fala em *jurisdição* do Tribunal de Contas.

Por último, reconhecer o caráter jurisdicional das deliberações das Cortes de Contas, não raras vezes, importaria em comprometer a efetividade do art. 5º, LXXIII, da Constituição, que consagra o direito fundamental de utilização da ação popular para a defesa do patrimônio público. Considerando que todo aquele que administra o dinheiro público tem o dever de prestar contas de seus atos, sempre que a Corte de Contas as aprovasse estaria, *ipso iure*, reconhecendo a sua licitude e, com o "trânsito em julgado de sua decisão", estaria inviabilizada a anulação do ato e a consequente obrigação de o agente restituir o que despendeu de forma ilícita. Decididamente, essa consequência destoa do sistema.

---

55 Ob. cit., p. 189.
56 Ob. cit., p. 190.
57 Art. 133 da CR/1988.

Conclui-se, assim, que o verbo *julgar* utilizado no texto constitucional não carrega consigo o caráter de definitividade próprio das decisões judiciais.

A atividade fiscalizatória desempenhada pelo Tribunal de Contas não deve se limitar à análise da legalidade formal dos atos de gestão, sendo expresso o texto constitucional no sentido de que abrangerá a valoração da legitimidade e da economicidade[58] dos atos de ordenação de despesa, alcançando o exame da aplicação de subvenções e renúncia de receitas, o que inclui a análise da regularidade dos incentivos fiscais concedidos. Nessa atividade, no entanto, face à proteção constitucional da intimidade e da vida privada, não lhe é dado determinar a quebra do sigilo bancário[59].

Coexistem, lado a lado, fiscalização formal (legalidade) e material (economicidade), ambas informadas e direcionadas pela necessária legitimidade dos atos perquiridos. O controle da legalidade, além do exame da regularidade formal das contas, repousa na aferição dos atos de execução do orçamento e na observância das demais normas de natureza tributária e de ordenação de despesa.

O art. 70 da Constituição é expresso na referência à legalidade e à legitimidade, o que afasta a alegação de sinonímia entre os vocábulos. Assim, a legitimidade deve ser considerada um *plus* em relação à legalidade, exigindo não só a observância desta como também dos demais princípios que defluem do sistema, em especial a consecução da finalidade pública que é peculiar à atuação estatal. A legitimidade encontra esteio, primordialmente, no equilíbrio e na harmonia entre os valores sociais, éticos e morais do grupamento, ensejando o surgimento de princípios e padrões de conduta de natureza consensual, o que permite divisar uma área de nítida superposição entre a moralidade e a legitimidade dos atos dos agentes públicos.

A economicidade, por sua vez, exige a valoração da eficiência do ato e da busca da alternativa menos dispendiosa ao erário, o que possibilitará a realização de um balanço dos custos e benefícios (*bilan coût-avantages*) com a sua prática. Deve o administrador sempre buscar o melhor resultado com o menor custo para o erário.

Por óbvio, não pode a Corte de Contas substituir-se ao administrador, comprometendo o implemento de programas de governo ou mesmo realizando modificações pontuais. Cabe-lhe, tão somente, verificar a observância dos princípios regentes da atividade estatal, sem intrometer-se na esfera de liberdade legitimamente exercida pelo agente público, mas a análise da economicidade torna indiscutível que a Corte de Contas deverá realizar o controle do aspecto material dos atos de execução orçamentária.

---

58 Dispositivo semelhante é encontrado na Lei Fundamental de Bonn: "Art. 114, 2. O Tribunal Federal de Contas, cujos membros possuem a independência judicial, controlará as contas assim como a economicidade e a legalidade da gestão orçamentária e econômica" (*Der Bundesrechnugshof dessen Mitglieder richterliche Unabhängigkeit besitzen, prüft die Rechnung sowie die Wirtschaftlichkeit und Ordnungsmässigkeit der Haushafts und Wirtschaftsführung*).

59 Nesse sentido: STF, Pleno, MS n. 22.801/DF, rel. Min. Menezes Direito, j. em 17/12/2007, *DJ* de 14/3/2008.

Como observou Ricardo Lobo Torres[60], "ficou aberta a possibilidade de o Tribunal de Contas controlar, sob o ponto de vista da economicidade, todos os incentivos fiscais e financeiros concedidos na vertente da receita (isenções, créditos fiscais, deduções, abatimento, reduções de alíquota etc.) ou da despesa pública (restituição de tributos, subvenções, subsídios). O assunto reveste-se da maior importância, pois houve nos últimos anos o abuso na concessão de incentivos, camuflados ou não, com reflexos negativos sobre as finanças e a economia do País. O controle da economicidade, no que tange aos incentivos, consistirá no exame da adequação entre os fins almejados pela lei concessiva e o resultado efetivamente alcançado, entre o custo para o Tesouro com as renúncias de receitas e com os gastos tributários e o benefício social e econômico realmente produzido". A observação aumenta em relevância quando se constata que o art. 14 da LC n. 101/2000 (Lei de Responsabilidade Fiscal) condicionou a renúncia de receitas a uma série de requisitos, cuja existência deve ser aferida pelo Tribunal de Contas.

A Lei de Responsabilidade Fiscal, em seu art. 59, § 1º, outorgou às Cortes de Contas o dever de alertar os gestores das finanças públicas sobre: a) o descumprimento das metas de resultado primário ou nominal estabelecidas no Anexo de Metas Fiscais, o que ensejará a limitação de empenho e de movimentação financeira; b) o fato de a despesa total com pessoal, o montante das dívidas consolidada e mobiliária, das operações de crédito e da concessão de garantia terem ultrapassado 90% do limite estabelecido; c) a inobservância do limite definido em lei para gastos com inativos e pensionistas; e d) fatos que comprometam os custos ou os resultados dos programas ou indícios de irregularidades na gestão orçamentária. A ausência do alerta, no entanto, não eximirá os gestores de responderem, na esfera própria, pelo descumprimento das normas financeiras. A omissão da Corte de Contas, por sua vez, permitirá a aferição da prática do ato de improbidade previsto no art. 11, II, da Lei n. 8.429/1992 ("retardar ou deixar de praticar, indevidamente, ato de ofício"), o que exigirá sejam perquiridos os motivos de tal omissão à luz da estrutura organizacional do órgão.

Ao fiscalizar a regularidade das contas, não raro a Corte de Contas deverá proceder à análise da compatibilidade do preceito normativo que embasou os atos de gestão financeira com o texto constitucional. Em casos tais, a teor do preceito constitucional que lhe confere atribuição para velar pela *legitimidade* dos atos que fiscaliza e do enunciado 347 da Súmula do STF, é-lhe permitida a aferição da constitucionalidade daqueles atos[61], o que

---

60 A legitimidade democrática e o Tribunal de Contas, *RDA* 194/38.
61 "Mandado de segurança. Ato do Tribunal de Contas do Estado. Reajuste de remuneração de Vice-Prefeito e Vereadores, concedido para vigorar na mesma legislatura. Inconstitucionalidade, ante o que dispõe o art. 29, V, da Constituição Federal. Decisão do Tribunal de Contas determinando a responsabilização dos beneficiados, bem como a restituição das importâncias recebidas aos cofres municipais. Legalidade dessa decisão, que não ultrapassa os limites de competência do Tribunal de Contas (Súmula 347-STF). Decisão do Tribunal de Justiça considerando correta a orientação do Tribunal de Contas do Estado, negando a segurança em

poderá ser ulteriormente revisto pelo Poder Judiciário em sede de controle difuso de constitucionalidade[62].

Além das atividades consultiva, fiscalizadora, de julgamento e sancionatória, foi outorgada ao Tribunal de Contas competência para a realização de um controle prévio sobre o procedimento licitatório, podendo examinar editais e sustar os certames que estejam dissonantes da lei (art. 71, X e § 1º, da CR/1988).

Trata-se de atividade salutar, cuja simplicidade em muito supera a extenuante tarefa de recompor a ordem jurídica violada, pois muito "mais valerá a contenção que a repressão de procedimentos ofensivos à moralidade administrativa"[63]. Identificada a ilegalidade do procedimento, poderá o Tribunal de Contas, em não sendo sanada a irregularidade no prazo que assinar, de forma direta e imediata, sustar seu prosseguimento (art. 71, IX e X, da CR/1988). Posteriormente, comunicará o decidido ao Poder Legislativo. Note-se, no entanto, que não lhe é dado declarar a nulidade de tais atos, mas tão somente sustá-los, interrompê-los, paralisá-los.

No caso de contrato administrativo, negócio jurídico bilateral, diversa será a solução. Aqui, verificada a ilegalidade, deverá a Corte de Contas comunicar o fato ao Legislativo, o qual decidirá sobre a sustação e comunicará ao Executivo (art. 71, § 1º, da CR/1988).

Reconhecendo o Legislativo a legalidade do ato, sua deliberação há de prevalecer, já que o Tribunal de Contas atua como mero órgão auxiliar. Não havendo, em noventa dias, deliberação do Legislativo ou atendimento pelo Executivo do que lhe fora recomendado[64],

---

favor do vice-prefeito e vereadores. Recurso em mandado de segurança a que se nega provimento" (STJ, 5ª T., RMS n. 5.990-PB, rel. Min. Assis Toledo, j. em 12/2/1996, *RSTJ* 85/322)." ... A Constituição Federal possibilitou ao Tribunal de Contas exercer o Controle de Constitucionalidade de leis e atos do Poder Público. Arts. 71 e 75 da CF e Súmula 347/STF. É vedado pelo art. 167, IV, da CF, a vinculação de percentual da receita do Município para remuneração de Vereadores, mesmo se respeitado o limite de 5% previsto no art. 29, VII, da CF, pois o escopo deste dispositivo foi apenas o de estabelecer um teto, mas sem admitir vinculação" (STJ, 5ª T., RMS n. 5.456-PE, rel. Min. Félix Fischer, j. em 3/6/1997, *DJ* de 4/8/1997, p. 34785). No mesmo sentido: Themístocles Brandão Cavalcanti, *Do Controle de Constitucionalidade*, p. 177-180.

62 É legítima a previsão, na Constituição Estadual, de dispositivo que legitima o Tribunal de Contas Estadual, ante a irregularidade das contas apresentadas pelo Prefeito e da comprovada prática de atos de improbidade administrativa, a formular ao Governador sugestão de intervenção em município (STJ, 2ª T., RMS n. 8.324/PB, rel. Min. Peçanha Martins, j. em 5/10/1999, *DJ* de 6/12/1999).

63 TÁCITO, Caio. A Nova Lei do Tribunal de Contas da União, in *Temas de Direito Público*, p. 841.

64 É relevante observar que as Cortes de Contas não expedem *determinações* ao Executivo, mas tão somente *recomendações*. Em não sendo atendidas as recomendações expedidas, as consequências variarão em conformidade com a natureza do ato, podendo acarretar a negativa de registro, a rejeição das contas, a sustação do ato etc., o que será sempre passível de análise pelo Poder Judiciário (art. 5º, XXXV, da CR/1988). Apreciando as atribuições das Cortes de Contas sob a ótica do art. 70, III, da CR/1988, o STF tem sedimentado sua jurisprudência no sentido de que é defeso a estes órgãos efetuar qualquer inovação no título jurídico de aposentação submetido ao seu exame, e muito menos *determinar* ao Executivo que o ajuste a determinado critério que estabeleçam. Cabem-lhes, tão somente, expedir recomendações, as quais podem ser, ou não, atendidas. Ao final, terão a alternativa de julgar válida a aposentadoria nos termos em que foi concedida,

o Tribunal de Contas terá competência plena para decidir sobre a matéria (art. 71, § 2º, da CR/1988)[65]. A competência plena restringe-se à suspensão ou à sustação dos efeitos do contrato, não sendo igualmente admissível que a Corte de Contas o anule. De qualquer modo, é imperativa a observância dos princípios do contraditório e da ampla defesa, pois interesses de terceiros serão diretamente atingidos[66].

Também é exemplo de controle prévio a análise dos relatórios de execução orçamentária e de gestão fiscal previstos na Lei de Responsabilidade Fiscal, o que possibilitará ao Tribunal de Contas um amplo acompanhamento do cumprimento da lei de diretrizes orçamentárias, expedindo recomendações aos gestores das finanças públicas para que regularizem eventuais turbações identificadas no curso do exercício financeiro.

Por ser de natureza administrativa a atividade desenvolvida pelas Cortes de Contas, quer se trate de controle *a priori* ou *a posteriori* dos atos dos agentes públicos, afigura-se evidente que as decisões proferidas não são passíveis de restringir o âmbito do controle jurisdicional ou mesmo a aferição dos atos por ocasião do exercício do controle interno no âmbito de cada Poder, pois independentes as instâncias[67].

Em razão disso, dispõe o art. 21, II, da Lei n. 8.429/1992 que "a aplicação das sanções previstas nesta Lei independe da aprovação ou rejeição das contas pelo órgão de controle interno ou pelo Tribunal ou Conselho de Contas"[68].

---

ou julgá-la nula, por ilegal. Ver: MS n. 20.038, rel. Min. Moreira Alves, *RTJ* 80/394 e MS n. 21.466-0, Pleno, rel. Min. Celso de Mello, j. em 19/5/1993. Nesse sentido, aliás, é oportuno lembrar o entendimento do Min. Victor Nunes Leal, exarado no RMS n. 8.657 e condensado por Lucas Rocha Furtado, no sentido que "o ato pelo qual o Tribunal de Contas aprecia a concessão da aposentadoria ou pensão é ato de controle (externo), que não integra nem completa o ato de concessão, mas que converte a executoriedade precária (porque condicionada) da concessão em executoridade definitiva, mesmo porque, concedida a aposentadoria ou pensão pela Administração, este ato produz efeitos imediatos" (Devolução de quantias pagas indevidamente a servidores públicos: análise e fixação de critérios para a aplicação das Súmulas 106 e 235 do TCU, *Revista do Tribunal de Contas da União* 91/90, 2002).

65 A disciplina atual é em muito superior à antiga, pois, a teor do art. 72, § 6º, da EC n. 1/1969, a inércia do Legislativo em apreciar a impugnação formulada pelo Tribunal de Contas importaria na insubsistência desta, o que tornava a conivência a regra, enquanto a sustação do ato assumia ares de exceção.

66 "... Rescisão contratual unilateral precedida de notificação para pagamento, em três dias, de vultosa importância, sem que as impetrantes pudessem se defender nos procedimentos que deram origem ao relatório do Tribunal de Contas. Tratando-se de rescisão unilateral de contrato, é injurídico impor penalidades desde logo" (STJ, 1ª T., RMS n. 10.988-SP, rel. Min. José Delgado, j. em 17/8/2000, *DJ* de 16/10/2000, p. 284).

67 "A competência constitucional do Tribunal de Contas, mero órgão auxiliar do Poder Legislativo, enquanto se adscreve à apreciação técnico-contábil, própria do controle externo de fiscalização financeira e orçamentária (art. 72, § 4º, da Constituição), não preexclui o julgamento político parlamentar e muito menos a cognoscibilidade jurisdicional da legalidade e lesividade de atos subjacentes às contas aprovadas" (TJSP, 2ª CC, AP n. 46.033-1, rel. Des. Cezar Peluso, j. em 10/2/1987, *RT* 619/60).

68 Nesse sentido: "Recurso especial. Processo Civil e Administrativo. Ação civil. Reparação ao Erário Estadual. Ministério Público Estadual. Acórdão recorrido criou 'condicionante' à propositura da referida ação. Averiguação ou não pelo TCE. Matéria reservada a posterior liquidação do *decisum*. Violação caracterizada. O

Igual entendimento será adotado em relação à possibilidade de aplicação de sanções de natureza penal[69]. Do mesmo modo, o arquivamento de procedimento inquisitorial não impedirá que sejam rejeitadas as contas apresentadas pelo agente[70].

Deve-se acrescer, ainda, que grande parte dos atos de improbidade praticados pelos agentes públicos gravita em um campo externo à área de persecução das Cortes de Contas, o que, não raras vezes, ensejará a constatação de que coexistem, lado a lado, contas públicas rigorosamente apresentadas e aprovadas e ilícitos insuscetíveis de identificação pela análise destas (atos de concussão, corrupção e excesso de exação), o que reforça a exigência de que seja efetivamente investigada a economicidade das contas.

Aqueles que tiverem suas contas, relativas à ocupação de cargos ou ao exercício de funções públicas, rejeitadas por irregularidade insanável e por decisão irrecorrível do órgão competente (Corte de Contas ou Casa Legislativa), salvo se a decisão tiver sido suspensa

---

Ministério Público Estadual moveu ação civil pública tendo como objeto pedido certo (ressarcimento ao Erário de verbas – horas extras – percebidas indevidamente por servidor já ocupante de cargo de confiança). Ainda que ilíquido o pedido, a ação não poderia ser extinta, de ofício, considerando a inexistência 'de convencimento do Tribunal de Contas sobre a existência de eventual dano'. Violação caracterizada, devendo a discutida ação civil ter seu mérito devidamente apreciado. Recurso provido"(STJ, 1ª T., REsp n. 122.485-MG, rel. Min. José Delgado, DJ de 9/12/1997). No mesmo sentido: STJ, 1ª T., REsp n. 406.545/SP, rel. Min. Luiz Fux, j. em 26/11/2002, DJ de 9/12/2002. Marcelo Harger apresenta o interessante entendimento de que a rejeição das contas pelo Tribunal de Contas não acarreta, necessariamente, a condenação por ato de improbidade, mas a sua aprovação denota a boa-fé e a razoabilidade da conduta do agente público, o que afasta a incidência da Lei n. 8.429/1992 (Improbidade..., p. 30). O complicador desse entendimento é que as instâncias são independentes, o que dificulta a identificação da vinculação pretendida.

[69] "... II – Pelo simples fato de haver o Tribunal de Contas do Estado aprovado contas, não impede o Ministério Público de fazer denúncia. A matéria levantada pelo recorrente, ademais, é fática. Assim, temerário seria o trancamento da ação penal. Não se pode falar, então, em constrangimento ilegal. III – Recurso ordinário conhecido e improvido" (STJ, 6ª T., RHC n. 3.061-5-MT, rel. Min. Adhemar Maciel, j. em 8/2/1994, RSTJ 58/134).

[70] "Civil. Responsabilidade civil de ex-governador. Licitação. Ausência. Título da Dívida Pública. Emissão irregular. Ressarcimento. Inquérito policial. Arquivamento. Responsabilidade penal e civil. Autonomia. Processual Civil e Penal. Mandado de segurança. Inexistência de direito líquido e certo. Governador. Emissão de títulos da dívida pública. Irregularidades. Contrato administrativo. Ausência de licitação. Ressarcimento. Erário público. Condenação na esfera civil. Inquérito policial. Arquivamento. Possibilidade de futuras investigações. Responsabilidade penal e civil. Autonomia. 1. A responsabilidade civil do impetrante restou cabalmente comprovada pelo Tribunal de Contas do Estado, que cumpriu com integridade a sua missão constitucional no zelo pela coisa pública. 2. O arquivamento de inquérito policial não elide a responsabilidade civil imputada ao recorrente, porquanto não há vinculação entre a investigação de um fato tipificado, em tese, como criminoso e a obrigação de ressarcir os cofres públicos. 3. O inquérito policial é peça pré--processual e meramente informativa. O despacho que determina seu arquivamento não obsta à apuração de novas circunstâncias fáticas (art. 18 do CPP). 4. Não se encontra amparado em direito líquido e certo, a ser protegido pela ação de segurança, o ex-governador que convocado a prestar contas ao Estado é condenado a restituir o Erário Público, em decorrência de contrato celebrado com empresa privada, sem o devido procedimento de licitação. 5. Recurso ordinário improvido. Decisão unânime" (STJ, 1ª T., RMS n. 7.232-0-RO, rel. Min. Demócrito Reinaldo, DJ de 18/8/1997).

ou anulada pelo Poder Judiciário, são inelegíveis para as eleições que se realizarem nos oito anos seguintes, contados a partir da data da decisão (art. 1º, I, g, da LC n. 64/1990)[71].

Identificados vícios que não estejam adstritos à mera irregularidade formal, além das sanções que estão legitimados a aplicar[72], é de bom alvitre que os Tribunais de Contas providenciem a comunicação de tais irregularidades aos legitimados à propositura das ações previstas na Lei n. 8.429/1992, pois, com raras exceções, estarão configurados os atos de improbidade ali tipificados.

Omitida a comunicação, poderão os legitimados, ou mesmo qualquer pessoa – pois o art. 14 da Lei n. 8.429/1992 assegura o direito de representação –, solicitar as informações necessárias e ulteriormente adotar as medidas que se afigurem mais adequadas à hipótese.

4.1.1. A competência do Tribunal de Contas na apreciação das contas de governo e das contas de gestão

Toda e qualquer estrutura estatal de poder há de cumprir as funcionalidades que lhe foram atribuídas pela ordem jurídica. É o que ocorre em relação aos denominados poderes estatais e aos entes constitucionais que, hierarquicamente desvinculados desses poderes, possuem existência autônoma, como é o caso do Tribunal de Contas e do Ministério Público. Para o cumprimento desse *munus*, hão de utilizar os recursos materiais e humanos oferecidos pela ordem jurídica e prestar as contas correlatas. Essas contas, como é factível, serão subscritas pela autoridade mais elevada de cada uma das estruturas orgânicas, sendo normalmente apreciadas pelo Tribunal de Contas, isso com duas exceções básicas: as contas prestadas pelo próprio Tribunal de Contas, cuja análise pode ser outorgada ao Poder Legislativo, de modo a contornar a ineficácia do autocontrole, e as contas prestadas pelo Poder Executivo. Neste último caso, a competência para julgá-las tem sido historicamente

---

71 Anteriormente à alteração promovida pela LC n. 135/2010, o prazo de inelegibilidade era de apenas cinco anos e, para a sua suspensão, bastava que a questão fosse submetida à apreciação do Poder Judiciário, não sendo exigida a emissão de qualquer provimento cautelar. Nesse sentido, foi editada a Súmula n. 1 do TSE, que não mais subsiste: *Proposta a ação para desconstituir a decisão que rejeitou as contas, anteriormente à impugnação, fica suspensa a inelegibilidade (Lei Complementar n. 64/90, art. 1º, I, "g")*.

72 A natureza das sanções passíveis de serem aplicadas pelos Tribunais de Contas é objeto de previsão específica em suas leis orgânicas. No caso específico do Tribunal de Contas da União, deve ser mencionado o art. 19 da Lei n. 8.443/1992, *in verbis*: "Quando julgar as contas irregulares, havendo débito, o Tribunal condenará o responsável ao pagamento da dívida atualizada monetariamente, acrescida dos juros de mora devidos, podendo, ainda, aplicar-lhe a multa prevista no art. 57 desta Lei, sendo o instrumento da decisão considerado título executivo para fundamentar a respectiva ação de execução. Parágrafo único. Não havendo débito, mas comprovada qualquer das ocorrências previstas nas alíneas *a*, *b* e *c* do inciso III do art. 16, o Tribunal aplicará ao responsável a multa prevista no inciso I do art. 58 desta Lei". O Tribunal de Contas da União, a depender da gravidade da infração, está igualmente autorizado a aplicar a sanção de inabilitação, por um período de 4 a 8 anos, para o exercício de cargo em comissão ou função de confiança no âmbito da administração pública (art. 60 da Lei n. 8.443/1992), competência que encontra o seu fundamento de validade no art. 71, VIII, da CR/1988.

outorgada ao Poder Legislativo, limitando-se o Tribunal de Contas à emissão de parecer prévio. A Constituição de 1988, como se constata pelo teor de seus arts. 49, IX, 71, I, e 31, § 2º, não foge a essa regra, qualquer que seja o nível de governo, federal, estadual ou municipal.

Ainda que as contas apresentadas pelo Chefe do Poder Executivo contem com um parecer prévio, de caráter eminentemente técnico, o seu julgamento termina por assumir contornos políticos, sendo influenciado pela maior ou menor influência do denominado "bloco de governo" (que se contrapõe ao "bloco de oposição") na respectiva Casa Legislativa. As contas apresentadas pelo Chefe do Poder Executivo dizem respeito à estrutura orgânica por ele encabeçada, refletindo as decisões fundamentais, de natureza política, ali tomadas (*v.g.*: percentuais mínimos da receita aplicados em saúde e educação). Daí se afirmar que são *contas de governo*.

De modo correlato às *contas de governo*, afetas à estrutura orgânica concebida em sua inteireza, existem as contas específicas que são apresentadas por cada agente público incumbido, na respectiva estrutura de poder, da ordenação das despesas. Essas contas, também denominadas de *contas de gestão*, são julgadas pelo Tribunal de Contas, por força do art. 71, II, da Constituição de 1988. Caso decida pela imputação de débito ou pela aplicação de multa, a decisão terá a eficácia de título executivo.

É perceptível, portanto, que o Tribunal de Contas desempenha competências distintas conforme a espécie verse sobre contas de governo ou contas de gestão: no primeiro caso, é analista técnico, no segundo, julgador.

O que se verifica, no âmbito dos entes federativos, é que, nas estruturas orgânicas mais complexas, o Chefe do Executivo pratica, tão somente, atos de governo, não figurando como ordenador de despesa, *munus* que recai sobre os seus subordinados. Cumulação dessa natureza, no entanto, é extremamente comum entre os pequenos Municípios brasileiros. Nesse caso, pergunta-se: é possível que os Tribunais de Contas realizem o julgamento das contas de gestão, restando ao Poder Legislativo, apenas, a apreciação definitiva das contas de governo? O Superior Tribunal de Justiça já inclinou-se pela afirmativa[73], o que decorreria da interpretação sistêmica e teleológica dos incisos I e II do art. 71 da Constituição da República. O Chefe do Executivo, apesar de ser ordenador de despesa nato, não precisa necessariamente desempenhá-la, podendo delegar o exercício dessa função a outros agentes inseridos na respectiva estrutura administrativa, que a exercerão pessoalmente. Está, portanto, ontologicamente vinculado às contas de governo e acidentalmente associado às contas de gestão. Caso opte por praticar atos de gestão, estaria sujeito à respectiva sistemática de controle[74]. Esse entendimento, caso acolhido, deveria ser linearmente estendido a todas as esferas de governo, ainda que, ordinariamente, somente os Prefeitos dos pequenos Municípios brasileiros sejam alcançados por ela.

---

73 2ª T., RMS n. 11.060/GO, rel. Min. Paulo Medina, j. em 25/6/2002, *DJ* de 16/9/2002.
74 Nesse sentido: MORAES, Antonio Carlos Flores de. Prestações de contas no Brasil: impropriedades e consequências, *in* RTCMRJ, n. 64, abril/2016, p. 19 (26 e ss.).

Não é demais lembrar que o art. 1º, I, *g*, da Lei Complementar n. 64/1990, com a redação dada pela Lei Complementar n. 135/2010, de maneira subreptícia, buscou encampar essa dicotomia, sendo reconhecida a inelegibilidade dos "que tiverem suas contas relativas ao exercício de cargos ou funções públicas rejeitadas por irregularidade insanável que configure ato doloso de improbidade administrativa, e por decisão irrecorrível do órgão competente, salvo se esta houver sido suspensa ou anulada pelo Poder Judiciário, para as eleições que se realizarem nos 8 (oito) anos seguintes, contados a partir da data da decisão, aplicando-se o disposto no inciso II do art. 71 da Constituição Federal, *a todos os ordenadores de despesa, sem exclusão de mandatários que houverem agido nessa condição*." De acordo com o período em destaque, a lei alcançará os *"mandatários"* que houverem agido nessa condição. Os tais *mandatários* nada mais seriam que os *detentores de mandato eletivo*, estando incluído sob essa epígrafe o Chefe do Poder Executivo. Apesar de o Supremo Tribunal Federal ter declarado a constitucionalidade da norma[75], a questão sequer foi analisada sob esse prisma, já que o singificante linguístico empregado não permitiu a clara visualização dos seus reais destinatários.

O Supremo Tribunal Federal, que já tinha rechaçado a competência dos Tribunais de Contas para o julgamento das contas de gestão prestadas pelo Chefe do Executivo[76], terminou por sedimentar esse entendimento ao julgar os Recursos Extraordinários n. 848.826[77] e 729.744[78], com repercussão geral reconhecida. Na ocasião, aprovou duas teses: (1ª) "para os fins do artigo 1º, inciso I, alínea *g*, da Lei Complementar 64/1990, a apreciação das contas de prefeito, tanto as de governo quanto as de gestão, será exercida pelas Câmaras Municipais, com auxílio dos Tribunais de Contas competentes, cujo parecer prévio somente deixará de prevalecer por decisão de dois terços dos vereadores"; e (2ª) "parecer técnico elaborado pelo Tribunal de Contas tem natureza meramente opinativa, competindo exclusivamente à Câmara de Vereadores o julgamento das contas anuais do chefe do Poder Executivo local, sendo incabível o julgamento ficto das contas por decurso de prazo".

4.2. As Comissões Parlamentares de Inquérito

Além da atividade finalística própria da função legislativa, é comum que outras atribuições sejam conferidas ao Parlamento, o que é derivação do sistema de colabora-

---

75 Pleno, ADC n. 29/DF, rel. Min. Luiz Fux, j. em 16/2/2012, *DJ* de 29/06/2012.
76 Pleno, RE n. 137.747/DF, rel. Min. Marco Aurélio, j. em 17/6/1992, *DJ* de 7/12/1995; e 2ª T., RE n. 471.506-AgR/RS, rel. Min. Gilmar Mendes, j. em 26/4/2011, *DJ* de 20/5/2011; 2ª T., Rcl. n. 14.310 AgR/CE, rel. Min. Gilmar Mendes, j. em 24/3/2015, *DJ* de 27/4/2015. Note-se que, no julgamento do RE n. 223.037/SE (Pleno, rel. Min. Maurício Corrêa, j. em 2/5/2002, *DJ* de 2/8/2002), o STF analisou quem teria legitimidade para executar as decisões do Tribunal de Contas, versando o caso conreto justamente sobre contas de gestão do Prefeito, temática esta que não foi objeto de análise.
77 Pleno, rel. Min. Roberto Barroso, j. em 17/8/2016.
78 Pleno, rel. Min. Gilmar Mendes, j. em 17/8/2016.

ção entre os denominados Poderes estatais e elemento vital à preservação da harmonia entre eles.

Compete ao Parlamento, observados os limites previstos no texto constitucional (onde houver), o exercício da função legislativa, a fiscalização dos atos do Poder Executivo, o poder de excluir seus próprios membros, a aprovação de tratados internacionais, a apreciação das razões da decretação do estado de sítio e do estado de defesa etc. Para o melhor desempenho de tais atividades, não raras vezes, afigura-se conveniente e útil que investigue as reais circunstâncias fáticas em que tal ocorrerá, o que, *verbi gratia*, permitirá a aferição dos efeitos que a aplicação das futuras leis a serem editadas possa gerar.

Às Comissões Parlamentares compete o exercício dessa tarefa, que se destina à colheita dos elementos necessários ao desempenho das atividades parlamentares. Ainda que não sejam objeto de previsão normativa específica, a possibilidade de sua instauração é decorrência da independência do Parlamento e do sistema dos freios e contrapesos, tendo origem no próprio costume constitucional.

No âmbito dessas Comissões Parlamentares, que podem ser permanentes ou temporárias e internas ou intercamerais, são divisadas as Comissões Parlamentares de Inquérito, que visam à investigação de fatos não necessariamente relacionados à função legislativa, mas concernentes à atividade-fim do Parlamento – informações necessárias à acusação e julgamento de crimes de responsabilidade, estudo de problemas sociais, funcionamento de serviços públicos etc.

Existem notícias de que, na segunda metade do século XVI, comissões de investigação em matéria eleitoral já haviam sido instauradas pelo Parlamento inglês. Nos Estados Unidos da América do Norte, em que pese à omissão de sua sintética Constituição[79], há muito são instalados os *Investigations Committees*, sendo que o primeiro deles teria surgido no âmbito da Câmara dos Deputados, no final do século XVIII, para apurar as causas da derrota do General Arthur St. Clair em confronto com os índios. Na França, desde o início do século XIX, são instauradas as *Commissions D'Enquête*[80], período no qual as investiga-

---

[79] A cláusula 2ª do art. I, seção 5, da Constituição americana autoriza indiretamente a criação de Comissões Parlamentares ao dispor que "Each House may determine the rules of is own proceedings...".

[80] A criação de *Commissions D' Enquête* está prevista não no texto constitucional, mas no art. 6º da Lei Orgânica relativa ao funcionamento das assembleias parlamentares. Destinam-se a colher elementos de informação, seja sobre fatos determinados, seja sobre a gestão dos serviços públicos ou das empresas públicas. Como derivação da regra de divisão dos poderes, não devem se intrometer nas atribuições reservadas ao Poder Judiciário. Tais Comissões não têm poder decisório, o número máximo de seus membros é fixado pelo regulamento de cada assembleia, sendo normalmente de 12, e sua existência é eminentemente temporária, expirando-se no prazo máximo de seis meses, a contar da data da resolução que as criou. Possuem poderes investigatórios que lhes permite comparecer em setores da administração ou das empresas públicas, entrevistar funcionários e ter acesso aos documentos que julguem úteis, salvo se forem secretos e interessem à defesa nacional, aos negócios exteriores ou à segurança do Estado. Podem convocar testemunhas, as quais estarão obrigadas a comparecer, isto sob pena de ser perquirida sua responsabilidade penal junto ao juízo competente. As testemunhas, no entanto, poderão se negar a responder perguntas protegidas pelo segredo profissional ou pelo

ções parlamentares também se desenvolveram na Alemanha. Na Itália, as *Comissioni Parlamentari d'Inquiesta* assumem relevância ímpar na investigação de atos relacionados à máfia e à criminalidade em geral[81].

No Brasil, foram previstas pela primeira vez na Constituição de 1934, quadro que se manteve nas Constituições posteriores, isto com exceção da Carta outorgada em 1937. Em que pese não terem sido objeto de previsão específica, múltiplas foram as Comissões Parlamentares de Inquérito instauradas sob a égide da Constituição de 1891, primeira de natureza republicana. Tal possibilidade, ainda que de forma incipiente, também encontrava previsão na Constituição Imperial de 1824, cujo art. 15, VI, dispunha que "é da atribuição da Assembleia Geral: ...VI – Na morte do Imperador, ou vacância do Trono, instituir exame da administração que acabou, e reformar abusos nela introduzidos". Os responsáveis por esse exame, qualquer que fosse a nomenclatura que lhes viesse a ser atribuída, detinham um poder eminentemente investigatório, próprio das Comissões de Inquérito. O preceito, no entanto, não chegou a ser aplicado.

A Constituição de 1988 contém um dispositivo específico relativo às Comissões Parlamentares de Inquérito. Trata-se do art. 58, § 3º, que traça os seus contornos básicos e introduz uma inovação na disciplina de tais comissões, conferindo-lhes "poderes de investigação próprios das autoridades judiciais", *in verbis*:

> *Art. 58. O Congresso Nacional e suas Casas terão comissões permanentes e temporárias, constituídas na forma e com as atribuições previstas no respectivo regimento ou no ato de que resultar sua criação.*
> *(...)*

---

segredo de Estado. Suas sessões, desde 1991, ressalvadas situações excepcionais, são públicas. As conclusões das Comissões refletem a opinião da maioria de seus membros e, desde 1977, devem ser necessariamente publicadas. Apesar disso, ressalvada uma possível ressonância na opinião pública ou nas autoridades governamentais, suas conclusões normalmente são inócuas, não ensejando sequer um debate na sessão plenária do parlamento. Há alguns anos, verificou-se o ressurgimento de uma técnica há muita desaparecida, que consiste na edição de resoluções parlamentares, que podem dizer respeito à organização ou ao funcionamento da assembleia interessada ou mesmo a questões políticas, como tentativa de influir na conduta do governo. Cf. Francis Hamon, Michel Troper e Georges Burdeau, *Droit Constitutionnel*, p. 637-642.

[81] Para uma visão mais ampla do histórico das Comissões Parlamentares de Inquérito, no direito nacional ou alienígena, deve ser consultada a obra de Nélson de Souza Sampaio, *Do Inquérito Parlamentar*, p. 9-32. Em sua obra, transcreve o autor o seguinte comentário de Alberto Deodato, que reflete a impressão popular, de ontem e de hoje, sobre as *CPIs*: "É uma comissão que não se reúne nunca. E, se se reúne, acontece que é nomeada nova comissão de inquérito para fiscalizar se a que se reuniu está funcionando bem. E quando a gente pergunta pelo resultado do inquérito, a resposta é fatal: – O relatório está sendo elaborado... Comissão de Inquérito é, pois, uma expressão nova. Quer dizer: reunião de homens que nunca se reúnem para apresentação de um relatório que está sendo elaborado". Atualmente, parece existir um novo ingrediente: quando finalmente elaborado, o relatório a todos indicia, mortos e vivos, haja, ou não, um mínimo de suporte probatório, pois o que importa é a projeção pessoal à custa da execração alheia. Mas ainda há esperança. Ao menos o relatório já é elaborado com maior frequência!

§ 3º *As comissões parlamentares de inquérito, que terão poderes de investigação próprios das autoridades judiciais, além de outros previstos nos regimentos das respectivas Casas, serão criadas pela Câmara dos Deputados e pelo Senado Federal, em conjunto ou separadamente, mediante requerimento de um terço de seus membros, para apuração de fato determinado e por prazo certo, sendo suas conclusões, se for o caso, encaminhadas ao Ministério Público, para que promova a responsabilidade civil ou criminal dos infratores.*

A leitura do texto constitucional permite concluir que a criação e o funcionamento das CPIs pressupõem o preenchimento de três requisitos específicos:

a) somente podem ser criadas mediante requerimento de, no mínimo, um terço dos membros do respectivo órgão;

b) devem ser instauradas para a apuração de fato determinado;

c) devem funcionar por prazo certo.

Além do *quorum* mínimo previsto no texto constitucional para a instauração das CPIs, são previstos requisitos outros nos regimentos internos das Casas Legislativas, os quais, acaso descumpridos, retirarão a legitimidade e, por via reflexa, os próprios poderes da comissão que não fora regularmente constituída.

É comum a previsão, no âmbito dos regimentos internos, de normas que vedam a simultânea tramitação de determinado número de CPIs, o que busca evitar o comprometimento da própria atividade finalística do Parlamento, isto em razão do razoável número de agentes políticos que se envolvem nas investigações realizadas[82].

Quando se diz que as Comissões Parlamentares de Inquérito somente podem ser instauradas para a apuração de fato certo e determinado, veda-se, por via reflexa, um poder universal de investigação, desvinculado de objetivos específicos e previamente delimitados. Não se admite, por exemplo, que, sob o argumento de "investigar a situação atual de evasão fiscal do País", seja determinada a quebra do sigilo bancário de milhões de pessoas que possuam depósitos acima de certo valor. Ainda que aquele fato possa ser considerado determinado, não é possível presumir a má-fé de considerável parcela da população, o que é suficiente para transmudar a determinabilidade em injustificável devassa[83]. Apesar disso,

---

82 Em sede de cognição sumária, o STF reconheceu a constitucionalidade de norma dessa natureza: Pleno, ADIMC n. 1.635/UF, rel. Min. Maurício Corrêa, j. em 25/9/1997, *Inf.* n. 85.
83 Cf. REALE, Miguel. Poderes das Comissões Parlamentares de Inquérito, *in Questões de Direito Público*, p. 104. Segundo o eminente jurista, a exigência de que a CPI apure fato certo e determinado está relacionada à natureza dos poderes que ostenta, que são próprios das autoridades judiciais. Como não é admissível o exercício da jurisdição *in abstracto* ou *in genere*, mas sim *in concreto*, "em função e em razão de um circunscrito campo de interesses", também as CPIs "somente podem exercer o poder outorgado em havendo prévia *situação jurídico-factual concreta* sobre a qual incida a norma legal própria importando em consequências de *iure*".

nada impede que, a partir do evolver das investigações, outros acontecimentos diretamente correlacionados ao objeto originário sejam devidamente apurados.

Ainda em relação aos fatos a serem investigados, devem eles estar em harmonia com os objetivos da Casa Legislativa, não sendo dado a uma esfera de governo investigar outra (*v.g.:* uma Câmara Municipal não pode investigar o governo federal e vice-versa) ou mesmo apurar fatos desvinculados do interesse público[84] e de sua própria competência[85]. A conclusão decorre da própria natureza instrumental das CPIs, que são utilizadas pelas Casas Legislativas para o melhor desempenho da atividade finalística que lhes foi conferida pelo texto constitucional, logo, devem estar submetidas ao espectro de competência da respectiva Casa.

No entanto, nada impede que sejam investigados fatos relativos a um ente da Federação cujos efeitos produzidos apresentem um elo de encadeamento lógico com outros entes. Como exemplo, podem ser mencionados os títulos da dívida pública para pagamento de precatórios, emitidos com a necessária participação do Senado[86]. Neste caso, possível CPI instaurada no âmbito da Câmara Alta terá amplos poderes investigatórios, o que inclui a aferição da participação de Estados e Municípios nas irregularidades detectadas. Ainda em relação aos precatórios, é oportuno observar que não é legítima a instauração de CPI no âmbito da Câmara dos Deputados, pois esta casa não detém competência para autorizar a emissão de títulos para o seu pagamento, logo, a matéria está dissociada de sua atividade finalística.

É comumente sustentado que às CPIs não teria sido outorgado o poder de investigar as atividades de pessoas físicas ou de pessoas jurídicas de direito privado. Em linha de princípio, não vislumbramos nenhum óbice à realização das investigações em razão dessa especial qualidade dos investigados, isto porque, a *priori*, não há como se excluir a utilidade das informações a serem colhidas para que o Parlamento, *verbi gratia*, possa verificar, em casos de manifesto interesse público, se as normas que editou estão sendo efetivamen-

---

84 A necessidade de que o fato apurado situe-se na esfera do interesse público está implícita no texto constitucional. Em outros países, no entanto, a previsão é expressa: o art. 82 da Constituição italiana dispõe que "Ciascuna Camera può disporre inchieste su materie di pubblico interesse" e o art. 76 da Constituição espanhola que "el Congreso y el Senado, y, en su caso, ambas las Cámaras conjuntamente, podrán nombrar comisiones de investigación sobre cualquier asunto de interés público".

85 O STF entendeu ser ilegítima, por violação ao princípio da separação dos poderes (art. 2º da CR/1988), a deliberação de CPI no sentido de intimar magistrado para prestar esclarecimentos sobre o teor de ato jurisdicional praticado (HC n. 80.539/PA, rel. Min. Maurício Corrêa, j. em 21/3/2001, DJ de 1º/8/2003; e HC n. 86.581, rel. Min. Ellen Gracie, j. em 23/2/2006, DJ de 19/5/2006) ou de quebrar os seus sigilos telefônico, bancário e fiscal (MS n. 25.510, rel. Min. Ellen Gracie, j. em 30/3/2006, DJ de 16/6/2006).

86 O art. 33, parágrafo único, do ADCT da CR/1988 autorizou a emissão de títulos da dívida pública para o pagamento de precatórios judiciais. Ante as notícias de irregularidades, instaurou-se uma CPI no âmbito do Senado, sendo apurado que diversas unidades da Federação haviam emitido títulos com tal objetivo, mas, em verdade, muitas das alegadas dívidas sequer existiam e, muitas das existentes, sequer foram pagas.

te cumpridas, ou mesmo se devem ser modificadas. No entanto, para que abusos não se proliferem e direitos individuais não sejam violados, é necessário que haja uma relação de pertinência entre meios e fins, vale dizer, deve ser identificada a correlação da investigação com o exercício de uma competência outorgada pelo texto constitucional ao Parlamento[87]. Tal ocorrendo, não haverá que se falar em ilegalidade.

As CPIs somente poderão funcionar durante o período que for previamente estipulado, mas inexiste qualquer vedação quanto à possibilidade de o prazo ser prorrogado, desde que dentro da mesma legislatura[88].

Observado o princípio da simetria, também as demais unidades da Federação poderão disciplinar a criação e o funcionamento de tais comissões.

As denominadas CPIs têm sua disciplina básica traçada pela Constituição da República, a qual deve ser integrada pelas disposições contidas no regimento interno do órgão que as instituir. Assim, nada impede que, em determinadas situações, seja excepcionado o princípio da publicidade de suas reuniões e deliberações. Com previsões dessa natureza, normalmente sujeitas à prévia manifestação da maioria dos integrantes da CPI, buscam os regimentos internos instituir mecanismos aptos à garantia do êxito das investigações. Frise-se, no entanto, que reuniões sigilosas não haverão de ser a regra, pois um Estado Democrático de Direito não se compatibiliza com o permanente rompimento do elo que deve existir entre representantes e representados, o que certamente se dará com a ausência de publicidade dos atos praticados.

---

[87] Segundo Roland Young (*O Congresso Americano*, p. 250), a Suprema Corte dos Estados Unidos há muito tem reconhecido a competência do Congresso para realizar investigações. No entanto, no caso *Kilbourn v. Thompson* (1881), foi negada ao Congresso a possibilidade de investigar a falência de uma associação entre corretores que tinha como centro de atividades o Distrito de Colúmbia. Em suas palavras, "o Tribunal não considerou válido o inquérito, porque estava relacionado com 'uma matéria na qual indulto ou reparação só poderiam ser concedidos através de métodos judiciais'. Nem o Senado nem a Câmara dispunham de 'um poder geral para investigar os negócios particulares do cidadão'. A autoridade para investigar se restringia a assuntos sobre os quais as duas Casas tinham 'jurisdição', não estando nisso incluídos processos de falência". Na linha do precedente indicado, acrescemos que, observados os direitos fundamentais, a atividade privada do cidadão poderá ser investigada em sendo satisfatoriamente demonstrada a presença do interesse público e a correlação com a atividade-fim do Parlamento, o que exige redobrada atenção dos órgãos jurisdicionais em havendo irresignação do investigado. Atenção para que os objetivos da CPI não sejam desvirtuados e atenção para que o caráter privatístico dos atos investigados não seja erigido à condição de óbice intransponível à apuração de ilícitos extremamente daninhos à coletividade. Jorge Miranda (Sobre as Comissões Parlamentares de Inquérito em Portugal, *Revista de Direito Constitucional e Internacional* 33/65) entende ser inadmissível a investigação da vida privada dos cidadãos, sendo que as entidades privadas somente poderão ser chamadas a fornecer informações ou documentos "na medida das suas relações com entidades públicas ou na medida em que tenham sido afectadas pela actuação destas".

[88] Art. 5º, § 2º, da Lei n. 1.579/1952. No mesmo sentido: STF, Pleno, HC n. 71.231, rel. Min. Carlos Velloso, j. em 5/5/1994, *DJ* de 31/10/1996, p. 42014.

Capítulo IV – Controle Repressivo da Improbidade Administrativa

Identificado e delimitado o âmbito de investigação pelo ato que as instalar, terão as CPIs poderes de investigação próprios das autoridades judiciárias[89], além daqueles previstos nos regimentos internos das respectivas casas[90] e na Lei n. 1.579/1952, diploma que disciplina tais Comissões e que permanece em vigor naquilo que não contrarie a Constituição da República.

As CPIs, a exemplo do Parlamento, não podem delegar suas atribuições a outro órgão ou entidade, isto porque o poder de ambos tem origem na soberania popular, da qual são

---

[89] No mesmo sentido, tem-se o art. 178, n. 5, da Constituição portuguesa, após a emenda realizada em 1997 (*As comissões parlamentares de inquérito gozam de poderes próprios das autoridades judiciárias*), o art. 82 da Constituição italiana e o art. 44 da Lei Fundamental de Bonn. O STF já decidiu que "o sigilo bancário, o sigilo fiscal e o sigilo telefônico (sigilo este que incide sobre os dados/registros telefônicos e que não se identifica com a inviolabilidade das comunicações telefônicas) – ainda que representem projeções específicas do direito à intimidade, fundado no art. 5º, X, da Carta Política – não se revelam oponíveis, em nosso sistema jurídico, às Comissões Parlamentares, o que traduz natural derivação dos poderes de investigação que foram conferidos, pela própria Constituição da República, aos órgãos de investigação parlamentar", acrescendo que "a quebra do sigilo fiscal, bancário e telefônico de qualquer pessoa sujeita a investigação legislativa pode ser legitimamente decretada pela Comissão Parlamentar de Inquérito, desde que adequadamente fundamentada e na qual indique, com apoio em base empírica idônea, a necessidade objetiva da adoção dessa medida extraordinária. Precedente: MS 23.452-RJ, rel. Min. Celso de Mello" (Pleno, MS n. 23.652, rel. Min. Celso de Mello, j. em 22/11/2000, *DJ* de 16/2/2001, p. 92). De qualquer modo, devem guardar sigilo sobre os dados colhidos, sendo-lhes vedado conferir indevida publicidade a tais informações, isto sob pena de responsabilização dos autores do ilícito (STF, Pleno, MS n. 23.452, rel. Min. Celso de Mello, j. em 16/9/1999, *DJ* de 12/5/2000, p. 20), inclusive sob a ótica da Lei n. 8.429/1992. A LC n. 105, de 11/1/2001, que dispõe sobre o sigilo bancário das operações financeiras, buscando dissipar quaisquer dúvidas, assegurou às CPIs a possibilidade de obterem as informações e documentos sigilosos de que necessitarem diretamente das instituições financeiras. A inovação, no entanto, por se referir unicamente ao Poder Legislativo Federal, possibilitará que seja sustentada a tese de que as CPIs estaduais e municipais não possuem igual poder. Como foi visto, o poder de determinar a quebra do sigilo bancário deflui da própria Constituição, que assegura às CPIs poderes investigatórios próprios das autoridades judiciais (art. 58, § 3º, da CR/1998). Evidentemente, ante a natureza federativa do Estado brasileiro, o preceito constitucional é aplicável aos demais entes integrantes da Federação, o que deflui dos arts. 25, *caput*, e 29, *caput*, da Constituição. Assim, não poderia ser limitado por uma norma infraconstitucional, máxime quando se constata que ela não criou poder algum para as CPIs, mas tão somente explicitou um poder preexistente. Esse entendimento, já defendido desde a primeira edição da obra, foi acolhido pelo STF, que ressaltou ser a norma do art. 58, § 3º, da CR/1988, de absorção compulsória pelos Estados, destinando-se a garantir o potencial do Poder Legislativo em sua função de fiscalizar a Administração, um dos traços fundamentais da separação de poderes (Pleno, ACO n. 730/RJ, rel. Min. Joaquim Barbosa, j. em 22/9/2004, *Inf.* n. 362). No julgamento da ACO n. 1.271/RJ, sendo relator o Ministro Joaquim Barbosa, a temática, não obstante a extinção do processo sem resolução de mérito, foi rediscutida, sendo nítida a resistência de novos integrantes do Tribunal à possibilidade de CPI estadual determinar a quebra de sigilo fiscal. Ainda sob a ótica dos poderes próprios das autoridades judiciais, podem as CPIs determinar a condução das pessoas que não atendam o seu chamado, não tendo sido recepcionado pela nova ordem constitucional o disposto no art. 3º, parágrafo único, da Lei n. 1.579/1952, que exigia ordem judicial. Neste sentido: STF, Pleno, HC n. 71.039, rel. Min. Paulo Brossard, j. em 7/4/1994, *DJ* de 6/12/1996. Em sentido contrário, entendendo que persiste a necessidade de ordem judicial: BARACHO, José Alfredo de Oliveira. *Teoria Geral das Comissões Parlamentares, Comissões Parlamentares de Inquérito*, p. 199-200.

[90] Art. 58, § 3º, da CR/1988.

legítimos delegatários. Aplica-se, aqui, a conhecida máxima: *delegata potestas non potest delegari*. E ainda, a circunstância de os fatos já serem objeto de investigação por outro órgão (*v.g.*: Ministério Público, Polícia Judiciária etc.) ou mesmo objeto de processo judicial, não impede a realização das investigações no âmbito parlamentar, o que deriva da independência e da autonomia do Poder Legislativo para apurar os fatos que lhe são correlatos.

Por surgirem e se desenvolverem no âmbito de um Estado de Direito, como é a República Federativa do Brasil, devem as CPIs render estrita obediência aos direitos fundamentais do cidadão, somente podendo restringi-los no limite do necessário ao bom andamento das investigações e com estrita obediência à sistemática legal e constitucional, observados, obviamente, os mesmos óbices opostos ao Poder Judiciário, pois seus poderes se equivalem aos deste, mas não o superam. Assim, têm o dever de fundamentar suas decisões, sendo-lhes aplicável a determinação do art. 93, X, da Constituição da República[91].

Não obstante a amplitude dos poderes outorgados às CPIs, determinados atos permanecem sob a égide do princípio constitucional da reserva de jurisdição. É o caso da busca domiciliar[92], da interceptação telefônica[93] e da decretação de prisão[94], ressalvada, neste último caso, a possibilidade de prisão em flagrante, faculdade esta deferida a qualquer do povo. Nas situações referidas, em virtude da magnitude dos interesses envolvidos (privacidade e liberdade), o próprio texto constitucional, de forma expressa, torna cogente a exigência de determinação judicial, o que se erige como direito fundamental do homem, sendo completamente descabida qualquer interpretação que termine por desprezar esta importante conquista da humanidade. Do mesmo modo, às CPIs não compete a prolação de sentenças, atividade própria do Poder Judiciário, ou mesmo a decretação de indisponibilidade de bens visando ao acautelamento de uma decisão que não irão proferir[95].

Detectada a prática de abusos ou de ilegalidades por parte das CPIs, é garantido àquele que se viu lesado, ou mesmo ameaçado em seu direito, a possibilidade de pleitear a tutela jurisdicional, o que deriva da inafastabilidade desta[96]. Em casos tais, identificada a inadequação do ato à lei ou à Constituição, deverá ser ele sustado, não havendo que se falar em violação ao princípio da separação dos poderes, pois a interpenetração entre as funções estatais pressupõe que os excessos praticados por um Poder sejam contidos por outro, *in casu*, o Judiciário. Conforme decidiu o STF[97], "os poderes das Comissões Parlamentares de Inquérito, embora amplos, não são ilimitados e nem absolutos".

---

91 STF, Pleno, MS n. 23.661-2, rel. Min. Octávio Gallotti, *DJ* de 1º/12/2000, e 1ª T., HC n. 80.420/RJ, rel. Min. Ellen Gracie, j. em 28/6/2001, *DJ* de 1º/2/2002, p. 84.
92 Art. 5º, XI, da CR/1988. STF, MS n. 23.454-7, rel. Min. Marco Aurélio, *DJ* de 7/6/1999.
93 Art. 5º, XII, da CR/1988. STF, Pleno, MS n. 23.652, rel. Min. Celso de Mello, j. em 22/11/2000, *DJ* de 16/2/2001, p. 92.
94 Art. 5º, LXI, da CR/1988. STF, Pleno, HC n. 71.039, rel. Min. Paulo Brossard, j. em 7/4/1994, *DJ* de 6/12/1996.
95 STF, Pleno, MS n. 23.455, rel. Min. Néri da Silveira, j. em 24/11/1999, *DJ* de 7/12/2000, p. 7, e MS n. 23.466-1, rel. Min. Sepúlveda Pertence, j. em 4/5/2000, *DJ* de 6/4/2001, p. 170.
96 Art. 5º, XXXV, da CR/1988.
97 Pleno, MS n. 23.452, rel. Min. Celso de Mello, j. em 16/9/1999, *DJ* de 12/5/2000, p. 20.

Tratando-se de atos praticados pelas CPIs instauradas no âmbito da União, competirá ao STF julgar *habeas corpus* e mandado de segurança impetrados por todo aquele que se sentir lesado em seus direitos, o que deflui do art. 102, I, *c*, *d* e *i*, da Constituição da República, preceito que se refere às Mesas da Câmara dos Deputados e do Senado Federal e alcança todas as manifestações do Congresso[98].

Como não poderia deixar de ser, todos os Poderes estatais devem prestigiar os direitos e garantias fundamentais do indivíduo. Com isso, todos quantos estejam envolvidos nas investigações realizadas pelas CPIs têm a garantia de que não serão espoliados em seus direitos mínimos quando perante elas comparecerem. Dentre esses direitos mínimos e essenciais à própria concepção de Estado Democrático de Direito – pois democracia e direitos dos cidadãos, não obstante a diversidade etimológica, exprimem premissas conceituais que se integram e interpenetram – tem-se o privilégio contra a autoincriminação, que é derivação lógica do direito ao silêncio constitucionalmente assegurado[99] e o direito de ser assistido por advogado, o qual pode comparecer às sessões, ainda que secretas, e zelar pelos interesses de seu constituinte[100]. Assim, não poderão ser opostas quaisquer medidas restritivas de direitos àquele que, na condição de testemunha ou indiciado, comparece perante uma CPI e opta por permanecer em silêncio ao perceber que eventuais respostas aos questionamentos formulados possam vir a incriminá-lo (*nemo tenetur se detegere*)[101].

Apesar disso, ultimadas as atividades da CPI, ainda que seu relatório final não tenha sido aprovado, a jurisprudência do Excelso Pretório se consolidou no sentido de que as ações de mandado de segurança e de *habeas corpus* preteritamente impetradas perderão o objeto[102].

Ante os termos do texto constitucional, o qual não contem qualquer vedação explícita ao objeto das CPIs, podendo este ter alcance similar à própria competência material (*lato sensu*) do Poder Legislativo, é inevitável a constatação de que tais comissões podem erigir-se como eficazes mecanismos de combate à improbidade administrativa, possibi-

---

98 STF, Pleno, HC n. 71.039, rel. Min. Paulo Brossard, j. em 7/4/1994, *DJ* de 6/12/1996.
99 Art. 5º, LXIII, da CR/1988. Leonard W. Levy (*Origins of the Fifth Amendment – The Right Against Self-Incrimination*, p. 427), após larga digressão histórica sobre o direito contra a autoincriminação no sistema norte-americano, conclui que "o direito de não ser uma testemunha contra si próprio consiste em um princípio de largo alcance, aplicável, ao menos nos casos criminais, à autoprodução de qualquer evidência contrária ao indivíduo, incluindo aquela que possa torná-lo arauto de sua própria infâmia, por esse meio desonrando-o publicamente. A cláusula estendeu-se, em outras palavras, igualmente a todas as nocivas consequências incriminatórias como testemunha ou parte". Adiante, conclui que a garantia remonta *from time immemorial*, tendo sua possível origem no pentateuco de Moisés (p. 433).
100 Art. 7º, VI, *d*, da Lei n. 8.906/1994 (Estatuto da Advocacia) e art. 3º, § 2º, da Lei n. 1.579/1952, com a redação dada pela Lei n. 10.679/2003.
101 STF, Pleno, HC n. 79.812, rel. Min. Celso de Mello, j. em 8/11/2000, *DJ* de 16/2/2001, p. 21.
102 STF, Pleno, MS-QO n. 23.582-DF, rel. Min. Celso de Mello, j. em 28/6/2001, *DJ* de 24/8/2001.

litando uma colheita de provas célere e que em muito auxiliará o Ministério Público, destinatário final de muitas das investigações realizadas[103], para que promova a responsabilidade civil ou criminal dos infratores.

Sendo verificado algum atentado à probidade administrativa por parte do Chefe do Executivo ou a quebra do decoro parlamentar, os elementos probatórios colhidos nas CPIs possibilitarão a deflagração de procedimento que poderá culminar com a perda do mandato[104]. As conclusões das CPIs poderão ser igualmente utilizadas para a expedição de recomendações e para o início do processo legislativo, o que contribuirá para o evolver da ordem legal, política, econômica e social do País.

5. DO CONTROLE JURISDICIONAL

O controle jurisdicional dos atos administrativos é exercido pelo Poder Judiciário, alcançando os atos dessa natureza praticados por todas as funções estatais, tendo por objeto o exame de sua adequação aos limites fixados na Constituição e nas leis.

As formas de controle jurisdicional podem ser subdivididas em dois sistemas básicos: o tipo francês (controle através de jurisdição especial) e o tipo anglo-americano (controle realizado pela jurisdição comum).

De acordo com o primeiro, a solução das situações contenciosas relativas à compatibilidade dos atos administrativos com os princípios que os informam compete a tribunais especialmente instituídos para este fim; exauridas as irresignações recursais, as decisões proferidas transitarão em julgado, não sendo passíveis de reapreciação pelo Poder Judiciário. Por não haver submissão dos atos administrativos ao Poder Judiciário, mas sim a órgão autônomo e independente deste, costuma-se chamar esse sistema de jurisdição dúplice.

---

103 A Lei n. 10.001/2000 dispõe sobre a prioridade a ser dispensada às conclusões das Comissões Parlamentares de Inquérito: "Art. 1º Os Presidentes da Câmara dos Deputados, do Senado Federal ou do Congresso Nacional encaminharão o relatório da Comissão Parlamentar de Inquérito respectiva, e a resolução que o aprovar, aos chefes do Ministério Público da União ou dos Estados, ou ainda às autoridades administrativas ou judiciais com poder de decisão, conforme o caso, para a prática de atos de sua competência. Art. 2º A autoridade a quem for encaminhada a resolução informará ao remetente, no prazo de trinta dias, as providências adotadas ou a justificativa pela omissão. Parágrafo único. A autoridade que presidir processo ou procedimento, administrativo ou judicial, instaurado em decorrência de conclusões de Comissão Parlamentar de Inquérito, comunicará, semestralmente, a fase em que se encontra, até a sua conclusão. Art. 3º O processo ou procedimento referido no art. 2º terá prioridade sobre qualquer outro, exceto sobre aquele relativo a pedido de *habeas corpus, habeas data* e mandado de segurança. Art. 4º O descumprimento das normas desta Lei sujeita a autoridade a sanções administrativas, civis e penais. Art. 5º Esta Lei entra em vigor na data de sua publicação". Pode o Ministério Público, se assim o desejar, acompanhar as investigações no âmbito das CPIs. No entanto, ainda que convidado, não deve delas participar, pois tal importaria em nítida atividade de consultoria, ilegítimo compartilhamento de seus poderes funcionais com outro órgão e em indébita transformação de seus atos de individuais em colegiados.

104 Ver arts. 55, II, 85, V, e 52, parágrafo único, da CR/1988.

No segundo sistema, também denominado de jurisdição única, o contencioso administrativo estará sujeito à apreciação do Poder Judiciário, competindo a este dirimi-lo de forma definitiva.

É importante frisar que nenhum dos dois sistemas costuma ser adotado na pureza de sua concepção, sendo comum a utilização de um sistema misto, em que é constatada tão somente a prevalência de um ou de outro.

5.1. Sistema de Jurisdição Única

O sistema de jurisdição única tem sua origem atrelada à própria concepção da necessidade de divisão das funções estatais. À onipotência do soberano, ao qual competia a criação, realização e extinção do direito, foi oposta a atividade do Parlamento, ente que materializava os anseios das classes que representava.

O surgimento do Poder Legislativo limitou o absolutismo do soberano e possibilitou que sobre ele fosse exercida uma atividade fiscalizatória. Esta atividade, no entanto, por ter conteúdo essencialmente político, não garantia a primazia da ordem jurídica, já que era motivada pelos influxos e interesses existentes no momento de sua prática, os quais eram extremamente parciais.

Na Inglaterra, pouco a pouco, a solução dos conflitos de interesses foi transferida do soberano para agentes e órgãos incumbidos de tal atividade. Apesar disto, ainda não era possível se falar em Poder Judiciário ou mesmo em controle dos atos administrativos, pois ausente um requisito imprescindível ao exercício de tais atividades: a independência funcional. O soberano permanecia com o poder de demitir os agentes sem a necessidade de justificar seus atos, o que em muito os enfraquecia, comprometendo a consecução do próprio ideal de Justiça. Somente em 1701, com o *Act of Settlement*, é que foi garantida a independência dos agentes da Justiça, sendo vedada a sua livre demissão e regulamentada sua competência funcional. Desde então, pode-se falar em Poder Judiciário e no exercício do controle jurisdicional dos atos administrativos.

Pelo sistema de jurisdição única, todos os conflitos de interesses, na órbita pública ou privada, haverão de ser solucionados por um órgão autônomo e independente que se apresenta funcionalmente desvinculado dos denominados Poderes Legislativo e Executivo.

5.2. Sistema de Jurisdição Dúplice

Na França, berço do sistema de jurisdição dúplice, há muito se encontra arraigada a concepção de que a administração pública deve ser o juiz de seus próprios atos, o que deriva do entendimento de que julgar a administração, em verdade, é administrar[105]. Então,

---

105 Cf. DABBASCH, Charles. *Institutions et droit administratifs*, v. 2, p. 460.

para evitar a indevida intromissão de um órgão jurisdicional na atividade administrativa, é-lhe retirada essa função.

A partir da Revolução, salvo expressa autorização legal, era defeso aos juízes exercer qualquer controle sobre a atividade administrativa[106].

Inicialmente, tal atividade era exercida por autoridades administrativas, consoante critérios de hierarquia; ulteriormente, em 1799, ano VIII da Revolução, foi implementada a separação da atividade administrativa ativa e da contenciosa, sendo criado um sistema de Tribunais Administrativos, o qual foi subdividido em duas categorias básicas: o Conselho de Estado[107] e os Conselhos de Prefeitura.

Com o romper das décadas, o sistema sofreu diversas mutações, mas ainda hoje são identificadas múltiplas vedações quanto à possibilidade de o Judiciário pronunciar-se sobre a atividade administrativa. Esta separação é historicamente justificável em virtude da postura sistematicamente hostil dos tribunais em relação ao Executivo nos últimos anos do antigo regime francês[108]. Atualmente, em que pese terem cessado os motivos originais, a estrutura é mantida não por razões de desconfiança do Judiciário, mas por auferirem os

---

[106] Loi des 16-24 août 1790 t. II, art. 13: "Les fonctions judiciares sont et demeureront toujours séparées des fonctions administratives. Les juges ne pourront, à peine de forfaiture, troubler de quelque manière que ce soit les opérations des corps administratifs, ni citer devant eux les administrateurs pour raison de leur fonctions" (As funções judiciárias são distintas e ficarão sempre separadas das funções administrativas. Os juízes não poderão, sob pena de prevaricação, perturbar, por qualquer forma, as operações dos corpos administrativos, nem chamar perante eles os administradores em razão de suas funções). A fórmula foi repetida pela Constituição de 1791, tendo a lei de 16 fructidor do ano III, renovado a proibição nos seguintes termos: "Défenses itératives sont faites aux tribunaux de connaître des actes d'administration de quelque espèce qu'ils soient, aux peines de droit...".

[107] Hodiernamente, o Conselho de Estado possui, em síntese, as seguintes atribuições: a) é órgão consultivo do governo, cabendo-lhe examinar os projetos dos atos normativos e emitir aviso sobre sua regularidade, forma e oportunidade; b) encaminha anualmente ao Presidente da República relatório que enuncia as reformas de ordem legislativa ou administrativa que entende convenientes; c) é o órgão supremo da jurisdição administrativa, julgando originariamente, em grau de recurso ou como Corte de Cassação, os litígios entre os particulares e a administração, decisões estas que não são passíveis de serem reexaminadas pelo Poder Judiciário; d) julga, em primeira e última instância, as lides advindas das eleições regionais e da eleição dos representantes franceses ao Parlamento europeu, e em grau de apelação o contencioso das eleições municipais e cantonais.

[108] "Uma extrema desconfiança frente aos tribunais judiciais: tal foi a razão que provocou esta separação das autoridades administrativas e judiciárias e a interdição feita às últimas de julgar o contencioso administrativo" (BONARD, Roger *Précis de droit public*, p. 89). Vedel (*Droit administratif*, p. 73) acrescenta que "a resistência dos corpos judiciários ao poder real e às reformas que ele desejava promover foi uma das principais causas do imobilismo que terminou por provocar a Revolução". Karl Loewenstein (*Teoría de la Constitución*, p. 297), por sua vez, lembra que "na França pré-revolucionária se comprava o cargo de juiz. A riqueza, base socioeconômica da classe alta, era considerada como o requisito para a formação de uma elite cultural e esta, por sua vez, era considerada a garantia de uma jurisprudência imparcial. Em virtude dessa situação, o extrato superior do pessoal judicial nos *parlements* se converteu numa autêntica nobreza do cargo, com direitos legítimos e até hereditários".

Tribunais Administrativos resultados satisfatórios, demonstrarem uma capacidade de adaptação mais célere às mutações de ordem administrativa e por apresentarem um grau de especialização que não convém alterar.

O sistema francês de controle dos atos administrativos, após as necessárias adaptações aos interesses locais, foi encampado por diversos países da Europa, sendo extremamente generalizado[109].

Encampando a síntese de Vieira de Andrade[110], na evolução histórica do contencioso administrativo podem ser divisados três modelos básicos e dois modelos mistos de organização, classificação que leva em conta o órgão competente para decidir:

a) Modelo administrativista – também conhecido como "administrador-juiz" ou "jurisdição reservada", situa o poder de decisão final nos órgãos superiores da Administração ativa (*julgar a administração é ainda administrar*). Tomando-se como referencial os Estados democráticos, não é utilizado na atualidade.

a1) Modelo administrativista mitigado – nas questões contenciosas, a decisão cabe aos órgãos superiores da Administração ativa, mas é exigido um procedimento jurisdicionalizado com a intervenção consultiva obrigatória de um órgão administrativo independente, cujo parecer poderia ou não ser homologado.

b) Modelo judicialista – compete a tribunais integrados numa ordem judicial (*julgar a Administração é verdadeiramente julgar*), quer se trate de tribunais comuns ou de tribunais especializados em razão da matéria, a decisão das questões jurídicas administrativas. Esse modelo tem sido adotado pela generalidade dos Estados.

b1) Modelo judicialista mitigado – apesar da competência decisória dos tribunais comuns ou especializados, suas sentenças não têm força executiva ou têm uma força executiva fortemente limitada perante a Administração, que decide sobre a sua publicação ou mesmo sobre a sua execução.

---

109 Em Estados como Portugal e Alemanha, foi instituída uma estrutura especializada, no seio do próprio sistema judiciário, com competência para o julgamento do contencioso administrativo. Consoante o art. 212, 3, da Constituição portuguesa, "compete aos tribunais administrativos e fiscais o julgamento das acções e recursos contenciosos que tenham por objecto dirimir os litígios emergentes das relações jurídicas administrativas e fiscais". O art. 95 da *Grundgesetz*, embora preveja a existência da jurisdição administrativa, remete à lei ordinária a sua disciplina. Na Itália, que seguiu o modelo belga, o conhecimento das causas em que haja interesse da Administração é dividido entre os órgãos do Poder Judiciário e os órgãos da denominada Justiça Administrativa. Sempre que houver lesão a um direito subjetivo, a competência para exame da causa será daqueles, do que poderá resultar condenação do responsável à indenização cabível; ressalta-se, unicamente, a impossibilidade de o órgão jurisdicional dar ordens às autoridades administrativas, ou mesmo anular ou suspender os atos destas. No que concerne aos órgãos da Justiça Administrativa, estes terão competência para a proteção das situações individuais em que haja coincidência com o interesse público e na medida deste, podendo examinar a legalidade e alguns aspectos relacionados ao mérito dos atos administrativos, com a consequente anulação destes se presente causa que o justifique; dispondo, ainda, de jurisdição exclusiva sobre certas matérias que envolvam direitos subjetivos sempre que haja disposição legal expressa neste sentido.

110 *Justiça administrativa*, p. 17-19.

c) Modelo judicialista ou quase judicialista – também denominado de "jurisdição delegada" ou "transferida", "a resolução dos litígios relativos à Administração, por não ser substancialmente estranha à função jurisdicional, cabe a autoridades 'judiciárias', que são órgãos administrativos independentes, alheios à orgânica dos tribunais, apesar da sua designação como 'tribunais administrativos'". Suas decisões não costumam ter autoridade executiva, representando um modelo intermédio na transição dos modelos administrativistas para os judicialistas. Mesmo na França, onde, a nível supremo, subsiste um modelo de justiça delegada – isto em razão do prestígio do *Conseil d'État* –, este aproxima-se, na prática, do modelo judicialista de tribunais especializados.

5.3. Relevância do Controle Jurisdicional

De um modo geral, o controle jurisdicional dos atos estatais apresenta maior relevância nos Estados que adotam o sistema presidencial de governo. No sistema parlamentar, o Legislativo exerce um controle direto e incisivo sobre a atividade administrativa, sendo frequente a responsabilidade política do Chefe de Governo (Primeiro Ministro), o que aumenta o equilíbrio entre os Poderes e impõe maior limitação ao Executivo.

Nos países que adotam o sistema presidencialista, como o Brasil, o controle legislativo é insuficiente à contenção dos abusos do Executivo, isto porque o controle prévio é limitado e inexiste responsabilidade política. Em razão disto, avulta a importância da atividade jurisdicional, competindo-lhe manter a função administrativa adstrita aos contornos da ordem jurídica, zelando pela observância da Constituição e das leis.

5.4. Natureza do Controle Jurisdicional no Brasil

No Brasil, onde é extremamente acentuada a supremacia do Executivo sobre o Legislativo, ao Poder Judiciário foi confiada a tarefa de zelar pela estrita obediência dos preceitos contidos na Constituição da República e na legislação infraconstitucional, quer advenham de norma expressa, quer sejam consequência da densificação dos princípios exarados pelo sistema.

Em razão disto, é defeso ao legislador infraconstitucional excluir da apreciação do Poder Judiciário qualquer lesão ou ameaça a direito[111]. Sendo a lesão ou a ameaça passíveis de serem perpetradas pelos próprios poderes constituídos, tem-se importante instrumento de controle da adequação dos seus atos aos princípios constitucionais, os quais se apresentam como alicerce do próprio ente estatal. Optou-se, assim, pela adoção do siste-

---

111 Art. 5º, XXXV, da CR/1988.

ma de jurisdição única[112], prevalecendo o princípio da inafastabilidade da tutela jurisdicional[113].

5.4.1. Amplitude

Considerando que todo o poder emana do povo, sendo em seu nome exercido, tem-se que o Estado não é um fim em si mesmo, mas um instrumento utilizado em prol de seu elemento subjetivo para harmonizar o convívio social, implementar o seu bem-estar e viabilizar o relacionamento do grupamento que representa com Estados e organismos estrangeiros.

Assim, afigura-se inequívoco que a adequação do obrar do administrador aos referidos princípios erige-se como elemento indissociável da segurança que deve nortear as relações entre o Poder Público e os administrados, apresentando-se como direito dos últimos e consectário lógico do próprio Estado Democrático de Direito. Os mecanismos de seleção previstos na Constituição buscam assegurar que pessoas capazes ocupem os cargos públicos e que utilizem os talentos de que dispõem em todo o seu potencial. Mas esses critérios não são à "prova de idiotas" e desastres podem ocorrer[114]: daí a importância do controle judicial.

Estabelecidas estas premissas, tem-se que todos os membros da coletividade, sempre que forem individualmente atingidos por um ato omissivo ou comissivo, estiverem ameaçados de sê-lo, ou mesmo nas situações em que não haja lesão individual mas estejam autorizados a defender os interesses da coletividade, terão o direito subjetivo público de utilizar-se dos mecanismos pertinentes[115] e exigir que os poderes constituídos observem as diretrizes balizadoras do Estado.

---

112 Considerando que a garantia de acesso ao Judiciário foi erigida à categoria de direito fundamental (art. 5º, XXXV, da CR/1988), sendo insuscetível de modificação ou supressão (art. 60, § 4º, III, da CR/1988), constata-se que a denominada jurisdição administrativa (sistema francês), salvo com a instauração de nova ordem constitucional, não pode ser instituída no Brasil.

113 Este princípio é expressamente acolhido por diversas Constituições democráticas. A Constituição da Espanha, em seu art. 24, I, dispõe que "todas las personas tienen derecho a obtener la tutela efetiva de los jueces y tribunales ene el ejercicio de sus derechos y intereses legítimos, sin que, en ningún caso, pueda producirse indefension". E a Constituição da Itália, em seu art. 24: "Tutti possono agire in giudizio per la tutela dei propri diritti e interessi legittimi". A Lei Fundamental de Bonn, em seu art. 19, 4: "Quem for ofendido nos seus direitos por ato de autoridade pública poderá sempre interpor recurso jurisdicional. Salvo disposição em contrário, este recurso é da competência dos tribunais ordinários" (tradução livre). No mesmo sentido dispõem os arts. 20 e 268 da Constituição portuguesa.

114 Cf. EISGRUBER Christopher L., SAGER, Lawrence G. Good constitutions and bad choices, in *Constitutional stupidities, constitutional tragedies*. Org. por William N. Eskridge Jr. e Sanford Levinson, New York: New York University Press, 1998, p. 147.

115 Art. 5º da CR/1988: Direito de Petição (XXXIV, *a*); Direito de Ação (XXXV); *Habeas Corpus* (LXVIII); Mandado de Segurança (LXIX); Mandado de Injunção (LXXI); e *Habeas Data* (LXXII).

A aferição da compatibilidade dos atos emanados dos agentes estatais com os princípios norteadores de sua atividade permitirá a recomposição do equilíbrio que deve existir entre os membros da coletividade por ocasião da assimilação dos encargos que lhes sejam impostos em benefício desta. Em havendo sobrecarga sobre setores específicos ou mesmo lesão individual, o controle jurisdicional possibilitará a recomposição da normalidade e a efetivação do princípio da igualdade[116].

O princípio da inafastabilidade da tutela jurisdicional é integrado e potencializado pelo princípio da publicidade dos atos do Poder Público, permitindo que seja identificada a adequação destes aos princípios constitucionais que legitimam a atividade estatal.

Ainda que o ato seja fruto da valoração de cláusulas gerais e de conceitos jurídicos indeterminados ou do exercício do poder discricionário, é autorizada a interferência de um Poder sobre o outro sempre que for identificada lesão ou ameaça a direito, o que permitirá a recomposição da harmonia que deve existir entre o interesse da coletividade e as liberdades públicas asseguradas no texto constitucional.

Além dos atos administrativos, também os atos próprios da função legislativa estarão sujeitos ao controle jurisdicional sempre que for suscitada a sua incompatibilidade com a norma superior que lhes serve de fundamento de validade, o que será normalmente feito através do controle difuso ou concentrado de constitucionalidade. No que concerne à responsabilidade do agente, ainda que seja reconhecida a invalidade do ato pelo Poder Judiciário, deve ser aferida a eventual presença de cláusulas de inviolabilidade, do que é exemplo a imunidade dos Deputados e Senadores pelos votos que proferirem no exercício do mandato[117]; ou mesmo se o ato foi praticado com estrita observância dos lindes delimitadores da liberdade de atuação do agente, o que acarretará a impossibilidade de ingerência externa que venha a infirmar tal liberdade. Tem-se, assim, um ponto de nítido equilíbrio entre os princípios da divisão dos poderes e da inafastabilidade da tutela jurisdicional.

Conclui-se que a valoração dos atos dos agentes públicos sob a ótica dos princípios mencionados não importará em qualquer mácula ao princípio da divisão dos poderes. Pelo contrário, zelará pela sua efetiva independência, garantindo a primazia dos princípios norteadores do Estado de Direito e implementando a indispensável harmonia entre os poderes, isto porque de nada valeria um comando constitucional em não havendo instrumentos aptos a implementar sua observância[118]. A garantia das liberdades públicas e a observância, por parte dos agentes públicos, dos princípios constitucionais caracterizam-se como direitos dos administrados, sendo a sua inobservância insuscetível de ser subtraída da apreciação do Poder Judiciário.

---

116 Art. 5º, II, da CR/1988.
117 Art. 53, *caput*, da CR/1988.
118 "O acesso à Justiça pode, portanto, ser encarado como o requisito fundamental – o mais básico dos direitos humanos – de um sistema jurídico moderno e igualitário que pretenda garantir, e não apenas proclamar os direitos fundamentais" (CAPPELLETTI, Mauro; GARTH, Bryant. *Acesso à Justiça*, p. 12).

Identificada a improbidade, está o Ministério Público legitimado[119] a ajuizar as medidas cabíveis[120] para que o Poder Judiciário, sem qualquer mácula ao princípio da divisão dos poderes, recomponha a ordem jurídica lesada sempre que o obrar dos Poderes constituídos não apresentar-se adstrito aos lindes delimitadores de sua legitimidade.

Tal não importará em qualquer ingerência externa na atividade desenvolvida, mas tão somente velará para que esta mantenha uma relação de adequação com a ordem jurídica, substrato legitimador de sua existência. Desta forma, não se tratará unicamente de juízo censório ou punitivo à atividade desempenhada por outro poder, mas de aplicação de eficaz mecanismo previsto no regime democrático, sempre com o desiderato final de garantir o bem-estar da coletividade.

Situação corriqueira na incipiente democracia pátria, é a conduta de alguns políticos inescrupulosos que, após a descoberta dos ilícitos que praticaram e na iminência de sofrerem a sanção cominada em lei, dirigem-se aos meios de comunicação e, em tom ameaçador, sustentam a ilegitimidade dos membros do Poder Judiciário para julgar os seus atos,

---

119 Arts. 127 e 129, III, da CR/1988; arts. 1º, IV, 3º, II, e 13 da Lei n. 7.347/1985; art. 17 da Lei n. 8.429/1992; e arts. 25 e 26 da Lei n. 8.625/1993. Além do Ministério Público, somente a pessoa jurídica lesada pelo ato de improbidade está legitimada a deduzir em juízo a pretensão de aplicação das sanções previstas no art. 12 da Lei de Improbidade, isso em razão dos claros termos do art. 17 deste diploma legal. É importante não confundir a legitimidade para o ajuizamento de demanda que busque a recomposição do patrimônio público, outorgada aos cidadãos (art. 5º, LXXIII, da CR/1988 e Lei n. 4.717/1965) e às associações (Lei n. 7.347/1985), com aquela que vise à aplicação de sanções ao ímprobo. Neste caso, busca-se a efetividade do direito sancionador, de índole eminentemente pessoal e repressiva, enquanto a anulação dos atos lesivos à moralidade administrativa e a busca da recomposição do patrimônio público visam a resguardar um direito pertencente à coletividade, o qual não pode ser confundido com a restrição ao *status dignitates* do agente público. Ainda que haja similitude na causa de pedir, os objetivos são nitidamente distintos. Esse entendimento foi prestigiado pelo STJ (1ª T., REsp n. 704.570/SP, rel. Min. Luiz Fux, j. em 17/5/2007, *DJ* de 4/6/2007, e 1ª T., REsp n. 1.071.138/MG, rel. Min. Napoleão Nunes Maia Filho, j. em 10/12/2013, *DJe* de 19/12/2013). Sem tangenciar com essa linha de argumentação, Luiz Manoel Gomes Júnior (*Ação Popular, Aspectos Polêmicos*, p. 89-94) sustenta que a improbidade é uma espécie de imoralidade, logo, tendo o cidadão legitimidade para ajuizar a ação popular em defesa desta, seria contraditório admitir que ele não poderia pleitear a aplicação das sanções da Lei n. 8.429/1992. No mesmo sentido: NETTO, Affonso Ghizzo. *Improbidade administrativa e Lei de Responsabilidade Fiscal*, p. 116.

120 Sobre ser a ação civil pública instrumento adequado, tem-se: a) contra: as abalizadas lições de Marcelo Figueiredo (*Probidade Administrativa*, p. 92) e de José dos Santos Carvalho Filho (*Ação Civil Pública*, p. 890), os quais entendem ser cabível a ação civil de reparação do dano prevista nos arts. 17 e 18 da Lei 8.429/1992; b) a favor: a jurisprudência cristalizada na 1ª Turma do STJ, no REsp n. 695.718/SP, rel. Min. José Delgado, j. em 16/8/2005, *DJ* de 12/9/2005; no REsp n. 631.408/GO, rel. Min. Teori Albino Zavascki, j. em 17/5/2005, *DJ* de 30/5/2005; e nos REsps n. 408.219, *DJ* de 14/10/2002, e 510.150, *DJ* de 29/3/2004, relatados pelo Min. Luiz Fux; nos REsps n. 167.344, *DJ* de 19/10/1998, 196.932, *DJ* de 18/3/1999, 119.827, *DJ* de 1º/7/1999, e 213.714, *DJ* de 6/9/1999, todos relatados pelo Min. Garcia Vieira; no REsp n. 154.128, *DJ* de 18/12/1998, e no RMS n. 7.423, j. em 12/6/1997, ambos relatados pelo Min. Mílton Pereira; no AGRG no REsp n. 1.334.872/RJ, rel. Min. Arnaldo Esteves Lima, j. em 6/8/2013, *DJe* de 14/8/2013; bem como na 2ª Turma, no REsp n. 161.322/PE, rel. Min. Franciulli Netto, *DJ* de 16/9/2002, e no REsp n. 261.691/MG, rel. Min. Eliana Calmon, j. em 28/5/2002, *DJ* de 5/8/2002. O tema será objeto de maior desenvolvimento na segunda parte da obra.

pois como seria possível um agente que detém a confiança de milhões de eleitores ser julgado por outro que não recebeu um voto sequer?

A nosso ver, tal argumento somente pode ter duas justificativas: a) a ignorância, desconhecendo o agente que tanto a representatividade popular, como manifestação da democracia, quanto o primado da ordem jurídica, como verdadeira garantia da democracia e objetivo da atividade finalística do Poder Judiciário, auferem o seu fundamento de validade em uma origem comum: a vontade popular; ou b) a má-fé, tendo o agente o indisfarçável propósito de desacreditar as instituições e convencer a imensa massa de iletrados e eleitores em potencial de que tudo se reduz a uma mera "perseguição política". Em linha de princípio, inclinamo-nos pela segunda proposição.

Robert Alexy[121], de forma irrefutável, afirma que "a chave para a resolução é a distinção entre a representação política e a argumentativa do cidadão. O princípio fundamental: 'Todo o poder estatal origina-se do povo' exige compreender não só o parlamento mas também o tribunal constitucional como representação do povo. A representação ocorre, decerto, de modo diferente. O parlamento representa o cidadão politicamente, o tribunal constitucional argumentativamente. Com isso, deve ser dito que a representação do povo pelo tribunal constitucional tem um caráter mais idealístico do que aquela pelo parlamento. A vida cotidiana do funcionamento parlamentar oculta o perigo que maiorias se imponham desconsideradamente, emoções determinem o acontecimento, dinheiro e relações de poder dominem e simplesmente sejam cometidas faltas graves. Um tribunal constitucional que se dirige contra tal não se dirige contra o povo, senão, em nome do povo, contra seus representantes políticos".

Pontes de Miranda há muito afirmara que "o exercício do poder, ainda por parte daqueles que só indiretamente o recebem, como os juízes e os funcionários públicos, é sempre exercido em nome do povo"[122].

Ressalvada a aferição da responsabilidade penal do agente, nos países que encampam o modelo francês, o combate à corrupção e à própria improbidade administrativa, em seu sentido lato, é normalmente realizado pela via do contencioso administrativo, o que é derivação lógica da própria origem do controle da moralidade administrativa, fruto da doutrina francesa do *détournement de pouvoir*, de larga aplicação pelo Conselho de Estado francês. Tal, no entanto, não ocorre no Brasil, estando o Poder Judiciário legitimado a zelar pela observância da Constituição e das leis.

---

121 Direitos fundamentais no Estado Constitucional Democrático, RDA 217/66, 1999.
122 *Comentários à Constituição de 1946*, p. 307.

CAPÍTULO V
Normas de Combate à Improbidade

1. BREVE HISTÓRICO DAS NORMAS DE COMBATE À IMPROBIDADE

Numa perspectiva histórica, pode-se afirmar que a linha evolutiva do combate à improbidade confunde-se com a luta contra a corrupção. A corrupção, tal qual o câncer, é um mal universal. Combatida com empenho e aparentemente controlada, não tarda em infectar outro órgão. Iniciado novo combate e mais uma vez sufocada, pouco se espera até que a metástase se implemente e mude a sede da afecção. Este ciclo, quase que inevitável na origem e lamentável nas consequências deletérias que produz no organismo social, é tão antigo quanto o homem. "O primeiro ato de corrupção pode ser imputado à serpente seduzindo Adão com a oferta da maçã, na troca simbólica do paraíso pelos prazeres ainda inéditos da carne"[1].

A inevitabilidade do fenômeno não passou despercebida à própria Bíblia, sendo encontrada no êxodo, Capítulo XXIII, Versículo 8, a seguinte passagem relativa às testemunhas: "Também presente não tomarás: porque o presente cega os que têm vista, e perverte as palavras dos justos". No Deuteronômio, Capítulo 16, Versículo 18, na disciplina concernente aos deveres dos juízes, está dito que "não torcerás o juízo, não farás acepção de pessoas, nem tomarás peitas; porquanto a peita cega os olhos dos sábios, e perverte as palavras dos justos". Em Isaías, Capítulo 1, Versículos 21 a 23, é analisada a corrupção na *polis*: "Como se prostituiu a cidade fiel, Sião, cheia de retidão? A justiça habitava nela, e agora são os homicidas. Tua prata converteu-se em escória, teu vinho misturou-se com água. Teus príncipes são rebeldes, cúmplices de ladrões. Todos eles amam as dádivas e andam atrás do proveito próprio, não fazem justiça ao órfão e a causa da viúva não é evocada diante deles".

Etimologicamente, corrupção deriva do latim *rumpere*, equivalente a romper, dividir, vindo a gerar o termo *corrumpere*, que significa deterioração, depravação, alteração, sendo largamente coibida pelos povos civilizados, isto em razão dos conhecidos males que a venalidade que envolve o exercício da função pública causa ao interesse da *polis*.

---

[1] TÁCITO, Caio. Moralidade administrativa, *RDA* 218/2, 1999.

A corrupção, em essência, consiste na obtenção de vantagem ilícita em decorrência de um ato próprio do ofício do agente. Além da previsão expressa nas escrituras sagradas, a venalidade da Justiça consubstanciava uma preocupação comum das antigas legislações. "O juiz corrupto, pela lei mosaica, era punido com a flagelação, e na Grécia[2] com a morte. Conta a História que o rei Cambises mandou esfolar vivo um juiz venal, cuja pele foi guarnecer a cadeira onde devia sentar o seu substituto. No antigo direito romano, a pena capital era igualmente cominada aos magistrados que mercadejavam com a função. A Lei das XII Tábuas declara: *Si judex aut arbiter jure datur ob rem judicandam pecuniam acceperit capite luito*"[3], o que denota o primeiro traço de combate à corrupção entre os romanos, impondo a pena capital ao juiz que recebesse dinheiro ou valores (*qui pecuniam acceperit*).

Leis posteriores alteraram a natureza das sanções cominadas à corrupção, afastando a pena capital e instituindo a obrigação de o agente devolver o indebitamente recebido (*lex de repetundis*).

Na Grécia, como anotava Aristóteles[4], se alguém fosse culpado de peculato, deveria pagar o décuplo do valor desviado. Se aceitasse suborno, o valor que se tinha como recebido era definido pelos juízes. Por fim, se houvesse condenação por má gestão, era arbitrado o valor a ser devolvido; não ocorrendo a devolução, o valor era dobrado. Os arcontes (*rectius*: nove magistrados gregos que tinham poder de legislar e, após Sólon, somente de executar as leis), ao tomarem posse, subiam à pedra em que eram realizados os sacrifícios e juravam que "governarão de forma justa e de acordo com as leis, que não irão receber presentes devido ao cargo e, no caso de receberem algum, que se comprometem a consagrar uma estátua de ouro. Depois de prestarem este juramento, partem dali em direção à Acrópole, onde voltam a jurar da mesma forma; em seguida, entram em funções"[5].

Em Roma, a mudança do paradigma de punição se deu, inicialmente, com os esforços de Lúcio Calpurnio Pisone, tribuno da plebe em 149 a.C. (ano 604 de Roma)[6], o qual buscava atender às aspirações das províncias oprimidas pela malversação dos magistrados romanos (*rectius*: os altos funcionários). Em conformidade com o prescrito por esta lei, aprovada por plebiscito, os corruptos seriam compelidos, em ação ajuizada pelos pro-

---

2 Segundo Fustel de Coulanges (*A cidade antiga*, p. 263), em Atenas, "os magistrados que não exerciam senão funções de ordem pública eram eleitos pelo povo. Todavia, tomavam-se precauções contra os caprichos da sorte ou do sufrágio universal; cada novo eleito era examinado, quer perante o senado, quer perante os magistrados que deixavam o cargo, quer perante o areópago; não se exigiam provas de capacidade ou de talento, mas procedia-se a um inquérito sobre a probidade do candidato e de sua família, assim como também se exigia que todo magistrado tivesse seu patrimônio em bens de raiz".
3 HUNGRIA, Nélson. *Comentários ao Código Penal*, v. IX, p. 365.
4 *Constituição dos Atenienses*. Trad. de Delfim Ferreira Leão. Lisboa: Fundação Calouste Gulbenkian, 2003, p. 107.
5 ARISTÓTELES. *Constituição...*, p. 111.
6 Cf. CICERONE, *De Officiis*, lib. 2, cap. 21, *apud* CARRARA, Francesco. *Programma del corso di diritto criminale*, v. V, p. 117.

vincianos, a ressarcir os danos causados ao erário, sendo dispensado idêntico tratamento à corrupção e à concussão, as quais eram conhecidas pelo nome comum de *crimen repetundarum*, estando os incursos, em ambos os casos, obrigados a restituir o que haviam recebido.

Além da sanção civil prevista na *Lex Calpurnia de repetundis*, a corrupção passou a constituir ilícito penal com a *Lex Acilia Repetundarum* ou *Sempronia iudiciaria* (123 a.C.)[7], sendo cominadas as penas do furto (devolução em dobro). Com os esforços do tribuno Servilio Glaucia, foi aprovada, por plebiscito, a *Lex Servilia Glaucia* (104 a.C.), que instituiu a pena de infâmia para os condenados nesses processos. Essas penalidades, no entanto, foram sensivelmente reduzidas pela *Lex Cornelia* (81 a.C.).

Em que pese à cominação das sanções, sua inanidade era quase total, tendo a desmoralização dos costumes entre os romanos atingido patamares tão elevados que havia a quase certeza de que um cidadão rico que cometesse um crime, por mais grave que fosse, não sofreria uma condenação: *pecuniosum hominem, quamvis sit nocens, neminem possi damnare*[8].

Não se logrando êxito em conter a corrupção, já arraigada nos costumes de então, foram editadas outras leis com idêntico desiderato, dentre estas a *Lex Repentudarum de Sila* (81 a.C.) e o *Code de Lege Julia repetundar* (59 a.C. – ano 694 de Roma), do Imperador Júlio César, que buscava coibir a aceitação de dinheiro para a prática de atos próprios do ofício[9]: além de estender as cominações existentes, até então restritas ao magistrados das províncias, àqueles da cidade, cominava aos corruptos penalidades pecuniárias (restituição em quádruplo) e de perda dos direitos civis (*L. 3, C. de Lege Julia repentudar*). Essa última penalidade, conhecida como *l'aqua et igni interdictio*, que significa, literalmente, privação da água e do fogo, elementos vitais à organização política e religiosa da cidade, retirava a cidadania daquele que praticasse crimes graves. O condenado, assim, deixava de fazer parte da comunidade romana, devendo ser banido. Tratava-se de uma *capitis deminutio* mínima, pois não gerava a perda da liberdade.

Posteriormente, Justiniano (482-565 d.C.), imperador bizantino (527-565 d.C.), modificou a disciplina existente (Nov. 124, cap. 2, 545 d.C.), tendo estabelecido distinções

---

7   A *Lex Acilia* é uma das poucas fontes autênticas, contendo inscrições latinas, que se conservaram: está gravada sobre uma das faces de uma lâmina de bronze; na outra face encontra-se a lei agrária de Thorius, tribuno da plebe.
8   Cf. HUNGRIA, Nélson. *Comentários ao Código Penal*, v. IX , p. 366.
9   Eis as condutas que se buscava coibir: "ob judicandum vel non judican, dum decernendum"; "quia magis aut minus quid ex officio suo faceret"; "ob denuntiandum vel non denuntiandum testimonium"; "ob accusandum vel non accusandum"; "ob judicem arbitrumve dandum mutandum jubendumve ut judicet"; "ob hominem in vincula pubblica ciciendum vinciendum vincirisse jubendum exue vinculis dimittendum ob hominem condaemnandum absolvendumve ob litem aestimandam judiciumve capitis pecuniere faciendum vel non faciendum"; "ob militem legendum dimittendumve ob sententiam in Senatu consiliave pubblico dicendam".

entre o juiz cível e o criminal, sujeitando o segundo à pena de exílio e de confisco de bens, remanescendo contra o primeiro a obrigação de pagar ao Fisco o triplo do que recebera[10]. A Novela 124 buscava garantir a pureza dos juízes e evitar que o suborno dos litigantes pudesse fraudar a lei, tendo obrigado as partes a jurarem, tocando os Evangelhos, que nada deram ou prometeram aos juízes. No Império, a concussão (*concussio*) passou a ser concebida como crime autônomo, sendo caracterizada pela extorsão praticada com abuso da função (D. 47. 13. 1).

Na Idade Média, era punida não só a corrupção dos juízes como de outros agentes públicos, o que era normalmente feito de forma arbitrária pelo soberano. Nos códigos criminais franceses de 1791 e 1810 constata-se a existência de tipos penais distintos para a concussão e a corrupção. Na Inglaterra, sob o reinado de Eduardo III, o juiz Thorpe foi condenado à forca por atos de corrupção[11]. Merece menção, ainda, o *Corrupt and Ilegal Practices Act* de 1883, que visava ao combate da corrupção nas eleições[12]. O direito eclesiástico contemplava difusamente a corrupção, sendo cominadas as penas de excomunhão e de suspensão do ofício ao juiz que vendesse sua sentença[13].

As Ordenações Filipinas, que por largo período permaneceram em vigor no Brasil e em Portugal, ao vedar o recebimento de vantagens por parte dos Oficiais da Justiça e da Fazenda, cominavam-lhes as penas de perda do ofício e obrigação de pagar vinte vezes mais do que receberam, sendo que, deste total, metade reverteria para o acusador e a outra metade para a denominada Câmara do Conselho[14]. Acresça-se, ainda, que a depender do valor da peita, era cominada outra pena de gravidade ímpar, o degredo para o Brasil[15]! Não

---

10 Cf. CARRARA, Francesco. *Programma del corso di diritto criminale*, v. V, p. 117.
11 *Idem*, p. 144.
12 Anota Rafael Bustos Gisbert (La Corrupción de los Gobernantes: Responsabilidad Política y Responsabilidad Penal, in *La Corrupción: Aspectos Jurídicos y Económicos*, org. por Eduardo A. Fabián Caparrós, p. 33) que, na Inglaterra vitoriana, a compra e venda de votos era uma regra habitual de funcionamento do Parlamento, o mesmo ocorrendo no Congresso de Geórgia, em princípios do século XIX, em que todos os congressistas (menos um) foram comprados para aprovar legislativamente uma venda fraudulenta de terras.
13 Cf. GAVAZZI, Ugo *Trattato di diritto penale*, v. IV, p. 39.
14 Por ser extremamente longo o Título LXXI do Livro V das Ordenações Filipinas, o transcreveremos parcialmente: "Defendemos a todos os Dezembargadores e Julgadores, e a quaesquer outros Officiaes, assi da Justiça, como da nossa Fazenda, e bem assi da nossa Caza, de qualquer qualidade que sejão, e aos da Governança das Cidades, Vilas e lugares, e outros quaesquer, que não recebão para si, nem para filhos seus nem pessoas, que debaixo de seu poder e governança têm, dadivas algumas, nem presentes de pessoa alguma que seja, posloque com elles, não traga requerimento de despacho algum. E quem o contrario fizer, perderá qualquer Officio, que tiver, e mais pagará vinte por hum do que receber, a metade para quem o accusar, e a outra para nossa Camara".
15 "E se a peita passar de cruzado, ou sua valia, além das sobreditas penas será degredado para todo o sempre para o Brazil. E sendo de cruzado, e dahi para baixo, será degredado cinco anos para a África. E sendo a peita de valia de dous marcos de prata, ou dahi para cima, além do perdimento da fazenda, morrerá morte natural" (Livro V, Título LXXI, § 1º).

se vedava, no entanto, o recebimento de pequenas benesses[16], o que parece ter sido reprodução de antigas leis espanholas, as quais, de forma correlata a esta medida de tolerância, chegaram a cominar as penas de exílio perpétuo e confisco de bens ao juiz corrupto[17].

O Código Criminal brasileiro de 1830 tipificava a corrupção em dois dispositivos autônomos, um sob o *nomen iuris* de peita, e o outro com a denominação de suborno; sistemática que foi modificada no Código de 1890, o qual empregou os termos como sinônimos, unificando-os em uma única seção.

A Constituição dos Estados Unidos (1787) estatuiu, em seu art. II, Seção 4, que o Presidente da República, o Vice-Presidente e todos os funcionários civis serão destituídos de seus cargos sempre que acusados e condenados por traição, *corrupção* ou outros crimes[18]. No âmbito do *statute law*, também podem ser lembrados o *Federal Corrupt Practices Act* (1925), destinado ao combate à corrupção no procedimento eletivo, e o *Federal Regulation of Lobbying Act* (1946), que buscava coibir a corrupção na esfera do Congresso.

A preocupação com a corrupção também não passou despercebida à nova ordem constitucional que sucedeu à deflagração da Revolução Francesa. Sacramentada a queda da Bastilha e promulgada a Declaração dos Direitos do Homem e do Cidadão de 1789, seguiu-se a Constituição de 3 de setembro de 1791. A nova normatização política francesa buscava suprimir as mazelas do *Ancien Régime*, implementando um nítido e acentuado sistema de separação dos poderes, havendo uma grande delimitação na especialização das funções próprias da Assembleia Legislativa e do rei, mas com a preservação de reduzidas áreas de interpenetração, o que ensejou um regime intermediário entre a separação e a colaboração dos poderes. Com o objetivo de moralizar as instituições, após longos debates, decidiu-se que o rei não poderia escolher seus ministros no seio da Assembleia[19], o que evitaria o risco de corrupção dos deputados pelos atrativos das funções de ministro, culminando em comprometer a idoneidade de suas atividades[20].

---

16 "E assi poderão receber pão, vinho, carnes, fructas, e outras cousas de comer, que entre os parentes e amigos se costuma dar, e receber das pessoas, que com elles tiverem razão de parentesco, ou cunhadio até o quarto grao, ou que tiverem com elles tão streita amizade, ou outra razão, por onde com direito não possão ser Juizes de suas causas" (Livro V, Título LXXI).

17 Cf. CARRARA, Francesco. *Programma del corso di diritto criminale*, v. V, p. 144.

18 "For treason, bribery and others high crimes and misdemeanours."

19 "*Les Ministres Doivent être Pris Hors de Chambres Législatives*" (Constituição de 1791, Título II, Capítulo II, seção IV, art. 2º, e Constituição do ano III, art. 136). Disposição semelhante já constava do artigo I, seção 6, cláusula 2, da Constituição norte-americana, que estabelecia a incompatibilidade entre o estatuto de congressista e o exercício de funções inerentes ao Executivo (*incompatibility clause*). Na síntese de Barbalho, tais incompatibilidades constituem "uma barreira contra a corrupção pelo poder executivo" (*Constituição Federal...*, p. 72).

20 Cf. DUVERGER, Maurice. *Manuel de droit constitutionnel et de science politique*, p. 226; Barthélemy et Duez, *Traité élémentaire de droit constitutionnel*, p. 157; e ESMEIN, A. *Éléments de droit constitutionnel français et comparé*, t. 1, p. 471-472.

Ainda na França, a exemplo do tortuoso caminho percorrido até o reconhecimento da necessidade de se estatuir um regime jurídico específico que deveria disciplinar a responsabilidade patrimonial do Estado pelos danos causados por seus agentes, também a responsabilidade destes últimos foi objeto de grandes discussões.

No regime que antecedeu a Revolução Francesa (*Ancien Régime*), a administração dotava seus agentes de privilégios semelhantes àqueles que possuía o clero na Antiguidade, época em que os clérigos eram julgados por tribunais eclesiásticos de forma pouco transparente. Na senda deste regime, o Rei podia avocar os processos relacionados às faltas de seus agentes e lhes dar a solução que entendesse ser boa: ou os abafava, ou os julgava conforme as regras, ou uma carta régia (*lettre de cachet*) regulava a questão, portanto, sem escândalo público[21].

Posteriormente à Revolução Francesa, restou condenada a prática da avocatória[22] e pacificada a tese de que o agente deveria ser responsabilizado pelos danos causados ao particular[23]. Em seguida, evoluiu-se com o entendimento de que o agente também teria o dever de reparar o patrimônio do Estado pelos prejuízos advindos de sua conduta ilícita sempre que esta configurasse uma infração penal, pois não teria sentido admitir-se a responsabilidade penal e excluir-se a civil.

Em que pese ser flagrante o aprimoramento dos institutos, o bom senso estava a demonstrar que também deveria ser reconhecida a mera responsabilidade patrimonial, ainda que ausente qualquer infração à lei penal. Sendo o Estado uma pessoa jurídica, também ele deveria poder invocar contra seus agentes a regra do art. 1.382 do Código Civil. No mesmo norte de tais pensamentos, estatuiu a lei de finanças de 25 de maio de 1817 a proibição da prática de determinados atos, os quais, se praticados, o seriam sob a responsabilidade pessoal dos Ministros de Estado.

Mais tarde, a Lei de 15 de maio de 1850 declarou formalmente que todas as despesas não creditadas ou a parte das despesas que ultrapassasse o crédito seria deixada a cargo

---

21 Cf. Waline, ob. cit., p. 789.
22 Art. 61 da Lei de 14 de dezembro de 1789, o qual também estabeleceu que a ação de responsabilidade civil contra agente público estaria subordinada a uma autorização a ser fornecida pelo Diretor de Departamento. Esse sistema foi mantido pelo art. 75 da Constituição do ano VIII, sendo conhecido como *garantie administrative des fonctionnaires*.
23 Aplicava-se o art. 1.382 do Código Civil francês ("Tout fait quelconque de l'homme qui cause à autrui un domage oblige celui par la faute duquel il est arrivé à le réparer"), argumentando-se que se tratava de um texto geral e que não distinguia se o fato ilícito e danoso fora praticado por um funcionário público ou por um particular. No entanto, somente com o Decreto-lei de 19 de setembro de 1870 foi ab-rogada a denominada "garantia administrativa dos funcionários", os quais poderiam ser acionados independentemente de qualquer autorização da administração, *verbis*: "L'article 75 de la Constitution de l'an VIII est abrogé. Sont également abrogées toutes autres dispositions de lois, génerales ou spéciales, ayant pour objet d'entraver les poursuites dirigées contre les fonctionnaires publics de tous ordres".

pessoal do ministro contraventor[24]. Não obstante as dificuldades que posteriormente se apresentaram quanto ao órgão competente para conhecer e julgar as ações que veiculavam tais pretensões reparatórias, tem-se um importante marco da responsabilidade dos agentes públicos em relação às irregularidades praticadas no exercício de suas funções.

2. ANTECEDENTES LEGISLATIVOS

A preocupação com a probidade administrativa há muito frequenta o direito positivo pátrio, sendo disciplinada em preceitos que ocupam distintos degraus da pirâmide normativa, a começar pelo próprio texto constitucional.

De forma correlata à antiguidade da previsão normativa e com intensidade diretamente proporcional a esta, tinha-se a quase que total ineficácia dos diplomas legais que precederam a Lei n. 8.429, de 2 de junho de 1992, publicada no *Diário Oficial da União* de 3 de junho de 1992, também denominada de "Lei de Improbidade" ou "Lei do Colarinho Branco".

2.1. Âmbito Constitucional

Com exceção da Carta de 1824, que consagrou a irresponsabilidade do Imperador (art. 99), todas as Constituições Republicanas previram a responsabilização do Chefe de Estado por infração à probidade da administração (Constituições de 1891 – art. 54, 6º; 1934 – art. 57, *f*; 1937 – art. 85, *d*; 1946 – art. 89, V; 1967 – art. 84, V; 1969 – art. 82, V; e 1988 – art. 85, V). Na esfera infraconstitucional, a tipologia específica dessa infração foi disciplinada pela Lei n. 1.079, de 10 de abril de 1950, diploma parcialmente derrogado mas ainda hoje em vigor.

A Constituição de 1824, no entanto, ainda que de forma indireta, buscou reprimir atos nitidamente ímprobos. Com efeito, o art. 133 estatuiu que os Ministros de Estado seriam responsabilizados "por peita, suborno ou concussão" (inc. 2º), "por abuso do poder" (inc. 3º), "pela falta de observância da lei" (inc. 4º), bem como "por qualquer dissipação dos bens públicos" (inc. 6º); o art. 134 dispôs que uma "lei particular" disciplinaria tais figuras e o respectivo procedimento; e o art. 135 que a responsabilidade dos Ministros não seria excluída, ainda que houvesse ordem do Imperador, "vocal ou por escrito"[25]. Acresça-se que a Câmara

---

24 Cf. ESMEIN, A. *Éléments de droit constitutionnel français et comparé*, t. 2, p. 269-271.
25 A responsabilidade dos Ministros foi regulamentada pela Lei de 15 de outubro de 1827. O agente dissiparia os bens públicos: "1º) (ordenando ou concorrendo de qualquer modo para despesas não autorizadas pela lei, ou para que elas se façam contra a forma estabelecida, ou para que se celebrem contratos manifestamente lesivos; 2º) não pondo em prática todos os meios ao seu alcance para a arrecadação ou conservação dos bens móveis, imóveis ou rendas da nação; 3º) não pondo ou não conservando em bom estado a contabilidade de sua repartição; lei, art. 6º" (PIMENTA BUENO, José Antônio. *Direito Público Brasileiro e Análise da Constituição do Império*, p. 258). A denúncia poderia ser oferecida por todo e qualquer cidadão (art. 8º), perante a Câmara dos Deputados (arts. 10 a 13), sendo que o seu acolhimento poderia resultar na formu-

dos Deputados, consoante o art. 37, deveria realizar o "exame da administração passada", procedendo à "reforma dos abusos nella introduzidos" (art. 37, I), o que denota evidente preocupação com a gestão do orçamento; os Conselheiros das províncias deveriam ter, como qualidades, "a idade de vinte e cinco anos, probidade e decente subsistência" (art. 75); e os Juízes de Direito e os Oficiais de Justiça seriam responsabilizados pelos abusos de poder e prevaricação que praticassem (art. 156), sendo permitido a qualquer do povo ajuizar "acção popular" no caso de "suborno, peita, peculato e concussão" (art. 157).

A Constituição de 1891 dispôs que os funcionários públicos seriam responsabilizados "pelos abusos e omissões em que incorrerem no exercício de seus cargos, assim como pela indulgência ou negligência em não responsabilizarem effectivamente os seus subalternos" (art. 82). Além disso, introduziu, no âmbito das estruturas estatais de poder, a figura do Tribunal de Contas, órgão responsável pela análise da legalidade da receita e da despesa pública (art. 89).

A Constituição de 1934, além de preservar a figura do Tribunal de Contas, dispôs que a não prestação de contas autorizaria a intervenção federal nos Estados (art. 12, V) e a estadual nos Municípios (art. 13, § 4º). Foi determinado, ainda, que o Estatuto dos Funcionários Públicos cominasse a pena de perda do cargo, por via de *processo judiciário*, ao funcionário que se valesse de sua autoridade em favor de partido político ou exercesse pressão partidária sobre os seus subordinados (art. 170, § 9º). A Constituição de 1937 não estabeleceu inovações substanciais.

No que concerne aos agentes públicos em geral, o art. 141, § 31, segunda parte, da Constituição de 1946, estatuía que "a lei disporá sobre o sequestro e o perdimento de bens, no caso de enriquecimento ilícito, por influência ou com abuso de cargo ou função pública, ou de emprego em entidade autárquica"[26].

Segundo o art. 150, § 11, segunda parte, da Constituição de 1967, "a lei disporá sobre o perdimento de bens por danos causados ao erário ou no caso de enriquecimento ilícito no exercício de função pública".

---

lação de uma acusação (arts. 14 a 17) a ser julgada pelo Senado (art. 18). Havendo condenação, as partes lesadas poderiam demandar a indenização que lhes era devida perante a justiça ordinária (art. 59). Segundo Pimenta Bueno (ob. cit., p. 258), "essa lei é uma das conquistas gloriosas do Poder Legislativo brasileiro nos tempos em que ele exercia todas as suas atribuições e era circundado de grande força moral". Hoje, evidentemente, os tempos são outros.

26 Comentando esse dispositivo, já observava Pontes de Miranda que ele representava "arma excelente contra o maior rival dos países sem longa educação da responsabilidade administrativa. O fim do século XIX interrompeu a nascente tradição da honestidade dos homens públicos. A ascensão dos homens públicos que não produzem teve a consequência de acirrar o apetite dos desonestos e dos aventureiros. Sem lei que os obrigue – e a todos os funcionários públicos e empregados de entidades autárquicas – a inventariar todos os anos o que têm e o que têm os seus parentes sucessíveis e à publicação dos seus haveres e rendas, anualmente, e sem a *actio popularis* nos casos do § 31, 2ª parte, com percentagem de prêmio ao denunciante e julgamento pelo júri, é difícil fazer o país voltar àquela nascente tradição" (*Comentários à Constituição de 1946*, v. III, p. 367).

O art. 153, § 11, segunda parte, da EC n. 1, de 1969, previa que "esta (a lei) disporá, também, sobre o perdimento de bens por danos causados ao erário, ou no caso de enriquecimento ilícito no exercício do cargo, função ou emprego na Administração Pública, direta ou indireta". Além disso, dispunha, em seu art. 154, que "o abuso de direito individual ou político, com o propósito de subversão do regime democrático ou de corrupção, importará a suspensão daqueles direitos de dois a dez anos, a qual será declarada pelo STF, mediante representação do Procurador-Geral da República, sem prejuízo da ação civil ou penal que couber, assegurada ao paciente ampla defesa".

Diferentemente dos textos anteriores, os quais restringiam a tipologia dos atos de improbidade às hipóteses de dano ao erário e enriquecimento ilícito, o art. 37, § 4º, da Constituição de 1988 confere maior liberdade ao legislador ordinário, dispondo que "os atos de improbidade administrativa importarão a suspensão dos direitos políticos, a perda da função pública, a indisponibilidade dos bens e o ressarcimento ao erário, na forma e gradação previstas em lei, sem prejuízo da ação penal cabível", tendo sido o preceito constitucional regulamentado pela Lei n. 8.429/1992.

Ainda sob a ótica da Constituição de 1988, o seu art. 15, V, prevê a suspensão dos direitos políticos do cidadão nos casos de "improbidade administrativa, nos termos do art. 37, § 4º". O art. 14, § 10, dispõe sobre o cabimento da ação de impugnação de mandato eletivo sempre que for detectada a prática de corrupção, no curso do procedimento eletivo, em benefício do diplomado, tendo um nítido efeito preventivo, afastando da representatividade popular aquele que demonstrou ter uma degeneração da caráter incompatível com ela. Acresça-se que a EC n. 62/2009, ao estabelecer uma nova disciplina para a sistemática de precatórios, dispôs, no art. 97, § 10, III, do ADCT, que, no caso de descumprimento das regras estabelecidas, "o chefe do Poder Executivo responderá na forma da legislação de responsabilidade fiscal e de improbidade administrativa".

Os Deputados e Senadores, segundo o art. 55, II, da Constituição de 1988, perderão o cargo, por decisão da Casa a que pertençam, sempre que o seu procedimento "for declarado incompatível com o decoro parlamentar", sendo considerados como tais, "além dos casos definidos no regimento interno, o abuso das prerrogativas asseguradas a membro do Congresso Nacional ou a percepção de vantagens indevidas" (art. 55, § 1º, da CR/1988).

2.2. Normas Infraconstitucionais

Anteriormente à edição de comandos normativos específicos em relação aos atos de improbidade perpetrados pelos agentes públicos, a prática de crimes funcionais e de abuso de autoridade já acarretava o sequestro e o perdimento de bens. Assim dispunha o art. 1º do Decreto-Lei n. 3.240, de 8 de maio de 1941, *verbis*: "Ficam sujeitos a sequestro os bens de pessoa indiciada por crime de que resulta prejuízo para a Fazenda Pública, ou por crime definido no Livro II, Título V, Capítulos VI e VII, da Consolidação das Leis Penais desde que dele resulte locupletamento ilícito para o indiciado"[27].

É oportuno observar que referido diploma legal antecedeu a entrada em vigor do Código Penal, instituído pelo Decreto-Lei n. 2.848, de 7 de dezembro de 1940, o qual previa, como efeitos da condenação, a obrigação de reparar o dano causado e a perda do produto do crime ou de qualquer outro bem ou valor que constitua proveito auferido pelo agente com o ilícito praticado, somente vigendo, consoante o seu art. 361, a partir de 1º de janeiro de 1942.

Além das previsões esparsas existentes nos regimes jurídicos de determinadas categorias do funcionalismo público dos diferentes entes da Federação, dois foram os diplomas de caráter genérico que antecederam a atual Lei de Improbidade, ambos editados sob a égide da Constituição de 1946: as Leis n. 3.164/1957 e n. 3.502/1958.

2.2.1. Lei n. 3.164/1957

A Lei n. 3.164, de 1º de junho de 1957, também denominada Lei Pitombo-Godói Ilha, era extremamente lacônica, tendo repetido em seu art. 1º, quase que *ipsis litteris*, o que constava do art. 141, § 31, segunda parte, do texto constitucional então em vigor, sem detalhar o que se deveria entender por "influência ou abuso de cargo ou função pública, ou de emprego em entidade autárquica"[28].

Deve-se observar que, à época, o interesse em se combater a corrupção pode ser constatado pelo longo hiato existente entre a promulgação do texto constitucional e sua regulamentação, aproximadamente onze anos. Como pontos relevantes, atribuiu legitimidade ao Ministério Público e a qualquer do povo[29] para o ajuizamento das medidas judi-

---

27 O STJ, na linha de precedentes anteriores do extinto Tribunal Federal de Recursos, já decidiu que o Decreto-Lei n. 3.240/1941 não foi revogado pela superveniência do Código de Processo Penal, disciplinando a medida cautelar de sequestro, de cunho genérico, em seus arts. 125 e 132. Observe-se, ainda, que a medida foi revigorada pelo art. 11 do Decreto-Lei n. 359/1968 ("Continuam em vigor o Decreto-Lei n. 3.240...") e pode alcançar, inclusive, os bens adquiridos anteriormente ao crime praticado contra o Erário (6ª T., REsp n. 132.539/SC, rel. Min. William Patterson, j. em 1º/12/1997, *RSTJ* 109/349). No mesmo sentido: MEIRELLES, Hely Lopes. *Direito administrativo brasileiro*, 16. ed., p. 415.

28 A referência exclusiva às autarquias é justificável, pois somente em 1967 foi editado o Decreto-Lei n. 200, o qual sistematizou a administração pública descentralizada.

29 Essa legitimidade ampla representava importante instrumento de combate à corrupção, materializando a sabedoria que o jurisconsulto Paulo imortalizara em seu famoso aforismo: *Reipublicae interst quam plurimus ad defendam suam causam* ("Importa à República que muitos defendam sua causa"). Com sua aguçada percepção, Rafael Bielsa sentenciou: "Ora, como o grau de enervação e de corrupção nunca chega a todas as classes em sua totalidade, e sempre há cidadãos conscientes de sua missão cívica, que têm um claro sentido de legalidade, que sempre defenderam o interesse geral, em todas as atividades e esferas de sua vida, ou têm vocação por esse interesse, torna-se evidente que dotar tais cidadãos de um meio 'legal' capaz de conter ou de reduzir esse discricionarismo é algo inerente à própria forma de

ciais cabíveis em face do servidor público que tenha se enriquecido ilicitamente (art. 1º, § 2º); e instituiu "o registro público obrigatório dos valores e bens" pertencentes aos servidores públicos, o qual seria feito no serviço de pessoal competente (art. 3º).

Ante a dificuldade de prova do nexo de causalidade entre o abuso do cargo e a aquisição do bem, acrescendo-se a ausência de regulamentação do referido registro de bens, a Lei n. 3.164/1957 teve pouca aplicação prática, não atingindo a efetividade que se poderia esperar de uma norma dessa natureza.

2.2.2. Lei n. 3.502/1958

Em 21 de dezembro de 1958, foi sancionada a Lei n. 3.502, também denominada Lei Bilac Pinto, a qual regulou "o sequestro e o perdimento de bens nos casos de enriquecimento ilícito, por influência ou abuso do cargo ou função".

Diversamente do diploma anterior, a Lei Bilac Pinto melhor sistematizou a matéria, tendo esclarecido o alcance da expressão "servidor público" para fins de identificação do sujeito ativo dos atos que importavam em enriquecimento ilícito (art. 1º)[30], elencado, em *numerus apertus*[31], os casos de enriquecimento ilícito (arts. 2º e 4º), havendo inúmeras semelhanças com os atos atualmente previstos no art. 9º da Lei n. 8.429/1992 e equiparado o enriquecimento ilícito aos crimes contra a administração e o patrimônio público (art. 4º).

Apesar de não ter previsto a legitimação do Ministério Público para o ajuizamento da ação cabível, esta continuava assegurada pela Lei n. 3.164/1957. No que concerne à ampla e irrestrita legitimidade atribuída a qualquer do povo, ela não persistiu, cedendo lugar à

---

governo democrático e exemplar maneira de preservar as instituições e tornar impossível ou difícil que sejam entronizados a arbitrariedade, o desperdício do erário, a destruição do patrimônio do Estado" (A Ação Popular e o Poder Discricionário da Administração, *RF* 157/46).

30 A 1ª Turma do STJ, em 26/6/2001, ao julgar o REsp n. 255.861-SP, publicado no *DJ* de 22/10/2001, sendo relator o eminente Ministro Mílton Luiz Pereira, proferiu decisão, no mínimo, curiosa. Tratava-se de irresignação apresentada contra acórdão prolatado pelo TJSP, que entendera que a Eletropaulo – Eletricidade de São Paulo S.A., empresa que não fora criada por lei e cujo capital pertencia em sua *quase totalidade* ao Estado de São Paulo, deveria ser considerada uma sociedade de economia mista, o que permitiria o enquadramento de seus dirigentes no disposto no art. 1º, § 2º, da Lei n. 3.502/1958 ("equipara-se ao dirigente ou empregado de autarquia, para os fins da presente Lei, o dirigente ou empregado de sociedade de economia mista, de fundação instituída pelo Poder Público, de empresa incorporada ao patrimônio público, ou de entidade que receba ou aplique contribuições parafiscais"). O STJ, ao apreciar o recurso, absteve-se de qualquer consideração a respeito da natureza jurídica da referida empresa, entendo aplicável a Lei n. 3.502/1958 porque "os empregados ou dirigentes de concessionária de serviço público também estão sob as ordenanças do 'princípio da moralidade', escudo protetor dos interesses coletivos contra a lesividade". Não obstante a plasticidade da conclusão, não se pode deixar de observar a sua frontal colidência com a legislação infraconstitucional, a qual, ao descrever os sujeitos ativos dos referidos atos, não encampou a amplitude sugerida, a ponto de considerar como tais todos aqueles que devam obediência à moralidade administrativa.

31 Cf. PINTO, Francisco Bilac Moreira. *Enriquecimento ilícito no exercício de cargos públicos*, p. 137 e s.

legitimidade exclusiva do cidadão, o qual, a teor do art. 5º, § 2º, somente poderia ingressar em juízo em tendo permanecido inerte a entidade interessada, tendo esta o prazo de noventa dias para acionar seu servidor.

Não obstante o sensível aperfeiçoamento em relação à disciplina existente, a ineficácia persistiu. Dentre os principais fatores que contribuíram para este quadro, teve-se: a) a dificuldade de prova dos inúmeros requisitos previstos para a configuração da tipologia legal do enriquecimento ilícito, sendo até mesmo exigida a prova de interesse político do doador na hipótese de doação de bem pertencente ao patrimônio público sem observância da sistemática legal (art. 2º, *b* e parágrafo único, *1*); b) a não tipificação do enriquecimento ilícito consistente na aquisição de bens em montante superior à renda do agente; e c) com exceção da perda dos bens adquiridos ilicitamente, o não estabelecimento de nenhuma sanção direta e específica para o agente, o qual continuaria a exercer o cargo até que sua conduta fosse novamente aferida em outro procedimento sujeito a disciplina diversa.

Em razão dessa última peculiaridade, tinha-se que, em muitos casos, como ocorria no âmbito federal, o agente continuava a exercer suas funções normalmente, pois somente poderia ser demitido após o trânsito em julgado da sentença penal condenatória (art. 207, I, da Lei n. 1.711/1952 – antigo Estatuto dos Funcionários Públicos Civis da União).

2.2.3. Atos da Ditadura Militar

Como consequência lamentável e indesejada da turbulência política que assolava o País, em 13 de dezembro de 1968 foi editado o Ato Institucional n. 5, o qual, dentre outras medidas antidemocráticas, concedeu ao Presidente da República poderes para suspender os direitos políticos de qualquer cidadão pelo prazo de 10 anos, cassar mandatos políticos e decretar o confisco dos bens daqueles que tivessem enriquecido ilicitamente no exercício de cargo ou função pública, alcançando os que exercessem suas atividades junto às autarquias, empresas públicas e sociedades de economia mista[32]. Como peculiaridade marcante, tinha-se que o decreto presidencial era imune à apreciação do Poder Judiciário, o que, por si só, já é indício veemente do absolutismo de então.

Em momento anterior, o Ato Institucional n. 1, de 9 de abril de 1964, que rompeu com o regime constitucional e deu início à ditadura militar, já havia suspenso as garantias de vitaliciedade e estabilidade, de modo a autorizar a demissão, a disponibilidade, a aposentadoria, a transferência para a reserva ou a reforma daqueles que, após apuração sumária, fossem considerados culpados de "atentado contra a segurança do País, o regime democrático e a probidade da administração pública, sem prejuízo das sanções penais a que estejam sujeitos" (art. 7º, § 1º). Em relação aos procedimentos instaurados em outros entes

---

[32] O confisco, a teor do art. 8º do AI-5, era acompanhado de cláusula de reversão se provada a origem lícita dos bens.

federados, era previsto o cabimento de recurso para o Presidente da República (art. 7º, §§ 2º e 3º). O exame do Judiciário, por sua vez, era restrito à observância das formalidades extrínsecas. O Ato Institucional n. 2, de 27 de outubro de 1965, na senda das alterações que promoveu na Constituição de 1946, considerou "crime de responsabilidade contra a probidade na administração, a aplicação irregular, pelos Prefeitos, de cota do Imposto de Renda atribuída aos Municípios pela União, cabendo a iniciativa da ação penal ao Ministério Público ou a um terço dos membros da Câmara Municipal". O crime de responsabilidade aqui referido, como se percebe, era um verdadeiro crime comum, a ser perquirido com o ajuizamento de ação penal.

Posteriormente, foi editado o Decreto-Lei n. 359, de 17 de dezembro de 1968, que instituiu uma *Comissão Geral de Investigação* no âmbito do Ministério da Justiça para a realização das investigações sumárias que embasariam o decreto de confisco. De acordo com o seu art. 6º, "considera-se enriquecimento ilícito, para os fins deste Decreto-Lei, a aquisição de bens, dinheiro ou valores, por quem tenha exercido ou exerça cargo ou função pública da União, Estados, Distrito Federal e Municípios, assim como das respectivas autarquias, empresas públicas ou sociedades de economia mista, sem que à época da aquisição dispusesse de idoneidade financeira para fazê-lo, à vista da declaração de rendimentos apresentada para fins de imposto de renda". Aqui, dispensava-se a prova do nexo etiológico entre determinada conduta e a aquisição do bem, sendo incluída a evolução patrimonial desproporcional como elemento delineador do enriquecimento ilícito, o que já demonstra que o disposto no art. 9º, VII, da Lei n. 8.429/1992 não representa inovação no direito pátrio[33].

O Decreto-Lei n. 446, de 3 de fevereiro de 1969, em linhas gerais, inseriu alterações de ordem procedimental nos arts. 4º e 9º do Decreto-Lei n. 359/1968.

O Ato Complementar n. 42, de 27 de janeiro de 1969, regulamentou e ampliou o confisco instituído pelo Ato Institucional n. 5, tendo previsto uma tipologia dos atos de enriquecimento ilícito em seu art. 2º e, em seu art. 3º, disposto que os bens confiscados seriam "incorporados ao patrimônio da entidade jurídica prejudicada com o enriquecimento e, se nenhuma o tiver sido, ao da União"[34].

---

33 O art. 7º do Decreto-Lei n. 359 dispunha que *o ônus da prova da legitimidade da aquisição caberá ao indiciado*. Segundo o art. 9º, "decretado o confisco, a prova da legitimidade da aquisição dos bens, dinheiros ou valores deverá ser feita no prazo de seis meses".

34 Uma pequena amostra dos devaneios praticados pela Ditadura Militar pode ser vislumbrada no Decreto n. 77.666, de 24 de maio de 1976, por meio do qual foram confiscados os bens das sociedades empresárias ali referidas, isso a partir de apurações sumárias realizadas pela Comissão Geral de Investigações. Eis o inteiro teor do Decreto: "O PRESIDENTE DA REPÚBLICA, no uso das atribuições que lhe confere o artigo 1º do Ato Complementar n. 42, de 27 de janeiro de 1969, e tendo em vista a proposta contida na Resolução n. 89, de 1º de outubro de 1974, da Comissão Geral de Investigações, DECRETA: Art. 1º É confiscado e incorporado à Fazenda Nacional, nos termos dos artigos 1º e 3º do Ato Complementar n. 42, de 27 de janeiro de 1969, o imóvel rural de propriedade da empresa Fábrica de Tecidos Carioba S.A., denominado 'Arranchamento do Zezé' ou 'Lote do Garcia', compreendendo terreno e benfeitorias, situado no Município

O Decreto-Lei n. 457, de 7 de fevereiro de 1969, estendeu aos casos de enriquecimento ilícito previstos no Ato Complementar n. 42/1969 a competência da Comissão Geral de Investigações criada pelo Decreto-Lei n. 359/68.

O Decreto-Lei n. 502, de 17 de março de 1969, instituiu as seguintes medidas acauteladoras para o confisco de bens previsto no art. 8º do Ato Institucional n. 5/1968 e no Ato Complementar n. 42/1969: a) restrições aos Registros de Imóveis, aos Registros do Comércio e às Bolsas de Valores, mediante simples notificação da Comissão Geral de Investigações, quanto à prática de atos relacionados aos bens confiscados ou nos quais sejam interessadas as pessoas físicas ou jurídicas cujos bens tenham sido confiscados; e b) decretação de prisão administrativa, por determinação do Ministro da Justiça, pelo prazo máximo de noventa dias, quando "a medida se torne necessária à instrução do feito e haja indícios suficientes da existência do fato e de sua autoria". Além disto, foi conferida à Co-

---

de Americana, no Estado de São Paulo, com área de 29,04ha, registrado no 1º Cartório de Registro de Imóveis da Comarca de Campinas, Estado de São Paulo, sob n. 19.938, Livro 3-P, fls. 77. Art. 2º É confiscado e incorporado à Fazenda Pública do Estado de São Paulo, nos termos dos artigos 1º e 3º do Ato Complementar n. 42, de 27 de janeiro de 1969, o imóvel rural, de propriedade da empresa Fábrica de Tecidos Carioba S.A., denominado Saltinho, compreendendo terreno e benfeitorias, situado no Município de Americana, no estado de São Paulo, com área de 125,76498ha, registro no 1º Cartório de Registro de Imóveis da Comarca de Campinas, Estado de São Paulo, sob o n. 17.565, Livro 3-N, fls. 43. Art. 3º É confiscado e incorporado ao Fundo de Garantia do Tempo de Serviço (FGTS), administrado pelo Banco Nacional da Habitação nos termos dos artigos 1º e 3º do Ato Complementar n. 42, de 27 de janeiro de 1969, o lote de terreno situado à rua Carioba sem número no Município de Americana, no Estado de São Paulo, medindo 15,00m de frente, 10,00m nos fundos e 27,00m da frente aos fundos, registrado no 1º Cartório de Registro de Imóveis da Comarca de Campinas, Estado de São Paulo, sob o n. 9.615, Livro 3-G fls. 210, em nome da empresa Fábrica de Tecidos Carioba S.A. Art. 4º É confiscado e incorporado ao patrimônio do Instituto Nacional de Previdência Social, nos termos dos artigos 1º e 3º do Ato Complementar n. 42, de 27 de janeiro de 1969, o imóvel rural de propriedade da empresa Fábrica de Tecidos Carioba S.A., denominado 'Boa Vista', compreendendo terreno e benfeitorias, situado no Município de Americana, Estado de São Paulo, com área de 72,00ha, registro no 1º Cartório de Registro de Imóveis da Comarca de Campinas, Estado de São Paulo, sob o n. 15.748, Livro 3-L, fls. 170. Art. 5º É confiscado e incorporado patrimônio da Prefeitura Municipal de Americana, no Estado de São Paulo, nos termos dos artigos 1º e 3º do Ato Complementar n. 42, de 27 de janeiro de 1969, o imóvel rural de propriedade da empresa Fábrica de Tecidos Carioba S.A., denominado 'Sítio Jacutinga', compreendendo terreno e benfeitorias, situado no Município de Americana, Estado de São Paulo, com área de 36,30ha, registrado no 1º Cartório de Registro de Imóveis da Comarca de Campinas, Estado de São Paulo, sob o n. 15.749, Livro 3-L, fls.171. Art. 6º São nulos de pleno direito, nos termos do artigo 8º do Decreto-Lei n. 359, de 17 de dezembro de 1968, com a redação dada pelo Decreto-Lei n. 760, de 13 de agosto de 1969, todos os atos de alienação dos imóveis especificados neste Decreto que tenham sido realizados a partir de 25 de julho de 1973. Art. 7º O valor do enriquecimento ilícito praticado pela empresa a que se refere este Decreto será o constante da Investigação Sumária n. 46-74 da Comissão Geral de Investigações, devidamente atualizados até a data da efetiva imissão de posse dos bens confiscados. Parágrafo único. Se na fase de execução se verificar excesso de confisco, a quantia a maior será devolvida à companhia processada, depois de liquidados os créditos da Fazenda Pública federal, estadual e municipal, inclusive os créditos fiscais ou previdenciário das correspondentes autarquias. Art. 8º Este Decreto entra em vigor na data de sua publicação, revogadas as disposições do Decreto n. 76.279, de 16 de setembro de 1975".

missão a atribuição de investigar a prática de atos de corrupção"ou contrários à preservação e consolidação da Revolução Brasileira de 31 de março de 1964, para os efeitos de aplicação das medidas previstas no Ato Institucional n. 5".

O Regulamento da Comissão Geral de Investigação foi aprovado pelo Decreto n. 64.203, de 17 de março de 1969.

O Ato Institucional n. 14, de 5 de setembro de 1969, em seu art. 1º, alterou o art. 150, § 11, da Constituição de 1967, tendo previsto que o confisco e o perdimento de bens, nos casos de enriquecimento ilícito ou dano ao erário, teriam sua disciplina delimitada em lei[35]. Além disso, preservou a vigência dos demais atos normativos que disciplinavam a matéria[36], mantendo a insindicabilidade, por parte do Poder Judiciário, dos atos praticados[37].

Promulgada a EC n. 1, em 17 de outubro de 1969, a possibilidade de confisco, a teor de seu art. 153, § 11, passou a ser restrita aos casos de "guerra externa, psicológica adversa, ou revolucionária ou subversiva, nos termos que a lei determinar", não sendo contemplada igual medida na hipótese de enriquecimento ilícito ou dano ao erário.

Com a EC n. 11, de 13 de outubro de 1978, que conferiu nova redação ao art. 153, § 11, da Constituição, foram revogados todos os atos institucionais e complementares que autorizavam o confisco, estando seus efeitos igualmente excluídos da sindicabilidade do Poder Judiciário.

2.2.4. Lei n. 4.717/1965

Além das Leis n. 3.164/1957 e n. 3.502/1958, não se pode deixar de mencionar o relevante papel desempenhado pela Lei n. 4.717/1965, diploma que disciplinou as hipóteses de cabimento e a forma de utilização da ação popular para a anulação ou a declaração de nulidade dos atos lesivos ao patrimônio público.

A exemplo das leis referidas, esta também não estabelecia sanções diretas ao agente, mas tão somente a obrigação de recompor o patrimônio público no *status quo*, ressarcindo o dano causado. Apesar disto, não deixava incólumes os ilícitos praticados, máxime por

---

35 Após a alteração implementada, a redação do art. 150, § 11, da Constituição, de triste lembrança para os brasileiros, passou a ser a seguinte: *Não haverá pena de morte, de prisão perpétua, de banimento, ou confisco, salvo nos casos de Guerra Externa, Psicológica Adversa, ou Revolucionária ou Subversiva, nos termos que a lei determinar. Esta disporá, também, sobre o perdimento de bens por danos causados ao Erário, ou no caso de enriquecimento ilícito no exercício de cargo, função ou emprego na Administração Pública, Direta ou Indireta.*

36 Art. 2º do AI n. 14/1969: "Continuam em vigor os Atos Institucionais, Atos Complementares, Leis, Decretos-Leis, Decretos e Regulamentos que dispõem sobre o confisco de bens em caso de enriquecimento ilícito".

37 Art. 3º do AI n. 14/1969: "Excluem-se de qualquer apreciação judicial todos os atos praticados de acordo com este Ato Institucional e Atos Complementares dele decorrentes, bem como seus respectivos efeitos".

estatuir a legitimidade de qualquer cidadão para a sua propositura. Essa legitimidade ampla é da tradição do direito constitucional pátrio, estando prevista nas Constituições de 1934 (art. 113, n. 38), 1946 (art. 141, § 38), 1967 (art. 150, § 31), 1969 (art. 153, § 31) e 1988 (art. 5º, LXXIII).

2.3. Aspectos Finais

Promulgada a Constituição de 1967 – cuja sistemática permaneceu inalterada com a EC n. 1/1969 –, foi prevista a hipótese de perdimento de bens por dano ao erário, mas não houve o necessário aperfeiçoamento da legislação ordinária, a qual se manteve adstrita ao enriquecimento ilícito.

Com a promulgação da Constituição de 1988, tinha-se o campo propício ao alargamento da tipologia legal, já que o art. 37, § 4º, do texto constitucional falava unicamente em "improbidade administrativa", expressão que teria o seu conceito e sua extensão integrados pelo legislador ordinário, o que permitiria a criação de eficazes mecanismos de combate à corrupção.

Apesar disto, o primeiro anteprojeto relativo à matéria, encaminhado pelo Presidente da República ao Congresso Nacional em agosto de 1991, propunha disciplina semelhante à anterior, restringindo os atos de improbidade às hipóteses de enriquecimento ilícito. Somente após inúmeras discussões e emendas, logrou-se êxito em aprovar o texto que originou a Lei n. 8.429/1992, a qual, se não é a melhor, ao menos representa um instrumento dotado de real eficácia no combate à corrupção, o que já é digno de encômios.

A Lei n. 8.429/1992 terminou por revogar de forma expressa a disciplina anterior, assim dispondo em seu art. 25: *Ficam revogadas as Leis n. 3.164, de 1º de junho de 1957, e 3.502, de 21 de dezembro de 1958, e demais disposições em contrário.*

3. COMPETÊNCIA LEGISLATIVA

Em harmonia com o figurino político-normativo de qualquer Estado Federal, a Constituição de 1988 disciplinou a competência legislativa dos diferentes entes que compõem a República Federativa do Brasil, podendo ser subdividida nas seguintes categorias: privativa, residual, concorrente ou suplementar[38].

Na competência privativa, somente pode legislar sobre determinada matéria o ente da Federação que, de forma expressa, recebeu tal prerrogativa[39]. Na competência residual ou remanescente, tem o ente a possibilidade de legislar sobre aquelas matérias que não

---

38 Ver arts. 22, 23, 24, 30, 145, 153, I a VII, 154 e 155 da CR/1988.
39 Arts. 22, 154 e 30 da CR/1988.

tenham sido conferidas a outro[40]. Haverá competência concorrente quando a União, os Estados e o Distrito Federal puderem legislar sobre determinada matéria, mas à primeira couber unicamente a edição de normas gerais[41]. Por derradeiro, a competência suplementar garante aos Estados a possibilidade de incursionar no campo das normas gerais, quando entenderem necessária a complementação daquelas editadas pela União ou sempre que esta permaneça omissa a respeito, deixando de editá-las[42].

Não é necessária uma análise acurada do disposto no art. 22 da Constituição da República para se constatar a inexistência de qualquer previsão em relação à competência privativa da União para legislar sobre improbidade administrativa. Assim, à luz do art. 37, § 4º, da Constituição, o qual dispôs que *a lei* disciplinaria o tratamento a ser dispensado à improbidade, seria inevitável o seguinte questionamento: todos os entes da Federação podem legislar livremente sobre improbidade administrativa, instituindo a tipologia que melhor lhes aprouver?

O questionamento haverá de ser respondido em conformidade com a natureza jurídica dos atos de improbidade. Considerando-os matéria de natureza administrativa, afigurar-se-ia evidente que a edição, pela União, de um diploma legal de âmbito nacional, feriria a autonomia dos demais entes da Federação, pois inexiste norma constitucional que a restrinja com tal amplitude. Por outro lado, entendendo-se que a disciplina legal tem natureza cível ou penal, em nada comprometendo o poder de auto-organização administrativa dos demais entes da Federação, ter-se-ia a legitimidade da iniciativa da União ante os exatos termos do art. 22, I, da Constituição.

Como será oportunamente analisado, a normatização básica dos atos de improbidade está contida na Lei n. 8.429/1992, cujas sanções têm natureza eminentemente cível, isso sem olvidar os contornos eleitorais e de restrição da cidadania afetos à sanção de suspensão dos direitos políticos, atrai o disposto no art. 22, I e XIII, da Constituição, que dispõe sobre a competência privativa da União para legislar sobre direito eleitoral e sobre nacionalidade, cidadania e naturalização. Com isso, afasta-se qualquer mácula de inconstitucionalidade que poderia recair sobre a lei, pois afastada está sua natureza administrativa. Note-se, ainda, que o próprio art. 14, § 3º, da Lei n. 8.429/1992 foi redigido de forma a não se imiscuir na esfera privativa de outros entes, pois, ao referir-se ao procedimento administrativo que deveria ser instaurado para apurar os atos de improbidade, limitou-se em disciplinar aquele relativo aos servidores federais, preservando a liberdade dos demais entes.

Portanto, é de todo incorreta a tese de que a denominada "improbidade administrativa" está restrita à função administrativa e, por via reflexa, cada ente federativo deve legislar sobre a matéria. A principal causa dessa impossibilidade decorre do fato de o art. 37, § 4º,

---

40 Art. 25, § 1º, da CR/1988.
41 Art. 24 e § 1º da CR/1988.
42 Art. 24, §§ 2º e 3º, da CR/1988.

da Constituição prever a cominação da sanção de suspensão dos direitos políticos, sanção que acarreta a restrição temporária da cidadania em suas acepções ativa e passiva, vale dizer, no direito de votar e ser votado. Como somente a União pode legislar sobre cidadania, não poderiam os demais entes federativos tratar da improbidade administrativa. Acresça-se que a Lei n. 8.429/1992 terminou por dispor que somente a autoridade judicial poderia aplicar as sanções ali previstas.

Especificamente em relação ao art. 13 da Lei n. 8.429/1992, norma que torna obrigatória a apresentação de declaração de bens para fins de investidura e exercício de função pública, entendemos que ela, não obstante sua natureza aparentemente administrativa, faz parte de um sistema integrado de combate à improbidade, evitando o enriquecimento ilícito e, pelo mesmo motivo, encampando a natureza jurídica das normas que o coíbem. Ainda aqui, tem-se a legitimidade da competência legislativa da União, o que não afasta igual competência dos demais entes para incluírem norma dessa natureza no regime jurídico de seus agentes.

Ainda sob a ótica do art. 22, I, da Constituição da República, é competência privativa da União legislar sobre direito processual, o que também legitima as normas dessa natureza previstas na Lei n. 8.429/1992. Resta aos Estados e ao Distrito Federal, a teor do art. 24, XI, da Constituição, a competência concorrente para legislar sobre procedimentos em matéria processual, sendo imprescindível a observância das normas gerais editadas pela União, constantes da Lei de Improbidade e de outros diplomas congêneres.

Tal iniciativa, no entanto, é defesa aos Municípios, pois a atribuição de competência a determinado ente exclui automaticamente aquele que fora omitido. Restará a este, unicamente, a exemplo dos demais, a possibilidade de disciplinar o procedimento administrativo que será instaurado para apurar os atos de improbidade, tal qual a previsão do art. 14, § 3º, da Lei n. 8.429/1992 e a autorização do art. 30, I e II, da Constituição.

4. NORMATIZAÇÃO BÁSICA

No direito positivo pátrio, é vasto o sistema normativo de proteção ao patrimônio público e aos valores éticos que devem nortear a atuação dos agentes públicos, qualquer que seja a forma de investidura destes.

A natureza dos interesses tutelados e as sanções cominadas àqueles que infringirem o preceito proibitivo previsto, de forma implícita ou explícita, na norma, assumem diferentes contornos, os quais variam em conformidade com a opção política do legislador e os balizamentos do texto constitucional.

Não raro ocorrerá que a uma mesma conduta sejam cominadas distintas sanções, cuja consistência e extensão variarão em conformidade com o ramo do Direito a que esteja vinculado o prisma de análise, culminando com a possibilidade de aplicação de reprimendas de natureza política, penal, cível ou administrativa ao agente infrator.

A começar pelo texto constitucional e citando-se unicamente as normas de eficácia plena e aplicabilidade imediata, pode-se mencionar a possibilidade de impugnação, perante a Justiça Eleitoral, do mandato eletivo dos eleitos que tenham incorrido em abuso do poder econômico, corrupção ou fraude[43]; a legitimidade de qualquer cidadão para impugnar os atos lesivos ao patrimônio público e à moralidade administrativa[44]; e a cominação da sanção de perda do mandato ao Deputado ou ao Senador cujo procedimento for declarado incompatível com o decoro parlamentar[45].

No âmbito penal, são múltiplos os crimes contra a administração pública previstos no Código Penal e na legislação extravagante. Na área cível, há muito são invocados os preceitos relativos à reparação dos danos patrimoniais causados por atos ilícitos. Por último, tem-se a legislação especificamente relacionada à administração pública, estabelecendo um regramento próprio para as relações mantidas entre esta e os seus agentes ou com os demais particulares, sendo múltiplos os regimes jurídicos existentes.

Como se vê, os atos de improbidade podem ser coibidos de múltiplas formas, perante diversos órgãos e com distintos efeitos em relação ao ímprobo. Pretender elaborar um estudo sistematizado de toda a normatização aplicável aos agentes públicos seria iniciar uma empreitada faraônica e certamente fadada ao insucesso, já que múltiplas haveriam de ser as perspectivas de análise, exigindo profundos conhecimentos em diversos ramos do Direito, o que consumiria anos de labor.

Por tais razões, o foco principal desta obra recai sobre a Lei n. 8.429, de 3 de julho de 1992, diploma que instituiu a tipologia básica dos atos de improbidade. Apesar disto, a menção à ampla gama de normas que coíbem a improbidade dos agentes públicos afigura-se útil, pois demonstra que as mazelas do sistema e a impunidade de outrora, hoje sensivelmente diminuídas, são frutos de uma utilização inadequada dos mecanismos já existentes, o que somente será contornado a partir de um amplo processo de conscientização dos operadores do direito, possibilitando que se deixe de conferir ares de banalidade a atos extremamente injurídicos e lesivos ao patrimônio público.

A denominada "Lei de Improbidade" é voltada essencialmente ao ímprobo, não contendo quaisquer disposições relativas à nulidade do ato de improbidade, o que, evidentemente, não afasta o farto manancial legislativo relacionado à matéria[46], até porque romperia as raias do absurdo sustentar que um ato ilícito deve ser mantido incólume apesar de o ímprobo ter sido penalizado por sua prática.

A Lei n. 8.429/1992 é composta de vinte e cinco artigos, podendo ser subdividida da seguinte forma: a) arts. 1º, 2º e 3º – sujeitos dos atos de improbidade; b) arts. 4º, 5º e 6º – dever jurídico de observar os princípios regentes da atividade estatal, de não causar dano ao patrimônio público e de não enriquecer ilicitamente; c) art. 7º – possibilidade de indis-

---

43 Art. 14, § 10, da CR/1988.
44 Art. 5º, LXXIII, da CR/1988.
45 Art. 55, § 1º, da CR/1988.
46 Ver art. 2º da Lei n. 4.717/1965, arts. 2º, 49 e 59 da Lei n. 8.666/1993 e arts. 2º e 53 da Lei n. 9.784/1999.

ponibilidade dos bens do ímprobo e a legitimidade do Ministério Público para requerê-la em juízo; d) art. 8º – responsabilidade patrimonial dos sucessores do ímprobo; e) arts. 9º, 10, 10-A e 11 – tipologia dos atos de improbidade; f) art. 12 – sanções cominadas; g) art. 13 – obrigatoriedade de todos os agentes públicos apresentarem declaração de bens; h) arts. 14 e 15 – procedimento administrativo para apuração dos atos de improbidade; i) arts. 16 e 17 – disposições processuais relativas às medidas cautelares e à ação principal passíveis de serem ajuizadas em face do ímprobo; j) art. 18 – ente a quem reverterão os bens retirados do ímprobo ou a indenização paga por este; l) art. 19 – tipo penal em que incorrerá aquele que formular representações cujo conteúdo souber ser inverídico; m) art. 20 – momento de eficácia das sanções e possibilidade de afastamento cautelar do agente de seu cargo; n) art. 21 – irrelevância da ocorrência de dano e do fato de serem aprovadas as contas do agente pelo Tribunal de Contas para fins de aplicação da Lei n. 8.429/1992; o) art. 22 – providências a serem adotadas pelo Ministério Público; p) art. 23 – lapso prescricional para o ajuizamento de ações em face do ímprobo; q) art. 24 – vigência da lei; r) art. 25 – revogação das disposições em contrário.

Além da análise da Lei n. 8.429/1992, serão tecidas, no decorrer da obra, breves considerações sobre os atos de improbidade praticados em detrimento do procedimento eletivo, conforme a disciplina do art. 73 da Lei n. 9.504/1997, e a improbidade no âmbito do Direito do Trabalho, prevista no art. 482, I, da Consolidação das Leis do Trabalho.

5. EMENTA DA LEI N. 8.429/1992

Consoante a sua ementa, a Lei n. 8.429/1992 *dispõe sobre as sanções aplicáveis aos agentes públicos nos casos de enriquecimento ilícito no exercício de mandato, cargo, emprego ou função na Administração Pública direta, indireta ou fundacional e dá outras providências*. Ante os termos em que a ementa se encontra posta, são necessárias algumas explicações preliminares para se identificar o real alcance da lei.

Em regra, os projetos de lei apresentados em qualquer das duas Casas do Congresso Nacional, além de estarem acompanhados de justificativa da iniciativa legislativa, contêm uma ementa. Esta, a exemplo dos títulos, epígrafes e rubricas da lei, normalmente não é submetida a votação, sendo mero acessório do texto normativo que veicula um breve resumo de seu conteúdo.

Não raras vezes, o conteúdo do projeto é ampliado ou restringido sem que seja feita a correlata adaptação de sua ementa. Discorrendo sobre o sentido do preâmbulo de uma lei, que possui maior amplitude que a ementa, Carlos Maximiliano[47] repetiu a seguinte definição de Black:"Estado de coisas que se resolveu mudar, dos males destinados a serem remediados, das vantagens amparadas ou promovidas pela lei nova, ou das dúvidas referentes a dispositi-

---

47 Ob. cit., p. 267.

vos anteriormente em vigor e removidas pelo texto recente". Em seguida, esclarece que o preâmbulo "não restringe nem amplia o sentido decorrente das próprias regras positivas".

Nota-se, assim, que a exclusiva referência a *enriquecimento ilícito,* constante da ementa da Lei n. 8.429/1992, não possui qualquer relevância na delimitação de seu alcance, tarefa que dependerá da interpretação dos dispositivos por ela veiculados.

Resta apresentar a justificativa para a não inclusão das demais modalidades de improbidade na ementa da Lei n. 8.429/1992. Para tanto, é necessária uma breve incursão no processo legislativo, identificando os antecedentes da lei.

Em agosto de 1991, o então Presidente da República, Sr. Fernando Collor de Mello, encaminhou à Câmara dos Deputados a Mensagem n. 406/1991, estando ela acompanhada de projeto de lei redigido pelo Ministro da Justiça, Sr. Jarbas Passarinho, o qual era composto de treze artigos que versavam unicamente sobre a coibição ao enriquecimento ilícito do agente público.

A mensagem presidencial resultou no Projeto de Lei n. 1.446/1991, sendo relator o Deputado Nílson Gibson, tendo sido apresentadas aproximadamente três centenas de emendas, as quais abrangiam desde a forma até as mais curiosas variações de conteúdo. As discussões no Congresso Nacional tiveram o mérito de ampliar o alcance do Projeto originário[48], possibilitando o surgimento de texto que abrangia outras duas espécies de

---

48 É importante observar que não existe qualquer vício de inconstitucionalidade formal na Lei n. 8.429/1992, já que o Projeto de Lei n. 1.446/1991 observou o trâmite regular do processo legislativo. Aqueles que assim não entendem sustentam que o texto originário da Câmara dos Deputados teria sido integralmente rejeitado pelo órgão revisor, *in casu,* o Senado, ocasião em que fora oferecido um novo projeto e remetido à Câmara, a qual, após introduzir modificações no texto – desta feita como órgão revisor, já que seu projeto originário fora rejeitado – deixou de devolvê-lo ao Senado, tal qual determina o art. 65 da CR/1988. A premissa, no entanto, é equivocada, já que o Senado não rejeitou o projeto originário e muito menos deflagrou um novo processo legislativo, tendo se limitado a aprovar uma emenda substitutiva e a devolver o Projeto n. 1.446/1991 à Câmara, tal qual determina o art. 65, parágrafo único, da CR/1988. Ulteriormente, como decorrência do bicameralismo adotado no Brasil, a Casa que iniciou a votação terminou por ultimá-la, inexistindo qualquer óbice à supressão ou à modificação do texto aprovado pela Casa revisora. Ademais, fosse outro o entendimento, o processo legislativo seria eternizado, pois qualquer alteração do que fora aprovado pela Casa revisora, por mínima que fosse, tornaria cogente o retorno do projeto a ela, o que seria um grande contrassenso. A matéria, aliás, já foi apreciada pelo STF em sede de cognição sumária, sendo negada a liminar pleiteada (Pleno, ADI n. 2.182/DF, rel. Min. Maurício Corrêa, j. em 31/5/2000). No mérito, o julgamento foi concluído em 12/5/2010, após pedido de vista do Ministro Eros Grau, sendo reconhecida a ausência de vício formal na lei. Acresça-se que por ocasião da apreciação de questão de ordem suscitada pelo relator, Ministro Marco Aurélio, foi negada a possibilidade de o Tribunal adentrar o exame da inconstitucionalidade material da Lei n. 8.429/1992, isto por não ter sido suscitado tal vício na ADI n. 2.182/DF. Em sentido contrário, sustentando a inconstitucionalidade da Lei n. 8.429/1992: Toshio Mukai, A Fantasmagórica Ameaça das Ações de Improbidade Administrativa, *BDA* de março/2000, p. 191. O Partido da Mobilização Nacional (PMN) ajuizou, em setembro de 2009, a ADI n. 4295, sendo relator o Ministro Marco Aurélio, questionando a constitucionalidade de 13 artigos da Lei n. 8.429/1992, dentre eles os arts. 9º, 10, 11 e 12, por considerá-los excessivamente abrangentes e vagos.

improbidade administrativa: o dano ao erário e a violação aos princípios administrativos, hodiernamente previstos, respectivamente, nos arts. 10 e 11 da Lei n. 8.429/1992. A essas figuras a Lei Complementar n. 157/2016 acresceu a concessão ou aplicação indevida de benefício financeiro ou tributário ao contribuinte do ISS, prevista no art. 10-A.

A análise dos antecedentes da lei, ainda que breve, demonstra o porquê do reduzido âmbito de alcance da ementa, já que os legisladores não fugiram à regra de alterar o conteúdo do projeto sem adaptar sua ementa originária[49].

Repetindo os termos do art. 1º da Lei n. 8.429/1992, a ementa faz referência à "Administração Pública direta, indireta ou fundacional". A redação é justificável, sendo idêntica à constante do art. 37, *caput*, da Constituição da República, vigente em 3 de junho de 1992, data da publicação da Lei n. 8.429.

Ulteriormente, em 4 de junho de 1998, a EC n. 19 conferiu nova redação ao referido dispositivo constitucional, sendo suprimida a referência à administração *fundacional*. A alteração em nada modificou o conteúdo da ementa, pois referida supressão se limitou em atender os anseios da comunidade jurídica, a qual era uníssona em afirmar que a referência à administração indireta já incluiria a fundacional.

6. VIGÊNCIA DA LEI N. 8.429/1992

Em conformidade com o disposto no art. 24 da Lei n. 8.429/1992, esta lei entrou em vigor na data de sua publicação, o que ocorreu em 3 de junho de 1992. Identificada a data em que entrou em vigor a denominada Lei de Improbidade, resta analisar se suas disposições serão passíveis de regular as condutas praticadas anteriormente à sua vigência.

Regra geral, as leis são irretroativas, o que é um imperativo de segurança jurídica universalmente aceito. Apesar disto, a análise do texto constitucional denota que a atividade jurídica do Estado somente encontra tal limitação nas hipóteses em que haja previsão expressa neste sentido[50].

Não será possível a edição de norma que venha a reger situações fáticas ou jurídicas anteriores à data de sua promulgação sempre que comprometer: a) a segurança jurídica no domínio das relações sociais, infringindo o direito adquirido, a coisa julgada e o ato jurídi-

---

[49] Como exceção à mencionada regra, não se pode deixar de lembrar que o Sr. José Sarney, então Presidente da República, além de vetar o conteúdo dos arts. 1º, IV, e 4º da Lei n. 7.347/1985, os quais referiam-se à utilização da ação civil pública para a defesa de *qualquer outro interesse difuso ou coletivo*, vetou parte da própria ementa da lei, suprimindo a referência à expressão. Após um hiato de quinze anos, o problema foi contornado com a edição da Lei n. 8.078/1990, sendo inserido um inciso IV no art. 1º da Lei n. 7.347/1985, que veio a ser posteriormente suprimido pela MP n. 2.180-35/2001, com o mesmo conteúdo originariamente previsto. No entanto, mantendo-se fiel à regra geral, o legislador deixou de introduzir igual modificação na ementa.

[50] A Constituição dos Estados Unidos veda, de um modo geral, a edição de leis retroativas (art. 1º, seção 9, 3).

co perfeito (art. 5º, XXXVI, da CR/1988); b) a liberdade da pessoa, com a retroatividade de lei penal maléfica ao réu (art. 5º, XL, da CR/1988); e c) o patrimônio do contribuinte, com a cobrança de tributos em relação a fatos geradores ocorridos antes do início da vigência da lei que os houver instituído ou aumentado (art. 150, III, *a*, da CR/1988)[51].

De qualquer modo, ainda que a matéria não esteja ao abrigo das mencionadas exceções, a retroatividade haverá de ser expressa, pois a presunção é a de que o legislador estabelece a disciplina das relações jurídicas a serem constituídas, já que o próprio princípio da legalidade pressupõe que a lei preexista à conduta a ser regulada. Inexistindo qualquer preceito na Lei n. 8.429/1992 que disponha sobre sua retroatividade, somente os atos praticados ulteriormente à sua promulgação estarão sujeitos às sanções por ela instituídas[52].

É relevante observar que possível dispositivo que autorizasse a retroatividade da Lei n. 8.429/1992 seria de duvidosa constitucionalidade, pois importaria em cominar sanções anteriormente não previstas no ordenamento jurídico, em flagrante mácula ao princípio de segurança jurídica previsto no art. 5º, XL[53], da Constituição e que deflui do sistema, sendo plenamente admissível que a este fosse dispensada uma interpretação extensiva[54].

A irretroatividade da lei punitiva que agrave a situação do agente, princípio há muito consagrado no Direito Penal, deve prevalecer em qualquer seara na qual o Estado exerça o seu poder sancionador, pois a violação e consequente recomposição da ordem jurídica sempre possuem um alicerce comum, como será visto no item concernente à natureza

---

51 Estas normas foram erigidas à categoria de cláusulas pétreas, sendo insuscetíveis de modificação ou supressão (arts. 5º, § 2º, e 60, § 4º, IV, da CR/1988).

52 "A utilização de bens e serviços de empresa pública, como o uso de vigilantes na residência particular do dirigente, não configura infração ao art. 315 do CP. Tal tipo de conduta constitui improbidade administrativa, como previsto na Lei 8.429/1992, art. 9º, IV. Mas sendo os fatos anteriores a este diploma legal, evidentemente a lei não retroage em prejuízo do acusado" (TRF da 4ª Região, 1ª T., AP n. 95.04.43656-0-PR, rel. Vladimir Freitas, j. em 29/9/1998, *RT* 762/751). No mesmo sentido: TJRS, 22ª CC, Proc. n. 0005917455, rel. Des. Carlos Eduardo Zietlow Duro, j. em 9/11/2004; e TJMG, AP Cível n. 1.0000.00.340587-5/000, rel. Des. Alvim Soares, *DJ* de 7/11/2003. Na doutrina: OLIVEIRA, Rafael Carvalho Rezende. *Manual de improbidade...*, p. 21-23; e DECOMAIN, Pedro Roberto. *Improbidade administrativa*. São Paulo: Dialética, 2007, p. 21. Em sentido contrário: Luiz Fabião Guasque. *Lei de Improbidade Administrativa Comentada*. Rio de Janeiro: Freitas Bastos Editora, 2008, p. 98.

53 "A lei penal não retroagirá, salvo para beneficiar o réu."

54 Para Larenz (*Metodologia...*, p. 603-605), a irretroatividade das leis é um princípio de confiança na relação do cidadão com a legislação que, a exemplo do princípio da proporcionalidade, deriva do princípio do Estado de Direito. Tal princípio, no entanto, pode estar em colisão com outros que tenham prevalência, quer seja no aspecto geral ou mesmo no caso particular. Por esse motivo, podem justificar a retroação da lei razões de bem comum prementes e que estão supraordenadas ao imperativo de segurança jurídica, pois o interesse coletivo possui maior peso que o dano à confiança do cidadão. À luz do sistema pátrio, a retroação da lei pressupõe: a) disposição expressa nesse sentido; b) não infração às normas constitucionais que vedam a retroação; e c) que a tutela do interesse público justifique a retroação, possuindo maior peso que a confiança e a seguração jurídica que serão maculadas. Esse entendimento, no entanto, não deve ser aplicado em se tratando de direito sancionador.

jurídica das sanções cominadas aos atos de improbidade. De forma correlata, será igualmente aplicável a segunda parte do art. 5º, XL, da Constituição, que consagra a retroatividade da lei mais benéfica. Assim, violado o preceito proibitivo previsto, de forma implícita ou explícita, na norma, estará o agente sujeito à sanção cominada, cujo conteúdo e intensidade sempre estarão sujeitos aos influxos sociais. Verificada a severidade de determinada sanção e optando o legislador por atenuá-la, aqueles que praticaram atos de improbidade sob a égide da lei antiga haverão de ser alcançados pela alteração legislativa.

A não retroatividade da Lei n. 8.429/1992 não tem o condão de tornar o ímprobo imune a toda e qualquer sanção pelos ilícitos que praticara anteriormente a 3 de junho de 1992. Além de eventuais reprimendas previstas na Constituição para os detentores de mandato eletivo, ou mesmo aquelas estatuídas nos regimes jurídicos das diferentes categorias de agentes públicos, estariam os ímprobos sujeitos às disposições da Lei n. 3.502/1958, a qual previa a perda dos bens ou valores correspondentes ao enriquecimento ilícito. Nesta hipótese, era necessário que a conduta se subsumisse à tipologia legal e que a condição funcional do ímprobo e do ente lesado se harmonizassem com as figuras dos sujeitos ativo e passivo previstos na Lei n. 3.502/1958, de alcance sensivelmente mais restrito que a disciplina atual.

No que concerne aos danos causados ao erário, o dever de repará-los há muito fora regulado pelo art. 159 do Código Civil, o qual, em razão da inexistência de lei específica, também regularia eventual relação jurídica, originada de ato ilícito, existente entre o Estado e os seus servidores[55].

Em havendo unicamente violação aos princípios regentes da atividade estatal, sem enriquecimento ilícito ou causação de dano ao erário, somente estaria o ímprobo sujeito às sanções de natureza política ou àquelas previstas no estatuto jurídico da categoria, já que tais situações somente passaram a ensejar reprimenda autônoma com o advento do art. 11 da Lei n. 8.429/1992.

É relevante observar que o romper dos anos não teria o condão de enfraquecer ou mesmo suprimir a relevância da matéria ora analisada, pois, a teor do art. 37, § 5º, da Constituição, ao legislador ordinário somente seria permitido instituir prazos prescricionais em relação às sanções de natureza penal ou administrativa, sendo *imprescritível* a obrigação civil de o agente, servidor ou não, ressarcir o dano causado ao erário. A qualquer tempo poderia o ímprobo ser demandado para que restabelecesse o patrimônio público lesado, pretensão legítima, a teor do art. 159 do Código Civil, e, conforme a doutrina dominante, imprescritível. O Supremo Tribunal Federal, no entanto, alterou o viés da jurisprudência

---

55 No mesmo sentido: STJ, 1ª T., REsp n. 1.113.294/MG, rel. Min. Luiz Fux, j. em 3/3/2010, *DJ* de 23/3/2010; STJ, 1ª T., REsp n. 1.197.330/MG, rel. Min. Napoleão Nunes Maia Filho, j. em 21/5/2013, *DJe* de 12/6/2013; STJ, 1ª T., REsp n. 1.206.338/MG, rel. Min. Napoleão Nunes Maia Filho, j. em 3/12/2013, *DJe* de 18/12/2013; STJ, 2ª T., REsp n. 1.197.120/MG, rel. Min. Herman Benjamin, j. em 14/5/2013, *DJe* de 22/5/2013.

dominante ao julgar o Recurso Extraordinário n. 669.069, com repercussão geral reconhecida, no qual entendeu que "*é prescritível a ação de reparação de danos à Fazenda Pública decorrente de ilícito civil*"[56]. Afastou-se, desse modo, uma interpretação ampla do comando constitucional, de modo a não reconhecer a imprescritibilidade em ilícitos nos quais não se discute dolo ou culpa. Na ocasião, o Tribunal não analisou a extensão da tese às pretensões de ressarcimento dos danos decorrentes de infração penal ou ato de improbidade administrativa.

Sanções de perda da função, suspensão dos direitos políticos, multa e proibição de contratar com o Poder Público, todas previstas na Lei n. 8.429/1992, não serão passíveis de aplicação no juízo cível em relação a fatos anteriores a 3 de junho de 1992.

Em havendo subsunção da conduta a um tipo penal, eventual condenação, além de importar na suspensão dos direitos políticos, poderá acarretar a perda da função pública nas hipóteses previstas no art. 92 do CP.

A sanção de perda da função também poderá ser aplicada através de procedimento administrativo regular, em havendo previsão no estatuto da categoria do ímprobo.

No que concerne às normas de natureza processual instituídas pela Lei n. 8.429/1992, sua aplicabilidade será imediata. Na clássica lição de Paul Roubier[57], "as leis de procedimento são leis de forma, e se sabe que todas as leis de forma devem ser aplicadas aos fatos que se passam sob seu império". Acresça-se, ainda, que as partes não possuem um direito adquirido à aplicação da antiga lei, mas tão somente a expectativa de que esta regerá sua situação jurídica. De qualquer modo, haverão de ser observados os ditames da lei anterior sempre que já tiverem sido implementados os elementos autorizativos da prática do ato processual (ex.: iniciada, sob a égide de uma lei, a fluência de determinado prazo para a prática de um ato, lei posterior que o reduza não incidirá sobre a relação processual naquele instante, somente regendo os atos que venham a se constituir integralmente sob sua disciplina).

7. PERSPECTIVAS DE EFETIVIDADE DA LEI N. 8.429/1992

Na senda de inúmeros Estados erguidos por sobre sólidos alicerces democráticos, onde os agentes públicos, além de exercerem a atividade finalística inerente à sua posição no organismo estatal, são efetivamente fiscalizados e consequentemente responsabilizados por seus desvios comportamentais, teve o Constituinte originário o mérito de prever a necessidade de criação de um microssistema de combate à improbidade.

Digna de encômios, igualmente, foi a iniciativa do legislador infraconstitucional de dispensar uma interpretação prospectiva à Constituição de 1988 e, consequentemente, romper com a acanhada e vetusta normatização então existente. Com isto, prestigiou o

---

56 Rel. Min. Teori Zavascki, j. em 3/2/2016.
57 *Les conflits de lois dans le temps*, t. 2, p. 686.

patrimônio público e o caráter normativo dos princípios, instituindo sanções para os agentes que, não obstante tenham assumido o dever de preservá-los, os vilipendiaram.

A previsão normativa, como será visto no decorrer da obra, efetivamente existe. No entanto, a chama da impunidade ainda está acesa, já que frequentes e vigorosas as tentativas de deformar a Lei n. 8.429/1992 e inviabilizar a sua efetivação, isto sem olvidar uma grande parcimônia na aplicação das sanções cominadas ao ímprobo.

Dentre as tentativas de se retirar a efetividade da Lei n. 8.429/1992, pode ser mencionada a alteração introduzida pela MP n. 2.225/1945 no art. 17 da Lei de Improbidade, que, além de contribuir para a máxima postergação do aperfeiçoamento da relação processual, em muito dificultando o próprio recebimento da inicial, chega a permitir que o juiz, antes mesmo da produção de qualquer prova por parte do autor, se convença da inexistência do ato de improbidade e rejeite a ação, segundo alguns, com julgamento antecipado do próprio mérito[58].

Outro exemplo é a persistência daqueles que lutam por estender às ações de improbidade o foro por prerrogativa de função previsto na esfera criminal[59]. Acostumados com

---

58 Cf. SANTOS, Ernane Fidélis dos. Aspectos processuais da Lei de Improbidade Administrativa, in *Improbidade administrativa, 10 anos da Lei n. 8.429/1992*, p. 116. Parece-nos que a melhor solução é dispensar ao art. 17, § 8º, da Lei de Improbidade uma interpretação conforme à Constituição, sendo injurídico que, nessa fase, antes mesmo que o autor produza qualquer prova favorável à sua pretensão, o juízo profira decisão de mérito a ele desfavorável. A uma, o direito de acesso ao Judiciário pressupõe não só o ato de postular, como também o direito de demonstrar aquilo que se postulou (art. 5º, XXXV, da CR/1988). A duas, ao vedar as provas ilícitas, a Constituição admite implicitamente a produção das provas lícitas (art. 5º, LVI, da CR/1988). A três, o direito de demonstrar a correção dos argumentos deduzidos está ínsito na cláusula do *due process of law* (art. 5º, LIV, da CR/1988), não podendo ser suprimido. A quatro, a situação em nada se confunde com a extinção do processo sem resolução de mérito, pois, neste caso, a medida é razoável, devendo ser adotada sempre que não forem preenchidos determinados requisitos, e não importa em negação, em caráter definitivo, do próprio direito pleiteado. Assim, em sendo implementada a extinção do processo antes mesmo da própria citação, tal sempre se dará sem resolução de mérito, devendo a questão ser situada no âmbito das condições da ação, mais especificamente na ausência de interesse processual. Neste sentido: Carlos Frederico Brito dos Santos, *Improbidade...*, p. 119-120. O TJPR decidiu que "a extinção da ação de improbidade na fase preliminar, prevista nos §§ 7º e 8º do art. 17 da Lei n. 8.429/1992, só se justifica em casos excepcionais, onde se apresente manifesta a inviabilidade da ação proposta e não se vislumbre a necessidade de produção de qualquer outra prova, além daquelas que instruíram a inicial e as que foram apresentadas com as respostas dos réus" (1ª CC, Proc. n. 149621900, rel. Des. Troiano Netto, j. em 4/5/2004; e Proc. n. 149637700, rel. Des. Troiano Netto, j. em 8/6/2004).
59 Em 28 de junho de 2002, período em que o País estava eufórico com a disputa do campeonato mundial de futebol, foi aprovado pela Comissão de Constituição e Justiça da Câmara dos Deputados o Projeto de Lei n. 6.295/2002, que introduzia alteração no art. 84 do CPP determinando que a prerrogativa de foro assegurada a determinados agentes na esfera criminal prevaleceria no âmbito cível em relação às ações de improbidade. Essa estranha alteração, que inseria na lei adjetiva penal normas de competência de natureza cível, na forma em que foi concebida, sequer seria submetida a votação no plenário, permitindo o seu imediato encaminhamento ao Senado. Os parlamentares, no entanto, acostumados com uma realidade diferente daquela em que vivemos hoje, não contavam com a enérgica indignação dos mais diversos setores da

essa regra de exceção que, a nosso ver, sequer deveria existir em um país que se diz democrático, sonham em transferir à esfera cível a impunidade que assola a seara criminal. Não que a impunidade também não seja a regra em termos de combate à improbidade, mas, sim, porque os arautos da "tese da prerrogativa" há muito perceberam que são grandes as perspectivas de alteração desse quadro. Pergunta-se: quem deseja a manutenção do *status quo*, a população ou aqueles que se acostumaram e pensam em institucionalizar a confortável sensação de liberdade que a garantia da impunidade lhes causa? Alguém seria ingênuo o suficiente para não perceber as consequências que a pretendida alteração legislativa causaria no combate à improbidade? Basta afirmar que as investigações e a consequente propositura das ações deixariam de ser realizadas por milhares de Promotores de Justiça e Procuradores da República e passariam a ser concentradas nas mãos de alguns poucos Chefes institucionais, diga-se de passagem, escolhidos pelo Chefe do Executivo, o que acrescenta um indesejável componente político à estrutura organizacional do Ministério Público – mau vezo que os defensores da "tese da prerrogativa" teimam em não extirpar.

Rui Barbosa[60], com a perspicácia e o aguçado espírito crítico que sempre o caracterizaram, proferiu lição que parece ter sido escrita com os olhos voltados para o futuro: "Todos são iguais perante a lei. Assim no-lo afirma, no parágrafo seguinte, êsse artigo constitucional (Art. 72, § 2º, da Constituição de 1891). Vêde, porém, como os fatos respondem à Constituição. Na Grã-Bretanha, sob a coroa de Jorge V, o arquiduque herdeiro da coroa d'Áustria é detido na rua e conduzido à polícia como contraventor da lei, por haver o seu automóvel

---

sociedade, que, pouco a pouco, não mais veem a desonestidade e a má-fé com ares de normalidade. Roberto Romano, professor de ética e filosofia na Unicamp, em artigo intitulado "Contra o foro privilegiado dos políticos", publicado na *Folha de S. Paulo* de 16/7/2002, seguindo o pensamento de Rousseau, assim se pronunciou: "... se o governo recebe do soberano as ordens que dá ao povo, 'para que o Estado esteja num bom equilíbrio, é preciso, tudo compensado, que haja igualdade entre o produto ou a potência do governo tomado em si mesmo e o produto ou a potência dos cidadãos, que são soberanos de um lado e súditos de outro'. Os atos que geram mais poder aos governantes e desequilibram a igualdade do Estado destroem a base política. Se os dirigentes usam artifícios legais para fugir da igualdade e usurpam o poder soberano, eles diminuem a majestade do Estado e negam a universal força de constrangimento legítimo. Quando os administradores agem assim, "o grande Estado se dissolve, formando-se um outro no seu interior, composto só pelos membros do governo, e que é para o resto do povo apenas seu senhor e seu tirano" ("Do abuso do governo e de sua inclinação para denegar"). No Brasil, a reunião dos políticos que hoje exije para si o estatuto de República autônoma, superior à dos cidadãos, representa pequena minoria. Mas ela causa estragos consideráveis, como neste ensaio para outorgar foro privilegiado aos governantes. Até 9 de agosto (*data limite para colheita das assinaturas necessárias e interposição de recurso para o plenário*), saberemos se aumentou o número dos cidadãos da República, ou o condomínio particular dos políticos. As oposições e mesmo os que apoiam os dirigentes, mas são democratas, podem afastar o golpe. Caso contrário, em pouco tempo o Brasil será um imenso Espírito Santo, um Estado que prova, de modo cabal, o que significa o privilégio dos administradores, em detrimento dos contribuintes". Lamentavelmente, o projeto terminou por ser convertido na Lei n. 10.628/2002, cuja inconstitucionalidade foi declarada pelo Supremo Tribunal Federal em 15 de agosto de 2005 (ADI n. 2.797, rel. Min. Sepúlveda Pertence).

60   *Apud* GONÇALVES, Sylvino. *Rui Barbosa: coletânea forense para os estudantes de direito. Igualdade perante a Lei*, p. 99.

excedido à velocidade regulamentar. As mesmas normas se observavam no Brasil, sob o cetro de D. Pedro II, quando o carro do imperador era multado, por atravessar uma rua defesa. Num e noutro caso a lei é igual para todos: todos são iguais ante a lei. Mas no Brasil dêstes dias, debaixo do bastão do Marechal Hermes, o seu secretário, por duas vêzes, quando um guarda-civil lhe acena ao motorista com o sinal de aguardar, enquanto se dá passagem a outros carros, apeia irriminado, toma contas ao agente da lei, nota-lhe o nome, e imediatamente o manda punir com a demissão. Noutra ocasião é um general do Exército, que salta, iracundo e decomposto, do veículo, ameaçando com o seu revólver o policial que ousou exigir do automóvel menor celeridade na carreira. Êsses exemplos, da mais alta procedência, verificados e registrados pelos jornais, na metrópole brasileira, desmascaram a impostura da igualdade entre nós, e mostram que valor tem, para os homens da mais eminente categoria, entre as influências atuais, como para os que mais perto estão do chefe do Estado, as promessas da Constituição. Essas potências, no seu insofrimento dos freios da legalidade, nem ao menos evitam os escândalos da rua pública, ou observam a compostura ordinária da boa educação. É uma selvageria que nem o verniz suporta do mais leve decoro".

Esse estado de coisas, que assume um colorido todo próprio em países como o Brasil, não passou despercebido à *Human Rights Watch*, que no relatório correspondente ao ano de 1994 afirmou:"Embora muitos países na região sejam governados por regimes que se formaram a partir de eleições, a América Latina tem o direito de esperar mais de suas incipientes democracias: mais participação nos processos de decisão, mais transparência nas ações governamentais e mais respostas das instituições estatais, particularmente daquelas que são designadas para a proteção dos direitos dos cidadãos. Para nós, um governo não pode chamar a si próprio democrático ao menos que seus agentes sejam responsáveis por suas ações; suas Cortes e Promotores sejam protetores dos direitos dos cidadãos e ofereçam respostas para as injustiças; seu Governo permita e encoraje o desenvolvimento de independentes organizações da sociedade civil; e os conflitos políticos e sociais sejam geralmente resolvidos de forma pacífica"[61].

Ressalte-se, ainda, a acanhada organização do Ministério Público em inúmeros Estados da Federação, chegando-se, não raras vezes, à insensatez de um mesmo fato ser investigado e, muitas vezes, coibido por um agente que, *verbi gratia*, atue no âmbito criminal, sem que o órgão de execução responsável pela persecução do ato de improbidade sequer tenha conhecimento de sua existência, sendo a recíproca verdadeira. Em que pese ser relativamente simples o intercâmbio de informações, pois, regra geral, a toda ação penal pública ajuizada em face de agente público, civil ou militar, deve corresponder o simultâneo ajuizamento de uma ação civil pela prática de ato de improbidade, tal raramente ocorre.

Dificuldades à parte, deve ser mantida a esperança na contenção da improbidade.

---

61 *Apud* PIOVESAN, Flávia. *Direitos humanos e o direito constitucional internacional*, p. 288.

A partir do que se tem visto em inúmeras unidades da Federação, é possível afirmar que a aferição da efetividade da Lei de Improbidade não deve refletir unicamente a aplicação das sanções nela cominadas. Ainda que seja reconhecidamente insuficiente para dissipar a improbidade, verdadeira chaga social, já são visíveis as alterações comportamentais por ela implementadas no meio social, em especial junto aos agentes públicos. Essa eficácia transformadora, ainda que muitas vezes desacompanhada de uma efetividade jurídica, não lhe pode ser negada.

A atuação dos legitimados à propositura da ação, em especial do Ministério Público, vem estimulando a ideologia participativa, sendo frequentes as representações ofertadas por cidadãos noticiando a prática de atos de improbidade; os meios de comunicação social têm dispensado maior atenção ao tema, sendo comum a divulgação dos ilícitos e a cobrança de medidas eficazes a cargo das autoridades competentes; as investigações e o ajuizamento de ações certamente são sentidos pelos ímprobos, os quais se veem diante de um sistema normativo com potencialidade para coibir seus ilícitos e puni-los; e, ainda, são frequentes as recomendações à administração, o que, além de prevenir a prática de ilícitos, evita o deflagrar do desgastante processo de aplicação das sanções cominadas. Esses fatores, por certo, serão sopesados por ocasião do procedimento eletivo, momento adequado para uma paulatina depuração da estrutura organizacional do Estado.

De qualquer modo, é perceptível uma pequena evolução. Este fato, por si só, já é suficiente para conferir maior concretude à outrora vã esperança de uma administração proba e comprometida com o bem-estar da população; sendo um indiscutível estímulo à almejada efetividade jurídica da Lei de Improbidade, o que, obstáculos à parte, busca-se sempre alcançar.

Há algumas décadas, a conceituada Revista *Justitia* publicava pequenino artigo, de autoria do então "Promotor Público" João Benedito de Azevedo Marques, intitulado "O papel do promotor na sociedade democrática"[62]. Na ocasião, em suas concisas, mas profundas reflexões, afirmava o articulista que "não basta somente combater a criminalidade comum, fruto da desordem e da injustiça social, se continuarmos a desconhecer ou a tratar olimpicamente o crime de colarinho branco. Esses criminosos não são deserdados da sorte e, além de bem nutridos, na sua grande maioria cursaram a universidade e usaram do conhecimento adquirido para, cinicamente, roubar o País, envenenar os produtos alimentícios, os medicamentos, os cursos d'água, ganhar milionárias concorrências públicas, mediante o uso de expedientes ilícitos, enriquecer a custa do prévio conhecimento da alta do dólar, usar a administração pública para a colocação de parentes, amigos e apaniguados, provocar falências fraudulentas, grilar a terra de posseiros, promover a indústria dos loteamentos clandestinos, vender ações de companhias estatais de maneira duvidosa, destruir nossas florestas, exterminar índios, violar, sistematicamente, os direitos humanos, enfim, praticar aqueles atos de todos conhecidos, mas nunca punidos".

---

62 *Justitia* n. 110/140.

Decorridos mais de trinta anos desde a publicação do referido artigo, questiona-se: alguma coisa mudou? Se omitíssemos a informação, alguém perceberia que já se passaram tantos anos desde a publicação do artigo? As respostas, por certo, todos as conhecem. Nossa esperança, no entanto, é que daqui a vinte anos não sejamos obrigados a reconhecer a humilhante verdade de que nada mudou... Esperamos, sinceramente, que o belo artigo de João Benedito de Azevedo Marques, publicado no início de 1980, e estas despretensiosas linhas sirvam, daqui a vinte anos, tão somente para lembrar um passado de triste memória para os brasileiros.

CAPÍTULO VI
Sujeitos dos Atos de Improbidade

1. SUJEITO PASSIVO

Violado o preceito proibitivo previsto na norma, ter-se-á a lesão ao bem jurídico tutelado e, por via reflexa, ao direito de outrem. Em casos tais, o titular do bem jurídico ameaçado ou violado pela conduta ilícita recebe a denominação de sujeito passivo material.

Tratando-se de norma de natureza cogente, cuja aplicação não possa ser afastada pela vontade dos interessados, qualquer que seja o bem atingido, o Estado sempre estará presente como sujeito passivo formal, já que a norma violada fora por ele estatuída.

No caso específico dos atos de improbidade, o art. 1º da Lei n. 8.429/1992 elenca os sujeitos passivos de tais atos, *verbis*:

> Art. 1º Os atos de improbidade praticados por qualquer agente público, servidor ou não, contra a administração direta, indireta ou fundacional de qualquer dos Poderes da União, dos Estados, do Distrito Federal, dos Municípios, de Territórios, de empresa incorporada ao patrimônio público ou de entidade para cuja criação ou custeio o erário haja concorrido ou concorra com mais de cinquenta por cento do patrimônio ou da receita anual, serão punidos na forma desta Lei.
>
> Parágrafo único. Estão também sujeitos às penalidades desta Lei os atos de improbidade praticados contra o patrimônio de entidade que receba subvenção, benefício ou incentivo, fiscal ou creditício, de órgão público, bem como daquelas para cuja criação ou custeio o erário haja concorrido ou concorra com menos de cinquenta por cento do patrimônio ou da receita anual, limitando-se, nestes casos, a sanção patrimonial à repercussão do ilícito sobre a contribuição dos cofres públicos.

Como se constata pela leitura do preceito acima transcrito, a identificação do sujeito passivo deve preceder à própria análise da condição do agente, pois somente serão considerados atos de improbidade, para os fins da Lei n. 8.429/1992, aqueles praticados em detrimento: a) da administração direta ou indireta de qualquer dos Poderes da União, dos Estados, dos Municípios ou do Distrito Federal; b) de empresa incorporada ao patrimônio público, o que, salvo melhor juízo, denota que esse ente deixou de ter individualidade própria e suas atividades foram absorvidas pelo ente incorporador, sendo este, não aquele, o verdadeiro sujeito passivo do ato, ou de entidade para cuja criação ou custeio o erário haja concorrido ou concorra com *mais* de cinquenta por cento do patrimônio ou da receita anual; c) do *patrimônio* de entidade para cuja criação ou custeio o erário haja concorrido ou concorra com *menos* de cinquenta por cento do patrimônio ou da receita anual, ou que receba subvenção, benefício ou incentivo, fiscal ou creditício, de órgão público.

A partir da análise detalhada dos sujeitos passivos, conclui-se que aqueles descritos na alínea *c* somente permitirão o enquadramento da conduta do agente como ato de improbidade quando sua prática se der em detrimento do *patrimônio* das entidades ali referidas, o que exige a ocorrência de dano.

Tratando-se de atividade desenvolvida em caráter exclusivamente privado, com limitada inserção de recursos públicos, tem-se que a própria incidência do referencial de juridicidade é direcionada, primordialmente, à preservação do patrimônio público, não à transposição, para a iniciativa privada, de toda uma sistemática que não lhe diz respeito. Nesses casos, ainda que a conduta se enquadre na tipologia dos arts. 9º (enriquecimento ilícito) e 11 (violação aos princípios administrativos) da Lei n. 8.429/1992, o agente não estará sujeito às penalidades previstas nesta lei em não tendo sido o ato praticado contra o patrimônio de tais entes[1]. Acresça-se que, ocorrendo o dano, a reparação será limitada "à repercussão do ilícito sobre a contribuição dos cofres públicos" (art. 1º, parágrafo único, *in fine*)[2]. Aqui, o sujeito passivo material do ato de improbidade é o ente do qual se originou o numerário, sendo irrelevantes os atos que não tenham causado dano a este ou que exorbitem – e na medida do excedente – a contribuição dos cofres públicos.

Fosse outra a *mens legis*, por certo não se teria subdividido o preceito em duas partes distintas (*caput* e parágrafo único), restringido o alcance dos atos de improbidade àqueles praticados contra o *patrimônio* dos entes referidos e dissociado o dever de reparar o dano da dimensão do dano causado ao patrimônio destes últimos, limitando-a à repercussão do dano sobre a contribuição dos cofres públicos. Como decorrência lógica dessa constatação, é necessário seja demonstrado que os recursos subtraídos efetivamente tinham origem pública, o que nem sempre será uma tarefa simples sob o prisma contábil.

No que concerne aos entes referidos nas alíneas *a* e *b supra*, ainda que o ato de improbidade não seja praticado em detrimento do seu patrimônio, havendo tão somente enriquecimento ilícito do agente ou violação dos princípios regentes da atividade estatal, serão integralmente aplicadas as sanções previstas no art. 12 da Lei n. 8.429/1992.

---

1   Essa conclusão foi prestigiada por Carvalho Filho (*Manual...*, p. 873) e Marcelo Harger (*Improbidade...*, p. 100-101).
2   Como será oportunamente visto, entendemos que o ressarcimento do dano não representa qualquer sanção para o agente, pois visa unicamente a repor o *status quo*. Não obstante isto, a Lei n. 8.429/1992 considera-o como tal, o que exige sua inclusão sob a epígrafe "sanção patrimonial".

O enquadramento das empresas estatais dependentes nas hipóteses descritas nas alíneas *b* e *c supra* variará em conformidade com o montante do custeio realizado pelo Poder Público. Na definição do art. 2º, III, da LC n. 101/2000 (Lei de Responsabilidade Fiscal), considera-se empresa estatal dependente a "empresa controlada que receba do ente controlador recursos financeiros para pagamento de despesas com pessoal ou de custeio em geral ou de capital, excluídos, no último caso, aqueles provenientes de aumento de participação acionária". A ressalva constante da parte final do preceito é justificável na medida em que a aparente oneração do erário com o repasse de recursos para o aumento do capital se diluirá com a obtenção de novas ações do ente controlado, aumentando a sua participação acionária. Esse tipo de empresa, por força do art. 1º, § 3º, I, *b, in fine*, da Lei de Responsabilidade Fiscal, está submisso ao regramento do referido diploma legal. O descumprimento deste, por sua vez, sujeitará o infrator aos ditames da Lei n. 8.429/1992 (art. 73 da LRF), na forma já preconizada, que variará conforme o volume de recursos repassados.

Partindo-se da concepção subjetiva adotada pelo art. 1º da Lei de Improbidade, o substantivo *administração* abrange o conjunto de pessoas jurídicas que desempenhem atividades de natureza administrativa, isto independentemente da atividade finalística própria do Poder do qual emanem (Legislativo, Executivo e Judiciário), ou do lugar que ocupem na organização do sistema federativo.

Além dos entes federativos (União, Estados, Distrito Federal e Municípios), os quais podem cumprir seus deveres diretamente, por intermédio dos órgãos e agentes que compõem sua estrutura, existem outros, por eles criados e também dotados de personalidade jurídica, que recebem delegação para o exercício de determinadas tarefas e estão sujeitos ao seu controle. No primeiro caso, fala-se em administração direta, ou centralizada; no segundo, tem-se a administração indireta, ou descentralizada, que é composta pelas autarquias, empresas públicas, sociedades de economia mista e fundações; isto sem olvidar as entidades paraestatais, como é o caso dos serviços sociais autônomos (Sesc, Senai etc.), que recebem, de modo mediato, recursos do erário[3], o que permite enquadrá-las no terceiro setor, não fazendo parte da administração pública[4]. Observe-se, no entanto, que, apesar

---

3 O STF, no Enunciado n. 516 de sua Súmula, assentou que "o Serviço Social da Indústria está sujeito à jurisdição da Justiça Estadual". Igual entendimento prevaleceu em relação ao Serviço de Apoio às Micro e Pequenas Empresas (Sebrae) – STF, 1ª T., RE n. 366.168, rel. Min. Sepúlveda Pertence, j. em 3/2/2004, *DJ* de 14/5/2004, p. 45; STF, 2ª T., RE n. 414.375/SC, rel. Min. Gilmar Mendes, j. em 31/10/2006, *DJ* de 1º/12/2006, p. 100; e STJ, 2ª T., REsp n. 766.674/SC, rel. Min. Eliana Calmon, j. em 6/9/2005, *DJ* de 3/10/2005, p. 233. Como decidiu o TRF da 4ª Região, considerando que o SENAC, a exemplo das demais entidades paraestatais de cooperação do Poder Público, tem como principal fonte de custeio as contribuições patronais compulsórias arrecadadas pelo INSS, é factível que a sua má gestão financeira "implica lesão a interesse da União no exercício da atividade por esta atribuída àquele" (3ª T., AP n. 2005.71.00.021990-5, rel. Des. Maria Lúcia Luz Leiria, j. em 19/1/2010, *DJe* de 3/2/2010).

4 Cf. OLIVEIRA, Rafael Carvalho Rezende. *Manual de improbidade...*, p. 39.

de o art. 1º da Lei de Improbidade, a exemplo do art. 37, *caput*, da Constituição, referir-se à administração indireta de qualquer dos Poderes, o Executivo é o principal destinatário da norma, o que é reflexo da própria atividade por ele desenvolvida.

A referência à administração fundacional constante do art. 1º, *caput*, da Lei n. 8.429/1992, está em harmonia com a redação do art. 37, *caput*, da Constituição vigente por ocasião da promulgação da Lei de Improbidade, e ulteriormente modificado pela EC n. 19/1998, ocasião em que foi suprimida a referência às fundações, as quais já estariam abrangidas pela administração indireta.

As sociedades de economia mista e as empresas públicas[5], pessoas jurídicas dotadas de personalidade jurídica de direito privado, no exercício das atividades que lhes são próprias, podem incorporar outras empresas privadas, sucedendo-lhes em todos os direitos e obrigações, culminando com a extinção da empresa incorporada (*vide* art. 227 da Lei n. 6.404/1976). Nestes casos, tem-se a empresa incorporada a que se refere o art. 1º da Lei n. 8.429/1992, a qual pressupõe a total incorporação do ativo e do passivo pelo ente da administração indireta, sendo insuficiente: a aquisição de parte do patrimônio, a subscrição ou a aquisição de determinado lote de ações, a existência de cláusula-mandato que autorize a venda do acervo social, a fusão entre duas empresas, surgindo uma terceira etc. Com a extinção da empresa incorporada, é fácil concluir que sujeito passivo será a incorporadora.

Também é possível que o desempenho de certas atividades seja delegado a pessoas jurídicas de direito privado que não integram a Administração Pública. É o caso dos concessionários e permissionários de serviços públicos (*v.g.*: transporte urbano de passageiros, serviço de telefonia etc.). A caracterização, ou não, desses entes como sujeitos passivos em potencial dos atos de improbidade exigirá o seu enquadramento no art. 1º da Lei n. 8.429/1992. Como não integram a Administração Pública, tal somente ocorreria caso o Poder Público lhes transferisse recursos. Ocorre que, na sistemática da Lei n. 8.987/1995, esses serviços costumam ser remunerados por meio de tarifa, contraprestação pecuniária devida pelo seu uso, de natureza não compulsória e que não tem origem pública, isso sem olvidar a possibilidade de o concessionário ou permissionário obter outros recursos complementares a partir de suas atividades (*v.g.*: permitindo a divulgação de propaganda comercial em seus bens). Sob essa ótica, não é possível o enquadramento desses entes na Lei n. 8.429/1992. Esse quadro não sofre alteração substancial mesmo em relação às parcerias público-privadas, reguladas pela Lei n. 11.079/2004, em que o custeio da atividade não prescinde da participação do poder concedente, podendo, ainda, mas não necessariamente, contar com o pagamento de tarifa pelo usuário[6]. Nesse último caso, a transferência de

---

5 A criação de sociedades de economia mista e de empresas públicas, a teor do art. 37, XIX, da CR/1988, deve ser autorizada por lei específica, o que afasta qualquer similitude entre estas e as sociedades sob controle acionário estatal, o qual decorre de operações outras que não a lei.
6 Lei n. 11.079/2004, art. 2º, §§ 1º e 2º.

recursos se dá a título de contraprestação pelo serviço prestado, não havendo propriamente "custeio" das despesas da pessoa jurídica de direito privado e muito menos "subvenção, benefício ou incentivo"[7].

Situação peculiar instituída pela Lei de Improbidade e extremamente relevante para o evolver da moralidade que deve reger as relações intersubjetivas, consistiu na elevação do desfalque de montante originário do patrimônio público, ainda que o numerário seja legalmente incorporado ao patrimônio privado, à condição de elemento consubstanciador da improbidade.

Em decorrência disto, os agentes privados são equiparados aos agentes públicos[8] para o fim de melhor resguardar o destino atribuído à receita de origem pública, estando passíveis de sofrer as mesmas sanções a estes cominadas e que estejam em conformidade com a peculiaridade de não possuírem vínculo com o Poder Público. Assim, também poderão ser sujeitos passivos dos atos de improbidade as entidades, ainda que não incluídas dentre as que compõem a administração indireta, que recebam investimento ou auxílio de origem pública, o que pode ser exemplificado com o auxílio financeiro prestado pelo Banco Central do Brasil a instituições financeiras em vias de serem liquidadas, erigindo seus administradores à condição de agentes públicos para os fins da Lei n. 8.429/1992[9].

Justifica-se a previsão legal, pois se o Poder Público cede parte de sua arrecadação a determinadas empresas, tal certamente se dá em virtude da presunção de que a atividade que desempenham é de interesse coletivo, o que torna imperativa a utilização do numerário recebido para este fim.

Por derradeiro, as entidades que recebam subvenção[10], benefício ou incentivo, fiscal ou creditício, de órgão público, qualquer que seja o montante, poderão ser igualmente atingidas pelos atos de improbidade. Trata-se de dispositivo amplo, ao qual deve ser dispensada interpretação condizente com a inafastável necessidade de se proteger o erário, devendo abranger as entidades beneficentes que recebam isenções fiscais ou participem de quaisquer programas governamentais que importem no repasse de subvenções[11]; as empresas que aufiram incentivos creditícios sob a forma de empréstimos com a fixação de juros inferiores aos praticados pelo mercado[12]; aquelas que figurem como donatárias de áreas públicas para a construção de parque industrial etc.

---

7 Nesse sentido: OLIVEIRA, Rafael Carvalho Rezende. *Manual de improbidade...*, p. 36-38.
8 Art. 2º da Lei n. 8.429/1992.
9 Ver art. 28 da LC n. 101/2000 (Lei de Responsabilidade Fiscal).
10 Ver art. 12, § 3º, da Lei n. 4.320/1992.
11 Pratica ato de improbidade o Presidente de entidade carnavalesca que se apropria da subvenção oriunda do Poder Público e ainda deixa de prestar contas do valor recebido (TJRS, 4ª CC, AP n. 70029540192, rel. Des. Alexandre Mussoi Moreira, j. em 25/11/2009).
12 O agente público que autorizar o empréstimo deve exigir as garantias necessárias à salvaguarda do numerário emprestado, sob pena de sua conduta se subsumir ao disposto no art. 10, VI, da Lei n. 8.429/1992

É importante observar, no entanto, que a interpretação do art. 1º, parágrafo único, da Lei de Improbidade não pode servir de esteio a conclusões desarrazoadas e desvinculadas do sistema. Considerando que a lei se destina a alcançar aqueles entes que disponham de um tratamento diferenciado do Poder Público, sempre com o objetivo de atingir determinado fim específico, é possível afirmar que, para fins de incidência da Lei n. 8.429/1992, os benefícios, incentivos e subvenções não deverão ter sido concedidos em caráter genérico. O percebimento destes sempre deverá estar associado à consecução de determinado fim de interesse público, cuja individualização deve resultar clara pelas circunstâncias de sua concessão. Fosse outra a conclusão, todas as microempresas do País, por isentas do imposto sobre a renda e proventos de qualquer natureza, seriam sujeitos passivos imediatos dos atos de improbidade, o mesmo ocorrendo com as pessoas físicas que percebem rendimentos no espectro da faixa de isenção.

Por força do art. 174 da Constituição da República, o Estado, observado o disposto em lei, está autorizado a fornecer incentivos a empresas do setor privado com o fim de promover o desenvolvimento da atividade econômica, o que também poderá representar importante fator de prosperidade em uma região que pouco interesse tenha despertado aos investidores.

Ainda que não vise a auferir uma lucratividade de ordem financeira, já que é normalmente divisado o prejuízo monetário imediato, é indispensável que o fim visado com a utilização do dinheiro público seja a consecução das necessidades sociais, devendo ser empregado de forma responsável e transparente.

A tão alvitrada transparência, por sua vez, somente será preservada com a apresentação dos projetos que serão empreendidos pela pessoa jurídica beneficiada, a exigência de prestação de contas[13] e a realização de uma fiscalização adequada, possibilitando o controle do destino dado ao dinheiro público. Não empreendidas essas providências e sendo causado dano ao patrimônio público, será possível perquirir a responsabilidade do agente desidioso, conforme o preceito do art. 10, X, da Lei n. 8.429/1992 ("agir negligentemente na arrecadação de tributo ou renda, *bem como no que diz respeito à conservação do patrimônio público*").

(*realizar operação financeira sem observância das normas legais e regulamentares ou aceitar garantia insuficiente ou inidônea*).

13 De acordo com o art. 70, parágrafo único, da CR/1988, prestará contas qualquer pessoa física ou jurídica, pública ou privada, que utilize, arrecade, guarde, gerencie ou administre dinheiros, bens e valores públicos ou pelos quais a União responda, ou que, em nome desta, assuma obrigações de natureza pecuniária. Por força deste preceito constitucional e do art. 75 da CR/1988, todos os responsáveis pelas entidades referidas no art. 1º da Lei n. 8.429/1992 têm o dever de prestar contas, inclusive aquelas que não integram a administração pública, mas tão somente se beneficiam do dinheiro dos contribuintes. Trata-se de preceito salutar, cuja importância mereceu destaque no art. 15 da Declaração dos Direitos do Homem e do Cidadão de 1789: *A sociedade tem o direito de pedir conta a todo agente público de sua administração.*

1.1. Sindicatos

Os sindicatos[14], quer sejam patronais ou representativos dos empregados, podem ser considerados sujeitos passivos imediatos dos atos de improbidade pelo simples fato de serem os destinatários finais dos recursos angariados com as denominadas "contribuições sindicais".

Inicialmente, cumpre observar que os sindicatos são pessoas jurídicas de direito privado, sua criação independe de autorização do Estado e é vedada a interferência ou a intervenção deste na organização sindical[15]. No entanto, devem registrar os seus estatutos junto ao Ministério do Trabalho[16]. Apesar de os sindicatos não integrarem a administração pública direta ou indireta, as contribuições sindicais por eles percebidas devem ser consideradas contribuições parafiscais, logo, consubstanciam recursos oriundos do Poder Público.

Segundo Aliomar Baleeiro[17], "a parafiscalidade, alvo de muitos debates no Brasil, tem quatro elementos característicos: a) delegação do poder fiscal do Estado a um órgão oficial ou semioficial autônomo; b) vinculação especial ou 'afetação' dessas receitas aos fins específicos cometidos ao órgão oficial ou semioficial investido daquela delegação; c) em alguns países, exclusão dessas receitas delegadas do orçamento geral (seriam então 'paraorçamentárias', *para-budgetaires*, segundo Laferrière); d) consequentemente, subtração de tais receitas à fiscalização do Tribunal de Contas ou órgão de controle da execução orçamentária". Ao final, conclui: "As contribuições parafiscais, em resumo, são tributos, e como tais, não escapam aos princípios da Constituição".

Por serem pagas em guia padronizada do Ministério do Trabalho, pelas pessoas físicas ou jurídicas obrigadas, com destinação específica ao sindicato da categoria, as contribuições sindicais têm nítida natureza parafiscal: a) a compulsoriedade denota a sua natureza tributária, o que deflui da letra expressa do Código Tributário Nacional[18]; b) tratando-se de

---

14 O substantivo sindicato deriva de *sundike*, termo oriundo do grego e que significa procurador.
15 Art. 8º, I, da CR/1988.
16 Art. 558 da CLT. O STF decidiu que esse preceito foi em parte recepcionado pela Constituição de 1988, o que exige a efetivação, no âmbito do Ministério do Trabalho, do respectivo registro sindical. Segundo a Corte, enquanto não editada a lei a que se refere o art. 8º, I, "a função de salvaguarda da unidade sindical induz a sediar, *si et in quantum*, a competência para o registro das entidades sindicais no Ministério do Trabalho, detentor das informações imprescindíveis ao seu desempenho. 5. O temor compreensível – subjacente à manifestação dos que se opõem à solução –, de que o hábito vicioso dos tempos passados tenda a persistir, na tentativa, consciente ou não, de fazer da competência para o ato formal e vinculado do registro, pretexto para a sobrevivência do controle ministerial asfixiante sobre a organização sindical, que a Constituição quer proscrever – enquanto não optar o legislador por disciplina nova do registro sindical –, há de ser obviado pelo controle jurisdicional da ilegalidade e do abuso de poder, incluída a omissão ou o retardamento indevidos da autoridade competente" (Pleno, MI n. 1.448/SP, rel. Min. Sepúlveda Pertence). Esse entendimento terminou por ser integrado ao Enunciado n. 677 da Súmula do STF.
17 *Direito tributário brasileiro*, p. 641.
18 Art. 217, I, do CTN. No mesmo sentido: SOUZA, Zoraide Amaral de. *A Associação Sindical no Sistema das Liberdades Públicas*, p. 182.

recursos endereçados ao sindicato, cabe a este, inclusive, diligenciar a sua cobrança no âmbito da Justiça Comum[19]; c) as receitas auferidas com as contribuições sindicais devem ser direcionadas ao atingimento das finalidades previstas no art. 592 da Consolidação das Leis do Trabalho, observando-se, sempre, a autonomia e os estatutos do sindicato[20]; e d) ante a natureza parafiscal das contribuições sindicais, não é cogente a prestação de contas ao Tribunal de Contas, estando sujeitos à fiscalização dos órgãos trabalhistas de cunho administrativo[21].

Contrariamente ao que afirmam alguns, a necessidade de aplicação das receitas auferidas em determinadas atividades previstas em lei e a fiscalização por parte do Ministério do Trabalho não apresentam qualquer incompatibilidade com o disposto no art. 8º, I, da Constituição da República, pois não importam propriamente em interferência ou em intervenção na organização sindical. Tais mecanismos derivam diretamente da natureza jurídica das contribuições sindicais e visam a preservar a pureza dos fins da organização sindical. Assim, ainda que sob os auspícios da livre organização sindical, seria inconcebível que os recursos arrecadados com tributos fossem direcionados, em sua integridade, ao patrimônio dos dirigentes sindicais. Esta, em essência, é a razão de ser dos meios de controle existentes.

Ao falar em "entidade para cuja criação ou custeio o erário haja concorrido ou concorra com mais de cinquenta por cento do patrimônio ou da receita anual", o art. 1º, *caput*, da Lei n. 8.429/1992 não buscou restringir sua aplicação às hipóteses em que, fisicamente, a saída dos recursos tenha se dado dos cofres públicos. Públicos serão, igualmente, os recursos que determinados setores da população, por força de preceitos legais[22] e independentemente de qualquer contraprestação direta e imediata, estão obrigados a repassar a certas entidades[23].

Estando os sindicatos enquadrados no disposto no art. 1º da Lei de Improbidade, conclui-se que os seus dirigentes e as demais pessoas que com eles mantenham algum tipo de vínculo, consoante a previsão do art. 2º do mesmo diploma legal, são sujeitos ativos em potencial dos atos de improbidade sempre que sua conduta se subsuma à tipologia

---

19 STF, Pleno, CComp n. 7.221/RS, rel. Min. Marco Aurélio, j. em 1º/6/2006, *DJ* de 25/8/2006, e CComp n. 7.456, rel. Min. Menezes Direito, j. em 7/4/2008, *DJ* de 19/6/2008.
20 Art. 592, § 1º, da CLT.
21 Arts. 551 e 553 da CLT.
22 Essa linha argumentativa foi prestigiada por Waldo Fazzio Júnior (*Atos de Improbidade Administrativa...*, p. 241)) e Rafael Carvalho Rezende Oliveira (*Manual de improbidade...*, p. 40-41).
23 Vale lembrar que a preocupação com a proteção das entidades destinatárias das contribuições parafiscais não passou despercebida à Lei n. 3.502/1958 (Lei Bilac Pinto), cujo art. 1º, § 2º, dispunha que "equipara-se ao dirigente ou empregado de autarquia, para os fins da presente Lei, o dirigente ou empregado de sociedade de economia mista, de fundação instituída pelo Poder Público, de empresa incorporada ao patrimônio público, ou de entidade que receba e aplique contribuições parafiscais".

legal. Por óbvias razões, não são alcançados pela Lei de Improbidade os trabalhadores ou empregadores sindicalizados, já que não exercem qualquer atividade laborativa junto ao respectivo sindicato.

1.2. Conselhos de Fiscalização do Exercício Profissional

Os Conselhos de Fiscalização do Exercício Profissional, como se intui de sua própria designação, destinam-se a controlar o exercício de determinadas profissões regulamentadas em lei, sempre com o fim precípuo de preservar o interesse público. Para tanto, exercem um verdadeiro poder de polícia, o que lhes permite velar pelas restrições impostas em lei e exigir o cumprimento de requisitos específicos por parte daqueles que pretendem exercer ou continuar exercendo a profissão.

Tais conselhos, pela própria natureza da atividade desenvolvida, são exemplos de descentralização administrativa, já tendo recebido, inclusive, o designativo doutrinário de "autarquias corporativas"[24]. É viva, no entanto, a discussão quanto à sua inserção sob a

---

24 O Supremo Tribunal Federal há muito reconheceu a natureza autárquica desses conselhos: "Mandado de segurança: recurso ordinário constitucional (CF, art. 102, II, *a*): devolução ao STF, a exemplo da apelação (CPC, art. 515 e parágrafos), do conhecimento de toda a matéria impugnada, que pode abranger todas as questões suscitadas e discutidas no processo de natureza constitucional ou não e ainda que a sentença não as tenha julgado por inteiro. 2. Autarquias de fiscalização profissional: supervisão ministerial (DL 968/1969). Enquanto se mantenha a autarquia profissional no exercício regular de suas atividades finalísticas, carece o Ministro do Trabalho de competência tutelar, seja para decidir, em grau de recurso hierárquico, posto que impróprio, sobre as decisões concretas da entidade corporativa, seja para dar-lhe instruções normativas sobre como resolver determinada questão jurídica de sua alçada. 3. Administração de imóvel: prestação de serviço, cuja inclusão no âmbito profissional dos técnicos de administração depende do exame de circunstâncias do caso concreto" (STF, Pleno, RMS n. 20.976/DF, rel. Min. Sepúlveda Pertence, j. em 7/12/1989, *DJ* de 16/2/1990, p. 928). Observe-se, no entanto, que a Lei n. 8.906/1994, que *dispõe sobre o Estatuto da Advocacia e a Ordem dos Advogados do Brasil*, reza, em seu art. 44, que "a Ordem dos Advogados do Brasil – OAB, serviço público, dotada de personalidade jurídica e forma federativa, tem por finalidade...". O STJ já teve oportunidade de afirmar que a OAB, embora definida como autarquia profissional de regime especial ou *sui generis*, não se confunde com as demais corporações incumbidas do exercício profissional, acrescendo que, além de não estar sujeita à fiscalização do Tribunal de Contas da União, suas contribuições não têm natureza tributária e devem ser executadas com observância do rito estatuído no CPC, não se lhes aplicando as normas que tratam da execução fiscal (1ª Seção, EREsp n. 503.252/SC, rel. Min. Castro Meira, j. em 25/8/2004, *Inf.* n. 219; e 2ª T., REsp n. 638.230/SC, rel. Min. Franciulli Netto, j. em 10/8/2004, *Inf.* n. 217; e 1ª Seção, EREsp n. 462.273/SC, rel. Min. João Otávio de Noronha, j. em 13/4/2005, *DJU* de 2/5/2005, p. 149). Com isto, restaram superadas as divergências anteriormente existentes no Tribunal (*v.g.*: 1ª T., REsp n. 614.678/SC, rel. Min. Teori Albino Zavascki, j. em 20/5/2004, *Inf.* n. 209 – esse precedente reconheceu a natureza parafiscal das contribuições da OAB). O curioso é que, apesar de não se considerar uma autarquia, isto em relação às obrigações que recaem sobre um ente dessa natureza (dever de prestar contas, de realizar concurso público para o preenchimento de seus cargos etc.), a OAB costuma invocar o art. 109, I, da CR/1988 ("Aos juízes federais compete processar e julgar: I – as causas em que a União, entidade autárquica...") para demandar perante a Justiça Federal. O Supremo Tribunal Federal, do mesmo modo, já decidiu pela configuração de um conflito federativo na divergência verificada entre a OAB e Tribunal de Justiça na formação de

epígrafe da administração indireta, sendo comumente suscitado o argumento de que não recebem recursos públicos, sendo mantidos com as contribuições de seus associados.

Para os fins desta exposição, em que se busca identificar o enquadramento, ou não, dos Conselhos de Fiscalização Profissional no permissivo do art. 1º da Lei de Improbidade, basta afirmar que os integrantes da categoria são obrigados a recolher, em prol da respectiva entidade, contribuições que se enquadram na categoria das *parafiscais*. Tais contribuições, na medida em que estão previstas em lei e são de imperativo recolhimento, devem ser efetivamente consideradas como *recursos públicos*, ainda que o numerário não seja fisicamente retirado do erário. Aplicam-se, aqui, os mesmos argumentos deduzidos no item anterior em relação à possibilidade de os sindicatos serem sujeitos passivos imediatos dos atos de improbidade.

Sobre a natureza das contribuições recebidas pelos Conselhos de Fiscalização Profissional, assim se pronunciou o Supremo Tribunal Federal[25], *in verbis*:

> *Constitucional. Administrativo. Entidades fiscalizadoras do exercício profissional. Conselho Federal de Odontologia: natureza autárquica. Lei n. 4.234/1964, art. 2º; CF, arts. 70, parágrafo único, e 71, II.*
>
> *I – Natureza autárquica do Conselho Federal e dos Conselhos Regionais de Odontologia. Obrigatoriedade de prestar contas ao Tribunal de Contas da União. Lei n. 4.234/1964, art. 2º; CF, arts. 70, parágrafo único, e 71, II.*
>
> *II – Não conhecimento do mandado de segurança no que toca à recomendação do Tribunal de Contas da União para aplicação da Lei n. 8.112/1990, vencidos o relator e os Ministros Francisco Rezek e Maurício Corrêa.*
>
> *III – Os servidores do Conselho Federal de Odontologia deverão submeter-se ao regime único da Lei n. 8.112, de 1990: votos vencidos do relator e dos Ministros Francisco Rezek e Maurício Corrêa.*
>
> *IV – As contribuições cobradas pelas autarquias responsáveis pela fiscalização do exercício profissional são contribuições parafiscais, contribuições corporativas, com caráter tributário. CF, art. 149. RE n. 138.284/CE, Velloso, Plenário, RTJ 143/313.*
>
> *V – Diárias: impossibilidade de os seus valores superarem os valores fixados pelo chefe do Poder Executivo, que exerce a direção superior da Administração Federal (CF, art. 84, II).*
>
> *VI – Mandado de segurança conhecido, em parte, e indeferido na parte conhecida.*

---

lista tríplice para provimento de cargo de desembargador, ocasião em que a Instituição foi qualificada como *autarquia federal*, permitindo a incidência do art. 102, I, *f*, da CR/1988 (Pleno, MS-QO n. 25.624/SP, rel. Min. Sepúlveda Pertence, j. em 3/11/2005, *DJ* de 10/8/2006). Esse estado de coisas, como se percebe, conduz a uma verdadeira interpretação seletiva: absorve-se o bônus, renega-se o ônus.

25 Pleno, MS n. 21.797-9, rel. Min. Carlos Velloso, j. em 9/3/2000, *DJ* de 18/5/2001.

O Supremo Tribunal Federal, do mesmo modo, reconheceu a inconstitucionalidade parcial do art. 58 da Lei n. 9.649/1998[26] – diploma que tratava da organização da Presidência da República e dos Ministérios[27] – na parte em que dispunha sobre a natureza privada dos Conselhos de Fiscalização Profissional, a inexistência de vínculo entre tais conselhos e os órgãos da administração pública, conferia-lhes imunidade tributária e a submissão dos conselhos, no que concerne às suas atividades administrativas e financeiras, unicamente ao conselho federal da respectiva profissão[28].

O Tribunal de Contas da União tem sistematicamente reconhecido: a) a natureza autárquica dos Conselhos de Fiscalização Profissional, o que legitima a imunidade tributá-

---

[26] "Art. 58. Os serviços de fiscalização de profissões regulamentadas serão exercidos em caráter privado, por delegação do poder público, mediante autorização legislativa. § 1º A organização, a estrutura e o funcionamento dos conselhos de fiscalização de profissões regulamentadas serão disciplinados mediante decisão do plenário do conselho federal da respectiva profissão, garantindo-se que na composição deste estejam representados todos seus conselhos regionais. § 2º Os conselhos de fiscalização de profissões regulamentadas, dotados de personalidade jurídica de direito privado, não manterão com os órgãos da Administração Pública qualquer vínculo funcional ou hierárquico. § 3º Os empregados dos conselhos de fiscalização de profissões regulamentadas são regidos pela legislação trabalhista, sendo vedada qualquer forma de transposição, transferência ou deslocamento para o quadro da Administração Pública direta ou indireta. § 4º Os conselhos de fiscalização de profissões regulamentadas são autorizados a fixar, cobrar e executar as contribuições anuais devidas por pessoas físicas ou jurídicas, bem como preços de serviços e multas, que constituirão receitas próprias, considerando-se título executivo extrajudicial a certidão relativa aos créditos decorrentes. § 5º O controle das atividades financeiras e administrativas dos conselhos de fiscalização de profissões regulamentadas será realizado pelos seus órgãos internos, devendo os conselhos regionais prestar contas, anualmente, ao conselho federal da respectiva profissão, e estes aos conselhos regionais. § 6º Os conselhos de fiscalização de profissões regulamentadas, por constituírem serviço público, gozam de imunidade tributária total em relação aos seus bens, rendas e serviços. § 7º Os conselhos de fiscalização de profissões regulamentadas promoverão, até 30 de junho de 1998, a adaptação de seus estatutos e regimentos ao estabelecido neste artigo. § 8º Compete à Justiça Federal a apreciação das controvérsias que envolvam os conselhos de fiscalização de profissões regulamentadas, quando no exercício dos serviços a eles delegados, conforme disposto no *caput*. § 9º O disposto neste artigo não se aplica à entidade de que trata a Lei n. 8.906, de 4 de julho de 1994."

[27] A Lei n. 9.649/1998 foi expressamente revogada pelo art. 57 da MP n. 103, de 1º de janeiro de 2003, convertida na Lei n. 10.683, de 28 de maio de 2003, que traçou nova disciplina na organização da Presidência da República e dos Ministérios.

[28] "Direito Constitucional e Administrativo. Ação direta de inconstitucionalidade do art. 58 e seus parágrafos da Lei federal n. 9.649, de 27/5/1998, que tratam dos serviços de fiscalização de profissões regulamentadas. 1. Estando prejudicada a ação, quanto ao § 3º do art. 58 da Lei n. 9.649, de 27/5/1998, como já decidiu o plenário, quando apreciou o pedido de medida cautelar, a ação direta é julgada procedente, quanto ao mais, declarando-se a inconstitucionalidade do *caput* e dos §§ 1º, 2º, 4º, 5º, 6º, 7º e 8º do mesmo art. 58. 2. Isso porque a interpretação conjugada dos arts. 5º, XIII, 22, XVI, 21, XXIV, 70, parágrafo único, 149 e 175 da Constituição Federal, leva à conclusão no sentido da indelegabilidade, a uma entidade privada, de atividade típica de estado, que abrange até poder de polícia, de tributar e de punir, no que concerne ao exercício de atividades profissionais regulamentadas, como ocorre com os dispositivos impugnados. 3. Decisão unânime" (STF, Pleno, ADI n. 1.717/DF, rel. Min. Sydney Sanches, j. em 7/11/2002, *DJ* de 28/3/2003).

ria que lhes é assegurada[29]; b) a natureza parafiscal das contribuições que recebem; c) a obrigatoriedade da prestação de contas ao referido órgão, a exemplo do que fazem todos aqueles que administram recursos públicos; d) a necessidade de realizarem concurso público para a contratação dos seus empregados, restando superado, a partir das premissas estabelecidas pelo Supremo Tribunal Federal no julgamento da ADI n. 1.717/DF, o entendimento de que bastaria garantir a publicidade do ato e a isonomia entre os interessados[30].

Conclui-se que os Conselhos de Fiscalização Profissional podem ser sujeitos passivos dos atos de improbidade, o que, por força do art. 2º da Lei n. 8.429/1992, permite sejam enquadrados como sujeitos ativos todos aqueles que mantenham algum tipo de vínculo com tais entidades.

1.3. Partidos Políticos

Os partidos políticos são pessoas jurídicas de direito privado[31] que atuam como entes aglutinadores das distintas concepções ideológicas de determinada sociedade, viabilizando a participação popular, facilitando o intercâmbio entre governantes e governados e em muito contribuindo para o evolver da democracia.

Seu contorno básico foi traçado pela Constituição da República, dispondo o art. 17 que "é livre a criação, fusão, incorporação e extinção dos partidos políticos, resguardados a soberania nacional, o regime democrático, o pluripartidarismo, os direitos fundamentais da pessoa humana". No âmbito infraconstitucional, regulamentam a atividade dos partidos políticos as Resoluções do Tribunal Superior Eleitoral, a Lei n. 4.737/1965 (Código Eleitoral), a Lei n. 9.096/1995 (Lei Orgânica dos Partidos Políticos) e a Lei n. 9.504/1997 (Lei das Eleições).

Considerando os objetivos da obra, não é esta a seara adequada para discorrermos sobre o relevante papel desempenhado pelos partidos políticos em um sistema democrático. Por esse motivo, nos limitaremos à demonstração de que os partidos políticos são sujeitos passivos em potencial dos atos de improbidade, pois efetivamente recebem recursos de natureza pública[32].

---

29   Art. 150, VI, *a* e § 2º, da CR/1988.
30   TCU, Recurso de Reconsideração TC-625.243/96-0, rel. Min. Walton Alencar Rodrigues, j. em 8/5/2001, *BDA* de maio de 2002, p. 418.
31   Art. 1º da Lei n. 9.096/1995. Segundo o art. 17, § 2º, da CR/1988, "os partidos políticos, após adquirirem personalidade jurídica, na forma da lei civil, registrarão seus estatutos no Tribunal Superior Eleitoral".
32   Também entendendo que os partidos políticos podem figurar como sujeitos passivos do ato de improbidade, possibilidade que reconhecemos desde a 2ª edição desta obra, de 2004, *vide*: Marcelo Harger, *Improbidade...*, p. 102; TRF da 1ª Região, 4ª T., AI n. 2007.01.00.030387-3/AC, rel. Juiz convocado Ney Bello, j. em 24/9/2007, *DJ* de 5/10/2007; e 3ª T., AI n. 2007.01.00.025327-2/AC, rel. Des. Federal Cândido Ribeiro, j. em 18/2/2008, *DJ* de 7/3/2008.

Com efeito, além de estarem legitimados a receber recursos de origem privada, observados os limites previstos na lei eleitoral, os partidos políticos auferem os recursos oriundos do Fundo Especial de Assistência Financeira aos Partidos Políticos, também denominado de Fundo Partidário, que é integrado, em sua maior parte, por receitas de origem pública.

O art. 38 da Lei n. 9.096/1995, que trata da constituição do Fundo Partidário, possui a seguinte redação:

> Art. 38. O Fundo Especial de Assistência Financeira aos Partidos Políticos (Fundo Partidário) é constituído por:
>
> I – multas e penalidades pecuniárias aplicadas nos termos do Código Eleitoral e leis conexas;
>
> II – recursos financeiros que lhe forem destinados por lei, em caráter permanente ou eventual;
>
> III – doações de pessoa física ou jurídica, efetuadas por intermédio de depósitos bancários diretamente na conta do Fundo Partidário;
>
> IV – dotações orçamentárias da União em valor nunca inferior, cada ano, ao número de eleitores inscritos em 31 de dezembro do ano anterior ao da proposta orçamentária, multiplicados por trinta e cinco centavos de real, em valores de agosto de 1995.

As dotações orçamentárias a serem direcionadas, pela União, ao Fundo Partidário, serão consignadas, no Anexo do Poder Judiciário, ao Tribunal Superior Eleitoral, que terá a responsabilidade de distribuí-las aos seus destinatários[33]. Dentro de cinco dias, a contar do depósito dos duodécimos referentes a tal previsão orçamentária, o Tribunal Superior Eleitoral deveria providenciar a distribuição das cotas do Fundo Partidário, observados os critérios estabelecidos no art. 41 da Lei n. 9.096/1995: "I – um por cento do total do Fundo Partidário será destacado para entrega, em partes iguais, a todos os partidos que tenham seus estatutos registrados no Tribunal Superior Eleitoral; II – noventa e nove por cento do total do Fundo Partidário serão distribuídos aos partidos que tenham preenchido as condições do art. 13[34], na proporção dos votos obtidos na última eleição geral para a Câmara dos Deputados". O Supremo Tribunal Federal, no entanto, entendendo afrontado o prin-

---

[33] Art. 40 da Lei n. 9.096/1995.
[34] Art. 13 da Lei n. 9.096/1995: "Tem direito a funcionamento parlamentar, em todas as Casas Legislativas para as quais tenha elegido representante, o partido que, em cada eleição para a Câmara dos Deputados, obtenha o apoio de, no mínimo, cinco por cento dos votos apurados, não computados os brancos e os nulos, distribuídos em, pelo menos, um terço dos Estados, com um mínimo de dois por cento do total de cada um deles". Cf. ADI n. 1.351/DF.

cípio do pluralismo político, considerou esse critério inconstitucional, *verbis*: "[s]urge conflitante com a Constituição Federal lei que, em face da gradação de votos obtidos por partido político, afasta o funcionamento parlamentar e reduz, substancialmente, o tempo de propaganda partidária gratuita e a participação no rateio do Fundo Partidário. Normatização – Inconstitucionalidade – Vácuo. Ante a declaração de inconstitucionalidade de leis, incumbe atentar para a inconveniência do vácuo normativo, projetando-se, no tempo, a vigência de preceito transitório, isso visando a aguardar nova atuação das Casas do Congresso Nacional"[35]. Como se percebe pela parte dispositiva do julgado, o Tribunal, à unanimidade, julgou procedente o pedido para declarar a inconstitucionalidade dos seguintes dispositivos da Lei n. 9.096, de 19 de setembro de 1995: art. 13; a expressão "obedecendo aos seguintes critérios", contida no *caput* do art. 41; incisos I e II do mesmo art. 41; art. 48; a expressão "que atenda ao disposto no art. 13", contida no *caput* do art. 49, com redução de texto; *caput* dos arts. 56 e 57, com interpretação que elimina de tais dispositivos as limitações temporais neles constantes, até que sobrevenha disposição legislativa a respeito; e a expressão "no art. 13", constante no inciso II do art. 57. Também por unanimidade, julgou improcedente a ação no que se refere ao inciso II do art. 56.

A origem pública da maior parte das receitas auferidas pelos partidos políticos enseja a aplicação da regra do art. 1º, parte final, da Lei n. 8.429/1992, tornando incontroverso que tais entes são sujeitos passivos em potencial dos atos de improbidade.

É relevante observar que a possibilidade de o Fundo Partidário captar doações de pessoas físicas ou jurídicas, que não possuam qualquer vínculo com o Poder Público, em nada compromete a assertiva de que os partidos políticos recebem recursos públicos. Em que pese serem pessoas jurídicas de direito privado, os partidos políticos em nada se confundem com o Fundo Partidário, que tem natureza eminentemente pública. Assim, tão logo ingressem neste Fundo, os recursos privados se transmudam em públicos, mantendo essa condição até que ingressem no caixa dos partidos políticos, ocasião em que, não obstante reassumirem a natureza privada, continuam sujeitos à fiscalização pelos órgãos competentes, o que deflui de sua origem.

Ante a natureza dos recursos auferidos pelos partidos políticos, o art. 44 da Lei n. 9.096/1995, com a redação dada pela Lei n. 12.034/2009, dispôs sobre o destino que lhes seria dado, *in verbis*:

> Art. 44. Os recursos oriundos do Fundo Partidário serão aplicados:
>
> I – na manutenção das sedes e serviços do partido, permitido o pagamento de pessoal, a qualquer título, observado neste último caso o limite máximo de 50% (cinquenta por cento) do total recebido;
>
> II – na propaganda doutrinária e política;

---

[35] STF, Pleno, ADI n. 1.351/DF, rel. Min. Marco Aurélio, j. em 7/12/2006, *DJ* de 30/3/2007.

III – no alistamento e campanhas eleitorais;

IV – na criação e manutenção de instituto ou fundação de pesquisa e de doutrinação e educação política, sendo esta aplicação de, no mínimo, 20% (vinte por cento) do total recebido;

V – na criação e manutenção de programas de promoção e difusão da participação política das mulheres conforme percentual que será fixado pelo órgão nacional de direção partidária, observado o mínimo de 5% (cinco por cento) do total.

§ 1º Na prestação de contas dos órgãos de direção partidária de qualquer nível devem ser discriminadas as despesas realizadas com recursos do Fundo Partidário, de modo a permitir o controle da Justiça sobre o cumprimento do disposto nos incisos I e IV deste artigo.

§ 2º A Justiça Eleitoral pode, a qualquer tempo, investigar sobre a aplicação de recursos oriundos do Fundo Partidário.

§ 3º Os recursos de que trata este artigo não estão sujeitos ao regime da Lei n. 8.666, de 21 de junho de 1993.

§ 4º Não se incluem no cômputo do percentual previsto no inciso I deste artigo encargos e tributos de qualquer natureza.

§ 5º O partido que não cumprir o disposto no inciso V do caput *deste artigo deverá, no ano subsequente, acrescer o percentual de 2,5% (dois inteiros e cinco décimos por cento) do Fundo Partidário para essa destinação, ficando impedido de utilizá-lo para finalidade diversa.*

Como se constata pelo artigo acima transcrito, os partidos políticos têm o dever se prestar contas à Justiça Eleitoral quanto ao destino dado aos recursos que receberam do Fundo Partidário. Além da possibilidade de utilização dos recursos em benefício de terceiros ou da sua apropriação por parte do próprio dirigente da agremiação partidária, situação certamente comum será a não comprovação de sua utilização para os fins descritos no art. 44 da Lei n. 9.096/1995, o que ensejará o surgimento de uma presunção *iuris tantum* de desvio de finalidade.

1.4. Terceiro Setor

Além da administração pública direta e indireta de qualquer dos Poderes da União, dos Estados, do Distrito Federal e dos Municípios, podem ser atingidos pelos atos de improbidade aqueles entes que, de qualquer modo, tenham recebido recursos públicos. Nesse passo, é relevante analisar a situação das organizações da sociedade civil, que, sem buscar o lucro, almejam a realização de objetivos de interesse público e são tradicionalmente incluídas sob a epígrafe do *terceiro setor*.

O terceiro setor, também denominado de setor não lucrativo ou setor de utilidade pública, congrega todas as organizações da sociedade civil sem fins lucrativos e que prestam serviços de utilidade pública "desvinculados do assim denominado 'núcleo estratégico', configurado por funções essenciais à definição e à execução das políticas públicas (Poder Legislativo, Poder Judiciário, Ministério Público e determinados setores do Poder

Executivo)"[36]. Coexistem com os entes do primeiro e do segundo setor, compostos, respectivamente, pelas entidades estatais e pelas pessoas jurídicas de direito privado com fins lucrativos. Não obstante a qualificação que se lhes atribui, não chegam a constituir um tipo específico de pessoas jurídicas, já que mantêm suas características inatas. Por preencherem determinados requisitos, recebem um título próprio, que lhes permite o enquadramento em um regime jurídico diferenciado, auferindo determinados benefícios previstos em lei, sendo este o elemento que as distingue das demais pessoas jurídicas de direito privado.

Tradicionalmente, o terceiro setor vem sendo ocupado por entidades que recebem títulos de *utilidade pública*. A aferição de requisitos meramente formais para a certificação, a inexistência de disciplina adequada em relação à atividade finalística a ser desenvolvida e aos critérios de aferição das metas a serem obtidas, bem como o excesso de discrição do Poder Público, isso em razão das inúmeras lacunas na legislação, contribuíram, decisivamente, para o paulatino enfraquecimento da credibilidade dessas entidades. Como observou Paulo Modesto, "este estado de coisas foi facilitado ao longo do tempo por inexistir na legislação federal a diferenciação clara entre entidades de favorecimento mútuo ou de fins mútuos (dirigidas a proporcionar benefícios a um círculo restrito ou limitado de sócios, inclusive mediante a cobrança de contribuições em dinheiro, facultativas ou compulsórias) e as entidades de fins comunitários, de fins públicos ou de solidariedade social (dirigidas a oferecer utilidades concretas ou benefícios especiais à comunidade de um modo geral, sem considerar vínculos jurídicos especiais, quase sempre de forma gratuita)"[37]. Não há óbice à emissão de novos títulos de utilidade pública, sendo os entes contemplados, a teor do art. 1º da Lei n. 8.429/1992, sujeitos passivos em potencial dos atos de improbidade sempre que recebam incentivos ou subvenções do Poder Público.

Com o objetivo de contornar os inconvenientes detectados na disciplina das entidades consideradas de *utilidade pública*, foram criadas novas formas de certificação das pessoas jurídicas de direito privado que desempenhem atividades de interesse coletivo, daí surgindo os títulos de *organização social* e de *organização da sociedade civil de interesse público*. Com a instituição dessas formas de qualificação, ambas sujeitas a uma normatização específica, o Poder Público poderia delegar, a terceiros, atividades por ele normalmente exercidas ou mesmo receber o auxílio dessas organizações em sua atuação regular, isso sem contar os maiores benefícios e vantagens que seriam garantidos a tais entes se comparados com aqueles que tão somente ostentavam o título de *utilidade pública*. Releva ana-

---

36 MOREIRA, Egon Bockmann. Terceiro Setor da Administração Pública. Organizações sociais. Contrato de gestão. Organizações sociais, Organizações da sociedade civil de interesse público e seus "vínculos contratuais" com o Estado, *RDA* n. 227/312.

37 Reforma do Marco Legal do Terceiro Setor no Brasil, *RDA*, n. 214/60. No âmbito federal, a Lei n. 91/1935, posteriormente revogada pela Lei n. 13.204/2015, dispôs sobre os requisitos para que o Poder Executivo, mediante decreto, pudesse declarar que determinadas entidades são de utilidade pública (art. 2º). Essa declaração poderia ser cassada, a partir de representação do Ministério Público, caso deixassem de ser preenchidos os requisitos exigidos (art. 5º).

lisar, nesse passo, a situação das *organizações sociais*, disciplinadas pela Lei n. 9.637, de 15 de maio de 1998, e das *organizações da sociedade civil de interesse público*, instituídas pela Lei n. 9.790, de 23 de março de 1999, que compõem o denominado *terceiro setor*.

Consoante o disposto no art. 1º da Lei n. 9.637/1998, pode-se dizer que são organizações sociais aquelas entidades de direito privado, sem fins lucrativos, que como tais sejam discricionariamente declaradas pelo Poder Executivo, a partir da verificação do preenchimento dos requisitos previstos (1) no art. 2º, que trata de sua constituição interna, sendo imprescindível a existência de um Conselho de Administração, contando com a participação de representantes do Poder Público, e veda a finalidade lucrativa, e (2) no art. 4º, que dispõe sobre as atribuições do Conselho de Administração. Suas atividades, ademais, devem ser dirigidas ao ensino, à pesquisa científica, ao desenvolvimento tecnológico, à proteção e preservação do meio ambiente, à cultura e à saúde[38]. A desqualificação da entidade, retirando-lhe a condição de organização social, deverá decorrer do processo administrativo descrito no art. 16, que "poderá" ser instaurado pelo Poder Executivo[39], com observância das garantias do contraditório e da ampla defesa. Os dirigentes da organização responderão solidariamente pelos danos decorrentes de sua ação ou omissão.

Como deflui da própria norma, o regime das organizações sociais é atípico. Elas não integram a administração pública indireta e desempenham suas atividades em moldes diversos daqueles inerentes às concessionárias ou permissionárias de serviços públicos, não recebendo delegação, mas sim qualificação. Estão impossibilitadas de auferir lucros em suas atividades, o que resulta na obrigatoriedade de reinvestimento de todo o numerário obtido.

O Conselho de Administração desses entes deve estar estruturado em conformidade com o respectivo estatuto, devendo ser observada, para fins de atendimento dos requisitos de qualificação, a divisão do número de membros em conformidade com os percentuais constantes do art. 3º, assegurando a presença de membros natos do Poder Público, de membros natos de entidades da sociedade civil, de membros eleitos pelos demais integrantes do Conselho, de membros indicados ou eleitos na forma estabelecida no estatuto e, no caso de associação civil, de membros eleitos entre os associados, os quais cumprirão um mandato que variará de dois a quatro anos, não recebendo qualquer remuneração, salvo uma ajuda de custo pelas reuniões de que participem.

---

38 O art. 20 da Lei n. 9.637/1998 prevê a criação, por meio de decreto do Executivo, do Plano Nacional de Publicização (PNP), com o objetivo de estabelecer diretrizes e critérios para a qualificação de organizações sociais, a fim de assegurar a absorção, por esses entes, de atividades desenvolvidas por entidades ou órgãos públicos da União que atuem nas áreas referidas no art. 1º. Com a publicização, ter-se-á a extinção de determinadas atividades executadas por entes estatais, com a ulterior absorção dessas atividades, mediante contrato de gestão, pelas organizações sociais.

39 É evidente que, descumpridas as exigências constantes da lei, a desqualificação será imperativa, não sendo um ato de natureza discricionária como o emprego do verbo "poder" poderia indicar. No mesmo sentido: FREITAS, Juarez. Regime peculiar das organizações sociais e o indispensável aperfeiçoamento do modelo federal, *RDA*, 214/99, e CARVALHO FILHO, José dos Santos, *Manual de direito administrativo*, p. 290.

A entidade qualificada como organização social está legitimada a celebrar com o Poder Público "contrato de gestão", com vistas à formação de parceria entre as partes para fomento e execução de atividades relativas às áreas relacionadas no art. 1º, que devem figurar como objeto da atividade finalística do respectivo ente. De acordo com o art. 6º, o contrato de gestão[40], elaborado de comum acordo entre o órgão ou entidade supervisora e a organização social, discriminará as atribuições, responsabilidades e obrigações do Poder Público e da organização social, devendo ser submetido, após a aprovação pelo Conselho de Administração da entidade, ao Ministro de Estado ou à autoridade supervisora da área correspondente à atividade fomentada.

Na pureza de sua concepção, o contrato de gestão, ao utilizar o regime próprio dos entes privados na consecução do interesse público, tem por fim estimular a competitividade e alcançar a eficiência da administração pública. Afinal, além de flexibilizar a ação dessa última, fixará, *ab initio*, os resultados a serem obtidos, os quais serão periodicamente avaliados. Com isso, atividades tipicamente públicas serão conduzidas pela iniciativa privada, resultando na supressão de inúmeras formalidades, o que, se por um lado confere maior mobilidade à atividade desenvolvida, por outro, em muito suaviza o rigor na aferição da adequação dos atos estatais à sistemática legal.

O art. 12, § 3º, da Lei n. 9.637/1998, dispensa a realização de licitação para a outorga de permissão de uso de bens públicos às organizações sociais, sendo igualmente dispensada a licitação para que o Poder Público celebre contratos de prestação de serviços com essas entidades, desde que a atividade tenha sido contemplada no objeto do contrato de gestão[41]. Não bastasse isso, a qualificação é ato discricionário do órgão competente e não são previstos requisitos de ordem subjetiva para a sua realização e ulterior contratação com as organizações sociais, o que permitirá, *v.g.*, que pessoas destituídas de um mínimo de idoneidade moral venham a integrar os órgãos de direção desses entes. Assim, é fácil perceber – e com maior razão em períodos eleitorais – o porquê de essas entidades terem se tornado um dos maiores focos de imoralidade já vistos na história republicana, o que desvirtuou e desacreditou os objetivos da lei. Em razão dessas peculiaridades, somente uma fiscalização adequada e de índole eminentemente preventiva, o que está longe de ocorrer, impedirá que inúmeros ilícitos sejam praticados.

A execução do contrato de gestão será fiscalizada pelo órgão ou entidade supervisora da área de atuação correspondente à atividade fomentada. A organização social deve apresentar relatórios pertinentes à execução do pacto firmado com o Poder Público, o qual conterá comparativo específico das metas propostas com os resultados alcançados, acom-

---

40 O contrato de gestão, consoante o art. 7º da Lei n. 9.637/1998, deve observar os princípios regentes da atividade estatal, especificar o programa de trabalho, as metas a serem atingidas e os prazos a serem observados, bem como definir os limites e critérios para despesa com remuneração e vantagens de qualquer natureza a serem percebidas pelos dirigentes e empregados das organizações sociais, no exercício de suas funções.
41 Lei n. 8.666/1993, art. 24, XXIV, com a redação determinada pela Lei n. 9.648/1998.

panhado da prestação de contas correspondente ao exercício financeiro. Os relatórios, por sua vez, serão examinados em conformidade com o disposto no art. 8º, sendo dever dos responsáveis pela fiscalização, ao tomarem conhecimento de qualquer irregularidade ou ilegalidade na utilização de recursos ou bens de origem pública por organização social, dar ciência ao TCU, sob pena de responsabilidade solidária. Essa regra, constante do art. 9º, constitui mero desdobramento do art. 74, § 1º, da Constituição de 1988. Além disso, as organizações sociais têm o dever de prestar contas às respectivas Cortes de Contas sempre que recebam bens ou recursos públicos[42].

Ao partirmos da premissa de que a qualificação de determinada entidade como organização social[43] pressupõe que ela não tenha fins lucrativos, afigura-se evidente que, regra geral, o contrato de gestão firmado entre o Poder Público e entidade dessa natureza deverá prever a transferência de recursos[44], bens[45] ou serviços[46] de origem pública, o que possibilitará o implemento do objeto específico da avença e a preservação do princípio constitucional da eficiência. Esse fato, por si só, demonstra que as organizações sociais podem ser lesadas por atos de improbidade, sendo o Poder Público o sujeito passivo material, vale dizer, o ente de origem das subvenções (bens, serviços ou recursos) destinadas àquelas organizações. Há quem entenda, com razão, que o "fomento" nos contratos de gestão celebrados com as organizações sociais distancia-se de suas feições regulares, vale dizer, de incentivo ou apoio, e assume feições de verdadeiro "sustentamento", já que esses

---

42 CR/1988, art. 70, parágrafo único.
43 Lei n. 9.637/1998, art. 15: "São extensíveis, no âmbito da União, os efeitos dos arts. 11 e 12, § 3º, para as entidades qualificadas como organizações sociais pelos Estados, pelo Distrito Federal e pelos Municípios, quando houver reciprocidade e desde que a legislação local não contrarie os preceitos desta Lei e a legislação específica de âmbito federal".
44 Lei n. 9.637/1998, art. 12: "Às organizações sociais poderão ser destinados recursos orçamentários e bens públicos necessários ao cumprimento do contrato de gestão. § 1º São assegurados às organizações sociais os créditos previstos no orçamento e as respectivas liberações financeiras, de acordo com o cronograma de desembolso previsto no contrato de gestão. § 2º Poderá ser adicionada aos créditos orçamentários destinados ao custeio do contrato de gestão parcela de recursos para compensar desligamento de servidor cedido, desde que haja justificativa expressa da necessidade pela organização social. § 3º Os bens de que trata este artigo serão destinados às organizações sociais, dispensada licitação, mediante permissão de uso, consoante cláusula expressa do contrato de gestão".
45 Lei n. 9.637/1998, art. 13: "Os bens móveis públicos permitidos para uso poderão ser permutados por outros de igual ou maior valor, condicionado a que os novos bens integrem o patrimônio da União. Parágrafo único. A permuta de que trata este artigo dependerá de prévia avaliação do bem e expressa autorização do Poder Público".
46 Lei n. 9.637/1998, art. 14: "É facultado ao Poder Executivo a cessão especial de servidor para as organizações sociais, com ônus para a origem. § 1º Não será incorporada aos vencimentos ou à remuneração de origem do servidor cedido qualquer vantagem pecuniária que vier a ser paga pela organização social. § 2º Não será permitido o pagamento de vantagem pecuniária permanente por organização social a servidor cedido com recursos provenientes do contrato de gestão, ressalvada a hipótese de adicional relativo ao exercício de função temporária de direção e assessoria. § 3º O servidor cedido perceberá as vantagens do cargo a que fizer jus no órgão de origem, quando ocupante de cargo de primeiro ou de segundo escalão na organização social".

entes somente poderão desenvolver suas atividades se receberem os recursos estatais[47]. Observe-se, ainda, que as organizações sociais, consoante o art. 11, são declaradas como entidades de interesse social e utilidade pública, para todos os efeitos legais, o que também reforça o seu enquadramento no art. 1º da Lei de Improbidade, já que gozarão de benefícios e incentivos fiscais e creditícios. Deve-se lembrar, ainda, o disposto no art. 10 da Lei n. 9.637/1998, de redação semelhante ao art. 16 da Lei n. 8.429/1992, que tem o seguinte teor:

> Art. 10. Sem prejuízo da medida a que se refere o artigo anterior, quando assim exigir a gravidade dos fatos ou o interesse público, havendo indícios fundados de malversação de bens ou recursos de origem pública, os responsáveis pela fiscalização representarão ao Ministério Público, à Advocacia Geral da União ou à Procuradoria da entidade para que requeira ao juízo competente a decretação da indisponibilidade dos bens da entidade e o sequestro dos bens dos seus dirigentes, bem como de agente público ou terceiro, que possam ter enriquecido ilicitamente ou causado dano ao patrimônio público.
>
> § 1º O pedido de sequestro será processado de acordo com o disposto nos arts. 822 e 825 do Código de Processo Civil.
>
> § 2º Quando for o caso, o pedido incluirá a investigação, o exame e o bloqueio de bens, contas bancárias e aplicações mantidas pelo demandado no País e no exterior, nos termos da lei e dos tratados internacionais.
>
> § 3º Até o término da ação, o Poder Público permanecerá como depositário e gestor dos bens e valores sequestrados ou indisponíveis e velará pela continuidade das atividades sociais da entidade.

As medidas descritas no art. 10 visam à preservação do patrimônio de todos os envolvidos nos atos de improbidade, o que permitirá o ressarcimento, no momento oportuno, dos danos causados ao patrimônio público. Em relação à subsunção da conduta à tipologia dos atos de improbidade, vale reiterar, aqui, o que foi dito no item anterior, estando os agentes (dirigentes, empregados etc.) das organizações sociais sujeitos à seguinte disciplina: (a) caso a organização social receba benefício, incentivo ou subvenção inferior a cinquenta por cento de sua receita anual, será aplicado o disposto no parágrafo único do art. 1º da Lei n. 8.429/1992, somente estando o agente sujeito à tipologia dos preceitos em que seja divisado o dano ao patrimônio público (dano imediato – art. 10 – ou enriquecimento ilícito com dano correlato ao patrimônio público – art. 9º), isso porque a norma é dotada de menor amplitude que a do *caput*; (b) caso receba subvenções (*rectius*: transferências do erário destinadas a cobrir suas despesas de custeio – art. 12, § 3º, da Lei n. 4.320/1964) que representem mais de cinquenta por cento de sua receita anual, será aplicado o art. 1º, *caput*,

---

[47] Cf. FERNANDES, Luciana Medeiros. *Reforma do Estado e Terceiro Setor*. Curitiba: Juruá, 2009, p. 407.

da Lei n. 8.429/1992, estando o agente sujeito à tipologia legal, ainda que não seja constatada a ocorrência de dano.

O Supremo Tribunal Federal, ao julgar a ADI n. 1.923/DF, analisou a compatibilidade, com a Constituição da República, da Lei n. 9.637/1998 e da nova redação que atribuiu ao art. 24, XXIV, da Lei n. 8.666/1993. Em um primeiro momento, indeferiu a cautelar pleiteada[48], mas, ao julgar o mérito, conferiu interpretação conforme à Constituição às normas impugnadas[49]. Enfatizou que atividades como saúde, educação, cultura, desporto e lazer, ciência e tecnologia, bem como a proteção do meio ambiente, por imperativo constitucional, são compartilhadas entre o Poder Público e a sociedade, daí a constitucionalidade dos contornos gerais da sistemática introduzida pela Lei n. 9.637/1998. Afinal, o Poder Público pode fomentar o exercício dessa atividade. Apesar disso, ressaltou que a qualificação das organizações sociais, embora seja discricionária, deve observar os princípios da publicidade, da moralidade, da eficiência e da impessoalidade, à luz de critérios objetivos, sempre com o objetivo de afastar o arbítrio. O indeferimento, portanto, deve ser motivado. Nesse momento, não há contraposição de interesses, daí a não exigência de licitação, tal qual prevista no art. 37, XXI, da Constituição de 1988. Como afirmou o Ministro Luiz Fux, relator designado para o acórdão, "[a] atribuição de título jurídico de legitimação da entidade através da qualificação configura hipótese de credenciamento, no qual não incide a licitação pela própria natureza jurídica do ato, que não é contrato, e pela inexistência de qualquer competição, já que todos os interessados podem alcançar o mesmo objetivo, de modo includente, não excludente".

Ainda segundo o Supremo Tribunal Federal, o contrato de gestão a ser firmado com as organizações sociais tem a natureza de convênio, o que afasta a incidência do art. 37, XXI, da Constituição de 1988, mas deve ser celebrado de modo objetivo e impessoal. São constitucionais as hipóteses de dispensa de licitação previstas no art. 24, XXIV, da Lei n. 8.666/1993 e no art. 12, § 3º, da Lei n. 9.637/1998, o que não exime o Poder Público de observar critérios objetivos e impessoais, bem como de conferir publicidade ao ato, de modo a possibilitar o acesso a todos os interessados. Apesar de as organizações sociais não estarem obrigadas a realizar licitação nos contratos celebrados com terceiros, na medida em que recebem recursos, bens e servidores públicos, devem observar os princípios enunciados no *caput* do art. 37 da Constituição de 1988, o mesmo ocorrendo em relação à contratação de empregados, que não está sujeita à regra do concurso público, mas deve observar um procedimento objetivo. Para tanto, devem seguir o disposto em regulamento próprio, editado em conformidade com o art. 4º da Lei n. 9.637/1998. Essas entidades, ademais, estão sujeitas ao controle externo exercido pelo Tribunal de Contas e pelo Ministério Público[50].

---

48 Rel. p/acórdão Min. Eros Grau, j. em 1º/8/2007, *DJ* de 21/9/2007.
49 Rel. p/acórdão Min. Luiz Fux, j. em 16/4/2015, ata publicada no *DJe* de 4/5/2015.
50 Eis a conclusão do julgado em sua literalidade: "[o] Tribunal, por maioria, julgou parcialmente procedente o pedido, apenas para conferir interpretação conforme à Constituição à Lei n. 9.637/98 e ao art. 24, XXIV da Lei n. 8.666/93, incluído pela Lei n. 9.648/98, para que: (i) o procedimento de qualificação seja conduzido

Além das organizações sociais, devem ser lembradas as *organizações da sociedade civil de interesse público*, instituídas pela Lei n. 9.790/1999 e que funcionam sob o regime de gestão por colaboração. Em linhas gerais, são pessoas jurídicas de direito privado[51], sem fins lucrativos e em funcionamento há no mínimo três anos[52] que recebem tal qualificação a partir de ato vinculado do Ministério da Justiça[53], após comprovarem o exercício de determinadas atividades de utilidade pública[54] e o cumprimento dos requisitos previstos no

---

de forma pública, objetiva e impessoal, com observância dos princípios do *caput* do art. 37 da Constituição Federal, e de acordo com parâmetros fixados em abstrato segundo o que prega o art. 20 da Lei n. 9.637/98; (ii) a celebração do contrato de gestão seja conduzida de forma pública, objetiva e impessoal, com observância dos princípios do *caput* do art. 37 da Constituição Federal; (iii) as hipóteses de dispensa de licitação para contratações (Lei n. 8.666/93, art. 24, XXIV) e outorga de permissão de uso de bem público (Lei n. 9.637/98, art. 12, § 3º) sejam conduzidas de forma pública, objetiva e impessoal, com observância dos princípios do caput do art. 37 da Constituição Federal; (iv) os contratos a serem celebrados pela Organização Social com terceiros, com recursos públicos, sejam conduzidos de forma pública, objetiva e impessoal, com observância dos princípios do *caput* do art. 37 da Constituição Federal, e nos termos do regulamento próprio a ser editado por cada entidade; (v) a seleção de pessoal pelas Organizações Sociais seja conduzida de forma pública, objetiva e impessoal, com observância dos princípios do *caput* do art. 37 da CF, e nos termos do regulamento próprio a ser editado por cada entidade; e (vi) para afastar qualquer interpretação que restrinja o controle, pelo Ministério Público e pelo Tribunal de Contas da União, da aplicação de verbas públicas, nos termos do voto do Ministro Luiz Fux, que redigirá o acórdão, vencidos, em parte, o Ministro Ayres Britto (Relator) e, julgando procedente o pedido em maior extensão, os Ministros Marco Aurélio e Rosa Weber. Não votou o Ministro Roberto Barroso por suceder ao Ministro Ayres Britto. Impedido o Ministro Dias Toffoli. Presidiu o julgamento o Ministro Ricardo Lewandowski. Plenário, 16.04.2015".

51 O art. 2º da Lei n. 9.790/1999 relaciona as pessoas jurídicas não passíveis de qualificação como organizações da sociedade civil de interesse público (*v.g.*: sociedades comerciais; associações de classe ou de representação de categoria profissional; instituições religiosas; fundações públicas etc.).

52 Lei n. 9.790/1999, arts. 1º e 3º. Por não terem fins lucrativos, todo numerário obtido deve ser reinvestido em suas atividades finalísticas.

53 Lei n. 9.790/1999, arts. 1º, § 2º, 5º e 6º.

54 Lei n. 9.790/1999, art. 3º: "A qualificação instituída por esta Lei, observado em qualquer caso, o princípio da universalização dos serviços, no respectivo âmbito de atuação das Organizações, somente será conferida às pessoas jurídicas de direito privado, sem fins lucrativos, cujos objetivos sociais tenham pelo menos uma das seguintes finalidades: I – promoção da assistência social; II – promoção da cultura, defesa e conservação do patrimônio histórico e artístico; III – promoção gratuita da educação, observando-se a forma complementar de participação das organizações de que trata esta Lei; IV – promoção gratuita da saúde, observando-se a forma complementar de participação das organizações de que trata esta Lei; V – promoção da segurança alimentar e nutricional; VI – defesa, preservação e conservação do meio ambiente e promoção do desenvolvimento sustentável; VII – promoção do voluntariado; VIII – promoção do desenvolvimento econômico e social e combate à pobreza; IX – experimentação, não lucrativa, de novos modelos socioprodutivos e de sistemas alternativos de produção, comércio, emprego e crédito; X – promoção de direitos estabelecidos, construção de novos direitos e assessoria jurídica gratuita de interesse suplementar; XI – promoção da ética, da paz, da cidadania, dos direitos humanos, da democracia e de outros valores universais; XII – estudos e pesquisas para o desenvolvimento, a disponibilização e a implementação de tecnologias voltadas à mobilidade de pessoas, por qualquer meio de transporte. Parágrafo único. Para os fins deste artigo, a dedicação às atividades nele previstas configura-se mediante a execução direta de projetos, programas, planos de ações correlatas, por meio da doação de recursos físicos, humanos e financeiros, ou ainda pela prestação de ser-

art. 4º da lei de regência, dentre os quais pode ser mencionada a necessária observância aos princípios da legalidade, impessoalidade, moralidade, publicidade, economicidade e eficiência. Acresça-se que a Lei n. 12.879/2013 isentou as associações de moradores do pagamento de preços, taxas e emolumentos remuneratórios para fins de qualificação como organizações da sociedade civil de interesse público. Não bastasse a frouxidão dos instrumentos de controle sobre essas entidades, identifica-se um viés ampliativo na legislação, não uma tentativa de conter a sua proliferação.

Em conformidade com o art. 18 da Lei n. 9.790/1999, é admissível que as pessoas jurídicas de direito privado sem fins lucrativos, já qualificadas em conformidade com outros diplomas legais, inclusive a Lei n. 9.637/1998, venham a qualificar-se como organizações da sociedade civil de interesse público, sendo-lhes assegurada a manutenção simultânea dessas qualificações, até dois anos contados da data de vigência da Lei. Findo esse período, deverá a pessoa jurídica optar por uma das qualificações, o que importará em imediato cancelamento das demais. Caso permaneça silente, perderá, automaticamente, a qualificação obtida nos termos da Lei n. 9.790/1999.

Obtida a qualificação, as organizações da sociedade civil de interesse público estarão habilitadas a celebrar termo de parceria com o Poder Público, de modo a formalizar o vínculo de cooperação entre as partes para o fomento e a execução das atividades de interesse público previstas no art. 3º da lei. Os termos de parceria discriminarão direitos, responsabilidades e obrigações das partes signatárias, devendo conter, entre outras, as cláusulas essenciais previstas no art. 10 da Lei n. 9.790/1999[55].

Os mecanismos de fiscalização dos termos de parceria são em muito semelhantes àqueles instituídos pela Lei n. 9.637/1998 para os contratos de gestão, celebrados entre o Poder Público e as organizações sociais. A organização deve conferir ampla publicidade à forma de gasto dos recursos públicos[56]; o Ministério da Justiça deve garantir o livre acesso do público às informações relativas às organizações[57]; é imperativo que as organizações sejam fiscalizadas por órgãos do Poder Público da área de atuação correspondente à atividade fomentada[58]; e devem os responsáveis pela fiscalização, sob pena de responsabilidade solidária, informar ao Ministério Público e ao Tribunal de Contas qualquer irregularidade ou ilegalidade na utilização de recursos ou bens de origem pública pela organização[59].

---

viços intermediários de apoio a outras organizações sem fins lucrativos e a órgãos do setor público que atuem em áreas afins."

55 São exemplos de cláusulas essenciais: o objeto, que conterá a especificação do programa de trabalho proposto; a estipulação das metas e dos resultados a serem atingidos e os respectivos prazos de execução ou cronograma; a previsão dos critérios objetivos de avaliação de desempenho; a previsão de receitas e despesas a serem realizadas em seu cumprimento etc.
56 Lei n. 9.790/1999, art. 14.
57 Lei n. 9.790/1999, art. 17.
58 Lei n. 9.790/1999, art. 11.
59 Lei n. 9.790/1999, art. 12.

De forma correlata aos meios de fiscalização referidos no parágrafo anterior, o art. 13 da Lei n. 9.790/1998 veicula norma de índole eminentemente repressiva aos ilícitos que venham a ser praticados no trato dos recursos recebidos do erário, sendo previstas diversas medidas de natureza cautelar que visam a garantir o ressarcimento dos prejuízos causados pelos dirigentes dessas organizações. Trata-se de dispositivo com redação praticamente idêntica à do art. 10 da Lei n. 9.637/1998, acima transcrito, merecendo destaque a remissão expressa à Lei n. 8.429/1992 e à Lei Complementar n. 64/1990, que trata especificamente das causas de inelegibilidade, o que reforça a preocupação do legislador com a probidade administrativa.

Não cumprindo a atividade a que se destina, deixando de atender aos requisitos previstos em lei ou sendo detectado desvio de finalidade em suas operações[60], estará a organização da sociedade civil de interesse público sujeita à perda da qualificação, o que se dará a pedido ou mediante decisão proferida em processo administrativo ou judicial, de iniciativa popular ou do Ministério Público, no qual serão assegurados o contraditório e a ampla defesa.[61]

Como pode ser facilmente observado, o regime das *organizações da sociedade civil de interesse público* em muito se assemelha ao das *organizações sociais*. Ambas integram o denominado *terceiro setor*, devem executar serviços públicos e manter-se em estrita harmonia com o pacto celebrado com o Poder Público, isso sem contar a necessária publicidade de seus atos e a sujeição a mecanismos de controle.

No que concerne aos pontos de distinção, além do modo de formalização do ajuste, contrato de gestão ou termo de parceria, constatava-se a inexistência de participação de representantes do Poder Público nas organizações da sociedade civil de interesse público. No entanto, a Medida Provisória n. 37, de 9 de maio de 2002, convertida na Lei n. 10.259, de 22 de setembro de 2002, acresceu um parágrafo único ao art. 4º da Lei n. 9.790/1999, permitindo que servidores públicos participassem da diretoria ou do conselho, o que em muito atenuou a distinção para com as organizações sociais. Note-se que a Lei n. 13.204/2015 alterou esse preceito para suprimir a vedação de que recebessem "*remuneração ou subsídio a qualquer título*", medida que contribui para afrouxar ainda mais os combalidos freios morais existentes nessa seara, já que o mesmo ente público que decide se relacionar com a organização indicará os colaboradores a serem remunerados. Além disso, as organizações da sociedade civil de interesse público podem ter um objeto social mais amplo que as organizações sociais, o seu processo de qualificação, embora vinculado, o que afasta qualquer juízo de conveniência ou oportunidade e enseja o surgimento do direito subjetivo à sua obtenção por aqueles que preenchem os respectivos requisitos, é mais simplificado e deve fazer publicar, nos trinta dias subsequentes à assinatura do termo de parceria, o

---

60 Lei n. 9.790/1999, art. 16: "É vedada às entidades qualificadas como Organizações da Sociedade Civil de Interesse Público a participação em campanhas de interesse político-partidário ou eleitorais, sob quaisquer meios ou formas".
61 Lei n. 9.790/1999, arts. 7º e 8º.

regulamento que será adotado nas contratações a serem realizadas, o qual deverá necessariamente observar os princípios da legalidade, impessoalidade, moralidade, publicidade, economicidade e eficiência[62]. Diferentemente das organizações sociais, não há previsão legal de transferência de servidores do órgão com o qual firmaram o termo de parceria.

Por não exercerem atividade lucrativa, as organizações da sociedade civil de interesse público serão normalmente contempladas com recursos públicos, o que viabilizará o exercício de suas atividades finalísticas e, *ipso facto*, permitirá a aplicação das normas da Lei n. 8.429/1992. Nesse particular, ante a identidade dos argumentos, reportamo-nos ao que dissemos em relação às organizações sociais.

As organizações sociais e as organizações da sociedade civil de interesse social, pela mobilidade que oferecem, passaram a ser largamente utilizadas pelos poderes constituídos. E, como não poderia deixar de ser, isso em razão da fragilidade dos nossos padrões ético-morais e da debilidade dos instrumentos de controle, elevado montante de recursos públicos tem sido desviado por seu intermédio. Ainda que a qualificação desses entes, mais especificamente das organizações da sociedade civil de interesse público, consubstancie ato vinculado, o mesmo não ocorre em relação ao vínculo contratual propriamente dito, cognominado de contrato de gestão ou termo de parceria, cuja celebração é ato discricionário do Poder Público. Em outras palavras, contrata com quem melhor lhe aprouver. Nessa escolha, é grande a influência política, não raro com o objetivo de capitalizar o partido ou o próprio agente público para a eleição vindoura. Acresça-se que o objeto da contratação, não raro, deixa pouco ou nenhum vestígio de sua realização (*v.g.*: qualificação de mão de obra, orientação pedagógica de jovens, promoção de atividades de lazer em praça pública etc.), o que facilita o pagamento de serviços inexistentes e dificulta o controle externo, máxime em razão da pulverização dessas contratações. Não obstante esse lamentável quadro, sobreveio a Lei n. 13.019, de 31 de julho 2014[63]. Trata-se de diploma normativo de feições robustas, integrado por 88 artigos, que dispôs, de forma detalhada, sobre as normas gerais para as parcerias voluntárias, envolvendo ou não transferências de recursos financeiros, celebradas entre a administração pública de todos os níveis e as organizações da sociedade civil, que não podem ter fins lucrativos ou distribuir lucros e devem aplicar os recursos obtidos na consecução do seu objeto social. Ainda durante o seu período de *vacatio legis*, que passou por sucessivas ampliações, foi promulgada a Lei n. 13.204, de 14 de dezembro de 2015, que promoveu amplas e viscerais alterações em seu conteúdo, alterando, revogando e acrescendo inúmeros dispositivos. As modificações, em geral, tiveram por objetivo diminuir a publicidade e suprimir as restrições à celebração das parcerias, tendo introduzido, ainda, a modalidade denominada de *acordo de cooperação*.

---

62 Lei n. 9.790/1999, art. 14.

63 A Lei n. 13.019/2014, por força do seu art. 88, entra em vigor 540 dias após a sua publicação, ocorrida em 1º de agosto de 2014, e, para os municípios, em 1º de janeiro de 2017, admitindo-se que ato administrativo local disponha que tal ocorrerá com observância da regra geral.

Consoante a Lei n. 13.019/2014, a Administração Pública poderá celebrar três tipos de parcerias voluntárias com as organizações da sociedade civil: termo de colaboração, termo de fomento e acordo de cooperação. O que os diferencia é que, no primeiro, as finalidades de interesse público são executadas pela Administração Pública, enquanto, no segundo, devem sê-lo pelas organizações da sociedade civil[64], o que pode ser feito, nesse último caso, com a instauração, a partir de provocação do interessado, do "*procedimento de manifestação de interesse social*"[65]. Aqui, caberá ao Poder Público avaliar a conveniência de realizar o chamamento público para a celebração dessas duas espécies de parceria. Em ambos os casos, sempre haverá transferência de recursos financeiros, distinguindo-os, assim, do acordo de cooperação, em que não ocorre essa transferência.

Tanto o termo de colaboração como o termo de fomento devem ser detalhados em "plano de trabalho", com descrição da realidade e das metas a serem alcançadas, bem como previsão de custos, sendo antecedidos, regra geral, de chamamento público. Esse chamamento deve ser descrito em edital, indicando a parceria a ser celebrada, sendo claro, objetivo, simplificado e, sempre que possível, a Administração Pública estabelecerá os critérios a serem seguidos, como objetos, metas e custos[66]. O chamamento só pode ser dispensado caso haja urgência decorrente de paralisação ou iminência de paralisação de atividades de relevante interesse público, nos casos de guerra, calamidade pública, grave perturbação da ordem pública ou ameaça à paz social, quando se tratar da realização de programa de proteção a pessoas em risco ou no caso de atividades voltadas ou vinculadas a serviços de educação, saúde e assistência social, desde que executadas por organizações da sociedade civil previamente credenciadas pelo órgão gestor da respectiva política.

Além de ter ampliado as hipóteses de dispensa do chamamento público, a Lei n. 13.204/2015 ainda alterou a redação do art. 29 da Lei n. 13.019/2014, preceito que, pela sua singular imoralidade, merece ser transcrito, *verbis*:

> Art. 29. Os termos de colaboração ou de fomento que envolvam recursos decorrentes de emendas parlamentares às leis orçamentárias anuais e os acordos de cooperação serão celebrados sem chamamento público, exceto, em relação aos acordos de cooperação, quando o objeto envolver a celebração de comodato, doação de bens ou outra forma de compartilhamento de recurso patrimonial, hipótese em que o respectivo chamamento público observará o disposto nesta Lei.

Como todo brasileiro esclarecido deve saber, as emendas parlamentares à lei orçamentária são negociadas em troca de apoio ao Poder Executivo. Raramente têm por obje-

---

64 Lei n. 13.019/2014, arts. 2º, VII e VIII; 16 e 17.
65 Lei n. 13.019/2014, arts. 18 a 21.
66 Lei n. 13.019/2014, arts. 23 a 32. O art. 35-A permitiu "a atuação em rede" de duas ou mais organizações da sociedade civil. O art. 84 dispõe sobre a não incidência da Lei n. 8.666/1993.

tivo satisfazer o interesse público, destinando-se, primordialmente, a atender os nichos politicos do respectivo parlamentar. Não bastasse isso, o Poder Executivo, em não poucas ocasiões, como se tornou público, por exemplo, com a "máfia das ambulâncias", permite que o próprio autor da emenda indique o destinatário das receitas, que é definido a partir de meticulosa negociata. Para fechar com chave de outro, o art. 29 da Lei n. 13.019/2014 passou a permitir que as organizações da sociedade civil que receberão esses recursos sejam escolhidas sem chamamento público, vale dizer, serão escolhidas "a dedo". Aliás, tal qual ocorria com a "máfia das ambulâncias", em que o parlamentar que direcionava o recurso aos municípios indicava as sociedades empresárias conluiadas e por ele controladas, que participariam da licitação na modalidade convite. Iniciativas como essa, embora comuns em nossa realidade, certamente seriam impensáveis em países de nível civilizatório mais elevado.

A participação social, consoante o art. 5º, I, foi reconhecida como direito do cidadão. Para a celebração de parcerias, devem ser preenchidos os requisitos previstos nos arts. 33 e seguintes da Lei n. 13.019/2014, cujo conteúdo é direcionado (1) à regularidade formal da organização, tendo objetivos voltados à promoção de atividades e finalidades de relevância pública e social, (2) à sua capacidade para realizar os objetivos almejados, (3) ao reinvestimento dos recursos obtidos. A celebração e a formalização do termo de colaboração e do termo de fomento devem ser antecedidas de parecer técnico, sendo imperativa a análise detalhada da situação concreta, observadas as diretrizes das alíneas do inciso V do art. 35 (*v.g.*: mérito da proposta, interesses dos envolvidos, viabilidade da execução, cronograma de desembolso, meios de fiscalização etc.), bem como de parecer jurídico a respeito da possibilidade de celebração do ato. Caso haja alguma ressalva nos pareceres, o administrador público deverá supri-las ou justificar formalmente porque não o fez[67].

A Lei n. 13.019/2014, antes de ser alterada pela Lei n. 13.204/2015, previa, em seu art. 37, que, no instrumento de parceria, um dirigente da organização da sociedade civil deveria assumir a responsabilidade solidária pela execução das atividades e cumprimento das metas. O preceito foi simplesmente revogado.

Os requisitos para a formalização e a execução das parcerias estão descritos no art. 42.

Outro aspecto moralizador que ornava a Lei n. 13.019/2014 era a previsão, em seu art. 43, de que as contratações de bens e serviços realizadas pela organização, com recursos públicos, deveriam observar diversos princípios que direcionam a administração pública,

---

[67] Em face da importância atribuída ao parecer técnico, é mais que justificável o fato de o seu emissor poder vir a ser responsabilizado pela restituição dos valores repassados pelos cofres públicos quando concluir indevidamente, com dolo ou culpa, pela capacidade operacional e técnica da organização para a execução do objeto da parceria. Essa possibilidade, expressamente prevista no art. 75 da Lei n. 13.019/2014, presiste apesar da revogação desse preceito pela Lei n. 13.204/2015. Também será responsabilizado aquele que atestar o cumprimento de atividades não realizadas, o que ocorrerá nos planos administrativo, penal e cível, isso apesar da revogação do art. 76 da Lei n. 13.019/2015, que o previa expressamente.

com especial ênfase para a probidade, a eficiência, a economicidade, a isonomia e o julgamento objetivo. Buscava-se evitar, com isso, a prática já arraigada entre organizações sociais e organizações da sociedade civil de interesse público de transferir para terceiros uma série de atividades que, em última *ratio*, seriam suas. O referido art. 43 foi revogado, sem parcimônia, pela Lei n. 13.204/2015. O art. 45, I, ainda veda a cobrança, pela organização, de "*taxa de administração, de gerência ou similar*". Os recursos financeiros recebidos da Administração Pública devem ser movimentados, exclusivamente, em conta bancária específica, o que certamente irá facilitar o seu rastreamento. É o que dispõe o art. 51, *caput*, da Lei n. 13.019/2014.

São estabelecidas vedações à celebração de parcerias, alcançando tanto as organizações como os dirigentes que possuam antecedentes negativos, tal qual referido no art. 39. Um desses antecedentes é a prévia condenação do dirigente por ato de improbidade administrativa, enquanto perdurarem as sanções com eficácia temporal previstas nos incisos do art. 12 da Lei n. 8.429/1992. Uma importante vedação, prevista no art. 40, parágrafo único, I, da Lei n. 13.019/2014, era a proibição de que fosse objeto de parceria "*a contratação de serviços de consultoria, com ou sem produto determinado*". A consultoria, como se sabe, é a atividade preferida por corruptos e demais roedores do patrimônio público para justificar o enriquecimento ilícito. O preceito, no entanto, foi revogado pela Lei n. 13.204/2015.

A execução da parceria, consoante os arts. 58 e seguintes, deve ser objeto de monitoramento e de avaliação pela administração pública. A referência às visitas *in loco* foi suprimida pela Lei n. 13.204/2015. Essa obrigação se estende ao gestor da parceria, tal qual determinado no art. 61, que deve, inclusive, informar ao superior hierárquico quaisquer irregularidades que venha a detectar. Esse acompanhamento encontrará o seu desfecho na recepção e na análise da prestação de contas que será apresentada, que deve permanecer adstrita às diretrizes dos arts. 63 e seguintes.

O regime jurídico da colaboração, do fomento e do acordo de cooperação tem, como uma de suas diretrizes fundamentais, todas previstas no art. 6º, "a ação integrada, complementar e descentralizada, de recursos e ações, entre os entes da Federação, evitando sobreposição de iniciativas e fragmentação de recursos". São previstos programas de capacitação dos gestores públicos, dos representantes da sociedade civil e dos membros dos conselhos de políticas públicas; a necessidade de divulgação dos recursos disponíveis para a celebração de parcerias, bem como daquelas que foram celebradas; e a divulgação das ações realizadas[68].

Caso a parceria seja executada em desacordo com o plano de trabalho ou a legislação de regência, a administração pública poderá aplicar à organização da sociedade civil as sanções administrativas de (1) advertência; (2) suspensão temporária de participação em chamamento público e impedimento de celebrar parcerias ou contratos, na esfera de go-

---

68 Lei n. 13.019/2014, arts. 7º a 15.

verno sancionadora, por até dois anos; e (3) declaração de inidoneidade para participar de chamamento público ou celebrar parcerias em todas as esferas de governo, enquanto perdurarem os motivos determinantes da punição ou não for promovida a reabilitação da organização. Na versão original do art. 73 da Lei n. 13.019/2014, esta última sanção somente poderia ser aplicada pelo Ministro de Estado ou pelo Secretário Estadual ou Municipal, conforme o caso. Atualmente, as duas últimas são da alçada exclusiva dessas autoridades.

A Lei n. 13.019/2014 promovia consideráveis avanços, mas excluía do seu alcance as organizações sociais e somente admitia a sua incidência, sobre as organizações da sociedade civil de interesse público, "no que couber"[69]. Essa expressão evidenciava que os comandos da Lei n. 9.790/1999 permaneceriam hígidos, de modo que a aplicação do novel diploma normativo exigiria fosse demonstrada a sua compatibilidade, incidindo em caráter nitidamente subsidiário. Com o advento da Lei n. 13.204/2015, é possível afirmar, pela nova redação do art. 3º, que a incidência da Lei n. 13.019/2014 tornou-se exceção, não regra. Afinal, não se aplicam as exigências desse diploma legal (1) às transferências de recursos homologadas pelo Congresso Nacional ou autorizadas pelo Senado Federal naquilo em que as disposições específicas dos tratados, acordos e convenções internacionais conflitarem com esta Lei; (2) aos contratos de gestão celebrados com organizações sociais, desde que cumpridos os requisitos previstos na Lei n. 9.637, de 15 de maio de 1998; (3) aos convênios e contratos celebrados com entidades filantrópicas e sem fins lucrativos nos termos do § 1º do art. 199 da Constituição Federal; (4) aos termos de compromisso cultural referidos no § 1º do art. 9º da Lei n. 13.018, de 22 de julho de 2014; (5) aos termos de parceria celebrados com organizações da sociedade civil de interesse público, desde que cumpridos os requisitos previstos na Lei n. 9.790, de 23 de março de 1999; (6) às transferências referidas no art. 2º da Lei n. 10.845, de 5 de março de 2004, e nos arts. 5º e 22 da Lei n. 11.947, de 16 de junho de 2009; (7) aos pagamentos realizados a título de anuidades, contribuições ou taxas associativas em favor de organismos internacionais ou entidades que sejam obrigatoriamente constituídas por: a) membros de Poder ou do Ministério Público; b) dirigentes de órgão ou de entidade da administração pública; c) pessoas jurídicas de direito público interno; d) pessoas jurídicas integrantes da administração pública; e (8) às parcerias entre a administração pública e os serviços sociais autônomos.

Por fim, o art. 84, parágrafo único, somente admitiu que continuassem a ser celebrados convênios "entre entes federados ou pessoas jurídicas a eles vinculadas" e com entidades filantrópicas e sem fins lucrativos, neste caso nos termos do § 1º do art. 199 da Constituição da República. A Lei n. 13.303/2016, rompendo com essa sistemática, autorizou, em seu art. 27, § 3º, a empresa pública e a sociedade de economia mista a celebrar convênio com pessoa física ou jurídica para promoção de atividades culturais, sociais, es-

---

[69] Lei n. 13.019/2014, arts. 3º, III, e 4º.

portivas, educacionais e de inovação tecnológica, desde que comprovadamente vinculadas ao fortalecimento de sua marca, observando-se, no que couber, as normas de licitação e contratos estabelecidas no referido diploma legal. Com o surgimento do acordo de cooperação, a vedação à celebração de convênios, fora das exceções legais, perdeu muito de sua relevância. Afinal, esse tipo de acordo não é alcançado pela integralidade das normas que disciplinam os termos de fomento e de gestão. Apesar disso, deve ser observado que a identificação das normas que lhe serão aplicadas não será feita a partir de um critério exclusivamente topográfico.

Considerando os termos do art. 84, parágrafo único, da Lei n. 13.019/2014, é relevante analisar a forma de relacionamento da Administração Pública com o segundo setor, que congrega as pessoas jurídicas que desempenham atividade lucrativa. Além de interesses contrapostos, o que é típico dos contratos, não é de se excluir a possibilidade de termos uma convergência de interesses, o que, pelo regime anterior, ensejaria a celebração de um convênio. Ocorre que a Lei n. 13.019/2014 restringiu o uso desses instrumentos às hipóteses que indica. No extremo oposto, caso prestigiemos a forma em detrimento da essência, também não seria possível a celebração de acordos de cooperação, somente ao alcance das organizações da sociedade civil sem fins lucrativos. Como consequência dessa interpretação, mais que extremada, é importante frisar, ter-se-ia a impossibilidade de os entes do segundo setor colaborarem com a Administração Pública, o que caminharia em norte contrário a qualquer referencial de solidariedade social. Para contornar o impasse, cremos que a solução mais adequada é identificar os objetivos almejados pelo ente do segundo setor, de modo que, não visando o lucro, atuará como verdadeiro ente do terceiro setor, estando autorizado a celebrar o acordo de cooperação.

O Capítulo II da Lei n. 13.019/2014 (arts. 5º a 41), conquanto intitulado "*da celebração do termo de colaboração ou de fomento*", passou a ter, após o advento da Lei n. 13.204/2015, diversas normas aplicáveis aos acordos de cooperação [*v.g.*: "o regime jurídico de que trata esta Lei..." deve observar diversos princípios (art. 5º, *caput*); a organização da sociedade civil deve divulgar na internet "todas as parcerias celebradas com a administração pública (art. 11, *caput*); "para celebrar as parcerias previstas nesta Lei..." as organizações devem ser regidas por normas internas que atendam certos requisitos (art. 33, *caput*); "o termo de fomento, o termo de colaboração e o acordo de cooperação somente produzirão efeitos jurídicos após a publicação dos respectivos extratos no meio oficial de publicidade da administração pública" (art. 38) etc.]. Como se percebe, a atecnia é total. Sempre que a lei não dispuser que certas normas somente são aplicáveis aos termos de fomento e de colaboração, fazendo menção genérica às parcerias, os seus efeitos projetar-se-ão, igualmente, sobre os acordos de cooperação.

O chamamento público, nos termos do art. 24, não é necessário para a celebração do acordo de cooperação, o que torna esse instrumento bem semelhante aos tradicionais convênios, o mesmo ocorrendo em relação aos requisitos do plano de trabalho, previstos no art. 22. Como não há transferência de recursos, afasta-se a principal razão para a prestação de contas, o que não afasta a necessidade de verificação do cumprimento dos objetivos e das metas estabelecidas.

O acordo de cooperação, de qualquer modo, está sujeito às normas gerais do regime jurídico de que trata a Lei n. 13.019/2014 (arts. 5º e 6º). A organização que o celebra pode participar da capacitação promovida pelos entes federativos (art. 7º), deve divulgar os acordos celebrados na internet (art. 11) e atender certos requisitos formais e de organização interna (arts. 33 e 34). É necessária, ainda, a emissão de pareceres técnico e jurídico sobre a possibilidade de celebração (art. 35, VI e § 2º). Incidem as vedações referidas nos arts. 39 e 40. Quanto à formalização e à execução, o acordo de cooperação deve observar as cláusulas essenciais referidas no art. 42, as regras de alteração constantes dos arts. 55 e 57 e a exigência de monitoramento e avaliação, por parte da administração pública, prevista nos arts. 58 a 60, incluindo as obrigações de fiscalização do gestor (arts. 61 a 62). No mais, são passíveis de aplicação as penalidades cominadas no art. 73.

1.5. Consórcios Públicos

Com o fim de viabilizar a atuação conjunta dos entes federativos em busca da consecução de objetivos comuns, maximizando e assegurando o melhor uso dos recursos disponíveis, a Lei n. 11.107, de 6 de abril de 2005, dispôs sobre as normas gerais de contratação de consórcios públicos. Na medida em que os consórcios não gozam de autonomia política, a normatização dessa modalidade de associação não importa em qualquer mácula ao pacto federativo, não sendo divisada a criação de um novo ente federativo ou a deterioração dos contornos essenciais daqueles já existentes.

Não obstante o designativo, os consórcios públicos, cujo contrato de constituição dependerá de prévia subscrição de protocolo de intenções[70] – devendo este último ser

---

70 "Art. 4º São cláusulas necessárias do protocolo de intenções as que estabeleçam: I – a denominação, a finalidade, o prazo de duração e a sede do consórcio; II – a identificação dos entes da Federação consorciados; III – a indicação da área de atuação do consórcio; IV – a previsão de que o consórcio público é associação pública ou pessoa jurídica de direito privado sem fins econômicos; V – os critérios para, em assuntos de interesse comum, autorizar o consórcio público a representar os entes da Federação consorciados perante outras esferas de governo; VI – as normas de convocação e funcionamento da assembleia geral, inclusive para a elaboração, aprovação e modificação dos estatutos do consórcio público; VII – a previsão de que a assembleia geral é a instância máxima do consórcio público e o número de votos para as suas deliberações; VIII – a forma de eleição e a duração do mandato do representante legal do consórcio público que, obrigatoriamente, deverá ser Chefe do Poder Executivo de ente da Federação consorciado; IX – o número, as formas de provimento e a remuneração dos empregados públicos, bem como os casos de contratação por tempo determinado para atender a necessidade temporária de excepcional interesse público; X – as condições para que o consórcio público celebre contrato de gestão ou termo de parceria; XI – a autorização para a gestão associada de serviços públicos, explicitando: *a*) as competências cujo exercício se transferiu ao consórcio público; *b*) os serviços públicos objeto da gestão associada e a área em que serão prestados; *c*) a autorização para licitar ou outorgar concessão, permissão ou autorização da prestação dos serviços; *d*) as condições a que deve obedecer o contrato de programa, no caso de a gestão associada envolver também a prestação de serviços por órgão ou

ratificado ou antecedido por lei de cada ente da Federação envolvido[71] –, podem assumir a forma de associação pública ou pessoa jurídica de direito privado[72].

A personalidade de direito público será adquirida com a vigência das leis de ratificação do protocolo de intenções, enquanto a de direito privado o será com o atendimento dos requisitos da legislação civil[73]. No primeiro caso, o consórcio integra a administração indireta de todos os entes consorciados; no segundo, ao revés, o art. 6º da Lei n. 11.107/2005, em seu § 2º, limita-se a afirmar que serão observadas "as normas de direito público no que concerne à realização de licitação, celebração de contratos, prestação de contas e admissão de pessoal, que será regido pela Consolidação das Leis do Trabalho – CLT". Para dizer o menos, a dicotomia de tratamento em relação à expressão "administração indireta" é, no mínimo, infeliz. Ao que parece, os artífices dessa construção não incluíram os consórcios dotados de personalidade jurídica de direito privado sob a epígrafe da "administração indireta" face à especificidade do regime que lhes foi atribuído. Essa tese, à evidência, não encontra ressonância no sistema jurídico pátrio, pois, observados os parâmetros traçados na Constituição, embora caiba ao legislador infraconstitucional ampliar ou restringir a noção de administração indireta, não há motivo "idôneo" para que os consórcios sejam dela excluídos, sendo flagrantemente injurídica a criação de um *tertium genus*. Frise-se, ainda, ser difícil acreditar que a *ratio* da opção legislativa tenha sido a de manter certa esfera de consórcios imune à incidência de determinadas normas, como é o caso dos princípios da moralidade e da impessoalidade.

---

entidade de um dos entes da Federação consorciados; *e*) os critérios técnicos para cálculo do valor das tarifas e de outros preços públicos, bem como para seu reajuste ou revisão; e XII – o direito de qualquer dos contratantes, quando adimplente com suas obrigações, de exigir o pleno cumprimento das cláusulas do contrato de consórcio público. § 1º Para os fins do inciso III do *caput* deste artigo, considera-se como área de atuação do consórcio público, independentemente de figurar a União como consorciada, a que corresponde à soma dos territórios: I – dos Municípios, quando o consórcio público for constituído somente por Municípios ou por um Estado e Municípios com territórios nele contidos; II – dos Estados ou dos Estados e do Distrito Federal, quando o consórcio público for, respectivamente, constituído por mais de 1 (um) Estado ou por 1 (um) ou mais Estados e o Distrito Federal; III – (*vetado*); IV – dos Municípios e do Distrito Federal, quando o consórcio for constituído pelo Distrito Federal e os Municípios; e V – (*vetado*). § 2º O protocolo de intenções deve definir o número de votos que cada ente da Federação consorciado possui na assembleia geral, sendo assegurado 1 (um) voto a cada ente consorciado. § 3º É nula a cláusula do contrato de consórcio que preveja determinadas contribuições financeiras ou econômicas de ente da Federação ao consórcio público, salvo a doação, destinação ou cessão do uso de bens móveis ou imóveis e as transferências ou cessões de direitos operadas por força de gestão associada de serviços públicos. § 4º Os entes da Federação consorciados, ou os com eles conveniados, poderão ceder-lhe servidores, na forma e condições da legislação de cada um. § 5º O protocolo de intenções deverá ser publicado na imprensa oficial."

71 Art. 5º da Lei n. 11.107/2005. Realizando-se a ratificação 2 (dois) anos após a subscrição do protocolo de intenções, a produção de efeitos dependerá da homologação da assembleia geral do consórcio público (art. 5º, § 3º). A ratificação do protocolo de intenções com reserva, desde que aceita pelos demais subscritores, implicará no consorciamento parcial ou condicional (art. 5º, § 2º).

72 Art. 1º, § 1º, da Lei n. 11.107/2005 e art. 41, IV, do Código Civil, com a redação dada pelo art. 16 da Lei n. 11.107/2005.

73 Art. 6º, I e II, da Lei n. 11.107/2005.

Considerando que à definição da atividade finalística a ser desempenhada pelos consórcios é desinfluente a forma adotada em sua constituição, havendo reduzidas restrições quanto aos atos passíveis de serem praticados (*v.g.*: somente os consórcios públicos de direito público podem promover desapropriações e instituir servidões – art. 2º, § 1º, II, da Lei n. 11.107/2005), questiona-se: é razoável que os consórcios públicos "privados" não sejam enquadrados sob a epígrafe do art. 37 da Constituição, que define um extenso rol de regras e princípios regentes da atividade estatal, com a singela justificativa de ter o legislador afirmado que um ente ontologicamente inserido na *administração indireta* não integra a *administração indireta*? É defensável que um ente totalmente financiado por recursos públicos possa permanecer à margem de normas dessa natureza? É legítima a tese de que a preexistência do conceito de administração indireta condiciona o alcance do art. 37 da Constituição e inviabiliza a sua extensão a entes criados especificamente para a prestação de serviços públicos e que não poderiam ser reconduzidos às categorias já existentes?

A nosso ver, não obstante a regra do art. 6º, § 2º, da Lei n. 11.107/2005, os consórcios públicos "privados", ainda que considerados entes de natureza *sui generis*, não podendo ser reconduzidos às categorias já existentes (*rectius*: autarquias, fundações, empresas públicas e sociedades de economia mista), estão sujeitos à normatização de regência da administração pública, devendo ser indistintamente enquadrados no plano da administração indireta. Fixada essa premissa, serão eles facilmente alcançados pela regra do art. 1º da Lei n. 8.429/1992, que trata dos sujeitos passivos dos atos de improbidade.

Por outro lado, ainda que tal entendimento não seja acolhido, é oportuno lembrar que os consórcios podem administrar bens públicos[74], suas despesas serão objeto de rateio entre os entes consorciados[75], o que é indicativo de sua natureza pública, devem obedecer

---

74 Consoante o art. 2º, § 2º, da Lei n. 11.107/2005, "os consórcios públicos poderão emitir documentos de cobrança e exercer atividades de arrecadação de tarifas e outros preços públicos pela prestação de serviços ou pelo uso ou outorga de uso de bens públicos por eles administrados ou, mediante autorização específica, pelo ente da Federação consorciado".

75 "Art. 8º Os entes consorciados somente entregarão recursos ao consórcio público mediante contrato de rateio. § 1º O contrato de rateio será formalizado em cada exercício financeiro e seu prazo de vigência não será superior ao das dotações que o suportam, com exceção dos contratos que tenham por objeto exclusivamente projetos consistentes em programas e ações contemplados em plano plurianual ou a gestão associada de serviços públicos custeados por tarifas ou outros preços públicos. § 2º É vedada a aplicação dos recursos entregues por meio de contrato de rateio para o atendimento de despesas genéricas, inclusive transferências ou operações de crédito. § 3º Os entes consorciados, isolados ou em conjunto, bem como o consórcio público, são partes legítimas para exigir o cumprimento das obrigações previstas no contrato de rateio. § 4º Com o objetivo de permitir o atendimento dos dispositivos da Lei Complementar n. 101, de 4 de maio de 2000, o consórcio público deve fornecer as informações necessárias para que sejam consolidadas, nas contas dos entes consorciados, todas as despesas realizadas com os recursos entregues em virtude de contrato de rateio, de forma que possam ser contabilizadas nas contas de cada ente da Federação na conformidade dos elementos econômicos e das atividades ou projetos atendidos. § 5º Poderá ser excluído do consórcio público, após prévia suspensão, o ente consorciado que não consignar, em sua lei orçamentária ou em créditos adicionais, as dotações suficientes para suportar as despesas assumidas por meio de contrato de rateio."

às normas de direito financeiro aplicáveis às entidades públicas e estão sujeitos à fiscalização do Tribunal de Contas[76]. Além disso, consoante a regulamentação traçada em contrato de programa, a ser celebrado com o ente da Federação interessado, poderão participar de gestão associada em que haja prestação de serviços públicos ou transferência total ou parcial de encargos, serviços, pessoal ou de bens necessários à continuidade dos serviços prestados[77]. Como desdobramento dessas considerações, será possível enquadrar os consórcios públicos dentre as entidades "para cuja criação ou custeio o erário haja concorrido ou concorra com mais de cinquenta por cento do patrimônio ou da receita anual", o que preserva a sua qualidade de sujeitos passivos em potencial dos atos de improbidade.

Quanto aos objetivos de interesse comum a serem alcançados, serão eles definidos pelos entes da Federação que se consorciarem, observados os limites constitucionais[78], diretriz esta indicadora de que somente as matérias de competência comum da União, dos Estados, do Distrito Federal e dos Municípios (*v.g.*: cuidar da saúde e assistência pública – art. 23, II, da CR/1988) podem ser objeto de consórcios. Tratando-se de matéria de compe-

---

76 Art. 9º da Lei n. 11.107/2005.
77 "Art. 13. Deverão ser constituídas e reguladas por contrato de programa, como condição de sua validade, as obrigações que um ente da Federação constituir para com outro ente da Federação ou para com consórcio público no âmbito de gestão associada em que haja a prestação de serviços públicos ou a transferência total ou parcial de encargos, serviços, pessoal ou de bens necessários à continuidade dos serviços transferidos. § 1º O contrato de programa deverá: I – atender à legislação de concessões e permissões de serviços públicos e, especialmente no que se refere ao cálculo de tarifas e de outros preços públicos, à de regulação dos serviços a serem prestados; e II – prever procedimentos que garantam a transparência da gestão econômica e financeira de cada serviço em relação a cada um de seus titulares. § 2º No caso de a gestão associada originar a transferência total ou parcial de encargos, serviços, pessoal e bens essenciais à continuidade dos serviços transferidos, o contrato de programa, sob pena de nulidade, deverá conter cláusulas que estabeleçam: I – os encargos transferidos e a responsabilidade subsidiária da entidade que os transferiu; II – as penalidades no caso de inadimplência em relação aos encargos transferidos; III – o momento de transferência dos serviços e os deveres relativos a sua continuidade; IV – a indicação de quem arcará com o ônus e os passivos do pessoal transferido; V – a identificação dos bens que terão apenas a sua gestão e administração transferidas e o preço dos que sejam efetivamente alienados ao contratado; VI – o procedimento para o levantamento, cadastro e avaliação dos bens reversíveis que vierem a ser amortizados mediante receitas de tarifas ou outras emergentes da prestação dos serviços. § 3º É nula a cláusula de contrato de programa que atribuir ao contratado o exercício dos poderes de planejamento, regulação e fiscalização dos serviços por ele próprio prestados. § 4º O contrato de programa continuará vigente mesmo quando extinto o consórcio público ou o convênio de cooperação que autorizou a gestão associada de serviços públicos. § 5º Mediante previsão do contrato de consórcio público, ou de convênio de cooperação, o contrato de programa poderá ser celebrado por entidades de direito público ou privado que integrem a administração indireta de qualquer dos entes da Federação consorciados ou conveniados. § 6º O contrato celebrado na forma prevista no § 5º deste artigo será automaticamente extinto no caso de o contratado não mais integrar a administração indireta do ente da Federação que autorizou a gestão associada de serviços públicos por meio de consórcio público ou de convênio de cooperação. § 7º Excluem-se do previsto no *caput* deste artigo as obrigações cujo descumprimento não acarrete qualquer ônus, inclusive financeiro, a ente da Federação ou a consórcio público."
78 Art. 2º, *caput*, da Lei n. 11.107/2005.

tência exclusiva de determinado ente (*v.g*.: somente a União pode emitir moeda – art. 21, VII, da CR/1988), não será possível a formação do consórcio público.

Para a consecução dos seus objetivos, o consórcio público terá uma estrutura organizacional cujas atribuições serão disciplinadas nos respectivos estatutos e que seguirá a disciplina das associações civis naquilo que não contrariar a Lei n. 11.107/2005[79], podendo: "I – firmar convênios[80], contratos, acordos de qualquer natureza, receber auxílios, contribuições e subvenções sociais ou econômicas de outras entidades e órgãos do governo; II – nos termos do contrato de consórcio de direito público, promover desapropriações e instituir servidões nos termos de declaração de utilidade ou necessidade pública, ou interesse social, realizada pelo Poder Público; e III – ser contratado pela administração direta ou indireta dos entes da Federação consorciados, dispensada a licitação"[81]. Pode, ainda, "outorgar concessão, permissão ou autorização de obras ou serviços públicos mediante autorização prevista no contrato de consórcio público, que deverá indicar de forma específica o objeto da concessão, permissão ou autorização e as condições a que deverá atender, observada a legislação de normas gerais em vigor"[82].

Na formação dos consórcios públicos que contem com a participação de Municípios, a União somente participará daqueles em que também façam parte os Estados em cujos territórios estejam situados os Municípios consorciados[83]. A retirada do ente da Federação do consórcio público observará a disciplina legal e dependerá de ato formal de seu representante na assembleia geral[84]. A alteração ou a extinção do contrato de consórcio dependerá de aprovação da assembleia geral, a ser ratificada por lei de todos os entes consorciados[85].

Por fim, deve-se mencionar que a disciplina traçada pela Lei n. 11.107/2005 não é retroativa, somente se aplicando aos convênios e aos contratos futuros[86].

2. SUJEITO ATIVO

No sistema da Lei n. 8.429/1992, os atos de improbidade somente podem ser praticados por agentes públicos, com ou sem o auxílio de terceiros, assim dispondo o preceito que disciplina a matéria:

---

79 Art. 15 da Lei n. 11.107/2005.
80 De acordo com o art. 14 da Lei n. 11.107/2005, "a União poderá celebrar convênios com os consórcios públicos, com o objetivo de viabilizar a descentralização e a prestação de políticas públicas em escalas adequadas".
81 Art. 2º, § 1º, da Lei n. 11.107/2005.
82 Art. 2º, § 3º, da Lei n. 11.107/2005.
83 Art. 1º, § 2º, da Lei n. 11.107/2005.
84 Art. 11 da Lei n. 11.107/2005.
85 Art. 12 da Lei n. 11.107/2005.
86 Art. 19 da Lei n. 11.107/2005.

Art. 2º Reputa-se agente público, para os efeitos desta Lei, todo aquele que exerce, ainda que transitoriamente ou sem remuneração, por eleição, nomeação, designação, contratação ou qualquer outra forma de investidura ou vínculo, mandato, cargo, emprego ou função nas entidades mencionadas no artigo anterior.

Como se constata pela análise do artigo acima transcrito, a concepção de agente público não foi construída sob uma perspectiva meramente funcional, sendo definido o sujeito ativo a partir da identificação do sujeito passivo dos atos de improbidade, havendo um nítido entrelaçamento entre as duas noções.

Além daqueles que desempenham alguma atividade junto à administração direta ou indireta de qualquer dos Poderes da União, dos Estados, do Distrito Federal e dos Municípios, os quais são tradicionalmente enquadrados sob a epígrafe dos agentes públicos em sentido lato, a parte final do art. 2º (*nas entidades mencionadas no artigo anterior*) torna incontroverso que também poderão praticar atos de improbidade as pessoas físicas que possuam algum vínculo com as entidades que recebam qualquer montante do erário, quais sejam: a) empresa incorporada ao patrimônio público; b) entidade para cuja criação ou custeio o erário haja concorrido ou concorra com *mais* de cinquenta por cento do patrimônio ou da receita anual; c) entidade para cuja criação ou custeio o erário haja concorrido ou concorra com *menos* de cinquenta por cento do patrimônio ou da receita anual; d) entidade que receba subvenção, benefício ou incentivo, fiscal ou creditício, de órgão público.

Assim, coexistem lado a lado, estando sujeitos às sanções previstas na Lei n. 8.429/1992, os agentes que exerçam atividade junto à administração direta ou indireta (perspectiva funcional) e aqueles que não possuam qualquer vínculo com o Poder Público, exercendo atividade eminentemente privada junto a entidades que, de qualquer modo, recebam numerário de origem pública (perspectiva patrimonial). Como se vê, trata-se de conceito muito mais amplo que o utilizado pelo art. 327 do CP.

Nesta linha, para os fins da Lei de Improbidade, tanto será agente público o presidente de uma autarquia, como o proprietário de uma pequena empresa do ramo de laticínios que tenha recebido incentivos, fiscais ou creditícios, para desenvolver sua atividade. Como observou Fábio Medina Osório[87], "neste campo, ocorre aquilo que se denomina de convergência entre os direitos público e privado, pois as entidades privadas são atingidas pela legislação, na medida em que estiverem em contato com o dinheiro público, pouco importando que suas atividades ficassem enquadradas nas normas privatísticas".

Por evidente, o *status* de agente público haverá de ser aferido a partir da análise do vínculo existente entre o autor do ato e o sujeito passivo imediato por ocasião de sua prática, ainda que por ocasião da deflagração das medidas necessárias à persecução dos atos de improbidade outra seja sua situação jurídica. Aplica-se, aqui, a regra *tempus regit actum*, sendo desinfluente a ulterior dissolução do vínculo que unia o ímprobo ao sujeito passivo do ato.

---

87 *Improbidade administrativa, observações sobre a Lei 8.429/1992*, p. 99.

Os elementos que compõem o art. 2º da Lei n. 8.429/1992 conferem grande amplitude conceitual à expressão agente público, se não vejamos:

a) lapso de exercício das atividades: irrelevante, podendo ser transitório ou duradouro;

b) contraprestação pelas atividades: irrelevante, podendo ser gratuitas ou remuneradas;

c) origem da relação: irrelevante, pois o preceito abrange todas as situações possíveis – eleição, nomeação, designação, contratação *ou qualquer outra forma de investidura ou vínculo*;

d) natureza da relação mantida com os entes elencados no art. 1º: mandato, cargo, emprego ou função[88].

À mingua de maior uniformidade terminológica na doutrina e partindo-se da disciplina realizada pela Lei n. 8.429/1992[89], a expressão *agente público* deve ser considerada o gênero do qual emanam as diversas espécies.

Trata-se de conceito amplo que abrange os membros de todos os Poderes e instituições autônomas, qualquer que seja a atividade desempenhada, bem como os particulares que atuem em entidades que recebam verbas públicas, podendo ser subdividido nas seguintes categorias: agentes políticos, agentes particulares colaboradores, servidores públicos e agentes meramente particulares.

Agentes políticos são aqueles que, no âmbito do respectivo Poder, desempenham as funções políticas de direção previstas na Constituição[90], normalmente de forma transitória,

---

88 A concepção de "função" é nitidamente absorvente das noções de mandato, cargo ou emprego. O seu uso, em verdade, só contribui para demonstrar o objetivo de alcançar todos os vínculos possíveis. Afinal, a "função" nada mais é que a "atividade" desenvolvida no âmbito do sujeito passivo em potencial do ato de improbidade, qualquer que seja a origem do respectivo vínculo. Não é por outra razão que o Supremo Tribunal Federal, interpretando o art. 52, parágrafo único, da Constituição de 1988, entendeu que a referência à "função pública" absorve qualquer forma de investidura, incluindo as decorrentes de mandato eletivo (STF, 1ª T., RE n. 234.223-DF, rel. Min. Octávio Galotti, j. em 1º/9/1998, *DJ* de 12/5/2000). O mandato, administrativo ou político, indica vinculação temporária a determinado cargo público, por período previamente conhecido, normalmente a partir de eleição. O cargo é a unidade de deveres, poderes e prerrogativas inerentes a certa estrutura de poder, caracterizando o lugar ocupado pelo agente. Emprego público, por sua vez, é relação jurídica existente entre o indivíduo e a estrutura de poder sob a égide da legislação trabalhista.

89 A Constituição da República (art. 37, § 5º) e a Lei n. 8.112/1990 (Estatuto dos Servidores Públicos Civis da União) falam em *servidor*; a Lei n. 8.666/1993 (Lei de Licitações), em *servidores* e *agentes administrativos*; e o Código Penal (art. 327), em *funcionário público*.

90 Para Hely Lopes Meirelles (*Direito administrativo brasileiro*, p. 69), os membros do Ministério Público, do Poder Judiciário e dos Tribunais de Contas, por atuarem com independência funcional, também são agentes políticos. Este enquadramento é combatido, dentre outros, por Maria Sylvia Zanella di Pietro (*Direito administrativo*, p. 353), Celso Antonio Bandeira de Mello (*Curso de direito administrativo*, p. 123) e Carvalho Filho (*Manual de direito administrativo*, p. 488), os quais restringem o conceito de agentes públicos à concepção de governo e função política, implicando capacidade de fixação de metas, diretrizes e planos governamentais, com o que concordamos.

sendo a investidura realizada por meio de eleição (no Executivo, Presidente, Governadores, Prefeitos e, no Legislativo, Senadores, Deputados Federais, Deputados Estaduais, Deputados Distritais e Vereadores) ou nomeação (Ministros e Secretários Estaduais e Municipais). Não obstante a sua condição de sujeitos ativos em potencial dos atos de improbidade, que se distinguem, como veremos, dos crimes de responsabilidade, os agentes políticos podem estar sujeitos, por imperativo constitucional, a uma sistemática específica para a perda da função pública, o que impedirá a aplicação dessa sanção pelo juízo monocrático.

Os agentes particulares colaboradores executam determinadas funções de natureza pública, por vezes de forma transitória e sem remuneração[91] (ex.: juízes leigos dos Juizados Especiais, jurados, mesários, escrutinadores, representantes da sociedade civil em conselhos[92] etc.), abrangendo, para os fins da Lei de Improbidade, aqueles que tenham sido contratados especificamente para o exercício de determinada tarefa ou para o oferecimento de um serviço público (ex.: concessionários e permissionários de serviços públicos).

---

[91] A Lei n. 9.608/1998 procurou regulamentar o serviço voluntário, tendo-o conceituado como a atividade não remunerada, prestada por pessoa física a entidade pública de qualquer natureza ou instituição privada para fins não lucrativos, que tenha objetivos cívicos, culturais, educacionais, científicos, recreativos ou de assistência social (art. 1º), não gerando vínculo empregatício (art. 1º, parágrafo único) e tendo como pressuposto a celebração de termo de adesão (art. 2º). Acresça-se, ainda, que a lei prevê a possibilidade de ressarcimento das despesas efetuadas (art. 3º). A Lei n. 10.029/2000 estabeleceu as normas gerais para a prestação voluntária de serviços administrativos e de serviços auxiliares de saúde e de defesa civil nas Polícias Militares e nos Corpos de Bombeiros Militares. Em linhas gerais, autorizou os Estados e o Distrito Federal a organizar tais atividades (art. 1º) e estatuiu que: a prestação dos serviços terá duração de até um ano, prorrogável, no máximo, por igual período (art. 2º); os voluntários devem ter entre dezoito e vinte e três anos de idade (art. 3º); os Estados e o Distrito Federal estabelecerão os demais requisitos exigidos (art. 4º); os voluntários receberão um auxílio mensal de natureza indenizatória, que não excederá dois salários mínimos e a prestação voluntária dos serviços não gera vínculo empregatício, nem obrigação de natureza trabalhista, previdenciária ou afim (art. 6º). A Lei n. 3.912/2002, do Estado do Rio de Janeiro, criou o "Voluntariado junto ao serviço público do Estado" (art. 1º), tendo disposto que quaisquer cidadãos, maiores de 16 (dezesseis) anos de idade, poderão se inscrever como voluntários para prestarem serviços junto aos diferentes órgãos do Poder Executivo (art. 2º), conforme regulamento a ser expedido por esta estrutura de poder (art. 5º).

[92] Os membros dos Conselhos Tutelares, remunerados ou não, em razão do vínculo de natureza temporária que mantêm com a Municipalidade, podem praticar atos de improbidade. A respeito, o TJRS já decidiu da seguinte forma: "Embargos infringentes. Ação civil pública. Conselheiro Tutelar. Inidoneidade moral. Perda do cargo. Para a configuração da improbidade administrativa do réu, deve ser atribuído o mesmo valor à palavra da vítima conferido aos crimes sexuais, porque o ato imputado é a prática de relação sexual com uma menor que buscava atendimento no Conselho Tutelar. O relato minucioso, detalhado e uniforme da adolescente no tocante ao ato, sem contradição nos pontos essenciais, assume relevante valor probante e autoriza a procedência da ação intentada pelo Ministério Público, porque em sintonia com os outros elementos de prova. Exclusão do embargante dos quadros do Conselho Tutelar confirmada. Embargos infringentes desacolhidos" (4º Grupo de Câmaras Cíveis, EI n. 70001523257, rel. Des. José Ataídes Siqueira Trindade, j. em 10/8/2001). A improbidade também estará caracterizada com a reiterada utilização irregular de veículo e de motorista do Conselho Tutelar para o atendimento de interesses particulares, o que denota enriquecimento ilícito (STJ, 1ª T., REsp n. 1.186.969/SP, rel. Min. Napoleão Nunes Maia Filho, j. em 19/9/2013, DJe de 5/11/2013).

Segundo Carvalho Filho[93], "são também considerados agentes particulares colaboradores os titulares de ofícios de notas e de registro não oficializados (art. 236, CF) e os concessionários e permissionários de serviços públicos". Hely Lopes Meirelles[94] fala em agentes delegados, entendendo que devem responder civil e criminalmente sob as mesmas normas da Administração Pública de que são delegados (art. 37, § 6º, da CR/1988 e art. 327 do CP), "pois não é justo e jurídico que a só transferência da execução de uma obra ou de um serviço originariamente público a particular descaracterize a sua intrínseca natureza estatal e libere o executor privado das responsabilidades que teria o Poder Público se o executasse diretamente".

Neste particular, a Lei n. 8.429/1992 adotou uma posição restritiva, não abrangendo, em seu art. 2º, aqueles que possuam vínculo com as concessionárias e permissionárias de serviços públicos que não tenham sido criadas ou custeadas pelo erário, ou que dele não recebam subvenções, benefícios ou incentivos. A execução de serviços públicos por meio de concessão, permissão ou autorização é forma de descentralização administrativa, não guardando sinonímia com a concepção de Administração indireta adotada pelo Decreto-Lei n. 200/1967 e referida no art. 1º da Lei n. 8.429/1992[95].

Com muita propriedade, Wallace Paiva Martins Júnior[96] observa que o art. 2º da Lei de Improbidade alcança todos aqueles que mantenham algum tipo de vínculo com o Poder Público, o que inclui os agentes públicos delegados, os quais desempenham uma função pública[97]. Acrescenta, em seguida, que por ser cogente a existência de uma relação com as entidades elencadas no art. 1º, a qual se estabelece entre o delegatário (administração pública direta ou indireta) e o delegado (pessoa física ou jurídica), somente não estarão sujeitos às sanções da Lei de Improbidade aqueles que mantenham relações com este último, vale dizer, seus empregados.

---

93 Ob. cit., p. 449.
94 Ob. cit., p. 71.
95 No mesmo sentido, Marino Pazzaglini Filho *et alii* (*Improbidade Administrativa, Aspectos Jurídicos da Defesa do Patrimônio Público* p. 47), Benedicto de Tolosa Filho (*Comentários...*, p. 53) e Fernando Rodrigues Martins (ob. cit., p. 79). Fábio Medina Osório (*Improbidade administrativa, observações sobre a Lei 8.429/1992*, p. 102), secundado por Rita Tourinho (*Discricionariedade...*, p. 151), após encampar tal entendimento, ressalta que "os serviços públicos típicos, submetidos a estrito regime de direito público, ainda que desempenhados por particulares, submetem-se, a meu ver, ao império da legislação repressora da improbidade, pois tais agentes podem praticar atos administrativos típicos no desempenho de suas funções. A exploração da telefonia, da energia, de serviços tipicamente administrativos, *v.g.*, licenciamento de automóveis, por particulares, enseja a incidência da lei de improbidade". *De lege ferenda*, esta posição merece ser acolhida; *de lege lata*, entendemos que não tem amparo no art. 2º da Lei 8.429/1992, não sendo possível que esta alcance os serviços públicos prestados por particulares em que não haja investimentos do erário.
96 *Probidade administrativa*, p. 244.
97 Como já decidiu o STJ, "hospitais e médicos conveniados ao SUS que, além de exercerem função pública delegada, administram verbas públicas, são sujeitos ativos dos atos de improbidade administrativa" (1ª T., REsp n. 416.329/RS, rel. Min. Luiz Fux, j. em 13/8/2002, *DJ* de 23/9/2002, p. 254).

Em sentido contrário, Carlos Frederico Brito dos Santos[98] sustenta que os empregados das empresas contratadas para o desempenho de atividades terceirizadas junto à administração pública efetivamente exercem uma *função pública* e com ela mantêm um *vínculo de natureza indireta*, o que, à míngua de qualquer restrição no art. 2º da Lei n. 8.429/1992, os conduz à condição de sujeitos ativos em potencial dos atos de improbidade. Não obstante a coerência dos argumentos, não nos parece que o sistema os recepcione.

Com efeito, destoa da lógica do razoável sujeitar o empregado de uma empresa privada, pelo simples fato de exercer temporariamente suas atribuições junto ao Poder Público, aos mesmos deveres dos agentes públicos sem norma que torne clara tal sujeição. Essa conclusão deflui da inexistência de qualquer liame com o Poder Público, já que o vínculo é restrito à empresa que os contratou e que estabeleceu as diretrizes a serem observadas no desempenho de suas funções. *Vínculo indireto*, em verdade, soa como mero eufemismo, pois vínculo nunca ouve. E ainda, a coerência desse raciocínio exigiria a sua aplicação em outras vertentes, o que certamente romperia com a coerência do sistema. À guisa de ilustração, pode ser mencionada a extensão da vedação à acumulação de cargos públicos, prevista no art. 37, XVI, da Constituição da República, aos servidores públicos que, concomitantemente, sejam empregados de empresas privadas que prestem serviços ao Poder Público, o que, induvidosamente, não tem amparo no texto constitucional. As normas sancionadoras, a exemplo daquelas que instituam exceções à regra geral, devem ser interpretadas de forma a mantê-las em harmonia com o sistema e a não ampliar indiscriminadamente o seu alcance. Os sujeitos ativos do ato de improbidade são individualizados a partir da identificação do sujeito passivo, e o art. 1º da Lei n. 8.429/1992, decididamente, não encampa a administração descentralizada na amplitude sugerida.

Ainda sob a ótica da classificação dos sujeitos ativos dos atos de improbidade, servidores públicos são aqueles que, qualquer que seja o regime jurídico a que estejam submetidos, possuem um vínculo permanente com os entes estatais da administração direta ou indireta, desempenham funções próprias destes ou outras úteis à sua consecução e são remunerados por seus serviços, estando aqui incluídos os membros do Ministério Público, do Poder Judiciário e dos Tribunais de Contas.

Os servidores públicos podem ser subdivididos em duas categorias básicas: a dos servidores civis e a dos militares. A Constituição da República, em sua redação original, utilizava a nomenclatura "servidores públicos civis" e "servidores públicos militares". Com a promulgação da EC n. 18, de 5 de fevereiro de 1998, a primeira categoria passou a ser denominada de "servidores públicos"[99], enquanto à segunda foi dispensado o tratamento de "Militares dos Estados, do Distrito Federal e dos Territórios"[100]. De forma correlata a esta

---

98 *Improbidade administrativa*: reflexões sobre a Lei n. 8.429/1992, p. 8-10.
99 Arts. 39 a 41 da CR/1988.
100 Art. 42 da CR/1988. Este dispositivo encontra-se inserido no Capítulo VII, Título II, da Constituição da República, cuja epígrafe é: "Da Administração Pública".

última categoria, possuem disciplina autônoma, mas com diversos pontos de contato, os militares das Forças Armadas mantidas pela União Federal (art. 142, § 3º, da CR/1988).

É relevante observar que a alteração de ordem semântica introduzida pela EC n. 18 não tem o condão de alterar a natureza dos institutos. Assim, apesar de não mais serem intitulados de *servidores públicos,* os militares dos Estados, a exemplo daqueles que integram as Forças Armadas, devem ser considerados como tais[101], pois prestam serviços de natureza eminentemente pública, possuem vínculo funcional com os entes da Federação e são remunerados por estes pela atividade desempenhada. O ingresso no serviço militar se dá por meio de recrutamento ou de concurso, sendo a carreira estruturada em patentes, para os oficiais, e graduação para os praças. O principal elemento que os diferencia dos servidores civis consiste na intensa e inafastável obediência à hierarquia e à disciplina.

Na individualização dos atos de improbidade atribuídos a servidores públicos militares, devem ser devidamente valoradas algumas especificidades do regime militar, como a intensa disciplina e a inarredável hierarquia[102]. Isto não significa, obviamente, que toda e qualquer ordem, ainda que manifestamente ilegal, deva ser prontamente atendida; o que se afirma, em verdade, é que tais especificidades, em alguns casos, exercerão grande influência na formação do elemento volitivo do subordinado, máxime quando os envolvidos ocupem extremos distintos da escala hierárquica, como ocorre com os oficiais superiores e as praças. A possível responsabilização do subordinado exige seja devidamente considerada a sua percepção quanto à ilegalidade do ato, que deve ser aparente; a sua má-fé, anuindo ao propósito ilícito e agindo de forma dissociada da satisfação do interesse público; e a exigibilidade de conduta diversa, denotando que o descumprimento da ordem seria o comportamento normal não só aos olhos do *homo medius,* como, também, para o subordinado, isto em razão das especificidades da situação concreta.

Outra singularidade em relação aos militares diz respeito à fecunda utilização de ordens verbais, que podem afastar a responsabilização do subordinado mesmo que seus atos afrontem a regulamentação interna da unidade[103].

Por derradeiro, agentes meramente particulares são aqueles que não executam nenhuma função de natureza pública e mantêm um vínculo com o ente recebedor de nume-

---

101 A possibilidade de os servidores militares praticarem atos de improbidade não passou despercebida ao legislador ordinário, o qual, ao disciplinar a representação que veiculasse atos de improbidade, dispôs, no art. 14, § 3º, da Lei n. 8.429/1992 que: *Atendidos os requisitos da representação, a autoridade determinará a imediata apuração dos fatos que, em se tratando de servidores federais, será processada na forma prevista nos arts. 148 e 182 da Lei n. 8.112, de 11 de dezembro de 1990, e,* **em se tratando de servidor militar, de acordo com os respectivos regulamentos disciplinares** (destaque nosso).

102 Ressalte-se que não há hierarquia em relação às comissões de licitação, que, pelas próprias características da atividade desenvolvida, possuem total independência em sua atuação.

103 Nesse sentido: TCU, 2ª Câmara, Acórdão n. 638/2001, rel. Min. Lincoln Magalhães da Rocha, j. em 30/10/2001, *DOU* de 12/11/2001.

rário público (ex.: sócio-quotista de empresa beneficiária de incentivos fiscais, empregado desta etc.)[104]. Estes últimos não realizam nenhuma atividade no âmbito dos denominados *Poderes Estatais*, não se submetem ao regime jurídico próprio dos servidores públicos, não estão sujeitos às limitações que alcançam àqueles (como as incompatibilidades, as inelegibilidades etc.), mas submetem-se à disciplina da Lei n. 8.429/1992.

O particular que receba subvenções ou incentivos do Poder Público para a realização de determinada atividade de interesse público, em rigor lógico, não exerce "mandato, cargo, emprego ou função" junto aos sujeitos passivos em potencial dos atos de improbidade administrativa. Não é enquadrado, portanto, no art. 2º da Lei n. 8.429/1992[105].

Como derivação lógica do sistema da Lei n. 8.429/1992, não bastará a identificação da condição de agente público e do correspondente vínculo com um dos sujeitos passivos em potencial dos atos de improbidade para que possa ser divisada a prática de atos de improbidade. É necessário, ainda, que o indivíduo pratique o ato em razão de sua especial condição de agente público. Nesta linha, não praticará ato de improbidade aquele que, *verbi gratia*, seja servidor de uma unidade da Federação e, estando de férias, danifique bens pertencentes a ente de outra unidade. Obviamente, neste singelo exemplo, a condição de agente público não apresentou qualquer relevância para a prática do ato, já que desvinculado do exercício funcional[106]. Tratando-se, por exemplo, de agente que revela segredo funcional durante suas férias, não haverá dúvidas quanto à incidência do art. 11, III, da Lei n. 8.429/1992.

O Superior Tribunal de Justiça[107] afastou a incidência da Lei n. 8.429/1992 em relação à conduta de agente público que subtraiu cartão de abastecimento de veículos, em poder de outro agente, quando este se encontrava no horário de almoço. Assim entendeu em razão da *ausência de nexo causal entre a conduta ilegal e o exercício das funções inerentes à relação empregatícia*.

Como a atribuição do ato a um servidor público é requisito imprescindível à incidência da Lei n. 8.429/1992, é factível que a imputação realizada na petição inicial há de en-

---

104 Na esfera penal, decidiu o STJ que, para os fins do art. 327, § 1º, do CP, "o conceito de agente público se estende aos médicos e administradores de entidade hospitalar privada que administram recursos públicos provindos do Sistema Único de Saúde", consubstanciando a figura do "agente público por equiparação" (6ª T., REsp n. 412.845/RS, rel. Min. Hamilton Carvalhido, j. em 25/6/2004, *DJU* de 6/12/2004, p. 374).

105 O TRF da 2ª Região decidiu que não responde por ato de improbidade o particular que "deu destinação irregular às verbas públicas captadas na forma da Lei n. 8.313/1991 (Lei Rouanet) para produzir filme, na medida em que não houve qualquer atuação de agente público" (8ª T. Especializada, AP n. 200751010233408/RJ, rel. Juiz Convocado Marcelo Pereira da Silva, *DJU* de 7/7/2008). No mesmo sentido, honrando-nos com a citação: STJ, 1ª T., REsp n. 1.405.748/RJ (Caso Guilherme Fontes), rel. p/acórdão Min. Regina Helena Costa, j. em 21/5/2015, *DJe* de 17/8/2015.

106 A matéria voltará a ser abordada por ocasião do estudo da improbidade no âmbito do Direito do Trabalho, seara em que tem sido admitida a demissão do empregado, por justa causa, em razão de atos desvinculados da relação de emprego.

107 1ª T., REsp n. 1.406.267/RN, rel. Min. Napoleão Nunes Maia Filho, j. em 8/10/2013, *DJe* de 24/10/2013.

contrar ressonância na sentença condenatória. Caso o ato de improbidade seja imputado ao agente público em concurso com um terceiro, a absolvição do primeiro acarretará, necessariamente, a absolvição do segundo. Embora seja perfeitamente possível que o particular pratique um ato ilícito sem o concurso do agente público, esse ato será enquadrado em diploma outro que não a Lei n. 8.429/1992[108].

2.1. Agentes de Fato

Não raro ocorrerá que determinadas atividades estatais venham a ser exercidas por agentes que não tenham ingressado no serviço público por uma investidura regular. Em casos tais, deve ser perquirido se estes agentes estarão sujeitos aos ditames da Lei n. 8.429/1992.

Como foi dito, em linha de princípio, somente os agentes que mantenham uma relação jurídica de natureza funcional com as entidades enumeradas no art. 1º da Lei de Improbidade estarão sujeitos às suas prescrições. Para os fins desta exposição, consideramos relação jurídica todo vínculo mantido entre o agente e o sujeito passivo do ato de improbidade, em que haja voluntariedade em sua origem e que verse sobre um objeto lícito.

Assim, os denominados agentes de fato, em contraposição aos agentes de direito, somente serão considerados agentes públicos (para os fins da Lei de Improbidade) quando assumirem tal posição por força de ato voluntário do ente lesado, tendo por fim a consecução, ainda que dissimulada, de um objeto lícito. Não sendo identificado um vínculo com o ente lesado, ter-se-á a possível configuração do crime de usurpação de função pública[109], o qual sujeitará o agente a sanções outras que não aquelas previstas na Lei n. 8.429/1992.

Os agentes de fato passíveis de praticar atos de improbidade (*rectius*: os que possuem algum tipo de vínculo) podem ser subdivididos em duas categorias: os agentes necessários e os putativos. São agentes necessários aqueles que, em colaboração e com a aquiescência do Poder Público, executam determinada atividade em situação excepcional (*v.g.*: calamidade pública, guerra etc.). Agentes putativos são todos aqueles que, embora não tenham sido investidos com estrita observância do procedimento previsto em lei, desempenham uma atividade pública com a presunção de legitimidade (*v.g.*: agente admitido em cargo efetivo sem a realização de concurso público etc.)[110].

---

108 Nesse sentido: STJ, 2ª T., AgRg no AREsp n. 574.500/PA, rel. Min. Humberto Martins, j. em 2/6/2015, *DJe* de 10/6/2015; e 2ª T., REsp n. 896.044/PA, rel. Min. Herman Benjamin, j. em 16/9/2010, *DJe* de 19/4/2011.
109 Art. 328 do CP.
110 No mesmo sentido, BIELSA, Rafael. *Derecho administrativo*, t. III, p. 46. Nas palavras do publicista argentino, para que seja reconhecida a condição de "funcionario de hecho, es necesario que haya: 1º, una función legal; 2º que quien la ejerce no tenga el cargo asignado legalmente (según nuestro sistema, podemos decir designado constitucionalmente); 3º, que el ejercicio de esa función tenga una presunción general de legitimidad".

2.2. Hierarquia Administrativa e Dever Jurídico de Fiscalizar

A administração pública é organizada com a formação de escalonamentos funcionais, os quais são informados por um princípio de hierarquia, que se desenvolve, em linha ascendente, a partir dos agentes dotados de pouco ou nenhum poder de decisão, até atingir o ápice da estrutura organizatória, ocupado pela autoridade máxima da entidade.

Em razão desta forma de organização, o superior hierárquico tem o dever jurídico de fiscalizar a atividade desenvolvida pelo agente que se encontra em um plano inferior, o que, observada a escala de ascendência acima referida, se exaurirá com a função fiscalizatória desempenhada pelo dirigente que ocupa o mais alto posto da estrutura administrativa, que estará sujeito a formas outras de controle que não as advindas do exercício do poder hierárquico.

A atividade dos subordinados informa e viabiliza a atividade dos superiores, e a competência dos últimos engloba a competência daqueles, o que permite aos superiores hierárquicos revogar ou anular os atos de seus subordinados a bem do serviço, apresentando-se como verdadeiros fiscais natos da juridicidade dos atos administrativos.

O descumprimento do dever de fiscalizar acarretará a responsabilidade do agente, sempre que sua omissão, por força da hierarquia funcional, assumir contornos juridicamente relevantes, contribuindo para o enriquecimento ilícito de seu subordinado[111], para a causação de dano ao patrimônio público ou para o descumprimento dos princípios regentes da atividade estatal.

Note-se que a omissão juridicamente relevante do superior hierárquico poderá se manifestar tanto quando tenha tido conhecimento do obrar do ímprobo e opta por permanecer inerte, como na hipótese em que tenha tão somente negligenciado em seu dever jurídico de fiscalizar. Enquadram-se nessa última perspectiva de análise os atos que, embora praticados pelo antecessor do agente, continuem a produzir efeitos durante a sua gestão (*v.g.*: Prefeito Municipal contrata servidores públicos sem concurso, tendo o sucessor o dever jurídico de demiti-los)[112].

---

[111] Nas palavras do Padre António Vieira, "aquelle, que tem obrigação de impedir que se não furte, se não o impediu, fica obrigado a restituir o que se furtou. E até os príncipes, que por sua culpa deixarem crescer os ladrões, são obrigados á restituição; por quanto as rendas com que os povos os servem e assistem, são como estipêndios instituídos e consignados por elles, para que os príncipes os guardem e mantenham em justiça" (Sermão do Bom Ladrão, in *Obras Completas do Padre António Vieira*, v. V, Porto: Livraria Chardron, 1907, p. 65).

[112] Entendendo caracterizada a boa-fé, o STJ afastou a responsabilidade de Presidente de Câmara dos Vereadores que manteve nos cargos servidores públicos contratados por seu antecessor sem concurso público: 2ª T., REsp n. 514.820/SP, rel. Min. Eliana Calmon, j. em 5/5/2005, *DJ* de 6/6/2005. Em outra oportunidade, o Tribunal entendeu caracterizada a improbidade administrativa na conduta de vereadores que eram coniventes, com a ausência ao serviço, dos servidores colocados à sua disposição, que continuavam a receber a respectiva remuneração (2ª T., REsp n. 1.025.300/RS, rel. Min. Eliana Calmon, j. em 17/2/2009, *DJe* de 2/6/2009).

O princípio hierárquico e o dever jurídico de fiscalizar que lhe é inerente evidenciam que a escusa do desconhecimento deve ser recebida com grande cautela. Afinal, não é incomum que os ocupantes do alto escalão de poder simplesmente argumentem que desconheciam as atividades ilícitas dos seus subordinados, de modo a eximir-se de responsabilidade. Inerente ao dever de fiscalizar encontra-se o dever de se inteirar da atividade desenvolvida, sendo inconcebível qualquer fiscalização com desconhecimento do objeto fiscalizado. Por outro lado, esse dever somente surge nos limites do razoável, não podendo ser transmudado em justificativa para a responsabilidade objetiva ou, mesmo, assumir proporções inexequíveis para o *homo medius*, principalmente em se tratando de complexas estruturas orgânicas. O ponto de equilíbrio será encontrado a partir de alguns fatores indiciários, como a demonstração da participação direta do superior hierárquico na escolha do subordinado (*v.g.*: com a nomeação para a ocupação de cargo em comissão); a proximidade, na estrutura orgânica, entre o superior hierárquico e o responsável pela prática do ato; a importância desse ato para o regular funcionamento da atividade administrativa, o que justificaria a maior atenção sobre ele; a previsibilidade do ato a ser praticado e do resultado lesivo dele resultante; as notícias levadas ao conhecimento do superior hierárquico por terceiros etc.

No direito norte-americano, merece referência a *willful blindness doctrine* (doutrina da cegueira deliberada)[113], invocada nas situações em que o agente procura evitar a sua responsabilização por um ato ilícito mantendo-se deliberadamente distante dos fatos que possam acarretar a sua responsabilização. Nesse caso, o distanciamento costuma ter o propósito de permitir a obtenção de vantagens indevidas, mas dificultar a formação da cadeia de causalidade.

Identificada a omissão e restando demonstrado que ela contribuiu para o advento do resultado final, já que o agente poderia evitá-lo ou minorar-lhe as consequências, e havendo correspondência entre o elemento subjetivo e a tipologia legal dos atos de improbidade, estará ele sujeito às sanções do art. 12 da Lei n. 8.429/1992, especialmente à reparação do dano[114].

---

113 A Suprema Corte norte-americana aplicou essa teoria no caso *Global Tech Applicances, Inc. v. Seb S.A.* (563 U.S. ___, 2011), em que se discutia a inobservância da legislação de patentes, máxime do dever jurídico de verificar se determinada ação colidia com patente pré-concedida. Na doutrina, *vide*: WERHANE, Patricia H, HARTMAN, PINIUS, Laura, ARCHER, Crina, ENGLEHARDT, Elaine E. e PRITCHARD, Michael S. *Obstacles to Ethical Decision-Making*, p. 122-123.

114 "Administrativo. Ação civil pública. Improbidade administrativa. Responsabilidade solidária do gestor público. Responde pelos prejuízos causados ao erário, solidariamente, tanto o servidor, beneficiado pela irregularidade, como o Prefeito Municipal, na qualidade de gestor dos gastos públicos, tendo conhecimento do ato ilegal, causador do dano sujeito a reparação. Sentença parcialmente reformada. Apelação provida" (TJRS, 3ª CC, AP n. 598331445, rel. Des. Luiz Ari Azambuja Ramos, j. em 11/3/1999). O art. 70, § 4º, da CR/1988 tem o seguinte teor: "Os responsáveis pelo controle interno, ao tomarem conhecimento de qualquer irregularidade ou ilegalidade, dela darão ciência ao Tribunal de Contas da União, sob pena de responsabilidade solidária".

Embora haja completa dissociação entre a omissão do agente e o resultado do ato de improbidade praticado por outro agente público, também será perquirida sua responsabilidade sempre que restar caracterizada a subsunção da conduta ao tipo do art. 320 do CP[115], já que o ilícito penal é indício veemente da improbidade.

Do mesmo modo, ainda que não se vislumbre a existência de subordinação hierárquica entre o agente que constatou a prática do ilícito e o respectivo autor, a responsabilidade daquele estará presente sempre que deixar de comunicar o fato à autoridade competente para aferi-lo, já que tal obrar configura o crime de condescendência criminosa e, *ipso facto*, o ato de improbidade.

2.2.1. Delegação de funções administrativas

A delegação de funções é considerada um mecanismo discricionário de desconcentração administrativa, do que resulta a pulverização de uma esfera de atuação inicialmente concentrada, com o aumento da celeridade e da eficiência, isto em razão da possibilidade de a delegação recair sobre agentes dotados de maior grau de especialização e proximidade com a realidade fática.

Além de individualizar as autoridades delegante e delegada, o ato de delegação deve definir as competências objeto de delegação, que serão descritas de forma genérica, isto porque a autoridade delegada age autonomamente, não como representante da autoridade delegante[116]: o que se delega é o exercício da função, fixando uma nova regra de atribuição, não a obrigação de chancelar uma decisão previamente tomada. De qualquer modo, havendo dissonância entre os anseios da autoridade delegante e o modo de exercício das funções delegadas, não há óbice à cassação, a qualquer tempo, do ato de delegação, já que este não fez cessar a competência originária. Por remanescer a atribuição originária do delegante, somente os órgãos por ele autorizados podem praticar os atos situados nessa esfera, o que afasta a legitimidade da delegação.

Note-se que a possibilidade de delegação independe de norma expressa que a autorize. É ínsita e inseparável da norma que delimita a competência originária, tendo como restrição única as atribuições cuja natureza seja incompatível com o seu exercício por órgão diverso (*v.g.*: a iniciativa legislativa).

---

115 Condescendência criminosa. Art. 320 do Código Penal: "Deixar o funcionário, por indulgência, de responsabilizar subordinado que cometeu infração no exercício do cargo ou, quando lhe falte competência, não levar o fato ao conhecimento da autoridade competente."

116 Como afirmado por Caio Tácito (Delegação de competência, in *Repertório Enciclopédico do Direito Brasileiro*, v. XV, p. 155), "embora atuando em consequência da delegação recebida, o delegado age, autonomamente, segundo seu próprio entendimento. A delegação não se confunde com a representação. O delegado não age em nome e em lugar do delegante, mas atua por força de competência legal que lhe foi transferida".

Realizada a delegação, será a autoridade delegada, não a delegante, a responsável pelos atos praticados, constatação que apresenta singular importância na individualização do juízo competente para processar e julgar as ações que se insurjam contra o ato[117]. Por identidade de razões, poderá o delegante, em sede de recurso hierárquico, conhecer das irresignações recursais apresentadas contra os atos praticados com base na delegação, isto apesar de a atribuição originária continuar a ser sua.

Considerando a autonomia que caracteriza a atuação da autoridade delegada, em linha de princípio, qualquer ilicitude que venha a ser praticada será a ela imputada, não à autoridade delegante[118]. Como exceções, temos a influência de fatores exógenos, demonstrando que o ato, conquanto formalmente atribuído ao delegado, foi direcionado pela autoridade delegante, que se valeu de interposta pessoa para a sua prática. Nesse caso, o delegante tanto poderá figurar como terceiro, sempre que induzir o delegado ou concorrer para a prática do ato, como poderá absorver a sua própria autoria, bastando seja demonstrado que o ato de delegação teve como fim, único e exclusivo, simular uma situação jurídica de todo insubsistente.

A responsabilidade da autoridade delegante também poderá ser perquirida quando a delegação se mostrar juridicamente impossível, sendo objeto de vedação expressa, ou, mesmo, faticamente inexecutável, vale dizer, quando o delegado não possua a aptidão mínima para a consecução dos objetivos almejados.

2.3. Advogados

Discorrendo sobre os sujeitos ativos dos atos de improbidade, sustentava Fábio Medina Osório[119] que o advogado, por exercer um *munus* público, atuar junto ao Poder Judiciário e ser essencial à prestação jurisdicional, estará sujeito às sanções da Lei n. 8.429/1992 em praticando os atos enquadrados na tipologia legal e que "digam respeito diretamente com a distribuição da Justiça".

Não obstante a coerência dessa linha de argumentação, entendemos que o conceito de agente público encampado pela Lei n. 8.429/1992, em que pese sua amplitude, não alcança os advogados.

---

117 Eis o teor do Enunciado 510 da Súmula da Jurisprudência Predominante do STF: "Praticado o ato por autoridade, no exercício de competência delegada, contra ela cabe o mandado de segurança ou a medida judicial".

118 "Convênio, cuja higidez é questionada, assinado por autoridade delegada, não atrai a responsabilidade da autoridade delegante" (STJ, REsp n. 1.294.281/RJ, rel. Min. César Asfor Rocha, j. em 26/6/2012, *DJe* de 2/8/2012).

119 *Improbidade administrativa...*, p. 102. Em momento posterior, o autor passou a sustentar que o advogado não está sujeito ao dever de probidade administrativa contemplado na Lei n. 8.429/1992 (*Teoria da improbidade administrativa*. São Paulo: Revista dos Tribunais, 2007, p. 206).

A advocacia, como se sabe, é atividade privativa dos inscritos na Ordem dos Advogados do Brasil[120], tendo esta instituição a natureza de serviço público[121], não mantendo qualquer vínculo, funcional ou hierárquico, com os órgãos da administração pública[122].

Frise-se, ainda, conforme preceitua o art. 2º, § 1º, da Lei n. 8.906/1994, que, "no seu ministério privado, o advogado presta serviço público e exerce função social". À luz destes elementos, conclui-se que o advogado exerce atividade privada, somente possui vínculo (de natureza legitimadora e disciplinar) com a OAB e esta não apresenta qualquer liame com a administração pública, o que, sob esta ótica, afasta a possibilidade de qualificá-lo como um dos sujeitos ativos dos atos de improbidade.

Resta examinar se o serviço público e a função social exercida junto ao Poder Judiciário guardam similitude com as figuras do art. 2º da Lei de Improbidade. Ainda aqui, não vislumbramos a possibilidade de serem aplicadas ao advogado as sanções da Lei n. 8.429/1992.

Em abono desse entendimento, afigura-se oportuno lembrar a lição de Rafael Bielsa[123] ao tecer comentários sobre o que se deve entender por função pública. Dizia o jurista: "Para responder a isto é necessário distinguir a noção geral e comum de *função pública* dentro de um poder do Estado do que é função pública fora desse poder, porém necessária para a constituição mesma dos poderes, como a de eleger, no regime representativo, ou, ainda, aprovar decisões (*referendum*) ou a continuidade do desempenho do cargo no tocante a certos funcionários (recurso de destituição), ou a validade ou legitimidade de certos atos, mediante a 'ação popular'. Na ordem política, é possível realizar funções públicas sem ser funcionário no sentido de órgão do Estado; tal é a função do sufrágio. Com efeito, o cidadão eleitor contribui com o seu voto, ou seja, com a sua vontade, para a formação efetiva dos poderes, ao designar as pessoas que devem exercê-los. É evidente que se trata de um poder político, que como tal se atribui e se exerce de acordo com um regime legal. É uma função necessária, porque, se não fosse exercida, os poderes ficariam, praticamente, acéfalos, ou sem os órgãos vivos que deveriam exprimir a vontade do Estado. Dado, pois, esse caráter de necessidade, regularidade, legalidade da atividade do eleitor, para assegurar a continuidade do Estado, é impossível deixar de considerar o sufrágio como função pública, embora o eleitor não seja funcionário no sentido da atividade pessoal posta ao serviço do Estado, em forma permanente"[124].

Partindo-se da substanciosa lição do publicista argentino, constata-se que o advogado efetivamente exerce uma "função pública", sendo indispensável à administração da

---

120 Art. 3º, *caput*, da Lei n. 8.906/1994.
121 Art. 44, *caput*, da Lei n. 8.906/1994.
122 Art. 44, § 1º, da Lei 8.906/1994.
123 A ação popular e o poder discricionário da administração, *RF* 157/34, 1955.
124 Sobre o voto como exercício de uma função pública: SCHMITT, Carl. *Teoría de la Constitución (Verfassungslehre)*. Trad. de Francisco Ayala, Madrid: Alianza Editorial, 2003, p. 248.

justiça e, por via reflexa, à própria consecução da atividade finalística do Poder Judiciário[125]. No entanto, esta "função pública" não guarda similitude com aquela prevista no art. 2º da Lei n. 8.429/1992, já que esta última pressupõe a existência de uma relação jurídica de natureza funcional com as entidades elencadas no art. 1º da Lei de Improbidade.

Essa relação jurídica se caracteriza como um vínculo mantido entre o agente e o sujeito passivo do ato de improbidade, em que haja voluntariedade em sua origem e que verse sobre um objeto lícito. O advogado, a exemplo do eleitor e do próprio autor de uma ação popular, exerce uma "função pública", mas, por não possuir nenhum vínculo com a administração pública, não estará sujeito às cominações da Lei de Improbidade.

Acaso fosse encampada a sistemática de alguns países do Europa, nos quais o *munus* a ser desempenhado pelo advogado pressupõe a antecedência de um vínculo com o Poder Público, inclusive com a necessidade de aprovação em concurso público, outra poderia ser a solução, mas tal não ocorre no Brasil.

Por óbvias razões, existindo vínculo entre o advogado e um dos sujeitos passivos em potencial dos atos de improbidade, aplicável será a regra do art. 2º da Lei n. 8.429/1992, sendo ele considerado agente público para todos os fins. A consubstanciação da improbidade, no entanto, pressupõe que o ato tenha sido analisado em conformidade com as peculiaridades da profissão, em especial a independência na livre valoração dos fatos e na adoção das medidas que entenda adequadas ao caso. Fosse outra a solução, a imensa maioria dos causídicos que defendem as pessoas jurídicas de direito público deveria ser considerada ímproba, pois o insucesso nas demandas judiciais e o prejuízo ao erário são constantes, o que decorre do fato de o Poder Público ser um dos principais descumpridores da lei em nosso País[126].

2.4. Árbitros

Buscando conferir maior celeridade e, por via reflexa, maior efetividade, à solução dos conflitos de interesses, o legislador pátrio, na senda de inúmeros outros países, redimensionou o instituto da arbitragem.

O outrora denominado *compromisso*, na forma em que disciplinado pelo Código Civil de 1916[127], era estruturado como um pacto acessório escrito, por meio do qual as pessoas capazes de contratar louvavam-se em árbitros para a solução de suas pendências judiciais ou extrajudiciais. Esse pacto, normalmente denominado de cláusula compromissória ou *pactum de compromittendo*, ensejava o surgimento de uma obrigação de fazer, cuja ineficácia

---

125 Parece ser neste sentido que Eduardo Couture (*Fundamentos del Derecho Procesal Civil*, p. 30) afirmava que o cidadão, ao ajuizar uma ação, desempenhava uma função pública, pois, com ela, buscava a vigência efetiva do direito.

126 O tema será objeto de nova abordagem no item 11 do Capítulo IX, em que é apreciada a questão do ato administrativo fundado em parecer técnico equivocado.

127 Arts. 1.037 *usque* 1.048.

era quase total, pois não obstava o acesso ao órgão jurisdicional competente para o exame da controvérsia. Por essa razão, não obstante celebrado o pacto, escolhido o árbitro e dirimido o conflito, poderia a parte que se sentisse prejudicada pleitear a desconstituição dos atos praticados junto ao Poder Judiciário. Esse dogma, aliás, parecia intocável, pois não se mostrava possível subtrair ao exame do Poder Judiciário qualquer lesão ou ameaça a direito.

Desvinculando-se das vetustas amarras da cláusula compromissória, foi editada, em 23 de setembro de 1996, a Lei n. 9.307, que *dispõe sobre a arbitragem* e foi objeto de sensíveis alterações pela Lei n. 13.129, de 26 de maio de 2015. O principal avanço do referido diploma legal foi contemplado em seu art. 18: "O árbitro é juiz de fato e de direito, e a sentença que proferir não fica sujeita a recurso ou a homologação pelo Poder Judiciário". Examinando a compatibilidade desse preceito com a regra do art. 5º, XXXV, da Constituição da República, o Supremo Tribunal Federal terminou por reconhecer a impossibilidade de o Poder Judiciário rever a sentença arbitral[128]. Com isto, conferiu-se perspectivas de efetividade a esse instrumento de pacificação social[129].

Os árbitros e os tribunais arbitrais desempenham atividade de natureza essencialmente privada, não mantendo qualquer vínculo ou relação de subordinação com o Poder Público. Para assegurar a fiel execução do *munus* que lhes é outorgado, devem proceder com "imparcialidade, independência, competência, diligência e discrição"[130]. Além disso, estão sujeitos às normas que definem as hipóteses de suspeição e impedimento dos juízes[131], tendo "o dever de revelar, antes da aceitação da função, qualquer fato que denote dúvida justificada quanto à sua imparcialidade e independência"[132]. Em que pese à ausência de vínculo com o Poder Público, a natureza da atividade desenvolvida aconselhou a extensão, aos árbitros, do mesmo sistema de responsabilidade penal a que estão sujeitos os funcionários públicos. Segundo o art. 17 da Lei n. 9.307/1996, "os árbitros, quando no exercício de suas funções ou em razão delas, ficam equiparados aos funcionários públicos, para os efeitos da legislação penal". Essa norma de adequação típica é necessária na medida em que os árbitros, apesar de exercerem uma relevante função pública (*rectius*: de interesse público), não são e não podem ser confundidos com funcionários públicos. No entanto, no exercício da função, estarão sujeitos às mesmas normas penais incriminadoras que incidem sobre aqueles (*v.g.*: crimes de concussão, corrupção, prevaricação etc.).

---

128 STF, Pleno, AGRG/SE n. 5.206, rel. Min. Sepúlveda Pertence, j. em 12/12/2001, *Inf.* n. 254.
129 Apesar de não integrarem o Poder Judiciário, as sentenças proferidas pelos árbitros constituem títulos executivos judiciais (art. 515, VII, do CPC/2015, e art. 475-N, IV, do CPC/1974, com a redação dada pela Lei n. 11.232/2005), o que, não obstante o designativo utilizado, é mera consequência da impossibilidade de serem revistas por um órgão jurisdicional e da definitividade que ostentam.
130 Art. 13, § 6º, da Lei n. 9.307/1996.
131 Art. 14, *caput*, da Lei n. 9.307/1996.
132 Art. 14, § 1º, da Lei n. 9.307/1996.

O sistema de responsabilização penal a que estão sujeitos os árbitros é digno de encômios, pois, ressalvada a ausência do poder de coerção, suas decisões terão relevância semelhante àquelas emanadas dos órgãos jurisdicionais, o que torna induvidosa a importância de sua atividade no contexto social. A única crítica que deve ser feita ao art. 17 da Lei n. 9.307/1996 reside na ausência de qualquer referência à Lei de Improbidade Administrativa.

O fato de os árbitros estarem sujeitos à legislação penal concernente aos funcionários públicos não legitima a tese de que devem ser considerados como tais para todos os efeitos legais. A uma, não fosse a regra do art. 17 da Lei n. 9.307/1996 seria injurídico submetê-los ao mesmo tratamento jurídico dispensado aos funcionários públicos, pois com estes não se identificam. A duas, o disposto no art. 17 tem alcance eminentemente restrito, sendo expresso ao dispor que a equiparação com os funcionários públicos se dá *para os efeitos da legislação penal*. A três, os árbitros não mantêm qualquer tipo de vínculo com a administração direta ou indireta, ou mesmo com entidades que recebam recursos do erário, logo, não são considerados agentes públicos para os fins do art. 2º da Lei n. 8.429/1992. A quatro, a relação entre o *plus* da legislação penal e o *minus* da legislação civil é insuficiente para legitimar uma conclusão *a fortiori*, pois tal raciocínio importaria em uma simbiose não autorizada entre sistemas dotados de individualidade própria. A cinco, apesar da incongruência resultante da correta exegese do art. 17 da Lei n. 9.307/1996, não nos parece possível a utilização da analogia nessa seara, máxime por acarretar a aplicação de severas sanções a quem reconhecidamente não é agente público – apesar de ser tratado como tal na esfera penal[133].

A exemplo do que dissemos em relação aos advogados, os árbitros efetivamente exercem uma função pública (*rectius*: de interesse público), mas sua conduta não pode ser valorada à luz da Lei de Improbidade. *De lege ferenda*, é aconselhável que a incongruência detectada no art. 17 da Lei n. 9.307/1996 seja remediada, com a consequente extensão aos árbitros, em face da relevância social de sua atividade, do mesmo sistema a que estão sujeitos os demais agentes públicos.

---

133 Sobre a impossibilidade de aplicação da analogia com o fim de viabilizar a incidência de normas sancionadoras, merece ser lembrado o seguinte precedente do STF: "Processo-Crime – Ficção Jurídica – Interpretação de Normas. As normas que encerram ficção jurídica, equiparando cidadãos, hão de ser interpretadas de forma estrita. Norma Penal – Definição do Agente. Natureza. A norma há de ser tomada como exaustiva, conflitando com o sistema pátrio revelador do Direito Penal concluir, sob o ângulo da definição do agente, que lei nova apenas veio a explicitar o que implícito na primitiva. Crime contra a Administração Pública – Artigo 327 do Código Penal. A equiparação a servidor público de quem trabalha para empresa prestadora de serviço contratada ou conveniada para a execução de atividade típica da administração pública somente ocorreu com a vigência da Lei n. 9.983/2000, sendo descabido entender-se implícita a abrangência do preceito, considerada a redação primitiva, no que alcançados os servidores públicos e os exercentes de cargo, emprego ou função em entidade paraestatal" (1ª T., HC n. 88.380/RS, rel. Min. Marco Aurélio, j. em 9/3/2004, *DJU* de 30/4/2004, p. 50).

2.5. Delegatários das Serventias do Registro Público

Em linhas gerais, os serviços notariais e de registro estão disciplinados na Lei n. 8.935/1994, que regulamentou o art. 236 da Constituição da República. Trata-se de atividades delegadas que são desempenhadas por profissionais do Direito[134], dotados de fé pública, que, a depender da especificidade do serviço, recebem a designação de notário ou tabelião e oficial de registro ou registrador.

Tais atividades são prestadas em caráter privado, mas com estrita fiscalização do Poder que as delega[135], o que é derivação lógica de sua natureza e da importância que ostentam perante o organismo social. A delegação pressupõe, dentre outros requisitos, a prévia habilitação em concurso público de provas e títulos[136], realizado pelo Poder Judiciário, com a participação, em todas as suas fases, da Ordem dos Advogados do Brasil, do Ministério Público, de um notário e de um registrador[137].

Para bem desempenhar suas atividades, "os notários e os oficiais de registro poderão, para o desempenho de suas funções, contratar escreventes, dentre eles escolhendo os substitutos, e auxiliares como empregados, com remuneração livremente ajustada e sob o regime da legislação do trabalho"[138].

Aos notários e registradores é atribuída a responsabilidade exclusiva de gerenciamento administrativo e financeiro dos serviços notariais e de registro, inclusive no que diz respeito às despesas de custeio, investimento e pessoal, cabendo-lhes estabelecer normas, condições e obrigações relativas à atribuição de funções e de remuneração de seus prepostos de modo a obter a melhor qualidade na prestação dos serviços[139]. Essa responsabilidade, no entanto, não exclui a possibilidade de fiscalização do Poder responsável pela delegação do serviço[140].

---

134 Excepcionalmente, a atividade pode ser desempenhada por "não bacharéis em Direito que tenham completado, até a data da primeira publicação do edital do concurso de provas e títulos, dez anos de exercício em serviço notarial ou de registro" (art. 15, § 2º, da Lei n. 8.935/1994).

135 Ver arts. 37 e 38 da Lei n. 8.935/1994. Ao juízo competente, a teor do art. 4º, *caput*, da Lei n. 8.935/1994, cabe fixar os dias e horários de prestação dos serviços notariais e de registro.

136 Art. 14, I, da Lei n. 8.935/1994. O STF já decidiu ser inconstitucional a norma que permita a obtenção de delegações efetivas sem concurso público: Pleno, ADIMC n. 2.379/MG, rel. Min. Ellen Gracie, j. em 6/6/2002, *DJ* de 13/12/2002, p. 59.

137 Art. 15 da Lei n. 8.935/1994.

138 Art. 20 da Lei n. 8.935/1994.

139 Art. 21 da Lei n. 8.935/1994.

140 "Recurso extraordinário. Mandado de segurança. Provimento n. 8/1995, de 24 de março de 1995, do Desembargador Corregedor-Geral de Justiça do Estado do Rio Grande do Sul. 2. Alegação de que o ato impugnado contraria a Lei n. 8.935, ao declarar que este diploma atribuía 'a fiscalização dos serviços notariais' ao Poder Judiciário, quando a competência a ele reservada restringe-se exclusivamente aos atos não ao serviço, enquanto estrutura administrativa e organizacional. 3. Sustentação da necessidade da distinção entre fiscalização dos atos notariais, que constitui atribuição natural do poder concedente, exercida por intermédio do Poder Judiciário, e a fiscalização administrativa, interna. 4. Transformação constitucional do

Capítulo VI – Sujeitos dos Atos de Improbidade

Os notários e registradores responderão pessoalmente[141] pelos danos que eles e seus prepostos causarem a terceiros[142]. No que concerne à responsabilidade criminal, é aplicável, no que couber, a legislação relativa aos crimes contra a administração pública[143].

Objetivando obstar a influência de fatores exógenos no desempenho da atividade registral, a Lei n. 8.935/1994 veicula uma série de incompatibilidades e impedimentos ao

---

sistema, no que concerne à execução dos serviços públicos notariais e de registro, não alcançou a extensão inicialmente pretendida, mantendo-se, em consequência, o Poder Judiciário no controle do sistema. A execução, *modo privato*, de serviço público não lhe retira essa conotação específica. 5. Não há de se ter como ofendido o art. 236 da Lei Maior, que se compõe também de parágrafos a integrarem o conjunto das normas notariais e de registro, estando consignada no § 1º, *in fine*, do art. 236, a fiscalização pelo Poder Judiciário dos atos dos notários e titulares de registro. 6. Recurso extraordinário não conhecido" (STF, Pleno, RE n. 255.124/RS, rel. Min. Néri da Silveira, j. em 11/4/2002, *DJ* de 8/11/2002, p. 26).

141 O STJ, em mais de uma oportunidade já decidiu que a responsabilidade do delegatário é pessoal, não podendo o sucessor responder por ato ilícito do antigo titular da serventia: 3ª T., ED no REsp n. 443.467/PR, rel. Min. Castro Filho, j. em 18/10/2005, *DJ* de 21/11/2005; REsp n. 696.989/PE, rel. Min. Castro Filho, j. em 23/5/2006, *DJ* de 27/11/2006; e 2ª T., REsp n. 852.770/SP, rel. Min. Humberto Martins, j. em 3/5/2007, *DJ* de 15/5/2007.

142 Art. 22 da Lei n. 8.935/1994 e art. 28 da Lei n. 6.015/1973. Sobre a responsabilidade do Estado pelos ilícitos praticados pelos notários e registradores, assim se pronunciou o Supremo Tribunal Federal: "1. Os cargos notariais são criados por lei, providos mediante concurso público e os atos de seus agentes, sujeitos à fiscalização estatal, são dotados de fé pública, prerrogativa esta inerente à ideia de poder delegado pelo Estado. 2. Legitimidade passiva *ad causam* do Estado. Princípio da responsabilidade. Aplicação. Ato praticado pelo agente delegado. Legitimidade passiva do Estado na relação jurídica processual, em face da responsabilidade objetiva da Administração. Recurso extraordinário conhecido e provido" (STF, 2ª T., RE n. 212.724/MG, rel. Min. Maurício Corrêa); e "Natureza estatal das atividades exercidas pelos serventuários titulares de cartórios e registros extrajudiciais, exercidas em caráter privado, por delegação do Poder Público. Responsabilidade objetiva do Estado pelos danos praticados a terceiros por esses servidores no exercício de tais funções, assegurado o direito de regresso contra o notário, nos casos de dolo ou culpa (CF, art. 37, § 6º). Negativa de trânsito ao RE. Agravo não provido" (2ª T., AGRRE n. 209.354/PR, rel. Min. Carlos Velloso, j. em 2/3/1999, *DJ* de 16/4/1999, p. 19). Em outra oportunidade, interpretando o art. 37, § 6º, da Constituição da República, a Corte reconheceu a responsabilidade objetiva de notário por ilícito praticado no exercício de sua função: "Responde o Estado pelos danos causados em razão de reconhecimento de firma considerada assinatura falsa. Em se tratando de atividade cartorária exercida à luz do artigo 236 da Constituição Federal, a responsabilidade objetiva é do notário, no que assume posição semelhante à das pessoas jurídicas de direito privado prestadoras de serviços públicos – § 6º do artigo 37 também da Carta da República" (STF, RE n. 201.595/SP, rel. Min. Marco Aurélio, j. em 28/11/2000, *DJ* de 20/4/2001, p. 138).

143 Art. 24 da Lei n. 8.935/1994. Antes mesmo da promulgação desse diploma legal, o STF já decidira da seguinte forma: "I. Funcionário público para efeitos penais (CP, art. 327). Titulares e auxiliares de tabelionatos e ofícios de registro. Caracterização não afetada pelo art. 236 da Constituição. O art. 236 da Constituição – ao dispor que os serviços notariais e de registro serão exercidos em caráter privado, por delegação do Poder Público – não lhes afetou, mas antes lhes confirmou a publicidade da natureza, do qual resulta a consideração do seu pessoal como funcionários públicos, para efeitos penais, ainda que não para outros efeitos. II. Recurso extraordinário: descabimento, pela letra *c*; afirmação de validade de ato normativo local desnecessária à conclusão do julgado. Não se conhece de RE pela letra *c*, quando o ato normativo local contestado, mas que se afirmou recebido pela Constituição, não é fundamento necessário do acórdão recorrido" (1ª T., RE n. 141.347/SP, rel. Min. Sepúlveda Pertence, j. em 11/2/1992, *DJ* de 10/4/1992, p. 4800).

exercício da função: a) é incompatível com o exercício da advocacia, o da intermediação de seus serviços ou o de qualquer cargo, emprego ou função públicos, ainda que em comissão; b) com exceção do cargo de vereador, face à regra do art. 38, III, da Constituição da República[144], a diplomação, na hipótese de mandato eletivo, e a posse, nos demais casos, implicarão no afastamento da atividade; e c) o notário e o registrador não poderão praticar, pessoalmente, qualquer ato de seu interesse, ou de interesse de seu cônjuge ou de parentes, na linha reta, ou na colateral, consanguíneos ou afins, até o terceiro grau[145].

Os notários e registradores têm direito à percepção de emolumentos pelos atos praticados na serventia[146], estando sujeitos a um extenso rol de deveres[147].

Caso descumpram os deveres que lhes são impostos ou violem a norma proibitiva implícita no rol de infrações disciplinares, estarão sujeitos às sanções previstas em lei[148], que variam de uma mera repreensão até a perda da delegação[149]. A perda da delegação

---

[144] Dispensado ao art. 25, § 2º, da Lei n. 8.935/1994 interpretação conforme à Constituição, o STF, em cognição sumária, excluiu de sua área de incidência a hipótese prevista no art. 38, III, da CR/1988: Pleno, ADIMC n. 1.531/UF, rel. Min. Sydney Sanches, j. em 24/6/1999, *DJU* de 14/12/2001. No mesmo sentido: STJ, 6ª T., RMS n. 15.161/RS, rel. Min. Hamilton Carvalhido, j. em 13/4/2004, *DJU* de 21/6/2004, p. 256.

[145] Arts. 25 *usque* 27 da Lei n. 8.935/1994.

[146] À luz da competência concorrente prevista no art. 24, II, e da norma geral do art. 236, § 2º, ambos da Constituição da República, pode o Estado-membro dispor sobre isenção do pagamento de emolumentos, fazendo-o relativamente ao registro de atos constitutivos de entidades beneficentes de assistência social declaradas de utilidade pública (STF, Pleno, ADIMC n. 1.624/MG, rel. Min. Marco Aurélio, j. em 25/6/1997, *DJ* de 14/12/2001, p. 22).

[147] "Art. 30. São deveres dos notários e dos oficiais de registro: I – manter em ordem os livros, papéis e documentos de sua serventia, guardando-os em locais seguros; II – atender as partes com eficiência, urbanidade e presteza; III – atender prioritariamente as requisições de papéis, documentos, informações ou providências que lhes forem solicitadas pelas autoridades judiciárias ou administrativas para a defesa das pessoas jurídicas de direito público em juízo; IV – manter em arquivo as leis, regulamentos, resoluções, provimentos, regimentos, ordens de serviço e quaisquer outros atos que digam respeito à sua atividade; V – proceder de forma a dignificar a função exercida, tanto nas atividades profissionais como na vida privada; VI – guardar sigilo sobre a documentação e os assuntos de natureza reservada de que tenham conhecimento em razão do exercício de sua profissão; VII – afixar em local visível, de fácil leitura e acesso ao público, as tabelas de emolumentos em vigor; VIII – observar os emolumentos fixados para a prática dos atos do seu ofício; IX – dar recibo dos emolumentos percebidos; X – observar os prazos legais fixados para a prática dos atos do seu ofício; XI – fiscalizar o recolhimento dos impostos incidentes sobre os atos que devem praticar; XII – facilitar, por todos os meios, o acesso à documentação existente às pessoas legalmente habilitadas; XIII – encaminhar ao juízo competente as dúvidas levantadas pelos interessados, obedecida a sistemática processual fixada pela legislação respectiva; XIV – observar as normas técnicas estabelecidas pelo juízo competente."

[148] "Art. 31. São infrações disciplinares que sujeitam os notários e os oficiais de registro às penalidades previstas nesta Lei: I – a inobservância das prescrições legais ou normativas; II – a conduta atentatória às instituições notariais e de registro; III – a cobrança indevida ou excessiva de emolumentos, ainda que sob a alegação de urgência; IV – a violação do sigilo profissional; V – o descumprimento de quaisquer dos deveres descritos no art. 30."

[149] Art. 32 da Lei n. 8.935/1994.

dependerá de sentença judicial transitada em julgado ou de decisão decorrente de processo administrativo instaurado pelo juízo competente[150], sendo admitido o afastamento cautelar do notário ou do registrador[151].

Extinguir-se-á a delegação no caso de morte, aposentadoria facultativa, invalidez, renúncia, decretação de perda da delegação ou descumprimento da gratuidade prevista na Lei n. 9.534/1997 (assentos do registro civil de nascimento e do de óbito, bem como a primeira certidão). Por não ocuparem um cargo público efetivo, não há que se falar na aposentadoria compulsória, aos 70 anos de idade, a que se refere o art. 40, § 1º, II, da Constituição de 1988, com a redação dada pela EC n. 20/1998[152].

Na medida em que os notários e registradores exercem atividade delegada do Poder Público, com ele mantendo um vínculo contratual, são eles, a teor do art. 2º da Lei n. 8.429/1992, sujeitos ativos em potencial dos atos de improbidade[153]. Por tal razão, em praticando tais atos, estarão sujeitos às sanções cominadas no art. 12 do referido diploma legal. Como exemplos de atos de improbidade verificados no cotidiano desses agentes, podem ser mencionadas a cobrança de emolumentos em valor superior ao tabelado, a inobservância dos direitos dos reconhecidamente pobres, a realização de autenticações indevidas etc.[154]

Igual entendimento, aliás, já foi exposto em relação às concessionárias e permissionárias de serviços públicos. A peculiaridade reside na circunstância de, diferentemente do que normalmente se verifica em relação às últimas, também aqueles que possuam algum vínculo com os notários e registradores (*v.g.*: seus empregados) podem ser sujeitos ativos dos atos de improbidade. Essa conclusão deflui da constatação de que os emolumentos percebidos pelas serventias possuem a natureza jurídica de taxa, espécie do gênero tributo[155]. Tratando-

---

150 Art. 35 da Lei n. 8.935/1994.
151 Arts. 35, § 1º, e 36 da Lei n. 8.935/1994.
152 Nesse sentido: STF, Pleno, ADI n. 2.602/MG, rel. p/ acórdão Min. Eros Grau, j. em 24/11/2005, *DJU* de 31/3/2006, p. 6 (*leading case*); Pleno, ADI n. 2.791/PR, rel. Min. Gilmar Mendes, j. em 16/8/2006, *DJU* de 24/11/2006, p. 60; 1ª T., AGRG no AI n. 446.111/RJ, rel. Min. Gilmar Mendes, j. em 17/10/2006, *DJU* de 1º/12/2006, p. 87; 1ª T., AGRG no RE n. 385.667/PE, rel. Min. Cármen Lúcia, j. em 17/10/2006, *DJU* de 15/12/2006, p. 86; e 1ª T., AGRG no RE n. 432.386/PE, rel. Min. Ricardo Lewandowski, j. em 20/6/2006, *DJU* de 18/8/2006, p. 23.
153 Nesse sentido, honrando-nos com a citação: TJRS, 3ª CC, AP n. 70014009492, rel. Des. Paulo de Tarso Vieira Sanseverino, j. em 8/11/2007, *DJ* de 17/12/2007.
154 O STJ não visualizou a prática de ato de improbidade na conduta do delegatário que celebrou casamentos entre nubentes que residiam fora de sua circunscrição, o que decorrera de informações errôneas quanto aos endereços, inexistindo a intenção de fraudar: 1ª T. AgRg no AREsp n. 284.718/ES, rel. Min. Olindo Menezes, j. em 18/2/2016, *DJe* de 25/2/2016.
155 A natureza tributária dos emolumentos já foi reconhecida pelo STF: "Destinação de custas e emolumentos a finalidades incompatíveis com a sua natureza tributária. Qualificando-se as custas judiciais e os emolumentos extrajudiciais como taxas (*RTJ* 141/430), nada pode justificar seja o produto de sua arrecadação afetado ao custeio de serviços públicos diversos daqueles a cuja remuneração tais valores se destinam es-

-se de receita oriunda do exercício da soberania estatal, sendo imposta a tantos quantos estejam obrigados a utilizar tais serviços essenciais, está ela enquadrada sob a epígrafe dos *recursos públicos*, o que permite a subsunção do notário ou do registrador ao disposto no art. 1º da Lei de Improbidade ("entidade para cuja criação ou custeio o erário haja concorrido ou concorra com mais de cinquenta por cento do patrimônio ou da receita anual").

À luz do exposto, notários e registradores, a um só tempo, poderão figurar como sujeitos ativos (isto sob a ótica do vínculo contratual mantido com o Poder Público) ou passivos imediatos (aqui em relação à sua condição de receptores de numerário de origem pública e do vínculo empregatício estabelecido com seus funcionários) dos atos de improbidade.

2.6. Estagiários

A concepção de estágio, em seus contornos mais amplos, reflete a atividade realizada em uma fase de transição entre os planos teórico, afeto, portanto, ao estudante, e pragmático, este da alçada dos indivíduos com pleno domínio em certo ofício, profissão ou arte. Estagiário é aquele que permanece simultaneamente vinculado a esses dois planos. Não é um mero estudante, pois já começa a pôr em prática o conhecimento que está adquirido no plano teórico. Não é um profissional porque, embora amparado pela teoria, ainda não está formado e carece de amadurecimento no plano prático, não dominando os conhecimentos fundamentais dessa última seara. O período de estágio tanto pode estar associado a um juízo valorativo realizado pelo próprio interessado, que reconhece a sua inaptidão para, tanto logo cumpridas as exigências do plano teórico, considerar-se um profissional, como pode ter origem normativa, refletindo uma condição indispensável à obtenção da habilitação profissional.

Em decorrência das próprias características intrínsecas do estágio, é natural que a ênfase seja conferida à plena formação do indivíduo, contribuindo para a sua efetiva transição do plano teórico ao pragmático. Não se deve perder de vista, no entanto, que o estágio há de ser necessariamente desenvolvido no plano pragmático. Isso significa dizer que o concedente do estágio, quer seja um profissional individual, quer seja uma sociedade empresária, há de compartilhar o seu conhecimento técnico-pragmático com o estagiário e atribuir-lhe tarefas que permitam o pleno desenvolvimento de suas aptidões. Essas tarefas, como soa evidente, conquanto não possam se distanciar do aprimoramento individual,

---

pecificamente (pois, nessa hipótese, a função constitucional da taxa – que é tributo vinculado – restaria descaracterizada) ou, então, à satisfação das necessidades financeiras ou à realização dos objetivos sociais de entidades meramente privadas. É que, em tal situação, a própria finalidade institucional do tributo, sem se mencionar o fato de que esse privilégio (e inaceitável) tratamento dispensado a simples instituições particulares (Associação de Magistrados e Caixas de Assistência dos Advogados) importaria em evidente transgressão estatal ao postulado constitucional da igualdade. Precedentes"(Pleno, ADI n. 1.378-5, rel. Min. Celso de Mello).

hão de ser necessariamente realizadas com objetivo de satisfazer os interesses profissionais do concedente, em cuja estrutura o estagiário desenvolve o seu *munus*. Há uma evidente convergência de interesses entre o estagiário e o concedente do estágio, pois, cada qual ao seu modo, busca a satisfação de interesses próprios, isso sem prejuízo da constatação de que o objetivo mor do estágio é o de propiciar a evolução do estudante, de modo que ele se torne um profissional.

Em decorrência das próprias peculiaridades do estágio, a legislação brasileira, historicamente, tem reconhecido as distinções dessa figura jurídica[156]. A Lei n. 11.788/2008, que atualmente regula o estágio de estudantes, dispõe, em seu art. 1º, que "[e]stágio é ato educativo escolar supervisionado, desenvolvido no ambiente de trabalho, que visa à preparação para o trabalho produtivo de educandos que estejam frequentando o ensino regular em instituições de educação superior, de educação profissional, de ensino médio, da educação especial e dos anos finais do ensino fundamental, na modalidade profissional da educação de jovens e adultos". O estágio faz parte do projeto pedagógico do curso e, consoante o art. 3º do referido diploma legal, "não cria vínculo empregatício de qualquer natureza", desde que (a) haja matrícula e frequência regular do educando em estabelecimento de ensino, (b) seja celebrado termo de compromisso entre o educando, a parte concedente do estágio e a instituição de ensino; e (c) haja compatibilidade entre as atividades desenvolvidas no estágio e aquelas previstas no termo de compromisso. Esses cuidados, como é intuitivo, buscam evitar a fraude à legislação trabalhista, não permitindo a contratação de trabalhadores como se estagiários fossem.

Também é possível que as instituições de ensino e as partes cedentes de estágio recorram a serviços de agentes de integração públicos e privados, mediante condições acordadas em instrumento jurídico apropriado. O art. 9º da Lei n. 11.788/2008 reconhece a possibilidade de os órgãos da administração pública direta, autárquica e fundacional de qualquer dos Poderes da União, dos Estados, do Distrito Federal e dos Municípios oferecerem estágio. O art. 12, por sua vez, acresce que "o estagiário poderá receber bolsa ou outra forma de contraprestação que venha a ser acordada, sendo compulsória a sua concessão, bem como a do auxílio-transporte, na hipótese de estágio não obrigatório". Como se constata, o estagiário também realiza uma atividade de interesse do concedente, o que justifica possa ser remunerado por ela.

O estágio, quando prestado no âmbito dos entes a que se refere o art. 1º da Lei n. 8.429/1992 torna o estagiário, inequivocamente, um sujeito ativo em potencial do ato de improbidade administrativa. *In casu*, é inegável a presença dos requisitos referidos no art. 2º da referida lei, já que o estagiário (1) mantém vínculo com o sujeito passivo, o que de-

---

[156] *Vide* Portaria n. 1.002/1967, do Ministério do Trabalho, que dispôs sobre a situação jurídica do estagiário anteriormente à edição de legislação própria. Além da previsão esparsa nas leis que dispunham sobre o sistema de ensino (*v.g.*: Lei n. 5.692/1971, art. 6º), a regulação somente foi realizada pela Lei n. 6.494/1977, regulamentada pelo Decreto n. 75.778/1975 e revogada pela Lei n. 11.788/2008, atualmente em vigor.

corre da relação triangular estabelecida entre ambos e o estabelecimento de ensino e (2) desempenha, indubitavelmente, uma função junto ao concedente do estágio. Essa "função", em verdade, é da própria essência do estágio. Afinal, é justamente ela que permitirá o aprimoramento, no plano pragmático, dos conhecimentos teóricos auferidos pelo estagiário junto ao estabelecimento de ensino. Se a "função" não fosse desempenhada não haveria verdadeiro estagiário, mas mero observador. Essa constatação não é afetada mesmo ao lembrarmos que o estágio é primordialmente voltado ao aprimoramento do estudante, isso em razão do inegável interesse do concedente no cumprimento das tarefas outorgadas àquele.

O estagiário, portanto, influi na rotina administrativa e contribui para a realização dos seus objetivos, sendo irrelevante que atue de modo transitório ou sem remuneração, como prescreve o art. 2º da Lei n. 8.429/1992, para que seja considerado agente público[157]. O Superior Tribunal de Justiça realçou que o enquadramento do estagiário no conceito de agente público "depende das funções que, de fato, estava a exercer, por ocasião do ilícito que praticou"[158]. No caso concreto, entendeu que o estagiário da Caixa Econômica Federal efetivamente exercera função pública, ainda que de maneira ilícita, já que os atos praticados eram estranhos às suas atribuições regulares. Como é intuitivo, a referência ao exercício da função pública é mais que correta. O difícil é nos depararmos com a possibilidade de o estagiário, no âmbito da Administração Pública, não desempenhar alguma função de natureza pública.

3. TERCEIROS

De forma correlata à extensão conferida ao conceito de agente público pelo art. 2º da Lei n. 8.429/1992, o que em muito alargou a esfera de incidência da lei, também o *extraneus* que concorrer ou se beneficiar da prática ilícita estará sujeito às sanções cominadas ao ímprobo[159]. Assim dispõe o art. 3º da Lei n. 8.429/1992:

---

[157] Nesse sentido: TRF da 2ª Região, 5ª T. Especializada, AP n. 2004.51.02.003470-5, rel. Juiz Federal Fernando Marques, j. em 25/11/2009, *DJF* de 7/12/2009, que recebeu a petição inicial; e, no mérito, condenou o estagiário, rel. Juiz Federal Ricardo Perlingeiro, j. em 8/9/2015, *DJF* de 14/10/2015. Em sentido contrário, passando ao largo dos argumentos apresentados no texto e entendendo que a atividade do estagiário não se equipara a mandato, cargo, emprego ou função pública, o que afasta o seu enquadramento na Lei n. 8.429/1992, TRF da 4ª Região, 3ª T., AP n. 2007.71.01.001076-1, rel. p/ acórdão Juíza Federal Maria Lúcia Luz Leiria, j. em 10/8/2011, *DJe* de 25/8/2011; 3ª T. AP n. 2008.71.03.001973-7, rel. Juíza Federal Maria Lúcia Luz Leiria, j. em 24/8/2010, *DJe* de 3/9/2010; e TRF da 1ª Região, 4ª T., AP n. 2007.33.00.008420-8/BA, rel. Juiz Federal Hilton Queiroz, j. em 15/12/2008, e-DJF1 de 30/1/2009.

[158] 1ª T., MC n. 21.122/CE, rel. Min. Napoleão Nunes Maia Filho, j. em 8/10/2013, *DJe* de 13/3/2013; e 1ª T., AgInt no REsp. n. 1.149.493/BA, rel. Min. Sérgio Kukina, j. em 22/11/2016, *DJe* de 6/12/2016.

[159] Alguns denominam os terceiros de sujeitos ativos impróprios dos atos de improbidade, enquanto os agentes públicos seriam os sujeitos próprios. Nesse sentido: SANTOS, Carlos Frederico Brito dos. *Improbidade...*, p. 12, e FAZZIO JÚNIOR, Waldo. *Atos de improbidade administrativa...*, p. 249.

Art. 3º As disposições desta Lei são aplicáveis, no que couber, àquele que, mesmo não sendo agente público, induza ou concorra para a prática do ato de improbidade ou dele se beneficie sob qualquer forma direta ou indireta.

A análise do dispositivo demonstra que o particular somente estará sujeito às sanções cominadas *no que couber*, o que deve ser entendido de forma a restringir as sanções àquelas compatíveis com sua condição de *extraneus*, afastando a possibilidade de perda da função pública, o que já seria consequência da própria natureza das coisas e não do preceito legal.

No caso de enriquecimento ilícito, somente àquele que mantenha em seu poder os bens de origem ilegítima poderá ser aplicada a sanção de perda destes, o que também deflui da própria realidade e não do permissivo legal.

Tratando-se de agente público que tenha contribuído para o ato de improbidade praticado por outro, a aplicação das sanções haverá de ser integral. Releva dizer que, nesta última hipótese, a conduta do agente poderá assumir individualidade própria, pois também ele deve obediência aos vetores que delineiam a probidade administrativa, estando sujeito às sanções da Lei n. 8.429/1992 independentemente de qualquer fórmula de adequação típica – contrariamente ao que ocorre com o *extraneus*, o qual somente é passível de sofrer tais sanções em sendo o ato praticado por um agente público.

A ação do terceiro pode se desenvolver em três ocasiões distintas, as quais são individualizadas a partir da identificação do momento de conformação do elemento subjetivo do agente público e da prática do ato de improbidade:

1º) O terceiro desperta no agente público o interesse em praticar o ato de improbidade, induzindo-o a tanto. *Induzir* significa incutir, incitar, criando no agente o estado mental tendente à prática do ilícito (auxílio moral).

Situação diversa ocorre com a *instigação*, em que a intenção de praticar o ilícito preexistia à ação do terceiro, o qual se limita a estimular tal ideia. Tratando-se de vocábulos com conteúdo semântico distinto, o resultado da interpretação do preceito legal não pode ser extensivo, pois obrar em contrário ampliaria o alcance de norma que comina severas sanções ao agente, seara em que deve viger o princípio da legalidade estrita.

Em razão disto, aquele que tão somente instiga o agente público não terá sua conduta subsumida ao art. 3º da Lei n. 8.429/1992, não sendo demais lembrar, em reforço desta conclusão, que, no Direito Penal, os vocábulos são empregados em conjunto e veiculam significados diversos (ex.: art. 122 do CP – *Induzir ou instigar alguém a suicidar-se ou prestar--lhe auxílio para que o faça*)[160].

---

[160] Essa conclusão foi prestigiada por Carvalho Filho (*Manual...*, p. 875) e Rafael Carvalho Rezende Oliveira (*Manual de improbidade...*, p. 68). Em sentido contrário, argumentando que a adequação típica, no âmbito da Lei n. 8.429/1992, não deve ser tão rigorosa quanto aquela prevalecente no direito penal, cf.: NEIVA,

2º) O terceiro concorre para a prática do ato de improbidade, participação esta que pode consistir na divisão de tarefas com o agente público ou na mera prestação de auxílio material, o que importa em atividade secundária que visa a facilitar o atingimento do fim visado pelo agente (*v.g.*: o fornecimento de veículo para o transporte de bens e valores desviados do patrimônio público).

3º) O terceiro não exerce qualquer influência sobre o *animus* do agente ou presta qualquer contribuição à prática do ato de improbidade, limitando-se a se beneficiar, de forma direta ou indireta, do produto do ilícito.

Assim, constatado que o terceiro tinha conhecimento da origem ilícita do benefício auferido[161] – pois a admissibilidade da responsabilidade objetiva, além de não ter amparo legal, em muito comprometeria a segurança das relações jurídicas – estará ele passível de sofrer as sanções cominadas no art. 12 da Lei n. 8.429/1992. É preciso, portanto, seja demonstrada a presença do liame subjetivo entre o terceiro e o agente público, não a mera obtenção de benefício a partir da conduta alheia, cuja ilicitude era simplesmente desconhecida[162]. Esse liame subjetivo, à evidência, não é necessário em se tratando de mera pretensão de ressarcimento dos danos causados ao erário, sendo plenamente possível a condenação do agente público e do terceiro beneficiado pelo ato, como devedores solidários, ainda que inexista um liame prévio entre eles. Situação complexa diz respeito aos terceiros que, a partir de relações negociais, terminam por ser remunerados pelo produto do ilícito obtido pelo ímprobo. É o caso dos advogados. A punição, como se disse, somente será possível em sendo demonstrado o conhecimento da origem ilícita do numerário. A restituição, por sua vez, terá o complicador de estabelecer um desequilíbrio na relação negocial, pois o profissional terá prestado o seu serviço desconhecendo a origem ilícita dos valores que custearam a sua remuneração, daí a impossibilidade de ser determinada.

O benefício pode ser direto ou indireto, conforme o terceiro tenha acesso direto ao produto do ilícito ou obtenha vantagens outras em razão de sua colaboração, ainda que por intermédio de interposta pessoa.

José Antonio Lisboa. *Improbidade administrativa. Legislação comentada artigo por artigo*. Niterói: Impetus, 2009, p. 37.

161 Em que pese o caráter excepcional, é possível que uma empresa, que sequer esteja participando de um procedimento licitatório, corrompa um agente público para que prejudique uma das empresas concorrentes, culminando em fazer com que outra, que ignora o embuste, saia vencedora do certame. Aqui, resulta claro que terceiro se beneficiou do ato de improbidade praticado pelo agente público, mas nem por isso estará a empresa vencedora sujeita aos preceitos da Lei de Improbidade, pois ausente um elemento fundamental à sua punição: o dolo.

162 O TJPR decidiu que o proprietário de imóvel que o locou ao Município, pelo valor de mercado, não pode ser responsabilizado, sem prova do liame subjetivo, pelos ilícitos praticados pelo Prefeito Municipal que desrespeitou a Lei de Licitações (4ª CC, AP n. 0542352-9, rel. Desa. Maria Aparecida Blanco de Lima, j. em 4/8/2009).

Além de ser imprescindível à identificação da responsabilidade do terceiro, a individualização das formas de participação contribuirá para a correta aferição da dosimetria da sanção que lhe será aplicável. Àquele que induz o agente público a praticar o ato de improbidade, concorre na divisão de tarefas e ainda se beneficia do produto do ilícito deve ser aplicada uma sanção mais severa do que àquele que tão somente induziu o agente à prática do ato de improbidade.

O tráfico de influências[163], infração penal através da qual o sujeito ativo solicita vantagem que seria destinada ao agente público, somente configurará o ato de improbidade se houver efetivo induzimento deste à sua prática. Não havendo o induzimento, responderá o *extraneus* unicamente pelo ilícito penal.

É importante frisar, uma vez mais, que somente será possível falar em punição de terceiros em tendo sido o ato de improbidade praticado por um agente público, requisito este indispensável à incidência da Lei n. 8.429/1992. Não sendo divisada a participação do agente público, estará o *extraneus* sujeito a sanções outras que não aquelas previstas nesse diploma legal[164]. Ajuizada a ação civil e julgado improcedente o pedido em relação ao agente público, igual destino há de ter o terceiro[165].

3.1. As Pessoas Jurídicas

Também as pessoas jurídicas poderão figurar como terceiros na prática dos atos de improbidade[166], o que será normalmente verificado com a incorporação ao seu patrimônio dos bens públicos desviados pelo ímprobo[167]. Contrariamente ao que ocorre com o agente público, sujeito ativo dos atos de improbidade e necessariamente uma pessoa física, o art. 3º da Lei de Improbidade não faz qualquer distinção em relação aos terceiros, tendo previsto que "as disposições desta Lei são aplicáveis, no que couber, àquele que, mesmo não

---

163 Ver art. 332 do CP, com a redação determinada pela Lei n. 9.127/1995.

164 Nesse sentido: STJ, 1ªT., REsp n. 1.171.017/PA, rel. Min. Sérgio Kukina, j. em 25/2/2014, *DJe* de 6/3/2014; STJ, 2ªT., REsp n. 1.155.992/PA, rel. Min. Herman Benjamin, j. em 23/3/2010, *DJe* de 1º/7/2010; e REsp n. 896.044/PA, rel. Min. Herman Benjamin, j. em 16/9/2010, *DJe* de 19/4/2011.

165 STJ, 2ªT., REsp n. 1.199.582/SP, rel. Min. Napoleão Nunes Maia Filho, j. em 22/10/2013, *DJe* de 22/11/2013.

166 Nesse sentido: STJ, 1ªT., REsp n. 916.895/MG, rel. Min. Luiz Fux, j. em 1º/10/2009, *DJ* de 13/10/2009; e 1ªT., REsp n. 1.113.200/SP, rel. Min. Luiz Fux, j. em 8/9/2009, *DJ* de 6/10/2009. Honrando-nos com a citação: STJ, 2ªT., REsp n. 1.122.177-MT, rel. Min. Herman Benjamin, j. em 3/8/2010, *DJe* de 27/4/2011; e 1ªT., REsp n. 970.393/CE, rel. Min. Benedito Gonçalves, j. em 21/6/2012, *DJe* de 29/6/2012. Na doutrina: BERTONCINI, Mateus. *Ato de improbidade administrativa*: 15 anos da Lei 8.429/1992. São Paulo: Revista dos Tribunais, 2007, p. 258; e SIMÃO, Calil. *Improbidade administrativa*: teoria e prática. Leme: J. H. Mizuno, 2011, p. 161.

167 A Lei n. 12.846/2013 conferiu ênfase à situação da pessoa jurídica enquanto sujeito ativo do ilícito, dispondo sobre a sua responsabilização, nos planos administrativo e cível, pela prática de atos contra a administração pública, nacional ou estrangeira. É a Lei de Responsabilização das Pessoas Jurídicas (LRPJ).

sendo agente público...", o que permite concluir que as pessoas jurídicas também estão incluídas sob tal epígrafe.

As pessoas jurídicas são sujeitos de direito, possuindo individualidade distinta das pessoas físicas ou jurídicas que concorreram para a sua criação e, por via reflexa, personalidade jurídica própria[168]. Verificando-se, *verbi gratia*, que determinado numerário de origem pública foi incorporado ao patrimônio de uma pessoa jurídica, estará ela sujeita às sanções previstas no art. 12 da Lei de Improbidade e que sejam compatíveis com as suas peculiaridades. Nesta linha, poderá sofrer as sanções de perda dos valores acrescidos ilicitamente ao seu patrimônio, multa civil, proibição de contratar com o Poder Público ou receber benefícios ou incentivos fiscais ou creditícios, direta ou indiretamente, ainda que por intermédio de pessoa jurídica da qual seja sócia majoritária, bem como à reparação do dano causado, em estando presentes os requisitos necessários.

Observe-se, ainda, que, na maioria dos casos, será passível de utilização a teoria da desconsideração da personalidade jurídica[169]. Tal ocorrerá sempre que a pessoa jurídica for desviada dos fins estabelecidos em seus atos constitutivos, servindo de instrumento à prática de atos ilícitos, buscando manter intangível o patrimônio de seus sócios, verdadeiros responsáveis e maiores beneficiários pelos ilícitos praticados[170].

A desconsideração da personalidade jurídica será decretada na forma estabelecida pelos arts. 133 a 137 do Código de Processo Civil de 2015. Pode ser requerida na petição inicial, o que exigirá citação dos sócios, ou sob a forma de incidente, em qualquer fase do processo de conhecimento ou no cumprimento de sentença. Com isso, os sócios, a exemplo da pessoa jurídica, estarão sujeitos às sanções previstas no art. 12 da Lei de Improbidade[171].

4. DA RESPONSABILIDADE DO SUCESSOR DO ÍMPROBO

Ato contínuo à abertura da sucessão, transmitem-se aos herdeiros legítimos e testamentários a posse e a propriedade da herança, transmissão esta que permanece em estado latente e é passível de reversão até que se implemente a correlata aceitação por parte do herdeiro.

---

168 Ver arts. 45, 47, 50 e 52 do Código Civil.

169 Também denominada de *disregard theory* ou *disregard of the legal entity* ou mesmo pela expressão *lifting the corporate veil* (erguendo o véu da pessoa jurídica).

170 O art. 28 da Lei n. 8.078/1990 (CDC), de forma expressa, autoriza o juiz a desconsiderar a personalidade jurídica da sociedade quando houver prejuízo para o consumidor em razão de abuso de direito, excesso de poder, ato ilícito etc. É importante frisar que esse preceito não deve ser concebido como elemento criador de regramento inovador, pois apenas materializa o princípio da boa-fé e coíbe o abuso de direito, culminando em romper as barreiras erigidas por sobre atos fraudulentos, entendimento há muito amparado pelo direito. *Vide*, ainda: art. 135 do CTN; art. 4º da Lei n. 9.605/1998 (Sanções para as condutas lesivas ao meio ambiente); art. 50 do Código Civil de 2002; art. 34 da Lei n. 12.529/2011 (Lei de Defesa da Concorrência) e art. 14 da Lei n. 12.846/2013 (Lei de Responzabilização das Pessoas Jurídicas).

171 Nesse sentido: STJ, 1ª T., AGRG no AREsp 369.703/RO, rel. Min. Benedito Gonçalves, j. em 10/12/2013, *DJe* de 18/12/2013.

Efetivada a aceitação, que é um negócio jurídico unilateral e simples[172], de contornos expressos ou tácitos, ter-se-á a retroação dos seus efeitos ao momento de abertura da sucessão, a qual se implementara com a morte do transmitente.

No Direito Romano, em princípio, transmitiam-se aos sucessores, em sua integridade, os direitos e obrigações do *de cujus*, ainda que estas fossem superiores àqueles. Assim, longe de ser um veículo condutor de prosperidade, a herança, não raras vezes, conduzia o herdeiro ao infortúnio e à miséria.

Ante as desastrosas consequências desse princípio, foi ele mitigado, sendo finalmente generalizada por Justiniano a possibilidade de o herdeiro, mediante declaração expressa, aceitar a herança sob a condição de que os respectivos encargos somente seriam adimplidos até os limites do ativo. Era o denominado *benefício de inventário*. Com isso, podia o herdeiro aceitar a herança sem ressalvas, o que era temerário por estabelecer a confusão entre os patrimônios; renunciá-la; ou, em caso de dúvida, aceitá-la sob benefício de inventário.

Não obstante a omissão das Ordenações Filipinas, tinha o instituto larga aceitação no direito pátrio pré-codificado[173]. Promulgado o Código Civil de 1916, foi expressamente consagrado em seu art. 1.587[174], sendo mantido no art. 1.792 do Código de 2002, *verbis*:"[o] herdeiro não responde por encargos superiores às forças da herança; incumbe-lhe, porém, a prova do excesso, salvo se houver inventário que a escuse, demonstrando o valor dos bens herdados".

À luz desse dispositivo, constata-se ser hodiernamente desnecessária a existência de expressa ressalva do herdeiro, sendo sempre a aceitação da herança, *ex vi legis*, a benefício de inventário. Já a assunção dos encargos hereditários em montante superior ao ativo, por derrogar a regra geral, dependerá de renúncia expressa ao referido benefício.

A norma do art. 1.792 do Código Civil de 2002 acarreta uma consequência que merece realce: para a cobrança de dívida, é defeso ao credor da herança fazer penhorar bens particulares do herdeiro. Ao herdeiro é atribuído o ônus de comprovar o excesso, o qual apresenta-se como fator impeditivo à cobrança dos encargos que exorbitem as forças do ativo. Tal ônus somente será afastado em tendo sido aberto o inventário dos bens do *de cujus*, seara em que é realizada a avaliação dos haveres e dos débitos que compõem a universalidade sucessória.

---

172 "Não depende de confirmação de quem quer que seja; e não comporta qualquer modalidade, como o termo ou a condição; nem admite prevaleça *pro parte*, isto é, que o herdeiro aceitante pretenda uma parte apenas dos bens que lhe cabem por direito" (PEREIRA, Caio Mário da Silva. *Instituições de direito civil*, 11ª ed. Rio de janeiro: Forense, 1996, v. VI, p. 43).
173 BEVILÁQUA, Clóvis. *Direito das Sucessões*. Bahia: Livraria Magalhães, 1899, p. 44.
174 Ver arts. 928, 1.501, 1.526 e 1.796 do Código Civil de 1916. Exigindo manifestação do herdeiro no sentido de que a aceitação da herança se dá sob benefício de inventário: Código Civil francês, arts. 724, 802, 870 e 871; e Código Civil argentino, arts. 3.342, 3.343 e 3.371.

A sistemática de responsabilização do sucessor do ímprobo ainda é complementada pelo art. 1.997, *caput*, do Código Civil, segundo o qual "[a] *herança responde pelo pagamento das dívidas do falecido*". Portanto, tem-se, ao lado do limitador oferecido pelo art. 1.792, a rega geral de que as dívidas deixadas hão de ser pagas.

No mesmo sentido do Código Civil, estatuiu o art. 8º da Lei n. 8.429/1992 que:

> O sucessor daquele que causar lesão ao patrimônio público ou se enriquecer ilicitamente está sujeito às cominações desta Lei até o limite do valor da herança.

Por ser clara a similitude entre os dispositivos, o efeito também haverá de sê-lo. Assim, em sendo aplicadas ao ímprobo as sanções cominadas no art. 12, arcará o sucessor com aquelas de natureza pecuniária, que consubstanciam verdadeiras "dívidas", daí decorrendo a sua obrigação de pagamento da multa civil, ressarcimento integral do dano e perda de bens ou valores acrescidos ilicitamente ao patrimônio.

Para que seja afastada qualquer incompatibilidade com o texto constitucional, ao art. 8º da Lei n. 8.429/1992 deve ser dispensada interpretação conforme a Constituição, já que sua interpretação literal culminaria em sujeitar o sucessor do ímprobo a todas as cominações da lei, havendo, como único limite, o valor da herança para aquelas de natureza patrimonial. Evidentemente, aquelas sanções que acarretem restrições aos direitos diretamente relacionados à pessoa do ímprobo não poderão ser transmitidas aos seus herdeiros, o que limita a aplicabilidade do dispositivo àquelas de natureza patrimonial, conclusão esta, aliás, em perfeita harmonia com a sua parte final.

Com efeito, de acordo com o art. 5º, XLV, da CR/1988, "nenhuma pena passará da pessoa do condenado, podendo a obrigação de reparar o dano e a decretação do perdimento de bens ser, nos termos da lei, estendidas aos sucessores e contra eles executadas, até o limite do valor do patrimônio transferido". Em que pese não se referir o texto constitucional à multa, tal não tem o condão de excluir sua transmissibilidade aos sucessores quando sua aplicação resultar da prática de um ato de improbidade[175].

---

175 Em sentido contrário, entendendo que a multa civil não é transmissível: Daniel Amorim Assumpção Neves (*Manual de improbidade administrativa*, 2ª parte. São Paulo: Grupo Editorial Nacional, 2012, p. 224); José Roberto Pimenta Oliveira (*Improbidade administrativa e sua autonomia constitucional*. Belo Horizonte: Fórum, 2009, p. 317); Pedro Roberto Decomain (*Improbidade administrativa...*, p. 213); Tiago do Carmo Martins (*Anotações à Lei de Improbidade Administrativa*. Porto Alegre: Verbo Jurídico, 2012, p. 74 e 169); Calil Simão (*Improbidade administrativa...*, p. 639-640); Silvio Antonio Marques (*Improbidade administrativa...*, p. 130-131); Rita Tourinho (*Discricionariedade...*, p. 219), Marino Pazzaglini Filho *et alii* (ob. cit., p. 139-140), Luís Cláudio Almeida dos Santos (Reflexões sobre a Lei n. 8.429, de 2-6-1992 – "Lei Anticorrupção", *Revista do Ministério Público do Estado de Sergipe* 5/28), Wallace Paiva Martins Júnior (*Probidade administrativa*, p. 253), Francisco Octavio de Almeida Prado (*Improbidade administrativa*, p. 142-143) e Cristiano Álvares Valladares do Lago "Improbidade administrativa, *RT* 786/802). No sentido do texto: Sérgio Monteiro Medeiros (*Lei de Improbidade Administrativa*, p. 49) e José Antonio Lisbôa Neiva (*Improbidade administrativa*. Legislação..., p. 55). Na

Se não vejamos: a) a posição topográfica do inciso XLV do art. 5º denota claramente que ele se refere à pena aplicada em virtude da prática de uma infração penal, o que é robustecido pela nomenclatura utilizada (pena e condenado); b) a não transmissibilidade da multa penal não pode ser utilizada como paradigma, generalizando-se pelos distintos ramos do direito sancionador, pois as sanções penais, quaisquer que sejam elas, são eminentemente pessoais; c) a multa cominada ao ímprobo tem natureza cível, o que deflui da nomenclatura empregada e da própria natureza jurídica das sanções previstas no art. 12 da Lei n. 8.429/1992; d) tendo natureza cível e não sendo consectário de uma infração penal, eventual multa aplicada deve ser adimplida com o patrimônio deixado pelo ímprobo, o que revela-se consentâneo com o princípio de que o patrimônio do devedor responde por suas dívidas (arts. 391 e 942 do CC de 2002 e art. 1.518 do CC de 1916); e) a sanção aplicada não recairá sobre a pessoa do herdeiro, e sim sobre o patrimônio deixado pelo *de cujus*; f) o art. 8º da Lei n. 8.429/1992 é expresso no sentido de que os sucessores do ímprobo estão sujeitos às cominações da lei até o limite do valor da herança, o que também denota que somente são transmitidas aquelas de natureza patrimonial; g) guarda grande similitude com a espécie o tratamento legal e doutrinário dispensado às penalidades pecuniárias resultantes do descumprimento da legislação tributária, que também têm natureza sancionatória e às quais é reconhecida a natureza de obrigação tributária principal[176], sendo transmissíveis aos sucessores do *de cujus*[177]; e h) no âmbito da legislação civil, as cláusulas penais[178], verdadeiras penalidades aplicadas ao contratante que deixar de cumprir, ou apenas retardar, a obrigação que assumira, são induvidosamente transmissíveis aos seus herdeiros[179].

Outro aspecto relevante em relação à responsabilidade do sucessor diz respeito à sua adstrição, ou não, a uma categoria específica de ato de improbidade. A dúvida decorre da

---

jurisprudência, admitindo a transmissão da multa civil aos sucessores: TJSP, 7ª C. de Direito Público, Proc. n. 9059241-34.2009.8.26.0000, rel. Des. Eduardo Gouvêa, j. em 4/6/2012, *DJ* de 11/6/2012.

176 Art. 113, § 1º, do CTN: "A obrigação principal surge com a ocorrência do fato gerador, tem por objeto o pagamento de tributo ou penalidade pecuniária e extingue-se juntamente com o crédito dela decorrente".

177 Art. 131 do CTN: "São pessoalmente responsáveis: ... II. O sucessor a qualquer título e o cônjuge meeiro, pelos tributos devidos pelo de cujus até a data da partilha ou adjudicação, limitada esta responsabilidade ao montante do quinhão, do legado ou da meação". Este dispositivo é integrado pelo art. 129 do CTN, *verbis*: "O disposto nesta Seção aplica-se por igual aos créditos tributários definitivamente constituídos ou em curso de constituição à data dos atos nela referidos, e aos constituídos posteriormente aos mesmos atos, *desde que relativos a obrigações tributárias surgidas até a referida data*" (grifo nosso).

178 Ver arts. 408 *usque* 416 do Código Civil de 1916 e arts. 916 *usque* 927 do Código Civil de 2002.

179 A esse respeito, o Código Civil de 1916 não fazia qualquer distinção, dispondo, em seu art. 1.796, que a herança responde pelo pagamento das dívidas do falecido; mas, feita a partilha, só respondem os herdeiros, cada qual em proporção da parte, que na herança lhes coube. O Código de 2002, que repetiu a regra anterior em seu art. 1.997, dispõe, em seu art. 943, que o direito de exigir reparação e a obrigação de prestá-la transmitem-se com a herança.

constatação de que o art. 8º da Lei n. 8.429/1992 faz referência ao "*sucessor daquele que causar dano ao patrimônio público ou enriquecer ilicitamente*". O Superior Tribunal de Justiça, ao interpretar o preceito, rendeu homenagem à sua literalidade e chegou à conclusão de que somente as sanções aplicadas aos atos de improbidade tipificados nos arts. 9º e 10 da Lei n. 8.429/1992 ensejariam a responsabilização do sucessor pelo pagamento da multa aplicada. De acordo com o Tribunal, "*[o]utra não pode ser a mens legis senão a de que apenas é transmitida ao sucessor do de cujus a multa civil quando associada a valores correspondentes ao ressarcimento do Erário e aos auferidos ilicitamente*"[180]. Em consequência, a multa aplicada em razão do enquadramento da conduta no art. 11 não seria transmissível ao sucessor.

Com a devida vênia do Tribunal, não nos parece que a literalidade do art. 8º da Lei n. 8.429/1992 tenha o condão de limitar as hipóteses de transmissão da sanção de multa. Esse preceito, em verdade, reforça uma regra geral, não instituindo propriamente uma exceção a ela. A transmissibilidade, ou não, da sanção, deve ser avaliada a partir de sua natureza jurídica e do sistema em que inserido o ilícito praticado, não de sua mera capitulação jurídica. A multa consubstancia uma dívida de valor e, quando decorrente de um ato de improbidade, qualquer que seja ele, é transmissível. Além disso, tem existência autônoma em relação às sanções de ressarcimento do dano e perda dos bens adquiridos ilicitamente. Não é demais lembrar que o art. 12, III, da Lei n. 8.429/1992 também prevê o ressarcimento do dano na hipótese de o ato de improbidade ser tipificado no art. 11, circunstância que, como veremos em tópico específico, pode ocorrer em situações excepcionais. Logo, sequer haveria como excluir, *a priori*, a violação aos princípios regentes da estatal como origem da multa aplicada.

No que concerne às demais sanções cominadas no art. 12 – perda da função pública, suspensão dos direitos políticos e proibição de contratar com o Poder Público ou receber benefícios ou incentivos fiscais – que atingem a própria pessoa do ímprobo, assumindo contornos personalíssimos, constata-se que não serão passíveis de transmissão aos sucessores, o que deflui da própria sistemática legal e constitucional.

Ante a natureza jurídica das sanções pecuniárias, ainda que o ímprobo tenha falecido, será possível a instauração de relação processual para a perquirição dos ilícitos praticados e eventual aplicação das sanções. Nesse caso, o polo passivo será integrado pelo espólio ou pelos sucessores do ímprobo[181].

Como é facilmente verificado, o que fora exposto, em verdade, refere-se aos atos praticados pelo ímprobo com reflexos no patrimônio transmitido aos sucessores. No entanto,

---

180 1ª Seção, REsp n. 951.389/SC, rel. Min. Herman Benjamin, j. em 9/6/2010, DJe de 4/5/2011; e 2ª T., REsp n. 1.407.862/RO, rel. Min. Mauro Campbell Marques, j. em 9/12/2014, DJe de 19/12/2014.

181 Em razão dos amplos termos do art. 37, § 5º, da CR/1988, o qual instituiu a imprescritibilidade das ações que visem ao ressarcimento dos danos causados ao erário, tal dispositivo é extensivo aos herdeiros do ímprobo, os quais poderão ser demandados a qualquer tempo para ressarcir os danos causados, respeitando-se sempre os limites do valor da herança.

em determinadas situações, será possível perquirir a responsabilidade pessoal e direta dos próprios sucessores pelos ilícitos praticados, conforme autoriza o art. 3º da Lei n. 8.429/1992[182].

Tal se verificará sempre que o herdeiro tenha participado da ocultação do numerário obtido ilicitamente; quando o ímprobo, ainda em vida, tenha doado ou simulado a venda dos bens adquiridos com o numerário de procedência ilícita, o que poderá acarretar a anulação do negócio jurídico em virtude da simulação (arts. 167 do CC de 2002) etc. Nesses casos, a responsabilidade do sucessor se identificará com a de terceiros que tenham concorrido para a prática do ato de improbidade, o que, por evidente, pressupõe que seja devidamente provado o elemento subjetivo do agente.

---

[182] "As disposições desta Lei são aplicáveis, no que couber, àquele que, mesmo não sendo agente público, induza ou concorra para a prática do ato de improbidade ou dele se beneficie sob qualquer forma direta ou indireta."

CAPÍTULO VII
Tipologia dos Atos de Improbidade

1. CONCEITOS JURÍDICOS INDETERMINADOS E OS ATOS DE IMPROBIDADE

As normas jurídicas de prescrição hipotética descrevem determinadas situações, fáticas ou jurídicas, que desencadeiam consequências previstas no plano normativo. A valoração das situações concretas, que consubstanciam o elo entre a previsão abstrata e os efeitos previstos na norma, pressupõe uma atividade subjetiva do agente[1], cujo resultado deve encontrar ressonância na concepção predominante em determinado grupamento, elemento vital para a fixação de parâmetros de certeza e de segurança jurídica.

Concebido o princípio da juridicidade como a pedra angular do nosso sistema jurídico, o que torna indispensável a compatibilização do fato com a norma para que seja possível a consecução dos efeitos jurídicos almejados, tornou-se necessário o estabelecimento de mecanismos que conferissem maior mobilidade ao ordenamento jurídico, o que, longe de representar um elemento deflagrador do arbítrio, permitiria a célere adequação do padrão normativo aos valores subjacentes ao grupamento no momento de sua aplicação.

Na medida em que é patente a impossibilidade de simultânea produção legislativa, é comum a utilização de estruturas normativas que possam acompanhar tais mutações, o que é obtido com a utilização dos conceitos jurídicos indeterminados e das cláusulas gerais[2]. A disseminação destas figuras, ainda que discreta, permitiu que o direito posto fosse identificado unicamente como a parte visível do enunciado normativo, com o qual deveriam coexistir os valores que concorrem para a integração do seu conteúdo, ínsitos no grupamento em que a norma deverá projetar-se.

---

1 "O conceito é a representação de uma ideia universal que, quando intencionada, conduz à formulação de uma imagem no pensamento do intérprete" (GRAU, Eros Roberto. Nota sobre os conceitos jurídicos, *RDP* 74/218).

2 Eros Roberto Grau (Poder discricionário, *RDP* 93/42) sustenta a imprecisão desta terminologia da seguinte forma: "Todo conceito é produto da reflexão, expressando uma suma de ideias. Quando expressado, através do seu termo, envolve um ato de expressão. O termo, pois, é a expressão do conceito. Mas os termos dos conceitos jurídicos são colhidos na linguagem natural, que é potencialmente ambígua e imprecisa. Assim, resultam esses termos, em grande número de casos, indeterminados. Essa indeterminação, todavia, não é dos conceitos, mas sim de suas expressões (isto é, de seus termos). Daí por que, de modo correto, cumpriria referirmos conceitos cujos termos são indeterminados e não conceitos indeterminados (a última expressão somente permanece sob uso por inércia ou por impulso à economia de palavras). Pois é certo – insisto nisso – que se o conceito é indeterminado, não é conceito". Francisco Linares (*Poder discrecional administrativo*, p. 280), por outro lado, prestigia o designativo "fórmulas elásticas".

Essa mobilidade do conteúdo normativo, longe de enfraquecer o princípio da certeza jurídica, permitiu o surgimento de uma *equidade cíclica*[3], informada pelos valores que complementam o enunciado linguístico, o que torna desnecessária a sua constante modificação formal. A flexibilidade da linguagem, aliás, é inerente à sua própria essência, o que permite que termos aparentemente claros tenham potencialidade para não mais ostentar essa condição em momento futuro.

Mostra-se tênue o discrime entre as cláusulas gerais e os conceitos jurídicos indeterminados, pois ambos consubstanciam padrões de equidade que ultrapassam o plano do direito estrito.

Os conceitos indeterminados, geralmente polissêmicos, podem ser integrados por um fato ou por determinado valor, os quais sempre compõem o núcleo factual que a norma pretende abranger. Em relação à sua estrutura, é constantemente invocada a doutrina de Philipp Heck, segundo a qual os conceitos jurídicos indeterminados teriam um núcleo fixo (*Bregriffkern*) ou zona de certeza e um halo conceitual (*Begriffhof*) ou zona de dúvida, vago e nebuloso. O núcleo do conceito é constituído de premissas seguras, enquanto no halo conceitual, região de natureza periférica ao núcleo, não existe certeza prévia, permitindo a extensão da ideia nuclear do conceito[4]. A atividade do intérprete é normalmente limitada à fixação do preceito primário da norma, de alcance restrito, não às consequências que dela advêm. São exemplos os conceitos de *interesse público, interesse nacional, boa-fé, necessidade* e *utilidade*.

As cláusulas gerais, por sua vez, apresentariam um grau maior de abstração e generalidade, divisadas na formação do preceito primário e, por vezes, na própria concreção do preceito secundário.

Os conceitos jurídicos indeterminados podem ser utilizados tanto na composição da normatização casuística ou tipificada como na estruturação das cláusulas gerais[5]. Exemplo da primeira hipótese é a norma que se extrai da interpretação do art. 8º da Lei n. 8.429/1992, que tem a seguinte redação:"*o sucessor daquele que causar lesão ao patrimônio público ou enriquecer ilicitamente está sujeito às cominações desta lei até o limite do valor da herança*". Aqui a estatuição utiliza os conceitos jurídicos indeterminados *lesão ao patrimônio público* e *enriquecer ilicitamente*, mas tem o alcance bem delimitado, o mesmo ocorrendo em relação à consequência jurídica. Já o art. 9º, *caput*, dispõe que"*constitui ato de improbidade administrativa importando enriquecimento ilícito auferir qualquer tipo de vantagem patrimonial indevida em razão do exercício de cargo, mandato, função, emprego ou atividade nas entidades menciona-*

---

3 Por equidade cíclica, deve-se entender a contínua mutação dos padrões de justiça a partir da constante modificação de valores implementada no grupamento pelos influxos sociais.
4 Cf. COSTA, Regina Helena. Conceitos Jurídicos Indeterminados e Discricionariedade Administrativa, *RDP* 95/125 e SILVA, Almiro do Couto. Poder discricionário no direito administrativo brasileiro, *RDA* 179/180, p. 58.
5 Cf. MACHADO, João Baptista. *Introdução ao Direito e ao Discurso Legitimador*. Coimbra: Almedina, 2008, p. 113-119.

das no art. 1º desta lei, e notadamente". Neste caso, são empregados os conceitos *enriquecimento ilícito* e *vantagem indevida*, mas o comando normativo assume as características de cláusula geral em razão do emprego do pronome *qualquer*, que suprime os balizamentos para o alcance do segundo conceito. O mesmo efeito é produzido pelo advérbio de modo *notadamente*, que torna meramente exemplificativo o rol de condutas previsto nos incisos do art. 9º. Com isso, o alcance da estatuição é ampliado.

Como observou Judith Martins-Costa[6], as cláusulas gerais desempenham um relevante papel na concreção dos princípios administrativos, caracterizando-se como previsões normativas de grande generalidade, que abrangem e submetem aos seus efeitos um extenso número de casos, os quais integrarão a própria norma. A análise dos princípios, associada aos valores vigentes em determinado grupamento, permitirá ao órgão jurisdicional a exata identificação do padrão normativo estabelecido com as cláusulas gerais. À guisa de ilustração, a autora menciona o art. 395, III, do Código Civil de 1916 e o § 826 do Código Civil alemão, em que a expressão "bons costumes" gera diferentes efeitos: "*Art. 395. Perderá o pátrio poder o pai ou a mãe: ... III – que praticar atos contrários à moral e aos bons costumes. § 826. Aquele que objetivou prejudicar alguém por meio de atitudes contrárias aos bons costumes é obrigado a reparar o dano*". Na primeira hipótese, identificados os valores vigentes em determinado grupamento, integrará o órgão jurisdicional o preceito primário da norma, do qual a consequência é a perda do pátrio poder. No segundo caso, além da primeira operação, da qual surgirá o dever reparatório, deve ser delimitada a noção de prejuízo, o que faz que os conceitos indeterminados utilizados no § 826 do Código Civil alemão formem uma cláusula geral de reparação de danos, cujo maior grau de abrangência transferirá ao órgão jurisdicional a atividade de concreção da norma.

Os conceitos indeterminados normalmente se apresentam na imprecisão conceitual linguística, na incerteza derivada da necessidade de avaliação da situação concreta subjacente à norma, na necessidade de realização de uma ponderação valorativa de interesses ou na exigência de realização de um juízo de prognose.

Sua integração é fruto de atividade eminentemente interpretativa, o que possibilitará a exata delimitação do preceito normativo. Ultrapassada a esfera de mera interpretação, por essência vinculada, já que destinada a identificar o exato conteúdo da norma, ter-se-á uma fase subsequente, na qual a operação de integração do conceito poderá ser ultimada de forma vinculada ou não vinculada. A integração será vinculada quando for única a solução juridicamente possível, o que ocorrerá quando a indeterminação derivar da imprecisão da linguagem ou porque "a indeterminação resultante da contextualização da linguagem envolve uma avaliação atual, não prospectiva das circunstâncias de fato presentes e concomitantes à incidência da norma"[7].

---

6   As cláusulas gerais como fatores de mobilidade do sistema jurídico, *RT* 680/47.

7   MORAES, Germana de Oliveira. *Controle jurisdicional da administração pública*, p. 182. Ex.: receber *vantagem econômica de qualquer natureza*, direta ou indiretamente, para omitir ato de ofício, providência ou declaração

Os conceitos indeterminados serão integrados de forma não vinculada, assegurada uma certa margem de liberdade, quando tiverem como pressuposto uma ponderação valorativa dos interesses concorrentes, o que deverá ser direcionado pelo interesse público que se busca atingir. Segundo Germana de Oliveira Moraes[8], a integração se dará de forma não exatamente vinculada e não discricionária (*rectius*: sem uma considerável margem de liberdade) quando "não envolver necessariamente uma valoração comparativa de interesses. São conceitos, cuja complementação de sentido demanda uma avaliação prospectiva das circunstâncias de fato, mediante um juízo de aptidão formulado em razão do futuro – juízo de prognose", que contém "geralmente apenas um juízo de aptidão, no qual se esgota a 'margem de livre decisão' para valorar os conceitos indeterminados, a qual difere da decisão de discricionariedade, que envolve a ponderação autônoma de interesses em conflito, à luz de critérios de aptidão, indispensabilidade e equilíbrio ou razoabilidade".

Prognose é palavra originária do grego (*pro* = antes + *gnonai* = reconhecer), consistindo na avaliação de uma situação atual com ulterior projeção de uma situação futura, sendo o ponto nuclear da atividade de planificação. Atos dessa natureza, cuja prática seja deflagrada por um juízo de prognose, acarretam grande mitigação na esfera de discricionariedade do agente, reduzindo-a a patamares que praticamente a anulam.

É o que, na maioria das vezes, redunda na denominada "discricionariedade técnica". Como exemplo, pode-se mencionar a iniciativa de determinado Município em construir um segundo terminal rodoviário a partir da previsão, com base em estudos técnicos, de que a implementação de projetos de incentivo ao turismo acarretará um sensível aumento do número de visitantes em futuro próximo. Nesta hipótese, em havendo impugnação, poderá o Judiciário analisar se a previsão se encontra lastreada em um estudo tecnicamente adequado à hipótese, se houve a integral valoração de todos os fatos subjacentes à previsão, se os fatos foram ponderados adequadamente e se o *iter* de ponderação se encontra devidamente motivado, permitindo identificar a correção do raciocínio que culminou com o resultado obtido.

Ainda se põe a questão de saber se a referida margem de liberdade, associada à realização de um juízo de valor para a integração da norma, pode ser considerada uma projeção do exercício do poder discricionário. Partindo-se da premissa de que o poder discricionário está associado a uma multiplicidade de soluções justas, cabendo à Administração a escolha daquela que lhe pareça mais adequada, enquanto o padrão normativo consagra uma *unidade de solução justa*, não propriamente uma discrição na escolha do que é justo, ainda que múltiplas opções possam vir a ser consideradas como tal, é possível concluir de forma negativa[9].

---

    a que esteja obrigado (art. 9º, X, da Lei n. 8.429/1992); permitir, facilitar ou concorrer para que terceiro se *enriqueça ilicitamente* (art. 10, XII, da Lei n. 8.429/1992); praticar ato visando *fim proibido* em lei ou regulamento ou diverso daquele previsto na regra de competência (art. 11, I, da Lei n. 8.429/1992).
8 Ob. cit., p. 183.
9 Cf. ENTERRÍA, García de; FERNÁNDEZ, Tomás-Ramon. *Curso de derecho...*, v. I, 12ª ed., p. 465-466.

Como tem sustentado a doutrina germânica, o poder discricionário diz respeito aos aspectos da decisão, enquanto o conceito indeterminado reflete uma situação objetiva condicionante dessa decisão: embora a interpretação do enunciado normativo esteja sujeita a uma ampla sindicação judicial, o conceito indeterminado cria uma *margem de livre apreciação* para a Administração, limitando o controle judicial[10].

Quando a norma utiliza um conceito como a *boa-fé*, as consequências nela previstas somente serão justas quando detectado o preenchimento de sua hipótese de incidência: a "boa-fé". Há uma única solução justa, ainda que à Administração seja assegurada uma *margem de livre apreciação* na análise das situações concretas que podem enquadrar-se sob a epígrafe da *boa-fé*[11]. Embora haja liberdade e seja por vezes necessária a realização de uma ponderação entre os distintos valores envolvidos, o que impõe restrições ao controle jurisdicional, não há propriamente discricionariedade da Administração[12].

Os atos de improbidade administrativa encontram-se descritos nas quatro seções que compõem o Capítulo II da Lei n. 8.429/1992; estando aglutinados em quatro grupos distintos, conforme o ato importe em enriquecimento ilícito (art. 9º), cause prejuízo ao erário (art. 10) acarrete a concessão ou aplicação indevida de benefício financeiro ou tributário ao contribuinte do ISS (art. 10-A) ou tão somente atente contra os princípios da administração pública (art. 11).

Como já afirmamos, da leitura dos referidos dispositivos legais, depreende-se a coexistência de três técnicas legislativas. De acordo com a primeira, vislumbrada no *caput* dos dispositivos tipificadores da improbidade, tem-se a utilização de conceitos jurídicos indeterminados, apresentando-se como instrumento adequado ao enquadramento do infindável número de ilícitos passíveis de serem praticados, os quais são frutos inevitáveis da criatividade e do poder de improvisação humanos. A segunda, por sua vez, foi utilizada na formação de diversos incisos que compõem os arts. 9º, 10 e 11, tratando-se de previsões, específicas ou passíveis de integração, das situações que comumente consubstanciam a improbidade, as quais, além de facilitar a compreensão dos conceitos indeterminados veiculados no *caput*, têm natureza meramente exemplificativa[13], o que deflui do próprio em-

---

10 Cf. MAURER, Hartmut. Ob. cit., p. 136-145.
11 Cf. ENTERRÍA, Eduardo García de; FERNÁNDEZ, Tomás-Ramon. *Curso de derecho...*, v. I, 12ª ed., p. 466.
12 Em sentido contrário, Miguel Sánchez Morón (*Discrecionalidad administrativa y control judicial*, Madrid: Editorial Tecnos, 1995, p. 119-120) sustenta que a ideia de uma única solução justa, embora aceitável perante a filosofia pura, não evita que múltiplas soluções justas se apresentem na realidade. Assim, havendo possibilidade de escolha, estar-se-á diante do exercício de um poder discricionário.
13 Francisco Octavio de Almeida Prado (*Improbidade administrativa*, p. 33-35), não obstante a letra expressa da lei, sustenta que os atos de improbidade relacionados nos diversos incisos dos arts. 9º, 10 e 11 da Lei n. 8.429/1992 têm natureza *taxativa*. Em abono da tese que formulou, aduz que o direito administrativo sancionador deve render obediência ao princípio da legalidade, ao qual encontra-se estritamente vinculado o princípio da tipicidade. Assim, ainda que o princípio sofra alguma atenuação no campo extrapenal, a segurança jurídica que dele deflui é imprescindível à preservação do devido processo legal, sendo que esta so-

prego do advérbio "notadamente". A terceira, por sua vez, foi empregada no art. 10-A, que enuncia um rol taxativo de condutas e não é ornado com incisos exemplificativos.

A utilização dos conceitos jurídicos indeterminados exigirá do intérprete a realização de uma operação de valoração das circunstâncias periféricas ao caso, o que permitirá a densificação do seu conteúdo e a correlata concretização da norma. Diversamente de uma operação de mera subsunção, em que a norma traz em si todas as notas características imprescindíveis à sua aplicação, aqui será imprescindível a intermediação, entre a disposição normativa e o fato, de uma operação de índole valorativa.

Essa operação, por sua própria natureza, exigirá uma atitude responsável do intérprete, o que permitirá a consecução de resultados dotados de plena aceitabilidade. Tal será possível com a identificação dos elementos característicos das figuras típicas, daqueles que são imprescindíveis à incidência da tipologia legal, bem como da aferição se o grau e a intensidade em que se apresentam no caso concreto correspondem ao padrão de conduta que se busca repelir com as normas proibitivas implícitas nos arts. 9º, 10 e 11 da Lei de Im-

---

mente será atingida caso se entenda que a nebulosidade do *caput* dos referidos preceitos será aclarada em sendo aplicadas, unicamente, as hipóteses específicas enunciadas nos diferentes incisos. No mesmo sentido: Edilson Pereira Nobre Júnior, Improbidade administrativa: alguns aspectos controvertidos, *Revista do TRF-5ª Região* n. 56/320 (337), 2004; José Nilo de Castro, Improbidade administrativa municipal, *Revista Interesse Público* n. 8/79, 2000. Com a devida vênia, não encampamos esse entendimento. Não bastasse a letra da lei, acresça-se que os princípios afetos ao direito penal, subsidiariamente aplicáveis sempre que o Estado exerça o seu poder sancionador, devem sofrer as necessárias compatibilizações quando transpostos para outros ramos do Direito. No caso específico dos agentes públicos, sendo vasto o rol de princípios constitucionais (*rectius*: normas constitucionais) a que estão adstritos, questiona-se: seria possível sustentar a inconstitucionalidade de uma lei que cominasse sanções para a sua inobservância? Os princípios, por sua própria natureza, não consubstanciam cláusulas gerais? O argumento ademais, prova em excesso, pois vários dos referidos incisos também veiculam conceitos jurídicos indeterminados; assim, também eles deverão ser considerados inconstitucionais? Aqui, é importante distinguir a situação jurídica daquele que administra a coisa pública em relação aos cidadãos, que estão sujeitos ao *ius puniendi* do Estado pelo simples fato de viverem em seu território ou serem seus nacionais. Considerando que certamente se objetará que os agentes públicos também podem ser sujeitos ativos de infrações penais, devemos acrescer que as sanções penais atingem o *status dignitatis* do indivíduo de modo mais incisivo, gerando variados efeitos secundários; e somente o legislador – não o intérprete –, como será visto no Capítulo X, pode tipificar penalmente determinada conduta, o que, por via reflexa, tornará aplicáveis todos os princípios inerentes ao Direito Penal. Não cominando a Lei de Improbidade sanções de natureza penal, outros haverão de ser os princípios informativos. Em interessante linha argumentativa, Bertoncini, referindo-se ao art. 10, sustenta que "parece equivocado afirmar que as condutas desse artigo são exemplificativas", pois, se a conduta "não se amoldar aos incisos e ao *caput* não haverá como se afirmar tenha ocorrido ato de improbidade administrativa que causa prejuízo ao erário" (*Ato de improbidade...*, p. 202). Ora, o caráter exemplificativo é sustentado em relação às condutas descritas nos incisos do art. 10, cuja funcionalidade básica é a de facilitar a compreensão do alcance do *caput*. Se o ato não se enquadra nem no *caput* nem nos incisos é tarefa assaz difícil falar em ato de improbidade que cause dano ao patrimônio público, o que em muito dificulta a compreensão da tese que o autor pretende estar combatendo. O mesmo autor, em outra passagem, não hesita em aderir ao pensamento majoritário, afirmando que "as regras gerais das cabeças" dos artigos conferem à Lei "relativa abertura" (ob. cit., p. 223-224).

probidade. A integração da conduta à tipologia legal pressupõe não só a presença dos elementos característicos, como também que os possíveis traços distintivos sejam inaptos a subjugá-los, exigindo uma ampla identifcação dos valores aceitos no campo jurídico e social.

Na lição de Larenz[14], "a necessidade de um pensamento 'orientado por valores' surge com a máxima intensidade quando a lei recorre a uma pauta de valores que carece de preenchimento valorativo, para delimitar uma hipótese legal ou também uma consequência jurídica. Tais pautas são, por exemplo, a 'boa-fé', uma 'justa causa', uma 'relação adequada' (de prestação ou contraprestação), um 'prazo razoável' ou 'prudente arbítrio'. Tais pautas não são, por assim dizer, pura e simplesmente destituídas de conteúdo; não são 'fórmulas vazias pseudonormativas' que seriam compatíveis com todas ou quase todas as formas concretas de comportamento e regras de comportamento'. Ao invés, contêm sempre uma ideia jurídica específica que decerto se subtrai a toda a definição conceptual, mas que pode ser clarificada por meio de exemplos geralmente aceites. Estas pautas alcançam o seu preenchimento de conteúdo mediante a consciência jurídica geral dos membros da comunidade jurídica, que não é cunhada pela tradição, mas que é compreendida como estando em permanente reconstituição".

Se a densificação dos conteúdos normativos à luz da realidade subjacente à sua aplicação permite a contínua adequação da norma aos influxos sociais, viabilizando a concretização do referencial de justiça material, não menos relevante é a preservação da segurança jurídica, verdadeiro direito fundamental dos agentes públicos potencialmente alcançáveis pelo sistema punitivo. A tensão dialética entre esses dois vetores de indiscutível relevância para o organismo social somente será apaziguada com a utilização de pautas argumentativas que permitam reconstruir o processo de concretização realizado pelo intérprete, a ser necessariamente pautado por argumentos sólidos e ajustados aos balizamentos traçados pela ordem jurídica.

Contrariamente ao que costumam afirmar aqueles que defendem uma alegada ofensa à segurança jurídica (do ímprobo, não do patrimônio público!), a operação de integração da norma é diuturnamente realizada pelo Poder Judiciário, pois os conceitos jurídicos indeterminados são utilizados em profusão no ordenamento jurídico, inclusive no texto constitucional. À guisa de ilustração, podem ser mencionados os conceitos de "justa indenização"[15], utilizado como parâmetro na fixação do montante a ser pago pelo Poder Público nas desapropriações, ou mesmo o relevante binômio possibilidade-necessidade na fixação da prestação alimentícia[16].

A técnica legislativa adotada pela Lei n. 8.429/1992, ao tipificar os atos de improbidade, denota que os ilícitos previstos nos incisos dos arts. 9º, 10 e 11, assumem relativa independência em relação ao *caput*, sendo normalmente desnecessária a valoração dos

---

14 *Metodologia da ciência do direito*, trad. de José Lamego, p. 310-311.
15 Art. 5º, XXIV, da CR/1988.
16 Art. 400 do Código Civil de 1916 e art. 1.694, § 1º, do Código Civil de 2002.

conceitos indeterminados previstos no *caput* dos preceitos tipificadores da improbidade, pois o desvalor da conduta, o nexo de causalidade e a potencialidade lesiva foram previamente sopesados pelo legislador, culminando em estatuir nos incisos as condutas que indubitavelmente importam em enriquecimento ilícito, acarretam dano ao erário ou violam os princípios administrativos.

Como dissemos, algumas figuras descritas na Lei n. 8.429/1992 dependem de integração, já que remetem a outras normas jurídicas ou a determinados atos administrativos (*v.g.*: editais e regulamentos), cuja violação é pressuposto indispensável à configuração do ato de improbidade e consequente sancionamento (art. 10, VI – realizar operação financeira com inobservância das formalidades legais; art. 10, XV – celebrar contrato de rateio de consórcio público sem observância das formalidades previstas em lei; art. 11, I – praticar ato visando fim proibido em lei; etc.). As normas ou os atos de integração formam uma "unidade lógica" com parte da tipologia dos atos de improbidade, que refletiria as normas "em branco","cegas" ou "abertas"[17]. Outras figuras, no entanto, descrevem com precisão a conduta passível de configurar a improbidade administrativa, não dependendo de integração por uma segunda norma ou ato administrativo (art. 9º, XI – incorporar ao próprio patrimônio bens públicos; art. 10, V – permitir a aquisição de bem por preço superior ao de mercado; art. 11, IV – negar publicidade aos atos oficiais etc.)[18]. Tanto o dever como a consequência jurídica estão claramente previstos na Lei n. 8.429/1992, o que torna injurídica qualquer tentativa de retirar eficácia de sua força normativa.

2. ENRIQUECIMENTO ILÍCITO

Como derivação lógica e consequência inevitável dos atos de corrupção, tem-se o enriquecimento ilícito, sendo aquela o principal meio de implementação deste. Em geral, o enriquecimento ilícito é o resultado de qualquer ação ou omissão que possibilite ao agente público auferir uma vantagem não prevista em lei.

No âmbito do Direito Civil, é vasta a produção doutrinária a respeito do tema, o que torna imperativo o exame das diferentes concepções existentes para a correta identificação e delimitação do alcance do art. 9º da Lei n. 8.429/1992, preceito que contém as normas de coibição ao enriquecimento ilícito.

O não enriquecimento sem causa, verdadeiro princípio geral de direito, há muito é estudado e coibido, tendo fincado raízes no Direito Romano[19] e mantido, desde então,

---

17 Cf. HUNGRIA, Nélson. *Comentários ao Código Penal*. Rio de Janeiro: Forense, 1977, v. I, t. I, p. 103-104; e LISZT, Franz Von. *Tratado de Direito Penal Allemão* (*Lehrbuch des deutchen Strafrechts*), Trad. de José Hygino Duarte Pereira, Rio de Janeiro: F. Briguiet & C. – Editores, 1899, t. I, p. 137-138.

18 Em sentido contrário, entendendo que toda a tipologia da Lei n. 8.429/1992 se reconduz às normas em branco, *vide* OSÓRIO, Fábio Medina. *Teoria da improbidade...*, p. 255-256.

19 De acordo com Pompônio, "jure naturae aequum est neminem cum alterius detrimento et injuria fieri locupletatiorem" (Por direito da natureza é justo que ninguém se enriqueça com prejuízo e incúria de outrem).

indiscutível atualidade. Objetivando delimitar o campo de aplicação deste princípio, foram construídas as seguintes teorias:

a) a vedação do enriquecimento ilícito funda-se unicamente no princípio de equidade, o que justifica a vedação do enriquecimento em detrimento do patrimônio alheio: essa doutrina, também denominada "teoria do patrimônio", não teve ampla aceitação, pois omite as situações em que não tenha ocorrido uma transferência de ordem patrimonial, mas tão somente uma vantagem correlacionada à ação ou omissão de outrem (ex.: o fornecimento de uma informação valiosa, um benefício moral ou a causação de prejuízo em coisa própria para salvar a alheia);

b) o fundamento reside na necessidade de "equilíbrio dos patrimônios" ou de "segurança estática das fortunas", os quais são rompidos sempre que haja um deslocamento de valores sem uma correspondente "força-causa"[20] ou "energia criadora" que o justifique: essa teoria, em essência, erige-se sobre os mesmos alicerces da anterior, sendo merecedora de idênticas críticas;

c) trata-se de uma gestão de negócios anormal, em que a pessoa enriquecida se contenta em aproveitar os efeitos da atividade de outrem sem que haja uma ação direta sua: por limitar demasiadamente o princípio do não locupletamento, essa teoria também não foi aceita, pois várias são as situações em que é divisado o enriquecimento sem gestão alguma, inexistindo qualquer obrigação do locupletador para com o lesado – o que é próprio da gestão de negócios – agindo este voluntariamente e por conta de seu próprio interesse;

d) o enriquecimento ilícito está relacionado à responsabilidade civil, pois aquele que se locupletou à custa alheia praticou um ato ilícito, tendo o dever de ressarcir: em muitos casos, o locupletamento pode existir com uma atitude passiva do locupletador, sem o concurso da vontade deste, o que, aliado ao fato de a indenização não ultrapassar o montante da riqueza obtida, torna esta situação inconciliável com os princípios da responsabilidade civil;

e) o enriquecimento ilícito tem esteio na responsabilidade civil pelo risco criado, sendo derivada do lucro procurado e independe da configuração da culpa: por ser excessivamente casuística e por não abranger as situações em que o proveito não seja perseguido, essa teoria não foi aceita;

f) o não locupletamento ilícito reside em um dever moral que deve nortear as relações sociais, sendo consectário dos princípios da Justiça e do Direito[21].

Na Espanha, o princípio foi acolhido pelas antigas Partidas: "Ninguno non deve enriqueszer tortizeramente com daño de outro" (art. 7ª, lib. XVII, tít. 34).

20 "A causa é a força que justifica um deslocamento de valor dum patrimônio para outro" (Maury, *Essai sur la Notion d'Equivalence en Droit Civil Français*, apud Georges Ripert, *A regra moral nas obrigações civis*, p. 253).

21 *Suum cuique tribuere* (dar a cada um o que é seu) e *neminem laedere* (não lesar a ninguém).

À luz dessa última teoria, que endossamos, o enriquecimento sem causa pode advir tanto de um ato que apresente adequação ao princípio da legalidade como de um ato ilícito. Assim, o princípio do não locupletamento indevido reside na regra de equidade que veda a uma pessoa enriquecer à custa do dano, do trabalho ou da simples atividade de outrem, sem o concurso da vontade deste ou o amparo do direito – e tal ocorrerá ainda que não haja transferência patrimonial.

O simples enriquecimento à custa de outrem não infringe a ordem moral, o que a infringe é o enriquecimento injusto, o qual acarreta o dever moral de indenizar aquele que empobreceu. São comumente identificados quatro requisitos essenciais para a verificação do enriquecimento indevido: a) o enriquecimento de alguém[22], o qual pode ser de ordem material, intelectual ou moral; b) o empobrecimento de outrem[23], quer seja positivo (ex.: perda patrimonial) ou negativo (ex.: não pagamento de um serviço prestado); c) ausência de justa causa, vale dizer, o enriquecimento deve ser desvinculado do direito, não podendo advir da vontade do empobrecido, ou decorrer de obrigação preexistente ou da lei; d) nexo-causal entre o enriquecimento e o empobrecimento, sendo que cada um destes elementos deve estar ligado ao outro em uma relação de causa e efeito.

Presentes os requisitos acima, surge o direito de o empobrecido pleitear o ressarcimento na proporção em que o locupletador enriqueceu.

Expostos os lineamentos básicos do princípio sob o prisma do direito privado[24], resta analisá-lo sob a ótica específica da Lei n. 8.429/1992. A Seção I do Capítulo II deste diplo-

---

22 Tal se dá "mesmo quando nenhum valor tenha saído do patrimônio da pessoa empobrecida; por exemplo, quando se trata de um trabalho intelectual pessoal; mesmo quando nenhum valor tenha entrado no patrimônio da pessoa enriquecida, por exemplo, quando se trata duma perda evitada ou duma vantagem puramente moral" (RIPERT, Georges. Ob. cit., p. 260).

23 "... a despesa feita em proveito próprio somente dará direito à ação de locupletamento contra os que aproveitaram também com a mesma despesa, quando esta for superior àquele proveito. Em caso contrário, havendo equilíbrio entre o lucro e o sacrifício próprios, a vantagem colhida pelos vizinhos não representa empobrecimento do autor" (GONÇALVES, Luiz da Cunha, *apud* SANTOS, J. M. Carvalho. *Código Civil brasileiro interpretado*, v. XII, p. 386).

24 Analisando o Código Civil de 1916, afirmava Clóvis Bevilaqua (*Código Civil dos Estados Unidos do Brasil comentado*, v. IV, p. 120) que "o Código Civil Brasileiro não conhece uma doutrina dos quasi contractos, nem considerou o enriquecimento ilícito como figura especial de obrigação, ou como causa geradora de obrigação, porque as suas diversas espécies não se subordinam a um princípio unificador, segundo reconhece Endemann. Cada uma das fórmas por elle apresentada apparecerá em seu logar". Como exemplo dessa perspectiva de análise, podia ser mencionado o art. 964 do Código Civil: "Todo aquele que recebeu o que lhe não era devido fica obrigado a restituir". No mesmo sentido, tem-se o art. 1.895 do Código Civil espanhol: "Cuando se recibe alguna cosa que no había derecho a cobrar, y que por error há sido indebidamente entregada, surge la obligación de restituirla". O Código Civil de 2002, no entanto, além de repetir a regra acima enunciada em seu art. 876, dedica um pequeno capítulo ao enriquecimento sem causa. Consoante o art. 884, *caput*, "aquele que, sem justa causa, se enriquecer à custa de outrem, será obrigado a restituir o indevidamente auferido, feita a atualização dos valores monetários". O art. 885, por sua vez, acresce que "a restituição é devida, não só quando não tenha havido causa que justifique o enriquecimento, mas também se esta deixou de existir".

ma legal trata "Dos Atos de Improbidade Administrativa que Importam Enriquecimento Ilícito", sendo integrada por um único artigo, *verbis*:

> *Art. 9º Constitui ato de improbidade administrativa importando enriquecimento ilícito auferir qualquer tipo de vantagem patrimonial indevida em razão do exercício de cargo, mandato, função, emprego ou atividade nas entidades mencionadas no art. 1º desta Lei[25], e notadamente[26]:*
>
> *I – receber, para si ou para outrem, dinheiro, bem móvel ou imóvel, ou qualquer outra vantagem econômica, direta ou indireta, a título de comissão, percentagem, gratificação ou presente de quem tenha interesse, direto ou indireto, que possa ser atingido ou amparado por ação ou omissão decorrente das atribuições do agente público[27-28];*

---

25 "Exercício concomitante de atividade particular, incompatível com o cargo de Secretário Municipal de Saúde, que motivava a percepção de gratificação por dedicação integral à atividade pública: violação aos princípios da legalidade e da moralidade, consubstanciando enriquecimento ilícito do agente – art. 9º, *caput*, da Lei n. 8.429/1992" (TJRS, 2º Grupo de CC, AR n. 70002705192, rel. Des. Vasco della Giustina, j. em 14/6/2002, *RJTJRS* n. 218). Também acarreta o enriquecimento ilícito a figura do *funcionário fantasma*, que recebe dos cofres públicos sem nunca ter trabalhado: STJ, 1ª T., REsp n. 1.019.555/SP, rel. Min. Castro Meira, j. em 16/6/2009, *DJ* de 29/6/2009; STJ, 2ª T., REsp n. 1.298.417/RO, rel. Min. Eliana Calmon, j. em 12/11/2013, *DJe* de 22/11/2013; e TJPR, 5ª CC, AP n. 1.150.589-4, rel. Des. Xisto Pereira, j. em 9/12/2014. Ainda segundo o STJ, a figura do *funcionário fantasma* fica caracterizada quando motorista, que ingressou na Administração Pública por meio de cargo em comissão, cumpria, ao mesmo tempo, jornada de trabalho de 44 horas semanais em lotérica (2ª T., REsp n. 1.1204.373/SE, rel. Min. Herman Benjamin, j. em 16/12/2010, *DJ* de 2/3/2011). Visualizando afronta à moralidade administrativa, entendeu o Tribunal que "ainda que o cargo seja em comissão, exige-se do servidor a obrigatoriedade do trabalho a contento e a eficiência na atividade, contrastando com ampla e irrestrita flexibilização do horário de trabalho".

26 Configura o ato de improbidade do art. 9º (a) a nomeação de Vice-Prefeito para exercer o cargo em comissão de diretor administrativo da Prefeitura, isso em razão da vedação constitucional de acumulação de cargos remunerados (TJPR, 2ª CC, AP n. 147.416-0, rel. Des. Bonejos Demchuk, j. em 10/3/2004); (b) o uso de atestado médico, por servidora pública, para fruir de licença saúde, enquanto laborava em Municípios vizinhos (TJRS, 4ª CC, AP n. 70031282742, rel. Des. João Carlos Branco Cardoso, j. em 25/11/2009); e (c) o recebimento, por vários anos, do salário de professor da rede pública do Estado, sem ter exercido as atividades em sala de aula e sem estar legalmente afastado, fraude praticada por meio de atestados de frequência assinados por dois funcionários (STJ, 2ª T., REsp n. 1.249.019/GO, rel. Min. César Asfor Rocha, j. em 15/3/2012, *DJe* de 22/3/2012).

27 Para a configuração dessa figura, a exemplo do que ocorre com os incisos II, III, V, VI, VIII, IX e X, basta a mera potencialidade de que o agente aja em benefício de terceiros, sendo desnecessário que a ação se concretize. Ao associar o recebimento da vantagem indevida a uma conduta específica do agente, a lei não exige que ela se implemente, contentando-se tão somente com a comprovação do fim visado com o referido recebimento.

28 O médico do sistema público de saúde que, valendo-se de sua condição, capta pacientes que aguardam atendimento na unidade de saúde em que atua e os atende em seu consultório particular, mediante pagamento de honorários e sob promessa de maior celeridade na consulta, pratica o ato de improbidade previsto no art. 9º, I, pois, a partir do exercício de suas funções, auferiu vantagem econômica, a título de gratificação, daquele que poderia ser amparado por sua atuação. O fato de a vantagem ter sido obtida após a prestação de um serviço particular em nada infirma o que foi dito, pois ela está estritamente relacionada

II – perceber vantagem econômica, direta ou indireta, para facilitar a aquisição, permuta ou locação de bem móvel ou imóvel, ou a contratação de serviços pelas entidades referidas no art. 1º por preço superior ao valor de mercado;

III – perceber vantagem econômica, direta ou indireta, para facilitar a alienação, permuta ou locação de bem público ou o fornecimento de serviço por ente estatal por preço inferior ao valor de mercado;

IV – utilizar, em obra ou serviço particular, veículos, máquinas, equipamentos ou material de qualquer natureza, de propriedade ou à disposição de qualquer das entidades mencionadas no art. 1º desta Lei, bem como o trabalho de servidores públicos, empregados ou terceiros contratados por essas entidades[29-30]*;*

---

ao vínculo existente entre o médico e o Poder Público e à relação entre o médico e o paciente que procurou o sistema público de saúde. Afora isto, a imoralidade na conduta do médico é manifesta. Também se insere no art. 9º, I, a conduta do oficial de justiça que recebe valores, superiores às custas regulares, de escritório de advocacia, para agilizar cumprimento de mandados de busca e apreensão (TJRS, 4ª CC, AP n. 70024445892, rel. Des. Carlos Eduardo Zietlow Duro, j. em 26/6/2008). Enriquece ilicitamente o oficial de justiça que recebe "gratificação" para o cumprimento preferencial de mandado, o que não se confunde com o pagamento de despesas previsto no art. 19 do CPC/1974 e no art. 82 do CPC/2015 (STJ, 2ª T., AgRg no REsp n. 1.480.667/RS, rel. Min. Mauro Campbell Marques, j. em 18/12/2014, *DJe* de 19/12/2014; 2ª T., REsp n. 1.291.401/RS, rel. Min. Eliana Calmon, j. em 19/9/2013, *DJe* de 26/9/2013; 2ª T., AGRG no REsp n. 1.305.243/RS, rel. Min. Mauro Campbell Marques, j. em 16/5/2013, *DJe* de 22/5/2013; e 2ª T., AGRG nos EDcl nos EDcl no Ag. n. 1.272.677/RS, rel. Min. Herman Benjamin, j. em 4/11/2010, *DJe* de 2/2/2011).

29 A Lei n. 7.474/1986, com a redação determinada pela Lei n. 8.889/1994, garantiu aos Presidentes da República, *após o término de seu mandato*, o uso *perene* dos serviços de quatro servidores, para segurança e apoio pessoal, bem como de dois veículos oficiais com motoristas. Além disso, modificação introduzida pela Lei n. 10.609, de 20 de dezembro de 2002, editada poucos dias antes do término do mandato do então Presidente, autorizou a utilização do assessoramento de outros dois servidores. Com exceção dos motoristas, todos os agentes ocupam cargos em comissão, sendo os quatro primeiros designados livremente pelo antigo Presidente, com as despesas custeadas por dotações próprias da Presidência da República. Trata-se de norma, no mínimo, curiosa. A uma, é difícil compatibilizar com os dogmas do Estado Democrático de Direito o fornecimento de *vassalos*, custeados pelo erário, a quem não exerce uma função pública. A duas, os *vassalos* servirão ao antigo *nobre* por toda a sua existência, estando a *vassalagem* desvinculada de toda e qualquer circunstância fática que pudesse, num refinado exercício de retórica, justificá-la. A três, outorga-se ao antigo *nobre* o poder de retirar um servidor (*rectius*: vários) de suas atividades regulares, ainda que em flagrante prejuízo do serviço, o que enseja o surgimento de novo princípio administrativo: "a supremacia do interesse do nobre sobre o interesse público". A quatro, ainda que um fronteiriço sustente a normalidade de tal benesse, pois nada *mais* usual que conferir uma segurança especial ao antigo *nobre* por toda sua vida, é tarefa assaz difícil justificar o fornecimento de transporte gratuito – não nos ônibus ou trens, mas em automóveis públicos – e de assessoria (?!) por igual período. A cinco, é inconcebível confundir-se presidencialismo, por mais fortalecido que seja, com monarquia. A norma é imoral e flagrantemente inconstitucional: viola os princípios da eficiência, da razoabilidade e da supremacia do interesse público sobre o privado, além de conferir a um particular, *de forma perene*, poderes de gestão sobre os servidores públicos, retirando-os, em consequência, do Chefe do Executivo.

30 Constitui ato de improbidade a utilização de "veículo de propriedade municipal e força de trabalho de três membros da guarda municipal para transportar utensílios e bens particulares" (STJ, 2ª T., REsp n. 892.818/

V – receber vantagem econômica de qualquer natureza, direta ou indireta, para tolerar a exploração ou a prática de jogos de azar, de lenocínio, de narcotráfico, de contrabando, de usura ou de qualquer outra atividade ilícita, ou aceitar promessa de tal vantagem[31];

VI – receber vantagem econômica de qualquer natureza, direta ou indireta, para fazer declaração falsa sobre medição ou avaliação em obras públicas ou qualquer outro serviço, ou sobre quantidade, peso, medida, qualidade ou característica de mercadorias ou bens fornecidos a qualquer das entidades mencionadas no art. 1º desta Lei;

VII – adquirir, para si ou para outrem, no exercício de mandato, cargo, emprego ou função pública, bens de qualquer natureza cujo valor seja desproporcional à evolução do patrimônio ou à renda do agente público;

VIII – aceitar emprego, comissão ou exercer atividade de consultoria ou assessoramento para pessoa física ou jurídica que tenha interesse suscetível de ser atingido ou amparado por ação ou omissão decorrente das atribuições do agente público, durante a atividade;

IX – perceber vantagem econômica para intermediar a liberação ou aplicação de verba pública de qualquer natureza;

X – receber vantagem econômica de qualquer natureza, direta ou indiretamente, para omitir ato de ofício, providência ou declaração a que esteja obrigado;

XI – incorporar, por qualquer forma, ao seu patrimônio bens, rendas, verbas ou valores integrantes do acervo patrimonial das entidades mencionadas no art. 1º desta Lei[32];

RS, rel. Min. Herman Benjamin, j. em 1º/11/2008, *DJ* de 10/2/2010), o mesmo ocorrendo com a utilização de veículo oficial, pelo Presidente da Câmara de Vereadores, em passeios com a família e em transporte de ração para cavalo (STJ, 2ª T., REsp n. 1.316.951/SP, rel. Min. Herman Benjamin, j. em 7/5/2013, *DJe* de 16/5/2013).

31 Ver Lei n. 3.502/1958 (Lei Bilac Pinto), art. 4º, *a*. O art. 9º, V, última parte, da Lei de Improbidade é um claro exemplo de que as figuras contempladas nos incisos dos arts. 9º, 10 e 11 assumem uma relativa autonomia em relação à regra geral prevista no *caput*. Com efeito, enquanto o *caput* e os demais incisos do art. 9º exigem a efetiva obtenção de uma vantagem indevida por parte do agente público, o art. 9º, V, última parte considera ato de improbidade, sujeitando o agente às sanções cominadas no art. 12, I, a aceitação de promessa de vantagem para "tolerar a exploração ou a prática de jogos de azar, de lenocício, de narcotráfico, de contrabando, de usura ou de qualquer outra atividade ilícita". Para a subsunção da conduta à tipologia legal, é desinfluente a efetiva obtenção da vantagem, contentando-se a lei com a mera intenção de obter a vantagem indevida, o que dependerá da efetiva demonstração de que o agente público efetivamente aceitou a promessa de que tal seria feito. Nessa hipótese, por evidente, não haverá que se falar em perda da vantagem indevida, porque o agente nunca a recebeu. É enquadrada nos incisos V e X do art. 9º a conduta do policial rodoviário federal que recebe propina para *a liberação de mercadorias descaminhadas* (TRF da 4ª Região, 4ª T., AP n. 2004.70.02.000372-5, rel. Des. Valdemar Capeletti, j. em 9/9/2009, *DJe* de 21/9/2009).

32 A Revista *Veja*, em sua edição n. 17, de 28 de abril de 2004, veiculou interessante matéria, intitulada "Pragas urbanas – Desperdício, desvio e corrupção", da qual extraímos o seguinte excerto: "Os 20.000 habitantes de Ponta de Pedras, cidade situada na exótica Ilha de Marajó, no Pará, tinham razões de sobra para entrar em estado de alerta cada vez que o Prefeito viajava para Belém para sacar o dinheiro da Prefeitura. Em abril de 2001, ele desembarcou na Capital, sacou o dinheiro e foi assaltado. Foram 160.000 reais. Quatro meses mais

XII – *usar, em proveito próprio, bens, rendas, verbas ou valores integrantes do acervo patrimonial das entidades mencionadas no art. 1º desta Lei*[33].

Na dicção do art. 9º, *caput*, da Lei n. 8.429/1992, importa em *enriquecimento ilícito auferir qualquer tipo de vantagem patrimonial indevida em razão do exercício de cargo, mandato, função, emprego ou atividade nas entidades mencionadas no art. 1º*. A análise desse preceito legal permite concluir que, afora o elemento volitivo do agente, o qual deve necessariamente se consubstanciar no dolo[34], são quatro os elementos formadores do enriquecimento ilícito sob a ótica da improbidade administrativa: a) o enriquecimento do agente; b) que se trate de agente que ocupe cargo, mandato, função, emprego ou atividade nas entidades elencadas no art. 1º, ou mesmo o *extraneus* que concorra para a prática do ato ou dele se beneficie (arts. 3º e 6º); c) a ausência de justa causa, devendo se tratar de vantagem indevida, sem qualquer correspondência com os subsídios ou vencimentos recebidos pelo agente público; d) relação de causalidade entre a vantagem indevida e o exercício do cargo, pois a lei não deixa margem a dúvidas ao falar em "vantagem patrimonial indevida *em razão* do exercício de cargo ...".

Referidos elementos servirão de norte à concreção dos conceitos jurídicos indeterminados previstos no *caput* do art. 9º, permitindo a subsunção do ato à tipologia do enriquecimento ilícito. Releva notar, ainda, que a matéria assume certa especificidade em relação ao trato que lhe é dispensado no âmbito do direito civil. Em um primeiro plano, observa-se

---

tarde, o Prefeito retornou a Belém, retirou o dinheiro e deu-se novo infortúnio: roubaram-lhe 120.000 reais. Passaram-se dois meses e ele voltou a Belém, ao banco e – suprema desgraça – ao assalto. Dessa vez, sumiram 80.000 reais. Em sete meses, o Prefeito Bernardino Ribeiro, do PSDB, sofreu três assaltos. A cidade logo entendeu por que o Prefeito não usava o posto bancário de Ponta de Pedras e fazia questão de manter a conta em Belém, a três horas de barco, e sacar tudo em dinheiro vivo. Em agosto de 2002, acusado de improbidade administrativa, ele perdeu o mandato. 'Alguns funcionários da Prefeitura ficaram até seis meses sem receber salário', conta a vice-Prefeita, Consuelo Castro, que sucedeu ao cassado – e nunca foi assaltada". Pratica o ato de improbidade previsto no art. 9º, XI (a) o Escrivão que realiza levantamentos do numerário depositado em conta judicial sem que participe da respectiva relação processual (TJSP, 11ª Câmara de Direito Público, AP n. 689.005-5/7-00, rel. Des. Pires de Araújo, j. em 12/5/2008) e (b) o Presidente da Câmara de Vereadores que incorpora ao seu patrimônio materiais de construção oriundos de demolição parcial do prédio em que funciona o Poder Legislativo (TJRS, 22ª CC, AP n. 70017459983, rel. Des. Rejane Maria Dias de Castro Bins, j. em 31/5/2007).

33 Deve ser enquadrado no art. 9º, XII, (a) o servidor público que se apodera de mobiliário público, levando-o para a sua residência, para uso privado, e somente o devolve três meses depois, após ser instado pela autoridade superior (TJRS, 22ª CC, AP n. 70034565606, rel. Des. Maria Izabel de Azevedo Souza, j. em 25/3/2010, DJ de 5/4/2010); e (b) a utilização, por policiais militares, de recursos públicos da instituição para pagar despesas particulares em restaurantes, bem como para presentear esposas de oficiais com bolsas e sapatos (STJ, 2ª T., REsp n. 1.450.113/RN, rel. Min. Herman Benjamin, j. em 5/3/2015, DJe 31/3/2015).

34 Violado o dever jurídico de não enriquecer ilicitamente, ter-se-á configurado o dolo, o que exige que a análise do elemento volitivo do agente não se mantenha adstrita unicamente à sua conduta, mas, primordialmente, ao fato de ter auferido vantagem não autorizada em lei.

que, aqui, o enriquecimento será sempre fruto de uma ilicitude, já que ao agente público, no exercício de suas funções, somente é permitido auferir as vantagens previstas em lei. Inexistindo previsão legal, ilícito será o enriquecimento. No mais, diferentemente do que ocorre no âmbito privado, em raras ocasiões o enriquecimento do agente público importará no correlato empobrecimento patrimonial do sujeito passivo[35], o qual é prescindível à configuração da tipologia legal prevista no *caput* do art. 9º.

A ideia de empobrecimento é substituída pela noção de vantagem patrimonial indevida, sendo considerado ilícito todo proveito relacionado ao exercício da atividade pública e que não seja resultado da contraprestação paga ao agente ou consectário lógico da função exercida (*v.g.*: uso de veículo oficial), o que demonstra de forma insofismável a infringência dos princípios da legalidade e da moralidade, verdadeiros alicerces da atividade estatal. A análise da tipologia legal demonstra o acerto deste entendimento, já que na grande maioria dos casos[36] a vantagem indevida obtida pelo agente não é originária dos cofres públicos, mas de terceiros.

O enriquecimento ilícito pode decorrer de condutas comissas ou omissivas. Apesar de o art. 9º da Lei n. 8.429/1992 não fazer menção expressa à "omissão", adotando técnica distinta daquela prevalecente nos arts. 10, 10-A e 11, é factível que o atuar doloso e a correlata obtenção da vantagem indevida se harmonizam tanto com a ação como com a omissão. Nesse particular, não acolhemos a assertiva de José dos Santos Carvalho Filho[37] ao afirmar que "ninguém pode ser omisso para receber vantagem indevida, aceitar emprego ou comissão ou utilizar em seu favor utensílio pertencente ao patrimônio público". Observa-se, desde logo, que a referência, constante dos incisos I e VIII do art. 9º à *ação ou omissão decorrente das atribuições do agente público* em nada infirma essa conclusão, pois esses preceitos referem-se à ilicitude das vantagens obtidas de pessoas que poderiam ser alcançadas pela atuação do agente, quer comissiva, quer omissiva. Nosso argumento, em verdade, baseia-se na constatação de que a improbidade pode estar associada à omissão dolosa do agente público, decorrendo, da ausência do ato, o enriquecimento ilícito. Basta pensarmos na situação do agente público que, tendo o dever jurídico de fiscalizar a realização de depósitos bancários realizados pela Administração Pública, omite-se dolosamente no seu *munus*, silenciando em relação a um erro, decorrente de pane do sistema de informática, que baralha os números das contas dos credores e acarreta o direcionamento de recursos para a sua conta pessoal. *In casu*, a vantagem indevida surgiu da conjunção do erro de outrem e da omissão dolosa do agente público, sendo a sua conduta enquadrada no art. 9º, XI ("incorporar, por qualquer forma, ao seu patrimônio bens, rendas, verbas ou valores integrantes do acervo patrimonial das entidades mencionadas no art. 1º desta Lei"). *In casu*, a *incorporação* decorreu de sua omissão.

---

35 Dentre as situações em que ocorrerá o dano patrimonial ao sujeito passivo, podem ser mencionadas aquelas constantes dos incisos IV, XI e XII do art. 9º da Lei n. 8.429/1992.
36 Art. 9º, I, II, III, V, VI, VIII, IX e X.
37 *Manual...*, p. 1179.

Nas situações elencadas nos incisos do referido artigo, as quais conferem maior especificidade ao preceito genérico constante do *caput*, variados serão os elementos delineadores do enriquecimento ilícito, o que poderá importar em similitude ou dissonância dos elementos gerais anteriormente referidos. De qualquer forma, a figura genérica será sempre passível de aplicação quando resultar infrutífera a tentativa de subsunção dos fatos à casuística dos incisos do art. 9º. As condutas ilícitas são indicadas pelos verbos *auferir, receber, perceber, aceitar, utilizar, usar, adquirir e incorporar*, os quais sempre terão por objeto uma vantagem patrimonial não autorizada em lei. O agente público que tão somente *solicita* a vantagem indevida, não materializando o seu intento, terá sua conduta passível de enquadramento na tipologia do art. 11 da Lei n. 8.429/1992, já que não configurado o enriquecimento ilícito.

À guisa de ilustração, é oportuno analisar os incisos II e VII do art. 9º. De acordo com o primeiro, configura o enriquecimento ilícito "perceber vantagem econômica, direta ou indireta, para facilitar a aquisição, permuta ou locação de bem móvel ou imóvel, ou a contratação de serviços pelas entidades referidas no art. 1º, por preço superior ao de mercado", o que denota serem quatro os elementos necessários para a subsunção do ato ao inciso II: a) o enriquecimento do agente e, com o possível exaurimento do ato, do *extraneus*, pois aquele obterá vantagem para que este receba contraprestação superior à devida; b) que se trate de agente que ocupe cargo, mandato, função, emprego ou atividade nas entidades elencadas no art. 1º, ou mesmo o *extraneus* que concorra para a prática do ato ou dele se beneficie (arts. 3º e 6º); c) ausência de justa causa, restando infringidos os princípios da legalidade e da moralidade, o que denota a ilicitude do ato; d) relação de causalidade entre o enriquecimento do agente e o exercício do cargo, emprego, função, mandato ou atividade. Como elemento secundário, cuja presença é desinfluente à configuração da improbidade, pode-se mencionar, caso o contrato se efetive, o empobrecimento das entidades mencionadas no art. 1º, as quais auferirão benefício inferior à obrigação que irão suportar.

Na hipótese do inciso VII, configura o enriquecimento ilícito "adquirir, para si ou para outrem, no exercício de mandato, cargo, emprego ou função pública, bens de qualquer natureza cujo valor seja desproporcional à evolução ou à renda do agente público"; o que permite identificar três elementos explícitos e um implícito: a) o enriquecimento do agente, o qual se exterioriza através de uma evolução patrimonial incompatível com os subsídios recebidos; b) que se trate de agente que ocupe cargo, mandato, função, emprego ou atividade nas entidades elencadas no art. 1º, ou mesmo o *extraneus* que concorra para a prática do ato ou dele se beneficie (arts. 3º e 6º); c) ausência de justa causa, vale dizer, a não comprovação da existência de outras fontes de renda que pudessem justificar o acréscimo patrimonial; d) a relação de causalidade entre o enriquecimento do agente e o exercício de sua atividade, sendo este o elemento implícito, pois a desproporção entre a evolução patrimonial e o subsídio percebido pelo agente erige-se como indício demonstrador da ilicitude daquela. Aqui, o legislador detêve-se sobre os resultados da ação, relegando a plano secundário e presuntivo a ação injusta.

Como se vê, a técnica legislativa adotada pela Lei n. 8.429/1992 permite a identificação de uma relativa autonomia entre os incisos e o *caput* do art. 9º, demonstrando que, não raro, possível será que determinado ato não se subsuma aos incisos mas encontre acolhida no *caput*, já que diversos são os elementos que os informam. Com a subsunção do ato à tipologia legal, ter-se-á, além do dever moral, o dever jurídico de ressarcimento, estando o agente igualmente sujeito às demais sanções que advêm da prática do mais grave e vil dos atos de improbidade.

Analisando a tipologia dos atos de improbidade previstos nos arts. 9º e 10 da Lei n. 8.429/1992 em cotejo com as sanções cominadas no art. 12, I e II, constata-se que os atos de improbidade que importam em enriquecimento ilícito do agente podem, de forma correlata, causar dano ao erário, sendo a recíproca verdadeira.

À luz dessa situação e objetivando viabilizar a correta tipificação dos atos de improbidade, deve-se observar que, com raras exceções[38], as figuras constantes do art. 9º preveem o enriquecimento ilícito do próprio agente público, sendo o dano ao patrimônio público, em alguns casos, mera consequência. Nas figuras do art. 10, por sua vez, regra geral, é o terceiro que se enriquece ilicitamente, o que fez com que o dano ao patrimônio público fosse erigido à categoria de principal parâmetro de adequação típica dessa espécie de ato de improbidade, pois a tipologia dos atos de improbidade constante da Lei n. 8.429/1992 é direcionada, essencialmente, à conduta dos agentes públicos – os quais, neste caso, não buscaram se enriquecer, mas, primordialmente, causar danos ao patrimônio público, com o paralelo enriquecimento de terceiros.

Assim, conclui-se que não é inútil a cominação da sanção de *perda dos bens ou valores acrescidos ilicitamente ao patrimônio, se concorrer esta circunstância*, constante do inciso II do art. 12, sendo ela aplicável sempre que o ato do agente causar danos ao patrimônio público e um terceiro venha a enriquecer ilicitamente. Em se tratando de enriquecimento ilícito do próprio agente público, o enquadramento legal se deslocará para uma das figuras do art. 9º da Lei 8.429/1992, seara em que também existe a previsão de aplicação da sanção de *ressarcimento integral do dano, quando houver* (art. 12, I).

Além das sanções do art. 12, I, da Lei n. 8.429/1992, as situações fáticas consubstanciadoras do enriquecimento ilícito ensejarão a aferição da responsabilidade penal do agente e do terceiro que concorreu para a referida prática ou dela se beneficiou.

Dentre as infrações penais elencadas no Código Penal, será comumente identificada a prática dos crimes de peculato (art. 312), peculato mediante erro de outrem (art. 313), concussão (art. 316), corrupção passiva (art. 317), facilitação de contrabando ou descaminho (art. 318) e advocacia administrativa (art. 321).

No que concerne à legislação extravagante, não raro será divisada a prática dos crimes de responsabilidade dos prefeitos municipais (art. 1º, I e II, do Decreto-Lei n. 201/1967), de sonegação fiscal (art. 1º, § 2º, da Lei n. 4.729/1965), de abuso de autoridade (art. 4º, *f*, da

---

38 Ver art. 9º, I e VII, da Lei n. 8.429/1992, o que é constatado pela locução para si ou para outrem.

Lei n. 4.898/1965), contra a ordem tributária (art. 3º, II, da Lei n. 8.137/1990) e contra a licitude do procedimento licitatório (art. 90 da Lei n. 8.666/1993).

2.1. Vantagem Patrimonial Indevida

O conceito de vantagem patrimonial indevida é extremamente amplo, abrangendo as prestações, positivas ou negativas, diretas ou indiretas, recebidas pelo agente público. Em qualquer caso, a vantagem, além de assumir contornos patrimoniais, deve ser indevida. A aferição da licitude, ou não, de um dado proveito econômico, deve levar em consideração (1) a contraprestação devida ao agente pelo exercício de sua atividade laborativa (efeito imediato do vínculo funcional) e (2) as posições jurídicas favoráveis correlatas a essa atividade (efeito mediato do vínculo funcional). Essas posições favoráveis tanto podem surgir da intervenção direta das entidades referidas no art. 1º da Lei de Improbidade (*v.g.*: utilização de veículo ou de moradia oficial), sendo um claro exemplo de lícita utilização de bens públicos para a satisfação de interesses privados (do agente público) com indireta vinculação funcional, como de particulares que, de forma orquestrada, estejam voltados à concretização de determinado projeto de interesse público (*v.g.*: custeio de viagens em razão de ajuste celebrado com o Poder Público)[39]. Não sendo verificada a presença de qualquer dessas justificantes, ter-se-á um relevante indício da ilicitude da vantagem, o que, à evidência, não dispensa a identificação do elemento subjetivo e a utilização do critério de proporcionalidade, em especial no que diz respeito à boa ou à má-fé do agente.

As vantagens de ordem sexual obtidas pelo agente em razão do vínculo mantido junto ao Poder Público, por não terem cunho "propriamente" patrimonial, não ensejarão a incidência da tipologia do art. 9º da Lei de Improbidade. Isso, no entanto, não impedirá a incidência da tipologia do art. 10, em sendo constatado que a sua ação ou omissão causou dano ao patrimônio público; do art. 10-A, caso tenha acarretado a concessão ou aplicação indevida de benefício financeiro ou tributário ao contribuinte do ISS; ou do art. 11, em tendo ocorrido tão somente a violação aos princípios regentes da atividade estatal. Falamos na ausência de cunho "propriamente" patrimonial não por estar a relação sexual fora de comércio, já que a prostituição é tão antiga quanto o homem, mas, sim, porque tal prática, por si só, não assume contornos patrimoniais. Sob outra ótica, demonstrando-se que as relações foram mantidas com profissional, deixando o agente público de despender o

---

[39] A 2ª Turma do Superior Tribunal de Justiça não visualizou a prática de ato de improbidade no custeio parcial, por sociedade empresária estrangeira dedicada à produção de sementes transgênicas, de despesas com viagem de representante do Ministério do Meio Ambiente para participar de dois eventos sobre a temática no exterior. Como o servidor foi autorizado a viajar e a participar do evento por decisão do seu superior hierárquico, chancelada pelo Presidente da República, sendo manifesta a sua boa-fé, ao que se somou a ausência de prova de possíveis interesses escusos, seus ou da sociedade empresária, o Tribunal não vislumbrou a obtenção de qualquer vantagem patrimonial que merecesse o designativo de indevida (REsp n. 852.682/DF, rel. Min. Castro Meira, j. em 2/8/2007, *DJ* de 15/8/2007).

numerário exigido para o pagamento do "serviço", será evidente a obtenção da vantagem patrimonial indevida.

Consideram-se positivas aquelas prestações que ensejam um acréscimo ao patrimônio do agente, possibilitando um somatório de novos bens ou valores àqueles preexistentes à prática ilícita. Este acréscimo patrimonial pode ser *encoberto* mediante simulação, o que era objeto de previsão específica nas alíneas *d* e *e* do art. 2º da Lei n. 3.502/1958.

De acordo com a alínea *d*, a percepção de vantagem econômica poderia se dar "por meio de alienação de bem móvel ou imóvel, por valor sensivelmente superior ao corrente no mercado ou ao seu valor real". A alínea *e*, por sua vez, previa que a vantagem poderia ser obtida "por meio da aquisição de bem móvel ou imóvel por preço sensivelmente inferior ao corrente no mercado ou ao seu valor real". Em ambos os casos, o contrato de compra e venda era utilizado para legitimar o numerário auferido ilicitamente pelo agente público. Na primeira hipótese, em conluio com o comprador, vendia um bem integrante de seu patrimônio por um valor exorbitante; enquanto, na segunda, mancomunado com o vendedor, adquiria um bem por valor insignificante. Ainda que os interessados efetivamente almejassem celebrar o contrato de compra e venda, o seu objeto não guardava correspondência com o numerário pago. Assim, o diferencial entre o valor real do bem e o valor da compra ou da venda simulada consubstanciava o enriquecimento ilícito do agente. Hodiernamente, tais situações podem ser enquadradas no art. 9º, VII, da Lei n. 8.429/1992.

São prestações negativas aquelas que evitam uma diminuição dos bens ou valores existentes no patrimônio do agente, fazendo que determinado ônus, preexistente ao ilícito, ou não, seja assumido por terceiro[40]. Apreciando demanda que versava sobre um caso típico de prestação negativa, assim decidiu o Tribunal de Justiça do Rio Grande do Sul:

> *Ação civil pública. Contratação de Assessoria Jurídica para defesa do Prefeito e Secretário de Finanças municipais de ação civil pública por ato de improbidade administrativa que importe em enriquecimento ilícito ou prejuízo ao erário. Ausência de prova de enriquecimento ilícito do agente e prejuízo ao erário ou dolo ou culpa. Improcedência. 1. Sem enriquecimento ilícito do agente ou prejuízo ao erário e evidência do dolo ou da culpa do agente, não se configuram os atos de improbidade administrativa previstos nos incs. XII do art. 9º e IX do art. 10 da Lei n. 8.429, de 2/6/1992. 2. Não pratica ilícito civil algum o Prefeito que, diante do fato de ter sido judicialmente afastado do cargo o Assessor Jurídico do Município, contrata serviços profissionais de assessoria jurídica particular para o fim específico de proceder à sua defesa em ação civil de*

---

40 A prestação negativa, que nada acrescenta à fortuna do ímprobo, mas lhe garante a poupança dos recursos próprios, era prevista no art. 7º, parágrafo único, da Lei n. 3.502/1958, *verbis: A vantagem econômica, sob forma de prestação negativa, compreende a utilização de serviços, a locação de imóveis ou móveis, o transporte ou a hospedagem gratuitos ou pagos por terceiro.* O TJRS proferiu decisão do seguinte teor: "Administrativo. Improbidade. Conserto de máquina particular. 1. Constitui ato de improbidade administrativa realizar conserto de máquina particular às expensas do erário. 2. Apelação desprovida" (4ª CC, AP n. 70003340270, rel. Des. Araken de Assis, j. em 21/11/2001).

improbidade administrativa de reparação de danos, intentada contra si e seu Secretário de Finanças. Ação improcedente[41].

Desta decisão deflui a seguinte conclusão: no entender do Tribunal, aquele que causa danos ao patrimônio público está legitimado a lesá-lo em uma segunda ocasião para tentar afastar os efeitos que advirão da primeira lesão e assim sucessivamente. Diz-se segunda lesão, pois parece-nos patente que o dinheiro público não pode ser utilizado em benefício da pessoa do administrador, mas unicamente para o atingimento do interesse público, o que denota a ilicitude de sua utilização e o consequente dano ao erário[42]. Pelo mesmo motivo, os procuradores do ente a que está vinculado o ímprobo não têm legitimidade para, nessa condição, patrocinar a sua defesa em juízo, isso porque a sua atuação, a teor dos arts. 131 e 132 da Constituição da República, é restrita à representação judicial e extrajudicial dos entes federativos, destinando-se à correlata defesa dos seus interesses.

Há quem defenda que o Poder Público estaria autorizado, consoante critérios de conveniência e oportunidade, a defender ou contratar advogado que defenda seus agentes quando acusados da prática de atos de improbidade, isto porque sua conduta deve ser imputada ao próprio Estado, consectário lógico da teoria do órgão, gozando da presunção de legalidade, veracidade e legitimidade: defendendo o agente, defende-se o *ato de Estado*[43]. Cremos que essa linha argumentativa deva ser recebida com certa cautela.

Inicialmente, cumpre observar que *ato de Estado* praticado por meio de agente público não guarda similitude com ato de agente público praticado contra o Estado, como sói ser o ato de improbidade. Também não se deve confundir a pretensão de desconstituição de *ato de Estado* com a pretensão de condenação do agente público em decorrência de ato praticado contra o Estado: no primeiro caso, como veremos, o Estado pode e deve assumir a defesa judicial do seu ato, consequência lógica da presunção de legalidade, veracidade e legitimidade que ostenta; no segundo caso, o Estado figura como vítima em potencial, situação de incerteza que somente será aclarada com o trânsito em julgado da sentença que reconhecer a improbidade do agente público, decorrência do princípio da presunção de

---

41 1ª CC, AP Cív. n. 597004225, rel. Des. Celeste Vicente Piovani, j. em 3/6/1998.
42 O TJGO proferiu decisão do seguinte teor: "(...) Contratação de advogado pago pela Prefeitura para a defesa pessoal do alcaide Municipal. Inexiste interesse público na contratação de profissional da advocacia, por entidade pública, para patrocínio das causas pessoais dos administradores públicos. Apelo conhecido e improvido, à unanimidade de votos" (2ª CC, AP n. 54059-0/188, rel. Des. Fenelon Teodoro Reis, j. em 14/11/2000, DJ de 29/11/2000, p. 10).
43 Nesse sentido: SOUTO, Marcos Juruena Villela. Dispensa de licitação para a contratação de advogados e ações de improbidade contra prefeitos: critérios de razoabilidade, *Revista do Tribunal de Contas do Município do Rio de Janeiro* n. 37/77, 2008. César Asfor Rocha, por sua vez, defende a possibilidade de contratação direta de advogado para a defesa do agente público, em razão de ato praticado no exercício de suas funções, mas nega a possibilidade de a defesa ser realizada pelos próprios Procuradores da entidade pública, já que esta última pode vir a integrar o polo ativo da relação processual, o que geraria uma situação de inconciliável antagonismo (*Breves reflexões*..., p. 175-176).

inocência. É possível concluir que somente quando as pretensões de desconstituição e condenação forem reunidas no mesmo processo é que se manifestará o interesse do Estado em assumir a defesa do ato. Acresça-se que não nos parece razoável que a tese contrária possa ser estrategicamente contextualizada no plano da conveniência e oportunidade do Estado em defender o agente público, de modo que pré-juízos a respeito de seu dolo ou de sua culpa, de sua boa ou má-fé, ou mesmo da lesividade de seu ato ao interesse público, tudo em momento anterior ao trânsito em julgado de uma sentença condenatória, sejam decisivos para a definição de sua própria sorte, deixando-o amparado ou desamparado pelo aparato jurídico do Estado. Ora, se a defesa encontra justificativa na presunção de legalidade, veracidade e legitimidade do ato alegadamente atribuído ao Estado (na verdade, como vimos, o ato de improbidade é imputado ao agente), como inverter essa presunção, ao bel-prazer do administrador, sem que ele, muitas vezes, sequer tenha se preocupado em anular o ato considerado ilícito? Para que a tese mantenha a sua coerência, além da impessoalidade necessariamente influir no delineamento da solução, ainda seria necessária a sua ampla e irrestrita extensão a todas as searas, inclusive a criminal, o que não deixa de ser interessante. E mais, seria preciso reconhecer que a possibilidade de o Estado assumir a defesa do ato decorre diretamente da Constituição, sequer dependendo de lei específica. Não bastasse isto, deve-se lembrar que uma ampla gama de atos de improbidade (*v.g.*: subtração de recursos públicos, utilização de bens públicos em proveito próprio etc.) está totalmente descontextualizada de qualquer situação que, mesmo ao longe, possa refletir um *ato de Estado*, teleologicamente voltado ao bem-estar da coletividade. Em situações tais, *quid iuris*? Caberá à autoridade superior avaliar tais fatores e decidir se o agente público será, ou não, amparado? Ou deveremos compactuar com uma postura seletiva, normalmente direcionada por juízos essencialmente políticos e pouco transparentes?

Ademais, em prevalecendo entendimentos como este, correr-se-á o sério risco de legitimar condutas que poderão causar danos maiores que aqueles que se almeja reparar e certamente não se tardará em conferir ares de normalidade à contratação de escritórios especializados, sem a realização de procedimento licitatório, em virtude dos conhecimentos específicos que a lide exige, com a relevante missão de garantir a impunidade do ímprobo! Em nosso entender, é manifesta a incoerência[44].

---

44 Essa linha argumentativa tem sido prestigiada pelo STJ: 1ª T., REsp n. 703.953/GO, rel. Min. Luiz Fux, j. em 16/10/2007, *DJ* de 3/12/2007; e 2ª T., AGRG no REsp n. 681.571/GO, rel. Min. Eliana Calmon, *DJ* de 29/6/2006. Em outro precedente, no entanto, o Tribunal afastou a tipificação penal da conduta: "A realização de defesa por Procurador do Município em processo no qual o Prefeito é acusado de crime funcional não constitui *prima facie* uso indevido de serviços públicos, não configurando o crime previsto no art. 1º, II, do Decreto-Lei n. 201, de 1967, em face das peculiaridades do exercício da profissão de advogado e a magnitude do direito de defesa. Recurso especial não conhecido" (STJ, 6ª T., REsp n. 119.942-RS, j. em 1º/12/1997, *RT* 756/536). O TJMG se manifestou pela impossibilidade de o Prefeito contratar, com recursos do erário, serviços de escritório de advocacia para defender-se da acusação de atos irregulares praticados no curso do mandato. Afinal, a tese contrária refletiria o entendimento de que "os eleitores devem pagar pela defesa daquele que os lesou e agiu com excesso" (7ª CC, AP n. 1.0687.06.042493-8/002, rel. Des. Wander Marotta,

O Supremo Tribunal Federal, no entanto, reconheceu a constitucionalidade do art. 45 da Constituição do Rio Grande do Sul (*O servidor público processado, civil ou criminalmente, em razão de ato praticado no exercício regular de suas funções terá direito à assistência judiciária do Estado*), entendendo tratar-se de um direito funcional de proteção do servidor[45], permitindo concluir que, divisada a existência de norma específica no regime jurídico da categoria, não haverá óbice à defesa dos seus interesses pela assessoria jurídica do ente público. Em qualquer caso, será necessário perquirir, consoante as peculiaridades do caso concreto, se há interesse público que justifique essa atuação[46].

Ainda há quem procure sustentar a possibilidade de a pessoa jurídica assumir a defesa dos atos de improbidade com esteio no que dispõe o art. 17, § 3º, da Lei n. 8.429/1992[47], com a redação determinada pela Lei n. 9.366/1996, segundo o qual *no caso de a ação principal ter sido proposta pelo Ministério Público, aplica-se, no que couber, o disposto no § 3º do art. 6º da Lei n. 4.717, de 29 de junho de 1965*[48]. Esse dispositivo, por sua vez, prevê que "a pessoa jurídica de direito público ou de direito privado, cujo ato seja objeto de impugnação, *poderá abster-se de contestar o pedido*, ou poderá atuar ao lado do autor, desde que isso se afigure útil ao interesse público, a juízo do respectivo representante legal ou dirigente". Uma interpretação literal desse preceito poderia conduzir à equívoca conclusão de que a pessoa jurídica, por meio do juízo discricionário de seu dirigente máximo, em múltiplas ocasiões o próprio autor do ato inquinado de ímprobo, poderia assumir *implicitamente* a defesa do ato ou, quiçá, produzir arrazoado com o objetivo explícito de defendê-lo.

---

j. em 13/4/2010). O TJGO já decidiu do seguinte modo: "Consoante precedente da Corte, inexiste interesse público, na contratação de profissional da advocacia por entidade pública, para patrocínio das causas pessoais dos administradores, os quais, nesse aspecto, não podem receber sustento do contribuinte, cuja prática configura ato de improbidade administrativa, previsto no art. 10 da Lei n. 8.429/1992, consistente no malbaratamento de verbas públicas. Apelo conhecido e provido. Sentença reformada com a consequente procedência da ação" (4ª CC, AP n. 68756-0/188, rel. Des. Borges de Almeida, j. em 18/12/2003, *DJ* de 23/1/2004). Como se percebe, o TJGO situou a questão no plano do art. 10 da Lei n. 8.429/1992, solução que não nos parece ser a melhor, já que evidente o enriquecimento ilícito do agente.

45 STF, Pleno, ADI n. 3.022/RS, rel. Min. Joaquim Barbosa, j. em 2/8/2004, *Inf.* n. 355.

46 O STJ entendeu não ser justificável que Procuradores do Município defendam o Prefeito em ação de investigação judicial perante a Justiça Eleitoral, cujo efeitos permanecerão adstritos à sua esfera jurídica (2ª T., REsp n. 908.790/RN, rel. p/ acórdão Mauro Campbell Marques, j. em 20/10/2009, *DJe* de 2/2/2010).

47 O art. 17, § 3º, em sua redação original, tinha o seguinte teor: "No caso de a ação principal ter sido proposta pelo Ministério Público, a pessoa jurídica interessada integrará a lide na qualidade de litisconsorte, devendo suprir as omissões e falhas na inicial e apresentar ou indicar os meios de prova de que disponha".

48 A 1ª Turma do Superior Tribunal de Justiça decidiu que "na ação civil pública declaratória de improbidade administrativa proposta pelo Ministério Público, a falta de citação do Município interessado, por se tratar de litisconsórcio facultativo, a teor do art. 17, § 3º, da Lei n. 8.429/1992, com a nova redação dada pelo art. 11 da Lei n. 9.366, de 1996, não tem o condão de provocar a nulidade do processo" (REsp n. 329.735-RO, rel. Min. García Vieira, j. em 29/9/2001, *DJ* de 29/10/2001). No mesmo sentido: STJ, 1ª Seção, AGREDREsp n. 329735/RO, rel. Min. Castro Meira, j. em 10/3/2004, *DJ* de 14/6/2004, e 2ª T., AGRG no Ag n. 483.620/MG, rel. Min. Francisco Peçanha Martins, j. em 17/5/2005, *DJ* de 20/6/2005.

Como nenhuma interpretação pode conduzir ao absurdo, é oportuno transcrever breve trecho de decisão proferida pelo TJSP[49], o qual situou a questão em seus exatos termos, vedando qualquer possibilidade de defesa do ato por parte da pessoa jurídica lesada: "Em primeiro lugar pela singela razão de que de assistência litisconsorcial não se trata, já que nenhuma relação jurídica existe entre a Municipalidade recorrente e o Ministério Público. Como bem observado pelo autor (fl. 788) a parte contrária é a própria Fazenda Pública do Município de São Paulo, substituída pela permissão outorgada pela Lei n. 8.429/1992. Tanto é verdade que admitindo-se *ad argumentandum tantum* sua admissão nessa qualidade, a quem iria ela, Municipalidade, devolver o dinheiro relativo à condenação? A si própria? Em segundo lugar, porque contraria frontalmente o objetivo da Lei n. 8.429/1992, eventual admissão de quem representa o Poder Público, ao lado dos réus, defendendo uma conduta que a princípio é dada como prejudicial ao próprio Poder Público. Assim, ou ingressa a pessoa jurídica de direito público ao lado do Ministério Público, como litisconsorte no polo ativo, ou não ingressa em nenhum dos polos, permanecendo inerte"[50].

Fosse outra a *mens legis*, certamente a remissão não se restringiria ao § 3º do art. 6º da Lei n. 4.717/1965, mas, sim, a esse preceito em sua integridade, pois o comando instituído no *caput*[51] denota claramente a possibilidade de o ente público contestar a ação, o que seria derivação lógica de sua presença no polo passivo. O comando do § 3º é norma de exceção e somente a ele se referiu a Lei de Improbidade, o que exige seja respeitada a sua *ratio*[52].

A conclusão do acórdão é irreparável, merecendo ser encampada. No entanto, é importante ressaltar que será plenamente admissível que o Poder Público conteste a ação quando o provimento jurisdicional perseguido pelo autor possa atingir ato por ele praticado (*v.g.:* invalidação de contrato). Em casos tais, por ser diretamente atingido pelos efeitos da sentença será cogente sua presença na lide, tratando-se de litisconsórcio passivo necessário[53]. Nessa hipótese, a integração do polo passivo por parte do Poder Público não se dá

---

49 1ª Câmara de Direito Público, AP n. 31.194-5/4, São Paulo, rel. Des. Scarance Fernandes, j. em 9/3/1999, *apud* Wallace Martins Paiva Júnior, *Probidade Administrativa...*, p. 315.

50 No mesmo sentido: CARVALHO FILHO, José dos Santos. *Manual...*, p. 891.

51 Art. 6º, *caput*, da Lei n. 4.717/1965:"A ação será proposta contra as pessoas públicas ou privadas e as entidades referidas no art. 1º, contra as autoridades, funcionários ou administradores que houverem autorizado, aprovado, ratificado ou praticado o ato impugnado, ou que, por omissão, tiverem dado oportunidade à lesão, e contra os beneficiários diretos do mesmo".

52 Discorrendo sobre o tema, Francisco Octávio de Almeida Prado (*Improbidade administrativa*, p. 190-191) aduziu que "a aplicação da regra do § 3º do art. 6º da Lei da Ação Popular às ações de responsabilidade por atos de improbidade administrativa deu-se 'no que couber'. Embora não possibilite a atuação da pessoa jurídica no polo oposto ao do Ministério Público, atuando ao lado do réu, a disposição possibilitou a tais pessoas, chamadas a participar da relação processual, a postura omissiva, deixando de atuar como coadjuvantes do Ministério Público".

53 A 1ª Turma do STJ, no julgamento do REsp n. 408.219/SP, sendo relator o Min. Luiz Fux, prestigiou entendimento diverso, *verbis*: "1. A falta de citação do Município interessado, por se tratar de litisconsorte facultativo, na ação civil pública declaratória de improbidade proposta pelo Ministério Público, não tem o

em razão do disposto nos arts. 17, § 3º, da Lei n. 8.429/1992, e 6º, § 3º, da Lei n. 4.717/1965, mas, sim, por força do art. 114 do CPC/2015.

Positiva ou negativa, a vantagem poderá ser recebida de forma direta ou indireta. No primeiro caso, ela será auferida pelo próprio agente público, sem intermediários. Na forma indireta, por sua vez, a vantagem será recebida por terceira pessoa, com ulterior reversão para o agente público, sendo este o destinatário real da prestação fictamente entregue a outrem.

Conforme ensinam as regras de experiência, a vantagem será comumente incorporada ao patrimônio do agente de forma indireta, o que não representará óbice intransponível à identificação do enriquecimento ilícito, mas em muito dificultará a formação do contexto probatório.

2.2. Lavagem de Dinheiro

A constatação de que certas espécies de ilícitos, quer em razão de sua pulverização no tecido social, quer em decorrência do respectivo *modus operandi*, não se exauriam com a simples prática da conduta vedada, gerando um proveito econômico que não só recompensava o autor do ilícito, como realimentava o sistema, tornou necessário o redimensionamento dos mecanismos tradicionais de coibição. O refinamento das organizações criminosas exigiu fosse instituída uma segunda ordem de ilícitos, cujo objetivo primordial seria impedir a utilização, mansa e pacífica, do capital auferido com a prática de condutas ilícitas.

As primeiras iniciativas, com especial realce para o sistema norte-americano (Lei Ricco, de 1986), buscaram intensificar o combate ao tráfico ilícito de substâncias entorpecentes, tipificando, penalmente, os atos voltados à concessão de uma aparência de licitude ao capital de origem ilícita. As dificuldades encontradas na coibição do tráfico propriamente dito seriam enfrentadas com a retirada do proveito econômico obtido com a sua prática.

---

condão de provocar a nulidade do processo. 2. Ainda que assim não fosse, permaneceria a impertinência subjetiva da alegação, haja vista que o beneficiário somente poderia nulificar o processo se descumpridas garantias que lhe trouxessem prejuízo. Princípio da instrumentalidade das formas no sentido de que 'não há nulidade sem prejuízo' (art. 244 do CPC). 3. A solução acerca da validade do contrato é uniforme para todos os partícipes do negócio jurídico inquinado de ilegal, por isso que a defesa levada a efeito pelo Subsecretário e pelo próprio Prefeito, legitimados passivos, por força do pedido condenatório, serviu, também, à Municipalidade, em razão da 'unitariedade do litisconsórcio', em função do qual a decisão homogênea implica em que os atos de defesa aproveitem a todos os litisconsortes. É o que se denomina de 'regime de interdependência dos litisconsortes' no denominado litisconsórcio unitário. (...) 6. *In casu*, a ação civil pública foi intentada para anular contrato firmado sem observância de procedimento licitatório cujo objeto é a prestação de serviços de fiscalização, arrecadação e cobrança do IPVA, bem como reivindicar o ressarcimento do dano causado ao erário. Nesses casos, o que se pretende não é só a satisfação de interesses da coletividade em ver solucionados casos de malversação de verbas públicas, mas também o interesse do erário público. 7. O recorrente não apontou o dispositivo que entendeu violado, no que se refere ao alegado prejuízo a ele ocasionado, restando, assim, deficiente a fundamentação desenvolvida, neste ponto, atraindo a incidência do verbete sumular n. 284 do STF ..." (j. em 24/9/2002, *DJ* de 14/10/2002).

Coibia-se, assim, a denominada *lavagem* ou o *branqueamento* de dinheiro. Lava-se ou branqueia-se o que está sujo com o objetivo de limpá-lo.

No plano internacional, merece referência a Convenção contra o Tráfico Ilícito de Entorpecentes e Substâncias Psicotrópicas, celebrada em Viena, em 20 de dezembro de 1988[54]. Além de dispor sobre a necessidade de tipificação penal da lavagem de dinheiro, essa Convenção teve o mérito de traçar os primeiros lineamentos de um sistema de inteligência e cooperação, voltado ao mapeamento das operações de origem suspeita. Para tanto, previa a criação de agências governamentais, em cada um dos Estados-partes, com a atribuição de combater a lavagem de dinheiro. São as Unidades Financeiras de Inteligência (FIU – *Financial Intelligence Units*).

No âmbito das Comunidades Europeias, a Diretiva n. 91/308/CEE dispôs sobre a "prevenção da utilização do sistema financeiro para efeitos de branqueamento de capitais", motivando a inserção de alterações nas ordens jurídicas dos Estados-membros. Em 2001, além da ampliação do rol de crimes antecedentes, sendo alcançados todos os crimes graves (incluindo o terrorismo e a fraude contra as finanças da Comunidade), o controle passou a ser direcionado não só ao setor financeiro, como, também, àqueles setores mais propícios à utilização para a lavagem de dinheiro (*v.g.*: auditorias externas, atividade notarial, advocacia, comércio de pedras e metais preciosos, obras de arte, transporte de valores e cassinos).

A partir da constatação de que a configuração da lavagem de dinheiro pressupõe a prática de um ilícito antecedente, a doutrina tem agrupado os distintos sistemas existentes em três gerações, conforme a amplitude conceitual dos ilícitos que podem redundar na lavagem de dinheiro. Nos sistemas de primeira geração, o ilícito (penal) originário é tão somente o tráfico de entorpecentes, o que afasta a caracterização da lavagem de dinheiro a partir da prática de qualquer outro. Nos de segunda geração, que absorvem a maioria dos países, há uma relação de crimes que podem culminar com a lavagem de dinheiro. Nos de terceira geração, por sua vez, do que é exemplo o art. 305 do Código Penal suíço de 1990, a lavagem de dinheiro (*blanchissage d'argent*) pode ser antecedida pela prática de qualquer crime[55].

O Brasil, como se sabe, esteve incluído nos sistemas de segunda geração, isso porque a Lei n. 9.613/1998 (Lei de Lavagem de Dinheiro) optou por relacionar um rol de ilícitos penais, dentre os quais os crimes contra a Administração Pública, que deveriam ser vistos, disjuntivamente, como *condictio sine qua non* à tipificação do crime de lavagem de dinheiro. Somente com o advento da Lei n. 12.683/2012, que introduziu alterações no referido diploma legal, é que o País passou a ser incluído nos sistemas de terceira geração, de modo que qualquer infração penal, mesmo que ainda não tenha sido objeto de julgamento, pode configurar o ilícito antecedente.

---

54 A Convenção foi ratificada, no Brasil, por meio do Decreto n. 154, de 26/6/1991.
55 O Código Penal francês, com as alterações promovidas pela Lei n. 96.392, de 13 de maio de 1996, fala genericamente em bens oriundos de crime ou delito (art. 324-1). O Código Penal espanhol, de 1995, fala em bens que tenham "su origen en un delito grave" (art. 301, 1).

Acresça-se que, no direito brasileiro, o Conselho de Controle de Atividades Financeiras (COAF) é a Unidade Financeira de Inteligência a que se refere a Convenção de Viena. Ainda merecem referência, no âmbito do Ministério da Justiça, (1) o Departamento de Recuperação de Ativos e Cooperação Jurídica Internacional (DRCI), que busca subsidiar a instrução de processos e facilitar a recuperação do dinheiro expatriado[56]; e (2) a Estratégia Nacional de Combate à Corrupção e à Lavagem de Dinheiro e de Recuperação de Ativos (ENCCLA), fórum de discussão que congrega órgãos dos Poderes Executivo e Judiciário, bem como do Ministério Público. No âmbito do Banco Central, há o Departamento de Combate a Ilícitos Cambiais e Financeiros (DECIF), criado em 1999, sendo exigida a comunicação, pelas instituições financeiras, das movimentações suspeitas (v.g.: envio ao exterior de valores superiores a um dado limite).

A sistemática atualmente adotada não permite que o ato de improbidade seja tomado como ilícito antecedente para fins de caracterização da lavagem de dinheiro. Isso, no entanto, não impede seja delineada a prática desta última a partir de um paralelo entre os atos de improbidade e uma infração penal qualquer, em especial os crimes contra a Administração Pública (v.g.: peculato e corrupção). Nessa linha, não será incomum que a caracterização do enriquecimento ilícito do agente público configure um ilícito penal e, em consequência, permita a configuração da lavagem de dinheiro. Melhor seria se, em futuro próximo, também a improbidade administrativa, cuja natureza extrapenal não precisa ser lembrada, fosse também considerada ilícito antecedente.

2.3. Paraísos Fiscais

Os paraísos fiscais podem ser concebidos como estruturas territoriais de poder, soberanas ou não, que permitem aos estrangeiros o desenvolvimento de uma atividade lucrativa sem a incidência ou com redução da carga tributária de seu Estado de origem[57]. A soberania, como dissemos, não é requisito indispensável à formação de um paraíso fiscal, sendo plenamente factível, por exemplo, que, num Estado Federal, a depender do grau de autonomia dos entes federados, um deles venha a conceder vantagens tributárias de tal monta a ponto de merecer o designativo de "paraíso".

---

56 A Lei n. 13.254/2016 dispôs sobre o Regime Especial de Regularização.
57 A Lei n. 9.430/1996, que "dispõe sobre a legislação tributária federal, as contribuições para a seguridade social, o processo administrativo de consulta e dá outras providências", indica, em seus arts. 24 e 24-A, o que se deve entender por "países com tributação favorecida". São considerados como tais aqueles que (1) não tributem a renda ou que a tributem a alíquota máxima inferior a vinte por cento; ou (2) concedam vantagem de natureza fiscal a pessoa física ou jurídica não residente (2a) sem exigência de realização de atividade econômica substantiva no país ou dependência; (2b) condicionada ao não exercício de atividade econômica substantiva no país ou dependência; (2c) sem tributação ou o faça em alíquota máxima inferior a 20% (vinte por cento), os rendimentos auferidos fora de seu território; e (2d) cuja legislação não permita o acesso a informações relativas à composição societária de pessoas jurídicas, à titularidade de bens ou direitos, às operações econômicas realizadas ou à identificação do beneficiário efetivo de rendimentos atribuídos a não residentes.

Além de permitirem a redução da carga tributária, ainda possuem algumas características complementares, como, por exemplo, (1) uma maior rentabilidade dos investimentos financeiros, (2) discrição e segurança nas operações, com especial ênfase no sigilo bancário, (3) maior flexibilidade no fluxo de capitais para o estrangeiro e (4) reduzido número de restrições legais[58].

A maior rentabilidade dos investimentos realizados é uma consequência lógica da timidez da carga tributária e da segurança oferecida, diminuindo os fatores de risco e aumentando o lucro real. Os paraísos fiscais, além disso, na medida em que facilitam o fluxo financeiro, atuam como porto seguro para os especuladores, que podem redirecionar seus recursos, com rapidez, a outros centros que, em dado momento, ofereçam condições mais vantajosas.

Um dos principais atrativos dos centros *offshore*[59], como se sabe, é a facilidade na realização das operações bancárias, que, em alguns casos, podem ser iniciadas e finalizadas sem uma única assinatura. Os avanços tecnológicos permitem e estimulam o fluxo de capitais por meio eletrônico, não raro inviabilizando a identificação do respectivo titular. Não bastasse isto, a garantia do sigilo bancário, em alguns casos, é levada a extremos, o que há muito despertou a atenção da comunidade internacional, motivando a celebração de inúmeras convenções internacionais voltadas à sua relativização. Face à segurança e confiabilidade de suas operações, a Suíça é o país que mais tem se sobressaído no setor bancário *offshore*.

Os paraísos fiscais, à evidência, não se compatibilizam com o formalismo e muito menos são indiferentes aos circunstancialismos contemporâneos às operações neles realizadas. Pelo contrário, exigem uma estabilidade de ordem político-econômica, evitando situações de ruptura institucional, e devem ter um histórico de confiabilidade para o investidor, arrefecendo os fatores de risco. O maior ou o menor desenvolvimento desses fatores é diretamente proporcional à mobilidade operacional oferecida pela legislação local, como, por exemplo, a facilidade de transferência do controle acionário ou da sede social. A *Cayman Company Law*, por exemplo, não exige que os estatutos especifiquem o objeto da atividade da empresa, permite que sejam constituídas com um único acionista ou, mesmo, que vendam suas ações com a paralela celebração de acordos de recompra, o que em muito dificulta a identificação dos acionistas controladores.

Uma das práticas comumente adotadas consiste na constituição de uma sociedade comercial (*holding*) num centro *offshore* e de múltiplas subsidiárias, por ela controladas, em outros centros, o que pode redundar em redobrados benefícios fiscais: (1) nos últimos, vale dizer, nos locais de operação, sempre ávidos por estimular o investimento estrangeiro, e (2) no primeiro, que é o paraíso fiscal propriamente dito. Essa operação ainda pode assumir

---

58 Cf. SILVA, José Manuel Braz da. *Os paraísos fiscais*: casos práticos com empresas portuguesas. 2ª impr., Coimbra: Livraria Almedina, 2000, p. 22.

59 São denominadas de *offshore* as atividades econômicas (*rectius*: abertura de contas bancárias e criação de empresas) realizadas em paraísos fiscais.

contornos mais complexos, bastando que as subsidiárias figurem como controladoras de outras subsidiárias, gerando um intrincado sistema de dependência mútua e, por que não, de exclusão recíproca, isto em razão das enormes dificuldades de individualização do verdadeiro responsável pelas operações. Se conjugarmos esses fatores com as características bancárias e fiscais próprias dos paraísos fiscais, as dificuldades tendem a aumentar.

Outro ramo negocial especialmente sensível aos paraísos fiscais é a navegação. As companhias de navegação costumam ter a sede administrativa em um país, os proprietários em outro, sua operação regular num terceiro e o navio registrado num quarto. A escolha do país de registro, vale dizer, da "bandeira de conveniência", está normalmente atrelada aos menores entraves burocráticos no licenciamento, aos incentivos fiscais oferecidos, à facilidade de financiamento para a construção do navio, à maior leniência com exigências de segurança[60], o que pode diminuir o custo da embarcação, e, ainda, aos direitos trabalhistas da tripulação, que podem ser sensivelmente reduzidos (*v.g.*: inexistência de piso salarial mínimo e carga horária máxima de trabalho). À escolha da bandeira de conveniência, normalmente da Libéria ou do Panamá, está associada a individualização do local de operação, de modo que haja compatibilidade com as exigências de segurança ali previstas.

É comum a existência, nos paraísos fiscais, de dois sistemas regulatórios distintos, mas coexistentes, um voltado aos residentes e, outro, aos não residentes, excluindo-se os últimos do controle de ativos e das restrições cambiais. Com isso, é dinamizada a circulação financeira, que pode ser realizada, inclusive, em moeda estrangeira. Na Libéria, por exemplo, a moeda corrente é o dólar norte-americano.

Diversamente ao que se costuma afirmar, a noção de paraíso fiscal não é necessariamente sobreposta à de ilicitude. Não possui uma inarredável relação de instrumentalidade em relação a condutas que se distanciem da ordem jurídica. A partir de um dado referencial, é plenamente factível que outros Estados de Direito recebam o designativo de paraíso fiscal pelo simples fato de oferecerem uma carga tributária inferior aos investidores estrangeiros, o que pode gerar, em seu benefício, o estímulo do fluxo de capitais, contribuindo para o crescimento econômico da região. Nesse sentido, merece referência o *Aussensteuergesetz*, publicado pelas autoridades alemãs no início da década de 70, que classificava os países com baixa carga tributária em três categorias, conforme (1) a não incidência de tributos, (2) a reduzida carga tributária e (3) a concessão de benefícios fiscais relevantes.

As características que ostentam, no entanto, são propícias à vinculação com operações ilícitas, em especial aquelas relacionadas ao tráfico ilícito de substâncias entorpecentes, ao terrorismo e à corrupção. As Ilhas Cayman, por exemplo, sequer contam com um banco central, dispondo, tão somente, de um serviço de inspeção bancária, o que confere ilimitadas perspectivas negociais, lícitas ou ilícitas, aos bancos locais.

---

60 Em sendo o paraíso fiscal signatário, deverá ser observada a Convenção Internacional de Segurança e Vida no Mar, que estipula um rol mínimo de medidas a serem seguidas.

A contenção da corrupção está nitidamente associada à possibilidade de êxito na reversão, ao Erário, da vantagem indevida obtida pelo agente público. Nessa linha, devem ser adotadas providências, nos planos interno e internacional, no sentido de dificultar a evasão de divisas, monitorar a atuação de sociedades empresárias constituídas em paraísos fiscais, relativizar o sigilo bancário e, acima de tudo, individualizar os verdadeiros detentores das elevadas somas de capital que flutuam pelos centros *offshore*[61].

2.4. Reflexões sobre a Criminalização do Enriquecimento Ilícito

É sabido que a tipificação penal dos atos de corrupção, tanto ativa como passiva, encontra-se centrada na ação de receber ou de oferecer uma vantagem, não amparada pela ordem jurídica, associada à infração de um dever jurídico posicional. Afinal, o destinatário da vantagem indevida deve necessariamente exercer uma função, no âmbito das estruturas estatais de poder, que lhe imponha um dever e lhe outorgue os poderes necessários à realização de certo fim.

Como ambos os envolvidos no ato de corrupção são sujeitos ativos de uma infração penal, é evidente a dificuldade enfrentada pelos órgãos de persecução na identificação desse tipo de prática. A isso se soma a timidez das escusas oferecidas pela legislação para que o particular diretamente envolvido na prática corrupta venha a comunicar às autoridades competentes a sua ocorrência, o que certamente aumentaria a viabilidade da punição do agente público. Daí a constatação de que o combate à corrupção, no plano penal, é historicamente ineficaz. Não é por outra razão que o pensamento contemporâneo tem visto a corrupção em sua inteireza, como uma prática imemorial integrada por uma ação à margem da ordem jurídica e por um resultado conducente ao acréscimo do patrimônio do respectivo beneficiário. Essa visão, em realidade, pode ser vista como um imperativo de ordem lógica, isso sob pena de os poderes constituídos assumirem uma posição de passividade, contentando-se com instrumentos de combate à corrupção que não chegam a romper o plano semântico.

Esse quadro de ineficácia crônica da tipificação tradicional fez que as atenções se voltassem ao resultado da corrupção, materializado em sinais exteriores de riqueza incompatíveis com os rendimentos auferidos pelo agente público, ainda que ignoradas as especificidades do ato que lhe deu origem. Surgiu, com isso, o *crime de enriquecimento ilícito*.

A Convenção da Organização dos Estados Americanos Contra a Corrupção[62], em seu art. IX, com redação praticamente idêntica ao art. 20 da Convenção das Nações Unidas

---

61 Dentre os múltiplos paraísos fiscais existentes, podem ser mencionados os seguintes: a) Uruguai, b) Ilhas Cayman, c) Macau, d) Suíça, e) Malta, f) Luxemburgo, g) Irlanda, h) Holanda e i) Libéria. Cada um deles possui peculiaridades e atrativos específicos para certas atividades econômicas.

62 A Convenção foi ratificada em 25 de junho de 2002 (Decreto-Legislativo n. 152), sendo posteriormente promulgada pelo Decreto n. 4.410, de 7 de outubro de 2002 (*DOU* de 8/10/2002) e sofrendo pequena alte-

contra a Corrupção[63], dispôs que "sem prejuízo de sua Constituição e dos princípios fundamentais de seu ordenamento jurídico, os Estados-partes que ainda não o tenham feito adotarão as medidas necessárias para tipificar como delito em sua legislação o aumento do patrimônio de um funcionário público que exceda de modo significativo sua renda legítima durante o exercício de suas funções e que não possa justificar razoavelmente". À luz desse comando, os Estados-partes, dentre os quais está a República Federativa do Brasil, devem tipificar o crime de enriquecimento ilícito, que, em seus contornos mais basilares, estará configurado quando demonstrada (1) a evolução patrimonial do agente público, podendo estar associada à ampliação do ativo (*v.g.*: dinheiro, imóveis etc.) ou à diminuição do passivo (*v.g.*: pagamento de dívidas) e que (2) essa evolução é desproporcional à sua renda legítima, originária, ou não, do Erário (*v.g.*: subsídios, alugueis, direitos autorais etc.). Com isso, tem-se uma presunção *iuris tantum* de que a evolução patrimonial é ilícita, sendo assegurada ao agente público a possibilidade de desconstituí-la demonstrando que não apresentou evolução dessa natureza ou, mesmo, que aquela apresentada pode ter sua licitude razoavelmente justificada. Presunções dessa natureza, como reconhecido pelo Tribunal Europeu dos Direitos Humanos no célebre caso *Salabiaku v. France*[64], devem ser consideradas válidas. No caso concreto, o Sr. Salabiaku foi detido, pelas autoridades aduaneiras, na posse de uma mala que continha substâncias entorpecentes, sendo, por esse motivo, atribuída a ele a responsabilidade pela sua importação fraudulenta. De acordo com a legislação e a jurisprudência francesas, ao acusador incumbia a prova da posse da mercadoria, cabendo ao acusado demonstrar que tal não ocorreu ou, mesmo, que existia um motivo de força maior que pudesse justificá-la. Apesar de o Estado estar livre para punir uma pessoa a partir de um fato objetivo ou material a ela atribuído, ao que se soma a constatação de que todo sistema jurídico conhece presunções de fato ou de direito, esses fatores devem observar certos balizamentos quando cotejados com a presunção de inocência. Observa-se, inicialmente, que o legislador não pode privar o juiz do seu poder de apreciação, que será exercido em harmonia com os aspectos circunstanciais do caso concreto, o que não se mostra compatível com as presunções *iure et de iure*, insuscetíveis de prova em contrário. A isso se soma a necessidade de as presunções observarem os limites do razoável, levarem em conta a gravidade dos interesses em jogo e preservarem os direitos de defesa, especialmente com a não inversão do ônus probatório, que deve ficar sempre a cargo da acusação em relação aos elementos constitutivos do crime.

No âmbito dos Estados americanos, merecem referência as modificações que Argentina, Peru e Colômbia introduziram em seus respectivos Códigos Penais.

---

ração redacional por força do Decreto n. 4.534, de 19 de dezembro de 2002. Segundo o art. 1º do Decreto n. 4.410/2002, a Convenção *será executada e cumprida tão inteiramente como nela se contém*.

63 A Convenção foi ratificada em 15 de maio de 2005 (Decreto-Legislativo n. 348), sendo posteriormente promulgada pelo Decreto n. 5.687, de 31 de janeiro de 2006 (*DOU* de 1º/2/2006).

64 *Requête* 10519/83, j. em 7/10/1988.

De acordo com o art. 268 do Código Penal argentino, "[s]erá reprimido con reclusión o pena de dos a seis años, multa del cincuenta por ciento al ciento por ciento del valor del enriquecimiento e inhabilitación absoluta perpetua, el que al ser debidamente requerido, no justificare debidamente la procedencia de um enriquecimiento patrimonial apreciable suyo o de persona interpuesta para disimularlo, posterior a la asunción de un cargo o empleo público y hasta dos años después de haber cesado en su desempeño. Se entenderá que hubo enriquecimiento no solo cuando el patrimonio se hubiese incrementado com dinero, cosas o bienes, sino también cuando se hubiesen cancelado deudas o extinguido obligaciones que lo afectaban. La persona interpuesta para disimular el enriquecimiento será reprimida con la misma pena que el autor de los hechos". As principais peculiaridades desse tipo penal são a cominação da sanção de inabilitação perpétua e a previsão de que, para a integração do tipo penal, concorre a não justificação, ou justificação inadequada, por parte do agente público, da evolução patrimonial obtida. Asencio Mellado[65] sustenta que esse último aspecto andaria em norte contrário ao princípio de presunção de inocência, pois a omissão do agente público, em típica matéria de defesa, contribuiria para o aperfeiçoamento do tipo penal. De nossa parte, observamos que o comando argentino, longe de macular, prestigia esse princípio. Afinal, ao invés de autorizar a imputação penal com a só prova da desproporção entre patrimônio e renda, exige um plus: que o agente seja necessariamente chamado a justificar-se, evitando, com isso, que somente tenha chance de fazê-lo após ser instado a responder aos termos da ação penal. Quanto à inabilitação perpétua, ela é flagrantemente dissonante do princípio geral de direito sancionador extraído do art. 5º, XLVII, da Constituição brasileira de 1988.

O Código Penal colombiano dispõe, em seu art. 412[66], que "[e]l servidor público que durante su vinculación con la Administración, o quien haya desempeñado funciones públi-

---

[65] La Lucha contra la Corrupción. El Delito de Enriquecimiento Ilícito, in *El Estado de Derecho frente a la Corrupción Urbanística*, Madrid: La Ley, 2007, p. 69 (82 e 94).

[66] De acordo com o art. 34 da Constituição colombiana de 1991, "[n]o obstante, por sentencia judicial, se declarará extinguido el dominio sobre los bienes adquiridos mediante enriquecimiento ilícito, en perjuicio del Tesoro Público o con grave deterioro de la moral social". Ainda merecem referência, o art. 58, que assegura a propriedade privada, mas "con arreglo a las leyes civiles", o que importa na existência de justo título; o art. 109, segundo o qual "los partidos, movimientos y candidatos deberán rendir públicamente cuentas sobre el volumen, origen y destino de sus ingresos"; o art. 122, ao dispor que o servidor público "antes de tomar posesión del cargo, al retirarse del mismo o cuando autoridad competente se lo solicite deberá declarar, bajo juramento, el monto de sus bienes y rentas", e que "sin perjuicio de las demás sanciones que establezca la ley, el servidor público que sea condenado por delitos contra el patrimonio del Estado, quedará inhabilitado para el desempeño de funciones públicas"; o art. 183, que determina a perda da investidura dos parlamentares no caso de "indebida destinación de dineros públicos"; o art. 209, que insere, dentre os princípios regentes da atividade administrativa, o da moralidade; o art. 268, que dispõe ser atribuição do Controlador-Geral da República a de "promover ante las autoridades competentes, aportando las pruebas respectivas, investigaciones penales o disciplinarias contra quienes hayan causado perjuicio a los intereses patrimoniales del Estado"; e o art. 278, que atribui ao *Procurador-General de la Nación o munus* de promover

cas y en los dos años siguientes a su desvinculación, obtenga, para si o para outro un incremento patrimonial injustificado, siempre que la conducta no constituya outro delito, incurrirá en prisión de seis a diez años, multa equivalente al doble de valor del enriquecimiento sin que supere el equivalente a cincuenta mil (50.000) salarios mínimos legales mensuales vigentes, e inhabilitación para el ejercicio de derechos y funciones públicas de seis (6) a diez (10) años". Diversamente do paradigma argentino, esse tipo penal não exige seja previamente oportunizada ao agente a chance de demonstrar a licitude de sua evolução patrimonial. Além disso, assume contornos nitidamente subsidiários, somente incidindo quando *a conduta não constitua outro delito*. Não obstante a pureza dos fins, essa última previsão pode desaguar no anacronismo do sistema tradicional, pois não é incomum que haja suspeita do crime de corrupção, mas não seja possível prová-lo. Em casos tais, *quid iuris*? Melhor seria existir vedação expressa de que o agente seja simultaneamente acusado pelo enriquecimento ilícito e por outro crime que o tenha como consequência necessária.

O art. 401 do Código Penal peruano dispõe que "[e]l funcionario o servidor público que, por razón de su cargo, se enriquece ilícitamente, será reprimido con pena privativa de libertad no menor de cinco ni mayor de diez años". O art. 425, por sua vez, acresce que esse crime também será sancionado com "pena de inhabilitación de uno a tres años conforme al artículo 36º, incisos 1 y 2". Acresça-se que "se considera que existe indicio de enriquecimiento, cuando el aumento del patrimonio y/o del gasto económico personal del funcionario o servidor público, en consideración a su declaración jurada de bienes y rentas, es notoriamente superior al que normalmente haya podido tener em virtud de sus sueldos o emolumentos percibidos o de los incrementos de su capital o de sus ingressos por cualquier outra causa lícita". Esse tipo penal, de contornos muito mais sintéticos que os dois anteriores, criminaliza a conduta de enriquecer ilicitamente, o que exige, a exemplo do modelo colombiano, seja provada a evolução patrimonial em patamares desproporcionais à renda do agente, também não sendo exigido que ele tenha oportunidade de justificá-la em momento anterior à propositura da ação penal.

A tipificação autônoma do crime de enriquecimento ilícito não parece se distanciar das garantias historicamente oferecidas pela legislação penal e, em *ultima ratio*, pela ordem constitucional brasileira: (1º) não há inversão do ônus da prova, pois a apresentação de justificativa razoável para a evolução patrimonial, em patamares superiores à renda percebida pelo agente, é típica matéria de defesa, em nada afetando o ônus probatório do *dominus litis* da ação penal; (2º) a imperiosa correlação entre renda recebida e patrimônio obtido decorre do dever, imposto pelas Leis n. 8.429/1992 e n. 8.730/1993, de que os agentes públicos apresentem, regularmente, sua declaração de bens; (3º) não há violação à presunção de inocência, não só pelas razões já declinadas, como, também, porque a funcionalidade desse direito fundamental, que não pode ser concebido de modo isolado e

---

o afastamento do cargo do funcionário público que incorra na infração de "derivar evidente e indebido provecho patrimonial en el ejercicio de su cargo o de sus funciones".

dissociado do seu entorno, é proteger o agente da injustiça, não permitir que ele possa livremente nela imergir.

3. ATOS LESIVOS AO PATRIMÔNIO PÚBLICO

Os danos causados ao patrimônio público podem advir de atos dissonantes dos princípios regentes da atividade estatal, ou mesmo de conduta em que tenha ocorrido a sua estrita observância.

Não raras vezes, a atividade estatal é envolta em uma atmosfera de extremo risco, o que torna comum o insucesso de iniciativas potencialmente úteis ao interesse público, sendo exemplo marcante os sucessivos planos econômicos que foram editados no Brasil, em sua grande maioria fracassados.

Em razão disso, o dano ou o prejuízo ao erário não pode ser erigido à categoria de elemento único de consubstanciação da improbidade disciplinada pela Lei n. 8.429/1992, sendo imprescindível que a conduta que os causou tenha sido fruto de inobservância dos princípios que informam os atos dos agentes públicos.

A distinção assume grande relevância no que concerne aos atos dos agentes políticos, especialmente em relação àqueles que resultam do exercício do poder discricionário, pois, não raras vezes, a implementação de políticas públicas, por maior que seja o zelo e a dedicação do agente, não permite a formulação de um juízo de certeza quanto aos resultados pretendidos. Em casos tais, não haverá que se falar em improbidade se fatores externos concorreram para a causação de dano ao erário, ou mesmo se a ocorrência deste transcendeu a esfera de previsibilidade do agente, o qual, apesar de ter valorado adequadamente todas as circunstâncias presentes por ocasião da prática do ato, não pode evitar o resultado danoso. Inexistindo dolo ou culpa, não haverá que se falar na incidência do art. 10 da Lei de Improbidade.

Por outro lado, agindo com dolo ou culpa (leve, grave ou gravíssima), sofrerá o agente político as sanções cominadas, não havendo previsão legal de um salvo-conduto para que possa dilapidar o patrimônio público com a prática de atos irresponsáveis e completamente dissociados da redobrada cautela que deve estar presente entre todos aqueles que administram o patrimônio alheio.

A tipologia dos atos lesivos ao patrimônio público está prevista no art. 10 da Lei n. 8.429/1992, dispositivo que está assim redigido:

Art. 10. Constitui ato de improbidade administrativa que causa lesão ao erário qualquer ação ou omissão, dolosa ou culposa, que enseje perda patrimonial, desvio, apropriação, malbaratamento ou dilapidação dos bens ou haveres das entidades referidas no art. 1º desta Lei, e notadamente[67]:

---

67 "Pratica o ato de improbidade previsto no art. 10, *caput*, o Prefeito Municipal que, afrontando o art. 41, § 3º, da CR/1988, coloca servidores públicos em disponibilidade *remunerada* sem a prévia extinção do

I – facilitar ou concorrer por qualquer forma para a incorporação ao patrimônio particular, de pessoa física ou jurídica, de bens, rendas, verbas ou valores integrantes do acervo patrimonial das entidades mencionadas no art. 1º desta Lei[68];

II – permitir ou concorrer para que pessoa física ou jurídica privada utilize bens, rendas, verbas ou valores integrantes do acervo patrimonial das entidades mencionadas no art. 1º desta Lei, sem a observância das formalidades legais ou regulamentares aplicáveis à espécie[69];

---

respectivo cargo ou a declaração formal de sua desnecessidade. Daí resulta a obrigação de ressarcir ao erário o numerário pago aos servidores sem a correspondente contraprestação. Essa obrigação, no entanto, não se estende aos servidores, os quais, de forma involuntária, foram conduzidos a uma posição de ilegalidade, sendo impedidos de exercer suas atividades laborativas regulares" (STF, 1ª T., AGRAI n. 312.488-1, rel. Min. Ilmar Galvão, j. em 26/2/2002, DJ de 19/4/2002); e TJTO, 4ª T. Julgadora da 1ª CC, rel. Juiz Convocado Helvécio de Brito Maia Neto, j. em 14/1/2013). Em relação à concessão de vantagens indevidas a servidores, o STJ já proferiu decisão do seguinte teor: "1. Inicialmente, registre-se que esta Corte Superior possui entendimento pacífico no sentido de que, nos casos de contratação de servidores públicos sem concurso público, em razão da efetiva contraprestação em serviços pelos vencimentos recebidos, mesmo configurada em tese a improbidade administrativa, é indevida a devolução dos valores havidos pelos beneficiários, a fim de evitar o enriquecimento sem causa do Poder Público. Precedentes. 2. O caso em espécie, entretanto, é diverso e merece, assim, tratamento diferente. 3. No caso concreto, uma série de servidores foi agraciada com um adicional trintenário que, à luz da lei, só poderia ser deferido a quem tivesse completado trinta anos de serviço público prestado ao Estado-membro. Ocorre que os funcionários apontados como réus na presente ação civil pública aposentaram-se antes de completar o referido período aquisitivo. 4. É evidente, portanto, que os réus são beneficiários de ato ímprobo que importou prejuízo ao erário. Também é notório que aos valores ilegalmente recebidos não corresponde contraprestação alguma (ao contrário, os servidores em questão, como narra o acórdão recorrido, receberam o adicional quando já aposentados proporcionalmente – fl. 738, e-STJ). 5. Daí por que é inaplicável o tradicional posicionamento do Superior Tribunal de Justiça, uma vez que a devolução das verbas indevidas e referentes ao adicional não implicaria enriquecimento sem causa do Estado-membro, mas mero retorno ao *status quo ante*, na medida em que não houve a contraprestação de serviços que legitimaria o afastamento do ressarcimento" (STJ, 2ª T., REsp n. 876.886/MG, rel. Min. Mauro Campbell, j. em 16/9/2010, DJ de 8/10/2010). Enquadra-se no art. 10 da Lei n. 8.429/1992 (a) a aquisição de caminhão alienado fiduciariamente e penhorado, impedindo o seu registro em nome do Município (STJ, 2ª T., REsp n. 1.151.884/SC, rel. Min. Castro Meira, j. em 15/5/2012, DJe de 25/5/2012); (b) a celebração de convênio, pelo Prefeito Municipal, para a construção de obra (quadra poliesportiva), iniciada em terreno particular e não concluída, apesar da suficiência dos recursos e da lavratura de termo de aceitação da obra (STJ, 2ª T., AGRG no Ag em REsp n. 2012/0036683-7, rel. Min. Herman Benjamin, j. em 21/8/2012, DJe de 27/8/2012); e (c) a conduta do Prefeito e do Secretário Municipal que constroem terminal rodoviário em área tombada, daí decorrendo dispêndio de recursos para a execução da obra, sua demolição e posterior recomposição da área (TJRJ, 13ª CC, AP n. 0001120-41.2003.8.19.0011, rel. Des. Nametala Machado Jorge, j. em 16/6/2010).

68 O Prefeito Municipal, ao informar ao Ministério da Educação e Desporto que verba federal repassada mediante convênio seria aplicada na "Escola Municipal Rui Barbosa" e, dolosamente, a direciona a escola particular homônima, e ainda constrói ginásio de esportes em área pertencente a entidade religiosa, pratica o ato de improbidade referido no art. 10, I, da Lei n. 8.429/1992 (TJRS, 3ª CC, AP n. 70021681366, rel. Des. Nelson Antonio Monteiro Pacheco, j. em 12/11/2009, DJ de 7/1/2010).

69 O pagamento de almoço a particulares, pelo Presidente da Câmara Municipal, configura o ato de improbidade descrito no art. 10, II, da Lei n. 8.429/1992 (TJSP, 8ª Câmara de Direito Público, rel. Des. Paulo Dimas Mascaretti, j. em 4/3/2009). O mesmo ocorre no caso de utilização de veículo oficial para

Capítulo VII – Tipologia dos Atos de Improbidade

III – *doar à pessoa física ou jurídica bem como ao ente despersonalizado, ainda que de fins educativos ou assistencias, bens, rendas, verbas ou valores do patrimônio de qualquer das entidades mencionadas no art. 1º desta Lei, sem observância das formalidades legais e regulamentares aplicáveis à espécie*[70]*;*

IV – *permitir ou facilitar a alienação, permuta ou locação de bem integrante do patrimônio de qualquer das entidades referidas no art. 1º desta Lei, ou ainda a prestação de serviço por parte delas, por preço inferior ao de mercado*[71]*;*

V – *permitir ou facilitar a aquisição, permuta ou locação de bem ou serviço por preço superior ao de mercado;*

VI – *realizar operação financeira sem observância das normas legais e regulamentares*[72-73] *ou aceitar garantia insuficiente ou inidônea;*

VII – *conceder benefício administrativo ou fiscal sem a observância das formalidades legais ou regulamentares aplicáveis à espécie*[74]*;*

---

transportar o enteado do Prefeito e seus amigos a outro Município para que tomem ônibus e iniciem viagem de férias (TJRS, 1ª CC, AP n. 70029652815, rel. Des. Carlos Roberto Lofego Canibal, j. em 12/8/2009, *DJ* de 14/9/2009).

70 Ver art. 17 da Lei n. 8.666/1993. A doação de verba pública, a entidades desportivas, por mero decreto do Prefeito, sem autorização legal, configura o ato de improbidade a que se refere o art. 10, III (TJRS, 1ª CC, AP n. 70006183990, rel. Des. Henrique Oswaldo Poeta Roenick, j. em 15/12/2004).

71 Configura ato de improbidade a realização de operação de compra e venda de Letras Financeiras do Tesouro Municipal, sem licitação, que "importou prejuízo aos cofres municipais pelo deságio excessivo dos títulos e apropriação de elevados ganhos para os intermediários do mercado mobiliário" (STJ, 2ªT., REsp n. 593.522/SP, rel. Min. Eliana Calmon, j. em 27/11/2007, *DJ* de 6/12/2007).

72 Ver arts. 32 *usque* 39 da Lei Complementar n. 101/2000 (Lei de Responsabilidade Fiscal); Lei n. 4.595/1964 (Dispõe sobre a política e as instituições, monetárias, bancárias e creditícias); Lei n. 7.492/1986 (Define os crimes contra o sistema financeiro nacional); Lei n. 9.613/1998 (Dispõe sobre os crimes de "lavagem" ou ocultação de bens, direitos e valores); Instruções Normativas da Secretaria do Tesouro Nacional (*v.g.*: IN n. 1/1997, que "disciplina a celebração de convênios de natureza financeira que tenham por objeto a execução de projetos ou realização de eventos e dá outras providências"); e Resoluções do Senado Federal.

73 A concessão de empréstimos em desacordo com normas da CEF, em favor de companheiro, configura improbidade administrativa (TRF da 4ª Região, 4ªT., AP n. 2007.71.00.021019-9, rel. Valdemar Capeletti, j. em 17/11/2004, *DJ* de 26/1/2005).

74 "Ação civil pública. Legitimação ativa do Ministério Público. Concessão de redução e anistia de juros e correção monetária de IPTU, pelo Prefeito Municipal, sem autorização legislativa. Lesão aos cofres municipais. Obrigação de ressarcir. Fundamento legal. 1. A legitimação do Ministério Público para promover ação civil pública, com o fito de proteção do patrimônio público e de tutela da moralidade administrativa, exsurge cristalina de preceito do art. 129, III, da CF de 5.10.88, e da própria legislação ordinária (Lei n. 8.429, de 2.6.1992, arts. 15, 17, §§ 2º e 3º, e 22; Lei n. 8.625 de 21.12.1993, art. 25, IV, *b*). 2. A concessão de redução ou isenção de qualquer tributo ou de obrigação acessória, como juros e correção monetária, sempre depende de lei autorizativa (CTN, arts. 172 e 176), vale dizer, de diploma legal aprovado pelo Legislativo e sancionado pelo Executivo, e não por vontade unilateral do Chefe deste. 3. Abatimentos operados sobre tributos e acessórios de tributo, sem autorização legislativa, importa em lesão aos cofres públicos; e a lesão ao patrimônio público pode ser ressarcida, na ausência de outra norma, com cabimento no art. 159 do Código Civil. Apelo desprovido" (TJRS, 1ª CC, AP n. 597163641, rel. Des. Celeste Vicente Rovani, j. em 25/3/1998, *JTJRS*, v. 2, t. 25, p. 155).

VIII – *frustrar a licitude de processo licitatório ou de processo seletivo para celebração de parcerias com entidades sem fins lucrativos, ou dispensá-los indevidamente;*

IX – *ordenar ou permitir a realização de despesas não autorizadas em lei ou regulamento*[75];

X – *agir negligentemente na arrecadação de tributo ou renda, bem como no que diz respeito à conservação do patrimônio público*[76];

XI – *liberar verba pública sem a estrita observância das normas pertinentes ou influir de qualquer forma para a sua aplicação irregular*[77-78];

XII – *permitir, facilitar ou concorrer para que terceiro se enriqueça ilicitamente*[79];

XIII – *permitir que se utilize, em obra ou serviço particular, veículos, máquinas, equipamentos ou material de qualquer natureza, de propriedade ou à disposição de qualquer das entidades mencionadas no art. 1º desta Lei, bem como o trabalho de servidor público, empregados ou terceiros contratados por essas entidades*[80];

---

75. O TJPR aplicou o art. 10, IX, da Lei n. 8.429/1992, em sua modalidade culposa, em situação na qual o Prefeito adquiriu propriedades para o Município no último quadrimestre do seu mandato e, ao não pagar a despesa no respectivo exercício financeiro, não zelou para que houvesse disponibilidade de caixa para a administração seguinte, terminando por afrontar o art. 42 da LRF: 4ª CC, AP n. 1.445.637-8, rel. Juiz de Direito Substituto em 2º Grau Hamilton Rafael Marins Schwartz, j. em 7/6/2016.

76. Ver arts. 11, 13 e 58 da LC n. 101/2000. Pratica o ato de improbidade previsto no art. 10, X, o Secretário da Fazenda que não se empenha para cobrar crédito tributário inscrito em dívida ativa, causando prejuízo ao erário em razão da prescrição (TJRS, 21ª CC, AP n. 70029930468, rel. Des. Marco Aurélio Heinz, j. em 17/6/2009, *DJ* de 4/8/2009).

77. Tratando-se de pagamentos a serem realizados pela administração pública, haverá de ser observado, consoante a Lei n. 4.320/1964, o seguinte *iter*: empenho, liquidação (aferição do cumprimento do objeto do contrato) e pagamento. Inobservada a ordem, ter-se-á um indício da prática de ato de improbidade.

78. Sobre a liberação de recursos públicos para os Municípios, *vide* Lei n. 9.452/1997.

79. "A utilização de verba de gabinete de Deputado Federal para uso próprio ou de terceiros, como o pagamento de jogadores de futebol, é suficiente a demonstrar a ocorrência de indícios do uso da referida remuneração em finalidade distinta a que se destina, configurando a hipótese descrita no art. 10, XII, da Lei 8.429/1992, pelo que se evidencia o *fumus boni iuris*" (TRF da 1ª Região, rel. Juiz Federal Convocado Alexandre Vidigal de Oliveira, j. em 11/7/2005, *DJ* de 12/8/2005)."Na qualidade de membros da Comissão de Cadastro dos Beneficiários no Programa Bolsa-Renda, instituído pelo Governo Federal para atendimento a agricultores familiares atingidos pelos efeitos da estiagem nos Municípios, eram os réus, no Município, os responsáveis pela organização e cadastramento das famílias, de modo que era dever dos mesmos conhecer e zelar pela observância das normas legais pertinentes àquela atividade e, como servidores públicos, deveriam ter redobrada cautela na Administração do patrimônio público. II – Comprovado que o benefício foi concedido a servidores públicos vinculados ao Município, quando os mesmos estavam excluídos do Programa, bem como, indevidamente, em duplicidade, a alguns beneficiários, remanescendo 80 (oitenta) agricultoras a serem atendidas, é de se reconhecer a culpa dos demandados, estando configurada improbidade administrativa, subsumindo-se o fato à tipologia do art. 10 da Lei n. 8.429/1992" (TRF da 4ª Região, 4ª T., AP n. 2003.72.02.000256-2, rel. Des. Fed. Valdemar Capeletti, j. em 17/11/2004, *DJ* de 19/1/2005). Essa última figura também pode ser enquadrada nos incisos II e XI do art. 10.

80. "A exploração de marcenaria pública em favor de particulares, às custas do erário, decorrente da utilização de bens públicos e de mão de obra remunerada pelo Poder Público configura ato de improbidade administrativa" (TJRS, 22ª CC, AP n. 70030550719, rel. Des. Maria Isabel de Azevedo Souza, j. em 25/3/2010, *DJ* de 7/4/2010).

XIV – *celebrar contrato ou outro instrumento que tenha por objeto a prestação de serviços públicos por meio da gestão associada sem observar as formalidades previstas na lei*[81];

XV – *celebrar contrato de rateio de consórcio público sem suficiente e prévia dotação orçamentária, ou sem observar as formalidades previstas na lei;*

XVI – *facilitar ou concorrer, por qualquer forma, para a incorporação, ao patrimônio particular de pessoa física ou jurídica, de bens, rendas, verbas ou valores públicos transferidos pela administração pública a entidades privadas mediante celebração de parcerias, sem a observância das formalidades legais ou regulamentares aplicáveis à espécie;*

XVII – *permitir ou concorrer para que pessoa física ou jurídica privada utilize bens, rendas, verbas ou valores públicos transferidos pela administração pública a entidade privada mediante celebração de parcerias, sem a observância das formalidades legais ou regulamentares aplicáveis à espécie;*

XVIII – *celebrar parcerias da administração pública com entidades privadas sem a observância das formalidades legais ou regulamentares aplicáveis à espécie;*

XIX – *agir negligentemente*[82] *na celebração, fiscalização e análise das prestações de contas de parcerias firmadas pela administração pública com entidades privadas;*

XX – *liberar recursos de parcerias firmadas pela administração pública com entidades privadas sem a estrita observância das normas pertinentes ou influir de qualquer forma para a sua aplicação irregular;*

XXI – *liberar recursos de parcerias firmadas pela administração pública com entidades privadas sem a estrita observância das normas pertinentes ou influir de qualquer forma para a sua aplicação irregular.*

* Nota: o conteúdo idêntico dos incisos XX e XXI do art. 10, o que decorreu de desavisada alteração promovida, pela Lei n. 13.204/2015, durante a vacatio legis da Lei n. 13.019/2015,

---

81 O art. 241 da CR/1988, com a redação dada pela EC n. 19/1998, autorizou os distintos entes da Federação a celebrarem, nos termos da lei, *consórcios públicos* e *convênios de cooperação entre os entes federados*, de modo a promover a *gestão associada de serviços públicos*. Portanto, a partir dos referidos instrumentos jurídicos, que gerarão distintas nuances no modo como as atividades serão desenvolvidas e nas obrigações dos respectivos participantes, é possível que as pessoas jurídicas de direito público, divisada uma situação de convergência de competências, atuem de modo conjunto no oferecimento de determinado serviço público.

82 O art. 10 da Lei n. 8.429/1992, desde a promulgação desse diploma legal, contempla, em seu *caput*, a possibilidade de responsabilização pelos atos lesivos ao patrimônio público praticados com dolo ou culpa. Não bastassem as divergências doutrinárias a respeito da possibilidade de existirem atos de improbidade culposos, o que foi objeto de análise em tópico específico, novo complicador surgiu com o acréscimo do inciso XIX ao art. 10, que faz referência expressa ao*"agir negligentemente"*. A questão que se põe é saber se o teor deste último preceito deve direcionar a interpretação do todo, de modo que, doravante, a culpa referida no *caput* somente poderá ser perquerida na hipótese do inciso XIX, único a fazer menção expressa a um dos seus elementos característicos, a negligência. Ao nosso ver, o caráter exemplificativo dos incisos simplesmente inviabiliza essa interpretação. Afinal, o ato lesivo ao patrimônio Público, quer doloso, quer culposo, sempre poderá ser enquadrado no *caput*, ainda que não tenha sido objeto de previsão específica nos incisos. O inciso XIX, portanto, a exemplo dos demais, tão somente chama a atenção do intérprete para uma conduta em particular.

que os incluíra no referido preceito, é uma manifestação eloquente das deficiências do Poder Legislativo brasileiro.

É importante frisar que a noção de dano não se encontra adstrita à necessidade de demonstração da diminuição patrimonial, sendo inúmeras as hipóteses de lesividade presumida previstas na legislação[83]. Como consequência da infração às normas vigentes, ter-se-á a nulidade do ato, o qual será insuscetível de produzir efeitos jurídicos válidos. Tem-se, assim, que qualquer diminuição do patrimônio público advinda de ato inválido será ilícita, pois *quod nullum est, nullum producit effectum*, culminando em caracterizar o dano e o dever de ressarcir[84].

De qualquer modo, sempre será necessária a ocorrência de lesão ao patrimônio público para a incidência do art. 10 da Lei n. 8.429/1992, o que é constatado pelo teor do *caput* deste preceito e pelo disposto no art. 12, II, o qual fala em "ressarcimento integral do dano" na hipótese do art. 10, enquanto nos demais casos de improbidade tem-se o dever de "ressarcimento integral do dano, *quando houver*".

Além do dano ao patrimônio público, não raro ocorrerá que os atos de improbidade enquadrados na tipologia do art. 10 resultem em enriquecimento ilícito de terceiros, o que tornará aplicável a sanção de *perda dos bens ou valores acrescidos ilicitamente ao patrimônio* destes (art. 12, II). Tratando-se de vantagem indevida auferida pelo próprio agen-

---

83 Ver art. 4º da Lei n. 4.717/1965.

84 Analisando o art. 10 da Lei n. 8.429/1992, Wallace Martins Paiva (*Probidade Administrativa*, p. 205) averba que "a análise da lei mostra, sem sombra de dúvida, que o art. 10, *caput*, conceitua o prejuízo patrimonial, enquanto seus incisos indicam situações ilícitas em que a lesão é elementar e decorrente indissociavelmente". Em verdade, sempre que o ato infringe as normas proibitivas contidas implicitamente nos incisos do art. 10 tem-se a sua inadequação aos princípios regentes da atividade estatal. Por este motivo, o ato será nulo. Sendo nulo o ato, não pode o mesmo produzir efeitos, o que demonstra a sua lesividade sempre que tenha acarretado a diminuição do patrimônio público. Constatada a nulidade e a lesividade, deve ser o patrimônio público recomposto no *status quo*, o que torna aplicável a sanção de ressarcimento integral do dano. Este entendimento alcançará todas as hipóteses de lesividade presumida previstas na legislação, acarretando a nulidade do ato e o dever de ressarcir. Em sentido contrário, sustenta Rita Tourinho (*Discricionariedade...*, p. 177 e 193) que, inexistindo efetiva lesão ao patrimônio público, o ato somente poderá ser enquadrado na tipologia do art. 11 da Lei n. 8.429/1992. Também repudiando a "ficção de lesão": Marçal Justen Filho (*Curso...*, p. 1096). Na jurisprudência, o STJ decidiu que "a existência de prejuízo é condição para se determinar o ressarcimento ao erário. Nesse sentido, entre outros: REsp n. 1214605/SP, re. Min. Eliana Calmon, 2ª T., *DJe* de 13/6/2013; REsp 1038777/SP, re. Min. Luiz Fux, 1ª T., *DJe* de 16/3/2011" (1ª T., REsp n. 1.200.379/MG, rel. Min. Benedito Gonçalves, j. em 15/10/2013, *DJe* de 23/10/2013). Ver, ainda, STJ, 1ª T., REsp n. 1.174.778/PR, rel. Min. Napoleão Nunes Maia Filho, j. em 24/9/2013, *DJe* de 11/11/2013; 1ª T., AGRG. no REsp n. 1.129.636/RO, rel. Min. Napoleão Nunes Maia Filho, j. em 25/6/2013, *DJe* de 2/8/2013. Em outra ocasião, o Tribunal reconheceu que "a tredestinação de verba pública causa lesão ao erário que fica desfalcado dos recursos que deveriam servir para a finalidade prevista em lei; tanto mais grave na espécie, em que a verba pública desviada estava destinada à educação" (1ª T., EDcl nos EDcl no AGRG. no AREsp n. 166.481/RJ, rel. Min. Ari Pargendler, j. em 6/2/2014, *DJe* de 17/2/2014).

te público, ter-se-á o deslocamento da tipificação para uma das figuras do art. 9º da Lei n. 8.429/1992.

3.1. Amplitude da Noção de Patrimônio Público

Em rigor técnico, erário e patrimônio público não designam objetos idênticos, sendo este mais amplo do que aquele, abrangendo-o. Entende-se por erário o conjunto de bens e interesses de natureza econômico-financeira pertencentes ao Poder Público (*rectius*: União, Estados, Distrito Federal, Municípios, entidades da administração indireta e demais destinatários do dinheiro público previstos no art. 1º da Lei n. 8.429/1992).

Patrimônio público, por sua vez, é o conjunto de bens e interesses de natureza moral, econômica, estética, artística, histórica, ambiental e turística pertencentes ao Poder Público, conceito este extraído do art. 1º da Lei n. 4.717/1965 e da dogmática contemporânea, que identifica a existência de um patrimônio moral do Poder Público, concepção esta que será melhor analisada no capítulo relativo à reparabilidade do dano moral.

Uma primeira leitura do art. 10 da Lei n. 8.429/1992 poderia conduzir à conclusão de que somente os atos causadores de prejuízo econômico poderiam ser ali enquadrados, pois o dispositivo é claro ao se referir aos atos que causem "lesão ao erário"[85]. No entanto, não obstante o aparente êxito da interpretação literal, deve ser ela preterida pela utilização de critérios teleológico-sistemáticos de integração da norma.

Nesta linha, observa-se que os conceitos de erário e patrimônio público não foram aplicados com rigor técnico pelo legislador, o que exige que seja perquirida a *mens legis* em razão da utilização indiscriminada de conceitos distintos e que possuem uma relação de continência entre si.

No art. 1º da Lei n. 8.429/1992, o vocábulo "erário" é utilizado como substantivo designador das pessoas jurídicas que compõem a administração direta e indireta, contribuindo para a identificação do sujeito passivo dos atos de improbidade, podendo ser enquadradas sob tal epígrafe as entidades para as quais o "erário" haja concorrido para a formação do patrimônio ou da receita anual, no percentual ali previsto. Assim, o vocábulo é utilizado para estender a possibilidade de aplicação das sanções legais àquele que prati-

---

[85] Neste sentido: Rafael Carvalho Rezende Oliveira (*Manual de improbidade...*, p. 84), Sérgio Turra Sobrane (*Improbidade administrativa*: aspectos materiais, dimensão difusa e coisa julgada. São Paulo: Editora Atlas, 2010, p. 52), Silvio Antonio Marques (*Improbidade administrativa...*, p. 84-85), Calil Simão (*Improbidade administrativa...*, p. 250-251), Tiago do Carmo Martins (*Anotações à Lei de Improbidade Administrativa*. Porto Alegre: Verbo Jurídico, 2012, p. 91), Maria Goretti Dal Bosco (*Responsabilidade do agente público por ato de improbidade*, p. 136), Marino Pazzaglini Filho *et alii* (ob. cit., p. 76), Fernando Rodrigues Martins (ob. cit., p. 57), Francisco Octavio de Almeida Prado (ob. cit., p. 96), Waldo Fazzio Júnior (*Improbidade administrativa e crimes de responsabilidade*, p. 117, e *Atos de improbidade administrativa...*, p. 122) e José Carlos Rodrigues de Souza (Improbidade administrativa e meio ambiente, *Revista de Direito Ambiental* n. 14/85).

que atos de improbidade em detrimento de pessoas jurídicas que não integram a administração direta ou indireta; o que, longe de excluir a possibilidade de lesão ao "patrimônio público", atua como forma de extensão da proteção legal a situações ordinariamente não abrangidas pela integridade do conceito, já que adstritas ao plano econômico, daí falar-se em "contribuição do erário" (*rectius*: contribuição das entidades que integram a administração direta e indireta da União, dos Estados, do Distrito Federal e dos Municípios).

O art. 5º, por sua vez, é expresso ao estatuir o dever de reparar o dano nas hipóteses de "lesão ao patrimônio público", o que não pode ser restringido ao aspecto meramente econômico deste.

O art. 7º estabelece o dever de a autoridade administrativa responsável pela condução do inquérito administrativo representar ao Ministério Público para a indisponibilidade dos bens do indiciado sempre que constate "lesão ao patrimônio público".

O art. 8º estatui a responsabilidade, até o limite do valor da herança, do sucessor "daquele que causar lesão ao patrimônio público".

O art. 10 fala em "lesão ao erário" "que enseje perda patrimonial", o que denota que não são noções excludentes, mas elementos designativos de noções diversas, versando a primeira sobre o sujeito passivo do ato de improbidade e a segunda a respeito do resultado deste. Não bastasse isto, diversos incisos do art. 10 referem-se a patrimônio, noção eminentemente mais ampla do que erário.

O art. 16 prevê a possibilidade de sequestro dos bens do ímprobo ou do terceiro que tenha "causado dano ao patrimônio público".

O art. 17, § 2º, estabelece que a Fazenda Pública deve diligenciar no sentido de ajuizar "as ações necessárias à complementação do ressarcimento do patrimônio público".

Por derradeiro, de acordo com o art. 21, I, a aplicação das sanções previstas na Lei n. 8.429/1992 independe "da efetiva ocorrência de dano ao patrimônio público, salvo quanto à pena de ressarcimento".

Como se vê, o sistema instituído pela Lei n. 8.429/1992 não visa unicamente a proteger a parcela de natureza econômico-financeira do patrimônio público, sendo ampla e irrestrita a abordagem deste, o que exige uma proteção igualmente ampla e irrestrita, sem exclusões dissonantes do sistema.

Afora a interpretação sistemática, afigura-se igualmente acolhedor o resultado de uma exegese teleológica. Nesse sentido, a *ratio* do art. 10 da Lei n. 8.429/1992 é clara: proteger o patrimônio (de natureza econômica ou não) das entidades mencionadas no art. 1º, sujeitando o agente cuja conduta se subsuma à tipologia legal às sanções do art. 12, II.

Consequentemente, podem ser assentadas as seguintes conclusões: a) ao vocábulo *erário*, constante do art. 10, *caput*, da Lei n. 8.429/1992, deve-se atribuir a função de elemento designativo dos entes elencados no art. 1º, vale dizer, dos sujeitos passivos dos atos de improbidade; b) a expressão *perda patrimonial*, também constante do referido dispositivo, alcança qualquer lesão causada ao patrimônio público, concebido este em sua inteireza[86].

À guisa de ilustração, podem ser mencionados os seguintes atos de improbidade praticados em detrimento do patrimônio público e que não têm natureza exclusivamente financeira: a) guarda florestal que permite o ingresso de terceiros em reserva florestal e a captura de animais em extinção (art. 10, I, da Lei n. 8.429/1992); b) fiscal do IBAMA que deixa de apreender pássaros silvestres raros mantidos em cativeiro por particular sem a necessária autorização do órgão competente (art. 10, II, da Lei n. 8.429/1992); c) Presidente da República que, em viagem ao exterior, doa a Pontífice estátua incorporada ao patrimônio histórico e cultural brasileiro (art. 10, III, da Lei n. 8.429/1992); d) agente público que realiza a alienação, para fins de loteamento, de área que abriga sítio detentor de reminiscências históricas dos antigos quilombos, afrontando o art. 216, § 5º, da Constituição (art. 10, IV, da Lei n. 8.429/1992); e) agente público que permite a deterioração de prédio que abriga repartição pública e que se encontra tombado e incorporado ao patrimônio histórico e cultural (art. 10, X, da Lei n. 8.429/1992) etc.

Nos exemplos formulados, a análise da questão transcende o aspecto meramente financeiro, exigindo a utilização de parâmetros que permitam a correta individualização do dano causado, o que pressupõe a adoção da concepção de proteção ao patrimônio público em sua integridade.

Em prevalecendo a exegese restritiva do art. 10 da Lei n. 8.429/1992, diversas condutas dotadas de grande potencial lesivo ao interesse público ficariam à margem da lei, não sendo possível sequer a aplicação da tipologia prevista no art. 11 da Lei n. 8.429/1992. Diversamente daquele, este dispositivo pressupõe um elemento subjetivo de natureza dolosa, não encampando os atos meramente culposos.

Assim, entendendo-se que o art. 10 da Lei de Improbidade tem sua aplicação restrita à proteção do erário, sempre que a lesão ao patrimônio público resultar de um ato culposo e não apresentar um prejuízo econômico imediato, ter-se-á a manifesta impossibilidade de se aplicar ao agente um dos feixes de sanções cominados no art. 12, restando unicamente a possibilidade de reparação dos danos causados, o que há muito fora albergado pelo art. 159 do Código Civil de 1916 e repetido pelo art. 186 do Código Civil de 2002.

Ante a incongruência dessa solução, que culminaria com a concessão de um *bill of indemnity* aos atos de improbidade culposos e que causassem graves danos de natureza estética, artística, histórica, ambiental e turística ao interesse público, entendemos que a tutela legal deve ser ampla, abrangendo o patrimônio público em sua integridade.

---

86 Neste sentido: Rita Tourinho (*Discricionariedade...*, p. 172), Sérgio Monteiro Medeiros (*Lei de Improbidade Administrativa*, p. 43), George Sarmento (*Improbidade administrativa*, p. 92), José Jairo Gomes (Apontamentos sobre a improbidade administrativa, in *Improbidade Administrativa, 10 anos da Lei n. 8.429/1992*, p. 263-264), Carvalho Filho (*Manual...*, p. 877), Ney de Barros Bello Filho (Aplicabilidade da Lei de Improbidade Administrativa à Atuação da Administração Ambiental Brasileira, *Revista de Direito Ambiental* n. 18/57) e Marco Vinicio Petrelluzzi e Rubens Naman Rizek Junior (*Lei Anticorrupção...*, p. 38).

Também serão incluídos sob a epígrafe do patrimônio público, mais especificamente em sua feição financeira, os bens que outros sujeitos de direito tenham transferido, em caráter precário, de modo voluntário ou compulsório, ao sujeito passivo do ato de improbidade, qualquer que seja a figura jurídica adotada, perdendo, momentaneamente, a sua individualidade privada. É o que ocorre com os valores depositados em contas judiciais, que são geridas pelo Poder Judiciário e que terminam por gerar um dever de repasse sempre que presentes os requisitos exigidos.

4. ATOS DE CONCESSÃO OU APLICAÇÃO INDEVIDA DE BENEFÍCIO FINANCEIRO OU TRIBUTÁRIO

Poucos meses antes de a Lei n. 8.429/1992 completar 25 (vinte e cinco) anos de vigência, sobreveio a Lei Complementar n. 157, de 29 de dezembro de 2016, que estatuiu uma nova figura tipológica, inserida na Seção II-A, intitulada *"dos atos de improbidade administrativa decorrentes de concessão ou aplicação indevida de benefício financeiro ou tributário"*. Esta Seção é composta de um único artigo, que tem a seguinte redação:

> Art. 10-A. Constitui ato de improbidade administrativa qualquer ação ou omissão para conceder, aplicar ou manter benefício financeiro ou tributário contrário ao que dispõem o caput e o § 1º do art. 8º-A da Lei Complementar n. 116, de 31 de julho de 2003.

Como se constata, o título da Seção II-A apresenta amplitude bem maior que a do art. 10-A, que é direcionado a um tributo em particular, o imposto sobre serviços de qualquer natureza (ISS), cujas normas básicas, editadas pela União em harmonia com o disposto no art. 156, III e § 3º, da Constituição da República, estão previstas na Lei Complementar n. 116, de 31 de julho de 2003.

Outro aspecto digno de nota é o emprego, no art. 10-A, da técnica da enumeração taxativa das condutas passíveis de serem enquadradas na tipologia legal. Há, com isso, um distanciamento da técnica utilizada nos arts. 9º, 10 e 11 da Lei n. 8.429/1992, que enunciam o núcleo tipológico no *caput*, qual seja, o enriquecimento ilícito, o dano ao patrimônio público e a violação aos princípios regentes da atividade estatal, e exemplificam diversas condutas nos seus incisos. Para tanto, empregam o advérbio de modo *notadamente*.

A tipologia do art. 10-A, a exemplo das sanções do art. 12, IV, e da legitimidade referida no art. 17, § 13, preceitos inseridos na Lei n. 8.429/1992 pela Lei Complementar n. 157/2016, tratam de matérias típicas de lei ordinária, pois incursionam no direito sancionador, não na seara tributária. Como desdobramento dessa constatação decorre outra: apesar de inseridos por lei complementar, podem vir a ser modificados por lei ordinária.

O ilícito descrito no art. 10-A pode alcançar a realidade por meio de três condutas distintas, refletidas nas ações de conceder, aplicar ou manter benefício financeiro ou tributário contrário à lei de regência.

As ações de *conceder* e *aplicar* podem ocupar, ao menos parcialmente, o mesmo plano existencial. A concessão de benefícios tributários, por força do art. 150, § 6º, da Constituição da República, deve decorrer de *lei específica*, podendo, ou não, estar condicionada à prática de um ato administrativo (*v.g.*: que reconheça o preenchimento dos requisitos exigidos). No primeiro caso, o benefício assume feições de ato complexo, decorrendo de um ato administrativo que integra o conteúdo da lei; no segundo, é concedido diretamente pela lei. Em qualquer caso, existindo tributo a ser recolhido, ainda será necessário praticar o ato administrativo denominado lançamento tributário, que pode ser (a) direto ou de ofício, quando é feito por iniciativa do fisco a partir dos dados de que dispõe; (b) por declaração, quando o contribuinte fornece as informações a serem utilizadas pelo fisco; e (c) por homologação, em que o crédito tributário surge a partir de iniciativa do contribuinte, sem prévio exame do fisco, que somente atua *a posteriori*, não raro de maneira tácita. Por ocasião do lançamento, visando à constituição do crédito tributário, a autoridade tributária irá *aplicar* a lei que concedeu o benefício. O mesmo ocorrerá quando reconhecer, administrativamente, a existência de um benefício tributário cujo desdobramento seja a total inexistência do crédito tributário.

Por fim, a ação de *manter* indica a preservação, de maneira expressa ou tácita, de uma situação jurídica já constituída. Neste caso, as ações de *conceder* e *aplicar* foram praticadas em momento anterior. Implícito na ilicitude da ação ou omissão associada ao verbo *manter* encontra-se o dever jurídico de a autoridade administrativa adotar as medidas necessárias à verificação da existência, ou não, de irregularidades constituídas sob a égide da gestão anterior e cujos efeitos se protraem no tempo. Essa verificação deve ser realizada em prazo razoável, de modo a evitar a caracterização da omissão a que se refere o art. 10-A. Já as condutas de *conceder* e *aplicar* mais se compatibilizam com a ação.

Deve-se lembrar que a conduta de *manter* o benefício irregular torna-se particularmente relevante ao observarmos que os arts. 10-A, 12, IV, e 17, § 13, da Lei n. 8.429/1992 somente entram em vigor, por força do art. 7º, § 1º, da Lei Complementar n. 157/2016, um ano após a publicação deste último diploma legal, prazo de que dispõem o Distrito Federal e os Municípios para revogar os dispositivos legais que destoem da nova sistemática. Essa previsão de revogação expressa, é importante frisar, tem colorido eminentemente pedagógico, de modo a reforçar a presença do dolo daqueles que venham a descumprir as vedações legais. Afinal, a superveniência ou a alteração da lei complementar a que se refere o art. 156, § 3º, da Constituição da República, por si só, já teria o condão de retirar a eficácia das leis distritais ou municipais que dela destoam.

De acordo com o art. 8º, § 1º, da Lei Complementar n. 95/1998, "*a contagem do prazo para entrada em vigor das leis que estabeleçam período de vacância far-se-á com a inclusão da data da publicação e do último dia do prazo, entrando em vigor no dia subsequente à sua consumação integral*". Como o período de *vacatio* se estende do dia 30 de dezembro de 2016, data da publicação, ao dia 30 de dezembro de 2017, data em que completa um ano, a entrada em vigor dos referidos preceitos ocorre em 31 de dezembro de 2017.

A ausência de menção expressa ao elemento subjetivo do agente no art. 10-A evidencia que esse preceito somente se compatibiliza com o dolo, a exemplo, aliás, do que se verifica com os arts. 9º e 11 da Lei n. 8.429/1992. Em consequência, deve ser demonstrado que as ações ou omissões de *conceder, aplicar* ou *manter* foram praticadas de forma dolosa. Esse aspecto será particularmente tormentoso em relação à conduta, em regra omissiva, de *manter*, que muitas vezes será associada à ineficiência no agir. Na hipótese de omissão, a presença do dolo normalmente exigirá seja demonstrada, sequencialmente, a existência do dever legal de o agente se certificar da juridicidade dos benefícios já concedidos, a necessidade de verificação e, por fim, a voluntária manutenção do benefício irregular. O mais comum será que o agente de má-fé voluntariamente descumpra o dever legal, deixando de realizar a verificação, e, por fim, argumente que agiu com mera culpa, o que não permitiria o enquadramento do ato no art. 10-A. Essa tese não merece colhida. E isso pela singela razão de a omissão voluntária inicial ser suficiente para demonstrar a plena assunção dos riscos em relação aos seus naturais desdobramentos, o que é característico do dolo.

As ações a que nos referimos devem resultar em *"benefício financeiro ou tributário contrário ao que dispõem o caput e o § 1º do art. 8º-A da Lei Complementar n. 116, de 31 de julho de 2003"*. Estes preceitos, inseridos pela Lei Complementar n. 157/2016, fixam em 2% a alíquota mínima do ISS (*caput*) e dispõem que o referido imposto *"não será objeto de concessão de isenções, incentivos ou benefícios tributários ou financeiros, inclusive de redução de base de cálculo ou de crédito presumido ou outorgado, ou sob qualquer outra forma que resulte, direta ou indiretamente, em carga tributária menor que a decorrente da aplicação da alíquota mínima estabelecida no caput, exceto para os serviços a que se referem os subitens 7.02, 7.05 e 16.01 da lista anexa a esta Lei Complementar"* (§ 1º).

Ao instituir a alíquota mínima e limitar a concessão de benefícios, a Lei Complementar n. 157/2016 teve o evidente propósito de conter a guerra fiscal entre os Municípios, não superada pela Emenda Constitucional n. 37, de 12 de junho de 2002, que inseriu um art. 88 no Ato das Disposições Constitucionais Transitórias com o seguinte teor: *"enquanto lei complementar não disciplinar o disposto nos incisos I e III do § 3º do art. 156 da Constituição Federal, o imposto a que se refere o inciso III do caput do mesmo artigo: I – terá alíquota mínima de dois por cento, exceto para os serviços a que se referem os itens 32, 33 e 34 da Lista de Serviços anexa ao Decreto-Lei n. 406, de 31 de dezembro de 1968; II – não será objeto de concessão de isenções, incentivos e benefícios fiscais, que resulte, direta ou indiretamente, na redução da alíquota mínima estabelecida no inciso I"*. O Decreto-Lei n. 406/1968 não previa alíquota mínima para o ISS, o mesmo ocorrendo com a Lei Complementar n. 116, de 31 de julho de 2003, que a sucedeu e somente previa alíquota máxima (art. 8º).

Como se percebe, antes da promulgação da Lei Complementar n. 157/2016, o sistema somente contemplou a alíquota mínima para o ISS por cerca de 13 (treze) meses, mais especificamente entre 13 de junho de 2002, data de publicação da Emenda Constitucional n. 37, e 1º de agosto de 2003, data de publicação da Lei Complementar n. 116/2003.

Na sistemática atual, o objetivo é o de garantir que ingressem nos cofres do Distrito Federal e dos Municípios no mínimo 2% da base de cálculo do ISS. A restrição à concessão de benefícios que frustrem esse objetivo foi total. Além de vedar sejam concedidas isenções, incentivos ou benefícios, epígrafe esta que já absorveria as duas primeiras, redução de base de cálculo ou concessão de crédito presumido ou outorgado, o § 1º do art. 8º-A faz menção a *"qualquer outra forma que resulte, direta ou indiretamente, em carga tributária menor que a decorrente da aplicação da alíquota mínima estabelecida no caput"*. Esta fórmula genérica inviabiliza por completo a concessão dos benefícios que comprometam a plena operatividade da alíquota mínima. Como exceção, foram ressalvados apenas *"os serviços a que se referem os subitens 7.02, 7.05 e 16.01 da lista anexa"* à Lei Complementar n. 116/2003[87].

Em prol dos objetivos almejados, o § 2º do art. 8º-A da Lei Complementar n. 116/2003 passou a considerar *"nula a lei ou o ato do Município ou do Distrito Federal que não respeite as disposições relativas à alíquota mínima previstas neste artigo no caso de serviço prestado a tomador ou intermediário localizado em Município diverso daquele onde está localizado o prestador do serviço"*.

A conduta do art. 10-A da Lei n. 8.429/1992 será praticada por agente público com competência para conceder, aplicar ou manter o benefício indevido, em detrimento do Distrito Federal ou de algum Município que figure como sujeito ativo da obrigação tributária em se tratando de ISS. A pessoa natural ou jurídica beneficiada com o ato figurará como terceiro, o que pressupõe o agir doloso. Portanto, não será possível a responsabilização daquele que, sem formular qualquer requerimento específico, simplesmente realize o cálculo do ISS levando em consideração um benefício genericamente concedido aos contribuintes.

De acordo com o *caput* do art. 17 do referido diploma normativo, a ação civil pela prática de ato de improbidade também poderá ser proposta pela *"pessoa jurídica interessada"*. O § 13 deste preceito, introduzido pela Lei Complementar n. 157/2016, passou a dispor que *"também se considera pessoa jurídica interessada o ente tributante que figurar no polo ativo da obrigação tributária de que tratam o § 4º do art. 3º e o art. 8º-A da Lei Complementar n. 116, de 31 de julho de 2003"*. O § 4º do art. 3º, vetado pelo Poder Executivo, dispunha que *"na hipótese de descumprimento do disposto no caput ou no § 1º, ambos do art. 8º-A desta Lei Complementar, o imposto será devido no local do estabelecimento do tomador ou intermediário do*

---

[87] Como se sabe, a lista de serviços veiculada na lei complementar que dispõe sobre o ISS é taxativa, embora comporte interpretação ampla (STF, 2ª T., RE n. 361.829/RJ, rel. Min. Carlos Velloso, j. em 13/12/2005, *DJ* de 24/2/2006). Eis o teor dos serviços excepcionados da vedação à concessão de benefícios: "7.02 – Execução, por administração, empreitada ou subempreitada, de obras de construção civil, hidráulica ou elétrica e de outras obras semelhantes, inclusive sondagem, perfuração de poços, escavação, drenagem e irrigação, terraplanagem, pavimentação, concretagem e a instalação e montagem de produtos, peças e equipamentos (exceto o fornecimento de mercadorias produzidas pelo prestador de serviços fora do local da prestação dos serviços, que fica sujeito ao ICMS)"."7.05 – Reparação, conservação e reforma de edifícios, estradas, pontes, portos e congêneres (exceto o fornecimento de mercadorias produzidas pelo prestador dos serviços, fora do local da prestação dos serviços, que fica sujeito ao ICMS)"."16.01 - Serviços de transporte coletivo municipal rodoviário, metroviário, ferroviário e aquaviário de passageiros".

serviço ou, na falta de estabelecimento, onde ele estiver domiciliado". O art. 8º-A, por sua vez, faz menção à necessidade de ser observada a alíquota mínima de 2% no serviço prestado a tomador ou intermediário localizado em município diverso daquele onde está localizado o prestador do serviço. Esse novos comandos, como se percebe, em nada alteraram a lógica da Lei n. 8.429/1992, que é a de considerar legitimada ao ajuizamento da ação civil a pessoa jurídica atingida pelo ato de improbidade, in casu, aquela que figura como sujeito ativo da obrigação tributária.

Uma vez comprovada a prática do ato de improbidade descrito no art. 10-A, o agente está sujeito às sanções cominadas no inciso IV do art. 12, que são *"perda da função pública, suspensão dos direitos políticos de 5 (cinco) a 8 (oito) anos e multa civil de até 3 (três) vezes o valor do benefício financeiro ou tributário concedido"*. O primeiro aspecto a ser considerado é a ausência de referência a três sanções que compõem os feixes dos demais incisos do art. 12: (a) a perda dos bens ou valores acrescidos ilicitamente; (b) a reparação integral do dano; e (c) a proibição de contratar com o Poder Público ou receber benefícios ou incentivos fiscais ou creditícios, direta ou indiretamente, ainda que por intermédio de pessoa jurídica da qual seja sócio majoritário, pelo prazo de dez anos. Como será analisado no capítulo dedicado às sanções, as medidas descritas em (a) e (b) não consubstanciam verdadeiras sanções, acarretando tão somente o retorno ao *status quo*; já a medida referida em (c) tem a natureza jurídica de sanção, pois busca restringir a esfera jurídica individual em razão do ilícito praticado.

A sistemática introduzida pela Lei Complementar n. 157/2016 faz surgir o seguinte questionamento: se o ato de improbidade inicialmente enquadrado no art. 10-A acarretar dano ao patrimônio público ou enriquecimento ilícito será necessário deslocar o enquadramento para os arts. 10 ou 9º, conforme o caso?

Ao decidir pelo enquadramento tipológico, o intérprete parte da premissa de que todas as condutas enquadráveis na Lei n. 8.429/1992 ajustam-se, em um primeiro momento, ao art. 11, que trata da violação dos princípios regentes da atividade estatal. Afinal, todo ilícito principia desse ponto. Se, além de violar os princípios, o agente avança e afronta os bens jurídicos tutelados nos artis. 9º, 10 ou 10-A, o enquadramento se desloca para um desses preceitos.

É perfeitamente possível que uma única conduta possa encontrar enquadramento em um mesmo preceito da Lei n. 8.429/1992 que não o art. 11.

Com os olhos voltados ao art. 10-A, é fácil perceber que toda e qualquer conduta que venha a ser enquadrada nessa norma causará dano ao patrimônio público, sendo igualmente alcançada pela tipologia do art. 10. Assim ocorre porque as condutas de conceder, aplicar ou manter benefício financeiro ou tributário à margem da lei acarretarão, necessariamente, ou a saída de recursos públicos ou a diminuição de ingresso nos cofres públicos, neste caso em razão da redução do crédito tributário. Aliás, basta lançarmos os olhos sobre três incisos do art. 10 para constatarmos que a própria existência do art. 10-A seria dispensável: o inciso VII dispõe sobre a concessão de *"benefício administrativo ou fiscal sem a obser-*

vância das formalidades legais ou regulamentares aplicáveis à espécie"; o inciso X alcança o *"agir negligentemente na arrecadação de tributo ou renda, bem como no que diz respeito à conservação do patrimônio público";* e o inciso XII faz menção às condutas de *"permitir, facilitar ou concorrer para que terceiro se enriqueça ilicitamente".* É importante ressaltar, em relação a este último inciso, que o enriquecimento ilícito do contribuinte, efeito igualmente necessário da concessão irregular do benefício financeiro ou tributário, não acarreta o deslocamento da tipologia para o art. 9º, já que, ressalvadas as exceções ali expressas (*rectius*: incisos I e VII), o enriquecimento há de ser sempre do agente público, não do terceiro.

A Lei Complementar n. 157/2016, ao inserir o art. 10-A na Lei n. 8.429/1992, terminou por criar uma nova modalidade de ato de improbidade, causadora de dano ao patrimônio público, mas com sanções mais brandas. Como pequena "compensação", a multa civil foi fixada em patamares mais elevados: em vez de observar o limite de até duas vezes o valor do dano, foi fixada em três vezes *"o valor do benefício financeiro ou tributário concedido",* que nada mais é que o dano causado aos cofres públicos. Trata-se de uma opção do legislador, não chegando a afrontar o princípio da proibição de insuficiência. Outro aspecto digno de nota é o de que condutas culposas, que não podem ser enquadradas no art. 10-A, podem vir a sê-lo na norma mais geral do art. 10, que admite essa modalidade.

Ainda que a conduta seja enquadrada no art. 10-A, não há qualquer óbice a que os legitimados ao ajuizamento da ação postulem a aplicação das sanções previstas no inciso IV do art. 12 e, cumulativamente, formulem o pedido de reparação dos danos causados ao patrimônio público em razão da concessão irregular do benefício financeiro ou tributário. Neste caso, o contribuinte que enriqueceu às custas do ilícito inicial terá o dever jurídico de concorrer solidariamente para a sua reparação, o que se dá com a perda dos valores obtidos. Uma vez integralizado o valor indevidamente subtraído dos cofres públicos, quer promovido pelo agente público, quer pelo contribuinte, cessa o dever de reparar.

Na medida em que a reparação do dano causado e a perda dos bens adquiridos ilicitamente não foram previstos como sanções no inciso IV do art. 12, não é possível que o órgão jurisdicional, de ofício, venha a incluí-los no dispositivo da sentença. Vale lembrar que a multa cominada nesse preceito, embora utilize o valor do benefício financeiro ou tributário como base de cálculo, possui natureza punitiva, não podendo ser vista como sucedâneo das referidas medidas, que apresentam contornos recompositivos e não estão sujeitas ao poder de disposição dos legitimados à propositura da ação. De modo mais objetivo, é possível afirmar que: (a) o ato de improbidade do art. 10-A coloca o patrimônio público na posição *–1* e o patrimônio do contribuinte na posição *+1*; (b) a reparação do dano e a perda de bens e valores fazem que o patrimônio público e o patrimônio do contribuinte retornem à posição *0*; e (c) a multa, alheia às operações anteriores, faz que o patrimônio do contribuinte decresça à posição *–1* e o patrimônio público seja elevado à posição *+1*, sendo este o resultado final. Somente assim as funções recompositiva e punitiva do sistema se tornarão operativas.

Caso o agente público receba vantagem indevida para conceder, aplicar ou manter benefício financeiro ou tributário à margem da lei, a tipologia se deslocará do art. 10-A para o art. 9º. O único enriquecimento ilícito que não importará no deslocamento de tipologia é o do contribuinte, pois se trata de efeito necessário do art. 10-A.

5. ATOS ATENTATÓRIOS AOS PRINCÍPIOS REGENTES DA ATIVIDADE ESTATAL

É voz corrente que no constitucionalismo contemporâneo o paradigma normativo do "direito por regras" passou a coexistir com o denominado "direito por princípios". Como consequência dessa transição, constata-se que a norma comportamental poderá adequar-se de forma mais célere às constantes modificações das relações sociais, evitando que o emperramento normativo inviabilize ou comprometa o evolver social.

Como contraponto dessa tendência, tem-se alguns efeitos inevitáveis: a menor previsibilidade e a maior incerteza quanto ao verdadeiro alcance da norma. A previsibilidade dos princípios é inferior à das regras por permitirem uma constante adequação da norma aos influxos sociais, variando sua compreensão conforme variem os valores do grupamento. Além disso, geram maior incerteza por ocasião de sua aplicação em razão do maior grau de generalidade de que são dotados, o que exige a interferência do operador do direito na atividade de delimitação da norma e, consequentemente, a impregna de valores subjetivos. Não obstante, realizando-se uma breve ponderação entre os valores protegidos pelos princípios e os inconvenientes que sua aplicação pode gerar, vê-se que estes não chegam a assumir grandes proporções.

O amplo horizonte que se apresenta à atuação estatal e a quase que total inviabilidade de uma produção normativa casuística quanto aos ilícitos passíveis de serem praticados pelos agentes públicos, não poderiam ser erigidos como óbices à observância dos vetores básicos da atividade estatal, razão de ser do próprio Estado Democrático de Direito. Sensível a tal realidade, optou o legislador por integrar o art. 37, § 4º, da Constituição com preceitos que permitissem a imediata subsunção, e consequente coibição, de todos os atos que violassem os princípios condensadores dos deveres básicos dos agentes públicos.

A insegurança acima aludida, aparente e incisiva ao se comparar essa técnica legislativa com o denominado "direito por regras", é facilmente afastada ao se constatar que a última palavra sobre a adequação do ato à tipologia legal será de competência do Poder Judiciário, do qual não pode ser subtraída qualquer lesão ou ameaça a direito (art. 5º, XXXV, da CR/1988). Não bastasse isto, no extremo oposto à dificuldade de mensuração do exato alcance dos princípios, tem-se a sua indiscutível eficácia negativa, facilmente visualizada e que erige-se como verdadeira barreira de contenção à prática de atos que se oponham aos seus propósitos[88].

A desonestidade e a desídia, pejorativos ainda comuns entre alguns agentes públicos, ramificam-se em vertentes insuscetíveis de serem previamente identificadas. Soltas as ré-

---

88 Cf. BARCELLOS, Ana Paula de. *A eficácia jurídica dos princípios constitucionais*, p. 80.

deas da imaginação, é inigualável a criatividade humana, o que exige a elaboração de normas que se adaptem a tal peculiaridade e permitam a efetiva proteção do interesse tutelado, *in casu*, o interesse público. É este, em essência, o papel dos princípios.

Ante a natureza e a importância dos interesses passíveis de serem lesados pelos ímprobos, afigura-se louvável a técnica adotada pelos arts. 4º e 11 da Lei n. 8.429/1992, preceitos em que a violação aos princípios regentes da atividade estatal, ainda que daí não resulte dano ao erário, consubstanciará ato de improbidade[89]. Deve-se observar, ainda, que referidos dispositivos da Lei n. 8.429/1992 apresentam-se como verdadeiras normas de integração de eficácia da Constituição da República, pois os princípios por eles tutelados há muito foram consagrados nesta.

Na sistemática da Lei de Improbidade, o dever jurídico de observar os princípios regentes da atividade estatal é inicialmente visualizado em seu art. 4º, *verbis*:

> *Os agentes públicos de qualquer nível ou hierarquia são obrigados a velar pela estrita observância dos princípios da legalidade, impessoalidade, moralidade e publicidade no trato dos assuntos que lhes são afetos.*

Trata-se de preceito que repetiu literalmente o núcleo do art. 37, *caput*, da Constituição da República. Ulteriormente, a redação do dispositivo foi alterada pela EC n. 19/1998, que inseriu no referido rol o princípio da eficiência. A introdução desse princípio, por sua vez, não pode ser considerada propriamente uma inovação, mas, sim, uma explicitação daquilo que já defluía dos princípios da legalidade e da moralidade, isso sem falar do disposto no art. 70 da Constituição, preceito que garante ao Congresso Nacional o poder de controlar a legitimidade e a economicidade dos atos da administração pública de todos os poderes.

O dever jurídico previsto no art. 4º da Lei n. 8.429/1992 é complementado e integrado pelo art. 11 do mesmo diploma legal, dispositivo este que instituiu a tipologia legal dos

---

[89] "Apelação Cível. Ação de Responsabilidade Civil. Aquisição de Imóvel. Inexistência de Procedimento Licitatório. Improbidade Administrativa. Responsabilidade de Ex-Prefeito. Ausência de Prejuízo ao Erário. Redução do Valor Arbitrado para a Multa Civil. Recurso Parcialmente Provido. A caracterização do ato de improbidade não se encerra no aspecto exclusivamente patrimonial, haja vista que o art. 11 da Lei n. 8.429/1992 também atribui o estigma de ímprobo ao ato que desrespeita algum dos princípios que regem a ação da administração pública" (TJPR, 2ª CC, AP n. 130.114-0, rel. Des. Eraclés Messias, j. em 22/3/2004). "Mesmo sem a verificação de proveito econômico para os réus ou prejuízo patrimonial para o Poder Público, constitui ato de improbidade administrativa a elaboração de licitação sem atendimento dos preceitos legais para esta espécie de procedimento administrativo, e de contratos sem a devida formalização, havendo concorrência de terceiro na elaboração de documento falso, destinado à prestação de contas" (TJPR, 2ª CC, AP n. 144.539-6, rel. Juiz Péricles B. de Batista Pereira, j. em 12/5/2004). De acordo com o STJ, "o objetivo maior é a proteção dos valores éticos e morais da estrutura administrativa brasileira, independentemente da ocorrência de efetiva lesão ao erário no seu aspecto material" (REsp n. 695.718/SP, rel. Min. José Delgado, j. em 16/8/2005, *DJ* de 12/9/2005).

"atos de improbidade administrativa que atentam contra os princípios da administração pública", exemplificada[90] nos seus incisos, estando assim redigido:

> Art. 11. Constitui ato de improbidade administrativa que atenta contra os princípios da administração pública qualquer ação ou omissão que viole os deveres de honestidade, imparcialidade, legalidade, e lealdade às instituições, e notadamente[91-92]:

---

90 STJ, 1ª T., REsp n. 1.275.469/SP, rel. Min. Sérgio Kukina, j. em 12/2/2015, DJe de 9/3/2015.
91 Configura improbidade administrativa a contratação de empréstimos bancários por antecipação de receita sem autorização legislativa específica: "A lei do orçamento anual (ato-regra) pode autorizar, genericamente, as operações de crédito por antecipação de receita (art. 165, § 8º), o que não afasta a necessidade de aprovação, em cada caso, por ato legislativo de inferior hierarquia (ato-condição). (...) Assim, para as operações de crédito por antecipação de receita, não basta a autorização genérica contida na lei orçamentária, sendo indispensável autorização específica em cada operação. A inobservância de tal formalidade, ainda que não implique enriquecimento ilícito do recorrente ou prejuízo para o erário municipal, caracteriza ato de improbidade, nos termos do art. 11 da Lei n. 8.429/1992, à míngua de observância dos preceitos genéricos que informam a administração pública, inclusive a rigorosa observância do princípio da legalidade"(STJ, 2ª T., REsp n. 410.414/SP, rel. Min. Castro Meira, j. em 19/8/2004, DJ de 27/9/2004). Da leitura do acórdão, constata-se que a conduta não foi capitulada no inciso VI do art. 10 (*realizar operação financeira sem observância das normas legais e regulamentares ou aceitar garantia insuficiente ou inidônea*) em razão da inexistência de dano efetivo ao patrimônio público. No entanto, como afirmamos anteriormente, trata-se de hipótese de lesividade presumida, o que justificava o enquadramento na tipologia do art. 10 da Lei n. 8.429/1992. O STJ também decidiu que "[a] compra de bens sem o procedimento licitatório, o qual foi dispensado indevidamente, configura o ato ilegal, enquadrando-se no conceito de improbidade administrativa. Tal conduta viola os princípios norteadores da Administração Pública, em especial o da estrita legalidade" (2ª T., AGRG no REsp n. 1214254/MG, rel. Min. Humberto Martins, j. em 15/2/2011, DJ de 22/2/2011). Acresça-se que se enquadram na tipologia do art. 11 a concessão de "habite-se" a obra que ainda não preenchia os requisitos legais (STJ, 2ª T., REsp n. 977.013/DF, rel. Min. Mauro Campbell Marques, j. em 24/8/2010, DJ de 30/9/2010); o obrar de perita que, impedida legalmente, examina o próprio parente, agindo de modo a esconder os vestígios do ilícito (STJ, 2ª T., AgRg no AREsp n. 592.206/SC, rel. Min. Herman Benjamin, j. em 17/3/2015, DJe de 6/4/2015); a solicitação para que estagiário registre o ponto (STJ, 2ª T., REsp n. 1.453.570/SC, rel. Min. Humberto Martins, j. em 19/3/2015, DJe de 7/5/2015); a conduta do Prefeito Municipal que advoga isenções de tarifas de água para determinadas pessoas ou grupo de pessoas (STJ, 2ª T., AgRg no REsp n. 1.355.136/MG, rel. Min. Mauro Campbell Marques, j. em 16/4/2015, DJe de 23/4/2015; a doação de lotes de terreno, mediante sorteio, durante evento comemorativo do jubileu do Município, para fins de propaganda eleitoral (STJ, 2ª T., AgRg no REsp n. 1.539.929/MG, rel. Min. Mauro Campbell Marques, j. em 16/6/2016, DJe de 2/8/2016); o atentado à vida e à liberdade praticado por policiais, incluindo a tortura e a prisão ilegal (STJ, 1ª S., REsp n. 1.177.910/SE, rel. Min. Herman Benjamin, j. em 26/8/2015, DJe de 17/2/2016; e 2ª T., AgRg no REsp n. 1.200.575/DF, rel. Min. Mauro Campbell Marques, j. em 5/5/2016, DJe de 16/5/2016); a colocação, pelo Prefeito Municipal, do cognome de seu genitor no ginásio municipal, via decreto, após o Legislativo ter rejeitado o respectivo projeto de lei (STJ, 1ª T., REsp n. 1.146.592/RS, rel. Min. Benedito Gonçalves, j. em 4/5/2010, DJe de 11/5/2010) e a ausência de repasse, ao Instituto Municipal de Seguridade Social, da contribuição previdenciária recolhida dos servidores, bem como a realização irregular de empréstimo, pelo Executivo Municipal, junto ao referido Instituto (STJ, 2ª T., REsp n. 1.285.160/MG, rel. Min. Herman Benjamin, j. em 4/6/2013, DJe de 12/6/2013). O Tribunal, no entanto, por não visualizar a presença do dolo, afastou a configuração da improbidade na realização de despesas sem prévio empenho (STJ, 1ª T., REsp n. 1.322.353/PR, rel. Min. Benedito Gonçalves, j. em 21/8/2012, DJe de 27/8/2012).
92 A Lei n. 12.527/2011, também conhecida como "Lei de Acesso à Informação", regulamentou o disposto no inciso XXXIII do art. 5º, no inciso II do § 3º do art. 37 e no § 2º do art. 216 da Constituição da República, tendo

Capítulo VII – Tipologia dos Atos de Improbidade

I – *praticar ato visando fim proibido em lei ou regulamento ou diverso daquele previsto, na regra de competência*[93-94];

---

sedimentado o entendimento, próprio dos regimes democráticos, que a publicidade deve ser a tônica, o sigilo, a exceção. Além disso, definiu, em seu art. 32, um rol de ilícitos relacionados à inobservância dos seus termos, ressaltando, ainda, a sujeição do infrator aos termos da Lei n. 8.429/1992, o que normalmente acarretará a incidência de seu art. 11. Eis o teor do referido preceito: "Art. 32. Constituem condutas ilícitas que ensejam responsabilidade do agente público ou militar: I – recusar-se a fornecer informação requerida nos termos desta Lei, retardar deliberadamente o seu fornecimento ou fornecê-la intencionalmente de forma incorreta, incompleta ou imprecisa; II – utilizar indevidamente, bem como subtrair, destruir, inutilizar, desfigurar, alterar ou ocultar, total ou parcialmente, informação que se encontre sob sua guarda ou a que tenha acesso ou conhecimento em razão do exercício das atribuições de cargo, emprego ou função pública; III – agir com dolo ou má-fé na análise das solicitações de acesso à informação; IV – divulgar ou permitir a divulgação ou acessar ou permitir acesso indevido à informação sigilosa ou informação pessoal; V – impor sigilo à informação para obter proveito pessoal ou de terceiro, ou para fins de ocultação de ato ilegal cometido por si ou por outrem; VI – ocultar da revisão de autoridade superior competente informação sigilosa para beneficiar a si ou a outrem, ou em prejuízo de terceiros; e VII – destruir ou subtrair, por qualquer meio, documentos concernentes a possíveis violações de direitos humanos por parte de agentes do Estado. § 1º Atendido o princípio do contraditório, da ampla defesa e do devido processo legal, as condutas descritas no *caput* serão consideradas: I – para fins dos regulamentos disciplinares das Forças Armadas, transgressões militares médias ou graves, segundo os critérios neles estabelecidos, desde que não tipificadas em lei como crime ou contravenção penal; ou II – para fins do disposto na Lei n. 8.112, de 11 de dezembro de 1990, e suas alterações, infrações administrativas, que deverão ser apenadas, no mínimo, com suspensão, segundo os critérios nela estabelecidos. § 2º Pelas condutas descritas no *caput*, poderá o militar ou agente público responder, também, por improbidade administrativa, conforme o disposto nas Leis n. 1.079, de 10 de abril de 1950, e n. 8.429, de 2 de junho de 1992".

93 Configura o ato de improbidade previsto no art. 11, I, o desconto, da remuneração dos servidores comissionados, de contribuição denominada 'dízimo partidário' (TJGO, 4ª CC, rel. Des. Arivaldo da Silva Chaves, j. em 3/5/2001, DJ de 7/6/2001, p. 19). Também o STJ decidiu de modo semelhante: "(...) a entrega compulsória e o desconto em folha de pagamento de parte dos rendimentos auferidos pelos assessores formais dos recorrentes – destinados à manutenção de 'caixinha' para gastos de campanha e de despesas dos respectivos gabinetes, bem assim para a contratação de assessores particulares – violam, expressamente, os princípios administrativos da moralidade, finalidade, legalidade e do interesse público. Conduta dos parlamentares capitulada como inserta no *caput* e inciso I do art. 11 da Lei n. 8.429/92" (2ª T., REsp n. 1.135.767/SP, rel. Min. Castro Meira, j. em 25/5/2010, DJ de 9/6/2010). Também foram enquadrados nesse preceito a acumulação ilegal de cargos públicos (STJ, 1ª T., AgRg no REsp n. 886.517/ES, rel. p/ acórdão Min. Benedito Gonçalves, j. em 14/6/2016, DJe de 3/8/2016) e a desincompatibilização de Conselheiro Tutelar, para concorrer ao cargo de Vereador, quando, na verdade, o seu objetivo era fazer campanha para o candidato a Prefeito, não tendo recebido um único voto na eleição a que se candidatou (TJPR, 5ª CC, AP n. 1.407.037-4, rel. Des. Xisto Pereira, j. em 14/6/2016).

94 "A prestação de 'declaração falsa inserida em documento público' (apresentação de nota de importação inexistente) caracteriza improbidade administrativa prevista no art. 11, I, da Lei 8.429/1992, por ter como efeito a liberação de arma de fogo de uso proibido" (STJ, 2ª T., AGRG no Ag 1.331.116/PR, rel. Min. Herman Benjamin, j. em 1º/3/2011, DJ de 16/3/2011). O Tribunal também entendeu configurada a improbidade na conduta do Prefeito Municipal que, após incêndio do hospital local, "vinculou sua imagem a repasse de verba pública como se fosse doação pessoal" (STJ, 1ª T., REsp n. 884.083-PR, rel. Min. José Delgado, j. em 18/10/2007, DJe de 16/4/2008). Já o TJMG entendeu praticado o ato de improbidade previsto no art. 11, I, na conduta do Chefe do Executivo que parcelou o débito de contribuições previdenciárias já recebidas e não repassadas, e que foram objeto de renegociação não cumprida, bem como por empréstimos tomados e não pagos (1ª CC, AP n. 1.0180.01.003327-2/001, rel. Des. Geraldo Augusto, j. em 20/1/2010).

II – retardar ou deixar de praticar, indevidamente, ato de ofício[95];

---

95 O inciso em enfoque tem múltiplas aplicações, podendo ser citadas, à guisa de ilustração, as seguintes: a) o descumprimento de ordem judicial (TJMG, 8ª CC, AP n. 1.0713.06.063142-9/001, rel. Desa. Teresa Cristina da Cunha Peixoto; TJMG, 5ª CC, AP n. 1.0713.06.062084-4/001, rel. Des. Antônio Hélio Silva, j. em 17/7/2008, *DJ* de 5/8/2008; e TJPR, 4ª CC, AP n. 535.386-4, rel. Desa. Regina Afonso Portes, j. em 12/7/2010, *DJ* de 1º/9/2010); b) o não atendimento às requisições do Ministério Público (STJ, REsp n. 1.116.964-PI, rel. Min. Mauro Campbell Marques, j. em 15/3/2011, *DJe* de 2/5/2011; e TJRJ, 17ª CC, AP n. 0000874-96.2008.8.19.0002, rel. Desa. Maria Inês da Penha Gaspar, j. em 31/8/2011); c) a não lavratura de auto de prisão em flagrante pela Autoridade Policial, limitando-se em confeccionar um boletim de ocorrência, com a consequente liberação do agente que fora preso, sem fiança ou ordem judicial; d) o "acautelamento" de registros de ocorrência pela Autoridade Policial, sem a instauração de inquérito policial; e) o arquivamento arbitrário de inquérito policial pelo Delegado de Polícia Civil, deixando de imprimir-lhe o processamento regular (TJMG, 5ª CC, AP n. 1.0713.05.053005-2/001, rel. Desa. Maria Elza, j. em 12/2/2009, *DJ* de 2/3/2009); f) a retenção de autos de processo em cartório, deixando os serventuários de cumprir as determinações judiciais ou as prescrições legais; g) a omissão dos órgãos competentes em exigir, nos casos previstos em lei, a elaboração de estudo de impacto ambiental anteriormente ao licenciamento de projetos potencialmente lesivos à natureza; h) a ação ou omissão da qual resultou a necessidade de contratação emergencial, sem prévia licitação (*Vide* Lei n. 13.303/2016, art. 29, XV) etc. Ressalte-se, no entanto, que somente haverá que se falar em improbidade quando tais omissões se derem de forma *indevida*, vale dizer, sem justa causa (*v.g.*: existência de limitações materiais). No mais, merece destaque a circunstância de ser desnecessária a prova de que o agente visou à satisfação de interesse ou sentimento pessoal, especial fim de agir que integra o elemento subjetivo do crime de prevaricação (art. 319 do CP). O TRF da 4ª Região já proferiu decisão do seguinte teor: "Estrangeiro. Reunião familiar. Ato de autoridade. Improbidade administrativa. Direito Administrativo. 1. Tendo sido atendidas as exigências necessárias ao protocolo de pedido de reunião familiar por estrangeiro em situação regular no País, nos termos da Res. 22/1991, do Conselho Nacional de Imigração, não cabe à autoridade policial examinar o mérito do requerimento, apenas protocolá-lo. 2. A autoridade impetrada deixou de praticar, indevidamente, ato de ofício, o que, independentemente da existência de dano, configura, ao menos em tese, ato de improbidade administrativa a ser verificado, pela autoridade superior, no caso o Superintendente da Polícia Federal no Estado. 3. Remessa Oficial improvida" (4ª T., Acórdão n. 04259520, rel. Juiz José Luiz Borges Germano da Silva, *DJ* de 12/11/1996, p. 99427). Em outra oportunidade decidiu o Tribunal que "afronta a Lei n. 8.429/1992 o servidor – Oficial Titular do Ofício Imobiliário – que deixa, de pronto, de cumprir ordem judicial, no sentido de proceder ao sequestro prévio de 50% de imóvel ao argumento de que o Ofício oriundo do Juízo competente ressentia-se de elementos formais indispensáveis ao seu cumprimento, ainda que venha a fazê-lo posteriormente" (4ª T., AP n. 2000.71.07.006391-0, rel. Des. Federal Edgard Antônio Lippmann Júnior, j. em 13/8/2003, *DJ* de 22/10/2003). Apreciando questão similar, decidiu o STF que não há ilícito algum quando o Notário ou Registrador suscita dúvida perante o Juízo competente em matéria de Registros Públicos (1ª T., HC 85911/MG, rel. Min. Marco Aurélio, j. em 25/10/2005, *DJ* de 2/12/2005). O TJRS, em matéria ambiental, decidiu do seguinte modo: "Ação de Improbidade Administrativa. Ex-Prefeito. Omissão na Realização de Providências de Aterro Sanitário. Incorre em conduta ímproba o agente que deixa de praticar, indevidamente, ato de ofício, qual seja, providências quanto ao 'lixão' do Município, apesar de instado a tanto pelo Ministério Público, por mais de uma vez, não tendo provado que inexistiam recursos financeiros para realizar os atos. Não comprovado o dano concreto, mas apenas o risco a que a população foi submetida, afasta-se o pedido de ressarcimento" (22ª CC, AP n. 70009142399, rel. Desa. Rejane Maria Dias de Castro Bins, j. em 21/9/2004). Por não visualizar o "desvirtuamento doloso do comando constitucional", o STJ afastou a configuração da improbidade no inadimplemento do pagamento de precatório (REsp n. 1.107.840/PR, rel. Min. Teori Albino Zavascki, j. em 6/4/2010, *DJ* de 13/4/2010), o mesmo ocorrendo em relação à não submissão de projeto de lei, no âmbito do Poder Legislativo, a uma das comissões parlamentares competentes, isso por tratar-se de ato *interna corporis*,

III – revelar fato ou circunstância de que tem ciência em razão das atribuições e que deva permanecer em segredo[96];

IV – negar publicidade aos atos oficiais[97];

V – frustrar a licitude de concurso público;

VI – deixar de prestar contas quando esteja obrigado a fazê-lo[98];

---

aprovado pelo Plenário, e porque o ato legislativo típico não é alcançado pela Lei n. 8.429/1992 (STJ, 2ª T., REsp n. 1.101.359-CE, rel. Min. Castro Meira, j. em 27/10/2009, DJe de 9/11/2009). A improbidade também não foi visualizada na conduta de não recolher-se contribuições previdenciárias, destinando as receitas existentes ao pagamento de despesas com pessoal (STJ, 1ª T., REsp n. 1.206.741/SP, rel. Min. Benedito Gonçalves, j. em 14/4/2015, DJe de 24/4/2015). Já a ausência de repasse, ao Fundo Previdenciário dos Servidores Públicos, dos valores descontados a título de contribuição previdenciária, configura o ilícito (STJ, 1ª T., REsp n. 1.238.301/MG, rel. Min. Sérgio Kukina, j. em 19/3/2015, DJe de 4/5/2015).

[96] Ver art. 325 do CP (violação de sigilo funcional); art. 198 do CTN (vedação à divulgação de informações fiscais); art. 16, § 3º, da Lei n. 6.902/1981 (preservação do sigilo industrial); arts. 4º e 23, §§ 1º e 2º, da Lei n. 8.159/1991 (trata da Agência Brasileira de Inteligência e da proteção de informações relevantes à segurança nacional); art. 94 da Lei n. 8.666/1993 (devassar o sigilo de proposta apresentada em licitação); art. 26, § 2º, da Lei n. 8.625/1993 e art. 8º, § 1º, da LC n. 75/1993 (dever de os membros do Ministério Público preservarem as informações sigilosas); e arts. 30 e 75, § 1º, da Lei n. 9.279/1996 (preservação de informações relativas a pedidos de patentes, meramente civis ou de interesse nacional). O Decreto n. 79.099/1977, com o objetivo de resguardar a segurança, aprovou o regulamento de proteção de assuntos sigilosos e ofereceu a seguinte classificação dos documentos: (1) ultrassecretos, (2) secretos, (3) confidenciais e (4) reservados. *Ultrassecretos* são aqueles de acesso restrito às pessoas que os utilizem, exigindo excepcionais medidas de segurança; *secretos* são aqueles a que outras pessoas, devidamente autorizadas e em razão de suas funções, também podem ter acesso, exigindo elevadas medidas de segurança; *confidenciais*, apontam para a impossibilidade de acesso de pessoas não autorizadas, isto sob pena de prejuízo a interesses públicos primários (da coletividade) ou secundários (da Administração), ou a interesses de terceiros; *reservados*, os que não devem chegar ao conhecimento do público. Nova classificação foi ofertada pela Lei n. 12.527/2011, também denominada "Lei de Acesso à Informação", que classificou os documentos públicos em (1) ultrassecretos, (2) secretos e (3) reservados, tendo estabelecido, ainda, critérios detalhados de classificação (ver arts. 21 a 29). Os graus de sigilo podem ser associados ao padrão de lesividade da conduta que os viole, influindo, a partir de referenciais de proporcionalidade, na identificação da possível incidência da Lei n. 8.429/1992 e, em momento posterior, na dosimetria de suas sanções.

[97] José Roberto Pimenta Oliveira sustenta a inconstitucionalidade do inciso IV do art. 11 sob o argumento de inexistir qualquer "relação entre a realização da conduta ímproba e a pauta axiológica gerada pela probidade constitucionalizada" (*Improbidade administrativa e sua autonomia constitucional*. Belo Horizonte: Editora Fórum, 2009, p. 239-240). Essa linha argumentativa também é prestigiada por Marcelo Harger (*Improbidade...*, p. 139). Considerando que a noção de probidade se superpõe à de juridicidade, ao que se soma a constatação de que o dever de publicidade dos atos estatais, além de possuir estatura constitucional (art. 37, *caput*), assume vital importância à plena efetividade desse último referencial, é tarefa assaz difícil sustentar a ausência de lesividade da conduta ao bem jurídico tutelado.

[98] Pratica ato de improbidade o Presidente da Câmara Municipal que não presta contas de sua gestão à frente do Legislativo (TJRS, 4ª CC, AP n.70001163930, rel. Des. Vasco Della Giustina, j. em 13/9/2000). Também se enquadra nessa norma a conduta do Prefeito Municipal que recebe recursos da União Federal destinados a creches para crianças carentes e deixa de informar onde, quando e como foram aplicados, acrescendo-se que não se sustenta a "[a]legação de mera incúria de sua pessoa quando à frente do Poder Executivo local" (TJSP, 1ª CC, AP n. 990.10.223317-0, rel. Des. Regina Capistrano, j. em 14/9/2010). O STJ já entendeu que a

VII – *revelar ou permitir que chegue ao conhecimento de terceiro, antes da respectiva divulgação oficial, teor de medida política ou econômica capaz de afetar o preço de mercadoria, bem ou serviço;*

VIII – *descumprir as normas relativas à celebração, fiscalização e aprovação de contas de parcerias firmadas pela administração pública com entidades privadas;*

IX – *deixar de cumprir a exigência de requisitos de acessibilidade previstos na legislação*[99].

A leitura do *caput* do dispositivo denota claramente que a improbidade poderá estar consubstanciada com a violação aos princípios da legalidade[100] e da imparcialidade (*rectius*:

---

mera apresentação tardia de contas não evidencia o dolo exigido pelo art. 11,VI (STJ, 2ª T., REsp n. 1.307.925/TO, rel. Min. César Asfor Rocha, j. em 14/8/2012, *DJe* de 23/8/2012; STJ, 1ª T., AGRG. no REsp n. 1.295.240/PI, rel. Min. Benedito Gonçalves, j. em 3/9/2013, *DJe* de 10/9/2013; 1ª T., REsp n. 1.306.756/DF, rel. Min. Napoleão Nunes Maia Filho, j. em 17/9/2013, *DJe* de 24/10/2013; 2ª T., AGRG. no AREsp n. 409.732/DF, rel. Min. Og Fernandes, j. em 5/12/2013, *DJe* de 16/12/2013), o mesmo ocorrendo no caso de posterior prestação e aprovação das contas pelo Tribunal de Contas (STJ, 2ª T., REsp n. 1.293.330/PE, rel. Min. César Asfor Rocha, j. em 21/6/2012, *DJe* de 1º/8/2012).

99 A acessibilidade consoante o art. 3º, I, da Lei n. 13.146/2015, que veicula o Estatuto da Pessoa com Deficiência, indica a "possibilidade e condição de alcance para utilização, com segurança e autonomia, de espaços, mobiliários, equipamentos urbanos, edificações, transportes, informação e comunicação, inclusive seus sistemas e tecnologias, bem como de outros serviços e instalações abertos ao público, de uso público ou privados de uso coletivo, tanto na zona urbana como na rural, por pessoa com deficiência ou com mobilidade reduzida". Trata-se de requisito a ser atendido na efetivação de todos os direitos assegurados no referido diploma legal, como o direito à habitação (art. 16, II); à educação (art. 28, II); à moradia (art. 32, III); ao trabalho (art. 34, § 5º); à cultura, ao esporte, ao turismo e ao lazer (arts. 42 a 45); e ao transporte e à mobilidade (arts. 46 a 52). À acessibilidade é dedicado todo o Título III da Lei n. 13.146/2015, integrado pelos arts. 53 a 76.

100 Sobre o ato de improbidade decorrente de violação ao princípio da legalidade, assim se pronunciou o TJRS: "Processual e Administrativo. Cerceamento de defesa. Ação civil pública por improbidade administrativa. Distinção entre ilegalidade e improbidade administrativa. O simples desrespeito aos princípios reguladores da administração pública, embora caracterize uma ilegalidade, não confere necessariamente ao ato a marca da improbidade administrativa, que exige a agregação de um elemento subjetivo (dolo de favorecimento particular em detrimento do interesse público). Necessidade de concessão de oportunidade ao Prefeito Municipal, a quem são imputados os atos de improbidade administrativa, de comprovar em audiência, as circunstâncias em que ocorreram as irregularidades. Preliminar de nulidade da sentença acolhida. Apelação provida" (1ª CC de Férias, AP n. 599017217, rel. Des. Paulo de Tarso Vieira Sanseverino, j. em 8/6/1999). Em outra oportunidade, o TJRS decidiu da seguinte forma: "Ação civil pública intentada pelo Ministério Público. Legitimidade ativa forte no art. 129, III, da Carta Magna, e art. 17 da Lei 8492/1992. Coisa julgada por pretérito ajuizamento de ação popular; inocorrência na espécie. Desvio de verba ao arrepio da lei, mas com destinação lícita; improbidade administrativa a ser reconhecida em grau mínimo. Condenação ao pagamento aos cofres públicos do equivalente a uma remuneração do réu; quantificação adstrita ao princípio da proporcionalidade. Preliminares rejeitadas. Apelações improvidas, sentença confirmada" (1ª CC, AP n. 599417102, rel. Des. Túlio de Oliveira Martins, j. em 4/4/2001). O TJMG proferiu acórdão do seguinte teor: "Ação Civil Pública – Improbidade Administrativa – Câmara Municipal – Requisição de Informações do Prefeito Municipal e de Secretários da Administração – Dever

impessoalidade), o mesmo ocorrendo com a inobservância dos valores de honestidade e lealdade às instituições, derivações diretas do princípio da moralidade[101]. A moralidade, por sua vez, concentra o sumo de todos os valores extraídos dos princípios regentes da atividade estatal, o que permite dizer que a tipologia constante do art. 11 da Lei n. 8.429/1992 a todos alcança, ainda que advenham de princípios implícitos no sistema. Evidentemente, o rol de princípios constante do art. 11 é meramente exemplificativo, pois não seria dado ao legislador infraconstitucional restringir ou suprimir aqueles previstos na Constituição.

Assim, *de lege lata*, afigura-se tarefa assaz difícil aceitar o entendimento de que probidade se identifica com moralidade e que o simples descumprimento da lei, ainda que observado um critério de proporcionalidade, não pode caracterizar a improbidade. A Lei n. 8.429/1992, mantendo-se em harmonia com o texto constitucional, não estabeleceu distinção ou hierarquia entre os princípios da legalidade e da moralidade, sendo injurídica a atividade do intérprete que ignore o texto constitucional e a norma que o regulamentou, culminando em concluir que a não adstrição do agente público à lei não configura a improbidade.

Além da tipologia eminentemente aberta constante do caput do art. 11, idêntica técnica legislativa foi adotada na confecção dos incisos do referido dispositivo, alcançando um vasto espectro de atos ilícitos praticados pelos agentes públicos.

---

de Informação. Estando a Câmara Municipal autorizada a requerer informações do Poder Executivo e de seu secretariado, conforme assegurado pela Lei Orgânica Municipal, e, após regular aprovação pelo plenário dos pedidos de informações, não é concebível que os requeridos simplesmente ignorem os aludidos pedidos, o que demonstra flagrante violação aos princípios constitucionais pertinentes à matéria, alusiva aos atos de improbidade administrativa, referidos na Lei n. 8.429/1992. Inteligência dos arts. 31 e 49, X, da Constituição Federal. Lei Orgânica do Município de Caratinga. Desobediência ao princípio da legalidade. Sanções previstas no art. 12, III, da Lei n. 8.429/1992. Correta dosagem da sanção ao caso concreto. Recurso a que se nega provimento" (7ª CC, AP n. 1.0000.00.318956-0/000, rel. Des. Pinheiro Lago, j. em 19/8/2003, *DJ* de 5/12/2003). No âmbito do STJ foi decidido que, "para as operações de crédito por antecipação de receita, não basta a autorização genérica contida na lei orçamentária, sendo indispensável autorização específica em cada operação. A inobservância de tal formalidade, ainda que não implique enriquecimento ilícito do recorrente ou prejuízo para o erário municipal, caracteriza ato de improbidade, nos termos do art. 11 da Lei n. 8.429/1992, à míngua de observância dos preceitos genéricos que informam a administração pública, inclusive a rigorosa observância do princípio da legalidade" (2ª T., REsp n. 410.414/SP, rel. Min. Castro Meira, j. em 19/8/2004, *DJU* de 27/9/2004).

101 "Ijuí. Improbidade administrativa. Ação civil pública. Atuação advocatícia de Procurador da Câmara Municipal em prol de réus acusados de ato de improbidade administrativa em prejuízo do próprio Poder Legislativo. Preliminar afastada, eis que o art. 11 da lei n. 8.429/1992 independe, para a sua caracterização, da ocorrência de dano. Impedimento legal e moral. Ofensa aos princípios da administração pública, por violação ao dever de lealdade e legalidade. Fatos documentalmente comprovados. Lei n. 8.429/1992 e art. 30, I, da Lei n. 8.906/1994, Estatuto da OAB. Apenamento reduzido, em função da continuidade, da ausência de prejuízo e da cessação do patrocínio. Apelo parcialmente provido" (TJRS, 4ª CC, AP n. 70004353744, rel. Des. Vasco Della Giustina, j. em 6/11/2002, *RTJRS* n. 219).

O princípio da legalidade ganhou maior especificidade, sendo violado, *v.g.*, com a prática de ato visando fim proibido em lei ou regulamento ou diverso daquele previsto na regra de competência (inc. I – nítida hipótese de desvio de finalidade), com a omissão indevida na prática de atos de ofício (inc. II), com a revelação de fato nos casos em que a lei tenha previsto o dever de segredo (inc. III), com o descumprimento da norma que determine a publicação dos atos oficiais (inc. IV), com a inobservância da lei regente dos concursos públicos (inc. V) e com a não prestação de contas nos casos em que a lei o determine (inc. VI).

São formas específicas de violação ao princípio da eficiência, a prática de atos visando fim proibido em lei (inc. I) e a indevida omissão na prática de atos que exigiam a atuação de ofício do agente (inc. II).

O princípio da publicidade foi objeto de previsão no inciso IV, sendo tipificada a improbidade com a negativa de publicidade aos atos oficiais.

O princípio da moralidade, por sua vez, poderá ser violado com a prática de qualquer dos atos previstos no elenco meramente enunciativo constante dos incisos do art. 11 da Lei n. 8.429/1992, o que exigirá a análise casuística das situações submetidas a apreciação[102].

O art. 11 da Lei n. 8.429/1992 é normalmente intitulado de "norma de reserva", o que é justificável, pois ainda que a conduta não tenha causado danos ao patrimônio público ou acarretado o enriquecimento ilícito do agente, será possível a configuração da improbidade sempre que restar demonstrada a inobservância dos princípios regentes da atividade estatal.

No plano desta obra, no entanto, a improbidade é associada à violação ao princípio da juridicidade, o que faz que a atividade do operador do direito se inicie com o exercício de subsunção do ato à tipologia do art. 11 da Lei de Improbidade, com ulterior avanço para as figuras dos arts. 9º e 10 e 10-A do mesmo diploma legal, em sendo identificado, respectivamente, o enriquecimento ilícito, o dano ao patrimônio público ou a concessão ou a aplicação indevida de benefício financeiro ou tributário ao contribuinte do ISS.

Partindo-se dessa concepção, é possível concluir que os arts. 4º e 11 da Lei n. 8.429/1992 assumem relevância ímpar no estudo dos atos de improbidade, permitindo a identificação e a coibição dos atos que venham a macular os princípios administrativos[103],

---

[102] Segundo Maria Sylvia Zanella di Pietro (*Discricionariedade Administrativa na Constituição de 1988*, p. 165), "pode-se até afirmar que a lei de improbidade administrativa (Lei n. 8.429/1992) inseriu a Moral no âmbito do Direito, ao considerar como atos de improbidade os que atentem contra os princípios da Administração (art. 11). Com isso, a lesão à moralidade administrativa constitui ato de improbidade sancionado pela lei".

[103] "Não há que se falar em ilegalidade da pena administrativa de demissão, porquanto o recorrente, servidor público do Poder Judiciário, omitiu em sua declaração de antecedentes a existência de processo criminal ao qual respondia, pela prática de peculato. O art. 11 da Lei n. 8.429/1992 é claro ao normatizar que constitui

vetores indissociáveis de todos os atos do Poder Público. Subsumindo-se a conduta à tipologia do art. 11, estará o agente sujeito às sanções previstas no art. 12, III, da Lei n. 8.429/1992.

Analisando o âmbito de incidência do art. 11, decidiu o Superior Tribunal de Justiça[104] que "é necessária cautela na exegese das regras nele insertas, porquanto sua amplitude constitui risco para o intérprete, induzindo-o a acoimar de ímprobas condutas meramente irregulares, suscetíveis de correção administrativa, posto ausente a má-fé do administrador público e preservada a moralidade administrativa". Em seguida, concluiu ser "cediço que a má-fé é premissa do ato ilegal e ímprobo. Consectariamente, a ilegalidade só adquire o *status* de improbidade administrativa quando a conduta antijurídica fere os princípios constitucionais da Administração Pública coadjuvados pela má-fé do administrador. A improbidade administrativa, mais que um ato ilegal, deve traduzir, necessariamente, a falta de boa-fé, a desonestidade, o que não restou comprovado nos autos pelas informações disponíveis no acórdão recorrido, calcadas, inclusive, nas conclusões da Comissão de Inquérito".

Não se nega, é evidente, a necessidade de cautela no manuseio do art. 11 da Lei de Improbidade, pois, como dissemos anteriormente, as noções de improbidade formal e de improbidade material não ocupam, necessariamente, o mesmo plano existencial, sendo plenamente factível a presença da primeira desacompanhada da segunda (*v.g.*: a inobservância de aspectos formais previstos em lei, sem qualquer comprometimento do objetivo visado). Por outro lado, como a probidade encontra-se centrada na ideia de juridicidade, que absorve o princípio da moralidade, não nos parece que o conceito de boa-fé, quer subjetiva, quer objetiva, possa ser invocado como condicionante à própria identificação da improbidade formal. Obrar em contrário, é importante frisar, reconduziria a probidade à moralidade, invertendo as estruturas posicionais de gênero e espécie. Referido acórdão, aliás, enquadrou sob a epígrafe dos atos de improbidade aqueles "que atentem contra os princípios da Administração Pública (art. 11), *aqui também compreendida a lesão à moralidade administrativa*".

Por essas razões, cremos que a má-fé do agente deva ser valorada quando da identificação da improbidade material, operação que utiliza a noção de proporcionalidade e que necessariamente levará em conta as circunstâncias fáticas e jurídicas subjacentes ao ato, como é o caso da insignificância das normas violadas ou do dano causado, da satisfação do interesse público, da ausência de mácula a direitos individuais e da boa-fé do agente.

---

ato de improbidade administrativa que atenta contra os princípios da administração pública, qualquer ação ou omissão que viole os deveres de honestidade, imparcialidade, legalidade e lealdade às instituições. Ausência de direito líquido e certo a ser amparado pela via mandamental" (STJ, 5ª T., RMS n. 11.133/RS, rel. Min. Jorge Scartezzini, j. em 11/12/2001, *DJ* de 8/4/2002).

104 1ª T., REsp n. 480.387/SP, rel. Min. Luiz Fux, j. em 16/3/2004, *DJU* de 24/5/2004, p. 163.

5.1. O Princípio da Juridicidade e os Deveres dos Agentes Públicos

A concepção de Estado de Direito, que encontra no ordenamento jurídico o seu alicerce fundamental, carrega consigo, de forma indissociável, a ideia de dever[105]. Com efeito, não é possível falarmos em direito de alguém sem o correlato dever, positivo ou negativo, de outrem. O dever que deriva da norma pode ser de natureza imediata ou mediata, conforme advenha diretamente dela ou exija a presença de determinada situação, fática ou jurídica, que enseje o seu surgimento. Especificamente em relação aos agentes públicos, é possível afirmar que, estando a legitimidade de seus atos condicionada à necessária adequação ao princípio da juridicidade, já que somente podem atuar nos limites em que a norma lhes autorize, sua conduta sempre será pautada pela presença de um dever imediato (a observância da norma) e por um, ou mais, deveres mediatos, que variarão conforme a situação.

O elemento volitivo que impulsiona o agente público em suas ações será direcionado pelas aspirações e pelos fins que se pretende alcançar, somente sendo legítimos os atos diretamente relacionados ao cumprimento dos deveres que recaem sobre si[106]. Nas palavras de Cícero, "essa grandeza d'alma que sobressai nos trabalhos e nos perigos, deve vir acompanhada da justiça. Se, em lugar de servir o bem comum é empregada para si próprio e suas vantagens particulares, longe de ser virtude, é vício, é truculência que sufoca todo o sentimento humanitário"[107]. A busca da vantagem ou da consagração pessoal afasta o agente da consecução do interesse público e o aproxima da injustiça[108].

A justiça pode ser igualmente concebida como o objeto mediato de qualquer operação de densificação dos valores constitucionais. Com efeito, na lição de Paulo Ricardo Schier[109], identificada "a dimensão principiológica do pacto fundamental, tem-se que seus

---

[105] Nas palavras de Cícero, "negócios públicos ou privados, civis ou domésticos, ações particulares ou transações, nada em nossa vida esquiva-se ao dever: observá-lo é virtuoso, negligenciá-lo, desonra" (*Dos deveres*, trad. de Alex Martins, p. 32).

[106] A ação do agente deve refletir os valores a que se encontra adstrito, sendo o resultado de um juízo de ponderação que demonstre a justiça de sua conduta. De acordo com John Rawls (*Uma Teoria da Justiça*, p. 58), "os juízos ponderados são apenas aqueles formulados em condições favoráveis ao exercício do sentido de justiça e, portanto, em circunstâncias onde as justificações e as explicações mais comuns para um eventual erro não se aplicam. Deste modo, presume-se que a pessoa que efectua o juízo tem a oportunidade, a capacidade e o desejo de alcançar uma decisão correcta (ou, pelo menos, que não tem o desejo de não o fazer)".

[107] Ob. cit., p. 49.

[108] Como observa Eduardo Demetrio Crespo (Corrupción y delitos contra la Administración Pública, in *La Corrupción*: aspectos jurídicos y económicos, org. por Eduardo A. Fabián Caparrós, p. 69), "las posiciones doctrinales acerca del bien jurídico protegido en los delitos contra la Administración Pública son básicamente dos: a) la protección de la fidelidad al Estado (ilícito como infracción subjetiva del deber), b) la protección de la función de prestación a los ciudadanos (ilícito como infracción de los criterios objetivos correspondientes a los fines del Estado Social y democrático de Derecho)".

[109] *Filtragem Constitucional*: construindo uma nova dogmática jurídica, p. 127.

princípios, dotados de abertura e indeterminação linguísticas, e considerando sua elevada carga axiológica, permitem colocar a Constituição como verdadeiro fundamento material de toda ordem jurídica, de modo que será possível sustentá-la como um Pacto dotado de verdadeira reserva de justiça". Segundo o jurista, o ideal de justiça a ser extraído das normas constitucionais pressupõe que os princípios sejam impregnados dos valores jurídicos subjacentes à sociedade em determinada época, os quais em nada se confundem com valores metafísicos (superiores e anteriores ao Estado) ou formais (identificados com a própria legalidade).

Esse padrão de justiça, que tem a sua origem na lei fundamental e que se encontra assente em uma sociedade, refletirá o conteúdo dos deveres mencionados no art. 11 da Lei de Improbidade: honestidade, imparcialidade, legalidade e lealdade. Assim, a partir dos valores inerentes a determinado grupamento, em especial daqueles que norteiam a atuação estatal, torna-se possível conferir maior determinabilidade aos princípios constitucionais, o que, além de possibilitar a delimitação do padrão de justiça a ser seguido, permitirá que sejam melhor visualizados os paradigmas de honestidade, imparcialidade, legalidade e lealdade que o agente público tem a obrigação de seguir. O cumprimento dos deveres nada mais é que o instrumento utilizado para a consecução do ideal de justiça, que consiste na satisfação do interesse público e que se encontra ínsito na atuação dos agentes públicos, sendo ambos densificados a partir dos *standards* aceitos pela sociedade e pela disciplina interior da administração.

A honestidade, um dos pilares de sustentação da justiça dos atos do agente público, é frequentemente corroída pelo desejo de riquezas. A submissão do caráter ao dinheiro gera reflexos imediatos no atuar do agente e na satisfação do interesse público, pois seus atos não mais trarão em si a espontaneidade inerente à pureza d'alma a que se referiu Cícero, o que redundará no surgimento de posturas mais benéficas em relação àquele que o agraciou e no consequente afastamento do dever de imparcialidade. Há quem, aproximando os deveres de honestidade e legalidade, vislumbre a violação do primeiro no ato que busque "fins proibidos, legal ou administrativamente vedados": seria o caso de violação à "honestidade profissional"[110]. Nesse caso, o dever de honestidade absorveria o dever de observância da lei. Esse dever, em sentido lato, seria reconduzido à concepção mais ampla de retidão de conduta.

O dever de imparcialidade é, indiscutivelmente, um parâmetro de justiça, impedindo que termine por ser malferida a igualdade que deve estar presente entre todos os cidadãos em suas relações com o Poder Público. Como todo o poder emana do povo, todos os agentes públicos haverão de se utilizar dos instrumentos que lhes são disponibilizados em prol da satisfação dos interesses da coletividade. Qualquer inobservância à isonomia rompe o elo de legitimidade que une o povo ao agente e este ao interesse público, pois o poder

---

110 Nesse sentido: OSÓRIO, Fábio Medina. *Teoria...*, p. 147, 150, 408 e 409.

somente pode ser exercido em benefício de seu verdadeiro titular, noção que alcança a todos os integrantes do grupamento e inviabiliza qualquer tentativa de injustificado tratamento diferenciado entre eles.

O dever de lealdade em muito se aproxima da concepção de boa-fé, indicando a obrigação de o agente: a) trilhar os caminhos traçados pela norma para a consecução do interesse público e b) permanecer ao lado da administração em todas as intempéries. Além disso, deve ser transparente, repassando aos órgãos a que esteja vinculado todas as informações necessárias à concreção dos projetos que visem ao regular andamento do serviço. Uma vez mais invocando Cícero[111], devemos observar que "o alicerce da justiça é a boa-fé, ou seja, a sinceridade nas palavras e a lealdade nas convenções. Embora isso possa parecer coagido, imitamos os Estoicos, que procuravam atenciosamente a etimologia de cada termo; cremos que fé vem de *fazer*, porque se faz o que se diz". Acrescentando: "Ora, a palavra dada deve sempre refletir o que se pensa, e não o que se diz".

Para Pedro T. Nevado-Batalla Moreno, o dever de lealdade abrange: o dever de neutralidade e independência política no desenvolvimento do trabalho; o respeito à dignidade da administração; o respeito ao princípio da igualdade e da não discriminação; e o respeito aos particulares no exercício de seus direitos e liberdades públicas[112].

Como instrumento polarizador dos valores integrantes do ideal de justiça, que é inseparável e inerente à própria noção de Estado de Direito[113], tem-se o princípio da juridicidade, o qual indica a necessária harmonia que une a atuação do Estado ao Direito. Os princípios aglutinados sob essa epígrafe permitem a densificação de mandados de otimização, isso para utilizarmos a já referida lição de Alexy, que consubstanciam verdadeiros deveres a serem seguidos pelo agente público.

À luz do que dissemos, é possível afirmar que os deveres referidos no art. 11, *caput*, da Lei de Improbidade nada mais são do que indicadores do ideal de justiça; a justiça, por sua vez, deflui dos valores inerentes a determinado grupamento, que se encontram aglutinados nos princípios constitucionais. Sendo tais princípios, a exemplo das regras, representados pela noção de juridicidade, concluímos que qualquer violação a esta importará em inobservância dos deveres a que se encontra adstrito o agente público, sendo indício de sua improbidade.

Os valores aglutinados pelos diferentes princípios regentes da atividade estatal serão revelados por uma operação de concreção, isso para utilizarmos o designativo preferido por Larenz, que é resultado de uma atividade nitidamente racional. De forma correlata a essa constatação, é possível afirmar que, não raras vezes, a valoração de determinado fato à luz

---

111 Ob. cit., p. 37-43.
112 Responsabilidad de los servidores públicos: rendimiento como garantía a la legalidad de la actuación pública, in *La corrupción*: aspectos jurídicos y económicos, org. por Eduardo A. Fabián Caparrós, p. 48.
113 "Mas não é apenas para viver juntos, mas sim para bem viver juntos que se fez o Estado..." (Aristóteles, *A política*, trad. de Roberto Leal Ferreira, p. 53).

dos princípios pertinentes será satisfatoriamente realizada por critérios meramente intuitivos e independentes de um acurado espírito científico. Nas palavras de Walter Claudius Rothemburg[114],"o acesso aos princípios não se dá apenas por intermédio da razão, mas também da emoção. Dito de outro modo: o acesso à constituição não é só intelectual; também é afetivo. Os princípios, que não conseguem ser perfeitamente formulados e compreendidos através da linguagem, conseguem, porém, traduzir sentimentos. Quiçá por isso a apreensão que se tenha dos princípios é, muita vez ou em parte, intuitiva; é uma impressão".

Com isso, busca-se demonstrar que a incompatibilidade entre determinado ato e os deveres contemplados no art. 11 da Lei n. 8.429/1992 – e, consequentemente, com o próprio princípio da juridicidade – será facilmente perceptível aos olhos do operador do Direito, pois em total dissonância dos mais comezinhos padrões ético-jurídicos que se espera presentes em qualquer atividade administrativa. Enfraquece-se, desse modo, a descabida tese de que a maior abertura semântica dos princípios inviabiliza a sua concreção e ulterior utilização como padrão de conduta, não legitimando qualquer censura à atividade administrativa.

O Superior Tribunal de Justiça entendeu que devem ser enquadradas no art. 11, *caput*, da Lei n. 8.429/1992 as condutas de (a) assediar moralmente colega de trabalho, impondo verdadeira campanha de terror psicológico pela rejeição, o que viola o princípio da impessoalidade[115]; (b) o professor praticar atentado violento ao pudor, em sala de aula, contra crianças de 6 e 7 anos, já que violada a moralidade[116]; e (c) o professor assediar sexualmente suas alunas, subvertendo os valores fundamentais da sociedade[117]. É factível que estaremos perante uma potencial infração a dever funcional quando um agente público, no exercício da função, violar a esfera jurídica alheia, especialmente quando essa esfera consubstanciar um direito fundamental[118].

6. EFETIVA OCORRÊNCIA DE DANO. DESNECESSIDADE

Na dicção do art. 21, I, da Lei n. 8.429/1992, com a redação dada pela Lei n. 12.120/2009, a aplicação das sanções previstas no art. 12 independe "da efetiva ocorrência de dano ao patrimônio público, salvo quanto à pena de ressarcimento", logo, não sendo o dano o substrato legitimador da sanção, constata-se que é elemento prescindível à configuração da improbidade.

À luz da sistemática adotada pela Lei de Improbidade, tal dispositivo seria plenamente dispensável, pois, como deflui da própria tipologia legal, a presença do dano não é da essência de todos os atos que importem em enriquecimento ilícito (art. 9º) ou que atentem

---

114 *Princípios constitucionais*, p. 65.
115 2ª T., REsp n. 1.286.466/RS, rel. Min. Eliana Calmon, j. em 3/9/2013, *DJe* de 18/9/2013.
116 2ª T., REsp n. 1.219.915/MG, rel. Min. Eliana Calmon, j. em 19/11/2013, *DJe* de 29/11/2013.
117 2ª T., REsp n. 1.255.120/SC, rel. Min. Humberto Martins, j. em 21/5/2013, *DJe* de 28/5/2013.
118 Na doutrina, entendendo que a violação dolosa aos direitos do cidadão configura quebra do dever de lealdade às instituições, *vide*: DECOMAIN. *Improbidade...*, p. 144.

contra os princípios regentes da atividade estatal (art. 11)[119]. Essa constatação é robustecida pelos feixes de sanções cominados a tais ilícitos, sendo claros os incisos I e III do art. 12 ao falarem em *ressarcimento integral do dano, quando houver*, o que demonstra de forma induvidosa a sua dispensabilidade[120].

De qualquer modo, a previsão normativa é justificável, pois a objetividade jurídica tutelada pela Lei de Improbidade não se encontra delimitada pela concepção de patrimônio público, possuindo amplitude condizente com os valores constitucionais que informam a atividade estatal, garantindo a sua credibilidade.

Observe-se, no entanto, que o disposto no art. 21, I, deve ser interpretado em harmonia com os demais preceitos da Lei de Improbidade, em especial o art. 10, já que para a subsunção de determinada conduta às figuras previstas neste dispositivo é imprescindível a ocorrência de dano ao patrimônio público, o que, por evidente, não poderia ser dispensado. Em relação ao art. 10-A, o dano está ínsito na concessão ou na aplicação indevida de benefício financeiro ou tributário ao contribuinte do ISS.

Diversa é a sistemática adotada pela Lei n. 4.717/1965 (Lei da Ação Popular), na qual, em determinadas situações[121], a presença da lesividade é imprescindível ao legítimo exer-

---

119 Como decidiu o TJGO, "à luz do art. 11 da Lei de Improbidade Administrativa, cujo rol é apenas exemplificativo, ato de improbidade é qualquer atitude que atente contra os princípios da administração pública, consistentes na honestidade, legalidade, lealdade e imparcialidade, que informam o princípio da moralidade, quer seja por ação, quer seja por omissão do agente público. Destarte, os atos perpetrados pelo Prefeito Municipal no caso vertente, ainda que não importem em efetivo prejuízo para o erário, tendo em vista a restituição aos cofres públicos do dinheiro desviado, ainda assim restou configurada a situação prevista pelo referido dispositivo legal, sendo que a Lei de Improbidade Administrativa assegura a aplicação das sanções previstas independentemente da efetiva ocorrência de danos ao patrimônio público. Apelo conhecido, mas improvido" (1ª CC, AP n. 50.187-7/188, rel. Des. Matias Washington de Oliveira Negry, j. em 13/6/2000, DJ de 27/7/2000, p. 5). No mesmo sentido: STJ, 2ª T., AGRG no AREsp n. 135.509/SP, rel. Min. Eliana Calmon, j. em 10/12/2013, DJe de 18/12/2013; e 2ª T., REsp n. 1.320.315/DF, rel. Min. Eliana Calmon, j. em 12/11/2013, DJe de 20/11/2013.
120 Nesse sentido: TJGO, 3ª CC, rel. Des. Gernino Carlos Alves da Costa, j. em 22/2/2000, DJ de 14/3/2002, p. 10. Ementa transcrita no item intitulado *Contratação sem concurso público*.
121 Analisando a questão sob a ótica do art. 2º da Lei n. 4.737/1965, a jurisprudência tem condicionado a apreciação da alegação de nulidade do ato à prévia constatação de sua lesividade ao patrimônio público. Neste sentido, as seguintes decisões do STJ: "Processual civil. Ação popular. Obra municipal. Contrato para construção de ginásio de esportes. Discussão sobre a legalidade do ajuste. Irregularidades na edificação, que levariam a invalidar o contrato. Lesividade não demonstrada. Não havendo elementos probatórios que demonstrem a lesividade ao patrimônio público, pela obra impugnada, já inteiramente concluída e em utilização há vários anos, não se apresenta como desarrazoada a decisão que concluiu pela improcedência da ação popular, mesmo que constatadas irregularidades na contratação" (2ª T., REsp n. 15.463-0-RS, rel. Min. Hélio Mosimann, DJ de 25/4/1994)."Constitucional. Ação popular. Requisitos. Lei n. 4.717/1965, arts. 1º e 2º. Ação popular: Requisitos de acordo com os arts. 1º e 2º da Lei n. 4.717/1965. Invalidade do ato. Lesividade. Nexo de causalidade. A ação popular, nos termos dos arts. 1º e 2º da Lei n. 4.717/1965, exige a invalidade do ato (por nulidade ou anulabilidade) e a lesividade daí decorrente, sendo imprópria para acertar inexecução contratual culposa, eis que esta exige pacto válido. Não se pode apurar a ilegalidade na fase de conhecimento e deslocar a análise da lesividade para a fase de liquidação, a não ser para fixar o seu valor exato, se admitida sua configuração. Recurso especial não conhecido" (STJ, 2ª T., REsp n. 23.113-2/PR,

cício do direito de ação, o que afasta a possibilidade de adoção das concepções ali sedimentadas por ocasião da aplicação da Lei n. 8.429/1992. Aquele diploma legal foi originariamente concebido com o fim de tutelar o patrimônio público, enquanto este visa, em essência, velar pela probidade administrativa.

Distinta a finalidade própria de cada qual, ainda que identificados pontos de tangenciamento, diversos haverão de ser os critérios que norteiam sua aplicação. Como é facilmente perceptível, essa conclusão encontra-se em harmonia com o resultado advindo de uma interpretação teleológica, sistemática e gramatical.

Apesar disso, ao analisar situação fática em que o dinheiro público foi gasto em dissonância com a sistemática legal, mas não houve lesividade ao erário, a 1ª Turma do STJ não só negou a possibilidade de ressarcimento do numerário gasto, como afastou a própria aplicação da Lei n. 8.429/1992, com a singela explicação de que "não houve qualquer prejuízo aos cofres públicos".

O acórdão recorrido reformara a decisão monocrática, que originariamente julgara improcedente apenas a pretensão de ressarcimento do dano, para afastar a aplicação das demais sanções previstas na Lei n. 8.429/1992, sendo interposto recurso especial com fundamento na violação aos arts. 11 e 12 deste diploma legal. Ao apreciar a questão, o STJ proferiu acórdão com a seguinte ementa:

> *Ação civil pública. Ato lesivo ao erário.*
>
> *A ação civil pública, para recuperar dano ao erário, há de enfrentar ato ilegal lesivo ao patrimônio público.*

---

rel. Min. José de Jesus, *DJ* de 17/4/1995). Sob esta perspectiva, ainda que o ato seja ilícito, ter-se-á a impossibilidade de se declarar sua nulidade em não havendo dano. Tal posição é justificável por ser a lesividade condição específica da ação popular nas hipóteses do art. 2º da Lei 4.717/1965. Tratando-se de atos em que a lesividade é presumida, como é o caso das situações previstas no art. 4º da Lei 4.717/1965, inexistirá óbice para a anulação do ato independentemente da efetiva demonstração da ocorrência daquela. No mesmo sentido: "Ação popular. Ilegalidade e lesividade presumidas. Demonstrado o duplo pressuposto para a ação popular, a ilegitimidade do ato e a sua lesividade ao patrimônio público, posto que legalmente presumidas, no caso do art. 4º, V, *c*, da lei específica, de modo a justificar a nulidade declarada. Recurso extraordinário não conhecido" (STF, 1ª T., RE n. 94.100-SC, rel. Min. Rafael Mayer, j. em 18/6/1982, *RTJ* 103-2/683). "Ação popular. Procedência. Pressupostos. Na maioria das vezes, a lesividade ao erário público decorre da própria ilegalidade do ato praticado. Assim o é quando dá-se a contratação, por município, de serviços que poderiam ser prestados por servidores, sem a feitura da licitação e sem que o ato administrativo tenha sido precedido da necessária justificativa" (STF, 2ª T., RE n. 160.381-0, rel. Min. Marco Aurélio, j. em 29/3/1994). "Processual civil. Ação popular. Limites do julgamento. Ato administrativo. Exame judicial. Lei n. 4.717/1965, arts. 2º e 4º. Processo civil. Ação popular. Limites do julgamento. O exame judicial dos atos administrativos se dá sob o ponto de vista da respectiva legalidade e de sua eventual lesividade ao patrimônio público (Lei n. 4.717, de 1965, art. 2º), ou simplesmente da legalidade nos casos em que o prejuízo ao patrimônio público é presumido (Lei n. 4.717, de 1965, art. 4º); o julgamento sob o ângulo da conveniência do ato administrativo usurpa competência da Administração. Recurso especial conhecido e provido" (STJ, 2ª T., REsp n. 100.237-0-RS, rel. Min. Ari Pargendler, *DJ* de 26/5/1997).

Os bens adquiridos e pagos sem empenho prévio foram incorporados ao patrimônio municipal, não havendo prejuízo.

Recurso improvido[122].

Em seu voto, o eminente relator assim se posicionou: "Consta do venerando aresto hostilizado que 'no mérito, temos que a sentenciante concluiu corretamente que o requerido efetuou despesas sem empenho prévio e criou créditos suplementares sem leis autorizativas, sem que tenha havido, no entanto, dano ao erário municipal, uma vez que 'os bens adquiridos com dotação orçamentária suplementar ditada por decreto foram incorporados ao patrimônio do Município de Perdões, bem como os bens adquiridos e pagos sem empenho prévio'. Entretanto, para a procedência do pedido formulado em ação civil pública, em casos tais como o dos autos, faz-se necessária (tal como ocorre relativamente à ação popular) a conjugação dos dois requisitos acima apontados, quais sejam a irregularidade e a lesão aos cofres públicos, o que não ocorreu no presente caso, eis que ausente o fator 'lesividade', conforme já afirmado, não havendo, portanto, como manter a sentença apelada' (fls. 204). Estou de acordo com esse posicionamento. Se se admitir a ação civil pública para recuperar dano ao erário, nestes casos, a exemplo do que acontece com a ação popular, o ato impugnado, além de ilegal, deve ser lesivo ao patrimônio público".

O acórdão proferido pela 1ª Turma do STJ associou institutos distintos e que possuem pressupostos diversos, culminado em implementar uma verdadeira simbiose entre a Lei n. 4.717/1965 e a Lei n. 8.429/1992, o que inviabilizou a aplicação deste último diploma no caso examinado. Em prevalecendo entendimentos como este, a aplicação da Lei de Improbidade será seriamente comprometida, inviabilizando a consecução do ideal de probidade na administração, isto sem contar com a negativa de vigência do art. 21, I, deste diploma legal.

Não estando presente a potencialidade lesiva da conduta, o correto, a partir de um critério de proporcionalidade, será afastar a própria incidência da Lei n. 8.429/1992, não invocar a injurídica tese da ausência de lesividade ao patrimônio público.

Do mesmo modo que a efetiva ocorrência de dano é irrelevante à configuração da improbidade, também a sua ulterior reparação, em regra, não terá o condão de apagar o

---

[122] REsp n. 147.260-MG, rel. Min. Garcia Vieira, j. em 2/4/1998, *DJ* de 11/5/1998. O TJGO proferiu decisão do seguinte teor: "Apelação Cível. Ação civil pública de improbidade administrativa. Presidente da Câmara Municipal. Ausência de veículo de representação. Autorização de abastecimento de veículos particulares. Lançamentos contábeis. Danos ao erário. Inocorrência. I – Apesar de irregular, não caracteriza improbidade administrativa a autorização de abastecimento de veículos particulares para empreenderem viagens a serviço da Casa, com recursos da Câmara Municipal, em razão de esta não possuir veículo de representação. II – A inabilidade do agente público de fazer os lançamentos contábeis de forma incompleta não dá ensejo à presunção de ter havido dano ao erário e à aplicação da Lei n. 8.429/1992, mormente quando comprovadas por provas documentais e testemunhais as despesas efetuadas. III – Recurso provido. Sentença reformada. Decisão por maioria" (2ª CC, AP n. 63.907-1/188, rel. Desa. Marília Jungmann Santana, j. em 2/9/2003, *DJ* de 6/1/2004).

ilícito anteriormente praticado[123] – tal obrar, no entanto, a depender das circunstâncias do caso, deve ser devidamente valorado por ocasião da fixação da dosimetria das sanções. Em situações excepcionais, especialmente nas hipóteses em que seja divisado um atuar culposo e os mecanismos de controle sequer tenham identificado a prática do ato, a conduta do agente público que, espontaneamente, repare o dano causado, mostra-se apta a afastar a denominada improbidade administrativa material. O ato praticado é passível de enquadramento na Lei n. 8.429/1992, daí se falar em improbidade formal, mas é destituído de toda e qualquer potencialidade lesiva, não justificando a própria incidência daquele diploma legal.

7. ELEMENTO SUBJETIVO NOS ATOS DE IMPROBIDADE

No direito moderno, assume ares de dogma a concepção de que não é admissível a *imputatio juris* de um resultado danoso sem um fator de ligação psíquica que a ele vincule o agente.

Ressalvados os casos em que a responsabilidade objetiva esteja expressamente prevista no ordenamento jurídico[124], é insuficiente a mera demonstração do vínculo causal objetivo entre a conduta do agente e o resultado lesivo. Inexistindo um vínculo subjetivo unindo o agente à conduta, e esta ao resultado, não será possível demonstrar "o menosprezo ou descaso pela ordem jurídica e, portanto, a censurabilidade que justifica a punição (*malum passionis ob malum actionis*)"[125].

O elemento subjetivo que deflagrará este elo de encadeamento lógico entre vontade, conduta e resultado, com a consequente demonstração da culpabilidade do agente, poderá apresentar-se sob duas únicas formas: o dolo e a culpa.

Na senda dos inúmeros estudos já desenvolvidos na seara penal, entende-se por dolo a vontade livre e consciente dirigida ao resultado ilícito, ou mesmo a mera aceitação do risco de produzi-lo. Quando a vontade visa à consecução do resultado, sendo a conduta exercida em razão dele, diz-se que o dolo é direto (teoria da vontade), o qual será tão mais grave quanto mais vencível era o impulso que direcionou o agente ao ilícito. Nos casos em que a vontade prevê a provável consecução do resultado, mas, apesar disso, a conduta é praticada, consentindo o agente com o advento daquele, fala-se em dolo eventual (teoria do consentimento).

---

123 "Depósito, pelos réus, dos valores considerados como recebidos indevidamente. Pedido de exclusão da lide. Impossibilidade. Pleito inicial não só de ressarcimento pecuniário, mas, também, das penalidades previstas nos incisos II e III do art. 12 da Lei n. 8.429/1992" (TJPR, 1ª CC, AI n. 150588-6, rel. Des. Ulysses Lopes, j. em 11/5/2004). No mesmo sentido: TJGO, 1ª CC, AP n. 71.092-1/188, rel. Des. Carlos Alberto França, j. em 9/12/2003, *DJ* de 29/1/2004; e TJMG, 2ª CC, Proc. n. 1.0417.03.900050-6/001, rel. Des. Brandão Teixeira, j. em 30/3/2004, *DJ* de 7/5/2004.

124 Como exemplo, pode ser mencionado o art. 14, § 1º, da Lei n. 6.938/1981 (Sem obstar a aplicação das penalidades previstas neste artigo, é o poluidor obrigado, independentemente da existência de culpa, a indenizar ou reparar os danos causados ao meio ambiente e a terceiros, afetados por sua atividade).

125 HUNGRIA, Nélson. *Comentários ao Código Penal*, v. I, t. II, p. 89.

A culpa, por sua vez, caracteriza-se pela prática voluntária de um ato sem a atenção ou o cuidado normalmente empregados para prever ou evitar o resultado ilícito."No dolo, ação (ou omissão) e resultado são referíveis à vontade; na culpa, de regra, somente a ação (ou omissão)"[126]."A incorreção representada pelo dolo provém da fraqueza da vontade, e a incorreção que a culpa representa provém da debilidade do intelecto"[127]."O não ter previsto a consequência ofensiva distingue a culpa do dolo. O não havê-la podido prever separa o caso fortuito da culpa"[128].

Ainda que *en passant*, cumpre distinguir a denominada culpa consciente do dolo eventual. Neste, o agente prevê o resultado provável de sua conduta e consente com sua ocorrência. Na culpa consciente, por sua vez, o resultado é igualmente previsto, mas o agente espera sinceramente que ele não ocorra, confiando na eficácia de uma habilidade que será utilizada na prática do ato.

A Lei n. 8.429/1992, com as alterações promovidas pela Lei Complementar n. 157/2016, agrupou a tipologia dos atos de improbidade em quatro dispositivos distintos. O art. 9º versa sobre os atos que importam em enriquecimento ilícito, o art. 10 sobre aqueles que causam prejuízo ao erário (*rectius*: patrimônio público), o art. 10-A sobre os atos de concessão ou de aplicação indevida de benefício financeiro ou tributário, e o art. 11 sobre os atos que atentam contra os princípios administrativos. Somente o art. 10 se refere ao elemento subjetivo do agente, sendo expresso ao falar em "qualquer ação ou omissão, *dolosa ou culposa*", enquanto os dois outros preceitos nada dispõem a respeito.

Ao partirmos da premissa de que a responsabilidade objetiva pressupõe normatização expressa neste sentido, constata-se que: a) a prática dos atos de improbidade previstos nos arts. 9º, 10-A e 11 exige o *dolo* do agente[129]; b) a tipologia inserida no art. 10 admite que

---

126 HUNGRIA, Nélson. Ob. cit., p. 90.
127 Wolf (*Philosophia Practica*, §§ 696), *apud* CARRARA, Francesco. *Programa de direito criminal*: parte geral, v. I, p. 83.
128 CARRARA, Francesco. Ob. cit., p. 92.
129 Wallace Paiva Martins Júnior (*Probidade administrativa*, p. 230), sem maiores explicitações, entende que "o art. 11 preocupa-se com a intensidade do elemento volitivo do agente, pune condutas dolosas e culposas (aqui entendida a culpa grave)". Waldo Fazzio Júnior (*Atos de improbidade administrativa...*, p. 82), do mesmo modo, afirma que a culpa grave "é equiparada ao dolo". Para Benedicto de Tolosa Filho (*Comentários...*), as figuras do art. 11 pressupõem o dolo (p. 109) e, nos casos de enriquecimento ilícito, "é admitida a forma culposa, quando o agente não vislumbra em determinado ato, que está auferindo vantagem indevida ou propiciando que terceiro a obtenha, como na ação corriqueira de 'dar carona' em carro oficial, ou o de usar ou permitir que se utilize um telefone de órgão ou entidade pública para 'ligações pessoais'" (p. 68). Deixa de indicar, no entanto, o fundamento legal para tal distinção. Walter Claudius Rothenburg (Ação por improbidade administrativa: aspectos de relevo, in *Improbidade administrativa, 10 anos da Lei n. 8.429/1992*, p. 475-476), entende que, eventualmente, a culpa "em grau marcante" não deve ser excluída em relação às figuras dos arts. 9º e 11. Segundo o jurista, essa conclusão deflui do art. 5º da Lei n. 8.429/1992 ("Ocorrendo lesão ao patrimônio público por ação ou omissão, dolosa ou culposa, do agente ou de terceiro, dar-se-á o integral ressarcimento do dano"), pois, apesar de o preceito referir-se apenas ao patrimônio público, faz as

o ato seja praticado com *dolo* ou com *culpa*[130]; c) o mero vínculo objetivo entre a conduta

vezes de norma geral. Não bastasse a letra do preceito, uma interpretação sistemática da Lei de Improbidade conduz a conclusão diversa. Com efeito, os arts. 4º, 5º e 6º da Lei n. 8.429/1992 denotam, respectivamente, sua correlação com os princípios administrativos, a preservação do patrimônio público e a vedação ao enriquecimento ilícito, o que desaconselha qualquer tentativa que busque alterar o seu alcance. Além disso, a redação do art. 5º, que fala em *patrimônio público* e *reparação do dano*, está em perfeita harmonia com o art. 10, que tutela a mesma objetividade jurídica e é o único preceito da Lei de Improbidade que encampa a responsabilidade derivada de culpa. De acordo com Maria Goretti Dal Bosco (ob. cit., p. 147, 148 e 208), como o art. 11 alcança as omissões, também as condutas culposas podem ser enquadradas na tipologia desse preceito. Sérgio Monteiro Medeiros (*Lei de Improbidade Administrativa*, p. 97), após afirmar que as figuras do art. 9º só admitem o dolo, acresce que alguns incisos do art. 11, cuja identificação dependerá do caso concreto, alcançam a modalidade culposa (*v.g.: retardar ou deixar de praticar, indevidamente, ato de ofício* – por admitir um atuar negligente, seria plenamente factível que o agente fosse responsabilizado no caso de culpa). Fábio Medina Osório (*Teoria da improbidade...*, p. 141) visualiza a existência de uma deslealdade culposa, que, segundo ele, se manifestaria na incompetência administrativa. Considerando que a definição do elemento subjetivo deve anteceder a conduta que se pretende estar subsumida na tipologia legal, não nos parece consentâneo com o sistema da Lei n. 8.429/1992 e o princípio da segurança jurídica punir um agir culposo sem que a lei, prévia e expressamente, o determine. Consoante o STJ, "o tipo do art. 11 da Lei n. 8.429/1992, para configurar-se como ato de improbidade, exige conduta comissiva ou omissiva dolosa" (2ª T., REsp n. 534.575/PR, rel. Min. Eliana Calmon, j. em 9/12/2003, *DJ* de 29/3/2004). Em precedentes que não refletem a orientação ideal, o STJ reconheceu uma espécie de responsabilidade objetiva na configuração do art. 11, afastando a necessidade de demonstração do dolo ou da culpa: 2ª T., REsp n. 880.662/MG, j. em 15/2/2007, *DJ* de 1º/3/2007; e REsp n. 826.678/GO, j. em 5/10/2006, *DJ* de 23/10/2006, ambos relatados pelo Min. Castro Meira. O Tribunal, no entanto, sedimentou sua jurisprudência no sentido de que para que seja reconhecida a tipificação da conduta nas previsões da Lei de Improbidade Administrativa "é necessária a demonstração do elemento subjetivo, consubstanciado no dolo para os tipos previstos nos arts. 9º e 11 e, ao menos, pela culpa, nas hipóteses do art. 10. Precedentes: REsp 1130198/RR, rel. Ministro Luiz Fux, Primeira Turma, *DJe* de 15/12/2010); EREsp 479.812/SP, rel. Ministro Teori Albino Zavascki, Primeira Seção, *DJe* de 27/9/2010; REsp 1149427/SC, rel. Ministro Luiz Fux, Primeira Turma, *DJe* de 9/9/2010; EREsp 875.163/RS, rel. Ministro Mauro Campbell Marques, Primeira Seção, *DJe* de 30/6/2010; REsp 414.697/RO, rel. Ministro Herman Benjamin, Segunda Turma, *DJe* 16/9/2010" (STJ, 1ª T., REsp n. 1.193.160/RS, rel. Min. Benedito Gonçalves, j. em 17/2/2011, *DJ* de 24/2/2011). Não se exige, ademais, o dolo específico para a configuração da improbidade por violação aos princípios administrativos, bastando o dolo genérico (STJ, 1ª Seção, EREsp 654.721/MT, rel. Min. Eliana Calmon, j. em 25/8/2010, *DJ* de 1º/9/2010; e STJ, 2ª T., AGRG no AGRG 1.331.116/PR, rel. Min. Herman Benjamin, j. em 1º/3/2011, *DJ* de 16/3/2011).

130 Aristides Junqueira Alvarenga (Reflexões sobre improbidade administrativa no direito brasileiro, in *Improbidade administrativa...*, p. 89), após sustentar que a improbidade é "marcada pela desonestidade", sendo insuficiente à sua caracterização o mero dano ao patrimônio público, chega ao extremo de concluir pela inconstitucionalidade parcial do art. 10 da Lei n. 8.429/1992, pois, segundo ele, é inconcebível "excluir o dolo do conceito de desonestidade e, consequentemente, do conceito de improbidade, tornando-se inimaginável que alguém possa ser desonesto por mera culpa", logo, não haveria que se falar em ato de improbidade culposo. Cristiano Álvares Valadares do Lago (*RT* 786/800), que não adentra na discussão da inconstitucionalidade, Edilson Pereira Nobre Júnior (Improbidade administrativa..., *Revista do TRF-5ª Região* n. 56/336, 2004), Eurico Bitencourt Neto (*Improbidade...*, p. 115), Gina Copola (*A improbidade administrativa...*, p. 23, 63 e 99), Marcelo Hager (A inexistência de improbidade administrativa na modalidade culposa, in *Interesse Público* n. 58, p. 178, 2010; *Boletim de Direito Administrativo*, v. 26, n. 8, ago./2010, p. 918; e *Improbidade...*, p. 21, 25, 45 e 116), Calil Simão (*Improbidade administrativa*: teoria e prática. Leme: J. H. Mizuno, 2011, p. 81, 85, 246 e 248), José Antonio Lisbôa Neiva (*Improbidade administrativa*: legislação comentada artigo por ar-

do agente e o resultado ilícito não é passível de configurar a improbidade[131].

Diz-se que os ilícitos previstos nos arts. 9º, 10-A e 11 não admitem a culpa em razão de dois fatores. De acordo com o primeiro, a reprovabilidade da conduta somente pode ser imputada àquele que a praticou voluntariamente, almejando o resultado lesivo, enquanto a punição do descuido ou da falta de atenção pressupõe expressa previsão legal, o que se encontra ausente na hipótese[132]. No que concerne ao segundo, tem-se um fator lógico-

---

tigo. Niterói: Editora Impetus, 2009, p. 7-9 e 70-72 – esse autor defende seja conferida interpretação conforme a Constituição ao art. 10, "equiparando-se a culpa ao dolo") e Sérgio de Andréa Ferreira (A probidade na administração pública, *Boletim de Direito Administrativo* ago./2002, p. 621), que a prestigiam, encampam o mesmo entendimento. Com a devida vênia do jurista e de seus seguidores, em nosso modesto entendimento, suas conclusões estão alicerçadas em premissas equivocadas, já que em momento algum a Constituição da República confere identidade às ideias de improbidade, imoralidade e desonestidade. Pelo contrário, em seu art. 37, § 4º, conferiu amplo espectro ao legislador ordinário, o qual teve total liberdade de conformação, terminando por integrar à tipologia dos atos de improbidade, dentre outras, as condutas que causem dano ao patrimônio público, ainda que culposas, e violem aos princípios regentes da atividade estatal (art. 11). Ademais, quem duvida que um ato culposo, causador de dano ao patrimônio público, é um ato ilícito por violar o dever jurídico de cuidado a que estava obrigado o agente público? Em casos tais, não há infração ao princípio da legalidade? Sendo ato ilícito, escolheu o legislador a reprimenda que lhe parecia adequada, o que torna tarefa assaz difícil identificar a propalada incompatibilidade entre a lei e a Constituição. José Antonio Lisbôa Neiva (*Improbidade administrativa*: estudo..., p. 15-16), em interessante linha de argumentação, afirma que a inadmissibilidade da improbidade culposa decorre do fato de o art. 37, § 4º, da CR/1988 ter constitucionalizado o vocábulo improbidade com base em conceito preexistente, qual seja, aquele contemplado no art. 482, *a*, da CLT, que, consoante interpretação firme nesse sentido, somente admite a forma dolosa. Sustenta, assim, a necessidade de dispensar uma interpretação conforme à Constituição ao art. 10 da Lei n. 8.429/1992, com a consequente equiparação da culpa ao dolo. Não obstante a engenhosidade do argumento, dele divergimos pelas seguintes razões: a) são distintos os sistemas normativos inerentes ao Direito do Trabalho e ao Direito Sancionador em geral; b) fosse possível a equiparação das figuras, ter-se-ia de admitir, por coerência lógica, que também os atos alheios à atividade funcional poderiam ser considerados atos de improbidade, possibilidade, como veremos em tópico específico, há muito reconhecida na esfera trabalhista; c) os contornos atribuídos à denominada *improbidade trabalhista* apresentam profundas distinções de ordem conceitual em relação à *improbidade administrativa*; d) a tese apresentada seria plenamente aceitável tivesse o Constituinte referido-se à improbidade no âmbito do Direito do Trabalho, o que não é o caso; e) considerar-se ilícita determinada conduta dolosa não erige-se ao patamar de cláusula pétrea impeditiva de que condutas culposas, em momento futuro, igualmente o sejam.

131 Sustentando a responsabilidade objetiva nos arts. 9º e 11: Luiz Fabião Guasque. *Lei de Improbidade*..., p. 48.
132 O TJGO proferiu decisão do seguinte teor: "Competência. Julgamento. Prefeito Municipal. Improbidade administrativa. O foro privilegiado instituído em favor dos Prefeitos Municipais, em razão da função, restringe-se ao julgamento de ações penais, por crimes comuns e os de responsabilidade, justo porque a previsão constitucional não alcança as modalidades de atos ilícitos que geram obrigação na esfera cível, devendo, pois, remeter a apreciação de tais ilícitos ao juízo singular. 2. Improbidade Administrativa. Lei n. 8.429/1992, art. 11. Inexigibilidade da ocorrência de dano ao erário. Princípio da proporcionalidade. *Os tipos evidenciados no art. 11 da Lei de Improbidade não pressupõem a ocorrência de dano ao erário público, e independem do elemento subjetivo que os motiva, por serem presumivelmente dolosos, bastando a prática do ato antijurídico*. Contudo, se o conjunto de fatores acenar que a aplicação, em bloco, das sanções impostas para o caso de violação da norma poderá transformar a atuação da jurisdição em um instrumento de injustiça, não parece razoável a imposição cumulativa da reprimenda, podendo o infrator ser condenado, unicamente, à pena de

-sistemático de exclusão, pois tendo sido a culpa prevista unicamente no art. 10, afigura-se evidente que a *mens legis* é restringi-la a tais hipóteses, excluindo-a das demais.

O art. 10 da Lei n. 8.429/1992 não distingue entre os denominados graus da culpa. Assim, quer seja leve, grave ou gravíssima, tal será, em princípio, desinfluente à configuração da tipologia legal. Situando-se a essência da culpa na previsibilidade do efeito danoso, neste elemento haverá de residir o critério de valoração dos graus da culpa.

Identificado o ápice da curva ascendente de previsibilidade, ali estará situada a culpa gravíssima, considerando-se como tal a ausência de previsão de um evento que o seria por qualquer homem normal. Na base da curva de previsibilidade, tem-se a culpa leve, onde o evento só poderia ser previsto com o emprego de uma diligência incomum, própria daqueles que exercem atividades que pressupõem um maior grau de discernimento. Em posição intermediária está a culpa grave, a qual se consubstancia na não previsibilidade de um evento que o seria pelos homens diligentes e responsáveis, qualidade esta indissociável dos gestores da coisa pública.

Em que pese inexistir previsão normativa expressa, os graus da culpa podem ser úteis por ocasião da verificação do grau de proporcionalidade que deve existir entre ato e sanção, bem como para fins de dosimetria desta última.

Tratando-se de culpa leve, em muitas situações será possível identificar uma correlação entre a reduzida previsibilidade do evento danoso e o descumprimento dos deveres do cargo em índices por demais insignificantes, o que, em alguns casos, poderá afastar a própria incidência da tipologia legal. Esse aspecto do elemento subjetivo será especialmente relevante no enquadramento legal da inabilidade funcional ou do erro profissional, permitindo verificar, a partir dos padrões subjacentes à estrutura administrativa (informatização da estrutura administrativa, grau de qualificação dos profissionais etc.), em que medida o agente público se afastou da juridicidade, bem como se comportamento diverso exigiria a presença de um grau da previsibilidade em muito superior àquela que estava apto a oferecer. Em outras palavras: a conduta era escusável ou inescusável? No que concerne à culpa grave, sua presença haverá de influir na fixação da dosimetria da sanção a ser aplicada ao agente, já que maior é a reprovabilidade da conduta[133].

---

multa. Apelo conhecido e, em parte, provido, à unanimidade de votos" (2ª CC, AP n. 53.126-9/188, rel. Des. Fenelon Teodoro Reis, j. em 6/3/2001, *DJ* de 19/3/2001, p. 11 – destaque nosso). O STJ entendeu demonstrado o dolo em razão da só assinatura, pelo Prefeito Municipal, de contrato de prestação de serviços advocatícios, de seu interesse pessoal, custeado pelo Erário (2ª T., AGRG no REsp n. 777.337/RS, rel. Min. Mauro Campbell Marques, j. em 2/2/2010, *DJe* de 18/2/2010).

133 O STJ já fez referência à necessidade de culpa grave para a configuração do ato de improbidade previsto no art. 10 da Lei n. 8.429/1992: 2ª T., AgInt no REsp n. 1.580.128/SE, rel. Min. Mauro Campbell Marques, j. em 17/11/2016, *DJe* de 23/11/2016; 1ª T., AGRG no AREsp n. 206.256/RJ, rel. Min. Benedito Gonçalves, j. em 11/3/2014, *DJe* de 20/3/2014; 1ª T., AGRG no REsp n. 1.393.398/SC, rel. Min. Benedito Gonçalves, j. em 7/11/2013, *DJe* de 20/11/2013; 1ª T., AGRG no AREsp n. 291.244/MG, rel. Min. Arnaldo Esteves Lima, j. em 17/10/2013, *DJe* de 29/10/2013; e Corte Especial, AIA n. 30/AM, rel. Min. Teori Albino Zavascki, j. em 21/9/2011, *DJe* de 28/9/2011.

O art. 3º da Lei n. 8.429/1992 sujeita às disposições da lei o terceiro que tenha induzido o agente público à prática do ato, concorrido para a consecução deste ou se beneficiado de seus efeitos. Afastando-se uma vez mais a responsabilidade objetiva e inexistindo qualquer previsão em relação à punibilidade dos atos culposos, até porque estes apresentariam grande incompatibilidade com a natureza dos atos descritos, ao terceiro somente poderão ser aplicadas as sanções cominadas no art. 12 em tendo atuado com *dolo*. Em sendo o terceiro um agente público e agindo este de forma culposa, à sua conduta poderá ser conferida individualidade própria com eventual enquadramento na tipologia do art. 10 da Lei n. 8.429/1992.

Em face da impossibilidade de se penetrar na consciência e no psiquismo do agente, o seu elemento subjetivo há de ser individualizado de acordo com as circunstâncias periféricas ao caso concreto, como o conhecimento dos fatos e das consequências, o grau de discernimento exigido para a função exercida e a presença de possíveis escusas, como a *longa repetitio* e a existência de pareceres embasados na técnica e na razão[134]. A partir dessas pautas argumentativas, poderá o autor da ação desincumbir-se do *munus* de individualizar o elemento subjetivo do agente, indispensável que é à incidência da tipologia legal[135].

No delineamento do *animus* do agente público, que pode principiar pela total e justificável ignorância em relação à injuridicidade do ato, passar pela culpa e estender-se ao dolo, tornam-se particularmente relevantes as influências externas que possa reforçar a constatação de que referido agente externou conscientemente a sua vontade. São exemplos desse tipo de influência (a) as recomendações expedidas pelo Ministério Público, com base no art. 26, VII, da Lei n. 8.625/1993 e no art. 6º da Lei Complementar n. 75/1993, que podem chamar a atenção do agente público para situações de iminente ilegalidade e sugerir a adoção de providências; e (b) as recomendações e os alertas expedidos pelos Tribunais de Contas, estes últimos com base no art. 59, § 1º, da Lei Complementar n. 101/2000, destinando-se a advertir os agentes públicos do comprometimento das metas fiscais e da

---

134 STJ, 1ª T., REsp n. 827.445/SP, rel. Min. Teori Albino Zavascki, j. em 2/2/2010, *DJ* de 8/3/2010.

135 O STJ, em mais de uma oportunidade, decidiu pela necessidade de as decisões condenatórias descreverem o dolo sempre que sua presença for exigida pela tipologia legal: 1ª T., REsp n. 1.410.336/SP, rel. Min. Ari Pargendler, j. em 17/12/2013, *DJe* de 4/2/2014; e 2ª T., AGRG no AREsp n. 401.265/RN, rel. Min. Humberto Martins, j. em 26/11/2013, *DJe* de 9/12/2013. Por não ter sido assinalado o dolo ou a má-fé na conduta de Vereador que utilizou a impressora da Câmara Municipal para imprimir convites em que divulgava palestras contendo o seu nome e o do seu partido, o STJ reformou o acórdão recorrido para afastar a condenação por ato de improbidade (1ª T., REsp n. 1.200.273/SP, rel. Min. Napoleão Nunes Maia Filho, j. em 27/8/2013, *DJe* de 6/11/2013). Por outro lado, em situação envolvendo a tredestinação de verba pública, o Tribunal entendeu que essa conduta causa lesão ao erário, já que este último fica "desfalcado dos recursos que deveriam servir para a finalidade prevista em lei; tanto mais grave na espécie, em que a verba pública desviada estava destinada à educação". Por fim, entendeu que "o dolo aí é manifesto, porque nela o resultado corresponde à intenção" (1ª T., EDcl nos EDcl no AGRG no AREsp n. 166.481/RJ, rel. Min. Ari Pargendler, j. em 6/2/2014, *DJe* de 17/2/2014).

correlata necessidade de contenção das despesas não obrigatórias, do atingimento de 90% dos limites de gastos com pessoal, dívidas consolidada e mobiliária, operações de crédito e concessão de garantia, de que os gastos com inativos e pensionistas superam os limites legais e de fatos que comprometam os custos ou os resultados dos programas ou indícios de irregularidades na gestão orçamentária. Nesses casos, se o agente insistir na prática do ato e a sua conduta for enquadrada na Lei n. 8.429/1992, ter-se-á um forte indício de que conduziu-se com dolo, sendo praticamente esvaziada a escusa da incompetência.

O Superior Tribunal de Justiça proferiu algumas decisões em que realçou a necessidade de a transição da denominada *improbidade formal* para a *improbidade material*, conceitos analisados por ocasião do estudo do *iter* de individualização dos atos de improbidade, ser caracterizada pela presença da má-fé do agente público[136]. Apesar de entendermos que a presença, ou não, da má-fé exige necessária atenção por parte do operador do Direito, cremos que ela deve ser analisada não sob a perspectiva do elemento subjetivo do ato de improbidade, mas, sim, como um dos aspectos pessoais e circunstanciais que delineiam o critério de proporcionalidade. Afinal, haja, ou não, má-fé, poderá ser configurada a *improbidade formal*; mas a sua presença contribui para o delineamento da *improbidade material*, permitindo, assim, a deflagração dos instrumentos de persecução. Com isto, aparta-se o dolo da má-fé: o primeiro indica a vontade deliberada na prática do ato; a segunda, os objetivos almejados pelo agente. É possível que um ato ilegal seja dolosamente praticado, mas seus objetivos sejam nobres, atuando o agente com boa-fé. No extremo oposto, é factível a possibilidade de um ato formalmente legal encobrir objetivos dissonantes daqueles que justificaram a própria existência da regra de competência, possibilidade há muito estudada pelo teoria do abuso de direito.

Na atualidade, o grande desafio é compatibilizar a relevância atribuída à má-fé com a escusa da incompetência, não raro invocada pelos agentes públicos que têm sua conduta enquadrada na Lei n. 8.429/1992. Conquanto seja exato afirmar que a ideia de incompetência mais se ajusta ao conceito de culpa, não podemos esquecer que o dever de eficiência emana das normas constitucionais, alcançando tantos quantos se habilitem a desempenhar um *munus* público. A escusa de incompetência, assim, deve ser reconhecida com certa parcimônia, evitando-se, com isto, a sua vulgarização.

8. MP N. 2.088-35/2000

Sob os auspícios da urgência e da necessidade, o Sr. Presidente da República, no uso da atribuição que lhe foi conferida pelo art. 62 da Constituição da República, editou, em 27

---

136 STJ, 1ª T., REsp n. 1035866/CE, j. em 15/12/2009, *DJ* de 10/2/2010; EDcl no REsp n. 716.991/SP, j. em 18/5/2010, *DJ* de 23/6/2010; REsp n. 909.446/RN, j. em 6/4/2010, *DJ* de 22/4/2010; REsp n. 1.074090/RS, j. em 17/11/2009, *DJ* de 2/12/2009; e REsp n. 878.506/SP, j. em 18/8/2009, *DJ* de 14/9/2009; sendo todos os acórdãos relatados pelo Ministro Luiz Fux.

de dezembro de 2000, a MP n. 2.088/35[137]. Este ato normativo, originariamente manco e atrofiado, terminou por ser *aperfeiçoado* com a redação conferida ao seu art. 3º, *verbis*:

> Art. 3º Os arts. 11 e 17 da Lei 8.429, de 2 de junho de 1992, passam a vigorar com as seguintes alterações:
>
> Art. 11. (...)
>
> VIII – instaurar temerariamente inquérito policial ou procedimento administrativo ou propor ação de natureza civil, criminal ou de improbidade, atribuindo a outrem fato de que o sabe inocente.
>
> Art. 17. (...)
>
> § 6º A ação será instruída com documentos ou justificação que contenham indícios suficientes da existência do ato de improbidade ou com razões fundamentadas da impossibilidade de apresentação de qualquer dessas provas.
>
> § 7º Estando a inicial em devida forma, o juiz mandará autuá-la e ordenará a notificação do indiciado, para oferecer resposta por escrito, que poderá ser instruída com documentos e justificações, dentro do prazo de quinze dias.
>
> § 8º O juiz rejeitará a ação, em despacho fundamentado, se convencido, pela resposta do réu, da inexistência do ato de improbidade ou da improcedência da ação.
>
> § 9º Recebida a ação, será o réu citado para apresentar contestação.
>
> § 10. O réu poderá, em reconvenção, no prazo da contestação, ou em ação autônoma, suscitar a improbidade do agente público proponente da ação configurada nos termos do art. 11, incisos I e VIII, desta Lei, para a aplicação das penalidades cabíveis.

---

137 Não obstante a numeração que lhe foi atribuída, a MP n. 2.088/35 é a primeira com esse designativo, não se caracterizando como reedição de diplomas anteriores. À luz dessa constatação, questiona-se: Por que atribuir o número trinta e cinco a uma Medida Provisória que não é antecedida por trinta e quatro outras de igual conteúdo? Fábio Konder Comparato (A "questão" política nas Medidas Provisórias: um estudo de caso, *Revista de Direito do MPRJ* n. 15/121), com propriedade, responde a esse questionamento. Com efeito, a Medida Provisória que serviu de base à redação da de n. 2.088/35 foi a de n. 1.964-34, assinada em 21 de dezembro de 2000 (portanto, 6 dias antes) e que versava sobre as seguintes matérias: a) alteração da Lei de Entorpecentes (Lei n. 6.368/1976); e b) alteração do Regime Jurídico dos Servidores da União (Lei 8.112/90). A MP n. 2.088/35, além de repetir o texto da de n. 1.964/34, a inovou em duas matérias: a) acrescentou dispositivos à Lei de Improbidade; e b) alterou a lei que dispõe sobre as férias dos servidores públicos civis da União (Lei n. 9.525/1997). Como se percebe, essa Medida Provisória não é mera repetição de outra, mas novo ato normativo. Mas qual seria o motivo para esse engodo? A resposta é dada pelo nobre jurista: "A razão desponta com clareza, quando se atenta para a data em que foi assinado o ato normativo: 27 de dezembro de 2000. Nessa data, o Congresso Nacional achava-se em recesso. Ora, segundo o mandamento inequívoco da Constituição Federal, 'em caso de relevância e urgência, o Presidente da República poderá adotar medidas provisórias, com força de lei, devendo submetê-las de imediato ao Congresso Nacional, que, estando em recesso, será convocado extraordinariamente para se reunir no prazo de cinco dias'. Poderia o Chefe de Estado, sem se desmoralizar por completo perante a opinião pública e os parlamentares, convocar extraordinariamente o Congresso Nacional para apreciar uma medida provisória carecedora do requisito da urgência?".

§ 11. Quando a imputação for manifestamente improcedente, o juiz ou o tribunal condenará nos mesmos autos, a pedido do réu, o agente público proponente da ação a pagar-lhe multa não superior ao valor de R$ 151.000,00 (cento e cinquenta e um mil reais) sem prejuízo do disposto no parágrafo anterior.

§ 12. Aplica-se aos depoimentos ou inquirições realizadas nos processos regidos por esta Lei o disposto no art. 221, caput e § 1º, do Código de Processo Penal.

Para dizer o menos, o art. 3º da MP n. 2.088-35/00 é um aleijão, e não deve ser apagado da memória dos brasileiros pelo simples fato de não ter sido integralmente repetido nas reedições posteriores da referida norma.

Abstraindo-nos de maiores considerações de ordem formal, isto porque a inobservância da terminologia processual é flagrante, dispensando comentários, faremos breves observações sobre o conteúdo do referido ato normativo.

Inicialmente, é fácil constatar que a generalidade da Medida Provisória não conseguiu encobrir o seu real destinatário, qual seja, o Ministério Público, instituição responsável pela propositura da quase totalidade das ações que versam sobre improbidade administrativa. A medida adotada objetivava conter o ímpeto de Procuradores da República, os quais já haviam ajuizado dezenas de ações por atos de improbidade em face de autoridades federais[138], incluindo o Presidente da República, o Advogado-Geral da União e o Procurador-Geral da República, autoridade máxima do próprio Ministério Público Federal.

Para alcançar seu intento, o Sr. Presidente da República, ladeado por três Ministros que também figuravam no polo passivo de ações desta natureza, editou Medida Provisória que considerava ato de improbidade o ajuizamento das ações previstas na Lei n. 8.429/1992 de forma temerária ou quando o autor soubesse ser o réu inocente, o que foi complementado com a possibilidade de o agente público acusado de improbidade apresentar reconvenção, nos próprios autos da ação civil pública, em face do agente que havia ajuizado a ação.

A Medida Provisória, além de formalmente inconstitucional, pois inexistia urgência em se mutilar a Lei n. 8.429/1992 – em vigor há mais de 8 (oito) anos – maculava a independência funcional dos membros do Ministério Público[139], os quais estavam ameaçados de sofrer sanções de ordem pessoal sempre que o órgão jurisdicional perante o qual oficiassem adotasse entendimento diverso quanto à matéria fática ou jurídica objeto da ação. E o pior, teriam que adivinhar quando o réu seria considerado inocente ou não, sob pena de poderem vir a ser considerados ímprobos.

Situação ainda mais inusitada era divisada na primeira parte do art. 11, VIII, em que se considerava ato de improbidade a instauração temerária de inquérito policial. Conside-

---

138 Jornal *O Globo*, edição de 9 de janeiro de 2001.
139 Art. 127, § 1º, da CR/1988.

rando que somente se investiga o fato incerto, sobre o qual paira dúvida considerável que desaconselha o imediato ajuizamento da ação, seria muito fácil intitular de ímprobo o agente que requisitasse a instauração de inquérito policial, no qual, ao final, fosse demonstrada a total inocência do indiciado.

Para justificar o abuso na edição de medidas provisórias, o Sr. Presidente da República, em cadeia nacional de televisão, declarou que a MP n. 2.088-35/00 era necessária para conter os abusos de alguns membros do Ministério Público[140].

Com essa farisaica e extravagante explicação, o Chefe do Executivo Federal, que jurou defender a Constituição da República, tentou aniquilar o mais eficaz instrumento de combate à corrupção posto à disposição da sociedade brasileira, simplesmente para punir *alguns* abusos. Nas hipóteses de abuso – se é que algum existiu – a lei é pródiga em punições, estando o autor sujeito a sanções de ordem civil, criminal e disciplinar[141], logo, inexistia qualquer justificativa *idônea* para atingir uma instituição que tem a incumbência de defender a ordem jurídica e o regime democrático.

No que concerne à reconvenção, não é necessário maior esforço intelectivo para se constatar que certamente haveria abuso em sua utilização, pois seria muito cômodo ao ímprobo incomodar aquele que tentou combatê-lo, o que obrigaria os membros do Ministério Público a contratar advogados, a suas expensas, para defendê-los.

Além do impedimento que seria acarretado, consoante a lei processual[142], o que obrigaria a designação de outro membro para prosseguir na ação, ter-se-ia a curiosa situação de uma reconvenção ajuizada em face de quem sequer é parte no processo, pois esta atingiria a pessoa do Promotor de Justiça ou do Procurador da República, e não o Ministério Público ou o correspondente ente da Federação.

O texto ora analisado, longe de representar uma mera opção política ou uma resposta necessária aos anseios da comunidade, talvez seja um dos mais graves atentados à incipiente democracia pátria. Ao invés de municiar aqueles que se encontram entrincheirados na luta contra a corrupção, o Executivo apontou-lhes pesada artilharia; em lugar de um escudo, pintou-lhes um alvo no peito.

Nas incisivas palavras de Fábio Konder Comparato[143], "a pior corrupção de um país não advém da desonestidade pecuniária dos governantes, mas do desbaratamento, por

---

140 Não obstante referir-se a contexto diverso, merece ser lembrada a lição de Geraldo Brindeiro: "Não nos parece razoável a crítica rigorosa e exagerada de alguns sobre a ação do Ministério Público. Somente se assustam com tal ação aqueles comprometidos com a corrupção, a violação das liberdades civis e políticas e o desrespeito à Constituição e às leis do País" (O Ministério Público Eleitoral e a revisão constitucional, *Revista da Procuradoria Geral da República*, n. 4/104).
141 Ver arts. 181 do CPC/2015, 312 do CP, 11, *caput*, da Lei n. 8.429/1992 e 240 da LC n. 75/1993.
142 Arts. 144, IV, e 148, I, do CPC/2015.
143 A "questão política" nas Medidas Provisórias: um estudo de caso, *Revista de Direito do MPRJ* n. 15/121.

eles provocado, dos mecanismos constitucionais de garantia da soberania popular e dos direitos humanos".

Esse fato, no entanto, não passou despercebido à opinião pública, o que levou o Sr. Presidente da República, ante a avalanche de críticas[144], a introduzir modificações na reedição subsequente da MP n. 2.088. Nesta reedição[145], além de um pequeno aprimoramento de redação, constatou-se a eliminação da tipologia inserida no art. 11, VIII, e da incongruente reconvenção dos ímprobos – anacronismos substituídos pela correta remissão aos dispositivos do Código de Processo Civil concernentes à litigância de má-fé.

Apesar disso, esse lamentável episódio não deve ser esquecido. Pelo contrário, merece ser objeto de constante e contínua reflexão, sendo um marco significativo de duas vertentes opostas: a certeza de que os governantes não hesitarão em retaliar todos aqueles que *ousem* combater a corrupção[146] e a importância da opinião pública, que não permane-

---

[144] "A medida provisória que estipula uma penalidade financeira contra os promotores caso suas denúncias não sejam aceitas pelos pretórios é, em si mesma, um golpe contra a Carta Magna (configurando um golpe de Estado) ... Se o Ministério Público não investiga livremente os que devem guardar as riquezas nacionais, ele também nada pode fazer contra os que subtraem os bens privados. O governo não ponderou o risco: indo contra os promotores, ele subverte os ideais da vida civil. Santo Agostinho diz que o Estado sem valores não se diferencia das quadrilhas" (Roberto Romano, professor de ética e de filosofia política na Unicamp, Em Defesa do Ministério Público, *Folha de S. Paulo*, edição de 8/1/2001). "Nossa democracia já possui instrumentos para corrigir excessos e punir irresponsáveis sem uma medida que, para alguns, ficaria perfeita nos compêndios jurídicos do regime militar... fragilizar o acusador pode não ser o melhor caminho para evitar acusações injustas. Pode acabar soando mais ou menos como aquela história de tirar o sofá da sala para evitar o que todo mundo sabe o quê. Ou, como já diziam nossas avós quando éramos crianças e temíamos ser punidos por malfeitores alheios: quem não deve, não teme" (Helena Chagas, Na contramão, *O Globo*, edição de 8/1/2001)."O Ministério Público está apenas fazendo seu trabalho. Está se excedendo? Promotores de Justiça com vontade de aparecer são a melhor novidade da República nestes últimos anos. Contrapartida direta da proliferação de corruptos e corruptores com vontade de não aparecer. Dizem que o Supremo derrubará a medida provisória intimidadora, mas só o fato de ela ter sido bolada e editada mostra como vivemos em tempos assustadoramente interessantes" (Luís Fernando Veríssimo, texto avulso).

[145] "Art. 3º Os arts. 17 e 18 da Lei n. 8.429, de 2 de junho de 1992, passam a vigorar com as seguintes alterações: Art. 17. ... § 6º A ação será instruída com documentos ou justificação que contenham indícios suficientes da existência do ato de improbidade ou com razões fundamentadas da impossibilidade de apresentação de qualquer dessas provas, observada a legislação vigente, inclusive as disposições inscritas nos arts. 16 a 18 do Código de Processo Civil. ... ." *Vide* arts. 79 a 81 do CPC/2015.

[146] Nas percucientes palavras de Adílson de Abreu Dallari (Constituição e orçamento, in *Cadernos de Direito Constitucional e Ciência Política* n. 15/18, 1996), "no Brasil, o que se observa é que cada governo, em vez de amoldar-se à Constituição, procura amoldá-la aos seus objetivos. O resultado disso é a insegurança jurídica, a falta de respeito pela Constituição, a ausência de uma 'cultura constitucional' e a existência de uma Constituição temporária, provisória, debilitada. Para inverter completamente o quadro democrático, falta apenas instituir governos permanentes, pela possibilidade de reeleições sucessivas. Não há necessidade de instituir a irresponsabilidade e a impunidade porque isso já existe de fato, como consequência de um sistema de conveniências corporativas (Eu não te fiscalizo, tu não me fiscalizas, nós todos fingimos que nos fiscalizamos)".

ceu silente ao constatar que estava na iminência de ver enfraquecido o maior algoz da corrupção no Brasil.

A corrupção é um mal universal, e a vida, a exemplo dela, é eminentemente cíclica, o que torna possível que fatos similares se repitam em diferentes locais sempre que estiverem presentes as condições propícias ao seu desenvolvimento.

Ao discorrer sobre os graves casos de corrupção detectados durante a administração do Presidente americano Harry S. Truman, Jules Abels[147] destacou quatro pontos principais.

De acordo com o primeiro, a corrupção, além de ter se disseminado entre grande número de funcionários públicos espalhados por todo o país, infestou a máquina arrecadadora de impostos, o que poderia gerar a irritação dos contribuintes e levá-los a uma evasão fiscal em massa.

O segundo ponto demonstrava que a corrupção na administração Truman, além de epidêmica, formava uma faixa contínua que abrangia vários órgãos e era contagiosa.

O terceiro ponto deixava claro que os escândalos não só eram epidêmicos, como também constituíam doença endêmica da administração, pois eram consequência de uma filosofia de governo essencialmente política, visando sempre vencer a eleição seguinte e fortalecer o Partido Democrático, do qual dependiam os homens politicamente ambiciosos que cercavam o Presidente Truman.

O quarto ponto, por sua importância, merece ser literalmente transcrito: "... consiste em que a administração de Harry Truman, longe de tomar medidas efetivas para aniquilar a corrupção, em alguns casos protegia os culpados, em outros permanecia indiferente, ou empregava a máquina da administração para bloquear e desviar os investigadores da corrupção. As fraudes foram reveladas, não por causa da administração, mas apesar dela"[148].

À luz da feliz síntese de Jules Abels, questiona-se com ares de afirmação: a corrupção e a vida são cíclicas ou não?

---

147 *The Truman Scandals*, Henry Regnery Company, Chicago, 1956, p. 307-314, *apud* PINTO, Francisco Bilac Moreira. *Enriquecimento ilícito no exercício de cargos públicos*, p. 35-37.

148 Sobre os obstáculos que costumam ser opostos às tentativas de combate à corrupção, merece ser lembrado o empenho do Chefe do Executivo Federal em desarticular, nos idos de 2001, a tentativa de instauração de uma CPI da corrupção. A técnica utilizada, de indiscutível eficácia, foi bem exposta em editorial da *Folha de S. Paulo*, de 12 de maio de 2001, intitulado "Apagão moral", cujo título traçava um paralelo com os problemas de abastecimento de energia elétrica que assolavam o País, *in verbis*: "Há momentos em que todo o rico vocabulário da língua portuguesa é insuficiente para fornecer uma palavra capaz de expressar adequadamente a indignação com certos eventos. Um desses momentos ocorreu anteontem, o dia em que o governo Fernando Henrique Cardoso sepultou a Comissão Parlamentar de Inquérito que se propunha a apurar suspeitas de corrupção. É mais um esqueleto a juntar-se a muitos do passado e que entopem os armários da Administração Pública. Foi uma vergonheira! Vinte deputados retirando seus nomes do requerimento de instalação da CPI da Corrupção em troca de verbas orçamentárias, de não punição para um senador acusado de quebra do decoro parlamentar. Num só dia, o governo liberou mais de 18 milhões de reais para comprar esses parlamentares. Que nome podemos dar a isso? Corrupção!"

9. A IMPROBIDADE NO DIREITO DO TRABALHO

Ainda que *en passant*, é relevante tecer algumas considerações sobre o tratamento da improbidade nas relações trabalhistas, seara em que sua presença consubstancia justa causa para a rescisão do contrato de trabalho pelo empregador (CLT, art. 482, I). O delineamento conceitual do comportamento ímprobo denota uma evidente divergência entre as correntes doutrinárias que situam o seu alicerce de sustentação no plano jurígeno e aquelas que o contextualizam no plano axiológico. A distinção entre uma e outra concepção decorre da natureza do dever que se tem como violado, vale dizer, jurígeno ou axiológico.

A contextualização da improbidade no plano exclusivamente jurígeno exige, para a sua configuração, a infração de um dever legal ou contratual, daí decorrendo a incidência de um dos regimes de responsabilização previstos na ordem jurídica, com especial ênfase para a responsabilização criminal. Haveria improbidade, por exemplo, quando o empregado praticasse um crime contra o patrimônio. Em sentido diverso, a improbidade enquanto infração de um dever axiológico decorre da existência de uma ordem de valores presente na relação trabalhista, calcada nos referenciais de lealdade, respeito mútuo, honestidade e eficiência, a qual, uma vez infringida, inviabiliza a continuidade dessa relação. Nesse caso, costuma-se dizer que "a improbidade, por sua natureza, é daquelas faltas que traduzem violação de uma obrigação geral de conduta, e não de uma obrigação específica do contrato. Constituirá, portanto, sempre, uma falta grave, ainda que praticada fora do local de serviço. A base do contrato de trabalho é a confiança. Ora, confiança e improbidade do empregado são coisas que *hurlent de se trouver ensemble*"[149].

Por estar alicerçada nas concepções axiológicas e subjetivas que sustentam a confiança existente em uma relação trabalhista, a improbidade não exige a ocorrência de dano ao empregador, sendo suficiente seja objetivamente demonstrado que o empregado não mais inspira a confiança necessária ao exercício da função. A configuração da improbidade não pressupõe a prática de um ilícito penal, mas tão somente um comportamento imoral e desonesto, que compromete a base fiduciária do contrato de trabalho, inviabilizando o seu prosseguimento.

A lei trabalhista não prevê uma gradação dos atos de improbidade. No entanto, em situações excepcionais, a intensidade da falta poderá ser amenizada ou agravada em razão de peculiaridades próprias das funções exercidas pelo empregado, pois estas tendem a elastecer-se de modo correlato à ascendência do grau hierárquico.

Qualquer que seja a função afeta ao empregado, deve ser ela desempenhada com lealdade ao empregador, sendo imprescindível seja este cientificado de todos os assuntos relevantes à sua atividade. Assim, a omissão deliberada de informações poderá romper a necessária confiança que deve existir entre as partes, caracterizando a improbidade.

---

[149] Délio Maranhão *et alii*, *Instituições de direito do trabalho*, p. 617.

Tão logo seja conhecida a prática da improbidade, deverá o empregador providenciar a demissão do empregado. Permanecendo inerte, presumir-se-á que o ato foi incapaz de abalar a relação de confiança existente entre as partes ou, em tendo sido, que ele foi perdoado.

Partindo-se das situações fáticas que importam em violação à moralidade que deve estar presente na conduta do empregado, pode-se dizer que a improbidade estará configurada nos seguintes casos: a) prática de ilícito penal[150]; b) lesão a terceiros[151]; c) mútuo feneratício com juros exacerbados[152]; d) negligência no cumprimento das tarefas próprias do cargo[153]; e) acumulação indevida de cargos[154]; f) realização de tarefas sem o conhecimento do empregador e com fraude a este[155]; g) uso de documentos falsos[156]; h) infração às normas da

---

150 "Improbidade. Agente ferroviário que cobra taxa indevida. Caracterização do ato faltoso. O agente de estação ferroviária, que, no exercício de suas funções, se faz remunerar por ato que devia ser gratuito, pratica ato de improbidade. Art. 317 do Código Penal. Sua repercussão no Direito do Trabalho" (TST, Pleno, RR n. 7.130/48, rel. Manuel Caldeira Neto, j. em 26/11/1948)."A improbidade constitui sempre série violação dos deveres do empregado, pouco importando o valor do objeto furtado" (TST, 3ª T., RR n. 4.632/1970, rel. Arnaldo Sussekind, j. em 1º/3/1971)."Atestado médico falsificado. Justa causa. Ato de improbidade. Configuração. O empregado que entrega atestado médico falsificado comete, na esfera trabalhista, ato de improbidade enumerado na alínea a do art. 482 da CLT, passível de rescisão por justa causa pelo empregador" (TST, 4ª T., Proc. n. 115258-2003-900-4-0, j. em 3/9/2008).

151 "Justa causa. Improbidade. Apropriação indébita de bens do cliente da reclamada. Configuração da falta. Incide em falta o empregado que se apodera indevidamente de bens pertencentes a cliente da ré e se recusa a devolvê-los, quando observado pelo encarregado" (TRT da 1ª Região, RO n. 7.032/80, rel. Celso Lanna, j. em 30/6/1981). Nota: a hipótese versava sobre entregadores de mercadorias que haviam colhido várias frutas da fazenda destinatária daquelas.

152 "Justa causa. Improbidade. Empréstimo com juros onzenários a colegas de trabalho. Caracteriza a improbidade. Falta grave: empréstimo de dinheiro a juros onzenários. Recurso de revista não conhecido" (TST, 3ª T., RR n. 3.167/1979, rel. Min. Miranda Lima, j. em 17/3/1981).

153 "Justa causa. Improbidade. Intensidade da falta de acordo com a escala hierárquica do empregado. Desordem contábil com falta de numerário em caixa configura a improbidade. Se as irregularidades de procedimento de empregado de confiança foram constatadas e afirmadas pelas instâncias de prova, não será a possível desorganização da empresa que poderá minimizá-las, sobretudo se ao empregado, como Diretor Geral e Comercial, cabia apurá-las e coibi-las. Revista conhecida e provida para julgar procedente o inquérito" (TST, 3ª T., RR n. 532/80, rel. Min. C. A. Barata Silva, j. em 17/2/1981).

154 "Justa causa. Improbidade. Acumulação proibida. Configuração da falta. Dispensa de empregado por força de acumulação proibida. A condição de funcionário público autárquico sujeita-o às normas do Direito Administrativo. Justa a dispensa, dada a proibição de acumulação de cargos. A prestação de serviços avulsos não dá ao reclamante o *status* de empregado" (TFR, 3ª T., RO n. 4.523-BA, rel. Min. Adhemar Raimundo, j. em 14/11/1980).

155 "Improbidade. Transferência fraudulenta de telefone. Caracterização. O empregado que, sem autorização da empregadora, efetua mudança de aparelho telefônico de uma sala para outra e deixa marca de sua improbidade na transferência fraudulenta de nome de assinante, incide em falta gravíssima que, pela sua natureza, autoriza a imediata rescisão do contrato" (TRT da 1ª Região, RO n. 186/50, rel. Pires Chaves, j. em 17/3/1950).

156 "Justa causa. Improbidade. Atestados médicos falsificados para justificar ausências. Configuração da falta. Embora não tenha ficado provado ter sido o empregado o autor da falsificação dos atestados, o fato de usá-

empresa[157]; etc.

O trato da improbidade apresentará dissonâncias e similitudes conforme seja ela analisada sob a ótica do direito público ou sob o prisma do direito do trabalho. Dentre estas, pode-se destacar a indisfarçável violação à moralidade, a desnecessidade de ocorrência do dano para a configuração da improbidade e a imprescindível produção de provas inequívocas de sua prática, tendo em vista a gravidade das consequências que a caracterização da improbidade acarretará.

Entre as distinções, destacam-se a desinfluência, no direito público, da imediatidade da punição, pois esta, ante a indisponibilidade dos interesses, estará sujeita unicamente ao decurso do lapso prescricional; a gravidade e a extensão da sanção, que, na esfera trabalhista, limita-se à demissão do empregado; e o fato de ser imprescindível, para a caracterização da improbidade no direito público, que o ato esteja correlacionado à atividade do agente. Esta conclusão deflui da interpretação sistemática da Lei n. 8.429/1992, que em reiteradas ocasiões denota a necessidade da referida correlação ao dispor sobre: a) enriquecimento ilícito *no exercício* de mandato... (ementa); b) atos de improbidade praticados *contra a* administração (art. 1º); c) obrigação de o agente público velar pela observância dos princípios administrativos *nos assuntos que lhe são afetos* (art. 4º); d) exemplificação dos atos de improbidade que importem em lesão aos princípios administrativos, pois somente foram previstos atos praticados *no exercício* da atividade pública (art. 11); e e) a utilização da expressão *improbidade administrativa* igualmente vincula a incorreção da conduta à atividade do agente.

Nessa linha, diferentemente do entendimento predominante no direito do trabalho, em que se fala unicamente em *improbidade*, a ilicitude na atuação do agente público em questões desvinculadas de sua atividade não ensejará a aplicação da Lei n. 8.429/1992. A depender do regime jurídico a que estiver sujeito o agente, diversa poderá ser a solução, inclusive com a tipificação da incontinência de conduta como falta administrativa.

-los para justificar ausências ao serviço configura a justa causa, isto é, o ato de improbidade" (TRT da 2ª Região, 4ª T., RO n. 11.320/81, rel. Octávio Pupo, j. em 16/8/1982).

157 "Justa causa. Improbidade. Bancário que retirava dinheiro deixando cheques de sua emissão. Falta configurada. O funcionário bancário que, em parceria com outro colega de trabalho, pratica atos que contrariam as normas da empresa, enseja sua dispensa motivada" (TRT da 8ª Região, RO n. 533/82, rel. Orlando Lobato, j. em 13/8/1982).

CAPÍTULO VIII
Dos Atos de Improbidade

1. *ITER* DE INDIVIDUALIZAÇÃO DOS ATOS DE IMPROBIDADE

Em sua essência, o Estado Democrático de Direito é caracterizado como uma estrutura organizacional que aufere sua legitimidade na vontade popular, tendo como finalidade precípua a consecução do interesse público.

A gênese e os fins do Estado demonstram claramente que os atos dos agentes públicos – instrumentos utilizados para a exteriorização da vontade estatal – devem manter-se adstritos à construção normativa que densifica a vontade popular e que disciplina sua atuação.

Essa concepção serviu de alicerce à Lei n. 8.429/1992, sendo instituída uma tipologia legal dos atos de improbidade que se desenvolve sob a ótica de quatro conjuntos de ilícitos, os quais possuem uma origem comum: a violação aos princípios regentes da atividade estatal.

Para a subsunção de determinada conduta à tipologia do art. 9º, é necessário que tenha ocorrido o enriquecimento ilícito do agente ou, em alguns casos, que este tenha agido visando ao enriquecimento de terceiros. O enriquecimento ilícito, por sua vez, será necessariamente precedido de violação aos referidos princípios, já que a conduta do agente certamente estará eivada de forte carga de ilegalidade e imoralidade.

Tratando-se de ato que cause lesão ao patrimônio público, consoante a tipologia do art. 10, ter-se-á sempre a prévia violação aos princípios regentes da atividade estatal, pois, como visto, a lesão haverá de ser causada por um ato ilícito, e este sempre redundará em inobservância dos princípios.

No que diz respeito ao art. 10-A, inserido pela Lei Complementar n. 157/2016, o ato de conceder, aplicar ou manter benefício financeiro ou tributário à margem da legalidade fala por si.

Por derradeiro, o art. 11, considerado pela doutrina como norma de reserva, tipificou como ato de improbidade a mera inobservância dos princípios.

Veremos, em seguida, as sucessivas operações a serem realizadas pelo operador do Direito para identificar se determinada conduta se subsume à tipologia dos atos de improbidade prevista na Lei n. 8.429/1992.

1.1. Primeiro Momento

De acordo com a técnica legislativa adotada na regulamentação do art. 37, § 4º, da Constituição, não podem ser encampados antigos entendimentos que associavam a improbidade ao enriquecimento ilícito ou à ocorrência de dano ao erário. Hodiernamente, o *iter* a ser percorrido para a identificação do ato de improbidade haverá de ser iniciado com a comprovação da incompatibilidade da conduta com os princípios regentes da atividade estatal[1], vale dizer, com a inobservância do princípio da juridicidade, no qual avultam em importância os princípios da legalidade e da moralidade.

A norma, consubstanciada em regras ou princípios, há de ser observada, sendo a sua violação o principal prisma de identificação dos atos de improbidade. Tal interpretação apresenta-se em perfeita harmonia com a teleologia da norma e a sistemática legal, pois os atos de improbidade devem ser punidos independentemente da efetiva ocorrência de dano ao erário (art. 21, I, da Lei n. 8.429/1992); a violação aos princípios constitui hipótese autônoma de improbidade (art. 11); o dano ao erário (art. 10) só configura a improbidade quando o agente viole os princípios norteadores de sua atividade, já que o prejuízo financeiro encontra-se ínsito em muitas atividades estatais, em especial as de cunho econômico (*v.g.*: intervenções do Banco Central no mercado financeiro); o ato de conceder, aplicar ou manter benefício financeiro ou tributário em dissonância da legalidade (art. 10-A) evidencia flagrante afronta ao próprio alicerce de sustentação do Estado de Direito; e o enriquecimento ilícito, por sua vez, é a mais vil das formas de improbidade, sendo nítida a violação ao princípio da moralidade.

Nessa linha, será de bom alvitre que a inicial de qualquer ação civil ajuizada em face do ímprobo descreva, de forma clara e objetiva, os princípios que foram infringidos, ainda que, ao final, se proceda ao enquadramento do ato na tipologia dos arts. 9º, 10 e 10-A da Lei de Improbidade. Assim, ainda que não seja demonstrado o enriquecimento ilícito, o dano ao patrimônio público ou a irregularidade do benefício financeiro ou tributário auferido pelo contribuinte do ISS, estará o agente sujeito às sanções concernentes à infração do art. 11. A nosso ver, bastará que a violação aos princípios esteja claramente descrita na causa de pedir, sendo desnecessária a correlata menção ao art. 11, o qual é antecedente necessário à configuração das infrações mais graves, previstas nos arts. 9º, 10 e 10-A, sendo por elas absorvido. No entanto, àqueles que prezam a clareza, inexistirá óbice ao simultâneo enquadramento do ato no art. 11 e nos arts. 9º, 10 e 10-A da Lei de Improbidade (a denominada subsunção plúrima), do que poderá igualmente resultar a formulação de um pedido subsidiário: em não sendo reconhecido o enriquecimento ilícito ou o dano ao patrimônio público ou a irregularidade dos benefícios financeiros ou tributários concedidos ao contribuinte do ISS, que ao ímprobo, ao menos, sejam aplica-

---

[1] Essa linha argumentativa foi encampada por Waldo Fazzio Júnior (*Atos de improbidade administrativa...*, p. 76) e Fábio Medina Osório (*Teoria...*, p. 328, 425 e 431).

das as sanções do art. 12, III, da Lei n. 8.429/1992 por infração aos princípios regentes da atividade estatal.

Por óbvias razões, tratando-se de violação autônoma aos princípios, caso não assumam o papel de meros integrantes do *iter* de individualização do ato de improbidade, ainda que a inicial também impute o enriquecimento ilícito ou o dano ao patrimônio público, todas as condutas haverão de ser descritas.

1.2. Segundo Momento

Ainda sob a ótica da tipificação dos atos de improbidade, deve ser analisado, em um segundo momento, o elemento volitivo do agente. Todos os atos emanados dos agentes públicos e que estejam em dissonância dos princípios norteadores da atividade estatal serão informados por um elemento subjetivo, o qual veiculará a vontade do agente com a prática do ato.

Havendo vontade livre e consciente de praticar o ato que viole os princípios regentes da atividade estatal, dir-se-á que o ato é doloso; o mesmo ocorrendo quando o agente, prevendo a possibilidade de violá-los, assuma tal risco com a prática do ato.

O ato será culposo quando o agente não empregar a atenção ou a diligência exigida, deixando de prever os resultados que adviriam de sua conduta por atuar com negligência, imprudência ou imperícia.

Ante o teor da Lei n. 8.429/1992, constata-se que apenas os atos que acarretem lesão ao patrimônio público (art.10) admitem a forma culposa, pois somente aqui tem-se a previsão de sancionamento para a conduta direcionada por esse elemento volitivo. Nas hipóteses de enriquecimento ilícito (art. 9º), concessão, aplicação ou manutenção indevida de benefício financeiro ou tributário ao contribuinte do ISS (art. 10-A) e violação aos princípios administrativos (art. 11), o ato deve ser doloso.

1.3. Terceiro Momento

Constatada a violação aos princípios que legitimam a atividade estatal e identificado o elemento volitivo do agente, deve ser aferido se a sua conduta gerou efeitos outros, o que importará em modificação da tipologia legal que alcançará o ato.

Assim, havendo unicamente violação aos princípios, ter-se-á a subsunção da conduta ao art. 11 da Lei n. 8.429/1992; tratando-se de ato que tenha igualmente acarretado dano ao patrimônio público, as atenções se voltarão para o art. 10; presente a concessão, a aplicação ou a manutenção indevida de benefício financeiro ou tributário ao contribuinte do ISS, o enquadramento será no art. 10-A; e, em sendo divisado o enriquecimento ilícito, a matéria será regida pelas figuras do art. 9º.

Caso se constate que o ato, além de violar os princípios, a um só tempo, importou em enriquecimento ilícito do agente, causou dano ao erário ou acarretou a fruição de benefício indevido pelo contribuinte, a operação de subsunção haverá de ser complementada com o fim buscado pelo agente. Aqui, será normalmente constatado que o agente pretendia se enriquecer de forma ilícita, tendo, por via reflexa, causado danos ao patrimônio público. Neste caso, a figura do art. 9º da Lei n. 8.429/1992 deverá prevalecer, sendo esta conclusão robustecida pela natureza das sanções cominadas nos incisos I e II do art. 12, em que, no caso de enriquecimento ilícito, são cominadas as sanções de "perda dos bens ou valores acrescidos ilicitamente ao patrimônio" e "ressarcimento integral do dano, *quando houver*"; e, nas situações de dano ao erário, são previstas as sanções de "ressarcimento integral do dano" e "perda dos bens ou valores acrescidos ilicitamente ao patrimônio, *se ocorrer esta circunstância*".

Acresça-se, ainda, que, em regra, as figuras do art. 9º preveem o enriquecimento ilícito do próprio agente público, enquanto no art. 10 quem se enriquece ilicitamente é o terceiro, sendo esta a consequência advinda do dano causado ao patrimônio público.

Como se vê, não passou despercebida ao legislador a circunstância de um mesmo ato poder se subsumir a mais de um tipo, o que é constatado pela referência ao ressarcimento integral do dano (*quando houver*) dentre as sanções cominadas aos atos que importem em enriquecimento ilícito e na previsão da sanção de perda de bens (*se ocorrer esta circunstância*) dentre aquelas cominadas às condutas que causem dano ao patrimônio público.

Quanto ao art. 10-A, o dano ao patrimônio público encontra-se ínsito às condutas nele descritas, daí a preeminência que deve ostentar em relação ao art. 10 da Lei n. 8.429/1992, de modo a prevalecer a sua especialidade.

1.4. Quarto Momento

Dispõe o art. 1º da Lei n. 8.429/1992 que "somente estarão sujeitos às sanções previstas nesta Lei aqueles atos praticados por agentes públicos em detrimento das entidades ali enumeradas".

Neste passo, devem ser analisadas as características dos sujeitos passivo e ativo do ato, os quais devem encontrar plena adequação ao disposto nos arts. 1º e 2º da Lei de Improbidade, conforme abordagem realizada nos tópicos anteriores, para os quais remetemos o leitor.

Constatada a inexistência de vínculo entre o responsável pelo ato e qualquer dos entes elencados no art. 1º, não haverá que se falar em aplicação da Lei n. 8.429/1992, o mesmo ocorrendo quando inexistir correspondência entre as qualidades dos sujeitos ativo e passivo e aquelas previstas em lei.

A condição de agente público, como se disse, mostra-se imprescindível à incidência do microssistema sancionador instituído pela Lei n. 8.429/1992. Além disso, é imprescindível que ela seja relevante à prática do ato, conferindo ao indivíduo uma posição favorável à realização do resultado almejado. A situação torna-se mais complexa quando o indivíduo, por exemplo, recebe certa vantagem antes mesmo de estabelecer algum tipo de vínculo com o sujeito passivo em potencial, mas com o objetivo de influenciar a sua futura atuação funcional. Ou, mesmo, quando a vantagem é recebida posteriormente à dissolução do vínculo, isso em razão da prática de ato associado à função desempenhada pelo agente. Em ambos os casos, somente será possível atrair a incidência da Lei n. 8.429/1992 e considerar a vantagem "indevida" caso seja possível associá-la a alguma ação ou omissão inerente ao exercício funcional. Nesse caso, o ato de improbidade, normalmente associados ao desvio de poder em sua acepção mais ampla, será contemporâneo ao vínculo com o sujeito passivo, ainda que atos antecedentes ou consequentes possam ter influenciado no seu surgimento.

1.5. Quinto Momento

Ultrapassados os quatro momentos anteriormente referidos, ter-se-á o que se pode denominar de "improbidade formal". Até aqui, a atividade valorativa do operador do Direito limitou-se à construção de um elo comparativo entre a conduta e os princípios regentes da atividade estatal.

Constatada a dissonância, passou-se a uma operação mecânica de subsunção da conduta à tipologia legal, sendo que esta etapa deve ser complementada com a utilização do critério da proporcionalidade, o que permitirá que coexistam, lado a lado, a "improbidade formal" e a "improbidade material".

Como foi visto no capítulo próprio, este quinto momento do *iter* de identificação da improbidade afastará a aplicação desarrazoada da Lei n. 8.429/1992, não permitindo o enfraquecimento de sua credibilidade. Evitar-se-á, assim, que agentes que utilizem uma folha de papel da repartição em seu próprio benefício; que, inadvertidamente, joguem ao lixo uma caneta ainda em uso; ou, tão somente por figurarem como autoridades coatoras num mandado de segurança cuja ordem venha a ser deferida, sejam intitulados de ímprobos.

Apesar disso, devem ser igualmente utilizados parâmetros para se conferir maior objetividade ao princípio da proporcionalidade, o que evitará que esse instrumento inibidor de injustiças termine por ser utilizado por juízes despreparados como elemento estimulador da impunidade.

Em um primeiro plano, a sua utilização haverá de assumir ares de excepcionalidade, evitando-se que seu emprego seja vulgarizado, terminando por legitimar uma "atipicidade generalizada". Como parâmetros a serem seguidos, deve-se observar se é insignificante a lesão aos deveres do cargo ou à consecução dos fins visados e se a conduta apresentava compatibilidade com a realidade social do local em que foi praticada.

Tratando-se de dano, benefício financeiro ou tributário insignificante para o contribuinte do ISS ou de enriquecimento de ínfimo ou de nenhum valor monetário, ou mesmo de ato que, apesar de violador dos princípios regentes da atividade estatal, tenha atingido o interesse público em sua plenitude, sem qualquer lesão a direitos individuais, não se terá uma relação de proporcionalidade entre a conduta do agente e as consequências que advirão da aplicação da Lei n. 8.429/1992, o que deve importar no seu afastamento.

À configuração da improbidade material, no entanto, é desinfluente a existência de efetivo dano ao patrimônio público ou a rejeição das contas apresentadas pelo agente público ao Tribunal de Contas. Em que pese ser derivação lógica da sistemática legal, preocupou-se o legislador em instituir regra específica a esse respeito, o que resultou no art. 21 da Lei n. 8.429/1992.

É importante frisar, uma vez mais, que a "atipicidade" aqui sustentada deve manter-se adstrita às situações em que a incidência da Lei de Improbidade venha a ferir o senso comum, importando em *total incompatibilidade* com os fins da norma e as exigências do harmônico convívio social.

2. TENTATIVA

Como já tivemos oportunidade de escrever em outra oportunidade[2], no âmbito penal, seara em que o estudo da tentativa assume maior relevância, surgiram diversas teorias que procuravam justificar os motivos de sua repressão.

Pela *teoria objetiva*, a lei pune a tentativa pelo fato desta acarretar perigo ao bem jurídico tutelado pela norma. De acordo com a *teoria subjetiva*, a punição da tentativa tem por fundamento a contrariedade da vontade do autor ao Direito, o que deve ser coibido. A *teoria objetiva mesclada* busca resolver a questão atrelando a repressão da tentativa à periculosidade do autor, o que poderia justificar a punição da tentativa inidônea em alguns sistemas jurídicos[3].

Em juízo crítico, pode-se dizer que "a teoria objetiva não explica a razão pela qual se apena (ou se submete a medida de segurança, o que, no fundo, é a mesma coisa, com diferente denominação) a tentativa inidônea; a teoria perigosista – seja quando busca a punição de qualquer tentativa ou tão somente a da tentativa inidônea – e a teoria subjetiva conduzem à apenação, como delitos, de atos que não atingem bem jurídico algum. Aliás, a teoria subjetiva também não explica a razão de reduzir-se, obrigatoriamente, a pena da tentativa frente ao delito consumado"[4].

Para a denominada *teoria da impressão*, a tentativa é punida por provocar um alarme social, afetando a segurança jurídica que deve reinar no organismo social. Zaffaroni e Pierangelli entendem que o Código Penal brasileiro "funda a punibilidade da tentativa na impressão que produz no Direito, por ser ameaçadora para o bem jurídico, o que já representa uma forma de ofendê-lo"[5].

---

2 *Abuso de poder nas eleições, meios de coibição*, p. 39.
3 No Brasil, após a reforma penal de 1984, a tentativa inidônea não mais é punível, segundo o disposto no art. 17 do CP: "Não se pune a tentativa quando, por ineficácia absoluta do meio ou por absoluta impropriedade do objeto, é impossível consumar-se o crime".
4 ZAFFARONI, Eugenio Raúl; PIERANGELLI, José Henrique. *Da tentativa*, p. 31.
5 Ob. cit., p. 39.

Conforme fora visto, a identificação e a coibição da improbidade devem ser realizadas sob uma ótica principiológica, o que garantirá a primazia dos vetores básicos da atividade estatal, resguardando a pureza de seus fins.

Diferentemente da esfera penal, a Lei n. 8.429/1992 não possui uma norma de adequação típica semelhante ao art. 14 do Código Penal, o que inviabiliza a ampliação da tipologia prevista nos arts. 9º, 10, 10-A e 11 daquele diploma legal às hipóteses em que seja identificada a incompleta concreção do tipo objetivo, vale dizer, às situações em que resulte clara a vontade do agente mas não seja constatada a efetiva violação do bem jurídico tutelado[6].

Apesar disso, ainda que não seja divisado o enriquecimento ilícito ou o dano ao patrimônio público, por não ter o agente avançado na utilização dos mecanismos que idealizara, inexistirá óbice à apuração de sua responsabilidade em sendo demonstrado que efetivamente infringira os princípios regentes da atividade estatal antes que fatores externos o impedissem de prosseguir.

Deve-se frisar, uma vez mais, que não obstante resulte clara a vontade do agente, não haverá que se falar em improbidade se não for iniciada a execução do ato inquinado de ilícito. *In casu*, a mera cogitação não consubstanciará ilícito algum; a eventual prática de atos preparatórios será passível de punição se, individualmente considerados, estiverem em dissonância com os princípios regentes da atividade estatal, o mesmo ocorrendo em relação aos atos de execução praticados anteriormente à involuntária interrupção da empreitada.

Desistindo o agente voluntariamente de prosseguir em sua atividade, haverá de responder pelos ilícitos até então praticados, a exemplo do que ocorre na esfera penal[7].

3. DOS ATOS FUNCIONAIS. CONCEITOS MATERIAL E FORMAL

Como foi visto, é garantido aos órgãos que desempenham as diferentes funções estatais o exercício de atividades anômalas, não sendo sempre vislumbrada uma relação de correspondência entre a natureza do ato e a atividade primordialmente atribuída a determinada função.

---

6 Em sentido contrário: STJ, 2ª T., REsp n. 1.014.161/SC, 2ª T., rel. Min. Mauro Campbell Marques, j. em 17/8/2010, *DJe* de 20/9/2010. O Tribunal entendeu possível o enquadramento de certa conduta no art. 10 da Lei n. 8.429/1992, apesar da atuação preventiva do Ministério Público, evitando o resultado lesivo,"porque o art. 21, inc. I, da Lei n. 8.429/92, segundo o qual'[a] aplicação das sanções previstas nesta lei independe (...) da efetiva ocorrência de dano ao patrimônio público, salvo quanto à pena de ressarcimento', tem como finalidade ampliar o espectro objetivo de incidência da Lei de Improbidade Administrativa para abarcar atos alegadamente ímprobos que, por algum motivo alheio à vontade dos agentes, não cheguem a consumar lesão aos bens jurídicos tutelados – o que, na esfera penal, equivaleria à punição pela tentativa". Com a vênia possível, entendemos que a conduta poderia ser eventualmente enquadrada no art. 11, não no art. 10. *In casu*, verifica-se uma nítida deturpação da funcionalidade do art. 21, que é a de autorizar o enquadramento da conduta na tipologia dos arts. 9º e 11, não a de legitimar a existência jurídica da"tentativa de dano".

7 Art. 15 do CP.

Não raro ocorrerá que atos administrativos sejam praticados pelos Poderes Legislativo e Judiciário; atos legislativos pelos Poderes Executivo e Judiciário; e atos jurisdicionais pelo Legislativo. Em razão disto, os atos funcionais devem ser analisados sob uma ótica dicotômica, possibilitando a formação de um conceito material (objetivo) e outro formal (subjetivo), o que permitirá a identificação de sua real natureza.

Sob o aspecto material, um ato será administrativo, legislativo ou jurisdicional quando, pela natureza de seu conteúdo, se apresentar em simetria com a atividade finalística de uma dessas funções. Neste caso, o ato é valorado sob uma perspectiva intrínseca, e a identificação de sua natureza será realizada em conformidade com os efeitos que produza no domínio do direito objetivo ou do direito subjetivo.

No sentido formal, a natureza do ato estará vinculada ao órgão do qual tenha emanado, o que dissocia a natureza de seu conteúdo, culminando em defini-lo sob a ótica de elementos extrínsecos a ele.

Iniciando-se com os atos legislativos, será possível constatar que, em muitas ocasiões, o operador do Direito irá se deparar com uma lei em sentido formal, já que emanada do Poder Legislativo, mas que sob a ótica material não tem essa natureza.

Como observara Pontes de Miranda[8], "nem tudo que o Poder Legislativo elabora é lei. O fato de se haverem imposto a certos atos do Estado o processo e as cautelas da lei não faz lei tudo o que obedeceu a esse processo e a essas cautelas. A arte política foi obrigada a tais extensões da técnica legislativa, mas o Poder Legislativo toma deliberações que não são, em sentido próprio, leis. Daí os dois conceitos de lei – o formal, que faz 'lei' tudo que resulta dos órgãos legislativos mediante o processo legiferante, conceito tão disparatado quanto o que fizesse judiciais todos os atos dos juízes e dos tribunais; e o material, que somente considera lei a regra jurídica. O que a Constituição faz, quando inclui atribuição que não é legiferante (jurisferante), mas atribuições do Poder Legislativo e a submete ao mesmo rito, é impor a feitura à semelhança da legislação, em forma de lei"[9].

Lei, em sentido material, é toda norma de conduta instituída em caráter imperativo, geral e com eficácia modificativa da ordem jurídica preexistente, veiculando regras eminentemente abstratas; sob o prisma formal, por sua vez, é a denominação dada a qualquer deliberação do órgão legislativo, editada em harmonia com o processo legislativo, ainda que destituída de abstração e generalidade. Aquela tem natureza impessoal e universal, enquanto esta em muito se assemelha aos atos administrativos[10]. De qualquer modo, a

---

8 Independência e harmonia dos poderes, *RDP* 20/21.
9 De acordo com Francisco Campos, citando o pensamento de Carl Schmitt, "resumindo-se a lei em uma ordem individual, será uma simples medida, e não uma lei no sentido de regra fundamental, relativa à igualdade perante à lei" (*Direito constitucional*, v. II, p. 46).
10 Merece menção a seguinte decisão do TJRS, *verbis*: "Ação civil pública. Diárias dos vereadores. Decreto legislativo. Natureza do ato. Valores excessivos. Princípio da moralidade administrativa. Controle jurisdicional. 1. Natureza jurídica. O decreto legislativo da Câmara Municipal que fixa as diárias para os vereadores,

Capítulo VIII – Dos Atos de Improbidade

inobservância da lei, em sentido material ou meramente formal, sempre ensejará a aplicação da sanção prevista em seu preceito secundário[11].

O Poder Executivo, com frequência, edita normas de conduta que se assemelham à lei em sentido material. É o caso das denominadas medidas provisórias, substitutivas do antigo decreto-lei e que foram inseridas na Carta de 1988 com o objetivo de viabilizar a subsistência de um regime parlamentarista, forma de governo que inicialmente despertou a simpatia dos Constituintes.

Considerando que as medidas seriam editadas pelo Primeiro-Ministro, bem como que este seria membro do próprio parlamento, a agilidade de tal instituto certamente dinamizaria a atividade legislativa. Em que pese ter sido rechaçado o parlamentarismo, as medidas provisórias foram mantidas no texto constitucional, sendo inicialmente estabelecido que somente manteriam sua eficácia durante 30 (trinta) dias, período no qual deveriam ser examinadas pelo Poder Legislativo[12]. Ulteriormente, a EC n. 32, de 11 de setembro de 2001, conferiu nova redação ao art. 62 da Constituição, dispondo, no § 3º, que "as medidas provisórias, ressalvado o disposto nos §§ 11 e 12[13] perderão eficácia, desde a edição, se não forem convertidas em lei no prazo de sessenta dias, prorrogável, nos

---

rectius, resolução, é de natureza administrativa, pois diz respeito à atividade-meio, e não à atividade-fim. Portanto, não é insuscetível de questionamento, no Judiciário, pelo prisma da moralidade administrativa, sem que isso constitua ofensa ao princípio da independência e harmonia entre os Poderes da República (CF, arts. 2º e 37, *caput*). 2. Moralidade administrativa. A moralidade administrativa não é de natureza subjetiva, mas objetiva ou jurídica, isto é, resultante de um conjunto de regras de conduta tiradas da disciplina da administração. Mas, nas finalidades, ela se entrelaça com a moral segundo o senso comum, que é de veto ao não ético, ao desonesto, ao que, face a valores éticos e fatos vigentes, se mostra de manifesta aberrância. 3. Controle jurisdicional. O controle jurisdicional não se restringe ao exame da legalidade *stricto sensu* do ato administrativo, mas sim *lato sensu*, na qual se inserem a legalidade propriamente dita e a legitimidade, que é a adequação do ato com a lei nos seus aspectos extrínsecos ou formais, e também nos seus aspectos intrínsecos ou substanciais, por onde entram as questões da moral administrativa e dos interesses coletivos. 4. Diária. A diária tem caráter ressarcitório de gastos efetivados; logo, deturpa esse caráter quando, pelos valores estratosféricos em relação ao custo das viagens, acaba se constituindo em fonte de remuneração oblíqua, o que ofende a moralidade administrativa. 5. Redução do valor. Flagrado o desvirtuamento, reduz-se o valor ao padrão adotado por ato administrativo posterior, que reduziu a diária a patamar compatível com a sua natureza ressarcitória, ou seja, 1/20 (um vinte avos), aprumando-se inclusive com o legislativo estadual. 6. Apelos desprovidos" (1ª CC, AP n. 70000181453, rel. Des. Irineu Mariani, j. em 29/12/1999).

11 Essa conclusão, por si só, demonstra a insuficiência do critério objetivo para explicar por que determinados atos de conteúdo administrativo, emanados do Poder Legislativo, estarão sujeitos ao mesmo tratamento dispensado às leis. Apesar disso, o critério objetivo deve ser prestigiado, pois mais se aproxima da realidade fenomênica. No entanto, em situações específicas, deverá ser temperado com o regramento relativo à disciplina jurídica de determinados atos, quando estudados sob uma perspectiva meramente formal.

12 Art. 62, parágrafo único, da CR/1988.

13 "Art. 62. (...) § 11. Não editado o decreto legislativo a que se refere o § 3º até sessenta dias após a rejeição ou perda de eficácia de medida provisória, as relações jurídicas constituídas e decorrentes de atos praticados durante sua vigência conservar-se-ão por ela regidas. § 12. Aprovado projeto de lei de conversão alterando o texto original da medida provisória, esta manter-se-á integralmente em vigor até que seja sancionado ou vetado o projeto."

termos do § 7º[14], uma vez por igual período, devendo o Congresso Nacional disciplinar, por decreto legislativo, as relações jurídicas delas decorrentes", tendo o § 4º previsto que "o prazo a que se refere o § 3º contar-se-á da publicação da medida provisória, suspendendo-se durante os períodos de recesso do Congresso Nacional".

Assim, em não sendo apreciadas em sessenta dias, a vigência das medidas provisórias poderá ser prorrogada uma única vez por igual período[15]. A reforma constitucional tende a atenuar a anomalia que se verificou a partir da promulgação do texto constitucional, o qual deflagrara um nítido desequilíbrio entre as funções estatais, já que o Poder Executivo, incentivado pela inércia do Legislativo, podia editar livremente as normas de conduta que melhor correspondessem aos seus interesses, quer fossem legítimos ou não[16].

A exemplo das medidas provisórias, há quem sustente que os regulamentos (*executive law-making*) podem ser considerados leis em sentido material[17]. De acordo com Seabra

---

14 "Art. 62. (...) § 7º Prorrogar-se-á uma única vez por igual período a vigência de medida provisória que, no prazo de sessenta dias, contado de sua publicação, não tiver a sua votação encerrada nas duas Casas do Congresso Nacional." Segundo o art. 2º da EC n. 32/2001, as medidas provisórias editadas em data anterior à da publicação dessa emenda continuam em vigor até que medida provisória ulterior as revogue explicitamente ou até deliberação definitiva do Congresso Nacional.

15 No sistema anterior à EC n. 32/2001, ao Presidente da República era permitido reeditar as medidas provisórias indefinidamente sempre que expirasse o trintídio constitucional sem a apreciação do Legislativo (STF, Pleno, ADI n. 1.250-9/DF, rel. Min. Moreira Alves, *DJ* de 6/9/1995, p. 28252).

16 Como observou Duguit, "sob o ponto de vista formal, é lei toda deliberação emanada do órgão que, conforme a Constituição do país considerado, tenha a característica de órgão legislativo" (*Manuel de Droit Constitutionnel*, p. 90). Em que pese estar inserida na seção relativa ao processo legislativo (art. 59 da CR/1988), tendo o Presidente da República legitimidade constitucional para editá-la, a medida provisória não pode ser considerada lei em sentido formal, isto porque sua edição importa em exercício de atividade nitidamente anômala do Poder Executivo, bem como em razão de sua provisoriedade, cabendo a deliberação final ao Legislativo.

17 Analisando a questão unicamente sob a ótica da generalidade e abstração do regulamento, entende Duguit que este deve ser considerado como lei em sentido material (*Manuel de droit constitutionnel*, p. 104-106). Ao discorrer sobre os regulamentos de polícia, argumenta o renomado publicista francês que eles visam a garantir a ordem pública, a segurança, a tranquilidade e a salubridade públicas, sendo caracteres intrínsecos do ato. Do mesmo modo, todas as leis visam a iguais objetivos. Assim, se referidos regulamentos são vistos como atos administrativos, não há razão de não se ver todas as leis como atos administrativos (p. 107). Duez e Debeyere (*Traité de droit administratif*, p. 188) inserem os regulamentos na categoria dos atos-regra, a exemplo das leis constitucionais e das leis materiais elaboradas pelo Parlamento, pois todos são dotados de generalidade (p. 185). Vedel (*Droit administratif*, p. 39) ressalta que existem semelhanças sob o ponto de vista material e diferenças sob o ponto de vista formal, esclarecendo, sob o primeiro prisma, que os regulamentos, a exemplo da maior parte das leis, resultam na edição de regras gerais e impessoais. No direito italiano, Francesco D'Alessio também entende ser o regulamento lei em sentido material (*Istituzioni di diritto amministrativo*, v. I, p. 10) e Arturo Lentini aponta para a sua natureza de *norme giuridiche puramente sostanziali*, em contraposição à *leggi formali* (*Istituzioni di diritto amnistrativo*, v. I, p. 32, n. 4). Raffaele Resta (*La Revoca degli Atti Amministrativi*, p. 27), após acentuar que os regulamentos têm a eficácia material da lei, acrescenta que, por serem atos administrativos gerais, podem ser sindicados, anulados ou revogados como todos os demais atos administrativos.

Fagundes[18], "se estes atos revestem os caracteres de generalidade e coatividade, falece-lhes, no entanto, o de novidade. Não acarretam, não podem acarretar qualquer modificação à ordem jurídica vigorante. Hão de restringir-se a interpretá-la com finalidade executiva. O conterem disposições de sentido geral não basta, pois a generalidade, sendo característica da lei, não é somente dela. Existem atos administrativos de alcance impessoal, ou, pelo menos, comum a grupos de pessoas. Tais as ordens eventuais de regulação do trânsito por ocasião de festas, de incêndios etc. Tais, ainda, as tabelas de preços impostos a certas mercadorias e serviços".

O regulamento busca integrar a norma, explicitando o seu conteúdo. A um só tempo deve manter-se adstrito à norma e complementá-la, o que denota a presença da alvitrada inovação, ainda que limitada pelo princípio da legalidade. Do mesmo modo que o regulamento, as denominadas *leis interpretativas* tão somente complementam uma norma preexistente, dirimindo dúvidas e facilitando sua aplicação, mas nem por isso é negada sua qualidade de lei em sentido material.

Em que pese ser dotado de generalidade e abstração, apresentando um certo caráter inovador, o regulamento se distingue substancialmente da lei por ser-lhe defeso dispor livremente sobre as matérias que disciplina[19], limitação esta que não assola a lei, a qual somente deve obediência à Constituição. A essência da lei é seu caráter soberano na criação do Direito, sendo óbvio que tal soberania não pode ser reconhecida a uma norma inferior – não é uma questão de quantidade ou escalonamento, é de grau, de qualidade[20]. O regulamento não pode restringir ou limitar a lei, o que denota, em sua essência, uma nítida relação de dependência, nunca de igualdade[21]. Admitir o contrário seria subverter a ordem jurídica e comprometer o sistema de legalidade, com o consequente enfraquecimento do Estado de Direito, pois a autoridade que emite o regulamento seria equiparada aos imperadores das antigas monarquias absolutas: *Principes legibus solutus est*[22].

É importante distinguir delegação legislativa de poder regulamentar. Enquanto a delegação legislativa permite a edição de ato normativo primário, que tem força de lei, o poder regulamentar enseja a edição de atos normativos secundários, de natureza adminis-

---

18 *O controle dos atos administrativos pelo Poder Judiciário*, p. 34, nota 2.
19 É o caso, *mutatis mutandis*, dos decretos que fixam as alíquotas dos impostos sobre importação, exportação, produtos industrializados e operações de crédito, os quais devem observar os limites e as condições estabelecidos em lei (art. 153, § 1º, da CR/1988).
20 Cf. ENTERRÍA, Eduardo García de; FERNÁNDEZ, Tomás-Ramon. *Curso de derecho administrativo*, v. I, p. 99.
21 Após distinguir os atos normativos em originários e derivados, Miguel Reale (*Revogação e anulamento do ato administrativo*, p. 12-15) inclui os regulamentos dentre os últimos, acrescendo que "os atos legislativos não diferem dos regulamentos ou de certas sentenças por sua natureza normativa, mas sim pela originariedade com que instauram situações jurídicas novas, pondo o direito e, ao mesmo tempo, os limites de sua vigência e eficácia, ao passo que os demais atos normativos explicitam ou completam as leis, sem ultrapassar os horizontes da legalidade".
22 Cf. LEAL, Victor Nunes. *Problemas de direito público*, p. 71.

trativa e que, longe de se equiparar à lei, nela auferem o seu fundamento de validade. Em razão de seu caráter excepcional, importando no exercício de competência anômala por parte do Executivo, as delegações legislativas pressupõem a expressa previsão constitucional (*v.g.*: leis delegadas – art. 68 da CR/1988), sendo oportuno lembrar a preocupação do Constituinte em cancelar as inúmeras delegações outorgadas a órgãos e a pessoas jurídicas de direito público (*v.g.*: Instituto Brasileiro do Café – Lei n. 1.779/1952, Conselho Nacional de Seguros Privados – Decreto-Lei n. 73/1966, Conselho Nacional de Turismo – Decreto-Lei n. 55/1966 etc.)[23].

Na lição de Vicente Ráo[24], a lei veicula a regra geral de direito; o regulamento, o efeito prático de sua aplicação, o que afasta a identidade de essência entre ambos. Estes argumentos são adequados ao nosso sistema jurídico, em que, regra geral, não é admitida a figura do regulamento autônomo pela ordem constitucional[25]. No entanto, admitida esta possibilidade, não haverá óbice para que o regulamento seja considerado lei em sentido material, pois será livre seu horizonte de alcance, devendo obedecer unicamente às limitações estatuídas no texto constitucional.

Discorrendo sobre a posição daqueles que sustentam serem os regulamentos "leis secundárias", os quais auferem seu fundamento de validade nas "leis primárias" e estas na Constituição, Hauriou[26] opõe-se, afirmando que a simples expressão "ilegalidade dos regulamentos" é suficiente para demonstrar a incorreção desse argumento. Se os regulamentos podem ser considerados ilegais é porque não são leis, pois as leis não poderiam ser ilegais.

---

23 O art. 25 do Ato das Disposições Constitucionais Transitórias da CR/1988 dispõe que "ficam revogados, a partir de cento e oitenta dias da promulgação da Constituição, sujeito este prazo a prorrogação por lei, todos os dispositivos legais que atribuam ou deleguem a órgão do Poder Executivo competência assinalada pela Constituição ao Congresso Nacional, especialmente no que tange a: I – ação normativa; II – alocação ou transferência de recursos de qualquer espécie". Em que pese à ausência de vedação expressa no texto constitucional, também as delegações legislativas posteriores a ela estão vedadas, o que deflui não só do art. 25 do ADCT como também dos princípios da divisão dos poderes e do devido processo legal. Assim, será flagrantemente inconstitucional uma lei que transfira ao Executivo, por completo, o ônus de delinear o seu conteúdo, não se limitando a explicitá-lo.

24 *O direito e a vida dos direitos*, v. I, p. 272.

25 Sobre a possibilidade de se submeter o regulamento ao controle de constitucionalidade, assim se pronunciou o STF: "... É ponto firme, no Supremo Tribunal Federal, a inadmissibilidade de aferir, na via do controle abstrato de constitucionalidade, da invalidez de regulamentos por contrariedade à lei regulamentada e consequente invasão dos limites constitucionais do poder regulamentar: nessa hipótese, para a jurisprudência consolidada e na linha da melhor doutrina (*v.g.*, Kelsen, La Garantie Jurisdictionelle de la Constitution, *Rev. Dr. Public.*, 1928, p. 197, 230; Zagrebelsky, *La Giustizia Costituzionale*, 1977, f. 57), ou o regulamento é conforme à lei – e então é em relação a esta que se põe o problema da constitucionalidade – ou o regulamento a contraria – caso em que o vício se reduz à simples ilegalidade (*v.g.*, ADI 589, 20/9/91, Velloso, *Lex* 157/60; ADI 708, 22/5/92, Moreira, *RTJ* 142/718; ADI 996, 11/3/94, C. Mello, *Lex* 189/101; ADI 997, 17.12.93, M. Aurélio, *Lex* 187/140 etc.)" (STF, Pleno, ADI n. 1.553-2-liminar, rel. Min. Marco Aurélio, j. em 6/3/1997, *DJ* de 16/5/1997).

26 *Précis de droit administratif e de droit public*, p. 36-37.

Quanto ao fato de o regulamento, a exemplo da lei, tão somente auferir seu fundamento de validade em norma superior, Hauriou também sustenta o vício desse raciocínio, pois se uma lei é considerada inconstitucional é porque não está em conformidade com o *espírito da Constituição*, e quando um regulamento é dito ilegal é porque tocou um objeto qualquer de um espírito que não aquele da lei. Segundo o mestre, há, então, uma matéria legal, como há uma matéria constitucional, e ela se situa no espírito da lei; há também, sem dúvida, uma matéria regulamentar, isto é, um espírito do regulamento. Assim, se lei e regulamento não têm a mesma matéria, eles não têm nada de comum.

O Poder Judiciário, por seus órgãos colegiados, está autorizado a elaborar normas de conduta que se assemelham à lei em sentido material. O art. 96, I, da Constituição da República estatui ser competência privativa dos tribunais a elaboração de seus regimentos internos, podendo dispor sobre a competência e o funcionamento dos respectivos órgãos jurisdicionais e administrativos. Ao fixar a competência de seus órgãos, os tribunais praticam atos de natureza essencialmente legislativa, os quais atingirão todos os jurisdicionados que junto a eles pretendam deduzir uma pretensão. Esses regulamentos, no entanto, embora genéricos e abstratos, não têm a eficácia da lei, o que autoriza que os tribunais superiores deixem de aplicá-los no âmbito de determinado processo, sempre que identifiquem a inobservância do espaço de conformação deixado pelo Constituinte e a colidência com a norma editada em harmonia com o processo legislativo regular.

Os Poderes Legislativo e Judiciário também praticam atos que visam a concretizar os comandos estatuídos na norma e que se encontram dissociados de sua atividade finalística, sendo típicos da função administrativa. Nestes casos, "atendendo à natureza e à repercussão de tais atos na ordem jurídica, pode-se definir essa função (*administrativa*) como aquela pela qual o Estado determina situações individuais, concorre para a sua formação, e pratica atos materiais"[27].

Para o desempenho de sua atividade-fim, afigura-se imprescindível a prática de atos administrativos por parte dos Poderes Legislativo e Judiciário, o que viabilizará a organização e a manutenção de sua estrutura. Como exemplos, têm-se os atos de nomeação de funcionários, de concessão de licenças, de elaboração dos editais e demais atos que nortearão o procedimento licitatório; as investigações realizadas nas Comissões Parlamentares de Inquérito e nos inquéritos administrativos etc., os quais devem ser conceituados como atos administrativos em sentido material. Atos administrativos sob a ótica formal, por sua vez, são todos aqueles que emanem do Poder Executivo.

A prática de atos jurisdicionais pelo Poder Legislativo encontra previsão expressa no art. 86 da Constituição da República. Após a formação do juízo de admissibilidade pela Câmara dos Deputados, o juízo natural para o processo e julgamento do Presidente da República, nos crimes de responsabilidade, é o Senado Federal. Em que pese tratar-se de julgamento essen-

---

27 FAGUNDES, M. Seabra. *Controle dos atos administrativos pelo Poder Judiciário*, p. 20.

cialmente político, em que é desnecessária a fundamentação da decisão proferida, a natureza jurisdicional do ato é vislumbrada por visar à aplicação de uma norma, realizando o direito preestabelecido, por ensejar a valoração da relação de adequação de um comportamento à norma, podendo aplicar a sanção cabível e em razão de sua definitividade[28].

A seguir, será realizada uma breve abordagem dos atos praticados pelos agentes públicos, os quais se encontram subdivididos consoante a natureza de cada qual (sentido material) e não conforme a atividade preponderante do órgão emissor (sentido formal). Assim, *verbi gratia*, os atos administrativos, ainda que emanados dos Poderes Legislativo e Judiciário no desempenho de atividades administrativas, serão estudados em conjunto, já que invariáveis os princípios informativos. Ressalte-se, desde logo, a necessidade de não se repetir de modo acrítico o entendimento de que "somente atos tipicamente administrativos se sujeitam às penas da Lei 8.429/1992"[29]. A assertiva certamente se baseia na tese de que atos tipicamente legislativos e jurisdicionais não podem ensejar a punição de seus autores. No entanto, ignora que muitos atos de improbidade são praticados em razão da posição ocupada pelo agente público no âmbito das estruturas estatais de poder, não estando propriamente associados a um ato administrativo. Seria o caso, por exemplo, de magistrados e parlamentares que recebessem vantagem indevida para a prática de atos próprios do seu ofício.

4. ATOS ADMINISTRATIVOS

Toda a atividade administrativa, qualquer que seja ela, pressupõe a existência de uma norma jurídica que a autorize e deve ter por finalidade a consecução do interesse público, o que conduz a plano secundário a vontade do administrador e eleva a impessoalidade da *voluntas legis* a um estamento superior.

Sendo extremamente limitada a autonomia de sua vontade, sendo cogente a prévia existência de uma autorização legal para agir e havendo necessária e estrita vinculação a determinada finalidade de interesse público, torna-se evidente que o administrador não pode utilizar-se dos "poderes" que lhe são outorgados pela lei ao seu bel-prazer.

Em verdade, esses "poderes", que melhor se enquadram sob a epígrafe dos "deveres-poderes", são meros instrumentos utilizados para se atingir o fim que é peculiar à própria

---

28 "... o Senado, quando julga o Presidente da República, não procede como órgão legislativo, mas como órgão judicial, exercendo jurisdição recebida da constituição, e de cujas decisões não há recurso para nenhum tribunal" (STF, Pleno, MS n. 21.689-1, rel. Min. Paulo Brossard, *DJ* de 7/4/1995, p. 18871 – trecho do voto do relator).

29 MARTINS, Tiago do Carmo. *Anotações à Lei de Improbidade Administrativa*. Porto Alegre: Verbo Jurídico, 2012, p. 30. Marcelo Harger afirma que a referência, na ordem constitucional, à "improbidade administrativa", é indicativo de que somente a "função administrativa" pode ser alcançada por essa figura (Improbidade..., p. 16), concepção que ignora o fato de os contornos desse ilícito serem estabelecidos pela legislação infraconstitucional.

existência do Estado, o bem de todos[30]. Consoante a lição de Renato Alessi[31], a atividade administrativa é desenvolvida sob a concepção de função estatal, que deve ser entendida como o dever de o agente praticar determinados atos, valendo-se dos poderes que a lei lhe confere, visando à consecução do interesse da coletividade.

O agente haverá de utilizar os "poderes" concedidos pela lei na medida em que a situação o exigir e na extensão necessária ao aperfeiçoamento do ato e à consecução do interesse público, tendo o administrado o direito subjetivo de exigir o cumprimento desse dever jurídico, restando ao Poder Judiciário a possibilidade de exame dos atos dissonantes do sistema.

A partir dessa concepção, nada original, já que difundida entre alguns juristas pátrios, teceremos breves considerações a respeito dos atos administrativos discricionários e dos elementos delineadores do abuso de poder do administrador, principais veículos condutores da improbidade em sua acepção estritamente administrativa.

4.1. Poder Discricionário

De modo correlato à adstrição da Administração Pública e, por via reflexa, dos atos administrativos, à concepção de juridicidade, encontra-se a outorga de certa margem de liberdade valorativa aos agentes públicos. Essa liberdade, presente em maior ou em menor medida em praticamente toda a atuação administrativa, decorre da impossibilidade de serem delineados, previamente, *in abstracto*, todos os elementos do ato. Com ela, torna-se possível a devida consideração dos aspectos circunstanciais, de natureza temporal, local e pessoal, de modo que seja adotada a medida mais consentânea com o caso.

O juízo valorativo realizado pelo agente público permitirá a escolha, dentre dois ou mais comportamentos possíveis, daquele que se mostre mais adequado ao caso concreto e à satisfação do interesse público[32]. Na percepção de Gianini[33], para que esse resultado seja alcançado, deve a autoridade proceder à "ponderação comparativa dos vários interesses secundários (*públicos, coletivos ou privados*), em vista a um interesse primário", atividade que consubstancia a essência da discricionariedade[34]. É importante ressaltar que o interesse público primário, longe de apresentar uma relação de sobreposição com um interesse específico da Administração ou, mesmo, de se identificar com o subjetivismo do agente

---

30 Art. 3º, IV, da CR/1988.
31 *Sistema istituzionale del diritto amministrativo italiano*, p. 2.
32 Cf. MOOR, Pierre. *Droit administratif*, v. I, 2ª ed. Berna: Éditions Staempfli, 1994, p. 370; MAURER, Hartmut. *Manuel de droit administratif allemand (Allgemeines Verwaltungsrecht)*. Trad. de Michel Fromont. Paris: LGDJ, 1994; e CRAIG, Paul. *Administrative Law*. 5ª ed. London: Sweet & Maxwell Limited, 2003, p. 521.
33 *Diritto amministrativo*, 3ª ed. Milano: D. A. Giufrrè Editore, 1993, v. 2, p. 49.
34 Como afirmado por Sandulli: "a discricionariedade importa sempre uma valoração, uma ponderação de interesses e um poder de escolha" (*Manuale di diritto amministrativo*, 15ª ed. Napoli: Jovene Editore, 1989, v. 1, p. 593).

público, somente encontrando sustentação no seu imaginário, deve satisfazer aos valores subjacentes à comunidade[35].

Essa liberdade valorativa caracteriza o denominado poder discricionário, o que em muito restringe o controle realizado pelos órgãos jurisdicionais, constatação, aliás, mais que intuitiva, pois, fosse amplo o controle, não haveria liberdade. O controle, em verdade, deve permanecer adstrito à juridicidade, que delineia a margem de liberdade assegurada ao agente público. Quando o ato é praticado à margem da juridicidade, sob os auspícios de uma pseudoliberdade, não há discricionariedade, mas, sim, pura e simples arbitrariedade[36].

Em decorrência da impossibilidade de a ordem jurídica delinear, com precisão, todos os aspectos circunstanciais que direcionarão a formação dos elementos do ato administrativo, é factível a impossibilidade de existirem atos totalmente vinculados (*v.g.*: a escolha do momento mais adequado à prática do ato). No extremo oposto, também é inconcebível a existência de atos completamente discricionários, pois ao menos a competência para a sua prática deve estar definida na ordem jurídica. A discricionariedade ocupa uma posição intermédia entre a autonomia, indicativa do livre direcionamento das ações, e a vinculação, presente quando a ordem jurídica não oferece qualquer liberdade valorativa ao agente público. É imperativo, ainda, que o ato administrativo permaneça adstrito aos fins visados pela norma, sempre buscando à satisfação do interesse público. Sob essa última ótica, cumpre observar que a própria concepção de interesse público pode exigir intensos juízos valorativos por parte do agente, assumindo contornos dinâmicos e dialéticos[37].

Nas situações em que o fim não esteja descrito de modo detalhado, o que ocorrerá, por exemplo, sempre que utilizados conceitos jurídicos indeterminados ou for necessária a realização de amplos juízos valorativos pelo agente público, também aqui ele terá uma certa margem de liberdade[38]. É possível afirmar, com Alessi[39], que o interesse público que justifica a atuação da Administração será preciso ou impreciso. Preciso é o interesse público que exige a mera verificação das condições de fato para que seja identificado o objetivo a ser alcançado pela Administração. Impreciso, por sua vez, é o interesse que exige não só a verificação das condições de fato, como, também, a realização de amplas operações va-

---

35 Cf. VIRGA, Pietro. *Diritto amministrativo*, 5ª ed. Milano: Dott. A. Giuffrè Editore, 1999, v. 2, p. 8.

36 A necessidade de a Administração Pública, no exercício do poder discricionário, observar os princípios gerais de direito, comprometidos com a realização do ideal de justiça, foi defendida por Renato Alessi (*Principi di diritto amministrativo*, 4ª ed. Milano: Dott. A. Giuffrè Editore, 1978, v. I, p. 252). Hartmut Maurer, realçando a importância dos princípios da proporcionalidade, da igualdade e do dever de observância dos direitos fundamentais, também realçava a necessidade de o ato discricionário estar em harmonia com os princípios gerais do direito (Hartmut Maurer, ob. cit., p. 135). No mesmo sentido: Martine Lombard (*Droit administratif*, 2ª ed. Paris: Dalloz, 1998, p. 39-45); e Bernardo Diniz de Ayala (*O (défice de) controlo judicial da margem de livre decisão administrativa*, Lisboa: Lex, 1995, p. 35).

37 Cf. CERULLI. *Corso di diritto amministrativo*, p. 367.

38 Cf. AYALA, Bernardo Diniz de. Ob. cit., p. 195.

39 Ob. cit., p. 236-237.

lorativas para o delineamento do próprio comando normativo que o veicula, o que ocorre com o emprego de conceitos jurídicos indeterminados, a referência genérica ao interesse público ou, mesmo, a referência meramente implícita.

Como a discricionariedade é a liberdade valorativa exercida em harmonia com a juridicidade, ela termina por delinear uma reserva de administração[40], que frequentemente recebe o designativo de mérito administrativo, permanecendo fora do alcance do controle jurisdicional.

A partir da identificação dos padrões normativos que delineiam a noção de juridicidade, deve-se proceder à filtragem da margem de livre decisão assegurada aos agentes públicos, do que resultará uma esfera própria de apreciação, uma reserva de administração, tradicionalmente denominada de mérito administrativo e que estará normalmente ao abrigo do controle jurisdicional[41].

A discricionariedade administrativa, caracterizada pelo exercício de uma liberdade valorativa em harmonia com os balizamentos estabelecidos pela juridicidade, irá se manifestar em todos os quadrantes em que a ordem jurídica confira certo poder de decisão ao agente público. É o que ocorre quando possível a realização de amplos juízos valorativos a respeito dos elementos do ato administrativo, da adequação da situação fática ou jurídica aos padrões normativos, justificando a prática do ato; e da prática, ou não, do ato.

Na doutrina italiana, os distintos aspectos da discricionariedade são delineados a partir do (a) *l'an* – a decisão de praticar ou não o ato; (b) *il quid* – a escolha do conteúdo do ato, que pode ser determinado livremente, dentro de um máximo e de um mínimo ou dentro de determinados limites numéricos; (c) *il quando* – a definição do momento para a prática do ato ou para a produção dos respectivos efeitos; e (d) *il quomodo* – a escolha da forma e do procedimento que devem ser utilizados, desde que não sejam impostos por lei[42]. Esses aspectos costumam se apresentar, em intensidade variável, nas distintas espécies de atos administrativos, normalmente coexistindo com aspectos vinculados.

4.1.1. Diretrizes para o controle do poder discricionário

Considerando o controle eminentemente restrito realizado, pelos órgãos jurisdicionais, sobre os atos discricionários, não podendo ultrapassar a juridicidade e avançar na liberdade valorativa, é de todo aconselhável o tracejar de algumas diretrizes essenciais à sua realização. Como já tivemos oportunidade de afirmar[43], (a) o ato, apesar da liberdade ou-

---

40 AYALA, Bernardo Diniz de. Ob. cit., p. 30.
41 Cf. CERULLI. Ob. cit., p. 373.
42 Cf. VIRGA, Pietro. Ob. cit., p. 7, e BASSI, Franco. Ob. cit., p. 71.
43 O Direito Comunitário e o Controle do Poder Discricionário pela Justiça Administrativa, in GARCIA, Emerson (org.). *Discricionariedade administrativa*. Rio de Janeiro: Editora Lumen Juris, 2005, p. 205 e s.

torgada em relação à aferição de alguns dos seus elementos (*v.g.*: o objeto), deve estar em estrita harmonia com os aspectos vinculados contemplados no ordenamento (*v.g.*: a competência); (b) o preenchimento do espaço de liberdade deixado às autoridades administrativas deve se dar em harmonia com a noção de juridicidade; (c) é relevante aferir a presença de limites que decorram de uma autovinculação da Administração, como os regulamentos por ela editados ou uma prática constante indicativa de comportamentos e entendimentos já sedimentados[44]; (d) a valoração dos substratos fáticos e jurídicos que conduziram à prática do ato (*rectius*: dos motivos) deve encontrar ressonância na realidade, pois liberdade de apreciação não guarda similitude com a inconcebível invocação de fatos inexistentes ou que foram apreciados de maneira manifestamente equivocada; e (e) a aferição da compatibilidade do ato com o Direito e a realidade, conforme enunciado nas alíneas anteriores, pressupõe sejam declinados os motivos que justificaram a sua prática, o que necessariamente exige a sua motivação.

O agente público deve utilizar os poderes inerentes à sua função em busca da concretização do melhor resultado, o que, com os olhos voltados à discricionariedade, permitirá identificar a observância das regras e dos princípios regentes da atividade estatal. A infração à juridicidade, devidamente amparada por um referencial de proporcionalidade, poderá justificar o enquadramento da conduta no âmbito da Lei n. 8.429/1992.

4.1.2. O erro de apreciação (juízo de fato e juízo de valor)

A apreensão da realidade, enquanto pressuposto necessário à prática do ato administrativo, longe de assumir contornos objetivos, pode passar por múltiplas vicissitudes, sendo diretamente influenciado pelas aptidões e pelo nível de percepção do agente público. Conquanto ostente inegável objetividade, isso quando analisada como um evento naturalístico, sua apreensão pelos sentidos sempre será influenciada, em maior ou em menor medida, pelo subjetivismo da autoridade responsável por essa operação, daí decorrendo certos reflexos na individualização dos motivos que justificam a adoção de determinado comportamento. Os motivos, por sua vez, direcionarão a escolha do objeto do ato, sendo imprescindível a presença de uma relação de causa e efeito entre eles. A grande dificuldade é identificar se o agente público possui liberdade na aferição da presença desses motivos, bem como se os juízos valorativos estarão sujeitos à sindicação judicial.

Um primeiro fator a ser considerado diz respeito à dicotomia entre juízo de fato e juízo de valor, operações que necessariamente antecedem a individualização dos motivos que podem justificar a adoção do comportamento autorizado pela norma. Como é voz corrente, o juízo de fato é caracterizado pelo só conhecimento da realidade, visando à apreensão e ulterior informação desse juízo a outrem. Já o juízo de valor aponta para um

---

44 Cf. ALESSI, Renato. Ob. cit., p. 251.

posicionamento em relação à realidade, do modo como fora aprendida pelo agente público[45]. Como o juízo de fato busca a mera reprodução da realidade, é de todo incabível seja ele impregnado de um subjetivismo tão intenso a ponto de dissociá-lo da própria realidade que pretende retratar. Em operações dessa natureza, não há qualquer liberdade valorativa, daí decorrendo uma ampla margem de sindicação judicial quando realizada de forma equívoca e conducente a um *erro de fato*.

No extremo oposto, caso a situação exija a realização de um juízo de valor, maiores controvérsias surgirão. Apesar da liberdade presente em juízos valorativos dessa natureza, ela deve manter-se adstrita aos limites postos pela realidade e pela juridicidade, com especial ênfase aos fins que se pretende alcançar. Para que a liberdade não se transmude em arbitrariedade é preciso que as conclusões alcançadas não destoem do padrão de racionalidade característico do *homo medius*, isso sob pena de restar configurado um *erro manifesto de apreciação*[46].

Não será incomum que juízo de fato e juízo de valor se interpenetrem de tal modo que seja inviável a análise de um deles dissociado do outro. É o que ocorre, por exemplo, quando a prática do ato exija uma apreensão global da realidade, para a qual devem concorrer vários feixes de fatos, de natureza similar ou não. Em situações dessa natureza, diversamente do que ocorre na análise individual de um fato, tem-se a presença de componentes eminentemente subjetivos, que apresentarão variações desde a delimitação do âmbito de apreciação, passando pelos fatores concorrentes a serem considerados, até alcançar a valoração do efeito sinergético decorrente da confluência de diversas situações fáticas. Mostrando-se imprescindível a realização do juízo de valor, daí decorrem inevitáveis restrições ao controle judicial. Caso a valoração realizada esteja em harmonia com a juridicidade, não será possível falar em erro de apreciação, ainda que o Tribunal pudesse optar por solução diversa.

4.1.3. A questão da discricionariedade técnica

A denominada *discricionariedade técnica*, expressão cunhada na segunda metade do século XIX, engloba todo tipo de decisões que, não sendo discricionárias, deveriam, pela sua grande complexidade técnica (*elevada complexidade das premissas factuais*), ser subtraídas do controle jurisdicional[47]. Os contornos gerais dessa construção teórica, como tivemos oportunidade de afirmar[48], estão assentados na premissa de que à Administração

---

45 Cf. BOBBIO, Norberto. *Il Positivismo Giuridico*. Torino: G. Giappichelli, 1979, p. 155-156. Sobre a distinção entre *giudizio di fatto* e *giudizio di valore*, o autor ainda oferece o seguinte exemplo: "diante do céu rubro do pôr-do-sol, se eu digo: 'o céu é rubro', formulo um juízo de fato; se digo 'este céu rubro é belo', formulo um juízo de valor".

46 Cf. RIVERO e WALINE. Ob. cit., p. 253.

47 Cf. SOUZA, Antonio Francisco de. Ob. cit., p. 105-106.

48 *O direito comunitário e o controle do poder discricionário pela justiça administrativa...*, p. 269.

deve ser reservada uma margem de liberdade na análise dos aspectos de caráter técnico, consoante regras, conhecimentos e medidas fornecidas pela ciência e pela arte. Em consequência, devem ser respeitadas suas conclusões, normalmente relacionadas aos pressupostos do ato (*v.g.*: idoneidade física de um agente com vista à nomeação para ocupar um cargo público), à qualificação de um dado objeto (*v.g.*: o fato de uma doença ser infecciosa), à intensidade de uma determinada qualidade (*v.g.*: a nocividade de um produto à saúde) e à idoneidade do meio em vista do fim a ser alcançado (*v.g.*: o meio idôneo à preservação da incolumidade pública na hipótese de contaminação atômica)[49]. Nesses casos, seria vedada uma valoração *ex novo* das verificações técnicas realizadas pela Administração, mantendo-se a sindicação restrita à legitimidade do ato (adequação às normas de regência, razoabilidade etc.)[50].

A concepção de discricionariedade técnica, conquanto sedimentada na doutrina especializada, mostra-se semanticamente contraditória, já que não reflete a realização de um verdadeiro juízo de valor, indissociável do critério de oportunidade e insindicável por natureza. Consubstancia, em verdade, mera verificação técnica, cuja complexidade desaconselha a sindicação judicial. Ressalte-se que a atividade administrativa, além de estar associada à verificação dos fatos a partir de dados eminentemente técnicos, pode depender da realização de um juízo de valor, especialmente em relação às operações embasadas em critérios imprecisos ou fortemente subjetivos[51] (*v.g.*: um cálculo de engenharia pode apresentar múltiplas variações a partir dos fatores levados em consideração). Daí resultará, invariavelmente, o surgimento de uma área reservada à Administração. O mesmo ocorrerá quando for identificada uma multiplicidade de soluções técnicas, todas ajustadas ao referencial de juridicidade. Nesse caso, será possível falarmos em verdadeira discricionariedade.

A ausência de verdadeira discricionariedade nas situações em que, ausente a realização de um juízo valorativo, haja mera verificação de dados técnicos, ainda que complexos, e que, em termos conceituais, sempre serão passíveis de verificação por técnicos qualificados, não permite concluir pela inutilidade do conceito. Sua utilidade surge justamente no momento em que as variáveis envolvidas e o tecnicismo correlato aconselhem que seja assegurada maior liberdade decisória à Administração Pública. No entanto, mesmo nessas situações, a juridicidade não pode ser desconsiderada.

---

49 Cf. VIRGA, Pietro. Ob. cit., p. 9-10.
50 Cf. CERULLI. Ob. cit., p. 380. O autor cita os seguintes exemplos de atos em que deve ser prestigiada a análise técnica realizada pela Administração: a) determinação da futura evolução demográfica comunal (Conselho de Estado italiano, IV, Sentença 270, j. em 18/3/1980); e b) verificação da periculosidade de uma imagem publicitária em vista do traçado de uma rodovia (Conselho de Estado, IV, Sentença 986, j. em 30/11/1992; e Conselho de Estado, II, Sentença 2868, j. em 3/5/1995).
51 Cf. TARULLO, Stefano. Discrezionalità tecnica e sindicato giurisdizionale: l'ottica comunitária ed i profili evolutivi, *Rivista Italiana di Diritto Pubblico Comunitario* n. 6/1385 (1394), 2002.

4.2. Abuso de Poder

Com base no alicerce erigido sob a concepção de função administrativa, tem-se que serão inválidos todos os atos praticados com abuso de poder, isto porque os instrumentos (*rectius*: "poderes") outorgados ao agente não foram utilizados no cumprimento do dever de atingir o bem-estar da coletividade. Tomando-se como parâmetro a existência, ou não, de competência do agente para a prática do ato, o abuso de poder poderá apresentar-se sob duas formas: o excesso e o desvio de poder[52].

Será verificado o excesso de poder (*eccesso di potere*) quando o agente, servindo-se inicialmente de uma competência que a lei lhe confere, romper os limites estabelecidos por esta[53]; bem como quando contornar dissimuladamente tais limites, apossando-se de poderes que não lhe são garantidos pela lei. A competência do agente encontra seu fundamento de validade e a delimitação de seu alcance na lei, sendo defeso a um "mero administrador" de interesses alheios sub-rogar-se em poderes que não lhe foram concedidos, culminando em gerir a coisa pública de modo distinto do fixado.

Estará presente o desvio de poder (*sviamento di potere* ou *détournement de pouvoir*) quando o agente atuar nos limites de sua competência, mas praticar o ato visando a atender uma finalidade pública que não é aquela correspondente à competência utilizada[54] (*v.g.*: transferir um funcionário que praticara uma falta com o intuito de puni-lo); ou tem seu obrar embasado em motivos ou fins diversos dos previstos na norma e exigidos pelo interesse público[55]. Sua identificação, assim, tanto poderá resultar da verificação de circunstâncias eminentemente objetivas, como poderá exigir seja perquirida e provada uma intenção em desacordo com os fins da lei, assumindo uma feição subjetiva.

---

52 Para Diógenes Gasparini (*Direito administrativo*, p. 55-57), tanto o abuso como o excesso e o desvio de poder apresentam-se como espécies do gênero "uso anormal do poder". Os dois últimos acarretariam a ilegalidade do ato; o excesso de forma parcial e o desvio de finalidade de forma total. O abuso de poder, por sua vez, seria defeito caracterizador de uma operação material, sendo o ato legal e sua execução viciada.

53 Nesta hipótese, "o ato não é nulo por inteiro. Prevalece naquilo que não exceder, salvo se o excedente comprometê-lo integralmente" (GASPARINI, Diógenes. Ob. cit., p. 56).

54 O desvio de poder estará configurado ainda que o agente não tenha atuado com má-fé, tendo ocorrido mera valoração inadequada da norma: "Apelação cível. Ato de improbidade administrativa configurado. Desvio de finalidade de verba destinada a fim específico. Falta de autorização da Câmara Municipal. Alegada inexistência de prejuízos aos cofres públicos. Constatada violação aos princípios da Administração Pública" (TJPR, 3ª CC, AP n. 0107857900, rel. Des. Ruy Fernando de Oliveira, j. em 9/4/2002).

55 Na Espanha, tanto a Lei da Jurisdição Contenciosa-Administrativa de 1956 (art. 83.2) como a Ley n. 29/1998 (art. 70.2), que posteriormente regulamentou a matéria, dispõem que "constituirá desviación de poder el ejercicio de potestades administrativas para fines distintos de los fijados por el ordenamiento jurídico". No Brasil, merece ser mencionada a seguinte decisão: "Despesa pública. Brindes distribuídos por Prefeito no dia do trabalhador. Desvio de finalidade. 'Mecenato' praticado às expensas do erário público. O administrador público age balizado pela regra vital do interesse da coletividade, inconfundível com o seu. Quando passa a gerir em prol de escopos pessoais, deborda da sua esfera de competência e incursiona na ilegalidade. Ação popular procedente" (TJRS, 1ª CC, AP n. 597046226, rel. Des. Armínio José Abreu Lima da Rosa, j. em 3/12/1997, *JTJRS*, v. 1, t. 27, p. 157).

No primeiro caso, o ato pode ser totalmente estranho ao interesse público ou, embora busque satisfazê-lo, é praticado visando a alcançar um fim de interesse público diverso daquele contemplado na norma de regência. Estando a Administração adstrita à juridicidade, é-lhe vedado praticar atos que não apresentem uma relação de conformidade com tais fundamentos de validade. Nesse caso, a verificação do desvio de poder exige a análise de circunstâncias de ordem objetiva, normalmente reconduzíveis ao vício de ilegalidade.

Na doutrina de Caio Tácito[56], "a destinação da competência do agente preexiste à sua investidura. A lei não concede a autorização de agir sem um objetivo próprio. A obrigação jurídica não é uma obrigação inconsequente: ela visa a um fim especial, presume um endereço, antecipa um alcance, predetermina o próprio alvo. Não é facultado à autoridade suprimir essa continuidade, substituindo a finalidade legal do poder com que foi investida, embora pretendendo um resultado materialmente lícito. A teoria do desvio de poder teve o mérito de focalizar a noção do interesse público como centro da legalidade do ato administrativo. A administração está obrigada, no exercício de suas atividades, a cumprir determinados objetivos sociais e, para alcançá-los, obedece a um princípio de especialização funcional: a cada atribuição corresponde um fim próprio que não pode ser desnaturado".

O vício e a consequente nulidade serão identificados tanto nas hipóteses em que o ato não esteja vinculado a uma finalidade pública, como naquelas em que esta seja divisada, com a consequente preservação do interesse geral, mas o ato utilizado não seja adequado ao atingimento do interesse que se buscou tutelar, já que a lei o concebera para fim diverso[57]. Apesar disso, a configuração objetiva do desvio de poder, em algumas ocasiões, é por demais difícil de ser demonstrada, já que a multiplicidade de objetivos perseguidos pela Administração em muito facilita o enquadramento das medidas de concretização em algum deles, o que dificulta a comprovação do desvio.

A segunda modalidade de desvio de poder será verificada quando o ato, não obstante perfeito na aparência, for praticado com objetivos distintos daqueles relacionados à satisfação do interesse público. Trata-se de um vício externo e cuja formação se inicia em momento antecedente à própria prática do ato, refletindo-se numa intenção viciada[58].

---

56 *Temas de direito público*, v. I, Rio de Janeiro: Renovar.
57 Cf. WALINE, *Droit administratif*, p. 451. De acordo com Antonio José Brandão ("Moralidade Administrativa"), "à luz destas ideias, tanto infringe a moralidade administrativa o administrador que, para atuar, foi determinado por fins imorais ou desonestos, como aquele que desprezou a ordem institucional e, embora movido por zelo profissional, invade a esfera reservada a outras funções, ou procura obter mera vantagem para o patrimônio à sua guarda. Em ambos estes casos, os seus atos são infiéis à ideia que tinha de servir, pois violam o equilíbrio que deve existir entre todas as funções, ou, embora mantendo ou aumentando o patrimônio gerido, desviam-no do fim institucional, que é o de concorrer para a criação do bem-comum".
58 Cf. CHAPUS, René. Ob. cit., p. 1048. Seria necessário demonstrar que o ato é viciado por uma *intenção culpável* (cf. FRIER, Pierre-Laurent. Ob. cit., p. 449), sendo praticado com um objetivo estranho ao interesse público, como a vingança e a animosidade pessoal ou por razões puramente políticas (cf. LOMBARD, Martine. Ob. cit., p. 279).

A avaliação de aspectos subjetivos em muito dificulta a demonstração do desvio de poder, pois, até prova em contrário, presume-se que o ato emanado das autoridades administrativas foi praticado em busca da concretização dos fins da norma, o que faz com que a perquirição e a prova dos elementos subjetivos recaiam sobre aquele que se viu lesado em seus direitos. Em hipóteses como essa[59], o ato comumente terá uma aparente adequação à legalidade, o que faz com que o princípio da moralidade assuma relevância ímpar na identificação do real propósito do agente, permitindo a revelação de sua intenção viciada[60] (*v.g.*: desapropriar um imóvel com o real propósito de prejudicar um adversário político). Esse entendimento, no entanto, de índole eminentemente subjetiva, não recebe o beneplácito de todos, sendo frequente o argumento de que o exame da finalidade do ato revela uma operação de natureza objetiva, o mesmo ocorrendo em relação aos motivos (substratos fáticos ou jurídicos que motivaram a prática do ato) e à causa (relação entre os motivos e o conteúdo do ato em vista da finalidade a ser alcançada). Nesse caso, destinando-se o ato à satisfação de interesses pessoais, ainda que aparentemente busque satisfazer ao interesse público, ter-se-ia uma causa viciada, o que independe da aferição de critérios subjetivos, como seria o caso da moralidade[61]. Mantendo-nos adstritos ao objetivo principal da obra, limitamo-nos em observar que a operação de sindicabilidade da causa, acaso assuma contornos puramente objetivos, somente permitirá conclusões à luz dos elementos aparentes do ato; os intrínsecos, ao revés, regra geral não declinados, exigirão um trabalho investigativo que dificilmente se desprenderá totalmente dos aspectos subjetivos da atuação do agente.

Em casos tais, será extremamente penosa a empreitada de construção do contexto probatório, pois, quanto maior a reprovabilidade da conduta, maior será o embuste e a astúcia para ocultá-la, o que exige uma correta e ampla valoração das circunstâncias periféricas à prática do ato, terminando por desnudá-lo, removendo o véu de torpeza que o circundava[62].

---

59 O desvio de poder, a exemplo do que se constata no art. 2º da Lei n. 4.717/1965, encontra contemplação expressa no art. 11, I, da Lei n. 8.429/1992: *Praticar ato visando fim proibido em lei ou regulamento ou diverso daquele previsto na regra de competência*. O excesso de poder, por sua vez, será enquadrado na norma genérica contida no *caput* do mesmo artigo, sendo flagrante a violação ao princípio da legalidade.

60 "O desvio de finalidade ou de poder é, assim, a violação ideológica da lei, ou por outras palavras, a violação moral da lei, colimando o administrador público fins não queridos pelo legislador ou utilizando motivos e meios imorais para a prática de um ato aparentemente legal" (Hely, ob. cit., p. 92). Para Caio Tácito, "a ilegalidade mais grave é a que se oculta sob a aparência da legitimidade. A violação maliciosa encobre os abusos de direito com a capa da virtual pureza" (*Temas...*, p. 71 e s.).

61 Cf. MELLO, Celso Antônio Bandeira de. *Curso de direito administrativo*, p. 187.

62 Como observou Eduardo García de Enterría (*Curso de derecho administrativo*, t. 1, p. 43), "consciente desta dificuldade, assim como a de que a exigência de um excessivo rigor probatório privaria totalmente de virtualidade a técnica do desvio de poder, a melhor jurisprudência costuma afirmar que para que se possa declarar a existência desse desvio 'é suficiente a convicção moral que se forme o Tribunal' (Decisão de 1º de dezembro de 1959) à vista dos fatos concretos que em cada caso resultam provados, conquanto não bastem

Dentre os vários exemplos de desvio de poder mencionados por Guido Zanobini[63], mencionaremos os seguintes: a) quando não existir o fato que motivou a prática do ato, tendo sido este praticado por motivos outros, diversos daqueles declinados pelo agente; b) quando ocorrer erro de valoração do fato, ensejando a prática de um ato diverso do devido; c) contradição do provimento emitido com outro precedente, o que ocorre, *v.g.*, quando se concede um benefício a determinado funcionário e se nega tal benefício a outro em situação idêntica, o que revela uma direção da vontade visando a fins diversos daqueles estatuídos na norma; d) a manifesta injustiça do provimento, expressão que demonstra, além da diversidade de tratamento a casos idênticos, o agravo imposto a determinado interesse sem uma suficiente razão de interesse público que o justifique.

Celso Antônio Bandeira de Mello[64], do mesmo modo, menciona algumas situações em que se constata que o ato não foi direcionado a um fim legal; "é o que se passa naqueles: a) contaminados por intuitos pessoais – pois a lei está a serviço da coletividade e não do agente; b) correspondentes a outra regra de competência, distinta da exercida – pois à lei não são indiferentes os meios utilizados; c) que revelam opção desarrazoada – pois a lei não confere liberdade para providências absurdas; d) que exprimem medidas incoerentes: 1. com os fatos sobre os quais o agente deveria exercitar seu juízo; 2. com as premissas que o ato deu por estabelecidas; 3. com decisões tomadas em casos idênticos, contemporâneos ou sucessivos – pois a lei não sufraga ilogismos, nem perseguições, favoritismos, discriminações gratuitas à face da lei, nem soluções aleatórias; e) que incidem em desproporcionalidade do ato em relação aos fatos – pois a lei não endossa medidas que excedem ao necessário para a consecução de seu fim".

Deve-se ressaltar que não somente o ato comissivo pode assumir contornos abusivos, também o ato omissivo poderá apresentá-los, inobservando o agente seu dever jurídico em benefício próprio ou alheio. Identificado o abuso de poder e sempre com esteio no já estudado princípio da proporcionalidade, será possível delinear os contornos da improbidade administrativa.

5. ATOS LEGISLATIVOS

Na medida em que a lei é um produto da razão e, consoante a clássica concepção de Kelsen, sua validade está adstrita à observância da norma que lhe é hierarquicamente superior, torna-se certo que o legislador infraconstitucional deve render total obediência aos comandos estatuídos no texto constitucional, isto sob pena de invalidade das normas que editar.

'meras presunções nem suspicazes e especiosas interpretações do ato da autoridade e da oculta intenção que o determina' (Decisão de 7 de outubro de 1963)".
63 *Corso di diritto amministrativo*, p. 229-231.
64 O desvio de poder, *RDA* 172/19.

Como se vê, a atividade legislativa não é incontrastável, devendo ser perquirida sua adequação aos comandos constitucionais, o que torna legítima a atuação do Poder Judiciário nesse sentido.

A imperativa compatibilidade com as normas constitucionais também torna imprescindível a observância da sistemática instituída com a divisão da competência normativa entre os entes estatais. A título de exemplo, podem ser mencionadas as matérias em que é concorrente a competência entre a União, os Estados e o Distrito Federal (art. 24 da CR/1988), seara em que é cogente a observância, por parte dos últimos, das normas gerais estatuídas por aquele ente federativo (art. 24, § 1º, da CR/1988).

Em linha de princípio, possível seria que a edição de norma dissonante da Constituição se apresentasse como indício consubstanciador da improbidade dos agentes que concorreram para a sua edição. Afinal, agiram ao arrepio do alicerce fundamental de sua atividade. Identificada a inconstitucionalidade da norma, deveria ser perquirido, de acordo com o caso concreto, o elemento volitivo que deflagrou a ação do órgão legislativo e a finalidade almejada com a edição da norma. A partir desses elementos, seria estabelecido um critério de proporcionalidade na conduta do legislador, o que permitiria a identificação da improbidade sempre que a norma fosse absolutamente dispensável, dissociada do interesse público e a situação fática demonstrasse que o desiderato final do agente era obter benefício para si ou para outrem com a sua edição.

O principal parâmetro de verificação da adequação da lei ao padrão de probidade que deve reger os atos dos legisladores consiste na observância do princípio da moralidade, o que permitirá a identificação dos vícios de uma norma aparentemente harmônica com o texto constitucional.

Como já foi possível constatar, o princípio da moralidade é amplamente estudado sob a ótica dos atos administrativos, sendo torrencial a jurisprudência sobre a sua aplicação. Em que pese à aparente adstrição do princípio à referida seara, sua observância deve assumir uma amplitude compatível com a unidade do texto constitucional, regendo as atividades das demais funções do Estado de Direito, em especial a legislativa.

A normatização expressa e a densificação dos princípios extraídos da Constituição da República erigem-se como alicerce adequado à sustentação da necessária compatibilização dos atos legislativos ao princípio da moralidade. Se não vejamos: a) o amplo acesso à Justiça (art. 5º, XXXV) e a utilização da ação popular para anular ato lesivo à moralidade administrativa (art. 5º, LXXIII) são direitos fundamentais; b) a moralidade administrativa é princípio setorial da administração pública direta ou indireta, de qualquer dos Poderes, (art. 37, *caput*); c) a falta de decoro parlamentar é substrato legitimador da perda do mandato dos Deputados e Senadores (art. 55, II); e d) os sistemas de controle difuso (art. 97) e concentrado (arts. 102, I, *a*, e 125, § 2º) de constitucionalidade permitem a aferição da compatibilidade entre as leis e demais atos normativos com a Constituição da República, aqui incluídos os princípios que defluem do sistema.

Note-se, no entanto, que não se poderia aceitar um campo de atuação ilimitada para o Judiciário, já que devem ser respeitadas e acatadas as opções políticas do legislador. O que deveria ser admitido é a perquirição da adequação entre o padrão de conduta editado, os princípios constitucionais norteadores da atividade estatal e o real elemento volitivo que deflagrou a atividade legislativa – o que avultará em importância quando se constatar que o legislador recebeu vantagens patrimoniais para defender certos interesses.

O Supremo Tribunal Federal tem coibido os desvios éticos do legislador invocando os princípios do devido processo legal (em sua acepção material) e da proporcionalidade, sempre visando a evitar o excesso ou o desvio de poder legislativo. No entanto, são raras as invocações do princípio da moralidade, havendo grande resistência em se declarar a inconstitucionalidade de determinada norma unicamente com base nesse fundamento.

Resistência à parte, é inequívoco que a violação aos deveres de justiça, honestidade e boa-fé que são extraídos do texto constitucional importam em violação à moralidade, a qual, por si só, pode embasar a deflagração do controle difuso ou concentrado de constitucionalidade.

Como anota Marcelo Figueiredo[65],"constata-se que a violação ao princípio da moralidade surge, essencialmente, quando a autoridade (administrativa, legislativa ou judiciária) desvia-se dos comandos expressos ou implícitos contidos no ordenamento jurídico, notadamente nos princípios constitucionais. Essa a razão por que a constatação da violação ao princípio da moralidade normalmente vem associada à violação a outros princípios constitucionais, como, *v.g.*, a legalidade, a isonomia, a publicidade, a impessoalidade etc. Isso não significa que o princípio da moralidade não possa por si só ser a causa do vício impugnado".

À guisa de ilustração e pinçando unicamente um dos exemplos mais recentes, deve ser mencionada a Lei n. 9.996, de 14 de agosto de 2000, que "dispõe sobre a anistia de multas aplicadas pela Justiça Eleitoral em 1996 e 1998".

Como foi amplamente noticiado pelos meios de comunicação à época, os ilustres congressistas e principais infratores da legislação eleitoral, visando a satisfazer interesses pessoais, aprovaram referido diploma legal com a inqualificável intenção de não arcarem com as sanções que lhes foram aplicadas em razão dos ilícitos praticados por ocasião da campanha eleitoral.

Afora isso, é relevante lembrar que o projeto foi vetado pelo Presidente da República, sendo o veto ulteriormente derrubado, em votação secreta, pela maioria absoluta dos membros do Congresso Nacional, conforme autoriza o art. 66, § 4º, da Constituição da República.

In casu, questiona-se: legislar em causa própria e provocar sérias lesões ao Fundo Partidário, ente destinatário das multas recolhidas, importa em violação ao princípio da moralidade? Em nosso entender, sim. O Supremo Tribunal Federal, ao apreciar a ADI n.

---

65 *O controle da moralidade na Constituição*, p. 138.

2.306-3[66], suspendeu, em sede de cognição sumária, a eficácia parcial da Lei n. 9.996/2000 sob o argumento de que seria ela inconstitucional por lesar os direitos de pessoas jurídicas de direito privado, *in casu*, os partidos políticos. Por ocasião do julgamento do mérito, no entanto, a Corte reviu a decisão anterior e considerou a lei constitucional, tendo prevalecido o argumento de que embora a receita proveniente das multas eleitorais seja destinada ao Fundo Partidário, este não integra o patrimônio dos partidos políticos, pessoas jurídicas de direito privado, os quais têm mera expectativa de auferir os respectivos recursos[67].

A conduta dos ilustres congressistas, imoral ao extremo, poderia ser considerada um ato de improbidade, pois se utilizaram de suas funções para auferir benefícios pessoais, ou mesmo visando ao benefício de outrem – isto na hipótese dos condescendentes não devedores. Ainda no final do século XIX, alertava Rui Barbosa para a "regra geral da improbidade política, abalando a fé nas melhores instituições"[68].

Tratando-se de atos puramente administrativos, que instrumentalizam o exercício da função parlamentar, não haverá maiores dúvidas quanto à possibilidade de serem enquadrados na Lei n. 8.429/1992[69]. Afinal, aqui não há espaço para a incidência da imunidade parlamentar, objeto de análise no próximo item.

5.1. A Imunidade Parlamentar

Em que pese ao exposto no item precedente, à luz do sistema constitucional pátrio, não será possível responsabilizar pessoalmente os membros das Casas Legislativas pela votação e aprovação de comandos normativos dissonantes das normas constitucionais, em especial do princípio da moralidade, ainda que visem a satisfazer interesses meramente pessoais.

Nesse sentido, é claro o disposto no art. 53 da Constituição da República, com a redação determinada pela EC n. 35/2001, segundo o qual "os Deputados e Senadores são invioláveis, civil e penalmente, por suas opiniões, palavras e votos"[70]. E ainda, idêntica ga-

---

66 Pleno, rel. Min. Octávio Gallotti, j. em 27/9/2000, *DJ* de 20/4/2001.
67 Pleno, rel. Min. Ellen Gracie, j. em 21/3/2002, *DJ* de 31/10/2002.
68 *Commentários à Constituição Federal brasileira*, v. II, coligidos e ordenados por Homero Pires, São Paulo: Saraiva, 1933, p. 369.
69 STJ, 2ª T., REsp n. 1.171.627/RS, rel. Min. Eliana Calmon, j. em 6/8/2013, *DJe* de 14/8/2013.
70 Igual garantia fora contemplada pela Constituição Imperial de 1824 (art. 26), pela Constituição Republicana de 1891 (art. 19) e pelas Constituições de 1934 (art. 31), 1946 (art. 44) e 1967 (art. 34). A Constituição de 1937 (arts. 42 e 43) e a EC n. 1/1969, decididamente antidemocráticas, instituíram diversas exceções a essa importante garantia, o que em muito a enfraquecia. A inviolabilidade dos parlamentares pelas opiniões que emitirem também é prevista, dentre outras Constituições democráticas, no art. 26 da Constituição francesa e no art. I, seção VI, 1, da Constituição americana. De acordo com Esmein (ob. cit., v. II, p. 381), a origem dessa imunidade tem raízes na Inglaterra, onde, após a Revolução de 1688, o *Bill of Rights* estatuiu que "a liberdade da palavra, dos debates e dos procedimentos no Parlamento não poderiam ser objeto de uma

rantia foi outorgada aos Deputados Estaduais e Distritais[71] e aos Vereadores[72]. A existência dessas normas é plenamente justificável, sendo necessárias à garantia da independência dos membros do Poder Legislativo perante os demais Poderes, assegurando a livre discussão política.

Tal garantia é da essência do sistema representativo e alcança, a um só tempo, representantes e representados, permitindo o cumprimento do mandato outorgado pelo povo com plena liberdade e independência, o que facilitará a consecução dos objetivos almejados. A inviolabilidade não é outorgada em proveito do congressista, mas em benefício da própria soberania popular, da qual o Congresso é legítimo representante. Não constituindo prerrogativa de ordem subjetiva, não pode o congressista a ela renunciar.

É indiscutível que os fins da norma são louváveis; no entanto, os desvios éticos são frequentes, o que não deve ser ignorado pelo legítimo detentor do poder outorgado aos congressistas, sendo o procedimento eletivo o momento adequado para uma assepsia generalizada.

Considerando a amplitude da inviolabilidade (ou imunidade material) garantida pelo preceito constitucional, não é ela passível de ser abrandada ou restringida, o que permite concluir que o teor de determinado voto ou opinião do congressista não poderá ensejar a aplicação das sanções previstas na Lei 8.429/1992[73], conclusão que em nada é abalada pelo fato de as sanções cominadas terem natureza cível[74].

---

acusação (*impeached*) ou ser colocados em questão perante alguma corte ou em algum lugar fora do Parlamento". Gérard Soulier (*L'Inviolabilité Parlementaire en Droit Français*, p. 12) retorna mais no tempo e demonstra que a imunidade já era garantida no Direito Romano, onde a *Lex Vera Horatia* (449 d.C.) estatuía que a pessoa dos *Tribuni Plebis*, representantes da plebe eleitos pela *concilia plebis*, era sacrossanta, o que assinalaria a inviolabilidade e a santidade de sua pessoa.

71 Art. 27, § 1º, da CR/1988. O Enunciado n. 3 da Súmula do STF (*A imunidade concedida a Deputados Estaduais é restrita à Justiça do Estado*) não foi recepcionado pela Constituição de 1988, já que a imunidade não mais é conferida pela Constituição do Estado, mas diretamente pelo paradigma federal: Pleno, RE n. 456.679/DF, rel. Min. Sepúlveda Pertence, j. em 15/12/2005, *DJ* de 7/4/2006.

72 Art. 29, VIII, da CR/1988.

73 Igual entendimento será adotado em relação à votação de lei em sentido meramente formal, elaborada em consonância com o processo legislativo previsto na Constituição da República, nas Constituições Estaduais e nas Leis Orgânicas, pois *ubi lex non distinguet, interpret distinguere non potest*. Em sentido contrário, entendendo que a imunidade dos parlamentares não afasta a incidência da Lei de Improbidade sempre que detectado o desvio de finalidade na atividade legislativa, do que é exemplo a Lei n. 9.996/2000, Rogério José Bento Soares do Nascimento, Improbidade legislativa, in *Improbidade administrativa, 10 anos da Lei n. 8.429/1992*, p. 409 e s.

74 Apreciando ação de reparação de danos morais ajuizada em face de deputada federal, em razão de ofensas que irrogou no exercício de suas funções, o Supremo Tribunal Federal, em sua composição plenária, decidiu pela extinção do processo sem resolução de mérito, tendo assentado que "a imunidade parlamentar prevista no art. 53, *caput*, da CF (os deputados e senadores são invioláveis por suas opiniões, palavras e votos) alcança a responsabilidade civil decorrente dos atos praticados por parlamentares no exercício de suas funções" (RE n. 210.917-RJ, rel. Min. Sepúlveda Pertence, j. em 12/8/1998, *DJ* de 18/6/2001). Este entendimento, como

No entanto, a impossibilidade de se responsabilizar pessoalmente o membro do Poder Legislativo que tenha concorrido para a edição da norma dissonante da Constituição não impedirá que ela seja submetida ao controle de constitucionalidade exercido pelo Poder Judiciário, quer concentrado, quer difuso.

Será igualmente possível a utilização do mandado de segurança em se tratando de norma que produza efeitos concretos[75], não se olvidando a responsabilidade patrimonial do Estado sempre que esta[76], ou a norma em sentido material considerada inconstitucional[77], causar danos a interesses legítimos. O *writ*, conforme tem decidido o Supremo Tribunal Federal, também poderá ser impetrado quando a inconstitucionalidade for identificada no curso do processo legislativo[78].

---

visto, terminou por ser expressamente consagrado pela EC n. 35/2001. Ao revés, não sendo as manifestações proferidas no exercício do mandato ou em razão dele, não incidirá a garantia da imunidade parlamentar em sentido material: STF, 2ª T., RE n. 226.643/SP, rel. Min. Carlos Velloso, j. em 3/8/2004, *DJ* de 20/8/2004.

75 *Não cabe mandado de segurança contra lei em tese* (Súmula 266 do STF). "Processual Civil – Mandado de Segurança – Lei em tese. Interposição inadmissível. O mandado de segurança ampara direito líquido e certo, afetado ou posto em perigo por ilegalidade ou abuso de poder. Não é admissível contra lei em tese. Todavia, idôneo se a lei gera situação específica e pessoal, sendo, por si só, causa de probabilidade de ofensa a direito individual. Cumpre distinguir possibilidade (em tese) e probabilidade (em concreto) de violação de direito" (STJ, 2ª T., REsp n. 1.482-RJ, rel. Min. Vicente Cernicchiaro, j. em 29/11/1989, *DJ* 18/12/1989). Além do direito individual, também o interesse público poderá ser atingido pela lei de efeitos concretos, o que ocorrerá, por exemplo, nos casos em que uma lei municipal autorize a demolição de um prédio tombado pelo patrimônio histórico estadual ou nacional, ou mesmo quando autorize o Chefe do Executivo a realizar uma operação financeira, previamente individualizada, em desacordo com a Constituição e a Lei de Responsabilidade Fiscal. Conforme remansosa jurisprudência do STF, tratando-se de lei em sentido meramente formal, não seria possível a deflagração do controle concentrado de inconstitucionalidade: "... Atos estatais de efeitos concretos, ainda que veiculados em texto de lei formal, não se expõem, em sede de ação direta, à jurisdição constitucional abstrata do Supremo Tribunal Federal. A ausência de densidade normativa no conteúdo do preceito legal impugnado desqualifica-o – enquanto objeto juridicamente inidôneo – para o controle normativo abstrato" (Pleno, ADIMC n. 842-DF, rel. Min. Celso de Mello, j. em 26/2/1993, *DJ* de 14/5/1993). Posteriormente, o STF passou a entender ser irrelevante a discussão sobre ter a lei impugnada efeitos gerais ou concretos, *verbis*: "[o] Supremo Tribunal Federal deve exercer sua função precípua de fiscalização da constitucionalidade das leis e dos atos normativos quando houver um tema ou uma controvérsia constitucional suscitada em abstrato, independente do caráter geral ou específico, concreto ou abstrato de seu objeto" (Pleno, rel. Min. Gilmar Mendes, j. em 14/5/2008, *DJ* de 22/8/2008).

76 Na França, de acordo com Waline (*Droit administratif*, p. 888-890), sempre houve grande resistência do Conselho de Estado em reconhecer a responsabilidade do Estado por fato decorrente da lei. Para a sua admissão, era necessário que a atividade desenvolvida pelo particular fosse lícita e que este demonstrasse um prejuízo especial, "pois o fundamento de seu direito à indenização é uma ruptura da igualdade diante dos encargos públicos". Duguit, em ampla análise sobre a matéria, também admitia a responsabilidade do denominado "Estado Legislador" (*Manuel de droit constitutionnel*, p. 308-320).

77 Também sustentam a responsabilidade patrimonial do Estado pelos danos originários de norma inconstitucional Carvalho Filho (*Manual de direito administrativo*, p. 468), Diógenes Gasparini (*Direito administrativo*, p. 593) e Maria Sylvia Zanella di Pietro (*Direito administrativo*, p. 416-417).

78 Pleno, MS n. 22.503-DF, rel. Min. Marco Aurélio, rel. desig. Min. Maurício Corrêa, j. em 8/5/1996, *DJ* de 6/6/1997, p. 24872.

No mais, deve-se dizer que a natureza da matéria não permite que aos referidos dispositivos seja dispensada uma exegese cujo resultado seja ampliativo, logo, a inviolabilidade é restrita aos membros do Poder Legislativo, não sendo extensiva aos membros dos demais Poderes que pratiquem atos que tenham a natureza de lei em sentido material, estando, assim, sujeitos às sanções da Lei n. 8.429/1992 sempre que restar configurada a improbidade.

Ainda sob a ótica da inviolabilidade garantida aos membros do Poder Legislativo, é importante frisar que ela tem seu alcance restrito ao conteúdo das opiniões, palavras e votos que sejam proferidos durante o lapso em que ostentem a representatividade popular. Em sendo assim, os desvios de conduta de natureza extrínseca à atividade desenvolvida pelo parlamentar devem ser perquiridos e coibidos[79].

---

[79] Ao apreciar a conduta de parlamentares municipais, o TJPR reconheceu a prática de atos de improbidade nos seguintes julgados: "Ação popular. Ação de improbidade administrativa. Julgamento conjunto. Câmara de Vereadores que reajusta os subsídios de seus integrantes para vigorar na mesma legislatura. Afronta à Lei Orgânica local e à própria Carta Magna. Condenação à devolução do que os Edis receberam indevidamente. Apelo improvido. Devem ser devolvidos ao erário municipal os valores recebidos a maior pelos vereadores que reajustam e recebem subsídios na mesma legislatura em que estabeleceu-se o aumento. A sucumbência parcial dos autores em ação popular e de enriquecimento ilícito não implica em condenação recíproca de honorários advocatícios. O Juiz na ação de reparação de dano por improbidade administrativa, não é obrigado a impor, em conjunto, as sanções previstas no art. 11 da Lei 8.429/1992, podendo determinar apenas a reparação do dano com seus acréscimos legais, em casos menos graves. O particular não está legitimado a figurar como parte ativa na ação de improbidade administrativa, ajuizada pelo Ministério Público" (5ª CC, AP n. 64.118-1, rel. Des. Fleury Fernandes, j. em 25/8/1998)."Constitucional e Administrativo. Patrimônio público. Improbidade administrativa. Lei n. 8.429/1992. Ação civil pública. Admissibilidade. Legitimidade do Ministério Público. Incorre em ato de improbidade administrativa o Presidente de Câmara Municipal que determina o pagamento de auxílio médico-hospitalar com base em resolução legislativa não publicada. Incide na prática de ato de improbidade o vereador que recebeu o benefício. Ilegalidade de resolução com efeitos retroativos, máxime quando os fatos e o pagamento ocorreram antes da data da publicação. Quebra dos princípios da legalidade, impessoalidade, publicidade e moralidade da administração pública, previstos no art. 37 da CF. Condenação nas sanções preconizadas no art. 12, incisos I, II e III, da Lei n. 8.429/1992" (1ª CC, AP n. 57390200, rel. Des. Ulysses Lopes, j. em 18/11/1997). O TJGO reconheceu a improbidade nos seguintes julgados:"Ação civil pública. Apelações cíveis. Falta de preparo. Deserção. Preliminares. Cerceamento de defesa. Improbidade administrativa. Remuneração de vereadores. Desobediência aos parâmetros legais. Sanções do art. 12 da lei n. 8.429/1992. Emenda Constitucional n. 19/1998. Autoaplicabilidade. Dedução do IRRF. I – Na dicção do art. 511 do Código de Processo Civil, modificado pela Lei n. 8.950/1994, o recorrente terá de juntar, no ato da interposição do recurso, a prova do pagamento do preparo, sob pena de ocorrer a preclusão consumativa, visto que a norma é de aplicação cogente e sua desobediência impõe-se a pena de deserção. II – Constantes dos autos prova documental suficiente para formar o convencimento do juiz, não ocorre cerceamento de defesa se a lide é julgada antecipadamente. III – Tipifica improbidade administrativa, descrita no art. 9º da Lei n. 8.429/1992, a percepção de subsídios excedentes aos parâmetros legais. IV – Comprovada a prática pelos réus de ato de improbidade administrativa, cominam-se-lhes as penas de ressarcimento integral do dano causado ao erário e de multa civil, previstas no art. 12 da Lei n. 8.429/1992. V – Não é autoaplicável a norma do art. 37, XI, da CF, vez que somente será aplicável após a edição de lei que, regulamentando a matéria, fixe novo teto vencimental no âmbito dos Três Poderes e nas diferentes unidades da Federação. VI – O IRRF deve ser deduzido no valor a ser restituído pelos edis aos

O recebimento de vantagem patrimonial, sob qualquer que seja a forma, de setores da sociedade diretamente interessados em matéria que será submetida à apreciação do Poder Legislativo, ou mesmo a negociação do voto que proferirá (art. 9º, I, da Lei n. 8.429/1992)[80]; a aquisição, no período de exercício do mandato, de bens cujo valor seja desproporcional à renda do agente (art. 9º, VII, da Lei n. 8.429/1992); e o recebimento de vantagem para postergar a votação de projeto de lei na condição de relator, Presidente de

---

cofres públicos, já que recolhidos com base na remuneração majorada. Primeiro apelo não conhecido. Remessa oficial e segundo apelo conhecidos e providos parcialmente" (2ª CC, Duplo Grau de Jurisdição n. 6.611-2/195, Des. Aluízio Ataídes de Sousa, j. em 5/6/01, DJ de 27/6/2001, p. 7)."Apelação. Ação civil pública. Preliminares: nulidade. Omissão. Cerceamento de defesa. Julgamento antecipado da lide. Julgamento *ultra petita*. Ausência de intimação da parte. Improbidade administrativa. Remuneração de vereadores. Desobediência aos parâmetros legais. Sanções do art. 12 da Lei n. 8.429/1992. I – Omissão do nome da Câmara Municipal não macula a sentença, nem fere o art. 458 do Código de Processo Civil, diante da impossibilidade jurídica de sofrer ela sanções por improbidade administrativa já suportadas pelos vereadores. Carência de ação. II – Constantes dos autos prova documental suficiente para formar o convencimento do juiz, não ocorre cerceamento de defesa se a lide é julgada antecipadamente. III – Ocorrendo julgamento *ultra petita*, reduz-se a condenação aos limites do pedido, sem declarar nula a sentença. IV – Não procede nulidade arguida pela parte, não intimada de juntada de documentos, se não alegada na primeira oportunidade para falar nos autos. V – Tipifica improbidade administrativa, descrita no art. 9º da Lei n. 8.429/1992, a percepção de remuneração excedente aos parâmetros legais. VI – Comprovada a prática pelos réus de ato de improbidade administrativa, cominam-se-lhes as penas de ressarcimento integral do dano causado ao erário e de multa civil, previstas no art. 12 da Lei n. 8.429/1992. Apelo conhecido e parcialmente provido" (2ª CC, AP n. 52.844-4/188, rel. Des. Jalles Ferreira da Costa, j. em 14/9/2000, DJ de 31/10/2000, p. 14). O STJ admitiu a responsabilidade pessoal dos vereadores, por ato de improbidade, em razão da edição de lei inconstitucional que aumentava os seus subsídios, ressaltando a presença do dolo, bem como que as leis de efeitos concretos são meros atos administrativos (2ª T., REsp n. 1.316.951/SP, rel. Min. Herman Benjamin, j. em 14/5/2013, DJe de 13/6/2013). Afirmou-se que,"em situações análogas, o STF e o STJ admitiram o repúdio de tal conduta com amparo na LIA, sem cogitar da aludida presunção de legitimidade/legalidade, por se tratar de ato ímprobo amparado em norma (cf. STF, RE 597.725, Rel. Min. Cármen Lúcia, publicado em 25/9/2012; STJ, AGRG no REsp 1.248.806/SP, rel. Min. Humberto Martins, 2ª T., DJe de 29/6/2012; REsp 723.494/MG, rel. Min. Herman Benjamin, 2ª T., DJe de 8/9/2009; AGRG no Ag 850.771/PR, rel. Min. José Delgado, 1ª T., DJ de 22/11/2007; REsp 1.101.359/CE, rel. Min. Castro Meira, 2ª T., DJe de 9/11/2009)".

80 James William Coleman, analisando os vícios da política norte-americana, observou que"se considerarmos as acusações contra integrantes do legislativo federal como representativas, então veremos que a introdução de projetos especiais e o voto em determinado item da legislação são os itens mais procurados. Mais de 30% das acusações de suborno levantadas contra congressistas envolvem esses tipos de fatores. Ajuda nas licitações de contratos públicos, o segundo mais procurado, aparecia em 27% das acusações, e o uso de influência política para solucionar questões relacionadas à burocracia federal, em 15%" (*A elite do crime. Para entender o crime de colarinho branco*. 5ª ed. São Paulo: Manole, 2002, p. 82)."Administrativo. Ato de improbidade. Ação civil pública. Pratica o Vereador que recebe valor comprovado por quebra de sigilo de sua conta bancária, poucos dias após estabelecer negociação de seu voto na eleição da mesa da Câmara Municipal. Procedência da ação em determinação de devolução do valor. Imposição de multa civil. Suspensão dos direitos políticos. Gradação da pena que desrecomenda a aplicação de sanção de proibição de contratar com o Poder Público. Improcedência da ação com relação clara de sua participação nos fatos. Provimento parcial de ambas as apelações, por maioria" (TJRS, 1ª CC, AP n. 598009314, rel. Des. Luiz Felipe Silveira Difini, j. em 23/12/1998).

Comissão ou Presidente da própria Casa Legislativa (art. 9º, X, da Lei n. 8.429/1992), configuram apenas alguns exemplos de fatores externos que concorrem para a formação do elemento anímico do agente e que não são acobertados pela inviolabilidade prevista no texto constitucional. Nestas hipóteses, não será o teor do voto que configurará a improbidade, mas, sim, os acontecimentos externos que influíram na atividade do agente político.

Além dos fatores externos que concorrem de forma ilícita para a formação da vontade do agente, também a omissão deliberada na prática de atos próprios de seu ofício tornará possível a consubstanciação da improbidade, isto em consonância com o disposto no art. 11, II, da Lei n. 8.429/1992 (*retardar ou deixar de praticar, indevidamente, ato de ofício*). Apesar disso, não se pode deixar de observar que essa hipótese será de difícil comprovação, já que os órgãos que desempenham a atividade legislativa são colegiados, o que exigirá a demonstração de uma "desídia coletiva" para fins de caracterização da improbidade.

Evidentemente, a desídia não restará configurada tão somente com a escassa aprovação de atos normativos, pois, em muitos casos, um amplo e, por vezes, demorado debate sobre a matéria, é fator imprescindível à correção e justiça do comando normativo que se pretende editar. Por outro lado, não tão difícil será a demonstração do descaso de determinado agente no cumprimento de suas obrigações, quando este, de forma injustificada e reiterada, deixar de comparecer às reuniões do órgão a que pertença. Ao receber a remuneração dos cofres públicos e deixar de cumprir um ato próprio de seu ofício, como é a obrigação de comparecer às sessões legislativas, o agente, a um só tempo, enriquece de forma ilícita, já que não realizara a contraprestação que justificaria a remuneração que percebera, bem como viola a moralidade que deve nortear a ação de todos os agentes públicos, inclusive daqueles que participam do procedimento legislativo.

As situações mencionadas, cuja peculiaridade é indiscutível, devem ser sopesadas de acordo com o caso concreto, exigindo o estabelecimento de premissas claras e comprovadas, o que redundará na formação de uma conclusão que esteja em harmonia com a lógica do razoável e que respeite um critério de proporcionalidade entre a conduta do agente e as consequências que advirão com a aplicação da Lei de Improbidade.

6. ATOS JURISDICIONAIS

A importância do Poder Judiciário em um Estado Democrático de Direito não é passível de ser mensurada, mas pode ser sentida pela magnitude de suas atribuições.

Compete-lhe zelar pelo primado da ordem jurídica, dirimir os conflitos de interesses e manter a harmonia nas relações sociais, o que terminará por formar o alicerce de uma sociedade justa e organizada.

Para o desempenho de tão relevante *munus*, diversas garantias foram outorgadas aos magistrados pela Constituição da República, algumas expressas, outras implícitas. Dentre estas, releva em importância a sua independência funcional. Diversamente de outras

Capítulo VIII – Dos Atos de Improbidade

Constituições estrangeiras[81], não há um dispositivo expresso nesse sentido na Constituição brasileira, mas sua presença é indiscutível, sendo fruto do Estado de Direito, do princípio da separação dos poderes e das demais garantias asseguradas ao magistrado (vitaliciedade, inamovibilidade e irredutibilidade de vencimentos).

A independência que fortalece o seu cargo somente permite que o magistrado atue nos limites da lei e da Constituição[82]. Ainda que não exista um dispositivo legal ao qual se subsuma a situação fática *sub judice*, deverá o magistrado observar os princípios irradiados pelo sistema.

Em que pese ser o magistrado um instrumento utilizado para o exercício da soberania estatal, sendo-lhe garantida a independência[83] no exercício de sua relevante atividade, é absolutamente incompatível com o atual estágio de evolução da ciência jurídica que se conceba um agente público absolutamente irresponsável pelos seus atos ou omissões.

---

81 Dispõe a Constituição francesa que *o Presidente da República é garantidor da independência da autoridade judiciária* (art. 64) e a italiana que *os juízes estão sujeitos somente à lei* (art.101). Outro não é o conteúdo da Lei Fundamental de Bonn: *Die Richter sind unabhängig und nur den Gesetze unterworfen*(*Os juízes são independentes e somente estão submissos à lei* – art. 97, I); e da Constituição do Panamá: *Los Magistrados y Jueces son independientes em el ejercicio de sus funciones y no están sometidos más que a la Constitución y a la Ley* (art. 207). Na Grã-Bretanha, o *Act of Settlement*, de 1701, garantiu a independência dos juízes, colocando-os acima da vontade livre da Coroa. Com a sua edição, os juízes deixaram de ser demissíveis *ad libitum* do Rei, sendo-lhes assegurado o exercício das funções enquanto bem servissem (*quamdiu se bene gesserint*), fórmula que foi repetida pelo art. III, seção I, da Constituição americana. No direito internacional, o art. 40, 1, do Estatuto de Roma do Tribunal Penal Internacional, ratificado pelo Decreto Legislativo n. 112/2002 e promulgado pelo Decreto n. 4.388/2002, dispõe que "os juízes serão independentes no desempenho de suas funções". A Constituição Cubana de 1976, após a reforma de 1992, apesar de dispor que *los jueces, en su función de impartir justicia, son independientes y no deben obediencia mas que a la ley* (art. 122), ressalva que *los tribunales constituyen un sistema de órganos estatales, estructurado con independencia funcional de cualquier otro y subordinado jerárquicamente a la Asamblea Nacional del Poder Popular y al Consejo de Estado* (art. 121, 1ª parte). Acresce, ainda, que o Tribunal Supremo Popular *dicta normas de obligado cumplimiento por todos los tribunales y, sobre la base de la experiencia de estos, imparte instrucciones de carácter obligatorio para establecer una practica judicial uniforme en la interpretación y aplicación de la ley* (art. 121, 2ª parte). Como se constata, há independência, *pero no mucho...*

82 "El juez es un hombre que se mueve dentro del derecho como el prisionero dentro de su cárcel. Tiene libertad para moverse, y en ello actúa su voluntad; pero el derecho le fija muy estrechos límites, que no le está permitido ultrapasar. Pero lo importante, lo grave, no está en la cárcel, esto es, en los limites, sino en el hombre"(Eduardo J. Couture, *Introducción al estudio del proceso civil*, p. 75).

83 O princípio da independência pode ser concebido em quatro perspectivas. A independência pessoal dos juízes, a qual está em harmonia com as garantias e incompatibilidades destes. A independência coletiva, relativa à autonomia da magistratura como ordem ou corporação, diferindo da independência pessoal pelo fato desta resguardar a figura do juiz em sua acepção individual. A independência funcional, núcleo essencial do princípio e que denota estar o magistrado submetido unicamente à ordem jurídica. Por último, a independência interna e externa, caracterizando-se esta como a independência dos juízes em relação aos órgãos ou entidades estranhas ao Poder Judiciário, e aquela a independência em relação aos demais órgãos que compõem a própria estrutura a que pertence o magistrado. Cf. Canotilho, ob. cit., p. 617-618.

A falibilidade é fator indissociável da natureza humana, e como tal o será da atividade judicante. Isto é indiscutível. No entanto, igualmente indiscutível é o fato de que todo agente público deve exercer suas atividades, pois para tanto é remunerado pelos cofres públicos; tendo o dever de agir visando à consecução do interesse público.

Cabe preponderantemente ao Poder Judiciário, mediante um devido processo legal e com eficácia vinculativa, dirimir as lides que lhes sejam submetidas à apreciação, aplicando o direito ao caso concreto, bem como atuar nas hipóteses em que inexista conflito, mas a lei exija sua intervenção[84].

Ante a natureza da atividade desempenhada pelos órgãos jurisdicionais, não é necessário maior esforço intelectivo para se constatar a impossibilidade de realização de um controle da atividade finalística por eles desempenhada[85]. Há quem, sem maior preocupação com o elemento subjetivo do agente ou o seu enquadramento na tipologia legal, critique as *imunidades de odioso alcance antirrepublicano* e defenda a responsabilidade dos magistrados pelos atos praticados com *erro grosseiro* (*v.g.*: homologação de laudos abusivos ou teratológicos)[86]. Em outras palavras, deve ser punido, por improbidade administrativa, o magistrado (ou, quem sabe, o tribunal) incompetente. Esse entendimento, no entanto, peca por sua absoluta dissonância do sistema. Com efeito, a própria estruturação do Judiciário brasileiro, realizada de modo que órgãos superiores revejam as decisões dos inferiores, é um claro indicativo de que o erro, o juízo valorativo equivocado, enfim, a incompetência, são aspectos previstos e indissociáveis do sistema. Não é a envergadura do erro que rompe com o sistema e justifica a incidência das normas sancionadoras. Medida dessa natureza somente seria possível com a identificação do *animus* do agente e a consequente demonstração do propósito deliberado de praticar um ato ilícito. Quanto às imunidades que se alega terem *odioso alcance*, triste será o dia em que os magistrados, normalmente os juízes de primeira instância, puderem ser punidos sob a alegada prática de um *erro grosseiro*. Nesse momento, terão o seu referencial de justiça dilapidado e rastejarão como cobras perante a influência e os pedidos de qualquer agente situado em instância superior.

---

84 É a denominada jurisdição voluntária, definida por José Frederico Marques como a "atividade administrativa que o Judiciário exerce para a tutela de direitos subjetivos". Na lição de Carnellutti, "o fim precípuo da jurisdição voluntária é prevenir a lide".

85 O art. 41 da LOMAN dispõe que "salvo os casos de impropriedade ou excesso de linguagem, o magistrado não pode ser punido ou prejudicado pelas opiniões que manifestar ou pelo teor das decisões que proferir". O STJ já se pronunciou pela não sujeição, à Lei n. 8.429/1992, de ato tipicamente jurisdicional (*in casu*, a "decretação de prisão temporária de empregada doméstica que praticou lesões apontadas como graves em um senhor de 87 anos"), isso em razão da inexistência de fatores exógenos (*v.g.*: obtenção de vantagem indevida) que pudessem justificar a perquirição da conduta do magistrado (1ª T., REsp n. 910.909, rel. Min. José Delgado, j. em 18/12/2007, *DJU* de 3/3/2008).

86 Nesse sentido: OSÓRIO, Fábio Medina. *Teoria...*, p. 201-202.

Deve ser ampla a possibilidade de o órgão jurisdicional valorar os fatos e proferir, consoante as normas vigentes, a decisão que se afigurar mais justa à hipótese. Ao interessado restará a utilização dos mecanismos disponibilizados pelo ordenamento jurídico, fazendo com que a causa seja reexaminada por ele ou por outro órgão, nas situações previstas em lei.

Justifica-se tal concepção, pois entendimento contrário disseminaria a insegurança e comprometeria a própria atividade jurisdicional, sujeitando os magistrados a severas sanções sempre que suas decisões fossem reformadas sob o argumento de se apresentarem dissonantes da lei ou da Constituição, o que certamente não estaria em conformidade com o sistema.

No entanto, afora a perquirição do conteúdo dos atos administrativos praticados pelos membros do Poder Judiciário e como consequência do próprio princípio da inafastabilidade da tutela jurisdicional[87], duas situações merecem maior reflexão: a) a influência de fatores externos no teor das decisões proferidas; e b) a omissão deliberada na prática dos atos jurisdicionais.

6.1. Influência de Fatores Externos

É inconcebível um conceito de justiça dissociado da ideia de imparcialidade, somente havendo exercício da função jurisdicional em sendo visada a consecução do ideal de justiça; e esta somente se materializará em havendo equidistância entre o julgador e as partes, sem preferências de ordem pessoal. A limitação intelectual e a morosidade, pejorativos que felizmente encabeçam o rol das exceções no comportamento dos magistrados brasileiros, por certo preocupam a todos os jurisdicionados.

A tendenciosidade e a má-fé, pejorativos igualmente raros mas nem por isso ausentes da rotina forense, além de preocupar os jurisdicionados, conduzem ao descrédito do

---

[87] "Em termos gerais – e como vem reiteradamente afirmando o Tribunal Constitucional na senda do ensinamento de Manuel de Andrade – o direito de acesso aos tribunais reconduz-se fundamentalmente ao direito a uma solução jurídica de actos e relações jurídicas controvertidas, a que se deve chegar em um prazo razoável e com garantias de imparcialidade e independência possibilitando-se, designadamente, um correto funcionamento das regras do contraditório" (J. J. Gomes Canotilho, *Direito Constitucional e Teoria da Constituição*, p. 405). Nota: A Constituição portuguesa é expressa ao dispor que os litígios devem ser ultimados em prazo razoável. Comando semelhante somente foi inserido, na Constituição brasileira, pela EC n. 45/2004, que introduziu o inciso LXXVIII em seu art. 5º, o que não afasta a incidência, até então, do art. 1º da Convenção Americana de Direitos Humanos de São José da Costa Rica, à qual o Brasil aderiu em 25/9/1992 e que foi ratificada através do Decreto Legislativo n. 27, tendo o seguinte teor: *1. Toda pessoa tem o direito de ser ouvida, com as devidas garantias e **dentro de um prazo razoável**, por um juiz ou tribunal competente, independente e imparcial, estabelecido anteriormente por lei, na apuração de qualquer acusação penal formulada contra ele, ou para que se determinem seus direitos ou obrigações de natureza civil, trabalhista, fiscal ou de qualquer outra natureza* (destaque nosso).

próprio Estado de Direito, inviabilizando a consecução de seus fins. Em razão disto, sempre que for constatado o dolo do magistrado ou a presença das situações fáticas consubstanciadoras do impedimento[88] – consoante a previsão legal – aliadas ao silêncio deste e à ulterior prolação de decisório favorável ao seu preferido, ter-se-á um relevante indicador da improbidade.

Ainda que a decisão tenha transitado em julgado, inexistirá óbice à aferição dos elementos que comprometeram a imparcialidade do magistrado, já que a pretensão a ser deduzida na ação civil não pressupõe o revolver da lide originária, mas, sim, a análise dos fatores externos que comprometeram sua idoneidade.

Tal ocorrerá com maior intensidade quando haja recebimento de algum tipo de vantagem patrimonial para que a decisão seja favorável a determinado litigante. *In casu*, haverá flagrante violação aos princípios da legalidade e da moralidade, com o correlato enriquecimento ilícito[89]. No entanto, é imprescindível que a verificação de tais irregularidades seja feita com grande cautela, inclusive com o prévio manejo das ações autônomas de impugnação[90].

6.2. Omissão Deliberada

Além de levar a efeito a dialética processual, valorando os interesses contrapostos e proferindo o seu decisório final, tem o magistrado o dever de praticar os atos de impulso processual e proferir suas decisões em tempo hábil, observando, sempre que possível, os prazos da lei processual.

Não se sustenta, é evidente, que um magistrado responsável pela condução de milhares de feitos deva observar prazos exíguos cuja previsão normativa se encontra em fla-

---

[88] Desde a 1ª edição da obra entendíamos que a suspeição não podia ser invocada como elemento caracterizador da improbidade, pois, ao estatuir que a sua não arguição em momento oportuno acarretaria a preclusão da matéria (ver arts. 137, 138, § 1º, 297, 305 e 485, II, do CPC/2015), a lei não lhe conferira eficácia suficiente para comprometer a imparcialidade exigida para o exercício da função jurisdicional. Com o advento do CPC/2015, foram ampliados os preceitos que realçam a necessidade de tanto a suspeição como o impedimento serem arguidos no prazo legal (art. 146, *caput*, 148, § 1º, 157, § 1º, 362, § 1º, 465, § 1º, I, 525, § 2º, 535, § 1º, 917, § 8º). Apesar disso, por força do art. 966, II, continuou a ser rescindível a decisão de mérito proferida por juiz impedido, indicando, por via reflexa, que os prazos para a invocação do impedimento não seriam peremptórios. Portanto, mantemos a posição externada sob a égide da lei processual anterior.

[89] Na conhecida fórmula de Robert Klitgaard (*Controlando la corrupción*, p. 85), "corrupção = monopólio + discricionariedade – responsabilidade". Transpondo a fórmula para a esfera judicial, vê-se que, com raras exceções, somente os Juízes praticam atos propriamente jurisdicionais, possuem uma certa margem de liberdade na interpretação da lei e raramente são responsabilizados pelos excessos que praticam, o que é um indicativo de que os fatores conducentes às práticas corruptas são facilmente divisados no âmbito do Poder Judiciário.

[90] Ação rescisória e revisão criminal.

grante dissonância da realidade fenomênica. Tais situações são extremamente corriqueiras, o que torna impossível que um ser humano, como é o magistrado, corresponda às expectativas de todos que necessitam de um pronunciamento judicial célere.

No entanto, em muitos casos, a desídia será clara aos olhos do observador, sendo facilmente vislumbrado o injustificável[91] aumento de processos paralisados em "conclusão", ou mesmo o irrisório volume de sentenças e audiências realizadas, o que pode ser verificado a partir da publicação das pautas e das estatísticas nos órgãos oficiais.

Em situações tais, deve o observador ser norteado por um critério de razoabilidade, o que permitirá que a conclusão alcançada assuma contornos de objetiva certeza, tornando-se patente que o magistrado retardou ou deixou de praticar, indevidamente, atos de ofício (art. 11, II, da Lei 8.429/1992)[92].

Waline[93], há muito, já observara que "o excesso de poder não se constitui necessariamente em uma extensão arbitrária pelo juiz de seus poderes, ou em uma culpa grave através da qual ele se afasta das normas fundamentais que tem o dever de observar no exercício de suas funções. Há, com efeito, uma irregularidade ainda mais grave que a de julgar mal, é a de não julgar absolutamente nada, a de se recusar a exercer sua função, de denegar justiça aos demandantes ou à própria sociedade. Assim, a denegação de justiça tem sido considerada como caracterizadora do excesso de poder".

Não é por outra razão que o Superior Tribunal de Justiça já reconheceu que juíza eleitoral que retarda processos em que figura como parte pessoa que possui laços de parentesco e vínculos jurídicos com o seu cônjuge pratica, em tese, ato de improbidade[94].

6.3. Reprimenda

Constatada a parcialidade do magistrado ou a injustificada omissão em exercer a atividade judicante (*lato sensu*), independentemente das sanções administrativas, civis e

---

91 LC n. 35/1979: "Art. 35. São deveres do magistrado: I – cumprir e fazer cumprir, com independência, serenidade e exatidão, as disposições legais e atos de ofício; II – determinar as providências necessárias para que os atos processuais se realizem nos prazos legais..."

92 O art. 143, parágrafo único, do CPC/2015, estabelece que o magistrado somente será responsabilizado pela omissão se, após requerimento da parte, não cumprir o seu mister dentro de dez dias. A este dispositivo deve ser dispensada interpretação consentânea com os interesses que buscou tutelar. Assim, sua aplicação ficará adstrita ao ressarcimento das perdas e danos sofridos pelas partes, interesse disponível por excelência e que depende do zelo das mesmas. No que concerne à responsabilidade do magistrado perante o Estado, esta independe de qualquer interpelação, pois este, por certo, bem conhece os deveres do cargo. Ademais, o bom funcionamento dos serviços judiciários depende de um grande número de providências, a serem adotadas pelo magistrado, que não atingirão diretamente as partes; logo, não há que se falar em provocação destas para a configuração da desídia do magistrado.

93 *Notion juridique de l'excès de pouvoirs du juge*, p. 184.

94 2ª T., REsp n. 1.249.531/RN, rel. Min. Mauro Campbell Marques, j. em 20/11/2012, *DJ* de 5/12/2012.

penais que ele será passível de sofrer, configurada estará a improbidade[95], havendo perfeita subsunção da conduta à figura do art. 11 da Lei n. 8.429/1992.

Somente na primeira hipótese serão sopesados os atos propriamente jurisdicionais, já que a perquirição da omissão injustificada no cumprimento dos deveres do cargo estará normalmente adstrita aos denominados atos funcionais, relativos ao funcionamento do serviço forense, não havendo vinculação direta com a atividade finalística do Poder Judiciário.

O alicerce normativo dessa concepção encontra esteio no art. 37, § 6º, da Constituição, o qual consagrou a responsabilidade objetiva do Estado pelos atos comissivos dos agentes de qualquer dos Poderes que, nessa qualidade, causem danos a terceiros, sendo assegurado o direito de regresso; no art. 143 do CPC/2015[96], que responsabiliza o juiz por perdas e danos em caso de parcialidade (inc. I) ou omissão na prática dos atos próprios de seu ofício (inc. II); e no art. 49 da Lei Orgânica da Magistratura Nacional, de conteúdo praticamente idêntico ao dispositivo anterior.

O sistema acolhe a tese da responsabilidade dos agentes públicos, logo, valorado o ato ou a omissão e identificada a ilicitude, possível será a configuração da improbidade.

Ainda sob a ótica dos preceitos normativos que admitem a responsabilidade dos magistrados por seus atos, merece realce a Lei n. 1.079/1950, que define os crimes de responsabilidade e integra a Constituição da República em sua disciplina. O art. 52, II, da Constituição dispõe que compete ao Senado Federal processar e julgar os Ministros do STF nos crimes de responsabilidade. A Lei n. 1.079/1950, em seu art. 39, estatui o seguinte:

Art. 39. São crimes de responsabilidade dos Ministros do Supremo Tribunal Federal:

1) alterar, por qualquer forma, exceto por via de recurso, a decisão ou voto já proferido em sessão do tribunal;

2) proferir julgamento, quando, por lei, seja suspeito na causa;

3) exercer atividade político-partidária;

4) ser patentemente desidioso no cumprimento dos deveres do cargo;

5) proceder de modo incompatível com a honra, dignidade e decoro de suas funções.

Como se vê, os Ministros da mais alta Corte do Poder Judiciário podem ser responsabilizados quando seja presumida sua parcialidade ou patente sua desídia, o que é incontroverso à luz dos ns. 2 e 4 *supra*. Assim, não seria coerente se negar a responsabilização

---

95 O mesmo ocorrerá em havendo acúmulo injustificável de feitos com os membros do Ministério Público, procedimentos inquisitoriais com os delegados de polícia etc.
96 Dispositivo semelhante já constava do art. 121 do CPC de 1939 e do art. 133 do CPC de 1973. No mesmo sentido, tem-se o art. 55 do CPC italiano.

Capítulo VIII – Dos Atos de Improbidade

dos demais magistrados em estando clara a parcialidade e incontroversa a desídia destes, o que será perquirido na esfera cível sob o abrigo da normatização específica da Lei n. 8.429/1992, diploma este aplicável a todos os agentes públicos.

Ao julgar ações de reparação de danos ajuizadas em face do Estado, o STF tem sistematicamente negado a sua responsabilidade pelos danos causados por atos do Poder Judiciário.

É normalmente invocado o argumento de que a administração da justiça é uma das formas de manifestação da soberania, o que excluiria a responsabilidade do Estado, que somente poderia ser perquirida nos casos expressos em lei, o que torna tal possibilidade adstrita ao art. 630 do CPP, norma esta que foi erigida à categoria de direito fundamental pelo art. 5º, LXXV, da Constituição da República[97].

No RE n. 70.121-MG, interposto em ação de reparação de danos ajuizada em face do Estado de Minas Gerais por desídia de juiz, tinha-se um modesto comerciante que havia sido preso preventivamente por lhe ter sido imputada a prática do crime de estelionato. Segundo o autor, após pronunciamento favorável do Ministério Público pugnando pela sua soltura, os autos foram conclusos ao juiz em 15 de abril de 1961, tendo permanecido em sua residência até 16 de janeiro de 1964, ocasião em que foram devolvidos com decisão absolutória. Por ter permanecido preso injustamente durante longo período, sendo levado à falência, pleiteou o ressarcimento dos danos sofridos. O pedido foi negado pelo STF, sendo do seguinte teor a ementa do acórdão:

> *O Estado não responde civilmente pelos atos praticados pelos órgãos do Poder Judiciário, salvo nos casos expressamente declarados em lei, porquanto a administração da justiça é um dos privilégios da soberania*[98].

---

[97] "O Estado indenizará o condenado por erro judiciário, assim como o que ficar preso além do tempo fixado na sentença".

[98] Pleno, rel. Min. Aliomar Baleeiro, rel. desig. Min. Djaci Falcão, j. em 13/10/1971, *RDA* 114/298."No acórdão objeto do recurso extraordinário, ficou acentuado que o Estado não é civilmente responsável pelos atos do Poder Judiciário, a não ser nos casos expressamente declarados em lei; porquanto a administração da justiça é um dos privilégios da soberania. Assim, pela demora da decisão de uma causa responde civilmente o juiz, quando incorrer em dolo ou fraude, ou ainda sem justo motivo recusar, omitir ou retardar medidas que deve ordenar de ofício ou a requerimento da parte (art. 121 do Cód. de Processo Civil). Além disso, na espécie não se trata de responsabilidade civil decorrente de revisão criminal (art. 630 e seus parágrafos do Cód. de Processo Penal). Impõe-se a responsabilidade da pessoa jurídica de direito público quando funcionário seu, no exercício das suas atribuições e a pretexto de exercê-las, cause dano a outrem. À pessoa jurídica responsável pela reparação é assegurada a ação regressiva contra o funcionário, se houve culpa de sua parte. *In casu*, não se caracteriza negativa de vigência da regra do art. 15 do Código Civil, nem tampouco ofensa ao princípio do art. 105 da Lei Magna. Aferição de matéria de prova (Súmula 279). Recurso extraordinário não conhecido"(*RTJ* 8/193). No mesmo sentido:"O Estado só responde pelos erros dos órgãos do Poder Judiciário na hipótese prevista no art. 630 do CPP. Fora dela, domina o princípio da irresponsabilidade, não só em atenção à autoridade da coisa julgada como também à liberdade e indepen-

Com o advento da Constituição de 1988, não mais é sustentável a tese da irresponsabilidade do Estado pelos danos causados por atos jurisdicionais, isto em virtude dos amplos termos do *caput* e do § 6º de seu art. 37, em que é utilizado o substantivo *agente*, de amplitude maior que o vocábulo *funcionário*, preferido pelos textos anteriores[99].

É evidente, no entanto, que versando a hipótese sobre o legítimo exercício de atividade típica do Poder Judiciário, o prejuízo a uma das partes será normalmente inevitável, exigindo que a aplicação do preceito constitucional seja condicionada à existência de norma que discipline as situações em que é reconhecida a ilicitude da conduta do magistrado e, *ipso facto*, a responsabilidade do Estado.

O fato de a atividade jurisdicional ser derivada da soberania do Estado não representa qualquer óbice à tese de responsabilização deste, pois a concepção de soberania somente restará maculada quando o ente estatal tiver seus atos limitados por fatores estranhos à sua vontade, o que não ocorrerá quando as restrições e as penalidades existentes forem por ele próprio impostas.

Frise-se, ainda, que o ato administrativo, tanto quanto o jurisdicional, também é uma forma de manifestação da soberania, e nem por isso se afasta a responsabilidade do Estado pelos danos causados.

Em sendo reconhecido o exercício ilegítimo da atividade jurisdicional, deve o Estado responder patrimonialmente pelos danos causados, não havendo que se falar em qualquer restrição à soberania exteriorizada com o exercício da função judicante. Ademais, não é plausível que a mesma conduta possa ser ilícita em relação ao presentante do Estado, no exercício de sua função, e não o seja em relação a este.

---

dência dos magistrados" (2ª T., RE n. 35.500, rel. Min. Antônio Villas Boas, j. em 9/12/1958, *RF* 194/159): "Responsabilidade objetiva do Estado. Ato do Poder Judiciário. A orientação que veio a predominar nesta Corte, em face das Constituições anteriores à de 1988, foi a de que a responsabilidade objetiva do Estado não se aplica aos atos do Poder Judiciário a não ser nos casos expressamente declarados em lei. Precedentes do STF. Recurso extraordinário não conhecido" (1ª T., RE n. 111.609-AM, rel. Min. Moreira Alves, j. em 11/12/1992, *DJ* de 19/3/1993); 2ª T., AGRRE n. 228.035/SC, rel. Min. Carlos Velloso, j. em 10/2/2004, *DJU* de 5/3/2004, p. 28; 1ª T., RE n. 219.117-4/PR, rel. Min. Ilmar Galvão, j. em 3/8/1999, *DJU* de 29/10/1999; Pleno, ERE n. 69.568-SP, rel. Min. Thompson Flores, j. em 12/8/1971, *DJ* de 3/11/1971; e 1ª T., RE n. 91.680-PR, rel. Min. Rafael Mayer, j. em 25/3/1980, *RTJ* 94/423. Em sentido contrário, anota Liebman que "a Corte Constitucional *(italiana)*, pela Sentença n. 2, de 14 de março de 1968 *(Riv. Dir. Proc.*, 1969, p. 123, com nota de T. Segré), entendeu que a responsabilidade do Estado, nos termos do art. 28 da Constituição, abrange inclusive a responsabilidade civil dos juízes nos limites do citado art. 55" *(parcialidade ou omissão)* (*Manual de direito processual civil*, v. I, p. 85).

99 Na Constituição de 1969, a responsabilidade do Estado era prevista no artigo 107, o qual falava em atos de *funcionários* e estava inserido sob a rubrica "Poder Executivo". Do mesmo modo dispunham as Constituições de 1946 (art. 194) e 1967 (art. 105). As Constituições de 1934 (art. 171) e 1937 (art. 158) estabeleceram a responsabilidade do funcionário de forma solidária com a Fazenda Pública. A Constituição de 1891 (art. 82) previa somente a responsabilidade do funcionário e a de 1824 (art. 179, 29) utilizara a nomenclatura empregado público, sendo que, nesta última, foi estatuída a responsabilidade pessoal do juiz por prisão arbitrária (art. 179, 10).

De qualquer modo, sempre foi induvidosa a responsabilidade pessoal dos juízes[100] por exacerbada desídia ou pelos atos praticados com parcialidade[101].

Àqueles que se apressarão em sustentar a impossibilidade de o magistrado praticar atos de improbidade, deve-se questionar: sendo indiscutível a responsabilidade pessoal pelos danos causados ao jurisdicionado, não seria incongruente inadmiti-la em relação aos danos causados aos princípios basilares do Estado de Direito e, por via reflexa, à própria sociedade? Não é o magistrado um agente público? Não está o magistrado sob a égide dos princípios da legalidade e da moralidade, comuns a todos os agentes públicos? Não é o magistrado remunerado pelos cofres públicos por seus serviços? A estes questionamentos poderiam se suceder outros mais, os quais sempre chegariam a uma conclusão comum: o magistrado deve ser responsabilizado pelos atos de improbidade que praticar.

7. ATOS DO MINISTÉRIO PÚBLICO

A análise dos atos de improbidade passíveis de serem praticados pelos membros do Ministério Público tanto pode redundar numa aproximação com o regime jurídico dos agentes públicos em geral, como pode assumir especificidades semelhantes àquelas que caracterizam os atos jurisdicionais. Como verdadeiro elemento pendular, aproximando ou afastando cada um desses vetores, tem-se o princípio da independência funcional.

---

100 Igual entendimento foi adotado em relação aos membros do Ministério Público:"... O art. 85 do CPC refere-se à responsabilidade pessoal do representante do Ministério Público por dolo ou fraude, e não à responsabilidade do Poder Público por atos daquele" (STF, 1ª T., AGRAI n. 102.251, rel. Min. Sydney Sanches, j. em 20/8/1985, DJ de 20/9/1985). Vide, no mesmo sentido, o art. 181 do CPC/2015. Com o advento da Constituição de 1988, cujo art. 37, § 6º, consagra a responsabilidade objetiva do Estado e o direito de regresso em face do servidor faltoso, a ação que vise à reparação dos danos haverá de ser ajuizada em face daquele, não deste último (STF, Pleno, RE n. 228.977/SP, rel. Min. Néri da Silveira, j. em 5/3/2002, DJU de 12/4/2002, p. 66).

101 Após dizer que é injustificável a tese de irresponsabilidade do Estado pelo mau funcionamento do serviço público da justiça, Waline lembra que, na França, desde a lei de 7 de fevereiro de 1933, foram reforçadas as garantias de liberdade individual, sendo estabelecido que poderia ser reconhecida a responsabilidade pessoal dos magistrados "nos casos de dolo, fraude, concussão, mas igualmente, e isto é menos teórico, no caso de grave erro profissional" (Droit Administratif, p. 910-911). No mesmo sentido: art. 11 da Lei francesa de 5 de julho de 1972 e a Lei italiana n. 117, de 13 de abril de 1988, esta última, como anota Canotilho (ob. cit., p. 475), promulgada após consulta referendária. Situação incomum foi apreciada pela 1ª Turma do STJ por ocasião do julgamento do REsp n. 199.153/GO, realizado em 24/10/2000, sendo relator o Ministro Francisco Peçanha Martins, publicado no DJ de 19/2/2001. Tratava-se de ação civil pública ajuizada, pelo Ministério Público, em face de um Município e de uma empresa privada em que se pleiteava a anulação parcial de sentença proferida em sede de embargos à execução, isto porque o juízo monocrático condenara a Municipalidade ao pagamento de multa contratual que não fora pedida pelo credor na execução do título extrajudicial. Apesar de ajuizada após o trânsito em julgado da sentença e do decurso do lapso decadencial para a utilização da ação rescisória, o STJ, reformando o acórdão recorrido, entendeu cabível a ação que pretendia a declaração de nulidade parcial de ato jurídico (in casu, a sentença de primeiro grau), pois este era, em parte, juridicamente inexistente, constatação que é robustecida quando se verifica que o Município fora condenado na ação de embargos por ele próprio ajuizada e sem a existência de pedido de quem quer que seja. A nosso ver, este seria um exemplo de grave erro profissional.

A independência funcional dos membros do Ministério Público recebeu especial atenção do Constituinte de 1988, o qual, além de consagrá-la no art. 127, § 1º, considerou crime de responsabilidade do Presidente da República a prática de atos que atentem contra o *livre exercício* do Ministério Público[102]. De acordo com esse princípio, aos membros do Ministério Público são direcionadas duas garantias vitais ao pleno exercício de suas funções: a) podem atuar livremente, somente rendendo obediência à sua consciência e à lei, não estando vinculados às recomendações expedidas pelos órgãos superiores da instituição em matérias relacionadas ao exercício de suas atribuições institucionais; e b) não podem ser responsabilizados pelos atos que praticarem no estrito exercício de suas funções, gozando de total independência para desempenhá-las em busca da consecução dos fins inerentes à atuação ministerial.

De forma simples e objetiva, pode-se afirmar que os atos relacionados ao vínculo jurídico-funcional mantido com o Ministério Público, mas que não exijam um juízo valorativo quanto à atuação funcional propriamente dita, não ensejarão maiores controvérsias quanto à possibilidade de responsabilização dos membros da instituição. Os danos causados ao patrimônio público (*v.g.*: dilapidação do mobiliário da repartição) e a obtenção de vantagens indevidas associadas ao cargo (*v.g.*: hospedagem gratuita em rede hoteleira cujos interesses são alcançados pela atuação do Ministério Público) são exemplos característicos dessa possibilidade.

No que diz respeito à atuação funcional propriamente dita, ela pode ser extrajudicial ou judicial. Nesse último caso, pode refletir as funções de órgão agente ou de órgão interveniente, conforme o Ministério Público seja, respectivamente, o *dominus littis* da ação ou intervenha em processo iniciado por terceiro. O princípio da independência funcional, conquanto incidente nessas hipóteses, não chega ao extremo de legitimar toda e qualquer injuridicidade.

A independência funcional possui natureza essencialmente instrumental, permitindo seja alcançado um fim. *In casu*, uma atuação livre de pressões exógenas, que reflita o juízo valorativo realizado pelo membro do Ministério Público a respeito de determinada situação fática ou jurídica. Essa instrumentalidade, à evidência, somente estará presente enquanto norteada por referenciais de juridicidade, vale dizer, enquanto o objetivo visado for funcionalmente lícito. Daí ser possível afirmar que a influência de fatores exógenos, como o *animus* de favorecer ou de prejudicar, permitirá seja rompida a instrumentalidade da independência funcional, autorizando a punição do agente sempre que aja ao arrepio da ordem jurídica (*v.g.*: atuação funcional apesar de configurado o impedimento). Em situações dessa natureza, não será propriamente o teor do pronunciamento jurídico que justificará a incidência do sistema sancionador, mas, sim, o elemento subjetivo responsável pelo seu delineamento. Essa perspectiva de análise bem demonstra que somente o dolo

---

102 Art. 85, II, da CR/1988.

pode afastar o manto protetor da independência funcional, rompendo com a linha de desenvolvimento de sua instrumentalidade, não a culpa característica do erro profissional.

Enquanto a atuação dos magistrados é analisada, primordialmente, sob a ótica dos atos decisórios, a atuação dos membros do Ministério Público pode ser objeto de críticas em momento antecedente, mais especificamente quanto à deflagração da própria demanda. Constatando-se, por exemplo, que o membro do Ministério Público ajuizou uma ação penal ou civil por mero espírito de emulação, sem qualquer suporte probatório, será plenamente factível a sua responsabilização pessoal, já que, como dissemos, a independência funcional é uma garantia adstrita à consecução de objetivos lícitos, não um estímulo à proliferação de atos dolosos e lesivos à esfera jurídica alheia. Em situações desse tipo, será plenamente possível a incidência da tipologia do art. 11 da Lei n. 8.429/1992, em especial por violação ao dever de imparcialidade.

A presunção, no entanto, é que o agente público, como sói ser o membro do Ministério Público, agiu em harmonia com a ordem jurídica, o que desloca o ônus probatório para aquele que sustenta o contrário. Acresça-se que o só recebimento da ação pelo órgão jurisdicional competente em muito reforça tal presunção, terminando por deslocar o referencial de análise para este último, que anuiu com o aperfeiçoamento da relação processual e que direciona o seu próprio evolver.

A exemplo dos magistrados, também os membros do Ministério Público têm o dever de praticar os atos próprios do seu ofício em tempo hábil, de modo a evitar o perecimento de direitos ou, mesmo, o desvanecimento de aspectos circunstanciais relevantes à concretização de padrões mínimos de justiça material. A inobservância desse dever será especialmente percebida quando atividades paralelas (*v.g.*: dedicação ao magistério) absorvam de tal modo o membro do Ministério Público que inviabilizem o exercício de suas atividades regulares, o que, a depender da lesividade, também justificará a configuração da improbidade administrativa[103].

---

103 Para maior desenvolvimento do tema, *vide*, de nossa autoria, *Ministério Público. Organização, atribuições e regime jurídico*. 5ª ed., São Paulo: Saraiva, 2015.

CAPÍTULO IX
Da Casuística

1. EXPLICAÇÃO

Consoante a sistemática adotada nesta obra, a exposição casuística das situações configuradoras da improbidade administrativa previstas na Lei n. 8.429/1992 assume caráter eminentemente secundário, já que os ilícitos perpetrados pelos agentes públicos são apreciados sob uma perspectiva principiológica. Não obstante isto e visando a melhor ilustrar a exposição, procederemos ao estudo de algumas hipóteses comumente divisadas no cotidiano dos agentes públicos.

2. AQUISIÇÃO DE BENS EM MONTANTE SUPERIOR À RENDA

A teor do art. 9º, VII, da Lei n. 8.429/1992, constitui ato de improbidade, importando em enriquecimento ilícito, "adquirir para si ou para outrem, no exercício do mandato, cargo, emprego ou função pública, bens de qualquer natureza cujo valor seja desproporcional à evolução do patrimônio ou à renda do agente público".

A evolução patrimonial do agente público deve ser compatível com os rendimentos percebidos em razão do exercício de sua atividade junto ao Poder Público e, em não sendo esta sua única fonte de receitas, com as demais de origem lícita que aufira (*v.g.*: receitas locatícias, lucros oriundos de participações societárias etc.). Em conformidade com o preceito legal ora analisado, tem-se uma verdadeira presunção *iuris tantum* de ilegitimidade do patrimônio adquirido em dissonância de tais circunstâncias.

Em torno do art. 9º, VII, da Lei de Improbidade, foram construídas basicamente três linhas de argumentação.

Consoante a primeira, trata-se de nítida hipótese de inversão do ônus da prova, cabendo ao agente provar que os bens de valor desproporcional à sua renda foram adquiridos com numerário de origem lícita[1].

---

1 Nesse sentido, Wallace Paiva Martins Júnior (Providências estruturais na investigação da improbidade administrativa, *RT* 727/339, e *Probidade administrativa*, p. 197), Sérgio Monteiro Medeiros (*Lei de Improbidade Administrativa*, p. 60), Luiz Fabião Guasque (A responsabilidade da Lei de Enriquecimento Ilícito, *Revista de Direito do MPRJ*, v. I, n. 2, 1995, p. 124; Lei de Improbidade Administrativa..., p. 39, 48 e 60), Antônio Augus-

De acordo com a segunda corrente, ao autor caberia o ônus de provar não só a desproporção entre os bens adquiridos e a renda auferida pelo agente, como também a prática de conduta ilícita no exercício da função e o nexo de causalidade existente entre esta e referida aquisição[2]. Esse entendimento possui os seguintes alicerces: a) a Lei n. 8.429/1992, diferentemente da legislação fiscal, não faz referência a sinais exteriores de riqueza; b) o *caput* do art. 9º dispõe que os bens devem ter sido adquiridos "em razão do exercício do cargo", o que é extensivo ao inciso VII, devendo o autor provar o nexo causal; c) o art. 26 do projeto que originou a Lei n. 8.429/1992 previa a inversão do ônus da prova, não tendo sido aprovado, o que demonstra a vontade do legislador em sentido diverso.

A terceira corrente, que entendemos mais consentânea com o espírito e a letra da lei, sustenta que: a) ao autor incumbe comprovar a desproporção entre os bens e a renda do agente, inexistindo inversão do ônus da prova; b) a Lei n. 8.429/1992 refere-se à aquisição de bens de valor desproporcional à renda, o que representa efetivo sinal exterior de riqueza; c) a *mens legislatoris* não guarda sinonímia com a *mens legis*, tendo relevância meramente histórica; e d) o *caput* do art. 9º contém conceito jurídico indeterminado, enquanto os diversos incisos do referido preceptivo abrangem situações fáticas autônomas e específicas[3].

---

to Mello de Camargo Ferraz e Antônio Herman de V. e Benjamin (*A inversão do ônus da prova na Lei da Improbidade – Lei n. 8.429/1992*), José Jairo Gomes (Apontamentos sobre a improbidade administrativa, in *Improbidade administrativa, 10 anos da Lei n. 8.429/1992*, p. 268), Paulo Eduardo Bueno (Improbidade Administrativa no Exercício da Atividade Policial, in *Improbidade Administrativa, 10 anos da Lei n. 8.429/1992*, p. 400-401), Walter Claudius Rothemburg (Ação por improbidade administrativa: aspectos de relevo, in *Improbidade administrativa, 10 anos da Lei n. 8.429/1992*, p. 476) e Hely Lopes Meirelles (*Direito administrativo brasileiro*, p. 424). Marcelo Harger acresce que a inversão do ônus da prova viola a presunção de inocência, sendo inconstitucional (*Improbidade...*, p. 113).

2 Cf. PAZZAGLINI FILHO, Marino *et alii*. *Improbidade administrativa*, p. 71. No mesmo sentido, George Sarmento (*Improbidade administrativa*, p. 79), Marino Pazzaglini Filho (*Lei de Improbidade Administrativa comentada*, p. 65-68), Fernando Rodrigues Martins (*Controle do patrimônio público*, p. 88), Waldo Fazzio Júnior (*Improbidade administrativa e crimes de prefeitos*, p. 78-82, e *Atos de improbidade administrativa...*, p. 107-111), José Antônio Lisboa Neiva (*Improbidade administrativa*. Legislação..., p. 64-65), Pedro Roberto Decomain (*Improbidade administrativa....*, p. 97-98), Calil Simão (*Improbidade administrativa...*, p. 234 e 548); e Francisco Octávio de Almeida Prado (*Improbidade administrativa*, p. 83-88). Benedicto de Tolosa Filho (*Comentários...*, p. 81), em passagem contraditória, logo após encampar esse entendimento, afirma que no caso de a declaração de bens não corresponder aos rendimentos do agente, caberá a este demonstrar a regularidade das aquisições, não sendo o caso de inversão do ônus da prova.

3 Cf. OSÓRIO, Fábio Medina. *Improbidade administrativa, observações sobre a Lei 8.429/1992*, p. 181. Também entendendo que deve ser produzida simples prova da desconformidade entre a evolução patrimonial e os bens adquiridos para que a conduta do agente seja enquadrada no tipo do art. 9º, VII, da Lei n. 8.429/1992: Marçal Justen Filho (*Curso*, p. 105), Juarez Freitas (Do Princípio da Probidade..., *Revista de Informação Legislativa*, p. 57), Marcelo Figueiredo (*Probidade administrativa...*, p. 44-45), João Adércio Leite Sampaio (A probidade na era dos desencantos, in *Improbidade administrativa, 10 anos da Lei n. 8.429/1992*, p. 176), Nicolao Dino de Castro e Costa Neto (Improbidade administrativa: aspectos processuais e materiais, in *Improbidade administrativa, 10 anos da Lei n. 8.429/1992*, p. 352), Rita Tourinho (*Discricionariedade...*, p. 169), Affonso Ghiso Neto (*Improbidade administrativa...*, p. 65-66), Mateus Bertoncini (*Ato de improbidade administrativa*: 15

Feito um breve resumo das correntes predominantes, resta tecer algumas considerações de ordem suplementar à posição que sufragamos.

Nos incisos VII e VIII do art. 9º estão previstas situações fáticas que, consoante as regras de experiência, se apresentam como consectários lógicos do obrar ilícito do agente público em suas atividades, acarretando uma relação de causa e efeito com elas.

O agente que aceita emprego de pessoa física ou jurídica que tenha interesse em sua atividade, por óbvio e independentemente de restar provado qualquer obrar ilícito de sua parte, estará auferindo vantagens indevidas do cargo que ocupa.

Do mesmo modo, aquele que exerce atividade laborativa perante o Poder Público com dedicação exclusiva e percebe módica remuneração, acaso apresente evolução patrimonial faraônica, terá contra si um forte indício da origem ilícita de seus bens.

Nesta linha, é oportuno trazer à baila a lição do Mestre das Provas, Nicola Framarino Dei Malatesta[4], *verbis:*"No indício, a coisa que se apresenta como conhecida é sempre diversa da desconhecida, que se faz conhecer. Ora, uma coisa conhecida só nos pode provar uma diversa coisa desconhecida, quando se nos apresente como sua causa ou efeito, porquanto entre coisas diversas não há, conforme demonstrado, senão a relação de causalidade, capaz de conduzir de uma a outra... Da força que pode apresentar a relação de causalidade que ocorre entre fato indicante e fato indicado, relação de causalidade que é o trâmite lógico do raciocínio indicativo, deduzimos o valor probatório que pode apresentar o indício".

Compete ao autor o ônus de provar a aquisição de bens de valor desproporcional à renda do agente, sendo este o fato indicante; o fato indicado, por sua vez, é o enriquecimento ilícito, o qual é desdobramento lógico daquele. A evolução patrimonial dos agentes públicos, consoante o art. 13 da Lei n. 8.429/1992, é objeto de rigoroso controle, o que reforça a assertiva de que rendimentos percebidos e bens adquiridos devem evolver de forma correlata, sendo indício veemente de enriquecimento ilícito e, *ipso facto*, de improbidade, a dissonância existente entre a evolução patrimonial do agente e a contraprestação que lhe fora paga pelo Poder Público pelos serviços prestados. Em casos tais, será flagrante que o ímprobo auferiu vantagens indevidas em razão de sua condição de agente público, o que, por si só, infringe a moralidade administrativa.

---

anos da Lei 8.429/1992. São Paulo: Revista dos Tribunais, 2007, p. 229), José Pimenta Oliveira (*Improbidade administrativa...*, p. 223), Sebastião José Lessa (O enriquecimento ilícito do agente público e os meios de apuração. Sindicância patrimonial, in *L & C Revista de Administração Pública e Política* n. 162, p. 4, dezembro de 2011), Silvio Antonio Marques (*Improbidade administrativa...*, p. 80); Sérgio Turra Sobrane (*Improbidade administrativa...*, p. 47), Edilson Pereira Nobre Júnior, Improbidade administrativa: alguns aspectos controvertidos, *Revista do TRF-5ª Região* n. 56/320 (333), 2004, e Marco Vinicio Petrelluzzi e Rubens Naman Rizek Junior (*Lei Anticorrupção...*, p. 37-38). Na jurisprudência, honrando-nos com a citação, *vide*: 2ª T., AgRg no AREsp n. 548.901/RJ, rel. Min. Assusete Magalhães, j. em 16/2/2016, *DJe* de 23/2/2016. E, ainda: STJ, 1ª Seção, MS n. 18.460/DF, rel. p/acórdão Min. Mauro Campbell Marques, *DJe* de 2/4/2014.

4   *A lógica das provas em matéria criminal*, p. 219.

Não há que se falar em inversão do ônus da prova, restando ao agente público demandado, unicamente, o ônus de provar os fatos modificativos, impeditivos ou extintivos da pretensão do autor, o que deflui do disposto no inciso II do art. 373 do CPC/2015. Note-se que sequer seria possível cogitar de distribuição diversa do ônus da prova, autorizada pelo § 1º desse preceito quando prevista em lei ou diante das peculiaridades da causa, relacionadas à impossibilidade ou à excessiva dificuldade de cumprir a regra geral de ônus da prova que recai sobre o autor ou à maior facilidade de obtenção da prova do fato contrário[5]. Afinal, estamos perante uma situação de direito punitivo, o que o atrai o direito contra a autoincriminação. A conclusão ainda é robustecida pelo disposto no art. 2º, § 5º, da Lei n. 8.730/1993[6], segundo o qual, "relacionados os bens, direitos e obrigações, o declarante apurará a variação patrimonial ocorrida no período, indicando a origem dos recursos que hajam propiciado o eventual acréscimo".

No mesmo sentido, pode ser mencionado o art. IX da Convenção da Organização dos Estados Americanos contra a Corrupção[7], e o art. 20 da Convenção das Nações Unidas contra a Corrupção[8]. Esses preceitos dispõem sobre a adoção das medidas necessárias à tipificação do enriquecimento ilícito como infração penal, que, na redação do primeiro deles, consiste "no incremento do patrimônio de um funcionário público com significativo excesso, em relação às suas rendas legítimas, durante o exercício de suas funções e que não possa ser razoavelmente justificado por ele". Ainda que se trate de comando direcionado ao legislador, é intuitiva a produção de efeitos em relação à legislação preexistente, quer derrogando os preceitos com ela incompatíveis, quer auxiliando na operação de interpretação. Nessa linha, não se pode negar, à luz do texto das Convenções, que, uma vez demonstrada a disparidade entre renda *legítima* e patrimônio, cabe ao agente público a produção de provas aptas a obstar a pretensão autoral e os indícios que a embasam.

Assim, bastará ao agente demonstrar que os bens adquiridos, apesar de não estarem em harmonia com os elementos que informam a declaração de bens prevista no art. 13 da

---

5 Em sentido contrário, Marco Aurélio Adão defende a possibilidade de aplicação do art. 373, § 1º, do CPC/2015 nas ações de improbidade, de modo que o juiz possa atribuir ao réu "o encargo de demonstrar fato relevante para a decisão da causa" [Novo CPC, inversão do ônus da prova e ações de improbidade administrativa, *in* GODINHO, Robson Renault; HENRIQUES DA COSTA, Susana. Ministério Público. Coleção Repercussões do Novo CPC. Salvador: Juspodivm, 2015, v. 6. p. 101 (114)].

6 Trata-se de diploma legal que reforçou o comando do art. 13 da Lei n. 8.429/1992, estabelecendo a obrigatoriedade da declaração de bens e rendas para o exercício de cargos, empregos e funções em qualquer dos Poderes da União e no Ministério Público.

7 A Convenção foi ratificada em 25 de junho de 2002 (Decreto-Legislativo n. 152), sendo posteriormente promulgada pelo Decreto n. 4.410, de 7 de outubro de 2002 (*DOU* de 8/10/2002) e sofrendo pequena alteração redacional por força do Decreto n. 4.534, de 19 de dezembro de 2002. Segundo o art. 1º do Decreto n. 4.410/2002, a convenção "será executada e cumprida tão inteiramente como nela se contém".

8 A Convenção foi ratificada em 15 de maio de 2005 (Decreto-Legislativo n. 348), sendo posteriormente promulgada pelo Decreto n. 5.687, de 31 de janeiro de 2006 (*DOU* de 1º/2/2006).

Lei de Improbidade, têm origem lícita[9], tendo ocorrido mera omissão ou erro na interpretação da referida declaração, sendo esse o fato impeditivo da pretensão do autor.

Acaso fosse exigida a prova dos atos ilícitos que teriam motivado a evolução patrimonial indevida, culminar-se-ia em coroar a perspicácia de ímprobos cujo patrimônio aumenta em progressão geométrica e que possuem atividade extremamente diversificada, o que inviabilizaria a identificação do momento e da forma em que se operou o ilícito deflagrador de tal prosperidade.

Sendo desnecessário que o autor da ação demonstre qual o ato praticado pelo agente público que ensejou uma evolução patrimonial incompatível com os seus rendimentos, torna-se possível dizer que o inciso VII do art. 9º da Lei n. 8.429/1992 assume feição eminentemente residual em relação às demais figuras previstas no referido dispositivo legal[10]. Resultando infrutíferas as tentativas de individualização e prova do ilícito praticado, as atenções deverão se voltar para o resultado do ato, o que é suficiente à configuração da tipologia legal ora analisada.

No que concerne à supressão de dispositivo, constante do projeto que originou a Lei n. 8.429/1992, que previa expressamente a inversão do ônus da prova nessa hipótese, é inafastável a conclusão de que tal elemento histórico não tem qualquer relevância no deslinde da questão.

Em passado remoto, a denominada *mens legislatoris* possuía grande importância, já que "concebia-se a norma positiva como ordem do soberano, deliberação do rei absoluto, preposto de Deus; o Eterno fora o autor primacial do Direito; este era ideia inata, princípio imutável"[11].

Com o evolver do dogmatismo jurídico e o consequente enfraquecimento do elemento teológico que compunha tal concepção, a norma de conduta adquiriu consistência própria, dissociando-se da intenção de seu mentor intelectual, não sendo demais lembrar que a deletéria ação do tempo, com a frequente mutação das relações sociais, erigia-se como forte obstáculo à identificação, através de um gélido texto normativo, de uma vontade há muito sepultada e esquecida[12].

---

9   Haverá de ser admitida a prova de que, malgrado tenham origem ilícita, os bens adquiridos não tiveram qualquer correlação com o vínculo mantido entre o agente e as entidades previstas no art. 1º da Lei n. 8.429/1992. Em casos tais, estará o agente sujeito a sanções outras que não aquelas previstas na referida lei, a qual pressupõe que o enriquecimento tenha ocorrido em razão das facilidades que o vínculo com o sujeito passivo ofereceu ao agente.

10 Cf. PAIVA, Wallace Martins. *Probidade...*, p. 198.

11 MAXIMILIANO, Carlos. Ob. cit., p. 32.

12 Na arguta observação de Kelsen (*Teoria geral do direito e do Estado*, trad. de Luís Carlos Borges, p. 47-48), "votar a favor de um projeto de lei não implica, em absoluto, querer efetivamente o conteúdo do estatuto. Num sentido psicológico, pode-se 'querer' só quando se tem uma ideia. É impossível 'querer' algo que se desconhece. Ora, é um fato que, muitas vezes, senão sempre, um número considerável dos que votam a

A imperatividade da norma não se coaduna com o subjetivismo da *mens legislatoris*, não sendo legítimo que seu alcance e seus efeitos sejam forjados em elementos de natureza individual, já que sua gênese encontra-se atrelada a caracteres eminentemente sociológicos.

Além disso, o ordenamento jurídico é eminentemente aberto e dinâmico, sendo constantemente integrado pelos influxos sociais, o que inviabiliza qualquer tentativa de estagná-lo em um dado momento histórico[13].

3. NÃO APLICAÇÃO DE RECEITA MÍNIMA EM EDUCAÇÃO E SAÚDE

Estatui o art. 212, *caput*, da Constituição de 1988 que *a União aplicará, anualmente, nunca menos de dezoito, e os Estados, o Distrito Federal e os Municípios vinte e cinco por cento, no mínimo, da receita resultante de impostos, compreendida a proveniente de transferências, na manutenção e desenvolvimento do ensino*. A individualização dessas despesas, por sua vez, não fica ao alvedrio da administração pública: a Lei de Diretrizes e Bases da Educação Nacional (Lei n. 9.394/1996) indica o que pode (art. 70) e o que não pode (art. 71) ser compreendido no rol de despesas voltadas à manutenção e ao desenvolvimento do ensino[14].

Tratando-se de norma de eficácia plena e aplicabilidade imediata, questiona-se: o seu descumprimento consubstanciará o ato de improbidade disciplinado no art. 11, *caput*, da Lei n. 8.429/1992?

Buscando conferir maior objetividade à exposição, analisaremos a questão sob a ótica dos Municípios, entes da Federação onde o desrespeito ao preceito constitucional ocorre com maior frequência.

Em linha de princípio, cumpre dizer que o descumprimento do comando constitucional supra referido autoriza que o Estado-membro intervenha no Município sempre que "não tiver sido aplicado o mínimo exigido da receita municipal na manutenção e desen-

---

favor de um projeto tem, quando muito, um conhecimento bastante superficial de seu conteúdo. Tudo o que a Constituição requer é que votem a favor do projeto erguendo a mão ou dizendo 'sim'. Isso eles podem fazer sem conhecer o conteúdo do projeto e sem fazer do conteúdo objeto de sua 'vontade' – no sentido de um indivíduo 'querer' que outro se comporte de certo modo quando ele comanda que o faça. Não prosseguiremos aqui com a análise psicológica do fato de um parlamentar dar seu 'consentimento' constitucionalmente requerido a um projeto de lei. Basta dizer que consentir em um projeto não é necessariamente 'querer' seu conteúdo, que o estatuto não é a 'vontade' do legislador – caso entendamos 'vontade' como vontade real, um fenômeno psicológico...".

13 De acordo com Karl Engish (*Introdução ao pensamento jurídico*, trad. de J. Batista Machado, p. 173), "novos fenômenos técnicos, econômicos, sociais, políticos, culturais e morais têm de ser juridicamente apreciados com base nas normas juridicamente preexistentes. Ao ser o Direito obrigado a assumir posição em face de fenômenos e situações que o legislador histórico de maneira nenhuma poderia ter conhecido ou pensado, ele cresce para além de si mesmo".

14 Uma breve análise dessas despesas pode ser encontrada em Flávio C. de Toledo Jr. e Sérgio Ciquera Rossi, As despesas de manutenção e desenvolvimento do ensino, *Revista do Tribunal de Contas da União* n. 107/64, 2006.

volvimento do ensino e nas ações e serviços públicos de saúde"[15], estando a matéria sujeita a ampla fiscalização orçamentária (arts. 70 e 74, II, da CR/1988). Tais preceitos encontram-se em perfeita harmonia com o disposto no art. 227, *caput*, da Constituição, segundo o qual é dever do Estado assegurar à criança e ao adolescente, com absoluta prioridade, o direito à educação; acrescendo-se que "o acesso ao ensino obrigatório é direito público subjetivo" (art. 208, § 1º, da CR/1988)[16].

A interpretação sistemática desses dispositivos constitucionais denota a preocupação do constituinte com um fator imprescindível à evolução pessoal do indivíduo e ao desenvolvimento nacional, qual seja, a educação. Tal preocupação, longe de representar uma inovação, há muito fora imortalizada nas célebres palavras de Rui Barbosa[17], *verbis*: "A chave misteriosa das misérias que nos afligem é esta, e tão somente esta, a ignorância popular; mãe da servilidade e da miséria".

Assim, tem-se um dever de natureza constitucional, com sanções de gravidade ímpar para o seu descumprimento, sendo autorizada a momentânea suspensão do pacto federativo e a legítima intervenção de um ente em outro[18].

Ainda no âmbito constitucional, configura crime de responsabilidade a conduta do Presidente da República que atente contra a probidade na administração, a lei orçamentária e o cumprimento das leis (art. 85, V, VI e VII, da CR/1988).

Consoante a legislação infraconstitucional, constitui crime o ato de "dar às verbas ou rendas públicas aplicação diversa da estabelecida em lei" (art. 315 do CP); e crime de responsabilidade do Prefeito Municipal a conduta de "desviar, ou aplicar indevidamente, rendas ou verbas públicas" (art. 1º, III, do Decreto-Lei n. 201/1967).

À luz das normas constitucionais e infraconstitucionais que regem a matéria, concluímos que consubstancia ato de improbidade o obrar do Prefeito Municipal que deixa de aplicar na área de educação a verba prevista na lei orçamentária municipal. Esta conduta, a um só tempo, viola a Constituição da República e a lei orçamentária; possibilita a intervenção do Estado no Município; e configura crime de responsabilidade do Chefe do Executivo.

Violando o princípio da legalidade e causando incomensuráveis danos aos incontáveis iletrados de nosso País, afigura-se flagrante a proporcionalidade entre tal conduta e a aplicação das sanções da Lei n. 8.429/1992, já que violado o art. 11, *caput*, ou mesmo o art.

---

15 Art. 35, III, da CR/1988.
16 Segundo o art. 5º da Lei n. 9.394/1996 (Lei de Diretrizes e Bases da Educação), "o acesso ao ensino fundamental é direito público subjetivo, podendo qualquer cidadão, grupo de cidadãos, associação comunitária, organização sindical, entidade de classe ou outra legalmente constituída e, ainda, o Ministério Público, acionar o Poder Público para exigi-lo".
17 *Oração aos Moços*.
18 Arts. 34, VII, *e*, e 35, III, da CR/1988.

10, XI, deste diploma legal (*liberar verba pública sem a estrita observância das normas pertinentes ou influir de qualquer forma para sua aplicação irregular*)[19].

A exemplo do que se verificava em relação à educação, também a saúde passou a ser contemplada, por imperativo, constitucional, com um quantitativo mínimo das receitas auferidas pelo Poder Público. Conquanto alçada à categoria de direito social, as notórias deficiências no oferecimento desse serviço fizeram que o poder reformador promulgasse a EC n. 29/2000, que alterou o art. 198 da Constituição para determinar que a União, os Estados, o Distrito Federal e os Municípios aplicassem, anualmente, em ações e serviços públicos de saúde, conforme definido em lei complementar, que deve ser reavaliada a cada cinco anos, um percentual mínimo de recursos.

No caso dos Estados e do Distrito Federal, o percentual incidiria sobre a arrecadação de todos os impostos a que fazem jus, de sua participação nos impostos sobre a renda e proventos de qualquer natureza (IR) e sobre produtos industrializados (IPI), bem como sobre o produto da arrecadação (20%) com o IPI endereçado ao Fundo de Participação dos Estados e do Distrito Federal e sobre 10% do produto da arrecadação do IPI, endereçado a esses últimos entes federados proporcionalmente ao valor de suas exportações de produtos industrializados, deduzidas as parcelas que forem transferidas aos respectivos Municípios.

Em relação aos Municípios e ao Distrito Federal (lembre-se que este último ente também arrecada tributos municipais), o percentual incidirá sobre a arrecadação dos impostos a que fazem jus, de sua participação no IR, no imposto sobre a propriedade territorial rural, no imposto sobre veículos automotores e no imposto sobre circulação de mercadorias e sobre prestações de serviço de transporte interestadual e intermunicipal e de comunicação, bem como sobre o produto da arrecadação (22%) com o IPI endereçado ao Fundo de Participação dos Municípios e sobre 2,5% do imposto sobre a propriedade industrial, endereçado aos Estados e ao Distrito Federal proporcionalmente ao valor de suas exportações de produtos industrializados.

A sistemática constitucional foi regulamentada pela Lei Complementar n. 141/2012, que estabeleceu as seguintes obrigações para os entes federados: (a) a União aplicará,

---

19 Enquadra-se no art. 11 da Lei n. 8.429/1992 a não aplicação do percentual mínimo de 25% da receita em educação, sendo, ainda, custeado o transporte de pessoas não vinculadas ao ensino e adquiridos bens igualmente estranhos a essa atividade (AGRG no AREsp n. 163.308/SP, rel. Min. Humberto Martins, j. em 21/8/2012, *DJe* de 28/8/2012). Em outra oportunidade, o Tribunal afirmou que "o administrador público, que não procede à correta gestão dos recursos orçamentários destinados à educação, salvo prova em contrário, pratica conduta omissiva dolosa, porquanto, embora saiba, com antecedência, em razão de suas atribuições, que não será destinada a receita mínima à manutenção e desenvolvimento do ensino, nada fez para que a determinação constitucional fosse cumprida, respondendo, assim, pelo resultado porque não fez nada para o impedir"(STJ, 1ªT., REsp n. 1.195.462/PR, rel. Min. Benedito Gonçalves, j. em 12/11/2013, *DJe* de 21/11/2013). O STJ também decidiu que a tresdestinação de verba destinada à educação configura dano ao erário, sendo manifesto o dolo, presente na aplicação dos recursos em finalidade diversa da prevista em lei (1ªT., EDcl nos EDcl no AGRG no AREsp n. 166.481/RJ, rel. Min. Ari Pargendler, j. em 6/2/2014, *DJe* de 17/2/2014).

anualmente, em ações e serviços públicos de saúde, o montante correspondente ao valor empenhado no exercício financeiro anterior, acrescido de, no mínimo, o percentual correspondente à variação nominal do Produto Interno Bruto (PIB) ocorrida no ano anterior ao da lei orçamentária anual (art. 5º); (b) os Estados e o Distrito Federal aplicarão, anualmente, o percentual mínimo de 12% sobre a base de cálculo anteriormente descrita (art. 6º); e (c) os Municípios e o Distrito Federal aplicarão, anualmente, o percentual mínimo de 15%, incide sobre a base de cálculo que lhes diz respeito (art. 7º). Ainda se ressaltou que o Distrito Federal aplicará, anualmente, em ações e serviços públicos de saúde, no mínimo, 12% do produto da arrecadação direta dos impostos que não possam ser segregados em base estadual e em base municipal. A Lei Complementar n. 141/2012 ainda indicou as despesas que poderiam, ou não, ser incluídas sob a epígrafe dos gastos com saúde.

Consoante o art. 34, VIII, *e*, da Constituição de 1988, a União poderá intervir nos Estados para assegurar a "aplicação do mínimo exigido da receita resultante de impostos estaduais, compreendida a proveniente de transferências, na manutenção e desenvolvimento do ensino e nas ações e serviços públicos de saúde". O mesmo ocorrerá, de acordo com o art. 35, por parte dos Estados em relação aos seus Municípios.

Pelas mesmas razões expostas em relação à educação, a não aplicação de receitas mínimas no serviço de saúde ou, mesmo, a realização de gastos que, embora declarados como tais, não possam ser incluídos sob essa epígrafe, configurará ato de improbidade administrativa. Essa conclusão, que já decorreria da sistemática preexistente, foi reforçada pela Lei Complementar n. 141/2012, que dispôs, em seu art. 46, que "[a]s infrações dos dispositivos desta Lei Complementar serão punidas segundo o Decreto-Lei n. 2.848, de 7 de dezembro de 1940 (Código Penal), a Lei n. 1.079, de 10 de abril de 1950, o Decreto-Lei n. 201, de 27 de fevereiro de 1967, a Lei n. 8.429, de 2 de junho de 1992, e demais normas da legislação pertinente". Como se percebe, foi expressamente realçada a possibilidade de responsabilização penal, política e por ato de improbidade.

Além disso, a Lei Complementar n. 141/2012 instituiu (1) a obrigatoriedade de os órgãos de controle interno darem ciência ao Tribunal de Contas e ao Ministério Público das irregularidades que detectarem (art. 27); (2) controle específico, a cargo do Ministério da Saúde, ressaltando que a sua inobservância "implicará a suspensão das transferências voluntárias entre os entes da Federação, observadas as normas estatuídas no art. 25 da Lei Complementar n. 101, de 4 de maio de 2000" (art. 39); (3) a necessidade de os órgãos do sistema de auditoria, controle e avaliação do SUS, de todos os níveis da Federação, verificarem, por amostragem, o cumprimento da normatização vigente, incluindo a veracidade das informações constantes do relatório de gestão (art. 42).

3.1. O FUNDEB

Dando continuidade ao esforço de formação intelectual e construção da capacidade crítica da população brasileira, pressuposto necessário e indissociável de uma verdadeira ideologia participativa, a EC n. 53, de 19 de dezembro de 2006, instituiu o Fundo de Manutenção e Desenvolvimento da Educação Básica e de Valorização dos Profissionais da Educação, também denominado FUNDEB, regulamentado pela Lei n. 11.494, de 20 de junho de 2007.

Como se percebe, o FUNDEB possui contornos muito mais amplos que o extinto FUNDEF: enquanto o último estava finalisticamente voltado ao custeio do ensino fundamental[20], o primeiro absorve a educação básica em todas as suas modalidades, incluindo não só o ensino fundamental, como também a educação infantil e o ensino médio. Ambos os Fundos integram o plano de estruturação e desenvolvimento do ensino brasileiro. Iniciado em 1996, a primeira fase desse plano perdurou por 10 (dez) anos, período de vigência das disposições relativas ao FUNDEF. A segunda fase, por sua vez, teve início em 2006, com a criação do FUNDEB, que, com objetivos mais amplos, embora entrelaçados e em linha de continuidade com o FUNDEF, produzirão efeitos por 14 (quatorze) anos.

Com exceção da União, cada ente federado contará com seu próprio FUNDEB, estando a distribuição de recursos, observado o percentual estabelecido no art. 60 do Ato das Disposições Constitucionais Transitórias para a sua formação[21], vinculada ao número de

---

20 O denominado Fundo de Manutenção e Desenvolvimento do Ensino Fundamental e de Valorização do Magistério, também denominado FUNDEF, foi incluído no art. 60 do ADCT por força da EC n. 14, de 13 de setembro de 1996. O FUNDEF tinha natureza vinculada, sendo cogente a observância dos percentuais fixados pelo poder reformador na composição e na aplicação das receitas. O FUNDEF foi regulamentado pela Lei n. 9.424, de 24 de dezembro de 1996, e pelo Decreto federal n. 2.264, de junho de 1997, tendo introduzido alterações na forma de desenvolvimento do ensino fundamental no âmbito dos diferentes entes da Federação, implementando uma partilha de recursos cuja intensidade e frequência variavam em conformidade com o número de alunos matriculados no ensino fundamental. Para a integração das receitas do Fundo eram utilizados 15% das seguintes fontes: Fundo de Participação dos Estados – FPE, Fundo de Participação dos Municípios – FPM, Imposto sobre Circulação de Mercadorias e Serviços – ICMS, Imposto sobre Produtos Industrializados, proporcional às exportações – IPIexp e Desoneração de exportações, de que trata a Lei Complementar n. 87/1996. A estas receitas eram acrescidas verbas complementares da União, destinadas aos Estados em que a receita originariamente gerada não fosse suficiente à garantia de determinado valor individual por aluno, valor este fixado pelo Presidente da República por decreto. Os recursos do Fundo eram utilizados da seguinte forma: 60% para a remuneração dos profissionais do magistério em exercício no ensino fundamental e 40% em outras ações de manutenção e desenvolvimento do ensino fundamental, conforme o disposto no art. 70 da Lei n. 9.394/1996.

21 Art. 60, II, do ADCT da CR/1988: "Os Fundos referidos no inciso I do *caput* deste artigo serão constituídos por 20% (vinte por cento) dos recursos a que se referem os incisos I, II e III do art. 155; o inciso II do *caput* do art. 157; os incisos II, III e IV do *caput* do art. 158; e as alíneas *a* e *b* do inciso I e o inciso II do *caput* do art. 159, todos da Constituição Federal, e distribuídos entre cada Estado e seus Municípios, proporcionalmente ao número de alunos das diversas etapas e modalidades da educação básica presencial, matriculados nas respectivas redes, nos respectivos âmbitos de atuação prioritária estabelecidos nos §§ 2º e 3º do art. 211 da Constituição Federal". O § 5º do mesmo preceito acresce que "a porcentagem dos recursos de constituição dos Fundos, conforme o inciso II do *caput* deste artigo, será alcançada gradativamente nos primeiros 3 (três) anos de vigência dos Fundos, da seguinte forma: I – no caso dos impostos e transferências constantes do inciso II do *caput* do art. 155; do inciso IV do *caput* do art. 158; e das alíneas *a* e *b* do inciso I e do inciso II do *caput* do art. 159 da Constituição Federal: *a*) 16,66% (dezesseis inteiros e sessenta e seis centésimos por

alunos matriculados na rede de ensino da área de atuação prioritária do respectivo ente[22]. No caso dos Municípios, o ensino fundamental e a educação infantil; no dos Estados, o ensino fundamental e médio. Assim, ainda que o Estado realize elevados investimentos na educação infantil e no ensino superior, tal será desinfluente ao direcionamento das receitas do FUNDEB, pois não são áreas de atuação prioritária desse ente federado. Sempre que os recursos do Fundo, no Distrito Federal e em cada Estado, não alcançarem o valor mínimo por aluno definido nacionalmente pela União, esse ente os complementará[23], isto sob pena de crime de responsabilidade do agente omisso[24].

A distribuição proporcional de recursos do FUNDEB levará em consideração as diversas etapas, modalidades e tipos de estabelecimento de ensino da educação básica previstas no art. 10 da Lei n. 11.494/2007, que principiam pela *creche em tempo integral* e se estendem até a *educação de jovens e adultos integrada à educação profissional de nível médio, com avaliação no processo*.

Utilizadas as receitas em finalidade diversa ou inobservados os percentuais previstos, será nítida a improbidade[25], afigurando-se pertinente ao caso a linha de argumentação já exposta no item anterior. A conduta ilícita também estará presente com (1) o atraso no pagamento do magistério, o que é injustificável, pois a transferência de recursos para o Fundo é automática[26], (2) a não criação ou o funcionamento irregular dos conselhos responsáveis pelo controle da distribuição, transferência e aplicação dos recursos do FUNDEB[27], (3) a aplicação de recursos do FUNDEB em outro nível de ensino que não o básico etc., (4) não utilização integral dos recursos do Fundo no respectivo exercício financeiro,

---

cento), no primeiro ano; *b*) 18,33% (dezoito inteiros e trinta e três centésimos por cento), no segundo ano; *c*) 20% (vinte por cento), a partir do terceiro ano; II – no caso dos impostos e transferências constantes dos incisos I e III do *caput* do art. 155; do inciso II do *caput* do art. 157; e dos incisos II e III do *caput* do art. 158 da Constituição Federal: *a*) 6,66% (seis inteiros e sessenta e seis centésimos por cento), no primeiro ano; *b*) 13,33% (treze inteiros e trinta e três centésimos por cento), no segundo ano; *c*) 20% (vinte por cento), a partir do terceiro ano".

22 Observados os requisitos que estabelece, a Lei n. 11.494/2007 (art. 8º, § 1º) autoriza sejam computadas as matrículas realizadas em instituições comunitárias, confessionais ou filantrópicas sem fins lucrativos e conveniadas com o Poder Público.

23 Art. 60, VIII, do ADCT da CR/1988.

24 Art. 60, XI, do ADCT da CR/1988.

25 A respeito da configuração do ato de improbidade em razão da aplicação de recursos do Fundeb em patamares inferiores ao devido e da realização de despesas outras que não aquelas que justificaram o seu surgimento, *vide*: TRF-5ª R, 1ª T., AC n. 200883020012870, rel. Des. José Maria de Oliveira Lucena, j. em 25/4/2012, *DJ* de 26/4/2012; 1ª T., Processo n. 200880000011816, rel. Des. José Maria de Oliveira Lucena, j. em 14/3/2011, *DJ* de 28/3/2011; 2ª T., EDAC n. 20018201007866801, rel. Des. Francisco Barros Dias, j. em 25/8/2010, *DJ* de 3/9/2010; 2ª T., AC 200182010078668, rel. Des. Francisco Barros Dias, j. em 25/8/2010, *DJ* de 3/9/2010; e 2ª T., AC n. 200182010078700, rel. Des. Luiz Alberto Gurgel, j. em 16/9/2008, *DJ* de 1/10/2009.

26 Art. 17 da Lei n. 11.494/2007.

27 Art. 24 da Lei n. 11.494/2007.

(5) não aplicação financeira dos recursos que estejam disponíveis na conta do Fundo por mais de 15 (quinze) dias etc.

4. FUNDO ESPECIAL DOS DIREITOS DA CRIANÇA E DO ADOLESCENTE E DIRECIONAMENTO DAS DOAÇÕES

A derrocada do *Welfare State* apontou para a impossibilidade de o poder constituído, a partir de políticas públicas assistencialistas e finalisticamente voltadas à satisfação das necessidades básicas das classes menos favorecidas, por si só, promover a concretização de referenciais mínimos de igualdade material. Pouco a pouco, disseminou-se a concepção de que o social há de ser alcançado pelo social. Em outras palavras, incumbe às próprias estruturas sociais, em conjunto ou separadamente, norteadas por padrões axiológicos de solidariedade e de bem comum, contribuir para a amenização das desigualdades e para o evolver do grupamento.

Ao voluntarismo individual, presente em múltiplas pessoas, tem se somado a previsão de políticas públicas voltadas ao estímulo da solidariedade social. Medidas dessa natureza buscam estimular a integração social e o surgimento de objetivos comuns, valores de todo incompatíveis com o isolamento característico do liberalismo clássico.

Questão tormentosa no direito brasileiro tem sido a possibilidade de o responsável por doações aos fundos de direitos da criança e do adolescente direcionar o respectivo valor a uma instituição específica. Exemplo característico dessa possibilidade pode ser encontrado na Resolução n. 94, de 11 de março de 2004, do Conselho Nacional dos Direitos da Criança e do Adolescente, que fez menção expressa às *contribuições com destinação específica*. A esse ato juntaram-se múltiplos outros, semelhantes na letra e na essência, editados por conselhos estaduais e municipais da criança e do adolescente. Em linhas gerais, esses atos regulamentares dispõem sobre uma espécie de deliberação prévia, vale dizer, em vez de deliberar, o conselho, *a priori*, indica que a doação será encaminhada à instituição escolhida pelo doador.

Ainda que em breves linhas, cremos seja possível demonstrar que essa possibilidade deve ser recebida com grande reserva, isto sob pena de enquadramento do ato de autorização no rol dos atos de improbidade administrativa.

A característica essencial dos denominados *fundos especiais*, dentre os quais se incluem os fundos dos direitos da criança e do adolescente, é congregar recursos de origem pública ou privada para a realização de objetivos ou serviços específicos[28]. Nesse momento, já se pode estabelecer uma premissa fundamental: esses fundos têm natureza pública, logo, o recurso originariamente privado se transmuda em público ao ingressar no fundo. Esse aspecto dos fundos foi especialmente ressaltado pelo Supremo Tribunal Federal no

---

28 Art. 71 da Lei n. 4.320/1964.

julgamento da ADI n. 2.306-3/DF, em que se discutia a constitucionalidade de lei federal que concedeu anistia a penalidades aplicadas pela Justiça Eleitoral e que seriam direcionadas ao denominado Fundo Partidário, cujos destinatários são os partidos políticos[29]. Na ocasião, o Tribunal entendeu ser a lei constitucional na medida em que o cunho institucional do Fundo Partidário não permitia fosse ele confundido com os destinatários em potencial dos seus recursos. Os destinatários, aliás, detinham mera expectativa de direito ao seu recebimento, não o direito adquirido aos valores constantes do Fundo.

Prevista a existência dos fundos dos direitos da criança e do adolescente, é imperativo seja definida a forma de aplicação dos respectivos recursos, sempre com o comprometimento de implementar ações em benefício das crianças e dos adolescentes[30].

No que diz respeito ao órgão competente para definir a forma de aplicação dos recursos dos referidos fundos, o Estatuto da Criança e do Adolescente, como não poderia deixar de ser, contém regra expressa: "Os Conselhos Municipais, Estaduais e Nacional dos Direitos da Criança e do Adolescente fixarão critérios de utilização, através de planos de aplicação das doações subsidiadas e demais receitas, aplicando necessariamente percentual para incentivo ao acolhimento, sob a forma de guarda de criança ou adolescente, órfão ou abandonada, na forma do art. 227, § 3º, VI, da Constituição Federal"[31]. De forma simples e objetiva: os Conselhos são os gestores dos fundos. Tratando-se de obrigação de cunho essencialmente financeiro, a ser desempenhada por órgão de composição colegiada, afigura-se evidente a impossibilidade de delegação. Aos Conselhos, e só a eles, compete definir os critérios de utilização dos recursos públicos contidos nos fundos. Note-se que na seara da realização da despesa pública somente se faz aquilo que é permitido por lei, não aquilo que a lei simplesmente não veda.

Na medida em que os Conselhos atuam como órgãos deliberativos e não meramente consultivos, mostra-se manifestamente ilegal a edição de um ato regulamentar que busque definir *a priori*, de forma contínua e inalterável, insensível aos circunstancialismos fáticos e jurídicos pelos quais passa qualquer sociedade, em especial em um país de modernidade tardia como é o Brasil, a forma de aplicação dos referidos recursos. A *ratio* dos Conselhos é simples: conferir a mobilidade necessária em matéria tão sensível, como aquela afeta à infância e à juventude, permitindo que um órgão público, dotado de representatividade popular, defina as prioridades que lhe pareçam mais adequadas à satisfação do interesse público. À evidência, não é legítimo aos Conselhos abrirem mão de seu decisionismo concreto em prol de uma regulamentação abstrata, isto sob pena de colocar em causa a própria razão de ser de sua existência, pois deliberações dessa natureza fazem melhor figura na lei, editada por órgão democraticamente legitimado.

---

29 Pleno, rel. Min. Ellen Gracie, j. em 21/3/2002, *DJ* de 31/10/2002.
30 Art. 88, IV, da Lei n. 8.069/1990.
31 Art. 260, § 2º, da Lei n. 8.069/1990.

Especificamente em relação à temática abordada, é louvável que os Conselhos possam facultar à sociedade civil, no momento próprio (*v.g.*: na elaboração do plano de atuação), a possibilidade de *sugerirem* as instituições que devam receber os respectivos recursos. A sugestão, no entanto, jamais poderia ser tomada como imposição, isto sob pena de o Colegiado estar delegando a gestão de recursos públicos (aqueles afetos ao fundo) a entidades privadas. Não merece prosperar o argumento de que o Conselho estaria tão somente *antecipando* a decisão que tomará: *in casu*, a antecipação mostra-se dissonante da ordem jurídica por consubstanciar o reflexo de uma delegação de poderes não autorizada expressamente em lei e que afronta o princípio da impessoalidade, indicativo de que a Administração Pública deve tratar a todos com igualdade. O fato de uma instituição não merecer recursos públicos sob o ponto de vista do doador não significa não seja ela uma prioridade a ser atendida em dado contexto sociotemporal. Acresça-se que entendimento contrário retiraria o caráter deliberativo do Conselho, pois permaneceria à margem do processo de escolha da instituição beneficiada e da quantidade de recursos que lhes seria destinado. Uma situação desse tipo daria margem a múltiplas incongruências, como a de se destinar vultosos recursos a instituição diminuta e algumas poucas moedas a outra de indiscutível relevância social.

Ainda sob a ótica da impossibilidade de os Conselhos *abrirem mão* ou *anteciparem* o seu poder decisório, merece menção a evidente violação ao princípio da moralidade administrativa. Justifica-se a assertiva na medida em que os entes privados doadores, além de se beneficiarem de tratamento especial sob o prisma tributário, ainda poderão direcionar suas doações a instituições que lhes confiram publicidade ou que sejam, direta ou indiretamente, dirigidas por agentes públicos que possam de algum modo beneficiá-los. À guisa de ilustração, basta imaginar a situação de uma empresa estatal, com personalidade jurídica de direito privado, que realize doações a instituição simpatizante com o partido político responsável pela indicação dos seus diretores.

Questão complexa sob a ótica da lei de improbidade diz respeito à responsabilização dos integrantes de um órgão colegiado pelos ilícitos que venham a praticar. Em face da natureza deliberativa dos Conselhos, suas decisões, como manifestações de um poder essencialmente discricionário, não estarão sujeitas à sindicação judicial naquilo que diz respeito aos seus aspectos propriamente valorativos. Como afirmamos em momento anterior, à necessidade de adequação dos atos administrativos aos contornos estabelecidos pelas normas vigentes está normalmente associada a previsão de uma certa margem de liberdade na sua execução. Tal ocorre nas situações em que não possa ser previamente identificada a melhor solução a ser adotada, sendo preferível a concessão de uma liberdade mais ampla às autoridades responsáveis pela execução do ato. Possibilita-se, assim, melhor valoração das circunstâncias fáticas, em especial as de cunho temporal, local e pessoal, o que permitirá a identificação e a consequente adoção da medida mais adequada.

Essa atividade valorativa culminará com a escolha, dentre dois ou mais comportamentos possíveis, daquele que se mostre mais consentâneo com o caso concreto e a satisfação do interesse público. Para tanto, no entendimento há muito sedimentado na doutrina[32], deve a autoridade proceder à "ponderação comparativa dos vários interesses secundários (públicos, coletivos ou privados), em vista a um interesse primário", sendo esta a essência da discricionariedade[33]. O interesse público primário a ser satisfeito não se identifica com o interesse de um ramo da Administração ou mesmo com o subjetivismo da autoridade responsável pela prática do ato, mas, sim, com a comunidade em sua inteireza[34]. Referida margem de liberdade traça os contornos do denominado poder discricionário, ensejando, em regra, um controle restrito por parte dos Tribunais.

O ato discricionário, no entanto, tem como antecedente lógico a sua necessária adequação à concepção de juridicidade. A impossibilidade de sindicação a que nos referimos somente se manifestará em relação aos atos praticados em harmonia com a lei e o direito (*an Gesetz und Recht*), isto para utilizarmos a sugestiva expressão da *Grundgesetz* alemã. O ato discricionário é lícito se (e enquanto) praticado em harmonia com a lei. Reconhecendo-se que as resoluções anteriormente mencionadas destoam do direito posto, ter-se-á um sério indício da prática de ato de improbidade.

Fala-se em ato de improbidade na medida em que os conselheiros efetivamente exercem função pública[35] e estão atuando à margem da lei, permanecendo indiferentes aos deveres inerentes ao seu *munus*. Presente este quadro, ter-se-á o enquadramento da conduta na tipologia do art. 11 da Lei de Improbidade, que reflete a violação aos princípios regentes da atividade estatal, ou, eventualmente, na do art. 9º da mesma lei, sempre que restar demonstrado o intuito de beneficiar terceiros com os recursos do erário (*in casu*, dos fundos).

Finalizando, ainda se faz necessária mais uma breve reflexão. Tanto o art. 9º como o art. 11 da Lei de Improbidade pressupõem um atuar doloso, intencional, que não deve ser presumido, mas efetivamente demonstrado. Assim, divisada a existência de uma resolução do conselho competente, delegando atribuições indelegáveis, deixando de zelar pela correta aplicação do dinheiro público, é de bom alvitre seja expedida, pelo Ministério Público, uma recomendação apontando a ilicitude da conduta. Reiterada a prática, estará caracterizado o dolo e possível se mostrará a responsabilização dos autores do ato. Nesse particular, é importante frisar que somente será possível responsabilizar os conselheiros que se manifestaram favoravelmente à tese, não aqueles que legitimamente resistiram até o limite de suas forças. Não se argumente que o responsável pelo ato é o órgão e não cada conselheiro considerado em sua individualidade. Essa tese, fraca na estrutura, frágil na essência,

---

32 Cf. GIANINI, Massimo Severo. *Diritto amministrativo*. 3ª ed. Milano: D. A. Giuffrè Editore, 1993, v. 2, p. 49.
33 Na síntese de Sandulli (*Manuale di diritto amministrativo*.15ª ed. Napoli: Jovene Editore, 1989, v. 1, p. 593), "a discricionariedade importa sempre uma valoração, uma ponderação de interesses e um poder de escolha".
34 Cf. VIRGA, Pietro. *Diritto amministrativo*. 5ª ed. Milano: Dott. A. Giuffrè Editore, 1999, v. 2, p. 8.
35 Art. 2º da Lei n. 8.429/1992.

caminha em norte contrário a padrões básicos de decência e moralidade, tendo sido sepultada, há muito, inclusive no direito privado, bastando um passar de olhos pela teoria da desconsideração da personalidade jurídica.

5. IRREGULARIDADES NO PROCEDIMENTO LICITATÓRIO

Além de estabelecer a tipologia genérica dos atos de improbidade, a Lei n. 8.429/1992 considera como tais aquelas condutas que comprometem a idoneidade do procedimento licitatório e do contrato administrativo que será ulteriormente firmado com base na seleção realizada. Como forma de tutela direta e imediata, dispõe o art. 10, VIII, que consubstancia a improbidade "frustrar a licitude de processo licitatório ou dispensá-lo indevidamente".

Em razão da multiplicidade de atividades desempenhadas pelo Estado, afigura-se necessária a celebração de inúmeros contratos com terceiros (*v.g.*: fornecimento de bens, realização de obras, prestação de serviços etc.), o que viabilizará a consecução de diferentes metas, sempre visando à satisfação do interesse público. Esses contratos, por sua vez, devem observar diretrizes básicas de segurança e justiça, evitando que o interesse público legitimador da atividade administrativa venha a ser prejudicado por fins escusos ou propostas flagrantemente desvantajosas ao erário.

Além disso, não se deve permitir que o administrador escolha o contratante em potencial com base em critérios de natureza eminentemente subjetiva, o que poderia afastar outros interessados igualmente habilitados, comprometendo a impessoalidade que deve reger a atividade estatal.

Com o fim de identificar a proposta mais vantajosa para a administração e garantir a participação do maior número de interessados, os contratos administrativos, ressalvadas as exceções previstas em lei, devem ser precedidos de licitação, a qual se caracteriza como um procedimento administrativo de natureza vinculada que visa a identificar os interessados com aptidão para contratar com a administração pública e selecionar a melhor proposta apresentada.

Consoante o art. 22, XXVII, da Constituição da República, é competência privativa da União legislar sobre "normas gerais[36] de licitação e contratação, em todas as modalidades,

---

[36] De acordo com o texto constitucional, são normas gerais "aquelas preordenadas para disciplinar matéria que o interesse público exige seja unanimemente tratada em todo o país. Assim, segundo entendemos, são normas gerais aquelas que, por alguma razão, convém ao interesse público sejam tratadas por igual, entre todas as ordens da Federação, para que sejam devidamente instrumentalizados e viabilizados os princípios constitucionais com que têm pertinência" (excerto do voto do Min. Moreira Alves proferido na Rep n. 1.150-RS, julgada pelo STF em 16/5/1985, rel. Min. Aldir Passarinho, *DJ* de 25/10/1985). As normas gerais delineiam o alicerce estrutural de determinada matéria, traçando as diretrizes que nortearão a atuação do Poder Público, quer sob o prisma executório ou da própria produção normativa. Por terem função diretiva, tais normas não devem esgotar a matéria que disciplinam ou mesmo avançar em pormenores que venham a anular a iniciativa dos demais entes.

para as administrações públicas diretas, autárquicas e fundacionais da União, Estados, Distrito Federal e Municípios, obedecido o disposto no art. 37, XXI, e para as empresas públicas e sociedades de economia mista, nos termos do art. 173, § 1º, III".

O texto constitucional foi inicialmente regulamentado pela Lei n. 8.666/1993, que estabeleceu normas gerais a serem observadas por todos os entes públicos cujas contratações devam ser antecedidas de procedimento licitatório. No exercício de sua competência legislativa, devem os Estados e Municípios observar os limites ali traçados (*v.g.*: a proibição de supressão dos requisitos exigidos para a dispensa e a inexigibilidade de licitação), sob pena de invasão de competência privativa da União.

A licitação, a exemplo dos demais atos emanados dos agentes públicos, deve observar os princípios regentes da atividade estatal, em especial aqueles elencados no art. 3º da Lei n. 8.666/1993 (legalidade, impessoalidade, moralidade, igualdade entre os concorrentes, publicidade, probidade administrativa, vinculação ao instrumento convocatório, julgamento objetivo e os que lhes são correlatos – competitividade[37], indistinção[38], inalterabilidade do edital[39], sigilo das propostas[40], vedação à oferta de vantagens[41] e obrigatoriedade[42]). A licitação, ainda de acordo com esse preceito, deve (1) observar a isonomia, (2) selecionar a proposta mais vantajosa e (3) promover o desenvolvimento nacional sustentável.

Descumpridos os princípios e regras específicas de modo a comprometer a finalidade do procedimento licitatório[43], ter-se-á a sua frustração, com a consequente configuração da improbidade[44]. A lesividade está ínsita na conduta do agente, sendo despicienda a ocorrência de prejuízo patrimonial imediato. Consoante o art. 49 da Lei n. 8.666/1993, identifi-

---

37 Art. 3º, § 1º, I, da Lei n. 8.666/1993.
38 Art. 3º, § 1º, II, da Lei n. 8.666/1993.
39 Art. 41 da Lei n. 8.666/1993.
40 Art. 43, § 1º, da Lei n. 8.666/1993.
41 Art. 44, § 2º, da Lei n. 8.666/1993.
42 Art. 37, XXI, da CR/1988 e art. 2º da Lei n. 8.666/1993.
43 "Mandado de Segurança. Licitação. Declaração de nulidade. Licitante vitorioso. Interesse para pedir segurança. A Lei n. 4.717/1965 condiciona a declaração de nulidade dos atos administrativos à conjunção de dois requisitos: a irregularidade e a lesão ao Estado. Irregularidades formais – meros pecados veniais que não comprometem o equilíbrio entre os licitantes nem causam prejuízo ao Estado – não conduzem à declaração de nulidade. Titular de simples expectativa de direito à contratação, o licitante tem interesse legítimo em obter Mandado de Segurança que mantenha eficaz o resultado da licitação em que obteve vitória" (STJ, 1ª Seção, MS n. 1.113-DF, rel. Min. Peçanha Martins, rel. p/ acórdão Min. Gomes de Barros, j. em 31/3/1992, *RSTJ* 34/144).
44 "Ação Civil Pública. Improbidade Administrativa. Licitação. Publicidade Irregular. A publicação de extrato em jornal sem grande circulação no Município, contratando-se a única sociedade de advogados que ofereceu proposta e cujo sócio fora contratado dois meses antes com dispensa de licitação, denota infringido o objetivo legal, com prejuízo para o ente público. Condenação do Prefeito em multa e reparação do dano, com base no art. 10 da LIA, em custas e em honorários" (TJRS, 22ª CC, AP n. 70006190763, rel. Des. Rejane Maria Dias de Castro Bins, j. em 21/9/2004).

cada a ilegalidade, bem como a violação aos princípios estatuídos no art. 3º, a autoridade administrativa competente tem o dever de anular a licitação, de ofício ou por provocação de terceiros, mediante pronunciamento escrito e devidamente fundamentado.

Além da Lei n. 8.666/1993, foram editados outros diplomas normativos que instituíram modalidades específicas de licitação.

A Lei n. 9.472/1997, que dispôs sobre a organização dos serviços de telecomunicações e criou a Agência Nacional de Telecomunicações, previu, em seu art. 54, a figura da *consulta*. Essa modalidade de licitação destina-se ao fornecimento de bens ou serviços que não sejam comuns, o que atrai a utilização do pregão, e que não digam respeito à engenharia civil, o que enseja a incidência das modalidades gerais de licitação. Na medida em que a Lei n. 9.472/1997 limitou-se a estabelecer as diretrizes gerais da consulta e do pregão, cabendo à própria Anatel a sua disciplina, é evidente a sua inconstitucionalidade em razão da indevida delegação da função legislativa. Posteriormente, a Lei n. 9.986/2000, em seu art. 37, veio a estender essas modalidades às demais agências reguladoras.

A Medida Provisória n. 2.108-9/2000, que instituiu a figura do pregão no âmbito da União. Essa modalidade de licitação tem como principal característica a oralidade, destinando-se tão somente à aquisição de bens e à contratação de serviços comuns. Referida medida provisória foi convertida na Lei n. 10.520/2002, que estendeu essa modalidade aos demais entes federativos e definiu, em seu art. 1º, parágrafo único, os serviços comuns como *"aqueles cujos padrões de desempenho e qualidade possam ser obrigatoriamente definidos pelo edital, por meio de especificações usuais no mercado"*. Caso se delibere pela utilização do pregão, deverá ser publicado aviso de convocação dos interessados que, dentre outras informações, indicará o local em que poderá ser obtido o respectivo edital[45]. Será sempre utilizado o critério do menor preço[46], sendo subsidiariamente aplicável a normatização da Lei n. 8.666/1993[47]. Acresça-se que as compras efetuadas em conformidade com o sistema de registro de preços, previsto no art. 15 da Lei n. 8.666/1993, poderão utilizar o pregão[48].

A Medida Provisória n. 489/2010 e outras que a sucederam (MPs n. 503/2010, 521/2010 e 528/2010), daí resultando a Lei de Conversão n. 12.462/2011, dispuseram sobre o regime diferenciado de contratações públicas (RDC), que configura um microssistema específico, de modo que aplicação da Lei n. 8.666/1993 ocorre apenas subsidiariamente. Suas normas são aplicáveis apenas aos contratos direcionados à realização de ações específicas (ex.: Copa do Mundo, Jogos Olímpicos, obras de engenharia no âmbito do SUS etc.).

A Lei n. 13.303/2016 veiculou o estatuto jurídico da empresa pública, da sociedade de economia mista e de suas subsidiárias, tendo estabelecido uma sistemática específica de

---

45 Lei n. 10.520/2002, art. 4º, I.
46 Lei n. 10.520/2002, art. 4º, X.
47 Lei n. 10.520/2002, art. 9º.
48 Lei n. 10.520/2002, art. 11.

licitação para esses entes. Nestes casos, a aplicação da Lei n. 8.666/1993 fica adstrita às normas de direito penal nela contidas (art. 41) e aos critérios de desempate previstos no § 2º do seu art. 3º (art. 55, III).

A observância de referenciais mínimos de eficiência na licitação, bem como na ulterior celebração e execução do contrato administrativo, exige dedicação linear por parte da Administração Pública, que não pode negligenciar nenhuma dessas fases. As necessidades da Administração devem ser previstas com a antecedência possível, o que demanda planejamento adequado; a correta elaboração do edital de licitação passa por um projeto básico hígido e harmônico com o estágio da técnica e as necessidades da Administração; a contratação de diversos objetos interligados, se em bloco ou separadamente, exige sensibilidade para perceber se um objeto mais amplo não tende a diminuir a possibilidade de competição e, de modo correlato, a diminuir o quantitativo de propostas; e a correlata fiscalização da execução contratual é imprescindível à preservação do interesse público, que não será alcançada, apenas, com zelo na elaboração do edital e na celebração do contrato.

Um dos grandes problemas enfrentados na licitação de obras públicas diz respeito à elaboração do denominado projeto básico, no qual são estabelecidos os contornos essenciais do objeto licitado[49]. Trata-se de um *plus* em relação ao anteprojeto ou estudo preliminar, caracterizado pela elaboração de desenhos ou plantas rudimentares, com dimensionamento do ambiente e delineamento das especificações iniciais, e de um *minus* em relação ao projeto executivo, em que o detalhamento é necessariamente amplo e exauriente, contemplando todos os aspectos afetos ao objeto do contrato (*v.g.*: com a especificação e quantificação de materiais). Como o projeto básico não apresenta o detalhamento necessário à realização da obra, a consequência, não raro, é o atraso na sua conclusão, com o correlato aumento de custos[50], o que, é importante frisar, nem sempre decorre de causas ilícitas. É possível afirmar que "a insuficiência das informações técnicas que constam nos projetos básicos é o embrião dos aditivos que infestam os grandes projetos de infraestrutura do país"[51]. Afinal, a incerteza quanto ao *objeto* termina por acrescer o componente do *risco*, com reflexos no *preço*[52].

---

[49] A Lei n. 8.666/1993, em seu art. 6º, IX, oferece a definição de projeto básico.

[50] Cf. MAGALHÃES, Sérgio. As ruas e o projeto completo, *Revista do Tribunal de Contas do Município do Rio de Janeiro*, ano XXX, n. 55, jun.-ago./2013, p. 4. Nas palavras desse autor, "o projeto é indivisível. O processo de projeto é assequencial, pleno de atos simultâneos, e se organiza em fases – estudos iniciais, anteprojeto, projeto – mas elas não são autônomas. Elas fazem parte de uma totalidade, articulada através da intenção que permeia todo o processo. O projeto tem unicidade. As fases de projetação, não" (ob. cit., p. 8).

[51] MENEZES, Sydnei. Projeto básico: delimitação, controle e efetividade, *Revista do Tribunal de Contas do Município do Rio de Janeiro*, ano XXX, n. 55, jun.-ago./2013, p. 9.

[52] Como ressaltado por Haroldo Monteiro, "o projeto completo custa de 5% a 10% do orçamento total da obra. Com o projeto completo não há definições a posteriori, como no caso do projeto básico, e portanto não há motivos para atrasos e aumentos de custos" (Um antídoto para os aditivos da obras públicas, *Revista do Tribunal de Contas do Município do Rio de Janeiro*, ano XXX, n. 59, dez./2014, p. 12).

O curioso é que, em prol da celeridade, o sistema brasileiro de licitações dá passos firmes rumo à insensatez. A esse respeito, basta lembrarmos da Lei n. 12.462/2011, que criou o Regime Diferenciado de Contratações Públicas e admitiu, em seu art. 9º, § 2º, I, que o anteprojeto servisse de base à contratação de obras públicas na modalidade "*contratação integrada*", que "compreende a elaboração e o desenvolvimento dos projetos básico e executivo, a execução de obras e serviços de engenharia, a montagem, a realização de testes, a pré-operação e todas as demais operações necessárias e suficientes para a entrega final do objeto". Como se percebe, trata-se de uma contratação integral, com a correlata entrega, à Administração Pública, do produto final, pronto e acabado. O mais lastimável é que caberá ao próprio contratado elaborar os projetos básico e executivo que deverá executar. No mesmo norte caminhou a Lei n. 13.303/2016, que dispôs sobre o estatuto jurídico das empresas públicas e das sociedades de economia mista. Encampou, no inciso VI do art. 42, a modalidade "*contratação integrada*" e introduziu, no inciso anterior, a "*contratação semi-integrada*", em que o ajuste envolve somente a elaboração do projeto executivo, não a do projeto básico.

Por serem múltiplos os princípios e as regras a serem seguidos, inúmeras haverão de ser as formas de frustração da licitação, o que será identificado a partir do caso concreto. Constatada a ilegalidade do contrato administrativo, quer seja por vício intrínseco ou em razão de mácula originada no procedimento licitatório, deverá ser declarada sua nulidade, que produzirá efeitos *ex tunc*, com as demais consequências previstas no art. 59 da Lei n. 8.666/1993.

À guisa de ilustração, mencionaremos algumas formas específicas de irregularidade no procedimento licitatório e no contrato posteriormente celebrado, sendo este necessariamente vinculado aos termos daquele.

5.1. Inclusão de Cláusula Restritiva no Edital

É ampla a liberdade da administração pública na elaboração do edital de licitação. Liberdade, no entanto, não guarda similitude com arbítrio. O objeto da licitação deve ser individualizado em conformidade com as necessidades da administração e o interesse público a ser alcançado.

Assim, é vedado ao Poder Público inserir cláusulas que, afora inúteis ao fim visado, inviabilizem a disputa e comprometam o princípio da igualdade entre os concorrentes[53].

---

53 O TJRS já se pronunciou da seguinte forma:"... 2.1. Recurso do Prefeito improvido por ausente circunstância que exclua sua participação culposa no agir ímprobo consistente em lesão ao erário, por ação e omissão, fraude à licitação, permitindo, por isso, locação de bem por preço superior ao de mercado. Inteligência do disposto no art. 10, V, da Lei n. 8.429/1992. Comissão julgadora da licitação destituída das condições mínimas de cognição para o exercício do mister. Negligência. Designação pelo Prefeito Municipal. Culpa. Superfaturamento de licitação com base em elemento fraudulento consistente em planejamento divisor de linhas de coletivos adredemente inventariadas e distribuídas de modo a participar só um concorrente de

Do mesmo modo, não podem ser exigidas características específicas do licitante que sejam dissonantes da natureza do objeto licitado. Esta forma de frustração da licitação será normalmente verificada quando o edital for dirigido a um dos participantes, o que ocorrerá sempre que o objeto licitado for individualizado de forma a excluir os similares, estabelecendo-se especificações que são exclusivas de determinado fornecedor.

Identificada a existência de cláusula dessa natureza, deve ser declarada a nulidade do procedimento licitatório, acaso esteja em curso ou, em tendo sido ultimado, ainda não tenha sido firmado o contrato; ou a nulidade do contrato administrativo ulteriormente celebrado[54].

5.2. Publicação de Edital com Lacunas e Cláusulas Subjetivas

A observância do princípio da vinculação ao instrumento convocatório pressupõe que o edital contenha todas as regras do procedimento, o que evitará a alteração dos critérios de julgamento e impedirá a manipulação do certame em detrimento do interesse público, conferindo publicidade ao ato.

Em razão disto, afigura-se incompatível com a finalidade do procedimento licitatório a publicação de edital com lacunas passíveis de comprometer os próprios contornos do objeto licitado e das obrigações que lhe são adjetas, as quais não devem ser integradas pelo administrador ao seu bel-prazer[55]. Tal circunstância desvirtuaria a objetividade que deve reger a licitação e a própria igualdade entre os licitantes.

---

uma licitação por local com preços elevados, sem parâmetros na licitação. Fraude evidenciada à licitação. Violação dos princípios da moralidade, impessoalidade e probidade, além da legalidade no que tange à modalidade licitatória levada a efeito como tomada de preços ao invés de concorrência pública (art. 22, I, da Lei 8.666/1993). Conduta e nexo/liame culposo evidenciado. Recurso improvido" (1ª CC, AP n. 599260908, rel. Des. Carlos Roberto Lofego Canibal, j. em 10/5/2000).

54 A realização de licitação para a contratação de planos técnicos pedagógicos, na área de educação, não pode ter seus tópicos estruturados de modo que somente uma empresa do ramo de informática pudesse atender o item expresso. Tal ocorrendo, ter-se-á nulidade do ato, o reconhecimento da improbidade e a solidariedade no dever de ressarcir por parte dos que participaram do ato (TJSP, 1ª Câmara de Direito Público, AP n. 994.09.243691-5, rel. Des. Danilo Panizza, j. em 13/9/2010).

55 O STJ já decidiu que a confecção de edital que confira maior maleabilidade ao procedimento licitatório, tendo por objetivo a seleção da proposta mais vantajosa para a Administração, não caracteriza qualquer lacuna que possa comprometer a sua objetividade, *in verbis*: "Administrativo. Licitação. Proposta. Prazo de validade. Edital que atribui aos licitantes a sua fixação. Possibilidade. A licitação é procedimento administrativo cujo escopo fundamental consiste em selecionar a proposta que, cumulativamente, melhor consulte aos interesses da administração e apresente preços e condições mais vantajosas. Por isso, exsurge inteiramente legítima a cláusula editalícia que atribui aos licitantes a responsabilidade de fixar o prazo de validade das propostas apresentadas. Tal proceder não se confunde com omissão no estabelecimento de prazo, consistindo em legítimo exercício do poder de eleger as condições e os termos que integrarão o ato convocatório, sempre com o desiderato de obter a melhor oferta para a Administração. Negado provimento ao recurso, por unanimidade" (STJ, 1ª T., RMS n. 2.668-1-PE, rel. Min. Demócrito Reinaldo, j. em 2/2/1993, *RSTJ* 60/187).

Identificada a lacuna ou a presença de cláusulas de natureza eminentemente subjetiva, cuja amplitude variará ao sabor da interpretação que lhes for dispensada, afigura-se evidente a nulidade dos atos derivados da licitação, podendo consubstanciar a improbidade administrativa. É importante ressaltar, no entanto, que a omissão do edital de licitação não afasta a necessidade de cumprimento de exigência expressa em lei[56].

5.3. Fraude na Constituição de Pessoa Jurídica Participante

Somente serão admitidas a participar do procedimento licitatório as pessoas jurídicas que preencham os requisitos previstos na lei e no edital, os quais visam a aferir a regularidade de sua constituição e de sua situação econômico-financeira, demonstrando a aptidão exigida para cumprir, caso sua proposta seja mais vantajosa para a administração, o contrato administrativo a ser celebrado.

Dentre os múltiplos requisitos previstos em lei, podem ser citados os constantes dos incisos III e IV do art. 29 da Lei n. 8.666/1993, consistentes na exigência de prova de regularidade fiscal "para com a Fazenda Federal, Estadual e Municipal do domicílio ou sede do licitante, ou outra equivalente na forma da lei" e "relativa à Seguridade Social e ao Fundo de Garantia do Tempo de Serviço (FGTS), demonstrando situação regular no cumprimento dos encargos sociais instituídos por lei".

Não comprovada a regularidade fiscal, estará a empresa impossibilitada de participar do certame. Em razão disto, não raro será utilizado o seguinte expediente: os sócios de determinada empresa que participara de licitações pretéritas, mas que se encontra impossibilitada de participar da atual em razão de débitos tributários, às vésperas do certame, constituem outra empresa com o fim precípuo de contornar referido óbice e participar da licitação.

Considerando que a pessoa jurídica possui individualidade própria, não se confundindo com as pessoas de seus sócios, questiona-se: é lícita essa operação? Em nosso entender não, eis que manifesta a fraude. Há muito encontra-se sedimentada no direito positivo pátrio a teoria da desconsideração da personalidade jurídica[57], que serve de fundamento à responsabilização patrimonial dos sócios quando for constatada a utilização da pessoa jurídica para fins ilícitos, resultando em prejuízo para terceiros. Ter-se-á, assim, o momentâneo afastamento da regra contida no art. 20 do Código Civil (*As pessoas jurídicas têm existência distinta da dos seus membros*).

Na doutrina, Marcos Juruena Villela Souto[58] observa que "problema frequentemente enfrentado pela Administração é saber se a empresa declarada inidônea ou suspensa para

---

56 Nesse sentido: STJ, 1ª T., RMS n. 27.922/BA, rel. Min. Teori Albino Zavascki, j. em 4/8/2009, *DJ* de 17/8/2009.
57 São exemplos de normatização dessa doutrina os arts. 134, VII, e 135, II, do Código Tributário, o art. 28, § 5º, do CDC, o art. 2º, § 2º, da CLT e o art. 50 do Código Civil de 2002.
58 "A Desconsideração da Personalidade Jurídica e a Responsabilidade Administrativa", *BDA*, setembro de 1997, p. 521-523, *apud* TAVARES, Ana Rita. "Desconsideração da pessoa jurídica em matéria licitatória, *Revista Trimestral de Direito Público* 25/107.

participar de licitações ou contratar com o Estado, mediante alteração do seu contrato social ou simples extinção e constituição de 'nova' sociedade, com os mesmos sócios ou 'testas de ferro', pode inviabilizar os efeitos dessas sanções administrativas. (...) Vê-se, pois, que, embora não havendo lei específica, é cabível também no Direito Administrativo a aplicação excepcional da teoria da desconsideração da personalidade jurídica para evitar prejuízo ao Erário ou à qualidade do serviço público".

A pessoa jurídica haverá de ser constituída em busca de um fim lícito. Identificada a fraude, devem ser obstados os objetivos escusos visados por aqueles que a constituíram, o que, em que pese inexistir preceito expresso na Lei n. 8.666/1993, acarretará a sua eliminação do certame.

Justifica-se a solução, pois, constatado o liame existente entre a empresa que não preencha os requisitos para a habilitação e aquela constituída por seus sócios para contornar tal óbice, entendimento contrário culminaria em violar o princípio da igualdade, já que as demais empresas que cumpriram suas obrigações tributárias e previdenciárias certamente não poderiam oferecer condições tão vantajosas quanto aquela que, em razão de sua inadimplência, não se encontra onerada por tais encargos, o que terminará por eliminar a competitividade que justifica a própria realização do certame.

Frise-se, ademais, que a ausência de combate a essa fraude contribuirá para a sua perpetuação, pois sempre será constituída uma nova empresa para contornar a situação irregular da anterior, o que servirá de estímulo à inadimplência e retirará da administração qualquer garantia quanto ao cumprimento do contrato celebrado, pois os dirigentes da empresa que se sagrara vencedora do procedimento licitatório já demonstraram não possuir a idoneidade moral exigida para contratar com o Poder Público.

5.4. Fracionamento Indevido do Objeto Licitado

Ao disciplinar o procedimento licitatório, a Lei n. 8.666/1993 prevê cinco diferentes modalidades de realização do certame[59]. Por meio da concorrência, da tomada de preços e do convite, a administração pública seleciona as melhores propostas para a contratação de obras, serviços e fornecimento de bens. Além destas, existem as modalidades de concurso e leilão.

O concurso visa à escolha de trabalho técnico, artístico ou científico, normalmente exaurindo-se com a escolha do melhor projeto de cunho intelectual e a concessão de um prêmio ao seu autor, não havendo celebração de ulterior contrato. No leilão, o objeto é a venda de bens móveis ou imóveis pertencentes à administração.

As modalidades de concorrência, tomada de preços e convite diferem entre si consoante a amplitude do formalismo e da publicidade dispensada ao procedimento licitatório (maior na concorrência, mediano na tomada de preços e ínfimo no convite); na

---

[59] A MP n. 2.108-9, de 21/12/2000, posteriormente convertida na Lei n. 10.520, de 17/7/2002, instituiu o pregão.

necessidade de inscrição nos registros cadastrais e de habilitação prévia (tomada de preços); ou mesmo na própria dispensa de edital (convite). Os contornos dessas modalidades estão delimitados na Lei n. 8.666/1993, não sendo objeto desta obra um amplo estudo sobre a matéria. Por ora, é relevante observar que a modalidade de licitação a ser seguida variará em conformidade com o valor estimado da contratação[60], o que é suscetível de ensejar inúmeras fraudes.

Um dos artifícios comumente utilizados pelos ímprobos consiste no indevido fracionamento do objeto a ser contratado, o que lhes permitirá utilizar uma modalidade mais simples de licitação, destituída de maior formalismo e publicidade, com o consequente favorecimento de terceiros com eles conluiados. Além disso, por vezes lhes será possível dispensar a própria licitação (art. 24, I e II, da Lei n. 8.666/1993).

A identificação da fraude, empreitada nem sempre fácil de ser ultimada, deve ser feita com a individualização dos seguintes fatores: a) preexistência, por ocasião da primeira licitação, das situações fáticas que serviram de elemento deflagrador das demais; b) idêntica natureza dos objetos das sucessivas licitações; c) ausência de situação excepcional (de natureza econômica, social etc.) que pudesse justificar a limitação do montante de cada uma das contratações (art. 23, § 1º, da Lei n. 8.666/1993); d) que a licitação das partes, no caso de fracionamento justificado por situação excepcional, não observe a modalidade que seria realizada para o todo (arts. 23, § 2º, e 7º, § 1º, da Lei n. 8.666/1993); e e) proximidade temporal entre as licitações, o que será verificado em conformidade com as peculiaridades do caso[61].

Em casos tais, têm-se determinadas operações que, consideradas em sua individualidade, são lícitas, mas que visualizadas em conjunto perseguem um fim juridicamente ilícito, sendo nulas de pleno direito. Diversamente do fracionamento, em que a modalidade de licitação adotada para as partes é distinta daquela adequada ao todo, no parcelamento tem-se a realização de sucessivas licitações, de modo simultâneo ou subsequente, dentro de um mesmo exercício financeiro, com observância da mesma modalidade licitatória. O parcelamento é previsto na própria Lei n. 8.666/1993, cujo art. 23, § 1º, estabelece a possibilidade de o objeto a ser licitado sofrer divisões sempre que tal se mostrar técnica e economicamente viável.

---

60 Art. 23 da Lei n. 8.666/1993.
61 O STJ já decidiu que, "quanto à aquisição de equipamentos eletrônicos sem procedimento licitatório, constata-se que, em menos de 120 dias, foram gastos um total de R$ 23.715,00 com materiais da mesma espécie (equipamentos de informática), não se mostrando a justificativa de ausência de recursos suficientes para compra conjunta apta a autorizar a dispensa de licitação, por ausência de respaldo legal" (1ª T., REsp n. 1.416.313/MT, rel. Min. Napoleão Nunes Maia Filho, j. em 26/11/2013, DJe de 12/12/2013). Em outra oportunidade, visualizou a improbidade na divisão do objeto, a fim de possibilitar a licitação na modalidade convite, acrescendo que toda a verba utilizada tinha origem em um só convênio, o serviço poderia ser integralmente realizado por qualquer das sociedades empresárias participantes das licitações e, em duas, das três licitações realizadas, foram convidadas as mesmas sociedades (2ª T., AgRg no REsp n. 1.535.282/RN, rel. Min. Assussete Magalhães, j. em 1/3/2016, DJe de 14/3/2016).

5.5. Oferecimento de Bens ou Serviços por Preço Inferior ao de Mercado

Identificada a proposta mais vantajosa para a administração e tendo o vencedor do certame preenchido todos os requisitos exigidos no edital, com ele será celebrado o contrato administrativo cujo objeto fora licitado.

Não raras vezes será constatado que a proposta vencedora é em muito inferior às demais ou aos próprios preços praticados pelo mercado. Nestes casos, ter-se-á o indício de uma operação fraudulenta que se inicia com o procedimento licitatório e se aperfeiçoa com a execução do contrato, sendo frequentemente constatado um conluio entre o vencedor da licitação e o agente público responsável pela fiscalização do cumprimento da obrigação assumida[62-63].

A limitação do lucro ou o aparente prejuízo a ser auferido com a manutenção da proposta poderão apresentar-se como elementos de uma simulação, isto porque, ao cumprir a obrigação assumida, o contratado não o fará com a intensidade exigida no contrato. Para tanto, realizará prestação inferior à assumida, o que representará um elemento compensador das possíveis vantagens que foram auferidas pela administração com a escolha de sua proposta.

No entanto, para que a simulação se aperfeiçoe, é necessário o concurso do agente público que fiscalizará a execução do contrato, o que normalmente configurará o ato de

---

[62] "Embargos infringentes. Ação de improbidade administrativa. Atos praticados por Prefeito e Vice-Prefeito Municipal. Licitação. Violação ao princípio da moralidade administrativa a caracterizar ato de improbidade. A participação de empresas em licitação pública, cujo sócio cotista majoritário e gerente era o Vice-Prefeito, caracteriza ato de improbidade, por ilegalidade que atenta contra o princípio da moralidade administrativa. Maior gravidade, ainda, quando exatamente tais empresas foram as únicas vencedoras das várias licitações efetivadas, sendo que, relativamente a uma delas, um dos sócios era irmão do Prefeito Municipal, tendo sido o Vice-Prefeito nomeado como fiscal das obras, autorizando, como tal, a liberação dos pagamentos. Lesão ao erário que se configura exatamente no ato de frustrar o processo licitatório. Inteligência do art. 11 da Lei n. 8.429/1992. Embargos infringentes acolhidos, por maioria. Voto vencido" (TJRS, 1º Grupo de CC, EI n. 70000477471, rel. Des. Arno Werlang, j. em 17/3/2000).

[63] "Incorre nas sanções dos arts. 10, 11 e 12 da Lei n. 8.429/1992 quem arquiteta licitação modalidade menor preço e adquire máquina motoniveladora usada, considerada sucata, por preço virtualmente inferior, mas que, por seu estado, exige reforma para que obtenha utilidade ao fim a que se destina. Além disso, para a reforma, homologou o senhor Prefeito, como antes já o fizera para a aquisição do equipamento, outra licitação, cuja vencedora não realizou a reforma, mas, sim, a mesma empresa que vendeu ao Município por ser a vencedora do certame o equipamento sucateado e sem condições de utilização. Posteriormente à reforma o equipamento, com pouco mais de um ano de uso, é vendido para sócio da empresa vendedora deste. Improbidade administrativa reconhecida em procedimento fraudulento e causador de prejuízo ao Erário. Nulidade das licitações e penalidades que se impunham. O disposto no art. 21, II, da Lei n. 8.429/1992 estabelece que 'as sanções previstas nesta Lei independem da aprovação ou rejeição das contas pelo órgão de controle interno ou pelo Tribunal de Contas'. Recursos parcialmente providos para adequar o valor a ser restituído e fazer incidir os juros" (TJRS, 1ª CC, AP n. 70004381372, rel. Des. Carlos Roberto Lofego Canibal, j. em 11/9/2002, *RJTJRS* n. 221).

improbidade previsto no art. 9º, VI, da Lei n. 8.429/1992: "receber vantagem econômica de qualquer natureza, direta ou indireta, para fazer declaração falsa sobre medição ou avaliação em obras públicas ou qualquer outro serviço, ou sobre quantidade, peso, medida, qualidade ou característica de mercadorias ou bens fornecidos a qualquer das entidades mencionadas no art. 1º desta Lei".

5.6. Superfaturamento da Proposta e do Objeto do Contrato

O edital de licitação deve conter o valor estimado do contrato a ser celebrado, servindo de parâmetro à aferição das propostas que serão apresentadas. Não obstante a liberdade conferida à administração para a elaboração do edital, o custo da obra ou do serviço deve guardar correspondência com a realidade, sendo ilícita a fixação de valor estimado por demais elevado ou mesmo a aceitação de propostas em desconformidade com os preços praticados no mercado, o que acarretaria nítida lesão ao erário.

Esses casos, nem sempre de fácil identificação, exigem o revolver de matéria eminentemente técnica e a realização de pesquisa dos preços normalmente praticados por ocasião da licitação. Identificado o superfaturamento, ter-se-á a possível configuração dos atos de improbidade previstos no art. 9º, II, da Lei n. 8.429/1992 ("perceber vantagem econômica, direta ou indireta, para facilitar a aquisição, permuta ou locação de bem móvel ou imóvel, ou a contratação de serviços pelas entidades referidas no art. 1º por preço superior ao valor de mercado") e no art. 10, V, da Lei n. 8.429/1992 ("permitir ou facilitar a aquisição, permuta ou locação de bem ou serviço por preço superior ao de mercado"). Pequenas variações de preço, no entanto, albergadas por um referencial de razoabilidade e facilmente justificadas pelas circunstâncias do caso, não serão aptas à caracterização do superfaturamento[64].

Também poderá ser verificado o superfaturamento quando a administração adquirir grande quantidade de bens e o preço acordado for o corrente no varejo, de valor sensivelmente superior ao praticado em contratações no atacado.

---

64 "A pequena diferença, verificada entre o valor contratado pela Administração e o valor de avaliação judicial posterior, não configura qualquer desproporcionalidade ou superfaturamento, sendo normal uma variação de tal ordem em razão da oferta e procura no mercado locatício. Não há que se falar em improbidade, se a Administração se serviu do imóvel, pagando preço condizente com o valor de mercado. Não é vedada a dispensa de licitação para a locação, quando, em razão de suas características específicas, a juízo da administração, o imóvel é o único apto a atingir o fim público almejado. A celebração de contrato verbal de locação pelo Município, tendo o ato atingido satisfatoriamente à finalidade pública, sem prejuízo à Fazenda ou à moral administrativa, é simples irregularidade formal, que não induz ao reconhecimento de ato de improbidade, mormente quando o defeito é posteriormente corrigido, com a devida formalização do ajuste por escrito. Sentença que se reforma, para julgar totalmente improcedentes os pedidos iniciais" (TJMG, 6ª CC, Proc. n. 1.0430.03.900008-7/001, rel. Des. Ernane Fidélis, j. em 4/5/2004, DJ de 9/6/2004).

5.7. Existência de Vínculo Subjetivo entre os Concorrentes em Detrimento dos Princípios da Isonomia e da Competitividade

Além de identificar o candidato habilitado a adimplir o objeto do futuro contrato e selecionar a proposta mais vantajosa à administração, é imperativo que a licitação preserve a igualdade entre os concorrentes e os demais princípios específicos que devem reger o certame, conferindo concretude ao mandamento insculpido no art. 37, XXI, da Constituição e refletido no art. 3º da Lei n. 8.666/1993.

Assim, importará em violação ao princípio da isonomia entre os licitantes, cuja observância e preservação afiguram-se cogentes à administração, a participação no certame de pessoas jurídicas aparentemente dotadas de individualidade própria, mas que, em verdade, possuam um controlador comum.

A existência do vínculo será igualmente clara quando a mesma pessoa exercer a gerência das empresas ou assumir a responsabilidade técnica de todas. Nestes casos, a autonomia da vontade de tais empresas será tão somente aparente, já que estas não passam de meros instrumentos a serviço de uma única e uniforme manifestação volitiva.

Tal expediente possibilitará que uma única pessoa apresente diferentes propostas com o simultâneo conhecimento do teor de todas elas, o que, além de permitir a participação múltipla no certame, violará o sigilo das propostas e comprometerá a competitividade e a igualdade entre os demais licitantes, os quais concorrerão com uma única proposta. A fraude estará igualmente caracterizada quando, em situação de dispensa indevida de licitação, isso em razão do fracionamento indevido do objeto licitado, houver combinação entre as empresas escolhidas, que dividem as compras de modo que não seja ultrapassado o limite legal de dispensa[65].

Caso a situação de fato apresente aparente harmonia com a previsão normativa, a adequação formal não impedirá a formação de um juízo de reprovabilidade em relação ao resultado ilícito pretendido e eventualmente obtido, sendo certo que as exigências de ordem formal visam, em essência, à preservação do resultado pretendido, não sendo a forma um fim em si mesma.

Identificado o artifício utilizado para frustrar os fins do procedimento licitatório, restará claramente demonstrada a fraude à lei, já que a pessoa jurídica foi utilizada para fins outros que não aqueles que justificaram sua criação. Descoberto o engodo na fase de habilitação, as empresas em conluio haverão de ser impedidas de participar do certame. Identificada a fraude posteriormente, a eliminação, acaso não ultimado o procedimento, ou mesmo a declaração de nulidade do contrato celebrado, será a solução adequada.

Ainda que as empresas em conluio apresentem a melhor proposta, tal não terá o condão de convalidar o vício, pois além de selecionar a proposta mais vantajosa, a licitação

---

65 STJ, 1ª T., REsp n. 1.170.868/SP, rel. Min. Benedito Gonçalves, j. em 3/12/2013, *DJe* de 19/12/2013.

visa assegurar a concreção do princípio da isonomia[66]. Eventual vínculo entre os concorrentes deve render estrita obediência à sistemática legal, sendo claras e eminentemente restritivas as normas que disciplinam a participação de consórcios nas licitações[67], pois restringem a competitividade e o acesso ao procedimento, tendo como consequência deletéria a grande probabilidade de dominação do mercado.

A preocupação com os efeitos do consórcio pode ser vislumbrada pelo próprio teor do art. 33, IV, da Lei n. 8.666/1993, o qual impede a participação de empresa consorciada, na mesma licitação, por meio de mais de um consórcio ou isoladamente. Além de frustrar a licitude do procedimento licitatório, o vínculo subjetivo entre as empresas em dissonância com as normas disciplinadoras do consórcio reduzirá as garantias da administração, dificultando a configuração da responsabilidade solidária dos consorciados[68]. E, ainda, essa conduta será passível de configurar as infrações penais tipificadas nos arts. 90 e 94 da Lei n. 8.666/1993.

5.8. Empresa que Participa do Procedimento Licitatório e que Abriga, em seu Quadro Societário, Servidor do Órgão Contratante

Além de aferir a proposta mais vantajosa para a administração, o procedimento licitatório, como foi visto, preserva a igualdade entre todos os contratantes em potencial, permitindo que, em sendo preenchidos os requisitos exigidos, todos tenham a possibilidade de apresentar suas propostas e, em um segundo momento, celebrar o contrato para a consecução do objeto avençado. A igualdade, no entanto, pressupõe a existência de imparcialidade por parte do órgão que irá valorar as propostas.

Sensível a essa realidade, o art. 9º, III, da Lei n. 8.666/1993 veda que o "servidor ou dirigente de órgão ou entidade contratante ou responsável pela licitação" participe, direta ou indiretamente, da licitação ou da execução de obra ou serviço e do fornecimento de bens a eles necessários. Ainda que inexistisse norma expressa, tal vedação é um imperativo de justiça e de moralidade, pois seria no mínimo insensato que o cão que zela pelo galinheiro tenha íntimos laços com a raposa que pretende nele se fartar[69].

---

66 "A legislação revogada erigia, como finalidade da licitação, a seleção da melhor proposta para a Administração. A nova lei deixa claro que, além disso, a licitação visa assegurar a realização do princípio da isonomia. A licitação não se reduz à seleção da proposta mais 'vantajosa'. A licitação busca realizar dois fins, igualmente relevantes: o princípio da isonomia e a seleção da proposta mais vantajosa. Se prevalecesse exclusivamente a ideia da 'vantajosidade', ficaria aberta oportunidade para interpretações disformes. A busca da 'vantagem' poderia conduzir a Administração a opções arbitrárias ou abusivas" (JUSTEN FILHO, Marçal. *Comentários à Lei de Licitações e Contratos Administrativos*, p. 25).

67 Art. 33 da Lei n. 8.666/1993.

68 Art. 33, V, da Lei n. 8.666/1993.

69 O STJ já decidiu que "o enriquecimento ilícito a que se refere a Lei é a obtenção de vantagem econômica através da atividade administrativa antijurídica. O enriquecimento previsto na Lei 8.429/1992 não pressu-

Frise-se, ainda, que o dispositivo é de meridiana clareza ao dispor que o servidor não poderá participar da licitação de nenhuma forma, quer seja direta ou indireta. Assim, além de não participar pessoalmente, não é admissível que mantenha qualquer vínculo societário com a empresa licitante, já que isto importaria em nítida participação indireta.

A vedação não será contornada mesmo nos casos em que o agente público, em momento anterior à nomeação, já participasse de licitações e celebrasse contratos com a administração. Assumindo o cargo ou iniciando o exercício da função, não poderá o agente manter novos vínculos dessa natureza.

O dispositivo será aplicado de forma imediata sempre que for identificada a participação direta do servidor na licitação ou demonstrado o vínculo societário com a empresa licitante[70], situação esta que será mantida ainda que o servidor esteja licenciado[71], pois subsistente o vínculo com a Administração Pública. Maior dificuldade existirá quando expedientes simulatórios forem utilizados, o que frequentemente ocorre quando interposta pessoa participa da sociedade comercial como mera *longa manus* do servidor. Neste caso, necessário será demonstrar a simulação, empreitada não raras vezes ingrata.

---

põe lucro ou vantagem senão apropriação de qualquer coisa, ainda que proporcional ao trabalho desenvolvido, mas viciado na sua origem. O fruto do trabalho, como de sabença, nem sempre é lícito, gerando o enriquecimento ilícito à luz da *mens legis*" (1ª T., REsp n. 439.280/RS, rel. Min. Luiz Fux, j. em 1º/4/2003, *DJ* de 16/6/2003, p. 265). Apesar disso, ressaltou que a participação na licitação de pessoas impedidas de fazê-lo, como é o caso de empresas que tenham como sócio majoritário o Vice-Prefeito do Município, Secretário de Obras, por frustrar a concorrência, lesa aos princípios da impessoalidade e da moralidade administrativa, encerrando o ato ímprobo *in re ipsa*. Ao final, condenou os agentes públicos nas sanções do art. 12, III, da Lei n. 8.429/1992, cujos feixes são sensivelmente mais brandos que os do inciso I, tendo sido excluída a obrigação de ressarcir o dano.

70 O TJRS, apreciando situação fática dessa natureza, decidiu da seguinte forma: "Ação civil pública. Ato de improbidade administrativa consistente na venda de medicamentos por estabelecimento comercial de propriedade de diretor de autarquia. Fatos devidamente caracterizados e que não mereceram a devida contraposição. Considerações acerca das peculiaridades do caso concreto, que conduzem ao provimento parcial da apelação ao efeito de que somente seja o responsável condenado a devolver aquilo que sobejou após a apuração do lucro bruto na venda dos medicamentos. Multa civil afastada ante a análise do grau do dolo do infrator. Legitimidade ativa do Ministério Público para a causa, assim como presente o interesse de agir. Agravo retido desprovido. Parcial provimento ao recurso de apelação" (TJRS, 3ª CC, AP n. 70001562727, rel. Des. Augusto Otávio Stern, j. em 8/3/2001). Também pratica ato de improbidade o Secretário Municipal de Saúde que era proprietário e sócio-gerente de empresa cadastrada no SUS e que contratou com o Município durante sua gestão (TJSP, 2ª Câmara de Direito Público, AP n. 0142812-90.2008.8.26.0000, rel. Des. Henrique Nélson Calandra, j. em 27/4/2010).

71 Sobre a questão, o STJ proferiu decisão do seguinte teor: "Não pode participar de procedimento licitatório a empresa que possuir, em seu quadro de pessoal, servidor ou dirigente do órgão ou entidade contratante ou responsável pela licitação (Lei n. 8.666/1993, artigo 9º, inciso III). O fato de estar o servidor licenciado, à época do certame, não ilide a aplicação do referido preceito legal, eis que não deixa de ser funcionário o servidor em gozo de licença. Recurso improvido" (1ª T., REsp n. 254.155-SP, rel. Min. Garcia Vieira, *DJ* de 14/8/2000, p. 154).

5.9. Alteração do Objeto do Contrato

Publicado o edital, realizado o procedimento licitatório e celebrado o contrato, é defeso à administração pública aumentar o seu valor ou incluir objetos e serviços não previstos em sua gênese. Obrar em contrário importaria em nítida violação aos princípios básicos da licitação, fazendo com que parte do objeto do contrato não tenha sido antecedido por aquela.

Em situações excepcionais e devidamente justificadas, a Lei n. 8.666/1993 autoriza a celebração de aditivo contratual para o acréscimo ou supressão de obras, serviços ou compras, até o limite de 25% do valor inicial atualizado do contrato e, no caso particular de reforma de edifício ou de equipamento, até o limite de 50% para os seus acréscimos (art. 65, § 1º), sendo vedado, sob qualquer circunstância, exceder tais limites (art. 65, § 2º).

A fixação de limites para a celebração de aditamentos visa a evitar que esse expediente termine por contornar e afastar a exigência de licitação (art. 37, XXI, da CR/1988).

5.10. Alteração da Forma e das Condições de Pagamento Previstas no Edital da Licitação

O objeto do contrato, a exemplo de todos os elementos periféricos que o informam, deve manter-se adstrito aos termos do edital de licitação[72]. Assim, a alteração da forma e do prazo de pagamento sem qualquer previsão no edital que precedeu o contrato, associados à inexistência de qualquer embasamento fático ou jurídico que pudesse justificá-los, importa em violação ao princípio da vinculação ao edital ou inalterabilidade do edital (art. 41 da Lei n. 8.666/1993). Os pagamentos aos fornecedores devem ser feitos nos prazos acordados, evitando-se, assim, que a corrupção seja utilizada como instrumento para acelerar ou, mesmo, viabilizar a sua realização.

A alteração dos contratos administrativos somente pode ser realizada nas hipóteses previstas, em *numerus clausus*, no art. 65 da Lei n. 8.666/1993, sendo imprescindível que a alteração esteja acompanhada da devida justificação, a qual deve encontrar amparo na lógica do razoável.

Em razão disso, a celebração de aditivos contratuais que modifiquem os termos originariamente previstos no edital, desacompanhados de qualquer justificativa plausível, também violará os princípios da isonomia e da competitividade, pois se outras fossem as condições, distintos poderiam ser os interessados e diversas as propostas apresentadas por estes, o que acarreta a nulidade do pacto acessório (art. 4º, IV, da Lei n. 4.717/1965 – Lei da Ação Popular).

---

72 "O contrato e a emissão de notas fiscais, em data anterior ao procedimento licitatório, caracterizam irregularidades insanáveis, aptas a revelar improbidade administrativa" (TSE, REsp n. 16.549, rel. Min. Jacy Garcia Vieira, j. em 19/9/2000, PSESS de 19/9/2000).

5.11. Contratação de Obras ou Serviços Inexistentes

O procedimento licitatório, como antecedente lógico do contrato administrativo a ser celebrado, deve ser deflagrado a partir da constatação da necessidade de fornecimento de bens, de realização de certa obra ou da prestação de determinado serviço. Assim, haverá de ser identificado um estreito liame entre a licitação, o contrato administrativo e o objeto do contrato, destinando-se este último à satisfação do interesse público.

Infelizmente, não raras vezes se constatará que a regularidade formal do procedimento licitatório e do contrato administrativo que o sucedeu rivaliza com a inexistência do objeto contratado, apresentando-se como meros adminículos para encobrir a prática de um ato simulado. Tal ocorrerá quando o objeto do contrato já tiver sido executado pelo Poder Público ou mesmo por terceiro, destinando-se o segundo contrato unicamente a conferir ares de legitimidade ao repasse de receitas públicas ao contratado, simulando-se o pagamento de uma obra ou de um serviço que nunca foi executado.

A fraude será igualmente patente quando o objeto do contrato for fisicamente impossível de ser adimplido ou quando sequer houver a intenção de cumpri-lo, o que será normalmente constatado quando o Poder Público cumprir integralmente sua parte na avença e atestar que o contratado cumprira a sua, sem que tal tivesse ocorrido – isto se dá, com lamentável frequência, na celebração de contratos visando a recuperação e o asfaltamento de pistas de rolamento, obras que, não obstante o integral pagamento, não são realizadas.

Ainda sob a ótica da modalidade de ilicitude ora estudada, não se pode deixar de mencionar um ato dotado de imoralidade ímpar, qual seja, a contratação de empresa para a execução de determinada obra ou serviço quando, em verdade, o objeto do contrato será executado pelos próprios servidores municipais. Com isso, a empresa se locupleta à custa do Poder Público e este, além de remunerá-la, se encarrega, por seus servidores, da própria execução da obra ou do serviço.

5.12. Dispensa Indevida de Licitação

A primeira figura prevista no art. 10, VIII, da Lei n. 8.429/1992, consiste na frustração da licitude do processo licitatório. Regra geral, todo contrato administrativo deve ser precedido de licitação. Como exceção, a própria Constituição, em seu art. 37, XXI, previu a possibilidade de sua não realização, restando ao legislador ordinário enumerar as hipóteses cuja especificidade não é compatível com a formalidade, o custo e a demora de um procedimento licitatório.

Tais situações estão previstas em *numerus clausus* no art. 24 e de forma exemplificativa no art. 25 da Lei n. 8.666/1993, os quais versam, respectivamente, sobre os casos de dispensa e de inexigibilidade de licitação[73]. Na dispensa, a licitação poderia ser realizada, mas o

---

[73] A Lei n. 13.303/2016, que veiculou o estatuto jurídico das empresas públicas e das sociedades de economia

legislador, ante as peculiaridades do caso, resolveu não torná-la obrigatória. Na inexigibilidade, por sua vez, a necessidade de licitação foi afastada por ser inviável sua realização.

Não havendo perfeito enquadramento da situação fática nos permissivos legais ou sendo provada a simulação, ter-se-á a frustração do processo licitatório e a consequente configuração da improbidade[74]. Caso seja nebulosa a presença das exceções, a regra geral há de prevalecer. É relevante observar que, anteriormente à modificação introduzida pela Lei n. 13.019/2014, ao se referir unicamente à dispensa no art. 10, VIII, a Lei n. 8.429/1992 *minus dixit quam voluit*, não devendo ser albergada uma interpretação restritiva do preceito.

A ideia fundamental do texto era coibir o indevido alargamento das hipóteses em que não é exigida a licitação, logo, sob esse prisma, dispensa e inexigibilidade se equivalem, sendo importante observar que a conduta do administrador que declara ser inexigível o procedimento licitatório é tão nociva quanto a daquele que o dispensa, pois é sustentada a absoluta impossibilidade fática de sua realização. O vocábulo utilizado era inadequado, mas a *ratio* do preceito era nítida, cabendo ao intérprete romper as fronteiras da incoerência para abrigar-se sob o manto da justiça que emana da teleologia da norma e da própria dicção do *caput* do art. 10.

O procedimento administrativo em que seja identificado caso de dispensa ou inexigibilidade de licitação – o que motivará a contratação direta – deve ser devidamente fundamentado, conferindo publicidade ao ato e permitindo o devido controle[75].

Dentre as formas mais comuns de dispensa (*lato sensu*) indevida da licitação, tem-se o fracionamento de determinado objeto em múltiplos contratos administrativos, de modo que cada um deles não atinja o limite previsto no art. 24, I e II, da Lei n. 8.666/1993, sem

---

mista, estabeleceu regras próprias de licitação para esses entes, incluindo hipóteses específicas de dispensa (art. 29) e de inexigibilidade (art. 30) de licitação.

74 O art. 89 da Lei n. 8.666/1993 tipifica tal conduta como crime: dispensar ou inexigir licitação fora das hipóteses previstas em lei, ou deixar de observar as formalidades pertinentes à dispensa ou à inexigibilidade. Pena – detenção de 3 (três) a 5 (cinco) anos, e multa. Parágrafo único. Na mesma pena incorre aquele que, tendo comprovadamente concorrido para a consumação da ilegalidade, beneficiou-se da dispensa ou inexigibilidade ilegal, para celebrar contrato com o Poder Público. Em rigor lógico, trata-se de crime formal, que exige dolo simples e se consuma independentemente da ocorrência de qualquer resultado naturalístico. Apesar disso, a jurisprudência tem exigido a demonstração de prejuízo ao erário com a contratação direta e a finalidade específica de favorecimento indevido (STF, 2ª T., Inq. n. 3.731/DF, rel. Min. Gilmar Mendes, j. em 2/2/2016, *DJ* de 2/3/2016; e STJ, 5ª T., HC n. 351.763/AP, rel. Min. Reynaldo Soares da Fonseca, j. em 24/5/2016, *DJe* de 1/6/2016). O STJ já decidiu que "não comete crime algum quem, no exercício de seu cargo, emite parecer técnico sobre determinada matéria, ainda que pessoas inescrupulosas possam se locupletar às custas do Estado, utilizando-se desse trabalho" (6ª T., RHC n. 7.165-RO, rel. Min. Anselmo Santiago, j. em 21/5/1998, *RSTJ* 109/332).
75 Art. 26 da Lei n. 8.666/1993. O STJ já decidiu que "a não abertura de procedimento prévio para justificar a dispensa ou a inexigibilidade da licitação, ainda que possa ser considerado como uma ilicitude, não será, por si só, enquadrado como improbidade" (1ª T., REsp n. 1.174.778/PR, rel. Min. Napoleão Nunes Maia Filho, j. em 24/9/2013, *DJe* de 11/11/2013).

que haja justificativa para tanto[76]; a compra ou locação de imóvel sob o fundamento de que ele se destina ao atendimento de finalidades precípuas da administração, bem como que as necessidades de instalação e localização condicionam sua escolha[77], quando, em verdade, se busca beneficiar apadrinhados em nítida violação ao princípio da moralidade administrativa etc.

Consoante o art. 24, VII, da Lei n. 8.666/1993, é dispensável a licitação "quando as propostas apresentadas consignarem preços manifestamente superiores aos praticados no mercado nacional, ou forem incompatíveis com os fixados pelos órgãos oficiais competentes". Nestes casos, ainda que as propostas apresentadas sejam abusivas, não tem o administrador liberdade para celebrar contratos cujos valores sejam igualmente extorsivos com a singela justificativa de que são inferiores àqueles propostos pelos participantes da licitação. Mesmo nos casos de dispensa de licitação, deve o administrador zelar pela economicidade de seus atos, tudo fazendo para preservar o patrimônio público[78].

De acordo com o art. 24, X, da Lei n. 8.666/1993, será igualmente dispensável a licitação "para a compra ou locação de imóvel destinado ao atendimento das finalidades precípuas da administração, cujas necessidades de instalação e localização condicionem a sua escolha, desde que o preço seja compatível com o valor de mercado, segundo avaliação prévia". A dispensa somente será legítima em havendo um nítido entrelaçamento entre as peculiaridades do imóvel, o fim a ser alcançado com a sua utilização e a efetiva observância do princípio da eficiência, sendo este densificado a partir da compatibilidade entre o preço cobrado e o valor praticado pelo mercado. A contratação, em *ultima ratio*, deve ser direcionada por tais fatores, não pelas características intrínsecas do contratante[79].

---

76 Art. 8º, § 1º, da Lei n. 8.666/1993.
77 Art. 24, X, da Lei n. 8.666/1993.
78 O TRF-2ª Região já proferiu decisão do seguinte teor: "A só dispensa do processo licitatório não afasta o dever do administrador em pautar seus atos dentro dos princípios da moralidade administrativa. O contrato ora mantido com a empresa impetrante afronta o princípio da economicidade, vez que, mediante valor quase duplicado, está a se manter, por tempo indeterminado, na prestação de serviços, a pretexto de ser dispensável a licitação" (1ª T., AP n. 95.02127030-0-RJ, rel. Juíza Julieta Lídia Lunz, j. em 7/2/1996, *RT* 728/391). Será igualmente irregular a contratação, ainda que seja o caso de dispensa, quando a administração adquirir grande quantidade de bens pelos preços praticados no varejo (TCU, Pleno, Acórdão n. 2/2001, Processo n. 002.119/2000-7, *DOU* de 25/1/2001).
79 O TJGO reconheceu a improbidade no seguinte caso: "Ação Civil Pública por Atos de Improbidade Administrativa. I – Preliminar inconsistente. O artigo 17, § 3º, da Lei n. 8.429/1992 proporciona a participação do ente público vítima da improbidade administrativa no processo para a apuração e a defesa de seu patrimônio. II – Vereador não poderá, desde a expedição do diploma, firmar ou manter contrato com o município, salvo quando o contrato obedecer a cláusulas uniformes. III – Locação sem avaliação prévia e contratada por preço superior à locação atual. Comete ato de improbidade administrativa o presidente da Câmara Municipal quando firma contrato de locação em nome da pessoa jurídica de Direito Público interno, tendo por objeto o imóvel sob o domínio do vereador e primeiro secretário da mesma Casa de Leis, violando a proibição contida na Lei Orgânica do Município e incidindo nas disposições do artigo 11, *caput* e inciso I, da Lei n. 8.429/1992. IV – A dispensa indevida de processo licitatório, ordenando a realização de despesas

No que concerne à inexigibilidade, a sua razão de ser é evitar a infrutífera e dispendiosa realização de um procedimento licitatório nos casos em que, *a priori*, seja divisada a inviabilidade de competição, tal como ocorre no elenco exemplificativo do art. 25 da Lei de Licitações[80].

Situação corriqueira na Administração Pública consiste na invocação da situação de inexigibilidade prevista no inciso II do art. 25 (*para a contratação de serviços técnicos enumerados no art. 13 desta Lei, de natureza singular, com profissionais ou empresas de notória especialização, vedada a inexigibilidade para serviços de publicidade e divulgação*) sem o preenchimento dos requisitos exigidos. A contratação direta somente será justificada com a demonstração da (1) singularidade do serviço e da (2) notória especialização do profissional[81]. O primeiro requisito aponta para a especificidade da atividade a ser desempenhada, que apresenta um diferencial em relação àquelas ordinariamente realizadas pela Administração. Não serão considerados singulares os serviços que possam ser reconduzidos à rotina administrativa, sem espaço para o desenvolvimento da habilidade ou criatividade pessoal do executor. Singular é aquilo que pressuponha o emprego de técnicas outras que não aquelas utilizadas na generalidade dos casos. Considerando as especificidades do serviço singular, não é necessário maior esforço intelectivo para se concluir pela ilicitude de cláusulas contratuais abertas, vale dizer, que não definam com exatidão a atividade a ser desempenhada, limitando-se à referência àquelas que se mostrem necessárias ou úteis (*v.g.*: todas as obras no local *x*, todas as causas judiciais envolvendo *y* etc.).

Somente com a demonstração da singularidade do serviço e da notória especialização do profissional é que se passará ao requisito confiança, sendo de todo injurídica a inversão dessa ordem lógica, de modo a legitimar contratações diretas pela só confiança existente entre Administrador e contratado.

A inexigibilidade será ilegal, dentre outras hipóteses, quando o administrador realizar a contratação direta de serviços que não sejam técnicos e especializados ou, mesmo que o

---

não autorizadas em lei, permitindo que se utilizasse em obra particular trabalho de terceiros contratados pela administração pública, facultando enriquecimento ilícito às custas de dinheiro público, configura ato de improbidade administrativa, definido no artigo 10, *caput*, incisos I, II, VIII, IX, XII e XIII, da Lei n. 8.429/1992. V – Recurso improvido, sentença mantida" (3ª CC, AP n. 56.135-5/188, rel. Des. Charife Oscar Abrão, j. em 29/5/2001, DJ de 11/6/2001, p. 9).

80 Sobre a inexigibilidade de licitação, o TJRS decidiu que "[n]ão configura ato de improbidade administrativa a contratação direta do único jornal e da única emissora de rádio locais, em pequeno município do interior do Estado, para publicidade e divulgação de atos oficiais" mas "[c]onstitui ato de improbidade administrativa a contratação, sem processo de licitação, pelo prefeito municipal, de empresa de radiodifusão sediada em outro município para divulgação de notícias, quando comprovada a possibilidade de competição pela existência de emissora local. Hipótese, ainda, em que a emissora contratada tem audiência restrita a apenas parte do Município" (2ª CC, AP n. 70003117561, rel. Des. Maria Isabel de Azevedo Souza, j. em 27/2/2002).

81 Súmula 252 do TCU: "A inviabilidade de competição para a contratação de serviços técnicos, a que alude o inciso II do art. 25 da Lei n. 8.666/1993, decorre da presença simultânea de três requisitos: serviço técnico especializado, entre os mencionados no art. 13 da referida Lei, natureza singular do serviço e notória especialização do contratado".

sejam, que não tenham natureza singular, estando ausentes a inviabilidade da licitação e a necessidade técnica da Administração em contratá-los, afrontando o art. 25, II, da Lei n. 8.666/1993 (*v.g.*: contratação de renomado advogado para ajuizamento de execuções fiscais[82]; de consagrado engenheiro para construção de prédio básico da estrutura administrativa etc.).

A Lei n. 13.303/2016 previu hipóteses específicas de dispensa e de inexigibilidade de licitação para que empresas públicas e sociedades de economia mista realizem contratações diretas. A inexigibilidade, a teor do art. 30, decorre da inviabilidade de competição. No entanto, ao tratar dos "serviços técnicos especializados", somente fez referência expressa à "notória especialização" do contratado. Apesar disso, entendemos que a singularidade do serviço está ínsita na própria exigência de inviabilidade de competição. Afinal, é impossível

---

[82] Sobre a contratação de advogado sem a prévia realização de licitação, o TJRS decidiu que "a exceção à obrigatoriedade de licitação, no caso de contratação de serviços técnicos profissionais especializados, tem em mira tão somente os serviços que se exigem do executor, além de sua habilitação técnica e profissional, conhecimentos profundos e alta técnica em sua área de atuação. (...) A prestação de serviços técnicos profissionais na área de licitações, como emitir pareceres, perícias, avaliações, assessorias, consultorias, auditorias, defesas judiciais e administrativas pode ser feita por qualquer bacharel formado em Direito, mormente Procurador de Município, com a experiência que deve ter sobre licitações" (1ª CC, AP n. 599261096, rel. Des. Celeste Vicente Piovani, j. em 16/6/1999). Como se vê, além da especialização do profissional, foi dispensado o devido valor à singularidade do serviço. Marcelo Harger também ressalta que a contratação de advogado pressupõe o cumprimento dos requisitos previstos na Lei n. 8.666/1993 (*Improbidade...*, p. 124). Em situação concernente à contratação de advogado realizada pela Câmara Municipal para assessorar CPI local, embora entendesse necessário tratar-se de serviço singular, o TJRS assentou que "inexistindo parâmetros objetivos para se identificar a notoriedade da especialização, a legitimidade da dispensa assenta-se em critérios subjetivos do Chefe do Legislativo Municipal" (4ª Câmara Criminal, AP n. 70001812072, rel. Des. Gaspar Marques Batista, j. em 21/12/2000). Evidentemente, o subjetivismo referido no acórdão haverá de estar situado na esfera do razoável, seara em que, aos olhos do *homo medius*, será legítima a escolha entre as opções que se apresentem ao administrador. O Supremo Tribunal Federal já teve oportunidade de se manifestar pela indispensável demonstração da singularidade do serviço e da notória especialização do profissional na contratação direta de advogados por inexigibilidade de licitação: 1ªT., HC n. 86.198, rel. Min. Sepúlveda Pertence, j. em 17/4/2007, *DJ* de 29/6/2007; e 1ªT., Inq. n. 3.074/SC, rel. Min. Roberto Barroso, j. em 26/8/2014, *DJ* de 3/10/2014. No mesmo sentido: STJ, 2ªT., REsp n. 1.377.703/GO, rel. p/acórdão Min. Herman Benjamin, j. em 3/12/2013, *DJe* de 12/3/2014; 2ªT., REsp n. 1.444.874/MG rel. Min. Herman Benjamin, j. em 3/2/2015, *DJe* de 31/3/2015; 2ªT., AgRg no REsp n. 1.425.230/SC, rel. Min. Herman Benjamin, j. em 18/2/2016, *DJe* de 30/5/2016; e 1ªT., REsp n. 1.571.078/PB, rel. p/acórdão min. Benedito Gonçalves, j, em 3/5/2016, *DJe* de 3/6/2016). Em sentido contrário: STJ, REsp n. 1.192.332/RS, rel. Min. Napoleão Nunes Maia, j. em 12/11/2013, *DJe* de 19/12/2013. Nesse último acórdão, o Tribunal adotou o interessante entendimento de que "é impossível aferir, mediante processo licitatório, o trabalho intelectual do advogado, pois trata-se de prestação de serviços de natureza personalíssima e singular, mostrando-se patente a inviabilidade de competição". De modo simples e objetivo: apesar de a lei exigir a singularidade do serviço, o Tribunal entendeu que os conhecimentos técnicos do advogado, por estarem sujeitos a uma avaliação de contornos nitidamente subjetivos, são suficientes para que seja reconhecida a possibilidade de contratação direta. O argumento é tão interessante que coloca em risco a própria subsistência da Lei n. 8.666/1993 quando a hipótese versar sobre a contratação de serviços técnicos (*v.g.*: serviços de engenharia). Qualquer serviço de engenharia poderia ser contratado por inexigibilidade de licitação ou só o serviço do advogado é personalíssimo e singular?

dissociarmos o objeto da contratação das características do contratado para alcançarmos conclusões a respeito da viabilidade, ou não, de competição. Serviços corriqueiros não exigem notória especialização para a sua realização, o que faz que a contratação direta caminhe em direção contrária aos princípios da moralidade, da igualdade, da eficiência, da probidade administrativa, da economicidade e da obtenção de competitividade, todos de estatura constitucional e reproduzidos no art. 31, *caput*, da Lei n. 13.303/2016.

A inexigibilidade também não terá amparo na lei quando for sustentada a existência de fornecedor exclusivo e tal circunstância não corresponder à realidade (art. 25, I, da Lei n. 8.666/1993) – aqui, é necessário aferir se a exclusividade é absoluta ou relativa. Nesta, somente há um fornecedor na praça em que será celebrado o futuro contrato, estando os demais em outras localidades; enquanto naquela só existe um fornecedor no território nacional.

Em razão disto, para a correção da inexigibilidade,"é mister distinguir a noção de praça quando se trata de produção de bem da praça comercial. Esta é aferível em função do vulto do contrato. Se a licitação for do tipo convite, considerar-se-á a exclusividade na localidade da futura contratação; se for tomada de preços, levar-se-á em consideração a exclusividade no registro cadastral; e se for concorrência, exclusivo é o que for único no país"[83].

Ao contratar sem a prévia realização de licitação, deve a administração declinar os motivos que justificaram a contratação direta, demonstrar o seu enquadramento nas normas de exceção já referidas e, consoante o art. 26 da Lei n. 8.666/1993, justificar a escolha de determinado contratante e as razões do acolhimento da proposta por ele apresentada. Não basta, assim, a mera invocação do disposto nos arts. 24 e 25 da Lei de Licitações: é imprescindível seja devidamente documentado e motivado todo o *iter* percorrido pela administração até concluir pela possibilidade de contratação direta.

Ainda que a administração venha a cognominar de convênio o contratado a ser celebrado, deve ser ele antecedido de licitação sempre que verificada a possibilidade de competição[84]. Ressalte-se, ainda, a necessidade de serem observadas as restrições à celebração

---

83 CARVALHO FILHO, José dos Santos. *Manual...*, p. 224.
84 Segundo o art. 116, *caput*, da Lei de Licitações,"aplicam-se as disposições desta Lei, *no que couber*, aos convênios, acordos, ajustes e outros instrumentos congêneres celebrados por órgãos e entidades da Administração". O STJ já proferiu acórdão assim ementado: "... 6. *In casu*, a ação civil pública foi intentada para anular contrato firmado sem observância de procedimento licitatório, cujo objeto é a prestação de serviços de fiscalização, arrecadação e cobrança do IPVA, bem como reivindicar o ressarcimento do dano causado ao erário. Nesses casos, o que se pretende não é só a satisfação de interesses da coletividade em ver solucionados casos de malversação de verbas públicas, mas também o interesse do erário público. (...) 8. A alegação de que a atividade da contratada não se reveste de cunho fiscalizatório de tributo não tem o condão de legitimar a não observância do procedimento licitatório, vale dizer, o fato de existir previsão legal de formação de convênio entre Estado e Município para facilitar a atividade fiscalizatória do fisco, o que não ocorreu, conforme noticiado pelo Ministério Público, não significa afirmar que uma empresa possa ser contratada para prestação de serviços sem prévia licitação. 9. A averiguação de enquadramento da empresa recorrente em algum dos casos de inexigibilidade de licitação, por inviabilidade de competição (art. 25 da

de convênios, pela Administração Pública, com entes privados, em especial aquelas estabelecidas no art. 84-A da Lei n. 13.019/2014, sem olvidar o permissivo do art. 27, § 3º, da Lei n. 13.303/2016, que permite a celebração desses ajustes pelas empresas públicas e sociedades de economia mista. A identificação da real natureza jurídica do ato pressupõe a aferição de seus elementos intrínsecos. O contrato apresenta maior rigidez no vínculo que une as partes, pressupõe a existência de interesses opostos e, normalmente, que, ao menos uma das partes, vise a obtenção de lucro. No convênio, ao revés, o vínculo é mais flexível, os interessados buscam a consecução de um objetivo comum e é possível que a relação jurídica seja integrada por vários polos. A análise dessas características básicas permite concluir que os convênios, acaso estruturados na pureza de sua concepção, raramente ensejarão a realização de procedimento licitatório, pois os participantes não buscam o lucro, o que compromete a existência de competição, e os recursos financeiros empregados destinam-se à mera satisfação dos custos de operacionalização do ajuste.

Identificada a simulação, será possível perquirir a prática de ato de improbidade (*v.g.*: sociedade de economia mista de grande município celebra "convênio" com instituição bancária, no qual se compromete a ceder gratuitamente determinado espaço físico para a instalação de uma unidade bancária, passando esta a gerir todo o fluxo de caixa destinado ao pagamento de pessoal; a instituição, por sua vez, "doará" alguns computadores ao Município e nada receberá pelo gerenciamento da folha de pagamento; neste caso, é flagrante a simulação, pois os interesses são contrapostos, é claro o intuito de lucro da instituição bancária, que passará a gerir vultosos recursos, e é patente a possibilidade de competição).

Prática muito comum em passado recente era a celebração, pelos municípios, de convênios com cooperativas (*v.g.*: de trabalho). As cooperativas, entes personalizados e sem fins lucrativos, cuja criação independe de autorização[85] e deve ser estimulada pelo Poder Público[86], são caracterizadas pelo vínculo que os seus associados mantêm entre si em busca de um objetivo comum, tendo acentuado cunho econômico e social[87]. Outro elemento essencial das cooperativas é que os seus cooperados sejam os próprios destinatários da atividade desenvolvida, vale dizer, seus usuários; além disso, os objetivos da cooperativa devem encontrar correspondência com os fins dos cooperados (*v.g.*: grupo de caminhoneiros constitui uma cooperativa de transporte, sendo contratado por esta o transporte a ser realizado por aqueles). Uma vez adquirida a personalidade jurídica, *o vínculo a ser mantido pelas cooperativas com o Poder Público será regido pelas mesmas normas aplicáveis às demais pessoas físicas ou jurídicas*, sendo injurídica, regra geral, qualquer espécie de tratamento

---

Lei n. 8.666/1993), demanda reexame de matéria fático-probatória, o que é defeso a esta Corte Superior, a teor do verbete sumular n. 7/STJ, muito embora seja cristalina a ausência de notória especialização para os serviços em foco" (1ª T., REsp n. 408.219/SP, rel. Min. Luiz Fux, j. em 24/9/2002, *DJ* de 14/10/2002).

85 Art. 5º, XVIII, da CR/1988.
86 Art. 174, § 2º, da CR/1988. A Política Nacional de Cooperativismo foi definida pela Lei n. 5.764/1971.
87 O art. 45 da Constituição italiana estabelece que "a República reconhece a função social da cooperação com caráter de mutualidade, e sem fins de especulação privada".

privilegiado, de ordem legal ou administrativa, nos ajustes a serem celebrados, isto sob pena de mácula ao princípio da igualdade. É importante observar que, apesar de não visarem ao lucro próprio, as cooperativas são instrumentos utilizados para a obtenção do proveito de seus associados, e homens, como se sabe, sempre serão os destinatários finais de todo e qualquer proveito econômico, o que inviabiliza a concessão de qualquer privilégio nessa seara. Estabelecido o vínculo com as cooperativas, poderá o Poder Público fiscalizar o seu cumprimento, o que não apresenta qualquer incompatibilidade com o disposto no art. 5º, XVIII, da Constituição da República, isto porque não é o funcionamento da cooperativa que será objeto de fiscalização, mas, sim, o ajuste firmado. Como se pode deduzir, não visualizamos qualquer óbice na participação de cooperativas no procedimento licitatório, desde que preencham os requisitos previstos no edital.

5.13. Vícios na Adesão ao Sistema de Registro de Preços

O Sistema de Registro de Preços (SRP) encontra-se previsto no art. 15, II, da Lei n. 8.666/1993, de modo que as compras da Administração Pública, sempre que possível, devem ser processadas dessa maneira. Trata-se de uma espécie de contrato preliminar, no qual fornecedores, selecionados em licitação na modalidade de concorrência ou pregão[88], obrigam-se, durante certo período, a fornecer determinados bens ou serviços à Administração Pública, caso solicitado, com observância das condições ali estabelecidas.

Nesse sistema, a Administração realiza uma seleção prévia de fornecedores em potencial, estimando o quantitativo de bens e serviços que possivelmente irá necessitar, mas não se obriga a efetivamente ultimar a aquisição. Não é por outra razão que, para a celebração desse contrato preliminar, não é exigida a indicação de recursos orçamentários.

Na medida em que a Lei n. 8.666/1993, além de não ter detalhado o SRP, limitou-se a estabelecer normas gerais sobre licitações, é factível que caberá a cada ente federativo editar a respectiva regulamentação. No âmbito federal, por exemplo, já se sucederam diversos atos regulamentares afetos a essa temática (*v.g.*: Decretos n. 3.931/2001, n. 4.342/2002 e 7.892/2013).

A existência do SRP costuma ser justificada, pelos atos regulamentares, a partir de alguns circunstancialismos fáticos, como a necessidade de contratações frequentes ou a impossibilidade de ser definido previamente o quantitativo de que necessita a Administração. De acordo com o art. 15, § 3º, da Lei n. 8.666/1993, "*[o] sistema de registro de preços será regulamentado por decreto, atendidas as peculiaridades regionais, observadas as seguintes condições: I – seleção feita mediante concorrência; II – estipulação prévia do sistema de controle e atualização dos preços registrados; III – validade do registro não superior a um ano*"[89].

---

88 Lei n. 8.666/1993, art. 15, § 3º, I e Lei n. 10.520/2002, art. 11.
89 A Lei n. 13.303/2016, que dispôs sobre o estatuto jurídico das empresas públicas e das sociedades de economia mista, permitiu, em seu art. 66, § 2º, a adesão ao sistema de registro de preços desses entes por

Também merece menção a denominada Intenção de Registro de Preços (IRP), instituída pelo governo federal com o objetivo de divulgar a intenção dos entes públicos federais em realizar licitação para fins de registro de preços. De acordo com esse sistema, outros entes podem aderir à intenção inicial e, a partir daí, participar da fase de planejamento e realizar uma licitação única[90]. Com isso, tem-se, em primeiro lugar, uma evidente economia para a Administração, em virtude da diminuição do número de licitações e do aumento da escala dos bens e serviços a serem adquiridos, o que tende a reduzir o preço unitário. O segundo efeito é o de evitar o expediente da adesão ao registro de preços organizado por outro ente da Administração, o que tem se prestado a inúmeros abusos.

No âmbito dos atos regulamentares, principiando no plano federal e se estendendo a diversos outros entes federativos, tem sido prevista a possibilidade de adesões ou "caronas" ao SRP. Nesse caso, ente que não participou da licitação adere a uma ata de registro de preços organizada por outro ente público. Também costumam ser previstos limites individuais e globais a essa adesão: no primeiro caso, é estabelecido que o aderente não poderá adquirir bens e serviços, constantes da ata, em percentual superior a determinado patamar (*v.g.*: 100%); no segundo caso, é fixado um limite a ser observado pelo conjunto de adesões, cada qual realizada por um ente distinto (*v.g.*: 200%, 500% etc.).

A adesão ou "carona" pode gerar muitos dissabores para o interesse público. Basta pensarmos em uma sociedade empresária que se saiu vencedora em licitação destinada a formar ata de registro de preços com o ente x, pelo quantitativo w de bens e serviços. Com a adesão à ata, os contratantes em potencial tornam-se outros, simplesmente desconhecidos pelo vencedor da licitação, e a quantidade a ser contratada é potencializada, tendo como único limitador os balizamentos do regulamento. Portanto, uma sociedade empresária que forneceria 100 unidades pode vir a fornecer 200, 300 etc.

Esse proceder, além de afrontar as regras do edital, permite o favorecimento de contratados já conhecidos, em evidente afronta ao princípio da impessoalidade. Além disso, é fonte de incontáveis violações à moralidade administrativa, sendo campo propício para a atuação de lobistas e a prática de atos de corrupção. Afinal, o agente público pode ser "persuadido" a aderir a uma ata preexistente, em vez de realizar licitação para a formação de ata própria pelo ente a que está vinculado. Além disso, em vez de buscar bem ou serviço que se ajuste às reais necessidades da Administração, pode, em troca de vantagem indevida, adaptar-se àqueles já previstos em uma ata qualquer.

---

parte de qualquer órgão ou entidade que "explore atividade econômica de produção ou comercialização de bens ou de prestação de serviços, ainda que a atividade econômica esteja sujeita ao regime de monopólio da União ou seja de prestação de serviços públicos".

90 O art. 4º do Dec. Federal n. 7.892/2013 dispôs sobre a obrigatoriedade da IRP. O Dec. Federal n. 7.581/2011, em seu art. 92, já dispunha sobre a sua obrigatoriedade em relação ao regime diferenciado de contratações públicas (RDC).

6. CONTRATAÇÃO SEM CONCURSO PÚBLICO

Por não ser o Estado dotado de atributos físicos e mentais que constituam um ser com individualidade existencial própria, sua vontade haverá de ser materializada por intermédio de pessoas físicas que, em seu nome, exercerão as distintas atividades estatais.

A Constituição da República, em seu art. 37, II, é expressa no sentido que "a investidura em cargo ou emprego público depende de aprovação prévia em concurso público de provas ou de provas e títulos, ressalvadas as nomeações para cargo em comissão declarado em lei de livre nomeação e exoneração". O inciso IX do mesmo artigo acrescenta que "a lei estabelecerá os casos de contratação por tempo determinado para atender a necessidade temporária de excepcional interesse público"[91]; não se olvidando as demais exceções previstas no texto constitucional (v.g.: cargos públicos de natureza eletiva, nomeação dos Ministros dos Tribunais Superiores etc.).

A exigência constitucional de que a investidura em cargo ou emprego público seja precedida de aprovação em concurso público alcança tanto a administração pública direta como a indireta[92], qualquer que seja o ente da Federação, o que deflui da própria letra do *caput* do art. 37.

---

91 Ver Lei n. 8.745/1993 (e modificações posteriores), que somente é aplicável aos órgãos da administração direta, às autarquias e às fundações (*v.g.*: assistência a emergências em saúde pública pelo prazo de 6 meses, admissão de professor substituto pelo prazo de 1 ano, admissão de professor visitante estrangeiro pelo prazo de 4 anos etc.). O STF já declarou a inconstitucionalidade de lei estadual que autorizava a contratação temporária de Defensores Públicos, pois, sendo a Defensoria Pública uma instituição permanente, não é admissível a contratação em caráter precário (Pleno, ADI n. 2.229/ES, rel. Min. Carlos Velloso, j. em 9/6/2004, *Inf.* n. 351). O Tribunal, no entanto, considerou constitucional a Lei n. 10.843/2004, que autorizou a contratação temporária, no âmbito do CADE, de "pessoal técnico imprescindível ao exercício de suas funções", tendo prevalecido o entendimento de que a Constituição não distingue, para esse fim, entre as atividades de caráter eventual ou temporário e aquelas de caráter regular e permanente (Pleno, ADI n. 3.068/DF, rel. p/ o acórdão Min. Eros Grau, j. em 25/8/2004, *DJU* de 1º/9/2004). Não obstante a proximidade de ordem temporal e a flagrante similitude entre as situações, é fácil perceber que o STF não adotou um norte comum em suas decisões. Quanto aos requisitos exigidos, acentuando que cabe à lei estabelecer os casos de contratação temporária, o Tribunal reconheceu a inconstitucionalidade de norma estadual que instituiu "hipóteses abrangentes e genéricas de contratação temporária, não especificando a contingência fática que evidenciaria a situação de emergência, atribuindo ao chefe do Poder interessado na contratação estabelecer os casos de contratação" (Pleno, ADI n. 3.210-1, rel. Min. Carlos Velloso, j. em 11/11/2004, *DJU* de 3/12/2004). No plano estadual, o TJPR decidiu que "constitui ato de improbidade administrativa, nos termos art. 11 da Lei n. 8.429/1992, a contratação de servidores temporários, sem a realização de concurso público, haja vista a inexistência de causa excepcional a justificar a contratação, ofendendo, assim, o disposto no art. 37, incisos II e IX, da Constituição Federal e no art. 27, inciso IX, da Constituição Estadual" (TJPR, 2ª CC, AP n. 143766900, rel. Des. Hirose Zeni, j. em 22/10/2003).

92 "A exigência de concurso público para admissão de pessoal estende-se a toda Administração indireta, nela compreendidas as autarquias, as fundações instituídas e mantidas pelo Poder Público, as sociedades de economia mista e, ainda, as demais entidades controladas direta ou indiretamente pela União, mesmo que visem a objetivos estritamente econômicos, em regime de competitividade com a iniciativa privada" (Súmula 231 do TCU). Sobre uma hipótese concreta de aplicação da Súmula 231, ver TCU, TC-857.510/98-3,

Ressalvadas as exceções previstas na própria Constituição, os agentes públicos devem ter sua investidura precedida de aprovação em concurso público, que visa a selecionar os melhores candidatos[93] e preservar a igualdade entre todos os interessados em ingressar no serviço público, o que garantirá o primado do princípio da moralidade administrativa, evitando favorecimentos e perseguições de ordem pessoal[94].

Em linha de princípio, é ato discricionário do administrador a aferição da necessidade, ou não, de realização de concurso público para a admissão de novos servidores, o que será feito quando verificada, *verbi gratia*, a presença dos seguintes fatores: a) diminuição do quadro de pessoal – por motivos de aposentadoria, demissão, promoção etc.; b) remanejamento ou redimensionamento das atribuições dos órgãos e dos agentes, inviabilizando a manutenção do serviço prestado; e c) precariedade do serviço, em flagrante descompasso com o princípio da eficiência.

Considerando que a discricionariedade reside na liberdade de aferir a real necessidade da nomeação para a satisfação do interesse público, não guardando similitude com o arbítrio que há muito corrói a administração pátria, afigura-se evidente que é defeso ao administrador contratar agentes outros, concursados ou não, com vínculo temporário ou permanente, para desempenhar a atividade que deveria ser executada pelos aprovados no concurso e que ainda não foram nomeados. Neste caso, a contratação de agentes que não participaram do certame, durante o seu lapso de validade, torna evidentes, a um só tempo, a necessidade de que novos servidores sejam contratados[95] e o arbítrio do administrador ao não nomear aqueles que haviam sido aprovados. É importante ressaltar que o Superior Tribunal de Justiça, em mais de uma ocasião, decidiu que o candidato aprovado dentro do

---

rel. Min. Marcos Vinícius Vilaça, j. em 26/6/2001, *BDA* agosto/2002, p. 666. O TJRS já decidiu que "a contratação de pessoal para sociedade de economia mista, ou sua subsidiária, ainda que criada ou adquirida sem prévia autorização legislativa, e sem embargo da natureza trabalhista do vínculo, dependerá de concurso público (CF/1988, art. 37, *caput*, inc. II, c/c CE/89, art. 20). Admitir empregados, sem concurso público, é ato de improbidade administrativa. Incidência do art. 11, V, da Lei n. 8.429/1992. Aplicação mitigada das penas do art. 12, III, da Lei 8.429/1992" (4ª CC, AP n. 70003443736, rel. Des. Araken de Assis, j. em 5/12/2001). A submissão das entidades da administração indireta à exigência de concurso público para o provimento dos respectivos cargos foi reconhecida pelo STF no MS n. 21.322, rel. Min. Paulo Brossard, *DOU* de 23/4/1993.

[93] Na percepção do Padre António Vieira, "a porta, por onde legitimamente se entra no offício, é só o merecimento (...) o que entra pela porta, poderá vir a ser ladrão, mas os que não entram por ella já o são. Uns entram pelo parentesco, outros pela amizade, outros pela valia, outros pelo suborno, e todos pela negociação. E quem negoceia não ha mister outra prova; já se sabe que não vae a perder. Agora será ladrão occulto, mas depois ladrão descoberto" ("Sermão do Bom Ladrão", ob. cit., p. 68).

[94] "É inconstitucional toda modalidade de provimento que propicie ao servidor investir-se, sem prévia aprovação em concurso público destinado ao seu provimento, em cargo que não integra a carreira na qual anteriormente investido" (Súmula 685 do STF).

[95] "Demonstra-se inaplicável a Lei n. 8.745/1993, quando restar demonstrado, de maneira inequívoca, o interesse e a necessidade não temporária da Administração de preencher vagas da aposentadoria de ocupantes" (STJ, 5ª T., REsp n. 154.584/RN, rel. Min. Gilson Dipp, j. em 2/12/1999, *DJ* de 7/2/2000, p. 171, *RSTJ* 133/498).

número de vagas previsto no edital *deixa de ter mera expectativa de direito para adquirir direito subjetivo à nomeação*[96]. Esse entendimento foi prestigiado pelo Supremo Tribunal Federal, que reconheceu a repercussão geral da matéria, terminando por vincular as demais instâncias do Poder Judiciário[97]. Em sua fundamentação, afirmou a necessidade de serem observados os princípios da boa-fé, da segurança jurídica, da confiança legítima e do concurso público, que impõem a vinculação da Administração Pública ao edital do certame. O Tribunal ressaltou que situações excepcionais, devidamente motivadas, podem justificar a não nomeação dos aprovados. Nesse caso, é preciso demonstrar a "a) superveniência: os eventuais fatos ensejadores de uma situação excepcional devem ser necessariamente posteriores à publicação do edital do certame público; b) imprevisibilidade: a situação deve ser determinada por circunstâncias extraordinárias, imprevisíveis à época da publicação do edital; c) gravidade: os acontecimentos extraordinários e imprevisíveis devem ser extremamente graves, implicando onerosidade excessiva, dificuldade ou mesmo impossibilidade de cumprimento efetivo das regras do edital; d) necessidade: a solução drástica e excepcional de não cumprimento do dever de nomeação deve ser extremamente necessária, de forma que a Administração somente pode adotar tal medida quando absolutamente não existirem outros meios menos gravosos para lidar com a situação excepcional e imprevisível. De toda forma, a recusa de nomear candidato aprovado dentro do número de vagas deve ser devidamente motivada e, dessa forma, passível de controle pelo Poder Judiciário". O Tribunal também entendeu que o direito à nomeação se estende ao candidato aprovado fora do número de vagas previsto no edital, desde que a vaga surja no prazo de validade do concurso[98].

Os Tribunais Superiores têm reconhecido a possibilidade de a Administração Pública realizar concurso público com o fim, único e exclusivo, de formação de cadastro de reserva. Como não há previsão de vagas no edital, os aprovados têm mera expectativa de virem a ser nomeados, o que se transmudará em direito subjetivo caso as vagas efetivamente surjam durante o período de validade do certame[99].

Os cargos em comissão são criados por lei e destinam-se apenas às atribuições de direção, chefia e assessoramento[100]. Devem ser criados em número compatível com a ne-

---

96 6ª T., AGRG no MS n. 22.568/SP, rel. Min. Paulo Galotti, j. em 24/3/2009, *DJ* de 27/4/2009.
97 STF, Pleno, RE n. 598.099/MS, rel. Min. Gilmar Mendes, j. em 10/8/2011, *DJ* de 3/10/2011.
98 2ª T., ARE n. 790.897-AgR/RJ, rel. Min. Ricardo Lewandowski, j. em 25/2/2014, *DJe* de 7/3/2014.
99 STF, 2ª T., RE n. 779.117 AgR/DF, rel. Min. Cármen Lúcia, j. em 4/2/2014, *DJ* de 14/2/2014; STJ, 2ª T., RMS n. 32.744, rel. Min. Mauro Campbell Marques, j. em 1º/12/2011, *DJe* de 9/12/2011; e STJ, 2ª T., AGRG no AG em REsp n. 276.338, rel. Min. Herman Benjamin, j. em 12/3/2013, *DJe* de 14/6/2013.
100 Art. 37, V, da CR/1988. Segundo Themístocles Brandão Cavalcanti (*O funcionário público e o seu regime jurídico*, p. 337), "os cargos em comissão devem ser exercidos em caráter transitório, sendo de confiança e, portanto, de livre nomeação e demissão. Efetivamente, o exercício do cargo em comissão só se verifica quando se destinar (a) ao exercício de funções especiais e temporárias, (b) ao exercício de atribuições extraordinárias sobre certas matérias ou fins especiais, como, por exemplo, os funcionários incumbidos de

cessidade do serviço[101] e a disponibilidade orçamentária do ente responsável pelo pagamento de sua remuneração, sendo vedado exercer atividades outras que não as referidas na Constituição. Além disso, como deflui de sua própria temporariedade, devem ser isolados, sendo inadmissível a sua organização em carreira[102].

Caso haja nítido desequilíbrio entre o número de cargos em comissão e as atividades a serem desempenhadas, ou mesmo a superioridade em relação aos cargos de provimento efetivo[103], ter-se-á a inconstitucionalidade da norma que os instituiu, restando violados os princípios da proporcionalidade e da moralidade. Nessa hipótese, a norma não é adequada à consecução do interesse público; é desnecessária, ante a dispensabilidade dos cargos para o regular funcionamento do serviço público; impõe um ônus aos cofres públicos sem a correspondente melhora na qualidade do serviço, o qual poderia ser realizado por um menor número de servidores com despesas inferiores para o erário; e se apresenta dissonante dos valores constitucionais, em especial da moralidade que deve reger os atos estatais, pois os cargos servirão unicamente para privilegiar os apadrinhados do responsável pela nomeação.

Ainda sob a ótica da atividade a ser desenvolvida, salvo situações excepcionais, temporárias e devidamente justificadas, não será possível a nomeação de agente em cargo comissionado para desempenhar atividades próprias de cargo de provimento efetivo[104],

---

inspecionar ou fiscalizar certos serviços, tomar conta de outros funcionários ou exercer jurisdição fora do respectivo termo da comarca".

101 Consoante a lição de Caio Tácito (*Temas de direito público*, p. 19), "tanto o provimento como a criação de cargos públicos obedecem, primariamente, a uma finalidade de interesse público, destinando-se a atender ao funcionamento regular dos serviços do Estado. Se à criação do cargo ou à nomeação de seu titular desacompanha qualquer conveniência administrativa e, ao contrário, deriva de mero objetivo pessoal ou partidário, o ato será nulo pela desnaturação do sentido legal do poder de prover ou criar o cargo público".

102 STF, 1ª T., Rep n. 1.368/SP, rel. Min. Moreira Alves, j. em 21/5/1987, *DJU* de 7/8/1987, p. 15432, *RTJ* 122/928 – em especial, o voto do relator.

103 Como decidiu o Tribunal de Justiça de Santa Catarina, "concebe-se a existência destes (*dos cargos em comissão*), sem o exagero que o bom senso repele e com a prudência indispensável para não afetar a seriedade da administração pública. Tecnicamente, tem-se que pensar sempre, ao tratar-se destes últimos, na ideia subjacente da chefia e do assessoramento (...) O § 2º do art. 37 da Constituição Federal não autoriza o legislador ordinário a fazer dos cargos de livre provimento e exoneração a regra, e dos cargos de provimento efetivo, mediante concurso público, a exceção, pois isso seria tornar praticamente letra morta o princípio da igual acessibilidade de todos os cargos públicos, que tem precisamente na exigência de concurso público a sua seiva" (AI n. 8.686, rel. Des. Napoleão Amarante, j. em 31/5/1994).

104 Na lição de Diógenes Gasparini (*Direito administrativo*, p. 194), "de *provimento efetivo*, ou simplesmente *cargo efetivo*, é o que confere ao seu titular, em termos de permanência, segurança. É o cargo ocupado por alguém sem transitoriedade ou adequado a uma ocupação permanente. São próprios para o desempenho de atividades subalternas, onde seus titulares não exercem chefia, comando, direção, nem precisam para a nomeação ou permanência no cargo gozar da confiança da autoridade nomeante. São cargos cujas atribuições caracterizam-se como *serviços comuns* (não exigem habilitação especial; qualquer um pode executá-los), a exemplo dos serviços de limpeza, de datilografia, de pintura, ou como *serviços técnicos profissionais*

pois, além do desvio de função, seria nítida a violação ao mandamento constitucional que exige a prévia realização de concurso público para que o agente possa desempenhar as atividades estatais[105].

De acordo com o art. 37, § 2º, da Constituição, "a não observância do disposto nos incisos II e III implicará a nulidade do ato e a punição da autoridade responsável, nos termos da lei". O preceito constitucional deve ser integrado com a Lei n. 8.429/1992, sujeitando o agente, da administração direta ou indireta, à tipologia estatuída no art. 11, *caput*, deste diploma legal, sempre que realizar contratações para o preenchimento de cargos que exigem a aprovação prévia em concurso público, sem a sua realização[106].

Apesar de nulo, o ato de contratação de servidores sem a prévia realização de concurso público nem sempre acarretará danos de natureza patrimonial ao erário, havendo, normalmente, efetiva prestação do serviço por parte do contratado. Ainda aqui, deverá o

---

(exigem habilitação especial; só podem ser executados por profissionais legalmente habilitados), como são os de engenharia, os de medicina e os de advocacia".

105 O STF já decidiu que "não é de admitir-se que, a título de preenchimento provisório de vaga ou substituição do titular do cargo – que deve ser de preenchimento efetivo, mediante concurso público – se proceda, por tempo indeterminado, à livre designação de servidores ou ao credenciamento de estranhos ao serviço público (ADI n. 1.141-3-GO, rel. Min. Sepúlveda Pertence, j. em 10/10/1994, *DJ* de 4/11/1994, p. 29829). No mesmo norte caminhou o TJRS, *verbis*: "Ação civil pública. Improbidade administrativa. Contratação de servidores públicos. A regra constitucional que permite a contratação de servidores públicos temporários, artigo 37, IX, CF/1988, caracteriza-se por sua excepcionalidade e exige que o recrutamento se dê para situações tópicas e peculiares e não para as funções ordinárias. Exigência do concurso público que se enuncia como salutar meio para a vinculação da atividade pública. A não observância do primado da legalidade redunda no desgarrar da orientação constitucional, inclusive ferindo a moralidade administrativa. Doutrina acerca do princípio ético embutido na Carta Política e Social. Ação julgada procedente. Preliminares de nulidade do processo e da sentença rejeitadas. Recurso de apelação não provido" (3ª CC, AP n. 70001109867, rel. Des. Augusto Otávio Stern, j. em 12/4/2001). Consubstancia violação ao art. 11, *caput*, da Lei n. 8.429/1992 a contratação de servidores para o preenchimento de cargos em comissão quando existentes cargos vagos com funcionalidade idêntica, de provimento efetivo, cujo preenchimento está condicionado à prévia aprovação em concurso público (TJSP, 6ª Câmara de Direito Público, AP n. 0045726-51.2010.8.26.0000, rel. Des. Leme de Campos, j. em 17/5/2010).

106 Como decidido pelo STJ, a contratação de servidor público sem a prévia aprovação em concurso público é considerada *violação principiológica de natureza palmar*, configurando a improbidade administrativa: STJ, 2ª T., AgRg. no Resp n. 1.500.812/SE, rel. Min. Mauro Campbell Marques, j. em 21/5/2015, *DJe* de 28/5/2015; 2ª T., AGRG no AREsp n. 122.682/MG, rel. Min. Humberto Martins, j. em 7/8/2012, *DJe* de 14/8/2012; 2ª T., AGRG no AREsp n. 149.558/SP, rel. Min. Humberto Martins, j. em 17/5/2012, *DJe* de 25/5/2012; e 2ª T., AGRG no REsp n. 1.107.310/MT, rel. Min. Humberto Martins, j. em 6/3/2012, *DJe* de 14/3/2012. A contratação de servidor, sem concurso público, para integrar o quadro de entidade autárquica, configura improbidade administrativa, ilícito igualmente praticado pelo administrador subsequente que tolera a situação ilegal, mantendo o *status quo* (TJRS, 1ª CC, AP n. 70014184832, rel. Des. Irineu Mariani, j. em 30/5/2007, *DJ* de 22/6/2007). O TJGO já decidiu que "o ato dos assessores de Vereador da Câmara Municipal de Goiânia contratarem servidores, com seus vencimentos, para trabalharem no Gabinete, sem que isso cause lesão ao patrimônio público, não pode ser considerado ato de improbidade administrativa, mormente quando não evidenciado prejuízo algum ao erário municipal" (2ª T., AP n. 50.717-0/188, rel. Des. Fenelon Teodoro Reis, j. em 25/4/2000, *DJ* de 27/7/2000, p. 5).

agente público responsável pela contratação irregular ressarcir os cofres públicos no montante gasto com a contração irregular, pois *quod nullum est, nullum producit effectum*.

Além de ser presumida a lesividade[107], a responsabilidade do agente, por força do art. 21, I, da Lei n. 8.429/1992, não está associada à ocorrência de dano patrimonial, mas, sim, à violação aos princípios regentes da atividade estatal, sendo oportuno frisar que a sua má-fé será normalmente incontestável, pois é inconcebível que alguém se habilite a desempenhar relevante atividade na hierarquia administrativa sem ter pleno conhecimento das normas que legitimam e disciplinam sua função.

Constatada a má-fé, ter-se-á aperfeiçoado, de forma irrefutável, a improbidade material exigida para a incidência do art. 11 da Lei n. 8.429/1992. Somente em situações excepcionais e devidamente fundamentadas, será possível a demonstração de que o agente agira com boa-fé, sendo o ilícito motivado por erro escusável.

Identificada a contratação ilegal, o ressarcimento evitará a consagração do enriquecimento ilícito e não permitirá que o ímprobo fique impune ao contratar determinada pessoa com inobservância aos princípios da legalidade, moralidade e igualdade, vícios que caracterizam a ilicitude da causa que ensejou o vínculo com o ente contratante.

Avançando no *iter* de individualizações do ato de improbidade, ao contratar sem a prévia realização de concurso público, estará o agente público concorrendo para o enriquecimento ilícito do contratado, já que ilícita a causa que motivou o recebimento dos subsídios, o que configura o ato de improbidade previsto no art. 10, XII, da Lei n. 8.429/1992 ("permitir, facilitar ou concorrer para que terceiro se enriqueça ilicitamente").

Quanto à tese de que o ressarcimento acarretará o enriquecimento ilícito do Poder Público com o serviço prestado, deve-se observar que o seu acolhimento tornará legítimo o constante descumprimento dos princípios regentes da atividade estatal, transformando em letra morta o estatuído no art. 37, inciso II e § 2º, da Constituição, e fazendo com que sejam sistematicamente suscitados os possíveis benefícios auferidos, afastando qualquer possibilidade de punição ao ímprobo.

No que concerne ao contratado, o deslinde da questão pressupõe a valoração de princípios outros, tão relevantes quanto a regra que veda a contratação de servidores públicos sem a prévia aprovação em concurso público. Com efeito, dispõe o art. 193 da Constituição que "a ordem social tem como base o primado do trabalho, e como objetivo

---

107 "Admissão ao serviço público, sem observância dos preceitos legais de habilitação, corresponde à presunção de ilegitimidade e lesividade de acordo com o art. 4º da Lei 4.717/1965. Dissídio jurisprudencial não caracterizado. Recursos extraordinários de que não se conhece" (STF, 1ª T., RE n. 105.520-MA, rel. Min. Octávio Gallotti, j. em 23/5/1986, *DJ* de 1º/8/1986). No mesmo sentido; STJ, 5ª T., REsp n. 406.516/SP, rel. Min. José Arnaldo da Fonseca, j. em 17/9/2002, *DJU* de 21/10/2002. Em sentido contrário, entendendo que a prestação dos serviços impede a restituição dos valores pagos, quer pelos servidores contratados, quer pelo administrador responsável pela contratação, *vide*: STJ, 1ª T., REsp n. 575.551/SP, rel. p/ acórdão Min. José Delgado, j. em 6/2/2007, *DJ* de 12/4/2007.

o bem-estar e a justiça sociais", preceito este que é complementado pelo extenso rol de direitos assegurados ao trabalhador pelo art. 7º da Constituição.

Constata-se, assim, uma aparente colisão entre as normas que condicionam à prévia aprovação em concurso público a validade do contrato de trabalho celebrado entre o agente e o Poder Público e aquelas que garantem a proteção ao trabalho, com os direitos dele decorrentes. Tal colisão haverá de ser solucionada a partir de um exercício de ponderação, o qual conduzirá à conclusão de que o interesse público, de maior peso e extensão, prevalecerá quando em cotejo com o interesse individual do trabalhador. Prevalência do interesse público, no entanto, não guarda similitude com a total supressão do interesse individual; logo, o ponto de equilíbrio somente será encontrado com o reconhecimento da nulidade do ato de admissão, como preceitua o art. 37, § 2º, da Constituição e a correlata obrigação de o ente público pagar os salários devidos em razão do serviço realizado, excluídas todas as demais verbas que são ordinariamente devidas em uma relação de emprego.

A jurisprudência dominante tem encampado o entendimento de que o contratado, não obstante a ilicitude da causa que os originou, não deve restituir os vencimentos recebidos, isto porque efetivamente despendeu a energia que motivou o seu percebimento[108]. Nesta linha, o ressarcimento do numerário despendido em desacordo com a ordem jurídica será de responsabilidade do agente responsável pela contratação irregular[109].

---

[108] Nesse sentido: TJSP, 9ª Câmara de Direito Público, AP n. 407.745.5/5-00, rel. Des. Oswaldo Luiz Palu, j. em 8/6/2010."Contrato de trabalho. Nulidade. Alcance do vício. Disciplina. A Carta da República não disciplina as consequências da nulidade do contrato de trabalho firmado, valendo notar que a prestação de serviços, sob pena de consagrar-se o enriquecimento sem causa, é conducente, por si só, à satisfação ao menos dos salários"(STF, 2ª T., AGRAI n. 233.108-RJ, rel. Min. Marco Aurélio, j. em 1º/6/1999, *DJ* 6/8/1999). O Tribunal Superior do Trabalho editou o Precedente n. 85, *in verbis*:"Contrato nulo. Efeitos. Devido apenas o equivalente aos salários dos dias trabalhados. A contratação de servidor público, após a CF/1988, sem prévia aprovação em concurso público encontra óbice no art. 37, II, da CF/1988, sendo nula de pleno direito, não gerando nenhum efeito trabalhista, salvo quanto ao pagamento do equivalente aos salários dos dias efetivamente trabalhados". Esse entendimento também foi encampado no Enunciado n. 363:"A contratação de servidor público, após a CF/1988, sem prévia aprovação em concurso público, encontra óbice no respectivo art. 37, II e § 2º, somente lhe conferindo direito ao pagamento da contraprestação pactuada, em relação ao número de horas trabalhadas, respeitado o valor da hora do salário mínimo e dos valores referentes aos depósitos do FGTS". Merecem ser citados, ainda, o acórdão do STF publicado na *RDA* 74/191 e outro, da lavra do Tribunal de Alçada de São Paulo, na *RDA* 37/108. Ao apreciar pretensão de que fosse anulada a contratação, em cargo em comissão, de agente que ostentava a falsa condição de fisioterapeuta, assim se pronunciou o TJSP:"Nos termos do art. 4º, I, da Lei 4.717/1965, que disciplina a ação popular, é nula a admissão ao serviço público remunerado, de pessoas que não tenham a necessária habilitação. Mantém-se, dessa forma, a nulidade do ato, com a obrigação solidária do Prefeito e bem assim do servidor contratado, de reembolsarem à Municipalidade os salários pagos" (2ª CC de Férias, AP n. 170.925.1/1, rel. Des. Urbano Ruiz, j. em 7/8/1992, *RT* 690/80). Analisando a situação de servidor público que foi designado para exercer atividades correlatas a cargo que não o seu, em nítido desvio de função, entendeu o STF que lhe eram devidas as diferenças remuneratórias verificadas, sendo vencido o entendimento de que a Súmula 339 do STF e a ausência de prévia aprovação em concurso público obstavam a pretensão (2ª T., RE n. 275.840-RS, rel. orig. Min. Maurício Corrêa, red. des. Min. Marco Aurélio, j. em 6/3/2001, *Inf.* n. 219).

[109] "Ação popular. Atos lesivos. Anulação das contratações de servidores municipais. Ressarcimento. Condena-

Ainda que seja adotado esse último entendimento, ele somente deve prevalecer em tendo sido o serviço efetivamente prestado. Nesse caso, deve-se distinguir se o contratado agiu com boa ou má-fé. Agindo com boa-fé, o que será normalmente aferido a partir da identificação de sua capacidade de discernimento – pois, em tese, presume-se que todos tem conhecimento da lei – não estará ele sujeito às sanções previstas no art. 12 da Lei n. 8.429/1992; identificada a má-fé, com exceção da obrigação de ressarcir os vencimentos recebidos, serão as demais sanções passíveis de aplicação.

Constatada a boa-fé do agente de fato e tendo ele realizado todas as atividades inerentes à função que lhe fora outorgada, fará jus, além do percebimento da remuneração correspondente, ao reconhecimento do lapso temporal em que permaneceu vinculado (ainda que irregularmente) ao Poder Público para fins de contagem de tempo de serviço. A constatação do vício e a consequente declaração de nulidade do ato administrativo que implementou a sua admissão não têm o condão de apagar da realidade fenomênica o período em que efetivamente esteve vinculado à administração, sendo tal contagem necessária para que sejam prestigiados o princípio da moralidade e a boa-fé do agente[110].

No entanto, o servidor público admitido sem a prévia aprovação em concurso público não terá direito à estabilidade sindical prevista no art. 8º, VIII, da Constituição da República, a qual pressupõe a existência de uma relação jurídica válida[111].

Em não havendo prestação dos serviços, será induvidosa a incidência das sanções legais, inclusive do dever de ressarcir. Nesta situação, restará configurada a tipologia do art. 10, *caput*, da Lei n. 8.429/1992, pois o conluio entre o agente público e o contratado, com o consequente percebimento dos subsídios sem a contraprestação equivalente, gerou inequívoca lesão patrimonial ao erário.

Ao apreciar situação fática em que determinado Prefeito Municipal realizou contratações sem a realização de concurso público, assim decidiu o STJ:

> *Administrativo. Responsabilidade de Prefeito. Contratação de pessoal sem concurso público. Ausência de prejuízo.* Não havendo enriquecimento ilícito e nem prejuízo ao erário muni-

---

ção solidária dos responsáveis e restituição dos valores indevidamente recebidos. Lei 4.717/1965. Código Civil, art. 158, Súmulas 7 do STJ, 282 e 356 do STF... 2. À palma da demonstração de lesividade e, anulado o ato malsinado, o ressarcimento é consequência inafastável, obviando-se a restituição dos valores indevidamente recebidos, com os acréscimos estabelecidos e consectários legais. 3. Recurso improvido" (STJ, 1ª T., REsp n. 10.338-SC, rel. Min. Mílton Pereira, j. em 5/9/1996, *DJ* de 14/10/1996). Em sentido contrário, realçando que o ressarcimento, nas hipóteses em que o serviço foi efetivamente prestado, configuraria enriquecimento ilícito da Administração: STJ, Corte Especial, EREsp n. 575.551/SP, rel. Min. Nancy Andrighi, j. em 1º/4/2009, *DJe* de 30/4/2009; e 2ª T., REsp n. 1.214.605/SP, rel. Min. Eliana Calmon, j. em 6/6/2013, *DJe* de 13/6/2013.

110 Nesse sentido: TJRS, 3ª CC, rel. Des. Augusto Otávio Stern, j. em 17/8/2000.
111 Nesse sentido: STF, 2ª T., rel. Min. Marco Aurélio, j. em 13/2/2001, *Inf.* n. 217.

cipal, mas inabilidade do administrador, não cabem as punições previstas na Lei 8.429/1992. A lei alcança o administrador desonesto, não o inábil. Recurso improvido[112].

Essa decisão, em que pese o indiscutível saber jurídico dos integrantes do órgão julgador, nega vigência ao arts. 10 e 11 da Lei n. 8.429/1992. No direito positivo pátrio, apresentam-se como elementos caracterizadores da improbidade: a) a violação de toda ordem de princípios previstos no art. 37 da Constituição; b) a impossibilidade de se compatibilizar a incompetência do administrador com o princípio da eficiência da administração; c) a falta de tratamento isonômico dos cidadãos, impossibilitando-os de ascender ao funcionalismo público; d) a ausência de seleção daqueles que ocuparão cargos públicos, permitindo que incompetentes sejam responsáveis pela gestão da coisa pública; e) a contratação de apadrinhados, em flagrante violação ao princípio da impessoalidade; e f) a prática de conduta que consubstancia ilícito penal, como é o caso do art. 1º, XIII, do Decreto-Lei n. 201/1967 ("nomear, admitir ou designar servidor, contra expressa disposição de lei")[113].

In casu, afigura-se nítida a lesividade ao interesse público, sendo injurídico afirmar que a lei somente visa a punir o administrador desonesto, não o incompetente. Que seja incompetente na gestão de seus bens, não na condução do patrimônio público; que viole sua moral individual, não a moralidade administrativa; que presenteie os amigos com seus pertences, não com cargos públicos. Enfim, até mesmo para a incompetência deve ser estabelecido um limite[114].

---

112 STJ, 1ª T., REsp n. 213.994, rel. Min. Garcia Vieira, j. em 17/8/1999, *DJ* de 27/9/1999.
113 "Crime de responsabilidade. Prefeito. Art. 1º, XIII, do Dec.-Lei n. 201/1967. Art. 37, II e IX, da Constituição Federal. A nomeação ou contratação de servidor público, pelo Prefeito Municipal, para cargo público isolado ou em carreira, com inobservância do disposto no art. 37, II, da Lei Maior, pode constituir, em tese, o crime de que trata o inciso XIII do art. 1º do Dec.-Lei 201/1967. Recurso conhecido e provido" (STJ, 5ª T., REsp n. 113.316, rel. Min. Arnaldo da Fonseca, j. em 28/4/1997, *RSTJ* 100/271). No mesmo sentido: REsp n. 138.397, rel. Min. Arnaldo da Fonseca, j. em 3/2/1998, *RT* 752/561. A contratação sem concurso público também é tipificada como crime de responsabilidade do Presidente da República e do Governador do Estado (arts. 9º, n. 5 e 74 da Lei n. 1.079/1950).
114 O STJ, revisitando a temática da contratação sem concurso público, reconheceu a sua injuridicidade e a correlata configuração de ato de improbidade, mas ressaltou que "em razão da dinâmica dos fatos, deve-se ponderar que nem todas as hipóteses de contratação de pessoal, sem concurso público, podem estar autorizadas pela lei. Por exemplo, há casos em que existe a carência de pessoal qualificado, num determinado momento e/ou para uma determinada tarefa. Outros, em que há ocorrência de um evento imprevisto, ou cujos efeitos, por negligência, não foram devidamente dimensionados, nos quais se têm necessidade urgente de atuação do Estado. Nesses casos, via de regra, não se pode falar em atuação dolosa da autoridade pública, quando procede à contratação sem realizar concurso público. (...) Não se constatando qualquer motivo plausível para a não realização do concurso público, não há espaço para se falar em conduta culposa ou meramente irregular na contratação de pessoal, porquanto a autoridade pública atua com a consciência de que o resultado de sua conduta é contrário à lei e à Constituição Federal. Nessa linha, *vide*: REsp 1005801/PR, Rel. Ministro Castro Meira, Primeira Seção, *DJe* 12/5/2011; AGRG no AREsp 70.899/SP, Rel. Ministro Humberto Martins, Segunda Turma, *DJe* 24/10/2012; REsp 1214605/SP, Rel. Ministra Eliana Calmon, Segunda Turma, *DJe* 13/6/2013; REsp 1307085/SP, Rel. Ministro Castro Meira, Segunda Turma, *DJe*

No que concerne ao dano patrimonial, a própria Lei de Improbidade afasta qualquer dúvida quanto à desnecessidade de sua configuração para a responsabilização do agente (art. 21, I). Por derradeiro, é oportuno trazer à baila as incontestáveis palavras do Abade Sieyès[115]: "Sem os privilégios, os cargos superiores seriam infinitamente melhor preenchidos. Eles deveriam ser naturalmente o lote e a recompensa dos talentos e serviços reconhecidos. Mas os privilegiados conseguiram usurpar todos os postos lucrativos e honoríficos; isto é, ao mesmo tempo, uma injustiça muito grande com relação a todos os cidadãos e uma traição para com a coisa pública". Não obstante a existência de normatização expressa em sentido contrário, ainda hoje procura-se conferir ares de normalidade a esta verdadeira chaga que assola a administração pública de todos os quadrantes do mundo.

O concurso público deve ser realizado de forma a concretizar os objetivos almejados com a sua previsão no texto constitucional, instituindo mecanismos de natureza objetiva que permitam a avaliação dos candidatos em conformidade com a atividade a ser desenvolvida, preservem a igualdade entre os interessados, observem o princípio da impessoalidade[116] e garantam a efetiva consecução do interesse público com a escolha daqueles que apresentem melhor grau de preparação.

A começar pelo edital, todo o procedimento de seleção dos candidatos deve estar em harmonia com os princípios regentes da atividade estatal[117]. Em sendo vislumbrados vícios

---

10/5/2013; AGRG no AREsp 122.682/MG, Rel. Ministro Humberto Martins, Segunda Turma, *DJe* 14/8/2012; AGRG no AREsp 149.558/SP, Rel. Ministro Humberto Martins, Segunda Turma, *DJe* 25/5/2012; AGRG no REsp 1107310/MT, Rel. Ministro Humberto Martins, Segunda Turma, *DJe* 14/3/2012. 4. Agravo regimental provido" (STJ, 1ª T., AGRG. no REsp n. 1.139.361/MS, rel. Min. Napoleão Nunes Maia Filho, j. em 7/11/2013, *DJe* de 13/2/2013). *Vide*, ainda, STJ, 2ª T., REsp n. 1.135.158/SP, rel. Min. Eliana Calmon, j. em 20/6/2013, *DJe* de 1º/7/2013). A nosso ver, a premissa inicial adotada pelo acórdão, no sentido de que nem todas as hipóteses de contratação sem concurso público podem estar autorizadas em lei, é simplesmente insustentável em um Estado de Direito. Afinal, nesse caso, a Administração Pública é necessariamente pautada pelo princípio da legalidade. Admitir referida premissa, principalmente nas hipóteses em que a carência de pessoal decorreu de pura ineficiência do próprio agente público responsável pela contratação irregular, é, para dizer o menos, simplesmente inusitado.

115 *Qu'est-ce que le Tiers État?*, p. 3.
116 "Administrativo. Concurso público. Exame psicotécnico. Caráter sigiloso da entrevista. Art. 37 da Constituição Federal. Princípio da impessoalidade. Violação. Viola o princípio da impessoalidade a avaliação psicológica de candidato a concurso público realizada em caráter subjetivo e sigiloso, sujeita única e exclusivamente ao arbítrio do examinador. Recurso não conhecido" (STJ, 6ª T., REsp n. 27.865- DF, rel. Min. William Patterson, j. em 25/2/1997, *RSTJ* 98/424).
117 Regra geral, o edital deve permanecer inalterado no transcorrer do concurso público, especialmente após a identificação das provas. Nesse sentido, decidiu o Superior Tribunal de Justiça que "publicado o edital, lei do concurso, e identificadas as provas, a alteração da média, ainda que para diminuir a exigência mínima, fere os princípios da moralidade e da impessoalidade que devem presidir a edição dos atos administrativos" (STJ, 5ª T., RMS n. 5.437/RJ, rel. Min. Edson Vidigal, j. em 6/4/1999, *DJU* de 10/5/1999). Admite-se, por outro lado, a alteração do edital, enquanto não concluído e homologado o concurso, para ajustá-lo à legislação superveniente (STF, 2ª T., RE n. 318.106/RN, rel. Min. Ellen Gracie, j. em 18/10/2005, *DJU* de 18/11/2005, p. 25; e RE n. 290.346/MG, rel. Min. Ilmar Galvão, j. em 29/6/2001, *DJU* de 29/6/2001, p. 58.

que comprometam os fins a que o concurso se destina (*v.g.*: violação do sigilo das questões, injustificável discriminação entre os interessados[118], ausência de publicidade das provas[119], existência de vínculo de parentesco entre examinador e candidato etc.), ter-se-á a nulidade do certame[120] (ou a eliminação do óbice, em sendo possível) e a consequente configuração

---

118 De acordo com Carlos Roberto de Siqueira Castro (*O princípio da isonomia e a igualdade da mulher no direito constitucional*), a doutrina e a jurisprudência norte-americanas identificam tais discriminações odiosas como *suspect classifications*, consistindo em operações que destacam determinada situação fática para atribuir a ela, com exclusão das demais, certas consequências jurídicas. Na literalidade de seu texto, "uma classificação é considerada suspeita ou inerentemente irrazoável (*inherently unreasonable*) e, por conseguinte, sujeita a um extremamente rigoroso exame de seu mérito por parte das Cortes de Justiça, quando adota como critério diferenciativo um dado da natureza independente e indeterminável pela vontade humana, a exemplo de raça, sexo, filiação, nacionalidade etc., determinado pelo simples fato do nascimento, ou, então, quando a discriminação legislativa interfere com direitos considerados fundamentais, e por isso mesmo assegurados de modo explícito ou implícito na Constituição" (p. 75). O Supremo Tribunal Federal firmou entendimento no sentido de que é legítima a limitação de idade para inscrição dos candidatos em concurso público sempre que tal restrição possa ser justificada pela natureza das atribuições do cargo a ser preenchido (ver RE n. 157.863, 1ª T., rel. Min. Moreira Alves, *RDA* 195/65). Atualmente, de acordo com o art. 39, § 3º, da CR/1988, com a redação determinada pela EC n. 19/1998, a lei poderá *estabelecer requisitos diferenciados de admissão quando a natureza do cargo o exigir*. Ainda de acordo com o Supremo Tribunal Federal, são inconstitucionais as normas que estabelecem, como títulos de concurso público, atividades relacionadas aos serviços a serem providos, e, como critério de desempate entre os candidatos, a preferência para o mais antigo na respectiva titularidade (Pleno, ADI n. 3.522/RS, rel. Min. Marco Aurélio, j. em 26/10/2005, *DJU* de 12/5/2006, p. 4). No mesmo sentido: STF, Pleno, ADI-MC n. 3.580/MG, rel. Min. Gilmar Mendes, j. em 8/2/2006, *DJU* de 10/3/2006, p. 6.

119 "Administrativo. Concurso público. Revisão de provas. Concede-se a revisão de provas em concurso público com o fito de preservar a probidade administrativa. Recurso provido" (STJ, 5ª T., RMS n. 2.402-RJ, rel. Min. Flaquer Scartezzini, j. em 28/4/1997, *RSTJ* 99/330). No caso vertente, foi trazido à colação voto prolatado pelo Ministro Víctor Nunes Leal em julgamento realizado pelo Supremo Tribunal Federal, no RMS n. 17.999, o qual assim se manifestou: "Ora, um concurso não pode ser público apenas pela metade, vale dizer, apenas para aferição dos méritos dos candidatos, ficando a sua outra parte, isto é, aquela que se relaciona com os deméritos ou faltas pessoais de cada concorrente, ao puro e reservado arbítrio das autoridades processantes do concurso. O concurso sigiloso em relação aos deméritos dos candidatos ensejaria, por via de discriminação, o mesmíssimo favoritismo, cuja proibição foi colimada através da publicidade... Inegavelmente, cabe ao Judiciário verificar se o ato lesivo a direito subjetivo do cidadão está ou não motivado. E se a autoridade impetrada não quer, ou não pode justificar a legitimidade de seu ato, a conclusão que impõe será sempre no sentido de tratar-se de abuso ou arbítrio, sanável pelo remédio heroico" (*RTJ*, 44/580-583). Em outro precedente, o STJ decidiu da seguinte forma: "Administrativo. Concurso público. Controlador de arrecadação federal. Vista de prova. 1. Em respeito à moralidade da atividade administrativa, impõe-se a concessão de vista das provas em qualquer concurso público. 2. Remessa oficial conhecida e improvida" (RO n. 107.827/DF, rel. Min. Jesus Costa Lima). Igual entendimento tem prevalecido no STF, onde já se decidiu pela inconstitucionalidade da cláusula de edital de concurso que confere caráter sigiloso ao exame psicotécnico, haja vista que o candidato tem o direito de receber dos órgãos públicos informações a respeito de seu interesse particular (art. 5º, XXXIII, da CR/1988) e que, sem essas informações, não poderia questionar em juízo os critérios utilizados, importando em ofensa ao art. 5º, XXXV, da CR/1988 (1ª T., RE n. 265.261-PR, rel. Min. Sepúlveda Pertence, j. em 13/2/2001, *Inf.* n. 217).

120 Sendo a nulidade detectada após a investidura dos aprovados no concurso, é indispensável que lhes seja garantido o direito de defesa anteriormente à anulação do certame. Até então, há mera expectativa em re-

do ato de improbidade previsto no art. 11, V, da Lei n. 8.429/1992 ("frustrar a licitude de concurso público"), isto em sendo identificado o dolo do agente[121]. O Judiciário, no entanto, somente pode aferir a juridicidade do ato (*v.g.*: a exigência de conhecimentos previstos no edital), não devendo incursionar em juízos puramente valorativos da alçada da banca examinadora, alterando a avaliação realizada ou a pontuação atribuída[122]. O Superior Tribunal de Justiça, em pronunciamento mais recente, bem expôs a necessidade de ser alterada a mentalidade da classe política brasileira. Em processo envolvendo a contratação irregular de servidores públicos sob o regime excepcional temporário, o Tribunal reconheceu que "diante das Leis de Improbidade e de Responsabilidade Fiscal, inexiste espaço para o administrador" 'desorganizado' e 'despreparado', não se podendo conceber que um Prefeito assuma a administração de um Município sem a observância das mais comezinhas regras de direito público. Ainda que se cogite não tenha o réu agido com má-fé, os fatos abstraídos configuram-se *atos de improbidade e não meras irregularidades, por inobservância do princípio da legalidade*"[123].

---

lação à investidura, não lhes sendo possível a formulação de qualquer oposição à anulação realizada. O STJ já decidiu da seguinte forma: "Mandado de Segurança. Concurso Público. Anulação. I – Sem prévio procedimento administrativo, no qual fique assegurada ampla defesa dos concursados em estágio probatório, o concurso público não pode ser anulado, devendo o direito adquirido ser preservado até prova em contrário. II – Recurso provido" (1ª T., RMS n. 80-MA, rel. Min. Geraldo Sobral, j. em 4/4/1990, *RSTJ* 12/199). "Recurso especial. Administrativo. Concurso público. Anulação. Exoneração de servidor em estágio probatório. Possibilidade. Fraudes graves do concurso. Apuração em sindicância. Candidatos citados para defesa. Considerando-se a excepcionalidade do caso, relatadas e devidamente apuradas em sindicância as diversas irregularidades insanáveis que viciaram o certame, sendo os candidatos citados para defesa, é possível a exoneração deles, apesar de já nomeados, uma vez que se encontravam em estágio probatório. Recurso provido" (STJ, 5ª T., REsp n. 123.737/ES, rel. Min. José Arnaldo, j. em 9/9/1997, *RSTJ* 103/368). Tratando-se de agente que já era servidor público e que passou a ocupar cargo diverso por força de ato administrativo que autorizou a *transposição de cargos*, já decidiu o STJ que, por se tratar de ato administrativo flagrantemente nulo, pois em absoluta dissonância dos princípios constitucionais, desaparece a necessidade de promover-se sua desconstituição mediante procedimento administrativo, bastando que a administração o anule de forma unilateral para que o agente retorne ao *status quo* (5ª T., REsp n. 12.297-SC, rel. Min. José Arnaldo da Fonseca, j. em 18/4/2002, *DJ* de 3/6/2002).

121 De acordo com o STJ, "verifica-se a frustração da licitude de concurso público e prática de ato com finalidade proibida em lei (art. 11, I e V, da Lei 8.429/1992), na hipótese em que a) se realiza certame sem licitação, b) são inobservadas as disposições do edital, c) há atraso na abertura dos portões, d) viola-se o lacre dos pacotes que continham as provas, e) descumprem-se as obrigações contratadas pelas empresas recorridas" (2ª T., REsp n. 1.143.815/MT, rel. Min. Herman Benjamin, j. em 6/4/2010, *DJ* de 20/4/2010). E ainda, estará o ímprobo sujeito à obrigação de restituir eventuais gastos realizados pela administração com a realização do certame. Neste caso, será possível o enquadramento da conduta na tipologia do art. 10 da Lei n. 8.429/1992, preceito que admite o agir culposo.

122 STJ, 1ª T., RMS n. 19.353/RS, rel. Min. Denise Arruda, j. em 28/2/2007, *DJU* de 14/6/2007, p. 248; e 6ª T., RMS n. 18.877/RS, rel. Min. Paulo Medina, j. em 3/8/2006, *DJU* de 23/10/2006, p. 356.

123 STJ, 2ª T., REsp 708.170/MG, rel. Min. Eliana Calmon, j. em 6/12/2005, *DJ* de 19/12/2005.

7. DA LEI INCONSTITUCIONAL E SEU REPÚDIO PELO PODER EXECUTIVO

O deslinde dessa proposição, que há muito agita os pretórios e a doutrina especializada, produz relevantes efeitos no estudo da improbidade administrativa, isto porque a observância da ordem jurídica, epígrafe sob a qual estão a Constituição e a lei, é um dos alicerces básicos da tão almejada probidade dos agentes públicos.

Dissociando-se o agente da ordem jurídica, com a consequente mácula do substrato jurídico legitimador de sua existência e motivador de sua atividade, ter-se-á a presença de um forte indício de consubstanciação da improbidade, o que poderá ensejar a subsunção da conduta ao disposto no art. 11 da Lei n. 8.429/1992. Por outro lado, como agirá o agente em sendo identificada a dissonância entre dois padrões normativos igualmente imperativos, sendo um deles o fundamento de validade do outro?

O estudo da matéria, que culminou com a formação de duas posições diametralmente opostas, exigirá breves incursões no princípio da divisão das funções estatais, na eficácia de uma norma dissonante da Constituição e na possibilidade de o Poder Executivo reconhecer tal dissonância. Tal será feito a partir das linhas argumentativas ofertadas pelos defensores de cada uma dessas correntes, iniciando-se por aqueles que não admitem a possibilidade de o Poder Executivo deixar de aplicar uma lei que entenda dissonante da Constituição.

7.1. Argumentos Contrários

Como foi visto, o princípio da divisão das funções estatais é delineado e complementado pelas concepções de harmonia e independência entre as estruturas estatais de poder, o que afasta a ideia de que estas deveriam se apresentar em compartimentos estanques, isoladas uma das outras.

Essa interpenetração pode ser vislumbrada no desenvolvimento do processo legislativo, em que é assegurado ao Chefe do Executivo a apresentação de projetos de lei e o poder de veto, total ou parcial, daqueles projetos que, embora aprovados pelo Poder Legislativo, sejam inconstitucionais ou contrários ao interesse público, restando a este a possibilidade de derrubar o veto com a observância de um *quorum* qualificado (art. 66 da CR/1988).

Ainda sob a ótica constitucional, promulgada a lei, encontra-se o Poder Judiciário legitimado a reconhecer a inconstitucionalidade da norma, o que será implementado por meio dos controles difuso e concentrado de constitucionalidade (arts. 97, 102, I, *a*, e 125, § 2º, da CR/1988).

Constata-se que cada um dos Poderes, em distintas ocasiões, verifica a adequação da norma à Constituição: o Executivo, ao encaminhar um projeto de lei ao Legislativo e ao vetar aquele que tenha sido aprovado; o Legislativo, por meio da Comissão de Constituição e Justiça e da totalidade de seus membros por ocasião da votação do projeto; e o Judiciário, após a promulgação da lei ou, em situações especiais, durante a tramitação do próprio projeto.

Considerando que as distintas funções estatais foram disciplinadas pelo Poder Constituinte, o mesmo ocorrendo com o sistema de controle recíproco, afigura-se injurídico sujeitar uma função ao alvedrio da outra sem que tal tenha sido estabelecido pelo Poder que originou e criou a normatização maior.

Sendo esse o sistema previsto na ordem constitucional, não seria dado ao Poder Executivo descumprir a norma que entendesse dissonante da Constituição, isso sob pena de mácula ao princípio da divisão das funções estatais, o qual tenderia a ser suprimido – pois um único Poder cumularia as funções de participação no processo legislativo, execução do comando normativo e, eventualmente, repúdio a este.

Além disso, a admitir-se tal possibilidade, devassar-se-iam as portas da legalidade, permitindo-se que qualquer agente público, a partir de seu livre entendimento sobre a constitucionalidade da norma, contornasse suas proibições e acrescesse incontáveis permissões, culminando em elaborar sua própria diretriz de conduta[124].

De acordo com Alexandre Camanho de Assis[125], "há que ser lembrado, igualmente, ainda que em caráter avulso, o traço de parcialidade que a todo momento pode contagiar a análise de constitucionalidade procedida pelo Executivo, tornando-a imprestável. A aceitar possível esse controle, a Administração poderia, aparentando defender a Constituição, fulminar qualquer lei que lhe contrariasse os interesses. Uma valoração imparcial da constitucionalidade, ou não, da lei só pode ser feita idoneamente pelo Judiciário, que, a par de constitucionalmente aparelhado para tanto (e esse o argumento mor em seu favor), não se encontra em antagonismo frequente com os indivíduos – como ocorre com o Executivo –, mas procura, antes, dirimir tais conflitos".

O princípio da legalidade circunscreve a atuação do Executivo aos contornos da lei, que somente pode atuar na forma e nos limites prescritos por ela; logo, não se tratando de faculdade que componha as atribuições do Executivo, a aferição da constitucionalidade da norma escapa-lhe do horizonte de atuação, sendo de competência exclusiva do Judiciário. O controle preventivo de constitucionalidade é compartilhado entre o Executivo e o Legislativo, e, excepcionalmente, pelo Judiciário; o repressivo é de competência exclusiva do último.

Deixando de cumprir a lei sob o pretexto de sua inconstitucionalidade, o Executivo, a um só tempo, usurpa a competência do Judiciário e infringe o princípio da legalidade. Essa

---

124 "Tu sabes, conheces melhor do que eu a velha história. Na primeira noite eles se aproximam e roubam uma flor do nosso jardim. E não dizemos nada. Na segunda noite, já não se escondem: pisam as flores, matam nosso cão, e não dizemos nada. Até que um dia, o mais frágil deles entra sozinho em nossa casa, rouba-nos a luz, e, conhecendo o nosso medo, arranca-nos a voz da garganta. E já não podemos dizer nada"(Eduardo Alves da Costa, trecho do poema "No caminho com Malakóvski", *apud* Eros Roberto Grau, Lei Municipal Inconstitucional. Recusa do Prefeito Municipal à sua Execução, *RDP* 88/89).

125 Inconstitucionalidade de lei. Poder Executivo e repúdio de lei sob a alegação de inconstitucionalidade, *RDP* 91/117.

conclusão é robustecida quando se constata que a Constituição atribui ao Chefe do Executivo, unicamente, o dever de regulamentar a lei (art. 84, IV), o que implica a sua necessária observância, sendo permitido ao Judiciário, ao julgar a ação de inconstitucionalidade por omissão, instar qualquer órgão administrativo a produzir a norma ainda não editada (art. 103, § 2º).

Identificada a inconstitucionalidade da norma, poderá o Chefe do Executivo deflagrar o controle concentrado de constitucionalidade[126], seara em que é admissível a sua suspensão cautelar ou, à luz de determinada situação fática, suscitá-la, *incidenter tantum*, na lide submetida à apreciação do Poder Judiciário.

No mais, a simples recusa em cumprir a norma legal poderá caracterizar a prática de crime de responsabilidade pelo Chefe do Executivo[127].

São estes, em apertada síntese, os argumentos utilizados por aqueles que não admitem a recusa do Executivo em cumprir uma lei que entenda ser inconstitucional[128].

7.2. Argumentos Favoráveis

Não menos consistentes são os argumentos esposados por aqueles que sustentam a possibilidade de o Poder Executivo deixar de aplicar a lei editada com inobservância da Constituição.

No Estado de Direito, a lei a todos obriga, premissa esta que somente irradiará efeitos satisfatórios com a interpretação do comando normativo, o que permitirá a identificação de sua amplitude e daquelas situações fáticas e jurídicas que a ele serão submetidas. Realizada a interpretação da lei e constatado que ela colide com outra de hierarquia superior, correta será a aplicação desta última com o consequente repúdio daquela, o que seria uma forma de exercício do *poder de polícia* no tocante à defesa da ordem constitucional.

---

126 CR/1988: "Art. 103. Podem propor a ação de inconstitucionalidade: I – o Presidente da República... V – o Governador de Estado...". Constituição do Estado do Rio de Janeiro: "Art. 159. A representação de inconstitucionalidade de leis ou de atos normativos estaduais ou municipais, em face desta Constituição, pode ser proposta pelo Governador do Estado... por Prefeito Municipal...".

127 Na dicção do art. 1º, XIV, do Decreto-Lei 201/1967, é crime de responsabilidade dos Prefeitos Municipais a conduta consistente em *negar execução a lei federal, estadual ou municipal, ou deixar de cumprir ordem judicial, sem dar o motivo da recusa ou da impossibilidade, por escrito, à autoridade competente*. No que concerne ao Presidente da República e aos Governadores dos Estados, ver arts. 5º, n. 11, 8º, ns. 7 e 8, 9º, n. 5, 10, ns. 2 e 4, 11, n. 1 e 2, e 74 da Lei n. 1.079/1950.

128 Nesse sentido, Ruy Carlos de Barros Monteiro (O argumento de inconstitucionalidade e o repúdio da lei pelo Poder Executivo, *RF* 284/101), Eros Roberto Grau (ob. cit.), Alexandre Camanho de Assis (ob. cit.), Alfredo Buzaid (*Ação Direta de Declaração de Inconstitucionalidade no Direito Brasileiro*, p. 36), Oscar Saraiva (Declaração de inconstitucionalidade das leis – Empresas de seguros – Acionistas estrangeiros, *RF* 116/42; Waldo Fazzio Júnior (*Improbidade administrativa e crimes de prefeitos*, p. 218), Marino Pazzaglini Filho (*Lei de Improbidade Administrativa comentada*, p. 29) e Fábio Medina Osório (*Improbidade administrativa...*, p. 140-142).

Capítulo IX – Da Casuística

Sempre há de prevalecer o comando constitucional, que ocupa o ápice da pirâmide normativa, isto para utilizarmos a sugestiva imagem de Kelsen. Em virtude dos fins a que se destina, essa atividade jamais poderia ser considerada privativa do Poder Judiciário, sendo igualmente tarefa de cada Poder no exercício de suas funções específicas, já que o seu desiderato final é garantir o primado da ordem constitucional.

A lei inconstitucional não é lei, logo, sua normatividade é tão somente aparente, a ninguém obrigando desde o seu nascedouro, já que absolutamente inválida. Ademais, a função executiva, que também é uma das formas de manifestação da soberania estatal, não irá declarar a inconstitucionalidade da lei, tarefa exclusiva do Judiciário, limitando-se a não aplicá-la.

Havendo lesão a direito individual ou coletivo, caberá ao legitimado submeter a questão à apreciação do Poder Judiciário, ao qual caberá a solução definitiva da controvérsia."Indispensável, entretanto, é destacar e identificar a norma constitucional atingida pela lei e demonstrar que a sua aplicação vem ferir aquela norma, de maneira clara, evidente, manifesta, sem sombra de dúvida"[129].

E ainda o denominado "princípio de autoimpugnativa"[130] autoriza o Poder Executivo a anular seus atos sempre que forem inconstitucionais[131], o que denota ser permitido a ele deixar de praticá-los sempre que identificar a iminência de tal vício.

Costuma-se ressaltar, no entanto, que não é permitido a qualquer funcionário deixar de cumprir uma lei sob a alegação de que é inconstitucional, tratando-se de prerrogativa exclusiva da autoridade superior na hierarquia funcional.

Tais são os argumentos dos defensores da tese de que inexiste óbice a que o Poder Executivo deixe de aplicar lei que entenda inconstitucional[132].

---

129 Themístocles Brandão Cavalcanti (*Do controle da constitucionalidade*, p. 376). Em outra ocasião, acrescentou o jurista que se "exige, evidentemente, que a inconstitucionalidade esteja acima de qualquer dúvida razoável (*beyond all reasonable doubt*), que haja razões para a sua decretação (*clear and strong conviction*) ou, na expressão de João Barbalho, haja razões peremptórias" (Lei – Declaração de inconstitucionalidade pelo Poder Executivo, *RDA* 82/376).

130 Princípio amplamente analisado pelo Ministro Nélson Hungria em voto proferido no STF, como relator, por ocasião do julgamento do MS n. 2.497, realizado em 2/8/1954, in *RDA* 42/230.

131 "Os Poderes Executivo e Legislativo podem rever os seus atos para declará-los inconstitucionais, sem prejuízo do controle do Poder Judiciário" (STF, RMS n. 12.451, rel. Min. Evandro Lins, j. em 6/5/1964, *RDA* 79/245, 1963)."Não se pode ter por inconstitucional uma lei que anulou a anterior, por sua inconstitucionalidade. A anulação opera *ex tunc*: do ato nulo, em regra, não nasce direito" (STF, RMS n. 7.243, rel. Min. Luís Galotti, j. em 20/1/1960, *RDA* 59/338). No mesmo sentido, STF, 3ª T., RE n. 61.342, rel. Min. Eloi da Rocha, *RDA* 93/191; e Rep n. 322, rel. Min. Cândido Mota Filho, j. em 10/8/1960, *RT* 316/545.

132 Neste sentido: Themístocles Brandão Cavalcanti (*Do controle...*, p. 180), Miguel Reale (*Revogação e anulamento do ato administrativo*, p. 33), Francisco Campos (*Direito constitucional*, v. I, p. 440), Orlando Miranda de Aragão (Inconstitucionalidade de lei – Não aplicação, por esse motivo, pelo Poder Executivo"), Caio Tácito (Anulação de atos inconstitucionais, in *Temas de direito público*, v. II, p. 1.067), Diógenes Gasparini (Lei Mu-

7.3. Análise Crítica

Na linha dos argumentos expostos pela primeira corrente, destaca-se que no sistema constitucional pátrio o reconhecimento da inconstitucionalidade de lei é atividade privativa do Poder Judiciário, sendo inadmissível que tal seja feito pelo Executivo após a ultimação do processo legislativo, isto sob pena de grave mácula ao princípio da divisão das funções estatais[133]. Justifica-se, já que entendimento contrário culminaria em criar uma nova hipótese de veto, flagrantemente serôdio e que acarretaria a subversão da ordem jurídica em detrimento da norma de conduta estabelecida pelos representantes do povo.

O fato de o Executivo poder revogar seus atos sempre que se apresentem dissonantes da Constituição não guarda qualquer correlação com o tema, pois representa prerrogativa inerente à própria função, o que o impede de reconhecer a inconstitucionalidade dos atos legitimamente praticados por outra.

Não se discute, por evidente, a correção da consagrada expressão de Marshall, exarada no caso *Marbury v. Madison* (1803): "a legislative act, contrary to the constitution, is not a law"; mas como tal deve ser considerado até que o órgão competente reconheça a sua inconstitucionalidade. Tratando-se de atividade privativa do Poder Judiciário, já que não outorgada ao Executivo pela Constituição, este último deve obedecer a lei enquanto produzir efeitos[134].

---

nicipal – Inconstitucionalidade, *RDP* 78/152), Alexandre de Moraes (*Direito constitucional*, p. 537), Ronaldo Poletti (*Controle da constitucionalidade das leis*, p. 129) e Nagib Slaibi Filho (*Anotações à Constituição de 1988*, p. 85-87). Canotilho (ob. cit., p. 417-418), após ressaltar que, em geral, deve-se recusar à administração e aos agentes administrativos qualquer poder de controle de constitucionalidade das leis, permanecendo vinculados a estas até a prolação de decisão judicial que reconheça a inconstitucionalidade, admite que podem ser desobedecidas as leis inexistentes, consideradas como tais aquelas que violem o núcleo essencial de um direito fundamental (vida, integridade física etc.).

[133] "Conservar o poder o mais perto do povo quanto possível; a menos que eficiência ou alguma outra razão requeira elaboração de decisões de forma centralizada, devem elas ser proferidas descentralizadamente. Desta forma, se obtém pequenos tiranos em vez de grandes, e pequenos tiranos são mais facilmente evitáveis" (COLE, Charles D. "Interpretação constitucional – Dois séculos de reflexão, *RDP* 90/39).

[134] "... a lei é lei em todas as suas insuficiências, todas as suas desigualdades, todos os seus ilogismos, e em que a observância dela é o caminho para a sua reforma, único remédio real aos seus defeitos, menos funestos, em todo o caso, do que o arbítrio da razão humana, encarnada no número, no poder, ou na força... O que não farei: ... Não recusarei expressão a Lei alguma, a pretexto de inconstitucionalidade; visto como, a respeito das leis, o conhecimento desse vício é da competência exclusiva do poder judicial. Toda a lei, pelo mero fato de ser lei, enquanto não havida por nula em sentença irrevogável, obriga inelutavelmente o Poder Executivo" (Rui Barbosa, *apud* Ruy Carlos de Barros Monteiro, ob. cit., p. 118). Platão, com sua aguçada percepção, há séculos sentenciou: "Chamei aqui de servidores das leis aqueles que ordinariamente são chamados de governantes, não por amor a novas denominações, mas porque sustento que desta qualidade dependa sobretudo a salvação ou a ruína da cidade. De fato, onde a lei está submetida aos governantes e privada de autoridade, vejo pronta a ruína da cidade; onde, ao contrário, a lei é senhora dos governantes e os governantes seus escravos, vejo a salvação da cidade e a acumulação nela de todos os bens que os deuses costumam dar às cidades" (Platão, Lei, 715d, *apud* Alexandre de Moraes, ob. cit., p. 387).

Em que pese o exposto, não se pode deixar de observar que a ulterior declaração judicial de inconstitucionalidade da lei, não cumprida pelo Executivo por tal razão, inviabilizará a aplicação de qualquer sanção ao agente, pois ao seu ato será conferida uma espécie de"juridicidade superveniente".

Considerando que"o princípio da legalidade da administração pressupõe o da constitucionalidade das leis"[135], não seria possível punir o administrador que não observasse uma norma que estivesse comprovadamente desacompanhada de seu substrato legitimador, qual seja, a conformidade com a Constituição.

À luz da metodologia tradicional, torna-se tarefa assaz difícil sustentar a ilicitude de uma conduta que não poderá acarretar qualquer sanção para o agente quando restar comprovada a correção dos motivos invocados por ele ao praticá-la.

Hodiernamente, pode-se dizer que a discussão perdeu muito de seu brilho. Com efeito, a EC n. 3, de 17 de março de 1993, que instituiu a ação declaratória de constitucionalidade no direito constitucional pátrio, inseriu o seguinte parágrafo no art. 102 da Constituição da República:

> § 3º As decisões definitivas de mérito, proferidas pelo Supremo Tribunal Federal nas ações declaratórias de constitucionalidade de lei ou ato normativo federal, produzirão eficácia contra todos e efeito vinculante, relativamente aos demais órgãos do Poder Judiciário e do Poder Executivo[136].

A ação declaratória de constitucionalidade, como se sabe, tem por objetivo principal afastar a insegurança originada pela não aplicação de normas de natureza infraconstitucional sob o argumento de que colidem com a Constituição. Assim, de forma célere e centralizada, permite a uniformização do entendimento sobre a constitucionalidade de determinada norma, transformando em absoluta a sua presunção relativa de constitucionalidade, consequência lógica de seu efeito vinculante.

Considerando a parte final do preceito constitucional, que estende o efeito vinculante aos órgãos do Poder Executivo, é possível afirmar que seus termos somente são justificados pela existência de um antecedente lógico, qual seja, a possibilidade de o Executivo não observar a norma que entenda dissonante da Constituição. Não houvesse essa possibilidade, não haveria o mínimo sentido de o poder reformador preocupar-se em estender-lhe os efeitos da decisão proferida na ação declaratória de constitucionalidade,

---

135 MIRANDA, Jorge. *Manual de direito constitucional*, t. I, p. 19.

136 De forma similar, dispõe o art. 28, parágrafo único, da Lei n. 9.868/1999, *verbis*:"A declaração de constitucionalidade ou de inconstitucionalidade, inclusive a interpretação conforme a Constituição e a declaração parcial de inconstitucionalidade sem redução de texto, têm eficácia contra todos e efeito vinculante em relação aos órgãos do Poder Judiciário e à Administração Pública federal, estadual e municipal".

impondo-lhe a observância da lei. Fosse outra a solução, ter-se-ia um preceito constitucional absolutamente inócuo, o que é inadmissível[137].

O Supremo Tribunal Federal tem consolidado sua jurisprudência no sentido de que o Poder Executivo pode deixar de aplicar a lei que entenda ser inconstitucional[138]. No entanto, assim agindo, assumirá o responsável pelo descumprimento da lei os riscos que advirão de sua conduta. Sendo demonstrada a inexistência de qualquer plausibilidade na conduta do Chefe do Executivo, havendo frontal e inescusável violação ao princípio da legalidade, estará ele passível de sofrer as sanções previstas na Lei n. 8.429/1992, isto em virtude da subsunção de sua conduta ao disposto no art. 11[139].

Em se tratando de lei ou ato normativo anterior à Constituição e que seja dela dissonante, outra haverá de ser a solução. A questão é passível de análise sob a ótica da vigência da lei, que é sucedida por outra no tempo ou sob o prisma da validade, em que são vislumbradas normas de diferente hierarquia em contrariedade. No primeiro caso, fala-se em revogação, enquanto no segundo, tem-se a inconstitucionalidade superveniente, acarretando a nulidade da lei anterior à Constituição. Em face da similitude dos efeitos, qualquer das duas óticas de análise poderá solucionar o problema.

Inexiste qualquer óbice a que o Poder Executivo deixe de aplicar a lei em virtude de sua revogação pela superveniência de uma norma constitucional dele dissonante, que pode advir tanto do Poder Constituinte como do poder reformador – nesse último caso, no entanto, devem ser respeitados o direito adquirido, o ato jurídico perfeito e a coisa julgada. Tratando-se de mera questão de direito intertemporal e inexistindo verdadeiro controle de constitucionalidade, não se poderá falar em usurpação de atividade específica do Poder Judiciário – em relação a este último, não é aplicável, inclusive, a exigência do art. 97 da Constituição da República (reserva de plenário), o qual, por estar ligado à presunção de constitucionalidade dos atos legislativos, condiciona o reconhecimento da inconstitucionalidade ao voto da maioria absoluta dos membros do tribunal.

---

137 Nesse sentido, BINENBOJM, Gustavo. *A nova jurisdição constitucional brasileira*, p. 218-219.

138 "É constitucional decreto do Chefe de Poder Executivo Estadual que determina aos órgãos subordinados que se abstenham da prática de atos que impliquem a execução de dispositivos legais vetados por falta de iniciativa exclusiva do Poder Executivo" (Rep n. 980, rel. Min. Moreira Alves, j. em 21/11/1979, *RTJ* 96/496). No mesmo sentido, STF, Pleno, ADI n. 221, rel. Min. Moreira Alves, *RTJ* 151/331; Pleno, RMS n. 4.211, rel. Min. Cândido Motta, j. em 30/4/1957, *RTJ* 2/386; Pleno, RMS n. 5.860, rel. Min. Villas Boas, j. em 5/11/1958, *Ementário* n. 371; Rep n. 512, rel. Min. Pedro Chaves, j. em 7/12/1962, *RDA* 76/308; MS n. 15.886, rel. Min. Victor Nunes, j. em 26/5/1966, *RTJ* 41/669.

139 Kelsen, após ressaltar que, no direito moderno, que tem o caráter de ordem relativamente centralizada, é reservada a órgãos especiais a competência para anular uma norma, observa que "o que é praticamente possível dentro de uma ordem jurídica é, quando muito, que todos estejam autorizados a considerar uma norma jurídica como nula, mas sob o risco de ter a sua conduta, caso ela seja contrária à norma, considerada pelo órgão competente como delito *(rectius: ato ilícito)*, desde que o órgão competente não confirme a opinião do sujeito quanto à invalidade da norma" (*Teoria geral do direito e do Estado*, p. 231).

Quanto à tese da inconstitucionalidade superveniente, que permitiria a utilização da ação direta de inconstitucionalidade, não é ela aceita pelo Supremo Tribunal Federal, prevalecendo o entendimento de que "o vício de inconstitucionalidade é congênito à lei e há de ser apurado em face da Constituição vigente ao tempo de sua elaboração. Lei anterior não pode ser inconstitucional em relação à Constituição superveniente; nem o legislador poderia infringir Constituição futura. A Constituição sobrevinda não torna inconstitucionais leis anteriores com ela conflitantes, revoga-as. Pelo fato de ser superior, a Constituição não deixa de produzir efeitos revogatórios. Seria ilógico que a Lei Fundamental, por ser suprema, não revogasse, ao ser promulgada, leis ordinárias. A lei maior valeria menos que a lei ordinária"[140].

Essa posição, em que pese assentar-se em sólidas premissas, estreita a via da fiscalização abstrata de constitucionalidade, culminando em postergar a solução de diversas demandas. No entanto, corrobora a assertiva de que o Poder Executivo pode deixar de aplicar a lei em virtude de sua revogação pelo texto constitucional superveniente.

7.4. Ato Praticado com Base em Lei Inconstitucional e Improbidade Administrativa

Partindo-se da premissa de que o Chefe do Executivo está autorizado a descumprir os comandos normativos inconstitucionais, põe-se o problema de saber se a observância desses comandos, com a correlata prática de um ato dissonante da Constituição, pode configurar a improbidade administrativa.

Identificada a dissonância entre dois comandos normativos, *in casu*, a Constituição e a lei, sendo um deles o fundamento de validade do outro, não parece haver maior dúvida quanto à identificação daquele que deva ser observado. Assim, optando por observar um comando nulo, como sói ser a lei inconstitucional, o agente agirá ao arrepio da ordem jurídica, o que, *ipso fato*, justificaria a incidência da Lei n. 8.429/1992. A simplicidade dessa construção, no entanto, rivaliza com a sua fragilidade, pois parte da premissa de que a inconstitucionalidade é normalmente visível aos olhos do *homo medius*, que livremente anui a esse vício e relega a plano secundário a ordem constitucional. Tratando-se de raciocínio artificial e que destoa da realidade, não é razoável transportá-lo para o plano do direito sancionador, máxime quando constatamos que o agente público sofrerá severas punições a partir de uma presunção que pode não encontrar correspondência no elemento subjetivo de sua ação.

A obtenção de uma solução justa e racional, harmônica com a ordem constitucional e o sistema punitivo da Lei n. 8.429/1992, exige que a questão seja analisada a partir do

---

140 STF, Pleno, ADI n. 2, rel. Min. Paulo Brossard, j. em 12/2/1992, *DJ* de 21/11/1997. No mesmo sentido: ADI n. 74, rel. Min. Celso de Mello, j. em 7/2/1992, *DJU* de 25/9/1992; ADI n. 129, rel. Min. Francisco Rezek, j. em 7/2/1992, *DJ* de 28/8/1992; e ADI n. 516, rel. Min. Octávio Gallotti, de 7/2/1992, *DJ* de 3/4/1992. Idêntica posição prevalecia no regime anterior à Carta de 1988: *RTJ* 95/980, 95/993 e 99/544.

elemento subjetivo que norteou a ação do agente. Com isto, substitui-se um referencial objetivo, insensível à realidade e ao *animus* do agente, por outro que revele a anuência ao ilícito e o total desprezo pela ordem jurídica.

A individualização do dolo ou da culpa do agente, nesse último caso com a só possibilidade de enquadramento da conduta na tipologia do art. 10 da Lei n. 8.429/1992, exigirá seja aferido o nível de intensidade do vício de inconstitucionalidade[141]. Em outras palavras, era ele perceptível aos olhos de um administrador minimamente diligente? Ou dependia de um juízo crítico que somente técnicos mais qualificados estariam habilitados a realizar? A resposta a esses questionamentos deve ser obtida em conformidade com as circunstâncias do caso concreto, permitindo seja verificada eventual participação do agente na edição do ato legislativo e a existência de uma possível harmonia de entendimento, no âmbito do Poder Judiciário, em relação à sua inconstitucionalidade.

É importante ressaltar, no entanto, que a sedimentação da jurisprudência no sentido da inconstitucionalidade da lei, por si só, nem sempre será decisiva para a reprovação da conduta do agente. Afinal, a interpretação constitucional é naturalmente prospectiva, não sendo incomum que um mesmo preceito constitucional, com o evolver da sociedade, receba distintas interpretações. É necessário um *plus*, permitindo demonstrar que o atuar do agente público não resultou de novas perspectivas de análise, mas, sim, de um nítido propósito de afrontar a ordem constitucional.

Constatando-se que o agente agiu com dolo ou culpa, será possível avançar no *iter* de individualização do ato de improbidade, em especial com a utilização do critério de proporcionalidade, apontando para a possibilidade, ou não, de incidência da Lei n. 8.429/1992 ao caso.

A partir das diretrizes anteriormente fixadas, pode-se afirmar, à guisa de ilustração, que a contratação de (1) servidores públicos, fora das situações autorizadas pela Constituição da República, sem a prévia realização de concurso público, e (2) de obras e serviços, não antecedida de licitação, ressalvadas as hipóteses de dispensa e inexigibilidade, ainda que amparadas por lei autorizadora – normalmente emanada de ente federado que não era competente para tanto –, será indiciária da prática de atos de improbidade. Essa constatação será especialmente realçada quando leis de idêntico teor, emanadas do mesmo ente federado, já tenham sido declaradas inconstitucionais em sede de controle concentrado de constitucionalidade.

O Supremo Tribunal Federal, no julgamento do HC n. 73.131-PR, decidiu que, havendo lei municipal autorizando a medida, não haveria justa causa para o ajuizamento de ação penal pela prática do crime descrito no inciso XIII do art. 1º do Decreto-Lei n. 201/1967, em razão da contratação de prestador de serviços sem concurso público[142]. Ainda que flagran-

---

141 Nesse sentido: BITENCOURT NETO, Eurico. *Improbidade...*, p. 133.
142 2ª T., rel. Min. Marco Aurélio, j. em 26/3/1996, *DJ* de 17/5/1996.

te a inconstitucionalidade da lei, pode-se concluir que, de acordo com o Supremo Tribunal Federal, o Chefe do Executivo tanto estará correto descumprindo, pois está autorizado a tanto, como cumprindo uma lei inconstitucional. A simplicidade da conclusão rivaliza com a gravidade de seus efeitos, pois o interesse público ficará sempre subordinado aos "interesses" do Chefe do Executivo, que poderá fazer o que melhor lhe aprouver, sem que nenhuma medida possa ser adotada contra ele. Prevalecendo tal entendimento, a conclusão será idêntica nos casos em que, em sede de controle concentrado, tenha sido reconhecida a inconstitucionalidade de norma idêntica àquela aplicada pelo Executivo. Como a declaração de inconstitucionalidade somente produz efeitos em relação aos órgãos do Poder Judiciário e da Administração Pública, não ao Legislativo, inexiste óbice à edição de norma de teor idêntico àquela considerada inconstitucional, entendimento este que deflui do art. 28, parágrafo único, da Lei n. 9.868/1999 e da jurisprudência sedimentada no âmbito do Supremo Tribunal Federal[143]. Assim, enquanto não suspensa a eficácia da norma, seria legítima a sua observância, não havendo que se falar em ato de improbidade.

Em outra oportunidade, mais especificamente no julgamento do HC n. 84.137/RS, o Supremo Tribunal Federal admitiu a persecução penal, pela prática do crime tipificado no art. 89 da Lei n. 8.666/1993 (*Dispensar ou inexigir licitação fora das hipóteses previstas em lei*), apesar da existência de lei municipal autorizando a prorrogação de contrato de concessão de serviço público de transporte coletivo urbano sem prévia realização de licitação, tudo em evidente afronta à Constituição e à legislação federal de regência[144].

O Superior Tribunal de Justiça já decidiu pela não configuração da improbidade na permuta, autorizada em lei municipal, de imóveis urbanos por outro localizado em zona rural, o que teria atentado contra os princípios administrativos e causado dano ao erário, isso em razão da ausência de dolo. O mesmo ocorreu em relação à realização de contratações temporárias ao abrigo de lei de "questionável validade"[145]; à utilização, pelo Prefeito, consoante autorização legal, de servidores da Guarda Municipal para promover sua própria proteção e segurança[146]; à contratação de jornal local, sem licitação, que fora indicado pela lei orgânica municipal como veículo de divulgação dos atos oficiais[147]; e à nomeação

---

143 Pleno, Rcl n. 467, rel. Min. Celso de Mello, j. em 10/10/1994, *DJ* de 9/12/1994; e Pleno, AGRG na Rcl n. 2.617, rel. Min. Cezar Peluso, j. em 23/2/2005, *DJ* de 20/5/2005.

144 2ª T., rel. Min. Carlos Velloso, j. em 11/10/2005, *DJ* de 3/8/2007.

145 1ª T., REsp n. 1.529.530/SP, rel. Min. Benedito Gonçalves, j. em 16/6/2016, *DJe* de 27/6/2016; 1ª T., AgRg no REsp n. 1.352.934/MG, rel. Min. Napoleão Nunes Maia, j. em 1/3/2016, *DJe* de 17/3/2016; 1ª T., AgRg no AREsp n. 747.468/MS, rel. Min. Benedito Gonçalves, j. em 4/2/2016, *DJe* de 24/2/2016; 1ª T., AgRg. no REsp n. 1.358.567/MG, rel. Min. Benedito Gonçalves, j. em 26/5/2015, *DJe* de 9/6/2015; 2ª T., AGRG no REsp n. 1.312.945/MG, rel. Min. Mauro Campbell Marques, j. em 16/8/2012, *DJe* de 22/8/2012; 2ª T., AGRG no REsp n. 1.191.095/SP, rel. Min. Humberto Martins, j. em 22/11/2011, *DJe* de 25/11/2011; e 2ª T., AGRG no AREsp n. 1.324.212/MG, rel. Min. Mauro Campbell Marques, j. em 28/9/2010, *DJ* de 13/10/2010.

146 1ª T., REsp n. 1.408.999/PR, rel. Min. Napoleão Nunes Maia Filho, j. em 8/10/2013, *DJe* de 23/10/2013.

147 1ª T., REsp n. 1.426.975/ES, rel. Min. Olindo Menezes, j. em 2/2/2016, *DJe* de 26/2/2016.

de agentes comissionados, consoante autorização legal, para exercer as funções de agente municipal de trânsito, de modo a viabilizar convênio celebrado com o Estado[148]. Já em relação à edição de lei inconstitucional, aumentando os subsídios dos vereadores, admitiu a responsabilidade pessoal destes últimos, isso em razão do atuar doloso, afastando, inclusive, a própria imunidade parlamentar. Nesse caso, ressaltou que as leis de efeitos concretos são meros atos administrativos[149]. No entanto, reconheceu a improbidade em situação em que se mostraram evidentes o ardil e a consciência da inconstitucionalidade[150].

---

148 2ª T., REsp n. 1.077.831/MG, rel. Min. Castro Meira, j. em 7/5/2013, DJe de 16/5/2013.
149 2ª T., REsp n. 1.316.951/SP, rel. Min. Herman Benjamin, j. em 14/5/2013, DJe de 13/6/2013.
150 "1. Cuidam os autos de Ação Civil Pública proposta pelo Ministério Público do Estado de Minas Gerais contra prefeito, vice-prefeito e vereadores do Município de Baependi/MG, eleitos para a legislatura de 1997/2000, imputando-lhes improbidade pelas seguintes condutas: a) edição das Leis 2.047/1998 e 2.048/1999, fixando seus subsídios para a mesma legislatura – em contrariedade aos arts. 29, V, e 37, XI, da Constituição –, sobretudo porque baseados em dispositivo da EC 19/98 não regulamentado; e b) edição, num segundo momento, da Lei 2.064/1999, que suspendeu as leis antes mencionadas e transformou em ajuda de custo os valores majorados às suas remunerações, independentemente de comprovação de despesas, com vigência até a regulamentação pendente. 2. O juízo de primeiro grau julgou procedente o pedido e declarou a inconstitucionalidade incidental e a nulidade das lei municipais, condenando os réus a devolverem os valores indevidamente recebidos, além de cominar as sanções previstas na Lei 8.429/1992. 3. A Corte de origem deu parcial provimento às Apelações dos réus para excluir (a) a condenação ao ressarcimento e (b) a cominação de sanções. 4. A despeito de ter reconhecido que as leis municipais em referência foram editadas em contrariedade à orientação do Tribunal de Contas do Estado e aos princípios da impessoalidade e da moralidade, o acórdão recorrido afastou integral e amplamente todas as consequências da improbidade por não ter vislumbrado má-fé e expressividade nos valores envolvidos. 5. O entendimento de que inexistiu má-fé é irrelevante *in casu*, pois a configuração dos atos de improbidade por dano ao Erário e o dever de ressarcimento decorrem de conduta dolosa ou culposa, de acordo com os arts. 5º e 10 da Lei 8.429/1992. Precedentes do STJ. 6. A edição de leis que implementaram o aumento indevido nas próprias remunerações, posteriormente camuflado em ajuda de custo desvinculada de prestação de contas, enquadra a conduta dos responsáveis – tenham agido com dolo ou culpa – no art. 10 da Lei 8.429/1992, que censura os atos de improbidade por dano ao Erário, sujeitando-os às sanções previstas no art. 12, II, da mesma lei. 7. No próprio acórdão consta que havia manifestações do Tribunal de Contas e do STF em sentido contrário à conduta por eles adotadas. 8. A ausência de exorbitância das quantias pagas não afasta a configuração da improbidade nem torna legítima sua incorporação ao patrimônio dos recorridos. Módicos ou não, os valores indevidamente recebidos devem ser devolvidos aos cofres públicos. Precedente do STJ. 9. Cabe lembrar que o valor da majoração excedeu os insuficientes recursos existentes, à época, para ações sociais básicas. 10. A condenação imposta pelo juízo de primeiro grau foi afastada à míngua de fundamento jurídico válido, devendo ser restabelecida a sentença em parte, apenas com readequação da multa civil, por ter sido aplicada além do limite previsto no art. 12, II, da supracitada lei. 11. Diante do quadro fático delineado pela instância ordinária (transformação do inconstitucional aumento em ajuda de custo desvinculada de prestação de contas, em montante que ultrapassou a remuneração dos vereadores e quase alcançou a do então prefeito, em contraste com o insuficiente orçamento existente à época para a realização de ações sociais), é razoável fixar a multa em duas vezes o valor do dano. 12. O ressarcimento ao Erário do valor da majoração indevidamente auferida pelos recorridos impõe-se como dívida decorrente do prejuízo causado, independentemente das sanções propriamente ditas. 13. Recurso Especial parcialmente provido" (STJ, 2ª T., REsp n. 723.494/MG, rel. Min. Herman Benjamin, j. em 1º/9/2009, DJ de 8/9/2009).

O Tribunal de Justiça do Rio Grande do Sul, por sua vez, já proferiu decisão do seguinte teor:"Prefeito que admite servidores, temporariamente, em contratações sucessivas, restando evidente o propósito de não realizar concurso público, que só o faz no terceiro ano de sua gestão, depois de já oferecida a denúncia, deve ser condenado, por incurso nas sanções do inc. XIII do art. 1º do Dec.-lei n. 201. A existência de Lei municipal autorizando a contratação não exclui o delito, já que o Legislativo só autoriza, o que pode ser cumprido ou não pelo alcaide. De outro lado, a iniciativa, em se tratando de servidores, é do Executivo, conforme o art. 61, inc. II, da Constituição Federal"[151].

8. VIOLAÇÃO AO PRINCÍPIO DA IMPESSOALIDADE

Partindo-se da premissa de que impessoal é tudo aquilo que não dê ênfase a uma pessoa em especial, é possível dizer que o princípio da impessoalidade pode ser analisado tanto sob a ótica do administrador como dos administrados.

Em relação aos administrados, a impessoalidade denota que a administração pública deve dispensar tratamento isonômico àqueles que se encontrem em idêntica situação jurídica, o que é consectário do denominado princípio da finalidade, segundo o qual a administração deve perseguir a consecução do interesse público, e não do interesse meramente particular de determinado indivíduo. A referida isonomia, por sua vez, também encontra esteio no texto constitucional, sendo cogente que a lei trate a todos com igualdade (art. 5º, *caput* e inciso I)[152].

O dever de agir em prol do interesse público, sem o objetivo direto de beneficiar ou prejudicar terceiros, denota a imparcialidade do agente, qualidade que foi expressamente contemplada pelo art. 11, *caput*, da Lei n. 8.429/1992. A imparcialidade, assim, pode ser concebida como uma das feições do princípio da impessoalidade.

---

151 4ª Câmara Criminal, AP n. 70004538724, rel. Des. Gaspar Marques Batista, j. em 16/9/2004.
152 "O princípio da isonomia, que se reveste de autoaplicabilidade, não é – enquanto postulado fundamental de nossa ordem político-jurídica – suscetível de regulamentação ou de complementação normativa. Esse princípio – cuja observância vincula, incondicionalmente, todas as manifestações do Poder Público – deve ser considerado, em sua precípua função de obstar discriminações e de extinguir privilégios (*RDA* 55/114), sob duplo aspecto: (a) o de igualdade na lei e (b) o da igualdade perante a lei. A igualdade na lei – que opera numa fase de generalidade puramente abstrata – constitui exigência destinada ao legislador que, no processo de sua formação, nela não poderá incluir fatores de discriminação responsáveis pela ruptura da ordem isonômica. A igualdade perante a lei, contudo, pressupondo lei já elaborada, traduz imposição destinada aos demais poderes estatais, que, na aplicação da norma legal, não poderão subordiná-la a critérios que ensejem tratamento seletivo ou discriminatório" (STF, Pleno, rel. Min. Carlos Velloso, rel. desig. p/ acórdão Min. Celso de Mello, j. em 14/12/1990, *RTJ* v. 134, n. 3, p. 1025).Vale mencionar, ainda que de forma superficial, a denominada ação afirmativa, que consiste na dispensa de tratamento privilegiado a pessoas que, a partir de condições sociais, culturais e econômicas, se encontrem em situação de desigualdade em relação às demais. Com isto, a desigualdade, em uma visão prospectiva, visa à recomposição da igualdade, pois não seria adequado pensar que a aplicação deste princípio tem por objetivo perpetuar desigualdades de fato sob uma pseudoigualdade de direito.

No que concerne ao administrador, o princípio da impessoalidade exige que os atos administrativos por ele praticados sejam atribuídos ao ente administrativo, e não à pessoa do administrador, o qual é mero instrumento utilizado para o implemento das finalidades próprias do Estado.

O princípio da impessoalidade foi expressamente previsto na Constituição da República. Segundo o art. 37, *caput*, "a administração pública direta e indireta de qualquer dos Poderes da União, dos Estados, do Distrito Federal e dos Municípios obedecerá aos princípios de legalidade, impessoalidade ...". De acordo com o § 1º do mesmo dispositivo constitucional, "a publicidade dos atos, programas, obras, serviços e campanhas dos órgãos públicos deverá ter caráter educativo, informativo ou de orientação social, dela não podendo constar nomes, símbolos ou imagens que caracterizem promoção pessoal de autoridades ou servidores públicos". O primeiro preceito tem alcance nitidamente amplo, enquanto o segundo é direcionado especificamente à regência da publicidade dos atos da administração pública. A publicidade, a um só tempo, é informada pela impessoalidade e dificulta a sua inobservância, contribuindo para a preservação da moralidade administrativa, o que demonstra a existência de um perfeito encadeamento lógico entre tais princípios. Negada publicidade aos atos estatais, ter-se-á configurada a tipologia do art. 11, IV, da Lei n. 8.429/1992, sendo flagrante a potencialidade dessa omissão para violar os princípios da moralidade e da impessoalidade, pois em muito dificultará a aferição da finalidade com que fora praticado o ato.

O princípio da impessoalidade é igualmente reforçado pela norma do art. 37, § 6º, da Constituição, o qual, *expressis verbis*, instituiu a responsabilidade patrimonial objetiva das pessoas jurídicas de direito público e das de direito privado prestadoras de serviços públicos pelos danos que seus agentes, nessa qualidade, causarem a terceiros. Com isto, reforçou a ideia de que a autoria dos atos estatais deve ser imputada ao Poder Público, e não aos seus agentes, os quais são meros instrumentos utilizados para a consecução dos objetivos previstos em lei.

Regulamentando a finalidade que deve ser perseguida com a publicidade dos atos do Poder Público, almejou o Constituinte conter os gastos exorbitantes de outrora, os quais visavam, única e exclusivamente, à promoção pessoal dos administradores públicos. Tinha-se, assim, a dilapidação do patrimônio público em benefício de poucos e em detrimento de toda a coletividade. A *ratio* do preceito constitucional é clara: vedar a promoção pessoal do administrador à custa da publicidade das atividades desenvolvidas pela administração[153]. Em razão disso, será ilícito qualquer artifício, subterfúgio ou engodo emprega-

---

[153] A respeito do tema, assim se pronunciou o Tribunal de Justiça de São Paulo: "Ação Popular. Ato lesivo ao patrimônio público. Publicidade da Administração Pública onde se incluem nome e imagens do administrador. Inadmissibilidade. Ofensa aos princípios da impessoalidade e da moralidade. Inteligência do art. 37, § 1º, da Constituição Federal. A Administração Pública, quando fizer publicidade de atos, programas, obras e serviços, não pode incluir nomes, símbolos ou imagens, que de qualquer modo vinculem a imagem divulgada a governante ou servidor público, eis que tal divulgação é apenas de caráter educativo, informativo ou

do para se burlar a vedação constitucional, ainda que a atividade-meio, ao ser analisada de forma dissociada do fim almejado, seja aparentemente lícita. Em casos tais, será patente a fraude, sendo exemplos os "informes publicitários", com individualidade própria ou sob a forma de suplementos do *Diário Oficial*, editados sob a responsabilidade dos diferentes entes da Federação, nos quais, a pretexto de se conferir transparência à atividade administrativa, são divulgadas fotos e entrevistas com o administrador, com o nítido propósito de promover sua imagem junto à população[154]. A publicidade, qualquer que seja ela, deve ter caráter: a) educativo; b) informativo; ou de c) orientação social; dela não podendo constar nomes, símbolos[155] ou imagens que vinculem o administrador ao objeto divulgado, caracterizando sua promoção pessoal[156].

---

de orientação social, nos termos do art. 37, § 1º, da Constituição Federal, que preza os princípios da impessoalidade e moralidade administrativa" (9ª Câmara de Direito Público, AP n. 263.817-1/1, rel. Des. Yoshiaki Ichihara, j. em 5/2/1997, *RT* 743/263). Não obstante a clareza do preceito constitucional, ao apreciar *notitia criminis* que versava sobre o crime de prevaricação, o STJ proferiu decisão em sentido diametralmente oposto, sendo colhido do acórdão o seguinte excerto: "No exame da questão deve-se observar, antes do mais, que a Lei Maior não proíbe, propriamente, a publicidade, de caráter informativo, dos atos, programas, obras, serviços e campanhas dos órgãos públicos: veda, apenas, aquela que visa à promoção de autoridades ou servidores públicos. Assim, o fato de em determinada campanha publicitária mencionar-se o nome da autoridade ou do servidor público responsável pelo ato, obra ou serviço a que se dá divulgação não caracteriza, por si só, infração ao disposto no art. 37, § 1º, da Constituição Federal. Isto porque a norma tem por objeto coibir o abuso, a promoção de cunho nitidamente pessoal, a autopromoção, e não exigir modéstia daquele que, julgando haver bem desempenhado sua missão, presta contas à comunidade a que está a serviço, divulgando as realizações de seu governo ou de sua administração. Assim, na avaliação da matéria publicitária há de se levar em conta a utilidade pública da divulgação: deve-se verificar se a ênfase está posta na obra ou serviço, ou na pessoa que os realizou" (STJ, Corte Especial, Inq. n. 85-1-BA, rel. Min. José de Jesus Filho, j. em 12/8/1993, *apud* Vera Scarpinella Bueno, "O art. 37, § 1º, da Constituição Federal e a Lei de Improbidade Administrativa"). Que o agente público não deve ser modesto, certamente ninguém duvida, até porque modéstia e popularidade são noções difíceis de se conciliar. No entanto, a falta de modéstia não haverá de ser demonstrada com o gasto do dinheiro público para a promoção pessoal do agente. Ademais, não é necessário maior esforço interpretativo para se constatar que o art. 37, § 1º, da CR/1988 não admite que promoção pessoal e publicidade institucional coexistam lado a lado; ainda que esta seja observada, a presença daquela tornará o ato ilícito.

154 O STF confirmou a prática de infração penal (art. 1º, II, do Decreto-Lei n. 201/1967) na conduta do Prefeito Municipal que, além da publicação, em "informativo especial" de jornal do Estado, de fotos e reportagens das obras realizadas, ainda insere, de forma destacada, uma "mensagem do Prefeito Municipal", com sua foto, em que volta a citar as obras realizadas pela sua administração, o que é um claro indicativo do seu intuito de promoção pessoal (2ª T., HC n. 82.426-9, rel. Min. Gilmar Mendes, j. em 8/6/2004, *DJU* de 19/11/2004). O Tribunal também visualizou afronta à impessoalidade na possibilidade de vinculação do conteúdo da propaganda institucional ao partido político a que pertença o titular do cargo público (1ª T., RE n. 191.668/RS, rel. Min. Menezes Direito, j. 15/4/2008, *DJ* de 30/5/2008).

155 Sendo a imagem do administrador associada a determinado símbolo ou objeto, este não poderá ser utilizado em informes publicitários do Poder Público (ex.: o ex-Presidente Jânio Quadros tinha sua imagem vinculada a uma vassoura, o que vedaria a sua utilização na publicidade governamental).

156 Sobre o tema, o TJGO proferiu decisão do seguinte teor: "Ação civil pública. Improbidade administrativa. Há que se afastar o grave vício da improbidade administrativa, evitando-se as sérias consequências dele advin-

Violado o princípio da impessoalidade, a conduta do agente poderá ser enquadrada na tipologia da Lei n. 8.429/1992, caracterizando a improbidade administrativa[157]. Com efeito, de acordo com o art. 9º, XII, do referido diploma legal, constitui ato de improbidade "usar, em proveito próprio, bens, rendas, verbas ou valores integrantes do acervo patrimonial das entidades mencionadas no art. 1º desta Lei". O agente, que emprega o dinheiro público no custeio de publicidade que lhe garantirá a promoção pessoal, está, nitidamente, usando em proveito próprio a renda da entidade a que presta serviços. Do mesmo modo, causa dano ao erário ao influir de qualquer forma para a aplicação irregular de verba pública, havendo a subsunção de sua conduta à figura do art. 10, XI, *in fine*, da Lei n. 8.429/1992. A concessão, a aplicação ou a manutenção irregular de benefício financeiro ou tributário a algum corntribuinte do ISS rompe com a isonomia que deve prevalecer entre os demais, caracterizando odioso privilégio. Por derradeiro, ao violar o princípio da impessoalidade, o agente público infringe o dever jurídico previsto no art. 4º da Lei n. 8.429/1992 e, *ipso facto*, sua conduta se coaduna ao art. 11, *caput* e inciso I, da Lei n. 8.429/1992[158]. No primeiro dispositivo, ao violar um dos princípios regentes da atividade estatal e infringir o dever de

---

das, quando do contexto da publicidade externada em panfleto ressai o caráter educativo, informativo e de orientação social, apesar de nela haver referência ao nome do prefeito e uma foto sua com populares, quando a primeira não se fizer de forma enfática e a segunda aparecer sem destaque das demais nele constantes, deixando de caracterizar a vedada promoção pessoal" (1ª CC, AP n. 40376-0/188, rel. Des. Antônio Nery da Silva, j. em 8/4/1997, *DJ* de 5/5/1997, p. 12).

[157] Neste sentido, as seguintes decisões: "Improbidade administrativa. Publicidade. *Slogan*. Televisão. Filme. Limites finalísticos e formais. Promoção pessoal. Sanções alternativas. 1. Configura ato de improbidade administrativa a publicidade – exibição de filmes na televisão – que, recorrendo a *slogan* vinculado a determinado governo, visa à promoção pessoal do Prefeito ao louvar as obras e atividades realizadas em período de sua gestão. Publicidade que, por não ter caráter educativo, informativo ou de orientação social, infringe o § 1º do art. 37 da Constituição Federal..." (TJRS, 2ª CC, AP n. 70000532739, rel. Desa. Maria Isabel de Azevedo Souza, j. em 12/4/2000) e "O administrador que insere publicidade pessoal em viaturas oficiais, bancos e placas indicativas de obras da Municipalidade pratica ato lesivo ao patrimônio municipal e violador do princípio da impessoalidade, constante do art. 37, § 1º, da CF de 1988. Nesta hipótese, a ação popular deve ser deferida para a desconstituição do ato, retirando-se as inscrições e determinando-se a indenização dos custos" (TJSP, 5ª CC, AP n. 143.146-1, rel. Des. Francisco Casconi, j. em 13/6/1991, *RT* 671/94).

[158] O STJ identificou a violação ao princípio da impessoalidade no seguinte julgado: "Administrativo. Ação civil pública. Contratação de advogado com funções de Procurador-Geral do Município. Licitação. Desobediência ao princípio da impessoalidade. 1. Contratação de ex-Procurador-Geral, vencedor do certame. Transmudação do cargo de Procurador-Geral em advogado de confiança no afã de permitir ao profissional o exercício simultâneo da função pública e do *munus* privado da advocacia. 2. O princípio da impessoalidade obsta que critérios subjetivos ou anti-isonômicos influam na escolha dos exercentes dos cargos públicos; máxime porque dispõem os órgãos da Administração, via de regra, dos denominados cargos de confiança, de preenchimento insindicável. 3. A impessoalidade opera-se *pro populo*, impedindo discriminações, e contra o administrador, ao vedar-lhe a contratação dirigida *intuito personae*. 4. Distinção salarial entre o recebido pelo assessor jurídico da Municipalidade e o novel advogado contratado. Condenação na restituição da diferença, considerando o efetivo trabalho prestado pelo requerente. Justiça da decisão que aferiu com exatidão a ilegalidade e a lesividade do ato (...)" (1ª T., REsp n. 403.981/RO, rel. Min. Luiz Fux, j. em 1º/10/2002, *DJ* de 28/10/2002).

honestidade e lealdade às instituições ao empregar o dinheiro público em desconformidade com um preceito constitucional; no segundo, ao "praticar ato visando fim proibido em lei ou regulamento ou diverso daquele previsto da regra de competência", pois atuara com desvio de poder.

É relevante observar que a realização de publicidade não custeada pelo erário, ainda que se apresente dissonante do art. 37, § 1º, da Constituição, não será passível de configurar a improbidade administrativa[159]. A exegese desse dispositivo denota que a restrição nele contida somente é aplicável à "publicidade dos atos, programas, obras, serviços e campanhas *dos órgãos públicos*", logo, não alcança informes publicitários dissociados destes. Acrescente-se, ainda, que a publicidade custeada com recursos do próprio agente não possui qualquer associação com a atividade desempenhada por ele junto ao Poder Público, já que não se prevalecera do cargo, emprego, mandato ou função para a prática do ato. Não tendo o vínculo com o Poder Público qualquer influência na prática do ato, servindo unicamente como motivo para a sua prática, não há que se falar em improbidade.

Ainda que a publicidade não seja custeada pelo erário ou pelo próprio agente, não raro será possível identificar a prática do ato de improbidade descrito no art. 9º, II, da Lei n. 8.429/1992, o que ocorrerá quando terceiros, sem qualquer vínculo com os sujeitos passivos em potencial dos atos de improbidade, mas que tenham interesse, direto ou indireto, na atividade desenvolvida pelo agente público, venham a custear a sua promoção pessoal, o que normalmente ocorrerá às vésperas de determinada eleição. Esse tipo de conduta, no

---

[159] "Constitucional e administrativo. Ação civil pública. Publicidade com promoção pessoal de agentes políticos e servidores públicos. Custeio pelo erário. Inexistência de prova aceitável. 1 – O substrato de improbidade administrativa está na lesão ao patrimônio público. Sem a presença do prejuízo do erário, não se configura a improbidade administrativa (Lei n. 8.429, arts. 9º e 10) nem a infringência da cabeça e do § 1º do art. 37 da Constituição Federal. 2 – A inexistência de prova convincente, seja contábil, seja documental, seja testemunhal, de que as publicações com a promoção pessoal de agentes políticos e servidores públicos efetuados por jornal local, teriam sido custeadas pelos cofres públicos, importa na improcedência da ação civil pública. 3 – Apelo improvido, reexame necessário prejudicado" (TJRS, 1ª CC, AP n. 70000037390, rel. Desa. Celeste Vicente Rovani, j. em 27/10/1990). "Ação civil pública por ato de improbidade administrativa. Promoção pessoal de agente político (prefeito municipal). Condenação de ressarcimento ao erário. Elemento subjetivo da conduta ímproba. I – A ação civil pública por ato de improbidade administrativa, que condena ao ressarcimento do erário, exige substrato probatório convincente, seja contábil, seja documental, ou testemunhal, de que a promoção pessoal do agente (art. 37, § 1º, CF) foi custeada pelos cofres públicos, causando efetivo prejuízo. Sem a presença de dano efetivo ao erário não se configura a improbidade administrativa (Lei n. 8.429/1992, arts. 9º e 10). II – Também exige, a referida ação, o elemento subjetivo para a caracterização da conduta ímproba, pois a responsabilidade subjetiva do agente público constitui regra em nosso sistema (art. 37, § 6º, CF), e a severidade das sanções impingidas requer a observância dos princípios da razoabilidade e proporcionalidade, porque em sede de ação de improbidade, o objeto não se restringe a atacar um ato ilegal, mas apenas, política e civilmente, a conduta ímproba. III – A insuficiência das provas coligidas leva à improcedência do pleito (art. 16 da Lei n. 7347/1985). IV – Recurso conhecido e provido" (TJGO, 4ª CC, rel. Des. Beatriz Figueiredo Franco, j. em 23/8/2001, *DJ* de 2/10/2001, p. 10).

entanto, é admitido pela Lei Eleitoral, observados determinados percentuais[160] e algumas restrições sobre as fontes dos recursos[161], a contar do registro dos comitês financeiros dos partidos políticos, o que restringirá a aplicação da Lei n. 8.429/1992 às situações em que as *doações* não observem a normatização de regência.

9. DESCUMPRIMENTO DA LEI DE RESPONSABILIDADE FISCAL

Há algumas décadas, Manoel de Oliveira Franco Sobrinho[162], discorrendo sobre a história do constitucionalismo no Brasil, afirmara que "não há povo independente, muito menos autêntica soberania política, onde não há organização econômica e administração financeira. Os reflexos do negocismo na vida pública nunca permitiram exação no trato das nossas finanças. As Constituições de 1891, 1934, 1937 e 1946 nunca responsabilizaram governantes desavindos. Acobertavam, isto sim, a espoliação e a dissipação quanto aos haveres públicos. As garantias jurídicas serviam para prestigiar a desordem. As funções constitucionais, pela mecânica do procedimento político, inclusive com prestigiadas decisões judiciárias, protegiam ações confessadamente ineptas em prejuízo das condições normais da nossa existência".

Não obstante o romper dos anos, o quadro pintado pelo ilustre jurista ainda mantém um colorido atual. Com os olhos voltados a esse problema, crucial em qualquer estrutura de poder, surgiu e amadureceu a ideia de se instituir mecanismos asseguradores de uma gestão responsável do dinheiro público. Em que pese à obviedade, sendo evidente que todo aquele que administra valores alheios deve ter seriedade e retidão em sua conduta, foi grande a resistência ao regramento que buscava coibir o despautério, a insensatez e a má-fé na administração do patrimônio público, pois, enfim, os maus administradores seriam responsabilizados por seus atos.

Com tais objetivos, foi editada a Lei Complementar n. 101/2000[163], também denominada Lei de Responsabilidade Fiscal, que é parte integrante de um conjunto de medidas que compõem o denominado Plano de Estabilização Fiscal (PEF), de modo a estabelecer

---

160 Arts. 23 e 27 da Lei n. 9.504/1997.
161 Art. 24 da Lei n. 9.504/1997.
162 História breve do constitucionalismo no Brasil, *RDP* 3/69.
163 Na elaboração da Lei de Responsabilidade Fiscal, o legislador encontrou inspiração no *Fiscal Responsibility Act* da Nova Zelândia, editado em 1994, tendo transplantado inúmeras disposições deste diploma para o direito pátrio. Considerando que a Nova Zelândia é um Estado Unitário e parlamentarista, tem-se a justificativa para as inúmeras impropriedades da Lei de Responsabilidade Fiscal, que variam desde imprecisões terminológicas até frontais colidências com a forma de Estado encampada pelo Brasil, pois em inúmeros passos a Federação é relegada a plano secundário, não tendo a União se limitado à mera edição de normas gerais. Ainda merece referência o *Budget Enforcement Act*, do direito norte-americano, que influenciou a limitação de empenho prevista no art. 9º da Lei de Responsabilidade Fiscal e o equilíbrio entre receita e despesa previsto em seu art. 17.

mecanismos de gestão responsável dos recursos públicos, conter o *deficit* e estabilizar a dívida pública, possibilitando, com isso, a manutenção do equilíbrio que deve existir entre despesas e receitas públicas[164].

Trata-se de lei complementar editada com amparo em diversos dispositivos do Capítulo II do Título VI da Constituição da República, em especial nos arts. 163, 165, § 9º, e 169, tendo estatuído normas gerais de direito financeiro e de finanças públicas com o fim precípuo de: dispor sobre o exercício financeiro, a vigência, os prazos, a elaboração e a organização do plano plurianual, da lei de diretrizes orçamentárias e da lei orçamentária anual; estabelecer normas de gestão financeira e patrimonial da administração direta e indireta bem como condições para a instituição e funcionamento de fundos; e impor limites para os gastos com pessoal, obrigando o Ministério Público e todos os Poderes da União, dos Estados, do Distrito Federal e dos Municípios, incluindo suas respectivas administrações diretas, fundos, autarquias, fundações e empresas estatais dependentes, a se enquadrarem na sistemática instituída[165].

Sob a epígrafe das finanças públicas podem ser englobadas todas as operações financeiras do Estado, destinadas à captação, repartição e aplicação dos recursos necessários à satisfação do interesse social. Com a Lei de Responsabilidade Fiscal, busca-se sedimentar um regime de gestão fiscal responsável[166], cercando referidas operações de mecanismos legais de controle, notadamente preventivos, que possibilitarão a contenção do endividamento público e a transparência da atividade financeira do Estado.

9.1. A Lei de Responsabilidade Fiscal à Luz da Constituição

Publicada a Lei de Responsabilidade Fiscal, pouco tempo tardou até o ajuizamento de diversas ações diretas de inconstitucionalidade perante o Supremo Tribunal Federal. Ante os estreitos limites deste tópico, não nos aprofundaremos na análise das diversas questões suscitadas, mas afigura-se-nos relevante, ainda que de forma perfunctória, mencionar os principais argumentos utilizados nas referidas ações:

a) a LRF padece de inconstitucionalidade formal, pois o art. 20 do projeto aprovado pela Câmara dos Deputados sofreu alteração no Senado, a qual não se limitou ao

---

164 A Lei n. 4.320/1964 permanece em vigor naquilo que não contrariar a LRF. Ademais, é importante observar que a LRF não carrega consigo a inovação própria das grandes descobertas, pois inúmeras de suas regras já haviam sido contempladas pela Lei n. 4.320/1964 e pela própria Constituição da República. O que fez, em verdade, foi estabelecer reprimendas mais severas para aqueles que não agissem de forma responsável na gestão do dinheiro público e, primordialmente, conferiu maior transparência à gestão fiscal, incentivando o desenvolvimento da ideologia participativa.
165 Ver arts. 1º, §§ 2º e 3º, 2º e 20 da LC n. 101/2000.
166 Conforme a lição de Carlos Valder do Nascimento (*Comentários à Lei de Responsabilidade Fiscal*, p. 18, n. 4), "no plano jurídico, poder-se-iam eleger como princípios fundamentais da gestão fiscal: prevenção de déficits, prudência fiscal, segurança, planejamento e publicidade ou transparência".

mero aspecto redacional, não tendo retornado à primeira Casa Legislativa conforme preceitua o art. 65, parágrafo único, da Constituição da República[167];

b) a LRF viola a autonomia que o art. 18 da Constituição da República assegura a cada ente da Federação, pois a União não se limitou em legislar unicamente sobre normas gerais de Direito Financeiro, deixando de prever os limites *globais* de despesa dos entes da Federação para descer a minúcias que deveriam guardar correspondência unicamente com os interesses locais, culminando em estabelecer limites de gastos para os Poderes e o Ministério Público, em nítida afronta à *ratio* do art. 169 da Constituição;

c) a LRF infringiu o princípio da harmonia entre os Poderes (art. 2º da CR/1988), sendo outorgada prevalência ao Executivo na prática de medidas de contingenciamento de dotações orçamentárias (art. 9º, § 3º, da LRF).

Em sede de cognição sumária, ao examinar a ADI n. 2.238-5, sendo relator o Ministro Ilmar Galvão, a Suprema Corte: a) rejeitou a tese de inconstitucionalidade formal por não ter o projeto retornado à Câmara dos Deputados (unânime) e não ter sido o art. 163 da Constituição da República integralmente regulamentado pela LRF (maioria); b) indeferiu, por maioria, a suspensão cautelar do art. 20 da LRF (6 x 5) e do art. 14, II; c) indeferiu, por unanimidade, a suspensão cautelar do art. 4º, § 2º, II e § 4º, do art. 7º, *caput* e § 1º, do art. 9º, § 5º, do art. 11, parágrafo único, do art. 15, do art. 18, § 1º (contabiliza a terceirização de mão de obra como despesa de pessoal), do art. 17, do art. 24, do art. 26, § 1º, do art. 28, § 2º, do art. 29, I e § 2º, do art. 39, *caput*, do art. 59, § 1º, IV, do art. 60 e do art. 68; d) não conheceu da arguição em relação ao art. 7º, §§ 2º e 3º; e) julgou prejudicada a arguição de inconstitucionalidade do art. 30, I, tendo em vista o decurso do lapso de 30 dias previsto na referida norma; f) suspendeu, por unanimidade, até o julgamento final da ação, a eficácia do art. 9º, § 3º (*No caso de os Poderes Legislativo e Judiciário e o Ministério Público não promoverem a limitação no prazo estabelecido no* caput, *é o Poder Executivo autorizado a limitar os valores financeiros segundo os critérios fixados pela lei de diretrizes orçamentárias*), por aparente violação à autonomia dos referidos órgãos e ao princípio da separação dos poderes, do art. 12, § 2º (*O montante previsto para as receitas de operações de crédito não poderá ser superior ao das despesas de capital constantes do projeto de lei orçamentária*), por aparente violação ao art. 167, III, da

---

167 O texto aprovado pela Câmara era do seguinte teor: "Art. 20. A repartição dos limites globais do artigo anterior, *caso não seja fixada na lei de diretrizes orçamentárias*, não poderá exceder os seguintes percentuais: ..." Encaminhado o texto ao Senado, parte do texto do *caput* foi remanejado para um § 6º, ficando assim redigido: "Art. 20. A repartição dos limites globais do art. 19 não poderá exceder os seguintes percentuais: ... § 6º Somente será aplicada a repartição dos limites estabelecidos no *caput*, caso a lei de diretrizes orçamentárias não disponha de forma diferente". Com esta "alteração de redação" possibilitou-se que o Chefe do Executivo viesse a vetar o § 6º, transformando em regra aquilo que seria exceção, o que fez com que os limites fossem exclusivamente fixados pela LRF. Tal artimanha foi necessária por não ser possível o veto de somente parte do *caput* do art. 20, o que fatalmente redundaria na aprovação do texto ou no veto integral, culminando em afastar qualquer limite de gasto. Frise-se, ainda, que a hipótese não versa sobre uma mera emenda de redação, pois inexistia anomalia no texto originário e o Senado terminou por prestigiá-lo.

CR/1988, do art. 23, §§ 1º (*No caso do inciso I do § 3º do art. 169 da Constituição, o objetivo poderá ser alcançado tanto pela extinção de cargos e funções quanto pela redução dos valores a eles atribuídos*) e 2º (*É facultada a redução temporária da jornada de trabalho com adequação dos vencimentos à nova carga horária*), por aparente ofensa à garantia da irredutibilidade de vencimentos; e g) conferiu interpretação conforme à Constituição ao art. 21, II (*É nulo de pleno direito o ato que provoque aumento de despesa com pessoal e não atenda: (...) II- o limite legal de comprometimento aplicado às despesas com pessoal inativo*), para esclarecer que a lei referida é uma lei complementar, e ao art. 72 (*A despesa com serviços de terceiros dos Poderes e órgãos referidos no art. 20 não poderá exceder, em percentual da receita corrente líquida, a do exercício anterior à entrada em vigor desta Lei Complementar, até o término do terceiro exercício seguinte*), para assentar que os serviços de terceiros ali referidos são os de caráter permanente.

Ao julgar a ADI n. 2.250, que também tinha como relator o Ministro Ilmar Galvão, o Supremo Tribunal Federal indeferiu, por unanimidade, a suspensão cautelar dos arts. 35 e 51 da LRF. Em outro momento, apreciando a ADI n. 3.756, sendo relator o Ministro Carlos Ayres Britto, o Tribunal reconheceu a constitucionalidade do art. 1º, § 3º, II, e do art. 20, II e III, da LRF, que estendem ao Distrito Federal o modelo de repartição dos limites globais de despesas com pessoal estabelecido para os Estados, entendendo inaplicável o modelo inerente aos Municípios.

9.2. Vigência

A teor de seu art. 74, a LRF entrou em vigor na data de sua publicação, o que ocorreu no dia 5 de maio de 2000. A eficácia de alguns preceitos, no entanto, depende da edição das normas regulamentares indicadas nos arts. 30, 50, § 2º, 55, § 4º, 60 e 67, § 2º, que versam sobre a criação, mediante lei ou resolução, dos relatórios que serão apresentados, do conselho de gestão fiscal com atribuição para avaliá-los e da definição dos critérios que serão utilizados para tanto.

Considerando a amplitude de seus dispositivos, os quais alcançam a estrutura organizatória dos diversos entes federativos em toda sua dimensão, é oportuno analisar, em um primeiro momento, os problemas de direito intertemporal que serão detectados com o início de sua vigência no curso do exercício financeiro do ano 2000, momento em que já se encontravam em vigor as denominadas leis orçamentárias – planos plurianuais, leis de diretrizes orçamentárias e leis orçamentárias anuais da União, dos Estados, do Distrito Federal e dos Municípios.

Detectada a incompatibilidade entre tais leis e a Lei de Responsabilidade Fiscal, deverá o intérprete buscar compatibilizá-las, sempre visando a resguardar os fins de cada qual[168].

---

168 Deve-se frisar que não merece prosperar eventual argumento de que a LRF é uma lei de ordem pública, logo, poderia retroagir. Qualquer que seja a natureza da lei, é imperativa a observância dos direitos e garantias fundamentais, não sendo prevista qualquer exceção no texto constitucional. Apreciando a questão, o STF assim decidiu:"Se a lei alcançar os efeitos futuros de contratos celebrados anteriormente a ela, será essa

Nessa linha e com fim meramente enunciativo, podem ser divisadas as seguintes situações com as quais o operador da lei poderá se deparar:

a) os contratos administrativos já celebrados devem obedecer à legislação vigente por ocasião de sua formalização, não incidindo a LRF sobre eles, isto em homenagem ao ato jurídico perfeito (art. 5º, XXXVI, da CR/1988 e arts. 66 e 121 da Lei n. 8.666/1993)[169];

b) ainda que celebrados anteriormente à sua vigência, a LRF regerá a gestão financeira dos contratos (mas preservando o objeto), sendo imprescindível que as ulteriores leis orçamentárias prevejam os recursos que garantirão o seu cumprimento nos exercícios financeiros vindouros;

c) os procedimentos licitatórios em curso por ocasião da publicação da LRF, e mesmo aqueles já ultimados em que não tenha havido a celebração do contrato correspondente, deverão ser adequados aos arts. 15, 16, 42 e 45 da LRF[170], pois ainda não haviam se implementado todos os elementos constitutivos do ato, não havendo que se falar em ato jurídico perfeito;

d) os montantes estabelecidos para os contratos de terceirização, instituídos pelo art. 18, § 1º, da LRF, somente abrangerão os contratos celebrados a partir de 5/5/2000, sendo passível de utilização a norma do art. 72, segundo a qual, em determinados casos, os percentuais do art. 20 poderiam ser aplicados a partir de 2003.

---

lei retroativa (retroatividade mínima) porque vai interferir na causa, que é um ato ou fato ocorrido no passado. O disposto no art. 5º, XXXVI, da Constituição Federal se aplica a toda e qualquer lei infraconstitucional, sem qualquer distinção entre lei de ordem pública e lei dispositiva. Aliás, no Brasil, sendo o princípio do respeito ao direito adquirido, ao ato jurídico perfeito e à coisa julgada, de natureza constitucional, sem qualquer exceção a qualquer espécie de legislação ordinária, não tem sentido a afirmação de muitos – apegados ao direito de países em que o preceito é de origem meramente legal – de que as leis de ordem pública se aplicam de imediato alcançando os efeitos futuros do ato jurídico perfeito ou da coisa julgada, e isso porque, se se alteram os efeitos, é óbvio que se está introduzindo modificação na causa, o que é vedado constitucionalmente" (Pleno, ADI n. 493-DF, rel. Min. Moreira Alves, *RTJ* 143/724).

169 Note-se que alguns dispositivos da LRF possuem correspondência com princípios já consagrados pelo Direito Financeiro. À guisa de ilustração, pode-se mencionar o disposto no art. 42 da LRF, segundo o qual "é vedado ao titular de Poder ou órgão referido no art. 20, nos últimos quadrimestres do seu mandato, contrair obrigação de despesa que não possa ser cumprida integralmente dentro dele, ou que tenha parcelas a serem pagas no exercício seguinte sem que haja suficiente disponibilidade de caixa para este efeito". O núcleo essencial deste dispositivo, antes mesmo da LRF, já se encontrava amparado pelo art. 57 da Lei n. 8.666/1993, o qual, consagrando o princípio da anualidade, já previa que "a duração dos contratos regidos por esta Lei ficará adstrita à vigência dos respectivos créditos orçamentários, exceto quanto ...". Caso inexista equivalência entre a legislação anterior e a LRF, a disciplina orçamentária instituída por esta somente regerá os atos futuros.

170 A vedação de inclusão de novos projetos na lei orçamentária sem a prévia conclusão dos anteriores, constante do art. 45 da LRF, erige-se como óbice ao atendimento do requisito previsto nos arts. 7º, § 2º, III, e 14 da Lei n. 8.666/1993, segundo os quais é necessária a existência de previsão orçamentária para a instauração de licitação. É relevante observar que as licitações que antecedam permissões ou concessões, de obras ou serviços, em que não haja desembolso da administração pública, não precisam obedecer ao disposto no art. 16 da LRF (art. 124 da Lei n. 8.666/1993).

9.3. Natureza das Sanções Cominadas

Não obstante a denominação recebida, a LRF não instituiu uma espécie de responsabilidade diversa das já existentes, tendo estabelecido unicamente critérios cogentes de execução orçamentária e de gestão do patrimônio público, os quais garantirão uma administração responsável e compromissada com a preservação do interesse público.

Responsabilidade fiscal, em essência, significa que o agente público arcará com as consequências dos atos que praticar na gestão das finanças públicas, estando sujeito às sanções cominadas sempre que infringir as diretrizes traçadas pelo ordenamento jurídico.

Descumprida a LRF, além de ser reconhecida em alguns casos a nulidade do ato, a responsabilidade do agente haverá de ser aferida nas esferas cível, penal e administrativa, já que praticado um ilícito em detrimento do bem jurídico amparado por aquela.

Especificamente em relação aos atos de improbidade, ainda que seja flagrante a desnecessidade do preceito, é expresso o art. 73 da LRF no sentido de que as infrações dos dispositivos desta Lei Complementar serão punidas segundo *a Lei n. 8.429, de 2 de junho de 1992*, e demais normas da legislação pertinente. Diz-se que o preceito é desnecessário porque a mera violação aos princípios da legalidade e da moralidade, observados os critérios de proporcionalidade já expostos, por si só, possibilita a subsunção da conduta à tipologia dos atos de improbidade, independentemente de expressa previsão na legislação violada.

Apesar de instituir regramento cogente e dispor sobre a nulidade de diversos atos que infrinjam as normas que veicula, a LRF não contém uma tipologia de natureza penal, o que foi relegado à legislação ordinária. Complementando o rol de sanções instituído pela LRF, foi editada a Lei n. 10.028, de 19 de outubro de 2000, também denominada Lei de Condutas Penais, a qual instituiu os tipos penais[171] em que poderiam incorrer os ordenadores de despesa e algumas infrações de natureza administrativa, cujas penalidades serão aplicadas pelo Tribunal de Contas (art. 5º).

A Lei n. 10.028/2000, em conformidade com os claros termos do art. 5º, XL, da Constituição da República, somente atingirá as condutas praticadas a partir de sua entrada em vigor, o que ocorreu em 20 de outubro de 2000, data de sua publicação. Assim, especificamente em relação à responsabilidade penal, tem-se um hiato entre as datas de publicação da LRF (5/5/2000) e da LCP (20/10/2000).

---

171 Foram inseridos novos tipos penais no Código Penal (arts. 359-A até 359-H); na Lei n. 1.079/1950 (art. 10, n. 5 até 12, e arts. 39-A e 40-A); e no Decreto-Lei n. 201/1967 (art. 1º, XVI até XXIII). Identificada a prática do ilícito penal ter-se-á, *ipso facto*, a presença do ato de improbidade. À guisa de informação, deve-se observar que a análise dos tipos penais deve ser feita em conjunto com a LRF, sendo colhidos nesta os conceitos que serão utilizados na integração daqueles (*v.g.*: o art. 359-A considera crime o ato de "ordenar, autorizar ou realizar operação de crédito, interno ou externo, sem prévia autorização legislativa", sendo o conceito de operação de crédito fornecido pelo art. 29, III e § 1º, da LRF).

No entanto, no que concerne aos atos de improbidade, não há que se falar em hiato, observadas, obviamente, as regras de compatibilização entre as leis orçamentárias preexistentes e a LRF.

9.4. Função das Leis Orçamentárias

A gestão regular das finanças públicas pressupõe, em uma fase prévia de planejamento[172]: a) a elaboração de um plano plurianual, cujo conteúdo é regido pela Constituição da República e deve conter as diretrizes, os objetivos e as metas da administração para as despesas de capital nos próximos quatro anos; b) a confecção da lei de diretrizes orçamentárias, que deve atender o disposto no art. 165, § 2º, da Constituição da República (metas e prioridades da administração, orientação na elaboração da lei orçamentária anual, alterações na legislação tributária e política de aplicação das agências oficiais de fomento), dispor sobre o equilíbrio entre receitas e despesas, estabelecer critérios e formas de limitação de empenho e conter anexos com as metas fiscais e com o Programa de Governo, havendo destaque para as obras e investimentos (art. 4º da LRF)[173]; e c) a edição da lei orçamentária anual em conformidade com as leis anteriormente referidas, contendo anexo demonstrativo da compatibilidade da programação dos orçamentos com os objetivos e metas constantes da lei de diretrizes orçamentárias (art. 5º da LRF).

Especificamente em relação à lei orçamentária anual, merece realce o disposto no art. 45, *caput*, da LRF, segundo o qual, "observado o disposto no § 5º do art. 5º[174], a lei orçamentária e as de créditos adicionais só incluirão novos projetos após adequadamente atendidos os em andamento e contempladas as despesas de conservação do patrimônio público, nos termos em que dispuser a lei de diretrizes orçamentárias", devendo o Poder Executivo encaminhar ao Legislativo as informações necessárias ao cumprimento de tal disposição[175]. Ao priorizar os projetos em andamento, a LRF buscou conter a conhecida descontinuidade na execução dos projetos de longo prazo, prática que era facilmente visualizada por ocasião da renovação dos quadros da administração, já que o novo administrador, sempre relegando a plano secundário o princípio da impessoalidade, nunca possuía inte-

---

[172] Na lição de Carlos Valder do Nascimento (ob. cit., p. 17), "o planejamento e um plano ajudam a alcançar eficiência, isto é, a execução perfeita de uma tarefa que se realiza. Mas não é essa a única busca do planejamento; ele visa também à eficácia. Se atende às duas finalidades, pode-se afirmar que deve prever não só que se façam bem as coisas que se fazem (eficiência), mas que se façam as coisas que realmente importam fazer porque são socialmente desejáveis".

[173] À lei de diretrizes orçamentárias também caberá autorizar, a teor do art. 62, I, da LRF, que o Município contribua para o custeio de despesas de competência do Estado e da União (*v.g.*: despesas operacionais realizadas em quartel da Polícia Militar, no Cartório Eleitoral, no Fórum, na Delegacia de Polícia etc.).

[174] Art. 5º, § 5º, da LRF: "A lei orçamentária não consignará dotação para investimento com destinação superior a um exercício financeiro que não esteja previsto no plano plurianual ou em lei que autorize a sua inclusão, conforme disposto no § 1º do art. 167 da Constituição".

[175] Art. 45, parágrafo único, da LRF.

resse em ultimar os projetos iniciados em gestões anteriores, pois eles não seriam vinculados à sua imagem, o que terminaria por divulgar as realizações alheias. Com a LRF, o administrador que, *verbi gratia*, abandone obras inacabadas e priorize seus projetos pessoais, será responsabilizado pela infração à lei e pela depreciação do patrimônio público.

Tratando-se de leis de vigência eminentemente temporária, qualquer dissonância do texto constitucional[176] haverá de ser suscitada, perante o órgão jurisdicional competente, enquanto estiverem em vigor, isto sob pena de exaurimento de sua eficácia e consequente impossibilidade de impugnação[177].

Publicados os orçamentos, o Executivo estabelecerá, em até trinta dias, a programação financeira e o cronograma de execução mensal de desembolso (art. 8º da LRF). No curso do exercício financeiro, serão encaminhados quadrimestralmente, por cada Poder e pelo Ministério Público, os Relatórios de Gestão Fiscal[178] e, bimestralmente, pelo Executivo, os Relatórios de Execução Orçamentária[179], sendo apresentadas anualmente as contas

---

176 Não sendo admissível o ajuizamento de ação direta de inconstitucionalidade contra atos normativos de efeitos concretos, ainda que editados com força legislativa formal, é necessário que os preceitos impugnados da lei de diretrizes orçamentárias sejam dotados de generalidade e abstração (STF, Pleno, ADI n. 2.484/DF, rel. Min. Carlos Velloso, j. em 19/12/2001). E ainda: "(...) A jurisprudência do Supremo Tribunal Federal (*RTJ* 138/436), em tema de fiscalização concentrada de constitucionalidade, firmou-se no sentido de que a instauração desse controle somente tem pertinência se o ato estatal questionado assumir a qualificação de espécie normativa, cujas notas tipológicas derivam da conjugação de diversos elementos inerentes e essenciais à sua própria compreensão: a) coeficiente de generalidade abstrata, b) autonomia jurídica, c) impessoalidade, e d) eficácia vinculante das prescrições dele constantes" (STF, Pleno, ADI n. 2.195/MT, medida liminar, rel. Min. Celso de Mello, j. em 25/5/2000, *DJ* de 9/2/2001). No julgamento da ADI n. 2.484/DF, reconheceu-se que "lei de diretrizes orçamentárias, que tem objeto determinado e destinatários certos, assim sem generalidade abstrata, é lei de efeitos concretos, que não está sujeita à fiscalização jurisdicional no controle concentrado" (Pleno, rel. Min. Carlos Velloso, *Inf.* n. 329).

177 A respeito do tema, o Supremo Tribunal Federal já se pronunciou da seguinte forma: "A lei de diretrizes orçamentárias possui destinação constitucional específica e veicula conteúdo material próprio, que, definido pelo art. 165, § 2º, da Carta Federal, compreende as metas e prioridades da Administração Pública, inclusive as despesas de capital para o exercício subsequente. Mais do que isso, esse ato estatal tem por objetivo orientar a elaboração da Lei Orçamentária Anual e dispor sobre as alterações na legislação tributária, além de estabelecer a política de aplicação das agências financeiras oficiais de fomento. A ordinária vinculação da lei de diretrizes orçamentárias a um exercício financeiro determinado define-lhe a natureza essencialmente transitória, atribuindo-lhe, em consequência, eficácia temporal limitada. Esse ato legislativo – não obstante a provisoriedade de sua vigência – constitui um dos mais importantes instrumentos normativos do novo sistema orçamentário brasileiro. Objeto do controle concentrado de constitucionalidade somente pode ser o ato estatal de conteúdo normativo, em regime de plena vigência. A cessação superveniente da vigência da norma estatal impugnada em sede da ação direta de inconstitucionalidade, enquanto fato jurídico que se revela apto a gerar a extinção de processo de fiscalização abstrata, tanto pode decorrer da sua revogação pura e simples como do exaurimento de sua eficácia, tal como sucede na hipótese de normas legais de caráter temporário" (STF, Pleno, ADI-QO n. 612-RJ, rel. Min. Celso de Mello, j. em 3/6/1993, *DJ* de 6/5/1994, p. 10484).

178 Art. 54 da LC n. 101/2000 e art. 165, § 3º, da CR/1988.

179 Art. 52 da LC n. 101/2000.

que englobam todo o exercício financeiro[180].

À execução do orçamento deve corresponder a correlata apresentação de demonstrativos sintéticos (relatórios de execução orçamentária), pelo Poder Executivo, que veicularão a realização das receitas (*rectius*: concretização da arrecadação prevista) e permitirão que seja verificada a possibilidade de cumprimento das metas previstas no anexo fiscal. Constatado que as receitas realizadas serão insuficientes ao montante de despesas previstas, deverão os Poderes e o Ministério Público, necessariamente, promover a limitação de empenho (*rectius*: ato emanado do ordenador de despesa que acarreta o comprometimento prévio da receita orçamentária), o que será feito na forma do art. 9º da Lei de Responsabilidade Fiscal.

A prática dos atos mencionados obedecerá as disposições e os prazos previstos na Lei de Responsabilidade Fiscal, os quais variarão em conformidade com o ente da Federação e o número de habitantes em se tratando de municípios[181].

9.5. A Lei de Responsabilidade Fiscal e a Ideologia Participativa

Uma das principais metas da LRF é arraigar na consciência popular a ideologia participativa. Para tanto, são múltiplos os instrumentos utilizados pela lei com o fim de garantir a transparência dos atos de gestão[182]. Dentre os instrumentos originários, previstos desde a promulgação da LRF, podem ser mencionados: a) elaboração de versões simplificadas dos planos orçamentários, dos relatórios fiscais e dos pareceres sobre as contas que serão

---

180 De forma correlata à previsão de apresentação de relatórios quadrimestrais de gestão fiscal, o art. 54 da LRF dispõe que, além de serem assinados pelos dirigentes máximos de cada Poder e pelo Chefe do Ministério Público, também o serão "pelas autoridades responsáveis pela administração financeira e pelo controle interno, bem como por outras definidas por ato próprio de cada Poder ou órgão referido no art. 20". Constata-se, assim, que todos os agentes que firmarem o relatório serão solidariamente responsáveis pelo teor das informações nele veiculadas, havendo a presunção de que avaliaram a correção dos atos de gestão praticados e, por isso, a atestaram.

181 Consciente da realidade do País, preocupou-se o legislador com as conhecidas limitações dos pequenos municípios brasileiros, culminado em estabelecer um tratamento diferenciado para aqueles que tenham população inferior a cinquenta mil habitantes, o que corresponde a aproximadamente 90% das unidades existentes. Dispõe o art. 63 da LRF, dentre outras peculiaridades: a) que tais unidades federativas somente estarão obrigadas a apresentar o anexo de metas fiscais e o anexo de riscos fiscais da lei de diretrizes orçamentárias a partir de 2005, enquanto para as demais, a obrigatoriedade surgiu com a publicação da lei; b) o cálculo dos limites referidos no art. 22 e no § 4º do art. 30 (verificação do cumprimento dos limites das despesas com pessoal e da dívida consolidada) será feito a cada 6 meses, enquanto as demais unidades deverão fazê-lo a cada 4 meses; c) o relatório de gestão fiscal pode ser divulgado semestralmente, enquanto as demais unidades deverão divulgá-lo quadrimestralmente; d) o relatório resumido de execução orçamentária, que é apresentado bimestralmente, somente deverá estar acompanhado dos demonstrativos referidos no art. 53 da LRF a cada 6 meses, enquanto as demais unidades sempre deverão apresentar tais demonstrativos juntamente com o relatório resumido.

182 Art. 48 da LRF.

amplamente divulgados, inclusive por meio eletrônico (*internet*)[183]; b) o incentivo à participação popular e a realização de audiências públicas por ocasião da elaboração das leis orçamentárias[184]; c) as contas do Poder Público permanecerão disponíveis durante todo o exercício[185] para a consulta dos cidadãos e deverão ser realizadas audiências públicas para demonstração do cumprimento do previsto na lei de diretrizes orçamentárias; d) entidades técnicas da sociedade participarão dos Conselhos de Gestão Fiscal[186]; e) os Tribunais de Contas darão ampla divulgação ao resultado da apreciação das contas, julgadas ou tomadas[187]; e f) anualmente, o Poder Executivo da União promoverá a consolidação nacional das contas de todos os entes da Federação e os divulgará ao público[188].

Em momento posterior, a Lei Complementar n. 131/2009 promoveu alterações na LRF para ampliar o detalhamento do processo de transparência da Administração Pública brasileira. Foi prevista a necessidade de serem liberadas ao pleno conhecimento e acompanhamento da sociedade, em tempo real, informações pormenorizadas sobre a execução orçamentária e financeira, em meios eletrônicos de acesso público[189]; e a adoção de sistema integrado de administração financeira e controle, que atenda a padrão mínimo de qualidade estabelecido pelo Poder Executivo da União e assegure o livre acesso à informação por parte de qualquer pessoa física ou jurídica[190]. O acesso às informações concernentes à execução orçamentária e financeira será materializado do seguinte modo: (a) em relação à despesa, devem ser divulgados todos os atos praticados pelas unidades gestoras no decorrer da execução da despesa, no momento de sua realização, com a disponibilização mínima dos dados referentes ao número do correspondente processo, ao bem fornecido ou ao serviço prestado, à pessoa física ou jurídica beneficiária do pagamento e, quando for o caso, ao procedimento licitatório realizado[191]; e, (b) em relação à receita, o lançamento e o recebimento de toda a receita das unidades gestoras, inclusive aquela referente a recursos extraordinários[192]. Essas exigências, a teor do art. 73-B da LRF[193], se tornarão plenamente operativas nas seguintes datas: (1) 28 de maio de 2010, para a União, os Estados, o Distrito Federal e os Municípios com mais de 100.000 habitantes; (2) 28 de maio

---

183 A Lei n. 9.755/1999 instituiu o *site* www.contaspublicas.gov.br, no qual os Municípios deverão disponibilizar suas informações financeiras.
184 Art. 48, parágrafo único, da LRF (redação original, posteriormente alterada pela LC n. 131/2009).
185 Trata-se de ampliação do prazo de sessenta dias previsto no art. 31, § 3º, da CR/1988 para o exame das contas municipais.
186 Art. 67 da LRF.
187 Art. 56, § 3º, da LRF.
188 Art. 51 da LRF.
189 Art. 48, parágrafo único, II, da LRF.
190 Art. 48, parágrafo único, III, da LRF.
191 Art. 48-A, I, da LRF.
192 Art. 48-A, II, da LRF.
193 Os prazos são contados a partir da publicação da LC n. 113/2009, o que ocorreu em 28/5/2009.

de 2011, para os Municípios que tenham entre 50.000 (cinquenta mil) e 100.000 (cem mil) habitantes; e (3) 28 de maio de 2013, para os Municípios que tenham até 50.000 (cinquenta mil) habitantes. Isso significa que, até a ultimação do prazo previsto, todas as unidades federadas, salvo por absoluta impossibilidade, devem estar conectadas à *internet*. O descumprimento da obrigação legal, não sendo providenciada a conexão, não sendo divulgados os dados exigidos ou havendo a sua divulgação incorreta, trará consequências desfavoráveis tanto para o ente federado como para os responsáveis que dolosamente concorreram para a omissão: em relação ao primeiro, é prevista a suspensão no recebimento de transferências voluntárias enquanto perdurar o descumprimento da lei[194]; quanto aos últimos, incidirão as sanções do art. 12, III, da Lei n. 8.429/1992, isto em razão do descumprimento de ato do seu ofício e da negativa de publicidade aos atos oficiais[195], não se olvidando o extremo potencial lesivo de sua conduta, que privou o ente federado do recebimento das transferências voluntárias.

Novas modificações foram promovidas na LRF pela Lei Complementar n. 156/2016, algumas delas nitidamente refratárias ao conceito de federação, confirmando o inescondível impulso centralizador da República Federativa do Brasil. Foi previsto que os entes federativos disponibilizariam suas informações e dados contábeis, orçamentários e fiscais conforme "periodicidade, formato e sistema estabelecidos pelo órgão central de contabilidade da União"[196]; e que encaminhariam "ao Ministério da Fazenda, nos termos e na periodicidade a serem definidos em instrução específica deste órgão, as informações necessárias para a constituição do registro eletrônico centralizado e atualizado das dívidas públicas interna e externa"[197]. A primeira consequência para o descumprimento dessas obrigações será o impedimento ao recebimento de transferências voluntárias da União, o que parece razoável, pois quem recebe recursos de outrem há de se submeter às exigências do credor. A segunda, por sua vez, consiste na vedação à contratação de operações de crédito, cujo efeito sinergético pode projetar-se sobre toda a economia. Ainda foi determinado que todos os poderes e instituições autônomas utilizassem os sistemas únicos de execução orçamentária e financeira mantidos e gerenciados pelo Poder Executivo, observada a autonomia de cada qual[198].

A participação popular, na medida em que permita a fiscalização e a própria influência nos atos de gestão fiscal, conduz à aceitabilidade social dos atos do Poder Público, conferindo-lhes a indispensável legitimidade. Participação e democracia são noções indissociáveis, em muito contribuindo para a consecução do interesse público, pois permitem que o administrador, ao estreitar o contato com os destinatários finais de seus atos, obte-

---

194 Art. 73-C da LRF.
195 Art. 11, II e IV, da Lei n. 8.429/1992.
196 Art. 48, § 2º, da LRF.
197 Art. 48, § 3º, da LRF.
198 Art. 48, § 6º, da LRF.

nha as informações necessárias ao melhor desempenho de sua atividade. Exemplo dessa tendência, aliás, é a Lei n. 9.794/1999 (Lei do Processo Administrativo Federal), que prevê a possibilidade de realização de consulta pública em matérias de interesse geral – colhendo-se a manifestação de terceiros antes da decisão final –, bem como a promoção de audiência pública, estimulando o debate a respeito dos assuntos pendentes de decisão.

9.6. Exação em Matéria Tributária

Dentre as disposições concernentes à receita pública, a LRF, em seu art. 11, tornou incontroverso que "constituem requisitos essenciais da responsabilidade na gestão fiscal a instituição, previsão e efetiva arrecadação de todos os tributos da competência constitucional do ente da Federação"[199], acrescendo, no parágrafo único, que "é vedada a realização de transferências voluntárias para o ente que não observe o disposto no *caput*, no que se refere aos impostos"[200].

O dispositivo nada mais é do que derivação lógica do princípio da legalidade, já que os tributos estão previstos em lei e o administrador público tem o dever de cumprir os seus mandamentos[201]. Deixando de instituir, prever e arrecadar os tributos, será nítido o descumprimento da lei. Em razão disto, é extremamente condenável a política de alguns Municípios que, por já possuírem a arrecadação que entendem suficiente, deixam de editar as leis necessárias à instituição de algum tributo previsto no texto constitucional como sendo de sua competência, o que normalmente se dá com o imposto sobre a propriedade territorial urbana.

Tendo sido regularmente instituído o tributo, será ilícita a conduta do Chefe do Executivo que deixar de adotar as providências necessárias à sua cobrança. Neste último caso,

---

[199] A preocupação com a arrecadação também pode ser constatada nos preceitos da LRF que tornam obrigatória a inclusão, nos relatórios resumidos de execução orçamentária, de demonstrativos que apresentem justificativas quanto à frustração de receitas, "especificando as medidas de combate à sonegação e à evasão fiscal, adotadas e a adotar, e as ações de fiscalização e cobrança" (art. 53, § 2º, II); e que torna cogente que as prestações de contas evidenciem "o desempenho da arrecadação em relação à previsão, destacando as providências adotadas no âmbito da fiscalização das receitas e combate à sonegação..." (art. 58).

[200] Marcelo Figueiredo (A Lei de Responsabilidade Fiscal – notas essenciais e alguns aspectos da improbidade administrativa, *Revista Interesse Público* 12/117, 2001) acena com a inconstitucionalidade parcial do art. 11 da LRF, pois a autonomia política, administrativa e tributária dos entes federativos impede que sejam eles compelidos a instituir tributos. Acrescenta que o exercício da competência tributária é facultativo, estando sujeito à opção política do legislador. Não obstante a correção das premissas, não concordamos com a aventada inconstitucionalidade. A LRF não retira do legislador a autonomia inerente à sua atividade; veda, tão somente, que os cofres de outro ente federativo arquem com a sua benevolência. Se possui devedores em potencial, nada mais justo que aufira tais recursos, ao invés de comprometer a atividade finalística de outros entes com transferências de recursos que nela poderiam ser utilizadas.

[201] Nos claros termos do art. 3º do CTN, "tributo é toda prestação pecuniária compulsória, em moeda ou cujo valor nela se possa exprimir, que não constitua sanção de ato ilícito, instituída em lei e **cobrada mediante atividade administrativa plenamente vinculada**" (destaque nosso).

o art. 10, X, da Lei n. 8.429/1992 é expresso ao considerar como ato de improbidade que causa dano ao patrimônio público o fato de o agente "agir negligentemente na arrecadação de tributo ou renda, bem como no que diz respeito à conservação do patrimônio público".

Obviamente, a aplicação do art. 10, X, da Lei de Improbidade pressupõe o efetivo dano ao erário, o que somente ocorrerá caso o agente público deixe transcorrer *in albis* o prazo decadencial para a realização do lançamento tributário ou o lapso prescricional para a cobrança do tributo ou da receita devida. Ausentes estes pressupostos, não haverá que se falar em dano e, *ipso facto*, em aplicação do referido preceito.

Apesar disto, não pode passar despercebido o fato de a LRF ter sido expressa no sentido de que "constituem requisitos essenciais da responsabilidade na gestão fiscal a instituição, previsão e efetiva arrecadação de todos os tributos da competência constitucional do ente da Federação". Assim, o Chefe do Executivo que, passivamente, ano após ano de seu mandato, vê avolumarem-se os débitos fiscais e não adota as providências necessárias à sua execução, estará agindo de forma irresponsável na gestão fiscal, não observando os princípios da legalidade e da eficiência. Essa conduta, de grande lesividade para a coletividade, que se verá privada de múltiplas políticas sociais que poderiam ser implementadas com tais recursos, se enquadrará na tipologia do art. 11 da Lei n. 8.429/1992.

Atenta à realidade do País, a LRF procurou conter a denominada "guerra fiscal", em que alguns entes da Federação, sob o argumento de incentivar a realização de investimentos em sua região, concedem benefícios e incentivos de forma indiscriminada, renunciando a recursos que desempenhariam relevante papel na consecução do interesse público.

A renúncia de receita pode dar-se de diversas formas, tais como a anistia, a remissão, o subsídio, o crédito presumido, a isenção em caráter não geral, a diminuição da alíquota de algum tributo e a modificação da base de cálculo, todas previstas no Código Tributário Nacional.

Em consonância com o art. 14 da LRF, a concessão ou a ampliação de incentivo ou benefício de natureza tributária, com a correlata renúncia de receita, observadas as exceções do § 3º[202], dependerá: a) da apresentação de estimativa do impacto orçamentário-financeiro; b) de estar em harmonia com o disposto na Lei de Diretrizes Orçamentárias; e c) da demonstração de que a renúncia não comprometerá as metas de resultados fiscais previstas na lei de diretrizes orçamentárias ou que haverá algum tipo de compensação para minimizar os seus efeitos, "provenientes de elevação de alíquotas, ampliação da base de cálculo, majoração ou criação de tributo ou contribuição" (*v.g.*: aumento da alíquota do ISS para compensar a isenção de IPTU concedida aos ex-combatentes). Neste último caso, o ato que importou em renúncia de receita somente entrará em vigor quando a compensação estiver assegurada pelo real aumento de receita (art. 14, § 2º, da LRF).

---

[202] Art. 14, § 3º: "O disposto neste artigo não se aplica: I – às alterações das alíquotas dos impostos previstos nos incisos I, II, IV e V do art. 153 da Constituição, na forma do seu § 1º; II – ao cancelamento de débito cujo montante seja inferior ao dos respectivos custos de cobrança".

A renúncia de receita, ao menos em relação ao ISS, é objeto do ato de improbidade descrito no art. 10-A da Lei n. 8.429/1992, inserido pela Lei Complementar n. 157/2016. De acordo com esse preceito, "constitui ato de improbidade administrativa qualquer ação ou omissão para conceder, aplicar ou manter benefício financeiro ou tributário contrário ao que dispõem o *caput* e o § 1º do art. 8º-A da Lei Complementar n. 116, de 31 de julho de 2003". Estes comandos determinam a adoção da alíquota minima de 2% para o ISS, vedada a concessão de qualquer benefício que acarrete a sua redução.

9.7. Medidas Precedentes à Despesa Pública

Todos os atos que importem em geração de despesa ou assunção de obrigação devem necessariamente observar os requisitos constantes dos arts. 16 e 17 da LRF, sob pena de serem considerados não autorizados, irregulares e lesivos ao patrimônio público. Trata-se de nítida hipótese de lesividade presumida.

Assim, a criação, expansão ou aperfeiçoamento de ação governamental que acarrete aumento de despesa deve ser acompanhada de estimativa do impacto orçamentário-financeiro no exercício vigente e nos dois subsequentes, acompanhada da metodologia de cálculo utilizada; declaração do ordenador de despesa[203] de que o aumento encontra adequação orçamentária e financeira com a lei orçamentária e compatibilidade com o plano plurianual e com a lei de diretrizes orçamentárias; indicação da fonte de custeio; e demonstração de que a despesa a ser criada ou majorada não afetará as metas de resultados fiscais que integram o anexo à lei de diretrizes orçamentárias, devendo seus efeitos financeiros ser compensados por aumento permanente de receita ou redução permanente de despesa.

A teor do art. 16, § 4º, da LRF, referidas medidas erigem-se à condição de pressupostos necessários à realização de empenho e à licitação de serviços, fornecimento de bens ou execução de obras, devendo constar do bojo do respectivo procedimento administrativo, o mesmo ocorrendo em relação à desapropriação de imóveis urbanos a que se refere o § 3º do art. 182 da Constituição.

No que concerne às desapropriações, constata-se que, no caso dos imóveis urbanos, além da prévia e justa indenização em dinheiro prevista no art. 182, § 3º, da Constituição, será necessário que os recursos financeiros a serem utilizados estejam em harmonia com a LRF (art. 16, § 4º). No entanto, a remissão ao referido preceito constitucional restringe a aplicação da regra às desapropriações feitas pelos Municípios, pois estes são os entes destinatários das normas relativas aos imóveis urbanos. O legislador, assim, perdeu excelente

---

203 Em se tratando de estrutura administrativa descentralizada, onde o ordenador de despesas delegue esta atribuição a outros agentes, afigura-se-nos incontroversa a imediata assunção do dever jurídico de bem fiscalizar a atividade dos delegados, isto sob pena de responsabilidade solidária pelos ilícitos que venham a ser praticados.

oportunidade de tornar obrigatório que qualquer desapropriação, independentemente da qualidade do expropriante, estivesse sujeita à disponibilidade de recursos.

Tratando-se de despesa obrigatória de caráter continuado, sendo considerada como tal a despesa corrente derivada de ato normativo que fixe para o ente a obrigação legal de execução por um período superior a dois anos[204], a sua criação ou aumento deve ser precedida pela indicação da origem dos recursos para o seu custeio e estar acompanhada da estimativa do impacto orçamentário-financeiro no exercício em que deva entrar em vigor e nos dois subsequentes, bem como de comprovação de que não serão afetadas as metas de resultados fiscais, tal qual determina o art. 17 da LRF.

9.8. Limites de Gastos com Pessoal

A partir de seu art. 18, a LRF estabelece limites para os gastos com pessoal, ativo e inativo, os quais devem ser necessariamente observados por todos os entes da Federação.

Além dos limites de comprometimento de receita com o pagamento de pessoal previstos na LRF, o art. 169, § 1º, da Constituição já previa que "a concessão de qualquer vantagem ou aumento de remuneração, a criação de cargos, empregos e funções ou alteração de estrutura de carreiras, bem como a admissão ou contratação de pessoal, a qualquer título, pelos órgãos e entidades da administração direta ou indireta, inclusive fundações instituídas e mantidas pelo poder público, só poderão ser feitas: I – se houver dotação orçamentária suficiente para atender às projeções de despesa de pessoal e aos acréscimos dela decorrentes; II – se houver autorização específica na lei de diretrizes orçamentárias, ressalvadas as empresas públicas e as sociedades de economia mista".

De acordo com o art. 19 da LRF, os limites de despesa com pessoal estão atrelados à noção de receita corrente líquida, a qual se encontra conceituada no art. 2º, IV, sendo de 50% desta para a União, 60% para os Estados e 60% para os Municípios[205]. Inobservados

---

[204] São exemplos de despesa corrente obrigatória, a teor do art. 12 da Lei n. 4.320/1964, as despesas de custeio, que incluem a remuneração do pessoal ativo, a manutenção se serviços públicos e demais encargos sociais; e as transferências correntes, que englobam as subvenções sociais e econômicas, o pagamento do pessoal inativo, a contribuição previdenciária, os juros da dívida pública etc. O § 6º do art. 17 da LRF exclui do âmbito de incidência deste preceito as despesas destinadas ao reajustamento de remuneração de pessoal de que trata o inciso X do art. 37 da Constituição e aquelas relacionadas ao serviço da dívida, compreendendo o pagamento de juros do principal e a atualização monetária, que serão definidos pelo Senado Federal.

[205] O estabelecimento de limites para as despesas com pessoal foi inicialmente instituído pelo art. 66, § 4º, da CR/1967, que a fixava em 50% da receita corrente líquida de cada um dos entes da Federação. O art. 64 da EC n. 1/1969 transferiu à lei complementar a fixação dos limites a serem seguidos, lei esta que não chegou a ser editada. Técnica idêntica foi adotada pelo art. 169 da CR/1988, sendo que o art. 38 do ADCT dispôs que até a promulgação da lei complementar referida no art. 169, a despesa com pessoal não poderia exceder 65% do valor das receitas correntes. Regulamentando a CR/1988, foi editada a LC n. 82/1995 (Lei Camata), mais severa que a norma de transição e que fixou o limite em 60% das receitas correntes líquidas. Posteriormente, a LC n. 82/1995 foi revogada pela LC n. 96/1999 (Lei Camata II), que veiculou uma série de concei-

os limites legais na realização de contratação de pessoal ou implementados aumentos de remuneração nos cento e oitenta dias anteriores ao término do mandato, estes serão considerados nulos de pleno direito[206], o que está em absoluta conformidade com o art. 169, § 1º, da Constituição[207].

Não obstante a letra expressa da lei, ao final certamente prevalecerá o entendimento que tem sido preconizado em relação às contratações efetivadas sem a realização de concurso público, reconhecendo-se ao contratado o direito de receber a contraprestação pelo serviço prestado, isto sob pena de enriquecimento ilícito do Poder Público.

Caso a despesa com pessoal ultrapasse os limites previstos na LRF e não seja providenciada a correspondente redução no prazo devido, além das medidas de contenção estatuídas no art. 23 e das sanções de ordem pessoal passíveis de serem aplicadas ao administrador, o respectivo ente, a teor do § 3º deste preceito, não poderá receber transferências voluntárias[208]; obter garantia, direta ou indireta, de outro ente; contratar operações de crédito, ressalvadas as destinadas ao refinanciamento da dívida mobiliária e as que visem à redução das despesas com pessoal[209].

---

tos relevantes, cominou sanções e fixou os seguintes limites de gastos com pessoal: a) União – 50%; e b) Estados, Distrito Federal e Municípios – 60%. A LC n. 96/1999 terminou por ser expressamente revogada pela LRF.

206 Art. 21 da LRF: "É nulo de pleno direito o ato que provoque aumento de despesa com pessoal e não atenda: I – as exigências dos arts. 16 e 17 desta Lei Complementar, e o disposto no inciso XIII do art. 37 e no § 1º do art. 169 da Constituição; II – o limite legal de comprometimento aplicado às despesas com pessoal inativo. Parágrafo único. Também é nulo de pleno direito o ato de que resulte aumento da despesa com pessoal expedido nos cento e oitenta dias anteriores ao final do mandato do titular do respectivo Poder ou órgão referido no art. 20".

207 Do mesmo modo, a nulidade também se estenderá aos atos concernentes às despesas com o pessoal inativo que ultrapassem os limites legais de comprometimento.

208 Art. 25, *caput*, da LRF: "Para efeito desta Lei Complementar, entende-se por transferência voluntária a entrega de recursos correntes ou de capital a outro ente da Federação, a título de cooperação, auxílio ou assistência financeira, que não decorra de determinação constitucional, legal ou os destinados ao Sistema Único de Saúde". A impossibilidade de receber transferências voluntárias, no entanto, não alcança aquelas relativas a ações de educação, saúde e assistência social (art. 25, § 3º, da LRF). O art. 169, § 2º, da CR/1988 contém disposição aparentemente mais ampla, prevendo que a inobservância dos limites estabelecidos na LRF importará na imediata suspensão de "todos os repasses de verbas federais ou estaduais aos Estados, ao Distrito Federal e aos Municípios". Diz-se aparentemente, pois este último dispositivo não alcança o repasse dos tributos que devem ser transferidos de um ente da Federação para outro. Justifica-se, pois verbas federais e verbas estaduais são designativos de recursos pertencentes à União e aos Estados, compondo as transferências voluntárias passíveis de serem feitas a outros entes da Federação; transferências compulsórias, por sua vez, são recursos que, por força da Constituição, pertencem a outros entes e estão momentaneamente em poder da União e dos Estados, logo, não podem ser consideradas verbas federais e verbas estaduais.

209 Tratando-se de despesa com pessoal que, no exercício anterior à publicação da LRF, estivesse acima dos limites estabelecidos nos arts. 19 e 20 desta, o enquadramento no respectivo limite pode ser feito em até dois exercícios, na forma prevista no art. 70.

9.8.1. Limites de gastos com pessoal no Poder Legislativo Municipal

A preocupação com a contenção dos gastos do Legislativo Municipal é antiga e tem se materializado com a paulatina inserção de restrições na Constituição brasileira, responsável mor pela estruturação e pelo equilíbrio do Estado Federal. A *ratio* dessa normatização está associada à constatação de que os entes federados, embora formalmente iguais e autônomos, longe de possuírem padrões idênticos de arrecadação, são caracterizados por intensas distorções, não só no plano horizontal, quando cotejados com outros de igual natureza, mas, principalmente, no plano vertical, em que as unidades maiores normalmente possuem receita superior às menores.

Quando o orçamento do Legislativo Municipal absorve parcela considerável das receitas do Município, tem-se um elevado custo social. Quanto maior a despesa com a estruturação da Câmara e a remuneração dos edis, menor o quantitativo de recursos disponível para a promoção de políticas públicas.

As primeiras medidas de contenção adotadas no plano constitucional buscaram estabelecer relações de proporcionalidade entre a remuneração dos Vereadores e aquela percebida pelos Deputados Estaduais e entre o total despendido com essa remuneração e a receita do Município. Em um esforço de verticalização dos padrões remuneratórios praticados pelo Legislativo brasileiro, a EC n. 1/1992 conferiu nova redação ao § 2º do art. 27 da Constituição de 1988, dispondo que a remuneração dos Deputados Estaduais não poderia exceder a 75% daquela estabelecida, em espécie, para os Deputados Federais e, ao acrescer os incisos VI e VII ao art. 29, estabeleceu dois balizamentos para os Municípios: o primeiro, limitando a remuneração de cada Vereador a 75% daquela percebida pelo Deputado Estadual e, o segundo, limitando o total da despesa com a remuneração dos Vereadores a 5% da receita do Município.

Logo se percebeu, no entanto, que os Vereadores, quando cotejados com os Deputados Estaduais, não poderiam ser tratados de modo linear. E isso por uma razão muito simples: a esmagadora maioria dos Municípios brasileiros possui pequena densidade demográfica, tendo, em regra, menos de cem mil habitantes. Sua receita, portanto, costuma ser proporcional ao número de contribuintes. Sensível a essa realidade, a EC n. 25/2000, alterando o art. 29 da Constituição de 1988, além de dispor que os subsídios dos Vereadores deveriam ser fixados em uma legislatura para a subsequente, estabeleceu seis limites distintos para o subsídio, utilizando como paradigma o subsídio dos Deputados Estaduais, que variavam conforme a população do Município. Nos extremos, tinha-se o limite de 20% para a população de até 20.000 habitantes e de 75% para a população de mais de 500.000 habitantes. A mesma Emenda Constitucional, inovando em relação à sistemática anterior, que somente estabelecia limites globais para a remuneração dos Vereadores, inseriu um art. 29-A na Constituição, estabelecendo limites para o "total da despesa do Poder Legislativo Municipal, incluídos os subsídios dos Vereadores e excluídos os gastos com inativos." Também aqui os limites foram escalonados, em quatro faixas, conforme a população: nos Municípios com até cem mil habitantes, o limite seria de 8% do somatório da receita tributária e das transferências previstas no § 5º do art. 153 (70% do IOF incidente sobre o ouro – ativo financeiro ou instrumento cambial) e nos arts. 158 e 159 [participação do Município em impostos arrecadados pela União (IR, ITR, IPI, IE) e pelo Estado (ICMS e IPVA)], todos da Constituição de 1988. Ressalte-se que a exclusão dos inativos do cálculo está certamente associada à ausência de qualquer liberdade valorativa por parte dos detentores do poder quanto à realização da despesa. Diversamente ao que ocorre em relação aos ativos, em que é possível a redução, máxime com a exoneração dos ocupantes de cargos em comissão, uma vez constituída a situação jurídica dos inativos, é imperativo o pagamento da respectiva despesa. Um terceiro limite ainda foi inserido no mesmo preceito: "[a] Câmara Municipal não gastará mais de setenta por cento de sua receita com folha de pagamento, incluído o gasto com o subsídio de seus Vereadores". O conceito de *folha de pagamento*, como esclarecido pela Lei de Responsabilidade Fiscal (art. 18, § 1º), não absorve os encargos patronais e os custos de terceirização de mão de obra. Não é preciso dizer que a terceirização há de observar a sistemática legal, não sendo admissível em toda e qualquer atividade afeta ao Legislativo Municipal.

A partir da referida normatização constitucional, toda parcela estipendial que possa ser atribuída aos Vereadores e aos servidores do Legislativo Municipal, ocupantes de cargos de provimento efetivo ou temporário, com abstração da denominação que se lhe possa atribuir (*v.g.*: verba de representação, verba de gabinete, comparecimento a sessões extraordinárias etc.), estará sujeita aos limites individuais e globais. As parcelas de caráter indenizatório, face à sua própria natureza jurídica, computadas que são entre as despesas de custeio, não de pessoal, estão excluídas desse limite. A exceção, no entanto, não autoriza práticas fraudulentas, como a de cognominar de indenização uma verba paga genericamente a todos, em caráter contínuo e com abstração de fato que possa justificar a reposição patrimonial.

Com o advento da EC n. 58, promulgada em 23 de setembro de 2009, que redefiniu a proporção entre a população e o número de Vereadores das Câmaras Municipais, foi conferida nova redação aos incisos do art. 29-A da Constituição de 1988, sendo os limites da despesa total do Poder Legislativo Municipal escalonados em seis faixas: o mais amplo, de 7% da receita para os Municípios com população de até 100.000 habitantes, e, o mais estrito, de 3,5%, para os Municípios com população acima de 8.000.001 habitantes. Os novos limites já prevaleceram no exercício de 2010.

Observe-se, ainda, que os períodos de apuração da receita corrente líquida prevista na LRF e da receita referida no art. 29-A da Constituição de 1988 são distintos. Na apuração da despesa total com pessoal e da respectiva base de cálculo previstas no art. 18 da LRF, a receita corrente líquida será calculada em conformidade com o mês de referência e os onze meses anteriores (art. 2º, § 3º, da LRF). Tratando-se da receita disciplinada no art. 29-A da Constituição, a base de cálculo sobre a qual incidirá o percentual máximo de despesas corresponde ao exercício financeiro anterior: de 1º de janeiro até 31 de dezembro, conforme deflui do *caput* do preceito.

9.8.2. Terceirização de serviços e de mão de obra

Regra geral, busca o Poder Público, por meio da terceirização, transferir a terceiros a realização de atividades periféricas ou instrumentais que concorrerão para a consecução de seus fins, que permanecem a ele vinculados[210].

No âmbito do Direito do Trabalho, a terceirização tem sido vista com certa reserva, pois, com frequência, é identificado o intuito de contornar as obrigações trabalhistas que se originam da relação existente entre o prestador e o tomador do serviço. Apreciando a questão, o Tribunal Superior do Trabalho editou dois enunciados. De acordo com o enunciado n. 256, reputou-se ilegal a intermediação de mão de obra, ressalvados os casos de trabalho temporário e de serviços de vigilância. Ulteriormente, com o enunciado n. 331, reconheceu-se, em determinados casos, a licitude da contratação por meio de interposta empresa, desde que não fossem detectadas a pessoalidade e a subordinação direta próprias de uma relação de emprego, *in verbis*:

> *I – A contratação de trabalhadores por empresa interposta é ilegal, formando-se o vínculo diretamente com o tomador dos serviços, salvo no caso de trabalho temporário (Lei n. 6.019, de 3/1/1974). II – A contratação irregular de trabalhador, mediante empresa interposta, não gera vínculo de emprego com os órgãos da Administração Pública direta, indireta ou fundacional (art. 37, II, da CF/1988). III – Não forma vínculo de emprego com o tomador a contratação de serviços de vigilância (Lei n. 7.102, de 20/6/1983) e de conservação e limpeza, bem como a de serviços especializados ligados à atividade-meio do tomador, desde que inexistente a pessoalidade e a subordinação direta. IV – O inadimplemento das obrigações trabalhistas, por parte do empregador, implica a responsabilidade subsidiária do tomador dos serviços quanto àquelas obrigações, desde que haja participado da relação processual e conste também do título executivo judicial. V – Os entes integrantes da Administração Pública direta e indireta respondem subsidiariamente, nas mesmas condições do item IV, caso evidenciada a sua conduta culposa no cumprimento das obrigações da Lei n. 8.666, de 21/6/1993, especialmente na fiscalização do cumprimento das obrigações contratuais e legais da prestadora de serviço como empregadora. A aludida responsabilidade não decorre de mero inadimplemento das obrigações trabalhistas assumidas pela empresa regularmente contratada. VI – A responsabilidade subsidiária do tomador de serviços abrange todas as verbas decorrentes da condenação referentes ao período da prestação laboral*[211].

---

210 A terceirização de atividades periféricas aos objetivos finalísticos do Poder Público (*v.g.*: limpeza, vigilância, operação de elevadores etc.) tem sido, inclusive, estimulada pela lei. À guisa de ilustração, devem ser lembrados o art. 10, § 7º, do Decreto-Lei n. 200/1967 e o art. 3º da Lei n. 5.465/1970.

211 A redação do Enunciado n. 331, IV, do TST foi alterada pela Resolução n. 174/2011, divulgado em 27, 30 e 31/5/2011, que também acresceu os incisos V e VI. Pela redação anterior, o tomador dos serviços era responsável solidário caso ocorresse o inadimplemento das obrigações trabalhistas por parte do empregador. Como o STF julgou constitucional o art. 71, § 1º, da Lei n. 8.666/1993 ("A inadimplência do contratado, com referência aos encargos trabalhistas, fiscais e comerciais, não transfere à Administração Pública a responsabilidade por

No que se relaciona ao objeto desta exposição, a terceirização pode assumir a forma de empreitada de serviço[212] ou de fornecimento de mão de obra por interposta pessoa. A terceirização sob a forma de empreitada de serviço é expressamente admitida pela Constituição[213], enquanto o fornecimento de mão de obra é um engenhoso artifício utilizado para se contornar a exigência de prévia aprovação em concurso público para a investidura em cargo ou emprego público[214], o que retira sua licitude. Como ressalta do enunciado n. 331 do TST, o que as diferencia, em essência, é que, na segunda forma de terceirização, estão presentes a subordinação e a pessoalidade[215] próprios de uma relação de emprego, elementos ausentes na primeira, motivo pelo qual somente a contratação de empresa para a realização de determinado serviço pode ser considerada conforme o texto constitucional e, *ipso iure*, lícita. Além disso, no fornecimento de mão de obra, o objeto do contrato é a obtenção da atividade laborativa de terceiros por meio de interposta pessoa, enquanto na empreitada de serviço, o objeto do contrato é a realização de certa atividade e a consequente produção de um resultado devidamente individualizado.

A terceirização sob a forma de fornecimento de serviço, como resulta dos claros termos do Enunciado n. 331 do TST, somente é admitida em se tratando de atividade-meio da administração (*v.g.*: limpeza, vigilância etc.). A licitude da contratação do serviço, por meio de empresa particular, ainda estará condicionada à inexistência de categoria funcional própria, no âmbito do respectivo ente, que seja incumbida de função idêntica àquela objeto da contratação[216]. Não fosse assim, seriam desrespeitados os princípios constitucio-

---

seu pagamento, nem poderá onerar o objeto do contrato ou restringir a regularização e o uso das obras e edificações, inclusive perante o Registro de Imóveis") – Pleno, ADC n. 16/DF, rel. Min. Cezar Peluso, j. em 24/11/2010, *DJU* de 9/9/2011 –, foi afastada a responsabilidade direta da Administração Pública, amplamente reconhecida na esfera trabalhista, e passou a ser reconhecida a sua responsabilidade subsidiária, sendo exigida a demonstração de culpa no não cumprimento das obrigações referidas na Lei n. 8.666/1993.

212 Essa forma de terceirização encontra previsão expressa no art. 197 da Constituição, segundo o qual "são de relevância pública as ações e serviços de saúde, cabendo ao Poder Público dispor, nos termos da lei, sobre sua regulamentação, fiscalização e controle, devendo sua execução ser feita diretamente ou através de terceiros, e, também, por pessoa física ou jurídica de direito privado".
213 Art. 37, XXI.
214 Art. 37, II, da CR/1988.
215 Na lição de Maria Sylvia Zanella di Pietro (*Comentários à Lei de Responsabilidade Fiscal*, p. 136), "além da subordinação, é essencial para a distinção o aspecto da *pessoalidade*: na locação de serviços, a *empresa* é contratada; as suas qualidades é que são levadas em consideração para a celebração do contrato. No fornecimento de mão de obra, a empresa é mera intermediária para a contratação de pessoas físicas determinadas. No âmbito da Administração Pública, ocorre, com frequência, a mudança da empresa contratada (por força dos atos licitatórios), mas as pessoas físicas que prestam a atividade são as mesmas. O caráter de pessoalidade é evidente e demonstra, sem sombra de dúvida, a burla à norma constitucional que exige concurso público para a investidura em cargo e emprego público. Esse tipo de contrato, se já é inaceitável no âmbito das empresas privadas, agrava-se quando celebrado pela Administração Pública, caracterizando ato de *improbidade administrativa*, por ofensa aos princípios da Administração Pública...".
216 Neste sentido: TCU, Proc. TC-475.054/95-4, *DOU* de 24/7/1995.

nais da igualdade e suas variantes específicas: do livre acesso aos cargos públicos e do concurso público.

Em sendo realizada a terceirização, deve ser analisado se os gastos efetivados serão incluídos sob a epígrafe "Outras Despesas de Pessoal", conforme preceitua o art. 18, § 1º, da LRF: "Os valores dos contratos de mão de obra que se refiram à substituição de servidores e empregados públicos serão contabilizados como 'Outras Despesas de Pessoal'".

Como desdobramento do que foi dito, é possível afirmar que a celebração de contratos de fornecimento de serviço, em estando correlacionados à atividade-fim da administração ou, ainda que sejam pertinentes à atividade-meio, mas que digam respeito a funções já contempladas no plano de cargos do órgão ou entidade, não estará em harmonia com a Constituição. Apesar disto, em sendo celebrados, o numerário com eles despendido integrará o montante das despesas com pessoal, pois efetivamente importaram em "substituição de servidores e empregados públicos"[217].

Tratando-se de contratos de terceirização cujo objeto diga respeito à atividade-meio e não guardem correspondência com qualquer cargo previsto no plano de cargos do órgão ou entidade tomadora do serviço, o respectivo gasto não será computado na totalização das despesas de pessoal. A razão, nesse caso, é simples: como a atividade não guarda correspondência com aquela desempenhada pelos servidores ou empregados públicos, não haverá que se falar na substituição destes, como prevê o art. 18, § 1º, da LRF[218]. O mesmo ocorrerá caso os cargos ou empregos tenham sido extintos, total ou parcialmente.

À luz do exposto, sob a ótica do art. 18, § 1º, da LRF, é inevitável a constatação de que a contratação de empresa para a prestação de determinado serviço – desde que não relacionado à atividade-fim e não importe em locação de mão de obra ou em substituição de funções já exercidas por servidores públicos – o que exige impessoalidade e inexistência de subordinação hierárquica dos empregados em relação ao tomador do serviço, não terá seu valor incorporado ao montante das *despesas com pessoal*[219]. Para tanto, é necessário que o serviço seja o objeto do contrato[220] e que a administração deixe de fixar, no edital de licitação, especificações quanto à especialização dos empregados, valores relativos à remuneração, bem como o quantitativo necessário à execução do serviço. São igualmente excluídos da rubrica "outras despesas de pessoal" os serviços técnicos especializados, contratados na forma do art. 13 da Lei n. 8.666/1993.

---

217 Cf. PIETRO, Maria Sylvia Zanella di. *Comentários...*, p. 137.
218 Cf. FERRAZ, Luciano. A Lei de Responsabilidade Fiscal e terceirização de mão de obra no serviço público, *Revista Fórum Administrativo*, abril de 2001, p. 130.
219 No mesmo sentido, tem se pronunciado o Tribunal de Contas da União: Plenário, Consulta TC-014.185/2001-3, rel. Min. Walton Alencar Rodrigues, Decisão n. 1.084/2001, j. em 12/12/2001, *Revista do TCU* n. 90/203.
220 Art. 6º, II, da Lei n. 8.666/1993.

9.9. Limites Temporais e Materiais para a Contratação de Despesas

O art. 42 da LRF encontra-se assim redigido:"É vedado ao titular de Poder ou órgão referido no art. 20, nos últimos dois quadrimestres do seu mandato[221], contrair obrigação de despesa que não possa ser cumprida integralmente dentro dele, ou que tenha parcelas a serem pagas no exercício seguinte sem que haja suficiente disponibilidade de caixa para este efeito. Parágrafo único. Na determinação da disponibilidade de caixa serão considerados os encargos e despesas compromissadas a pagar até o final do exercício".

Para a correta exegese desse dispositivo, é necessário identificar o exato momento em que se considera contraída a obrigação de despesa. De acordo com o art. 58 da Lei n.

---

[221] Como se vê, a LRF fala unicamente em *mandato*, o que afastaria qualquer interpretação que procurasse confiná-lo aos lindes do Poder Executivo, já que mandato guarda correlação com cargo dotado de limitação temporal, quer seja preenchido por intermédio do sufrágio popular, quer sejam outros os meios de eleição (*v.g.*: Procurador-Geral de Justiça, Presidente do Tribunal de Justiça etc.). Com isso, chegar-se-ia à conclusão de que mesmo os agentes que detenham um mandato de reduzida duração (*v.g.*: dois anos) deveriam render obediência aos preceitos da LRF, o que, certamente, seria fonte de incontáveis problemas. No entanto, Carlos Roberto Lima Paganella, Heriberto Rios Maciel e Têmis Limberger (Considerações Jurídicas sobre a Lei de Responsabilidade Fiscal e algumas questões atinentes ao Ministério Público, *Revista de Direito do Ministério Público do Estado do Rio de Janeiro* n. 13/55, 2001) sustentam que tal entendimento não está em harmonia com a Constituição. Ao analisarem o disposto no art. 21, parágrafo único, da LRF, que veda a expedição de atos, pelos titulares do respectivo Poder ou órgão arrolados no art. 20 que resultem em aumento de despesa com pessoal nos 180 dias anteriores ao fim do mandato, afirmam os articulistas gaúchos que não se trata propriamente de norma de gestão orçamentária, à medida que não se liga à execução orçamentária. Em verdade, o dispositivo tem feição nitidamente eleitoral, visando a garantir a normalidade e a legitimidade das eleições contra o abuso no exercício da função, em atenção ao art. 14, § 9º, da CR/1988. Identificada a verdadeira *ratio* do art. 21, parágrafo único, da LRF, bem como a norma constitucional na qual ele aufere seu fundamento de validade, tornar-se-ia possível dizer que sua aplicação está circunscrita às hipóteses em que o mandato conferido ao agente tenha sua origem atrelada ao sufrágio popular. Não bastasse isto, a norma não está em harmonia com o princípio da proporcionalidade, pois inviabilizaria o suprimento das conhecidas deficiências de pessoal do Ministério Público e do Poder Judiciário sem um correlato benefício para a coletividade, isto sem olvidar o fato de que o lapso de 180 dias consome um quarto do mandato dos Chefes do Ministério Público e dos Presidentes dos Tribunais. Nesta linha, buscando harmonizar a letra da norma com a sua *ratio*, deve-se-lhe dispensar interpretação conforme à Constituição, entendendo-se por mandato tão somente a representatividade auferida com o sufrágio popular. A aplicação desse entendimento, no entanto, deve ser precedida de grande cautela, pois o descumprimento do disposto no art. 21 da LRF configura o crime tipificado no art. 359-G do Código Penal, com a redação determinada pela Lei n. 10.028/2000. Em sentido contrário, Jair Eduardo Santana (A questão do mandato na Lei de Responsabilidade Fiscal, *Revista do Tribunal de Contas da União* n. 92/44) sustenta que os arts. 21, parágrafo único, 23, § 4º, e 42 da LRF são claros na referência a titular de Poder ou órgão, sendo estes verdadeiras "unidades orçamentárias, o que inviabiliza uma interpretação supressora do conteúdo normativo. Os dirigentes dos órgãos públicos, ademais, não são escolhidos pelo voto popular, o que, em prevalecendo a tese de que a lei somente seria aplicável a estes, tornaria letra morta todos os preceitos que fazem referência a titular de órgão. Frise-se, ainda, que, quando buscou alcançar unicamente o Chefe do Executivo, a LRF o disse expressamente (arts. 31, § 3º, e 38, IV, *b*). Ao final, afirma o articulista que as possíveis dificuldades operacionais que serão verificadas com o comprometimento de parte do mandato dos titulares de órgãos, normalmente de curta duração, poderão ser contornadas com um planejamento contínuo e responsável. A nosso ver, esta última posição parece ser mais consentânea com a sistemática legal.

4.320/1964, "o empenho de despesa é o ato emanado de autoridade competente que cria para o Estado obrigação de pagamento pendente ou não de condição".

Constata-se, assim, que, para os fins do art. 42 da LRF, somente se pode falar em obrigação após o empenho[222]. Em sequência, o art. 62 da Lei n. 4.320/1964 dispõe que "o pagamento da despesa só será efetuado quando ordenado após sua regular liquidação". A liquidação, por sua vez, ocorrerá quando o contratado cumprir o avençado no contrato, em caráter final e definitivo, o que deve ser devidamente atestado pela administração.

A execução da despesa pública pressupõe seja realizado o seu empenho, que consiste na reserva de recursos previstos em determinada dotação orçamentária em montante suficiente ao seu pagamento. Ato contínuo, é emitida a nota de empenho – documento que materializa o empenho e cuja emissão pode ser dispensada em alguns casos. Tão logo o contratado cumpra sua parte na avença, deve a administração verificar se o pactuado foi efetivamente cumprido, o que corresponde à fase de liquidação da despesa, sendo a condição necessária para tornar exigível a prestação por ela devida. Liquidada a despesa, é emitida a ordem de pagamento, que normalmente emana do setor de contabilidade e é direcionada à tesouraria. Por fim, dá-se o pagamento da despesa pelo tesoureiro.

Como desdobramento do exposto, o compromisso assumido pelo Poder Público no contrato somente ensejará o surgimento da obrigação de pagamento após o empenho[223], e o pagamento dependerá da ulterior liquidação, o que, por via reflexa, denota que o art. 42 da LRF apenas será aplicado quando a despesa for devidamente empenhada nos dois últimos quadrimestres do mandato[224]. Evita-se, com isso, que o administrador aufira divi-

---

[222] Não obstante a terminologia legal, que assegura um nítido encadeamento entre a LC n. 101/2000 e a Lei n. 4.320/1964, merece ser lembrada a lição de J. Teixeira Machado Jr. e Heraldo da Costa Reis (*A Lei 4.320 comentada*, p. 118-119), no sentido de que "o empenho não cria obrigação e, sim, ratifica a garantia de pagamento assegurada na relação contratual existente entre o Estado e seus fornecedores e prestadores de serviço". Em seguida, acrescentam que "empenho de despesa é ato emanado de autoridade competente que vincula dotação de créditos orçamentários para pagamento de obrigação decorrente de lei, contrato, acordo ou ajuste, obedecidas as condições estabelecidas".

[223] Em rigor lógico, o empenho deveria anteceder a própria celebração do contrato, com a consequente reserva de recursos financeiros aptos a adimpli-lo. No entanto, em não sendo cumprida esta regra, merece ser lembrada a observação de Jorge Ulisses Jacoby Fernandes (Empenho da despesa pública: o que mudou com a Lei de Responsabilidade Fiscal, *Revista Fórum Administrativo*, agosto de 2001, p. 724), no sentido de que "o que não se admite é seja firmado um compromisso sem o prévio empenho, mas se o mesmo, no âmbito interno, é concomitante ou alguns dias a *posteriori*, com dotação suficiente e adequada, não há maiores problemas em flexibilizar a norma às rotinas da organização. Em algumas entidades, as minutas de contrato são examinadas pelo órgão jurídico, encaminhadas ao setor financeiro para verificar a existência de recursos, assinadas pelos contratantes, devolvida ao setor financeiro para empenho, elaborado extrato e encaminhado à publicação. O mais correto seria que logo na primeira passagem pelo setor financeiro fosse feito o empenho e, não consumada a obrigação, anulado, com reversão à dotação. Ocorre que, em função das realidades locais e do volume de omissões na assinatura do contrato, as ocorrências de anulações podem justificar o procedimento descrito".

[224] Em sentido contrário, Ivan Barbosa Rigolin (Aplicação temporal da Lei de Responsabilidade Fiscal, *Respon-*

dendos políticos com obras realizadas no final de seu mandato e a conta seja paga por seu sucessor[225].

É importante ressaltar que o cancelamento de empenhos, pelo só fato de os pagamentos serem efetuados no exercício vindouro, é prática que caminha em norte contrário à *ratio* do art. 42 da LRF[226]. Afinal, o empenho já caracteriza uma despesa contábil, ainda que o pagamento seja diferido[227], exigindo a observância da respectiva competência, o que é especialmente percebido em se tratando de despesas com pessoal (*v.g.*: folha de pagamento de dezembro, encargos patronais etc.). O desfazimento de empenhos não liquidados somente se harmonizará com a *ratio* do art. 42 da LRF em não tendo sido iniciada a execução do contrato. Caso contrário, enquanto o antecessor, além de auferir os benefícios com a execução, não irá onerar a conta de restos a pagar, caberá ao sucessor o mero ato de liquidação, assumindo o respectivo pagamento.

---

sabilidade Fiscal, Estudos e Orientações) sustenta que o art. 42 da LRF somente será aplicável às despesas contraídas, empenhadas e liquidadas, pois, a teor do art. 62 da Lei n. 4.320/1964, o Poder Público só terá a obrigação de cumprir sua parte na avença após a liquidação. Assim, nada impedirá que o Poder Público firme determinado contrato nos dois últimos quadrimestres se a obrigação for liquidada no exercício seguinte. Com a devida vênia, não corroboramos este entendimento por divisarmos substancial distinção entre o surgimento da obrigação de pagar e o implemento da condição que autorizará o pagamento. A obrigação de pagar, por força de lei (art. 58 da Lei n. 4.320/1964), surge com o empenho, permanecendo em estado latente até que o contratado cumpra sua parte na avença e se implemente a condição exigida, qual seja, a liquidação. Sendo claro o art. 42 da LRF ao instituir a vedação de se "contrair obrigação de despesa" nos dois últimos quadrimestres, afigura-se induvidoso que tal se dá com o empenho, e não com a liquidação. No mesmo sentido, Misabel Abreu Machado Derzi (*Comentários à Lei de Responsabilidade Fiscal*, p. 305-307). Deve-se frisar, ainda, que a liquidação, em verdade, é um ato de mera conferência, logo, sustentar que a obrigação só surge com ela é relegar a plano secundário a própria *ratio* da LRF, pois permitiria que a obra ou o serviço fosse integralmente realizado em uma legislatura e o administrador subsequente arcasse com o ônus de pagá-lo, isto após uma simples conferência; ou, pior, devesse arcar com o ônus de pagá-la e não dispusesse de recursos para tanto. A nosso ver, esse entendimento não prestigiaria a tão almejada gestão responsável. O art. 42 da LRF alcança tanto a despesa liquidada como aquela em fase de execução, exigindo que o seu pagamento seja efetuado dentro do exercício financeiro ou, na pior das hipóteses, que existam recursos disponíveis em caixa, no mesmo exercício, ainda que o pagamento somente seja realizado no exercício seguinte.

225 Entendendo violado o art. 42 da LRF, com a realização de empenhos nos dois últimos quadrimestres do mandato do Prefeito e a correlata apuração de déficit de disponibilidade e a insuficiência de caixa, impossibilitando o cumprimento total das obrigações assumidas no próprio exercício financeiro, inexistindo, ainda, recursos para o seu cumprimento no exercício seguinte, o TJRJ decidiu pela caracterização dos atos de improbidade previstos no art. 10, IX, e no art. 11, *caput* e I, da Lei n. 8.429/1992 (17ª CC, rel. Des. Elton Leme, j. em 5/5/2010, *DJ* de 20/5/2010). Vale ressaltar o evidente equívoco do acórdão ao sustentar a simultânea incidência, sobre uma única conduta, da tipologia dos arts. 10 e 11 da Lei n. 8.429/1992, quando o último é nitidamente absorvido pelo primeiro. Como se constata pela leitura do acórdão, o real objetivo dessa operação parece ter sido o de mesclar a incidência das sanções previstas nos incisos II e III do art. 12, o que não se afigura juridicamente defensável.

226 Nesse sentido: TOLEDO JÚNIOR, Flávio C. de. Fim de mandato – as despesas proibidas, *RTCU* n. 111, p. 43 (49), jan.-abr./2008.

227 Ver art. 35, II, da Lei n. 4.320/1964.

Lamentavelmente, a LRF, ao estabelecer limites temporais à prática de inúmeros atos de cunho econômico-financeiro, não buscou estabelecer uma disciplina harmônica com o sistema da Lei Complementar n. 64/1990 (*Lei de Inelegibilidades*). Neste diploma legal, dentre outras matérias, é encontrada a disciplina da denominada *desincompatibilização*, que consiste no afastamento de determinados agentes, no prazo previsto em lei, das atividades que ordinariamente desempenham, para que possam concorrer a certo cargo de natureza eletiva. Com isto, busca-se evitar que o agente utilize as prerrogativas inerentes à atividade que desenvolva em detrimento da igualdade que deve existir entre os concorrentes ao pleito.

Para melhor visualizar a assimetria verificada entre tais diplomas, mencionaremos, à guisa de ilustração, o exemplo de um Governador que pretenda concorrer ao cargo de Presidente da República. Neste caso, consoante o art. 1º, II, a, 10, da Lei Complementar n. 64/1990, o Governador deverá se afastar do cargo até seis meses antes da data da eleição. Considerando que a eleição é realizada no primeiro domingo de outubro[228], pode-se afirmar que a desincompatibilização deverá ocorrer no início do mês de abril do respectivo ano. Como a vedação constante do art. 42 da LRF somente alcança as despesas contraídas nos dois últimos quadrimestres do ano, conclui-se que atos francamente imorais, como a utilização quase que integral das dotações orçamentárias ou a contração de inúmeras despesas sem o necessário aporte de caixa, desde que implementados no primeiro quadrimestre, não poderão ser valorados à luz da LRF e permitirão ao agente angariar a simpatia do eleitorado nos últimos momentos em que ocupar o cargo. Restará, no entanto, a possibilidade de se demonstrar a desproporcionalidade da utilização dos recursos ou da contratação de despesas em relação aos exercícios pretéritos, o que será um relevante indício de que o agente, além de se autopromover, buscou inviabilizar a administração de seu sucessor, o que é um nítido indício de violação à moralidade administrativa.

Em suma, se a despesa for contratada e empenhada nos dois últimos quadrimestres do mandato, neste deverá ser paga ou, alternativamente, deve haver reserva de receita em caixa para que o sucessor a pague; sendo a despesa contratada em um exercício e não havendo o empenho correspondente, não haverá a incidência do art. 42 da LRF. É necessário que haja uma estrita correlação entre o compromisso assumido e o fluxo de caixa, sendo esta a *ratio* do preceito que ora estudamos.

Com este preceito, ter-se-á uma salutar limitação na utilização dos conhecidos "restos a pagar"[229], os quais ficarão limitados às disponibilidades de caixa, evitando-se a transferência de despesa de um exercício para outro sem a correspondente fonte de receita.

---

228 Segundo o art. 1º, *caput*, da Lei n. 9.504/1997 (Lei das Eleições), "as eleições para Presidente e Vice-Presidente da República (...) dar-se-ão, em todo o país, no primeiro domingo de outubro do ano respectivo".
229 De acordo com o art. 36 da Lei n. 4.320/1964, "consideram-se Restos a Pagar as despesas empenhadas mas não pagas até o dia 31 de dezembro, distinguindo-se as processadas das não processadas". Comentando o preceito, observam J. Teixeira Machado Júnior e Heraldo da Costa Reis (*A Lei 4.310 comentada*, p. 79-80) que

Corroborando o exposto, tem-se o art. 55, III, *b*, da LRF, segundo o qual o Relatório de Gestão Fiscal a ser apresentado no último quadrimestre do ano deve conter demonstrativo da inscrição em Restos a Pagar das despesas:"1) liquidadas; 2) empenhadas e não liquidadas, inscritas por não atenderem a uma das condições do inciso II do art. 41; 3) empenhadas e não liquidadas, inscritas até o limite do saldo da disponibilidade de caixa; 4) não inscritas por falta de disponibilidade de caixa e cujos empenhos foram cancelados".

No mais, deve-se observar que as despesas com pessoal, elencadas no art. 18 da LRF, não devem ser abrangidas pela vedação constante do art. 42. Trata-se de obrigação de caráter contínuo que não guarda similitude com a concepção de despesa contraída ou dívida consolidada, exceto se decorrente de títulos precatórios[230]. As despesas de pessoal, em verdade, mereceram tratamento específico no art. 21, parágrafo único, da LRF, que dispõe ser "nulo de pleno direito o ato de que resulte aumento da despesa de pessoal expedido nos cento e oitenta dias anteriores ao final do mandato do titular do respectivo Poder ou órgão referido no art. 20". O aumento aqui referido é o nominal, não sendo admissível o estabelecimento de um paralelo, a partir de limites percentuais, entre a despesa com pessoal e a receita (*v.g.*: se em determinado mês a receita era de 100 e a despesa de pessoal de 5, observado o percentual de 5%, seria legítimo, no mês subsequente, caso a receita subisse para 200, o aumento da despesa de pessoal para 10).

Entendemos ser ilegítima, para os fins do art. 21, parágrafo único, da LRF, essa vinculação percentual entre receita e despesa com pessoal. São as seguintes as razões que invocamos: a) a remuneração dos servidores públicos é fixada em valores monetários (moeda), não em percentual da receita, logo, importará em aumento a majoração do valor nominal de sua remuneração; b) nos casos em que pretendeu vincular receita e despesa com pessoal em limites percentuais, a LRF o fez expressamente (arts. 71 e 72); c) admitindo-se que a despesa de pessoal deve flutuar em conformidade com a variação da receita, ter-se-á que admitir, além da possibilidade de aumento, a sua necessária diminuição sempre que houver a correlata redução de receita, o que certamente não estará em harmonia com o princípio da irredutibilidade de vencimentos; d) a receita apresenta grande variação nos diferentes meses do exercício financeiro, o que, caso acarretasse idêntica variação da despesa com pessoal, inviabilizaria qualquer atividade de planejamento; e e) é evidente que a regra do art. 21, parágrafo único, da LRF, não obstante inserida em um diploma que não ostente a condição de "lei eleitoral", visa a preservar a moralidade administrativa, impedindo que seja inviabilizada a administração do sucessor, e a garantir a normalidade e a legi-

---

"são considerados processados os Restos a Pagar referentes a empenhos executados, liquidados e, portanto, prontos para pagamento, ou seja, o direito do credor já foi verificado, conforme disposições contidas nesta lei. São considerados não processados os empenhos de contratos, os que ainda se encontram em plena execução, não existindo ainda o direito líquido e certo do credor".

230 Cf. MOTTA, Carlos Pinto Coelho, Aplicação temporal da Lei de Responsabilidade Fiscal, in *Responsabilidade Fiscal*, p. 20.

timidade da eleição, evitando que o administrador aufira dividendos políticos com o aumento da despesa com pessoal[231].

9.10. Restrições à Aplicação das Receitas de Capital

O art. 44 da LRF dispõe que *é vedada a aplicação da receita de capital derivada da alienação de bens e direitos que integram o patrimônio público para o financiamento de despesa corrente, salvo se destinada por lei aos regimes de previdência social, geral e próprio dos servidores públicos*.

Regra geral, as receitas de capital devem ser revertidas em despesas de capital[232], o que impedirá a paulatina degradação do patrimônio público. Assim, se determinado ente federativo aliena um imóvel, deverá utilizar o numerário arrecadado na quitação de dívidas e na aquisição de imóveis, ações ou qualquer outro bem, ainda que de natureza diversa, que mantenha intacto o seu patrimônio.

As despesas correntes abrangem: a) as despesas de custeio, integradas pelos gastos com pessoal civil e militar, materiais de consumo, serviços de terceiros e encargos diversos, consoante previsão do art. 12, § 1º, da Lei n. 4.320/1964; e b) as transferências correntes, que incluem as subvenções sociais e econômicas, o pagamento de inativos, pensões, salário-família, juros da dívida pública, contribuições para a seguridade social e as demais transferências correntes, conforme o art. 12, § 2º, da Lei n. 4.320/1964. Como exceção à regra acima enunciada, o art. 44 da LRF acena com a possibilidade de utilização de receitas de capital para cobrir as despesas correntes de natureza previdenciária, contribuindo para a manutenção do equilíbrio atuarial do sistema. Tratando-se de exceção, sua interpretação haverá de se dar em termos estritos.

9.11. Considerações Finais

Concisão à parte, as observações até aqui formuladas são suficientes para demonstrar que o descumprimento dos comandos da LRF, além de violar frontalmente o princípio da legalidade, geralmente importará em nítida violação aos princípios da moralidade e da eficiência.

---

231 Em sentido contrário, entendendo que o art. 21 da LRF trata do aumento proporcional da despesa com pessoal: TOLEDO JÚNIOR, Flávio C.; ROSSI, Sérgio Ciquera. Aumento da despesa com pessoal nos 180 dias que ultimam os mandatos – uma análise sistemática do parágrafo único do artigo 21 da Lei de Responsabilidade Fiscal, *Revista Interesse Público* n. 13/119.

232 São todas as despesas que geram um acréscimo ou uma mutação de ordem patrimonial: investimentos (art. 12, § 4º, da Lei n. 4.320/1964), inversões financeiras (art. 12, § 5º, da Lei n. 4.320/1964); e transferências de capital (art. 12, § 6º, da Lei 4.320/1964). Para J. Teixeira Machado Jr. e Heraldo da Costa Reis (ob. cit., p. 44), as despesas de capital "constituem o grupo de despesas da Administração pública, direta ou indireta, com intenção de adquirir ou constituir bens de capital que enriquecerão o patrimônio público ou capazes de gerar novos bens ou serviços...").

Uma gestão responsável do dinheiro público, além de manter o equilíbrio das contas públicas, renderá obediência a padrões éticos de conduta próprios daquele que deve gerir interesses de terceiros, preservando o primado da ordem jurídica e garantindo a consecução da finalidade pública que é subjacente à própria concepção de Estado.

Por certo, difícil será a sustentação de que não é imoral a conduta daquele que deixa de expedir os relatórios que conferem transparência aos seus atos; que deixa de adotar as medidas necessárias à cobrança dos tributos cujo numerário seria utilizado para melhorar a qualidade de vida da população; que realize obras nos últimos meses de seu mandato, sem dispor de recursos em caixa, auferindo os dividendos políticos e transferindo a conta para o seu sucessor; e que conceda aumento ao funcionalismo público nos meses que antecedem a eleição, visando a auferir a simpatia de seus eleitores em potencial.

Além de velar pelos valores éticos que devem reger a gestão do dinheiro público, a Lei de Responsabilidade Fiscal confere tratamento adequado ao princípio da eficiência, exigindo que os recursos sejam alocados de forma responsável, com a consequente contenção dos gastos desarrazoados. Com isto, ter-se-á uma maximização dos resultados, do que é derivação lógica a potencialização dos recursos e a ulterior ampliação das metas a serem alcançadas. Em uma palavra: eficiência.

Não observada a LRF, será possível enquadrar a conduta do agente público na tipologia dos atos de improbidade[233], devendo ser observados os parâmetros de adequação já estudados. Como foi visto, as consequências da ação ou da omissão também variarão em conformidade com a natureza do ato, o que torna imprescindível identificar se a hipótese versa sobre ato administrativo ou legislativo.

10. INOBSERVÂNCIA DO ESTATUTO DA CIDADE

É constante a preocupação de que o direito de propriedade, não obstante envolto em uma atmosfera eminentemente privatista, deve compatibilizar-se com o interesse social. A satisfação desse anseio possibilitará que o exercício do *jus utendi, fruendi et abutendi* (direito de usar, gozar e dispor) não comprometa o bem-estar da coletividade em prol da satisfação de interesses meramente individuais.

Sensível a essa realidade, previu a Constituição da República, em seu art. 182, que o Poder Público municipal executaria uma política de desenvolvimento urbano, conforme diretrizes fixadas em lei, com o objetivo de ordenar "o pleno desenvolvimento das funções sociais da cidade e garantir o bem-estar de seus habitantes". Segundo o texto constitucional, a política de desenvolvimento e de expansão urbana tem por base o plano diretor, aprovado pela Câmara Municipal e obrigatório para cidades com mais de vinte mil habitan-

---

233 À guisa de ilustração, podem ser mencionados os incisos VI, VII, VIII, IX, X e XI do art. 10 da Lei n. 8.429/1992 e os incisos II e VI do art. 11 do mesmo diploma legal.

tes, sendo que a propriedade urbana cumprirá sua função social sempre que estiver em harmonia com as exigências ali contidas. Trata-se, como se percebe, de instrumento que busca compatibilizar o interesse individual com o interesse da coletividade no modo como se desenvolverá a expansão urbana, o que se manifesta nas exigências de planejamento, crescimento ordenado e preservação do meio ambiente, natural ou artificial.

Buscando reforçar a necessidade de compatibilizar os interesses social e individual, o Constituinte originário autorizou, no art. 182, § 4º, que, observado o balizamento traçado pela lei federal, fosse editada lei municipal exigindo "do proprietário do solo urbano não edificado, subutilizado ou não utilizado que promova seu adequado aproveitamento, sob pena, sucessivamente, de: I – parcelamento ou edificação compulsórios; II – imposto sobre a propriedade predial e territorial urbana progressivo no tempo; III – desapropriação com pagamento mediante títulos da dívida pública de emissão previamente aprovada pelo Senado Federal, com prazo de resgate de até dez anos, em parcelas anuais, iguais e sucessivas, assegurados o valor real da indenização e os juros legais".

Como se constata, a utilização inadequada da propriedade pode ensejar a sua cisão, a sua paulatina absorção pelo Poder Público, o que se dará com a imposição de tributos progressivos, ou mesmo o seu completo despojamento, nesse último caso com o parcelamento da indenização devida em até dez anos. Os meios de coerção, é fácil concluir, são por demais severos.

Regulamentando o preceito constitucional, foi editada a Lei n. 10.257, de 10 de julho de 2001, denominada de Estatuto da Cidade. Este diploma legal, além de estatuir as obrigações a cargo do proprietário, instituiu inúmeros deveres a serem observados pela administração pública, em especial pelo Prefeito Municipal. Tratando-se de obrigação imposta por lei e de indiscutível relevância social, o seu descumprimento sujeitará o infrator às sanções veiculadas na Lei de Improbidade.

O art. 2º da Lei n. 10.257/2001 traça as diretrizes a serem seguidas com o fim de concretizar uma política urbana que ordene o pleno desenvolvimento das funções sociais da cidade e da propriedade urbana[234].

---

234 "Art. 2º A política urbana tem por objetivo ordenar o pleno desenvolvimento das funções sociais da cidade e da propriedade urbana, mediante as seguintes diretrizes gerais: I – garantia do direito a cidades sustentáveis, entendido como o direito à terra urbana, à moradia, ao saneamento ambiental, à infraestrutura urbana, ao transporte e aos serviços públicos, ao trabalho e ao lazer, para as presentes e futuras gerações; II – gestão democrática por meio da participação da população e de associações representativas dos vários segmentos da comunidade na formulação, execução e acompanhamento de planos, programas e projetos de desenvolvimento urbano; III – cooperação entre os governos, a iniciativa privada e os demais setores da sociedade no processo de urbanização, em atendimento ao interesse social; IV – planejamento do desenvolvimento das cidades, da distribuição espacial da população e das atividades econômicas do Município e do território sob sua área de influência, de modo a evitar e corrigir as distorções do crescimento urbano e seus efeitos negativos sobre o meio ambiente; V – oferta de equipamentos urbanos e comunitários, transporte e serviços públicos adequados aos interesses e necessidades da população e às características locais; VI – ordenação e controle do

O art. 4º, por sua vez, prevê inúmeros instrumentos, quer seja de ordem legislativa ou tributária, ou mesmo que imponham obrigações ou restrições administrativas ao direito de propriedade[235]. Dentre os instrumentos previstos e que foram objeto de disciplina específica na

---

uso do solo, de forma a evitar: *a*) a utilização inadequada dos imóveis urbanos; *b*) a proximidade de usos incompatíveis ou inconvenientes; *c*) o parcelamento do solo, a edificação ou o uso excessivos ou inadequados em relação à infraestrutura urbana; *d*) a instalação de empreendimentos ou atividades que possam funcionar como polos geradores de tráfego, sem a previsão da infraestrutura correspondente; *e*) a retenção especulativa de imóvel urbano, que resulte na sua subutilização ou não utilização; *f*) a deterioração das áreas urbanizadas; *g*) a poluição e a degradação ambiental; VII – integração e complementaridade entre as atividades urbanas e rurais, tendo em vista o desenvolvimento socioeconômico do Município e do território sob sua área de influência; VIII – adoção de padrões de produção e consumo de bens e serviços e de expansão urbana compatíveis com os limites da sustentabilidade ambiental, social e econômica do Município e do território sob sua área de influência; IX – justa distribuição dos benefícios e ônus decorrentes do processo de urbanização; X – adequação dos instrumentos de política econômica, tributária e financeira e dos gastos públicos aos objetivos do desenvolvimento urbano, de modo a privilegiar os investimentos geradores de bem-estar geral e a fruição dos bens pelos diferentes segmentos sociais; XI – recuperação dos investimentos do Poder Público de que tenha resultado a valorização de imóveis urbanos; XII – proteção, preservação e recuperação do meio ambiente natural e construído, do patrimônio cultural, histórico, artístico, paisagístico e arqueológico; XIII – audiência do Poder Público municipal e da população interessada nos processos de implantação de empreendimentos ou atividades com efeitos potencialmente negativos sobre o meio ambiente natural ou construído, o conforto ou a segurança da população; XIV – regularização fundiária e urbanização de áreas ocupadas por população de baixa renda mediante o estabelecimento de normas especiais de urbanização, uso e ocupação do solo e edificação, consideradas a situação socioeconômica da população e as normas ambientais; XV – simplificação da legislação de parcelamento, uso e ocupação do solo e das normas edilícias, com vistas a permitir a redução dos custos e o aumento da oferta dos lotes e unidades habitacionais; XVI – isonomia de condições para os agentes públicos e privados na promoção de empreendimentos e atividades relativos ao processo de urbanização, atendido o interesse social; e XVII – estímulo à utilização, nos parcelamentos do solo e nas edificações urbanas, de sistemas operacionais, padrões construtivos e aportes tecnológicos que objetivem a redução de impactos ambientais e a economia de recursos naturais."

235 "Art. 4º Para os fins desta Lei, serão utilizados, entre outros instrumentos: I – planos nacionais, regionais e estaduais de ordenação do território e de desenvolvimento econômico e social; II – planejamento das regiões metropolitanas, aglomerações urbanas e microrregiões; III – planejamento municipal, em especial: *a*) plano diretor; *b*) disciplina do parcelamento, do uso e da ocupação do solo; *c*) zoneamento ambiental; *d*) plano plurianual; *e*) diretrizes orçamentárias e orçamento anual; *f*) gestão orçamentária participativa; *g*) planos, programas e projetos setoriais; *h*) planos de desenvolvimento econômico e social; IV – institutos tributários e financeiros: *a*) imposto sobre a propriedade predial e territorial urbana – IPTU; *b*) contribuição de melhoria; *c*) incentivos e benefícios fiscais e financeiros; V – institutos jurídicos e políticos: *a*) desapropriação; *b*) servidão administrativa; *c*) limitações administrativas; *d*) tombamento de imóveis ou de mobiliário urbano; *e*) instituição de unidades de conservação; *f*) instituição de zonas especiais de interesse social; *g*) concessão de direito real de uso; *h*) concessão de uso especial para fins de moradia; *i*) parcelamento, edificação ou utilização compulsórios; *j*) usucapião especial de imóvel urbano; *l*) direito de superfície; *m*) direito de preempção; *n*) outorga onerosa do direito de construir e de alteração de uso; *o*) transferência do direito de construir; *p*) operações urbanas consorciadas; *q*) regularização fundiária; *r*) assistência técnica e jurídica gratuita para as comunidades e grupos sociais menos favorecidos; *s*) referendo popular e plebiscito; VI – estudo prévio de impacto ambiental (EIA) e estudo prévio de impacto de vizinhança (EIV). § 1º Os instrumentos mencionados neste artigo regem-se pela legislação que lhes é própria, observado o disposto nesta Lei. § 2º Nos casos de programas e projetos habitacionais de interesse social, desenvolvidos por órgãos ou entidades da Administração Pública com atuação específica nessa área, a concessão de direito real de uso

Lei n. 10.257/2001, podem ser mencionados: a) o parcelamento, edificação ou utilização compulsórios; b) o IPTU progressivo no tempo; c) a desapropriação com pagamento em títulos; d) o direito de superfície[236]; e) o direito de preempção[237]; f) a outorga onerosa do direito de construir[238]; g) as operações urbanas consorciadas[239]; h) a transferência do direito de construir[240]; e i) o estudo de impacto de vizinhança.

Após enunciar as diretrizes a serem seguidas na política urbana e os instrumentos que podem ser utilizados para assegurar a função social da propriedade, o Estatuto da Cidade, em seu art. 52, dispõe que, sem prejuízo da punição de outros agentes públicos envolvidos e da aplicação de outras sanções cabíveis, o Prefeito[241] incorre em improbidade

---

de imóveis públicos poderá ser contratada coletivamente. § 3º Os instrumentos previstos neste artigo que demandam dispêndio de recursos por parte do Poder Público municipal devem ser objeto de controle social, garantida a participação de comunidades, movimentos e entidades da sociedade civil."

236 O direito de superfície, consoante o art. 21, consiste na possibilidade de o proprietário urbano conceder a terceiros, por tempo determinado ou indeterminado, de forma gratuita ou onerosa, o direito de usar o solo, o subsolo ou o espaço aéreo relativo ao terreno, atendida a legislação urbanística. Durante o período em que usufruir do direito de superfície, o superficiário, salvo disposição em contrário do contrato respectivo, arcará integralmente com os encargos e tributos que incidirem sobre a propriedade superficiária, arcando, ainda, proporcionalmente à sua parcela de ocupação efetiva, com os encargos e tributos sobre a área objeto da concessão do direito de superfície.

237 O direito de preempção, previsto no art. 25, confere ao Poder Público municipal, nas áreas delimitadas em lei municipal, por prazo não superior a cinco anos, renovável a partir de um ano após o decurso do prazo inicial de vigência, preferência para aquisição de imóvel urbano objeto de alienação onerosa entre particulares. A aquisição, no entanto, está condicionada ao atendimento de uma finalidade específica: I – regularização fundiária; II – execução de programas e projetos habitacionais de interesse social; III – constituição de reserva fundiária; IV – ordenamento e direcionamento da expansão urbana; V – implantação de equipamentos urbanos e comunitários; VI – criação de espaços públicos de lazer e áreas verdes; VII – criação de unidades de conservação ou proteção de outras áreas de interesse ambiental; e VIII – proteção de áreas de interesse histórico, cultural ou paisagístico.

238 O plano diretor, por força do art. 28, poderá fixar áreas nas quais o direito de construir poderá ser exercido acima do coeficiente de aproveitamento básico adotado (relação entre área edificável e área do terreno), mediante contrapartida a ser prestada pelo beneficiário.

239 Considera-se operação urbana consorciada, para os efeitos do art. 32, o conjunto de intervenções e medidas coordenadas pelo Poder Público municipal, a partir de autorização veiculada em lei municipal, com a participação dos proprietários, moradores, usuários permanentes e investidores privados, com o objetivo de alcançar em uma área transformações urbanísticas estruturais, melhorias sociais e a valorização ambiental.

240 Segundo o art. 35, a transferência do direito de construir consiste na possibilidade de a lei municipal, baseada no plano diretor, autorizar o proprietário de imóvel urbano, privado ou público, a exercer em outro local, ou alienar, mediante escritura pública, o direito de construir previsto no plano diretor ou em legislação urbanística dele decorrente, quando o imóvel for considerado necessário para fins de: I – implantação de equipamentos urbanos e comunitários; II – preservação, quando o imóvel for considerado de interesse histórico, ambiental, paisagístico, social ou cultural; III – servir a programas de regularização fundiária, urbanização de áreas ocupadas por população de baixa renda e habitação de interesse social.

241 Por força do art. 51 do Estatuto da Cidade, o Governador do Distrito Federal estará sujeito às mesmas normas que incidem sobre o Prefeito Municipal:"Para os efeitos desta Lei, aplicam-se ao Distrito Federal e ao Governador do Distrito Federal as disposições relativas, respectivamente, a Município e a Prefeito".

administrativa, nos termos da Lei n. 8.429, de 2 de junho de 1992, quando praticar as condutas previstas nos incisos do referido preceito. Com exceção do inciso I, que foi vetado, os demais dispõem sobre as seguintes condutas:

Inciso II – *Tratando-se de desapropriação com pagamento em títulos, deixar de proceder, no prazo de cinco anos, ao adequado aproveitamento do imóvel incorporado ao patrimônio público, lapso que se principiará com a incorporação.* A partir do momento em que o Município obtenha a imissão na posse, o imóvel, ainda que de forma provisória, estará incorporado ao patrimônio público, sendo este o marco inicial da contagem quinquenal. É importante observar que o art. 8º, § 4º, preceito que contempla o período em que deve se dar o aproveitamento, é direcionado ao Município, logo, serão responsabilizados por sua inobservância todos os agentes que passarem pela administração municipal até a integralização do quinquênio sem a correspondente adoção das medidas necessárias ao referido aproveitamento. Do mesmo modo, serão igualmente responsáveis aqueles que alcançarem a Chefia do Executivo após o decurso dos cinco anos e anuírem com a situação de inércia em relação ao aproveitamento do imóvel. Para que seja excluída a responsabilidade do Prefeito, basta a demonstração de que, durante o período em que permaneceu à frente do Executivo Municipal, praticou todos os atos tendentes ao regular aproveitamento do imóvel, o que somente não se efetivou face à inércia do administrador subsequente, ou, mesmo, que o prazo deixado pelo administrador anterior era por demais exíguo para a adoção de qualquer medida.

Inciso III – *Utilizar áreas obtidas por intermédio do direito de preempção em desacordo com as finalidades contempladas no art. 26 do Estatuto da Cidade.* Ainda que o fim visado, apesar de não contemplado no referido preceito, seja de interesse público, a conduta, consoante as circunstâncias do caso, poderá se subsumir à figura do art. 11, II, da Lei de Improbidade ("praticar ato visando fim proibido em lei ou regulamento ou diverso daquele previsto na regra de competência").

Inciso IV – *Aplicar os recursos auferidos com a outorga onerosa do direito de construir e de alteração de uso em desacordo com o previsto no art. 31 desta Lei.* Tais recursos devem ser aplicados nas finalidades contempladas no art. 26 do Estatuto da Cidade, valendo aqui o que foi dito em relação ao item anterior.

Inciso V – *Aplicar os recursos auferidos com operações consorciadas em desacordo com o previsto no § 1º do art. 33 desta Lei.* Referidos recursos devem ser aplicados exclusivamente na própria operação urbana consorciada. Descumprida essa regra, poderá estar presente o desvio de finalidade previsto no art. 11, II, da Lei de Improbidade.

Inciso VI – *Impedir ou deixar de garantir os requisitos contidos nos incisos I a III do § 4º do art. 40 desta Lei.* Segundo este preceito, "no processo de elaboração do plano diretor e na fiscalização de sua implementação, os Poderes Legislativo e Executivo municipais garantirão: I – a promoção de audiências públicas e debates com a participação da população e de associações representativas dos vários segmentos da comunidade; II – a publicidade quanto aos documentos e informações produzidos; III – o acesso de qualquer interessado aos documentos e informações produzidos". O Prefeito Municipal, a um só tempo, tem o dever de não praticar qualquer conduta que possa obstar o desenvolvimento da ideologia participativa e de afastar qualquer óbice à sua concretização. Obrigações positiva e negativa coexistem lado a lado.

Inciso VII – *Deixar de tomar as providências necessárias para: a) garantir a aprovação do plano diretor nos cinco anos seguintes à entrada em vigor do Estatuto da Cidade, isto em relação aos Municípios que não o possuam e que tenham mais de vinte mil habitantes ou integrem regiões metropolitanas e aglomerações urbanas (art. 50); b) rever a lei que instituir o plano diretor a cada dez anos (art. 40, § 3º).* A responsabilidade do Prefeito, por óbvias razões, somente poderá derivar das omissões que sejam imputadas a ele, não daquelas originárias do Poder Legislativo.

Inciso VIII – *Adquirir imóvel objeto de direito de preempção, nos termos dos arts. 25 a 27 desta Lei, pelo valor da proposta apresentada, se esta for, comprovadamente, superior ao de mercado.* Essa conduta, que também se subsume à figura do art. 10, V, da Lei de Improbidade ("permitir ou facilitar a aquisição, permuta ou locação de bem ou serviço por preço superior ao de mercado") importará em dano ao patrimônio público, sujeitando o agente às sanções do art. 12, II, do mesmo diploma legal.

Essas singelas observações em relação às condutas que a Lei n. 10.257/2001 considerou como ímprobas permitem concluir que, longe de inovar, o Estatuto da Cidade buscou, tão somente, conferir maior especificidade àquelas já contempladas na Lei n. 8.429/1992. Tratando-se de conduta que infrinja o Estatuto da Cidade, a operação de enquadramento na tipologia legal irá se bipartir em duas fases: 1ª) enquadramento da conduta em um dos incisos do art. 52 da Lei n. 10.257/2001; e 2ª) posterior enquadramento nos arts. 9º, 10 e 11 da Lei n. 8.429/1992, conforme o ato resulte em enriquecimento ilícito, dano ao patrimônio público e violação aos princípios regentes da atividade estatal. Por tal razão, fosse suprimido o art. 52 do Estatuto da Cidade, não haveria qualquer óbice à responsabilização do agente à luz das figuras básicas contempladas na Lei de Improbidade. Sob outra ótica, no entanto, o preceito é relevante por tornar incontroverso o dever jurídico de zelar pelo cumprimento do Estatuto da Cidade e a responsabilidade do Prefeito pela possível prática das condutas ali previstas. Em casos tais, não poderá ele, sob o argumento de que não é onipresente, transferir a responsabilidade aos demais agentes da organização administrativa. Tomando posse no cargo e iniciando o exercício da função, tem o Prefeito o dever jurídico de acompanhar pessoalmente o paulatino cumprimento dos preceitos do Estatuto da Cidade.

Em se tratando de conduta que infrinja o Estatuto da Cidade mas que não esteja prevista no art. 52, poderá ela sofrer imediato enquadramento na Lei n. 8.429/1992. A *ratio* do art. 52 foi tornar mais claro o rol de atos de improbidade passíveis de serem praticados pelo Prefeito Municipal, o que certamente aumentaria a sua responsabilidade na gestão da coisa pública, não constituir um sistema específico e derrogatório do direito comum. Aplicam-se, assim, todas as normas da Lei n. 8.429/1992, incluindo o seu art. 3º, que sujeita os terceiros, estranhos aos quadros da Administração, às mesmas sanções cominadas ao agente público sempre que o induzam ou concorram para a prática do ato.

11. ATO ADMINISTRATIVO FUNDADO EM PARECER TÉCNICO EQUIVOCADO

Situação comum na estrutura organizacional dos entes públicos consiste na estruturação e manutenção de órgãos técnicos com o fim de fornecer subsídios às medidas a serem adotadas pelo administrador. Com isso, confere-se maior legitimidade à vontade política, cercando-a de fundamentos lógico-racionais que contribuem para a observância do ordenamento jurídico e das normas técnicas relativas à matéria[242].

No entanto, ainda que a *ratio* do parecer seja essa, é relevante questionar quais serão as consequências de um ato dissonante dos princípios regentes da atividade estatal que tenha haurido sua fundamentação em um parecer que igualmente o seja? Estarão o administrador e o parecerista sujeitos às sanções da Lei n. 8.429/1992?

A resposta a esses questionamentos pressupõe o assentamento de duas premissas. De acordo com a primeira, tratando-se de atividade que exija conhecimentos técnicos, ao profissional que a exerça deve ser garantida liberdade para valorar as peculiaridades do caso e emitir seu parecer em conformidade com os conhecimentos técnicos que possua. A segunda, por sua vez, torna imperativo que seja valorada a relação hierárquica que normalmente existe entre os órgãos técnicos e a mais graduada autoridade de determinado ente.

A segunda premissa haverá de ser o elemento condicionador e informador dos efeitos jurídicos advindos da primeira. Justifica-se a assertiva, pois o indiscriminado reconhecimento de independência funcional ao parecerista terminaria por legitimar toda e qualquer ilegalidade que viesse a ser praticada com base em um parecer, ainda que dissonante da lei e da razão. Organizada a administração pública com esteio no princípio da hierarquia funcional, afigura-se evidente que a tão propalada independência funcional, normalmente, surgirá maculada desde o seu nascedouro.

Deve-se acrescer, ainda, que nem sempre a ilegalidade ascende do parecerista ao administrador, sendo possível que a decisão seja previamente tomada por este e aquele se encarregue tão somente de buscar os fundamentos que a legitimem, o que nem sempre é possível sob um prisma racional.

Em virtude dessa constatação, é necessário que sejam perquiridos os fundamentos do parecer, devendo ser identificado um nexo de encadeamento lógico entre estes e a conclusão. Estando devidamente fundamentado o parecer, ainda que seja minoritária a corrente encampada, a questão se manterá adstrita à independência funcional do parecerista e à discricionariedade do administrador em adotá-lo, não sendo divisada, em linha de princípio, qualquer ilegalidade em tais condutas.

Caso o parecer esteja em flagrante dissonância da lei e do atual estágio da técnica, inexistindo argumentos aptos a sustentá-lo ou sendo identificada total incompatibilidade

---

[242] Em alguns casos, a própria lei dispõe sobre a necessidade do parecer: art. 38 da Lei n. 8.666/1993 e art. 42 da Lei n. 9.784/1999.

entre os fundamentos e a conclusão exarada, a questão deixará de ser analisada sob a ótica da independência funcional, já que esta não guarda sinonímia com o arbítrio e a imoralidade. Nestes casos, o parecer não terá aptidão para legitimar os atos do administrador, que terá, por força da hierarquia funcional, o dever jurídico de não recepcioná-lo[243]. Optando o administrador por recepcionar o que fora sugerido no parecer, sua responsabilidade haverá de ser perquirida juntamente com a do parecerista[244], já que ambos concorreram para o aperfeiçoamento da ilicitude.

No que concerne ao parecer jurídico, é importante observar que o advogado, por força do art. 133 da Constituição da República, "é indispensável à administração da justiça, sendo inviolável por seus atos e manifestações no exercício da profissão, *nos limites da lei*". Segundo o art. 32, *caput,* da Lei n. 8.906/1994, "o advogado é responsável pelos atos que, no exercício profissional, praticar com dolo ou culpa". Tratando-se de advogado que mantenha vínculo com a administração, ostentando a condição de agente público, também ele estará sujeito às regras e aos princípios de regência da atividade estatal. À luz dessa constatação, não haverá que se falar em inviolabilidade se o parecer, por sua absoluta e indefectível precariedade, erigir-se como prova insofismável do dolo ou da culpa do agente no exercício de suas funções, terminando por concorrer para a prática de um ato ímprobo por parte do administrador. A inviolabilidade é uma garantia necessária ao legítimo exercício da função, não sendo um fim em si mesma[245]. Identificado o dolo ou a culpa – esta nas

---

[243] "... o administrador que age respaldado por parecer jurídico só estará isento de responsabilidade se essa peça estiver bem fundamentada e tiver defendido tese aceitável; do contrário, ou seja, se o gestor seguir opinião exarada em parecer inconsistente e desarrazoado, poderá ser responsabilizado" (TCU, Pleno, Acórdão n. 374/99, rel. Min. Walton Alencar Rodrigues, *DOU* de 29/10/1999, p. 117, *apud* PEREIRA JÚNIOR, Jessé Torres, *Responsabilidade Fiscal, Estudos e Orientações*, p. 182). Em outra oportunidade, o TCU decidiu da seguinte forma: "Parecer jurídico. Importância. Quando o administrador age com base em parecer jurídico bem fundamentado, que adota tese juridicamente razoável, em princípio, não pode ser condenado. É o entendimento do TCU e da doutrina" (TC-25.707/82-5, rel. Min. Ivan Luz, *DOU* de 19/6/1994, p. 8791). No mesmo sentido: TCU, TC-004.797/95-7, rel. Min. Adhemar Paladini Ghisi, *DOU* de 19/10/1998, p. 33, *Revista Fórum Administrativo,* n. 1, março de 2001, p. 105.

[244] O Tribunal de Contas da União já decidiu que a responsabilidade do parecerista somente pode ser afastada se o parecer estiver devidamente fundamentado, defender tese aceitável e encontrar embasamento em lição de doutrina ou de jurisprudência (TC n. 12.988/2003-6, rel. Min. Ubiratan Aguiar, j. em 18/10/2006, in *Revista do Tribunal de Contas da União* n. 107, 2006, p. 119). Constatada "a emissão de parecer com fundamentação insuficiente e desarrazoada que subsidie a prática de atos de gestão irregulares ou danosos aos cofres públicos", é possível a responsabilidade pessoal do parecerista (TCU, Plenário, Acórdão n. 2.199/2008, TC 019.188/2002-6, rel. Min. Ubiratan Aguiar, j. em 8/10/2008, *DOU* de 10/10/2008, in *RTCU* n. 113, p. 96, set.-dez./2008).

[245] "Dispensa de licitação. Paciente que, na qualidade de Procuradora de Estado, responde consulta que, em tese, indagava da possibilidade de dispensa de licitação. Denúncia com base no art. 89 da Lei n. 8.666/1993. Acusação abusiva. Mero exercício de suas funções que requer independência técnica e profissional. 1. Não comete crime algum quem, no exercício de seu cargo, emite parecer técnico sobre determinada matéria, ainda que pessoas inescrupulosas possam se locupletar às custas do Estado, utilizando-se desse trabalho. Estas devem ser processadas criminalmente, não aquele. 2. Recurso provido, para trancar a ação penal

hipóteses do art. 10 da Lei n. 8.429/1992 – rompido estará o elo que deve existir entre o exercício funcional e a consecução do interesse público, o que afasta a incidência da referida garantia.

No âmbito do Supremo Tribunal Federal, a temática tem merecido tratamento diferenciado conforme o parecer seja meramente (1) opinativo, podendo ser obrigatório ou facultativo, conforme a lei exija, ou não, a sua presença no processo decisório, ou assuma contorno (2) vinculante. No julgamento do MS n. 24.073/DF, o Tribunal decidiu que o advogado de empresa estatal não poderia ser solidariamente responsabilizado com o administrador por ter subscrito parecer meramente opinativo defendendo a possibilidade de contratação direta, sem licitação, posteriormente tida como ilícita. No entendimento do Tribunal, o parecer seria meramente consultivo, não tendo natureza executória, acrescendo-se que o advogado somente poderia ser responsabilizado se demonstrada a sua culpa ou o erro inescusável[246]. Em momento posterior, mais especificamente no julgamento do

---

contra a paciente" (STJ, 6ª T., RHC n. 7.165-RO, rel. Min. Anselmo Santiago, j. em 21/5/1998, *RSTJ* 109/332). Em outra oportunidade, o STJ, realçando o caráter não absoluto da imunidade profissional, decidiu da seguinte forma: "Embora seja reconhecida a imunidade do advogado no exercício da profissão, o ordenamento jurídico não lhe confere absoluta liberdade para praticar atos contrários à lei, sendo-lhe, ao contrário, exigida a mesma obediência aos padrões normais de comportamento e de respeito à ordem legal. A defesa voltada especialmente à consagração da imunidade absoluta do advogado esbarra em evidente dificuldade de aceitação, na medida em que altera a sustentabilidade da ordem jurídica: a igualdade perante a lei. Ademais, a tão só figuração de advogado como parecerista nos autos de procedimento de licitação não retira, por si só, da sua atuação a possibilidade da prática de ilícito penal, porquanto, mesmo que as formalidades legais tenham sido atendidas no seu ato, havendo favorecimento nos meios empregados, é possível o comprometimento ilegal do agir" (6ª T., HC n. 78.553/SP, rel. Min. Maria Thereza de Assis Moura, j. em 9/10/2007, *DJ* de 29/10/2007). E ainda: "(...) É possível, em situações excepcionais, enquadrar o consultor jurídico ou o parecerista como sujeito passivo numa ação de improbidade administrativa. Para isso, é preciso que a peça opinativa seja apenas um instrumento, dolosamente elaborado, destinado a possibilitar a realização do ato ímprobo. Em outras palavras, faz-se necessário, para que se configure essa situação excepcional, que desde o nascedouro a má-fé tenha sido o elemento subjetivo condutor da realização do parecer (...)" (STJ, 2ª T., REsp n. 1.183.504/DF, rel. Min. Humberto Martins, j. em 18/5/2010, *DJ* de 17/6/2010).

246 "Advogado de empresa estatal que, chamado a opinar, oferece parecer sugerindo contratação direta, sem licitação, mediante interpretação da Lei das Licitações. Pretensão do Tribunal de Contas da União em responsabilizar o advogado solidariamente com o administrador que decidiu pela contratação direta: impossibilidade, dado que o parecer não é ato administrativo, sendo, quando muito, ato de administração consultiva, que visa a informar, elucidar, sugerir providências administrativas a serem estabelecidas nos atos de administração ativa (Celso Antônio Bandeira de Mello, *Curso de Direito Administrativo*, Malheiros Ed., 13ª ed., p. 377). II – O advogado somente será civilmente responsável pelos danos causados a seus clientes ou a terceiros, se decorrentes de erro grave, inescusável, ou de ato ou omissão praticado com culpa, em sentido largo: Cód. Civil, art. 159; Lei 8.906/94, art. 32. III – Mandado de Segurança deferido" (STF, Pleno, MS n. 24.073/DF, rel. Min. Carlos Velloso, j. em 6/11/2002, *DJ* de 31/10/2003). No mesmo sentido: "I. Repercussões da natureza jurídico-administrativa do parecer jurídico: (i) quando a consulta é facultativa, a autoridade não se vincula ao parecer proferido, sendo que seu poder de decisão não se altera pela manifestação do órgão consultivo; (ii) quando a consulta é obrigatória, a autoridade administrativa se vincula a emitir o ato tal como submetido à consultoria, com parecer favorável ou contrário, e se pretender praticar ato de forma diversa da apresentada à consultoria, deverá submetê-lo a novo parecer; (iii) quando a lei estabelece a

MS n. 24.584-1/DF, decidiu o Tribunal que, em se tratando de parecer tido como vinculante, como o exigido pelo art. 38, parágrafo único, da Lei n. 8.666/1993 ("As minutas de editais de licitação, bem como as dos contratos, acordos, convênios ou ajustes devem ser previamente examinadas e aprovadas por assessoria jurídica da Administração"), o respectivo autor pode ser solidariamente responsável com o administrador em sendo celebrado o ajuste tido como ilícito[247]. Não obstante a amplitude dessa última decisão, cremos que a inviolabilidade do parecerista deve ser a regra: a exceção pressupõe a demonstração do dolo ou da culpa à luz dos balizamentos já indicados.

12. A INABILIDADE DO AGENTE PÚBLICO E A INOBSERVÂNCIA DO DEVER DE EFICIÊNCIA

Eficiência, do latim *efficientia*, tanto denota o poder de produzir um efeito, no que se assemelha à eficácia, como a possibilidade de produzi-lo da melhor maneira possível, indicando a qualidade de uma dada ação, que se mostra eficiente. Com os olhos voltados à atuação dos agentes públicos, é possível afirmar que a eficiência deve estar necessariamente presente. No direito constitucional brasileiro, aquilo que, na origem, apresentava contornos puramente axiológicos, a partir da EC n. 19/1998, que alterou a redação do art. 37, *caput*, da Constituição de 1988, ingressou no plano jurígeno, isso porque, dentre os princípios expressos da Administração Pública, foi inserido o da "eficiência".

O caráter principiológico da eficiência em nada compromete a sua força normativa. Indica, apenas, uma maior generalidade quando cotejada com as regras específicas que

---

obrigação de decidir à luz de parecer vinculante, essa manifestação de teor jurídico deixa de ser meramente opinativa e o administrador não poderá decidir senão nos termos da conclusão do parecer ou, então, não decidir. II. No caso de que cuidam os autos, o parecer emitido pelo impetrante não tinha caráter vinculante. Sua aprovação pelo superior hierárquico não desvirtua sua natureza opinativa, nem o torna parte de ato administrativo posterior do qual possa eventualmente decorrer dano ao erário, mas apenas incorpora sua fundamentação ao ato. III. Controle externo: É lícito concluir que é abusiva a responsabilização do parecerista à luz de uma alargada relação de causalidade entre seu parecer e o ato administrativo do qual tenha resultado dano ao erário. Salvo demonstração de culpa ou erro grosseiro, submetida às instâncias administrativo-disciplinares ou jurisdicionais próprias, não cabe a responsabilização do advogado público pelo conteúdo de seu parecer de natureza meramente opinativa. Mandado de segurança deferido"(Pleno, MS n. 24.631/DF, rel. Min. Joaquim Barbosa, j. em 9/8/2007, DJ de 31/1/2008). *Vide*, ainda: STF, 1ª T., MS n. 27.867 AgR/DF, rel. Min. Dias Toffoli, j. em 18/9/2012, DJ de 4/10/2012.

247 "Advogado Público – Responsabilidade – Artigo 38 da Lei n. 8.666/93 – Tribunal de Contas da União – Esclarecimentos. Prevendo o artigo 38 da Lei n. 8.666/93 que a manifestação da assessoria jurídica quanto a editais de licitação, contratos, acordos, convênios e ajustes não se limita a simples opinião, alcançando a aprovação, ou não, descabe a recusa à convocação do Tribunal de Contas da União para serem prestados esclarecimentos" (Pleno, MS n. 24.584/DF, rel. Min. Marco Aurélio, j. em 9/8/2007, DJ de 19/6/2008). No mesmo sentido: STF, Pleno, MS n. 24.631/DF, rel. Min. Joaquim Barbosa, j. em 9/8/2007, DJ de 1º/2/2008; e 1ª T., MS n. 27.867 AgR/DF, rel. Min. Dias Toffoli, j. em 18/9/2012, DJ de 4/10/2012. Na doutrina, Marçal Justen Filho também afirma que a assessoria jurídica "*assume responsabilidade pessoal e solidária pelo ato que foi praticado*" (*Comentários à lei de licitações e contratos administrativos*, p. 392-393).

buscam conferir-lhe concretude e o fato de ostentar um peso, daí decorrendo o uso de técnicas próprias para solucionar as possíveis situações de colisão com outros princípios igualmente amparados pela ordem jurídica[248].

Especificamente em relação às normas constitucionais que conferem maior concretude à eficiência, podemos mencionar os deveres de (1) realizar concurso público, investindo na função pública aqueles que apresentem melhor preparo (art. 37, II), (2) conferir precedência à administração fazendária e aos fiscais dentro de sua área de competência (art. 37, XVIII), permitindo o aumento da arrecadação, (3) licitar, de modo a selecionar as melhores propostas (art. 37, XXI), (4) garantir, com prioridade, recursos financeiros para que a administração tributária realize suas atividades (art. 37, XXII), (5) observar, na gestão financeira e orçamentária, a legalidade, a legitimidade e a economicidade (art. 70, *caput*), indicativo de que o agente deve cumprir os fins determinados pela lei despendendo o menor quantitativo possível de recursos. A análise dessas normas evidencia que a *ratio essendi* da eficiência é, realmente, a de alcançar os melhores resultados.

O dever de alcançar o melhor resultado deve ser devidamente compreendido ao ser cotejado com a liberdade valorativa que a lei costuma outorgar aos agentes públicos, formando o que se convencionou denominar de "poder discricionário". Essa liberdade decorre da impossibilidade de a lei definir, *a priori*, a melhor solução a ser adotada, sendo preferível permitir, à autoridade competente, uma melhor valoração das circunstâncias subjacentes ao caso concreto e a escolha, dentre dois ou mais comportamentos possíveis, todos amparados pela ordem jurídica, daquele que se mostre mais consentâneo com a satisfação do interesse público. A escolha desses comportamentos se projetará de distintas maneiras sobre os elementos do ato administrativo, podendo, regra geral, recair sobre qualquer deles, isso com a única exceção da competência, cuja definição necessariamente antecede o exercício do poder.

Como ressaltado por Maurer[249], "o poder discricionário destina-se, acima de tudo, à justiça no caso particular" (*Das Ermessen dient vor allem der Einzelfallgerechtigkeit*). E, para tanto, de acordo com Gianini[250], a autoridade deve proceder à "ponderação comparativa dos vários interesses secundários (públicos, coletivos ou privados), em vista a um interesse primário".

Na medida em que discricionariedade não se identifica com arbitrariedade, é factível que só se oferecem ao poder de escolha do agente público aquelas opções que se mostrem consentâneas com a ordem jurídica, não aquelas que dela destoem. E aqui surge um pequeno complicador em relação à eficiência. Caso ela seja contextualizada no âmbito das próprias escolhas que se abrem ao agente, será inevitável a constatação de que, no extre-

---

248 Cf. GARCIA. *Conflito entre normas constitucionais*, p. 217 e ss.
249 *Allgemeines Verwaltungsrecht*. 17ª ed. München: Verlag C. H. Beck, 2009, p. 138.
250 *Diritto Amministrativo*. 3ª ed. Milano: A. Giuffrè Editore, 1993, v. 2, p. 49.

mo, ela transmudará em vinculado aquilo que, na essência, é discricionário, isso ao tornar imperativa a opção por aquela que é considerada a melhor escolha. E, como a melhor escolha será mera projeção da juridicidade, será possível que o Poder Judiciário, sempre que provocado, se substitua ao agente democraticamente legitimado, de modo a indicar, ele próprio, a melhor escolha. Como esse entendimento redundaria na desconstrução dos próprios alicerces do sistema democrático, não nos parece seja ele o melhor.

A eficiência, em verdade, deve ser primordialmente aferida no momento da execução do ato, decorrente da escolha realizada pelo agente público com base no seu poder discricionário. Com isso, o resultado pretendido deve ser alcançado da melhor maneira possível. Se a Administração Pública, por exemplo, necessita de papel de distintas medidas, mas só dispõe de recursos para adquirir uma parte deles, cabe ao administrador decidir a qual deles dará prioridade. Mas, uma vez realizada a escolha, deve proceder à aquisição com estrita observância do princípio da eficiência, o que significa dizer que, ressalvadas as exceções legais, deve realizar o processo licitatório e adquirir o melhor papel possível pelo menor preço. O mesmo ocorrerá nos distintos contratos administrativos, não se devendo excluir, obviamente, a possibilidade de certos paradigmas de ordem jurídica influírem na limitação das escolhas possíveis (*v.g.*: a prioridade que, por força do art. 227, *caput*, da Constituição de 1988, deve ser assegurada às crianças e aos adolescentes, não permite que o administrador relegue os seus interesses a plano secundário).

Ao reconhecermos a existência do dever jurídico de eficiência, parte integrante e indissociável do referencial mais amplo de juridicidade, que reflete uma espécie de legalidade substancial, haveremos de reconhecer, também, que a sua violação, em linha de princípio, pode consubstanciar o ato de improbidade previsto no art. 11 da Lei n. 8.429/1992. Diz-se em linha de princípio por três razões básicas. De acordo com a primeira, para a configuração da improbidade administrativa, além do enquadramento formal da conduta na tipologia legal, é preciso seja observado um critério de proporcionalidade, de modo a excluir condutas que tenham pouco ou nenhum potencial lesivo (*v.g.*: jogar ao lixo uma caneta esferográfica que ainda possui um pouco de tinta). É sob a ótica da proporcionalidade que serão aferidos aspectos como a boa ou a má-fé do agente, a satisfação ou não do interesse público, a violação ou não a direitos individuais etc. A segunda razão decorre da possibilidade de a violação à eficiência estar associada à prática de um ato de improbidade de maior gravidade, como é o caso do enriquecimento ilícito, do dano ao patrimônio público e da injurídica concessão de benefício ao contribuinte do ISS, previstos, respectivamente, nos arts. 9º, 10 e 10-A da Lei n. 8.429/1992. Por fim, a terceira razão decorre da imprescindibilidade do dolo para a caracterização do ato de improbidade previsto no art. 11 da Lei n. 8.429/1992, o que exige reflexões quanto à denominada "escusa de incompetência", que busca afastar o referido elemento subjetivo e, em consequência, atrair a figura da culpa, somente compatível com a tipologia do art. 10. É dessa temática que trataremos a seguir.

O agir humano, quando voluntariamente direcionado à realização de um objetivo, sempre tem a pretensão de ser eficaz. Afinal, a própria existência da conduta decorre do objetivo de alcançar um resultado, bom ou ruim, conforme ou não às regras de convivência social. Com os olhos voltados à dogmática do direito sancionador, é possível afirmar que esse voluntarismo, como é intuitivo, se ajusta à concepção de dolo. Quando a vontade visa à consecução do resultado, sendo a conduta direcionada a ele, diz-se que o dolo é direto (teoria da vontade), o qual será tão mais grave quanto mais vencível era o impulso que direcionou o agente ao ilícito. Nos casos em que a vontade prevê a provável consecução do resultado, mas, apesar disso, a conduta é praticada, consentindo o agente com o advento daquele, fala-se em dolo eventual (teoria do consentimento). A culpa, por sua vez, é caracterizada pela prática voluntária de um ato sem a atenção ou o cuidado normalmente empregados para prever ou evitar o resultado ilícito. Enquanto o voluntarismo, no dolo, alcança a ação ou a omissão e o resultado, na culpa, ele costuma permanecer adstrito à ação ou à omissão.

A partir dos lineamentos básicos do dolo e da culpa, é possível analisar o enquadramento teórico da denominada escusa de incompetência. De início, cumpre observar que a incompetência aqui referida diz respeito à inépcia do agente público no exercício de sua função, o que pode decorrer de pura limitação intelectiva ou da falta de conhecimento, técnico ou não, para a correta prática de um determinado ato. Nesse particular, verifica-se que o mais comum é a alegação de desconhecimento das normas legais.

A incompetência, como se percebe, não se identifica com o referencial de imperícia. Essa assertiva decorre da constatação de que o agente não chega a fazer mal uso de uma regra técnica, ignorando o resultado a ser alcançado. Ele age voluntariamente e almeja o resultado a ser alcançado. O dolo, portanto, está caracterizado.

Apesar de o dolo estar caracterizado, é preciso aferir se o alegado desconhecimento dos padrões de juridicidade que deveriam ser observados pelo agente é suficiente para afastar a sua responsabilidade pelo ato praticado. O desconhecimento, em linha de princípio, poderia caracterizar o erro de direito, que configura uma excludente de responsabilidade a ser necessariamente reconhecida em qualquer sistema sancionador. Afinal, o objetivo da sanção é o de restabelecer a juridicidade e impor restrições à esfera jurídica do responsável pela sua violação. Isso, à evidência, pressupõe a presença do voluntarismo não só quanto à ação ou omissão, como, também, em relação à própria violação à juridicidade. É preciso que o agente, voluntariamente, viole a juridicidade.

Quando analisada sob a ótica do erro de direito, a escusa de incompetência apresenta algumas especificidades que distinguem a situação do agente público daquela afeta aos demais indivíduos que integram o ambiente sociopolítico. Enquanto os indivíduos em geral são alcançados pela presunção de que todos conhecem a lei, o que impede venham a invocar o seu desconhecimento para eximir-se de cumpri-la[251], os agentes públicos, além desse dever genérico, possuem o dever específico de observar as normas regentes da Administração Pública, dentre as quais se insere o princípio da eficiência. Outro aspecto dig-

---

251 Ver Decreto-Lei n. 4.657/1942 (Lei de Introdução às Normas do Direito Brasileiro), art. 3º.

no de nota é que, diversamente ao vínculo existente com um determinado Estado de Direito, somente passível de ser dissolvido em situações pontuais e que não chega a ser propriamente uma opção para o *homo medius*, a maior parte dos agentes públicos, ressalvadas as exceções contempladas pela ordem jurídica (*v.g.*: jurados e mesários são convocados a exercer a sua função), desempenha a função pública de modo voluntário.

É factível, portanto, que o erro de direito apresenta uma configuração distinta quando invocado por um indivíduo comum ou quando seja suscitado por um agente público. O primeiro está sujeito às normas gerais de direito sancionador pelo só fato de estar no território do Estado, enquanto o agente público se submeterá a um conjunto de normas específicas, como é o caso da Lei n. 8.429/1992, pelo fato de ter voluntariamente (regra geral) adquirido esse *status*. Se o indivíduo se habilita, voluntariamente, a desempenhar o *munus* de agente público, é fácil concluir que a força argumentativa da escusa de incompetência, que já não é grande em relação aos indivíduos em geral, isso sob pena de o referencial de juridicidade e a própria subsistência do agregado social estarem sob risco, somente poderá ser aceita em situações excepcionalíssimas. Devem ser aplicadas, aqui, as bases de sustentação da *willful blindness doctrine* (doutrina da cegueira deliberada) do direito norte-americano[252], invocada nas situações em que o agente procura evitar a sua responsabilização por um ato ilícito mantendo-se deliberadamente distante dos fatos que possam acarretar a sua responsabilização, *in casu*, da própria sistemática de funcionamento da Administração Pública.

Cremos que deva haver certa parcimônia em relação aos indivíduos que foram convocados a exercer a função pública. Afinal, o fato de não terem desejado assumir esse *status* enfraquece a presunção de que estavam plenamente qualificados a desempenhar o respectivo *munus*. Em relação aos agentes públicos que assumiram o múnus público de maneira voluntária, a regra deve ser a inadmissibilidade da escusa de incompetência. No entanto, não é de se excluir a possibilidade de as circunstâncias do caso justificarem o surgimento, no agente público, da crença de estar atuando em harmonia com a juridicidade. É factível que essa crença tende a ser inversamente proporcional ao potencial lesivo da conduta para o interesse público. E isso por uma razão muito simples: quanto mais relevantes forem os interesses tutelados pela juridicidade, mais intenso é o dever jurídico de o agente público conhecê-los. É o que ocorre, por exemplo, em relação ao dever de realizar concurso público, de licitar, de respeitar os balizamentos oferecidos pelas leis orçamentárias, de prestar contas etc. Situação diversa ocorrerá em relação à inobservância de pormenores de ordem formal, os quais, em razão de práticas administrativas reiteradas, podem vir a ser repetidos de modo acrítico, ou, mesmo, em relação ao cumprimento de lei flagrantemente inconstitucional, que destoa de qualquer referencial de eficiência, genérico ou específico, mas que está em vigor há vários anos e jamais teve a sua eficácia contestada.

---

252 Essa teoria foi aplicada pela Suprema Corte norte-americana no caso *Global Tech Applicances, Inc. v. Seb S.A.* (563 U.S. 754, 2011), em que se discutia a inobservância da legislação de patentes, máxime do dever jurídico de verificar se determinada ação colidia com patente pré-concedida.

O que se nos afigura absolutamente inconcebível é que a escusa de incompetência seja simplesmente acolhida como se fosse algo natural e, mesmo, inerente ao ambiente administrativo. Entendimento dessa natureza, além de afastar a imperatividade das normas constitucionais e legais, simplesmente inviabilizaria a subsistência de qualquer sistema sancionador.

Um verdadeiro símbolo da incompreensão dos contornos dogmáticos e dos efeitos perversos decorrentes da escusa de incompetência é o acórdão proferido pela 1ª Turma do Superior Tribunal de Justiça, em 17 de agosto de 1999, no julgamento do REsp n. 213.994. Esse acórdão contou com a seguinte ementa:

"Administrativo. Responsabilidade de Prefeito. Contratação de pessoal sem concurso público. Ausência de prejuízo. Não havendo enriquecimento ilícito e nem prejuízo ao erário municipal, mas inabilidade do administrador, não cabem as punições previstas na Lei 8.429/1992. A lei alcança o administrador desonesto, não o inábil. Recurso improvido".

Desde então, o bordão "a lei alcança o administrador desonesto, não o inábil" tem sido repetido de modo acrítico por diversos segmentos da doutrina e da jurisprudência, inclusive do próprio Superior Tribunal de Justiça. O mais curioso é que as proposições oferecidas por esse bordão não passam de puras exortações retóricas, sem qualquer densidade para ultrapassar o imaginário individual e encontrar receptividade na ordem jurídica.

Em primeiro lugar, como observamos ao analisar a probidade e sua etimologia, é simplesmente errada a afirmação de que a Lei n. 8.429/1992 só alcança o "administrador desonesto". Avançando na análise das proposições oferecidas pelo acórdão, é igualmente errada a assertiva de que a Lei n. 8.429/1992 não visa a punir o administrador *inábil*. A inabilidade caminha em norte contrário à eficiência, que tanto consubstancia um dever jurídico de natureza genérica, veiculado no princípio homônimo consagrado no texto constitucional, como uma pluralidade de deveres específicos. Portanto, o ato administrativo inábil encontrará imediato enquadramento na tipologia do art. 11. Por outro lado, é plenamente possível que, apesar dessa adequação de ordem tipológica, a incidência da Lei n. 8.429/1992 seja afastada a partir da análise do critério de proporcionalidade ou, mesmo, em razão de um erro de direito plenamente escusável, possibilidade extremamente rara em se tratando de indivíduos que voluntariamente adquiriram o *status* de agentes públicos.

13. O NEPOTISMO

Etimologicamente, nepotismo deriva do latim *nepos, nepotis*, significando, respectivamente, neto, sobrinho. *Nepos* também indica os descendentes, a posteridade, podendo ser igualmente utilizado no sentido de dissipador, pródigo, perdulário e devasso[253].

A divulgação do vocábulo (ao qual foi acrescido o sufixo *ismo*), no sentido hoje difundido em todo o mundo, em muito se deve aos pontífices da Igreja Católica. Alguns papas

---

253 Cf. TORRINHA, Francisco. *Dicionário Latino Português*, p. 550-551.

tinham por hábito conceder cargos, dádivas e favores aos seus parentes mais próximos, terminando por lapidar os elementos intrínsecos ao nepotismo, que, nos dias atuais, passou a ser associado à conduta dos agentes públicos que abusivamente fazem tais concessões aos seus familiares[254].

O nepotismo, em alguns casos, está relacionado à lealdade e à confiança existente entre o *benemérito* e o favorecido, sendo praticado com o fim precípuo de resguardar os interesses daquele. Essa vertente pode ser visualizada na conduta de Napoleão, que nomeou seu irmão, Napoleão III, para governar a Áustria, que abrangia a França, a Espanha e a Itália. Com isso, em muito diminuíam as chances de uma possível traição, permitindo a subsistência do império napoleônico. Em outras situações, o *benemérito* tão somente beneficia determinadas pessoas a quem é grato, o que, longe de garantir a primazia de seus interesses, busca recompensá-las por condutas pretéritas ou mesmo agradá-las. Como ilustração, pode ser mencionada a conduta de Luiz XI, que presenteou sua amante Ana Passeleu com terras e até com um marido (João de Brosse), o que permitiu fosse ela elevada à nobreza[255]. Outro exemplo pode ser encontrado na carta de Pero Vaz de Caminha ao Rei D. Manuel, de 1º de maio de 1500, no qual o escrivão da frota de Pedro Álvares Cabral pedia o retorno de seu genro Jorge, ladrão degredado na Ilha de São Tomé[256].

Nepotismo, em essência, significa *favorecimento*. Somente os agentes que ostentem grande equilíbrio e retidão de caráter conseguem manter incólume a dicotomia entre o *público* e o *privado*, impedindo que sentimentos de ordem pessoal contaminem e desvirtuem a atividade pública que se propuseram a desempenhar.

O nepotismo, por vezes, é institucionalizado, do que é exemplo o mau-vezo de se outorgar às primeiras-damas a atribuição de conduzir instituições sem fins lucrativos, não raras vezes dotadas de vultoso patrimônio e de incomensurável importância para determinadas classes da população. Não seria esta uma modalidade de nepotismo *ex vi legis*? A este questionamento respondemos com outros mais: as primeiras-damas exercem a representatividade popular? Qual é o fundamento de legitimidade de sua atuação? São competen-

---

[254] "Nepotismo s.m. 1. Política adotada por certos papas que consistia em favorecer sistematicamente suas famílias. 2. Abuso de crédito em favor de parentes ou amigos. 3. Favoritismo, proteção escandalosa, filhotismo" (*Grande Enciclopédia Larousse Cultural*, p. 4187). "Népotisme e.m (it. *nepotismo*, du lat. *nepos* "neveu"). 1. Attitude de certains papes qui accordaient des faveurs particulières à leurs parents. 2. Abus qu'un homme em place fait de son crédit en faveur de sa famille: Il a eu ce poste de haut fonctionnaire par népotisme" (*Dictionnaire Encyclopédique Illustré pour la maîtrise de la langue française, la culture classique et contemporaine*, p. 1074).

[255] Cf. LIMA, Aluísio de Souza. Visão do nepotismo numa perspectiva histórica, política e sociológica, *Revista Cearense Independente do Ministério Público*, p. 9.

[256] Eis as palavras de Pero Vaz de Caminha: "E pois que, Senhor, é certo que, assim neste cargo que levo, com em outra qualquer coisa que de vosso serviço for, Vossa Alteza há de ser de mim muito bem servida, a Ela peço que, por me fazer graça especial, mande vir da Ilha de São Tomé a Jorge de Osório, meu genro – que d'Ela receberei em muita mercê" ("Carta de Pero Vaz de Caminha a El-Rei D. Manuel", in ALVES FILHO, Ivan. *Brasil: 500 anos em documentos*, p. 22).

tes ou possuem uma "competência reflexa" oriunda do Chefe do Executivo? Certamente, qualquer resposta chegará a uma conclusão comum: não fosse esta anômala situação inerente à "coisa pública", certamente causaria uma certa comoção acaso suscitada no âmbito da iniciativa privada!

Sob outra vertente, a preocupação com o favorecimento há muito está sedimentada no direito positivo pátrio, do que é exemplo a causa de inelegibilidade prevista no art. 14, § 7º, que alcança o cônjuge e os parentes, consanguíneos ou afins, até o segundo grau ou por adoção, do Chefe do Executivo ou de quem o tenha substituído nos seis meses anteriores ao pleito, salvo se já titular de mandato eletivo e candidato à reeleição.

Identificada a prática do nepotismo, ter-se-á, de imediato, a violação ao princípio da impessoalidade, já que privilegiados interesses individuais em detrimento do interesse coletivo. Na violação à impessoalidade, no entanto, não se exaurem os efeitos do nepotismo, tendo, a nosso ver, dimensão mais ampla. Nesta linha, de forma correlata aos efeitos imediatos do ato, refletidos no injustificável tratamento diferenciado dos administrados, tem-se o fundamento ético-normativo por ele violado. Este, por sua vez, poderia ser refletido em três vertentes, cuja pertinência passaremos a analisar. Para facilitar a compreensão do tema, será ele direcionado ao provimento dos cargos em comissão, não raras vezes ocupados por parentes dos responsáveis pela nomeação.

Em um primeiro momento, a conduta acima mencionada (nomeação de parentes para o provimento de cargos em comissão) poderia ser considerada como dissonante do princípio da moralidade administrativa, pois fere o senso comum imaginar que a Administração Pública possa ser transformada em um *negócio de família*. Este argumento, não obstante o seu acentuado cunho ético, não subsiste por si só. Com efeito, a partir do momento em que o Constituinte consagrou a existência das funções de confiança e dos cargos em comissão[257], é tarefa assaz difícil sustentar que os valores que informam a moralidade administrativa, originários das normas que disciplinam o ambiente institucional, não autorizam que o agente nomeie um parente no qual tenha ampla e irrestrita confiança[258].

---

257 Art. 37, II e V.
258 A 5ª Turma do STJ, no entanto, ao julgar o REsp n. 150.897-SC, sendo relator o Min. Jorge Scartezzini, ressaltou que a nomeação de parentes para a ocupação de cargos em comissão violava os princípios da moralidade e da impessoalidade na administração, ainda que, diversamente do caso *sub judice*, não houvesse lei que proibisse as nomeações (j. em 13/11/2000, *DJ* de 18/2/2002). O TJRS decidiu da seguinte forma: "Constitucional e administrativo. Cargos Públicos. Investidura de agentes políticos e de servidores em cargos e em funções de confiança. Nepotismo. Inverossimilhança da restrição ao direito fundamental de acesso a cargos públicos pela falta de norma legal restritiva e pelo princípio da moralidade. 1. O acesso aos cargos públicos só pode ser restringido por lei em sentido formal. Não se aplicando aos municípios o art. 20, § 5º, da CE/1989, em razão de sua autonomia, por igual, o 130, X, da Lei Orgânica do Município de Capão da Canoa aos poderes do Chefe do Executivo local, não infringe ao princípio da legalidade. Por outro lado, a exteriorização dos valores da comunidade, que preencherão os fluidos princípios da moralidade e da impessoalidade, é matéria de prova. Inverossimilhança da pretensão antecipatória. 2. Agravo de instrumento desprovido" (4ª CC, AI n. 70003412020, rel. Des. Araken de Assis, j. em 28/12/2001).

Situação diversa ocorrerá quando a nomeação recair sobre pessoa que seja credora do agente público ou cujos interesses pessoais estiverem diretamente relacionados ao exercício do cargo para o qual fora nomeado, caminhando em norte contrário a ele. Como exemplo, podemos mencionar a nomeação do proprietário da maior rede hospitalar privada do Município para o cargo de Secretário Municipal de Saúde; neste caso, seria do interesse do Secretário o aprimoramento do atendimento nos hospitais públicos? Contribuiria ele para o decréscimo de seus próprios lucros? Em situações como essa, entendemos ser patente a violação à moralidade administrativa, o que já não ocorre pelo simples fato de o ocupante do cargo ser parente do agente que o nomeou.

Buscando contornar o óbice acima exposto, tem sido comum a edição de padrões normativos vedando a nomeação de parentes para o preenchimento de cargos em comissão. Esse tipo de disposição em muito contribui para a preservação do princípio da moralidade, pois evita que as nomeações terminem por ser desvirtuadas da satisfação do interesse público e direcionadas ao atendimento de interesses a ele estranhos. À guisa de ilustração, podem ser mencionados:

a) o Estatuto dos Servidores da União (Lei n. 8.112/1990), cujo art. 117, VII, veda ao agente "manter sob sua chefia imediata, em cargo ou função de confiança, cônjuge, companheira ou parente até o segundo grau civil";

b) o Regime Jurídico dos Servidores do Poder Judiciário da União (Lei n. 9.427/1996), em seu art. 10, veda a nomeação de cônjuge, companheiro ou de parentes até o terceiro grau, pelos membros de tribunais e juízes, a eles vinculados, salvo os servidores ocupantes de cargos de provimento efetivo das carreiras judiciárias;

c) os arts. 355, § 7º, e 357, parágrafo único, do Regimento Interno do Supremo Tribunal Federal restringem a nomeação de parentes como forma de combate ao nepotismo;

d) o art. 326 do Regimento Interno do Tribunal Regional Federal da 4ª Região veicula comando semelhante;

e) a Lei n. 9.165/1995, que disciplina o funcionalismo no âmbito do Tribunal de Contas da União, também veicula restrições à nomeação de parentes;

f) o Provimento n. 84/1996, da Ordem dos Advogados do Brasil, em seu art. 1º, "veda a contratação de servidores pela OAB, independente do prazo de duração do pacto laboral, vinculados por relação de parentesco a Conselheiros Federais, Membros Honorários Vitalícios, Conselheiros Estaduais ou integrantes de qualquer órgão deliberativo, assistencial, diretivo ou consultivo da OAB, no âmbito do Conselho Federal, dos Conselhos Seccionais e das Subseções", acrescendo o § 1º que "a vedação a que se refere o *caput* deste artigo se aplica aos cônjuges, companheiros e parentes em linha reta ou na colateral até o terceiro grau";

g) o art. 4º, parágrafo único, da Lei estadual n. 7.451, de 1º de julho de 1991, que criou cargos no quadro do Tribunal de Justiça de São Paulo e vedou a nomeação, como assistente jurídico, "de cônjuge, de afim e de parente em linha reta ou colateral, até o terceiro grau, inclusive, de qualquer dos integrantes do Poder Judiciário do Estado de São Paulo"; e

h) a Resolução n. 406, de 13 de dezembro de 2004, do Conselho da Justiça Federal, proíbe, no âmbito da Justiça Federal, a designação para cargos em comissão e funções comissionadas de cônjuge, companheiro ou parente dos juízes das duas instâncias ordinárias e dos Ministros do Superior Tribunal de Justiça, excluindo-se da vedação os servidores ocupantes de cargos de provimento efetivo, que somente não poderão ser designados para atuar junto ao magistrado com o qual mantenham o vínculo de parentesco;

i) o art. 9º da Lei n. 10.748, de 22 de outubro de 2003, que cria o Programa Nacional de Estímulo ao Primeiro Emprego para os Jovens – PNPE, acrescentando dispositivo à Lei n. 9.608, de 18 de fevereiro de 1998, posteriormente revogado, vedou a contratação, no âmbito do PNPE, de jovens que sejam "parentes, ainda que por afinidade, até o terceiro grau, dos empregadores, sócios das empresas ou dirigentes da entidade contratante".

j) o art. 20, § 5º, da Constituição do Estado do Rio Grande do Sul, com a redação determinada pela Emenda n. 12/1995, estabeleceu restrições à nomeação de parentes no âmbito da Administração direta e indireta dos três Poderes, do Ministério Público e do Tribunal de Contas[259].

Existindo vedação legal e sendo ela descumprida, ter-se-á a violação ao princípio da legalidade e, *ipso iure*, um relevante indício da prática de ato de improbidade[260]. Nesse caso, tem-se um impedimento legal ao exercício da função pública, o qual, apesar de restringir a esfera jurídica dos parentes do agente público, em nada compromete a isonomia que deve existir entre estes e os demais, isto porque a restrição é razoável e pontual, evitando que os laços de afinidade terminem por preterir outros pretendentes quiçá melhor preparados[261].

---

259 Ver, no mesmo sentido, o art. 77, §§ 11 a 14, da Constituição do Estado do Rio de Janeiro, com a redação dada pela EC n. 34/2005.

260 Artifício de todo reprovável e que merece especial atenção sob os prismas da moralidade administrativa e da teoria do desvio de finalidade consiste na terceirização de mão de obra, permitindo que a empresa contratada, consoante acerto previamente realizado, contrate os agentes indicados pelo administrador, com a consequente fraude à vedação legal.

261 O STF proferiu decisão do seguinte teor: "Cargos de confiança. Parentesco. Nomeação e exercício. Proibição. Emenda Constitucional. Ação Direta de Inconstitucionalidade. Liminar. A concessão de liminar pressupõe a relevância do pedido formulado e o risco de manter-se com plena eficácia o preceito. Isso não ocorre quando o dispositivo atacado, de índole constitucional, confere ao tema chamado 'nepotismo' tratamento uniforme nos Poderes Legislativo, Executivo e Judiciário, proibindo o exercício do cargo pelos parentes consanguíneos e afins até o segundo grau, no âmbito de cada Poder, dispondo sobre os procedimentos a serem adotados para a cessação das situações existentes (...)" (Pleno, ADIMC 1.521/RS, rel. Min. Marco Aurélio, j. em 12/3/1997, *RTJ* n. 173/424). Igual entendimento prevaleceu no julgamento do mérito (rel. Min. Ricardo Lewandowski, j. em 19/6/2013, *DJe* de 13/8/2013). O STJ, do mesmo modo, assim decidiu: "Consti-

A efetividade de normas como essa, no entanto, pressupõe que tenham amplitude semelhante à da Constituição gaúcha, o que evitará que colegas do agente contratem os parentes deste e este os daqueles, conferindo uma aparente legalidade ao ato. É necessário, ainda, que a matéria seja regida de forma linear e igualitária, alcançando toda a estrutura administrativa de determinada esfera da Federação, o que evitará qualquer discriminação dos servidores conforme o Poder ou o órgão perante o qual atuem.

É de todo aconselhável que a norma dispense tratamento diferenciado àqueles parentes que, após regular aprovação em concurso público, sejam ocupantes de cargo efetivo. Em casos tais, a vedação deve restringir-se à impossibilidade de ocuparem cargos em que estejam diretamente subordinados ao agente com o qual mantenham o vínculo de parentesco. Esse entendimento, aliás, foi encampado pelos arts. 355, § 7º, e 357, parágrafo único, do Regimento Interno do Supremo Tribunal Federal. Com isto, evita-se que o agente que ascendeu por méritos próprios ao funcionalismo público deixe de ocupar uma posição de igualdade em relação aos demais; e, pior, ainda seja penalizado por ter um parente em posição de superioridade no escalonamento funcional.

Ainda como medida de contenção ao nepotismo, pode ser mencionada a imperiosa necessidade de redução do quantitativo de cargos em comissão, medida que não só prestigiaria a isonomia, como, também, impediria a expansão de contratações norteadas por critérios essencialmente subjetivos. Esse resultado poderia ser facilmente alcançado com a fixação, via emenda constitucional, em termos lineares e igualitários para todos os níveis da Administração Pública, de um quantitativo máximo de cargos em comissão, estabelecido em termos percentuais sobre os cargos de provimento efetivo.

É importante ressaltar que o Supremo Tribunal Federal, analisando a constitucionalidade da Resolução n. 7/2005, do Conselho Nacional de Justiça, que vedou a prática do nepotismo no âmbito do Poder Judiciário, decidiu que esse "ato normativo primário" densificava os princípios constitucionais da impessoalidade, da eficiência, da igualdade e da moralidade[262]. Na visão do Tribunal, tratar-se-iam, em verdade, das mesmas restrições já impostas pela Constituição de 1988:"o que já era constitucionalmente proibido permanece com essa tipificação, porém, agora, mais expletivamente positivado". Considerando a operatividade atribuída aos princípios regentes da atividade estatal, que, por certo, não pode ficar adstrita às contratações realizadas no âmbito do Poder Judiciário, esperava-se que igual entendimento fosse aplicado aos demais órgãos da Administração Pública. Afinal, a força

---

tucional. Recurso em mandado de segurança. Alegação de inconstitucionalidade de norma estadual que veda a contratação de parentes dos magistrados para cargos do Judiciário Paulista. Improvimento. I. O princípio atacado não é inconstitucional. Ao contrário, visa defender os princípios da moralidade no serviço público e os do Estado Republicano, combatendo o nepotismo e reforçando, mesmo, a ideia de isonomia, já que para provimento de tais cargos não há concurso público. E o próprio artigo 37, inc. I, da CF, diz que o acesso de brasileiros aos cargos públicos deve obedecer aos requisitos estabelecidos em lei. II. Recurso improvido" (6ª T., RMS n. 2.284/SP, rel. Min., Pedro Acioli, j. em 25/4/1994, *DJ* de 16/5/1994, p. 11785).

262 Pleno, ADC-MC n. 12/DF, rel. Min. Carlos Britto, j. em 16/2/2006, *DJ* de 1º/9/2006.

normativa da Constituição não pode ser seletiva. As aspirações tornaram-se realidade com a edição da Súmula Vinculante n. 13, aprovada na sessão plenária de 21 de agosto de 2008, *verbis*: "A nomeação de cônjuge, companheiro ou parente em linha reta, colateral ou por afinidade, até o terceiro grau, inclusive, da autoridade nomeante ou de servidor da mesma pessoa jurídica investido em cargo de direção, chefia ou assessoramento, para o exercício de cargo em comissão ou de confiança ou, ainda, de função gratificada na administração pública direta e indireta em qualquer dos Poderes da União, dos Estados, do Distrito Federal e dos Municípios, compreendido o ajuste mediante designações recíprocas, viola a Constituição Federal". Como se percebe, o Tribunal não se manteve adstrito aos balizamentos estabelecidos pelo Código Civil em relação ao parentesco na linha colateral e por afinidade[263-264]. Acresça-se que, no entender do Tribunal, mostra-se compatível com a ordem constitucional a subordinação direta do servidor ao cônjuge ou parente quando ambos foram regularmente aprovados em concurso público[265]. Também não foi reconhecida a prática do nepotismo na nomeação de parente de ocupante de cargo de direção, chefia ou assessoramento, quando não há subordinação entre ambos e quando este último não "exerce ascendência hierárquica ou funcional sobre a autoridade nomeante" (STF, 2ª Turma, Rcl n. 18.564/SP, red. p/ acórdão Min. Dias Toffoli, j. em 23/2/2016, *DJ* de 3/8/2016).

O entendimento do Supremo Tribunal Federal pode ser considerado, com justiça, um dos grandes marcos do processo de moralização da Administração Pública brasileira. O que não nos parece adequado é invocar uma premissa de contornos nitidamente idealistas, como sói ser aquela que atribui à ordem constitucional, por si só, a vedação ao nepotismo. Na medida em que nenhum padrão normativo pode ser estruturado com indiferença ao ambiente sociopolítico, não se pode ignorar que a nomeação de parentes era simplesmente institucionalizada na realidade brasileira, a começar pelo próprio Poder Judiciário. Não é por outra razão que diversas leis foram editadas com o objetivo de coibi-lo, logo, não são dignos de encômio os acórdãos prolatados após a edição da Súmula Vinculante 13 e que consideraram ilícita a nomeação de parentes em momento anterior a ela, ainda que não houvesse afronta a qualquer lei[266].

Acresça-se que o Supremo Tribunal Federal, em algumas decisões, tem estabelecido a distinção entre cargos de natureza estritamente política, com competência para a prática

---

263 Arts. 1.592 e 1.595, § 1º, do Código Civil.

264 Note-se que o STJ, com base no entendimento externado pelo STF na ADC-MC n. 12/DF, no sentido de que o nepotismo viola a impessoalidade, reconheceu a prática de ato de improbidade na conduta de Presidente da Câmara de Vereadores que nomeara sua esposa como assessora parlamentar do órgão (2ª T., REsp n. 1.009.926/SC, rel. Min. Eliana Calmon, j. em 17/12/2009, *DJ* de 10/2/2010). O Tribunal também entendeu que a nomeação de filha de vereador, para ocupar cargo em comissão na Câmara Municipal, viola a moralidade, devendo ser enquadrada no art. 11 da Lei n. 8.429/1992.

265 Pleno, ADI n. 524/ES, red. p/acórdão Min. Ricardo Lewandowski, j. em 20/5/2015, *DJ* de 3/8/2015.

266 *Vide* STJ, 2ª T., REsp n. 1.499.622/SP, rel. Min. Humberto Martins, j. em 24/2/2015, *DJe* de 12/3/2015; e 2ª T., AgRg no REsp n. 1.362.789/MG, rel. Min. Humberto Martins, j. em 12/5/2015, *DJe* de 19/5/2015.

de decisões fundamentais na estrutura político-administrativa, e cargos de natureza administrativa, de modo que somente os últimos seriam alcançados pela vedação que se desprende dos princípios previstos no art. 37, *caput*, da Constituição de 1988[267]. Seria plenamente possível, assim, a existência de relações de parentesco, por exemplo, entre Presidente e Ministros; Governador e Secretários etc.. Esse entendimento nos parece inadequado por três razões básicas: a primeira, de ordem sistêmica, aponta para a impossibilidade de se atribuir uma normatividade seletiva aos princípios constitucionais, terminando por comprometer a unidade da Constituição e o necessário comprometimento ético de tantos quantos estejam a serviço do Estado; a segunda, de ordem lógica, denota que o desvalor da conduta, identificado com o ato de nomeação, independe da natureza do cargo a ser ocupado; a terceira, por sua vez, de ordem pragmática, indica que devem ser justamente os agentes políticos os primeiros a se abster do nepotismo, quer praticando-o, quer sendo beneficiados por ele, de modo a difundir um exemplo de ética e impessoalidade entre todos os seus subordinados[268].

Ainda merece referência específica o denominado "nepotismo cruzado". Nessa figura, o óbice à nomeação não decorre do vínculo conjugal, de companheirismo ou de parentesco existente com pessoa funcionalmente inserida na mesma estrutura orgânica para a qual o agente foi nomeado. O que se tem aqui é um mecanismo fraudulento utilizado para burlar a vedação ao nepotismo, de modo que cada um dos agentes em conluio nomeia, para a respectiva estrutura de poder, os parentes do outro, sendo a recíproca verdadeira. Não é por outra razão que a Súmula Vinculante n. 13 considerou ilícitas as designações recíprocas. Esse sistema ainda pode ser aperfeiçoado com triangulações ou com a extensão do conluio a quatro, ou mais, agentes.

A prova do conluio, no nepotismo cruzado simples, torna-se relativamente simples, sendo evidente que cada um dos dois envolvidos beneficiou os parentes do outro. Em se tratando de três ou mais agentes realizando nomeações recíprocas ou, mesmo, quando só um deles realiza as nomeações com o objetivo de favorecer parentes de outra autoridade, a prova torna-se extremamente difícil, isso porque conluios dessa natureza são normal-

---

[267] STF, Pleno, RE n. 579.951/RN, rel. Min. Ricardo Lewandowski, j. em 20/8/2008, *DJ* de 24/10/2008; Reclamação n. 6.650-MC-AgR/PR, rel. Min. Ellen Gracie, j. em 16/10/2008, *DJ* de 21/11/2008; e Reclamação n. 6.702 MC-AgR/PR, rel. Min. Ricardo Lewandowski, j. em 4/3/2009, *DJ* de 30/4/2009. Em sentido contrário, entendendo que a Súmula Vinculante n. 13 alcança, inclusive, os agentes políticos, *vide* Reclamação n. 12.478-MC/DF, rel. Min. Joaquim Barbosa, j. em 3/11/2011, *DJ* de 8/11/2011. Há, ainda, uma posição intermédia, que entende possível a nomeação de parentes para funções próprias dos agentes políticos quando as circunstâncias o justificarem (*v.g.*: reconhecida aptidão do nomeado, carência de profissionais etc.): Reclamação n. 11.605-MC/SP, rel. Min. Celso de Mello, decisão monocrática de 29/6/2012, *DJ* de 2/8/2012.

[268] O Decreto n. 6.906/2009, da Presidência da República, estabeleceu a obrigatoriedade de prestação de informações sobre vínculos familiares pelos Ministros de Estado, ocupantes de cargo de natureza especial e de cargos do Grupo-Direção e Assessoramento Superiores, informações estas que serão analisadas pelo Ministério da Transparência, Fiscalização e Controladoria-Geral da União – CGU, que sucedeu a Controladoria-Geral da União com o objetivo de evitar a prática do nepotismo.

mente realizados às escondidas, somente chegando a público a identidade dos nomeados. Dificuldades à parte, será evidente a violação à moralidade e à impessoalidade, princípios que vedam a prática do nepotismo quando a autoridade cujos parentes foram nomeados, ainda que não retribua o favor, possa influenciar a atuação funcional da autoridade nomeante. É o que ocorre, por exemplo, em relação (1) ao Prefeito e aos Vereadores, reciprocamente, já que a atuação funcional de qualquer dos dois influi na atuação do outro; (2) ao Juiz de Direito e ao Promotor de Justiça em atuação na Comarca, em relação à nomeação dos seus cônjuges, companheiros ou parentes para atuar junto ao Executivo ou ao Legislativo local, isso porque referidos agentes atuam, diuturnamente, nas causas de interesse dessas estruturas de poder; (3) ao Governador do Estado e aos Desembargadores do Tribunal de Justiça, pois, enquanto o primeiro detém iniciativa das leis orçamentárias, é responsável pela escolha dos Desembargadores oriundos do quinto constitucional e tem interesse direto nas causas de interesse do Estado apreciadas pelo Judiciário, os últimos são os responsáveis pela prestação jurisdicional no mais elevado plano da Justiça Estadual.

Em síntese, sempre que houver a interação funcional recíproca, de modo que uma autoridade tenha interesse direto na atuação da outra, ter-se-á a violação à moralidade e à impessoalidade quando um dos agentes nomear os parentes do outro. Essa figura, à evidência, não é abrangida pela Súmula Vinculante n. 13, que somente faz referência às "designações recíprocas", mas isso em nada compromete a sua injuridicidade, isso em razão da presumida troca de favores, que decorre não propriamente do imaginário do operador do Direito, mas, sim, das regras de experiência que caracterizam a espécie humana e, em particular, o homem público brasileiro[269]. A única peculiaridade é que os órgãos competentes não poderão se valer da reclamação endereçada ao Supremo Tribunal Federal, devendo percorrer as vias ordinárias.

Por derradeiro, o nepotismo poderá ser associado ao desvio de finalidade, o que demandará a análise do contexto probatório, diga-se de passagem, nem sempre fácil de ser construído. O provimento de determinado cargo, ainda que sujeito à subjetividade daquele que escolherá o seu ocupante, sempre se destinará à consecução de uma atividade de interesse público. Assim, é necessário que haja um perfeito encadeamento entre a natureza do cargo, o agente que o ocupará e a atividade a ser desenvolvida. Rompido esse elo, ter-se-á o desvio de finalidade e, normalmente, a paralela violação ao princípio da moralidade. Os exemplos, aliás, são múltiplos: um cargo que exija o uso das mãos não pode ser ocupado por quem não as possua; uma pessoa que sequer é alfabetizada não pode ocupar

---

[269] O Tribunal de Justiça de São Paulo já teve oportunidade de afirmar que não se pode obrigar o Prefeito a exonerar "cinco servidores comissionados parentes de vereadores municipais", já que evidente a ausência de "designações recíprocas" (8ª Câmara de Direito Público, rel. Des. Rubens Rihl, j. em 24/8/2011). O Tribunal, com a vênia devida, parece ter visualizado a Súmula Vinculante n. 13 como o epicentro da ordem jurídica, esquecendo que, acima dela e como seu alicerce de sustentação, encontra-se a ordem constitucional. Existem, portanto, outras situações de violação à moralidade e à impessoalidade que não aquelas ali versadas.

um cargo que exija conhecimentos técnico-científicos; um adolescente, filho ou sobrinho de Desembargador, que sequer concluiu o ciclo básico de estudos, não deve ser nomeado seu Assessor, máxime quando estuda em outro Estado da Federação[270]; etc. Em situações como estas, restará claro que ao nomear um parente para a ocupação do cargo buscou o agente unicamente beneficiá-lo, já que suas limitadas aptidões inviabilizavam o exercício das funções inerentes ao cargo para o qual fora nomeado.

O Superior Tribunal de Justiça reconheceu a prática do nepotismo na remoção por permuta realizada entre pai e filha, respectivamente titular de Ofício de Cartório de Imóveis da Capital, em vias de se aposentar, e Escrivã Distrital, já que, ante a inexperiência desta, não se verificava a satisfação de qualquer interesse da Justiça em tal permuta, sendo flagrante que o ato visava à mera satisfação do interesse pessoal dos envolvidos[271]. Por outro lado, não há que se falar em nepotismo na nomeação de parentes do delegatário para o exercício de funções no âmbito da serventia extrajudicial. Afinal, sua atividade é desenvolvida em caráter eminentemente privado, sem qualquer ingerência do Poder Público.

Identificada a ocorrência do nepotismo, prática de todo reprovável aos olhos da população, devem ser objeto de apuração as causas da nomeação, as aptidões do nomeado, a ra-

---

[270] O exemplo foi colhido do *Jornal do Brasil*, edição de 27 de junho de 2002, p. 2, sendo a reportagem de autoria de Diego Escosteguy. Segundo o periódico, uma juíza do TRT de Rondônia, em 1988, teve a filha, então com 14 anos de idade e cursando a 8ª série do 1º grau, contratada para trabalhar em seu gabinete. Dois meses depois foi a vez de sua sobrinha, de 12 anos de idade e que cursava a 6ª série. Foram exoneradas em 1989, por ordem do então Presidente do TRT e readmitidas em 1991, tendo recebido salários e gratificações até 1997. Em 1995, a filha foi promovida à condição de chefe de gabinete da mãe, à época Presidente do TRT-RO. A sobrinha, por sua vez, teve seus vencimentos aumentados por sua benemérita três dias após a assunção da Presidência do Tribunal. O curioso é que, durante boa parte deste período, estudavam em Ribeirão Preto, a 2.759 km de Porto Velho. Os fatos foram investigados pelo Ministério Público e encaminhados ao TCU, o qual fixou o prazo de 15 dias para apresentação de defesa ou devolução das importâncias recebidas. No julgamento da Petição n. 1.576-3, oriunda de Roraima, sendo relator o Min. Nelson Jobim, o STF reconheceu a suspeição de cinco dos sete Desembargadores do Tribunal de Justiça local – cujos parentes foram nomeados para cargos em comissão no Tribunal e, posteriormente, afastados por decisão de Juiz de Direito, atendendo pleito do Ministério Público em ação civil pública – para apreciar representação ofertada por um deles contra o Juiz de primeira instância que proferiu decisão contrária aos interesses de seus parentes. No procedimento disciplinar, o Juiz chegou a ser afastado de suas funções sob a acusação de "insubordinação, excesso de linguagem e atitude desrespeitosa". Como frisou o relator: "Em tribunal suspeito, não existe desembargador legitimado" (Pleno, unânime, j. em 24/9/1998, *DJ* de 18/2/2000). Hipótese similar ao primeiro caso mencionado foi julgada pelo TJGO: "Ação Civil Pública. Atos de improbidade administrativa. Defesa do patrimônio público. Legitimidade do Ministério Público. O Ministério Público tem legitimidade para propor ação civil pública que objetiva a proteção do erário municipal. 2. Sentença *ultra* e *extra petita*. Não há se falar em sentença *ultra* ou *extra petita* quando ela é proferida nos estritos limites do *petitum*. 3. Nomeação de menor impúbere para o exercício de cargo comissionado. Caracteriza-se ato de improbidade administrativa a nomeação de filho menor de 18 anos para a função pública, uma vez que ofende os princípios da administração. Apelo conhecido e improvido. Decisão unânime" (2ª CC, AP n. 54.530-7/188, rel. Des. Fenelon Teodoro Reis, j. em 21/11/2000, *DJ* de 6/12/2000, p. 6).

[271] 2ª T., RMS n. 1.751/PR, rel. Min. Américo Luz, j. em 2/4/1994, *RSTJ* 62/153.

zoabilidade da remuneração recebida e a consecução do interesse público. A partir da aferição desses elementos, será possível identificar a possível prática de atos de improbidade.

14. ATOS DE IMPROBIDADE PRATICADOS EM DETRIMENTO DO PROCEDIMENTO ELETIVO

Reiterando o que afirmamos em obra específica sobre o tema[272], tem-se que "aqueles que se elevem ao poder utilizando-se de métodos que não reflitam a vontade popular em sua pureza e integridade, em essência, não poderão apresentar-se como representantes desta, pois destituídos de legitimidade. Partindo-se desta premissa, quaisquer atos idôneos a desvirtuar, modificar ou suprimir a vontade exteriorizada pela coletividade que participa do procedimento eletivo devem ser coibidos".

Ultrapassada a fase embrionária de constituição do Estado, momento tortuoso em que a força subjugava a razão, deu-se o paulatino aperfeiçoamento das instituições democráticas, com o consequente surgimento do Estado Democrático e Social de Direito. Ali, onde os direitos e garantias fundamentais evoluem em proporção semelhante ao aumento das obrigações das estruturas estatais, o acesso ao poder deve erigir-se como consectário lógico da democracia, garantindo-se a participação de muitos na escolha dos poucos que conduzirão o destino de todos.

A igualdade na escolha dos representantes deve encontrar ressonância na igualdade de oportunidades para aqueles que pretendem ascender ao poder; e, nesse particular, a igualdade somente restará assegurada com a instituição de mecanismos que possam coarctar a liberdade que tende a subjugá-la.

Com o objetivo de preservar a igualdade que deve existir entre os candidatos nas diferentes fases do procedimento eletivo, foram múltiplos os mecanismos instituídos pelo legislador, alguns dotados de relativa eficácia e outros cuja supressão certamente sequer seria notada por muitos operadores do direito, pois de total inocuidade.

Além dos ilícitos passíveis de serem praticados por particulares, tem-se aqueles que o são por agentes públicos. E o pior, com a utilização da própria estrutura administrativa posta à sua disposição com a finalidade, única e exclusiva, de satisfazer o interesse público. Em casos tais, sempre que o agente público mutilar os fins de seu obrar, desviando-os para si ou, mesmo, para terceiros que de alguma forma possam beneficiá-lo, estará configurado o desvio de finalidade e, consequentemente, o ato de improbidade[273].

Assim, tratando-se de agente público, sempre que no curso do procedimento eletivo for detectada a prática de um ato que esteja em dissonância com a legislação eleitoral, quer sejam identificados os elementos configuradores do abuso de poder, quer se trate de mera

---

[272] *Abuso de poder nas eleições, meios de coibição*, p. 13-14.
[273] Art. 11, I, da Lei n. 8.429/1992: "Praticar ato visando fim proibido em lei ou regulamento ou diverso daquele previsto na regra de competência".

violação a um preceito específico, além das sanções de natureza eleitoral, que serão aplicadas pela Justiça Eleitoral[274], estará o agente sujeito às demais sanções cíveis, penais e administrativas cominadas à espécie, isto, por óbvio, sem prejuízo da aplicação da Lei de Improbidade.

A Lei n. 9.504, de 30 de setembro de 1997, diploma que estabelece a normatização básica disciplinadora das eleições, veicula uma série de comandos, estatuindo direitos, obrigações e vedações a todos os participantes do pleito. Dentre as vedações, existe um rol destinado especificamente aos agentes públicos, tendo o indisfarçável propósito de evitar que a estrutura administrativa seja utilizada para fins políticos, relegando a plano secundário o interesse público.

Referido rol está contido, basicamente, no art. 73 da Lei 9.504/1997, sendo cominadas determinadas sanções a serem aplicadas pela Justiça Eleitoral (suspensão imediata da conduta vedada, multa e cassação do registro ou do diploma), sem prejuízo da expressa previsão, no § 7º desse preceito, que as condutas ali previstas caracterizam o ato de improbidade previsto no art. 11, I, da Lei n. 8.429/1992.

Especificamente em relação à multa passível de aplicação pela Justiça Eleitoral, conforme autoriza o art. 73, § 4º, da Lei n. 9.504/1997, cumpre dizer que é de todo descabido o argumento de que configuraria *bis in eadem* a simultânea aplicação da multa cominada no art. 12, III, da Lei n. 8.429/1992. A justificativa é simples: no primeiro caso, a multa é aplicada por ter o agente público comprometido a regularidade do procedimento eletivo, tendo natureza eleitoral, o que importa em regras específicas quanto aos legitimados a pleitear sua aplicação, ao órgão jurisdicional competente para apreciar tal requerimento e à destinação. Tratando-se da multa cominada pela Lei de Improbidade, diverso é o bem jurídico tutelado pela norma, sendo outros os legitimados a requerer a sua aplicação, distinto o órgão competente para aplicá-la e diversa a destinação. Nesse caso, resguarda-se a probidade do agente público; naquele, a legitimidade da eleição.

A seguir, transcrevemos quatro preceitos da Lei n. 9.504/1997, com as alterações promovidas pelas Leis n. 11.300/2006, 12.034/2009 e 13.165/2015, que estão diretamente relacionados ao estudo da improbidade administrativa, os quais, dada a clareza de suas disposições, não exigem maiores comentários.

Art. 73. São proibidas aos agentes públicos, servidores ou não, as seguintes condutas tendentes a afetar a igualdade de oportunidades entre candidatos nos pleitos eleitorais:

---

274 Sobre a competência da Justiça Eleitoral, assim se pronunciou o Tribunal Superior Eleitoral: "Recurso Especial. Representação. Conduta vedada. Lei n. 9.504/1997, art. 73, I, § 7º. Improbidade administrativa. Lei n. 8.429/1992. Incompetência da Justiça Eleitoral. Supressão de instância. Não ocorrência. A Lei n. 9.504/1997, art. 73, I, § 7º, sujeita as condutas ali vedadas ao agente público às cominações da Lei n. 8.429/1992, por ato de improbidade administrativa. Todavia, não é possível a aplicação dessas sanções pela Justiça Eleitoral, quanto menos através do rito sumário da representação..." (REsp n. 15.840, rel. Min. Edson Vidigal, *Inf. TSE* n. 16).

Capítulo IX – Da Casuística

I – *ceder ou usar, em benefício de candidato, partido político ou coligação, bens móveis ou imóveis pertencentes à administração direta ou indireta da União, dos Estados, do Distrito Federal, dos Territórios e dos Municípios, ressalvada a realização de convenção partidária;*

II – *usar materiais ou serviços, custeados pelos Governos ou Casas Legislativas, que excedam as prerrogativas consignadas nos regimentos e normas dos órgãos que integram*[275]*;*

III – *ceder servidor público ou empregado da administração direta ou indireta federal, estadual ou municipal do Poder Executivo, ou usar de seus serviços, para comitês de campanha eleitoral de candidato, partido político ou coligação, durante o horário de expediente normal, salvo se o servidor ou empregado estiver licenciado;*

IV – *fazer ou permitir uso promocional em favor de candidato, partido político ou coligação, de distribuição gratuita de bens e serviços de caráter social custeados ou subvencionados pelo Poder Público;*

V – *nomear, contratar ou de qualquer forma admitir, demitir sem justa causa, suprimir ou readaptar vantagens ou por outros meios dificultar ou impedir o exercício funcional e, ainda,* ex officio, *remover, transferir ou exonerar servidor público, na circunscrição do pleito, nos três meses que o antecedem e até a posse dos eleitos, sob pena de nulidade de pleno direito, ressalvados:*

a) *a nomeação ou exoneração de cargos em comissão e designação ou dispensa de funções de confiança;*

b) *a nomeação para cargos do Poder Judiciário, do Ministério Público, dos Tribunais ou Conselhos de Contas e dos órgãos da Presidência da República;*

---

[275] Como se sabe, é usual, em especial no âmbito do Poder Legislativo, a existência de dotações orçamentárias destinadas à divulgação das atividades empreendidas por determinados agentes públicos. A aplicação desses recursos, no entanto, não foge à regra geral, devendo ser necessariamente norteada pelos princípios regentes da atividade estatal (*v.g.*: os da moralidade e da impessoalidade). No caso específico dos parlamentares, é comum que a cada um deles seja destinada determinada verba de gabinete, que pode ser utilizada, *verbi gratia*, na divulgação dos projetos de lei que ofertaram. A regra do art. 73, II, da Lei n. 9.504/1997 ("usar materiais ou serviços, custeados pelos Governos ou Casas Legislativas, que excedam as prerrogativas consignadas nos regimentos e normas dos órgãos que integram") busca evitar que tais atividades sejam intensificadas às vésperas da eleição, o que poderia aumentar a popularidade do agente, terminando por comprometer a igualdade de oportunidades entre os candidatos ao pleito. Tal ocorrendo, além das sanções decorrentes da prática de ato de improbidade, estará o agente sujeito àquelas previstas na lei eleitoral. Ademais, uma interpretação lógico-sistemática do referido preceito afasta qualquer dúvida quanto à impossibilidade de o agente utilizar, em benefício próprio e de forma desvinculada de sua atividade regular, os valores que não excedam o teto fixado na normatização de regência do órgão que integra. Ainda que obervado o limite, demonstrando-se que o agente utilizou os recursos em proveito próprio e em detrimento do procedimento eletivo, além das sanções do art. 12 da Lei n. 8.429/1992, responderá ele pelo abuso do poder político (art. 14, § 10, da CR/1988 e LC n. 64/1990). Todo recurso de origem pública deve ser aplicado com observância dos princípios constitucionais de regência, não sendo possível retirar-se conclusão diversa do art. 73, II, da Lei n. 9.504/1997. Em sentido contrário, Cláudia Cavalari e Eduardo Fortunato Bim (Uso da máquina estatal para fins eleitorais pelos agentes públicos: inconstitucionalidade da autorização do inc. II do art. 73 da Lei n. 9.504/1997, *RDA* 226/36), visualizando no art. 73, II, da Lei n. 9.504/1997 uma autorização para a realização de gastos em proveito próprio e em detrimento da eleição, concluem pela sua inconstitucionalidade.

c) *a nomeação dos aprovados em concursos públicos homologados até o início daquele prazo;*

d) *a nomeação ou contratação necessária à instalação ou ao funcionamento inadiável de serviços públicos essenciais, com prévia e expressa autorização do Chefe do Poder Executivo;*

e) *a transferência ou remoção ex officio de militares, policiais civis e de agentes penitenciários;*

VI – *nos três meses que antecedem o pleito:*

a) *realizar transferência voluntária de recursos da União aos Estados e Municípios, e dos Estados aos Municípios, sob pena de nulidade de pleno direito, ressalvados os recursos destinados a cumprir obrigação formal preexistente para execução de obra ou serviço em andamento e com cronograma prefixado, e os destinados a atender situações de emergência e de calamidade pública*[276]*;*

b) *com exceção da propaganda de produtos e serviços que tenham concorrência no mercado, autorizar publicidade institucional dos atos, programas, obras, serviços e campanhas dos órgãos públicos federais, estaduais ou municipais, ou das respectivas entidades da administração indireta, salvo em caso de grave e urgente necessidade pública, assim reconhecida pela Justiça Eleitoral;*

c) *fazer pronunciamento em cadeia de rádio e televisão, fora do horário eleitoral gratuito, salvo quando, a critério da Justiça Eleitoral, tratar-se de matéria urgente, relevante e característica das funções de governo;*

VII – *realizar, no primeiro semestre do ano de eleição, despesas com publicidade dos órgãos públicos federais, estaduais ou municipais, ou das respectivas entidades da administração indireta, que excedam a média dos gastos no primeiro semestre dos três últimos anos que antecedem o pleito.*

VIII – *fazer, na circunscrição do pleito, revisão geral da remuneração dos servidores públicos que exceda a recomposição da perda de seu poder aquisitivo ao longo do ano da eleição, a partir do início do prazo estabelecido no art. 7º desta Lei e até a posse dos eleitos.*

§ 1º *Reputa-se agente público, para os efeitos deste artigo, quem exerce, ainda que transitoriamente ou sem remuneração, por eleição, nomeação, designação, contratação ou qualquer outra forma de investidura ou vínculo, mandato, cargo, emprego ou função nos órgãos ou entidades da administração pública direta, indireta, ou fundacional*[277]*.*

§ 2º *A vedação do inciso I do caput não se aplica ao uso, em campanha, de transporte oficial pelo Presidente da República, obedecido o disposto no art. 76, nem ao uso, em campanha, pelos candidatos a reeleição de Presidente e Vice-Presidente da República, Governador e Vice-Governador de Estado e do Distrito Federal, Prefeito e Vice-Prefeito, de suas residências oficiais*

---

276 Configura ato de improbidade a liberação de recursos federais, pelo Presidente da Fundação Nacional de Saúde – Funasa, em período vedado pelo art. 73, VI, *a*, da Lei n. 9.504/1997, sem a presença de circunstância excepcional que a justificasse. (STJ, 2ª T., AgRg no REsp n. 1.484.046/CE, rel. Min. Herman Benjamin, j. em 3/3/2015, DJe de 22/5/2015).

277 Deve ser observado que o conceito de agente público veiculado na legislação eleitoral é mais restrito que aquele previsto no art. 2º da Lei n. 8.429/1992.

para realização de contatos, encontros e reuniões pertinentes à própria campanha, desde que não tenham caráter de ato público.

§ 3º As vedações do inciso VI do caput, alíneas b e c, aplicam-se apenas aos agentes públicos das esferas administrativas cujos cargos estejam em disputa na eleição.

§ 4º O descumprimento do disposto neste artigo acarretará a suspensão imediata da conduta vedada, quando for o caso, e sujeitará os responsáveis a multa no valor de cinco a cem mil UFIR.

§ 5º Nos casos de descumprimento do disposto nos incisos do caput e no § 10, sem prejuízo do disposto no § 4º, o candidato beneficiado, agente público ou não, ficará sujeito à cassação do registro ou do diploma.

§ 6º As multas de que trata este artigo serão duplicadas a cada reincidência.

§ 7º As condutas enumeradas no caput caracterizam, ainda, atos de improbidade administrativa, a que se refere o art. 11, inciso I, da Lei n. 8.429, de 2 de junho de 1992, e sujeitam-se às disposições daquele diploma legal, em especial às cominações do art. 12, inciso III.

§ 8º Aplicam-se as sanções do § 4º aos agentes públicos responsáveis pelas condutas vedadas e aos partidos, coligações e candidatos que delas se beneficiarem.

§ 9º Na distribuição dos recursos do Fundo Partidário (Lei n. 9.096, de 19 de setembro de 1995) oriundos da aplicação do disposto no § 4º, deverão ser excluídos os partidos beneficiados pelos atos que originaram as multas.

§ 10. No ano em que se realizar eleição, fica proibida a distribuição gratuita de bens, valores ou benefícios por parte da Administração Pública, exceto nos casos de calamidade pública, de estado de emergência ou de programas sociais autorizados em lei e já em execução orçamentária no exercício anterior, casos em que o Ministério Público poderá promover o acompanhamento de sua execução financeira e administrativa.

§ 11. Nos anos eleitorais, os programas sociais de que trata o § 10 não poderão ser executados por entidade nominalmente vinculada a candidato ou por esse mantida.

§ 12. A representação contra a não observância do disposto neste artigo observará o rito do art. 22 da Lei Complementar n. 64, de 18 de maio de 1990, e poderá ser ajuizada até a data da diplomação.

§ 13. O prazo de recurso contra decisões proferidas com base neste artigo será de três dias, a contar da data da publicação do julgamento no Diário Oficial.

Art. 75. Nos três meses que antecederem as eleições, na realização de inaugurações é vedada a contratação de shows artísticos pagos com recursos públicos.

Parágrafo único. Nos casos de descumprimento do disposto neste artigo, sem prejuízo da suspensão imediata da conduta, o candidato beneficiado, agente público ou não, ficará sujeito à cassação do registro ou do diploma.

Art. 77. É proibido a qualquer candidato comparecer, nos três meses que precedem o pleito, a inaugurações de obras públicas.

Parágrafo único. A inobservância do disposto neste artigo sujeita o infrator à cassação do registro ou do diploma.

Art. 78. A aplicação das sanções cominadas no art. 73, §§ 4º e 5º, dar-se-á sem prejuízo de outras de caráter constitucional, administrativo ou disciplinar fixadas pelas demais leis vigentes.

Feita essa sintética referência ao conteúdo da lei, deve ser estabelecida uma premissa fundamental: *o art. 73, § 7º, da Lei n. 9.504/1997 não esgota o elenco dos atos de improbidade praticados no decorrer do procedimento eletivo*. A justificativa é tão simples quanto a conclusão, isso porque todos os atos dos agentes públicos devem estar em harmonia com o princípio da juridicidade e ter por fim a consecução do interesse público, caso contrário, estarão sujeitos às sanções da Lei n. 8.429/1992. Identificada a ausência de um desses elementos, haverá forte indício de presença da improbidade.

No art. 73 da Lei n. 9.504/1997, foram previstas, tão somente, aquelas situações que comumente configuram atos de improbidade, o que, sem sombra de dúvidas, não importa em exclusão dos demais ilícitos previstos na legislação eleitoral, praticados por agentes públicos, e que comprometam a legitimidade do pleito. Por certo, seria difícil sustentar que um ato que viole algum dos preceitos proibitivos implícitos na Lei n. 8.429/1992 e, ainda, cause prejuízo ao evolver da democracia, deve deixar de ser considerado ato de improbidade pelo simples fato de uma lei eleitoral, seara nitidamente inadequada para tanto, não tê-lo dito. O disposto no § 7º do art. 73, no entanto, denota que os atos previstos no *caput* do preceito, ainda que importem em enriquecimento ilícito do agente ou causem dano ao erário, sujeitarão o ímprobo unicamente às sanções cominadas no art. 12, III, da Lei de Improbidade, pois referido preceito somente remete a este último.

A imperfeição técnica é evidente, pois muitas das condutas previstas no art. 73 da Lei n. 9.504/1997 não se limitam à infringência de um princípio administrativo ou importam em mero desvio de finalidade, tal qual previsto no art. 11, I, da Lei n. 8.429/1992. O agente que, *verbi gratia*, cede bens públicos a candidatos certamente pratica ato lesivo ao patrimônio público e que enseja o enriquecimento ilícito do *extraneus* (art. 73, I). Assim, deveria incorrer nas sanções do art. 12, II da Lei n. 8.429/1992, e não naquelas cominadas no inciso III do mesmo preceito, nitidamente menos severas. Com isso, chega-se ao paradoxo de que a prática dessa espécie de ato de improbidade sujeita o agente a penalidades muito mais severas que aquelas que sofreria acaso tivesse praticado o mesmo ato em detrimento da democracia. Igual insensatez ocorre em relação aos incisos II e III do art. 73, os quais configuram nítidas hipóteses de enriquecimento ilícito, enquanto o ímprobo sofrerá as sanções do art. 12, III, da Lei de Improbidade.

O comando do § 7º do art. 73 da Lei n. 9.504/1997 consubstancia verdadeira contradição axiológica, resultado de equívoco no juízo político-valorativo que culminou com a edição da respectiva disposição normativa[278]. Esse tipo de contradição manifesta-se quan-

---

278 Cf. SANTIAGO NINO, Carlos. *Introducción al analisis del derecho*. 2ª ed., 13ª reimpr. Buenos Aires: Editorial Astrea, 2005, p. 278.

do, na avaliação do intérprete, as opções políticas do legislador estão equivocadas, refletindo falta de coerência ou desequilíbrio na valoração realizada. Não se confundem com as antinomias, que refletem um defeito lógico situado no plano do dever ser, daí decorrendo a potencial incidência de padrões normativos incompatíveis entre si sobre a mesma situação concreta.

Tal contradição axiológica é nitidamente indicativa da infração, pelo Estado, do dever de proteger bem jurídico de indiscutível relevância para a coletividade. A teoria do dever de proteção (*Schutzplicht*), de larga aplicação no âmbito dos direitos fundamentais, impõe aos poderes constituídos não só o dever de não afrontar como o de evitar que terceiros afrontem o bem jurídico[279]. *In casu*, tem-se um ato ilícito que afronta a probidade e a própria democracia, sendo evidente a impossibilidade de lhe serem cominadas sanções mais brandas que aquelas decorrentes da só afronta à probidade. Esse estado de coisas importa em nítida afronta à *"proibição de insuficiência"* (*Untermassverboten*), já que o comando normativo proteje um interesse difuso em intensidade inferior àquela indispensável à salvaguarda do seu conteúdo mínimo[280], daí decorrendo a própria inconstitucionalidade da remissão contida no § 7º do art. 73 da Lei n. 9.504/1997. É desnecessária e, longe de tutelar, avilta a democracia.

15. INOBSERVÂNCIA DAS NORMAS QUE DISPÕEM SOBRE O SISTEMA NACIONAL DE ATENDIMENTO SOCIOEDUCATIVO

A Lei n. 12.594/2012 instituiu o Sistema Nacional de Atendimento Socioeducativo (Sinase), regulamentando, com isso, a execução das medidas socioeducativas aplicadas ao adolescente condenado pela prática de ato infracional, nos termos da Lei n. 8.069/1990. Para tanto, repartiu obrigações entre a União, os Estados e os Municípios, bem como definiu os contornos fático-jurídicos dos planos de atendimento socioeducativo, dos programas de atendimento a serem oferecidos e da avaliação e acompanhamento da gestão do atendimento socioeducativo. Antes de adentrar na competência dos órgãos jurisdicionais e de detalhar os direitos individuais dos adolescentes infratores, dispôs, em seu Capítulo VI, sobre a *responsabilização dos gestores, operadores e entidades de atendimento*. Além da previsão, no art. 28, da aplicação de reprimendas de natureza essencialmente administrativa, o art. 29 previu, expressamente, a incidência da Lei n. 8.429/1992, *verbis*:

> Art. 29. Àqueles que, mesmo não sendo agentes públicos, induzam ou concorram, sob qualquer forma, direta ou indireta, para o não cumprimento desta Lei, aplicam-se, no que cou-

---

[279] Cf. ISENSEE, Josef e KIRCHHOF, Paul. *Handbuch des Staatrechts der Bundesrepublik Deutschland*. 2ª ed. Heidelberg: C.F. Müller Juristicher Verlag, 2000, v. V, p. 184-186.

[280] Para maior desenvolvimento do tema, *vide*, de nossa autoria, a obra *Conflito entre normas constitucionais*..., p. 344 e ss.

ber, as penalidades dispostas na Lei n. 8.429, de 2 de junho de 1992, que dispõe sobre as sanções aplicáveis aos agentes públicos nos casos de enriquecimento ilícito no exercício de mandato, cargo, emprego ou função na administração pública direta, indireta ou fundacional e dá outras providências (Lei de Improbidade Administrativa).

Esse preceito, como se percebe, determina a aplicação da Lei n. 8.429/1992 *àqueles que, mesmo não sendo agentes públicos*, pratiquem as condutas ali previstas. Apesar da similitude semântica com o art. 3º da Lei n. 8.429/1992 (As disposições desta Lei são aplicáveis, no que couber, *àquele que, mesmo não sendo agente público*, induza ou concorra para a prática do ato de improbidade ou dele se beneficie sob qualquer forma direta ou indireta"), o fato de ser essa a única referência à improbidade administrativa constante da Lei n. 12.594/2012 exige algumas considerações complementares.

Observa-se, inicialmente, que tem sido comum a edição de diplomas normativos que estabelecem deveres para os agentes públicos e, por fim, dispõem expressamente que a sua inobservância resultará na incidência da Lei n. 8.429/1992 (*v.g.*: Lei n. 9.504/1997 – Lei das Eleições – art. 73, § 7º; Lei n. 10.257/2001 – Estatuto da Cidade – art. 52; Lei n. 12.527/2011 – Lei de Acesso à Informação – art. 32, § 2º; e Lei n. 12.813/2013 – Lei dos Conflitos de Interesses – art. 12). Normas dessa natureza, não obstante a sua intensa carga axiológica, isso por realçarem que a inobservância do dever jurídico pode resultar na aplicação de uma sanção de singular gravidade, não são indispensáveis à incidência da Lei n. 8.429/1992. Caso fossem suprimidas, não haveria óbice ao imediato enquadramento da conduta na tipologia dos atos de improbidade, já que não estamos perante normas de adequação típica. Funcionam, em verdade, como meros reforços argumentativos à necessária observância dos deveres jurídicos instituídos em lei. É exatamente assim que deve ser compreendido o art. 29 da Lei n. 12.594/2012.

O fato de o art. 29 da Lei n. 12.594/2012 estar direcionado à disciplina da situação jurídica dos *terceiros* em nada altera a essência do microssistema sancionador instituído pela Lei n. 8.429/1992. Portanto, continua a ser imprescindível, para a incidência deste último diploma normativo, que o ato de improbidade seja praticado por um agente público. Outro aspecto digno de nota é que o art. 29 dispõe que o terceiro estará sujeito às sanções cominadas aos atos de improbidade quando *induzir* ou *concorrer* para o não cumprimento da Lei n. 12.594/2012. Isso, obviamente, não afasta a incidência do art. 3º da Lei n. 8.429/1992 quando o terceiro *beneficiar-se* do proveito patrimonial obtido pelo agente público. Afinal, esse benefício pode figurar como desdobramento do não cumprimento da lei.

Por fim, ainda merece referência o fato de o art. 29 da Lei n. 12.594/2012, ao fazer remissão à Lei n. 8.429/1992, ter reproduzido a ementa deste último diploma normativo, que faz referência às *sanções aplicáveis aos agentes públicos nos casos de enriquecimento ilícito*. Como já afirmamos em momento anterior, é nítido o descompasso existente entre a ementa da Lei n. 8.429/1992 e a tipologia dos atos de improbidade ali prevista, que alberga, além do enriquecimento ilícito, o dano ao patrimônio público e a violação aos princípios regentes da atividade estatal.

CAPÍTULO X
Das Sanções

1. INTRODUÇÃO

Identificado o bem jurídico tutelado e positivada a norma proibitiva que visa a preservá-lo, é imprescindível que seja estabelecida a reprimenda em que incidirá o infrator. A sanção deve guardar relação com o ilícito praticado, variando qualitativa e quantitativamente conforme a lesividade da conduta.

Essa regra abstrata de proporção não deve ser concebida em um sentido material, conforme fora acolhido pelas mais remotas tradições ocidentais com a adoção do Talião – era a conhecida fórmula olho por olho, dente por dente. A proporção haverá de se refletir em um sentido psicológico, estabelecendo um efeito moral entre o ilícito e a sanção, tudo em conformidade com a força moral objetiva de que falava Carrara[1].

A razão de ser da sanção não reside no prejuízo a ser causado ao infrator, e sim na necessidade de dissipação da intranquilidade gerada, com a consequente restauração da soberania do direito, principal alicerce da segurança que deve reinar nas relações sociais. A proporção que deve existir entre o ilícito e a sanção deve ser correlata à existente entre as forças morais presentes no temor causado aos cidadãos e no lenitivo que será utilizado para tranquilizá-los.

Ainda segundo o Mestre de Luca[2], "a pena deve possuir tanta força moral objetiva quanto baste para destruir a exercida pelo delito sobre o cidadão. Neste cálculo, as condições da natureza humana levam espontaneamente a se terem em consideração as respectivas materialidades, enquanto o mal moral sofra a proporção do material. Mas o critério racional da proporção encontra-se inteiro no cálculo da ação e da reação das duas forças morais objetivas. Qualquer 'menos' é insuficiente, e o legislador falta ao seu *dever*; todo 'mais' é injusto, e o legislador pune sem *direito*".

---

1 "A proporção aritmética corresponde à etimologia da palavra *pena*, derivada de *pendere*. A pena não é senão uma troca de valores. É a moeda com que se paga o delito. *Poena*, disse Papiniano (*leg*. 41, *ff. de poenis*), *est aestimatio delicti*" (CARRARA, Francesco. *Programa do curso de direito criminal*, parte geral, v. II, p. 149).
2 Ob. cit., p. 151.

A justa proporção entre a sanção e o ilícito será encontrada a partir da identificação do ilícito de menor potencialidade lesiva, sendo cominada uma reprimenda compatível com sua natureza. Fixada a reprimenda mínima, deve-se seguir um critério de graduação crescente, majorando-se a sanção conforme aumente a lesividade dos ilícitos. O ápice da escala deve ser impreterivelmente ocupado por uma sanção composta de valores variáveis, o que possibilitará a sua adequação a ilícitos de igual natureza, mas que apresentem gravidade extrínseca distinta, a qual variará em conformidade com a circunstância em que se desenvolver a ação.

Adotando-se tais critérios, constata-se que o ato que importe em inobservância dos princípios administrativos apresenta-se como o ilícito de menor potencialidade lesiva previsto na Lei n. 8.429/1992, já que a ele são cominadas as sanções mais brandas. O extremo oposto é ocupado pelos atos que importem em enriquecimento ilícito, assumindo posição intermediária aqueles que causem dano ao erário.

Os mesmos critérios também corroboram o *iter* sugerido para a identificação do ato de improbidade, devendo o processo de análise ser iniciado a partir da violação dos princípios que regem a atividade estatal, seguindo-se as operações posteriores até se identificar a real lesividade do ato.

A regra de proporção, assim, se manifestará na atividade legislativa, com a cominação de sanções que se mostrem adequadas à natureza do ilícito que se busca coibir; na verificação da compatibilidade entre a conduta e os efeitos que advirão com a aplicação da Lei n. 8.429/1992, operação esta que ensejará a identificação da denominada *improbidade material*; e, por último, na atividade jurisdicional, com a aplicação das sanções que, no caso concreto, se afigurem mais justas.

Após descrever de forma enunciativa as quatro ordens de atos de improbidade que disciplina, elenca a Lei n. 8.429/1992, nos incisos do art. 12, as sanções passíveis de aplicação ao agente ímprobo, as quais apresentam diversidade e intensidade suficientes para recompor a ordem jurídica lesada.

Por incidirem em diferentes objetividades jurídicas do ímprobo, culminarão em "atingir a paixão que o impeliu ao delito, a fim de privá-lo do bem que com o seu próprio ato ele mais demonstrou apetecer-lhe"[3]. Para melhor visualização, cumpre transcrever referido preceito, *verbis*:

> Art. 12. *Independentemente das sanções penais, civis e administrativas, previstas na legislação específica, está o responsável pelo ato de improbidade sujeito às seguintes cominações:*
>
> I – *na hipótese do art. 9º, perda dos bens ou valores acrescidos ilicitamente ao patrimônio, ressarcimento integral do dano, quando houver, perda da função pública, suspensão dos direitos políticos de 8 (oito) a 10 (dez) anos, pagamento de multa civil de até 3 (três) vezes o valor do*

---

3 CARRARA. Ob. cit., p. 158.

acréscimo patrimonial e proibição de contratar com o Poder Público ou receber benefícios ou incentivos fiscais ou creditícios, direta ou indiretamente, ainda que por intermédio de pessoa jurídica da qual seja sócio majoritário, pelo prazo de 10 (dez) anos;

II – na hipótese do art. 10, ressarcimento integral do dano, perda dos bens ou valores acrescidos ilicitamente ao patrimônio, se concorrer esta circunstância, perda da função pública, suspensão dos direitos políticos de 5 (cinco) a 8 (oito) anos, pagamento de multa civil de até 2 (duas) vezes o valor do dano e proibição de contratar com o Poder Público ou receber benefícios ou incentivos fiscais ou creditícios, direta ou indiretamente, ainda que por intermédio de pessoa jurídica da qual seja sócio majoritário, pelo prazo de 5 (cinco) anos;

III – na hipótese do art. 11, ressarcimento integral do dano, se houver, perda da função pública, suspensão dos direitos políticos de 3 (três) a 5 (cinco) anos, pagamento de multa civil de até 100 (cem) vezes o valor da remuneração recebida pelo agente e proibição de contratar com o Poder Público ou receber benefícios ou incentivos fiscais ou creditícios, direta ou indiretamente, ainda que por intermédio de pessoa jurídica da qual seja sócio majoritário, pelo prazo de 3 (três) anos.

IV – na hipótese prevista no art. 10-A, perda da função pública, suspensão dos direitos políticos de 5 (cinco) a 8 (oito) anos e multa civil de até 3 (três) vezes o valor do benefício financeiro ou tributário concedido[4].

Parágrafo único. Na fixação das penas previstas nesta Lei o juiz levará em conta a extensão do dano causado, assim como o proveito patrimonial obtido pelo agente.

Não é necessária uma análise acurada do dispositivo legal retrotranscrito para se constatar que os feixes de sanções cominados aos diferentes atos de improbidade apresentam grande similitude entre si, encontrando-se as dissonâncias, em linhas gerais, adstritas à variação de determinadas sanções que os compõem – suspensão dos direitos políticos, multa e proibição de contratar ou receber incentivos do Poder Público.

Além das sanções passíveis de serem aplicadas ao agente, também a nulidade do ato ilícito praticado deve ser perseguida, sendo esta normalmente um antecedente lógico daquelas. Frise-se, ainda, que a técnica legislativa adotada pela Lei n. 8.429/1992, essencialmente voltada ao infrator, em nada impede, antes aconselha, a imprescindível declaração de nulidade do ato, o que é da própria essência do sistema pátrio de controle jurisdicional dos atos administrativos[5]. Não obstante, inexistindo pedido neste sentido, nada impedirá a aplicação das sanções relativas ao ato de improbidade praticado pelo agente, restando sempre a possibilidade de anulação do ato em demanda diversa.

---

4 O inciso IV do art. 12 da Lei n. 8.429/1992, a exemplo do art. 10-A e do § 13 do art. 17, foi inserido pela Lei Complementar n. 157/2017, somente entrando em vigor em 31 de dezembro de 2017, conforme dispõe o art. 7º, § 1º, deste diploma legal.
5 Vide art. 2º da Lei n. 4.717/1965, arts. 2º e 53 da Lei n. 9.784/1999 e arts. 2º, 49 e 59 da Lei n. 8.666/1993.

2. CONSTITUCIONALIDADE DO ART. 12 DA LEI N. 8.429/1992

Os feixes de sanções cominados ao ímprobo pela Lei n. 8.429/1992 elasteceram o rol previsto no art. 37, § 4º, da Constituição, o qual dispõe que: *Os atos de improbidade administrativa importarão a suspensão dos direitos políticos, a perda da função pública, a indisponibilidade dos bens e o ressarcimento ao erário, na forma e gradação previstas em lei, sem prejuízo da ação penal cabível.*

Em que pese o fato de o dispositivo constitucional não ter previsto as sanções de perda dos bens, multa e proibição de contratar com o Poder Público ou receber incentivos fiscais ou creditícios, tal não tem o condão de acarretar a inconstitucionalidade material de parte das sanções previstas nos incisos do art. 12 da Lei n. 8.429/1992.

Adotando-se a conhecida classificação de José Afonso da Silva, verifica-se que o art. 37, § 4º, da Constituição veicula norma constitucional de eficácia limitada, definidora de princípio programático, sendo assim denominadas as "normas constitucionais através das quais o constituinte, em vez de regular, direta e imediatamente, determinados interesses, limitou-se a traçar-lhes os princípios para serem cumpridos por seus órgãos (legislativos, executivos, jurisdicionais e administrativos), como programas das respectivas atividades, visando à realização dos fins sociais do Estado"[6].

Referida norma somente produziria efeitos com o concurso de legislação integrativa, a qual deveria render estrita obediência à sua teleologia e observar os requisitos mínimos nela previstos. Em 2 de junho de 1992, sobreveio a Lei n. 8.429, diploma este que delineou o sistema de combate à improbidade, tendo estabelecido normas de natureza formal e material, terminando por concretizar o mandamento constitucional e retirar-lhe o aspecto meramente programático.

Os objetivos almejados pelo constituinte foram amplamente resguardados pelo legislador ordinário, sendo severamente coibidos os atos de improbidade; contornada a atecnia do texto constitucional, em que a indisponibilidade dos bens é prevista ao lado das sanções, quando, em verdade, é mero instrumento para assegurar a eficácia daquelas de natureza pecuniária; mantida a restrição à cidadania e ampliadas as sanções pecuniárias previstas no texto constitucional; e graduadas as sanções em consonância com a lesividade do ato de improbidade.

Dizer que o ímprobo tem o "direito subjetivo" de somente sofrer as sanções previstas de forma enunciativa em uma norma de natureza programática seria, no mínimo, subverter os fins do texto constitucional, afastando-o do ideal de repressão à desonestidade e de preservação do interesse público que justificaram a sua edição. Ao final, uma norma que estabeleceu a obrigatoriedade de que viesse a ser editada lei de coibição à improbidade terminaria por ser a "pedra fundamental" do estatuto do ímprobo, local em que estariam

---

6 SILVA, José Afonso da. *Aplicabilidade das normas constitucionais*, p. 138.

consignadas suas "garantias básicas", muito mais incisivas e eficazes do que aquelas previstas no próprio art. 5º da Constituição da República.

O art. 37, § 4º, da Constituição prevê sanções que deveriam ser necessariamente disciplinadas pelo legislador, o que não importou em qualquer limitação ao seu poder discricionário na cominação de outras mais[7]. E ainda, a indisponibilidade de bens prevista na Constituição não é um fim em si mesmo, mas instrumento garantidor da eficácia das sanções pecuniárias, o que reforça a assertiva de que ao legislador infraconstitucional foi delegada a tarefa de discriminar aquelas que seriam por seu intermédio garantidas. Por não haver qualquer incompatibilidade com o texto constitucional, não há que se falar em inconstitucionalidade do art. 12 da Lei n. 8.429/1992[8].

---

[7] No mesmo sentido: Rafael Carvalho Rezende Oliveira (*Manual de improbidade...*, p. 18-19); Tiago do Carmo Martins. *Anotações à Lei de Improbidade...*, p. 131; e Bertoncini (*Ato de improbidade...*, p. 238); José Antonio Lisbôa Neiva (*Improbidade administrativa*. Legislação..., p. 110-111); José Roberto Pimenta Oliveira (*Improbidade administrativa...*, p. 207-296); Carvalho Filho (*Manual...*, p. 881); e Fábio Medina Osório (*Improbidade...*, p. 252). O STJ reconheceu que "o disposto no art. 12 da Lei n. 8.429/1992 se coaduna com a ordem constitucional vigente, mais precisamente com o art. 37, § 4º, da atual Constituição Federal, sendo cabível a aplicação de sanções outras que não as previstas no referido dispositivo constitucional" (1ª T., REsp n. 440.178/SP, rel. Min. Francisco Falcão, j. em 8/6/2004, *DJU* de 16/8/2004, p. 135). No mesmo sentido: TJRS, 1ª CC, AP n. 70037034170, rel. Des. Irineu Mariani, j. em 6/4/2011, *DJ* de 15/4/2011; e, honrando-nos com a citação, TJPR, 4ª CC, AP n. 1104784-0, rel. Des. Maria Aparecida Blanco de Lima, j. em 9/8/2016. Apreciando a questão, o Supremo Tribunal Federal decidiu que "[a]s sanções civis impostas pelo artigo 12 da Lei n. 8.429/92 aos atos de improbidade administrativa estão em sintonia com os princípios constitucionais que regem a Administração Pública", não havendo qualquer afronta ao art. 37, § 4º, da Constituição da República, na cominação da sanção de multa pela Lei n. 8.429/1992 (2ª T., RE n. 598.588 AGRG/RJ, rel. Min. Eros Grau, j. em 15/12/2009, *DJ* de 26/2/2010).

[8] Merece menção a criativa (e inusitada) tese de Marcelo Harger, no sentido de que o art. 12 é inconstitucional por não decrever com exatidão as penas cominadas (*Improbidade...*, p. 52-60). Para chegar a essa conclusão, o nobre autor divide as sanções cominadas em sete ou oito blocos, daí decorrendo a constatação de que a combinação entre elas pode gerar inúmeras possibilidades. Não bastasse isso, como o juiz pode aplicar as sanções temporais em distintos patamares [v.g.: a sanção de suspensão dos direitos políticos cominada no art. 12, I, deve ser fixada entre o mínimo de 8 anos (2.920 dias) e o máximo de 10 anos (3.650 dias), o que denota a existência de 730 possibilidades (8 anos, 8 anos e 1 dia, 8 anos e 2 dias etc.], tais possibilidades se potencializam ainda mais, o que impede o demandado de saber, a priori e com exatidão, a sanção que sofrerá. Por fim, sentencia o autor: "[d]iante dessa constatação, o presente trabalho poderia encerrar-se por aqui. É que a inconstitucionalidade das penas fixadas na lei retira por completo o interesse acerca da improbidade". Antes de mais nada, devo confessar que, de todas as teses idealizadas para inviabilizar a aplicação da Lei n. 8.429/1992, essa, de longe, é a mais criativa. Para não tomar o precioso tempo do leitor, limitar-me-ei a duas observações, uma de ordem metódica, outra de natureza sistêmica. No plano metódico, constato que o autor certamente alcançaria resultados ainda mais expressivos se, ao invés de utilizar os dias como unidade de tempo, tivesse feito uso dos segundos. Afinal, basta pensarmos que cada dia tem 86.400 segundos... No plano sistêmico, seria ótimo se o autor também direcionasse sua atenção à análise do Código Penal. Por certo, todos se surpreenderiam com a conclusão de que a base da nossa legislação penal é simplesmente inconstitucional. Assim ocorre porque os criminosos não teriam certeza quanto à pena cominada aos crimes. Imaginem quantas combinações poderiam ser extraídas do tipo penal do homicídio simples, cuja pena varia de 6 a 20 anos de reclusão (6 anos e 1 dia, 6 anos e 2 dias ... até 6 anos e 5.110 dias, isso desconsiderando os anos bissextos)!

3. NATUREZA JURÍDICA

Com o evolver das civilizações e a constante mutação das relações intersubjetivas, foi inevitável o aperfeiçoamento do regramento social. Outrora de proporções reduzidas, ao alcance e sob o controle de todos; hodiernamente, afigura-se eivado de complexidade ímpar, culminando em ser aglutinado em compartimentos normativos, os quais se encontram subdivididos conforme a natureza e a importância dos interesses tutelados.

Com esteio em tal concepção, formulou-se a dicotomia entre o público e o privado, bem como a inevitável repartição de cada um daqueles ramos consoante graus de especificidade que identificavam as novas ramificações como espécies do mesmo gênero, com pontos comuns de contato, mas igualmente com dissonâncias que desaconselhavam a análise e a disciplina de forma conjunta. No entanto, qualquer que seja o ramo em que esteja armazenada a norma de conduta, ela normalmente apresenta um componente indissociável, qual seja, uma sanção para a sua inobservância.

A sanção será passível de aplicação sempre que for identificada a subsunção de determinada conduta ao preceito proibitivo previsto de forma explícita ou implícita na norma. A sanção, pena ou reprimenda apresenta-se como o elo de uma grande cadeia, cujo desdobramento lógico possibilita a concreção do ideal de bem-estar social; caracterizando-se, ainda, como instrumento garantidor da soberania do direito, concebido não como mero ideal abstrato, mas como fator perpétuo e indissociável do bem-estar geral.

Como se vê, sob o prisma ôntico, não há distinção entre as sanções cominadas nos diferentes ramos do direito, quer tenham natureza penal, civil, política ou administrativa, pois, em essência, todas visam a recompor, coibir ou prevenir um padrão de conduta violado, cuja observância apresenta-se necessária à manutenção do elo de encadeamento das relações sociais.

Sob o aspecto axiológico, por sua vez, as sanções apresentarão diferentes dosimetrias conforme a natureza da norma violada e a importância do interesse tutelado, distinguindo-se, igualmente, consoante a forma, os critérios, as garantias e os responsáveis pela aplicação. Em suma, as sanções variarão em conformidade com os valores que se buscou preservar.

Caberá ao órgão incumbido da produção normativa, direcionado pelos fatores sócio-culturais da época, identificar os interesses que devem ser tutelados e estabelecer as sanções em que incorrerão aqueles que os violarem. Inexistindo um elenco apriorístico de sanções cuja aplicação esteja adstrita a determinado ramo do direito, torna-se possível dizer que o poder sancionador do Estado forma um alicerce comum, do qual se irradiam distintos efeitos, os quais apresentarão peculiaridades próprias conforme a seara em que venham a se manifestar.

No direito positivo pátrio, não são encontrados parâmetros aptos a infirmar a regra geral acima exposta, existindo unicamente sanções que são preponderantemente aplicadas em determinado ramo do direito. À guisa de ilustração, pode-se mencionar:

a) o cerceamento da liberdade do cidadão, normalmente sanção de natureza penal (art. 5º, XLVI, CR/1988), também é passível de ser utilizado como sanção contra o inadimplente do débito alimentar (art. 5º, LXVII, da CR/1988), erigindo-se como eficaz meio de coerção para o cumprimento de tais obrigações e, igualmente, como sanção disciplinar em relação aos militares, não podendo ser afastado nem mesmo com a utilização do *habeas corpus* (art. 142, § 2º, da CR/1988);

b) a infração aos deveres funcionais pode acarretar para o servidor público a perda do cargo, podendo consubstanciar uma sanção de natureza cível (art. 37, § 4º, da CR/1988), administrativa (art. 41, § 1º, II e III, da CR/1988) ou penal (art. 5º, XLVI, da CR/1988);

c) a suspensão dos direitos políticos pode apresentar-se como consequência de uma sanção penal (art. 15, III, da CR/1988) ou de uma sanção política (art. 85 da CR/1988 e Lei n. 1.079/1950)[9].

No âmbito específico da improbidade administrativa, tal qual disciplinada na Lei n. 8.429/1992, as sanções serão aplicadas por um órgão jurisdicional, com abstração de qualquer concepção de natureza hierárquica, o que afasta a possibilidade de sua caracterização como sanção disciplinar (*rectius*: administrativa[10]).

De acordo com o art. 12, a perda de bens ou valores de origem ilícita, o ressarcimento do dano, a perda da função pública, a suspensão dos direitos políticos, a multa civil e a proibição de contratar ou receber incentivos do Poder Público, são passíveis de aplicação por um órgão jurisdicional, restando analisar se possuem natureza penal ou cível (*rectius*: extrapenal). À luz do direito posto, inclinamo-nos por esta[11], alicerçando-se tal concepção nos seguintes fatores:

---

9 Para Marçal Justen Filho, as sanções cominadas para os atos de improbidade têm natureza diversificada e "*há sanção de natureza penal, na medida em que o elenco sancionatório compreende a perda de cargos eletivos e, mesmo, a suspensão de direitos políticos*" (*Curso...*, p. 1089). Como dissemos, não há sanções ontologicamente pertencentes a determinado ramo do direito, daí a incorreção da conclusão alcançada pelo nobre mestre. Igualmente incorreta, com a vênia possível, é a assertiva de que a "*exigência legal da intervenção do Judiciário comprova a natureza penal*" (*Curso...*, p. 1090). Afinal, é plenamente possível que a ordem jurídica subdivida o direito sancionador em outros ramos que não o penal, impondo ao Poder Judiciário o *munus* de aplicar as respectivas sanções.

10 Ver arts. 16 e 20 da Lei 8.429/1992. Note-se que as sanções previstas no art. 12 podem ter previsão expressa no estatuto dos servidores públicos, sendo passíveis de aplicação em processo administrativo-disciplinar; isto com exceção da suspensão dos direitos políticos (art. 15 da CR/1988), pois, tratando-se de direito fundamental, sua restrição por órgão que não desempenhe atividade jurisdicional dependeria de previsão específica, o que não ocorre (ver José Afonso da Silva, *Curso de direito constitucional positivo*, p. 333). Na jurisprudência do STJ: 3ª Seção, MS n. 12.583/DF, rel. Min. Sebastião Reis Júnior, j. em 23/10/2013, *DJe* de 18/11/2013; 1ª Seção, MS n. 16.133/DF, rel. Min. Eliana Calmon, j. em 25/9/2013, *DJe* de 2/10/2013; 1ª Seção, MS n. 16.183/DF, rel. Min. Ari Pargendler, j. em 25/9/2013, *DJe* de 21/10/2013; 3ª Seção, MS n. 13.520/DF, rel. Min. Laurita Vaz, j. em 14/8/2013, *DJe* de 2/9/2013; 1ª Seção, MS n. 18.666/DF, rel. Min. Napoleão Nunes Maia Filho, j. em 14/08/2013, *DJe* de 7/10/2013; e 1ª Seção, MS n. 15.826/DF, rel. Min. Humberto Martins, j. em 22/5/2013, *DJe* de 31/5/2013.

11 No mesmo sentido: STJ, 6ª T., REsp n. 161.322/PE, rel. Min. Franciulli Netto, j. em 7/3/2002, *DJ* de 16/9/2002; 6ª T., HC n. 13.894/RJ, rel. Min. Fernando Gonçalves, j. em 21/2/2002, *DJ* de 22/4/2002, p. 260; 1ª T., MC n. 3.018-60, rel. Min. Francisco Falcão, j. em 10/4/2001, *DJ* de 17/9/2001, p. 108; 6ª T., REsp n.

a) o art. 37, § 4º, *in fine*, da Constituição, estabelece as sanções para os atos de impro-

---

150.329, rel. Min. Vicente Leal, j. em 2/3/1999, *DJ* de 5/4/1999; 1ª Seção, AGRRCL n. 748-SP, rel. Min. Peçanha Martins, j. em 13/6/2001, *DJ* de 10/9/2001. A 2ª Turma do STJ, por ocasião do julgamento do AGRMC n. 2.840-SP, ocorrido em 2/8/2001, publicado no *DJ* de 17/9/2001, p. 128, sendo relatora a Min. Eliana Calmon, deixou assentado que "decidida pela Corte Especial a competência da Primeira Seção para o julgamento de cautelares oriundas de processo de natureza civil, onde se questiona improbidade administrativa e já extinto o mandato do Prefeito, perde o objeto a ação cautelar". A Corte Especial do STJ, do mesmo modo, já decidiu que não há usurpação de competência do Tribunal em caso de "inquérito civil público instaurado pelo Ministério Público para apurar atos de improbidade administrativa cuja prática é atribuída a agentes políticos que, em instância penal e em sede de mandado de segurança, são jurisdicionados originariamente do Superior Tribunal de Justiça. A competência originária do STJ está arrolada no art. 105, I, da Constituição Federal, não comportando extravasamento que ultrapasse os rígidos limites nele fixados" (Rcl. n. 580/GO, rel. Min. José Arnaldo da Fonseca, j. em 17/10/2001, *DJ* de 18/2/2002, p. 210). E ainda: "a calúnia é a falsa imputação a alguém de fato definido como crime. Destarte, a atribuição feita pelo querelado de que o querelante teria praticado os atos de improbidade administrativa descritos no art. 10, incisos VII e XII, na forma do art. 3º, todos da Lei n. 8.429/1992, por possuírem natureza extrapenal, não servem para configurar o referido delito contra a honra" (Corte Especial, AP n. 390/DF, rel. Min. Félix Fischer, j. em 1º/6/2005, *DJ* de 8/8/2005). Na doutrina: Gustavo Senna Miranda (*Princípio do juiz natural...*, p. 168-169); José Antonio Lisbôa Neiva (*Improbidade administrativa*: estudos..., p. 26); Carvalho Filho (*Manual...*, p. 881); Odete Medauar (*Direito administrativo moderno*, p. 352). George Sarmento (*Improbidade administrativa*, p. 192); Sérgio Monteiro Medeiros (*Lei de improbidade...*, p. 3); Fábio Medina Osório (*Improbidade...*, p. 217-224); Marino Pazaglini Filho *et alii* (ob. cit., p. 135); Marino Pazzaglini Filho (*Lei de improbidade...*, p. 115); Carlos Frederico Brito dos Santos (*Improbidade Administrativa*: Reflexões sobre a Lei n. 8.429/1992, p. 1); Marcelo Figueiredo (*Probidade...*, p. 87); Wallace Paiva Martins Júnior (*Probidade...*, p. 255); Antonio José de Mattos Neto (Responsabilidade civil por improbidade administrativa, *RT* 752/31); José Augusto Delgado (Improbidade administrativa: algumas controvérsias doutrinárias e jurisprudenciais sobre a Lei de Improbidade Administrativa, in *Improbidade administrativa, Questões polêmicas e atuais*, p. 211); Sérgio Ferraz (Aspectos processuais na Lei sobre Improbidade Administrativa, in *Improbidade administrativa, Questões polêmicas e atuais*, p. 370); Francisco Chaves dos Anjos Neto (*Princípio da probidade administrativa*. Regime igualitário no julgamento dos agentes políticos. Belo Horizonte: Editora Del Rey, 2004, p. 87); José Nilo de Castro (Improbidade administrativa municipal, *Revista Interesse Público* n. 8/82, 2000); Fábio Konder Comparato (Ações de improbidade administrativa, *RTDP* n. 26/153); Maria Goretti Dal Bosco (*Responsabilidade do agente público...*, p. 159); José Guilherme Giacomuzzi (*A moralidade...*, p. 179; Rita Andréa Rehem Almeida Tourinho (*Discricionariedade administrativa*, p. 134/136 e A eficácia social da atuação do Ministério Público no combate à improbidade administrativa", *RDA* n. 227/253); Walter Claudius Rothenburg (Ação por improbidade..., in *Improbidade administrativa, 10 anos da Lei n. 8.429/1992*, p. 462-466); Carlos Eduardo Terçarolli (Improbidade administrativa no exercício das funções do Ministério Público, p. 75); e (Benedicto de Tolosa Filho (*Comentários à Lei de Improbidade...*, p. 42-46 e 134). Eurico Bitencourt Neto (*Improbidade...*, p. 108) fala em sanções de natureza civil e política. Flávio Sátiro Fernandes (Improbidade administrativa, *RDA* 210/177) fala em sanções de natureza política ou cível. Francisco Octavio de Almeida Prado (*Improbidade...*, p. 20-29) e Francisco de Assis Betti (Lei n. 8429/1992 – Dos crimes de corrupção e suas consequências, *Revista do Centro de Estudos Judiciários* n. 92/96, 2000) sustentam que a disciplina básica dos atos de improbidade, não obstante a existência de pontos de tangenciamento com o direito civil (*v.g.*: reparação do dano), encarta-se no direito público, e mais precisamente no âmbito do direito administrativo, situando-se as sanções cominadas no âmbito do direito administrativo sancionador. Fernando Rodrigues Martins (ob. cit., p. 83) entende que as sanções têm natureza civil (ressarcimento, perdimento e multa), administrativa (perda da função e proibição de contratar) e constitucional (suspensão dos direitos políticos), entendimento que é encampado por Waldo Fazzio Júnior

bidade e prevê que estas serão aplicadas de acordo com a gradação prevista em lei, "sem prejuízo da ação penal cabível"[12];

b) regulamentando o dispositivo constitucional, dispõe o art. 12, *caput*, da Lei n. 8.429/1992 que as sanções serão aplicadas independentemente de outras de natureza penal;

c) as condutas ilícitas elencadas nos arts. 9º, 10 e 11 da Lei de Improbidade, ante o emprego do vocábulo "notadamente", têm caráter meramente enunciativo, o que apresenta total incompatibilidade com o princípio da estrita legalidade que rege a seara penal[13], segundo o qual a norma incriminadora deve conter expressa e prévia descrição da conduta criminosa;

d) o processo criminal atinge de forma mais incisiva o *status dignitatis* do indivíduo, o que exige expressa caracterização da conduta como infração penal, sendo relevante frisar que ela produzirá variados efeitos secundários;

e) a utilização do vocábulo "pena" no art. 12 da Lei n. 8.429/1992 não tem o condão de alterar a essência dos institutos, máxime quando a similitude com o direito penal é meramente semântica;

f) a referência a "inquérito policial" constante do art. 22 da Lei n. 8.429/1992 também não permite a vinculação dos ilícitos previstos nesse diploma legal à esfera penal, já

(*Improbidade administrativa e crimes de prefeitos*, p. 47 e 296; e *Atos de Improbidade administrativa...*, 83, 206 e 334), para quem há um consórcio de penalidades civis, políticas e administrativas. José Jairo Gomes ("Apontamentos sobre a improbidade administrativa", in *Improbidade administrativa, 10 anos da Lei n. 8.429/1992*, p. 258) as identifica como sendo sanções de "responsabilidade por ilícito civil-administrativo, de natureza *sui generis*". Para Álvaro Lazzarini (*Temas de direito administrativo*, p. 64), tais sanções têm natureza política, com o que não concordamos, ante a natureza do órgão que as aplicará e a necessidade de fundamentação da decisão a ser proferida (art. 93, IX, da CR/1988), o que possibilita seu reexame por outro órgão em havendo irresignação; elementos estes incompatíveis com uma decisão essencialmente política. Affonso Ghizzo Neto (*Improbidade...*, p. 83) visualiza uma natureza administrativa-disciplinar. Ives Gandra (*Aspectos procedimentais...*, p. 287) sustenta que as sanções teriam natureza penal, já que a Lei n. 8.429/1992 tipifica verdadeiros crimes de responsabilidade. Sérgio de Andréa (*Probidade...*, p. 623), do mesmo modo, afirma que "os atos de improbidade são espécies do mesmo gênero dos crimes de responsabilidade e das infrações político-administrativas". Antonio Carlos Ferreira (Improbidade administrativa: um passeio de avião e o questionamento da referida lei, *Revista Jurídica Consulex* v. 7, n. 147, p. 18-20, fevereiro de 2003) fala em sanções de natureza penal e política. O STJ, por sua 3ª Seção, em posição isolada, também entendeu que a Lei n. 8.429/1992 dispõe sobre ilícitos penais (MS n. 6.478, rel. Min. Jorge Scartezzini, j. em 26/4/2000, DJ de 29/5/2000).

12 O teor desse preceito constitucional denota claramente a inconstitucionalidade parcial do *caput* do art. 339 do Código Penal, com a redação determinada pela Lei n. 10.028, de 19/10/2000, *verbis*: "Art. 339. Dar causa à instauração de investigação policial, de processo judicial, de investigação administrativa, inquérito civil **ou ação de improbidade administrativa contra alguém, imputando-lhe crime de que o sabe inocente**. Pena..." (destaque nosso). Se os atos de improbidade e as respectivas sanções têm natureza cível, evidentemente não se pode ajuizar ação de improbidade administrativa contra alguém imputando-lhe a prática de crime, já que esta não é a seara adequada para que tal pretensão seja deduzida.

13 Art. 5º, XXXIX, da CR/1988.

que o mesmo dispositivo estabelece a possibilidade de o Ministério Público requisitar a instauração de processo administrativo e não exclui a utilização do inquérito civil previsto na Lei n. 7.347/1985, o que demonstra que cada qual será utilizado em conformidade com a ótica de análise do ilícito e possibilitará a colheita de provas para a aplicação de distintas sanções ao agente;

g) a aplicação das sanções elencadas no art. 12 da Lei de Improbidade pressupõe o ajuizamento de ação civil (art. 18), possuindo legitimidade ativa *ad causam* o Ministério Público e o ente ao qual esteja vinculado o agente público, enquanto as sanções penais são aplicadas em ações de igual natureza, tendo legitimidade, salvo as exceções constitucionais, unicamente o Ministério Público.

Em que pese à sua natureza extrapenal, a aplicação das sanções cominadas na Lei de Improbidade, não raro, haverá de ser direcionada pelos princípios básicos norteadores do direito penal, o qual sempre assumirá uma posição subsidiária no exercício do poder sancionador do Estado, já que este, como visto, deflui de uma origem comum, e as normas penais, em razão de sua maior severidade, outorgam garantias mais amplas ao cidadão.

Não corroboramos o argumento de que poder sancionador e direito punitivo ocupam planos existenciais distintos e sucessivos na evolução da ciência jurídica, ou mesmo que o direito punitivo tenha assumido contorno meramente bipartido, dividindo-se tão somente em direito penal e direito administrativo sancionador[14].

Tradicionalmente, ao menos a partir da sedimentação da divisão das funções estatais e da imperativa observância de certas garantias individuais, sanções penais e sanções administrativas têm sido primordialmente diferenciadas em consonância com o órgão responsável pela sua aplicação. Órgãos jurisdicionais aplicam sanções penais, órgãos administrativos sanções de igual natureza. O mesmo ocorre em relação às demais, vale dizer, às sanções políticas e cíveis, o que enseja o surgimento de especificidades quando um único fato, surgido num plano jurídico específico (*v.g.*: no direito administrativo), é apreciado no âmbito de cada uma dessas instâncias.

Não custa lembrar que a sistematização, enquanto disciplina autônoma, do "direito administrativo sancionador" ou do "direito sancionador administrativo", foi proficuamente

---

14 Em sentido contrário: OSÓRIO, Fábio Medina. *Teoria da improbidade...*, p. 223. De acordo com esse autor, "em linhas gerais, percebemos que o poder sancionador evolui para o direito punitivo e este em direção a uma especialização funcional, diversificando-se em direito penal e direito administrativo sancionador". Em momento anterior, o célebre Alejandro Nieto observara que *"la potestad sancionadora de la Administración forma parte, junto con la potestad penal de los Tribunales, de un ius puniendi superior del Estado, que además es único, de tal manera que aquéllas no son sino simples manifestaciones concretas de este"* (*Derecho administrativo sancionador...*, p. 22). É evidente que, para o direito positivo espanhol, essa assertiva é mais que correta. Afinal, as sanções ali aplicadas pelos Tribunais somente têm uma natureza jurídica: a penal. Ocorre que não há qualquer óbice a que o direito positivo de cada País atribua aos seus tribunais competência para aplicarem sanções outras que não as de natureza penal. Aliás, foi isso que fez o legislador brasileiro. Daí a conclusão de que uma teoria ajustada à realidade espanhola não deve ser aplicada, de modo acrítico, à realidade brasileira.

oferecida pelos juristas espanhóis. Tal certamente foi influenciado pelo teor do art. 25, 3, da Constituição espanhola de 1978, *verbis:"[l]a Administración civil no podrá imponer sanciones que, directa o subsidiariamente, impliquen privación de libertad"*. Na medida em que a própria ordem constitucional reconheceu, expressamente, a possibilidade de a Administração impor sanções, era imprescindível identificar as bases em que tal se daria. Alejandro Nieto[15], célebre monografista do tema e cujo aprofundamento dogmático em muito dificulta a tarefa daqueles que tentam se aventurar nessa seara, há muito esclareceu a funcionalidade do "derecho administrativo sancionador": ele decorre do "poder sancionador da Administração", tão antigo que, durante vários séculos, foi considerado um elemento essencial do poder de polícia. Referido poder, à evidência, coexiste com o poder sancionador dos tribunais, normalmente adstrito, em diversos Países, à seara penal. Esse aspecto também foi realçado por Eduardo García de Enterría e Tomás-Ramón Fernández[16], ao afirmarem, referindo-se à *"potestad sancionatoria administrativa"*, que *"[s]e distinguen estas sanciones de las penas propiamente dichas por un dato formal, la autoridad que las impone: aquéllas, la Administración; éstas, los Tribunales penales"*. Sustentar que o direito administrativo sancionador tupiniquim é aquele aplicado pelos tribunais é simplesmente levar o desvirtuamento de suas origens às raias do inusitado.

Afirmar que o sistema de coibição à improbidade administrativa está incluído sob a epígrafe do direito administrativo (sancionador), com a singela explicação de que se insurge contra ilícitos tipicamente administrativos, é afrontar aspectos basilares do sistema. Afinal, se considerarmos que a mera presença da Administração Pública no polo passivo da agressão seria suficiente para enquadrar o sistema punitivo no âmbito do direito administrativo (sancionador), teríamos que aceitar, por "coerência lógica", que a coibição do homicídio praticado pelo devedor contra o credor estaria enquadrada no direito civil. Acresça-se que nem todo ato de improbidade estará associado a um ato de natureza administrativa. Para se constatar o acerto dessa conclusão, basta observar que os atos que ensejam o enriquecimento ilícito do agente público também podem estar associados ao exercício da função jurisdicional ou legislativa, sendo o agente punido não propriamente pelo desempenho da função, mas, sim, pela causa exógena que direcionou a sua atuação (*rectius*: a percepção da vantagem indevida).

A relação jurídica material, ainda que assuma contornos cíveis, trabalhistas, administrativos ou políticos, pode adquirir nova natureza jurídica na medida em que seja enquadrada num sistema punitivo, com técnica legislativa e competência orgânica próprias. Estender ao sistema punitivo a mesma natureza jurídica da relação jurídica básica importa ignorar a existência de múltiplas instâncias de repressão, isto sem olvidar a sua sabida e ressabida independência.

---

15 *Derecho administrativo...*, p. 22.
16 *Curso de derecho administrativo*, 9ª ed. Madrid: Editorial Civitas, 2004, v. II, p. 163.

É importante ressaltar que esse esforço criativo em nada reforça os instrumentos de proteção do agente público, já que as cláusulas gerais de garantia, em especial o devido processo legal, macroprincípio que aglutina a essência de todos os demais, são extensivas ao direito sancionador em geral, não havendo qualquer possibilidade de ser ele proscrito das distintas instâncias de responsabilização. Vislumbrar o devido processo legal como algo inerente ao direito administrativo (sancionador), buscando erigir este último ao *status* de tábua de salvação dos agentes públicos, é algo que destoa de qualquer balizamento lógico ou constitucional. Trata-se de cláusula de aplicação ampla e irrestrita, não podendo ser compartimentada pelo intérprete com o objetivo de legitimar conclusões *a fortiori*.

Acresça-se que a incorreção do enquadramento da Lei de Improbidade no âmbito do direito administrativo (sancionador) ainda vai além, pois redundará na própria destruição do objeto de estudo. Afinal, como justificar possa a União, sem autorização constitucional, legislar sobre o direito administrativo a ser aplicado pelos demais entes federados? Onde estaria enquadrada a competência legislativa que redundou na edição da Lei n. 8.429/1992? Em poucas palavras: no art. 22, I, da Constituição de 1988, que alcança o direito civil, ramo subsidiário e de amplitude inegavelmente superior aos demais, ainda que ontologicamente similares, como o direito comercial e o marítimo.

Além dos referenciais de (1) aspectos intrínsecos da reprimenda e (2) relação jurídica básica, sobeja a possibilidade de classificarmos as sanções cominadas aos atos de improbidade em harmonia com o (3) bem jurídico a ser afetado ou o (4) sistema utilizado para a sua aplicação.

Principiando pelo bem jurídico a ser subtraído ou restringido, é possível afirmar que as sanções de multa, proibição de contratar com o poder público, proibição de receber benefícios fiscais ou incentivos fiscais e creditícios, ressarcimento do dano e perda de bens e valores têm natureza *patrimonial*. A sanção de perda da função pública, no plano mediato, assume contornos patrimoniais, e, no imediato, tem contornos funcionais. Nesse último caso, a dissolução do vínculo é consequencial, estando atrelada à esfera jurídica em que situado o ilícito (penal, cível, administrativa ou política). Quanto à sanção de suspensão dos direitos políticos, que restringe o direito de votar e ser votado, alijando o ímprobo do processo político, sua natureza é *política*. Note-se, no entanto, que o designativo "política" é empregado no sentido de participação na organização das estruturas estatais de poder, não mantendo qualquer correlação com o órgão responsável pela aplicação da sanção ou os critérios de conveniência e oportunidade característicos dessa seara.

No que diz respeito ao sistema utilizado para a aplicação da sanção, assumirão relevância os circunstancialismos jurídicos que envolvam a metodologia a ser utilizada, como é o caso da competência do órgão jurisdicional, do *iter* procedimental a ser seguido, se cível, penal, trabalhista, administrativo ou político, e das garantias próprias desse âmbito do direito (*v.g.*: necessidade ou não de representação por advogado).

A partir desses fatores, poderemos concluir que o ilícito de improbidade administrativa não tem natureza administrativa e suas sanções não são administrativas. Pelo contrário, ostentam características de natureza cível, resultando em restrições na esfera jurídica

Capítulo X – Das Sanções

do ímprobo a partir de uma metodologia de igual natureza: juiz com competência cível, utilizando o Código de Processo Civil, ressalvadas, obviamente, as singularidades da Lei n. 8.429/1992, aplica determinadas sanções com observância das garantias prevalecentes nessa seara e com o necessário influxo do direito penal, fonte mor do direito sancionador.

A questão ora estudada, longe de apresentar importância meramente acadêmica, possui grande relevo para a fixação do rito a ser seguido e para a identificação do órgão jurisdicional competente para processar e julgar a lide, já que parcela considerável dos agentes ímprobos goza de foro por prerrogativa de função nas causas de natureza criminal[17].

Identificada a natureza cível das sanções a serem aplicadas, inafastável será a utilização das regras gerais de competência nas ações que versem sobre improbidade administrativa, o que culminará em atribuir ao Juízo monocrático, *verbi gratia*, o processo e o julgamento das causas em que o Presidente da República[18], o Procurador-Geral da República[19], Senadores[20], Deputados Federais[21], Prefeitos[22], Conselheiros dos Tribunais de

---

17 Nos crimes comuns, o Prefeito será julgado perante o Tribunal de Justiça (art. 29, X, da CR/1988); os membros do Congresso Nacional perante o Supremo Tribunal Federal (art. 102, I, *b*, da CR/1988); o Governador e os membros dos Tribunais Regionais Federais, Regionais do Trabalho e de Justiça perante o Superior Tribunal de Justiça (art. 105, I, *a*, da CR/1988) etc.
18 STF, AGRG em Petição n. 693-4, rel. Min. Ilmar Galvão, j. em 12/8/1993, *DJ* de 1º/3/1996, p. 5013. Em reiteradas oportunidades, o STF decidiu que não é competente para processar e julgar as ações populares ajuizadas em face do Presidente da República (Petições n. 2.239/RS, *DJU* de 2/2/2001; 1.546/RJ, 1.282 (AGRG)/RJ, 713/RJ, 682/MS e 626/MG).
19 TRF da 1ª Região, AG n. 01000132274/DF, *DJ* de 4/5/2001, p. 640.
20 STF, AGRG em Reclamação n. 1.110-1, rel. Min. Celso de Mello, j. em 25/11/1999, *DJ* de 7/12/1999, p. 58. Lê-se, na ementa do julgado, que "o Supremo Tribunal Federal – mesmo tratando-se de pessoas ou autoridades que dispõem, em razão do ofício, de prerrogativa de foro, nos casos estritos de crimes comuns – não tem competência originária para processar e julgar ações civis públicas que contra elas possam ser ajuizadas. Precedentes".
21 STF, Pleno HC n. 80.112-PR, rel. Min. Sydney Sanches, j. em 1º/8/2000, *DJ* de 17/11/2000. Nesse caso, o *writ* havia sido impetrado visando ao trancamento de inquérito civil público instaurado para apurar a prática de atos de improbidade em que se vislumbrava o envolvimento de Deputado Federal. Anteriormente ao julgamento, o Tribunal foi cientificado do ajuizamento, em primeira instância, de "ação civil pública declaratória de ato de improbidade administrativa e ressarcimento por dano causado ao patrimônio público, com pedido de liminar de indisponibilidade e de afastamento de cargo público". Ao final, não vislumbrando qualquer usurpação de sua competência, terminou por denegar a ordem, à unanimidade, ante a inexistência de ameaça ao direito de ir e vir do paciente. Em seu voto, o Ministro Sepúlveda Pertence ressaltou ser "óbvio que do inquérito civil para apurar improbidade administrativa pode resultar a colheita de elementos informativos de natureza criminal", mas deixava claro "que a circunstância de o fato a apurar ter repercussões penais não elide a possibilidade do inquérito civil e só por si não desloca para o Supremo Tribunal Federal a competência para realizá-lo.
22 STJ, 6ª T., RMS n. 6.208, rel. Min. Anselmo Santiago, j. em 10/11/1998, *DJ* de 15/3/1999. Não merece ser acolhida a tese de que os amplos termos do art. 29, X, da CR/1988 ("julgamento do Prefeito perante o Tribunal de Justiça") impediriam que o Prefeito fosse julgado pelo juiz monocrático por atos de improbidade. Tem-se, aqui, aquilo que Larenz (in *Metodologia da ciência do direito*, p. 535) denominou "lacuna oculta", presente sempre que "a lei contém precisamente uma regra aplicável a casos desta espécie, mas que, segun-

Contas[23], membros dos Tribunais Regionais do Trabalho[24] e Juízes de Tribunais Regionais Federais[25] figurem no polo passivo, entendimento que, como veremos no item subsequente, passou a receber temperamentos no âmbito do Superior Tribunal de Justiça.

Há quem procure sustentar a aplicabilidade do foro por prerrogativa de função nessa seara sob o argumento de que a severidade das sanções cominadas o justificaria, pois teriam "forte conteúdo penal"[26]. Essa tese, no entanto, possui maior alicerce na emoção que propriamente na razão. Com efeito, o caráter penal ou extrapenal de determinada sanção, como vimos, é determinado pela opção política do legislador, não propriamente por sua

---

do o seu sentido e fim, não se ajusta a este determinado grupo de casos, porque não atende à sua especificidade, relevante para a valoração". Essa "lacuna oculta" será preenchida a partir da interpretação do enunciado normativo, norteada, principalmente, por critérios teleológico-sistemáticos. Especificamente em relação aos preceitos constitucionais que dispõem sobre o foro por prerrogativa de função, constata-se a observância de duas diretrizes básicas: referem-se à matéria criminal e a algumas causas em que haja restrição de direitos fundamentais do cidadão, sendo a autoridade contemplada com o foro especial a responsável pela coação (*v.g.*: mandado de segurança, *habeas corpus* etc.). Em nenhum momento a Constituição prestigiou entendimento tão amplo quanto aquele sugerido pelos defensores da tese de que o Prefeito não poderia ser julgado em 1ª instância por atos de improbidade. À simples e cômoda interpretação literal do art. 29, X, da CR/1988 deve ser preferida aquela que desvenda a sua *ratio* e preserva a harmonia do sistema, o que terminará por afastar a iniquidade que surgiria com a conclusão de que o Prefeito, em flagrante dissonância do princípio da isonomia, é o único agente público no Brasil a gozar de foro especial para o julgamento dos atos de improbidade. A 2ª Turma do STJ, do mesmo modo, já decidiu que "o Prefeito Municipal só tem o Tribunal de Justiça como seu juiz natural nas ações penais, e não nas cíveis" (RMS n. 2.621/PR, rel. Min. Adhemar Maciel, j. em 15/5/1997, *DJ* de 23/6/1997, *RSTJ* 98/140). Na ocasião, afirmou o relator: "ora, como bem asseverou o eminente Ministro Cesar Asfor Rocha, ao proferir o seu voto-condutor no RMS n. 1.981/AM, 'a regra contida no art. 29, VIII, da Constituição Federal deve ser interpretada com temperamento, de forma sistemática e integrativa a outros princípios constitucionais, por isso que compete ao Tribunal de Justiça julgar o Prefeito Municipal apenas no pertinente aos crimes comuns' (1ª Turma do STJ, unânime, publicado na RSTJ 58/167)". No mesmo sentido: Alexandre de Moraes, *Direito constitucional*, p. 260-261.

23   STJ, Corte Especial, Rec. n. 780/AP, rel. Min. César Asfor Rocha, red. des. Min. Ruy Rosado de Aguiar, j. em 7/11/2001, *DJ* de 7/10/2002.
24   STJ, Corte Especial, Rcl. n. 591, rel. Min. Nílson Naves, j. em 1º/12/1999, *DJ* de 15/5/2000. Em parecer sobre o tema, Paulo Brossard sustenta a competência do STJ para processar e julgar membro de Tribunal Regional do Trabalho por ato de improbidade (*Revista Interesse Público* n. 2/108). Aduz, em síntese, que apesar de as sanções da Lei n. 8.429/1992 terem natureza cível, deve ser realizada uma "construção constitucional" visando à utilização das regras de competência relativas à matéria criminal (ante a parcial similitude dos efeitos da decisão – perda do cargo e suspensão dos direitos políticos), pois, em que pese reconhecer a não aceitação de uma interpretação extensiva em tal seara, "a Constituição não é aleijada", postulado este que certamente seria violado fosse admitido que um juiz inferior julgasse outro de hierarquia superior, isto em nítida afronta ao sistema constitucional consagrado de 1824 a 1988, máxime quando possa resultar em perda do cargo de juiz. Não obstante o brilho dos argumentos, entendemos que a capacidade de criação originária do direito é deferida ao legislador, não ao intérprete, motivo pelo qual não encampamos quer as premissas, quer a conclusão.
25   STJ, Corte Especial, HC n. 22.342/RJ, rel. Min. Felix Fischer, j. em 18/9/2002, *DJ* de 23/6/2003, p. 231.
26   Neste sentido: Arnoldo Wald e Gilmar Ferreira Mendes, Competência para julgar ação de improbidade administrativa, *Revista de Informação Legislativa* n. 138/213.

severidade (*rectius*: real perspectiva de efetividade, o que em muito justifica o temor de alguns). Além disso, não se nos afigura possível igualar, porquanto vegetais, frutas e leguminosas, pois cada qual possui suas características intrínsecas. A competência, do mesmo modo, e isto é importante repetir, é determinada em conformidade com a natureza da matéria versada, o que impede a extensão do foro por prerrogativa de função, sob os auspícios de uma pseudo"força de compreensão", às ações de natureza cível.

Fábio Konder Comparato[27] sustenta que sequer o Legislativo estaria legitimado a instituir hipóteses outras de foro por prerrogativa de função que não aquelas previstas na Constituição de 1988. Segundo o jurista, em que pese inexistir preceito expresso nesse sentido, diversamente do que se verificava nas Constituições pretéritas[28], tal conclusão decorre do princípio da igualdade, que, segundo João Barbalho (Constituição Federal Brasileira – Comentários, p. 444), "impõe que a mesma proteção legal, os mesmos juízes, as mesmas fórmulas tutelares, alçadas e instâncias, os mesmos procedimentos judiciais se apliquem sem restrições, sem acepção das pessoas, a todos indistintamente a quem o Estado, por órgão de sua magistratura, tenha de fazer justiça". É à luz do princípio da isonomia que deve ser interpretado o disposto no art. 5º, LIII, da CR/1988, sendo direito fundamental do indivíduo ser julgado"pela autoridade cuja competência tenha sido determinada de acordo com o sistema constitucional". A vedação do privilégio pessoal também decorre do regime republicano, pois todos os servidores devem agir em busca da satisfação do interesse público e nenhum particular é senhor do poder. Assim, é inadmissível que, além de violar o princípio da reserva constitucional na criação de foros privilegiados, os detentores do poder, em posição singular, não adotada em nenhum país do mundo, venham a instituir tal privilégio em seu próprio benefício, tarefa somente deferida ao Constituinte originário. Ao final, alerta que essa vedação é correlata à proibição de se criarem tribunais de exceção, pois a ilegítima revogação das regras de competência terminaria por afastar a regra de que os"os órgãos do Poder Judiciário devem ser, por sua própria natureza, permanentes e não circunstanciais".

A impossibilidade de o legislador infraconstitucional elastecer as hipóteses de foro por prerrogativa de função contempladas no texto constitucional há muito foi reconhecida pela Suprema Corte dos Estados Unidos da América: trata-se do conhecido *Case Marbury v. Madison*, que data de 1803[29]. Na ocasião, a Suprema Corte deixou de apreciar o mérito do caso sob o argumento de ser inconstitucional a lei que lhe outorgou tal competência, já que alargou, de modo indevido, o rol de competências traçado no art. III da Constituição. Nas lúcidas palavras do Ministro Celso de Mello[30], constitucionalista de brilho invulgar, "é importante rememorar, neste ponto, que o Supremo Tribunal Federal, em decisão proferi-

---

27 Ações de Improbidade Administrativa, *RTDP* 26/153.
28 Art. 179 da Carta de 1824; art. 72, § 23, da Constituição de 1891; art. 113, 25, da Constituição de 1934; art. 141, § 26, da Constituição de 1946; e art. 153, § 15, da Carta de 1967/1969.
29 *Cranch* 137, 1803.
30 STF, Rcl. n. 2.657 MC/PR, rel. Min. Celso de Mello, j. em 21/6/2004, *Inf.* n. 358.

da em 17 de agosto de 1895 (Acórdão n. 5, rel. Min. José Hygino), já advertia, no final do século 19, não ser lícito ao Congresso Nacional, mediante atividade legislativa comum, ampliar, suprimir ou reduzir a esfera de competência da Suprema Corte, pelo fato de tal complexo de atribuições jurisdicionais derivar, de modo imediato, do próprio texto constitucional, proclamando, então, naquele julgamento, a impossibilidade de tais modificações por via meramente legislativa, 'por não poder lei ordinária argumentar nem diminuir as atribuições do Tribunal (...)' ('Jurisprudência/STF', p. 100/101, item n. 89, 1897, Rio de Janeiro, Imprensa Nacional)".

Não é demais lembrar que o sistema pátrio apresenta singularidades em relação a alguns modelos europeus no que diz respeito à definição da competência dos respectivos Tribunais Constitucionais. Na Alemanha, além de a Lei Fundamental de Bonn ter definido um rol básico de competências do *Bundesverfassungsgericht*, ainda reconheceu a possibilidade de lei federal atribuir-lhe outras mais[31]. Técnica idêntica foi encampada na Espanha[32] e em Portugal[33]. O modelo italiano, ao revés, aproxima-se do brasileiro, delimitando, no texto constitucional, em *numerus clausus*, as matérias de competência da *Corte Costituzionale*[34]. Da análise dos distintos sistemas é possível concluir que a legislação infraconstitucional somente pode elastecer a competência do Tribunal quando expressamente autorizada pela Constituição.

Pelas razões expostas, ao Supremo Tribunal Federal não restou outra opção senão declarar a inconstitucionalidade dos parágrafos do art. 84 do Código de Processo Penal, com a redação dada pela Lei n. 10.628, de 24 de dezembro de 2002, publicada no Diário Oficial de 26 de dezembro de 2002, que tinha o seguinte teor: "Art. 84. A competência pela prerrogativa de função é do Supremo Tribunal Federal, do Superior Tribunal de Justiça, dos Tribunais Regionais Federais e Tribunais de Justiça dos Estados e do Distrito Federal, relativamente às pessoas que devam responder perante eles por crimes comuns e de responsabilidade. § 1º A competência especial por prerrogativa de função, relativa a atos administrativos do agente, prevalece ainda que o inquérito ou a ação judicial sejam iniciados após a cessação do exercício da função pública. *§ 2º A ação de improbidade, de que trata a Lei n. 8.429, de 2 de junho de 1992, será proposta perante o tribunal competente para processar e julgar criminalmente o funcionário ou autoridade na hipótese de prerrogativa de foro em razão do exercício de função pública, observado o disposto no § 1º"*[35].

---

31 *Vide* art. 93, 2, da Lei Fundamental de Bonn. Na doutrina: Gerhard Robbers, *Einführung in das deutsche Recht*, p. 72 e 73.

32 *Vide* art. 161, 1, d, da Constituição espanhola e Lei Orgânica do Tribunal Constitucional, de 3 de outubro de 1979. Na doutrina: Eduardo García de Enterría, *La Constitución como norma y el Tribunal Constitucional*, p. 137 e s.

33 *Vide* art. 223, 3, da Constituição portuguesa e Lei Orgânica do Tribunal Constitucional, de 15 de novembro de 1982. Na doutrina: J. J. Gomes Canotilho, *Direito Constitucional e Teoria da Constituição*, 6ª ed., p. 676 e s.

34 *Vide* art. 134 da Constituição italiana. Na doutrina: Giuseppe de Vergottini, *Diritto Costituzionale*, p. 612 e s.

35 A inconstitucionalidade parcial da Lei n. 10.628/2002 foi suscitada perante o Supremo Tribunal Federal pela Associação Nacional dos membros do Ministério Público (CONAMP) e pela Associação dos Magistrados

3.1. Atos de Improbidade e Crimes de Responsabilidade

Tese surpreendente e que mereceu certo prestígio no âmbito do Supremo Tribunal Federal é a de que os atos de improbidade, em verdade, consubstanciariam crimes de responsabilidade, somente sujeitando o agente à responsabilidade política. Os artífices dessa curiosa e criativa tese argumentam que boa parte dos atos de improbidade encontram correspondência na tipologia da Lei n. 1.079/1950[36], que *"define os crimes de responsabilidade e regula o respectivo processo e julgamento"*, o que seria suficiente para demonstrar que a infração política absorveria o ato de improbidade[37]. Além disso, o próprio texto constitucio-

---

Brasileiros (AMB), respectivamente, ADI n. 2.797/DF e 2.860/DF. A liminar, que havia sido indeferida pelo Presidente em exercício, Ministro Ilmar Galvão, não impediu, no entanto, a realização do controle difuso de constitucionalidade pelas instâncias inferiores. Esse controle, como se sabe, não é obstado por pronunciamento negativo exarado pelo Supremo Tribunal Federal em sede cautelar, pois este é informado por requisitos específicos – o *periculum in mora* e o *fumus boni iuris* –, em nada se confundindo com a decisão final a ser prolatada após uma cognição exauriente. Juridicidade à parte, esse argumento não foi acolhido em inúmeras decisões monocráticas proferidas no âmbito do Supremo Tribunal Federal, sendo sustentado que, em decorrência do indeferimento da liminar, tinha-se "a presunção de legitimidade da lei" (*v.g.*: Reclamações n. 2.509, 2.652, 2.669 e 3.004, rel. Min. Gilmar Mendes; Reclamação n. 2.623, rel. Min. Ellen Gracie; Reclamação n. 2.645, rel. Min. Cezar Peluso; Reclamação n. 2.657, rel. Min. Celso de Mello). Na Reclamação n. 2.381, rel. Min. Carlos Britto, tal entendimento foi chancelado pelo Plenário, que assentou a impossibilidade de outro órgão do Poder Judiciário deixar de aplicar a lei enquanto não julgada a referida ADI (j. em 6/11/2003 – Inf. n. 328). Na Reclamação n. 2.810-1, rel. Min. Marco Aurélio, o Tribunal reviu a posição anterior e assentou que "o indeferimento de liminar em ação direta de inconstitucionalidade, pouco importando o fundamento, não dá margem à apresentação de reclamação", não havendo óbice ao exercício de controle difuso em face da ausência de efeito vinculante da decisão que indefere a liminar em ADI (j. em 18/11/2004, *DJU* de 18/3/2005). Julgando o mérito da ADI n. 2.797/DF, sendo relator o Min. Sepúlveda Pertence, o Tribunal, em 15 de setembro de 2005, com três votos vencidos (Ministros Gilmar Mendes, Eros Grau e Ellen Gracie, que defenderam a similitude entre ato de improbidade e crime de responsabilidade), declarou a inconstitucionalidade dos §§ 1º e 2º do art. 84 do Código de Processo Penal. Na ocasião, realçou-se que: a ação de improbidade tem natureza cível, enquanto o foro por prerrogativa de função restringe-se à seara penal; ao equiparar a ação civil por ato de improbidade à ação penal, a lei contrariou o art. 37, § 4º, da Constituição; o foro por prerrogativa pressupõe a atualidade do exercício da função, isto sob pena de transmudar-se em privilégio, ferindo o princípio da isonomia; o Legislativo não poderia, por via infraconstitucional, desautorizar o cancelamento da Súmula 394; e a competência do Supremo Tribunal Federal foi exaustivamente prevista na Constituição, somente podendo ser ampliada por emenda ou, pelo próprio Tribunal, com o auxílio da teoria dos poderes implícitos.

36 Infrações semelhantes já eram coibidas (1) no Império, com a lei "sobre a responsabilidade dos Ministros e Secretários de Estado e dos Conselheiros de Estado, de 15/10/1827, que regulamentou o art. 47 da Constituição de 1824, e (2) no início da República, com os Decretos 27 e 30, de 7 e 8/1/1892, que tratavam dos crimes de responsabilidade do Presidente da República, sendo estes os antecedentes da Lei n. 1.079, de 10/4/1950.

37 A Lei n. 7.106/1983 dispõe sobre os crimes de responsabilidade praticados pelo Governador, seus Secretários e dirigentes da Administração Pública do Distrito Federal (arts. 1º e 5º, § 1º), bem como pelos Governadores e Secretários dos Territórios (art. 6º). Existem diversas normas constitucionais (CR/1988, arts. 29-A, §§ 2º e 3º; 50, *caput* e § 2º; 85; 100, § 7º; 167, § 1º; e ADCT, arts. 60, XI; e 97, § 10, III) e leis esparsas (Lei n. 4.511/1964, art. 13, § 2º; Lei n. 730/1993, art. 3º, parágrafo único; Lei n. 9.394/1996, art. 5º, § 4º; Lei n.

nal, em seu art. 85, V, teria recepcionado esse entendimento ao dispor que o Presidente da República praticaria crime de responsabilidade sempre que atentasse contra a probidade na administração, o que possibilitaria o seu *impeachment*.

Essa interessante linha argumentativa foi apresentada ao Supremo Tribunal Federal por meio da Reclamação n. 2.138/2002, alegando-se que: (1) o Tribunal é competente para processar os Ministros de Estado por crime de responsabilidade, (2) qualquer atentado à probidade configura crime de responsabilidade e, consequentemente, (3) o juiz federal de primeira instância, ao reconhecer-se competente para julgar Ministro de Estado, que utilizara aviões da FAB para desfrutar momentos de lazer em Fernando de Noronha (praxe administrativa, segundo o agente), usurpou a competência do Tribunal[38].

Até então, a tese de que a Lei de Improbidade veicularia crimes de responsabilidade encontrara pouco prestígio na doutrina[39] e nenhuma adesão na jurisprudência.

O *impeachment*, desde a sua gênese, é tratado como um instituto de natureza político-constitucional que busca afastar o agente político de um cargo público que demonstrou não ter aptidão para ocupar, em nada se confundindo com outras esferas de responsabilização, como a penal[40]. No direito penal, a perda do cargo e a inabilitação para o exercício

---

9.504/1997, art. 94, § 2º; Lei n. 9.966/2000, art. 27, § 2º; Lei n. 11.494/2007, art. 6º, § 3º; e Lei Complementar n. 90/1997, art. 2º, parágrafo único) que fazem menção a condutas que configuram crimes de responsabilidade, as quais serão perquiridas consoante o processo definido na Lei n. 1.079/1950, no Decreto-Lei n. 201/1967 e na Lei n. 7.106/1983.

38 O julgamento da Rcl. n. 2.138/2002, televisionado pela TV Justiça em suas diferentes fases, foi ultimado em 13 de junho de 2007, sendo acolhida, por escassa maioria, a tese de que agentes políticos não respondem por atos de improbidade (votos favoráveis dos Ministros Cezar Peluso, Ellen Gracie, Gilmar Ferreira Mendes, Maurício Corrêa, Ilmar Galvão e Nelson Jobim, vencidos os Ministros Carlos Velloso, Joaquim Barbosa, Sepúlveda Pertence, Marco Aurélio e Celso de Mello). Em seu voto, dentre outras preciosidades, afirmou o então Ministro Nelson Jobim que não havia o mínimo problema em um agente público utilizar o avião da FAB para o seu lazer pessoal, pois o desgaste do avião seria o mesmo no céu ou na terra (!?).

39 Como visto, para Álvaro Lazzarini (*Temas de Direito Administrativo*, São Paulo: Revista dos Tribunais, 2000, p. 64) tais sanções têm natureza política, com o que não concordamos, isso em razão da natureza do órgão que as aplicará e a necessidade de fundamentação da decisão a ser proferida (art. 93, IX, da CR/1988), possibilitando o seu reexame por outro órgão em havendo irresignação; elementos estes incompatíveis com uma decisão essencialmente política. Ives Gandra da Silva Martins (Aspectos Procedimentais do Instituto Jurídico do 'Impeachment' e Conformação da Figura da Improbidade Administrativa, *RT* n. 685/287) sustenta que as sanções teriam natureza penal, já que a Lei n. 8.429/1992 tipifica verdadeiros crimes de responsabilidade. Sérgio de Andréa Ferreira (A Probidade na Administração Pública, *Boletim de Direito Administrativo*, ago./2002, 623), do mesmo modo, afirma que "os atos de improbidade são espécies do mesmo gênero dos crimes de responsabilidade e das infrações político-administrativas".

40 "El enfrentamiento y discusión política se traslada de la sede parlamentaria a los tribunales y, por ende, a la opinión pública a través de los medios de comunicación. Pero, sobre todo se confunden dos conceptos radicalmente diferentes: la responsabilidad política y la penal. El segundo es una responsabilidad subjetiva, por culpa o dolo, y la primera es una responsabilidad objetiva que además de culpa y dolo incluye la responsabilidad in vigilando y in eligendo. El proceso de exigencia es diferente, la responsabilidad penal re-

de outra função pública costumam ser meros efeitos da condenação, enquanto no processo de *impeachment*, são os próprios fins perseguidos. Num caso, busca-se punir o infrator; no outro, privá-lo do poder[41].

Tem raízes no direito inglês, em que os ministros do Rei eram responsabilizados, perante o Parlamento, pelos atos ilegais do governo: a regra *"the king can do no wrong"* não significava propriamente que todos os atos do Rei eram legais, mas, sim, que a responsabilidade recairia sobre seus ministros[42]. O instituto evoluiu de modo que todos os agentes públicos poderiam ser acusados, pela *House of Commons*, por traição, corrupção e outros crimes graves, sendo o julgamento de competência da *House of Lords*. No decorrer do século XVII, o *impeachment* foi uma importante arma no combate às políticas reais impopulares. O último julgamento dessa natureza foi o de Lord Melville, que, em 1806, foi acusado de corrupção. Atualmente, o Parlamento possui mecanismos mais eficazes para apurar a responsabilidade ministerial (*v.g.*: voto de desconfiança), estando o processo de *impeachment* francamente ultrapassado. Trata-se de consequência lógica do fortalecimento do Parlamento, que assumiu uma posição hegemônica na escolha dos membros do governo, intensificando o seu controle e facilitando a sua substituição.

A fórmula foi transposta para o direito norte-americano, em que o Presidente, o Vice-Presidente e todos os funcionários civis estão sujeitos a processo de *impeachment* por traição, corrupção ou outros graves crimes[43]. A exemplo do modelo britânico, as atividades de acusação e julgamento foram divididas entre as duas Casas Legislativas. É um processo de contornos essencialmente políticos, atuando como nítido elemento de contenção, pelo Poder Legislativo, dos atos discricionários emanados dos altos funcionários do País. A utilização do sistema presidencialista de governo, com uma separação mais intensa entre as funções executiva e legislativa, tem conferido uma singular importância ao processo de *impeachment*, sendo um dos principais canais de controle do Executivo.

---

quiere la fijación nítida y firme de los hechos hasta conducir a un convencimiento judicial de la culpabilidad, mientras que la responsabilidad política requiere sólo el convencimiento político-moral de tal culpabilidad. El parámetro de juicio es diverso, el de la responsabilidad judicial es el ordenamiento jurídico penal (que incluye únicamente las conductas que merecen el máximo desvalor por parte de la sociedad), mientras que en la política el parámetro de juicio es un código de conducta más vinculado a la moral y ética públicas. En fin, tras esta construcción subyace una identificación absolutamente inaceptable y que no resiste el más mínimo juicio desde una perspectiva democrática: la identificación entre inocencia política e inocencia penal. Esta identificación lleva a la aberrante conclusión de que los responsables políticos pueden desempeñar su cargo como quieran siempre que sus conductas no signifiquen la comisión de un delito" (Rafael Bastos Gisbert, La Corrupción de los Gobernantes: responsabilidad política y responsabilidad penal, in *La corrupción*: aspectos jurídicos y económicos, org. por Eduardo A. Fabián Caparrós, Salamanca: Ratio Legis, 2000, p. 37).

41 Cf. BARBOSA, Rui. *Commentarios à Constituição Federal brasileira*, colligidos por Homero Pires, São Paulo: Saraiva, 1933, v. III, p. 433.
42 Cf. Bradley e Ewing, *Constitutional and administrative...*, p. 104
43 Art. II, Seção 4, da Constituição de 1787.

No direito brasileiro, que se assemelha ao norte-americano no sistema de governo e nos objetivos a serem alcançados com processos dessa natureza, os denominados "crimes de responsabilidade", introduzidos pela Constituição de 1891 (art. 54), em rol bem semelhante ao atual, não eram vistos como verdadeiras infrações penais, mas, sim, como infrações político-administrativas praticadas pelo Chefe do Poder Executivo, coexistindo com os "crimes comuns". O julgamento era realizado perante o Senado Federal (art. 53, *caput*), a partir de autorização da Câmara dos Deputados (art. 29). A Constituição de 1934 preservou a dicotomia entre crimes comuns e de responsabilidade (art. 57), mas outorgou o julgamento dos últimos a um "Tribunal Especial", integrado por nove juízes, sendo três da Corte Suprema, três oriundos do Senado Federal e três da Câmara dos Deputados, sendo a acusação acolhida por esta última Casa Legislativa (art. 58). No caso de condenação, a consequência era a perda do cargo, com inabilitação até o máximo de cinco anos para o exercício de qualquer função pública, isso "sem prejuízo das ações civis e criminais cabíveis na espécie" (art. 58, § 7º). A Constituição de 1937 volveu ao sistema de 1891, sendo a acusação realizada pela Câmara dos Deputados e o julgamento pelo Conselho Federal, designativo, à época, atribuído ao Senado Federal, que também contava com membros nomeados pelo Presidente da República (arts. 50 e 86). A consequência, no caso de condenação, continuou a ser a perda da função e a inabilitação (art. 86, § 1º). As Constituições de 1946 (arts. 62, 88 e 89) e 1967 (arts. 42, 44, 84 e 85), bem como a Emenda Constitucional n. 1/1969 (arts. 40, I, 42, I, 82 e 83) e a Constituição de 1988 (arts. 51, I, 52, I e parágrafo único, 85 e 86) preservaram essa sistemática.

O grande complicador verificado na sistemática constitucional brasileira é que a figura dos "crimes de responsabilidade" sempre ostentou uma natureza híbrida. Em outras palavras, do mesmo modo que se lhe atribuía contornos essencialmente políticos, sujeitando o Chefe do Poder Executivo a um julgamento de igual natureza, também se utilizava a mesma terminologia para indicar infrações que sujeitariam os respectivos autores a um julgamento de contornos jurídicos, a ser conduzido por órgão jurisdicional. A situação dos Ministros de Estado é bem sugestiva. Se praticarem crimes de responsabilidade, devem ser julgados pelo Supremo Tribunal Federal, sistemática adotada desde 1891 (arts. 52, § 2º, e 59, I, *a*), o que significa sujeitá-los a uma avaliação puramente jurídica. Se praticarem os mesmos crimes de responsabilidade, mas em conexão com outros praticados pelo Presidente da República, aplica-se a regra geral, atraindo-se a competência do Senado Federal. A mesma sistemática é aplicável a diversas outras autoridades, que, praticando os denominados crimes de responsabilidade, serão julgadas por órgãos jurisdicionais. Em relação a elas, não serão acolhidos, em toda a sua extensão, os fundamentos constantes da Exposição de Motivos que acompanhou a Lei n. 1.079/1950, somente aplicáveis aos julgamentos políticos. Ao tratar do *iter* a ser seguido na persecução dos crimes de responsabilidade, dispôs que "ao conjunto de providências e medidas que o constituem, dá-se o nome de processo, porque este é o termo genérico com que se designam os atos de acusação, defesa e julgamento, mas é, em última análise, um processo *sui generis*, que não se confunde e se não pode confundir com o processo judiciário, porque promana de outros fundamentos e visa outros fins"[44].

Conquanto seja induvidoso que, no sistema brasileiro, a *ratio* da tipificação, do julgamento e do sancionamento dos crimes de responsabilidade seja cessar o vínculo jurídico funcional do infrator com o Poder Público, impedindo o seu restabelecimento durante certo período, a sua natureza puramente política não é extreme de dúvidas. Afinal, em alguns casos, o processo e o julgamento são deslocados do Poder Legislativo para o Judiciário, o que confere um colorido distinto aos atos a serem praticados.

Assim, a primeira dificuldade que se encontra é identificar o que vem a ser crimes de responsabilidade, proposição que enseja não poucas dúvidas e perplexidades. Para o Presidente da República, crime de responsabilidade é uma infração político-administrativa que enseja a realização de um julgamento político (sem necessidade de fundamentação) perante o Senado Federal[45]. Para o Ministro de Estado, é uma infração associada a atos políticos e administrativos que redunda num julgamento totalmente jurídico (com a necessidade de fundamentação) perante o Supremo Tribunal Federal[46]. Para o Prefeito Municipal, é um crime comum, que o expõe a uma pena de prisão[47]. E para os Senadores,

---

44 Essa constatação é reforçada pela redação do art. 42 da Lei n. 1.079/1950: "A denúncia só poderá ser recebida se o denunciado não tiver, por qualquer motivo, deixado definitivamente o cargo". Deixando o cargo, suprimida estaria a responsabilidade política do agente. O art. 3º da Lei n. 1.079/1950 ressaltou, de forma expressa, que ainda seria possível o julgamento do agente, perante o órgão jurisdicional competente, em tendo praticado crime comum. Não bastasse isso, o art. 52, parágrafo único, da Constituição, dispõe que, no julgamento dos crimes de responsabilidade imputados ao Presidente e ao Vice-Presidente da República, aos Ministros de Estado, aos Comandantes da Marinha, do Exército e da Aeronáutica, aos Ministros do Supremo Tribunal Federal, aos membros do Conselho Nacional de Justiça e do Conselho Nacional do Ministério Público, ao Procurador-Geral da República e ao Advogado-Geral da União, "funcionará como Presidente o do Supremo Tribunal Federal, limitando-se a condenação, que somente será proferida por dois terços dos votos do Senado Federal, à perda do cargo, com inabilitação, por oito anos, para o exercício de função pública, sem prejuízo das demais sanções judiciais cabíveis". À luz desses preceitos, restam incontroversas a dicotomia e a independência entre as instâncias política e jurisdicional.

45 Art. 52, I e parágrafo único, da CR/1988.

46 Art. 102, I, *c*, da CR/1988.

47 Art. 1º do Decreto-Lei n. 201/1967. O mesmo diploma normativo, em seu art. 4º, fala nas "*infrações político-administrativas dos Prefeitos Municipais*", o que se assemelharia aos crimes de responsabilidade da Lei n. 1.079/1950. Nesse sentido: "Penal. Processual Penal. Prefeito: Crime de Responsabilidade. D.L. 201, de 1967, artigo 1º: crimes comuns. I – Os crimes denominados de responsabilidade, tipificados no art. 1º do D.L. 201, de 1967, são crimes comuns, que deverão ser julgados pelo Poder Judiciário, independentemente do pronunciamento da Câmara dos Vereadores (art. 1º), são de ação pública e punidos com pena de reclusão e de detenção (art. 1º, § 1º) e o processo é o comum, do C.P.P., com pequenas modificações (art. 2º). No art. 4º, o D.L. 201, de 1967, cuida das infrações político-administrativas dos prefeitos, sujeitos ao julgamento pela Câmara dos Vereadores e sancionadas com a cassação do mandato. Essas infrações é que podem, na tradição do direito brasileiro, ser denominadas crimes de responsabilidade. II – A ação penal contra prefeito municipal, por crime tipificado no art. 1º do D.L. 201, de 1967, pode ser instaurada mesmo após a extinção do mandato. III – Revisão da jurisprudência do Supremo Tribunal Federal. IV – HC indeferido" (STF, Pleno,

Deputados e Vereadores? Não é nada. Em outras palavras, esses agentes não se enquadram na tipologia dos crimes de responsabilidade, estando sujeitos, unicamente, ao controle político realizado no âmbito do próprio Parlamento, o que, eventualmente, pode resultar na perda do mandato[48].

Ainda merece referência a circunstância de que alguns agentes mencionados na Constituição da República como autores em potencial dos crimes de responsabilidade (*v.g.*: membros do Conselho Nacional de Justiça e do Conselho Nacional do Ministério Público – art. 52, II) sequer são alcançados pela tipologia da Lei n. 1.079/1950[49], o que simplesmente inviabiliza a sua punição.

A partir dessas constatações iniciais, já se pode afirmar que a "tese" prestigiada pelo Supremo Tribunal Federal na Reclamação n. 2.138/2002 não comporta uma resposta linear, pois, para alguns agentes, o crime de responsabilidade ensejará um julgamento jurídico e, para outros, um julgamento político, isto para não falarmos daqueles que sequer são alcançados pela tipologia legal[50]. O Tribunal, passando ao largo da independência existente entre as distintas instâncias de responsabilização e da diversidade de sanções que costumam caracterizá-las, não anuiu com a possibilidade de os Ministros de Estado poderem responder, simultaneamente, a partir de um mesmo fato, por crime de responsabilidade, crime comum e ato de improbidade. Os dois primeiros julgamentos seriam realizados pelo Supremo Tribunal Federal e o último, pelo juízo monocrático. Igual raciocínio seria aplicável às demais autoridades referidas no art. 102, I, *c*, da Constituição de 1988 (*v.g.*: Comandantes das Forças Armadas, membros dos Tribunais Superiores etc.).

Avançando nos alicerces estruturais da curiosa e criativa "tese", argumenta-se que boa parte dos atos de improbidade definidos na Lei n. 8.429/1992 encontra correspondência na tipologia da Lei n. 1.079/1950, que trata dos crimes de responsabilidade, o que seria suficiente para demonstrar que a infração política absorveria o ato de improbidade. Além disso,

---

HC n. 60.671/PI, rel. Min. Carlos Velloso, *DJ* de 19/5/1995). Não é por outra razão que o STJ editou o Enunciado n. 164 da Súmula de sua Jurisprudência, *verbis*: "[o] prefeito municipal, após a extinção do mandato, continua sujeito a processo por crime previsto no art. 1º do Decreto-Lei n. 201, de 27/2/1967".

48 Como única exceção, pode ser mencionado o crime de responsabilidade passível de ser praticado pelo Presidente da Câmara dos Vereadores que gastar mais de 70% de sua receita com folha de pagamento, incluído o gasto com subsídio de seus Vereadores (art. 29-A, §§ 1º e 3º, da CR/1988).

49 Os membros do Ministério Público são alcançados pela tipologia dos crimes de responsabilidade sempre que preencham os requisitos dos arts. 40 e 40-A da Lei n. 1.079/1950, com a redação dada pela Lei n. 10.028/2000, o que demonstra a incompatibilidade, com a sistemática legal vigente, da negativa sustentada por Fábio Medina Osório (*Teoria da improbidade...*, p. 208).

50 Acresça-se a dificuldade em compreender o real fundamento do Enunciado n. 722 da Súmula do STF ("são da competência legislativa da União a definição dos crimes de responsabilidade e o estabelecimento das respectivas normas de processo e julgamento"), pois, se os crimes de responsabilidade não são verdadeiros crimes (*v.g.*: não são considerados para fins de reincidência), mas infrações de raiz política e administrativa, como justificar a competência privativa da União para legislar sobre a matéria? Incidiria na hipótese o disposto no art. 22, I, da Constituição da República?

o próprio texto constitucional, em seu art. 85, V, teria recepcionado esse entendimento ao dispor que o Presidente da República praticaria crime de responsabilidade sempre que atentasse contra a probidade na Administração, possibilitando o seu *impeachment*. Como o parágrafo único do último preceito dispõe que esse tipo de crime seria definido em "*lei especial*", nada mais "natural" que concluir que a Lei de Improbidade faz as vezes de tal lei. Afinal, se é crime de responsabilidade atentar contra a probidade, qualquer conduta que consubstancie improbidade administrativa será, em última *ratio*, crime de responsabilidade.

Com a devida vênia daqueles que encampam esse entendimento, não tem ele a mínima plausibilidade jurídica. Inicialmente, cumpre manifestar um certo alívio na constatação de que os crimes contra a Administração Pública tipificados em "leis especiais", que consubstanciam evidentes manifestações de desprezo à probidade, não foram considerados crimes de responsabilidade!

Entender que ao Legislativo é defeso atribuir consequências criminais, cíveis, políticas ou administrativas a um mesmo fato, inclusive com identidade de tipologia, é algo novo na ciência jurídica. Se o Constituinte originário não impôs tal vedação, será legítimo ao pseudointérprete impô-la? Não é demais lembrar que o próprio substitutivo ao Projeto de Lei n. 1.446/1991, apresentado pelo Senado e que redundou na Lei n. 8.429/1992, era expresso ao reconhecer que os atos de improbidade (principal) também configuravam crimes de responsabilidade (secundário), sendo certo que "*a instauração de procedimento para apurar crime de responsabilidade não impede nem suspende o inquérito ou processo judicial referido nesta Lei*" (art. 11). Percebe-se, assim, a difusão do entendimento de que são figuras distintas, bem como a interpenetração dos sistemas dependeria de previsão legal expressa. E o pior, é crível a tese de que a Lei n. 1.079/1950 é especial em relação à Lei n. 8.429/1992, culminado em absorver a última? Não pode o agente público responder por seus atos em diferentes esferas, todas previamente definidas e individualizadas pelo Legislador? Como é fácil perceber, é por demais difícil sustentar que uma resposta positiva a esses questionamentos possa ser amparada pela Constituição, pela moral ou pela razão.

Não se pode perder de vista que a própria Constituição faz referência, separadamente, a "*atos de improbidade*"[51] e a "*crimes de responsabilidade*"[52], remetendo a sua definição para a legislação infraconstitucional[53]. Como se constata, por imperativo constitucional, as figuras coexistem. Além disso, como ensejam sanções diversas, por vezes aplicadas em esferas distintas (jurisdicional e política), não se pode falar, sequer, em *bis in idem*. Com escusas pela obviedade, pode-se afirmar que a Lei n. 1.079/1950 é a lei especial a que refere o parágrafo único do art. 85 da Constituição, enquanto a Lei n. 8.429/1992 é a lei a que se refere o § 4º do art. 37. Essa conclusão, que já era óbvia, tornou-se mais óbvia ain-

---

51 Arts. 15, V, e 37, § 4º, da CR/1988.
52 Arts. 29, §§ 2º e 3º; 50, *caput* e § 1º; 52, I; 85, *caput* e parágrafo único; 86, *caput* e § 1º, II; 96, III; 100, § 6º; 102, I, *c*; 105, I, *a*; 108, I, *a*; e 167, § 1º, da CR/1988.
53 Arts. 37, § 4º, e 85, parágrafo único, da CR/1988.

da com o advento da EC n. 62/2009, isto ao incluir dispositivo no ADCT dispondo que, no caso de inobservância das regras estabelecidas para o pagamento de precatórios, "o chefe do Poder Executivo responderá na forma da legislação de responsabilidade fiscal e de improbidade administrativa" (art. 97, § 10, III). Por certo, ainda haveria quem dissesse que essa seria a única hipótese em que o Chefe do Executivo poderia ser responsabilizado na seara da improbidade. Apesar de o Supremo Tribunal Federal ter declarado a inconstitucionalidade do art. 97 do ADCT, isso por ter instituído, à margem da Constituição, um regime diferenciado para o pagamento dos precatórios[54], era visível a plena integração da remissão à Lei de Improbidade a um sistema preexistente. Por certo, ainda haverá quem diga que essa é a única hipótese em que o Chefe do Executivo pode ser responsabilizado na seara da improbidade.

Os agentes políticos, assim, são sujeitos ativos em potencial dos atos de improbidade, conclusão, aliás, que encontra ressonância nos termos extremamente amplos do art. 2º da Lei de Improbidade: *"reputa-se agente público, para os efeitos desta lei, todo aquele que exerce, ainda que transitoriamente ou sem remuneração, por eleição, nomeação, designação, contratação ou qualquer outra forma de investidura ou vínculo, mandato, cargo, emprego ou função nas entidades mencionadas no artigo anterior"*.

Ainda merece referência a constatação de que, diversamente do processo por crime de responsabilidade, somente passível de ser deflagrado enquanto o agente estiver no exercício de suas funções[55], o processo por ato de improbidade possui como termo *a quo* do

---

54 Pleno, ADI n. 4.425/DF, rel. p/acórdão Min. Luiz Fux, j. em 14/3/2013, *DJe* de 19/12/2013.
55 O STF já decidiu no seguinte sentido: "I – Controle judicial do 'impeachment': possibilidade, desde que se alegue lesão ou ameaça a direito. CF, art. 5º, XXXV. Precedentes do STF: MS n. 20.941-DF (RTJ 142/88); MS n. 21.564-DF e MS n. 21.623-DF. II – O 'impeachment', no Brasil, a partir da Constituição de 1891, segundo o modelo americano, mas com características que o distinguem deste: no Brasil, ao contrário do que ocorre nos Estados Unidos, lei ordinária definira os crimes de responsabilidade, disciplinara a acusação e estabelecera o processo e o julgamento. III – Alteração do direito positivo brasileiro: a Lei n. 27, de 1892, art. 3º, estabelecia: a) o processo de 'impeachment' somente poderia ser intentado durante o período presidencial; b) intentado, cessaria quando o Presidente, por qualquer motivo, deixasse definitivamente o exercício do cargo. A Lei n. 1.079, de 1950, estabelece, apenas, no seu art. 15, que a denúncia só poderá ser recebida enquanto o denunciado não tiver, por qualquer motivo, deixado definitivamente o cargo. IV – No sistema do direito anterior a Lei n. 1.079, de 1950, isto é, no sistema das Leis ns. 27 e 30, de 1892, era possível a aplicação tão somente da pena de perda do cargo, podendo esta ser agravada com a pena de inabilitação para exercer qualquer outro cargo (Constituição Federal de 1891, art. 33, par. 3º; Lei n. 30, de 1892, art. 2º), emprestando-se à pena de inabilitação o caráter de pena acessória (Lei n. 27, de 1892, artigos 23 e 24). No sistema atual, da Lei 1.079, de 1950, não é possível a aplicação da pena de perda do cargo, apenas, nem a pena de inabilitação assume caráter de acessoriedade (CF, 1934, art. 58, § 7º; CF, 1946, art. 62, § 3º, CF, 1967, art. 44, parág. único; EC n. 1/69, art. 42, parág. único; CF, 1988, art. 52, parág. único; Lei n. 1.079, de 1950, artigos 2º, 31, 33 e 34). V – A existência, no 'impeachment' brasileiro, segundo a Constituição e o direito comum (CF, 1988, art. 52, parág. único; Lei n. 1.079, de 1950, artigos 2º, 33 e 34), de duas penas: a) perda do cargo; b) inabilitação, por oito anos, para o exercício de função pública. VI – A renúncia ao cargo, apresentada na sessão de julgamento, quando já iniciado este, não paralisa o processo de 'impeachment'. VII – Os princípios constitucionais da impessoalidade e da moralidade administrativa (CF, art. 37). VIII – A jurispru-

prazo prescricional, em relação aos detentores de mandato eletivo e aos demais agentes que possuem vínculo temporário com a Administração Pública[56], justamente o fim desse vínculo, o que também evidencia a distinta funcionalidade de cada qual. No primeiro caso, o objetivo é extinguir o vínculo e inabilitar o agente a restabelecê-lo; no segundo, restringir a sua esfera jurídica, impondo-lhe verdadeira punição.

O "entendimento" externado na Reclamação n. 2.138/2002, engendrado de tocaia para inutilizar o único instrumento sério de combate à improbidade em um país assolado pelo desmando e pela impunidade, é uma página negra na história da Suprema Corte brasileira. Esperava-se fosse ele revisto, mas o simples fato de ter sido arquitetado e posto em prática bem demonstrava que não seria fácil elevar o Brasil das sombras à luz.

Como afirmou o Ministro Carlos Velloso, a tese *"é um convite para a corrupção"*, conclusão clara na medida em que servirá de *bill of indemnity* para os autos escalões do poder. Na medida em que estarão imunes à Lei de Improbidade, é fácil imaginar que neles será concentrado todo o poder de decisão, sujeitando-os, tão somente, à responsabilização nas esferas política e criminal, cuja ineficácia não precisa ser lembrada ou explicada. Ruy Barbosa, aliás, há muito observara que ao invés de responsabilizar "o Presidente e os Ministros por esses abusos funestos, nós lhes passamos a mão pela cabeça e consolidamos no Brasil *o regimen* da impunidade"[57].

Essa estranha maneira de ver a realidade, cambaleante na forma, frágil na essência, faz lembrar a perspicaz narrativa do Padre António Vieira: "navegava Alexandre (Magno) em uma poderosa armada pelo mar Eritheu a conquistar a India; e como fosse trazido á sua presença um pirata, que por alli andava roubando os pescadores, reprehendeu-o muito Alexandre de andar em tão mau officio; porém elle que não era medroso nem lerdo respondeu assim: Basta, senhor, que eu porque roubo em uma barca sou ladrão, e vós porque roubaes em uma armada sois imperador? Assim é. O roubar pouco é a culpa, o roubar muito é grandeza: o roubar com pouco poder faz os piratas, o roubar com muito, os Alexandres"[58]. Na Idade Média, o grande Bonifácio já observara que certas leis se assemelham a teias de aranha: aprisionam moscas, mas são diaceradas pelos grandes pássaros.

O Ministro Joaquim Barbosa, no voto divergente que proferiu na Reclamação n. 2.138/2002, externou uma perplexidade que, arriscaríamos dizer, era compartilhada por grande parte da comunidade jurídica nacional. Eis suas considerações: "a proposta que vem obtendo acolhida até o momento nesta Corte, no meu modo de entender, além de

---

dência do Supremo Tribunal Federal relativamente aos crimes de responsabilidade dos Prefeitos Municipais, na forma do Decreto-lei 201, de 27/2/1967. Apresentada a denúncia, estando o Prefeito no exercício do cargo, prosseguirá a ação penal, mesmo após o término do mandato, ou deixando o Prefeito, por qualquer motivo, o exercício do cargo. IX – Mandado de segurança indeferido"(Pleno, MS n. 21.689/DF, *Caso Fernando Collor*, rel. Min. Carlos Velloso, j. em 16/12/1993, *DJ* de 7/4/1995).

56 Lei n. 8.429/1992, art. 23, I.
57 BARBOSA, Rui. *Commentários à Constituição Federal brasileira*, São Paulo: Editora Saraiva, 1933, v. 3, p. 458.
58 Sermão do bom ladrão, in ob. cit., p. 63.

absolutamente inconstitucional, é a-histórica e reacionária, na medida em que ela anula algumas das conquistas civilizatórias mais preciosas obtidas pelo homem desde as revoluções do final do século XVIII. Ela propõe nada mais, nada menos, do que o retorno à barbárie da época do absolutismo, propõe o retorno a uma época em que certas classes de pessoas tinham o privilégio de não se submeterem às regras em princípio aplicáveis a todos, tinham a prerrogativa de terem o seu ordenamento jurídico próprio, particular. Trata-se, como já afirmei, de um gigantesco retrocesso institucional. Na perspectiva da notável evolução institucional experimentada pelo nosso país nas últimas duas décadas, cuida-se, a meu sentir, de uma lamentável tentativa de *rebananização* da nossa República! Eu creio que o Supremo Tribunal Federal, pelo seu passado, pela sua credibilidade, pelas justas expectativas que suscita, não deve embarcar nessa aventura arriscada".

Observa-se, no entanto, que no mesmo dia em que ultimou o julgamento da Reclamação n. 2.138/2002, o Supremo Tribunal Federal apreciou a Petição n. 3.923[59], tendo decidido que caberia ao juiz de primeira instância realizar a execução de decisão judicial que condenara o Deputado Federal Paulo Salim Maluf por ato de improbidade, praticado quando ocupara o cargo de Prefeito Municipal de São Paulo. Na ocasião, restou assentado que os parlamentares não praticam crimes de responsabilidade, bem como que o Supremo Tribunal Federal não poderia transmudar-se em mero executor de uma decisão transitada em julgado.

Em *obiter dictum*, diversos Ministros que não participaram do julgamento da Reclamação n. 2.138/2002 reconheceram expressamente que agentes políticos podem ser responsabilizados por ato de improbidade administrativa[60]. Em outra oportunidade, o Tribunal entendeu, expressamente, que um ex-governador de Estado poderia ser responsabilizado, por atos praticados durante o mandato, nos termos da Lei n. 8.429/1992[61]. Decidiu, ainda, pela não incidência do foro por prerrogativa de função no âmbito da improbidade administrativa[62].

Ocorre que o Supremo Tribunal Federal, com apenas um voto vencido, ao decidir a Questão de Ordem na Petição n. 3.211-0[63], sendo relator o Ministro Menezes Direito, re-

---

59 Pleno, rel. Min. Joaquim Barbosa, j. em 13/6/2007, *DJ* de 20/6/2007.

60 O Supremo Tribunal Federal já decidiu que o precedente da Reclamação n. 2.138 não é aplicável aos Prefeitos Municipais (Pleno, Rcl. n. 6034, MC-AGR, rel. Min. Ricardo Lewandowski, j. em 25/6/2008, *DJ* de 29/8/2008; e Pleno, Rcl. n. 3.267 AGR/MG, rel. Min. Cármen Lúcia, j. em 21/10/2009, *DJ* de 21/11/2009) e aos membros do Congresso Nacional, os quais, à luz da legislação infraconstitucional, sequer praticam crimes de responsabilidade (Pleno, Rcl. n. 5.126 AGR/RO, rel. Min. Menezes Direito, j. em 22/11/2007, *DJ* de 19/12/2007).

61 2ª T., AC n. 3.585 AgR-RS, rel. Min. Celso de Mello, j. em 2/9/2014, *DJ* 28/10/2014.

62 Nesse sentido: STF, 1ª T., AI n. 556.727, AGR/SP, rel. Min. Dias Toffoli, j. em 20/3/2012, *DJ* de 26/4/2012; 1ª T., AI n. 678.927/SP, rel. Min. Ricardo Lewandowski, j. em 2/12/2010, *DJ* de 1º/2/2011; 1ª T., AI n. 554.298 AGR/GO, rel. Min. Ricardo Lewandowski, j. em 19/10/2010, *DJ* de 16/11/2010; e 2ª T., AI n. 506.323 AGR/PR, rel. Min. Celso de Mello, j. em 2/6/2009, *DJ* de 1º/7/2009.

63 J. em 13/3/2008, *DJ* de 27/6/2008.

conheceu que seria de sua competência o julgamento da ação de improbidade contra os seus membros. Entendimento curioso e de difícil análise no plano estritamente jurídico, já que o Tribunal só tem competência para julgar os seus membros nas infrações penais comuns[64], não nos crimes de responsabilidade, competência afeta ao Senado Federal[65]. Em outra oportunidade, invocando como precedentes a ADI n. 2.797/DF e a Reclamação n. 2.138/DF, a Segunda Turma afirmou que "a Constituição do Brasil não admite a concorrência entre dois regimes de responsabilidade político-administrativa para os agentes políticos", incluindo sob essa epígrafe os Desembargadores, que não podem responder a ações de improbidade[66].

Deve-se ressaltar que a tese da unidade existencial entre crimes de responsabilidade e atos de improbidade produziu efeitos extremamente deletérios no âmbito das instâncias ordinárias, não sendo raras as decisões que, de modo acrítico, procuravam aplicá-la a todo e qualquer agente político. Em interessante precedente do Tribunal de Justiça do Estado do Rio de Janeiro, chegou-se a sustentar a "*[i]naplicabilidade da Lei n. 8.429/92 aos agentes políticos. Distinção de regime de responsabilidade no que tange a estes últimos e os demais agentes públicos. Atos que possuem a mesma natureza. Cumulação de sanções que violaria o princípio do ne bis in idem. Questão pacificada no Supremo Tribunal Federal*"[67]. A decisão chama a atenção porque, à época de sua prolação, a questão, longe de estar "pacificada" no sentido indicado, caminhava justamente em norte contrário, admitindo a responsabilização do Prefeito Municipal, agente político ao qual, no caso concreto, se imputava a prática do ato de improbidade. Acresça-se ser no mínimo enigmática a tese de que atos de improbidade e crimes de responsabilidade têm "a mesma natureza".

O Superior Tribunal de Justiça, por sua vez, teve sensibilidade para manter o entendimento da Reclamação n. 2.138/2002 adstrito aos Ministros de Estado. Em relação aos Prefeitos, o Tribunal sedimentou a sua jurisprudência no sentido de que estão sujeitos, simultaneamente, ao crivo do Decreto-Lei n. 201/1967 e à Lei n. 8.429/1992, não sendo alcançados, obviamente, pela Lei n. 1.079/1950[68]. O mesmo ocorreu em relação aos Vereadores[69]. Enfrentando a tese de que os magistrados de primeiro grau seriam agentes políticos,

---

64 CR/1988, art. 102, I, *b*.
65 CR/1988, art. 52, II.
66 RE n. 579.799 AGR/SP, rel. Min. Eros Grau, j. em 2/12/2008, *DJ* de 19/12/2008.
67 TJRJ, 2ª CC, Processo n. 0002269-70.2004.8.19.0065, rel. Des. Alexandre Freitas Câmara, j. em 20/10/2010.
68 1ª T., REsp n. 1.029.842/RJ, rel. Min. Benedito Gonçalves, j. em 15/4/2010, *DJ* de 28/4/2010; 2ª T. REsp n. 1.147.329/SC, rel. Min. Herman Benjamin, j. em 13/4/2010, *DJ* de 23/4/2010; STJ, 2ª T., AGRG no REsp n. 1.189.265/MS, rel. Min. Humberto Martins, j. em 3/2/2011, *DJ* de 14/2/2011; 2ª T., REsp n. 1.256.232/MG, rel. Min. Eliana Calmon, j. em 19/9/2013, *DJe* de 26/9/2013; e 2ª T., AGRG no AREsp n. 399.128/SC, rel. Min. Mauro Campbell Marques, j. em 7/11/2013, *DJe* de 18/11/2013.
69 STJ, 2ª T., REsp n. 1.135.767/SP, rel. Min. Castro Meira, j. em 25/5/2010, *DJ* de 9/6/2010; STJ, 1ª T., REsp n. 1.196.581/RJ, rel. Min. Arnaldo Esteves Lima, j. em 16/12/2010, *DJ* de 2/2/2011; e 1ª T., REsp n. 1.197.444/RJ, rel. Min. Napoleão Nunes Maia Filho, j. em 27/8/2013, *DJe* de 5/9/2013.

decidiu o Superior Tribunal de Justiça que eles "submetem-se aos ditames da Lei 8.429/92, porquanto não participam do rol daquelas autoridades que estão submetidas à Lei n. 1.070/1950, podendo responder por seus atos administrativos na via da ação civil pública de improbidade administrativa"[70]. No que diz respeito ao Presidente da República, o Tribunal, sem que ninguém o perguntasse, já que a causa dizia respeito a um Desembargador Federal (*rectius*: Juiz Federal lotado em Tribunal Regional Federal)[71], afirmou que o referido agente não estaria sujeito à Lei n. 8.429/1992.

Apesar de entender que a Lei n. 8.429/1992 é aplicável aos agentes políticos, o Superior Tribunal de Justiça invocou o precedente do Supremo Tribunal Federal, exarado na Questão de Ordem apresentada na Petição n. 3.211.0, bem como a necessidade de preservar a sistemática constitucional, para decidir que era competente para processar e julgar Governador de Estado acusado da prática de ato de improbidade administrativa[72]. A tese era basicamente a seguinte: como o processo pode redundar na perda do cargo e o Governador deve ser julgado pelo Superior Tribunal de Justiça nas infrações penais comuns e pela Assembleia Legislativa nos crimes de responsabilidade, seria injurídico que um juiz de primeira instância pudesse aplicar sanção de tamanha gravidade. Deveria prevalecer, portanto, o mesmo entendimento adotado em relação aos Ministros do Supremo Tribunal Federal: é reconhecida a natureza cível da ação de improbidade, mas é seguida a regra de competência do processo criminal. O mesmo entendimento, por coerência lógica, foi estendido às demais autoridades com prerrogativa de foro. Com isso, o Superior Tribunal de Justiça alterou o entendimento, pacífico desde o *leading case* da Reclamação n. 591, julgado em 1999, que reconhecera a competência do Juiz de 1ª instância para julgar membro de Tribunal Regional do Trabalho pela prática de ato de improbidade. O Tribunal, no entanto, ressaltava que o foro por prerrogativa de função não era extensivo aos aposentados[73].

---

70 Nesse sentido: 1ª T., REsp n. 1.174.603/RN, rel. Min. Benedito Gonçalves, j. em 3/3/2011, *DJ* de 16/3/2011, bem como os precedentes ali relacionados – REsp n. 1.127.542/RN, Rel. Min. Arnaldo Esteves Lima, 1ª T., *DJe* de 12/11/2010; AGRG no REsp n. 1.127.541/RN, rel. Min. Humberto Martins, 2ª T., *DJe* de 11/11/2010; (REsp n. 1.127.182/RN, rel. Min. Mauro Campbell Marques, 2ª T., *DJe* de 15/10/2010); REsp n. 1.169.762/RN, rel. Min. Mauro Campbell Marques, 2ª T., *DJe* de 10/9/2010. O TRF-4ª Região chegou ao extremo de afirmar que os magistrados somente respondem por crimes de responsabilidade, "constituindo teratologia jurídica que venha um membro do Judiciário responder, pelo mesmo fato, a título de crime, a título de infração disciplinar, a título de improbidade" (3ª T., AI n. 2008.04.00.030765-7, rel. Juiz Luiz Carlos de Castro Lugon, j. em 16/6/2009, *DJe* de 8/7/2009). Considerando a secular adoção, no direito brasileiro, do sistema de independência entre as instâncias, não nos resta conclusão outra senão a de que o próprio conceito de "teratologia" pode assumir contornos variáveis. Nesse particular, vem à lembrança o belo conto de Machado de Assis intitulado "O Alienista". Ali, o protagonista, após internar todos os habitantes da cidade na "Casa de Orates", percebeu que o único louco era ele próprio.
71 STJ, 1ª T., REsp n. 1.205.562/RS, rel. Min. Napoleão Nunes Maia Filho, j. em 14/2/2012, *DJe* de 17/2/2012.
72 Corte Especial, Rcl. n. 2.790/SC, rel. Min. Teori Albino Zavascki, j. em 2/12/2009, *DJ* de 4/3/2010.
73 Não há foro por prerrogativa de função para Desembargador (STJ, 1ª Seção, Rcl. n. 4.213/ES, rel. Min. Humberto Martins, j. em 8/8/2012, *DJe* de 15/8/2012) e Conselheiro de Tribunal de Contas (STJ, Corte Especial, Rcl. n. 8.055/SP, rel. Min. Laurita Vaz, j. em 1º/8/2012, *DJe* de 9/8/2012) que se encontrem na inatividade.

Ocorre que o Supremo Tribunal Federal não recepcionou esse novo entendimento, mantendo a posição exarada ao julgar as ADIs n. 2.797/DF e 2.860/DF, quando reconhecera a inconstitucionalidade do art. 84, § 2º, do CPP, que estendia o foro por prerrogativa de função às ações de improbidade administrativa[74]. Em consequência, não restou ao Superior Tribunal de Justiça opção outra senão a de retornar ao *status quo*, negando a incidência do foro por prerrogativa nesse seara, entendimento que, com a vênia devida, jamais deveria ter sido alterado[75].

Apesar da aparente superação dessa discussão, o Supremo Tribunal Federal, ao apreciar questão de ordem suscitada na Pet. n. 3.047 AgR/DF[76], deu-lhe um novo sopro de vida. O caso concreto dizia respeito a ex-Procurador-Geral da República acusado de ato de improbidade, que pretendia ver aplicado o entendimento adotado pelo Tribunal na Reclamação n. 2.138/DF. Com o voto favorável dos Ministros Teori Zawaski, Gilmar Mendes e Dias Toffoli, vencido o relator, o Ministro Celso de Mello, que aplicava a jurisprudência sedimentada no Tribunal, os autos foram encaminhados ao Superior Tribunal de Justiça para que emitisse pronunciamento a respeito de sua competência, já que o interessado atuava como Subprocurador-Geral da República.

4. PERDA DE BENS OU VALORES ACRESCIDOS ILICITAMENTE AO PATRIMÔNIO

A sanção de perda de bens ou valores tem esteio constitucional (art. 5º, XLVI, *b*), já tendo sido cominada pelo Código Penal, como efeito da condenação, em relação aos ins-

---

74 Nesse sentido: STF, Reclamação n. 13.998/RJ, decisão monocrática da Min. Cármen Lúcia, j. em 12/3/2014, *DJe* de 19/3/2014; 1ª T., AI n. 556.727, AGRG/SP, rel. Min. Dias Toffoli, j. em 20/3/2012, *DJ* de 26/4/2012; 1ª T., AI n. 678.927/SP, rel. Min. Ricardo Lewandowski, j. em 2/12/2010, *DJ* de 1º/2/2011; 1ª T., AI n. 554.298 AgR/GO, rel. Min. Ricardo Lewandowski, j. em 19/10/2010, *DJ* de 16/11/2010; e 2ª T., AI n. 506.323, AgR/PR, rel. Min. Celso de Mello, j. em 2/6/2009, *DJ* de 1º/7/2009.

75 O novo posicionamento foi adotado a partir do julgamento, pela Corte Especial, do AGRG na Rcl. n. 12.514/MT, rel. Min. Ari Pargendler, j. em 16/9/2013, *DJe* de 26/9/2013. Em momento posterior, foi confirmado em diversos precedentes: 2ª T., AGRG no REsp n. 1.186.083/RS, rel. Min. Humberto Martins, j. em 17/9/2013, *DJe* de 6/11/2013 (Conselheiro de Tribunal de Contas); 2ª T., EDcl. no AGRG no REsp n. 1.216.168/RS, rel. Min. Humberto Martins, j. em 24/9/2013, *DJe* de 4/10/2013 (Governador de Estado); Corte Especial, AGRG no AGRG na AIA n. 35/DF, rel. Min. Ari Pargendler, j. em 3/2/2014, *DJe* de 10/2/2014 (membros de Tribunal); 2ª T., AGRG no REsp n. 1.382.920/RS, rel. Min. Humberto Martins, j. em 5/12/2013, *DJe* de 16/12/2013 (parlamentares federais); 2ª T., AGRG no AGRG no AREsp n. 259.278/RS, rel. Min. Eliana Calmon, j. em 12/11/2013, *DJe* de 6/12/2013 (Prefeitos Municipais); 2ª T., AGRG no AREsp n. 422.394/DF, rel. Min. Og Fernandes, j. em 20/2/2014, *DJe* de 14/3/2014 (Deputado Distrital, no exercício do cargo de Secretário de Estado); 2ª T., AgRg no REsp n. 1.526.471/SP, rel. Min. Humberto Martins, j. em 15/2/2016, *DJe* de 22/3/2016 (Promotor de Justiça); e Corte Especial, AgRg na AIA n. 39/RO, rel. Min. Napoleão Nunes Maia Filho, j. em 20/4/2016, *DJe* de 3/5/2016 (Desembargador). Todos, invariavelmente, serão julgados em primeira instância.

76 2ª T., rel. p/ acórdão Min. Teori Zavascki, j. em 2/6/2015, *DJ* de 15/9/2015.

trumentos do crime e aos produtos, bens ou valores auferidos com a sua prática (art. 91, II, *a* e *b*, do CP).

Especificamente em relação à improbidade, esta sanção encontra-se prevista nos incisos I e II do art. 12 da Lei n. 8.429/1992, preceitos que elencam os feixes de sanções passíveis de serem aplicados ao ímprobo nas hipóteses de enriquecimento ilícito e dano ao erário (neste caso, sempre que houver o simultâneo enriquecimento).

Em nítido contraste com o secular princípio de que a lei não contém palavras inúteis, dispõe o art. 6º da Lei n. 8.429/1992 que, *no caso de enriquecimento ilícito, perderá o agente público ou terceiro beneficiado os bens ou valores acrescidos ao seu patrimônio*. A inutilidade do dispositivo é constatada com a leitura dos arts. 3º e 12, pois enquanto este último prevê expressamente a penalidade ora em análise, aquele estende sua aplicabilidade ao terceiro que, mesmo não sendo agente público, se beneficie do ato.

Quanto ao dever jurídico de não enriquecer ilicitamente, encontra-se ele previsto na norma proibitiva implícita no art. 9º. Inocuidade à parte, serve o art. 6º para demonstrar a preocupação do legislador em coibir o enriquecimento ilícito, chegando a utilizar o inusitado artifício de estatuir um dispositivo idêntico a outros dois em um diploma legal que contém apenas vinte e cinco artigos.

Com o advento da Lei Complementar n. 157/2016, o art. 6º adquiriu maior relevância. Afinal, o inciso IV do art. 12 da Lei n. 8.429/1992 não cominou, como sanção para a concessão indevida de benefício ao contribuinte do ISS, ato de improbidade previsto no art. 10-A, quer o dever de reparar o dano, quer a perda dos valores auferidos pelo beneficiário. Apesar disso, é evidente que esse tipo de conduta tanto causa dano ao patrimônio público como enriquece o contribuinte. Com os olhos voltados a essa constatação, deve ser extraído do art. 6º o princípio geral de que todo aquele que se enriqueça ilicitamente às custas do erário deve perder o que obteve. Como o art. 6º foi nitidamente idealizado para a tipologia do art. 9º da Lei n. 8.429/1992 e o inciso IV do art. 12 não fez menção à sanção de perda de bens e valores, é necessário que o legitimado à propositura da ação civil, quando configurado o ato de improbidade do art. 10-A, requeira ao juízo competente a aplicação das sanções do inciso IV do art. 12, bem como a perda do valor do benefício recebido indevidamente, sem prejuízo de o agente público responsável ser condenado a ressarcir o patrimônio público. O objetivo é a preservação da indenidade do patrimônio público e a reposição do *status quo*, que se insere no rol de funcionalidades de qualquer ação civil pública. Na medida em que não estamos perante uma sanção, é necessário pedido expresso nesse sentido.

Em rigor técnico, a perda de bens ou valores não representará verdadeira sanção, pois buscará unicamente reconduzir o agente à situação anterior à prática do ilícito, mantendo imutável o seu patrimônio legítimo. Sobre a importância da restituição, observou o Padre António Vieira que "a salvação não póde entrar sem se perdoar o peccado, e o peccado não se póde perdoar sem se restituir o roubado: *Non dimittitur peccatum, nisi restituatur ablatum*"[77].

---

[77] Sermão do bom ladrão, in ob. cit., p. 60.

Em outras palavras, "a Lei da restituição é Lei natural e Lei divina"[78].

Pressupõe a existência de uma evolução patrimonial contemporânea à atividade do agente público, e a incompatibilidade com a remuneração deste e do *extraneus* que tenha contribuído para a prática do ato ou com ele auferido benefícios, atingindo tanto os bens ou valores desviados do patrimônio público como aqueles recebidos de terceiros em razão da atividade exercida.

O perdimento alcança os bens ou valores, bem como seus frutos e produtos. Tratando-se de bens fungíveis, o perdimento haverá de incidir sobre valor equivalente do patrimônio do ímprobo, sempre que tiverem sido consumidos ou deteriorados. Do mesmo modo, em se tratando de bens infungíveis, deverá ser restituído valor equivalente em não sendo possível a prestação *in natura*[79].

Ainda que a vantagem indevida seja obtida por intermédio de prestação negativa, a qual evitará que o ímprobo realize qualquer dispêndio de ordem financeira para saldar determinadas obrigações, mantendo seu patrimônio intacto e garantindo-lhe a satisfação de um interesse qualquer (*v.g.*: utilização de funcionários públicos para a realização de um serviço, permitindo que o ímprobo economize o numerário que despenderia com a contratação da respectiva mão de obra), deve o proveito auferido ser financeiramente estimado, culminando com a verificação do numerário que o ímprobo efetivamente poupou e a ulterior condenação de restituir o valor apurado.

Nessa linha, somente o acréscimo patrimonial ulterior ao exercício da função poderá ser atingido por provimento cautelar que determine a indisponibilidade dos bens[80], já que os adquiridos anteriormente à investidura não têm correlação com a atividade pública, estando ausente a relação de causalidade exigida para a configuração do enriquecimento ilícito. Tratando-se de bens fungíveis ou que, embora infungíveis, não mais sejam encontrados no patrimônio do ímprobo (*v.g.*: em razão de venda a terceiro de boa-fé, o que afasta, inclusive, a possibilidade de enquadramento deste último no art. 3º da Lei n. 8.429/1992 e, por via reflexa, inviabiliza seja o bem retirado do seu patrimônio), é factível a possibilidade de a medida cautelar alcançar outros bens, em montante similar, ainda que

---

78 VIEIRA, António. Sermão do bom ladrão, in ob. cit., p. 61.
79 No mesmo sentido: CARVALHO FILHO. *Manual*..., p. 884.
80 Arts. 7º e 16 da Lei n. 8.429/1992. "Processual Civil. CPMI do Orçamento. Improbidade Administrativa (Constituição, art. 37, § 4º, Lei n. 4.429/1992, arts. 9º, VII, e 12, I). Indisponibilidade de bens do impetrante, anteriormente já decretada. Recurso Provido em parte. I. O Ministério Público Federal ajuizou ação de improbidade administrativa contra o impetrante. Dias após, aforou ação cautelar, instando na indisponibilidade dos bens constantes da declaração de rendas. O juiz decretou in *limine* a indisponibilidade de todos os bens. O ato judicial foi atacado por meio de mandado de segurança. II. Como ficou decidido no RMS n. 6.182-DF, somente os bens adquiridos após os fatos criminosos é que podem ser objeto de sequestro, não os anteriores. Decidiu-se, ainda, permitir ao impetrante administrar seus bens, com a prestação de contas ao juiz. III. Recurso provido, uma vez que a situação fática em relação a João Alves de Almeida é a mesma da contemplada no RMS n. 6.182-DF" (STJ, 2ª T., RMS n. 6.197-DF, rel. desig. Min. Adhemar Maciel, j. em 17/11/1997, *DJ* de 18/5/1998, p. 58).

adquiridos em momento anterior ao próprio ato de improbidade. Somente assim será possível fazer frente à sanção de perda de bens ou valores. Fosse outra a conclusão, bastaria que o ímprobo colocasse em circulação as cédulas de dinheiro que subtraíra ou vendesse o bem objeto de apropriação para que fosse inviabilizada a aplicação dessa sanção.

Tratando-se de enriquecimento ao qual não está atrelada uma causa lícita, afigura-se salutar a perda do que fora indevidamente auferido, evitando-se que a atividade do agente seja direcionada à consecução de interesses privados em detrimento da finalidade pública que lhe é peculiar.

É importante não confundir a sanção de perda de bens ou valores com a obrigação de ressarcir o dano causado ao patrimônio público, o que evitará uma duplicidade de punições com idêntico fundamento. À guisa de ilustração, deve ser mencionada a situação do agente público que se aproprie de determinado numerário pertencente a um dos entes elencados no art. 1º da Lei n. 8.429/1992. Além de outras sanções cabíveis, terá ele a obrigação de recompor o patrimônio público, ressarcindo-o com valor equivalente àquele do qual se apropriara, mas não poderá sofrer a sanção de perda de bens.

Essa solução é justificável, já que entendimento diverso permitiria que o patrimônio público fosse inicialmente recomposto e, posteriormente, acrescido de numerário equivalente àquele em que fora lesado, o que estaria em dissonância com a *ratio* da lei, pois o agente já perdera aquilo que incorporara ao seu patrimônio ao ressarcir o dano. Constata-se, assim, que as sanções somente serão cumuladas quando diverso for o seu suporte fático, o que ocorrerá, *verbi gratia*, quando o agente apropriar-se de um veículo pertencente ao Poder Público e este for compelido a alugar outro para o desempenho de suas atividades regulares. Nesse caso, o agente deve sofrer a sanção de perda de numerário equivalente a uma estimativa do aluguel do veículo que utilizou e ressarcir ao Poder Público o numerário despendido com o contrato de locação que este foi obrigado a celebrar.

A sanção de perda de bens encontra absoluta correspondência com a natureza do ilícito praticado, retirando do agente o bem ou o valor que, a um só tempo, representa o substrato deflagrador e o resultado do ato de improbidade.

A eficácia da sanção, que terminará por minorar as consequências do ilícito, tornando inócuo o esforço despendido pelo ímprobo, dependerá da cuidadosa investigação do destino final dos bens ou valores amealhados por ele, o que exigirá a identificação dos intermediários comumente utilizados, a começar pelos familiares, bem como uma ampla pesquisa em países que normalmente recepcionam recursos de origem ilícita.

De acordo com o art. 18 da Lei n. 8.429/1992, julgada procedente a pretensão deduzida na ação civil, com a consequente determinação da perda dos bens havidos ilicitamente, deverá o órgão jurisdicional determinar a sua reversão em favor da pessoa jurídica prejudicada pelo ilícito.

Reversão deriva do latim *reversio, reversionis*, significando o ato de voltar, de reverter ao ponto de partida. Como foi dito, os bens ou valores ilicitamente amealhados pelo agente podem ter sua origem no patrimônio público ou mesmo no de terceiros. No primeiro caso, dúvidas inexistirão quanto ao acerto da utilização do substantivo *reversão*, pois os bens retirados ilicitamente do patrimônio público irão a ele volver, vale dizer, retornarão à sua legítima posição original. No entanto, tratando-se de vantagens obtidas junto a terceiros, o que é próprio dos atos de improbidade previstos nos incisos I, II, III, V, VI, IX e X do art. 9º da Lei n. 8.429/1992, afigura-se flagrante a impropriedade, já que os bens ou valores não podem reverter a um lugar em que nunca estiveram.

Não obstante a atecnia do art. 18, inexistem dúvidas de que os bens ou valores acrescidos ilicitamente ao patrimônio do agente, *ainda que não sejam originários do patrimônio público*, devem ser incorporados ao erário. A assertiva encontra ressonância no art. 12, o qual comina a sanção de perda dos bens ou valores de forma indiscriminada a todas as hipóteses de enriquecimento ilícito, qualquer que seja a sua origem, o que torna imperativo que a interpretação literal do art. 18 ceda lugar à sistemática.

Ao excepcionar a regra do art. 13 da Lei n. 7.347/1985, que prevê a incorporação dos valores arrecadados ao fundo ali previsto, manteve-se a lei sensível às peculiaridades que envolvem os atos de improbidade, nos quais os interesses, não obstante difusos, apresentam uma especificidade considerável. Essa peculiaridade desaconselha a junção desses recursos a outros oriundos de fontes diversas e recomenda a manutenção de sua vinculação ao ente prejudicado pela improbidade.

Ao indicar o destinatário dos bens retirados do ímprobo, esse dispositivo se refere à pessoa jurídica prejudicada pelo ilícito. No entanto, em muitos casos, o enriquecimento ilícito não estará atrelado à causação de um dano, o que demonstra que o prejuízo referido pode estar consubstanciado na infração aos deveres do cargo, importando em mácula aos princípios regentes da atividade estatal. Inexistindo dano moral ou material, deverão os bens ou valores ser incorporados ao patrimônio da pessoa jurídica à qual esteja vinculado o agente, pois este aproveitara-se da atividade desempenhada para locupletar-se ilicitamente.

5. RESSARCIMENTO INTEGRAL DO DANO

Aquele que causar dano a outrem tem o dever de repará-lo, dever que reside na necessidade de recompor o patrimônio do lesado, fazendo com que este, tanto quanto possível, retorne ao estado em que se encontrava por ocasião da prática do ato lesivo.

Essa concepção, hodiernamente, encontra-se amplamente difundida e erigida à categoria de princípio geral de direito, sendo integralmente aplicada em se tratando de danos causados ao patrimônio público. Note-se, no entanto, que o texto legal não tem o poder de alterar a essência ou a natureza dos institutos; *in casu*, observa-se que a reparação dos danos, em seus aspectos intrínsecos, não representa uma punição para o ímprobo, pois tão somente visa a repor o *status quo*[81].

---

81 Jérémie Bentham, há mais de dois séculos, já observava que se a medida aplicada ao criminoso consiste em uma soma de dinheiro que é dele exigida como equivalente a uma perda que ele causou a terceiro, tem-se

O vocábulo ressarcimento exprime a ideia de equivalência na contraprestação, apresentando-se como consequência da atividade do agente que ilicitamente causa dano ao sujeito passivo do ato de improbidade. A reparação, consoante a dicção da Lei n. 8.429/1992, há de ser integral, o que torna cogente o dever de ressarcir todos os prejuízos sofridos pela pessoa jurídica lesada, qualquer que seja a sua natureza. Insuficiente o *quantum* fixado a título de reparação, caberá à Fazenda Pública ajuizar as ações necessárias à complementação do ressarcimento[82]. Sob este aspecto, é relevante observar que a independência com a esfera cível foi levada a extremos, já que a pessoa jurídica lesada será instada a integrar o polo ativo da ação caso não a tenha ajuizado[83] (art. 17, § 3º); terá total liberdade para suprir as falhas e omissões detectadas na inicial; poderá produzir as provas que demonstrem a dimensão do dano; e terá ampla possibilidade de apresentar as irresignações recursais pertinentes; inexistindo, assim, justificativa para a injurídica possibilidade de renovação da lide. Com o objetivo de harmonizar referida norma com o instituto da coisa julgada[84], entendemos que o ulterior pleito indenizatório somente deve ser admitido quando (1) a Fazenda Pública não houver integrado o polo ativo; (2) a dimensão do dano não tenha sido discutida; ou (3) fatos supervenientes, não valorados na lide originária, embasem a lide posterior.

O dever de reparar pressupõe: a) a ação ou omissão do agente, residindo o elemento volitivo no dolo ou na culpa; b) o dano; c) a relação de causalidade entre a conduta do agente e o dano ocorrido; d) que da conduta do agente, lícita (ex.: agente que age em estado de necessidade) ou ilícita, surja o dever jurídico de reparar. Tratando-se de dano causado por mais de um agente público, ou por um agente público e um terceiro, uma vez demonstrado que con-

---

um ato de satisfação pecuniária (*satisfaction pécuniaire*), não de punição (Ét Dumond, *Theorie des peines et des récompenses. Extraits des manuscrits de Jérémie Bentham*, p. 14). Neste sentido: Francesco Carrara, *Programa do curso de direito criminal*, v. II, § 693, p. 145. Kelsen (*Teoria geral do direito e do Estado*, p. 508), do mesmo modo, averba que "a obrigação de reparar o dano infligido a outro Estado, seja ela diretamente estipulada pelo Direito internacional geral ou estabelecida por meio de acordo entre os dois Estados envolvidos, não é uma sanção – tal como caracterizado às vezes – mas uma obrigação substituta que ocupa o lugar da obrigação original violada pelo delito (*rectius: ato ilícito*) internacional". A análise do direito penal pátrio demonstra que a obrigação de reparar o dano não é tratada como pena, e, sim, como efeito genérico da condenação (art. 91 do CP). O Código Penal brasileiro (art. 43, I), após a reforma de 1998, passou a admitir a substituição da pena privativa de liberdade por prestação pecuniária, que será deduzida de eventual condenação em ação de reparação civil (art. 45, § 1º). Florian, aliás, há muito defendia que a reparação do dano poderia assumir natureza acessória ou substitutiva de breves penas privativas de liberdade (em suas palavras: "*potrebbe utilmente esercitare la funzione d'un surrogato o sostitutivo delle brevi pene carcerarie*"): *Trattato di diritto penale*, Milano: Casa Editrice Dottor Francesco Vallardi, 1903, v. 1, p. 128. O STJ já teve oportunidade de afirmar que, na seara da improbidade administrativa, o ressarcimento do dano, além de não ser sanção, é imprescritível (1ª T., REsp n. 1.028.330/SP, rel. Min. Arnaldo Esteves Lima, j. em 4/11/2010, DJ de 12/11/2010).

82 Lei n. 8.429/1992, art. 17, § 2º.
83 Lei n. 8.429/1992, art. 17, § 3º.
84 CR/1988, art. 5º, XXXVI.

correram voluntariamente para o resultado, ter-se-á a obrigação solidária de reparar, do que decorre a possibilidade de o montante devido ser integralmente cobrado de qualquer deles[85].

Não obstante o distinto grau de lesividade ao interesse público, o fato de as três modalidades de atos de improbidade pertencerem a um gênero comum ensejou a opção legislativa de sujeitá-las a feixes de sanções praticamente idênticos. Com exceção da *"perda dos bens ou valores acrescidos ilicitamente ao patrimônio"*, somente cominada às hipóteses de enriquecimento lícito, todo e qualquer ato de improbidade, a depender dos circunstancialismos do caso concreto, pode redundar em *"ressarcimento integral do dano"*, *"perda da função pública"*, *"suspensão dos direitos políticos"*, *"pagamento de multa civil"* e *"proibição de contratar com o Poder Público ou receber incentivos fiscais ou creditícios"*.

De modo diverso ao que se verifica em relação ao inciso II do art. 12, em que o *"ressarcimento integral do dano"* é da própria essência do ato de improbidade previsto no art. 10, cuja tipologia é direcionada aos atos que causam dano ao patrimônio público, há previsão expressa, nos incisos I e III do referido art. 12, preceitos que relacionam as sanções cominadas às duas outras modalidades de atos de improbidade, de que esse ressarcimento só terá lugar *"quando houver"* dano. Observa-se, de imediato, que essa técnica legislativa não suscita maiores dúvidas em relação ao enriquecimento ilícito, pois tanto é possível que o agente público dê causa ao empobrecimento do patrimônio público em razão do seu enriquecimento pessoal (*v.g.*: apropriando-se de recursos públicos), como pode igualmente ocorrer que ele enriqueça sem que haja qualquer prejuízo patrimonial imediato para o sujeito passivo do ato de improbidade (*v.g.*: o recebimento de propina para acelerar um processo administrativo). A mesma clareza, no entanto, não se manifesta quando o ato de improbidade é daqueles que tão somente viola os princípios regentes da atividade estatal. Afinal, preservando um padrão mínimo de coerência em relação ao que afirmamos acima, a simples ocorrência do dano já seria suficiente para atrair a incidência da tipologia do art. 10. Haveria, assim, uma *contraditctio in terminis* ao se associar a figura do art. 11 da Lei de Improbidade ao *"ressarcimento do dano"*.

---

85 Código Civil, art. 942, que dispõe sobre a solidariedade na hipótese de o dano ser causado por uma pluralidade de infratores. Em harmonia com o sistema, o TJRS decidiu que "responde pelos prejuízos causados ao erário, solidariamente, tanto o servidor, beneficiado pela irregularidade, como o prefeito municipal, na qualidade de gestor dos gastos públicos, tendo conhecimento do ato ilegal, causador do dano sujeito à reparação" (3ª CC, AP n. 598331445, rel. Des. Luiz Ari Azambuja Ramos, j. em 11/3/1999). No mesmo sentido: STJ, 2ª T., REsp n. 678.599/MG, rel. Min. João Otávio de Noronha, j. em 24/10/2006, *DJ* de 15/5/2007; e 1ª T., REsp n. 1.119.458/RO, rel. Min. Hamilton Carvalhido, j. em 13/4/2010, *DJ* de 29/4/2010. De acordo com o Enunciado n. 558, do Conselho da Justiça Federal, "são solidariamente responsáveis pela reparação civil, juntamente com os agentes públicos que praticaram atos de improbidade administrativa, as pessoas, inclusive as jurídicas, que para eles concorreram ou deles se beneficiaram direta ou indiretamente". Em situação concreta envolvendo contratações irregulares realizadas por sucessivos Prefeitos, o STJ realçou que, nos casos de improbidade administrativa, a responsabilidade é solidária até a instrução final do feito, momento em que se delimita a quota de responsabilidade de cada agente para a dosimetria da pena" (2ª T., AGRG no REsp n. 1.314.061/SP, rel. Min. Humberto Martins, j. em 2/5/2013, *DJe* de 16/5/2013). Nesse último caso, como se percebe, os danos foram causados de maneira sucessiva, não concomitante.

Não obstante o aparente êxito desse raciocínio inicial, é possível afirmar que o "ressarcimento do dano" previsto no inciso III do art. 12, além de compatível com a tipologia do art. 11, apresenta uma total harmonia sistêmica com a Lei de Improbidade.

Como verdadeiro dogma do moderno direito sancionador, tem-se que a incidência da sanção pressupõe a existência de um claro liame entre a vontade do agente e o comportamento tido como ilícito[86]. Enquanto a tipologia do art. 10 aceita tanto o dolo, como a culpa, a do art. 11, por ser silente a respeito do elemento subjetivo do agente público, somente se harmoniza com o dolo. Assim, agindo dolosamente, o agente pode violar apenas os princípios regentes da atividade estatal ou avançar e, também, causar dano ao patrimônio público. Mesmo que pare no *minus*, é plenamente factível que de sua conduta possa advir um dano indireto ao patrimônio público, que absorve não só os aspectos financeiros, como, também, o conjunto de bens e interesses de natureza moral, econômica, estética, artística, histórica, ambiental e turística.

Ressalte-se, no entanto, que essa linha limítrofe entre o fim do primeiro atuar doloso e o início do segundo é normalmente encoberta pela unidade existencial da conduta praticada pelo agente, o que torna impossível ou particularmente difícil a sua individualização. De qualquer modo, esse óbice será afastado quando a própria Lei incluir, sob a epígrafe do art. 11, condutas que normalmente redundam num dano ao patrimônio público. É o caso, por exemplo, da figura do inciso V do art. 11: "*frustrar a licitude de concurso público*". Esse ato de improbidade pode redundar na anulação do concurso público e, consequentemente, acarretar a perda de todo o numerário despendido pelo Poder Público com a sua organização. Apesar de a Lei n. 8.429/1992 não deixar margem a dúvidas quanto à sua inclusão no art. 11, ter-se-á um dano e o correlato dever de ressarci-lo.

Em outras situações, a tarefa do operador do direito será sensivelmente mais complexa. É o caso, por exemplo, do inciso I do art. 11 ("praticar ato visando fim proibido em lei ou regulamento ou diverso daquele previsto, na regra de competência"), cuja generalidade não precisa ser realçada e que, por isso, será necessariamente infringido em praticamente todos os atos de improbidade contemplados nos arts. 9º, 10 e 10-A. Assim, a depender das especificidades do caso concreto, não haverá óbice ao enquadramento da conduta em tipologias mais específicas, como soem ser as desses últimos artigos.

Quanto aos atos de improbidade enquadrados no art. 10-A, inserido pela Lei Complementar n. 157/2016, que consistem na concessão, na aplicação ou na manutenção indevida de benefício financeiro ou tributário ao contribuinte do ISS, é evidente que sempre causarão dano ao patrimônio público. Curiosamente, o ressarcimento do dano não foi previsto entre as sanções cominadas no inciso IV do art. 12. Essa omissão, obviamente, não impede que tal pretensão seja deduzida, cumulativamente, na ação civil pública direcionada à aplicação das sanções cominadas.

---

[86] Cf. NIETO, Alejandro. *Derecho administrativo sancionador*. 3ª ed. Madrid: Editorial Tecnos, 2002, p. 342 e s.

O ressarcimento integral do dano, na medida em que busca, apenas, recompor o *status quo*, não afasta, em linha de princípio, a aplicação das demais sanções cominadas ou, mesmo, a própria incidência da Lei n. 8.429/1992. Em outras palavras, ainda que o ressarcimento seja realizado em momento anterior ao ajuizamento da ação judicial, isso não terá qualquer influência na configuração do interesse de agir, já que o agente ainda é passível de ser sancionado pelo ilícito praticado. Por outro lado, tratando-se de ressarcimento espontâneo, promovido sem qualquer influência exógena, tal pode ser indicativo da ausência de dolo ou da boa-fé do agente público, devendo ser valorado sob a ótica do critério de proporcionalidade, tanto em relação à incidência da Lei n. 8.429/1992 no caso concreto como no que diz respeito à individualização das sanções a serem aplicadas[87].

Com a adoção do sistema da independência entre as instâncias, é perfeitamente possível que a obrigação de ressarcir o dano seja imposta mais de uma vez (*v.g.*: com decisões proferidas no âmbito do Tribunal de Contas, do Poder Judiciário e da Administração Pública). Em desdobramento dessa constatação, inexistirá óbice ao surgimento do título executivo judicial quanto já constituído o título extrajudicial. Apesar disso, a pluralidade de títulos não pode redundar em ressarcimento superior ao dano causado. Caso o valor a ser ressarcido seja fixado em distintos patamares nas diversas instâncias de responsabilização, uma vez integralizado o mais elevado deles, os títulos remanescentes, ainda pendentes de execução, total ou parcialmente, perdem a sua eficácia, de modo a evitar o excesso de execução[88].

5.1. O Dever Jurídico de não Causar Dano a Outrem

Há muito ressaltamos que o estudo dos preceitos da Lei n. 8.429/1992 que disciplinam o ressarcimento do dano tornava imperativa a análise do art. 5º desse diploma legal. Tal se dava não em virtude de sua importância sistêmica, ou mesmo em razão de seu valor intrínseco, mas como consequência de sua absoluta inocuidade.

Assim pensávamos porque o ato de improbidade que acarreta dano ao erário está tipificado no art. 10, podendo o elemento volitivo do agente residir no dolo ou na culpa; o ressarcimento do dano se encontra previsto nos incisos I a III do art. 12, preceitos que preveem as penalidades passíveis de aplicação ao ímprobo pela prática dos atos previstos nos arts. 9º, 10 e 11; enquanto o art. 3º dispõe que as disposições da Lei n. 8.429/1992 são aplicáveis ao terceiro que induza ou concorra com o agente público para a prática do ato.

---

[87] STJ, 2ª T., AGRG no AREsp n. 27.484/RJ, rel. Min. Eliana Calmon, j. em 25/6/2013, *DJe* de 5/8/2013; e STJ, 2ª T., REsp n. 1.111.425/SP, rel. Min. Castro Meira, j. em 25/6/2013, *DJe* de 5/8/2013.

[88] Nesse sentido: STJ, 2ª T., REsp n. 1.135.858/TO, rel. Min. Humberto Martins, j. em 22/9/2009, *DJe* de 5/10/2009; 2ª T., REsp n. 1.504.007/PI, rel. Min. Herman Benjamin, j. em 10/5/2016, *DJe* de 1º/6/2016; e 1ª T., REsp n. 1.1413.674/SE, rel. Min. Olindo Menezes, j. em 17/5/2016, *DJe* de 31/5/2016. *Vide*, ainda, a Súmula 27 do STJ.

À luz desses preceitos, era inevitável a constatação da absoluta dispensabilidade do art. 5º, o qual dispõe que: "ocorrendo lesão ao patrimônio público por ação ou omissão, dolosa ou culposa, do agente ou de terceiro, dar-se-á o integral ressarcimento". Não merece prosperar eventual objeção de que o dispositivo seria necessário para esclarecer que o agente poderia causar dano ao erário quando sua conduta fosse tipificada no art. 9º, já que o art. 12, I, da Lei n. 8.429/1992 prevê o dever de reparar o dano, quando houver. Caso o dano seja causado de maneira culposa, seria necessariamente aplicado o disposto no *caput* do art. 10, norma específica e que expressamente prevê que a obrigação de ressarcir pode advir de culpa. No que concerne ao dever jurídico de não causar dano ao erário, encontra-se previsto na norma proibitiva implícita no art. 10.

Com o advento da Lei Complementar n. 157/2016, o art. 5º adquiriu um sopro de vida, pois corrobora o entendimento de que devem ser ressarcidos os danos causados ao patrimônio público em razão da concessão, da aplicação ou da manutenção indevida de benefício financeiro ou tributário ao contribuinte do ISS. Essa espécie de ato de improbidade foi introduzida pelo referido diploma normativo com a inserção do art. 10-A na Lei n. 8.429/1992. No entanto, o inciso IV do art. 12, que veicula as sanções cominadas, não previu o dever de reparar o dano. Essa omissão, por óbvio, não impede que o legitimado formule essa pretensão, cumulativamente, na ação civil por ato de improbidade.

5.2. Dano Moral

O dano moral, por vezes, é caracterizado como uma ofensa de natureza não patrimonial, atingindo, primordialmente, os direitos da personalidade, assentados num referencial de humanidade e insuscetíveis de exata mensuração econômica. Sob essa perspectiva, somente a pessoa humana poderia sofrê-lo, não a pessoa jurídica, criação de ordem legal ou contratual desprovida de personalidade subjetiva, não sentindo dor ou emoção. Essa concepção inicial, no entanto, não se coaduna com a constatação de que alguns atributos da personalidade, como a imagem e a reputação, podem assumir contornos objetivos, não necessariamente associados ao referencial de humanidade.

A honra, além do aspecto subjetivo, afeto aos sentimentos característicos da espécie humana, também alcança a reputação e o bom nome da pessoa junto a terceiros que com ela se relacionem, ou que estejam em vias de se relacionar. A honra, assim, possui contornos de imanência, refletindo a própria estima, e de transcendência, indicando o reconhecimento externo do próprio valor[89]. Partindo-se dessa distinção, pode-se falar, como o faz parte da doutrina italiana, em danos não patrimoniais subjetivos (dor física e moral) e danos não patrimoniais objetivos (ofensas ao bom nome, à reputação etc.)[90], o que bem demonstra a

---

89 Cf. IGLESIAS, Gema Rosado. *La titularidad de derechos fundamentales por la persona jurídica*. Valencia: Tirant lo Blanch, 2004, p. 197.
90 Cf. CORTESE, Wanda. *La responsabilità per danno all'immagine della pubblica amministrazione*, Padova: CEDAM, 2004, p. 105 e s.

estreiteza do entendimento que contextualiza a honra num plano puramente personalista[91]. Afinal, é plenamente factível que também as pessoas jurídicas possuem um conceito, uma reputação, permitindo, assim, venham a sofrer danos não patrimoniais objetivos.

A configuração do dano moral, como é intuitivo, pressupõe a violação de um bem ou interesse juridicamente tutelado. Nessa perspectiva, é necessária a verificação do referencial de juridicidade que dá sustentação aos direitos das pessoas naturais e jurídicas. Os direitos da personalidade (*v.g.*: honra, intimidade etc.), nitidamente reconduzíveis à ideia de dignidade humana, costumam encontrar contemplação expressa ou implícita em diversas Constituições, não havendo maior dúvida quanto à juridicidade de seus contornos. Em relação às pessoas jurídicas, tem-se que algumas ordens constitucionais, como a portuguesa[92] e a alemã[93], preveem, expressamente, que também elas possuem direitos fundamentais, desde, naturalmente, que sejam compatíveis com a sua natureza; são excluídos, assim, os direitos que pressupõem, como requisito essencial à sua fruição, a condição humana (*v.g.*: direito à integridade física, à vida etc.), e absorvidos aqueles que não a exijam (*v.g.*: o direito à reputação). Nessa linha, identificada a violação dos direitos fundamentais que lhes são inerentes, será plenamente possível a configuração do dano moral.

Mesmo nos sistemas em que a ordem constitucional é silente a respeito da temática – a grande maioria diga-se de passagem –, tem sido acolhido o argumento de que o fenômeno associativo é indissociável da realidade social, sendo uma forma de maximizar o atendimento às necessidades individuais. A pessoa jurídica, assim, enquanto instrumento a serviço da pessoa humana, deve ter os contornos de sua proteção definidos em harmonia com a sua essência e *ratio* existencial, o ser humano. Nessa perspectiva, não haveria sentido, por exemplo, em reconhecer a liberdade de culto individual e negá-la à organização religiosa constituída especificamente para esse fim, estando plenamente difundido o argumento de que também as pessoas jurídicas possuem alguns direitos tidos como fundamentais.

O Tribunal Constitucional espanhol já teve oportunidade de afirmar que "nuestro ordenamiento constitucional, aun cuando no se explicite en los términos con que se proclama en los textos constitucionales de otros Estados, los derechos fundamentales rigen también para las personas jurídicas nacionales"[94].

---

91 Nesse sentido: CALLEJÓN, Maria Luisa Balaguer. *El derecho fundamental al honor*. Madrid: Editorial Tecnos, 1992, p. 142; COSSIO, Manuel de. *Derecho al honor. Técnicas de protección y limites*. Valencia: Tirant lo Blanch, 1993, p. 181.
92 Constituição portuguesa de 1976, art. 12, 2: "As pessoas colectivas gozam dos direitos e estão sujeitas aos deveres compatíveis com a sua natureza".
93 Grundgesetz alemã de 1949, art. 19, 3: "Os direitos fundamentais, na medida em que sejam compatíveis com sua natureza, também protegem as pessoas jurídicas nacionais".
94 Sentença n. 32/1989, de 13/2/1989. No mesmo sentido: Sentença n. 241/1992, de 21/12/1992.

No direito italiano, a Suprema Corte de Cassação[95], centrando sua atenção na lei civil, entendeu que o dano não patrimonial deve ser ressarcido não só nas hipóteses expressamente previstas na letra do art. 2059 do Código Civil de 1942[96], como, também, em todos os casos em que o ato ilícito tenha lesado um interesse ou valor de relevo constitucional[97]. Em relação à pessoa humana, isto decorreria da inviolabilidade dos direitos fundamentais[98] e da necessária interpretação evolutiva do texto constitucional. Quanto às pessoas jurídicas, somente a partir da Sentença n. 12.929/2007 a Corte efetivamente equiparou pessoas físicas e jurídicas, entendendo que as últimas estariam igualmente suscetíveis de sofrer danos não patrimoniais, isso com exceção daqueles de natureza biológica, em que o aspecto físico é requisito imprescindível; em sua fundamentação, aduziu que a força normativa do art. 2º da Constituição de 1947 projeta-se, igualmente, sobre as formações sociais integradas pelos seres humanos[99].

No direito brasileiro, à míngua de restrição no texto constitucional, que não distingue dentre pessoas humanas e pessoas jurídicas, prevendo uma cláusula geral de reparação dos danos morais[100], bem como por estar em plena harmonia com a natureza das coisas, tem sido acolhida a tese de que a pessoa jurídica pode sofrê-los, não sendo possível estabelecer uma simbiose entre a reputação dos seus membros e a sua. Trata-se de entendimento sedimentado pelas duas Turmas que compõem a Seção de Direito Privado do

---

95 Sentença n. 26.972, de 24/6/2008, publicado em 11/11/2008.
96 "Il danno non patrimoniale deve essere risarcito solo nei casi determinati dalla legi."
97 No mesmo sentido: Sentenças n. 8.827 e 8.828/2003.
98 Como afirmado pelo Tribunal, "[d]al principio del necessario, per i diritti inviolabili della persona, della minima tutela costituita dal risarcimento, consegue che la lesione dei diritti inviolabili della persona che abbia determinato um danno non patrimoniale comporta l'obbligo di risarcire tale danno, quale che sia la fonte della responsabilità, contrattuale o extracontrattuale" (Sentença n. 26.972/2008, considerando 4.1).
99 De acordo com o Tribunal, "[p]oiché anche nei confronti della persona giuridica e in genere dell'ente collettivo è configurabile la risarcibilità del danno non patrimoniale allorquando il fatto lesivo incida su una situazione giuridica della persona giuridica o dell'ente che sia equivalente ai diritti fondamentali della persona umana garantiti dalla Costituzione, e fra tali diritti rientra l'immagine della persona giuridica o dell'ente; allorquando si verifichi la lesione di tale immagine è risarcibile, oltre al danno patrimoniale, se verificatosi, e se dimostrato, il danno non patrimoniale costituito dalla diminuzione della considerazione della persona giuridica o dell'ente che esprime la sua immagine, sia sotto il profilo della incidenza negativa che tale diminuzione comporta nell'agire delle persone fisiche che ricoprano gli organi della persona giuridica o dell'ente e, quindi, nell'agire dell'ente, sia sotto il profilo della diminuzione della considerazione da parte dei consociati in genere o di settori o categorie di essi con le quali la persona giuridica o l'ente di norma interagisca. Il suddetto danno non patrimoniale va liquidato alla persona giuridica o all'ente in via equitativa, tenendo conto di tutte le circostanze del caso concreto".
100 CR/1988, art. 5º, V: "É assegurado o direito de resposta, proporcional ao agravo, além da indenização por dano material, moral ou à imagem". CR/1988, art. 5º, X: "São invioláveis a intimidade, a vida privada, a honra e a imagem das pessoas, assegurado o direito a indenização pelo dano material ou moral decorrente de sua violação".

Superior Tribunal de Justiça[101], sendo convertida em enunciado de sua Súmula[102], o que denota a atual tendência em se buscar a ampla reparação do dano causado. O Supremo Tribunal Federal, do mesmo modo, também admitiu a possibilidade de reparação do dano moral causado à pessoa jurídica[103], que não poderia ser alijada dos direitos fundamentais reconhecidos às pessoas em geral.

É indiscutível que determinados atos podem diminuir o conceito da pessoa jurídica junto à comunidade[104], ainda que não haja uma repercussão imediata sobre o seu patrimônio. Caso ocorra o dano não patrimonial ou moral, o que se constata a partir da avaliação da conduta tida como ilícita e das regras de experiência (nesse sentido, ressaltando que o dano moral da pessoa jurídica não se configura *in re ipsa*, como ocorre com as pessoas naturais, *vide* os seguintes acórdãos do STJ, ambos relatados pela Min. Nancy Andrigui: 3ª T., REsp n. 1.414.725/PR, j. em 8/11/2016, *DJ* de 14/11/2016; e REsp n. 1.637.629/PE, j. em 6/12/2016, *DJ* de 9/12/2016), deve ser promovido o seu ressarcimento *integral*, o que será feito com o arbitramento de numerário compatível com a qualidade dos envolvidos, as circunstâncias da infração e a extensão do dano, tudo sem prejuízo da reparação das perdas patrimoniais.

Do mesmo modo que as pessoas jurídicas de direito privado, as de direito público também gozam de determinado conceito junto à coletividade, do qual muito depende o equilíbrio social e a subsistência de várias negociações, especialmente em relação: a) aos organismos internacionais, em virtude dos constantes empréstimos realizados; b) aos investidores nacionais e estrangeiros, ante a frequente emissão de títulos da dívida pública para a captação de receita; c) à iniciativa privada, para a formação de parcerias; d) às demais pessoas jurídicas de direito público, o que facilitará a obtenção de empréstimos e a moratória de dívidas já existentes etc.

O grande obstáculo que se enfrenta, no entanto, é identificar a base normativa que dá sustentação ao direito à imagem e à reputação das pessoas jurídicas de direito público, que,

---

101 "Responsabilidade civil. Dano moral. Pessoa jurídica. A honra objetiva da pessoa jurídica pode ser ofendida pelo protesto indevido de título cambial, cabendo indenização pelo dano extrapatrimonial daí decorrente. Recurso conhecido, pela divergência, mas improvido" (STJ, 4ª Turma, REsp n. 60.033-2-MG, rel. Min. Ruy Rosado, j. em 9/8/1995, *RJSTJ* 85/269)."Protesto indevido. Danos morais. Pessoa jurídica. Responde o banco pelos prejuízos decorrentes do protesto indevido de título já pago. Pacificou-se o entendimento desta Corte no sentido de que as pessoas jurídicas podem sofrer danos morais" (STJ, 3ª T., REsp n. 251.078-RJ, rel. Min. Eduardo Ribeiro, j. em 18/5/2000, *DJ* de 14/8/2000). No mesmo sentido: 4ª T., REsp n. 112.236-RJ, rel. Min. Ruy Rosado, j. em 28/4/1997, *RJSTJ* 102/370, e 3ª T., REsp. n. 58.660-7-MG, rel. Min. Waldemar Zveiter, j. em 3/6/1997, *RSTJ* 103/175.

102 Súmula 227:"A pessoa jurídica pode sofrer dano moral". Vale lembrar que, de acordo com o art. 52 do Código Civil de 2002, "aplica-se às pessoas jurídicas, no que couber, a proteção dos direitos da personalidade".

103 2ª T., AGREG n. 244.072/SP, rel. Min. Néri da Silveira, j. em 2/4/2002, *DJ* de 17/5/2002.

104 O art. 219 do Código Penal Militar pune a conduta do militar que venha a propalar fatos, que sabe inverídicos, capazes de ofender a dignidade ou abalar o crédito das Forças Armadas ou a confiança que estas merecem do público.

juntamente com algumas pessoas jurídicas de direito privado, são sujeitos passivos em potencial dos atos de improbidade.

Inicialmente, observa-se que os direitos fundamentais surgiram como fatores de limitação à atuação do Estado, que reconhece e assegura a indenidade de uma esfera jurídica afeta ao indivíduo. Lembrando o título da sugestiva monografia de Paul Kirchhof[105], o Estado normalmente se apresenta como *"garantidor e inimigo da liberdade"*. Em consequência, seria contraditório, ao menos sob a ótica de parte da doutrina, que o principal algoz dos direitos fundamentais, justificador de sua própria existência, seja por eles beneficiado[106]; em outras palavras, não seria possível a "confusão" entre destinatário e titular dos direitos fundamentais. Como afirmou o Tribunal Constitucional espanhol, "no pueden desconocerse las importantes dificultades que existen para reconocer la titularidad de derechos fundamentales a tales entidades, pues la noción misma de derecho fundamental que está en la base del art. 10 CE resulta poco compatible con entes de naturaleza pública"[107]. Assim, caso um ente público viole certos aspectos da esfera jurídica de outro ente público, ainda que facilmente enquadráveis na categoria dos direitos fundamentais, o que se teria, em verdade, seria mero conflito de competências.

Mesmo aqueles que apregoam a exclusão das pessoas jurídicas de direito público da titularidade e do âmbito de proteção dos direitos fundamentais, reconhecem que alguns entes públicos, enquanto realidades distintas do Estado-comunidade (*rectius*: o Poder Público), com interesses próprios e autonomia de ação, como são os conselhos de fiscalização profissional e as universidades, possuem os direitos fundamentais compatíveis com a sua natureza[108]. Acresça-se, em reverência à juridicidade e por imperativo de ordem lógica, que não se pode negar às pessoas jurídicas de direito público certas garantias processuais, como o devido processo legal e o princípio do juiz natural, sejam, ou não, cognominadas de direitos fundamentais.

Reconheça-se, ou não, que a funcionalidade dos direitos fundamentais projeta-se sobre as pessoas jurídicas de direito público, é inegável que também elas, enquanto unidades existenciais autônomas, dotadas de capacidade jurídica e que estabelecem relações intersubjetivas no âmbito do Estado de Direito, têm uma esfera jurídica própria e, por via reflexa, possuem "direitos". Esses "direitos" tanto podem estar expressos na Constituição e na lei como derivar de sua essência, do referencial de juridicidade que permeia todo e qualquer Estado de Direito. Nessa linha, se não se nega a coerência lógica da tese que afirma estarem os direitos fundamentais primordialmente voltados à proteção do indiví-

---

105 *Der Staat als Garant und Gegner der Freiheit – Von Privileg und Überfluss zu einer Kultur des Masses*, München: Ferdinand Schöningh, 2004.
106 Cf. IGLESIAS, Rosado. *La titularidad...*, p. 251-253.
107 Sentença n. 91/1995, de 19/6/1995.
108 MIRANDA, Jorge; MEDEIROS, Rui. *Constituição portuguesa anotada*. Coimbra: Coimbra Editora, 2005, t. I, p. 114.

duo contra o Estado, não se pode negar, igualmente, que também o Estado possui direitos em relação ao indivíduo (*v.g.*: direito de propriedade, direito de defesa etc.).

A dimensão objetiva dos direitos fundamentais torna evidente que também eles influenciarão na interpretação da ordem jurídica, o que necessariamente contextualiza seus comandos num padrão de juridicidade, terminando por influir no delineamento de todo e qualquer "direito", seja, ou não, fundamental, seja, ou não, outorgado a pessoas privadas. Não é por outra razão que o Tribunal Constitucional espanhol já reconheceu que as pessoas jurídicas de direito público têm direito à "*tutela efectiva de los jueces y tribunales*", o que decorre da capacidade de ser parte num processo[109]; e possuem os mesmos direitos de liberdade de que desfruta a generalidade dos cidadãos, em especial aqueles previstos no art. 20 da Constituição espanhola[110].

Conquanto seja difícil definir, com precisão, a exata extensão dos "direitos" afetos às pessoas jurídicas de direito público, observa-se que alguns deles, mais especificamente aqueles afetos à sua personalidade jurídica e à sua capacidade de agir, são facilmente perceptíveis. A personalidade jurídica de um ente é claro indicativo de que ele existe juridicamente, configurando uma unidade a que se atribui a capacidade de ter direitos e deveres. Em torno dessa unidade existencial aglutinam-se inúmeros "*direitos*" afetos à sua própria essência, como são, por exemplo, os de (1) ter denominação ou símbolo próprio; (2) expressar, por meio dos seus agentes, o entendimento a respeito de temáticas específicas; e de (3) ter uma imagem, daí decorrendo a proteção de sua reputação. É plenamente possível, assim, que o ato de improbidade venha a macular o conceito de que gozam as pessoas jurídicas relacionadas no art. 1º da Lei n. 8.429/1992, daí decorrendo um dano de natureza não patrimonial passível de indenização[111-112].

---

[109] Sentença n. 19/1983, de 14/3/1983.

[110] Constituição espanhola de 1978, art. 20: "1. Se reconocen y protegen los derechos: a) A expresar y difundir libremente los pensamientos, ideas y opiniones mediante la palabra, el escrito o cualquier otro medio de reproducción. b) A la producción y creación literaria, artística, científica y técnica. c) A la libertad de cátedra. d) A comunicar o recibir libremente información veraz por cualquier medio de difusión. La ley regulará el derecho a la cláusula de conciencia y al secreto profesional en el ejercicio de estas libertades. 2. El ejercicio de estos derechos no puede restringirse mediante ningún tipo de censura previa. 3. La ley regulará la organización y el control parlamentario de los medios de comunicación social dependientes del Estado o de cualquier ente público y garantizará el acceso a dichos medios de los grupos sociales y políticos significativos, respetando el pluralismo de la sociedad y de las diversas lenguas de España. 4. Estas libertades tienen su límite en el respeto a los derechos reconocidos en este Título, en los preceptos de las leyes que lo desarrollen y, especialmente, en el derecho al honor, a la intimidad, a la propia imagen y a la protección de la juventud y de la infancia. 5. Sólo podrá acordarse el secuestro de publicaciones, grabaciones y otros medios de información en virtud de resolución judicial".

[111] Também admitindo a reparação do dano moral: Sérgio Turra Sobrane (*Improbidade administrativa...*, p. 160); José Antonio Lisbôa Neiva (*Improbidade administrativa*. Legislação..., p. 112-113); Waldo Fazzio Júnior (*Improbidade...*, p. 304; e *Atos de improbidade administrativa...*, p. 346-347); Edilson Pereira Nobre Júnior, Improbidade administrativa: alguns aspectos controvertidos, *Revista do TRF-5ª Região* n. 56/320 (334-335), 2004); Marlon Alberto Weichert (A sentença condenatória na ação de improbidade administrativa. Profundidade

Não se sustenta, é evidente, que todo e qualquer ato de improbidade seja suscetível de causar danos não patrimoniais ao respectivo sujeito passivo. Em múltiplas situações, no entanto, tal será inequívoco. À guisa de ilustração, mencionaremos apenas algumas, dentre as hipóteses previstas na Lei n. 8.429/1992, que poderão eventualmente acarretar um prejuízo não patrimonial: a) recebimento de vantagem de qualquer natureza para tolerar a prática do contrabando e do narcotráfico (art. 9º, V); b) perceber vantagem para intermediar a liberação de verba pública (art. 9º, IX); c) causar dano ao erário com a realização de operação financeira sem a observância das normas legais (art. 10, VI); d) liberar verba pública ou aplicá-la com inobservância da sistemática legal (art. 10, XI); e) revelar indevidamente o teor de medida econômica capaz de afetar o preço de mercadoria, bem ou serviço (art. 11, VII).

Ao reconhecermos que o direito à imagem e à reputação é ínsito e inseparável da própria personalidade jurídica, integrando a esfera jurídica do sujeito passivo do ato de improbidade, temos de atribuir, por via reflexa, ao sujeito ativo do ato de improbidade, o dever jurídico de respeitá-lo ou, em caso de descumprimento, o dever de ressarcir integralmente o dano causado. Em casos tais, deverá o órgão jurisdicional contextualizar o ilícito praticado, transcendendo os lindes do processo e identificando a dimensão da mácula causada à reputação do ente estatal, o que permitirá a correta valoração do dano não patrimonial e a justa fixação da indenização devida, que será revertida à pessoa jurídica lesada pelo ilícito[113].

5.2.1. Os atos de improbidade e o dano moral coletivo

Além do dano não patrimonial de natureza objetiva, é importante perquirir a possibilidade de o ato de improbidade causar um dano não patrimonial de natureza subjetiva (dor física e moral). Sendo evidente que a pessoa jurídica não pode sofrer uma dor moral,

---

e extensão das sanções, *RIL* n. 170/57 (61-62), 2006), Fábio Medina Osório (*Improbidade...*, p. 256), Antonio José de Mattos Neto (Responsabilidade civil por improbidade administrativa, *RT* n. 752/40), Rita Andréa Rehem Almeida Tourinho (O Estado como sujeito passivo de danos morais decorrentes de ato de improbidade administrativa, *Revista Fórum Administrativo*, jan./2002, p. 39 e *Discricionariedade administrativa...*, p. 210-211), José Jairo Gomes (Apontamentos sobre a improbidade administrativa, in *Improbidade administrativa, 10 anos da Lei n. 8.429/1992*, p. 264/265) e Affonso Ghizzo Neto (*Improbidade...*, p. 89-90). Em sentido contrário: Arnaldo Rizzardo (*Ação civil pública e ação de improbidade administrativa.* Rio de Janeiro: GZ, 2009, p. 528) e Marcelo Harger (Improbidade..., p. 153-154).

112 Juarez Freitas entende que a multa cominada no art. 12 da Lei n. 8.429/1992 tem a função de reparar o dano moral (Do princípio da probidade administrativa e de sua máxima efetivação, *Revista de Informação Legislativa* n. 129/55), entendimento prestigiado por Silvio Antonio Marques (*Improbidade administrativa...*, p. 136). Wallace Paiva Martins Júnior (*Probidade...*) sustenta que as sanções de perda de bens (p. 266) e de multa (p. 281) encerram indenização pelo dano moral sofrido pelo sujeito passivo do ato de improbidade. Em nosso entender, inexiste similitude entre a multa civil e o dano moral. Aquela tem natureza punitiva, sendo estabelecida com observância dos valores relativos estabelecidos na Lei n. 8.429/1992. O dano moral, por sua vez, tem natureza indenizatória, sendo mensurado de acordo com a dimensão da mácula causada.

113 Lei n. 8.429/1992, art. 18.

o prisma de análise há de ser deslocado para a coletividade, que efetivamente poderá experimentar um sofrimento com o dano a bens jurídicos de natureza não econômica. Note-se que estamos perante um evidente redimensionamento do individualismo oitocentista, que estabelecia uma correspondência biunívoca entre direito e personalidade, sendo ontologicamente refratário à própria defesa coletiva de direitos alheios.

O reconhecimento do dano moral enquanto *dano in actio ipsa*, o que dispensa a demonstração da efetiva dor e sofrimento, exigindo, apenas, a prova da conduta tida como ilícita, é um claro indicativo da possibilidade de sua defesa no plano transindividual, volvendo o montante da indenização em benefício de toda a coletividade, que é vista em sua inteireza, não dissecada numa visão anatômica, pulverizada entre os indivíduos que a integram. Como se percebe, para que seja demonstrada a existência e a possibilidade de reparação do dano moral coletivo, sequer é preciso recorrer à figura dos danos punitivos (*"punitive damages"*).

Na modernidade, o direito deixa de ser visto como panaceia do indivíduo e assume a funcionalidade de fator de integração e pacificação social, daí a crescente importância atribuída à tutela coletiva de interesses patrimoniais ou puramente morais.

A Lei n. 8.429/1992, como temos defendido, não se destina unicamente à proteção do erário, concebido como o patrimônio econômico dos sujeitos passivos dos atos de improbidade, devendo alcançar, igualmente, o patrimônio público em sua acepção mais ampla, incluindo o patrimônio moral. Danos ao patrimônio histórico e cultural, bem como ao meio ambiente, afora o prejuízo de ordem econômica, mensurável com a valoração do custo estimado para a recomposição do *status quo*, causam evidente comoção no meio social, sendo passíveis de caracterizar um dano moral coletivo, o qual encontra previsão expressa no art. 1º da Lei n. 7.347/1985, com a redação dada pela Lei n. 8.884/1994[114-115].

A reparabilidade do dano moral coletivo, no entanto, suscitará algumas dificuldades. A primeira delas é constatada pelo fato de a Lei n. 8.429/1992 somente abordar os danos causados ao patrimônio das pessoas jurídicas referidas em seu art. 1º[116], o que poderia não incluir o dano moral causado à coletividade. Para contornar o obstáculo, deve-se observar que o patrimônio público, de natureza moral ou patrimonial, em verdade, pertence à própria coletividade, o que, *ipso facto*, demonstra que qualquer dano causado àquele erige-se

---

[114] A Lei n. 7.347/1985, art. 1º: "Regem-se pelas disposições desta Lei, sem prejuízo da ação popular, as ações de responsabilidade por danos morais e patrimoniais causados...".

[115] Em relação ao dano moral coletivo, o Superior Tribunal de Justiça assim se pronunciou: "1. O dano moral coletivo, assim entendido o que é transindividual e atinge uma classe específica ou não de pessoas, é passível de comprovação pela presença de prejuízo à imagem e à moral coletiva dos indivíduos enquanto síntese das individualidades percebidas como segmento, derivado de uma mesma relação jurídica-base. 2. O dano extrapatrimonial coletivo prescinde da comprovação de dor, de sofrimento e de abalo psicológico, suscetíveis de apreciação na esfera do indivíduo, mas inaplicável aos interesses difusos e coletivos" (2ª T., REsp n. 1.057.274/RS, rel. Min. Eliana Calmon, j. em 1º/12/2009, *DJ* de 26/2/2010).

[116] Lei n. 8.429/1992, art. 10.

como dano causado a esta. Assim, ao se falar num dano dessa natureza, apesar da separação das partes que atingem a pessoa jurídica lesada e a coletividade, não se está instituindo uma verdadeira dicotomia entre os sujeitos passivos do ilícito, mas, unicamente, individualizando uma parcela do dano experimentado pelo verdadeiro titular do bem jurídico, o povo.

A segunda dificuldade é vislumbrada no mecanismo a ser utilizado para a identificação do dano. Aqui, será necessário aquilatar a natureza do bem imediatamente lesado pelo ímprobo, a natureza dessa lesão e a dimensão do impacto causado na coletividade, o que permitirá a aferição da comoção e do mal-estar passíveis de individualizar um dano moral de proporções coletivas.

Em terceiro lugar, não se pode deixar de mencionar a dificuldade em se mensurar o valor da indenização a ser fixada a título de compensação pelo dano moral causado, o que, em passado recente, chegou a ser erguido à categoria de óbice intransponível à própria reparação do dano moral. Nessa última etapa, entendemos que o valor da indenização deve ser suficiente para desestimular novas práticas ilícitas e para possibilitar que o Poder Público implemente atividades paralelas que possam contornar o ilícito praticado e recompor a paz social (*v.g.*: o agente público que determine a destruição de área de proteção ambiental diuturnamente utilizada pela população local, além de ser condenado a recompô-la, deve ser condenado a indenizar o dano moral causado à coletividade, que se viu privada da utilização de uma área de lazer, sendo o numerário direcionado à implementação de atividades de natureza similar, como a criação de um horto).

Acresça-se, ainda, que todos os membros da coletividade têm o direito[117] de exigir dos administradores públicos que atuem com estrita observância ao princípio da juridicidade, o que pode ser considerado um direito transindividual e indisponível, de natureza eminentemente difusa, já que pulverizado entre todas as pessoas. Essa concepção, no entanto, em que pese o fato de todos auferirem os efeitos de uma boa administração, não deve ser conduzida a extremos, culminando em identificar a ocorrência do dano moral sempre que for violado algum princípio administrativo ou mesmo lesado o erário.

Por último, observa-se que a indenização do dano moral causado à coletividade não deve reverter à pessoa jurídica lesada, tal qual preceitua o art. 18 da Lei n. 8.429/1992 em relação aos danos causados aos sujeitos passivos dos atos de improbidade. Apesar da unidade do ato ilícito, os seus efeitos devem ser vistos de forma bipartida, vale dizer, aqueles causados ao sujeito passivo do ato de improbidade e aqueles causados à coletividade, aplicando-se, em relação aos últimos, o disposto no art. 13 da Lei n. 7.347/1985 ("Havendo condenação em dinheiro, a indenização pelo dano causado reverterá a um fundo..."). De modo correlato, tem-se a constatação de que não há que se falar em imprescritibilidade da ação a ser ajuizada, por ser inaplicável a regra do art. 37, § 5º, da Constituição da Repúbli-

---

117 Esse direito é decorrência lógica das regras e dos princípios instituídos pelo art. 37 da CR/1988 e da própria disciplina dispensada à ação popular pelo art. 5º, LXXIII, da CR/1988.

ca, sendo de bom alvitre fazer incidir, por analogia, o prazo de 5 (cinco) anos previsto na Lei da Ação Popular, o que se justifica pela amplitude do conceito de patrimônio público ali encampado.

5.3. Contrato Nulo e Enriquecimento Ilícito do Poder Público

O princípio geral de direito que veda o enriquecimento sem causa, de larga aplicação no direito privado, é extensivo às obrigações originadas de relações jurídicas estabelecidas com o Poder Público, sendo de extrema relevância na limitação dos abusos comumente praticados.

A partir dos princípios da equidade e da proporcionalidade, sedimentou-se a concepção de que também a Administração Pública deveria submeter-se ao imperativo de ordem moral que veda o proveito patrimonial em detrimento de terceiros sem uma causa que o justifique, acrescendo-se, ainda, que a imposição de certo sacrifício a um componente isolado em prol da coletividade importaria em inobservância ao princípio da igualdade, pois os sacrifícios, a exemplo dos benefícios, devem recair sobre todos, mantendo o equilíbrio e a segurança das relações jurídicas. Com isto, garante-se o direito do administrado e erige-se um óbice eficaz à arbitrariedade do Poder Público.

Especificamente em relação à Administração Pública, ter-se-á o enriquecimento ilícito e o consequente dever de recompor o patrimônio alheio quando: a) houver uma vantagem patrimonial auferida pela Administração; b) o administrado sofrer uma lesão em seus bens ou direitos, sem previsão normativa que a autorize e a correlata presença de uma obrigação em suportá-la; c) for identificado um nexo de causalidade entre o proveito auferido pela Administração e a lesão suportada pelo administrado etc.

O dever de recompor o patrimônio alheio, evitando-se a consagração do enriquecimento ilícito, tem relação direta com a teoria da responsabilidade patrimonial do Estado, sendo um imperativo de justiça que visa a restabelecer uma situação que não deveria ter sido alterada. Têm esteio nessa concepção a necessidade de equivalência entre as prestações e o preço estipulado em contrato administrativo, a imperativa adequação do preço às mutações circunstanciais imprevistas que oneraram em demasia o contratado, a necessidade de atualização do preço estipulado, a revisão do erro de cálculo etc., tudo com o indisfarçável propósito de manter o equilíbrio econômico-financeiro do contrato.

Diferentemente dos contratos regidos pelo direito privado, em que sobreleva a autonomia da vontade e a imutabilidade das avenças, no direito público as contratações devem encontrar respaldo na lei, sendo cogente que a ela se ajustem, obedecendo a interesses previamente identificados e mensurados.

Não sendo observada a sistemática legal, ter-se-á a nulidade ou a anulabilidade do contrato administrativo, o que ensejará o surgimento de múltiplos questionamentos. O contratado que cumprir sua parte na avença poderá exigir do Poder Público a contraprestação correspondente? A solução permanecerá invariável quer se tratem de contratos já executados ou em vias de execução? A boa ou a má-fé do contratado influirá no deslinde da questão?

Remonta ao direito romano o brocardo *quod nullum est, nullum producit effectum*, segundo o qual o ato nulo não produz quaisquer efeitos[118].

É voz corrente que a declaração de nulidade de procedimento licitatório e de contrato celebrado com a Administração Pública opera *ex tunc*, retroagindo às origens e alcançando todos os efeitos: passados, presentes e futuros[119]. Sendo nulo o contrato, ainda que tal mácula somente tenha sido descoberta após o exaurimento dos seus efeitos, deve ser perquirido se o contratado terá o direito de manter incorporado ao seu patrimônio a contraprestação recebida do Poder Público ou, em estando o contrato ainda em curso, se poderá pleitear o recebimento do valor correspondente à parcela que já executara.

Decretada a invalidade do contrato, afigura-se incontroverso que não produzirá ele seus regulares efeitos jurídicos. Por outro lado, nem sempre acarretará a supressão de determinadas consequências fáticas e jurídicas dele derivadas. A justificativa para a preservação de certas situações jurídicas que, em sua gênese, são originárias de um ato nulo, logo, inapto a produzir efeitos jurídicos, encontra-se alicerçada, como foi dito, nas teorias da vedação do enriquecimento ilícito e da responsabilidade patrimonial do Estado pelos ilícitos que praticar.

Assim, o pagamento pela prestação adimplida pelo contratado poderia residir na necessidade de recompor o dano causado a ele com a celebração de um contrato nulo, o que seria derivação da responsabilidade extracontratual do Estado por seus atos[120]; ou, ainda, poderia derivar do fato de o Estado ter auferido um benefício patrimonial sem causa legítima, já que o contrato fora invalidado, o que geraria a necessidade de retorno do numerário relativo ao enriquecimento ao patrimônio do empobrecido, *in casu*, o contratado.

Partindo-se da premissa de que o dever de reparar recai sobre aquele que causou dano a outrem e que o dever de restituir o fruto do enriquecimento sem causa atinge o enriquecido que injustamente auferiu benefícios patrimoniais em detrimento do empobrecido de boa-fé, torna-se possível dizer que, tratando-se de contrato inválido, a solução a ser dispensada às prestações já recebidas pelo contratado, ou mesmo àquelas que faria jus caso tivesse permanecido íntegro o contrato celebrado, pressupõe a análise de seu *animus agendi*, variando a solução conforme tenha agido com boa ou má-fé.

Contratado de má-fé. Tratando-se de contratado que tenha agido com má-fé em conluio com o agente público, praticando o ato em dissonância da lei e visando ao benefício

---

118 Após ressaltar que a teoria clássica das nulidades assentou o princípio geral de que o ato nulo não produz qualquer efeito, ensinou Orlando Gomes (*Introdução ao direito civil*, p. 487) que "deste princípio defluem as consequências seguintes: 1ª) a nulidade opera de pleno direito; 2ª) pode ser invocada por qualquer interessado; 3ª) o negócio nulo não é suscetível de confirmação; 4ª) o negócio nulo não convalesce pela prescrição. A nulidade teria, por conseguinte, estes caracteres: a) imediata; b) absoluta; c) incurável; d) perpétua".
119 Neste sentido, Celso Antônio Bandeira de Mello (*Curso de direito administrativo*, p. 294-295), Hely Lopes Meirelles (ob. cit., p. 275-276), Maria Sylvia Zanella di Pietro (*Direito administrativo*, p. 294), Diógenes Gasparini (*Direito administrativo*, p. 362-364) e José dos Santos Carvalho Filho (*Manual de direito administrativo*, p. 244-245).
120 Art. 37, § 6º, da CR/1988.

próprio em detrimento do interesse público, terá ele a obrigação de restituir tudo o que recebeu em virtude do contrato.

Em um primeiro plano, vislumbra-se que a nulidade do contrato não resultou unicamente de um comportamento da Administração, já que o contratado também concorrera para a prática do ato. Identificado o dolo do contratado e ainda que tenha ele cumprido sua parte na avença e a Administração dela se beneficiado, não fará jus a qualquer indenização, sendo esta, a teor do art. 59 da Lei n. 8.666/1993, a sanção pelo ilícito que praticara[121]. Assim, por força de lei, tanto a ação exclusiva do contratado como o obrar concorrente, excluem o dever de indenizar.

É clara a Lei n. 8.666/1993 ao estatuir as regras e os princípios que devem reger o procedimento licitatório e a celebração dos contratos administrativos, não sendo dado ao contratado que compactuou com a ilicitude alegar o desconhecimento da lei[122], sendo este um relevante indício de consubstanciação da má-fé.

Deve-se acrescer, ainda, o princípio de que a ninguém é dado beneficiar-se com a própria torpeza. Tratando-se de ato ilegal e tendo o contratado concorrido para a sua prática, nada poderá auferir com a sua desonestidade, tendo o dever de restituir o patrimônio público ao *status quo*, terminando por arcar com o prejuízo que advirá do não pagamento da prestação que eventualmente cumprira ou com a restituição do que efetivamente recebera.

No que concerne a um possível enriquecimento ilícito do Poder Público[123], é inevitável a constatação de que o acolhimento desse entendimento acabaria por tornar legítimo

---

[121] "Art. 59. A declaração de nulidade do contrato administrativo opera retroativamente, impedindo os efeitos jurídicos que ele, ordinariamente, deveria produzir, além de desconstituir os já produzidos. Parágrafo único. **A nulidade não exonera a Administração do dever de indenizar o contratado pelo que este houver executado** até a data em que for declarada e por outros prejuízos regularmente comprovados, **contanto que não lhe seja imputável,** promovendo-se a responsabilidade de quem lhe deu causa" (destaque nosso).

[122] Art. 3º da LINDB.

[123] Em processo no qual foram identificadas diversas irregularidades na licitação, todas advindas de atos culposos da Administração, o Tribunal de Justiça do Rio Grande do Sul denegou a pretensão de ressarcimento em hipótese em que a obra já se encontrava ultimada, sob o argumento de que entendimento diverso consagraria o enriquecimento ilícito. O acórdão possui a seguinte ementa: "Ação civil pública. Ministério Público. Processo licitatório. Atos de improbidade administrativa. Modalidade carta-convite. A ocorrência de inúmeras irregularidades no processo licitatório, apontadas pela prova que, frente à complexidade do objeto contratável, recomendável seria o concurso público, inegável a violação aos artigos 7º e 40 da Lei n. 8.666/1993. Omissões de tal gravidade, com expressa violação específica, determinam a nulificação do certame e de consequente negócio jurídico. Não havendo no processo qualquer adminículo de prova no sentido de que ditas causas invalidatórias tenham sua origem no favorecimento à ré V., aliás, indemonstrada, bem como qualquer indício de oferta a servidores, sua condenação no feito não se justifica. Do conjunto probatório se extrai, com clareza, que as irregularidades decorreram de errônea orientação da assessoria do Município, sem todavia, qualquer ânimo de favorecer a terceiro. Inexistentes elementos comprobatórios de qualquer lesão ao patrimônio público, que, para aplicação das penalidades previstas no artigo 12 da Lei 8.429/1992 (de extrema gravosidade) devem estar, inequivocadamente, presentes, é de se excluir a apena-

o constante descumprimento dos princípios da legalidade e da moralidade, fazendo com que sejam sistematicamente suscitados os possíveis benefícios auferidos pelo ente público, o que relegaria a infringência dos vetores básicos da probidade a plano secundário.

Identificada a má-fé do contratado, não há que se falar em enriquecimento ilícito do Poder Público, já que este pressupõe um empobrecimento ilegítimo, derivado da lesão ao patrimônio daquele que se viu injustamente espoliado. Restando demonstrado que o contratado concorrera para o aperfeiçoamento do ato ilícito que gerou o enriquecimento de outrem, como seria possível sustentar a justiça de eventual recomposição patrimonial? Preservar-se-iam a moralidade e a equidade premiando-se a perspicácia do contratado de má-fé?[124]

Decretada a nulidade do contrato, haverá forte indício da prática de ato de improbidade por parte do agente público que concorreu para a sua celebração. Presente a improbidade, tem-se a lesividade da conduta, a qual, longe de acarretar o enriquecimento do Poder Público, torna claro o seu prejuízo (e de toda a coletividade) e o dever de ter ressarcido o que fora indevidamente despendido. A aplicação desse entendimento, no entanto, é restrita àquele que tenha concorrido para a prática do ato de improbidade[125], o que é elemento demonstrativo da própria má-fé.

ção da empresa vencedora e de seus sócios. Na ausência de comprovada lesão ao patrimônio público e de conduta administrativa ímproba dos agentes públicos integrantes do polo passivo da relação processual, também a eles se estende o juízo de improcedência. O negócio jurídico foi executado, tendo a contratada recebido o preço. A causa invalidatória, entretanto, é antecedente, decorrendo a ineficácia dos atos subsequentes. Na espécie, em que pese o reconhecimento da invalidade do ato licitatório e do negócio jurídico consequente, há que se reconhecer eficácia à entrega da obra e correlato pagamento do preço, sob pena de caracterização do enriquecimento sem causa do Município, excluindo-se, assim, a aplicação das penalidades impostas aos réus. Hipótese de isenção dos encargos de sucumbência, eis que vencido na parcela mais expressiva de sua pretensão o autor da ação, o Ministério Público. Apelos providos, em parte" (TJRS, 2ª CC, AP n. 597152156, rel. Des. João Armando Bezerra Campos, j. em 28/4/1999).

124 No mesmo sentido: Sérgio Ferraz e Lúcia Valle Figueiredo, *Dispensa e inexigibilidade de licitação*, p. 107-108. O STJ reconheceu que "a indenização pelos serviços realizados pressupõe tenha o contratante agido de boa-fé, o que não ocorreu na hipótese. Os recorrentes não são terceiros de boa-fé, pois participaram do ato, beneficiando-se de sua irregularidade. O que deve ser preservado é o interesse de terceiros que de qualquer modo se vincularam ou contrataram com a Administração em razão do serviço prestado. 5. O dever da Administração Pública em indenizar o contratado só se verifica na hipótese em que este não tenha concorrido para os prejuízos provocados. O princípio da proibição do enriquecimento ilícito tem suas raízes na equidade e na moralidade, não podendo ser invocado por quem celebrou contrato com a Administração violando o princípio da moralidade, agindo com comprovada má-fé" (1ª T., REsp n. 579.541/SP, rel. Min. José Delgado, j. em 17/2/2004, *DJU* de 19/4/2004, p. 165). No mesmo sentido: STJ, 1ª T, REsp n. 440.178/SP, rel. Min. Francisco Falcão, j. em 8/6/2004, *DJU* de 16/8/2004, p. 135.

125 De acordo com Wallace Paiva Martins Júnior (*Probidade...*, p. 272), "o Tribunal de Justiça de São Paulo decidiu que, sendo o particular responsável pela nulidade do ato, deve ser condenado, solidariamente aos agentes públicos, à devolução da quantia total despendida, em razão de sua má-fé (2ª Câm. de Direito Público, AC 272.996-1/8, Guarulhos, rel. Des. Passos de Freitas, 11/3/1997, v.u.), e que da ilegalidade ou imoralidade decorre a lesividade, não se podendo admitir o argumento de locupletamento ilícito do Poder Público, com

Com efeito, o art. 3º da Lei n. 8.429/1992 dispõe que o terceiro, como é o contratado, que tenha concorrido para a prática do ato de improbidade, estará sujeito às sanções do art. 12 do mesmo diploma legal. Dentre as sanções previstas nesse dispositivo, encontra-se a "perda dos bens ou valores acrescidos ilicitamente ao patrimônio do agente", o que demonstra claramente que, tendo o contratado percebido determinada prestação a partir de um ato ilícito, sua causa será ilícita e deverá ser decretada a perda dos respectivos valores. A má-fé, por sua vez, será imprescindível à aplicação da tipologia legal, o que pressupõe: a) a correta identificação do elemento subjetivo do contratado por ocasião da celebração da avença, vale dizer, o dolo; e b) a configuração da improbidade material, lastreada em critérios de proporcionalidade.

Em não sendo identificado o dolo do contratado, não há que se falar em má-fé e, *ipso facto*, em ato de improbidade. Por tal motivo, é imprescindível que os legitimados à propositura das ações que visem à aplicação da Lei n. 8.429/1992 descrevam, de forma ampla e clara, todos os atos que possam demonstrar a má-fé com que tenha atuado o contratado. Para a devolução das prestações percebidas, ou o não recebimento das prestações devidas, não basta que seja reconhecida a invalidade do contrato, é necessário que seja demonstrada a má-fé do contratado.

Ressalte-se, ainda, que somente se poderá falar em ato de improbidade em havendo concurso de um agente público. Assim, caso somente o particular concorra para a invalidação do contrato, não se terá a incidência da Lei n. 8.429/1992, mas arcará ele com todas as consequências advindas de sua má-fé. Nessa hipótese, é importante observar que, apesar da existência do vínculo contratual entre o particular e o Poder Público, não se terá a figura do sujeito ativo do ato de improbidade disciplinado pelo art. 2º da Lei n. 8.429/1992, já que a má-fé do particular antecedeu o próprio vínculo, enquanto a consubstanciação da improbidade pressupõe que o ato ilícito seja praticado em razão do vínculo.

Não deve ser encampada a tese de que o ressarcimento deve limitar-se ao que exceder a justa remuneração pela prestação cumprida, pois o seu acolhimento terminaria por consagrar o enriquecimento ilícito, permitindo que determinada pessoa contrate com o Poder Público e aufira benefícios em flagrante violação ao princípio da legalidade, o que caracteriza a ilicitude da causa.

O pagamento pelos serviços prestados não manteria o equilíbrio entre as partes, pois este já fora alterado com a prática do ato de improbidade, logo, o ressarcimento do que fora recebido pelo contratado possibilitará o restabelecimento da normalidade anteriormente aviltada com a sua decisiva colaboração.

Contratado de boa-fé. O princípio da boa-fé objetiva prestigiar os valores éticos originários da confiança dispensada pelo agente a outrem e da qual defluem consequências jurídicas. Para que seja visualizada a boa-fé é necessário, em linhas gerais, que o contrata-

---

a ressalva de o particular reclamar, em via própria, dos agentes públicos, indenização (2ª C. de Direito Público, AC 33.681-5/3, Jundiaí, rel. Des. Alves Bevilacqua, 19/8/1997, v.u.)".

do: a) se conduza de forma transparente com a Administração, prestando-lhe, de forma clara e exauriente, todas as informações inerentes ao caso; b) aja em harmonia com o direito e veja, na conduta da Administração, uma aparência de direito, não compactuando com qualquer irregularidade que venha a constatar; c) atue com lealdade, indicando os vícios que identifique ou partilhando as informações que permitam a sua visualização; e d) não busque se beneficiar de qualquer irregularidade que tenha praticado (*venire contra factum proprium*)[126].

Essas breves diretrizes demonstram que a denominada boa-fé *objetiva*, que aglutina os deveres de sinceridade, veracidade, honestidade, retidão, lealdade e confiança comuns a determinado grupamento, denotando um modelo de conduta a ser seguido, não prescinde da aferição da boa-fé *subjetiva*, que indica o *animus* do agente, a sua intenção ao praticar o ato. O contratado, em síntese, deve estar de boa-fé (subjetiva) e atuar em conformidade com a boa-fé (objetiva). De qualquer modo, deve-se observar que tanto a variante *objetiva* como a *subjetiva* da boa-fé haverão de ser aferidas a partir dos fatos que se apresentam ao operador do direito, os quais têm natureza eminentemente objetiva – ainda que sua interpretação seja norteada por critérios subjetivos – o que terminará por relegar a investigação do aspecto psicológico da conduta do agente a plano secundário.

Estando o contratado de boa-fé[127], não poderá ele ser responsabilizado e penalizado pelo ilícito praticado por outrem[128], o que conduz à conclusão de que somente o agente

---

126 Analisando o art. 227, n. 1, do Código Civil português, preceito que consagra a responsabilidade do contratante pelos danos que cause à outra parte sempre que não haja com boa-fé, assentou o Supremo Tribunal de Justiça de Portugal que "o conceito de boa fé a que o referido normativo se reporta é ético-objectivo e o seu conteúdo variável ou flexível e adequado no confronto com as circunstâncias de cada tipo de situação. Agir de boa fé é fazê-lo com a lealdade, correcção, diligência e lisura exigíveis às pessoas normais face ao circunstancialismo envolvente, abrange o comportamento integral, segundo o critério da reciprocidade, ou seja, por via de comportamento devido e esperado às partes nas relações jurídicas envolvidas. Dir-se-á, em síntese, por um lado, ser a boa fé uma exigência do direito imposta pela necessidade de impedir que a obrigação sirva para a consecução de resultados intoleráveis para as pessoas de consciência razoável. E, por outro, que age de boa fé quem o faz com diligência, zelo e lealdade correspondentes aos legítimos interesses da contraparte, por via de uma conduta honesta e conscienciosa, com correcção e probidade, sem prejudicar os interesses legítimos da contraparte ou proceder de modo a alcançar resultados não toleráveis por uma consciência razoável" (Proc. n. 03B1334, rel. Juiz Salvador da Costa, j. em 22/5/2003).
127 "O pagamento feito pelo chefe do executivo municipal, por duas vezes, em razão da duplicidade de funções de ex-funcionário público, configura flagrante ilegalidade, pois a Administração não pode criar vantagens, salvo antecedente permissão legal, e a sua violação constitui ato de improbidade administrativa (art. 11 da Lei n. 8.429/1992) e enseja condenação com o integral ressarcimento do dano (art. 5º da referida lei, como também a CF no seu art. 37, *caput*). Porém, inexistindo a prova de que o funcionário público agiu de má-fé, presume-se a sua boa-fé, o qual deve ser excluído do polo passivo da demanda, em nível de solidariedade responsável pela restituição dos valores pagos indevidamente" (TJSP, 2ª C. Direito Público, AP n. 246.245-1/6, rel. Des. Marrey Neto, j. em 14/5/1996, *RT* n. 735/265).
128 Na lição de Marçal Justen Filho (ob. cit., p. 498-499), a invalidação do contrato administrativo deve ser orientada pelo princípio do prejuízo. Inexistindo prejuízo ao interesse público, não há que se falar em inva-

público responderá pelo ressarcimento. Sendo a má-fé compartilhada por ambos, ter-se-á uma obrigação solidária de ressarcir[129]. Sobre os efeitos da contratação de servidores sem a realização de concurso público, *vide* o tópico próprio no capítulo relativo à *casuística*.

Agindo o terceiro de boa-fé, além de não ser obrigado a ressarcir o que recebera, sempre terá o direito de auferir pagamento proporcional à prestação que houver executado[130]. Como pode ser constatado, a boa-fé atua como fator de amenização do princípio da legalidade estrita, permitindo que um ato inválido seja convalidado ou que produza determinados efeitos, normalmente mitigados, em homenagem aos valores ético-morais[131] presentes no caso; trata-se de noção que independe de expressa consagração no ordenamento jurídico, já que inerente a ele. Prestigiar a boa-fé, em verdade, é guarnecer a ordem moral – que se entrelaça à jurídica – em prol do harmônico convívio social.

Como observou Jacintho de Arruda Câmara[132], monografista do tema, "em casos nos quais a improbidade não se estenda ao particular torna-se viável o recebimento de indenização pelo que já houver sido executado. Há apenas uma pequena distinção a ser feita nesses casos. Se não houver participação do particular na construção da nulidade contratual a indenização é pagável com fundamento na responsabilidade do Estado. Se houver participação na nulidade, mas sem a caracterização da má-fé, aplica-se o princípio da proibição de enriquecimento sem causa".

Analisando a questão sob a ótica do Direito francês, afirma Gabriel Bayle que, em rigor, "não só o contrato anulado não pode mais produzir efeitos futuros, como também os efeitos produzidos no passado devem ser apagados e as coisas devem ser repostas no estado em que se encontravam antes da prática do ato. Se o contrato foi executado, é preciso fazer desaparecer os atos de execução que foram praticados"[133]. Não obstante a aparente simplicidade desse raciocínio, que importa na aplicação do brocardo *quod nullum est nullum producit effectum*, a utilização indiscriminada do *princípio da retroatividade*

---

lidação. Em suas palavras: "Uma vez pactuado o contrato, o prejuízo ao interesse público que autoriza a anulação deve ser imputável à conduta ilícita do particular contratante. Deve evidenciar-se que o vício foi por ele praticado ou que ele, no mínimo, teve conhecimento da existência do vício. Se o terceiro atuou de boa-fé, a proclamação do vício não autoriza que a Administração recuse ao particular o benefício que ele extrairia da avença".

129 "São solidariamente responsáveis com os autores os coautores e as pessoas designadas no art. 932" (art. 942, parágrafo único, do Código Civil de 2002).
130 Art. 59, parágrafo único, da Lei n. 8.666/1993.
131 Germana de Oliveira Moraes (*Controle jurisdicional da Administração Pública*, p. 119-120) observa que o princípio da moralidade administrativa "relaciona-se aos valores confiança, honestidade, lealdade e respeito aos valores culturais predominantes em determinada sociedade, aos quais correspondem as seguintes dimensões: a) boa-fé (tutela da confiança); b) probidade administrativa (deveres de honestidade e lealdade); c) razoabilidade (expectativa de conduta *civiliter*, de homem comum, da parte do agente público)".
132 A Lei de Improbidade Administrativa e os contratos inválidos já executados, in *Improbidade administrativa*, p. 210.
133 *L'enrichissement sans cause en droit administratif*, p. 73.

poderia conduzir ao enriquecimento sem causa do Poder Público. Com o fim de obstar esse efeito e evitar a disseminação de soluções nitidamente injustas, a rigidez desse entendimento tem sido atenuada pelo *princípio do equilíbrio das situações jurídicas*, segundo o qual as partes devem ser recolocadas na posição em que se encontravam antes da celebração do contrato e, se for o caso, a anulação deste deve dar lugar a restituições, o que deriva da ausência de causa para a retenção do que fora recebido e da impossibilidade de repor as partes no *status quo*.

Demonstrando-se que a causa da anulação pode ser imputada à Administração, o dever de restituição decorrerá de sua responsabilidade quase contratual ou quase delitual; não sendo provada a falta, pode ser invocada a teoria do enriquecimento sem causa, que encontra justificativa no direito e na equidade, bastando seja demonstrada a utilidade das prestações para a coletividade e utilizados como parâmetros os preços praticados no mercado[134]. No entanto, a obrigação de restituição que recai sobre a Administração é limitada nas hipóteses em que o contratado tenha concorrido para a integração do caráter ilícito ou imoral do contrato. Essa conclusão resulta da aplicação da tradicional máxima "*nemo auditur propriam turpitudinem allegans*". "Assim, o cocontratante que se prevalece de sua imoralidade não pode, pela ação de enriquecimento sem causa, obter a restituição das prestações que forneceu"[135].

5.4. Dever de Reparar o Dano. Preexistência à Lei n. 8.429/1992

Ainda sob a ótica do ressarcimento do dano, não corroboramos a tese encampada pela 1ª Turma do STJ, em julgamento realizado em 18 de março de 1999, sendo relator o eminente Ministro Garcia Vieira, ocasião em que restou assentado:

> *Ação civil pública. Ministério Público. Legitimidade. Ressarcimento de dano ao erário. Sequestro de bem adquirido antes do ato ilícito. Impossibilidade.*
>
> *Tem o Ministério Público legitimidade para propor ação civil pública visando ao ressarcimento de dano ao erário.*
>
> *A Lei 8.429/1992, que tem caráter geral, não pode ser aplicada retroativamente para alcançar bens adquiridos antes de sua vigência, e a indisponibilidade dos bens só pode atingir os bens adquiridos após o ato tido como criminoso*[136].

O voto do eminente relator denota que a Lei n. 8.429/1992 foi analisada sob duas perspectivas, sendo estabelecidos dois termos iniciais para a aplicabilidade das normas

---

134 Cf. BAYLE, Gabriel. Op. cit., p. 75-77.
135 Cf. BAYLE, Gabriel. Op. cit., p. 77.
136 REsp n. 196.932-SP, unânime, *DJ* de 10/5/1999.

que veicula: a) em razão de seu caráter geral, a Lei de Improbidade só alcança os bens adquiridos após a sua vigência; b) a indisponibilidade de bens estatuída pelo art. 7º, parágrafo único, da Lei n. 8.429/1992 somente atinge aqueles adquiridos após a prática do ato ilícito, pois referido dispositivo "diz claramente que a indisponibilidade só atinge os bens adquiridos ilicitamente, só podendo ser arrestados ou sequestrados os bens resultantes de enriquecimento ilícito". Ao final, indicou como precedente o RMS n. 6.182-DF, sendo relator designado o eminente Ministro Adhemar Maciel, o qual foi julgado pela 2ª Turma do Supremo Tribunal de Justiça em 20 de fevereiro de 1997 e publicado no *DJ* de 1º de dezembro de 1997.

Tal decisão, não obstante o brilho do órgão julgador, caminha em norte contrário a séculos de evolução da ciência jurídica, culminando em afastar o princípio de que o devedor responde com o seu patrimônio pelos atos que praticar[137], importante conquista da humanidade e que afastou a crueldade das sanções corporais preteritamente impostas ao devedor inadimplente.

De acordo com esse princípio, tanto os bens existentes por ocasião da causação do dano que originou o dever de reparar como aqueles posteriormente adquiridos, ressalvadas as exceções legais[138], poderão ser penhorados para satisfazer o débito existente.

Toda conduta que causar dano a outrem, ainda que o agente público e o Estado figurem nos polos ativo e passivo da relação obrigacional, importará na aplicação do referido princípio, inexistindo justificativa para que os bens adquiridos anteriormente à investidura sejam excluídos de tal responsabilidade. Ademais, a prevalecer a tese do referido acórdão, ter-se-á a inusitada situação de responsabilizar de forma mais severa aquele que não possui qualquer vínculo com o ente estatal – respondendo por seus atos com todo o seu patrimônio – do que aquele que, valendo-se da confiança em si depositada, lesa o patrimônio do ente público que jurou defender.

O dever de reparar o dano causado a outrem preexistia à Lei n. 8.429/1992, no mínimo desde o direito romano[139], o que afasta o argumento de que, tratando-se de diploma que institui determinada sanção, não estariam sujeitos a ressarcimento os danos anteriores à sua vigência[140].

---

137 "Il debitore risponde dell'adempimento delle obbligazioni com tutti i sue beni presenti e futuri"(art. 2.740 do Código Civil italiano)."Quiconque s'est obligé personellement, est tenu de remplir son engagement sur tous ses biens mobiliers et immobiliers, présents et à venir" (art. 2092 do Código Civil francês).*Vide* arts. 1076-1.081 do Código Civil argentino; art. 806 da Consolidação de Teixeira de Freitas; art. 1.518 do Código Civil de 1916; arts. 391 e 942 do Código Civil de 2002; arts. 591 e 646 do CPC/1974; e art. 831 do CPC/2015.
138 Ver Lei n. 8.009/1990, art. 833 do CPC/2015 etc.
139 "Injuriam hic damnum accipiemus culpa datum etiam ab eo qui nocere nolit"(D. 9, 2, fr. 5, § 1º).
140 "Ação civil pública. Improbidade administrativa.Vereadores. 1) Os atos de improbidade administrativa praticados antes da vigência da Lei n. 8.429/1992, embora não sujeitos a penalidades administrativas não previstas anteriormente na legislação, ensejam o nascimento da obrigação de reparar os danos causados ao erário público, seja por força do art. 37, § 4º, seja por força do art. 159 do CCB, que já continham expressa-

Pelos mesmos motivos, a indisponibilidade haverá de recair "sobre bens que assegurem o integral ressarcimento do dano", consoante estatui o art. 7º, parágrafo único, da Lei n. 8.429/1992, pois qualquer provimento de natureza cautelar visa a garantir a eficácia da decisão a ser proferida no processo principal, evitando-se a inocuidade desta – o que certamente ocorreria com a dissipação do patrimônio do ímprobo.

Não se deve acolher o argumento de que a medida cautelar somente seria utilizada em relação aos fatos posteriores à Lei n. 8.429/1992. O poder geral de cautela é inerente à própria função jurisdicional, há muito estando incorporado ao ordenamento jurídico pátrio, o que justificava o deferimento de medidas desta natureza antes mesmo do advento da Lei n. 8.429/1992, ainda que estivessem ausentes os requisitos específicos das medidas de arresto e de sequestro.

Em que pese ser claro o acórdão, não é demais lembrar que a pretensão deduzida visava ao ressarcimento de dano ao erário, sendo esta a ótica desses breves comentários. Tratando-se de pretensão que almeje o perdimento de bens resultantes de enriquecimento ilícito, por óbvio, a medida de *indisponibilidade dos bens* somente poderá atingir aqueles adquiridos após a prática do ato de improbidade, sendo imprescindível a existência de uma relação de causa e efeito entre este e a aquisição daqueles – a exceção, como vimos por ocasião da análise da sanção de perda dos bens adquiridos ilicitamente, ocorrerá quando os bens não mais estiverem em poder do ímprobo, justificando a apreensão do seu equivalente, ainda que anterior ao ilícito.

Como se constata, o art. 7º da Lei n. 8.429/1992 abrange duas situações distintas, às quais deve ser dispensada interpretação consentânea com a natureza das sanções que as informam. Na primeira, tem-se um bem de origem ilícita, o que acarreta a sanção de perdimento; na outra, o bem tem origem lícita, mas é passível de penhora para a efetivação do ressarcimento integral do dano.

No que tange ao precedente indicado no acórdão, versava ele sobre a indisponibilidade dos bens de ex-Deputado Federal acusado de integrar a denominada "Máfia do Orçamento" e que apresentara evolução patrimonial incompatível com os seus rendimentos.

Tratava-se de nítida hipótese de enriquecimento ilícito[141], o que fez com que a 2ª Turma do Superior Tribunal de Justiça desse parcial provimento ao recurso ordinário interposto contra acórdão do Tribunal Regional Federal da 1ª Região, culminando em excluir do

---

mente esse comando. 2) Despesas com publicidade para promoção pessoal dos Vereadores ou sem a comprovação de sua efetiva publicação; com aquisição de medalhas, troféus e placas sem autorização da Câmara, ou com o aluguel de ginásio esportivo para jogo de futebol de salão de Vereadores constituem atos de improbidade administrativa por violação direta do art. 37, *caput*, da CF/1988. 3) Condenação ao ressarcimento dos prejuízos causados ao tesouro municipal. Sentença de procedência confirmada. Apelação desprovida" (TJRS, 1ª C. de Férias, AP n. 599490646, rel. Des. Paulo de Tarso Vieira Sanseverino, j. em 18/11/1999).
141 Art. 9º, VII, da Lei n. 8.429/1992.

alcance da medida cautelar de indisponibilidade os bens adquiridos anteriormente à prática dos atos ilícitos.

Constata-se que o precedente indicado não guarda qualquer relação com a pretensão de ressarcimento do dano, logo, não poderia ser utilizado como paradigma[142]. Por tais fundamentos, o entendimento preconizado pela 1ª Turma do Superior Tribunal de Justiça merece maior reflexão, adequando-o às necessidades sociais e aos ditames da Justiça. Em momento posterior, a mesma Turma, com nova composição, reconheceu que a medida cautelar de indisponibilidade poderia alcançar bens adquiridos anteriormente ao ilícito[143].

5.5. Empresa Privatizada e Ressarcimento do Dano

Tratando-se de prejuízo patrimonial sofrido por pessoa jurídica que se encontrava incorporada ao patrimônio público por ocasião da prática dos atos de improbidade, deve ser analisado a que ente reverterá o montante fixado a título de ressarcimento caso seja dissolvido o vínculo com o erário.

Em que pese o fato de ter sido alienado o controle acionário da empresa, inexistindo qualquer vínculo entre esta e o Poder Público por ocasião da sentença condenatória, o numerário fixado a título de ressarcimento haverá de ser pago a este, e não à empresa privatizada. Tal conclusão é justificável, já que a empresa fora alienada pelo valor de uma avaliação contemporânea à lesão causada, o que torna claro que o dano fora suportado pelo erário.

Do contrário, seria nítido o enriquecimento ilícito dos controladores da empresa privatizada, pois esta seria duplamente beneficiada: a primeira vez, por ter sido privatizada por um valor que incorporara a lesão patrimonial que lhe fora causada, o que importou em redução do custo de aquisição; e a segunda, ao ter incorporado aos seus ativos o montante indenizatório dos prejuízos causados, fazendo com que este acarretasse uma dupla vantagem à empresa.

---

[142] É relevante observar que outro não é o entendimento de Carlos Mário Velloso Filho (A indisponibilidade de bens na Lei 8.429, de 1992, in *Improbidade Administrativa, Questões Polêmicas e Atuais*, p. 108), advogado que subscreveu o mandado de segurança que resultou no aludido precedente, *verbis:* "61. Óbvio, todavia, que o entendimento *supra* só vale para os casos em que se imputa ao agente apenas o enriquecimento ilícito, sem se cogitar de dano ao erário, tal como versado no precedente jurisprudencial colacionado (STJ, RMS 6.182). 62. Se a hipótese for de improbidade causadora de lesão aos cofres públicos, a indisponibilidade deverá alcançar tantos bens quantos forem suficientes ao ressarcimento ao erário, sejam eles adquiridos antes ou depois da prática do ato ilícito. 63. Tal conclusão, aliás, decorre da literal interpretação do art. 7º, parágrafo único, da Lei n. 8.429, de 1992, onde se lê que 'a indisponibilidade... recairá sobre bens que assegurem o integral ressarcimento do dano'".

[143] STJ, 1ª T., REsp n. 439.918/SP, rel. Min. Denise Arruda, j. em 3/11/2005, *DJ* de 12/12/2005; e STJ, 1ª T., REsp n. 1.176.440/RO, rel. Min. Napoleão Nunes Maia Filho, j. em 17/9/2013, *DJe* de 4/10/2013.

5.6. Parcelas que Integrarão o Montante a ser Ressarcido

A importância a ser ressarcida deve ser atualizada monetariamente pelos índices oficiais e acrescida de juros de mora na taxa legal, o que possibilitará a recomposição do poder aquisitivo da moeda e importará na remuneração do capital durante o lapso em que não esteve à disposição do ente lesado.

A aplicação da correção monetária, que deve incidir sobre qualquer débito resultante de decisão judicial, tem suas diretrizes básicas traçadas pela Lei n. 6.899/1981, que estabelece, em seu art. 1º, duas regras distintas: a) tratando-se de título de dívida líquida e certa, a correção será calculada a contar do respectivo vencimento (§ 1º); b) nos demais casos, a correção monetária somente será feita a partir do ajuizamento da ação (§ 2º).

À luz das referidas regras, a atualização monetária do débito relativo ao ressarcimento do dano somente incidiria a contar do ajuizamento da ação, aplicando-se, no caso, a regra restritiva contida no art. 1º, § 2º, da Lei n. 6.899/1981. A jurisprudência dos tribunais superiores, no entanto, reconhecendo a verdadeira involução que resultaria da adoção de tal preceito, tem prestigiado o entendimento que havia sido consagrado anteriormente à edição da Lei n. 6.899/1981, no sentido de que o termo inicial da atualização monetária é a data em que foi experimentado o prejuízo patrimonial resultante do ato ilícito[144]. Tratando-se de posição que se adapta aos mais comezinhos padrões de justiça, deve ser ela encampada em relação ao ressarcimento do dano resultante de ato de improbidade.

Os juros serão compostos sempre que o ato de improbidade configurar um ilícito penal[145], sendo admissível a sua incidência até a entrada em vigor do Código Civil de 2002, que não mais os previu. Com efeito, dispunha o art. 1.544 do Código Civil de 1916 que, *além dos juros ordinários, contados proporcionalmente ao valor do dano, e desde o tempo do crime, a satisfação compreenderá os juros compostos*. Ao falar em juros ordinários, o Código de 1916

---

144 "Correção monetária. Termo inicial de fluência. Dívida decorrente de ilícito. Lei 6.899/1981. Interpretação em face da orientação jurisprudencial anterior. Enunciados n. 562 da Súmula/STF e 43 da Súmula/STJ. Recurso provido. I – A disciplina da Lei 6.899/1981, naquilo em que se mostra restritiva e retrógrada em cotejo com a orientação jurisprudencial fixada anteriormente à sua edição, deve ser interpretada com temperamento e lógica, de molde a evitar que dessa exegese advenha injustificado recuo do processo evolutivo de construção pretoriana ou, o que seria mais grave, que resulte em autorização legal ao enriquecimento sem causa. II – Em se tratando de dívida decorrente de ato ilícito, qualificável como "de valor", impõe-se tomar em consideração, para definir o termo inicial de fluência da correção monetária, não a norma do § 2º do art. 1º da Lei 6.899/1981, inaplicável a tais situações, mas sim a orientação jurisprudencial que antes da edição desse diploma legislativo já havia sido definida pelo Supremo Tribunal Federal (enunciado n. 562 e precedentes), no sentido de que nesses casos a incidência se opera "a partir da data do efetivo prejuízo", orientação hoje cristalizada no verbete n. 43 da Súmula desta Corte (STJ, 4ª T., REsp n. 40.058-9-PE, rel. Min. Sálvio de Figueiredo, j. em 24/5/1994, *RSTJ* n. 65/427). A Súmula 43 do STJ tem o seguinte teor: *Incide correção monetária sobre dívida por ato ilícito a partir da data do efetivo prejuízo*.

145 Ex.: dispensa indevida de licitação, a qual consubstancia ato de improbidade – art. 10, VIII, da Lei n. 8.429/1992 – e infração penal – arts. 89 e 92 da Lei n. 8.666/1993.

observou uma linha de coerência lógica, pois, tratando-se de obrigação originária de ato ilícito, não haveria que se falar em juros convencionais, o que tornava aplicável a regra do art. 1.062 do mesmo diploma legal, que fixava os juros moratórios em 6% ao ano, sempre que não houvesse convenção em sentido diverso.

Resta analisar, ainda, qual será a forma de contagem dos juros compostos. Considerando que deverão ser utilizados os juros ordinários e a sua taxa é ânua, a capitalização haveria de ser feita anualmente, tendo como termo *a quo* a data do ato que configurou o crime. Esta, aliás, é a conclusão que se extrai da interpretação teleológica do art. 4º do Decreto n. 22.626/33 (Lei de Usura)[146].

Caso a conduta não se subsumisse a um tipo penal, os juros seriam simples, na ordem de 6% ao ano, tal qual preceituava o art. 1.062 do Código Civil de 1916, não sendo admissível a capitalização ânua.

Tratando-se de ato de improbidade praticado após a entrada em vigor do Código Civil de 2002, não mais será possível falar em juros compostos, sendo aplicável a regra do art. 406 do mesmo diploma legal, que fixa os juros moratórios em valor correspondente à *taxa que estiver em vigor para a mora do pagamento de impostos devidos à Fazenda Nacional*.

Como o dever de ressarcir decorre de uma obrigação extracontratual, a fluência dos juros se principiará no momento da causação do dano resultante do ato de improbidade, sendo indiferente o fato deste constituir um ilícito penal[147], ou não[148].

Em síntese, conforme decidido pelo Superior Tribunal de Justiça, no REsp 1336977, "resultando o dever de ressarcir ao Erário de uma obrigação extracontratual, a fluência dos juros moratórios se principiará no momento da ocorrência do dano resultante do ato de improbidade, de acordo com a regra do art. 398 do Código Civil ('Nas obrigações provenientes de ato ilícito, considera-se o devedor em mora, desde que o praticou') e da Súmula 54/STJ ('Os juros moratórios fluem a partir do evento danoso, em caso de responsabilidade extracontratual'). (...) É pacífica a jurisprudência do STJ, no sentido de que a correção monetária incide desde o evento danoso sobre a quantia fixada na condenação, nos termos da Súmula 43/STJ: 'Incide correção monetária sobre dívida por ato ilícito a partir da data do efetivo prejuízo'"[149].

---

146 No mesmo sentido, J. M. de Carvalho Santos (*Código Civil brasileiro interpretado*, v. XXI, p. 242-246) e Clóvis Beviláqua (*Código Civil dos Estados Unidos do Brasil comentado*, v. V, p. 326).

147 Art. 398 do Código Civil de 2002: Nas obrigações provenientes de ato ilícito, considera-se o devedor em mora desde que a praticou.

148 Súmula 54 do STJ: Os juros moratórios fluem a partir do evento danoso, em caso de responsabilidade extracontratual.

149 No mesmo sentido: STJ, 2ª T., AgRg no AREsp n. 601.266/RS, rel. Min. Herman Benjamin, j. em 17/5/2016, *DJe* de 2/6/2016.

6. PERDA DA FUNÇÃO PÚBLICA[150]

Essa sanção, por óbvias razões, somente é passível de aplicação ao agente público, não ao *extraneus* que tenha contribuído para a prática do ato ou dele se beneficiado.

Deflui da incompatibilidade identificada entre a gestão da coisa pública e a conduta do agente, e, diversamente de outras sanções, não influi em sua esfera jurídica de cidadão, mas tão somente na relação jurídica estabelecida com o Poder Público, culminando em dissolvê-la[151].

A dissolução é definitiva, não tendo delimitação temporal, logo, ressalvada a hipótese de ser ajuizada eventual ação autônoma de impugnação, é insuscetível de reversão, consumando seus efeitos com o trânsito em julgado da sentença que impôs a sanção de perda da função[152].

Não obstante a aparente restrição de ordem semântica (a lei se refere à perda da *função pública*, sendo repetida a terminologia utilizada no art. 37, § 4º, da Constituição), é a sanção passível de aplicação a todos aqueles que exerçam, ainda que transitoriamente ou sem remuneração, por eleição, nomeação, designação, contratação ou qualquer outra forma de investidura ou vínculo, mandato, cargo, emprego ou função nas entidades referidas no art. 1º da Lei n. 8.429/1992, o que alcança os que desenvolvam determinada atividade pública em razão de concessão, permissão, autorização etc., devendo tal vínculo ser dissolvido[153].

---

[150] Havendo previsão no Estatuto regente da categoria do agente ímprobo, é admissível a aplicação dessa sanção em procedimento administrativo, desde que resguardado o contraditório e a ampla defesa (STF, Pleno, MS n. 21.922-0, j. em 20/6/1996, rel. Min. Carlos Velloso, *DJ* de 18/10/1996), não sendo aplicável, *nesta hipótese*, a Lei n. 8.429/1992 (STJ, 3ª Seção, MS n. 6.939, rel. Min. Arnaldo da Fonseca, j. em 25/10/2000, *DJ* de 27/11/2000). Juarez Freitas (ob. cit., p. 61) também entende que o art. 20 da Lei 8.429/1992 não representa qualquer óbice à demissão do agente em sede administrativa, não só em razão do disposto no art. 41, II, da CR/1988, como também por ser mais razoável. No mesmo sentido: Wallace Martins Paiva Júnior, *Probidade...*, p. 180.

[151] "La caratteristica comune di queste punizioni si è che gli effetti colpiscono gli individui non nella propria sfera giuridica di uomo e di cittadino, mas soltanto nella loro sfera giuridica speciale creata dal rapporto impiegatizio in cui essi si trovano" (Francesco D'Alessio, *Istituzioni di diritto amministrativo italiano*, v. I, p. 454).

[152] Art. 20, *caput*, da Lei n. 8.429/1992.

[153] A Lei n. 12.529/2011, que estruturou o Sistema Brasileiro de Defesa da Concorrência, dispôs, em seu art. 7º, que "a perda de mandato do Presidente ou dos Conselheiros do Cade só poderá ocorrer em virtude de decisão do Senado Federal, por provocação do Presidente da República, ou em razão de condenação penal irrecorrível por crime doloso, ou de processo disciplinar de conformidade com o que prevê a Lei n. 8.112, de 11 de dezembro de 1990 e a Lei n. 8.429, de 2 de junho de 1992, e por infringência de quaisquer das vedações previstas no art. 8º desta Lei". Esse último preceito veda aos referidos agentes "I – receber, a qualquer título, e sob qualquer pretexto, honorários, percentagens ou custas; II – exercer profissão liberal; III – participar, na forma de controlador, diretor, administrador, gerente, preposto ou mandatário, de sociedade civil, comercial ou empresas de qualquer espécie; IV – emitir parecer sobre matéria de sua especialização, ainda

O resultado dessa exegese, de natureza aparentemente extensiva, é encontrado a partir da teleologia da Lei n. 8.429/1992 e de sua sistemática. A denominada "Lei de Improbidade"objetiva afastar da atividade pública todos os agentes que demonstraram pouco apreço pelo princípio da juridicidade, denotando uma degeneração de caráter incompatível com a natureza da atividade desenvolvida, o que tornaria no mínimo insensata a restrição dos efeitos da lei quando patente sua pertinência, já que similares os substratos embasadores[154].

Por outro lado, a própria Lei n. 8.429/1992, em seu art. 2º, conferiu significado amplo à expressão *agente público*. Em razão disso, não é possível limitar a aplicação da sanção a determinada categoria quando a norma proibitiva é extensiva a todas. O art. 9º, *caput*, da Lei n. 8.429/1992, ao disciplinar a configuração do enriquecimento ilícito, é expresso no sentido de que este pode ocorrer "em razão do exercício de cargo, mandato, função, emprego ou atividade nas entidades mencionadas no art. 1º desta Lei". E ainda, o art. 12, *caput*, estabelece que "está o responsável pelo ato de improbidade sujeito às seguintes cominações...". A interpretação sistemática destes dispositivos, em conjunto com o alcance conferido à expressão agente público, denota que ao ímprobo, qualquer que seja a atividade desempenhada ou a forma de investidura, pode ser aplicada a penalidade de exclusão, cognominada de "perda da função pública"pela Lei n. 8.429/1992.

Sempre que o sentido literal do enunciado linguístico fizer que a letra subjugue o espírito, deve o intérprete ser norteado por este último, atribuindo o sentido adequado ao texto e fazendo que ele incida nos casos aparentemente não contemplados.

Especificamente em relação aos detentores de mandato político (Governador, Prefeito etc.), afigura-se induvidoso que devem observar os princípios estatuídos no art. 37 da Constituição, pois não seria razoável sustentar que esse preceito, o que inclui o seu § 4º, somente seria aplicável aos demais servidores públicos. Estes possuem disciplina autônoma nos arts. 39 e seguintes da Constituição da República, não sendo demais lembrar que os detentores de mandato político ocupam o mais alto grau hierárquico do Poder Executivo, qualquer que seja o ente da Federação, o que os erige à condição de principais destinatários das normas que disciplinam a Administração Pública, tipificam os atos de

---

que em tese, ou funcionar como consultor de qualquer tipo de empresa; V – manifestar, por qualquer meio de comunicação, opinião sobre processo pendente de julgamento, ou juízo depreciativo sobre despachos, votos ou sentenças de órgãos judiciais, ressalvada a crítica nos autos, em obras técnicas ou no exercício do magistério; e VI – exercer atividade político-partidária".

154 Esses argumentos, que sustentamos desde a primeira edição da obra, foram literalmente encampados pela Segunda Turma do Superior Tribunal de Justiça, sem menção à fonte, no julgamento do REsp n. 924.439/RJ, j. em 6/8/2009, *DJ* de 19/8/2009, e do REsp n. 1.297.021/PR, j. em 12/11/2013, *DJe* de 20/11/2013, *verbis*:"A Lei 8.429/1992 objetiva coibir, punir e afastar da atividade pública todos os agentes que demonstraram pouco apreço pelo princípio da juridicidade, denotando uma degeneração de caráter incompatível com a natureza da atividade desenvolvida".

improbidade e que preveem a denominada "perda da função"[155]. Ante o exposto, não há que se falar em ampliação de efeitos não previstos em norma restritiva[156].

O argumento de que o afastamento dos detentores de mandato importaria em afronta à vontade popular, exteriorizada por intermédio do voto e que reflete a essência da soberania estatal, não merece ser igualmente prestigiado. Com efeito, a escolha popular permite que o agente desempenhe uma função de natureza eminentemente lícita e cujas diretrizes de atuação foram traçadas pelo ordenamento jurídico. Distanciando-se da licitude e rompendo o elo de encadeamento lógico que deve existir entre o mandato outorgado e a função a ser exercida, dissolve-se a legitimidade auferida pelo agente com a eleição, o que, a exemplo do que se verifica em qualquer país democrático, permite ao Poder Judiciário a recomposição da ordem jurídica lesada. Afinal, como afirmou o Padre António Vieira, não faria sentido que, "em vez de o ladrão restituir o que furtou no ofício, restitua-se o ladrão ao ofício, para que furte ainda mais!"[157]

Não bastasse isto, a perda do mandato eletivo, ainda que não estivesse encartada no gênero "perda da função pública", seria consequência inevitável da sanção de suspensão dos direitos políticos, o que demonstra a coerência sistêmica da interpretação sugerida. O mesmo ocorrerá com os demais cargos em que o pleno gozo dos direitos políticos seja requisito de acesso (*v.g.*: os cargos de Ministros de Estado e, por simetria, de Secretários Estaduais e Municipais – CR/1988, art. 87, *caput*).

Função, em essência, é toda atividade exercida por um órgão para a realização de determinado fim[158]. Partindo-se dessa constatação, vê-se que o objetivo da lei é erguer um óbice entre o agente e o conjunto de atos que normalmente deveria praticar para desempenhar uma obrigação que lhe fora imposta pela lei. Com isto, remove-se a obrigação (dever positivo) e abre-se espaço à abstenção (dever negativo), sempre com o propósito de preservar o interesse público, ao qual o ímprobo já demonstrara possuir pouco apreço.

É oportuno frisar que em determinadas situações, como será visto nos itens subsequentes, existe certa celeuma em relação à possibilidade de o Juiz de Direito decretar a perda da função, também sendo verificadas especificidades em relação aos legitimados à

---

155 Analisando o disposto no art. 52, parágrafo único, da CR/1988, segundo o qual aos condenados por crime de responsabilidade pelo Senado Federal serão aplicadas as sanções de perda do cargo e inabilitação, por oito anos, para o *exercício de função pública*, decidiu o STF que a inabilitação gera o impedimento ao exercício de todas as funções públicas, qualquer que seja a forma de investidura, o que inclui as decorrentes de mandato eletivo (STF, 1ª T., RE n. 234.223-DF, rel. Min. Octavio Gallotti, j. em 1º/9/1998, *DJ* de 12/5/2000).

156 "É antes de crer que o legislador haja querido exprimir o consequente e adequado à espécie do que o evidentemente injusto, descabido, inaplicável, sem efeito. Portanto, dentro da letra expressa, procure-se a interpretação que conduza à melhor consequência para a coletividade" (Carlos Maximiliano, *Hermenêutica e interpretação*, p. 165).

157 Sermão do bom ladrão in ob. cit., p. 74.

158 Cf. José Cretella Júnior, *Tratado de direito administrativo*, p. 61.

Capítulo X – Das Sanções

propositura da ação, matéria que é objeto específico da segunda parte desta obra[159].

Além de estarem sujeitos à perda do mandato[160], os agentes políticos ímprobos também poderão ser cautelarmente afastados do cargo quando tal se fizer necessário à garantia da instrução processual[161], o que pressupõe a prévia aferição dos requisitos específicos

---

159 *V.g.*: caso o ímprobo seja Governador do Estado, Presidente da Assembleia Legislativa ou Presidente de Tribunal, a ação que vise a aplicação das sanções da Lei n. 8.429/1992, a teor do art. 29, VIII, da Lei n. 8.625/1993, será ajuizada pelo Procurador-Geral de Justiça, com a peculiaridade de que tramitará em primeira instância.

160 No mesmo sentido: Marlon Alberto Weichert, A sentença condenatória na ação de improbidade administrativa. Profundidade e extensão das sanções, *RIL n.* 170/57 (65), 2006, Maria Goretti Dal Bosco (ob. cit., p. 136); Bertoncini (ob. cit., p. 253-254); e Marino Pazzaglini Filho *et alii* (ob. cit., p. 138). Por ocasião do julgamento do RMS n. 6.208-SP, a 6ª Turma do STJ decidiu que "A Lei Federal n. 8.429/1992 inexige que a improbidade administrativa tipificada em seu art. 10 advenha de sentença transitada em julgado, nem tampouco o disposto em seu art. 17 torna obrigatória a precedente ação cautelar, impondo-se reconhecer que o Ministério Público detém legitimidade para propor ação pelo rito ordinário de perda de função pública contra prefeito acusado de contratação irregular de servidores" (rel. Min. Anselmo Santiago, j. em 10/11/1998, *DJ* de 15/3/1998).

161 Art. 20, parágrafo único, da Lei n. 8.429/1992: "A autoridade judicial ou administrativa competente poderá determinar o afastamento do agente público do exercício do cargo, emprego ou função, sem prejuízo da remuneração, quando a medida se fizer necessária à instrução processual". Apreciando a questão, o TJMG decidiu da seguinte forma: "Improbidade administrativa e política. Ação civil pública. Reparação de danos ao erário e retorno à normalidade legal. Afastamento liminar pelo juízo dos Vereadores implicados. Legalidade. No permissivo do parágrafo único do art. 20 da Lei de Improbidade Administrativa, n. 8.429/1992, é cabível o afastamento temporário dos envolvidos de suas funções no Legislativo, possibilitando-se uma instrução isenta e eficaz na coleta de provas em Ação Civil Pública reparadora de danos ao erário público e do retorno à normalidade legal" (TJMG, 1ª CC, AI n. 171.888-1/00, rel. Des. Orlando Carvalho, j. em 24/4/2001, *DJ* de 16/5/2001) e "Ação civil pública. Improbidade. Prefeito. Afastamento. Liminar indevidamente cassada. Persistência dos motivos que ensejaram sua concessão. Agravo provido. Tendo, em sede de liminar, sido afastado o Prefeito justamente pelo risco de comprometimento da instrução processual (artigo 20, parágrafo único, da Lei 8.429/1992), não se justifica decisão que revoga a medida, vez que ainda se encontra inconclusa a fase probatória" (TJMG, 1ª CC, AI n. 194.431-3/00, rel. Des. Páris Peixoto Pena, j. em 8/2/2001, *DJ* de 23/2/2001). O TJRS prestigiou esse entendimento, mas ressaltou que o afastamento "não pode ser determinado se o autor da demanda deixa de indicar qualquer elemento que evidencie a oposição, pelo requerido, de obstáculo à produção da prova" (1ª CC, AI n. 70001244433, rel. Des. Honório Gonçalves da Silva Neto, j. em 31/8/2000). A jurisprudência do Superior Tribunal de Justiça, por ambas as Turmas que integram a Seção de Direito Público, como não poderia deixar de ser, entende ser aplicável ao detentor de mandato político a regra do art. 20, parágrafo único, da Lei de Improbidade, *verbis*: "Processual civil. Lei de Improbidade Administrativa. Afastamento de Prefeito. Interpretação do art. 20, da Lei n. 8.429/1992. 1. O art. 20, da Lei n. 8.429, do ano de 1992, só há de ser aplicado em situação excepcional, isto é, quando, mediante fatos incontroversos, existir prova suficiente de que o agente público ou a autoridade administrativa está provocando sérias dificuldades para a instrução processual. 2. Por ser medida extrema com capacidade de suspender mandato eletivo, a interpretação do dispositivo que a rege é restrita, sem qualquer condição de ser ampliada. 3. Decisão judicial de primeiro grau que afastou Prefeito Municipal pelo prazo de 60 (sessenta) dias. Prazo ultimado. 4. Direito do Chefe do Executivo, após a consumação desse prazo, assumir, em toda a sua plenitude, o exercício das funções governamentais que lhe foram confiadas pelo povo, especialmente quando liminar concedida antecipou esse prazo. 5. Agravo regimental que ataca a liminar que determinou a recondução do Prefeito ao cargo. 6. Perda de objeto por já ter ultrapassado o prazo de 60 (sessenta

em medidas dessa natureza: o *periculum in mora* e o *fumus boni iuris*. É de todo aconselhável, no entanto, seja evitado que o afastamento cautelar termine por ser transmudado em definitivo, o que certamente ocorreria com o deferimento de sucessivas providências dessa natureza, em distintos processos, todos instaurados em decorrência da prática de atos de improbidade, máxime quando divisada a possibilidade de todos os ilícitos terem sido agrupados em uma única ação[162]. O afastamento deve ser sempre temporário, se possível com a fixação de lapso temporal certo, e na medida estritamente necessária à ultimação da instrução processual. Somente assim será preservado um ponto de equilíbrio na tensão dialética verificada entre princípio democrático e obtenção da verdade real.

Considerando que a medida de afastamento possui colorido eminentemente cautelar, e não de antecipação de tutela, voltando-se à garantia da instrução processual, será possível aplicá-la, inclusive, aos agentes que não possam sofrer a sanção de perda da função pública (*v.g.*: Deputados Federais e Senadores).

É importante observar que, contrariamente ao que pensam alguns[163], a perda do mandato ou mesmo o afastamento cautelar do agente político não guarda uma relação de

---

dias) do afastamento" (STJ, 1ª T., AGRMC n. 3.048-BA, rel. Min. José Delgado, j. em 19/9/2000, *DJ* de 6/11/2000, p. 192). No mesmo sentido: STJ, 5ª T., MC n. 1.730-SP, rel. Min. Jorge Scartezzini, j. em 7/12/1999; 1ª T., MC n. 3.181-GO, rel. Min. José Delgado, j. em 21/11/2000, *DJ* de 12/3/2001, p. 95; 2ª T., AGRMC n. 2.928-RN, rel. Min. Eliana Calmon, j. em 15/8/2000, *DJ* de 5/3/2001, p. 143; 2ª T., REsp n. 161.322/PE, rel. Min. Franciulli Netto, j. em 7/3/2002, *DJ* de 16/9/2002, p. 161 e 1ª T., MC n. 7.325/AL, rel. Min. José Delgado, j. em 5/8/2004, *DJU* de 4/10/2004. Em qualquer caso, o afastamento cautelar só pode ocorrer para garantia da instrução processual: STJ, Corte Especial, AGRG na SLS n. 1.558/AL, rel. Min. Ari Pargendler, j. em 29/8/2012, *DJe* de 6/9/2012. O STF, em decisão monocrática do Min. Néri da Silveira, admitiu o afastamento cautelar de Prefeito Municipal (Despacho no AI n. 325.419/MS, j. em 3/3/2001, *DJ* de 23/4/2001). Na doutrina: Waldo Fazzio Júnior (*Improbidade administrativa e crimes de prefeitos*, p. 303), José Augusto Delgado (Improbidade administrativa: algumas controvérsias doutrinárias e jurisprudenciais sobre a Lei de Improbidade Administrativa, in *Improbidade administrativa, questões polêmicas e atuais*, p. 213), Sérgio Ferraz (Aspectos processuais na Lei sobre Improbidade Administrativa, in *Improbidade administrativa, questões polêmicas e atuais*, p. 364); e Edilson Pereira Nobre Júnior [Improbidade administrativa: alguns aspectos controvertidos, *Revista do TRF-5ª Região* n. 56/320 (357), 2004].

162 Nesse sentido: STJ, Corte Especial, AGRG em SL n. 9/PR, rel. Min. Nilson Naves, j. em 20/10/2004, Inf. n. 225.

163 Nesse sentido: Antonio Araldo Ferraz dal Pozzo e Augusto Neves dal Pozzo, Afastamento de prefeito municipal no curso de processo instaurado por prática de ato de improbidade administrativa, in *Improbidade administrativa, questões polêmicas e atuais*, p. 82; e Marcelo Harger, *Improbidade...*, p. 188-189. Buscando reforçar a impossibilidade de afastamento cautelar do Prefeito Municipal, referidos articulistas ainda prendem-se à exegese literal do art. 20, parágrafo único, da Lei n. 8.429/1992, o qual, por referir-se unicamente ao "exercício do cargo, emprego ou função", não teria alcançado o mandato político. Deixam de observar, no entanto, uma *pequena* incongruência que a interpretação literal do art. 20 poderia gerar: como o *caput* do preceito fala somente em *perda da função*, não seriam alcançados por ele os cargos e os empregos; por outro lado, o parágrafo único do mesmo preceito, o qual deve possuir uma relação de pertinência com o *caput*, permite o afastamento cautelar do agente do exercício do cargo e do emprego, o que demonstra que a interpretação literal decididamente não é a melhor, pois não seria justificável que o agente pudesse perder a função mas não o emprego, ou mesmo que venha a ser afastado cautelarmente do cargo mas não possa perdê-lo. Não observam, ainda, que o STF já decidiu que a expressão função pública engloba o mandato

identidade com a suspensão dos direitos políticos. Enquanto os primeiros dissolvem, de forma definitiva ou temporária, o vínculo laborativo existente entre o ímprobo e o Poder Público, não representando qualquer óbice à sua reaquisição, a suspensão dos direitos políticos, como será oportunamente visto, restringe integralmente, durante certo lapso, a cidadania do ímprobo.

Ainda que por força de provimento cautelar seja o agente afastado do exercício do mandato, manterá ele seus direitos políticos em sua integridade, podendo votar e ser votado, estando legitimado a exercer a representatividade popular se eleito for. O afastamento cautelar, além de ser provisório, é restrito ao vínculo laborativo, não importando em qualquer restrição à cidadania do ímprobo, que permanece intacta. Assim, afigura-se impertinente a tese de que como a suspensão dos direitos políticos somente se torna efetiva com o trânsito em julgado da decisão condenatória, seria impossível o afastamento cautelar do agente político.

Em razão da mencionada incompatibilidade entre a personalidade do agente e a gestão da coisa pública, o que se tornou claro com a prática do ato de improbidade, deve a sanção de perda da função, quando aplicada, extinguir todos os vínculos laborais existentes junto ao Poder Público. O art. 12, em seus três incisos, fala genericamente em perda da função, que não pode ser restringida àquela exercida por ocasião da prática do ato de improbidade, isso sob pena de se permitir a prática de tantos ilícitos quantos sejam os vínculos existentes, em flagrante detrimento da coletividade e dos fins da lei. Ainda que o agente exerça duas ou mais atribuições, de origem eletiva ou contratual, ou uma função distinta daquela que exercia por ocasião do ilícito, o provimento jurisdicional haverá de

---

eletivo (RE n. 234.223-DF, rel. Min. Octavio Gallotti). Edvaldo Brito (Questões sobre o afastamento de titular de mandato eletivo, in *Improbidade administrativa, 10 anos da Lei n. 8.429/1992*, p. 100-101), após prestigiar o argumento gramatical, traz à baila curiosa tese. Segundo o articulista, se a petição inicial da ação está instruída com provas colhidas no inquérito civil, é de todo incabível o afastamento provisório do agente para garantir a instrução processual,"porque se as provas já estão colhidas no inquérito, então, não há como o agente público embaraçar a colheita de provas necessárias ao bom andamento da instrução processual pela influência inerente ao cargo que exerce", acrescendo que"a produção de provas, em fase de instrução, requerida pelo autor, pode resumir-se em mera repetição". A nosso ver, o argumento não merece ser acolhido, sendo facilmente afastado com a elucidação da seguinte proposição: ou a repetição é necessária e somente a prova produzida em juízo, sob o crivo do contraditório, pode ser utilizada para condenar o ímprobo (*v.g.*: prova testemunhal); ou a repetição é absolutamente desnecessária e as provas colhidas no curso do procedimento inquisitorial, por si sós, inclusive a testemunhal, são aptas a condená-lo. Em prevalecendo a segunda tese, que é de todo incompatível com o ordenamento pátrio, seria efetivamente incabível o afastamento cautelar do agente, pois não é necessário resguardar uma instrução que já foi ultimada. Sendo prestigiada a primeira tese, afigura-se-nos óbvio que qualquer óbice à colheita da prova, *ainda que, como afirma o articulista, seja mera repetição daquela colhida no curso do inquérito*, deve ser afastado. Aqui, é desinfluente que a prova seja fruto de reprodução ou de originalidade, bastando que não seja divisada a presença de outra, com valor jurídico idêntico, já produzida nos autos. Comprometida a colheita de prova, ainda que outra, juridicamente imprestável para fins de condenação do ímprobo, já conste dos autos, deve o juiz adotar as providências necessárias à sua garantia, inclusive determinando o afastamento cautelar do agente.

alcançar todas, determinando a completa extinção das relações existentes entre o agente e o Poder Público[164].

Assim, é irrelevante que o ilícito, *verbi gratia*, tenha sido praticado em detrimento de um ente municipal e o agente, por ocasião da aplicação da sanção, mantenha uma relação funcional com a administração estadual, pois a dissolução deverá abranger todos os vínculos mantidos com o Poder Público, designativo que abrange os sujeitos passivos dos atos de improbidade[165].

Deve-se lembrar que, a teor do art. 20 da Lei de Improbidade, a sanção de perda da função somente produz efeitos com o trânsito em julgado da sentença condenatória. Por essa razão, ainda que o provimento jurisdicional se destine a valorar acontecimentos pretéritos, a produção de efeitos futuros é incontroversa. Referida valoração redundará na imposição de restrições à esfera jurídica do ímprobo em momento posterior ao ato de improbidade, daí ser desinfluente o fato de exercer função pública distinta da de outrora. Fenômeno semelhante ocorrerá com a suspensão dos direitos políticos, que será aplicada mesmo no caso de o ímprobo ter-se inscrito como eleitor em momento posterior ao ato de improbidade, com a proibição de contratar com o Poder Público, que obstará a realização de tratativas futuras com esse fim, bem como com o ressarcimento do dano e com a multa, que alcançarão bens adquiridos posteriormente ao ilícito.

Ademais, em prevalecendo entendimento diverso e sendo aplicada a sanção de suspensão dos direitos políticos ao agente, ter-se-ia a inusitada situação de o mesmo, embora privado de sua cidadania, continuar a exercer outra atividade de interesse coletivo que exige aptidões e virtudes que já demonstrara não possuir[166].

---

164 Nesse sentido: Pedro Roberto Decomain (*Improbidade administrativa*, São Paulo: Dialética, 2007, p. 208); Silvio Antonio Marques (*Improbidade...*, p. 133-134); Daniel Amorim Assumpção Neves (*Manual de improbidade...*, p. 217-218; George Sarmento (*Improbidade...*, p. 200); Sérgio Turra Sobrane (*Improbidade administrativa...*, p. 163); Marlon Alberto Weichert (A sentença condenatória na ação de improbidade administrativa. Profundidade e extensão das sanções, *RIL* n. 170/57 (72), 2006); Rita Tourinho (*Discricionariedade...*, p. 216); Marino Pazzaglini Filho (*Lei de improbidade...*, p. 118); Sérgio Monteiro Medeiros (*Lei de improbidade...*, p. 129); Fábio Medina Osório (*Improbidade...*, p. 259); Carlos Frederico Brito dos Santos (*Improbidade administrativa...*, p. 83-85); Wallace Paiva Martins Filho (*Probidade...*, p. 277) e Affonso Guizzo Neto (*Improbidade...*, p. 88). Em sentido contrário, José Roberto Pimenta Oliveira (*Improbidade...*, p. 298-299); Carlos Alberto de Salles (Peculiaridades do objeto do processo de improbidade administrativa, *Justitia* n. 200, p. 365 (375-376), jan./jul. 2009); Aluízio Bezerra Filho (*Lei de Improbidade Administrativa aplicada e comentada*. São Paulo: Editora Juruá, 2005, p. 125); Calil Simão (*Improbidade administrativa...*, p. 803); Waldo Fazzio Júnior (*Improbidade...*, p. 304); e Marcelo Harger (*Improbidade...*, p. 154-155) entendem que o agente público somente deve perder aquela função pública em cujo exercício praticou o ato de improbidade.
165 Nesse sentido: STJ, 2ªT., REsp n. 1.297.021/PR, rel. Min. Eliana Calmon, j. em 12/11/2013, *DJe* de 20/11/2013; e 2ªT., RMS n. 32.378/SP, rel. Min. Humberto Martins, j. em 5/5/2015, *DJe* de 11/5/2015.
166 "Estas clases de penas – dice Mayer – son poenas medicinales, en el sentido que les da el derecho canónico. Tienen su razón de ser en el fin que persiguen, en el mejoramiento del servicio. Ese mejoramiento podrá tratar de obtenerse en la persona del infractor. Mas siendo esto imposible no queda sino, como medio supremo, eliminar del servicio el miembro gangrenado, para que, por lo menos, el servicio – lo que

Capítulo X – Das Sanções

A exclusão do agente não é fator impeditivo ao seu reingresso em outra função pública, desde que esteja no pleno gozo de seus direitos políticos e obtenha êxito no procedimento seletivo; assim, respeitadas possíveis restrições relativas à atividade a ser exercida, poderá o agente retornar à carreira pública, não havendo previsão de um período de impedimento. Previsões dessa natureza, aliás, acaso incorporadas ao regime jurídico da categoria, não poderão assumir contornos de perpetuidade, de modo a obstar indefinidamente o reingresso do agente. Entendimento contrário terminaria por afrontar o princípio geral de direito sancionador previsto no art. 5º, XLVII, *b*, da Constituição da República, direcionado à seara penal, mas plenamente aplicável à improbidade administrativa[167].

---

importa ante todo – sea purificado y mejorado: quod medicamenta non sanant, ferrum sanat" (Rafael Bielsa, *Derecho administrativo*, 6ª ed., Buenos Aires: La Ley Sociedad Anónima Editora e Impresora, 1964, t. III, p. 359).

[167] O parágrafo único do art. 137 da Lei n. 8.112/1990 ("Não poderá retornar ao serviço público federal o servidor que for demitido ou destituído do cargo em comissão por infração do art. 132, incisos I, IV, VIII, X e XI") deve ter o seu rigor abrandado, de modo a admitir a reabilitação (*v.g.*: com a utilização da sistemática do Código Penal, que fixa o prazo de cinco anos), compatibilizando-o com a ordem constitucional. Em sentido contrário, prestigiando a literalidade do preceito e realçando a inaptidão moral do agente para reassumir a função pública, sustenta Marlon Alberto Weichert [A sentença condenatória na ação de improbidade administrativa. Profundidade e extensão das sanções, *RIL* n. 170/57 (68/72), 2006] que (1) o art. 137, parágrafo único, da Lei n. 8.112/1990, preenchendo o espaço de conformação deixado pelo art. 37, I, da CR/1988 (cabe à lei fixar os requisitos para o acesso a cargos, empregos e funções públicas), fixa apenas mais um requisito para a investidura na função pública; (2) é possível a perda de um direito fundamental (*v.g.*: brasileiro que opta por nacionalidade estrangeira perde a brasileira – art. 12, § 4º, da CR/1988; e a recusa no cumprimento de obrigação alternativa pode ensejar a perda de direitos políticos – art. 5º, VIII, c.c. o art. 15, IV, da CR/1988); (3) não se aplica ao caso a vedação constitucional de imposição de penas perpétuas, pois não se trata de pena, mas de mera "*causa específica de inaptidão*". Ao final, defende o autor, de modo algo singular, que as disposições da Lei n. 8.112/1990 (Estatuto dos Servidores Públicos da União), no aspecto aqui tratado, possuem "conteúdo nacional, por informarem o princípio constitucional da moralidade", sendo certo que este "é único em toda a Federação". Não obstante a engenhosidade do argumento, dele dissentimos. Inicialmente, cumpre observar que a perpetuidade de um ônus é algo normalmente infenso ao direito, somente admissível em situações excepcionais. Considerando que a ordem constitucional ocupa o ápice da pirâmide normativa, nela hão de ser buscadas regras e exceções. No caso brasileiro, constata-se uma evidente preocupação em enumerar as situações em que a perpetuidade é admitida (*v.g.*: a imprescritibilidade do crime de racismo – art. 5º, XLII, da CR/1988; a perda dos direitos políticos – art. 15 da CR/1988; a ação de ressarcimento pelos danos que agentes públicos causem ao Erário – art. 37, § 5º, da CR/1988; o direito dos índios sobre suas terras – art. 231, § 4º, da CR/1988) ou expressamente vedada (*v.g.*: não haverá penas de caráter perpétuo – art. 5º, XLVII, *a*, da CR/1988; a necessária previsão legal do prazo de prescrição dos ilícitos praticados por qualquer servidor, ressalvada a ação de ressarcimento – art. 37, § 5º, da CR/1988). As exceções, quando impositivas de ônus ao indivíduo, devem ser interpretadas restritivamente; quando benéficas, atenuando restrições a um direito fundamental, devem assumir contornos de maior amplitude, resguardando a esfera jurídica alheia. Ao vedar a imposição de penas perpétuas, a Constituição de 1988 delineou um princípio geral de direito sancionador, que se espraia sobre todo o sistema, político, penal, cível e administrativo, alcançando todas as consequências decorrentes de um ato dissonante da ordem jurídica, qualquer que seja o seu designativo: sanção, pena, reprimenda ou efeito da condenação. Afirmar que a proibição de o condenado por improbidade administrativa reingressar na função pública erige-se como mero "requisito de admissão" soa como um eufemismo, inapto à descaracterização da natureza das coisas,

Diga-se, uma vez mais, que a sanção de perda da função, a exemplo da suspensão dos direitos políticos, somente se tornará efetiva com o trânsito em julgado da sentença condenatória. Tendo sido o agente cautelarmente afastado de suas funções tão somente para a garantia da instrução processual, encerrada esta, poderá ele reassumir suas atividades normais até o trânsito em julgado do provimento jurisdicional que tenha julgado procedente a pretensão contra si ajuizada.

No que diz respeito à percepção da remuneração no período em que o agente público esteja cautelarmente afastado do exercício de suas funções regulares, entendemos deva ser ela assegurada. Assim deve ser pelas seguintes razões: a) da existência do vínculo com o Poder Público decorre o direito ao recebimento da remuneração correspondente, sendo que a dissolução daquele, cognominada de perda da função, somente se implementará com o trânsito em julgado; b) não impressiona o argumento de que o pagamento deve ser suspenso em face do não exercício da atividade laborativa, pois referida "inatividade" decorreu de circunstâncias alheias à vontade do agente; c) o afastamento temporário visa a assegurar o bom andamento da instrução processual, não guardando similitude com uma condenação antecipada, mostrando-se esta última manifestamente contrária ao princípio da presunção de inocência; d) a percepção da remuneração no período de afastamento temporário independe de previsão normativa expressa, estando ínsita nas normas constitucionais e infraconstitucionais já referidas[168].

---

máxime quando reflete hipótese de "interdição de direitos", medida considerada como pena pela ordem constitucional (art. 5º, XLVI). Afronta, do mesmo modo, o princípio do livre exercício profissional (art. 5º, XIII, da CR/1988) e, em última *ratio*, a dignidade humana, impondo uma marca perpétua no agente, tal qual o ferro em brasa da Idade Média, de modo a afastar qualquer estímulo ao reconhecimento do erro e à recuperação social, direito não negado sequer aos homicidas, que podem ser reinseridos no organismo social. Não bastasse isto, além de injurídica, a tese é anacrônica, pois, apesar de proibido de reingressar na função pública (*v.g.*: como porteiro ou contínuo), pode, tão logo recupere os direitos políticos, candidatar-se e ser eleito Presidente da República, dirigindo todo o funcionalismo federal. O Supremo Tribunal Federal reconheceu ser incompatível com o art. 5º, XLVII, *b*, da CR/1988, ato administrativo do Presidente do Conselho Monetário Nacional que negou pedido de revisão de pena de inabilitação permanente para o exercício de cargos de administração ou gerência de instituições financeiras (1ª T., RE n. 154.134/SP, rel. Min. Sydney Sanches, j. em 15/12/1998, *DJ* de 29/10/1999). Na ocasião, a União Federal, recorrente, argumentou justamente que o art. 5º, XLVII, *b*, da CR/1988, "referir-se-ia, tão somente, a penas decorrentes de condenações em processos judiciais de natureza criminal", tese rechaçada pelo Tribunal. Quanto à construção de que a Lei n. 8.112/1990 possui caráter nacional, deve-se ressaltar que a divisão de competências entre os entes federados é matéria de alçada constitucional, não estando sujeita a construções dissociadas do sistema e voltadas a satisfazer desejos casuísticos do intérprete. Se a moral é uma só, qual o fundamento empírico apto a sustentar que o Congresso Nacional tem mais moral que as Assembleias Legislativas locais? E o pior, é moral uma disposição normativa que atribua uma marca perpétua a um ser humano por conta não de um crime de guerra, mas de um ato de improbidade?

168 Em sentido contrário, decidiu o TJRS que o afastamento cautelar de membros do Conselho Tutelar importa na correlata suspensão do pagamento da remuneração, que só é devida pelo efetivo exercício da função (8ª CC, AI n. 70003189487, rel. Des. José S. Trindade, j. em 18/10/2001). Na ocasião, afirmou o Tribunal, invocando um precedente, que o Conselheiro Tutelar não é "agente político, nem servidor e, sim, agente

6.1. Presidente da República

A exemplo dos demais agentes públicos, poderá o Presidente da República praticar atos de improbidade e ser por eles responsabilizado. Releva perquirir, no entanto, se estará ele sujeito a todas as sanções previstas no art. 12 da Lei n. 8.429/1992, em especial a perda da função e a suspensão dos direitos políticos.

Ao dispor sobre a responsabilidade do Presidente da República, estabelece a Constituição que ele pode ser processado pela prática de crimes comuns e de responsabilidade[169], sendo que, no primeiro caso, não poderá ser processado na vigência do mandato por atos estranhos ao exercício de suas funções (art. 86, § 4º). Especificamente em relação aos crimes de responsabilidade, estão eles previstos no art. 85 da Constituição, *verbis*:

> Art. 85. *São crimes de responsabilidade os atos do Presidente da República que atentem contra a Constituição Federal e, especialmente, contra:*
>
> *I – a existência da União;*
>
> *II – o livre exercício do Poder Legislativo, do Poder Judiciário, do Ministério Público e dos Poderes constitucionais das unidades da Federação;*
>
> *III – o exercício dos direitos políticos, individuais e sociais;*
>
> *IV – a segurança interna do País;*
>
> *V – a probidade na administração;*
>
> *VI – a lei orçamentária;*
>
> *VII – o cumprimento das leis e das decisões judiciais;*
>
> *Parágrafo único. Esses crimes serão definidos em lei especial, que estabelecerá as normas de processo e julgamento.*

Trata-se de rol exemplificativo que pode ser ampliado pela legislação infraconstitucional, desde que sejam previstas figuras típicas que importem em violação aos ditames da Constituição da República.

---

público na condição de particular colaborando com o Poder Público e, por isso, não há dependência dele com o Poder Público, tendo direito tão somente ao recebimento de remuneração pelo exercício do cargo". Divisado o vínculo jurídico com o Poder Público e a consagração do direito à percepção de determinada remuneração, não nos parece adequado estabelecer a distinção preconizada. Acresça-se que o STF, por incompatibilidade com os princípios da presunção de inocência e da irredutibilidade de vencimentos, decidiu pela não recepção de lei estadual, que previa a redução de vencimentos dos servidores processados criminalmente, ainda que o valor retido seja devolvido no caso de absolvição: Pleno, RE n. 482.006/MG, rel. Min. Ricardo Lewandowski, j. em 7/11/2007, *DJ* de 14/12/2007.

169 Diversamente do princípio da absoluta irresponsabilidade das autoridades reais (*The King can do no wrong*), encampado pela Constituição do Império (art. 99), é da tradição das sucessivas Constituições Republicanas prever a responsabilização do Presidente da República: Constituições de 1891 (arts. 53 e 54); 1934 (art. 57); 1937 (art. 85); 1946 (arts. 88 e 89); 1967 (art. 84); e 1969 (art. 82).

O dispositivo constitucional é integrado pela Lei n. 1.079/1950, diploma preexistente à Constituição de 1988 e que foi por ela parcialmente recepcionado. Encontram-se ali tipificados os crimes de responsabilidade e o procedimento a ser seguido, sendo cogente a observância do estatuído no art. 86 da Constituição, segundo o qual a acusação deve ser admitida pela Câmara dos Deputados e o julgamento realizado perante o Supremo Tribunal Federal, nas infrações penais comuns, ou perante o Senado Federal[170], nos crimes de responsabilidade.

De acordo com o art. 52, parágrafo único, da Constituição, em caso de condenação pela prática de crime de responsabilidade, limitar-se-á ela à perda do cargo, com inabilitação[171], por oito anos, para o exercício de função pública[172], sem prejuízo das demais sanções judiciais cabíveis[173].

A interpretação do texto constitucional demonstra que qualquer atentado à probidade administrativa (art. 85, V), por parte do Presidente da República, desde que a conduta esteja tipificada na Lei n. 1.079/1950, configura crime de responsabilidade, sujeitando-o às duas sanções referidas e às demais penalidades judiciais. Com base nestes argumentos, há quem defenda a tese, certamente vencedora no Supremo Tribunal Federal, de que o Presidente da República não poderá ter seu mandato eletivo cassado ou seus direitos políticos suspensos por força de decisão do juízo monocrático[174].

---

170 Trata-se do *impeachment*, instituto que segue, em linhas gerais, a sistemática da Constituição dos Estados Unidos, segundo a qual à Câmara dos Representantes compete o poder de encaminhar a acusação ao Senado (art. I, seção II), enquanto este irá julgá-la (art. I, seção III); sendo previsto no art. I, seção III que, no julgamento do Presidente dos Estados Unidos, o Senado será presidido pelo Presidente da Suprema Corte (*Chief Justice*). Na Inglaterra, o *impeachment* de várias autoridades é proposto pela Câmara dos Comuns, cabendo à Câmara dos Lordes decidi-lo.

171 Inabilitação não guarda sinonímia com suspensão dos direitos políticos. Aquela restringe a cidadania em sua acepção passiva, impedindo o agente de ser votado e de exercer, ou continuar exercendo, qualquer função pública. A suspensão dos direitos políticos é mais ampla, importando em restrição total à cidadania, o que, inclusive, impedirá o agente de exercer o direito de voto.

172 A inabilitação gera o impedimento ao exercício de todas as funções públicas, qualquer que seja a forma de investidura, o que inclui as decorrentes de mandato eletivo. Neste sentido, STF, 1ª T., RE n. 234.223-DF, rel. Min. Octávio Gallotti, j. em 1º/9/1998, *DJ* de 12/5/2000 (a hipótese versava sobre recurso interposto pelo ex-Presidente Fernando Collor de Mello – cujo *impeachment* havia sido decretado pelo Senado Federal – contra acórdão do Tribunal Superior Eleitoral que julgou procedente impugnação ao seu pedido de registro de candidatura para concorrer às eleições de 1998, pois este fora formulado antes do decurso do lapso de oito anos da penalidade de inabilitação que lhe fora aplicada, tendo o STF acolhido a tese de que a interdição ao exercício de função pública alcança o mandato eletivo).

173 "... A norma consubstanciada no art. 86, § 4º, da Constituição, reclama e impõe, em função de seu caráter excepcional, exegese estrita, do que deriva a sua inaplicabilidade a situações jurídicas de ordem extrapenal. O Presidente da República não dispõe de imunidade, quer em face de ações judiciais que visem a definir-lhe a responsabilidade civil, quer em função de processos instaurados por suposta prática de infrações político-administrativas, quer, ainda, em virtude de procedimentos destinados a apurar, para efeitos estritamente fiscais, a sua responsabilidade tributária" (STF, Pleno, Inq. n. 672-DF, rel. Min. Celso de Mello, *DJ* de 16/4/1993, p. 6431).

174 Nesse sentido: Gustavo Senna Miranda (*Princípio do juiz natural...*, p. 181-182); Carvalho Filho (*Manual...*, p. 886); Waldo Fazzio Júnior (*Atos de improbidade administrativa...*, p. 339); Marino Pazzaglini Filho *et alii* (ob.

Não obstante a linha de coerência da tese exposta, entendemos que o seu acolhimento acarretará a equiparação de institutos diversos, com distintos efeitos jurídicos e cuja aplicação, afora ser da alçada de órgãos que não guardam qualquer similitude entre si, pressupõe julgamentos que possuem natureza jurídica igualmente dissonante.

Com efeito, os crimes de responsabilidade não podem ser confundidos com os atos de improbidade disciplinados pela Lei n. 8.429/1992. Ainda que idêntico seja o fato, distintas serão as consequências que dele advirão, o que é próprio do sistema da independência entre as instâncias adotado no direito positivo pátrio. Em razão disso, torna-se possível que o Presidente da República seja responsabilizado pela prática do crime de responsabilidade (para alguns, crime comum, para outros infração política ou político-administrativa) e, simultaneamente, pelo ato de improbidade tipificado e sancionado pela Lei n. 8.429/1992.

Acresça-se, ainda, que os crimes de responsabilidade praticados pelo Presidente da República serão objeto de um julgamento político, enquanto os atos de improbidade, de natureza eminentemente cível, importarão na aplicação de sanções de igual natureza por um órgão jurisdicional, *in casu*, o juízo monocrático. Essa conclusão, aliás, resulta do próprio art. 52, parágrafo único, da Constituição da República, que é expresso no sentido de que a aplicação das sanções políticas se dará "sem prejuízo das demais sanções judiciais cabíveis".

Pelos motivos expostos e por inexistirem normas constitucionais que vedem a decretação de perda do mandato do Presidente da República por órgãos outros que não o Senado Federal, bem como por não haver prerrogativa de foro para o julgamento dos atos de improbidade, essa nos parece ser a solução mais correta.

Assim sendo, nas hipóteses previstas na Lei n. 8.429/1992, cumpre distinguir o seguinte: a) em se tratando de ato de improbidade igualmente previsto na Lei n. 1.079/1950, as sanções de perda da função e inabilitação poderão ser aplicadas pelo Senado Federal, enquanto o rol do art. 12 da Lei de Improbidade poderá sê-lo pelo juízo cível, independen-

---

cit., p. 138-139), Élcio e Suzi D'Angelo (*O princípio da probidade administrativa e a atuação do Ministério Público*, p. 93); Rita Tourinho (*Discricionariedade...*, p. 215); Sérgio Monteiro Medeiros (*Lei de Improbidade Administrativa*, p. 28), José Jairo Gomes ("Apontamentos...", in *Improbidade Administrativa, 10 anos da Lei n. 8.429/1992*, p. 274), Benedicto de Tolosa Filho (*Comentários...*, p. 53) e Francisco Octavio de Almeida Prado (ob. cit., p. 69). Marino Pazzaglini Filho (*Lei de Improbidade...*, p. 118-119), após ratificar tal entendimento, acrescenta que receberão igual tratamento as demais autoridades que devem ser julgadas pelo Senado Federal por crime de responsabilidade (*v.g.*: Ministros de Estado, Advogado-geral da União, Comandantes das Forças Armadas etc.), não podendo perder a função ou ter os seus direitos políticos suspensos por força de decisão do juiz singular. Em relação à perda da função, fundamenta a sua conclusão no art. 52, parágrafo único, da CR/1988; quanto à suspensão dos direitos políticos, ao que deduzimos, busca traçar um paralelo com a sanção de inabilitação, o que, com a devida vênia, não encontra correspondência na natureza dos institutos. Em sentido contrário, admitindo a aplicação de todas as sanções da Lei n. 8.429/1992 mesmo ao Presidente e ao Vice-Presidente da República, *vide*: Silvio Antonio Marques (*Improbidade administrativa...*, p. 61); Pedro Roberto Decomain (*Improbidade administrativa...*, p. 42); e José Antonio Lisbôa Neiva (*Improbidade administrativa*. Legislação ..., p. 32).

temente da decisão proferida no julgamento político; b) sendo praticados atos de improbidade que não sejam considerados crimes de responsabilidade pela Lei n. 1.079/1950, o Presidente da República somente estará sujeito às sanções previstas na Lei n. 8.429/1992.

Do mesmo modo, ante a ausência de preceito constitucional expresso em sentido contrário, o Vice-Presidente da República poderá sofrer todas as sanções previstas no art. 12 da Lei n. 8.429/1992. Em relação aos Chefes dos Executivos Estaduais e Municipais, além de estarem sujeitos à Lei de Improbidade em sua totalidade, não poderá o princípio da simetria sequer ser aventado pela legislação infraconstitucional para lhes assegurar todas as prerrogativas outorgadas ao Presidente da República pela Constituição[175].

E ainda, não poderia a Constituição Estadual restringir a eficácia da Lei n. 8.429/1992, sob pena de usurpar competência privativa da União. Por tal razão, o Governador poderá ter o seu mandato cassado sempre que incorrer em crime de responsabilidade (art. 74 da Lei n. 1.070/1950) ou praticar ato de improbidade (art. 12 da Lei n. 8.429/1992), aplicando-se o mesmo entendimento ao Prefeito Municipal e aos respectivos vices. Ressalte-se que o Superior Tribunal de Justiça chegou a reconhecer a sua competência para o processo e o julgamento dos atos de improbidade atribuídos ao Governador de Estado, estendendo, assim, a prerrogativa de foro assegurada na seara criminal[176]. Esse entendimento, como se

---

[175] Art. 25, *caput*, da CR/1988."... A responsabilidade dos governantes tipifica-se como uma das pedras angulares essenciais à configuração mesma da ideia republicana. A consagração do princípio da responsabilidade do Chefe do Poder Executivo, além de refletir uma conquista básica do regime democrático, constitui consequência necessária da forma republicana de governo adotada pela Constituição Federal. O princípio republicano exprime, a partir da ideia central que lhe é subjacente, o dogma de que todos os agentes públicos – Governadores de Estado e do Distrito Federal, em particular – são igualmente responsáveis perante a lei."..."Os Estados-membros não podem reproduzir em suas próprias Constituições o conteúdo normativo dos preceitos inscritos no art. 86, par. 3º e 4º, da Carta Federal, pois as prerrogativas contempladas nesses preceitos da Lei Fundamental – por serem unicamente compatíveis com a condição institucional de Chefe do Executivo – são apenas extensíveis ao Presidente da República" (STF, Pleno, ADI n. 978-PB, rel. Min. Ilmar Galvão, rel. desig. Min. Celso de Mello, j. em 19/10/1995, *DJ* de 24/11/1995). Em outra oportunidade, o STF ratificou o entendimento, há muito consolidado, de que "os Governadores de Estado – que dispõem de prerrogativa de foro *ratione muneris*, perante o Superior Tribunal de Justiça (CF, art. 105, I, *a*) – estão permanentemente sujeitos, uma vez obtida a necessária licença da respectiva Assembleia Legislativa (RE 153.968-BA, rel. Min. Ilmar Galvão – RE 159.230-PB, rel. Min. Sepúlveda Pertence), a processo penal condenatório, ainda que as infrações penais a eles imputadas sejam estranhas ao exercício das funções governamentais" (Pleno, ADI n. 1.018-MG, rel. p/o acórdão Min. Celso de Mello). Decidiu-se, assim, que a autorização da Casa Legislativa (de natureza discricionária) é verdadeira condição de procedibilidade da ação penal, sendo decorrência da organização federativa, especificamente da autonomia institucional dos Estados-membros, tratando-se de elemento cujo sentido de fundamentalidade o torna imune à própria reforma constitucional (art. 60, § 4º, I, da CR/1988). Acresça-se que a autorização da Assembleia Legislativa deve anteceder a decisão de recebimento, ou não, da denúncia ou da queixa, sistemática que permaneceu incólume mesmo com o advento da EC n. 35/2001, que dispensou autorização similar em relação aos membros do Legislativo (STF, HC n. 86.015/PB, rel. Min. Sepúlveda Pertence, j. em 16/8/2005, *DJ* de 2/9/2005, p. 25).

[176] Corte Especial, Rcl n. 2.790/SC, rel. Min. Teori Albino Zavascki, j. em 2/12/2009, *DJ* de 4/3/2010.

sabe, não foi recepcionado pelo Supremo Tribunal Federal, o que levou o Tribunal a revê-lo[177], afastando a tese de que o foro por prerrogativa de função se estende às ações de improbidade administrativa.

6.2. Senadores e Deputados Federais, Estaduais e Distritais

Os membros do Congresso Nacional, como titulares de mandato eletivo, são abrangidos pelo conceito de agente público contido no art. 2º da Lei n. 8.429/1992. Sendo agentes políticos, poderão praticar atos de improbidade, o que acarretaria a aplicação integral do art. 12 daquele diploma legal. No entanto, a Constituição da República prevê, em *numerus clausus*, as hipóteses em que os Deputados Federais e os Senadores poderão ter seus mandatos cassados, assim dispondo em seu art. 55, *verbis*:

> Art. 55. Perderá o mandato o Deputado ou Senador:
>
> I – que infringir qualquer das proibições estabelecidas no artigo anterior;
>
> II – cujo procedimento for declarado incompatível com o decoro parlamentar[178];
>
> III – que deixar de comparecer, em cada sessão legislativa, à terça parte das sessões ordinárias da Casa a que pertencer, salvo licença ou missão por esta autorizada;
>
> IV – que perder ou tiver suspensos os direitos políticos;
>
> V – quando o decretar a Justiça Eleitoral, nos casos previstos nesta Constituição;
>
> VI – que sofrer condenação criminal em sentença transitada em julgado.

---

[177] Corte Especial, AgRg na Rcl n. 12.514/MT, rel. Min. Ari Pargendler, j. em 16/9/2013, *DJe* de 26/9/2013.

[178] Segundo o art. 55, § 1º, da CR/1988, "é incompatível com o decoro parlamentar, além dos casos definidos no regimento interno, o abuso das prerrogativas asseguradas a membro do Congresso Nacional ou a percepção de vantagens indevidas". Eis o que Cícero (*Dos deveres*) afirmou sobre o decoro: "Tudo o que é justo é decente; ao contrário, tudo o que é injusto fere ao decoro e aos bons costumes"(...) "O que se denomina decoro é de tal maneira da essência de tudo o que é virtuoso, que se percebe ao primeiro golpe de vista. Sente-se que toda a virtude é acompanhada de certa dignidade, e que, se se pode separar uma da outra, é mais pelo pensamento que na realidade; pois não é possível separá-las como não se pode separar a beleza da saúde. Mas, ainda que a virtude e a decência sejam inseparáveis a ponto de não se poder separá-las, pode-se, como disse, diferenciá-las em imaginação" (p. 59). "Ora, como a beleza que consiste na disposição e conveniência das partes no mesmo corpo, agrada espontaneamente aos olhos; por essa conveniência, exatamente, é que agrada; assim, a decência que se sobressai na vida nos traz, pela ordem e conveniência de nosso comportamento, pela medida de nossas palavras e nossa ação, o respeito das pessoas com as quais convivemos" (p. 60). No Brasil, a importância dispensada ao decoro parlamentar varia mais em razão de conveniências políticas que propriamente de suas peculiaridades intrínsecas. Não é raro que parlamentares possuam comportamento incompatível com a própria racionalidade inerente ao ser humano, mas, nem por isso, perdem o mandato. Nesse particular, é grande a influência exercida pela adoção do sistema proporcional de representatividade, pois muitos desses agentes recebem considerável número de votos, fazendo que sua ausência no próximo pleito comprometa o coeficiente partidário e diminua o número de cadeiras que o partido poderia obter no parlamento, o que justifica toda a sorte de expedientes para impedir que percam o mandato.

Nos casos dos incisos I, II e VI, a perda do mandato será decidida pelo voto[179] da maioria absoluta dos membros da Câmara dos Deputados ou do Senado Federal (art. 55, § 2º). Nos demais casos, a perda será declarada pela Mesa da Casa respectiva (art. 55, § 3º).

Como se vê, em qualquer hipótese a perda do mandato está condicionada ao prévio pronunciamento do órgão competente do Poder Legislativo, o que afasta a possibilidade de que ela advenha de sentença prolatada em ação civil em que sejam perquiridos os ilícitos praticados pelos membros do Congresso Nacional.

Identificada a improbidade, poderá o órgão jurisdicional aplicar as demais sanções elencadas no art. 12 da Lei n. 8.429/1992, devendo ser providenciado o encaminhamento de peças de informação à respectiva Casa Legislativa para fins de cassação do mandato do parlamentar.

É interessante observar que dentre as sanções previstas nos arts. 15, V, e 37, § 4º, da Constituição e na Lei n. 8.429/1992 está a suspensão dos direitos políticos, sendo consequência desta, como foi visto por ocasião de sua análise, a cassação do mandato. Por força do art. 55, IV, da Constituição, perderá o mandato o parlamentar que tiver seus direitos políticos suspensos, o que será *declarado* pela Mesa da Casa respectiva. Ao falar em *declaração*, pretendeu o Constituinte estabelecer uma distinção com a suspensão dos direitos políticos advinda de condenação criminal[180] em sentença transitada em julgado (art. 15, III, da CR/1988).

Nesta última hipótese, apesar de estarem suspensos os direitos políticos do parlamentar, a perda do mandato está condicionada à *decisão* discricionária da Câmara dos Deputados ou do Senado Federal (art. 55, VI e § 2º). Diferentemente, tratando-se de suspensão dos direitos políticos decorrente de condenação pela prática de ato de improbidade, a Mesa da Casa Legislativa se limitará a verificar o teor da decisão judicial, com ulterior declaração de perda do mandato (art. 55, IV e § 3º).

Essa declaração tem a natureza de ato vinculado, motivo pelo qual não é sequer submetida à apreciação do plenário; logo, a suspensão dos direitos políticos do parlamentar, por meio de decisão proferida na esfera cível, acarretará, de forma indireta, a perda do cargo.

De acordo com os arts. 27, § 1º, e 32, § 3º, da Constituição da República, aplicam-se aos Deputados Estaduais e Distritais "as regras desta Constituição sobre sistema eleitoral, inviolabilidade, imunidades, remuneração, perda de mandato, licença, impedimentos e incorporação às Forças Armadas". Assim, aplicar-se-á aos Deputados Estaduais o que foi dito em relação aos parlamentares federais. Ante a ausência de previsão expressa e sendo norma de exceção, o mesmo não se dará em relação aos vereadores, ainda que haja previ-

---

179 Até a promulgação da EC n. 76/2013, o voto era secreto.
180 Deve-se lembrar que o início da persecução judicial depende de autorização da Casa Legislativa a que pertença o réu (art. 53, § 1º, da CR/1988 – *freedom from arrest*). No que concerne aos atos de improbidade, não há previsão de autorização, isso por terem natureza cível as sanções cominadas.

são neste sentido na legislação estadual ou municipal, pois seria nítida a invasão da competência da União; logo, estarão sujeitos à perda da função.

6.3. Membros do Ministério Público, do Poder Judiciário e dos Tribunais de Contas

Como já foi visto, é lata a concepção de agente público encampada pelo art. 2º da Lei n. 8.429/1992. Assim, inexistem dúvidas de que estão enquadrados em tal categoria: Promotores de Justiça, Procuradores de Justiça, Procuradores da República, Juízes, Desembargadores, Ministros dos Tribunais Superiores, Conselheiros e Ministros dos Tribunais de Contas.

Releva observar, no entanto, que a Constituição da República assegura aos membros do Ministério Público, do Poder Judiciário e do TCU a garantia da vitaliciedade[181], a qual, nas Constituições Estaduais, deve ser estendida aos Conselheiros dos Tribunais de Contas dos Estados, do Distrito Federal e dos Municípios, isso em virtude do disposto no art. 75 da Magna Carta.

Adquirida a vitaliciedade, o agente somente poderá perder o cargo por força de *sentença judicial transitada em julgado*. Por tal razão, resta analisar se o juízo monocrático, órgão competente para processar e julgar as ações que versem sobre atos de improbidade, poderá aplicar a sanção de perda do cargo aos agentes já referidos. Para tanto, é necessário aferir se tais agentes estão sujeitos a disciplina específica em relação à perda do cargo e ao órgão competente para decretá-la.

As situações fáticas e jurídicas que podem motivar a perda do cargo dos membros do Ministério Público Federal e Estadual estão disciplinadas nas respectivas leis orgânicas. A Lei Complementar n. 75/1993 dispõe sobre a organização do Ministério Público da União, enquanto a Lei n. 8.625/1993 estabelece normas gerais para a organização dos Ministérios Públicos dos Estados, normas estas que devem ser complementadas pelas leis editadas no âmbito estadual.

Segundo o art. 240, V, *b*, da Lei Complementar n. 75/1993, a sanção de demissão será aplicada nos casos de "improbidade administrativa, nos termos do art. 37, § 4º, da Constituição Federal", o que será feito com o ajuizamento de ação civil[182]. Considerando que a Lei Complementar n. 75/1993, em plena harmonia com a ordem constitucional, somente prevê a garantia de os membros do Ministério Público Federal de serem submetidos a julgamento perante tribunais nas hipóteses de crimes comuns e de responsabilidade[183],

---

181 Respectivamente, arts. 128, I, *a*; 95, I; e 73, § 3º, da CR/1988.
182 Arts. 208 e 259, IV, *a*, da LC n. 75/1993.
183 Art. 18, II, *a*, *b* e *c*, da LC n. 75/1993.

bem como que os atos de improbidade não se confundem com estes últimos[184], constata-se que poderão perder a função por força de decisão proferida por juiz monocrático.

No que concerne aos membros do Ministério Público Estadual, o art. 38, §§ 1º e 2º, da Lei n. 8.625/1993 estabelece que *somente* poderão perder o cargo por força de decisão proferida em ação civil, a ser julgada pelo Tribunal de Justiça local, nos casos de "prática de crime incompatível com o exercício do cargo", "exercício da advocacia" e "abandono de cargo por prazo superior a 30 (trinta) dias corridos". O emprego do advérbio *somente* poderia embasar a tese de que a enumeração é taxativa, sendo insuscetível de ampliação por força de disposição contida em norma de natureza geral, como o é a Lei n. 8.429/1992 (*lex generalis specialis non derrogat*), não se olvidando que referida lei orgânica afasta a possibilidade de o órgão jurisdicional de primeira instância aplicar tal sanção. Este último comando, vale notar, é flagrantemente inconstitucional, já que a competência do Tribunal de Justiça deve ser definida pela Constituição Estadual, tal qual dispõe o art. 125, § 1º, da Constituição da República, não pela legislação infraconstitucional.

Em razão disso, ter-se-ia a impossibilidade de demissão do agente ímprobo pela prática de ato de improbidade, o que seria nitidamente contrário ao interesse público e ao próprio sistema que busca um *honeste vivere* dos membros do Ministério Público.

Em nosso pensar, a incoerência da referida conclusão está nitidamente entrelaçada com a equívoca identificação da norma especial e da norma geral. *In casu*, o parâmetro a ser seguido, consoante a própria letra do art. 37, § 4º, da Constituição da República, há de ser a natureza do ato, e não a qualidade do agente público. Justifica-se a assertiva, pois toda a sistemática legal e constitucional gira em torno dos atos de improbidade, o que demonstra que a Lei n. 8.429/1992 ocupa o posto de norma de natureza especial, rompendo com a disciplina dispensada aos demais ilícitos passíveis de serem praticados, estes sim regulados pela Lei Orgânica da Instituição, que será considerada norma especial em razão da peculiar condição do agente. Não é demais lembrar que tanto o art. 37, § 4º, da Constituição de 1988 como o art. 12 da Lei n. 8.429/1992 dipõem que a aplicação das sanções por ato de improbidade dar-se-á sem prejuízo das demais sanções cabíveis.

Assim, o que se verifica é o elastecimento das hipóteses autorizadoras da perda da função previstas no art. 38, § 1º, da Lei n. 8.625/1993. Por constituir a Lei n. 8.429/1992 um microssistema de combate à improbidade, com peculiaridades próprias e que comina sanções de natureza cível, também em relação aos membros do Ministério Público Estadual inexiste prerrogativa de foro, devendo ser fixada a competência do juízo monocrático[185].

---

184 STJ, Corte Especial, Rcl. n. 591-SP, rel. Min. Nílson Naves, j. em 1º/12/1999, *DJ* de 15/5/2000. Em determinadas hipóteses, no entanto, o ato de improbidade poderá igualmente configurar crime de responsabilidade. Especificamente em relação ao Procurador-Geral da República, ver art. 40 da Lei n. 1.079/1950.
185 No mesmo sentido, ressaltando que as sanções da Lei n. 8.429/1992 não ostentam caráter criminal: Fábio Medina Osório (*Improbidade...*, p. 116); Silvio Antonio Marques (*Improbidade administrativa...*, p. 61); e José Antonio Lisbôa Neiva (*Improbidade administrativa*. Legislação..., p. 33).

Em que pese o fato de o art. 38, § 2º, da Lei n. 8.625/1993 ser claro ao estatuir que "a ação civil para a decretação da perda do cargo será proposta pelo Procurador-Geral de Justiça perante o Tribunal de Justiça local", tal preceito somente será aplicável às hipóteses previstas no diploma legal em que está inserido, não alcançando a disciplina específica da Lei de Improbidade[186].

No que concerne aos magistrados vitalícios, estabelece o art. 26 da Lei Complementar n. 35/1979 (Lei Orgânica da Magistratura Nacional) que estes *somente* perderão o cargo em "ação penal por crime comum ou de responsabilidade"; e em procedimento administrativo nas hipóteses de: a) "exercício, ainda que em disponibilidade, de qualquer outra função, salvo um cargo de magistério superior, público ou privado"; b) "recebimento, a qualquer título e sob qualquer pretexto, de percentagens ou custas nos processos sujeitos a seu despacho e julgamento"; c) "exercício de atividade político-partidária". A sanção de perda do cargo seria aplicada em procedimento instaurado perante o tribunal a que pertença ou esteja subordinado o magistrado[187]. Como o art. 95, I, da Constituição de 1988 somente autorizou que o magistrado vitalício perdesse o cargo a partir de "sentença judicial transitada em julgado", conclui-se pela não recepção da Lei Complementar n. 35/1979 na parte em que autorizava a adoção dessa medida pela via administrativa. Doravante, será necessária a propositura de ação civil de perda de cargo, que ainda carece de regulamentação pela lei complementar que venha a veicular o novo Estatuto da Magistratura.

A exemplo do que foi dito em relação aos membros do Ministério Público Estadual, e aqui vale idêntica crítica, o emprego do advérbio *somente* não restringe a possibilidade de perda do cargo às hipóteses referidas, tendo sido o rol elastecido pela Lei n. 8.429/1992, podendo o magistrado que praticar atos de improbidade, do mesmo modo, perder o cargo. Deve-se acrescer, ainda, que o fato de a Lei de Improbidade ter natureza ordinária, enquanto a Lei Orgânica da Magistratura Nacional é uma lei complementar, em nada afeta a correção da conclusão. Como foi dito, a coibição aos atos de improbidade aufere seu fundamento de validade no art. 37, § 4º, da Constituição e este preceito reportou-se à lei que o regulamentaria, omitindo-se quanto à sua natureza, o que indica que se trata de uma lei ordinária. Assim, de forma correlata à lei complementar que veicularia o estatuto da magistratura, o Constituinte originário previu uma lei ordinária que regularia de forma específica determinado tipo de ilícitos: os atos de improbidade.

E ainda, o art. 37, *caput*, da Constituição é expresso no sentido de que suas disposições alcançam os agentes de todos os Poderes, inclusive o Judiciário, sendo o § 4º igualmente expresso ao dispor que a sanção de perda da função seria cominada aos ímprobos, não tendo instituído qualquer exceção.

---

186 No mesmo sentido, honrando-nos com a citação, *vide*: STJ, 1ª T., REsp n. 1.191.613/MG, rel. Min. Benedito Gonçalves, j. em 19/3/2015, *DJe* de 17/4/2015.

187 Art. 27 da Lei Complementar n. 35/1979.

De forma similar ao que foi dito em relação aos membros do Ministério Público dos Estados, os magistrados que praticarem atos de improbidade[188] estarão sujeitos à perda do cargo. Tal sanção, por sua vez, será aplicada pelo juízo de primeiro grau ou, em estando presentes os pressupostos específicos previstos na LOMAN, pelo tribunal a que pertençam ou estejam subordinados os magistrados. O Supremo Tribunal Federal, no entanto, adotou entendimento diverso, entendendo ser competente para o julgamento de seus Ministros em todos os processos de natureza sancionadora, incluindo a improbidade administrativa, figurando, como única exceção, o julgamento dos crimes de responsabilidade, de competência do Senado Federal[189].

Os Ministros do TCU, conforme dispõe o art. 73, § 3º, da Constituição da República, têm as mesmas garantias e prerrogativas outorgadas aos Ministros do STJ, logo, além de vitalícios, serão julgados pelo STF nos crimes comuns e de responsabilidade. Por não haver identidade entre estes e os atos de improbidade, deverá ser seguida a regra geral, sendo o juízo monocrático competente para processar e julgar a ação civil que vise a aplicação das sanções da Lei n. 8.429/1992.

Cabe ao órgão jurisdicional de primeira instância processar e julgar as causas em que referidos agentes figurem no polo passivo da ação ajuizada para perquirir a prática de ato de improbidade. Esta solução renderá obediência ao art. 95, I, da Constituição da República, aplicável aos Ministros do TCU e que prevê a necessidade de sentença judicial transitada em julgado para a perda do cargo, bem como observará, por inexistir norma de natureza especial, as regras gerais de competência[190]. Idêntico entendimento será adotado

---

[188] Em relação aos Ministros do Supremo Tribunal Federal, determinadas condutas, além de se apresentarem como atos de improbidade, podem configurar os crimes de responsabilidade previstos no art. 39 da Lei n. 1.079/1950; sendo o Senado Federal competente para julgar os últimos (art. 52, II, da CR/1988).

[189] STF, Pleno, Petição n. 3.211-QO/DF rel. Min. Marco Aurélio, j. em 13/3/2008, *DJ* de 27/6/2008.

[190] Em sentido contrário: "Administrativo e Processual Civil. Ação ordinária por ato de improbidade. Membro do Tribunal de Contas da União. Competência. Embargos infringentes, prevalência parcial da divergência. 1. A divergência que constitui objeto dos embargos infringentes pode ser acolhida totalmente, com a prevalência do voto vencido, ou parcialmente, quando o recorrente pede menos do que poderia fazê-lo, ou mesmo quando, assim não procedente, recebe menos do que fora deferido naquele voto. 2. A ação indenizatória por ato de improbidade, nos termos da Lei n. 8.429/1992, envolvendo alegados danos ao patrimônio da União (litisconsorte necessária), deve ser processada e julgada na Justiça Federal, ainda que no polo passivo figure membro do Tribunal de Contas da União. 3. Embora o membro daquela Corte tenha as prerrogativas dos Ministros do Superior Tribunal de Justiça (art. 73, § 3º, da CF), e foro criminal privativo perante o Supremo Tribunal Federal (art. 102, I, *c* – idem), isso não impede que responda as ações cíveis em primeira instância. 4. Contendo a inicial, entre os seus pedidos, alguns que não se insiram na competência do Juiz Federal (perda do cargo e suspensão de direitos políticos de membro do TCU), pode o magistrado deles não conhecer e processar os demais, desde que autônomos, levando o processo ao seu termo natural, pois a sentença pode, ao acolher o pedido, dar menos do que almejara a parte. 5. Conhecimento de parte do voto. Fixação da competência da Justiça Federal" (TRF-1ª Região, 2ª Seção, EI n. 95.01.06440-9/DF, rel. Des. Olindo Menezes, *DJU* de 15/12/1997, p. 109514).

em relação aos Conselheiros dos Tribunais de Contas dos Estados, do Distrito Federal e dos Municípios do Rio de Janeiro e de São Paulo, quer lhes tenha sido garantida a vitaliciedade ou não.

Sintetizando o que foi dito neste item, conclui-se que referidos agentes sempre estarão sujeitos às sanções cominadas pela prática de atos de improbidade, devendo ser processados e julgados, a exemplo dos demais agentes públicos, pelo juízo monocrático, inexistindo qualquer óbice à decretação da perda do cargo[191].

6.4. Servidores Militares Estaduais e Federais

É incontroverso que os oficiais e as praças das Polícias Militares e dos Corpos de Bombeiros Militares integram a categoria dos denominados agentes públicos, tendo o dever, tal qual preceitua o art. 144 da Constituição da República, de preservar a ordem pública e a incolumidade das pessoas. São igualmente agentes públicos os membros das Forças Armadas, cabendo-lhes a garantia dos poderes constituídos e, por iniciativa de qualquer destes, da lei e da ordem. No direito brasileiro, o posto e a patente dos oficiais e a graduação das praças[192] têm sido tradicionalmente incluídos sob a epígrafe *cargo público*. Assim dispunham as Constituições de 1824 (art. 179, 14); 1891 (art. 73); 1934 (art. 168); 1937 (art. 122, 3); 1946 (art. 184); e 1969 (art. 145, parágrafo único). A Constituição de 1967 falava em ingresso na "carreira militar". A Constituição atual estabelece ser privativo de brasileiro nato o *cargo* de oficial das Forças Armadas (art. 12, § 3º, VI).

Para o desempenho de tão relevante *munus*, deve ser observada toda ordem de princípios regentes da atividade estatal, em especial os princípios da legalidade e da moralidade, vetores básicos da probidade administrativa.

Caso ajam em dissonância desses princípios, estarão tais agentes sujeitos às sanções previstas na Lei n. 8.429/1992, ressalvando-se, unicamente, as prerrogativas tradicionalmente estendidas aos oficiais. Essa assertiva, aparentemente destituída de maior complexidade, tem sido objeto de grande reflexão, isso em virtude do disposto no art. 125, § 4º, da Constituição da República, segundo o qual *compete à Justiça Militar estadual processar e julgar os policiais militares e bombeiros militares nos crimes militares definidos em*

---

191 Em sentido contrário, entendendo que as ações por ato de improbidade ajuizadas em face de magistrado e membro do Ministério Público devem ser processadas e julgadas em primeira instância, isso com exceção do pedido de perda do cargo, que deve ser apreciado pelo tribunal competente, *vide*: Rafael Carvalho Rezende Oliveira (*Manual de improbidade...*, p. 56-57).

192 A Lei n. 6.880/1980, que veicula o Estatuto dos Militares, dispõe que (1) posto "é o grau hierárquico do oficial, conferido por ato do Presidente da República ou do Ministro de Força Singular e confirmado em Carta Patente" (art. 16, § 1º); (2) patente, correlata ao posto, é a aptidão para o exercício das funções de comando, direção e chefia, com as vantagens, prerrogativas e deveres correlatos (art. 50, I); e (3) graduação "é o grau hierárquico da praça, conferido pela autoridade militar competente" (art. 16, § 3º).

lei, cabendo ao tribunal competente decidir sobre a perda do posto e da patente dos oficiais e da graduação das praças.

À luz desse dispositivo constitucional, seria possível sustentar que aos servidores militares estaduais foi outorgada a garantia da vitaliciedade, somente podendo perder o posto ou a graduação por força de decisão do tribunal competente do Poder Judiciário, quer a conduta violadora do dever funcional tenha natureza criminal, quer disciplinar[193]. Prevalecendo esse raciocínio em sua integridade, ter-se-ia a impossibilidade de o juízo monocrático decretar a perda da função do servidor militar estadual, ao apreciar ação civil ajuizada pela prática de atos de improbidade. Identificado o núcleo da questão, passaremos à sua análise.

Em um primeiro plano, cumpre delimitar o alcance da garantia da vitaliciedade e sua posição no direito positivo pátrio.

A vitaliciedade garante ao agente público o direito de somente ser destituído do cargo que ocupa por força de sentença judicial transitada em julgado, sendo este o critério que a diferencia da estabilidade, em que o afastamento também pode advir de procedimento administrativo em que seja assegurado o contraditório e a ampla defesa. A distinção, assim, situa-se na natureza do órgão que pode apreciar o ilícito praticado e aplicar a sanção de perda do cargo. Como pontos de tangenciamento, tem-se que em ambas as hipóteses o agente pode perder o cargo em virtude de exoneração a pedido e aposentadoria – que pode ser compulsória, em razão da idade, por invalidez ou por tempo de serviço. Partindo-se dessa premissa e em consonância com o texto constitucional, tem-se, em linha de princípio, que a vitaliciedade seria prerrogativa assegurada aos magistrados (art. 95, I), aos membros do Ministério Público (art. 128, § 5º, *a*), aos Conselheiros dos Tribunais de Contas (art. 73, § 3º), aos oficiais da Armada (art. 142, § 3º, VI), aos oficiais do serviço militar estadual (art. 42, § 1º, c.c. o art. 142, § 3º, VI e VII) e às suas praças (art. 125, § 4º), os quais somente poderiam ser destituídos do cargo por força de decisão proferida pelo Poder Judiciário.

A garantia de vitaliciedade dos oficiais da Armada há muito encontrava-se sedimentada no direito constitucional pátrio. A Constituição do Império, em seu art. 149, estabelecia que "*os oficiais do Exército e Armada não poderão ser privados das suas patentes senão por sentença proferida em Juízo competente*". De acordo com a Constituição de 1891, a perda da patente estava condicionada à condenação criminal em mais de dois anos de prisão (art. 76). A Constituição de 1934, com redação distinta, retornou ao sistema de 1824, tendo estatuído que a perda da patente decorreria de decisão proferida por Tribunal Militar permanente (art. 165, § 1º); preceito este que se tornou inócuo com a edição da Emenda n. 2, de 18 de dezembro de 1935, segundo a qual o Executivo poderia cassar a patente do oficial

---

[193] LAZZARINI, Álvaro. Vitaliciedade de servidores militares estaduais, in *Temas de direito administrativo*, p. 222.

"que praticar ato ou participar de movimento subversivo das instituições políticas e sociais". A Constituição de 1937, com algumas distinções de ordem periférica, adotou o mesmo sistema de 1934 (art. 160, parágrafo único), o que foi mantido nas Constituições de 1946 (art. 181, § 2º) e de 1967 (art. 94, § 2º). De acordo com a Emenda n. 1, de 1969, "o Oficial das Forças Armadas só perderá o posto e a patente se for declarado indigno do oficialato ou com ele incompatível, por decisão de Tribunal Militar de caráter permanente, em tempo de paz, ou de Tribunal especial, em tempo de guerra" (art. 93, § 2º), acrescendo que "o militar condenado por Tribunal civil ou militar a pena restritiva da liberdade individual superior a dois anos, por sentença condenatória passada em julgado, será submetido ao julgamento previsto no parágrafo anterior" (art. 93, § 3º). A Constituição de 1988, em seu art. 42, §§ 7º e 8º, com redação praticamente idêntica, manteve o sistema vigente, que sofreu uma modificação de ordem topográfica com a promulgação da Emenda n. 18, de 5 de fevereiro de 1998, passando a ocupar o art. 142, § 3º, VI e VII.

O Supremo Tribunal Federal, no entanto, a partir do Recurso Extraordinário n. 318.469/DF, passou a entender que o acórdão proferido por tribunal militar de caráter permanente, em tempo de paz, decidindo pela perda do posto e da patente do oficial, tem natureza administrativa, o que impossibilita, inclusive, o manejo do recurso extraordinário, já que ausente a "causa" exigida pelo permissivo constitucional[194]. Tratando-se de decisão

---

[194] No mesmo sentido: "Recurso Extraordinário: descabimento: natureza administrativa da decisão do STM que, em Conselho de Justificação, decreta a perda de posto e de patente, por indignidade e incompatibilidade com o oficialato (Lei n. 5.836/72, art. 16, I): precedentes da Corte" (STF, 1ª T., RE n. 318.469/DF, rel. Min. Sepúlveda Pertence, j. em 26/2/2002, DJ de 5/4/2002). Vide, ainda: STF, 2ª T., AI n. 719.502/SP, rel. Min. Eros Grau, j. em 26/8/2008, DJ de 18/9/2008; 2ª T., HC n. 92.181/MG, rel. Min. Joaquim Barbosa, j. em 3/6/2008, DJ de 31/7/2008; 1ª T., AI n. 650.238/SP, rel. Min. Ricardo Lewandowski, j. em 3/8/2007, DJ de 30/8/2007. Em sentido contrário: "Também os oficiais das Polícias Militares só perdem o posto e a patente se forem julgados indignos do oficialato ou com ele incompatíveis por decisão do Tribunal competente em tempo de paz. Esse processo não tem natureza de procedimento 'parajurisdicional', mas, sim, natureza de processo judicial, caracterizando, assim, causa que pode dar margem à interposição de recurso extraordinário" (STF, 1ª T., RE n. 186.116/ES, rel. Min. Moreira Alves, j. em 25/8/1998, DJ de 3/9/1999). "É tradição constitucional brasileira que o oficial das Forças Armadas só perde posto e patente, em virtude de decisão de órgão judiciário. No regime precedente à Emenda Constitucional n. 1, de 1969, a perda do posto e patente podia decorrer da simples aplicação da pena principal privativa de liberdade, desde que superior a dois anos; tratava-se, então, de pena acessória prevista no Código Penal Militar. No regime da Emenda Constitucional n. 1, de 1969, a perda do posto e patente depende de um novo julgamento, por tribunal militar de caráter permanente, mediante representação do Ministério Público Militar, que venha a declarar a indignidade ou incompatibilidade com o oficialato, mesmo que o oficial haja sido condenado, por Tribunal Civil ou Militar, a pena privativa de liberdade superior a dois anos, em sentença transitada em julgado. Não se pode equiparar a decisão prevista no art. 93, §§ 2º e 3º, da Constituição, à hipótese de decisão de Conselho de Justificação (Lei n. 5.836, de 5/12/1972). Por força da decisão de que cuida o art. 93, §§ 2º e 3º, da Lei Maior, pode ser afastada a garantia constitucional da patente e posto. Nesse caso, a decisão possui natureza material e formalmente jurisdicional, não sendo possível considerá-la como de caráter meramente administrativo, à semelhança do que sucede com a decisão de Conselho de Justificação. Cabe, assim, em princípio, recurso extraordinário, de acordo com o art. 119, III, da Constituição contra acórdão de Tribunal Militar

administrativa, cai por terra o alicerce de sustentação do entendimento que apregoa a *vitaliciedade* dos oficiais, que é justamente a exigência de decisão judicial para a perda do posto e da patente.

Referido sistema, até então de aplicação restrita aos oficiais da Armada – que abrange a Marinha, o Exército e a Aeronáutica (art. 142, *caput*, da CR/1988) – e aos oficiais do serviço militar estadual, foi aparentemente estendido às praças dos Estados por força do art. 125, § 4º, da Constituição. Trata-se de dispositivo inusitado, curioso e atécnico. Inusitado, por conceder às praças da Polícia Militar e do Corpo de Bombeiros uma garantia preteritamente assegurada somente aos oficiais, a qual é justificável, tendo em vista a importância do cargo, o grau de responsabilidade e o maior preparo intelectual que embasa suas ações. Curioso, pelo fato de garantia semelhante não ter sido assegurada às praças das Forças Armadas, que desempenham a relevante função de defesa da Pátria e de garantia dos poderes constitucionais (art. 142, *caput*, da CR/1988). O dispositivo é atécnico por estar situado na seção que estabelece a disciplina geral da Justiça dos Estados, o que não guarda qualquer correlação com a disciplina do serviço militar estadual.

Como regra geral[195], todo servidor público pode figurar em um processo administrativo disciplinar, que visa a apurar as infrações praticadas e, consoante a sua natureza e intensidade, embasar a demissão. Em relação aos oficiais das Forças Armadas e do serviço militar estadual, no entanto, a perda da patente e do posto não podem advir do exercício do poder disciplinar.

De acordo com os arts. 42, § 1º, e 142, § 3º, VI e VII, da Constituição de 1988, tais sanções somente podem ser aplicadas pelo tribunal competente, o que ocorrerá quando o oficial for julgado indigno do oficialato ou com ele incompatível (inciso VI); sendo que julgamento dessa natureza sempre será realizado quando o oficial for "condenado na justiça comum ou militar a pena privativa de liberdade superior a dois anos, por sentença transitada em julgado" (inciso VII).

Como se vê, qualquer que seja a natureza da infração praticada pelo oficial, somente de uma forma poderá ele perder o posto e a patente: por meio de decisão do tribunal competente. Dessa conclusão não se afasta o art. 125, § 4º, da Constituição, o qual estabelece duas regras, complementares e harmônicas entre si, *verbis*: a) *compete à Justiça Militar Estadual processar e julgar policiais militares e bombeiros militares nos crimes definidos em lei;* b) *cabendo ao tribunal competente decidir sobre a perda do posto e da patente dos oficiais e da graduação das praças.*

Esse dispositivo constitucional não pode ser dissecado em compartimentos estanques, culminando em se afastar da linha de congruência que deve nortear a interpretação

---

permanente, que decida nos termos do art. 93, §§ 2º e 3º, da Lei Magna. Aplica-se idêntico entendimento, em se tratando de oficial de Polícia Militar e de decisão de Tribunal Militar estadual" (STF, Pleno, RE n. 104.387/RS, rel. Min. Néri da Silveira, j. em 28/4/1988, *DJ* de 9/9/1988).

195 Art. 41, § 1º, II, da CR/1988.

constitucional. *In casu,* a interpretação lógico-sistemática da Constituição permite identificar uma regra geral, segundo a qual todo servidor público pode ser demitido após o curso do processo disciplinar, e duas exceções[196], uma ampla e outra restrita. Com amplitude maior, situa-se a garantia dos oficiais de que, *em qualquer hipótese,* somente perderão o posto e a patente mediante pronunciamento do tribunal competente[197]; em escala menor, tem-se a garantia das praças do serviço militar estadual de somente perderem a graduação, *em tendo praticado crime militar,* após o pronunciamento do tribunal[198], o que excluiria a aplicação da pena acessória prevista no art. 102 do Código Penal Militar[199]. Não nos parece que a norma vise a fim mais amplo que o sugerido, pois entendimento contrário em muito comprometeria a disciplina interna das corporações, culminando em afrouxar os freios inibitórios das praças.

Assim, tratando-se de conduta que se subsuma a determinado tipo penal militar, à Justiça Militar caberá julgá-lo, enquanto a perda da graduação dependeria de pronunciamento do Tribunal competente. A mesma conduta poderia consubstanciar infração disciplinar ou ato de improbidade, cabendo, respectivamente, ao Comandante-Geral e ao juízo monocrático decidirem sobre a perda do cargo[200].

---

196 "Interpretam-se estritamente os dispositivos que instituem exceções às regras gerais firmadas pela Constituição. Assim se entendem os que favorecem algumas profissões, classes, ou indivíduos, excluem outros, estabelecem incompatibilidades, asseguram prerrogativas, ou cerceiam, embora temporariamente, a liberdade, ou as garantias da propriedade. Na dúvida, siga-se a regra geral" (Carlos Maximiliano, *Hermenêutica e aplicação do direito,* p. 313).

197 Como, no entender do STF, a decisão do Conselho de Justificação que decreta a perda do posto e da patente de militar por indignidade ou incompatibilidade com o oficialato não configura *causa,* para efeito de ensejar a interposição de recurso extraordinário, tendo em vista o caráter administrativo, e não jurisdicional, dessa decisão, somente restará ao interessado a possibilidade de tentar anular o ato administrativo,"através de ação ordinária ou em mandado de segurança, e da decisão proferida, em última instância, é que poderá caber recurso extraordinário" (STF, RE n. 88.161, rel. Min. Rafael Mayer, trecho do voto do Min. Soares Muñoz, *RTJ* n. 94/1192).

198 É competente o Tribunal Militar, que somente foi instalado nos Estados de Minas Gerais, São Paulo e Rio Grande do Sul; ou, nos demais Estados, o Tribunal de Justiça. No Rio de Janeiro, a Seção Criminal do Tribunal de Justiça tem competência para julgar, em instância única, os processos de perda de graduação das praças, oriundos de Conselho de Disciplina (Regimento Interno do TJRJ, Capítulo V, Da Seção Criminal, art. 7º, II, alínea *b*).

199 A teleologia da norma reside na necessidade de melhor perquirir o ilícito dotado de maior potencialidade lesiva às instituições militares e que cause consequências mais daninhas ao *status civitatis* do agente, importando em uma dicotomia punitiva que visa a conferir maior segurança à identificação da situação fática motivadora da exclusão das praças da corporação.

200 "... Inaplicabilidade do art. 125, § 4º, da CF para os casos de infração administrativa" (TJRJ, 12ª CC, AP n. 7.005/1998, rel. Des. Leila Mariano, j. em 15/9/1998). "... Apenas nos crimes militares (e não nos casos de infrações disciplinares) compete ao Tribunal de Justiça, no caso, decidir sobre a perda do posto e da patente dos oficiais e da graduação das praças" (STJ, 2ª T., RMS n. 1.261-0, rel. Min. Hélio Mosimann, j. em 26/5/1993, *RJSTJ* 51/471). No mesmo sentido: STJ, 5ª T., REsp n. 249.411, rel. Min. José Arnaldo, j. em 7/11/2000, *DJ* de 11/12/2000; TJRJ, 10ª CC, AP n. 3.408/98, rel. desig. Des. Roberto Abreu, j. em 18/12/1998; 1º GCC, MS n.

Em *leading case*, ao apreciar recurso extraordinário interposto por Sargento da Polícia Militar, ao qual foi aplicada a pena acessória de exclusão da corporação por ocasião de condenação sofrida em processo penal que tramitou perante a Justiça Militar Estadual, assim decidiu o Supremo Tribunal Federal:

> *Militar: praças da Polícia Militar Estadual: perda da graduação: exigência constitucional de processo específico (CF 88, art. 125, § 4º, parte final) de eficácia imediata: caducidade do art. 102 do Código Penal Militar.*
>
> *O art. 125, § 4º, in fine, da Constituição, subordina a perda de graduação das praças das polícias militares à decisão do tribunal competente, mediante procedimento específico, não subsistindo, em consequência, em relação aos referidos graduados o artigo 102 do Código Penal Militar, que a impunha como pena acessória da condenação criminal a prisão superior a dois anos.*
>
> *A nova garantia constitucional dos graduados das polícias militares é de eficácia plena e imediata, aplicando-se, no que couber, a disciplina legal vigente sobre a perda de patente dos oficiais e o respectivo processo*[201].

421/94, rel. Des. Carpena Amorim, j. em 19/10/1994; 2º GCC, MS n. 738/94, rel. Des. Thiago Ribas, j. em 26/10/1994; 3º GCC, MS n. 279/94, rel. Des. Clarindo Nicolau, j. em 6/10/1994; 4º GCC, MS n. 1.178/93, rel. Des. Álvaro Mayrink, j. em 10/8/1994, e TJPR, 6ª CC, AP n. 48361200, rel. Des. Cordeiro Cleve, j. em 13/11/1996.

201 Pleno, RE n. 121.533-MG, rel. Min. Sepúlveda Pertence, j. em 26/4/1990, *RTJ* 133/1342. É relevante observar que o acórdão analisou a questão sob a ótica dos crimes militares, não podendo servir de embasamento para situações em que não se discuta a responsabilidade penal do agente. No mesmo sentido: "Militar. Praça da Polícia Militar. Expulsão – CF. Art. 125, § 4º, I. A prática de ato incompatível com a função policial militar pode implicar a perda da graduação como sanção administrativa, assegurando-se à praça o direito de defesa e o contraditório. Neste caso, entretanto, não há invocar julgamento pela Justiça Militar estadual. A esta compete decidir sobre a perda da graduação das praças, como pena acessória do crime que a ela, Justiça Militar estadual, couber decidir, não subsistindo, em consequência, relativamente aos graduados, o art. 102 do Código Penal Militar que impunha como pena acessória da condenação criminal a prisão superior a dois anos" (STF, Pleno, RE n. 197.649-7, rel. Min. Carlos Velloso, j. em 4/6/1997, *DJ* de 22/8/1997). "Refere-se à perda de graduação como pena acessória criminal e não à sanção disciplinar administrativa a competência conferida à Justiça militar estadual pelo § 4º do art. 125 da Constituição (STF, 1ª Turma, RE n. 199.800, rel. Min. Octávio Gallotti, j. em 19/5/1998, *DJ* de 18/9/1998). E ainda, STF, Pleno, AR n. 1.791/SP, rel. Min. Ellen Gracie, j. em 18/11/2010, *DJ* de 24/6/2011; 2ª T., HC n. 72.785-9, rel. Min. Néri da Silveira, *DJ* de 8/3/1996; e 1ª T., RE n. 358.961/MS, rel. Min. Sepúlveda Pertence, j. em 10/2/2004, Inf. n. 336. No RE n. 140.466-3-SP, rel. Min. Ilmar Galvão, j. em 25/6/96, *DJ* de 13/9/1996, a 1ª T. do STF aparentemente se afastou dos pronunciamentos referidos, tendo decidido que a perda da graduação das praças não pode ser decretada por ato do Comandante-Geral ou de qualquer outra autoridade administrativa, o que deve ser feito pelo tribunal competente. Diz-se aparentemente por ser o relatório extremamente sintético, não permitindo a visualização da situação fática que embasou a perda da graduação. No entanto, ante a remissão ao *leading case* referido, tudo leva a crer que se tratava da prática de crime militar, o que afasta a aventada incompatibilidade com a jurisprudência consolidada no Supremo Tribunal Federal. Em outra oportunidade, a 1ª T. do STF explicitou o seu entendimento:"o Plenário desta Corte, ao julgar o RE 199.800, apreciando caso

Extrai-se do voto do relator o seguinte excerto:

> ... o preceito é inequívoco: só por decisão do tribunal competente é que as praças das polícias militares poderão perder sua graduação.
>
> Ora, essa decisão não se pode reduzir simplesmente, como ocorreu no caso, à imposição de pena acessória, do art. 102 do Código Penal Militar, decorrência inafastável da gravidade da pena carcerária aplicada.
>
> Aplicação de penas, principais e acessórias, é parte da jurisdição criminal, da qual, no tocante aos crimes militares de todos os policiais e bombeiros militares, já cuidara o mesmo art. 125, § 4º, na sua parte inicial.
>
> De resto, se a exclusão do graduado se reduzisse à aplicação de uma pena acessória, não se compreenderia que, ao contrário do que sucede com os oficiais, fosse ela reservada pela Constituição à competência privativa do órgão de segundo grau da jurisdição militar estadual.
>
> Finalmente, a regra constitucional cometeu ao Tribunal, sem limitações nem exceções, a decisão sobre a perda da graduação das praças: a generalidade do preceito de reserva de competência não comporta ensaio de interpretação que, a exemplo de textos constitucionais anteriores a 1969, admitisse, como alternativa à decisão de processo específico, que nela se previu, a subsistência da exclusão a título de pena acessória derivada da lei.

Apesar da sedimentação desse entendimento no âmbito do Supremo Tribunal Federal, o Pleno, no julgamento do Recurso Extraordinário n. 447.859/MS, iniciado em 2009 e ultimado em 2015, decidiu que "[r]elativamente à praça, é inexigível pronunciamento de Tribunal, em processo específico, para que se tenha a perda do posto"[202]. Nesse julgamento, que contou com cinco votos vencidos, prevaleceu a interpretação de que a referência a competência do Tribunal, contida no art. 125, § 4º, da Constituição de 1988, somente remeteria, consideradas as praças, à Justiça Militar, não havendo exigência de processo específico para a sua exclusão na hipótese do art. 102 do CPM. Em relação aos oficiais, a conclusão é diversa, isso em razão do disposto no art. 142, § 3º, do texto constitucional. O curioso nesse acórdão é que o mesmo Tribunal que declarara a não recepção do art. 102 do CPM pela Constituição de 1988 fez que esse preceito, tal qual uma fênix, ressurgisse das cinzas e fosse reintegrado à nossa ordem jurídica.

---

análogo ao presente, decidiu, quanto à alegação de ofensa ao artigo 125, § 4º, da Constituição, que a prática de ato incompatível com a função militar pode implicar a perda da graduação como sanção administrativa, não se havendo de invocar julgamento pela Justiça Militar Estadual, por quanto a esta compete decidir sobre a perda da graduação das praças somente como pena acessória dos crimes que a ela couber decidir" (STF, 1ª T., RE n. 283.393-ES, rel. Min. Moreira Alves, j. em 20/3/2001, *DJ* de 18/5/2001, p. 88). Esse entendimento deu origem ao Enunciado n. 673 da Súmula do STF, *verbis*: "[o] art. 125, § 4º, da Constituição não impede a perda da graduação de militar mediante procedimento administrativo".

202 Rel. Min. Marco Aurélio, j. em 21/5/2015, *DJ* de 20/8/2015.

Conclui-se que: 1) as praças do serviço militar estadual e das Forças Armadas poderão ser responsabilizadas pelos atos de improbidade que praticarem, estando sujeitas a todas as sanções previstas no art. 12 da Lei n. 8.429/1992, inclusive a perda da graduação; 2) os oficiais, por sua vez, também responderão pela prática de atos de improbidade, mas não poderá o juízo cível impor-lhes a perda do posto e da patente, sendo matéria reservada ao tribunal competente. Há quem sustente que o juízo competente, ao julgar a ação civil por ato de improbidade, também poderá decretar a perda do cargo do oficial[203], reservando-se ao Tribunal, apenas, a decisão a respeito do posto e da patente. Com isso, o oficial ímprobo demitido passaria para a reserva não remunerada. Argumenta-se, em prol desse entendimento, que (1) posto e graduação são graus hierárquicos, enquanto o cargo é o local situado na organização interna da Administração Pública; (2) a exclusão do serviço ativo das Forças Militares, consoante o art. 94, III e IV, da Lei n. 6.880/1980 (Estatuto dos Militares), pode ocorrer por "demissão" ou por "perda do posto e patente"; (3) o oficial demitido passará para a reserva, preservando, portanto, o posto que possuía (Lei n. 6.880/1980, arts. 116, § 3º, e 117); (4) a norma do art. 142, § 3º, VI, da Constituição da República, não faz referência à perda do cargo.

A análise dessa linha argumentativa exige, em primeiro lugar, seja esclarecido que a estrutura administrativa militar não apresenta uma relação de superposição em relação à estrutura civil, sendo evidente a existência de conceitos distintos, ainda que se assemelhem entre si em seus contornos semânticos. Para facilitar a compreensão, vamos contextualizar a análise cotejando a situação de dois indivíduos, um elevado ao *status* de 1º Tenente do Exército brasileiro, outro ao de Juiz de Direito, isso após o preenchimento dos requisitos estabelecidos em lei. Principiando pelo último, pode-se dizer que Juiz de Direito é o cargo público ocupado por um dos indivíduos, no qual ele foi empossado, o que o habilita a exercer suas funções junto ao órgão jurisdicional no qual seja lotado (*v.g.*: a Vara Criminal da Comarca X). É perceptível, portanto, o encadeamento existente entre cargo, órgão e função. Já em relação ao primeiro, 1º Tenente é a patente que é atribuída por ato do Presidente da República (CR/1988, art. 142, § 3º, I), o que lhe permite exercer funções de comando, direção e chefia no âmbito do Exército, ocupando um posto na hierarquia militar. Após ter o seu *status* de Oficial do Exército Brasileiro configurado, esse agente irá ocupar um cargo específico, com a correlata alocação em uma das estruturas orgânicas que compõem essa Força, que é tradicionalmente dividida em Armas (Infantaria, Cavalaria, Artilharia, Engenharia e Comunicações), Quadros (Material Bélico, Engenheiros Militares e Oficiais) e Serviços (Saúde, Intendência e Assistência Religiosa). Daí se falar, por exemplo, em Oficial (patente) Comandante (cargo) do 1º Batalhão de Infantaria Motorizada (órgão), que exercerá certas funções específicas.

---

203 Nesse sentido: Rafael Carvalho Rezende Oliveira (*Manual de improbidade*..., p. 60-61); e José Antonio Lisbôa Neiva (*Improbidade administrativa*. Legislação comentada artigo por artigo. Niterói: Editora Impetus, 2009, p. 35).

Diversamente ao que se verifica em relação ao Juiz de Direito, o que une o 1º Tenente do Exército à União não é propriamente o cargo que ele ocupa na estrutura administrativa militar, mas, sim, a patente. Essa conclusão, aliás, é corroborada pelo art. 20 da Lei n. 6.880/1980, ao definir cargo militar como o "conjunto de atribuições, deveres e responsabilidades cometidos a um militar em serviço ativo", acrescendo, em seu § 1º, que "o cargo militar, a que se refere este artigo, é o que se encontra especificado nos Quadros de Efetivo ou Tabelas de Lotação das Forças Armadas ou previsto, caracterizado ou definido como tal em outras disposições legais". O cargo militar, portanto, é vinculado a um militar, o que pressupõe esse *status* funcional.

Outra peculiaridade da estrutura administrativa militar encontra-se estampada no art. 94 da Lei n. 6.880/1980, segundo o qual "a exclusão do serviço ativo das Forças Armadas e o consequente desligamento da organização a que estiver vinculado o militar" podem decorrer, dentre outras causas, de demissão e perda do posto e patente. A demissão, de acordo com o art. 115, pode ser a pedido ou *ex officio*. A demissão *ex officio*, consoante o art. 117 da Lei n. 6.880/1980, ocorre quando o Oficial passa a exercer cargo ou emprego permanente estranho à sua carreira. Em ambas as situações, a demissão não ostenta caráter punitivo. O oficial ingressará na reserva não remunerada e manterá o mesmo posto que tinha no serviço ativo, isso a teor do art. 116, § 3º.

Não é despiciendo recordar que a administração civil desconhece a figura da reserva, cujos contornos são eminentemente híbridos: faz cessar o exercício da função e o recebimento de remuneração, mas preserva a patente. A "demissão *ex officio*", portanto, a não ser pelo designativo, em nada se confunde com a "demissão" a que estão sujeitos os servidores civis. É simplesmente outro instituto. Não é possível, portanto, advogar uma simbiose existencial entre institutos diversos quando a sua funcionalidade é nitidamente distinta. Esse aspecto torna-se particularmente claro ao observarmos que aquilo que é denominado "demissão *ex officio*", pela Lei n. 6.880/1980, a Constituição da República, em seu art. 142, § 2º, II, simplesmente denomina transferência para a reserva, *verbis*: "o militar em atividade que tomar posse em cargo ou emprego público civil permanente será transferido para a reserva, nos termos da lei". Essa "transferência", à evidência, é totalmente distinta da "perda da função" a que se refere a Lei n. 8.429/1992.

O Oficial que pratica ato incompatível com a sua condição funcional somente pode ter o vínculo com a União dissolvido de uma única maneira: sendo submetido ao tribunal competente a que se refere o art. 142, § 3º[204]. A não referência à "perda do cargo" é mais que justificada, pois a funcionalidade que os servidores públicos civis atribuem ao cargo, os militares atribuem à patente e ao posto.

---

204 Em sentido contrário, passando ao largo de todos os argumentos relacionados à temática e simplesmente decretando a perda da função de Tenente Coronel do Exército, *vide*: TRF-4ª Região, 3ª T., Ap. Cível n. 5003197-41.2015.4.04.7100/RS, rel. Des. Fed. Fernando Quadros da Silva, j. em 9/9/2015.

6.5. Inatividade e não Incidência da Sanção de Perda da Função Pública

Não é incomum que o agente público acusado da prática de ato de improbidade administrativa passe para a inatividade antes do trânsito em julgado da sentença condenatória proferida na respectiva ação civil. Em situações dessa natureza, questiona-se: a aplicação da sanção de perda da função pública terá o efeito de acarretar a perda da aposentadoria?

O primeiro aspecto a ser analisado diz respeito aos efeitos das medidas de perda da função pública e de perda da aposentadoria. A primeira apresenta contornos imediatamente funcionais e mediatamente patrimoniais, já que dissolve a relação jurídica mantida com o Poder Público e, em consequência, priva o agente público da percepção da contraprestação pecuniária devida pela atividade desempenhada. A segunda, por sua vez, é essencialmente patrimonial, impedindo que o indivíduo continue a receber um benefício financeiro decorrente de atividades, públicas ou privadas, que desempenhou durante sua vida laborativa. Esse último aspecto torna-se particularmente perceptível ao observarmos que o regime previdenciário, na atualidade, possui natureza contributiva, de modo que o indivíduo, durante toda a sua vida funcional, forma um vínculo de natureza previdenciária, com o ente definido em lei, habilitando-o a gozar de certos benefícios tão logo preencha os requisitos exigidos.

Enquanto a perda da função pública acarreta a cessação do vínculo funcional, a passagem para a inatividade tem como pressuposto, justamente, a cessação desse vínculo, de modo que o indivíduo continue a receber uma contraprestação pecuniária sem realizar qualquer atividade de cunho laborativo. Com os olhos voltados à situação dos servidores públicos ocupantes de cargos de provimento efetivo, observa-se que eles podem ocupar cargos de carreira, composta por várias classes, de modo que a passagem da classe inferior para a superior, acarretando a progressão funcional, observe as regras estabelecidas no regime jurídico da categoria. Ao passar para a inatividade, o agente deixa de integrar a carreira, não mais ocupando o cargo para o qual fora nomeado e tornando possível que outro indivíduo venha a ingressar na carreira ou, mesmo, a partir de remoção ou progressão, ocupar o cargo anteriormente destinado a ele. Há, portanto, uma ruptura do vínculo funcional originário. A sua situação jurídica, doravante, será regida por outro vínculo, este de natureza previdenciária, mantido com o mesmo ente federado (*v.g.*: servidor federal aposentado recebe benéfico previdenciário dos cofres da União) ou com ente federado diverso (*v.g.*: servidor municipal pode vir a receber o seu benefício previdenciário do Instituto Nacional de Seguridade Social, autarquia federal). É evidente, portanto, que a remuneração regular está associada ao exercício da função pública e o benefício previdenciário ao cumprimento dos requisitos estabelecidos em lei, com especial ênfase ao imperativo recolhimento da contribuição previdenciária. Esse recolhimento, vale observar, também pode estar associado ao exercício de uma atividade privada, cujo lapso de exercício pode ser computado para fins de gozo do benefício previdenciário a ser atribuído, ao agente público, ao passar para a inatividade.

Nesse momento, já é possível constatar, com relativa clareza, que a situação jurídica do agente inativo não é mera continuação da situação por ele ostentada quando em atividade. Nessa linha, é factível que perda da função pública e cassação da aposentadoria são sanções ontologicamente diversas e que produzem efeitos distintos na esfera jurídica do indivíduo. Não podem, portanto, ser vistas como verso e reverso da mesma moeda. Na medida em que consubstanciam sanções distintas, somente poderão ser aplicadas quando previstas em lei (*v.g.*: a Lei n. 8.112/1990, que veicula o Estatuto dos Servidores Públicos Civis da União, comina, nos incisos III e IV do art. 127, as sanções de "demissão" e "cassação de aposentadoria ou disponibilidade"[205]).

Quando se constata que nenhum dos incisos do art. 12 da Lei n. 8.429/1990 cominou a sanção de cassação da aposentadoria, é possível concluir que ela será inaplicável nessa seara. *De lege ferenda*, cremos que é uma omissão a ser suprida pelo legislador, evitando que certos atos, indicadores de intensa degeneração de caráter e de um estilo de vida totalmente vil e deturpado, não venham a obstar que agentes públicos de considerável experiência, o que só realça a maior reprovabilidade da sua conduta, vejam a passagem para a inatividade como verdadeira comenda pelos ilícitos praticados durante sua permanência na ativa[206].

---

205 O STF já decidiu da seguinte forma: "Mandado de Segurança. Servidor público. Penalidade de cassação da aposentadoria por improbidade administrativa e por aplicação irregular de dinheiros públicos... Improcedência da alegação de que a pena de cassação da aposentadoria é inconstitucional por violar o ato jurídico perfeito" (Pleno, MS n. 22.728-1, rel. Min. Moreira Alves, j. em 22/4/1998, *DJU* de 13/11/1998). O STJ, analisando a situação de Delegatário de Serventia do Registro Público, assentou que "ainda que estivesse aposentado voluntariamente, a perda do benefício poderia ter sido imposta em processo disciplinar, sem que isso consistisse em afronta a direito adquirido. Precedentes do STJ e STF" (5ª T., RMS n. 17.115/PR, rel. Min. Félix Fischer, j. em 1º/6/2004, *DJU* de 28/6/2004).

206 Na doutrina, negando a possibilidade de cassação da aposentadoria, *vide* Carlos Frederico Brito dos Santos (*Improbidade*..., p. 86); e Marcelo Harger (*Improbidade*..., p. 155). A favor, entendendo que a aposentadoria gera, tão somente, a modificação da situação jurídica de ativo para inativo, não afetando o vínculo existente: Wallace Martins Paiva Júnior (*Probidade*..., p. 180 e 277); Rita Tourinho (*Discricionariedade*..., p. 287-288); Tiago do Carmo Martins (*Anotações*..., p. 162-164); José Antonio Lisboa Neiva (*Improbidade administrativa*. Legislação..., p. 113). e Silvio Antonio Marques (*Improbidade administrativa*..., p. 130-131 e 134). Na jurisprudência: (1) contra a cassação – STJ, 2ª T., REsp n. 1.186.123/SP, rel. Min. Herman Benjamin, j. em 2/12/2010, *DJe* de 4/2/2011; TJSP, 12ª C. de Direito Público, AP n. 990.10.146735-6, rel. Des. Edson Ferreira da Silva, j. em 1º/12/2010; TJSP, 8ª C. de Direito Público, AP n. 0011353-49.2006.8.26.0318, rel. Des. Paulo Dimas Mascaretti, j. em 5/9/2012; TJMS, 1ª T. Cível, Proc. n. 2008.024068-4, rel. Des. Divoncir Schreiner Maran, j. em 13/4/2010; (2) a favor da cassação – 1ª S., MS n. 20.444/DF, rel. Min. Herman Benjamin, j. em 27/11/2013, *DJe* de 11/3/2014; STJ, 2ª T., AgRg no AREsp n. 826.114/RJ, rel. Min. Herman Benjamin, j. em 19/4/2016, *DJe* de 25/5/2016; TJSP, 10ª C. de Direito Público, AI n. 580.232-5/8-00, rel. Des. Torres de Carvalho, j. em 4/12/2006; TRF-5ª R, AP n. 519.742/RN, rel. Juiz Federal César Carvalho, j. em 3/8/2012; TRF-5ª R., AP n. 540.457/SE, rel. Min. Francisco Cavalcanti, j. em 2/8/2012; (3) não admitindo a cassação da aposentadoria anteriormente concedida por cargo diverso – TJRS, 21ª CC, Proc. n. 70014102982, rel. Des. Leila Vani Pandolfo Machado, j. em 5/7/2006; TJGO, 1ª CC, 5ª Turma julgadora, AI n. 73014-7/180, rel. Des. Abrão Rodrigues Faria, j. em 6/10/2009; e TRF-1ª R., 4ª T., Proc. n. 2002.35.00.000366-4/GO, rel. Des. Fed. Hilton Queiroz, j. em 20/10/2009, *DJ* de 29/10/2009. Admitindo a cassação da aposentadoria como efeito da condenação criminal: STJ, 5ª T., RMS n. 22.570, rel. Min. Arnaldo Esteves Lima, j. em 15/3/2008, *DJe* de 19/5/2008; e TRF--2ª R., Proc. n. 200550010034412, rel. Des. Fed. Abel Gomes, e-DJF2R de 20/9/2010.

7. SUSPENSÃO DOS DIREITOS POLÍTICOS

Os direitos políticos, em essência, garantem ao cidadão o direito subjetivo de participar da vida política do Estado, o que é desdobramento lógico do próprio princípio de que todo o poder emana do povo[207]. Compreendem o direito de votar[208] e de ser votado[209]; o direito de iniciativa das leis, nos casos e na forma previstos na Constituição; o direito de ajuizar a ação popular; a possibilidade de ocupar o cargo de Ministro de Estado[210] e, por simetria, de Secretário Estadual ou Municipal; o direito de criar e integrar partidos políticos; e a legitimidade para o oferecimento de denúncia em face do Chefe do Executivo pela prática de infração político-administrativa[211-212].

Tratando-se de direitos fundamentais, quaisquer restrições a eles pressupõem expressa previsão constitucional, podendo ser de ordem parcial (inelegibilidade) ou total, sendo que esta será definitiva ou temporária. A restrição total e definitiva é denominada perda dos direitos políticos, enquanto a temporária o é de suspensão. Após vedar a cassação dos direitos políticos, a Constituição elenca indiscriminadamente as hipóteses de perda e de suspensão em seu art. 15, *verbis*:

> Art. 15. É vedada a cassação dos direitos políticos, cuja perda ou suspensão só se dará nos casos de:
>
> I – cancelamento da naturalização por sentença transitada em julgado;
>
> II – incapacidade civil absoluta;
>
> III – condenação criminal transitada em julgado, enquanto durarem seus efeitos;

---

207 CR/1988, art. 1º, parágrafo único.
208 Exige a nacionalidade brasileira; a idade mínima de dezesseis anos; que o cidadão esteja inscrito como eleitor, tendo um título eleitoral; e que não seja conscrito em serviço militar obrigatório (ver art. 14 da CR/1988).
209 São condições de elegibilidade: a nacionalidade brasileira; o pleno exercício dos direitos políticos, o alistamento eleitoral, o domicílio eleitoral na circunscrição, a filiação partidária e, por ocasião da posse, a idade mínima exigida para o cargo (art. 14, § 3º, da CR/1988). Além disto, não devem estar presentes as denominadas causas de inelegibilidade, que são impedimentos à candidatura a cargo eletivo, podendo ser absolutas, quando o impedimento atinge qualquer cargo; ou relativas, quando alcançam determinados cargos e em certos pleitos. Apenas os inalistáveis (*rectius:* os que não podem ser eleitores) e os analfabetos são absolutamente inelegíveis (art. 14, § 4º, da CR/1988). A inelegibilidade relativa, por sua vez, pode advir de motivos funcionais; por motivos de casamento, parentesco ou afinidade; em razão da condição de militar; ou por previsões de ordem legal. Para maior desenvolvimento do tema, *vide* nosso *Abuso de Poder nas Eleições, Meios de Coibição*, p. 47, item 11.
210 CR/1988, art. 87, *caput*.
211 Art. 14 da Lei n. 1.079/1950 e art. 5º, I, do Decreto-Lei n. 201/1967.
212 Acrescenta Waldo Fazzio Júnior (*Improbidade administrativa e crimes de prefeitos*, p. 302) a impossibilidade de "ser editor ou redator de órgão de imprensa; exercer cargo público e nem exercer cargo em sindicato".

IV – recusa de cumprir obrigação a todos imposta ou prestação alternativa, nos termos do art. 5º, VIII;

V – improbidade administrativa, nos termos do art. 37, § 4º.

Consoante o texto constitucional, constata-se que as hipóteses de perda ou suspensão dos direitos políticos variarão conforme a base fática em que se assentam, o que culminará com a irradiação de distintos efeitos. Assim, o inciso I prevê nítida situação de perda dos direitos políticos, pois o exercício destes é restrito aos que possuem a nacionalidade brasileira e, uma vez transitada em julgado a respectiva sentença, o cancelamento da naturalização será irreversível – regra esta que tem como exceção a possibilidade de ajuizamento de ação rescisória para desconstituir o julgado. Os demais incisos, por sua vez, tratam da suspensão dos direitos políticos. O inciso II, por ser possível, em alguns casos, a reversão do quadro de incapacidade; o inciso III em razão da temporariedade da sanção penal; o inciso IV por ser admissível o ulterior cumprimento da obrigação ou da prestação alternativa; e o inciso V em virtude da própria construção semântica da expressão constante do art. 37, § 4º, da Constituição, em que se fala em suspensão dos direitos políticos.

Regulamentando o texto constitucional, estabeleceu o art. 12 da Lei n. 8.429/1992, com a redação dada pela Lei Complementar n. 157/2016, em seus quatro incisos, distintos valores relativos para a sanção de suspensão dos direitos políticos: o lapso de suspensão será de oito a dez anos na hipótese de enriquecimento ilícito (inciso I); de cinco a oito anos em se tratando de lesão ao erário (inciso II); de três a cinco anos nos casos de infração aos princípios da administração pública (inciso III); e de cinco a oito anos para os atos de concessão ou aplicação indevida de benefício financeiro ou tributário ao contribuinte do ISS (inciso IV). À incidência da sanção é desinfluente o fato de o agente público ser ou não detentor de mandato eletivo: sua aplicação, assim, será direcionada pela gravidade do ato de improbidade e pela necessidade de restringir determinado direito que o ímprobo demonstrara não ser digno de possuir[213].

Identificada a prática da improbidade e aplicada a sanção de suspensão dos direitos políticos, a cidadania do ímprobo será restringida em suas acepções ativa e passiva, vale dizer, no direito de votar (cidadania ativa) e de ser votado (cidadania passiva), isto sem prejuízo de erigir-se como óbice ao exercício dos demais direitos que pressuponham a

---

[213] Em sentido contrário, entendendo que a sanção de suspensão dos direitos políticos deve ser direcionada aos agentes políticos, *vide*: TRF-4ª Região, 4ª T., AP n. 2004.70.02.000372-5, rel. Des. Valdemar Capeletti, j. em 9/9/2009, *DJe* de 21/9/2009. O raciocínio é nitidamente equivocado. Afinal, é factível a possibilidade de o servidor público condenado por ato de improbidade vir a se candidatar a cargo eletivo, o que, em face dos valores deturpados que ostenta, aumentará o potencial lesivo de sua conduta. Além disso, suas opções, enquanto cidadão, certamente tenderão a privilegiar aqueles que ostentam pensamento similar. Portanto, a suspensão dos direitos políticos deve ser aplicada em conformidade com a gravidade do ato, de modo a restringir a interação do indivíduo com o ambiente sociopolítico.

condição de cidadão. Conforme deflui da própria expressão, a privação ao exercício da cidadania é temporária, sendo esta sanção mais ampla do que as causas de inelegibilidade previstas no texto constitucional[214] e na legislação infraconstitucional[215]. Estas limitam-se a restringir o exercício da cidadania em sua acepção passiva, naquela a restrição é total.

Diversamente da condenação em processo criminal[216], a suspensão dos direitos políticos não é efeito imediato da sentença que reconhecer a prática do ato de improbidade, sendo imprescindível que esta sanção seja expressamente aplicada. Silente a sentença, não haverá que se falar em suspensão dos direitos políticos. Restará, no entanto, o efeito específico da condenação consubstanciado na causa de inelegibilidade prevista no art. 1º, II, *h*, da Lei Complementar n. 64/1990, conforme será visto em tópico específico.

À luz do texto constitucional, constata-se que todos os direitos políticos possuem um alicerce comum, qual seja, o alistamento eleitoral[217] do cidadão. A capacidade eleitoral ativa é, a um só tempo, requisito básico de elegibilidade (art. 14, § 3º, II, da CR/1988); condição para o legítimo exercício da ação popular (art. 5º, LXIII, da CR/1988); requisito para a subscrição dos projetos de iniciativa popular (art. 61, § 2º, da CR/1988) e para a filiação partidária (art. 16 da Lei 9.096/1995). Assim, para a efetividade da sanção de suspensão dos direitos políticos, o que somente ocorrerá com o trânsito em julgado da sentença condenatória[218], é imprescindível que seja promovido o cancelamento da inscrição eleitoral do ímprobo junto à Zona Eleitoral em que ele se encontra inscrito.

Aplicada a sanção, a qual consubstancia causa de cancelamento da inscrição eleitoral[219], deve o órgão jurisdicional comunicar tal fato ao Juiz Eleitoral ou ao Tribunal Regional da circunscrição em que o ímprobo mantiver o seu domicílio eleitoral[220].

Recebida a comunicação, o Juiz Eleitoral seguirá o rito previsto no artigo 77 do Código Eleitoral, o qual prevê a autuação da comunicação e dos documentos que a instruem; publicação de edital com prazo de dez dias para ciência dos interessados, os quais poderão apresentar contestação[221] em cinco dias; realização de dilação probatória no prazo de cinco a dez dias, caso tenha sido requerida e seja considerada necessária pelo juízo; e prolação

---

214 *V.g.*, art. 14, §§ 5º e 7º, da CR/1988.
215 *Vide* Lei Complementar n. 64/1990.
216 A suspensão dos direitos políticos independe de previsão expressa na sentença penal condenatória. Inteligência do art. 15, III, da CR/1988. Neste sentido: STF, Pleno, RE n. 179.502-6/SP, rel. Min. Moreira Alves, j. 31/5/1995, *DJ* de 8/9/1995.
217 O alistamento eleitoral e o voto são obrigatórios para os maiores de 18 anos e facultativos para os analfabetos, os maiores de 70 anos e os maiores de 16 e menores de 18 anos (art. 14, § 1º, da CR/1988).
218 Art. 20, *caput*, da Lei n. 8.429/1992.
219 Art. 71, II, do Código Eleitoral.
220 Art. 71, § 2º, do Código Eleitoral.
221 A defesa poderá ser feita pelo interessado, por outro eleitor ou por delegado de partido (art. 73 do CE).

de decisão, após pronunciamento do Ministério Público[222], no prazo de cinco dias. Da decisão caberá recurso, no prazo de três dias, para o TRE[223].

Em não sendo realizada a comunicação referida, deverá o Ministério Público[224] providenciar o ajuizamento do que se convencionou chamar de "ação de exclusão de eleitor", que seguirá o rito anteriormente referido.

Por derradeiro, é importante frisar que enquanto não for determinada a exclusão do eleitor, poderá ele votar validamente[225], o que denota a importância deste procedimento para a efetividade da sanção de suspensão dos direitos políticos aplicada ao ímprobo. Determinada a exclusão do ímprobo do cadastro de eleitores, estará ele impossibilitado de exercer sua cidadania, não podendo votar ou ser votado durante o período estabelecido na sentença condenatória.

Não providenciada a exclusão, poderá o ímprobo votar. No entanto, apesar da regularidade formal, pois o ímprobo continuará com a inscrição eleitoral, poderá ele ser responsabilizado penalmente caso venha a votar[226] e ausente estará a condição de elegibilidade prevista no art. 14, § 3º, II, da Constituição da República (pleno exercício dos direitos políticos), o que o impedirá de concorrer a cargos eletivos.

Pretendendo o ímprobo participar do procedimento eletivo, deverão os legitimados ajuizar, perante a Justiça Eleitoral, a ação de impugnação ao registro nos cinco dias subsequentes ao seu requerimento (art. 3º da LC n. 64/1990); ou, caso o ímprobo seja eleito, interpor recurso contra a expedição de diploma (art. 262, I, do CE). Nada sendo feito, ainda assim, poderá ser pleiteada, judicialmente ou junto ao corpo legislativo, em sendo o caso, o afastamento do ímprobo cujos direitos políticos foram suspensos e, apesar disto, tenha sido diplomado, isto porque o pleno gozo dos direitos políticos é requisito essencial à ocupação do cargo eletivo. Pelo mesmo motivo, a suspensão dos direitos políticos, ainda que ulterior à diplomação, importará na perda do mandato eletivo, acarretando a imediata cessação de seu exercício[227].

---

222 A necessidade de intervenção do Ministério Público decorre da indisponibilidade do direito. *Vide* art. 127 da CR/1988 e arts. 176 e 279 do CPC/2015.
223 Art. 80 do Código Eleitoral.
224 A exclusão também poderá ser promovida *ex officio*, a requerimento do delegado de partido ou de qualquer eleitor (art. 71, § 1º, do CE).
225 Art. 72 do Código Eleitoral.
226 Art. 359 do Código Penal: "Exercer função, atividade, direito, autoridade ou múnus, de que foi suspenso ou privado por decisão judicial".
227 "Perda dos direitos políticos: consequência da existência da coisa julgada. A Câmara dos vereadores não tem competência para iniciar e decidir sobre a perda de mandato de Prefeito eleito. Basta uma comunicação à Câmara dos Vereadores extraída dos autos do processo criminal. Recebida a comunicação, o Presidente da Câmara dos Vereadores, de imediato, declarará a cassação do mandato do Prefeito, assumindo o Vice-Prefeito, salvo se, por outro motivo, não puder exercer a função. Não cabe ao Presidente da Câmara dos Vereadores outra conduta senão a declaração de extinção do mandato. Recurso extraordinário conhecido em parte e nesta parte provido" (STF, Pleno, RE n. 225.019-GO, rel. Min. Nelson Jobim, j. em 8/9/1999, *DJ* de

Sem prejuízo das medidas acima mencionadas, deverá ser aferida a responsabilidade penal do ímprobo. Consoante o art. 337 do Código Eleitoral, em não estando o agente no gozo dos seus direitos políticos, consubstanciará infração penal a sua participação em atividades partidárias, inclusive comícios e atos de propaganda em recintos fechados ou abertos.

Decorrido o lapso de suspensão, o agente readquire automaticamente o pleno gozo dos direitos políticos. No entanto, em tendo sido promovida a sua exclusão do cadastro de eleitores, deverá providenciar novo alistamento junto à Zona Eleitoral de seu domicílio[228], pois somente assim poderá exercer sua capacidade eleitoral ativa, pressuposto básico e indispensável ao exercício dos demais direitos políticos.

8. MULTA CIVIL

A penalidade de natureza pecuniária não importa em qualquer restrição ao exercício dos direitos de ordem pessoal, limitando-se a atingir o patrimônio do ímprobo, bem jurídico que terminará por ser diminuído com a aplicação dessa sanção.

Penalidades dessa natureza já eram aplicadas em Roma, apresentando-se como medidas de polícia ou propriamente penais, importando na fixação de multa ou na retirada de bens. A sanção que atingisse todo o patrimônio do infrator recebia o nome de confisco; atingindo-o em parte, multa era a denominação atribuída. No direito germânico, o confisco era frequentemente praticado, sendo a multa uma das parcelas representativas do débito do infrator para com a sociedade.

Com o crescente declínio da sanção de confisco dos bens[229], a multa tem assumido grande relevância na concreção da prevenção geral e da prevenção especial, punindo o infrator pelo ilícito praticado e dissuadindo ele próprio e os demais infratores em potencial da prática de novas infrações.

22/11/1999). Omitindo-se o Presidente da Câmara, será cabível a impetração de mandado de segurança, isto sem prejuízo do ajuizamento das medidas cabíveis em virtude da prática do ato de improbidade previsto no art. 11, II, da Lei de Improbidade. Como exceção à regra geral, tem-se o disposto no art. 55, § 2º, da CR/1988, segundo o qual a perda do mandato dos Deputados Federais e Senadores depende de decisão da Casa Legislativa respectiva; sendo referido dispositivo de aplicação restrita ao caso de suspensão dos direitos políticos advinda de condenação criminal em sentença transitada em julgado (neste sentido: STF, Pleno, RE n. 179.502-6/SP, rel. Min. Moreira Alves, j. 31/5/1995, *DJ* de 8/9/1995).

228 Art. 81 do Código Eleitoral.

229 "... o confisco dos bens do condenado não só é impolítico e desumano, mas também é injusto, porque peca por aberração, porquanto, mais que ao culpado, golpeia seus filhos inocentes" (Francesco Carrara, ob. cit., p. 140)."O uso das confiscações põe continuamente a prêmio a cabeça do infeliz sem defesa, e faz o inocente sofrer os castigos reservados aos culpados. Pior ainda, as confiscações podem fazer do homem de bem um criminoso, pois o levam ao crime, reduzindo-o à indigência e ao desespero" (C. Beccaria, *Dos delitos e das penas*, p. 103). O art. 5º, XLV, da CR/1988 admite a aplicação da sanção de perdimento de bens, sendo ampla a liberdade do legislador ordinário na regulamentação do preceito.

Muitas são as vantagens que apresenta, dentre elas o papel punitivo que exerce sobre o infrator; o intimidativo sobre os demais componentes do grupamento; e o fator de renda para o Estado, ente para o qual é revertido o valor arrecadado. Como principais críticas, pode-se citar o risco de que terceiro forneça os meios necessários à sua satisfação, ou mesmo sua iniquidade se comparada com o patrimônio do ímprobo.

Imperfeições à parte, pois estas são próprias das realizações humanas, trata-se de importante instrumento utilizado no combate à improbidade, compondo um feixe de sanções que incidirá sobre diferentes bens jurídicos do ímprobo.

O direito positivo pátrio tem tradicionalmente se afastado da tese de que a multa deveria ser fixada em percentual incidente sobre o patrimônio do devedor, sendo sua aplicação normalmente norteada por critérios concernentes à personalidade do agente, às circunstâncias da conduta e aos seus efeitos.

O art. 12 da Lei n. 8.429/1992, com a redação dada pela Lei Complementar n. 157/2016, comina, em seus quatro incisos, as multas passíveis de aplicação ao ímprobo de forma correlata à natureza do ato por ele praticado. Nesta linha, àquele que enriquecer ilicitamente é cominada a multa de até três vezes o valor do acréscimo patrimonial (inciso I); ao causador de dano ao erário a multa de até duas vezes o valor do dano (inciso II)[230]; ao violador dos princípios administrativos, a multa de até cem vezes o valor da remuneração do agente (inciso III); e, àquele que concede, aplica ou mantém de maneira indevida benefícios financeiros ou tributários ao contribuinte do ISS, multa de até três vezes o valor do benefício (inciso IV).

Quando um terceiro concorrer para a prática dos atos previstos no art. 11 da Lei de Improbidade, estará ele sujeito à multa cominada no inciso III do art. 12, sendo a remuneração do agente público o parâmetro a ser seguido para a sua fixação. É importante frisar que não há qualquer incoerência no fato de a multa a ser aplicada ao *extraneus* ser fixada em conformidade com a remuneração percebida pelo agente público, pois este é o elo que permite a aplicação da Lei n. 8.429/1992 àqueles que não mantenham qualquer vínculo com a Administração Pública. A condição do agente público possibilitará a incidência da tipologia legal, que deve ser concebida na perspectiva de sua unidade, fazendo com que todos os envolvidos respondam pelo mesmo ato e incidam no mesmo feixe de sanções a ele cominado, ainda que sejam distintos os valores relativos aplicados a cada qual.

Também é oportuno analisar a incidência, ou não, da sanção de multa sobre a esfera jurídica do agente público que, embora tenha praticado o ato de improbidade tipificado no art. 11 da Lei n. 8.429/1992, exerça suas funções gratuitamente. Essa possibilidade, ante a amplitude dos termos do art. 2º da Lei n. 8.429/1992, é plenamente plausível. Como a mul-

---

230 O valor do ressarcimento do dano causado ao erário, a ser apurado em liquidação, pode ser utilizado como base de cálculo da sanção de multa: STJ, 1ªT., REsp n. 1.445.348/CE, rel. Min. Sérgio Kukina, j. em 26/4/2016, *DJe* de 11/5/2016.

ta, a teor do art. 12, III, deve ser fixada em "até cem vezes o valor da remuneração percebida pelo agente", *quid iuris*?

O Superior Tribunal de Justiça[231] já se deparou com a situação de agente público que, embora exercesse gratuitamente suas funções, foi condenado, nas instâncias ordinárias, à sanção de multa prevista no art. 12, III, da Lei n. 8.429/1992. Por ter sido utilizado, como base de cálculo, o valor do salário mínimo, menor remuneração paga em território nacional, foi interposto recurso especial almejando fosse utilizado o vencimento básico mais elevado dos cargos de nível superior da estrutura remuneratória da pessoa jurídica lesada. A pretensão foi negada pelo Tribunal, que manteve a condenação nos termos em que estabelecida pelas instâncias ordinárias. Com todas as vênias, esse entendimento não nos parece ser o melhor.

Inicialmente, deve-se observar que a multa cominada aos distintos atos de improbidade, longe de ser arbitrária, busca preservar uma correlação com certos referenciais considerados relevantes: (a) no enriquecimento ilícito, o montante do proveito obtido, (b) no dano ao patrimônio público, o montante do prejuízo causado, e (c) na violação aos princípios, a remuneração recebida. Em todos os casos, o objetivo parece ser reduzir a esfera jurídica do ímprobo justamente naquele aspecto que ocupa o ponto central de sua ação. Especificamente em relação à violação aos princípios regentes da atividade estatal, penaliza-se o ímprobo em múltiplos da remuneração recebida, junto ao sujeito passivo do ato de improbidade, como contraprestação pelo correto exercício do seu mister. Nessa perspectiva, observa-se que, quando o agente desempenha uma função gratuita, esse objetivo se desvanece.

Outro aspecto negativo em relação à utilização do salário mínimo, como base de cálculo da multa aplicada com fundamento no art. 12, III, consiste na ampliação do alcance de um preceito sancionador de modo nitidamente prejudicial ao agente público. Se a norma faz referência a multiplicadores que, em uma dada situação concreta, incidirão sobre *zero*, representação numérica da função gratuita ou honorífica, não pode o intérprete, a seu talante, substituí-la pelo valor do salário mínimo. Trata-se de interpretação que não encontra amparo na lei e que faz por merecer a pecha de arbitrária. Embora soe injusto eximir o agente dessa sanção pecuniária, maior injustiça será sujeitá-lo a sanção não delineada em lei e à margem da teleologia da norma. Em matéria de direito sancionador, a integração, *in malan partem*, da incompletude normativa, é opção que não se abre ao intérprete. Essa conclusão é corroborada ao constatarmos que o inciso III do art. 12 da Lei n. 8.429/1992, longe de permanecer adstrito à multa, contempla diversas sanções passíveis de aplicação ao ímprobo, que devem ser adaptadas aos circunstancialismos do caso concreto e à sua condição pessoal.

Partindo-se dos critérios utilizados pelo legislador, afigura-se adequado o patamar das multas cominadas, o que, aliado a uma aplicação justa e ponderada, culminará em

---

[231] 2ª T., REsp n. 1.216.190/RS, rel. Min. Mauro Campbell Marques, j. em 2/12/2010, *DJ* de 14/12/2010.

valorizar as virtudes e afastar os inconvenientes do instituto. Cumpre ressaltar que a multa ora analisada tem natureza civil e sancionatória, o que inviabiliza o aproveitamento de argumentos comumente relacionados à multa aplicada na esfera penal, em especial a assertiva de que ela não seria transmissível aos herdeiros do ímprobo falecido. Como foi oportunamente visto, diversa é a solução nesta seara.

No mais, considerando a previsão autônoma de ressarcimento do dano, não há que se falar em caráter indenizatório da multa. Ela não se encontra alicerçada em uma relação de equilíbrio com o dano causado, que é valorado unicamente para fins de fixação do montante da multa, a qual sempre atingirá patamares superiores aos do dano.

A multa cominada ao ímprobo está em perfeita harmonia com a medida cautelar de indisponibilidade dos bens[232], originariamente prevista no art. 37, § 4º, da Constituição da República e que visa a assegurar a eficácia do provimento jurisdicional que aplicar sanções pecuniárias[233].

O não adimplemento voluntário da multa aplicada exigirá a instauração de processo de execução, sendo de conhecimento geral que a inexistência de patrimônio inviabilizará o seu prosseguimento, sujeitando o crédito respectivo ao lapso prescricional comum para a execução de dívida certa da Fazenda Pública em face do particular.

Ante a impossibilidade de conversão da multa civil em sanção de natureza diversa, constata-se a importância das medidas preliminares que visem a identificar e apreender os bens do ímprobo, sempre em proporção necessária à satisfação das sanções pecuniárias passíveis de aplicação[234], o que é derivação direta do poder geral de cautela. Tal proceder evitará que o ímprobo dissipe seu patrimônio e afastará a inocuidade que muitas vezes assola sanções dessa natureza.

Não obstante a omissão da Lei de Improbidade, o numerário arrecadado com a imposição da multa deverá ser destinado ao sujeito passivo do ato de improbidade, vale dizer, à pessoa jurídica prejudicada e que ensejou a aplicação da referida Lei ao caso. Essa conclusão preserva a harmonia do sistema, pois o art. 18 da Lei n. 8.429/1992 dispõe que "a sentença que julgar procedente a ação civil de reparação de dano ou decretar a perda dos bens havidos ilicitamente determinará o pagamento ou a reversão dos bens, conforme o caso, em favor da pessoa jurídica prejudicada pelo ilícito". Não sendo aplicável às conde-

---

232 A indisponibilidade de bens fora anteriormente prevista no art. 4º da Lei n. 8.397/1992 como medida cautelar de natureza fiscal.

233 Também sustentando a adequação da medida de indisponibilidade dos bens para garantir a efetividade da sanção de multa: Nicolao Dino de Castro e Costa Neto, Improbidade administrativa: aspectos materiais e processuais, in *Improbidade administrativa, 10 anos da Lei n. 8.429/1992*, p. 368. Em sentido contrário: Marcelo Harger, *Improbidade...*, p. 192.

234 A indisponibilidade é medida adequada para assegurar o pagamento da multa civil (STJ, 2ª T., REsp n. 1.317.439/MG, rel. Min. Herman Benjamin, j. em 27/8/2013, DJe de 18/9/2013) e pode ser decretada nos próprios autos da ação civil, sendo despiciendo o ajuizamento de medida cautelar autônoma (STJ, 2ª T., REsp n. 469.366/PR, rel. Min. Eliana Calmon, j. em 13/5/2003, DJ de 2/6/2003, p. 285).

nações por ato de improbidade o disposto no art. 13 da Lei n. 7.347/1985, esse haverá de ser, igualmente, o destino da multa. O sujeito passivo sempre será o ente aglutinador de todo o numerário originário do ímprobo, quer de natureza indenizatória, quer punitiva, o que é derivação direta do próprio vínculo mantido entre ambos.

9. PROIBIÇÃO DE CONTRATAR COM O PODER PÚBLICO OU RECEBER INCENTIVOS FISCAIS OU CREDITÍCIOS, DIRETA OU INDIRETAMENTE, AINDA QUE POR INTERMÉDIO DE PESSOA JURÍDICA DA QUAL SEJA SÓCIO MAJORITÁRIO

Anteriormente à celebração de qualquer contrato, é aconselhável seja aferida a idoneidade das partes, o que representa relevante fator de segurança para o cumprimento das avenças de natureza onerosa. O Poder Público, em que pese dissociar-se do princípio da legalidade em certas ocasiões, sempre terminará por adimplir as obrigações pecuniárias que estiverem a seu cargo, sendo vários os instrumentos existentes para compeli-lo a tanto.

No que concerne ao polo oposto da relação obrigacional, deve ser ocupado por quem demonstre possuir retidão de conduta compatível com a natureza do contrato e do seu destinatário final. Essa característica, *prima facie*, não será encontrada naquele que infringiu os princípios da legalidade e da moralidade, vindo a praticar atos de improbidade em detrimento do interesse público. Assim, é plenamente justificável lhe seja defeso contratar com o Poder Público.

Essa sanção foi cominada nos três primeiros incisos do art. 12 da Lei n. 8.429/1992[235], sendo estatuído que o enriquecimento ilícito acarretaria a proibição de contratar por dez anos (inciso I), o dano ao erário por cinco anos (inciso II) e a violação aos princípios regentes da atividade estatal por três anos (inciso III)[236]. A Lei Complementar n. 157/2016, que

---

235 A Lei n. 8.666/1993 prevê a aplicação das sanções administrativas de suspensão temporária de participação em licitação e impedimento de contratar com a Administração, por lapso não superior a dois anos (art. 87, III), e a declaração de inidoneidade para contratar ou licitar com o Poder Público, enquanto perdurarem os motivos determinantes da punição ou até que seja promovida a reabilitação perante a própria autoridade que aplicou a penalidade, que será concedida sempre que o contratado ressarcir a administração pelos prejuízos resultantes e após decorrido o prazo da sanção de suspensão temporária (art. 87, IV).

236 Apesar dessa sanção ser cominada em valores absolutos (dez, cinco ou três anos), inexistindo margem de liberdade para que o órgão jurisdicional a adapte às peculiaridades do ímprobo, sustenta Fábio Medina Osório (As sanções da Lei 8.429/1992 aos atos de improbidade administrativa, *RT* 766/87) que, nos casos de enriquecimento ilícito, deve ser estabelecido um paralelo com o lapso mínimo de suspensão dos direitos políticos, admitindo-se a redução da sanção até o limite de cinco anos; não sendo admissível tal artifício unicamente nas situações dos arts. 10 e 11 da Lei n. 8.429/1992, em que há coincidência entre o lapso mínimo de suspensão dos direitos políticos e o lapso único de proibição de contratar com o Poder Público e receber incentivos fiscais. Não obstante o louvável propósito de se estabelecer critérios de individualização da sanção, a solução sugerida importa em conferir tratamento isonômico a objetividades jurídicas diversas, pois enquanto a suspensão dos direitos políticos atinge o *status civitatis* do ímprobo, a proibição de contra-

inseriu na Lei n. 8.429/1992 a tipologia do art. 10-A e cominou as sanções do inciso IV do art. 12, não fez menção a esta sanção, o que significa dizer que uma situação específica de dano ao patrimônio público, consistente na concessão indevida de benefícios financeiros ou tributários ao contribuinte do ISS, dará ensejo a reprimendas mais brandas.

Além do aspecto da segurança das relações jurídicas a serem estabelecidas, não deve ser olvidado o nítido caráter punitivo de tal disposição, importando em penalidade pecuniária de ordem indireta, pois o ímprobo não poderá auferir qualquer benefício advindo de uma relação contratual com o ente estatal.

À proibição de contratar deve ser dispensada uma interpretação condizente com a extensão atribuída a essa sanção pelo texto legal, abrangendo *todos* os contratos passíveis de serem estabelecidos com o Poder Público, quer sejam unilaterais ou bilaterais, onerosos ou gratuitos, comutativos ou aleatórios. A proibição de contratar implica, *ipso iure,* a proibição de participar da licitação[237]. Alcança, igualmente, os contratos individuais, ainda que de natureza trabalhista. No que diz respeito aos contratos em curso, como o licitante, por força do art. 55, XIII, da Lei n. 8.666/1993, deve manter, durante todo o período de execução do contrato, as condições de habilitação, também eles serão extintos[238]. Nesse caso, não há qualquer afronta à garantia constitucional do ato jurídico perfeito, já que, em razão das peculiaridades do contrato administrativo, a capacidade de contratar é continuamente avaliada.

À expressão *Poder Público* deve ser dispensada interpretação condizente com a teleologia da norma, alcançando a Administração Pública, direta e indireta, de qualquer dos

---

tar tem reflexos eminentemente patrimoniais. Diversa a objetividade jurídica, diversa haverá de ser a disciplina de cada qual, o que afasta a possibilidade de utilização de um padrão de unificação apenas em razão da identidade da grandeza física utilizada para mensurá-la. Walter Claudius Rothenburg (Ação por improbidade..., in *Improbidade administrativa, 10 anos da Lei n. 8.429/1992,* p. 479), por sua vez, invocando o art. 5º, XLVI, da CR/1988, dispositivo que veicula o dogma da individualização da pena, sustenta que os prazos previstos devem ser interpretados como limites máximos, inexistindo óbice à fixação da sanção em patamares inferiores. No mesmo sentido: Marlon Alberto Weichert, A sentença condenatória na ação de improbidade administrativa. Profundidade e extensão das sanções, *RIL n.* 170/57 (67), 2006; Carlos Frederico Brito dos Santos (*Improbidade...,* p. 89). Não obstante a solidez do argumento, dele dissentimos. Partindo-se da premissa de que, em determinadas hipóteses, o princípio da proporcionalidade pode autorizar a aplicação de somente algumas das sanções cominadas (premissa prestigiada por Carlos Frederico e não acolhida por Walter Claudius, e Marlon Alberto), seria despicienda a sua utilização, em um segundo momento, para se alcançar a justa medida da sanção, já que o princípio da individualização da pena fora preteritamente prestigiado com o afastamento daquelas sanções que se mostraram inadequadas ao caso. Conclusão diversa, ademais, autorizaria que mesmo nas situações em que as sanções são cominadas em valores relativos (*v.g.*: suspensão dos direitos políticos), o Judiciário viesse a fixá-las abaixo do mínimo legal sempre que fossem dois ou mais os ímprobos condenados e, apesar de ambos terem sofrido a reprimenda mínima, a situação de um deles ainda se mostrasse mais favorável.

237 Art. 87 da Lei n. 8.666/1993.
238 Nesse sentido: José Roberto Pimenta Oliveira (Improbidade..., p. 319). Em sentido contrário, defendendo que a aplicação da sanção aos contratos em curso representaria uma "pena retroativa": Marcelo Harger, *Improbidade...,* p. 157.

Poderes da União, dos Estados, do Distrito Federal e dos Municípios, e não somente o sujeito passivo do ato de improbidade praticado pelo ímprobo. A aplicação dessa sanção resulta da incompatibilidade verificada entre a conduta do ímprobo e o vínculo a ser mantido com a Administração Pública, o que torna desinfluente qualquer especificidade em relação a esta, já que a sanção circunda a esfera subjetiva do ímprobo, a qual não é delimitada pelo ente que tenha sido lesado pelo ato de improbidade, tornando-se extensiva a todos os demais[239].

O ímprobo não poderá, igualmente, receber benefícios ou incentivos fiscais ou creditícios em lapso que variará em conformidade com a natureza do ato de improbidade praticado. A exemplo da proibição de contratar com o Poder Público, caracterizam-se como sanções pecuniárias de ordem indireta.

Regra geral, a obrigação tributária atinge a todos que sejam considerados responsáveis pelo crédito tributário advindo do implemento do fato gerador, o que é consectário do próprio princípio da isonomia. Em muitos casos, referida obrigação, de natureza principal ou acessória, bem como o crédito tributário dela resultante, podem sofrer atenuações sempre que concorrerem determinados fatores, dentre eles, os benefícios ou incentivos fiscais. Estes, a exemplo dos incentivos creditícios, se caracterizam como instrumentos utilizados pelo Poder Público para implementar o desenvolvimento de determinado território ou de certa atividade, bem como para corrigir desigualdades ou recompor a ordem econômica e social. Vários são os tipos de incentivos fiscais passíveis de serem concedidos ao contribuinte, podendo ser mencionados a isenção[240], a redução de alíquota e a dedução do cré-

---

[239] Apreciando a questão, decidiu o TJMG da seguinte forma: "Embargos de Declaração. Improbidade Administrativa. Ação Civil Pública. Obscuridade. Inquérito Civil Público. Procedimento Administrativo. Lei n. 8.429/1992. Danos. Liquidação de Sentença. Viabilidade. Administração Pública. Conceito. Honorários Advocatícios. Omissão. Litisconsórcio Passivo Necessário. Caracterização. Definida a viabilidade do Ministério Público utilizar-se da ação civil pública para ressarcir o erário público dos danos ocasionados por agentes políticos ou públicos, resulta que a realização do inquérito civil público supre o procedimento preliminar definido nos arts. 14 e 15 da Lei n. 8.429/1992. Comprovados na perícia os danos ao erário público, nada obsta que seja relegada à liquidação de sentença a quantificação aritmética dos valores devidos, sem que se possa alegar ofensa ao art. 12, parágrafo único, da Lei n. 8.429/1992. A expressão 'Poder Público' vertida no art. 12, I, da referida Lei, não deixa margem a interpretações outras senão que a proibição de contratar alcança a Administração Pública como um todo, atingindo todos os seus níveis. O inconformismo da parte contra a sua condenação na verba honorária pelo acórdão não pode ser apreciado em sede de declaratórios, por não se adequar nas hipóteses do art. 535 do CPC. Prevalecendo o litisconsórcio passivo necessário instituído na lide, pelo que, em se reconhecendo a procedência da ação civil pública, os efeitos da condenação alcançarão todos os componentes do polo litisconsorcial, a teor do apontado art. 47 do CPC, circunstâncias estas que determinam seja extirpada a omissão contida no acórdão, em sede dos declaratórios. Embargos de declaração, em parte, acolhidos" (TJMG, 3ª CC, ED n. 198.715-5/01, rel. Des. Lucas Sávio V. Gomes, j. em 31/5/2001, *DJ* de 29/6/2001).

[240] Isenção é uma das formas de exclusão do crédito tributário, instituída por lei, em que é excluída determinada parcela da hipótese de incidência do tributo (*vide* arts. 176-179 do CTN). Em determinados casos, a obtenção e a manutenção da isenção podem estar condicionados ao cumprimento de uma obrigação acessória (STJ, 2ª T., REsp n. 537-SP, j. em 18/10/1989, rel. Min. Américo Luz, *RJSTJ* 06/377).

dito tributário ou da base de cálculo, sendo que a extensão destes variará em conformidade com a legislação que os instituir[241].

Ainda sob a ótica da extensão da sanção em comento, entendemos que a expressão "proibição ... de receber benefícios ou incentivos fiscais" restringe a sua aplicação àqueles benefícios ou incentivos de caráter condicionado, em que haja uma relação direta entre o ímprobo e o Poder Público.

Tratando-se de benefícios ou incentivos incondicionais, em que não é exigido do interessado o preenchimento de requisitos especiais, ou determinada contraprestação, inexistirá óbice a que o ímprobo venha a auferi-los, pois referidos benefícios, em verdade, não representam um privilégio, mas medida de política fiscal adotada em prol da coletividade, sendo concedidos de forma genérica[242]. Deve-se observar que entendimento contrário ensejaria o surgimento de múltiplos questionamentos sem solução adequada. Como exemplo, pode-se mencionar a situação do ímprobo considerado isento por estar abaixo da faixa mínima tributável pelo imposto sobre a renda e proventos de qualquer natureza. Qual seria a alíquota aplicável a ele com a desconsideração da faixa legal de isenção? Qual seria a parcela fixa de dedução do imposto encontrado após a aplicação da alíquota? Considerando que referido imposto é progressivo, seria aplicada a mesma alíquota da primeira faixa tributável ou seria "criada" outra inferior? Poderia o ímprobo beneficiar-se das deduções gerais, as quais acarretam a redução da base de cálculo do tributo? Estes e outros

---

241 À guisa de ilustração, podem ser citadas as seguintes decisões do STJ onde a questão dos benefícios fiscais foi examinada: "ICM. Alíquota zero. É inconfundível a isenção com a redução com alíquota zero e demais benefícios fiscais, cuja distinção é feita pelo Decreto n. 1.219/1972 e pela Lei Complementar n. 24. A isenção é competência do poder tributante, as isenções concedidas pela União de tributos estaduais ou municipais são exceções e instrumentadas unicamente por Lei Complementar. A importação de mercadorias sob a alíquota zero não configura isenção e, consequentemente, não impede a cobrança do ICM, portanto simples redução não há de alcançar categoria diversa da alíquota zero (1ª T., REsp n. 4973-SC, rel. Min. Garcia Vieira, j. em 18/2/1991, RJSTJ 20/352); "ICM – Redução e isenção. Não se pode confundir isenção com redução, com alíquota zero e demais benefícios fiscais. A redução do imposto federal não produz o mesmo efeito no ICM (estadual). Recurso improvido" (1ª T., REsp n. 5.892-SC, rel. Min. Garcia Vieira, j. em 14/10/1992, RJSTJ 61/230); "Tributário. Incentivo fiscal. SUDENE. Imposto de renda. Isenção. Prorrogação. Decreto-Lei n. 1.564/1977, art. 3º. Lei n. 7.450/1985, art. 59, § 1º. Precedentes do STJ. Comprovado o atendimento, pela autora, dos requisitos exigidos no art. 3º do Decreto-Lei n. 1.564/1977, em exame promovido pela SUDENE, há que ser concedida a prorrogação da isenção do imposto sobre a renda e adicionais. Embargos acolhidos" (1ª Seção, EREsp n. 28.434-4-PE, rel. Min. Peçanha Martins, j. em 27/9/1994, RJSTJ 66/76). "Tributário. Incentivo fiscal. Dec.-Lei n. 2.065/1983. Deduções do imposto devido. A Lei define, de forma clara e precisa, o que seja isenção, dedução e redução de tributo (Dec.-Lei n. 2.065/1983), para o fim de a empresa gozar do estímulo fiscal destinado a reinvestimento com correção monetária plena. Ainda que a declaração de rendimentos – como no caso presente – seja entregue fora do prazo legal, não legitima a Fazenda Nacional a auferir o crédito tributário como imposto, eis que o Decreto-Lei n. 2.065/1983 se refere a dedução (isenção parcial condicionada a determinado fato), sendo ilegal a exigência do recolhimento da correção monetária a título de imposto. Recurso improvido. Decisão unânime" (1ª T., REsp n. 87.326-PE, rel. Min. Demócrito Reinaldo, j. em 18/9/1997, RJSTJ 111/41).

242 A conclusão foi prestigiada por Carvalho Filho (Manual..., p. 888), Arnaldo Rizzardo (Ação civil pública..., p. 10) e Marcelo Harger (Improbidade..., p. 158).

questionamentos certamente permaneceriam sem resposta e, se resposta houvesse, ela fatalmente não encontraria correspondência no princípio da legalidade em matéria tributária, já que a lei não contempla a tributação daqueles que percebem montante inferior ao mínimo estipulado.

Outra questão complexa, cujo enfrentamento já preconizávamos na 1ª edição da obra, consistia na criação de mecanismo que permitisse às milhares de pessoas jurídicas de direito público existentes na República Federativa do Brasil o conhecimento das sanções aplicadas ao ímprobo. A inexistência de um sistema nacional integrado de informações sobre os antecedentes dos ímprobos, o que em muito reduzia a efetividade das sanções aplicadas, foi suprida com a edição da Resolução n. 44, de 20 de novembro de 2007, do Conselho Nacional de Justiça, que instituiu o *Cadastro Nacional de Condenados por Ato de Improbidade Administrativa* – CNCIA, a ser gerido pelo órgão e obrigatoriamente municiado por todos os tribunais do País, com exposição permanente pela *Internet*[243]. Esse cadastro disponibilizará informações sobre (1) a qualificação do condenado, (2) o respectivo processo e (3) as sanções de perda da função pública, suspensão dos direitos políticos e proibição de contratar e receber incentivos fiscais e creditícios do Poder Público[244].

Quanto à proibição de receber incentivos creditícios, ela veda a realização de empréstimos, financiamentos e doações ao ímprobo, os quais, como contratos que são, já estariam abrangidos pela proibição de contratar com o Poder Público.

A exemplo da suspensão dos direitos políticos, são sanções de efeitos temporários, mas que geram graves consequências de ordem econômica.

Aplicadas as sanções ora estudadas, será proibido ao ímprobo contratar com o Poder Público ou receber incentivos fiscais ou creditícios, *direta ou indiretamente, ainda que por intermédio de pessoa jurídica da qual seja sócio majoritário*. A parte final da oração denota claramente a preocupação do legislador com os artifícios normalmente utilizados para se contornar a restrição imposta.

Em razão disso, não só o ímprobo, como também as pessoas jurídicas de que faça parte como sócio majoritário, ou mesmo as pessoas, físicas ou jurídicas, que sejam interpostas entre ele e o benefício almejado, sofrerão os efeitos da sanção. Na primeira hipótese, tem-se uma nítida variante da teoria da desconsideração da personalidade jurídica (*disregard of legal entity*), sendo afastada a existência independente desta e, *ex vi legis*, presumida a utilização de sua personalidade para contornar a restrição que acomete o ímprobo[245].

---

[243] Pelo seu pioneirismo, ainda merece referência o sítio na Internet, idealizado pelo Promotor de Justiça capixaba Marcelo Zenkner, com o endereço www.condenadosimprobidade.adv.br.
[244] Art. 3º da Resolução CNJ n. 44/2007.
[245] Marçal Justen Filho sustenta a inconstitucionalidade dessa previsão normativa por infração ao princípio constitucional da personalidade da pena (CR/1988, art. 5º, XLV) – *Curso...*, p. 1102. No mesmo sentido: Marcelo Harger, *Improbidade...*, p. 66 e 157.

Note-se que o dispositivo legal não põe em dúvida a diferença de personalidade da sociedade e de seus sócios, mas visa a impedir a consumação de uma fraude manifesta. Ainda que o ímprobo seja sócio minoritário da sociedade, será possível a desconsideração da personalidade jurídica, o que exigirá prova de uma possível simulação, com a consequente demonstração de que aquele comanda a sociedade através de interpostas pessoas.

Tratando-se de sociedade familiar, composta pelo ímprobo e por seu cônjuge ou companheiro, ou somente por familiares daquele, será comumente identificado o benefício indireto que a lei buscou coibir. Não se sustenta que a sanção aplicada ao ímprobo deva transcender sua pessoa e atingir os demais membros de sua família. No entanto, em situações tais, não raras vezes será possível identificar a simulação, a qual será facilmente visualizada ao se constatar que os familiares não possuíam renda suficiente para criar e manter a empresa, o mesmo ocorrendo quando se verificar que vivem a expensas do ímprobo.

10. INDEPENDÊNCIA E COMUNICABILIDADE ENTRE AS INSTÂNCIAS PENAL, CIVIL E ADMINISTRATIVA

Os atos ilícitos praticados pelo agente público podem acarretar a sua responsabilidade penal, civil e administrativa, sendo cada qual perquirida perante o órgão competente.

Conforme fora visto, a Lei n. 8.429/1992 é expressa ao dispor que as penalidades cominadas em seu art. 12 serão aplicadas "independentemente das sanções penais, civis e administrativas". Esse preceito, de natureza eminentemente material, visa a dirimir quaisquer dúvidas no sentido de que a aplicação de determinada sanção em uma seara não afasta as sanções passíveis de aplicação nas demais.

Ainda que única seja a conduta, poderá o agente sofrer sanções de natureza penal, desde que haja a integral subsunção de seu ato a determinada norma incriminadora; administrativa, em restando configurado algum ilícito dessa natureza[246]; e civil, que apresen-

---

246 Ao disciplinar as atribuições do Tribunal de Contas, dispôs a Constituição da República, em seu art. 71, § 3º, que "as decisões do Tribunal de que resulte imputação de débito ou multa terão eficácia de título executivo". Assim, ainda que o Tribunal fixe a importância a ser ressarcida aos cofres públicos ou aplique determinada multa, estará o ímprobo sujeito à complementação do numerário estabelecido a título de ressarcimento e ao pagamento da multa prevista no art. 12 da Lei n. 8.429/1992. Nessa hipótese, conforme expressa autorização do *caput* do art. 12, será legítima a justaposição das penalidades pecuniárias: o ressarcimento até a integral reparação do dano e a multa de forma cumulativa, já que fruto de um sistema punitivo específico e com tipologia própria. O acerto da conclusão aumenta quando constatamos que tanto as sanções por improbidade como aquelas aplicadas pelos Tribunais de Contas possuem previsão expressa no texto constitucional, que anuiu com a sua coexistência. Em sentido contrário, sustentando que a multa imposta pelo Tribunal de Contas exclui aquela decorrente do ato de improbidade: Edilson Pereira Nobre Júnior, Improbidade administrativa: alguns aspectos controvertidos, *Revista do TRF-5ª Região* n. 56/320 (345), 2004. Sobre a atividade do Tribunal de Contas no exercício do controle externo das contas públicas, como órgão auxiliar do Poder Legislativo, já pacificou o STF a "inexistência de '*bis in idem*' pela circunstância de, pelos mesmos fatos, terem sido aplicadas a pena de multa pelo Tribunal de Contas da União e a pena de cassação da apo-

ta natureza supletiva, podendo importar na complementação do ressarcimento dos danos causados ao Poder Público[247], política etc.

No que concerne às sanções passíveis de aplicação ao ímprobo, a independência entre as instâncias se apresenta absoluta[248], mas é tão somente relativa quanto à possibilidade de interpenetração dos efeitos da decisão proferida em uma seara nas demais.

Em um primeiro plano, cumpre perquirir os efeitos da sentença penal em relação à persecução da conduta do agente nas esferas cível e administrativa. Sobre a correlação existente entre a *actio civilis ex delicto* e a responsabilidade penal, tema fecundamente estudado pela doutrina penal e perfeitamente aplicável à espécie, os vários sistemas legislativos podem ser ordenados em quatro grandes grupos: o da solidariedade, o da confusão, o da livre escolha e o da independência.

Nos países que adotam a solidariedade, há duas ações diferentes, uma penal, outra civil, mas no mesmo processo e diante do mesmo juiz, o criminal. Na confusão, existe uma única ação, civil e penal ao mesmo tempo, possibilitando um direito amplo de pedir ao órgão jurisdicional a reparação por inteiro do malefício causado pelo crime, quer ao interesse geral, quer ao particular. No sistema da livre escolha é permitido cumular as duas ações no processo penal; é uma cumulação facultativa, aplicando-se o brocardo *electa una via non datur recursus ad alteram*. Por derradeiro, no sistema da independência, a ação civil somente pode ser proposta no juízo cível, concedendo-se a este a faculdade de suspender o curso do processo civil até o julgamento definitivo do criminal.

Realizado um breve resumo dos sistemas existentes, é possível afirmar, à luz do disposto nos arts. 935 do Código Civil de 2002, 110 do CPC/1974, 315 do CPC/2015 e 64 do CPP, que o ordenamento jurídico pátrio adotara, até o advento da Lei n. 11.719/2008, o sistema da independência, de modo que as instâncias civil e penal permaneciam alijadas uma da outra. Após a Lei n. 11.719/2008, que conferiu nova redação ao art. 387, IV, do CPP para dispor que o juiz, na sentença condenatória, "fixará valor mínimo para reparação dos

---

sentadoria pela Administração. Não aplicação ao caso da súmula 19 desta Corte" (Pleno, MS n. 22.728.1-PR, rel. Min. Moreira Alves, j. em 22/4/1998, unânime, *DJ* de 13/11/1998). Ainda à guisa de ilustração, poderão coexistir as sanções administrativas de suspensão temporária de participação em licitação, impedimento de contratar com a administração por prazo não superior a dois anos e declaração de inidoneidade para licitar ou contratar com a Administração Pública, previstas no art. 87 da Lei n. 8.666/1993, com a sanção de proibição de contratar com o Poder Público prevista na Lei n. 8.429/1992.

247 Art. 17, § 2º, da Lei n. 8.429/1992.

248 O ressarcimento integral do dano, elencado entre as sanções do art. 12 da Lei n. 8.429/1992, somente será passível de determinação até a recomposição do *status quo*. Atingido este limite em uma instância, não haverá que se falar em novo ressarcimento. No que concerne à sanção de perda da função, restando imutável a decisão que a aplicou, ela não mais poderá ser aplicada em outra instância, já que não se pode determinar a perda do que o ímprobo não mais possui. Isso, no entanto, não impede a deflagração das demais instâncias de responsabilização, tomando-se por base o vínculo outrora existente entre o indivíduo e o sujeito passivo do ato de improbidade (TRF-1ª Região, 4ª T., AI n. 200801000472586, rel. Des. Rosimayre Gonçalves de Carvalho, j. em 27/1/2009, *DJ* de 3/3/2009).

danos causados pela infração, considerando os prejuízos sofridos pelo ofendido", passamos a ter um sistema de independência com influxos de confusão. Falamos em influxos de confusão e não propriamente em confusão, por três razões básicas: (1ª) o ofendido pode pleitear a reparação na esfera cível paralelamente à tramitação do processo penal; (2ª) o juiz com competência criminal não julga, em linha de princípio, a lide civil, limitando-se a estabelecer um valor mínimo para a reparação do dano[249]; e (3ª) a teor do art. 63, parágrafo único, do CPP, poderá o ofendido promover a execução do "valor fixado nos termos do inciso IV do *caput* do art. 387 deste Código, sem prejuízo da liquidação para a apuração do dano efetivamente sofrido", liquidação esta que será realizada pelo juízo cível.

Na medida em que o processo penal e o processo cível puderem tramitar juntos, terá o juízo cível a faculdade[250] de suspender o processo cível sempre que tiver razões ponderáveis para tanto, sendo certo que esta faculdade deve ser exercida com cuidado e ponderação, pois o tempo, que atua de forma furtiva e eficaz, é um algoz incansável do tão sonhado ideal de Justiça, não sendo exagero afirmar que a concreção deste se distancia na mesma proporção em que aquele flui.

Por ser mera faculdade, não vislumbramos uma relação de prejudicialidade entre a ultimação do processo penal e o prosseguimento da ação civil[251] e do procedimento administrativo[252] que visam a perquirir a conduta do ímprobo, nada impedindo que estes sejam

---

249 Sobre as questões afetas ao possível desvirtuamento do sistema acusatório, aos limites subjetivos da coisa julgada e à possível inconstitucionalidade do atual inciso IV do art. 387 do CPP, *vide* Alexandre Freitas Câmara. Efeitos Civis e Processuais da Sentença Condenatória Criminal. Reflexões sobre a Lei n. 11.719/2008, *REMERJ* n. 46/111, 2009.

250 Alguns autores, no entanto, procuram transmudar a faculdade em obrigatoriedade. Para Câmara Leal, "é de toda prudência que o juiz adote como regra aquilo que o Código estabelece como medida facultativa" (*Comentários ao Código de Processo Penal brasileiro*, v. I, p. 247). No mesmo sentido, tem-se a lição de Fernando da Costa Tourinho Filho, o qual acrescenta que a suspensão evitará "decisões contrastantes, irreconciliáveis" (*Processo penal*, v. II, p. 11). Opondo argumentos contundentes a essa doutrina, tem-se a posição de Carvalho Santos: "O que geralmente asseveram os escritores, e a nossa jurisprudência tem dado guarida (*Revista de Direito*, v. 46, p. 611), é que o sistema da prejudicialidade formulado na doutrina e aceito pelas legislações funda-se no temor do escândalo, resultante da possibilidade da contradicção de julgados... Si o receio de escândalo e a conveniência de salvaguardar a confiança na magistratura conduzem a taes extremos, convem suprimir o instituto da revisão das sentenças penaes, para, no caso de condenação injusta de um inocente, não viesse a lume o erro e não ficasse atingida a respeitabilidade e a confiança que a Justiça deve inspirar a todos em geral" (*Código Civil brasileiro interpretado*, v. XX, p. 294-295).

251 Nesse sentido: "Ação Civil Pública e Ação Penal Condenatória. Inexistência de litispendência. Possibilidade de simultânea tramitação. A natureza da ação civil pública – que constitui instrumento de tutela jurisdicional dos direitos e interesses metaindividuais – não permite seja ela confundida, em seus objetivos (Lei n. 7.347/85), com a ação penal condenatória, que se destina, considerada a finalidade que lhe é exclusivamente peculiar, a promover a responsabilidade criminal do infrator pela prática de fatos delituosos, inexistindo, sob tal aspecto, qualquer situação de litispendência ou de prejudicialidade entre as ações judiciais em causa" (STF, rel. Min. Celso de Mello, *RTJ n.* 167/166, *apud* Wallace Martins Paiva Júnior, *Probidade...*, p. 297).

252 "... Independência das instâncias penal e administrativa, consagrada no art. 125 do diploma legal sob enfoque (*Lei 8.112/90*), inocorrendo condicionamentos recíprocos, salvo na hipótese de manifestação de-

instaurados e encerrados antes daquele. No entanto, em sendo julgada a pretensão deduzida na ação penal anteriormente às demais, fará ela coisa julgada nas esferas administra-

---

finitiva, na primeira, pela inexistência material do fato ou pela negativa da autoria, o que não ocorre no caso examinado"(STF, Pleno, rel. Min. Ilmar Galvão, j. em 30/6/1997, DJ de 5/9/1997, p. 41874). No mesmo sentido, STF, 1ª T., rel. Min. Ribeiro da Costa, j. em 27/7/1953, DJ de 23/4/1954; 2ª T., AI n. 25.578, rel. Min. Victor Nunes, j. em 16/1/1962, RTJ 21/33; 1ª T., RE n. 85.191, rel. Min. Rodrigues Alckmin, j. em 7/6/1977, RTJ 83/490; Pleno, MS n. 21.113, rel. Min. Moreira Alves, j. em 12/12/1990, RTJ 134/1105; Pleno, AGRSS n. 284, rel. Min. Néri da Silveira, j. em 11/3/1991, RTJ 141/364; Pleno, MS n. 21.330, rel. Min. Ilmar Galvão, j. em 8/10/1992, RTJ 144/476; Pleno, MS n. 22.059, rel. Min. Neri da Silveira, j. em 19/10/1995, DJ de 5/5/2000; e Pleno, MS n. 22.755, rel. Min. Ilmar Galvão, j. em 12/3/1998, DJ de 3/4/1998. STJ, 3ª Seção, MS n. 13.357/DF, rel. Min. Sebastião Reis Júnior, j. em 23/10/2013, DJe de 18/11/2013; 5ª T., RMS n. 9.859, rel. Min. José Arnaldo, j. em 16/3/2000, DJ de 17/4/2000; 5ª T., RMS n. 11.668, rel. Min. Jorge Scartezzini, j. em 13/11/2001, DJ de 18/2/2002; e 6ª T., RMS n. 10.592, rel. Min. Fernando Gonçalves, j. em 6/6/2000, DJ de 19/6/2000. Como se constata, há décadas encontra-se consolidada a jurisprudência sobre a independência entre as esferas administrativa e penal, sendo desnecessário aguardar o desfecho desta para a aplicação da sanção administrativa. Por tal motivo, dois acórdãos despertaram nossa atenção. O primeiro, da lavra do Pleno do STF, em que restou assentado que, *especificamente na hipótese de crime contra a administração pública,*"estando o decreto de demissão alicerçado em tipo penal, imprescindível é que haja provimento condenatório trânsito em julgado"(MS n. 21.310-8, rel. Min. Marco Aurélio, j. em 25/11/1993, DJ de 11/3/1994). O outro, da lavra da 3ª Seção do STJ, indicou o primeiro como paradigma e adotou idêntico entendimento (MS n. 6.478, rel. Min. Jorge Scartezzini, j. em 26/4/2000, DJ de 29/5/2000, RSTJ n. 135/524:"...Demissão. Capitulação dos fatos como crime. Necessidade da precedência do trânsito em julgado de sentença penal condenatória..."). A análise do acórdão do STF desvenda algumas curiosidades. Neste, o servidor fundamentou o *writ* no fato de ter-se defendido de determinada imputação durante o procedimento administrativo, sendo, ao final, demitido com base em outra. Na ocasião, o Ministro Sepúlveda Pertence, ao acompanhar a *conclusão* do relator, ressalvou expressamente não concordar com os fundamentos posteriormente refletidos na ementa do julgado. E ainda *lembrou* que a posição do relator não era acolhida pelo Tribunal – o que já foi assaz demonstrado – tendo trazido à baila o acórdão prolatado no MS n. 21.332:"Mandado de Segurança. Servidor Policial. Demissão por se ter prevalecido da condição de policial. O ato de demissão, após processo administrativo, não está na dependência da conclusão de processo criminal a que submetido o servidor, por crime contra a Administração Pública. Independência das instâncias. Constituição, art. 41, § 1º..." (Pleno, rel. Min. Néri da Silveira, j. em 27/11/1992, DJ de 7/5/1993). Também versando sobre crime contra a Administração Pública e em idêntico sentido: STF, Pleno, MS n. 21.705, rel. Min. Maurício Corrêa, j. em 16/11/1995, DJ de 16/4/1996; STF, 1ª T., RMS n. 26.226-9/DF, rel. Min. Carlos Ayres Britto, j. em 29/5/2007, BDA n. 9, setembro de 2008, p. 1079; e STJ, 5ª T., RMS n. 10.559, rel. Min. Edson Vidigal, j. em 14/9/1999, DJ de 11/10/1999. Não obstante isto, a ementa foi redigida em termos absolutamente incompatíveis com a jurisprudência consolidada, o que levou a 3ª Seção do STJ a adotar uma tese vencida pensando ser a predominante. Talvez tenha sido por esse motivo que, apenas 5 (cinco) meses depois, os Ministros integrantes da 3ª Seção mudaram diametralmente de opinião ao julgarem o MS n. 7.035, cuja ementa se encontra assim redigida:"... A independência entre as instâncias penal e administrativa, consagrada na doutrina e na jurisprudência, permite à Administração impor punição disciplinar ao servidor faltoso à revelia de anterior julgamento no âmbito criminal, mesmo que a conduta imputada configure crime em tese. Precedentes do STJ e do STF" (STJ, 3ª Seção, MS n. 7.035, rel. Min. Felix Fischer, j. em 13/9/2000, DJ de 16/10/2000, p. 282). Posteriormente, a 3ª seção adotou idêntico entendimento nos seguintes julgamentos: MS n. 6.939, rel. Min. Arnaldo da Fonseca, j. em 25/10/2000, DJ de 27/11/2000, MS n. 7.834/DF, rel. Min. Félix Fischer, j. em 13/3/2002, DJ de 8/4/2002, p. 127 e MS n. 7.861/DF, rel. Min. Gilson Dipp, j. em 11/9/2002, DJ de 7/10/2002, p. 169. No mais, é oportuno destacar que todos os acórdãos foram julgados por unanimidade pela referida Seção, o que também não deixa de ser curioso.

tiva e cível sempre que reconhecer: a) ter sido o ato praticado em circunstâncias que excluam o crime ou isentem o réu de pena (arts. 20, 21, 22, 23, 26 e § 1º do art. 28, todos do Código Penal e arts. 65 e 386, VI, do CPP[253]); b) a inexistência material do fato (arts. 66 e 386, I, do CPP); c) estar provado que o réu não concorreu para a infração penal (art. 386, IV, art. 935 do Código Civil de 2002 e art. 1.525 do Código Civil de 1916). Note-se que tais efeitos somente alcançam os fatos discutidos no processo, permanecendo a possibilidade de livre valoração em relação aos demais[254].

Em havendo absolvição por ausência de provas (art. 386, II, V e VII, do CPP) ou por não constituir o fato infração penal (art. 386, III, do CPP), poderá a questão ser amplamente examinada nas esferas cível e administrativa[255]. O mesmo ocorrerá nas hipóteses em que sequer for deflagrada a ação penal, havendo o arquivamento do procedimento inquisitorial respectivo (art. 67, I, do CPP).

No caso de condenação criminal, tornar-se-á certa a obrigação de reparar o dano causado, servindo a sentença de título executivo judicial (art. 91 do CP, art. 584, II, do CPC/1974 e art. 515, VI, do CPC/2015).

Tratando-se de conduta que se subsuma a um tipo penal, mas que não configure ilícito administrativo (crimes não funcionais), por óbvio, a sentença absolutória, qualquer que seja sua fundamentação, sempre influirá na esfera administrativa, já que a competência para valorar os fatos era exclusiva do Poder Judiciário. Nos crimes não funcionais, considerados como tais aqueles dissociados dos deveres administrativos, quando a condenação importar na aplicação de pena privativa de liberdade superior a quatro anos, o agente, como efeito da condenação, perderá o cargo, a função ou o mandato eletivo (art. 92, I, *b*, do CP); em se tratando de pena inferior a quatro anos, será ele normalmente afastado de suas atividades até o seu cumprimento. A depender do ilícito penal e do que dispuser o estatuto regente da categoria, a condenação criminal poderá caracterizar a incontinência de conduta ou o procedimento irregular de natureza grave motivadores da sanção de demissão.

---

253 Aplicam-se, no caso, as ressalvas dos arts. 929, 930 e 951 do Código Civil de 2002.

254 Pela falta residual, não compreendida na absolvição pelo juízo criminal, é admissível a punição administrativa do servidor público (Súmula 18 do STF).

255 Em sentido contrário, entendendo que a absolvição na seara criminal, qualquer que seja o fundamento, incluindo a falta de prova, deve prevalecer na esfera administrativa, *vide* César Asfor Rocha (*Breves reflexões...*, p. 148). A tese não merece acolhida por quatro razões básicas: (1) as instâncias são independentes, somente se interpenetrando quando o sistema o autorizar; (2) ainda que haja uma unidade factual, a imputação na esfera criminal é distinta daquela apresentada na esfera administrativa; (3) as esferas de responsabilização atingem o *status dignitatis* do indivíduo em distintos graus, sendo justificável que cada uma delas receba tratamento processual distinto; e (4) os legitimados à produção das provas são igualmente distintos, não raro de níveis federativos diversos, o que aconselha o tratamento diferenciado. No sentido de que as instâncias se interpenetram exclusivamente nas hipóteses indicadas em lei, *vide*: STJ, 1ª T., AGRG nos ED no REsp n. 1.160.956/PA, rel. Min. Francisco Falcão, j. em 17/4/2012, *DJe* de 7/5/2012; e 1ª T., AGRG no REsp n. 1.220.011/PR, rel. Min. Francisco Falcão, j. em 22/11/2011, *DJe* de 6/12/2011; e STJ, 1ª T., REsp n. 1.164.898/RS, rel. Min. Napoleão Nunes Maia Filho, j. em 17/10/2013, *DJe* de 7/2/2014.

Ainda que a conduta não caracterize nenhum ilícito penal, entendemos que a decisão proferida pelo juízo cível ao apreciar o ato de improbidade, observadas as *mesmas circunstâncias* relativas à sentença penal, influirá na esfera administrativa.

Restando provada, *verbi gratia*, a inexistência do fato perante o Poder Judiciário, seria no mínimo insensato entender-se legítima uma penalidade aplicada em procedimento administrativo com base no mesmo fato. Seria injurídico entender que o fato não existe perante a Justiça, mas representa substrato adequado para embasar uma punição de ordem administrativa.

Essa comunicabilidade entre as instâncias tem o seu alicerce no art. 5º, XXXV, da Constituição, o qual garante o amplo acesso ao Poder Judiciário sempre que houver lesão ou ameaça a direito. No exemplo sugerido, a ilegalidade e a lesão ao direito do agente seriam flagrantes, pois qualquer punição pressupõe uma conduta em desacordo com as normas legais; inexistindo conduta e, *ipso facto*, motivo[256] para a prática do ato administrativo, afigura-se ilegal a punição.

Após encampar a tese da insindicabilidade do mérito administrativo, observa Miguel Reale[257] que toda lei administrativa está subordinada à realização de um fim, genérico ou preciso, de modo que a legalidade será aferida em função de elementos de ordem fática, não podendo o órgão jurisdicional fazer abstração dos dados probatórios. Prossegue afirmando que não se pode confundir *apreciação de matéria de fato* com *exame de mérito*, não ocorrendo este com a mera indagação da correspondência funcional entre o *fim da lei* e o *fim do ato*. Exame da legalidade, assim, não deve ser confundido com *legalidade formal* ou *mera adequação extrínseca da decisão administrativa ao esquema abstrato da lei*, o que exige a análise de seu conteúdo para que seja verificado se a lei foi atendida em seus ditames axiológicos, isto é, nos fins que constituem a razão de sua vigência.

Ao final, o jurista formula o seguinte exemplo:"se uma autoridade demite um funcionário a bem do serviço público, cabe ao juiz, à vista da prova produzida, verificar se os fatos eram de tal natureza que comportassem aquela sanção extrema, muito embora fosse possível, sem ofensa legal, ter-se preferido a pena de demissão: ao juiz não será jamais lícito revogar a pena, ou abrandá-la, contrapondo o próprio critério ao da Administração, a não ser que entre o

---

[256] Na lição de Celso Antônio Bandeira de Mello (Legalidade, motivo e motivação do ato administrativo, *RDP* 90/57), "se a regra de direito enuncia que dado ato pode (ou deve) ser produzido quando presente determinado motivo (isto é, uma dada situação de fato), resulta óbvio ser condição da lisura da providência adotada que efetivamente tenha ocorrido ou seja existente aquela situação pressuposta na norma a ser aplicada. Se o fato presumido pela lei não existe, sequer irrompe a competência para expedir o ato. Ato algum pode ser praticado senão na medida em que haja ocorrido o fato ou os fatos perante os quais irrompe a competência segundo o esquema legal. Tais fatos são os motivos. Motivo, como se sabe, é a situação de direito ou de fato que autoriza ou exige a prática do ato... Devem ser distinguidos o motivo legal e o motivo de fato. Motivo legal é a previsão abstrata de uma situação fática, empírica, contida na regra de direito, ao passo que o motivo de fato é a própria situação fática, reconhecível no mundo empírico, em vista do qual o ato é praticável".
[257] *Revogação e anulamento do ato administrativo*, p. 91-93.

supedâneo fático, admitido, e a sanção legal aplicada, inexista, manifestamente, qualquer vínculo lógico que a legitime. Parece-me que este exemplo esclarece qual a distinção a fazer-se entre 'legalidade concreta' e 'legalidade formal', bem como elucida a diferença existente entre 'exame da prova' e 'exame do mérito', cumprindo ao magistrado o exame da prova para poder prolatar uma sentença que efetivamente consubstancie os fins concretos da lei".

Situando-se a questão no plano da legalidade, não há que se falar, inclusive, em indébita incursão no mérito administrativo ou em mácula ao princípio da independência entre as instâncias. Aplicada determinada sanção em sede administrativa, será permitido ao Poder Judiciário valorar o processo administrativo disciplinar, verificando a existência do fato embasador da sanção, a comprovação da autoria imputada ao agente, a fundamentação da decisão e a observância das cláusulas constitucionais do devido processo legal e da ampla defesa[258].

---

[258] Na França, o Conselho de Estado tem admitido a revisão dos atos praticados com base no poder discricionário da administração sempre que se basearem em fatos materialmente inexatos ou for manifesto o erro de apreciação – o que ocorrerá quando o erro de técnica for evidente aos olhos do leigo ou houver nítida afronta à lógica (René Chapus, *Droit administratif général*). Segundo Vedel (*Droit Administratif*, p. 612-613), "qualquer que seja o entendimento sobre o poder discricionário reconhecido à Administração, esta não pode decidir senão com motivos exatos de fato e de direito, tendo em vista um objetivo legal e que seu poder de apreciação não encubra erros manifestos que ela cometera no exercício do mesmo", podendo "o juiz censurar a inexatidão material, o erro de direito, o erro manifesto (de apreciação), o desvio de poder". Duez et Debeyre (*Traité de droit administratif*, p. 686-687) observavam que "a jurisprudência reconheceu aos juízes: a) o poder de controlar a materialidade dos fatos imputados ao funcionário. A sanção presume, em direito, a ocorrência do fato ilícito. Se este último não existe, a sanção perde a base legal; b) de examinar se os fatos, materialmente assentados, são de natureza a provocar uma sanção disciplinar. Há aqui, com efeito, um elemento jurídico, não há sanção senão se os fatos em exame importam em falta aos deveres da função; c) de indagar se a pena aplicada é prevista pelos textos; d) de examinar se a decisão disciplinar não incorreu em desvio de poder". Discorrendo sobre a possibilidade de ser aferida a existência dos motivos declinados para a prática do ato, pondera Seabra Fagundes que "o Judiciário se limita a verificar se o processo administrativo apurou um dos motivos dados pela lei como capazes de justificar a exoneração do funcionário. Não indaga se o motivo é razoável ou não, mas se a lei o especifica. Não inquire se o ato foi vantajoso aos interesses do serviço público, mas se o processo que lhe serviu de esteio apurou causa legal, capaz de autorizar a demissão" (*Controle...*, p. 170-171, nota 9). Ao final, após demonstrar que a evolução da jurisprudência do Supremo Tribunal Federal caminhava no mesmo norte, conclui que se trata de controle de legalidade, e não de mérito como parece a alguns (ver Victor Nunes Leal, *RDA* 3/84). Neste artigo, reproduzido na obra *Problemas de direito público*, p. 256, Victor Nunes Leal sustenta que a apuração do motivo, pelo estudo das provas, é exame de mérito; mas ressalta que "não importa, porém, que o seja, porque nem todo exame de mérito está excluído da noção de legalidade". Segundo Caio Tácito (Administração e o controle da legalidade, in *Temas...*, v. 1, p. 935), "em repetidos pronunciamentos, os nossos tribunais têm modernamente firmado o critério de que a pesquisa da ilegalidade administrativa admite o conhecimento pelo Poder Judiciário das circunstâncias objetivas do caso. Ainda recentemente, em acórdão no RE 17.126, o STF exprimiu, em resumo modelar, que cabe ao Poder Judiciário apreciar a realidade e a legitimidade dos motivos em que se inspira o ato discricionário da Administração." Por ocasião do julgamento do MS n. 20.999, realizado em 21/3/1990, publicado no *DJ* de 25/5/1990, p. 4605, rel. Min. Celso de Mello, o Pleno do STF decidiu que "... É preciso evoluir, cada vez mais, no sentido da completa justiciabilidade da atividade estatal e fortalecer o postulado da inafastabilidade de toda e qualquer fiscalização judicial. A progressiva redução e eliminação dos círculos de imunidade do poder há de gerar, como expressivo efeito consequencial, a interdição de seu exercício abusivo. O mandado de segurança desempenha, nesse contexto, uma função instru-

Ao Poder Judiciário somente será vedada a ingerência na esfera de discricionariedade da Administração quanto à escolha da sanção aplicável dentre as cominadas, à dosimetria desta e à conveniência e oportunidade de sua aplicação, observados os limites já estudados. Note-se, no entanto, que também aqui incidirá a ideia de proporcionalidade, não sendo permitido à Administração, distanciando-se da própria *ratio* da previsão legal, aplicar sanção que se mostre excessivamente severa em relação ao ilícito praticado[259].

Comprovada a ilegalidade da punição, deve ser ela anulada. Demonstrada, perante o juízo cível, a inexistência do fato ou restando incontroverso não ter sido o agente o seu autor, a ele não poderá ser aplicada qualquer sanção em sede administrativa, sob pena de consubstanciação de ilegalidade sujeita a ulterior anulação.

Nas hipóteses legais, observando-se uma cadeia decrescente de influência, constatamos que a decisão proferida na seara penal[260] produzirá efeitos nas esferas cível e administrativa; e a decisão proferida na esfera cível repercutirá na administrativa. Caso a prolação das decisões não observe referida ordem cronológica, será possível, com a utilização dos instrumentos adequados (*v.g.*: ação rescisória), a revisão das que se apresentem dissonantes daquelas que ocupem um grau mais elevado na cadeia de influência.

Assim, a sentença penal absolutória possibilitará, nos casos previstos em lei, a revisão das decisões condenatórias anteriormente proferidas nos processos cível[261] e administrati-

---

mental do maior relevo. A impugnação judicial de ato disciplinar, mediante utilização desse *writ* constitucional, legitima-se em face de três situações possíveis, decorrentes (1) da incompetência da autoridade, (2) da inobservância das formalidades essenciais e (3) da ilegalidade da sanção disciplinar. A pertinência jurídica do mandado de segurança, em tais hipóteses, justifica a admissibilidade do controle jurisdicional sobre a legalidade dos atos punitivos emanados da Administração Pública no concreto exercício do seu poder disciplinar. O que os juízes e tribunais somente não podem examinar nesse tema, até mesmo como natural decorrência do princípio da separação dos poderes, são a conveniência, a utilidade, a oportunidade e a necessidade da punição disciplinar. Isso não significa, porém, a impossibilidade de o Judiciário verificar se existe, ou não, causa legítima que autorize a imposição da sanção disciplinar. O que se lhe veda, nesse âmbito, é tão somente o exame do mérito da decisão administrativa, por tratar-se de elemento temático inerente ao poder discricionário da Administração Pública...". No mesmo sentido: 1ª T., RMS n. 24.699/DF, rel. Min. Eros Grau, j. 30/11/2004.

259 Nesse sentido: STF, 1ª T., RMS n. 24.901/DF, rel. Min. Carlos Britto, j. em 26/10/2004, *DJ* de 11/2/2005; STF, 2ª T., RMS n. 24.129/DF, rel. Min. Joaquim Barbosa, j. em 20/3/2012, *DJe* de 30/4/2012; e STJ, 5ª T., RMS n. 17.735/MT, rel. Min. Laurita Vaz, j. em 12/11/2013, *DJe* de 25/11/2013.

260 A efetividade da pretensão de ressarcimento dos danos, quando alicerçada em sentença penal condenatória, não poderá ser obstada pelo devedor com a oposição da exceção de impenhorabilidade do bem de família (art. 3º, VI, da Lei n. 8.009/1990).

261 O STJ, sob a égide do CPC de 1973, decidiu que a ulterior absolvição no juízo criminal podia ser suscitada por meio de embargos à execução: "Civil e Processo Civil. Sentença criminal absolutória. Legítima defesa reconhecida. Efeito na pretensão indenizatória. Causa superveniente. Arts. 65/CPP, 160/CC e 741, VI/CPC. A absolvição criminal, com base em legítima defesa, exclui a *actio civilis ex delicto*, fazendo coisa julgada no cível. A absolvição no juízo criminal, pelo motivo acima apontado, posterior à sentença da ação civil reparatória por ato ilícito, importa em causa superveniente extintiva da obrigação, por isso que pode ser versada nos embargos à execução fundada em título judicial, na previsão do art. 741, VI, do Código de Processo

vo[262]; o mesmo ocorrendo com a sentença cível em relação à decisão administrativa. A sentença cível absolutória, por falta de provas, não impedirá seja perquirida a responsabilidade do agente na seara penal[263] ou administrativa[264].

11. NULIDADE DO ATO E DEMAIS SANÇÕES PREVISTAS NA LEGISLAÇÃO EXTRAVAGANTE

A sistemática instituída pela Lei n. 8.429/1992 é essencialmente voltada à cominação de sanções ao agente público que venha a praticar os atos de improbidade descritos na

---

Civil. Recurso Provido" (4ª T., REsp n. 118.449-GO, rel. Min. César Rocha, j. em 26/11/1997, *Revista de Direito do MP RJ* n. 09/503).

262 "Em se tratando de ação de reintegração no serviço público em razão da absolvição perante o Juízo Criminal, o prazo prescricional começa a fluir a partir da data do trânsito em julgado da sentença penal absolutória dos fatos que justificaram a aplicação da pena de demissão e não do ato demissório" (STJ, 6ª T., REsp n. 249.411-SP, rel. Min. Vicente Leal, j. em 27/6/2000, *DJ* de 21/8/2000, p. 181).

263 O STF se pronunciou no sentido de que "a absolvição no domínio cível, dada a insuficiência dos elementos ali recolhidos para permitir juízo seguro sobre a participação dolosa do paciente nos eventos ilegais, não subordina a Justiça Penal que, à base da interpretação dos fatos e da integração dos indícios, pode vir a concluir pela culpa do réu" (HC n. 63.946/1-SP, rel. Min. Francisco Rezek, *DJ* 155:13928, de 15/8/1986). No mesmo sentido, RHC n. 54.376-SP, 1ª T., rel. Min. Rodrigues Alckmin, *RTJ* n. 79/430; RHC n. 55.795-RS, 1ª T., rel. Min. Soares Muñoz, *RTJ* n. 85/784; e HC n. 73.372-7-DF, 1ª T., rel. Min. Sydney Sanches, *DJ* de 17/5/1996. O STJ, por sua vez, proferiu acórdão com a seguinte ementa: "O Direito, como sistema, é unitário. Inexiste contradição lógica. A ilicitude é uma, não obstante, repercussão distinta nas várias áreas dogmáticas. A denúncia deve imputar fato ilícito, atribuível (ação ou omissão) ao acusado. Se o narrado na denúncia foi declarado lícito, no juízo cível, enquanto não desconstituído o julgado, impede a imputação criminal. Aquela decisão configura prejudicial (CPP, art. 93). Denúncia rejeitada" (Corte Especial, Inq. n. 33-SP, rel. Min. Vicente Cernicchiaro, j. em 11/6/1992, *Revista Brasileira de Ciências Criminais* n. 1/201). É relevante salientar, no entanto, que a fundamentação utilizada pelo relator na prolação de seu voto, sinteticamente contida na ementa do julgado, não foi encampada pela maioria dos componentes do órgão julgador. Na ocasião, prevaleceu o fundamento de que a prova constante do procedimento inquisitorial não consubstanciava justa causa suficiente ao recebimento da denúncia, sendo refutado o argumento, na dimensão sugerida pelo relator, de que a sentença proferida no juízo cível condicionaria a esfera penal. Como se vê, a questão não deve ser analisada sob a ótica da prevalência de uma jurisdição sobre a outra, mas sim com a necessária apreciação de todo o contexto probatório até então produzido, o que permitirá a aferição da presença de suporte probatório mínimo apto a legitimar a deflagração da ação penal. Posteriormente, o mesmo Tribunal, por sua 5ª Turma, decidiu que: "A improcedência da ação civil pública apurando responsabilidade por improbidade administrativa não impede o prosseguimento da ação penal que apura suposto crime de concussão (art. 316 do CP), ante a independência das esferas cível e criminal, mormente quando se afigura patente a diversidade de objetos e fins entre as duas ações. Em sede de *habeas corpus*, conforme entendimento pretoriano, somente é viável o trancamento de ação penal por falta de justa causa quando, prontamente, desponta a inocência do acusado, a atipicidade da conduta ou se acha extinta a punibilidade, circunstâncias não evidenciadas na espécie" (STJ, RHC n. 11.722-MT, rel. Min. José Arnaldo da Fonseca, j. em 22/9/2001, *DJ* de 5/11/2001, p. 124). Também a suspensão da ação cível não obsta a tramitação do processo penal (STJ, 5ª T., AGRG no REsp n. 1.351.593/RS, rel. Min. Laurita Vaz, j. em 25/2/2014, *DJe* de 12/3/2014).

264 STJ, 2ª T., RMS n. 43.255/MT, rel. Min. Humberto Martins, j. em 16/6/2016, *DJe* de 23/6/2016.

tipologia legal. No que concerne ao ato e à sua própria subsistência após a identificação da mácula que carrega em si, nada foi dito, o que, como visto, não se erige como óbice ao reconhecimento de sua nulidade.

Frise-se, ainda, que a independência das sanções cominadas no art. 12 em relação às demais sanções de natureza cível, penal ou administrativa, torna induvidoso que apesar da ausência de previsão específica quanto à anulação do ato ou mesmo em relação a reprimendas outras previstas na legislação extravagante, continuam elas passíveis de serem aplicadas. Tal, inclusive, poderá se dar na mesma relação processual, o que pressupõe a legitimidade do autor para a dedução de ambas as pretensões, a compatibilidade do rito e a existência de pedido expresso nesse sentido.

Sem receio da obviedade, deve-se dizer que a teoria das nulidades é um dos mais intrincados problemas do direito, qualquer que seja a seara, pública ou privada. Por tal motivo, fugiria à objetividade desta obra qualquer tentativa de construção dogmática a respeito do tema, motivo pelo qual nos limitaremos a tecer breves considerações a seu respeito, principiando com a assertiva de que são normalmente identificadas duas teorias a respeito.

De acordo com a teoria monista, o ato administrativo será válido ou nulo, inexistindo possibilidade para uma validade mitigada, o que caracterizaria a anulabilidade do ato. Por tal motivo, essa teoria normalmente não encampa a possibilidade de convalidação do ato administrativo quando for identificada a presença de determinado vício.

Para a teoria dualista, a exemplo do que ocorre no direito privado, os atos administrativos inválidos podem ser nulos[265] ou anuláveis[266], o que será determinado de acordo com a amplitude do vício, sendo admissível a convalidação destes últimos, sanando-se o defeito existente. Na lição de Carvalho Filho[267], a regra geral deve ser a da nulidade, considerando-se a gravidade dos vícios que inquinam o ato e que somente por exceção pode dar-se a sua convalidação. O dever de invalidar, no entanto, sofre algumas limitações, como o decurso do tempo, estabilizando as relações jurídicas, e a consolidação dos efeitos produzidos, o que, em alguns casos, pode gerar uma situação jurídica mais favorável que a invalidação.

A partir da distinção entre atos nulos e anuláveis, Fábio Medina Osório[268] sustenta que os "atos de improbidade devem produzir, por via de regra, nulidades absolutas. Atos anuláveis, meras irregularidades, não devem, em tese, configurar improbidade dos agentes públicos, mas mera ilegalidade, especialmente quando inexiste lesão ao erário e enriquecimento ilícito, e, mais ainda, fora dos casos de corrupção, até porque tais atos são constitutivos de delitos".

---

265 Ver art. 145 do Código Civil.
266 Ver art. 147 do Código Civil.
267 *Manual...*, p. 121.
268 *Improbidade...*, p. 132.

Capítulo X – Das Sanções

Em verdade, o que se constata é que a construção dogmática do jurista gaúcho encontra plena compatibilidade com o critério de proporcionalidade sugerido para fins de enquadramento de determinada conduta na tipologia dos atos de improbidade, isso porque, regra geral, os atos nulos formarão *standards* que apresentarão plena adequação à natureza das sanções cominadas, enquanto os atos anuláveis, em razão da reduzida amplitude do vício que ostentam, normalmente fugirão de tal parâmetro de proporcionalidade. Apesar disso, por ser extremamente fluida a concepção de nulidade no direito público, havendo mesmo quem não reconheça a existência de atos anuláveis[269], preferimos não encampar esse critério, mantendo-nos adstritos à proporcionalidade já estudada.

Reconhecida a invalidade do ato, operará ela efeitos *ex tunc*, retroagindo à data da prática do ato e acarretando a desconstituição de todas as relações jurídicas dele advindas, não gerando qualquer direito para a administração ou para terceiros. À invalidação do ato, por ser nulo ou anulável, contrapõe-se a sua revogação, que gera efeitos *ex nunc* e consiste na retirada de eficácia do ato por razões de conveniência e oportunidade, o que permite a contínua adequação da atividade administrativa às mutações ocorridas no meio social. A invalidação pode resultar do controle interno realizado pela própria Administração Pública, ou do controle externo, da alçada do Poder Judiciário. A revogação, por sua vez, é de iniciativa privativa do Poder Público.

Inobservados os princípios regentes da atividade estatal, ter-se-á a invalidade do ato e, *ipso facto*, sua inaptidão para a produção de efeitos jurídicos. Tal circunstância decorre da própria natureza das coisas, pois não seria lógico que um ato que deveria auferir seu fundamento de validade no direito posto mantivesse sua eficácia quando em dissonância do seu elemento vitalizador. Ausente o alicerce legitimador, ausente estará a eficácia jurídica do ato. Apesar dessa constatação, a legislação infraconstitucional dispõe expressamente sobre a nulidade dos atos administrativos quando detectados determinados vícios, como é o caso dos atos lesivos ao patrimônio público (Lei n. 4.717/1965 – Lei da Ação Popular) e dos contratos administrativos celebrados com inobservância da normatização específica (art. 59 da Lei n. 8.666/1993).

Identificada a nulidade do ato, nada impede e tudo aconselha que o autor da ação civil prevista na Lei n. 8.429/1992 formule pedido no sentido de que ela seja declarada por sentença[270]. Caso não o faça, o reconhecimento da nulidade do ato não integrará o dispo-

---

269 Neste sentido, MEIRELLES, Hely Lopes. *Direito...*, p. 183, e GASPARINI, Diógenes. *Direito...*, p. 98.
270 O TJSP, conforme anota Wallace Martins Paiva Júnior (*Probidade...*, p. 261), já decidiu que "duas são as ações aforadas em uma única peça, sob o mesmo rótulo de ação civil pública. A primeira, tem por escopo a anulação de lei e contrato dela resultante. A segunda, a responsabilização dos agentes públicos que deram azo ou permitiram que tal lei e contrato viessem a lume. Na primeira, persegue-se a defesa do patrimônio público. Na segunda, a responsabilização dos agentes, imputando-lhes a prática de atos de improbidade. Poderia o agravante ter aforado duas ações distintas, muito embora já se perceba que uma depende da outra e podem ser instruídas ao mesmo tempo", concluindo assim "porque a Lei n. 8.429/1992 ao regulamentar a improbidade administrativa permite o ajuizamento de ação civil, quer pela própria pessoa jurídica

sitivo da sentença, servindo unicamente para fundamentá-la, o que permitirá que o ato mantenha sua eficácia e que a matéria volte a ser discutida em nova relação processual[271]. A respeito dessas questões de ordem processual, maiores considerações serão realizadas na segunda parte da obra.

12. INDIVIDUALIZAÇÃO E DOSIMETRIA DAS SANÇÕES

Identificados os princípios que devem reger o obrar do agente público, bem como as sanções passíveis de serem aplicadas a ele em havendo subsunção de sua conduta ao padrão normativo dos arts. 9º, 10, 10-A e 11 da Lei n. 8.429/1992, resta expor os critérios que nortearão o órgão jurisdicional na aplicação de tais sanções.

As lacunas da lei, aliadas a uma sistematização inadequada dos preceitos que regulam a matéria, tornam imperativa a fixação de diretrizes para a individualização das sanções, a análise da discricionariedade do julgador em aplicar somente algumas dentre aquelas previstas nos incisos do art. 12 da Lei n. 8.429/1992 e a identificação das sanções cabíveis, em havendo simultânea subsunção do ato ao estatuído nos arts. 9º, 10, 10-A e 11, o que, em tese, importaria na aplicação de todas as sanções previstas nos incisos I, II, III e IV do art. 12.

A subsunção de determinada conduta a um padrão normativo torna inevitável que o observador seja inconscientemente conduzido à formação de um estado mental tendente a identificá-la com todas as demais que se tenham subsumido ao mesmo preceito legal.

---

afetada, quer pelo Ministério Público" (TJSP, 2ª C. de Direito Público, AI 19.281-5/3, São Carlos, rel. Des. Lineu Peinado, 27/5/1997, v.u.), destacando, em outro julgamento, a legitimidade ativa do Ministério Público para pleitear anulação de contrato administrativo firmado sem prévia licitação, com base, sobretudo, nas disposições do art. 129, III, da Constituição Federal, c/c os arts. 1º, 5º, 7º e 17 da Lei Federal n. 8.429/1992 e 25, IV, b, da Lei Federal n. 8.625/1993 (TJSP, 2ª C. de Direito Público, AC 33.861-5/3, Jundiaí, rel. Des. Alves Bevilacqua, 19/8/1997, v.u.). O STJ também reconheceu a possibilidade de cumulação dos pedidos: 1ªT., REsp n. 895.594/SP, rel. Min. Francisco Falcão, j. em 12/12/2006, DJ de 8/3/2007.

271 Em sentido contrário, sustenta Carlos Frederico Brito dos Santos (Improbidade..., p. 148) que a declaração de nulidade do ato é antecedente lógico da condenação pela prática da improbidade, logo, "o pedido de condenação do agente público e/ou terceiro já conterá, oculta, a pretensão de anulação do ato administrativo, como deflui logicamente da causa de pedir, não havendo por que se falar em julgamento ultra petita na hipótese de o juiz declarar a nulidade do ato antes de condenar os acionados ímprobos e passar a dosar-lhes as penalidades do art. 12 da lei comentada". Com a devida vênia, a solução não parece estar em harmonia com a lei processual, isso porque, como é do conhecimento de todos, o pedido não guarda identidade com a causa de pedir, os fundamentos da sentença não fazem coisa julgada (art. 504, I, do CPC/2015), a coisa julgada somente alcança as partes no processo, não terceiros (art. 506 do CPC/2015) e os pedidos implícitos somente são admitidos nos casos expressamente contemplados no ordenamento (juros legais, prestações vincendas, despesas processuais etc. – vide art. 322, § 1º, do CPC/2015 e José Carlos Barbosa Moreira, O novo processo civil brasileiro, p. 13). No que concerne à incoerência apontada pelo autor (reconhecimento da improbidade com a simultânea subsistência do ato que o motivou), vale lembrar o velho exemplo da ação ordinária de alimentos em que o autor, na causa de pedir, atribui a sua paternidade a outrem. Nesse caso, a procedência do pedido de alimentos não impedirá que a paternidade seja posteriormente contestada. Incoerência à parte, existem razões outras que recomendam a subsistência do sistema.

No entanto, tal identidade certamente não resiste a uma maior reflexão, isto porque as condutas apresentarão distinções que variarão consoante a intensidade do elemento volitivo que as deflagrou, as peculiaridades dos sujeitos ativo e passivo, a conjuntura do momento de sua prática, a dimensão dos possíveis danos causados e os reflexos que gerou no organismo social.

Desta forma, ainda que dois ou mais atos se subsumam ao mesmo padrão normativo, normalmente distintos serão os efeitos produzidos por cada qual, já que diversos os elementos que os informam.

12.1. Diretivas de Proporcionalidade na Individualização das Sanções

Em face do disposto no art. 37, § 4º, da Constituição da República, compete ao legislador infraconstitucional estabelecer os critérios de gradação das sanções a serem aplicadas ao agente ímprobo. Nada impedia, assim, fosse estabelecido um escalonamento das sanções consoante as condições do agente e as consequências da infração, cominando, de forma cumulativa ou alternada, aquelas previstas no texto constitucional – suspensão dos direitos políticos, perda da função pública e ressarcimento ao erário – e outras mais[272].

Regulamentando o preceito constitucional, estabelecia o art. 12 da Lei n. 8.429/1992, em sua redação original, as sanções que seriam aplicadas aos diferentes atos de improbidade, elenco este que se encontrava previsto de forma aglutinativa, separado por vírgulas e cuja última sanção cominada foi unida ao todo pela conjuntiva "e".

---

[272] Há quem sustente que a redação do art. 37, § 4º, da CR/1988, ao dispor que os atos de improbidade administrativa **importarão** a suspensão dos direitos políticos, a perda da função pública, a indisponibilidade dos bens e o ressarcimento ao erário, teria tornado obrigatória a aplicação dessas sanções de forma cumulativa. Tal conclusão, no entanto, parte do equívoco de desconsiderar a segunda parte do preceito, segundo a qual a aplicação das sanções se dará "na forma e graduação previstas em lei", o que desloca o âmbito de análise da questão para a legislação infraconstitucional, norte que adotamos no presente item. Segundo José Roberto Pimenta Oliveira (As exigências de razoabilidade/proporcionalidade inerentes ao devido processo legal substantivo e a improbidade administrativa, in *Improbidade administrativa, 10 anos da Lei n. 8.429/1992*, p. 295), o art. 37, § 4º, da CR/1988, na forma em que se encontra redigido, é verdadeira "regra concretizadora autêntica de proporcionalidade", tendo o instituidor da ordem jurídica optado por fixar o conteúdo mínimo das sanções a serem aplicadas ao ímprobo. Ao falar na forma e graduação previstas em lei, a Constituição estatuiu que o legislador regularia o devido processo legal para a aplicação das sanções (forma) e a graduação das sanções para os casos em que é admitido tal escalonamento. Assim, as medidas de perda da função e ressarcimento dos danos sempre serão aplicadas; a suspensão dos direitos políticos será igualmente aplicada, mas com observância da graduação estabelecida pelo legislador; e as demais sanções não previstas originariamente na Constituição sofrerão o crivo do princípio da proporcionalidade (multa, proibição de contratar e perda de bens). Em sentido contrário, afirmando que a Constituição impõe a cumulatividade das sanções, defende Marcus Paulo Queiroz Macêdo a inconstitucionalidade da alteração introduzida no art. 12 da Lei n. 8.429/1992, pela Lei n. 12.120/2009, que autorizou a aplicação das sanções de forma isolada ou cumulativa (As três ações coletivas previstas na Lei n. 8.429/1992 – Algumas breves anotações, *Jus*, ano 43, n. 26, jan./jun. 2012, p. 87).

Em razão de tal técnica legislativa, tínhamos o entendimento de que, como regra geral, seria imperativa a cumulatividade das sanções, restando ao órgão jurisdicional a discricionariedade de delimitar aquelas cuja previsão foi posta em termos relativos, quais sejam: a) suspensão dos direitos políticos – 8 (oito) a 10 (dez) anos, inciso I / 5 (cinco) a 8 (oito) anos, inciso II / 3 (três) a 5 (cinco) anos, inciso III; e b) multa civil – até 3 (três) vezes o valor do acréscimo patrimonial, inciso I / até 2 (duas) vezes o valor do dano, inciso II / até 100 (cem) vezes o valor da remuneração percebida pelo agente, inciso III.

Além do aspecto gramatical, já que não utilizada a disjuntiva "ou" na cominação das sanções, deve-se acrescer que não caberia ao Poder Judiciário, sob pena de mácula ao princípio da separação dos poderes, deixar de aplicar as reprimendas estabelecidas pelo legislador, de forma cumulativa, consoante expressa autorização constitucional.

Releva notar que as medidas de ressarcimento dos danos causados ao patrimônio público e de perda dos valores acrescidos ilicitamente ao patrimônio do agente, conforme deflui da própria redação dos incisos do art. 12 da Lei n. 8.429/1992, somente seriam passíveis de aplicação em estando presentes os pressupostos fáticos que as legitimam, quais sejam, o dano ao patrimônio público e o enriquecimento ilícito. No que concerne ao ato de improbidade descrito no art. 10-A, tais medidas não foram cominadas no inciso IV do art. 12, mas nada impede, como vimos, que sua aplicação seja requerida ao juiz, pois buscam reconduzir o patrimônio público ao *status quo* e não consubstanciam verdadeira sanção. Acresça-se que não se pode aplicar a sanção de perda da função pública ao terceiro que não possua qualquer vínculo com o Poder Público.

Qualquer que seja a seara, somente se pode falar em liberdade do julgador na fixação da reprimenda em havendo expressa autorização legal, o que deflui dos próprios princípios norteadores do sistema repressivo. Isto porque a sanção, a um só tempo, representa eficaz mecanismo de garantia dos direitos do homem – o qual somente pode tê-los restringidos com expressa previsão legal – e instrumento de manutenção da paz social, sendo a materialização dos anseios dos cidadãos expressos através de seus representantes.

Em razão da própria natureza da conduta perquirida, não haveria que se falar, inclusive, em adstrição do órgão jurisdicional a uma possível delimitação do pedido, quer qualitativa, quer quantitativa, pois, tratando-se de direito eminentemente indisponível[273], não compete ao autor da demanda restringir as consequências dos atos de improbidade, restando-lhe, unicamente, deduzir a pretensão de que sejam aplicadas as sanções condizentes com a causa de pedir que declinara na inicial[274].

---

273 A indisponibilidade também é reflexo da redação conferida ao art. 17, § 1º, da Lei n. 8.429/1992: *É vedada a transação, acordo ou conciliação nas ações de que trata o* caput.

274 O TJGO, no entanto, proferiu decisão do seguinte teor: "(...) I – Inocorre cerceamento de defesa quando oportunizada à parte o oferecimento de contestação, com reabertura de prazo para tal. Com efeito, apresentada a defesa com inobservância aos preceitos do art. 300, do CPC, corolário do princípio da eventualidade, opera-se a preclusão consumativa da matéria, considerando-se verdadeiros, porque não impugnados,

Capítulo X – Das Sanções

Conforme frisamos, a aplicação cumulativa das sanções seria a regra geral, a qual, em situações específicas e devidamente fundamentadas, poderia sofrer abrandamento, o que permitiria a adequação da Lei n. 8.429/1992 à Constituição da República[275].

Tal posição, longe de macular o equilíbrio constitucional dos poderes e conduzir ao arbítrio judicial, viabilizaria a formulação de interpretação conforme a Constituição e atenuaria a dissonância existente entre a tutela dos direitos fundamentais e a severidade das sanções cominadas.

Apesar disso, diversamente ao que se verifica na seara penal, em que qualquer aumento da dosimetria das sanções deve ser devidamente justificado, aqui, o órgão jurisdicional realizaria operação inversa, sendo necessário que declinasse os motivos que o levaram a suprimir determinada sanção do feixe que aplicou ao agente[276]. O que, antes, resultava de

---

os fatos alegados na exordial da ação. II – Presentes, na espécie, as condições que ensejam o julgamento antecipado da lide, é dever do Juiz, e não mera faculdade, assim proceder. III – Comprovada a prática de ato ímprobo tipificado no art. 11, inc. I, da Lei 8.429/1992, acolhe-se o pedido inicial, condenando-se o Prefeito ao pagamento de indenização em favor dos servidores comissionados que sofreram prejuízo pelo desconto em seus salários de contribuição denominada 'dízimo partidário', bem assim de multa civil. IV – *Configurado julgamento 'extra petita' no tocante à fixação da multa civil, deve tal verba ser ajustada em percentual correspondente ao limite externado no petitório exordial, qual seja, em sete vezes o valor da remuneração percebida pelo Prefeito*" (4ª CC., AP n. 57187-6/188, rel. Des. Arivaldo da Silva Chaves, j. em 3/5/2001, *DJ* de 7/6/2001, p. 19 – destaque nosso). Em outra oportunidade, o TJGO ressaltou que "quando o próprio autor postula pela improcedência do pedido em relação a determinados réus, configura-se a ilegitimidade passiva destes que não pode vir a ser ignorada pelo prolator da sentença" (2ª CC, AP n. 50.717-0/188, rel. Des. Fenelon Teodoro Reis, j. em 25/4/2000, *DJ* de 30/8/2000, p. 10). No mesmo sentido, entendendo que o juiz fica adstrito ao pedido formulado: Marino Pazzaglini Filho, *Lei de Improbidade...*, p. 178; e Carlos Frederico Brito dos Santos, *Improbidade...*, p. 152; e Marcelo Harger, *Improbidade...*, p. 195-196. O STJ, por sua vez, situou a questão nos seus exatos termos: "Não há julgamento *ultra* ou *extra petita* se o juiz acrescenta à condenação do responsável pelo ato de improbidade as penas cominadas pelo art. 12, inciso III, da Lei n. 8.429/1992" (1ª T., REsp n. 324.282/MT, rel. Min. Humberto Gomes de Barros, j. em 5/2/2002, *DJ* de 1º/4/2002). O acórdão recorrido afirmara que "a suspensão dos direitos políticos e a vedação de contratar com o poder público são meras consequências da procedência da ação e independem de pedido expresso por parte do proponente da demanda". O relator, por sua vez, acrescentou que as sanções aplicadas "correspondem às cominações ou penalidades impostas em decorrência da procedência da ação e por imperativo legal". No mesmo sentido: Gustavo Senna Miranda, *Princípio do juiz natural...*, p. 176, José Antonio Lisbôa Neiva (*Improbidade administrativa*: estudos ..., p. 84-86), José Roberto Pimenta Oliveira (As exigências de razoabilidade/proporcionalidade inerentes ao devido processo legal substantivo e a improbidade administrativa, in *Improbidade administrativa, 10 anos da Lei n. 8.429/1992*, p. 295) e Sérgio Monteiro Medeiros (*Lei de improbidade administrativa*, p. 186).

275 "A lei só pode restringir os direitos, liberdades e garantias nos casos expressamente previstos na Constituição, devendo as restrições limitar-se ao necessário para salvaguardar outros direitos ou interesses constitucionalmente protegidos" (art. 18, 2, da Constituição portuguesa).

276 Também entendendo que a aplicação das sanções nem sempre deveria ser conjunta: Carvalho Filho (*Manual...*, p. 883) (o autor, curiosamente, nos incluía na corrente contrária); Gustavo Senna Miranda (*Princípio do juiz natural...*, p. 177); Edilson Pereira Nobre Júnior (Improbidade administrativa: alguns aspectos controvertidos, *Revista do TRF-5ª Região* n. 56/320 (344), 2004); Maria Goretti Dal Bosco (*Responsabilidade do agente público...*, p. 203); Rita Tourinho (*Discricionariedade...*, p. 226); George Sarmento (*Improbidade adminis-*

trativa, p. 195); Sérgio Monteiro Medeiros (*Lei de Improbidade...*, p. 185); Juarez Freitas (Do princípio da probidade..., ob. cit., p. 59); Fábio Medina Osório (*Improbidade...*, p. 198-199); Fernando Rodrigues Martins (ob. cit., p. 108); Marcelo Figueiredo (*Probidade...*, p. 50-51 e 77-78); Waldo Fazzio Júnior (*Improbidade administrativa e crimes de prefeitos*, p. 296-299, e *Atos de improbidade administrativa...*, p. 357-359); Francisco Octávio de Almeida Prado (*Improbidade...*, p. 150-154); Marino Pazzaglini Filho *et alii* (*Improbidade...*, p. 215-217); Marino Pazzaglini Filho (*Lei de Improbidade...*, p. 122-124); José Adércio Leite Sampaio (A improbidade..., in *Improbidade administrativa, 10 anos da Lei n. 8.429/1992*, p. 177); José Jairo Gomes (Apontamentos..., in *Improbidade administrativa, 10 anos da Lei n. 8.429/1992*, p. 273-274); Nicolao Dino de Castro e Costa Neto (Improbidade administrativa..., in *Improbidade administrativa, 10 anos da Lei n. 8.429/1992*, p. 365); Carlos Frederico Brito dos Santos (*Improbidade administrativa...*, p. 75) e Antonio José de Mattos Neto (Responsabilidade civil por improbidade administrativa, *RT* 752/38). Em sentido contrário: Marlon Alberto Weichert (A sentença condenatória na ação de improbidade administrativa. Profundidade e extensão das sanções, *RIL* n. 170/57 (61-62), 2006), Wallace Martins Paiva Júnior (*Probidade...*, p. 263), José Guilherme Giacomuzzi (*A moralidade...*, p. 303), Walter Claudius Rothenburg (Ação por improbidade..., in *Improbidade administrativa, 10 anos da Lei n. 8.429/1992*, p. 479-480), José Antonio Lisbôa Neiva (*Improbidade administrativa*: estudos..., p. 83-86) e Carlos Eduardo Terçarolli (*Improbidade administrativa...*, p. 70) sustentavam que as sanções eram cumulativas, o que derivaria da redação do art. 12 e da inexistência de critério propício para embasar a alternatividade; José Armando da Costa (*Contorno jurídico da improbidade administrativa*, p. 24-25) aduzia que a "improbidade não comporta gradação", devendo sempre acarretar a perda da função; e Aristides Junqueira Alvarenga (Reflexões sobre improbidade administrativa no direito brasileiro, in *Improbidade administrativa, questões polêmicas e atuais*, p. 87), para quem "a única discricionariedade ali permitida (*no art. 12*) ao magistrado é quantitativa, e não qualitativa", sendo que a insignificante lesividade da conduta importará na descaracterização da própria improbidade, não na aplicação de somente algumas dentre as sanções cominadas. Affonso Ghizzo Netto (*Improbidade...*, p. 85-86) comungava do entendimento anterior, mas admitia a aplicação da proporcionalidade, em relação à sanção de perda da função, para resguardar a sobrevivência da família (p. 89). O STJ já encampou a utilização do princípio da proporcionalidade na aplicação das sanções, inclusive com o expresso acolhimento dos parâmetros sugeridos nesta obra: 1ª T., REsp n. 505.068/PR, rel. Min. Luiz Fux, j. em 9/9/2003, *DJU* de 29/9/2003, p. 164. Em outra oportunidade, decidiu da seguinte forma: "Ação civil pública. Improbidade administrativa. Legitimidade ativa do Ministério Público. Violação dos princípios da legalidade, moralidade e impessoalidade. Penalidades previstas no art. 12, III, da Lei n. 8.429/1992. Adoção do princípio da proporcionalidade, ou adequação entre a conduta do agente e sua penalização. Cabimento. Recurso Especial conhecido. O Ministério Público tem legitimidade para propor ação civil pública na hipótese de dano ao Erário. Obedecido o princípio da proporcionalidade, mostra-se correta a aplicação das penalidades previstas no art. 12, III, da Lei n. 8.429/1992. Precedentes do STJ" (1ª T., REsp n. 291.747/SP, rel. Min. Humberto Gomes de Barros, j. em 5/2/2002, *DJ* de 18/3/2002, p. 176). O TJRS assim tem se pronunciado sobre a matéria: "Direito Público não especificado. Ação civil pública. Lei n. 8.429/1992. Atos de improbidade administrativa praticados por ex-Prefeito do Município de Bom Retiro do Sul. Prova inequívoca. Proporcionalidade entre os atos e as penalizações. O art. 37, § 4º, da CF/1988, teve lei integradora que foi além do razoável, ao dispor que 'constitui ato de improbidade administrativa que causa lesão ao erário qualquer ação ou omissão dolosa ou culposa'. Deve-se abrandar seu rigor, amoldando-a ao espírito constitucional. Aplicação do princípio da proporcionalidade entre o ato, a extensão do dano por ele causado e o eventual proveito patrimonial auferido pelo agente. Dever de reparar os prejuízos causados ao erário e pagar a multa civil mantido. Absolvição quanto as penas de suspensão de direitos políticos e do direito de contratar com o Poder Público cabível. Apelação em parte provida" (3ª CC, AP n. 599328069, rel. Des. Nelson Antonio Monteiro Pacheco, j. em 5/8/1999). Também invocando o princípio da proporcionalidade na fixação das sanções: TJRS, 2ª CC, AP n. 70000532739, rel. Des. Maria Isabel de Azevedo Souza, j. em 12/4/2000; 2ª CC, AP n. 596026708, rel. Des. Demétrio Xavier Lopes Neto, j. em 21/5/1997; 2ª CC, AP n. 597135003, rel. Des. João Armando Bezerra Campos, j. em 28/4/1999; 2º GCC, EI n. 70000832840, rel. Des. Nelson Antonio Monteiro Pacheco, j. em 9/6/2000; e 1ª CC, AP n. 599260908, rel. Des. Carlos Roberto Lofego, j. em 10/5/2000. Nesta última decisão, restou assentado que "o juiz não deve se reduzir à condição de

construção doutrinária e jurisprudencial, passou a ser diretriz legal, resultado da alteração promovida no art. 12 da Lei n. 8.429/1992 pela Lei n. 12.120/2009: "[i]ndependentemente das *sanções penais, civis e administrativas previstas na legislação específica, está o responsável pelo ato de improbidade sujeito às seguintes cominações, que podem ser aplicadas isolada ou cumulativamente, de acordo com a gravidade do fato*". Em face da alteração legislativa, não pode sobejar qualquer dúvida quanto ao fato de não ser necessária a cumulação das sanções. Resta analisar, assim, os critérios a serem seguidos pelo órgão jurisdicional na sua individualização.

O elemento volitivo que informa o ato de improbidade, aliado à possível preservação de parcela considerável do interesse público, poderia indicar a inadequação da aplicação de todas as sanções cominadas, ainda que viessem a ser fixadas no mínimo legal. À guisa de ilustração, observe-se que a aplicação das sanções de perda da função e suspensão dos direitos políticos ao agente que culposamente dispensasse a realização de procedimento licitatório apresentar-se-ia em flagrante desproporção com o ilícito praticado.

Em situações como essa, entendemos que o órgão jurisdicional deveria proceder à verificação da compatibilidade entre as sanções cominadas, o fim visado pela lei e o ilícito praticado, o que redundaria no estabelecimento de um critério de proporcionalidade.

Para auferir tal resultado, a Suprema Corte norte-americana utilizou como cláusula de compatibilização o princípio do devido processo legal, originariamente uma garantia processual, mas ulteriormente utilizado em uma concepção substantiva (*substantive due process*). A atuação estatal deveria ser submetida a um teste de racionalidade (*rationality test*), sendo aferida sua compatibilidade com o comando constitucional a partir de um padrão de razoabilidade (*reasonablesse standard*).

O Tribunal Constitucional Federal alemão, ao aferir a constitucionalidade de restrições aos direitos fundamentais, tem adotado a "teoria dos degraus" (*Stufentheorie*). De acordo com essa teoria, as restrições deverão ser efetuadas em diversos degraus, iniciando pela conduta dotada de menor potencialidade lesiva e ascendendo para os sucessivos de-

---

autômato aplicador de dispositivos normativos. O disposto no art. 12, parágrafo único, da Lei 8.429/1992, deve ser aplicado com observância do *arbitrium regulatum* jurisdicional, na forma do art. 93, IX, da Constituição Federal, cotejados os critérios da necessidade e proporcionalidade da conduta-fato à pena". O TJPR também prestigiou esse entendimento: 6ª CC, AP n. 64686400, rel. Des. Cordeiro Cleve, j. em 6/6/2001; 1ª CC, AP n. 135771-5, rel. Des. Ulysses Lopes, j. em 11/11/2003; e 2ª CC, AP n. 144.550-5, rel. Des. Hirosê Zeni, j. em 12/11/2003. O TJGO decidiu que:"(...) Em casos de condenação por improbidade administrativa, em que pese à ausência de dispositivo expresso que determine o abrandamento ou a escolha das penas qualitativa e quantitativamente aferidas, deve-se recorrer ao princípio da proporcionalidade, ínsito à jurisdição, analisando-se amplamente a conduta considerada ilícita, o comportamento do agente público, a existência ou não de enriquecimento ilícito e em que medida, grau e intensidade infringiu as prescrições legais. IV – Tratando-se de fato de pequeno potencial ofensivo, é bastante a aplicação da sanção de ressarcimento integral do dano, com a devida atualização monetária, bem como multa de igual valor" (2ª CC, AP n. 50349-7/188, rel. Des. Noé Gonçalves Ferreira, j. em 4/4/2000, *DJ* de 17/5/2000, p. 14). No mesmo sentido: TJGO, 4ª CC, AP n. 58036-4/188, rel. Des. Beatriz Figueiredo Franco, j. em 23/8/2001, *DJ* de 2/10/2001, p. 10.

graus, com a consequente exasperação das restrições, conforme aumente o padrão de lesividade e a reprovabilidade da conduta. Com isto, é respeitada a dignidade da pessoa humana e observado o princípio da proporcionalidade.

Considerando que a suspensão dos direitos políticos importa em restrição ao exercício da cidadania e a perda da função pública em restrição ao exercício de atividade laborativa lícita, afigura-se evidente que essas sanções não se mostrarão adequadas em relação a não poucos atos de improbidade[277]. A reprimenda ao ilícito deve ser adequada aos fins da norma[278], resguardando-se a ordem jurídica e as garantias fundamentais do cidadão, o que preservará a estabilidade entre o poder e a liberdade.

A inexistência de preceitos normativos que permitam identificar de forma apriorística as condutas excluídas da regra geral acima enunciada torna imperativo o estabelecimento, pela doutrina, ainda que de forma singela, de parâmetros de adequação. Para tanto, torna-se possível identificar a proporcionalidade entre a sanção e o ilícito a partir da análise do elemento volitivo do agente[279] e da possível consecução do interesse público.

Ao agente público somente é permitido agir nos limites em que a lei lhe autorize, sendo vasto o elenco de princípios e regras de conduta previstos no ordenamento jurídico. O agente cujos atos sejam informados por um elemento volitivo frontalmente dirigido a fim diverso daquele previsto em lei apresentar-se-á em situação distinta daquele que tiver seu obrar intitulado de ilícito em virtude de uma valoração inadequada dos pressupostos do ato ou dos fins visados.

Por tal razão, ao ato culposo poderão ser aplicadas sanções mais brandas, já que o resultado ilícito não fora deliberadamente visado pelo agente. Note-se, no entanto, que a culpa grave – entendida como tal aquela que ocupa o ápice da curva ascendente de previsibilidade – poderá ter seus efeitos eventualmente assimilados aos do ato doloso.

---

[277] Em sentido contrário, sustenta Mateus Bertoncini que a sanção de perda da função deve ser sempre aplicada, isso por ter sido cominada nos planos constitucional e infraconstitucional (*Ato de improbidade*..., p. 253). A só cominação, à evidência, não afasta a necessidade de as sanções serem aplicadas com observância do critério de proporcionalidade, o que, aliás, é ressaltado pelo próprio autor ao afirmar que o "Estado-juiz" deve sempre ter em conta a gravidade da conduta cometida (ob. cit., p. 250).

[278] "Em acórdão no *Habeas Corpus* n. 45.232, a Suprema Corte rejeitou, por desarrazoada, a aplicação de pena acessória que proibia atividade privada a condenado por crime contra a segurança nacional, declarando a inconstitucionalidade do art. 48 do DL n. 314, de 1967, nos termos do voto vencedor do Ministro Themístocles Cavalcanti (*Revista Trimestral de Jurisprudência*, v. 44, p. 322 e s.)" (Caio Tácito, *Temas de direito público*, v. I, p. 491). O STJ, do mesmo modo, vem prestigiando o princípio da proporcionalidade, do que é exemplo a seguinte ementa: "Perdimento. Apreensão de mercadoria estrangeira. Veículo transportador. Princípio da proporcionalidade. Recurso da Fazenda não conhecido. Inadmissível a aplicação da pena de perdimento do veículo, quando evidente a desproporção entre o seu valor e o da mercadoria de procedência estrangeira apreendida" (2ª T., REsp n. 109.710-PR, rel. Min. Hélio Mosimann, j. em 18/3/1997, *RSTJ* n. 98/180).

[279] De acordo com Cícero, a pena não deve ser maior do que a culpa ("*ne maior poena quam culpa sit*"), *De Officiis, Oeuvres Complètes*, Paris, Librarie de Firminn-Didot, v. IV, p. 446, *apud* Juarez Freitas, Do princípio da probidade..., ob. cit., p. 59.

Além do elemento volitivo, deve ser analisada a consecução do interesse público, o qual foi erigido à categoria de princípio fundamental pela Constituição da República (art. 3º, IV). Em sendo parcialmente atingido o interesse público, afigura-se igualmente desproporcional que ao agente sejam aplicadas as mesmas reprimendas destinadas àquele que se afastou integralmente de tal fim, logo, em hipóteses tais, as sanções aplicadas também deverão variar conforme a maior ou a menor consecução do interesse público.

Adotando-se tais critérios, será estabelecida uma relação de adequação entre o ato e a sanção, sendo esta suficiente à repressão e à prevenção da improbidade. Ademais, tornará certo que os atos de improbidade que importem em enriquecimento ilícito (art. 9º) normalmente sujeitarão o agente a todas as sanções previstas no art. 12, I, pois referidos atos sempre serão dolosos e dissociados do interesse público, ocupando o mais alto "degrau" da escala de reprovabilidade e, *ipso facto*, tornando possível que maiores restrições sejam impostas aos direitos fundamentais do agente.

No mais, é relevante observar ser inadmissível que ao ímprobo sejam aplicadas unicamente as sanções de ressarcimento do dano[280] e de perda de bens, pois estas, em verdade, não são reprimendas, visando unicamente à recomposição do *status quo*[281].

---

280 Nesse sentido: STJ, 2ª T., REsp n. 1.298.814/SC, j. em 12/4/2012, *DJe* de 17/4/2012; REsp n. 1.314.194/MG, j. em 21/8/2012, *DJe* de 9/5/2013; e REsp n. 1.315.528/SC, j. em 21/8/2012, *DJe* de 9/5/2013, todos relatados pelo Min. Mauro Campbell Marques; e TRF-2ª R, 5ª T. Especializada, Ap. n. 0003470-28.2004.4.02.5102, rel. Des. Fed. Ricardo Perlingeiro, j. em 8/9/2015, *DJF* de 14/10/2015. A 2ª Turma do STJ, em 9/9/2003, *DJU* de 3/11/2003, ao julgar o REsp n. 300.184/SP, sendo relator o Ministro Franciulli Netto, em ação cuja *causa petendi* referia-se ao pagamento irregular de horas extraordinárias, as quais pressupunham a excepcionalidade e a temporariedade do serviço, bem como a autorização escrita do superior hierárquico, requisitos ausentes na hipótese, reconheceu, com fundamento no princípio da proporcionalidade, a correção de acórdão que excluíra a sanção de suspensão dos direitos políticos, mantendo, unicamente, a obrigação de ressarcir os valores indevidamente recebidos, que também alcançou, em caráter solidário, o agente responsável pela autorização do pagamento: o ex-prefeito. A análise do caso permite concluir que a posição assumida pelo STJ foi correta. Com efeito, a suspensão dos direitos políticos era inadequada à hipótese, já que os serviços foram efetivamente prestados e os valores recebidos eram de pequena monta, o que legitimava a sua exclusão com fundamento na aludida proporcionalidade. Por outro lado, à míngua de irresignação recursal por parte do autor da ação, que se satisfez com as medidas aplicadas pelo juízo monocrático (suspensão dos direitos políticos e obrigação de ressarcir o dano), somente restava ao tribunal afastar o excesso e manter o *minus*, que, sob o prisma ontológico, sanção não é.

281 Tratando-se de agente público vinculado à Administração Pública Federal, direta ou indireta, em não havendo o espontâneo pagamento do débito resultante da aplicação das sanções pecuniárias, deve ser determinada a sua inscrição no Cadastro Informativo de créditos não quitados do setor público federal, que foi disciplinado pela Lei n. 10.552/2002. Segundo o art. 6º desse diploma legal, "é obrigatória a consulta prévia ao CADIN, pelos órgãos e entidades da Administração Pública Federal, direta e indireta, para: I – realização de operações de crédito que envolvam a utilização de recursos públicos; II – concessão de incentivos fiscais e financeiros; III – celebração de convênios, acordos, ajustes ou contratos que envolvam desembolso, a qualquer título, de recursos públicos, e respectivos aditamentos. Parágrafo único. O disposto neste artigo não se aplica: I – à concessão de auxílios a Municípios atingidos por calamidade pública reconhecida pelo Governo Federal; II – às operações destinadas à composição e regularização dos créditos e obrigações objeto de

É importante ressaltar que a liberdade valorativa assegurada ao órgão jurisdicional, na escolha das sanções que melhor se ajustem à situação concreta, não chega ao extremo de permitir que ele desconsidere a própria individualidade de cada uma das sanções cominadas. Em outras palavras, ao decidir pela incidência de uma dada sanção, não pode ignorar os patamares mínimos e máximos oferecidos pela ordem jurídica, sob pena de substituir-se ao Poder Legislativo e moldar preceito secundário diverso daquele que deve incidir sobre o autor do ilícito[282]. Essa constatação torna-se particularmente relevante em relação às sanções de suspensão dos direitos políticos e de proibição de contratar com o Poder Público ou receber benefícios ou incentivos fiscais ou creditícios, que possuem lapsos temporais durante os quais terão eficácia.

12.2. Fixação da Reprimenda Base

Estabelecidos os critérios de individualização das sanções que serão aplicadas ao ímprobo, devem ser fixadas diretrizes para se chegar a uma justa dosimetria.

Na seara penal, um dos mais graves obstáculos à consecução do ideal de justiça no período medieval era o regime arbitrário das penas, que eram deixadas à livre decisão dos julgadores. Ulteriormente, teve-se um sistema de penas rigorosamente fixas, o qual foi previsto no Código francês de 1791, não sendo permitido ao juiz qualquer discricionariedade em sua fixação[283]. Hodiernamente, tem-se uma determinação relativa das penas, permitindo-se que sua gradação varie entre os limites máximo e mínimo, consoante a natureza e as circunstâncias da ação.

Nesta linha, encontra-se o disposto no art. 5º, XLVI, da Constituição da República, segundo o qual "a lei regulará a individualização da pena...", preceito este que se erige como direito fundamental dos jurisdicionados e que, não obstante a natureza eminentemente cível das sanções cominadas aos atos de improbidade, deve servir de norte ao julgador, o que estará em sintonia com o art. 37, § 4º, da Constituição.

Regulamentando o texto constitucional, tem-se o art. 59 do Código Penal, o qual estabelece os critérios a serem seguidos para a fixação da pena, sendo também passível de utilização, feitas as adaptações necessárias, na delimitação das sanções a serem aplicadas aos agentes que pratiquem atos de improbidade.

---

registro no CADIN, sem desembolso de recursos por parte do órgão ou entidade credora; III – às operações relativas ao crédito educativo e ao penhor civil de bens de uso pessoal ou doméstico"

282 Por ausência de autorização legal, as sanções de suspensão dos direitos políticos e proibição de contratar com o Poder Público, cominadas no art. 12, III, da Lei n. 8.429/1992, não podem ser aplicadas em patamares inferiores àqueles ali previstos: STJ, 2ª T., REsp n. 1.582.014/CE, rel. Min. Humberto Martins, j. em 7/4/2016, *DJe* de 15/4/2016.

283 Trata-se da normatização da célebre concepção de Montesquieu: "O juiz não é senão a boca que pronuncia as palavras da lei" (*L'Esprit des Lois*, Livro XI, 6).

Assim, para o estabelecimento da dosimetria das sanções é inafastável a valoração da personalidade do agente, de sua vida pregressa na Administração Pública, do grau de participação no ilícito e dos reflexos de seus atos na organização desta e na consecução de seu desiderato final, qual seja, o interesse público.

Afora tais elementos, deverá o juiz valorar a extensão do dano causado e o proveito patrimonial obtido pelo agente, únicas diretrizes traçadas pela Lei de Improbidade (art. 12, parágrafo único). Neste particular, é importante ressaltar a insuficiência do critério legal. Com efeito, caso o art. 12, parágrafo único, seja concebido como o único parâmetro a ser seguido para a fixação das sanções, o que norteará a individualização da reprimenda por infringência ao art. 11 da Lei n. 8.429/1992? O questionamento é pertinente, pois, nestes casos, em regra, não há dano ao patrimônio público ou proveito pessoal do agente, logo, *quid iuris*? Conclui-se, assim, que a utilização de critérios correlatos é imprescindível à correta aplicação da Lei de Improbidade.

12.3. Circunstâncias Atenuantes e Agravantes

Individualizadas as sanções e fixada a "reprimenda base", consoante as diretrizes traçadas, deve o órgão jurisdicional valorar a presença de eventuais circunstâncias agravantes e atenuantes, o que permitirá a fixação de uma reprimenda condizente com a natureza da conduta e a personalidade do agente, conferindo transparência à decisão judicial.

De acordo com os ensinamentos de Marcelo Caetano[284], relativos à responsabilidade disciplinar dos agentes públicos e perfeitamente aplicáveis a este estudo, devem ser consideradas circunstâncias agravantes, com influência imediata na fixação da dosimetria das sanções a serem aplicadas ao agente, "a produção efetiva de resultados prejudiciais ao serviço, ao interesse geral ou a terceiros nos casos em que fosse previsível como efeito necessário da conduta; a intenção de produzir esses resultados; a premeditação; a combinação ou coligação com outras pessoas para a prática do fato; o ser praticado durante o cumprimento de uma pena disciplinar; a reincidência; a acumulação de infrações; a publicidade do fato provocada pelo próprio agente; a prática depois de advertido por outro funcionário do caráter ilícito do fato; a categoria superior[285] e o nível intelectual e de cultu-

---

284 *Princípios fundamentais de direito administrativo*, p. 401.
285 Tomando-se como parâmetro a estrutura organizacional da Administração Pública, erigida fundamentalmente sobre o princípio da hierarquia administrativa, constata-se que maior reprovabilidade assumirão os atos de improbidade praticados por aquele que tem o dever de fiscalizar seus subordinados por ocupar o ápice da pirâmide funcional, pois, nas palavras de Aristóteles (*A Ética*, 1ª parte, p. 28), "é preciso que tenha sido educado em hábitos honestos aquele que deverá estar em condição de ouvir falar de honestidade, de justiça e, em geral, de coisas políticas". Francisco Bilac Moreira Pinto (ob. cit., p. 91) acresce que "a falta de observância dos altos padrões, a que o público tem o direito de esperar, por parte dos funcionários públicos, lança um estigma sobre o grupo, sobretudo quando a indisciplina emana daqueles que detêm a chefia", o que justifica a exasperação das sanções passíveis de aplicação ao superior hierárquico de justiça e, em geral, de coisas políticas.

ra etc. São circunstâncias atenuantes, em especial, da responsabilidade disciplinar, o bom comportamento anterior do agente, o ter prestado serviços relevantes, a confissão espontânea do fato, a provocação de superior hierárquico, o ter sido praticado o fato por acatamento de boa-fé de ordem de superior a que não fosse devida obediência etc.".

Não são necessárias maiores reflexões para se constatar a inexistência de uma pureza conceitual nas diretrizes sugeridas para a fixação da reprimenda base e para a identificação das circunstâncias periféricas ao ilícito, as quais atuarão como agravantes ou atenuantes. Tal constatação é reflexo inevitável da falta de normatização específica sobre a matéria. Apesar disto, os critérios sugeridos facilitarão a atuação do órgão jurisdicional na fixação de uma reprimenda justa, estando em plena harmonia com o princípio de que a sanção deve ser individualizada em conformidade com as circunstâncias do caso e as condições pessoais do infrator, verdadeiro princípio geral do direito sancionador. Contribuirão, ainda, para a repressão à improbidade e para a preservação dos direitos fundamentais, pois até mesmo o ímprobo os possui.

12.4. Subsunção da Conduta a mais de um Tipo

Não raro ocorrerá que a conduta do agente, a um só tempo, importe em enriquecimento ilícito, dano ao patrimônio público, concessão indevida de benefício ao contribuinte do ISS e violação aos princípios administrativos; o que, por via reflexa, permitiria a simultânea aplicação de todas as sanções do art. 12 da Lei n. 8.429/1992.

Situação parecida será vislumbrada quando múltiplas forem as irregularidades perpetradas pelo agente, ainda que em momentos diversos e apuradas em processos distintos, o que representa um interessante complicador, já que nesta seara inexiste previsão de órgão responsável pela unificação e reunião das sanções.

Ao estatuir as diferentes sanções passíveis de aplicação ao agente ímprobo, estabeleceu o legislador um critério de gradação em que o período de suspensão dos direitos políticos, a multa cominada e a proibição de contratar com o Poder Público variarão consoante os efeitos do ato. As sanções apresentam-se postas em uma linha decrescente, sendo o ápice ocupado por aquelas cominadas aos atos que importem em enriquecimento ilícito, identificando-se posteriormente as decorrentes de lesão ao erário e violação aos princípios regentes da atividade estatal.

Em linhas gerais, os feixes de sanções para os atos de improbidade descritos nos arts. 9º, 10 e 11 apresentam-se com consistência e derivação ontológica idênticas, variando unicamente em intensidade. Ao ímprobo serão aplicadas as sanções de perda de bens ou valores, ressarcimento do dano, perda da função pública, suspensão dos direitos políticos, multa civil e proibição de contratar com o Poder Público e receber benefícios deste – tal é o feixe de sanções previsto nos incisos I a III do art. 12 e que se adequará aos efeitos do ato. Já o inciso IV do art. 12 somente prevê as sanções de perda da função pública, suspensão dos direitos políticos de 5 (cinco) a 8 (oito) anos e multa civil de até 3 (três) vezes o valor do benefício financeiro ou tributário concedido. Identificada a *mens legis*, diferente será o prisma de análise conforme seja constatada a multiplicidade ou a unicidade do ato.

Tratando-se de ato único, entendemos que um único feixe de sanções deve ser aplicado ao agente, ainda que sua conduta, a um só tempo, se subsuma ao disposto nos arts. 9º, 10, 10-A e 11. Único o ato, único haverá de ser o feixe de sanções (*ne bis in eadem*). No que concerne à dosimetria, haverão de compor o feixe de sanções os valores relativos de maior severidade, o que possibilitará o estabelecimento de uma relação de adequação com a natureza dos ilícitos, sendo que a pluralidade destes será valorada por ocasião da individualização e fixação de cada uma das sanções que compõem o feixe.

Como foi visto, todo ato de improbidade importará em violação aos princípios regentes da atividade estatal, o que, *ipso facto*, resultaria na aplicação das sanções previstas no inciso III do art. 12. Em sendo identificado o dano ao erário, a concessão injurídica de benefício ao contribuinte do ISS ou o enriquecimento ilícito, ter-se-á um *plus* que justificará a ascensão para um feixe de sanções mais severo. Havendo múltipla subsunção, normalmente serão aplicadas as sanções do inciso I do art. 12, cujos valores relativos são mais elevados, terminando por absorver as demais sanções; não sendo identificado o enriquecimento ilícito, mas tão somente o dano ao patrimônio público, aplicar-se-á o feixe do art. 12, II, com grau de severidade intermédio; já a injurídica concessão de benefício ao contribuinte do ISS, por força do princípio da especialidade, prevalecerá em relação ao dano ao patrimônio público, ensejando a aplicação das sanções do art. 12, IV. Desta forma, a simultânea violação dos preceitos proibitivos implícitos nos arts. 9º, 10, 10-A e 11 somente sujeitará o agente a um feixe de sanções.

No que concerne ao enquadramento do ato na tipologia legal, não é demais lembrar que caberá ao órgão jurisdicional, como derivação do princípio *iura novit curia*, a livre valoração dos fatos, podendo chegar a tipologia diversa daquela declinada pelo autor na petição inicial. Assim, ainda que seja indicada na inicial a incidência do art. 9º, do art. 10 ou do art. 10-A, não haverá óbice ao enquadramento do ato no art. 11, do que resultará a aplicação das sanções do art. 12, III, da Lei n. 8.429/1992[286].

---

[286] O STJ já decidiu que o juiz tem liberdade para adequar os fatos à norma, podendo atribuir-lhes qualificação jurídica distinta daquela declinada na inicial. Tal ocorre pelo fato de a qualificação não integrar a causa de pedir, o que afasta qualquer possibilidade de violação à regra da congruência referida nos arts. 141 e 492 do CPC/2015 (1ª T., REsp n. 439.280/RS, rel. Min. Luiz Fux, j. em 1º/4/2003, *DJ* de 16/6/2003, p. 265; 2ª T., REsp n. 842.428/ES, rel. Min. Eliana Calmon, j. em 24/4/2007, *DJ* de 21/5/2007; e 2ª T., REsp n. 1.134.461/SP, rel. Min. Eliana Calmon, j. em 3/8/2010, *DJe* de 12/8/2010). No mesmo sentido: José Antônio Lisbôa Neiva (*Improbidade administrativa*. Legislação...); e Carvalho Filho (*Manual...*, p. 883). O STJ também reconheceu a possibilidade de condenação nas penas cominadas em lei, ainda que fora do pedido: STJ, 1ª T., AGRG no REsp n. 1.125.634/MA, rel. Min. Arnaldo Esteves Lima, j. em 16/12/2010, *DJ* de 2/2/2011. Por identidade de razões, é possível reduzir as penas aplicadas, em sede de apelação, ainda que não haja pedido nesse sentido (STJ, 1ª T., REsp n. 1.293.624/DF, rel. Min. Napoleão Nunes Maia Filho, j. em 5/12/2013, *DJe* de 19/12/2013). Em outra oportunidade, o STJ decidiu que, tendo o Ministério Público indicado, em sede de apelação, as sanções que pretendia ver aplicadas, incidiria o princípio *tantum devolutum quantum appellatum*,

Não raro ocorrerá que a dimensão do dano, tratando-se do ato de improbidade tipificado no art. 10, o montante do benefício auferido pelo contrbuinte do ISS, em relação ao ato de improbidade previsto no art. 10-A, ou a vantagem indevida que fora obtida pelo agente, em se tratando do enriquecimento ilícito previsto no art. 9º, em razão das peculiaridades do caso, possa acarretar a fixação da sanção de multa em patamares inferiores àqueles que resultariam da aplicação do art. 11 da Lei de Improbidade. Nesse caso, a multa é fixada em até cem vezes a remuneração percebida pelo agente (art. 12, III), na hipótese de dano ao patrimônio público em até duas vezes o valor do dano (art. 12, II) e, no caso de enriquecimento ilícito, em até três vezes o valor do acréscimo patrimonial, e, em se tratando de concessão indevida de benefício para o contribuinte, em até três vezes o valor deste último (art. 12, IV). Assim, *verbi gratia*, o agente que perceba elevada remuneração poderá, *especificamente em relação à sanção de multa*, ser beneficiado com o enquadramento de sua conduta na tipologia dos arts. 9º ou 10 da Lei n. 8.429/1992 sempre que a vantagem auferida ou o dano causado não forem tão elevados.

Em que pese à incongruência apontada, entendemos que é defeso ao órgão jurisdicional, a partir da individualização do preceito primário (arts. 9º, 10, 10-A ou 11), utilizar-se de partes de múltiplos preceitos secundários (art. 12, I, II, III ou IV), terminando por usurpar a função legislativa e montar aquela reprimenda que lhe pareça mais adequada à hipótese. O argumento de que as figuras dos arts. 9º, 10 e 10-A da Lei de Improbidade pressupõem a prévia violação dos princípios regentes da atividade estatal, o que tornaria legítima a utilização de uma das sanções que compõem o feixe cominado aos tipos do art. 11, prova em excesso. Com efeito, o princípio da consunção, que indica que uma conduta é meio necessário ou normal fase de preparação ou de execução de outra, de larga utilização em se tratando de conflito aparente de normas penais, deve ser necessariamente aplicado. A própria lei, ao descrever a tipologia dos atos de improbidade dos arts. 9º, 10 e 10-A e cominar as respectivas sanções, já incluiu em si o desvalor da conduta prevista no art. 11, não permitindo a sua simultânea aplicação com as demais figuras. O sentido da lei traz em si essa carga valorativa[287].

---

não sendo possível a sua ampliação pelo Tribunal (STJ, 1ª T., REsp n. 1.144.069/SP, rel. Min. Benedito Gonçalves, j. em 1/10/2013, *DJe* de 10/10/2013). A nosso ver, o princípio invocado foi nitidamente deturpado, pois, em matéria de direito sancionador, não é possível atribuir ares de disponibilidade onde prevalece uma ampla e irrestrita indisponibilidade. Também se mostra equivocado o entendimento de que o Judiciário não pode alterar o enquadramento dos fatos realizado na petição inicial, o que importaria em alteração da causa de pedir e consequente violação ao princípio da congruência que esta última deve manter com o *decisum* (STJ, 2ª T., REsp n. 1.147.564/MG, rel. Min. Napoleão Nunes Maia Filho, j. em 13/8/2013, *DJe* de 2/9/2013; e STJ, 1ª T., REsp n. 1.196.451/MG, rel. Min. Napoleão Nunes Maia Filho, j. em 13/8/2013, *DJe* de 30/8/2013). A causa de pedir, máxime em se tratando de direito sancionador, é individualizada a partir da conduta atribuída ao demandado, não permanecendo confinada à operação de adequação típica, máxime quando realizada de maneira incorreta.

287 Em sentido contrário: Marlon Alberto Weichert, A sentença condenatória na ação de improbidade administrativa. Profundidade e extensão das sanções, *RIL* n. 170/57 (68), 2006; e Fábio Medina Osório, *Teoria...*, p. 442. No sentido do texto: Bentoncini, *Atos de improbidade...*, p. 252.

Não fosse assim, sempre que constatássemos a prática de *ato de improbidade progressivo*, figura indicadora de que o agente, em um mesmo contexto de ação, passou de um ato menos grave a outro mais grave, deveria ele sofrer *todas* as sanções cominadas aos atos de improbidade dotados de menor severidade, e não apenas uma única sanção, *in casu*, a multa. Ou a absorção se dá por inteiro ou é de logo afastada, o que não se admite é a sua incidência parcial.

12.5. Pluralidade de Atos de Improbidade

Havendo pluralidade de atos, múltiplos serão os feixes de sanções a serem aplicados. Para melhor compreensão dessa proposição, deve-se inicialmente observar que não apresentam maior dificuldade as sanções de perda da função pública, ressarcimento do dano e perda de bens de origem ilícita.

Tal é justificável, pois, em havendo perda da função pública, impossível será que o agente a perca outra vez, salvo se houver posterior aquisição de nova função e outros ilícitos sejam praticados. As demais sanções referidas, por sua vez, somente poderão ser aplicadas em estando presentes os pressupostos fáticos que as autorizam.

Inexistirão, assim, maiores dificuldades na aplicação de tais sanções. No entanto, a suspensão dos direitos políticos, o pagamento de multa e a proibição de contratar com o Poder Público ensejarão o surgimento de maiores controvérsias.

Tratando-se de ato de improbidade praticado em detrimento das entidades referidas no art. 1º, parágrafo único, da Lei n. 8.429/1992, a obrigação de ressarcir o dano causado não pode resultar em montante superior à repercussão do ilícito sobre a contribuição dos cofres públicos, conforme expressa determinação da parte final do referido dispositivo. Em sendo a apuração do débito transferida para a fase de liquidação de sentença, esta deve dispor no sentido referido, evitando-se o descumprimento da lei e o ressarcimento em montante superior ao dano suportado pelo erário.

Não obstante a letra do preceito, o qual dispõe sobre a limitação da *sanção patrimonial à repercussão do ilícito sobre a contribuição dos cofres públicos*, entendemos que somente o ressarcimento do dano, considerado sanção pela Lei n. 8.429/1992, estará sujeito a tal limitação, não a multa cominada. Enquanto o ressarcimento tem caráter indenizatório, justificando a correspondência com o dano causado aos cofres públicos, a multa tem natureza punitiva, o que torna desarrazoada qualquer tentativa de vincular a sua aplicação ao montante do dano. Essa conclusão é robustecida quando se constata que a multa é cominada em valores relativos, associados à natureza do ato de improbidade e desvinculados dos prejuízos suportados pelo patrimônio público. Ademais, em prevalecendo interpretação diversa, a multa, em casos tais, nunca seria aplicada, pois a obrigação de ressarcir o dano sempre abrangerá toda a *repercussão do ilícito sobre a contribuição dos cofres públicos*, o que acarretará a mera recomposição do *status quo*, sem qualquer punição de ordem pecuniária para o ímprobo.

A suspensão dos direitos políticos e a proibição de contratar com o Poder Público são sanções que apresentam delimitação temporal, tornando-se efetiva a primeira, a teor do art. 20 da Lei n. 8.429/1992, com o trânsito em julgado da sentença condenatória; e, a segunda, *a contrario sensu* do referido dispositivo, com a prolação da sentença monocrática.

Considerando a delimitação temporal e inexistindo nesta seara norma semelhante àquelas previstas nos arts. 69, 70 e 71 do Código Penal e no art. 111 da Lei de Execução Penal, não há que se falar em soma das sanções aplicadas em diferentes processos, pois, ante as nefastas consequências que daí advirão, podendo culminar com a suspensão dos direitos políticos do cidadão por várias dezenas de anos, somente norma específica poderia amparar tal entendimento, não a analogia[288].

Ante a ausência de lei específica e por ser mais benéfico ao agente, deve-se adotar o denominado sistema da absorção, segundo o qual a sanção temporal mais grave absorve as demais da mesma espécie[289]. Assim, à possibilidade de aplicação de tais sanções em diferentes processos deve-se correlacionar o entendimento de que elas poderão se sobrepor e acarretar a efetividade de somente uma. Sendo aplicada, *v.g.*, a sanção de suspensão dos direitos políticos em distintos processos, com diversos termos *a quo*, será facilmente identificada a presença de períodos de superposição ou mesmo eficácia isolada daquela que for por último aplicada ou que seja fixada em níveis mais elevados. De qualquer modo, será inadmissível a soma das sanções.

Igual entendimento será aplicado em sendo os diferentes atos de improbidade apurados no mesmo processo, o que, em termos práticos, culminará com a aplicação de uma única sanção de cada espécie, utilizando-se o órgão jurisdicional da maior determinação relativa (limites mínimo e máximo) prevista no art. 12. Neste caso, identificada a maior reprovabilidade da conduta e o possível hábito do agente em praticar tais ilícitos, será imperativa a exasperação da sanção.

No que concerne às sanções de multa, serão elas passíveis de aplicação cumulativa, consoante as delimitações estabelecidas para cada um dos feixes de sanções. Tal cumulatividade apresentar-se-á de forma clara sempre que os ilícitos forem perquiridos em processos distintos. Em sendo os ilícitos apurados em um único processo, será necessária a individualização da sanção relativa a cada um deles, chegando-se, ao final, a uma única soma pecuniária, a qual será necessariamente exasperada por comportar as diferentes multas que integram os feixes de sanções a que estava sujeito o agente.

---

[288] No mesmo sentido: Carvalho Filho, *Manual...*, p. 884; e Calil Simão, *Improbidade administrativa...*, p. 622. Em sentido contrário: Pedro Roberto Decomain, *Improbidade administrativa...*, p. 223, defendendo a soma das reprimendas; e Teori Albino Zawascki, *Processo coletivo...*, p. 121-122, advogando a aplicação das regras gerais do Código Penal sobre o concurso de crimes. Na jurisprudência, entendendo que as reprimendas devem ser somadas em consonância com o art. 111 da LEP, *vide*: STJ, 1ªT., ED no REsp n. 993.658/SC, rel. Min. Luiz Fux, j. em 9/3/2010, *DJ* de 23/3/2010.

[289] Anibal Bruno, *Direito penal*, t. 2, p. 288.

12.6. Considerações Finais

Partindo-se das sólidas ideias lançadas por Bentham[290], pode-se dizer que a empreitada de identificação e dosimetria das sanções passíveis de aplicação ao ímprobo haverá de manter-se adstrita a seis regras fundamentais:

1ª O mal infringido pela sanção deve superar o proveito auferido com o ilícito.

2ª Quando o ato é de natureza a fornecer prova concludente de um hábito, é preciso que a sanção seja forte o suficiente para exceder não somente o proveito do ilícito individual, mas também todos os ilícitos considerados em seu conjunto, devendo ser valorado seu efeito sinergético.

3ª A sanção deve exceder o proveito auferido com o ilícito a ponto de compensar o que se perde em termos de certeza e de proximidade com a inevitável delonga em sua aplicação, pois enquanto o proveito é certo e imediato, a sanção pressupõe o concurso de diversos fatores (êxito na investigação e descoberta do ilícito, curso regular de um processo etc.), o que permite ao agente, ressalvadas eventuais medidas de natureza cautelar, usufruir do produto de sua improbidade por longa data.

4ª Se dois ou mais ilícitos são praticados em concurso, ao mais nocivo deve ser cominada e aplicada uma sanção mais forte, a fim de que o ímprobo tenha sempre um motivo que o leve a parar no menos.

5ª Quanto mais nocivo à Administração Pública é o ilícito, maior deve ser a sanção aplicada a fim de se tentar preveni-lo.

6ª A mesma sanção não deve ser mecanicamente infringida a todos os ímprobos envolvidos no ilícito, sendo necessário valorar as circunstâncias que influíram sobre a sensibilidade de cada um deles.

13. EFEITOS ESPECÍFICOS DA CONDENAÇÃO POR ATO DE IMPROBIDADE

Identificada a prática do ato de improbidade, deve o agente público ser processado e julgado por sua conduta, o que pode redundar na aplicação das sanções previstas no art. 12 da Lei n. 8.429/1992. Com isso, será conferida concretude ao preceito sancionador abstratamente previsto para as hipóteses de violação à norma proibitiva implícita nos arts. 9º, 10 e 11 do mesmo diploma legal. Esse pode ser considerado o efeito principal da condenação por ato de improbidade.

De modo correlato ao efeito principal, a condenação produz outros, de natureza secundária ou acessória, que se aperfeiçoam independentemente de qualquer referência no provimento jurisdicional.

---

290 Ob. cit., p. 30-39.

O primeiro efeito específico está previsto no art. 39, VII, c, da Lei n. 13.019/2014, que impede a celebração de qualquer modalidade de parceria, com o Poder Público, pela organização da sociedade civil que tenha, entre seus dirigentes, pessoa "considerada responsável por ato de improbidade, enquanto durerem os prazos estabelecidos nos incisos I, II e III do art. 12 da Lei n. 8.429, de 2 de junho de 1992". O conceito de dirigente é oferecido pelo art. 2º, IV, da Lei n. 13.019/2014, englobando a "pessoa que detenha poderes de administração, gestão ou controle da organização da sociedade civil".

Para que incida a vedação legal, é preciso que o dirigente tenha sido condenado pela prática do ato de improbidade. Por fim, a restrição perdurará enquanto não exauridas as duas sanções de natureza temporal previstas no art. 12, que são a suspensão dos direitos políticos e a proibição de contratar ou receber benefícios ou incentivos fiscais. Note-se que a vedação legal está relacionada às características deletérias da personalidade do agente, daí a sua vinculação ao critério temporal. Não há, nesse particular, qualquer correlação com a sanção de proibição de contratar com o poder público, que somente alcança o ímprobo ou a pessoa jurídica da qual seja sócio majoritário. In casu, tem-se uma organização da sociedade civil que possui, nos seus quadros diretivos e decisórios, um agente que causou graves violações à juridicidade. Portanto, seria inusitado permitir que esse ente do terceiro setor, que materializa o referencial de democracia participativa, celebre parcerias com o Poder Público e seja dirigido por um não cidadão, que está simplesmente alijado da vida política do Estado enquanto perdurar a sanção de suspensão dos direitos políticos.

O segundo efeito específico é a inelegibilidade prevista no art. 14, § 9º, da Constituição da República, regulamentada pela Lei Complementar n. 64/1990 e que sofreu notável aperfeiçoamento com as alterações promovidas pela Lei Complementar n. 135/2010[291]. Esse último diploma normativo, originário de projeto de "iniciativa popular"[292], encontra-se permeado por um objetivo bem definido: conferir efetividade às normas de direito eleitoral e promover uma assepsia no exercício da representatividade popular, evitando, assim, que agentes moralmente desqualificados venham a ser alçados aos mais elevados escalões do poder. Para tanto, além de ampliar as situações de inelegibilidade, adotou duas providências salutares: (1ª) permitiu que decisões proferidas por órgãos jurisdicionais colegiados[293],

---

291 O STF decidiu que a LC n. 135/2010, por força do princípio da anualidade, contemplado no art. 16 da Constituição de 1988, não seria aplicável às eleições realizadas no ano em que editada: Pleno, RE n. 633.703/MG, rel. Min. Gilmar Mendes, j. em 23/3/2011, Inf. n. 620, DJ de 18/11/2011 (repercussão geral). No julgamento da ADC n. 29/DF, rel. Min. Luiz Fux, j. em 16/2/2012, DJ de 29/6/2012, o Tribunal reconheceu a constitucionalidade da LC n. 135/2010.

292 A legística brasileira ainda não ofereceu condições adequadas ao surgimento de projetos de lei de iniciativa popular, isso em razão das dificuldades práticas na conferência das respectivas assinaturas. Todos os diplomas normativos alegadamente originados de projetos dessa natureza, em verdade, foram subscritos por parlamentares, o que permitiu a sua tramitação no Congresso Nacional.

293 Questão complexa diz respeito ao enquadramento, ou não, no âmbito da LC n. 135/2010, que considera, para fins de inelegibilidade, as condenações com decisão transitada em julgado ou proferida por "órgão

ainda que não transitadas em julgado, redundem em inelegibilidade; e (2ª) aumentou o período de inelegibilidade de 3 (três) para 8 (oito) anos, permitindo, assim, a superação do lamentável quadro até então sedimentado, no qual a inelegibilidade assumia contornos meramente figurativos. Além de se apresentar como efeito da decisão condenatória proferida pela Justiça Comum, a inelegibilidade pode decorrer de decisões proferidas por instâncias outras, em situações também relacionadas à prática de atos de improbidade.

Naquilo que se relaciona mais diretamente ao nosso objeto de estudo, a Lei Complementar n. 64/1990, em sua redação atual, estabelece a inelegibilidade como o efeito de decisões, judiciais ou administrativas, prolatadas em processos que podem estar associados à temática da improbidade administrativa. Essas decisões podem ser proferidas pelo Tribunal de Contas ou, em situações excepcionais, pelo Legislativo; pela Justiça Comum, federal ou estadual; e pela Administração Pública.

Os Tribunais de Contas, no exercício do *munus* de julgar as contas apresentadas pelos gestores do dinheiro público, isso com exceção do Chefe do Executivo, que terá suas contas apreciadas pelo Poder Legislativo, podem proferir decisões que redundem em inelegibilidade. É o que ocorre, a teor do art. 1º, I, g, da Lei Complementar n. 64/1990, com "os que tiverem suas contas relativas ao exercício de cargos ou funções públicas rejeitadas por irregularidade insanável que configure ato doloso de improbidade administrativa, e por decisão irrecorrível do órgão competente, salvo se esta houver sido suspensa ou anulada pelo Poder Judiciário, para as eleições que se realizarem nos 8 (oito) anos seguintes, contados a partir da data da decisão, aplicando-se o disposto no inciso II do art. 71 da Constituição Federal, a todos os ordenadores de despesa, sem exclusão de mandatários que houverem agido nessa condição".

É necessário, assim, que (1) a irregularidade seja insanável, o que afasta a inelegibilidade como corolário de vícios meramente formais, normalmente passíveis de serem contornados; (2) configure ato doloso de improbidade administrativa, enquadrando-se na tipologia da Lei n. 8.429/1992, o que, *a contrario sensu*, afasta as condutas meramente cul-

---

judicial colegiado", do "colegiado" a que se refere o art. 1º da Lei n. 12.694/2012, que "dispõe sobre o processo e o julgamento colegiado em primeiro grau de jurisdição de crimes praticados por organizações criminosas". A atuação desse último órgão surge a partir de avaliação realizada pelo juiz da causa, que decide pela formação de colegiado para a prática de qualquer ato processual relacionado a crimes praticados por organizações criminosas. A nosso ver, o enquadramento é possível. A uma, os preceitos introduzidos pela LC n. 135/2010 não fazem referência a "tribunal", mas, sim, a "órgão judicial colegiado". A duas, como o duplo grau de jurisdição não é um princípio constitucional, não é possível, sequer, falar-se em interpretação conforme a Constituição. A três, mesmo à época da edição da LC n. 135/2010, era possível que os tribunais, nos casos de sua competência originária, prolatassem, *ab initio*, uma condenação que redundasse em inelegibilidade. A quatro, como a exigência de decisão colegiada não pode ser associada ao duplo grau de jurisdição, ela há de ser associada à conhecida máxima de que "várias cabeças pensam melhor que uma", iniludivelmente presente no colegiado de primeira instância. A cinco, como a *ratio essendi* da norma é afastar a imediata eficácia das decisões monocráticas, qualquer que seja a instância judicial do órgão prolator, a decisão colegiada se primeira instância é apta a gerar a inelegibilidade.

posas passíveis de se subsumir ao art. 10[294]; (3) seja reconhecida por decisão irrecorrível do órgão competente, normalmente o Tribunal de Contas, o que pressupõe o descabimento de qualquer recurso previsto na lei de regência ou no regimento interno[295]; e (4) o Poder Judiciário não tenha suspendido a decisão em caráter liminar ou, ao final, a anulado[296].

A parte final do referido preceito, em redação sofrível, faz referência aos "*mandatários que houverem agido nessa condição*". A "*condição*" a que se refere o preceito é a atuação como ordenador de despesa. Acresça-se que o "*mandatário*" mencionado pela norma é o titular de mandato eletivo. O objetivo almejado, de maneira nitidamente escamoteada, é o de reconhecer que o Chefe do Poder Executivo, sempre que agir como ordenador de despesa, pode ser sancionado pelo Tribunal de Contas. Apesar de os arts. 31, § 2º, 71, I, e 75 da Constituição de 1988 disporem que os Tribunais de Contas tão somente apresentam parecer prévio a respeito das contas apresentadas por esses agentes, que são julgadas pelo Poder Legislativo, verificou-se uma sensível expansão da atividade desses órgãos de controle a partir da distinção entre *contas de governo* e *contas de gestão*. Em relação às primeiras, o Tribunal de Contas emitiria parecer prévio; quanto às últimas, com base no art. 71, II, deveria julgá-las. Enquanto o Presidente da República e os Governadores de Estado limitam-se a praticar atos de governo, nos pequenos Municípios brasileiros, a grande maioria, diga-se de passagem, dos Prefeitos efetivamente praticam atos de gestão, atuando como ordenadores de despesa[297], o que atrairia a competência dos Tribunais de Contas para julgá-los. Esse entendimento, muito difundido em todo País, foi rechaçado pelo Supremo

---

294 O TSE identificou a presença da causa de inelegibilidade na: (1) omissão do dever de prestar contas anuais (AgR-REsp n. 101-62/RJ, rel. Min. Arnaldo Versiani, j. em 6/11/2012); (2) causação de dano ao patrimônio público, do que resultou imputação de débito pelo Tribunal de Contas (REsp n. 493-45/PB, rel. Min. Marco Aurélio, j. em 3/9/2013); (3) contratação de pessoal sem a prévia realização de concurso público (AgR-REsp n. 254-54/SP, rel. Min. Henrique Neves da Silva, j. em 2/4/2013); (4) não aplicação de renda mínima em educação (REsp n. 246-59/SP, rel. Min. 246-59/SP, rel. Min. Nancy Andrighi, j. em 27/11/2012); (5) vinculação de espécies remunertórias, o que é vedado pelo art. 37, XIII, da CR/1988 (ED-AgR-REsp n. 455-20/PR, rel. Min. Dias Toffoli, j. em 14/5/2013); (6) aplicação de recursos oriundos de transferências voluntárias em finalidade diversa da pactuada, ainda que de interesse público (REsp n. 143-13/MG, rel. Min. Henrique Neves da Silva, j. em 6/12/2012); (7) existência de restos a pagar, em desacordo com o art. 42 da LC n. 101/2000 (REsp n. 202-96/PR, rel. Min. Dias Toffoli, j. em 18/10/2012); (8) inobservância, pela Câmara Municipal, do limite de gastos previsto no art. 29-A da CR/1988 (REsp n. 115-43/SP, rel. p/acórdão Min. Dias Toffoli, j. em 9/10/2012); e (9) na prática de pagar-se subsídios, aos parlamentares, em montante superior ao teto, ainda que haja lei local autorizadora (REsp n. 103-28.2012.6.19.0073, redator p/ o acórdão Min. Dias Toffoli, j. em 19/2/2013).
295 O denominado "recurso de revisão" ou "pedido de rescisão" consubstancia pedido autônomo de impugnação do acórdão do Tribunal de Contas já transitado em julgado. Dá origem a processo diverso, não sendo propriamente um recurso.
296 Na sistemática anterior, a inelegibilidade seria afastada com a só submissão da questão à apreciação do Poder Judiciário, não sendo exigida a prolação de qualquer decisão nesse sentido.
297 *Vide* no Capítulo IV da Primeira Parte o item intitulado "A competência do Tribunal de Contas na apreciação das contas de governo e das contas de gestão".

Tribunal Federal[298], que aprovou duas teses a respeito dessa temática: (1ª) "para os fins do artigo 1º, inciso I, alínea *g*, da Lei Complementar 64/1990, a apreciação das contas de prefeito, tanto as de governo quanto as de gestão, será exercida pelas Câmaras Municipais, com auxílio dos Tribunais de Contas competentes, cujo parecer prévio somente deixará de prevalecer por decisão de dois terços dos vereadores"; e (2ª) "parecer técnico elaborado pelo Tribunal de Contas tem natureza meramente opinativa, competindo exclusivamente à Câmara de Vereadores o julgamento das contas anuais do chefe do Poder Executivo local, sendo incabível o julgamento ficto das contas por decurso de prazo".

Uma vez proferida a decisão irrecorrível de rejeição das contas, quer pelo Tribunal de Contas, quer pelo Poder Legislativo, começam a fluir os oito anos de inelegibilidade, o que, como dissemos, não afasta a possibilidade de a decisão vir a ser suspensa ou anulada pelo Poder Judiciário. Para os fins da Lei Complementar n. 64/1990, cabe à Justiça Eleitoral declarar a presença do ato doloso de improbidade administrativa, não ao Tribunal de Contas ou ao Poder Legislativo quando da rejeição das contas do candidato[299].

No âmbito da Justiça Comum, federal ou estadual, a inelegibilidade será o efeito específico da condenação pelos ilícitos descritos nas alíneas *h* e *l* do inciso I do art. 1º da Lei Complementar n. 64/1990.

De acordo com a alínea *h* do referido preceito, serão inelegíveis "os detentores de cargo na administração pública direta, indireta ou fundacional, que beneficiarem a si ou a terceiros, pelo abuso do poder econômico ou político, que forem condenados em decisão transitada em julgado ou proferida por órgão judicial colegiado, para a eleição na qual concorrem ou tenham sido diplomados, bem como para as que se realizarem nos 8 (oito) anos seguintes". A análise desse preceito denota que o seu alcance é mais restrito que o disposto nos arts. 1º e 2º da Lei n. 8.429/1992, não abrangendo aqueles agentes que não possuam um vínculo funcional com a Administração Pública, mas tão somente com entidades que recebam receitas do erário. Em que pese referir-se unicamente aos *detentores de cargo*, afigura-se evidente que ao preceito deve ser dispensada interpretação condizente com a sua finalidade, abrangendo todos aqueles que possuam um vínculo funcional com a Administração Pública e tenham demonstrado possuir uma degradação moral incompatível com a representatividade popular, o que aconselha o seu afastamento do procedimento eletivo. Assim, hão de ser alcançados aqueles que possuam vínculo advindo de mandato, cargo, emprego ou função com as entidades da administração direta ou indireta de qualquer dos entes federativos.

---

298 Pleno, RE n. 848.826, rel. Min. Roberto Barroso e RE n. 729.744, rel. Min. Gilmar Mendes, ambos com repercussão geral reconhecida, j. em 17/8/2016.

299 O TSE já reconheceu que a ausência de qualquer referência à improbidade administrativa pelo Tribunal de Contas e o não ajuizamento de ação civil por ato de improbidade pelo Ministério Público em nada afetam a inelegibilidade (AgREsp n. 105-97/CE, rel. Min. Laurita Vaz, j. em 28/2/2013).

Considerando que o obrar da Administração Pública encontra-se adstrito aos contornos da lei, somente podendo atuar nos limites em que ela o autorize[300], bem como que deve agir em consonância com o princípio da moralidade administrativa, ali compreendidos os princípios da lealdade e da boa-fé, "sendo-lhe interdito qualquer comportamento astucioso, eivado de malícia, produzido de maneira a confundir, dificultar ou minimizar o exercício de direitos por parte de cidadãos"[301], pode-se dizer que o administrador público que não direciona o seu obrar ao interesse público, mas, sim, em benefício próprio ou alheio, incorre em flagrante violação a toda ordem de princípios estabelecidos na Constituição da República, os quais se erigem como consectários lógicos e razão de ser do próprio Estado Democrático de Direito. O poder outorgado ao agente público deve ser exercido com estrita observância da lei, em harmonia com os princípios regentes da atividade estatal e com o inafastável propósito de garantir a consecução do interesse público. Afastando-se dos parâmetros que conferem legitimidade à atividade estatal, o uso do poder se transmudará em abuso.

É importante observar que a causa de inelegibilidade prevista no art. 1º, I, *h*, da Lei Complementar n. 64/1990, não se confunde com aquela disciplinada pelo art. 1º, I, *d*, do mesmo diploma legal, segundo o qual são inelegíveis "os que tenham contra sua pessoa representação julgada procedente pela Justiça Eleitoral, em decisão transitada em julgado ou proferida por órgão colegiado, em processo de apuração de abuso do poder econômico ou político, para a eleição na qual concorrem ou tenham sido diplomados, bem como para as que se realizarem nos 8 (oito) anos seguintes". A interpretação desse último preceito, norteada por critérios teleológico-sistemáticos, permite concluir que a causa de inelegibilidade ali prevista pressupõe: a) que o ato tenha afrontado, diretamente, a normalidade e a legitimidade do procedimento eletivo, pois, consoante se extrai do texto constitucional[302], a razão de ser desse preceito é coibir os atos que o afetem; b) o oferecimento de representação pelos legitimados, perante a Justiça Eleitoral, com a consequente instauração de investigação judicial eleitoral; e c) decisão transitada em julgado ou proferida por órgão colegiado reconhecendo o obrar abusivo. O art. 1º, I, *h*, por sua vez, dispõe serem inelegíveis "os detentores de cargo na administração pública direta, indireta ou fundacional, que beneficiarem a si ou a terceiros, pelo abuso do poder econômico ou político, que forem condenados em decisão transitada em julgado ou proferida por órgão judicial colegiado, para a eleição na qual concorrem ou tenham sido diplomados, bem como para as que se realizarem nos 8 (oito) anos seguintes".

---

300 CR/1988, art. 37, *caput*.
301 MELLO, Celso Antônio Bandeira de. *Curso...*, p. 59-60.
302 CR/1988, art. 14, § 9º: Lei Complementar estabelecerá outros casos de inelegibilidade... a fim de proteger... a normalidade e legitimidade das eleições contra a influência do poder econômico ou o abuso do exercício de função, cargo ou emprego na administração direta ou indireta.

Em que pese haver similitude com o estatuído na alínea *d*, tal não importa em identidade[303]. Inicialmente, constata-se que a causa de inelegibilidade insculpida na alínea *h* tem como destinatários exclusivos os detentores de cargo na Administração Pública, restrição esta inexistente na alínea *d*. O ato abusivo, coibido pela alínea *h*, poderá ou não ter fins eleitorais[304], o que não importa em dizer, na primeira hipótese, que deva necessariamente destinar-se a um determinado procedimento eletivo, pois, nesse caso, estaria consubstanciada a causa de inelegibilidade prevista no art. 1º, I, *d*, da Lei Complementar n. 64/1990.

Inexistindo vínculo com um procedimento eletivo concreto, os atos praticados não serão apreciados pela Justiça Eleitoral, mas, sim, pela Justiça Comum, estadual ou federal. Em sendo emitido provimento desfavorável ao detentor de cargo na Administração Pública, na demanda que venha a ser instaurada (*v.g.*: ação popular, ação civil pública etc.), e ocorrendo o trânsito em julgado da decisão ou sendo ela proferida por órgão colegiado, caberá à Justiça Eleitoral, no momento oportuno, negar-lhe ou cassar-lhe o registro, ou, mesmo, cassar-lhe o diploma. O Tribunal Superior Eleitoral, que encampara tal posição em passado recente[305], passou a entender que deve ser aferido se a prática abusiva importou em ato de improbidade em prejuízo da igualdade que deve nortear a disputa eleitoral. Isto porque o simples provimento jurisdicional que reconheça a imoralidade ou a ilegalidade dos atos do agente não o impediria de participar do procedimento eletivo ou acarretaria a cassação do diploma se desvinculado de finalidades eleitorais[306]. Essa posição foi firmada

---

303 Para Fávila Ribeiro, em análise anterior à LC n. 135/2010, as disposições constantes das alíneas *d* e *h* do art. 1º, I, da LC n. 64/1990 importam em mera duplicidade, sendo que a única justificativa para a existência da alínea *h* seria "adicionar os 3 (três) anos de inelegibilidade do período subsequente à privação do diploma da eleição conspurcada" nos casos de ação de impugnação de mandato eletivo – art. 14, § 10, da CR/1988 (*Direito eleitoral*, p. 255-256).

304 Também admitindo que para a configuração da causa de inelegibilidade é dispensada a conotação eleitoral do ato: Pedro Henrique Távora Niess, *Direitos políticos*, p. 158.

305 "Registro de candidato. Inelegibilidade. LC 64/90, art. 1º, I, *h*. Ação popular. Condenação. Trânsito em julgado. Município. Publicidade. Promoção pessoal. Atos lesivos ao patrimônio público e à moralidade administrativa. CF, art. 37, § 1º. Vedação. São lesivos ao patrimônio público e à moralidade administrativa, os atos de publicidade do Município nos quais constam o nome do Prefeito e seu logotipo da campanha política anterior, porque expressamente vedados pelo art. 37, § 1º da Constituição Federal. Existindo condenação com trânsito em julgado, em ação popular, incide o responsável na inelegibilidade da alínea *h* do inciso I do art. 1º da LC 64/90. Recursos a que se nega provimento. Rejeitada a preliminar de intempestividade" (RO n. 12.159, j. em 16/8/1994, rel. Min. Fláquer Scartezzini, *RJTSE* v. 6, n. 4, p. 285). "Inelegibilidade. Art. 1º, I, *h*, da Lei Complementar n. 64/90. A condenação em ação popular em função do aumento indevido dos próprios subsídios, quando exercente do cargo de vereador, enseja a decretação da inelegibilidade, com fundamento no aludido dispositivo" (REsp n. 12.876, j. em 29/9/1992, rel. Min. Eduardo Alckmin, *RJTSE* v. 5, n. 2, p. 59).

306 "Inelegibilidade. Abuso de poder político. Para configurar a hipótese da letra *h* do item I do artigo 1º da LC 64, o abuso deve vincular-se a finalidades eleitorais, embora não a um concreto processo eleitoral em curso, o que corresponde a previsão da letra *d* do mesmo dispositivo. Para o cômputo do prazo de três anos, considera-se o lapso de tempo correspondente a um ano e não o ano civil, desse modo, começa a fluir tão logo findo o mandato" (REsp n. 13.138, j. em 23/9/1996, rel. Min. Eduardo Ribeiro). "Inelegibilidade. Ação popular. Ação civil pública. A condenação a ressarcir o erário, em ação popular ou em ação civil pública, não

em momento anterior ao advento da Lei Complementar n. 135/2010, mas as modificações promovidas não chegaram a alterar a essência da alínea *h*, o que, lamentavelmente, leva a crer que ela tende a ser mantida.

O colorido nitidamente restritivo que tem sido dispensado ao art. 1º, I, *h*, da Lei Complementar n. 64/1990 permite concluir que, em prevalecendo esse entendimento, não bastará a condenação para que se tenha a causa de inelegibilidade como seu efeito específico, sendo igualmente necessário aferir se o ato foi praticado com finalidades eleitorais, o que será ulteriormente feito pela Justiça Eleitoral. Com a devida vênia da Corte Eleitoral, essa interpretação culminará com a consagração da superfetação normativa, pois o art. 1º, *d*, da Lei Complementar n. 64/1990 já seria passível de atingir a mesma finalidade que o Tribunal entende ser própria da alínea *h*.

Com a inserção de uma alínea *l* no inciso I do art. 1º da Lei Complementar n. 64/1990, passaram a ser inelegíveis "os que forem condenados à suspensão dos direitos políticos, em decisão transitada em julgado ou proferida por órgão judicial colegiado, por ato doloso de improbidade administrativa que importe lesão ao patrimônio público e enriquecimento ilícito, desde a condenação ou o trânsito em julgado até o transcurso do prazo de 8 (oito) anos após o cumprimento da pena". No universo da Lei Complementar n. 64/1990, essa norma, certamente, é a que produz efeitos mais deletérios na esfera jurídica individual.

Como foi visto, a suspensão dos direitos políticos priva o indivíduo do exercício da cidadania em suas acepções ativa e passiva, vale dizer, o impede de votar e de ser votado. A inelegibilidade, por sua vez, atua como fator de limitação da cidadania em sua acepção estritamente passiva, impedindo-o de concorrer às eleições para qualquer cargo, em todas as esferas da Federação. De acordo com a alínea *l* do referido preceito, a incidência da causa de inelegibilidade exige a presença de três requisitos: (a) a condenação pela prática de ato de improbidade doloso, que importe enriquecimento ilícito e dano ao patrimônio público, o que não significa a simultânea condenação pelos ilícitos dos arts. 9º e 10 da Lei n. 8.429/1992, já que este é absorvido por aquele, mas, sim, que do ato decorram ambos os efeitos; (b) o trânsito em julgado da decisão ou a sua prolação por órgão colegiado; e (c) a

---

conduz, por si, à inelegibilidade" (RO n. 201, j. em 2/9/1998, rel. Min. Eduardo Ribeiro, *Ementário TSE*, 1998, p. 166). "Recurso Especial. Recurso contra a expedição de diploma. Superveniência ao registro de decisão em ação civil pública, com trânsito em julgado, condenando o eleito por ter, na qualidade de vereador, votado favoravelmente ao aumento dos próprios subsídios. Inexistência de dolo ou fraude reconhecida no aresto recorrido. Fato que não configura a inelegibilidade do art. 1º, I, *h* da Lei Complementar n. 64/90" (REsp n. 15.120, j. em 26/2/1998, rel. Min. Eduardo Alckmin, *Ementário TSE*, 1998, p. 166). "Recurso Especial. Registro de Candidatura. Candidato condenado em ação popular por improbidade administrativa. Não é de se ter por inelegível o candidato nos moldes do art. 1º, inciso I, alínea *h*, da LC 64/90, quando o ato ensejador da condenação em ação popular por improbidade administrativa não foi praticado com fins eleitorais. Recurso não conhecido" (REsp n. 13.135, j. em 4/3/1997, rel. Min. Ilmar Galvão, *RJTSE* v. 9, n. 1, p. 127). No mesmo sentido: REsp n. 13.141, j. em 25/9/1996, rel. Min. Ilmar Galvão; REsp n. 15.406, j. em 31/8/1998, rel. Min. Costa Porto, *Ementário TSE*, 1998, p. 166-167; e REsp n. 15.131, j. em 21/5/1998, rel. Min. Néri da Silveira, *DJ* de 5/2/1999, p. 105.

Capítulo X - Das Sanções

aplicação da sanção de suspensão dos direitos políticos. Está excluída, assim, a condenação pela prática de atos de improbidade culposos, que somente se ajustam ao art. 10 da Lei n. 8.429/1992, daqueles descritos no art. 10-A, pois não acarretam o enriquecimento ilícito do agente público e daqueles que se enquadrem no art. 11, que trata da violação aos princípios regentes da atividade estatal. Exclui-se, igualmente, qualquer condenação pela prática de ato de improbidade em que a sanção de suspensão dos direitos políticos não seja aplicada. Como se constata, a inelegibilidade, enquanto efeito específico da condenação por ato de improbidade, foi expressamente prevista para os casos mais graves, aqueles que gerem enriquecimento ilícito ou danos ao patrimônio público, e ainda pressupõe a aplicação de uma sanção de gravidade ímpar: a suspensão dos direitos políticos. Essa conclusão em muito realça a necessidade de o Tribunal Superior Eleitoral conferir uma interpretação diferenciada à causa de inelegibilidade prevista na alínea *h*, de modo a dissociá-la do procedimento eletivo e a permitir a sua incidência sobre os atos de improbidade que possam ser caracterizados como *"abuso do poder econômico ou político"*.

Sempre que incidir a causa de inelegibilidade prevista na alínea *l* do inciso I do art. 1º da Lei Complementar n. 64/1990, o agente terá sua cidadania passiva restringida por longos anos. Explica-se: enquanto os direitos políticos só podem ser suspensos após o trânsito em julgado da decisão condenatória, o que deflui do disposto no art. 20 da Lei n. 8.429/1992, o termo *a quo* da inelegibilidade será a decisão proferida por órgão colegiado, ainda que haja recursos pendentes (*v.g.*: recursos especial e extraordinário), ou, caso não haja recurso, o trânsito em julgado da decisão, hipótese indiscutivelmente rara. Nesses casos, o agente público preservará o direito de votar, mas não poderá ser votado. Ter-se-á, assim, o seguinte efeito: o agente público, sequencialmente, será considerado inelegível (por prazo indeterminado, isto apesar da prioridade que deve ser atribuída ao recurso interposto[307], situação que perdurará até o trânsito em julgado da decisão); posteriormente terá seus direitos políticos suspensos pelo período de cinco a dez anos, conforme a natureza do ilícito que praticou; e, por fim, permanecerá inelegível por mais oito anos[308].

---

[307] Para amenizar os feitos da conhecida lentidão da justiça brasileira, a LC n. 64/1990, após as alterações promovidas pela LC n. 135/2010, assegurou prioridade no julgamento dos recursos interpostos nas hipóteses das alíneas *d, e, h, j, l* e *n* do inciso I do art. 1º, *verbis*: "Art. 26-C: O órgão colegiado do tribunal ao qual couber a apreciação do recurso contra as decisões colegiadas a que se referem as alíneas *d, e, h, j, l* e *n* do inciso I do art. 1º poderá, em caráter cautelar, suspender a inelegibilidade sempre que existir plausibilidade da pretensão recursal e desde que a providência tenha sido expressamente requerida, sob pena de preclusão, por ocasião da interposição do recurso. § 1º Conferido efeito suspensivo, o julgamento do recurso terá prioridade sobre todos os demais, à exceção dos de mandado de segurança e de *habeas corpus*. § 2º Mantida a condenação de que derivou a inelegibilidade ou revogada a suspensão liminar mencionada no *caput*, serão desconstituídos o registro ou o diploma eventualmente concedidos ao recorrente. § 3º A prática de atos manifestamente protelatórios por parte da defesa, ao longo da tramitação do recurso, acarretará a revogação do efeito suspensivo".

[308] O Supremo Tribunal Federal não acolheu a tese de que o período inicial de inelegibilidade, anterior ao trânsito em julgado, deveria ser abatido dos oito anos de inelegibilidade contados a partir do cumprimento

A alínea *o* do inciso I do art. 1º da Lei Complementar n. 64/1990 considera inelegíveis "os que forem demitidos do serviço público em decorrência de processo administrativo ou judicial, pelo prazo de 8 (oito) anos, contado da decisão, salvo se o ato houver sido suspenso ou anulado pelo Poder Judiciário". A demissão por força de processo administrativo somente pode ocorrer quando infringido o regime jurídico da categoria, não sendo possível a aplicação das sanções previstas na Lei n. 8.429/1992 na esfera administrativa. Em relação à demissão por força de processo judicial, ela pode ocorrer em decorrência da prática de ato de improbidade, sendo aplicada a sanção de perda da função pública, ou em razão de a dissolução do vínculo funcional não poder ser realizada na seara administrativa, o que decorre das maiores garantias outorgadas ao cargo (*v.g.*: juízes e membros do Ministério Público – que são alcançados pela norma específica da alínea *q*, não pela norma geral da alínea *o*).

No caso de prática de ato de improbidade com a correlata aplicação da sanção de perda da função pública, observa-se que a condenação somente produzirá efeitos, a teor do art. 20, *caput*, da Lei n. 8.429/1992, após o trânsito em julgado. É nesse sentido que deve ser interpretada a alínea *o*, ao dispor que o prazo de oito anos de inelegibilidade será "contado da decisão, salvo se o ato houver sido suspenso ou anulado pelo Poder Judiciário". Afinal, com os olhos voltados a essa parte do preceito, pode-se afirmar que só faz sentido suspender o que está produzindo efeitos.

Para a operatividade desse efeito específico da condenação por ato de improbidade, é necessário que seja estimulado o intercâmbio de informações entre os diversos órgãos públicos e o Ministério Público, permitindo seja a causa de inelegibilidade suscitada perante a Justiça Eleitoral sempre que o ímprobo tente registrar a sua candidatura.

14. PRESCRIÇÃO

Concebida e aperfeiçoada como um imperativo de ordem pública, a prescrição é fator imprescindível à harmonia das relações sociais, atuando como elemento impeditivo do avanço de uma instabilidade generalizada.

Partindo-se da premissa de que uma pretensão lícita visa à recomposição da ordem jurídica lesada por uma ação ou omissão antecedente, tem-se que todo aquele que contribui para a permanência de uma situação de desequilíbrio, não adotando as medidas necessárias à sua eliminação, deixa de cooperar para a estabilização da ordem pública. O tempo, ademais, além de dificultar a colheita do material probatório, enfraquece a lembrança dos fatos e atenua o desejo de punição. Por tais motivos e tendo por objetivo estabilizar as relações jurídicas incertas, evitando que controvérsias sejam perpetuadas, terminou-se por fixar lapsos temporais dentro dos quais haveriam de ser exercidas determinadas pretensões.

---

da sanção de suspensão dos direitos políticos (Pleno, ADC n. 29/DF, rel. Min. Luiz Fux, j. em 16/2/2012, *DJ* de 29/6/2012).

A prescrição, assim, fará com que a inércia e o decurso do lapso legal impeçam que o interessado venha a exercer seu direito, atuando como fator punitivo da negligência e assegurador da estabilidade nas relações sociais.

Como não poderia deixar de ser, o emprego do instituto é generalizado, sendo previsto nos variados ramos do direito. No que se relaciona ao presente estudo, dois dispositivos merecem destaque: o art. 37, § 5º, da Constituição da República e o art. 23 da Lei n. 8.429/1992.

Reprisando o que já fora anteriormente dito, sempre foi voz corrente que o art. 37, § 5º, da Constituição[309] dispunha sobre o caráter imprescritível das pretensões a serem ajuizadas em face de qualquer agente, servidor ou não, visando ao ressarcimento dos prejuízos causados ao erário. À lei competiria estabelecer os prazos de prescrição para os ilícitos praticados, "ressalvadas as respectivas ações de ressarcimento". Haveria portanto, uma evidente dicotomia de tratamento em relação à *punição* e à *recomposição*. Em razão da amplitude desse entendimento, que reconhecia a imprescritibilidade de qualquer ação de ressarcimento ao erário[310], não poucas vozes começaram a insurgir-se contra a sua efetiva

---

309 "A lei estabelecerá os prazos de prescrição para ilícitos praticados por qualquer agente, servidor ou não, que causem prejuízos ao erário, ressalvadas as respectivas ações de ressarcimento."

310 Nesse sentido: Súmula n. 282 do TCU (*"As ações de ressarcimento movidas pelo Estado contra os agentes causadores de danos ao erário são imprescritíveis"*); TJGO, 3ª CC, rel. Des. José Pereira de Souza Reis, j. em 10/10/2000, *DJ* de 27/10/2000, p. 1; e TJMG, 5ª CC, AP n. 000.313.954-0/00, rel. Des. Aluízio Quintão, j. em 5/6/2003, *DJ* de 14/8/2003; 8ª CC, AP n. 000.313.059-8/00, rel. Des. Sérgio Braga, j. em 2/6/2003, *DJ* de 5/9/2003; 5ª CC, AP n. 1.0000.00.347712-2/000, rel. Des. Dorival Guimarães Pereira, j. em 4/9/2003, *DJ* de 10/10/2003; 7ª CC, AP n. 1.0000.00.340587-5/000, rel. Des. Alvim Soares, j. em 9/9/2003, *DJ* de 7/11/2003; 3ª CC, AP n. 1.0000.00.329920-3/000, rel. Des. Kildare Carvalho, j. em 16/10/2003, *DJ* de 14/11/2003; TJSP, 5ª C. Direito Público, AI n. 682.981-5/9-00, rel. Des. Fermino Magnani Filho, j. em 2/10/2008; TRF-4ª R., 4ª T., AP n. 2007.71.00.021019-9, j. em 17/11/2004, *DJ* de 26/11/2004; STF, Pleno, 26.210/DF, rel. Min. Ricardo Lewandowski, j. em 4/9/2008, *DJ* de 10/10/2008; e 2ª T., RE n. 608.831 AGR/SP, rel. Min. Eros Grau, j. em 8/6/2010, *DJ* de 25/6/2010; STJ, 2ª T., AgRg. no AREsp. 663.951/MG, rel. Min. Humberto Martins, j. em 14/04/2015, *DJe* 20/4/2015; STJ, 2ª T., AGRG no AREsp n. 388.589/RJ, rel. Min. Humberto Martins, j. em 6/2/2014, *DJe* de 17/2/2014; STJ, 2ª T., A-GRG no AREsp n. 348.417/DF, rel. Min. Herman Benjamin, j. em 24/9/2013, *DJe* de 4/10/2013; STJ, 2ª T., REsp n. 1.268.594/PR, rel. Min. Eliana Calmon, j. em 5/11/2013, *DJe* de 13/11/2013; STJ, 2ª T., AGRG no AREsp n. 79.268/MS, rel. Min. Eliana Calmon, j. em 19/11/2013, *DJe* de 29/11/2013; STJ, 2ª T., REsp n. 1.312.071/RJ, rel. Min. Herman Benjamin, j. em 16/5/2013, *DJe* de 22/5/2013; STJ, 2ª T., AGRG no AREsp n. 76.985/MS, rel. Min. César Asfor Rocha, j. em 3/5/2012, *DJe* de 18/5/2012; STJ, 1ª T., AGRG no Ag. 1.214.232/MG, rel. Min. Teori Albino Zavascki, j. em 22/3/2011, *DJ* de 28/3/2011; STJ, 1ª T., AGRG no REsp n. 1.138.564/MG, rel. Min. Benedito Gonçalves, j. em 16/12/2010, *DJ* de 2/2/2011; STJ, 2ª T., REsp n. 1.178.551/MG, rel. Min. Herman Benjamin, j. em 14/9/2010, *DJ* de 24/9/2010; STJ, 1ª T., REsp n. 403.153/SP, rel. Min. José Delgado, j. em 9/9/2003, *DJ* de 20/10/2003. STJ, 2ª T., REsp n. 718.321/SP, rel. Min. Mauro Campbell Marques, j. em 10/11/2009, *DJ* de 19/11/2009; STJ, 2ª T., REsp n. 1.069.779/SP, rel. Min. Herman Benjamin, j. em 18/9/2008, *DJ* de 13/11/2009; e STJ, 1ª T., REsp n. 909.446/RN, rel. Min. Luiz Fux, j. em 6/4/2010, *DJ* de 22/4/2010. Como afirmou o Tribunal, verificada a prescrição das sanções previstas na Lei n. 8.429/1992, a demanda deve prosseguir em relação ao ressarcimento (STJ, 1ª T., REsp n. 1.089.492/RO, rel. Min. Luiz Fux, j. em 4/11/2010, *DJ* de 18/11/2010; e STJ, 1ª T., REsp n. 1.299.292/MG, rel. Min. Napoleão Nunes Maia Filho, j. em 27/8/2013, *DJe* de 1º/10/2013). Embora tenha ressaltado ser "plenamente cabível a ação civil pública por improbidade administrativa, para fins exclusivos de ressarcimento ao erário, mesmo nos casos em que

compatibilidade com o ideal de pacificação social[311]. Por fim, o Supremo Tribunal Federal, ao julgar o Recurso Extraordinário n. 669.069/MG, com repercussão geral reconhecida,

---

se reconhece a prescrição da ação quanto às outras sanções previstas na Lei 8.429/1992" (STJ, 2ª T., REsp n. 1.304.930/AM, rel. Min. Eliana Calmon, j. em 20/8/2013, DJe de 28/8/2013; e STJ, 2ª Turma, REsp 1485439/SP, rel. Min. Humberto Martins, j. em 14/04/2015, DJe 20/4/2015), o STJ, em outra oportunidade, decidiu que a ação a ser ajuizada deve seguir "o procedimento civil comum ordinário, previsto no CPC, porque a Ação Civil Pública tem finalidade específica e inampliável" (1ª T., REsp n. 1.232.548/SP, rel. Min. Napoleão Nunes Maia Filho, j. em 17/9/2013, DJe de 24/10/2013). Essa última posição externa a *preferibilidade do rito ordinário*", isso para utilizarmos uma expressão preferida por Pontes de Miranda. No entanto, é nítida a sua inconsistência. Afinal, a defesa do patrimônio público consubstancia típico interesse difuso, que pode ser defendido via ação civil pública, o que veio a ser reconhecido pelo Tribunal em outros acórdãos (STJ, 1ª T., REsp n. 1.261.660/SP, rel. Min. Napoleão Nunes Maia Filho, j. em 24/3/2015, Dje de 16/4/2015; STJ, 1ª T., AgRg. no AREsp n. 41.134/SE, rel. Min. Arnaldo Esteves Lima, j. em 17/3/2015, DJe de 5/5/2015).

[311] O STJ, por exemplo, buscou remediar a imprescritibilidade com interessante linha argumentativa: como a prescritibilidade é a regra e a imprescritibilidade a exceção, a incidência do § 5º do art. 37 da Constituição deve permanecer adstrita aos danos causados por atos de improbidade, previstos no § 4º, sob pena de a imprescritibilidade alcançar os danos causados por simples atos culposos. Em conclusão, aplicou, analogicamente, às ações civis públicas ajuizadas pelo Ministério Público, o prazo de cinco anos previstos na Lei n. 4.717/1965 (vide 4ª T., ED no AREsp n. 99.533/PR, rel. Min. Raul Araújo, j. em 19/6/2012, DJe de 29/6/2012; 2ª T., AGRG no REsp n. 1.185.347/RS, rel. Min. Humberto Martins, j. em 17/4/2012, DJe de 25/4/2012; 1ª Seção, EREsp n. 662.844/SP, rel. Min. Hamílton Carvalhido, j. em 13/12/2010, DJe de 1º/2/2011; e 2ª Seção, AGRG no REsp n. 1.070.896/SC, rel. Min. Luís Felipe Salomão, j. em 14/4/2010, DJe de 4/8/2010). A exegese alcançada pelo STJ chama a atenção por quatro razões básicas: (1ª) defende uma espécie de interpretação sistêmica que só encontra sustentação no arbítrio do exegeta; (2ª) ignora que, consoante a jurisprudência do próprio Tribunal, os atos culposos podem configurar improbidade administrativa; (3ª) desconsidera que a imprescritibilidade, por força do art. 37, § 5º, da Constituição, foi associada à pretensão de reparação do dano, qualquer que seja a sua causa ou ação que a veicule; e (4ª) realiza uma interpretação da Constituição conforme a lei, reconhecendo a subsistência de um limitador temporal que destoa do seu próprio fundamento de validade. Após afirmar que a tese da imprescritibilidade do ressarcimento do dano é um "manifesto exagero", Cesar Asfor Rocha acresce que ela somente poderia ser reconhecida se houvesse "previsão expressa", não sendo razoável extraí-la da Constituição "mediante esforço exegético" (*Breves reflexões críticas...*, p. 44-45). Essa concepção, em primeiro lugar, peca por visualizar a "exegese" como um instrumento prescindível à individualização da norma e ao qual não se deveria recorrer na hipótese em tela. Atribuir ao intérprete uma função de mero conhecimento da "previsão expressa" contida na Constituição significa ignorar que texto e norma não apresentam uma relação de sobreposição entre si. Em verdade, cabe ao intérprete desenvolver uma atividade intelectiva em que promove, à luz de teorias e métodos específicos, a interação entre texto e contexto, de modo a adjudicar, ao final desse processo, um significado ao enunciado linguístico interpretado. A não percepção do autor quanto à distinção entre texto e norma e ao papel desempenhado pelo intérprete foi evidenciada em outra parte de sua obra, ao afirmar, em defesa da incidência do foro por prerrogativa de função nas ações de improbidade, que "entender-se que as normas de competência também podem ser interpretadas é a chave da solução de muitos problemas processuais" (*Breves...*, p. 73). A norma não é interpretada, é obtida a partir da interpretação, não havendo texto normativo que não careça de interpretação. Volvendo à questão principal, constata-se que asseverar que o não emprego do signo "imprescritível", no § 5º do art. 37 da Constituição de 1988, impede o reconhecimento da imprescritibilidade, é elevar a reverência ao formalismo a um extremo ao qual nem mesmo os formalistas contemporâneos ousaram chegar. De nossa parte, não conseguimos visualizar distinção substancial entre o comando que *permite* o ingresso na casa alheia na hipótese de flagrante e o comando que *veda* o ingresso na casa alheia, *ressalvada* a hipótese de flagrante. A ressalva, nesse último caso, evidencia uma exceção à regra, sendo delineada a permissão a partir de um comando geral de vedação.

decidiu que "*é prescritível a ação de reparação de danos à Fazenda Pública decorrente de ilícito civil*"[312]. Nesses casos, em que não é perquirido o dolo ou a culpa, a regra seria a prescritibilidade da pretensão de ressarcimento. Como se percebe, foi rechaçada a tese de que a proteção ao patrimônio público, enquanto modalidade de interesse difuso, afeto a todos os membros da coletividade, fora não só retirada do poder de disposição de qualquer legitimado a tutelá-lo, como, também, poderia ser feita a qualquer tempo. Afinal, haveria uma verdadeira simbiose existencial entre os referenciais de *direito* e *tutela do direito*, claro indicativo de que a imprescritibilidade alcançaria as pretensões deduzidas por qualquer legitimado, quer ordinário, quer extraordinário[313]. O Tribunal, no entanto, não adentrou na questão afeta à prescritibilidade, ou não, dos danos decorrentes de infração penal ou ato de improbidade administrativa. Apesar da mudança dos rumos da jurisprudência, tudo leva a crer que não chegará ao extremo de negar a existência da imprescritibilidade, restringindo-se à limitação do seu alcance[314].

Como consequência, tem-se que somente as demais sanções previstas nos feixes do art. 12 da Lei de Improbidade serão atingidas pela prescrição, não o ressarcimento do dano (material ou moral), o qual poderá ser a qualquer tempo perseguido. Por este motivo, nada impede seja utilizada a ação referida no art. 17 da Lei n. 8.429/1992, ou qualquer outra dotada de eficácia similar, com o fim, único e exclusivo, de demonstrar a prática do ato de improbidade e perseguir a reparação do dano. Não é demais lembrar que a própria Lei n. 8.429/1992 também faz referência, em seu art. 18, à "ação civil de reparação de dano", que é tratada em conjunto com o microssistema punitivo.

Assim, deve-se dispensar ao art. 23 da Lei de Improbidade interpretação conforme à Constituição, sendo ele inaplicável às hipóteses de ressarcimento do dano. A exceção ficará por conta do dano moral coletivo, causado à coletividade, não à pessoa jurídica lesada pelo ato de improbidade. Nesse caso, não será possível defender-se a imprescritibilidade da ação a ser ajuizada, por ser inaplicável a regra do art. 37, § 5º, da Constituição da República, sendo de bom alvitre utilizar-se, por analogia, o prazo de 5 (cinco) anos previsto na Lei da Ação Popular, o que se justifica pela amplitude do conceito de patrimônio público ali adotado. O dispositivo encontra-se assim redigido:

---

312 Rel. Min. Teori Zavascki, j. em 3/2/2016.

313 O STJ reconheceu a imprescritibilidade da ação civil pública ajuizada pelo Ministério Público visando ao ressarcimento do dano causado ao patrimônio público, tendo afastado, na ocasião, a tese de aplicação da Lei n. 4.717/1965: 1ª T., REsp n. 586.248/MG, rel. Min. Francisco Falcão, j. em 6/4/2006, *DJU* de 4/5/2006. O STF também já afirmou a "legitimidade para o ajuizamento de ação civil pública intentada com o fito de obter condenação de agente público ao ressarcimento de alegados prejuízos que sua atuação teria causado ao erário" (Pleno, RE n. 225.777/MG, rel. p/ acórdão Dias Toffoli, j. em 24/2/2011, *DJU* de 29/8/2011).

314 Após a decisão do STF, o STJ continuou a reconhecer a imprescritibilidade da ação de ressarcimento de danos ao erário decorrentes de ato de improbidade: STJ, 2ª T., AgRg no REsp n. 1.472.944/SP, rel. Min. Diva Malerbi, j. em 21/6/2016, *DJe* de 28/6/2016.

Art. 23. As ações destinadas a levar a efeito as sanções previstas nesta Lei podem ser propostas:

I – até cinco anos após o término do exercício de mandato, de cargo em comissão ou de função de confiança;

II – dentro do prazo prescricional previsto em lei específica para faltas disciplinares puníveis com demissão a bem do serviço público, nos casos de exercício de cargo efetivo ou emprego;

III – até cinco anos da data da apresentação à administração pública da prestação de contas final pelas entidades referidas no parágrafo único do art. 1º desta Lei.

Como se constata pela leitura do preceito legal, a disciplina do lapso prescricional variará, nos dois primeiros incisos, conforme o vínculo com o Poder Público seja, ou não, temporário. Em essência, qualquer relação jurídica laborativa é temporária, já que a perpetuidade é incompatível com a natureza humana. No entanto, para os fins desta exposição, consideramos temporários aqueles vínculos de natureza mais tênue, com duração predeterminada ou passíveis de serem dissolvidos a qualquer tempo, *ad nutum* do agente responsável pela admissão.

Estabelecidas as premissas, é possível dizer que, tratando-se de vínculo temporário (mandato, cargo em comissão e função de confiança), a teor do art. 23, I, o lapso prescricional somente começará a fluir a contar de sua dissolução. Com isto, confere-se aos legitimados um eficaz mecanismo para a apuração dos ilícitos praticados, pois, durante todo o lapso em que os agentes permanecerem vinculados ao Poder Público, ter-se-á a prescrição em estado latente, a depender da implementação de uma condição suspensiva (dissolução do vínculo) para o seu início, o que permitirá uma ampla investigação dos fatos.

Tratando-se de vínculo originário de mandato eletivo e sendo o agente reeleito, deve ser analisado se a fluência do prazo prescricional se iniciará ao término do primeiro ou do segundo mandato.

Inicialmente, é importante observar que não se deve implementar uma simbiose entre individualidades distintas e que auferem sua legitimidade em origem diversa. A representatividade política deriva da vontade popular e é outorgada durante certo lapso. Encerrado o lapso do mandato, encerrada estará a representatividade e cessada estará a vontade popular. Novo mandato, por sua vez, é resultado de nova vontade popular para distinto período de exercício do *munus* político, sendo diversos os eleitores e distinta a conjuntura que motivou a escolha. Igual entendimento será adotado em hipóteses outras de mandato, como os diretores de sociedades de economia mista, membros de Conselhos Municipais, inclusive o Tutelar etc.

Apesar disso, entendemos que a prescrição somente começará a fluir a partir do término do exercício do último mandato outorgado ao agente, ainda que o ilícito tenha sido praticado sob a égide de mandato anterior. Em abono dessa conclusão, podem ser elencados os seguintes argumentos: a) o art. 23, I, da Lei n. 8.429/1992 fala em exercício *de* mandato, o que afasta a possibilidade de se atrelar o lapso prescricional ao exercício *do* mandato durante o qual tenha sido praticado o ato; b) a reeleição do agente público denota uma continuidade no exercício da função em que se deu a prática do ilícito, o que, apesar da individualidade própria de cada mandato, confere unicidade à sua atividade; c) as situações previstas no art. 23, I, da Lei n. 8.429/1992 tratam de vínculos de natureza temporária, estando o lapso prescricional atrelado à sua cessação, o que somente ocorrerá com o término do último mandato; d) a associação do termo *a quo* do lapso prescricional à cessação do vínculo está diretamente relacionada à influência que poderá ser exercida pelo agente na apuração dos fatos, o que reforça a tese de que a prescrição somente deve se principiar com o afastamento do agente; e e) a sucessão temporal entre os mandatos não pode acarretar a sua separação em compartimentos estanques, pois consubstanciam meros elos de uma corrente ligando os sujeitos ativo e passivo dos atos de improbidade[315].

Tratando-se de agente que se tenha afastado do cargo com o fim de concorrer a mandato eletivo, cumprindo a exigência de desincompatibilização prevista na lei eleitoral[316], duas situações serão divisadas.

Na primeira, tratando-se de detentor de mandato eletivo, o agente se afastará em caráter *definitivo* do cargo[317]: neste caso, não haverá que se falar, obviamente, em continuidade, já que os mandatos, ainda que sucessivos, sofreram interrupção. O lapso prescricional, assim, começará a fluir a partir do momento da desincompatibilização. Observe-se, no entanto, que essa situação somente apresentará alguma relevância nos casos em que o agente concorra a cargo eletivo diverso daquele que ocupa, pois, regra geral, apenas aqui é exigida a desincompatiblização. De qualquer modo, tratando-se de vínculo eletivo que

---

315 A tese, que adotamos desde a 1ª edição da obra (2002), tem sido prestigiada pela doutrina e pela jurisprudência. *Vide*: José Roberto Pimenta Oliveira (*Improbidade administrativa...*, p. 399); Carvalho Filho (*Manual...*, p. 894); Henrique Helder de Lima Pinho (Reeleição, improbidade administrativa e prescrição: interpretações teleológica e histórico-evolutiva para um novo olhar sobre a aplicabilidade da Lei n. 8.429/92, *Revista do Ministério Público do Estado do Maranhão* n. 14, p. 253, 2007); STJ, 2ª T., AgInt no REsp n. 1.512.479/RN, rel. Min. Humberto Martins, j. em 19/5/2016, *DJe* de 30/5/2016; STJ, 2ª T., REsp n. 1.290.824/MG, rel. Min. Eliana Calmon, j. em 19/11/2013, *DJe* de 29/11/2013; STJ, 2ª T., AGRG no AREsp 301.378/MG, rel. Min. Napoleão Nunes Maia Filho, j. em 6/8/2013, *DJe* de 14/8/2013; STJ, 1ª T., AGRG no AREsp n. 23.443/SP, rel. Min. Francisco Falcão, j. em 10/4/2012, *DJe* de 2/8/2012; e TJMG, 2ª CC, Proc. n. 1.0439.07.073006-4/002(1), rel. Des. Brandão Teixeira, j. em 20/1/2009, *DJ* de 11/2/2009. No mesmo sentido, honrando-nos com a citação: Marcus Paulo Queiroz Macedo (*As três ações coletivas previstas na Lei n. 8.429/1992...*, p. 112); STJ, 2ª T., REsp n. 1.107.833, rel. Min. Mauro Campbell, j. em 8/9/2009, *DJ* de 18/9/2009; STJ, 1ª T., REsp n. 1.153.079/BA, rel. Min. Hamilton Carvalhido, j. em 13/4/2010, *DJ* de 29/4/2010; e TJRS, 4ª CC, AI n. 70022065569, rel. Des. Agathe Elsa Schmidt da Silva, j. em 16/4/2008. Em sentido contrário, não considerando o término do segundo mandato como termo *a quo* para a fluência do prazo prescricional: Marcelo Harger, *Improbidade...*, p. 171; Patrick Roberto Gasparetto. Improbidade, prescrição e reeleição: uma crítica à jurisprudência, *in* BDA, n. 6, junho de 2016, p. 572 e ss.; TJRS, 22ª CC, Proc. n. 70006789754, rel. Des. Augusto Otávio Stern, j. em 9/12/2003; e TJSP, 9ª C. Direito Público, AI n. 847.707-5/1-00, rel. Des. Sérgio Gomes, j. em 4/3/2009.
316 Art. 1º, incisos II a VII, da Lei Complementar n. 64/1990.
317 Nos casos de detentor de mandato eletivo, sempre que a Lei Complementar n. 64/1990 dispõe sobre a necessidade de afastamento, ela o faz em caráter definitivo.

venha a ser mantido com ente federativo distinto daquele que se encontra na condição de sujeito passivo da improbidade, não haverá que se falar, como visto, em continuidade. Na segunda situação, em que o agente não é titular de mandato eletivo, o afastamento do cargo que ocupa pode se dar de forma temporária[318]: aqui, o vínculo subsiste íntegro, ainda que o efetivo exercício das funções permaneça temporariamente suspenso. Neste caso, não há qualquer influência sobre o lapso prescricional.

À guisa de ilustração, podemos formular os seguintes exemplos: a) o Governador de Estado que deseje concorrer à Presidência da República deverá se afastar *definitivamente* do cargo até seis meses antes da eleição[319], o que fará com que a prescrição se inicie tão logo ocorra o afastamento; b) o Defensor Público que pretenda concorrer para o cargo de Prefeito deverá se afastar *temporariamente* de suas funções até quatro meses antes da eleição[320], o que em nada influirá na prescrição. Existem, ainda, os casos em que a lei sequer exige a desincompatibilização para que o agente concorra a um mandato eletivo (*v.g.*: Vereador que concorre ao cargo de Deputado Estadual).

Esse entendimento não sofrerá alterações em se tratando de agente público que venha a ser novamente eleito para ocupar o mesmo cargo público, mas não no exercício de mandatos contínuos, o que gera um interstício de alguns anos entre os períodos de exercício da função pública. Embora haja entendimentos no sentido de que o novo mandato interrompe[321] ou suspende[322] a fluência do prazo prescricional, essa interpretação não nos parece adequada por duas razões básicas: (1ª) a legislação de regência, com especial ênfase para os arts. 197 a 204 do Código Civil, não contempla tais hipóteses de interrupção ou suspensão da prescrição; e (2ª) o não início do prazo prescricional, em razão da continuidade de vínculos, não legitima a conclusão, *a fortiori*, de que a superveniência de novo vínculo, de idêntica natureza, seria fator impeditivo ao aperfeiçoamento do prazo prescricional há muito iniciado, isso por serem situações ontologicamente distintas.

Pelas razões expostas, igual entendimento deve prevalecer em relação aos ocupantes de cargo em comissão e àqueles que exercem função de confiança[323]. Assim, desde que haja continuidade no vínculo, ou sendo demonstrado que eventual descontinuidade foi fruto de simulação, a fluência do prazo prescricional somente se iniciará quando se der a cessação do vínculo, conforme resulta do art. 23, I, da Lei de Improbidade.

---

318 Em algumas situações, a lei prevê o afastamento definitivo. Ex.: os magistrados e os membros do Tribunal de Contas da União devem se afastar definitivamente do cargo para concorrer à Presidência da República (arts. 1º, II, *a*, 8 e 14 da Lei Complementar n. 64/1990).
319 Arts. 1º, II, *a*, 10 da Lei Complementar n. 64/1990.
320 Art. 1º, IV, *b*, da Lei Complementar n. 64/1990.
321 A tese da interrupção foi suscitada, em *obter dictum*, pelo STJ, no julgamento do REsp n. 1.107.833/SP, rel. Min. Mauro Campbell Marques, j. em 8/9/2009, *DJe* de 18/9/2009.
322 TJRS, 21ª CC, AI n. 70031627706, rel. Des. Francisco José Moesch, j. em 16/12/2009.
323 STJ, 2ª T., REsp n. 1.179.085/SC, rel. Min. Eliana Calmon, j. em 23/3/2010, *DJ* de 8/4/2010.

Diga-se, ainda, que a relação de continuidade entre os sucessivos vínculos sustentada nos últimos parágrafos somente deve ser acatada em sendo identificados dois fatores: que os vínculos tenham idêntica natureza jurídica, pois não seria possível sustentar a continuidade entre mandato e cargo em comissão, ou vice-versa, bem como que tais vínculos sejam mantidos com a mesma pessoa jurídica, o que deflui da própria natureza da prescrição, que objetiva estabelecer uma reprimenda à desídia dos legitimados à propositura da ação. Neste último caso, como o ato de improbidade é tipificado em razão do vínculo existente entre o agente e determinada pessoa jurídica, acrescendo que, além do Ministério Público, somente ela tem legitimidade para pleitear a aplicação das sanções cominadas na Lei de Improbidade, afigura-se lógico que a temporariedade do vínculo prevista no art. 23, I, da Lei n. 8.429/1992 tem como referencial a pessoa jurídica lesada, sendo desinfluente que o agente ímprobo posteriormente venha a se vincular a outro sujeito passivo em potencial dos atos de improbidade.

Não são necessários maiores esforços para se constatar que o rol constante do inciso I do art. 23 da Lei de Improbidade não é exaustivo, o que exige uma interpretação extensiva para alcançar casos idênticos ali não previstos. Por este motivo, como bem observou Wallace Paiva Martins Junior[324], merecem idêntico tratamento os contratados por tempo determinado[325], os convocados e requisitados e os delegados de função pública (salvo os investidos em cargo efetivo, como os notários).

Não se tratando de vínculo temporário, o lapso prescricional será idêntico àquele previsto em lei específica para os casos de demissão a bem do serviço público, conforme expressa disposição do art. 23, II. A lei específica aqui referida normalmente será aquela que instituiu o regime jurídico da categoria a que pertença o ímprobo, mas nada impede haja previsão diversa em legislação esparsa. Inexistindo referência em relação à demissão *a bem do serviço público*[326], deve ser aplicado o lapso prescricional relativo à demissão em geral, o que não redundará em qualquer prejuízo ao agente, pois, quando se diz que a dissolução do vínculo ocorreu *a bem do serviço público*, quer-se dizer que os fatos que a originaram eram de maior gravidade do que aqueles que ordinariamente justificam a aplicação de sanções dessa natureza.

Muitas vezes ocorrerá que o regime jurídico dos servidores públicos, ao disciplinar o lapso prescricional para a apuração de determinadas irregularidades, disponha que, quando as faltas constituírem, também, crime ou contravenção, a prescrição será regulada pela

---

324 *Probidade...*, p. 290.
325 Art. 37, IX, da CR/1988.
326 O art. 142 da Lei n. 8.112/1990 (Regime Jurídico dos Servidores Federais) somente faz referência ao lapso prescricional de 5 (cinco) anos para a aplicação da sanção de demissão, não utilizando a terminologia *a bem do serviço público*.

lei penal[327]. A correta compreensão de dispositivos como esse pressupõe a análise da independência entre as instâncias penal, civil e administrativa, cada qual dotada de regramento e sistema próprios. Para muitos, o entrelaçamento entre os sistemas deve ficar restrito à delimitação do lapso prescricional, sendo de todo incabível a tese de que, tendo sido o agente julgado no âmbito penal, a prescrição na esfera cível, a exemplo do que ocorre naquela seara[328], haverá de ser regida pela pena em concreto[329].

Aduzem que entendimento diverso, além de condicionar o exercício da jurisdição civil às intempéries da criminal, em nítida afronta à independência entre elas, impediria, nos casos em que a prescrição é remetida à lei penal, o seu conhecimento *ex ante*. E ainda, com maior razão, permitiria que a prescrição implementada no âmbito penal prevalecesse na esfera cível, com o consequente afastamento das causas de suspensão e de interrupção inerentes a esta. Sob outra ótica, essa interpenetração entre as instâncias traria gravosas consequências ao próprio ímprobo, pois, para que seja garantido um mínimo de lógica em tais argumentos, as causas de interrupção da prescrição previstas no âmbito penal[330] deveriam igualmente prevalecer na esfera cível; do mesmo modo, a suspensão do lapso prescricional[331] nos casos de não localização do agente, tornando necessária a sua citação editalícia, acarretaria idênticos efeitos na esfera cível.

Por esses motivos, em havendo necessidade de utilização do lapso prescricional previsto na lei penal para a integração do art. 23, II, da Lei de Improbidade, essa correlação ficaria adstrita à disciplina inerente à infração abstratamente considerada[332]. Uma vez ajuizada a ação civil ou deflagrado o procedimento disciplinar, cessaria a influência das normas que regem a prescrição no âmbito penal. De resto, cada instância seguiria as peculiaridades que lhe são características, não sendo admissível, isto sob pena de abrupta e injustificável ruptura do sistema, que as especificidades da esfera penal terminassem por subjugar o próprio exercício da função jurisdicional no âmbito cível.

Não obstante a coerência desses argumentos, com eles não concordamos. A uma, a independência entre as instâncias cível e penal não tem esteio constitucional, o que afasta a possibilidade de considerá-la elemento estruturante da própria função jurisdicional. A duas, os limites da interpenetração entre as instâncias devem ser traçados pelo legislador infraconstitucional. A três, inexiste qualquer óbice à utilização, no âmbito cível, do sistema

---

327 À guisa de ilustração, pode ser mencionado o art. 244, parágrafo único, da LC n. 75/1993 (Lei Orgânica do Ministério Público da União), segundo o qual "a falta, prevista na lei penal como crime, prescreverá juntamente com este".

328 Art. 110 do Código Penal.

329 Nesse sentido: Carlos Eduardo Terçarolli (*Improbidade administrativa no exercício das funções do Ministério Público*, p. 82-85); Sérgio Turra Sobrane (*Improbidade administrativa...*, p. 185); e Hugo Nigro Mazzilli (*Regime jurídico do Ministério Público*, p. 591-595).

330 Art. 117 do Código Penal.

331 Art. 366 do Código de Processo Penal.

332 Nesse sentido: TJRS, 4ª CC, AP n. 70003638541, rel. Des. Vasco Della Giustina, j. em 28/12/2001.

regente da prescrição na seara penal, argumento que se robustece em se tratando de direito sancionador. A quatro, em múltiplas hipóteses, a atividade persecutória do Estado gera efeitos unos e indivisíveis, fazendo que a jurisdição cível se mantenha adstrita ao que foi deliberado na penal (*v.g.*: o reconhecimento da inexistência do fato – art. 386, I, do CPP). A cinco, na situação ora estudada, a aplicação do sistema haverá de ser integral, o que alcança as causas de interrupção e de suspensão da prescrição, sob pena de uma simbiose estrutural entre as esferas cível e penal, com o consequente surgimento de um *tertium genus*. A seis, efetivada a prestação jurisdicional no âmbito cível e sendo posteriormente reconhecida a prescrição, ainda que retroativa, no Juízo Penal, poderá o interessado utilizar-se das ações autônomas de impugnação para desconstituí-la, as quais sempre terão por termo final a coisa julgada. A sete, a possibilidade de ocorrência da prescrição retroativa efetivamente dificultará a visualização do lapso prescricional *ex ante*, no entanto, foi essa a opção política do legislador. A oito, o simples ajuizamento da ação civil ou a instauração do processo disciplinar não tem o condão de estancar a aplicação do sistema regente da prescrição no âmbito penal, isso porque é a punibilidade do crime e não o início de uma atividade cognoscitiva que norteia a sua utilização. A nove, restará sempre a possibilidade de perquirição da falta residual, considerada como tal aquela conduta que desborde o espectro de subsunção ao tipo penal. O entendimento do Superior Tribunal de Justiça tem oscilado, ora colhendo a tese aqui sustentada[333], ora rechaçando-a[334].

---

[333] "Reclamação. Ilícito administrativo e penal. Mesma conduta. Reconhecimento da prescrição da pretensão punitiva na esfera penal. Inexistência de falta residual. Impossibilidade de a Administração, sob o pretexto de dar à conduta tipificação diferente, prosseguir no processo administrativo. Inteligência do parágrafo único do art. 244 da LC 75/1993. I. O reconhecimento da prescrição da pretensão punitiva afasta qualquer efeito civil, administrativo, processual etc., que decorreria do processo ou da sentença condenatória. O parágrafo único do art. 244 da LC 75/1993 prevê:'a falta prevista na lei penal como crime, prescreverá juntamente com este'. Reconhecida esta em função do tipo penal ao qual o representante do *Parquet*, titular da ação penal, enquadrou a conduta, classificação aceita pelo juiz competente, não pode, a mesma conduta, continuar a ser investigada no âmbito administrativo. O dispositivo acima mencionado estabelece tratamento específico ao procedimento administrativo disciplinar, quando a conduta se subsumir também em tipo penal, certo que afirmado, pela própria Comissão de Inquérito do Ministério Público, inexistir conduta ou falta residual a ser apurada. II. A decisão pelo prosseguimento do processo administrativo está a negar eficácia àquela tomada no âmbito desta Corte – Apn 112/DF, onde reconhecida a prescrição e determinado o arquivamento dos autos, conforme o Regimento Interno do STJ. III. Reclamação conhecida e julgada procedente" (STJ, Corte Especial, Rcl. n. 611/DF, rel. Min. Waldemar Zweiter, j. em 18/10/2000, *DJ* de 4/2/2002, p. 248). No mesmo sentido: STJ, 3ª Seção, MS n. 6877-DF, rel. Min. Fernando Gonçalves, j. em 25/4/2001, *RSTJ* n. 146/454. Neste acórdão, acentuou o relator que "a falta administrativa, também prevista na lei penal como crime, prescreverá juntamente com este, levando-se em conta as normas referentes à prescrição, da parte geral do Código Penal, devendo ser considerada antes e depois do trânsito em julgado da sentença, regulando-se, nesse último caso, pela sanção imposta em concreto".

[334] O STJ já reconheceu que deve ser considerada a situação do processo penal à época do ajuizamento da ação civil por ato de improbidade, de modo que posterior desclassificação do crime imputado ao réu, com a consequente prescrição da pretensão punitiva, não influi sobre a esfera cível: 1ªT., AgRg. nos EDcl no REsp n. 1.360.873/PB, rel. Min. Olindo Menezes, j. em 16/2/2016, *DJe* de 22/2/2016.

Na doutrina, observa J. Cretella Júnior[335] que "a prescrição penal e a prescrição administrativa são espécies, repetimos, entre outras, da figura categorial 'prescrição', que reponta em vários ramos do Direito, definindo-se genericamente como 'a perda do direito de punir, em decorrência do tempo'". Em seguida, acrescenta que "os estatutos do funcionalismo brasileiro dispõem que a punibilidade da falta administrativa também prevista em lei como crime prescreve no mesmo prazo correspondente à prescrição da punibilidade deste. No caso, deixam de vigorar as regras estatutárias, estabelecidas pelo Direito Disciplinar e aplicadas quando tudo ainda se passa na esfera administrativa, para prevalecer a orientação do Direito Penal, fixada no capítulo 'Da extinção da punibilidade', catalogada na parte geral do nosso Código Penal".

A influência da prescrição da pretensão punitiva de índole penal, na esfera administrativa, ainda exige seja analisada a existência de uma possível condicionante, consistente na realização de investigação ou no ajuizamento de ação penal. Nesse particular, o Superior Tribunal de Justiça sedimentou sua jurisprudência no sentido de que "[q]uando o servidor público comete infração disciplinar também tipificada como crime, somente se aplicará o prazo prescricional da legislação penal se os fatos também forem apurados em ação penal"[336]. Apesar de a interpenetração entre as instâncias não chegar ao extremo que a literalidade do acórdão parece sugerir, o propósito almejado é, evidentemente, o de evitar abusos em detrimento da esfera jurídica individual. Nas ocasiões em que a discussão foi posta perante o Tribunal, o que se tinha era a não aplicação do lapso prescricional puramente administrativo sob o argumento de que a conduta também se subsumia a um tipo penal. E a conclusão alcançada, cuja justiça não pode ser negada, era a de que, se infração penal houvesse, o mínimo que se esperava era que sua apuração tivesse sido iniciada durante aquele lapso, máxime por ter a autoridade administrativa o dever de comunicar o fato aos órgãos competentes. Caso a apuração seja iniciada somente *a posteriori*, é factível que a prescrição criminal deixará de influir no âmbito administrativo.

Ante a amplitude do conceito de agente público encampado pela Lei n. 8.429/1992, não raro o operador do direito iria se deparar com uma questão de difícil solução: qual seria o lapso prescricional que incidiria sobre a pretensão passível de ser deduzida em face do empregado de uma pessoa jurídica de direito privado intitulado de ímprobo, nos casos em que esta, apesar de não integrar a administração indireta, recebesse recursos do erário?

---

335 Prescrição administrativa, *RT* n. 544/12.
336 1ª Seção, MS n. 15.462/MS, rel. Min. Humberto Martins, j. em 14/3/2011, *DJe* de 22/3/2011. *Vide*, ainda, 3ª Seção, MS n. 12.666/DF, rel. Min. Maria Thereza de Assis Moura, j. em 23/2/2011, *DJe* de 10/3/2011; e 1ª T., AGRG no REsp n. 1.196.629/RJ, rel. Min. Napoleão Nunes Maia Filho, j. em 14/5/2013, *DJe* de 22/5/2013. Especificamente em relação à improbidade administrativa, o Tribunal afirmou que o prazo prescricional da seara criminal somente pode ser aplicado a essas ações quando houver ação penal em curso em desfavor do acusado (STJ, 1ª T., AgRg no REsp n. 1.264.612/RS, rel. Min. Napoleão Nunes Maia Filho, j. em 2/12/2014, *DJe* de 12/12/2014).

A questão era particularmente tormentosa na medida em que, até o advento da Lei n. 13.204, de 14 de dezembro de 2015, que promoveu alterações na Lei n. 13.019/2014, o inciso III do art. 23 ainda não havia sido introduzido na ordem jurídica brasileira. Por força desse preceito, a prescrição ocorrerá "até cinco anos da data da apresentação à administração pública da prestação de contas final pelas entidades referidas no parágrafo único do art. 1º desta Lei". Caso as contas não sejam prestadas, o prazo prescricional sequer começará a fluir, já que inviabilizada, *sine die*, a análise da juridicidade das despesas realizadas. Nessa hipótese, não estaremos perante uma situação de imprescritibilidade imposta pelo sistema, mas, sim, perante a voluntária opção do agente público interessado em não permitir o fluir desse prazo. Se, por alguma razão (*v.g.*: recebimento de benefício fiscal, com a correlata desoneração da atividade econômica), não existir o dever de prestar contas, o lapso prescricional ou será regido pelo inciso I ou pelo inciso II do art. 23.

O advento do inciso III do art. 23, no entanto, não afastou todos os problemas detectados. O primeiro está associado à situação dos agentes vinculados a entes que recebam mais de 50% de sua receita anual dos cofres públicos, que estão inseridos no *caput* do art. 1º da Lei n. 8.429/1992, não em seu parágrafo único (*v.g.*: partidos políticos e organizações sociais). O segundo deles diz respeito aos atos de improbidade praticados em momento anterior ao advento da Lei n. 13.204/2015, que não poderão ser alcançados pela nova regra, nitidamente desfavorável ao agente público.

Principiando pela situação dos agentes vinculados a entes que recebam mais de 50% de sua receita anual do Poder Público, é intuitiva a conclusão de que o intérprete deverá valer-se da analogia, fazendo incidir a nova regra do inciso III. A uma, a analogia é justificável sempre que identificada a similitude da situação jurídica e a ausência de regra específica. A duas, a única distinção entre os entes referidos no parágrafo único e os similes do *caput* é o quantitativo de recursos, circunstancialismo fático, não propriamente jurídico. A três, não há sentido de o agente vinculado a ente que receba quantitativo inferior de recursos sofrer tratamento mais desfavorável que aquele que mantenha relação jurídica com ente que receba mais recursos públicos.

Avançando a análise para a situação dos agentes que praticaram atos de improbidade em momento anterior ao advento da Lei n. 13.204/2015, observa-se, em um primeiro momento, que não incidiria a regra do art. 23, I, da Lei de Improbidade, pois o indivíduo não mantém qualquer vínculo de natureza temporária com o Poder Público. Do mesmo modo, difícil será a utilização do lapso prescricional previsto no art. 23, II, já que o agente, por não possuir vínculo com o Poder Público, não estará sujeito à pena de demissão a bem do serviço público, logo, não poderá ser utilizado o lapso para a aplicação dessa sanção. Em casos tais, *quid iuris*?

A nosso ver, três soluções poderão ser alvitradas: a) considerar a ação imprescritível; b) aplicar a prescrição decenal prevista no art. 205 do Código Civil de 2002; c) buscar a aplicação analógica de uma das regras do art. 23 da Lei n. 8.429/1992.

A imprescritibilidade deve ser de logo afastada, pois destoa dos princípios jurídicos, difunde a insegurança nas relações sociais e representa verdadeiro prêmio à desídia dos legitimados à propositura da ação (*dormientibus non sucurrit ius*). Quanto à utilização da prescrição decenal em relação ao empregado de uma empresa privada, ela conduzirá à incongruência de dispensar-lhe tratamento mais severo do que aquele a que estão sujeitos os agentes que possuem vínculo direto com o Poder Público, o que não é razoável.

No que concerne às regras do art. 23 da Lei n. 8.429/1992, qualquer que seja a solução adotada, não ficará ela imune a críticas.

Principiando pelo inciso II, deve-se lembrar que a sua utilização pressupõe a existência de um estatuto que discipline a carreira do ímprobo e disponha sobre os prazos prescricionais, elemento este ausente no âmbito das empresas privadas. Neste último caso, poder-se-ia sustentar a aplicação subsidiária do regime jurídico que incide sobre os servidores da pessoa jurídica de direito público que forneceu os recursos ao empregador do ímprobo. Essa solução, no entanto, ensejaria o surgimento de problemas complexos nos casos em que a empresa recebesse recursos de múltiplas origens e não fosse identificada a fonte daqueles que teriam sido apropriados pelo ímprobo. Problema similar seria identificado em relação aos consórcios públicos formados entre União, Estado e Município, cujas contratações devem ser realizadas pelo regime da CLT[337], nas hipóteses em que cada ente disponha de um regime jurídico próprio para os seus servidores.

Quanto à aplicação do lapso de cinco anos previsto no inciso I do art. 23 da Lei n. 8.429/1992, tal solução apresentaria uma aparente harmonia com a temporariedade da relação mantida entre a empresa privada e o erário, temporariedade esta que poderia ser transposta para a situação dos seus empregados, os quais, apesar de manterem um vínculo permanente com o seu empregador, somente estão provisoriamente sujeitos aos ditames da Lei de Improbidade, sujeição que cessará no momento em que cessar o repasse de recursos. O óbice a tal solução reside na sua maior severidade, pois o termo *a quo* do lapso prescricional coincidirá com a cessação da relação de emprego, enquanto, em relação aos demais servidores, o prazo começará a fluir da prática do ato de improbidade.

Assim, revendo posição externada na primeira edição da obra, entendemos ser mais consentâneo com um padrão mínimo de justiça a tentativa de enquadramento, na regra do art. 23, II, daqueles que mantêm um vínculo empregatício com o sujeito passivo do ato de improbidade, o que exigirá seja analogicamente aplicada a normatização que dispõe sobre o regime jurídico dos servidores públicos da correspondente administração direta (*rectius*: União, Estados, Distrito Federal e Municípios). Esse entendimento é extensivo aos empregados de empresas públicas e de sociedades de economia mista normalmente regidos pelas leis trabalhistas, o mesmo ocorrendo em relação aos empregados de pessoas jurídicas de direito público que estejam em situação parecida (sujeitos às leis trabalhistas). Quanto aos consórcios públicos, deve-se optar pelo lapso prescricional mais amplo dentre aqueles previstos nos regimes jurídicos de cada ente consorciado, restringindo-se a invo-

---

[337] *Vide* art. 6º, § 2º, da Lei n. 11.107, de 6 de abril de 2005, que dispôs sobre normas gerais para a contratação de consórcios públicos.

cação da regra do art. 23, I, às hipóteses em que tal se mostrar absolutamente inviável. Somente assim serão observados parâmetros básicos de equidade e de segurança nas relações sociais, evitando-se que situações similares sejam submetidas a soluções díspares.

A conclusão acima não será excepcionada ainda que a hipótese verse sobre ato de improbidade que, a um só tempo, se enquadre na tipologia do art. 9º da Lei n. 8.429/1992 e que guarde similitude com o instituto do enriquecimento sem causa previsto no art. 884 do Código Civil de 2002. Para que tal similitude seja divisada, é necessário que haja um enriquecimento, que o sujeito passivo do ato de improbidade tenha empobrecido com a prática do ato e que tal tenha ocorrido, a partir de um atuar doloso, sem justa causa. Preenchidos estes requisitos, poderia ser invocada a regra do art. 206, § 3º, do Código Civil de 2002, segundo a qual prescreve em três anos "a pretensão de ressarcimento de enriquecimento sem causa". Não obstante a coerência do argumento, como dissemos, não merece ser ele acolhido. A uma, o lapso prescricional previsto na Lei n. 8.429/1992 refere-se à aplicação de normas de natureza sancionatória, o que em nada se confunde com a mera pretensão de ressarcimento do dano. A duas, em se tratando de ressarcimento de dano causado ao Erário pela prática de ato de improbidade (apesar de ontologicamente não configurar uma sanção), incidirá a regra do art. 37, § 5º, da Constituição da República, sendo a respectiva pretensão imprescritível. A três, no plano fático, não é demais lembrar que a maior parte das figuras do art. 9º da Lei n. 8.429/1992 não pressupõe o empobrecimento do sujeito passivo do ato de improbidade, o que afasta qualquer similitude com o enriquecimento sem causa do direito privado.

A aplicação, ao empregado da pessoa jurídica de direito privado acusado de improbidade, do lapso prescricional previsto, para a aplicação da pena de demissão, no regime jurídico dos servidores públicos do ente federado correspondente, ainda apresentará um complicador. E se não houver um regime jurídico próprio, sendo aplicadas as regras da Consolidação das Leis do Trabalho? E se também não houver lei específica dispondo sobre a prescrição das sanções disciplinares no âmbito do respectivo ente federado? A prescrição na esfera trabalhista, consoante o art. 7º, XXIX, da Constituição da República, é essencialmente direcionada à regulação das ações ajuizadas pelo empregado em face do empregador. Tratando-se de medidas punitivas, o regime trabalhista é direcionado pelos referenciais de imediatismo e de razoabilidade. A demora na punição acarreta o "perdão tácito", impedindo o empregador de fazê-lo *a posteriori*. Essa, no entanto, é uma sistemática de controle interno, que se desenvolve na esfera tipicamente administrativa e alcança os "empregados públicos", vale dizer, aqueles regidos pelas leis trabalhistas em geral e que não sejam regidos, nesse particular, por uma lei específica.

O imediatismo, à evidência, não se ajusta à responsabilidade na esfera judicial, que pode ser deflagrada, inclusive, pelo Ministério Público. Admiti-la, em verdade, seria abrir as portas da iniquidade. Em situações dessa natureza e excluindo, desde logo, a tese da imprescritibilidade, duas soluções mostram-se possíveis: (1) a incidência do prazo decenal previsto no art. 205 do Código Civil, isso sob o argumento de que a lei não fixou prazo menor; ou (2) a aplicação analógica de outro prazo existente, já que a situação não pode ser enquadrada no art. 23 da Lei n. 8.429/1992.

A primeira solução alvitrada redundaria na aplicação da regra geral do art. 205 do Código Civil, o que atrairia a incidência do prazo decenal. Em prol desse argumento, poder-se-ia argumentar que o prazo prescricional de cinco anos, conquanto rotineiro em relação à aplicação da sanção de demissão, pode ser perfeitamente elasticido pela legislação infraconstitucional. E, ainda, se o ente federado optou por não contar com regra específica, é inevitável a conclusão de que o prazo de dez anos mostrou-se mais adequado à sua realidade. Se o imediatismo da punição, prevalecente nas relações trabalhistas, mostra-se inadequado à seara da improbidade, o mesmo pode ser dito em relação à prescrição decenal. Afinal, não se ignora que a tendência, no direito administrativo brasileiro, é a generalização do prazo de cinco anos para que a Administração Pública pratique certos atos restritivos da esfera jurídica individual (*v.g.*: Lei n. 9.784/1999, art. 54; e Lei n. 8.112/1990, art. 142, I). Analogia dessa natureza, em face da diversidade de possíveis paradigmas de análise (*v.g.*: normas de direito sancionador ou não; normas federais e normas estaduais; normas de outros entes federados do mesmo nível; normas que estabelecem prazos prescricionais distintos para as infrações também tipificadas como crimes), não será imune a críticas. No entanto, também aqui, pensamos que o sistema jurídico, para fazer jus a esse designativo, há de ser coerente, referencial que certamente seria comprometido se entendêssemos que a generalidade dos servidores públicos, regra geral, é alcançada pelo lapso prescricional de cinco anos, isso com exceção daqueles regidos pela CLT, apesar de inexistir lei específica que disponha o contrário.

Como a individualização do lapso prescricional está associada à natureza do vínculo jurídico mantido pelo agente público com o sujeito passivo em potencial, resta analisar se tal operação será influenciada pela possível existência de vínculos outros, por vezes com duração mais ampla, e que, se levados em consideração, redundariam na postergação ou redução do lapso prescricional. À guisa de ilustração, vale mencionar a situação do parlamentar que pratique ato de improbidade quando e em razão exclusiva do exercício da função de Presidente da Casa Legislativa; ou do membro de determinada Instituição que seja afastado de suas funções regulares para ocupar cargo em comissão na estrutura da administração superior. Nesses casos, entendemos que o termo inicial da prescrição não coincidirá com o termo final do vínculo jurídico que possibilitou a prática do ato de improbidade. Inicialmente, deve-se lembrar que o vínculo subsequente somente foi estabelecido diante da existência do vínculo antecedente, sendo ambos *conditio sine qua non* à prática do ato, justificando seja o vínculo originário o epicentro de análise[338]. Acresça-se, ainda,

---

[338] Nesse sentido: STJ, 1ª T., AGRG no REsp n. 1.312.167/SC, rel. Min. Sérgio Kukina, j. em 10/12/2013, *DJe* de 17/12/2013 (ato de improbidade praticado por Vereador quando do exercício da presidência da Casa Legislativa); e 2ª T., AgRg no REsp n. 2014/0241424-5, rel. Min. Mauro Campbell Marques, j. em 12/2/2015, *DJe* de 19/2/2015).

que, em se tratando de vínculo temporário, a *ratio* do art. 23 da Lei n. 8.429/1992 é associar o início da prescrição à dissolução daquele; e, no caso de vínculo definitivo, a prescrição seria direcionada pelo mesmo lapso fixado para a punição das faltas disciplinares, o que permite concluir pela desinfluência das funções intermédias desempenhadas pelo agente.

Em relação aos atos de improbidade imputados a agentes públicos sujeitos a disciplina diferenciada em relação à fluência do lapso prescricional, é necessário identificar que critérios serão seguidos. Inicialmente, observa-se que na sistemática da Lei de Improbidade, diversamente ao que se verifica na seara penal, a prescrição é fixada não em consonância com o desvalor da conduta, mas, sim, de acordo com a qualidade do agente. Partindo-se dessa premissa, é possível afirmar que a unidade existencial do ilícito não redunda, necessariamente, em unidade do lapso prescricional. Assim, como regra geral, tratando-se de ato de improbidade praticado, em concurso, por dois ou mais agentes públicos, cada qual estará sujeito ao lapso prescricional que se ajuste à sua condição funcional[339]. Essa regra, no entanto, comporta uma exceção: no caso de o agente público concorrer para a prática do ato não em razão de sua condição funcional, que não apresenta qualquer relevância na situação concreta, mas, sim, como um verdadeiro terceiro, simplesmente auxiliando a operação conduzida por outro agente público, este sim com o *status* funcional imprescindível à prática do ato, deve prevalecer a unicidade do lapso prescricional, aplicando-se aos envolvidos a regra que incide sobre este último.

Considerando que as sanções do art. 12 da Lei n. 8.429/1992 não são passíveis de aplicação unicamente ao agente público, é oportuno analisar a situação dos terceiros que concorram para a prática dos atos de improbidade. Restando demonstrado que o terceiro jamais responderá pelo ato de improbidade de forma isolada, sendo imperativo que para o ilícito tenha concorrido um agente público, constata-se que a qualidade deste, por ser o elemento condicionante da própria tipologia legal, haverá de nortear, do mesmo modo, a identificação do lapso prescricional. Em razão disto, seria despiciendo e atécnico qualquer dispositivo que viesse a estatuir tratamento específico para o *extraneus*, pois este, por mais grave que seja o ilícito praticado, não estará sujeito ao regramento da Lei n. 8.429/1992 se agir de forma isolada, desvinculado de um agente público.

A qualidade do agente público, a um só tempo, além de permitir a subsunção do ato à tipologia legal, haverá de disciplinar a sua perquirição em relação a todos os envolvidos em sua prática. Não haverá que se falar, assim, na prescrição decenal prevista no art. 205 do Código Civil, pois esse entendimento, além de romper com o sistema, dispensará tratamento mais severo àquele que assume posição secundária na prática do ato de improbidade, terminando por beneficiar o agente público ímprobo, que ocupa o ponto nuclear das normas de combate à improbidade.

---

339 No mesmo sentido: STJ, 2ª T., REsp n. 1.088.247/PR, rel. Min. Herman Benjamin, j. em 19/3/2009, *DJ* de 20/4/2009.

Ao terceiro, assim, hão de ser aplicados os mesmos lapsos prescricionais relativos ao ímprobo[340]. Identificado o envolvimento, *verbi gratia*, de dois agentes públicos, sendo um com vínculo temporário e o outro não, deverá ser empregado o lapso prescricional mais amplo, já que o *extraneus* compactuara com o ilícito praticado por ambos. Repita-se, uma vez mais, que, por força de preceito constitucional, não há que se falar em prescrição da pretensão de ressarcimento do dano.

Proposta a ação que tenha por objeto a aplicação das sanções previstas na Lei de Improbidade e sendo regularmente citado o ímprobo, ter-se-á a interrupção da prescrição, efeito este que retroagirá à data da propositura da ação[341]. Não identificado qualquer vício

---

[340] No mesmo sentido: José Roberto Pimenta Oliveira (*Improbidade administrativa...*, p. 403); Waldo Fazzio Júnior (*Atos de improbidade administrativa...*, p. 332). Na jurisprudência: STJ, 2ª T., REsp n. 965.340/AM, rel. Min. Castro Meira, j. em 25/9/2007, *DJ* de 8/10/2007; 2ª T., AGRG no REsp n. 1.197.967/ES, rel. Min. Humberto Martins, j. em 26/8/2010, *DJ* de 8/9/2010; 2ª T., AGRG no REsp n. 1.159.035/MG, rel. Min. Eliana Calmon, j. em 21/11/2013, *DJe* de 29/11/2013; 1ª T. AgRg no REsp n. 1.510.589/SE, rel. Min. Benedito Gonçalves, j. em 26/5/2015, *DJe* de 10/6/2015; e 2ª T., AgRg no AREsp n. 161.126/SP, rel. Min. Assusete Magalhães, j. em 2/6/2016, *DJe* de 13/6/2016.

[341] De acordo com o art. 219, § 1º, do CPC/1973, a interrupção da prescrição retroagia à data da propositura da ação. O Código Civil de 2002, no entanto, alterou essa sistemática, dispondo que o marco interruptivo seria o "*despacho do juiz*" (art. 202, I). Tratando-se de lei posterior, em linha de princípio, deveria a norma cível prevalecer. Apesar disso, devia ser observado que a nova sistemática era nitidamente inferior à anterior, pois situava o marco interruptivo em fatores exógenos ao interessado, o que, em tese, permitiria a fluência do lapso prescricional no caso de mal funcionamento do serviço judiciário. Como nenhuma interpretação deve conduzir ao absurdo, entendíamos que deveria prevalecer a regra de que a interrupção da prescrição retroage à data da propositura da ação, permanecendo em vigor o preceito da lei processual que assim dispunha. Com isso, seria preservada a *ratio* do instituto, que é a de criar uma situação jurídica desfavorável àquele que seja desidioso no exercício de um direito. Esse entendimento, aliás, há muito foi albergado pelo Tribunal Federal de Recursos, cuja Súmula 78 assim dispunha: "Proposta a ação no prazo fixado para o seu exercício, a demora na citação, por motivos inerentes ao mecanismo da justiça, não justifica o acolhimento da arguição de prescrição". Esse enunciado foi encampado pelo Superior Tribunal de Justiça na Súmula 106. Especificamente em relação ao juízo de prelibação previsto no art. 17 da Lei n. 8.429/1992, o entendimento seria o mesmo: proposta a ação no prazo, ainda que o recebimento da inicial e o ulterior despacho positivo de citação somente ocorram em momento posterior ao decurso do lapso prescricional, tal haverá de retroagir à propositura da ação, último ato imputável ao autor e indicativo de uma incompatibilidade lógica com a desídia inerente ao instituto da prescrição. Aplica-se, aqui, o entendimento geral de que a prescrição é interrompida pelo ato que busque constituir o devedor em mora, como é o caso do protesto (Código Civil, art. 202, I; e Código de Processo Civil de 2015, art. 726, § 2º). Abrão Amisy Neto (A interrupção da prescrição nas ações civis públicas por ato de improbidade administrativa, in *Livro de Teses do V Congresso do Ministério Público do Estado de Goiás*, p. 125) adverte para a correta exegese da Lei de Improbidade: observado o prazo fixado no art. 23 para a propositura da ação, tem-se por interrompida a prescrição, sendo irrelevante o momento em que exarados os despachos ordinatórios de citação ou de notificação, condicionados à citação ou notificação válidos. Não obstante o brilho da tese, não se pode deixar de observar que o sistema pátrio costuma conferir à interrupção da prescrição a natureza de ato complexo, exigindo, além da manifestação de vontade do legitimado ativo, no prazo previsto em lei (o que afasta qualquer singularidade ou efeito específico do art. 23 da Lei n. 8.429/1992), a chancela do órgão jurisdicional (*vide* arts. 219, § 1º, do CPC e art. 202, I, II e V, do CC). As exceções, por certo, existem (*vide* art. 202, III e IV, do CC), mas não chegam a infirmar a regra geral, o que desaconselhava fosse o art. 23 da Lei de Improbidade analisado de forma dissociada do

na citação, à interrupção da prescrição é desinfluente o fato de o processo vir a ser extinto com ou sem resolução de mérito, não sendo possível confundir os efeitos da relação processual com aqueles oriundos da interrupção da prescrição, acontecimento pretérito e que encontra acolhida em normas inerentes ao direito material[342].

Consoante o art. 20 da Lei n. 8.429/1992, as sanções de perda da função pública e de suspensão dos direitos políticos somente podem se efetivar com o trânsito em julgado da sentença condenatória. O mesmo ocorrerá com as demais em sendo o recurso recebido em seu duplo efeito, situação que obstará, inclusive, a execução provisória. Transitada em julgado a sentença, a suspensão dos direitos políticos, a perda da função pública e a proibição de contratar com o Poder Público produzem efeitos imediatos, somente sendo aconselhável a adoção das medidas pertinentes visando à ampliação de sua efetividade (*v.g.*: cancelamento da inscrição eleitoral, em se tratando de suspensão dos direitos políticos, ou comunicação à pessoa jurídica correspondente no caso de perda da função pública ou de proibição de contratar), o que em nada se confunde com uma condicionante à produção de efeitos na esfera jurídica do ímprobo. A obrigação de reparar o dano decorrente de ato de improbidade, como dissemos, é imprescritível. Quanto à sanção de multa, o processo de execução deverá ser instaurado no quinquênio subsequente, isto sob pena de prescrição. Por último, a sanção de perda dos bens também produzirá efeitos imediatos, pois, com a declaração de que determinados bens devidamente individualizados reverteram ao sujeito passivo do ato de improbidade, tal reversão, sob a ótica jurídica, será imediata. No plano fático, influenciará a circunstância de ter sido reconhecida a natureza pública do bem, o que, até a sua efetiva arrecadação, impedirá que se fale em prescrição aquisitiva.

---

sistema, em especial da norma geral de integração contemplada no art. 219, § 1º, do CPC. Também entendendo que, com a citação válida, a interrupção da prescrição retroagia à data de propositura da ação, ainda que o autor não tenha postulado a notificação dos demandados no quinquênio legal: STJ, 1ª T., REsp n. 798.827/RS, rel. Min. Denise Arruda, j. em 27/11/2007, DJ de 10/12/2007; 1ª T., REsp n. 750.187/RS, rel. Min. Luiz Fux, DJ de 28/9/2006; 1ª T., REsp 713.198/RS, rel. Min. José Delgado, DJ de 12/6/2006; 1ª T., REsp 681.161/RS, rel. Min. Francisco Falcão, DJ de 10/4/2006; 1ª T., REsp n. 695.084/RS, rel. Min. Francisco Falcão, j. em 20/9/2005, DJ de 28/11/2005; 1ª T., REsp n. 700.038/RS, rel. Min. José Delgado, j. em 4/8/2005, DJ de 12/9/2005. 2ª T., REsp n. 619.946/RS, rel. Min. João Otávio de Noronha, DJ de 2/8/2007; 2ª T., REsp n. 680.677/RS, rel. Min. Humberto Martins, DJ de 2/2/2007. Com o advento do CPC de 2015, o seu art. 240, § 1º, dispôs que *a interrupção da prescrição, operada pelo despacho que ordena a citação, ainda que proferido por juízo incompetente, retroagirá à data de propositura da ação*, restando superadas as dúvidas introduzidas pelo art. 202, I, do Código Civil de 2002.

342 Câmara Leal (in *Da prescrição e da decadência*, p. 197), discorrendo sobre os arts. 175 e 172, I, do Código Civil de 1916, este último de conteúdo similar ao art. 202, I, do Código de 2002 (Lei n. 10.406), observou que "diversos Códigos estrangeiros consideram a prescrição como não interrompida, apesar da validade da citação, se o autor desiste da ação, ou a demanda se torna perempta, ou é rejeitada. Nesse sentido dispõem os Códigos francês, italiano, alemão e chileno. Nosso legislador, porém, tendo dado à citação, em si, o efeito de interromper a prescrição, só à nulidade desta, por defeito de forma, ou à sua ineficácia por circundução, ou à sua inadmissibilidade por peremção da instância ou da ação, é que atribuiu o efeito de impedir a interrupção prescricional. Do destino da demanda não cogitou o nosso Código, de modo que, qualquer que seja sua sorte, ela não retrotrairá, influindo sobre a interrupção, para infirmá-la".

14.1. Prescrição Intercorrente

Interrompida a prescrição, recomeça ela a fluir a contar do ato que a interrompeu[343]. Por ser a propositura da ação o marco inicial do novo lapso prescricional, possível será a implementação, no curso da própria relação processual, do que se convencionou chamar de *prescrição intercorrente*. Ocorrerá esta sempre que, entre o ajuizamento da ação e a prolação da sentença, verificar-se o escoamento do lapso prescricional previsto no art. 23 da Lei n. 8.429/1992 e restar caracterizada a inércia do autor da ação[344].

Por evidente, não será possível falar em inércia nos casos em que o processo esteja suspenso[345] ou em que a prática de determinado ato independa de qualquer impulso processual a cargo do autor[346], estando à mercê, única e exclusivamente, do serviço judiciário[347]. Assim, verificado que o autor não deu causa à paralisação do processo, mormente

---

343 Art. 173 do Código Civil de 1916 e art. 202, parágrafo único, do Código de 2002.

344 Não obstante a redação do art. 202, *caput*, do Código Civil de 2002, segundo o qual a interrupção da prescrição "somente poderá ocorrer uma vez", entendemos que a prolação da sentença condenatória é o desiderato final dos legitimados à propositura da ação de improbidade. Assim, interrompida a prescrição, ainda que tal só ocorra uma vez, será a sentença o termo *ad quem* da contagem do lapso prescricional. Ultrapassada a fase de conhecimento, ter-se-á o surgimento de nova pretensão, a executória, o que reiniciará o lapso prescricional e possibilitará uma nova interrupção.

345 "Título extrajudicial. Execução. Prescrição intercorrente. Suspensa a execução a pedido do credor face à inexistência de bem penhorável, não se opera a prescrição intercorrente. Recurso especial atendido" (STJ, 4ª T., REsp n. 93.250-PR, rel. Min. Fontes de Alencar, j. em 20/8/1996, *RSTJ* n. 92/289). O Enunciado n. 314 da Súmula do Superior Tribunal de Justiça, apesar de preservar a essência desse entendimento, limitou o período de suspensão a um ano: "em execução fiscal, não localizados bens penhoráveis, suspende-se o processo por um ano, findo o qual se inicia o prazo da prescrição quinquenal intercorrente". Em sentido contrário: "Prescrição intercorrente. Não vulnera o artigo 791, III, do CPC a decisão que entendeu correr o prazo de prescrição enquanto suspenso o processo de execução por falta de bens a penhorar. Recurso especial. Inviabilidade, em relação a tema que não foi objeto de exame por parte do acórdão recorrido" (STJ, 3ª T., REsp n. 52.178-5-PR, rel. Min. Eduardo Ribeiro, j. em 27/11/1995, *RSTJ* n. 82/178). A nosso ver, razão não assiste a este último entendimento. Em que pese reconhecermos ser inaplicável a regra do art. 40, *caput*, da Lei n. 6.830/1980 ("O juiz suspenderá o curso da execução, enquanto não for localizado o devedor ou encontrados bens sobre os quais possa recair a penhora, e, nesses casos, não correrá o prazo de prescrição") a casos outros que não os de execução fiscal, não é possível relegarmos a plano secundário a premissa de que a prescrição pressupõe a inércia do credor, e esta, decididamente, não será constada em um processo que se encontra suspenso.

346 O STF já decidiu que "a prescrição intercorrente pressupõe diligência que deva ser cumprida pelo autor da causa, isto é, algo de indispensável ao andamento do processo, e que ele deixe de cumprir em todo o curso do prazo prescricional" (*RTJ* 67/169).

347 Nesse sentido: STJ, 1ª T., REsp n. 59.329-8-RS, rel. Min. Garcia Vieira, j. em 17/4/1995, *RSTJ* n. 74/421 e 2ª T., REsp n. 11.106-SC, rel. Min. Adhemar Maciel, j. em 6/10/1997, *RSTJ* n. 104/184 ("... Não há que se falar em prescrição intercorrente, se a paralisação da ação rescisória por mais de dois anos no tribunal estadual não se deu por culpa do autor, mas, sim, em virtude da complexidade da causa, combinada com a pletora de processos que assoberbam o Poder Judiciário. Precedente do STJ: AR n. 7/RJ...").

nas situações em que esta decorrer de subterfúgios utilizados pelo demandado, não haverá que se falar em prescrição[348].

A caracterização da inércia do autor, para fins de fluência do lapso prescricional, independe da intimação prévia referida no art. 485, § 1º, do Código de Processo Civil de 2015, tratando-se de dispositivo de natureza eminentemente processual e que deve anteceder a extinção do processo *sem* resolução de mérito nas hipóteses dos incisos II e III do mesmo preceito; a prescrição, por sua vez, integra o direito material e, a teor do art. 487, II, do Código de Processo Civil de 2015, autoriza a extinção do processo *com* resolução de mérito[349].

Acresça-se que a grande maioria das ações que busca a aplicação das sanções da Lei n. 8.429/1992 é ajuizada pelo Ministério Público, o qual deve ser intimado pessoalmente de todos os atos e termos do processo[350]. Por este motivo, a prescrição intercorrente somente poderá ser verificada caso o órgão ministerial receba os autos, os devolva sem qualquer pronunciamento e seja detectada a sua paralisação, tratando-se de situação excepcional que, consoante as regras de experiência, raramente ocorre. Em sendo emitido pronunciamento, o processo deverá retornar ao Ministério Público, para fins de cientificação da deliberação do órgão jurisdicional, o que praticamente afasta a possibilidade da prescrição intercorrente. Emitido o pronunciamento e sendo detectado o mau funcionamento do serviço judiciário, acarretando a paralisação do processo, não haverá que se falar igualmente em prescrição, já que inércia não houve.

Ante os claros termos do art. 332, § 1º, do Código de Processo Civil de 2015, o qual autoriza o juiz a conhecer da prescrição de ofício, podendo decretá-la de imediato, ressalvadas, unicamente, as causas que versem sobre direitos patrimoniais, entendemos que tal preceito deve ser integralmente aplicado nas ações que venham a perquirir a prática de atos de improbidade. Considerando que múltiplos serão os bens jurídicos passíveis de serem atingidos com a aplicação das sanções previstas no art. 12 da Lei de Improbidade, deve o Estado deixar de coarctá-los sempre que constate a ocorrência da

---

[348] "Processual. Prescrição intercorrente. O próprio órgão da executada apresentou informações parciais, criando tumulto processual e não pode beneficiar-se de situação que ela própria criou. Não ocorre prescrição intercorrente quando o retardamento foi por culpa exclusiva da própria pessoa que dela se beneficiaria. Recurso improvido"(STJ, 1ª T., REsp n. 21.242-3-SP, rel. Min. Garcia Vieira, j. em 10/6/1992, *RSTJ* n. 36/479). No mesmo sentido: STJ, 2ª T., REsp n. 31.694-0-RJ, rel. Min. Peçanha Martins, j. em 14/4/1993, *RSTJ* n. 108/318.

[349] "Prescrição intercorrente. A prescrição é instituto de direito material, tendo prazos e consequências próprias, que não se confundem com a extinção do processo regulada no artigo 267 do CPC. Começa a fluir do momento em que o autor deixou de movimentar o processo, quando isso lhe cabia. Consumada, a declaração de que ocorreu não está a depender de prévia intimação ao autor, para que dê andamento ao feito, mas apenas de requerimento da parte a quem aproveita" (STJ, 3ª T., REsp n. 15.261-0-SP, rel. Min. Eduardo Ribeiro, j. em 10/8/1992, *RSTJ* n. 37/482). *Vide* art. 485 do CPC/2015.

[350] Arts. 18, II, *h*, da LC n. 75/1993 e 41, IV, da Lei n. 8.625/1993.

prescrição – ainda que o patrimônio do ímprobo possa ser reflexamente contemplado com tal medida[351].

14.2. Retroatividade da Norma Prescricional

Analisada a normatização básica que rege a prescrição nesta seara, resta tecer breves considerações a respeito da influência de lei nova sobre o lapso prescricional já iniciado sob a égide da lei antiga.

A questão assume grande importância quando se constata que tal possibilidade é perfeitamente factível, bem como que o art. 37, § 5º, da Constituição da República ampara o entendimento a respeito da imprescritibilidade das demandas a serem ajuizadas em face de qualquer agente, servidor ou não, visando ao ressarcimento dos prejuízos causados ao erário com a prática do ato de improbidade. À luz desse preceito constitucional, é necessário seja verificado se a pretensão de ressarcimento dos danos causados ao erário anteriormente à promulgação da Constituição, o que ocorreu em 5 de outubro de 1988, deve ser considerada imprescritível, ou não.

Em um primeiro momento, cumpre dizer que o direito positivo pátrio, contrariamente ao que se verifica em outros sistemas[352], não dispõe de preceito específico regulando a matéria, o que exige a aplicação da regra geral contida no art. 5º, XXXVI, da Constituição, *verbis*: *A lei não prejudicará o direito adquirido, o ato jurídico perfeito e a coisa julgada*[353].

Por estar a solução da primeira proposição acima exposta completamente dissociada das duas últimas figuras contempladas na parte final do preceito constitucional, a questão será analisada sob a ótica do *direito adquirido*, vale dizer, aquele que causou dano ao erário tem o direito adquirido de que seja utilizado o lapso prescricional contemplado pela lei vigente ao tempo de sua ação?

---

351 O STJ já teve oportunidade de decidir que a Lei n. 8.429/1992 não contempla a existência da prescrição intercorrente (2ª T., REsp n. 1.289.993/RO, rel. Min. Eliana Calmon, j. em 19/9/2013, *DJe* de 26/9/2013; e 1ª T., EDcl no AREsp n. 156.071/ES, rel. Min. Olindo Menezes, j. em 18/2/2016, *DJe* de 25/2/2016). Em outra oportunidade, ressaltou que, ainda que fosse possível o uso desse instituto, seria preciso demonstrar a inércia da parte autora (1ª T., REsp n. 1.218.050/RO, rel. Min. Napoleão Nunes Maia Filho, j. em 5/9/2013, *DJe* de 20/9/2013).

352 A título de ilustração, pode ser mencionado o art. 2.281 do Código Civil francês, do seguinte teor: As prescrições já começadas na época da publicação do presente título serão reguladas conforme as leis antigas. Todavia, as prescrições então começadas, e para as quais faltar ainda, segundo as leis antigas, prazo maior de trinta anos a contar da mesma época, serão contempladas por esse lapso de trinta anos. Este preceito, por longa data, foi considerado um verdadeiro princípio geral de direito pela jurisprudência francesa, sendo sua aplicação estendida a situações outras que não aquelas constituídas anteriormente à vigência do Código Civil francês.

353 No mesmo sentido, art. 6º da Lei de Introdução às Normas do Direito Brasileiro. Consolidou-se a jurisprudência do STF no sentido de que "a garantia da irretroatividade da lei, prevista no art. 5º, XXXVI, da Constituição da República, não é invocável pela entidade estatal que a tenha editado" (Súmula 654).

O estudo do direito intertemporal, como se sabe, reside na necessidade de se resguardar a segurança jurídica e buscar solução adequada ao conflito entre leis antigas e leis novas, preservando os direitos constituídos sob a égide de certa norma, ulteriormente derrogada ou ab-rogada. Presentes os requisitos necessários ao exercício de determinado direito e estando ele definitivamente incorporado ao patrimônio do titular, tem-se o que se convencionou chamar de *direito adquirido*, o qual se encontra protegido pelo art. 5º, XXXVI, da Constituição, sendo insuscetível de ser afetado por qualquer mutação de ordem legislativa, o que, evidentemente, inclui aquelas oriundas do Poder Constituinte derivado. É esta, em síntese, a conhecida posição de Gabba[354].

Em nosso entender, a prescrição que se tenha principiado sob o domínio de determinada lei não confere direito adquirido a quem quer que seja. Justifica-se a assertiva, pois até a expiração do lapso prescricional existia mera expectativa de direito de que a pretensão passível de ser deduzida em juízo seria por ele regida. Tal expectativa, para se concretizar, dependia da implementação de todos os requisitos exigidos em lei, dentre eles, e primordialmente, o decurso *integral* do lapso de prescrição. Revogado o elemento vivificador do direito antes que este, tal qual a borboleta que sai de seu casulo, adquirisse vida própria, não haverá que se falar em direito adquirido à prescrição prevista na lei antiga, mas tão somente em uma expectativa de direito frustrada antes de sua densificação fática.

Conclui-se, assim, que a lei nova que venha a regular a prescrição extintiva, quer para abreviar, quer para prolongar-lhe a duração, ou mesmo para introduzir modificações em seus elementos periféricos, será aplicada ao lapso já iniciado, desde que ainda não terminado ao tempo de sua promulgação, devendo ser computado o período já decorrido sob a égide da lei antiga. Ressalte-se que o termo *a quo* e as hipóteses de suspensão e interrupção da prescrição seguirão a lei vigente ao tempo em que se verificarem, existindo aqui o direito adquirido à sua observância.

Demonstrado que inexiste direito adquirido em relação à legislação infraconstitucional, com muito maior razão tal exceção não poderia ser oposta à aplicação do art. 37, § 5º, da Constituição, pois é cediço que ao texto constitucional, fruto do exercício do Poder Constituinte originário, não pode ser invocado o direito adquirido. E a razão é simples: a Constituição é a pedra angular do sistema jurídico e se algum direito existe, certamente dela deflui e a ela não pode ser oposto. Por tal motivo, as pretensões de ressarcimento relativas a danos causados anteriormente à promulgação da Constituição de 5 de outubro de 1988 e que ainda não tenham sido extintas pela integral fluência do lapso prescricional, conforme legislação vigente por ocasião da prática do ato, serão consideradas im-

---

354 Na lição de Gabba (*Teoria della retroatività delle leggi*, v. 1, p. 191),"é adquirido todo direito que: a) seja consequência de um fato idôneo à sua produção, em virtude da lei do tempo no qual o fato se realizou, embora a ocasião de fazê-lo valer não se tenha manifestado antes da atuação de uma lei nova a seu respeito, e que b) nos termos da lei sob o império da qual se verificou o fato que o originara, passou imediatamente a integrar o patrimônio de quem o adquiriu".

prescritíveis. Deve-se ressaltar, apenas, que, o Supremo Tribunal Federal alterou o viés da jurisprudência dominante ao julgar o Recurso Extraordinário n. 669.069, com repercussão geral reconhecida, no qual entendeu que "*é prescritível a ação de reparação de danos à Fazenda Pública decorrente de ilícito civil*"[355]. Afastou-se, desse modo, uma interpretação ampla do comando constitucional, de modo a não reconhecer a imprescritibilidade em ilícitos nos quais não se discute dolo ou culpa. Na ocasião, o Tribunal não analisou a extensão da tese às pretensões de ressarcimento dos danos decorrentes de infração penal ou ato de improbidade administrativa. Por coerência lógica com esse novo entendimento, a imprescritibilidade somente deve ser caso seja demonstrada a prática de um ilícito em que a demonstração do elemento subjetivo do agir configure *condictio sine qua non* ao enquadramento da conduta na tipologia legal.

Duguit[356], que defendia o princípio da não retroatividade das leis, por ser um imperativo de ordem lógica, e combatia veementemente a doutrina do direito adquirido, chegou a solução idêntica com argumentos diversos. Segundo o renomado publicista francês, a lei se aplica às manifestações individuais de vontade e, de outra parte, às situações legais ou situações objetivas derivadas diretamente da lei, ainda que, neste último caso, elas nasçam como consequência de um ato de vontade, sendo este a condição e não a causa eficiente de sua formação. Partindo-se dessa distinção, pode-se dizer que toda manifestação individual de vontade sempre é, quanto à sua legalidade e à sua validade, regida pela lei em vigor no momento em que é produzida, quaisquer que sejam as modificações posteriormente realizadas na lei. É a regra *tempus regit actum*, que consagra a validade de todo ato em harmonia com a lei vigente no momento de sua prática, ainda que lei posterior venha a proibi-lo ou incriminá-lo.

Tratando-se, ao contrário, de uma situação legal – aquela que é geral e permanente, ou seja, uma situação de direito objetivo –, a lei se aplicará a ela no momento de sua promulgação, ainda que a situação tenha nascido em consequência de um ato jurídico regulado pela lei em vigor no momento de seu surgimento. Neste caso, não se poderá dizer que a lei é retroativa, que se aplica a um ato jurídico anterior a ela e que modifica os seus efeitos, pois a situação legal não é efeito do ato; ela deriva diretamente da lei; a declaração de vontade, mesmo contratual, não era senão a condição de aplicação da lei a essa ou àquela pessoa; e a lei nova modifica somente essa situação. O ato consumado não é atingido pela lei nova, mas somente a situação legal que lhe é consequente. Nascida da lei e não do ato, a situação legal absorve todas as modificações introduzidas pela lei nova[357].

---

355 Rel. Min. Teori Zavascki, j. em 3/2/2016.
356 *Traité de droit constitutionnel*, 2ª ed., Paris: Ancienne Librairie, t. II, p. 202.
357 À guisa de ilustração, Duguit (ob. cit., p. 206-211) formula os seguintes exemplos de leis não retroativas: a) lei que regule a situação jurídica dos naturalizados incidirá sobre todos nessa situação, ainda que esse *status* tenha sido adquirido anteriormente à sua promulgação, pois a situação de naturalizado tem origem na lei,

No que concerne ao tema em estudo, assim se pronuncia Duguit[358]: "a lei nova, sem que ela produza qualquer efeito retroativo sobre as relações jurídicas, sempre pode modificar a organização das vias de direito estabelecidas por uma lei anterior para permitir que se chegue à realização de uma situação. A organização das vias de direito que visem a realizar uma situação subjetiva é uma criação pura da lei e, por consequência, o legislador pode a todo instante modificá-la". Ao final, conclui que "é em razão dessa ideia que uma lei modificadora do prazo de prescrição se aplica às prescrições que começaram a correr sob o império da lei antiga. Se se trata de uma prescrição extintiva, ela alcança somente a ação e não a situação, e o legislador sempre pode modificar o regime da ação".

Roubier, que construiu sua doutrina por sobre sólidos alicerces, também encampa idêntica posição, fazendo-o com esteio em sua concepção de *situação jurídica*. Segundo ele[359], "é preciso estabelecer a diferença entre o efeito imediato da lei e o efeito retroativo: em uma situação jurídica em curso de constituição (como é o caso da prescrição), o efeito imediato da lei nova exerce livre influência sobre a constituição definitiva da situação, com a condição de não retroagir sobre os elementos pertencentes ao passado". Prossegue o jurista afirmando que "se a lei nova modifica as regras sobre a prescrição em curso, isto quer dizer que: a) se a lei declara um direito ou um bem imprescritível, ela interromperá imediatamente a prescrição começada, que se tornará doravante impossível; b) se a lei nova declara prescritível um direito ou um bem, que não o era até então, a prescrição começará a correr do dia da entrada em vigor da lei: bem entendido, o tempo de posse ante-

---

e não no ato de naturalização, o qual é mera condição à sua aplicação; b) lei que altere o exercício dos direitos eleitorais é aplicável aos indivíduos já nascidos e que exerciam referidos direitos anteriormente à sua promulgação; c) a lei que modifique o estado e a capacidade das pessoas é aplicável a todos aqueles que já haviam nascido e que tinham um estado e uma capacidade regulados pela lei anterior; d) lei que modifique a situação dos filhos naturais, reconhecendo os seus direitos hereditários, é aplicável àqueles que tenham nascido anteriormente a sua promulgação; e) podem ajuizar ação de investigação de paternidade em face de seus genitores os filhos nascidos de relações extraconjugais anteriormente à lei que autorizou tal medida; f) uma lei que modifica a disciplina da tutela se aplica às relações entre tutores e tutelados iniciadas antes de sua promulgação; g) uma lei nova que modifique o regime da propriedade é aplicável a todos aqueles que a adquiriram anteriormente à sua promulgação, pois o título aquisitivo é mera condição para o gozo de determinada situação objetiva, que decorre diretamente da lei e não do ato que ensejou a aplicação da lei; e h) a lei que altere o regime jurídico dos funcionários públicos é imediatamente aplicada a todos aqueles que já haviam ingressado no serviço público por ocasião de sua promulgação, pois tal ingresso é mera condição para o enquadramento em uma situação objetiva. Em que pese à ausência de menção expressa, a doutrina de Duguit tem sido prestigiada pelo STF. A título de exemplo, pode ser destacado o seguinte excerto do voto do Ministro Moreira Alves, proferido por ocasião do julgamento do RE n. 226.855-RS: "o Fundo de Garantia por Tempo de Serviço (FGTS), ao contrário do que sucede com as cadernetas de poupança, não tem natureza contratual, mas, sim, estatutária, por decorrer da Lei e por ela ser disciplinado. Assim, é de aplicar-se a ele a firme jurisprudência desta Corte no sentido de que não há direito adquirido a regime jurídico" (*DJ* de 13/10/2002, Inf. n. 207).

358 Ob. cit., p. 214.
359 ROUBIER, Paul. *Les conflits de lois dans le temps*, t. II, p. 237.

rior à lei nova não poderá ser contado no cálculo da prescrição sem que haja retroatividade da lei".

Como se vê, são vigorosas as vozes quanto à aplicação imediata da norma que discipline o lapso prescricional, ainda que alcance situações jurídicas deflagradas sob a égide de lei antiga, respeitada, obviamente, a prescrição já consumada.

CAPÍTULO XI
Da Lei de Responsabilização das Pessoas Jurídicas

1. INTRODUÇÃO

A Lei n. 12.846, de 1º de agosto de 2013[1], dispôs sobre a responsabilização das pessoas jurídicas, nos planos administrativo e cível, pela prática de atos contra a administração pública, nacional ou estrangeira. É a Lei de Responsabilização das Pessoas Jurídicas (LRPJ).

Esse diploma normativo introduziu, em seu art. 5º, uma tipologia de ilícitos passíveis de serem praticados pelas pessoas jurídicas que se relacionem com a Administração Pública. Os atos lesivos podem ser agrupados nas seguintes categorias: prometer, oferecer ou dar vantagem indevida a agente público (inc, I); arcar com o ônus financeiro dos ilícitos previstos na LRPJ (inc. II); dissimular seus reais interesses (inc. III); fraudar licitações e contratos administrativos (inc. IV); e dificultar ou intervir na fiscalização de suas atividades pelos órgãos competentes (inc. V).

A prática dos atos lesivos pode redundar em (1) responsabilização administrativa, daí decorrendo a possibilidade de serem aplicadas sanções de igual natureza, e em (2) responsabilização judicial, com a aplicação de sanções de natureza cível *lato sensu*, sem prejuízo das sanções de natureza penal e daquelas previstas na Lei n. 8.429/1992.

Outros dois aspectos de grande relevância dizem respeito à previsão do acordo de leniência, em que a pessoa jurídica que colaborar com as investigações e com o processo administrativo ficará isenta de algumas sanções e terá reduzida a multa que vier a sofrer, bem como à previsão de que a responsabilidade se dará de maneira objetiva, o que torna desinfluente a perquirição do dolo e da culpa daqueles que atuam como sua *longa manus*.

2. COMPETÊNCIA LEGISLATIVA

O microssistema sancionador instituído pela LRPJ prevê a responsabilização da pessoa jurídica e dos terceiros com ela conluiados nos planos administrativo e judicial. É esta-

---

[1] A Lei n. 12.846/2013 tem sua origem no Projeto de Lei n. 6.826, apresentado pelo Poder Executivo à Câmara dos Deputados em 18 de fevereiro de 2010.

belecida uma unidade de tipologia, a do art. 5º, e uma duplicidade de instâncias de responsabilização, a judicial e a administrativa.

A responsabilização judicial pode acarretar a aplicação das sanções previstas nos incisos do art. 19 da LRPJ, que consistem, basicamente, no perdimento de bens, direitos ou valores; na suspensão ou interdição parcial de atividades; na dissolução compulsória; e na proibição de receber recursos públicos. Os bens jurídicos afetados com essas sanções podem ser facilmente reconduzidos ao direito civil e ao direito comercial, o que atrai a competência legislativa da União para legislar sobre a matéria, nos termos do art. 22, I, da Constituição da República. O mesmo ocorre, aliás, com a possibilidade de ser instaurado processo administrativo visando a apurar o montante do dano a ser reparado, nos termos dos arts. 6º, § 3º, e 13 da LRPJ.

A responsabilização administrativa, por sua vez, pode culminar com a aplicação das sanções do art. 6º da LRPJ, que são a multa e a publicação extraordinária da decisão condenatória. Essas sanções, pelas suas próprias características, não atraem a competência legislativa da União. As atenções, portanto, hão de se voltar à tipologia dos atos lesivos à Administração Pública. Esses atos, como observamos na introdução a este capítulo, podem ser agrupados em cinco tipologias. Dentre estas, observa-se que a do inciso IV do art. 5º, que diz respeito às fraudes a licitações e contratos administrativos, atrai a competência legislativa da União, nos termos do art. 22, XXII, da Constituição da República, que faz menção à edição de "normas gerais de licitação e contratação" pela Administração Pública. Como desdobramento, é perfeitamente possível que a União discipline a sistemática de responsabilização administrativa, perante todos os entes federativos, quando detectada a prática dessa espécie de ilícito. As demais espécies de ilícitos, por sua vez, somente podem ser perquiridas, em sede administrativa, no âmbito da União, não nos demais entes federativos. Afinal, a ordem constitucional não autoriza que a União incursione em temática afeta à autonomia político-administrativa dos outros componentes da Federação.

Também é perfeitamente possível que a União discipline os requisitos do acordo de leniência a ser celebrado pela Administração Pública, já que o ilícito praticado pode dizer respeito a licitações e contratos administrativos (arts. 5º, IV e 17 da LRPJ), bem como porque esse ajuste pode gerar reflexos no processo judicial, influindo sobre as sanções a serem aplicadas (art. 16, § 2º, da LRPJ).

Portanto, a LRPJ é parcialmente inconstitucional, mais especificamente em relação à apuração da responsabilidade administrativa, pelos demais entes federativos que não a União, quando detectada a possível prática dos ilícitos tipificados nos incisos I, II, III e V do art. 5º. A estes preceitos, portanto, deve ser dispensada interpretação conforme a Constituição, de modo que sua aplicação, em sede administrativa, permaneça adstrita à União.

3. VIGÊNCIA

A LRPJ entrou em vigor 180 dias após a sua publicação[2], vale dizer, em 29 de janeiro de 2014. Note-se que a entrada em vigor da LRPJ não foi obstada pela ausência do regulamento a que se refere o parágrafo único do seu art. 7º, que deveria dispor sobre "a existência de mecanismos e procedimentos internos de integridade, auditoria e incentivo à denúncia de irregularidades e a aplicação efetiva de códigos de ética e de conduta no âmbito da pessoa jurídica"[3]. Esses mecanismos e procedimentos, de indiscutível relevância, devem ser levados em consideração pelo órgão competente para a aplicação das sanções, somente foram detalhados pelo Decreto n. 8.420, de 18 de março de 2015. Apesar disso, o microssistema sancionador foi amplamente disciplinado pela LRPJ, de modo que a única consequência da omissão do regulamento se projeta no dever de a autoridade competente considerar, até então, todo e qualquer mecanismo e procedimento existente como circunstância favorável à pessoa jurídica.

Por se tratar de microssistema normativo de direito sancionador, aplica-se o princípio geral que se extrai do art. 5º, XL, da Constituição da República, de modo que a LRPJ não poderá retroagir para alcançar condutas anteriores à sua vigência.

4. SUJEITOS PASSIVOS

Para a incidência da LRPJ, os ilícitos, consoante o art. 1º, *caput*, devem ser praticados em detrimento da *administração pública, nacional ou estrangeira*. Enquadram-se sob essa epígrafe tanto os entes da administração direta como os da indireta, noção que, mesmo sem um estrito rigor formal, há de direcionar o intérprete ao aferir a natureza das instituições estrangeiras prejudicadas pelo ato. Aliás, o art. 5º, § 1º, não destoa dessa constatação ao dispor que "considera-se administração pública estrangeira os órgãos e entidades estatais ou representações diplomáticas de país estrangeiro, de qualquer nível ou esfera de governo, bem como as pessoas jurídicas controladas, direta ou indiretamente, pelo poder público de país estrangeiro"[4].

O art. 5º, § 2º, da LRPJ equiparou à *administração pública estrangeira as organizações públicas internacionais*. Essas organizações, como se sabe, resultaram da crescente aproximação entre os Estados, que passaram a somar esforços em prol da realização de objetivos comuns. Com os olhos voltados à sua estrutura jurídica e à intensidade das limitações que impõem à soberania estatal, as organizações internacionais podem ser divididas em orga-

---

[2] LRPJ, art. 31.
[3] No mesmo sentido: UNGARO, Gustavo. Controle Interno e Efetividade da Lei Anticorrupção – Responsabilização Administrativa em Âmbito Estadual, *in* Apontamentos à Lei Anticorrupção Empresarial (Lei n. 12.846/13). São Paulo: MPSP, 2015 (28).
[4] LRPJ, art. 28: "Esta Lei aplica-se aos atos lesivos praticados por pessoa jurídica brasileira contra a administração pública estrangeira, ainda que cometidos no exterior".

nizações intergovernamentais, de coordenação ou de mera cooperação e organizações supranacionais, de unificação ou de integração. As primeiras representam o modelo clássico, sendo a grande maioria das organizações existentes. São caracterizadas pelo fato de os Estados (ou outros sujeitos de Direito Internacional, como as próprias organizações internacionais) se associarem e estabelecerem relações de cooperação com o fim de realizar os objetivos materiais da organização, que não faz qualquer intervenção direta na ordem interna dos Estados-membros, não estando caracterizada qualquer limitação às soberanias envolvidas, restringindo-se à sua coordenação. As organizações supranacionais ou de integração surgiram após a Segunda Guerra Mundial, tendo como exemplos mais característicos as comunidades europeias (o designativo supranacional apareceu pela primeira vez no Tratado de Paris, de 1951, que instituiu a CECA) e, em situação ainda embrionária, o Mercosul. Sua principal característica é a imposição de limites à soberania dos Estados, que transferem parte dos seus poderes soberanos a essas organizações. Em consequência, são estabelecidas, em determinados domínios, relações de subordinação entre os Estados e a organização de que são membros, possibilitando a influência direta da organização na ordem interna dos Estados e a própria revisão de determinados atos, inclusive com o acesso direto dos sujeitos de direito interno aos órgãos da organização. Na primeira categoria, tem-se uma relação de cooperação; na segunda, uma relação de subordinação para fins de integração. A inclusão da organização nessas categorias dependerá da preponderância de uma ou outra característica, já que é factível a presença de ambas em uma mesma organização[5].

5. SUJEITOS ATIVOS

A tipologia prevista na LRPJ é direcionada, de acordo com o seu art. 1º, parágrafo único, "às sociedades empresárias e às sociedades simples, personificadas ou não, independentemente da forma de organização ou modelo societário adotado, bem como a quaisquer fundações, associações de entidades ou pessoas, ou sociedades estrangeiras, que tenham sede, filial ou representação no território brasileiro, constituídas de fato ou de direito, ainda que temporariamente".

As sociedades empresárias, previstas nos arts. 982 e 983 do Código Civil, são as que desempenham atividades próprias de empresário, caracterizado pelo exercício profissional de atividade econômica, organizada para a produção ou a circulação de bens ou de serviços. Podem assumir uma pluralidade de modelos, como a sociedade em nome coletivo e a sociedade limitada. Simples, por sua vez, são as demais sociedades. Admitem a participação dos sócios apenas com serviço, devem ter os seus atos constitutivos registrados no Registro Civil das Pessoas Jurídicas, são insuscetíveis de falência e não precisam ajustar-se

---

[5] Cf. MOTA DE CAMPOS, João *et alii*. *Organizações Internacionais*. Lisboa: Fundação Calouste Gulbenkian, 1999, p. 51-53; e VERHOEVEN, Joe. *Droit International Public*. Bruxelas: Larcier, 2000, p. 209.

às regras contábeis previstas nos arts. 1.179 a 1.195 do Código Civil, direcionadas que são aos empresários e às sociedades empresárias.

As sociedades são personificadas, ou não, conforme os seus atos constitutivos tenham sido, ou não, inscritos no registro competente. Com abstração de sua regularidade formal, podem ser alcançadas pela LRPJ.

Além das sociedades, também estarão sujeitas à LRPJ as fundações; as associações, independentemente da natureza dos associados, que podem ser pessoas físicas ou jurídicas; e as sociedades estrangeiras, desde que tenham algum ponto de contato com a soberania brasileira, o que ocorre com a manutenção de sede, filial ou representação em nosso território[6].

Aspecto tormentoso e de indiscutível relevância diz respeito ao enquadramento, ou não, como sujeitos ativos, dos entes da Administração Pública indireta, mais especificamente daqueles com personalidade jurídica de direito privado. É o caso das sociedades de economia mista, das empresas públicas e das fundações instituídas pelo Poder Público que não possuam personalidade jurídica de direito público. Desde a promulgação da LRPJ, afirmávamos que era preciso distinguir os atos praticados em detrimento da Administração Pública nacional daqueles que alcançassem a Administração Pública estrangeira. No primeiro caso, haveria verdadeira confusão entre os sujeitos ativo e passivo em potencial, o que inviabilizaria uma espécie de autoimolação do Poder Público. Já em relação aos atos contrários à Administração Pública estrangeira ou à Administração Pública de outros níveis da Federação, haveria distinção entre os sujeitos envolvidos e seria perfeitamente possível que os entes estatais que explorassem atividade econômica viessem a praticar os ilícitos previstos no art. 5º da LRPJ[7]. Acresça-se que a forma de sociedade anônima, normalmente assumida por esses entes, é enquadrada sob a epígrafe mais ampla das sociedades empresárias. Nessa linha, poderiam ser enquadradas na LRPJ. No plano das sanções, não nos parecia possível a sua (1) dissolução compulsória, por serem as sociedades empresárias criadas a partir de autorização legal, insuscetível de ser contraposta por decisão do Poder Judiciário e, em alguns casos, a (2) proibição de receberem recursos públicos, o que, por vezes, inviabilizaria a sua própria continuidade, por integrarem a Administração Pública. A Lei n. 13.303/2016, que veiculou o estatuto jurídico da empresa pública, da sociedade de economia mista e de suas subsidiárias, admitiu, em seu 94, a aplicação da LRPJ a esses entes, ressaltando, apenas, que a única sanção judicial que lhes poderia ser aplicada é a

---

[6] Apesar da ausência de referência literal a todas as pessoas jurídicas previstas no art. 44 do Código Civil, isso não constitui óbice à aplicação da LRPJ a outros entes, como os partidos políticos, desde, obviamente, que atuem de maneira similar às pessoas jurídicas referidas no art. 1º. Afinal, a LRPJ alcança, inclusive, as sociedades não personificadas, daí a possibilidade de incidir sobre entes a que se atribuiu natureza jurídica diversa e cuja atuação tangencia a objetividade jurídica por ela tutelada.

[7] No mesmo sentido: PETRELLUZZI, Marco Vinicio; RIZEK JUNIOR, Rubens Naman. *Lei anticorrupção*: origens, comentários e análise da legislação correlata, p. 55.

prevista no inciso I do art. 19, consistente no perdimento de bens ou valores, não aquelas referidas nos incisos II a IV.

Note-se que a responsabilização da pessoa jurídica subsistirá mesmo na hipótese de alteração contratual, transformação, incorporação, fusão ou cisão societária. Em razão dessa sistemática de responsabilização, é imperativo que as sociedades empresárias desenvolvam mecanismos de identificação e avaliação de risco como antecedentes lógicos e necessários dessas operações, de modo a evitar sejam alcançadas, ainda que sob o prisma do conceito que ostentam no ambiente sociopolítico, por ilícitos praticados em momento pretérito. Apesar disso, a due diligence não afastará a responsabilidade da pessoa jurídica sucessora pelos ilícitos de responsabilidade daquela que fora extinta.

Ressalte-se que, na hipótese de fusão e incorporação, a responsabilidade da sucessora será restrita à obrigação de pagamento de multa e reparação integral do dano causado, até o limite do patrimônio transferido, não lhe sendo aplicáveis as demais sanções previstas na LRPJ, desde que decorrentes de fatos ocorridos antes da data da fusão ou incorporação[8]. O patrimônio referido na LRPJ há de ser o real, não o contábil, muitas vezes estabelecido de maneira meramente simbólica. Essa limitação de responsabilidade somente será afastada no caso de simulação ou evidente intuito de fraude, devidamente comprovados em relação processual própria, em que sejam assegurados o contraditório e a ampla defesa. Vale lembrar que é tarefa assaz difícil perquirir simulação ou fraude sem considerar-se o elemento subjetivo do agente, claro indicativo de que, nesses casos, a denominada responsabilidade objetiva sofrerá "influxos de subjetividade". Por fim, deve-se lembrar que a base de cálculo da multa, conforme o art. 6º, I, da LRPJ, é "o faturamento bruto do último exercício anterior ao da instauração do processo administrativo". Caso a fusão ou a incorporação tenham ocorrido há mais de um ano, não poderá ser utilizado o faturamento da nova pessoa jurídica ou da incorporadora no exercício anterior, isso em razão da total desvinculação destas últimas do ilícito praticado, sem olvidar a tendência de o seu faturamento ser sensivelmente superior ao da pessoa jurídica que deixou de existir, o que ensejaria manifesta injustiça. A solução há de ser a utilização do último faturamento conhecido da pessoa jurídica responsável pelo ilícito, que será devidamente atualizado.

Tratando-se de sociedades controladoras, controladas, coligadas[9] ou, no âmbito do respectivo contrato, consorciadas, ter-se-á a responsabilidade solidária das consorciadas pela prática dos atos previstos na LRPJ, restringindo-se tal responsabilidade à obrigação de pagamento de multa e reparação integral do dano causado. A solidariedade prevista pela lei é mais que justificável, já que pessoas jurídicas com esse nível de interligação, apesar de terem existência própria, costumam ser direcionadas por uma vontade unitária.

---

8   LRPJ, art. 4º, § 1º.
9   Lei n. 6.404/1976, art. 243.

Acresça-se não ser incomum que associações sem fins lucrativos possuam o controle de pessoas jurídicas alcançadas pela LRPJ, o que atrai, em relação àquelas, a incidência do § 2º do art. 4º.

Em qualquer caso, a responsabilização da pessoa jurídica sempre exigirá que tenha integrado a relação processual e lhe tenham sido asseguradas as garantias do contraditório, da ampla defesa e do devido processo legal.

A ilicitude, primordialmente atribuída à pessoa natural que materializava a vontade da pessoa jurídica, doravante, é igualmente centrada nesta última, devendo ser apurada a responsabilidade de ambas.

6. TERCEIROS

Podem ser incluídos sob a epígrafe dos terceiros todos aqueles que, não sendo pessoas jurídicas, concorrem para a prática dos ilícitos previstos na LRPJ. Esses terceiros podem ser dirigentes ou administradores da pessoa jurídica ou, mesmo, pessoas estranhas a ela.

As pessoas jurídicas possuem autonomia existencial quando cotejadas com os seus dirigentes e administradores, daí a constatação de que a responsabilidade das primeiras não exclui a responsabilidade individual dos últimos. O diferencial é que o atuar das pessoas jurídicas é aferido no plano objetivo, enquanto os dirigentes e administradores, de acordo com o comando do art. 3º, § 2º, da LRPJ, "somente serão responsabilizados por atos ilícitos na medida da sua culpabilidade". A culpabilidade reflete o nível de aderência à conduta ilícita, o que torna imprescindível a valoração do respectivo elemento subjetivo, refletido no dolo ou na culpa.

Portanto, também será responsabilizada qualquer pessoa natural que atue como autora, coautora ou partícipe do ilícito[10]. O envolvimento com o ilícito pode refletir-se tanto na prática de atos que viabilizem a sua execução como na participação, livre e consciente, nas vantagens dele resultantes. Também aqui, à míngua de norma em contrário, a responsabilidade será subjetiva.

A responsabilização da pessoa jurídica, por força do art. 3º, § 1º, da LRPJ, deve ser perquirida independentemente da responsabilização individual dos terceiros[11]. Nesse particular, dois aspectos nos parecem dignos de nota. O primeiro aponta para a evidente conexão entre as demandas, o que permite, mas não obriga, a tramitação simultânea das relações processuais voltadas à responsabilização das pessoas físicas e jurídicas. Frise-se que a distinta natureza do prisma de análise de uma e outra conduta, já que contextualizadas no plano das responsabilidades objetiva e subjetiva, não obsta o *simultaneus processus*.

---

10 LRPJ, art. 3º, *caput*. *Vide*, no mesmo sentido, Lei n. 9.605/1998, art. 3º, parágrafo único.
11 *Vide* Convenção das Nações Unidas contra a Corrupção, art. 26, 3.

O segundo aspecto a ser observado diz respeito às sanções passíveis de serem aplicadas aos terceiros. Como estes concorreram para a prática do mesmo ilícito imputado à pessoa jurídica, hão de sofrer as mesmas sanções a ela cominadas, desde que compatíveis com a sua condição pessoal (*v.g.*: a pessoa natural não pode ser dissolvida compulsoriamente) e nos limites da sua culpabilidade.

Note-se que o art. 3º da LRPJ deve conduzir a resultado similar àquele obtido com a interpretação do art. 3º da Lei n. 8.429/1992. Apesar de esse último preceito dispor que "as disposições desta Lei são aplicáveis, no que couber", aos terceiros, é evidente a similitude com o comando que estatui a responsabilidade individual "dos dirigentes ou administradores ou de qualquer pessoa natural, autora, coautora ou partícipe do ato ilícito". Se a *ratio legis* fosse a de remeter a outro sistema de responsabilização, ao qual sequer há remissão expressa, não haveria justificativa plausível para a existência do art. 3º, máxime quando o § 2º ressalta que a responsabilidade das pessoas naturais seria aferida "na medida da sua culpabilidade". Essa referência à responsabilidade subjetiva existe justamente para permitir a aplicação da LRPJ de maneira distinta daquela que direciona esse microssistema punitivo, calcado que é na ideia de responsabilidade objetiva[12].

7. ATOS LESIVOS À ADMINISTRAÇÃO PÚBLICA

Consideram-se atos lesivos à Administração Pública, a teor do art. 5º, *caput*, da LRPJ, aqueles que "atentem contra o patrimônio público nacional ou estrangeiro, contra princípios da administração pública ou contra os compromissos internacionais assumidos pelo Brasil". Após enunciar os bens jurídicos passíveis de serem afrontados, o preceito utilizou a fórmula "assim definidos" antes de elencar o rol de incisos. Essa fórmula denota que a tipologia foi prevista em numerus clausus, não em caráter meramente exemplificativo.[13]

---

12 Nesse sentido: MARQUES, Silvio Antonio. Harmonização entre a lei de improbidade administrativa e a lei anticorrupção, in Apontamentos à Lei Anticorrupção Empresarial (Lei n. 12.846/13). São Paulo: MPSP, 2015, p. 43; e QUEIROZ, Ronaldo Pinheiro de. Responsabilização judicial da pessoa jurídica na Lei Anticorrupção, *in* SOUZA, Jorge Munhós e QUEIROZ, Ronaldo Pinheiro de. Lei Anticorrupção. Salvador: Editora Juspodivm, 2015, p. 283 (308). Em sentido contrário, entendendo que o art. 3º da LRPJ remete a outros sistemas de responsabilização, *vide*: PETRELLUZZI, Marco Vinicio; RIZEK JUNIOR, Rubens Naman. *Lei anticorrupção*: origens, comentários e análise da legislação correlata. São Paulo: Saraiva, 2014, p. 54 e 60; e NUCCI, Guilherme de Souza. Corrupção e Anticorrupção. Rio de Janeiro: Forense, 2015, p. 108 e 111.

13 Em sentido contrário: CAMBI, Eduardo. A atuação do Ministério Público no combate à corrupção na Lei 12.846/13, *in* Revista do Ministério Público do Estado do Rio de Janeiro, n. 56, abr.-jun./2015, p. 93 (106). Jefferson Aparecido Dias sustenta que o rol do art. 5º é exemplificativo em razão do emprego, nos incisos, de expressões como "qualquer outro expediente" ou "vantagem de qualquer tipo" [Atos de corrupção relacionados com licitações e contratos, *in:* SOUZA, Jorge Munhós e QUEIROZ, Ronaldo Pinheiro de. Lei Anticorrupção. Salvador: Juspodivm, 2015, p. 89 (97-98)]. Este último argumento, como se percebe, confunde tipologia exemplificativa com liberdade valorativa do intérprete no delineamento dos conceitos indeterminados utilizados para delinear a tipologia taxativa.

Capítulo XI – Da Lei de Responsabilização das Pessoas Jurídicas

Outro aspecto digno é o de que os incisos do art. 5º devem ser interpretados em harmonia com a fórmula do caput. Assim, entre dois ou mais significados possíveis, deve ser sempre preferido aquele que confira a máxima eficácia possível aos bens jurídicos ali referidos.

I – prometer, oferecer ou dar, direta ou indiretamente, vantagem indevida[14] *a agente público*[15]*, ou a terceira pessoa a ele relacionada;*

II – comprovadamente[16]*, financiar, custear, patrocinar ou de qualquer modo subvencionar a prática dos atos ilícitos previstos nesta Lei;*

III – comprovadamente, utilizar-se de interposta pessoa física ou jurídica para ocultar ou dissimular seus reais interesses ou a identidade dos beneficiários dos atos praticados;[17]

IV – no tocante a licitações e contratos:[18]

a) frustrar ou fraudar[19]*, mediante ajuste, combinação ou qualquer outro expediente, o caráter competitivo de procedimento licitatório público*[20]*;*

---

14 Utiliza-se, aqui, o referencial de vantagem indevida, também empregado no art. 9º da Lei n. 8.429/1992. A distinção é que, no âmbito da LRPJ, essa vantagem não precisa assumir contornos patrimoniais imediatos (v.g.: vantagem sexual oferecida por não profissional), o que é imprescindível para a caracterização da improbidade administrativa.

15 De acordo com o art. 5º, § 3º, da LRPJ, "considera-se agente público estrangeiro, para os fins desta Lei, quem, ainda que transitoriamente ou sem remuneração, exerça cargo, emprego ou função pública em órgãos, entidades estatais ou em representações diplomáticas de país estrangeiro, assim como em pessoas jurídicas controladas, direta ou indiretamente, pelo poder público de país estrangeiro ou em organizações públicas internacionais". No âmbito da Administração Pública nacional, há de ser considerado agente público aquele que com ela mantenha relação funcional. Nesse particular, não nos parece possível recorrer ao conceito do art. 2º da Lei n. 8.429/1992, pois seriam alcançados, igualmente, aqueles que mantêm vínculo com entes privados recebedores de recursos públicos, os quais, em rigor lógico, não integram a Administração Pública.

16 Na medida em que a LRPJ adotou a responsabilidade objetiva, é tarefa assaz difícil identificar maneira outra de caracterizar a presença de um ilícito que não "comprovadamente". Acresça-se que não vislumbramos qualquer conexão lógica entre esse advérbio de modo e a tese de que ele atrairia a responsabilização para o plano subjetivo. O mesmo, no entanto, não pode ser dito em relação a verbos como "dissimular" e "simular", que dificilmente serão interpretados de maneira dissociada do elemento subjetivo do agente.

17 Ao interpretarmos o inciso III em harmonia com o *caput* do art. 5º da LRPJ certamente dissiparemos a preocupação externada por Nucci ao questionar "qual lesão existe em usar, a pessoa jurídica, interposta pessoa para auscultar o edital de uma licitação da qual pretende, em tese, participar, mas ainda está em dúvida?" (*Corrupção...*, p. 122). Ora, se não foi violada a objetividade jurídica do *caput*, não há que se falar em infração à juridicidade.

18 Para se compreender a origem da má técnica legislativa das alíneas que integram o inciso IV do art. 5º, que geram a indefectível impressão de que estamos a ler a mesma coisa, remeto o leitor aos arts. 90, 93, 95 e 96 da Lei n. 8.666/1993.

19 A ação de *fraudar* exige a presença de um *animus* que caracterize o engodo. A mesma ação pode, ou não, ser considerada uma fraude conforme o *animus* do agente. Mas como caracterizar esse elemento subjetivo em uma sistemática que o dispense, acolhendo a responsabilidade objetiva? A tarefa, por certo, é inglória, somente restando ao intérprete duas opções: ou não utiliza esse verbo na individualização dos ilícitos, o

b) *impedir, perturbar ou fraudar a realização de qualquer ato de procedimento licitatório público;*

c) *afastar ou procurar afastar licitante, por meio de fraude ou oferecimento de vantagem de qualquer tipo;*

d) *fraudar licitação pública ou contrato dela decorrente;*

e) *criar, de modo fraudulento ou irregular, pessoa jurídica para participar de licitação pública ou celebrar contrato administrativo;*

f) *obter vantagem ou benefício indevido, de modo fraudulento, de modificações ou prorrogações de contratos celebrados com a administração pública, sem autorização em lei, no ato convocatório da licitação pública ou nos respectivos instrumentos contratuais; ou*

g) *manipular ou fraudar o equilíbrio econômico-financeiro dos contratos celebrados com a administração pública;*

V – *dificultar atividade de investigação ou fiscalização de órgãos, entidades ou agentes públicos, ou intervir em sua atuação, inclusive no âmbito das agências reguladoras e dos órgãos de fiscalização do sistema financeiro nacional*[21].

A análise dos incisos do art. 5º do LRPJ permite afirmar que o ilícito descrito no inciso I exige a presença de um agente público para a sua configuração. Presença, é importante frisar, que não guarda necessária correlação com conivência. Em outras palavras, é possível que a pessoa jurídica efetivamente pratique a conduta de prometer, oferecer ou dar vantagem indevida, mas não ocorra a recepção por parte do agente público. Nos demais incisos do art. 5º, a individualização deste agente é dispensável[22].

A prática desses ilícitos pode dar ensejo à responsabilização administrativa e judicial dos envolvidos. Note-se, nesse particular, a existência de uma interpenetração entre essas esferas: o acordo de leniência, celebrado na esfera administrativa, pode afastar a aplicação, no plano judicial, da sanção de "proibição de receber incentivos, subsídios, subvenções,

---

que impedirá a invocação de algumas figuras do inciso IV do art. 5º ou procura demonstrar que, consoante as regras de experiência, é desnecessário demonstrar o *animus*, que estaria ínsito na conduta praticada em razão das regras de experiência.

20 Ver Lei n. 12.529/2011, art. 36, § 3º, I, *d*.
21 Os óbices opostos à perquirição do ilícito não podem ser confundidos com a negativa de a pessoa jurídica envolvida produzir prova contra si. Apesar de o princípio da não autoincriminação, previsto no art. 5º, LXIII, da CF/1988, consubstanciar um direito fundamental, sendo primordialmente direcionado às pessoas naturais, afigura-se evidente a sua compatibilidade com a situação das pessoas jurídicas, amparadas que estão pelo devido processo legal.
22 Modesto Carvalhosa, em curiosa linha argumentativa, afirma que todos os ilícitos descritos na LRPJ, por ele denominados de "delitos de corrupção", sempre exigem "o concurso simétrico dos agentes públicos", pois não é possível a presença de um único sujeito na corrupção (*Considerações sobre a Lei Anticorrupção...*, p. 57-58, 174 e 174). Parece ter passado despercebido ao autor que "Lei Anticorrupção" foi apenas uma alcunha atribuída à Lei n. 12.846/2013, já que o seu objeto não se exaure no combate à corrupção.

doações ou empréstimos de órgãos ou entidades públicas e de instituições financeiras públicas ou controladas pelo poder público, pelo prazo mínimo de 1 (um) e máximo de 5 (cinco) anos"[23]; e a omissão da autoridade administrativa, na responsabilização da pessoa jurídica, autoriza que o Ministério Público postule a aplicação, pela autoridade judicial, das respectivas sanções administrativas[24].

8. ELEMENTO SUBJETIVO

A responsabilidade das pessoas jurídicas, nos termos do art. 1º da LPRJ, é aferida no plano objetivo[25], o que significa dizer que deve ser identificada, em primeiro lugar, a existência de algum vínculo, de fato ou de direito, entre a pessoa natural a quem se atribui a conduta e a pessoa jurídica. A presença desse vínculo tende a ser identificada a partir das características da conduta e das regras de experiência, mas há de ser devidamente perquirida, sob pena de sujeitar a pessoa jurídica a simulações praticadas pelos próprios concorrentes. Em segundo lugar, como veremos, deve existir uma relação de causalidade entre a conduta da pessoa natural e o proveito passível de ser obtido pela pessoa jurídica.

A denominada responsabilidade objetiva tem recebido tratamento diferenciado conforme o âmbito de análise, cível ou penal, e a qualidade das pessoas envolvidas, públicas ou privadas, naturais ou jurídicas.

A Constituição de 1988 dispôs sobre a responsabilidade civil dos causadores de dano em diversas oportunidades: (a) no art. 5º, V e X, dispôs sobre a indenização do dano material, moral e à imagem; (b) no art. 5º, LXXV, reconheceu o dever do Estado de indenizar "o condenado por erro judiciário, assim como o que ficar preso além do tempo fixado na sentença"; (c) no art. 7º, XXVIII, tratou do dever de o empregador indenizar o empregado por acidente do trabalho, quando incorrer em dolo ou culpa; (d) no art. 21, XXIII, d, tratou da responsabilidade da União pelos danos nucleares, atividade explorada, com exclusividade, por esse ente; (e) no art. 37, § 6º, reconheceu a responsabilidade das pessoas jurídicas de direito público e das de direito privado prestadoras de serviços públicos pelos danos que seus agentes, nessa qualidade, causem a terceiros; e (f) no art. 225, § 3º, incursionou na responsabilidade pelos danos causados ao meio ambiente. A responsabilidade referida nas letras "d", "e" e "f" possui contornos objetivos. Nas letras "a" e "c", a responsabilidade é subjetiva, o que pressupõe a demonstração do dolo ou da culpa. Por fim, na letra "b", exige-se a demonstração do erro judiciário, que expressa a má prestação de um serviço público, sendo direcionada pelo resultado, não pelo elemento subjetivo do agente que lhe deu causa.

---

23 LRPJ, art. 16, § 2º.
24 LRPJ, art. 20.
25 O § 2º do art. 19 do Projeto aprovado pelo Congresso Nacional tinha a seguinte redação: "Dependerá da comprovação de culpa ou dolo a aplicação das sanções previstas nos incisos II a IV do *caput* deste artigo". Ao vetar o preceito, argumentou a Presidenta da República com a sua contrariedade à lógica do sistema, centrado que é na responsabilidade objetiva, insuscetível de coexistir com a responsabilidade subjetiva.

Sob a ótica da responsabilidade civil dos particulares, a legislação infraconstitucional tem tradicionalmente inserido a temática no plano subjetivo, exigindo a presença do dolo ou da culpa para que surja o dever de indenizar. Isso, obviamente, não excluía o reconhecimento da responsabilidade objetiva, em certas situações, com base na teoria do risco (*v.g.*: responsabilidade do transportador), que veio a ser expressamente consagrada no parágrafo único do art. 927 do Código Civil de 2002 ("Haverá obrigação de reparar o dano, independentemente de culpa, nos casos especificados em lei, ou quando a atividade normalmente desenvolvida pelo autor do dano implicar, por sua natureza, risco para os direitos de outrem"). As teorias do risco e da culpa presumida também são invocadas para justificar a obrigação de reparar o dano causado por fato de terceiro, o que ocorre, por exemplo, com o empregador ou comitente por atos dos seus "empregados, serviçais e prepostos, no exercício do trabalho que lhes competir, ou em razão dele"[26].

A prevalência da responsabilidade subjetiva, na seara penal, é quase absoluta. Excepciona-se, apenas, a responsabilidade penal objetiva, das pessoas jurídicas, no caso de infrações penais lesivas ao meio ambiente[27].

A Lei n. 12.846/2013, ao estabelecer um novo microssistema de direito sancionador, veio a ampliar o rol das situações em que é admitida a responsabilidade objetiva.

Além da referência genérica à responsabilidade objetiva em seu art. 1º, a LRPJ estabeleceu requisitos mais detalhados para que a pessoa jurídica possa ser conectada ao ato praticado pela pessoa natural. De acordo com o art. 2º, é preciso que o ato tenha sido praticado em seu "*interesse ou benefício, exclusivo ou não.*" Embora seja possível atribuir significados similares aos significantes *interesse* e *benefício*, parece-nos que a interpretação mais adequada é a que busca preservar a sua individualidade, de modo que sejam utilizados conforme as especificidades da situação concreta. Com os olhos voltados a essa premissa, constata-se que a distinção mais nítida entre benefício e interesse baseia-se na existência concreta, ou não, da vantagem. Caso o ato praticado enseje o surgimento de uma vantagem devidamente individualizada, teremos um *benefício*; caso dê ensejo ao surgimento de uma situação fático-jurídica cujo desdobramento natural seja a obtenção da vantagem, estaremos perante um *interesse*. O potencial expansivo deste último significante certamente justifica a conclusão de que a sistemática legal servirá de estímulo, às pessoas jurídicas, para que aperfeiçoem os mecanismos de controle da atuação dos seus agentes, pois não lhes socorrerá a tese de que teriam agido com mera culpa *in vigilando*, o que não permitiria responsabilizá-las por atos das pessoas naturais[28].

---

26 CC/2002, art. 932, III.
27 Lei n. 9.605/1998, art. 3º.
28 Nesse sentido: MOREIRA NETO, Diogo Figueiredo e FREITAS, Rafael Veras de. A juridicidade da Lei Anticorrupção – reflexões e interpretações prospectivas, *in* Fórum Administrativo, v. 156, fevereiro de 2014, p. 7 e ss.

Ao encampar a responsabilidade objetiva, a LRPJ estabeleceu, para a pessoa jurídica, uma presunção de domínio do fato. Presume-se, assim, que fez surgir ou aderiu ao móvel da pessoa natural e que tinha pleno conhecimento da conduta a ser praticada e dos fins a serem alcançados.

Na medida em que a LRPJ dispõe, em seu art. 2º, que a responsabilização objetiva somente estará caracterizada quando provado o *interesse* ou o *benefício* da pessoa jurídica, é evidente que estamos perante uma manifestação da teoria do risco, não da teoria do risco integral. Afinal, esta última mostra-se incompatível com qualquer alegação de rompimento do nexo de causalidade, o que é perfeitamente possível na hipótese em tela.

No que diz respeito à responsabilidade de terceiros, a Lei n. 12.846/2013 fixou-a no plano subjetivo, o que exigiria considerações em torno do dolo e da culpa[29]. É importante ressaltar que a referência genérica à *culpabilidade* das pessoas naturais, constante do art. 3º, § 2º, da LRPJ, englobaria esses dois fatores que caracterizam o agir do agente. O complicador é que a culpa, diversamente do dolo, é um elemento normativo que há de ser expressamente contemplado na estatuição jurídica da norma de direito sancionador. Na medida em que a LRPJ é primordialmente voltada à responsabilização objetiva das pessoas jurídicas, é mais que justificada a ausência de qualquer referência à culpa na tipologia do seu art. 5º. Portanto, a aplicação dessa tipologia, às pessoas naturais, exigirá, necessariamente, a demonstração do dolo, elemento naturalístico da conduta e que independe de previsão expressa.

9. AS SANÇÕES COMINADAS E SUA NATUREZA JURÍDICA

A LRPJ cominou duas ordens de sanções aos ilícitos que tipificou em seu art. 5º, atribuindo-lhes natureza administrativa e cível, conforme sejam aplicadas, respectivamente, por um órgão administrativo ou por um órgão jurisdicional. Previu, ainda, que as sanções ali cominadas não excluíam a incidência das leis penais, da Lei n. 8.429/1992 e da Lei n. 8.666/1993[30].

As sanções administrativas estão previstas no art. 6º e são as seguintes:

> *I – multa, no valor de 0,1% (um décimo por cento) a 20% (vinte por cento) do faturamento bruto do último exercício anterior ao da instauração do processo administrativo, excluídos os tributos, a qual nunca será inferior à vantagem auferida, quando for possível sua estimação; e*
>
> *II – publicação extraordinária da decisão condenatória.*
>
> *§ 1º As sanções serão aplicadas fundamentadamente, isolada ou cumulativamente, de acordo com as peculiaridades do caso concreto e com a gravidade e natureza das infrações.*

---

29 LRPJ, arts. 1º, *caput*, 2º e 3º, § 2º.
30 LRPJ, art. 30.

§ 2º A aplicação das sanções previstas neste artigo será precedida da manifestação jurídica elaborada pela Advocacia Pública ou pelo órgão de assistência jurídica, ou equivalente, do ente público.

§ 3º A aplicação das sanções previstas neste artigo não exclui, em qualquer hipótese, a obrigação da reparação integral do dano causado.

§ 4º Na hipótese do inciso I do caput, caso não seja possível utilizar o critério do valor do faturamento bruto da pessoa jurídica, a multa será de R$ 6.000,00 (seis mil reais) a R$ 60.000.000,00 (sessenta milhões de reais).

§ 5º A publicação extraordinária da decisão condenatória ocorrerá na forma de extrato de sentença, a expensas da pessoa jurídica, em meios de comunicação de grande circulação na área da prática da infração e de atuação da pessoa jurídica ou, na sua falta, em publicação de circulação nacional, bem como por meio de afixação de edital, pelo prazo mínimo de 30 (trinta) dias, no próprio estabelecimento ou no local de exercício da atividade, de modo visível ao público, e no sítio eletrônico na rede mundial de computadores;

§ 6º (Vetado.)

Como se percebe pelo teor dos preceitos que integram o art. 6º da LRPJ, as sanções podem ser aplicadas em conjunto ou isoladamente. O seu objetivo é o de impor diminuição patrimonial à pessoa jurídica e atribuir publicidade à condenação, de modo que todos tenham conhecimento do ilícito praticado e da respectiva sanção, daí decorrendo um importante efeito dissuasor.

Na fixação da pena de multa, podem ser considerados dois valores relativos. O primeiro, considerado principal, é a sua fixação entre 0,1% e 20% do faturamento bruto do exercício anterior ao da instauração do processo administrativo, excluídos os tributos. O segundo, de natureza subsidiária, aplicável à falta do primeiro, estabelece, como balizamentos, o mínimo de R$ 6.000,00 e o máximo de R$ 60.000.000,00. Em qualquer caso, a multa aplicada não poderá ser inferior à vantagem auferida, que não guarda similitude com o valor de eventual contrato celebrado com o Poder Público. Em verdade, pode superá-lo ou ser inferior a ele[31].

A publicação extraordinária da decisão projeta-se em três planos distintos. No primeiro, confere publicidade aos atos do Poder Público, assumindo caráter informativo a respeito da efetividade do sistema sancionador e, por via reflexa, contribuindo para a prevenção geral, isso por servir de desestímulo aos infratores em potencial. No segundo, influi sobre a imagem da pessoa jurídica no ambiente sociopolítico, por aproximá-la do plano da ilicitude, o que é extremamente negativo. No terceiro, como desdobramento da imagem

---

31 O § 6º do art. 7º, vetado pelo Poder Executivo, limitava a multa a ser aplicada ao montante total do bem, serviço ou contrato associado ao obrar da pessoa jurídica. Nas razões de veto, argumentou-se que "os efeitos danosos do ilícito podem ser muito superiores a esse valor, devendo ser consideradas outras vantagens econômicas dele decorrentes, além de eventuais danos a concorrentes e prejuízo aos usuários".

negativa que venha a ser delineada, pode gerar reflexos patrimoniais, inibindo o estabelecimento de relações jurídicas ou diminuindo a cotação de títulos e valores mobiliários, o que influi na definição do valor de mercado da pessoa jurídica[32].

Considerando os efeitos decorrentes da publicação extraordinária da decisão, não se deve antecipá-la. Em outras palavras, no curso do processo administrativo, as autoridades competentes não devem exteriorizar ou divulgar elementos de prova que permitam conclusões parciais, que podem não encontrar ressonância na decisão final. Essa assertiva, aliás, decorre da própria sistemática da LRPJ, já que um dos efeitos possíveis do acordo de leniência é justamente o de afastar a aplicação dessa sanção, o que não se coaduna com uma publicidade ampla e irrestrita no curso do processo administrativo.

Outro aspecto digno de nota é o de que as sanções devem ser precedidas de manifestação elaborada pela assessoria jurídica do órgão competente para aplicá-las. Essa manifestação, embora consubstancie requisito essencial à validade do ato, não vincula a autoridade competente. Apesar disso, aumenta o seu ônus argumentativo quando decidir pela imposição da sanção em sentido contrário ao parecer.

O valor arrecadado com a sanção de multa, por força do art. 24 da LRPJ, deve ser destinado *preferencialmente* aos órgãos ou entidades públicas lesadas. Para dizer o menos, é de difícil compreensão a opção legislativa pelo emprego desse advérbio de modo. Em verdade, é tarefa assaz difícil justificar o porquê de a multa não reverter ao órgão ou ente lesado, o que aumenta, consideravelmente, o ônus argumentativo do julgador quando pretender atribuir-lhe destino diverso. Tal possibilidade será relativamente palpável quando ocorrer a extinção do órgão ou entidade ou quando suas competências forem transferidas a outra estrutura administrativa, justificando seja a ela direcionado o valor arrecadado.

Note-se que o § 3º do art. 6º é expresso ao dispor que a aplicação das sanções administrativas não exclui a obrigação de reparar o dano causado. Esta última obrigação, como ressaltamos de maneira mais detida em outro capítulo da obra, será alcançada pela imprescritibilidade referida no art. 37, § 5º, da Constituição de 1988, conclusão não afetada pelo entendimento externado pelo Supremo Tribunal Federal, ao julgar o Recurso Extraordinário n. 669.069, com repercussão geral reconhecida, e firmar a tese de de que "*é prescritível a ação de reparação de danos à Fazenda Pública decorrente de ilícito civil*".

Na aplicação das sanções administrativas, a autoridade competente deve levar em consideração as diretrizes previstas no art. 7º, *verbis*:

---

32 A LRPJ não estabelece detalhes a respeito da publicação extraordinária, como a definição do tamanho do anúncio, os dias e os horários em que será veiculado, o que, como é intuitivo, terá intensos reflexos no valor a ser pago pela pessoa jurídica. Esses aspectos serão definidos na decisão administrativa, sendo imperativa a observância de referenciais de proporcionalidade. No que diz respeito à veiculação de edital "no sítio eletrônico na rede mundial de computadores", esse sítio deve ser o da própria pessoa jurídica. Afinal, se o objetivo é o de dar publicidade à condenação sofrida pela pessoa jurídica, deve-se buscar o acesso mais eficaz àqueles que com ela mantenham relações.

I – a gravidade da infração[33];

II – a vantagem auferida ou pretendida pelo infrator;

III – a consumação ou não da infração[34];

IV – o grau de lesão ou perigo de lesão;

V – o efeito negativo produzido pela infração;

VI – a situação econômica do infrator;

VII – a cooperação da pessoa jurídica para a apuração das infrações;

VIII – a existência de mecanismos e procedimentos internos de integridade, auditoria e incentivo à denúncia de irregularidades e a aplicação efetiva de códigos de ética e de conduta no âmbito da pessoa jurídica[35];

---

33 A aferição da "gravidade da infração" exigirá considerações em torno do nível de afronta ao bem jurídico tutelado e dos efeitos produzidos no ambiente social (*v.g.*: intensidade da violação à base de valores inerente ao ambiente social, impacto sobre os serviços e finanças públicas, comprometimento de interesses individuais, de pessoas físicas ou jurídicas, permanência dos efeitos da infração etc.).

34 Esse preceito desperta profundas dúvidas em relação à existência, ou não, da figura da tentativa no âmbito da LRPJ. Considerando a inexistência de norma de adequação típica de subordinação mediata semelhante ao art. 14, II, do CP, inclinamo-nos, em linha de princípio, pela negativa. Além disso, a tentativa é caracterizada pela não consumação do ilícito por circunstâncias alheias à *vontade do agente*, premissa que se mostra incompatível com a ideia de responsabilidade objetiva. Quando o resultado não se aperfeiçoa, os atos executórios eventualmente praticados podem ser punidos desde que, em sua individualidade, encontrem enquadramento na LRPJ. É a esses casos que se destina a regra do art. 7º, III, da LRPJ.

35 O art. 7º, VIII, da LRPJ estimulou o desenvolvimento de instrumentos de *compliance* (*anti-bribery and corruption compliance programs*) no âmbito das pessoas jurídicas, designativo utilizado para indicar as medidas adotadas, em sede de controle interno, para assegurar o cumprimento das normas que disciplinam determinada atividade. Essas medidas passam pelo (a) treinamento de funcionários e prepostos, cujas ações implicarão diretamente a pessoa jurídica a que estão vinculados; (b) estabelecimento de códigos de ética internos; (c) zelo da escrituração contábil e a constante avaliação da veracidade das informações existentes; (d) controle das oscilações do ativo e do passivo da pessoa jurídica, com especial ênfase para a aquisição e venda de bens duráveis, que podem encobrir transações ilícitas com agentes públicos; (e) o acompanhamento das atividades terceirizadas, em especial daquelas em que há representação dos interesses da pessoa jurídica junto ao Poder Público, como ocorre com contadores e advogados; (f) desenvolvimento de mecanismos que facilitem o acesso à pessoa jurídica e o fluxo de informações, como é o caso das ouvidorias, que devem estar vinculadas, preferencialmente, aos níveis mais elevados da hierarquia interna etc. Exigem, ainda, comprometimento dos níveis mais elevados de direção com o combate à corrupção, padrões objetivos de relacionamentos com terceiros, principalmente em relação à distribuição de brindes e à realização de contribuições, e efetivo acompanhamento das medidas adotadas. A higidez dos programas de integridade torna-se particularmente relevante em relação às sociedades empresárias que desenvolvam atividades em outros países, já que, por força do seu art. 28, a LRPJ alcança, igualmente, "os atos lesivos praticados por pessoa jurídica brasileira contra a administraçnao pública estrangeira, ainda que cometidos no exterior". Para que os programas tenham o mínimo de eficácia, é preciso a identificação das variáveis de risco, que passam pelo território de atuação da pessoa jurídica e a base de valores sedimentada no ambiente social; o nível de relacionamento com o setor público; as atividades desempenhadas; a existência, ou não, de intermediários; a liberdade valorativa e decisória dos agentes públicos etc. Essas informações são colhidas a partir da análise de documentos, entrevistas, pesquisa de campo etc. De acordo com o art. 7º, parágrafo

IX – *o valor dos contratos mantidos pela pessoa jurídica com o órgão ou entidade pública lesados; e*

X – (Vetado.)

As diretrizes constantes do art. 7º da LRPJ estabelecem os balizamentos a serem observados pela autoridade administrativa ao motivar a sua decisão. Nesse particular, é imperativo que haja um encadeamento lógico entre cada um dos fundamentos declinados e a conclusão alcançada, sob pena de afronta ao dever de motivação, com a consequente nulidade do ato.

As sanções civis, a serem aplicadas por órgão jurisdicional, quando identificada a prática das condutas tipificadas no art. 5º, estão descritas no art. 19 da LRPJ, *verbis*:

I – perdimento dos bens, direitos ou valores que representem vantagem ou proveito direta ou indiretamente obtidos da infração, ressalvado o direito do lesado ou de terceiro de boa-fé;

II – suspensão ou interdição parcial de suas atividades[36]*;*

III – dissolução compulsória da pessoa jurídica;

IV – proibição de receber incentivos, subsídios, subvenções, doações ou empréstimos de órgãos ou entidades públicas e de instituições financeiras públicas ou controladas pelo poder público, pelo prazo mínimo de 1 (um) e máximo de 5 (cinco) anos.

§ 1º A dissolução compulsória da pessoa jurídica será determinada quando comprovado:

I – ter sido a personalidade jurídica utilizada de forma habitual para facilitar ou promover a prática de atos ilícitos; ou

---

único, "os parâmetros de avaliação de mecanismos e procedimentos previstos no inciso VIII do *caput* serão estabelecidos em regulamento do Poder Executivo federal". O modelo brasileiro, em que os esforços com a prevenção podem influir na dosimetria das sanções a serem aplicadas, já é adotado em outros países, como a Espanha (CP, art. 31-*bis*). Na Grã-Bretanha, o *United Kingdom Bribery Act* de 2010, que entrou em vigor em 1º de julho de 2011, considerou infração penal a *failure of commercial organisations to prevent bribery*, título atribuído à Seção VII. Além disso, previu que a existência de mecanismos de *compliance* influirá na dosimetria das sanções, o que, aliás, já havia sido feito, nos EUA, com a edição do *Foreign Corrupt Practices Act*, de 1977. Instrumentos de *compliance* também foram previstos pela Lei n. 9.613/1998 (arts. 9º e s.), que versa sobre o combate à lavagem de dinheiro e foi posteriormente modificada pela Lei n. 12.683/2012. A Lei n. 13.303/2016, que dispôs sobre o estatuto jurídico das empresas públicas e das sociedades de economia mista dispôs, em seu art. 17, § 4º, que os administradores eleitos deveriam participar, anualmente, de treinamentos sobre controle interno, código de conduta e a LRPJ.

36 A sanção de suspensão ou interdição parcial de atividades, prevista no inciso II do art. 19 da LRPJ, é nitidamente inconstitucional. Afinal, não foi fixado qualquer balizamento temporal para a sua aplicação, o que confere ao julgador liberdade incompatível com o referencial de legalidade, característico do Estado de Direito. Nesse sentido: NUCCI. *Corrupção...*, p. 193. Em sentido contrário, afirmando que compete ao juiz fixar o período de paralização "de acordo com o caso concreto", mas sem adentrar no debate em torno da inconstitucionalidade do preceito, *vide*: QUEIROZ, Ronaldo Pinheiro. *Responsabilização Judicial da Pessoa Jurídica...*, p. 324.

II – *ter sido constituída para ocultar ou dissimular interesses ilícitos ou a identidade dos beneficiários dos atos praticados.*

§ 2º (Vetado.)

§ 3º As sanções poderão ser aplicadas de forma isolada ou cumulativa.

§ 4º O Ministério Público ou a Advocacia Pública ou órgão de representação judicial, ou equivalente, do ente público poderá requerer a indisponibilidade de bens, direitos ou valores necessários à garantia do pagamento da multa ou da reparação integral do dano causado, conforme previsto no art. 7º, ressalvado o direito do terceiro de boa-fé.

Os bens, direitos ou valores alcançados pela sanção de perdimento devem ser *preferencialmente* destinados aos órgãos ou entidades públicas lesadas[37]. Apesar do emprego desse advérbio de modo, também aqui, a exemplo do que dissemos em relação à sanção de multa, será árduo o ônus argumentativo do julgador que pretender atribuir-lhes destino outro.

9.1. Reflexos da independência entre as instâncias na aplicação das sanções

Ao reconhecermos que uma única conduta pode se ajustar a uma pluralidade de instâncias de responsabilização, o que é típico de sistemas, como o brasileiro, que adotam a independência entre as instâncias, é natural que o agente sofra inúmeras sanções ao final de cada relação processual. Acresça-se não ser incomum que sanções de idêntica natureza jurídica sejam aplicadas em mais de uma instância, o que enseja debates a respeito de um possível excesso punitivo por parte do Estado. É relativamente comum o argumento de afronta ao clássico princípio do *ne bis in eadem*, fórmula latina refletida, nos dias atuais, na imperativa observância do critério de proporcionalidade, pelo Estado, ao impor qualquer restrição aos direitos fundamentais.

É intuitivo que a pluralidade de instâncias de responsabilização também deve ajustar-se ao critério de proporcionalidade, sendo vedado o excesso. Dito isso, o primeiro aspecto a ser considerado é o de identificar os pressupostos básicos para o enquadramento de uma única conduta em mais de um sistema punitivo.

O direito sancionador brasileiro, de natureza estatal, pode ser dividido em penal e extrapenal. O primeiro trata da estatuição e das consequências jurídicas decorrentes da prática de uma infração penal, cuja definição é oferecida pelo art. 1º da Lei de Introdução ao Código Penal[38]; e as sanções cominadas, que devem alcançar o direito de liberdade, são

---

37 LRPJ, art. 24.
38 Decreto-lei n. 3.914/1941, art 1º: "Considera-se crime a infração penal que a lei comina pena de reclusão ou de detenção, quer isoladamente, quer alternativa ou cumulativamente com a pena de multa; contravenção, a infração penal a que a lei comina, isoladamente, pena de prisão simples ou de multa, ou ambas, alternativa ou cumulativamente".

necessariamente aplicadas por um órgão jurisdicional, o que sequer precisa ser lembrado, tamanha a penetração dessa concepção nos dogmas do Estado de Direito. O segundo, por sua vez, de contornos muito mais amplos, é individualizado por exclusão: suas sanções, regra geral, alcançam uma pluralidade de bens jurídicos, que não a liberdade, e podem ser aplicadas por órgãos não jurisdicionais. A exceção fica por conta da prisão administrativa militar, implicitamente prevista na própria ordem constitucional, ao vedar o uso do *habeas corpus* contra as punições disciplinares militares[39]. Ainda merece menção o fato de a Constituição também autorizar a prisão como meio de coerção para o cumprimento da obrigação alimentar[40], o que não configura verdadeira sanção.

No direito sancionador extrapenal, a natureza do órgão responsável pela aplicação da sanção assume singular importância, devendo ser considerada conjuntamente com o bem jurídico a ser restringido. Assim ocorre porque, diversamente ao que se verifica em relação ao direito sancionador penal, não há um diploma normativo definindo, em relação a cada sistema punitivo, as sanções que lhe são características.

Com os olhos voltados à constatação anterior, podemos falar na existência de um direito sancionador extrapenal, de natureza judicial, no qual são aplicadas sanções que restrinjam a esfera jurídica individual, assumindo contornos cíveis *lato sensu*. Essas sanções coexistem com as cominações cíveis *stricto sensu*, classicamente reconduzíveis ao dever de reparar o dano causado, que não configuram, em sua essência, verdadeira sanção. Como exemplos, podemos mencionar a aplicação, por um órgão jurisdicional, das sanções previstas nas Leis n. 8.429/1992 e 12.846/2013[41].

Outra categoria é a do direito sancionador administrativo, largamente estudado pela doutrina espanhola, em razão dos próprios termos da Constituição de 1978, cujo art. 25, 3, dispõe que "*la Administración civil no podrá imponer sanciones que, directa o subsidiariamente, impliquen privación de libertad*". Enquandram-se nessa categoria as sanções aplicadas por uma autoridade administrativa, que tanto podem limitar-se à restringir as relações jurídicas de natureza estatutária (*v.g.*: quando o superior hierárquico aplica as sanções de advertência ou de demissão) como restringir outros aspectos da esfera jurídica individual (v.g.: quando o Tribunal de Contas aplica a sanção de multa em razão do alcance praticado pelo gestor do dinheiro público).

---

39 CR/1988, art. 142, § 2º. *Vide* Lei n. 6.880/1980, art. 47, § 1º.
40 CR/1988, art. 5º, LXVII. Sobre a impossibilidade de prisão do depositário infiel, também prevista na literalidade do preceito constitucional, *vide* Súmula Vinculante n. 25 do STF.
41 Em construção dogmaticamente incompreensível, afirma Modesto Carvalhosa que a LRPJ "comina os delitos corruptivos" (p. 29); institui "o processo penal-administrativo" (p. 32); "tem nítida natureza penal" (p. 33); e veicula um processo administrativo que "não tem caráter meramente sancionatório, mas propriamente penal" (p. 42), acrescendo que "o fato gerador do processo administrativo sancionatório é de natureza penal (p. 76) – *Considerações sobre a Lei Anticorrupção*.... O mesmo autor ainda amplia o horizonte de suas reflexões e fala na existência do "crime de improbidade administrativa" (p. 70).

Por fim, o direito sancionador político fica a cargo do Poder Legislativo, que avalia condutas juridicamente relevantes sob o prisma político. Com isso, atrai distinções de elevada monta em relação ao processo tipicamente judicial, em especial no que diz respeito à imparcialidade do julgador e ao dever de fundamentação (*v.g.*: no julgamento do Chefe do Poder Executivo por crime de responsabilidade).

Cada uma das manifestações do direito sancionador será influenciada pelos princípios gerais, de estatura constitucional, do direito sancionador penal, que oferece as garantias mais básicas para o indivíduo em relação ao Estado. A partir daí, serão observados os demais direitos fundamentais, aplicados indistintamente a todos os indivíduos, com especial ênfase para as garantias do contraditório, da ampla defesa e do devido processo legal, bem como colhidos os influxos do sistema processual a ser utilizado, que pode ser o administrativo ou o judicial de natureza cível. Não há, nesse particular, correlação necessária entre o ramo do direito regente da conduta praticada ou da relação jurídica que lhe deu origem e aquele que disciplinará o respectivo sistema de responsabilização. Essa constatação, por óbvio, não permite seja ignorada a disciplina jurídica que disciplinava a conduta praticada ao aferir-se o seu enquadramento, ou não, no plano da juridicidade. Em prol dessa conclusão, merece referência o art. 26, 2, da Convenção das Nações Unidas de Combate à Corrupção, que dispõe sobre a necessidade de o Estado Parte perquirir a responsabilidade das pessoas jurídicas pelos ilícitos ali previstos (v.g.: o subordo de funcionários públicos nacionais – art. 15), que "poderá ser de índole penal, cível ou administrativa".

Se não há maiores dúvidas em reconhecer a possibilidade de o responsável pela conduta ser simultaneamente punido com base em mais de um ramo do direito sancionador, o mesmo não pode ser dito em relação à pluralidade de punições em um mesmo ramo. Esse aspecto torna-se particularmente relevante ao lançarmos os olhos sobre o art. 30 da LRPJ, preceito que tem a seguinte redação: "a aplicação das sanções previstas nesta Lei não afeta os processos de responsabilização e aplicação de penalidades decorrentes de: I – ato de improbidade administrativa nos termos da Lei n. 8.429, de 2 de junho de 1992; e II – atos ilícitos alcançados pela Lei n. 8.666, de 21 de junho de 1993, ou outras normas de licitações e contratos da administração pública, inclusive no tocante ao Regime Diferenciado de Contratações Públicas – RDC instituído pela Lei n. 12.462, de 4 de agosto de 2011". Como se percebe, o inciso I autoriza a duplicidade de incidência do direito sancionador extrapenal, de natureza judicial, sujeitando o responsável pela conduta às sanções da Lei n. 8.429/1992 e da LRPJ. No mesmo norte, aliás, caminha o art. 12 da Lei n. 8.429/1992, ao dispor que as sanções ali previstas serão aplicadas "independentemente das sanções penais, civis e administrativas previstas na legislação específica". Já o inciso II do art. 30 da LRPJ autoriza uma pluralidade de enquadramentos no direito sancionador administrativo, sem olvidar as sanções passíveis de aplicação pelo Tribunal de Contas. Haveria, nessas hipóteses, afronta ao *ne bis in eadem*? A nosso ver, a resposta deve ser negativa.

A inexistência de afronta ao *ne bis in eadem* exigirá que a objetividade jurídica afetada seja diversa, de modo que o enquadramento plúrimo decorra de distintas facetas da mesma conduta, que será cotejada com microssistemas normativos de natureza diversa, todos integrados ao mesmo ordenamento jurídico[42]. Nesse caso, não teremos uma única ofensa punida com mais de uma sanção, mas, sim, uma pluralidade de ofensas jurídicas, derivadas da mesma conduta fática, o que justifica a pluralidade de sanções. É justamente o que ocorre quando a pessoa jurídica é simultaneamente enquadrada na LRPJ e na Lei n. 8.429/1992. Na LRPJ, o epicentro de análise é a conduta praticada no interesse ou em benefício da pessoa jurídica, a qual, eventualmente, pode contar com a participação de um agente público, nos termos do art. 3º e da tipologia do art. 5º. Essa conduta será valorada em conformidade com a relação jurídica existente, ou em vias de ser estabelecida, entre a pessoa jurídica e a Administração Pública. Já no sistema da Lei n. 8.429/1992, sua incidência depende da presença de um agente público e a pessoa jurídica pode eventualmente figurar como partícipe ou beneficiária, nos termos do art. 3º desse diploma legal. Neste caso, é analisada a observância, pelo agente público, dos deveres jurídicos inerentes ao cargo. Portanto, se uma pessoa jurídica, em conluio com o agente público, frauda licitação, será possível que ambos sejam responsabilizados com base na LRPJ (pessoa jurídica como autora e agente público como terceiro) e na Lei n. 8.429/1992 (agente público como autor e pessoa jurídica como terceiro)[43].

Caso o simultâneo enquadramento da mesma conduta em mais de um microssistema normativo de responsabilização passe no teste de compatibilização, não haverá óbice a que sanções de idêntica natureza jurídica, como a multa, o perdimento de bens e a proibição de recebimento de recursos do Erário, sejam aplicadas em todos eles. O que não se permite é que, exaurida a circunstância fática que embasa a existência da sanção, isso em razão da anterior aplicação de sanção de idêntica natureza, insista-se na sua execução. Nesse caso, efetivamente ocorrerá o *bis in eadem*. Uma vez executada a sanção de perda de bens aplicada com base na LRPJ, não será possível executar aquela aplicada por força da Lei n. 8.429/1992, ainda que a respectiva sentença tenha transitado em julgado. O mesmo há de ocorrer com a determinação de reparação dos danos causados, não se admitindo sejam reparados mais de uma vez.

10. PROCESSO ADMINISTRATIVO DE RESPONSABILIZAÇÃO

Embora tenha estabelecido uma unidade de tipologia, a LRPJ previu duas categorias distintas de sanções, que serão aplicadas, conforme o caso, por autoridade administrativa

---

42 A respeito das discussões em torno do *bis in eadem* no âmbito da cooperação jurídica internacional, *vide* a densa exposição de Renata Ribeiro Baptista: Dilemas e boas práticas do modelo multijurisdicional no combate ao ilícitos transfronteiriços: algumas pautas para a aplicação da Lei n. 12.846/13, *in* SOUZA, Jorge Munhós e QUEIROZ, Ronaldo Pinheiro de. *Lei Anticorrupção*. Salvador: Juspodivm, 2015, p. 111-127.

43 Em sentido contrário, entendendo que a simultância incidência da LRPJ e da Lei n. 8.429/1992 caracteriza indevido *bis in eadem*, *vide*: PEREIRA NETO, Miguel. A Lei Anticorrupção e a Administração Pública Estrangeira. *Revista dos Tribunais*, v. 947, set. de 2014, p. 331 e ss.

ou jurisdicional. A aplicação das sanções administrativas há de observar os balizamentos gerais do *processo administrativo de responsabilização* previsto no Capítulo IV, a serem integrados por ato regulamentar, de natureza infralegal, editado no âmbito de cada ente federativo, a exemplo, aliás, do que fez a União com o Decreto n. 8.420/2015. É no âmbito desses atos regulamentares que devem ser definidos os mecanismos de controle interno dos processos administrativos; os contornos gerais da investigação prévia passível de ser realizada, bem como a autoridade competente para promovê-la; os prazos dos distintos atos do processo administrativo; a forma dos atos de comunicação processual; o veículo de publicação dos atos oficiais; o critério de escolha da comissão processante; a forma de celebração do acordo de leniência, com especial ênfase para a autoridade competente para celebrá-lo; se os valores arrecadados com a aplicação das sanções sernao encaminhados ao caixa único ou a fundo específico; a forma de interlocução com outras estruturas orgânicas, como o órgão de representação judicial do ente federativo, o Ministério Público e o Poder Judiciário etc.

O art. 8º da LRPJ concentrou na autoridade máxima de cada órgão ou entidade dos Poderes Executivo, Legislativo e Judiciário a atribuição de instaurar e julgar o processo administrativo disciplinar[44]. Quatro observações devem ser feitas a respeito desse preceito. A primeira indica que a referência aos elementos estruturais da clássica tripartição de poder cunhada por Montesquieu não afasta a constatação de que a ordem constitucional brasileira previu a existência de instituições autônomas que não estão hierarquicamente enquadradas no âmbito dos tradicionais poderes do Estado. É o caso do Ministério Público e do Tribunal de Contas. Também esses entes poderão instaurar, sempre que necessário, os processos administrativos. A segunda observação decorre da pulverização de competências entre os órgãos e as entidades de cada um dos referidos Poderes. A competência será fixada conforme a vinculação do órgão ou da entidade ao ilícito praticado. É factível, por outro lado, a exigência de um mínimo de autonomia, pois não faria sentido que qualquer plexo de atribuições, destituído de maior liberdade valorativa, pudesse instaurar processo dessa natureza. Portanto, a referência ao órgão deve ser interpretada com certo cuidado. A depender da interpretação adotada, será perfeitamente possível que o recurso hierárquico venha a ser manejado, isso porque poderá existir uma autoridade superior passível de examinar o ato. É perfeitamente defensável a tese de que, no âmbito do Poder Executivo, Ministros e Secretários, desde que possuam autonomia no processo decisório, poderão ser considerados "autoridades máximas". A terceira observação está associada à concentração, na mesma autoridade, do poder de instaurar e de decidir o processo disciplinar[45]. É intuitivo que esse não é propriamente um monumento ao devido processo legal. Ocorre que, historicamente, nossos tribunais têm convivido com esse modelo sem maiores irresigna-

---

44 LRPJ, art. 29: "O disposto nesta Lei não exclui as competências do Conselho Administrativo de Defesa Econômica, do Ministério da Justiça e do Ministério da Fazenda para processar e julgar fato que constitua infração à ordem econômica".

45 O art. 8º, § 1º, da LRPJ admite a delegação, mas veda a subdelegação.

ções. A quarta observação indica que o processo pode ser instaurado de ofício ou a partir de provocação de terceiros, sendo imperativo que a portaria de instauração delimite o seu objeto, de modo a assegurar o contraditório e a ampla defesa. A instauração, estando presentes indícios veementes da prática do ilícito, não é propriamente uma faculdade. Em verdade, a omissão deliberada pode acarretar a responsabilização pessoal da autoridade, em razão da inobservância de dever de ofício.

Especificamente em relação ao Poder Executivo federal, o Ministério da Transparência, Fiscalização e Controladoria-Geral da União – CGU, que sucedeu a Controladoria-Geral da União – CGU[46], a teor do art. 8º, terá competência concorrente com os demais órgãos e entidades da administração direta e indireta para instaurar processos administrativos ou para avocar os processos instaurados com fundamento na LRPJ, para exame de sua regularidade ou para corrigir-lhes o andamento. Além dessa competência concorrente, à CGU compete a apuração, o processo e o julgamento dos atos ilícitos previstos na LRPJ, praticados contra a administração pública estrangeira, observado o disposto no art. 4º da Convenção sobre o Combate da Corrupção de Funcionários Públicos Estrangeiros em Transações Comerciais Internacionais[47]. À CGU, portanto, foi outorgada importante atividade de fiscalização, que alcança toda a Administração Pública federal.

A autoridade competente deve determinar a instauração do processo administrativo e constituir comissão composta por 2 (dois) ou mais servidores estáveis, vinculados ao próprio sujeito passivo do ato ilícito, com o *munus* de conduzi-lo. A comissão, em caráter cautelar, poderá propor à autoridade instauradora que suspenda os efeitos do ato ou processo objeto da investigação[48], o que, obviamente, não prescinde da demonstração do *fumus boni iuris* e do *periculum in mora*. O objetivo basilar da cautelar é o de evitar a consumação, o agravamento ou a irreversibilidade do dano. Paralelamente à tramitação do processo administrativo, o órgão de representação judicial da respectiva pessoa jurídica, a pedido da comissão, "poderá requerer as medidas judiciais necessárias para a investigação e o processamento das infrações, inclusive de busca e apreensão"[49].

---

46 A respeito das competências da CGU, *vide* Lei n. 10.683/2003, art. 18.
47 O art. 4º da Convenção, que trata da jurisdição, dispõe o seguinte: "1. Cada Parte deverá tomar todas as medidas necessárias ao estabelecimento de sua jurisdição em relação à corrupção de um funcionário público estrangeiro, quando o delito é cometido integral ou parcialmente em seu território. 2. A Parte que tiver jurisdição para processar seus nacionais por delitos cometidos no exterior deverá tomar todas as medidas necessárias ao estabelecimento de sua jurisdição para fazê-lo em relação à corrupção de um funcionário público estrangeiro, segundo os mesmos princípios. 3. Quando mais de uma Parte tem jurisdição sobre um alegado delito descrito na presente Convenção, as Partes envolvidas deverão, por solicitação de uma delas, deliberar sobre a determinação da jurisdição mais apropriada para a instauração de processo. 4. Cada Parte deverá verificar se a atual fundamentação de sua jurisdição é efetiva em relação ao combate à corrupção de funcionários públicos estrangeiros, caso contrário, deverá tomar medidas corretivas a respeito".
48 LRPJ, art. 10, § 2º.
49 LRPJ, art. 10, § 1º.

O processo, observado o prazo de defesa de 30 dias[50], deve ser concluído no prazo de 180 dias, admitida a prorrogação por ato fundamentado, contados da data da publicação do ato que instituir a comissão, órgão que deve, ao final, apresentar relatórios sobre os fatos apurados e eventual responsabilidade da pessoa jurídica, sugerindo de forma motivada as sanções a serem aplicadas[51]. Suas conclusões serão encaminhadas à autoridade instauradora para julgamento[52], sem prejuízo da ciência do Ministério Público para a apuração de eventuais delitos, tal qual dispõe o art. 15, ao que acrescemos a verificação de possível improbidade administrativa[53]. Note-se que a comunicação a essa instituição deve ser realizada com abstração das conclusões alcançadas pela comissão, que tanto pode ter concluído pela presença como pela ausência do ilícito.

Apesar de a funcionalidade básica do processo de responsabilização administrativa ser a aplicação das sanções referidas no art. 6º, não vislumbramos óbice a que a reparação do dano seja discutida nos próprios autos, em razão da evidente conexão existente entre essas temáticas. No caso de instauração de processo específico para a reparação integral do dano, sua pendência, consoante o art. 13, não obsta a aplicação das sanções previstas na LRPJ, sendo certo que, uma vez concluído e não havendo pagamento, o crédito apurado será inscrito em dívida ativa da Fazenda Pública. É importante ressaltar que não vislumbramos qualquer incompatibilidade com a ordem constitucional na concessão de autorização, pelo ente competente para legislar sobre direito civil, para que os próprios entes públicos apurem os danos causados pela pessoa jurídica[54]. Aliás, trata-se de prática corriqueira no âmbito dos contratos administrativos. Caso haja algum tipo de irresignação, a questão poderá ser levada ao Poder Judiciário.

O art. 14 da LPRJ autoriza seja desconsiderada a personalidade jurídica sempre que utilizada com abuso do direito para facilitar, encobrir ou dissimular a prática dos atos ilícitos previstos na referida lei ou para provocar confusão patrimonial, sendo estendidos todos os efeitos das sanções aplicadas à pessoa jurídica aos seus administradores e sócios

---

50 LRPJ, art. 11. Por força do art. 26, "a pessoa jurídica será representada no processo administrativo na forma do seu estatuto ou contrato social. § 1º As sociedades sem personalidade jurídica serão representadas pela pessoa a quem couber a administração de seus bens. § 2º A pessoa jurídica estrangeira será representada pelo gerente, representante ou administrador de sua filial, agência ou sucursal aberta ou instalada no Brasil".

51 LRPJ, art. 10, §§ 3º e 4º.

52 LRPJ, art. 12.

53 Enquanto o art. 15 da LRPJ dispõe sobre o encaminhamento das conclusões da comissão ao Ministério Público, cabendo a esta Instituição formular juízos de valor no âmbito de suas atribuições, dispôs o art. 9º, § 5º, do Decreto n. 8.420/2015, que esse relatório somente será encaminhado, pela autoridade julgadora federal, "caso seja verificada a ocorrência de eventuais ilícitos a serem apurados em outras instâncias." É nítido que o regulamento destoa da lei. Com isso, será possível que arquivamentos escusos sejam simplesmente ocultados do Ministério Público, que sequer saberá da existência dos fatos.

54 Em sentido contrário, sustentando que a Administração Pública não pode impor à pessoa jurídica a obrigação de reparar o dano causado, mas sem indicar com clareza que norma constitucional impediria a adoção dessa sistemática, vide: NUCCI. *Corrupção...*, p. 173.

com poderes de administração, observados o contraditório e a ampla defesa. Como se constata, a desconsideração da personalidade jurídica não carece de decisão judicial e não alcança os sócios sem poderes de administração. É importante ressaltar que a responsabilidade da pessoa jurídica é essencialmente objetiva, enquanto incursionando-se na seara da desconsideração da personalidade jurídica, o que redundará na responsabilização pessoal dos sócios ou administradores, será imprescindível adentrar na seara da responsabilidade subjetiva, aferindo-se o dolo ou a culpa dos envolvidos.

11. ACORDO DE LENIÊNCIA NO ÂMBITO DO PROCESSO ADMINISTRATIVO

Uma das grandes inovações da LRPJ foi a introdução do denominado *acordo de leniência* no âmbito do processo administrativo sancionador. No plano semântico, *leniência* nada mais é que suavização. *In casu*, suavização das consequências do ilícito a partir da colaboração dos seus autores em potencial, o que em muito se assemelha à redução de pena assegurada ao réu colaborador no âmbito penal[55]. Esse acordo, que, longe de refletir a disponibilidade do interesse público, busca justamente assegurar a sua concretização com a maior efetividade possível, pode ser celebrado pela autoridade máxima de cada órgão ou entidade pública. No âmbito do Poder Executivo federal, tem-se a concentração dessas competências no Ministério da Transparência, Fiscalização e Controladoria-Geral da União – CGU, que sucedeu a Controladoria-Geral da União, o mesmo ocorrendo em relação aos atos lesivos praticados contra a administração pública estrangeira[56].

Para que seja possível a celebração do acordo, é necessário que as pessoas jurídicas responsáveis pela prática dos atos previstos na LRPJ colaborem efetivamente com as investigações e o processo administrativo, devendo resultar, dessa colaboração:"I – a identificação dos demais envolvidos na infração, quando couber; e II – a obtenção célere de informações e documentos que comprovem o ilícito sob apuração". O acordo, portanto, não pode ser celebrado por mera benevolência, e a discricionariedade, se existente, é nitidamente mitigada. Caso os objetivos visados pela lei sejam alcançados com a colaboração da pessoa jurídica e a autoridade competente negue-se a formalizar o acordo, a questão poderá ser reapreciada pelo Poder Judiciário.

O acordo somente poderá ser celebrado se preenchidos, cumulativamente, os seguintes requisitos:"I – a pessoa jurídica seja a primeira a se manifestar sobre seu interesse

---

[55] Ver Lei n. 7.492/1986, que dispõe sobre os crimes contra o Sistema Financeiro Nacional (art. 25, § 2º); Lei n. 8.072/1990, que trata dos crimes hediondos (art. 8º); Lei n. 8.137/1990, que dispõe sobre os crimes contra a ordem tributária (art. 16); Lei n. 9.807/1999, que versa sobre a proteção às testemunhas (arts. 13 a 15); Lei n. 9.613/1998, que dispõe sobre o combate à lavagem de dinheiro e foi modificada pela Lei n. 12.683/2012 (art. 1º, § 5º); Lei n. 11.343/2006, que combate o tráfico ilícito de entorpecentes (art. 41); Lei n. 12.529/2011, que trata das infrações contra a ordem econômica (arts. 86 e 87); e Lei n. 12.850/2013, que versa sobre as organizações criminosas (art. 4º, § 2º). Em caráter pioneiro, merece referência a Lei n. 10.149/2000, que previu acordo similar no âmbito do direito econômico e concorrencial.

[56] LRPJ, art. 16, § 10.

em cooperar para a apuração do ato ilícito", exigência típica da legislação sobre concorrência, que busca combater a formação de cartéis estimulando que um dos envolvidos preste informações a respeito do esquema ilícito; "II – a pessoa jurídica cesse completamente seu envolvimento na infração investigada a partir da data de propositura do acordo; e III – a pessoa jurídica admita sua participação no ilícito e coopere plena e permanentemente com as investigações e o processo administrativo, comparecendo, sob suas expensas, sempre que solicitada, a todos os atos processuais, até seu encerramento". Em seus termos, serão estipuladas as condições necessárias para assegurar a efetividade da colaboração e o resultado útil do processo[57], sendo certo que somente deve tornar-se público após a sua efetivação, salvo no interesse das investigações e do processo administrativo[58]. Uma vez celebrado o acordo, é interrompido o prazo prescricional dos ilícitos previstos na LRPJ[59].

A rejeição da proposta de acordo de leniência formulada pela pessoa jurídica não importará em reconhecimento da prática do ato ilícito investigado[60].

O acordo terá como efeito isentar a pessoa jurídica das sanções de publicação extraordinária da decisão condenatória e de proibição de receber incentivos, subsídios, doações ou empréstimos de órgãos ou entidades públicas e de instituições financeiras públicas ou controladas pelo poder público. Reduzirá, ainda, em até 2/3 (dois terços) o valor da multa aplicável[61]. Esses efeitos serão estendidos às pessoas jurídicas que integrem o mesmo grupo econômico, de fato e de direito, desde que firmem o acordo em conjunto, respeitadas as condições nele estabelecidas[62]. O acordo, de qualquer maneira, não exime a pessoa jurídica da obrigação de reparar integralmente o dano causado.

Outro aspecto digno de nota é o de que o acordo de leniência não alcançará as pessoas naturais, o que significa dizer que controladores, sócios e dirigentes continuarão passíveis de responsabilização, em especial na seara penal. Para esses agentes, seria sempre de bom alvitre tentar uma negociação conjunta, cientificando o Ministério Público com atribuição, para possível ajuste de colaboração premiada no âmbito penal.

Pela natureza das sanções que ainda poderão ser aplicadas às pessoas jurídicas, merecendo realce a sua própria dissolução compulsória, é factível que acordos dessa natureza dificilmente serão adotados em relação às infrações de maior gravidade. Os acordos, tendencialmente, permanecerão adstritos às infrações mais singelas. Acresça-se que o acordo deve apresentar plena higidez jurídica e não deixar margem a dúvidas quanto à relevância da participação da pessoa jurídica na apuração dos fatos. A não ser assim, corre-se o risco

---

57 LRPJ, art. 16, § 4º.
58 LRPJ, art. 16, § 6º.
59 LRPJ, art. 16, § 9º.
60 LRPJ, art. 16, § 7º.
61 LRPJ, art. 16, § 2º.
62 LRPJ, art. 16, § 5º.

de o Ministério Público adotar as medidas cabíveis, perante o juízo competente, para desconstituí-lo.

Caso haja descumprimento do acordo de leniência, a pessoa jurídica ficará impedida de celebrar novo acordo pelo prazo de 3 (três) anos, contados do conhecimento pela administração pública do referido descumprimento[63].

O art. 17 da LRPJ autorizou, igualmente, que a administração pública celebrasse acordo de leniência com a pessoa jurídica responsável pela prática dos ilícitos previstos na Lei n. 8.666, de 21 de junho de 1993, com vistas à isenção ou atenuação das sanções administrativas estabelecidas em seus arts. 86 a 88[64].

Em rigor lógico, não vislumbramos óbice a que o acordo de leniência celebrado no processo administrativo venha a produzir efeitos favoráveis à pessoa jurídica em outras instâncias de responsabilização, observados, obviamente, os balizamentos estabelecidos em lei. No âmbito da improbidade administrativa, em que pese ser vedada a celebração de acordos, estes podem influir na individualização da sanção a ser aplicada, por caracterizarem uma circunstância atenuante não escrita favorável à pessoa jurídica.

---

[63] LRPJ, art. 16, § 8º.
[64] Lei n. 8.666/1993: "Art. 86. O atraso injustificado na execução do contrato sujeitará o contratado à multa de mora, na forma prevista no instrumento convocatório ou no contrato. § 1º A multa a que alude este artigo não impede que a Administração rescinda unilateralmente o contrato e aplique as outras sanções previstas nesta Lei. § 2º A multa, aplicada após regular processo administrativo, será descontada da garantia do respectivo contratado. § 3º Se a multa for de valor superior ao valor da garantia prestada, além da perda desta, responderá o contratado pela sua diferença, a qual será descontada dos pagamentos eventualmente devidos pela Administração ou ainda, quando for o caso, cobrada judicialmente. Art. 87. Pela inexecução total ou parcial do contrato a Administração poderá, garantida a prévia defesa, aplicar ao contratado as seguintes sanções: I – advertência; II – multa, na forma prevista no instrumento convocatório ou no contrato; III – suspensão temporária de participação em licitação e impedimento de contratar com a Administração, por prazo não superior a 2 (dois) anos; IV – declaração de inidoneidade para licitar ou contratar com a Administração Pública enquanto perdurarem os motivos determinantes da punição ou até que seja promovida a reabilitação perante a própria autoridade que aplicou a penalidade, que será concedida sempre que o contratado ressarcir a Administração pelos prejuízos resultantes e após decorrido o prazo da sanção aplicada com base no inciso anterior. § 1º Se a multa aplicada for superior ao valor da garantia prestada, além da perda desta, responderá o contratado pela sua diferença, que será descontada dos pagamentos eventualmente devidos pela Administração ou cobrada judicialmente. § 2º As sanções previstas nos incisos I, III e IV deste artigo poderão ser aplicadas juntamente com a do inciso II, facultada a defesa prévia do interessado, no respectivo processo, no prazo de 5 (cinco) dias úteis. § 3º A sanção estabelecida no inciso IV deste artigo é de competência exclusiva do Ministro de Estado, do Secretário Estadual ou Municipal, conforme o caso, facultada a defesa do interessado no respectivo processo, no prazo de 10 (dez) dias da abertura de vista, podendo a reabilitação ser requerida após 2 (dois) anos de sua aplicação. Art. 88. As sanções previstas nos incisos III e IV do artigo anterior poderão também ser aplicadas às empresas ou aos profissionais que, em razão dos contratos regidos por esta Lei: I – tenham sofrido condenação definitiva por praticarem, por meios dolosos, fraude fiscal no recolhimento de quaisquer tributos; II – tenham praticado atos ilícitos visando a frustrar os objetivos da licitação; III – demonstrem não possuir idoneidade para contratar com a Administração em virtude de atos ilícitos praticados".

12. DO PROCESSO JUDICIAL DE RESPONSABILIZAÇÃO

Os mesmos ilícitos que podem ser perquiridos no processo administrativo de responsabilização, todos descritos no art. 5º da LRPJ, podem vir a sê-lo no processo judicial. São instâncias independentes[65]. A distinção, como dissemos, reside nas sanções passíveis de serem aplicadas pelo órgão jurisdicional, que são aquelas descritas no art. 19.

Excepcionalmente, quando for constatada a omissão das autoridades competentes na promoção da responsabilidade administrativa, também as sanções previstas no art. 6º poderão ser aplicadas nos processos iniciados pelo Ministério Público. Omissão, por óbvio, não guarda similitude com a ausência de sanção. Significa, em verdade, que a autoridade administrativa não adotou, em prazo razoável, as providências necessárias à apuração dos fatos, quer negando-se a instaurar o processo administrativo, quer deixando-o paralisado[66]. Caso tenha decidido eximir a pessoa jurídica de qualquer responsabilidade, emitindo um juízo valorativo distinto daquele considerado correto pelo Ministério Público, não estaremos perante verdadeira omissão. Essa decisão tida por incorreta não deixa um vazio jurídico a ser preenchido, somente se harmonizando, se fosse o caso, com a pretensão de sua anulação, o que necessariamente exigiria a inserção do respectivo ente no polo passivo da relação processual.

Formulada a pretensão de aplicação das sanções administrativas pelo Poder Judiciário, não mais será possível que a autoridade competente decida suprir sua omissão e instaurar o processo administrativo. Afinal, entendimento contrário terminaria por consagrar o *bis in eadem*[67].

O processo judicial pode ser iniciado pela União, pelos Estados, pelo Distrito Federal e pelos Municípios, por meio das respectivas Advocacias Públicas ou órgãos de representação judicial, ou equivalentes, e pelo Ministério Público. A legitimidade dos entes federativos varia conforme a esfera de governo em que o ilícito tenha sido praticado, o mesmo podendo ser dito em relação aos Ministérios Públicos dos Estados e da União. Os legitimados à propositura da ação podem requerer, igualmente, a indisponibilidade de bens, direitos ou valores necessários à garantia do pagamento da multa ou da reparação integral do dano causado, ressalvado o direito do terceiro de boa-fé[68].

A LRPJ ainda prevê, no caput do seu art. 21, que será adotado o rito previsto na Lei n. 7.347/1985, que veicula a Lei da Ação Civil Pública, um dos vértices do microssistema de

---

[65] LRPJ, art. 18.
[66] LRPJ, art. 27: "A autoridade competente que, tendo conhecimento das infrações previstas nesta Lei, não adotar providências para a apuração dos fatos será responsabilizada penal, civil e administrativamente nos termos da legislação específica aplicável". No âmbito da Lei n. 8.429/1992, incidirá, em linha de princípio, o disposto no seu art. 11, II ("retardar ou deixar de praticar, indevidamente, ato de ofício").
[67] Nesse sentido: QUEIROZ, Ronaldo Pinheiro de. *Responsabilização judicial da pessoa jurídica...*, p. 283 (290).
[68] LRPJ, art. 19, § 4º.

tutela coletiva. Em razão de possível conexão, deve ser admitida a cumulação de pedidos, na mesma petição inicial, fundados na LRPJ e na Lei n. 8.429/1992, desde que seja observado o rito processual estabelecido nesta última, que exige a notificação prévia e a defesa preliminar do demandado, com a observância do procedimento comum após o recebimento da petição inicial. O parágrafo único do art. 21 da LRPJ acresce que "a condenação torna certa a obrigação de reparar, integralmente, o dano causado pelo ilícito, cujo valor será apurado em posterior liquidação, se não constar expressamente da sentença".

As sanções passíveis de serem aplicadas às pessoas jurídicas estão previstas nos incisos do *caput* do art. 19, *verbis*:

> *I – perdimento dos bens, direitos ou valores que representem vantagem ou proveito direta ou indiretamente obtidos da infração, ressalvado o direito do lesado ou de terceiro de boa-fé;*
>
> *II – suspensão ou interdição parcial de suas atividades;*
>
> *III – dissolução compulsória da pessoa jurídica;*
>
> *IV – proibição de receber incentivos, subsídios, subvenções, doações ou empréstimos de órgãos ou entidades públicas e de instituições financeiras públicas ou controladas pelo poder público, pelo prazo mínimo de 1 (um) e máximo de 5 (cinco) anos.*

Chama a atenção, de imediato, a não previsão da sanção de proibição de contratar com o Poder Público, omissão lamentável em razão da própria essência de alguns dos ilícitos passíveis de serem praticados, como a fraude à licitação. Em casos como esse, será possível a suspensão de atividades, sanção que, como dissemos, foi instituída de forma inconstitucional, por não ter recebido da lei qualquer balizamento temporal, ou a dissolução compulsória da pessoa jurídica. O § 1º do art. 19 acresce que "a dissolução compulsória da pessoa jurídica será determinada quando comprovado: I - ter sido a personalidade jurídica utilizada de forma habitual para facilitar ou promover a prática de atos ilícitos; ou II - ter sido constituída para ocultar ou dissimular interesses ilícitos ou a identidade dos beneficiários dos atos praticados".

Em qualquer caso, é imperativo que o órgão jurisdicional seja norteado por um referencial de proporcionalidade na aplicação das sanções, evitando, no extremo oposto, a insuficiência, que atuaria como estimulante à prática de novos ilícitos.

13. PRESCRIÇÃO

Tanto a responsabilização administrativa como a judicial prescrevem em 5 anos, contados da data da ciência da infração ou, no caso de infração permanente ou continuada, do dia em que tiver cessado. É o que dispõe o *caput* do art. 25 da LRPJ. Como se percebe, o novo diploma normativo foi sensível à realidade, em razão da conhecida dificuldade em ter-se conhecimento de ilícitos praticados às escondidas, o que desaconselha que o termo *a quo* do prazo prescricional seja a sua prática.

Não obstante o avanço, existe um complicador que há de ser superado. Como se disse, o *termo a quo* do lapso prescricional é a data da ciência da infração. No entanto, na medida em que foi prevista, no art. 19, *caput*, a legitimidade disjuntiva e concorrente dos entes federativos e do Ministério Público para o ajuizamento da ação judicial, põe-se o problema de saber se a ciência dos primeiros é suficiente para dar início ao prazo prescricional em relação ao último.

No âmbito do direito sancionador, é factível que, de um modo geral, o prazo prescricional costuma fluir a partir da prática do ilícito. Além disso, assume contornos monolíticos, não apresentando feições distintas conforme os legitimados em potencial. Na seara penal, por exemplo, a omissão do Ministério Público permite o ajuizamento, pela vítima, da ação penal privada subsidiária da pública, mas o prazo prescricional é o mesmo. No âmbito da improbidade administrativa, de igual modo, o Ministério Público e a pessoa jurídica lesada estão sujeitos ao mesmo prazo prescricional para a perquirição judicial dos ilícitos previstos na Lei n. 8.429/1992.

Em algumas situações, o prazo começa a correr a partir do conhecimento do ilícito. É o que dispõe o art. 111, IV, do Código Penal, segundo o qual a prescrição, antes de transitar em julgado a sentença final, começa a fluir, nos crimes de bigamia e nos de falsificação ou alteração de assentamento do registro civil,"*da data em que o fato se tornou conhecido*". Também é possível que algum regime jurídico administrativo disponha de maneira similar, vinculando o início do prazo prescricional ao conhecimento da existência do fato. Aliás, como o fez a Lei n. 8.112/1990, que, em seu art. 142, § 1º, dispôs que"*[o] prazo de prescrição começa a correr da data em que o fato se tornou conhecido*"[69].

O conhecimento do fato, por imperativo de ordem lógica, deve ser associado à autoridade que, por força da sistemática legal, tenha competência para adotar as providências que o caso exige (*v.g.*: com a instauração de procedimento investigatório). Em situações como essa, parece-nos inadequado atribuir ares monolíticos à prescrição, sob pena de suprimir-se, por vias transversas, a própria legitimidade para o ajuizamento da ação judicial. O mais natural é que a Administração Pública tenha conhecimento dos fatos antes do Ministério Público, daí decorrendo a fluência de prazos prescricionais distintos. Essa, aliás,

---

69 O STJ fixou a interpretação de que o termo *a quo* do prazo prescricional, tal qual referido no art. 142, § 1º, da Lei n. 8.112/1990, é a data do conhecimento da infração pela autoridade competente para instaurar o processo administrativo, não propriamente a data em que o ato que lhe deu origem tornou-se conhecido (2ª T., AgRg no REsp n. 1.444.669/RN, rel. Min. Humberto Martins, j. em 22/5/2014, *DJe* de 28/5/2014; 1ª Seção, MS n. 17.954/DF, rel. Min. Benedito Gonçalves, j. em 26/2/2014, *DJe* de 19/3/2014; 1ª Seção, ED no MS n. 17.873/DF, rel. Min. Mauro Campbell, j. em 28/8/2013, *DJe* de 9/9/2013; 6ª T., AgRg no REsp n. 647.416/AL, rel. Min. Alderita Ramos de Oliveira – Desembargadora convocada do TJPE, j. em 4/6/2013, *DJe* de 13/6/2013; 1ª Seção, AgRg no MS n. 19.488/DF, rel. Min. Mauro Campbell Marques, j. em 27/2/2013, *DJe* de 6/3/2013; e 3ª Seção, MS n. 13.926/DF, rel. Min. Og Fernandes, j. em 27/2/2013, *DJe* de 24/4/2013).

é a única interpretação que se ajusta ao sistema da LRPJ. A uma, a comissão processante somente dá ciência, ao Ministério Público, da existência do procedimento administrativo, após a sua conclusão, tal qual dispõe o art. 15 da LRPJ. A duas, no caso de omissão da Administração Pública na apuração de responsabilidades, o Ministério Público, consoante o art. 20 da LRPJ, pode pleitear que o juízo competente aplique as sanções administrativas, sendo imperativo que a referida Instituição tenha oportunidade de fazê-lo. A três, a prescrição, ao ser vinculada ao conhecimento do fato, consubstancia um instituto que somente se harmoniza com a omissão, que não pode ser caracterizada quando o pretenso omisso simplesmente ignora o fato.

Também não se poderá falar em início do prazo prescricional caso a infração venha a ser conhecida por estrutura de poder outra que não aquelas legitimadas ao ajuizamento da ação judicial. Essa hipótese é bem plausível quando o Tribunal de Contas, examinando as contas apresentadas por algum gestor do dinheiro público, detecta a possível prática dos ilícitos previstos na LRPJ. Esse tipo de conclusão, como ensinam as regras de experiência, só costuma ser comunicado ao Ministério Público muito tempo após a prestação das contas, sendo normal a superação do prazo de cinco anos.

O parágrafo único do art. 25 trata da causa de interrupção da prescrição, sendo previsto que tal ocorrerá com a instauração do processo administrativo ou judicial que tenha por objeto apurar a infração. O mesmo ocorrerá, por força do art. 16, § 9º, com a celebração do acordo de leniência no âmbito do processo administrativo. Em razão da interrupção, o prazo prescricional volta a fluir a partir do marco interruptivo, com a ressalva de que o seu aperfeiçoamento, no curso da relação processual cível, exigirá a inércia do autor, pressuposto indispensável à configuração da prescrição intercorrente, já que o processo, a rigor, deve avançar por força de impulso oficial.

14. A EXTRATERRITORIALIDADE DA LEI DE RESPONSABILIZAÇÃO DAS PESSOAS JURÍDICAS

Cada Estado de Direito, ornado com a soberania que lhe é característica, edita as normas jurídicas a serem observadas no interior do seu território. Trata-se do princípio da territorialidade da lei, que oferece limites bem definidos para o seu âmbito espacial de vigência. Como exceção, tem-se a possibilidade de o Estado anuir em aplicar, no seu território, lei editada por Estado estrangeiro ou de a situação fática ou jurídica que se enquadra na hipótese de incidência constante da lei nacional ter ocorrido em território estrangeiro[70]. Nestes casos, temos a aplicação do princípio da extraterritorialidade da lei.

---

70 Sobre os aspectos gerais do conflito entre normas no espaço, *vide*: GARCIA, Emerson. *Conflito entre Normas Constitucionais*: Esboço de uma Teoria Geral, p. 501-508.

A LRPJ, a exemplo do art. 7º do Código Penal[71] e do art. 2º da Lei n. 12.529/2011[72], dispõe a respeito de sua incidência sobre condutas praticadas em território estrangeiro. De acordo com o seu art. 28, "esta Lei aplica-se aos atos lesivos praticados por pessoa jurídica brasileira contra a administração pública estrangeira, ainda que cometidos no exterior"[73]. Como se percebe, foi conferida preeminência à nacionalidade da pessoa jurídica, não ao local em que a conduta praticada no exterior produziu efeitos. Trata-se de extraterritorialidade incondicionada em razão da pessoa do infrator.

O princípio da extraterritorialidade incondicionada não foi adotado pelo Código Penal, que estabeleceu cinco condicionantes, no § 2º do seu art. 7º, para a punição de condutas praticadas no estrangeiro. Essas condicionantes são a entrada do agente no território nacional; a punibilidade da conduta no país em que foi praticada; estar o crime incluído entre aqueles pelos quais a lei brasileira autoriza a extradição; não ter sido o agente absolvido no estrangeiro ou não ter aí cumprido a pena; e não ter sido o agente perdoado no estrangeiro ou, por outro motivo, não estar extinta a punibilidade, segundo a lei mais favorável.

Não vislumbramos qualquer afronta à ordem constitucional na não adoção, pela LRPJ, de condicionantes similares àquelas do Código Penal. Em primeiro lugar, observa-se que a nacionalidade brasileira, cuja aquisição decorre do preenchimento dos requisitos previstos na ordem jurídica e muitas vezes está dissociada de qualquer ato de vontade,

---

71 Código Penal: "Art. 7º Ficam sujeitos à lei brasileira, embora cometidos no estrangeiro: I – os crimes: a) contra a vida ou a liberdade do Presidente da República; b) contra o patrimônio ou a fé pública da União, do Distrito Federal, de Estado, de Território, de Município, de empresa pública, sociedade de economia mista, autarquia ou fundação instituída pelo Poder Público; c) contra a administração pública, por quem está a seu serviço; d) de genocídio, quando o agente for brasileiro ou domiciliado no Brasil; II – os crimes: a) que, por tratado ou convenção, o Brasil se obrigou a reprimir; b) praticados por brasileiro; c) praticados em aeronaves ou embarcações brasileiras, mercantes ou de propriedade privada, quando em território estrangeiro e aí não sejam julgados. § 1º Nos casos do inciso I, o agente é punido segundo a lei brasileira, ainda que absolvido ou condenado no estrangeiro. § 2º Nos casos do inciso II, a aplicação da lei brasileira depende do concurso das seguintes condições: a) entrar o agente no território nacional; b) ser o fato punível também no país em que foi praticado; c) estar o crime incluído entre aqueles pelos quais a lei brasileira autoriza a extradição; d) não ter sido o agente absolvido no estrangeiro ou não ter aí cumprido a pena; e) não ter sido o agente perdoado no estrangeiro ou, por outro motivo, não estar extinta a punibilidade, segundo a lei mais favorável. § 3º A lei brasileira aplica-se também ao crime cometido por estrangeiro contra brasileiro fora do Brasil, se, reunidas as condições previstas no parágrafo anterior: a) não foi pedida ou foi negada a extradição; b) houve requisição do Ministro da Justiça".

72 Lei n. 12.529/2011: "Art. 2º Aplica-se esta Lei, sem prejuízo de convenções e tratados de que seja signatário o Brasil, às práticas cometidas no todo ou em parte no território nacional ou que nele produzam ou possam produzir efeitos. § 1º Reputa-se domiciliada no território nacional a empresa estrangeira que opere ou tenha no Brasil filial, agência, sucursal, escritório, estabelecimento, agente ou representante. § 2º A empresa estrangeira será notificada e intimada de todos os atos processuais previstos nesta Lei, independentemente de procuração ou de disposição contratual ou estatutária, na pessoa do agente ou representante ou pessoa responsável por sua filial, agência, sucursal, estabelecimento ou escritório instalado no Brasil".

73 *Vide*, ainda, os arts. 5º, *caput* e §§ 1º, 2º e 3º; e 16, § 10, da LRPJ, que fazem menção à Administração Pública estrangeira.

acompanha a pessoa onde quer que se encontre. Portanto, se essa pessoa está no território de determinado país e segue as leis ali vigentes, não seria justo e muito menos razoável puni-la porque a sua conduta, à luz da lei brasileira, seria ilícita. A constituição da pessoa jurídica, ao revés, decorre de um ato de vontade. Caso seja constituída no território nacional, é imperativo que o seu funcionamento ocorra em harmonia com as leis brasileiras, incluindo a LRPJ. Acresça-se que, quando uma pessoa jurídica brasileira atua no exterior, ela, em certa medida, contribui para formar uma imagem positiva ou negativa do Estado brasileiro, daí a plena razoabilidade de ser vedada a prática de certas condutas. Nas hipóteses dessas vedações se mostrarem inadequadas aos propósitos da pessoa jurídica, basta que transfira sua sede para o território que melhor lhe aprouver, operação consideravelmente mais simples que a alteração de nacionalidade pela pessoa natural.

Ao coibir condutas que eventualmente sejam lícitas no território de outro Estado de Direito, possibilidade nitidamente irrazoável em razão da natureza dos ilícitos descritos na tipologia do art. 5º, a LRPJ não impôs qualquer afronta à soberania alheia e muito menos incursionou em assuntos internos de outros Estados. Afinal, esse diploma normativo será aplicado às pessoas jurídicas constituídas conforme as leis nacionais, pelas autoridades nacionais, no âmbito do território nacional.

O mesmo raciocínio, no entanto, não será aplicado às pessoas jurídicas estrangeiras "que tenham sede, filial ou representação no território brasileiro", também destinatárias da LRPJ por força do parágrafo único do seu art. 1º. Os atos ilícitos que venham a praticar no estrangeiro, ainda que possam ser enquadrados no art. 5º, não serão passíveis de punição pelas autoridades brasileiras. Assim ocorre porque esses atos, por força do art. 28, somente estão sujeitos ao princípio da extraterritorialidade incondicionada quando forem praticados "por pessoa jurídica brasileira contra a administração pública estrangeira".

15. OS CADASTROS NACIONAIS DE EMPRESAS PUNIDAS E DE EMPRESAS INIDÔNEAS E SUSPENSAS

A LRPJ criou dois repositórios nacionais de informação: o Cadastro Nacional de Empresas Punidas e o Cadastro Nacional de Empresas Inidôneas e Suspensas[74].

O Cadastro Nacional de Empresas Punidas foi criado no âmbito do Poder Executivo federal, devendo reunir e dar publicidade às sanções aplicadas, com base na LRPJ, pelos órgãos ou entidades dos Poderes Executivo, Legislativo e Judiciário de todas as esferas de governo. Trata-se, portanto, de cadastro que alberga informações de todos os entes federativos, daí a obrigação de os referidos órgãos e entidades informarem e manterem atualizados, no CNEP, os dados relativos às sanções que aplicaram[75].

---

74 No âmbito do governo federal, já existia o Sistema de Cadastramento Unificado de Serviços Gerais (SICAF), que foi regulamentado pela IN MARE n. 5/1995.
75 LRPJ, art. 22, § 1º.

O CNEP conterá, entre outras, as seguintes informações acerca das sanções aplicadas: "I – razão social e número de inscrição da pessoa jurídica ou entidade no Cadastro Nacional da Pessoa Jurídica – CNPJ; II – tipo de sanção; e III – data de aplicação e data final da vigência do efeito limitador ou impeditivo da sanção, quando for o caso"[76].

As autoridades competentes, consoante o art. 22, § 3º, para celebrar acordos de leniência previstos na LRPJ também deverão prestar e manter atualizadas no CNEP, após a efetivação do respectivo acordo, as informações acerca do acordo de leniência celebrado, salvo se esse procedimento vier a causar prejuízo às investigações e ao processo administrativo. Descumprido o acordo, além dessas informações, deverá ser incluída no CNEP referência ao respectivo descumprimento.

Os registros existentes serão excluídos depois de decorrido o prazo previamente estabelecido no ato sancionador ou do cumprimento integral do acordo de leniência e da reparação do eventual dano causado, o que ocorrerá mediante solicitação do órgão ou entidade sancionadora.

A LRPJ ainda dispôs, em seu art. 23, que "os órgãos ou entidades dos Poderes Executivo, Legislativo e Judiciário de todas as esferas de governo deverão informar e manter atualizados, para fins de publicidade, no Cadastro Nacional de Empresas Inidôneas e Suspensas – CEIS, de caráter público, instituído no âmbito do Poder Executivo federal, os dados relativos às sanções por eles aplicadas, nos termos do disposto nos arts. 87 e 88 da Lei n. 8.666, de 21 de junho de 1993"[77]. A funcionalidade desse cadastro é a de tornar públicas as sanções impostas com base na Lei de Licitações, o que certamente contribui para o aperfeiçoamento do sistema.

---

76 LRPJ, art. 22, § 2º.
77 No mesmo sentido: Lei n. 13.303/2016, art. 37.

SEGUNDA PARTE

Aspectos Investigatórios e Processuais da Improbidade Administrativa

Rogério Pacheco Alves

Introdução

A Defesa do Patrimônio Público como um Direito Difuso

Por força da crescente complexidade e massificação da sociedade moderna, pródiga em aniquilar a individualidade, uma parcela de direitos "represados", insatisfeitos pelo ordenamento jurídico – cuja defesa se tornou dramática a partir da Revolução Industrial, alcançando contornos não menos preocupantes no atual "mundo globalizado" –, passou a merecer a atenção dos juristas que, constatando a insuficiência dos paradigmas de solução dos conflitos individuais do tipo Caio *versus* Tício, deram início à teorização do que se convencionou denominar, principalmente na Itália, "a tutela de interesses metaindividuais" ou "superindividuais"[1]. Mauro Cappelletti, analisando aquilo que denomina "o problema social dos interesses difusos", assim se expressa:

> *Do ponto de vista econômico – olhemos a economia da sociedade industrial – tipicamente a produção é uma produção de massa, não mais uma produção artesanal. Comércio de massa: consumo, tipicamente, de massa. Vivemos, marcadamente, em uma economia cuja preocupação, trabalho, comércio, consumo se caracterizam por esse aspecto massivo. A empresa, industrial ou comercial, e toda e qualquer empresa econômica, é, cada vez mais, vasta, a tal ponto que, hoje, um típico aspecto de nosso mundo é o das empresas multinacionais.*
>
> *O problema social reflete o mesmo fenômeno. Intervenção global do Estado na economia, em direção ao Estado de welfare, o Estado promocional, que impõe, inquire, consulta – interven-*

---

[1] PISANI, Proto. *Appunti preliminari per uno studio sulla tutela giurisdizionale degli interessi collettivi (o più esattamente: superindividuali) innanzi al giudice civile ordinario*, apud MOREIRA, José Carlos Barbosa. A legitimação para a defesa dos interesses difusos no direito brasileiro. *Revista Forense* n. 276, p. 1-6.

ções de todo o tipo. Seja o Estado de welfare, seja o Estado do assim chamado socialismo real. Isso significa que o ato de uma pessoa ou de uma empresa, de um grupo, envolve efeitos, produz efeitos que atingem uma quantidade enorme de pessoas e de categorias[2].

Na mesma linha de Cappelletti, Rodolfo de Camargo Mancuso, um dos autores nacionais que mais se vem dedicando ao estudo do tema, radica na *Revolução Industrial* e também no *sindicalismo* o nascimento dos direitos transindividuais:

> *O primeiro passo para a 'revelação' desses interesses difusos deu-se com o advento da Revolução Industrial e a consequente constatação de que os valores tradicionais, individualistas, do século XIX, não sobreviveriam muito tempo, sufocados ao peso de uma sociedade "de massa"...*
>
> *Nessa sociedade de "massa", não há lugar para o homem enquanto indivíduo isolado; ele é tragado pela roda-viva dos grandes grupos de que se compõe a sociedade; não há mais a preocupação com as situações jurídicas individuais, o respeito ao indivíduo enquanto tal, mas, ao contrário, indivíduos são agrupados em grandes classes ou categorias, e como tais, normatizados...*
>
> *Paralelamente à Revolução Industrial e à massificação da sociedade, também o sindicalismo contribuiu para fazer aflorar essa "ordem coletiva": os conflitos não mais se dão entre empregado e patrão, mas coletivamente, isto é, integrantes da força-trabalho na categoria "X" versus integrantes da força-capital na categoria "patronal" correspondente*[3].

Das concepções individualistas de titulação de direitos evoluiu-se à percepção de um feixe de interesses marcados pelo "... alto índice de desagregação ou de 'atomização', que lhes permite se referirem a um contingente indefinido de indivíduos e a cada qual deles, ao mesmo tempo"[4], surgindo, daí, a categoria dos chamados direitos difusos (*v.g.*, os interesses dos consumidores, o interesse na preservação do meio ambiente), conceituados por Cappelletti como "... interesses em busca de autor (*interessi in cerca di autore*), porque não têm um proprietário, um titular, são difusos"[5].

Desnecessário asseverar que, inicialmente, todos os esforços, doutrinários e legislativos, voltaram-se à tutela do meio ambiente e do consumidor, "interesses difusos por excelência"[6], o que acabou se refletindo na própria Lei da Ação Civil Pública. Com efeito, o art. 1º da Lei n. 7.347/85, *em sua redação original*, somente contemplava a tutela do meio ambiente, do consumidor e dos bens e direitos de valor artístico, estético, histórico, turís-

---

2   CAPPELLETTI, Mauro. Tutela dos interesses difusos. *Ajuris* n. 33, p. 169-182.
3   *Interesses difusos: conceito e legitimação para agir*, p. 81-82.
4   *Idem*, p. 79.
5   CAPPELLETTI, Mauro. Ob. cit., p. 174.
6   Cf. BENJAMIN, Antônio Herman V. A insurreição da aldeia global contra o processo civil clássico. Apontamentos sobre a opressão e a libertação judiciais do meio ambiente e do consumidor, p. 97-99.

tico e paisagístico, "malha protetiva" que, com o advento da Constituição de 1988, restou consideravelmente alargada, estabelecendo o seu art. 129, III, como função institucional do Ministério Público "a proteção do patrimônio público e social, do meio ambiente *e de outros interesses difusos e coletivos*". Tal ampliação, como se sabe, viu-se confirmada pela nova redação dada ao art. 1º da Lei da Ação Civil Pública pelo CDC, sendo prevista, também, via ação civil pública, a possibilidade de defesa a "qualquer outro interesse difuso ou coletivo" (art. 1º, IV). Mais recentemente, a Lei n. 13.004/2014, alterando o art. 1º da Lei n. 7.347/85, alargou o campo de incidência da ação civil pública também à defesa do "patrimônio público e social", em harmonia com o texto constitucional.

A partir de tal avanço legislativo, deflagrado pela própria Carta Política, outros campos de interesse passaram a contar com expressa tutela, tais como o da infância e juventude (Lei n. 8.069/90), o das pessoas portadoras de deficiência (Lei n. 7.853/89), o dos investidores de valores mobiliários (Lei n. 7.913/89) etc. E nessa perspectiva é que se insere, inegavelmente, a crescente preocupação com a tutela do *patrimônio público*.

Que são "direitos difusos"? Quais os seus caracteres marcantes? Pode-se classificar a defesa do patrimônio público como tal?

Antes de tudo, é preciso conceituar *patrimônio público* como o *conjunto de bens e direitos de valor econômico, artístico, estético, histórico ou turístico* (art. 1º da Lei n. 4.717/65 – Lei da Ação Popular), inserindo-se em tal conceito, também, o *patrimônio moral dos entes públicos*[7]. A este último respeito, tem-se valiosa observação de Fernando Rodrigues Martins que, por sua clareza, pedimos vênia para transcrever: "De considerar, ainda, a ideia de que o patrimônio público não pode ser compreendido apenas do ponto de vista material, econômico ou palpável. O patrimônio público espelha todo tipo de situação em que a Administração Pública estiver envolvida, desde a mais módica prestação de serviço típica até os bens que fazem parte de seu acervo dominial. Com efeito, e como veremos adiante, a própria moral da Administração Pública cons-

---

[7] A demonstrar a existência de um patrimônio moral titularizado pelas pessoas jurídicas de direito público, basta referir que a antiga Lei de Imprensa, em seu art. 21, § 1º, aludia ao crime de difamação contra *órgão ou entidade que exerça funções de autoridade pública*. No mesmo sentido, o art. 219 do Código Penal Militar, que pune a conduta de *propalar fatos, que sabe inverídicos, capazes de ofender a dignidade ou abalar o crédito das forças armadas ou a confiança que estas merecem do público*. Ademais, em importante precedente, o e. STF admitiu ser o Poder Público titular de um patrimônio moral. Eis a ementa do acórdão prolatado no RE n. 170.768-2-SP: "Ação Popular. Abertura de Conta Corrente em Nome de Particular para Movimentar Recursos Públicos. Patrimônio Material do Poder Público. Moralidade Administrativa. Art. 5º, inc. LXXIII, da Constituição Federal. O entendimento sufragado pelo acórdão recorrido no sentido de que, para o cabimento da ação popular, basta a ilegalidade do ato administrativo a invalidar, por contrariar normas específicas que regem a sua prática ou por se desviar dos princípios que norteiam a Administração Pública, dispensável a demonstração de prejuízo material aos cofres públicos, não é ofensivo ao inc. LXXIII do art. 5º da Constituição Federal, *norma esta que abarca não só o patrimônio material do Poder Público, como também o patrimônio moral, o cultural e o histórico*... Recurso não conhecido" (1ª T., rel. Min. Ilmar Galvão, j. em 26/3/1999, *DJ* de 13/8/1999). No âmbito do STJ, a matéria está sumulada: *A pessoa jurídica pode sofrer dano moral* (Súmula n. 227).

titui patrimônio a ser resguardado por todos os membros da sociedade, sob pena da completa submissão dos valores rígidos de honestidade e probidade às práticas vezeiras de corrupção, enriquecimento ilícito, concussão e prevaricação. Tudo isso a gerar desconfiança dos administrados em face dos administradores e, se não, o pior – difundir a ilicitude como meio usual nas multifárias relações entre os particulares, já que o mau exemplo dos administradores autorizaria, em tese, o desmantelamento dos critérios de lisura"[8].

Pois bem. O CDC define direitos difusos como os transindividuais, de natureza indivisível, de que sejam titulares pessoas indeterminadas e ligadas por circunstâncias de fato (art. 81, parágrafo único, I), o que levou Mazzilli a conceituá-los como interesses que "compreendem grupos menos determinados de pessoas, entre as quais inexiste vínculo jurídico ou fático preciso. São como um conjunto de interesses individuais, de pessoas indetermináveis, unidas por pontos conexos"[9]. Mais à frente, distinguindo os interesses difusos, de um lado, dos coletivos e individuais homogêneos, de outro, explica o mesmo autor:

> Quando nos depararmos com interesses transindividuais ou de grupos, para melhor identificar sua natureza, devemos atentar para o seguinte: a) o dano provocou lesões divisíveis, individualmente variáveis e quantificáveis? Se sim, estamos diante de interesses individuais homogêneos; b) o grupo lesado é indeterminável e as lesões são indivisíveis? Se sim, estamos diante de interesses difusos; c) as lesões são indivisíveis, mas o grupo é determinável, e o que une o grupo é apenas uma relação jurídica básica comum, então estamos diante de interesses coletivos[10].

Kazuo Watanabe, por seu turno, detendo-se sobre a conceituação legal, enfatiza que "... optou-se pelo critério da indeterminação dos titulares e da inexistência entre eles de relação jurídica-base, no aspecto subjetivo, e pela indivisibilidade do bem jurídico, no aspecto objetivo"[11].

---

8 *Controle do patrimônio público*, p. 18. Em certo sentido, também Barbosa Moreira, que, ao comentar o alcance do art. 1º, parágrafo único, da Lei da Ação Popular, amplia o conceito de patrimônio público de modo a alcançar lesões que não sejam meramente pecuniárias: "Além disso, cuidou a lei – e o ponto assume especial relevo no presente contexto – de fixar o conceito de patrimônio, com o fito de dilatar a área de atuação do instrumento processual para fora do restrito círculo das lesões meramente pecuniárias. É talvez essa peculiaridade que torna a ação popular mais interessante (com as ressalvas que a seu tempo virão) na perspectiva em que nos situamos aqui, sabido como é que os denominados 'interesses difusos' não raro se mostram insuscetíveis de redução a valores monetariamente expressos – característica com a qual se relaciona de maneira direta a insuficiência, a seu respeito, da 'tutela ressarcitória'" (A ação popular no direito brasileiro como instrumento de tutela jurisdicional dos chamados "interesses difusos").
9 *A defesa dos interesses difusos em juízo*, p. 44-45.
10 *Idem*, p. 49.
11 *Código de Defesa do Consumidor Comentado pelos autores do anteprojeto*, p. 720. Para Mancuso, interesses difusos "são interesses metaindividuais, que, não tendo atingido o grau de agregação e organização necessários à sua afetação institucional junto a certas entidades ou órgãos representativos dos interesses já socialmen-

Introdução

A facilitar nossa tarefa rumo à caracterização da *tutela do patrimônio público* como um *interesse difuso*, bastaria mencionar o art. 129, III, da Constituição Federal (Art. 129. *São funções institucionais do Ministério Público: III – promover o inquérito civil e a ação civil pública, para a proteção do patrimônio público e social, do meio ambiente e de outros interesses difusos e coletivos*), soando evidente que se a Carta Magna fez referência a *outros interesses difusos* depois de mencionar o meio ambiente e o *patrimônio público* e social é porque estes participam, também, de tal natureza[12]. *De lege lata*, assim, não se pode ter qualquer dúvida a tal respeito[13].

Mesmo à falta de tão esclarecedora regra, não seria difícil perceber que a tutela do patrimônio público, interesse jurídico titularizado por toda a sociedade, se insere na órbita dos direitos difusos, apresentando as suas características marcantes, quais sejam:

a) a *indeterminação dos sujeitos*, não se tendo dúvida quanto ao fato de que a tutela do patrimônio público não pertence"...a uma pessoa isolada, nem a um grupo nitida-

---

te definidos, restam em estado fluido, dispersos pela sociedade civil como um todo (*v.g.*, o interesse à pureza do ar atmosférico), podendo, por vezes, concernir a certas coletividades de conteúdo numérico indefinido (*v.g.*, os consumidores). Caracterizam-se: pela indeterminação dos sujeitos, pela indivisibilidade do objeto, por sua intensa litigiosidade interna e por sua tendência à transição ou mutação no tempo e no espaço" (*Interesses difusos: conceito e legitimação para agir*, p. 136-137).

12 A conclusão se vê confirmada pela análise do art. 312, II, do Anteprojeto de Constituição apresentado pela Comissão Afonso Arinos, que, dispondo sobre as atribuições do Ministério Público, previa a de "II – promover ação civil pública, nos termos da lei, para a proteção do patrimônio público e social, dos interesses difusos e coletivos, dos direitos indisponíveis e das situações jurídicas de interesse geral ou para coibir abuso de autoridade ou do poder econômico" (*DOU* de 25/9/1986, Suplemento Especial n. 185). Como se percebe, a referida comissão distinguia a tutela do patrimônio público dos interesses difusos, concepção que, no entanto, acabou não prevalecendo na redação final de que resultou o atual art. 129, III.

13 No sentido do texto, Fernando Rodrigues Martins (*Controle do patrimônio público*, p. 63 e s.). Marino Pazzaglini Filho, Márcio Fernando Elias Rosa e Waldo Fazzio Júnior afirmam que na locução constitucional "qualquer outro interesse difuso ou coletivo" está abrangida "a proteção da probidade administrativa" (*Improbidade administrativa – aspectos jurídicos da defesa do patrimônio público*, p. 145). Nelson Nery Junior e Rosa Maria de Andrade Nery, igualmente, aludem à possibilidade de tutela, via ação civil pública, da "moralidade administrativa" e do "patrimônio público contra o enriquecimento ilícito de agente ou servidor público" (*Código de Processo Civil comentado e legislação processual civil extravagante em vigor*, p. 1129, rubrica "outros direitos difusos ou coletivos"). Também Barbosa Moreira, há muito tempo, ao se referir ao "bom emprego de recursos financeiros de origem pública ou popular" como um direito difuso (A legitimação para a defesa dos interesses difusos no direito brasileiro). Na jurisprudência merece destaque o decidido no REsp n. 510.150/MA, 1ª Turma, rel. Min. Luiz Fux, j. 17/2/2004. Em sentido diverso – sem discrepar, no entanto, quanto à possibilidade de utilização da ação civil pública e à legitimidade do Ministério Público –, Luiz Salles do Nascimento, sustentando que a tutela do patrimônio público participa do conceito de *interesse público primário*, a cujo respeito, diferentemente do que se dá com relação aos interesses difusos, marcados pela *conflituosidade intrínseca*, existe *unanimidade social* (A legitimidade do ministério público para a proteção do patrimônio público e social). Em nosso sentir, *de lege lata* (art. 129, III, da CF, e art. 81, parágrafo único, I, do CDC) não há como fugir à conclusão no sentido de que a tutela do patrimônio público é um interesse difuso, não sendo demais lembrar, por outro lado, que "há interesses difusos tão abrangentes que coincidem com o interesse público" (MAZZILLI, *A defesa dos interesses difusos em juízo*, p. 45).

mente delimitado de pessoas (ao contrário do que se dá em situações clássicas como a do condomínio ou a da pluralidade de credores numa única obrigação), mas a uma série **indeterminada** – e, ao menos para efeitos práticos, **de difícil ou impossível determinação** –, cujos membros não se ligam necessariamente por vínculo jurídico definido"[14];

b) a *indivisibilidade de objeto*, sendo o patrimônio público um bem indivisível, "...no sentido de insuscetível de divisão (mesmo ideal) em 'quotas' atribuíveis individualmente a cada qual dos interessados"[15];

c) a "... natureza extensiva, disseminada ou difusa das lesões a que estão sujeitos. Os efeitos danosos das lesões aos interesses difusos apresentam-se amplos e não circunscritos, num fenômeno de propagação altamente centrífuga"[16].

Cabe ressaltar, por importante, que a tutela de tal direito difuso – que se dá, embora não de forma exclusiva, por intermédio dos mecanismos previstos na Lei n. 8.429/92[17] – percorreu, no Brasil, aqueles "dois momentos logicamente sucessivos" apontados por Mauro Cappelletti, quais sejam, o da criação de normas protetivas de direito material[18] e, num segundo momento (não necessariamente cronológico), o da criação de instrumentos processuais eficazes, hoje consubstanciados, principalmente, pelas Leis da Ação Popular (Lei n. 4.717/65), da Ação Civil Pública (Lei n. 7.347/85) e da Improbidade Administrativa (Lei n. 8.429/92)[19]. No plano material, considerando-se que os direitos difusos devem ser

---

14 MOREIRA, Barbosa. Ob. cit., p. 1.
15 *Idem, ibidem*.
16 BASTOS, Celso. A tutela dos interesses difusos no direito constitucional brasileiro.
17 A doutrina aponta, como mecanismos de controle e tutela do patrimônio público, ao lado da Lei de Improbidade Administrativa, os sistemas de controle interno e externo, os mecanismos judiciais tais como a ação popular e o mandado de segurança, a aplicação dos instrumentos da chamada Lei de Responsabilidade Fiscal etc.
18 Vários autores ressaltam a importância de uma "materialização" dos direitos difusos, sobretudo na Constituição Federal. Confiram-se, a esse respeito, os trabalhos de Celso Antônio Pacheco Fiorillo (A ação civil pública e a defesa dos direitos constitucionais difusos) e Celso Bastos (A tutela dos interesses difusos no direito constitucional brasileiro). Desta visão parece discordar o Professor Barbosa Moreira, quando afirma, em "A ação popular no direito brasileiro como instrumento de tutela jurisdicional dos chamados 'interesses difusos'", que "... inexiste princípio *a priori* segundo o qual toda situação jurídica subjetiva que se candidate à tutela estatal por meio do processo deva obrigatoriamente exibir carta de cidadania entre os direitos, no sentido rigoroso da palavra" (p. 9). Para a Professora Ada Pellegrini Grinover, é possível extrair-se implicitamente do sistema a tutela aos interesses difusos (interesses difusos tutelados explicitamente e/ou implicitamente), ressaltando a peculiaridade do ordenamento constitucional brasileiro, no qual a especificação dos direitos e garantias não se faz em *numerus clausus* (Novas tendências na tutela jurisdicional dos interesses difusos, p. 85-86).
19 Afirma Cappelletti, tratando dos dois momentos de tutela legislativa dos interesses difusos, após ressaltar a importância das normas de direito material, que: "Mesmo se o legislador mais aberto a esse fenômeno, mesmo o mais progressista, mais avançado, se limitar a estabelecer que tais interesses são direitos substanciais, sem alterar também, o campo da tutela, ou seja, sem investir desse direito um 'autor' que possa legiti-

amparados, sobretudo, no âmbito constitucional[20], merecem destaque as seguintes regras, todas constantes da atual Constituição Federal:

a) **específicas**: arts. **14, § 9º** (hipótese de inelegibilidade de modo a resguardar a probidade administrativa); **15, V** (suspensão dos direitos políticos em razão de improbidade administrativa); **23, I** (conservação do patrimônio público como competência comum da União, dos Estados, do Distrito Federal e dos municípios); **31** (fiscalização das contas do Município pelos sistemas de controle interno e externo); **37,** *caput* (princípios da administração: legalidade, impessoalidade, moralidade, publicidade e eficiência), **incisos II** (exigência de concurso público) **e XXI** (contratação de obras, serviços, compras e alienações através de licitação) **e §§ 4º** (improbidade importando em suspensão de direitos políticos, perda da função pública, indisponibilidade dos bens e ressarcimento ao erário, sem prejuízo da ação penal cabível) **e 5º** (imprescritibilidade das ações de ressarcimento); **49, IX** (julgamento das contas do Presidente da República pelo Congresso Nacional) **e X** (fiscalização e controle dos atos do Poder Executivo pelo Congresso Nacional); **art. 52, parágrafo único, c.c. art. 85** (competência do Senado para o julgamento do Presidente da República por infrações político-administrativas, dentre as quais se incluem os atentados contra a probidade na administração); **54** (proibições a que estão sujeitos os deputados e senadores durante o exercício do mandato, como, por exemplo, serem proprietários, controladores ou diretores de empresas que gozem de favores decorrentes de contratos com pessoas jurídicas de direito público); **55** (perda do mandato para o caso de violação das proibições estabelecidas no art. 54 e, também, para a hipótese de percepção de vantagens indevidas durante o mandato); **58, § 3º** (Comissões Parlamentares de Inquérito, que exercem importante controle sobre a atividade executiva); **70 e seguintes** (cuidam da fiscalização contábil, financeira, orçamentária, operacional e patrimonial da União, delineando as atribuições do TCU e o papel dos sistemas de controle interno); **95, parágrafo único, II** (vedação aos juízes de receberem custas ou participação em processos); **128, § 5º, II** (vedação a membros do Ministério Público de receberem custas ou participação em processos); **129, III** (o patrimônio público como objeto de tutela por intermédio do inquérito civil e a da ação civil pública)[21] **e VII** (controle externo

---

mar-se a pedir a proteção legal – será um legislador frustrado, limitado a operar no campo do direito material, sem eficácia" (ob. cit., p. 174).

20 Cf. FIORILLO, Celso Antônio Pacheco. A ação civil pública e a defesa dos direitos constitucionais difusos.

21 A esse respeito, merece destaque a aguda observação de Antônio Augusto Mello de Camargo Ferraz: "As reações ao inquérito civil surgiram quando ele passou a ser utilizado para apuração de grandes (às vezes gigantescos) danos aos interesses sociais e difusos! Idêntica reação com certeza existiria contra o inquérito policial, caso este fosse mais frequentemente utilizado para investigar pessoas de projeção. Refiro-me aqui a grandes empreendimentos imobiliários que aos poucos desfiguram todo o nosso litoral, suprimindo o que resta de mata atlântica... refiro-me ainda ao desperdício de quantias vultosas de dinheiro por administra-

da atividade policial); **150, § 6º** (dispõe que qualquer subsídio ou isenção, redução de base de cálculo, concessão de crédito presumido, anistia ou remissão relativos a impostos, taxas e contribuições só pode ser concedido mediante lei específica);

b) **genéricas: arts. 1º, II e III** (estabelecem a cidadania e a dignidade da pessoa humana como fundamentos da República Federativa do Brasil); **3º, I, III e IV** (estabelece a construção de uma sociedade livre, justa e solidária, a erradicação da pobreza e da marginalização, a redução das desigualdades sociais e regionais e a promoção do bem de todos como objetivos fundamentais da República Federativa do Brasil); **art. 5º, *caput*** (princípio da igualdade); **6º** (educação, saúde, trabalho, moradia, lazer, segurança, previdência social, proteção à maternidade e à infância, assistência aos desamparados como direitos sociais), dentre outras.

A caracterização da tutela do patrimônio público como um direito difuso nos permite aplicar não só toda a sólida base teórica já produzida, no Brasil e fora dele, sobre o tema mas também, e sobretudo, os instrumentos legais já existentes em nosso ordenamento. Nessa linha, a par da aplicabilidade das normas previstas na Lei de Improbidade Administrativa (Lei n. 8.429/92), tem-se como possível a incidência da Lei da Ação Civil Pública (Lei n. 7.347/85), da Lei da Ação Popular (Lei n. 4.717/65), da Lei Anticorrupção (Lei n. 12.846/2013, art. 21) e do próprio CDC (Lei n. 8.078/90), isto, evidentemente, sem contar com a subsidiária possibilidade de aplicação do CPC e do próprio CPP, este último principalmente no capítulo referente ao inquérito civil[22].

ções negligentes, ou mesmo à ignominiosa e rotineira prática de atos deliberados de malversação de recursos públicos, que tem feito a fortuna de políticos, administradores e empresários. Quem se animará a negar que fatos dessa natureza ocorrem diariamente em nosso País? Esses fatos, ao contrário daqueles inicialmente considerados, de menor significado, alcançam diretamente toda a sociedade, e em maior profundidade a população carente. Explico: o dinheiro público desviado de seu destino natural significa (de imediato) escolas que não serão construídas, hospitais que são desativados ou funcionam em péssimas condições, moradias populares que deixam de ser edificadas e empregos que não são gerados – e, por consequência, o péssimo nível educacional, a evasão escolar, as precárias condições de saúde, alimentação e mesmo a morte, as favelas e o desemprego – dos quais a população mais pobre não tem como escapar..." (Inquérito civil: dez anos de um instrumento de cidadania).

[22] A natureza difusa da tutela do patrimônio público, com a consequente incidência de toda a normativa própria ao campo dos interesses metaindividuais, foi reconhecida pela 1ª T. do STJ por ocasião do julgamento do REsp n. 401.964/RO, rel. Min. Luiz Fux, o qual, após afirmar que a atual Constituição Federal"... criou um microssistema de tutela de interesses difusos referentes à probidade da administração pública, nele encartando-se a Ação Popular, a Ação Civil Pública e o Mandado de Segurança Coletivo", assevera que "A moralidade administrativa e seus desvios, com consequências patrimoniais para o erário, enquadram-se na categoria dos interesses difusos, habilitando o Ministério Público a demandar em juízo acerca dos mesmos" (j. 22/10/2002). A temática será retomada mais à frente, ao ensejo da análise do cabimento da ação civil pública no campo da improbidade e da legitimação do Ministério Público. Na doutrina, dentre diversos autores, tivemos a adesão, mais recentemente, de José Antônio Lisbôa Neiva (*Improbidade administrativa*: estudo sobre a demanda na ação de conhecimento e cautelar, p. 26-37) e Gustavo Senna Miranda (*Princípio do juiz natural e sua aplicação na Lei de Improbidade Administrativa*, p. 192-200), que nos honraram com a citação.

CAPÍTULO I
O Momento Investigativo.
O Inquérito Civil

1. NATUREZA JURÍDICA E ORIGENS

Instrumento posto à disposição do Ministério Público pela atual Constituição Federal (art. 129, III), constitui-se o inquérito civil, inegavelmente, num dos fatores que culminaram com o verificado sucesso da Lei n. 7.347/85, colaborando decisivamente com a utilização consistente e razoável da ação civil pública.

Procedimento administrativo no qual não incide o contraditório[1], por não veicular qualquer tipo de acusação nem buscar a composição de conflitos de interesse, foi tal instrumento concebido no seio do *Parquet* paulista, inspirado, desde o primeiro momento, pelo congênere investigatório da área criminal, o inquérito policial[2], só que escoimado das mazelas que vêm, ao longo das décadas, reduzindo a eficácia deste último, uma vez que o procedimento investigatório civil é presidido pelo próprio Ministério Público, ao contrário do que se verifica na esfera penal.

---

[1] "O princípio do contraditório não prevalece no curso das investigações preparatórias encetadas pelo Ministério Público (RE n. 136.239 – Ag. Reg. em Inquérito 897 – DJU 24/3/1995)" (STJ, RMS n. 8.716/GO, 1ª T., rel. Min. Milton Luiz Pereira, DJU de 25/5/1998, p. 11). No mesmo sentido: REsp n. 750591/GO, 5ª T., DJ de 30/6/2008; REsp n. 886137/MG, 2ª T., DJ de 25/4/2008; RMS n. 28949/PR, rel. Min. Denise Arruda, 1ª T., j. em 5/11/2009, DJ de 26/11/2009; REsp n. 886137/MG, rel. Min. Humberto Martins, 2ª T., j. em 15/4/2008, DJ de 25/4/2008; RMS n. 21038/MG, rel. Min. Luiz Fux, 1ª T., j. em 7/5/2009, DJ de 1º/6/2009, este último honrando-nos com a citação. **No âmbito do STF:** RE n. 481955/PR, rel. Min. Cármen Lúcia, j. em 9/12/2009, DJ de 4/2/2010.

[2] Hugo Nigro Mazzilli, em seu magistral *O inquérito civil*, trabalho de obrigatória leitura, credita ao Promotor de Justiça paulista José Fernando da Silva Lopes as primeiras ideias a respeito do inquérito civil, lançadas em palestra proferida em 21/6/1980, na Cidade de Ourinhos/SP, e publicada, resumidamente, pela APMP em 1990 (p. 42). Posteriormente, por ocasião do I Congresso Nacional de Direito Processual, ocorrido em Porto Alegre, no ano de 1983, os juristas Ada Pellegrini Grinover, Cândido Rangel Dinamarco, Kazuo Watanabe e Waldemar Mariz de Oliveira Júnior apresentaram anteprojeto de lei disciplinando o assunto, proposta que, juntamente com a fomentada pelos então Promotores de Justiça Antônio Augusto Mello de Camargo Ferraz, Édis Milaré e Nelson Nery Junior, embasou anteprojeto apresentado pelo Ministério Público de São Paulo ao Ministério da Justiça, que culminou na Lei n. 7.347/85.

Ressalte-se que a não incidência do contraditório no momento pré-processual não significa que a investigação levada a cabo pelo *Parquet* esteja dissociada dos parâmetros de legalidade estatuídos pelo sistema jurídico. Nesta linha, deve-se observar, quanto à sua instauração, por exemplo, o princípio do promotor natural, evitando-se que órgão ministerial sem atribuição para a matéria instaure o procedimento de investigação. Diga-se o mesmo no que respeita a eventuais comprometimentos subjetivos entre o investigador e o sujeito investigado, uma vez que a atuação do Ministério Público, administrativa ou processual, deve pautar-se pelo princípio da impessoalidade[3].

De acordo com a atual disciplina constitucional, trata-se de uma ferramenta disponibilizada ao Ministério Público (função dita *instrumental*) sempre que se apresentar uma hipótese de sua atribuição, também constitucionalmente balizada. O que significa dizer: qualquer que seja o instrumento processual a ser utilizado (ações civis públicas, ações cautelares, ações ordinárias etc.) o fato é que pode o *Parquet* lançar mão do inquérito civil para a formação de seu convencimento e para a instrumentação da ação, não havendo qualquer liame de exclusividade entre o inquérito civil e a ação civil pública[4].

Sua importância no campo da improbidade administrativa vem sendo demonstrada pela incansável e corajosa atuação dos Promotores de Justiça e Procuradores da República de todo o País, sendo importantíssimo elemento de esclarecimento dos geralmente complexos meandros tomados pelo atuar ímprobo[5].

2. FINALIDADE

Como todo e qualquer instrumento investigatório, tem o inquérito civil por escopo a coleta de elementos demonstradores da ocorrência do ilícito e de sua autoria. Não se destina a uma exaustiva pesquisa de tais aspectos, mais adequada ao momento processual, cingindo-se, antes, à mera coleta de *indícios*[6].

Sendo um instrumento posto pelo legislador, com exclusividade, à disposição do Ministério Público, é o inquérito civil um precioso elemento de formação da *opinio actio*, via-

---

[3] Sobre os mecanismos de controle do inquérito *vide*, amplamente, os tópicos 10 e 11 desta segunda parte da obra.

[4] Neste sentido, BURLE FILHO, José Emmanuel. Principais aspectos do inquérito civil como função institucional do Ministério Público, p. 323.

[5] Em pioneira pesquisa, o Professor Paulo Cezar Pinheiro Carneiro aponta que no Rio de Janeiro, em média, 50% das ações ajuizadas pelo *Parquet*, entre 1987 a 1996, contaram com a prévia instauração de inquérito civil, percentual que subiu para quase 63% nas ações relativas ao meio ambiente (*Acesso à justiça – Juizados Especiais Cíveis e ação civil pública – Uma nova sistematização da teoria geral do processo*, p. 204-205).

[6] Sem prejuízo, é interessante observar que, na prática, o inquérito bem instruído contribui para o êxito da demanda. Tal aspecto foi constatado pelo Professor Paulo Cezar Pinheiro Carneiro que, na pesquisa acima mencionada, indica que em 61,19% das ações precedidas de inquérito civil o *Parquet* obteve êxito (*Acesso à justiça...*, p. 206).

bilizando, a depender dos resultados alcançados, o exercício da ação civil pública. Por seu intermédio, através da coleta de documentos e de testemunhos, da realização de perícias e de inspeções pessoais etc., busca-se, num primeiro momento, *a identificação das hipóteses que, em tese, ao teor do texto constitucional e da legislação infraconstitucional, legitimam a atuação do Ministério Público*, vale dizer, a identificação da existência de lesão ou ameaça a interesses difusos, coletivos ou individuais homogêneos.

Identificada a presença, em tese, de tais interesses, num segundo momento tem o inquérito civil o escopo de definir a necessidade, ou não, da propositura da ação civil pública em busca da satisfação da pretensão social, estando o Ministério Público vinculado, em seu atuar, ao princípio da obrigatoriedade, tal como ocorre no âmbito da ação penal de iniciativa pública. Este aspecto, vale dizer, o de *dar fundamento à ação civil pública* parece-nos de suma importância e a ele dedicaremos maior atenção.

Em seu clássico texto *O Despacho Saneador e o Julgamento do Mérito*, ao tratar das denominadas condições da ação – condições para o seu legítimo exercício, numa visão abstrativista – afirma Enrico Tulio Liebman que existe o **interesse de agir** "...quando há para o autor **utilidade e necessidade** de conseguir o recebimento de seu pedido, para obter, por esse meio, a satisfação do interesse (material) que ficou insatisfeito pela atitude de outra pessoa"[7]. Antônio Carlos de Araújo Cintra, Ada Pellegrini Grinover e Cândido Rangel Dinamarco, ao cuidarem do tema, afirmam, por seu turno, que a necessidade da tutela jurisdicional repousa "...na impossibilidade de obter a satisfação do alegado direito sem a intercessão do Estado – ou porque a parte contrária se nega a satisfazê-lo, sendo vedado ao autor o uso da autotutela, ou porque a própria lei exige que determinados direitos só possam ser exercidos mediante prévia declaração judicial (são as chamadas ações constitutivas necessárias no processo civil e a ação penal condenatória, no processo penal – v. supra, n. 7)"[8].

No que se refere à improbidade administrativa, muito embora não tenham as sanções previstas no art. 12 da Lei n. 8.429/92 natureza penal[9], o certo é que a inteireza de sua aplicação não prescinde da intervenção jurisdicional, incidindo, aqui, *modus in rebus*, o princípio *nulla poena sine judice*. Com efeito, vedada que foi pelo art. 17, § 1º, *a transação, acordo ou conciliação nas ações de que trata o* caput, inviabilizada a celebração, por tal motivo, de termos de ajustamento de conduta[10], somente por intermédio do processo, com todas as suas garantias constitucionais, poder-se-á alcançar a plenitude sancionatória concebida pelo legislador.

O princípio *nulla poena sine judice*, sem prejuízo, é ainda insuficiente à demonstração do interesse de agir do autor da ação de improbidade, visto que, se por um lado o processo é imprescindível, por outro, a pretensão sancionatória por ele veiculada só será digna de

---

7 *Estudos sobre o processo civil brasileiro*, p. 125.
8 *Teoria geral do processo*, p. 230.
9 Sobre o tema, ver a primeira parte desta obra.
10 Sobre o tema, ver o tópico 13 desta segunda parte.

ser apreciada pelo Poder Judiciário quando arrimada em elementos mínimos demonstradores da existência do atuar ímprobo. Noutro giro: não se podendo alcançar a integral incidência das sanções previstas na Lei n. 8.429/92 senão através da via jurisdicional, tem-se como implícito o interesse de agir tanto do Ministério Público quanto dos demais legitimados. Não obstante, em razão da gravidade das sanções aplicáveis, considerando-se, também, o *strepitus fori* desencadeado pela só existência de relação processual de tal natureza, capaz de afrontar seriamente o *status dignitatis* do réu e de colocar em xeque a própria credibilidade da administração, deve-se exigir que as pretensões formuladas pelo autor se vejam arrimadas, corroboradas por um mínimo de elementos probatórios, análise que, no momento de propositura da ação, se faz ainda em caráter provisório e superficial, contentando-se com a verificação da existência de meros indícios.

Tal aspecto, o de servir o inquérito civil como *suporte probatório mínimo da ação civil pública*, já havia sido notado por José Celso de Mello Filho quando, na qualidade de Assessor do Gabinete Civil da Presidência da República, assim se pronunciou no procedimento relativo ao projeto de que resultou a Lei n. 7.347/85:

> *O projeto de lei, que dispõe sobre a ação civil pública, institui, de modo inovador, a figura do inquérito civil. Trata-se de procedimento meramente administrativo, de caráter pré-processual, que se realiza extrajudicialmente. O inquérito civil, de instauração facultativa, desempenha relevante função instrumental. Constitui meio destinado a coligir provas e quaisquer outros elementos de convicção, que possam fundamentar a atuação processual do Ministério Público. **O inquérito civil, em suma, configura um procedimento preparatório, destinado a viabilizar o exercício responsável da ação civil pública. Com ele, frustra-se a possibilidade, sempre eventual, de instauração de lides temerárias**[11]. (destaques nossos)*

A conclusão se vê confirmada pelo art. 9º da Lei da Ação Civil Pública, que prevê o arquivamento do inquérito civil para a hipótese de o órgão do Ministério Público se convencer, dada a fragilidade dos elementos colhidos, pela inexistência de *fundamento* para a ação civil, parecendo claro que se a incipiência dos elementos produzidos no inquérito deve levar ao encerramento das investigações, é porque o procedimento investigatório se vocaciona à demonstração da *necessidade* de invocação da tutela jurisdicional, concluindo-se, deste modo, que tal procedimento investigatório (ou as peças de informação) tem o escopo de demonstrar, concretamente, o interesse de agir do Ministério Público e, para os fins do presente estudo, a finalidade de demonstrar o seu interesse em busca da aplicação das graves sanções previstas no art. 12 da Lei 8.429/92[12].

---

11 *Apud* MEIRELLES, Hely Lopes. *Mandado de segurança, ação popular, ação civil pública, mandado de injunção, "habeas data"*, p. 125.
12 Sustentando, embora sob enfoque diverso, a necessidade de um fundamento fático mínimo a legitimar a propositura da ação civil pública, tem-se a valiosa opinião do Professor e Magistrado Wilney Magno de A. Silva, *verbis*: "Pelo que se depreende das normas contidas nos artigos 6º a 8º, da Lei n. 7.347/85, cumpre

Quanto aos *demais legitimados à propositura da ação civil pública*[13], muito embora não disponham do inquérito civil, também é de se exigir que instruam a inicial com elementos que permitam a aferição, *primo ictu oculi*, de seu interesse de agir, podendo, para tanto, valerem-se de documentos públicos ou privados, certidões e informações, relatórios do Tribunal de Contas, sindicâncias e procedimentos administrativos etc.[14]. Com relação a eles, o máximo que se pode admitir é que, com fundamento no art. 8º, § 2º, da Lei da Ação Civil Pública, deixem de instruir a inicial com os documentos indispensáveis nos casos em que a lei impuser o sigilo, "hipótese em que a ação poderá ser proposta desacompanhada daqueles documentos, cabendo ao juiz requisitá-los"[15].

De ressaltar que o § 6º do art. 17 da Lei de Improbidade, com a redação dada pela Medida Provisória n. 2.088-35, de 27 de dezembro de 2000, não deixa nenhuma dúvida a respeito da necessidade dessa "prova mínima" ao estabelecer que, em qualquer hipótese, *a ação será instruída com documentos ou justificação que contenham indícios suficientes da existência do ato de improbidade ou com razões fundamentadas da impossibilidade de apresentação de qualquer dessas provas*.

Além de dar fundamento à ação, serve o inquérito civil (*ou as peças de informação*) para a coleta dos *documentos* indispensáveis à demonstração *da existência da pretensão* veiculada pelo *Parquet*, os quais, ao teor do art. 434 do CPC/2015[16], devem acompanhar a petição inicial *sob pena de preclusão*, certo que "em princípio, estabelece o código que o oferecimento de documentos, de que a parte pretenda fazer uso para corroborar as alegações que faz na fase postulatória, deverá ocorrer concomitantemente com a apresentação das razões de ação e de defesa, pelas respectivas partes"[17].

---

reconhecer que a legítima propositura da ação civil de iniciativa pública exige a presença de um suporte probatório mínimo – uma justa causa específica – que, por isso, assume, na Doutrina, o *status* de condição objetiva de procedibilidade da 'ação coletiva'. Trata-se de um fundamento fático mínimo, prévio e necessário, que pode ser obtido por meio de *peças de informação* ou mediante a instauração de *inquérito civil público*, cujo desenvolvimento, por força da Constituição e das leis (artigos 129, inciso III, da Constituição da República; 8º da Lei n. 7.347/85; 6º da Lei n. 7.853/89; 201, inciso V, da Lei n. 8.069/90; e 90 da Lei n. 8.078/90), deve efetuar-se sob a presidência do Ministério Público" (*Ação civil pública e controle jurisdicional dos atos administrativos*, p. 77 e s.).

13 Sobre o tema, *vide* tópico 6.
14 É possível desenvolver, aqui, o mesmo raciocínio que se faz no campo do Processo Penal quanto às ações de iniciativa privada, com relação às quais também se exige a existência de um "lastro probatório mínimo".
15 O § 6º do art. 17 da Lei de Improbidade, com a redação dada pela Medida Provisória n. 2.088-35, de 27 de dezembro de 2000, dispensa o autor da juntada de "documentos ou justificação" desde que exista razão, devidamente fundamentada, a impossibilitar a apresentação de tais provas (*rectius*: meros elementos investigatórios).
16 "Art. 434. Incumbe à parte instruir a petição inicial ou a contestação com os documentos destinados a provar suas alegações."
17 Luiz Guilherme Marinoni e Sérgio Cruz Arenhart, *Comentários ao Código de Processo Civil*, p. 236. Referidos autores ressaltam a distinção entre as regras contidas nos arts. 283 e 396 do CPC/73 (arts. 320 e 434 do CPC/2015, respectivamente): "Apesar do texto expresso do art. 396 [art. 434 do CPC/2015], ao referir-se

De fato, é como soa o art. 8º da Lei n. 7.347/85, ao estatuir que:

> *Art. 8º* **Para instruir a inicial**, *o interessado poderá requerer às autoridades competentes as certidões e informações que julgar necessárias, a serem fornecidas no prazo de 15 (quinze) dias.*
>
> *§ 1º O Ministério Público poderá instaurar, sob sua presidência,* **inquérito civil***, ou requisitar, de qualquer organismo público ou particular, certidões, informações, exames ou perícias, no prazo que assinalar, o qual não poderá ser inferior a 10 (dez) dias úteis.*
>
> *§ 2º Somente nos caso em que a lei impuser sigilo, poderá ser negada certidão ou informação, hipótese em que a ação poderá ser proposta desacompanhada daqueles documentos, cabendo ao juiz requisitá-los,*

adotando-se, aqui, elementar princípio de hermenêutica de acordo com o qual as regras contidas nos parágrafos de um determinado dispositivo devem ser interpretadas à luz do que se estabelece em sua cabeça, que, no caso, cuida da *instrução* da petição inicial da ação civil pública, na mesma linha do que dispõe o art. 434 do CPC/2015.

Desta forma, em resumo, serve o inquérito civil para:

---

diretamente ao art. 283 [art. 320 do CPC/2015], é certo que não se pode interpretar literalmente esta remissão, sob pena de criar figura teratológica no direito pátrio. Note-se que o art. 283 [art. 320 do CPC/2015] determina ao autor que instrua a petição inicial com os documentos indispensáveis à propositura da ação. Ora, a prova documental – como simples meio de prova que é – dificilmente pode ser reconhecida como algo indispensável à propositura da ação. Bem ao contrário, é cediço que a produção da prova é mero ônus da parte, que deve ter interesse em demonstrar a ocorrência dos fatos que afirma em juízo terem ocorrido. É evidente que quando a lei impõe o dever (e não mais o ônus) de a parte instruir a petição inicial com os documentos indispensáveis à propositura da ação pretende ela significar outra coisa, que não se confunde com a mera prova documental. Vale lembrar que a infração a este dever (imposto pelo art. 283 [art. 320 do CPC/2015]) pode resultar na aplicação do art. 284 [art. 321 do CPC/2015], inclusive com o indeferimento da petição inicial. Com efeito, seria inimaginável que pudesse o juiz simplesmente indeferir a petição inicial porque a parte não juntou, com a petição inicial, os documentos que pretendia utilizar para demonstrar as suas alegações. Como mero meio de prova, estes documentos poderão ser, posteriormente, substituídos por outros tipos de prova (a testemunhal, por exemplo) capaz de suprir a omissão inicial e demonstrar a ocorrência dos fatos alegados pelo autor. A falta de atendimento à determinação do art. 396 [art. 434 do CPC/2015] importa, apenas e em regra, em preclusão da produção da prova documental (em relação aos fatos narrados na petição inicial); já o descumprimento do preceito do art. 283 [art. 320 do CPC/2015] gera a incidência da determinação do art. 284 [art. 321 do CPC/2015], com a possível extinção imediata da ação, pelo indeferimento da petição inicial" (p. 237-238). Noutra passagem, após definirem, à luz do art. 283 [atualmente, art. 320 do CPC/2015], o que são *documentos indispensáveis à propositura da ação* (aqueles capazes de demonstrar a capacidade processual do autor, o seu interesse na utilização de determinado procedimento (ex.: ação monitória) ou quando o documento constitui o próprio objeto da ação (ex.: ação declaratória de falsidade documental) ou é da essência do ato (prova do domínio, prova do casamento etc.), afirmam que: "Em todos estes casos, novamente, não se pode sequer pensar na propositura da demanda sem a demonstração *prima facie* destes elementos, porquanto, assim como ocorre com as demais situações aventadas, revestem-se eles da condição de elemento de demonstração da própria existência das condições da ação (ou de pressupostos processuais) para o caso" (p. 240). Tais lições continuam válidas frente ao CPC atual.

a) permitir ao Parquet a identificação da "situação-tipo" legitimadora de sua atuação (defesa do meio ambiente, do consumidor, do patrimônio público etc.);

b) dar fundamento à ação civil pública, permitindo ao autor a demonstração de seu interesse de agir, ressaltando-se que no campo da improbidade a demonstração da necessidade de utilização da via jurisdicional, prima facie, é informada pela gravidade das sanções previstas no art. 12 da Lei n. 8.429/92;

c) atender ao comando do art. 434 do Código de Processo Civil, evitando a possibilidade de preclusão quanto à produção da prova documental[18].

3. INSTRUMENTO DE INVESTIGAÇÃO DA IMPROBIDADE ADMINISTRATIVA

A teor do art. 17, *caput*, da Lei de Improbidade, tem o Ministério Público legitimidade para a deflagração da jurisdição com vistas à reparação do possível dano causado pelo agente ímprobo, bem assim para a aplicação das sanções previstas em seu art. 12. Tal legitimação, amplamente reconhecida pelos Tribunais[19], vai buscar fundamento, num primeiro momento, no próprio texto constitucional, mais especificamente nos arts. 127, *caput* (*O Ministério Público é instituição permanente, essencial à função jurisdicional do Estado, incumbindo-lhe a defesa da ordem jurídica, do regime democrático e dos interesses sociais e individuais indisponíveis*) e 129, III (Art. 129. *São funções institucionais do Ministério Público: III – promover o inquérito civil e a ação civil pública, para a proteção do patrimônio público e social, do meio ambiente e de outros interesses difusos e coletivos*).

---

18 No Processo Penal, a matéria recebe tratamento diferente, dispondo o art. 231 do CPP que, *salvo os casos expressos em lei, as partes poderão apresentar documentos em qualquer fase do processo*. Mesmo no processo civil, a regra da preclusão deve ser afastada nas seguintes hipóteses: "a) quando o documento somente for conhecido pela parte interessada após o encerramento da oportunidade propícia para sua juntada aos autos; b) quando o documento, embora de ciência da parte, não possa ser obtido (porque sua obtenção demanda procedimento prévio, porque está em lugar ermo, porque está encartado em outro processo, cujo acesso é demorado etc.) em tempo hábil para ser juntado no momento correto aos autos; c) quando o documento, embora fosse de conhecimento e de posse pela parte, não pôde chegar às mãos do advogado em tempo para que fosse juntado aos autos até a ocasião adequada; d) quando a juntada do documento, no tempo oportuno, constitui atitude temerária, porque, por exemplo, se duvida da sua autenticidade e se está procedendo a uma verificação preventiva" (Luiz Guilherme Marinoni e Sérgio Cruz Arenhart, ob. cit., p. 246). De forma genérica, dispõe o art. 435 do Código de Processo Civil que "*é lícito às partes, em qualquer tempo, juntar aos autos documentos novos, quando destinados a fazer prova de fatos ocorridos depois dos articulados, ou para contrapô-los aos que foram produzidos nos autos. Parágrafo único. Admite-se também a juntada posterior de documentos formados após a petição inicial ou a contestação, bem como dos que se tornaram conhecidos, acessíveis ou disponíveis após esses atos, cabendo à parte que os produzir comprovar o motivo que a impediu de juntá-los anteriormente e incumbindo ao juiz, em qualquer caso, avaliar a conduta da parte de acordo com o art. 5º*".

19 STJ, REsp n. 137.101-MA, 2ª T., rel. Min. Adhemar Maciel, *DJU* de 14/9/1998; REsp n. 67.148-SP, 6ª T, rel. Min. Adhemar Maciel, *DJU* de 4/12/1995; REsp n. 31.547-9-SP, 2ª T., rel. Min. Américo Luz, *DJU* de 8/11/1993; REsp n. 166.848-MG, 1ª T., rel. Min. José Delgado, *DJU* de 3/8/1998. Sobre o assunto, falaremos mais adiante (Capítulo II da Segunda Parte –"O momento processual", tópico 6).

Também as Leis Orgânicas, a partir de 1993, passaram a dispor sobre a matéria, disciplinada nos arts. 26, IV, *b*, da Lei n. 8.625 (Art. 26. *Além das funções previstas nas Constituições Federal e Estadual, na Lei Orgânica e em outras leis, incumbe, ainda, ao Ministério Público: IV – promover o inquérito civil e a ação civil pública, na forma da lei: b) para a anulação ou declaração de nulidade de atos lesivos ao patrimônio público ou à moralidade administrativa do Estado ou de Município, de suas administrações indiretas ou fundacionais ou de entidades privadas de que participem*) e 6º, VII, *b*, da Lei Complementar n. 75 (Art. 6º *Compete ao Ministério Público da União: VII – promover o inquérito civil e a ação civil pública para: b) a proteção do patrimônio público e social, do meio ambiente, dos bens e direitos de valor artístico, estético, histórico, turístico e paisagístico*).

Diga-se o mesmo com relação à própria Lei da Ação Civil Pública, arts. 1º, VIII (Art. 1º *Regem-se pelas disposições desta Lei, sem prejuízo da ação popular, as ações de responsabilidade por danos morais e patrimoniais causados: VIII – a qualquer outro interesse difuso ou coletivo*), 5º (*A ação principal e a cautelar poderão ser propostas pelo Ministério Público, pela União, pelos Estados e Municípios. Poderão também ser propostas por autarquia, empresa pública, fundação, sociedade de economia mista ou por associação que: ...*) e 8º, §§ 1º e 2º (Art. 8º *Para instruir a inicial, o interessado poderá requerer às autoridades competentes as certidões e informações que julgar necessárias, a serem fornecidas no prazo de 15 (quinze) dias. § 1º O Ministério Público poderá instaurar, sob sua presidência, inquérito civil, ou requisitar, de qualquer organismo público ou particular, certidões, informações, exames ou perícias, no prazo que assinalar, o qual não poderá ser inferior a 10 (dez) dias úteis. § 2º Somente nos casos em que a lei impuser sigilo, poderá ser negada certidão ou informação, hipótese em que a ação poderá ser proposta desacompanhada daqueles documentos, cabendo ao juiz requisitá-los*).

Pelo que se percebe da disciplina constitucional e legal, ação civil pública e inquérito civil são instrumentos que se relacionam com grande intimidade, servindo este último à identificação da hipótese legitimadora da atuação do *Parquet*, possibilitando-lhe detectar, em última análise, a existência, ou não, do interesse de agir. Apresentam-se, deste modo, como mecanismos indissociáveis no cumprimento dos misteres constitucionalmente conferidos à Instituição, vocacionados, ambos, *à proteção do patrimônio público e social*.

E é nessa perspectiva que deve ser interpretado o art. 22 da Lei n. 8.429/92 (*Para apurar qualquer ilícito previsto nesta lei, o Ministério Público, de ofício, a requerimento de autoridade administrativa ou mediante representação formulada de acordo com o disposto no art. 14, poderá requisitar a instauração de inquérito policial ou procedimento administrativo*), regra concebida pelo legislador apenas de modo a facilitar a apuração da improbidade, nunca para negar ao Ministério Público a possibilidade de instauração do inquérito civil. Conclusão contrária não se afinaria ao texto constitucional, além de soar ilógica na medida em que quem comete os fins (tutela judicial e extrajudicial da probidade administrativa) deve também prover os meios (possibilidade de instauração do inquérito civil).

Conforme se extrai da criteriosa análise de Wallace Paiva Martins Júnior[20], tanto no Projeto de Lei apresentado pelo Executivo, quanto nos substitutivos surgidos durante a sua tramitação na Câmara Federal e no Senado, previa-se, expressamente, o poder-dever de instauração do inquérito civil pelo Ministério Público para a apuração da improbidade, sem prejuízo da possibilidade de requisição da instauração de inquérito policial ou procedimento administrativo para a apuração do fato, como atualmente previsto no art. 22.

Ocorre que, com o retorno do Projeto à Câmara Federal, "...as lideranças do PMDB, do PSDB, do PT, do PST, e do Bloco Parlamentar propugnaram e obtiveram a mutilação do projeto e do substitutivo aprovado anteriormente no Senado e na própria Câmara Federal, extraindo, dentre outras proposições essencialmente válidas, o inquérito civil e o acesso direto a quaisquer informações, inclusive nas hipóteses legais de sigilo, para que o Ministério Público investigasse atos de improbidade administrativa, resultando na atual redação do art. 22 da Lei Federal 8.429/92..."[21].

Não obstante, pelas razões acima expostas, tal "manobra" nenhum resultado colheu em razão não só do claro regramento constitucional (art. 129, III), como também pela disciplina imposta ao tema pela legislação subsequente à Lei de Improbidade (Lei n. 8.625/93 e Lei Complementar n. 75/93).

Sobre o art. 22, voltaremos a falar mais à frente.

4. O PRINCÍPIO DA OBRIGATORIEDADE: CONTEÚDO E SENTIDO

No campo do Processo Penal, como não se ignora, um dos princípios reitores da ação penal de iniciativa pública, da qual o Ministério Público é o titular privativo (art. 129, I, da Constituição Federal), é o princípio da obrigatoriedade. Sua opção pelo sistema é apontada pela doutrina a partir da redação imperativa adotada pelos arts. 5º (*Nos crimes de ação pública o inquérito policial* **será iniciado**: *I – de ofício; II – mediante requisição da autoridade judiciária ou do Ministério Público, ou a requerimento do ofendido ou de quem tiver qualidade para representá-lo*) e 24 (*Nos crimes de ação pública, esta* **será promovida** *por denúncia do Ministério Público, mas dependerá, quando a lei o exigir, de requisição do Ministro da Justiça, ou de representação do ofendido ou de quem tiver qualidade para representá-lo*) do CPP, conclusão que se vê atualmente reforçada pela nova redação dada, pela Lei n. 11.719/2008, ao art. 384 do mesmo Código ("*Art. 384. Encerrada a instrução probatória, se entender cabível nova definição jurídica do fato, em consequência de prova existente nos autos de elemento ou circunstância da infração penal não contida na acusação, o Ministério Público* **deverá** *aditar a denúncia ou queixa, no prazo de 5 (cinco) dias, se em virtude desta houver sido instaurado o processo em crime de ação pública, reduzindo-se a termo o aditamento, quando feito oralmente. § 1º Não procedendo o órgão do Ministério Público ao aditamento, aplica-se o art. 28 deste Código*").

---

20 Alguns meios de investigação da improbidade administrativa, *Revista dos Tribunais* n. 727.
21 *Idem*.

Discorrendo sobre a razão da adoção de tal princípio pelo Processo Penal, após apontar a longa evolução rumo à adoção da chamada *acusação pública*, afirma Afrânio Silva Jardim que "O Estado de Direito, vedando a justiça privada e a aplicação administrativa da pena, passou a ser devedor das atividades jurisdicional e persecutória, atividades estas desempenhadas por órgãos absolutamente independentes"[22]. O que significa dizer: ao mesmo tempo em que o Estado, na esfera criminal, retira da sociedade a possibilidade de reparação dos danos por ela sofridos sem o seu concurso (o do Estado), assume, em contrapartida, o compromisso de buscar a recomposição de tais danos por seus próprios meios, obrigando-se a assim agir ao assumir o monopólio do direito de ação.

No Processo Civil, mais especificamente na seara dos chamados direitos difusos e coletivos, optou a Carta Política por não confiá-los ao resguardo privativo do Estado, sendo certo que o art. 129, ao mesmo tempo em que legitima o *Parquet* à *proteção do patrimônio público e social, do meio ambiente e de outros interesses difusos e coletivos*, disponibilizando à Instituição os eficazes instrumentos do inquérito civil e da ação civil pública, deixa claro, em seu § 1º, que *a legitimação do Ministério Público para as ações civis previstas neste artigo não impede a de terceiros, nas mesmas hipóteses, segundo o disposto nesta Constituição e na lei*. Em nível infraconstitucional, tal regra se vê confirmada pelo art. 5º da Lei n. 7.347/85 e, quanto à improbidade administrativa, pelos arts. 16 e 17 da Lei n. 8.29/92, o que se justifica perfeitamente em razão do pouco ou nenhum risco em confiar-se a matéria à atuação de outros entes públicos e à própria sociedade politicamente organizada.

Não obstante nutridos por razões absolutamente diversas, o certo é que também no campo da ação civil pública – e, antes, no campo do próprio inquérito civil – tem-se a adoção do princípio da obrigatoriedade no que respeita à atuação do Ministério Público, chegando-se a esta conclusão não só em razão da indisponibilidade dos interesses em jogo, mas também, e justamente por isto, em razão do rígido sistema de arquivamento do inquérito civil concebido pelo art. 9º da Lei n. 7.437/85 e do *status* constitucional alcançado por tais instrumentos, consectários inafastáveis do também inafastável desempenho das relevantes atribuições ministeriais[23]. Como bem acentuado por Hugo Nigro Mazzilli, calcado nas regras constitucionais,"... para o Ministério Público existe antes o dever que o

---

22 Teoria da ação penal pública, in *Direito processual penal*, p. 87.
23 Art. 9º Se o órgão do Ministério Público, esgotadas todas as diligências, se convencer da inexistência de fundamento para a propositura da ação civil, promoverá o arquivamento dos autos do inquérito civil ou das peças informativas, fazendo-o fundamentadamente. § 1º Os autos do inquérito civil ou das peças de informação arquivadas serão remetidos, sob pena de se incorrer em falta grave, no prazo de 3 (três) dias, ao Conselho Superior do Ministério Público. § 2º Até que, em sessão do Conselho Superior do Ministério Público, seja homologada ou rejeitada a promoção de arquivamento, poderão as associações legitimadas apresentar razões escritas ou documentos, que serão juntados aos autos do inquérito ou anexados às peças de informação. § 3º A promoção de arquivamento será submetida a exame e deliberação do Conselho Superior do Ministério Público, conforme dispuser o seu regimento. § 4º Deixando o Conselho Superior de homologar a promoção de arquivamento, designará, desde logo, outro órgão do Ministério Público para o ajuizamento da ação.

direito de agir; daí se afirmar a obrigatoriedade e a consequente indisponibilidade de sua atuação"[24].

A bem de ver, o princípio da obrigatoriedade representa um dos mais importantes instrumentos de *acesso à justiça* no campo dos interesses metaindividuais, contribuindo, desta forma, para a eliminação de uma zona cinzenta de pretensões insatisfeitas e represadas que, ao longo dos tempos, não vêm contando com adequada tutela.

Deste modo, muito embora tenha o membro do Ministério Público relativa liberdade na condução das investigações e na própria escolha dos mecanismos processuais mais adequados ao desempenho de seu mister, o certo é que uma vez identificada uma das hipóteses constitucionais ou legais de sua atuação, não poderá se furtar ao dever de buscar a tutela, judicial ou extrajudicial, de tais interesses[25]. Não poderá, por conseguinte, recusar-se, em momento logicamente anterior, à própria instauração do inquérito civil, pois falar-se na obrigatoriedade da ação civil pública mas não na obrigatoriedade de instauração do inquérito representaria um evidente esvaziamento do referido princípio[26].

Neste particular, pensamos que somente em hipóteses teratológicas, onde evidentemente a atuação do *Parquet* não se apresenta, pode-se deixar de instaurar o inquérito civil, até porque somente após a instauração do procedimento e a realização de todas as diligências possíveis é que a hipótese contará com o desejado aclaramento, permitindo ao Ministério Público a formação de seu convencimento[27]. E, para tal desiderato, é o inquérito civil o único instrumento legítimo, constitucionalmente reconhecido e consagrado.

Não nos parece razoável e aceito pelo sistema, assim, que se instaurem procedimentos administrativos prévios ("sindicâncias preliminares" etc.) com vistas a que, posteriormente, se opte, ou não, pela instauração do inquérito civil. Com efeito, se é este último um procedimento pré-processual, de cunho preliminar e administrativo, sujeito, portanto, a controle de legalidade, soa absurda a deflagração de procedimento de igual natureza (administrativa) e com os mesmos objetivos (buscar indícios do fato e de sua autoria)"...como se fosse razoável investigar um fato para saber se é o caso de investigar esse mesmo fato!"[28]

---

24 *O inquérito civil*, p. 223.
25 O princípio da obrigatoriedade no campo da improbidade administrativa se vê consideravelmente reforçado pela regra contida no art. 17, § 1º, da Lei n. 8.429/92, que veda *a transação, acordo ou conciliação* nas ações de que trata o *caput* (sobre a transação penal como instituto mitigador do princípio da obrigatoriedade da ação penal, confira-se a lição de Julio Fabbrini Mirabete, *Juizados Especiais Criminais*, p. 81).
26 A rigor, somente as Comissões Parlamentares de Inquérito (art. 58, § 3º, da CF) dispõem de discricionariedade quanto à deflagração, ou não, de investigações, nutridas que são por motivações de índole política.
27 O art. 5º da Resolução CNMP n. 23/07 admite o indeferimento da representação: a) quando a hipótese não configurar lesão a interesses transindividuais; b) quando o fato já tiver sido objeto de investigação ou de ação civil pública; c) quando os fatos já se encontrarem solucionados. No caso de indeferimento, caberá recurso administrativo ao Conselho Superior ou à Câmara de Coordenação e Revisão respectiva, no prazo de 10 dias (§ 1º).
28 FERRAZ, Antônio Augusto Mello de Camargo. Inquérito civil – Dez anos de instrumento de cidadania, p. 167.

Neste sentido, acertada a crítica de Mazzilli[29] à sistemática adotada no Estado de São Paulo, onde a Lei Complementar n. 734/93, no arts. 104, II, e 106, § 1º, prevê tal esdrúxulo mecanismo, cuja existência, no final das contas, acaba por subtrair do Conselho Superior o seu papel de controlador do princípio da obrigatoriedade[30]. O referido autor, no entanto, nas hipóteses em que o Promotor de Justiça esteja com"...fundada dúvida sobre a presença de justa causa para a instauração do inquérito civil", admite a realização de *diligências preliminares*, anteriores à deliberação quanto à sua instauração ou não (requisição de documentos e cópias de laudos, vistorias, coleta de declarações, são exemplos indicados pelo jurista). *Data venia*, deixamos de aderir a tal ponto de vista uma vez que, inexistindo qualquer procedimento instaurado, não tem o *Parquet* legitimidade para a produção de qualquer elemento instrutório, sendo de se notar que o art. 26, I, da Lei n. 8.625/93, ao disciplinar as amplas possibilidades investigatórias do Ministério Público, pressupõe a existência de inquérito civil ou de procedimento administrativo já instaurado ("Art. 26. *No exercício de suas funções, o Ministério Público poderá: I – instaurar inquéritos civis e outras medidas e procedimentos administrativos pertinentes e, para instruí-los:...*"). A questão foi enfrentada pelo Superior Tribunal de Justiça, cuja 1ª Turma, por maioria, ao julgar o REsp n. 873.565/MG, entendeu que"não se faz necessária a prévia instauração de inquérito civil ou procedimento administrativo para que o Ministério Público requisite informações a órgãos públicos". *Data venia*, concordamos com o voto vencido, do Ministro Teori Albino Zavascki, que entendeu pela impossibilidade de o Ministério Público ou outra qualquer autoridade pública praticar atos que não sejam formais.

Quanto à possibilidade de o procedimento preparatório ser arquivado no próprio órgão de execução do Ministério Público, sem a necessidade de apreciação pelo Con-selho Superior, tem-se a valiosa lição de Marino Pazzaglini *et alii*[31]. Tais autores, aliás, defendem a instauração de procedimentos prévios, exemplificativamente, nos seguintes casos: 1) representação não especificada; 2) existência de dúvida fundada"... sobre se a hipótese está realmente subsumida às figuras típicas dos atos de improbidade administrativa; 3) delação anônima; 4) notícia jornalística séria e que mereça a atenção do órgão do Ministério Públi-

---

29 "A solução caseira encontrada pela Lei Complementar paulista n. 734/93 contém o mesmo absurdo que o faria uma lei estadual que, alegando também tratar-se de mero procedimento, estabelecesse que o delegado de polícia deveria instaurar um procedimento preparatório para, se a seguir julgasse necessário, vir a instaurar o inquérito policial. Quem negaria que, dessa forma, a lei estadual estaria a disciplinar diversamente o procedimento instituído pela lei federal? Esse era, aliás, o írrito sistema das velhas sindicâncias policiais, instauradas justamente para elidir, et por cause, os rígidos controles administrativos e judiciais que existem sobre o inquérito policial... Por isso, essas sindicâncias foram, com tardança aliás, abolidas" (*O inquérito civil*, p. 131).

30 O art. 2º, § 4º, da Resolução CNMP n. 23/07 admite a instauração de procedimentos preparatórios com vistas à apuração de elementos "para identificação dos investigados ou do objeto", prevendo o prazo de 90 dias para a sua conclusão, prorrogável uma vez por igual período (§ 6º).

31 Ob. cit., p. 160.

co; 5) incerteza sobre qual o órgão detentor da atribuição para investigar o fato"[32]. Quanto à primeira hipótese, pensamos que a solução será o indeferimento do requerimento de instauração do inquérito, com a possibilidade de recurso para o Conselho Superior; quanto à segunda, diga-se que o inquérito tem por escopo, justamente, possibilitar o aclaramento da situação levada ao conhecimento do Ministério Público, sendo provisórios todos os atos investigatórios levados a cabo no momento pré-processual; sobre a incerteza quanto à atribuição para a investigação do fato, a matéria pode ser dirimida através da suscitação de uma dúvida de atribuição ou mesmo por intermédio de um conflito, negativo ou positivo, de atribuições, a ser resolvido pela Chefia do *Parquet* (art. 10, X, da Lei n. 8.625/93); quanto à delação anônima e à matéria jornalística, pensamos que devem ser esclarecidas pelo inquérito civil, sem a necessidade de qualquer procedimento prévio, desde que **especificadas e idôneas** (o tema será devidamente abordado mais à frente). Por último, sem abrirmos mão do ponto de vista sustentado no presente trabalho, entendemos que, a se admitir a instauração de tais procedimentos prévios, deve-se submeter, ao menos, o seu arquivamento ou a sua não conversão em inquérito civil ao Conselho Superior do Ministério Público.

Avançando um pouco mais, pensamos que tanto *a indevida não instauração do inquérito civil* quanto a *espúria inauguração de procedimentos administrativos outros*, mormente no delicadíssimo campo da improbidade administrativa, por violarem o princípio da obrigatoriedade, devem merecer apreciação por parte do Conselho Superior do Ministério Público, mediante provocação de qualquer interessado **ou mesmo de qualquer do povo**[33]. É evidente que o órgão que pode deliberar pelo encerramento das investigações (arquivamento) poderá, também, como fiscal do princípio da obrigatoriedade, analisar a indevida não instauração do inquérito civil[34].

O mesmo sistema de controle deve incidir quando a não conclusão do inquérito se der em razão da realização, ou mesmo da reiteração, de *diligências dispensáveis*, aquelas *evidentemente* não essenciais à propositura da ação civil pública, de índole nitidamente procrastinatória[35]. Aqui, igualmente, havendo violação ao princípio da obrigatoriedade, deve intervir o Conselho Superior do *Parquet*, a quem caberá, se realmente dispensável a diligência, de ofício ou por provocação de qualquer do povo, delegar a outro membro da Instituição a atribuição para a imediata deflagração da jurisdição, aplicando-se, analogicamente, o art. 9º da Lei n. 7.347/85. É claro que deve o órgão colegiado aferir com critério a

---

32 Ibidem, p. 157 e 158.
33 É importante ressaltar que ao tratar da representação com vistas à apuração do ato de improbidade, estabelece a Lei n. 8.429/92 em seu art. 14, *caput*, que "***qualquer pessoa*** *poderá representar à autoridade administrativa competente para que seja instaurada investigação destinada a apurar a prática de ato de improbidade*".
34 Mazzilli, indo além, entende que o indeferimento do requerimento de instauração do inquérito civil, por equivaler ao seu arquivamento, deve ser submetido pelo membro do *Parquet* ao Conselho Superior.
35 O art. 9º da Resolução CNMP n. 23/07 prevê o prazo de um ano, prorrogável pelo mesmo prazo e quantas vezes forem necessárias, para a conclusão do inquérito civil. Ao nosso sentir, não se cuida de temática que possa ser disciplinada por intermédio de mera resolução.

dispensabilidade, ou não, da diligência, sob pena de imiscuir-se, indevidamente, no campo de atribuições do Promotor Natural.

Enfim, sempre que houver a possibilidade de violação do princípio da obrigatoriedade, cabível será a atuação interventiva do Conselho Superior do Ministério Público.

Por derradeiro, é preciso esclarecer que não se deve extrair do princípio da obrigatoriedade a conclusão, equivocada, de que a instauração do inquérito civil é indispensável à propositura da ação civil pública. Obrigatória será para o Ministério Público a apuração dos supostos atos de improbidade, servindo-se para tanto, ordinariamente, do instrumento aqui analisado, pois, como acentuado por Mazzilli, existe para a Instituição *antes o dever que o direito de agir*. No entanto, já dispondo de elementos suficientes à formação de sua *opinio*, evidentemente não há que se exigir, sob pena de exacerbado formalismo, que instaure o inquérito civil no qual, afinal, somente seriam reproduzidos os elementos já existentes. Tem-se, desse modo, que meras *peças de informação* (representações instruídas com cópias de sindicâncias já concluídas, relatórios do Tribunal de Contas e de CPI's etc.) já se mostrarão aptas a embasar a ação civil pública ou qualquer outro tipo de ação no campo da improbidade, não se podendo conceber a instauração do inquérito civil, assim, dada a sua prescindibilidade, como uma condição de procedibilidade[36].

Diga-se mesmo que é bastante comum a provocação do *Parquet* já com o oferecimento, pelo representante, dos elementos necessários ao ajuizamento da ação por improbidade administrativa. Neste caso, é recomendável a notificação dos indiciados a fim de que, querendo, possam prestar esclarecimentos sobre os fatos, cuidando-se de cautela que, embora não obrigatória em função da natureza inquisitória do inquérito civil, a prática recomenda.

Como já ressaltado, o inquérito civil tem por escopo não só possibilitar a identificação de uma das hipóteses de atribuição do Ministério Público como também, se for o caso, o de fornecer a base fática indiciária à propositura da ação civil por improbidade administrativa, nos termos do art. 17, § 6º, da Lei n. 8.429/92[37], não sendo possível a imputação de graves condutas no delicado campo da improbidade administrativa sem a existência de um

---

36 "A abertura de inquérito civil não é condição preliminar ao ajuizamento da ação civil pública" (STJ, REsp n. 162377/SC, 1ª T., rel. Min. Francisco Falcão, *DJU* 25/6/2001, p. 106). No mesmo sentido: RMS n. 11.537/MA, 2ª T., rel. Min. Eliana Calmon, *DJU* 29/10/2001; REsp n. 956221/SP, rel. Min. Francisco Falcão, 1ª T., j. em 4/9/2007, *DJ* 8/10/2007, p. 239. AGRAI n. 344.207/SP, 1ª T., rel. Min. Humberto Gomes de Barros, j. 3/6/2003; REsp n. 152.447/MG, 1ª T., rel. Min. Milton Luiz Pereira, *DJU* 25/2/2002, p. 203, ressaltando caber ao agente ministerial decidir sobre a necessidade, ou não, da prévia instauração de inquérito, "salvaguardando-se", de qualquer modo, "de propor lides temerárias". Confira-se também o decidido pelo TJRJ no AI n. 2006.002.12141, 18ª CC, rel. Des. Cássia Medeiros, j. 7/11/2006. O art. 1º, parágrafo único, da Resolução CNMP n. 23/07 estabelece que "o inquérito civil não é condição de procedibilidade para o ajuizamento das ações a cargo do Ministério Público, nem para a realização das demais medidas de sua atribuição".

37 "§ 6º A ação será instruída com documentos ou justificação que contenham indícios suficientes da existência do ato de improbidade ou com razões fundamentadas da impossibilidade de apresentação de qualquer dessas provas, observada a legislação vigente, inclusive as disposições inscritas nos arts. 16 a 18 do Código de Processo Civil."

fundamento mínimo. Sem prejuízo, outros elementos de convicção, que a lei denomina de "peças informativas" (art. 9º da Lei n. 7.347/85), tais como sindicâncias ou investigações realizadas pelas Casas Legislativas, diretamente ou por intermédio do Tribunal de Contas, também se vocacionam a cumprir tal papel, resguardando-se o réu e a própria jurisdição do ajuizamento de ações temerárias.

5. REPRESENTAÇÃO E COMUNICAÇÃO

A teor do art. 14 da Lei de Improbidade,

> Art. 14. Qualquer pessoa poderá representar à autoridade administrativa competente para que seja instaurada investigação destinada a apurar a prática de ato de improbidade.
>
> § 1º A representação, que será escrita ou reduzida a termo e assinada, conterá a qualificação do representante, as informações sobre o fato e sua autoria e a indicação das provas de que tenha conhecimento.
>
> § 2º A autoridade administrativa rejeitará a representação, em despacho fundamentado, se esta não contiver as formalidades estabelecidas no § 1º deste artigo. A rejeição não impede a representação ao Ministério Público, nos termos do art. 22 desta lei.
>
> § 3º Atendidos os requisitos da representação, a autoridade determinará a imediata apuração dos fatos que, em se tratando de servidores federais, será processada na forma prevista nos arts. 148 a 182 da Lei n. 8.112, de 11 de dezembro de 1990 e, em se tratando de servidor militar, de acordo com os respectivos regulamentos disciplinares[38].

Consectário do direito de petição constitucionalmente consagrado (art. 5º, XXXIV)[39], a faculdade de representar ao Poder Público com vistas à apuração de supostos atos de improbidade constitui-se num importante instrumento de combate aos desmandos administrativos, investindo o indivíduo e a própria sociedade no papel de fiscais dos atos praticados na gestão da coisa pública, dimensionando, inclusive, o próprio conceito de cidadania.

Por autoridade administrativa competente, destinatária da representação a teor do *caput* do art. 14, além dos integrantes do Ministério Público e dos Tribunais de Contas, deve-se entender todas aquelas que, integrando a estrutura político-administrativa da União, dos Estados, do Distrito Federal e dos Municípios, em qualquer dos Poderes, disponham de atribuição legal para a apuração e consequente sancionamento administrativo da suposta improbidade. Nesta linha, a representação pode ser encaminhada aos Chefes dos respectivos Poderes em cada nível federativo[40], ou mesmo a seus auxiliares mais diretos (Ministros

---

38 Em sentido semelhante dispõe o art. 2º, II e § 2º, da Resolução CNMP n. 23/07.
39 "Art. 5º ... XXXIV – são a todos assegurados, independentemente do pagamento de taxas: a) o direito de petição aos Poderes Públicos em defesa de direitos ou contra ilegalidade ou abuso de poder."
40 Quando a suspeita do ato de improbidade recair sobre a Chefia do respectivo Poder ou órgão, deve a representação, por óbvio, ser encaminhada ao seu substituto legal (vice-prefeito, vice-governador etc.).

de Estado, Secretários Estaduais ou Municipais, Corregedores de Justiça, integrantes das Mesas Legislativas etc.), não se devendo perder de vista, no entanto, que "o exercício do direito de petição não exige seu endereçamento ao órgão competente para a tomada de providências, devendo, pois, quem a receber, encaminhá-la à autoridade competente"[41].

No § 1º do art. 14, busca o legislador disciplinar os aspectos formais da representação, possibilitando sua formulação por meio escrito ou oral, com a necessária informação do fato e de sua autoria, além da indicação das provas *de que tenha conhecimento o representante*, que deverá declinar a sua qualificação. O desatendimento a tais formalidades, de acordo com o § 2º, dará ensejo à sua rejeição, o que deverá ser devidamente fundamentado pela autoridade. Quanto à informação da *autoria* do suposto ato de improbidade, deve tal requisito ser razoavelmente analisado pelo destinatário da representação, uma vez que, em muitas hipóteses, dada a insipiência dos elementos conhecidos ou mesmo por fatores outros (medo, por exemplo), estará o representante impossibilitado de fornecer tal dado. Em situações tais, o interesse público na apuração do fato impõe a instauração do devido procedimento administrativo. Diga-se o mesmo quanto à "indicação de provas", que são apenas aquelas, por evidente, de que tenha o representante efetivo conhecimento, sob pena de subverterem-se os papéis do representante e da autoridade investigante.

Conforme bem percebido por Marino Pazzaglini Filho, Márcio Fernando Elias Rosa e Waldo Fazzio Júnior, "a autoridade administrativa, repelindo a representação, porque formalmente inepta, não está inibida de, ainda assim, promover a apuração do que lhe foi delatado. Aliás, poderia fazê-lo de ofício"[42]. Com efeito, a apuração de qualquer ilegalidade ou dano ao patrimônio público constitui-se dever inarredável dos agentes públicos (dever de lealdade às instituições), decorrência direta dos compromissos ético-jurídicos de que são investidos e dos princípios da legalidade, impessoalidade, moralidade e eficiência administrativas.

Rejeitada a representação, diz a lei que o fato pode ser levado ao conhecimento do Ministério Público, na forma do art. 22 (*Para apurar qualquer ilícito previsto nesta Lei, o Ministério Público, de ofício, a requerimento de autoridade administrativa ou mediante representação formulada de acordo com o disposto no art. 14, poderá requisitar a instauração de inquérito policial ou procedimento administrativo*), o que significa que, entendendo destituída de fundamento a rejeição da representação por parte da autoridade administrativa, poderá o *Parquet*, desde logo, instaurar o inquérito civil e, se entender conveniente, também requisitar à autoridade a apuração do fato, requisição que, por óbvio, não poderá ser desatendida[43]. Imprime o legislador, aqui, disciplina similar à contida no CPP quanto ao in-

---

41 Alexandre de Moraes, *Direito constitucional*, p. 175, citando os ilustres juristas portugueses Canotilho e Vital Moreira.
42 Ob. cit., p. 141-142.
43 "Requisição. Do latim *requisitio*, de *requirere* (requerer, pedir), originalmente exprime o mesmo sentido de *requerimento, pedido* ou *solicitação*. Mas, na linguagem jurídica, *requisitar* significa *pedir com autoridade ou exigir*" (De Plácido e Silva, *Vocabulário jurídico*, p. 108).

Capítulo I – O Momento Investigativo. O Inquérito Civil

deferimento da representação do ofendido pela instauração do inquérito policial (art. 5º, II, e § 2º), onde também se faculta a provocação do Ministério Público (art. 27).

Em qualquer hipótese, instaurado o procedimento para a apuração da suposta improbidade, deve a *comissão processante* dar conhecimento de tal ato ao Ministério Público e ao Tribunal de Contas (art. 15, *caput*), que deverão designar representantes para o acompanhamento do procedimento administrativo (parágrafo único do art. 15)[44]. Na verdade, em se tratando do Ministério Público, tal atribuição recairá sobre o Promotor Natural[45], não havendo que se falar, propriamente, em "designação de representante".

Além de tal providência, havendo fundados indícios de responsabilidade, deve a referida *comissão* representar ao Ministério Público ou à Procuradoria do respectivo órgão *...para que requeira ao juízo competente a decretação do sequestro dos bens do agente ou terceiro que tenha enriquecido ilicitamente ou causado dano ao patrimônio público* (art. 16, *caput*)[46].

Pensamos que a omissão de tais deveres, bem assim o desarrazoado, o teratológico indeferimento de representação aptamente formulada, dão ensejo à responsabilização administrativa e criminal da autoridade (art. 319 do CP), nesta última hipótese, desde que caracterizados o *interesse ou o sentimento pessoal*[47].

De modo a coibir as representações levianas, dispõe o art. 19 que *Constitui crime a representação por improbidade contra agente público ou terceiro beneficiário quando o autor da denúncia o sabe inocente*, cominando pena de seis a dez meses de detenção ou multa. Pelo que se percebe, tem-se aqui, com algumas alterações, o crime de denunciação caluniosa do art. 339 do CP (*Dar causa a instauração de investigação policial ou de processo judicial contra alguém, imputando-lhe crime de que o sabe inocente: Pena – reclusão, de 2 (dois) a 8 (oito) anos, e multa*), só que com pena mais branda, o que faz da conduta uma infração de menor po-

---

44 "Art. 15. A comissão processante dará conhecimento ao Ministério Público e ao Tribunal ou Conselho de Contas da existência de procedimento administrativo para apurar a prática de ato de improbidade. Parágrafo único. O Ministério Público ou Tribunal ou Conselho de Contas poderá, a requerimento, designar representante para acompanhar o procedimento administrativo."

45 Sobre o princípio do promotor natural ou legal, que encontra fundamento nos arts. 127, §§ 1º e 5º, e 129, § 2º, da Constituição Federal, merecem referência os trabalhos pioneiros dos Professores Sérgio Demoro Hamilton (Reflexos da falta de atribuição na instância penal, in *Temas de processo penal*, p. 53 e s.) e Paulo Cézar Pinheiro Carneiro (*O Ministério Público no processo civil e penal...*, p. 41 e s.), além do entendimento firmado pelo e. STF quando do julgamento do *HC* n. 67.759-2-RJ, rel. Min. Celso de Mello.

46 O art. III, 1, da Convenção Interamericana contra a Corrupção, promulgada no Brasil por intermédio do Decreto n. 4.410, de 7 de outubro de 2002, estabelece, em seu art. III, 1, dentre outras medidas, o compromisso de os Estados Partes exigirem de seus funcionários públicos que "... informem as autoridades competentes dos atos de corrupção nas funções públicas de que tenham conhecimento".

47 Art. 319 do Código Penal: "Retardar ou deixar de praticar, indevidamente, ato de ofício, ou praticá-lo contra disposição expressa de lei, para satisfazer interesse ou sentimento pessoal. Pena – detenção, de 3 (três) meses a 1 (um) ano, e multa". De acordo com Fernando Rodrigues Martins, "adequada a representação à forma exigida por lei, tem a autoridade administrativa competente a obrigação de instaurar o procedimento administrativo – se retardar ou deixar de apurar os fatos contidos na representação, incorrerá nas sanções de que trata o art. 11, inciso II, da Lei Federal n. 8.429/92" (ob. cit., p. 141).

tencial ofensivo (art. 61 da Lei n. 9.099/95), da competência do Juizado Especial Criminal. Outro aspecto que distingue os tipos referidos é que, diferentemente do que se dá relativamente à denunciação caluniosa, não se exige, aqui, a instauração, em decorrência do atuar do representante, de qualquer procedimento investigatório ou processo judicial, bastando a mera representação impregnada de dolo para a consumação do crime[48].

Além das consequências na órbita penal, prevê o parágrafo único do art. 19[49] a possibilidade de indenização por danos materiais, morais ou à imagem suportados pelo representado, regra desnecessária diante do amplo regramento já existente, na legislação civil, sobre a matéria.

Quanto à possibilidade de o *Parquet* requisitar à autoridade administrativa competente a instauração de procedimento administrativo (art. 22), afirma a doutrina que "o Ministério Público tem ampla opção, podendo sua escolha recair sobre o inquérito civil que não foi excluído pela Lei Federal 8.429/92 ou pelo inquérito policial ou o procedimento administrativo"[50], parecendo clara a Marcelo Figueiredo"...a desnecessidade de inquérito civil diante da requisição de procedimento administrativo, que fará as vezes do primeiro"[51]. Ou seja: a depender da hipótese, por mera conveniência, poderia o Ministério Público deixar de instaurar o inquérito civil, requisitando, em seu lugar, a instauração do procedimento administrativo.

Concessa maxima venia, constituindo-se o inquérito civil, sua instauração, numa das principais atribuições do Ministério Público com vistas à proteção do patrimônio público e social, nos termos do art. 129, III, da Constituição Federal, não nos parece razoável tal "opção". Repita-se, à exaustão, que para o *Parquet existe antes o dever que o direito de agir*, nada impedindo a dúplice instauração de procedimentos investigatórios, sob pena, inclusive, de violação ao princípio da obrigatoriedade, resguardado pela rígida sistemática de arquivamento prevista no art. 9º da Lei da Ação Civil Pública.

---

48 Em razão da semelhança com o crime de denunciação caluniosa, aplica-se ao tipo do art. 19 da Lei de Improbidade Administrativa a jurisprudência já firmada em torno da correlata conduta prevista no Código Penal (art. 339 do CP). Assim: sujeito ativo do crime é qualquer pessoa, inclusive o funcionário público e o advogado, desde que tenham conhecimento da falsidade do teor da representação (quanto a advogados: RT n. 569/406 e 658/286); para que se caracterize o crime é imprescindível que a representação se revista de um mínimo de precisão quanto aos fatos e aos autores do ilícito (*RT* n. 298/133); não haverá crime na hipótese de mero exercício do direito de defesa (*RT* n. 504/337, 550/357 e 575/342); o encerramento das investigações a partir de manifestação do próprio representante ("retratação") não exclui o crime (*RT* n. 520/385), podendo servir tal circunstância como mera atenuante; o mero arquivamento do procedimento investigatório deflagrado pela representação não enseja, por si só, a caracterização do crime, sendo imprescindível a demonstração de má-fé na conduta do representante (*RT* n. 605/301).
49 "Art. 19. Constitui crime a representação por ato de improbidade contra agente público ou terceiro beneficiário, quando o autor da denúncia o sabe inocente. Pena: detenção de seis a dez meses e multa. Parágrafo único. Além da sanção penal, o denunciante está sujeito a indenizar o denunciado pelos danos materiais, morais ou à imagem que houver provocado."
50 MARTINS JR., Wallace Paiva. Alguns meios de investigação da improbidade administrativa.
51 *Probidade administrativa...*, p. 103.

Não se deve perder de vista, por outro lado, que os poderes investigatórios conferidos ao Ministério Público (art. 129, III e VI, da Constituição Federal; art. 8º da Lei da Ação Civil Pública; art. 26 da Lei n. 8.625/93; art. 8º da Lei Complementar n. 75/93 etc.)[52] são muito mais amplos que aqueles de que dispõe a autoridade administrativa, o que habilita a instituição, ao menos em tese, a uma atuação muito mais eficaz e operosa.

Aliás, não é demais lembrar que as atribuições ou competências constitucionais, mesmo quando não exclusivas, a par de indelegáveis são também irrenunciáveis, assumindo o seu pleno exercício um papel fundamental na arquitetura político-institucional concebida pela Carta Federal.

5.1. Delação Anônima

Hipótese por demais comum consiste no oferecimento de notícias anônimas aos órgãos encarregados da investigação dos atos de improbidade administrativa (Ministério Público, Tribunais de Contas, Procuradorias etc.), surgindo daí a indagação sobre a juridicidade, ou não, de instauração de procedimentos investigatórios a partir de tais elementos. Isso porque a legislação federal que se ocupa de disciplinar o direito de petição na esfera administrativa exige, de um modo geral, que as representações sejam firmadas por pessoa devidamente identificada (art. 14, § 1º, da Lei n. 8.429/92; art. 144 da Lei n. 8.112/90[53]; art. 6º, II, da Lei n. 9.784/99), também incidindo, na visão de alguns, a vedação constitucional do anonimato (art. 5º, IV, da CF)[54].

Não se tem a menor dúvida de que a exigência legal de identificação do representante busca preservar não só a administração da inauguração de investigações destituídas de um mínimo de razoabilidade, despendendo seus recursos e energias em verdadeiras aventuras, como também os próprios agentes públicos que possam ser atingidos por elas, cuja honorabilidade merece ser tutelada na fase investigatória, inclusive em vista do que estabelece o art. 5º, X, da Constituição Federal. Por outro lado, a exigência legal visa à construção de uma cidadania participativa responsável, evitando-se a institucionalização de nefandos e vazios "denuncismos" na órbita da Administração Pública.

A vedação constitucional do anonimato relativamente à liberdade de expressão também vai repousar, *mutatis mutandis*, nos mesmos fundamentos *supra*, buscando o legislador originário compatibilizar a livre expressão do pensamento humano, liberdade primária, ao respeito à dignidade humana, resguardando a responsabilização civil e penal do autor de ofensas à honra alheia. Nesse sentido, leciona José Afonso da Silva que "a liberdade de manifestação do pensamento tem seus ônus, tal como o de o manifestante identificar-se,

---

52 Sobre o tema, *vide* o tópico n. 7.
53 "Art. 144. As denúncias sobre irregularidades serão objeto de apuração, desde que contenham a identificação e o endereço do denunciante e sejam formuladas por escrito, confirmada a autenticidade."
54 "IV – é livre a manifestação do pensamento, sendo vedado o anonimato."

assumir claramente a autoria do produto do pensamento manifestado, para, em sendo o caso, responder por eventuais danos a terceiros. Daí por que a Constituição veda o anonimato"[55]. Veja-se que muito embora a representação pela apuração de atos de improbidade vá buscar o seu fundamento primeiro não na liberdade de expressão do pensamento, mas, mais especificamente, no direito de petição (art. 5º, XXXIV, CF), a mesma *ratio* de vedação do anonimato aqui comparece.

Paralelamente a tudo isso, avulta, na construção de um verdadeiro Estado Democrático de Direito (art. 1º da CF) e de uma sociedade livre, justa e solidária (art. 3º, I, da CF), a imperiosa necessidade de preservação do acervo público, bem assim a busca de reparação do dano causado e de repressão aos agentes públicos violadores de seus compromissos institucionais, o que bem demonstra a natureza prevalente de tal interesse, público por excelência.

Assim, entendemos que desde que *especificadas* e *idôneas* à instauração de procedimento investigatório com vistas à apuração de fato *razoavelmente determinado*, as delações ou "denúncias" anônimas não afastam a autoridade, um milímetro sequer, de seu dever de investigar, uma vez que, como bem anotado por Mazzilli, "há denúncias, ainda que anônimas, tão coerentes e bem fundamentadas, que seria um despropósito cruzar os braços e nada fazer"[56].

A obrigatoriedade da apuração do ato de improbidade vai residir, precipuamente, como já ressaltado, na indisponibilidade dos interesses em jogo, extraindo-se do art. 23, I, da Constituição Federal o dever, que recai sobre todos os entes federativos, de "preservação do patrimônio público", aqui compreendido em sua mais ampla dimensão (preventiva e repressiva).

A rigor, a ação civil por improbidade administrativa não buscará o seu fundamento primeiro na delação anônima – que isoladamente nada representa em termos de prova –, mas sim nas investigações encetadas a partir de tal elemento, as quais deverão representar, ao final, a base fática mínima exigida pelo art. 17, § 6º, da Lei n. 8.429/92[57].

Sobre o tema, já teve o Superior Tribunal de Justiça a oportunidade de assentar que a instauração de inquérito administrativo, ainda que resultante de denúncia anônima, não encerra qualquer ilegalidade, extraindo-se do voto do relator a assertiva no sentido de que

---

[55] *Curso de direito constitucional positivo*, p. 217. Para Alexandre de Moraes, "A finalidade constitucional é destinada a evitar manifestação de opiniões fúteis, infundadas, somente com o intuito de desrespeito à vida privada, à intimidade, à honra de outrem; ou ainda, com a intenção de subverter a ordem jurídica, o regime democrático e o bem-estar social" (*Direitos humanos fundamentais*, p. 119).

[56] *O inquérito civil*, p. 106. O art. 2º, § 3º, da Resolução CNMP n. 23/2007 permite a instauração de inquérito civil a partir de delações anônimas, desde que haja "informações sobre o fato e seu provável autor, bem como a qualificação mínima que permita sua identificação e localização".

[57] "A ação será instruída com documentos ou justificação que contenham indícios suficientes da existência do ato de improbidade ou com razões fundamentadas da impossibilidade de apresentação de qualquer dessas provas ..."

"nenhuma ilegalidade existe na abertura de inquérito administrativo contra o impetrante, eis que a autoridade pode proceder de ofício, sendo irrelevante a maneira que os fatos lhe sejam levados ao conhecimento"[58]. Realmente, podendo atuar espontaneamente poderá a autoridade também atuar por provocação não identificada, não incidindo as razões que vedam o anonimato, quer no que respeita à livre manifestação do pensamento, quer no relativo ao exercício do direito de petição, se verificada, a uma primeira análise, a idoneidade da notícia.

O Supremo Tribunal Federal, em voto lapidar do Ministro Celso de Mello, também teve a oportunidade de acolher tal entendimento em hipótese na qual se buscava suspender inspeção deflagrada pelo Tribunal de Contas da União a partir de "denúncia" anônima. Na ocasião, pesou favoravelmente à validade dos atos investigatórios o argumento, extraído do método de "ponderação de bens e valores", de que "... a existência de interesse público na revelação e no esclarecimento da verdade, em torno de supostas ilicitudes penais e/ou administrativas que teriam sido praticadas por entidade autárquica federal bastaria, por si só, para atribuir, à denúncia em causa (embora anônima), condição viabilizadora da ação administrativa adotada pelo E. Tribunal de Contas da União, na defesa do postulado ético-jurídico da moralidade administrativa, em tudo incompatível com qualquer conduta desviante do *improbus administrator*"[59]. Por ocasião do julgamento do Inquérito n. 1957/PR, o Ministro Celso de Mello fixou os parâmetros de admissibilidade da delação anônima: a) os escritos anônimos não podem justificar, só por si e isoladamente, a instauração de in-

---

[58] 2ª T., rel. Min. Pádua Ribeiro, j. 10/3/1993, *RT* n. 696/214. No mesmo sentido: MS n. 7069/DF, 3ª Seção, un., rel. Min. Felix Fischer, *DJU* de 12/3/2001, p. 86; RMS n. 4435/MT, 6ª T., un., rel. Min. Adhemar Maciel, RSTJ n. 79, p. 333; RHC n. 7329/GO, 6ª T., un., rel. Min. Fernando Gonçalves, *DJU* de 4/5/1998, p. 208; RHC n. 7363/RJ, 6ª T., un., rel. Min. Anselmo Santiago, *DJU* de 15/6/1998, p. 167; HC n. 38093/AM, rel. Min. Gilson Dipp, *DJU* de 17/12/2004, p. 589; RMS n. 30510/RJ, rel. Min. Eliana Calmon, 2ª T., j. em 17/12/2009, *DJ* de 10/2/2010; MS n. 13348/DF, rel. Min. Laurita Vaz, 3ª Seção, j. em 27/5/2009, *DJ* de 16/9/2009; REsp n. 867666/DF, rel. Min. Arnaldo Esteves Lima, 5ª T., j. em 27/4/2009, *DJ* de 25/5/2009. O argumento da "irrelevância da fonte do conhecimento", manejado pelo STJ em alguns dos precedentes citados, embora não possa ser tido como irrefutável (ex.: conhecimento oriundo de uma interceptação telefônica clandestina), é adequado à hipótese de delação anônima razoavelmente circunstanciada. Por ocasião do julgamento do AGRG no Inq. n. 355/RJ, contudo, a Corte Especial decidiu que "o STJ não pode ordenar a instauração de inquérito policial, a respeito de autoridades sujeitas à sua jurisdição penal, com base em carta anônima", o que soa contraditório. Mais recentemente, contudo, o STJ voltou a admitir investigações iniciadas por notícia anônima, num caso de suspeita de evolução patrimonial incompatível com a renda do agente público (RMS 38.010-RJ, rel. Min. Herman Benjamin, j. em 4/4/2013).

[59] MS n. 24369, Informativo STF n. 286, decisão publicada no *DJU* de 16/10/2002. *Vide* também MS n. 24405-4/DF, j. em 3/12/2003, e o HC n. 100042/RO, julgado em 2/10/2009. Já por ocasião do julgamento do HC n. 84827, o Min. Marco Aurélio, relator, votou pela impossibilidade de instauração de investigações a partir de delações anônimas, em razão do que estabelece o art. 5º, IV, V e X, da CF, tendo sido acompanhado pelos Ministros Eros Grau e Cezar Peluso, vencido o Ministro Carlos Britto. O Ministro Sepúlveda Pertence, embora tenha votado com o relator em razão da "vagueza" e da "ausência de base empírica mínima" da denúncia anônima, não aderiu à tese da "imprestabilidade abstrata de toda e qualquer notícia-crime anônima" (1ª T., j. 7/8/2007, *DJ* de 23/11/2007, p. 79).

quérito policial; b) nada impede, contudo, que o Poder Público adote medidas informais, discretamente, de modo a apurar a possível ocorrência de eventual situação de ilicitude, conferindo a verossimilhança da delação anônima; c) a imputação não pode ter por único fundamento causal documentos ou escritos anônimos. Transpondo este entendimento ao nosso campo de análise, seria possível, então, a instauração de procedimentos preparatórios ao inquérito civil, que são admitidos pela Resolução n. 23/07 do CNMP.

A jurisprudência dos Tribunais Superiores, nesse passo, afina-se ao que estabelece o art. III, 8, da Convenção Interamericana contra a Corrupção, promulgada no Brasil por intermédio do Decreto n. 4.410, de 7 de outubro de 2002, de acordo com o qual devem os Estados Partes instituir "sistemas para proteger funcionários e cidadãos particulares que denunciarem de boa-fé atos de corrupção, inclusive a proteção de suas identidades, sem prejuízo da Constituição do Estados e dos princípios fundamentais de seu ordenamento jurídico interno". Também com o art. 13, 2, da Convenção das Nações Unidas contra a Corrupção, igualmente ratificada pelo Brasil[60], segundo o qual: "Cada Estado Parte adotará medidas apropriadas para garantir que o público tenha conhecimento dos órgãos pertinentes de luta contra a corrupção mencionados na presente Convenção, e facilitará o acesso a tais órgãos, quando proceder, para a denúncia, inclusive anônima, de quaisquer incidentes que possam ser considerados constitutivos de um delito qualificado de acordo com a presente Convenção".

Repita-se que a delação anônima deve revestir-se de mínima concretude, agindo a autoridade com redobrada cautela nas investigações, não sendo lícita, por outro lado, a indevida ampliação do tema da *delatio* de modo a que se proceda a uma "devassa ampla e irrestrita" dos atos praticados pelo investigado, o que, se ocorrente, caracteriza inegável abuso e total desvirtuamento do momento pré-processual.

6. SIGILO DAS INVESTIGAÇÕES

De acordo com o art. 7º da Resolução n. 23/07 do CNMP, aplica-se ao inquérito civil o princípio da publicidade dos atos, salvo nas hipóteses em que haja sigilo legal ou em que a publicidade possa acarretar prejuízo às investigações.

Reformulando o entendimento externado nas edições anteriores, parece-nos que o sigilo não é uma característica fundamental de todo e qualquer procedimento investigatório, muito embora, em hipóteses excepcionais, possa ser decretado como garantia da eficácia da fase pré-processual e da própria imagem do investigado, a cujo respeito, pela peculiar precariedade de tudo o que se colhe nesta fase, nada, ainda, se pode categoricamente afirmar. O art. 8º da Resolução CNMP n. 23/07 estabelece que: "Em cumprimento ao princípio da publicidade das investigações, o membro do Ministério Público poderá prestar informações, inclusive aos meios de comunicação social, a respeito das providên-

---

[60] Decreto Legislativo n. 348/2005 e Decreto Presidencial n. 5.687/2006.

cias adotadas para apuração de fatos em tese ilícitos, abstendo-se, contudo, de externar ou antecipar juízos de valor a respeito de apurações ainda não concluídas". Muito embora o sigilo do inquérito civil não tenha sido disciplinado pelo CNMP como forma de resguardo da imagem do investigado, nota-se no dispositivo transcrito a preocupação com juízos precipitados que, de alguma forma, causem prejuízo às pessoas investigadas. Assim, não há que se falar em dano à imagem ou à honra do agente administrativo ou político investigado desde que se adote a advertência de Mazzilli no sentido de que "sempre que se divulgar a existência de investigações contra pessoas físicas ou jurídicas determinadas, deve-se, porém, ter a cautela de informar que se trata de investigados, e não de culpados, pois a presunção de inocência não pode ser vista apenas sob o ângulo penal"[61].

À falta de regra específica nas Leis n. 7.347/85 e 8.429/92, deve-se adotar, por analogia, a normativa contida no *caput* do art. 20 do CPP (*A autoridade assegurará no inquérito o sigilo necessário à elucidação do fato ou exigido pelo interesse da sociedade*). Ressalte-se, neste passo, que é a própria Constituição Federal que permite, excepcionalmente, o sigilo não só dos atos processuais (art. 5º, LX, e 93, IX) como também dos atos administrativos (art. 5º, XXXIII), sempre que o exigir o interesse social. Sendo essa a hipótese, sustentar o livre acesso aos elementos investigatórios significa subverter o papel do inquérito civil, esvaziando a sua eficácia e permitindo que o investigado insensível às mais elementares regras morais de tudo faça para frustrar-lhe os objetivos.

Em se tratando de dados sigilosos por força de lei (*v.g.*: dados bancários e fiscais) também, por óbvio, deve a autoridade investigante vedar o acesso a tais informes, sob pena de responsabilização administrativa, civil e criminal (art. 8º, § 1º, da Lei Complementar n. 75/93 e art. 26, § 2º, da Lei n. 8.625/93), incorrendo, inclusive, na conduta de improbidade administrativa prevista no art. 11, III, da Lei n. 8.429/92. A publicidade, aqui, é proibida[62].

Em suma, parece-nos, hoje, que a regra será a publicidade do inquérito civil e o seu sigilo a exceção[63].

De qualquer modo, a possibilidade excepcional de decretação de sigilo precisa ser bem compreendida. Uma vez instaurado o inquérito civil, *as diligências* a serem realizadas pelo *Parquet* (oitiva de testemunhas, requisição de documentos e perícias etc.), bem assim as já realizadas, podem estar acobertadas pelo segredo, desde que essencial, como acima

---

61 *O inquérito civil*, ob. cit., p. 179.

62 Diferentemente se dá na fase processual, em que o sigilo somente poderá ser decretado, em preservação à intimidade, quando não houver prejuízo ao "interesse público à informação" (art. 93, IX, CF, com a redação dada pela EC n. 45). O tema será retomado adiante.

63 "Observe-se, oportunamente, que a Constituição de 1988 institui uma ordem democrática fundada no valor da publicidade (öffentlichkeit), substrato axiológico de toda a atividade do Poder Público. No Estado Democrático de Direito, a publicidade é a regra; o sigilo, a exceção, que apenas se faz presente, como impõe a própria Constituição, quando seja imprescindível à segurança da sociedade e do Estado (art. 5º, XXXIII) e quando não prejudique o interesse público à informação (art. 93, IX)" (Inq. n. 2314/MT, rel. Min. Gilmar Mendes, decisão monocrática, *Inf. STF* n. 434).

visto. Não se pode admitir, no entanto, que *a instauração* e a própria *existência* do inquérito civil, bem assim o seu objeto (*v.g.*, a apuração de ilegalidades em determinado procedimento licitatório; o superfaturamento de determinada obra pública etc.), sejam subtraídos do conhecimento do investigado, dos demais legitimados à ação civil pública ou mesmo de qualquer do povo, sob pena de lamentável retrocesso aos sombrios tempos ditatoriais, quando as mais variadas investigações eram levadas a efeito sem qualquer controle da sociedade e do Poder Judiciário.

Com o advento da Lei n. 4.215/63 (Estatuto do Advogado) apresentou-se à doutrina a *vexata questio* sobre a compatibilidade do sigilo e o expresso direito, previsto no Estatuto, de o advogado *examinar em qualquer repartição policial, mesmo sem procuração, autos de flagrante de inquérito, findos ou em andamento, ainda que conclusos à autoridade, podendo copiar peças e tomar apontamentos* (art. 89, XV), regra reproduzida no atual EOAB, Lei n. 8.906/94 ("Art. 7º São direitos do advogado: [...] XIV – *examinar em qualquer instituição responsável por conduzir investigação, mesmo sem procuração, autos de flagrante e de investigações de qualquer natureza, findos ou em andamento, ainda que conclusos à autoridade, podendo copiar peças e tomar apontamentos, em meio físico ou digital*")[64].

Sustentando, *de lege lata*, o enfraquecimento do sigilo do inquérito policial com o advento do Estatuto, tem-se o valioso entendimento de Fernando da Costa Tourinho: "Tratando-se, como se trata, de lei federal, evidentemente que desapareceu, praticamente, o sigilo dos inquéritos", afirmando, mais à frente: "Tecnicamente, não há que se cuidar, pois, de sigilo..."[65].

Noutra ponta, buscando restringir o alcance da regra contida no EOAB, assevera-se que "...inexiste para o advogado o sigilo dos atos formais e de provas **já produzidas**, presentes no inquérito ou outro procedimento investigatório, tendo os mesmos livre acesso a tais elementos para possibilitar a realização da defesa técnica, porém, continua em pleno vigor o **sigilo da condução investigatória** nos casos necessários, não sendo assegurada ao advogado a presença no ato de colheita probatória ou o contraditório em fase de investigação"[66].

Concordamos, em parte, com o diagnóstico de Tourinho, entendendo que a norma contida no Estatuto, consectário do livre exercício da advocacia (art. 5º, XIII, da CF), função indispensável à administração da justiça (art. 133 da CF), enfraquece, em muito, o segredo das investigações, pondo em xeque, em algumas hipóteses, a eficácia das diligências administrativas. Sem prejuízo, encampamos a tese sustentada por Antônio José Pêcego quando sustenta, ao referir-se ao inquérito policial, citando Fernando Capez, que "...**excepcional-**

---

64 Redação conferida pela Lei n. 13.245, de 12 de janeiro de 2016. A nova redação, ao aludir a "investigações de qualquer natureza" e a "instituição responsável por conduzir investigação" deixa fora de dúvida a sua aplicabilidade ao inquérito civil, dentre outros procedimentos investigatórios.
65 *Processo penal*, p. 205.
66 LIMA, Marcellus Polastri. *Ministério Público e persecução criminal*, p. 81.

mente, o sigilo poderá ser decretado judicialmente quando necessário à elucidação do fato ou exigido pelo interesse da sociedade"[67].

Esse, a nosso ver, o ponto de equilíbrio entre aqueles que sustentam ora o livre acesso a todos os elementos por parte do advogado, ora a sua total impossibilidade[68], parecendo-nos que diante da expressa regra contida na Lei n. 8.906/94 (EOAB), somente o Poder Judiciário, guardião maior das liberdades, *excepcionalmente*, mensurando, de um lado, os interesses do investigado e da defesa técnica e, de outro, o da própria sociedade no cabal esclarecimento dos fatos, aplicando, enfim, o *princípio da razoabilidade* (relação de equilíbrio entre os motivos, os meios e os fins)[69], poderá determinar, *por prazo certo*, o sigilo absoluto das investigações realizadas no inquérito civil, garantindo, assim, a sua eficácia.

Relativamente às investigações levadas a efeito na esfera penal, o Superior Tribunal de Justiça já admitiu a imposição de sigilo dos atos investigatórios mesmo aos advogados, extraindo tal conclusão ora do caráter inquisitório do inquérito, ora do próprio princípio da proporcionalidade, em precedentes que se aplicam plenamente ao inquérito civil. O argumento da inquisitoriedade foi invocado por ocasião do julgamento do RMS n. 7.236/RS, 6ª T., rel. Min. Fernando Gonçalves, *DJU* 16/6/1997, p. 27407, em que se discutia a possibilidade de imposição de sigilo quanto à identidade de determinada testemunha, e também no RMS n. 14.397/PR, 5ª T., rel. Min. José Arnaldo da Fonseca, *DJU* 4/11/2002, p. 217, e no RHC n. 11.124/RS, 6ª T, rel. Min. Hamilton Carvalhido, *DJU* 24/9/2001, afirmando-se, neste último, que "se é certo, por um lado, que com o novo ordenamento constitucional os

---

67   Polícia judiciária: persecução penal, defesa e sigilo.
68   No sentido de que pode o Ministério Público, fundamentadamente, impor sigilo ao inquérito civil de modo a alcançar, inclusive, os advogados, confira-se a lição de Mazzilli, *O inquérito civil*, p. 183. O art. 7º da Resolução n. 23/07 do CNMP admite, sem qualquer ressalva, a decretação do sigilo pelo próprio presidente do inquérito civil, "... em decisão motivada, para fins de interesse público", podendo ser, conforme o caso, "... limitada a determinadas pessoas, provas, informações, dados, períodos ou fases, cessando quando extinta a causa que a determinou" (*caput* e § 4º). No mesmo sentido, a Proposta n. 3, devidamente aprovada, do Grupo de Trabalho Setorial sobre Improbidade Administrativa, reunido por ocasião do 13º Congresso Nacional do Ministério Público, realizado na Cidade de Curitiba, em outubro de 1999: "Para a tutela do patrimônio público e da moralidade administrativa, em sede de inquérito civil e outros procedimentos investigatórios, pode o membro do Ministério Público, mediante decisão fundamentada nos autos, estabelecer o sigilo das peças que o instruem, visando à preservação dos interesses da sociedade ou à necessidade de elucidação do fato" (*Anais*, p. 277). Quanto ao inquérito policial, com várias referências ao direito comparado, Marcelo Batloni Mendroni, O sigilo da fase pré-processual. Na jurisprudência, confira-se o decidido pela Décima Sexta Câmara Cível do Tribunal de Justiça do Estado do Rio de Janeiro no Reexame Necessário n. 540/2004, rel. Des. Gerson Arraes.
69   BARROSO, Luís Roberto. Os princípios da razoabilidade e da proporcionalidade no direito constitucional. Sobre o tema, afirma o mencionado autor: "O princípio da razoabilidade é um parâmetro de valoração dos atos do Poder Público para aferir se eles estão informados pelo valor superior inerente a todo ordenamento jurídico: a justiça. Sendo mais fácil de ser sentido do que conceituado, o princípio se dilui em um conjunto de proposições que não o libertam de uma dimensão excessivamente subjetiva. É *razoável* o que seja conforme à razão, supondo equilíbrio, moderação e harmonia; o que não seja arbitrário ou caprichoso; o que corresponda ao senso comum, aos valores vigentes em dado momento ou lugar".

direitos democráticos – entre eles o de acesso às informações e meios que assegurem a defesa do cidadão, restaram prestigiados sobremaneira, tem-se, de outro, que não houve derrogação do dispositivo legal que assegura a realização do inquérito sob o necessário sigilo à elucidação do fato tido como delituoso (artigo 20 do Código de Processo Penal)". Quanto à preservação da identidade de testemunhas, a jurisprudência do STJ afina-se ao que estabelece o art. III, 8, da Convenção Interamericana contra a Corrupção, promulgada no Brasil por intermédio do Decreto n. 4.410, de 7 de outubro de 2002, de acordo com o qual devem os Estados Partes instituir "sistemas para proteger funcionários e cidadãos particulares que denunciarem de boa-fé atos de corrupção, inclusive a proteção de suas identidades, sem prejuízo da Constituição dos Estados e dos princípios fundamentais de seu ordenamento jurídico interno". Já o argumento da proporcionalidade foi desenvolvido por ocasião do julgamento do RMS n. 13.496/PR, 1ª T., rel. Min. José Delgado, DJU 16/12/2002, p. 245, tendo sido especificamente invocado pelo Ministro Luiz Fux, segundo quem "... o Estatuto da Ordem dos Advogados do Brasil, que possui natureza de lei ordinária, deve se sujeitar aos preceitos constitucionais, não podendo se sobrepor aos mesmos, pois a Constituição Federal é norma de maior hierarquia de um Estado Democrático de Direito, sujeitando todos à sua observância o que importa na exigência de que quaisquer dispositivos infraconstitucionais sejam interpretados em conformidade com o seu texto". Além disso, aduziu-se que o livre acesso do advogado aos elementos do inquérito poderia, no caso concreto, dificultar ou impossibilitar o prosseguimento das investigações, "... incidindo, assim, a vedação constitucional prevista nos incisos XXXIII e LX, do art. 5º, da CF, posto configurado o interesse social".

O Supremo Tribunal Federal, no entanto, vem decidindo pela impossibilidade de oposição de sigilo ao advogado sob o argumento de que o segredo findaria por inviabilizar a garantia contida no art. 5º, LXII, da CF, que estabelece que "o preso será informado de seus direitos, entre os quais o de permanecer calado, sendo-lhe assegurada a assistência da família e de advogado"[70]. No HC 87.827 (Inf. STF 424) ressaltou-se que a possibilidade de acesso irrestrito dos advogados aos autos não importa, obviamente, a obrigação de comunicação prévia à defesa, pelo investigador, sobre as diligências que estejam sendo efetuadas. Já por ocasião do julgamento do HC 88.190/RJ foi reafirmada a possibilidade de acesso aos advogados, esclarecendo-se, contudo, que o segredo pode ser mantido quanto aos atos de investigação, "... tanto na deliberação quanto na sua prática, quando necessário à elucidação do fato ou exigido pelo interesse social (CPP, art. 20)". Ou seja, "... uma vez formalizada a diligência, em documento, deve-se permitir o exercício do direito de defesa na fase preliminar da persecução penal" (Inf. STF 438).

A matéria, inclusive, é atualmente objeto da Súmula Vinculante n. **14** ("É direito do defensor, no interesse do representado, ter acesso amplo aos elementos de prova que, já documentados em procedimento investigatório realizado por órgão com competência de

---

[70] HC 82.354/PR e 84.009 (Inf. STF 356).

polícia judiciária, digam respeito ao exercício do direito de defesa"), o que vem reorientado a própria jurisprudência do STJ. De qualquer modo, é relevante registrar que em vários julgamentos posteriores à edição da Súmula, o STF vem ressaltando que a garantia de amplo acesso compreende os elementos *já produzidos*, documentados, o que possibilita que se impeça o acesso do advogado – e do próprio investigado, por óbvio – a teor das diligências ainda em curso e das diligências a serem futuramente produzidas (Med. Caut. em Reclamação 7873-6/RJ, rel. Min. Celso de Mello, com a citação de decisões anteriores no mesmo sentido), como acima referido. Mais recentemente, a Lei n. 13.245, de 12 de janeiro de 2016, alterando o art. 7º do Estatuto da Ordem dos Advogados do Brasil (Lei n. 8.906/94), veio a estabelecer, de forma esclaredora, que "No caso previsto no inciso XIV, a autoridade competente poderá delimitar o acesso do advogado aos elementos de prova relacionados a diligências em andamento e ainda não documentados nos autos, quando houver risco de comprometimento da eficiência, da eficácia ou da finalidade das diligências" (art. 7º, § 11, com a redação dada pela Lei n. 13.245/2016).

Não seria demais relembrar, contudo, que é a própria Constituição Federal que permite, embora excepcionalmente, o sigilo dos atos processuais (art. 5º, LX, e 93, IX) e dos atos administrativos (art. 5º, XXXIII), sempre que o exigir o interesse social. Por conta disso, parecem-nos mais acertadas, *concessa maxima venia*, as decisões do Superior Tribunal de Justiça anteriores à edição da Súmula Vinculante n. 14, que analisam a questão à luz do princípio da proporcionalidade, como visto acima.

Em suma:

a) *a publicidade é a regra do inquérito civil;*

b) *excepcionalmente, o sigilo poderá ser decretado como forma de garantir a eficácia das investigações ou mesmo a imagem do investigado;*

c) *de qualquer modo, não se admitirá o sigilo relativamente à instauração e à própria existência do inquérito civil, bem assim ao seu objeto;*

d) *especificamente quanto ao advogado, o seu livre acesso aos elementos produzidos na fase investigatória, garantido por lei, somente poderá ser restringido mediante decisão judicial.*

7. O ALCANCE DOS PODERES INVESTIGATÓRIOS

7.1. Aspectos Gerais

O já referido artigo 8º da Lei n. 7.437/85 estabelece, em seus §§ 1º e 2º, o poder que o Mistério Público tem de requisitar, no âmbito do inquérito civil, *informações, certidões, exames e perícias de particulares ou de qualquer organismo público*, prevendo, por seu turno, que a negativa de informações ou certidões ao *Parquet* somente se dará nos casos em que a lei impuser sigilo, ... *hipótese em que a ação poderá ser proposta desacompanhada daqueles documentos, cabendo ao juiz requisitá-los.*

O inquérito civil, como não se ignora, será instaurado mediante portaria que descreva o seu objeto e as diligências a serem inicialmente realizadas, devendo apontar-se também, se possível, o nome e a qualificação do investigado e do representante. A portaria deverá indicar também, mesmo que resumidamente, a fundamentação para o início das investigações, fundamentação que informará as diligências a serem realizadas a partir da instauração do inquérito civil[71]. Evidentemente, surgindo novos fatos durante as investigações nada impede o aditamento da portaria ou, se mais conveniente, a instauração de outro inquérito civil.

De modo a garantir o atendimento a tais requisições, prevê o art. 10 da mesma lei que: *Constitui crime, punido com pena de reclusão de 1 (um) a 3 (três) anos, mais multa de 10 (dez) a 1.000 (mil) Obrigações do Tesouro Nacional – OTN, a recusa, o retardamento ou a omissão de dados técnicos indispensáveis à propositura da ação civil, quando requisitados pelo Ministério Público*. O prazo para o fornecimento das informações será o razoavelmente assinalado pelo requisitante, não podendo, no entanto, a teor do § 1º do art. 8º, ser inferior a dez dias úteis[72]. Trata-se de crime omissivo próprio[73], de mera conduta – pois não se concebe qualquer resultado naturalístico – e que só admite apenação quando houver dolo por parte do agente.

Em razão do princípio da legalidade adotado pelo Direito Penal, sustenta o Professor José dos Santos Carvalho Filho que se deve entender por *dados técnicos* "... todos aqueles que resultem de atividade especializada de peritos nas diversas áreas do conhecimento artístico ou científico. Incluem-se aí os laudos relativos a perícias nas áreas de engenharia civil, sanitária e de meio ambiente"[74]. O Superior Tribunal de Justiça, no entanto, analisando hipótese de recusa de envio de *documentos* requisitados pelo Ministério Público, deu à expressão um sentido bem mais amplo, considerando dados técnicos "... qualquer informação dependente de um conhecimento ou trabalho específico, que seja peculiar de determinado ofício ou profissão", asseverando, na mesma linha, que "... os documentos e informações requeridas pelo *Parquet* estão, sim, inseridos no conceito de dados técnicos, pois dizem respeito tão somente aos procedimentos na rotina de funcionamento da Câmara Municipal de Ribeirão das Neves/SP"[75].

---

71 Nesse sentido é que deve ser interpretada a exigência do § 10 do art. 6º da Resolução CNMP n. 23/07, que estabelece que "todos os ofícios requisitórios de informações do inquérito civil e ao procedimento preparatório deverão ser fundamentados e acompanhados de cópia da portaria que instaurou o procedimento". Ou seja, somente as diligências investigatórias que desbordem dos fundamentos já expostos na portaria de instauração do inquérito civil demandarão fundamentação específica.

72 Lei Complementar n. 75/93, art. 8º, § 2º.

73 "A conduta típica nesses crimes integra-se com a simples desobediência ao comando de agir, contido na norma. São crimes em que não se exige qualquer outro resultado, consumando-se com a abstenção daquela atividade que a própria norma penal impõe, independentemente de qualquer dano ou perigo. Por isso, alguns autores dizem que esses são crimes de simples desobediência (*Binding*)" (FRAGOSO, Heleno Cláudio. *Lições de direito penal*, p. 253).

74 *Ação civil pública – comentários por artigo – Lei n. 7.347, de 25/7/1985*, p. 289-290.

75 RHC n. 12.359, 5ª T., rel. Min. Gilson Dipp, *DJU* 1/7/2002; REsp n. 785.129/RS, rel. Min. Felix Fischer, *DJ* de 14/8/2006; APn n. 515, rel. Min. Castro Meira, *DJ* de 5/2/2009.

Indispensáveis, por seu turno, são os dados que se apresentem relevantes à formação da *opinio actio* pelo *Parquet* e imprescindíveis à propositura da ação (art. 320 do CPC/2015). Evidentemente, a avaliação quanto à imprescindibilidade, ou não, das informações é da alçada exclusiva do Ministério Público, o qual preside o inquérito civil com plena independência e legitimidade fundada na Constituição Federal, não cabendo ao destinatário da ordem negar-se ao atendimento da *requisitio* por considerar as informações desnecessárias ou irrelevantes ao esclarecimento dos fatos objeto de investigação. Neste sentido, inclusive, já se pronunciou o Superior Tribunal de Justiça, *verbis*:

> CRIMINAL. RHC. INVESTIGAÇÃO EM INQUÉRITO CIVIL. ATOS INVESTIGATÓRIOS REALIZADOS PELO MP. REQUISIÇÃO DE DOCUMENTOS A PRESIDENTE DA CÂMARA MUNICIPAL. LEGALIDADE DA SOLICITAÇÃO, QUE PODE SER DIRIGIDA A QUALQUER DOS PODERES. PRETENSÃO DE ATRIBUIÇÃO DE DIREITO DE ESCOLHER O QUE DEVE SER ENCAMINHADO À INVESTIGAÇÃO MINISTERIAL. IMPROPRIEDADE. INEXISTÊNCIA DE ORDEM IMINENTE DE PRISÃO. LEGALIDADE DO PROCEDIMENTO. RECURSO DESPROVIDO.
>
> (...)
>
> III – Não se pode aceitar a verdadeira pretensão, da paciente, de se atribuir o direito de escolher o tipo de documentação que deva remeter ao Ministério Público, sob pena de inconcebível inversão de valores e de situações[76].

De qualquer modo, mesmo que não caracterizada a indispensabilidade das informações requisitadas, mas apenas a sua *utilidade* para o esclarecimento da hipótese, o recalcitrante poderá responder, conforme o caso, pelos crimes de prevaricação (art. 319 do Código Penal), se funcionário público, ou desobediência (art. 330), se particular, desde que doloso o seu comportamento[77].

Atualmente, em razão da pena mínima cominada pelo referido art. 10 da LACP (um ano de reclusão), incide a medida despenalizadora prevista no art. 89 da Lei n. 9.099, de 26 de setembro de 1995[78], cujo § 1º, inciso I, condiciona a suspensão do processo, dentre ou-

---

76 RHC n. 11.888/MG, 5ª T., rel. Min. Gilson Dipp, *DJU* de 19/11/2001, p. 291. Na APn n. 515, rel. Min. Castro Meira, *DJ* 5/2/2009, a denúncia pela prática do crime do art. 10 da LACP foi rejeitada ao entendimento da dispensabilidade dos dados em razão do arquivamento do inquérito civil com fundamento na licitude da conduta do investigado. Por ocasião do julgamento do HC n. 14.927/RN, rel. Min. Jorge Scartezzini, *DJU* de 2/9/2002, concedeu-se a ordem para o fim de trancar a ação penal porque "(...) o documento requisitado pelo *parquet* não se mostrou indispensável à propositura da ação civil pública, eis que a referida ação foi ajuizada".

77 Cf. MAZZILLI, Hugo Nigro. *O inquérito civil*, p. 172. Ver também APn n. 515, rel. Min. Castro Meira, *DJ* de 5/2/2009, que nos honra com a citação.

78 "Art. 89. Nos crimes em que a pena mínima cominada for igual ou inferior a um ano, abrangidas ou não por esta Lei, o Ministério Público, ao oferecer a denúncia, poderá propor a suspensão do processo, por

tras, à *reparação do dano* por parte do autor do fato, o que, para os fins do presente estudo, significa que deve o denunciado, a fim de obter a suspensão do processo, prestar a informação recusada, retardada ou omitida ao *Parquet*.

Além de deflagrar a persecução penal, pode o Ministério Público valer-se do mandado de segurança e de outras medidas judiciais com vistas à observância de seu poder requisitório, fundamentando seu pedido nas já referidas regras legais, nos correlatos dispositivos das leis orgânicas (Lei n. 8.625/93 e Lei Complementar n. 75/93) bem assim no art. 129, III e VI, da Constituição Federal[79].

Os poderes requisitórios do Ministério Público vão também encontrar no âmbito da própria Lei n. 8.429/92 mecanismos de reafirmação de eficácia, não se tendo qualquer dúvida quanto à caracterização de improbidade administrativa relativamente à conduta do agente público que recusa, retarda ou se omite na prestação das informações requisitadas, nos termos e para os fins do art. 11, *caput* e inciso II, da Lei de Improbidade Administrativa[80]. Por evidente, também aqui se torna necessária a demonstração do dolo informativo da ação ou da omissão do destinatário da *requisitio*[81].

---

dois a quatro anos desde que o acusado não esteja sendo processado ou não tenha sido condenado por outro crime, presentes os demais requisitos que autorizariam a suspensão condicional da pena (art. 77 do Código Penal). § 1º Aceita a proposta pelo acusado e seu defensor, na presença do Juiz, este, recebendo a denúncia, poderá suspender o processo, submetendo o acusado a período de prova, sob as seguintes condições: I – reparação do dano, salvo impossibilidade de fazê-lo; II – proibição de frequentar determinados lugares; III – proibição de ausentar-se da comarca onde reside, sem autorização do Juiz. IV – comparecimento pessoal e obrigatório a juízo, mensalmente, para informar e justificar suas atividades. § 2º O Juiz, poderá especificar outras condições a que fica subordinada a suspensão, desde que adequadas ao fato e à situação pessoal do acusado".

79 A legitimidade para a impetração de mandado de segurança pelos representantes do *Parquet* está prevista no art. 32, I, da Lei n. 8.625/93 e no art. 6º, VI, da Lei Complementar n. 75/93. Quanto ao poder-dever de *expedir notificações* para a coleta de depoimentos e esclarecimentos (art. 129, VI), preveem a Lei n. 8.625/93 (art. 26, I, *a*) e a Lei Complementar n. 75/93 (art. 8º, I), a possibilidade de condução coercitiva daquele que venha a desatender ao chamamento do Ministério Público, ressalvadas as prerrogativas previstas em lei.

80 Nesse sentido: REsp n. 1116964/PI, 2ª T., rel. Min. Mauro Campbell Marques, j. 15/3/2011, DJe de 2/5/2011. Do acórdão chama a atenção a seguinte afirmação: "O dolo é abstratamente caracterizável, uma vez que, pelo menos a partir do primeiro ofício de reiteração, a parte recorrida já sabia estar em mora, e, além disto, já sabia que sua conduta omissiva estava impedindo a instrução de inquérito civil e a posterior propositura da ação civil pública de contenção de lesão ambiental". Art. 11. Constitui ato de improbidade administrativa que atenta contra os princípios da administração pública qualquer ação ou omissão que viole os deveres de honestidade, imparcialidade, legalidade, e lealdade às instituições, e notadamente: (...) II – retardar ou deixar de praticar, indevidamente, ato de ofício."

81 A Lei Anticorrupção (Lei n. 12.846/2013), que atualmente compõe o microssistema de tutela coletiva do patrimônio público (art. 21 de referida lei), prevê, em seu art. 5º, V, constituir ato lesivo à administração pública, nacional ou estrangeira, a conduta de "dificultar atividade de investigação ou fiscalização de órgãos, entidades ou agentes públicos, ou intervir em sua atuação, inclusive no âmbito das agências reguladoras e dos órgãos de fiscalização do sistema financeiro nacional".

Capítulo I – O Momento Investigativo. O Inquérito Civil

Sem prejuízo das observações acima, tal poder requisitório, hoje, deve ser estudado não mais sob a tímida disciplina da Lei da Ação Civil Pública, mas, antes, numa perspectiva constitucional. Com efeito, ao erigir o Ministério Público – instituição permanente e essencial à função jurisdicional – ao papel de defensor "da ordem jurídica, do regime democrático *e dos interesses sociais e individuais indisponíveis*", o texto constitucional, considerando que quem dá os fins deve também prover os meios, legitima-o à instauração do inquérito civil e à propositura da ação civil pública (art. 129, III), instrumentalizando-o à expedição de notificações "nos procedimentos administrativos de sua competência", com a expressa possibilidade de requisição de "informações e documentos" para instrução de tais procedimentos, na forma da lei complementar respectiva (art. 129, VI, da Constituição Federal).

Temos, assim, que o acesso por parte do *Parquet* a informações e documentos de qualquer espécie, mesmo que sigilosos (sigilo bancário, fiscal ou eleitoral)[82], vai encontrar expresso respaldo constitucional, encartando-se numa de suas principais *funções instrumentais*[83].

Disciplinando a matéria no âmbito infraconstitucional, em atendimento à parte final do referido art. 129, VI, da Constituição Federal, tem-se, além da já mencionada Lei da Ação Civil Pública, também a Lei n. 8.625/93 (Lei Orgânica Nacional do Ministério Público), bem assim a Lei Complementar n. 75/93, esta última dispondo sobre "a organização, as atribuições e o estatuto do Ministério Público da União". O primeiro diploma legal, em seu artigo 26, estabelece que:

> Art. 26. No exercício de suas funções, o Ministério Público poderá:
>
> I – instaurar inquéritos civis e outras medidas e procedimentos administrativos pertinentes e, para instruí-los:
>
> a) expedir notificações para colher depoimento ou esclarecimentos e, em caso de não comparecimento injustificado, requisitar condução coercitiva, inclusive pela Polícia Civil ou Militar, ressalvadas as prerrogativas previstas em lei;
>
> b) requisitar informações, exames periciais e documentos de autoridades federais, estaduais e municipais, bem como dos órgãos e entidades da administração direta, indireta ou fundacional, de qualquer dos Poderes da União, dos Estados, do Distrito Federal e dos Municípios;
>
> c) promover inspeções e diligências investigatórias junto às autoridades, órgãos e entidades a que se refere a alínea anterior;

---

82 Os sigilos bancário, fiscal e eleitoral são previstos, respectivamente, na Lei Complementar n. 105/2001, nos arts. 198 e 199 do Código Tributário Nacional, com a redação dada pela LC n. 104/2001 e no art. 9º da Lei n. 7.444/85. Trataremos do tema mais à frente.

83 "Nunca é demais lembrar que no art. 129 da CF se apresentam funções materiais e funções instrumentais, aquelas refletindo os bens jurídicos sob tutela da instituição e estas espelhando os mecanismos formais necessários à consecução daquelas" (CARVALHO FILHO, José dos Santos. *Ação civil pública – comentários por artigo Lei 7.347, de 24/7/85*, p. 222, nota 2).

II – requisitar informações e documentos a entidades privadas, para instruir procedimentos ou processo em que oficie;

III – requisitar à autoridade competente a instauração de sindicância ou procedimento administrativo cabível;

IV – requisitar diligências investigatórias e a instauração de inquérito policial e de inquérito policial militar, observado o disposto no art. 129, inciso VIII, da Constituição Federal, podendo acompanhá-los;

V – praticar atos administrativos executórios, de caráter preparatório;

VI – dar publicidade dos procedimentos administrativos não disciplinares que instaurar e das medidas adotadas;

VII – sugerir ao Poder competente a edição de normas e a alteração da legislação em vigor, bem como a adoção de medidas propostas, destinadas à prevenção e controle da criminalidade;

VIII – manifestar-se em qualquer fase dos processos, acolhendo solicitação do juiz, da parte ou por sua iniciativa, quando entender existente interesse em causa que justifique a intervenção.

§ 1º As notificações e requisições previstas neste artigo, quando tiverem como destinatários o Governador do Estado, os membros do Poder Legislativo e os desembargadores, serão encaminhadas pelo Procurador-Geral de Justiça.

§ 2º O membro do Ministério Público será responsável pelo uso indevido das informações e documentos que requisitar, inclusive nas hipóteses legais de sigilo.

§ 3º Serão cumpridas gratuitamente as requisições feitas pelo Ministério Público às autoridades, órgãos e entidades da Administração Pública direta, indireta ou fundacional, de qualquer dos Poderes da União, dos Estados, do Distrito Federal e dos Municípios.

§ 4º A falta ao trabalho, em virtude de atendimento a notificação ou requisição, na forma do inciso I deste artigo, não autoriza desconto de vencimentos ou salário, considerando-se de efetivo exercício, para todos os efeitos, mediante comprovação escrita do membro do Ministério Público.

§ 5º Toda representação ou petição formulada ao Ministério Público será distribuída entre os membros da instituição que tenham atribuições para apreciá-la, observados os critérios fixados pelo Colégio de Procuradores.

dispondo no mesmo sentido a Lei Complementar n. 75/93[84].

---

[84] "Art. 7º Incumbe ao Ministério Público da União, sempre que necessário ao exercício de suas funções institucionais: I – instaurar inquérito civil e outros procedimentos administrativos correlatos; II – requisitar diligências investigatórias e a instauração de inquérito policial e de inquérito policial militar, podendo acompanhá-los e apresentar provas; III – requisitar à autoridade competente a instauração de procedimentos administrativos, ressalvados os de natureza disciplinar, podendo acompanhá-los e produzir provas. Art. 8º Para o exercício de suas atribuições, o Ministério Público da União poderá, nos procedimentos de sua competência: I – notificar testemunhas e requisitar sua condução coercitiva, no caso de ausência injustifi-

Como se vê, a normativa específica dota o *Parquet* de eficazes instrumentos com vistas ao pleno exercício de suas relevantes atribuições constitucionais, revelando-se, neste passo, muito mais ousada que a Lei n. 7.347/85. Entre tais ferramentas, fundamentais à boa persecução da improbidade, sobressaem: a possibilidade de condução coercitiva daquele que, notificado a prestar depoimento ou esclarecimentos, não atende ao chamamento; a requisição de perícias a órgãos públicos sem nenhum ônus financeiro para a Instituição; a possibilidade de requisição de serviços temporários e de meios materiais à administração pública para a realização de atividades específicas; o acesso incondicional a qualquer banco de dados de caráter público ou relativo a serviço de relevância pública; e o poder de requisição quanto a informações e documentos em poder de órgãos públicos[85] e entidades privadas.

Quanto à requisição de documentos e informações, merece destaque acórdão prolatado pelo Superior Tribunal de Justiça por ocasião do julgamento do Mandado de Segurança n. 5370/DF. A hipótese dizia respeito a requisição do *Parquet* paulistano dirigida ao Ministério da Aeronáutica no sentido de que fossem remetidos os elementos investigatórios produzidos na esfera militar com vistas à apuração das causas de grave acidente aeronáutico, ocorrido na Cidade de São Paulo. A autoridade administrativa recusou as informações requisitadas, dentre outros argumentos, em razão de seu alegado sigilo e também em razão da inexistência, ao tempo da requisição, de conclusões definitivas, na esfera administrativa, quanto às causas do acidente. O voto do relator, Ministro Demócrito Reinaldo, afastando tais argumentos, deixa consignado que:

cada; II – requisitar informações, exames, perícias e documentos de autoridades da Administração Pública direta ou indireta; III – requisitar da Administração Pública serviços temporários de seus servidores e meios materiais necessários para a realização de atividades específicas; IV – requisitar informações e documentos a entidades privadas; V – realizar inspeções e diligências investigatórias; VI – ter livre acesso a qualquer local público ou privado, respeitadas as normas constitucionais pertinentes à inviolabilidade do domicílio; VII – expedir notificações e intimações necessárias aos procedimentos e inquéritos que instaurar; VIII – ter acesso incondicional a qualquer banco de dados de caráter público ou relativo a serviço de relevância pública; IX – requisitar o auxílio de força policial. § 1º O membro do Ministério Público será civil e criminalmente responsável pelo uso indevido das informações e documentos que requisitar; a ação penal, na hipótese, poderá ser proposta também pelo ofendido, subsidiariamente, na forma da lei processual penal. § 2º Nenhuma autoridade poderá opor ao Ministério Público, sob qualquer pretexto, a exceção de sigilo, sem prejuízo da subsistência do caráter sigiloso da informação, do registro, do dado ou do documento que lhe seja fornecido. § 3º A falta injustificada e o retardamento indevido do cumprimento das requisições do Ministério Público implicarão a responsabilidade de quem lhe der causa. § 4º As correspondências, notificações, requisições e intimações do Ministério Público quando tiverem como destinatário o Presidente da República, o Vice-Presidente da República, membro do Congresso Nacional, Ministro do Supremo Tribunal Federal, Ministro de Estado, Ministro de Tribunal Superior, Ministro do Tribunal de Contas da União ou chefe de missão diplomática de caráter permanente serão encaminhadas e levadas a efeito pelo Procurador-Geral da República ou outro órgão do Ministério Público a quem essa atribuição seja delegada, cabendo às autoridades mencionadas fixar data, hora e local em que puderem ser ouvidas, se for o caso. § 5º As requisições do Ministério Público serão feitas fixando-se prazo razoável de até dez dias úteis para atendimento, prorrogável mediante solicitação justificada."

85 Importante diligência consiste na investigação de possíveis procurações passadas pelo ímprobo a "agentes laranjas", devendo-se, para tanto, requisitar informações à Corregedoria de Justiça.

Não importa, outrossim, que as investigações, no CENIPA, se desdobrem em mais de uma fase, das quais resultarão dois (2) relatórios: o Preliminar e o Final. O que está em causa é, não só a competência do Ministério Público, que advém de sede constitucional – de requisitar informações ou documentos de quaisquer órgãos públicos – e da relevância do pedido que formulou, tendo em vista o interesse público, que se sobrepõe a qualquer outro, a fim de que os fatos sejam apurados e que disponha de instrumentos eficazes para o exercício das atribuições constitucionalmente conferidas. Se a ação penal é de exclusiva iniciativa do Ministério Público, por determinação da Carta Magna e se a Constituição Federal lhe confere o poder de expedir notificações (arts. 127 e 129) nos procedimentos administrativos de sua competência, requisitando informações e documentos, resulta que as suas atividades se revestem, desenganadamente, de interesse público relevante (...). A ocultação ou não fornecimento de informações ou documentos é conduta impeditiva da ação da justiça e, de conseguinte, se erige em abuso de poder[86].

Especificamente quanto ao não encerramento das investigações na seara administrativa, o precedente fere a questão com precisão ao asseverar que "nada importa que as conclusões dos órgãos da aeronáutica sejam diametralmente opostas às do Ministério Público ou do Judiciário. A responsabilidade civil independe da criminal (Código Civil, art. 1.525[87]), como também a ação do Ministério Público independe do juízo de valor que, na esfera administrativa, a autoridade aeronáutica atribuir aos fatos, não ficando, por isso mesmo, adstrito, quer às conclusões do Relatório preliminar, quer às do relatório final".

Afigura-se sem qualquer base sólida, deste modo, a recusa de informações ao Ministério Público, quer em razão do sigilo da matéria quer, ainda, em função da pendência de conclusões definitivas nas esferas administrativa (sindicâncias ou procedimentos administrativos disciplinares) ou legislativa (inspeções do Tribunal de Contas ou elementos produzidos pelas CPI's, por exemplo)[88].

Nessa linha, por encontrar seu fundamento primeiro no texto constitucional (art. 129, III e VI), o poder requisitório do Ministério Público pode ser dirigido a qualquer órgão, instituição ou autoridade da República, não havendo que se falar, por óbvio, em violação ao princípio da independência dos Poderes[89].

---

86 3ª Seção, un., *Revista do Ministério Público do Estado do Rio de Janeiro* n. 9, p. 518 e s.
87 Art. 935 do atual Código Civil.
88 Ao teor do art. 35, XI, da Lei Orgânica do Ministério Público do Estado do Rio de Janeiro (Lei Complementar Estadual n. 106/2003), "no exercício de suas funções cabe ao Ministério Público (...) 'ter acesso incondicional a procedimento instaurado no âmbito da Administração direta e indireta de todos os órgãos ou Poderes, *ainda que em curso*, e a qualquer banco de dados de caráter público ou relativo a serviço de relevância pública".
89 "Improcede a alegação de que os Poderes Executivo e Legislativo não estariam obrigados a atender a requisições ministeriais, pois pode ser destinatário da requisição qualquer órgão da administração, indireta ou fundacional, de qualquer dos Poderes Públicos" (STJ, RHC n. 11.888/MG, 5ª T., rel. Min. Gilson Dipp, *DJU* de 19/11/2001, p. 291);"Ao teor do art. 26 da Lei 8.625/93, o Ministério Público, através do Procurador-Geral

Quando dirigidas as requisições e as notificações ao Presidente e Vice-Presidente da República, membro do Congresso Nacional, Ministro do Supremo Tribunal Federal, Ministro de Estado, Ministro de Tribunal Superior, Ministro do Tribunal de Contas da União, chefe de missão diplomática de caráter permanente, Governador do Estado, membros do Poder Legislativo Estadual e desembargadores, o seu encaminhamento se dará por intermédio da Chefia do *Parquet* (art. 26, § 1º, da Lei n. 8.625/93 e art. 7º, § 4º, da Lei Complementar n. 75/93), não estando a autoridade destinatária obrigada a atender ao requisitado se desprezada a regra protocolar. De acordo com a clara disciplina legal, trata-se de mero *encaminhamento* feito pelo Procurador-Geral de Justiça ou pelo Procurador-Geral da República, conforme o caso, a quem não compete efetuar qualquer tipo de censura ou restrição às requisições ou notificações efetuadas pelo órgão ministerial, sob pena de ferimento ao princípio constitucional do Promotor Natural. Aliás, o art. 6º, § 8º, da Resolução CNMP n. 23/2007 estabelece o prazo de dez dias para encaminhamento e, ainda, que não cabe à Chefia Institucional a valoração do contido no ofício, ressalvado o controle quanto ao atendimento dos requisitos legais e ao tratamento protocolar.

Não obstante, o mesmo dispositivo ampliava o rol das autoridades previstas nos arts. 26, § 1º, da Lei n. 8.625/93 e 7º, § 4º, da Lei Complementar n. 75/93[90], o que, a nosso juízo, violava o art. 22, I, da CF (competência privativa da União para legislar sobre direito processual) ou, a se entender que as normas sobre o inquérito civil são normas sobre "procedimento em matéria processual", o art. 24, XI, da CF[91].

De fato, a regulamentação do inquérito civil aprovada pelo CNMP findava por criar regra restritiva da atuação ministerial sem o devido respaldo legal, culminando por extrapolar os lindes da regulamentação do instrumento investigatório civil, ferindo, desta forma, o modelo federal imposto pelas Leis n. 8.625/93 e 75/93 e violando, por conseguinte, o próprio princípio constitucional do Promotor Natural ou Legal. É amplamente reconhecido pela doutrina e pela jurisprudência dos Tribunais Superiores que disposições regulamentares, por sua própria natureza e destinação, não podem se afastar dos parâmetros legais, a quem devem cega e irrestrita vassalagem, sendo relevante registrar que em matéria de inquérito civil somente o legislador federal está habilitado a disciplinar o tema. O único aspecto em que a deliberação regimental colegiada – do Conselho Superior do Ministério

---

de Justiça, poderá requisitar informações do Governador do Estado, dos membros do Poder Legislativo e dos Desembargadores para instruir inquéritos civis e procedimentos administrativos para apurar irregularidades no cumprimento da lei" (STJ, RMS n. 10.596/GO, 2ª T., rel. Min. Francisco Peçanha Martins, *DJU* de 12/8/2002, p. 182).

90 Tais dispositivos não contemplam os secretários de estado nem tampouco os conselheiros do CNJ e do CNMP.

91 A mesma crítica se aplica ao art. 9º da Resolução, que estabelece que "o inquérito civil deverá ser concluído no prazo de um ano, prorrogável pelo mesmo prazo e quantas vezes forem necessárias, por decisão fundamentada de seu presidente, à vista da imprescindibilidade da realização ou conclusão de diligências, dando-se ciência ao Conselho Superior do Ministério Público, à Câmara de Coordenação e Revisão ou à Procuradoria Federal dos Direitos do Cidadão".

Público – pode ombrear-se à legislação diz respeito ao arquivamento do inquérito civil, conforme previsto no art. 9º, § 3º, da Lei da Ação Civil Pública e admitido pela doutrina[92].

É importante referir que o Min. Sepúlveda Pertence, ao conceder a liminar no Mandado de Segurança n. 26.440-3/DF, em que se discute a regulamentação do CNMP sobre concurso público, consignou que "parece ultrapassar as raias admissíveis do poder normativo do CNMP para concretizar os princípios constitucionais da administração pública, estipulados no art. 37 da Constituição, a edição de regras que se sobreponham às interpostas na matéria pelos órgãos competentes conforme as leis nacionais ou locais que disciplinam a autonomia administrativa dos Ministérios Públicos estaduais, salvo expressa declaração de sua inconstitucionalidade", cuidando-se de entendimento plenamente aplicável ao presente debate. Nessa linha, a restrição contida na Resolução baixada pelo CNMP findava, no final das contas, por diminuir o campo de autonomia do Ministério Público, contrariando o papel primordial do Conselho que é, ao contrário, o de velar pela autonomia funcional da Instituição (art. 130-A, § 2º, I, da CF).

No âmbito estadual, a ampliação, pela Resolução, do rol de autoridades que demandam a intervenção do Procurador-Geral de Justiça no encaminhamento de requisições e notificações, se afastava da *ratio* legal que é a de garantir que as notificações e requisições dirigidas ao Chefe do Executivo Estadual sejam encaminhadas pelo Procurador-Geral de Justiça, chefe, igualmente, do *Parquet*. Já se vê, desta forma, que a norma federal em comento (art. 26, § 1º, da Lei n. 8.625/93) busca preservar, pura e simplesmente, a regra da hierarquia no relacionamento institucional, sempre necessário, entre o Ministério Público e o Poder Executivo, não alcançando, por isso, agentes políticos de menor relevância, de menor escalão na estrutura administrativa, como é o caso dos Secretários de Estado.

O mesmo já não se passa com relação aos membros dos Poderes Legislativo e Judiciário, uma vez que o referido § 1º do art. 26 exige, neste particular, o encaminhamento de notificações ou requisições através da Chefia do *Parquet* em toda e qualquer hipótese ("membros do Poder Legislativo e desembargadores"). A distinção é relevante e demonstra o claro intento do legislador em tornar desnecessária a "via indireta" quando dirigidas as requisições a outros integrantes do Poder Executivo, ocupantes de postos hierarquicamente inferiores.

Afora os aspectos jurídicos que envolvem o debate, é também importante enfatizar que a regra regulamentar, se adotada, em muito contribuiria para o já inoperante e lento sistema de notificações e requisições, e criaria um caminho burocrático a um só tempo desnecessário e ilegal, contribuindo, desta forma, para o atraso na conclusão dos inquéritos civis.

Atento a todos estes aspectos, o CNMP editou as Resoluções n. 35/2009 e 59/2010, que corrigiram parcialmente as imperfeições até aqui apontadas. A redação atual do dispositivo é a seguinte:

---

92 MAZZILLI, *O inquérito civil*, p. 301.

§ 8º As notificações, requisições, intimações ou outras correspondências expedidas por órgãos do Ministério Público da União ou pelos órgãos do Ministério Público dos Estados, destinadas a instruir inquérito civil ou procedimento preparatório observarão o disposto no art. 8º, § 4º, da Lei Complementar n. 75/93, no art. 26, § 1º, da Lei n. 8.625/93 e, no que couber, no disposto na legislação estadual, devendo serem encaminhadas no prazo de dez (10) dias pelo respectivo Procurador-Geral, não cabendo a este a valoração do contido no expediente, podendo deixar de encaminhar aqueles que não contenham os requisitos legais ou que não empreguem o tratamento protocolar devido ao destinatário.

Manteve-se, não obstante, a previsão de encaminhamento, via Procurador-Geral, das requisições dirigidas aos Conselheiros do Conselho Nacional da Justiça e do Conselho Nacional do Ministério Público (§ 9º), o que, pelas razões já expostas, constitui manifesta ilegalidade e está em contradição com as razões que levaram o CNMP a editar a Resolução n. 35/09.

7.2. Resguardo Constitucional da Privacidade

A vida em sociedade impõe ao indivíduo uma série de limitações – algumas não razoáveis – o que decorre da constante interação em busca da satisfação das crescentes necessidades. Neste contato com o grupamento, no entanto, todo homem tem o direito de alhear do conhecimento da coletividade aspectos que, por serem muito caros à sua história pessoal ou familiar, constituem elementos essenciais ao desenvolvimento de sua personalidade[93]. Tal direito de reserva, como facilmente se verifica, vê-se gradativamente aviltado pelas modernidades que decorrem da informatização e da velocidade dos meios de comunicação, bastando referir a crescente preocupação que a indevida utilização de *bancos de dados* vem suscitando entre os juristas, bem assim os limites que se devem impor às comunicações via *Internet*, só para citar dois exemplos. Tudo isso tendo como pano de fundo a denominada "globalização", fator de constante aniquilamento da individualidade e das identidades histórico-culturais.

Em vista de tal realidade, os ordenamentos jurídicos, de um modo geral, vêm se preocupando, cada vez mais, com o resguardo da intimidade, "a necessidade de encontrar na solidão aquela paz e aquele equilíbrio, continuamente comprometidos pelo ritmo da vida moderna"[94]. E em nosso sistema constitucional, como não poderia deixar de ser, vamos

---

[93] "A vida pessoal e familiar necessita de uma esfera de segredo para desabrochar e se desenvolver sendo, portanto, o segredo, uma condição de sua liberdade. Daí ser necessária a proteção desta esfera secreta dos atentados dirigidos à liberdade" (SZANIAWSKI, Elimar. *Direitos da personalidade e sua tutela*, p. 120).

[94] COSTA JR., Paulo José da. *O direito de estar só – tutela penal da intimidade*, p. 12. Referido jurista apresenta importantes dados históricos, extraídos das mais autorizadas fontes, a respeito das primeiras iniciativas processuais em busca do resguardo da intimidade, verificadas nos Estados Unidos da América (1902) e na França (1858).

encontrar relevantes regras a respeito do assunto[95], dentre as quais ganha destaque a contida no art. 5º, X, segundo a qual: *São invioláveis a intimidade, a vida privada, a honra e a imagem das pessoas, assegurado o direito a indenização pelo dano material ou moral decorrente de sua violação.*

7.3. Sigilo Bancário

De acordo com a melhor doutrina, consiste o sigilo bancário na "obrigação que têm os bancos de não revelar, salvo justa causa, as informações que venham a obter em virtude de sua atividade profissional"[96].

Aspecto relativo à privacidade (*rectius*: privatividade) e, por tal motivo, tutelado pelo texto constitucional (art. 5º, X)[97], viu-se disciplinado, num primeiro momento, pela Lei n. 4.595/64, que, dispondo sobre "a política e as instituições monetárias, bancárias e creditícias", adotou regra bastante restritiva, permitindo o acesso a tais dados somente mediante ordem judicial ou por requisição do Poder Legislativo (art. 38)[98-99]. Posteriormente, o art. 4º,

---

95 Art. 5º, XI, XII, LX etc.
96 COVELLO, Sérgio Carlos. *O sigilo bancário*, p. 69. Luiz Fernando Bellinetti define-o como "o dever jurídico que têm as instituições de crédito e as organizações auxiliares e seus empregados de não revelar, salvo justa causa, as informações que venham a obter em virtude da atividade bancária a que se dedicam" (Limitações legais ao sigilo bancário).
97 É importante esclarecer, desde logo, que o inciso XII do mesmo art. 5º nada tem com a hipótese do sigilo bancário, uma vez que o que se busca ali tutelar é o sigilo das comunicações, inclusive a de dados, não os denominados "dados estanques".
98 "Art. 38. As instituições financeiras conservarão sigilo em suas operações ativas e passivas e serviços prestados. § 1º As informações e esclarecimentos ordenados pelo Poder Judiciário, prestados pelo Banco Central do Brasil ou pelas instituições financeiras, e a exibição de livros e documentos em juízo, se revestirão sempre do mesmo caráter sigiloso, só podendo a eles ter acesso as partes legítimas na causa, que deles não poderão servir-se para fins estranhos à mesma. § 2º O Banco Central do Brasil e as instituições financeiras públicas prestarão informações ao Poder Legislativo, podendo, havendo relevantes motivos, solicitar sejam mantidas em reserva ou sigilo. § 3º As Comissões Parlamentares de Inquérito, no exercício da competência constitucional e legal de ampla investigação (art. 53 da Constituição Federal e Lei n. 1.579, de 18 de março de 1952), obterão as informações que necessitarem das instituições financeiras, inclusive através do Banco Central do Brasil. § 4º Os pedidos de informações a que se referem os § 2º e 3º deste artigo deverão ser aprovados pelo plenário da Câmara dos Deputados ou do Senado Federal e, quando se tratar de Comissão Parlamentar de Inquérito, pela maioria absoluta de seus membros. § 5º Os agentes fiscais tributários do Ministério da Fazenda e dos Estados somente poderão proceder a exames de documentos, livros e registros de contas de depósitos, quando houver processo instaurado e os mesmo forem considerados indispensáveis pela autoridade competente. § 6º O disposto no parágrafo anterior se aplica igualmente à prestação de esclarecimentos e informes pelas instituições financeiras às autoridades fiscais, devendo sempre estas e os exames serem conservados em sigilo, não podendo ser utilizados senão reservadamente. § 7º A quebra de sigilo de que trata este artigo constitui crime e sujeita os responsáveis à pena de reclusão, de 1 (um) a 4 (quatro) anos, aplicando-se, no que couber, o Código Penal e o Código de Processo Penal, sem prejuízo de outras sanções cabíveis."
99 O STF, por ocasião do julgamento da ACO n. 730/RJ, rel. Min. Joaquim Barbosa, decidiu, por apertada maio-

§ 2º, da Lei n. 4.728/65, disciplinadora dos mercados de capitais, criou para o Banco Central o dever de representar ao Ministério Público pela instauração de inquérito policial toda vez que no exercício de suas atribuições viesse a tomar conhecimento da prática de crime de ação penal pública, sendo certo que, em razão da regra contida no *caput* do referido dispositivo[100], tal material, levado ao conhecimento do *Parquet*, acabava por disponibilizar a este último o acesso a dados sigilosos independentemente de qualquer ordem judicial[101].

Já ao definir os *crimes contra o sistema financeiro nacional*, o legislador voltou a abrandar a regra restritiva por primeiro mencionada, permitindo ao Ministério Público o acesso irrestrito aos dados sigilosos[102], norma ao depois reproduzida no Estatuto da Criança e do Adolescente (art. 201) e nas já mencionadas Lei n. 8.625/93 e Lei Complementar n. 75/93. Estes últimos diplomas, de forma bastante esclarecedora, ressaltam a possibilidade de acesso direto a tais dados pelo Ministério Público ao preverem a responsabilização, civil e criminal, de seus membros "pelo uso indevido das informações e documentos que requisitar, inclusive nas hipóteses legais de sigilo" (art. 26, § 2º, da Lei n. 8.625/93 e art. 8º, § 2º, da Lei Complementar n. 75/93)[103], parecendo óbvio que a previsão de tal sancionamento significa que o acesso aos dados sigilosos, quaisquer que sejam, lhe foi permitido[104]. Confor-

---

ria, que as CPI's Estaduais também dispõem do poder de acesso direto a informações e dados bancários (Informativos STF n. 358, 362 e 377).

100 "Art. 4º No exercício de suas atribuições, o Banco Central poderá examinar os livros e documentos das instituições financeiras, sociedades, empresas e pessoas referidas no artigo anterior, as quais serão obrigadas a prestar as informações e os esclarecimentos solicitados pelo Banco Central."

101 "Contraditoriamente, não desejou o legislador incluir o *Parquet* dentre aqueles entes investidos de autoridade para a quebra do sigilo bancário, porém, logo a seguir, admitiu por lei que a Instituição se constituía no repositório das provas coligidas, a quem as mesmas seriam entregues para a propositura de uma ação penal, revelando, assim, ao órgão ministerial, informações que até então lhe eram sigilosas" (Walberto Fernandes de Lima, A quebra do sigilo bancário por ato do Ministério Público, *Revista do Ministério Público do Estado do Rio de Janeiro*, n. 1, janeiro/junho de 1995, p. 169).

102 Lei n. 7.492/86: "Art. 29. O órgão do Ministério Público Federal, sempre que julgar necessário, poderá requisitar, a qualquer autoridade, informação, documento ou diligência relativa à prova dos crimes previstos nesta Lei. Parágrafo único. O sigilo dos serviços e operações financeiras não pode ser invocado como óbice ao atendimento da requisição prevista no *caput* deste artigo".

103 A indevida revelação de informações sigilosas caracteriza, a nosso juízo, a conduta de improbidade prevista no art. 11, III, da Lei n. 8.429/92.

104 Waldo Fazzio Júnior, ao se referir especificamente ao *sigilo bancário* afirma que: "Embora o art. 26, inciso I, alínea b, da Lei Federal n. 8.625/93 (Lei Orgânica Nacional do Ministério Público) assegure ao membro do *parquet* o direito de requisitar documentos de quaisquer órgãos ou autoridades, a mencionada lei é ordinária e, portanto, não tem o condão de superar lei complementar" (*Improbidade administrativa*, p. 181). O argumento, *data venia*, nunca nos pareceu sólido o suficiente na medida em que a dimensão do sigilo bancário nada tem com a organização do sistema financeiro, sendo, antes, aspecto relacionado ao direito à intimidade, a cujo respeito não há qualquer reserva à lei complementar, podendo, por conseguinte, ser disciplinado por lei ordinária. Por outro lado, não se pode ignorar que o acesso do Ministério Público a dados sigilosos está também previsto na Lei Complementar n. 75/93, regramento aplicável aos Ministérios Públicos Estaduais por força do artigo 80 da Lei n. 8.625/93. Também já se procurou construir, de modo a

me anotado por Mazzilli, "exceto em matéria em que a própria Constituição exija quebra do sigilo sob autorização judicial, no mais, autoridade alguma poderá opor ao Ministério Público, sob qualquer pretexto, a exceção de sigilo, sem prejuízo da subsistência do caráter sigiloso da informação, do registro, do dado ou do documento"[105].

Nos dias atuais, o sigilo bancário está disciplinado pela Lei Complementar n. 105, de 10 de janeiro de 2001, cujos arts. 3º, 4º, 5º e 6º afastam o sigilo das operações bancárias e financeiras, independentemente de ordem judicial, quando se tratar, dentre as hipóteses mais relevantes, de requisições oriundas do Poder Legislativo, do Fisco e da Advocacia-Geral da União, neste último caso, com vistas a possibilitar a "defesa da União nas ações em que seja parte" (art. 3º, § 3º)[106]. Não previu o legislador a possibilidade de acesso direto do Ministério Público aos dados bancários, muito embora, no art. 9º, imponha ao Banco Central do Brasil e à Comissão de Valores Mobiliários o dever de informarem à Instituição a ocorrência de crime de ação pública, "juntando à comunicação os documentos necessários à apuração ou comprovação dos fatos"[107]. É evidente que, em tal hipótese, caracterizando-se a conduta criminosa também num atuar timbrado pela improbidade, tais informações poderão e deverão ser utilizadas pelo *Parquet* no inquérito civil.

Pensamos que a omissão da referida lei quanto ao acesso ao sigilo bancário por parte do Ministério Público não lhe afasta tal possibilidade, uma vez que a base de sua atuação, em qualquer hipótese, vai repousar no texto constitucional[108]. Com efeito, tendo em conta

---

afastar a incidência da referida Lei Complementar n. 75/93, no sentido de que a regra contida no art. 38 da Lei n. 4.595/64 é especial em relação a ela, que não se refere, em seu art. 8º, § 2º, especificamente ao sigilo bancário (*cf.* Luis Grandinetti Castanho de Carvalho, *O processo penal em face da Constituição*, p. 32). *Concessa maxima venia*, a argumentação no sentido de que o Estatuto do Ministério Público da União não é específico quanto ao sigilo bancário não resiste a uma rápida leitura do dispositivo acima mencionado, que se refere, evidentemente, não só ao sigilo bancário mas, antes, a todo e qualquer sigilo, salvo o das comunicações telefônicas. A nosso juízo, a Lei Complementar n. 75/93 é que é especial em face da Lei n. 4.595/64, pois, para a hipótese *específica* de investigações realizadas pelo Ministério Público, permite, *excepcionalmente*, o afastamento *da regra geral do sigilo*, prevista na Lei n. 4.595/64.

105 *O inquérito civil*, p. 184.

106 No sentido da inconstitucionalidade da norma especificamente quanto ao acesso por parte do Fisco, confira-se a contundente crítica de Roque Antônio Carraza (*Curso de direito constitucional tributário*, p. 403 e s.). É curioso notar que o art. 1º, § 3º, II, da LC n. 105/2001 autoriza o fornecimento de "... informações constantes de cadastro de emitentes de cheques sem provisão de fundos e de devedores inadimplentes a entidades de proteção ao crédito" (SERASA, SPC etc.), o que parece desarrazoado.

107 A Constituição Federal, ao cuidar, no art. 58, § 3º, das Comissões Parlamentares de Inquérito, também prevê o envio de documentos e informações, inclusive sigilosos, ao Ministério Público ... *para que promova a responsabilidade civil ou criminal dos infratores*.

108 No sentido do texto, Luiz Fernando Bellinetti: "A nosso ver, somente uma alteração no texto constitucional poderia autorizar a proibição de requisição de informações bancárias diretamente pelo Ministério Público Estadual. Isto por estar ele devidamente autorizado por lei editada para dar aplicabilidade ao dispositivo constitucional do art. 129, inc. VI (n. 8.625/93). Acresça-se, sendo esta Lei Orgânica. É importante salientar este ponto, pois essa Lei Orgânica (8.625/93), embora elaborada sob a forma de lei ordinária, foi editada

que a efetividade da persecução da improbidade passa, necessariamente, pela identificação dos meandros tomados pelos valores desviados dos cofres públicos – e é aqui que a discussão quanto ao sigilo bancário tem relevância – e tendo em vista, ainda, que a Constituição Federal comete ao *Parquet* a atribuição de instaurar o inquérito civil "para a proteção do patrimônio público", não se poderia mesmo conceber que a sua atuação protetivo-reparadora se visse subordinada a uma decisão do Poder Judiciário, pois quem comete os fins (defesa do patrimônio público por intermédio do inquérito e da ação civil pública) deve, também, conferir os meios. Meios eficazes, que garantam a máxima potencialização dos preceitos constitucionais.

Bastaria, assim, a regra contida no art. 129, III, para que se concluísse pela acessibilidade dos dados bancários ao Ministério Público, conclusão que, inclusive, é a que melhor atende à diretriz constitucional consistente no *integral* ressarcimento do dano causado pela improbidade (art. 37, § 4º, da CF). É dizer, a investigação da improbidade em busca da cabal reparação do dano sem a possibilidade de quebra do sigilo bancário pelo Ministério Público significaria uma nonada, como que enviar o soldado à guerra sem confiar-lhe, ao menos, um cantil, "...negando-lhe os necessários instrumentos à árdua batalha da tutela do interesse público"[109]. *Mutatis mutandis*, o mesmo se pode dizer quanto aos casos de enriquecimento ilícito, uma vez que o Princípio da Moralidade também possui berço constitucional.

Não obstante, não satisfeito com a enunciação genérica contida no art. 129, III, o legislador constituinte foi mais longe, estabelecendo no inciso VI do mesmo art. 129 o poder de requisição de "informações e documentos" para instruir os procedimentos administrativos da atribuição do Ministério Público (cíveis ou criminais), não criando, como se extrai do texto, qualquer restrição. E, atualmente, como já ressaltado, a plena aplicabilidade da regra viu-se alcançada pela edição da legislação orgânica (Lei n. 8.625/93 e Lei Complementar n. 75/93) referida no próprio texto constitucional ("na forma da lei complementar respectiva"), vindo a calhar, a esse propósito, a advertência de José Afonso da Silva que, tratando das *normas constitucionais de eficácia limitada*, assevera: "... a discricionariedade do legislador diante das normas constitucionais de eficácia incompleta só se verifica quanto à iniciativa da lei integrativa; emitida esta (a preexistência a isso equivale), a questão passa a ser jurídico-constitucional, visto ter a lei aderido ao ditame da lei maior, com o quê sua revogação pura e simples abre um vazio que não mais é permitido constitucionalmente; sendo, no entanto, facultado ao legislador modificar a lei, desde que mantenha seus termos na conformidade do princípio ou esquema que lhe ditou o constituinte"[110].

---

justamente para complementar o texto constitucional, permitindo a sua efetiva aplicação, e o dispositivo apontado simplesmente detalha o previsto no inc. VI do art. 129 da CF. Portanto, é importante frisar que o poder de requisição das informações deriva do Texto Constitucional, que é complementado pela aludida Lei Orgânica" (Limitações legais ao sigilo bancário, *Direito do Consumidor*, n. 18, p. 160-161).

109 Luiz Fernando Bellinetti, ob. cit., p. 161.

110 *Aplicabilidade das normas constitucionais*, p. 129-130. Pode-se dizer, a partir da lição do mesmo jurista, que algumas normas de eficácia contida "são quase de eficácia plena", a respeito das quais o legislador intervém

É relevante notar, por outro lado, que quando o legislador constituinte desejou reservar ao Poder Judiciário o monopólio de "violação da privacidade" o fez expressamente, tal como se vê no art. 5º, XII, que possibilita a interceptação das conversações telefônicas somente por intermédio de ordem de autoridade judiciária (criminal) competente, bem assim no inciso XI do mesmo artigo, que, salvo nas situações de flagrância, desastre ou emergência, submete a possibilidade de violação do domicílio a prévia autorização judicial. Nada dizendo a respeito do sigilo bancário, que sequer conta com referência específica, são ilegítimos os óbices geralmente levantados à atuação constitucionalmente arrimada do *Parquet*.

O argumento comumente utilizado no sentido de que o Ministério Público não gozaria de imparcialidade suficiente a determinar a quebra do sigilo, *data venia*, não resiste a uma análise mais cuidadosa, pois transmite a falsa impressão de que ao instaurar o inquérito civil se lança o órgão investigatório numa cega e irrefreada "caçada às bruxas", como se não lhe incumbisse, também, a tutela das liberdades públicas, a defesa da ordem jurídica, o resguardo, enfim, "dos interesses sociais e individuais indisponíveis" (art. 127, *caput*), dos quais a tutela à privacidade participa. É evidente que no exercício das atribuições constitucionais abusos e destemperos poderão se verificar, o que, no entanto, já conta – e contará sempre – com a possibilidade de controle pelos órgãos jurisdicionais, sem prejuízo do próprio sancionamento administrativo, ou mesmo criminal, do membro da Instituição.

Em resumo, consideramos que a regra do sigilo, cujo conteúdo ético parece ter sido esquecido por alguns, não pode servir de obstáculo ao pleno exercício de uma atribuição imperativamente conferida ao Ministério Público pelo próprio texto constitucional.

A jurisprudência do STF, no entanto, consolidou-se no sentido de que o acesso ao sigilo bancário somente pode se dar através de ordem judicial. No julgamento do Recurso Extraordinário n. 215.301-CE, considerou a 2ª Turma que "...por se tratar de um direito que tem *status* constitucional, a quebra não pode ser feita por quem não tem o dever de imparcialidade. Somente a autoridade judiciária, que tem o dever de ser imparcial, por isso mesmo procederá com cautela, com prudência e com moderação, é que, provocada pelo Ministério Público, poderá autorizar a quebra do sigilo. O Ministério Público, por mais importante que sejam as suas funções, não tem a obrigação de ser imparcial"[111].

No STJ a matéria vem recebendo o mesmo tratamento.

"tão só para o aperfeiçoamento de sua aplicabilidade". É o que ocorre, a nosso juízo, com o art. 129, VI, vindo a legislação complementar a apenas disciplinar alguns aspectos peculiares (por exemplo: quando se tratar de informações que devam ser prestadas pelo Governador do Estado, a notificação será encaminhada pelo Procurador-Geral de Justiça (art. 26, § 1º, da Lei n. 8.625/93); a falta ao trabalho em virtude de atendimento a notificação do Ministério Público não autoriza desconto de vencimento ou salário (art. 26, § 4º).

111 *Informativo do STF n.* 145. O relator (Min. Carlos Velloso), em seu voto, faz referência a mesmo entendimento já firmado por ocasião do julgamento do MS n. 21.729-DF, rel. Min. Marco Aurélio. Consideramos correta, sem prejuízo, a necessidade de indicação de um lapso temporal nos casos de quebra, sob pena de admissão de devassas indiscriminadas da intimidade (voto do Ministro Celso de Mello proferido no HC n. 84.758/GO).

De fato, por ocasião da apreciação do RHC n. 1.290-MG, rel. Min. Costa Lima, acórdão publicado no Diário de Justiça de 21/10/1991, o STJ, por sua 5ª Turma, asseverou a impossibilidade de acesso a tais dados pelo *Parquet* senão através de ordem judicial, admitindo o acesso direto, no entanto, em se tratando de crimes contra o sistema financeiro, diante do que dispõe o art. 29 da Lei n. 7.492/86. Cumpre registrar que esta decisão é anterior à Lei n. 8.625/93 e à Lei Complementar n. 75/93, constando da ementa expressa referência à Lei Complementar n. 40/81 que, no art. 15, I e VI, vedava o acesso do Ministério Público a informações sigilosas[112].

Posteriormente, quando do julgamento do HC n. 2.352-8/RJ, a mesma 5ª Turma, em 13/4/1994, rel. o Min. Assis Toledo, reiterou tal entendimento, restando o acórdão assim ementado:

> *Ministério Público estadual – Poderes – Lei 8.625/93 – Sigilo bancário – Quebra por requisição direta do promotor público – Impossibilidade.*
>
> *A criação de novas hipóteses de quebra de sigilo bancário, não previstas na Lei 4.595/64, ou a forma de acesso a informações bancárias sigilosas só pode ser fruto de lei complementar, não de lei ordinária, de que é espécie a Lei 8.625, de 12/2/1993, instituidora da Lei Orgânica do Ministério Público. Além disso, o art. 26, II, da referida Lei 8.625 contém autorização genérica que não afasta a exceção de proibição de violação de sigilo. O § 2º desse mesmo artigo define uma hipótese de responsabilidade de membro do Ministério Público, não de autorização de quebra de sigilo. O acesso a informações bancárias, cobertas, pode e deve ser obtido pelo Ministério Público através do Poder Judiciário. Habeas Corpus deferido*[113].

Como se vê, a orientação dos Tribunais Superiores é no sentido de vedar ao Ministério Público o acesso direto aos dados bancários, embora ressaltem o caráter relativo do sigilo[114].

---

112 "Processual Penal. Ação Penal. Requisição pelo Ministério Público. Trancamento. Falta de justa causa. 1. Promotor de Justiça pode requisitar informações e documentos às instituições financeiras destinadas a instruir inquérito policial, ressalvadas as hipóteses de sigilo (LC 40/81, art. 15, I e IV). 2. O sistema financeiro nacional é estruturado em lei complementar – CF, art. 192, *caput*. Assim, a Lei n. 4.595, de 1964, foi recepcionada como tal, somente podendo ser alterada por lei complementar. Assegurado, no art. 38, o sigilo bancário, as requisições feitas por Promotor de Justiça, *si et in quantum*, submetem-se a essa limitação, também inserta na LC 40/81, nada impedindo que o faça através do Poder Judiciário. 3. Tratando-se, no entanto, de crime contra o sistema financeiro nacional, o Ministério Público Federal poderá requisitar a qualquer autoridade, informação, documento ou diligência relativa à prova dos crimes previstos na Lei n. 7.429 de 1986. 4. A hipótese dos autos aí não se enquadra, motivo pelo qual se concede a ordem para trancar a ação penal."

113 No mesmo sentido: REsp n. 37.566-5-RS, 1ª T., un., rel. Min. Demócrito Reinaldo, j. 2/2/1994.

114 "O sigilo bancário não é um direito absoluto, quando demonstradas fundadas razões, podendo ser desvendado por requisição do Ministério Público em medidas e procedimentos administrativos, inquéritos e ações, mediante requisição submetida ao Poder Judiciário" (STJ, 1ª T., RMS n. 8.716-GO, rel. Min. Milton

Merece registro, não obstante, o entendimento firmado pelo Plenário da Excelsa Corte por ocasião do julgamento do Mandado de Segurança n. 21.729-4/DF, quando, apreciando *writ* impetrado pelo Banco do Brasil contra ato do Ministério Público Federal, que requisitara àquela instituição os dados de movimentação financeira de determinados correntistas, "...o Tribunal entendeu ser inoponível, na espécie, a exceção de sigilo bancário pela instituição financeira tendo em vista a **origem pública** de parte do dinheiro envolvido nas questionadas operações – origem, essa, revelada pela diligência para cuja realização fora suspenso o julgamento na sessão de 30/8/1995 – e o **princípio da publicidade inscrito no art. 37,** caput**, da CF**"[115]. Cuidava a hipótese de empréstimo, supostamente irregular, concedido pelo Banco do Brasil ao setor sucroalcooleiro e a ementa do acórdão ficou assim redigida:

"Mandado de Segurança. Sigilo bancário. Instituição financeira executora de política creditícia e financeira do Governo Federal. Legitimidade do Ministério Público para requisitar informações e documentos destinados a instruir procedimentos administrativos de sua competência. 2. Solicitação de informações pelo Ministério Público Federal ao Banco do Brasil S/A, sobre concessão de empréstimos, subsidiados pelo Tesouro Nacional, com base em plano de governo, a empresas do setor sucroalcooleiro. 3. Alegação do Banco impetrante de não poder informar os beneficiários dos aludidos empréstimos, por estarem protegidos pelo sigilo bancário, previsto no art. 38 da Lei n. 4.595/1964, e, ainda, ao entendimento de que dirigente do Banco do Brasil S/A não é autoridade, para o efeito do art. 8º, da LC n. 75/93. 4. O poder de investigação do Estado é dirigido a coibir atividades afrontosas à ordem jurídica e a garantia do sigilo bancário não se estende às atividades ilícitas. A ordem jurídica confere explicitamente poderes amplos de investigação ao Ministério Público – art. 129, incisos VI, VIII, da Constituição Federal e art. 8º, incisos II e IV, e § 2º, da Lei Complementar n. 75/1993. 5. Não cabe ao Banco do Brasil negar, ao Ministério Público, informações

---

Luiz Pereira, j. 31/3/1998, *DJU* de 25/5/1998, p. 11). No mesmo sentido: RMS n. 7.423/SP, 1ª T., rel. Min. Milton Luiz Pereira, j. 12/6/1997; AGRG em Inq. n. 205/AP, rel. Min. José Dantas, *DJU* de 17/8/1998, p. 3; AGRG em Inq. n. 187/DF, rel. Min. Sálvio de Figueiredo Teixeira, *DJU* de 16/9/1996, p. 33.651; RMS n. 10939/SC, rel. Min. Milton Luiz Pereira, *DJU* de 4/9/2000, p. 121; ROHC n. 9185/SP, rel. Min. Felix Fisher, *DJU* de 21/2/2000, p. 140; MC n. 3060, rel. Min. José Delgado, *DJU* de 12/3/2001, p. 91; RMS n. 8757/GO, rel. Min. José Delgado, *DJU* de 1º/7/1999, p. 118. No STF: AGRG em Pet. n. 1564/RJ, rel. Min. Octávio Galloti, *DJU* de 27/8/1999, p. 2.068, RMS n. 23002/RJ, rel. Min. Ilmar Galvão, *DJU* de 27/11/1998, p. 59; AGRG Inq. n. 897/DF, rel. Min. Francisco Rezek, *DJU* de 24/3/1995, p. 6806.

115 Consulte-se também o Parecer 2005/00474/PGBCB/PR3/SP, da Procuradoria Geral do Banco Central do Brasil. O STJ, num importante precedente, desproveu recurso em mandado de segurança interposto pelo Tribunal de Contas do Estado do Mato Grosso do Sul contra decisão que confirmou quebra de sigilo bancário em desfavor do recorrente, ao argumento de que "... à administração pública incumbe velar pela transparência no trato do interesse coletivo" (RMS 20.350/MS, 1ª T., rel. Min. Luiz Fux, j. 15/2/2007, *DJ* de 8/3/2007).

sobre nomes de beneficiários de empréstimos concedidos pela instituição, com recursos subsidiados pelo erário federal, sob invocação do sigilo bancário, em se tratando de requisição de informações e documentos para instruir procedimento administrativo instaurado em defesa do patrimônio público. Princípio da publicidade, *ut* art. 37 da Constituição. 6. No caso concreto, os empréstimos concedidos eram verdadeiros financiamentos públicos, porquanto o Banco do Brasil os realizou na condição de executor da política creditícia e financeira do Governo Federal, que deliberou sobre sua concessão e ainda se comprometeu a proceder à equalização da taxa de juros, sob a forma de subvenção econômica ao setor produtivo, de acordo com a Lei n. 8.427/1992. 7. Mandado de segurança indeferido".

O precedente, como se pode intuir, tem extrema importância no campo da improbidade administrativa, no qual, no mais das vezes, tem-se o envolvimento de verbas públicas, malversadas ou desviadas pelos ímprobos administradores, tendo o STF disponibilizado ao *Parquet* poderoso instrumento com vistas ao combate à improbidade administrativa.

Mazzilli, interpretando o referido julgado, afirma que "... tratando-se de empresa pública em cujo capital social haja participação de dinheiro público (*v.g.*, as sociedades de economia mista, empresas públicas ou fundações públicas), pode o membro do Ministério Público determinar diretamente a quebra do sigilo bancário" (*O inquérito civil*, p. 187).

Segundo pensamos, o referido precedente do STF também se aplica às chamadas "Organizações Sociais", disciplinadas pela Lei n. 9.637/98, às "Organizações da Sociedade Civil de Interesse Público", disciplinadas pela Lei n. 9.790/99, e a qualquer entidade privada que receba verbas públicas (fundações, associações civis etc.). Tais instituições, não raro, recebem verbas públicas para a consecução de suas finalidades (desenvolvimento do ensino, pesquisa, saúde, meio ambiente etc.), estando sujeitas, por isso, à incidência da Lei n. 8.429/92.

7.4. Sigilo Patrimonial

O sigilo relativo à vida privada vai alcançar, inegavelmente, as informações concernentes ao patrimônio amealhado pelo indivíduo, aspecto relativo ao seu direito de alheamento.

Da mesma forma que se dá quanto à violação do chamado sigilo bancário, também aqui a jurisprudência vem garantindo a "reserva jurisdicional"[116], o que, diante do que dispõem os arts. 129, III e VI, da CF, 26, § 2º, da Lei n. 8.625/93 e 8º, § 2º, da Lei Complementar n. 75/93, pelas razões acima expostas, não mais se justifica, possível que é ao Ministério Público o irrestrito conhecimento de tais informes, geralmente materializados em informações prestadas ao Fisco.

---

116 TFR, AI n. 49.312-SP, rel. Min. Ilmar Galvão, *DJ* de 29/5/1986, p. 9161; AI n. 59.766-SP, rel. Min. Ilmar Galvão, *DJ* de 25/4/1989, p. 6063, acórdãos citados por Alexandre de Moraes (*Direito constitucional*, p. 83).

No que respeita à apuração dos atos de improbidade há, de qualquer modo, uma peculiaridade, consistente na regra do art. 13 da Lei n. 8.429/92[117], que condiciona a posse e o exercício de cargo, emprego, função pública, ou mandato à entrega, pelo agente, de sua declaração de bens (também a de seus filhos, cônjuge, companheira (o) e outras pessoas que vivam sob a sua dependência econômica), prevendo o § 2º a obrigatoriedade de sua atualização anual"e na data em que o agente público deixar o exercício do mandato, cargo, emprego ou função"[118]. A regra é plenamente justificável, pois, conforme anotado por Wallace Paiva Martins Júnior,"aqueles que ingressam no serviço público recebem vencimentos do Poder Público, devem atuar com exclusividade e isenção, manejam e gerenciam o patrimônio público em nome alheio e, mais do que isso, devem ser totalmente transparentes, em todos os aspectos, no exercício de suas funções, porque neles a sociedade deposita a sincera confiança de honestidade"[119]. Precisa, neste mesmo sentido, a observação de Cármen Lúcia Antunes Rocha, hoje Ministra do STF, no sentido de que: "(...) aquele que se oferece à eleição pelo povo a um cargo público não pode decidir que quer exercer um cargo público, pago com dinheiro público, para o exercício de funções públicas e manter a privacidade do mesmo modo de alguém que se mantém nos limites de uma atividade privada, em espaço particular, com recursos particulares e que não se dá à mostra nem participa de atividades ou desempenha funções que atinjam, direta e imediatamente, o

---

[117] "Art. 13. A posse e o exercício de agente público ficam condicionados à apresentação de declaração dos bens e valores que compõem o seu patrimônio privado, a fim de ser arquivada no serviço de pessoal competente. § 1º A declaração compreenderá imóveis, móveis, semoventes, dinheiro, títulos, ações, e qualquer outra espécie de bens e valores patrimoniais, localizado no País ou no exterior, e, quando for o caso, abrangerá os bens e valores patrimoniais do cônjuge ou companheiro, dos filhos e de outras pessoas que vivam sob a dependência econômica do declarante, excluídos apenas os objetos e utensílios de uso doméstico. § 2º A declaração de bens será anualmente atualizada e na data em que o agente público deixar o exercício do mandato, cargo, emprego ou função. § 3º Será punido com a pena de demissão, a bem do serviço público, sem prejuízo de outras sanções cabíveis, o agente público que se recusar a prestar declaração dos bens, dentro do prazo determinado, ou que a prestar falsa. § 4º O declarante, a seu critério, poderá entregar cópia da declaração anual de bens apresentada à Delegacia da Receita Federal na conformidade da legislação do Imposto sobre a Renda e proventos de qualquer natureza, com as necessárias atualizações, para suprir a exigência contida no caput e no § 2º deste artigo."

[118] "Entende-se até que, como constava de propostas legislativas já referidas, a obrigatoriedade de apresentação da declaração deve estender-se por algum certo período após a cessação da investidura, de modo a tornar mais rígido o controle, impedindo a ultimação de simulações feitas durante a atividade" (MARTINS JÚNIOR, Wallace Paiva. *Probidade administrativa*, p. 147).

[119] *Probidade administrativa*, p. 148. Ou, como elegantemente entrevisto por Rui Barbosa:"O governo da Nação tem por suprema esta norma: para a Nação não há segredos, na sua administração não se toleram escaninhos, no procedimento dos seus servidores não cabe mistério" (*apud* João Féder, *O Estado e a sobrevida da corrupção*. Curitiba: Tribunal de Contas do Estado do Paraná, 1994, p. 75). De acordo com lúcida visão de Elimar Szaniawski, "as pessoas que representam um papel na vida pública têm direito à proteção de sua vida privada, salvo nos casos em que esta possa ter incidência sobre a vida pública. O fato de que o indivíduo ocupe um lugar na atualidade não o priva do direito ao respeito de sua vida privada" (*Direitos da personalidade e sua tutela*, p. 119).

interesse público. Público o cargo, públicos os recursos com os quais se vive, pública a finalidade buscada com determinada atividade desenvolvida, é impossível que se pretenda manter o mesmo círculo limitado de privacidade que um cidadão despojado de tais deveres poderia vir a escolher"[120]. Dá-se o ingresso, pela assunção do cargo público, naquilo que o então Ministro Sepúlveda Pertence chamou, por empréstimo da doutrina italiana, de *zona di iluminabilità*, o que expõe o homem público a uma maior visibilidade de sua vida e de sua personalidade e à valoração crítica do público, em especial dos seus adversários.

Ao criar a obrigatoriedade de entrega da declaração de bens e valores, instituiu o legislador importante mecanismo de controle administrativo, cujo escopo é o de, monitorando a evolução do patrimônio pessoal e familiar do agente, prevenir a ocorrência da improbidade, especialmente a hipótese prevista no art. 9º, VII, da Lei n. 8.429/92. Criou-se, também, um prático caminho com vistas à viabilização do pedido de indisponibilidade de bens (arts. 7º e 18 da Lei n. 8.429/92), garantindo a eficácia da condenação ao ressarcimento do dano[121].

Por se tratar de documento fornecido pelo agente ao respectivo "serviço de pessoal", tem-se como induvidosa a possibilidade de requisição de tais informes pelo Ministério Público, órgão constitucionalmente vocacionado à tutela do patrimônio público (art. 129, III), aplicando-se, integralmente, as regras contidas nos arts. 26 da Lei n. 8.625/93 e 7º e 8º da Lei Complementar n. 75/93, acima transcritas.

É importante ressaltar que a matéria também se viu disciplinada, de forma até mais ampla, pela Lei n. 8.730, de 10 de novembro de 1993[122], cujo art. 1º torna obrigatória "a apresentação de declaração de bens, com a indicação das fontes de renda", no momento da posse ou na entrada em exercício de cargo, emprego, função pública ou mandato[123]. Referida lei, que deve ser adotada pelos Estados, Distrito Federal e Municípios como norma geral de direito financeiro (art. 7º), prevê, inclusive, que compete ao Tribunal de Contas *publicar, periodicamente, no Diário Oficial da União, por extrato, dados e elementos constantes da declaração* (art. 1º, § 2º, IV), fornecendo *certidões e informações requeridas por qualquer cidadão, para propor ação popular que vise anular ato lesivo ao patrimônio público ou à moralidade administrativa, na forma da lei* (art. 1º, § 2º, VI)[124]. A declaração de bens dos

---

120 Direito à privacidade e os sigilos fiscal e bancário, p. 17.
121 MARTINS, Wallace Paiva. Ob. cit., p. 140.
122 Regulamentada pelo Decreto n. 978/93.
123 Diferentemente do art. 13 da Lei de Improbidade, a Lei n. 8.730/93 não exige a declinação do patrimônio das pessoas que vivam sob a dependência econômica do agente, o que, no entanto, é de rigor em razão da *ratio* que informa a sua existência (cf. Marcelo Figueiredo, *Improbidade administrativa*, p. 80).
124 Também cabe ao Tribunal de Contas *exercer o controle da legalidade e legitimidade dos bens e valores declarados pelo agente* (art. 1º, § 2º, II), representando ao "Poder competente" sobre irregularidades ou abusos apurados (art. 1º, § 2º, III). Cremos que tal representação é obrigatória e deve ter como destinatário também o Ministério Público, legitimado ao ajuizamento da ação de improbidade (art. 17 da Lei n. 8.429/92).

agentes públicos, desta forma, é acessível não só ao Ministério Público como também a qualquer do povo[125].

O art. 3º da lei referida, por seu turno, estabelece que *a não apresentação da declaração a que se refere o artigo 1º, por ocasião da posse, implicará a não realização daquele ato, ou a sua nulidade, se celebrado sem esse requisito essencial*, prevendo a ocorrência de *crime de responsabilidade* quando se tratar de omissão por parte do Presidente da República e seu Vice, Ministros de Estado"e demais autoridades previstas em lei especial"ou, fora de tais hipóteses, a ocorrência de *infração político-administrativa, crime funcional ou falta grave disciplinar, passível de perda do mandato, demissão do cargo, exoneração do emprego ou destituição da função, além da inabilitação, até cinco anos, para o exercício de novo mandato e de qualquer cargo, emprego ou função pública, observada a legislação específica*. A bem de ver, a omissão por parte do agente público em entregar a sua declaração de bens e valores caracteriza hipótese de improbidade (art. 11 da Lei n. 8.429/92), o que viabiliza a aplicação das sanções previstas no art. 12, a partir de parâmetros de razoabilidade, via ação civil de improbidade[126].

É relevante perceber que as regras estabelecidas no art. 13 da Lei n. 8.429/92 e na Lei n. 8.730/93 estão em harmonia com o que prevê o art. III, 4, da Convenção Interamericana contra a Corrupção, promulgada no Brasil por intermédio do Decreto n. 4.410, de 7 de outubro de 2002, de acordo com o qual os Estados Partes devem instituir"sistemas para a declaração das receitas, ativos e passivos por parte das pessoas que desempenhem funções públicas em determinados cargos estabelecidos em lei e, quando for o caso, para a divulgação dessas declarações", e, igualmente, com os arts. 8º, 5, e 52, 1 e 6, da Convenção das Nações Unidas Contra a Corrupção, também ratificada pelo Brasil[127].

Ressalte-se ainda que de acordo com o art. 198, § 1º, do Código Tributário Nacional, com a redação dada pela Lei Complementar n. 104/2001, os dados e informações em poder do Fisco podem ser disponibilizados não só ao atendimento de requisição judicial como também ao atendimento de solicitações de"autoridade administrativa no interesse da Administração Pública, desde que seja comprovada a instauração regular de processo administrativo, no órgão ou na entidade respectiva, com o objetivo de investigar o sujeito passivo a que se refere a informação, por prática de infração administrativa" (inciso II),

---

[125] Ressalte-se, no entanto, que ao Tribunal de Contas e à Fazenda Pública impõe-se o dever de sigilo sobre informações de natureza fiscal e de riqueza de"terceiros" (art. 5º, parágrafo único), ou seja, de pessoas que não exerçam qualquer função pública ou que não estejam, de qualquer forma, obrigadas a prestar contas quanto ao uso de verbas públicas.

[126] As penalidades de *demissão do cargo, exoneração do emprego ou destituição da função*, porque previstas especificamente na Lei n. 8.730/93 e também no art. 13, § 3º, da Lei n. 8.429/92, podem ser aplicadas administrativamente, observados o devido processo legal e o princípio da razoabilidade. Cremos, no entanto, que a "inabilitação, até cinco anos, para o exercício de novo mandato e de qualquer cargo, emprego ou função pública"somente poderá ser determinada por sentença, aplicando-se a normativa da Lei de Improbidade, salvo quanto ao prazo de inabilitação, já fixado pela lei especial (cinco anos).

[127] Decreto Legislativo n. 348/2005 e Decreto Presidencial n. 5.687/2006.

preceito que, por evidente, torna disponíveis à pessoa jurídica de direito público lesada e ao Ministério Público tais informações patrimoniais. Isso porque: a) os membros do Ministério Público e os procuradores estatais são, para os efeitos da lei, autoridades administrativas que atuam no interesse da Administração Pública e do interesse público em sentido amplo; b) os inquéritos civis, os procedimentos preparatórios e os processos instaurados pela pessoa jurídica de direito público lesada têm natureza administrativa; c) os atos de improbidade administrativa praticados por agentes públicos podem ser considerados "infrações administrativas" em sentido amplo[128].

A possibilidade de acesso a informações patrimoniais de servidores públicos, mais especificamente a informações funcionais e remuneratórias, foi afirmada pelo Plenário do STF por ocasião do julgamento, em 9/6/2011, do Agravo Regimental na Suspensão de Segurança 3.902/SP, rel. Min. Ayres Britto, em acórdão cuja ementa se transcreve abaixo, parcialmente:

> *Direito à informação de atos estatais, neles embutida a folha de pagamento de órgãos e entidades públicas. (...) Caso em que a situação específica dos servidores públicos é regida pela 1ª parte do inciso XXXIII do art. 5º da Constituição. Sua remuneração bruta, cargos e funções por eles titularizados, órgãos de sua formal lotação, tudo é constitutivo de informação de interesse coletivo ou geral. Expondo-se, portanto, a divulgação oficial. Sem que a intimidade deles, vida privada e segurança pessoal e familiar se encaixem nas exceções de que trata a parte derradeira do mesmo dispositivo constitucional (inciso XXXIII do art. 5º), pois o fato é que não estão em jogo nem a segurança do Estado nem do conjunto da sociedade. Não cabe, no caso, falar de intimidade ou de vida privada, pois os dados objeto da divulgação em causa dizem respeito a agentes públicos enquanto agentes públicos mesmos; ou, na linguagem da própria Constituição, agentes estatais agindo 'nessa qualidade' (§ 6º do art. 37). E quanto à segurança física ou corporal dos servidores, seja pessoal, seja familiarmente, claro que ela resultará um tanto ou quanto fragilizada com a divulgação nominalizada dos dados em debate, mas é um tipo de risco pessoal e familiar que se atenua com a proibição de se revelar o endereço residencial, o CPF e a CI de cada servidor. No mais, é o preço que se paga pela opção por uma carreira pública no seio de um Estado republicano. (...) A prevalência do princípio da publicidade administrativa outra coisa não é senão um dos mais altaneiros modos de concretizar a República enquanto forma de governo. (...) A negativa de prevalência do princípio da publicidade administrativa implicaria, no caso, inadmissível situação de grave lesão à ordem pública (em semelhante sentido o decidido na SL n. 623, Min. Ayres Brito, em julho de 2012; na RCL n. 14739, Rel. Min. Joaquim Barbosa, em novembro de 2012; e na AO 1823, Rel. Min. Luiz Fux, em outubro de 2013).*

---

[128] A Portaria n. 4.491, de 6 de outubro de 2005, baixada pelo Secretário-Geral da Receita Federal, prevê, em seu art. 21, a possibilidade de envio de informações e documentos referentes a atividades desenvolvidas no âmbito de seus órgãos correicionais ao MPU, a outras autoridades administrativas, desde que legalmente fundamentada a solicitação, e, genericamente, para fins de instrução de processo administrativo instaurado para apurar improbidade administrativa.

Mais recentemente, a Lei de Acesso à Informação (Lei n. 12.527/2011), que regulamenta os arts. 5º, XXXIII, 37, § 3º, II, e 216, § 2º, da Constituição Federal, veio reforçar tal possibilidade de acesso ao indicar, logo em seu art. 3º, a existência de um "direito fundamental à informação" e ao esclarecer, em consequência, que o sigilo na Administração Pública é excepcional (inciso I). Dentre as regras estabelecidas pela Lei n. 12.527/2011, ganham igualmente relevo as que detalham a forma de exercício do direito de acesso e desoneram o interessado de indicar os "motivos determinantes" de sua pretensão (arts. 6º, 7º e 10, § 3º). Para o que nos interessa mais especificamente, merece destacada referência a previsão contida em seu art. 31, § 4º, no sentido de que "a restrição de acesso a informação relativa à vida privada, honra e imagem de pessoa não poderá ser invocada com o intuito de prejudicar processo de apuração de irregularidades em que o titular das informações estiver envolvido, bem como em ações voltadas para a recuperação de fatos históricos de maior relevância".

Em suma, a legislação brasileira dispõe de uma série de mecanismos que inserem os agentes públicos numa benéfica e necessária zona de luminosidade, informada pelo Princípio Republicano e nutrida pelo Princípio Democrático de gestão da coisa pública.

7.5. Dados Cadastrais referentes aos Usuários de Serviços de Telefonia. Registros das Conversações Telefônicas

A violação do sigilo das conversações telefônicas[129], induvidosamente, encontra-se sob reserva jurisdicional, sendo peremptório, a este respeito, o art. 5º, XII, da Constituição Federal ao admitir o excepcional conhecimento de tais comunicações exclusivamente para fins de investigação criminal ou instrução processual penal[130].

Hipótese diversa diz respeito aos meros dados cadastrais dos usuários de linhas telefônicas (nome e endereço do assinante, local de instalação e "propriedade" da linha etc.), hipótese em que está o Ministério Público legitimado à obtenção de tais informações *independentemente de qualquer intervenção jurisdicional*, o que pode ser de suma importância em algumas hipóteses. Sobre o tema, já tivemos a oportunidade de nos pronunciar em parecer lançado no Procedimento Administrativo MPERJ n. 6.957/00, devidamente chancelado pela Chefia do *Parquet* fluminense, *verbis*:

> "ASSESSORIA CRIMINAL
> Procedimento Administrativo: MP n. 6957/00
> Origem: 22ª Promotoria de Investigação Penal da 2ª Central de Inquéritos
> Assunto: Consulta

---

[129] A matéria está regulamentada pela Lei n. 9.296/96, que, além de disciplinar as hipóteses e a forma da interceptação, prevê pena de reclusão de um a quatro anos e multa para aquele que realizar a interceptação sem autorização judicial ou com objetivos não autorizados em lei.

[130] Sobre a possibilidade, ou não, de transposição de tal elemento probatório do processo penal ao processo civil ver, mais à frente, o item sobre "Prova Emprestada".

Consulta formulada por Promotor de Justiça a respeito da possibilidade de o Ministério Público obter, diretamente, informações cadastrais acerca do nome do proprietário de telefone. Sigilo das comunicações e seus dados. Matéria disciplinada pela Constituição Federal e pela Lei n. 9.296/96. Sigilo dos dados cadastrais. Matéria disciplinada pela Lei n. 9.472/97. Necessidade de autorização judicial em caso de quebra de sigilo das comunicações e dos dados a elas relativos. Possibilidade de requisição direta do Ministério Público, sem intervenção judicial, autorizada pela Lei n. 8.625/93 e pela Lei Complementar n. 75/93 em se tratando de meros dados cadastrais. Precedentes do Egrégio Superior Tribunal de Justiça. Parecer que se orienta no sentido de sugerir ao Consulente que, em caso de recusa pela concessionária, utilize a ação constitucional do mandado de segurança.

Exmo. Sr. Procurador-Geral de Justiça,

Cuida o presente expediente de consulta formulada pelo douto Promotor de Justiça Titular da 22ª Promotoria de Investigação Penal da 2ª Central de Inquéritos, Dr. Fernando Galvão de Andréa Ferreira, a respeito da possibilidade de o Ministério Público obter, independentemente da intervenção do Poder Judiciário, informações cadastrais relativas ao direito de uso de linhas telefônicas (nome e endereço do assinante, local de instalação da linha etc.). Na parte essencial, a referida consulta restou formulada nos seguintes termos:

    1. O Signatário, objetivando identificar o autor de determinado crime, enviou ofício à Companhia Telerj Celular S.A. (cujo nome de fantasia é *Telefônica Celular*) (anexo I), no qual, valendo-se do poder de requisição do Ministério Público, assegurado pela Constituição Federal e disciplinado pelas Leis Orgânicas Nacional e Estadual, requisitou o nome do assinante de uma linha telefônica celular.

    2. Em resposta ao ofício enviado (anexo II), a mencionada empresa comunicou que somente forneceria qualquer dado, mediante determinação judicial, uma vez que o Ministério Público não gozava de poderes especiais para obter a informação.

    3. Notificado, compareceu, no gabinete da Promotoria de Justiça, o representante legal da Companhia, que, apesar de alertado sobre as atribuições constitucionais do Ministério Público, ratificou seu posicionamento anterior, negando-se, mais uma vez, a fornecer as informações solicitadas. Ao fazê-lo, invocou orientação dada por sua assessoria jurídica, que, por sua vez, se baseia no artigo 5º, XII, da Constituição Federal, bem como na Portaria 663/79 do Ministério das Comunicações.

    4. Considerando não só a natureza do problema, que afeta diretamente o exercício das funções do Ministério Público, como também o fato de que tal situação já vem atingindo outros órgãos de execução desta Instituição, submete-se a questão à superior apreciação, a fim de que seja esclarecido se o Promotor de Justiça, no exercício do poder de requisição, pode solicitar informações como a do caso presente (*i.e.* o nome do assinante de uma linha telefônica celular), bem como para que sejam adotadas as medidas que V. Exa. entender cabíveis (fls. 02/03).

É o relatório.

A questão suscitada pelo ínclito Promotor de Justiça prende-se ao alcance das regras constitucionais e legais a respeito do sigilo que resguarda as comunicações telefônicas e seus dados, matéria disciplinada, a par do contido no art. 5º, XII, da Constituição Federal e na Lei n. 9.296/96, pelo art. 3º da Lei n. 9.472/97, que assim dispõe, *in verbis*:

> *Art. 3º O usuário de serviços de telecomunicações tem direito:*
>
> ....
>
> *V – à inviolabilidade e ao segredo de sua comunicação, salvo nas hipóteses e condições constitucional e legalmente previstas;*
>
> *VI – à não divulgação, caso o requeira, de seu código de acesso;*
>
> ...
>
> *IX – ao respeito de sua privacidade nos documentos de cobrança e na utilização de seus dados pessoais pela prestadora de serviço.*

Também a Norma Geral de Telecomunicações (NGT n. 20/96), que regula as condições gerais para a exploração do serviço móvel celular no País, estabelece a regra da privacidade quanto ao número da estação móvel (*'item 6.11.2. A concessionária de SMC não pode divulgar o número atribuído à Estação Móvel do Assinante, salvo com a expressa autorização deste'*), cominando, inclusive, no item 8.7, pena de multa para a hipótese de descumprimento de tal regra pela concessionária. Por óbvio, embora sem expressa menção, devem ser tidas por ressalvadas as **'hipóteses e condições constitucional e legalmente previstas'**.

De início, partindo da observação feita pelo Professor Luiz Flávio Gomes, cumpre anotar que:

> *'Uma coisa é a 'comunicação telefônica' em si, outra bem diferente são* **os registros** *(geralmente escritos)* **pertinentes às comunicações telefônicas**, *registros esses que são documentados e armazenados pela companhia telefônica, tais como:* **data da chamada telefônica, horário, número do telefone chamado, duração do uso, valor da chamada etc.** *Pode-se dizer que esses registros configuram 'dados' escritos* **correspondentes às comunicações telefônicas**. *Não são 'dados' no sentido utilizado pela ciência da informática ('informação em forma codificada'), senão referências, registros de uma comunicação telefônica,* **que atestam sua existência, duração, destino etc.** *Vêm estampados nas denominadas 'contas telefônicas', que também integram o amplo espectro da 'privacidade' da pessoa'* (Interceptação Telefônica, RT, 1ª edição, 1997, p. 100) – g.n.

Em se tratando da violação do sigilo das **comunicações** telefônicas, como se sabe, a Carta Política exige expressamente, no art. 5º, XII, que tal medida só se torne possível por intermédio de ordem judicial, 'nas hipóteses e na forma que a lei estabelecer para fins de investigação criminal ou instrução processual penal', matéria hoje disciplinada pela Lei n. 9.296/96.

Quanto aos **dados** referentes às comunicações telefônicas, vale dizer, às informações capazes de identificar as próprias conversações (quantidade, horário, local e destinação das ligações efetuadas e recebidas etc.), também é de se concluir, sob pena de esvaziamento da regra constitucional, pela necessidade da intervenção cautelar do Poder Judiciário. Com efeito, a norma que estabelece a privacidade das comunicações seria uma nonada se se pudesse ter acesso, livremente, sem a intervenção judicial, às informações identificadoras das comunicações. Imagine-se a hipótese de alguém casado que estabeleça conversações frequentes com uma amante. Resguardar a privacidade das conversações, mas não a dos dados a elas relativos em tal hipótese, não atenderia aos objetivos que o legislador constituinte buscou alcançar, qual seja, o de preservar a vida privada e a intimidade[131].

Como quer que seja, o que não se pode perder de vista é que o resguardo do sigilo dos **dados** telefônicos – **não o de qualquer dado em poder da empresa de telefonia** – só se justifica a partir da regra que estabelece a privacidade da própria comunicação, o que equivale a dizer que a privacidade dos dados não existe por si só. Franqueado o conhecimento das conversações por ordem judicial, evidentemente, razão alguma impedirá o acesso também aos seus dados indicativos, o que é intuitivo.

No caso sob análise, o que se tem é a recusa da companhia de telefonia em fornecer uma informação que nada tem com o sigilo das conversações, razão de ser da norma constitucional. Realmente, não se compreende em que medida informações sobre a titularidade de uma determinada linha telefônica, ou mesmo sobre o local de sua instalação, **inaptas à identificação das conversações**, importarão em restrição à intimidade constitucionalmente assegurada, até porque, de ordinário, a numeração das linhas telefônicas é publicamente exposta pelas próprias concessionárias através das listas telefônicas. Tal circunstância, aliás, bem demonstra que os meros dados cadastrais dos usuários dos serviços de telefonia não estão acobertados pelo sigilo constitucionalmente disciplinado, uma vez que a publicação de tais listas prescinde de qualquer ordem judicial **ou mesmo da autorização do assinante da linha (art. 3º, VI, da Lei n. 9.472/97)**.

Releva notar, por outro lado, que a própria Lei n. 9.472/97, ao prever o sigilo quer das conversações e seus dados, quer, por identidade de razões, dos meros dados cadastrais, ressalva as hipóteses e condições constitucional e legalmente previstas, o que significa que, **especificamente quanto aos meros dados cadastrais**, está o Ministério Público habilitado a ter acesso a tais informações por força do que estabelece o art. 129, I, VI e VIII, da Constituição Federal, *verbis*:

Art. 129. São funções institucionais do Ministério Público:

---

131 Em sentido contrário, dispensando a necessidade de autorização judicial para acesso a registros telefônicos: STF, HC n. 91.867/PA, 2ª Turma, rel. Min. Gilmar Mendes, un., j. 24/4/2012. No caso, cuidava-se de apreensão de um telefone celular, por ocasião de prisão em flagrante, do que decorreu o acesso a registros telefônicos do réu, pela autoridade policial, sem prévia autorização judicial.

I – promover, privativamente, a ação penal pública, na forma da lei;

...

*VI – expedir notificações nos procedimentos administrativos de sua competência, **requisitando informações e documentos para instruí-los, na forma da lei complementar respectiva**;*

...

VIII – requisitar diligências investigatórias e a instauração de inquérito policial, indicados os fundamentos jurídicos de suas manifestações processuais;

Também a Lei Orgânica Nacional do Ministério Público, Lei n. 8.625/93, dispõe no art. 26, II, IV, V e § 2º: ...[132]

No mesmo sentido a Lei Complementar n. 75/93, que dispõe sobre a organização, as atribuições e o estatuto do Ministério Público da União, diploma aplicável aos Ministérios Públicos Estaduais por força do art. 80 da Lei n. 8.625/93: ...[133]

Ora, se assim é, torna-se claro que, em hipóteses como a presente, tem o *Parquet*, titular privativo da ação penal pública, por força das regras contidas na Carta Política e nas Leis Orgânicas dos Ministérios Públicos Estaduais e Federal, a possibilidade de, diretamente, obter todo e qualquer dado que não se relacione, direta ou reflexamente, com a privacidade das **conversações** telefônicas.

Ademais, insta asseverar que no âmbito do egrégio **Superior Tribunal de Justiça** há precedente da 5ª Turma exatamente no sentido aqui exposto, merecendo transcrição o trecho do acórdão prolatado no RHC n. 6.622-RJ, que, acolhendo a manifestação do Ministério Público Federal, assim concluiu:

> *De ressaltar, ademais, que a informação acerca do nome do proprietário de determinado número de telefone não significa violação ao sigilo de dados, visto que, repita-se, as listas telefônicas são públicas, nelas constando o nome do proprietário do telefone, o número deste e o endereço onde está instalado.*
>
> *O que se proíbe é a divulgação das ligações feitas a partir de determinado número de telefone ou para ele, horário de ligações, duração, etc., o que não se fez no caso sob exame, ou pelo menos disso não há prova nos autos.*
>
> *Poderia até haver tal quebra se o número do telefone fosse sigiloso, daqueles que o usuário não permite sua inclusão na lista, mas disso não fez o impetrante prova* (RHC n. 6.622-RJ, 5ª Turma, rel. Min. José Dantas, unânime, j. 25/8/1997)[134],

---

132 O dispositivo foi integralmente transcrito quando se cuidou do sigilo bancário.
133 *Idem.*
134 Em sentido contrário: RHC n. 8.493-SP, 6ª T., rel. Min. Luiz Vicente Cernicchiaro, j. 20/5/1999, un.

não se devendo olvidar que esta orientação, de índole restritiva, vem sendo adotada pelo STJ em matéria de sigilo bancário e fiscal, merecendo destaque, dentre outros, os seguintes arestos:

> *Imposto de renda. Informações. Requisição.*
>
> *Os elementos constantes das declarações de bens revestem-se de caráter sigiloso que não deve ser afastado senão em situações especiais em que patenteie relevante interesse da administração da Justiça. Tal não se configura quando se trate apenas de localizar bens para serem penhorados, o que é rotineiro na prática forense.*
>
> *Injustificável, entretanto, negar-se o pedido na parte em que pretende obter os dados pertinentes ao endereço do executado. Em relação a isso não há motivo para sigilo* (REsp n. 83.824-BA, 3ª T., rel. Min. Eduardo Ribeiro, *DJ* de 17/5/1999).
>
> *Doutra parte, penso que não viola o sigilo bancário o fato de a instituição financeira informar que determinada pessoa é o titular de uma conta corrente cujo número é fornecido ao estabelecimento bancário, se nenhum dado a respeito da movimentação ativa e passiva da aludida conta corrente foi divulgado, certo que estes dados é que são protegidos pela lei. Se assim não fosse, o número da conta corrente e o nome do correntista sequer poderia figurar nos cheques pois estes, quando dados em pagamento, podem passar de mão em mão por ilimitado número de pessoas, tornando de domínio público o fato de alguém dispor de uma conta corrente em um banco* (trecho que se extrai do acórdão prolatado no RHC 6.622-RJ, acima referido)[135].

Em caso de recusa pela empresa de telefonia, por tratar-se de um serviço concedido pela União Federal, de acordo com a Lei n. 9.472/97, deve o presentante do *Parquet* valer-se da ação constitucional do mandado de segurança, relevando notar que tal instrumento pode ter por escopo os atos ilegais ou abusivos praticados por concessionárias de serviços públicos. A esse respeito, dentre outras, confiram-se as lições de José Cretella Jr. (*Comentários à Lei do Mandado de Segurança*, p. 143) e Hely Lopes Meirelles (*Ação popular, ação civil pública, mandado de injunção*, habeas data, p. 31-32), este último afirmando, ao correlacionar o tema ao enunciado n. 510 do e. STF (Praticado o ato por autoridade, no exercício de competência delegada, contra ela cabe mandado de segurança ou a medida judicial), que:

> *Para fins de mandado de segurança, contudo, consideram-se atos de autoridade não só os emanados das autoridades públicas propriamente ditas como, também, os praticados por administradores ou representantes de autarquias paraestatais e, ainda, os de pessoas naturais ou*

---

[135] Em igual sentido: STJ, 5ª T., HC n. 5.287/DF, rel. Min. Edson Vidigal, *DJU* de 5/5/1997, p. 17062; REsp 25.029-1/SP, 2ª T., rel. Min. Peçanha Martins. Em sentido contrário, entendendo que "qualquer informação em poder de estabelecimentos bancários, mesmo que não descreva movimentação bancária, deve ser obtida através do Poder Judiciário", STJ, RHC n. 5065-MG, 5ª T., rel. Min. Edson Vidigal, j. 19/3/1996, *DJU* de 29/9/1997, p. 48228.

jurídicas com funções delegadas, como são os concessionários de serviços de utilidade pública, no que concerne a essas funções (art. 1º, § 1º) (ob. cit., p. 32-33).

Por último, não se deve descartar, em tese, a caracterização do crime de desobediência, desde que caracterizado o dolo de desobedecer.

Diante do exposto, é o parecer no sentido de recomendar ao consulente a utilização da ação constitucional do mandado de segurança, cujo escopo, na espécie, será o de ver reconhecido ao Ministério Público, através de decisão de natureza mandamental, o direito líquido e certo de obter, diretamente, todas as informações em poder das concessionárias de telefonia que não se relacionem às conversações telefônicas e seus dados identificadores".

A jurisprudência vem confirmando nosso entendimento, merecendo destaque as seguintes decisões:

"(...) o simples fornecimento de nomes e endereços de usuário ao Ministério Público Federal, exclusivamente para fins de investigação, não representa perigo de dano irreparável ou de difícil reparação. Demais disso, conforme expressamente consignado no acórdão recorrido, tais informações, uma vez fornecidas, estarão restritas ao procedimento investigatório a que se destinam, sob pena, inclusive, de responsabilização por eventual utilização indevida" (STJ, MC n. 13.721/RS, rel. Min. Barros Monteiro, j. 11/1/2008).

"MANDADO DE SEGURANÇA. GARANTIA CONSTITUCIONAL. SIGILO TELEFÔNICO. PEDIDO DE INFORMAÇÃO. CADASTRO DE USUÁRIO DE OPERADORA DE TELEFONIA MÓVEL. DELEGACIA DE POLÍCIA FEDERAL. INQUÉRITO. DESNECESSIDADE DE AUTORIZAÇÃO JUDICIAL. DIREITO DE INTIMIDADE. NÃO VIOLAÇÃO. DIREITO LÍQUIDO E CERTO. INEXISTÊNCIA.

1. Havendo inquérito policial regularmente instaurado e existindo necessidade de acesso a dados cadastrais de cliente de operadora de telefonia móvel, sem qualquer indagação quanto ao teor das conversas, tal pedido prescinde de autorização judicial.

2. Há uma necessária distinção entre a interceptação (escuta) das comunicações telefônicas, inteiramente submetida ao princípio constitucional da reserva de jurisdição (CF, art. 5º, XII) de um lado, e o fornecimento dos dados (registros) telefônicos, de outro.

3. O art. 7º da Lei n. 9.296/96 – regulamentadora do inciso XII, parte final, do art. 5º da Constituição Federal – determina poder, a autoridade policial, para os procedimentos de interceptação de que trata, requisitar serviços e técnicos especializados às concessionárias de serviço público. Se o ordenamento jurídico confere tal prerrogativa à autoridade policial, com muito mais razão, confere-a, também, em casos tais, onde pretenda-se, tão somente informações acerca de dados cadastrais.

4. Não havendo violação ao direito de segredo das comunicações, inexiste direito líquido e certo a ser protegido, bem como não há qualquer ilegalidade ou abuso de poder por parte da autoridade apontada como coatora" (TRF da 4ª Região, 7ª T., Apelação em Mandado de Segurança. Processo n. 2004.71.00.022811-2/RS, j. 7/6/2005).

"CONSTITUCIONAL. C.F., ARTIGOS 5º, INC. XII, E 129, INC. VI. PENAL. APELAÇÃO CRIMINAL. RECUSA E RETARDO NO ATENDIMENTO DE SOLICITAÇÃO DO MINISTÉRIO PÚBLICO FEDERAL. LC 75/93, ART. 8º, INC. IV. LEI 7.347/85. ART. 10. AUSÊNCIA. ERRO DE PROIBIÇÃO. CÓD. PENAL, ART. 21. CONFIGURAÇÃO.

1. A ordem constitucional vigente permite ao Ministério Público requisitar diretamente e sem interferência judicial, informações junto à companhia de telecomunicações, a fim de instruir ação civil pública.

(...)" (TRF da 4ª Região, 7ª Turma, Apelação Criminal n. 2000.04.01.091246-0/SC, j. 17/12/2002).

"AGRAVO DE INSTRUMENTO. SIGILO DE DADOS. IDENTIFICAÇÃO DE USUÁRIOS DE TELEFONIA CELULAR. DISPONIBILIZAÇÃO DE DADOS AO MINISTÉRIO PÚBLICO FEDERAL. INSTRUÇÃO DE INQUÉRITOS CIVIS E CRIMINAIS. CONSTITUCIONALIDADE.

1. A Constituição Federal assegura a proteção à honra, à intimidade, à vida privada, bem como ao sigilo de dados, *ex vi* do art. 5º, X, XI. Referidos dispositivos tutelam a esfera íntima do indivíduo em suas relações pessoais e sociais, como também os denominados dados e informações sensíveis da pessoa.

2. Os valores constitucionalmente tutelados não apresentam natureza absoluta, devendo ceder nos casos e situações em que a lei prevê, ou quando o próprio titular do bem jurídico protegido o divulga ou renuncia à proteção possibilitada pelo ordenamento.

3. Os dados relativos à identificação do usuário do aparelho celular referem-se tão somente à sua identificação e endereço, não sendo, portanto, dados sensíveis do indivíduo, aos quais se possa impor a obrigação de sigilo por parte da prestadora em face de requisição formulada pelo Parquet, e, em especial, quando a conduta imputada ao usuário do aparelho estiver sendo objeto de apuração em inquérito civil ou criminal.

4. A Constituição Federal atribui ao Ministério Público a função de zelar pela 'defesa da ordem jurídica, do regime democrático e dos interesses sociais e individuais indisponíveis'. Concomitantemente às diversas atribuições, o art. 26, § 2º, da Lei n. 8.625/93 prevê a responsabilização por eventual uso indevido das informações a que tem acesso.

5. Legitimidade da requisição pelo Ministério Público de documentos necessários à instrução de inquéritos e demais procedimentos de sua competência. Precedentes jurisprudenciais" (TRF da 3ª Região, 6ª Turma, AI n. 146690. Processo: 2002.03.00.003153-2/SP, j. 21/5/2003).

Sobre a possibilidade de acesso aos registros das conversações telefônicas (número de chamadas, dia e hora das ligações, terminais chamados, ligações recebidas etc.) no âmbito de uma investigação por ato de improbidade administrativa, pensamos, como acima registrado, que relativamente a tais informações se exigirá a prévia intervenção do Poder

Judiciário. A rigor, os registros das conversações telefônicas encontram-se resguardados pelo art. 5º, X, da Constituição Federal, ou seja, pela cláusula geral de proteção da privacidade e da intimidade. Por conta disso, não incidirá, quanto a tais registros, a limitação contida na parte final do inciso XII do art. 5º da Constituição ("para fins de investigação criminal ou instrução processual penal"), que diz respeito apenas às *comunicações* telefônicas em si, não a seus registros.

A possibilidade de acesso aos registros de conversações telefônicas para investigações de caráter não criminal foi expressamente admitida pelo STF por ocasião do julgamento do MS n. 23.452-1/RJ. A discussão dizia respeito à possibilidade, ou não, de referido acesso por parte de Comissões Parlamentares de Inquérito, cujas investigações não possuem natureza de "investigação criminal" ou "instrução processual penal", acolhendo-se, na ocasião, a tese de Luiz Flávio Gomes no sentido de que "(...) não é o caso (...) de se aplicar a Lei 9.296/96 aos registros ('dados') telefônicos, pois ela só disciplina a interceptação (ou escuta) telefônica. Em suma: os dados telefônicos (registros pertinentes a chamadas pretéritas) não contam com sigilo absoluto. Por ordem judicial, em regra, pode ser quebrado esse sigilo, mas sempre que houver autorização legal, distinta da Lei 9.296/96"[136].

7.6. Mecanismos de Acesso aos Dados Sigilosos

Vimos, acima, que a Constituição Federal e as Leis Orgânicas do Ministério Público possibilitam o acesso direto aos dados relativos a operações bancárias e financeiras, bem assim aos denominados "dados cadastrais", alternativa investigatória materializada através do chamado "poder de requisição", que, se desatendido, desafiará a utilização das medidas judiciais cabíveis. Especificamente quanto ao sigilo patrimonial, tem-se a regra contida no art. 13 da Lei n. 8.429/92, complementada pela disciplina instituída pela Lei n. 8.730/93.

Vimos também, não obstante, que a jurisprudência dominante veda ao *Parquet* o acesso direto ao *sigilo bancário*, apontando a imprescindibilidade da via jurisdicional, surgindo daí uma indagação: o requerimento de quebra de tal sigilo tem natureza cautelar? Há contraditório neste momento?

Para Fábio Medina Osório, em tal caso "... não há que se falar em demanda, citação ou ação processual. Trata-se de uma medida investigativa semelhante a um mandado de bus-

---

[136] MS n. 23.452-1/RJ, rel. Min. Celso de Mello, Tribunal Pleno, un., j. 16/9/1999, *DJU* de 12/5/2000. A ementa do acórdão, nesse ponto, restou assim redigida: "(...) – O sigilo bancário, o sigilo fiscal e o sigilo telefônico (sigilo este que incide sobre dados/registros telefônicos e que não se identifica com a inviolabilidade das comunicações telefônicas) – ainda que representem projeções específicas do direito à intimidade, fundado no art. 5º, X, da Carta Política – não se revelam oponíveis, em nosso sistema jurídico, às Comissões Parlamentares de Inquérito, eis que o ato que lhes decreta a quebra traduz natural derivação dos poderes de investigação que foram conferidos, pela própria Constituição da República, aos órgãos de investigação parlamentar".

ca e apreensão ou uma prisão preventiva"[137], ponto de vista compartilhado por Carlos Alexandre Marques[138] e, em certo sentido, por Wallace Paiva Martins Jr.[139].

De nossa parte, pensamos que quando requerida a medida durante a fase administrativa do inquérito (momento pré-processual), hipótese mais comum[140], estaremos diante de uma *produção antecipada de prova*[141], na forma do art. 381, III, do CPC/2015 ("A produção antecipada da prova será admitida nos casos em que: III – o prévio conhecimento dos fatos possa justificar ou evitar o ajuizamento de ação"), cuja natureza, de acordo com a lição dos doutos, é meramente administrativa[142].

Cautelaridade não haverá em razão da inexistência de qualquer risco de perecimento de tais elementos, não visando a quebra, propriamente, a assegurar a prova, dada a facilidade de sua produção durante o próprio processo principal[143]. Noutro giro: não se busca, aqui, garantir o resultado útil, a eficácia prática da prestação jurisdicional principal, que, a depender do resultado da quebra e das demais diligências do inquérito civil, sequer existirá[144].

Em verdade, ao buscar o conhecimento dos dados sigilosos, está o Ministério Público procurando definir, antes, a própria *viabilidade do direito de ação*, seu interesse de agir, evitando lançar-se, assim, à deflagração de uma lide temerária, o que, de resto, sempre se busca evitar através da instauração do inquérito civil[145].

---

137 *Improbidade administrativa – observações sobre a Lei 8.429/92*, p. 236.
138 A natureza do pedido de quebra de sigilo bancário e fiscal e alguns comentários práticos da atuação do Ministério Público, *Revista dos Tribunais*, n. 736.
139 Alguns meios de investigação da improbidade administrativa.
140 Quando requerida e deferida no curso do processo principal, ter-se-á mera produção de prova documental, sem qualquer feição cautelar.
141 No mesmo sentido, MARTINS, Fernando Rodrigues. Ob. cit., p. 144. O tema também foi tratado sob tal enfoque pelo STJ por ocasião do julgamento do REsp n. 132.850-DF, 1ªT, un., rel. Min. Demócrito Reinaldo.
142 Sustentando a natureza voluntária da produção antecipada de prova, confiram-se as lições de Galeno Lacerda e Carlos Alberto Álvaro de Oliveira (*Comentários ao Código de Processo Civil*, p. 185 e s.).
143 Os autores antes referidos, após discorrerem sobre a antecipação da prova requerida no próprio curso da demanda principal, hipótese que aqui não nos interessa, afirmam que: "Há casos, além disso, em que não se cogita de segurança de prova, prescindindo-se do requisito do *periculum in mora*, e a vistoria será pedida com o só intuito de o requerente conhecer dados para o aforamento de eventual demanda futura. Claro que, nestas hipóteses, está afastada a natureza cautelar da medida, tal como na exibição de coisa ou documento nas mesmas condições".
144 Calmon de Passos, em passagem ao mesmo tempo clara e aguda, afirma que, na jurisdição cautelar, "o bem da vida que visa resguardar é de natureza processual, instrumentalmente vinculado à satisfação de um interesse de direito material, mas dele distinto e com ele não se identificando. *O que se previne e resguarda, aqui, não é o bem da vida a ser atribuído a alguém, segundo o direito material, mas a própria tutela jurisdicional, posta sob o risco ou perigo de se frustrar em sua efetividade ou em seu alcance*" (*Comentários ao Código de Processo Civil*, p. 45. Os grifos são do original).
145 Eduardo Couture, abordando o conteúdo da denominada jurisdição voluntária, estabelece uma importante distinção entre esta e a jurisdição cautelar: "*Acaso podría pensarse que, dada su índole, algunas de ellas, como las venias, etc., pueden incluírse entre las providencias cautelares. La proposición sería parcialmente correcta. Pero las providencias cautelares cautelan contra la lentitud del proceso. Previenen tan sólo el riesgo de que la demora en*

Da adoção da tese resultam consequências práticas da maior relevância, a saber:

a) não sendo cautelar a medida, não incidem as regras dos arts. 308 ("Efetivada a tutela cautelar, o pedido principal terá de ser formulado pelo autor no prazo de 30 (trinta) dias, caso em que será apresentado nos mesmos autos em que deduzido o pedido de tutela cautelar, não dependendo do adiantamento de novas custas processuais") e 309, I ("Cessa a eficácia da tutela concedida em caráter antecedente, se: I – o autor não deduzir o pedido principal no prazo legal"), do CPC/2015[146], nem tampouco a regra contida no *caput* do art. 17 da Lei n. 8.429/96 (A ação principal, que terá o rito ordinário, será proposta pelo Ministério Público ou pela pessoa jurídica interessada, dentro de trinta dias da efetivação da medida cautelar);

b) pelo mesmo fundamento, não se previne a competência para a ação principal (Enunciado n. 263 do TFR: "A produção antecipada de provas, por si só, não previne a competência para a ação principal". No STJ: AgRg na MC n. 10.565/RJ, 4ª T., rel. Min. Fernando Gonçalves, j. em 25/10/2005, *DJ* de 14/11/2005, p. 324; REsp n. 487.630/SP, 2ª T., rel. Min. Franciulli Neto, j. em 21/8/2003, *DJ* de 28/6/2004, p. 245. No CPC/2015, art. 381, § 3º);

c) não se exige a indicação, na inicial, da lide e de seus fundamentos (art. 305 do CPC/2015) até porque, neste momento, não se sabe ainda da viabilidade da ação principal[147];

d) não há que se exigir, para a decretação da quebra, a demonstração de *fumus boni iuris*[148], bastando a demonstração sumária da necessidade investigatória da medida, na forma do art. 382 do CPC/2015[149];

---

llegar hasta la sentencia no haga ilusorio el fin del proceso. En la jurisdicción voluntaria, por el contrario, no es el periculum in mora lo que se trata de evitar, sino la incertidumbre, la falta de una documentación adecuada, el carácter equívoco del derecho, o en otros casos, una garantia requerida por la ley" (*Fundamentos del derecho procesal civil*, p. 51).

146 Neste sentido: *RTJ* 113/369, *RT* 598/237, 512/150, 518/120, 526/77, 541/189, 541/233, entre outras referidas por Theotonio Negrão (*Código de Processo Civil e legislação processual em vigor*, p. 419, nota n. 6 ao art. 808 CPC/73 [art. 309 do CPC/2015]). De qualquer modo, mesmo que concebida a produção antecipada de prova, em tal hipótese, como uma medida cautelar, o certo é que "... como não é medida constritiva de direitos, não está sujeita ao prazo de caducidade do art. 806 [art. 308 do CPC/2015], não perdendo, pois, sua validade, ainda que a ação principal não seja proposta em trinta dias" (Vicente Greco Filho, *Direito processual civil brasileiro*, vol. III, p. 182). A jurisprudência do STJ é no sentido de que somente com relação a medidas cautelares que importem restrição a direitos é que se deve observar o prazo aludido (REsp n. 59507/SP, 5ª T., rel. Min. Edson Vidigal, j. 10/11/1997, *DJU* de 1º/12/1997, p. 62767; REsp n. 60724/SP, 1ª T., rel. Min. Garcia Vieira, j. 26/4/1995, *DJU* de 29/5/1995, p. 15483; REsp n. 7084/RS, 3ª T., rel. Min. Eduardo Ribeiro, j. 19/3/1991, *RSTJ* n. 20, p. 403).

147 STJ, REsp n. 2.487, 4ª T., rel. Min. Fontes de Alencar, un., acórdão colhido na página do próprio tribunal; também o REsp n. 132.850-DF, 1ª T., rel. Min. Demócrito Reinaldo, un., *DJ* de 20/10/1997.

148 A propósito, LACERDA, Galeno; OLIVEIRA, Carlos Alberto Álvaro de ob. cit., p. 187.

149 "Art. 382. Na petição, o requerente apresentará as razões que justificam a necessidade de antecipação da prova e mencionará com precisão os fatos sobre os quais a prova há de recair."

e) não há que se falar em contraditório, embora seja necessária a citação do requerido[150].

8. VALOR PROBATÓRIO

Sendo o inquérito civil um procedimento inquisitivo e tendo em vista que, em essência, não há propriamente "prova" senão sob o crivo do contraditório, os elementos nele colhidos, *em regra*, não poderão servir de suporte à formação do convencimento do magistrado no momento da sentença. A assertiva vai encontrar expresso respaldo no Texto Constitucional, cujo art. 5º, LIV e LV, erige o *devido processo legal* e o *contraditório* ao *status* de garantias individuais, verdadeiros "certificados de qualidade" da prestação jurisdicional. Por seu intermédio, busca-se preservar, fundamentalmente, não só a imparcialidade do magistrado mas emprestar, de igual modo, legitimidade à atuação do Estado-Juiz na medida em que se garante aos contendores a concreta esperança de, por intermédio de sua atuação processual, em igualdade de condições, influir na formação do convencimento do julgador.

Tal entendimento, o da desvalia dos elementos colhidos na fase pré-processual, mais especificamente quanto às chamadas "provas orais" (depoimentos e testemunhos), já se encontra consolidado na doutrina do Processo Penal, embora ainda haja alguma vacilação da jurisprudência quanto ao valor da chamada "confissão extrajudicial" realizada em sede policial[151].

---

150 Art. 382, §§ 1º ("O juiz determinará, de ofício ou a requerimento da parte, a citação de interessados na produção da prova ou no fato a ser provado, salvo se inexistente caráter contencioso") e 4º ("Neste procedimento, não se admitirá defesa ou recurso, salvo contra decisão que indeferir totalmente a produção da prova pleiteada pelo requerente originário") do CPC/2015. Por ocasião do julgamento do Agravo Regimental em Inquérito n. 897-5/DF, o Pleno do Egrégio Supremo Tribunal Federal rechaçou, por maioria, a necessidade de contraditório na quebra do sigilo bancário. Votaram neste sentido todos os Ministros daquela corte, fortes no argumento do caráter inquisitório do inquérito, à exceção do Ministro Marco Aurélio, que entendeu que o contraditório, na hipótese, não acarretaria qualquer prejuízo às investigações. O Ministro Carlos Velloso, que votou com a maioria, deixou transparecer em seu sucinto voto que o contraditório até seria possível, mas somente após obtidos os dados sigilosos (contraditório *a posteriori*). Consulte-se também, no sentido da desnecessidade do contraditório, o decidido pelo STF no HC n. 85.088/ES, 2ª T., *RTJ* n. 195-03, p. 978, e no RE n. 481.955/PR, rel. Min. Cármen Lúcia, j. em 9/12/2009, *DJ* de 4/2/2010. No âmbito do STJ, em igual sentido: HC n. 31.503/ES, 6ª T., rel. Min. Paulo Medina, *DJ* de 11/12/2006, p. 424; RMS n. 15.250/SC, 6ª T., rel. Min. Paulo Medina, *DJ* de 15/12/2003, p. 400; RMS n. 13.226/SC, 5ª T., rel. Min. Laurita Vaz, *DJ* de 2/8/2004, p. 417; RMS n. 15.771/SP, 1ª T., rel. Min. José Delgado, *DJ* de 30/6/2003, p. 133. O problema encontra-se bem resolvido pelo atual CPC/2015, que, como visto, prevê a necessidade de citação (intimação, mais propriamente), mas afasta a possibilidade de produção de "defesa ou recurso".

151 "As confissões feitas na fase do inquérito policial têm valor probante, desde que testemunhadas e não sejam contrariadas por outros elementos de prova" (STF, *RTJ* 91/750). Sobre a confissão extrajudicial colhida no inquérito civil, por suas peculiaridades, remetemos o paciente leitor ao tópico 13 do Capítulo II da Segunda Parte.

Concessa maxima venia, não podemos concordar integralmente, deste modo, com o ponto de vista sustentado pelo Professor Hugo Nigro Mazzilli, induvidosamente uma das maiores autoridades no assunto, quando afirma:

> O valor do inquérito civil como prova em juízo decorre de ser uma investigação pública e de caráter oficial. Quando regularmente realizado, o que nele se apurar tem validade e eficácia em juízo, como as perícias e inquirições. Ainda que sirva essencialmente o inquérito civil para preparar a propositura da ação civil pública, as informações nele contidas podem concorrer para formar ou reforçar a convicção do juiz, **desde que não colidam com provas de maior hierarquia, como aquelas colhidas sob as garantias do contraditório**.
>
> Naturalmente, como se trata de investigação de caráter inquisitivo, **é apenas relativo o valor dos elementos de convicção colhidos no inquérito civil**, à guisa, aliás, do que ocorre com procedimentos similares (como o inquérito policial, o processo administrativo tributário ou o processo disciplinar). Quaisquer informações colhidas nos processos ou procedimentos administrativos podem ser contrastadas em juízo, com as garantias do contraditório.
>
> Porque vigora em nosso sistema o princípio do livre convencimento, não está o juiz adstrito a provas tarifadas, exceto nos poucos casos previstos na lei; assim, nada mais natural possa recorrer subsidiariamente aos elementos de convicção existentes no inquérito civil, como, aliás, já se dá em relação ao inquérito policial, no processo criminal[152] (destaques nossos).

Deve-se notar que se os elementos colhidos no momento administrativo *não colidem* com aqueles nascidos sob a égide do contraditório, ou seja, se há harmonia instrutória entre as fases administrativa e processual, o magistrado, em verdade, ao formar a sua convicção, estará utilizando o material produzido em contraditório, no processo. Não precisará lançar mão, assim, do material colhido no momento pré-processual. Parece-nos, desta forma, desnecessário conferir um valor probatório *relativo* ao inquérito civil, o que, inclusive, mesmo que aceita a tese, não se afinaria senão ao sistema hierarquizado da prova tarifada, proscrito por nosso ordenamento[153]. Assim, se em juízo nenhuma prova for produzida, não pode o magistrado, em princípio, lançar mão dos elementos unilateralmente produzidos pelo Ministério Público no inquérito civil.

Sem prejuízo do acima sustentado, ressalte-se que as diligências e elementos produzidos no procedimento administrativo serão de suma importância para a formação da *opi-*

---

[152] *O inquérito civil*, p. 53-54. No mesmo sentido, PAZZAGLINI FILHO, Marino *et alii*, *Improbidade administrativa*, p. 138.

[153] No REsp n. 476.660/MG, 2ª T., rel. Min. Eliana Calmon, *DJU* de 4/8/2003, restou acolhida a tese de Mazzilli no sentido de que "As provas colhidas no inquérito têm valor probatório relativo, porque colhidas sem a observância do contraditório, mas só devem ser afastadas quando há contraprova de hierarquia superior, ou seja, produzida sob a vigilância do contraditório". No mesmo sentido: REsp n. 644994, 2ª T., rel. Min. João Otávio de Noronha, j. 17/2/2005.

nio do representante do *Parquet*, servindo-lhe de base para a propositura, ou não, da ação civil pública. Também as medidas cautelares, mormente quando concedidas *initio litis*, irão encontrar nos unilaterais elementos do inquérito civil os requisitos do *fumus boni iuris* e do *periculum in mora*, já se vendo, deste modo, a relevância da fase administrativa e de tudo o que se produz no inquérito civil. Sobre este último aspecto, merece destaque importante precedente do Egrégio Superior Tribunal de Justiça que, apreciando recurso em mandado de segurança, assim entendeu:

> *Processo Civil. Ação Civil Pública. Medida Liminar Deferindo a Interdição de Estabelecimento Comercial. Agravo Retido, Seguido de Mandado de Segurança. A interdição de estabelecimento comercial exige tutela imediata que os recursos processuais não proporcionam; elidida a preclusão pela interposição de agravo (retido ou por instrumento),* **o mandado de segurança é meio próprio para atacar o ato judicial. Hipótese, todavia, em que ele não pode ser concedido, porque o provimento cautelar foi deferido à base de inquérito civil público instruído com provas testemunhal e pericial, dando conta de que os ruídos produzidos no estabelecimento comercial excedem os limites permitidos em lei. Recurso ordinário improvido**[154] (destaques nossos).

Quanto aos *documentos e às perícias*, geralmente produzidos no inquérito civil, há uma peculiaridade. Com efeito, por se tratarem, em regra, de *provas irrepetíveis* (o documento sempre; a perícia, eventualmente), cuja (re)produção no processo, por motivos óbvios, se torna impossível, tais elementos poderão e deverão ser levados em conta pelo juiz para a formação de seu convencimento, pouco importando que seu nascimento, como sói acontecer, tenha se dado ao largo do contraditório, no inquérito[155]. Incidirá, quanto a tais provas, o que alguns convencionaram chamar de *contraditório diferido*. Bem vistas as coisas, em verdade não há, aqui, propriamente, uma exceção ao *princípio do contraditório*, o que seria inadmissível diante das imperativas regras constitucionais, mas, apenas, um *adiamento de seu exercício*, podendo as partes debaterem no processo, amplamente, os elementos nascidos na fase pré-processual, inclusive com a possibilidade de produção de contraprova.

Desnecessário enfatizar a importância do tema na seara da improbidade administrativa, onde a perícia e o documento – principalmente este último – ganham extraordinário vulto, constituindo, geralmente, o que há de mais relevante em termos de prova.

---

[154] RMS n. 6.773-RS, 2ª T., rel. Min. Ari Pargendler, j. 20/5/1996, *DJU* de 17/6/1996, p. 21470. Cuidava-se de mandado de segurança impetrado por determinada empresa contra decisão judicial que interditara as suas atividades comerciais, por excessivamente incômodas à vizinhança, com base em perícias e testemunhos colhidos em inquérito civil instaurado pelo Ministério Público.

[155] Nesse sentido: REsp n. 644.994, 2ª T., rel. Min. João Otávio de Noronha, j. 17/2/2005, ao afirmar que "... o inquérito é válido e eficaz para o Judiciário, não havendo necessidade, *a priori*, de que seja repetido em juízo, possibilidade que, em se tratando de documentos, como no caso, nem sequer se apresenta razoável", honrando-nos com a citação.

Além do argumento da irrepetibilidade há, atualmente, sólido fundamento legal para a possibilidade de aproveitamento processual da *perícia* realizada no inquérito. Referimo-nos aos arts. 19, parágrafo único, da Lei n. 9.605, de 12 de fevereiro de 1998[156], e ao art. 472 do CPC/2015.

O primeiro dispositivo estabelece que: *A perícia de constatação do dano ambiental, sempre que possível, fixará o montante do prejuízo causado para efeitos de prestação de fiança e cálculo da multa.* **Parágrafo único. A perícia produzida no inquérito civil ou no juízo cível poderá ser aproveitada no processo penal, instaurando-se o contraditório**. Ora, se a lei prevê, atualmente, a possibilidade de "empréstimo" da perícia realizada no inquérito civil ao próprio *processo* criminal, é porque não se deve desprezar a sua importância também na seara cível, qualquer que seja o interesse difuso em jogo.

Já o art. 472 do CPC/2015, regra genérica, dispõe: *O juiz poderá dispensar prova pericial quando as partes, na inicial e na contestação, apresentarem, sobre as questões de fato, pareceres técnicos ou documentos elucidativos que considerar suficientes*. O dispositivo, como se vê, se ajusta, qual uma luva, à perícia feita na fase pré-processual, a qual, por estar encartada no inquérito civil, deverá acompanhar e instruir a própria petição inicial. Evidentemente, nada impede que o juiz, destinatário principal da prova, inquira os *experts* que tenham produzido a prova na fase administrativa, esclarecendo-se devidamente sobre o fato[157].

9. VÍCIOS DO INQUÉRITO CIVIL E SEUS REFLEXOS NA AÇÃO CIVIL PÚBLICA

Por se tratar o inquérito civil de procedimento meramente informativo, voltado à formação da *opinio actio* do Ministério Público, os vícios acaso nele verificados não se propagarão à ação civil pública posteriormente ajuizada. Como muito bem ressaltado por Mazzilli, "tais defeitos, posto possam empanar o valor intrínseco das peças de informação colhidas no inquérito, não passarão de meras irregularidades que não contaminam a ação proposta"[158], sendo aplicável, neste passo, a jurisprudência já consolidada quanto à impossibilidade de transmissão dos vícios do inquérito policial à ação penal[159].

---

156 A Lei n. 9.605, de 12 de fevereiro de 1998, dispõe sobre as sanções penais e administrativas derivadas de condutas e atividades lesivas ao meio ambiente.

157 Em se tratando de perícias feitas por órgãos públicos na fase investigatória, por requisição do Ministério Público, Hamilton Alonso Júnior, além destes argumentos, assevera a presunção *iuris tantum* de validade de tais elementos, invocando o art. 364 do Código de Processo Civil/73 [art. 405 do CPC/2015] e os deveres de fidelidade e obediência à lei a que estão sujeitos os agentes públicos (A valoração probatória do inquérito civil e suas consequências processuais).

158 *O inquérito civil*, p. 53.

159 "Processual Penal. Recurso Especial. Ausência de Prequestionamento da Maior Parte das Alegações. Divergência Jurisprudencial Não Demonstrada. Reexame de Aspectos Fático-Probatórios. Vício na Fase Inquisitorial. Caráter Informativo do Inquérito Policial. Precedentes. Recurso Conhecido em Parte e Desprovido. A ausência de prequestionamento, na instância anterior, da matéria referente a maior parte dos dispositivos

A única ressalva diz respeito às chamadas *provas irrepetíveis* produzidas na fase pré-processual (documentos e, em algumas hipóteses, a perícia), o que é natural na medida em que, se podem ser invocadas pelo magistrado por ocasião da sentença, seus vícios, por igual, também se transmitirão à ação civil pública[160].

10. O ENCERRAMENTO DAS INVESTIGAÇÕES

Como instrumento pré-processual que se destina à formação da *opinio* do Ministério Público, num determinado momento as investigações levadas a cabo no inquérito civil se esgotarão, impulsionando o *Parquet*, presentes as condições da ação e atendidos os pressupostos processuais, à propositura da ação civil pública. Em algumas hipóteses, no entanto, dada a precariedade dos elementos coligidos ou mesmo em razão, por exemplo, da ocorrência de prescrição, a deflagração da ação civil pública se mostrará inviável, caso em que se dará o encerramento das investigações.

De ordinário, tem-se no *arquivamento* o caminho natural de encerramento do inquérito civil. No particular, como já ressaltado no presente trabalho em diversas passagens, o nosso instituto foi buscar inspiração na disciplina de arquivamento do inquérito policial contida no vetusto CPP, adotando, no entanto, regras mais adequadas que as do legislador de 1941. De modo a distinguir o tratamento da matéria no campo processual civil e penal, deve-se destacar, desde logo, a atribuição do Conselho Superior do Ministério Público para a homologação da promoção arquivatória do órgão do Ministério Público, ponto que distingue, nitidamente, o inquérito civil do policial, este último submetido ao crivo do judiciário desde o seu nascimento (arts. 10, § 1º, 16, 23 e 28 do CPP).

Excepcionalmente, em hipóteses verdadeiramente teratológicas, de inegável ilegalidade, não se pode excluir também o uso do mandado de segurança com o escopo de alcançar o encerramento do inquérito civil, procedimento administrativo cujo controle de legalidade não deve ser aprioristicamente excluído da órbita do *writ* constitucional.

Passemos aos temas.

10.1. Arquivamento

O arquivamento do inquérito civil concebido pela Lei n. 7.347/85 é, induvidosamente, um dos pontos inovadores em nosso sistema. Afastando-se da inadequada disciplina con-

---

legais tidos como violados obsta ao conhecimento do recurso pela alínea *a* do permissivo constitucional em relação a tais normas... Eventual vício no inquérito policial não contamina a ação penal, tendo em vista tratar-se, o mesmo, de peça meramente informativa e não probatória. Precedentes. Recurso conhecido em parte e desprovido" (STJ, REsp n. 193.294-RO, 5ª T., rel. Min. Gilson Dipp, j. 7/12/1999, *DJU* de 12/2/2000, p. 58). No mesmo sentido, HC n. 10.725-PB, 5ª T., rel. Min. Gilson Dipp, j. 3/2/2000, *DJ* de 8/3/2000, p. 137; RHC n. 8.749/MG, rel. Min. Felix Fischer, *DJ* de 13/9/1999. No STF: HC n. 76.514/SP, rel. Min. Moreira Alves, *DJ* de 5/6/1998; HC n. 73.271/SP, rel. Min. Celso de Mello, *DJ* de 4/10/1996.

160 Ver, sobre o tema, o item anterior.

tida no CPP, no qual o magistrado é erigido à função anômala de fiscal do princípio da obrigatoriedade, a Lei acima referida, em seu art. 9º, preceitua que:

> Art. 9º Se o órgão do Ministério Público, esgotadas todas as diligências, se convencer da inexistência de fundamento para a propositura da ação civil, promoverá o arquivamento dos autos do inquérito civil ou das peças informativas, fazendo-o fundamentadamente.
>
> § 1º Os autos do inquérito civil ou das peças de informação arquivadas serão remetidos, sob pena de se incorrer em falta grave, no prazo de 3 (três) dias, ao Conselho Superior do Ministério Público.
>
> § 2º Até que, em sessão do Conselho Superior do Ministério Público, seja homologada ou rejeitada a promoção de arquivamento, poderão as associações legitimadas apresentar razões escritas ou documentos, que serão juntados aos autos do inquérito ou anexados às peças de informação.
>
> § 3º A promoção de arquivamento será submetida a exame e deliberação do Conselho Superior do Ministério Público, conforme dispuser o seu regimento.
>
> § 4º Deixando o Conselho Superior de homologar a promoção de arquivamento, designará, desde logo, outro órgão do Ministério Público para o ajuizamento da ação[161].

Como se percebe, a análise de viabilidade, ou não, da propositura da ação civil pública, da existência, ou não, de fundamento para a invocação da tutela jurisdicional, fica adstrita ao âmbito do próprio Ministério Público, restando ao Conselho Superior, órgão da cúpula da Instituição, cujos integrantes, salvo os natos (Procurador-Geral de Justiça e Corregedor-Geral), são diretamente eleitos pelos membros do *Parquet*, a última palavra sobre o assunto. A par de confiar-se tão importante deliberação a um órgão colegiado, e não apenas ao Procurador-Geral de Justiça, como ocorre com o inquérito policial (art. 28 do CPP), busca-se preservar, sobretudo, a imparcialidade do Poder Judiciário, uma vez que, conforme anotado por Mazzilli ao comentar a sistemática de arquivamento do inquérito policial, "constitui uma petição de princípios, uma verdadeira *contradictio in terminis* exigir decisão judicial para a não propositura de ação judicial. Se não há pretensão da parte, não há exercício de ação nem jurisdição. Afora esse erro do sistema processual penal hoje vigente, ainda outro há, não menos importante: ao impor controle judicial sobre a não propositura da ação penal, o CPP compromete a imparcialidade do Poder Judiciário, pois coloca o juiz na posição de ter que solicitar à parte que promova a ação que ele quer ver ajuizada..."[162].

É simples o procedimento previsto na Lei da Ação Civil Pública:

---

161 A matéria é também tratada pelo arts. 10 a 13 da Resolução CNMP n. 23/07.
162 *O inquérito civil*, p. 199-200.

a) Promovido o arquivamento do inquérito ou das peças de informação pelo representante do *Parquet*, devem os autos ser por ele remetidos, no prazo de 3 (três) dias, sob pena de responsabilização funcional, ao Conselho Superior do Ministério Público ou Câmara de Coordenação e Revisão, a quem caberá reexaminar o encerramento das investigações, homologando-o ou não (§ 1º)[163].

b) Até que, em sessão do Conselho Superior ou da Câmara de Coordenação e Revisão, seja, ou não, confirmado o arquivamento, podem as associações legitimadas[164] apresentar razões escritas ou mesmo documentos, contrapondo-se, ou não[165], ao arquivamento promovido (§ 2º).

c) Homologado o arquivamento, que a partir deste momento adquire eficácia[166], retornam os autos do inquérito ao órgão ministerial, feitas as devidas anotações e registros na Secretária do órgão colegiado.

d) Negado o arquivamento, cabe ao Conselho Superior comunicar formalmente ao Procurador-Geral de Justiça tal decisão, a quem competirá, ao teor do art. 10, IX, *d*, da Lei n. 8.625/93, "designar membro do Ministério Público para... propor ação civil pública nas hipóteses de não confirmação de arquivamento de inquérito policial ou civil"[167].

---

163 O art. 10, § 1º, da Resolução CNMP n. 23/07 estabelece também a necessidade de cientificação dos interessados, que, a nosso juízo, são o representante e o investigado.

164 Mazzilli, invocando o direito de petição, constitucionalmente assegurado (art. 5º, XXXIV, *a*, CF), sustenta a possibilidade de apresentação de razões e documentos ao Conselho Superior não só pelas associações legitimadas ao exercício da ação civil pública (art. 9º, § 2º), mas, também, pelo investigado, demais colegitimados (art. 5º da LCP), pelo autor da representação que levou à investigação do fato, ou mesmo por qualquer interessado (*O inquérito civil*, p. 237-238). Também Rodolfo de Camargo Mancuso, *Ação civil pública em defesa do meio ambiente, do patrimônio cultural e dos consumidores*, p. 80.

165 Mazzilli, citando Carvalho Filho, alude à possibilidade de as associações, por ocasião da apresentação das razões, sustentarem a confirmação do arquivamento, hipótese, no entanto, bastante rara (*O inquérito civil*, p. 239).

166 No sentido de que o pronunciamento favorável do Conselho Superior é condição de eficácia do arquivamento, confira-se a lição de José dos Santos Carvalho Filho, *Ação civil pública – comentários...*, p. 267-269.

167 É importante notar que, com o advento da Lei n. 8.625/93, a designação de outro membro do Ministério Público para a propositura da ação civil pública passa a ser do Procurador-Geral de Justiça, restando alterada, neste passo, a disciplina contida no § 4º do art. 9º da LACP, que cometia ao próprio Conselho Superior tal atribuição. Atualmente, este último apenas delibera, cabendo ao Procurador-Geral designar. Neste sentido: José dos Santos Carvalho Filho, *Ação civil pública – comentários...*, p. 283-284. Mazzilli, contrariamente, sustenta que cabe ao próprio Conselho Superior designar, *livremente*, qualquer dos membros da instituição para a propositura da ação civil pública. Ao Procurador-Geral caberia, tão somente, o ato material de expedir a portaria de designação. Em sustentação à sua tese, afirma o referido autor que "... poderia o procurador-geral de Justiça, eventualmente vencido na deliberação do Conselho, escolher um membro da instituição que pensasse como ele, e a decisão do colegiado seria inexequível" (*O inquérito civil*, p. 253). *Data venia*, considerando-se que, a nosso juízo, tal designação, em atendimento ao Princípio do Promotor Natural, deve recair sobre o Promotor de Justiça "tabelar", o substituto legal do Promotor de Justiça que pleiteou o arquivamento, não se justifica o receio do preclaro jurista.

e) Finalmente, cumpre observar que da decisão que homologa ou rejeita o arquivamento, por falta de previsão legal, não cabe qualquer recurso[168].

Ressalte-se, por óbvio, que a homologação do arquivamento pelo Conselho Superior ou Câmara de Coordenação e Revisão nenhum efeito surtirá sobre os demais legitimados ao exercício da ação civil pública, que poderão promovê-la sem qualquer embaraço, uma vez que a legitimidade, no caso, é concorrente (art. 129, § 1º, da Constituição Federal; art. 5º da LACP).

Para a hipótese de *rejeição* do arquivamento, tanto a Lei n. 7.347/85 como a própria Lei n. 8.625/93 falam em *designação* de outro *membro* para o ajuizamento da ação, fórmula também adotada pelo art. 28 do CPP (*Se o órgão do Ministério Público, ao invés de apresentar a denúncia, requerer o arquivamento do inquérito policial ou de quaisquer peças de informação, o juiz, no caso de considerar improcedentes as razões invocadas, fará remessa do inquérito ou peças de informação ao procurador-geral, e este oferecerá a denúncia, designará outro órgão do Ministério Público para oferecê-la, ou insistirá no pedido de arquivamento, ao qual só então estará o juiz obrigado a atender*). Ocorre que, como se percebe do simples cotejo entre o referido art. 28 do CPP e a legislação processual civil, nesta última (Leis 7.437/85 e 8.625/93) não prevê o legislador a possibilidade de o Procurador-Geral de Justiça, ou mesmo do Conselho Superior, proporem diretamente a ação.

A melhor doutrina do Processo Penal sempre vislumbrou na indicação de outro membro do Ministério Público para o oferecimento de *denúncia* verdadeira hipótese de *delegação*. De fato, podendo o Procurador-Geral de Justiça oferecer a inicial acusatória, ao cometer, por razões de conveniência e oportunidade, tal atribuição a um outro integrante da instituição, nada mais faz do que outorgar-lhe, por delegação, a prática de um ato de índole administrativa que ele próprio poderia exercer.

Não se deve perder de vista que "delegar é conferir a outrem atribuições que originariamente competiam ao delegante"[169], o que, *data venia* dos que pensam diversamente, inocorre no âmbito do inquérito civil pois, em momento algum, a lei conferiu à Chefia do *Parquet*, ou ao Conselho Superior, a atribuição para o ajuizamento da ação civil pública[170]. O que se tem, aqui, portanto, é verdadeira *designação*.

Surge, então, a seguinte indagação: discordando da solução de rejeição do arquivamento – discordando, portanto, da solução do Conselho no sentido do ajuizamento da

---

168 Neste sentido, Mazzilli, *O inquérito civil*, p. 248.
169 MEIRELLES, Hely Lopes. *Direito administrativo brasileiro*, p. 106.
170 Não é demais lembrar que um dos requisitos de todo e qualquer ato administrativo é a competência (*rectius*: atribuição) do agente público para a sua prática. Trata-se de condição de validade do ato, posta pelo legislador, "insuscetível de ser fixada ou alterada ao nuto do administrador e ao arrepio da lei" (Hely Lopes Meirelles, ob. cit., p. 135). Por tal motivo, *concessa maxima venia*, discordamos do ponto de vista sustentado por Mazzilli quando afirma que pode o Conselho Superior, rejeitando o arquivamento, propor a ação civil pública (*O inquérito civil*, p. 256), pois a hipótese não foi contemplada pelo legislador.

ação –, pode o Promotor de Justiça *designado*, invocando a sua independência funcional (art. 127, § 1º, da CF), recusar-se à deflagração da jurisdição?

Na esfera criminal, costuma-se responder negativamente à indagação ao argumento de que, tratando-se de *delegação*, o integrante do *Parquet* não agiria em nome próprio, mas, antes, como mero *longa manus* do Procurador-Geral, inexistindo qualquer constrangimento à sua consciência funcional[171].

Especificamente quanto ao inquérito civil, Mazzilli, após referir-se à disciplina contida no art. 28 da Lei Processual Penal, afirma que "...agindo por delegação, o designado não poderá deixar de cumprir a decisão institucional, já tomada pelo órgão designante. E ainda mais: seu dever funcional não se limita a propor a ação e abandoná-la à própria sorte. Não. Deverá bem propô-la e melhor sustentá-la, inclusive recorrendo em caso de indeferimento da inicial ou de indeferimento de provas aptas a evidenciar a pretensão nela exposta", argumentando no sentido de que recusando-se ao ajuizamento da ação estaria o Promotor de Justiça, indevidamente, atuando como instância revisora do decidido, já em grau de revisão, pelo Conselho Superior do Ministério Público[172].

Já Carvalho Filho, trabalhando também na perspectiva da existência de *delegação*, prefere investir, para negar a possibilidade de recusa do membro do *Parquet*, no argumento da "... necessidade de dar prosseguimento à função institucional... de propor a ação civil pública para a proteção dos interesses sob a salvaguarda da instituição"[173].

De nossa parte, entendemos que, inexistindo *delegação*, mas, antes, verdadeira *designação*, não há como obrigar-se o Promotor de Justiça à propositura da ação civil pública. A figura da *longa manus* – questionável mesmo na seara Processual Penal – não tem, aqui, qualquer aplicação.

Recusando a designação do Procurador-Geral de Justiça não estará o membro do Ministério Público, *data venia*, atuando como "instância revisora" da decisão do Conselho, cuja existência, validade e, principalmente, *eficácia* não dependem da concordância do Promotor de Justiça designado.

Como, então, garantir a "continuidade do exercício da função Institucional" consistente no ajuizamento da ação? Através da designação, após a recusa do Promotor *Tabelar*, de membro da instituição merecedor da confiança do Procurador-Geral, na forma do art. 10, IX, *f*, da Lei n. 8.625/93 (Art. 10. *Compete ao Procurador-Geral de Justiça: ... IX – designar membros do Ministério Público para: ... f)* **assegurar a continuidade dos serviços**, *em caso de vacância, afastamento temporário, ausência,* **impedimento ou suspeição** *de titular de cargo, ou*

---

171 MARQUES, José Frederico. *Tratado de direito processual penal*, v. II, p. 277-278; MIRABETE, Júlio Fabbrini. *Processo penal*, p. 96. Também TOURINHO, Fernando da Costa. *Código de Processo Penal comentado*, p. 90.
172 *O inquérito civil*, p. 285.
173 *Ação civil pública – comentários...*, p. 257.

com consentimento deste), aplicável por interpretação extensiva[174]. Tal designação, *agora livre*[175], poderá recair, inclusive, sobre Promotor de Justiça integrante de uma de suas assessorias (assessoria de direito público, de direito civil, de investigações especiais e quejandos), com o que se estará a garantir a eficácia *prática* da decisão do Conselho Superior.

Finalizando este tópico, cabe referir em que hipóteses será cabível o arquivamento.

Primeiramente, é preciso asseverar, desde logo, que, em atenção ao *princípio da obrigatoriedade da atuação do Ministério Público*, só se poderá admitir o arquivamento do inquérito civil por Promotor de Justiça investido de atribuição[176] e depois de esgotadas todas as diligências possíveis de realização, todas aquelas tendentes ao esclarecimento do fato investigado. Todas aquelas diligências das quais, razoavelmente, se possa esperar alguma luz. Do contrário, deve o Conselho Superior ou Câmara de Coordenação e Revisão rejeitar, provisoriamente, o arquivamento do inquérito civil, determinando o prosseguimento das investigações[177].

---

[174] É possível dispensar o método de interpretação extensiva se se entender, como Vicente Greco Filho, que a hipótese caracterizaria verdadeira *suspeição por motivo de foro íntimo*: "Sob o aspecto processual, discordando o Procurador-Geral do pedido de arquivamento, a determinação de oferecer denúncia é irrecusável e indiscutível, porque a ele compete tal deliberação, e a denúncia será, em qualquer hipótese, oferecida. Se, porém, o promotor designado tiver algum motivo de caráter pessoal para não oferecê-la, como, por exemplo, *posição política contrária, posição doutrinária jurídica contrária ou convicção contrária*, esse motivo pode ser alegado como fundamento de *foro íntimo de impedimento ou suspeição* para a escusa de atuação pessoal no processo. Se o Procurador-Geral entender cabível, designará outro promotor para oferecer a denúncia. *No plano processual, essa recusa não tem nenhuma interferência porque a denúncia será oferecida de qualquer maneira*; no plano administrativo, a recusa será examinada pelos órgãos censores do Ministério Público, se for o caso, quando a recusa não tiver fundamento jurídico razoável. Conta-se que um promotor alegou impedimento porque tinha medo pessoal de o réu ser perigoso (!) ..." (*Manual de processo penal*, p. 101-102; os grifos não são do original).

[175] Remetemos o paciente leitor à nota n. 167, *in fine*, em que, contrariando o ponto de vista de Mazzilli, sustentamos que a primeira designação deve recair sobre o Promotor "Tabelar".

[176] A falta de atribuição investigatória do órgão do Ministério Público que requer o arquivamento é causa de não homologação pelo Conselho Superior, com a remessa do procedimento ao Promotor Natural.

[177] José dos Santos Carvalho Filho faz inteligente distinção entre *não homologação* e *rejeição* da promoção de arquivamento. Na primeira hipótese (*não homologação*), indica o Conselho Superior a sua *convicção discordante* em caráter apenas *transitório*, pois vislumbra a necessidade de produção de dados complementares ou de realização de outras diligências. Na *rejeição*, contrariamente, o *juízo discordante* é definitivo, direto, registrando a contrariedade de entendimento do Conselho "... no que toca à própria avaliação dos elementos do inquérito ou das peças informativas, condutores do arquivamento..." (*Ação civil pública – comentários...*, p. 279 e s.). A consequência prática extraída pelo autor é a seguinte: na *rejeição*, deve a designação para o ajuizamento da ação recair sobre *outro integrante do Parquet*. Tratando-se de *não homologação*, o mesmo membro da Instituição poderá prosseguir nas investigações, isto se a própria Secretaria do Conselho não puder providenciar os dados faltantes (requisição de documentos, envio de ofícios para obtenção de informações etc.). A tese foi acolhida pelo Conselho Superior do Ministério Público do Rio Grande do Sul (Súmula n. 01/94: *Não ofende o princípio da independência funcional a baixa de expedientes à origem para a realização de diligências ou investigações especificadas, tendo em vista formar o convencimento do Colegiado. O desatendimento constitui infração disciplinar*) e pelo CSMP do RJ (Enunciado n. 1). Mazzilli, mesmo na hipó-

De igual modo, havendo dúvida na interpretação dos elementos colhidos no inquérito, deve-se optar pelo ajuizamento da ação coletiva, incidindo, em decorrência do *princípio da obrigatoriedade*, já tantas vezes referido, a regra *in dubio pro societate*. *Idem*, quando se tratar de dúvida resultante da conflituosidade de entendimento quanto à hipôtese (controvérsias doutrinárias e jurisprudenciais). Tal solução é a que melhor preserva o interesse difuso da coletividade em ver tutelado o direito transindividual à probidade administrativa.

Especificamente quanto às causas legitimadoras do arquivamento, a doutrina, buscando interpretar a expressão contida no art. 9º, *caput*, da Lei n. 7.347/85 ("inexistência de fundamento para a propositura da ação civil"), fornece alguns exemplos nos quais será possível o encerramento do momento administrativo:

1) *a natureza do interesse* não legitima a atuação do Ministério Público; inocorrência de lesão ao interesse transindividual; transação[178];

2) falta de um dos elementos da ação (parte, pedido ou causa de pedir); falta de comprovação do fato em si; ausência de fundamento jurídico do pedido, ainda que existente o fato[179];

3) não identificação da lesão; desaparecimento do interesse de agir ou da possibilidade jurídica do pedido[180];

Em resumo, pode-se dizer que, de um modo geral, a falta de uma das condições da ação conduz ao encerramento das investigações, via arquivamento, sem que se viole, no particular, o princípio da obrigatoriedade[181]. Também a falta de algum dos pressupostos processuais.

---

tese que Carvalho Filho denomina não homologação, sustenta que a designação deva recair sobre o "... substituto automático do membro impedido..." (*O inquérito civil*, p. 245). O art. 11 da Resolução CNMP n. 23/07 estabelece, de forma ampla, que "não oficiará nos autos do inquérito civil, do procedimento preparatório ou da ação civil pública o órgão responsável pela promoção de arquivamento não homologada pelo Conselho Superior do Ministério Público ou pela Câmara de Coordenação e Revisão, ressalvada a hipótese do art. 10, § 4º, I, desta Resolução". Este último dispositivo estabelece que "Deixando o órgão de revisão competente de homologar a promoção de arquivamento, tomará uma das seguintes providências: (Redação dada pela Resolução n. 143, de 14 de junho de 2016): I – converterá o julgamento em diligência para a realização de atos imprescindíveis à sua decisão, especificando-os e remetendo os autos ao membro do Ministério Público que determinou seu arquivamento, e, no caso de recusa fundamentada, ao órgão competente para designar o membro que irá atuar".

178 VIGLIAR, José Marcelo Menezes. *Ação civil pública*, p. 103.
179 CARVALHO FILHO, José dos Santos. *Ação civil pública – comentários...*, p. 245-246.
180 MAZZILLI, Hugo Nigro. *O inquérito civil*, p. 222 e s.
181 "A obrigatoriedade de atuação deve ser bem compreendida. Não se admite que o Ministério Público, *identificando* uma hipótese em que a lei lhe imponha o dever de agir, mesmo assim se recuse a fazê-lo: neste sentido, sua ação é um dever. Todavia, se o Ministério Público não tem discricionariedade para agir ou deixar de agir quando *identifica* a hipótese de atuação, ao contrário, tem liberdade para apreciar *se ocorre hipótese* em que sua ação se torna obrigatória" (Mazzilli, *O inquérito civil*, p. 223).

Hipótese mais comumente invocada para fins de arquivamento, a *não identificação de lesão* ao interesse juridicamente tutelado (*v.g.*, ausência de indícios de qualquer irregularidade em procedimento licitatório; ausência de indícios de "superfaturamento" de obras públicas etc.) ou a *não identificação da autoria do fato* cuja existência se tenha logrado demonstrar no inquérito, afastam, por óbvio, o *interesse de agir* (necessidade e utilidade de invocação da prestação jurisdicional de modo a garantir o gozo do bem da vida). Em casos tais, inexistindo elementos mínimos sobre o fato e sua autoria, nenhum seria o interesse do autor na prestação jurisdicional. Faltaria a prova mínima necessária ao exercício do direito de ação.

Caberia indagar se razões de conveniência ou oportunidade – como, por exemplo, a pequena expressão do dano causado ao patrimônio público – podem ser validamente invocadas pelo *Parquet* de modo a inviabilizar o ajuizamento da ação civil pública, vocacionando-se, deste modo, ao arquivamento do inquérito.

Marino Pazzaglini Filho, Márcio Fernando Elias Rosa e Waldo Fazzio Júnior, defendendo a adoção do princípio da "obrigatoriedade mitigada" na ação civil pública, sustentam que: "... como a função jurisdicional não se deve prestar a lides inócuas e como o simples fato do processo é suscetível de germinar danos irreparáveis a pessoas e entes jurídicos, em nome de um pretenso interesse público, falar-se em obrigatoriedade irrestrita, além de se constituir em abstração refratária à realidade, só serve para um universo normativo cada vez mais utópico, único domínio onde ser e não ser não podem coexistir. Em resumo, nos casos de enriquecimento ilícito (art. 9º) e nos que traduzem gravosas lesões ao erário (art. 10), a sociedade impõe ao Ministério Público o dever de agir. *Nos casos de atos que, em tese, atentam contra os princípios da Administração, mas que não têm o potencial ofensivo daqueles outros, e ainda, nos casos de danos culposos de pequena monta, quase sempre envolvendo humildes serviçais da máquina administrativa, nada obsta a que o órgão ministerial de execução verifique da conveniência e da oportunidade de se promover a ação civil pública* calcada na Lei Federal n. 8.429/92, sempre, é claro, sob controle do órgão ministerial revisor (Conselho Superior do Ministério Público)"[182].

Concessa maxima venia, não se pode perder de vista que, muito embora, *de lege lata*, as sanções previstas no art. 12, III, da Lei n. 8.429/92 sejam menos graves, é certo que a violação a um princípio, sobretudo se se tratar de um princípio constitucional, é "... muito mais grave que transgredir uma norma. A desatenção ao princípio implica ofensa não apenas a um específico mandamento obrigatório, mas a todo o sistema de comandos. É a mais grave forma de ilegalidade ou inconstitucionalidade, conforme o escalão do princípio atingido, porque representa insurgência contra todo o sistema, subversão de seus valores fundamentais, contumélia irremissível a seu arcabouço lógico e correção de sua estrutura mestra. Isto porque, com ofendê-lo, abatem-se as vigas que o sustêm, e alui-se toda a estrutura neles esforçada"[183].

---

182 Ob. cit., p. 199; os grifos não são do original.
183 MELLO, Celso Antônio Bandeira de. *Elementos de direito administrativo*. São Paulo: Revista dos Tribunais, 1980, p. 230, *apud* ROCHA, Cármen Lúcia Antunes. *O princípio constitucional da igualdade*, p. 23.

Para danos de pequena monta, provenientes de ação ou omissão, de dolo ou de culpa, o máximo que se pode admitir, adotando-se o *princípio da proporcionalidade*, é o excepcional afastamento da regra geral de aplicação cumulativa das sanções previstas no art. 12 da Lei de Improbidade, concedendo-se possa o magistrado amoldá-las à dimensão da conduta e do dano causado pelo agente.

De outro lado, pensamos que a atuação tanto do Poder Judiciário quanto do Ministério Público, cujos integrantes não são investidos por intermédio do sufrágio popular, tanto mais se legitimará quanto mais próxima estiver dos critérios de legalidade, parecendo-nos indesejável a atribuição, à falta de critérios limpidamente concebidos pelo legislador, de um campo de atuação puramente discricionário a tais agentes.

Ainda sob a mesma perspectiva, cabe referir que o art. 17, § 1º, da Lei n. 8.429/92 vedou a possibilidade de transação, acordo ou conciliação no campo da improbidade, o que, induvidosamente, reforça o princípio da obrigatoriedade na medida em que se veda ao *Parquet* e aos demais legitimados qualquer possibilidade de disposição quanto ao direito material.

Na hipótese de celebração de termo de ajustamento de conduta – e não de transação, como costumeiramente se afirma – faltará igualmente interesse de agir, uma vez que a composição do dano através da via pré-processual demonstra a desnecessidade de deflagração da jurisdição[184]. No campo da improbidade, não obstante, como já ressaltado, "a transação, acordo ou conciliação" foram expressamente vedados pelo legislador (art. 17, § 1º, da Lei n. 8.429/92), o que inviabiliza o arquivamento do inquérito exclusivamente por tal motivo.

Ressalte-se, como último exemplo, que verificada a existência de ação em curso sobre o mesmo fato (litispendência) ou que a hipótese já foi definitivamente apreciada pelo Poder Judiciário (coisa julgada), também o arquivamento será o caminho natural do inquérito civil, não sendo demais lembrar que a inexistência de litispendência ou de coisa julgada é matéria que a doutrina, de um modo geral, analisa no âmbito dos pressupostos processuais[185]. O Conselho Superior do Ministério Público de São Paulo, por intermédio do Enunciado n. 1 de sua súmula de decisões, tratou de interessante hipótese de coisa julgada:

> *Se os mesmos fatos investigados no inquérito civil foram objeto de ação popular julgada improcedente pelo mérito e não por falta de provas, o caso é de arquivamento do procedimento instaurado. Fundamento: Cotejando uma ação popular e uma ação civil pública, pode haver o mesmo pedido e a mesma causa de pedir (p. ex., na defesa do meio ambiente ou do patrimônio público, cf. LAP e LACP, e art. 5º, LXXIII, da CR). Numa e noutra, tanto o cidadão como o Mi-*

---

184 Súmula n. 4 do Conselho Superior do Ministério Público do Estado de São Paulo: Tendo havido compromisso de ajustamento que atenda integralmente à defesa dos interesses difusos objetivados no inquérito civil, é caso de homologação do arquivamento do inquérito.

185 Cf. ALVIM, Arruda. *Manual de direito processual civil*, p. 286.

nistério Público agem por legitimação extraordinária, de forma que, em tese, é possível que a decisão de uma ação popular seja óbice à propositura de uma ação civil pública (coisa julgada), o que pode ocorrer tanto se a ação popular for julgada procedente, como também se for julgada improcedente pelo mérito, e não por falta de provas (art. 18 da Lei n. 4.717/65 e 16 da Lei n. 7.347/85; Protocolado n. 32.600/93)[186].

Cabem apenas duas observações: 1) na hipótese de procedência do pedido formulado em ação popular, haverá ainda a possibilidade de ajuizamento da ação coletiva de improbidade, pelo Ministério Público ou pelos demais legitimados, tendo-se em conta que as sanções previstas no art. 12 da Lei n. 8.429/92 não podem ser aplicadas através de ação popular; 2) se ainda em curso ação popular sobre fatos caracterizadores de improbidade, igualmente haverá interesse no ajuizamento da ação coletiva em busca da aplicação das sanções previstas no referido art. 12. Ocorrerá, aqui, mera continência entre a ação popular e a ação coletiva, causa que leva à reunião de processos (art. 56 do CPC/2015)[187].

10.2. Trancamento

Conforme acima ressaltado, é o arquivamento o meio normal de encerramento das investigações no inquérito civil. Por seu intermédio comete-se a um dos órgãos da Administração Superior do Ministério Público a última palavra sobre a conveniência do estancamento dos atos preparatórios, velando-se, em resumo, pela observância do princípio da obrigatoriedade, razão de ser de toda a disciplina concebida pelo legislador no art. 9º da Lei n. 7.347/85.

Não obstante, como procedimento administrativo que é, soa evidente a possibilidade de controle de legalidade dos atos praticados no inquérito civil, que, assim, não pode ser concebido como algo estranho ao comando contido no art. 5º, XXXV, da Constituição Federal (*A lei não excluirá da apreciação do Poder Judiciário lesão ou ameaça a direito*). De fato, "o controle judicial constitui, juntamente com o princípio da legalidade, um dos fundamentos em que repousa o Estado de Direito. De nada adiantaria sujeitar-se a Administração Pública à lei se seus atos não pudessem ser controlados por um órgão dotado de garantias de imparcialidade que permitam apreciar e invalidar os atos ilícitos por ela praticados"[188].

Sem prejuízo, considerando-se que o arquivamento é o meio ordinário de encerramento das investigações, estando sua sistemática devidamente disciplinada pela Lei, e que, embora surtindo o mesmo efeito prático (o encerramento das investigações), o tran-

---

186 *Apud* MAZZILLI, *O inquérito civil*, p. 405.
187 Sobre o tema, que voltará a ser abordado no momento oportuno, merece referência, desde logo, o trabalho da Professora Ada Pellegrini Grinover intitulado "Uma nova modalidade de legitimação à ação popular. Possibilidade de conexão, continência e litispendência", in *Ação civil pública – Reminiscências e reflexões após dez anos de aplicação*, p. 23 e s.
188 PIETRO, Maria Sylvia Zanella di. *Direito administrativo*, p. 502.

camento do inquérito, *via mandado de segurança*, acaba, no mais das vezes, por subtrair do *Parquet* a possibilidade de legitimamente formar a sua *opinio* sobre o fato, deve-se conceber tal possibilidade como algo excepcional, destinando-a a hipóteses de manifesta ilegalidade e arbitrariedade. Noutro giro: por resultar de determinação unilateral do Poder Judiciário, que, para tanto, prescinde, evidentemente, da aquiescência do Promotor Natural ou mesmo do Conselho Superior do Ministério Público, deve o trancamento voltar-se a hipóteses teratológicas, de modo a que não se frustre, indevidamente, o escopo natural do inquérito, que é o de ser um mecanismo produtor de elementos de convicção, viabilizador do legítimo e responsável exercício do poder de demandar.

Em abono à tese, bastaria dizer que são o inquérito civil e a ação civil pública os instrumentos – não os únicos, mas certamente os mais eficazes – vocacionados pela própria Constituição Federal ao resguardo do *patrimônio público e social, do meio ambiente e de outros interesses difusos e coletivos* (art. 129, III). Instrumentos legítimos, portanto[189].

Diga-se desde logo, nessa perspectiva, que a só existência de suspeitas sobre a ocorrência, ou não, do ato de improbidade já será suficiente a amparar as investigações. Com efeito, se busca o inquérito justamente a coleta de meros *indícios* de autoria e da própria existência do atuar ímprobo, não há que se falar em seu prematuro trancamento por falta de "justa causa", por ausência de elementos mínimos. Aplica-se aqui, *modus in rebus*, a sólida jurisprudência dos tribunais pátrios, inclusive dos Superiores, formada em torno da análoga questão do "trancamento do inquérito policial"[190].

---

189 "Processual civil. Ministério Público. Ação civil pública. Dano ao erário. Legitimação ativa reconhecida. 1. Ao Ministério Público é reconhecida legitimação ativa para, por via de ação civil pública, proteger os danos cometidos contra o patrimônio público por meio de ações ilícitas dos agentes públicos. 2. Interpretação do art. 1º, IV, da Lei 7.347/85, em combinação com o art. 25, IV, *b*, da Lei n. 8.625/93. 3. A ação civil pública tem por objeto, também, a proteção do patrimônio público. 4. Uma das funções específicas do Ministério Público é a de promover inquérito civil e ação civil pública para a proteção do patrimônio público (art. 129, III, da CF/88). 5. Há de se fazer com que produza eficácia a amplitude do campo de atuação do Ministério Público, conforme pretende a Carta Magna. 6. Não se concebe haver limitação imposta pelo art. 1º da Lei 7.347/85, não só por força do contido na Lei 8.625/93, mas também, por não exaustiva a fixação da legitimidade regulada pelo referido dispositivo para a propositura da ação. 7. Recurso especial provido" (STJ, REsp n. 166.848-MG, 1ª T., rel. Min. José Delgado, j. 12/5/1998, *DJ* de 3/8/1998, p. 133).

190 Ressaltando a excepcionalidade do trancamento de inquérito civil instaurado para a apuração de ato de improbidade administrativa, confira-se o decidido pelo STJ no RMS n. 30510/RJ, rel. Min. Eliana Calmon, 2ª T., j. em 17/12/2009, *DJ* de 10/2/2010. No âmbito do inquérito policial: "*Habeas corpus* – Inquérito policial – Suspeita de crime: É iterativa a jurisprudência do STF no sentido da impossibilidade do trancamento do inquérito policial por meio de *habeas corpus* quando há suspeita de crime, a autorizar as investigações policiais. Recuso de *habeas corpus* improvido" (STF, RHC, rel. Min. Rafael Mayer, j. 25/11/1983, *RT* n. 590/450); "Trancamento de inquérito policial – Prática, em tese, de ilícito penal – Indícios de autoria existentes. 'Somente se admite o trancamento de inquérito policial por via de *habeas corpus* em casos excepcionais, quando a falta de justa causa emerge desde logo evidente'" (STJ, RHC n. 6.760, rel. Min. José Arnaldo, j. 5/2/1998, *DJU* de 16/3/1998, p. 189); "Não se tranca inquérito policial quando, certa a materialidade, há fortes suspeitas de envolvimento do acusado; o inquérito é peça informativa imprescindível para se conhecer a verdade" (STJ, RHC n. 5.657, rel. Min. Edson Vidigal, *DJU* de 4/11/1996, p. 42489); "O trancamento de inquérito tem

Do até aqui exposto, percebe-se que tanto o arquivamento quanto o trancamento do inquérito civil produzirão o mesmo resultado prático, voltados que estão, ambos, ao encerramento das investigações levadas a efeito no inquérito civil. A distingui-los tem-se alguns aspectos de relevo, a saber:

a) as razões que levam ao arquivamento ou ao trancamento do inquérito são absolutamente diversas, servindo o primeiro como um eficiente *instrumento de controle da observância ao princípio da obrigatoriedade* e o trancamento, por seu turno, como *instrumento aferidor da legalidade dos atos investigatórios*. Tal distinção deve ser encarecida a fim de que se evitem graves erros metodológicos, como, por exemplo, o de considerar invasiva da atribuição do Conselho Superior do Ministério Público a atuação do Poder Judiciário no momento em que determina, via mandado de segurança, o encerramento do inquérito civil. Ou, o que é pior, o de prever recursos administrativos ao Conselho Superior do Ministério Público com vistas ao controle de legalidade da instauração do procedimento prévio, o que, além de afrontar o Princípio do Promotor Natural, constitucionalmente consagrado, acaba por interferir em área de atuação exclusiva do Poder Judiciário[191];

b) o arquivamento do inquérito civil encerra pronunciamento de natureza administrativa, tanto do ponto de vista material quanto do ponto de vista formal. A atribuição para arquivar é exclusiva do Ministério Público. No trancamento através da impetração de mandado de segurança, diferentemente, tem-se o encerramento das investigações por força de um comando jurisdicional que produz os efeitos da coisa julgada, o que indica a sua excepcionalidade a fim de que se não se aborte, abruptamente, a possibilidade de o *Parquet*, titular do direito de ação, formar a sua *opinio*.

Como já adiantado, patentes ilegalidades dão ensejo à utilização do mandado de segurança:"... o trancamento judicial do inquérito civil pelo Poder Judiciário só ocorrerá em

---

vez quando a um simples exame verifica-se tratar-se de abuso intolerável o procedimento, que o *writ* não pode obstaculizar e nem impedir que tenha o seu curso, sob pena de impedir que a polícia e o Ministério Público atuem, legitimamente, no exercício de suas funções" (HC n. 2.701, 5ª T., rel. Min. Jesus Costa Lima, *DJU* de 5/9/1994, p. 23113); "Não se revelando, de plano, falta de justa causa para os procedimentos investigatórios, não há como inibir a atuação dos órgãos de polícia judiciária e do Ministério Público" (RHC n. 7.511/SP, 5ª T., rel. Min. José Arnaldo da Fonseca, *DJU* de 29/6/1998, p. 236); "O inquérito policial, salvo os casos aberrantes, é procedimento investigatório legítimo, cujo desenvolvimento e desfecho não devem ser obstados pelo *habeas corpus*, para que não se incorra no risco de coarctar as atividades próprias da Polícia Judiciária e do Ministério Público" (TACRIM-SP, HC n. 233.448, rel. Juiz Gonzaga Franceschini, *RT* 696/350).

191 No Estado de São Paulo, o art. 108 da Lei Complementar n. 734/93 prevê um recurso administrativo, com efeito suspensivo, contra a instauração do inquérito civil, o que, na visão de Mazzilli, com a qual concordamos, além de representar invasão da competência privativa da União para legislar sobre direito processual (art. 22, I, CF), representa afronta ao Princípio do Promotor Natural, "... transformando os membros do Ministério Público em funcionários comuns e hierarquizados, em derrogação do princípio constitucional de independência funcional" (*O inquérito civil*, p. 277).

hipóteses restritas, e, nessa linha, podemos imaginar casos de ilegalidade, desvio de finalidade ou de poder ou falta de atribuições, quando será possível impetrar-se o mandado de segurança contra a instauração do inquérito civil"[192]. De modo a tornar mais palpável a identificação de hipóteses de trancamento, poderíamos fornecer os seguintes exemplos: a) quando houver *prova cabal* de que o fato inexistiu (ex.: instaura-se inquérito para apurar suposta cessão irregular de determinada área pública, verificando-se, posteriormente, que o bem nunca saiu da esfera de domínio do Estado); b) quando houver *prova cabal* de que o investigado não praticou o fato, não concorrendo de modo algum para a sua ocorrência (ex.: aponta-se a irregularidade de diversas licitações e contratos em período anterior à sua gestão administrativa); c) ocorrência inquestionável de prescrição (art. 23 da Lei n. 8.429/92), já se tendo verificado o ressarcimento integral do dano; d) falta de atribuição do órgão ministerial que instaura e preside o inquérito civil (ex.: inquérito instaurado pelo *Parquet* Estadual em hipótese de patente interesse da União Federal). Nestes casos, somente a demonstração irrefutável de tais aspectos permitirá o trancamento do inquérito e isso, evidentemente, na hipótese de as investigações, por absurdo, continuarem a ser promovidas pelo Ministério Público.

Qual a competência para o julgamento do mandado de segurança em tais casos?

Sabe-se que "a competência para julgar mandado de segurança se define pela categoria da autoridade coatora e pela sua sede funcional"[193]. Tem-se, assim, que em se cuidando de inquérito civil instaurado por Promotor de Justiça, mesmo à falta de regras expressas na Constituição Federal e nas Constituições dos Estados, a competência para julgamento do *writ* será do Tribunal de Justiça do Estado de atuação do referido agente político. Não se pode perder de vista que, ao apreciar o *mandamus*, reconhecendo a ocorrência de ilegalidade ou de abuso de poder, pode o órgão julgador deparar-se com a prática, em tese, de conduta criminosa pelo Promotor de Justiça, o que recomenda seja a questão, mesmo que apenas incidentalmente, apreciada pelo órgão jurisdicional competente para "julgar os membros do Ministério Público nos crimes comuns e de responsabilidade" (art. 96, III, da CF), como se dá na seara do *habeas corpus*[194] (*ubi eadem ratio, ibi eadem legis dispositio*)[195].

---

192 MAZZILLI, *O inquérito civil*, p. 283.
193 MEIRELLES, Hely Lopes. *Mandado de segurança, ação popular, ação civil pública, mandado de injunção e "habeas data"*, p. 44.
194 STF, 2ª T., RE n. 141.211-SP, rel. Min. Néri da Silveira, j. 26/5/1992, *RTJ* 144, p. 340 e s.; RE n. 418852/DF, rel. Min. Carlos Brito, j. 6/12/2005, *Inf. STF* n. 412, em que se decidiu ser da competência do TRF da 1ª Região, e não do TJDF, a competência para o julgamento de *habeas corpus* impetrado contra ato de membro do MPDFT. Na doutrina, confira-se, mais recentemente, a opinião, no mesmo sentido, de Renato Franco de Almeida (A competência constitucional do TJ para julgamento de mandado de segurança contra ato de promotor de justiça).
195 Em sentido contrário: STJ, CComp n. 14.396-DF, 2ª Seção, rel. Min. César Asfor Rocha, j. 24/4/1996, *DJU* de 24/6/1996, p. 22699, entendendo que a competência é do juízo de primeiro grau.

Quando a autoridade coatora for o Procurador-Geral de Justiça[196] a competência para o julgamento do mandado de segurança, por simetria, será do Tribunal de Justiça[197].

Por último, deve-se ressaltar que é o mandado de segurança o instrumento adequado a alcançar o encerramento das investigações (trancamento) nas hipóteses de evidente ilegalidade ou abuso de poder, não se podendo cogitar, neste particular, da utilização do *habeas corpus* por não representar a só instauração do inquérito civil qualquer risco efetivo ao direito de liberdade ambulatória[198].

11. CONTROLE DE LEGALIDADE DOS ATOS PRATICADOS NO INQUÉRITO CIVIL

Em algumas hipóteses, embora legítima a instauração do inquérito, pode-se verificar alguma *ilegalidade ou abuso de poder em sua condução*.

Em tal ocorrendo, desde que não haja risco concreto ao direito de locomoção – hipótese que desafia o uso do *habeas corpus*[199] – viável será a utilização do mandado de segurança, não como o escopo de pôr fim às investigações, mas, única e exclusivamente, com o de afastar, pontualmente, o abuso perpetrado. Por exemplo: para aqueles que entendem que o sigilo bancário só pode ser afastado por ordem judicial[200], possíveis requisições do Ministério Público possibilitam a impetração do *writ* constitucional; *idem*, quando recusado ao advogado o acesso aos elementos do inquérito civil[201]; da mesma forma,

---

196 Não se deve descurar que, de acordo com o art. 29, VIII, da Lei n. 8.625/93, a atribuição para a instauração do inquérito civil e o ajuizamento da ação civil pública em detrimento do Governador do Estado, do Presidente da Assembleia Legislativa e do Presidente do Tribunal de Justiça é do Procurador-Geral de Justiça.

197 MAZZILLI, *O inquérito civil*, p. 285. Na Constituição do Estado de São Paulo, art. 74, I e III. Na Constituição do Estado do Rio de Janeiro, art. 161, IV, *e*, 6.

198 "O Ministério Público, como órgão de defesa dos interesses individuais e sociais indisponíveis (CF, art. 127), tem competência para instaurar inquérito civil para investigar a prática de atos abusivos, suscetíveis de causar lesão a tais interesses coletivos. A instauração de tal procedimento não provoca qualquer constrangimento ilegal ao direito de locomoção, revelando-se, por isso, impróprio o uso do *habeas-corpus* para coibir eventuais irregularidades a ele atribuídos" (STJ, 6ª T., RHC n. 5.873-PR, rel. Min. Vicente Leal, *DJU* de 19/12/1997, p. 67532). No mesmo sentido: HC n. 2.006/AL, 6ª T., rel. Min. Pedro Acioli, j. 16/11/1993, *LexSTJ n*. 58/308; RHC n. 5.628- MG, 6ª T., rel. Min. Vicente Leal, j. 10/9/1996, *DJU* de 21/10/1996, p. 40274; RHC n. 10.652/SP, 5ª T., rel. Min. José Arnaldo da Fonseca, *DJU* de 5/3/2001; HC n. 8.491, 5ª T., rel. Min. Felix Fischer, *DJU* de 14/8/2000. Há, também, vários acórdãos do STF (*v.g.*, HC n. 80.112-PR, rel. Min. Sydney Sanches, *Informativo STF n*. 196), dentre os quais merece destaque aquele relativo ao *impeachment* do ex-presidente Fernando Collor (HC n. 69.926-0-DF, *DJU* de 25/11/1992, p. 22073), ocasião em que se entendeu pela inadequação do *habeas corpus* porque o seu afastamento do cargo de Presidente da República, determinado pelo Senado, não representou dano, ou mesmo risco, ao direito de liberdade de locomoção. Confira-se também, mais recentemente, o decidido no HC n. 90378/RJ, rel. Min. Marco Aurélio, 1ª T., j. em 13/10/2009, *DJ* de 6/11/2009.

199 Por exemplo, uma condução coercitiva que se afaste dos parâmetros legais.

200 Sobre o tema, ver tópico específico, acima.

201 O assunto foi tratado em tópico específico, acima, onde cogitamos da excepcional oposição de sigilo mesmo ao advogado.

quando o Promotor de Justiça requisita informações ou notifica diretamente, sem a intervenção do Procurador-Geral de Justiça, o Governador do Estado, os membros do Poder Legislativo e os desembargadores (art. 26, § 1º, da Lei n. 8.625/93).

12. DESARQUIVAMENTO[202]

Sendo o arquivamento do inquérito civil ato meramente administrativo, tanto do ponto de vista material quanto do ponto de vista formal, evidentemente não há que se falar em coisa julgada, atributo da jurisdição[203]. O arquivamento, com efeito, não é definitivo.

Por outro lado, como acima ressaltado, em razão do disposto nos arts. 129, § 1º, da Constituição Federal, e 5º da Lei da Ação Civil Pública, a homologação do arquivamento do inquérito pelo Conselho Superior ou pela Câmara de Coordenação e Revisão do Ministério Público não impede que os demais legitimados deflagrem a jurisdição, pois a legitimação para a ação coletiva é "disjuntiva e concorrente".

Não havendo coisa julgada, está fora de dúvida a possibilidade de *desarquivamento* do inquérito civil diante do surgimento de prova nova (novos documentos, novos testemunhos, nova perícia)[204]. Neste sentido, a lição de Nelson Nery Junior e Rosa Maria de Andrade Nery: "A decisão administrativa do MP (pelo CSMP) arquivando o IC não faz coisa julgada, podendo ser reaberto se existirem novas provas"[205]. Evidentemente, a novidade deverá revestir-se de caráter substancial, habilitando-se a alterar, em essência, o quadro instrutório que levou ao encerramento das investigações. Não basta, assim, a mera novidade do ponto de vista formal (*v.g.*: uma testemunha não ouvida no inquérito civil que nada possa acrescer), incapaz de alterar *a compreensão* dos elementos colhidos na inquisa.

Evidentemente, quando se fala em *desarquivamento* do inquérito civil, o que se está a aludir é à possibilidade, ou não, de retomada das investigações com vistas ao ajuizamento da ação coletiva (desarquivamento em sentido jurídico). Não se está a tratar, assim, do desarquivamento como ato meramente material, consistente em "retirar os autos do arquivo", setor e local administrativos do Ministério Público. Perdoe-nos o inteligente e ocupado leitor a observação, que, conquanto óbvia, não é destituída de valor.

---

202 O tema é tratado, de forma bastante precária, pelo art. 12 da Resolução CNMP n. 23/07.

203 Sobre a coisa julgada como atributo da jurisdição, confira-se, por todos, a lição de Eduardo Couture (*Fundamentos del derecho procesal civil*, p. 36).

204 Sobre o desarquivamento do inquérito policial, é indispensável a leitura de Afrânio Silva Jardim (Arquivamento e desarquivamento do inquérito policial in *Direito processual penal*, p. 171 e s.). Para o referido autor, será suficiente a mera *notícia* de prova nova para o desarquivamento da inquisa, restando ao juiz, por ocasião do recebimento, ou não, da denúncia avaliar *a concreta superveniência de prova nova*. A lição, segundo pensamos, é, *mutatis mutandis*, inteiramente aplicável ao desarquivamento do inquérito civil. O art. 12 da Resolução CNMP n. 23/07 alude à possibilidade de desarquivamento "diante de novas provas ou para investigar fato novo relevante".

205 *Código de Processo Civil comentado*, p. 1147.

Sobre a possibilidade de desarquivamento do inquérito civil *sem o surgimento de prova nova*, há grande controvérsia doutrinária.

Para Marino Pazzaglini Filho, Márcio Fernando Elias Rosa e Waldo Fazzio Júnior, só o surgimento de prova nova tornará possível a retomada das investigações. Em abono de sua tese, invocam o *princípio da unidade e indivisibilidade de atuação funcional do Ministério Público e o da segurança jurídica,* sustentando a impossibilidade de desarquivamento da inquisa por outro órgão do *Parquet*. Na mesma linha, consideram aplicável à solução do problema a disciplina contida no art. 18 do CPP[206], que exige a superveniência de prova nova, afirmando que o desarquivamento sem tal elemento"... significa também desconsideração e afronta à deliberação homologatória do Conselho Superior, como se outro Promotor de Justiça que não o autor do arquivamento pudesse desconstituir aquela deliberação, invocando, absurdamente, o livre convencimento"[207].

Em sentido oposto, alinha-se o Professor Hugo Nigro Mazzilli, arrolando os seguintes argumentos:

"a) a Lei n. 7.347/85 não restringe as hipóteses de reabertura das investigações, ao contrário do CPP, que exige prova nova. As situações criadas pelo inquérito policial e pelo inquérito civil são bem diversas, deste último não resultando qualquer 'efeito gravoso às garantias fundamentais do indivíduo, especialmente no tocante ao seu *status libertatis*'[208];

b) a única hipótese em que a lei federal exige novas provas é para a renovação de ação civil pública já julgada improcedente por falta de provas (art. 16 da Lei n. 7.347/85), não para o desarquivamento do inquérito civil;

c) o arquivamento do inquérito não cria direitos nem uma situação jurídica que deva ser mantida, não fazendo coisa julgada;

d) se os demais legitimados não se vinculam à decisão de arquivamento, podendo propor a ação coletiva, independentemente de qualquer elemento novo, porque o *Parquet* estaria impedido de desarquivar o inquérito mesmo sem prova nova?

e) pode a administração rever espontaneamente seus atos, quando eivados de vícios e ilegalidade, ou revogá-los por motivos de conveniência e oportunidade (Súmula n. 473 do STF);

f) possíveis regras restritivas contidas na legislação estadual (v.g. art. 111 da Lei Complementar paulista n. 734/93) se afastam do modelo federal, desbordando de seu objeto (disciplina das atribuições e estatuto do Ministério Público)".

---

206 "Art. 18. Depois de ordenado o arquivamento do inquérito pela autoridade judiciária, por falta de base para a denúncia, a autoridade policial poderá proceder a novas pesquisas, se de outras provas tiver notícia."

207 *Improbidade administrativa*, p. 170.

208 O argumento, como se pode perceber, não se aplica, *data venia*, ao inquérito civil instaurado para a apuração de atos de improbidade, considerando-se a gravidade das sanções previstas no art. 12 da Lei n. 8.429/92, que prevê, dentre outras, a perda do cargo ou função pública e a suspensão dos direitos políticos do agente.

Admite o referido jurista, assim, o desarquivamento do inquérito em razão de "mera mudança de entendimento" do próprio membro do Ministério Público que tenha promovido o arquivamento, fruto de "novos estudos doutrinários" ou de reapreciação dos elementos de convicção. Também quando houver mudança de orientação por parte do próprio Conselho Superior[209].

De nossa parte, numa tentativa de sistematizar o estudo do tema, discordando da possibilidade de desarquivamento em razão de "mera mudança de entendimento", conclusão a que chega Mazzilli, entendemos possível o desarquivamento do inquérito civil, *com ou sem prova nova*, em todas aquelas hipóteses nas quais o sistema jurídico admite, *mutatis mutandis*, o manejo da ação rescisória (art. 966 do CPC/2015). Com efeito, se, em situações excepcionais, permite-se a desconstituição da própria coisa julgada, instituto com assento constitucional (art. 5º, XXXVI, da CF), porque não, em casos análogos, o desarquivamento do inquérito civil, mero procedimento administrativo, a cujo respeito não há que se falar em preclusão ou coisa julgada?

Assim, *fundado na superveniência de prova nova*, teríamos o desarquivamento do inquérito civil nos seguintes casos:

a) *arquivamento baseado em prova cuja falsidade tenha sido posteriormente apurada*. Aqui se deve verificar a existência de um "nexo de causalidade" entre a decisão que arquivou e a prova falsa (falsidade material ou ideológica), concluindo-se que o elemento corrompido levou, indevidamente, *por si só*, ao encerramento das investigações. O desarquivamento será possível independentemente da existência de qualquer decisão judicial no sentido da falsidade da prova;

b) *arquivamento fundado em termo de ajustamento viciado, circunstância posteriormente provada*. Exemplo: verifica-se que o tomador do ajuste não tinha poderes para representar determinada pessoa jurídica. Não custa relembrar, no entanto, que no campo da improbidade a possibilidade de ajustamento de conduta é bastante restrita, o que será devidamente analisado mais à frente;

c) *superveniência de fato novo relevante, capaz de alterar o fundamento do arquivamento (prova nova em sentido estrito)*. Em tal hipótese, o fato deve ser substancialmente novo, pouco importando a sua novidade em sentido meramente formal (*v.g.*, um testemunho novo que, no entanto, não altera a compreensão da hipótese). O fato novo, capaz de levar ao desarquivamento, pode alterar, pura e simplesmente, a compreensão do objeto do inquérito civil ou mesmo ampliar-lhe o espectro, agregando outras circunstâncias ao fato originariamente investigado;

d) *dolo por parte do beneficiado pelo arquivamento*, o que se dá na verificação de impedimento ou criação de obstáculos à atuação investigatória do Ministério Público,

---

209 *O inquérito civil*, p. 261-268.

afastando-o da verdade. Tem-se, em casos tais, a violação dos deveres de lealdade e boa-fé por parte do investigado (arts. 5º e 77, I, do CPC/2015).

Tais hipóteses, na verdade, afinam-se à própria disciplina contida no art. 18 do CPP, consagrada no Enunciado n. 524 do STF[210], uma vez que sempre haverá, nelas, o surgimento de "elementos novos".

Independentemente de superveniência de prova nova, será possível o desarquivamento, quando o arquivamento do inquérito:

a) tiver sido fruto de prevaricação (art. 319, do CP), concussão (art. 316, idem) ou corrupção (art. 317, idem) dos membros do Ministério Público. Em sendo colegiada a decisão que decide pelo arquivamento do inquérito civil, bastará a prevaricação, concussão ou corrupção passiva de um dos membros do Conselho Superior[211]. Se se tratar de voto vencido, no entanto, a prevaricação, concussão ou corrupção não terão o condão de levar ao desarquivamento do inquérito[212], respondendo o membro do *Parquet* por seu ato nas esferas criminal e administrativa;

b) tiver sido provocado por Promotor impedido (arts. 144 e 147 do CPC/2015) ou quando da decisão colegiada tenha participado membro impedido do Conselho Superior;

c) tiver sido determinado por órgão ministerial sem atribuição;

d) tiver violado literal disposição de lei (material ou processual). A solução se aplica ao erro que deriva da equivocada ou imprecisa apreciação jurídica da hipótese – geralmente meros erros de subsunção do fato ao sistema – que, por qualquer motivo, não tenha sido detectado pelo Conselho. Por exemplo: argumenta-se que a omissão do agente público na arrecadação de determinado tributo é matéria estranha ao campo da improbidade, olvidando-se da clara regra prevista no art. 10, X, da Lei n. 8.429/92[213]. A nosso juízo, mesmo que a *quaestio* jurídica seja controverti-

---

210 Arquivado o inquérito policial, por despacho do juiz, a requerimento do Promotor de Justiça, não pode a ação penal ser iniciada, sem novas provas. O STF vem ressalvando a definitividade da decisão judicial que determina o arquivamento do inquérito policial nos casos de atipicidade da conduta (HC 84.156, Rel. Min. Celso de Melo, 2ª T., j. 26/10/2004, DJU 11/2/2005.

211 MOREIRA, José Carlos Barbosa. *Comentários ao Código de Processo Civil*, p. 107.

212 Idem, ibidem.

213 Referindo-se ao desarquivamento do inquérito policial, afirma Afrânio Silva Jardim: "Se o arquivamento tiver se baseado em mera valoração jurídica dos fatos demonstrados no inquérito ou peças de informação, logicamente não tem cabimento se exigir notícia ou mesmo a demonstração de novas provas. Aqui o arquivamento não se deu por insuficiência do conjunto probatório, mas pela redução dos fatos provados a tipos jurídicos, na feliz expressão de Eduardo Couture. Assim, tendo havido simples erro de subsunção, à míngua de vedação legal ou existência de previsão de qualquer outro requisito, o desarquivamento se fará independentemente de qualquer outra causa que não o novo exame jurídico do resultado das investigações, tendo em vista o princípio da obrigatoriedade da ação penal pública" (Arquivamento e desarquivamento do inquérito policial, in *Direito processual penal*, p. 183-184).

da, o desarquivamento será viável, não se aplicando, neste passo, o Enunciado n. 343 da súmula de jurisprudência do STF[214];

e) for fundado em erro de fato (admissão de um fato inexistente; afirmação de inexistência de um fato efetivamente ocorrido), devendo-se demonstrar o "nexo de causalidade" entre a decisão de arquivamento e o erro de avaliação, isto é, que sem o equívoco a decisão teria sido diferente. O erro de fato que permite o desarquivamento do inquérito pode resultar da pura e simples não apreciação de uma circunstância (*v.g.*, ignora-se a existência de inspeção do Tribunal de Contas, com farta prova documental, apontando a ilegalidade do ato administrativo) ou mesmo de sua má apreciação (*v.g.*, a errônea invocação de prescrição, por mero equívoco na contagem do prazo, ou mesmo de coisa julgada, verificando-se, posteriormente, a diversidade entre os fatos investigado e julgado). São hipóteses de erro de avaliação que derivam de equívocos meramente materiais. Em casos tais, não há que se exigir o surgimento de prova nova, evidentemente, pois a prova sempre esteve nos autos, tendo sido avaliada de forma açodada, pouco cuidadosa, digamos assim;

f) quando houver violação à coisa julgada penal. Exemplo: o Ministério Público oferece denúncia em face de determinado agente pela prática do crime de corrupção passiva (art. 317 do CP), alcançando a sua condenação definitiva. Instaura-se inquérito civil a fim de possibilitar o ajuizamento de ação com vistas à aplicação das sanções de improbidade (art. 10, V, da Lei de Improbidade), arquivando-se tal inquérito, equivocadamente, ao argumento da inexistência do fato. Em caso tal, diante do princípio da prevalência da jurisdição penal sobre a civil[215], não há que se exigir prova nova para o desarquivamento;

g) for fundado em transação indevidamente celebrada pelo Ministério Público e o ímprobo, dispondo-se do interesse difuso, o que é vedado (art. 841 do CC[216] e art. 17, § 1º, da Lei n. 8.429/92 c.c. art. 966, V, e § 4º, do CPC/2015)[217].

Nas hipóteses *a, b* e *c*, deve o Conselho Superior do Ministério Público, por primeiro, anular a decisão homologatória do arquivamento, podendo resultar daí a retomada das investigações. Tal não ocorrerá, contudo, quando, por exemplo, verificar-se que, embora sem atribuição o órgão ministerial, foi o encerramento das investigações a solução mais acertada.

---

[214] Não cabe ação rescisória por ofensa a literal disposição de lei, quando a decisão rescindenda se tiver baseado em texto legal de interpretação controvertida nos tribunais. A não aplicação deste enunciado ao desarquivamento do inquérito civil é a solução que, a nosso juízo, melhor preserva o princípio da obrigatoriedade da ação civil pública, parecendo-nos que deve o Ministério Público, mesmo quando diante de questão juridicamente controvertida, deflagrar a jurisdição (*v.g.*: a não aplicação da verba mínima destinada ao ensino constitui improbidade administrativa?), aplicando-se a máxima *in dubio pro societate*.

[215] Art. 935 do atual Código Civil.

[216] Art. 1.035 do Código Civil anterior.

[217] Trataremos, mais à frente, da impossibilidade de transação quanto aos interesses indisponíveis e, mais especificamente, no caso de improbidade administrativa.

Quem tem atribuição para desarquivar o inquérito civil? Para Mazzilli, a atribuição é concorrente e disjuntiva, podendo o desarquivamento ser determinado pelo próprio Promotor de Justiça ou pelo Conselho Superior do *Parquet*[218].

Neste passo, *data venia*, preferimos adotar a solução preconizada por Pedro Roberto Decomain, para quem, em virtude da regra contida no art. 30 da Lei n. 8.625/93[219], a atribuição é do Conselho Superior, com exclusividade. Sem prejuízo, forçoso é convir que a solução legal adota um raciocínio de mera simetria ("quem arquivou deve desarquivar"), não sendo a melhor, na medida em que, *não representando o desarquivamento qualquer risco ao princípio da obrigatoriedade da atuação do Ministério Público*, melhor seria que o próprio Promotor de Justiça pudesse desarquivar o inquérito civil, não havendo sólida justificativa para a intervenção do Conselho Superior, que no inquérito civil – relembre-se – atua como fiscal do mencionado princípio da obrigatoriedade. No entanto, *legem habemus*.

Quem poderá provocar o desarquivamento? Considerando-se que o Conselho Superior do Ministério Público pode desarquivar o inquérito de ofício, qualquer pessoa, interessada juridicamente, ou não, na solução da hipótese, pode provocá-lo, conclusão a que se chega a partir da própria natureza difusa dos interesses em jogo.

Até quando será possível o desarquivamento? À falta de previsão legal, não há restrições temporais, salvo, por óbvio, se tiver ocorrido a prescrição (art. 23 da Lei n. 8.249/92)[220].

Por último, deve ficar claro que a retomada das investigações, via desarquivamento, depois de esgotadas todas as diligências imprescindíveis, pode levar à mesma conclusão quanto à inviabilidade de ajuizamento da ação civil coletiva. Neste caso, em razão do princípio da obrigatoriedade, que volta a incidir inteiramente, deve-se proceder ao "rearquivamento" do inquérito civil, na forma do art. 9º da Lei da Ação Civil Pública[221].

13. TERMO DE AJUSTAMENTO DE CONDUTA E RECOMENDAÇÕES NA SEARA DA IMPROBIDADE ADMINISTRATIVA

O art. 17, § 1º, da Lei 8.429/92[222] veda, expressamente, "a transação, acordo ou conciliação" nas ações de improbidade (momento processual). Evidentemente, vedados tam-

---

218 *O inquérito civil*, p. 268.
219 Art. 30. Cabe ao Conselho Superior do Ministério Público rever o arquivamento do inquérito civil, na forma da lei. O art. 12 da Resolução CNMP n. 23/07 nada esclarece a respeito.
220 Atente-se, não obstante, que, com relação à pretensão de ressarcimento do dano, não há que se falar em prescrição (art. 37, § 5º, CF). O art. 12 da Resolução CNMP n. 23/07, sem qualquer critério razoável, estabelece o prazo máximo de seis meses para o desarquivamento. Transcorrido tal prazo, indica referida regra a necessidade de instauração de novo inquérito civil, "sem prejuízo das provas já colhidas".
221 Nesse sentido, mais recentemente, o art. 12, parágrafo único, da Resolução CNMP n. 23/07.
222 "Art. 17. A ação principal, que terá o rito ordinário, será proposta pelo Ministério Público ou pela pessoa jurídica interessada, dentro de trinta dias da efetivação da medida cautelar. § 1º É vedada a transação, acordo ou conciliação nas ações de que trata o *caput*."

bém restarão tais negócios jurídicos no momento pré-processual, conclusão a que se deve chegar sob pena de esvaziamento da regra.

A bem de ver, considerando-se que a transação importa em "concessões mútuas"[223], nenhuma novidade representa a vedação em comento dada a indisponibilidade dos interesses difusos, a respeito dos quais por força do próprio art. 841 do Código Civil[224], não poderia mesmo haver qualquer tipo de transação. Quanto à vedação a "acordos ou conciliações", também nada de novo trouxe a Lei de Improbidade, pela mesma razão da indis-

---

223 Art. 840 do Código Civil. *É lícito aos interessados prevenirem, ou terminarem o litígio mediante concessões mútuas.* Para Caio Mário, a transação nada mais é que "... um acordo liberatório, com a finalidade de extinguir ou prevenir litígios, por via de concessões recíprocas das partes", ressaltando que a falta de reciprocidade de concessões importa em configurar o negócio como uma doação ou uma dação em pagamento, ou mesmo uma remissão de dívida, conforme o caso, mas nunca uma verdadeira transação (*Instituições de direito civil*, p. 220-221).

224 "Art. 841. Só quanto a direitos patrimoniais de caráter privado se permite a transação." A Medida Provisória n. 703, de 18 de dezembro de 2015, a pretexto de dispor sobre os acordos de leniência (Lei n. 12/846/2013), revogou o § 1º do 17 da Lei 8.429/92 (art. 2º, I). Contudo, ao afastar a vedação de celebração de acordos no campo da improbidade administrativa, referida medida provisória avançou sobre matéria processual, o que é vedado pelo art. 62, § 1º, I, *b*, da Constituição Federal ("§ 1º É vedada a edição de medidas provisórias sobre matéria: I - relativa a: (...) b) direito penal, processual penal e processual civil; (Incluído pela Emenda Constitucional n. 32, de 2001)". O mesmo vício de inconstitucionalidade se verifica relativamente à disciplina dos efeitos dos acordos de leniência sobre as ações de improbidade e demais ações cabíveis (Nova redação dada pela Medida Provisória n. 703/2015 ao art. 16, § 11 ["O acordo de leniência celebrado com a participação das respectivas Advocacias Públicas impede que os entes celebrantes ajuizem ou prossigam com as ações de que tratam o art. 19 desta Lei e o art. 17 da Lei n. 8.429, de 2 de junho de 1992, ou de ações de natureza civil"] e § 12 ["O acordo de leniência celebrado com a participação da Advocacia Pública e em conjunto com o Ministério Público impede o ajuizamento ou o prosseguimento da ação já ajuizada por qualquer dos legitimados às ações mencionadas no § 11"] da Lei n. 12.846/2013). Diga-se o mesmo sobre a disciplina da independência e comunicabilidade das esferas cível, administrativa e penal (Nova redação dada pela Medida Provisória n. 703/15 ao art. 18 ["Na esfera administrativa, a responsabilidade da pessoa jurídica não afasta a possibilidade de sua responsabilização na esfera judicial, exceto quando expressamente previsto na celebração de acordo de leniência, observado o disposto no § 11, no § 12 e no § 13 do art. 16"], 20, parágrafo único ["A proposta do acordo de leniência poderá ser feita mesmo após eventual ajuizamento das ações cabíveis"] e 30 ["Ressalvada a hipótese de acordo de leniência que expressamente as inclua, a aplicação das sanções previstas nesta Lei não afeta os processos de responsabilização e aplicação de penalidades decorrentes de: I – ato de improbidade administrativa nos termos da Lei n. 8.429, de 1992; II – atos ilícitos alcançados pela Lei n. 8.666, de 1993, ou por outras normas de licitações e contratos da administração pública, inclusive no que se refere ao Regime Diferenciado de Contratações Públicas – RDC, instituído pela Lei n. 12.462, de 2011; e III – infrações contra a ordem econômica nos termos da Lei n. 12.529, de 2011"] da Lei n. 12.846/2013). Ademais disso, se a expressão "direito penal", contida no art. 62, § 1º, I, *b*, da Constituição Federal, for compreendida, mais amplamente, também no sentido de "direito sancionatório", muito pouco se aproveitaria da referida Medida Provisória n. 703/2015, em especial os dispositivos relativos à aplicação e ao afastamento de sanções (arts. 16 e 17 da Lei n. 12.846/2013, com a redação dada pela MP n. 703/2015) e interrupção de prazos prescricionais (art. 25 da Lei n. 12.846/2013, com a redação dada pela MP n. 703/2015), matérias que só a lei em sentido formal pode disciplinar. De toda sorte, referida MP perdeu sua eficácia, na forma do art. 62, § 3º, da CF.

ponibilidade da tutela do patrimônio público[225]. Daí a necessidade de compreensão do art. 17, § 1º, para além de sua expressão literal, ou seja, no sentido de considerar como proibidos pelo legislador também os acordos na fase pré-processual dos procedimentos administrativos instaurados e presididos pelos colegitimados.

Cremos, no entanto, ser possível extrair-se da aludida regra algum resultado útil, parecendo-nos que o que a lei desejou foi vedar, de ordinário, a possibilidade de celebração de *termos de ajustamento de conduta* em matéria de improbidade e, também, a própria possibilidade de aplicação consensual das sanções previstas em seu art. 12.

De modo a evitar equívocos interpretativos, é necessário distinguir, desde logo, *transação* e *ajustamento de conduta*. A transação, negócio jurídico que importa em concessões recíprocas, como acima ressaltado, está absolutamente vedada pelo sistema em razão da indisponibilidade dos interesses difusos. Quanto a eles, os difusos, em razão de sua dimensão dispersa e sua enorme significação para a sociedade, não se pode conceber qualquer disposição pelos legitimados, chegando-se a tal resultado, conforme apontado por Fernando Grella Vieira, pelo próprio "descompasso entre a legitimidade e a titularidade dos interesses"[226].

Já o *ajustamento de conduta*, figura prevista inicialmente no Estatuto da Criança e do Adolescente (art. 211), e, atualmente, também no art. 5º, § 6º, da Lei da Ação Civil Pública[227], pode versar sobre interesses difusos uma vez que não importa, verdadeiramente, qualquer tipo de disposição quanto ao direito material. Como bem compreendido pelo Professor Paulo Cezar Pinheiro Carneiro, "o seu conteúdo representa o reconhecimento de uma obrigação legal a ser cumprida, passando o cumprimento da mesma a ser um dever jurídico daquele que propôs ajustar a sua conduta. Ela não se confunde com a transação que pressupõe concessões recíprocas, que não ocorrem no compromisso de ajustamento de conduta. Aliás, em tese, a transação somente seria cabível em sede de direitos coletivos e individuais homogêneos, uma vez individualizados todos os interessados, que obrigatoriamente deveriam aquiescer com as condições estabelecidas"[228].

---

225 Cuida-se de regra antiga, já prevista desde o Código Civil anterior (art. 1.525) e também no art. 447 do CPC/73 ("Art. 447. *Quando o litígio versar sobre direitos patrimoniais de caráter privado*, o juiz, de ofício, determinará o comparecimento das partes ao início da audiência de instrução e julgamento. Parágrafo único. Em causas relativas à família, terá lugar igualmente a conciliação, nos casos e para os fins em que a lei consente a transação" (grifos nossos). Não há que se falar em "mediação" nesses casos (art. 334, § 4º, II, do CPC/2015).

226 A transação na esfera da tutela dos interesses difusos e coletivos: compromisso de ajustamento de conduta, p. 225.

227 "Art. 5º ... § 6º Os órgãos públicos legitimados poderão tomar dos interessados compromisso de ajustamento de sua conduta às exigências legais, mediante cominações, que terá eficácia de título executivo extrajudicial." Referido dispositivo, como se sabe, foi inserido na Lei da Ação Civil Pública pelo art. 113 do Código de Defesa do Consumidor. Sobre a questão do "veto implícito" ao art. 113 do CDC, já superada doutrinariamente no sentido da plena aplicabilidade do ajustamento de conduta, merece consulta o precioso trabalho do Professor Hugo Nigro Mazzilli, *O inquérito civil*, obra várias vezes aqui referida.

228 *Acesso à justiça – Juizados Especiais Cíveis e ação civil pública...*, p. 119.

Muito embora a Lei da Ação Civil Pública só se refira ao ajustamento de conduta extrajudicial, nada impede a sua celebração durante a própria relação processual, quando em curso ação em defesa do interesse difuso. Na primeira hipótese (extrajudicial), do ajuste resulta a formação de título executivo extrajudicial (art. 784, XII, CPC/2015 c.c. art. 5º, § 6º, da Lei n. 7.347/85). Quando celebrado em juízo, a sua homologação importará verdadeira extinção do processo com julgamento do mérito (art. 487, III, *b*, do CPC/2015)[229].

Quando tomado no curso de inquérito civil pelo Ministério Público, é *condição de eficácia* do compromisso de ajustamento de conduta a sua homologação pelo Conselho Superior do Ministério Público, órgão que, pela sistemática legal, atua como fiscal do princípio da obrigatoriedade da atuação Institucional. Diferentemente, quando ajustado em juízo, desnecessária se torna a intervenção do Conselho Superior, uma vez que, importando a sua homologação pelo magistrado decisão que verdadeiramente extingue o processo com apreciação do mérito, não estará o Ministério Público dispondo de seu direito de ação, tornando-se desnecessária, deste modo, a intervenção do Conselho Superior[230].

Versando sobre obrigação de fazer ou de não fazer, não haverá qualquer óbice à execução da avença[231]. Ademais, tendo sido estabelecido algum tipo de multa no referido título ("cominações"), nada impede sua cobrança através de execução por quantia certa[232].

Quanto à legitimidade para a celebração do ajuste, fala a lei em "órgãos públicos legitimados" que, na visão de Mazzilli, são o Ministério Público, os Estados, o Distrito Federal, os Municípios e os órgãos públicos ainda que sem personalidade jurídica (ex.: Procon)[233]. Não se aludiu à legitimação das associações civis, o que levou o referido autor a excluí-las

---

229 "Pelas peculiaridades da defesa dos interesses metaindividuais, cremos possa o juiz recusar homologação do acordo surgido em ação civil pública ou coletiva. Embora seja muito delicada a situação do juiz que abandone a equidistância e a imparcialidade para examinar o mérito de uma transação, na verdade estamos lidando, não raro, com interesses de toda a coletividade; desta forma, por exceção, entendendo o juiz que a transação não atenda aos interesses da coletividade, deverá deixar de homologá-la" (MAZZILLI, Hugo Nigro. *O inquérito civil*, p. 316), o que se nos afigura correto, desde que, como ressaltado pelo próprio autor, em casos excepcionais.
230 Enunciado n. 25 do Conselho Superior do Ministério Público de São Paulo:"Não há intervenção do Conselho Superior do Ministério Público quando a transação for promovida pelo Promotor de Justiça no curso de ação civil pública ou coletiva".
231 Art. 814 do CPC/2015.
232 Nesse sentido, NERY JUNIOR, Nelson; NERY, Rosa Maria de Andrade. *Código de Processo Civil comentado*, p. 1.140; MAZZILLI, Hugo Nigro. *O inquérito civil*, p. 302. No CPC/2015, a execução por quantia certa está disciplinada nos arts. 824 e seguintes.
233 Atualmente, também a Defensoria Pública (Lei n. 11.448/2007). Fernando Grella Vieira defende a intervenção do Ministério Público, como condição de eficácia, quando o compromisso de ajustamento de conduta, *extrajudicial ou judicial*, for tomado pelos demais órgãos legitimados (ob. cit., p. 233 e s.), ponto de vista com o qual concordamos em razão das atribuições constitucionalmente entregues à Instituição (arts. 127 e 129, III, da CF). No mesmo sentido, Paulo Cezar Pinheiro Carneiro (A proteção dos direitos difusos através do compromisso de ajustamento de conduta previsto na lei que disciplina a ação civil pública – Lei n. 7.347/85 – artigo 5º, § 6º, p. 269-270).

do campo do ajustamento de conduta[234], conclusão correta *de lege lata*, mas que soa absurda, porquanto, quem pode o mais (ajuizar a ação) também deveria poder o menos (celebração do termo).

Celebrado o ajuste no momento pré-processual, desaparece o *interesse* na propositura da ação civil pública[235], o que somente poderá ocorrer na hipótese de alteração da situação fática vigente à época da celebração do termo (cláusula *rebus sic stantibus*) ou se for verificado que a avença não cuidou da reparação *integral* do dano, dada a indisponibilidade dos interesses difusos.

Visto o instituto em suas linhas gerais, retornando ao art. 17, § 1º, da Lei n. 8.429/92, tem-se a inafastável vedação a qualquer tipo de transação, acordo ou conciliação, vedação já contida nos próprios Código Civil e Código de Processo Civil. Como já referido, a nosso juízo, o que realmente o legislador desejou foi proibir a celebração de *termos de ajustamento de conduta*, em matéria de improbidade, de modo que se afastasse o ajuizamento da ação em busca da aplicação das sanções previstas no art. 12.

Não vedou o legislador, no entanto, que se acordasse quanto às condições, ao prazo e ao modo de reparação do dano causado ao erário ou mesmo quanto à perda da vantagem ilicitamente obtida pelo agente (arts. 9º e 18 da Lei n. 8.429/92), inclinando-se por tal solução a melhor orientação doutrinária[236]. Quanto a tais aspectos, como soa evidente, têm-se direitos meramente patrimoniais, disponíveis portanto, nada impedindo que o legitimado, via ajustamento de conduta, *sem abrir mão da reparação integral do dano – e da pretensão sancionatória –*, acorde quanto às condições de sua mera implementação.

Em resumo: o avençado entre o agente e o órgão legitimado quanto à reparação *integral* do dano (condições, prazo e modo) não impedirá o ajuizamento da ação civil para a aplicação das sanções de perda da função pública, suspensão dos direitos políticos, pagamento de multa e proibição de contratar com o Poder Público ou dele receber benefícios ou incentivos fiscais ou creditícios (art. 12 da Lei de Improbidade), devendo a celebração do ajuste, no entanto, ser considerada pelo magistrado por ocasião da dosimetria das referidas sanções civis, atuando a integral reparação do dano ou a reversão da vantagem ilicitamente obtida como verdadeira "circunstância atenuante" no campo da ação por improbidade administrativa.

Por outro lado, e como consequência inarredável, buscou a norma contida no art. 17, § 1º, proibir também a própria possibilidade de aplicação consensual das sanções previstas no art. 12 por intermédio do ajustamento de conduta, em razão da incidência, aqui, do

---

[234] MAZZILLI, Hugo Nigro. *O inquérito civil*, p. 300-302. Em sentido contrário, admitindo o ajuste pelas associações civis, VIEIRA, Fernando Grella. Ob. cit., p. 229-230.

[235] Nesse sentido, CARVALHO FILHO, José dos Santos. *Ação civil pública*, p. 191; VIEIRA, Fernando Grella. Ob. cit., p. 236-237. Contra, MAZZILLI, Hugo Nigro. *O inquérito civil*, p. 313-315.

[236] VIEIRA, Fernando Grella. Ob. cit., p. 233; MAZZILLI, Hugo Nigro. *O inquérito civil*, p. 320; FIGUEIREDO, Marcelo. *Probidade administrativa*, p. 93.

princípio *nulla poena sine judicio*. Quanto a esse aspecto, não se pode perder de vista que"... a punição do ato de improbidade, que compreende penas que vão desde a multa até a perda do cargo, mandato ou função, suspensão dos direitos políticos e proibição de contratar com o Poder Público etc., constitui atividade privativa da jurisdição e, por isso, somente por meio do processo judicial pode ser exercida"[237].

De todo o exposto, não é difícil concluir que o ajustamento de conduta no campo da improbidade, pelas limitações impostas pelo legislador, não traz resultados satisfatórios[238], sendo de pouco interesse prático para o agente a reparação do dano por ele causado, uma vez que, de qualquer modo, a ação com vistas à aplicação das graves sanções do art. 12 será, obrigatoriamente, proposta.

Cremos, no entanto, que mesmo no campo da improbidade é possível conferir ao ajustamento de conduta um papel mais útil e de maior operosidade, destinando-o não só à reparação do dano já causado ao patrimônio público (incidência retrospectiva) como também, e sobretudo, à prevenção do ato de improbidade (incidência para o futuro), considerada a *prevenção do ilícito* como um objeto especificamente tutelado e desejado pelo sistema jurídico.

De fato, a repetição de algumas condutas caracterizadoras de improbidade, em todos os níveis federativos e em todos os Poderes, leva a que se conclua, através da adoção de máximas de experiência, pela probabilidade de continuação da dilapidação do patrimônio público, pela reiteração de condutas violadoras, enfim, do princípio da probidade. Tal circunstância deve ser evitada, sendo certo que, dadas as peculiaridades dos interesses difusos, a busca de sua recomposição sempre se demonstrará insatisfatória em razão das naturais dificuldades decorrentes do próprio processo ("entulhamento" do Poder Judiciário, demora da prestação jurisdicional, dificuldade na realização de perícias etc.), interessando muito mais a prevenção de ocorrência do dano. Vejamos alguns exemplos: é prática lamentavelmente comum nas administrações públicas o "mascaramento" de *contratos de compra* em *contratos de prestação de serviços*, o que acaba por possibilitar a sua indevida prorrogação, pela administração, por até sessenta meses (art. 57, II, da Lei n. 8.666/93), frustrando-se o princípio da licitação pública, constitucionalmente consagrado (art. 37, XXI); é também co-

---

237 VIEIRA, Fernando Grella. Ob. cit., p. 233.

238 O Professor Paulo Cezar Pinheiro Carneiro demonstra, em pioneira pesquisa de campo realizada nos cursos de mestrado e doutorado da Universidade do Estado do Rio de Janeiro, que o termo de ajustamento de conduta, mesmo na defesa do meio ambiente e do consumidor, é raramente utilizado, apresentando resultados desalentadores. Para o referido autor, as causas que justificam tal situação são:"a) a falta de experiência e mesmo de conhecimento do que significa e como funciona o compromisso de ajustamento de conduta, em especial para o encaminhamento da negociação, e o estabelecimento das condições nos limites autorizados por lei; b) a falta de oportunidade na fase judicial, pois não se costuma realizar audiência de conciliação específica para tanto; c) o receio, mesmo das pessoas mais experientes, em celebrar tais compromissos pela responsabilidade que eles representam, em face dos direitos em jogo, sendo mais confortável promover a ação ou deixá-la prosseguir"(*Acesso à justiça*, p. 207).

mum a verificação, sobretudo em municípios do interior do País, de uma injustificável omissão na cobrança da dívida ativa do ente federado, muitas vezes por razões políticas, caracterizando tal conduta, como se sabe, ato de improbidade administrativa (art. 10, X, da Lei n. 8.429/92); quanto aos limites legais estabelecidos com as despesas de pessoal, também é muito comum verificar o seu descumprimento sobretudo em épocas próximas a pleitos eleitorais, não obstante seja tal conduta vedada pela legislação eleitoral e pela própria Lei de Responsabilidade Fiscal; por último, nos processos de privatização não raro se verifica a dilapidação do patrimônio público, fruto, muitas vezes, de uma equivocada orientação da administração, o que se verifica em todos os procedimentos, pretéritos e futuros.

Pois bem. Em casos tais, nada melhor, sobretudo durante os períodos de sucessão de mandato, por ocasião do início de uma nova administração, que o imediato ajustamento de conduta com vistas a que se evitem as ilegalidades verificadas, ao longo dos anos, em administrações pretéritas, prevenindo, inclusive, litígios futuros com o novel mandatário. Diante de tais circunstâncias, não devem os legitimados, sobretudo o Ministério Público, ante a alta probabilidade de reiteração das condutas, "cruzar os braços" e aguardar a ocorrência do dano, uma vez que "... a proteção dos direitos difusos, via de regra, deve dar-se de forma preventiva, sob pena de tê-la, na prática, como inócua"[239].

O ajustamento de conduta, aqui, versará sobre obrigação de fazer ou de não fazer, com expressa cominação de sanção pecuniária[240], e será celebrado entre o legitimado (Ministério Público, União, Estados, Municípios e Distrito Federal) e o próprio agente público, que, assim, *pessoalmente*, assumirá o compromisso de evitar a dilapidação do patrimônio público, abstendo-se de agir em determinado sentido ou implementando medidas impeditivas de tal evento.

Descumprido o ajustado, disporá o tomador do compromisso de título executivo extrajudicial, que o habilita à utilização do processo de execução em face do agente público, na forma do art. 814 do CPC/2015.

A ideia aqui apresentada, a bem da verdade, nada traz de novo ao universo dos direitos transindividuais. Com efeito, o velho Código Florestal (Lei n. 4.771/65) já previa, em seu art. 6º, embrionariamente, a possibilidade de um "ajustamento de conduta", sob a forma de compromisso, de modo a prevenir a devastação de florestas não preservadas (Art. 6º O proprietário de floresta não preservada, nos termos desta lei, poderá gravá-la com perpetuidade, desde que verificada a existência de interesse público pela autoridade florestal. O vínculo constará de termo assinado perante a autoridade florestal e será averbado à margem da inscrição no Registro Público").

---

239 CARNEIRO, Paulo Cezar Pinheiro. *Acesso à justiça...*, p. 263.
240 Na verdade, a falta de cominação de pena de multa para o caso de descumprimento do ajuste nenhum prejuízo trará em razão da possibilidade de o juiz fixar, na própria execução de obrigação de fazer ou não fazer, *multa por dia de atraso no cumprimento da obrigação e a data a partir da qual será devida* (art. 814 do CPC/2015).

É certo que, em algumas hipóteses, a mera formulação de recomendações pelo *Parquet* ao agente público se mostrará capaz de prevenir o dano. Como não se ignora, a possibilidade de formulação de tais recomendações pelo Ministério Público foi prevista nas Leis Orgânicas da Instituição[241], visando a *melhoria dos serviços públicos e de relevância pública, bem como ao respeito, aos interesses, direitos e bens cuja defesa lhe cabe promover* (art. 6º, XX, da Lei Complementar n. 75/93), devendo o Ministério Público fixar prazo razoável para a adoção das providências cabíveis (*idem*). Devem as recomendações, nos termos da lei, ser adequada e imediatamente divulgadas pelo destinatário, que deverá responder ao Ministério Público por escrito (art. 27, IV, da Lei n. 8.625/93 e art. 6º, XX, da Lei Complementar n. 75/93).

Não obstante, como sabido, tais recomendações não gozam de coercibilidade, tendo um valor muito mais moral e político que, propriamente, jurídico. A conveniência de sua utilização, assim, ficará sujeita à análise discricionária do Ministério Público, que deverá avaliar se, concretamente, dadas as peculiaridades da hipótese, a recomendação será capaz, ou não, de atingir a finalidade desejada, que é a prevenção do dano.

De qualquer modo, embora destituídas, por si sós, de coercibilidade, é induvidoso que as recomendações, quando devidamente fundadas na lei, representam importante instrumento de definição prévia de responsabilidades no campo administrativo, servindo como verdadeiros atos de "constituição em mora" do administrador desidioso no trato da coisa pública. Com efeito, por seu intermédio o Ministério Público não só exorta o agente a um *facere* e/ou a um *non facere* jurídicos como também o adverte quanto à violação de seu dever de probidade, aqui compreendido em sua dimensão mais ampla (*v.g.*, violação aos princípios constitucionais da eficiência, moralidade etc.), abrindo campo, deste modo, a uma possível responsabilização por improbidade administrativa.

13.1. Atos de Improbidade Administrativa de "Menor Potencial Ofensivo"

Como já dito, a Lei n. 8.429/92 veda, em seu art. 17, § 1º, qualquer tipo de transação, acordo ou conciliação no campo da improbidade, do que também decorre a proibição de celebração de termos de ajustamento de conduta de modo a afastar a aplicação das sanções civis previstas em seu art. 12. A regra, como também visto, representa claro desdobramento do princípio da obrigatoriedade da ação civil pública, derivando, por outro lado, das peculiaridades do sistema de legitimação extraordinária, no qual o titular do direito de ação não pode dispor do direito material.

---

241 O Estatuto da Criança e do Adolescente, antes mesmo das Leis Orgânicas, já previa tal instrumento (Lei n. 8.069/90, art. 201, § 5º, *c*). O art. 15 da Resolução CNMP n. 23/07 alude à possibilidade de formulação de recomendações pelo Ministério Público "... visando à melhoria dos serviços públicos e de relevância pública, bem como aos demais interesses, direitos e bens cuja defesa lhe caiba promover". O parágrafo único ao art. 15 adverte, contudo, que "é vedada a expedição de recomendação como medida substitutiva ao compromisso de ajustamento de conduta ou à ação civil pública", advertência que deve ser interpretada de forma razoável, tendo em vista que se a recomendação, por si só, já se mostra eficaz, nada justifica a celebração de termo de ajuste ou o ajuizamento de ação civil pública.

Sem prejuízo, a partir de reflexões teóricas e, sobretudo, da experiência haurida do contato diário com a matéria, entendemos que, *de lege ferenda*, seria interessante e conveniente, de modo a facilitar a reparação do dano causado ao patrimônio público, a possibilidade de uma "transação" nas hipóteses que poderíamos chamar de "atos de improbidade de menor lesividade" ou "de menor potencial ofensivo", como, por exemplo, os *atos culposos* e os *omissivos* que, *de um modo geral*, menores prejuízos causam ao patrimônio coletivo, incidindo as mesmas razões relativamente a condutas *dolosas* causadoras de danos de pequena monta, devidamente definidas pelo legislador[242].

Tal transação, cujos parâmetros devem ser fixados rigidamente pela lei de modo a impedir qualquer tipo de discricionariedade pelos operadores, poderia importar, cumulativamente, no ressarcimento integral do dano e no pagamento de multa civil e ainda, sendo o caso, na própria proibição de contratar como o poder público ou receber benefícios e incentivos fiscais e creditícios. Com isso, restariam afastadas as graves sanções de perda da função pública e suspensão dos direitos políticos, com relação às quais há uma grande resistência de aplicação por parte do Poder Judiciário, sobretudo quando se trata de conduta de menor repercussão patrimonial.

Somente fariam *jus* a tal benefício aqueles que praticassem "atos de improbidade de menor potencial ofensivo", na forma acima sugerida, e que fossem "primários", tal como se dá, *mutatis mutandis*, na transação penal prevista na Lei n. 9.099/95[243].

Descumprida a transação, abrir-se-ia ao legitimado a possibilidade de execução da avença quanto aos aspectos pecuniários (ressarcimento integral do dano e pagamento da multa civil) e, também, a possibilidade de ajuizamento da ação coletiva com vistas à aplicação das sanções de perda da função pública, suspensão dos direitos políticos e proibição de contratar com o Poder Público e dele receber benefícios ou incentivos fiscais ou creditícios.

---

242 Remetemos o leitor ao último capítulo desta segunda parte, onde formulamos propostas concretas sobre o tema, em sentido mais amplo e minucioso.

243 "Art. 76. Havendo representação ou tratando-se de crime de ação penal pública incondicionada, não sendo caso de arquivamento, o Ministério Público poderá propor a aplicação imediata de pena restritiva de direitos ou multas, a ser especificada na proposta. § 1º Nas hipóteses de ser a pena de multa a única aplicável, o Juiz poderá reduzi-la até a metade. § 2º Não se admitirá a proposta se ficar comprovado: I – ter sido o autor da infração condenado, pela prática de crime, à pena privativa de liberdade, por sentença definitiva; II – ter sido o agente beneficiado anteriormente, no prazo de cinco anos, pela aplicação de pena restritiva ou multa, nos termos deste artigo; III – não indicarem os antecedentes, a conduta social e a personalidade do agente, bem como os motivos e as circunstâncias, ser necessária e suficiente a adoção da medida. § 3º Aceita a proposta pelo autor da infração e seu defensor, será submetida à apreciação do Juiz. § 4º Acolhendo a proposta do Ministério Público aceita pelo autor da infração, o Juiz aplicará a pena restritiva de direitos ou multa, que não importará em reincidência, sendo registrada apenas para impedir novamente o mesmo benefício no prazo de cinco anos. § 5º Da sentença prevista no parágrafo anterior caberá a apelação referida no art. 82 desta Lei. § 6º A imposição da sanção de que trata o § 4º deste artigo não constará de certidão de antecedentes criminais, salvo para os fins previstos no mesmo dispositivo, e não terá efeitos civis, cabendo aos interessados propor ação cabível no juízo cível."

As vantagens para a sociedade são evidentes, pois a reparação do dano encontrará rápida solução, evitando-se o moroso e custoso processo. Também para o agente a submissão aos termos da transação apresentará vantagens, uma vez que, cumprido o avençado, restará afastada a possibilidade de aplicação das graves sanções de perda da função pública e suspensão dos direitos políticos, evitando-se os constrangimentos naturalmente decorrentes do processo.

Por último, o sistema previsto na Lei n. 8.429/92 sairia prestigiado na medida em que, prevendo a própria lei os critérios para o tratamento mais brando do ímprobo, evitar-se-ia a adoção, tanto pelo Ministério Público quanto pelo Judiciário, de critérios aleatórios e subjetivos que, lamentavelmente, vêm dificultando a plena eficácia sancionatória da Lei de Improbidade[244]. De outro lado, evitar-se-ia a incongruência de conferir-se à mesma conduta um tratamento no âmbito cível muito mais duro do que o verificado no âmbito penal, garantindo-se maior harmonia ao sistema[245].

Reitere-se, contudo, que à falta de lei dispondo sobre o tema, o ajuste de conduta em matéria de improbidade mostra-se ilegal. Não se trata, bem entendida a nossa posição, de um apego excessivo à "letra da lei" ou de negar as vantagens das soluções consensuais, mas sim de reconhecer a necessidade de uma disciplina prévia e transparente que só o legislador pode balizar, dada a dimensão pública dos interesses em jogo e de sua decorrente indisponibilidade. Dentre vários elementos do ajuste a serem definidos por lei, a demonstrar a complexidade do tema, chamamos a atenção para os seguintes, apenas a título exemplificativo: 1) legitimidade (quem pode celebrar o ajuste? Também as associações civis ou apenas o Ministério Público e a pessoa de direito público interessada?); 2) a participação do Ministério Público é obrigatória nos ajustes firmados pelos demais colegitimados?; 3) cuida-se de um direito subjetivo do autor do ato de improbidade ou de uma discrição dos legitimados?; 4) quais são as condições para a celebração do acordo (efetiva reparação do dano, quando for o caso; aplicação de sanções "mais brandas" no ajuste; antecedentes e características pessoais do agente beneficiado pelo acordo; circunstâncias da prática do ato de improbidade; vantagens ao interesse público, nas dimensões repressiva e preventiva etc.)?; 5) quais são as consequências do descumprimento do acordado (cabe o ajuizamento da ação civil por ato de improbidade?); 6) quais são as hipóteses de seu cabimento (todos os casos de improbidade, inclusive os de enriquecimento ilícito?); 7) há necessidade de homologação judicial ou seria suficiente a ratificação pelo órgão de controle interno do próprio Ministério Público (Conselho Superior, no caso dos Ministérios Públicos estaduais)?; 8) como se dará a contagem do prazo de prescrição (o ajuste suspende ou inter-

---

244 Sobre a excepcional possibilidade de aplicação não cumulativa das sanções previstas no art. 12, remetemos o leitor à primeira parte deste livro.
245 O emprego irregular de verbas ou rendas públicas, por exemplo, caracteriza ato de improbidade administrativa e conduta criminal (art. 315 do Código Penal), a um só tempo. Não obstante, na seara criminal a hipótese, em razão da pena, é da competência do Juizado Especial Criminal (art. 61 da Lei n. 9.099/95), cabendo a chamada transação penal (art. 76, *idem*).

rompe o prazo prescricional?); 9) quais serão os reflexos do ajuste nas esferas administrativa e criminal?; 10) a celebração do acordo importará confissão de culpa?

Como se vê, permitir que a definição de tão importantes contornos fique ao alvedrio de cada Promotor de Justiça, Procurador da República ou advogado público é extremamente temerário, dada a clara possibilidade de abuso (por questões ideológicas, por exemplo), fraude (um dos colegitimados se antecipa à celebração de acordo manifestamente benéfico apenas ao ímprobo) ou mesmo de indevida disposição relativamente a interesses que são de toda a sociedade. Enfim, no combate à corrupção e na tutela do patrimônio público, em vez de voluntarismos quixotescos, faz-se necessário aliar eficiência e segurança jurídica, à luz da transparência democrática que somente o princípio da legalidade é capaz de conferir.

13.2. Delação ou Colaboração Premiada

Com o advento da Lei n. 8.072/90, também conhecida com "lei dos crimes hediondos", a delação premiada ingressou em nosso ordenamento jurídico como um instituto misto de natureza penal e processual penal[246]. O prêmio, no caso, consiste na redução da pena (de um a dois terços) ou no perdão judicial (a partir da Lei n. 12.683/2012 e, mais amplamente, com a Lei n. 9.807/99), desde que da delação decorra o "desmantelamento" de bando ou quadrilha ou a identificação de coautores e partícipes do crime. Posteriormente, a Lei n. 8.137/90, dispondo sobre os crimes contra a ordem econômica e as relações de consumo, fala em revelação da "trama delituosa" (art. 16, parágrafo único), em casos de quadrilha ou coautoria. Em sentido semelhante, sobrevieram as Leis n. 9.080/95 (disciplinou a delação nos crimes contra o sistema financeiro nacional, previstos na Lei n. 7.492/86), n. 9.269/96 (alterou o art. 159 do Código Penal para ampliar a delação ao crime de extorsão mediante sequestro), n. 9.807/99 (cria mecanismos de proteção de vítimas e testemunhas)[247], n. 11.343/2006 (a lei "antidrogas"), n. 12.683/2012 (possibilitou a delação nos crimes de

---

246 É o que se vê, claramente, da Lei n. 12.850/2013:
"Art. 1º Esta Lei define organização criminosa e dispõe sobre a *investigação criminal*, os meios de obtenção da prova, *infrações penais* correlatas e o *procedimento criminal* a ser aplicado.
§ 2º Esta Lei se aplica também:
I – às *infrações penais* previstas em tratado ou convenção internacional quando, iniciada a execução no País, o resultado tenha ou devesse ter ocorrido no estrangeiro, ou reciprocamente;
Art. 3º Em qualquer fase da *persecução penal*, serão permitidos, sem prejuízo de outros já previstos em lei, os seguintes meios de obtenção da prova:
I – colaboração premiada;
Art. 4º O juiz poderá, a requerimento das partes, conceder o perdão judicial, reduzir em até 2/3 (dois terços) a pena privativa de liberdade ou substituí-la por restritiva de direitos daquele que tenha colaborado efetiva e voluntariamente *com a investigação e com o processo criminal*, desde que dessa colaboração advenha um ou mais dos seguintes resultados (...)".

247 A Lei n. 9.807/99 ampliou a delação premiada a todos os delitos.

"lavagem" ou ocultação de bens, direitos e valores, previstos na Lei n. 9.163/98) e n. 12.850/2013 (trata das chamadas "organizações criminosas")[248].

Do que se vê da legislação, a aplicação dos benefícios da delação fica condicionada a requisitos de ordem processual (revelação da "trama delituosa", identificação dos demais coautores ou partícipes do crime) e a determinados resultados específicos ("desmantelamento" de quadrilha ou bando, facilitação da liberação do sequestrado, recuperação do produto do crime etc.). Além disso, o Superior Tribunal de Justiça vem considerando que os benefícios da delação pressupõem uma "contribuição eficaz e relevante para o deslinde do caso", ou seja, que a colaboração seja imprescindível para o alcance dos resultados previstos em lei, situação que não se caracteriza quando há outros elementos independentes relativamente à delação[249].

Feitas tais considerações de ordem genérica, é o caso agora de indagar: a delação premiada e seus efeitos aplicam-se ao campo da improbidade administrativa, de modo a impedir o ajuizamento das ações de improbidade ou mesmo a extinguir aquelas já em curso? A resposta, ao que nos parece, deve ser negativa, com alguns temperamentos.

A uma, em razão da incidência do já referido 17, § 1º, da Lei de Improbidade Administrativa, que veda qualquer tipo de transação, acordo ou conciliação de modo a afastar a aplicação das sanções civis previstas em seu art. 12. Ou seja, se o legislador vedou, expressamente, tais possibilidade negociais, somente ele pode fixar, previamente, as condições para a mitigação do princípio da obrigatoriedade (ferramenta que baliza a atuação do Ministério Público em favor da sociedade) e da própria indisponibilidade do interesse público, como já tivemos oportunidade ver. Do contrário, teríamos de admitir, por exemplo, a possibilidade de desistência ou abandono das ações civis públicas pelo Ministério Público e a integral incidência dos efeitos da revelia (considerar como verdadeiros os fatos afirmados pelo autor, à falta de contestação pelo réu – art. 344 do CPC/2015), o que a indisponibilidade dos interesses em jogo impede[250].

A duas, porque, como se sabe, as esferas criminal, cível e administrativa são independentes (arts. 935 do Código Civil e 66 do Código de Processo Penal), ressalvadas as hipóteses de prevalência da jurisdição criminal expressamente previstas no Código de Processo Penal (arts. 65 e 386, I, IV e VI). Quanto ao ponto, o art. 12 da Lei de Improbidade Administrativa é enfático ao ressaltar que a aplicação das sanções ali previstas independe das "sanções penais, civis e administrativas previstas na legislação específica". A esse argumento pode ser somada a própria incoincidência entre as sanções penais (penas privativas de liberdade, restritivas de direitos, substitutivas das primeiras, e multa) e as sanções previstas no art. 12 da Lei de Improbidade Administrativa (perda da função pública, suspen-

---

248 A Lei n. 12.850/2013 utiliza a expressão "colaboração premiada" e não mais "delação premiada".
249 REsp n. 1.477.982/DF, 2ª Turma, Rel. Min. Og Fernandes, un., *DJe* 23/4/2015.
250 Trataremos de tais temas mais à frente.

são dos direitos políticos, multa civil e proibição de contratar com o Poder Público ou receber benefícios ou incentivos fiscais ou creditícios), um dos aspectos da própria independência entre as esferas penal e cível.

A impossibilidade de aplicação do instituto da delação premiada no campo da improbidade não impede, contudo, o "empréstimo" dos elementos probatórios produzidos no âmbito criminal, por delação, desde que observados os requisitos de admissibilidade da prova em sua origem. O empréstimo poderá embasar o início das investigações pelos colegitimados (a instauração de inquérito civil pelo Ministério Público, por exemplo) ou mesmo servir como elemento de convencimento do magistrado no momento da prestação jurisdicional. Se mesmo os elementos produzidos através de interceptações telefônicas, um meio de prova de utilização restrita ao campo criminal (art. 5º, XII, da Constituição Federal)[251], podem ser emprestados da seara criminal, nada justificaria a impossibilidade de transporte das provas produzidas em delação criminal ao campo da improbidade[252]. Nessa linha, não se pode perder de vista que a confissão feita, ou não, sob a forma de delação, desde que válida, é um importante elemento de formação do convencimento do magistrado[253]. Sobre sua capacidade de convencer, ou não, cuida-se de um problema que, na seara da improbidade, não apresenta qualquer nota distintiva à mesma discussão no campo criminal, não se devendo perder de vista, contudo, que ao teor do art. 4º, § 16, da Lei n. 12.850/2013 "Nenhuma sentença condenatória será proferida com fundamento apenas nas declarações de agente colaborador".

Além disso, a delação premiada e seus resultados deverão ser levados em consideração pelo juiz no momento da prolação da sentença condenatória, como uma circunstância de atenuação das sanções (art. 65, III, *d*, do Código Penal, aplicado por analogia) ou mesmo como um motivo para afastar a sua aplicação cumulativa.

Em suma, muito embora a delação não seja apta a impedir o ajuizamento das ações civis ou a extinguir aquelas em curso, os seus efeitos no campo da improbidade não são nada desprezíveis.

13.3. O Acordo de Leniência da Lei Anticorrupção (Lei n. 12.846/2013)

O advento da Lei n. 12.846/2013 significou uma substancial novidade em nosso ordenamento jurídico e merece, por isso, análise específica.

Decorrência de compromissos internacionais assumidos pelo País, a referida lei, que encontra seu fundamento no art. 37 da Carta Política, disciplina a responsabilização admi-

---

[251] "XII – é inviolável o sigilo da correspondência e das comunicações telegráficas, de dados e das comunicações telefônicas, salvo, no último caso, por ordem judicial, nas hipóteses e na forma que a lei estabelecer para fins de investigação criminal ou instrução processual penal."
[252] O tema da prova emprestada será analisado mais à frente.
[253] Retomaremos o tema adiante.

nistrativa e civil de *pessoas jurídicas* pela prática de atos contra a Administração Pública, nacional ou estrangeira. Seus principais aspectos materiais já foram examinados na primeira parte desta obra, não sendo desnecessário relembrar, contudo, que uma das principais inovações da lei consiste na possibilidade de responsabilização objetiva das pessoas jurídicas (arts. 1º e 2º). Inova também a lei ao induzir as pessoas jurídicas à criação de instrumentos internos de controle e prevenção (códigos de ética, por exemplo), um dos critérios de aplicação das sanções (art. 7º, VIII).

Aqui, é o caso de avaliar mais detidamente os efeitos do "acordo de leniência" previsto nos arts. 16 e 17, que assim dispõem:

> *Art. 16. A autoridade máxima de cada órgão ou entidade pública poderá celebrar acordo de leniência com as pessoas jurídicas responsáveis pela prática dos atos previstos nesta Lei que colaborem efetivamente com as investigações e o processo administrativo, sendo que dessa colaboração resulte:*
>
> *I – a identificação dos demais envolvidos na infração, quando couber; e*
>
> *II – a obtenção célere de informações e documentos que comprovem o ilícito sob apuração.*
>
> *§ 1º O acordo de que trata o caput somente poderá ser celebrado se preenchidos, cumulativamente, os seguintes requisitos:*
>
> *I – a pessoa jurídica seja a primeira a se manifestar sobre seu interesse em cooperar para a apuração do ato ilícito;*
>
> *II – a pessoa jurídica cesse completamente seu envolvimento na infração investigada a partir da data de propositura do acordo;*
>
> *III – a pessoa jurídica admita sua participação no ilícito e coopere plena e permanentemente com as investigações e o processo administrativo, comparecendo, sob suas expensas, sempre que solicitada, a todos os atos processuais, até seu encerramento.*
>
> *§ 2º A celebração do acordo de leniência isentará a pessoa jurídica das sanções previstas no inciso II do art. 6º e no inciso IV do art. 19 e reduzirá em até 2/3 (dois terços) o valor da multa aplicável.*
>
> *§ 3º O acordo de leniência não exime a pessoa jurídica da obrigação de reparar integralmente o dano causado.*
>
> *§ 4º O acordo de leniência estipulará as condições necessárias para assegurar a efetividade da colaboração e o resultado útil do processo.*
>
> *§ 5º Os efeitos do acordo de leniência serão estendidos às pessoas jurídicas que integram o mesmo grupo econômico, de fato e de direito, desde que firmem o acordo em conjunto, respeitadas as condições nele estabelecidas.*
>
> *§ 6º A proposta de acordo de leniência somente se tornará pública após a efetivação do respectivo acordo, salvo no interesse das investigações e do processo administrativo.*
>
> *§ 7º Não importará em reconhecimento da prática do ato ilícito investigado a proposta de acordo de leniência rejeitada.*

§ 8º Em caso de descumprimento do acordo de leniência, a pessoa jurídica ficará impedida de celebrar novo acordo pelo prazo de 3 (três) anos contados do conhecimento pela administração pública do referido descumprimento.

§ 9º A celebração do acordo de leniência interrompe o prazo prescricional dos atos ilícitos previstos nesta Lei.

§ 10. A Controladoria-Geral da União – CGU é o órgão competente para celebrar os acordos de leniência no âmbito do Poder Executivo federal, bem como no caso de atos lesivos praticados contra a administração pública estrangeira.

Art. 17. A administração pública poderá também celebrar acordo de leniência com a pessoa jurídica responsável pela prática de ilícitos previstos na Lei n. 8.666, de 21 de junho de 1993, com vistas à isenção ou atenuação das sanções administrativas estabelecidas em seus arts. 86 a 88.

De plano, tem-se que, embora razoável a previsão de que a publicidade do acordo somente se dará após a sua efetivação (§ 6º do art. 16), o que significa o sigilo da avença até esse momento, o acesso aos seus termos e documentos, antes mesmo de sua formal celebração e efetivação, é livre ao Ministério Público, tendo em conta o que estabelecem os arts. 129, III e VI, da Constituição Federal, 26, § 2º, da Lei n. 8.625/93 e 8º, § 2º, da LC n. 75/93, regras que permitem o acesso a dados sigilosos pelo Ministério Público. O acesso aos elementos produzidos nos autos administrativos do acordo de leniência servirá tanto à formação da *opinio* do Ministério Público quanto à própria comprovação judicial do ilícito. Parece-nos também sustentar a tese a ressalva final contida no próprio § 6º do art. 16, que permite o afastamento do sigilo "no interesse das investigações e do processo administrativo", regra que se coaduna ao Princípio da Publicidade da Administração Pública (art. 37 da CF). De igual modo, os termos e documentos relativos aos acordos de leniência ainda não firmados podem ser acessados pelos Tribunais de Contas, cujo poder de fiscalização encontra apoio expresso na Constituição Federal (arts. 70, 71, 73, 74, IV, e 75) e na Lei Orgânica do Tribunal de Contas da União (Lei n. 8.443/92).

Do que se vê da lei, são requisitos cumulativos do acordo a iniciativa da pessoa jurídica, a cessação de seu envolvimento na infração, a admissão de sua participação no ilícito e a cooperação com as investigações e o processo administrativo (art. 16, § 1º). Preenchidos os requisitos legais, a celebração do acordo de leniência terá como consequências a não aplicação ("isenção") das sanções de publicação da decisão condenatória (art. 6º, II) e proibição de receber incentivos, subsídios, subvenções, doações ou empréstimos de órgãos públicos, pelo prazo máximo de cinco anos (art. 19, II), além da redução em até 2/3 do valor da multa aplicável (art. 16, § 2º). Deve o acordo estipular as condições com vistas à reparação integral do dano causado ao erário, verificada tal circunstância, conclusão a que se chega a partir do § 3º do art. 16 da lei. Cuida-se, a nosso juízo, de uma condição necessária à sua celebração, sob pena de grave omissão da autoridade administrativa, a ensejar, inclusive, sua responsabilização à luz da Lei de Improbidade Administrativa (art. 11, II, da

LIA). Como facilmente se constata, os requisitos previstos pelo legislador se assemelham aos disciplinados no art. 86 da Lei n. 12.529/2011 (Direito Concorrencial).

Para os fins interpretativos que mais de perto nos tocam neste trabalho, torna-se imperioso verificar, inicialmente, se a conduta ilícita praticada pela pessoa jurídica contra a Administração (art. 5º da Lei n. 12.846/2013) contou, ou não, com a adesão de algum agente público. Sendo negativa a resposta, a hipótese não será de um ato de improbidade administrativa, uma vez que a conduta do terceiro pressupõe a aderência de um agente público para que possam incidir as sanções previstas no art. 12 da LIA (art. 3º). Nesse caso, o acordo de leniência mui provavelmente esgotará, na própria esfera administrativa, todas as suas potencialidades, o que, contudo, não impede que o Ministério Público ajuize ação civil pública com vistas à aplicação das sanções previstas no art. 19 da lei, além das sanções previstas no art. 6º, desde que constatada a nulidade do acordo de leniência (pela falta de atendimento aos requisitos legais) ou sua omissão (o acordo não estipula as condições para a integral reparação do dano, ou abre mão da reparação integral, por exemplo). Esse parece ser um dos sentidos, conforme pensamos, do art. 20 da Lei Anticorrupção, segundo o qual "Nas ações ajuizadas pelo Ministério Público, poderão ser aplicadas as sanções previstas no art. 6º, sem prejuízo daquelas previstas neste capítulo, desde que constatada a omissão das autoridades competentes para promover a responsabilização administrativa". Será a hipótese, aqui, de uma omissão parcial da Administração Pública, visto que o acordo de leniência "isenta" a pessoa jurídica de algumas sanções previstas em lei. O outro sentido do dispositivo consiste em legitimar o Ministério Público ao ajuizamento de ação civil pública com vistas à aplicação de todas as sanções previstas na lei (arts. 6º e 19), se verificado que o processo administrativo instaurado pela Administração Pública findou por afastar de forma indevida a responsabilização da pessoa jurídica. Ou seja, haverá *omissão* da Administração Pública, para fins de legitimação *ad causam* ativa do Ministério Público, quando a Administração deixa de instaurar o processo administrativo de responsabilização e também quando o conclui de modo a, indevidamente, afastar a responsabilidade da pessoa jurídica. Vê-se, portanto, que a omissão de que cuida o art. 20 da lei tem um sentido jurídico, e não meramente fenomenológico, indo além de um puro e simples "deixar de fazer".

Avançando, é preciso considerar também os casos em que a conduta da pessoa jurídica, além de enquadrar-se numa das hipóteses previstas no art. 5º da Lei Anticorrupção, atrai igualmente a incidência da Lei de Improbidade Administrativa. Tal se dará, por exemplo, relativamente ao caso clássico do pagamento de "propina" a agente público (art. 5º, I). Nesse caso, o acordo de leniência pode ser celebrado? Se positiva a resposta, essa celebração inviabiliza o ajuizamento de ação civil pública por ato de improbidade administrativa?

A primeira indagação é relevante na medida em que, como já visto, o art. 17, § 1º, da LIA veda qualquer tipo de "transação, acordo ou conciliação". Mas a resposta parece ser positiva, em prol da possibilidade de celebração do acordo de leniência, se considerarmos que a nova Lei Anticorrupção passa a integrar o denominado microssistema processual de tutela coletiva da probidade administrativa, conclusão a que se chega a partir da redação de seu art. 21 ("Nas ações de responsabilização judicial, será adotado o rito previsto na Lei n. 7.347, de 24 de julho de 1985"). Ou seja, embora reste hígida a restrição contida no art. 17, § 1º, da LIA, a celebração do acordo de leniência será possível em razão da superveniência de norma especial autorizativa, que, como dito, compõe, atualmente, o microssistema de tutela coletiva do patrimônio público. Contudo, o acordo beneficiará apenas a pessoa jurídica, não o agente público, que responderá integralmente por sua conduta nos termos da Lei de Improbidade Administrativa.

Já a segunda indagação (sobre a viabilidade da ação civil por improbidade tendo em vista a celebração do acordo) comporta uma maior digressão. Primeiro, mostra-se pertinente relembrar que a Lei Anticorrupção, diferentemente da Lei n. 12.529/2011 (art. 87) e da Lei n. 9.807/99 (art. 13), não aponta, entre as consequências da celebração e cumprimento do acordo, a extinção da punibilidade. Prevê, apenas, a "isenção" da pessoa jurídica das duríssimas sanções previstas nos arts. 6º, II, e 19, IV (também a redução da multa, em até 2/3). Tal peculiaridade aponta, num primeiro momento, a possibilidade de ajuizamento da ação civil por ato de improbidade administrativa pelo Ministério Público mesmo na hipótese de celebração do acordo.

Chega-se a tal conclusão, num segundo momento, a partir do art. 30, I, da própria Lei n. 12.846/2013, que estabelece que "a aplicação das sanções previstas nesta Lei não afeta os processos de responsabilização e aplicação de penalidades decorrentes de: I – ato de improbidade administrativa nos termos da Lei n. 8.429, de 2 de junho de 1992". O não "afetar" significa tanto a não interferência relativamente aos processos judiciais por improbidade administrativa já em curso quando da entrada de vigência da Lei, quanto a inexistência de qualquer prejuízo à plena incidência da Lei n. 8.429/92 sempre que a conduta também caracterizar ato de improbidade administrativa. A conclusão se vê também reforçada pelo art. 18 da Lei Anticorrupção, na linha de que "na esfera administrativa, a responsabilidade da pessoa jurídica não afasta a possibilidade de sua responsabilização na esfera judicial". Tal previsão legislativa seria, a rigor, desnecessária, na medida em que é de nossa tradição que as decisões administrativas não afetem ou impeçam a responsabilização judicial (penal ou por ato de improbidade), até porque a lei não pode excluir da apreciação do Poder Judiciário qualquer tipo de lesão ou ameaça de direito (art. 5º, XXXV, da CF). Mas a existência do dispositivo legal tem o expresso objetivo de realçar a possibilidade de ajuizamento da ação de improbidade no caso de prévia celebração do acordo de leniência. Solução contrária, a inviabilizar a ação de improbidade, findaria por transformar em subsidiária uma legitimação constitucional que é concorrente e disjuntiva (art. 129, III e § 1º, da Constituição Federal).

Naturalmente, a existência do acordo de leniência será um elemento a ser considerado pelo magistrado no momento de prolação da sentença condenatória por ato de improbidade administrativa, como uma circunstância atenuante, desde que de sua celebração resulte a reparação integral do dano, sempre que verificada tal circunstância, e a produção de provas robustas a respeito dos fatos imputados.

Por fim, ainda relativamente aos casos que atraem a Lei Anticorrupção *e* a Lei de Improbidade Administrativa (demos o exemplo do pagamento de "propina" a agente público, conduta prevista no art. 5º, I, da Lei Anticorrupção e no art. 9º, I, da Lei de Improbidade Administrativa), pode-se também cogitar a propositura da ação civil pública, pelo Ministério Público, por nulidade do acordo de leniência ou por omissão, total ou parcial, da Administração Pública (art. 20 da Lei 12.846/2013) *e* da ação civil pública por ato de improbidade administrativa, inclusive com a possibilidade de cumulação de pedidos (a aplicação das sanções previstas na Lei Anticorrupção e as previstas no art. 12 da LIA), com a adoção do rito mais amplo, no caso, o rito do art. 17 da LIA. A cumulação permitirá a produção de provas comuns e evitará o *bis in idem* sancionatório (por exemplo, a dúplice aplicação da sanção de proibição de recebimento de benefícios ou incentivos fiscais ou creditícios, prevista no art. 19, IV, da Lei Anticorrupção e no art. 12 da Lei de Improbidade Administrativa). Contudo, é preciso levar em conta que, a rigor, considerando que na Lei Anticorrupção a responsabilidade é objetiva (arts. 1º e 2º), diferentemente da responsabilização por ato de improbidade administrativa, que requer a prova de dolo ou culpa, pode ocorrer a aplicação das sanções da Lei Anticorrupção, na sentença, com o afastamento das sanções previstas na LIA, se no curso do processo não restar provado o dolo ou a culpa. Não haveria, neste caso, qualquer contradição, dada a diversidade dos regimes de responsabilização. Por isso, pode-se também cogitar a propositura de duas ações civis públicas (a prevista na Lei Anticorrupção e a prevista na LIA), em momentos diversos, se o Ministério Público não dispõe, desde logo, de elementos indicativos de dolo ou culpa, requisito para a condenação por improbidade administrativa. Ou seja, nada impede que o Ministério Público ajuíze a ação civil pública prevista na Lei Anticorrupção e prossiga com as investigações a fim de reunir elementos demonstradores de dolo/culpa, os quais viabilizarão o ajuizamento da ação civil pública por ato de improbidade administrativa.

CAPÍTULO II
O Momento Processual. A Ação Civil de Improbidade

1. AÇÃO CIVIL PÚBLICA: SEU CABIMENTO, OU NÃO, NO CAMPO DA IMPROBIDADE ADMINISTRATIVA

Muito se discute, ainda hoje, o cabimento, ou não, da ação civil pública na seara da improbidade administrativa, sendo possível encontrar na doutrina e na jurisprudência as mais variadas vertentes, o que não deixa de ser preocupante na medida em que temas de muito maior relevo estão a desafiar a argúcia e a criatividade da comunidade jurídica. Aliás, tal estéril controvérsia põe a nu os grilhões puramente dogmáticos a que alguns processualistas ainda se veem presos, incapazes que são de bem compreender os escopos políticos do processo civil, importantíssima ferramenta de construção de um verdadeiro Estado Democrático de Direito. Prova disso é o surgimento de um novo Código de Processo Civil (CPC/2015), um monumento de vaidade acadêmica que pouco contribuirá para o alcance de uma prestação jurisdicional mais justa e mais célere.

A expressão *ação civil pública*, consagrada pelo uso e pelo próprio legislador (Lei n. 7.347/85 e Constituição Federal, art. 129, III), não agrada a todos, e a sua substituição por uma nomenclatura mais adequada à realidade dos "novos direitos" vem sendo sugerida por respeitáveis juristas[1].

Para Mazzilli, "a rigor, sob o aspecto doutrinário, ação civil pública é a ação não penal, proposta pelo Ministério Público", sustentando o autor que quando proposta pelos demais legitimados (União, Estados, Municípios, autarquias, empresas públicas, fundações, sociedades de economia mista e associações) melhor seria denominar a ação tuteladora dos interesses difusos, coletivos ou individuais homogêneos "ação coletiva"[2]. Vigliar, por seu turno, aponta que o anteprojeto elaborado por Ada Pellegrini Grinover, Cândido Rangel Dinamarco, Kazuo Watanabe e Waldemar Mariz de Oliveira Junior, em 1984, não adotava

---

1 José Marcelo Menezes Vigliar sugere a adoção da denominação "ação coletiva", utilizada pelo Código de Defesa do Consumidor, em lugar da consagrada expressão "ação civil pública", que, em sua visão, nada representa atualmente (Ação civil pública ou ação coletiva?, in *Ação civil pública...*, p. 400 e s.).
2 *A defesa dos interesses difusos em juízo*, p. 59-60.

tal adjetivação"... porque esses mesmos juristas sempre condenaram a teoria imanentista da ação"[3].

Como se sabe, a atual ciência processual proscreve o sistema das ações típicas, de tradição romana, por intermédio do qual se buscava aprisionar a veiculação das pretensões a determinados modelos, a determinados "tipos de ação". O Direito Processual se preocupa, nos dias atuais, com a efetividade dos mecanismos de tutela jurisdicional, com a celeridade da atuação interventiva e garantidora do Estado-Juiz, acolhendo a máxima de que "o processo deve dar a quem tem um direito, individual ou coletivamente considerado, tudo aquilo e precisamente aquilo que ele pode e deve obter"[4].

Partindo de tais premissas, é possível compreender que a Lei n. 7.347/85 busca disciplinar, antes de tudo, uma nova *técnica de tutela* dos direitos transindividuais, trazendo, só para citar dois exemplos, uma nova mentalidade sobre a legitimação para a causa (art. 5º) e a extensão da coisa julgada (art. 16), institutos que, remodelados, prestam-se ao resguardo dos "novos direitos". Não se prende, assim, propriamente, ao disciplinamento do procedimento, que é o ordinário, e não se filia, de igual forma, ao sistema romano da tipicidade de ações.

Entra pelos olhos, desta forma, que a incidência, ou não, das regras previstas na Lei da Ação Civil Pública, *de sua técnica de tutela*, independentemente do nome que se queira dar à ação e ao rito que se deseje imprimir, vai depender, fundamentalmente, da identificação, ou não, de um direito transindividual (difuso, coletivo ou individual homogêneo), objeto do referido diploma legal.

Se considerarmos que a Lei n. 8.429/92 compõe, ao lado de outros instrumentos constitucionais e infraconstitucionais, o amplo sistema de tutela do patrimônio público, interesse difuso[5], a possibilidade de manejo da ação civil pública na seara da improbidade, quer pelo Ministério Público, quer pelos demais colegitimados, torna-se clara. Claríssima, *de lege lata*, em razão da regra contida no art. 129, III, e § 1º, da Constituição Federal[6], o que, a nosso juízo, torna até desimportante a discussão sob o enfoque puramente pragmático.

---

3 Ob. cit., p. 405.
4 MARINONI, Luiz Guilherme. *Efetividade do processo e tutela de urgência*, p. 12, citando Chiovenda.
5 Sobre a defesa do patrimônio público como um interesse difuso, pressuposto teórico fundamental ao cabimento da ação civil pública no campo da improbidade administrativa, remetemos o leitor à introdução desta segunda parte do livro. Na doutrina, dentre diversos autores que concordam com a tese, tivemos a adesão, mais recentemente, de José Antônio Lisbôa Neiva (*Improbidade administrativa*: estudo sobre a demanda na ação de conhecimento e cautelar, p. 26-37) e Gustavo Senna Miranda (*Princípio do juiz natural e sua aplicação na Lei de Improbidade Administrativa*, p. 192-207), que nos honraram com a citação.
6 "Art. 129. São funções institucionais do Ministério Público: ... III – promover o inquérito civil e a ação civil pública, para a proteção do *patrimônio público e social*, do meio ambiente e de outros interesses difusos e coletivos. § 1º A legitimação do Ministério Público para as ações civis previstas neste artigo não impede a de terceiros, nas mesmas hipóteses, segundo o disposto nesta Constituição e na lei."

Capítulo II – O Momento Processual. A Ação Civil de Improbidade

Equivocada, assim, *data venia*, a assertiva do descabimento da ação civil pública com vistas ao ressarcimento dos danos causados ao erário e à aplicação das sanções do art. 12 da Lei n. 8.429/92 em razão do suposto rito especial adotado pela Lei n. 7.347/85[7]. Equivocada, *rogata venia*, não só porque o rito da ação civil pública não é especial[8], como também, mesmo que especial fosse, ou venha a ser[9], porque a questão do procedimento, para fins de incidência da Lei, de sua *técnica protetiva*, como visto, é de nenhuma importância.

Cumpre assinalar, por relevante, que a jurisprudência do STJ está pacificada sobre o cabimento da ação civil pública no campo da improbidade administrativa, colhendo-se da 1ª Turma o seguinte aresto:

> *Ação Civil Pública. Atos de Improbidade Administrativa. Defesa do Patrimônio Público. Legitimação Ativa do Ministério Público. Constituição Federal, arts. 127 e 129, III. Lei 7.347/85 (arts. 1º, IV, 3º, II, e 13). Lei 8.429/92 (art. 17). Lei 8.625/93 (arts. 25 e 26).*
>
> *1. Dano ao erário municipal afeta o interesse coletivo, legitimando o Ministério Público para promover o inquérito civil e a ação civil pública objetivando a defesa do patrimônio público. A Constituição Federal (art. 129, III) ampliou a legitimação ativa do Ministério Público para propor Ação Civil Pública na defesa dos interesses coletivos.*
>
> *2. Precedentes jurisprudenciais.*
>
> *3. Recurso não provido* (REsp n. 154.128-SC, 1ª T., maioria, rel. p/o acórdão Min. Milton Luiz Pereira, j. 11/5/1998, DJ de 18/12/1998)[10].

---

7 "A nosso ver, a ação civil pública não é a via idônea para ser formulada a pretensão ressarcitória. A Lei n. 8.429/92, de fato, deu legitimidade ao Ministério Público para promover não somente o pedido de sequestro de bens do agente ou de terceiro que tenham enriquecido ilicitamente ou causado danos ao erário, como também para postular a condenação do autor à reparação dos prejuízos causados. Em relação a esta última pretensão, a lei empregou a expressão 'ação principal, que terá o rito ordinário' (art. 17), e, mais adiante, fez menção à 'sentença que julgar procedente a ação civil de reparação de dano' (art. 18). Tais referências não indicam que o instrumento de tutela seja a ação civil pública. De um lado, não tem esta ação o rito ordinário rígido, sabido que a Lei n. 7.347/85 instituiu algumas regras especiais para esse procedimento especial. De outro, a referência à 'ação civil' dá apenas a indicação de que a demanda não tem caráter penal, mas não significa, por si só, que seja identificada com a expressão nominada de 'ação civil pública'. Não custa enfatizar, ainda, que os pedidos que têm viabilidade jurídica para constarem de ação civil pública são aqueles que tivemos a oportunidade de analisar nos tópicos anteriores do presente Capítulo" (José dos Santos Carvalho Filho, *Ação civil pública*, p. 78). O mesmo autor, no entanto, admite a ação civil pública na tutela do patrimônio público (p. 24), que é justamente um dos objetos da Lei da Improbidade.

8 Sustentando, dentre outros, que o procedimento da Lei n. 7.347/85 é o ordinário, Hely Lopes Meirelles (*Mandado de segurança, ação popular, ação civil pública, mandado de injunção, habeas data*, p. 127) e Rodolfo de Camargo Mancuso (*Ação civil pública em defesa do meio ambiente, patrimônio cultural e dos consumidores*, p. 51).

9 A MP n. 2.088-35, de 27 de dezembro de 2000, institui um procedimento específico à ação civil de improbidade. Voltaremos ao tema mais à frente.

10 No mesmo sentido, REsp n. 167.344-SP, rel. Min. Garcia Vieira, DJ de 19/10/1998; REsp n. 98.648-MG, rel. Min. José Arnaldo, DJ de 28/4/1997; REsp n. 149.096/MG, rel. Min. Francisco Peçanha Martins, DJ de 30/10/2000, p. 138; REsp n. 226.863/GO, rel. Min. Humberto Gomes de Barros, DJ de 4/9/2000, p. 123; RMS

Referida decisão fere a questão central, que é a caracterização da defesa do patrimônio público como um interesse difuso, extraindo, daí, a incidência da Lei n. 7.347/85. Neste passo, cita e incorpora a lição de Nelson Nery Junior, no sentido de que:

> *No sistema anterior, a tutela jurisdicional do patrimônio público somente era possível mediante ação popular, cuja legitimação ativa era e é do cidadão (CF 5º LXXIII). O MP podia assumir a titularidade da ação popular, apenas na hipótese de desistência pelo autor (LAP 9º).* **A CF 129, III, conferiu legitimidade ao MP para instaurar Inquérito Civil e ajuizar ACP na defesa do patrimônio público e social melhorando o sistema de proteção judicial do patrimônio público, que é uma espécie de direito difuso.** *O amplo conceito de patrimônio público é dado pela LAP 1º, caput, e § 1º" (Código de Processo Civil e legislação processual extravagante em vigor,* p. 1.018, nota 25, art. 1º, IV, Lei 7.347/85, grifos nossos)[11].

Da 2ª Turma do mesmo e. Tribunal Superior tem-se o seguinte aresto:

> *Processual Civil. Ação Civil Pública. Defesa do Patrimônio Público. Ministério Público. Legitimidade Ativa. Inteligência do art. 129, III, da CF/88 c/c o Art. 1º da Lei n. 7.347/85. Precedente. Recurso Especial não conhecido.*
>
> *I – O campo de atuação do MP foi ampliado pela Constituição de 1988, cabendo ao parquet a promoção do inquérito civil e da ação civil pública para proteção do patrimônio público e social, do meio ambiente e de outros interesses difusos e coletivos, sem a limitação imposta pelo art. 1º da Lei 7.347/85 (Resp n. 31.547-9-SP).*
>
> *II – Recurso Especial não conhecido* (REsp n. 67.148-SP, rel. Min. Adhemar Maciel, DJU de 4/12/1995).

Errônea, também, a consideração do descabimento da ação civil pública no campo da improbidade em razão do art. 3º da Lei n. 7.347/85, que comportaria, nesta estreita visão, apenas a formulação de pedidos de "condenação em dinheiro ou o cumprimento de obrigação de fazer ou não fazer"[12]. A esse respeito, aplica-se, qual uma luva, a advertência de Carlos Alberto de Salles, *verbis*:

---

n. 7.750/SP, rel. Min. Laurita Vaz, DJ de 4/2/2002; REsp n. 469.366/PR, rel. Min. Eliana Calmon, DJ de 2/6/2003, p. 285, entre inúmeras outras decisões.

11 Igualmente, caracterizando a tutela do patrimônio público como um interesse difuso: REsp n. 196.932/SP, 1ª T., rel. Min. Garcia Vieira, un., DJ de 10/5/1999; REsp n. 91.269/SP, 1ª T., rel. Min. Milton Luiz Pereira, un., DJ de 8/9/1997, p. 42.431; REsp n. 122.585/SP, 1ª T., rel. Min. Milton Luiz Pereira, un., DJ de 23/10/2000, p. 108; REsp n. 196.621/SP, 1ª T., rel. Min. Milton Luiz Pereira, un., DJ de 25/2/2002, p. 211; REsp n. 401.964/RO, 1ª T., rel. Min. Luiz Fux, un., j. 22/10/2002; REsp n. 510.150/MA, 1ª T., rel. Min. Luiz Fux, un., j. 17/2/2004; REsp n. 695.718/SP, 1ª T., rel. Min. José Delgado, DJ de 12/9/2005; REsp n. 173.414/MG, rel. Min. Francisco Peçanha Martins, DJ de 26/4/2004; REsp n. 516.190/MA, 2ª T., rel. Min. João Otávio de Noronha, j. 6/3/2007.

12 "Art. 3º A ação civil poderá ter por objeto a condenação em dinheiro ou o cumprimento de obrigação de fazer ou não fazer."

A Lei da Ação Civil Pública limitava, é certo, a defesa dos interesses tratados aos provimentos de natureza condenatória, de valor em dinheiro ou ao cumprimento de obrigação de fazer ou não fazer (art. 3º), excluindo a possibilidade de se lançar mão de remédios de natureza declaratória ou constitutiva. **Essa limitação, entretanto, foi suprimida pelo art. 83 do Código de Defesa do Consumidor, que permitiu o recurso a todas as ações capazes de propiciar sua adequada e efetiva tutela, com aplicação à Lei da Ação Civil Pública.**

Relativamente ao Ministério Público, deve-se considerar ainda que, com a entrada em vigor do texto constitucional, a legitimação do Ministério Público, para a defesa dos interesses elencados na Lei n. 7.347/85, passou a decorrer da própria Constituição Federal, **permitindo a formulação de pedido de qualquer natureza**. Conforme interpreta Hugo Nigro Mazzilli, '***o artigo 129, III, da Constituição da República, permite a propositura de qualquer ação civil pública pelo Ministério Público, para a proteção do patrimônio público e social, do meio ambiente e de outros interesses difusos e coletivos, não limitando seu objeto a pedido condenatório***' (A defesa dos interesses difusos em juízo: meio ambiente, consumidor e patrimônio cultural, São Paulo, RT, 1991, p. 97) (Legitimidade para agir: desenho processual da atuação do Ministério Público, in *Ministério Público*: instituição e processo, p. 256-257, destaques nossos).

Especificamente sobre o ponto, enfrentando a possibilidade de, por intermédio da ação civil pública, buscar-se *não só o ressarcimento do dano causado ao erário, mas também a aplicação das sanções previstas no art. 12 da Lei de Improbidade*, o STJ, por intermédio de sua 1ª Turma, rel. o Min. Humberto Gomes de Barros, deixou assentado, *verbis*:

O Ministério Público pretende, valendo-se de ação civil pública, obter sanções cominadas na Lei 8.429/92. Pediu, com fundamento no Art. 12 desse último diploma, o arresto de bens pertencentes a um dos acusados.

...

O Ministério Público sustenta a tese de que as sanções contra improbidade administrativa devem ser obtidas através da ação civil pública, disciplinada na Lei 7.347/85. Tal proposição é correta. Nossa jurisprudência assentou-se no entendimento de que: (cita a ementa do acórdão prolatado no Recurso Especial n. 154.128-SC, acima transcrita).

Se a ação civil pública é o instrumento apropriado, não há como negar a possibilidade de adotarem-se medidas cautelares, nos próprios autos do processo principal. O Art. 12 da Lei 7.347/85 é muito claro neste sentido.

Dou provimento ao recurso (REsp n. 199.478-MG, 1ª T., rel. Min. Humberto Gomes de Barros, j. 21/3/2000, un., *DJ* de 8/5/2000).

Por último, a regra contida no art. 13 da Lei n. 7.347/85[13] não impede, em absoluto, a utilização da ação civil pública no campo da improbidade, bastando que se entenda, a partir

---

13 "Art. 13. Havendo condenação em dinheiro, a indenização pelo dano causado reverterá a um fundo gerido por um Conselho Federal ou por Conselhos Estaduais de que participarão necessariamente o Ministério

do que estabelece o art. 18 da Lei n. 8.429/92[14] e da aplicação analógica do art. 17 da Lei da Ação Popular[15], que a indenização pelo dano causado ao erário reverterá ao ente lesionado (União, Estado ou Município) e não, evidentemente, ao "Fundo de Defesa dos Interesses Difusos"[16]. Isso porque, muito embora difusa a tutela do patrimônio público, é perfeitamente possível identificar, *in casu*, quem suportou, concretamente, os efeitos patrimoniais do ato de improbidade administrativa (a "pessoa jurídica prejudicada pelo ilícito", na dicção do art. 18 da Lei n. 8.429/92) não fazendo nenhum sentido, assim, que a indenização fixada – ou mesmo o valor cujo perdimento se venha a decretar (enriquecimento ilícito do agente público) – revertam ao "fundo de interesses difusos"[17], criado em razão da natural dificuldade de determinação do sujeito passivo do ilícito na seara dos interesses difusos.

Em resumo: por ser a defesa do patrimônio público, objeto da Lei de Improbidade, um interesse difuso, incidirá a *técnica de tutela* prevista na Lei n. 7.347/85, sendo de menor importância a definição do *nomen iuris* da ação como também o próprio procedimento a ser adotado, que, atualmente, é o previsto no art. 17 da Lei n. 8.429/92, com a redação dada pelas Medidas Provisórias n. 2.088 e 2.225[18].

2. DISCIPLINA PROCESSUAL APLICÁVEL

Mancuso, partindo da peculiaridade da tutela dos interesses difusos, propõe a existência de um "... *regime integrado de mútua complementaridade* entre as diversas ações exercitáveis na *jurisdição coletiva*: a ação civil pública 'recepcionou' a ação popular, ao invocá-la

---

Público e representantes da comunidade, sendo seus recursos destinados à reconstituição dos bens lesados. Parágrafo único. Enquanto o fundo não for regulamentado, o dinheiro ficará depositado em estabelecimento oficial de crédito, em conta com correção monetária."

14 "Art. 18. A sentença que julgar procedente ação civil de reparação de dano ou decretar a perda dos bens havidos ilicitamente determinará o pagamento ou a reversão dos bens, conforme o caso, em favor da pessoa jurídica prejudicada pelo ilícito."

15 "Art. 17. É sempre permitido às pessoas ou entidades referidas no art. 1º, ainda que hajam contestado a ação, promover, em qualquer tempo, *e no que as beneficiar*, a execução da sentença contra os demais réus."

16 Nesse sentido entendeu a 1ª Turma do STJ por ocasião do julgamento do REsp n. 167.344-SP, rel. Min. Garcia Vieira, *DJ* 19/10/1998: "Rejeito a preliminar de nulidade do v. aresto hostilizado. A importância correspondente às publicações de propaganda, feita pelo recorrente com dinheiro público, deve ser recolhida aos cofres públicos municipais, porque o prejuízo foi da Municipalidade. Embora o fundo de que falam os artigos 13 e 20 da Lei 7.347/85 já tenha sido regulamentado pelo Decreto 1.306, de 9/11/1994. No caso concreto, o montante dos prejuízos sofridos pelo Município deve ser recolhido aos cofres do Município de Mirandópolis e não ao citado Fundo".

17 O mesmo se dá, aliás, relativamente aos *interesses individuais homogêneos*, nos quais a identificação dos lesados é, em tese, possível. Em tal hipótese, o valor da condenação não reverte desde logo ao fundo, o que somente ocorrerá se os credores individuais não se habilitarem ao recebimento de seu quinhão (arts. 99 e 100 do CDC).

18 O tema será abordado no tópico n. 10.

expressamente no *caput* do art. 1º da Lei 7.347/85; a parte processual do CDC (título III da Lei 8.078/90) é de se aplicar, no que for cabível, à ação civil pública (art. 21 da Lei 7.347/85); outras ações podem ser exercitadas no trato de matéria integrante do universo coletivo (arts. 83 e 90 do CDC); finalmente, 'fechando o circuito', o CPC aparece como *fonte subsidiária* (CDC, art. 90; Lei 7.347/85, art. 19; LAP, art. 22)"[19].

Como visto, é cabível o manejo da ação civil pública no campo da improbidade, incidindo as regras processuais previstas na Lei n. 7.347/85 *por ser a tutela do patrimônio público um direito difuso*, constatação que serve de polo metodológico à solução de intrincadas questões processuais no campo de que ora nos ocupamos. Sem prejuízo, evidentemente, da aplicação das regras processuais contidas na própria Lei n. 8.429/92.

Mais ainda: considerando-se o *regime integrado de mútua complementaridade* e, também, que no sistema brasileiro a ação popular igualmente se volta – e sempre se voltou – à tutela do patrimônio público e da moralidade administrativa (art. 5º, LXXIII, da Constituição Federal)[20], tudo recomenda a aplicação supletiva das regras processuais contidas na Lei n. 4.717/65, conclusão que se vê reforçada pelo próprio art. 17, § 3º, da Lei de Improbidade, com a redação dada pela Lei n. 9.366/96[21]. Consideramos possível, assim, a incidência não só do § 3º do art. 6º da Lei da Ação Popular[22], como também do § 4º do mesmo dispositivo[23]; do art. 7º, I, *b*, e III (*modus in rebus*)[24]; do art. 9º (*modus in rebus*)[25]; dos arts. 14[26] e 17[27], o que será devidamente analisado nos capítulos seguintes.

---

19 *Ação popular*, p. 35. O art. 90 do Código de Defesa do Consumidor tem a seguinte redação: "Aplicam-se às ações previstas neste Título as normas do Código de Processo Civil e da Lei n. 7.347, de 24 de junho de 1985, inclusive no que respeita ao inquérito civil, naquilo que não contrariar suas disposições".

20 Sobre a ação civil pública e a ação popular no campo da improbidade, ver o tópico 5, *infra*.

21 Art. 17, § 3º "No caso de a ação principal ter sido proposta pelo Ministério Público, aplica-se, no que couber, o disposto no § 3º do art. 6º da Lei 4.717, de 29 de junho de 1965".

22 Art. 6º, § 3º "A pessoa jurídica de direito público ou de direito privado, cujo ato seja objeto de impugnação, poderá abster-se de contestar o pedido, ou poderá atuar ao lado do autor, desde que isso se afigure útil ao interesse público, a juízo do respectivo representante legal ou dirigente".

23 Art. 6º, § 4º "O Ministério Público acompanhará a ação, cabendo-lhe apressar a produção da prova e promover a responsabilidade, civil e criminal, dos que nela incidirem, sendo-lhe vedado, em qualquer hipótese, assumir a defesa do ato impugnado ou dos seus autores".

24 Art. 7º A ação obedecerá ao procedimento ordinário, previsto no Código de Processo Civil, observadas as seguintes normas modificativas: I – Ao despachar a inicial, o juiz ordenará: ... b) a requisição, às entidades indicadas na petição inicial, dos documentos que tiverem sido referidos pelo autor (art. 1º, § 6º), bem como a de outros que se lhe afigurem necessários ao esclarecimento dos fatos, fixando prazos de 15 (quinze) a 30 (trinta) dias para o atendimento. ... III – Qualquer pessoa, beneficiada ou responsável pelo ato impugnado, cuja existência ou identidade se torne conhecida no curso do processo e antes de proferida a sentença final de primeira instância, deverá ser citada para a integração do contraditório, sendo-lhe restituído o prazo para contestação e produção de provas. Salvo, quanto a beneficiário, se a citação houver sido feita na forma do inciso anterior.

25 Art. 9º Se o autor desistir da ação ou der motivo à absolvição da instância, serão publicados editais nos prazos e condições previstos no art. 7º, inciso II, ficando assegurado a qualquer cidadão, bem como ao re-

Tais peculiaridades foram lapidarmente reconhecidas pela 1ª Turma do Superior Tribunal de Justiça, a qual, por ocasião do julgamento do REsp n. 401.964/RO, deixou assentada a existência, a partir do próprio texto constitucional, de um "microssistema de tutela de interesses difusos referentes à probidade da administração pública", reconhecendo, assim, um "autêntico 'concurso de ações' entre os instrumentos de tutela dos interesses transindividuais"[28].

Serão também aplicáveis ao campo da improbidade, no que for compatível, as regras previstas no CPC (art. 19 da Lei n. 7.347/85), no CDC (art. 21, idem[29]) e no CPP.

Sobre a aplicabilidade das normas dos Códigos de Processo (civil e penal), não se deve perder de vista que o processo civil brasileiro, desde os seus primórdios, sempre teve em mira as relações jurídicas de direito privado na construção de seus institutos e princípios, confinando-se à criação de estratégias capazes de solucionar os conflitos individuais.

---

presentante do Ministério Público, dentro do prazo de 90 (noventa) dias da última publicação feita, promover o prosseguimento da ação. Tal regra deve ser combinada à prevista no art. 5º, § 3º, da LACP.

26 Art. 14. Se o valor da lesão ficar provado no curso da causa, será indicado na sentença; se depender de avaliação ou perícia, será apurado na execução. § 1º Quando a lesão resultar da falta ou isenção de qualquer pagamento, a condenação imporá o pagamento devido, com acréscimo de juros de mora e multa legal ou contratual, se houver. § 2º Quando a lesão resultar da execução fraudulenta, simulada ou irreal de contratos, a condenação versará sobre a reposição do débito, com juros de mora. § 3º Quando o réu condenado perceber dos cofres públicos, a execução far-se-á por desconto em folha até o integral ressarcimento do dano causado, se assim mais convier ao interesse público. § 4º A parte condenada a restituir bens ou valores ficará sujeita a sequestro e penhora, desde a prolação da sentença condenatória. Quanto ao desconto em folha, vide o art. 46, § 1º, da Lei n. 8.112/90, que o limita a 10% (dez por cento). O STF, por ocasião do julgamento do MS n. 24.544, considerou legítimo o desconto em folha (vide Informativos n. 355 e 356).

27 Art. 17. É sempre permitido às pessoas ou entidades referidas no art. 1º, ainda que hajam contestado a ação, promover, em qualquer tempo, e no que as beneficiar, a execução da sentença contra os demais réus.

28 "A carta de 1988, ao evidenciar a importância da cidadania no controle dos atos da administração, com a eleição dos valores imateriais do art. 37 da CF como tuteláveis judicialmente, coadjuvados por uma série de instrumentos processuais de defesa dos interesses transindividuais, criou um microssistema de tutela de interesses difusos referentes à probidade da administração pública, nele encartando-se a Ação Popular, a Ação Civil Pública e o Mandado de Segurança Coletivo, como instrumentos concorrentes na defesa desses direitos eclipsados por cláusulas pétreas" (rel. Min. Luiz Fux, un., j. 22/10/2002). Em idêntico sentido: REsp n. 510.150/MA, 1ª Turma, rel. Min. Luiz Fux, j. 17/2/2004.

29 Sobre a incidência das regras processuais previstas no Código de Defesa do Consumidor (Lei n. 8.078/90), assevera Nélson Nery Junior que: "O art. 89 do CDC, em sua redação aprovada pelo Congresso Nacional, foi vetado pelo presidente da República. Esse artigo dispunha que as normas do Título III do CDC, relativo à parte processual, seriam aplicáveis a outros direitos ou interesses difusos e individuais homogêneos, tratados coletivamente. No entanto, o veto presidencial não afetou os sistemas do CDC e da legislação extravagante que trata de aspectos processuais dos interesses difusos. Com efeito, o art. 21 da LACP, com a redação dada pelo art. 117 do CDC, determina que se aplicam à defesa dos direitos e interesses difusos, coletivos e individuais, no que for cabível, os dispositivos do Título III do CDC... Aliás, pela nova redação do art. 1º da LACP, dada pelo art. 110 do CDC, o campo de abrangência dos direitos e interesses tuteláveis pela ação civil pública foi consideravelmente ampliado" (*Código Brasileiro de Defesa do Consumidor comentado pelos autores do anteprojeto*, p. 868).

Tal perspectiva, a bem de ver, prende-se à própria noção, ainda forte mesmos nos dias atuais, de que os direitos só existem quando titularizados por indivíduos, não se cogitando acerca da possibilidade de titulação coletiva de interesses juridicamente protegidos.

Além disso, a grande influência de autores italianos sobre os processualistas pátrios, sobretudo a influência exercida por Liebman no período em que residiu em nosso país, muito embora tenha rendido excelentes frutos, reforçou a criação de uma escola de estudiosos que, em regra, sempre teve os seus olhos voltados para o processo de solução de lides privadas. O trato de pretensões indisponíveis, o desenvolvimento de seus estudos, por conta disso, esteve confinado ao processo penal, ainda pouco desenvolvido em nosso País se comparado ao processo civil.

Tais peculiaridades fazem com que o estudo sistemático do processo coletivo ainda conte com uma produção acadêmica bem inferior, principalmente do ponto de vista *quantitativo*, à produção que se verifica no processo civil clássico. De fato, muitos temas do denominado *processo coletivo* ainda desafiam maior aprofundamento teórico. Quando se trata do processo coletivo do qual a Administração Pública faça parte (ou tenha interesse processual), a escassez de estudos mostra-se ainda maior, o que torna penosa a tarefa de quem se disponha a caminhar por tão arenoso terreno.

Isso talvez se explique, de um lado, não só pela recentidade dos estudos do processo coletivo em nosso país, não sendo demais lembrar que a Lei da Ação Civil Pública somente agora ingressa em sua fase adulta, como também pelo fato de que o nosso Código de Processo Civil foi construído, em linhas gerais, para a solução de conflitos de ordem privada, inspirado que foi na legislação processual europeia.

Este último ponto merece maior atenção uma vez que, como não se ignora, diversos países europeus adotam o chamado *sistema do contencioso administrativo*. Isso significa dizer, em termos bastante singelos, que as relações processuais entre os indivíduos e o Estado, lá, são apreciadas, *precipuamente*, por Cortes Administrativas a partir de uma legislação própria, aplicando-se a legislação processual civil codificada, *de ordinário*, aos litígios de natureza estritamente privada (direito civil e comercial). Entre nós, como se sabe, inexiste o sistema do contencioso administrativo. Dessa forma, a falta de um "Código de Processo (Civil) Público" faz com que os instrumentos processuais postos à disposição do magistrado brasileiro sejam, não raro, inadequados. Para agravar ainda mais o quadro no campo que nos interessa mais de perto, a Lei n. 8.429/92 foi bastante econômica na disciplina de seus aspectos processuais.

Enfim, o manejo integrado, e às vezes reciprocamente excludente, das normas contidas no CPC e no CPP deve aproximar-se daquilo que a doutrina denomina "processo civil de interesse público", o qual compreende "... *um processo (civil) voltado à solução e à aplicação de conflitos de interesses qualificados por pretensões (ou lides) originárias de situações regidas pelo direito público, pelo direito material público*"[30].

---

30   BUENO, Cassio Scarpinella. Processo Civil de Interesse Público: uma Proposta de Sistematização, in *Pro-*

A possibilidade de aplicação do Código de Processo Penal é reforçada pela previsão contida no art. 17, § 12, da LIA ("§ 12. Aplica-se aos depoimentos ou inquirições realizadas nos processos regidos por esta Lei o disposto no art. 221, *caput* e § 1º, do Código de Processo Penal"). Mas a incidência de algumas das técnicas previstas no processo penal não se deve restringir à hipótese prevista expressamente na Lei n. 8.429/92, como será visto mais adiante, tendo em conta que é nesse ramo do direito processual que iremos encontrar soluções que melhor se amoldem ao direito sancionatório e ao processo de interesse público.

Por fim, não se pode deixar de referir também a recente Lei n. 12.846/2013 (a denominada "Lei Anticorrupção", aplicável às pessoas jurídicas), cujo art. 21 esclarece que "nas ações de responsabilização judicial, será adotado o rito previsto na Lei n. 7.347, de 24 de julho de 1985". Mais do que o rito, parece-nos que o que o legislador deseja deixar claro é que as técnicas do processo coletivo são aplicáveis à ação de responsabilização judicial prevista na Lei Anticorrupção, como, por exemplo, a regra de competência prevista no art. 2º da Lei da Ação Civil Pública.

3. O PRINCÍPIO DA OBRIGATORIEDADE

Ao cuidarmos do inquérito civil, acima, defendemos a incidência do princípio da obrigatoriedade no campo dos interesses difusos, obrigatoriedade tanto quanto à deflagração do procedimento investigatório quanto, por evidente, ao ajuizamento da ação civil pública.

Não obstante por razões diversas das que conduzem à obrigatoriedade da ação *penal* pública, o certo é que também no campo da ação *civil* pública – e, antes, no campo do próprio inquérito civil – tem-se a adoção do princípio da obrigatoriedade no que respeita à atuação do Ministério Público, chegando-se a esta conclusão, sobretudo, em razão do rígido sistema de arquivamento do procedimento investigatório concebido pelo art. 9º da Lei n. 7.437/85 e também em virtude do *status* constitucional alcançado pelo inquérito civil e pela ação civil pública, consectários inafastáveis ao também inafastável desempenho das

---

cesso Civil de Interesse Público: O Processo como Instrumento de Defesa Social. São Paulo: Revista dos Tribunais e Associação Paulista do Ministério Público, 2003, p. 24. Carlos Ari Sundfeld, de modo mais amplo, conceitua o Direito Processual Público como ramo que regula "... *os processos judiciais que tenham ou como objeto o Direito Público ou como parte a Administração Pública*", enfatizando que as características do direito material (direito administrativo) são determinantes ao próprio disciplinamento do direito processual (O Direito Processual e o Direito Administrativo, in *Direito Processual Público – A Fazenda Pública em Juízo*. São Paulo: Malheiros, 2000, p. 22). Kazuo Watanabe, por seu turno, alude ao *processo de interesse público*, cujo objeto seria constituído pelos interesses difusos e coletivos *stricto sensu* e também pelas demandas individuais concernentes a conflitos de natureza política (Processo Civil de Interesse Público: Introdução, in *Processo Civil de Interesse Público: O Processo como Instrumento de Defesa Social*. São Paulo: Editora Revista dos Tribunais e Associação Paulista do Ministério Público, 2003, p. 17 e 20).

relevantes atribuições ministeriais. Como bem acentuado por Hugo Nigro Mazzilli, calcado nas regras constitucionais, "...para o Ministério Público existe antes o dever que o direito de agir; daí se afirmar a obrigatoriedade e a consequente indisponibilidade de sua atuação"[31].

A obrigatoriedade de tutela do patrimônio público, sem prejuízo, não alcança apenas o *Parquet*. Com efeito, também os demais interessados-legitimados (União, Estados, Distrito Federal e Municípios) devem (dever-poder)[32] buscar a reparação do dano causado ao patrimônio coletivo, dever que decorre expressamente do art. 23, I, da Constituição Federal[33] e se vê consideravelmente reforçado pela regra contida no art. 17, § 1º, da Lei 8.429/92[34]. É certo que, ao teor do art. 16 da mencionada Lei[35], podem optar, num primeiro momento, pela mera representação dos fatos ao Ministério Público, caminho mais cômodo em algumas hipóteses e circunstâncias. Não obstante, uma vez omisso o *Parquet, por fas ou por nefas*, terão o dever de ajuizar a ação civil com vistas à reparação do dano causado ao patrimônio público[36], não sendo demais lembrar que a legitimação para o ajuizamento da ação de improbidade, em tal hipótese, é "disjuntiva e concorrente" (art. 129, § 1º, da Constituição Federal, art. 5º da Lei n. 7.347/85 e art. 17 da Lei de Improbidade), o que impede que a pessoa jurídica lesada decline de seu dever.

A aplicação do princípio da obrigatoriedade, assim considerado, trará importantes reflexos ao campo da legitimidade ativa *ad causam*, servindo como polo metodológico à solução de intrincadas questões, o que será objeto de análise no momento próprio.

---

31 *A defesa dos interesses difusos em juízo*, p. 23. "Quem exerce 'função administrativa' está adstrito a satisfazer interesses públicos, ou seja, interesses de outrem: a coletividade... Tendo em vista este assujeitamento do poder a uma finalidade instituída no interesse de todos – e não da pessoa exercente do poder –, as prerrogativas da Administração não devem ser vistas ou denominadas como 'poderes' ou como 'poderes-deveres'. Antes se qualificam e melhor se designam com 'deveres-poderes', pois nisto se ressalta sua índole própria e se atrai atenção para aspecto subordinado do poder em relação ao dever, sobressaindo, então, o aspecto finalístico que as informa, do que decorrerão suas inerentes limitações" (MELLO, Celso Antônio Bandeira de. *Curso de direito administrativo*, p. 21).

32 Remetemos o leitor à primeira parte desta obra.

33 "Art. 23. É competência comum da União, dos Estados, do Distrito Federal e dos Municípios: I – zelar pela guarda da Constituição, das leis e das instituições democráticas **e conservar o patrimônio público**."

34 "Art. 17. A ação principal, que terá o rito ordinário, será proposta pelo Ministério Público ou pela pessoa jurídica interessada, dentro de trinta dias da efetivação da medida cautelar. § 1º É vedada a transação, acordo ou conciliação nas ações de que trata o *caput*."

35 "Art. 16. Havendo fundados indícios de responsabilidade, a comissão representará ao Ministério Público ou à Procuradoria do órgão para que requeira ao juízo competente a decretação do sequestro de bens do agente ou terceiro que tenha enriquecido ilicitamente ou causado dano ao patrimônio público."

36 "A pessoa jurídica interessada poderá ajuizar diretamente a ação ou representar ao Ministério Público, para o fim de ser aí avaliada a propositura, pela Instituição, da ação que repute cabível; só não poderá omitir-se e não tomar qualquer das duas iniciativas" (FERRAZ, Sérgio. Aspectos processuais na Lei sobre Improbidade Administrativa, in *Improbidade administrativa...*, p. 371).

4. CONTROLE INCIDENTAL DE CONSTITUCIONALIDADE

Em sua atividade cognitiva, o magistrado, não raro, se vê diante de indagações a respeito da constitucionalidade, ou não, de determinadas normas, condicionando a solução do litígio à prévia análise de tal aspecto.

No Brasil, com se sabe, o controle de compatibilidade vertical entre a Constituição e as normas infraconstitucionais se faz por intermédio de dois caminhos, vale dizer, o do controle concentrado de constitucionalidade, da competência do STF ou dos Tribunais de Justiça dos Estados (arts. 102, I, *a*, e 125, § 2º, da CR/88), a depender da natureza da norma de parâmetro (Constituição Federal ou Constituições Estaduais), e ainda o controle difuso, que se concretiza por via incidental, da competência de todos os órgãos jurisdicionais do País[37].

Como sói acontecer na esfera administrativa, os atos praticados pelo agente público devem buscar arrimo no texto da lei, vigendo a máxima de que "... a atividade de todos os seus agentes, desde o que lhe ocupa a cúspide, isto é, o Presidente da República, até o mais modesto dos servidores, só pode ser a de dóceis, reverentes, obsequiosos cumpridores das disposições gerais fixadas pelo Poder legislativo, pois esta é a posição que lhes compete no direito brasileiro"[38].

Muitas vezes, não obstante, o suporte legal de que se utiliza o administrador está maculado pelo vício da inconstitucionalidade, podendo, por vezes, dar ensejo à prática de atos de improbidade administrativa. Imagine-se que determinada lei (federal, estadual ou municipal)[39] autorize o acesso a cargos, empregos e funções públicas independentemente de concurso público, fora daquelas hipóteses nas quais a própria Carta Federal o dispensa (art. 37, II, *in fine*, e IX; art. 73, § 2º; 94; 101; 104, parágrafo único, II; 107; 111, § 2º; 119, II; 120, III, e 123)[40]. Ou que, por qualquer mecanismo, frustre o princípio da igualdade do processo licitatório (art. 37, XXI, da CR/88).

---

37 Arts. 52, X, e 97, da CR/88.

38 MELLO, Celso Antônio Bandeira de. *Curso de direito administrativo*, p. 48. É bastante difundida a lição de Hely Lopes Meirelles, no sentido de que: "Na Administração Pública não há liberdade nem vontade pessoal. Enquanto na administração particular é lícito fazer tudo que a lei não proíbe, na Administração Pública só é permitido fazer o que a lei autoriza. A lei para o particular significa 'pode fazer assim'; para o administrador público significa 'deve fazer assim'" (*Direito administrativo brasileiro*, p. 82-83).

39 "O controle de constitucionalidade de lei ou ato normativo municipal em face da Constituição Federal que se admite é o difuso, exercido *incidenter tantum*, por todos os órgãos do Poder Judiciário, quando do julgamento do caso concreto. Hipótese excepcional de controle concentrado de lei municipal ocorre na alegação de ofensa à norma estadual que reproduz dispositivo constitucional federal de observância obrigatória pelos Estados; neste caso, a competência é do Tribunal de Justiça estadual, com possibilidade de recurso extraordinário para o STF" (STF, *RDA* 199/201). "É admissível ação direta de inconstitucionalidade perante Tribunal de Justiça, em cujo âmbito se impugne lei municipal, sob alegação de ofensa a normas estaduais que reproduzem dispositivos constitucionais federais de observância obrigatória pelos Estados" (STF, *RDA* 204/249). BARROSO, Luís Roberto. Ob. cit., p. 220.

40 "O provimento de cargos públicos tem sua disciplina traçada, com vigor vinculante, pelo constituinte originário, não havendo que se falar, nesse âmbito, em autonomia organizacional dos entes federados" (STF,

Pois bem. Em hipóteses tais, na ação civil pública de improbidade se apontará, além da conduta concretamente praticada pelo agente em prejuízo do patrimônio público (arts. 11, V, e 10, VIII, da Lei n. 8.429/92), também a própria inconstitucionalidade da norma de arrimo, questão que ao juiz se apresentará como prejudicial, condicionando o teor e o sentido da decisão da questão principal. Consideramos possível, assim, a caracterização de improbidade administrativa naqueles casos em que o ato do agente estiver arrimado em leis flagrantemente inconstitucionais, em casos, enfim, teratológicos, e também naquelas hipóteses de reiterada violação às normas constitucionais. Sobre este último aspecto, colhemos de nossa atuação no Ministério Público do Estado do Rio de Janeiro um exemplo de repetidas contratações temporárias pela Administração Estadual, em afronta ao art. 37, II, da CF, com base em leis estaduais também reiteradamente tidas por inconstitucionais pelo Judiciário. Em hipótese como essa, segundo pensamos, o dolo é manifesto[41].

Respeitáveis vozes vêm se levantando contra a possibilidade do controle incidental de constitucionalidade em sede de ação civil pública[42], sob a invocação dos seguintes argumentos:

a) a decisão judicial que declara a inconstitucionalidade de lei só pode produzir efeitos *erga omnes* no controle concentrado e principal. Para que a inconstitucionalidade reconhecida em controle incidental possa irradiar seus efeitos *erga omnes*, é necessária a expedição de resolução pelo Senado (art. 52, X, da CF)[43];

b) em razão da eficácia *erga omnes* da sentença prolatada em sede de ação civil pública (art. 16 da Lei n. 7.347/85), "... o mandamento judicial dela decorrente *ao mesmo tempo em que obriga a todos e reconhece que ninguém pode adotar a conduta do réu,*

RTJ 154/45)."É inconstitucional lei estadual de dispensa de concurso para provimento de cargo público" (STF, *RTJ* 129/962, ADI n. 94, medida cautelar), *vide* BARROSO, Luís Roberto. Ob. cit., p. 130.

41 A caracterização da improbidade pela prática de ato fundado em lei inconstitucional é matéria controvertida, muito embora o STF e o STJ venham reconhecendo a possibilidade de o Executivo negar aplicação à lei considerada inconstitucional: "Os Poderes Executivo e Legislativo, por sua Chefia – e isso mesmo tem sido questionado com o alargamento da legitimação ativa na ação direta de inconstitucionalidade – podem tão só determinar aos seus órgãos subordinados que deixem de aplicar administrativamente as leis ou atos com força de lei que considerem inconstitucionais" (STF, ADI n. 221-DF, liminar, rel. Min. Moreira Alves, *RTJ* 151/331). "Lei inconstitucional. Poder Executivo. Negativa de eficácia. O Poder Executivo deve negar execução a ato normativo que lhe pareça inconstitucional" (STJ, REsp n. 23.121/92, rel. Min. Humberto Gomes de Barros, *DJU* de 8/11/1993, p. 23521). O Tribunal de Justiça do Estado do Rio Grande do Sul, por intermédio de sua 4ª Câmara Criminal, condenou o Prefeito do Município de Herval justamente pela realização de irregulares contratações temporárias fundadas em leis municipais inconstitucionais, considerando-se doloso o seu atuar (fonte: TJRS).

42 A tese foi acolhida pelo STJ nos seguintes arestos: REsp n. 134.979-GO, 1ª T., rel. Min. Garcia Vieira, j. em 9/9/1997, *DJ* de 6/10/1997, p. 49903, e 113.326-MS, rel. Min. Adhemar Maciel, *DJ* de 15/12/1997, p. 66357, e AGA n. 197.150-GO, 2ª T., rel. Min. Aldir Passarinho Júnior, *DJ* de 24/5/1999.

43 CARVALHO FILHO, José dos Santos. Ação civil pública e inconstitucionalidade incidental de lei ou ato normativo.

produz idêntica obrigação, igualmente a todos, e de modo implícito, no sentido da sujeição de todos os indivíduos à eventual declaração incidental de inconstitucionalidade de lei, o que implicaria em verdadeira ordem para que *nenhuma pessoa* tivesse a obrigação de *observar a lei*, tida por inconstitucional pelo juiz prolator da sentença"[44];

c) tal característica da sentença da ação civil pública (efeitos *erga omnes*) resultaria em invasão da esfera de competência do STF e dos Tribunais de Justiça dos Estados para o controle concentrado de constitucionalidade das leis (art. 102, I, *a*, e 125, § 2º, da CF). Noutro giro: Haveria incompatibilidade entre os efeitos do controle incidental de constitucionalidade levado a efeito na ação civil pública e a reserva constitucional de controle concentrado atribuído, pela Constituição Federal, ao STF e aos Tribunais de Justiça, com exclusividade[45].

Tais argumentos, contudo, vem sendo afastados pelo Supremo Tribunal Federal, sobretudo porque, como se sabe, os motivos da sentença não fazem coisa julgada, tampouco, neste caso, as questões prejudiciais[46], o que torna sem sentido falar em usurpação de com-

---

44 CARVALHO FILHO, José dos Santos. Ação civil pública e inconstitucionalidade incidental de lei ou ato normativo, p. 116. No mesmo sentido, Arruda Alvim: "O que se percebe, claramente, é que, não incomumente, propõem-se ações civis públicas, de forma desconectada de um verdadeiro litígio, com insurgência, exclusivamente, contra um ou mais de um texto legal, e, o que se pretende na ordem prática ou pragmática é que, declarada a inconstitucionalidade de determinadas normas, não possam mais elas virem a serem aplicadas, no âmbito da jurisdição do magistrado ou do Tribunal a esses sobrepostos. Ou, se, linguisticamente, não se diz isso, é o que, na ordem prática resulta de uma tal decisão... Se declarada a inconstitucionalidade, dessa forma, e, somando a isto ou tendo-se em vista os efeitos *erga omnes*, que a Lei 7.347/1985, agrega às decisões com base nela proferida, à luz do seu art. 16 ('Lei da Ação Civil Pública'), é evidente que, transitada em julgado uma tal decisão, com um tal conteúdo declaratório de inconstitucionalidade, isto levará à inaplicabilidade, para o futuro de tais normas, dentro das jurisdições onde tais decisões hajam sido proferidas" (A declaração concentrada de inconstitucionalidade pelo STF impõe limites à ação civil pública e ao Código de Proteção e Defesa do Consumidor, p. 157-158).

45 "Na hipótese, aqui descrita, de arguir-se a inconstitucionalidade de lei federal, no bojo de ação civil pública, e, desta arguição vir a ser dada como fundada, é certo que somando-se a isto especificamente a virtude do efeito 'erga omnes', do art. 16 da Lei 7.347/1985 a norma havida por inconstitucional não mais poderá ser aplicada. Há, em tal caso, um efeito idêntico àquele emergente da ação direta de inconstitucionalidade de lei, quando procedente e quando julgada pelo Supremo Tribunal Federal. Os efeitos de uma sentença e a autoridade da coisa julgada, decorrente da procedência da ação civil pública, tendo em vista lei havida como inconstitucional, na área da jurisdição do juiz ou do Tribunal local, poderá colidir frontalmente com o que decida o Supremo Tribunal Federal, mormente ao dar pelo procedência de uma ação direta de constitucionalidade, da mesma lei... Na medida em que se configura antagonicidade, de caráter patente, potencialmente está desenhado um possível conflito prático entre as possíveis decisões, de primeiro e de segundo grau (proferidas no âmbito de uma ação civil pública, com eficácia *erga omnes*), e, de outra parte, a decisão do STF, proferida em ação direta de constitucionalidade, sendo evidente que a competência do STF está sendo subtraída, indevidamente" (Arruda Alvim, ob. cit., p. 160-161).

46 Arts. 504, I ("Art. 504. Não fazem coisa julgada: I – os motivos, ainda que importantes para determinar o alcance da parte dispositiva da sentença") e 503, *caput*, e § 1º, III ("Art. 503. A decisão que julgar total ou parcialmente o mérito tem força de lei nos limites da questão principal expressamente decidida. § 1º. O disposto no *caput* aplica-se à resolução de questão prejudicial, decidida expressa e incidentemente no pro-

petência dos órgãos jurisdicionais constitucionalmente encarregados do controle concentrado de constitucionalidade. Dentre vários precedentes no sentido da admissibilidade da declaração incidental de inconstitucionalidade em sede de ação civil pública, veja-se, por exemplo, o acórdão prolatado na Reclamação n. 1.733-SP, *verbis*:

> *Ação Civil Pública. Controle Incidental de Constitucionalidade. Questão Prejudicial. Possibilidade. Inocorrência de Usurpação da Competência do Supremo Tribunal Federal – O Supremo Tribunal Federal tem reconhecido a legitimidade da utilização da ação civil pública como instrumento idôneo de fiscalização incidental de constitucionalidade, pela via difusa, de quaisquer leis ou atos de Poder Público, mesmo quando contestados em face da Constituição da República, desde que, nesse processo coletivo, a controvérsia constitucional, longe de identificar-se como objeto único da demanda, qualifique-se como simples questão prejudicial, indispensável à resolução do litígio principal. Precedentes. Doutrina (Informativo STF n. 212)*[47].

---

cesso, se: III – *o juízo tiver competência em razão da matéria e da pessoa para resolvê-la como questão principal*") do CPC/2015. Como se vê, quanto ao assunto aqui analisado nada mudou relativamente ao CPC revogado, uma vez que o juízo de primeiro grau não tem competência para decidir acerca da inconstitucionalidade da lei como questão principal.

47 Merece parcial transcrição, por sua clareza, o voto do Ministro Celso de Mello: "Tendo-se presente o contexto em que proferida a sentença que julgou procedente a ação civil pública promovida pelo Ministério Público da comarca de Sorocaba/SP, constata-se que o objeto principal desse processo coletivo não era a declaração de inconstitucionalidade do art. 8º da Lei Orgânica do Município. Ao contrário, a alegação de inconstitucionalidade da norma legal em referência foi invocada como fundamento jurídico (*causa petendi*) do pedido, qualificando-se como elemento causal da ação civil pública, destinado a provocar a instauração de questão prejudicial, que, decidida incidentemente pelo magistrado local, viabilizou o acolhimento da postulação principal deduzida pelo Ministério Público, consistente na redução do número de Vereadores à Câmara Municipal (fls. 117). Nem se diga, de outro lado, que a sentença proferida pelo magistrado local poderia vincular, no que se refere à questionada declaração de inconstitucionalidade, todas as pessoas e instituições, impedindo fosse renovada a discussão da controvérsia constitucional em outras ações, ajuizadas com pedidos diversos ou promovidas entre partes distintas. É que, como se sabe, não faz coisa julgada, em sentido material, 'a apreciação da questão prejudicial, decidida incidentemente no processo'... Na realidade, os elementos de individualização da ação civil pública em causa não permitem que venha ela, na espécie ora em exame, a ser qualificada como sucedâneo da ação direta de inconstitucionalidade, pois, ao contrário das consequências que derivam do processo de controle normativo abstrato (*RTJ* 146/461, rel. Min. Celso de Mello), não se operará, por efeito da autoridade da sentença proferida pelo magistrado local, a exclusão definitiva, do sistema de direito positivo, da regra legal mencionada, pelo fato de esta, no caso ora em análise, haver sido declarada inconstitucional, em sede de controle meramente difuso. Mais do que isso, o ato sentencial em causa também estará sujeito, em momento procedimental oportuno, ao controle recursal extraordinário do Supremo Tribunal Federal, cuja atividade jurisdicional, por isso mesmo, em momento algum, ficará bloqueada pela existência da ora questionada declaração incidental de inconstitucionalidade". A decisão em referência transcreve trechos do excelente trabalho de Paulo José Leite Farias, intitulado "Ação Civil Pública e o Controle de Constitucionalidade" (Caderno Direito e Justiça, *Correio Braziliense* de 2/10/2000, p. 3), e menciona os seguintes precedentes: AGRG n. 189.601-GO; Reclamações n. 554-MG, 559-MG, 597-SP, 600-SP, 602-SP e 611-PE. No STJ, confira-se o acórdão lavrado no REsp n. 299.271/PR, rel. Min. Eliana Calmon, j. 17/12/2002 (*Informativo* n. 159).

Por intermédio de tal precedente, em verdade, nada mais fez a egrégia Corte Excelsa que confirmar o entendimento já cristalizado em sua jurisprudência no sentido de que "O controle da constitucionalidade por via incidental se impõe *toda vez que a decisão da causa o reclame*, não podendo o juiz julgá-la com base em lei que tenha por inconstitucional, senão declará-la em prejudicial para ir ao objeto do pedido" (*RTJ* 97/1191, rel. Min. Rafael Mayer).

5. AÇÃO CIVIL PÚBLICA E AÇÃO POPULAR NO CAMPO DA IMPROBIDADE

No sistema brasileiro, a ação popular, prevista no art. 5º, LXXIII, da Constituição Federal[48], e disciplinada pela Lei n. 4.717, de 29 de junho de 1965, vem desempenhando importantíssimo papel na tutela os interesses difusos[49], voltando-se, nos termos da atual previsão constitucional, ao resguardo do *patrimônio público, da moralidade administrativa, do meio ambiente e do patrimônio histórico e cultural*.

Também a ação civil pública, instrumento de *status* constitucional (art. 129, III), se volta à tutela de tais interesses, aperfeiçoando a malha processual protetiva inaugurada, nos anos sessenta, pela ação popular. De comum entre as duas ações tem-se, assim, serem ferramentas voltadas ao resguardo de interesses difusos.

Sem prejuízo da identidade de campos de incidência, entra pelos olhos que "Nada obstante consigne o inciso LXXIII do art. 5º da Constituição da República que 'qualquer cidadão é parte legítima para propor ação popular que vise anular ato lesivo ao patrimônio público...', tal não quer significar que não possa o Ministério Público, por meio da ação civil pública, buscar o mesmo objetivo, sem provocação de populares ou de outros servidores públicos"[50].

---

[48] "Art. 5º ... LXXIII – qualquer cidadão é parte legítima para propor ação popular que vise a anular ato lesivo ao patrimônio público ou de entidade de que o Estado participe, à moralidade administrativa, ao meio ambiente e ao patrimônio histórico e cultural, ficando o autor, salvo comprovada má-fé, isento de custas judiciais e do ônus da sucumbência." É de leitura obrigatória, sobre o tema, o trabalho já referido do Professor José Carlos Barbosa Moreira, A Ação Popular no Direito Brasileiro como Instrumento de Tutela Jurisdicional dos Chamados "Interesses Difusos", *Revista de Processo* n. 28, p. 7 e s.

[49] O campo da ação popular no direito brasileiro viu-se consideravelmente alargado com o advento da Constituição de 1988. No regime anterior (art. 153, § 31, da Constituição de 1967, com a redação dada pela Emenda Constitucional n. 1/69), a ação popular voltava-se unicamente à tutela do patrimônio público.

[50] *JTJ* n. 173/246, apud Theotonio Negrão, *Código de Processo Civil e legislação processual em vigor*, p. 996. No mesmo sentido: STJ, REsp n. 151.811/MG, 2ª T., rel. Min. Eliana Calmon, *DJU* de 12/2/2001, p. 104; REsp n. 167.783/MG, 1ª T, rel. Min. José Delgado, *DJU* de 17/8/1998. Por ocasião do julgamento do REsp n. 401.964/RO, restou assentado, por intermédio do voto do relator, Ministro Luiz Fux, que "a carta de 1988, ao evidenciar a importância da cidadania no controle dos atos da administração, com a eleição dos valores imateriais do art. 37 da CF como tuteláveis judicialmente, coadjuvados por uma série de instrumentos processuais de defesa dos interesses transindividuais, criou um microssistema de tutela de interesses difusos referentes à probidade da administração pública, nele encartando-se a Ação Popular, a Ação Civil Pública e o Mandado de Segurança Coletivo, como instrumentos concorrentes na defesa desses direitos eclipsados por cláusulas pétreas", sustentando-se, em consequência, que "a nova ordem constitucional erigiu um autêntico 'concurso de ações' entre os instrumentos de tutela dos interesses transindividuais" (j.

Não só o Ministério Público como também os demais legitimados pelo arts. 5º da Lei da Ação Civil Pública e 17 da Lei n. 8.429/92[51].

A distinguirem a ação popular e a ação civil pública há alguns aspectos importantes, dentre os quais merece destaque o relativo à legitimação ativa: somente o cidadão está habilitado ao exercício da ação popular (art. 5º, LXXIII, CF); legitimados ao exercício da ação civil pública, diferentemente, são os entes previstos no arts. 5º da Lei da Ação Civil Pública e 17 da Lei n. 8.429/92, dentre os quais não se inclui o cidadão. Também quanto ao objeto das ações há nítida distinção: a ação popular, embora de índole desconstitutiva-condenatória (arts. 1º, 11 e 14 da Lei n. 4.717/65), não comporta condenação a obrigação de fazer ou não fazer[52], limitação que não se verifica na ação civil pública (art. 3º da Lei n. 7.347/85)[53].

Marcelo Figueiredo, ao comentar o art. 17 da Lei n. 8.429/92, defende a tese de que em se tratando da prática de improbidade, especialmente quando houver dano ao erário, não se mostra possível o ajuizamento da ação popular:

> ... o objeto da ação de improbidade é mais amplo do que o da ação civil pública (art. 3º da Lei 7.347/85 – "a ação civil poderá ter por objeto a condenação em dinheiro ou o cumprimento de obrigação de fazer ou não fazer"). Também na ação popular a sentença de procedência julgará a invalidade do ato, condenará em perdas e danos os responsáveis e beneficiários do ato (art. 11 da Lei 4.717/65). Mais amplo se apresenta o objeto da ação de improbidade.
>
> Diante do ato de improbidade, os legitimados devem propor a presente ação e não outras, ainda que em defesa do patrimônio público. De outra parte, nada impede a propositura daquelas ações (ação civil, ação popular) a título subsidiário (art. 17, § 2º, da lei).
>
> **Cremos, ainda, que não se mostra viável naquelas ações (popular ou civil pública) veicular pedido de ressarcimento do dano por ato de improbidade que cause dano ao erário público (art. 10), diante da previsão específica da presente lei, que contempla e inaugura uma nova ação, a "ação civil de reparação de dano" causado**

22/10/2002). Tais peculiaridades do sistema constitucional não foram bem percebidas, *data venia*, pelo douto Min. Eros Grau (RE n. 225777/MG, *Informativo STF* n. 573).

51 A legitimação das associações civis para a propositura da ação civil pública na seara da improbidade será tratada mais à frente.

52 "Não há possibilidade de obter-se através de ação popular uma condenação que não seja de natureza pecuniária" (*JTJ* 206/12, *apud* Theotonio Negrão, ob. cit., p. 1.030). No mesmo sentido: José Carlos Barbosa Moreira, *apud* Nelson Nery Junior e Rosa Maria de Andrade Nery, ob. cit., p. 1.196, entendendo impossível a condenação à obrigação de fazer ou não fazer.

53 Aliás, "o artigo 129, III, da Constituição da República, permite a propositura de qualquer ação civil pública pelo Ministério Público, para a proteção do patrimônio público e social, do meio ambiente e de outros interesses difusos e coletivos, não limitando seu objeto a pedido condenatório" (Mazzilli, *A defesa dos interesses difusos em juízo:* meio ambiente, consumidor e patrimônio cultural, 3ª ed., p. 97).

pela improbidade. Deveras, se essa ação tem objeto bem mais amplo que aquelas, inclusive com penalidades mais graves, seria um contrassenso poder-se "optar" por escolher essa ou aquela via em detrimento da própria punição que se pretende garantir. É dizer, estar-se-ia obstaculizando de uma forma reflexa e impedindo o Poder Judiciário de soberanamente atender aos pedidos das sanções aplicáveis, como que dispondo da ação pelos legitimados[54]. (destaques nossos)

Permissa venia, a sistemática adotada pela Lei de Improbidade, a nosso juízo, não inviabiliza, em momento algum, o manejo da ação popular.

A uma, porque tal instrumento, historicamente, sempre se voltou à reprimenda de toda e qualquer conduta lesiva ao patrimônio público, representando, em virtude de sua ampla legitimação ativa, uma importantíssima ferramenta de democracia participativa.

A duas, porque a própria Lei n. 7.347/85, em seu art. 1º, deixa claro que o exercício da ação civil pública não impede o ajuizamento da ação popular (Art. 1º *Regem-se pelas disposições desta Lei,* **sem prejuízo da ação popular***, as ações de responsabilidade por danos causados: ...*).

A três, porque seria mesmo inadmissível que a sistemática de tutela concebida pela legislação ordinária limitasse o campo de incidência de um instrumento que goza de *status* constitucional, esvaziando-o na hipótese de lesão ao patrimônio público resultante de improbidade. Neste particular, não é demais lembrar que é a própria Constituição Federal, do alto de sua unidade hierárquico-normativa, que prevê a ação popular e a ação civil pública como instrumentos voltados à tutela do patrimônio público (art. 5º, LXXIII, e 129, III)[55], donde se conclui que a própria garantia de acesso à justiça, consubstanciada na criação de duas ferramentas processuais, dá lugar à duplicidade de ações em defesa da coletividade.

Por fim, porque entre a ação popular e a ação fundada na Lei de Improbidade, sem prejuízo da identidade de causa de pedir, *haverá mera continência (e não litispendência)*, sendo o objeto desta última muito mais amplo que o da primeira *por não se mostrar juridicamente viável através de ação popular a aplicação das sanções previstas no art. 12 da Lei de Improbidade* (perda da função pública, suspensão dos direitos políticos, pagamento de multa civil e proibição de contratar com o Poder Público ou receber benefícios ou incentivos fiscais ou creditícios)[56].

---

54 *Probidade administrativa*, p. 92.
55 STJ, REsp n. 401.964/RO, 1ªT., rel. Min. Luiz Fux, un., j. 22/10/2002, acórdão parcialmente transcrito acima.
56 Admitindo o irrestrito manejo da ação popular no campo da improbidade administrativa, inclusive com a aplicação das sanções previstas no art. 12 da Lei n. 8.429/92, confira-se a lição de Luiz Manoel Gomes Junior (*Ação popular:* aspectos polêmicos, p. 90 e s.). Para o autor, vedar o uso da ação popular com vistas à aplicação das referidas sanções significaria "... consentir que a Constituição permite o ataque através de Ação Popular quando presente o *minus* – imoralidade administrativa – mas não quando presente um *plus* – improbidade administrativa –, raciocínio sem sustentáculo normativo" (p. 91). De nossa parte, considera-

Imagine-se a seguinte hipótese: determinado administrador, violando as normas previstas na Lei n. 8.666/93, finda por realizar contratação com valores evidentemente superfaturados. Joaquim Prudêncio, diligente cidadão, propõe ação popular com vistas à *anulação do ato e consequente condenação dos réus ao ressarcimento dos prejuízos causados ao erário*. O Promotor de Justiça da mesma Comarca propõe a ação civil pública de improbidade. Qual o pedido formulado nesta última? *A anulação do ato, a condenação dos réus ao ressarcimento do prejuízo* (mesmos pedidos formulados pelo autor popular) e a *aplicação das sanções previstas no art. 12 da Lei n. 8.429/92* (perda da função pública, suspensão dos direitos políticos, pagamento de multa civil e proibição de contratar com o Poder Público ou receber benefícios ou incentivos fiscais ou creditícios). Em situação tal, soa evidente que o pedido formulado na ação proposta pelo *Parquet* é muito mais amplo que o formulado por João Prudêncio, embora idêntica a causa de pedir, levando-nos a concluir pela existência de continência[57], causa modificadora da competência que conduz à reunião de processos (art. 58 do CPC)[58], perante o juízo prevento[59].

Objetar-se-á: mas a continência pressupõe a absoluta identidade no polo ativo. Quando se tratar de demandas individuais, do modelo Caio *versus* Tício, sim. Na seara das

---

mos, *de lege lata*, inviável a utilização da ação popular para a aplicação das mencionadas sanções em razão de não ter sido o cidadão legitimado a tal desiderato pelos arts. 17 da Lei n. 8.429/92 e 5º da Lei n. 7.347/85, muito embora seja de todo recomendável, *de lege ferenda*, a sua legitimação para a hipótese. Por outro lado, a ação popular volta-se, precipuamente, à reparação do dano causado ao patrimônio público (desconstituição do *ato lesivo*), o que lhe confere um caráter objetivo, enquanto a Lei da Improbidade busca também a responsabilização pessoal do agente público e do terceiro que tenham concorrido para a prática do ato.

57 Art. 56 CPC/2015: "Dá-se a continência entre 2 (duas) ou mais ações quando houver identidade quanto às partes e à causa de pedir, mas o pedido de uma, por ser mais amplo, abrange o das demais". De acordo com Celso Agrícola Barbi, a continência nada mais é que uma espécie de conexão, aplicando-se a uma e a outra as mesmas consequências processuais (*Comentários ao Código de Processo Civil*, p. 466-467). A lição continua válida, uma vez que o atual CPC/2015 pouco inova quanto aos temas da conexão e continência.

58 "Art. 57. Quando houver continência e a ação continente tiver sido proposta anteriormente, no processo relativo à ação contida será proferida sentença sem resolução de mérito, caso contrário, as ações serão necessariamente reunidas". Contudo, considerando que a legitimação para a ação popular e para a ação civil pública encontram, ambas, fundamento constitucional, pouco importa a anterioridade do ajuizamento da ação continente (no caso, a ação civil pública), ou seja, o juiz não deve extinguir a ação popular e a única forma de não violar o texto constitucional é a reunião das ações para decisão simultânea (art. 58 do CPC/2015). Não é demais lembrar a impossibilidade de reunião de processos quando um dos juízos for absolutamente incompetente (*RT* 610/54 e 711/139) ou quando um dos processos já foi julgado (Súmula 235 do Superior Tribunal de Justiça).

59 A Medida Provisória n. 2.180-34, de 27/7/2001, introduziu um novo parágrafo ao art. 17 da Lei n. 8.429/92: *§ 5º A propositura da ação prevenirá a jurisdição do juízo para todas as ações posteriormente intentadas que possuam a mesma causa de pedir ou o mesmo objeto*. Assim, a mera *propositura* da ação civil pública de improbidade (Art. 312 do CPC/2015: *Considera-se proposta a ação quando a petição inicial for protocolada, todavia, a propositura da ação só produz quanto ao réu os efeitos mencionados no art. 240 depois que for validamente citado*) já torna o juízo prevento para futuras ações civis públicas ou mesmo para futuras ações populares, e vice--versa. O tema será tratado mais à frente.

demandas coletivas, no entanto, "a diferença entre os legitimados não exclui a identidade de partes ativas, por serem todos substitutos processuais da coletividade. É esta – a substituída – que está em juízo, pelo portador de interesses, extraordinariamente legitimado pela Constituição e pela lei"[60]. No polo passivo das referidas demandas coletivas, por outro lado, bastará a *parcial identidade* entre as partes da ação popular e da ação civil pública para que se reconheça, igualmente, a ocorrência de continência[61], não se devendo perder de vista que, afinal, a unidade de processo e julgamento alvitrada pelo art. 57 do CPC/2015 tem por escopo evitar, justamente, a existência de pronunciamentos jurisdicionais contraditórios[62].

Em resumo, nada impede que busque o cidadão, via ação popular, a anulação do ato lesivo ao patrimônio público e a consequente condenação do réu ao ressarcimento do dano, só não se admitindo, por intermédio da referida iniciativa, a aplicação das sanções previstas no art. 12 da Lei de Improbidade, que, assim, demandam o ajuizamento de ação civil pública por parte dos legitimados pelos arts. 5º da Lei da Ação Civil Pública e 17 da Lei n. 8.429/92.

6. LEGITIMAÇÃO *AD CAUSAM*

6.1. Legitimação Ativa: Aspectos Gerais

A questão da legitimação ativa sempre foi um óbice à tutela dos direitos difusos. Com efeito, a rigidez do sistema processual e o confinamento da legitimidade à noção de "pertinência subjetiva" não permitiam, de ordinário, senão a tutela de interesses de matiz exclusivamente individual, deixando de lado uma parcela significativa de direitos que, disseminados por toda a sociedade, difusos, não contavam com uma malha protetiva eficaz. Conforme anotado por Capelletti e Garth, "o problema básico que eles apresentam – a

---

60 GRINOVER, Ada Pellegrini. Uma Nova Modalidade de Legitimação à Ação Popular. Possibilidade de Conexão, Continência e Litispendência, in *Ação civil pública...*, p. 25.

61 A inclusão da pessoa jurídica lesada no polo passivo é uma peculiaridade da ação popular (art. 6º da Lei n. 4.717/65). Sem prejuízo, esclarece o § 3º do art. 6º da mencionada lei que: *A pessoa jurídica de direito público ou de direito privado, cujo ato seja objeto de impugnação, poderá abster-se de contestar o pedido, ou poderá atuar ao lado do autor, desde que isso se afigure útil ao interesse público, a juízo do respectivo representante legal ou dirigente*, ocorrendo, na visão de Mancuso, um singular litisconsórcio passivo necessário, "... mas *secundum eventum litis*, visto que sua efetiva concretização fica na dependência da alternativa que venha a ser assumida pela Administração ré" (*Ação popular*, p. 138). A regra contida em tal dispositivo é aplicável à ação civil pública de improbidade por força do art. 17, § 3º, da Lei n. 8.429/92. Voltaremos ao tema quando da análise da legitimação passiva.

62 "A reunião de processos deve ocorrer não somente no caso de conexão ou continência, mas sempre que haja clara possibilidade de decisões contraditórias" (*RSTJ* 112/169, *apud* Theotonio Negrão, ob. cit., p. 209). Essa diretriz foi expressamente consagrada pelo CPC/2015 (art. 55, § 3º Serão reunidos para julgamento conjunto os processos que possam gerar risco de prolação de decisões conflitantes ou contraditórias caso decididos separadamente, mesmo sem conexão entre eles).

razão de sua natureza difusa – é que, ou ninguém tem direito a corrigir a lesão a um interesse coletivo, ou o prêmio para qualquer indivíduo buscar essa correção é pequeno demais para induzi-lo a tentar uma ação"[63].

Dessa concepção individualista de titulação de direitos evoluiu-se à percepção de um feixe de pretensões marcado pelo "...alto índice de desagregação ou de 'atomização', que lhes permite se referirem a um contingente indefinido de indivíduos e a cada qual deles, ao mesmo tempo"[64], surgindo, daí, a categoria dos chamados interesses difusos (*v.g.*, os interesses dos consumidores, o interesse na preservação do meio ambiente), conceituados por Cappelletti como "...interesses em busca de autor (*'interessi in cerca di autore'*), porque não têm um proprietário, um titular, são difusos"[65].

No Brasil, o advento da Lei da Ação Popular, em 1965, legitimando o cidadão ao seu exercício, representou uma importante ferramenta de proteção aos direitos difusos, só que de incidência ainda bastante reduzida pois que voltada, originariamente, apenas ao resguardo do patrimônio público. Seu espectro nos dias atuais, como se sabe, viu-se alargado pela art. 5º, LXXIII, da atual Carta Política, voltando-se também, agora, à tutela do meio ambiente e da moralidade administrativa.

Posteriormente, pela premente necessidade de criação de um instrumento mais adequado à proteção dos difusos, adveio a Lei n. 7.347/85, conferindo legitimação ao Ministério Público, à União, aos Estados (também ao Distrito Federal, por força de compreensão), aos Municípios, e às autarquias, empresas públicas, fundações e associações (art. 5º, *caput*), exigindo-se, quanto a estas últimas, sua constituição, nos termos da lei civil, há pelo menos um ano (com a ressalva constante do § 4º do referido art. 5º)[66] e que dentre as suas finalidades institucionais inclua-se a proteção ao interesse difuso (art. 5º, V, "b")[67].

Como se percebe, adota a Lei n. 7.347/85, com as bênçãos da atual Constituição Federal (art. 129, § 1º), uma modalidade de *legitimação ativa concorrente*, atenta às observações da melhor doutrina sobre os inconvenientes de legitimar-se exclusivamente os órgãos estatais à tutela dos interesses difusos[68]. Trata-se, a nosso juízo, de legitimação extraordinária,

---

63 CAPPELLETTI, Mauro; GARTH, Bryant. *Acesso à justiça*, p. 26.
64 Idem, ibidem, p. 79.
65 Idem, ibidem, p. 174.
66 § 4º O requisito da pré-constituição poderá ser dispensado pelo juiz, quando haja manifesto interesse social evidenciado pela dimensão ou característica do dano, ou pela relevância do bem jurídico a ser protegido.
67 A Lei n. 11.448, de 15 de janeiro de 2007, incluiu a Defensoria Pública no rol dos legitimados pelo art. 5º da LACP. O tema será analisado mais à frente.
68 Mauro Cappelletti e Bryant Garth, *Acesso à justiça*, p. 28. O Professor Paulo Cezar Pinheiro Carneiro, em sua obra *Acesso à justiça*, já referida, aponta que no foro central do Rio de Janeiro, no período compreendido entre os anos de 1987 a 1996, os órgãos públicos (Ministério Público, Defensoria Pública e Municípios) foram responsáveis pelo ajuizamento de 87% do total de ações civis públicas, cabendo às associações a parcela de apenas 10,34%, sendo 44% na defesa dos direitos relativos ao meio ambiente (p. 191).

tendo em conta que nenhum dos personagens a que alude o art. 5º da Lei da Ação Civil Pública participa da relação jurídica de direito material, essencialmente dispersa por todos os integrantes da coletividade[69].

A Lei de Improbidade trata da legitimação *ad causam* ativa em seu art. 17: *A ação principal, que terá o rito ordinário, será proposta pelo Ministério Público ou pela pessoa jurídica interessada, dentro de trinta dias da efetivação da medida cautelar*. Tal regra deve ser complementada pela previsão contida no § 2º do próprio art. 17, que autoriza a Fazenda Pública a promover as ações necessárias à complementação do ressarcimento do patrimônio público.

6.2. Pessoas Jurídicas de Direito Público

Quais seriam as "pessoas jurídicas interessadas" a que se refere a norma contida no art. 17, *caput*, da Lei n. 8.429/92? A princípio, aquelas mencionadas no *caput* do art. 1º, quais sejam, a *União*, os *Estados*, o *Distrito Federal* e os *Municípios*, por sua administração direta, indireta ou fundacional, legitimação que decorre do art. 23, I, da Constituição Federal, regra que impõe a tais entes o dever de zelo pelo patrimônio público.

Por evidente, estão as pessoas de direito público legitimadas a agir relativamente a *condutas ímprobas que tenham repercutido efetivamente em seu patrimônio, material ou moralmente considerado*, não guardando qualquer sentido, por exemplo, que a União Federal ajuíze uma ação civil pública por ato de improbidade administrativa verificado em detrimento do Estado, e vice-versa. É o que a doutrina denomina *pertinência temática*[70], aspecto relacionado, segundo pensamos, ao próprio interesse de agir.

Também aqui, como já exposto, a hipótese será de legitimação extraordinária, agindo a pessoa jurídica de direito público como substituto processual uma vez que embora defenda interesse próprio na preservação de seu patrimônio atuará, precipuamente, na defesa de um interesse primário (a tutela do erário), do qual é detentora toda a coletividade[71]. Haveria, nesta hipótese, uma substituição processual *sui generis*, na qual o autor pleiteia

---

69 No sentido do texto, Carlos Alberto de Salles (Legitimidade para Agir: Desenho Processual da Atuação do Ministério Público, p. 247) e José Marcelo Menezes Vigliar (*Ação civil pública*, p. 80-83). Em sentido contrário, Mancuso (*Ação civil pública*, p. 73) e Paulo Cezar Pinheiro Carneiro (*O Ministério Público no processo civil e penal*, p. 23-24).

70 Sobre o assunto, consulte-se Mazzilli (*A defesa dos interesses difusos em juízo*, p. 189-192) e Nelson Nery Junior e Rosa Maria de Andrade Nery (*Código de Processo Civil comentado*, p. 1137). Estes últimos juristas adotam uma postura muito mais elástica quanto ao tema, afirmando que: "Para a correta solução dos problemas processuais decorrentes da tutela jurisdicional dos direitos difusos e coletivos, não se pode raciocinar com o instituto do interesse processual, como se estivéssemos diante de tutela meramente individual. Assim o Estado de São Paulo, legitimado que está pela norma comentada, tem, *ipso facto*, interesse processual em ajuizar ACP no Amazonas, para a tutela de direitos difusos".

71 Consoante José Marcelo Menezes Vigliar, *Ação civil pública*, p. 150.

em nome próprio um direito próprio e também alheio, ao mesmo tempo[72].

Já as entidades que recebam "subvenção, benefício ou incentivo, fiscal ou creditício, de órgão público e aquelas para cuja criação ou custeio o erário haja concorrido ou concorra com menos de cinquenta por cento do patrimônio ou da receita anual" (art. 1º, parágrafo único) não possuem legitimidade para o ajuizamento da ação de improbidade uma vez que "... a lei não visa a proteger o patrimônio privado da entidade, mas o uso irregular de recursos públicos nela investidos, motivo pelo qual a legitimidade ativa para punição da improbidade administrativa nessa parte será ou do Ministério Público ou da Administração Pública direta, indireta ou fundacional que haja incorporado, criado, custeado ou incentivado a entidade privada"[73].

Idêntico raciocínio é aplicável aos recursos públicos direcionadas às denominadas "Organizações Sociais", disciplinadas pela Lei n. 9.637, de 15 de maio de 1998, que são organismos de direito privado, sem fins lucrativos, cujas atividades voltam-se ao ensino e à pesquisa científica, ao desenvolvimento tecnológico, à proteção do meio ambiente, à cultura e à saúde, o mesmo se verificando relativamente às "Organizações da Sociedade Civil de Interesse Público", disciplinadas pela Lei n. 9.790, de 23 de março de 1999. Por ocasião da celebração dos "contratos de gestão" com o Poder Público, em regra, há a previsão de transferência de recursos, bens e serviços, que, se malversados, em razão de sua origem popular, darão ensejo ao ajuizamento da ação civil de improbidade em face dos dirigentes e empregados da entidade[74].

6.3. Ministério Público

A legitimidade do Ministério Público, contemplada no art. 17 em comento, vai buscar fundamento, num primeiro momento, no próprio texto constitucional, mais especificamente nos arts. 127, *caput* (*O Ministério Público é instituição permanente, essencial à função jurisdicional do Estado, incumbindo-lhe a defesa da ordem jurídica, do regime democrático e dos*

---

[72] Para Daniel Amorim Assumpção Neves tal entendimento "não deve ser prestigiado", pois "ainda que se reconheça a inegável existência de um interesse da Administração Pública na recomposição de seu patrimônio, para tal intento não se presta a tutela coletiva" (*Manual de improbidade administrativa*, p. 137). O equívoco da crítica salta aos olhos, bastando pensar numa hipótese de dano causado ao erário por agente público já beneficiado pela prescrição (art. 23 da LIA). O caso será de uma genuína ação civil pública ajuizada pela própria Administração. Veja-se também o art. 21 da Lei n. 12.846/2013, que esclarece que "nas ações de responsabilização judicial, será adotado o rito previsto na Lei n. 7.347/85". Sobre a existência de uma substituição processual *sui generis* nos casos de obrigações solidárias, consulte-se Vicente Greco Filho, *Direito processual civil brasileiro*, p. 123, nota n. 9.

[73] MARTINS JÚNIOR, Wallace Paiva. *Probidade administrativa*, p. 311. O autor chega à mesma conclusão com relação às empresas incorporadas ao patrimônio da União e às entidades que recebem e aplicam contribuições parafiscais, aludindo, no entanto, à possibilidade de intervirem na lide como assistentes.

[74] Sobre o tema ver, amplamente, a primeira parte desta obra.

interesses sociais e individuais indisponíveis) e 129, III (Art. 129. *São funções institucionais do Ministério Público: III – promover o inquérito civil e a ação civil pública, para a proteção do patrimônio público e social, do meio ambiente e de outros interesses difusos e coletivos*).

Em nível infraconstitucional, tal legitimação vai buscar arrimo na Lei n. 8.625/93, cujo art. 25, IV, *b*, estabelece que: *Além das funções previstas nas Constituições Federal e Estadual, na Lei Orgânica e em outras leis, incumbe, ainda, ao Ministério Público: (...) IV – promover o inquérito civil e a ação civil pública, na forma da lei: (...) b) para a anulação ou declaração de nulidade de atos lesivos ao patrimônio público ou à moralidade administrativa do Estado ou de Município, de suas administrações indiretas ou fundacionais ou de entidades privadas de que participem*)[75] e também no art. 6º, VII, da Lei Complementar n. 75/93[76]. Diga-se o mesmo com relação à própria Lei da Ação Civil Pública, cujos arts. 1º, IV, 5º e 8º espancam qualquer dúvida a respeito, desde que se entenda a tutela do patrimônio público como um interesse difuso[77].

Sem razão, assim, *permissa venia*, a alegada impossibilidade de atuação do Ministério Público com vistas à proteção do patrimônio público de determinado ente federativo em razão da vedação, constitucionalmente prevista, de exercer a instituição a "representação judicial de entidades públicas" (art. 129, IX, da CF). O equívoco reside em considerar que ao agir em vista de ato lesivo ao erário municipal, por exemplo, estaria o Ministério Público a veicular o *interesse público secundário* da Administração em conservar os seus bens, direitos e valores – atribuição que recai sobre os respectivos advogados e Procuradores da pessoa jurídica lesada –, quando, na verdade, o que se busca é a tutela do *interesse público primário* consistente na conservação daquilo que a toda coletividade, por intermédio das gerações atuais e futuras, pertence (*res publica*). Por outro lado, não se pode perder de vista que nem sempre haverá coincidência entre os interesses públicos primário e secundário, surgindo daí a imperiosa necessidade de intervenção do Ministério Público: "Se alguém

---

75 Ada Pellegrini Grinover sustenta que o art. 25, IV, *b*, da Lei n. 8.625/93 ampliou a legitimação para a propositura da ação popular, outorgando-a, também, ao *Parquet*: "A diferença entre a ação popular constitucional e a ação civil pública que visam a anular atos lesivos à moralidade administrativa reside exclusivamente na legitimação ativa: à primeira, é legitimado o cidadão; à segunda, o Ministério Público" (Uma nova modalidade de legitimação à ação popular..., p. 23).

76 "Art. 6º Compete ao Ministério Público da União: VII – promover o inquérito civil e a ação civil pública para: b) a proteção do patrimônio público e social, do meio ambiente, dos bens e direitos de valor artístico, estético, histórico, turístico e paisagístico." A Lei n. 3.502/58, denominada "Lei Bilac Pinto", não legitimou o Ministério Público ao combate da improbidade. À época prevaleceu, no entanto, o entendimento de que, neste passo, continuaria a ser aplicável a Lei n. 3.164/57 ("Lei Pitombo-Godói Ilha") que previa a legitimação do *Parquet*.

77 Sobre o tema, ver a Introdução desta segunda parte. José Marcelo Menezes Vigliar aponta, ao lado do fundamento jurídico, as razões de ordem política que legitimam a atuação do *Parquet*, que são: a) a inadequação de uma legitimação exclusiva para a tutela de interesses indisponíveis; b) as garantias de que goza o Ministério Público para o exercício de suas atribuições, o que possibilita uma maior independência na tutela do patrimônio público (Pode o Ministério Público Combater a Improbidade Administrativa?, p. 237-238).

está agindo contrariamente ao erário compete ao Procurador, que defende a Fazenda respectiva, fazer a defesa da pessoa jurídica de direito público. E quando é a própria Fazenda Pública que comete atos contrários ao erário? Quer dizer, é o próprio Prefeito que comete atos de improbidade administrativa? Será que o Procurador do Estado, o Procurador do Município, o Advogado da União ou o Procurador da Fazenda Nacional moverão ação contra os seus 'patrões', contra seus 'chefes'? ...como se dá a defesa do erário contra o governante? Na minha opinião, a razão pela qual a Lei de Improbidade legitimou o Ministério Público para a defesa do erário tenha sido esta"[78].

De fato, a vedação contida na parte final do art. 129, IX, da CF[79] não inviabiliza, em absoluto, a iniciativa do *Parquet* no campo da defesa do patrimônio público, o que, se ocorrente, soaria absurdo visto que é a própria Constituição, no mesmo art. 129, que comete à Instituição tal relevantíssima missão (inciso III). A bem de ver, a vedação do inciso IX nada mais representa que um mecanismo, dentre vários, de preservação da independência funcional do Ministério Público, garantindo-lhe total desvinculação hierárquico-administrativa frente ao Chefe do Poder Executivo, o que, por evidente, não se coaduna e não se coadunaria com a representação judicial de entidades públicas, cujo comando político pode, em alguns momentos, colocar-se em rota de colisão com o interesse público e também com a própria pretensão de tutela do patrimônio público. Ou seja, em última análise, busca-se reforçar o próprio sistema de zelo pelo erário.

É mesmo de se questionar a existência de interesses próprios da Administração, cuja autonomia venha a reclamar uma atuação precípua e primeira da advocacia pública em detrimento da atuação do *Parquet*. Rogério Guilherme Ehrhardt Soares, dentre alguns, nega a existência de "interesses próprios" da Administração, entendendo-os como "parcelas e centros especiais de refração do interesse público primário"[80], o que se afigura correto a partir, inclusive, do que estabelece o art. 1º, parágrafo único, da CF.

Embora não se despreze, de modo algum, a importância da iniciativa da advocacia pública na tutela do princípio da probidade, importantíssimo mecanismo de controle dos atos da administração, é forçoso reconhecer que a falta de independência funcional de seus membros[81], diferentemente do que se dá relativamente aos presentantes do Ministé-

---

78 NERY JR., Nelson. O Sistema do Processo Coletivo e o Interesse Público, p. 258.
79 "Art. 129. São funções institucionais do Ministério Público: (...) IX – exercer outras funções que lhe forem conferidas, desde que compatíveis com sua finalidade, *sendo-lhe vedada a representação judicial e a consultoria jurídica de entidades públicas.*"
80 *Apud* Diogo de Figueiredo Moreira Neto, *Legitimação e discricionariedade*, p. 11. Referido administrativista também sustenta que os interesses "próprios" do Estado "... não são mais que aspectos especiais e secundários" do próprio interesse público.
81 O STF já teve a oportunidade de declarar a inconstitucionalidade de dispositivos de constituições estaduais que previam a independência funcional dos Procuradores do Estado como princípio institucional. Por ocasião do julgamento da ADI n. 470/AM, asseverou o relator, Min. Ilmar Galvão, "... a incompatibilidade entre

rio Público (art. 127, § 1º, da CF), e a própria estrutura hierarquizada que envergam acabam por fragilizar bastante a sua atuação judicial, o que talvez explique o pequeno número de ações por improbidade administrativa propostas pelos entes federados.

Diga-se, em reforço à tese, que a defesa do patrimônio público, ainda que entendido na restrita acepção de "erário", sempre se harmonizou à sistemática da representação ideológica, sendo tradicional em nosso direito, pelo menos desde a edição da Lei n. 4.717/65, a iniciativa popular na condução de assuntos de interesse de toda a coletividade, o que caracteriza, a nosso juízo, hipótese singular de substituição processual[82]. Tal premissa demonstra, de modo irreprochável, que a tutela do patrimônio público nunca foi atribuída à advocacia pública *com exclusividade*, estando hoje, por força do próprio regramento constitucional, também cometida à Instituição encarregada da "defesa da ordem jurídica, do regime democrático e dos interesses sociais e individuais indisponíveis".

De tal missão constitucional, admiravelmente sintetizada no art. 127 da Carta Política, já seria possível extrair – independentemente de qualquer previsão específica, tal como ao final se positivou no art. 129, III – a legitimação do *Parquet* para a defesa do patrimônio público, pilar da ordem jurídica democrática e interesse social de inegável envergadura.

Em decorrência disso, legitima-se também o Ministério Público à guarda dos princípios da legalidade, moralidade, impessoalidade e eficiência da Administração Pública, estampados no art. 37 da CF, cuja violação encontra-se na base de *todas* as condutas de improbidade previstas na Lei n. 8.429/92. Realmente, não haverá enriquecimento ilícito do

---

a autonomia funcional e o mister desenvolvido pelas Procuradorias dos Estados, que, nos termos do art. 132 da Constituição Federal, exercem a representação judicial e a consultoria jurídica das respectivas entidades federadas, em atividade cuja parcialidade é necessária e que exige perfeita sintonia com as diretrizes fixadas pela Chefia da Administração Pública". Na mesma ocasião, sustentou o Ministro Sepúlveda Pertence, de modo a afastar a autonomia das procuradorias, a sua impossibilidade de pleitearem contrariamente aos interesses do Estado (reconhecendo a procedência do pedido, por exemplo), asseverando, por outro lado, que a independência profissional dos procuradores advém do próprio exercício da advocacia, sendo desnecessário, assim, o princípio da independência funcional (j. 1º/7/2002, *DJU* de 11/10/2002). Aliás, o mesmo Ministro Sepúlveda Pertence, por ocasião do julgamento da ADIMC n. 291, com fina ironia, afirmou que a vingar a independência funcional das procuradorias se teria que confiar talvez à defensoria pública "... a defesa do Estado contra sua própria advocacia". No mesmo sentido: ADI 217/PB, rel. Min. Ilmar Galvão, j. 28/8/2002. Por ocasião do julgamento da ADI 291/MT, rel. Min. Joaquim Barbosa, a Corte considerou inconstitucional dispositivo da Constituição do Estado do Mato Grosso que garantia a inamovibilidade de Procuradores daquele Estado, garantia que, segundo o STF, extrapolaria os limites constitucionais, já que somente conferida aos magistrados e membros do Ministério Público e da Defensoria Pública.

82 Recorremos, mais uma vez, à figura da substituição processual *sui generis*, na qual o legitimado extraordinário pleiteia em nome próprio um direito seu e um direito alheio, ao mesmo tempo, tal como se dá nos casos de obrigações solidárias. No sentido de que o autor popular é um substituto processual, a partir da resenha feita por Mancuso (*Ação popular*, p. 127 e s.): José Frederico Marques, Seabra Fagundes, Antônio Carlos de Araújo Cintra, João José Ramos Schaefer, Ada Pellegrini Grinover, Cândido Rangel Dinamarco, Ephraim de Campos Júnior, Péricles Prade, Waldemar Mariz de Oliveira Júnior e Theotonio Negrão.

agente público ou mesmo de terceiro (art. 9º) sem a violação dos cânones da legalidade e moralidade administrativas. De igual forma, a causação de dano ao patrimônio público (art. 10) também decorrerá da violação da principiologia constitucional, hoje enriquecida com a previsão do princípio da eficiência. Assim, bem compreendida a lógica inaugurada pela Lei n. 8.429/92, que, inclusive, erige a violação a princípios como hipótese autônoma de improbidade (art. 11), tudo está a indicar que a atuação do Ministério Público volta-se, precipuamente, à reafirmação de eficácia do estabelecido pelo art. 37 da Carta Política, o que o legitima em definitivo ao manejo de toda e qualquer ação com vistas a tal desiderato, haja, ou não, violação ao "erário". É dizer, sua atuação não é nutrida, fundamentalmente, por interesses meramente materiais, pecuniários, mas sim pela missão constitucional de velar, ao lado de outras instituições, pelos fundamentos do Estado Democrático de Direito. A rigor, assim, toda lesão patrimonial, mesmo que aqui confundamos patrimônio público com erário (aspecto meramente econômico), terá em sua matriz um ataque aos princípios fundamentais da República.

Reitere-se, à exaustão, a importância de uma maior adesão da Administração a seu dever de zelo pelo patrimônio público. Aliás, a mera leitura dos arts. 14 e 15 da Lei n. 8.429/92 deixa clara a importância atribuída à investigação por ela levada a cabo, podendo-se perceber a intenção do legislador em priorizar tal aspecto. Isso não significa, no entanto, que o *Parquet* não ostente legitimidade para a defesa do patrimônio público ou que só possa atuar depois de constatada a inércia da administração[83], o que transformaria a legitimação concorrente e disjuntiva, estabelecida pelo próprio texto constitucional, numa legitimação subsidiária[84].

E a jurisprudência vem reconhecendo, amplamente, a possibilidade de o Ministério Público ajuizar a ação civil pública não só para o ressarcimento do dano causado ao erário (*rectius*: patrimônio público)[85] como também para a aplicação das sanções previstas no art.

---

83 Nesse sentido: NASCIMENTO, Luiz Sales do. A legitimação do Ministério Público para proteção do patrimônio público e social, p. 365.

84 José Marcelo Menezes Vigliar, partindo da premissa de que "... prioritariamente, cabe à Administração combater a improbidade, até porque em emenda ao Texto Supremo foi consagrado o princípio da eficiência", sustenta que o legislador "... deveria ter reservado uma condição de legitimado subsidiário ao Ministério Público" (Pode o Ministério Público combater a improbidade administrativa?, p. 234 e s.). Embora concordemos com a base do raciocínio, a veiculação da ideia dá a entender que o sistema constitucional de legitimação concorrente cria algum embaraço a um papel mais contundente da Administração no combate à improbidade, o que não é real. Na verdade, o pífio papel desempenhado pela Administração neste campo deve-se a razões que transcendem, em muito, o campo jurídico, prendendo-se, no mais das vezes, à pura e simples leniência ou mesmo a razões de conveniência política, até porque é a Administração quem detém, realisticamente, pela proximidade que tem com os fatos, melhores condições de combater a improbidade praticada por seus agentes.

85 **No STJ**: "O Ministério Público tem legitimidade para propor ação civil pública em defesa do patrimônio público" (Súmula 329); "Ação Civil Pública. Atos de Improbidade Administrativa. Defesa do Patrimônio Público. Legitimação Ativa do Ministério Público. Constituição Federal, arts. 127 e 129, III. Lei 7.347/85

12 da Lei n. 8.429/92[86]. Por sua contundência e profundidade, merece destaque o acórdão prolatado pela 1ª Turma do STJ por ocasião do julgamento do REsp n. 401.964-RO, relator o Ministro Luiz Fux, assim ementado:

(arts. 1º, IV, 3º, II, e 13). Lei 8.429/92 (art. 17). Lei 8.625/93 (arts. 25 e 26). 1. *Dano ao erário municipal afeta o interesse coletivo, legitimando o Ministério Público para promover o inquérito civil e ação civil pública objetivando a ativa do Ministério Público para propor Ação Civil Pública na defesa dos interesses coletivos.* 2. Precedentes jurisprudenciais. Recurso não provido" (REsp n. 154.128-SC, 1ª T., maioria, rel. p/ o acórdão Min. Milton Luiz Pereira, j. 11/5/1998, *DJ* de 18/12/1998, grifos nossos)."Processual Civil. Ação Civil Pública; Defesa do Patrimônio Público. Ministério Público. Legitimidade Ativa. Inteligência do art. 129, III, da CF/88. c/c o Art. 1º, da Lei n. 7.347/85. Precedente. Recurso Especial não Conhecido. I – 'O campo de atuação do MP foi ampliado pela Constituição de 1988, cabendo ao *parquet* a promoção do inquérito civil e da ação civil pública para proteção do patrimônio público e social, do meio ambiente e de outros interesses difusos e coletivos, sem a limitação imposta pelo art. 1º da Lei 7.347/85 (REsp n. 31.547-9-SP). II – Recurso Especial não conhecido" (REsp n. 67.148-SP, rel. Min. Adhemar Maciel, *DJU* de 4/12/1995). No mesmo sentido: REsp n. 167.344-SP, rel. Min. Garcia Vieira, *DJ* de 19/10/1998; 98.648-MG, rel. Min. José Arnaldo, *DJ* de 28/4/1997; 213.714-MG, rel. Min. Garcia Vieira, *DJU* de 6/9/1999; 119.827-SE, rel. Min. Garcia Vieira, *DJU* de 1º/7/1999; 129.932-SP, rel. Min. Garcia Vieira, *DJU* de 10/4/1999. REsp n. 151.811-MG, rel. Min. Eliana Calmon, j. 16/11/2000, *Informativo STJ* 78; 162.377-SC, rel. Min. Francisco Falcão, *DJU* de 25/6/2001, p. 106; 291.747-SP, rel. Min. Humberto Gomes de Barros, *DJU* de 18/3/2002, p. 176; 122.485-MG, rel. Min. José Arnaldo, *DJU* de 9/12/1997; 132.107-MG, rel. Min. José Delgado, *DJU* de 16/3/1998; 167.783-MG, rel. Min. José Delgado, *DJU* de 17/8/1998; 158.536-SP, rel. Min. Garcia Vieira, *DJU* de 8/6/1998; 142.707-SP, rel. Min. Garcia Vieira, *DJU* de 27/4/1998; RMS n. 7.750-SP, rel. Min. Laurita Vaz, *DJU* de 4/2/2002. Como se vê, restou definitivamente superado o entendimento acolhido por ocasião do julgamento do REsp n. 34.980-5-SP, no sentido da ilegitimidade do Ministério Público para o ajuizamento de ação com vistas ao ressarcimento de danos causados ao erário municipal (2ª T., j. 15/6/1994, *RSTJ* 65/352).

No STF:"Constitucional. Ministério Público. Ação Civil Pública para Proteção do Patrimônio Público. Art. 129, III, da CF. 1. Legitimação extraordinária conferida ao órgão pelo dispositivo constitucional em referência, hipótese em que age como substituto processual de toda a coletividade e, consequentemente, na defesa de autêntico interesse difuso, habilitação que, de resto, não impede a iniciativa do próprio ente público na defesa de seu patrimônio, caso em que o Ministério Público intervirá como fiscal da lei, pena de nulidade da ação (ar 17, § 4º, da Lei n. 8.429/1992); 2. Recurso não conhecido" (RE n. 208.790-SP, Pleno, rel. Min. Ilmar Galvão, *DJU* 15/12/2000, p. 865). No mesmo sentido: RE n. 230.232-MA, rel. Min. Moreira Alves, j. 19/11/2002, in *Informativo STF* n. 291; RE/AGR n. 440.004, rel. Min. Dias Toffoli, *DJe* de 11/10/2013. Por ocasião do julgamento do ARE n. 769.217/MA, rel. Min. Gilmar Mendes, j. 13/11/2013, o STF admitiu a legitimidade do Ministério Público para a execução de débitos oriundos de decisões dos Tribunais de Contas. Já por ocasião do julgamento do RE 687.756/MA, Rel. Min. Teori Zavascki, J. 30/6/2015, o STF entendeu que o Ministério Público não tem legitimidade para executar penalidades impostas pelos Tribunais de Contas.

[86] "O Ministério Público pretende, valendo-se de ação civil pública, obter sanções cominadas na Lei 8.429/92. Pediu, com fundamento no Art. 12 desse último diploma, o arresto de bens pertencentes a um dos acusados... *O Ministério Público sustenta a tese de que as sanções contra improbidade administrativa devem ser obtidas através da ação civil pública, disciplinada na Lei 7.347/85. Tal proposição é correta. Nossa jurisprudência assentou-se no entendimento de que:* (cita a ementa do acórdão prolatado no Recurso Especial n. 154.128-SC, acima transcrita). *Se a ação civil pública é o instrumento apropriado, não há como negar a possibilidade de adotarem-se medidas cautelares, nos próprios autos do processo principal. O Art. 12 da Lei 7.347/85 é muito claro neste sentido. Dou provimento ao recurso*" (REsp n. 199.478-MG, 1ª T., rel. Min. Humberto Gomes de Barros, j. 21/3/2000, un., *DJ* de 8/5/2000, grifos nossos). No mesmo sentido: RMS n. 6.208/SP, 6ª T., rel. Min. Anselmo Santiago, un., *DJU* de 15/3/1999, p. 287.

"Ação civil Pública. Legitimidade. Ministério Público. Dano ao Erário Público.

(...)

3. O Ministério Público é parte legítima para promover Ação Civil Pública visando ao ressarcimento de dano ao erário público.

4. O Ministério Público, por força do art. 129, III, da CF/88, é legitimado a promover qualquer espécie de ação na defesa do patrimônio público social, não se limitando à ação de reparação de danos. Destarte, nas hipóteses em que não atua na condição de autor, deve intervir como *custos legis* (LACP, art. 5º, § 1º; CDC, art. 92; ECA, art. 202 e LAP, art. 9º).

5. A carta de 1988, ao evidenciar a importância da cidadania no controle dos atos da administração, com a eleição dos valores imateriais do art. 37 da CF como tuteláveis judicialmente, coadjuvados por uma série de instrumentos processuais de defesa dos interesses transindividuais, criou um microssistema de tutela de interesses difusos referentes à probidade da administração pública, nele encartando-se a Ação Popular, a Ação Civil Pública e o Mandado de Segurança Coletivo, como instrumentos concorrentes na defesa desses direitos eclipsados por cláusulas pétreas.

6. Em consequência, legitima-se o Ministério Público a toda e qualquer demanda que vise à defesa do patrimônio público sob o ângulo material (perdas e danos) ou imaterial (lesão à moralidade).

7. A nova ordem constitucional erigiu um autêntico 'concurso de ações' entre os instrumentos de tutela dos interesses transindividuais e, *a fortiori*, legitimou o Ministério Público para o manejo dos mesmos.

8. A lógica jurídica sugere que legitimar-se o Ministério Público como o mais perfeito órgão intermediário entre o Estado e a sociedade para todas as demandas transindividuais e interditar-lhe a iniciativa da Ação Popular, revela *contraditio in terminis*.

9. Interpretação histórica justifica a posição do MP como legitimado subsidiário do autor da Ação Popular quando desistente o cidadão, porquanto à época de sua edição, valorizava-se o *parquet* como guardião da lei, entrevendo-se conflitante a posição de parte e de *custos legis*.

10. Hodiernamente, após a constatação da importância e dos inconvenientes da legitimação isolada do cidadão, não há mais lugar para o veto da *legitimatio ad causam* do MP para a Ação Popular, a Ação Civil Pública ou o Mandado de Segurança Coletivo.

11. Os interesses mencionados na LACP acaso se encontrem sob iminência de lesão por ato abusivo da autoridade podem ser tutelados pelo *mandamus* coletivo.

12. No mesmo sentido, se a lesividade ou a ilegalidade do ato administrativo atingem o interesse difuso, passível é a propositura da Ação Civil Pública fazendo as vezes de uma Ação Popular multilegitimária.

13. As modernas leis de tutela dos interesses difusos completam a definição dos interesses que protegem. Assim, é que a LAP define o patrimônio e a LACP dilargou-o, abarcando áreas antes deixadas ao desabrigo, como o patrimônio histórico, estético, moral etc.

14. A moralidade administrativa e seus desvios, com consequências patrimoniais para o erário público enquadram-se na categoria dos interesses difusos, habilitando o Ministério Público a demandar em juízo acerca dos mesmos.

(...).

16. Recurso Especial parcialmente conhecido e improvido" (j. 22/10/2002)[87].

6.4. Associações

O não confinamento da legitimação, no campo dos interesses difusos, a órgãos ou agências estatais especializadas representa, sem dúvida alguma, um dos aspectos mais positivos da Lei n. 7.347/85, cujo art. 5º, V, confere legitimidade às associações constituídas, nos termos da lei civil, há pelo menos um ano e que incluam dentre suas finalidades institucionais a tutela dos interesses difusos de que cuida a lei referida.

Na órbita da improbidade administrativa, contudo, a doutrina, praticamente à unanimidade, nega a legitimidade das associações para o ajuizamento da ação com vistas à reparação do dano causado ao patrimônio público e à responsabilização do agente, isso em razão da suposta omissão do art. 17 da Lei n. 8.429/92, regra mais específica que a prevista no art. 5º da Lei n. 7.347/85[88]. Não nos parece seja assim. Não só razões políticas mas também jurídicas conduzem ao desacerto de tal interpretação.

---

[87] No mesmo sentido, da lavra do mesmo relator: REsp n. 408.219/SP, *DJU* de 14/10/2002, p. 197. No julgamento do REsp n. 922.702/MG, em 28/4/2009, rel. Min. Luiz Fux, admitiu-se a legitimação do Ministério Público para executar certidão de débito expedida por Tribunal de Contas estadual que apurou irregularidades na remuneração de agentes públicos. No mesmo sentido: REsp n. 1.119.377/SP, Primeira Seção, rel. Min. Humberto Martins, *DJ* de 4/9/2009; REsp n. 996.031/MG, rel. Min. Francisco Falcão, julgado em 11/3/2008, *DJ* de 28/4/2008; REsp n. 678.969/PB, rel. Min. Luiz Fux, julgado em 13/12/2005, *DJ* de 13/2/2006; REsp n. 149.832/MG, rel. Min. José Delgado, *DJ* de 15/2/2000. Em sentido contrário: STF, RE 687.756/MA, rel. Min. Teori Zavascki, j. 30/6/2015.

[88] Wallace Paiva Martins Júnior (*Probidade administrativa*, p. 309) e José Marcelo Menezes Vigliar (*Ação civil pública*, p. 150). Contra, admitindo a legitimação das associações no campo da improbidade administrativa, Nelson Nery Junior e Rosa Maria de Andrade Nery (*Código de Processo Civil comentado e legislação processual civil extravagante em vigor*, p. 1.130). Mais recentemente, também no sentido da admissibilidade da legitimação das associações civis no campo da improbidade administrativa, honrando-nos sobremodo com a citação: Gustavo Senna Miranda (Princípios do juiz natural e sua Aplicação na Lei de Improbidade Administrativa, p. 207-210), Marcelo Zenkner ("Legitimação Ativa nas Ações Protetivas do Patrimônio Público", p. 152-157) e Reuder Cavalcante Motta (*Tutela do patrimônio público e da moralidade administrativa*. Interpretação e aplicação, p. 165-166). Consulte-se também José Antônio Lisbôa Neiva (*Improbidade administrativa*: estudos sobre a demanda na ação de conhecimento e cautelar, p. 74-75), que considera criticável a ausência de legitimação das associações.

Quanto às primeiras, não se pode perder de vista que a legitimação das associações, cuja existência, na visão de Cappelletti "supera a fraqueza do indivíduo isolado"[89], significa uma importantíssima ferramenta de democracia participativa, cujas bases foram lançadas pelo próprio texto constitucional (arts. 1º, parágrafo único; 5º, XVII, XXI, XXXIII, XXXIV, XXXVIII, LXX, LXXIII; 14; 17 etc.). Ainda em tal perspectiva, deve ser ressaltado que tal legitimação visa a corrigir o grave erro, já superado pela maioria dos sistemas contemporâneos, representado pela legitimação exclusiva de entes estatais para a proteção dos interesses difusos[90]. Um sistema de representatividade associativa é um sistema que, criticamente e de forma algo contraditória, assume a impotência do Estado para a tutela dos interesses difusos, chamando os organismos sociais a também atuarem nesse *front*, muitas vezes até em detrimento do próprio Estado[91]. Nessa linha, se hoje se reconhece que a corrupção representa uma das principais causas do verificado desvio do Estado de sua finalidade essencial, que é a de atender aos reclamos da coletividade[92], não se pode excluir da sociedade, através de seus canais mais organizados, a possibilidade de participar da "correção de rumos" do ente político[93].

Juridicamente, ante a imprecisão da regra contida no art. 17 da Lei n. 8.429/92, parece-nos possível a aplicação do art. 5º, V, da Lei da Ação Civil Pública – aplicação muito mais "esclarecedora" que "supletória" – bastando, para tanto, que, ante a natureza dispersa do interesse aqui considerado, se considere a associação uma "pessoa jurídica interessada"[94]. Dentro de tal perspectiva, é preciso considerar que em matéria de legitimação no campo dos interesses difusos "a primeira consideração a ser feita diz respeito ao fato de que a legitimação, nos interesses difusos, não pode ser resolvida em termos de perquirição sobre a

---

89 "A associação concentra as forças de um grupo de pessoas... Então, supera a fraqueza do indivíduo isolado. É uma união, que multiplica as forças; torna a lide economicamente possível, considerando-se que, às vezes, para o indivíduo a demanda é economicamente impossível; possibilita a apreciação do interesse de todos, de uma só vez, sem que todos precisem recorrer à Justiça" (Tutela dos interesses difusos, *Ajuris* n. 33, p. 178).

90 Cappelletti e Garth, *Acesso à justiça*, p. 28.

91 Calmon de Passos, indo além, assevera que a maior participação da sociedade civil no processo parte do convencimento de que o Estado não é neutro nem é sempre um mediador confiável (*apud* Enrique Vescovi, La participación de la sociedad civil en el proceso. La defensa del interés colectivo y difuso. Las nuevas formas de legitimación, p. 163-164).

92 Enrique Vescovi, ob. cit., p. 164.

93 Cândido Rangel Dinamarco, em primorosa passagem de seu clássico trabalho sobre "A instrumentalidade do processo", assinala que um dos *escopos políticos do processo* é o de "canalizar a participação democrática" do cidadão e da sociedade, o que se materializa não só através da ação popular mas também por intermédio do atuar das associações no âmbito da ação civil pública (p. 168 e s.).

94 Não se trata, como parece a Daniel Amorim Assumpção Neves, de preferência da norma específica (LIA) sobre a geral (LACP), o que conduz o referido autor a negar a legitimidade das associações para as ações de improbidade (*Manual de improbidade administrativa*, p. 120). Trata-se, isto sim, de reconhecer a inexistência de incompatibilidade, neste passo, dentro do microssistema de tutela processual da improbidade, ou seja, cuida-se de reconhecer a existência de um sistema de "mútua complementariedade".

titularidade da pretensão; isso seria até uma *contradictio in re ipsa*, visto que tais interesses são ... difusos, e isso basta para que seja descartada a investigação quanto à afetação dos mesmos a um 'titular' determinado. A ótica deve ser objetiva, isto é: deve-se dar prevalência aos aspectos da relevância social do interesse e da capacidade representativa de seu portador (esses serão os títulos jurídicos); o portador desses títulos não o será em termos de exclusividade, mas de veículo ou instrumento idôneo a solicitar a tutela para aquele interesse"[95].

A interpretação ora sugerida – ressalte-se mais uma vez – parte da própria regra enunciada pelo art. 17 da Lei de Improbidade, não significando, por tal motivo, uma indevida ampliação de hipótese de legitimação extraordinária, até porque, como se tem reconhecido, os casos de substituição processual podem ser inferidos do "sistema jurídico como um todo", prescindindo-se de uma normativa específica, exauriente[96]. Ademais, também não seria desnecessário lembrar que "a regra ordinária do Direito Processual, de que se devem interpretar restritivamente os casos de legitimação extraordinária e de substituição processual, à evidência não pode ser aplicada na tratativa processual dos direitos e interesses difusos e coletivos"[97], sob pena, inclusive, do estabelecimento de técnicas de tutela distintas a depender do interesse difuso em jogo (meio ambiente, consumidor etc., de um lado, e patrimônio público, doutro), com a fragilização do acesso à justiça no que respeita à defesa do patrimônio público e afronta à ideia de que tais interesses devem receber a incidência de uma mesma "malha legal protetiva" (arts. 1º, IV, e 21, da Lei n. 7.347/85, com a redação dada pela Lei n. 8.078/90).

Colocando uma pá de cal sobre o tema, a Lei n. 13.004/2014, alterando o art. 5º da Lei n. 7.347/85, ampliou o rol de matérias em cujo âmbito podem as associações atuar[98]. Como se sabe, a redação original do referido dispositivo, que não continha tal previsão, foi alterada pelo art. 111 do Código de Defesa do Consumidor, o qual legitimou as associações a uma atuação irrestrita no campo dos interesses difusos[99]. Posteriormente, sobreveio a Lei

---

95 Mancuso, *Interesses difusos*, p. 170.
96 Nesse sentido, Waldemar Mariz de Oliveira Jr. (*Substituição processual*, p. 135); Nelson Nery Jr. e Rosa Maria de Andrade Nery (*Código de Processo Civil comentado*, p. 259); Mancuso (*Interesses difusos*, p. 193, citando Barbosa Moreira e Arruda Alvim).
97 NERY JUNIOR, Nelson. *Código Brasileiro de Defesa do Consumidor comentado pelos autores do anteprojeto*, p. 908.
98 "Art. 5º Têm legitimidade para propor a ação principal e a ação cautelar: (...) V – a associação que, concomitantemente: (...) b) inclua, entre suas finalidades institucionais, a proteção *ao patrimônio público e social, ao meio ambiente, ao consumidor, à ordem econômica, à livre concorrência, ou ao patrimônio artístico, estético, histórico, turístico e paisagístico*" (com a redação dada pela Lei n. 13.004, de 24 de junho de 2014).
99 "Art. 111. O inciso II do artigo 5º da Lei n. 7.347, de 24 de julho de 1985, passa a ter a seguinte redação: 'II – inclua, entre suas finalidades institucionais, a proteção ao meio ambiente, ao consumidor, ao patrimônio artístico, estético, histórico, turístico e paisagístico, *ou a qualquer outro interesse difuso ou coletivo*'". A regra contida no art. 111 do CDC guarda coerência com o acréscimo de um inciso ao art. 1º da Lei n. 7.347/85 ("IV – a qualquer outro interesse difuso ou coletivo"), produzido pelo próprio Código Consumerista (art. 110).

n. 8.884/94 (Lei Antitruste), cujo art. 88, parágrafo único, extirpou do texto a referência a tal legitimação genérica, mantendo-se a restrição temática com a nova redação dada pela Lei n. 11.448, de 15 de janeiro de 2007. Contudo, a melhor doutrina já sustentava que a alteração legal não afetava a legitimidade mais aberta das associações civis para a defesa de outros interesses difusos e coletivos, objeto de proteção da Lei n. 7.347/85 (art. 1º, IV)[100]. Realmente, a restrição imposta pelo legislador por intermédio da Lei n. 8.884/94 (mantida pela nova redação dada pela Lei n. 11.448, de 15 de janeiro de 2007) não se coadunava com a legitimação disjuntiva enunciada pela Constituição Federal, cujo art. 129, § 1º, é claríssimo em estabelecer que "A legitimação do Ministério Público para as ações civis previstas neste artigo não impede a de terceiros, *nas mesmas hipóteses*, segundo o disposto nesta Constituição e na lei". É certo que caberá ao legislador, de acordo com tal regra, o disciplinamento da legitimação dos "terceiros", podendo estabelecer requisitos de pertinência temática, por exemplo, como o faz, inclusive, a própria Lei n. 7.347/85. Não poderá, no entanto, uma vez definidos quem sejam estes "terceiros" – conceito que deve necessariamente contemplar as associações em razão das diretrizes fixadas pelo art. 5º, incisos XVII, XXI e LXX, da CF – criar zonas de atuação privativa dos entes públicos, conspurcando a legitimação concorrencial imposta pela Lei Maior. Em resumo: onde o Ministério Público puder atuar em matéria de interesses difusos e coletivos, também atuarão as associações, única interpretação capaz de atender a *ratio* do art. 129, § 1º, da CF.

De todo, como já anunciado, a Lei n. 13.004/2014 põe fim a qualquer dúvida a respeito da legitimidade das associações civis para a propositura de ações civis públicas em defesa do patrimônio público, inclusive, segundo pensamos, para a propositura de ações civis públicas por ato de improbidade administrativa (espécie do gênero "ação civil pública").

A participação efetiva das associações na seara da improbidade administrativa atende não só ao ideário de democracia participativa inaugurado pela atual Carta Política como também a conveniências de ordem prática, sendo necessário considerar que a pequena participação dos entes federados na repressão à improbidade vem acarretando um preocupante assoberbamento do Ministério Público, instituição que, não obstante o notório comprometimento público de seus integrantes, encontra hoje sérias dificuldades para responder, a contento, aos legítimos reclamos da sociedade.

Não se deve temer, por outro lado, que as associações atuem de forma temerária em tão delicado campo uma vez que a própria lei prevê mecanismos preventivos e repressivos ao atuar impregnado por má-fé (art. 17 da Lei n. 7.347/85 e art. 17, § 6º, da Lei n. 8.429/92). Diga-se, em confirmação da tese, que também elas deverão instruir suas iniciais "... com documentos ou justificação que contenham indícios suficientes da existência do ato de

---

100 NERY JUNIOR, Nelson; NERY, Rosa Maria de Andrade. *Código de Processo Civil comentado*, p. 1138. Sobre a inconstitucionalidade da alteração promovida pela Lei n. 8.884/94 ao art. 5º, II, da LACP, seja-nos permitida a indicação do nosso *As prerrogativas da administração pública nas ações coletivas*. Rio de Janeiro: Lumen Juris, 2007, p. 155-172.

improbidade ou com razões fundamentadas da impossibilidade de apresentação de qualquer dessas provas".

O temor representado pela suposta pouca experiência das associações no campo do patrimônio público, do que decorreriam riscos às próprias pretensões veiculadas, também não se justifica, porque: a) o Ministério Público sempre atuará como *custos legis* na hipótese de não figurar como autor da demanda (art. 17, § 4º, da Lei n. 8.429/92 e art. 5º, § 1º, da Lei n. 7.347/85), podendo, inclusive, a nosso juízo, aditar a inicial para o suprimento de omissões objetivas (fatos) ou subjetivas (agentes responsáveis)[101]; b) a pessoa jurídica de direito público lesada também será chamada à lide (art. 17, § 3º, da Lei n. 8.429/92), podendo atuar, a depender da hipótese, ao lado da associação; c) em caso de desistência infundada ou abandono da ação por associação legitimada, o Ministério Público ou outro legitimado assumirá a titularidade ativa (art. 5º, § 3º, da Lei n. 7.347/85). A minimizar o problema da pouca experiência das associações, alvitra-se a possibilidade de litisconsórcios ativos entre elas e os demais legitimados, sobretudo o Ministério Público, interlocutor natural dos organismos sociais organizados.

Cumpre também ressaltar a inaplicabilidade da exigência contida no art. 2º-A, parágrafo único, da Lei n. 9.494/97, vale dizer, a de que "nas ações coletivas propostas contra a União, os Estados, o Distrito Federal, os Municípios e suas autarquias e fundações, a petição inicial deverá obrigatoriamente estar instruída com a ata da assembleia da entidade associativa que a autorizou, acompanhada da relação nominal dos seus associados e indicação dos respectivos endereços"[102], uma vez que a ação civil por improbidade administrativa não é, evidentemente, uma ação "contra" a União, os Estados ou os Municípios. Muito ao contrário, buscam os substitutos processuais, justamente, a recomposição do patrimônio público (pecuniário e/ou moral) desfalcado pelo agente ímprobo[103].

Por fim, é relevante anotar que o reconhecimento da legitimação das associações civis para o ajuizamento de ações civis públicas por improbidade administrativa afina-se ao que estabelece o art. III, 11, da Convenção Interamericana de Combate à Corrupção, promul-

---

101 O tema será analisado mais à frente.
102 Parágrafo único incluído pela Medida Provisória n. 2.180-35, de 24/8/2001.
103 O STJ, analisando o cabimento, ou não, da incidência das restrições introduzidas pelos arts. 1º, 2º e 4º da Lei n. 8.437/92 ao campo da ação por improbidade administrativa assentou: "Processual Civil – Ação Cautelar de Produção Antecipada de Prova – Concessão de Liminar *Inaudita Altera Pars* – Presença de *Periculum in Mora* – Improbidade Administrativa – Uso de Bem Público por Empresa Particular – Lei n. 8.437/92 – Inaplicabilidade. Na hipótese de ação cautelar de produção antecipada de prova ajuizada com o fito de constatar a utilização de maquinário e mão de obra municipais por empresa particular, é lícito ao juiz conceder liminar *inaudita altera pars, pois esta é efetivada em benefício do poder público*, não sendo caso de invocação do artigo 1º da Lei n. 8.437/92" (REsp n. 293.797-AC, 1ª T., rel. Min. Garcia Vieira, j. 13/3/2001, *DJU* de 11/6/2001). Relativamente à inaplicabilidade da Lei n. 8.437/92 ao campo da ação popular, pelos mesmos fundamentos: RMS n. 5.621-0/RS, 1ª T., rel. Min. Humberto Gomes de Barros, *DJU* de 7/8/1995; REsp n. 73.083/DF, 6ª T., rel. Min. Fernando Gonçalves, *DJU* de 6/10/1997, p. 50063.

gada no Brasil por intermédio do Decreto n. 4.410, de 7 de outubro de 2002, de acordo com o qual devem os Estados Partes instituir "mecanismos para estimular a participação da sociedade civil e de organizações não governamentais nos esforços para prevenir a corrupção" e também ao que estabelece a Convenção das Nações Unidas Contra a Corrupção (arts. 5º, 1, e 13), promulgada pelo Decreto n. 5.687, de 31 de janeiro de 2006.

6.4.1. Defensoria Pública

Como já referido anteriormente, a Lei n. 11.448, de 15 de janeiro de 2007, incluiu a Defensoria Pública no rol dos legitimados pelo art. 5º da Lei da Ação Civil Pública, regra que potencializa sobremodo a defesa dos direitos transindividuais em razão da missão constitucional outorgada a esta importante instituição de efetivação do acesso à justiça. Posteriormente, a **Lei Complementar n. 132/09, alterando os arts. 1º e 4º da Lei Complemenatar n. 80/94**, conferiu à Defensoria Pública o *status* de "instituição permanente, essencial à função jurisdicional do Estado" e a missão de "orientação jurídica e de promoção dos direitos humanos", além da "defesa, em todos os graus, judicial e extrajudicial, dos direitos individuais e *coletivos*, de forma integral e gratuita, aos necessitados, assim considerados na forma do inciso LXXIV do art. 5º da Constituição Federal". De mais importante, o atual texto constitucional também atribui à Defensoria a defesa "dos direitos individuais e coletivos, de forma integral e gratuita, aos necessitados"[104].

Até a 8ª edição desta obra, parecia-nos inviável a conclusão no sentido de que a Defensoria Pública é legitimada ao ajuizamento de ações de improbidade administrativa. Melhor refletindo sobre o tema, soa-nos agora razoável a construção de um campo de possível atuação da Defensoria Pública mesmo na esfera da improbidade administrativa.

É bem verdade que o art. 17 da Lei n. 8.429/92 legitima apenas o Ministério Público e a "pessoa jurídica interessada" à propositura de ações civis públicas por ato de improbidade administrativa, expressões cuja compreensão não autoriza, em princípio, o atuar da Defensoria Pública nem tampouco do cidadão. Mas é preciso rememorar a existência de um sistema de mútua complementariedade entre a LACP e a LIA, atualmente enriquecido com a possibilidade de atuação da Defensoria Pública em favor dos direitos coletivos dos necessitados. Ou seja, o sistema de mútua complementariedade comporta, atualmente, a atuação desta importante instituição, parecendo claro que também o texto constitucional deve participar e conduzir a compreensão de referido sistema (ou microssistema de tutela coletiva). Assim, as limitações redacionais do art. 17 da Lei n. 8.429/92 devem ser atual-

---

[104] "Art. 134. A Defensoria Pública é instituição permanente, essencial à função jurisdicional do Estado, incumbindo-lhe, como expressão e instrumento do regime democrático, fundamentalmente, a orientação jurídica, a promoção dos direitos humanos e a defesa, em todos os graus, judicial e extrajudicial, dos direitos individuais e *coletivos*, de forma integral e gratuita, aos necessitados, na forma do inciso LXXIV do art. 5º desta Constituição Federal" (Redação dada pela Emenda Constitucional n. 80, de 2014).

mente superadas, em homenagem às ideias de supremacia da constituição e de sua força vinculante.

Contrariamente ao que vem sendo defendido por alguns[105], nunca nos pareceu estivesse a Defensoria proibida de atuar, *tout court*, em defesa dos direitos difusos (por exemplo, uma ação civil pública ajuizada para garantir o funcionamento de uma escola ou de uma unidade de saúde situadas no interior de uma comunidade carente), o que, em tese, a habilitaria à tutela do direito à probidade, um direito difuso por excelência, mais especificamente nos casos que em alguma medida se relacionassem com as hipóteses de sua atuação. Ou seja, não há incompatibilidade entre a defesa dos direitos difusos e a missão constitucional de "orientação jurídica e defesa dos necessitados"[106]. Assim, por exemplo, parece-nos cabível a propositura, pela Defensoria, de ação de improbidade administrativa fundada no descumprimento de ordem judicial para o fornecimento de determinado medicamento a pessoa juridicamente necessitada ou que tenha determinado, outro exemplo, a matrícula de determinada criança numa creche pública (art. 11, II, da LIA). Nestes casos, a ação de improbidade é uma inafastável ferramenta de reforço da atribuição constitucional de velar pelos interesses transindividuais dos necessitados, e é precisamente neste sentido que o art. 4º, VII, da Lei Complementar n. 132/2009 legitima a Defensoria ao manejo da ação civil pública e de "todas as espécies de ações capazes de propiciar a adequada tutela dos direitos difusos, coletivos ou individuais homogêneos quando o resultado da demanda puder beneficiar grupo de pessoas hipossuficientes". Cuida-se, em suma, de um poderoso e inafastável instrumento de concretização do mandamento constitucional no sentido de que a defesa dos direitos transindividuais dos necessitados se dê de forma "integral".

Além disso, nada impede que a Defensoria patrocine ações de improbidade administrativa ajuizadas por associações civis hipossuficientes, hipótese que não se confunde com os casos de legitimação extraordinária contemplados pelo microssistema de tutela coletiva.

Não obstante, a atuação da Defensoria Pública relativamente ao enriquecimento ilícito de agentes públicos (art. 9º) e ao dano ao patrimônio público (art. 10) soa descabida, em razão da impossibilidade de aproximação, nesses casos, entre as lesões jurídicas (difusas) e a ideia, constitucional e vinculante, de "orientação e defesa dos necessitados". É certo que, em grandes linhas, todos os atos de improbidade administrativa afetam a sociedade como um todo, também, e sobretudo, os menos favorecidos. Contudo, nos casos mencionados, o reconhecimento da legitimação da Defensoria Pública dar-se-ia a partir

---

105 Por exemplo, a CONAMP, autora da ADI n. 3.943. O Plenário do STF, em 07/05/2015, julgou improcedente referida ADI, por unanimidade, acompanhando o voto da Relatora, Min. Cármen Lúcia.

106 O critério constitucional de hipossuficiência, em casos como esses, deve ser construído a partir da preponderância (atuação em prol de uma comunidade preponderantemente formada por necessitados) e não da exclusividade. Nesse sentido: Raphael Manhães Martins, A Defensoria Pública e o acesso à justiça, *Revista CEJ* n. 30, jul./set. 2005, p. 26-33.

de uma ampla diluição da nobre atribuição de "defesa dos necessitados", em claro desvio da rota que o próprio texto constitucional já delineou de forma segura e clara.

6.4.2. Litisconsórcio entre Colegitimados e entre Ministérios Públicos

É evidente que, por poderem atuar isoladamente, podem os colegitimados optar pela formação de litisconsórcio no polo ativo (litisconsórcio facultativo)[107], respeitada a pertinência temática de sua atuação (não faz sentido, por exemplo, que a União e o Município litiguem em litisconsórcio ativo em caso de lesão exclusiva ao patrimônio deste último).

O art. 5º, § 5º, da Lei n. 7.347/85 permite também *o litisconsórcio facultativo entre os Ministérios Públicos da União, do Distrito Federal e dos Estados na defesa dos interesses e direitos de que cuida esta lei.*

Vicente Greco Filho aponta a inconstitucionalidade do dispositivo sob o argumento de que o Ministério Público atua perante órgãos jurisdicionais, sendo sua atribuição limitada à competência destes, o que inviabilizaria que o Ministério Público federal litigasse na Justiça do Estado e vice-versa. Nessa linha, haveria violação ao princípio federativo a que estão atrelados os Ministérios Públicos federal e estaduais, vulnerando-se a autonomia prevista na Constituição[108].

Data venia, sem razão. Conforme muito bem percebido por José dos Santos Carvalho Filho, "nenhum atrelamento rígido vincula o Ministério Público a órgãos jurisdicionais"[109]. Ademais, afirma o referido autor, "nenhuma ofensa a princípio federativo ocorreu pela possibilidade de litisconsorciarem-se os Ministérios Públicos. O princípio federativo ostenta natureza política e alcança primordialmente as pessoas integrantes da federação como forma de Estado. Nenhuma relação tem com as atribuições dos diversos Ministérios Públicos, cuja preocupação constitucional não é a divisão federativa em si, mas sim a defesa da ordem jurídica, do regime democrático e da defesa dos interesses sociais e individuais indisponíveis, independentemente desta ou daquela pessoa federativa. Lembre-se, ainda, que houvesse violação ao princípio federativo, também não poderiam ser litisconsortes a União e um Estado, ou, ainda, Estados entre si, ou Estados e Municípios, fato que nunca foi questionado pela doutrina e pelos Tribunais"[110].

---

107 O art. 5º, § 2º, da Lei n. 7.347/85 faculta ao Poder Público e às associações legitimadas habilitarem-se como litisconsortes de qualquer das partes, não aludindo à possibilidade de assistência. Não obstante a omissão da lei, Mancuso admite a figura da assistência em suas duas modalidades (simples e litisconsorcial), aplicando-se subsidiariamente a disciplina do CPC em razão da permissão contida no art. 19 da Lei de Ação Civil Pública.

108 *Comentários ao Código de Proteção ao Consumidor*, p. 337.

109 Tal desvinculação vem sendo reconhecida pela jurisprudência: TRF-3ª Região, AI n. 3.457-SP, rel. Juiz Sérgio Lazzarini, *Bol.* 1/91, p. 16; TRF-2ª Região, MS n. 91.02.15238-0-RJ, rel. Juiz Clélio Erthal, *DJU* de 25/2/1992, p. 3801, *apud* Vladimir Souza Carvalho, *Competência da Justiça Federal*, p. 130-131.

110 *Ação civil pública*, p. 173-174.

Especificamente no campo da improbidade poderíamos formular alguns exemplos: imagine-se o desvio de verbas de determinado fundo destinado ao ensino fundamental, composto por verbas federais e estaduais. A existência de interesse da União desloca a causa para a competência da Justiça Federal, mas nada impede a atuação conjunta dos Ministérios Públicos Federal e Estadual. Ou ainda: determinada verba é repassada pela União Federal ao Município, mediante convênio sujeito à fiscalização do Tribunal de Contas da União, com vistas à erradicação de determinada epidemia. A competência será da Justiça Federal[111], mas nada impede a atuação conjunta dos Ministérios Públicos[112].

A esse respeito, não se deve perder de vista que se uma *associação* pode demandar perante o Juízo Federal, parece que, estando presente o requisito da *pertinência temática*, como nos exemplos acima, também o poderá o *Parquet* estadual, e vice-versa (o Ministério Público Federal atuando perante a Justiça Estadual).

6.4.3. Omissões Objetivas e Subjetivas da Inicial. Atuação Supletória dos Colegitimados

Vimos, acima, que a busca da reparação do dano causado ao patrimônio público é um dever para os legitimados, construindo-se, a partir de tal premissa, o princípio da obrigatoriedade da ação civil por improbidade administrativa.

Tal obrigatoriedade significa que deve o legitimado concorrente buscar a responsabilização de *todos aqueles que tenham concorrido para o ato de improbidade*, não sendo possível, se existentes indícios de responsabilidade, a exclusão de quem quer que seja. Razões de conveniência e oportunidade, neste momento, estão absolutamente afastadas, conclusão a que se chega não só em razão da indisponibilidade dos interesses em jogo como também pela própria disciplina contida na Lei n. 8.429/92, cujos artigos 1º, 2º, 3º, 5º e 6º não deixam "escapar" ninguém.

Por outro lado, a obrigatoriedade de agir também vai alcançar, pelos mesmos motivos, *todos os fatos* objeto de apuração, não podendo o autor optar por alguns, a seu ver mais graves, deixando outras condutas ímprobas ao largo da incidência da lei.

O que fazer, no entanto, em hipóteses de omissão da inicial quanto a tais aspectos, subjetivos (*agentes* causadores de improbidade) ou objetivos (*fatos* caracterizadores de improbidade)?

---

111 Súmula n. 208 do STJ: "Compete à Justiça Federal processar e julgar prefeito municipal por desvio de verba sujeita a prestação de contas perante órgão federal".
112 Admitindo o litisconsórcio entre Ministérios Públicos, confira-se o acórdão prolatado pela 1ª Turma do STJ por ocasião do julgamento do REsp n. 382.659/RS, rel. Min. Humberto Gomes de Barros, j. em 2/12/2003. No mesmo sentido: REsp n. 222.582/MG, *DJU* de 29/4/2000, e REsp n. 213.947/MG, *DJU* de 21/2/2000. Contrariamente: AGRG no REsp n. 976896, rel. Min. Benedito Gonçalves, 1ª T., j. em 6/10/2009, *DJ* de 15/10/2009; REsp n. 876936/RJ, rel. Min. Luiz Fux, 1ª T., j. em 21/10/2008, *DJ* de 13/11/2008. Admitindo o litisconsórcio entre Ministérios Públicos, no STF: ACO n. 1020/SP, Tribunal Pleno, rel. Min. Cármen Lúcia, j. em 8/10/2008, *DJ* de 20/3/2009.

O § 3º do art. 17 da Lei de Improbidade Administrativa, em sua primitiva redação, era do seguinte teor: *No caso da ação principal ter sido proposta pelo Ministério Público, a pessoa jurídica interessada integrará a lide na qualidade de litisconsorte, devendo suprir as omissões e falhas da inicial e apresentar ou indicar os meios de prova de que disponha*. Previa o texto originário, assim, a possibilidade de aditamento da inicial pela pessoa jurídica interessada quando verificada a omissão do Ministério Público. Tal dispositivo, como se sabe, foi alterado pela Lei n. 9.366/96[113].

Na visão de Nelson Nery Junior e Rosa Maria de Andrade Nery, "na redação anterior, a norma era imprecisa, pois o sistema processual somente autoriza o litisconsórcio **necessário** ulterior, mas não o facultativo, como permitia a norma na redação revogada. A hipótese era de assistência litisconsorcial (art. 54 do CPC revogado, que corresponde ao art. 124 do CPC/2015). A imprecisão técnica (...) foi corrigida, pois agora o texto remete para o sistema da ação popular, onde a pessoa jurídica de direito público ou de direito privado pode assumir a posição que lhe convier, que entender mais correta na ação de improbidade administrativa"[114].

Como quer que seja, mesmo à falta de norma expressa, consideramos possível, em virtude do princípio informativo da obrigatoriedade, a atuação supletiva dos demais legitimados sempre que verificada alguma omissão, subjetiva ou objetiva, por parte do Ministério Público. Assim, nada impede, antes recomenda, que, omissa a inicial do *Parquet*, possam eles aditá-la com o escopo de suprir a falta, buscando, desta forma, a total reparação do dano ao patrimônio público, com a consequente aplicação das sanções a todos aqueles que tenham concorrido para o evento, velando, no final das contas, pelo princípio reitor da obrigatoriedade.

É certo que, em hipóteses tais, nada impediria o ajuizamento de ação autônoma com relação ao aspecto omitido. Não obstante, a fim de que se possibilite ao magistrado uma visão unitária da prova, evitando-se, com isso, a prolação de sentenças contraditórias, melhor será se adite a inicial do *Parquet*, procedimento muito mais célere e econômico que o ajuizamento de uma outra ação civil pública. Aplicável, neste passo, a regra de que "quem pode o mais (ajuizar a ação) pode o menos (aditar a inicial)".

Outro caminho igualmente válido seria, por aplicação analógica do art. 9º da Lei n. 7.347/85, que a omissão do membro do Ministério Público fosse levada ao conhecimento do Conselho Superior do Ministério Público, abrindo-se a possibilidade, uma vez verificada a inércia, de designação de outro membro do *Parquet* com vistas à formulação do adita-

---

113 "§ 3º No caso de a ação principal ter sido proposta pelo Ministério Público, aplica-se, no que couber, o disposto no § 3º do art. 6º da Lei n. 4.717/65". Este último dispositivo, por seu turno, tem a seguinte redação: "A pessoa jurídica de direito público ou de direito privado, cujo ato seja objeto de impugnação, poderá abster-se de contestar o pedido, ou poderá atuar ao lado do autor, desde que isso se afigure útil ao interesse público, a juízo do respectivo representante legal ou dirigente".
114 *Código de Processo Civil comentado e legislação processual civil extravagante em vigor*, p. 1660.

mento. Afigura-se-nos possível a solução uma vez que cabe ao Conselho Superior o papel de fiscal de observância ao princípio da obrigatoriedade, violado pelo Promotor de Justiça que deixa de incluir na inicial algum agente ou algum fato com relação ao qual haja indícios. E se o Conselho pode tomar a providência aqui alvitrada de ofício, também poderá tomá-la por provocação de qualquer dos colegitimados. É intuitivo que tal caminho se mostrará necessário apenas naquelas hipóteses em que o colegitimado, por qualquer motivo, não esteja, ele próprio, disposto a aditar a inicial, recusando-se também o membro do Ministério Público a fazê-lo.

É evidente, por outro lado, que tal solução (provocação do Conselho Superior) só será aplicável se o aspecto omitido na inicial não foi objeto de *expresso* arquivamento pelo referido órgão superior do Ministério Público[115]. Em tal hipótese, o único caminho possível será o aditamento da inicial pelos demais legitimados, que não se vinculam, por evidente, à solução arquivatória adotada pelo *Parquet*.

Como se vê, a única postura que não se admite dos colegitimados é a pura e simples omissão.

A mesma regra (aditamento da inicial) aplica-se quando ajuizada a ação pela União, Estados, Distrito Federal, Municípios e associações: verificada pelo Ministério Público a omissão, cabível será o aditamento com o escopo de incluir fatos ou agentes outros. Deve-se considerar, mais uma vez, que pela peculiaridade dos interesses difusos, não possui o legitimado qualquer tipo de disponibilidade quanto ao alcance, objetivo e subjetivo, da ação civil pública por improbidade administrativa.

Pelas mesmas razões acima expostas (princípio da obrigatoriedade etc.), o legitimado, percebendo a omissão de sua inicial quanto a algum fato ou sujeito, poderá ele próprio aditá-la, prescindindo, deste modo, da atuação supletória dos demais substitutos processuais.

Ressalte-se, por relevante, que só haverá que se falar em aditamento quando o aspecto omitido (fato ou agente) guardar uma relação lógica com o originariamente narrado na inicial, circunstância que deve ser concretamente aferível. Só em tal caso se recomendará o *simultaneus processus*.

A nosso juízo, em qualquer momento, mesmo depois de realizada a citação do réu ou saneado o processo, desde que antes da sentença, será possível o aditamento objetivo/subjetivo da petição inicial, não incidindo as restrições contidas no art. 329 do CPC/2015 em razão da natureza indisponível do interesse em jogo e da posição de substituto processual assumida pelo autor, parte meramente ideológica. Solução contrária colocaria nas

---

115 Por representar flagrante violação ao princípio da obrigatoriedade e ao dever que os membros do Ministério Público têm de fundamentar os seus pronunciamentos (art. 129, VIII, da CF), repelimos peremptoriamente a tese de que a omissão não fundamentada do *Parquet* poderia gerar um arquivamento implícito quanto ao ponto omitido.

mãos do legitimado e do réu a possibilidade de fixação definitiva dos contornos da lide em detrimento do interesse maior dos substituídos, esmaecendo o princípio da obrigatoriedade e a indisponibilidade do direito em jogo, colocando em xeque a meta constitucional de integral reparação do dano causado ao erário. Nesta linha, ao interesse superior da coletividade, fundamente ferido pelo atuar ímprobo, deve curvar-se o objetivo de celeridade na solução da lide perseguido pelo referido art. 329 do CPC/2015[116], regra cujo fundamento vai repousar numa concepção individualista do direito de ação[117]. Não custa lembrar, outrossim, que a Lei da Ação Popular, atenta a tais peculiaridades, admite, *a qualquer tempo*, a alteração subjetiva da demanda ao prever que *qualquer pessoa, beneficiada ou responsável pelo ato impugnado, cuja existência ou identidade se torne conhecida no curso do processo e antes de proferida a sentença final de primeira instância, deverá ser citada para a integração do contraditório, sendo-lhe restituído o prazo para contestação e produção de provas* (art. 7º, III), regra plenamente aplicável à ação civil de improbidade, inclusive, numa perspectiva mais ampla, no que respeita às omissões de caráter objetivo (fatos).

Aditada a inicial, haverá a formação de um litisconsórcio ulterior no polo ativo[118], aplicando-se, *modus in rebus*, a normativa constante dos arts. 117, 118 e 1.005 do CPC/2015. A formação de tal litisconsórcio, pelos motivos acima expostos, independe da concordância do autor originário, que não pode dispor do objeto litigioso.

Tal como se dá no campo do processo civil clássico, o interveniente recebe o processo no estado em que se encontra[119], não havendo a possibilidade, salvo situações excepcionais ditadas, por exemplo, pelo princípio da verdade material, de repetição de etapas processuais já vencidas.

Como já ressaltado, só se admitirá o aditamento da inicial até o momento imediatamente anterior à sentença[120], devendo o magistrado emitir juízo positivo de admissibilida-

---

116 "Art. 329. O autor poderá: I – até a citação, aditar ou alterar o pedido ou a causa de pedir, independentemente de consentimento do réu; II – até o saneamento do processo, aditar ou alterar o pedido e a causa de pedir, com consentimento do réu, assegurado o contraditório mediante a possibilidade de manifestação deste no prazo mínimo de 15 (quinze) dias, facultado o requerimento de prova suplementar. Parágrafo único. Aplica-se o disposto neste artigo à reconvenção e à respectiva causa de pedir".

117 No sentido de que os arts. 264 e 472 do Código de Processo Civil revogado (1973) partem de uma concepção individualista do direito de ação, ver Rodolfo de Camargo Mancuso, A Concomitância de Ações Coletivas, entre si, e em face das Ações Individuais. A lição continua válida frente ao CPC atual.

118 Quando o aditamento for subjetivo, tal também ocorrerá no polo passivo, formando-se o que alguns denominam litisconsórcio "misto" (ativo e passivo a um só tempo). De acordo com Mazzilli, "se um dos colegitimados ingressa em ação já proposta por outro, cabe distinguir: a) se ele adita a inicial para alterar ou ampliar o objeto do processo, haverá litisconsórcio ulterior; b) se o pedido continua o mesmo, não há litisconsórcio e sim assistência litisconsorcial" (*A defesa dos interesses difusos em juízo*, p. 205).

119 Mais precisamente, a hipótese caracterizará o que a doutrina denomina *intervenção litisconsorcial voluntária*. Sobre o tema, consulte-se, amplamente, Cândido Rangel Dinamarco, *Litisconsórcio*, p. 333-344.

120 "Proferida a sentença não é mais possível a intervenção de terceiro, mesmo que litisconsorte" (STJ, 4ªT., Ag n. 73475-7-SC, rel. Min. Sálvio de Figueiredo, j. 29/2/1996, *DJU* de 22/3/1996, p. 8319).

de especificamente quanto aos aspectos adicionados, tal como se dá com relação à petição inicial, certo que o aditamento, ontologicamente, nada mais é que uma petição inicial.

Por fim, enfatize-se que quanto ao aspecto novo (fato ou agente), objeto de aditamento, deve-se observar o contraditório e a ampla defesa, garantindo-se aos demandados ampla possibilidade de atuação probatória, permitida também, se necessária, a repetição da prova oral já produzida. Com efeito, se por um lado a possibilidade de aditamento em qualquer momento anterior à sentença atende aos reclamos dos superiores interesses da coletividade, potencializando os objetivos perseguidos pela Constituição Federal e pela própria Lei n. 8.429/92, por outro, não se pode olvidar que tais garantias constitucionais constituem os pilares do devido processo legal, sendo, por tal motivo, inafastáveis.

6.4.4. Abandono da Ação

O princípio da obrigatoriedade no campo dos direitos difusos informa a *indisponibilidade* de atuação do autor. Ou seja, uma vez deflagrada a jurisdição não pode ele, em razão de sua qualidade de substituto processual e da própria natureza dos interesses em jogo, desistir da ação ajuizada.

Proposta a ação civil com vistas à tutela do patrimônio público, não pode o autor, frise-se, dela desistir ou mesmo abandoná-la, deixando de promover, por mais de trinta dias, os atos necessários ao seu regular processamento (art. 485, III, do CPC/2015), ou permitir, de forma negligente, que o processo fique parado por mais de um ano (art. 485, II, do CPC/2015). Ressalte-se, mais uma vez, que *tal indisponibilidade se vê consideravelmente reforçada pela regra contida no § 1º do art. 17 da Lei n. 8.429/92, que veda a "transação, acordo ou conciliação" nas ações de improbidade.*

A bem de ver, quando ajuizada a ação pelo Ministério Público, impossível cogitar-se de desistência ou mesmo de abandono, sendo aplicáveis, por analogia, os arts. 42 e 576 do CPP[121].

Sustentando ponto de vista diverso, Mancuso admite a desistência da ação pelo Ministério Público nas hipóteses de perda do objeto (ex.: a empresa poluente, cuja interdição se requer, vem a falir no curso do processo), quando estiver mal proposta a demanda, estando fadada ao insucesso, ou quando a situação probatória revela a inexistência de dano ao interesse difuso, suposto ao tempo do ajuizamento da ação[122]. O primeiro caso (perda de objeto) será de difícil ocorrência no campo da improbidade, dadas as peculiaridades da tutela que aqui se busca, de matiz preponderantemente retrospectiva, e a amplitude sancionatória do art. 12 da Lei n. 8.429/92. Quanto à segunda hipótese (ação mal proposta), não se deve descurar que, ao teor do art. 16 da Lei n. 7.347/85, se o pedido for julgado

---

121 "Art. 42. O Ministério Público não poderá desistir da ação penal." ..."Art. 576. O Ministério Público não poderá desistir de recurso que haja interposto."
122 *Ação civil pública*, p. 78.

improcedente por insuficiência de provas, nada impede a renovação da demanda desde que surjam novos elementos, o que também desabona a pura e simples desistência da ação, que leva a uma decisão de extinção do processo sem julgamento do mérito. Não se deve olvidar, por outro lado, da amplitude da atuação supletória dos colegitimados à ação por improbidade, conforme visto no tópico anterior, sendo também ampla a possibilidade de litisconsórcio, instrumentos capazes de minimizar os efeitos deletérios de uma demanda mal ajuizada. Por fim, se verificada, pelas provas produzidas, a inexistência de dano ao interesse difuso, inicialmente suposto, o caso também será de improcedência do pedido, devendo o Ministério Público, como fiscal da justa e correta aplicação da lei, manifestar-se nesse sentido, com a possibilidade, inclusive, de recorrer da sentença de procedência eventualmente prolatada. A rigor, ostentará o réu interesse em tal solução pois a renovação da demanda, embora possível, reclamará a superveniência de prova nova (art. 16 da Lei n. 7.347/85), verdadeira condição de procedibilidade, sendo a decisão de improcedência do pedido por "insuficiência probatória", inegavelmente, uma decisão de mérito.

Assim, possível desídia no cumprimento de seu mister dará ensejo, inclusive, à aplicação de sanção administrativa ao Promotor de Justiça, não se podendo excluir a possibilidade de designação de outro membro do *Parquet* pelo Conselho Superior se ocorrente recusa de atuação por parte do Promotor Natural, aplicando-se, analogicamente, o art. 9º da Lei n. 7.347/85.

Deixe-se claro, no entanto, que pode (*rectius*: deve) o Promotor de Justiça, guardião da justa e correta aplicação da lei, **opinar**, em qualquer hipótese, mesmo quando proposta a ação pelo próprio Ministério Público, pela improcedência do pedido inicial se, por exemplo, a prova produzida for frágil. Tal pronunciamento não importará, tecnicamente, desistência da ação e não impede que o juiz prolate sentença de procedência, uma vez que o que limita a sua atividade jurisdicional é o **pedido** contido na inicial e não o opinamento final do Ministério Público, sendo aplicável, mais uma vez, a disciplina contida no CPP (art. 385), por analogia[123].

Sendo a ação proposta pelos demais legitimados (União, Estados, Distrito Federal, Municípios ou associações), o que fazer em caso de desistência ou abandono?

Dispõe o art. 5º, § 3º, da Lei da Ação Civil Pública que *em caso de desistência infundada ou abandono da ação por associação legitimada, o Ministério Público ou outro legitimado assumirá a titularidade ativa*.

Na visão de José dos Santos Carvalho Filho, "como a lei autoriza a substituição processual no caso de desistência infundada de associação legitimada, somos forçados a

---

[123] "Art. 385. Nos crimes de ação pública, o juiz poderá proferir sentença condenatória, ainda que o Ministério Público tenha opinado pela absolvição, bem como reconhecer agravantes, embora nenhuma tenha sido alegada." De notar-se que a lei prima pela técnica ao falar em "opinamento" pela "absolvição", visto que o "pedido", condenatório no caso, está formulado na petição inicial. Voltaremos ao tema por ocasião da análise da correlação entre pedido e sentença.

reconhecer que se outro legitimado, como, por exemplo, um Município ou uma empresa pública, vierem a desistir da ação, o fato não autorizará a substituição processual. Mesmo que a desistência manifestada por tais entes seja infundada, com o sentido que acima procuramos emprestar a essa qualificação, impossível será a substituição. É que a lei restringiu a substituição processual à hipótese de apenas ser desistente associação legitimada", aduzindo, mais à frente, que nenhum prejuízo haverá para os interesses transindividuais a serem objeto de proteção judicial, porque a desistência nesses casos apenas impede a substituição processual no mesmo processo, mas evidentemente não obsta a que o ente legitimado proponha outra ação civil pública objetivando a citada tutela[124].

Nelson Nery Junior e Rosa Maria de Andrade Nery, por seu turno, professam a tese de que a assunção do polo ativo da ação civil pública se dará"... quando a desistência infundada ou o abandono seja ocasionado por qualquer autor – inclusive pelo MP – legitimado para a ACP, e não apenas por associação como parece indicar o texto"[125].

De fato, a interpretação restritiva da regra em comento além de pouco econômica, pois que obriga ao ajuizamento de outra ação civil pública quando a desistência é do ente estatal, acaba por retardar a solução do conflito coletivo em razão da necessidade de renovação, em novo processo, de todas as provas já produzidas no primeiro, desprezando os esforços até então empreendidos. Há, além disso, o risco de perecimento da pretensão reparatória acaso amparada por medida cautelar adotada no primeiro processo, não se devendo afastar o próprio risco de ocorrência de prescrição quanto às sanções previstas no art. 12 da Lei n. 8.429/92 (art. 23). Deste modo, desde que não se perca de vista que o autor da ação civil pública é apenas uma *parte ideológica* (representatividade adequada ou justa), não se deve superdimensionar o seu comportamento desidioso, incidindo o art. 5º, § 3º, da Lei da Ação Civil Pública também à hipótese de desistência da pessoa jurídica de direito público.

Diz a lei que a assunção da titularidade ativa da ação civil pública só se dará em caso de desistência ou abandono *infundados*, o que vem levando parte da doutrina a admitir uma certa dose de discricionariedade por parte dos demais legitimados sobre a conveniência, ou não, de assunção do polo ativo. Neste sentido, afirma Mazzilli que "implicitamente, a norma agora admite desistências *fundadas*, por parte de associações civis autoras, e que não obrigarão o Ministério Público a assumir a promoção da ação. E, se existem desistências fundadas de associações, por identidade de razão, também pode haver desistências fundadas de quaisquer colegitimados, até do próprio Ministério Público"[126].

---

124 *Ação civil pública*, p. 154.
125 Ob. cit., p. 1139. Pelos motivos acima expostos (incidência, por analogia, dos arts. 9º da Lei n. 7.347/85 e 42 do CPP), consideramos desnecessária a aplicação do art. 5º, § 3º, da LACP à "desistência" ou ou ao "abandono" por parte do Ministério Público, hipóteses que não concebemos em nosso sistema.
126 *A defesa dos interesses difusos em juízo*, p. 236. No mesmo sentido, Mancuso, ob. cit., p. 76-77. Mazzilli defende a tese de que a não assunção da titularidade da ação pelo Promotor de Justiça deve ser objeto de homologação pelo Conselho Superior do Ministério Público (ob. cit., p. 239-240).

De nossa parte, embora concordemos, em tese, com a afirmação do mencionado autor quanto à não obrigatoriedade de assunção da titularidade da ação, pensamos que o juízo positivo de admissibilidade já formado pelo magistrado ao receber a petição inicial está a apontar, pelo menos em regra, para a possível razoabilidade da demanda, cujo abandono só deve contar com o *placet* dos demais legitimados, por tal motivo, em hipóteses verdadeiramente *teratológicas*, nas quais a impossibilidade de seu sucesso se mostre de todo evidente. Relembre-se, em abono à tese, que a teor do art. 17, § 6º, da Lei de Improbidade Administrativa, *a ação será instruída com documentos ou justificação que contenham indícios suficientes da existência do ato de improbidade ou com razões fundamentadas da impossibilidade de apresentação de qualquer dessas provas, observada a legislação vigente, inclusive as disposições inscritas nos arts. 16 a 18 do Código de Processo Civil*, o que bem demonstra a necessidade de um lastro probatório mínimo a justificar o chamamento do réu à relação processual. Tal cautela ganha corpo se atentarmos para as advertências de José Carlos Barbosa Moreira que, muito embora voltadas para a ação popular, também se aplicam ao presente estudo:"Um dos riscos que se costuma apontar na solução da *legitimatio* concorrente e'disjuntiva' é o da colusão entre algum dos colegitimados e a autoridade responsável pelo ato irregular: não é inconcebível que se descubra cidadão disposto a tomar a iniciativa da instauração do processo sem a intenção sincera de conseguir resultado favorável, mas, ao contrário, unicamente para provocar, mediante demanda mal instruída e condução negligente do pleito, pronunciamento judicial que declare legítimo – valendo por autêntico *bill of indemnity* – o ato na realidade eivado de vício"[127].

Por último, sempre que verificado o abandono da ação pelos entes públicos ou pela associação autora, deve o Magistrado dar conhecimento de tal circunstância ao Ministério Público por intermédio de intimação pessoal de seu representante, incidindo, *mutatis mutandis*, por identidade de razões, a disciplina do art. 9º da Lei da Ação Popular[128].

6.4.5. Postura do Ministério Público e dos demais Legitimados

Quando não figura como autor, tem o Ministério Público a função de atuar como *custos legis*, velando pela rápida e justa composição da lide. Sua intervenção vai buscar fundamento no art. 17, § 4º, da Lei n. 8.429/92[129] e no art. 5º, § 1º, da Lei da Ação Civil Pública[130], justificando-se pela indisponibilidade da tutela do patrimônio público.

---

127 A legitimação para a defesa dos interesses difusos no direito brasileiro, p. 2.
128 Art. 9º Se o autor desistir da ação ou der motivo à absolvição da instância, serão publicados editais nos prazos e condições previstos no art. 7º, inciso II, ficando assegurado a qualquer cidadão, bem como ao representante do Ministério Público, dentro do prazo de 90 (noventa) dias da última publicação feita, promover o prosseguimento da ação.
129 "§ 4º O Ministério Público, se não intervir no processo como parte, atuará obrigatoriamente, como fiscal da lei, sob pena de nulidade."
130 "§ 1º O Ministério Público, se não intervier no processo como parte, atuará obrigatoriamente como fiscal da lei."

Intervindo como fiscal da lei, cabe ao *Parquet* ter vista dos autos depois das partes, sendo intimado pessoalmente de todos os atos do processo, podendo produzir prova e requerer medidas ou diligências necessárias ao descobrimento da verdade (arts. 179 e 180 do CPC/2015).

Poderá também, como *custos legis*, recorrer de qualquer decisão, ainda que não haja recurso das partes[131], podendo, por outro lado, opinar livremente pela procedência ou pela improcedência do pedido, não estando o membro da Instituição vinculado, na formação de sua *opinio*, senão à sua consciência e aos ditames superiores da justiça[132].

Recusando-se a intervir, deve o juiz aplicar o art. 9º da Lei n. 7.347/85 por analogia, remetendo os autos ao Procurador-Geral de Justiça que, entendendo pela imprescindibilidade da presença do Ministério Público, designará outro membro da Instituição para atuar, sendo de se ressaltar que no campo da improbidade administrativa haverá sempre interesse interventivo do *Parquet* (art. 129, III, da Constituição Federal), o que sói acontecer no campo dos direitos difusos de um modo geral.

A não intervenção do Ministério Público na ação civil pública é hipótese de nulidade absoluta[133], devendo, por tal motivo, ser declarada de ofício pelo órgão jurisdicional[137].

---

131 Súmula 99 do STJ: "O Ministério Público tem legitimidade para recorrer no processo em que oficiou como fiscal da lei, ainda que não haja recurso da parte". Tal possibilidade contava com expressa previsão no CPC revogado (art. 499, § 2º, do CPC/73), mas nos parece que mesmo à falta de reprodução expressa de tal regra no atual CPC/2015, a legitimidade do Ministério Público para recorrer é uma consequência natural de sua atuação como fiscal da lei, uma inafastável ferramenta para o integral desempenho de seu papel processual, vale dizer, a defesa da ordem jurídica, do regime democrático e dos interesses e direitos sociais e individuais indisponíveis (art. 127 da CF e art. 176 do CPC/2015).

132 No sentido do texto, José dos Santos Carvalho Filho (*Ação civil pública*, p. 134-135). O art. 6º, § 4º, da Lei da Ação Popular estabelece que: "O Ministério Público acompanhará a ação, cabendo-lhe apressar a produção da prova e promover a responsabilidade, civil ou criminal, dos que nela incidirem, *sendo-lhe vedado, em qualquer hipótese, assumir a defesa do ato impugnado ou de seus autores*" (grifos nossos). A melhor doutrina vem entendendo, não obstante a parte final do dispositivo, que não está o *Parquet* vinculado à defesa da pretensão do autor popular, cabendo-lhe "... zelar para que a afirmada ilegalidade/lesividade brandida pelo autor na inicial, seja objeto de séria e eficiente investigação probatória, mantendo o *Parquet*, todavia, sua independência funcional, que lhe é assegurada constitucionalmente (CF, art. 127, § 1º), para ao final formar sua convicção, pró ou contra a tese sustentada pelo autor" (Mancuso, *Ação popular*, p. 177). Entendemos que a ressalva final do dispositivo deve ser interpretada à luz do art. 129, IX, da Constituição Federal, que veda ao Ministério Público a representação judicial e a consultoria jurídica de entidades públicas, não representando qualquer óbice a que o *Parquet* opine, livremente, sobre a procedência, ou não, do pedido inicial.

133 "Art. 279. É nulo o processo, quando o membro do Ministério Público não for intimado a acompanhar o feito em que deva intervir. Parágrafo único. Se o processo tiver tramitado, sem conhecimento do membro do Ministério Público, o juiz invalidará os atos praticados a partir do momento em que ele deveria ter sido intimado." Há na jurisprudência do Superior Tribunal de Justiça acórdãos no sentido de considerar superada a nulidade do processo pela não intervenção do Promotor de Justiça quando há atuação da Procuradoria de Justiça em segundo grau ("A não intervenção do Ministério Público em primeiro grau de jurisdição pode ser suprida pela intervenção da Procuradoria de Justiça perante o colegiado de segundo grau, em parecer cuidando do mérito da causa sem arguir prejuízo nem alegar nulidade" – STJ, 4ª T., REsp n. 2.903-MA, rel. Min. Athos Carneiro, j. 7/5/1991, unânime, *DJU* de 10/6/1991, p. 7852, citado por Theotonio Negrão, *Código*

Registre-se a possibilidade de atuar o Ministério Público como litisconsorte do autor (litisconsórcio facultativo), desde que, na forma do art. 5º, § 2º, da Lei n. 7.347/85[135], entenda ser essa a melhor postura a adotar em prol do interesse público. Tal posição, no entanto, não o exonera de velar pela justa composição da lide, também atuando, mesmo aqui (ou quando figura como autor principal)[136], como *custos legis*.

Por fim, tem-se que, quando proposta a ação pelo Ministério Público, podem os demais legitimados atuar como assistentes litisconsorciais, como autorizado pelo art. 5º, § 2º, da Lei n. 7.347/85, configurando-se hipótese de intervenção facultativa[137].

6.5. Legitimação Passiva

6.5.1. Aspectos gerais

Legitimados passivos da ação civil de improbidade são todos aqueles que tenham concorrido para a prática da conduta ímproba (arts. 9º, 10 e 11). Assim, estão sujeitos à incidência reparatório-sancionatória da Lei n. 8.429/92 todos os *agentes públicos* que, *ainda*

---

de Processo Civil e legislação processual em vigor, p. 313-314) e outros, mais corretamente, a nosso ver, no sentido de que tal intervenção do Parquet em segundo grau não afasta a nulidade (STJ, 1ª T., REsp n. 12.240-0-SP, ED, rel. Min. Demócrito Reinaldo, j. 5/10/1992, un., *DJU* de 16/11/1992, p. 21091, idem, p. 314), a menos que se afirme, expressamente, a inexistência de prejuízo (art. 279, § 2º, do CPC/2015).

134 "Art. 278. A nulidade dos atos deve ser alegada na primeira oportunidade em que couber à parte falar nos autos, sob pena de preclusão. Parágrafo único. Não se aplica o disposto no *caput* às nulidades que o juiz deva decretar de ofício, nem prevalece a preclusão, provando a parte legítimo impedimento."

135 "§ 2º Fica facultado ao Poder Público e a outras associações legitimadas nos termos deste artigo habilitar-se como litisconsortes de qualquer das partes." Reportamo-nos, mais uma vez, à observação feita por Mazzilli: "Se um colegitimado ingressa em ação já proposta por outro, cabe distinguir: a) se ele adita a inicial para alterar ou ampliar o objeto do processo, haverá litisconsórcio ulterior; b) se o pedido continua o mesmo, não há litisconsórcio e sim assistência litisconsorcial" (*A defesa dos interesses difusos em juízo*, p. 205).

136 "O Ministério Público, mesmo quando atua como parte processual, nunca se despe de sua condição constitucional de fiscal da execução da lei. Cuida-se de função constitucional que torna irrelevante considerar se sua posição é a de parte ou a de *custos legis*. Afinal, o art. 127 da Const. Federal confere à instituição a incumbência de defesa da ordem jurídica e, nesta expressão, como é fácil perceber, se aloja a função de fiscalização da lei. Desse modo, se a ação civil pública é ajuizada por determinado órgão de execução do Ministério Público, desnecessária se tornará a presença de outro órgão como fiscal da lei" (José dos Santos Carvalho Filho, *Ação civil pública*, p. 133). A posição do *Parquet* no processo como fiscal da justa aplicação da lei informa o *dever ético* de seu representante pronunciar-se pela improcedência do pedido quando inexistente prova da ocorrência do ato de improbidade ou mesmo de concorrência do réu à sua caracterização, na forma do art. 385 do CPP, aqui aplicado por analogia.

137 A redação anterior do § 3º do art. 17 da Lei n. 8.429/92 (No caso da ação principal ter sido proposta pelo Ministério Público, a pessoa jurídica interessada integrará a lide na qualidade de litisconsorte, devendo suprir as omissões e falhas da inicial e apresentar ou indicar os meios de prova de que disponha) colocava os demais legitimados na posição de litisconsortes necessários do Ministério Público, regra que recebeu da doutrina duras críticas (cf. Nery e Nery, *Código de Processo Civil comentado*, p. 1660).

que transitoriamente ou sem remuneração, por eleição, nomeação, designação, contratação ou qualquer outra forma de investidura ou vínculo, mandato, emprego ou função (art. 2º), tenham violado o patrimônio público. Também aqueles que, mesmo não sendo agentes públicos (*terceiros*, na dicção do art. 5º), tenham induzido ou concorrido para a prática do ato de improbidade, ou dela tenham auferido qualquer benefício, direto ou indireto (art. 3º).

Como se vê, buscou o legislador a responsabilização de todos aqueles que tenham, de alguma forma, praticado ou concorrido à concretização da improbidade, sendo bastante amplo o campo de incidência da norma. A pluralidade de agentes e/ou terceiros que tenham de alguma forma concorrido ou se beneficiado da improbidade leva à ocorrência de *litisconsórcio necessário no polo passivo*, com a possibilidade, inclusive, de aplicação do art. 7º, III, da Lei n. 4.717/65[138] em razão do regime integrado de mútua complementaridade que deve vigorar no campo das ações coletivas[139].

Cabem algumas considerações sobre o tema.

Por primeiro, a necessariedade do litisconsórcio, aqui, decorre da indisponibilidade dos interesses em jogo, não se podendo tolerar o não chamamento judicial de quem tenha causado lesão ao patrimônio público. Mais especificamente, a necessariedade decorrerá da própria Lei n. 8.429/92 (*litisconsórcio necessário por força de lei*), cujos arts. 3º e 6º, da mesma forma que se dá no âmbito da ação popular (art. 6º), conferem uma significativa amplitude conceitual aos sujeitos ativos do ato de improbidade, visando a possibilitar a cabal reparação do dano[140].

Sendo assim, todos aqueles que tenham, de algum modo, concorrido ou se beneficiado da improbidade devem figurar como réus e, para tanto, devem ser citados[141]. Entenda-se: todos aqueles que tenham praticado o ato de improbidade ou dele tenham, com conhecimento de sua ilicitude, se beneficiado direta ou indiretamente. Imagine-se a se-

---

138 Art. 7º A ação obedecerá ao procedimento ordinário, previsto no Código de Processo Civil, observadas as seguintes normas modificativas: III – qualquer pessoa, beneficiada ou responsável pelo ato impugnado, cuja existência ou identidade se torne conhecida no curso do processo e antes de proferida a sentença final de primeira instância, deverá ser citada para a integração do contraditório, sendo-lhe restituído o prazo para contestação e produção de provas. Salvo, quanto a beneficiário, se a citação se houver feito na forma do inciso anterior.

139 Sobre o tema, ver o tópico "Disciplina Processual Aplicável", acima.

140 Mancuso sustenta que os "beneficiários diretos" a que alude o *caput* do art. 6º da Lei da Ação Popular são litisconsortes necessários (*Ação popular*, p. 153), raciocínio aplicável à ação civil de improbidade. No mesmo sentido, referindo-se à ação popular: Cândido Rangel Dinamarco, *Litisconsórcio*, p. 202, José Carlos Barbosa Moreira, *A ação popular do direito brasileiro como instrumento de tutela jurisdicional dos chamados "interesses difusos"*, p. 14 e Luiz Manoel Gomes Junior, *Ação popular:* aspectos polêmicos, p. 43.

141 O STJ fixou, por ocasião do julgamento do REsp n. 13.493-0-RS, rel. Min. Demócrito Reinaldo (*RSTJ* 43/332), a necessidade do litisconsórcio quanto aos beneficiários diretos no caso de ação popular, sob pena de nulidade absoluta. O precedente é importante e aplicável, a nosso juízo, à ação civil de improbidade, muito embora o STJ afaste a necessidade do litisconsórcio neste caso (remetemos o leitor ao final da obra, onde destacamos a jurisprudência já consolidada do STJ em matéria processual).

guinte hipótese: realiza-se determinada licitação fraudulenta para a aquisição de cestas básicas, distribuídas à população carente de determinado município. É evidente que estas pessoas se beneficiaram indiretamente do ato, faltando, no entanto, a *voluntariedade* necessária à caracterização da improbidade[142]. Não serão, assim, rés na ação civil pública. Outro exemplo, extraído de Mancuso: "Figure-se que um Prefeito, conluiado com proprietário de gleba, invista no entorno uma verba pública considerável, a título de recuperação urbanística, assim obtendo notável valorização daquela gleba, que na sequência é alienada com grande vantagem para ambos: terá havido, paralelamente, uma valorização dos outros lotes ali existentes, pertencentes a terceiros, que sequer tinham conhecimento da trama"[143]. É evidente que estes últimos não figurarão no polo passivo, pelos mesmos motivos acima referidos[144].

Muitas vezes, pelas peculiaridades do atuar ímprobo, muitos serão os seus beneficiários diretos ou indiretos. Imagine-se a contratação irregular, sem concurso público, de centenas de pessoas às vésperas de uma eleição, tendo todas elas prévio conhecimento da ilicitude de tais contratações (são cabos eleitorais do prefeito, por exemplo). Como litisconsortes necessários, deverão os contratados ser citados *pessoalmente*? É evidente que não, uma vez que em tal caso a multiplicidade de réus inviabilizaria o próprio exercício do direito de ação. Em hipóteses tais, desde que verificada, com segurança, a dificuldade de chamamento pessoal de todos eles, a jurisprudência de nossos Tribunais Superiores vem admitindo a *citação editalícia*[145], devendo o juiz adotar todas as cautelas com vistas à efetividade de tal chamamento ficto (fixação do edital na sede do órgão público, utilização dos meios de comunicação social, se necessário etc.). O CPC/2015 prevê que os editais devem ser publicados na rede mundial de computadores, no sítio do respectivo tribunal e na plataforma de editais do Conselho Nacional de Justiça (art. 257, II).

---

142 A falta de *voluntariedade* no sentido, ao menos, de um gozo doloso do benefício, afasta do polo passivo da ação de improbidade, pelos mesmos motivos, os contribuintes beneficiados (benefício direto) pela negligência na arrecadação de tributos ou rendas (art. 10, X, da Lei n. 8.429/92).

143 Ob. cit., p. 152.

144 A exigência de conhecimento da origem ilícita do benefício auferido torna bastante rara, a nosso juízo, a possibilidade de responsabilização do beneficiário *indireto* (art. 3º, *in fine*, da Lei n. 8.429/92), que é aquele que se beneficia apenas *reflexamente* do atuar ímprobo. De qualquer modo, no exemplo das cestas básicas, acima explorado, pode bem ocorrer, ao menos em tese, a existência de conhecimento prévio da ilicitude do benefício. Nesta hipótese, o afastamento da responsabilidade do beneficiário indireto pode decorrer de outros motivos, como por exemplo a incidência do princípio da proporcionalidade (não teria sentido perseguir a aplicação das graves sanções previstas no art. 12 da Lei n. 8.429/92 a centenas de miseráveis que tenham recebido também míseras cestas básicas).

145 "O STF admitiu a citação de 400 litisconsortes, a maioria de endereço ignorado e outros espalhados por todo o país, sob fundamento de que 'as normas processuais não podem ser interpretadas no sentido de impossibilitar o andamento da causa' (*RTJ* 84/1042). Em caso de concurso público cuja nulidade se pretende: 'Face ao elevado número de litisconsortes, a citação pessoal impossibilitaria a prestação jurisdicional', sendo cabível, portanto, a citação edital (acórdão do TRF da 5ª Região, confirmado por decisão do STJ em *RSTJ* 127/448" (Theotonio Negrão, ob. cit., p. 292, nota n. 5 ao art. 231).

6.5.2. Sucessão processual

No art. 8º, prevê a Lei de Improbidade a responsabilidade do sucessor daquele que causar lesão ao patrimônio público ou se enriquecer ilicitamente, sujeitando-o à reparação do dano causado ou à perda do acréscimo patrimonial ilegal, isto até o limite do valor da herança[146]. O legislador, aqui, nada mais faz do que adaptar a regra geral contida no art. 1.997 do Código Civil no sentido de que *a herança responde pelo pagamento das dívidas do falecido*[147], e mais especificamente, no art. 5º, XLV, da Constituição Federal[148], possibilitando, do prisma processual, o que se convencionou chamar de *sucessão processual*[149], devendo adotar-se, relativamente aos processos já em curso por ocasião do falecimento do agente, o procedimento previsto nos arts. 687 e ss. do CPC/2015[150].

Evidentemente, o ajuizamento da ação civil por improbidade administrativa ou o prosseguimento da relação processual já existente ao tempo do falecimento do ímprobo buscarão apenas a reparação material do patrimônio público, não havendo que se falar em perda da função pública e suspensão de direitos políticos em razão de seu caráter personalíssimo[151]. Quanto à multa, tendo em conta a sua natureza civil, possível também será a sua incidência, respeitadas as forças da herança[152].

Indaga Marcelo Figueiredo sobre a possibilidade de aplicação do referido art. 8º à hipótese de "doação dos bens do agente ou terceiro aos sucessores, ainda em vida", res-

---

146 "Art. 8º O sucessor daquele que causar lesão ao patrimônio público ou se enriquecer ilicitamente está sujeito às cominações desta lei até o limite do valor da herança."

147 Art. 1.796 do Código Civil revogado.

148 "XLV – *nenhuma pena passará da pessoa do condenado*, podendo a obrigação de reparar o dano e a decretação do perdimento de bens ser, nos termos da lei, estendidas aos sucessores e contra eles executadas, até o limite do valor do patrimônio transferido."

149 Art. 110 CPC/2015: "Ocorrendo a morte de qualquer das partes, dar-se-á a sucessão pelo seu espólio ou pelos seus sucessores, observado o disposto no art. 313, §§ 1º e 2º". "No caso de morte da parte, o art. 43 [atual 110 do CPC/2015] distingue as duas hipóteses. Se a sucessão aberta com o falecimento da parte ainda não se tenha encerrado com o julgamento da partilha, o substituto será o espólio, representado pelo inventariante (...), salvo se a inventariança for dativa. Caso o espólio tenha sido partilhado entre os herdeiros, então estes serão os legitimados para a causa, como sucessores do falecido" (Ovídio A. Batista da Silva, *Comentários ao Código de Processo Civil*, p. 191). A lição continua válida diante do que estabelecem os arts. 110, 313, §§ 1º e 2º, e 687 e ss. do CPC/2015.

150 Se o Ministério Público figurar como autor da ação de improbidade e entre os sucessores houver algum incapaz, será imprescindível, na esteira da lição de Mazzilli, a atuação de um outro membro do *Parquet* (cf. Mazzilli, *A defesa dos interesses difusos em juízo*, p. 209-210). A nosso juízo, por não se desvestir o Ministério Público, jamais, do papel de fiscal da correta e justa aplicação da lei, não haverá a necessidade de intervenção de um segundo Promotor de Justiça.

151 O art. 485, IX, do atual Código de Processo Civil diz que o juiz "não resolverá o mérito" quando, em caso de morte da parte, a ação for considerada intransmissível por disposição legal (exs.: divórcio e separação, anulação de casamento, interdição etc.). Havendo direitos intransmissíveis e transmissíveis, nada impede o prosseguimento do processo quanto a estes últimos.

152 Sobre o tema, amplamente, ver a primeira parte desta obra.

pondendo positivamente ao argumento de que o caso seria de verdadeira fraude (fraude contra credor)[153] e aduzindo, ainda, que "se o doador já era 'devedor', despojando-se do seu patrimônio, evidente que os beneficiários da liberalidade são partícipes daquela antecipação e, portanto, responsáveis pelas 'dívidas' ou atos ilícitos que o doador tenha em vida contraído ou realizado"[154]. A lição é irrepreensível.

6.5.3. Pessoa jurídica de direito privado

Pode a pessoa jurídica figurar no polo passivo da demanda? Imagine-se a seguinte hipótese: determinada empreiteira, após vencer certame licitatório fraudado, contrata com o Poder Público a realização de uma obra superfaturada, vindo a causar enorme dano ao erário.

Pensamos que ante a amplitude conferida pelos arts. 3º (*As disposições desta lei são aplicáveis, no que couber,* **àquele que***, mesmo não sendo agente público,* **induza ou concorra para a prática do ato de improbidade ou dele se beneficie sob qualquer forma direta ou indireta**) e 6º (*No caso de enriquecimento ilícito, perderá o agente público* **ou terceiro beneficiário** *os bens ou valores acrescidos ao seu patrimônio*) da Lei de Improbidade, nada impede a sua inclusão como ré da ação civil pública, devendo figurar, nesta condição, ao lado de seus sócios e administradores (aqueles que tenham praticado atos de gestão dando ensejo à improbidade).

De notar-se que, a partir da *teoria da realidade técnica*, confere-se às pessoas jurídicas a capacidade de aquisição e exercício de direitos, capacidade para a prática de atos e negócios jurídicos, enfim. Pode-se afirmar, deste modo, que possuem elas uma vontade distinta da vontade de seus integrantes, sendo "dotadas do mesmo subjetivismo outorgado às pessoas físicas"[155]. Não só vontade, como também existência distinta da de seus membros. Assim, ao praticarem atos ilícitos, responderão com seu patrimônio, sujeitando-se ao sancionamento adequado à sua realidade jurídica.

Entra pelos olhos, desta forma, que ao degradar o meio ambiente ou ao violar os direitos do consumidor, por exemplo, responderá a pessoa jurídica pelos seus atos autonomamente, o mesmo ocorrendo no campo da improbidade sempre que se verificar a sua concorrência, de qualquer modo, para a prática do ilícito, dele se beneficiando sob qualquer forma (art. 6º da Lei n. 8.429/92).

Evidentemente, quanto à pessoa jurídica não há que se falar nas sanções de *suspensão de direitos políticos* tampouco na *perda da função pública*, sendo cabível, no entanto, a sua *condenação à reparação do dano* e a aplicação de *multa civil*, de cunhos exclusivamente pe-

---

153 A fraude contra credores é disciplinada pelos arts. 158 e s. do atual Código Civil.
154 *Probidade administrativa*, p. 35.
155 MONTEIRO, Washington de Barros. *Curso de direito civil*, p. 105.

cuniários, bem assim a *proibição de contratar com o Poder Público ou receber benefícios ou incentivos fiscais ou creditícios, direta ou indiretamente.*

Em muitas hipóteses, como não se ignora, somente o acionamento da pessoa jurídica será capaz de possibilitar a cabal reparação do dano causado ao patrimônio público, não só em razão da sua possível maior envergadura patrimonial como também pela comum dificuldade de identificação daqueles que tenham, em seu nome, dado ensejo ao dano. Imagine-se o caso no qual figurem como sócios da empresa apenas pessoas jurídicas, o que é comum nos grandes conglomerados, ou que, mesmo sendo pessoas físicas, a sua atuação se dê através de interpostas pessoas (gestores e administradores de um modo geral). Diante de tais hipóteses, difícil será a reparação do dano em razão da pouca expressão dos patrimônios individuais como também inócua será a aplicação da sanção de proibição de contratar com o Poder Público ou de receber incentivos fiscais ou creditícios àquele que, como gestor, deu ensejo à improbidade.

A inclusão da pessoa jurídica no polo passivo, repita-se, não impede figurem também como réus os seus sócios e gestores, que sempre respondem com o seu patrimônio pessoal, subsidiariamente, quando ilegal e indevidamente praticam atos em seu nome[156], sendo aplicáveis, a eles, a multa civil e a sanção pecuniária personalíssima consistente na suspensão dos direitos políticos, não se devendo excluir, também, por óbvio, a proibição de contratar com o Poder Público e de receber incentivos fiscais ou creditícios. Tudo isso sem prejuízo da obrigação de reparar o dano.

---

156 Tal possibilidade vem consagrada pelos arts. 10 do Decreto-lei n. 3.708/19 (Os sócios-gerentes ou que derem o nome à firma não respondem pessoalmente pelas obrigações contraídas em nome da sociedade, mas respondem para com esta e para com terceiros solidária e ilimitadamente pelo excesso de mandato e pelos atos praticados com violação do contrato ou da lei), 158 da Lei n. 6.404/76 (O administrador não é pessoalmente responsável pelas obrigações que contrair em nome da sociedade e em virtude de ato regular de gestão; responde, porém, civilmente, pelos prejuízos que causar, quando proceder:... II – com violação da lei ou do estatuto), 82 da Lei n. 11.101/2005 (*A responsabilidade pessoal dos sócios de responsabilidade limitada, dos controladores e dos administradores da sociedade falida, estabelecida nas respectivas leis, será apurada no próprio juízo da falência, independentemente da realização do ativo e da prova da sua insuficiência para cobrir o passivo, observado o procedimento ordinário previsto no Código de Processo Civil.* § 2º O juiz poderá, de ofício ou mediante requerimento das partes interessadas, ordenar a indisponibilidade de bens particulares dos réus, em quantidade compatível com o dano provocado, até o julgamento da ação de responsabilização), 795 do Código de Processo Civil (Os bens particulares dos sócios não respondem pelas dívidas da sociedade senão nos casos previstos em lei; § 1º O sócio réu, quando responsável pelo pagamento da dívida da sociedade, tem direito de exigir que primeiro sejam executados os bens da sociedade; § 2º Incumbe ao sócio que alegar o benefício do § 1º, nomear quantos bens da sociedade situados na mesma comarca, livres e desembargados, bastem para pagar o débito; § 3º O sócio que pagar a dívida poderá executar a sociedade nos autos do mesmo processo. § 4º Para a desconsideração da personalidade jurídica é obrigatória a observância do incidente previsto neste Código. 135 do Código Tributário (São pessoalmente responsáveis pelos créditos correspondentes a obrigações tributárias resultantes de atos praticados com excesso de poderes ou infração de lei, contrato social ou estatutos: I – as pessoas referidas no artigo anterior; II – os mandatários, prepostos e empregados; III – os diretores, gerentes ou representantes de pessoas jurídicas de direito privado) e 1.080 do atual Código Civil (As deliberações infringentes do contrato ou da lei tornam ilimitada a responsabilidade dos que expressamente as aprovaram).

Fixada a possibilidade de figurar a pessoa jurídica no polo passivo, aplicável será, *modus in rebus*, a regra contida no art. 8º acima referido, respondendo a empresa sucessora pela lesão ao patrimônio público acarretada pela sucedida[157].

6.5.3.1. Desconsideração da personalidade jurídica

Considerando-se que a autonomia patrimonial da pessoa jurídica, consagrada pelos arts. 45 e 985 do atual Código Civil[158], pode dar ensejo a fraudes, nada impede o alcance solidário do patrimônio do sócio por intermédio do que se convencionou denominar *desconsideração da personalidade jurídica* (*disregard doctrine* ou *disregard of legal entity* ou ainda *lifting the corporate veil*), mecanismo através do qual"... se autoriza o Poder Judiciário a ignorar a autonomia patrimonial da pessoa jurídica, sempre que ela tiver sido utilizada como expediente para a realização de fraude. Ignorando a autonomia patrimonial, será possível responsabilizar-se, direta, pessoal e ilimitadamente, o sócio por obrigação que, originariamente, cabia à sociedade"[159]. Tal ocorrerá sempre que se verificar, a partir dos subsídios

---

157 A doutrina vem admitindo a aplicação do art. 110 do CPC/2015 (art. 43 do Código de Processo Civil revogado) também às pessoas jurídicas. Nesse sentido, Ovídio A. Batista da Silva, *Comentários ao Código de Processo Civil*, p. 191, em lição ainda válida.

158 No Código Civil revogado, art. 20.

159 COELHO, Fábio Ulhoa. *Manual de direito comercial*, p. 115-116. A teoria da desconsideração da personalidade jurídica foi adotada expressamente pelo art. 28 do Código Brasileiro de Defesa do Consumidor (Art. 28. *O juiz poderá desconsiderar a personalidade jurídica da sociedade quando, em detrimento do consumidor, houver abuso de direito, excesso de poder, infração da lei, fato ou ato ilícito ou violação dos estatutos ou contrato social. A desconsideração também será efetivada quando houver falência, estado de insolvência, encerramento ou inatividade da pessoa jurídica provocados por má administração.* § 1º (Vetado); § 2º *As sociedades integrantes dos grupos societários e as sociedades controladas são subsidiariamente responsáveis pelas obrigações decorrentes deste Código;* § 3º *As sociedades consorciadas são solidariamente responsáveis pelas obrigações decorrentes deste Código;* § 4º *As sociedades coligadas só responderão por culpa;* § 5º *Também poderá ser desconsiderada a pessoa jurídica sempre que sua personalidade for, de alguma forma, obstáculo ao ressarcimento de prejuízos causados aos consumidores*), pelo art. 50 do atual Código Civil (*Em caso de abuso da personalidade jurídica, caracterizado pelo desvio de finalidade, ou pela confusão patrimonial, pode o juiz decidir, a requerimento da parte, ou do Ministério Público quando lhe couber intervir no processo, que os efeitos de certas e determinadas relações obrigacionais sejam estendidos aos bens particulares dos administradores ou sócios da pessoa jurídica*), pelo art. 18 da Lei n. 8.884/94 (*A personalidade jurídica do responsável por infração da ordem econômica poderá ser desconsiderada quando houver da parte deste abuso de direito, excesso de poder, infração da lei, fato ou ato ilícito ou violação dos estatutos ou contrato social. A desconsideração também será efetuada quando houver falência, estado de insolvência, encerramento ou inatividade da pessoa jurídica provocados por má administração*) e pelo art. 14 da Lei n. 12.846/2013 (*A personalidade jurídica poderá ser desconsiderada sempre que utilizada com abuso do direito para facilitar, encobrir ou dissimular a prática dos atos ilícitos previstos nesta Lei ou para provocar confusão patrimonial, sendo estendidos todos os efeitos das sanções aplicadas à pessoa jurídica aos seus administradores e sócios com poderes de administração, observados o contraditório e a ampla defesa*). No campo penal, pelo art. 4º da Lei n. 9.605/98 (*Poderá ser desconsiderada a pessoa jurídica sempre que sua personalidade for obstáculo ao ressarcimento de prejuízos causados à qualidade do meio ambiente*). O incidente de desconsideração da personalidade jurídica é disciplinado pelos arts. 133 e ss. do CPC/2015.

fornecidos pela teoria do abuso do direito, que a pessoa jurídica serve como mera "cortina de fumaça" à prática de atos ilícitos por parte de seu controlador, deixando de cumprir, assim, suas finalidades estatutária e social.

Na linha do preconizado pelo Professor Rubens Requião, paraninfo da tese em nosso País, a *disregard doctrine* não visa à anulação da personalidade jurídica mas tão somente o seu afastamento no caso concreto, sendo hipótese de "... declaração de ineficácia especial da personalidade jurídica para determinados efeitos, prosseguindo todavia a mesma incólume para seus outros fins legítimos"[160]. Cuida-se, enfim, de mecanismo que, afastando o absolutismo dos direitos da personalidade jurídica, busca impedir a defraudação de credores, a subtração de obrigações e o acobertamento de ilícitos de um modo em geral.

Caso bastante comum é o do indivíduo que buscando fugir da responsabilização nas esferas cível, administrativa e criminal transforma-se em pessoa jurídica da qual, no entanto, detém a quase totalidade do capital social (*v.g.*, 98% do capital social encontra-se em seu poder enquanto os restantes 2% encontram-se em poder de "homens de palha", geralmente pessoas da família ou de seu círculo de amizade), praticando esta última, *sob o ponto de vista formal*, os atos ilícitos. A partir da classificação doutrinária atualmente agasalhada[161], pode-se considerar *direta* tal hipótese de desconsideração da personalidade jurídica, exemplo claro de um atuar individual ilícito encoberto pelo manto da existência autônoma da empresa[162].

Também será possível a aplicação, no campo da improbidade, do que se convencionou denominar *desconsideração inversa*, ou seja, "... em vez de o sócio se utilizar da sociedade como escudo protetivo, passa a agir ostensivamente *escondendo seus bens na sociedade*, ou seja, o sócio não mais se esconde, mas sim a sociedade é por ele ocultada ..."[163]. Deste modo, o indivíduo responsável pela lesão ao erário (*v.g.*, a contratação de obra ou serviço superfaturados), buscando afastar o alcance de seu patrimônio pessoal, transfere os seus bens a uma pessoa jurídica de modo a reduzir à ineficácia possível condenação judicial. Aqui, "a terminologia desconsideração 'inversa' surge como a possibilidade vislumbrada de

---

160 *RT* n. 410, p. 14. A mera insolvência não permite a aplicação da teoria (STJ, REsp n. 970.635-SP, rel. Min. Nancy Andrighi, julgado em 10/11/2009, Informativo STJ n. 415) sendo necessária a demonstração de abuso, desvio de finalidade ou confusão patrimonial entre os bens da sociedade e dos sócios (REsp n. 715.231-SP, rel. Min. João Otávio de Noronha, julgado em 9/2/2010; REsp n. 970635/SP, 3ª T., rel. Min. Nancy Andrighi, j. em 10/11/2009, *DJ* de 1º/12/2009; REsp n. 693235/MT, 4ª T., rel. Min. Luis Felipe Salomão, j. em 17/11/2009, *DJ* de 30/11/2009).
161 GUIMARÃES, Márcio Souza. Aspectos modernos da teoria da desconsideração da personalidade jurídica, disponível em: <www.amperj.org.br>.
162 No trabalho já referido, Rubens Requião informa que na jurisprudência norte-americana o maior campo de aplicação da teoria da desconsideração da personalidade jurídica é o das sociedades unipessoais, cuja existência é admitida pela legislação de diversos países.
163 GUIMARÃES, Márcio Souza. Ob. cit.

se desconsiderar a personalidade jurídica da sociedade *para o alcance de bens da própria sociedade*, contudo, *em decorrência de atos praticados por terceiros, os sócios*"[164].

A denominada *desconsideração indireta* da personalidade jurídica também terá aplicação na seara da improbidade, o que ocorrerá relativamente a grandes conglomerados empresariais geridos pela mesma pessoa ou pelo mesmo grupo, confundindo-se a vontade da pessoa jurídica que concorre ao ato de improbidade com a vontade de seu controlador[165]. Cuida-se de instituto da Teoria Geral do Direito, cuja incidência, por isso, não se restringe ao direito privado[166].

Evidentemente, tratando-se de hipótese excepcional, deve o autor indicar de forma especificada e concreta o cabimento da invocação da teria da desconsideração da personalidade jurídica, permitindo, desta forma, o pleno exercício do contraditório e da ampla defesa pelo réu. Presentes os seus pressupostos, pode o juiz aplicar a desconsideração da personalidade jurídica na própria relação processual deflagrada pela ação civil por improbidade administrativa, tendo o Superior Tribunal de Justiça, em importante precedente, admitido a incidência da doutrina inclusive na fase de cumprimento de sentença: "*A aplicação da teoria da desconsideração da personalidade jurídica dispensa a propositura de ação autônoma para tal. Verificados os pressupostos de sua incidência, poderá o Juiz, incidentemente no próprio processo de execução (singular ou coletiva), levantar o véu da personalidade jurídica para que o ato de expropriação atinja terceiros envolvidos, de forma a impedir a concretização de fraude à lei ou contra terceiros*"[167]. O CPC/2015 é expresso no sentido de que "o incidente de

---

164 Idem.
165 No AEREsp n. 86502/SP, foi encampada pelo STJ a jurisprudência americana que admite, em inúmeros casos, que "... a personalidade jurídica de uma empresa pode ser desconsiderada para que se exija o cumprimento de obrigações por outra pessoa jurídica formalmente distinta, mas de tal modo ligadas uma à outra, que chegam a se identificar no mundo fático. Normalmente são situações onde uma pessoa jurídica controla o capital da outra, ou o de ambos é exageradamente controlado por uma só pessoa. As diretorias e administrações se confundem e os negócios são de tal forma entrelaçados, que se torna difícil a distinção do que interessa a quem". Admitiu-se, em tal julgado, a penhora de bem de empresa diversa da executada, cuidando-se de sociedades do mesmo grupo econômico (rel. Min. Carlos Alberto Menezes Direito, *DJU* de 30/6/1997, p. 30850). No mesmo sentido: STJ, RMS n. 14168/SP, 3ª T., rel. Min. Nancy Andrighi, *DJU* de 5/8/2002, p. 323. Ver também REsp n. 1071643/DF, 4ª T., rel. Min. Luis Felipe Salomão, j. em 2/4/2009, *DJ* de 13/4/2009, e REsp n. 968564/RS, 5ª T., rel. Min. Arnaldo Esteves Lima, j.em 18/12/2008, *DJ* de 2/3/2009.
Admitiu-se, em tal julgado, a penhora de bem de empresa diversa da executada, cuidando-se de sociedades do mesmo grupo econômico. (rel. Min. Carlos Alberto Menezes Direito, *DJU* de 30/6/1997, p. 30850). No mesmo sentido: STJ, RMS n. 14168/SP, 3ª T., rel. Min. Nancy Andrighi, *DJU* de 5/8/2002, p. 323.
166 Cf. GASPARINI, Diogenes, Disregard administrativa, in *Estudos em Homenagem ao Professor Adilson Abreu Dallari*. WAGNER JR., Luiz Guilherme da Costa (coord.). Belo Horizonte: Del Rey, 2004, p. 187. O autor informa que a aplicabilidade da *disregard doctrine* no âmbito do Direito Administrativo é ponto pacífico na doutrina.
167 RMS n. 12.872/SP, 3ª T., rel. Min. Nancy Andrighi, *DJU* de 16/12/2002, p. 306. Em refutação ao argumento de que a aplicação da *disregard of legal entity* na fase de cumprimento de sentença violaria os princípios da ampla defesa e do contraditório, aduz o voto da relatora que "... diante da desconsideração da personalida-

desconsideração é cabível em todas as fases do processo de conhecimento, no cumprimento de sentença e na execução fundada em título executivo extrajudicial" (art. 134). Além disso, estabelece o novo Código que se a desconsideração for requerida na petição inicial, dispensa-se a instauração de incidente (§ 2º do art. 134 do CPC/2015).

É importante ressaltar, contudo, que a admissão da incidência da *disregard* na fase de cumprimento de sentença – o que deve ocorrer especialmente nos casos em que a fraude é perpetrada ou descoberta após a prolação da sentença condenatória – não impede seja a tese invocada, se possível, desde o momento cognitivo (a ação principal a que alude o art. 17 da Lei n. 8.429/92)[168], ensejando, com isso, uma discussão mais ampla sobre a presença, ou não, de seus requisitos de aplicação. Note-se, inclusive, que na hipótese de desconsideração *direta* da personalidade jurídica (o indivíduo "se esconde" atrás da pessoa jurídica), que é a mais comum, será imperioso discutir a questão desde o processo de conhecimento, uma vez que a constatação da fraude dará ensejo à aplicação de todas as sanções previstas no art. 12 da LIA em detrimento da pessoa do sócio, sem prejuízo de sua condenação à reparação do dano. Tem-se, nesse caso, a aplicação da teoria da desconsideração para além dos efeitos meramente patrimoniais, possibilitando a punição da pessoa natural. E neste caso (a desconsideração é requerida na própria petição inicial), relembre-se mais uma vez, será desnecessária a instauração de incidente (§ 2º do art. 134 do CPC/2015).

Como já ressaltado, a desconsideração da personalidade jurídica será, em regra, resultado de um amplo debate no processo de conhecimento, devendo ser reconhecida na sentença condenatória de forma fundamentada. Isso não significa, contudo, não possa a teoria ser levada em conta *initio litis* pelo Magistrado se presentes elementos seguros quanto à sua caracterização, o que permite, por exemplo, a decretação de indisponibilidade de bens do sócio ocultado sob o véu da pessoa jurídica. Solução contrária acabaria por esvaziar a busca de efetividade do processo e, reflexamente, o próprio princípio da inafastabilidade da jurisdição (art. 5º, XXXV, da CF), o que nos leva a divergir, *concessa maxima venia*, da tese acolhida pela 1ª Turma do STJ no sentido de que "a desconsideração da pessoa jurídica é medida excepcional que só pode ser decretada após o devido processo legal, o que torna a sua ocorrência em sede liminar, mesmo de forma implícita, passível de

---

de jurídica da falida, com a consequente irradiação de seus efeitos ao patrimônio do ora recorrente, possui este legitimidade para interpor, perante o juízo falimentar, os recursos tidos por cabíveis, visando a defesa de seus direitos, o que leva à conclusão de que não restou ferido o seu direito líquido e certo ao contraditório, à ampla defesa e ao devido processo legal". No mesmo sentido: REsp n. 170.034/SP, rel. Min. Eduardo Ribeiro, DJU de 23/10/2000; RMS n. 14168/SP, rel. Min. Nancy Andrighi, DJU de 5/8/2002, p. 323; REsp n. 332763-SP, rel. Min. Nancy Andrighi, DJU de 24/6/2004, p. 297.

168 *Concessa maxima venia*, não soa correto, assim, o entendimento apriorístico de que "... a ação deve ser proposta em face da pessoa jurídica, aplicando o Juiz a referida teoria na fase de execução se restar comprovado o esvaziamento de seu patrimônio, com fraude a credores" (STJ, REsp n. 282.266/RJ, 3ª T., rel. Min. Ari Pargendler, DJU de 5/8/2002, p. 328). Como já referido, o CPC/2015 é expresso no sentido de que "o incidente de desconsideração é cabível em todas as fases do processo de conhecimento, no cumprimento de sentença e na execução fundada em título executivo extrajudicial" (art. 134).

anulação"[169]. É importante enfatizar, em refutação à tese, que a provisoriedade e a "instrumentalidade hipotética" do juízo formado no âmbito cautelar são suas características mais peculiares, não havendo que se falar, deste modo, em violação ao devido processo legal. Igualmente, a busca de preservação dos resultados úteis do processo principal vai demandar, em algumas hipóteses, a concessão, pelo magistrado, de medidas cautelares independentemente da prévia oitiva do demandado, quando verificar que este, sendo citado, poderá torná-la ineficaz, inocorrendo, também aqui, qualquer violação a cânones constitucionais, cuidando-se tão somente de exercício *diferido* do contraditório e da ampla defesa.

Deve ficar esclarecido que quando houver infringência ao contrato social ou à lei, a possibilidade de alcance ilimitado do sócio se dará por força, dentre outras regras, do art. 1.080 do Código Civil, não havendo necessidade de invocação da teoria da desconsideração da personalidade jurídica para tanto[170]. À mesma conclusão se pode chegar no caso de encerramento irregular da pessoa jurídica, muito embora haja o entendimento de que nesse caso a invocação da teoria da desconsideração é cabível[171].

6.5.4. A pessoa jurídica de direito público lesada

Quanto à pessoa jurídica de direito público lesada, estabelece o art. 17, § 3º, da Lei de Improbidade, com a redação dada pela Lei n. 9.366/99, que *no caso de a ação principal ter sido proposta pelo Ministério Público, aplica-se, no que couber, o disposto no § 3º do art. 6º da Lei n. 4.717, de 29 de junho de 1965*, que, por seu turno, assim dispõe: *A pessoa jurídica de direito público ou de direito privado, cujo ato seja objeto de impugnação, poderá abster-se de contestar o pedido, ou poderá atuar ao lado do autor, desde que isso se afigure útil ao interesse público, a juízo do respectivo representante legal ou dirigente.*

Cuida-se de regra jurídica peculiar e que vai guardar correlação, no plano material, com o dever de zelo pelo patrimônio público imposto à União, aos Estados, ao Distrito Federal e aos Municípios pelo art. 23, I, da Constituição Federal.

Interpretando tal dispositivo, afirmam Marino Pazzaglini Filho, Márcio Fernando Elias Rosa e Waldo Fazzio Júnior que "sempre que a ação for proposta pelo Ministério Pú-

---

169 AGREsp n. 422.583/PR, rel. Min. José Delgado, *DJU* de 9/9/2002, p. 175.

170 "A responsabilidade ilimitada dos sócios pelas deliberações infringentes da lei ou do contrato torna desnecessária a desconsideração da personalidade jurídica, por não constituir a autonomia patrimonial da pessoa jurídica escudo para a responsabilização pessoal e direta" (Enunciado 229 da III Jornada de Direito Civil promovida pelo Centro de Estudos Judiciários do Conselho da Justiça Federal). *Vide*, sobre o tema, o item anterior, *in fine*. "Os institutos da desconsideração da personalidade jurídica e da responsabilidade pessoal dos administradores são inconfundíveis", como bem lembrado por Ana Caroline Santos Ceolin, citada por Diógenes Gasparini (*Disregard administrativa*, p. 182).

171 Tribunal de Justiça do Paraná, 15ª CC, AI 285.267-3, rel. Des. Anny Mary Kuss, j. 19/4/2005, un. *Vide* também decisão do Tribunal de Justiça de São Paulo publicada na *RT* 711/117.

blico, cumprirá ao Juízo ordenar a citação da pessoa jurídica lesada para, querendo, integrar a lide, seja contestando o pedido ou assumindo a condição de litisconsorte ativo"[172].

Para José Marcelo Menezes Vigliar, "esse litisconsórcio nunca poderá ser o necessário. Se o fosse, frustraria todo o espírito da lei em análise que veicula a previsão expressa da substituição processual da pessoa jurídica interessada pelo Ministério Público: se a pessoa jurídica interessada não viesse a intervir, posteriormente, como litisconsorte ativa necessária, não se perfaria a legitimação do polo ativo da demanda e esta seria extinta sem o julgamento do mérito por falta de condição da ação, porque se há expressa previsão legal de necessária intervenção como litisconsorte no polo ativo e isso não se verifica, conclui-se pela ilegitimidade nesse mesmo polo ativo"[173].

De fato, interpretar o art. 17, § 3º, no sentido da existência de um litisconsórcio necessário *no polo ativo* significaria esvaziar, por completo, a regra da legitimação concorrente e disjuntiva, constitucionalmente consagrada (art. 129, § 1º), fragilizando o próprio direito político de ação (art. 5º, XXXV, CF) e violentando, também, a possibilidade que a pessoa jurídica de direito público tem de abster-se, de deixar, pura e simplesmente, de intervir no processo (art. 6º, § 3º, da Lei da Ação Popular).

Comentando a norma contida no art. 6º, § 3º, da Lei da Ação Popular, leciona o Professor José Carlos Barbosa Moreira, com a sua habitual clareza, depois de ressaltar a necessidade de citação da pessoa jurídica de direito público, que "essa norma, à primeira vista curiosa, justifica-se pela consideração de que a ação popular, em substância, não se dirige contra a pessoa jurídica supostamente lesada, mas, bem ao contrário, se intenta a seu favor, visando à eliminação do ato que se averba de lesivo e à composição do dano porventura dele resultante. *Inexiste, a rigor, conflito de interesses entre o autor popular e a pessoa jurídica; existirá, quando muito, contraste de valoração, na medida em que aquele impugna o ato como ilegítimo e danoso, enquanto esta o considera isento de vício.* Bem pode suceder, todavia, que se hajam convencido do erro dos próprios órgãos da entidade, ou tenham sido substituídos os titulares dos seus cargos por quem não queira solidarizar-se com anteriores irregularidades; seria pouco razoável, em semelhantes circunstâncias, impedir a pessoa jurídica de pugnar em Juízo por aquele que, agora, ela reconhece como um interesse coincidente com o seu"[174] (grifos nossos).

Cremos, desta forma, que uma vez proposta a ação pelo Ministério Público ou pela associação, imprescindível, *sob pena de nulidade insanável*[175], será a citação (*rectius*: notifica-

---

172 *Improbidade administrativa*, p. 210.
173 *Ação civil pública*, p. 150-151. Sustentando a facultatividade do litisconsórcio na hipótese, confira-se a lição de Wallace Paiva Martins Júnior (*Probidade administrativa*, p. 313-316) e Cláudio Ari Mello (Improbidade administrativa – Considerações sobre a Lei n. 8.429/92). O STJ assim também entendeu, por ocasião do julgamento do REsp n. 123.672-SP, rel. Min. José Delgado, j. 1º/12/1997, un., *DJU* de 16/3/1998, p. 42.
174 A ação popular no direito brasileiro como instrumento de tutela jurisdicional dos chamados "interesses difusos" (ob. cit., p. 14).
175 Em linha oposta, entendendo que a falta de citação da pessoa jurídica de direito público interessada, por se

ção) da pessoa jurídica lesada para manifestar o seu interesse no feito, podendo adotar três posturas, a saber: a) colocar-se ao lado do autor em busca da procedência do pedido, caso em que atuará como litisconsorte[176]; b) contestar o pedido formulado pelo *Parquet* ou pela associação, colocando-se ao lado do réu da ação de improbidade na qualidade de assistente simples[177]; c) omitir-se, deixando de intervir no processo, conforme expressamente previsto no art. 6º, § 3º, da Lei da Ação Popular[178].

Assim, o amplo espectro que se oferece à pessoa jurídica de direito público informa, como visto acima, o desacerto da solução que vislumbra a ocorrência de litisconsórcio necessário no polo ativo. No polo passivo, a rigor, embora imprescindível o chamamento da pessoa jurídica lesada, nem sempre a necessariedade se efetivará uma vez que pode ela colocar-se ao lado do autor ou "abster-se de contestar". Trata-se, sem dúvida alguma, de uma particular forma de comportamento processual introduzida pela Lei da Ação Popular, o que levou Rodolfo de Camargo Mancuso – a partir da premissa de que a pessoa jurídica de direito público figura, inicialmente, na qualidade de ré – a sustentar a existência de um litisconsórcio passivo necessário, "... mas *secundum eventum litis*, visto que sua efetiva concretização fica na dependência da alternativa que venha a ser assumida pela Administração ré"[179].

A possibilidade de a pessoa jurídica lesada colocar-se ao lado do réu, contestando o pedido, não conta com a adesão de Wallace Paiva Martins Júnior, para quem a inovação produzida pela Lei n. 9.366/96 "... foi para pior, pois a possibilidade de a pessoa jurídica interessada defender o ato impugnado amesquinha os princípios da moralidade e da im-

---

tratar de hipótese de litisconsórcio facultativo, não acarreta a nulidade do processo: STJ, REsp n. 408.219/SP, 1ª T., rel. Min. Luiz Fux, *DJU* de 14/10/2002, p. 197; REsp n. 329.735/RO, 1ª T., rel. Min. Garcia Vieira, *DJU* de 29/10/2001, p. 187; EDREsp n. 329.735/RO, 1ª T., rel. Min. Garcia Vieira, *DJU* de 11/3/2002, p. 200; REsp n. 506.511, 1ª T., rel. Min. Luiz Fux, j. 25/11/2003.

176 "Havendo colegitimados à defesa de determinado bem ou interesse, que possam agir isoladamente ou em conjunto sem com isso alterar-se o alcance objetivo ou subjetivo do provimento jurisdicional postulado, o ingresso de algum ou alguns deles após instaurado o processo configurará autêntico litisconsórcio e não assistência litisconsorcial. Não importa que se trate de colegitimados ordinários, como é o caso de credores ou devedores solidários; ou extraordinários, na chamada legitimação por categoria, de nobre linhagem doutrinária e que podemos ver, por exemplo, entre cidadãos legitimados à ação popular" (Dinamarco, *Litisconsórcio*, p. 54).

177 Art. 119 do CPC/2015: "Pendendo uma causa entre 2 (duas) ou mais pessoas, o terceiro juridicamente interessado em que a sentença seja favorável a uma delas, poderá intervir no processo para assisti-la".

178 Sérgio Ferraz não admite a omissão da pessoa jurídica, uma vez que, em sua visão, tal postura "... não se compadece com a natureza metaprivada dos interesses contrapostos em ação deste tipo" (Aspectos Processuais na Lei sobre Improbidade Administrativa, p. 371). Embora não concordemos com o referido autor, ante os claros termos legais, ressaltamos que o representante legal da pessoa jurídica deve, diante da magnitude dos interesses em jogo, cuidadosamente avaliar o papel a ser desempenhado pelo ente por ele representado no processo, temperando tal análise com valores não só jurídicos mas, sobretudo, éticos.

179 *Ação popular*, p. 138. José Afonso da Silva, referido por Mancuso, chegou a cogitar que se trataria de um "listisconsórcio facultativo necessário", não fosse a clara contradição formal da expressão (idem).

pessoalidade e a noção de interesse público primário[180]. O mesmo autor transcreve trecho de acórdão prolatado pela 1ª Câmara de Direito Público do Tribunal de Justiça do Estado de São Paulo (AC n. 31.194-5/4), no qual se afirma que"... contraria frontalmente o objetivo da Lei n. 8.429/92, eventual admissão de quem representa o Poder Público, ao lado dos réus, defendendo uma conduta que a princípio é dada como prejudicial ao próprio Poder Público. Assim, ou ingressa a pessoa jurídica de direito público ao lado do Ministério Público, como litisconsorte no polo ativo, ou não ingressa em nenhum dos polos, permanecendo inerte"[181].

Concessa maxima venia, o raciocínio, além de *contra legem,* é um tanto quanto preconceituoso na medida em que toma como certa a ocorrência da improbidade, o que, em regra, é impossível no momento preambular da relação processual. Acaso proposta uma ação pelo *Parquet* destituída de base razoável, tendo sido a inicial, por *fas ou por nefas,* recebida pelo Magistrado, porque não poderia a pessoa jurídica de direito público refutar a ocorrência de improbidade? Imagine-se, por outro lado, que a pessoa jurídica supostamente lesada disponha de elementos seguros no sentido de demonstrar a inocorrência do ato ou, ainda, que o agente imputado a ele não concorreu. Será razoável negar a ela a possibilidade de opor-se ao pleito formulado? Note-se que não haverá, a rigor, conflito de interesses entre o Ministério Público (ou a associação) e a pessoa jurídica;"existirá, quando muito, contraste de valoração", na elegante e precisa lição de Barbosa Moreira, acima transcrita.

É certo que, de acordo com a dicção legal, a atuação da pessoa jurídica lesada ao lado do autor deve afigurar-se"útil ao interesse público", parâmetro que merece ser prudentemente analisado. Não é menos certo, contudo, também a partir do próprio texto legal, que a avaliação do que venha a ser"interesse público"insere-se no rol privativo das atribuições do representante legal da pessoa jurídica de direito público ("... a juízo do respectivo representante legal ou dirigente")[182], o que o isenta, *em linha de princípio,* de qualquer possibilidade de responsabilização pela escolha feita. Com efeito, sendo a expressão "interesse público" um conceito jurídico indeterminado, tornar-se-á bastante difícil a caracterização de dolo no atuar do representante ou dirigente da pessoa lesada, pressuposto inafastável à caracterização de improbidade por violação aos princípios da administração (art. 11 da Lei n. 8.429/92). Seria mesmo de se invocar, neste passo, o clássico exemplo de Hart relativamente ao caráter fluido dos conceitos jurídicos indeterminados:"Quantos fios de cabelo é preciso que alguém tenha ou não tenha para qualificar-se como"calvo"?

Do ponto de vista puramente processual, muito embora caiba ao representante legal da pessoa jurídica de direito público deliberar sobre sua adesão, ou não, ao polo passivo,

---

180 Ob. cit., p. 313.
181 Idem, p. 315.
182 No sentido do texto, relativamente à ação popular: Mancuso, ob. cit., p. 138, incorporando a lição de José Afonso da Silva.

pode-se cogitar a hipótese de litigância de má-fé, nos termos e para os fins do arts. 79, 80 e 81 do Código de Processo Civil[183]. Desta forma, se seu atuar for no sentido, *v.g.*, de deduzir defesa contra texto expresso de lei ou fato incontroverso, de alterar a verdade dos fatos, de utilizar o processo para conseguir objetivos escusos, de opor-se injustificadamente ao andamento do processo ou de interpor recursos ou provocar incidentes manifestamente protelatórios, caberá ao magistrado aplicar as sanções previstas no art. 81 do Código de Processo Civil[184], sendo também plenamente viável a responsabilização do representante legal da pessoa lesada, no campo da improbidade administrativa, por violação ao art. 11 da Lei n. 8.429/92, restando clara a existência de *dolo* nos exemplos dados[185].

Desta forma, caracterizada a violação aos deveres de lealdade e boa-fé processuais, a consequência será a incidência do sancionamento previsto na legislação processual e na própria Lei de Improbidade Administrativa e não a exclusão da pessoa jurídica lesada do polo passivo.

Cabe ressaltar que a possibilidade de a pessoa jurídica de direito público contestar o pedido não afasta a necessidade de o agente público contratar, às suas expensas, sob pena de incidência do art. 346 do CPC[186], os profissionais da advocacia que julgar hábeis para tanto. Com efeito, a procuradoria da pessoa jurídica interessada atuará exclusivamente em sua representação, sendo-lhe vedada, sob pena de caracterização de outro ato de improbidade (art. 11 da Lei n. 8.429/92), a advocacia dos interesses do demandado[187].

---

183 Como não se ignora, os arts. 79, 80 e 81 do CPC/2015 consubstanciam o sancionamento à violação aos deveres das partes e seus procuradores previstos no art. 77 do mesmo Código, que são os de exporem os fatos em juízo conforme a verdade, o de não formularem pretensões ou defesas destituídas de fundamento, o de não produzirem provas ou atos inúteis ou desnecessários à declaração ou defesa do direito, o de cumprirem os provimentos judiciais, o de informarem a mudança de endereço para fins de intimação e o de não inovarem ilegalmente no estado de fato de bem ou de direito litigioso.

184 Art. 81, *caput*: "De ofício ou a requerimento, o juiz condenará o litigante de má-fé a pagar multa, que deverá ser superior a um por cento e inferior a dez por cento do valor corrigido da causa, a indenizar a parte contrária pelos prejuízos que esta sofreu e a arcar com os honorários advocatícios e com todas as despesas que efetuou".

185 No sentido de que a assunção desarrazoada ou desmotivada do polo passivo pela pessoa jurídica de direito público caracteriza "... o cometimento de outro ato de improbidade (art. 11, *caput*)", confira-se a lição de Marino Pazzaglini Filho *et alii*, *Improbidade administrativa...*, p. 211. Insistimos, contudo, que a atuação da pessoa jurídica somente ensejará a responsabilização de seu representante nas hipóteses de dolo.

186 "Art. 346. Os prazos contra o revel que não tenha patrono nos autos fluirão da data de publicação do ato decisório no órgão oficial." Sobre a revelia nas ações de improbidade, mais amplamente, v. tópico específico.

187 No mesmo sentido, relativamente à ação popular, Mancuso, ob. cit., p. 140. Fábio Medina Osório, além de considerar impossível a atuação das procuradorias estatais em prol dos agentes públicos, afirma: "Inexiste interesse público na contratação de profissional da advocacia, por entidade pública, para patrocínio das causas pessoais dos administradores públicos, os quais, nesse aspecto, não podem receber sustento dos contribuintes". Sustenta que tal conduta importará em violação aos arts. 9º, *caput*, IV e VIII; art. 10, *caput*, I, II, XI, XII e XIII; e art. 11, *caput*, I e II, todos da Lei n. 8.429/92 (*Improbidade administrativa – Observações sobre a Lei 8.429/92*, p. 163-165). A tese foi recentemente encampada pelo STJ por ocasião do julgamento do REsp

Nessa linha, afrontam o texto constitucional todas as intervenções da advocacia pública (Advocacia-Geral da União, procuradorias estaduais ou municipais) que consubstanciem genuínas hipóteses de "representação judicial" do agente demandado, sendo os arts. 131 e 132 da Constituição Federal bastante claros no sentido de que a advocacia pública exerce a representação, judicial ou extrajudicial, do respectivo ente federado e não dos agentes públicos[188].

Não se perca de vista, por outro lado, que a atuação da Administração em representação ao agente também denotaria, se admitida, direta violação ao princípio da impessoalidade (art. 37 da CF), podendo também configurar-se afronta ao próprio princípio da moralidade administrativa, a depender da hipótese. Assim, não cabe ao advogado do ente federado oferecer resposta ao pedido formulado pelo autor em lugar do agente demandado; de igual modo, se demonstrará descabida, por exemplo, a interposição de recurso de apelação em favor do agente público sob o pretexto de uma aplicação rigorosa das sanções pelo Magistrado, aspecto que refoge ao estrito campo de interesses da pessoa de direito público lesada.

Mesmo que se admita, *ad argumentandum*, a representação judicial do demandado pela advocacia pública, o fato é que seu atuar processual em momento algum pode afastar-se da perseguição do *interesse público*, mote de sua atuação ao teor do art. 17, § 3º, da Lei n. 8.429/92 c.c. o art. 6º, § 3º, da Lei da Ação Popular, circunstância que, do ponto de vista pragmático, reduz a quase nada as suas possibilidades de representação processual do réu, certo que as noções de "interesse público" e de "interesse do agente público" são inconfundíveis.

De igual forma, não obstante a amplitude de posturas processuais que pode adotar (adesão ao polo ativo, ao polo passivo ou abstenção), como acima visto, também não cabe à procuradoria estatal, acantonada pelo regramento constitucional, arrogar-se ao papel de *custos legis*, usurpando funções acometidas pela Constituição Federal e pela lei ao Ministério Público, que não se desveste desta missão mesmo nos casos em que provoca a jurisdição. E a razão do que

---

n. 703.953/GO, 1ª T., rel. Min. Luiz Fux, j. 16/10/2007, que incorporou o decidido anteriormente, no mesmo sentido, por ocasião do julgamento do AGRG no REsp 681571/GO, 2ª T., rel. Min. Eliana Calmon, *DJ* de 29/6/2006. Este último acórdão, contudo, não prima pela clareza, *concessa maxima venia*, em distinguir a hipótese em que há interesse do Estado em defender seus agentes políticos, "quando agem como tal", da hipótese em que não há interesse do ente público na defesa de um ato pessoal do agente político, "voltado contra o órgão público".

188 Por isso, é claramente inconstitucional o art. 22 da Lei n. 9.028/95 (redação dada pela Lei n. 9.649/98 e, posteriormente, pela Medida Provisória n. 2.216-37/2001), dispositivo que comete à Advocacia-Geral da União a representação judicial de agentes públicos federais. O STF, por ocasião do julgamento da ADI n. 3022/RS, rel. Min. Joaquim Barbosa, entendeu inconstitucional norma estadual que atribuía à Defensoria Pública a defesa judicial de servidores públicos processados civil ou criminalmente por afastamento do modelo de atuação imposto pela CF à instituição ("orientação jurídica e defesa dos necessitados"). O precedente é, *mutatis mutandis*, aplicável à advocacia pública, cuja missão constitucional é também bastante específica (consultoria, assessoramento jurídico e representação judicial do Poder Público).

ora se afirma é simples: somente se comete o papel de *custos legis* a órgãos detentores de *independência funcional*, o que, definitivamente, não é o caso das advocacias públicas[189].

Por último, deve-se esclarecer que mesmo que tenha oferecido contestação ao pedido inicial, nada impede a pessoa jurídica de direito público de, advindo sentença condenatória, promover a execução do julgado, aplicando-se o art. 17 da Lei da Ação Popular[190].

7. COMPETÊNCIA

Na clássica visão de Giuseppe Chiovenda, "significa-se, numa primeira acepção, por 'competência' de um tribunal, o conjunto das causas nas quais pode ele exercer, segundo a lei, sua jurisdição; e, num segundo sentido, entende-se por competência essa faculdade do tribunal considerada nos limites em que lhe é atribuída"[191].

Fruto da prévia e genérica disciplina legal, funciona a regra de competência como limite à função jurisdicional. Limite *quantitativo* da função soberana de julgar que se estabelece em razão dos benefícios hauridos da divisão do trabalho e da especialização do conhecimento, uma vez que do ponto de vista *qualitativo* o que bitola a atividade jurisdicional é o *pedido* formulado pelo autor. Como bem percebido por Couture, "la relación entre la jurisdicción y la competencia, es la relación que existe entre el todo y la parte. La jurisdicción es el todo; la competencia es la parte: un fragmento de la jurisdicción. La competencia es la potestad de jurisdicción para una parte del sector jurídico: aquel específicamente asignado al conocimiento de determinado órgano jurisdiccional"[192].

O encontro da regra de competência para o caso concreto demanda a formulação de um raciocínio que em algumas hipóteses será mais simples, e noutras, mais complexo. Deste modo, a primeira indagação a ser feita neste "roteiro determinativo da competência", *uma vez fixada a incidência da jurisdição nacional*, é sobre se a hipótese seria, ou não, da *competência originária dos Tribunais*. Depois, se negativa a primeira resposta, se o caso se meteria no rol de competência das chamadas *justiças especiais* (*justiça do trabalho, eleitoral ou militar*). Não sendo a hipótese, já definida, por exclusão, a competência da justiça co-

---

189 Como ressaltado anteriormente, o STF já teve a oportunidade de declarar a inconstitucionalidade de dispositivos de constituições estaduais que previam a independência funcional dos Procuradores do Estado como princípio institucional. Por ocasião do julgamento da ADI n. 470/AM, asseverou o relator, Min. Ilmar Galvão, "... a incompatibilidade entre a autonomia funcional e o mister desenvolvido pelas Procuradorias dos Estados, que, nos termos do art. 132 da Constituição Federal, exercem a representação judicial e a consultoria jurídica das respectivas entidades federadas, em atividade cuja parcialidade é necessária e que exige perfeita sintonia com as diretrizes fixadas pela Chefia da Administração Pública". No mesmo sentido: ADI 217/PB, rel. Min. Ilmar Galvão, j. 28/8/2002.
190 "Art. 17. É sempre permitido às pessoas ou entidades referidas no art. 1º, ainda que hajam contestado a ação, promover, em qualquer tempo, e no que as beneficiar, a execução contra os demais réus."
191 *Instituições de direito processual civil*, p. 183.
192 *Fundamentos del derecho procesal civil*, p. 29.

mum, se a competência seria da *Justiça Federal*, que "... apesar de ser comum, guarda um grau de especialidade em face da Justiça Estadual, que é a mais comum de todas"¹⁹³. Afastada a competência da justiça federal, surge como certa a competência estadual, restando definir-se, então, a competência territorial¹⁹⁴. Feito isto, e como último passo, será o caso de se estabelecer *o juízo competente naquela comarca* ou *seção judiciária*, adotando-se, às vezes conjuntamente, a regra da livre distribuição e os preceitos contidos na lei de organização judiciária.

Desprezaremos a análise da competência da Justiça Militar, que não tem competência para o tema (arts. 124 e 125, §§ 3º e 4º, da Constituição Federal)¹⁹⁵, e da Justiça Eleitoral, que não pode aplicar as sanções previstas na Lei de Improbidade Administrativa¹⁹⁶.

7.1. Competência Originária dos Tribunais. O Foro por Prerrogativa de Função

7.1.1. Considerações de ordem geral

A Constituição Federal, em diversas passagens, prevê o chamado *foro por prerrogativa de função* a algumas autoridades que, por sua relevância política e/ou jurídica, são processadas e julgadas, desde o início, por órgãos colegiados, em hipóteses caracterizadoras de competência originária *ratione personae* dos tribunais.

---

193 GRECO FILHO, Vicente. *Direito processual civil brasileiro*, p. 171.

194 Na verdade, a necessidade de definição da competência territorial também se apresenta no campo das justiças especiais e da própria Justiça Federal. Não obstante, é no campo da Justiça Comum Estadual que as indagações territoriais se apresentarão mais complexas.

195 Tal conclusão não viu alterada pela nova redação dos §§ 4º e 5º do art. 125 da CF, dada pela EC n. 45/2004 ("§ 4º Compete à Justiça Militar estadual processar e julgar os militares dos Estados, nos crimes militares definidos em lei e as *ações judiciais contra atos disciplinares militares*, ressalvada a competência do júri quando a vítima for civil, cabendo ao tribunal competente decidir sobre a perda do posto e da patente dos oficiais e da graduação das praças. § 5º Compete aos juízes de direito do juízo militar processar e julgar, singularmente, os crimes militares cometidos contra civis e as *ações judiciais contra atos disciplinares militares*, cabendo ao Conselho de Justiça, sob a presidência de juiz de direito, processar e julgar os demais crimes militares), conforme já decidiu o STJ (CComp n. 100682/MG, 1ª S., rel. Min. Castro Meira, j. em 10/6/2009, *DJ* de 18/6/2009).

196 "Conflito de competência. Ação contra Prefeito Municipal. Danos ao patrimônio público. Competência da Justiça comum do Estado e não da Justiça Eleitoral. Tratando-se de ação civil pública, ajuizada pelo representante do Ministério Público contra o Prefeito Municipal, no pleno exercício das suas funções, para as quais foi regularmente eleito, sob a acusação de estar fazendo promoção pessoal, utilizando-se dos recursos públicos, a competência é da Justiça Estadual. Uma vez exaurida a competência da Justiça Eleitoral, com a diplomação dos eleitos, a matéria não é mais de caráter eleitoral, mas de ordem administrativa, sendo os atos, que buscam reparação de danos causados ao patrimônio público, praticados pelo administrador e não por candidato" (STJ, CComp n. 3.170-CE, 1ª Seção, rel. Min. Garcia Vieira, j. 8/6/1993, *DJU* de 27/9/1993, p. 19770).

Tem-se, dessa forma, que o Presidente da República, por exemplo, é processado e julgado pelo STF (art. 102, I, *b*, da Constituição Federal), o mesmo ocorrendo com os Deputados Federais e Senadores. Já os Governadores e as demais autoridades referidas pelo art. 105, I, *a*, serão julgados pelo STJ. Juízes de Direito e Promotores de Justiça, pelo Tribunal de Justiça (96, III), o mesmo ocorrendo quando se tratar de conduta praticada por Prefeito (art. 29, X).

Vistos alguns exemplos do chamado *foro por prerrogativa de função*, cabe desde logo esclarecer que tais hipóteses se restringem ao campo penal. Assim, praticando referidas autoridades condutas *ilícitas* sob o prisma do *direito administrativo* ou mesmo do *direito privado*, não gozarão do foro especial, sendo neste sentido a doutrina e a jurisprudência.

No campo da Lei n. 8.429/92, onde não se cogita de aplicação de sanção penal[197], a mesma solução se aplica:"Praticando tais autoridades atos caracterizadores de improbidade, a competência para o seu processo e julgamento será dos magistrados de primeiro grau, juízes naturais de tais causas", orientando-se nesse sentido o STF:

> *Senador da República. Inquérito civil. Ação civil pública. Medida processual a ser eventualmente adotada contra empresas que estiveram sujeitas ao poder de controle e gestão ao parlamentar, até a sua investidura no mandato legislativo. Alegada usurpação da competência originária do Supremo Tribunal Federal. Ausência de plausibilidade jurídica. Medida liminar cassada.*
>
> *O Supremo Tribunal Federal – mesmo tratando-se de pessoas ou autoridades que dispõem, em razão do ofício, de prerrogativa de foro, nos casos estritos de crimes comuns – não tem competência originária para processar e julgar ações civis públicas que contra elas possam ser ajuizadas. Precedentes.*
>
> *A competência originária do Supremo Tribunal Federal, por qualificar-se como um complexo de atribuições jurisdicionais de extração essencialmente constitucional – e ante o regime de direito estrito a que se acha submetida – não comporta a possibilidade de ser estendida a situações que extravasem os rígidos limites fixados, em* numerus clausus, *pelo rol exaustivo inscrito no art. 102, I, da Constituição da República. Precedentes*[198].

---

197 "§ 4º Os atos de improbidade administrativa importarão a suspensão dos direitos políticos, a perda da função pública, a indisponibilidade dos bens e o ressarcimento ao erário, na forma e gradação previstas em lei, *sem prejuízo da ação penal cabível*" (grifos nossos).

198 AGRG em Reclamação n. 1.110-1-DF, rel. Min. Celso de Mello, j. 25/11/1999, *DJU* de 7/12/1999, p. 58. No mesmo sentido, Pet. n. 1.073-6-SP, rel. Min. Marco Aurélio, j. 11/10/1995, *DJU* de 24/11/1995; AGRG em Petição n. 693-4-SP, rel. Min. Ilmar Galvão, j. 12/8/1993, *DJU* de 1º/3/1996, p. 5013; Inquérito n. 1.202-5-CE, rel. Min. Carlos Velloso, j. 21/2/1997, *DJU* de 4/3/1997, p. 4800-1. Por ocasião do julgamento do HC n. 80.112-9-PR, Tribunal Pleno, rel. Min. Sydney Sanches, impetrado por determinado Deputado Federal contra atos praticados, em inquérito civil, pelo Ministério Público do Paraná, o Ministro Sepúlveda Pertence fez questão de ressaltar que "... é óbvio que do inquérito civil, para apurar improbidade administrativa, pode resultar a colheita de elementos informativos de natureza criminal" demonstrando, não obstante, que mes-

Também o STJ[199].

mo a instauração de inquérito policial, no caso, não fixaria a competência do Supremo Tribunal Federal, salvo para a concretização de medidas constritivas de direito como, por exemplo, a condução coercitiva, a quebra de sigilo constitucionalmente protegido etc. Ver também: AGRAI n. 506323 AgR/PR, 2ª T., rel. Min. Celso de Mello, j. em 2/6/2009, *DJ* de 1º/7/2009, *RT* v. 98, n. 888, 2009, p. 152-154; AGR Rcl. n. 3021 AGR/SP, Tribunal Pleno, rel. Min. Cezar Peluso, j. em 3/12/2008, *DJ* de 6/2/2009; AGRAI n. 637566/SE, 1ª T., rel. Min. Ricardo Lewandowski, j. em 26/8/2008 *DJ* de 12/9/2008; AGRAI n. 653882/SP, 2ª T., rel. Min. Celso de Mello, j. em 3/6/2008 *DJ* de 15/8/2008, *RT* v. 97, n. 877, 2008, p. 121-132; Pet n. 3438/DF, rel. Min. Cezar Peluso, j. em 18/1/2010, *DJ* de 3/2/2010; RE n. 561389/SC, rel. Min. Carlos Britto, j. em 18/12/2009, *DJ* de 9/2/2010; RE n. 569147/MG, rel. Min. Ellen Gracie, j. em 14/12/2009, *DJ* de 3/2/2010; RE n. 476483/MA, rel. Min. Cezar Peluso, j. em 5/11/2009, *DJ* de 30/11/2009; ACO n. 2356, rel. Min. Cármen Lúcia, j. 13/3/2014. Não obstante, no julgamento da Pet 3211 QO/DF, Tribunal Pleno, rel. Min. Marco Aurélio, rel. p/ acórdão Min. Menezes Direito, j. em 13/3/2008, *DJ* de 27/6/2008, decidiu-se que "Compete ao Supremo Tribunal Federal julgar ação de improbidade contra seus membros", o que está em contradição evidente com a jurisprudência da Corte.

199 "Improbidade administrativa (Constituição, art. 37, § 4º; Cód. Civil, arts. 159 e 1.518; Leis 7.347/85 e 8.429/92). Inquérito civil, ação cautelar inominada e ação civil pública. Foro por constitucional, legal e regimental, cabe a reclamação da parte interessada para preservar a competência do STJ. 2. Competência não se presume (Maximiliano, *Hermenêutica*, 265), é indisponível e típica (Canotilho, in REsp 28.848, *DJ* de 2/8/1993). Admite-se, porém, competência por força de compreensão, ou por interpretação lógico-extensiva. 3. Conquanto caiba ao STJ processar e julgar, nos crimes comuns e nos de responsabilidade, os membros dos Tribunais Regionais do Trabalho (Constituição, art. 105, I, *a*), não lhe compete, porém, explicitamente, processá-los e julgá-los por atos de improbidade administrativa. Implicitamente, sequer, admite-se tal competência, porquanto, aqui, trata-se de ação civil, em virtude de investigação de natureza civil. Competência, portanto, de juiz de primeiro grau. 4. *De lege ferenda*, impõe-se a urgente revisão das competências jurisdicionais. 5. À míngua de competência explícita e expressa do STJ, a Corte Especial, por maioria de votos, julgou improcedente a reclamação" (Rcl. n. 591-SP, rel. Min. Nilson Naves, j. 1º/12/1999, *DJU* de 15/5/2000). Tal entendimento foi reiterado por ocasião do julgamento do REsp n. 161.322/PE, 2ª T., rel. Min. Franciulli Neto, j. 7/3/2002, e em inúmeros julgados posteriores. Na Rcl. n. 591-SP, o Ministro aposentado do Supremo Tribunal Federal Paulo Brossard defendeu a incompetência do juízo de primeiro grau para o julgamento de autoridades que gozem do foro por prerrogativa de função, invocando, em resumo, os seguintes argumentos: "a) é da tradição do direito constitucional brasileiro a observância do princípio da hierarquia no estabelecimento das regras de competência; b) as autoridades que gozam do foro por prerrogativa de função devem ser julgadas originariamente pelos Tribunais relativamente aos atos que digam respeito ao exercício de suas funções; c) embora as sanções de improbidade não tenham natureza penal, 'é inegável o paralelismo entre as infrações desenhadas na Lei 8.429 e as descritas nos artigos 312, 319 e 315 do Código Penal, peculato, prevaricação e emprego irregular de verbas públicas', o que aponta o seu íntimo parentesco com as normas penais; d) as regras de competência previstas na Constituição Federal, mesmo referindo-se apenas a 'infrações penais' ou a 'crimes comuns', não devem ser literalmente entendidas, comportando, assim, interpretação extensiva; e) a esse último argumento, agrega dois exemplos de interpretação extensiva dada pelo Supremo Tribunal Federal em matéria de competência; f) interpretação contrária levaria a que mesmo os ministros da mais elevada Corte de Justiça fossem julgados por magistrados de primeiro grau" (Competência – Julgamento de Membro de Tribunal Regional do Trabalho, *Revista Interesse Público* n. 2, 1999, p. 108-115). Em apoio à tese, tem-se artigo de autoria de Sebastião Botto de Barros Tojal e Flávio Crocce Caetano intitulado "Competência e prerrogativa de foro em ação civil de improbidade administrativa", in *Improbidade administrativa – questões polêmicas e atuais*, p. 350 e s. No mesmo sentido, Gilmar Ferreira Mendes e Arnoldo Wald, *Revista Consulex* n. 5, p. 46 e s., investindo no "forte conteúdo penal" das sanções de improbidade. O STJ chegou a considerar que a competência especial por prerrogativa de foro também se aplicaria às ações de improbidade (Rcl. n. 2.790-SC, Corte Especial, rel. Min. Teori Albino Zavasc-

É certo que a competência exercida pelos juízes de primeiro grau, em casos tais, acaba por gerar uma certa assimetria na medida em que, caracterizando-se a improbidade, no mais das vezes, também um ilícito penal, teremos dois órgãos jurisdicionais, de competências funcional e *ratione materiae* absolutamente diversas, a apreciar o mesmo fato, o que vem levando alguns a defenderem a alteração das regras de competência para a hipótese[200]. Tal circunstância, não obstante, acaba sendo atenuada em razão da prevalência da jurisdição criminal sobre a cível (arts. 935 do Código Civil[201]; 63/67 do CPP), o que, de modo a evitar decisões contraditórias, recomenda que o juiz de primeiro grau suspenda o curso do processo cível "até que se pronuncie a justiça criminal" (art. 315 do CPC/2015).

A adoção do foro por prerrogativa de função na seara da improbidade, ansiosamente desejada por alguns agentes políticos, pouco diz com o problema da hierarquia – visto que não há, sob o ponto de vista do exercício da judicatura, hierarquia entre o menos graduado magistrado e os Ministros da Excelsa Corte – ou mesmo com a dignidade das autoridades em jogo, cujo resguardo se vê garantido não pelo foro especial mas, antes, pela exigência de uma imputação fundada, não leviana[202]. São razões secundárias, pois o que se busca preservar no estabelecimento da competência originária *ratione personae* dos tribunais é, sobretudo, *a imparcialidade do julgamento*, evitando-se que uma alta autoridade da República exerça, maleficamente, a sua influência sobre o órgão julgador. Ocorre que a realidade desmente a suposta maior imparcialidade dos tribunais (Estaduais, Regionais Federais e Superiores), surpreendentemente muito mais vulneráveis aos influxos políticos que um magistrado de primeira instância, cuja investidura se dá por intermédio de rigoroso concurso de provas e títulos (e não por indicação do Presidente da República ou pela malsinada regra do "quinto constitucional") e cuja judicatura se vê amparada pelas garantias previstas nos arts. 93 e 95 da Constituição Federal.

Ao que nos parece, a criação de foros privilegiados, iniciada sobretudo na Idade Média como mecanismo de proteção de nobres e eclesiásticos[203], e prática adotada entre nós

---

ki, julgada em 2/12/2009). Contudo, por ocasião do julgamento do AgRg na Reclamação n. 12.514/MT, Corte Especial, rel. Min. Ari Pargendler, j. em 16/9/2013, pacificou sua jurisprudência no sentido de que "a ação de improbidade administrativa deve ser processada e julgada nas instâncias ordinárias, ainda que proposta contra agente político que tenha foro privilegiado no âmbito penal e nos crimes de responsabilidade".

200 Neste sentido, o acórdão prolatado na Rcl. n. 591/SP, Corte Especial do STJ, rel. Min. Nilson Naves, j. 1º/12/1999, ementa acima transcrita. Cuidando-se de ampliação da competência do Supremo Tribunal Federal, Superior Tribunal de Justiça e dos Tribunais Regionais Federais, por tratar-se de matéria especificamente disciplinada, *numerus clausus*, pela própria Carta Magna, somente através de emenda constitucional federal tal temática poderia ser tratada. Quanto à competência do Tribunal de Justiça, exige-se emenda constitucional estadual, em razão da regra contida no art. 125, § 1º, da Constituição Federal.

201 Art. 1.525 do Código Civil revogado.

202 Sobre o relevante papel do inquérito civil consistente em evitar o ajuizamento de lides temerárias, ver o Capítulo I, tópico 2, desta segunda parte.

203 Cf. ALMEIDA JR., João Mendes de. *O processo criminal brasileiro*. 4. ed. Rio de Janeiro: Freitas Bastos, 1959, v. I, p. 82 e s.

desde a Constituição de 1824[204], nada mais representa do que o transporte, ao campo processual, do Princípio da Supremacia do Interesse Público, um dos mais caros do Direito Público brasileiro e que serve de fundamento a uma série de prerrogativas da Administração Pública (prerrogativas materiais e processuais). Do ponto de vista sociológico a postura de superioridade do Estado diante da sociedade e do indivíduo marcou a formação do Estado-nação, do que decorreu uma verdadeira fusão conceitual entre o Estado e a noção de bem público, encarnada nos agentes do Estado.

Mas os conceitos de interesse público e de sua supremacia merecem ser revisitados em razão da inegável ampliação da esfera pública estatal e do surgimento de novos atores sociais num mundo cada vez mais complexo e marcado pela crescente formação de redes. Por conta disso, é preciso reconhecer que muitas e contraditórias são as formas de conceber o interesse público, que não pode ter a sua dicção confinada ao âmbito estatal, tampouco materializada na pessoa do agente público. Isso faz com que se torne cada vez mais necessário correlacionar o conceito de interesse público aos interesses da sociedade, construindo-o a partir dos valores sociais fundamentais e, relativamente à gestão do que é público, a partir do Princípio Republicano.

Se assim é, nada justifica a existência de mecanismos obstativos ao acesso à justiça em matéria de defesa do direito fundamental a uma "boa administração" em nome da pretensa defesa do interesse público, que, no caso do foro privilegiado, traduz-se pela alegada "relevância jurídica ou política de alguns cargos".

Somos, assim, pela manutenção dos atuais parâmetros de competência amplamente reconhecidos pela jurisprudência dos Tribunais Superiores, como visto.

7.1.2. Ampliação do foro por prerrogativa de função ao campo da improbidade administrativa (Lei n. 10.628/2002)

Após publicada a primeira edição desta obra, mais precisamente em 24 de dezembro de 2002, sobreveio a Lei Federal n. 10.628, cujo art. 1º assim dispunha:

> Art. 1º O art. 84 do Decreto-Lei n. 3.689, de 3 de outubro de 1941 – Código de Processo Penal – passa a vigorar com a seguinte redação:
>
> "Art. 84. A competência pela prerrogativa de função é do Supremo Tribunal Federal, do Superior Tribunal de Justiça, dos Tribunais Regionais Federais e Tribunais de Justiça dos Estados e do Distrito Federal, relativamente às pessoas que devam responder perante eles por crimes comuns e de responsabilidade.

---

204 Constituição de 1824, art. 47, I e II; Constituição de 1891, arts. 29, 52, § 2º, 53 e 59, I; Constituição de 1934, arts. 58 e 76, 1, *a* e *b*; Constituição de 1937, arts. 86, 89, § 2º, 100 e 101, I, *a* e *b*; Constituição de 1946, arts. 59, I, 62, I e II, 88, 92, 100, 101 e 124, IX; Constituição de 1967 (com a Emenda de 1969), arts. 32, § 4º, 40, I, 119, I, *a* e *b*, 122, I, *b* e 144, § 3º.

§ 1º A competência especial por prerrogativa de função, relativa a atos administrativos do agente, prevalece ainda que o inquérito ou a ação judicial sejam iniciados após a cessação do exercício da função pública;

§ 2º A ação de improbidade, de que trata a Lei n. 8.429, de 02 de junho de 1992, será proposta perante o tribunal competente para processar e julgar criminalmente o funcionário ou autoridade na hipótese de prerrogativa de foro em razão do exercício de função pública, observado o disposto no § 1º".

Relativamente à nova redação conferida ao *caput* do art. 84 do CPP, percebe-se que o legislador apenas intentou adaptá-lo ao atual texto constitucional, aludindo ao Superior Tribunal de Justiça e aos Tribunais Regionais Federais como órgãos judiciais também detentores de competência originária *ratione personae* (arts. 105 e 108 da CF) e suprimindo a ultrapassada referência aos "Tribunais de Apelação", que não mais existem em nosso país.

Já no § 1º, acrescido ao art. 84 do CPP, buscou o legislador reintroduzir em nosso sistema jurídico a regra da prevalência do foro por prerrogativa de função"... ainda que o inquérito ou a ação judicial sejam iniciados após a cessação do exercício da função pública". Como não se ignora, precisamente neste sentido dispunha o enunciado n. 394 da súmula de jurisprudência do STF (*Cometido o crime durante o exercício funcional, prevalece a competência especial por prerrogativa de função, ainda que o inquérito ou a ação penal sejam iniciados após a cessação daquele exercício*), cancelado pela própria Corte Excelsa, contudo, por ocasião do julgamento do Inquérito n. 687-4/SP.

Por fim, no § 2º a lei ampliou o foro por prerrogativa criminal ao âmbito da ação por improbidade administrativa, devendo observar-se a regra prevista no § 1º, ou seja, prevalecerá o foro especial mesmo que o inquérito civil ou a ação civil pública sejam iniciados após a cessação do exercício da função pública.

Cumpre asseverar, de pronto, a evidente inconstitucionalidade de iniciativas dessa ordem uma vez que não é possível estender as hipóteses de competência originária *ratione personae* do Supremo Tribunal Federal, do Superior Tribunal de Justiça e dos Tribunais Regionais Federais, previstas taxativamente na Constituição Federal (arts. 102, 105 e 108), através de lei ordinária[205]. Nessa linha, é importante perceber que sempre que a Constituição Federal desejou cometer ao legislador ordinário a disciplina do tema fez-se expressa referência neste sentido, bastando verificar, por exemplo, o que estabelecem os seus arts. 111, § 3º, 121 e 124, parágrafo único, relativamente à competência das Justiças do Trabalho, Eleitoral e Militar[206]. Em resumo, somente por intermédio de emenda ao texto constitucio-

---

205 Em precedente que pode ser consultado na *Revista Trimestral de Jurisprudência* n. 109, p. 909 e s., a Excelsa Corte julgou inconstitucional dispositivo do Código Eleitoral (lei ordinária) que pretendia atribuir competência originária ao Tribunal Superior Eleitoral para conhecer de mandados de segurança impetrados contra ato do Presidente da República, em matéria eleitoral.

206 O inteligente argumento é de Cassio Scarpinella Bueno, O foro especial para as ações de improbidade administrativa e a Lei 10.628/02, in *Improbidade administrativa – questões polêmicas e atuais*, texto inserido na 2ª

nal tornar-se-á possível o disciplinamento do foro por prerrogativa de função em moldes diversos dos atuais, havendo caudalosa jurisprudência do STF no sentido de seu caráter de *direito estrito* (previsão *numerus clausus*)[207].

Relativamente aos Tribunais de Justiça, também é vedado à lei ordinária federal (e também à legislação ordinária estadual) ampliar sua competência originária, sendo o § 1º do art. 125 da Constituição Federal bastante claro ao estabelecer que "a competência dos tribunais será definida na Constituição do Estado, sendo a lei de organização judiciária de iniciativa do Tribunal de Justiça", o que decorre da própria conformação federativa[208].

Como já indicado, ao garantir o foro especial mesmo após o fim do exercício da função pública (§§ 1º e 2º do art. 84 do CPP, com a nova redação) buscou o legislador afastar o entendimento já consolidado pela Corte Suprema no sentido de que "findo o exercício funcional, finda estará também a competência especial por prerrogativa de função" (cancelamento da Súmula n. 394 do STF), como se fosse possível, através de atuação legislativa ordinária, impor à mais alta Corte de Justiça do País regra de competência flagrantemente incompatível com a Lei Maior. Vale a pena recordar o entendimento firmado pelo STF por ocasião do cancelamento da referida Súmula 394:

> DIREITO CONSTITUCIONAL E PROCESSUAL PENAL. PROCESSO CRIMINAL CONTRA EX-DEPUTADO FEDERAL. COMPETÊNCIA ORIGINÁRIA. INEXISTÊNCIA DE FORO PRIVILEGIADO. COMPETÊNCIA DE JUÍZO DE 1º GRAU, NÃO MAIS DO SUPREMO TRIBUNAL FEDERAL. CANCELAMENTO DA SÚMULA 394.
>
> *1. Interpretando ampliativamente normas da Constituição Federal de 1946 e das Leis n. 1.079/50 e 3.258/59, o Supremo Tribunal Federal firmou jurisprudência, consolidada na Súmula 394, segundo a qual, "Cometido o crime durante o exercício funcional, prevalece a competência especial por prerrogativa de função, ainda que o inquérito ou a ação penal sejam iniciados após a cessação daquele exercício".*

---

edição, p. 443. Daí o desacerto, *data venia*, da afirmação, apriorísitca, no sentido de que "... explicitar o texto constitucional é tarefa própria do legislador ordinário" (trecho do parecer lançado pela Procuradoria Geral da República na ADIN n. 2.797).

207 Além do decidido no AGRG em Rcl. n. 1.110-1-DF, acima transcrito parcialmente, merece referência o entendimento firmado pela Suprema Corte no AGRG em Pet. n. 693-4/SP, *verbis*: "COMPETÊNCIA DO SUPREMO TRIBUNAL FEDERAL. AÇÃO CIVIL PÚBLICA CONTRA PRESIDENTE DA REPÚBLICA. LEI n. 7.347/85. *A competência do Supremo Tribunal Federal é de direito estrito e decorre da Constituição, que a restringe aos casos enumerados no art. 102 e incisos*. A circunstância de o Presidente da República estar sujeito à jurisdição da Corte, para os feitos criminais e mandados de segurança, não desloca para esta o exercício da competência originária em relação às demais ações propostas contra ato da referida autoridade. Agravo regimental improvido". Na mesma linha: Pet. n. 1073-6/SP, Inq. n. 1202-5/CE e Ag. Pet. n. 1738-2/MG.

208 Cassio Scarpinella Bueno (ob. cit., p. 443) argumenta, em abono à tese, que as únicas exceções à fixação de competência jurisdicional dos Tribunais de Justiça pelas Constituições Estaduais são as previstas nos arts. 29, X, 35, V, e 96, III, da própria CF.

2. A tese consubstanciada nessa Súmula não se refletiu na Constituição de 1988, ao menos às expressas, pois, no art. 102, I, "b", estabeleceu competência originária do STF para processar e julgar "os membros do Congresso Nacional", nos crimes comuns. Continua a norma constitucional não contemplando os ex-membros do Congresso Nacional, assim como não contempla o Ex-Presidente, o ex-Vice-Presidente, o ex-Procurador-Geral da República, nem os Ex--Ministros de Estado (art. 102, I, "b" e "c"). Em outras palavras, a Constituição não é explícita em atribuir tal prerrogativa de foro às autoridades e mandatários, que, por qualquer razão, deixaram o exercício do cargo ou mandato. Dir-se-á que a tese da Súmula 394 permanece válida, pois, com ela, ao menos de forma indireta, também se protege o exercício do cargo ou mandato, se durante ele o delito foi praticado e o acusado não mais o exerce. Não se pode negar a relevância dessa argumentação, que, por tanto anos, foi aceita pelo Tribunal. Mas também não se pode, por outro lado, deixar de admitir que a prerrogativa de foro visa a garantir o exercício do cargo ou do mandato, e não a proteger quem o exerce. Menos ainda quem deixa de exercê-lo. Aliás, a prerrogativa de foro perante a Corte Suprema, como expressa na Constituição brasileira, mesmo para os que se encontram no exercício do cargo ou mandato, não é encontradiça no Direito Constitucional Comparado. Menos, ainda, para ex-exercentes de cargos ou mandatos. Ademais, *as prerrogativas de foro, pelo privilégio que, de certa forma, conferem, não devem ser interpretadas ampliativamente, numa Constituição que pretende tratar igualmente os cidadãos comuns, como são, também, os ex--exercentes de tais cargos ou mandatos* (Inq. 687/SP, Pleno, rel. Min. Sydney Sanches, j. 25/8/1999 – grifamos).

Como facilmente se percebe da leitura da ementa *supra*, o STF, ao alterar um dos seus mais consolidados enunciados, fulcrou-se em singelas e indiscutíveis premissas, a saber: a primeira, no sentido de que a Constituição Federal não confere aos Tribunais, ao cuidar do foro especial, competência para o julgamento de *ex-exercentes* de cargos ou mandatos eletivos, conclusão que decorre, num primeiro momento, da mera literalidade dos arts. 102, 105 e 108; a segunda, baseada na consideração de que a manutenção da prerrogativa após a cessação do exercício do cargo ou mandato representaria um privilégio a quem o exerceu, desfigurando completamente o instituto; a terceira leva em conta que por ser o foro por prerrogativa de função regra de competência peculiar em nosso sistema constitucional, a sua ampliação a ex-exercentes de cargos ou mandatos eletivos representaria afronta ao princípio constitucional da igualdade.

Não se nega a possibilidade de o Poder Legislativo discordar da interpretação dada pelos Tribunais a matérias constitucionais ou infraconstitucionais, até mesmo da interpretação conferida pela Suprema Corte. A veiculação de seu inconformismo, contudo, deve encontrar no *poder derivado de reforma constitucional* (emendas constitucionais) a sua adequada expressão, sob pena de violação ao princípio constitucional da separação harmônica dos poderes (art. 2º da CF)[209].

---

209 A história do constitucionalismo norte-americano registra que a Constituição daquele País foi por quatro vezes emendada pelo Congresso Americano em razão de interpretações conferidas pela Suprema Corte nos

Não deixa de ser preocupante o episódio representado pela promulgação da Lei n. 10.628/2002 ao apagar das luzes de um governo duramente acionado, no campo da improbidade administrativa, pelo Ministério Público Federal. Com efeito, tudo está a indicar que a garantia do foro por prerrogativa de função introduzida inconstitucionalmente pela Lei n. 10.628/2002 teve "endereço certo", circunstância que além de significar afronta aos princípios constitucionais da proporcionalidade e razoabilidade, configura também inconstitucionalidade por *desvio de função legislativa*[210].

Embora não se possa, no plano estritamente jurídico, adotar a premissa de que a ampliação das hipóteses de prerrogativa de função acarreta, pura e simplesmente, a impunidade dos agentes ímprobos, o fato é que, dado o volume de inquéritos civis e ações civis públicas hoje em regular processamento (relembre-se que estão espalhados em todo o território nacional mais de cinco mil municípios), restará impossível, do ponto de vista prático, a eficaz incidência do sancionamento preconizado pela Lei n. 8.429/92, sobretudo se considerarmos a exiguidade do prazo prescricional de cinco anos previsto no art. 23, I, da mencionada lei. E tal aspecto, longe de representar uma preocupação alheia ao campo jurídico, participa fundamente da noção de *devido processo legal substantivo*. Quanto ao ponto, releva indicar que por ocasião do julgamento da ADI n. 2.306/DF, ajuizada pelo Conselho Federal da Ordem dos Advogados do Brasil contra a Lei n. 9.996/2000, a qual anistiou os candidatos multados pela Justiça Eleitoral em 1996 e 1998, os Ministros Sepúlveda Pertence, Sydney Sanches, Néri da Silveira e Marco Aurélio, embora vencidos, consideraram referida lei inconstitucional não só por representar anistia "... de dinheiro pertencente a pessoas jurídicas de direito privado (os partidos políticos)" como também – e este é o ponto que nos interessa – *em razão da ofensa ao devido processo legal substantivo,* "... *na medida em que a Lei em questão inviabilizaria a administração do processo eleitoral pela Justiça Eleitoral, tornando-a inócua*" (*Informativo* n. 261). É o que também se dará, a nosso juízo, com a ampliação do foro por prerrogativa de função ao campo da improbidade adminis-

---

casos *Chisholm v. Georgia* (1793), *Dred Scott v. Sandford* (1857), *Pollock v. Farmer's Loan & Trust Co.* (1895) e *Oregon v. Mitchell* (1970). A respeito, confira-se o trabalho de Luís Roberto Barroso intitulado "Os princípios da razoabilidade e da proporcionalidade no Direito Constitucional", p. 171, nota n. 50.

210 Relativamente a este último aspecto, ver Cassio Scarpinella Bueno, ob. cit., p. 439 e s. Recorde-se que no Brasil a origem do controle dos atos do Poder Legislativo à luz do conceito de *razoabilidade* radica-se justamente na adoção da teoria administrativa francesa do *détournement de pouvoir* (desvio ou excesso de poder), inclinando-se neste sentido um importante precedente do STF a respeito dos limites do "poder de taxar" do Estado (RE n. 18331, rel. Min. Orozimbo Nonato, *RF* n. 145/164 [1953]). Caio Tácito, referido por Luís Roberto Barroso (ob. cit., p. 173-174), confere destaque a precedentes do STF os quais, adotando a teoria do abuso do poder legislativo, declararam inconstitucionais leis que, ao apagar das luzes de determinadas administrações, criavam cargos públicos em número excessivo ou concediam privilégios remuneratórios desarrazoados (os chamados "testamentos políticos"), asseverando que "tal abandono ostensivo do fim a que se destina a atribuição constitucional configura autêntico desvio de poder (*détournement de pouvoir*), colocando-se a competência legislativa a serviço de interesses partidários, em detrimento do legítimo interesse público". Todas estas reflexões vêm a lume em razão das esdrúxulas regras introduzidas pela Lei n. 10.628/2002.

trativa, sobretudo aos ex-exercentes de cargos ou mandatos eletivos, sendo de conhecimento notório o assoberbamento dos Tribunais Superiores e, principalmente, dos Tribunais Regionais Federais e Tribunais de Justiça[211].

A atenta reflexão sobre as referidas inovações legislativas leva à conclusão de que, muito embora mascarada de roupagem processual, buscou a Lei n. 10.628 afrontar a clássica distinção, agasalhada pelo art. 37, § 4º, da CF, entre infrações penais, civis e administrativas, conferindo o mesmo tratamento processual a hipóteses que o próprio texto constitucional desejou distinguir radicalmente, o que traz ao debate a questão da natureza das sanções e da própria ação de improbidade[212].

O argumento na linha de que as sanções previstas na Lei n. 8.429/92 possuem "forte conteúdo penal"[213], permitindo, assim, a aplicação da disciplina a respeito do foro por prerrogativa de função previsto na seara criminal, é incapaz de subverter o comando constitucional no sentido de que o sancionamento no campo da improbidade administrativa se dará "sem prejuízo da ação penal cabível". Aliás, diga-se mesmo que ontologicamente não há distinção razoável entre sanções penais, civis e administrativas, o que indica que à análise da opção do Constituinte pelo apartamento dos campos de responsabilização em nada contribui a tese do "forte conteúdo penal" das sanções previstas na Lei n. 8.429/92[214]. Deste modo, é possível

---

[211] A CONAMP, órgão de representação nacional do Ministério Público, ajuizou ação direta de inconstitucionalidade (ADI n. 2797) contra as regras introduzidas pela Lei n. 10.628/2002, tendo sido a liminar indeferida pelo Relator. O julgamento de referida ADI foi iniciado com a prolação de voto do relator (Min. Sepúlveda Pertence) no sentido de sua inconstitucionalidade (*Informativo STF* n. 362), tendo sido concluído na sessão realizada em 15/9/2005. Votaram com o relator, pela inconstitucionalidade, os Ministros Joaquim Barbosa, Carlos Ayres Britto, Cezar Peluso, Marco Aurélio, Carlos Velloso e Celso de Mello, que muito nos honrou com a citação. No sentido da constitucionalidade da Lei n. 10.628/2002 votaram os Ministros Eros Grau, Gilmar Mendes e Ellen Gracie, estando ausente o Ministro Nelson Jobim. Os efeitos da declaração de inconstitucionalidade foram modulados pelo STF de modo a garantir-se a validade dos atos processuais praticados com fundamento na Lei n. 10.628/2002.
Alguns Tribunais Estaduais e Regionais Federais também já haviam reconhecido a inconstitucionalidade da lei referida (TJSP, 9ª Câmara de Direito Público, Agravo de Instrumento n. 13.238-5/1; TJGO, Ação Penal n. 539-9/212 e Queixa Crime n. 79-9/226 (Consultor Jurídico de 1/9/2003); TJPR, Órgão Especial, HC n. 137.187-1; TJPR, Órgão Especial, Queixa Crime ajuizada em fase de Luiz Carlos Alborghetti e outros, rel. Des. José Wanderlei Resende; TJPR, 3ª CC, Des. Regina Afonso Portes (Ação por Improbidade n. 135.998-6, de Guaratuba); TJSC, rel. César Abreu, j. 13/2/2003; TJRJ, 3ª CC, rel. Luiz Fernando Ribeiro de Carvalho, AI n. 10855/03; TJRJ, 1ª CC, rel. Des. Henrique Campos de Andrade Figueira, AI 200300206466; TJRJ, Órgão Especial, j. 8/8/2005, TRF 4ª Região, Corte Especial, rel. Thompson Flores Lenz, Incid. Inconst. em ACO n. 2003.04.01.037209-0/PR). De qualquer modo, **optamos pela manutenção deste item apenas para fins de registro histórico**.

[212] Ver sobre o tema, mais amplamente, a primeira parte desta obra.

[213] WALD, Arnoldo; FERREIRA MENDES, Gilmar. Competência para julgar improbidade administrativa, *Correio Braziliense* de 31/3/1997, p. 6-7.

[214] Sobre a identidade ontológica entre sanções penais e administrativas, consulte-se o trabalho de José Cerezo Mir, "Sanções penais e administrativas no direito espanhol", publicado no volume n. 2 da *Revista Brasileira de Ciências Criminais*.

agregar ao caráter de direito estrito das regras de competência fixadas na Carta Magna também o argumento de que a equiparação entre atos de improbidade e crimes, mesmo que pelo viés processual, representa um indisfarçável inconformismo com as claras diretrizes fixadas no art. 37, § 4º, ou seja, um desejo de subvertê-lo pela porta dos fundos.

Aponta-se também, na linha da suposta imunidade dos agentes políticos ao sistema sancionador estabelecido pela Lei n. 8.429/92, que os atos de improbidade administrativa praticados por tais agentes subsumem-se exclusivamente ao campo dos crimes de responsabilidade, conforme o art. 85, V, da CF, o que, por vias laterais, acaba também refletindo na própria competência para o julgamento (arts. 52, I, 96, III, 102, I, *c*, 105, I, *a*, 108, I, *a*, da CF). A tese não é nova, já tendo sido defendida, dentre outros, pelos ilustres juristas Arnoldo Wald e Gilmar Ferreira Mendes.

Segundo pensamos, a insistência na equiparação entre atos de improbidade administrativa e crimes de responsabilidade é equivocada, parecendo-nos de meridiana clareza, *data venia*, que o art. 85, V, da CF, ao considerar que os atentados contra a probidade na administração **também** constituem crimes de responsabilidade, não desejou limitar os seus efeitos a este campo político de sancionamento, o que, inclusive, é remarcado pelo art. 37, § 4º, da CF. É dizer, mesmo que se considerem verdadeiramente *penais* as condutas previstas no art. 85[215], o fato é que, repita-se à exaustão, a própria Carta política acolhe a responsabilização no campo da improbidade"... sem prejuízo da ação penal cabível". Desse modo, é possível concluir que o atuar ímprobo vai repercutir em pelo menos três esferas distintas, a saber: a dos crimes "comuns", a dos crimes de responsabilidade (preferimos a expressão "infrações político-administrativas") e, por fim, a esfera da improbidade administrativa, de natureza extrapenal, sendo harmoniosa, a partir da Magna Carta, a convivência dos três sistemas sancionatórios.

Considerando que o art. 37, § 4º, está encartado no capítulo da Constituição que trata da administração pública de um modo geral – o qual, por isso, aplica-se a *todos* os agentes públicos –, o afastamento da responsabilização dos agentes políticos à luz do que estabelece a Lei n. 8.429/92 significará um não assujeitamento integral dos mesmos aos princípios da legalidade, impessoalidade, moralidade, publicidade, eficiência e probidade, ou seja, um assujeitamento apenas parcial e, por isso, privilegiado, além de pouco eficaz. Tal conclusão soa absurda e violenta a *ratio* do texto constitucional, sendo contraditório sustentar que os agentes políticos estão jungidos à principiologia constitucional do art. 37, o que ninguém nega, e, ao mesmo tempo, afastar, quanto a eles, a ampla regra de sancionamento preconizada pelo já referido § 4º, consubstanciada na Lei de Improbidade Administrativa.

Aliás, a tese de que os agentes políticos, pela proeminência de suas funções, são merecedores de um campo próprio e exclusivo de responsabilização, o campo político, subverte a concepção, de índole ética e jurídica, na linha de que quanto maiores e mais

---

215 ADI n. 1628/SC, Pleno, rel. Min. Nelson Jobim e ADIn n. 834-0/MT, Pleno, rel. Min. Sepúlveda Pertence.

relevantes as atribuições cometidas, maiores também serão as possibilidades e meios de responsabilização do agente público, marca indelével de uma democracia que se pretende perene. Sobre o ponto, não custa relembrar a clássica lição de Geraldo Ataliba, publicista de envergadura maior, no sentido de que "República é o regime político em que os exercentes de funções políticas (executivas e legislativas) representam o povo e decidem em seu nome, fazendo-o com *responsabilidade*, eletivamente e mediante mandatos renováveis periodicamente. São, assim, características da república a eletividade, a periodicidade e a *responsabilidade*"[216].

Vale ressaltar que, ao contrário do que por vezes se argumenta, a ação por improbidade administrativa em momento algum se prestará – como de fato não se presta – ao agitar de opções puramente políticas feitas pelos agentes públicos nem ao revolvimento daqueles campos de atuação acobertados por imunidades previstas na própria constituição, os quais, neste particular, por decorrerem da própria soberania estatal, ostentam um núcleo insindicável de vontade. Não será possível, assim, questionar-se por intermédio de uma ação tal atos genuinamente jurisdicionais, por mais equivocados que sejam, se inexistentes por parte do julgador dolo, fraude (art. 143, I, do CPC/2015) ou desídia exacerbada; de igual modo, não se mostra possível a busca de responsabilização do Presidente da República, por ato de improbidade, em virtude das escolhas fulcradas no art. 84 da CF (nomeação de Ministros e de Juízes de Tribunais Superiores; edição de medidas provisórias; decretação de estado de defesa e de sítio; concessão de indulto e comutação de penas; celebração de tratados e convenções etc.); também não será possível a responsabilização dos parlamentares por suas opiniões, palavras e votos, acobertados que estão pela imunidade prevista nos arts. 27, § 1º, 29, VIII, e 53 da CF; tampouco o Procurador da República que cumpre de boa-fé o seu mister persecutório poderá ser acoimado de ímprobo e assim pior diante. Se, no entanto, receberem vantagem econômica indevida para o acobertamento de ilícitos (art. 9º da Lei de Improbidade), frustrarem a licitude de processo licitatório ou dispensá-lo indevidamente (art. 10, *idem*) ou frustrarem a licitude de concurso público (art. 11), por exemplo, a responsabilização deverá ser a mais ampla possível, respeitadas, por evidente, as restrições, sobretudo de ordem procedimental, previstas no próprio texto constitucional[217].

Todas estas questões debatidas na Reclamação n. 2.138-6/DF devem ser bem refletidas a partir da perspectiva, mais ampla, sobre o Estado Democrático de Direito que desejamos sedimentar: um Estado no qual os mandatários maiores da nação sejam julgados apenas em meios políticos, onde prepondera a indulgência e a perseguição por motivos

---

216 *Apud* MELLO, Celso Antônio Bandeira de. Representatividade e democracia, in *Direito eleitoral*, p. 41.

217 Assim, não será possível, exemplificativamente, o afastamento cautelar (art. 20, parágrafo único, da Lei n. 8.429/92) do Presidente da República, dos Deputados Federais e dos Senadores em razão do que preveem os arts. 86 e 55 da CF.

partidários, ou em foros judiciais nos quais, mesmo havendo ainda uma grande influência política, o que é inevitável, prevalece a avaliação subjuntiva e técnica dos fatos postos sob discussão. Parafraseando Dowrkin ao analisar a imbricação entre obrigação jurídica e obrigação moral, tais perplexidades não devem ficar guardadas no armário e serem trazidas de volta em um dia chuvoso, para puro deleite...

7.1.3. A prevalecer o foro por prerrogativa de função

A prevalecer, seja em razão de mudança da jurisprudência dos Tribunais Superiores, seja por alteração constitucional, a aplicabilidade do foro especial às ações por ato de improbidade, impõem-se algumas observações relativamente ao seu campo de aplicação.

Por primeiro, não há falar em extensão do foro especial às ações populares ou a qualquer outra modalidade de ação cível que não ostente as características de uma ação de improbidade, mesmo que a possível violação de princípios administrativos ou a ocorrência de danos ao patrimônio público componham a causa de pedir de tais ações.

O mesmo raciocínio é aplicável à ação civil pública que veicule, por qualquer razão (prescrição da pretensão sancionatória, por exemplo), apenas o pedido de reparação dos danos causados ao patrimônio público (pretensão puramente condenatória), tendo em conta que a reparação de danos remonta à disciplina já secular da legislação civil, não possuindo, desta forma, natureza propriamente sancionatória, nota essencial das ações de improbidade, marcadas justamente pela possibilidade de aplicação das sanções de perda da função pública, suspensão de direitos políticos, multa civil e proibição de contratar com o Poder Público ou dele receber qualquer tipo de benefício ou incentivo fiscal[218]. Quanto ao ponto, merece ser destacado que a adoção de solução diversa importará em flagrante incoerência uma vez que as ações populares, as quais, de igual forma, veiculam pretensões não sancionatórias, continuarão a ser julgadas pelos magistrados de primeiro grau[219]. É possível, assim, fixar a diretriz fundamental na linha de que somente na hipótese de veiculação de pretensão *sancionatória*, mesmo que acompanhada de outras pretensões (desconstitutivas, condenatórias etc.), incidiria o foro especial.

---

218 Este entendimento foi acolhido pelo STF por ocasião do indeferimento da liminar pleiteada na Rcl. n. 2.356-6/SP, rel. Min. Nelson Jobim, *verbis*: "O reclamante foi Secretário de Saúde em São Paulo de 1987 a 1990; era Deputado Federal. É Deputado Federal (...) Este Tribunal, ao julgar a Questão de Ordem do Inquérito 687, concluído em 25/8/1999, cancelou a Súmula STF n. 394. Ocorre que em 24/12/2002 foi editada a Lei n. 10.628. Deu-se nova redação ao art. 84 do CPP. O pedido inicial na Ação Civil Pública diz com ressarcimento ao erário. Tudo indica tratar-se de condenação patrimonial. Não se trata de caso que envolva questão de natureza penal. Ausentes os requisitos da liminar, indefiro-a. Solicitem-se as informações".

219 A adoção da tese de que as ações propostas pelo Ministério Público com fundamento no art. 25, IV, "b", da Lei n. 8.625/93 são verdadeiras "ações populares", conforme magistério de Ada Pellegrini Grinover in "Uma nova modalidade de legitimação à ação popular. Possibilidade de conexão, continência e litispendência", reforça a conclusão.

Questão tormentosa diz respeito à aplicação, ou não, do foro por prerrogativa de função relativamente àqueles agentes cujo foro especial venha contemplado apenas nas Constituições Estaduais, o que, de um modo geral, ocorre, por exemplo, relativamente aos delegados de polícia, defensores públicos, procuradores dos Estados, secretários estaduais etc., autoridades a cujo respeito a Constituição Federal não alude. Toda a discussão sobre tal aspecto, como se sabe, gira em torno das regras contidas no art. 125, *caput* e § 1º, da CF, as quais cometem a definição da competência dos Tribunais de Justiça às Constituições Estaduais, que, contudo, devem observar os princípios estabelecidos na Constituição Federal.

Forte no argumento da configuração federalista imprimida pelo texto constitucional, sustentam alguns a ampla liberdade dos constituintes estaduais na definição de hipóteses de foro por prerrogativa de função, o que implicaria a possibilidade de atribuição da prerrogativa a qualquer autoridade estadual, mesmo que não contemplada pelo texto da Constituição Federal[220].

Posição intermediária consiste na adoção do *princípio da simetria*, o que abre às Cartas Estaduais a possibilidade de previsão de foros especiais a autoridades não contempladas pela CF, mas que, em razão da correspondência entre suas funções e as desempenhadas por autoridades federais, poderiam ser julgadas originariamente por órgão de segundo grau. Assim, por exemplo, os secretários estaduais, cujas funções guardam correlação, no plano federal, às desempenhadas pelos Ministros de Estado, poderiam, por previsão expressa da respectiva Carta Estadual, ser originariamente julgados pelo Tribunal de Justiça uma vez que os seus congêneres federais gozam do foro especial (art. 102, I, *c*). O mesmo ocorreria com os deputados estaduais, cujas funções, nos Estados, correspondem às desempenhadas pelos deputados federais. Quanto aos delegados de polícia, procuradores estaduais e defensores públicos, tendo em vista que seus correspondentes federais (delegados federais, advogados da União e defensores federais) não foram incluídos pela CF dentre as autoridades que gozam do foro especial, serão inconstitucionais as regras estaduais que lhes confiram a prerrogativa de julgamento originário por órgão colegiado.

---

220 Cf. HC n. 78.168/PB e ADI n. 469/DF, excluída apenas a competência do Tribunal do Júri, disciplinada na CF (art. 5º, XXXVIII). A questão já tinha sido discutida pelo Pleno do STF por ocasião da apreciação da medida cautelar requerida na ADI n. 2.553/MA, quando prevaleceu a opinião de que as cartas estaduais não podem se afastar da disciplina federal. Naquela ocasião ficaram vencidos os Ministros Marco Aurélio, Néri da Silveira, Sepúlveda Pertence e Ilmar Galvão. Contudo, ao julgar a ADIn n. 2587/GO, o Tribunal, por maioria, entendeu novamente pela constitucionalidade da previsão de novas hipóteses de foro por prerrogativa de função nas cartas estaduais, ressalvado o caso dos delegados de polícia, isto em razão do controle externo exercido pelo Ministério Público sobre a atividade policial (ver *Informativos STF* n. 340, 371 e 372). Consulte-se também, o decidido na ADI n. 541/PB, rel. Min. Carlos Velloso, j. 10/5/2007, *Inf. STF* n. 466, e no RHC n. 108.496/RJ, rel. Min. Cármen Lúcia, j. 18/2/2014. A Súmula 721 e a Súmula Vinculante 45 do STF confirmam a possibilidade de ampliação das hipóteses de foro especial pelas Constituições Estaduais, ressalvada apenas a competência do Tribunal do Júri.

De nossa parte, ressalvada a hipótese dos deputados estaduais, em relação aos quais o princípio da simetria conta com respaldo no art. 27, § 1º, da própria Carta Federal[221], consideramos inconstitucionais todas as regras ampliativas do foro por prerrogativa de função previstas nas Constituições Estaduais. Realmente, embora caiba aos Estados o regramento da competência de seus Tribunais de Justiça, o art. 125 da CF é suficientemente claro ao tornar cogente a observância aos princípios previstos na Carta Federal, dentre os quais se destaca, no particular, o da excepcionalidade das hipóteses de foro especial a autoridades estaduais, sendo sintomático perceber, nesta linha, que nos Estados somente os Juízes e os membros do Ministério Público viram-se contemplados pelo Texto Federal (art. 96, III). Devidamente fixados os lindes do poder constituinte estadual, a indevida ampliação das hipóteses de foro mostra-se também afrontosa à competência privativa da União para legislar sobre matéria processual (art. 22, I, da CF).

Passando a outro ponto, releva também analisar a hipótese de imputação de ato de improbidade administrativa a agente público que goza do foro por prerrogativa de função, agindo, no entanto, em concurso com o *extraneus* (pessoas físicas ou jurídicas, art. 3º da Lei n. 8.429/92), ou mesmo em concurso com agente público que não goza do foro especial. O caso será de separação de processos ou todos deverão ser julgados pelo órgão colegiado?

A resposta vai variar a depender dos parâmetros adotados. Se considerarmos incidentes os fornecidos pelo CPC a solução será a necessária separação de processos uma vez que, embora conexas as causas, tornar-se-á impossível a simultaneidade em função da incoincidência das regras de competência[222]. Deve-se considerar, contudo, que o estabelecimento de foros especiais é matéria absolutamente estranha ao processo civil, o que torna o seu regramento impróprio à solução de tal questão. Deste modo, consideramos mais apropriada a aplicação do art. 78, III, do CPP, de acordo com o qual, nos casos de conexão ou continência, prevalecerá a jurisdição "de maior graduação" no concurso entre "jurisdi-

---

221 Art. 27, § 1º: "Será de quatro anos o mandato dos Deputados Estaduais, aplicando-se-lhes as regras desta Constituição sobre sistema eleitoral, inviolabilidade, imunidades, remuneração, perda de mandato, licença, impedimentos e incorporação às Forças Armadas". Note-se que no âmbito Municipal, a CF só estabeleceu o foro por prerrogativa de função aos prefeitos (art. 29, X), esclarecendo que quanto aos vereadores aplicam-se, no que couber, as *proibições* e *incompatibilidades* similares ao disposto, na CF, para os membros do Congresso Nacional e, nas Constituições Estaduais, para os membros das assembleias legislativas (art. 29, IX). O cotejo entre tais dispositivos constitucionais indica claramente, a nosso juízo, a impossibilidade de invocar-se o princípio da simetria em favor do estabelecimento de foro especial aos *vereadores*, sendo inconstitucionais, portanto, as normas existentes nas Cartas Estaduais que disponham de modo diverso. O STF tem precedente no sentido da inconstitucionalidade da previsão de foro especial em favor de Vereadores (ADI n. 558-8, rel. Min. Sepúlveda Pertence), mas, como visto acima, a orientação atual é no sentido da possibilidade da previsão de tais foros pelas Constituições Estaduais (RHC n. 108.496/RJ, j. em 18/2/2014).

222 Diante do que estabelece o art. 54 do CPC/2015 ("A competência relativa poderá modificar-se pela conexão ou pela continência, observado o disposto nesta Seção"), "se um dos juízes é absolutamente incompetente para julgar um dos processos, obviamente não pode haver a sua reunião a outro" (*RT* 610/54 e 711/139).

ções de diversas categorias"[223], o que significará a adoção da regra da unidade de processo e julgamento perante o órgão colegiado (TJ, TRF, STJ ou STF). Ao mesmo resultado deve-se chegar relativamente às hipóteses em que o *extraneus* ou o "barnabé" (agente público que não goza do foro especial) não concorrem mas se *beneficiam* do atuar ímprobo.

Relativamente a atos de improbidade praticados pelo agente *antes* do exercício do cargo ou mandato que lhe garante o foro especial, este também prevalecerá. Se já houver ação em curso, devem ser os autos imediatamente remetidos ao Tribunal competente, não havendo, contudo, qualquer nulidade relativamente aos atos praticados pelo Juízo de primeiro grau até este momento[224]. Remetidos os autos ao Tribunal, se o processo não encontrar desfecho até o término do exercício do cargo ou mandato justificadores do foro, devem os autos retornar ao Juízo de primeiro grau, não sendo aplicável a regra da *perpetuatio jurisdictionis*[225].

Praticado o ato de improbidade após a cessação definitiva do exercício funcional, não haverá razão para a sobrevida do foro por prerrogativa de função, sendo a matéria objeto do enunciado 451 da súmula de jurisprudência do STF[226]. Assim, por exemplo, se determinado Promotor de Justiça *aposentado* vem a tornar-se Secretário Estadual e, nesta qualida-

---

[223] Embora alguns autores sustentem a não recepção do referido dispositivo pela CF, ao argumento de que se os Tribunais não têm competência para o julgamento originário de "comuns" a simultaneidade violaria o princípio do juiz natural (cf. Fernando da Costa Tourinho, *CPP comentado*, p. 199), a jurisprudência do STF é pacífica no sentido de determinar a unidade de processo e julgamento em hipóteses tais (HC n. 79.922/RJ, 2ª T., rel. Min. Néri da Silveira, j. 29/2/2000, in *Informativo* n. 180; HC n. 77.558/ES, 2ª T., rel. Min. Carlos Velloso, j. 16/3/1999, in *Informativo* n. 142). A matéria é hoje sumulada (Súmula 704 do STF). Mas no Inq. 3515 AgR/SP, rel. Min. Marco Aurélio, j. em 13-2-2014, o STF admitiu o desmembramento de procedimento investigatório.

[224] "Candidato eleito para o cargo de prefeito municipal goza da prerrogativa de foro (CF, art. 29, X) a partir da *posse* no cargo, e não da diplomação. Com esse entendimento, o Tribunal deferiu *habeas corpus* para declarar a competência do TRF da 4ª Região para processar e julgar a ação penal instaurada contra o paciente – eleito prefeito municipal no curso do processo e empossado no cargo antes da prolação da sentença condenatória –, decretando, entretanto, por votação majoritária, a nulidade dos atos decisórios a partir da posse do paciente no cargo de prefeito municipal, vencido o Min. Marco Aurélio, relator, que estendia a nulidade até o momento da diplomação" (HC n. 78.222/SC, Pleno, rel. Min. Marco Aurélio, j. 16/12/1998, in *Informativo* n. 136).

[225] É neste sentido a jurisprudência pacífica do STF: Inq. n. 186-4/PE, rel. Min. Sydney Sanches, *DJU* 24/4/87, p. 7.193; Inq. n. 516-9/DF, rel. Min. Celso de Mello, *DJU* 6/9/91, p. 12.035; Inq. n. 682-3/CE, rel. Min. Moreira Alves, *DJU* 9/6/1995, p. 17.227. Mas é forçoso reconhecer que o afastamento da *perpetuatio jurisdictionis* gera sérios prejuízos ao princípio constitucional da duração razoável do processo.

[226] "A competência especial por prerrogativa de função não se estende ao crime cometido após a cessação definitiva do exercício funcional." Há quem argumente que relativamente a cargos vitalícios (magistrados, membros do Ministério Público, ministros do TCU etc.) deve haver a extensão do foro especial mesmo com relação a atos praticados após o exercício funcional. A tese, contudo, não contou com a simpatia do STF (ADI n. 2534/MG, Pleno, rel. Min. Maurício Corrêa; RE n. 295.217-6/RJ, 2ª T., rel. Min. Néri da Silveira, *DJU* de 26/4/2002). Consultem-se também os Recursos Extraordinários 546.609 e 549.560, ambos de relatoria do Ministro Ricardo Lewandowski.

de, pratica atos de improbidade administrativa, a competência para o seu julgamento recairá sobre o Juízo de primeiro grau.

Relativamente a parlamentares com mandato cassado por suas casas legislativas, tal circunstância também põe fim ao foro especial, não sendo demais relembrar que foi exatamente esta hipótese que levou o STF a cancelar a Súmula n. 394[227].

Também de acordo com a jurisprudência do STF, o afastamento do agente político ao exercício de cargos não contemplados pelo foro (por ex.: deputado federal que se afasta de sua função legislativa para exercer o cargo de secretário municipal) não implica perda da prerrogativa[228], o que, *data venia*, consideramos afrontoso ao texto constitucional na medida em que a competência originária *ratione personae* dos Tribunais pressupõe a relevância jurídico-política da função *efetivamente* exercida pelo agente, não um privilégio pessoal a este último.

7.1.4. A Proposta de Emenda Constitucional n. 358/2005

Tem-se também a famigerada PEC n. 358/2005, apresentada em janeiro de 2005 e até o momento não apreciada pelo Legislativo, cujo art. 2º acresce ao texto constitucional, dentre outros, o art. 97-A, com a seguinte redação:

> Art. 97-A. *A competência especial por prerrogativa de função, em relação a atos praticados no exercício da função pública ou a pretexto de exercê-la, subsiste ainda que o inquérito ou a ação judicial venham a ser iniciados após a cessação do exercício da função.*
>
> *Parágrafo único. A ação de improbidade de que trata o art. 37, § 4º, referente a crime de responsabilidade dos agentes políticos, será proposta, se for o caso, perante o tribunal competente para processar e julgar criminalmente o funcionário ou autoridade na hipótese de prerrogativa de função, observado o disposto no caput deste artigo.*

O texto sugerido pretende produzir dois resultados óbvios, a saber:

---

227 Inq. n. 687/SP.
228 "O afastamento do Deputado ou Senador do exercício do mandato, para investir-se nos cargos permitidos pela Constituição (art. 56, I), suspende-lhes a imunidade formal (Inq. 104, RTJ 99/477, que cancelou a Súmula 4), mas não o foro por prerrogativa de função (Inq. 780, 2/9/1993, RTJ 153/503)"(Inq. n. 1070-QO/TO, Pleno, rel. Min. Sepúlveda Pertence, *DJU* de 11/10/2001, p. 5). O precedente por último citado, do qual foi relator o Ministro Moreira Alves, busca fundamento no art. 53, § 4º, da CF, o qual dispõe que os deputados e senadores serão submetidos a julgamento perante o STF. Tal dispositivo, contudo, não resolve, por si só, a questão, sendo necessário, a nosso juízo, resgatar-se a ideia basilar de que o foro especial não é um privilégio concedido ao agente. É certo que os parlamentares investidos nos cargos de Ministro de Estado, Governador de Território, Secretário de Estado, do DF, de Território, de Prefeitura de capital ou chefe de missão diplomática temporária não perderão seus mandatos (art. 56, I, da CF), sendo certo também, por outro lado, que a *ratio* do foro especial não se apresenta quando o parlamentar não está efetivamente no exercício de suas funções legislativas, consideradas, estas sim, de imensa relevância político-jurídica.

a) o foro especial, atualmente previsto constitucionalmente apenas para os julgamentos criminais, ampliar-se-á às ações civis por ato de improbidade administrativa;

b) o foro especial se manterá, tanto na esfera criminal como na de improbidade, a ex-agentes públicos, com o que se retoma a revogada Súmula n. 394 do STF.

Além disso, a proposta, no momento em que *refere*, que *relaciona* a ação de improbidade aos crimes de responsabilidade gera algumas perplexidades. Indaga-se: desejaria o legislador estabelecer uma confusão entre improbidade administrativa e crime de responsabilidade? Ou seria possível inferir do texto que a incidência da Lei de Improbidade Administrativa, mais ampla, só se daria relativamente às condutas não tipificadas na Lei n. 1.079 (ou no DL n. 201/67), ou seja, só se daria de modo residual. Sendo o caso de confusão, as sanções passíveis de aplicação pelos Tribunais teriam sido ampliadas, ou seja, dar-se-ia uma simbiose entre as sanções previstas na LIA e as previstas na Lei n. 1.079? Além disso, como se resolveria a situação do ex-agente público? Manteria o foro especial mas responderia à luz da LIA? Ou simplesmente não seria responsabilizado? E os parlamentares, que não se sujeitam a julgamento por crimes de responsabilidade? Estariam sujeitos à LIA ou somente ao processo político de perda de mandato (art. 55 da Constituição Federal)?

A proposta, deixadas as dúvidas hermenêuticas de lado, é, de qualquer modo, absurda, uma vez que a improbidade administrativa não se confunde com os crimes de responsabilidade, pois: a) as naturezas das sanções são distintas; b) as naturezas dos próprios julgamentos são distintas; b) as espécies sancionatórias são distintas (as da LIA são muito mais amplas, prevendo a Lei n. 1.079 apenas a perda do cargo e a inabilitação para o exercício de função pública por 8 anos).

É também absurda a manutenção do foro para ex-autoridades em razão da violação ao princípio da isonomia, como já proclamado pelo STF em mais de uma ocasião. Aqui fica clara a ideia de que o foro especial, realisticamente, não é uma garantia do exercício do cargo ou mesmo uma garantia de julgamento imparcial – justificativas teóricas comumente manejadas por seus defensores – mas sim um privilégio pessoal conferido apenas a alguns, em clara violação ao princípio republicano.

Aliado a tais aspectos, não se deve também esquecer da MP n. 207, depois convertida na Lei n. 11.036/2004, que conferiu ao Presidente do Banco Central o *status* de Ministro de Estado, garantindo-lhe, com isso, a possibilidade de julgamento originário pelo STF. Tal manobra bem demonstra a facilidade de manipulação do foro especial e, por arrastamento, da própria competência dos Tribunais, em prejuízo ao princípio do juiz natural, como bem ressaltado por Gustavo Senna Miranda[229].

Diante de tudo isso, seria oportuno indagar as razões de tamanha resistência à plena incidência da LIA, o que parece surpreendente e injustificável se adotarmos a premissa (por certo ingênua) de que todo o País, neste grave momento de crise ética, empenha-se

---

229 *Princípio do juiz natural e sua aplicação na Lei de Improbidade Administrativa*. São Paulo: RT, 2007, p. 389 e s.

no combate à corrupção. Ou seja, seria e é oportuno examinar com maior cuidado as razões para a existência de tanto apetite na criação de prerrogativas e de tantas resistências institucionais à aplicação da Lei.

Numa perspectiva mais teórica, é possível construir a ideia de que os Poderes Legislativo e Executivo, no Brasil, teimam em não aceitar aquilo que o nosso texto constitucional tem de mais contemporâneo, vale dizer, o seu forte conteúdo normativo, a sua vocação para criar direitos fundamentais de plena e imediata fruição – no caso, o direito fundamental à probidade – e a consagração, fruto da experiência constitucional norte-americana, de ampla possibilidade de intervenção do Poder Judiciário na garantia de tais direitos fundamentais[230]. Este último aspecto, aliás, é identificado no texto de 1988 em razão do grande número de ações que se prestam ao controle dos atos de Estado e dos atos administrativos em geral (*habeas corpus*, mandado de segurança, ação popular, ação civil pública, ADPF) ou mesmo das omissões legislativas (ação de inconstitucionalidade por omissão, mandado de injunção).

Noutro giro, os Poderes Legislativo e Executivo persistem em negar o incontrolável fenômeno da hoje denominada "invasão do Direito", ou seja, a "contaminação" de assuntos antes afetos exclusivamente à política e ao mercado pelo Direito, cada vez mais impregnado pela moralidade em razão da forte presença dos princípios jurídicos. Nessa linha, defende o Professor Júlio Aurélio Vianna Lopes, da Fundação Casa de Rui Barbosa, que *"na atualidade, o direito deixa de ser o marco da política, fornecendo-lhe as bases para a institucionalização e organização da sociedade como tarefas exclusivas daquela. O direito não é mais instituído para ou pela política; passa a ser instituinte dela, na medida em que legislar e administrar vão se tornando meros modelos de regulamentação de princípios jurídicos superiores (legais, constitucionais, supraconstitucionais) ao Estado. O direito não é mais a argamassa das obras políticas; é o ácido que as corrói, demanchando-as e substituindo-as por suas próprias instituições"*[231].

Do ponto de vista mais pragmático, que não refuta necessariamente a abordagem teórica, é mais fácil perceber os motivos da resistência. Dentre os mais relevantes, poderíamos apontar os seguintes:

1. o controle da classe política pelo Judiciário, por intermédio da aplicação de regras jurídicas e de um método jurídico (ou seja, um método preestabelecido pela lei e não por motivos de conveniência momentânea), gera profundo desconforto;

2. as sanções por ato de improbidade, por não resultarem na privação da liberdade, são, em tese, de mais fácil aplicação pelo Judiciário que as sanções criminais[232], sobretudo as sanções de caráter pecuniário;

---

230 Sobre as características do neoconstitucionalismo, dentre outros: Luis Prieto Sanchis, Neoconstitucionalismo y ponderación judicial, in *Neoconstitucionalismo(s)*. 2ª ed. Madri: Ed. Trotta, Edición de Miguel Carbonell, 2005, p. 123 e s.
231 *A Invasão do Direito. A Expansão Jurídica sobre o Estado, o Mercado e a Moral*. Rio de Janeiro: FGV, 2005, p. 65-66.
232 São raros, pelo menos nos últimos 30 anos, os casos de condenação criminal de agentes políticos pelo STF.

3. não havendo foro especial, nota-se uma maior eficácia no combate à corrupção pois a atribuição para investigar dilui-se entre milhares de Promotores de Justiça e Procuradores da República em todo o Brasil, o mesmo se dando com a competência, também espalhada entre milhares de Juízes em todo o País. Por conta disso, o acesso do direito à probidade no sistema judicial torna-se mais aberto e, em consequência, de mais difícil controle político;

4. embora com imensas dificuldades e resistências do próprio Poder Judiciário, já começam a ser mais numerosas as condenações de agentes políticos por atos de improbidade administrativa. Ou seja, aqueles que nunca foram incomodados pela atuação da Justiça começam, agora, a perder os seus privilégios e a irrestrita possibilidade de dilapidarem o patrimônio público ou enriquecerem ilicitamente;

5. por mais incrível que possa parecer, os Juízes de primeiro grau, dadas as garantias constitucionais do exercício da jurisdição (vitaliciedade, inamovibilidade e irredutibilidade de vencimentos), mostram-se muito mais independentes que os Tribunais, sobretudo os Superiores, cujo processo de formação e exercício de poder passa, necessariamente, por ingerências políticas do Legislativo e do Executivo. E aqui reside uma das falácias do foro especial, cujo escopo teórico de garantia de maior independência do julgamento se vê desmentido pelo constrangedor processo de composição dos Tribunais Superiores;

6. a LIA pune a evolução patrimonial incompatível do agente público (art. 9º, VII), não exigindo a demonstração da origem da incompatibilidade mas apenas a incompatibilidade em si. Tal possibilidade sancionatória amplia sobremodo as ferramentas de combate à corrupção e já vem sendo largamente utilizada pelo Ministério Público;

7. há, em suma, milhares de ações de improbidade em todo o País, o que representa uma nunca antes vista "revolução processual" em termos de controle dos atos dos agentes públicos.

Por tudo isso – e a identificação das razões de resistência à LIA mostram-nos, por via reflexa, as suas virtudes – a adoção do foro especial causará imensos danos ao combate à corrupção no Brasil, distanciando-nos, inclusive, de compromissos assumidos no cenário internacional, em especial por intermédio da Convenção Interamericana de Combate à Corrupção e da Convenção da ONU de Combate à Corrupção[233].

---

[233] Art. 30, 2, da Convenção das Nações Unidas contra a Corrupção, promulgada pelo Decreto 5.687, de 31 de janeiro de 2006: "2. Cada Estado Parte adotará as medidas que sejam necessárias para estabelecer ou manter, em conformidade com seu ordenamento jurídico e seus princípios constitucionais, um equilíbrio apropriado entre quaisquer imunidades ou prerrogativas jurisdicionais outorgadas a seus funcionários públicos para o cumprimento de suas funções e a possibilidade, se necessário, de proceder efetivamente à investigação, ao indiciamento e à sentença dos delitos qualificados de acordo com a presente Convenção".

7.2. Justiça do Trabalho

Com a Emenda Constitucional n. 45, de 30 de dezembro de 2004, a competência da Justiça do Trabalho viu-se bastante ampliada, passando a dispor o art. 114 da CF que:

> Art. 114. Compete à Justiça do Trabalho processar e julgar:
>
> I - as ações oriundas da relação de trabalho, abrangidos os entes de direito público externo e da administração pública direta e indireta da União, dos Estados, do Distrito Federal e dos Municípios;
>
> (...)
>
> III - as ações sobre representação sindical, entre sindicatos, entre sindicatos e trabalhadores, e entre sindicatos e empregadores;
>
> (...)
>
> VII - as ações relativas às penalidades administrativas impostas aos empregadores pelos órgãos de fiscalização das relações de trabalho;
>
> (...)
>
> IX - outras controvérsias decorrentes da relação de trabalho, na forma da lei.

Diante da nova disciplina constitucional, sobretudo em vista do inciso I do art. 114, parece-nos induvidosa a competência da Justiça do Trabalho para o julgamento de ações de improbidade administrativa em face de agentes públicos, especialmente por violação ao art. 11 da LIA (*v.g.*: violação à exigência constitucional de concurso público, contratação irregular de servidores etc.), quer se trate de relação jurídica regida pela CLT, quer se trate de relação disciplinada pelo regime estatutário, administrativo. A rigor, o texto constitucional remete ao campo de competência da Justiça laboral, em razão das óbvias vantagens da especialização, o julgamento de toda e qualquer ação "oriunda da relação de trabalho", sem qualquer distinção, o que abrange, inclusive, a Administração Pública, também de forma indistinta[234].

Em nada influirá, segundo nos parece, a natureza da vinculação e o regime próprio de regência, não se tendo qualquer dúvida no sentido da possibilidade de existência de "relações de trabalho", para os fins da norma constitucional, entre o Poder Público e o prestador do serviço, seja este servidor estatutário, seja empregado celetista. Pouco importará, de

---

[234] Nesse sentido: Marcelo José Ferlin D'Ambroso, Moralidade pública nas relações de trabalho: a responsabilidade do agente público perante o Ministério Público do Trabalho e a Justiça do Trabalho, disponível em: <www.anpt.org.br>, acesso em 27/3/2008. Na jurisprudência: TRT da 14ª Região, Remessa *Ex-Officio* e Recurso Ordinário n. 00531.2003.402.14.00-2, rel. Juiz Shikou Sadahiro, j. 17/3/2006. Contrariamente, na doutrina: Gustavo Senna Miranda, *Princípio do juiz natural e sua aplicação na Lei de Improbidade Administrativa*, p. 255-258.

outro lado, que em jogo *também* esteja a reafirmação de eficácia dos princípios reitores da Administração ou a tutela do patrimônio público em sentido amplo, como sói acontecer em todas as ações de improbidade administrativa, importando saber se a pretensão deduzida, para fins de fixação da competência da Justiça do Trabalho, decorre e gravita em torno da ideia-conceito de "relação de trabalho".

A tese se vê reforçada pela conjugação do referido art. 114, I e IX, da CF com os arts. 83, I, e 84 c.c. arts. 6º, XIV, *f*, e XVII, *a* e *b*, da LC n. 75/93, que cuidam das atribuições do Ministério Público do Trabalho[235].

Por conta disso, não nos parece razoável, *concessa maxima venia*, a restrição imposta pelo STF quanto ao alcance da competência da Justiça do Trabalho. Referimo-nos, especificamente, ao entendimento firmado por ocasião da concessão de liminar na ADI n. 3395, em que o STF suspendeu toda e qualquer interpretação dada ao inciso I do art. 114 da CF que inclua na competência da Justiça do Trabalho a apreciação de causas que sejam instauradas entre o Poder Público e seus servidores, a ele vinculados por típica relação de ordem estatutária ou de caráter jurídico-administrativo (cargos efetivos ou em comissão)[236].

Possível também será, na linha do acima exposto, a cumulação, perante a Justiça laboral, de pedidos sancionatórios (art. 12 da LIA) e, por exemplo, de obrigações de fazer (*v.g.*: que se promova o concurso público exigível) e de não fazer (*v.g.*: que se abstenha de efetuar contratações irregulares)[237].

Por fim, registre-se que as ações de improbidade que de alguma forma tenham reflexo na representação sindical também serão da competência da Justiça do Trabalho, por conta do art. 114, III, da CF[238].

---

235 Art. 83, I: "Compete ao Ministério Público do Trabalho o exercício das seguintes atribuições junto aos órgãos da Justiça do Trabalho: I - promover as ações que lhe sejam atribuídas pela Constituição Federal junto aos órgãos da Justiça do Trabalho".
"Art. 84. Incumbe ao Ministério Público do Trabalho, no âmbito das suas atribuições, exercer as funções institucionais previstas nos Capítulos I, II, III e IV do Título I, especialmente: (...)"
Art. 6º, XIV, *f*, e XVII, *a* e *b*: "Compete ao Ministério Público da União: (...) XIV – promover outras ações necessárias ao exercício de suas funções institucionais, em defesa da ordem jurídica, do regime democrático e dos interesses sociais e individuais indisponíveis, especialmente quanto: (...) *f*) à probidade administrativa; (...) XVII – propor as ações cabíveis para: *a*) perda ou suspensão de direitos políticos, nos casos previstos na Constituição Federal; *b*) declaração de nulidade de atos ou contratos geradores do endividamento externo da União, de suas autarquias, fundações e demais entidades controladas pelo Poder Público Federal, ou com repercussão direta ou indireta em suas finanças".
236 Relator o Ministro Cezar Peluso, *Inf. STF* n. 423, em decisão que invoca outros precedentes do STF, anteriores à EC n. 45. Consulte-se também o decidido nas Rcl. n. 4045, 4091, 4592, 4787, 4912, 4924, 4982, 4989, 4472, 4785 MC-AGRG e 4012. Na ADI 3684-MC/DF, rel. Min. Cezar Peluso, concedeu-se a liminar requerida pelo Procurador-Geral da República para suspender qualquer interpretação tendente a conferir competência genérica em matéria penal à Justiça do Trabalho (*Inf. STF* n. 454).
237 O problema da cumulação de pedidos será tratado mais à frente, em item próprio.
238 Nesse sentido: STJ, CComp n. 59.549/MA, 1ª Seção, rel. Min. Eliana Calmon, j. 23/8/2006, *DJ* de 11/9/2006, p. 216.

7.3. Justiça Federal

Nos termos do art. 109, I, da Constituição Federal, *aos juízes federais compete processar e julgar: I – as causas em que a União, entidade autárquica ou empresa pública federal forem interessadas na condição de autoras, rés, assistentes ou oponentes, exceto as de falência, as de acidente de trabalho e as sujeitas à Justiça Eleitoral e à Justiça do Trabalho*. Assim, em se tratando de atos de improbidade que atinjam o patrimônio público da União, de suas entidades autárquicas[239] ou de empresas públicas federais[240], a competência será da Justiça Federal[241].

Diversamente, se o atuar ímprobo for praticado em detrimento do patrimônio de *sociedade de economia mista federal*[242], em razão da omissão do texto constitucional, a competência será da Justiça Estadual[243].

De qualquer modo, é indispensável a intimação da União para que se manifeste expressamente sobre o seu interesse no feito, cabendo à Justiça Federal aferir a sua presença efetiva[244].

---

[239] Exemplos: INSS, Banco Central, DNER, INPI, Comissão Nacional de Energia Nuclear, INCRA etc. Embora extremamente controvertida a matéria, o Supremo Tribunal Federal entende que as fundações mantidas pelo Poder Público têm a natureza de autarquias, o que, em se tratando de fundação federal, fixa a competência da Justiça Federal (RE n. 127.489-1-DF, rel. Min. Maurício Corrêa, *DJU* de 1º/3/1998, p. 16; 119.229-1/MT, rel. Min. Célio Borja, *DJU* de 7/12/1989, p. 18.001; 281-1-DF, rel. Min. Néri da Silveira, *DJU* de 23/11/1990, p. 13622). Também os Conselhos Federais são considerados autarquias (Enunciado n. 66 do STJ: *Compete à Justiça Federal processar e julgar execução fiscal promovida pelo conselho de fiscalização profissional*). Mesmo com o advento da Lei n. 9.649/98, mantém o STJ este entendimento: AGRG no CComp n. 22.230-MG, rel. Min. José Delgado, *DJU* de 23/2/1998, p. 112; 22.815-MG, rel. Min. Milton Luiz Pereira, *DJU* de 1º/2/1999, p. 94; 21.883-RJ, rel. Min. Humberto Gomes de Barros, *DJU* de 14/12/1998, p. 82.

[240] Exemplos: CEF, EBCT etc. A presença de *empresa pública binacional* fixa a competência da Justiça Federal: TFR, AI n. 39.904-PR, rel. Min. William Patterson, *DJU* de 9/4/1981, p. 3097; CComp n. 8.156-PR, *DJU* de 24/10/1988, p. 27439, apud Vladimir Souza Carvalho, *Competência da Justiça Federal*, p. 35. Em se tratando de *subsidiária de empresa pública federal*, o STJ excluiu a competência da justiça federal (CComp n. 30.551-RJ, 2ª Seção, rel. Min. Carlos Alberto Menezes Direito, j. 22/2/2001, *DJU* de 7/5/2001, p. 127).

[241] Súmula n. 224 do STJ: "Excluído do feito o ente federal, cuja presença levara o Juiz Estadual a declinar da competência, deve o Juiz Federal restituir os autos e não suscitar conflito".

[242] Exemplos: Petrobras e Banco do Brasil.

[243] STF, Enunciado n. 556: "É competente a Justiça comum para julgar as causas em que é parte sociedade de economia mista". STJ, Enunciado n. 42: "Compete à Justiça Comum Estadual processar e julgar as causas cíveis em que é parte sociedade de economia mista e os crimes praticados em seu detrimento". O STF entende que as sociedades de economia mista só têm o seu foro na Justiça Federal ...quando a União intervém como assistente ou oponente (Súmula n. 517), o que está de acordo com o texto constitucional (art. 109, I). Merecem também consulta os seguintes julgados: ACO n. 1233 AGRG/SP, rel. Min. Menezes Direito, j. em 15/4/2009, Tribunal Pleno, *DJ* de 28/8/2009; ACO n. 1088/RJ, rel. Min. Ricardo Lewandowski, j. em 31/3/2009, *DJ* de 13/4/2009; ACO n. 972/RJ, rel. Min. Cezar Peluso, j. em 30/11/2009, *DJ* de 7/12/2009.

[244] Nesse sentido, Vladimir Souza Carvalho, *Competência da Justiça Federal*, p. 71, com a indicação de farta jurisprudência, e também a Súmula n. 150 do STJ ("Compete à Justiça Federal decidir sobre a existência de interesse jurídico que justifique a presença, no processo, da União, suas autarquias ou empresas públicas").

Questão bastante comum diz respeito ao *repasse de verbas da União aos entes federativos*, principalmente a municípios pobres do interior do País. Desviados tais recursos, haveria interesse da União de modo a fixar a competência da Justiça Federal?

No âmbito do extinto TFR, a matéria restou sumulada nos seguintes termos: *Compete à Justiça Comum* **Estadual** *processar e julgar Prefeito Municipal acusado de desvio de verba recebida em razão de convênio firmado com a União Federal* (Súmula n. 133). O fundamento de tal entendimento repousa no fato de que, uma vez repassada a verba, seu desvio não mais afetará os interesses da União em razão de sua incorporação ao patrimônio do município, único ente concretamente lesado, no caso. Também no âmbito do STF são encontradas algumas decisões neste sentido[245].

Permissa venia, diante do que estabelece a Constituição Federal ao tratar das atribuições do TCU (arts. 70 e s.), não nos parece correta a tese. Com efeito, se cabe a este órgão de contas *fiscalizar a aplicação de quaisquer recursos repassados pela União mediante convênio, acordo, ajuste ou outros instrumentos congêneres, a Estado, ao Distrito Federal ou a Municípios* (art. 71, VI), com a possibilidade, inclusive, de *aplicação de sanções aos responsáveis pelo dano ao erário* (art. 70, VIII), soa evidente o interesse da União Federal[246].

De notar-se que, conforme bem percebido pelo Ministro Vicente Leal por ocasião do julgamento do Conflito de Competência n. 14.061-7/RS, "... não é o fato de incorporar ou não o bem ao patrimônio do município" o que realmente importa para fins de fixação de competência, uma vez que "todas estas verbas que se destinam às obras, no final, se incorporam ao patrimônio municipal"[247].

Nos termos da atual jurisprudência do STJ, a partir do precedente por último referido, o dado preponderante para a fixação da competência da Justiça Federal será a existência, ou não, de *obrigação de prestação de contas ao órgão federal ou ao TCU*, tendo sido a matéria assim sumulada: *Compete à Justiça* **Federal** *processar e julgar Prefeito Municipal por desvio de*

---

245 RECrim. n. 85.644-ES, Pleno, rel. Min. Thompson Flores, *DJU* de 2/6/1978, p. 3931, *RTJ* 87/234; RE n. 205.773-SC, 1ª T., rel. Min. Octavio Gallotti, j. 29/4/1997, *DJU* de 1º/8/1997, p. 33490. Em sentido contrário, considerando competente a Justiça Federal, HC n. 72.673-9/130, referido pelo Min. Cernicchiaro no CComp n. 14.061-7/RS, *RSTJ* n. 108/260.

246 A fiscalização da execução do convênio por órgão da União (Ministério da Ação Social) e pelo TCU levou o STF a fixar a competência da Justiça Federal por ocasião do julgamento do HC n. 81.994-0/SP, 1ª T., rel. Min. Ilmar Galvão, *DJU* de 27/9/2002. Ver também o decidido no HC n. 80.867-1/PI, 1ª T., rel. Min. Ellen Gracie, *DJU* de 12/4/2002. Posteriormente, contudo, o STF, por sua 1ª T., vencido o Ministro Carlos Britto, entendeu que "a existência de controle pelo Tribunal de Contas da União e de um convênio vinculado a execução de uma determinada obra a um determinado repasse não são suficientes para atrair a competência da Justiça Federal, nos termos do art. 109, IV, da Constituição Federal, porque, na realidade, esse repasse apenas faz ingressar, no patrimônio estadual, os recursos correspondentes, e, por isso, eventual delito (...) leva à competência da Justiça Estadual, pois não se pode identificar, no fato do repasse, um interesse direito da União a justificar a competência da Justiça Federal" (HC n. 90.174-3/GO, rel. para o acórdão o Ministro Menezes Direito, j. 4/12/2007, *DJ* de 14/3/2008).

247 *RSTJ* n. 108, p. 261.

verba sujeita a prestação de contas perante órgão federal (Súmula n. 208)[248]. No âmbito do STF merece consulta o decidido por ocasião do julgamento do HC n. 78.728, no qual se considerou que a obrigação de prestação de contas à União e ao TCU fixa a competência da Justiça Federal[249].

Especificamente quanto às verbas relativas ao chamado *Sistema Único de Saúde – SUS*, a jurisprudência dos Tribunais Superiores também é pacífica quanto à competência da Justiça Federal. Com efeito, o Plenário do STF, por ocasião do julgamento do RE n. 196.982-2-PR, depois de analisar as regras contidas na Lei n. 8.080/90, assentou, *verbis*:

> Compreendo, dessa maneira, que, diversamente do que sucede na hipótese de mero repasse pela União aos Estados e Municípios de valores que lhes pertençam, segundo a Constituição e as Leis, no caso concreto dos recursos do SUS, a União Federal, por intermédio do Ministério da Saúde, mantém permanente fiscalização quanto à regular aplicação desses recursos nos objetivos do plano integrado e único de saúde. As irregularidades apuradas pelos órgãos federais de auditorias e fiscalização conduzem a consequências objetivas em lei definidas. Há inequívoco interesse administrativo no correto funcionamento dos serviços de saúde, sob supervisão do Ministério da Saúde.
>
> Não é assim possível, na espécie, afastar o interesse efetivo federal na aplicação desses recursos na forma da lei. Os serviços federais estão em causa, por igual, pois lhes incumbe não

---

[248] A Súmula n. 208 foi publicada no *DJU* de 3/6/1998, p. 68. Na mesma data e diário, foi publicada a Súmula n. 209 do referido Tribunal Superior, do seguinte teor: *Compete à Justiça **Estadual** processar e julgar prefeito por desvio de verba transferida e incorporada ao patrimônio municipal*. Num primeiro momento, parece haver contradição entre os enunciados, uma vez que o de número 208 toma como dado essencial a previsão de *prestação de contas ao órgão federal* e o de número 209, retornando ao entendimento já consagrado pelo extinto Tribunal Federal de Recursos, volta a destacar a *incorporação da verba ao patrimônio do município*", apontando como competente a Justiça **Estadual**. De se perceber, no entanto, que os acórdãos que dão fundamento ao Enunciado n. 208 (CComp n. 15.703-RO, 15.426-RS, 14.061-RS, 14.358-RS e 18.517-SP), por mais esdrúxulo que possa parecer, são posteriores aos que dão fundamento ao enunciado n. 209 (CComp n. 5.281-RS, 14.039-RS, 12.578-RS, 13.574-RS, 14.073-RS, 13.073-RS e 15.734-RO), o que nos leva a crer que a existência de obrigação de prestação de contas ao órgão federal ou ao Tribunal de Contas da União, mesmo que já incorporada a verba ao ente federado, fixa a competência da Justiça Federal. Não havendo tal obrigação, a competência será da Justiça Estadual. De qualquer modo, merece consulta o decidido no CComp n. 100507, rel. Min. Castro Meira, *DJ* de 30/3/2009, em que se afastou a competência da Justiça Federal em razão da ausência dos entes mencionados no art. 109, I, da CF no polo passivo, muito embora houvesse previsão de prestação de contas a órgão federal. Já por ocasião do julgamento do AGRG no AGRG no CComp n. 104375/ SP, rel. Min. Humberto Martins, 1ª S., *DJ* de 4/9/2009, entendeu-se que "o mero ajuizamento da ação pelo Ministério Público Federal, por entender estar configurado ato de improbidade administrativa, fixa a competência na Justiça Federal", cuidando-se de hipótese em que havia previsão de prestação de contas a ente federal. Em sentido semelhante, CComp n. 100300/PI, rel. Min. Castro Meira, 1ª S., j. em 13/5/2009, *DJ* de 25/5/2009.

[249] 2ª T., rel. Min. Maurício Corrêa, *DJU* de 16/4/1999, p. 8. Ver também o decidido nos HC n. 81.994-0/SP e 90.174-3/GO.

só a distribuição dos recursos, mas a supervisão de regular aplicação, inclusive com auditorias no âmbito do Estado e Municípios.

Em tudo o que diz, assim, com a aplicação indevida e ilegal desses recursos dos SUS, repassados ao Estado do Paraná (nota de empenho n. 2.546 e 2.560 – fls. 7) que possam configurar crime a competência originária é da Justiça Federal[250],

sendo também esta a orientação do STJ[251].

Igualmente, em se tratando de desvio de verbas relativas ao *Fundo de Manutenção e Desenvolvimento do Ensino Fundamental e de Valorização do Magistério – FUNDEF*, a matéria já se pacificou no âmbito do STJ no sentido da competência da Justiça Federal:

> *Criminal. HC. Prefeito. Malversação de Verbas Públicas Oriundas do FUNDEF. Controle pelo Tribunal de Contas da União. Incompetência Absoluta da Corte Estadual. Nulidade do Processo Ab Initio. Competência da Justiça Federal. Súmula 208/STJ. Ordem Concedida.*
>
> *Tratando-se de prefeito que pratica, em tese, crime de desvio de verbas oriundas do Fundo de Manutenção e Desenvolvimento do Ensino Fundamental e de Valorização do Magistério – FUNDEF, sujeitas ao controle do Tribunal de Contas da União, sobressai a competência da Justiça Federal para o processo e julgamento do feito. Incidência da Súmula n. 208 desta Corte.*
>
> *Ordem concedida para anular o processo* ab initio, *em razão da incompetência absoluta do e. Tribunal de Justiça do Estado do Ceará, determinando-se a remessa dos autos ao e. Tribu-*

---

250 No mesmo sentido o HC n. 74.887-2-RJ, 2ª T., rel. Min. Néri da Silveira, *DJU* 27/6/1997. De se ressaltar que neste julgado o STF definiu a competência da Justiça Federal em caso de desvio de recursos originários dos cofres do ente federado e outros incorporados através de aporte de receita operacional efetivado pela União Federal. Cita, em arrimo a tal conclusão, o Enunciado n. 52 do extinto TFR (*Compete à Justiça Federal o processo e julgamento unificado dos crimes conexos de competência federal e estadual, não se aplicando a regra do art. 78, II, a, do Código de Processo Penal*), hoje reproduzido pelo STJ (Enunciado n. 122). Em se tratando, contudo, de crime de concussão praticado em detrimento de paciente atendido por unidade conveniada ao SUS, o STF vem entendendo que a competência é da Justiça Estadual (RE n. 429.171/RS, RE n. 348.714/RS, RE n. 357.450/RS e HC n. 81.912/RS).

251 "Conflito de atribuição entre o Ministério Público Estadual e o Ministério Público Federal. Incompetência do Superior Tribunal de Justiça (CF, 105, I, *g*). Inquérito para apurar desvios de recursos do Sistema Único de Saúde – SUS, do Fundo Nacional de Educação (Convênio FAE/PNAE com as Prefeituras). Verbas mantidas sob controle e fiscalização da União. Competência da Justiça Federal – CF, art. 109, IV. *Conflito não conhecido com remessa dos autos ao TRF/2ª Região*" (Conflito de Atribuições n. 98-RJ, 3ª Seção, rel. Min. José Arnaldo da Fonseca, *DJU* de 5/3/2001)."CC – Estelionato – Consultas e Internações em Duplicidade – Instituto de Previdência Municipal e SUS (Sistema Único de Saúde). Havendo a Lei n. 8.080/90 (art. 33, *caput* e § 4º) determinado que os recursos financeiros do Sistema Único de Saúde (SUS) repassados aos Estados e Municípios serão fiscalizados pelo Ministério da Saúde, através de seu sistema de auditoria, a malversação de tais recursos por crime de estelionato, constitui ofensa a interesses da União, deslocando a competência para apreciação do delito, para a Justiça Federal. Conflito conhecido – competência da Justiça Federal, suscitante"(CComp n. 13.325-SP, 3ª Seção, rel. Min. Cid Flaquer Scartezzini, *DJU* 3/2/1997). No mesmo sentido: CComp n. 8.345-SP, 3ª Seção, rel. Min. José Dantas, *RSTJ* 89/341; CComp n. 16.116-PR, 3ª Seção, rel. Min. José Dantas, *DJU* de 12/5/1997, p. 18758.

nal Regional Federal da 5ª Região²⁵².

O mesmo raciocínio, *mutatis mutandis*, aplica-se ao FUNDEB, instituído pela EC n. 53, de 19 de dezembro de 2006 e disciplinado pela Lei n. 11.494, de 20 de junho de 2007.

É preciso atentar, no entanto, que nem todos os Estados da federação recebem aportes federais para a composição de seus fundos, uma vez que a União só complementará os recursos do FUNDEB quando"... no DF e em cada Estado o valor por aluno não alcançar o mínimo defindo nacionalmente" através de decreto do Presidente da República (art. 60, V a VIII, do ADCT, com a redação dada pela Emenda Constitucional n. 53, de 19/12/2006). Isto é, quando as verbas pertencentes aos Estados e ao DF²⁵³, vinculadas ao fundo, não se mostrarem suficientes ao alcance do referido valor mínimo. Trata-se, portanto, de uma atuação suplementar da União.

Assim, inexistindo recursos federais, não há que se falar na competência da Justiça Federal²⁵⁴, não incidindo, por seu turno, qualquer atividade fiscalizatória do TCU²⁵⁵.

---

252 HC n. 13.942-CE, 5ªT., rel. Min. Gilson Dipp, *DJU* de 4/6/2001, p. 195. No mesmo sentido, HC n. 13.480-CE, 5ªT., rel. Min. José Arnaldo da Fonseca, *DJU* de 20/11/2000, p. 306; HC n. 13.533-CE, 6ªT., rel. Min. Vicente Leal, *DJU* de 4/9/2000, p. 201; HC n. 13.512/CE, 6ªT., rel. Min. Vicente Leal, *DJU* de 28/8/2000, p. 136; HC n. 15.899-PI, 5ªT., rel. Min. José Arnaldo da Fonseca, *DJU* de 25/6/2001, p. 212; CComp n. 36.305/BA, 1ª Seção, rel. Min. Franciulli Neto, *DJU* de 28/4/2003. No STF: RE n. 414.849-8/RN, 1ªT., rel. Min. Marco Aurélio, *DJU* de 30/11/2007; HC n. 80.867-1/PI, 1ªT., rel. Min. Ellen Gracie, *DJU* de 12/4/2002.

253 Art. 60, II, do ADCT.

254 Nesse sentido, no Rio de Janeiro, as conclusões lançadas no Procedimento Administrativo MPERJ n. 8.944/00, onde a matéria foi tratada *ex professo* pela Promotora de Justiça Luciana Caiado Ferreira, então Subcoordenadora do Centro de Apoio Operacional das Promotorias de Justiça da Infância e da Juventude. Quanto à atribuição do Ministério Público, o parecer esclarece que vai ela recair sobre os Promotores da Infância e da Juventude no que respeita à exigência de correta aplicação das verbas no ensino fundamental, tocando ao Promotor de Justiça da área de improbidade o ajuizamento da ação com vistas à aplicação das sanções previstas no art. 12 da Lei n. 8.429/92. Merece consulta, também, o decidido pela 5ª Câmara de Coordenação Técnica e Revisão do Ministério Público Federal no Procedimento PGR n. 1.00.000.000528/2000-31, rel. Gilda Carvalho, e o decidido pela 17ª CC do TJRJ no AI 2006.002.23621, rel. Des. Edson Vasconcelos, j. 7/3/2007. Em sentido contrário, sustentando a competência da Justiça Federal independentemente do repasse complementar de recursos pela União, Maria Isabel Galloti Rodrigues em parecer lançado no Procedimento Administrativo Criminal n. 08128.000102/98-13 – PGR das 1ª Região, *apud* Carlos Frederico Brito dos Santos, *Improbidade administrativa*, p. 134. No **STF**, no sentido de que inexistindo verbas federais a competência será da Justiça Estadual: ACO n. 1156/SP, rel. Min. Cezar Peluso, Informativo STF n. 553. Posteriormente, contudo, o STF, em decisão atécnica, decidiu caber ao MPF apurar eventuais infrações *penais* cometidas na gestão de verbas educacionais, mesmo que inexistam repasses federais, uma vez que a política educacional é nacional. Já no âmbito cível (improbidade administrativa), a competência somente se deslocaria ao âmbito federal no caso de existirem repasses da União ou se houver superveniente intervenção da União na gestão das verbas (ACOs 1.109, 1.206, 1.241 e 1.250, julgadas em outubro de 2011).

255 Sobre os limites e os procedimentos relativos à atuação do Tribunal de Contas na fiscalização do FUNDEF, mesmo quando há complementação pela União, ver Decisão n. 233/1999 (Processo n. 001.810/1998-7), TCU--Plenário, j. 12/5/1999, Acórdão n. 2079/2005, 1ª Câmara, e as Instruções Normativas TCU n. 21/98 e 36/00.

Quanto à competência territorial da Justiça Federal, a matéria será tratada no tópico seguinte, *in fine*.

7.4. Competência Territorial

As regras de competência territorial são estabelecidas ora com o escopo de facilitar a produção da defesa do réu (art. 46 do CPC/2015, regra geral), ora com vista a que se resguarde a posição jurídica de determinadas pessoas (art. 53, II, CPC/2015 – domicílio ou residência do alimentando), tema disciplinado no art. 42 e ss. do CPC/2015.

No âmbito da tutela dos interesses difusos, estabelece o art. 2º, *caput*, da Lei n. 7.347/85 que *as ações previstas nesta Lei serão propostas no foro do local onde ocorrer o dano, cujo juízo terá competência funcional para processar e julgar a causa*, regra complementada pelo art. 93 do CDC[256] e que se assemelha à contida no art. 53, IV, *a*, do CPC/2015[257]. Os objetivos precípuos do legislador, aqui, são o de facilitar a produção da prova e o de permitir que a prestação jurisdicional se dê perante a comunidade afetada pelo atuar lesivo.

Ao asseverar que a competência, na hipótese, é funcional, desejou a Lei n. 7.347/85 deixar claro que *se trata de competência absoluta, com as consequências daí decorrentes: não se prorroga; não depende de exceção para ser conhecida; pode ser declarada de ofício em qualquer tempo ou grau de jurisdição e mesmo em ação rescisória* (CPC/2015, art. 966, II)[258].

A questão da competência territorial para a ação de improbidade, à falta de regra específica na Lei n. 8.429/92 e tendo em conta o regime de mútua complementaridade entre as ações exercitáveis no âmbito da jurisdição coletiva[259], demanda a incidência do art. 2º da Lei n. 7.347/85, podendo considerar-se como local do dano, numa primeira aproximação interpretativa, *a sede da pessoa jurídica de direito público lesada pela improbidade*[260]. Alerte-se, desde logo, no entanto, que a plena incidência da referida norma só será possível em se tratando da fixação da competência *ratione loci* da **Justiça Estadual**, uma vez que quanto à competência territorial da **Justiça Federal** incidirão as regras contidas no art. 109, §§ 1º e 2º, da Constituição Federal, o que será analisado ao final deste tópico.

Sobre a aplicabilidade do art. 2º da Lei n. 7.347/85 ao campo da improbidade, merece expressa referência o decidido pelo STJ por ocasião do julgamento do Conflito de Compe-

---

256 "Art. 93. Ressalvada a competência da Justiça Federal, é competente para a causa a Justiça local: I – no foro do lugar onde ocorreu ou deva ocorrer o dano, quando de âmbito local; II – no foro da Capital do Estado ou no do Distrito Federal, para os danos de âmbito nacional ou regional, aplicando-se as regras do Código de Processo Civil aos casos de competência concorrente."

257 "Art. 53. É competente o foro: ... IV – do lugar do ato ou fato para a ação: a) de reparação de dano."

258 MANCUSO, *Ação civil pública*, p. 42.

259 Sobre o tema, ver o tópico n. 2 ("Disciplina processual aplicável").

260 Nesse sentido, PAZZAGLINI FILHO, Marino; ROSA, Márcio Fernando Elias; FAZZIO JÚNIOR, Waldo. *Improbidade administrativa*, p. 207-208.

tência n. 97.351/SP, 3ª S., rel. Min. Castro Meira (j. em 27/5/2009, DJ de 10/6/2009), decisão que nos honrou sobremodo com a citação:

> "CONFLITO NEGATIVO DE COMPETÊNCIA. AÇÃO DE IMPROBIDADE ADMINISTRATIVA. LOCAL DO DANO - ART. 2º DA LEI 7.347/85. DIVERGÊNCIA QUANTO À AMPLITUDE DO DANO. PREVALÊNCIA DA LOCALIDADE ONDE SE LOCALIZAM A MAIOR PARTE DOS ELEMENTOS PROBATÓRIOS. PREJUÍZOS MAIS GRAVES SOBRE A SEDE DE TRABALHO DOS SERVIDORES PÚBLICOS ENVOLVIDOS. INTERPRETAÇÃO TELEOLÓGICA. CELERIDADE PROCESSUAL, AMPLA DEFESA E RAZOÁVEL DURAÇÃO DO PROCESSO.
>
> 1. Discute-se nos autos a competência para processar e julgar ação civil pública de improbidade administrativa ajuizada pelo Ministério Público Federal contra servidores públicos e particulares envolvidos na prática de crimes de descaminho de cigarros oriundos do Paraguai e destinados ao Estado de Sergipe.
>
> 2. Não há na Lei 8.429/92 regramento específico acerca da competência territorial para processar e julgar as ações de improbidade. Diante de tal omissão, tem-se aplicado, por analogia, o art. 2º da Lei 7.347/85, ante a relação de mútua complementaridade entre os feitos exercitáveis em âmbito coletivo, autorizando-se que a norma de integração seja obtida no âmbito do microssistema processual da tutela coletiva.
>
> 3. A *ratio legis* da utilização do local do dano como critério definidor da competência nas ações coletivas é proporcionar maior celeridade no processamento, na instrução e, por conseguinte, no julgamento do feito, dado que é muito mais fácil apurar o dano e suas provas no juízo em que os fatos ocorreram.
>
> 4. No caso em análise, embora haja ilícitos praticados nos Estados do Paraná, São Paulo e Sergipe, o que poderia, a princípio, caracterizar a abrangência nacional do dano, deve prevalecer, na hipótese, a informação fornecida pelo próprio autor da demanda de que a maior parte dos elementos probatórios da ação de improbidade encontra-se situada em São Paulo. Ressalte-se, ainda, ser tal localidade alvo da maioria dos atos ímprobos praticados e sede dos locais de trabalho dos servidores públicos envolvidos.
>
> 5. Interpretação que se coaduna com os princípios da celeridade processual, ampla defesa e duração razoável do processo.
>
> 6. Conflito conhecido para declarar competente o juízo federal de São Paulo, o Suscitante" (No mesmo sentido: AgRg no REsp n. 1043307/RN, 2ª T., rel. Min. Herman Benjamin, j. em 24/3/2009, DJ de 20/4/2009).

Assim, realizada a contratação irregular de pessoal sem a observância dos ditames constitucionais ou realizada a contratação de obra pública em procedimento licitatório irregular, por exemplo, a ação, quando proposta *em face do Estado federado* (art. 17, § 3º, da Lei n. 8.429/92), isto é, quando ajuizada pelo Ministério Público ou por associação civil, figurando o Estado como pessoa jurídica lesada, encontrará na *comarca da capital* o seu foro (local de sua sede – art. 2º da Lei n. 7.347/85 c.c. art. 53, III, *a*, do CPC/2015), sendo competente o respectivo Juízo de fazenda pública. Figurando o Estado *como autor* (art. 17, *caput*, da Lei n. 8.429/92), deve a ação ser igualmente proposta no foro da capital – local do dano (art. 2º da Lei da Ação Civil Pública) –, não incidindo, em razão do princípio da especialidade, a regra geral do art. 46 do CPC (domicílio do réu).

Se se tratar de empresa pública ou autarquia *estaduais* sediadas fora da Capital, mesmo que exista norma estadual fixando a competência do foro da capital para a hipótese, em razão da prevalência do art. 2º da Lei n. 7.347/85 (local do dano) sobre as leis de organização judiciária[261], a competência será do Juízo da respectiva *comarca do interior*, local da sede do ente estatal[262].

Se lesado o patrimônio público *municipal*, a ação será ajuizada perante o Juízo da respectiva comarca, da capital ou do interior, a depender do caso (município da capital ou municípios do interior), não se aplicando a regra geral do art. 46 do CPC/2015 (domicílio do réu).

A solução (local da sede da pessoa jurídica) deve ser aplicada, em regra, a todas as hipóteses de improbidade administrativa (arts. 9º, 10 e 11 da Lei n. 8.429/92).

Em alguns casos, não obstante, consideramos mais adequada a interpretação do art. 2º da Lei n. 7.347/85 (local do dano) não no sentido da sede da pessoa jurídica, mas, antes, *no local onde se verificar a ação ou a omissão ilícitas*, que pode não coincidir com o local da sede do lesado. Por exemplo: apura-se que policiais de determinada delegacia ou batalhão *do interior do Estado* recebem vantagem econômica para tolerar a prática do narcotráfico (art. 9º, V, da Lei n. 8.429/92). Neste caso, tendo em conta o objetivo maior da regra de competência fixada no art. 2º, acima referido, que é o de facilitar a produção da prova, deve a competência recair sobre o foro do local do atuar ímprobo, desprezando-se o local da sede do governo estadual (comarca da capital)[263] e o local de domicílio dos réus.

---

261 Enunciado n. 206 do STJ: "A existência de vara privativa, instituída por lei estadual, não altera a competência territorial resultante das leis de processo".

262 Mesmo nas hipóteses de autarquia ou empresa pública sediadas na Capital, sem afastar a incidência do art. 100, IV, *a*, do CPC/73 (art. 53, III, *a*, do CPC/2015), a jurisprudência também vem admitindo o ajuizamento da ação no local em que se deram os fatos geradores da causa, aplicando o art. 100, IV, *b*, do CPC/73 [art. 53, III, *b*, do CPC/2015] (STJ, AGRAI n. 42.513/RS, 5ª T., rel. Min. Jesus Costa Lima, *RSTJ* n. 108/205-207).

263 Em reforço à conclusão para a hipótese de o Estado figurar no polo passivo (art. 17, § 3º, da Lei n. 8.429/92), não custa lembrar que a jurisprudência do STJ é pacífica no sentido de que o Estado não tem foro privilegiado (Súmula n. 206), podendo ser demandado na capital **ou na comarca em que ocorreu o fato**: "Processual – Competência – Estado federado – Foro da Capital – Foro em que ocorreram os fatos da lide (CPC, art. 100 [art. 53 do CPC/2015]). Os estados federados podem ser demandados, tanto no Foro da capital, quanto no local em que ocorreu o fato em torno do qual se desenvolve a lide (CPC, art. 100 [art. 53 do CPC/2015])" (REsp n. 33.695-1-MG, 1ª T., rel. Min. Humberto Gomes de Barros, j. 23/5/1994, *DJU* de 27/6/1994). No mesmo sentido, REsp n. 34.816-3-MG, 1ª T., rel. Min. Milton Luiz Pereira, j. 8/2/1995, *DJU* de 6/3/1995; REsp n. 49.457-5-PR, 1ª T., rel. Min. Cesar Asfor Rocha, j. 19/9/1994, *DJU* de 10/10/1994; AGRAG n. 92.717-PR, 2ª T., rel. Min. Pádua Ribeiro, j. 13/12/1996, *RSTJ* n. 108/207-210. Para Marcelo Zenkner, a competência territorial

Em se tratando da competência *ratione loci* da Justiça Federal, a matéria apresenta algumas peculiaridades.

O art. 109 da Constituição Federal, após fixar no *caput* a competência *ratione materiae* da Justiça Federal, estabelece, em seus §§ 1º e 2º, que:

> § 1º *As causas em que a **União for autora** serão aforadas na seção judiciária onde tiver domicílio a outra parte.*
>
> § 2º *As causas intentadas **contra a União** poderão ser aforadas na seção judiciária em que for **domiciliado o autor, naquela onde houver ocorrido o ato ou fato que deu origem à demanda ou onde esteja situada a coisa, ou ainda, no Distrito Federal**.* (destaques nossos)

Já o § 3º, por seu turno, dispõe que: *Serão processadas e julgadas na justiça estadual, no foro do domicílio dos segurados ou beneficiários, as causas em que forem parte instituição de previdência social e segurado, **sempre que a comarca não seja sede de vara do juízo federal, e, se verificada essa condição, a lei poderá permitir que outras causas sejam também processadas e julgadas pela justiça estadual***. (destaques nossos)

Esta última regra, partindo-se da premissa do caráter absoluto da competência instituída pelo art. 2º da Lei 7.347/85, recepcionado pela atual Constituição, levou a que o STJ editasse o Enunciado n. 183, do seguinte teor: *Compete ao Juiz Estadual, nas Comarcas que não sejam sede de vara da Justiça Federal, processar e julgar ação civil pública, ainda que a União figure no processo*[264].

Tal entendimento, no entanto, não foi acolhido pelo STF, que, por ocasião do julgamento do RE n. 228.955-9-RS, assim se manifestou:

> Ação Civil Pública Promovida pelo Ministério Público Federal. Competência da Justiça Federal. Art. 109, I e § 3º, da Constituição. Art. 2º da Lei n. 7.347/85.

---

deve ser fixada tomando-se por parâmetro o local da ação ou da omissão, pois o art. 2º da LACP não teria aplicação em todos os casos (o autor dá como exemplo os atos que não causam dano ao erário, in *Efetividade das ações por ato de improbidade administrativa e regras de competência*, p. 348 e s.). É preciso compreender, no entanto, que "local do dano", para os fins da LACP, é o local do *resultado*, que nem sempre coincidirá com o local da ação/omissão. Por isso sustentamos que, numa primeira aproximação interpretativa (mas apenas numa primeira aproximação), local do dano seja interpretado como o local da sede da pessoa jurídica de direito público lesada.

[264] Ada Pellegrini Grinover manifesta a sua concordância com o enunciado, entendendo, no entanto, "... que a atribuição da competência do juiz federal ao estadual só pode ocorrer nos casos em que não tenha sido instalada vara do juízo federal, **na região**: assim, por exemplo, no Estado de São Paulo, onde funciona vara da justiça federal na cidade de São José dos Campos, toda a região circunvizinha deverá servir-se da referida vara federal, não tendo sentido que o juiz estadual da Comarca de Taubaté, *v.g.*, tenha competência para a causa em primeiro grau de jurisdição" (ob. cit., p. 777).

O dispositivo contido na parte final do § 3º do art. 109 da Constituição é dirigido ao legislador ordinário, autorizando-o a atribuir competência (*rectius* jurisdição) ao Juízo Estadual do foro do domicílio da outra parte ou do lugar do ato ou fato que deu origem à demanda, desde que não seja sede de Varas da Justiça Federal, para causas específicas dentre as previstas no inciso I do referido artigo 109.

No caso em tela, a permissão não foi utilizada pelo legislador que, ao revés, se limitou, no art. 2º da Lei n. 7.347/85, a estabelecer que as ações nele previstas "serão propostas no foro do local onde ocorrer o dano, cujo juízo terá competência funcional para processar e julgar a causa".

Considerando que o Juiz Federal também tem competência territorial e funcional sobre o local de qualquer dano, impõe-se a conclusão de que o afastamento da jurisdição federal, no caso, somente poderia dar-se por meio de referência expressa à Justiça Estadual, como a que fez o constituinte na primeira parte do mencionado § 3º em relação às causas de natureza previdenciária, o que no caso não ocorreu.

Recurso conhecido e provido[265].

E o próprio STJ, curvando-se à interpretação dada ao tema pela mais elevada Corte, findou por cancelar o seu Enunciado n. 183 quando do julgamento dos EDCComp n. 27.676-BA[266], opostos pelo Ministério Público Federal[267].

Assim, *fixada a incidência prevalente das regras constitucionais em detrimento do critério estabelecido pelo art. 2º da Lei n. 7.347/85*[268], é preciso distinguir:

---

265 RE n. 228.955-9-RS, Plenário, rel. Min. Ilmar Galvão, j. 10/2/2000, *DJU* de 14/4/2000, p. 56.
266 "Processual Civil. Embargos de Declaração. Conflito de Competência. Ação Civil Pública. Local do Dano. Juízo Federal. Art. 109, I, e § 3º, da CF/88. Art. 2º, da Lei 7.347/85. 1 – O tema em debate, por ser de natureza estritamente constitucional, deve ter a sua interpretação rendida ao posicionamento do Colendo Supremo Tribunal Federal, que entendeu que o dispositivo contido na parte final do § 3º do art. 109, da CF/88, é dirigido ao legislador ordinário, autorizando-o a atribuir competência ao Juízo Estadual do foro do domicílio da outra parte ou do lugar do ato ou do fato que deu origem à demanda, desde que não seja sede de Vara da Justiça Federal, para causas específicas dentre as previstas no inciso I, do referido art. 109. No caso dos autos, o Município onde ocorreu o dano não integra apenas o foro estadual da comarca local, mas também o das Varas Federais. 2 – Cancelamento da Súmula n. 183, deste Superior Tribunal de Justiça, que se declara. 3 – Embargos de declaração acolhidos, com efeitos modificativos, para o fim de reconhecer o Juízo Federal da 16ª Vara da Seção Judiciária do Estado da Bahia" (ED no CComp n. 27.676-BA, 1ª Seção, rel. Min. José Delgado, j. 8/11/2000, *DJU* de 5/3/2001, p. 118).
267 Nas razões dos embargos declaratórios, aludiu o Ministério Público Federal, com invulgar clareza, que "a circunstância de o artigo 2º da Lei n. 7.347/85 estabelecer competência funcional, que a doutrina reputa absoluta e inderrogável, não tem relevância para o deslinde do conflito, na medida em que a referida norma define o **foro competente** e o problema prévio a ser enfrentado, que é necessariamente antecedente, é o da definição da **justiça competente**".
268 Tal prevalência, segundo alguns, foi ressaltada pelo art. 93 do Código de Defesa do Consumidor que, ao estabelecer critério similar ao da Lei da Ação Civil Pública, ressalvou, no entanto, a competência da Justiça Federal.

a) em se tratando de ação de improbidade proposta *pela União* (art. 17, *caput*, da Lei n. 8.429/92), será competente o Juízo Federal da seção judiciária do *domicílio do réu* (art. 109, § 1º, da CF), aplicando-se, *modus in rebus*, as regras contidas nos §§ 1º, 2º, 3º e 4º do art. 46 do CPC[269]. Não sendo o domicílio do réu sede de vara federal, a competência será do Juízo Federal da respectiva *região* (exemplo: o réu é domiciliado no Município de Maricá, onde não há Justiça Federal. A competência será da Vara Federal de Niterói, cuja competência abrange os Municípios de Niterói e Maricá, dentre outros);

b) em se tratando de ação proposta *em face da União* (art. 17, § 3º, da Lei n. 8.429/92), isto é, quando ajuizada pelo Ministério Público ou por associação civil, figurando a União como pessoa jurídica lesada, incidirá o regramento contido no § 2º do art. 109 da Constituição Federal, abrindo-se quatro alternativas: 1) seção judiciária do domicílio do autor[270]; 2) seção judiciária da ocorrência do fato, critério que se amolda ao do art. 2º da Lei n. 7.347/85[271]; 3) seção judiciária onde esteja situada a coisa[272]; 4) Distrito Federal.

Como se vê, nas ações propostas *em face da União* (a União figura como lesada), a Constituição Federal estabelece uma hipótese de *competência territorial concorrente*, cabendo ao autor (Ministério Público ou associação) a escolha do foro de maior conveniência para o ajuizamento da ação[273].

E se se tratar de ação em que figure, como autoras ou rés, *empresas públicas* ou *autarquias federais*?

Nestes casos, em vista da inaplicabilidade dos §§ 1º e 2º do art. 109 da Constituição Federal[274], incide o regramento específico do art. 2º da Lei n. 7.347/85, aplicando-se, *modus*

---

[269] "Art. 46. A ação fundada em direito pessoal ou em direito real sobre bens móveis será proposta, em regra, no foro do domicílio do réu. § 1º Tendo mais de um domicílio, o réu será demandado no foro de qualquer deles. § 2º Sendo incerto ou desconhecido o domicílio do réu, ele poderá ser demandado onde for encontrado ou no foro de domicílio do autor. § 3º Quando o réu não tiver domicílio ou residência no Brasil, a ação será proposta no foro de domicílio do autor, e, se este também residir fora do Brasil, a ação será proposta em qualquer foro. § 4º Havendo 2 (dois) ou mais réus, com diferentes domicílios, serão demandados no foro de qualquer deles, à escolha do autor."

[270] Exemplo: ação proposta por uma associação sediada na cidade de Fortaleza, Ceará. Se o local de domicílio do autor não for sede de vara federal, a competência será do Juízo Federal da respectiva *região*.

[271] Exemplo: art. 9º, V, da Lei n. 8.429/92.

[272] Exemplo: determinado agente público recebe vantagem pecuniária com vistas à cessão irregular de determinado bem pertencente à União, situado fora do Distrito Federal.

[273] O STJ, no julgamento do AGRG no REsp n. 1043307/RN, 2ª T., rel. Min. Herman Benjamin, j. em 24/3/2009, *DJ* de 20/4/2009, entendeu, numa hipótese de ação de improbidade, que "à luz do art. 109, § 2º, da Constituição Federal, a União pode ser processada no foro do local do dano, o que, na hipótese de Ação Civil Pública, convola em obrigatoriedade, conforme estatuído no art. 2º da Lei 7.347/1985". Em tal precedente, como se vê, o STJ fez prevalecer o critério de competência exclusiva da Lei n. 7.347/1985 sobre o critério de competência concorrente previsto constitucionalmente, o que nos parece, *data venia*, equivocado.

[274] STJ, CComp n. 27.570-MG, 2ª Seção, rel. Min. Eduardo Ribeiro, j. 13/12/1999, *DJU* de 27/3/2000.

in rebus, o que foi dito sobre a competência no caso de lesão ao Estado (figurando como autoras ou rés, a competência será do *local de sua sede*, em regra)[275].

7.5. Prevenção

Prevenção, do latim *praeventio*, de *praevenire*, significa, tanto em sentido vulgar como em acepção jurídica, antecipar-se, dispor antes, tomar conhecimento em primeiro lugar. Como didaticamente posto por Eliézer Rosa,"é a fixação da competência do juízo que conheceu primeiro de uma ação conexa com outra ... Só ocorre a prevenção, quando se tratar de ações conexas ou continentes. Esta é a noção que importa guardar"[276].

Por intermédio da prevenção, como soa intuitivo, busca-se a reunião de causas conexas ou continentes perante o juízo que por primeiro tomou contato com qualquer delas, evitando-se, assim, em razão do liame existente entre as demandas, a prolação de sentenças contraditórias.

Os conceitos de conexão e continência[277] estão previstos, respectivamente, nos arts. 55 e 56 do CPC/2015, dispondo o primeiro que *reputam-se conexas duas ou mais ações, quando lhes for comum o pedido ou a causa de pedir*, e o segundo, que *dá-se a continência entre duas ou mais ações quando houver identidade quanto às partes e à causa de pedir, mas o pedido de uma, por ser mais amplo, abrange o das demais*. Para as duas hipóteses, conexão e continência, aplica-se a consequência processual prevista no art. 58 da Lei de Ritos, que determina *a reunião de ações propostas em separado, a fim de que sejam decididas simultaneamente*.

Como não se ignora, a Medida Provisória n. 2.180-34, de 27 de julho de 2001, em seu art. 7º, acrescentou um parágrafo ao art. 17 da Lei n. 8.429/92 que, assim, passou a ter a seguinte redação: Art. 17. *A ação principal, que terá o rito ordinário, será proposta pelo Ministério Público ou pela pessoa jurídica interessada, dentro de trinta dias da efetivação da medida cautelar... § 5º A propositura da ação prevenirá a jurisdição do juízo para todas as ações posteriormente intentadas que possuam a mesma causa de pedir ou o mesmo objeto*.

Tal regra deve ser hoje compatibilizada com os arts. 59 e 312 do CPC/2015, de acordo com os quais o registro ou a distribuição da petição inicial tornam prevento o juízo, considerando-se proposta a ação no momento em que a petição inicial é protocolada[278].

---

275 "As autarquias federais podem ser demandadas no foro de sua sede ou naquele em que se acha a agência ou sucursal em cujo âmbito de competência ocorreram os fatos que geraram a lide" (STJ, CComp n. 2.493-0-DF, 1ª Seção, rel. Min. Humberto Gomes de Barros, j. 26/5/1992, *DJU* de 3/8/1992, p. 11237, *apud* Theotonio Negrão, ob. cit., p. 202).

276 *Dicionário de processo civil*, p. 334.

277 Para Celso Agrícola Barbi, a continência nada mais é que uma espécie de conexão, à qual se aplica a mesma consequência processual (*Comentários ao Código de Processo Civil*, p. 466-467).

278 O atual CPC simplifica sobremodo o tema da prevenção, que no CPC/73 era disciplinado pelos arts. 106 e 219, cujos critérios eram distintos (o primeiro despacho ou a citação válida, a depender da hipótese, é que tornavam o juízo prevento).

Não custa lembrar, no entanto, diante do que estabelece o art. 54 do CPC/2015[279], que "se um dos juízes é absolutamente incompetente para julgar um dos processos, obviamente não pode haver a sua reunião a outro" (*RT* 610/54 e 711/139)[280], o que, por consequência, afasta a possibilidade de prorrogação da competência por intermédio do critério preventivo. A observação é de capital importância uma vez que, mesmo admitida a possibilidade de conexão entre ações de improbidade, em regra não se dará a reunião preconizada pelo art. 58 da Lei de Ritos em razão do caráter absoluto da norma de competência estabelecida pelo art. 2º da Lei da Ação Civil Pública e, quanto à Justiça Federal, pelo art. 109, *caput* e §§ 2º e 3º, da Constituição Federal.

Em se tratando da competência da Justiça Federal, *figurando a União como ré*, isto é, quando ajuizada a ação pelo Ministério Público ou por associação, figurando a União como pessoa jurídica lesada, em razão da concorrência de foros prevista no art. 109, § 2º, da Carta Magna, o critério previsto no art. 17, § 5º, será de grande utilidade, desde que o caso seja realmente de conexão, o que importa se verifique com cuidado pois a legitimação ativa concorrente para a ação civil pública enseja, em muitos momentos, a verificação de verdadeira *litispendência* (identidade de partes[281], pedido e causa de pedir), que leva, diferentemente da conexão, à extinção de um dos processos sem julgamento de mérito (art. 484, V, 337, § 3º, e 240 do CPC/2015).

Vimos já que entre a ação popular e a ação civil pública que decorrem da mesma *causa petendi* haverá uma relação de continência, pois o objeto desta última (reparação do dano *e* a aplicação das sanções previstas no art. 12 da Lei n. 8.429/92) é muito mais amplo que o da primeira (mera reparação do dano). Também aqui o critério de identificação da prevenção previsto na LIA será de grande utilidade, constatando-se, inclusive, que a regra do art. 17, § 5º, da Lei de Improbidade Administrativa se coaduna com a prevista no art. 5º, § 3º, da Lei da Ação Popular[282]. Assim, a mera propositura da ação de improbidade previne a competência para futuras ações populares e vice-versa.

---

279 "Art. 54. A competência relativa poderá modificar-se pela conexão ou pela continência, observado o disposto nesta Seção."

280 No mesmo sentido, especificamente quanto à Justiça Federal: "A conexão não implica reunião de processos, quando não se tratar de competência relativa – art. 102 do CPC [art. 54 do CPC/2015]. A competência absoluta da Justiça Federal, fixada na Constituição, é improrrogável por conexão, não podendo abranger causa em que a União, autarquia, fundação ou empresa pública federal não for parte" (STJ, CComp n. 832-MS, 2ª Seção, rel. Min. Athos Gusmão Carneiro, j. 26/9/1990, un., *DJU* de 29/10/1990, p. 12119).

281 "A diferença entre os legitimados não exclui a identidade de partes ativas, por serem todos substitutos processuais da coletividade. É esta – a substituída – que está em juízo, pelo portador de interesses, extraordinariamente legitimado pela Constituição e pela lei" (Ada Pellegrini Grinover, Uma Nova Modalidade de Legitimação à Ação Popular. Possibilidade de Conexão, Continência e Litispendência, p. 25).

282 Art. 5º, § 3º, da LAP: "A propositura da ação prevenirá a jurisdição do juízo para todas as ações, que forem posteriormente intentadas contra as mesmas partes e sob os mesmos fundamentos". Como já apontado, o art. 57 do CPC/2015 estabelece que "Quando houver continência e a ação continente tiver sido proposta anteriormente, no processo relativo à ação contida será proferida sentença sem resolução de mérito, caso contrário, as ações serão necessariamente reunidas". Contudo, considerando que a legitimação para a ação

No caso de conexão – ou mesmo de continência entre uma ação de improbidade e uma ação popular – como se dará a distribuição da segunda ação? Com a resposta o Professor José dos Santos Carvalho Filho: "O órgão do *Parquet*, tendo ciência da outra ação, pode distribuí-la diretamente no juízo onde corre a primeira, requerendo a apensação dos autos por dependência. Sendo conexas as ações, serão elas julgadas conjuntamente. Se desconhece a outra ação, o encaminhamento ao Judiciário se dará por livre distribuição, e só mais tarde, reconhecida a conexão, se reunirão os feitos para julgamento conjunto"[283].

É também possível, embora incomum, a ocorrência de conexão entre uma ação de improbidade administrativa e uma ação individual. Por exemplo: numa licitação evidentemente ilegal, um dos licitantes prejudicados ajuíza ação de mandado de segurança, propondo o Ministério Público, posteriormente, a ação de improbidade pelo mesmo fato. Em razão da identidade de *causa petendi*, o caso demandará, igualmente, o *simultaneus processus*, ficando prevento o juízo da primeira *propositura*, se também competente, em tese, para a ação de improbidade. A mesma solução é aplicável para a hipótese de a ação individual ser posterior à ação de improbidade, cumprindo reparar que o § 5º do art. 17 da Lei n. 8.429/92 não distingue entre ações coletivas e individuais[284].

Por último, não custa também recordar, em quaisquer das hipóteses acima aludidas, que de acordo com o Enunciado n. 235 da súmula de jurisprudência do STJ, *a conexão não determina a reunião dos processos, se um deles já foi julgado*.

8. ATRIBUIÇÃO DO ÓRGÃO DO MINISTÉRIO PÚBLICO

A atribuição do órgão do Ministério Público para atuar em determinada hipótese, investigando o ato de improbidade através do inquérito civil e, depois, se for o caso, propondo a ação civil pública, é determinada pelo sistema constitucional e infraconstitucional, de modo similar ao que se verifica no campo da competência do órgão jurisdicional. De forma bastante singela, "pode-se dizer, para bom entendimento, que *mutatis mutandis*, a atribuição representa para o órgão de atuação do Ministério Público aquilo que a competência significa para os juízes. Há semelhança entre os dois conceitos muito embora não se possa, de forma alguma, falar em identidade"[285].

---

popular e para a ação civil pública encontram, ambas, fundamento constitucional, pouco importa a anterioridade do ajuizamento da ação continente (no caso, a ação civil pública), ou seja, o juiz não deve extinguir a ação popular e a única forma de não violar o texto constitucional é a reunião das ações para decisão simultânea (art. 58 do CPC/2015).

283 Ob. cit., p. 49.

284 O TJRS entendeu pela inexistência de litispendência ou conexão "entre a ação de improbidade administrativa e os embargos à execução fiscal opostos para haver os valores apurados em procedimento regular pelo Tribunal de Contas do Estado a justificar a suspensão de qualquer dos processos" (AI n. 70000776823, 2ª CC, rel. Arno Werlang, j. 23/8/2000).

285 HAMILTON, Sérgio Demoro. Reflexos da falta de atribuição na instância penal, in *Temas de processo penal*, p. 56. A CONAMP ajuizou ADIN, em 23 de dezembro de 2015, relativamente ao art. 9º-A da Resolução

Temos, deste modo, que a atribuição do Ministério Público seguirá, em regra, os mesmos parâmetros fixadores da competência do órgão jurisdicional. Verificado, por exemplo, que o ato de improbidade atingiu o patrimônio da União, a atribuição para a instauração do inquérito civil recairá sobre o Ministério Público Federal porque a competência para possível ação civil pública é, neste caso, da Justiça Federal.

Nem sempre, não obstante, haverá coincidência entre as regras de competência e atribuição. No campo dos direitos difusos tal situação se verifica, por exemplo, quando as autoridades que praticarem condutas atentatórias à coletividade forem o Governador do Estado, o Presidente da Assembleia Legislativa ou o Presidente do Tribunal de Justiça, hipótese em que, embora a competência seja do juízo de primeiro grau[286], a atribuição para investigar e ajuizar a ação civil pública será do Procurador-Geral de Justiça, pouco importando tenha sido o ato praticado durante o exercício das funções ou anteriormente a elas[287].

A atribuição no âmbito dos Ministérios Públicos Estaduais é matéria fixada pela respectiva Lei Complementar Estadual (art. 128, § 5º, da CF) que, no entanto, não pode se afastar dos parâmetros fixados na Lei n. 8.625/93, sob pena de desfiguração do caráter nacional da Instituição[288].

No âmbito do Ministério Público Federal, a matéria é disciplinada pela Lei Complementar n. 75, aplicável subsidiariamente aos Ministérios Públicos Estaduais por força do art. 80 da Lei n. 8.625/93. Aqui, tendo em conta a regra de competência contida no art. 109, § 2º, da Constituição Federal, que estabelece quatro critérios territoriais de competência

---

126/15 do CNMP, que determina que "Após a instauração do inquérito civil ou do procedimento preparatório, quando o membro que o preside concluir ser atribuição de outro Ministério Público, este deverá submeter sua decisão ao referendo do órgão de revisão competente, no prazo de 3 (três) dias" (ADIN n. 5.434, Rel. Min. Teori Zavascki). De fato, da mesma forma que o juiz é quem deve decidir sobre sua competência para a solução de uma lide concreta, também o membro do Ministério Público goza de independência funcional para deliberar acerca de sua atribuição, ou não, para a instauração e condução do inquérito civil ou procedimento preparatório. Além disso, o CNMP, através de mera resolução, não pode alterar o papel atribuído por lei ao Conselho Superior do Ministério Público, que é o de velar pelo princípio da obrigatoriedade (art. 9º, § 1º, da Lei da Ação Civil Pública), e não o de atuar como instância revisora tout court dos atos práticados pelo membro do Ministério Público no âmbito do inquérito civil.

286 Ver, sobre o tema, o tópico que tratou do chamado *foro por prerrogativa de função*, acima.

287 Lei n. 8.625/93, art. 29: "Além das atribuições previstas nas Constituições Federal e Estadual, na Lei Orgânica e em outras leis, compete ao Procurador-Geral de Justiça: ... VIII – exercer as atribuições do art. 129, II e III, da Constituição Federal, quando a autoridade reclamada for o Governador do Estado, o Presidente da Assembleia Legislativa ou os Presidentes de Tribunais, bem como quando contra estes, por ato praticado em razão de suas funções, deva ser ajuizada a competente ação".

288 O STF julgou constitucional o art. 30 da Lei Orgânica do Ministério Público do Mato Grosso do Sul, que fixou a atribuição do Procurador-Geral de Justiça para promover ações civis públicas contra agentes públicos. Ficaram vencidos os Ministros Carlos Velloso (aposentado), Joaquim Barbosa e Marco Aurélio, que, na ocasião, corretamente, asseverou: "Eu creio que na organização em si do Ministério Público não se tem alcance apanhar esse tema, que foi reservado para regência pela União. Corremos o risco de haver uma variação conforme a opção política normativa no estado" (ADI 1916. Noticiário do STF de 14/4/2010).

para a hipótese de figurar a União como ré (domicílio do autor, local da ocorrência do ato ou fato, local onde esteja situada a coisa ou, ainda, o Distrito Federal) cremos que a atribuição para a instauração do inquérito e posterior ajuizamento da ação deva recair sobre o órgão do *Parquet* federal que mais perto estiver da prova, que maior acesso tiver a ela, atendendo-se, assim, a *ratio* das normas de competência em matéria de interesses difusos.

Por último, ressalte-se que possíveis irregularidades relativamente à atribuição *investigatória* do *Parquet* não se transmitem, em absoluto, à ação civil por improbidade administrativa ajuizada pelo Promotor Natural, tendo em conta que os vícios do inquérito civil não repercutem no momento judicial de persecução[289] e que a competência para dirimir conflitos de atribuição entre os Ministérios Públicos Federal e Estadual é do STF (art. 102, I, *f*, da CF)[290].

9. O PEDIDO

9.1. Possibilidade de Cumulação de Pedidos na Ação de Improbidade. A Questão do Dano Moral Difuso

Já analisamos, acima, a possibilidade de utilização da ação civil pública no campo da improbidade, mais que isto, a incidência da malha processual protetiva instituída pela Lei n. 7.347/85 em razão do regime de mútua complementariedade entre as ações exercitáveis no âmbito da jurisdição coletiva. Vimos, também, que na tutela dos interesses difusos não mais incide a limitação contida no art. 3º da referida lei (A ação civil poderá ter por objeto a condenação em dinheiro ou o cumprimento de obrigação de fazer ou não fazer), suprimida que foi pelo art. 83 do CDC (Para a defesa dos direitos e interesses protegidos por este Código são admissíveis todas as espécies de ações capazes de propiciar sua adequada e efetiva tutela)[291], norma aplicável por força do art. 21 da Lei da Ação Civil Pública (Aplicam-se à defesa dos direitos e interesses difusos, coletivos e individuais, no que for cabível, os dispositivos do Título III da Lei n. 8.078, de 11 de setembro de 1990, que instituiu o Código de Defesa do Consumidor) , e pelo próprio art. 129, III, da CF[292].

---

289 HC n. 10.725/PB, 5ª T., rel. Min. Gilson Dipp, *DJU* de 8/3/2000.
290 ACO n. 853/RJ, rel. Min. Cezar Peluso, j. 8/3/2007, Inf. STF n. 458; Pet n. 3.528/BA, *DJU* de 3/3/2006; Pet n. 3.631, *DJ* de 17/12/2007; Pet n. 3.528, rel. Min. Marco Aurélio, *DJ* de 3/3/2006; ACO n. 972, *DJ* de 7/12/2009. O STF mudou sua jurisprudência, passando a entender que cabe ao Procurador-Geral da República a solução de conflitos de atribuição entre os Ministérios Públicos Federal e Estadual (ACO n. 924, ACO n. 1.394, Pet. n. 4.706 e Pet. n. 4.863, todas julgadas em 19/5/2016). A solução, *data venia*, viola texto constitucional expresso e institui uma inexistente (e perigosa) hierarquia entre os Ministérios Públicos Federal e Estadual.
291 Nesse sentido, SALLES, Carlos Alberto. Legitimidade para agir: desenho processual da atuação do Ministério Público, p. 256-257.
292 Especificamente quanto à atuação do Ministério Público, conforme anotado por Mazzilli, "...o artigo 129, III, da Constituição da República, permite a propositura de qualquer ação civil pública pelo Ministério Público,

Tem-se, dessa forma, a possibilidade de cumulação de pedidos em sede de ação civil de improbidade, sempre que tal solução se apresentar a mais adequada ou necessária à tutela do patrimônio público. Ordinariamente, se terá o cúmulo de pretensões condenatórias (condenação ao ressarcimento do possível dano e aplicação das sanções previstas no art. 12) e constitutivas (principalmente constitutivas negativas ou desconstitutivas). Imagine-se uma contratação decorrente de procedimento licitatório viciado, presente o dano ao patrimônio público. Ou mesmo a irregular cessão gratuita de bem público. Em hipóteses tais, ocorrerá o que a doutrina denomina cumulação sucessiva de pedidos, "em que o acolhimento de um pedido depende do acolhimento de outro"[293].

Em algumas situações, não haverá o que se desconstituir, viabilizando-se apenas a veiculação da pretensão sancionatória (condenatória). Tal poderá se dar, por exemplo, na hipótese de o agente "retardar ou deixar de praticar, indevidamente, ato de ofício" (art. 11, II, da Lei n. 8.429/92) ou "revelar fato ou circunstância sigilosos de que tem ciência em razão das atribuições" (art. 11, III). De se ressaltar que mesmo que inocorrente dano ao patrimônio público (art. 9º ou art. 11), a pretensão de aplicação das sanções previstas no art. 12 sempre se apresentará, excluindo-se, por óbvio, apenas o pedido de "ressarcimento integral do dano"[294].

O aludido cúmulo de pedidos, ressalte-se, não representa nenhuma novidade em matéria de proteção ao patrimônio público em face do que já dispõem os arts. 1º, 11 e 14 da Lei da Ação Popular[295], amoldando-se ao art. 327 do CPC/2015[296]. Adite-se que a cumu-

---

para a proteção do patrimônio público e social, do meio ambiente e de outros interesses difusos e coletivos, não limitando seu objeto a pedido condenatório" (*A defesa dos interesses difusos em juízo...*, p. 97).

293 MOREIRA, José Carlos Barbosa. *O novo processo civil brasileiro*, p. 26. Poderíamos agregar, aos citados, outros exemplos de pretensão condenatório-desconstitutiva: anulação de concurso público imoral ou de prestação de serviços por funcionários públicos contratados irregularmente; recebimento a maior de subsídios por agentes públicos; anulação de "privatização" contrária ao interesse público etc.

294 Ao lado dessas pretensões sancionatórias poderão coexistir também as de natureza *mandamental*, que, por óbvio, darão ensejo a *sentenças mandamentais*, como, por exemplo: ordem de imediata aplicação dos valores correspondentes às verbas mínimas em educação, desde que orçamentariamente previstas; determinação de publicação de atos oficiais (art. 11, IV, da Lei n. 8.429/92) ou de prestação de contas (art. 11, VI) etc.

295 Afirmando o caráter desconstitutivo-condenatório da ação popular, Mancuso, *Ação popular*, p. 77.

296 "Art. 327. É lícita a cumulação, em um único processo, contra o mesmo réu, de vários pedidos, ainda que entre eles não haja conexão.
§ 1º São requisitos de admissibilidade da cumulação que:
I – os pedidos sejam compatíveis entre si;
II – seja competente para conhecer deles o mesmo juízo;
III – seja adequado para todos os pedidos o tipo de procedimento.
§ 2º Quando, para cada pedido, corresponder tipo diverso de procedimento, será admitida a cumulação se o autor empregar o procedimento comum, sem prejuízo do emprego das técnicas processuais diferencias previstas nos procedimentos especiais a que se sujeitam um ou mais pedidos cumulados, que não forem incompatíveis com as disposições sobre o procedimento comum". A alusão ao 'procedimento comum', contida no § 2º, deve ser entendida no sentido de "procedimento mais amplo".

lação de pedidos em ações civis públicas, inclusive nas ações de improbidade administrativa, vem sendo amplamente admitida pelo STJ, o que se faz em homenagem aos princípios da instrumentalidade das formas e da economia processual e a fim de evitarem-se decisões contraditórias[297].

Especificamente quanto à reparação do dano – de cuja existência independe a aplicação das sanções previstas na Lei de Improbidade (art. 21, I) –, se verificado, deve a inicial indicar a sua ocorrência com lastro nos elementos existentes no inquérito civil ou nas peças de informação, pouco importando a impossibilidade de sua precisa quantificação. Neste passo, a nosso juízo, devem incidir as regras contidas nos arts. 324, § 1º, II, do CPC/2015 ("O pedido deve ser determinado. § 1º. É lícito, porém, formular pedido genérico: II quando não for possível determinar, desde logo, as consequências do ato ou fato") e 14 da Lei da Ação Popular ("Se o valor da lesão ficar provado no curso da causa, será indicado na sentença; se depender de avaliação ou perícia, será apurado na execução"), sendo importante notar que a imprecisão, no caso, não recai sobre a ocorrência do dano, mas sim sobre o seu preciso valor, o que poderá ser objeto de apuração no curso do processo ou mesmo na fase de cumprimento de sentença[298].

Questão interessante diz respeito à possibilidade, ou não, de pedido indenizatório pela ocorrência de dano moral difuso ao patrimônio público. É possível a cumulação de indenização por danos materiais e morais?

---

[297] Sobre a admissão de cumulação de pedidos nas ações civis públicas por ato de improbidade administrativa, confiram-se os seguintes acórdãos: REsp n. 547.780-SC, 2ª T., rel. Min. Castro Meira, j. 2/2/2006, que nos honra com a citação; REsp n. 516.190-MA, 2ª T., rel. Min. João Otávio de Noronha, j. 6/3/2007; REsp 507.142-MA, 2ª T., rel. Min. João Otávio de Noronha, j. 15/12/2005, DJ de 13/3/2006, p. 253; REsp n. 510.150-MA, 1ª T., rel. Min. Luiz Fux, DJ de 29/3/2004; REsp n. 1.067.561-AM, 2ª T., rel. Min. Eliana Calmon, j. em 5/2/2009, Informativo n. 382; REsp n. 757.595/MG, 1ª T., rel. Min. Luiz Fux, j. em 4/3/2008, DJ de 30/4/2008; AGRG no Ag n. 864546/SP, 2ª T., rel. Min. Herman Benjamin, j. em 12/2/2008, DJ de 17/3/2009; REsp n. 964.920/SP, 2ª T., rel. Min. Herman Benjamin, j. em 28/10/2008, DJ de 13/3/2009. Admitindo a cumulação de pedidos em ações civis públicas de um modo geral, confiram-se os seguintes arestos: Embargos de Divergência no Recurso Especial n. 141.491-SC, Corte Especial, rel. Min. Waldemar Zveiter, j. 17/11/1999, DJ de 1º/8/2000, p. 182; REsp n. 605.323-MG, rel. para acórdão o Min. Teori Albino Zavascki, j. 18/8/2005, DJ de 17/10/2005; REsp n. 625249/ PR, 1ª T., rel. Min. Luiz Fux, j. em 15/8/2006, DJ de 31/8/2006. Na doutrina, confira-se, mais recentemente, no sentido da possibilidade de cumulação, o entendimento de José Antônio Lisbôa Neiva (*Improbidade administrativa*: estudo sobre a demanda na ação de conhecimento e cautelar, p. 81-83), que nos honra com a citação.

[298] É o que ocorre, por exemplo, na ação de indenização por dano moral (STJ, REsp n. 125.417-RJ, 3ªT., rel. Min. Eduardo Ribeiro, j. 26/6/1997, DJU de 18/8/1997, p. 37867, e 175.362-RJ, 4ªT., rel. Min. Aldir Passarinho Junior, j. 7/10/1999, DJU de 6/12/1999, p. 95, *apud* Theotonio Negrão, ob. cit., p. 376, notas 4ª e 6ª ao art. 286 [art. 324 do CPC/2015]). De acordo com Moacyr Amaral Santos, "conquanto determinado quanto ao gênero, o pedido pode ser indeterminado na sua quantidade, desde que suscetível de determinar-se pela sentença ou em liquidação de sentença. O pedido é certo e determinado no tocante ao *an debeatur* (que nos é devido), indeterminado no tocante ao *quantum debeatur* (quanto nos é devido). Tal é o pedido genérico" (*Primeiras linhas de direito processual civil*, p. 132).

Como não se ignora, o art. 5º, X, da Constituição Federal assegura a indenização por dano moral decorrente da violação à intimidade, à vida privada, à honra e à imagem das pessoas, o que levou a jurisprudência do STJ a assentar que são acumuláveis as indenizações por dano material e dano moral oriundos do mesmo fato (Súmula n. 37). A indenizabilidade do dano moral, nos dias atuais, por repousar no texto constitucional, desvincula-se daquelas acanhadas hipóteses previstas no vetusto Código Civil, prescindindo, assim, de casuística previsão pelo legislador[299].

Outro aspecto já superado pela jurisprudência diz respeito à possibilidade de ocorrência de dano moral à pessoa jurídica (de direito privado e de direito público), matéria também sumulada pelo STJ: "A pessoa jurídica pode sofrer dano moral" (Súmula n. 227)[300]. A demonstrar a existência, *de lege lata*, de um patrimônio moral titularizado pelas pessoas jurídicas de direito público, bastaria referir que a Lei de Imprensa, em seu art. 21, § 1º, alude ao crime de difamação contra órgão ou entidade que exerça funções de autoridade pública. No mesmo sentido, o art. 219 do CPM, que pune a conduta de propalar fatos, sabidamente inverídicos, capazes de ofender a dignidade ou abalar o crédito das forças armadas ou a confiança que estas merecem do público. Ademais, em importante precedente, o STF admitiu ser o Poder Público titular de um patrimônio moral, restando assim ementado o acórdão prolatado por ocasião do julgamento RE n. 170.768-2-SP:

> Ação Popular. Abertura de Conta Corrente em Nome de Particular para Movimentar Recursos Públicos. Patrimônio Material do Poder Público. Moralidade Administrativa. Art. 5º, inc. LXXIII, da Constituição Federal. O entendimento sufragado pelo acórdão recorrido no sentido de que, para o cabimento da ação popular, basta a ilegalidade do ato administrativo a invalidar por contrariar normas específicas que regem a sua prática ou por se desviar dos princípios que norteiam a Administração Pública, dispensável a demonstração de prejuízo material aos cofres públicos, não é ofensivo ao inc. LXXIII do art. 5º da Constituição Federal, **norma esta que abarca não só o patrimônio material do Poder Público, como também o patrimônio moral, o cultural e o histórico**... Recurso não conhecido (STF, 1ª T., rel. Min. Ilmar Galvão, j. 26/3/1999, DJ de 13/8/1999 – destaques nossos).

No campo dos direitos difusos, a indenizabilidade do dano moral se vê expressamente admitida pelo art. 1º da Lei da Ação Civil Pública, com a redação dada pela Lei n. 8.884,

---

[299] De qualquer modo, a matéria, hoje, conta também com expressa previsão pelo atual Código Civil (arts. 20 e 186).

[300] Yussef Said Cahali, após discorrer sobre a antiga divergência a respeito da possibilidade, ou não, de a pessoa jurídica sofrer dano moral, pontifica que "... na amplitude do conceito de dano moral como vem sendo hoje reconhecido, os valores extrapatrimoniais ou morais tutelados pelo direito por via da reparação civil não mais se encontram confinados nos limites da 'dor', do 'sofrimento', da 'angústia', sentimentos realmente próprios do ser humano como pessoa física", asseverando, outrossim, que o entendimento de que a dor está na essência do conceito de dano moral já foi abandonado pela melhor doutrina (*Dano moral*, p. 347-348).

de 11 de junho de 1994 (*Regem-se pelas disposições desta Lei, sem prejuízo da ação popular, as ações de responsabilidade por danos morais e patrimoniais causados...*). Antes mesmo da referida alteração legislativa, a matéria já encontrava expressa previsão no art. 6º, VI, do CDC[301]. Evidentemente"... se o indivíduo pode ser vítima de dano moral, não há por que não possa sê-lo a coletividade. Assim, pode-se afirmar que o dano moral coletivo é a injusta lesão da esfera moral de uma dada comunidade, ou seja, é a violação antijurídica de um determinado círculo de valores coletivos. Quando se fala em dano moral coletivo, está-se fazendo menção de fato de que o patrimônio valorativo de uma certa comunidade (maior ou menor), idealmente considerado, foi agredido de maneira absolutamente injustificável do ponto de vista jurídico: quer isso dizer, em última instância, que se feriu a própria cultura, em seu aspecto imaterial"[302].

Temos como induvidosa, deste modo, não só em razão dos sólidos fundamentos jurisprudenciais e doutrinários acima referidos, como também, e sobretudo, em razão da expressa previsão legal, a possibilidade de formulação de pedido indenizatório de tal natureza, sozinho ou cumulado ao ressarcimento de danos materiais, se existentes, conclusão que se vê confirmada se considerarmos que o conceito de "patrimônio público" não se confunde com o de "erário"[303]. Também pela própria Lei de Improbidade, cujo art. 12, ao aludir ao "ressarcimento integral do dano", não distingue entre dano material e moral[304].

---

301 "Art. 6º São direitos básicos do consumidor: ...VI – a efetiva prevenção e reparação de danos patrimoniais e morais, individuais, coletivos e difusos."

302 Yussef Said Cahali, *Dano moral*, p. 352, fazendo referência ao ponto de vista sustentado por Carlos Alberto Bittar Filho. No mesmo sentido, dentre diversos: Fredie Didier Jr. e Hermes Zaneti Jr. (*Curso de direito processual civil – processo coletivo*, p. 286-290) e Gisele Santos Fernandes Góes (O pedido de dano moral coletivo na ação civil pública do Ministério Público, p. 469-481), admitindo esta última, inclusive, a ocorrência de dano moral na hipótese de improbidade administrativa. Não tem razão, assim, *data venia*, Teori Albino Zavascki ao negar que o dano moral possa assumir contornos transindividuais, sendo sempre referenciado ao indivíduo ("o dano moral é personalíssimo"), mesmo quando decorrente da lesão a um direito transindividual (*Processo coletivo. Tutela de direitos coletivos e tutela coletiva de direitos*, p. 48-50). Tal concepção é por demais apegada à perspectiva individual do direito e, além disso, nega vigência ao art. 1º, *caput*, da LACP.

303 A este último respeito, tem-se valiosa observação de Fernando Rodrigues Martins: "De considerar, ainda, a ideia de que o patrimônio público não pode ser compreendido apenas do ponto de vista material, econômico ou palpável. O patrimônio público espelha todo tipo de situação em que a Administração Pública estiver envolvida, desde a mais módica prestação de serviço típica até os bens que fazem parte de seu acervo dominial. Com efeito, e como veremos adiante, a própria moral da Administração Pública constitui patrimônio a ser resguardado por todos os membros da sociedade, sob pena da completa submissão dos valores rígidos de honestidade e probidade às práticas vezeiras de corrupção, enriquecimento ilícito, concussão e prevaricação. Tudo isso a gerar desconfiança dos administrados em face dos administradores e, se não, o pior – difundir a ilicitude como meio usual nas multifárias relações entre os particulares, já que o mau exemplo dos administradores autorizaria, em tese, o desmantelamento dos critérios de lisura" (*Controle do patrimônio público*, p. 18).

304 Admitindo a possibilidade de dano moral ao patrimônio público, dentre outros, Mazzilli, *A defesa dos interesses difusos em juízo*, p. 146. O STJ vem reconhecendo a figura do dano moral coletivo (ou difuso) na tutela dos direitos transindividuais (REsp n. 1057274/RS, 2ª T., rel. Min. Eliana Calmon. j. em 1º/12/2009, *DJ* de

Isso significa que, em todas as hipóteses, a improbidade administrativa ensejará um dano moral ao ente público lesado? Qual o critério a ser adotado quanto à identificação de tal dano? Cremos que em duas vertentes pode a matéria ser encarada.

A primeira, *sob o prisma da denominada honra objetiva*, relativamente àquelas condutas que, recebendo o timbre da improbidade, abalam a credibilidade ostentada pela pessoa jurídica de direito público junto a possíveis investidores, acarretando-lhe prejuízos patrimoniais. Tome-se o seguinte exemplo: em razão do exagero e da ilegalidade das despesas de determinada pessoa jurídica de direito público com pessoal, levadas a cabo pelo administrador em infringência aos limites hoje estabelecidos pela Lei de Responsabilidade Fiscal[305], possíveis investidores negam-se a conceder qualquer tipo de crédito por duvidarem da capacidade econômica do ente político, vendo-se inviabilizada, desta forma, a implementação ou a conclusão de importantes políticas públicas. Imagine-se que o mesmo quadro (fragilização da capacidade econômica), resulte da negligência na arrecadação de tributos ou rendas (art. 10, X), levando ao mesmo resultado (negativa de crédito). Desde que haja *prova concreta* de tais circunstâncias, nada impede a indenização por dano moral[306].

Ainda sob o enfoque da *honra objetiva*, tem-se aquelas condutas que, causando, ou não, dano ao erário (arts. 9º, 10 e 11 da Lei de Improbidade), contribuem fundamente para o descrédito das instituições públicas, do Estado junto à sociedade, esmaecendo o vínculo de confiança que deve existir entre ela e os exercentes do poder político, degenerando-o de modo a colocar em xeque a própria segurança das relações sociais e disseminando entre os indivíduos, sobretudo entre os menos favorecidos economicamente, o nefando sentimento de impunidade e de injustiça social. Aviltando, enfim, o próprio sentimento de cidadania. Detectada tal característica do atuar ímprobo, vale dizer, a sua elevada repercussão negativa no meio social – para o que concorrerá não só a magnitude da lesão mas também a própria relevância política do agente ímprobo e o grau de confiança nele depositada pelo povo – deve-se reconhecer o dano moral difuso.

26/2/2010; REsp n. 1.057.274-RS, rel. Min. Eliana Calmon, j. em 1º/12/2009, *Informativo* n. 418; AGRG no REsp n. 1029927/PB, 1ª T., rel. Min. Benedito Gonçalves, j. em 2/4/2009, *DJ* de 20/4/2009). Em sentido contrário, vinculando o dano moral ao sofrimento individualmente suportado: REsp n. 821891/ RS, rel. Min. Luiz Fux, 1ª T., j. em 8/4/2008, *DJ* de 12/5/2008; REsp n. 598.281/MG, rel. Min. Luiz Fux, rel. p/ Acórdão Min. Teori Albino Zavascki, 1ª T., j. em 2/5/2006, *DJ* de 1º/6/2006; REsp n. 971.844-RS, rel. Min. Teori Albino Zavascki, julgado em 3/12/2009, *Informativo* n. 418. Aceitando a ocorrência de dano moral difuso especificamente nas condutas de improbidade administrativa, confira-se o decidido no REsp n. 960926, 2ª T., rel. Min. Castro Meira, j. em 18/3/2008, *DJ* de 1º/4/2008 e o decidido pelo TJSP, 10ª Câmara de Direito Público, Apelação Cível com Revisão 406.523-5/5-00, rel. Des. Urbano Ruiz, j. em 24/7/2006, acórdãos que nos honram com a citação. V. também o decidido no ED n. 115.655-5/2-01, TJSP, 6ª Câmara de Direito Público, rel. Des. Vallim Bellocchi, j. em 12/2/2001.

305 Sobre o tema, ver a primeira parte desta obra.

306 A doutrina vem tratando do "abalo de crédito" sob o enfoque do dano moral (Yussef Said Cahali, ob. cit., p. 391 e s.), embora seja forçoso convir que, aqui, o liame capaz de distinguir o dano moral do material é bastante tênue. É o que poderíamos denominar "dano moral impuro".

Numa segunda perspectiva, a da denominada *honra subjetiva*, a análise do dano moral, de sua ocorrência, deve ser deslocada para o plano da coletividade, isto em razão da óbvia impossibilidade de a pessoa jurídica de direito público suportar "dores físicas ou morais". O foco, aqui, será voltado à detecção de estados de comoção deflagrados no meio social pelo atuar ímprobo (dano moral coletivo), devendo-se, para tanto, identificar a natureza do bem lesado e a dimensão do prejuízo suportado pela coletividade. Imagine-se, por exemplo, a frustração de ingresso no serviço público causada pela ilicitude do certame de seleção (art. 11,V) etc.

Ressalte-se que a condenação do réu ao pagamento da multa civil concebida pelo art. 12 da Lei de Improbidade em nada inviabiliza o reconhecimento de dano moral ao patrimônio público, uma vez que tal multa não apresenta nenhum caráter indenizatório, revestindo-se de índole exclusivamente punitiva.

A destinação da indenização, a partir da distinção acima feita, será o fundo de cuida o art. 13 da Lei n. 7.347/85 quando se tratar da hipótese do dano moral sob o enfoque da honra subjetiva (estados de comoção deflagrados no meio social pelo atuar ímprobo). Diferentemente, em se cuidando do dano moral sob a perspectiva da honra objetiva (abalo de crédito da pessoa jurídica de direito público e conduta que contribua para o seu descrédito social), a indenização deverá reverter ao próprio sujeito passivo do atuar ímprobo, na forma do art. 18 da Lei de Improbidade Administrativa.

Por fim, deve-se também ter em vista que a fixação do *quantum* indenizatório deve levar em conta não só o aspecto compensatório ou reparatório como também o inibitório, sendo nesse sentido a jurisprudência dos Tribunais Superiores[307].

9.2. Pedidos Implícitos

Independem de formulação expressa na inicial:

a) o pedido de incidência de *correção monetária* sobre o valor do dano causado ao patrimônio público[308], nos termos da Lei n. 6.899, de 8 de abril de 1981, e das Sú-

---

[307] STF, AI n. 455.846/RJ, rel. Min. Celso de Mello, j. 11/10/2004; REsp n. 295.175/RJ, rel. Min. Sálvio de Figueiredo Teixeira; REsp n. 318.379/MG, rel. Min. Nancy Andrighi; REsp n. 337.739/SP, rel. Min. Antônio de Pádua Ribeiro. Gisele Santos Fernandes Góes, no trabalho anteriormente citado, aponta, a partir das lições de Xisto Tiago Medeiros Neto, os parâmetros a serem avaliados na formulação e decisão do pedido de indenização por dano moral, que são: a intensidade do sofrimento da vítima; a gravidade, natureza e repercussão da lesão; o grau de culpa ou a intensidade do dolo; a situação econômica do ofensor e as condições pessoais da vítima (posição social, política e econômica), parâmetros que, *mutatis mutandis*, também poderão ser utilizados na fixação da indenização por dano moral decorrente do ato de improbidade administrativa.

[308] Súmula 53 do TRF-4ª Região: *A sentença que, independentemente de pedido, determina a correção monetária de débito judicial não é **ultra** ou **extra petita**.* "A correção monetária não pode ser considerada acréscimo, por representar apenas simples atualização do valor da dívida, em decorrência da desvalorização da moeda. Possível, portanto, a sua inclusão de ofício na liquidação" (STJ, 1ª T., REsp n. 9.359-SP, rel. Min. Garcia Viei-

mulas n. 562 do STF (*Na indenização de danos materiais decorrentes de ato ilícito cabe a atualização de seu valor, utilizando-se para esse fim, dentre outros critérios, os índices de correção monetária*) e 43 do STJ (*Incide correção monetária sobre dívida por ato ilícito a partir da data do efetivo prejuízo*)[309];

b) o pedido de incidência de *juros legais*[310], conforme estabelecido pelo art. 322, § 1º, do CPC/2015 ("Compreendem-se no principal os juros legais, a correção monetária e as verbas de sucumbência, inclusive os honorários advocatícios") e autorizado pela Súmula n. 254 do STF (*Incluem-se os juros moratórios na liquidação, embora omisso o pedido inicial ou a condenação*). Quanto ao termo *a quo* de incidência, vem entendendo o STJ que "se a responsabilidade é extracontratual e o ilícito é absoluto (art. 186 do CC[311]), os juros fluem da data do fato, conforme enunciado na Súmula 54/STJ[312] e no art. 398 do CC"[313] (*RSTJ* 104/357). Se ilíquida a obrigação, os juros serão contados a partir da citação (Súmula n. 163 do STF). Devem ser calculados sobre o valor do dano atualizado monetariamente[314];

---

ra, j. 8/5/1991, *DJU* de 10/6/1991, p. 7837, *apud* Theotonio Negrão, ob. cit., p. 1083). O atual CPC/2015 é claro neste sentido (art. 322, § 1º).

309 "(...) Os índices de correção monetária aplicáveis nas ações condenatórias em geral, segundo a orientação desta eg. Corte, podem ser assim descritos: (i) ORTN, de 1964 a fevereiro de 1986; (ii) OTN, de março de 1986 a janeiro de 1989; (iii) IPC/IBGE, em janeiro de 1989, no percentual de 42,72% (expurgo, em substituição ao BTN); (iv) IPC/IBGE, em fevereiro de 1989, no percentual de 10,14% (expurgo, em substituição ao BTN); (v) BTN, de março de 1989 a março de 1990; (vi) IPC/IBGE, de março de 1990 a fevereiro de 1991 (expurgo, em substituição ao BTN e ao INPC de fevereiro de 1991); (vii) INPC, de março de 1991 a novembro de 1991; (viii) IPCA série especial, em dezembro de 1991; (ix) UFIR, de janeiro de 1992 a dezembro de 2000; (x) IPCA-E, de janeiro de 2001 a dezembro de 2002; e (xi) SELIC, a partir de janeiro de 2003 (REsp 944884/RS, rel. Min. Luiz Fux, *DJe* 17/4/2008); REsp 965100/DF, rel. Min. Eliana Calmon, *DJe* 25/5/2009; AGRG no REsp 1007559/SP, rel. Min. Mauro Campbell Marques, *DJe* 16/4/2009). (...) 6. Destaque-se que, a partir de janeiro de 2003, deve-se utilizar exclusivamente a SELIC como correção da moeda e juros de mora, *ex vi* do artigo 406 do Código Civil de 2002, uma vez que, ante a natureza da taxa referida, revela-se impossível sua cumulação com qualquer outro índice, seja de juros, seja de atualização monetária"(REsp 1134808/MS, 2ª T., rel. Min. Castro Meira, j. em 8/9/2009, *DJe* de 18/9/2009).

310 Art. 406 do atual Código Civil ("Art. 406. Quando os juros moratórios não forem convencionados, ou o forem sem taxa estipulada, ou quando provierem de determinação da lei, serão fixados segundo a taxa que estiver em vigor para a mora do pagamento de impostos devidos à Fazenda Nacional"). O art. 1.062 do Código Civil revogado fixava a taxa de juros moratórios, quando não convencionada, em 6% (seis por cento) ao ano. O STJ, em vista da redação do art. 406 do Código atual, vem aplicando a taxa SELIC (AGRG no REsp n. 1.070.154-RJ, *DJe* de 4/2/2009; REsp n. 901.756-RS, *DJ* de 2/4/2007; REsp n. 814.157-RS, *DJ* de 2/5/2006; REsp n. 1.102.552-CE, *DJe* de 6/4/2009; REsp n. 1.112.743-BA, rel. Min. Castro Meira, j. em 12/8/2009, *Inf. STJ* n. 402, agosto de 2009).

311 Art. 159 do Código Civil revogado.

312 Os juros moratórios fluem a partir do evento danoso, em caso de responsabilidade extracontratual.

313 Art. 962 do Código Civil revogado.

314 Sobre o tema, Theotonio Negrão, ob. cit., p. 383 (nota 6A ao art. 293 [art. 322 do CPC/2015]), com farta jurisprudência.

c) o pedido de condenação ao *pagamento de honorários advocatícios*, nos termos da Súmula n. 256 do STF (*É dispensável pedido expresso para condenação do réu em honorários*) e da jurisprudência do STJ[315]. Mesmo em se tratando de ação proposta pela União, Estados ou Municípios é cabível a condenação do réu em honorários advocatícios, se vencedores os entes públicos[316]. *Idem*, quanto às associações. No que respeita ao Ministério Público, o STJ, em ação civil *ex delicto* ajuizada com fulcro no art. 68 do CPP, considerou incabível a verba honorária "... tendo em vista que, por definição legal (art. 23 da Lei n. 8.906/94), os honorários são destinados tão somente ao advogado"[317]. A doutrina inclina-se majoritariamente neste sentido[318], merecendo destaque o ponto de vista de Mazzilli, com o qual concordamos, no sentido de que: a) o art. 22 da Lei n. 8.906/94 estatui serem os honorários direito autônomo do advogado; b) os membros do Ministério Público não desempenham atividades de advocacia; c) o custo social da atuação do *Parquet* é suportado pelos impostos pagos pela população e não por possível verba honorária; d) a verba honorária não poderia reverter em favor dos membros da Instituição (art. 128, II, *a*, da CF)[319]. Nada impede, contudo, que a verba honorária seja destinada aos fundos dos Ministérios Públicos, desde que haja previsão legal expressa neste sentido.

9.3. Correlação entre Pedido e Sentença

Caracterizada a atividade jurisdicional por sua inércia, tem-se que o Estado-Juiz somente exercerá a sua parcela do poder soberano de julgar quando provocado pelo titular da pretensão, estabelecendo o art. 2º do CPC/2015 que *o processo começa por iniciativa da parte e se desenvolve por impulso oficial, salvo as exceções previstas em lei*, norma que no Código revogado aparecia de forma mais clara, embora com idêntico sentido (*art. 2º "nenhum juiz prestará a tutela jurisdicional senão quando a parte ou o interessado a requerer, nos casos e forma legais"*). Isto em regra, pois em hipóteses excepcionais, autorizadas pelo próprio le-

---

315 REsp n. 3.052-RJ, 3ª T., rel. Min. Eduardo Ribeiro, j. 11/9/1990, *DJU* de 9/10/1990, p. 10894, *apud* Theotonio Negrão, ob. cit., p. 123 (nota 1A ao art. 20 [art. 85 do CPC/2015]).
316 *RSTJ* 111/74, maioria.
317 REsp n. 34.386/SP, 4ª T., rel. Min. Sálvio de Figueiredo, j. 24/2/1997, *DJU* de 24/3/1997, p. 9019, *apud* Theotonio, ob. cit., p. 124 (nota 2 ao art. 20). Já no que se refere a ações de acidente do trabalho igualmente propostas pelo *Parquet*, considera o mesmo Tribunal Superior possível a condenação em honorários advocatícios, aplicando a Súmula n. 234 do STF (REsp 21.287-SP, 5ª T., rel. Min. Cid Flaquer Scartezzini, j. 4/3/1997, *DJU* de 7/4/1997, p. 11137). O STF também vem entendendo nesse sentido, ressaltando o cabimento da verba honorária "quando patrocinada a parte vencedora por órgão da assistência judiciária, seja ela qual for" (AGRAI n. 189.430-0-SP, 1ª T., rel. Min. Sepúlveda Pertence, j. 25/8/1998, *DJU* de 18/9/1998).
318 Nélson Nery e Rosa Maria de Andrade Nery, *Código de Processo Civil Comentado*, p. 370, indicando no mesmo sentido o ponto de vista de Yussef Said Cahali.
319 *A defesa dos interesses difusos em juízo*, p. 358. No Rio de Janeiro, a Lei Estadual n. 2.819, de 7/11/1997, e a Resolução GPGJ n. 801, de 19/3/1998, preveem a condenação de honorários em favor do Ministério Público.

gislador, ter-se-á o exercício de jurisdição sem ação, tema assaz instigante, mas que, por motivos óbvios, desborda dos objetivos da presente obra.

Deflagrada a jurisdição, não pode o juiz, em razão do *princípio da congruência ou da correlação temática*, afastar-se do pedido veiculado pelo autor na petição inicial, devendo a ele cingir-se, apreciando a lide ... *nos limites propostos pelas partes, sendo-lhe vedado conhecer de questões, não suscitadas, a cujo respeito a lei exige a iniciativa da parte* (art. 141 do CPC/2015), com o que se evitam sentenças *citra*, *ultra* ou *extra petita* (CPC/2015, art. 492, *caput*: *É vedado ao juiz proferir decisão de natureza diversa da pedida, bem como condenar a parte em quantidade superior ou em objeto diverso do que lhe foi demandado*). Reveste-se o pedido, assim, de importância capital à análise dos limites qualitativos da jurisdição, bitolando a atuação do magistrado e, em momento logicamente anterior, o próprio esforço probatório das partes[320].

O pedido, na visão de Milton Paulo de Carvalho, "... é o conteúdo da demanda, a pretensão processual, o objeto litigioso do processo, o mérito da causa. É o anseio, a aspiração do demandante, de que para aquela parcela da realidade social por ele trazida na demanda e que lhe está sendo prejudicial, seja dada a solução conforme ao direito segundo o seu modo de entender"[321]. Representa a limitação, o confinamento do campo cognitivo do órgão jurisdicional na busca da composição do conflito de interesses (lide), que, do ponto de vista sociológico, pode se apresentar muito mais amplo do que deduzido pelo autor na inicial. Singelamente, representa a porção de realidade social que o autor traz para o processo[322], podendo ser compreendido em duas dimensões: numa primeira, como a qualidade de prestação jurisdicional desejada pelo autor (cognitiva, cautelar ou executória) e, numa segunda perspectiva, como o bem da vida por ele perseguido através do processo (o imóvel esbulhado, a quantia devida, a reparação do dano patrimonial etc.). Alude-se, aqui, a pedido imediato e mediato, respectivamente.

A delimitação dos contornos do pedido, como pacificamente se reconhece, não prescinde da boa compreensão da *causa petendi*[323], seu antecedente lógico: "Conquanto a causa

---

[320] Partes, pedido e causa de pedir são os elementos individualizadores da ação, cuja correta identificação refletirá em diversos campos do processo civil, como, por exemplo, para fins de identificação de litispendência e coisa julgada, ou mesmo para a identificação da conexão ou continência entre causas.

[321] *Do pedido no processo civil*, p. 97.

[322] Liebman, dando razão a Calamandrei, afirma que "... a lide, tal como a entende Carneluti, é conceito sociológico e não jurídico. O conflito de interesse existente entre as partes fora do processo é de fato a razão de ser, a causa remota, não o objeto do processo", asseverando, de modo a ressaltar a importância do pedido, que a lide, verdadeiramente, nada mais representa que o "conflito depois de moldado pelas partes, e vazado nos pedidos formulados ao juiz" (O despacho saneador e o julgamento do mérito, in *Estudos sobre o processo civil brasileiro*, p. 93 e s.).

[323] A doutrina costuma aludir a causa de pedir próxima, vale dizer, *os fundamentos jurídicos* que justificam o pedido, e causa de pedir remota, que seriam *os fatos constitutivos* (cf. Vicente Greco Filho, *Direito processual civil brasileiro*, p. 91). Na feliz expressão de Milton Paulo de Carvalho, "A **causa petendi** terá sido, necessariamente,

petendi não integre o pedido, basta considerar que um pedido pode ser formulado por mais de uma causa (ex.: separação por adultério ou por sevícia) para deduzir que a causa identifica o pedido"[324]. Assim, os *fundamentos de fato e de direito* invocados pelo autor, sobre os quais vai repousar a pretensão (art. 319, III, do CPC/2015), desempenham relevante papel no que respeita à fixação dos limites da atuação jurisdicional (congruência), gizando-lhe, mesmo que reflexamente, os contornos. Tal realidade assume dimensões sumamente importantes naquelas ações de índole sancionatória nas quais o pedido formulado pelo autor não se reveste de precisão, tal como ocorre no processo penal[325] e, segundo pensamos, também na ação civil de improbidade.

De pronto, em vista do princípio *jura novit curia*, é necessário enfatizar que, sem qualquer prejuízo à teoria da substanciação[326], não haverá nenhuma incongruência na circunstância de considerar o juiz aplicável *dispositivo legal* diverso do invocado pelo autor na inicial. A esse respeito, cumpre assinalar, conforme alertado pelos clássicos, "... que mesmo que o autor, não se limitando a descrever o fato e a consequência jurídica que do fato decorre (o pedido), passe a postular a regência da hipótese por certa regra de direito, essa postulação nada mais é que mera argumentação, pois ao juiz cabe definir o mandamento adequado à solução da controvérsia"[327]. Especificamente no âmbito da improbidade, a conclusão se vê confirmada pela enunciação *meramente exemplificativa* adotada pelos arts. 9º, 10 e 11 da Lei n. 8.429/92. Mesmo na seara criminal, onde tal não ocorre (princípio da tipicidade cerrada), dispõe o art. 383 do CPP que *o juiz, **sem modificar a descrição do fato contida na denúncia ou queixa, poderá atribuir-lhe definição jurídica diversa, ainda que, em con-***

---

um fato, ou um conjunto de fatos que se subsumem na descrição hipotética para a qual o ordenamento prevê determinado efeito. Fato e previsão de efeito jurídico são os componentes da causa de pedir ..." (ob. cit., p. 81).

324 CARVALHO, Milton Paulo de. Ob. cit., p. 93-94.

325 Como se sabe, nas ações penais condenatórias, públicas ou privadas, não delimita o autor, em seu pedido, a quantidade de sanção a ser aplicada ao réu, cingindo-se a pleitear a aplicação da "sanção adequada" dentro dos parâmetros fixados pelo tipo penal. A tarefa de adequação da sanção à situação concreta é do juiz, que, para tanto, se utilizará dos vetores estabelecidos pelo art. 59 do Código Penal (culpabilidade, antecedentes, conduta social e personalidade do agente, motivos, circunstâncias e consequências do crime e o comportamento da vítima).

326 "... no direito processual brasileiro, a causa de pedir é constituída do elemento fático e da qualificação jurídica que deles decorre, abrangendo, portanto, a *causa petendi* próxima e a *causa petendi* remota ... Adotou, portanto, o Código a teoria da *substanciação* quanto à causa de pedir, exigindo a descrição dos fatos dos quais decorre a relação de direito para a propositura da ação; contrapõe-se à teoria da *individualização*, segundo a qual bastaria a afirmação da relação jurídica fundamentadora do pedido para a caracterização da ação. Em outras palavras, pode-se dizer que, para a teoria da substanciação, os fatos constituem e fazem nascer a relação jurídica de que decorre o pedido; para a teoria da individualização, a relação jurídica causal é suficiente para tanto" (Vicente Greco Filho, ob. cit., p. 91).

327 Gabriel de Rezende Filho, *Curso de direito processual civil*, p. 65. Para Milton Paulo de Carvalho, "é já cediço que indicar o fundamento jurídico não é indicar o fundamento legal, o artigo ou inciso que o autor entende possa aplicar-se à hipótese ocorrente, pois isso é tarefa do juiz: *iura novit curia*; nem é acertar ou errar a qualificação jurídica..." (ob. cit., p. 90).

sequência, tenha de aplicar pena mais grave (Redação dada pela Lei n. 11.719, de 2008), o que não representará nenhuma surpresa ao réu, que se defende dos fatos narrados e não da classificação jurídica dada a eles pelo autor[328].

Aspecto que está a merecer melhor apreciação pela doutrina diz respeito à possibilidade, ou não, de o autor da ação de improbidade limitar o pedido em sua inicial no que diz respeito à aplicação das sanções previstas no art. 12 da Lei, quer do ponto de vista qualitativo, excluindo aquelas que lhe pareçam inadequadas ou desproporcionais, quer do ponto de vista quantitativo, delimitando, desde logo, o prazo da suspensão dos direitos políticos ou o valor da multa, por exemplo.

Quanto ao primeiro aspecto (qualitativo), responderíamos afirmativamente, a partir da lógica do razoável, no que se refere a alguns tipos de sanção manifestamente descabidos em determinados casos, como se daria, por exemplo, no pedido de "suspensão dos direitos políticos" de uma pessoa jurídica ou de "perda da função pública" relativamente ao *extraneus* (art. 3º da Lei n. 8.429/92). Veja-se que são exclusões razoáveis que derivam da impossibilidade, lógica e prática, de incidência do preceito sancionatório, que não decorrem, assim, de qualquer juízo discricionário por parte do autor. No entanto, uma vez identificadas as sanções razoavelmente passíveis de incidência, inviável a limitação do pedido sob o fundamento de suposta "desproporcionalidade" das sanções ao caso concreto, o que deverá ser analisado pelo magistrado no momento da sentença[329]. Solução contrária levaria a que, por exemplo, diante de fato de imensa gravidade, a pessoa jurídica lesada, manipulada pelo agente político, se antecipasse no ajuizamento da ação formulando pedido de reparação do dano e de aplicação de multa civil, pura e simplesmente, o que esvaziaria o

---

[328] Nesse sentido, por todos, Fernando da Costa Tourinho: "Certo deva haver uma correlação entre a sentença e a acusação. Contudo essa correlação há de verificar-se entre a sentença e o fato contestado, e não entre a decisão e a capitulação dada à *causa petendi*, que é o próprio fato" (*Código de Processo Penal comentado*, v. I, p. 629). No campo da improbidade administrativa, tais aspectos foram admiravelmente ressaltados por ocasião do julgamento, pela 1ª Turma do STJ, do REsp n. 439280/RS, rel. Min. Luiz Fux, *verbis*: "AÇÃO DE IMPROBIDADE ADMINISTRATIVA. LEI 8.429/92. VIOLAÇÃO DOS DEVERES DE MORALIDADE E IMPESSOALIDADE. CONTRATAÇÃO MEDIANTE CARTA-CONVITE PELO MUNICÍPIO DE EMPRESAS DAS QUAIS FAZIAM PARTE O VICE-PREFEITO E O IRMÃO DO PREFEITO (...) LESÃO À MORALIDADE ADMINISTRATIVA (...) 2. Preliminar de julgamento *extra petita*. Os recorrentes foram demandados em Ação de improbidade, sede em que vários fatos foram invocados como incidentes na citada Lei n. 8.429/92. Assim, os réus defenderam-se dos fatos, competindo ao juízo a qualificação jurídica dos mesmos. Aliás, é cediço que a qualificação jurídica dos fatos é dever de ofício do Juízo, por isso *iura novit curia*. Consectariamente, essa qualificação não integra a *causa petendi* e o seu ajuste na decisão à luz da demanda inicial não significa violação da regra da congruência, consubstanciada nos arts. 128 e 460 do CPC [arts. 141 e 142 do CPC/2015] (...). Deveras, as multifárias ações administrativas que se enquadram no novel diploma, transmudam o pedido de adequação das mesmas, aos fatos previstos, como nítida ação fungível, podendo o juízo, ao decidir, impor sanção *aliud* porém *minus*" (*DJU* de 16/6/2003, p. 265). Em idêntico sentido: REsp n. 842428/ES, 2ª T., rel. Min. Eliana Calmon, j. em 24/4/2007, *DJ* de 21/5/2007, p. 560.

[329] Sobre a dosimetria das sanções e a excepcional possibilidade de afastamento da regra da cumulatividade, ver a primeira parte desta obra.

comando contido no art. 37, § 4º, da Carta Política e a própria razão de ser de todo o sistema repressivo da improbidade[330]. É claro que em tal hipótese nada impediria a atuação supletória (aditamento) do Ministério Público ou das associações legitimadas, o que, no entanto, *por fas ou por nefas*, pode também não se verificar[331], tornando o problema insolúvel se adotada a ótica da absoluta adstrição.

Do ponto de vista quantitativo, nenhuma possibilidade de limitação do pedido se apresenta ao autor, tendo em conta que se o legislador estabeleceu parâmetros sancionatórios abstratos (mínimo e máximo) é porque deseja que o juiz, considerando as peculiaridades e as consequências da conduta ímproba, os ajuste, na sentença, ao caso concreto, atendendo, deste modo, ao imperativo constitucional de individualização da pena (art. 5º, XLVI). Limitar o pedido, aqui, significaria usurpar a função jurisdicional de balizamento e ferir a *ratio* da fixação das sanções em parâmetros mínimo e máximo. Significaria, também, um injustificável açodamento na medida em que fundado em elementos ainda precários, colhidos em momento pré-processual e apartados, por isso, do contraditório.

E se o autor o fizer, nas duas situações acima aludidas, não estará o juiz vinculado ao pedido tal como formulado, dele podendo desprender-se em sua sentença[332].

A própria natureza da conduta perquirida e a indisponibilidade dos direitos em jogo, aliadas à obrigatoriedade e indisponibilidade do atuar dos legitimados, meros substitutos processuais, exclui a tese da adstrição do órgão jurisdicional a uma possível delimitação do pedido, cabendo ao autor deduzir a pretensão, genérica, de que sejam aplicadas *as sanções adequadas* à causa de pedir por ele narrada na inicial.

Não se pode perder de vista que o *princípio dispositivo*, contrapondo-se ao inquisitorialismo judicial, tem por escopo principal o de resguardar a imparcialidade do magistrado, garantindo-lhe uma postura equidistante e isenta[333], que em momento algum se vê arra-

---

330 Pode-se mesmo imaginar situação inversa, consistente na formulação de um único pedido sancionatório de extrema gravidade (perda da função pública ou suspensão dos direitos políticos) para hipótese de improbidade de pequena monta. Adotada a tese da adstrição, o juiz, entendendo desproporcional a pena, não teria outra alternativa senão a de julgar improcedente o pedido, mesmo reconhecendo a improbidade do atuar do agente.

331 Imagine-se, por absurdo, que o Promotor de Justiça da Comarca, funcionalmente independente, entenda incabível a decretação de perda de mandato eletivo em razão da redação conferida ao art. 12 da Lei n. 8.429/92, que só alude à perda de "função pública".

332 No sentido do texto, mais recentemente, honrando-nos com a expressa adesão, ver José Antônio Lisbôa Neiva (*Improbidade administrativa*: estudos sobre a demanda na ação de conhecimento e cautelar, p. 83-86) e Gustavo Senna Miranda (*Princípio do juiz natural e sua aplicação na Lei de Improbidade Administrativa*, p. 176-177).

333 Luiz Fux, investindo no argumento da "paulatina publicização do processo", afirma que o princípio dispositivo vem cedendo, em alguns campos, ao princípio da oficialidade, asseverando que "... a atuação *ex officio* é mais que concebível: é dever inerente ao poder jurisdicional e à responsabilidade judicial pelas pessoas e coisa subsumidas ao juízo após a instauração do processo. Por outro lado, a quebra da regra de que o juízo

nhada pela aplicação da "sanção mais adequada" ao caso, desvinculando-se o julgador dos limites propostos pelo autor. Isto porque os parâmetros sancionatórios, qualitativa e quantitativamente, já foram previamente fixados pelo legislador, não se constituindo a dosimetria da pena num momento de "arbitrariedade judicial". Assim, aplicando o prazo máximo de suspensão dos direitos políticos, por exemplo, em detrimento do pedido do autor, que vislumbrara a sanção mínima como suficiente, estará o juiz arrimado na lei, optando, legitimamente, pela espécie e quantidade de sanção que lhe pareça mais justa à hipótese. Trata-se de juízo que guarda certa dose de discricionariedade, sem dúvida, mas uma discricionariedade "regrada", que não prescinde de fundamentação e cujos limites já foram previamente delimitados, neste particular, pelo legislador[334].

É preciso atentar para a circunstância de que a indisponibilidade dos interesses em jogo vai informar a própria compreensão do *princípio da correlação entre o pedido e a sentença*. Sobre o aspecto, não custa relembrar que "o fundamento jurídico da exigida correlação situa-se, assim, na disponibilidade dos direitos, conceituada como 'a liberdade, que os indivíduos têm de exercer ou não os seus direitos; jurisdicionalmente, tal poder dispositivo é configurado pela possibilidade de apresentarem ou não sua lide em juízo, a fim de vê-la solucionada, e de apresentá-la da maneira que melhor lhes aprouver. Trata-se do princípio da disponibilidade processual"[335]. Claro, a partir de tal visão, que por inexistir qualquer campo de liberdade no que respeita à atuação dos legitimados à ação civil pública, jungidos ao princípio reitor da obrigatoriedade (também ao princípio da indisponibilidade, que é a outra face da moeda), a correlação na ação de improbidade ganha contornos próprios, assemelhando-a, neste passo, ao que se verifica no processo penal, esfera na qual não cabe ao autor da ação penal condenatória delimitar, em sua inicial, o tipo de sanção aplicável, nem tampouco a sua duração (limitação temporal). É dizer, a indisponibilidade do direito material impõe suas marcas ao próprio comportamento processual das partes, nele repercutindo, em sua exata medida, todos os seus efeitos: "la natura 'strumentale' del diritto processuale importa proprio questo, che alla disponibilità od indisponibilità sostanziale debba necessariamente corrispondere – e nella stessa misura – la disponibilità o la indisponibilità processuale, chè è appunto dalla natura disponibile od indisponibile – intento dal lato processuale – che si deve dedurre il suo caratere privato o pubblico"[336].

---

não pode dar providência diversa da que foi pedida encerra a derrocada desse ortodoxo princípio calcado na retrógrada ideia de que o Judiciário deve ser inerte" (*Tutela de segurança e tutela da evidência*, p. 150-151).

334 Fux, tratando do que denomina "tutela de segurança", defende a possibilidade da formulação de um pedido "em aberto", "em branco", o que permitiria ao magistrado decidir "da forma adequada" ou "sob medida". Aduz, ainda, que as leis modernas vêm contemplando tal possibilidade, apontando, como exemplo, a Lei do Inquilinato, que permite execução de diferenças de aluguel na renovação e na revisional sem que haja pedido condenatório explícito (ob. cit., p. 91).

335 Milton Paulo de Carvalho, ob. cit., p. 163-164, invocando o magistério de Araújo Cintra, Grinover e Dinamarco.

336 Luigi Sansò, *apud* Milton Paulo de Carvalho, ob. cit., p. 164.

É bom que se diga, aliás, que a regra da absoluta adstrição do juiz ao pedido nunca encontrou plena aplicação no campo da tutela do patrimônio público, autorizando o art. 11 da Lei da Ação Popular[337] a condenação do réu ao pagamento de "perdas e danos" independentemente da formulação de pedido expresso do autor neste sentido[338]. Sobre o ponto, sustenta Rodolfo de Camargo Mancuso a inexistência de qualquer afronta ao princípio dispositivo "... porque se cuida de ação em que o interesse substancial não é do autor, em si, mas da própria sociedade, nele apenas representada" apontando, em respaldo à tese, que a legislação sobre tutela judicial de interesses difusos e coletivos (art. 11 da Lei n. 7.347/85 e art. 84, § 5º, do CDC) cada vez mais agasalha a possibilidade de atuação *ex officio* do magistrado[339].

Deste modo, em resumo, é preciso distinguir: quanto à *causa petendi*, há uma estreita vinculação entre a inicial e a prestação jurisdicional, não podendo o juiz aplicar uma sanção por fato não descrito pelo autor[340]. Neste passo, a congruência há de ser absoluta, sob pena de indesculpável inquisitorialismo, como também injustificável violação ao princípio constitucional da ampla defesa. Quanto ao pedido sancionatório, no entanto, por ser genérico, não há que se falar em adstrição, bastando a narrativa de fato caracterizador de improbidade para que o magistrado aplique as sanções mais adequadas ao caso[341], não se devendo olvidar que tal aplicação é, em princípio, cumulativa.

---

337 "Art. 11. A sentença que, julgando procedente a ação popular, decretar a invalidade do ato impugnado, condenará ao pagamento de perdas e danos os responsáveis pela sua prática e os beneficiários dele, ressalvada a ação regressiva contra os funcionários causadores de dano, quando incorrerem em culpa."

338 "Endereça-se o preceito [o autor se refere ao art. 11 da Lei da Ação Popular] diretamente ao juiz, a quem caberá, se for o caso, proferir a condenação ainda que o autor popular não a tenha pedido: aqui se abre exceção à regra proibitiva do julgamento *extra petitum*" (José Carlos Barbosa Moreira, *A ação popular do direito brasileiro como instrumento de tutela jurisdicional dos chamados 'interesses difuso'*", p. 15, citando, na mesma linha, a lição de José Afonso da Silva).

339 *Ação popular*, p. 205-206. Aliás, mesmo no campo do denominado "processo civil clássico" o juiz pode adotar medidas de resguardo da efetividade de sua jurisdição independentemente de requerimento expresso do autor (art. 537 do CPC/2015).

340 Sobre as omissões objetivas e subjetivas da inicial, ver tópico específico, acima.

341 No REsp n. 324.282/MT, a 1ª T. do STJ, rel. Min. Humberto Gomes de Barros, confirmou, por unanimidade, acórdão do Tribunal de Justiça do Mato Grosso no sentido de que "a suspensão de direitos políticos e a vedação de contratar com o poder público são meras consequências da procedência da ação e independem de pedido expresso por parte do proponente da demanda". Do voto do relator extrai-se a assertiva no sentido de que "Não há, portanto, que falar em julgamento fora ou além do pedido, quando o julgador, em face da relevância da questão social e do interesse público, sujeita, na condenação do responsável por atos de improbidade administrativa que atenta contra os princípios da administração pública, às penas cominadas por lei, como é a hipótese dos autos" (*DJU* de 1º/4/2002, p. 172). O precedente é importante porque põe em relevo a indisponibilidade dos interesses em jogo na ação de improbidade, os quais, por isso, não se sujeitam à livre conformação por parte do autor. De sua leitura, contudo, não se sabe se a não formulação do pedido sancionatório decorreu de mero erro formal do proponente da ação ou se, efetivamente, em nenhum momento as condutas descritas na inicial foram amoldadas à luz dos preceitos da Lei n. 8.429/92.

10. PROCEDIMENTO

10.1. Aspectos Gerais

É comum a noção de que o *procedimento* é a soma dos atos, coordenados entre si e sucessivos, tendentes a tornar possível a prestação jurisdicional (de preferência a de mérito)[342], ideia que, numa perspectiva constitucional, permite-nos compreender que a observância das formas e ritos processuais representa talvez o mais importante caminho de concretização dos princípios do devido processo legal e do contraditório, legitimando a atividade jurisdicional e conferindo às partes garantias contra o arbítrio judicial[343]. A *tipicidade processual* visa, assim, a garantir a melhor técnica de composição do conflito a partir de seus próprios contornos e peculiaridades, representando a sua observância, por outro lado, um verdadeiro "selo de qualidade" da prestação jurisdicional.

Tais desideratos, inafastáveis à correta compreensão do tema, conduzem a uma visão teleológica do procedimento, que não se pode transformar, assim, em óbice à efetividade do processo, num campo minado onde as nulidades de toda a ordem acabam por aniquilar, do ponto de vista prático, a pretensão levada a conhecimento do Poder Judiciário. Muito ao contrário, o lapidar, pelo legislador, das formas procedimentais busca justamente garantir o justo exercício da função judicante, legitimando o "atuar imperativo da lei pela sentença". De forma singela: as formas são meros instrumentos, devendo o juiz abster-se de declarar a nulidade do processo quando a adoção de caminho diverso, ou mesmo a omissão de algum momento, não tenha obnubilado a correta composição do conflito de interesses[344].

A Medida Provisória n. 2.088-35, de 27 de dezembro de 2000, acrescentou ao art. 17 da Lei n. 8.429/92, dentre outros, os §§ 6º, 7º, 8º, 9º e 12, com a seguinte redação:

> *§ 6º A ação será instruída com documentos ou justificação que contenham indícios sufi-*

---

342 "... o procedimento é um sistema de atos interligados numa relação de dependência sucessiva e unificados pela finalidade comum de preparar o ato final de consumação do exercício do poder (no caso da jurisdição, sentença de mérito ou entrega do bem ao exequente)" (Cândido Rangel Dinamarco, *A instrumentalidade do processo*, p. 131).

343 "... o procedimento tem o valor de penhor da legalidade no exercício do poder. A lei traça o modelo dos atos do processo, sua sequência, seu encadeamento, disciplinando com isso o exercício do poder e oferecendo a todos a garantia de que cada procedimento a ser realizado em concreto terá conformidade com o modelo preestabelecido: desvios ou omissões quanto a esse plano de trabalho e participação constituem violações à garantia constitucional do devido processo legal" (Cândido Rangel Dinamarco, *A instrumentalidade do processo*, p. 127).

344 Art. 283 do CPC/2015: "O erro de forma do processo acarreta unicamente a anulação dos atos que não possam ser aproveitados, devendo ser praticados os que forem necessários, a fim de se observarem as prescrições legais. Parágrafo único. Dar-se-á o aproveitamento dos atos praticados, desde que não resulte prejuízo à defesa de qualquer das partes".

cientes da existência do ato de improbidade ou com razões fundamentadas da impossibilidade de apresentação de qualquer dessas provas[345].

§ 7º *Estando a inicial em devida forma, o juiz mandará autuá-la e ordenará a notificação do indiciado, para oferecer resposta por escrito, que poderá ser instruída com documentos e justificações, dentro do prazo de quinze dias*[346].

§ 8º *O juiz rejeitará a ação, em despacho fundamentado, se convencido, pela resposta do réu, da inexistência do ato de improbidade ou da improcedência da ação*[347].

§ 9º *Recebida a ação, será o réu citado para apresentar contestação*[348-349-350].

§ 12º *Aplica-se aos depoimentos ou inquirições realizadas nos processos regidos por esta Lei o disposto no art. 221, caput e § 1º, do Código de Processo Penal*[351].

Como facilmente se percebe, inspirou-se o Executivo-Legislador nas regras contidas no Capítulo II do Título II do Livro II do CPP (arts. 513 a 518), que cuida do procedimento

---

345 Na reedição seguinte, a redação deste parágrafo foi alterada: "A ação será instruída com documentos ou justificação que contenham indícios suficientes da existência do ato de improbidade ou com razões fundamentadas da impossibilidade de apresentação de qualquer dessas provas, observada a legislação vigente, inclusive as disposições inscritas nos arts. 16 a 18 do Código de Processo Civil". Esta última redação foi mantida pela atual Medida Provisória n. 2.225-45, de 4/9/2001. A ADI n. 2.410-8, proposta pelo Procurador-Geral da República, impugna a expressão "inclusive as disposições inscritas nos arts. 16 a 18 do Código de Processo Civil [79 a 81 do CPC/2015]". Veja-se, sobre a incidência dos arts. 79 a 81 do CPC/2015, tópico específico ("Sucumbência e litigância de má-fé"), *infra*.

346 Esta redação foi mantida pelas sucessivas reedições, inclusive pela atual Medida Provisória n. 2.225-45, de 4/9/2001.

347 A atual Medida Provisória n. 2.225-45 confere ao dispositivo uma redação diferente: Recebida a manifestação, o juiz, no prazo de trinta dias, em decisão fundamentada, rejeitará a ação, se convencido da inexistência do ato de improbidade, da improcedência da ação ou da inadequação da via eleita.

348 A atual Medida Provisória n. 2.225-45 dá uma redação mais adequada ao dispositivo: *Recebida* a petição inicial, *será o réu citado para apresentar contestação*.

349 A mesma Medida Provisória n. 2.088-35 caracterizava como ato de improbidade o "instaurar temerariamente inquérito policial ou procedimento administrativo ou propor ação de natureza civil, criminal ou de improbidade, atribuindo a outrem fato de que o sabe inocente", prevendo a possibilidade de reconvenção do réu com vistas à imputação de tal modalidade de improbidade ao autor e também que em caso de imputação "manifestamente improcedente", o juiz ou tribunal condenariam o "agente público proponente da ação" ao pagamento de multa não superior ao valor de cento e cinquenta e um mil reais (art. 3º, que dava nova redação aos arts. 11 e 17 da Lei n. 8.429/92). Em sua reedição seguinte (36ª), tais esdrúxulos mecanismos foram abolidos, dando-se ao § 6º do art. 17 a seguinte redação: *A ação será instruída com documentos ou justificação que contenham indícios suficientes da existência do ato de improbidade ou com razões fundamentadas da impossibilidade de apresentação de qualquer dessas provas, observada a legislação vigente, inclusive as disposições inscritas nos arts. 16 a 18 do Código de Processo Civil.*

350 A atual Medida Provisória n. 2.225-45 estabelece que a decisão que recebe a petição inicial é agravável e que o juiz deve extinguir o processo, em qualquer fase, quando reconhecer a inadequação da ação de improbidade (§§ 10 e 11).

351 Esta redação foi mantida pelas sucessivas reedições, inclusive pela atual Medida Provisória n. 2.225-45, de 4/9/2001.

nos chamados "crimes funcionais" (arts. 312 a 326 do CP), estabelecendo, de mais relevante, a oportunidade de oferecimento de uma defesa prévia pelo demandado antes do recebimento da inicial pelo magistrado[352]. Não alterou, no entanto, o *caput* do art. 17 da Lei n. 8.429/92, que dispõe ser ordinário o procedimento da ação civil de improbidade[353].

O § 12 manda aplicar o art. 221, *caput* e § 1º, do CPP, assim redigidos:

> Art. 221. *O Presidente e o Vice-Presidente da República, os senadores e deputados federais, os ministros de Estado, os governadores de Estados e Territórios, os secretários de Estado, os prefeitos do Distrito Federal e dos Municípios, os deputados às Assembleias Legislativas Estaduais, os membros do Poder Judiciário, os ministros e juízes dos Tribunais de Contas da União, dos Estados, do Distrito Federal, bem como os do Tribunal Marítimo serão inquiridos em local, dia e hora previamente ajustados entre eles e o juiz.*
>
> *§ 1º O Presidente e o Vice-Presidente da República, os presidentes do Senado Federal, da Câmara dos Deputados e do Supremo Tribunal Federal poderão optar pela prestação de depoimento por escrito, caso em que as perguntas, formuladas pelas partes e deferidas pelo juiz, lhes serão transmitidas por ofício.*

A regra do *caput* do art. 221 do CPP é similar à regra do art. 454 do CPC/2015, inserido em capítulo que cuida da coleta da prova testemunhal. No entanto, é preciso notar que o executivo-legislador, ao referir-se a "depoimentos" e "inquirições", quis incluir no âmbito de incidência da norma as referidas autoridades quer quando figurem como testemunhas, quer quando figurem como rés, muito embora o art. 221 do CPP esteja inserido no capítulo relativo à prova testemunhal. Também os juízes de direito e os membros do Ministério Público gozam da prerrogativa de prévio agendamento de suas oitivas (art. 33, I, da Lei Complementar n. 35/79 e art. 40, I, da Lei n. 8.625/93, respectivamente). É importante registrar que o STF, por unanimidade, em decisão Plenária, decidiu que as autoridades que detêm a prerrogativa de marcar data e local para serem ouvidas como testemunhas

---

[352] Há, no STF, respeitável corrente no sentido da inconstitucionalidade de medidas provisórias que cuidem de matéria processual (ADIMC n. 2.473-DF, *Informativo STF* n. 241, votando neste sentido o Min. Néri da Silveira; ADIMC n. 2.332-DF, *Informativo STF* n. 240, votando neste sentido os Mins. Marco Aurélio e Ilmar Galvão; ADIMC n. 2.251-DF, *Informativo STF* n. 199, votando neste sentido os Mins. Sepúlveda Pertence e Moreira Alves). A Emenda Constitucional n. 32, de 11/9/2001, veda a edição de medidas provisórias relativas a direito processual penal e civil (art. 1º, que confere nova redação ao art. 62 da Constituição Federal), estabelecendo, não obstante, que aquelas editadas em data anterior à sua publicação *continuam em vigor até que medida provisória ulterior as revogue explicitamente ou até deliberação definitiva do Congresso Nacional* (art. 2º).

[353] "Art. 17. A ação principal, que terá o rito ordinário, será proposta pelo Ministério Público ou pela pessoa jurídica interessada, dentro de trinta dias da efetivação da medida cautelar". É comum, na técnica legislativa adotada pelo CPC, a previsão de apenas um inicial momento de especialidade com a posterior adoção do rito comum. É o que ocorre, por exemplo, com as ações de manutenção e reintegração de posse (art. 566 do CPC/2015).

têm até 30 dias para prestarem seu depoimento e que, vencido o prazo, a prerrogativa deixa de prevalecer (Questão de Ordem na AP n. 421, rel. Min. Joaquim Barbosa, Notícias do STF, 22 de outubro de 2009).

Por tratar-se de norma processual, como é cediço, o novo procedimento alcança as ações em curso, não anulando, todavia, os atos já praticados sob a regência da normativa anterior.

10.2. Imputação e Defesa Prévia[354]

Ao estabelecer que a inicial deve estar "instruída com documentos ou justificação que contenham indícios suficientes da existência do ato de improbidade ou com razões fundamentadas da impossibilidade de apresentação de qualquer dessas prova" (§ 6º), ressalta o legislador, corretamente, a necessidade, salvo fundada impossibilidade, de um lastro probatório mínimo para o ajuizamento da ação civil de improbidade, o que é plenamente justificável em razão da gravidade das sanções previstas no art. 12 da Lei n. 8.429/92.

De notar-se, no entanto, que se contenta a lei com a presença de *meros indícios*, não exigindo, desta forma, que a inicial já apresente *prova cabal* da conduta lesiva ao patrimônio público[355]. E se o fizesse incorreria em flagrante inconstitucionalidade por cerceamento ao exercício do direito político de ação e ao próprio direito à produção de prova no curso do processo, uma das faces mais visíveis do *devido processo legal*. Por outro lado, se na esfera criminal, onde o feixe sancionatório reveste-se de gravidade superlativa, podendo-se chegar inclusive à privação da liberdade individual, tem-se como suficiente, de modo a embasar a imputação, a presença de *indícios* de autoria e da existência do fato, nada justificaria um diferenciado enfoque do tema no campo da improbidade administrativa, onde não se cogita a aplicação de sanções de natureza penal[356].

---

[354] A discussão sobre a possibilidade de decretação de medidas cautelares *inaudita altera pars*, ou seja, antes mesmo de oferecida a resposta prévia pelo demandado, será travada mais à frente, no tópico sobre os "Requisitos das Providências Cautelares".

[355] Cassio Scarpinella Bueno defende a ideia de que "…. a petição inicial da ação de improbidade administrativa deve ser proporcionalmente mais substancial do que a das outras ações que não têm esta fase preliminar de admissibilidade da inicial em contraditório tão aguda" (O procedimento especial da ação de improbidade administrativa – Medida Provisória 2.088, in *Improbidade administrativa:* questões polêmicas e atuais, p. 145) o que, *data venia*, não se coaduna com o texto legal, que exige meros "indícios suficientes da existência do ato de improbidade", dispensando o autor de tal ônus quando houver fundada razão para a não apresentação de tais elementos. Em sentido semelhante ao de Scarpinella Bueno, confira-se o entendimento de Gustavo Senna Miranda, que afasta a incidência do princípio in *dubio pro societate* do momento de recebimento da inicial (*Princípio do juiz natural e sua aplicação na lei de improbidade administrativa*, p. 241-243).

[356] A rigor, o que se percebe é que no campo da tutela do patrimônio público, diferentemente do que se dá na esfera criminal, no mais das vezes a petição inicial é instruída com provas bastante robustas, geralmente documentais, colhidas em longas e criteriosas investigações, e não apenas com meros indícios. Isso certamente se explica pelos poderes investigatórios próprios de que são investidos os colegitimados à tutela do patrimônio público, sobretudo o Ministério Público, os quais, por tal motivo, não dependem de investigações toscamente feitas pelo sucateado aparato policial.

Aliás, exigir mais do que indícios para fins de embasamento da ação civil de improbidade é transmitir, mesmo que de forma velada, a falsa ideia de que tais elementos gozam de menor credibilidade dentro do amplo arco probatório (art. 369 do CPC/2015), o que é equivocado na medida em que o legislador brasileiro adota o sistema do livre convencimento motivado do juiz, proscrevendo, em regra, o sistema da prova tarifada ou legal. Assim, se os indícios podem, por si sós, a depender de sua capacidade, maior ou menor, de gerar convencimento, dar fundamento a uma sentença condenatória, não se compreende porque se haveria de exigir mais do que indícios no momento inaugural de deflagração da jurisdição.

A regra do § 6º deve ser interpretada, outrossim, à luz do art. 434 do CPC/2015, que estabelece que *incumbe à parte instruir a petição inicial ou a contestação com os documentos destinados a provar suas alegações*[357].

Quanto ao rito, tal como ocorre na seara processual penal, a única peculiaridade consiste no momento da "resposta prévia", adotando-se, depois do recebimento da inicial pelo juiz (e não do "recebimento da ação", como dizia o § 9º com a redação dada pela Medida Provisória n. 2.088-35), o procedimento comum ordinário, como disposto no *caput* do art. 17.

Novamente aqui, buscou o legislador criar uma importante barreira processual ao processamento de lides temerárias e injustas, destituídas de base razoável ("indícios suficientes da existência do ato de improbidade", na dicção do § 6º), preservando não só o agente público e a própria Administração, cuja honorabilidade se vê também afetada, como também o Poder Judiciário, órgão da soberania estatal que deve ser preservado de "aventuras processuais".

Não se pode perder de vista, contudo, que a maioria esmagadora das ações por improbidade administrativa são precedidas de um momento administrativo de investigação, levado a cabo quer pela pessoa jurídica lesada, quer, o que é mais frequente, pelo Ministério Público, utilizando-se este último, em regra, do inquérito civil. Isso significa que, salvo em hipóteses excepcionais, a imputação por improbidade administrativa, até por conta da necessidade de descrição precisa dos fatos pelo autor, é corroborada por uma movimentação prévia de apuração, revestida das formalidades e garantias peculiares a tal momento administrativo.

Assim, a partir da *ratio* subjacente a toda norma que exige o estabelecimento de um contraditório preliminar, pensamos que a notificação prévia do réu para o oferecimento de resposta só será exigível em se tratando de ações instruídas por "documentos ou justificação", o que significa dizer que lastreando-se a inicial em *inquérito civil*[358] ou em procedi-

---

357 Ver, sobre a questão da preclusão quanto à produção da prova documental, o que ficou dito sobre a finalidade do inquérito civil.

358 Referimo-nos ao inquérito civil por entendermos ser este o instrumento constitucionalmente vocacionado à apuração de lesões a interesses metaindividuais. Nada impede, não obstante, que a inicial seja lastreada por procedimentos administrativos instaurados pelo *Parquet* sob denominação diversa (procedimentos pré-

mentos administrativos regularmente instaurados pela própria Administração ou por órgãos externos de controle, tal como ocorre relativamente ao Tribunal de Contas e às Comissões Parlamentares de Inquérito, não incidirá a regra do § 7º. Isto porque o inquérito civil e os procedimentos administrativos prévios – enfatize-se – já cumprem o papel de evitar o ajuizamento de ações temerárias, justamente o que se buscou coibir com a instituição da "defesa prévia"[359-360]. Por evidente, será também exigível a notificação prévia nas

---

vios, preparatórios etc.), isto é, que não tenham recebido, do ponto de vista puramente formal, a denominação de "inquéritos civis".

359 Esse vinha sendo o firme entendimento do STF na seara do processo penal quanto aos chamados "crimes funcionais": "A formalidade do art. 514 do CPP, de outra parte, é de ser observada quando a denúncia é instruída com documentos ou justificação a que se refere o art. 513 do mesmo diploma legal, sendo dispensável, no caso de a denúncia basear-se em inquérito policial" (HC n. 70.536-7-RJ, *DJU de* 3/12/1993, p. 26357, dentre diversos outros acórdãos). A leitura de referido acórdão, sobretudo do voto proferido pelo relator, Min. Néri da Silveira, é bastante esclarecedora quanto à razão da exigência de notificação prévia no CPP: "O intuito do legislador foi apenas evitar que tivessem ingresso em juízo queixas manifestamente infundadas, injustas ou caluniosas, pois, ao contrário, os funcionários públicos ficariam expostos a frequentes vexames, o que poderia acarretar o entorpecimento da ação exercida por esses agentes do poder público". Mais à frente, explicita a decisão, incorporando as lições de Heleno Cláudio Fragoso, que a exigência de notificação prévia busca prevenir os abusos decorrentes da possibilidade de deflagração da jurisdição"... até sem a apresentação de qualquer prova (art. 513 do CPP)". Como se vê, as mesmas razões comparecem à exegese do § 7º do art. 17 da LIA. Contudo, posteriormente, o STF parece ter mudado o seu entendimento a respeito do tema, passando a considerar imprescindível, sob pena de nulidade absoluta, a observância do contraditório prévio, quer relativamente aos "crimes funcionais" (HC 85.779/RJ, rel. p/ o acórdão Min. Cármen Lúcia, j. 28/2/2007, *Inf. STF* 457 e *DJU* de 29/6/2007; HC 89.686/SP, rel. Min. Sepúlveda Pertence, j. 12/6/2007, *Inf. STF* 471 e *DJU* de 17/8/2007; HC 96864/SP, rel. Min. Cármen Lúcia, Relator p/ acórdão Min. Marco Aurélio, j. em 20/10/2009, *DJ* de 18/12/2009; RHC 95140/SP, rel. Min. Marco Aurélio, j. em 29/9/2009, *DJ* de 19/2/2010; HC 95969/SP, rel. Min. Ricardo Lewandowski, j. em 12/5/2009, *DJ* de 12/6/2009; HC 97244/SP, rel. Min. Eros Grau, j. em 28/4/2009, *DJ* de 7/8/2009; HC 95402/SP, rel. Min. Eros Grau, j. em 31/3/2009, *DJ* de 8/5/2009; HC 95542/SP, rel. Min. Ricardo Lewandowski, j. em 9/12/2008, *DJ* de 29/5/2009) quer relativamente aos crimes previstos na Lei de Entorpecentes (HC 87.346/MT, rel. p/ o acórdão Min. Cármen Lúcia, j. 15/8/2006, *Inf. STF* 436 e *DJU* de 15/8/2006; HC 87.347 ED/MS, rel. Min. Ricardo Lewandowski, j. 21/11/2006, *Inf. STF* 449; HC 90.226/SP, rel. Min. Celso de Mello, j. 18/12/2007, *Inf. STF* 493). A rigor, a discussão do tema não foi aprofundada por ocasião do julgamento do HC 85.779/RJ, acima indicado, tendo sido retomada por ocasião do julgamento do HC 89.686, também indicado acima. De qualquer modo, no HC 85.779/RJ afastou-se a alegada nulidade pela inobservância da defesa prévia em razão da já existência de sentença condenatória transitada em julgado, vencidos os Min. Gilmar Mendes e Marco Aurélio. Curiosamente, contudo, em 30/10/2007, o STF, por sua 1ª T., Relatora a Ministra Cármen Lúcia, retomou a antiga jurisprudência da Corte no sentido de que "... a ausência da notificação prévia de que trata o art. 514 do Código de Processo Penal constitui vício que gera nulidade relativa, o qual, portanto, deve ser arguido oportunamente, sob pena de preclusão" (HC 91.760-7/PI, *DJ* de 29/2/2008). Ver também, da mesma Relatora, Min. Cármen Lúcia, o decidido no HC 97033/SP, ocasião em que se reafirmou a natureza relativa do vício e que "... após a sentença condenatória, não se há de cogitar de consequência de perda dessa oportunidade de todo superada com a afirmação, no mérito, da procedência da denúncia (HC 72.198, *DJ* de 26/5/1995)" (j. em 12/5/2009, *DJ* de 12/6/2009) e também o julgado no HC 111711, Rel. Min. Cármen Lúcia, j. 13/11/2012.

360 No STJ, considerando desnecessária a notificação para o oferecimento de defesa prévia quando lastreada a inicial por investigação feita no inquérito civil: REsp n. 944555/SC, 2ª T., Min. Herman Benjamin, j. em

excepcionalíssimas hipóteses nas quais o autor esteja impossibilitado da apresentação inicial de qualquer prova, conforme autorizado pela parte final do § 6º.

Bem analisada a sistemática procedimental, conclui-se que a exigência de notificação prévia busca estabelecer uma justa relação de equilíbrio entre o amplo exercício do direito de ação no campo da tutela do patrimônio público, o que deve ser garantido, e o resguardo da honorabilidade da Administração e do agente público[361]: Ao mesmo tempo em que se admite uma imputação fundada em meros "documentos e justificações" ou até mesmo uma imputação desacompanhada de qualquer elemento (§ 6º, *in fine*), exige-se, nessas e apenas nessas hipóteses, a formação de um contraditório prévio, adotando o legislador a premissa, correta, de que a imputação desacompanhada de uma prévia e sistemática investigação *pode ser* injusta.

Conforme estabelecido pelo art. 219 do CPC/2015, computar-se-ão apenas os dias úteis na contagem de prazo em dias.

Residindo o demandado fora da sede do juízo, a notificação, quando necessária, será feita através de carta precatória, passando a fluir o prazo na forma do art. 231, VI, do CPC/2015.

Havendo mais de um demandado com diferentes procuradores, *de escritórios de advocacia distintos*, o prazo para o oferecimento da resposta prévia deve ser contado em dobro, a teor do art. 229 do CPC/2015[362].

De toda a sorte, a inobservância da regra da notificação prévia, por demandar a demonstração de prejuízo (art. 283, *caput* e parágrafo único, do CPC/2015), gera nulidade

---

25/11/2008, *DJ* de 20/4/2009; REsp n. 896632/RO, 2ªT., rel. Min. Herman Benjamin, j. em 28/10/2008, *DJ* de 13/11/2009; REsp n. 944.555-SC, 2ªT., rel. Min. Herman Benjamin, j. em 25/11/2008, *DJ* de 20/4/2009. No âmbito do processo penal: "Mesmo sendo o réu funcionário público, não se exige a notificação prévia contida no art. 514 do CPP quando a denúncia se estriba em inquérito policial; somente é obrigatória quando a peça vestibular vier instruída com documentos ou justificação a que se refere o art. 513 do mesmo código" (*RSTJ* 73/108, apud Júlio Fabbrini Mirabete, *Código de Processo Penal interpretado*, p. 653). No mesmo sentido, REsp nos 90.362-MG, 5ªT., rel. Min. Edson Vidigal, j. 11/3/1997, *DJU* de 29/9/1997, p. 48.246, 106.491-PR, 5ªT., rel. p/o acórdão Min. José Dantas, j. 10/3/1997, *DJU* de 19/5/1997, p. 20665. A matéria está hoje sumulada pelo STJ nos seguintes termos: "É desnecessária a resposta preliminar de que trata o art. 514 do CPP, na ação penal instruída por inquérito policial" (**Súmula 330**). No TJRJ: 5ª CC, AI 2006.002.02586, rel. Des. Milton Fernandes de Souza, j. 14/6/2006; 14ª CC, AI 5944/2002, rel. Des. Walter Felippe D'Agostino, j. 14/10/2003; 16ª CC, AC 31.293/2005, rel. Des. Gilberto Dutra Moreira, j. 6/12/2005.

361 Exatamente por conta disso, invocando o mesmo fundamento, o STJ afastou a necessidade de notificação para o oferecimento de defesa prévia relativamente a réus a quem não se imputava a prática de improbidade administrativa mas apenas a anulação dos atos administrativos que os beneficiavam (REsp n. 1124919/SP, 2ªT., rel. Min. Humberto Martins, j. em 8/9/2009, *DJ* de 5/10/2009).

362 "Art. 229. Os litisconsortes que tiverem diferentes procuradores, de escritórios de advocacia distintos, terão prazos contados em dobro para todas as suas manifestações, em qualquer juízo ou tribunal, independentemente de requerimento". § 1º Cessa a contagem do prazo em dobro se, havendo apenas 2 (dois) réus, é oferecida defesa por apenas um deles. § 2º Não se aplica o disposto no *caput* aos processos em autos eletrônicos".

meramente relativa[363-364]. Em arrimo a tal conclusão deve-se ter em vista que a *ratio* da normativa provisoriamente instituída é a de evitar o nascimento de relação processual destituída de justa causa, não se voltando a defesa prévia, unicamente, ao exercício do contraditório, que será posteriormente exercido na forma do § 9º, daí se concluindo, pelo menos em regra, que nenhum prejuízo advirá ao réu. Trata-se muito mais de um mecanismo de resguardo da jurisdição, por assim dizer, do que, propriamente, de um momento de defesa, até porque – repita-se –, recebida a inicial será o réu citado para o oferecimento de contestação (§ 9º), sendo esta a melhor oportunidade para a apresentação das teses defensivas e a juntada de documentos (art. 434 do CPC/2015).

10.3. Juízo de Admissibilidade da Petição Inicial

Ao aludir o § 8º à "rejeição da ação" pelo juiz quando convencido da "inexistência do ato de improbidade", instituiu-se hipótese de julgamento antecipado da lide (julgamento de mérito)[365], o que, a nosso juízo, até pelas razões acima expostas, só deve ocorrer quando

---

363 Esse era o firme entendimento do STF quanto ao procedimento especial estabelecido nos arts. 513 e segs. do CPP: RECrim. n. 108.485-SP, 2ª T., rel. Min. Célio Borja, j. 25/8/1987, *DJU* de 30/10/1987, p. 23.812; HC n. 68.621-MS, 2ª T., rel. Min. Marco Aurélio, j. 18/6/1991, *DJU* de 2/8/1991, p. 9.917; HC n. 60.826-SP, 1ª T., rel. Min. Neri da Silveira, *RTJ* 110/601; HC n. 71.237-RS, 2ª T., rel. Min. Marco Aurélio, j. 17/5/1994, *DJU* de 1/7/1994, p. 17.482. A 2ª T. do STF, por ocasião do julgamento do HC n. 85155/SP, rel. Min. Ellen Gracie, aplicou o mesmo entendimento, vale dizer, o da necessidade de demonstração de prejuízo, à inobservância do rito previsto no art. 38 da Lei n. 10.409/02, que prevê o exercício da defesa antes do recebimento da denúncia pelo Juiz. Na ocasião, entendeu-se que "... a possibilidade, prevista na lei, de apresentação de defesa antes do recebimento da denúncia, permite a invocação de questões pertinentes aos arts. 41 e 43 do CPP [*estes artigos cuidam dos requisitos da denúncia e das condições da ação, dentre as quais a justa causa*], com o objetivo de convencer o julgador a rejeitar a inicial acusatória e que, na espécie, toda a matéria que se pretendia alegar na defesa preliminar fora efetivamente deduzida em outros momentos processuais (defesa prévia e alegações finais), não tendo a mesma o condão de demonstrar a nulidade da ação" (Informativo STF n. 381).

364 A matéria está hoje pacífica no âmbito do STJ no sentido de que "A ausência da notificação do réu para a defesa prévia, prevista no art. 17, § 7º, da Lei de Improbidade Administrativa, só acarreta nulidade processual se houver comprovado prejuízo (pas de nullité sans grief)", entendimento consolidado por ocasião do julgamento dos seguintes recursos: EREsp 1.008.632/RS, rel. Min. Mauro Campbell Marques, 1ª S., J. em 11/2/2015, *DJe* 9/3/2015; AgRg no REsp 1.336.055/GO, rel. Min. Herman Benjamin, 2ª Turma, j. em 10/6/2014, *DJe* 14/8/2014; REsp 1.101.585/MG, rel. Min. Napoleão Nunes Maia Filho, Rel. p/ Acórdão Min. Benedito Gonçalves, 1ª T., j. em 21/11/2013, *DJe* 25/4/2014; AgRg no REsp 1.134.408/RJ, rel. Min. Eliana Calmon, 2ª T., j. em 11/4/2013, *DJe* 18/4/2013; EDcl no REsp 1.194.009/SP, rel. Min. Arnaldo Esteves Lima, 1ª T., j. em 17/5/2012, *DJe* 30/5/2012; AgRg no REsp 1.225.295/PB, rel. Min. Francisco Falcão, 1ª T., j. em 22/11/2011, *DJe* 6/12/2011; AgRg no REsp 1.218.202/MG, rel. Min. Cesar Asfor Rocha, 2ª T., J. em 12/4/2011, *DJe* 29/4/2011.

365 Na visão doutrinária dominante, a relação processual surge com o recebimento da inicial pelo juiz, completando-se com a citação do réu. A possibilidade de julgamento antecipado da lide ora comentada, por anteceder ao recebimento da petição inicial, provoca uma reavaliação do tema. Realmente, só é possível sustentar-se a natureza jurisdicional de tal decisão negativa, inclusive a coisa julgada que dela decorre, se se entender que já há processo nesta fase.

cabalmente demonstrada, pela resposta do notificado, *a inexistência do fato ou a sua não concorrência para o dano ao patrimônio público*[366]. Do contrário, se terá por ferido o *direito à prova* do alegado no curso do processo (art. 5º, LV), esvaziando-se, no plano fático, o direito constitucional de ação (art. 5º, XXXV) e impondo-se absolvição liminar sem processo. Relembre-se, mais uma vez, que o momento preambular, antecedente ao recebimento da inicial, não se volta a um exame aprofundado da *causa petendi* exposta pelo autor em sua vestibular, servindo precipuamente, como já dito, como instrumento de defesa da própria jurisdição, evitando lides temerárias. Poderíamos afirmar, sem medo, que, tal como se verifica na seara processual penal, deve o magistrado, neste momento, servir-se do princípio *in dubio pro societate*, não coartando, de forma perigosa, a possibilidade de êxito do autor em comprovar, durante o processo, o alegado na inicial[367]. No campo do processo (cível) por ato de improbidade administrativa, a incidência do *in dubio pro societate* será uma decorrência do princípio republicano e do próprio regime de direito público que grava os atos e contratos administrativos.

Também será possível o julgamento antecipado da lide, com a "rejeição da ação", nas hipóteses de induvidosa ocorrência de prescrição (art. 23 da LIA).

Tal decisão negativa, na linha de interpretação aqui exposta, porque fulcrada em sólidos elementos, e não numa mera "insuficiência probatória", inviabilizará o ajuizamento de uma segunda ação pelo mesmo fundamento, mesmo que surjam provas novas (art. 16 da Lei da Ação Civil Pública).

Já ao tratar da "rejeição da ação" em razão de sua "improcedência", o mesmo § 8º alude à hipótese de rejeição da inicial pela falta de um dos pressupostos processuais ou de uma das condições da ação, o que seria até desnecessário em razão da regra do art. 330 do CPC/2015. Aqui sim, a "insuficiência de provas" poderá ser *thema decidendum*, uma vez que a justa causa participa do conceito de *interesse processual*, condição ao legítimo exercício do

---

366 Imagine-se, por exemplo, que o notificado consiga comprovar, a partir de dados seguros, que a alegada improbidade tenha se verificado em período anterior à sua gestão à frente da coisa pública.

367 Exatamente neste sentido decidiu o STJ na Petição n. 2.428/RN, rel. Min. Carlos Alberto Menezes Direito, j. 13/5/2005, e também no REsp n. 949.822/SP, 2ª T., rel. Min. Castro Meira, j. 6/9/2007, acórdãos que nos honraram sobremodo com a citação. Ver também, no TSE, o acórdão prolatado na Cta n. 1.621/PB, rel. Min. Ari Pargendler, que também nos honra com a referência. Na mesma linha tem-se o decidido pela 2ª T. do mesmo Tribunal Superior por ocasião dos julgamentos dos AGRG no Ag 730230/RS, rel. Min. Herman Benjamin., j. 4/9/2007; REsp 1.122.177/MT, rel. Min. Herman Benjamin, j. 3/8/2010; REsp n. 1.008.568 (Informativo n. 400, de junho de 2009) e do REsp n. 811.664, j. 1º/3/2007, ambos da relatoria da Min. Eliana Calmon. Deste último acórdão extrai-se a correta afirmação no sentido de que "É pacífico na doutrina o entendimento de que, no juízo de admissibilidade da ação de improbidade, tangencia a inicial a questão meritória, oportunidade em que é possível verificar o juiz a insubsistência das alegações, o que leva à inadmissibilidade do pedido. Entretanto, a análise dos indícios, da forma como foi feita *in casu*, extrapolou por completo o juízo de admissibilidade, impossibilitando o autor de comprovar, através das provas que requereu, os fatos alegados". Na doutrina, veja-se, mais recentemente, José Antônio Lisbôa Neiva, *Improbidade administrativa*, p. 119-120, que nos honra com a citação.

direito de ação[368]. Assim, por tratar-se de decisão meramente terminativa, que não resolve o mérito, nada impede, a princípio, a renovação da demanda pelo mesmo fundamento (art. 486 do CPC/2015)[369].

Não se pense, todavia, que a rejeição da inicial em tal hipótese (insuficiência de provas) leva, por si só, à caracterização de má-fé do autor, o que, dada a gravidade das consequências previstas nos arts. 79 a 81 do CPC/2015, dispositivos aplicáveis ao campo da improbidade em razão da regra contida no art. 17, § 6º, acima referido, demanda cabal demonstração[370].

A decisão que *recebe a inicial* é agravável de instrumento, de acordo com o § 10 do art. 17, com a redação dada pela Medida Provisória n. 2.225-45. Cuida-se, no caso, de decisão interlocutória (art. 203 do CPC/2015), que, por conta disso, deve ser fundamentada, à luz do art. 93, IX, da Constituição Federal, conclusão que se vê confirmada pela possibilidade de interposição de agravo de instrumento pelo réu (art. 17, § 10, da LIA)[371]. Sem prejuízo, a fundamentação do magistrado nesse momento deve ser concisa[372], até para que não haja um indevido prejulgamento do réu num momento que se contenta com a presença de indícios. A decisão que *rejeita a inicial*, em qualquer das hipóteses previstas no § 8º ("ine-

---

368 Atente o inteligente e crítico leitor que estamos a tratar da "insuficiência probatória" constatável *prima facie* uma vez que tal circunstância quando reconhecida ao cabo da instrução, na sentença, dará ensejo a verdadeiro julgamento do mérito. A peculiaridade, aqui, reside única e exclusivamente na possibilidade de renovação da demanda pelo mesmo fundamento, desde que surjam novas provas (art. 16 da Lei n. 7.347/85). "O STJ, por ocasião do julgamento do REsp 1.069.779, 2ª T., rel. Min. Herman Benjamin, decidiu que "sob pena de esvaziar a utilidade da instrução e impossibilitar a apuração judicial dos ilícitos nas ações de improbidade administrativa, a petição inicial não precisa descer a minúcias do comportamento de cada um dos réus, individualmente, bastando a descrição genérica dos fatos e imputações" (j. 18/9/2008, *DJe* de 13/11/2009).
369 A atual Medida Provisória n. 2.225-45 fala também em "rejeição da ação" pela "inadequação da via eleita", hipótese mais específica de falta de uma das condições da ação (interesse-adequação) e que também já conta com previsão pelo art. 330, III, do CPC/2015. No § 11, ressalta que: *Em qualquer fase do processo, reconhecida a inadequação da ação de improbidade, o juiz extinguirá o processo sem julgamento do mérito.*
370 Neste sentido, diversos acórdãos do STJ: REsp n. 152.447/MG, rel. Min. Milton Luiz Pereira, *DJU* de 25/2/2002, p. 203; REsp n. 28.715-0/SP, rel. Min. Milton Luiz Pereira, *DJU* de 19/9/1994; REsp n. 26.140-9/SP, rel. Min. Antônio de Pádua Ribeiro, *DJU* de 30/10/1995; REsp n. 168.569/SP, rel. Min. Garcia Vieira, *DJU* de 24/8/1998; REsp n. 47.242-3/RS, rel. Min. Humberto Gomes de Barros, *DJU* de 17/10/1994; REsp n. 198.827/SP, rel. Min. José Delgado, *DJU* de 26/4/1999. O tema da litigância de má-fé será objeto de análise específica mais à frente.
371 Nesse sentido: TJRJ, 17ª Câmara Cível, Agravo de Instrumento n. 2006.002.14190, rel. Des. Edson Vasconcelos, j. 25/10/2006. Na doutrina: José Antônio Lisbôa Neiva, *Improbidade administrativa*, p. 121-123. É curioso notar, contudo, que na esfera criminal não vem sendo exigida a fundamentação do recebimento da denúncia, esvaziando-se, inclusive, o seu caráter verdadeiramente decisório (STF, 1ª T., HC n. 70.763/DF, rel. Min. Celso de Mello, *DJ* de 23/9/1994, p. 25328; 1ª T., RHC n. 81.034/SP, rel. Min. Sydney Sanches, *DJ* de 10/5/2002, p. 62; 2ª T., RHC n. 87.005/RJ, rel. Min. Joaquim Barbosa, *DJ* de 18/8/2006, p. 72). No STJ: HC, 5ª T., HC n. 54.458/SC, rel. Min. Felix Fischer, *DJ* de 26/6/2006, p. 178; 6ª T., HC n. 46.993/GO, rel. Min. Hélio Quaglia Barbosa, *DJ* de 5/12/2005, p. 384. Por conta disso, não se deve exigir mais do que uma concisa fundamentação ao recebimento da inicial da ação de improbidade administrativa.
372 Art. 11 do CPC/2015.

xistência do ato de improbidade", "improcedência da ação" ou "inadequação da via eleita"), é apelável de acordo com o art. 331 do CPC/2015, que prevê, inclusive, a possibilidade de o juiz, diante do recurso do autor, reformar a sua decisão, em cinco dias[373]. Relativamente à decisão que exclua determinado réu do polo passivo em razão do argumento de inaplicabilidade da Lei de Improbidade Administrativa (por exemplo, ao exótico argumento de sua inaplicabilidade aos agentes políticos), embora se cuide, no caso, de indeferimento parcial da inicial, o recurso cabível, atualmente, é o de agravo de instrumento, em razão do que prevê o art. 1015, II, do CPC/2015 ("cabe agravo de instrumento contra as decisões interlocutórias que versem sobre: [...] mérito do processo").

10.4. Considerações Finais

Quando exigível a formação do contraditório prévio, vencida esta etapa o procedimento ordinariza-se, conforme estabelecido pelo *caput* do art. 17.

Nesse caso, recebida a inicial, diz o § 9º, "será o réu citado para apresentar contestação". Neste passo, concordamos com o ponto de vista sustentado por Cassio Scarpinella Bueno no sentido de que o que se tem, aqui, é uma mera notificação para o oferecimento de defesa uma vez que o chamamento disciplinado pelo § 7º, *supra*, não obstante a redação escolhida pelo legislador, é que se caracteriza como verdadeira citação[374]. Como consequência prática de tal lição, extrai-se que este segundo chamamento prescinde da expedição de mandado, podendo concretizar-se por mera intimação do advogado do réu através do órgão oficial de publicação dos atos judiciais (art. 272 do CPC/2015)[375].

Também a pessoa jurídica de direito público lesada deve ser notificada a manifestar o seu interesse na causa, como disposto no art. 17, § 3º, sendo descabida a sua intervenção no feito antes do recebimento da inicial pelo magistrado.

Como se vê, a especialidade imprimida ao rito da ação civil por improbidade em sua fase inaugural não deita raízes em conveniências ditadas pelo direito material, voltando-se a escopos puramente processuais[376].

---

[373] Só há necessidade de citação do réu para responder e acompanhar o recurso do autor interposto contra a decisão de indeferimento, quando o juízo de retratação for negativo ("Art. 331 do CPC/2015: Indeferida a petição inicial, o autor poderá apelar, facultado ao juiz, no prazo de 5 (cinco) dias, retratar-se. § 1º Se não houver retratação, o juiz madará citar o réu para responder ao recurso").

[374] Ob. cit., p. 153. Referido autor esclarece que nas ações possessórias a doutrina considera desnecessária uma nova citação daquele que é chamado à audiência prévia (art. 562 do CPC/2015), "... embora o art. 930 do mesmo Código [art. 564 do CPC/2015] dê espaço para interpretação diversa" (*Improbidade administrativa: questões polêmicas e atuais*, 2ª ed., p. 176, nota 16).

[375] "Art. 272. Quando não realizadas por meio eletrônico, consideram-se feitas as intimações pela publicação dos atos no órgão oficial."

[376] "Dificilmente alcançaria êxito qualquer tentativa de sistematização completa dos motivos determinantes da adoção de procedimento especial. O que acima ficou dito sobre a influência, nessa matéria, da especial configuração da relação jurídica material envolvida, apenas aponta o mais razoável dos critérios, o que melhor

Ressalte-se, por relevante, que o não oferecimento de resposta prévia não produz nenhum efeito desfavorável ao réu, não havendo que se falar em revelia, tema que será abordado especificamente mais à frente. E também que a especialidade do rito, hoje observada relativamente às hipóteses acima analisadas, em nada afasta a incidência da normativa constante da Lei n. 7.347/85, de sua técnica processual.

Registre-se, ainda, que em razão da indisponibilidade dos interesses em jogo e, em decorrência da própria vedação de autocomposição (art. 17, § 1º, da LIA), não se mostra necessária nem mesmo viável a realização da denominada "audiência de conciliação ou de mediação", de que cuida o art. 334 do CPC/2015[377].

Por fim, deve ficar esclarecido que a interrupção dos lapsos prescricionais previstos no art. 23 da LIA se dará por ocasião da propositura da ação, como vem corretamente decidindo o STJ[378].

11. PUBLICIDADE DOS ATOS PROCESSUAIS E DIREITO À INFORMAÇÃO

O princípio da publicidade dos atos processuais é, nos dias atuais, expressamente previsto no texto constitucional, cujos arts. 5º, LX, e 93, IX, o estabelecem como regra, nos seguintes termos:

> LX – a lei só poderá restringir a publicidade dos atos processuais quando a defesa da intimidade ou o interesse social o exigirem;
>
> Art. 93, IX – todos os julgamentos dos órgãos do Poder Judiciário serão públicos, e fundamentadas todas as decisões, sob pena de nulidade, podendo a lei limitar a presença, em determinados atos, às próprias partes e a seus advogados, ou somente a estes, *em casos nos quais a preservação do direito à intimidade do interessado no sigilo não prejudique o interesse público à informação*[379].

---

se justifica do ponto de vista doutrinário... A verdade, entretanto, é que os legisladores não se orientam apenas por essa diretriz. O peso da tradição histórica, com as implicações e incongruências decorrentes de múltiplas fontes de influência, nem sempre coevas e coerentes; a eventual interpenetração, no mesmo processo, de elementos de diversas modalidades de tutela jurisdicional (de cognição, de execução e cautelar); razões de conveniência momentânea e local, com caráter meramente emergencial; até mesmo a simples impaciência do legislador frente à morosidade do aparelhamento judiciário em contraste com a pressão da necessidade social – tudo influi no sentido de retirar da 'vala comum' do rito ordinário um número crescente de 'ações'..." (Adroaldo Furtado Fabrício, *Comentários ao Código de Processo Civil*, p. 4-5).

377 No sentido do texto: REsp n. 327.408/RO, 2ª T., rel. Min. Franciulli Neto, *DJU* de 14/3/2005, p. 244, decisão cujas premissas continuam válidas frente ao CPC/2015.

378 REsp n. 710.701/RS, 2ª T., rel. Min. Eliana Calmon, j. 6/12/2005, *DJU* de 19/12/2005; REsp n. 700.820/RS, 1ª Turma, rel. Min. Francisco Falcão, j. 8/11/2005, *DJU* de 19/12/2005; REsp n. 695.084/RS, 1ª T., rel. Min. Francisco Falcão, j. 20/9/2005, *DJU* de 28/11/2005; REsp n. 681.161/RS, 1ª T., rel. Min. Francisco Falcão, j. 16/3/2006, *DJU* de 10/4/2006, p. 135.

379 Redação dada pela Emenda Constitucional n. 45, de 2004. A redação anterior era a seguinte: "todos os julgamentos dos órgãos do Poder Judiciário serão públicos, e fundamentadas todas as decisões, sob pena de

Especificamente sobre o direito à informação, dispõe o texto constitucional que:

Art. 5º, XIV – é assegurado a todos o acesso à informação e resguardado o sigilo da fonte, quando necessário ao exercício profissional;

Art. 5º, XXXIII – todos têm direito a receber dos órgãos públicos informações de seu interesse particular, ou de interesse coletivo ou geral, que serão prestadas no prazo da lei, sob pena de responsabilidade, ressalvadas aquelas cujo sigilo seja imprescindível à segurança da sociedade e do Estado.

Art. 37, § 3º, II – § 3º A lei disciplinará as formas de participação do usuário na administração pública direta e indireta, regulando especialmente: (...) II – o acesso dos usuários a registros administrativos e a informações sobre atos de governo, observado o disposto no art. 5º, X e XXXIII;

Art. 216, § 2º – § 2º Cabem à administração pública, na forma da lei, a gestão da documentação governamental e as providências para franquear sua consulta a quantos dela necessitem.

No CPC/2015, o princípio da publicidade é disciplinado pelos arts. 11 e 189, segundo os quais:

Art. 11. Todos os julgamentos dos órgãos do Poder Judiciário serão públicos, e fundamentadas todas as decisões, sob pena de nulidade.

Parágrafo único. Nos casos de segredo de justiça, pode ser autorizada a presença somente das partes, de seus advogados, de defensores públicos ou do Ministério Público.

Art. 189. Os atos processuais são públicos, todavia tramitam em segredo de justiça os processos:

I – em que o exija o interesse público ou social;

II – que versem sobre casamento, separação de corpos, divórcio, separação, união estável, filiação, alimentos e guarda de crianças e adolescentes;

III – em que constem dados protegidos pelo direito constitucional à intimidade;

IV – que versem sobre arbitragem, inclusive sobre cumprimento de carta arbitral, desde que a confidencialidade estipulada na arbitragem seja comprovada perante o juízo;

§ 1º O direito de consultar os autos do processo que tramite em segredo de justiça e de pedir certidões de seus atos é restrito às partes e aos seus procuradores.

§ 2º O terceiro que demonstrar interesse jurídico pode requerer ao juiz certidão do dispositivo da sentença, bem como de inventário e de partilha resultantes de divórcio e separação.

---

nulidade, podendo a lei, se o interesse público o exigir, limitar a presença em determinados atos, às próprias partes e a seus advogados, ou somente a estes".

Cuida-se, a publicidade, de importantíssima condição de validade do processo (devido processo legal) cujo escopo é o de garantir, sob o pano de fundo do Estado Democrático de Direito, a plena possibilidade de controle, pelas partes e pela sociedade, dos atos praticados pelo Poder Judiciário.

Vê-se, dos dispositivos acima transcritos, que tanto a preservação do interesse público (ou do interesse social) quanto a preservação da intimidade permitem a decretação do sigilo, que, de acordo com o texto constitucional, será sempre excepcional.

É importante perceber, contudo, que com a nova redação dada pela EC n. 45 ao art. 93, IX, *a preservação do direito à intimidade do interessado no sigilo somente será garantida quando não houver prejuízo ao "interesse público à informação"*. Com a nova redação reafirma-se, assim, que a publicidade processual é a regra, sendo então necessário identificar em que hipóteses o sigilo decretado como garantia da intimidade não prejudicará o "interesse público à informação".

De pronto é possível apontar, exemplificativamente, que os casos relativos ao direito de família (casamento, filiação, separação, divórcio, alimentos, guarda de menores etc.), contemplados pelo art. 189, II, do CPC/2015, permitem a decretação de sigilo como forma de garantia da intimidade uma vez que, aqui, não há, pelo menos em tese, prejuízo ao "interesse público à informação". Cuidam-se de aspectos relacionados à esfera mais indevassável do indivíduo e que mais de perto tocam a sua dignidade. O mesmo se dará relativamente a causas em que sejam discutidos aspectos relacionados, por exemplo, às preferências sexuais e a comportamentos familiares das partes.

Parece-nos que o texto do art. 93, IX, está em plena harmonia com o art. 5º, LX, contemplando, ambos, o sigilo como forma de garantia à intimidade, desde que, não obstante, a preservação desta última esfera não cause prejuízo ao interesse público à informação. Noutro giro, muito embora a intimidade seja garantida constitucionalmente em termos genéricos (art. 5º, X), em se tratando do processo, fornido num ambiente de publicidade, tal intimidade somente prevalecerá quando não houver prejuízo à informação, a cujo respeito o próprio texto constitucional aponta a existência de interesse público. Em suma, parece-nos que há entre a preservação à intimidade e o interesse público à informação uma clara supremacia deste último, supremacia definida pelo próprio texto constitucional quando se tratar *especificamente* de relações processuais. Não se cuida de afirmar, aprioristicamente, a ideia de uma "supremacia do interesse público sobre o interesse privado"[380] mas apenas de enxergar, a partir da nova redação dada ao art. 93, IX, uma clara preferência do texto constitucional ao "interesse público à informação" em detrimento do direito à in-

---

[380] Sobre a discussão a respeito da suposta existência de um "princípio de supremacia do interesse público sobre o privado", permitimo-nos indicar o nosso *As prerrogativas da administração pública nas ações coletivas*, publicado pela editora Lumen Juris, parecendo-nos, em suma, inexistir uma supremacia *a priori* do interesse público sobre o privado.

timidade. Também não se trata de afirmar a existência de uma supremacia *a priori* do direito à informação sobre o direito à privacidade, em qualquer hipótese. A supremacia existirá, repita-se, em se tratando de relações processuais, tendo o texto constitucional, já ele próprio, ponderado os direitos em jogo, com clara opção pela publicidade.

De notar-se que no mais das vezes haverá plena harmonia entre os direitos à "intimidade" e à "informação" uma vez que, no ordinário dos casos, não existirá, simplesmente, "interesse público à informação" a ser prestigiado. Isso se dará, em regra, nas situações indicadas no inciso II do art. 189 do CPC/2015.

Da conjugação do regramento constitucional previsto nos arts. 5º, LX, e 93, IX, pensamos ser possível visualizar três hipóteses diversas, a saber:

> Hipótese 1: não há intimidade a ser preservada nem tampouco interesse público à informação. Nessa hipótese aplica-se, sem maior dificuldade, o princípio da publicidade, que é a regra e corolário do devido processo legal. Isso ocorrerá, por exemplo, numa singela ação de despejo entre locador e locatário;
>
> Hipótese 2: há intimidade a ser resguardada e não há interesse público à informação. Nessa hipótese o processo será sigiloso. Isso ocorrerá, exemplificativamente, numa ação de alimentos ou numa ação de divórcio litigioso;
>
> Hipótese 3: há, em tese, implicações com o direito à intimidade mas a preservação de tal direito importará em prejuízo ao interesse público à informação. Nesse caso aplica-se o princípio da publicidade. Isso ocorrerá, por exemplo, nas ações populares e nas ações de improbidade administrativa, como adiante melhor se argumentará.

A terceira hipótese, a dos processos envolvendo agentes públicos que figurem como réus por atos praticados na gestão da coisa pública, merece reflexão mais detida.

Como se sabe, o resguardo da intimidade e da imagem de personalidades públicas, em especial de agentes públicos, é tema assaz instigante. Com efeito, se por um lado não se pode, pura e simplesmente, afirmar a não incidência das cláusulas constitucionais de proteção à intimidade, à vida privada, à honra e à imagem com relação a tais pessoas (art. 5º, X, da CF), por outro, a voluntariedade de sua exposição pública e, em se tratando de agentes administrativos ou políticos, o interesse da sociedade em fiscalizar o trato da coisa pública, que vai encontrar no princípio da publicidade (art. 37 da CF) uma de suas mais importantes ferramentas, conferem ao problema contornos bastante peculiares. De fato, os agentes públicos não devem receber o mesmo tratamento do homem comum, figura historicamente mais frágil no embate político entre o Estado e o indivíduo[381]. Além disso, ao

---

381 Precisa, no ponto, a visão de Cármen Lúcia Antunes Rocha, hoje Ministra do STF: "Pela concepção constitucionalmente abrigada contemporaneamente, a privacidade não tem conteúdo único para todos e nem pode ser considerada como um bloco conceitual indistinto em suas expressões. (...). Assim, aquele que se oferece

participarem do sistema administrativo, tais agentes aderem voluntariamente ao regime jurídico próprio do setor público, marcado pela publicidade[382].

De nossa parte, desde que preservado o âmbito *inter privato* do agente público (peculiaridades concernentes, sobretudo, à sua vida familiar e às suas opções religiosas, filosóficas, ideológicas ou sexuais) e que se busque, concretamente, resguardar um direito fundamental ou um bem constitucionalmente protegido, como se dá com o direito à probidade administrativa e à preservação do patrimônio público (arts. 23, I, e 37, § 4º, da CF), tais direitos subjetivos da personalidade devem ceder, aplicando-se, aqui, o princípio da razoabilidade ou ponderação de interesses, que pressupõe, sempre, uma análise casuística, concreta. Em se tratando de relações processuais, repita-se, tal ponderação já foi feita pela Constituição Federal, em clara opção pelo interesse público à informação.

A demonstrar tal "flexibilização" relativamente aos agentes públicos bastaria referir que a legislação penal, embora puna severamente os ataques à honra, objetiva ou subjetiva, de qualquer pessoa, admite a chamada "exceção da verdade" relativamente a fatos caluniosos ou difamatórios imputados a agentes públicos (arts. 138, § 3º, e 139, parágrafo único, do Código Penal). No âmbito da Lei de Improbidade, exemplo eloquente pode ser extraído de seu art. 13, que condiciona a posse e o exercício de cargo, função e emprego público ou mandato eletivo à apresentação de declaração de bens e valores por parte do agente (no mesmo sentido, de forma até mais ampla, a Lei n. 8.730/93).

Não se ignora que a colisão entre o direito à privacidade, em sentido amplo, e a liberdade de informação, ambos resguardados pela Constituição brasileira[383], constitui um dos pontos mais comuns e delicados de atrito entre os direitos fundamentais. Na Espanha, como nos informa Edilson Pereira de Farias[384], a Lei Orgânica 1/1982 considera legítima a

---

à eleição pelo povo a um cargo público não pode decidir que quer exercer um cargo público, pago com dinheiro público, para o exercício de funções públicas e manter a privacidade do mesmo modo de alguém que se mantém nos limites de uma atividade privada, em espaço particular, com recursos particulares e que não se dá à mostra nem participa de atividades ou desempenha funções que atinjam, direta e imediatamente, o interesse público. Público o cargo, públicos os recursos com os quais se vive, pública a finalidade buscada com determinada atividade desenvolvida, é impossível que se pretenda manter o mesmo círculo limitado de privacidade que um cidadão despojado de tais deveres poderia vir a escolher" (Direito à privacidade e os sigilos fiscal e bancário, p. 17).

382 Nessa linha a decisão proferida pela Décima Primeira Câmara Cível do TJRJ: "Agravo de Instrumento. Decisão proferida em ação civil pública ajuizada para apurar possíveis atos de improbidade administrativa do agravante, quando do exercício do mandato de prefeito de Teresópolis. Indeferimento de desentranhamento de documentos que demonstram o patrimônio público do agravante. Decisão estribada na Lei 8.429/92, eis que o patrimônio do agravante deixou de ser unicamente do seu interesse privado, quando ingressou na vida pública. Na hipótese dos autos o interesse público exige publicidade dos atos processuais. Desprovimento do recurso" (rel. Jds. Desembargador Paulo Sérgio Prestes, un., j. 24/1/2007).

383 Art. 5º, IV, V, IX, X, XI, XII, XIV; art. 220.

384 *Colisão de direitos:* a honra, a intimidade, a vida privada e a imagem *versus* a liberdade de expressão e informação, p. 173-174.

informação "quando exista um interesse histórico, científico ou cultural relevante que predomine sobre a intromissão" (art. 8.1) e a "captação, reprodução ou publicação por qualquer meio da imagem de pessoas que exerçam um cargo público ou uma profissão de notoriedade ou projeção pública" (art. 8.2, a). Referido autor também noticia que tanto a Suprema Corte Americana como os Tribunais Superiores Alemão, Italiano e Espanhol adotam a regra da *preferred position* da liberdade de expressão e informação em detrimento dos direitos da personalidade, "... *em razão da valoração dessa liberdade [de informação] como condição indispensável para o funcionamento de uma sociedade aberta*"[385]. Como critérios de ponderação adotados por tais Tribunais, têm-se os seguintes: a) o público deve ser separado do privado, tendo em conta que a liberdade de informação se volta a uma função social relevante (formação da opinião pública, controle do poder público e suscitação do debate público); b) deve o comunicador adotar uma atitude diligente em busca da verdade, produzindo uma notícia correta e honesta (dever de comprovação da notícia); c) a notícia deve voltar-se à formação da opinião pública e não ao interesse privado do noticiante ou de terceiros[386].

Abordando a problemática da liberdade de expressão relativa a condutas de agentes públicos, inclusive a possibilidade de responsabilização dos meios de comunicação pela divulgação de fatos a eles relacionados, o Professor Jónatas Machado, da Faculdade de Direito da Universidade de Coimbra, pontua algumas questões que devem ser levadas em conta.

Por primeiro, assevera referido jurista que as referências a questões como práticas, hábitos, orientações e preferências sexuais"... são *prima facie* proibidas pelo direito à reserva de intimidade quando estejam em causa figuras públicas", o mesmo se dando quando se trate de referências ao estado de saúde[387]. Mesmo aqui, contudo, poderá ser possível verificar a presença de interesse público na divulgação de tais aspectos"... quando condutas que integram *prima facie* a esfera íntima têm repercussões na actividade e nas instituições públicas, quando são relevantes para a avaliação pública do seu carácter pessoal, da sua capacidade para o exercício de cargos públicos ou do seu valor pessoal enquanto figura pública, ou ainda quando contribuem para um juízo mais completo e justo dos protagonistas do processo político"[388]. Exatamente nessa linha tem-se o art. 31, § 4º, da Lei de Acesso à Informação (Lei n. 12.527/2011), claro no sentido de que "*a restrição de acesso a informação relativa à vida privada, honra e imagem de pessoa não poderá ser invocada com o intuito de prejudicar processo de apuração de irregularidades em que o titular das informações estiver envolvido, bem como em ações voltadas para a recuperação de fatos históricos de maior relevância*".

---

385 Ob. cit., p. 175-183.
386 Ob. cit., p. 175-183.
387 *Liberdade de expressão*: dimensões constitucionais da esfera pública no sistema social, p. 812.
388 Ob. cit., p. 814, apontando o autor ser essa a orientação da jurisprudência francesa. Poderíamos formular o exemplo de um agente público responsável por processo licitatório de grande repercussão econômica que mantenha relações sexuais com o representante legal de um dos licitantes, a quem ao final vem a favorecer.

Capítulo II – O Momento Processual. A Ação Civil de Improbidade

Para além do campo da "intimidade da vida privada" do agente público, acentua Jónatas Machado que "a denúncia pública da prepotência, do preconceito, da corrupção, do clientelismo, da incompetência e das demais patologias do sistema político é praticamente impossível sem que daí resultem danos colaterais em matéria de bom nome e reputação"[389], o que se justifica pela necessidade de criação de uma esfera de discurso público aberta e pluralista e também em razão do valor das liberdades da comunicação para a autodeterminação democrática da comunidade e controle público das instituições[390].

Em suma, a publicidade dos processos relativos aos atos de improbidade administrativa e a plena possibilidade de acompanhamento, pela sociedade, de sua marcha e das discussões neles travadas contribuem para o debate aberto das questões de interesse público e vão encontrar fundamento nos arts. 5º, XIV, XXXIII, LX, e 93, X, da CF[391]. A tais regras deve-se acrescer o art. 37, *caput* e § 4º, da CF, que agasalham, dentre outros, os princípios da publicidade, moralidade e eficiência da Administração Pública e apontam a probidade administrativa como bem constitucionalmente tutelado. Em arremate, também o art. 1º da Constituição Federal, que consagra o sistema republicano e o Estado Democrático de Direito[392], donde se pode inclusive afirmar que quanto maior a responsabilidade política do agente público maiores deverão ser as garantias de publicidade dos atos processuais relativos ao seu atuar na gestão da *res* pública[393].

---

389 Ob. cit., p. 805.
390 Idem.
391 Merece também menção o art. 13, 1, d, da Convenção das Nações Unidas contra a Corrupção, ratificada pelo Brasil, segundo o qual devem os Estados, como forma de garantir a participação da sociedade no combate à corrupção, "Respeitar, promover e proteger a liberdade de buscar, receber, publicar e difundir informação relativa à corrupção", ressalvado o respeito a direitos e à reputação de "terceiros" e a salvaguarda da segurança nacional, da ordem pública, da saúde ou da moral públicas.
392 "Observe-se, oportunamente, que a Constituição de 1988 institui uma ordem democrática fundada no valor da publicidade (*öffentlichkeit*), substrato axiológico de toda a atividade do Poder Público. No Estado Democrático de Direito, a publicidade é a regra; o sigilo, a exceção, que apenas se faz presente, como impõe a própria Constituição, quando seja imprescindível à segurança da sociedade e do Estado (art. 5º, XXXIII) e quando não prejudique o interesse público à informação (art. 93, IX)" (Inq. n. 2314/MT, rel. Min. Gilmar Mendes, decisão monocrática, *Inf. STF* n. 434).
393 Comentando o art. 184 do Código Penal português, que agrava as sanções por crimes contra a honra cometidos contra membros de órgãos de soberania e outros órgãos constitucionais, Jónatas Machado advoga a ideia de que tal agravação somente pode incidir "... nos casos em que as linhas amplas e generosas de demarcação da livre discussão e crítica tenham sido ultrapassadas de forma manifestamente abusiva e desproporcional, designadamente quando se esteja perante imputações difamatórias, injuriosas e caluniosas à margem de qualquer discussão séria de assuntos de interesse público" (*Liberdade de expressão*, p. 816). De qualquer modo, o autor levanta algumas dúvidas mesmo a esta ressalva em razão de seu potencial efeito inibidor do debate público, e ressalta, corretamente, que "... para a defesa dos titulares dos cargos públicos não pode ser avançada uma qualquer concepção de honra pessoal de procedência quase medieval ou pré-moderna, assente numa compreensão hierarquizada e estamental da sociedade e na distinção qualitativa entre governantes (nobreza e clero) e governados, a partir da qual se pretenda colocar os primeiros num plano de relativa impermeabilidade à discussão pública" (p. 816).

Mesmo nos casos em que a imputação se fundamente em dados bancários e fiscais, parece-nos possível a incidência do princípio da publicidade processual, até porque, como já referido, nosso sistema jurídico flexibiliza, em termos bastante amplos, o sigilo de tais informações quando se tratar de agentes públicos (art. 13 da LIA; Lei 8.730/93[394]; art. 198, § 1º, II, do CTN; art. III, n. 4, da Convenção Interamericana contra Corrupção; Lei n. 12.527/11, art. 8º, n. 5, e 52, n. 1 e 6, da Convenção das Nações Unidas contra a Corrupção). Não há motivos, queremos crer, para a decretação de sigilo relativamente aos elementos que dão lastro à imputação, quaisquer que sejam, salvo quando possível verificar, de plano, o caráter teratológico e injusto da demanda, ou seja, a manifesta litigância de má-fé do autor. Em sendo esse o caso, inexistirá "interesse público à informação", devendo prevalecer, por isso, o direito à intimidade como forma de coibição do abuso.

A esse respeito, o Supremo Tribunal Federal, num importantíssimo precedente, teve por possível, embora excepcionalmente, a divulgação de dados sigilosos obtidos por Comissões Parlamentares de Inquéritos. Após asseverar a possibilidade de acesso direto pelas referidas Comissões a dados sigilosos e também o dever de sigilo que se transmite a elas a partir do recebimento de tais dados, a Corte deixou claro que: "Havendo justa causa – e achando-se configurada a necessidade de revelar os dados sigilosos, seja no relatório final dos trabalhos da Comissão Parlamentar de Inquérito (como razão justificadora da adoção de medidas a serem implementadas pelo Poder Público), seja para efeito das comunicações destinadas ao Ministério Público ou a outros órgãos do Poder Público, para os fins a que se refere o art. 58, § 3º, da Constituição, *seja, ainda, por razões imperiosas ditadas pelo interesse social* – a divulgação do segredo, precisamente porque legitimada pelos fins que a motivaram, não configurará situação de ilicitude, muito embora traduza providência de absoluto grau de excepcionalidade"[395].

---

[394] A Lei n. 8.730/93 estabelece que compete ao Tribunal de Contas publicar, periodicamente, no Diário Oficial da União, por extrato, dados e elementos constantes da declaração do agente público, e fornecer certidões e informações requeridas por qualquer cidadão para propor ação popular que vise anular ato lesivo ao patrimônio público ou à moralidade administrativa (art. 1º, § 2º, IV e VI).

[395] MS n. 23.452-1/RJ, Pleno, rel. Min. Celso de Mello, um., j. 16/9/1999. No mesmo sentido: MS n. 25.717-MC, rel. Min. Celso de Mello, decisão monocrática, j. 16.12.05, *DJ* de 1º/2/2006. Esse entendimento foi reafirmado em decisão monocrática do Min. Gilmar Mendes: "(...) o dever imposto à Comissão Parlamentar Mista de Inquérito – CPMI das 'Ambulâncias' restringe-se ao resguardo do conteúdo dos documentos, não devendo representar qualquer empecilho aos trabalhos investigatórios reputados necessários pela própria comissão para o alcance de suas finalidades institucionais. A comissão não estará impedida, por exemplo, de realizar convocações de parlamentares por ela investigados para prestar depoimentos ou de utilizar os dados obtidos dos documentos sigilosos para eventuais questionamentos, observações, comentários, perguntas e acareações. Assim, se é certo, por um lado, que as CPIs devem zelar pela confidencialidade dos documentos aos quais teve acesso – seja através do trabalho de cooperação e troca institucional de informações com os demais Poderes, seja pela quebra dos sigilos bancário e fiscal dos investigados –, por outro lado também devem ser assegurados às comissões os poderes que lhes foram constitucionalmente atribuídos para utilizar os dados obtidos como instrumento de realização de seus trabalhos investigatórios, os quais muitas vezes exigem a divulgação, ainda que relativa, de seu conteúdo sigiloso, como ocorre normalmente com a elaboração dos

Sendo assim, reafirmamos que mesmo que a imputação seja fundada em dados sigilosos nada impedirá a publicidade. Diferente solução deve ser aplicada na fase das investigações (inquérito civil), uma vez que os elementos nela colhidos se revestem de precariedade[396].

Não se deve olvidar, por outro lado, a necessidade de garantir-se ao agente público a plena possibilidade de participação do debate público em torno de sua conduta, com igualdade de armas, não só no processo como também fora dele, para onde, no final das contas, a publicidade se projeta. Isso, em termos pragmáticos, exige o respeito ao direito de esclarecimento dos fatos e de resposta, que o Poder Judiciário deve também resguardar, mas por mecanismos diversos que não o sigilo.

Além disso, a informação de tais processos deve ser feita de modo a neutralizar atitudes oportunistas que busquem os holofotes da mídia em detrimento do esclarecimento da verdade. Assim, quando proposta a ação, por exemplo, pelo Ministério Público, a publicação, sempre que possível, deve omitir a menção aos nomes de promotores e procuradores, apontando apenas o órgão de execução da instituição responsável pelo caso.

Também não se deve perder de vista os malefícios trazidos, em algumas hipóteses, pela *incessante e massiva* divulgação de determinados fatos sobre a própria liberdade de julgar do Poder Judiciário:"*El interés fundamental a una Justicia independente e sin presiones, puede verse perturbado por un exceso de información que dé lugar a 'un proceso paralelo' en la prensa, o la 'condena previa del acusado' presentado ante el público como culpable antes de ser declarado tal*"[397]. O que deve ser evitado sob pena de violação da própria *ratio* da liberdade de informação, que é a de, sem macular o exercício soberano e livre das funções estatais, pilar do Estado de Direito, permitir o desenvolvimento das práticas democráticas de convivência social.

12. REVELIA

O não atendimento do réu ao chamamento judicial, de acordo com o direito romano, permitia a sua coercitiva condução pelo autor (*manus injectio*), que, se fosse o caso, poderia inclusive imitir-se na posse de seus bens até o comparecimento do contumaz. Na Idade Média, a contumácia era tratada como crime (*crime de felonia*), sujeitando o réu a penas corporais. Foi o direito canônico que suavizou o rigor de tratamento ao faltante, passando a prever a exclusiva incidência de sanções processuais, tal como se dá atualmente[398].

---

relatórios parciais e conclusivos das investigações legislativas, assim como em comunicações ao Ministério Público ou a outros órgãos do Poder Público"(Inq. n. 2314/MT, Inf. STF n. 434).
396 O assunto foi tratado anteriormente.
397 Candido Conde-Pumpido Ferreiro, *apud* Edilson Pereira de Farias, ob. cit., p. 176.
398 Cf. FILHO, Gabriel Rezende. *Curso de direito processual civil*, p. 100.

Na verdade, conforme ressaltado por Liebman[399], o não comparecimento das partes, de um modo geral, nenhum embaraço traz ao regular desenvolvimento da relação processual, constituindo-se a sua presença antes num ônus que num dever. Ônus que, se não desincumbido pelo réu, poderá trazer-lhe prejuízos processuais, não propriamente a aplicação de sanções[400].

Pois bem. A teor do art. 344 do CPC/2015, *se o réu não contestar a ação, será considerado revel e presumir-se-ão verdadeiras as alegações de fato formuladas pelo autor*, o que possibilita ao magistrado julgar a causa antecipadamente (art. 355, II, do CPC/2015). Não se verificará tal efeito[401], no entanto, se, *havendo pluralidade de réus, algum deles contestar a ação; se o litígio versar sobre direitos indisponíveis ou se a petição inicial não estiver acompanhada de instrumento que a lei considere indispensável à prova do ato; as alegações de fato formuladas pelo autor forem inverossímeis ou estiverem em contradição com prova constante dos autos* (art. 345 do CPC/2015). Interessa-nos a hipótese de "indisponibilidade de direitos", restando saber se a matéria discutida na ação civil de improbidade apresenta tal característica, afastando, se positiva a resposta, o efeito da revelia previsto no referido art. 344 do CPC/2015. Que são "direitos indisponíveis"?

Humberto Theodoro Júnior prestigia a definição encontrada em Hélio Sodré no sentido de que, de um modo geral, "indisponíveis são os direitos essenciais da personalidade" (direito à liberdade, direito à vida, à honra, ao nome etc.), todos aqueles que "não possuem um conteúdo econômico determinado" e que, por isto, "não admitem a *renúncia* ou que não comportem a *transação*"[402]. Calmon de Passos, por seu turno, afirma ser indisponível o direito "...não renunciável ou a respeito do qual a vontade do titular só se pode manifestar eficazmente, satisfeitos determinados controles"[403].

Partindo-se de tais subsídios doutrinários, pode-se afirmar, sem medo, que a matéria versada na ação de improbidade (seu conteúdo) não pode ser disposta pelas partes, não sendo possível admitir-se, dada a dispersão da pretensão veiculada (pretensão difusa) e a própria gravidade das sanções previstas no art. 12 da Lei n. 8.429/92, representativa de

---

399 *Apud* REZENDE FILHO, Gabriel. Ob. cit., p. 101.

400 A natureza jurídica da revelia é matéria longamente debatida pela doutrina. Para um estudo mais aprofundado do tema, confira-se a lição de J. J. Calmon de Passos (*Comentários ao Código de Processo Civil*, p. 344-348), inclinando-se o autor pela existência de um "dever de comparecer e atuar em relação ao demandado", do qual, se desatendido, resulta a aplicação de uma sanção ao contumaz.

401 A presunção de veracidade dos fatos preconizada pelo legislador não dispensa o magistrado da análise dos pressupostos processuais e das condições da ação, que, se ausentes, levam à extinção do processo sem julgamento do mérito (art. 485, IV e VI, do CPC/2015). De igual forma, exclui-se a admissão de veracidade "...quando os fatos narrados pelo autor sejam impossíveis ou manifestamente falsos" (Barbosa Moreira, A revelia no direito alemão e a Reforma do Processo Civil brasileiro, in *Estudos sobre o Novo Código de Processo Civil*, p. 145). Ressalte-se, outrossim, que as questões de direito continuam sujeitas à apreciação do magistrado, não acarretando a omissão do réu qualquer consequência a esse respeito.

402 *Curso de direito processual civil*, p. 392.

403 *Comentários ao Código de Processo Civil*, p. 276.

restrições capitais ao *status dignitatis* e *civitatis*, a incidência da regra contida no art. 344 do CPC/2015. Ou seja, mesmo que não oferecida contestação pelo réu, não há que se falar em *presunção de veracidade*, não se vendo o autor desonerado, assim, do ônus de provar os fatos constitutivos de seu direito (art. 373, I, do CPC/2015), postos na inicial. Pelo mesmo motivo, não haverá que se falar em confissão ficta em virtude da não impugnação específica da matéria fática na contestação, afastando-se a aplicação, pelo mesmo motivo, do art. 341 do CPC/2015[404].

O afastamento do efeito previsto no art. 344 do campo da improbidade se vê consideravelmente robustecido pelo art. 17, § 1º, da Lei n. 8.429/92, que veda "a transação, acordo ou conciliação", não se devendo descurar que um dos parâmetros delineadores do conceito de "indisponibilidade de direitos", conforme acima mencionado, é justamente a impossibilidade de "composições" a seu respeito[405].

Como visto, a ação civil de improbidade busca não só a aplicação das sanções previstas no art. 12, mas também – e sobretudo – a reparação do dano causado pelo ímprobo, a recomposição do *statu quo ante*. Seria então de se indagar: tratando esta parte do pedido de aspecto meramente patrimonial (pretensão meramente indenizatória), direito disponível, portanto, incidiria a regra contida no art. 344 do CPC/2015? Noutro giro: seria possível excluir a presunção de veracidade dos fatos apenas com vistas à aplicação das sanções, admitindo-se, no entanto, tal presunção para fins de reconhecimento da obrigação de reparar o dano causado ao patrimônio público?

A princípio, a regra contida no art. 17, § 1º, acima referida, não representaria qualquer óbice a esse tratamento "dúplice", visto que em momento algum vedou o legislador a possibilidade de ajuste de conduta no que respeita às *condições* relacionadas à *integral* reparação do dano (prazo, valor da parcela etc.)[406].

Não obstante, parece-nos impossível a parcial incidência dos efeitos da revelia, tendo em conta que a condenação do réu à reparação do dano – que não tem natureza propria-

---

[404] "Art. 341. Incumbe também ao réu manifestar-se precisamente sobre as alegações de fato constantes da petição inicial, presumindo-se verdadeiras as não impugnadas, salvo se: I – não for admissível, a seu respeito, a confissão; II – a petição inicial não estiver acompanhada de instrumento que a lei considerar da substância do ato; III – estiverem em contradição com a defesa, considerada em seu conjunto. Parágrafo único. O ônus da impugnação específica dos fatos não se aplica ao defensor público, ao advogado dativo e ao curador especial". A não incidência da regra da confissão ficta, no caso da ação de improbidade, vai buscar fundamento no inciso I. Sobre os efeitos da confissão, trataremos do tema no tópico seguinte.

[405] "É noção comezinha em Direito que a indisponibilidade do direito refere-se ao fato de que certa relação jurídica é insuscetível de renúncia, transação ou livre para qualquer manipulação. Vale dizer que seja por via direta ou oblíqua não pode o sujeito da relação jurídica desfazer-se dela (total ou parcialmente)" (Luiz Guilherme Marinoni e Sérgio Cruz Arenhart, *Comentários ao Código de Processo Civil*, p. 361). Confira-se, no sentido da não incidência do art. 344 do CPC/2015 (art. 319 do CPC revogado) às ações de improbidade administrativa, o decidido pela 4ª Câmara Cível do TJDF na AC 2001.011083283-4, j. 29-11-2006, rel. Des. Vera Andrighi, que nos honrou com a citação da 3ª edição.

[406] Sobre o tema, ver tópico específico, acima.

mente sancionatória – resulta, necessariamente, na aplicação, a princípio cumulativa, das sanções previstas no art. 12 da Lei n. 8.429/92, não sendo logicamente possível, desta forma, que o magistrado, em vista da identidade da premissa (a ocorrência, ou não, da improbidade), conclua pelo cabimento da pretensão ressarcitória sem que se incline, *ipso facto*, pela aplicação das medidas sancionatórias. Simule-se a seguinte hipótese: ajuizada ação de improbidade com vistas ao ressarcimento do dano e à aplicação das sanções, o réu deixa de oferecer contestação. No que se refere à perda da função pública, suspensão dos direitos políticos etc., dada a indisponibilidade da temática, não poderia o juiz presumir a veracidade dos fatos narrados na inicial, o que demandaria do autor a prova de sua ocorrência. Não sendo possível o julgamento antecipado da lide, prosseguindo o feito, imagine-se que tal prova não se produza. Admitida a parcial incidência do art. 344 do CPC/2015, o juiz, então, findaria por reputar verdadeiros os fatos alegados pelo autor (reconhecendo, deste modo, a existência do ato de improbidade, causa de pedir), apenas no que respeita à reparação do dano, não podendo, no entanto, aplicar as sanções previstas no art. 12. Ou seja, em evidente contradição, a *causa petendi* se reputaria "provada" – pela revelia – e "não provada" – por não ter o autor se desincumbido de seu ônus – a um só tempo, findando-se por condenar o réu a indenizar um dano sem que se tenha, realisticamente, demonstrado a improbidade de seu atuar.

É importante notar que, diferentemente do que geralmente se dá nas demandas relativas ao meio ambiente e ao consumidor, na ação civil de improbidade a condenação do réu não se limita a aspectos meramente patrimoniais (obrigações de fazer e não fazer; condenação ao pagamento de determinada quantia)[407], alcançando, antes, relevantes parcelas de sua personalidade e de sua cidadania, residindo aqui a nota de indisponibilidade de tais ações.

Conclusão diversa resultaria de uma ação ajuizada com vistas, exclusivamente, à condenação do ímprobo à reparação do dano. Tal poderá ocorrer se já se tiver verificado a prescrição quanto à aplicação das sanções do art. 12[408], caso em que, aí sim, se admitirá a plena incidência do art. 344 do CPC/2015, tratando-se, agora, de aspectos meramente pa-

---

407 Luiz Antônio de Souza, em inteligente argumentação, defende a incidência do art. 319 do CPC/73 (art. 344 do CPC/2015) às ações coletivas, forte no argumento de que, nas demandas relativas ao meio ambiente e ao consumidor, "o pedido, cujos efeitos da revelia geram seu reconhecimento incontinenti, cuidará tão somente da prestação de fatos, da prática de atos ou pagamentos de indenização destinados à plena recomposição do direito material lesado", afirmando, outrossim, que "... é indisponível o direito material cuja violação é a causa de pedir; é absolutamente disponível para o infrator os reflexos de sua conduta ilícita, traduzidos no comando da sentença no sentido de que abstenha-se, faça ou recolha quantia em dinheiro a título de indenização" (O efeito da revelia nas ações coletivas, p. 508 e s.). Como visto, a tese não se aplica à ação civil de improbidade, cujo objeto é bem mais amplo que o concebido pelo art. 3º da Lei n. 7.347/85.
408 "Art. 23. As ações destinadas a levar a efeito as sanções previstas nesta lei podem ser propostas: I – até cinco anos após o término do exercício de mandato, de cargo em comissão ou de função de confiança; II – dentro do prazo prescricional previsto em lei específica para faltas disciplinares puníveis com demissão a bem do serviço público, nos casos de exercício de cargo efetivo ou emprego." A reparação do dano é imprescritível (art. 37, § 4º, da CF).

trimoniais. Mesmo quanto a esta hipótese, contudo, se poderia cogitar o afastamento dos efeitos da revelia em razão da regra contida no art. 345, I, do CPC/2015, se for o caso[409].

Por fim, cumpre registrar que a "indisponibilidade de direitos" afasta a incidência do referido art. 344 do CPC/2015, não a do art. 346: *"Os prazos contra o revel que não tenha patrono nos autos fluirão da data de publicação do ato decisório no órgão oficial. Parágrafo único. O revel poderá intervir no processo em qualquer fase, recebendo-o no estado em que se encontrar".* Como percebido por Eliézer Rosa, "aqui o que ocorre é uma suficiência continuativa da citação inicial"[410]. Assim, verificada a contumácia, não há que se exigir a intimação do réu, a partir de tal momento, correndo os prazos a partir da publicação do ato em audiência ou em cartório[411].

13. CONFISSÃO JUDICIAL E EXTRAJUDICIAL

De acordo com o art. 389 do CPC/2015, *há confissão, judicial ou extrajudicial, quando a parte admite a verdade de um fato, contrário ao seu interesse e favorável ao do adversário.* A definição legal é bastante satisfatória e bem transmite a ideia de que confessar é ato que "faz sucumbir o direito do confitente", assemelhando-se à renúncia[412].

Vimos, no capítulo anterior, que a pretensão veiculada na ação de improbidade administrativa é de índole indisponível, característica que, a par de refletir-se no campo da re-

---

409 "Art. 345. A revelia não produz o efeito mencionado no art. 344 se: I – havendo pluralidade de réus, algum deles contestar a ação." De acordo com Joel Dias Figueira Júnior, em lição plenamente aplicável ao CPC/2015, "... em qualquer caso de pluralidade de réus, o que importa é a existência de fatos comuns e que sejam os mesmos os objetos de defesa articulada por qualquer um dos litisconsortes, de modo a beneficiar os omissos" (*Comentários ao Código de Processo Civil,* p. 380). Em tema análogo, o STJ, recentemente, ampliou a litisconsortes omissos os efeitos favoráveis do recurso interposto por apenas um dos réus, reconhecendo a existência de "fatos comuns": "Litisconsórcio. Extensão. Improbidade Administrativa. Em ação civil pública, o Tribunal *a quo* condenou vários réus que, no período em que exerceram o mandato de vereador, realizaram atos de improbidade administrativa, tais como a falta de licitação para pagamento de serviços, não emissão de notas de empenho para efetivação das despesas e despesas impróprias e diversas. Quando interpuseram recurso especial, um dos réus o fez em causa própria, enquanto os outros constituíram novo advogado. O recurso do réu advogado em causa própria foi admitido, enquanto o dos demais não, por falta de peça essencial. Assim, preliminarmente, a Turma decidiu que, para evitar decisões diversas entre os litisconsortes, aplica-se na espécie o art. 509 do Código de Processo Civil [art. 1.005 do CPC/2015] (O recurso interposto por um dos litisconsortes a todos aproveita, salvo se distintos ou opostos os seus interesses), devendo a decisão de recurso que foi admitido aproveitar aos demais. (...)" (REsp n. 324.730/SP, rel. Min. Eliana Calmon, j. 8/4/2003).
410 *Dicionário de processo civil,* p. 398.
411 Súmula 12 do TJRS: "O prazo recursal para o réu revel corre independentemente de intimação, a partir da publicação da sentença em audiência ou em cartório". Em sentido diverso, considerando que o prazo começa a fluir da intimação da parte contrária: *JTA* 75/215; *RJTJESP* 99/279; STJ, 1ª T., REsp n. 6.381-PR, rel. Min. Garcia Vieira, j. 5/12/1990, *DJU* de 4/2/1991, p. 565, *apud* Theotonio Negrão, ob. cit., p. 403.
412 Cf. SANTOS, Moacyr Amaral. *Comentários ao Código de Processo Civil,* 113.

velia e do ônus de contestação específica dos fatos, vai também condicionar o próprio valor da confissão em tal hipótese, pois, a teor do art. 392 do CPC/2015, *não vale como confissão a admissão, em juízo, de fatos relativos a direitos indisponíveis*.

A regra do art. 392, não obstante, precisa ser corretamente compreendida. Ao dizer o legislador que a admissão de fatos favoráveis ao adversário, quando em jogo direitos indisponíveis, "não vale" como confissão, quer apenas expressar que, em casos tais, não está o autor desonerado de provar os fatos constitutivos de sua pretensão, tal como estabelecido no art. 373, I, da Lei de Ritos. Como bem ponderado por Marinoni e Arenhart, que partem da natureza negocial da confissão, "quando o direito posto em debate na demanda é de natureza indisponível, este ato jurídico processual das partes torna-se inviável pela simples razão de que qualquer convenção relativa ao ônus da prova, nesta espécie de ação, é vedada (art. 333, parágrafo único, I)"[413].

Tal não significa, no entanto, não possa o juiz, desde que válida a confissão, tomá-la como elemento formador de sua convicção, conclusão que se afina ao sistema do livre convencimento motivado (art. 371 do CPC/2015). Não valendo como confissão a declaração do réu, nada impede que o magistrado a receba como um depoimento[414], convencendo-se, mais ou menos seguramente, na exata proporção da verossimilhança do admitido. Embora capaz de convencer, na seara dos direitos indisponíveis não cumpre a confissão, deste modo, o papel de "rainha das provas" a ela conferido pelos praxistas e verificado no campo dos direitos disponíveis[415].

Foi visto também, no capítulo referente à legitimação passiva *ad causam* para a ação de improbidade, que todos aqueles que tenham concorrido para a lesão ao patrimônio público devem figurar no polo passivo da demanda (litisconsórcio necessário), decorrendo daí interessante questão: Havendo a confissão de apenas um dos réus, qual o valor deste elemento para os demais?

A princípio, *a confissão judicial faz prova contra o confitente, não prejudicando, todavia, os litisconsortes* (art. 391 do CPC/2015), cujos atos e omissões não prejudicarão os outros (art. 117, *idem*). Vicente Greco Filho, tratando do tema à luz do art. 48 do CPC revogado, em lição ainda válida em face do art. 117 do CPC/2015, admite a ocorrência de prejuízos ou benefícios, no plano fático, decorrentes da postura dos litisconsortes: "... se um litisconsorte confessa, tal confissão não se estende aos outros litisconsortes, os quais conti-

---

413 *Comentários ao Código de Processo Civil*, p. 359. A lição continua válida, uma vez que o CPC/2015, no § 3º, I, do art. 373 veda a distribuição diversa do ônus probatório, por convenção das partes, quando se tratar de direito indisponível.

414 Nesse sentido: MIRANDA, F. C. Pontes de. *Comentários ao Código de Processo Civil*, p. 299.

415 Evidentemente, diante do sistema do livre convencimento motivado, não está o juiz, mesmo diante da confissão em direito disponível, impedido de determinar a produção de provas de ofício que o capacitem a uma perfeita compreensão da hipótese, já se vendo, assim, que não fica ele adstrito aos termos do confessado.

nuarão litigando sem que o juiz possa considerá-los também em situação de confissão. Todavia, por ocasião da sentença, e em virtude do princípio do livre convencimento do juiz, poderá ele levar em consideração, na análise da matéria, a confissão do litisconsorte como elemento de prova, podendo advir daí um prejuízo de fato"[416]. Luiz Guilherme Marinoni e Sérgio Cruz Arenhart também admitem que "em termos lógicos"... a confissão de um litisconsorte pode, sem sombra de dúvida, prejudicar os seus pares. Tudo depende do valor que o juiz emprestar a esta confissão", apontando que no litisconsórcio unitário"... o fato tido por verídico em relação a um litisconsorte certamente o será também em relação aos demais". Já no litisconsórcio simples, "apenas os fatos que forem comuns aos litisconsortes é que seguem esta caracterização"[417]. Outros, como Pestana de Aguiar, invocando o princípio do livre convencimento motivado, atribuem a tal elemento o valor de indício[418]. Não atribuindo qualquer valor à confissão com relação aos litisconsortes, confira-se a lição de Amaral Santos[419].

O ponto de equilíbrio, a nosso juízo, é considerar que, em casos tais, o litisconsorte que confessa se assemelha a uma testemunha e, como tal, deve ser submetido ao contraditório constitucionalmente previsto. Assim, diante da "chamada de corréu", deve o juiz, de modo a garantir a válida possibilidade de sua utilização no processo, permitir à defesa técnica do colegitimado passivo e ao autor a possibilidade de formulação de perguntas, designando, se for o caso, audiência específica para tal fim[420].

Finalizando o tópico, cabe referir o problema da chamada *confissão extrajudicial*, aquela prestada nos autos de inquérito civil ou mesmo de qualquer outro procedimento administrativo. Qual o seu valor?

Feitas as devidas ressalvas em razão da regra contida no art. 392 do CPC/2015, acima analisada, isto é, no sentido de que a confissão, em nenhuma hipótese, afastará o ônus probatório que recai sobre o autor, o fato é que, nos termos do art. 212 do Código Civil, qualquer fato jurídico pode ser provado mediante confissão, salvo quando a lei impõe forma especial, o que nos impele a concluir em sentido diametralmente oposto ao que se concebe no campo do processo penal, no qual o valor de tal elemento vem perdendo força, gradativamente[421]. Ou seja, a admissão da improbidade feita no momento administrativo,

---

416 Ob. cit., p. 125. O art. 117 do atual CPC/2015 admite que a confissão de algum dos litisconsortes possa beneficiar os demais, jamais prejudicá-los.
417 *Comentários ao Código de Processo Civil*, p. 356. A atual redação do art. 117 do CPC/2015 confirma a lição de Marinoni e Arenhart relativamente ao litisconsórcio unitário.
418 *Comentários ao Código de Processo Civil*, p. 149-150.
419 *Comentários ao Código de Processo Civil*, p. 121.
420 Neste sentido, no processo penal, confira-se a lição de Guilherme de Souza Nucci (*O valor da confissão como meio de prova no processo penal*, p. 213-219).
421 Os motivos de tal descrédito da confissão policial deve-se, fundamentalmente, ao autoritarismo de nossas polícias, historicamente corrompidas e violentas. O CPC revogado dispunha de regra clara no sentido de que *a confissão extrajudicial, feita por escrito à parte ou a quem a represente, tem a mesma eficácia probatória da*

desde que não eivada de erro, dolo ou coação, pode ser validamente invocada pelo magistrado na sentença, atuando, mesmo que retratada em juízo, como importante indício a demonstrar a ocorrência do atuar ímprobo[422].

14. PROVA EMPRESTADA

Como não se ignora, de um mesmo fato é possível a derivação de diversas consequências, sendo bastante comum que as condutas ilícitas do agente público acarretem além do sancionamento previsto pela Lei n. 8.429/92 também a aplicação de sanções criminais e mesmo administrativas, o que torna relevante o estudo da denominada prova emprestada.

De início, cabe conceituar prova emprestada como aquela que se transpõe documentalmente de um processo a outro, geralmente através de certidões ou cópias autenticadas, o que se verifica relativamente a processos da mesma natureza (*v.g.*: dois processos por improbidade administrativa) ou de natureza diversa (*v.g.*: dois processos, um criminal e outro por improbidade administrativa, relativamente ao mesmo fato)[423]. Assim, quanto à *essência*, a prova emprestada guardará a mesma natureza com a qual se produziu no processo de origem (a prova testemunhal, por exemplo, manterá tal natureza também no processo para o qual é transportada), sendo certo, contudo, que quanto à *forma* a prova emprestada será sempre documental.

Não só motivos de *economia processual* mas sobretudo a *busca da verdade* conduzem a doutrina, atendidos os requisitos que a seguir serão vistos, à admissão da prova emprestada, não se tendo dúvida de que mesmo que diversas as naturezas e consequências materiais e processuais onde o fato se veja discutido, o objetivo do Poder Judiciário sempre será a composição do conflito (ou pretensão, se preferido) de forma justa, o que, por óbvio, pressupõe a maior aproximação possível da verdade fática.

É relevante acentuar desde logo, contudo, que a utilização da prova emprestada deve pressupor a impossibilidade, ou, ao menos, a extrema dificuldade, de sua reprodução, devendo abandonar-se a preguiçosa utilização do instituto em hipóteses nas quais o próprio juiz da causa esteja em condições de colher, diretamente, o elemento. Assim, por exemplo, se determinada testemunha prestou seus esclarecimentos ao Juízo criminal sobre fatos

---

judicial (art. 353). O dispositivo não foi literalmente reproduzido pelo CPC/2015, que em seu art. 394 se resume a afirmar que *a confissão extrajudicial, quando feita oralmente, só terá eficácia nos casos em que a lei não exija prova literal*. Dito de outra forma, a confissão extrajudicial é válida, salvo quando feita oralmente em casos nos quais a lei exija prova literal (prova escrita).

422 Moacyr Amaral Santos considera que a confissão extrajudicial deve ser analisada pelo juiz como um documento, "... aplicando-se as regras relativas à prova por este meio" (ob. cit., p. 133).

423 É a prova que já foi feita juridicamente, mas em outra causa, da qual se extrai para aplicá-la à causa em questão (Bentham, *apud* Moacyr Amaral Santos, *Prova judiciária no cível e comercial*, p. 312).

também submetidos ao crivo da jurisdição cível, já agora sob a roupagem da improbidade, tudo recomenda que o Juízo deste segundo processo, sendo o caso, designe data específica para a coleta da prova, reservando-se a hipótese de empréstimo a casos extremos.

Sendo diversificados os meios probatórios, vale dizer, todos aqueles disciplinados pelo legislador e os moralmente legítimos, mesmo que não especificados pela lei (art. 369 do CPC/2015), diversas também serão as provas cujo empréstimo se venha a admitir, o que significa a possibilidade de traslado de provas típicas e atípicas.

Relativamente a *provas preconstituídas* (*v.g.*: instrumentos públicos e particulares de um modo geral) não há qualquer dúvida quanto à possibilidade de seu traslado a qualquer processo uma vez que "por si mesmas têm valor probatório"[424], sendo bastante verificar sua compatibilidade com as normas específicas a respeito de sua formação (leis civis e comerciais, legislação de registro civil etc.).

Como requisito geral de admissibilidade da prova emprestada a doutrina erige a necessidade de observância do contraditório, o que significa, em termos singelos, que a parte *em detrimento de quem a prova é produzida* deve ter tido a oportunidade de participar de sua formação contraditória no processo de origem[425]. Não há, deste modo, como soa intuitivo, necessidade de identidade absoluta de partes entre os processos nos quais o traslado se verifica.

Seria possível, nessa linha, o empréstimo de elementos produzidos entre *terceiros*, vale dizer, em casos em que não há nenhuma identidade de partes entre o processo de origem e aquele para onde se transporta a prova? Em linha de princípio, tendo em conta a inobservância ao princípio do contraditório, não. Amaral Santos pondera, contudo, que a tese da refutação da prova produzida entre terceiros deve ser encarada com cautela uma vez que se foi produzida judicialmente"... é de entender-se ter sido feita com as necessárias garantias à descoberta da verdade", podendo, portanto, ser utilizada a título de indício[426]. A tese soa correta mas deve ser reservada somente aos casos em que a possibilidade de produção de *contraprova* pela parte mostrar-se viável.

A discussão sobre a observância do contraditório como condição de admissibilidade da prova emprestada deve também levar em consideração a distinção entre *provas repetíveis*, que são aquelas, como o próprio nome indica, passíveis, em regra, de reprodução (o testemunho e o depoimento, por exemplo), e *provas irrepetíveis*, característica que se verifica, no geral, relativamente às *perícias* e *inspeções* e também com relação aos *documentos*. Quanto a esta última modalidade de prova, justamente por suas peculiaridades, é de ser admitido amplamente o empréstimo mesmo que em sua *gênese* não se tenha observado o

---

424 Amaral Santos, ob. cit., p. 315.
425 A rigor, desde que observado o princípio do contraditório e as demais garantias constitucionais, nada impede o empréstimo de provas produzidas até mesmo em processos administrativos. No sentido de mitigar o valor de tais provas, confira-se a lição de Amaral Santos, para quem a administração é geralmente *parcial* (ob. cit., p. 330-331).
426 Ob. cit., p. 319-320.

princípio do contraditório, o qual, a rigor, não é afastado mas apenas *diferido* em hipóteses tais[427]. Sobretudo quanto aos documentos, mesmo que não preconstituídos, a conclusão parece evidente em razão de seu caráter estático, de sua imutabilidade.

Nada impede que o empréstimo probatório se verifique relativamente a processos de competência do mesmo Juízo (*v.g.*: perante a mesma Vara de Fazenda Pública tramitam duas ações por improbidade administrativa contra o mesmo réu) sendo mais comum, no entanto, que o traslado documental de elementos de convencimento se dê entre juízos de competência diversa (cível e criminal), o que remete a discussão à possível violação, nesta segunda hipótese, ao princípio do Juízo natural. É indagar: As provas levadas em conta para a solução da lide devem ser apenas aquelas produzidas pelo próprio Juízo da causa, em contraditório perante ele verificado? Muito embora alguns se inclinem pela admissibilidade da prova emprestada apenas entre *processos da competência do mesmo Juízo*[428], o fato é que nada impede o transporte de elementos entre processos cuja competência seja diversa. No particular, soa irresponsável o argumento no sentido de que "... não é certo nem indispensável que todas as provas precisem ser colhidas pelo juiz que as avalia. Há as que, mesmo no correr do feito, fogem a essa regra, como as provas de 'fora de terra', as quais são colhidas pelo juiz deprecado ou rogado, sem contudo perderem a eficiência que lhes for própria. Ademais, os juízes de segunda instância conhecem e julgam de provas que por eles não foram colhidas"[429].

Partindo-se da premissa de que os campos da *admissibilidade da prova* e de *seu valor probatório* são distintos, torna-se evidente que a capacidade de convencer da prova emprestada vai depender das peculiaridades do caso concreto, não havendo, aqui, nenhuma particularidade de modo a afastar a temática do campo da teoria geral da prova. Assim, o fato de determinado elemento de convencimento ter ensejado a prolação de sentença condenatória na esfera penal não conduz, necessariamente, ao mesmo resultado na seara cível, não se ignorando que os pressupostos de convencimento judicial, a depender da hipótese, guardam as suas peculiaridades e, em diversos casos, conduzem a que de uma mesma prova não resultem consequências idênticas nas diversas esferas de responsabilização. O contrário também pode ocorrer: o fato de determinado elemento probatório não ter sido capaz de levar o Juízo criminal à prolação de uma sentença condenatória não impede que o mesmo elemento seja considerado suficiente pelo Juízo cível, o que parece óbvio.

Ponto sensível diz respeito à possibilidade, ou não, de o Juízo do segundo processo negar a admissibilidade da prova em razão de sua suposta *ilegitimidade* ou mesmo *ilicitude*

---

427 Imagine-se uma perícia de engenharia civil ou uma perícia médico legal, irrepetíveis, realizadas num procedimento administrativo de modo a embasar uma ação penal qualquer.
428 GRINOVER, Ada Pellegrini, FERNANDES, Antônio Scarance e GOMES FILHO, Antônio Magalhães. *As nulidades no processo penal*, p. 123.
429 SANTOS, Moacyr Amaral. Ob. cit., p. 315.

originárias[430]. A questão, por certo, mereceria uma análise mais detida. De qualquer modo, pensamos que a avaliação do Juízo para o qual a prova é transportada deve recair exclusivamente sobre a *pertinência* e *relevância* dos elementos tomados por empréstimo, não sobre o "mérito" de sua produção (legitimidade e licitude) no Juízo de origem, sob pena de, por vias laterais, admitir-se um Juízo rescisório levado a cabo por magistrado de mesma hierarquia daquele perante quem a prova foi produzida. A única exceção que se afigura possível, neste particular, diz respeito a provas produzidas em processos originários *flagrantemente simulados ou forjados* (presença clara de dolo), circunstância, contudo, descoberta apenas depois de preclusa a questão da validade da prova no processo de origem.

Outro aspecto extremamente controverso diz com a viabilidade de transporte da interceptação telefônica feita na seara criminal ao campo da improbidade administrativa, sabendo-se que a Constituição Federal, no art. 5º, XII, restringe tal modalidade de prova à investigação *criminal* e à instrução processual *penal* e que, como amplamente visto no curso da presente obra, as sanções de improbidade e o respectivo processo não participam de tal natureza penal. No sentido de sua possibilidade, inclinam-se os processualistas Nelson Nery Junior e Rosa Maria de Andrade Nery, asseverando tratar-se de prova lícita no processo civil *desde que* regularmente produzida na seara criminal[431]. Ada Pellegrini Grinover, aludindo expressamente ao caso de "... processo-crime em que se apurem fatos relevantes para a dedução da pretensão relativa às sanções aplicáveis aos agentes públicos nos casos de improbidade (Lei n. 8.429, de 2/6/1992)", afirma que "o valor constitucionalmente protegido pela vedação das provas ilícitas, no caso das interceptações telefônicas, é a intimidade. Rompida esta, legitimamente, em face do permissivo constitucional, nada mais resta a preservar. Seria uma demasia negar-se a recepção do resultado da prova assim obtida, sob a alegação de que estaria sendo obliquamente vulnerado o comando constitucional. Ainda aqui, mais uma vez, deve prevalecer a lógica do razoável"[432].

De nossa parte, consideramos adequada tal orientação em razão da *ratio* da norma contida no art. 5º, XII, da Constituição Federal, que é única e exclusivamente a de resguar-

---

[430] Conforme classificação já consagrada nos círculos processuais, *provas ilegítimas* são aquelas que afrontam as regras de direito processual (*v.g.*: inobservância do art. 437, § 1º, do CPC/2015 [art. 398 do CPC revogado]) e *ilícitas*, por seu turno, aquelas que violam normas de direito material, sobretudo as de envergadura constitucional (direito à privacidade, à integridade corporal etc.). De acordo com o art. 5º, LVI, da CF todas as provas ilícitas são também ilegítimas, ou seja, "inadmissíveis no processo".

[431] *Código de Processo Civil comentado*, p. 1663. Os requisitos de validade da interceptação telefônica são estabelecidos pela Lei n. 9.296/96.

[432] O regime brasileiro das interceptações telefônicas, *Revista Doutrina* n. 3. No mesmo sentido: Antônio Scarance Fernandes, *Processo penal constitucional*, p. 96-97, Nelson Nery Junior, *Princípios do processo civil na Constituição Federal*, p. 203 e Carla Heidrich Antunes *et al.*, Prova emprestada: algumas considerações, *Revista Síntese de Direito Civil e Processual Civil*, v. 5, p. 36. Em linha oposta, Vicente Greco Filho, considerando que os parâmetros constitucionais são limitativos (*Interceptação telefônica*, p. 24), e Luiz Flávio Gomes (*Interceptação telefônica*, p. 118-119).

do da intimidade, "cofre já arrombado", na expressão de Barbosa Moreira[433], quando decretada a interceptação pelo juízo criminal.

Não obstante, deve-se estar atento, conforme alertado pelos autores acima indicados, às hipóteses nas quais a interceptação telefônica é produzida simulada ou maliciosamente em processo criminal, restando claro que o seu real escopo é a instrução do inquérito civil ou da ação civil pública por improbidade administrativa. Isto pode ocorrer, exemplificativamente, relativamente a condutas ímprobas que não encontrem correspondência na esfera criminal, o que ocorre em muitas hipóteses de violação de princípios (art. 11 da LIA) ou mesmo quando a pretensão punitiva criminal já estiver extinta ao tempo da produção da prova no crime, por prescrição por exemplo.

O Supremo Tribunal Federal admitiu, em julgamento ocorrido em 25 de abril de 2007, por ocasião da denominada "Operação Furacão", deflagrada pela Polícia Federal e que culminou com a prisão, dentre outros, de alguns membros do Poder Judiciário, o empréstimo da interceptação telefônica licitamente produzida na esfera criminal a processo administrativo disciplinar. A decisão foi prolatada pelo Pleno, vencido apenas o Min. Marco Aurélio, nos autos da Questão de Ordem em Inquérito n. 2.424-4, estando o acórdão assim ementado:

> PROVA EMPRESTADA. Penal. Interceptação telefônica. Escuta ambiental. Autorização judicial e produção para fim de investigação criminal. Suspeita de delitos cometidos por autoridades e agentes públicos. Dados obtidos em inquérito policial. Uso em procedimento administrativo disciplinar, contra os mesmos servidores. Admissibilidade. Resposta afirmativa a questão de ordem. Inteligência do art. 5º, XII, da CF, e do art. 1º da Lei Federal n. 9.296/96. Voto vencido.
>
> Dados obtidos em interceptação de comunicações telefônicas e em escutas ambientais, judicialmente autorizadas para produção de prova em investigação criminal ou em instrução processual penal, podem ser usados em procedimento administrativo disciplinar, contra a mesma ou as mesmas pessoas em relação às quais foram colhidos.

Do voto do relator, o Min. Cezar Peluso, é possível extrair algumas premissas e condições à admissibilidade do empréstimo, que podem ser assim resumidas:

a. não se deve confundir produção e uso processual da prova, sendo a primeira admitida, em se tratando de interceptação telefônica, apenas no campo do processual penal, o que não impede o uso dos elementos da interceptação em processos de outra natureza;

b. torna-se possível o uso da interceptação, por empréstimo, em instância administrativa ou judiciária, relativamente à prova do mesmo fato apurado no campo criminal;

---

433 A Constituição e as provas ilicitamente obtidas.

c. tal possibilidade de uso somente estará afastada nas hipóteses de fraude, ou seja, quando a interceptação tiver sido dolosamente obtida no juízo criminal;

d. não tem propósito arguir vício do empréstimo pois se cuidaria"... apenas de tirar da mesma fonte de prova, sem outra ofensa qualquer à intimidade já devassada do agente, a capacidade, que lhe é ínsita, de servir de meio de convencimento da existência do mesmo fato ...";

e. deve-se observar o contraditório;

f. o mesmo interesse público que autoriza a produção da prova na esfera criminal "... reaparece, com gravidade só reduzida pela natureza não criminal do ilícito administrativo e das respectivas sanções, como legitimante desse uso na esfera não criminal, segundo avaliação e percepção de sua evidente supremacia no confronto com o direito individual à intimidade";

g. a possibilidade de empréstimo da interceptação deve ser reservada a hipóteses de extrema gravidade;

h. o dever de sigilo deve ser mantido pelo órgão destinatário da prova emprestada.

Tal precedente, por provir da mais elevada Corte de Justiça, mostra-se plenamente aplicável ao campo da improbidade administrativa, servindo de importante reforço ao combate à corrupção[434]. A sua aplicabilidade especificamente ao campo da improbidade administrativa foi reconhecida por ocasião do julgamento do AI n. 769.094/MT, rel. Min. Cármen Lúcia, julgado em 22/10/2009 (*DJ* de 24/11/2009), em decisão monocrática assim ementada:

---

[434] Na segunda questão de ordem do mesmo Inquérito n. 2.424/RJ, julgada em 20/6/2007, admitiu-se a utilização da prova emprestada também em detrimento de "outros servidores cujos supostos ilícitos teriam despontado à colheita dessa prova". Em idêntico sentido: Questão de Ordem na Petição n. 3683/MG, rel. Min. Cezar Peluso, j. em 13/8/2008, *DJ* de 20/2/2009. Ver também o decidido no RMS n. 24.956, 1ª T., rel. Min. Marco Aurélio, *DJ* de 18/11/2005. O tema também foi discutido no MS n. 26.249 AgR/DF, rel. Min. Cezar Peluso, na AP 517/PA, rel. Min. Ayres Britto e no MS 24.803/DF, rel. Min. Joaquim Barbosa. O STJ também vem admitindo o empréstimo de provas do processo penal ao processo administrativo (MS n. 10.874/DF, 3ª Seção, rel. Min. Paulo Gallotti, *DJ* de 2/10/2006; MS n. 9.850/DF, 3ª Seção, rel. Min. José Arnaldo da Fonseca, *DJ* de 9/5/2005, *RSTJ* 196/442; MS n. 12.536/DF, 3ª Seção, rel. Min. Laurita Vaz, j. em 28/5/2008, maioria); AGRG na APn 536/BA, rel. Min. Eliana Calmon, Corte Especial, j. 2/2/2009, *DJe* de 14/5/2009; MS 13.501/DF, rel. Min. Felix Fischer, 3ª Seção, j. 10/12/2008, *DJe* de 9/2/2009), inclusive o empréstimo da interceptação telefônica (MS n. 9.212/DF, 3ª Seção, rel. Min. Gilson Dipp, *DJ* de 1º/6/2005; MS n. 12.468/DF, 3ª Seção, rel. Min. Carlos Fernando Mathias (convocado), *DJ* de 14/11/2007; REsp n. 930.596/ES, rel. Min. Luiz Fux, 1ª T., j. em 17/12/2009, *DJ* de 10/2/2010; MS n. 10.128/DF, 3ª Seção, rel. Min. Og Fernandes, j. em 14/12/2009, *DJ* de 22/2/2010). Especificamente quanto à possibilidade de utilização de provas emprestadas em ações de improbidade administrativa: Ag n. 1.226.854/MG, rel. Min. Luiz Fux, *DJ* de 1º/3/2010; Ag n. 1145511/SC, rel. Min. Herman Benjamin, *DJ* de 9/10/2009; Ag n. 1153710/MT, rel. Min. Mauro Campbell Marques, *DJ* de 3/9/2009; Ag n. 958541/SC, rel. Min. Denise Arruda, *DJ* de 30/4/2008; REsp 1.122.177/MT, rel. Min. Herman Benjamin, j. 3/8/2010.

"AGRAVO DE INSTRUMENTO. CONSTITUCIONAL. 1. USO DE INTERCEPTAÇÃO TELEFÔNICA DE INQUÉRITO POLICIAL EM AÇÃO DE IMPROBIDADE ADMINISTRATIVA. PRECEDENTES. 2. ALEGAÇÃO DE AFRONTA AOS PRINCÍPIOS DO DEVIDO PROCESSO LEGAL, DO CONTRADITÓRIO, DA AMPLA DEFESA E DO JUIZ NATURAL. MATÉRIAS INFRACONSTITUCIONAIS: OFENSA CONSTITUCIONAL INDIRETA. 3. REPERCUSSÃO GERAL DA QUESTÃO CONSTITUCIONAL. DESNECESSIDADE DE EXAME. ART. 323, PRIMEIRA PARTE, DO REGIMENTO INTERNO DO SUPREMO TRIBUNAL FEDERAL. AGRAVO AO QUAL SE NEGA SEGUIMENTO".

Por fim, levando-se em consideração que nossa lei processual admite a produção de provas mediante a utilização de cartas rogatórias, nada impede o empréstimo de provas validamente produzidas no estrangeiro, desde que, evidentemente, o direito processual pátrio reconheça a validade de tais *meios* de prova[435].

15. MEDIDAS CAUTELARES

15.1. Aspectos Gerais. O CPC/2015

O combate à improbidade administrativa e o integral ressarcimento do dano causado ao patrimônio público vão encontrar no bom manejo do processo cautelar uma de suas mais importantes ferramentas, não sendo compreensível, por tal motivo, a pouca e assistemática disciplina conferida ao tema pela Lei n. 8.429/92.

Na análise de tão tormentosa e importante questão, buscaremos, num primeiro momento, explorar alguns aspectos gerais sobre o processo cautelar, analisando a questão da efetividade do processo, os requisitos para a concessão das providências acautelatórias, a possibilidade de concessão de liminares nos próprios autos do processo principal bem assim a não incidência das regras restritivas contidas na Lei n. 8.437/92. Também buscaremos analisar as diversas controvérsias a respeito do prazo para o ajuizamento da ação principal, à luz do que estabelece o art. 17, *caput*, da Lei n. 8.429/92. Ao depois, a abordagem se voltará às três medidas cautelares disciplinadas pela Lei n. 8.429/92, vale dizer, o afastamento do agente público, a indisponibilidade de bens e o sequestro e à apreciação da possibilidade de adoção de medidas cautelares atípicas no âmbito processual da improbidade.

Naturalmente, surge desde logo a indagação a respeito dos reflexos do CPC/2015 sobre o processo cautelar no âmbito das ações de improbidade administrativa.

De mais relevante, o Código atual extingue as cautelares nominadas ou típicas, aludindo ao arresto, ao sequestro, ao arrolamento de bens etc. apenas como *providências* que

---

[435] As medidas de urgência no plano internacional e os atos de cooperação jurídica serão abordados abaixo.

o juiz pode determinar no âmbito de seu poder cautelar, que passa a ser geral, como regra (arts. 297 e 301 do CPC/2015). Ou seja, adota-se técnica, fruto do princípio da efetividade da jurisdição, no sentido de que o Juiz pode determinar as medidas adequadas à garantia da utilidade do processo e de sua prestação jurisdicional. Assim, basta, à concessão da tutela provisória fundada em urgência, a demonstração do *fumus boni iuris* e do *periculum in mora*, e não mais, também, dos requisitos específicos das cautelares típicas do CPC de 1973.

Deixando de lado a simples constatação de que o Código atual poucos reflexos positivos produzirá à duração razoável do processo, cuidando-se de uma lei que, no geral, nada mais faz do que prestar louvor a vaidades acadêmicas (além de transplantar a nosso sistema processual algumas figuras exóticas, como a"estabilização da tutela antecipada"do art. 304), parece-nos que, diante do que estabelecem os seus arts. 1.046, § 2º ("permanecem em vigor as disposições especiais dos procedimentos regulados em outras leis, aos quais se aplicará supletivamente este Código") e 1.072[436], nada muda relativamente ao manejo das três medidas cautelares expressamente disciplinadas pela Lei n. 8.429/92, a cujo respeito já há, inclusive, sólida jurisprudência no âmbito do Superior Tribunal de Justiça. Essa nos parece ser a conclusão que melhor se afeiçoa ao princípio da segurança jurídica, inclusive no que toca à interpretação da Lei n. 8.429/92. Parece-nos também ser o fruto da constatação da inadequação das regras do processo civil clássico ao campo do denominado"processo de interesse público", como já tivemos a oportunidade de ver ao tratarmos da disciplina processual aplicável ao processo em que se imputa a prática de ato de improbidade administrativa.

Feitas tais observações, passemos então à análise do objeto do presente tópico.

15.1.1. Processo cautelar e efetividade do processo

Soa contundente, ainda e sobretudo nos dias atuais, a assertiva de Chiovenda no sentido de que o processo deve proporcionar a quem tem um direito, individual ou coletivamente considerado, tudo aquilo e precisamente aquilo que ele pode e deve obter.

Pensar em efetividade do processo significa não só garantir a prestação jurisdicional definitiva, mas, também, que tal prestação se amolde, plenamente, aos anseios da sociedade, permitindo que da atuação do Estado-Juiz sejam extraídos todos os resultados possíveis de pacificação social. É dizer, não basta a certeza de que a sentença virá. É necessária também a certeza de que virá de forma útil.

Na busca da efetividade do processo, a partir da visão sempre lúcida de José Carlos Barbosa Moreira, cinco postulados devem ser considerados, quais sejam: a) o processo deve dispor de instrumentos de tutela adequados a todos os direitos; b) esses instrumentos devem ser praticamente utilizáveis, inclusive quando indeterminado ou indetermina-

---

436 O art. 1.072 do CPC/2015 indica os dispositivos legais expressamente revogados, não havendo qualquer menção à Lei de Improbidade Administrativa.

vel o círculo dos eventuais sujeitos; c) deve-se assegurar condições propícias à exata e completa reconstituição dos fatos relevantes, permitindo que o convencimento do julgador corresponda, tanto quanto possível, à realidade; d) o resultado do processo há de ser tal que assegure ao vitorioso o gozo pleno da específica utilidade a que faz jus segundo o ordenamento; e) tal resultado deve ser alcançado com o mínimo de dispêndio de tempo e energias[437].

Dentro de tal perspectiva, como soa intuitivo, a tutela cautelar vai desempenhar um importantíssimo papel principalmente na implementação dos postulados *a* ("instrumentos adequados") e *d* ("gozo pleno do direito"), garantindo, através de uma cognição sumária, a eficácia prática da sentença, ameaçada pela natural demora na entrega da jurisdição (*periculum in mora*) e possibilitando, assim, que o processo alcance todos os escopos (jurídicos, sociais e políticos) para os quais foi concebido[438].

Como já se disse, as medidas cautelares "representan una conciliación entre las dos exigencias, frecuentemente opuestas, de la justicia: la de la celeridad y la de la ponderación; entre hacer las cosas pronto pero mal, y hacerlas bien pero tarde, las providencias cautelares tiendem, ante todo, a hacerlas pronto, dejando que el problema de bien y mal, esto es, de la justicia intrínseca de la providencia, se resuelva más tarde, con la necesaria ponderación, en las reposadas formas del proceso ordinário"[439].

É bem de ver que a chamada tutela de urgência, da qual o processo cautelar participa, vai buscar fundamento no *princípio da inafastabilidade da jurisdição* consagrado pelo art. 5º, XXXV, da Constituição Federal[440], o que desloca todas as discussões a seu respeito para um plano de considerável superioridade sistemática, permitindo ao operador o seu manejo, limitado pelo próprio sistema de garantias constitucionais, em busca da *tutela jurisdicional adequada*[441]. Com efeito, uma interpretação mais operosa e útil do referido princípio constitucional nos permite afirmar que a garantia de acesso ao judiciário não se satisfaz, apenas, com a possibilidade de uso do processo de conhecimento (cognição exauriente), exigindo, antes, a utilização de novas técnicas capazes de garantir, mesmo que reflexamente, a satisfação do bem da vida.

---

437 Notas sobre o problema da "efetividade" do processo, p. 27 e s.
438 "Na preservação desse resultado [o autor refere-se ao 'resultado útil do processo principal'] alia-se ao interesse da parte o indisfarçável interesse público de que se reveste a função cautelar. Como observa Dini, as providências cautelares, mais que à defesa dos direitos subjetivos, visam a garantir a eficácia da função jurisdicional, a salvaguardar o *imperium judicis*, a impedir que a soberania do Estado, ínsita na justiça, se reduza a inútil expressão verbal" (LACERDA, Galeno. *Comentários ao Código de Processo Civil*, p. 170).
439 CALAMANDREI, Piero. *Introducción al estudio sistematico de las providencias cautelares*, p. 43-44.
440 "XXXV – A lei não excluirá da apreciação do Poder Judiciário lesão ou ameaça a direito."
441 Afirma Luiz Guilherme Marinoni: "No momento em que foi proibida a autotutela privada, o Estado assumiu a obrigação de tutelar de forma adequada toda e qualquer situação conflitiva concreta, razão pela qual o tempo despendido para a cognição da lide não pode impedir a efetividade da tutela dos direitos" (*Efetividade do processo e tutela de urgência*, p. 31-32).

15.1.2. Requisitos das providências cautelares. Possibilidade de decretação de medidas cautelares *inaudita altera pars*

A concessão de toda e qualquer providência cautelar, típica (como as previstas na Lei n. 8.429/92) ou atípica, pressupõe a presença de dois requisitos fundamentais, quais sejam, o *fumus boni iuris* e o *periculum in mora*[442].

O primeiro requisito (*fumus boni iuris*), tratado pelo art. 305 do CPC/2015, enseja análise judicial a partir de critérios de mera probabilidade, em cognição não exauriente, avaliando-se a plausibilidade do direito pleiteado pelo autor a partir dos elementos disponíveis no momento. Deve o juiz indagar se a pretensão veiculada, diante dos elementos apresentados pelo legitimado, o conduzirão, provavelmente, a um resultado favorável, cuja utilidade se busca preservar. Não se pode perder de vista, assim, que quanto à investigação do direito"... la cognición cautelar se limita en todos los casos a *un juicio de probabilidades y de verosimilitud*. Declarar la certeza de la existencia del derecho es función de la providencia principal: en sede cautelar basta que la existencia del derecho aparezca verosimil, o sea, para decirlo con mayor claridad, basta que, según un cálculo de probabilidades, se pueda prever que la providencia principal declarará el derecho en sentido favorable a aquel que solicita la medida cautelar. El resultado de esta cognición sumaria sobre la existencia del derecho tiene pues, en todos los casos, valor no de declaración de certeza sino de hipótesis: *solamente cuando se dicte la providencia principal se podrá ver si la hipótesis corresponde a la realidad*"[443].

Quanto aos riscos representados pela natural demora da prestação jurisdicional dita principal (*periculum in mora*), previstos no mesmo art. 305 do CPC/2015, a presença de tal requisito demanda a apreciação, a partir de dados reais, do perigo que a delonga da relação processual poderá acarretar à utilidade da sentença futura[444]. Não basta o perigo genérico, tênue, exigindo-se a demonstração de que, provavelmente, a alteração do *status quo*, razoavelmente demonstrada, esvaziará a prestação jurisdicional futura, o que não significa que o legislador não possa, em algumas hipóteses, presumir ou até dispensar o *periculum in mora* (é o que se dá, por exemplo, com a medida de indisponibilidade de bens, como veremos mais à frente).

---

[442] A maioria da doutrina trabalha tais requisitos no campo das condições da ação cautelar. Para Ovídio Batista da Silva, diversamente, a "fumaça de bom direito" e o "risco de demora" compõem "o mérito da ação cautelar". Galeno Lacerda, adotando postura original, situa o *periculum* in *mora* no campo das condições da ação cautelar (interesse de agir) e o *fumus boni iuris* no campo do mérito, embora afaste a possibilidade da ação rescisória com vistas à desconstituição da respectiva sentença (ob. cit., p. 166).

[443] Calamandrei, ob. cit., p. 77.

[444] A rigor, conforme nos adverte Alcides Munhoz da Cunha, (*Comentários ao CPC*, p. 271 e s.) o que justifica as providências cautelares não é apenas o perigo de demora genericamente considerado mas sim a soma de tal circunstância a um "perigo de dano irreparável" (*periculum damnum irreparabile*), isto é, um estado emergencial de perigo (perigo de *infrutuosità*).

Não se pode perder de vista, por outro lado, que"... a cautela importa em um sacrifício para o sujeito passivo dela, visto que a disponibilidade de pessoas e coisas também importa num custo, tornando-se necessário pesar esse custo, tendo em consideração o perigo e o risco deste decorrentes. Portanto, é importante examinar o grau de prejuízo, em proporção com o custo da própria cautela, custo esse que varia tendo em vista as diversas modalidades de cautela"[445]. Daí o necessário influxo das regras de razoabilidade e proporcionalidade sobre o juízo de concessão, ou não, das medidas requeridas. Com vistas a obstar danos desarrazoados ao patrimônio do réu, deve o magistrado, sobretudo nas providências decretadas *inaudita altera pars*, buscar o justo equilíbrio entre a preservação dos interesses do autor, concedendo a cautela, e, a um só tempo, o resguardo devido aos interesses titularizados pelo demandado, impondo contracautelas, se for o caso. Consoante bem acentuado por Pestana de Aguiar, "com a contracautela o juiz estabelece um completo e equitativo regime de garantia ou prevenção de sorte a tutelar bilateralmente todos os interesses em risco"[446].

A busca de preservação dos "resultados úteis do processo principal" vai demandar, em hipóteses excepcionais, a concessão, pelo magistrado, de medidas cautelares independentemente da prévia oitiva do demandado, "*...quando verificar que este, sendo citado, poderá torná-la ineficaz*" (art. 804 do CPC revogado, que corresponde, em redação piorada, ao atual art. 300, §§ 1º e 2º, do CPC/2015, e também ao art. 9º, parágrafo único, I, do mesmo Código). É preciso enfatizar que a vedação das decisões *inaudita altera pars* acabaria por desfigurar o próprio processo cautelar, merecendo destaque, mais uma vez, a lição de Galeno Lacerda no sentido de que: "Se a função cautelar se justifica, exatamente, pela necessidade de pronta e eficaz segurança contra determinado risco, a tal ponto que constitui um de seus pressupostos fundamentais a existência do *periculum in mora*, a concessão de mandado liminar assecuratório se revela instrumento indispensável à consecução desse objetivo. Não teria sentido a preocupação em acudir à urgência do caso, se a lei não autorizasse o juiz a prover de imediato"[447]. Não há que se falar, por óbvio, em qualquer violação à cláusula contida no art. 5º, LV, da Carta Política, uma vez que o contraditório, aqui, será exercido, só que em momento posterior à atuação acautelatória do juiz (contraditório diferido)[448].

---

445 BARROS, Romeu Pires de Campos. *Processo penal cautelar*, p. 42.
446 *Apud* FUX, Luiz. *Tutela de segurança e tutela de evidência*, p. 127.
447 Ob. cit., p. 191-192.
448 Consoante Cândido Rangel Dinamarco, "... a urgência de certas situações (*periculum in mora*) exige a imposição de medidas igualmente urgentes, sem prévio contraditório (*inaudita altera parte*): é o que pode dar-se com as cautelas e se dá com as liminares em geral, em razão dos males do fluir do tempo (o tempo é um inimigo), sem que no entanto fique excluído o contraditório, mas tão somente postergado" (*A instrumentalidade do processo*, p. 133). Não se deve desprezar, no entanto, a advertência de Marinoni no sentido de que: "Se a efetivação da medida cautelar *inaudita altera parte*, em algumas hipóteses, é absolutamente necessária para preservar a efetividade da tutela do direito afirmado pelo autor, a sua excepcionalidade decorre do fato de que esta posterga o contraditório. Em nome da efetividade do contraditório, ao réu deve ser permitido demonstrar, com a maior brevidade possível, a eventual inexistência dos fundamentos que autorizaram a concessão da medida" (*Efetividade do processo e tutela de urgência*, p. 79-80).

Como se sabe, a Medida Provisória n. 2.088-35, de 27/12/2000, instituiu uma "defesa prévia" ao demandado (art. 17, § 7º), estabelecendo que *"o juiz rejeitará a ação, em despacho fundamentado, se convencido, pela resposta do réu, da inexistência do ato de improbidade ou da improcedência da ação"* (§ 8º). Parece-nos que o procedimento ora instituído, o qual não incidirá quando a inicial estiver lastreada por *inquérito civil* ou por procedimentos administrativos regularmente instaurados pela própria Administração ou por órgãos externos de controle (Tribunais de Contas e Comissões Parlamentares de Inquérito)[449], não inviabiliza a decretação de medidas cautelares *inaudita altera pars*, sob pena de esvaziamento da regra contida no art. 5º, XXXV, da Constituição Federal e da própria noção de jurisdição como função que deriva da soberania estatal. É certo que o mesmo *fumus boni iuris* que leva o juiz a conceder a liminar o levará, *mui provavelmente*, a receber a inicial, o que, a princípio, tornaria inócua a defesa prévia. Não obstante, esta é uma mera probabilidade, uma vez que convencido pelo réu quanto à "inexistência do ato de improbidade" ou quanto à "improcedência da ação" nada o impede, antes recomenda, de revogar a liminar anteriormente concedida, não havendo que se falar, aqui, em ilegitimidade ou ilegalidade da cautela, a qual, quando concedida sem a oitiva do demandado, se satisfaz com os elementos unilateralmente apresentados pelo autor[450].

Seria possível argumentar que antes do recebimento da inicial não há sequer processo, o que impediria o juiz de decretar medidas cautelares neste momento. É preciso considerar, contudo, que o § 8º do art. 17 da LIA, ao contemplar a possibilidade de julgamento antecipado da lide (julgamento de mérito) antes mesmo do recebimento da petição inicial, provoca uma reavaliação do tema. Realmente, só é possível sustentar-se a natureza jurisdicional de tal decisão negativa, inclusive a coisa julgada que dela decorre, se se entender que já há processo nesta fase. Sobre o assunto, remetemos o paciente leitor ao tópico sobre "O Procedimento", *supra*.

Por fim, uma vez presentes os requisitos legais acima referidos (*periculum in mora* e *fumus boni iuris*), não dispõe o juiz de discricionariedade capaz de levá-lo a indeferir a providência cautelar[451], abdicando de seu relevante papel de tutela do patrimônio público.

---

449 A tese foi desenvolvida no capítulo referente ao "Procedimento", *supra*.

450 A jurisprudência do STJ vem se inclinando nesse sentido: AGRG no REsp n. 1121847/MS, 2ª T., rel. Min. Humberto Martins, j. em 15/9/2009, *DJ* de 25/9/2009; REsp n. 1134638/MT, 2ª T., rel. Min. Eliana Calmon, j. em 27/10/2009, *DJ* de 23/11/2009; REsp n. 880427/MG, 1ª T., rel. Min. Luiz Fux, j. em 4/11/2008, *DJ* de 4/12/2008; REsp n. 930650/DF, 2ª T., rel. Min. Herman Benjamin, j. em 18/8/2009, *DJ* de 27/8/2009; Ag n. 1153710, rel. Min. Mauro Campbell Marques, *DJ* de 3/9/2009; REsp n. 1085218/RS, 1ª T., rel. Min. Luiz Fux, j. em 15/10/2009, *DJ* de 6/11/2009; REsp n. 895.415/BA, rel. Min. Luiz Fux, j. em 2/12/2008; REsp n. 1040254/CE, 1ª T., rel. Min. Denise Arruda, j. em 15/12/2009, *DJ* de 2/2/2010; REsp n. 929483/BA, 1ª T., rel. Min. Luiz Fux, j. em 2/12/2008, *DJ* de 17/12/2008; REsp n. 1003148/RN, 1ª T., rel. Min. Denise Arruda, j. em 18/6/2009, *DJ* de 5/8/2009. Ver também: TJRJ, 7ª CC, AI 2005.002.01350, rel. Des. Helda Lima Meireles, j. 14/2/2006 e TJRJ, 2ª CC, AI 2006.002.01969, rel. Des. Carlos Eduardo Passos, j. em 5/4/2006. Em sentido contrário: Carlos Frederico Brito dos Santos, *Improbidade administrativa*, p. 125.

451 "... o juiz não tem discricionariedade para dar ou negar a liminar. Esta será imperiosa para o cumprimento da competência judicial dada pela Constituição de impedir a lesão" (Lúcia Valle Figueiredo, Ação civil públi-

15.1.3. Possibilidade de adoção das medidas cautelares nos próprios autos da ação principal. Recursos cabíveis

Como se sabe, as providências cautelares podem ser antecipatórias ou incidentes ao processo principal (art. 294, parágrafo único, do CPC/2015).

No campo da tutela dos interesses difusos permite o art. 12 da Lei n. 7.347/85 ao juiz que conceda"mandado liminar, com ou sem justificação prévia"nos próprios autos da ação principal, regra que merece aplausos por sua economicidade e informalidade, corolários do acesso à justiça. O CPC/2015 consagra tal possibilidade ao estabelecer, em seu art. 308, § 1º, que "o pedido principal pode ser formulado conjuntamente com o pedido de tutela cautelar". Veja-se que nada impede o ajuizamento de ações cautelares antecedentes, a depender da conveniência de utilização de tal técnica processual[452]. O que a lei buscou garantir foi a possibilidade de decretação das providências urgentes independentemente do ajuizamento de ação própria, permitindo a formulação do requerimento"em tópico destacado da petição inicial"[453].

Uma vez definida a incidência da técnica de tutela prevista na Lei da Ação Civil Pública também ao campo da improbidade, tem-se como certa a possibilidade de deferimento de todas as medidas cautelares previstas na Lei n. 8.429/92 nos autos do processo dito principal, prescindindo-se de pedido e decisão em autos apartados. Neste sentido a jurisprudência do e. STJ:

> *Processual – Ação Civil Pública – Improbidade Administrativa (L. 8.429/92) – Arresto de Bens – Medida Cautelar – Adoção nos Autos do Processo Principal – L. 7.347/85, art. 12.*
>
> *1. O Ministério Público tem legitimidade para o exercício de ação civil pública (L. 7.347/85), visando reparação de danos ao erário causados por atos de improbidade administrativa tipificados na Lei n. 8.429/92.*
>
> *2. A teor da Lei 7.347/85 (art. 12), o arresto de bens pertencentes a pessoas acusadas de improbidade, pode ser ordenado nos autos do processo principal* (REsp n. 199.478-MG, 1ª T., un., rel. Min. Humberto Gomes de Barros, j. 21/3/2000, DJ de 8/5/2000)[454].

---

ca. Considerações sobre a discricionariedade na outorga e no pedido de suspensão da liminar, na concessão de efeito suspensivo aos recursos e na tutela antecipatória, p. 341). No mesmo sentido, José dos Santos Carvalho Filho, *Ação civil pública*, p. 319.

452 Neste caso, a ação principal deve ser proposta no prazo de trinta dias (art. 17 da Lei n. 8.429/92 e art. 308 do CPC/2015), sob pena de cessação de seus efeitos (art. 309, I, do CPC/2015). Tal prazo, como se sabe, só se aplica às"medidas de caráter restritivo de direito ou de constrição de bens"(ex.: sequestro, arresto, indisponibilidade de bens etc.), não aos procedimentos conservativos (justificações, interpelações, notificações) e aos de antecipação de prova (vistoria, "quebra" do sigilo bancário etc.). Neste sentido, dentre tantos, Humberto Theodoro Júnior, *Processo cautelar*, p. 150, em lição ainda válida, mesmo diante das novas regras previstas no CPC/2015. O tema voltará a ser analisado mais à frente, em capítulo próprio.

453 Mancuso, ob. cit., p. 192.

454 Igualmente: RESp n. 469.366-PR, 2ª T., rel. Min. Eliana Calmon, *DJU* de 2/6/2003, p. 285. Em sentido contrário: TJRS, 2ª CC, AI n. 70000743195, rel. p/o acórdão Arno Werlang, j. 27/9/2000, maioria; AI n. 700003013422, rel.

A decisão que *concede* a cautela é agravável (art. 12, *caput*, da Lei n. 7.347/85), não sendo cabível, de acordo com a jurisprudência do STJ, a impetração de mandado de segurança com vistas à suspensão de seus efeitos[455], o que pode ser determinado pelo próprio juízo *a quo*[456]. Também não caberá, a nosso juízo, a suspensão da "execução da liminar" por decisão do Presidente do Tribunal a que competir o conhecimento do recurso, a requerimento da pessoa jurídica de direito público interessada, uma vez que as constrições impostas ao patrimônio do ímprobo, ou mesmo o seu afastamento do cargo, não acarretarão, realisticamente, "grave lesão à ordem, à saúde, à segurança e à economia pública" (art. 12, § 1º, da Lei da Ação Civil Pública)[457], atendendo, antes, ao interesse público primário e difuso de combate à improbidade administrativa[458].

A decisão que *nega* a providência também desafiará, em razão da incidência das regras do CPC (art. 19 da Lei n. 7.347/85), a interposição de agravo de instrumento, com fundamento no art. 1.015, I, do CPC/2015, recurso que, inclusive, possibilita ao relator, liminarmente, a concessão da medida indeferida pelo juízo *a quo* (efeito ativo do agravo, art. 1.019, I, do CPC/2015).

Maria Isabel de Azevedo Souza, j. 29/8/2001. A 3ª CC do mesmo Tribunal entendeu possível o deferimento de cautelar de indisponibilidade de bens nos próprios autos da ação principal (AI n. 700001232453, rel. Perciano de Castilhos Bertoluci, j. 9/11/2000; AI n. 700002298370, rel. Luiz Ari Azambuja Ramos, j. 12/4/2001).

455 "O STJ entende que não cabe mandado de segurança contra liminar concedida em ação civil pública (*RF* 328/173, maioria), porque, conforme o voto do Min. Humberto Gomes de Barros, relator designado, seria adequado o agravo. A mesma turma do STJ decidiu incabível mandado de segurança para dar efeito suspensivo a agravo interposto contra decisão concessiva de liminar em ação civil pública" (STJ, 1ª T., RMS n. 3.685-5-SP, rel. Min. Demócrito Reinaldo, j. 11/4/1994, negaram provimento, v.u., *DJU* de 16/5/1994, p. 11707, *apud* Theotonio Negrão, ob. cit., p. 1.000, nota 2 ao art. 12 da Lei n. 7.347/85). Realmente, diante da possibilidade de o relator do agravo conceder efeito suspensivo (arts. 1.019, I, do CPC/2015) não mais faz sentido a impetração de mandado de segurança com tal desiderato: "Desde o advento da Lei 9.139/95, o mandado de segurança para imprimir efeito suspensivo à decisão judicial só é admissível após o impetrante formular e ver indeferido o pedido a que se refere o art. 558 do CPC [art. 1.019, I, do CPC/2015] (STJ, 1ª T., RMS n. 6.959-SP, rel. Min. Humberto Gomes de Barros, j. 5/9/1996, negaram provimento, v.u., *DJU* de 21/10/1996, p. 40200, *apud* Theotonio Negrão, ob. cit., p. 586, nota 3ª ao art. 527).

456 Lei n. 7.347/85, art. 14: O juiz poderá conferir efeito suspensivo aos recursos, para evitar dano irreparável à parte.

457 "Interpretando construtivamente e com larguezza a 'ordem pública', o então Presidente do TFR e atual Ministro do STF, José Nery da Silveira, explicitou que nesse conceito se compreende a ordem administrativa em geral, ou seja, a normal execução do serviço público, o regular andamento das obras públicas, o devido exercício das funções da Administração pelas autoridades constituídas" (Hely Lopes Meirelles, *apud* Mancuso, ob. cit., p. 195). Inaplicável também, pelos mesmos motivos, o art. 4º da Lei n. 8.437/92 ("*Compete ao presidente do tribunal, ao qual couber o conhecimento do respectivo recurso, suspender, em despacho fundamentado, a execução da liminar nas ações movidas contra o Poder Público ou seus agentes, a requerimento do Ministério Público ou da pessoa jurídica de direito público interessada, em caso de manifesto interesse público ou de flagrante ilegitimidade, e para evitar grave lesão à ordem, à saúde, à segurança e à economia públicas*"). Consulte-se, abaixo, o tópico "Afastamento do Agente Público e Suspensão de Liminares e Sentenças".

458 Sobre a natureza jurídica do requerimento de suspensão de eficácia da liminar e outros aspectos correlatos, ver, amplamente, Marcelo Abelha Rodrigues, A suspensão de segurança, in *Direito processual público*, p. 146 e s.

15.1.4. Inaplicabilidade da Lei n. 8.437/92

Dispõe o art. 2º da Lei n. 8.437, de 30 de junho de 1992, que *no mandado de segurança coletivo e na ação civil pública, a liminar será concedida, quando cabível, após a audiência do representante judicial da pessoa jurídica de direito público, que deverá se pronunciar no prazo de setenta e duas horas*, dispositivo cuja constitucionalidade foi posta em xeque por respeitável doutrina em razão da inegável restrição que representa ao princípio da inafastabilidade da jurisdição (art. 5º, XXXV, da CF).

A mesma lei, em seu art. 1º, dispõe que *não será cabível medida liminar contra atos do Poder Público, no procedimento cautelar ou em quaisquer outras ações de natureza cautelar ou preventiva, toda vez que providência semelhante não puder ser concedida em ações de mandado de segurança, em virtude de vedação legal*[459].

Como se percebe, o claro objetivo do legislador foi o de vedar (art. 1º) ou restringir (art. 4º) a concessão de medidas liminares em hipóteses nas quais o Estado figure no polo passivo da relação processual, enfim, nas demandas contra ele ajuizadas.

Bem vista e compreendida a ação civil de improbidade, facilmente se percebe que a atuação do Ministério Público e das associações, legitimados pelos arts. 17 e 5º, respectivamente, das Leis n. 8.429/92 e 7.347/85, não vai de encontro aos interesses da pessoa jurídica de direito público. Muito ao contrário, buscam os substitutos processuais, justamente, a recomposição do patrimônio público (pecuniário e/ou moral) desfalcado pelo agente ímprobo, daí resultando, claramente, a inaplicabilidade das restrições contidas na Lei n. 8.437/92, voltada a escopos absolutamente diversos.

O STJ, analisando o cabimento, ou não, da incidência das restrições em comento no campo da ação popular, tema correlato, teve a oportunidade de assentar, *verbis*:

> *Processual – Medida Cautelar – Ação Popular – Vedação (Lei 8.437/92, art. 1º) – Substituto Processual.*
>
> I – *O art. 1º da Lei n. 8.437/92 veda liminares em favor de quem litiga com o Estado.* A vedação nele contida não opera no processo de ação popular. É que neste processo, o autor não é adversário do Estado, mas seu substituto processual.
>
> II – *Denega-se segurança impetrada contra medida liminar, deferida em ação popular, quando inexiste ilegalidade ou abuso do ato* (RMS n. 5621-0-RS, 1ª T., rel. Min. Humberto Gomes de Barros, un., j. 31/5/1995, *DJU* de 7/8/1995)[460].

---

459 Por ocasião do julgamento da ADIMC n. 223/DF, o Pleno do e. STF, com apenas dois votos vencidos, assentou a constitucionalidade das limitações legais ao poder cautelar do juiz, facultando, no entanto, de acordo com o voto do relator, "o exame judicial em cada caso concreto da constitucionalidade, incluída a razoabilidade, da aplicação da norma proibitiva da liminar" (rel. Min. Paulo Brossard, j. 5/4/1990, *DJU* de 29/6/1990, p. 6218).

460 No mesmo sentido, STJ, REsp n. 73.083-DF, 6ª T., rel. Min. Fernando Gonçalves, j. 9/9/1997, *DJU* de 6/10/1997, p. 50063, *apud* Theotonio Negrão, ob. cit., p. 1.720, nota n. 3 ao art. 1º da Lei n. 8.437/92.

Veja-se que o precedente se aplica, qual uma luva, à ação de improbidade, na qual a pessoa jurídica de direito público lesada, quando não propuser a ação, figurará no polo passivo da demanda (art. 17, § 3º, da Lei n. 8.429/92), o que, no entanto, não significa que a atuação do legitimado vá de encontro aos seus interesses.

Noutra oportunidade, analisando a questão especificamente quanto à ação de improbidade, o mesmo Tribunal Superior assentou:

> Processual Civil – Ação Cautelar de Produção Antecipada de Prova – Concessão de Liminar Inaudita Altera Pars – Presença de Periculum In Mora – Improbidade Administrativa – Uso de Bem Público por Empresa Particular – Lei n. 8.437/92 – Inaplicabilidade.
>
> Na hipótese de ação cautelar de produção antecipada de prova ajuizada com o fito de constatar a utilização de maquinário e mão de obra municipais por empresa particular, é lícito ao juiz conceder liminar inaudita altera pars, pois esta é efetivada em benefício do poder público, não sendo caso de invocação do artigo 1º da Lei n. 8437/92 (REsp n. 293.797-AC, 1ª Turma, rel. Min. Garcia Vieira, j. 13/3/2001, DJU de 11/6/2001)[461].

15.1.5. Prazo para o ajuizamento da ação principal

Quer se trate de medida cautelar típica (as previstas na Lei n. 8.429/92) ou atípica, o prazo para o ajuizamento da ação principal, que é aquela que veicula os pedidos a que alude o art. 12 da Lei de Improbidade, será de trinta dias, contados da *efetivação* da medida cautelar (art. 17, *caput*, da Lei n. 8.429/92).

Evidentemente, a regra vai encontrar o seu campo próprio de aplicação em se tratando de cautelares antecipatórias, que o novo CPC/2015 chama de "tutela cautelar em caráter antecedente", visto que as incidentes ou são pleiteadas por ocasião do ajuizamento da ação principal – no caso da ação civil pública, podem ser requeridas na própria petição inicial (art. 12 da LACP) – ou surgem durante o curso da própria relação processual deflagrada por esta última. Cuida-se, como bem acentuado por Galeno Lacerda ao comentar a norma em igual sentido do art. 806 do CPC revogado (art. 308 do CPC/2015), de um ônus, e não uma obrigação, que recai sobre o autor"... porque o ato futuro consulta ao interesse do próprio sujeito destinatário da norma, e não ao da parte contrária"[462], sendo certo que a

---

461 No mesmo sentido, REsp n. 468.354/MG, 2ª T., rel. Min. Franciulli Neto, j. 4/11/2003, DJU de 2/2/2004, p. 312, *verbis*: "Em face da manifesta ilegalidade de atos praticados pelo representante da pessoa jurídica de direito público e demais requeridos, não faz o menor sentido submeter a concessão da liminar à sua prévia intimação. Como bem ressaltou a egrégia Corte de origem, 'a intenção do art. 2º da Lei n. 8.437/92, ao determinar que a liminar na ação civil pública somente será concedida após a audiência do representante judicial da pessoa jurídica de direito público, é a de preservar o ato administrativo hostilizado em razão da presunção de legalidade que o reveste".

462 *Comentários ao Código de Processo Civil*, v. VIII, t. I, p. 210.

consequência da inobservância do prazo é a *perda de eficácia* da medida obtida (art. 309, I, do CPC/2015). Nessa linha, ressalte-se que a perda do prazo de trinta dias não acarretará a impossibilidade de ajuizamento da ação principal nem tampouco, propriamente, a extinção do processo cautelar[463]. De outro lado, parece óbvio que a limitação temporal imposta pelo legislador somente encontrará aplicação nas hipóteses nas quais tenha sido *deferida* a cautela, não naqueles casos de negativa judicial de seu acolhimento.

De acordo com a melhor doutrina processual, o estabelecimento de prazo pelo legislador à propositura da ação principal justifica-se não só em razão da natural provisoriedade do processo cautelar como também porque, de ordinário, a sua adoção em processos antecipatórios implica a imposição de restrição de direito àquele que suporta a sua execução, parecendo razoável, deste modo, a fixação de um prazo limítrofe à deflagração da solução principal do conflito.

Aliás, o fato de a providência cautelar acarretar, ou não, prejuízos ao gozo de direitos pessoais ou patrimoniais serve de parâmetro à própria definição da incidência, ou não, do prazo de trinta dias. Nessa linha, inclinam-se a doutrina e a jurisprudência pelo afastamento da limitação temporal em casos de provimentos cautelares meramente conservativos (justificações, protestos, interpelações e notificações) e nos de antecipação de prova (vistorias e inquirições *ad perpetuam rei memoriam* etc.)[464].

Efetivar significa realizar, tornar efetivo, produzir os efeitos esperados, o que nos remete à ideia de que o termo *a quo* fixado pelo legislador pressupõe a produção de consequências concretas no mundo real, não o mero deferimento da medida ou mesmo a intimação do autor quanto à sua concessão.

Questão extremamente controvertida, sobretudo na jurisprudência, diz respeito ao início da contagem do prazo de trinta dias nos casos em que várias são as medidas cautelares deferidas pelo Juízo, indagando-se sobre se o termo *a quo* deve ser a data de efetivação da *primeira* medida ou se o prazo de trinta dias somente se inicia, a sua contagem,

---

463 "A inobservância do prazo do art. 806 [art. 308 do CPC/2015] não acarreta a extinção do processo cautelar, mas a perda da eficácia da liminar concedida" (REsp n. 262839/PB, 4ª T., rel. Min. Sávio de Figueiredo Teixeira, j. 13/9/2000, *RSTJ* n. 142, p. 371). Em igual sentido: REsp n. 58535/SP, 2ª T., rel. Min. Eliana Calmon, j. 2/3/2000, *JSTJ* n. 15, p. 122; REsp n. 162379/PR, 6ª T., rel. Min. Hamilton Carvalhido, j. 4/11/1999, *DJU* de 5/6/2000, p. 220.

464 Humberto Theodoro Júnior, *apud* Galeno Lacerda, ob. cit., p. 212. Com relação aos dados bancários e fiscais antecipadamente "quebrados", diligência que no mais das vezes vai definir a própria viabilidade e alcance da "ação principal", também não haverá sentido em fazer incidir o prazo do art. 17 da LIA (art. 806 CPC revogado, correspondente ao art. 308 do CPC/2015) uma vez que "... prova, como dado objetivo, como fato que ingressa no mundo do ser, não preclui, não decai, não perde eficácia, a toda evidência" (Galeno Lacerda, ob. cit., p. 214). Sobre o tema, ver tópico específico desta segunda parte. A jurisprudência do STJ também é no sentido de que somente com relação a medidas cautelares que importem restrição a direitos é que se deve observar o prazo aludido (REsp n. 59507/SP, 5ª T., rel. Min. Edson Vidigal, j. 10/11/1997, *DJU* de 1º/12/1997, p. 62767; REsp n. 60724/SP, 1ª T., rel. Min. Garcia Vieira, j. 26/4/1995, *DJU* de 29/5/1995, p. 15483; REsp n. 7084/RS, 3ª T., rel. Min. Eduardo Ribeiro, j. 19/3/1991, *RSTJ* n. 20, p. 403).

depois de efetivadas *todas* as medidas constritivas. De início, não se tem dúvida, como já anunciado, de que a fixação pelo legislador de um prazo ao ajuizamento da ação principal volta-se precipuamente ao resguardo da posição jurídica daquele que suporta o cumprimento da cautela, evitando-se, assim, que o retardamento da deflagração do processo principal se transforme numa opção *arbitrária* e *caprichosa* do autor. Não obstante, parece claro que a efetivação das medidas cautelares é ato circunscrito ao campo privativo de competência do Poder Judiciário, não concorrendo o autor, pelo menos de ordinário, à sua maior ou menor delonga. Deste modo, sempre que verificado que à possível demora na implementação prática das medidas deferidas não concorreu o autor, que é o que em regra ocorre, pensamos ser mais correta a tese dos que sustentam a fluência do prazo de trinta dias a partir da efetivação da última medida cautelar deferida[465]. Sobre o tema, consideramos adequada, *mutatis mutandis*, a incidência da enunciação geral no sentido de que "na dúvida e por eventual falha exclusiva da máquina judiciária, não pode restar prejudicada a parte autora que, aparentemente, não concorreu para isso"[466].

Outro aspecto polêmico diz respeito à necessidade, ou não, para fins de fluência do prazo, da ciência do requerente (intimação) quanto à efetivação da medida, parecendo-nos mais acertada a corrente que responde afirmativamente a tal indagação, desprezando a data da juntada do mandado pelo oficial de justiça[467]. Relativamente ao Ministério Público, à Advocacia-Geral da União e às procuradorias estaduais a intimação será sempre pessoal[468].

---

[465] No STJ a jurisprudência ainda não está pacificada. No REsp n. 69870/SP, a 4ª Turma, rel. Min. Ruy Rosado de Aguiar, entendeu que: "Enquanto não cumprido integralmente o mandado de arresto dos bens dos administradores da empresa liquidanda, não flui para o Ministério Público o prazo de decadência do direito de promover a ação principal" (j. 13/11/1995, *DJU* de 18/12/1995, p. 44584). A 3ª Turma também decidiu no mesmo sentido por ocasião do julgamento do REsp n. 90228/SP, rel. Min. Waldemar Zveiter, j. 27/10/1997, *DJU* de 15/12/1997, p. 66380, contrariando o entendimento firmado no REsp n. 7084/RS, rel. Min. Eduardo Ribeiro, j. 19/3/1991, *DJU* de 15/4/1991, p. 4301. Posteriormente, no julgamento do REsp n. 68741/SP, rel. Min. Ari Pargendler, j. 23/8/1999, *DJU* de 20/9/1999, retornou-se ao entendimento de que "... o prazo de trinta dias para a propositura da ação principal se conta a partir do primeiro ato de execução da tutela cautelar" (No mesmo sentido: REsp n. 1.115.370/SP, rel. Min. Benedito Gonçalves, julgado em 16/3/2010, *Informativo STJ* n. 427, que versou sobre quebra de sigilos bancário, fiscal e telefônico e indisponibilidade de bens em que, passados mais de nove anos, ainda não havia sido proposta a ação principal).

[466] REsp n. 42264/RS, 3ª T., rel. Min. Carlos Alberto Menezes Direito, j. 20/8/1996, *DJU* de 30/9/1996, p. 36636.

[467] STJ, REsp n. 79395/BA, 2ª T., rel. Min. Ari Pargendler, j. 25/9/1997, *DJU* de 13/10/1997, p. 51556; REsp n. 123659/PR, 4ª T., rel. Min. Sálvio de Figueiredo Teixeira, j. 9/6/1998, *DJU* de 21/9/1998, p. 175; REsp n. 74716/PB, 4ª T., rel. Min. Barros Monteiro, j. 11/12/1995, *DJU* de 18/3/1996, p. 7575 (este acórdão se refere a hipótese de expedição de carta precatória para o cumprimento da medida cautelar).

[468] Relativamente ao Ministério Público a necessidade de intimação pessoal vem prevista nas Leis Orgânicas da Instituição (art. 41, IV, da Lei n. 8.625/93 e art. 18, II, *h*, da LC n. 75/93). Especificamente quanto ao prazo de trinta dias para o ajuizamento da ação principal, a jurisprudência do STJ é pacífica no sentido de exigir a intimação pessoal (REsp n. 90228/SP, 3ª T., rel. Min. Waldemar Zveiter, j. 27/10/1997, *DJU* de 15/12/1997, p. 66380; REsp n. 88975/SP, 3ª T., rel. Min. Waldemar Zveiter, j. 13/10/1997, *DJU* de 1º/3/1999, p. 304), o que deve ser considerado "... a partir do 'ciente' pessoal do representante do MP e não da data da intimação, com a efetiva entrega dos autos com vista" (EREsp n. 259682/SP, rel. Min. Gilson Dipp, j. 11/6/2003). Analisando

Para fins de aferição do termo final do prazo, deve-se considerar proposta a ação na forma do que estabelece o art. 312 do CPC/2015[469].

O art. 302, III, do CPC/2015 estabelece que a perda de eficácia da medida cautelar, em qualquer das hipóteses previstas em lei, acarreta a necessidade de reparação dos prejuízos suportados pelo requerido em razão da execução da medida. Trata-se de caso de responsabilidade objetiva, o qual, no entanto, não tem aplicação na seara da tutela dos interesses difusos em função do que estabelecem os arts. 17 e 18 da Lei de Ação Civil Pública, dispositivos que buscam o afastamento dos óbices e ônus que tradicionalmente decorrem do exercício do direito de ação, salvo se comprovada a má-fé do autor da medida. Diga-se, aliás, que em se tratando de interesses indisponíveis, a doutrina vem afastando, de um modo geral, a incidência das rigorosas regras previstas no art. 302 do CPC/2015[470].

É difundida doutrinariamente a tese de que o prazo aqui analisado ostenta natureza decadencial, o que, no entanto, não significa o afastamento das hipóteses legais de suspensão previstas no CPC[471]. Assim, a superveniência de férias forenses acarretará a suspensão do prazo (art. 220 do CPC/2015)[472], o qual é prorrogado ao primeiro dia útil subsequente quando o seu encerramento se verificar em dia que não seja de expediente forense[473].

15.2. Medidas Cautelares em Espécie

Como já adiantado, a Lei n. 8.429/92 disciplinou, nos arts. 7º, 16 e 20, três providências cautelares, a saber, a indisponibilidade de bens, o sequestro de bens e o afastamento cautelar do agente público. Parece claro, dada a avareza legislativa no tratamento de tão

---

a questão em hipótese de ação por improbidade administrativa: REsp n. 337052/SP, 2ªT., rel. para o acórdão o Min. Franciulli Neto, j. 8/10/2002, DJU de 9/6/2003, p. 210. A intimação pessoal no caso da advocacia-geral da União vem prevista no art. 38 da Lei Complementar n. 73/93. Quanto às procuradorias estaduais, a prerrogativa, de um modo geral, também pode ser encontrada nas respectivas leis orgânicas estaduais.

469 "A expressão 'distribuída', prevista no referido art. 263, CPC, não pode ser interpretada literalmente. A diligência da parte estará cumprida com a entrega da petição inicial no protocolo" (REsp n. 262839/PB, 4ªT., rel. Min. Sálvio de Figueiredo Teixeira, j. 13/9/2000, RSTJ n. 142, p. 371). É o que estabelece, atualmente, o art. 312 do CPC/2015.

470 Nesse sentido a referência de Galeno Lacerda aos alimentos provisionais, aos direitos fundamentais do homem, aos direitos da personalidade e aos direitos relativos ao estado e à capacidade das pessoas, todos indisponíveis (ob .cit., p. 216). A lição continua válida em face do CPC/2015.

471 Cf. LACERDA, Galeno. Ob. cit., p. 216.

472 Idem. Referido autor chega à mesma conclusão nas hipóteses de dificuldade de transporte (art. 182 do CPC revogado, correspondente ao art. 222 do CPC/2015), calamidade pública (art. 182, parágrafo único, do CPC revogado, correspondente ao art. 222, § 2º, do CPC/2015) e justa causa (art. 183 do CPC revogado, correspondente ao art. 223 do CPC/2015), interpretando esta última hipótese como "... o obstáculo judicial criado pela parte contrária" (p. 217). No STJ, quanto à hipótese de férias forenses: REsp n. 257648/RS, 4ªT., rel. Min. Ruy Rosado de Aguiar, j. 17/8/2000, DJU de 11/9/2000, p. 261.

473 REsp n. 254443/PR, 4ªT., rel. Min. Barros Monteiro, j. 20/6/2000, DJU de 11/9/2000, p. 259.

relevante tema, que a Lei de Improbidade não esgota as medidas cautelares que podem ser adotadas em busca da efetividade do processo[474], sendo possível, assim, por exemplo, decretar-se a busca e apreensão de coisas ou documentos, o arrolamento de bens etc.[475]

15.2.1. Afastamento do agente público

O art. 20 da Lei da Improbidade dispõe que *a perda da função pública e a suspensão dos direitos políticos só se efetivam com o trânsito em julgado da sentença condenatória*, autorizando, em seu parágrafo único, que a *autoridade judicial ou administrativa competente* determine *o afastamento do agente público do exercício do cargo, emprego ou função, sem prejuízo da remuneração, quando a medida se fizer necessária à instrução processual*.

Em razão da drasticidade das consequências suportadas pelo agente, a regra contida no *caput* do art. 20 busca deixar claro que tanto a suspensão dos direitos políticos quanto a perda da função pública só se materializarão após o trânsito em julgado da sentença condenatória, o que seria até desnecessário uma vez que a presunção de não culpabilidade, constitucionalmente assegurada (art. 5º, LVII, da CF), acompanha os réus, de um modo geral, também o agente público, até o esgotamento de todas as vias recursais, inclusive as extraordinárias[476].

O parágrafo único, por seu turno, prevê medida tipicamente cautelar, cuja inspiração, ao que parece, remonta ao CPP (art. 312). Por intermédio do afastamento provisório do agente, busca o legislador fornecer ao juiz um importantíssimo instrumento com vistas à busca da verdade real, garantindo a verossimilhança da instrução processual de modo a evitar que a dolosa atuação do agente, ameaçando testemunhas, destruindo documentos, dificultando a realização de perícias etc., deturpe ou dificulte a produção dos elementos necessários à formação do convencimento judicial. Busca-se, enfim, propiciar um clima de franco e irrestrito acesso ao material probatório, afastando possíveis óbices que a continuidade do agente no exercício do cargo, emprego, função ou mandato eletivo poderia proporcionar. Por evidente, a medida cautelar vai alcançar qualquer cargo ou função que diga respeito ao objeto da instrução processual, não aqueles totalmente estranhos ao fato apurado (*v.g.*, o agente, além de Secretário Estadual de Fazenda, leciona na Universidade do Estado, verificando-se que a conduta apurada ocorreu no exercício da função de Secretário).

---

474 Nesse sentido, Flávio Luiz Yarshell, Lei n. 8.429, de 1992: ação cautelar sem correspondente "ação principal"?, in *Improbidade administrativa*, p. 199. Referido autor, embora não forneça exemplos, também admite a invocação do poder geral de cautela pelo juiz bem assim a concessão de "medidas satisfativas" no campo da improbidade, estas últimas somente em "hipóteses excepcionalíssimas" (p. 199). Diante do CPC/2015, o poder geral de cautela do Juiz passa a ser a regra, abolidas que foram as denominadas "cautelares típicas", salvo as previstas em leis específicas, como é o caso da Lei de Improbidade Administrativa.

475 Nesse sentido, MARTINS, Fernando Rodrigues. *Controle do patrimônio público*, p. 148. O tema será analisado mais à frente, em tópico próprio.

476 Sobre a aplicabilidade do princípio da presunção de não culpabilidade para além do campo do processo penal, confira-se o decidido pelo STF no RE n. 482.006-4/MG, Pleno, rel. Min. Ricardo Lewandowski, j. 7/11/2007.

Note-se que, *de lege lata*, o afastamento do agente público não importará em prejuízo de sua remuneração, que sequer poderá ser reduzida pelo Poder Público ou mesmo por determinação judicial[477]. Incide, aqui, mais uma vez, o princípio constitucional da presunção de não culpabilidade.

A lei autoriza o afastamento por ordem de "autoridade administrativa competente", o que não significa qualquer novidade em nosso sistema[478], parecendo óbvio, no entanto, que o que se busca preservar, aqui, não é propriamente a "instrução processual" mas, antes, a apuração da improbidade no processo administrativo[479], inclusive no âmbito do inquérito civil, cuja natureza, como visto, é administrativa. De fato, não faria sentido que somente os procedimentos administrativos investigatórios da pessoa jurídica de direito público lesada pudessem ter a sua eficácia garantida pelo afastamento do investigado. A única ressalva que se deve fazer, conquanto óbvia, é que o afastamento, em tal hipótese, somente poderá ser determinado pelo Poder Judiciário por não dispor o Ministério Público de qualquer poder hierárquico sobre o agente, aplicando-se a regra do *caput* do art. 17 da Lei de Improbidade (ajuizamento da ação de conhecimento no prazo de trinta dias da efetivação da medida cautelar).

Por tratar-se de medida cautelar, deverão estar presentes o risco de dano irreparável à instrução processual (*periculum in mora*), bem assim a plausibilidade da pretensão de mérito veiculada pelo autor (*fumus boni iuris*). Nesta linha, embora não possa o afastamento provisório arrimar-se em "meras conjecturas", não tem sentido exigir a prova cabal, exauriente, de que o agente, mantido no exercício da função, acarretará prejuízo ao descobrimento da verdade. Indícios já serão suficientes à decretação da medida, o que em nada infirma o seu caráter excepcional[480]. O Ministro José Delgado, por ocasião do julgamento da Medida Cautelar n. 3.181-GO (STJ, 1ª T.), assevera que "... a aplicação do art. 20 da Lei

---

477 Nessa linha, STJ, RMS n. 1.754-0-PR, 1ª T., rel. Min. Garcia Vieira, j. 24/8/1994, *DJU* de 26/9/1994.

478 O art. 147 da Lei n. 8.112, de 11/12/1990 (*Estatuto dos Servidores Públicos Civis da União*), autoriza o afastamento preventivo, pelo prazo de sessenta dias, prorrogáveis por igual período, sem prejuízo da remuneração, "... a fim de que o servidor não venha a influir na apuração da irregularidade".

479 "...se decretada no curso de processo administrativo, quando se ajuizar a ação, deverá ser renovada judicialmente" (Marino Pazzaglini Filho *et alii*, *Improbidade administrativa*, p. 193).

480 Mais recentemente, o Min. Franciulli Neto, por ocasião do voto-vista lançado na Reclamação n. 1.091/AC, prestigiou o entendimento de que a só presença de indícios é suficiente ao afastamento cautelar do agente, honrando-nos sobremodo com a citação. Na mesma linha, confira-se o entendimento firmado por ocasião do julgamento da MC n. 7325/AL, 1ª T., maioria, *DJ* de 16/2/2004, p. 203, rel. p/ o acórdão o Min. Humberto Gomes de Barros, em que se recusou o afastamento baseado na "simples possibilidade" de dano à instrução. Merecem também menção os entendimentos firmados quando do julgamento da MC n. 5214/MG, 1ª T., maioria, *DJ* de 10/6/2003, p. 233, rel. p/ o acórdão o Min. Teori Albino Zavascki, em que se aludiu à insuficiência de "mera cogitação teórica" de risco à instrução, e por ocasião do julgamento do AGRG na SLS n. 857, Corte Especial, rel. Min. Humberto Gomes de Barros, *DJ* de 1º/7/2008, em que se afirmou que "... não bastam simples ilações, conjecturas ou presunções" para a decretação da medida cautelar de afastamento do agente público.

n. 8.429/92, pela clareza da sua dicção, só deve ser empregada quando os fatos forem incontroversos na caracterização de que o Prefeito Municipal ou qualquer autoridade situada no polo passivo da ação de improbidade administrativa está, evidentemente, causando embaraço à instrução processual". No mesmo voto, mais à frente, afirma:"Esta prova deve ser feita, pelo menos, de forma indiciária, tornando presentes elementos que convençam o juiz de que há grande risco da conduta coercitiva do Chefe do Executivo ser exercida. Não devem ser suficientes simples alegações. Há necessidade de fatos, pelo menos mínimos, que caracterizem indícios e/ou presunções" (*DJU* de 12/3/2001). Este último enfoque parece ser o mais correto, não fazendo sentido, sob pena de esvaziamento de toda a *ratio* do processo cautelar, exigir-se a prova incontroversa de risco à instrução processual. Como sinteticamente exposto por Galeno Lacerda, "se o dano ainda não ocorreu, não se requer prova exaustiva do risco. Basta a probabilidade séria e razoável, para justificar a medida"[481]. Segundo pensamos, a análise judicial quanto à presença de "probabilidade séria e razoável" de risco para a instrução processual passa, necessariamente, pelas denominadas "regras de experiência comum" ("máximas de experiência"), "subministradas pela observação do que ordinariamente acontece" (art. 375 do CPC/2015)[482]. Este, a nosso ver, o único caminho possível ao ingresso de presunções no campo de análise do *periculum in mora*[483-484].

Embora não haja nenhuma restrição legal quanto às hipóteses de incidência da medida, é preciso compreender, a partir da premissa de que "não se pode obter através do

---

[481] Ob. cit., p. 172.
[482] Exemplo lapidar de aplicação de "máximas da experiência comum" pode ser extraído do voto da Min. Eliana Calmon, que, por ocasião do julgamento da Medida Cautelar n. 2.765-SP (requerente Celso Roberto Pitta do Nascimento; requerido o Ministério Público do Estado de São Paulo), afirmou, para manter a decisão de afastamento do agente político: "Ademais, a sua manutenção à frente do Executivo Municipal traria para os órgãos de controle enorme desgaste, pois é muito difícil manter-se em curso uma ação que visa responsabilizar um agente político por ato de improbidade, sem que se possa dispor livremente dos registros administrativos". Ao fecho da decisão, arremata dizendo que "... o desgaste que se deve resguardar é da própria imagem de transparência da Administração Pública" (*DJ* de 30/5/2000).
[483] As máximas de experiência comum, "que surgem pela observação do que comumente acontece, e fazem parte da cultura normal do juiz" (Moacyr Amaral Santos), ocupam, no silogismo de avaliação da prova, o papel de premissa maior. Sua incidência sobre o indício (premissa menor) é que vai possibilitar a extração da chamada "presunção de homem" (conclusão). O que o art. 375 procura enfatizar é que o trabalho de apreciação da prova pelo magistrado não prescinde de uma contextualização histórica e geográfica, de uma análise, enfim, dos padrões culturais vigentes em determinado meio social.
[484] Neste sentido, segundo pensamos, é que se deve compreender as assertivas de que "não se mostra imprescindível que o agente tenha, concretamente, ameaçado testemunhas ou alterado documentos, mas basta que, pela quantidade de fatos, pela complexidade da demanda, pela notória necessidade de dilação probante, se faça necessário, em tese, o afastamento compulsório e liminar do agente público do exercício de seu cargo, sem prejuízo de seus vencimentos, enquanto persistir a importância da coleta de elementos informativos ao processo" (Fábio Medina Osório, *Improbidade administrativa*, p. 242) e de que "da narrativa da inicial, por si só, já decorria presunção de que o agente público, ao natural, pudesse prejudicar a instrução processual" (*TJRGS*, 1ª CC, MS n. 594014094, rel. Des. Celeste Vicente Rovani, *apud* Fábio Medina Osório, ob. cit., p. 244).

processo cautelar mais do que se alcançará com a prestação jurisdicional principal"[485], que o afastamento provisório do agente deve ser reservado às hipóteses de danos exponenciais ao patrimônio público, em hipóteses de dolo manifesto. Não, em regra, àquelas condutas de pequena repercussão[486], fruto de culpa ou omissão, nas quais a aplicação da sanção de perda da função pública se demonstra, de antemão, desproporcional. Em casos tais, deve o juiz, utilizando-se inclusive de cautelas inominadas, garantir a eficácia da instrução processual através de medidas menos drásticas, tais como a busca e apreensão de documentos, a requisição de força policial etc.

Surge, comumente, a indagação quanto ao cabimento, ou não, do afastamento cautelar daqueles que exercem *mandatos eletivos*, tema que vem suscitando intensos debates doutrinários.

No sentido da impossibilidade, sustenta Adilson Abreu Dallari, após enfatizar a abrangência de aplicação da Lei de Improbidade dada por seus arts. 1º e 2º, que:

> *Note-se, nesse dispositivo [o autor se refere ao art. 2º], a menção expressa ao titular de "mandato", que, assim, fica indubitavelmente alcançado pela lei. Como o problema sempre surge a propósito do exercício de mandato de prefeito municipal, convém deixar assentado que, indubitavelmente, prefeito municipal pode ser réu em ação civil pública.*
>
> *Mas daí à suspensão do exercício do mandato vai uma distância muito grande. Isso fica evidente com a simples leitura do texto do art. 20 e seu parágrafo único: ...*
>
> *Por certo, ninguém haverá de imaginar que alguma autoridade administrativa tenha poderes para determinar o afastamento do titular de um mandato político. Pelo menos, ao que se saiba, não há caso algum nesse sentido.*
>
> *Mas, e a autoridade judicial? Poderia fazê-lo? Afinal, o Chefe do Poder Executivo é um agente público, abrangido pelo conceito explicitado no art. 2º, acima transcrito!*
>
> *Entretanto, restrições de direito não comportam interpretações ampliativas, e o parágrafo único do art. 20 menciona apenas a possibilidade do afastamento do exercício de 'cargo, emprego ou função', tendo deliberadamente (ilação que se retira do teor dos outros dispositivos acima transcritos) omitido o exercício de 'mandato'. Este é um outro eloquente silêncio da lei.*
>
> *Essa exclusão faz sentido. O tempo indevidamente subtraído ao exercício de cargo, emprego ou função sempre pode, em princípio, ser reparado, bastando que o período de afastamento seja computado como tempo de exercício, pelo menos para efeitos administrativos e econômicos. Já o tempo indevidamente subtraído ao exercício de um mandato político é absolutamente irreparável.*

---

485 Nesta linha, dentre tantos, Humberto Theodoro Júnior (*Processo cautelar*, p. 110), Vicente Greco Filho (*Direito processual civil brasileiro*, p. 155) e Rodolfo de Camargo Mancuso (*Ação civil pública*, p. 189).

486 "A aplicação do art. 20, da Lei de Improbidade há de ser procedida com vistas a atender a garantia da instrução criminal, em harmonia com a gravidade da acusação" (STJ, MC n. 3.181-GO, 1ª T., rel. Min. José Delgado, j. 21/11/2000, *DJU* de 12/3/2001).

Nunca é demais rememorar que um dos princípios fundamentais da Constituição Federal é o princípio democrático, que impõe absoluto respeito ao mandato popular. O povo pode errar, pode fazer uma má escolha, pode eleger um mau administrador público, mas essa escolha deve ser respeitada. Apenas excepcionalmente, somente naquelas hipóteses previstas no texto constitucional (cometimento de crime de responsabilidade ou de infração político-administrativa), é que pode ocorrer, com as cautelas devidas, a subtração do direito ao exercício do mandato popular[487].

Com todas as vênias ao ilustre jurista, a adoção de tal raciocínio, que parte de uma interpretação puramente literal, levaria à conclusão de que os exercentes de *mandato político* (prefeitos, vereadores, governadores, deputados etc.) não poderiam perdê-lo pela prática de improbidade administrativa. Isso porque o art. 12 da Lei n. 8.429/92, que trata das severas sanções ao ímprobo, não prevê, igualmente, a perda de "mandato eletivo", somente fazendo alusão à perdão de "função pública". Aliás, nem mesmo o *caput* do art. 20 da Lei de Improbidade fala em perda do "mandato eletivo" pelo trânsito em julgado da sentença condenatória. O argumento, assim, peca "por provar demais", distanciando-se da amplitude conceitual do art. 2º da Lei de Improbidade e da advertência dos exegetas[488], *data venia*.

Inadmitir o afastamento cautelar dos exercentes de mandato político mesmo quando demonstrada a sua intenção de obstruir a instrução processual seria conceber uma atuação jurisdicional inefetiva, "de segunda classe", o que resultaria em esvaziar, por completo, a cláusula constitucional de *acesso à justiça* (art. 5º, XXXV) e o próprio *devido processo legal* (direito à prova, paridade de armas etc.), tornando impossível, em algumas hipóteses, a tutela do patrimônio público. Seria aniquilar, enfim, o próprio comando contido no art. 37, § 4º, da Carta Política.

Os argumentos de "soberania popular" e de que a "escolha do povo", mesmo quando recaia sobre o ímprobo, deve ser respeitada não impressionam, uma vez que aqueles legitimamente escolhidos pela sociedade para o exercício do poder de mando estão jungidos, de forma até mais rigorosa, aos princípios reitores da Administração Pública – mormente os de legalidade e moralidade – cuja violação, por representarem uma dissintonia entre a vontade popular e o exercício do poder, deve deflagrar, pronta e eficazmente, a incidência dos preceitos sancionatórios, o que pressupõe, em algumas hipóteses, o manejo de provi-

---

487 "Limitações à Atuação do Ministério Público na ação civil pública, in *Improbidade administrativa*, p. 39-40. No mesmo sentido, Antônio Araldo Ferraz dal Pozzo e Augusto Neves dal Pozzo, Afastamento de prefeito municipal no curso de processo instaurado por prática de ato de improbidade administrativa, in *Improbidade administrativa*, p. 65 e s. No STJ, a tese foi acolhida, isoladamente, pelo Min. Francisco Peçanha Martins (ARMC n. 2.928-RN, 2ª T., rel. Min. Eliana Calmon, j. 15/8/2000, negaram provimento, *DJU* de 5/3/2001, p. 143).

488 "... o intérprete há de mover-se no âmbito das possíveis significações linguísticas do texto legal e tem de respeitar o sistema da lei, não lhe quebrando a harmonia, não lhe alterando ou rompendo a sua coerência interna... só dentre as várias acepções que a letra da lei comporte e o sistema não exclua é que o juiz pode escolher, valorando-as pelos critérios da recta justiça e da utilidade prática" (Manuel Domingues de Andrade, *Ensaio sobre a teoria da interpretação das leis*. 4ª ed. Coimbra: Arménio Amado, 1987, p. 64).

dências cautelares. Com efeito, não se pode admitir, numa postura absolutamente passiva, que a atuação dos mandatários da nação vá de encontro aos objetivos da República (construção de uma sociedade livre, justa e solidária; erradicação da pobreza, da marginalização e das desigualdades sociais, promoção do bem de todos – art. 3º da CF), conspurcando a representatividade[489]. É preciso enfatizar que a plena incidência de toda a normativa da Lei de Improbidade – o que significa a aplicação de todas as regras tendentes à efetiva reparação do dano e à aplicação das sanções – vai buscar justificação na violação do mandato popular outorgado aos agentes políticos[490], na quebra da relação de confiança ínsita a qualquer representação, seja de direito público ou de direito privado.

É evidente que o afastamento do agente político, como o de qualquer agente público, deve ser medida adotada em última hipótese (necessidade), o que decorre do próprio princípio constitucional da não culpabilidade. E o STJ, intérprete maior da legislação infraconstitucional, vem, prudentemente, considerando tal aspecto[491].

---

[489] "República é o regime político em que os exercentes de funções políticas (executivas e legislativas) representam o povo e decidem em seu nome, fazendo-o com responsabilidade, eletivamente e mediante mandatos renováveis periodicamente. São, assim, características da república a eletividade, a periodicidade e a responsabilidade. A eletividade é o instrumento da representação" (Geraldo Ataliba, *apud* Celso Antônio Bandeira de Mello, Representatividade e democracia, in *Direito eleitoral*, p. 41).

[490] "Não tem sido incomum, infelizmente, o representante arvorar-se em substituto do cidadão. E a substituição mina a democracia e anula a presença do eleitor-representado, assim tornado elemento de pura necessidade no momento da tomada e apuração de votos, descartável após esse momento. E, no entanto, o cidadão é insubstituível na democracia. Como o homem é insubstituível na sociedade. Eleição é manifestação de liberdade e libertação. E livre é o homem que elege e não o eleito no exercício do mandato para o qual tenha sido escolhido. Logo, qualquer forma de ilicitude ou desvirtuamento do mandato frauda a representação, ilude a cidadania e compromete a democracia como regime político de verdades extraídas da sociedade estatal e não de mentiras abrilhantadas por discursos vazios e falsos de interessados. O que se aclama, no regime político-democrático, é o eleitor, não o eleito. A aclamação jurídico-formal não afasta o cidadão do processo político, antes é a forma de consagrá-lo no poder político" (Cármen Lúcia Antunes Rocha, *Justiça eleitoral e representação democrática*, p. 379).

[491] "Impende evidenciar que o parágrafo único faz alusão à necessidade do afastamento para a regular instrução processual. Não cogita de mera conveniência do afastamento, de sorte que tal necessidade deve emergir dos autos estreme de qualquer dúvida. Além do mais, bem lembrou o requerente que o art. 216 do Código Eleitoral e o artigo 15 da Lei Complementar n. 64/1990 (Lei das Inelegibilidades) mantém o exercício do mandato até o trânsito em julgado da decisão judicial, com ilustração do entendimento jurisprudencial nesse sentido (MCAREG n. 15.216 e MC n. 14.994, ambos do TSE). É certo que a Lei n. 8.429, de 2/6/1992 (Lei de Improbidade Administrativa), em seu artigo 2º, equipara o agente público ao agente político. Menos certo não é, porém, que o agente político, merece tratamento todo especial, pois não há perder de vista que o cargo do agente político está legitimado na vontade popular, por se tratar de mandato eletivo conferido pela sociedade, observadas as regras do Estado Democrático de Direito. A Câmara dos vereadores poderia por meio do *impeachment* promover juízo político, mas o Poder Judiciário tem sempre de, necessariamente, balizar-se pelo princípio da legalidade... Nunca é demais insistir que a cassação de investidura popular é medida radical, só suscetível de ser aplicada com lastro em sentença definitiva acobertada pelo trânsito em julgado ou, em condições excepcionais, quando assim o exigir o interesse público, particularmente a administração da justiça" (MC n. 2.299/SP, 2ª T., rel. Min. Franciulli Netto, j. 13/6/2000, *RSTJ*

A única restrição, nesse campo, diz respeito ao Presidente da República e aos Deputados Federais e Senadores, sujeitos a regras constitucionais peculiares (arts. 86 e 55 da CF). Outra óbvia restrição se relaciona à impossibilidade de afastamento cautelar do *agente político* por ordem de *autoridade administrativa*, hipótese não contemplada, e por isso repelida, pelo ordenamento constitucional[492].

Outro ponto controvertido diz respeito à possibilidade, ou não, de afastamento do agente (exercente de cargo, função, emprego ou mandato eletivo) com vistas a evitar que, no exercício do cargo, encontre os mesmos motivos e facilidades que o levaram a desfalcar o patrimônio público, em resumo a fim de se evitar a "repetição da conduta reprovável".

Fábio Medina Osório entende que sim, pois, em sua visão, "a expressão instrução processual há de ser interpretada com o máximo rigor". Respondendo à indagação sobre a possibilidade de afastamento do agente quando se possa presumir que "ficando em seu cargo, acarretará novos danos ao Ente Público e à sociedade" aduz: "Se esses novos danos pudessem estar enquadrados no objeto da demanda, vale dizer, consubstanciando reiteração de atos cuja repressão já se ambicionava no próprio processo, parece razoável sustentar que a instrução processual se estenderia a essa hipótese e, por conseguinte, também o alcance do art. 20, parágrafo único, da Lei número 8.429/92. Assim, por exemplo, no caso em que o agente público é acusado de formação de quadrilha para cometimento de crimes contra o erário, com tipificação de tais condutas no âmbito da Lei número 8.429/92, em princípio, seria recomendável o afastamento compulsório do cargo, especialmente quando o requerimento é formulado pelo autor da ação civil pública com base em elementos disponíveis no processo e perceptíveis pelo senso comum e pela visão lógica da vida"[493], esclarecendo, mais à frente, que: "Já quando os novos danos resultam de uma ameaça genérica não compreendida no processo cuja instrução estiver bem encaminhada, *data venia*, não haverá a possibilidade de afastamento no processo já instaurado, como uma espécie de garantia à ordem pública, pois nesse sentido consta limitação expressa do legislador. Em tal hipótese, sugere-se a instauração de demanda autônoma e, então sim, even-

---

135/205). No mesmo sentido: AGRMC n. 3.048-BA, 1ª T., rel. Min. José Delgado, j. 19/9/2000, *DJU* de 6/11/2000, p. 192; MC n. 7.325/AL, 1ª T., rel. Min. Teori Albino Zavascki; REsp n. 550135/MG, 1ª T., rel. Min. Teori Albino Zavascki; AgRg na SLS n. 955/CE, Corte Especial, rel. Min. Ari Pargendler, j. em 19/11/2008, *DJ* de 4/12/2008; REsp n. 895.415/BA, rel. Min. Luiz Fux, j. 2/12/2008; REsp n. 929483/BA, 1ª T., rel. Min. Luiz Fux, j. em 2/12/2008, *DJ* de 17/12/2008; AGRG na SLS n. 867/CE, Corte Especial, rel. Min. Ari Pargendler, j. em 5/11/2008, *DJ* de 24/11/2008, *RT* vol. 881, p. 148. Por ocasião do julgamento da MC n. 5.214/MG, considerou-se, corretamente, desnecessário o afastamento do agente uma vez que o receio do autor (alteração de local a ser periciado) poderia ser afastado por outra medida, no caso a medida de produção antecipada de provas (rel. para acórdão o Min. Teori Zavascki, *DJU* de 15/9/2003, p. 233). No TJRS, *vide* AI n. 700003013422, 2ª CC, rel. Maria Isabel de Azevedo Souza, j. 28/8/2001.

492 A possibilidade de afastamento cautelar de agentes políticos foi encampada pelo STJ nos acórdãos acima referidos e, mais recentemente, no voto-vista prolatado pelo Min. Franciulli Neto no REsp n. 167.547/MG, que nos honra sobremodo com a citação.

493 *Improbidade administrativa*, p. 243.

tual pedido de afastamento no processo instaurado de modo autônomo, desde que presentes os requisitos legais"[494].

Com todas as vênias, muito embora um dos principais objetivos do legislador, no campo dos direitos difusos, seja o de prevenir o dano[495], o fato é que a Lei n. 8.429/92, ao cuidar especificamente do afastamento provisório do agente, aponta, claramente, como seu único escopo o de resguardar "a instrução processual", a qual, realisticamente, não se vê arrostada pela reiteração da conduta ímproba. E a previsão de afastamento contida no parágrafo único se faz após a fixação do postulado de que *a perda da função pública e a suspensão dos direitos políticos só se efetivam com o trânsito em julgado da sentença condenatória*, o que dá bem o tom da interpretação (restritiva)[496] que se deve dar à regra excepcional de afastamento. E em se tratando de exercentes de mandato eletivo, tal resultado se vê reforçado pela representatividade por eles haurida nas urnas.

Mesmo no campo do processo penal, onde se admite, *de lege lata*, a decretação de medida (prisão preventiva, art. 312) com tal escopo[497], já se questiona a feição acautelatória do fundamento "ordem pública"[498], que, nessa visão, representaria verdadeira "antecipação de tutela sancionatória", em afronta ao princípio constitucional da presunção de não culpabilidade.

Pensamos, assim, ser impossível a invocação da regra contida no art. 20 com vistas ao afastamento do agente público como forma de garantia à "ordem pública", mesmo a

---

494 *Improbidade administrativa*, p. 243.
495 Assevera Mancuso que no campo dos interesses difusos "o que conta é evitar o dano, até porque o sucedâneo da reparação pecuniária não tem o condão de restituir o *statu quo ante*" (ob. cit., p. 90), transcrevendo, ao depois, aguda observação de Barbosa Moreira, *verbis*: "Se a Justiça civil tem aí um papel a desempenhar, ele será necessariamente o de prover no sentido de prevenir ofensas a tais interesses, ou pelo menos de fazê-las cessar o mais depressa possível e evitar-lhes a repetição; nunca o de simplesmente oferecer aos interessados o pífio consolo de uma indenização que de modo nenhum os compensaria adequadamente do prejuízo acaso sofrido, insuscetível de medir-se com o metro da pecúnia" (p. 191-192).
496 "Por ser medida extrema com capacidade de suspender mandato eletivo, a interpretação do dispositivo que a rege [art. 20 da LIA)] é restrita, sem qualquer condição de ser ampliada" (STJ, AGRMC n. 3048/BA, 1ª T., rel. Min. José Delgado, *DJU* de 6/11/2000, p. 192).
497 "Para garantia da ordem pública, visará o magistrado, ao decretar a prisão preventiva, evitar que o delinquente volte a cometer crimes, ou porque é acentuadamente propenso às práticas delituosas, ou porque, em liberdade, encontraria os mesmos estímulos relacionados com a infração cometida" (TACrimSP, *RJDTACRIM* 11/201, *apud* Júlio Fabbrini Mirabete, *Código de Processo Penal interpretado*, p. 414).
498 "O outro requisito mencionado naquele dispositivo legal [a autora se refere ao art. 312 do Código de Processo Penal] – a garantia da ordem pública – merece maior cuidado em sua apreciação, na medida em que costumeiramente se propõe seja ele entendido como um permissivo para a desvinculação da prisão provisória de sua finalidade de tutela dos meios e fins do processo penal de conhecimento, fazendo-a assumir um intolerável caráter penal (verdadeira antecipação de pena), diante do clamor provocado pela gravidade do delito ou periculosidade de seu autor" (Maria Lúcia Karam, Prisão e liberdade processuais, *Revista Brasileira de Ciências Criminais* n. 2, p. 85). Frederico Marques, há muito, já afastava a cautelaridade do fundamento "resguardo da ordem pública", sustentando que a medida judicial decretada com esta finalidade ostenta natureza de verdadeira medida de segurança.

Capítulo II – O Momento Processual. A Ação Civil de Improbidade

título do denominado poder geral de cautela do magistrado[499], o que somente será viável, se for o caso, na esfera criminal, onde há expressa previsão a respeito (art. 312 da Lei de Ritos)[500-501].

Em caso concreto circunscrito as nossas atribuições funcionais, tivemos a oportunidade de sustentar, à falta de riscos concretos à instrução processual, a possibilidade de *restrição*, como forma de *garantia à ordem pública administrativa*, do círculo de *atribuições* de determinados servidores (fiscais de renda acusados de remessa de vultosas quantias ao exterior), pleiteando judicialmente a *proibição do exercício de atividades fiscalizatórias de "campo"*, as quais, afinal, ensejaram o enriquecimento ilícito investigado. Seria também possível imaginar a possibilidade de restrição, por exemplo, ao exercício de funções administrativas de parlamentar que, na qualidade de integrante da mesa diretora de sua casa legislativa, tenha como atribuição a de homologar procedimentos licitatórios. Aqui sim, segundo pensamos, torna-se possível o resguardo da ordem pública administrativa, a título de poder geral de cautela, não havendo, propriamente, a imposição de uma sanção antecipada, ou seja, o afastamento do agente do exercício de cargo, função ou mandato eletivo, mas apenas a imposição judicial de *limites* à prática de determinados atos (atividades de fiscalização, homologação de licitações etc.), o que, induvidosamente, o Judiciário pode fazer[502].

---

499 O poder geral de cautela no campo da improbidade e suas limitações serão analisados mais à frente.

500 O STJ considerou inaplicável a processo criminal o afastamento liminar do agente público previsto na Lei de Improbidade (RHC n. 8.749-MG, 5ª T., rel. Min. Félix Fischer, j. 5/8/1999, *DJU* de 13/9/1999, *RT* 772/538, e RMS n. 20.818/RJ, rel. Min. Nilson Naves, j. 6/6/2006), o que, *data venia*, não se justifica diante do poder geral de cautela do juiz criminal (STJ, Corte Especial, Inquérito n. 259/AM, rel. Min. Sálvio de Figueiredo, j. 21/3/2001, *Informativo STJ n.* 89; RMS n. 4.179-PR, 6ª T., rel. Min. William Patterson, j. 3/12/1996, *DJU* de 3/3/1997). De notar-se, no entanto, que quanto aos crimes cometidos por prefeitos o art. 2º, II, do Decreto-lei n. 201/67 não deixa qualquer dúvida quanto à possibilidade do afastamento, já tendo o mesmo Tribunal Superior decidido neste sentido: "Medida Cautelar. Efeito Suspensivo a Recurso Especial Interposto. Admissão em Rara Excepcionalidade. Prefeito. Denúncia. Improbidade. Afastamento do Cargo. Providência que se Impõe em Benefício do Erário e da Moralidade Pública. Constituindo os fatos irrogados ao Prefeito, crime em tese, e havendo possibilidade de, no exercício do cargo, manipular documentos, pressionar testemunhas, dificultando a apuração dos fatos, e mais, com vistas a evitar a repetição da conduta reprovável, impõe-se decretar o afastamento temporário do Prefeito até o término da instrução criminal e julgamento do mérito, motivadamente (art. 2º, II, do Decreto-lei 201/67). Agravo conhecido e desprovido" (AGRMC n. 1.411-PA, 5ª T., rel. Min. José Arnaldo, j. 22/9/1998, *DJU* de 19/10/1999, p. 111).

501 No Projeto de Reforma do Código de Processo Penal encaminhado ao Parlamento por Comissão presidida pela Professora Ada Pellegrini Grinover, sugere-se a alteração do art. 312 do Código de Processo Penal, que passaria a contar com a seguinte redação: "Art. 312. *A prisão preventiva poderá ser decretada quando verificados a existência de crime e indícios suficientes de autoria e ocorrerem fundadas razões de que o indiciado ou acusado venha a criar obstáculos à instrução do processo ou à execução da sentença ou venha a praticar infrações penais relativas ao crime organizado*, à probidade administrativa *ou à ordem econômica ou financeira consideradas graves, ou mediante violência ou grave ameaça à pessoa*".

502 João Gualberto Garcez Ramos, em sua notável monografia sobre a *Tutela de urgência no processo penal brasileiro*, após refutar a cautelaridade do fundamento "ordem pública", por falta de referibilidade com o direito discutido no processo penal condenatório, sustenta que a prisão preventiva decretada com esta finalidade

A lei não prevê prazo para o afastamento do agente, o que, a nosso juízo, é um grave erro. Realmente, considerando que a medida cautelar, embora legítima, incide sobre o direito ao pleno exercício de funções públicas e mandatos eletivos, não se pode admitir que vigore por prazo indeterminado, sendo neste sentido a jurisprudência do STJ:

> *Processo Civil – Administrativo – Prefeito – Ação Civil Pública – Art. 12, Lei n. 7.347/85 c/c Art. 20 da Lei n. 8.429/92 – Afastamento do cargo – Instrução Processual – Medida Cautelar – Excepcionalidade de seu Conhecimento – Recurso Especial em Agravo de Instrumento Retido – Art. 542, § 3º, do CPC – Presença do Fumus Boni Iuris e do Periculum In Mora.*
>
> ...
>
> *2. Para a condução imparcial da coleta de provas na instrução processual relativas a eventuais crimes de improbidade administrativa (Lei n. 8.429/92), é imperioso o afastamento do Prefeito de suas funções, nos termos do art. 20 do referido diploma legal.*
>
> *3. Caracteriza-se, entretanto, como dano irreparável (periculum in mora) se, decorrido um ano do afastamento, a instrução processual não se encerra, reduzindo o mandato eletivo em um quarto e assemelhando tal ato judicial a uma verdadeira 'cassação'.*
>
> ...
>
> *5. Medida Cautelar conhecida e julgada procedente, exclusivamente para determinar a subida do Recurso Especial interposto e retido nos autos do Agravo de Instrumento, restando prejudicado o pedido de efeito suspensivo e mantido o afastamento do Prefeito, até apreciação do mesmo por esta Corte*[503].

Assim, deve o magistrado, ao determinar o afastamento do agente, fixar, sempre, o prazo de duração da medida[504], o que deverá ser aferido a partir das peculiaridades da

---

é *medida judiciária de polícia*, a qual pode ser decretada em razão dos "altos valores sociais em jogo" e também em função do papel político exercido pelo Poder Judiciário (p. 142). *Mutatis mutandis*, a tese é aplicável ao campo da improbidade administrativa, sem que se possa, contudo, concluir pela possibilidade de antecipação das sanções previstas no art. 12.

503 MC n. 1.730-SP, 5ª T., maioria, rel. Min. Gilson Dipp, rel. para o acórdão o Min. Jorge Scartezzini, j. 7/12/1999, acórdão colhido no site do STJ. Por ocasião do julgamento do AGRMC n. 2.928-RN, a 2ª T. do mesmo Tribunal voltou a ressaltar, através do voto do Min. Franciulli Netto, que o afastamento "... não pode se protrair no tempo. Tampouco a instrução pode se alongar em demasia ou se perpetuar". No AGRMC n. 3.048-BA, a 1ª T., por seu turno, rel. Min. José Delgado (*DJU* de 6/11/2000, p. 192), considerou que o agente político tinha o direito de reassumir, "em toda a sua plenitude", o exercício do mandato após expirado, sem conclusão do processo, o prazo de afastamento (60 dias) determinado pelo Juízo *a quo*. No TJRS, têm-se os seguintes julgados: AI n. 700001248608, 1ª Câmara Especial Cível, rel. Alzir Felippe Selmitz, j. 14/11/2000; AI n. 599485448, 1ª Câmara Especial Cível, rel. Adão Sergio do Nascimento Cassiano, j. 19/9/2000.

504 Entendendo que a medida, "seja antes ou durante o processo, não tem prazo determinado", Marino Pazzaglini Filho *et alii*, *Improbidade administrativa*, p. 193.

causa (elevado número de réus e de fatos, necessidade de realização de perícias complexas etc.). Como parâmetro máximo, sugere-se a adoção do prazo de 135 (cento e trinta e cinco) dias *úteis* (art. 224, § 3º, do CPC/2015), que é o que resulta da soma dos vários prazos estabelecidos pelo legislador para a prática de atos processuais na ação civil de improbidade administrativa (*cinco dias* para que o juiz mande notificar o requerido ao oferecimento de defesa prévia [art. 17, § 7º, da Lei n. 8.429/92 c.c. art. 226, I, do CPC/2015]; *quinze dias* para o oferecimento de defesa prévia [art. 17, § 7º, da Lei n. 8.429/92]; *trinta dias* para o recebimento da petição inicial [art. 17, § 8º, da Lei n. 8.429/92]; *quinze dias* para o oferecimento de contestação [art. 17, § 9º, da Lei n. 8.429/92 c.c. art. 335 do CPC/2015]; *dez dias* para o despacho saneador [art. 226, II, do CPC/2015]; *trinta dias* para a realização da audiência de instrução e julgamento [art. 334 do CPC/2015, aplicado por força de compreensão]; e *trinta dias* para a prolação de sentença [art. 366 do CPC/2015])[505]. Quando desnecessária a notificação para o oferecimento de defesa prévia[506], esse prazo se reduz a 90 (noventa) dias úteis. Em qualquer hipótese, havendo a necessidade de oferecimento de *réplica* pelo autor, o prazo deve ser acrescido de 15 (quinze) dias úteis (art. 351 do CPC/2015). No caso de decretação judicial do afastamento do agente para a garantia de apuração do fato no âmbito do inquérito civil, deve-se também levar em conta o prazo de 30 (trinta) dias para o ajuizamento da ação principal (art. 17, *caput*, da LIA), desde que ainda seja necessária a manutenção do afastamento do agente na fase processual[507].

Ressalte-se, por último, que não há que se falar em excesso da instrução quando o extrapolar do prazo fixado pelo magistrado se der por atuação, mesmo que não dolosa, da defesa (*v.g.*: suscitação de incidente de falsidade documental, indicação de testemunhas que devam ser ouvidas por precatória etc.)[508] ou por motivos razoáveis ou de força maior[509].

---

[505] Ressalte-se, no entanto, que, na esfera criminal, onde o limite é de oitenta e um dias (procedimento comum ordinário), o STJ, em várias oportunidades, já entendeu que o prazo de conclusão da instrução "não pode resultar de mera soma aritmética" (RHC n. 1.453, rel. Min. Vicente Cernichiaro, *DJU* de 9/12/91, p. 18044; RHC n. 2049-4, rel. Min. Vicente Cernichiaro, *DJU* de 3/8/1992, p. 11335), aplicando o critério da razoabilidade (HC, Min. Carlos Thibau, *RSTJ* 30/96; RHC n. 6.888, rel. Min. William Patterson, *DJU* de 10/11/1997, p. 57844; HC n. 2.097, rel. Min. Fláquer Scartezzini, *RT* 702/393; HC n. 5.997, rel. Min. José Arnaldo, *DJU* de 10/11/1997, p. 57813).

[506] Ver tópico sobre "O Procedimento", *supra*.

[507] Ou seja, o prazo de 135 dias, a depender da hipótese, poderá transformar-se em 165 dias quando o afastamento tiver sido decretado na fase pré-processual e mantido na fase processual.

[508] Aplicável, aqui, *mutatis mutandis*, a Súmula n. 64 do STJ: "Não constitui constrangimento ilegal o excesso de prazo na instrução, provocado pela defesa".

[509] "Não se justifica a concessão de *habeas corpus*, por excesso de prazo razoável, quando provocado por motivo de força maior" (STJ, RHC n. 2.159-0, rel. José Cândido, *DJU* de 21/9/1992, p. 15706). No mesmo sentido, *RSTJ* 29/1995; RHC n. 4.346-6, rel. Min. Fláquer Scartezzini, *DJU* de 13/5/1995, p. 5310. O STF vem entendendo que o prazo máximo de 81 dias para o término da instrução criminal de réu preso não é absoluto, "podendo ser dilatado mercê da complexidade dos autos e da quantidade de réus envolvidos no fato delituoso" (HC n. 92483/PE, rel. Min. Eros Grau, j. 27/11/2007, *Informativo STF* n. 490, com a indicação de quatro precedentes

Colhidos os elementos que deram ensejo à decretação da medida, encerrada a instrução processual, deve o juiz revogar o afastamento provisório (art. 296 do CPC/2015)[510]. A mesma providência deve ser tomada se, durante o processo, desaparecem o *fumus boni iuris* e o *periculum in mora* que o levaram a decidir pelo afastamento.

15.2.1.1. Afastamento do agente público e suspensão de liminares e sentenças

A possibilidade de suspensão de medidas liminares e de sentenças foi introduzida no direito brasileiro por intermédio da Lei n. 191, de 16 de janeiro de 1936, editada sob os auspícios da ditadura Vargas com o escopo de regulamentar a ação de mandado de segurança contemplada pela Constituição de 1934 (art. 113, item 33)[511]. Posteriormente, o Código de Processo Civil de 1939, também regulamentando o mandado de segurança, disciplinou o assunto em seu art. 328[512]. Com o advento da Lei n. 1.533, de 31 de dezembro de 1951, já sob a égide da Constituição de 1946, a suspensão da sentença proferida em mandado de segurança foi novamente prevista (art. 13), revogando-se a disciplina do CPC de 1939, só que agora em termos abertos, ou seja, sem qualquer referência aos motivos de grave violação da ordem, saúde e economia públicas[513].

Certamente em razão da insuficiência dessa disciplina, sobreveio a Lei n. 4.348, de 26 de junho de 1964, cujo art. 4º estabelece que "quando, a requerimento de pessoa jurídica de direito público interessada e para evitar grave lesão à ordem, à saúde, à segurança e à econo-

---

no mesmo sentido). Tal entendimento pode ser, *mutatis mutandis*, aplicado ao afastamento cautelar do agente público. Por ocasião do julgamento do HC n. 90617/PE, impetrado por membro do Poder Judiciário afastado do exercício do cargo, o STF asseverou que o excesso de prazo só poderá ser tido por lesivo quando decorrente de diligências suscitadas pela acusação, quando houver inércia do próprio aparato judicial ou quando incompatível com o princípio da razoabilidade (rel. Min. Gilmar Mendes, j. 30/10/2007, *Informativo STF* n. 486).

510 "É característica da medida cautelar, como provimento emergencial de segurança, a possibilidade de sua *substituição* (art. 805), *modificação* ou *revogação*, a qualquer tempo (art. 807 [art. 296 do CPC/2015]). ... Decorrem, outrossim, a mutabilidade e a revogabilidade da medida cautelar de sua própria natureza e objetivos. Se desaparece a situação fática que levou o órgão jurisdicional a acautelar o interesse da parte, cessa a razão de ser da precaução" (Humberto Theodoro Jr., *Processo cautelar*, p. 67, em lição ainda válida em face do CPC/2015).

511 Art. 13 da Lei n. 191/36: "Nos casos do art. 8º, § 9º, e art. 10, poderá o presidente da Corte Suprema, quando se tratar de decisão da Justiça Federal, ou da Corte de Apelação, quando se tratar de decisão da justiça local, a requerimento do representante da pessoa jurídica de direito público interno interessada, para evitar lesão grave à ordem, à saúde ou à segurança pública, manter a execução do ato impugnado até o julgamento do feito, em primeira ou em segunda instância".

512 "Art. 328. A requerimento do representante da pessoa jurídica de direito público interessada e para evitar lesão grave à ordem, à saúde ou à segurança pública, poderá o Presidente do Supremo Tribunal Federal ou do Tribunal de Apelação, conforme a competência, autorizar a execução do ato impugnado."

513 "Art. 13. Quando o mandado for concedido e o Presidente do Tribunal, ao qual competir o conhecimento do recurso, ordenar ao juiz a suspensão da execução da sentença, desse seu ato caberá agravo para o tribunal a que presida."

mia pública, o Presidente do Tribunal, ao qual couber o conhecimento do respectivo recurso (vetado) suspender, em despacho fundamentado, a execução da liminar, e da sentença, dessa decisão caberá agravo, sem efeito suspensivo, no prazo de 10 (dez) dias, contados da publicação do ato".

Já no ano de 1990, sobreveio a Lei n. 8.038, cujo art. 25 cuida dos pedidos de suspensão, ainda em sede de mandado de segurança, de competência específica do Supremo Tribunal Federal e do Superior Tribunal de Justiça[514], matéria também disciplinada nos regimentos internos de referidos Tribunais Superiores[515].

Especificamente quanto ao processo civil coletivo, dispõe o art. 12, § 1º, da Lei da Ação Civil Pública que: "A requerimento de pessoa jurídica de direito público interessada, e para evitar grave lesão à ordem, à saúde, à segurança e à economia pública, poderá o Presidente do Tribunal a que competir o conhecimento do respectivo recurso suspender a execução da liminar, em decisão fundamentada, da qual caberá agravo para uma das turmas julgadoras, no prazo de 5 (cinco) dias a partir da publicação do ato". Muito embora referida Lei somente faça alusão à possibilidade de suspensão de *liminar*, o fato é que por força do § 1º do art. 4º da Lei n. 8.437/92 tornou-se possível também a suspensão de eficácia da própria *sentença* prolatada pelo juízo de primeiro grau no processo coletivo[516-517].

---

514 "Art. 25. Salvo quando a causa tiver por fundamento matéria constitucional, compete ao Presidente do Superior Tribunal de Justiça, a requerimento do Procurador-Geral da República ou da pessoa jurídica de direito público interessada, e para evitar grave lesão à ordem, à saúde, à segurança e à economia pública, suspender, em despacho fundamentado, a execução de liminar ou de decisão concessiva de mandado de segurança, proferida, em única ou última instância, pelos Tribunais Regionais Federais ou pelos Tribunais dos Estados e do Distrito Federal. § 1º O Presidente pode ouvir o impetrante, em cinco dias, e o Procurador-Geral quando não for o requerente, em igual prazo. § 2º Do despacho que conceder a suspensão caberá agravo regimental. § 3º A suspensão de segurança vigorará enquanto pender o recurso, ficando sem efeito, se a decisão concessiva for mantida pelo Superior Tribunal de Justiça ou transitar em julgado."

515 Art. 297 do RISTF e art. 271 do RISTJ.

516 Art. 4º da Lei n. 8.437/92: "Compete ao presidente do tribunal, ao qual couber o conhecimento do respectivo recurso, suspender, em despacho fundamentado, a execução da liminar nas ações movidas contra o Poder Público ou seus agentes, a requerimento do Ministério Público ou da pessoa jurídica de direito público interessada, em caso de manifesto interesse público ou de flagrante ilegitimidade, e para evitar grave lesão à ordem, à saúde, à segurança e à economia públicas. § 1º Aplica-se o disposto neste artigo à sentença proferida em processo de ação cautelar inominada, no processo de ação popular e na ação civil pública, enquanto não transitada em julgado". O *caput* do art. 4º também legitima o Ministério Público à formulação do pedido suspensivo, aludindo, outrossim, à hipótese de "flagrante ilegitimidade", que, na visão de Cassio Scarpinella Bueno, nada mais significa que uma "situação antijurídica e ilegítima" (*Liminar em mandado de segurança*: um tema com variações. São Paulo: Revista dos Tribunais, 1997, p. 199-201).

517 A Lei n. 9.494/97, fruto de conversão da Medida Provisória n. 1.570-05, determinou a aplicação das restrições contidas na Lei n. 8.437/92 também ao instituto da antecipação dos efeitos da tutela, disciplinado pelo art. 273 do Código de Processo Civil (arts. 300 e ss. do CPC/2015). No mesmo ano de 1997, a Lei n. 9.507 determinou a aplicação da Lei n. 8.437/92 ao *habeas data*.

Finalmente, fechando o ciclo, a Medida Provisória n. 2.180-35, de 24 de agosto de 2001, remodelou o art. 4º da Lei n. 8.437/92, prevendo diversas alterações relevantes, como, por exemplo: a possibilidade de "novos pedidos" de suspensão ao STJ e ao STF quando o órgão colegiado do Tribunal de Justiça (ou Regional Federal), julgando recurso de agravo, mantiver ou restabelecer a decisão que se pretende suspender (§ 4º); que a interposição do agravo de instrumento contra liminar não prejudica nem condiciona o julgamento do pedido de suspensão (§ 6º); a possibilidade de concessão de efeito suspensivo liminar pelo Presidente do Tribunal, ou seja, a suspensão da liminar ou da sentença *inaudita altera pars* (§ 7º); a possibilidade da extensão da suspensão de liminares dadas em outros processos, cujos objetos sejam idênticos ao da liminar originariamente suspensa (§ 8º); que a suspensão deferida pelo Presidente do Tribunal vigorará até o trânsito em julgado da decisão de mérito da ação principal (§ 9º)[518].

A possibilidade de suspensão de liminares e sentenças em favor da Administração Pública funda-se no princípio da supremacia do interesse público sobre o privado e nos conceitos de "ordem pública" e de "interesse público", os quais, na prática, muitas vezes se confundem com o de "interesse da Administração Pública".

Nessa perspectiva, é importante reconhecer, contudo, que o Estado não dispõe do monopólio da dicção, *manu militari*, do interesse público, conceito já esbatido e que, por isso mesmo, deve abrir espaço a outros discursos, inclusive aos discursos de uma esfera pública não estatal, superando-se, por outro lado, a dificuldade em conceber o direito como algo que deflui da sociedade e não, prioritariamente, do Estado. Igualmente, não se pode confundir o interesse público com os interesses do agente público.

Além disso, a probidade e a moralidade administrativas e a preservação do patrimônio público são bens tutelados constitucionalmente e, por isso, devem nortear o intérprete na busca da definição do interesse público, o que se mostra vital nas ações civis por ato de improbidade administrativa e na própria discussão sobre a suspensão de liminares e sentenças no processo coletivo.

Com efeito, não é mais aceitável a ideia de que as razões de Estado e o próprio interesse público, visto sob o enfoque estatal ou sob o enfoque daquele que detém o poder, distanciem-se dos interesses da sociedade. Ou seja, é preciso abandonar a perspectiva de subordinação dos direitos de cidadania, dentre os quais ganha vulto o direito a uma Administração proba, à vontade exclusiva do Estado e de seus representantes, instituindo-se um

---

518 Há inúmeras controvérsias quanto ao tema da suspensão de liminares e sentenças, quase todas já exaustivamente abordadas pela doutrina. Dentre tantos, merecem destaque os trabalhos de Marcelo Abelha Rodrigues, *Suspensão de Segurança – Sustação da Eficácia de Decisão Judicial Proferida contra o Poder Público*; Cristina Gutierrrez, *Suspensão de Liminar e de Sentença na Tutela do Interesse Público*, e Élson Venturi, *Suspensão de Liminares e Sentenças Contrárias ao Poder Público*. Sobre a suspensão de liminares e sentenças especificamente no processo civil coletivo, permitimo-nos a indicação do nosso *As prerrogativas da Administração Pública nas ações coletivas*, editado pela Lumen Juris.

processo judicial que seja iluminado pela busca de eficácia dos direitos tutelados constitucionalmente. Dito de modo mais singelo: Se a satisfação plena do direito à probidade consulta ao interesse público, a suspensão de liminares e sentenças nos processos por ato de improbidade administrativa não pode ignorar tal realidade, fazendo preponderar, de forma acrítica, os argumentos estatais ou dos agentes públicos que, muitas vezes, se põem em rota de colisão com os interesses da sociedade.

Mais ainda: Se a existência de uma supremacia do interesse público sobre o privado, fundamento da possibilidade de suspensão de liminares e sentenças, é hoje questionável quando em jogo interesses individuais[519], para além da esfera individual deve-se reconhecer, em regra, antes a ocorrência de convergências do que de divergências[520], principalmente se adotada a premissa de que nas ações civis públicas ora em análise o que se busca preservar é o direito à probidade, o que consulta ao interesse público.

Como parece acima de qualquer dúvida, não se coaduna ao Estado Democrático de Direito a aceitação da existência de interesses dos agentes públicos que possam sobrepor-se a bens tutelados constitucionalmente e tutelados por intermédio das ações coletivas, que também possuem *status* constitucional (art. 129, III, e § 1º, da CF). Em decorrência, faz-se necessário construir o conceito de interesse público a partir dos valores sociais fundamentais e de uma moral comum, sobretudo a partir dos Princípios consagrados pelo art. 37 da CF.

Registre-se também que a suspensão de liminares e sentenças deve ser vista como um instrumento de tutela de direitos metaindividuais (ordem pública, saúde, segurança etc) e não o contrário.

Cabe, a essa altura, *mutatis mutandis*, a advertência de Élson Venturi na compreensão de que "(...) surgindo em sede de incidentes suspensivos o choque entre diversas ordens de interesses metaindividuais, ou entre interesses metaindividuais e interesses públicos (quando for possível a distinção), nada obstante a complexidade da tarefa judicial, faz-se necessário uma adequada fundamentação (jurídica) da decisão sobre a pretensão cautelar suspensiva, através do sopesamento das pretensões contrapostas, o que invoca a prudente e casuística apreciação judicial, conforme acima verificado, através dos princípios constitucionais da proporcionalidade e da razoabilidade"[521].

---

519 *Vide*, sobre o tema, o nosso *As prerrogativas da Administração Pública nas ações coletivas*.

520 "... com o reconhecimento, pela ordem jurídica brasileira, de direitos fundamentais de titularidade transindividual, como o direito ao meio ambiente ecologicamente equilibrado (art. 225, CF), esta convergência se acentua, pois nestes casos o interesse da coletividade já é, por si só, direito fundamental, existindo plena identidade conceitual entre ambos" (Daniel Sarmento, Interesses Públicos vs. Interesses Privados na perspectiva da teoria e da filosofia constitucional, in *Interesses Públicos versus Interesses Privados*: desconstruindo o princípio de supremacia do interesse Público, p. 84).

521 Venturi, Élson. Ob. cit., p. 275. É o que também defende Leonardo Greco, para quem a admissão da suspensão de decisões liminares"... *deve ser aferida por meio da ponderação dos interesses em jogo, mas uma ponderação que não implicará necessariamente a invariável supremacia do interesse público sobre o interesse privado, mas que deverá reconhecer que no Estado de Direito Contemporâneo o interesse público deve curvar-se diante de um núcleo*

Nessa linha, não bastará a *mera alegação* de violação ao interesse público pela Administração ou por seus agentes, exigindo-se a exaustiva demonstração de sua ocorrência.

Além de tudo isso, não é desnecessário rememorar que a suspensão de liminares e sentenças é instituto de incidência excepcional, o que se vê especialmente remarcado pela natureza constitucional da ação civil pública na tutela da probidade e do patrimônio público (arts. 5º, XXXV, e 129, III)[522].

Em suma, como temos sustentado desde a primeira edição, no caso de afastamento de agente público fundado no parágrafo único do art. 20, é descabida a possibilidade de suspensão da "execução da liminar" por decisão do Presidente do Tribunal a que competir o conhecimento do recurso, a requerimento da pessoa jurídica de direito público interessada (art. 12, § 1º, da Lei da Ação Civil Pública e art. 4º da Lei n. 8.437/92), uma vez que o afastamento provisório do ímprobo não acarretará "grave lesão à ordem, à saúde, à segurança e à economia pública", atendendo, antes, ao interesse público primário de combate à improbidade administrativa.

De fato, a probidade administrativa e a preservação do patrimônio público, repita-se à exaustão, são bens tutelados constitucionalmente. Assim, se, no caso concreto, algum risco houver não será por certo à ordem pública administrativa mas sim, quando muito, ao exercício das funções ou do mandato eletivo, o que não justifica o manejo do excepcional requerimento de suspensão, que não tutela interesse dessa natureza.

Nesse exato sentido decidiu a Corte Especial do STJ por ocasião do julgamento do AGRG na SLS n. 16-BA, tendo o acórdão recebido a seguinte ementa:

> AGRAVO REGIMENTAL EM PEDIDO DE SUSPENSÃO. AFASTAMENTO TEMPORÁRIO DE PREFEITO. LEI N. 8.429/92, ART. 20, PARÁGRAFO ÚNICO. LESÃO AO INTERESSE PÚBLICO NÃO CONFIGURADA. LEI N. 8.437/92, ART. 4º.
>
> O afastamento temporário de Prefeito, medida prevista na Lei n. 8.429/92, art. 20, parágrafo único, decorrente de investigação por atos de improbidade administrativa, não tem potencial para, por si só, causar grave lesão à ordem, à saúde, à economia ou à segurança pública (Lei n. 8.437/92, art. 4º).
>
> Agravo regimental não provido[523].

---

duro *de direitos fundamentais e das respectivas garantias, sem os quais não haverá respeito à dignidade da pessoa humana e* **controle democrático da Administração Pública**" (Execução de liminar em sede de mandado de segurança, p. 212). *Vide* também Marcelo Abelha Rodrigues, que ressalta a necessidade de cautela na suspensão de liminares e sentenças coletivas em razão da existência de um "choque de interesses com dimensões que se equivalem" (*Suspensão de segurança*, p. 213).

522 Carlos Mário Velloso alerta que os dispositivos autorizadores da suspensão devem ser interpretados restritivamente, sob pena de inconstitucionalidade, pois o mandado de segurança é remédio de direito constitucional (*apud* Venturi, ob. cit., p. 31). Como se vê, o mesmo argumento aproveita à ação civil pública por ato de improbidade administrativa, que também tem *status* constitucional (art. 5º, XXXV, e art. 129, III).

523 Rel. Min. Edson Vidigal, j. 29/6/2005, *DJ* de 15/5/2006, vencido apenas o Min. Francisco Peçanha Martins.

De qualquer modo, mesmo que admitido o referido requerimento de suspensão, *ad argumentandum*, o certo é que somente a pessoa jurídica de direito público detém legitimidade para a sua formulação, não o agente público afastado[524].

15.2.2. Medidas cautelares patrimoniais

O art. 37, § 4º, da Constituição Federal estabelece, adotando o modo verbal imperativo, que a suspensão dos direitos políticos, a perda da função pública, *a indisponibilidade dos bens* e o *ressarcimento ao erário* decorrem, necessariamente, do ato de improbidade. Como reconhecido pela doutrina, a *reparação do dano* não ostenta, propriamente, natureza sancionatória, nada mais representando que a recomposição do *status quo ante*. Quanto à *indisponibilidade dos bens*, trata-se de medida cautelar esvaziada, igualmente, de qualquer feição punitiva.

Em idêntico sentido: AGRG na SLS n. 1047/MA, Corte Especial, rel. Min. Cesar Asfor Rocha, j. em 18/11/2009, *DJ* de 17/12/2009. No AGRG na SLS n. 467/PR, a Corte Especial do STJ negou o requerimento de suspensão por visualizar"(...) risco de grave lesão à ordem pública, consubstanciada na manutenção, no cargo, de agente político sob investigação por ato de improbidade administrativa, perfazendo um total de 20 ações ajuizadas até o momento, nas quais existem indícios de esquema de fraudes em licitações, apropriação de bens e desvio de verbas públicas" (rel. Min. Barros Monteiro, j. 7/11/2007). No mesmo sentido: AGRG na SS n. 1883/BA, Corte Especial, rel. Min. Cesar Asfor Rocha, j. em 17/12/2008, *DJ* de 5/2/2009). Num julgamento anterior (SS n. 44, rel. Min. Edson Vidigal, *DJ* de 23/11/2004), o STJ deferiu pedido de suspensão em razão da "... exiguidade de tempo para que uma nova gestão se instale e tenha condições de garantir a continuidade dos serviços públicos essenciais (saúde, educação, segurança) que devem ser prestados aos munícipes". Neste caso, faltavam apenas 45 dias para o término do mandato eletivo.

524 "Agravo Regimental na Reclamação. Usurpação de Competência do Superior Tribunal de Justiça. Ação Civil Pública para Responsabilização por Atos de Improbidade Administrativa. Impetração de Mandado de Segurança para Suspender Execução de Liminar que Determinava Afastamento de Chefe do Poder Executivo Municipal. Ilegalidade da Concessão de Liminar em Mandado de Segurança, se já Submetido o Pleito ao Juízo Natural, 2ª Câmara Cível do Tribunal de Justiça do Rio Grande do Norte. Pedido Liminar Deferido para Evitar Dano Irreparável, com Suspensão do Ato Impugnado. I – É excepcional a suspensão da execução de liminar em ação civil pública, só conferida essa prerrogativa aos entes de direito público legitimados pelo art. 12, § 1º, da Lei n. 7.347/85. A suspensão de decisão que afasta Prefeito do exercício de mandato eletivo é medida que não pode ser alcançada pela via transversa do mandado de segurança, se já submetido ao conhecimento do Juízo natural competente, pela interposição do agravo de instrumento. II – A concessão de mandado de segurança usurpa competência do Presidente do Colendo Superior Tribunal de Justiça, a quem incumbe suspender execução de liminar em ação civil pública. III – Garantido o duplo grau de jurisdição, e transitado em julgado acórdão que denegou pedido de suspensão dos efeitos da decisão agravada, é incabível a impetração de mandado de segurança com o mesmo objeto e causa de pedir de incidente de suspensão de segurança" (AGRRcl. n. 734-RN, 1ª Seção, rel. Min. Nancy Andrighi, j. 29/2/2000, *DJU* de 22/5/2000, p. 62). O STF, em dois precedentes que cuidavam do afastamento de prefeitos pelas respectivas Câmaras Municipais, admitiu a legitimidade do agente político afastado à formulação do requerimento de suspensão de liminar (SS n. 444/MT e PetAGR n. 225/GO). No precedente referido na nota anterior (AGRG na SLS n. 16-BA), o STJ também admitiu a legitimidade do prefeito afastado, o mesmo tendo ocorrido por ocasião do julgamento da SS n. 44, rel. Min. Edson Vidigal, *DJ* de 23/11/2004. Consulte-se também o decidido no AGRG na SLS n. 9/PR.

A Lei n. 8.429/92 trata, em seu art. 7º, da indisponibilidade alvitrada pelo texto constitucional, dispondo que: *Quando o ato de improbidade causar lesão ao patrimônio público ou ensejar enriquecimento ilícito, caberá a autoridade administrativa responsável pelo inquérito representar ao Ministério Público, para a indisponibilidade dos bens do indiciado. Parágrafo único. A indisponibilidade a que se refere o caput deste artigo recairá sobre bens que assegurem o integral ressarcimento do dano, ou sobre o acréscimo patrimonial resultante do enriquecimento ilícito.*

Mais à frente, a mesma lei estabelece, em seu art. 16, a obrigatoriedade de a autoridade administrativa investigante da improbidade representar ao Ministério Público ou à procuradoria de seu órgão com vistas à "decretação do sequestro dos bens do agente ou terceiro que tenha enriquecido ilicitamente ou causado dano ao patrimônio público", esclarecendo, nos §§ 1º e 2º, que *o pedido de sequestro será processado de acordo com o disposto nos arts. 822 e 825 do Código de Processo Civil* e que *quando for o caso, o pedido incluirá a investigação, o exame e o bloqueio de bens, contas bancárias e aplicações financeiras mantidas pelo indiciado no exterior, nos termos da lei e dos tratados internacionais*[525]. Tanto na indisponibilidade quanto no sequestro, a representação da autoridade administrativa não tem a natureza de "condição de procedibilidade", o que significa que o *Parquet* pode, independentemente de qualquer provocação, buscar o alcance cautelar do patrimônio do ímprobo[526]. Também não haverá que se falar, por óbvio, em vinculação do Ministério Público aos termos da representação, cabendo-lhe a livre apreciação quanto à necessidade, ou não, de adoção das medidas[527].

---

[525] A Lei n. 9.637, de 15/5/1998, que cuida das chamadas "Organizações Sociais", entidades de direito privado cujas atividades se voltam ao ensino, à pesquisa científica e ao desenvolvimento tecnológico, à proteção do meio ambiente, à cultura e à saúde, também trata, em seu art. 10, da indisponibilidade e do sequestro de bens: Art. 10. *Sem prejuízo da medida a que se refere o artigo anterior, quando assim o exigir a gravidade dos fatos ou o interesse público, havendo indícios fundados de malversação de bens ou recursos de origem pública, os responsáveis pela fiscalização representarão ao Ministério Público, à Advocacia-Geral da União ou à Procuradoria da entidade para que requeira ao juízo competente a decretação da indisponibilidade dos bens da entidade e o sequestro dos bens dos seus dirigentes, bem como do agente público ou terceiro, que possa ter enriquecido ilicitamente ou causado dano ao patrimônio público. § 1º O pedido de sequestro será processado de acordo com o disposto nos arts. 822 e 825 do Código de Processo Civil. § 2º Quando for o caso, o pedido incluirá a investigação, o exame e o bloqueio de bens, contas bancárias e aplicações mantidas pelo demandado no País e no exterior, nos termos da lei e dos tratados internacionais. § 3º Até o término da ação, o Poder Público permanecerá como depositário e gestor dos bens e valores sequestrados ou indisponíveis e velará pela continuidade das atividades sociais da entidade.* Merece também menção o § 4º do art. 19 da Lei n. 12.846/2013 (Lei Anticorrupção), que estabelece que "o Ministério Público ou a Advocacia Pública ou órgão de representação judicial, ou equivalente, do ente público poderá requerer a indisponibilidade de bens, direitos ou valores necessários à garantia do pagamento da multa ou da reparação integral do dano causado, conforme previsto no art. 7º, ressalvado o direito do terceiro de boa-fé".

[526] No sentido do texto, Marino Pazzaglini Filho *et alii*, ob. cit., p. 192; Wallace Paiva Martins Júnior, ob. cit., p. 327; Francisco Octavio de Almeida Prado, *Improbidade administrativa*, p. 200.

[527] A autoridade administrativa tem o dever de representar ao Ministério Público ou à procuradoria de seu órgão quando se deparar com indícios de lesão ao erário ou enriquecimento ilícito: "A omissão do agente público traduz igualmente ato de improbidade administrativa que atenta contra os princípios da Administração, previstos no art. 11, inciso I, vale dizer, deixar de praticar ato de ofício" (Marino Pazzaglini Filho *et alii*, ob. cit., p. 191).

É importante perceber que os dois dispositivos acima referidos direcionam as providências cautelares patrimoniais, ambas, às hipóteses de *lesão ao patrimônio público* (art. 10) e *enriquecimento ilícito* (art. 9º), o que gera alguma perplexidade na medida em que, ao menos numa primeira aproximação interpretativa, se pode imaginar que o legislador previu duas medidas cautelares para idênticas hipóteses e com idêntico objetivo, qual seja, o de, em sentido lato, garantir a restauração do equilíbrio patrimonial do ente público afetado pelo atuar do ímprobo. Talvez por este motivo é que alguns juristas não visualizem qualquer distinção teórica entre a indisponibilidade de bens e o sequestro disciplinados pela Lei de Improbidade[528].

Embora reconheçamos que, por força da atecnia legislativa, a sistematização do assunto é tarefa extremamente árdua, pensamos – partindo da premissa de que a lei não contém expressões inúteis –, que a *indisponibilidade de bens*, por sua amplitude, volta-se à garantia da *reparação do dano, material ou moral*, causado pelo agente. Direciona-se, assim, às hipóteses previstas no art. 10 da Lei de Improbidade. Tal interpretação se vê atualmente confirmada pelo § 4º do art. 19 da Lei n. 12.846/2013 (Lei Anticorrupção), que estabelece que "o Ministério Público ou a Advocacia Pública ou órgão de representação judicial, ou equivalente, do ente público poderá requerer a *indisponibilidade* de bens, direitos ou valores necessários à garantia do pagamento da multa ou da *reparação integral do dano causado*". Já o *sequestro*, providência cautelar historicamente de calibre mais estreito por recair sobre coisa certa[529], tem por escopo a conservação dos valores e bens ilicitamente auferidos pelo agente no exercício da função pública, direcionando-se, deste modo, às hipóteses previstas no art. 9º (enriquecimento ilícito)[530].

---

[528] "... é oportuno observar que a medida de indisponibilidade de bens, referida no art. 7º, não constitui medida cautelar distinta do sequestro, contemplado no art. 16. Com efeito, no art. 7º, inserido entre as disposições gerais, a lei ficou no plano da generalidade, limitando-se a aludir à 'indisponibilidade de bens', expressão constante do § 4º do art. 37 da Constituição. Já no art. 16, inserido entre as regras atinentes ao processo judicial, a lei foi técnica, e elegeu, entre as medidas cautelares, a que lhe pareceu adequada para materializar a indisponibilidade de bens em razão de atos de improbidade administrativa. E a medida eleita foi o sequestro, tendo a lei indicado expressamente as disposições do Código de Processo Civil que o disciplinam (arts. 822-825)" (Francisco Octavio de Almeida Prado, *Improbidade administrativa*, p. 201).
Em sentido semelhante, sustentando que o sequestro é mera forma de efetivação da indisponibilidade de bens, Carlos Mário Velloso Filho, A indisponibilidade de bens na Lei 8.429, de 1992, p. 98 e s. Marcelo Figueiredo, embora sustente tratar-se de medidas diferentes ("a lei não tem palavras inúteis"), aponta o sequestro como uma decorrência da indisponibilidade. Esta significaria, apenas, a proibição de alienação, negociação, transação e disposição dos bens. A segunda, "providência ulterior", possibilita "a apreensão e depósito" da coisa (ob. cit., p. 34 e 89). Distinguindo a indisponibilidade de bens do sequestro, Wallace Paiva Martins Júnior, *Probidade administrativa*, p. 333.

[529] Por este motivo é que consideramos equivocado falar-se em sequestro no caso de improbidade de que resulte *dano ao patrimônio público* porque, havendo dano, *todo o patrimônio* do agente, genericamente, responde pela indenização.

[530] É da tradição do direito brasileiro direcionar a medida cautelar de sequestro aos casos de enriquecimento ilícito, conforme se vê do art. 141, § 31, 2ª parte, da Constituição Federal de 1946, do art. 1º da Lei n. 3.164/57 (Lei Pitombo-Gódoi Ilha) e do art. 1º da Lei n. 3.502/58 (Lei Bilac Pinto).

Em algumas hipóteses, contudo, as condutas geradoras de enriquecimento ilícito causam, também, dano ao patrimônio público. Pense-se, por exemplo, na contratação de serviço, pelo ente estatal, por preço superior ao de mercado (art. 9º, II) ou mesmo a alienação de bem público por preço inferior ao usualmente praticado (art. 9º, III). Nestes casos, é preciso distinguir: No que se refere ao percebimento de vantagem patrimonial pelo agente com vistas à prática da improbidade (*v.g.*: o recebimento de determinada quantia ou de determinado bem imóvel), a medida cautelar adequada é a de sequestro, na forma do art. 16 da Lei n. 8.429/92, resultando da condenação o perdimento de tais bens (art. 18 da Lei n. 8.429/92); quanto ao dano patrimonial suportado pela pessoa jurídica de direito público (*v.g.*: a diferença entre o preço de alienação do bem público e o real valor de mercado), a garantia de seu ressarcimento deverá ser buscada por intermédio da cautelar de indisponibilidade (art. 7º da Lei n. 8.429/92), podendo alcançar tantos bens quantos bastem ao integral restabelecimento do *status quo ante*.

Feitas estas considerações introdutórias, vejamos algumas peculiaridades de tais medidas constritivas.

15.2.2.1. Indisponibilidade de bens

A obrigação de reparar o dano é regra vetusta que já se extraía do art. 159 do Código Civil revogado[531], tendo merecido expressa referência por parte do texto constitucional (art. 37, § 4º) e pela própria Lei de Improbidade (art. 5º). Trata-se, como visto amplamente na primeira parte desta obra, de um princípio geral do direito e que pressupõe: a) a ação ou a omissão do agente, residindo o elemento volitivo no dolo ou na culpa; b) a constatação do dano, que pode ser material ou moral; c) a relação de causalidade entre a conduta do agente e o dano verificado; d) que da conduta do agente surja o dever jurídico de reparação.

Desse modo, verificada, a partir da disciplina contida no art. 10 da Lei n. 8.429/92, a ocorrência de "lesão ao erário" (*rectius*: ao patrimônio público), o acervo patrimonial do agente, presente e futuro (*v.g.*: créditos sujeito a condição suspensiva ou resolutiva), estará sujeito à responsabilização[532], aplicando-se, aqui, a regra geral de que *o devedor responde, para o cumprimento de suas obrigações, com todos os seus bens presentes e futuros, salvo as restrições estabelecidas em lei* (art. 789 do CPC/2015). Também o patrimônio do *extraneus* que tenha auferido benefícios da improbidade (*v.g.*: a pessoa jurídica que se beneficiou de uma licitação superfaturada). É equivocado, por conta disso, *data venia*, o entendimento encampado pela 1ª Turma do Superior Tribunal de Justiça no sentido de que, em se tratando de dano ao patrimônio público, somente os bens "adquiridos após o ato tido como criminoso" (*rectius*: "como de improbidade") poderiam ser objeto de constrição (REsp n. 196.932/SP,

---

531 Art. 186 do atual Código Civil.
532 Relembre-se, aqui, a possibilidade de a pessoa jurídica figurar como sujeito ativo da improbidade e, consequentemente, como sujeito passivo da relação processual. Seu patrimônio, desta forma, também fica vinculado à reparação integral do dano.

un., *DJ* de 10/5/1999). Com efeito, restringir a efetividade da reparação do dano de tal forma importa em responsabilizar de modo mais severo aquele que não possui qualquer vínculo com o ente estatal, que responde por seus atos com todo o seu patrimônio[533]. O desiderato de "integral reparação do dano" será alcançado, assim, por intermédio da decretação de indisponibilidade de tantos bens de expressão econômica (dinheiro, móveis e imóveis, veículos, ações, créditos de um modo geral etc.) quantos bastem ao restabelecimento do *status quo ante*[534].

Na visão de Marino Pazzaglini Filho, Márcio Fernando Elias Rosa e Waldo Fazzio Júnior, a indisponibilidade "significa impossibilidade de alienação de bens e pode se concretizar por diversas formas, tais sejam, o bloqueio de contas bancárias, aplicações financeiras, o registro da inalienabilidade imobiliária etc."[535]. Nessa linha, quanto aos *imóveis* o mais importante é garantir a sua inalienabilidade, o que se materializa por intermédio da inscrição do ato judicial no respectivo Registro Imobiliário[536]. Sendo assim, nada impede que o ímprobo (ou o *extraneus*) continue a exercer a sua posse, a não ser que haja notícia concreta de dilapidação do bem[537]. Quanto aos móveis, a princípio, nada impede, desde

---

[533] O STJ corrigiu o rumo de sua jurisprudência, passando a admitir que a medida cautelar de indisponibilidade alcance bens adquiridos anteriormente ao ato de improbidade administrativa (REsp n. 401.536/MG, 1ª T., rel. Min. Denise Arruda, *DJ* de 6/2/2006; AGMC n. 11.139/SP, 1ª T., rel. Min. Francisco Falcão, *DJ* de 27/3/2006; REsp n. 839.936/PR, 2ª T., rel. Min. Castro Meira, *DJ* de 1º/8/2007, p. 436; REsp n. 817557/ES, 2ª T., rel. Min. Herman Benjamin, j. em 2/12/2008, *DJ* de 10/2/2010; REsp n. 1081138/PR, 1ª T., rel. Min. Francisco Falcão, j. em 14/10/2008, *DJ* de 29/10/2008; AGRG no Ag n. 1144682 /SP, 1ª T., rel. Min. Hamilton Carvalhido, j. em 20/10/2009, *DJ* de 6/11/2009; REsp n. 762894/GO, 1ª T., rel. Min. Denise Arruda, j. em 24/6/2008, *DJ* de 4/8/2008; REsp n. 1003148/RN, 1ª T., rel. Min. Denise Arruda, j. em 18/6/2009, *DJ* de 5/8/2009; REsp n. 773227/PR, 1ª T., rel. Min. Denise Arruda, j. em 9/12/2008, *DJ* de 11/2/2009). No sentido da possibilidade de alcance de todos os bens do ímprobo confira-se também: TJES, AI n. 24069014520, rel. Des. Maurílio Almeida de Abre, *DJ* 15/8/2007, p. 110, que nos honrou sobremodo com a citação; TJ-PR, AI n. 150.011-0, 3ª CC, rel. Juiz convocado Abraham Lincoln Calixto, j. 18/5/2004.

[534] Wallace Paiva Martins Júnior aponta a semelhança entre a indisponibilidade de bens hoje disciplinada pela Lei n. 8.429/92 e o "confisco presidencial" dos Decretos-leis n. 359/68 e 502/69 (ob. cit., p. 326).

[535] Ob. cit., p. 191. O STJ, por ocasião do julgamento do REsp n. 38.615-2-SP em 22/3/1994, rel. Min. Fontes de Alencar, assim decidiu: "Cautelar – Responsabilidade civil. O averbamento no Registro Imobiliário é o consequente necessário da medida acautelatória de decretação de indisponibilidade de bens, se imóveis" (*apud* Marcelo Figueiredo, ob. cit., p. 34). No REsp n. 226.863-GO, entendeu-se que a comunicação da indisponibilidade de bens imóveis aos cartórios de registros públicos é decorrência do poder geral de cautela do magistrado (trecho do voto do Ministro Garcia Vieira). O TJRS, no AI n. 70000357806, 3ª CC, rel. Luiz Ari Azambuja, entendeu que o averbamento no Registro Imobiliário não constitui requisito essencial do ato, valendo apenas ao efeito de oponibilidade contra terceiro de boa-fé.

[536] Arts. 831 e 844 do CPC/2015. O art. 38 da Lei n. 6.024/74, que cuida da intervenção e liquidação de instituições financeiras, também prevê a inscrição da indisponibilidade no registro imobiliário.

[537] Art. 840 do CPC/2015 De acordo com a jurisprudência, "a não concordância do credor 'há de estar calcada em motivos plausíveis, para ser acolhida. Não é absoluta e discricionária a recusa' (*JTA* 61/133; a citação é da p. 134). No mesmo sentido, *RT* 593/235, 598/198, 613/122; *JTA* 60/134 e 120/371; *Lex-JTA* 168/289; e *JTAERGS* 103/341" (apud Theotonio Negrão, ob. cit., p. 727, nota 2 ao art. 666).

que se preste contas da administração ao magistrado[538], que o próprio requerido figure como depositário, o que, no entanto, deve ser visto com cautela em razão da maior facilidade de desvio de bens de tal natureza[539]. Nesta hipótese, é de conveniência, a fim de conferir-se efetividade à medida, que o Juízo dê ao fato a devida divulgação, utilizando-se, inclusive, dos meios de comunicação social.

A indisponibilidade de bens, desta forma, busca garantir futura *execução por quantia certa* (a reparação do dano moral e patrimonial), assemelhando-se ao arresto do CPC de 1973, que também recaia sobre qualquer bem do patrimônio do devedor[540].

Sem prejuízo da generalidade da medida[541], o certo é que deve a constrição incidir apenas sobre o montante necessário à plena reparação do dano, não sobre todo o patrimônio do requerido quando este se apresentar bem superior ao prejuízo. A medida deve ser, em resumo, proporcional ao escopo que se deseja alcançar[542]. Daí a importância de indicação, pelo autor da ação de improbidade, de pelo menos uma estimativa do valor do dano causado (*quantum debeatur*), parâmetro a ser utilizado *apenas* com vistas ao dimensionamento da indisponibilidade[543].

---

538 Admitindo a administração dos bens pelo ímprobo com prestação de contas ao Juiz: STJ, RMS n. 6197/DF, 2ª T., rel. Min. Hélio Mossiman, *DJU* de 18/5/1998.

539 Ressalte-se, no entanto, que, em se tratando de indisponibilidade de bens pertencentes às chamadas "Organizações Sociais", o art. 10, § 3º, da Lei n. 9.637/89 estabelece que até o término da ação o Poder Público figurará como seu depositário.

540 Exatamente no sentido do texto: REsp n. 817557/ES, 2ª T., rel. Min. Herman Benjamin, j. em 2/12/2008, *DJ* 10/2/2010; REsp n. 1081138/PR, 1ª T., rel. Min. Francisco Falcão, j. em 14/10/2008, *DJ* 29/10/2008; AGRG no Ag. n. 1144682 /SP, 1ª T., rel. Min. Hamilton Carvalhido, j. em 20/10/2009, *DJ* de 6/11/2009; REsp n. 762894/GO, 1ª T., rel. Min. Denise Arruda, j. em 24/6/2008, *DJ* de 4/8/2008; REsp n. 1003148/RN, 1ª T., rel. Min. Denise Arruda, j. em 18/6/2009, *DJ* de 5/8/2009; REsp n. 773227/PR, 1ª T., rel. Min. Denise Arruda, j. em 9/12/2008, *DJ* de 11/2/2009. Não custa relembrar que alguns atos de enriquecimento ilícito causam, também, dano patrimonial ao ente público (*v.g.*: art. 9º, II, in *fine*, e III). Em tal ocorrendo, o ressarcimento integral do prejuízo deve ser garantido pela decretação da indisponibilidade dos bens do agente.

541 "A medida tem, justamente, essa característica salutar que a distingue do sequestro, pois dispensa a individualização dos bens pelo autor, abrangendo a universalidade de bens ou valores do patrimônio do réu ou de terceiro" (Wallace Paiva Martins Júnior, *Probidade administrativa*, p. 328).

542 "Ação Civil Pública – Defesa do Patrimônio Público – Legitimidade do Ministério Público – Indisponibilidade de Bens. I – O Ministério Público possui legitimidade ativa para propor ação civil pública visando o ressarcimento de danos causados ao patrimônio público por prefeito municipal (REsp 159231/Humberto). II – A indisponibilidade patrimonial, na ação civil pública para ressarcimento de dano ao Erário deve atingir bens na medida em que bastem à garantia da indenização" (REsp n. 226.863-GO, 1ª T., rel. Min. Humberto Gomes de Barros, j. 2/3/2000, *DJ* de 4/9/2000). No TJRS: AI n. 70001232453, 3ª CC, rel. Perciano de Castilhos Bertoluci, j. 9/11/2000.

543 *Concessa maxima venia*, não nos parece correta, dessa forma, a tese da impossibilidade da limitação da indisponibilidade "em razão da inviabilidade de avaliação de todos os bens afetados pela medida precedentemente à fase de execução" (TJSC, AI 88.079190-2, 1ª CC, rel. Des. Trindade dos Santos, j. 10/3/1998, e AI 9770, 4ª CC, rel. Des. Pedro Manoel Abreu, j. 28/9/1995).

Por tratar-se de medida cautelar, torna-se necessária a demonstração do *fumus boni iuris*, não fazendo sentido, *data venia*, a imposição de tão grave medida senão quando o sucesso do autor na demanda se apresentar provável. *Fumus boni iuris* não significa, por certo, prova exauriente, vertical, mas é requisito inafastável[544].

Quanto ao *periculum in mora*, parte da doutrina se inclina no sentido de sua implicitude, de sua presunção pelo art. 7º da Lei de Improbidade, o que dispensaria o autor de demonstrar a intenção de o agente dilapidar ou desviar o seu patrimônio com vistas a afastar a reparação do dano. Nesse sentido, argumenta Fábio Osório Medina que "o *periculum in mora* emerge, via de regra, dos próprios termos da inicial, da gravidade dos fatos, do montante, em tese, dos prejuízos causados ao erário", sustentando, que "a indisponibilidade patrimonial é medida obrigatória, pois traduz consequência jurídica do processamento da ação, forte no art. 37, § 4º, da Constituição Federal"[545]. De fato, exigir a prova, mesmo que indiciária, da intenção do agente de furtar-se à efetividade da condenação representaria, do ponto de vista prático, o irremediável esvaziamento da indisponibilidade perseguida no âmbito constitucional e legal. Como muito bem percebido por José Roberto dos Santos Bedaque, a indisponibilidade prevista na Lei de Improbidade é uma daquelas hipóteses nas quais o próprio legislador dispensa a demonstração do perigo de dano[546]. Desse modo, em vista da redação imperativa adotada pela Constituição Federal (art. 37, § 4º) e pela própria Lei de Improbidade (art. 7º), cremos acertada tal orientação, que se vê confirmada pela melhor jurisprudência[547].

---

544 Contrariamente, sustentando a desnecessidade de demonstração de tal requisito: Wallace Paiva Martins Júnior, *Probidade administrativa*, p. 329.

545 Ob. cit., p. 240-241. Referido autor, no entanto, não estabelece uma nítida distinção entre as medidas de indisponibilidade de bens e sequestro.

546 Tutela jurisdicional cautelar e atos de improbidade administrativa, p. 266-270. No mesmo sentido: Sérgio Shimura. *Arresto cautelar*. 3. ed. São Paulo: RT, 2005, p. 334-335. Bedaque aponta o sequestro e o arresto como exemplos nos quais o *periculum in mora* é definido pelo próprio legislador. Já as liminares possessórias e os embargos de terceiro sequer demandam a existência do *periculum* (p. 269). Consulte-se também o excelente estudo de Eduardo José da Fonseca Costa (Tutela de evidência e tutela de urgência na ação de improbidade administrativa (ou a indisponibilidade liminar de bens à luz da teoria da "imagem global"). In: *Improbidade administrativa. Aspectos processuais da Lei n. 8.429/92*. São Paulo: Atlas, 2015, p. 159 e ss.).

547 "Ação Civil Pública – Cautelar – Indisponibilidade de bens do servidor a quem se imputa prática de ato de improbidade – Perigo – Tratando-se de ação civil pública cautelar cujo escopo é garantir a indenização por danos oriundos de imputado ato de improbidade a administrador público, não é necessária a existência ou demonstração de perigo na demora a ensejar a concessão da medida judicial de indisponibilidade dos bens – Constatada a plausibilidade da imputação da prática de ato de improbidade, os bens do agente público, que respondem pelos atos por ele praticados não mais podem ser alienados, desnecessária a demonstração de existência de perigo ou intenção de alienação – Recurso provido para decretar-se a indisponibilidade dos bens dos agravados, que permanecerão com a administração dos mesmos até final julgamento da ação – Recurso provido para tal fim"(AI n. 052.503-5/São Paulo, 2ª Câmara de Direito Público, rel. Lineu Peinado, 12/5/1998). No mesmo sentido: TJ-Mato Grosso, AI n. 8.234, 1ª Câmara, rel. Des. Orlando de Almeida Perri, j. 20/4/1998, *RT* 759/319; TJPR, AI n. 68.400, rel. Juiz Airvaldo Stela Alves, Informe Jurídico 12.0, ementa transcrita à p. 320 da *RT* n. 759; TJPR, AI n. 150.011-0, 3ª CC, rel. Juiz convocado Abraham Lincoln Calixto, j. 18/5/2004; TJES, AI n. 24069014520, rel. Des.

Em reforço à tese, ressalte-se que outros diplomas legais também cuidam de presumir o *periculum in mora* para fins de constrição patrimonial, o que ocorre, *verbi gratia*, relativamente à indisponibilidade de bens de ex-administradores de instituições financeiras em liquidação (arts. 36, § 1º, da Lei n. 6.024/74)[548]. Da mesma forma, o agente público condenado, em ação popular, ao ressarcimento dos danos causados ao patrimônio público tem, pela só prolação de sentença condenatória, decretados o "sequestro" e a "penhora" de seus bens[549]. A mesma presunção de *periculum in mora* (ou, se preferirem, a predefinição do risco pelo próprio legislador, ou, ainda, o afastamento da necessidade de sua demonstração por força de lei), se verifica relativamente à indisponibilidade de bens prevista no art. 185-A do Código Tributário Nacional, com a redação dada pela Lei Complementar n. 118, de 9 de fevereiro de 2005[550], nos arrestos previstos no art. 830 do CPC/2015[551] e no art. 7º,

---

Maurílio Almeida de Abre, *DJ* de 15/8/2007, p. 110, que nos honrou com a citação. A 2ª Turma do STJ, contudo, rel. Min. Eliana Calmon, entendeu necessária a demonstração concreta do *periculum in mora* ("fundado receio de que o indiciado pretende dispor do seu patrimônio, de modo a frustrar execução da sentença a ser proferida na ação civil pública"), sustentando que a indisponibilidade alvitrada pela Lei n. 8.429/92 vai repousar no poder geral de cautela do Magistrado, submetendo-se, por isso, aos requisitos previstos no CPC (REsp n. 469.366-PR, *DJU* de 2/6/2003, p. 285). Cita, no mesmo sentido, o entendimento firmado no AGREDREsp n. 433.357/RS, 1ª T., rel. Min. José Delgado, *DJU* de 21/10/2002, p. 295 e no REsp n. 220.088/SP, 2ª T., rel. Min. Peçanha Martins, *DJU* de 15/10/2001, p. 255. Confira-se também, da mesma 2ª T., o decidido no REsp n. 731.109, rel. Min. João Otávio de Noronha, *DJU* de 20/3/2006, e no REsp n. 769350/CE, rel. Min. Humberto Martins, j. em 6/5/2008, *DJ* de 16/5/2008. Mais recentemente, contudo, a 2ª T. do STJ, no REsp n. 1098824/SC, reviu tal entendimento ao considerar que o requisito do *periculum in mora* "está implícito no próprio comando legal, que prevê a medida de indisponibilidade, uma vez que visa a 'assegurar o integral ressarcimento do dano'" (rel. Min. Eliana Calmon, j. em 23/6/2009, *DJ* de 4/8/2009), tese que temos sustentado desde a primeira edição. Em idêntico sentido: REsp n. 1134638/MT, 2ª T., rel. Min. Eliana Calmon, j. em 27/10/2009, *DJ* de 23/11/2009. A 1ª Seção do STJ colocou uma pá de cal sobre o assunto ao decidir que "no caso da indisponibilidade de bens, 'o *periculum in mora* não é oriundo da intenção de o agente dilapidar seu patrimônio e, sim, da gravidade dos fatos e do montante do prejuízo causado ao erário, o que atinge toda a coletividade', e que para a sua decretação 'basta a comprovação da verossimilhança das alegações', sendo presumido por lei o *periculum in mora*" (REsp n. 1.319.515/ES, maioria, rel. para o acórdão o Min. Mauro Campbell Marques, j. 22/8/2012, *DJe* de 21/9/2012). *Vide* também REsp 1.280.321/MG, rel. Min. Mauro Campbell Marques, *DJe* de 6/3/2012, e AGRG no REsp n. 1.229.942/MT, rel. Min. Mauro Campbell Marques, j. 6/12/2012, dentre outros.

548 Nesse sentido, dentre outros, Sérgio Shimura, *Arresto cautelar*, aludindo tratar-se de hipótese de indisponibilidade *ex vi legis*, "... decorrência direta da lei, não cabendo cogitar da exigência do *periculum in mora* ou de atos de dissipação ou dilapidação de bens" (p. 333).

549 Art. 14, § 4º, da Lei da Ação Popular: "A parte condenada a restituir bens ou valores ficará sujeita a sequestro e penhora, desde a prolação da sentença condenatória".

550 "Art. 185-A. Na hipótese de o devedor tributário, devidamente citado, não pagar nem apresentar bens à penhora no prazo legal e não forem encontrados bens penhoráveis, o juiz determinará a indisponibilidade de seus bens e direitos, comunicando a decisão, preferencialmente por meio eletrônico, aos órgãos e entidades que promovem registros de transferências de bens, especialmente ao registro público de imóveis e às autoridades supervisoras do mercado bancário e do mercado de capitais, a fim de que, no âmbito de suas atribuições, façam cumprir a ordem judicial."

551 "Art. 830. Se o oficial de justiça não encontrar o executado, arrestar-lhe-á tantos bens quantos bastem para garantir a execução. § 1º. Nos 10 (dez) dias seguintes à efetivação do arresto, o oficial de justiça procurará o executado duas vezes em dias distintos...".

III, da Lei n. 6.830/80[552] e na medida prevista nos arts. 6º, parágrafo único, e 69, § 6º, da antiga Lei de Falências[553]. São hipóteses em que o próprio legislador torna desnecessária a demonstração da intenção de dilapidação ou ocultação de bens pelo causador do dano, presumindo o risco, tal como se dá no caso de indisponibilidade de bens para a reparação de danos causados ao patrimônio público.

A medida de indisponibilidade de bens não poderá alcançar aqueles considerados impenhoráveis pelo legislador ordinário[554-558], sob pena de aniquilamento da dignidade da

---

552 "Art. 7º O despacho do juiz que deferir a inicial importa em ordem para: (...) III – arresto, se o executado não tiver domicílio ou dele se ocultar."
553 "Art. 6º A responsabilidade solidária dos diretores das sociedades anônimas e dos agentes das sociedades por cotas de responsabilidade limitada, estabelecida nas respectivas leis; a dos sócios comanditários (Código Comercial, art. 314), e a do sócio oculto (Código Comercial, art. 305), serão apuradas, e tornar-se-ão efetivas, mediante processo ordinário, no juízo da falência, aplicando-se ao caso o disposto no art. 50, § 1º. Parágrafo único. O juiz, a requerimento do síndico, pode ordenar o sequestro de bens que bastem para efetivar a responsabilidade."
"Art. 69. O síndico prestará contas de sua administração, quando renunciar ao cargo, for substituído ou destituído, terminar a liquidação, ou tiver o devedor obtido concordata. § 6º Na sentença que reconhecer o alcance, o juiz pode ordenar o sequestro de bens do síndico, para assegurar indenização da massa, prosseguindo a execução, na forma da lei." Sérgio Shimura (ob. cit., p. 243) ressalta que embora a lei utilize a expressão "sequestro", na verdade trata-se de "arresto", que, como vimos, assemelha-se à medida de indisponibilidade de bens por poder recair, em tese, sobre todo o patrimônio daquele que causa um dano. Vide, na atual Lei de Falências (Lei n. 11.101, de 9 de fevereiro de 2005, que regula a recuperação judicial, a extrajudicial e a falência do empresário e da sociedade empresária), os arts. 82, § 2º, e 154, § 5º.
554 CPC/2015: "Art. 833. São impenhoráveis:
I – os bens inalienáveis e os declarados, por ato voluntário, não sujeitos à execução;
II – os móveis, os pertences e as utilidades domésticas que guarnecem a residência do executado, salvo os de elevado valor ou os que ultrapassem as necessidades comuns correspondentes a um médio padrão de vida;
III – os vestuários, bem como os pertences de uso pessoal do executado, salvo se de elevado valor;
IV – os vencimentos, os subsídios, os soldos, os salários, as remunerações, os proventos de aposentadoria, as pensões, os pecúlios e os montepios, bem como as quantias recebidas por liberalidade de terceiro e destinadas ao sustento do devedor e de sua família, os ganhos de trabalhador autônomo e os honorários de profissional liberal, ressalvado o § 2º;
V – os livros, as máquinas, as ferramentas, os utensílios, os instrumentos ou outros bens móveis necessários ou úteis ao exercício da profissão do executado;
VI – o seguro de vida;
VII – os materiais necessários para obras em andamento, salvo se essas forem penhoradas;
VIII – a pequena propriedade rural, assim definida em lei, desde que trabalhada pela família;
IX – os recursos públicos recebidos por instituições privadas para aplicação compulsória em educação, saúde ou assistência social;
X – a quantia depositada em caderneta de poupança, até o limite de 40 (quarenta) salários-mínimos;
XI – os recursos públicos do fundo partidário recebidos por partido político, nos termos da lei;
XII – os créditos oriundos de alienação de unidades imobiliárias, sob regime de incorporação imobiliária, vinculados à execução da obra.
§ 1º A impenhorabilidade não é oponível à execução de dívida relativa ao próprio bem, inclusive àquela contraída para sua aquisição.
§ 2º O disposto nos incisos IV e X do caput não se aplica à hipótese de penhora para pagamento de prestação alimentícia, independentemente de sua origem, bem como às importâncias excedentes a 50 (cinquen-

pessoa alcançada pela responsabilização[559]. No entanto, quando a conduta causadora de dano ao patrimônio público também caracterizar *crime* – hipótese bastante provável – e desde que haja sentença condenatória penal com trânsito em julgado, incabível será a oposição de impenhorabilidade do bem de família, aplicando-se o art. 3º, VI, da Lei n. 8.009, de 29 de março de 1990[560].

Em se tratando de medida que recaia sobre o patrimônio de pessoa casada pelo regime de comunhão de bens, a jurisprudência, com base no art. 1.046, § 3º, do CPC revogado (correspondente ao art. 674, § 2º, I, do CPC/2015), vem admitindo a oposição de embargos de terceiro pela mulher, uma vez que a sua meação não responde "pelo cumprimento de obrigação oriunda de ato ilícito pelo marido"[558-559-560].

---

ta) salários-mínimos mensais, devendo a constrição observar o disposto no art. 528, § 8º, e no art. 529, § 3º. § 3º Incluem-se na impenhorabilidade prevista no inciso V do *caput* os equipamentos, os implementos e as máquinas agrícolas pertencentes a pessoa física ou a empresa individual produtora rural, exceto quando tais bens tenham sido objeto de financiamento e estejam vinculados em garantia a negócio jurídico ou quando respondam por dívida de natureza alimentar, trabalhista ou previdenciária".

555 O art. 36, § 3º, da Lei n. 6.024, de 13/3/1974, que cuida da intervenção e liquidação extrajudicial de instituições financeiras, proíbe que a medida de indisponibilidade dos bens dos administradores recaia sobre aqueles ... *considerados inalienáveis ou impenhoráveis pela legislação em vigor*.

556 "... por motivos vários, de ordem jurídica e humanitária, a lei exclui da responsabilidade alguns bens do executado. Está e a consequência de a lei declará-los impenhoráveis, pois é claro que o que a lei visa com tal disposição não é simplesmente vedar que sejam penhorados e sim excluí-los da sujeição à execução" (Enrico Tullio Liebman, *Processo de execução*, p. 102). O STJ, no entanto, vem admitindo que a indisponibilidade de bens recaia sobre o bem de família: AGRG no REsp n. 956039/PR, 1ª T., rel. Min. Francisco Falcão, j. em 3/6/2008, *DJ* de 7/8/2008, vencido o Min. Teori Albino Zavascki; REsp n. 900783/PR, 2ª T., rel. Min. Eliana Calmon, j. em 23/6/2009, *DJ* de 6/8/2009; REsp n. 840930/PR, 2ª T., rel. Min. Eliana Calmon, j. em 16/9/2008, *DJ* de 7/11/2008; REsp n. 806301/PR, 1ª T., rel. Min. Luiz Fux, j. em 11/12/2007, *DJ* de 3/3/2008. Por ocasião do julgamento do REsp 1.319.515/ES, a 1ª Seção do STJ admitiu a tese do *periculum in mora* implícito para fins de indisponibilidade de bens mas ressalvou a impossibilidade de a constrição recair sobre os bens impenhoráveis"... assim definidos por lei, salvo quando estes tenham sido, comprovadamente, adquiridos também com produto da empreitada ímproba..." (rel. p/ o acórdão o Min. Mauro Campbell Marques, maioria, j. 22/8/2012, *DJe* de 21/9/2012).

557 "Art. 3º A impenhorabilidade é oponível em qualquer processo de execução civil, fiscal, previdenciária, trabalhista ou de outra natureza, salvo se movido: ...VI – por ter sido adquirido com produto de crime ou para execução de sentença penal condenatória a ressarcimento, indenização ou perdimento de bens."A impenhorabilidade do bem de família é atualmente tratada também pelo Código Civil (arts. 1.711 e s.).

558 STJ, REsp n. 39.348-SP, 3ª T., rel. Min. Cláudio Santos, j. 11/3/1996, un., *DJU* de 19/8/1996, p. 28.467, *apud* Theotonio Negrão, ob. cit., p. 937 (nota 17-a ao art. 1.043).

559 Quanto à união estável, a jurisprudência do STJ, cuidando da impenhorabilidade do bem de família, também vem admitindo o manejo dos embargos de terceiro pela companheira (REsp n. 103.011-RJ, 3ª T., rel. Min. Menezes Direito, j. 25/3/1997, un., *DJU* de 16/6/1997, p. 27.365, *apud* Theotonio Negrão, ob. cit., p. 1.164, nota 17 ao art. 1º da Lei n. 8.009/90).

560 Recaindo a indisponibilidade sobre imóveis, que são bens geralmente indivisíveis, surge a indagação: Como se preservará a meação da mulher? A 4ª T. do STJ vinha entendendo que "...o bem, se for indivisível, será levado por inteiro à hasta pública, cabendo à esposa a metade do preço alcançado" (*RSTJ* 50/235 e *RF* 324/181). Argumentou o Min. Sálvio de Figueiredo, por ocasião do julgamento do REsp n. 16.950-0-MG,

Em razão da urgência a ser aferida no caso concreto, pode o magistrado determinar *de ofício* a indisponibilidade de bens, providência que, no entanto, só deve ser adotada em hipóteses excepcionais a fim de que não se macule a imparcialidade característica da função de julgar[561].

Ressalte-se que a indisponibilidade de bens é medida que pode ser requerida nos próprios autos da ação principal, na forma do art. 12 da Lei n. 7.347/85[562].

Considerando-se que a *multa civil* é modalidade de sancionamento cabível nas hipóteses de dano ao patrimônio público (art. 12, II, da Lei n. 8.429/92), nada impede o manejo da cautelar de indisponibilidade como forma de garantir a sua futura execução[563].

---

que, embora controvertida a questão,"... não se deveria criar uma nova modalidade forçada de condomínio, ensejando o surgimento de toda sorte de dificuldades e atritos". Na mesma ocasião, refutando a tese de que adequada seria a venda de apenas metade do imóvel, o Ministro Bueno de Souza lembrou que o art. 702 do Código de Processo Civil (art. 894 do CPC/2015) somente admite a alienação parcial "quando o imóvel admitir cômoda divisão". Com a modificação na composição de seus membros, a 4ª T. do STJ, contudo, alterou a sua orientação. Desta forma: "Os embargos de terceiro, versando sobre alguns dos bens objeto do processo principal, acarretam a suspensão deste em relação aos bens que não foram embargados (art. 1.052 do CPC, que não encontra correspondência no CPC/2015). Inadmissível a alienação judicial do bem por inteiro, ainda que seja indivisível, reservando-se à mulher a metade do preço alcançado. O direito do meeiro sobre os bens não pode ser substituído pelo depósito da metade dos valores obtidos em hasta pública" (*RSTJ* 94/249, *apud* Theotonio Negrão, ob. cit., p. 936, nota 16-d ao art. 1.046). A prevalecer tal entendimento, serão imensas, talvez insuperáveis, as dificuldades de ordem prática com vistas à reparação do dano causado ao patrimônio público. Imagine-se no que resultará um condomínio entre o Estado e a esposa do agente condenado ... Registre-se que, mais recentemente, as 2ª, 3ª e 4ª Turmas do STJ vêm encampando o entendimento no sentido de que os bens imóveis podem ser levados a hasta por inteiro, reservando-se à esposa a metade do preço alcançado (REsp n. 132.901/SP, rel. Min. Castro Meira, citando inclusive um precedente da Corte Especial [REsp n. 200.251/SP, rel. Min. Sálvio de Figueiredo Teixeira]; REsp n. 439.542/RJ, rel. Min. Carlos Alberto Menezes Direito; REsp n. 418083/SP, rel. Min. Ruy Rosado de Aguiar). Atualmente, a controvérsia está resolvida pelo art. 843 do CPC/2015 ("Art. 843. Tratando-se de penhora de bem indivisível, o equivalente à quota-parte do coproprietário ou do cônjuge alheio à execução recairá sobre o produto da alienação do bem. § 1º É reservada ao coproprietário ou ao cônjuge não executado a preferência na arrematação do bem em igualdade de condições. § 2º Não será levada a efeito expropriação por preço inferior ao da avaliação na qual o valor auferido seja incapaz de garantir, ao coproprietário ou ao cônjuge alheio à execução, o correspondente à sua quota-parte calculado sobre o valor da avaliação").

561 Admitindo as cautelares jurisdicionais de ofício em casos excepcionais: Galeno Lacerda (*Comentários ao Código de Processo Civil,* p. 61-62). Também Barbosa Moreira, *O novo processo civil brasileiro,* p. 178. O CPC revogado continha previsão expressa neste sentido (art. 797), regra que, embora não tenha sido reproduzida pelo CPC/2015, não afasta a excepcional possibilidade de decretação de medidas cautelares de ofício pelo Juiz, desde que urgentes e imprescindíveis à garantia da efetividade da jurisdição. A possibilidade de decretação de medidas *ex officio* encontra fundamento no art. 9º, parágrafo único, I, do CPC/2015 e nos poderes que o Magistrado tem para assegurar às partes igualdade de tratamento, prevenir ou reprimir qualquer ato contrário à dignidade da justiça e determinar as medidas necessárias para assegurar o cumprimento de ordem judicial (art. 139, I, III, e IV, do CPC/2015).

562 Já tratamos do assunto acima.

563 Neste sentido, honrando-nos com a citação, REsp n. 1023182/SC, 2ª T., rel. Min. Castro Meira, j. em 23/9/2008, *DJ* de 23/10/2008. Ver também, no mesmo sentido: REsp n. 637413/ RS, 2ª T., rel. Min. Herman

No entanto, deve-se atentar que a medida, aqui, será decretada com fundamento no poder geral de cautela do magistrado, exigindo, por tal motivo, a demonstração do *fumus boni iuris* e *do periculum in mora*.

Por fim, embora de rara ocorrência, nada impede, de *lege lata*, a decretação da medida quanto aos atos de improbidade de que cuida o art. 11 da Lei n. 8.429/92 ("violação de princípios"), mormente no que diz respeito à garantia de reparação do *dano moral*, o qual, para fins de indisponibilidade, deverá ser *estimado* pelo autor na petição inicial. Sobre o ponto, vale notar que o art. 7º da LIA submete a indisponibilidade de bens à ocorrência de "lesão ao patrimônio público", expressão que deve ser interpretada em seu sentido mais amplo de modo a também abarcar o patrimônio moral do ente[564]. Por outro lado, não se tem dúvida de que além de lesões morais, a violação de princípios também pode repercutir na esfera propriamente pecuniária do lesado, o que se vê confirmado pelo próprio art. 12, III, da Lei de Improbidade[565].

15.2.2.2. Sequestro

Como já se adiantou, a medida cautelar de sequestro de bens está disciplinada no art. 16 da Lei de Improbidade, nos termos seguintes:

> Art. 16. *Havendo fundados indícios de responsabilidade, a comissão representará ao Ministério Público ou à procuradoria do órgão para que requeira ao juízo competente a decretação do sequestro dos bens do agente ou terceiro que tenha enriquecido ilicitamente ou causado dano ao patrimônio público.*

Benjamin, j. em 7/5/2009, DJ de 21/8/2009; REsp n. 637413/RS, 2ª T., rel. Min. Herman Benjamin, j. em 7/5/2009, DJ de 21/8/2009; AGRG no REsp n. 1109396/SC, 2ª T., rel. Min. Mauro Campbell Marques, j. em 8/9/2009, DJ de 24/9/2009; AgRg no REsp n. 1042800/MG, 2ª T., rel. Min. Herman Benjamin, j. em 5/2/2009, DJ de 24/3/2009; REsp 1.319.515/ES, 1ª Seção, rel. p/ o acórdão o Min. Mauro Campbell Marques, maioria, j. 22/8/2012, DJe de 21/9/2012. A conclusão é atualmente reforçada pelo § 4º do art. 19 da Lei n. 12.846/2013 (Lei Anticorrupção), que estabelece que "o Ministério Público ou a Advocacia Pública ou órgão de representação judicial, ou equivalente, do ente público poderá requerer a indisponibilidade de bens, direitos ou valores necessários à garantia do pagamento *da multa ou da reparação integral do dano causado*, conforme previsto no art. 7º, ressalvado o direito do terceiro de boa-fé".

564 Sobre o conceito amplo de patrimônio público, remetemos o leitor à introdução desta 2ª parte ("A Defesa do Patrimônio Público como um Interesse Difuso").

565 "Art. 11. Independentemente das sanções penais ... está o responsável pelo ato de improbidade sujeito às seguintes cominações: (...) III – na hipótese do art. 11, *ressarcimento integral do dano, se houver*, perda da função pública ...". Imagine-se a hipótese prevista no art. 11, III, da LIA ("frustrar a licitude de concurso público"). Bem pode ocorrer que, anulado o certame, se verifique que a administração efetuou despesas com a sua realização, cabendo a condenação do ímprobo ao seu ressarcimento (o exemplo, salvo engano, foi dado por Walter Claudius Rothenburg em congresso realizado no ano de 2001, na Cidade de Curitiba/PR). Em situação tal, é evidente que o dolo do agente não é o de causar dano ao erário, o qual, no entanto, poderá estar presente de forma *marginal*.

§ 1º O pedido de sequestro será processado de acordo com o disposto nos arts. 822 e 825 do Código de Processo Civil.

§ 2º Quando for o caso, o pedido incluirá a investigação, o exame e o bloqueio de bens, contas bancárias e aplicações financeiras mantidas pelo indiciado no exterior, nos termos da lei e dos tratados internacionais.

Vale, aqui, a observação feita por ocasião da análise da medida de *indisponibilidade de bens* no que respeita à não vinculação do *Parquet* aos termos da representação feita pela autoridade administrativa, cuja natureza não é a de condição de procedibilidade. Igualmente válidas as assertivas quanto à possibilidade de excepcional decretação da medida de ofício pelo magistrado.

Ao disciplinar tal providência acautelatória, faz o § 1º do art. 16 expressa remissão aos arts. 822 a 825 do CPC de 1973 (revogado), o que não deixa qualquer dúvida quanto à *mens legis*. Não há que se falar, dessa forma, *data venia*, que o sequestro disciplinado pela Lei n. 8.429/92 é, a rigor, um "arresto"[566]. É bem verdade que o CPC/2015 extingue as cautelares nominadas ou típicas, aludindo ao sequestro apenas como uma das providências que o juiz pode determinar no âmbito de seu poder cautelar (arts. 297 e 301 do CPC/2015). Ou seja, basta, atualmente, a demonstração do *fumus boni iuris* e do *periculum in mora* para a concessão da medida, e não mais, também, dos requisitos específicos das cautelares típicas do CPC de 1973. Contudo, é importante perceber que o § 1º do art. 16 da Lei de Improbidade Administrativa não foi modificado nem tampouco revogado pelo CPC/2015 (cf. arts. 1.046, §§ 2º e 4º c.c. art. 1.072), dispondo o art. 1.046, § 2º, da atual de Lei de Ritos que "permanecem em vigor as disposições especiais dos procedimentos regulados em outras leis, aos quais se aplicará supletivamente este Código".

Desta forma, até por conta de sua feição histórica[567], o sequestro *deve recair sobre coisa certa, determinada*, não podendo alcançar, genérica e indiscriminadamente, todo o patrimônio do agente[568]. E nem faria mesmo sentido essa ampla abrangência, desde que se tenha em mente que o sequestro volta-se às hipóteses de improbidade por enriquecimen-

---

[566] Nesse sentido: Luiz Fabião Guasque (A responsabilidade da Lei de Enriquecimento Ilícito), apontando a "impropriedade da lei". Também Antônio José de Mattos Neto (Responsabilidade civil por improbidade administrativa, *RT* n. 752, p. 37), Wallace Paiva Martins Júnior (*Probidade Administrativa*, p. 332), Fábio Medina Osório (*Improbidade administrativa*, p. 238). Diante do que sustentamos acima, a providência cautelar de indisponibilidade de bens (art. 7º), por sua generalidade, é que se assemelha ao arresto do CPC revogado.

[567] Sobre a feição histórica da providência, como já referido, registre-se ser da tradição do direito brasileiro direcionar tal medida cautelar aos casos de enriquecimento ilícito, conforme se vê do art. 141, § 31, 2ª parte, da Constituição Federal de 1946, do art. 1º da Lei n. 3.164/57 (Lei Pitombo-Gódoi Ilha) e do art. 1º da Lei n. 3.502/58 (Lei Bilac Pinto).

[568] No sentido do texto, Wallace Paiva Martins Júnior (*Probidade administrativa*, p. 332) e Edemir Netto de Araújo (*O ilícito administrativo e seu processo*, p. 231-232).

to ilícito (art. 9º)[569], onde é possível determinar-se, no mais das vezes, o bem sobre o qual a constrição recairá, ou seja, aquele ilicitamente agregado ao patrimônio do agente[570]. Em qualquer caso, será possível o sequestro dos bens nos quais a vantagem ilícita se tenha transformado (o terreno recebido pelo agente foi vendido e, em seu lugar, adquiriu-se uma casa), mormente em se tratando de dinheiro, cuja fungibilidade é manifesta. De forma singela, pode-se dizer que o sequestro é medida que vai recair sobre o "produto do ilícito[571]", conforme estabelecido pelo art. 6º da Lei[572]. O seu escopo será o de viabilizar o perdimento dos bens e valores, ilegalmente acrescidos, em favor da pessoa de direito público lesada[573].

Ressalte-se, mais uma vez, que algumas condutas geradoras de enriquecimento ilícito (art. 9º) causam, também, dano ao patrimônio público (*v.g.*: a contratação de serviço, pelo ente estatal, por preço superior ao de mercado – art. 9º, II – ou mesmo a alienação de bem público por preço inferior ao usualmente praticado – art. 9º, III). Nesses casos, a medida de sequestro recairá sobre o valor indevidamente agregado ao patrimônio do agente (*v.g.*: a quantia ou o bem imóvel recebidos do *extraneus*), resultando da condenação o perdimento dos bens; no que se refere ao dano patrimonial causado à pessoa jurídica de direito público (*v.g.*: a diferença entre o preço de alienação do bem público e o real valor de mercado), a garantia de seu ressarcimento deverá ser buscada por intermédio da cautelar de indisponibilidade (art. 7º da Lei n. 8.429/92), podendo alcançar tantos bens quantos bastem à integral reparação do dano. A hipótese será, então, de cumulação de medidas cautelares patrimoniais.

---

569 O Decreto-lei n. 359, de 17/12/1968, que criou a denominada "Comissão Geral de Investigação" dos lamentáveis tempos ditatoriais, tratava do *confisco dos bens adquiridos ilicitamente pelo agente público*, prevendo, em seu art. 5º, a necessidade de especificação dos bens na proposta de constrição patrimonial feita pela referida Comissão ao Presidente da República.

570 O valor depositado em conta corrente a título de "propina"; o imóvel adquirido em desproporção à evolução patrimonial; os "bens, rendas, verbas ou valores" pertencentes ao patrimônio público e indevidamente incorporados pelo agente; o bem utilizado indevidamente pelo ímprobo etc.

571 Humberto Theodoro Jr., ao referir-se à confusão terminológica verificada no CPP – que em alguns momentos chama de "sequestro" o que é, na verdade, "arresto" – afirma que o *sequestro dos produtos do crime*"... é, realmente, um sequestro, pois se destina a preparar a transferência de bens especificados para a União, caso haja a condenação do réu (art. 125, CPP)" (*Processo cautelar*, p. 244). É o que se passa, *mutatis mutandis*, nos casos de improbidade por "enriquecimento ilícito", para os quais a lei prevê "a perda de bens ou valores acrescidos" (art. 12, I, da Lei de Improbidade).

572 "Art. 6º No caso de enriquecimento ilícito, perderá o agente público ou terceiro beneficiário os bens ou valores acrescidos ao seu patrimônio."

573 O art. 18 da Lei de Improbidade ("Art. 18. A sentença que julgar procedente ação civil de reparação de dano ou decretar a perda dos bens havidos ilicitamente determinará o pagamento ou a reversão dos bens, conforme o caso, em favor da pessoa jurídica prejudicada pelo ilícito") não é muito feliz em prever a "reversão" dos bens havidos ilicitamente para todos os casos de enriquecimento ilícito. Só se reverte aquilo que um dia pertenceu ao ente lesado (*v.g.*, art. 9º, XI), não aquilo que nunca integrou o seu patrimônio (*v.g.*, art. 9º, VII). Melhor seria, segundo pensamos, falar apenas em "perdimento".

Em razão de tais peculiaridades, é correto entender, aqui sim, que a constrição patrimonial decorrente da medida de sequestro se limitará aos *bens adquiridos durante o exercício da função pública*, mais precisamente àqueles adquiridos a partir e em razão do ato de improbidade[574].

O conceito de "litigiosidade sobre a coisa"[575], no âmbito da improbidade, não se refere, propriamente, à dúvida sobre a titularidade (propriedade ou posse) do bem (não se tem dúvida de que determinado imóvel efetivamente pertence ao ímprobo, a documentação é cristalina, as formalidades legais foram atendidas etc.), mas sim à ilicitude da respectiva causa de aquisição. Neste sentido, inclusive, o STJ já teve a oportunidade de assentar que "o sequestro pode incidir sobre bens que constituam proveito do ato ilícito praticado pelos autores, dando-se interpretação extensiva ao conceito de coisa litigiosa"[576], o que deve ser considerado sob pena de cometimento de graves erros interpretativos, estreitando ainda mais o âmbito da medida de sequestro.

Por outro lado, o conceito de "danificação" (art. 822, I, do CPC/73), que caracteriza o *periculum in mora* da medida, "...deve ser entendido em sentido lato (danificação jurídica), de modo a compreender não apenas a deterioração física, mas também o seu desaparecimento ou desvios, casos em que as danificações referir-se-ão ao direito ou interesse das partes e não à materialidade do bem"[577]. Assim, a decretação da medida não demanda necessariamente a demonstração de riscos de *deterioração física* da coisa (*v.g.*: o sequestro de um imóvel). Aliás, o próprio art. 822 do CPC de 1973, nos incisos II e III, já aludia à "dissipação" e à "dilapidação", conceitos muito mais amplos.

De qualquer forma, não obstante, o fato é que, diferentemente da indisponibilidade de bens (art. 7º), na qual o *periculum in mora* é ínsito, a decretação do sequestro não prescinde da demonstração, indiciária que seja, dos riscos de danificação da coisa (desaparecimento, desvio, dissipação, dilapidação), o que torna a medida ainda mais estreita e excepcional[578]. A exigência da demonstração do *periculum in mora* justifica-se em razão da amplitude típica do art. 9º da LIA, cujo inciso VII prevê, inclusive, a só discrepância entre patrimônio e renda do agente público como caso de enriquecimento ilícito. Mas é eviden-

---

574 Na jurisprudência, STJ, 2ª T., RMS n. 6.197/DF, rel. desig. Min. Adhemar Maciel, j. 17/11/1997, *DJU* de 18/5/1998, p. 58; 2ª T., RMS n. 6.182-DF, rel. desig. Min. Adhemar Maciel, j. 20/2/1997. Na doutrina: Evane Beiguelman Kramer (Considerações acerca do sequestro de bens de que trata a Lei 8.429/92: enfoque da questão sob a ótica da execução da sentença condenatória, p. 164 e s.) e Carlos Mário Velloso Filho, *A indisponibilidade de bens na Lei 8.429, de 1992*, p. 98 e s.

575 "... o sequestro supõe a litigiosidade da coisa (atual ou virtual) e, nessa perspectiva, pode ser conceituado como a tutela cautelar apta a prover quanto à segurança material da coisa que foi, é, ou poderá vir a ser litigiosa" (Carlos Alberto Álvaro de Oliveira, *Comentários ao Código de Processo Civil*, p. 59).

576 REsp n. 60.288-2-SP, 4ª T., rel. Min. Ruy Rosado, j. 21/6/1995, un., *DJU* de 2/10/1995, p. 32377, *apud* Theotonio Negrão, ob. cit., p. 830, nota 4-b ao art. 822.

577 THEODORO JÚNIOR, Humberto. Ob. cit., p. 243.

578 TJRS, 1ª Câmara Especial Cível, AI n. 7000124458, rel. Honório Gonçalves da Silva Neto, j. 31/8/2000.

te que a análise do risco, aqui, passa, como em qualquer hipótese, pelas chamadas "máximas da experiência comum", a teor do art. 375 do CPC/2015.

Deve também o requerente, por óbvio, desincumbir-se da demonstração do *fumus boni iuris*, o que é de rigor em todas as medidas cautelares.

Por se tratar de medida drástica, nada impede que, a princípio, o próprio demandado figure como depositário da coisa[579], prestando contas de sua administração ao magistrado, salvo, evidentemente, nas hipóteses de comprovado desejo de dilapidação ou desvio de bens móveis, mais facilmente alienáveis. Levando-se em conta que quando recair sobre imóvel a medida judicial deverá ser levada a registro, nada impede que o demandado mantenha a posse sobre o bem, sendo excepcional, desta forma, a nomeação de depositário judicial[580].

Considerando que a hipótese ora comentada diz respeito a atos de improbidade que importam em indevido acréscimo patrimonial por parte do agente, resultando da condenação o perdimento ou a reversão dos bens (arts. 6º, 12, I, e 18 da Lei n. 8.429/92), não faz sentido a alegação de impenhorabilidade da coisa uma vez que as normas previstas no art. 833 do CPC/2015, na Lei n. 8.009/90 e no Código Civil (arts. 1.711 a 1.722) revestem-se de um evidente conteúdo ético[581] e, por isso mesmo, de forma alguma visam à corroboração do enriquecimento ilícito. Seria mesmo um absurdo invocar-se a impenhorabilidade em casos tais, mormente nas hipóteses de enriquecimento ilícito resultantes de ilegais incorporações de bens, rendas, verbas ou valores integrantes do acervo patrimonial das entidades mencionadas no art. 1º da Lei de Improbidade (art. 9º, XI).

É importante notar que a primeira parte do inciso VI do art. 3º da Lei n. 8.009/90 não exige, de modo a possibilitar o alcance do bem de família, a existência de sentença *penal* condenatória com trânsito em julgado. Alude apenas à circunstância de o bem ter sido adquirido "com produto de crime". Não vincula, igualmente, a constrição do bem a feitos criminais, conclusão que se vê reforçada pela natureza processual civil da referida lei. Desta forma, considerando-se que todas as hipóteses previstas no art. 9º da Lei n. 8.429/92 constituem, a um só tempo, condutas ímprobas e criminosas, pensamos possível a decretação da indisponibilidade do bem de família nos próprios autos da ação civil de improbidade, sendo a origem criminosa do bem matéria a ser discutida apenas *incidenter tantum* pelo juízo cível. É evidente, no entanto, que a superveniência de sentença absolutória cri-

---

579 Em se tratando de sequestro de bens pertencentes às chamadas "Organizações Sociais", o art. 10, § 3º, da Lei n. 9.637/89 estabelece que o até o término da ação o Poder Público figurará como seu depositário.
580 Neste sentido, STJ, 2ª T., RMS n. 6.182/DF, rel. desig. Min. Adhemar Maciel, j. 20/2/1997.
581 "A ninguém é dado se beneficiar da própria torpeza. Existe, como já assinalado, um conteúdo ético na fruição do direito à não constrição do bem de família, que jamais permite se convalide ou fique sanada com ele a origem criminosa ou a aquisição com produto de delito da casa residencial. Diminuir as garantias de credor com uma instituição dolosa do *bem de família facultativo* já era hipótese antiga de repulsa, quanto mais então a aquisição de moradia familiar com o resultado de crime, procurando torná-lo inexcutível *ex lege*" (Ricardo Arcoverde Credie, *Bem de família*, p. 74).

minal, em qualquer das hipóteses previstas no art. 386 do Código de Processo Penal, terá o condão de afastar a probabilidade de sucesso do autor civil quanto ao pedido principal ("fumaça de bom direito"), conduzindo à revogação da medida constritiva. Não se quer com isso afirmar que todas as hipóteses de absolvição criminal vinculam o juízo cível, mas apenas que o resultado absolutório verificado no juízo penal, mui provavelmente, afastará o *fumus boni iuris*.

Por fim, o art. 16, § 2º, permite que o pedido de sequestro inclua"... a investigação, o exame e o bloqueio de bens, contas bancárias e aplicações financeiras mantidas pelo indiciado no exterior, nos termos da lei e dos tratados internacionais". Ao referir-se à "investigação" e "exame" de bens e ativos financeiros do agente, previu o legislador, a nosso juízo, nada mais que uma medida de reforço à constrição patrimonial, cujos escopos são o de permitir a correta identificação dos bens sequestráveis e a própria eficácia da medida. Não se trata, propriamente, de uma "providência investigatória", visto que o esclarecimento da improbidade deve ser buscado em momento anterior (inquérito civil ou procedimento administrativo a cargo do ente lesado), desvestindo-se o exame do patrimônio do agente, nesta fase, de qualquer feição cautelar[582]. Entendimento diverso conduz, *rogata venia*, a uma incoerência lógica, uma vez que não pode o juiz decretar uma medida cautelar em hipótese ainda não devidamente investigada. Faltaria o *fumus boni iuris*.

Além disso, ao permitir o "bloqueio" de tais valores, cuidou o legislador de viabilizar, na prática, a ordem de sequestro, o que também pode ser adotado no âmbito da medida de indisponibilidade de bens (art. 7º)[583].

15.3. Medidas Cautelares Atípicas

Como já referido, a Lei n. 8.429/92 não esgota o rol de medidas cautelares possíveis de utilização no campo reparatório-sancionatório da improbidade, sendo possível, deste modo, invocar-se o poder geral de cautela sempre que houver uma concreta possibilidade de esvaziamento do exercício da função soberana de julgar, devendo o magistrado servir-se de mecanismos que razoavelmente o habilitem a garantir a sua jurisdição. A esse respeito, remarque-se que o princípio da inafastabilidade da jurisdição (art. 5º, XXXV, da Constituição Federal) traz ínsito o direito à adequada tutela jurisdicional, o que só se tornará possível, em alguns casos, mediante a intervenção cautelar inominada do Poder Judiciário, observadas, evidentemente, as garantias processuais previstas na própria Constituição Federal e na legislação infraconstitucional. Aliás, atualmente é essa a técnica adotada pelo CPC/2015, que, abandonando as cautelares nominadas do CPC de 1973, transforma todo o poder cautelar do juiz em "geral" ou "inominado" (arts. 297 e 301 do CPC/2015), sem

---

582 Sobre a quebra do sigilo bancário, ver tópico específico, acima.
583 *Vide*, mais abaixo, o tópico a respeito das "Medidas de Urgência no Plano Internacional e Cooperação Jurídica".

prejuízo das medidas cautelares disciplinadas, em específico, pela Lei de Improbidade Administrativa (indisponibilidade de bens, sequestro de bens e afastamento do agente público), as quais convivem harmonicamente com o poder geral de cautela do juiz. Considerando a sobrevivência das medidas cautelares disciplinadas pela Lei de Improbidade Administrativa, como já afirmado, mantemos a utilidade da análise da possibilidade de um poder geral de cautela no âmbito da ação de improbidade administrativa, muito embora não faça mais sentido falar-se em "poder geral de cautela" na sistemática do CPC/2015.

Como bem ressaltado por Vicente Greco Filho, "o poder cautelar geral do juiz atua como poder integrativo da eficácia global da atividade jurisdicional. Se esta tem por finalidade declarar o direito de quem tem razão e satisfazer esse direito, deve ser dotada de instrumento para a garantia do direito enquanto não definitivamente julgado e satisfeito. O infinito número de hipóteses em que a demora pode gerar perigo torna impossível a previsão específica das medidas cautelares em número fechado, sendo, portanto, indispensável um poder cautelar geral que venha a abranger situações não previstas pelo legislador. Este disciplinou os procedimentos cautelares mais comuns ou mais encontradiços, cabendo ao próprio juiz da causa adotar outras medidas protetivas quando houver, nos termos da lei, fundado receio de lesão grave e de difícil reparação"[584]. Entra pelos olhos, assim, que a razão que leva o legislador a conceber um *processo cautelar* não se coaduna, essencialmente, com a ideia de tipicidade cerrada, sob pena de esvaziamento do corolário do acesso à justiça acima referido. Aliás, não é demais lembrar que o processo cautelar nasceu justamente por intermédio da adoção de cautelas atípicas, vindo o legislador, ao depois, tratar de seu disciplinamento na lei, sempre ressalvando a possibilidade de decretação de cautelas inominadas.

Realmente, diante da impossibilidade prática de a lei prever todas as hipóteses de risco, não faria sentido que o juiz, identificando concretamente um dano à ordem jurídica não previsto pelo legislador, se visse impossibilitado de adotar outras soluções de garantia. Tal postura, que, inclusive, ignoraria o conceito de jurisdição como poder, resultaria para o autor numa "vitória de Pirro", na qual se conferem "ao vencedor as batatas".

Desta forma, além das medidas típicas previstas nos arts. 7º, 16 e 20, parágrafo único, da Lei n. 8.429/92, nada impede que o juiz da causa decrete, por exemplo, a busca e apreensão de coisas ou documentos, o arrolamento de bens, a requisição de força policial para a efetividade da instrução, a restrição ao exercício de determinadas atribuições funcionais etc.

Há, contudo, limites intransponíveis ao poder geral de cautela, sobretudo na ampla seara do direito sancionatório (criminal, administrativo ou cível). Nessa linha, a primeira observação de relevo é no sentido de que, com a introdução no sistema brasileiro, da denominada antecipação dos efeitos da tutela[585], não é mais possível conferir às providências cautelares qualquer efeito de antecipação do mérito (o processo cautelar volta-se única e

---

584 *Direito processual civil brasileiro*, v. 3, p. 154-155.
585 Nosso próximo tema.

exclusivamente à garantia da relação processual dita principal, à garantia de utilidade do processo), o que, no campo da improbidade administrativa, inviabiliza a aplicação antecipada das sanções previstas no art. 12 da Lei n. 8.429/92. Ou seja, é possível, a partir da atual sistemática, recolocar o processo cautelar nos seus "trilhos" exclusivamente processuais, desvestindo-o de qualquer feição substancial, do papel de antecipação da pretensão principal, afigurando-se mesmo absurda a alusão à antecipação de sanções de qualquer natureza diante do que dispõe o art. 5º, LVII, da Constituição Federal (princípio da presunção de não culpabilidade).

Por evidente, a cláusula constitucional do *devido processo legal*, leito onde vão repousar inúmeras outras garantias igualmente consagradas pela atual Carta Política, também representará uma importante limitação ao poder geral de cautela e, de forma mais ampla, a toda e qualquer atuação do Poder Judiciário. Assim, por exemplo, somente o juiz cuja competência tenha sido previamente estabelecida pelo legislador poderá decretar as medidas inominadas requeridas, vedada a horrenda figura do juiz *ad hoc*. Deve-se garantir, por outro lado, que também a persecução seja promovida por promotor de justiça com atribuição (promotor natural ou legal), garantia que se extrai dos arts. 127, § 1º, e 128, § 5º, I, da Constituição Federal e que já foi reconhecida pela Colenda Corte Suprema[586]. De igual forma, os atos processuais devem revestir-se da mais ampla publicidade, só admitida a sua restrição nos casos em que a Constituição Federal (art. 5º, LX, e art. 93, IX) e o Código de Processo Civil (arts. 11 e 189 do CPC/2015) o permitem, fundamentando o juiz todas as suas decisões.

Também o princípio da *presunção de não culpabilidade* atuará como importante limite às cautelas atípicas, não no sentido de vedá-las, uma vez que a movimentação cautelar do magistrado não parte de uma presunção de culpa – limitada que é a resguardar a eficácia da prestação jurisdicional de mérito – mas, isto sim, para dar o timbre de *excepcionalidade* que deve marcar o processo penal cautelar, informativo de que, antes do trânsito em julgado da sentença condenatória, toda e qualquer restrição de direitos do réu só será admitida em casos de extrema necessidade e na exata medida desta necessidade.

Na mesma linha, também será vedado o afastamento, a título de "cautela geral", dos requisitos de cautelares típicas já estabelecidos, restritivamente, pelo legislador. Realmente, a disciplina legal das medidas típicas – que representam inegável limitação a direitos individuais constitucionalmente tutelados – seria reduzida a nada se se pudesse, ausentes os requisitos legais, chegar ao mesmo resultado, vedado por lei, por intermédio do poder geral de cautela. É possível afirmar, assim, que o poder cautelar genérico do magistrado atuará apenas naqueles campos não disciplinados, em específico, pelo legislador, não sendo possível a substituição de medidas cautelares típicas pelas inominadas[587]. Nesse sentido, embora controvertida a matéria, vem a jurisprudência entendendo que "um dos limites

---

586 HC n. 67.759-2/RJ, rel. Min. Celso de Mello, maioria, j. 6/8/92.
587 Cf. FILHO, Vicente Greco. Ob. cit., p. 155.

a adstringir o poder geral de cautela do magistrado está em que, havendo um dispositivo legal específico, prevendo determinada medida com feição cautelar para conter uma ameaçadora lesão a direito, não se há de deferir cautela inominada. Se for o caso de deferi--la, devem ser observadas todas as exigências contidas naquela medida específica"[588].

Por último, deve também ser encarecida a impossibilidade de se obter através do processo cautelar mais do que se poderia almejar no processo principal.

De fato, soaria absurdo que por intermédio de processo acessório o titular da pretensão lograsse alcançar resultado que não comportaria acolhida em cognição principal, o que representaria, no final das contas, uma total subversão do papel destinado ao processo cautelar, mero "instrumento do instrumento", como se costuma doutrinariamente afirmar. Sobre o tema, merece mais uma vez referência a lúcida lição de Vicente Greco Filho, no sentido de que "... a concessão da cautela, para que não seja abusiva, deve guardar relação lógica e de proximidade com a satisfação do direito pleiteado em caráter principal"[589], não se devendo descurar que, muito embora o processo cautelar persiga escopos puramente processuais, não se confundindo com o instituto da antecipação dos efeitos da tutela – vedada no que diz respeito a sanções –, o fato é que a decretação de medidas cautelares pelo magistrado importa, realisticamente, na privação do exercício de direitos, donde se extrai a necessária conformação lógica entre as providências cautelares e as demandas principais.

15.4. Medidas de Urgência no Plano Internacional e Cooperação Jurídica

O crescente intercâmbio de informações e experiências no mundo globalizado põe em xeque os institutos tradicionais do direito público, fazendo desmoronar a clássica noção de soberania e, mais especificamente no campo do processo, os próprios limites e contornos das jurisdições interna e externa.

Nesse contexto, não só a corrupção se torna transnacional[590] como também os agentes corruptos e corruptores se utilizam de instrumentos transnacionais, sobretudo com

---

588 *RSTJ* n. 53/155, in Theotonio Negrão, *Código de processo civil e legislação processual em vigor*, 32ª ed., p. 813. Igualmente: "A medida cautelar específica não pode ser concedida senão nos casos expressos em lei, não podendo ser ampliada como medida cautelar inominada (RT 600/165)". Por tal motivo, aliado à impossibilidade de antecipação de efeitos sancionatórios em virtude do princípio constitucional da presunção de não culpabilidade, achamos inviável o afastamento do agente público como forma de garantia à "ordem pública", hipótese não contemplada pelo art. 20, parágrafo único, da Lei de Improbidade. Ver, sobre o tema, o tópico específico sobre o "Afastamento do Agente Público". Sobre a aplicabilidade do princípio da presunção de não culpabilidade para além do campo do processo penal, confira-se o decidido pelo STF no RE n. 482.006-4/MG, Pleno, rel. Min. Ricardo Lewandowski, j. 7/11/2007.

589 Ob. cit., p. 155.

590 De acordo com a Convenção das Nações Unidas contra o Crime Organizado Transnacional, promulgada no Brasil através do Decreto n. 5.015, de 12 de março de 2004, o ilícito terá caráter transnacional quando: 1) for cometido em mais de um Estado; 2) for cometido num só Estado mas uma parte substancial de sua preparação, planejamento, direção e controle tenha lugar em outro Estado; 3) for cometido num só Estado mas

vistas ao encobertamento e "lavagem" das vantagens obtidas, o que desafia as autoridades administrativas e jurisdicionais ao encontro de respostas efetivas a este inegável fator de risco às democracias contemporâneas.

Os estudos sobre a corrupção, quer sob o enfoque sociológico, quer sob o enfoque jurídico, são ainda incipientes em nosso país, concentrando-se, no mais das vezes, na esfera do direito penal. Mesmo quanto a este último campo, a doutrina procura prestigiar a análise do problema somente à luz da legislação interna, debruçando-se sobre a normativa sancionatória dos atos de corrupção e sobre os instrumentos processuais penais, ainda pouco desenvolvidos, com vistas à sua apuração e combate. O mesmo viés criminal pode ser percebido dentre os autores do direito internacional, preocupados com a cooperação jurídica apenas neste campo, o que, a nosso juízo, deve ser superado em razão da existência de outras esferas, materiais e processuais, de combate à corrupção. Não obstante, o interesse pelo tema vem se mostrando crescente em razão da história recente de nosso país.

O tema específico das medidas de urgência no plano internacional está inserido na problemática, mais ampla, da necessária reformulação e fixação de novos parâmetros no campo do chamado "Processo Internacional"[591], de seus institutos clássicos (*v.g.*: a cooperação judiciária, a homologação de sentenças estrangeiras, as cartas rogatórias etc.), o que decorre da mudança da sociedade e do mundo, sobretudo em razão do surgimento do que alguns autores denominam "sociedade de massas" e dos "conflitos de massa" que dela surgem naturalmente.

Norberto Bobbio, tratando do que chama de "processo de especialização dos direitos" aponta uma "... passagem gradual, porém cada vez mais acentuada, para uma ulterior determinação dos sujeitos titulares de direitos (...) Assim, com relação ao abstrato sujeito 'homem', que já encontrara uma primeira especificação no 'cidadão' (no sentido de que podiam ser atribuídos ao cidadão novos direitos com relação ao homem em geral), fez-se valer a exigência de responder como nova especificação à seguinte questão: que homem, que cidadão?"[592]. Hoje, esse mundo cada vez mais complexo, fruto da modernidade que traz uma série de inseguranças, ao contrário da proposta inicial racionalista, vai gerando demandas cada vez mais novas, mais específicas, as quais, muitas vezes, demandam respostas prontas e urgentes.

---

envolver a participação de um grupo criminoso organizado que pratique atividades criminosas em mais de um Estado; 4) for cometido num só Estado mas produza efeitos substanciais noutro Estado (art. 3º, 2).

591 "O chamado Processo Civil Internacional tem por objeto as situações processuais civis com contatos internacionais. Trata desde a regulação dos conflitos internacionais de jurisdição – aí incluídas as questões de competência internacional e imunidade de execução – à determinação das condições para o reconhecimento e execução das sentenças estrangeiras, bem como a realização, em uma jurisdição, de atos processuais do interesse de outra jurisdição. Estas duas últimas ações integram o que se chama de cooperação judiciária internacional, às quais se adiciona, dentro dessa modalidade, a informação do direito estrangeiro" (ARAÚJO, Nádia. *Direito internacional privado:* teoria e prática brasileira, p. 193).

592 BOBBIO, Norberto. *A era dos direitos*, p. 62.

Então, a *multiplicação* e a *internacionalização dos conflitos*, a espantosa *velocidade das comunicações* e a própria *globalização econômica* vão demandar que os processualistas, os constitucionalistas, os juristas de um modo geral tenham uma postura diferente e repensem os institutos clássicos, sobretudo no plano do Processo Civil Internacional, inclusive no que diz respeito à denominada "corrupção transnacional".

A abordagem das medidas de urgência no Processo Internacional, por outro lado, vincula-se ao tema da "cooperação judiciária internacional". Com efeito, não se pode conceber a cooperação entre órgãos jurisdicionais, ou mesmo entre órgãos administrativos (*v.g.*: polícias, ministérios públicos) sem se pensar em medidas expeditas. Nos dias atuais, a cooperação judiciária não se contenta mais com atos de mera comunicação, como se dá relativamente às cartas rogatórias de citação ou de intimação, demandando uma estruturação cada vez mais complexa de procedimentos de maior celeridade, que, no final das contas, buscam dar efetividade à jurisdição internacional. Falar de medidas de urgência no plano internacional, enfim, nada mais representa que dar concreção ao princípio do acesso à justiça, um princípio de caráter universal.

A cooperação judiciária e o acesso à Justiça, dentro desse contexto de um mundo mais veloz, dos conflitos de massa, da sociedade de massas etc., recebem, de ordinário, enfoques de matiz predominantemente econômico, comercial, ficando muitas vezes relegada a plano secundário a visão de que as medidas de urgência no plano internacional devem voltar-se, sobretudo, à tutela dos *direitos fundamentais do homem*. Realmente, a maioria dos tratados existentes, no âmbito do Mercosul ou mesmo no âmbito da Comunidade Europeia, preocupa-se muito mais com a criação de instrumentos que tornem mais efetivas as demandas nas áreas contratuais (nos negócios, no comércio), do que com a efetivação dos direitos fundamentais. Tal enfoque precisa ser modificado. Há, é verdade, documentos internacionais que cuidam da cooperação judiciária em matéria de alimentos, de menores, de questões relacionadas ao direito de família de um modo geral, do combate à corrupção, mas o que se verifica é uma assustadora profusão de tratados em matéria de direito comercial, o que não deixa de ser um reflexo da globalização econômica verificada no mundo atual.

De qualquer modo, a doutrina já começa a refletir sobre a necessidade de criação de medidas mais eficazes de cooperação internacional, não tanto sobre o ponto de vista da economia, mas também como necessidade da própria *cidadania*. Bruno Capponi[593], dentre outros, ressalta esse aspecto ao afirmar que o *direito comunitário europeu* deve ser um direito do *cidadão europeu*, o que significa que a cooperação judiciária precisa ter instrumentos mais eficazes não apenas como exigência da economia globalizada, mas principalmente como exigência dos direitos humanos, dos direitos fundamentais individual ou coletivamente considerados[594].

---

593 CAPPONI, Bruno. *Attualità e prospettive della coperazione giudiziaria civile nell'Unione Europea*, p. 149/171.
594 No mesmo sentido, Italo Andolina, *La cooperazione internazionale nel processo civile*, p. 755/796. Confira-se, numa perspectiva mais ampla, ou seja, não relacionada apenas ao problema da cooperação judiciária internacional, Siegfried Magiera, The emergence of a Europe of Citizens in *A Community without Frontiers*.

Mauro Cappelletti[595], em sua já consagrada abordagem sobre o tema, ressalta que o "acesso à justiça" é um *direito social fundamental*. Desse modo, as discussões sobre "cooperação judiciária" devem concentrar-se na criação de instrumentos mais adequados de *efetividade da jurisdição como direito social fundamental do homem*, e não como decorrências automáticas da economia, ou apenas como forma de facilitação do comércio, da circulação de valores. Nadia de Araújo[596] também ressalta que a cooperação judiciária é uma decorrência dos *direitos fundamentais*, protegidos no âmbito das Constituições e dos tratados. Ao cuidar dos fundamentos da cooperação judiciária, referida autora põe em evidência que a cooperação não é um mero dever de reciprocidade entre os Estados mas também, e sobretudo, uma decorrência dos direitos fundamentais protegidos nos textos constitucionais.

Relativamente ao tema que ora nos interessa mais de perto, cabe referir que o combate à corrupção vem frequentando os debates internacionais nas últimas décadas, iniciando-se as discussões a partir da constatação do pagamento de propinas por empresas norte-americanas com vistas à obtenção de vantagens sobre empresas rivais em contratações internacionais. Nesse sentido, André de Carvalho Ramos cita os estudos, iniciados na década de 70, da *Securites and Exchange Comission* dos Estados Unidos da América, que deram ensejo à edição do *Foreign Corrupt Pratices Act de 1977*. No plano internacional, como resultado de tais reflexões e análises, tem-se a edição, dentre outros, em 1984, da *Antibribery Recomendation* pela Organização de Cooperação e Desenvolvimento Econômico (OCDE), bem como a elaboração da *Convenção sobre Corrupção de Funcionários Públicos em Transações Comerciais Internacionais*, promulgada no Brasil através do Decreto n. 3.678, de 30 de novembro de 2002, da *Convenção Interamericana contra a Corrupção*, promulgada no Brasil, em 7 de outubro de 2002, através do Decreto n. 4.410[597] e, mais recentemente, da Convenção das Nações Unidas contra a Corrupção, promulgada pelo Decreto 5.687, de 31 de janeiro de 2006.

É também importante ressaltar que a corrupção e a improbidade administrativa são fatores impeditivos à implementação plena dos direitos sociais fundamentais, sobretudo nos países subdesenvolvidos, colocando em risco o próprio Estado Democrático de Direito. Sobre o ponto, ressalta M. Madeleine de Paula Lima que "... o desvio de verbas públicas destinadas às políticas sociais constitui prejuízo maior para uma vasta população, haja vista que enfraquece a implementação dos direitos econômicos, sociais e culturais, que compõem a base do direito ao desenvolvimento, gerando um círculo vicioso de falta de perspectiva de promoção social e afetando, muitas vezes, várias gerações"[598]. Por tais razões, o combate à corrupção é atualmente tratado no âmbito dos direitos humanos internacionalmente protegidos[599].

---

595 CAPPELLETTI, Mauro; GRANT, Bryant. *Acesso à justiça*.
596 ARAÚJO, Nadia de. *Direito internacional privado: teoria e prática brasileira*.
597 O combate internacional à corrupção e a Lei da Improbidade, p. 7 e s. Em 7 de outubro de 2002, através do Decreto n. 4.410, foi promulgada, no Brasil, a Convenção Interamericana contra a Corrupção.
598 *Apud* RAMOS, André de Carvalho, ob. cit., p. 10.
599 *Idem*.

Especificamente no que diz respeito ao combate à corrupção, como já ressaltado, o Brasil é signatário de três importantes convenções, a saber, a Convenção sobre o Combate da Corrupção de Funcionários Públicos Estrangeiros em Transações Comerciais Internacionais, promulgada através do Decreto n. 3.678, de 30 de novembro de 2000, a Convenção Interamericana contra a Corrupção, promulgada por intermédio do Decreto n. 4.410, de 7 de outubro de 2002, e a Convenção das Nações Unidas contra a Corrupção, promulgada pelo Decreto n. 5.687, de 31 de janeiro de 2006.

A Convenção sobre o Combate da Corrupção de Funcionários Públicos Estrangeiros em Transações Comerciais Internacionais, após definir o que venha a ser o "delito de corrupção de funcionários públicos estrangeiros", alude à possibilidade de os sistemas jurídicos das Partes preverem a aplicação de sanções não criminais, inclusive sanções financeiras, a pessoas físicas e jurídicas e ao funcionário corrompido, o que abre campo à incidência das sanções previstas na Lei n. 8.429/92, cuja natureza, como se sabe, é civil.

Do ponto de vista processual, prevê o art. 3º, n. 3, que cada Parte deverá tomar as medidas necessárias a garantir que o suborno e o produto da corrupção de um funcionário público ou o valor dos bens correspondentes a tal produto estejam sujeitos a retenção e confisco, o que, nos termos da Lei de Improbidade Administrativa, corresponde às medidas de sequestro (arts. 7º e 16) e perdimento de bens (art. 18).

Há, contudo, uma injustificável restrição em seu art. 9º. Com efeito, ao cuidar da assistência judiciária recíproca, prevê a convenção que a cooperação entre as Partes se dará de forma irrestrita relativamente às investigações e processos *criminais*. Quanto aos processos *não criminais*, a cooperação, nos termos da convenção, ficará restrita à busca de punição da pessoa jurídica beneficiária da corrupção (*extraneus*). Já no que toca à cooperação entre as partes na troca de informações bancárias sigilosas, a convenção veda a recusa de assistência, restringindo tal regra, mais uma vez, aos processos e investigações *criminais*. Como se vê, tais restrições diminuem em muito a eficácia do combate à corrupção, não se tendo levado em conta a peculiaridade do caso brasileiro, que conta, como em nenhum outro lugar do mundo, com instrumentos de caráter criminal (Código Penal e leis penais extravagantes) e com o poderoso instrumento de caráter não criminal (civil) representado pela Lei n. 8.429/92.

A Convenção Interamericana contra a Corrupção, promulgada no Brasil pelo Decreto n. 4.410, de 7 de outubro de 2002, também cuida de definir os atos de corrupção e de suborno transnacionais (arts. VI e VIII), definindo o enriquecimento ilícito de funcionário público como "... o aumento do patrimônio de um funcionário público que exceda de modo significativo sua renda legítima durante o exercício de suas funções e que não possa justificar razoavelmente" (art. IX).

Referida Convenção também estabelece a assistência e cooperação entre as Partes "com vistas à obtenção de provas e à realização de outros atos necessários para facilitar processos e as diligências ligadas à investigação ou processo penal por atos de corrupção" (art. XIV), o que também restringe a cooperação à área criminal. O curioso é observar que a mesma restrição (matéria criminal) não se verifica no dispositivo que cuida das "medidas sobre bens" (art. XV), referindo-se o documento internacional, genericamente, a bens obtidos ou provenientes da prática de "delitos tipificados de acordo com esta Convenção". Sobre o ponto, ressalte-se que a Convenção, ao tipificar os atos de corrupção (arts. VI, VIII e IX), não os vincula, necessariamente, à seara criminal. Igualmente, ao tratar do sigilo bancário, dispondo que "O Estado Parte requerido não poderá negar-se a proporcionar a assistência solicitada pelo Estado Parte requerente alegando sigilo bancário", a Convenção Interamericana também não faz qualquer restrição a investigações ou a processos de natureza não criminal.

De qualquer modo, embora o texto seja pouco claro, ora referindo-se, genericamente, a "delitos tipificados de acordo com esta Convenção", ora a "crimes", resulta cristalino, através de sua análise sistemática, que a Convenção Interamericana Contra a Corrupção tem os seus olhos voltados sobretudo a condutas de corrupção que caracterizem crime, o que se vê reforçado pelo art. XIII, que trata de extradição, e pelo art. XIX, que cuida de sua aplicação no tempo, aludindo-se expressamente, em tal dispositivo, à "cooperação processual em assuntos criminais".

As mesmas restrições são verificadas nos tratados firmados pelo Brasil com diversos países, voltados que são à cooperação na área criminal. É o que se verifica, por exemplo, nos tratados firmados com os Estados Unidos da América[600], França[601] e Itália[602].

Quanto ao Protocolo de Ouro Preto sobre Medidas Cautelares, firmado entre Brasil, Argentina, Paraguai e Uruguai[603], o seu artigo I estabelece como escopo o de impedir a *"irreparabilidade de um dano em relação às pessoas, bens e obrigações de dar, fazer ou de não fazer"*. Já o artigo II dispõe que as medidas cautelares poderão ser solicitadas em processos de natureza civil, comercial, trabalhista e em processos penais quanto à reparação civil do dano. Como se vê, há também aqui uma importante restrição quanto ao seu âmbito de incidência, de modo a excluir a aplicação das normas previstas na Lei n. 8.429/92.

Por conta disso, André de Carvalho Ramos assevera que a natureza não penal das sanções previstas na Lei n. 8.429/92 "... faz com que não sejam aplicáveis quer os tratados internacionais genéricos de cooperação judicial, quer a cooperação judicial prevista nos tratados específicos anticorrupção (...), que são destinados à cooperação penal entre os Estados contratantes"[604], conclusão com a qual, lamentavelmente, temos que concordar[605].

---

600 Promulgado através do Decreto n. 3.810, de 2 de maio de 2001.
601 Promulgado através do Decreto n. 3.324, de 30 de dezembro de 1999.
602 Promulgado através do Decreto n. 2.649, de 1º de julho de 1998.
603 Promulgado através do Decreto n. 2.626, de 15 de junho de 1998.
604 Ob. cit., p. 30. O anteprojeto de lei elaborado pela Associação dos Juízes Federais do Brasil (AJUFE) incorre, *data venia*, no mesmo erro, ao tratar da assistência jurídica internacional apenas em matéria penal.
605 A Lei n. 8.429/92, em seu art. 16, § 2º, dá margem a que os tratados internacionais firmados pelo Brasil cuidem de medidas constritivas de bens titularizados pelo indiciado no exterior, o que, contudo, vem sendo olimpicamente ignorado, como visto acima.

De qualquer modo, torna-se possível o aproveitamento, no campo da improbidade, dos elementos produzidos por força de atos de assistência judiciária penal por intermédio do instituto da prova emprestada, desde que o fato subsumível aos preceitos criminais encontre exata correspondência com a tipologia da Lei de Improbidade Administrativa. Em tal hipótese, em razão do princípio da especialidade[606], é conveniente consultar o Estado requerido, onde a prova se produziu, a respeito da possibilidade de aproveitamento. Deve-se também atentar para a observância do contraditório por parte do Juízo de origem, ressalvadas aquelas hipóteses em que o contraditório só pode ser exercido *a posteriori* (contraditório diferido)[607].

Tais restrições, contudo, não se verificam relativamente à Convenção das Nações Unidas contra a Corrupção, que utiliza em vários momentos, de forma preponderante, o termo "delito", que tem sentido amplo, o que permite alcançar delitos administrativos, criminais e civis[608]. Além disso, referida convenção estabelece em seu art. 43, de forma bastante clara, a possibilidade de cooperação internacional "... nas investigações e procedimentos correspondentes a questões civis e administrativas relacionadas com a corrupção". O mesmo dispositivo esclarece que quando a "dupla incriminação" for um requisito em questões de cooperação internacional, tal requisito se considerará cumprido"... se a conduta constitutiva do delito relativo ao qual se solicita assistência é um delito de acordo com a legislação de ambos os Estados Partes, independentemente se as leis do Estado Parte requerido incluem o delito na mesma categoria ou o denominam com a mesma terminologia que o Estado Parte requerente". Além disso, o art. 46 estatui que os Estados Partes deverão prestar a mais ampla assistência judicial recíproca relativa a investigações, processo e ações judiciais relacionados com os "delitos" compreendidos na Convenção. Por fim, o art. 53 estabelece que os Estados deverão adotar "medidas necessárias a fim de facultar a outros Estados Partes para entabular ante seus tribunais uma ação civil com o objetivo de determinar a titularidade ou propriedade de bens adquiridos mediante a prática de um delito qualificado de acordo com a presente Convenção". Por tudo isso, parece-nos plenamente possível a cooperação em matéria de improbidade com fundamento na Convenção da ONU, inclusive no que diz respeito a medidas cautelares (arts. 52, 53, 54 e 55, dentre outros).

---

606 O princípio da especialidade preconiza que a informação obtida através de um ato de cooperação internacional não pode ser utilizada para finalidade diversa da requerida. Por ocasião do julgamento da AP n. 483, o STF admitiu que o Ministério Púbico se utilizasse de documentos enviados por autoridades suíças para instrução de outros processos. O Ministro Ricardo Lewandowski asseverou que o tratado de cooperação firmado com a Suíça "não proíbe o uso das informações para outros processos, desde que não seja para ilícitos fiscais" (Notícias do STF, 16 de março de 2009).

607 Sobre a prova emprestada, ver tópico específico, acima.

608 Nesse sentido o relatório apresentado pelas Procuradoras da República Mônica Nicida Garcia, Samantha Chantal Dobrowolski, Isabel Cristina Groba Vieira, Ronaldo Pinheiro de Queiroz e Luciano Sampaio Gomes Rolim, em abril de 2006, sob o título "Breves Comentários sobre a Convenção das Nações Unidas contra a Corrupção".

Não obstante o avanço representado pela Convenção das Nações Unidas contra a Corrupção, há ainda alguns fatores impeditivos à plena eficácia das normas previstas na Lei n. 8.429/92 no plano internacional, como por exemplo: 1) a falta de integração entre as normas e sistemas de direito interno e as normas e sistemas de direito internacional, sobretudo no âmbito do Mercosul, onde ainda prevalece o conceito tradicional de soberania; 2) uma postura extremamente conservadora do Supremo Tribunal Federal no que diz respeito aos atos de cooperação jurisdicional internacional.

Sobre o primeiro aspecto, verifica-se que no âmbito do Mercosul ainda não se formou uma cultura de prevalência das normas de direito internacional sobre as normas internas de cada país, diferentemente do que se dá em solo europeu.

Com efeito, releva notar que as medidas de urgência recebem tratamento expresso por parte de alguns diplomas internacionais, e, particularmente, pela *Convenção de Bruxelas*, cujo art. 24 está assim redigido: "As medidas provisórias ou cautelares, previstas na lei de um Estado contratante, podem ser requeridas às autoridades judiciais desse Estado, mesmo que, por força da presente Convenção, um Tribunal de outro Estado contratante seja competente para conhecer da questão de fundo".

Pelo que se depreende do dispositivo acima transcrito, adota-se em território europeu uma regra de dissociação entre o processo de fundo, o processo principal, e as medidas cautelares. Isso significa dizer que mesmo que se reconheça que a competência para o julgamento do processo principal é de um determinado Estado, nada impede que o Judiciário de um outro Estado venha a adotar provimentos emergenciais, desde que se demonstre que a competência desse segundo Estado é a mais eficaz para a preservação do direito da parte. Este é, sem dúvida, um grande avanço, representativo de um enfoque diferenciado que já se acolhe sem reservas no âmbito da Comunidade Europeia, rompendo-se a regra processual clássica no sentido de que a competência para a adoção de medidas cautelares é a do juízo competente para o julgamento do processo principal, dando-se, por outro lado, uma dimensão diferente ao próprio conceito de soberania.

O cotejo entre essas potencialidades do processo de urgência europeu e as potencialidades do processo de urgência no âmbito do Mercosul demonstra que na América do Sul as dificuldades são muito maiores, isso porque a convivência entre o sistema internacional e os sistemas internos, ou seja, entre as normas internacionais e as internas, não se dá da mesma forma que no continente Europeu.

De fato, o que se verifica é que no âmbito da Comunidade Europeia a celebração de tratados ou de convenções sobre temáticas processuais acaba gerando uma *sobreposição do Direito Internacional ao Direito Interno*, o que não se verifica no âmbito do Mercosul. Em solo europeu, quando um determinado tratado ou alguma convenção dispõem sobre um tema processual, há, em muitas hipóteses, a prevalência desta normativa internacional em face das regras internas, ou, no mínimo, como ressalta Bruno Capponi[609], *a introdução de*

---

609 Attualità e prospettive della coperazione giudiziaria civile nell'Unione Europea. *Rivista Trimestrale di Diritto e Procedura Civile*, Marzo, 1998, ano LII, n. 1, p. 149-171.

princípios comuns, o que faz com que a aplicação das normas de Direito Internacional ganhe um ar de uniformidade. Do ponto de vista prático, isso significa que, mui provavelmente, a existência de uma convenção, na Europa, leva a que o magistrado italiano, o francês, o holandês etc. resolvam problemas semelhantes da mesma forma, mesmo que eles se deparem com normas diferentes em seus ordenamentos internos[610].

Dentro de tal perspectiva, por óbvio, a temática da cooperação jurisdicional ganha dimensões muito diversas: Se o Direito Internacional se sobrepõe ao Direito Interno, a circulação de decisões e a própria eficácia das medidas de urgência acabam sendo muito maiores, porque os possíveis entraves do Direito Interno acabarão sucumbindo às regras previstas, mais amplamente, nas convenções e nos tratados internacionais.

No âmbito do Mercosul, como já enfatizado, o mesmo já não ocorre. Aliás, já não ocorria antes mesmo da disciplina normativa atual, recorrendo o vetusto Código de Bustamante, como se sabe, a constantes remissões aos ordenamentos jurídicos internos. Ou seja, não obstante a existência de vários tratados e acordos no âmbito do Mercosul, os juízes dos países signatários acabam muitas vezes dando prevalência e aplicando a sua normativa interna em detrimento das normas previstas nesses documentos internacionais, o que, realisticamente, impede que se fale na existência de um verdadeiro "Direito Internacional", de um "Processo Internacional Mercosulino". Impede-se também, como soa intuitivo, a formação de entendimentos comuns, de uma "jurisprudência comum" entre os Judiciários dos países signatários. Então, em resumo, o que se nota é a existência de dinâmicas muito diferentes numa análise comparativa entre a Comunidade Europeia e o Mercosul, havendo, em solo sul-americano, uma resistência ainda muito forte à ideia de sobreposição do Direito Internacional ao Direito Interno. Como parece óbvio, tal realidade significa importante óbice ao combate à corrupção transnacional.

Além disso, verifica-se da análise da jurisprudência do Supremo Tribunal Federal uma resistência muito grande e uma recorrente invocação do argumento da "prevalência da ordem pública" para negar, em muitos casos, a aplicação de normas previstas em tratados e convenções selados pelo Brasil, o que também contribui para a ineficácia do combate à corrupção.

Realmente, em pesquisa ao repertório de jurisprudência de nossa corte Suprema vamos encontrar, de modo a demonstrar a imensa dificuldade de adoção dos paradigmas europeus em nosso país, uma postura já consolidada no sentido de negar cumprimento às

---

610 Bruno Capponi, no texto já referido, alude a uma decisão da Corte Europeia de Justiça, do ano de 1990, que assevera que o Direito Comunitário deve ser interpretado no sentido de que o juiz nacional, chamado a dirimir uma controvérsia sobre o Direito Comunitário, deve deixar de aplicar a norma nacional que lhe impeça de deferir medidas cautelares. Dessa forma, se o juiz italiano é chamado a decidir uma questão que diga respeito ao Direito Comunitário, mesmo que ele encontre no Direito Italiano uma regra restritiva à concessão de medidas cautelares, deve deixar de aplicar essa regra restritiva interna e aplicar, por exemplo, a regra da Convenção de Bruxelas que admite amplamente os provimentos de urgência.

denominadas "cartas rogatórias de natureza executória", que são, de um modo geral, as cartas rogatórias que têm como objeto medidas de urgência. Por exemplo, imaginemos que haja um litígio em França sobre a guarda de um menor, havendo decisão do Judiciário francês deferindo a sua guarda provisória ao pai. Nota-se, lá, a necessidade de expedição de uma carta rogatória ao Brasil, local em que o menor se encontra, sendo determinada a sua busca e apreensão para garantir a eficácia da guarda provisória deferida ao pai.

Outro exemplo: O Poder Judiciário uruguaio, em litígio acerca do direito de propriedade, determina a inscrição de uma penhora relativamente a bem imóvel situado no Brasil, expedindo carta rogatória para que o Judiciário brasileiro faça a inscrição do ato constritivo no respectivo registro imobiliário.

Um terceiro exemplo: Uma medida de interceptação telefônica determinada por um juiz italiano em procedimento investigatório sobre crime organizado precisa ser ampliada a comunicações telefônicas levadas a cabo em território brasileiro. O Judiciário italiano expede, então, carta rogatória ao Judiciário brasileiro solicitando a cooperação no cumprimento dessa medida de urgência. O mesmo exemplo se aplicaria a uma medida de "quebra de sigilo bancário ou fiscal", ou mesmo à coleta de um depoimento aqui no Brasil[611].

Qual tem sido, então, a postura de nosso país relativamente a essas hipóteses? O Supremo Tribunal Federal, em várias ocasiões, já recusou cumprimento a rogatórias dessa natureza, ditas "executórias", sob o superficial argumento, *concessa maxima venia*, de que o Judiciário brasileiro não pode dar consequências práticas a medidas decretadas por Juízos estrangeiros antes da ocorrência do *trânsito em julgado* de tais decisões. Ou seja, o Supremo Tribunal Federal entende que antes da existência de um *processo de homologação da sentença estrangeira* aqui no Brasil (art. 102, I, *h*, da Constituição Federal)[612], não se pode dar eficácia a decisões oriundas de Tribunais estrangeiros, muitas vezes adotadas ainda provisoriamente. O embasamento encampado pela Suprema Corte brasileira é, em linhas gerais, o seguinte: se a Justiça brasileira conferisse eficácia prática a uma medida de urgência decretada por um juiz estrangeiro, tornar-se-ia inócua ou desnecessária, por vias laterais, a homologação da futura e possível sentença estrangeira definitiva. Em resumo, de acordo com a jurisprudência consolidada do Supremo Tribunal Federal só haverá a possibilidade de concretização dessas medidas provisórias através do processo de homologação.

---

611 Sobre a cooperação jurídica na área penal, com diversos exemplos de cartas rogatórias de caráter executório, merece referência o trabalho de Solange Mendes de Souza: *Cooperação jurídica penal no Mercosul:* novas possibilidades. Rio de Janeiro: Renovar, 2001.
612 Constituição Federal, Art. 102: "Compete ao Supremo Tribunal Federal, precipuamente, a guarda da Constituição, cabendo-lhe: I – processar e julgar, originariamente: (...) h) a homologação das sentenças estrangeiras e a concessão do exequatur às cartas rogatórias, que podem ser conferidas pelo regimento interno a seu Presidente". Com a Emenda Constitucional n. 45/04, tal competência é agora do Superior Tribunal de Justiça (art. 105, I, *i.*)

Tal postura, especificamente no caso de investigações e processos envolvendo corrupção, vai de encontro aos arts. 43, 46, 54 e 55 da Convenção das Nações Unidas contra a Corrupção[613].

A Professora Nadia de Araújo indica, no trabalho aqui já referido, talvez o primeiro precedente do STF nessa linha, vale dizer, a Carta Rogatória n. 2.963, de março de 1970, cujo relator foi o Ministro Antônio Néder. Na ocasião, o argumento utilizado foi o acima exposto, arrematado pela cláusula de barreira da "ordem pública" (art. 17 da LINDB)[614], asseverando o Ministro Néder que "o deferimento da precatória em tal hipótese afastaria, por via oblíqua, a necessidade de prévia homologação". E desde a década de 70 o Supremo Tribunal Federal vem repetindo esse acórdão para negar o cumprimento de rogatórias de caráter executório.

Mas houve uma exceção. Numa hipótese de carta rogatória oriunda do Judiciário argentino, relativa à busca e apreensão de menor (Carta Rogatória n. 8.240/98), o STF admitiu o seu irrestrito cumprimento em solo brasileiro em razão das regras previstas no Protocolo de Ouro Preto, firmado no âmbito do Mercosul e que admite expressamente o cumprimento, pelos signatários, de cartas rogatórias com caráter executório.

Em resumo, o que se percebe é que por intermédio de uma argumentação de índole meramente procedimental, que diz respeito à sua competência para homologar sentenças estrangeiras[615], o Supremo Tribunal Federal acaba negando o *princípio do acesso à justiça*, colocando em segundo plano o problema da *efetividade dos direitos fundamentais*, que, na verdade, servem de pano de fundo a toda essa discussão a respeito da jurisdição externa, inclusive nas hipóteses de combate à corrupção, como visto. Trata-se de postura que se fe-

---

613 Veja, por exemplo, o que estabelece o art. 54, 1, "a", e 2, "a", de referida Convenção: "1. Cada Estado Parte, a fim de prestar assistência judicial recíproca conforme o disposto no Artigo 55 da presente Convenção relativa a bens adquiridos mediante a prática de um dos delitos qualificados de acordo com a presente Convenção ou relacionados a esse delito, em conformidade com sua legislação interna: a) Adotará as medidas que sejam necessárias para que suas autoridades competentes possam dar efeito a toda ordem de confisco ditada por um tribunal de outro Estado Parte; (...) 2. Cada Estado Parte, a fim de prestar assistência judicial recíproca solicitada de acordo com o parágrafo 2 do Artigo 55 da presente Convenção, em conformidade com sua legislação interna: a) Adotará as medidas que sejam necessárias para que suas autoridades competentes possam efetuar o embargo preventivo ou a apreensão de bens em cumprimento a uma ordem de embargo preventivo ou apreensão ditada por um tribunal ou autoridade competente de um Estado Parte requerente que constitua um fundamento razoável para que o Estado Parte requerido considere que existam razões suficientes para adotar essas medidas e que ulteriormente os bens seriam objeto de uma ordem de confisco de acordo com os efeitos da parte "a)" do parágrafo 1 do presente Artigo".
614 "Art. 17. As leis, atos e sentenças de outro país, bem como quaisquer declarações de vontade, não terão eficácia no Brasil quando ofenderem a soberania nacional, a ordem pública e os bons costumes."
615 O reconhecimento de decisões estrangeiras só pode ser feito, segundo a lei brasileira, através do procedimento de homologação de sentença estrangeira e, de acordo com o art. 15, *c*, da LINDB depende do trânsito em julgado no local de origem da decisão. Com a Emenda Constitucional n. 45/2004, tal competência é agora do Superior Tribunal de Justiça (art. 105, I, *i*, da CF).

cha aos reclames de efetividade da jurisdição, de acesso à justiça e dos próprios direitos da cidadania, colocando o Brasil numa difícil situação internacional, por falta de reciprocidade.

E se quisermos ampliar ainda mais essa discussão ao plano, por exemplo, da tutela coletiva dos interesses metaindividuais, incluída aí a tutela do patrimônio público e da probidade administrativa, vamos perceber, de modo ainda mais nítido, o embate entre os direitos fundamentais, de um lado, e a injustificável preservação de uma regra de competência que não pode ser interpretada como uma barreira de acesso à jurisdição adequada, direito fundamental.

Uma alternativa a todas essas dificuldades tem sido a celebração, pelo Brasil, de acordos de cooperação jurídica que dispensam a tramitação de cartas rogatórias. Assim, a cooperação ("pedido de assistência judiciária internacional") se dá diretamente entre as autoridades centrais das Partes contratantes, que se encarregam de requerer perante os seus sistemas de justiça as medidas necessárias ao combate a ilícitos transnacionais[616]. Ou seja, em vez de expedir uma carta rogatória, a autoridade brasileira, por exemplo, solicita à autoridade norte-americana, mediante compromisso de reciprocidade, que requeira ao próprio Judiciário americano a adoção de medidas repressivas (*v.g.*, o "congelamento de bens", a quebra de sigilo bancário etc.)[617].

Além disso, a cooperação deve ser compreendida em seu sentido mais amplo, abrangendo também os Ministérios Públicos de Países estrangeiros, bem assim outras instituições encarregadas do combate à corrupção. Por conta disso, a expressão "cooperação judiciária" deve ser substituída pela expressão "cooperação ou assistência jurídica". Essa conclusão se vê reforçada pelo art. 49 da Convenção das Nações Unidas contra a Corrupção[618].

Merece ser igualmente registrada a grande resistência no âmbito da jurisprudência do Supremo Tribunal Federal quanto à possibilidade de outros órgãos jurisdicionais nacionais darem cumprimento a cartas rogatórias. Como não se ignora, de acordo com o art. 102, I, *h*, da Constituição Federal, em sua redação original, cabia ao Supremo, com exclusi-

---

[616] É o que se dá relativamente ao acordo de assistência judiciária em matéria penal firmado entre Brasil e os Estados Unidos da América, promulgado por intermédio do Decreto n. 3.810, de 2 de maio de 2001.

[617] No famoso caso do "Propinoduto", envolvendo fiscais de tributos do Rio de Janeiro, o STF, por intermédio de decisão monocrática do Min. Marco Aurélio, deferiu liminar em *habeas corpus* no sentido de vedar a coleta de testemunhos e a obtenção de documentos por autoridades suíças, no Brasil (HC n. 85.588). Entendeu o relator que a hipótese demandaria a expedição de carta rogatória, sendo necessário, assim, o *exequatur* do STJ.
Essa postura bem demonstra a pouca familiaridade do Judiciário brasileiro com as medidas de assistência jurídica internacional, numa verdadeira profissão de fé a institutos já ultrapassados.

[618] "Art. 49. Os Estados Partes considerarão a possibilidade de celebrar acordos ou tratados bilaterais ou multilaterais em virtude dos quais, em relação com questões que são objeto de investigações, processos ou ações penais em um ou mais Estados, as autoridades competentes possam estabelecer órgãos mistos de investigação. Na falta de tais acordos ou tratados, as investigações conjuntas poderão levar-se a cabo mediante acordos acertados caso a caso. Os Estados Partes interessados velarão para que a soberania do Estado Parte em cujo território se efetua a investigação seja plenamente respeitada."

vidade, dar cumprimento a cartas rogatórias[619]. Por outro lado, há alguns acordos internacionais que admitem o cumprimento de cartas rogatórias por juízes de primeiro grau nas hipóteses de comarcas fronteiriças, o Protocolo de Las Leñas[620], por exemplo. Imaginemos uma decisão proferida por um magistrado paraguaio, ou mesmo uma ordem de citação que demande a expedição de rogatória para cumprimento em cidade fronteiriça do Estado do Mato Grosso do Sul. Seria muito mais eficaz, mais rápido e econômico que tal rogatória fosse cumprida por um juiz de primeiro grau do Mato Grosso do Sul, sem a necessidade de passar pelo crivo do Supremo Tribunal Federal (do Superior Tribunal de Justiça, atualmente). Pode até acontecer, quem sabe, de a sede do Juízo do Paraguai ser separada da sede do Juízo do Mato Grosso do Sul apenas por uma rua, uma avenida, o que significa que seria muito mais prático que um serventuário do Judiciário paraguaio atravessasse a via pública e entregasse a carta rogatória ao Juízo brasileiro, e este último fizesse a citação aqui no território nacional, conforme autorizado, repita-se, pelo Protocolo de Las Leñas.

A mesma reflexão é aplicável às medidas de urgência, mas o fato é que nossa Corte Suprema vem negando validade a essas rogatórias em caso de comarcas fronteiriças. E o curioso, conforme anotado por Nadia de Araújo, é que no Brasil, antes de 1847, era possível que os juízes de primeiro grau dessem cumprimento a cartas rogatórias. A regra prevendo que o cumprimento de cartas rogatórias compete ao STF (atualmente a competência é do STJ, por força da EC n. 45/2004) surgiu com o Aviso Circular n. 1, de 1847[621]. Antes disso, as próprias partes entregavam aos juízes de primeiro grau as rogatórias e estes mandavam cumpri-las sem nenhuma burocracia. É possível que tal disciplina tenha causado, à época, alguma balbúrdia, algumas reclamações por falta de controle, mas o que hoje se verifica é o oposto, ou seja, o rigorismo excessivo impedindo o pleno gozo de direitos fundamentais.

Com a Emenda Constitucional n. 45, como já referido, a competência para dar *exequatur* em cartas rogatórias e homologar sentenças estrangeiras passou a ser do Superior Tribunal de Justiça (art. 105, I, *i*), o que vem se mostrando positivo. Isso porque a Resolução n. 9 do STJ, em seu art. 4º, § 3º, admite a denominada tutela de urgência nos procedimentos de homologação de sentenças estrangeiras[622], regra que é complementada pelas previstas nos arts. 7º, *caput*, que permite a possibilidade de *exequatur* em medidas de caráter executório[623], e 8º, parágrafo único, que dispõe que "a medida solicitada por carta rogatória poderá ser realizada sem ouvir a parte interessada quando sua intimação prévia puder resultar na ineficácia da cooperação internacional". Para fechar o quadro, o parágrafo úni-

---

619 Constituição Federal, art. 102: "Compete ao Supremo Tribunal Federal, precipuamente, a guarda da Constituição, cabendo-lhe: I – processar e julgar, originariamente: (...) h) a homologação das sentenças estrangeiras e a concessão do *exequatur* às cartas rogatórias, que podem ser conferidas pelo regimento interno a seu Presidente". Com a Emenda Constitucional n. 45/2004 essa competência é agora do STJ.
620 Protocolo de Las Leñas, ratificado pelo Brasil em 16/2/1996, art. 19.
621 Ob. cit., p. 244.
622 "§ 3º Admite-se tutela de urgência nos procedimentos de homologação de sentenças estrangeiras."
623 "Art. 7º As cartas rogatórias podem ter por objeto atos decisórios ou não decisórios."

co do mesmo art. 7º torna possível o auxílio direto nos pedidos de cooperação internacional quando "tiverem por objeto atos que não ensejem juízo de delibação" pelo Tribunal (por exemplo, pedidos de informação ou certidão sobre o andamento de processos). Nesses casos, os pedidos de cooperação, ainda que sob a forma de cartas rogatórias, serão encaminhados ou devolvidos ao Ministério da Justiça para as providências necessárias ao seu cumprimento[624].

A alteração promovida pela EC n. 45 produziu uma nova postura relativamente ao tema da cooperação jurídica internacional, o que já pode ser percebido da ainda incipiente, mas bastante alvissareira jurisprudência do STJ, merecendo destaque o decido na Carta Rogatória n. 438-BE, em que se admitiu a quebra de sigilo bancário e a busca e apreensão de documentos a pedido do Governo da Bélgica em hipótese de investigação de lavagem de dinheiro[625]. E o próprio STF decidiu, por intermédio de sua 2ª Turma, pela possibilidade, em carta rogatória, de "... realização liminar de diligências sem a ciência prévia nem a presença do réu em ação penal, quando estas possam frustrar o resultado daquelas", invocando-se como fundamento, inclusive, a Resolução n. 9 do STJ[626].

Por fim, chamaríamos a atenção para a própria questão da legitimidade, que demanda também um novo enfoque em função da celeridade que se exige no combate à corrupção.

Bruno Capponi, no trabalho desde o início referido, propõe uma questão muito interessante no que se refere à legitimidade das associações europeias de defesa do consumidor, que é a possibilidade de atuarem mesmo fora dos países de sua sede. Imagine-se a comercialização de produtos, através da "TV sem fronteiras", uma propaganda enganosa produzida por uma empresa holandesa, mas que gere prejuízos a consumidores italianos. Estes, então, procuram uma associação de defesa do consumidor italiana, dando conta dessa lesão. O Professor Capponi defende que a associação italiana tem a sua legitimidade reconhecida para demandar a empresa holandesa perante o Judiciário holandês, o que, a depender do caso, pode ser o caminho mais adequado, mais célere, o que evita que a as-

---

[624] A Professora Nádia de Araújo manifesta grande otimismo quanto a tais inovações, chegando a afirmar que a Resolução n. 9 do STJ representou o primeiro abalo sísmico, em sessenta anos, na área de cooperação jurídica internacional (As novidades da Resolução n. 9 do STJ, que dispõe sobre Cartas Rogatórias e Sentenças Estrangeiras, disponível em <www.dip.com.br>, acessado em 24/8/2006).

[625] CR n. 438-BE, Corte Especial, rel. Min. Luiz Fux, un., j. 15/8/2007. Merece também consulta o decidido no AGRG na Carta Rogatória n. 2.484-RU, em que se admitiu, em investigação de suposto tráfico internacional de entorpecentes, a oitiva de testemunhas e a apreensão de documentos, dentre outras medidas. Nesse precedente o MPF sustentou a desnecessidade do *exequatur* pelo STJ, ou seja, a possibilidade de cooperação direta entre autoridades policiais e administrativas, por tratar-se, na hipótese, de cooperação para a prática de diligências policiais. O STJ, contudo, invocando inclusive o decidido pelo STF no HC n. 85.588/RJ, rel. Min. Marco Aurélio, entendeu pela necessidade do *exequatur*.

[626] HC n. 90.485-8/SP, 2ª T., rel. Min. Cezar Peluso, un., j. 10/4/2007, *DJ* 8/6/2007. Ver também HC n. 89.555/SP (*DJU* de 8/6/2007) e HC n. 89171/RJ, julgado em 24/3/2009.

sociação tenha que demandar perante o Judiciário italiano, o qual, por seu turno, precisaria expedir um ato de comunicação, uma carta rogatória ao Judiciário holandês para fazer valer as suas decisões.

Em consequência disso, referido jurista propõe que a legitimidade de tais associações seja conferida pelos Judiciários nacionais através da consulta a publicações periódicas, que seriam verdadeiros "documentos de certificação de legitimidade". Na prática, cada país informaria a um determinado órgão de comunicação com circulação em toda a Comunidade Europeia quais são as suas associações acreditadas, aquelas devidamente constituídas de acordo com suas regras de direito interno, o que geraria uma publicação no âmbito da Comunidade capaz de levar um juiz holandês a legitimar, também na Holanda, uma sociedade de defesa do consumidor italiana. Trata-se, como já se vê, de uma perspectiva bem diferente das perspectivas clássicas da cooperação jurisdicional. A rigor, não haveria que se falar, sequer, em "cooperação jurisdicional" em razão da desnecessidade de o Poder Judiciário de um país solicitar qualquer tipo de "cooperação" ao Judiciário de outro país. O caso, a rigor, seria o de reconhecer legitimidade a um órgão de representação adequada para demandar sem nenhuma barreira territorial, o que significa um enfoque diverso do enfoque da cooperação, que somente se mostra necessária em razão das barreiras territoriais erigidas pelos Estados nacionais, fruto da já arcaica concepção de soberania.

Note-se que no exemplo citado a mudança de paradigma mostra-se radical, pois o que se tem, a rigor, é uma entidade estrangeira demandando perante o Poder Judiciário de um outro país que, por seu turno, não atuará em defesa dos interesses de seus nacionais ou mesmo de estrangeiros residentes em seu território, ou seja, tutelará interesses que, em linha de princípio, não tocam o seu país (os interesses dos consumidores italianos residentes na Itália). Induvidosamente, a possibilidade de atuação desta natureza estará calcada no princípio da inafastabilidade da jurisdição, no princípio do acesso à justiça que, como visto, é um direito fundamental de caráter universal.

O mesmo exemplo poderia ser adaptado ao combate à corrupção transnacional. Recordemo-nos dos rumorosos casos de fraude à Previdência Social e do "rombo do TRT": Dentro da perspectiva sugerida, seria possível que, em vez de o Ministério Público brasileiro requerer uma medida de urgência ao juiz brasileiro (*v.g.*, uma medida de sequestro ou de indisponibilidade de bens), expedindo-se morosa carta rogatória para cumprimento, tal requerimento se dirigisse, por exemplo, diretamente ao Judiciário americano, ao francês, admitindo-se ao Ministério Público brasileiro uma "legitimação transnacional". Se aceita tal legitimação, não haveria sequer a necessidade de o Ministério Público brasileiro servir-se do Ministério Público do país estrangeiro, provocando-o a postular, ele próprio, perante o seu Judiciário[627], o que, por evidente, não afasta a necessidade de uma maior integração entre os Ministérios Públicos de todo o mundo.

---

627 A Recomendação n. 40 do GAFI (Grupo de Ação Financeira sobre o Branqueamento de Capitais) é no sentido de incentivar a assistência, inclusive em investigações, entre "autoridades homólogas estrangeiras".

É certo que esse papel, no Brasil, vem sendo desempenhado com competência pelo Departamento de Recuperação de Ativos e Cooperação Jurídica do Ministério da Justiça, que tem como atribuições, dentre outras, as de: I – articular a implementação da Enccla, coordenar, articular, integrar e propor ações entre os órgãos dos Poderes Executivo, Legislativo e Judiciário e o Ministério Público no enfrentamento da corrupção, da lavagem de dinheiro e do crime organizado transnacional; II – coordenar a Rede Nacional de Laboratórios de Tecnologia Contra Lavagem de Dinheiro – Rede-Lab; III – estruturar, implementar e monitorar ações de governo nas seguintes áreas: a) cooperação jurídica internacional, inclusive em assuntos de extradição; e b) recuperação de ativos; IV – negociar acordos de cooperação jurídica internacional, inclusive em assuntos de extradição, de transferência de pessoas condenadas e de transferência da execução da pena; V – exercer a função de autoridade central para o trâmite dos pedidos de cooperação jurídica internacional, inclusive em assuntos de extradição, de transferência de pessoas condenadas e de execução de penas, coordenando e instruindo pedidos ativos e passivos; VI – promover a articulação dos órgãos dos Poderes Executivo e Judiciário e do Ministério Público no que se refere à entrega e à transferência de pessoas condenadas; e VII – atuar nos procedimentos relacionados a ação de indisponibilidade de bens, de direitos ou de valores em decorrência de resolução do Conselho de Segurança das Nações Unidas[628]. É certo também que as instituições que de algum modo atuam no combate à corrupção, sobretudo a de natureza transnacional, devem trabalhar em conjunto. Não obstante, se no Brasil o Ministério Público é o principal autor de ações civis públicas por ato de improbidade administrativa, responsável talvez por cerca de 90% delas, nada justifica não tenha sua legitimação reconhecida para pleitear medidas de urgência no plano internacional, legitimação que se assemelharia à legitimação que qualquer pessoa jurídica possui para atuar em juízos internacionais, servindo-se, quando necessário, de profissionais locais da área jurídica.

No âmbito da Comunidade Europeia todas essas possibilidades são corroboradas pela ideia, já consagrada, de que a competência para a decretação de medidas de urgência é a do local de sua execução (Convenção de Bruxelas, Regulamento n. 44)[629]. Em nossa região, também a Convenção Interamericana de Medidas Cautelares[630] (Montevidéu, 1979), que ainda não está em vigor no Brasil, prevê que as medidas cautelares podem ser ajuizadas no foro

---

628 As atribuições do Departamento de Recuperação de Ativos são definidas pelo Decreto n. 8.668, de 11 de fevereiro de 2016.
629 Regulamento 44, Art. 22: "Têm competência exclusiva, qualquer que seja o domicílio: 5) em matéria de execução de decisões, os tribunais do Estado-Membro do lugar da execução".
630 Convenção Interamericana de Medidas Cautelares, Art. 10: "As autoridades jurisdicionais dos Estados Partes nesta Convenção ordenarão e executarão, mediante pedido fundamentado de parte, todas as medidas conservatórias ou de urgência, que tenham caráter territorial e cuja finalidade seja assegurar o resultado de um litígio pendente ou eventual. Isso se aplicará qualquer que seja a jurisdição internacionalmente competente de algum dos Estados-Partes para conhecer do fundo da questão e desde que o bem ou direito objeto da referida medida se encontre no território sujeito à jurisdição da autoridade a quem se solicitar a medida".

de sua execução, mesmo que isso represente violação a regras de competência internacional, ou seja, ainda que a autoridade judiciária não seja competente para a questão de fundo.

Além de mais expedita, a atuação de instituições brasileiras, sobretudo o Ministério Público, perante Juízos estrangeiros (atuação direta) muitas vezes é o único caminho processual cabível. Por exemplo: No caso do "rombo do TRT" buscou-se o sequestro de um imóvel nos EUA diretamente, ou seja, requerendo-se ao próprio Judiciário norte-americano a decretação da medida, porque, à semelhança do que se dá no Brasil (art. 89, I, do CPC de 1973, correspondente ao art. 23, I, do CPC/2015), a competência para a ações relativas a imóveis, lá, é de natureza exclusiva[631].

Do exposto, pode-se concluir que:

a) o tema da tutela de urgência no plano internacional demanda a adoção de novas posturas e de novos mecanismos, o que decorre da multiplicação e da internacionalização dos conflitos;

b) a abordagem das medidas de urgência no Processo Internacional apresenta intensa correlação com a questão da cooperação jurídica internacional, sendo decorrência do princípio do acesso à justiça, um princípio de caráter universal. Além disso, as medidas de urgência no plano internacional e a própria cooperação jurídica voltam-se, sobretudo, à tutela dos direitos fundamentais do homem, dos direitos de cidadania;

c) a corrupção e a improbidade administrativa violam os direitos fundamentais do homem, sobretudo os de caráter social, colocando também em xeque o Estado Democrático de Direito. Por conta disso, o combate à corrupção é atualmente tratado no âmbito dos direitos humanos internacionalmente protegidos;

d) os tratados de cooperação jurídica em matéria de combate à corrupção firmados pelo Brasil referem-se, de um modo geral, exclusivamente à cooperação em matéria criminal, o que impede a plena eficácia dos preceitos da Lei n. 8.429/92 no plano internacional. Essa restrição, contudo, não se verifica relativamente à Convenção das Nações Unidas contra a Corrupção, que utiliza em vários momentos, de forma preponderante, o termo "delito", que tem sentido amplo, o que permite alcançar delitos administrativos, criminais e civis. Além disso, a Lei n. 8.429/92, em seu art. 16, § 2º, dá margem a que os tratados internacionais firmados pelo Brasil cuidem de medidas constritivas de bens titularizados pelo indiciado no exterior, o que, contudo, vem sendo olimpicamente ignorado. Sem prejuízo, os elementos produzidos em assistências jurídicas em matéria penal podem ser, em linhas gerais, aproveitados no campo do combate à improbidade administrativa;

---

631 O relato dessa experiência pode ser encontrado no texto, bastante didático, de Antenor Madruga, publicado pela Associação dos Juízes Federais do Brasil (AJUFE) e pela Associação Nacional dos Procuradores da República (ANPR) por ocasião de Seminário realizado a respeito do tema da Cooperação Judiciária Internacional.

e) além de tais restrições, verifica-se também no âmbito do Mercosul uma injustificável falta de integração entre as normas e sistemas de direito interno e as normas e sistemas de direito internacional, o que também dificulta o combate à corrupção transnacional. Já em solo europeu, além da dissociação entre a competência para o processo de fundo e a competência para a concessão de medidas de urgência (art. 24 da Convenção de Bruxelas), também se verifica um crescente processo de sobreposição do Direito Internacional ao Direito Interno, o que dá lugar à existência de princípios comuns de direito processual;

f) além da dificuldade acima apontada, verifica-se também por parte de nosso Supremo Tribunal Federal uma grande resistência ao cumprimento de cartas rogatórias ditas "executórias", ou seja, aquelas que buscam viabilizar, em território nacional, o cumprimento de medidas de urgência determinadas pelo Judiciário de outros países. A jurisprudência do Supremo Tribunal Federal, por razões meramente procedimentais, acaba por negar eficácia ao princípio do acesso à justiça e à própria efetividade dos direitos fundamentais. Tal realidade coloca o Brasil numa difícil situação internacional, por falta de reciprocidade no combate à corrupção, muito embora este quadro já seja algo diverso a partir da assunção da competência pelo STJ para dar *exequatur* em cartas rogatórias e homologar sentenças estrangeiras, como acima visto.

g) o Supremo Tribunal também vem negando a execução de cartas rogatórias por outros órgãos judiciários nacionais, inclusive nos casos de comarcas fronteiriças, o que também demanda novas reflexões;

h) uma alternativa a essas dificuldades tem sido a celebração de acordos de cooperação jurídica que dispensem a tramitação de cartas rogatórias. Além disso, a cooperação deve ser compreendida em seu sentido mais amplo, abrangendo também os Ministérios Públicos de países estrangeiros e outras instituições encarregadas do combate à corrupção;

i) a própria legitimidade para pleitear medidas de urgência no plano internacional precisa ser revisitada, admitindo-se, por exemplo, que o Ministério Público brasileiro requeira diretamente ao Judiciário de outros países o deferimento de medidas de combate à corrupção transnacional (sequestro de bens, indisponibilidade etc.), abandonando-se, desta forma, o já ultrapassado instituto da carta rogatória.

16. ANTECIPAÇÃO DOS EFEITOS DA TUTELA

16.1. Visão Geral do Instituto

Aspecto dos mais relevantes da atual ciência processual, a efetividade do processo, verdadeira obsessão do legislador contemporâneo, vai encontrar na possibilidade de antecipação dos efeitos da tutela pretendida uma de suas mais poderosas ferramentas, dimensionando-se, por seu intermédio, o princípio do acesso à justiça constitucionalmente insculpido (art. 5º, XXXV), bem como o princípio da duração razoável do processo (art. 5º, LXXVIII, da CF).

De há muito, o modelo cognitivo ordinário de solução de conflitos, vertical, em razão de sua natural morosidade, apresenta-se insatisfatório, incapaz de responder às crescentes demandas por justiça principalmente na seara dos interesses coletivos *lato sensu*. Tal modelo sempre refletiu, a bem de ver, a mística de que a "melhor justiça" é aquela capaz de sopesar, longa e profundamente, todos os argumentos e elementos probatórios produzidos pelas partes, o que se vê ainda agravado pela infinidade de mecanismos de impugnação das decisões judiciais[632]. Se essa regra atende a situações nas quais não se verifique qualquer risco de periclitação da pretensão ou mesmo de seu efetivo desfrute, em várias situações, não raro, mostra-se extremamente iníqua porque incapaz de evitar o esvaziamento que o tempo produz sobre o direito da parte, afastando o Poder Judiciário do ideal de conferir a ela tudo a que faz jus, em sua exata medida.

O tempo do processo, ao lado dos elevados custos judiciários, sempre se mostrou um implacável inimigo da boa prestação jurisdicional, contribuindo, fundamente, para o descrédito do denominado *sistema de justiça* e aviltando, também de forma profunda, a própria noção de cidadania[633]. Tais aspectos, aliados à falta de instrumentos adequados à tutela dos direitos difusos, mostraram-se extremamente cruéis em nosso país até o advento da Lei n. 7.347/85, criando uma zona cinzenta de pretensões retidas que só agora começam a desaguar, plenamente, nos Tribunais.

Visando minimizar os efeitos deletérios do tempo sobre o processo, que só aproveitam ao réu que não tem razão[634], a doutrina contemporânea concebeu formas de tutelas acautelatórias, provimentos jurisdicionais que, buscando a preservação da situação de equilíbrio e

---

632 "O direito à tempestividade da tutela jurisdicional dificilmente pode ser realizado em um sistema que exige, para a definição de todo e qualquer direito, um juízo repetitivo sobre o direito já declarado pelo juiz de primeiro grau. O duplo grau é importante dentro de certos limites, não devendo ser estendido, irrefletidamente, a todas as demandas cíveis. Algumas causas não justificam uma dupla revisão, e para que estas possam ser tuteladas de forma mais efetiva é imprescindível a desmitificação do duplo grau" (MARINONI, *Tutela antecipatória, julgamento antecipado e execução imediata da sentença*, p. 209).

633 "Talvez o problema da morosidade da prestação jurisdicional seja o que mais significativamente aponte para o sentido da verdadeira 'efetividade do processo', por ser aquele que mais aflige o cidadão comum quando da decisão de recorrer ao Poder Judiciário, ou de buscar uma conciliação nem sempre realmente favorável. A morosidade do processo, como é intuitivo, estrangula os canais de acesso à tutela jurisdicional dos economicamente mais débeis, ameaçando severamente o princípio da isonomia. As transações endoprocessuais, tão comuns na Justiça do Trabalho, bem espelham esta proposição" (MARINONI, Luiz Guilherme. *Efetividade do processo e tutela de urgência*, p. 27).

634 "Se o autor é prejudicado esperando a coisa julgada material, o réu, que manteve o bem na sua esfera jurídico-patrimonial durante o longo curso do processo, evidentemente é beneficiado. O processo, portanto, é um instrumento que sempre prejudica o autor que tem razão e beneficia o réu que não a tem!" (MARINONI, Luiz Guilherme. *Tutela antecipatória, julgamento antecipado e execução imediata da sentença*, p. 21).

igualdade processuais, visam, a partir de uma cognição sumária, a garantir a prestabilidade da sentença final de mérito. O grande problema do processo cautelar, no entanto, é a sua intrínseca subserviência ao processo dito principal, o seu escopo puramente processual ("instrumentalidade ao quadrado"), não servindo, desta forma, à tutela do objeto litigioso em si, cujo gozo só será pleno com a prestação jurisdicional final, de cognição exauriente[635]. Ou seja, voltado que está apenas para a proteção da própria atividade instrumental, o processo cautelar não é capaz de contribuir, diretamente, para a solução do problema da morosidade, apresentando-se como mero paliativo que acena apenas com a promessa de que o objeto litigioso não perecerá durante a relação processual.

Sensível a tudo isso e inspirado, por certo, pela comprovada eficácia de medidas processuais análogas de tutela de urgência (*v.g.*: os interditos possessórios, o mandado de segurança e a própria ação civil pública), o legislador brasileiro, inicialmente por intermédio da Lei n. 8.952, de 13 de dezembro de 1994, introduziu, no Título VII do Livro I do CPC de 1973, uma inovadora disciplina a respeito da antecipação dos efeitos da tutela final pretendida (art. 273 do Código revogado), a qual produziu efeitos extremamente positivos, inclusive no campo dos direitos transindividuais.

Como principais traços distintivos entre as tutelas cautelar e antecipatória, aponta Teori Albino Zavaski[636], em lição ainda parcialmente válida frente ao CPC/2015, os seguintes: a) a cautelar, que pode ser antecedente ou incidental, é sempre postulada em ação autônoma, enquanto a tutela antecipada é requerida na própria ação voltada à prestação jurisdicional definitiva; b) a urgência que determina a providência cautelar é informada pela necessidade de garantir uma futura certificação do direito ou futura ação de execução; já a tutela antecipatória se apresenta quando urgente é a própria satisfação da pretensão; c) na tutela antecipada há verdadeiro adiantamento de fruição do direito, o que não ocorre no âmbito cautelar; d) há na antecipação uma coincidência entre a decisão tomada *initio litis* e o direito material deduzido. Na cautelar, o conteúdo do provimento é autônomo em relação ao da tutela definitiva; e) o resultado prático da medida cautelar não guarda relação com a satisfação do direito, mas sim com sua garantia[637]; f) a medida cautelar é sempre

---

[635] "A periclitação para o direito material da parte é situação diversa da periclitação para o processo ou para as condições necessárias para que se preste justiça. Conforme Calmon de Passos, há tutela preventiva substancial e tutela preventiva processual. Na primeira, assegura-se um bem da vida que é conteúdo de um interesse de direito material, enquanto na segunda 'se dá segurança ao processo', no que diz respeito ao seu resultado útil" (FUX, Luiz. *Tutela de segurança e tutela de evidência:* fundamentos da tutela antecipada, p. 344).

[636] *Antecipação da tutela*, p. 57. O art. 305, parágrafo único, do CPC/2015 diz que "caso entenda que o pedido a que se refere o *caput* tem natureza antecipada, o juiz observará o disposto no art. 303", ou seja, processará o pedido não como cautelar mas sim como um requerimento de antecipação de tutela. E vice-versa, dizemos nós, não obstante a omissão do Código. Era melhor a redação do § 7º do art. 273 do Código revogado, que admitia claramente a fungibilidade entre as tutelas cautelar e antecipatória.

[637] É antiga, na doutrina, a discussão a respeito da legalidade, ou não, das chamadas "cautelares, satisfativas". Considerando-as possíveis, tem-se a valiosa opinião de Galeno Lacerda (*Comentários ao Código de Processo*

temporalmente limitada. Na antecipação, os efeitos do provimento judicial podem ser perpetuados no tempo, pois a sentença de procedência, cujo conteúdo é a ela assemelhado, consolidará a situação fática criada pela decisão de antecipação[638]. Em resumo, com Dinamarco, pode-se dizer que "na prática, a decisão com que o juiz concede a tutela antecipada terá, no máximo, o mesmo conteúdo do dispositivo da sentença que concede a definitiva e sua concessão equivale, *mutatis mutandis,* à procedência da demanda inicial – com a diferença fundamental representada pela provisoriedade"[639].

O CPC/2015 altera formalmente a disciplina anterior, contida no CPC de 1973, ao estabelecer que a "tutela provisória" pode fundamentar-se em "urgência" ou em "evidência" (art. 294), abrangendo a denominada "tutela de urgência" tanto as providências cautelares quanto as de antecipação do mérito, que podem ser concedidas, ambas, em caráter antecedente ou incidental" (art. 294, parágrafo único). Ou seja, a "tutela provisória de urgência" (gênero) tem nas tutelas cautelar e de antecipação as suas espécies.

Transcrevemos, abaixo, as normas comuns às tutelas provisórias de urgência (cautelares e de antecipação do mérito), *verbis*:

> Art. 294. A tutela provisória pode fundamentar-se em urgência ou evidência.
>
> Parágrafo único. A tutela provisória de urgência, cautelar ou antecipada, pode ser concedida em caráter antecedente ou incidental.
>
> Art. 295. A tutela provisória requerida em caráter incidental independe do pagamento de custas.
>
> Art. 296. A tutela provisória conserva sua eficácia na pendência do processo, mas pode, a qualquer tempo, ser revogada ou modificada.
>
> Parágrafo único. Salvo decisão judicial em contrário, a tutela provisória conservará a eficácia durante o período de suspensão do processo.
>
> Art. 297. O juiz poderá determinar as medidas que considerar adequadas para efetivação da tutela provisória.

Civil, p. 31 e s.). Em linha oposta, Humberto Theodoro Júnior, para quem, apoiado em Ronaldo Cunha Campos, "não tendo a finalidade de solucionar o litígio e sendo seu objetivo tutelar o próprio processo, a função cautelar tem por escopo servir o interesse público na defesa do instrumento criado pelo Estado para compor lide, isto é, a defesa do processo (*Processo cautelar*, p. 44). A nosso juízo, a atual possibilidade de antecipação dos efeitos da tutela no bojo dos próprios autos da ação de conhecimento faz com que o processo cautelar retorne ao seu papel próprio de "escora do processo", não mais fazendo sentido falar-se em cautelaridade "satisfativa". No CPC/2015, a satisfatividade está contemplada no art. 311, que disciplina a denominada "tutela de evidência".

638 "... se a medida antecipatória é a que adianta efeitos da tutela definitiva, os efeitos antecipáveis são os mesmos que o demandante quer ver consolidados definitivamente, isto é, por tempo maior que o da duração do processo" (autor e obra citados, p. 50).

639 *A Reforma do Código de Processo Civil*, p. 139-140.

Parágrafo único. A efetivação da tutela provisória observará as normas referentes ao cumprimento provisório da sentença, no que couber.

Art. 298. Na decisão que conceder, negar, modificar ou revogar a tutela provisória, o juiz motivará seu convencimento de modo claro e preciso.

Art. 299. A tutela provisória será requerida ao juízo da causa e, quando antecedente, ao juízo competente para conhecer do pedido principal.

Parágrafo único. Ressalvada disposição especial, na ação de competência originária de tribunal e nos recursos a tutela provisória será requerida ao órgão jurisdicional competente para apreciar o mérito.

Art. 300. A tutela de urgência será concedida quando houver elementos que evidenciem a probabilidade do direito e o perigo de dano ou o risco ao resultado útil do processo.

§ 1º Para a concessão da tutela de urgência, o juiz pode, conforme o caso, exigir caução real ou fidejussória idônea para ressarcir os danos que a outra parte possa vir a sofrer, podendo a caução ser dispensada se a parte economicamente hipossuficiente não puder oferecê-la.

§ 2º A tutela de urgência pode ser concedida liminarmente ou após justificação prévia.

(...)

Art. 302. Independentemente da reparação por dano processual, a parte responde pelo prejuízo que a efetivação da tutela de urgência causar à parte adversa, se:

I – a sentença lhe for desfavorável;

II – obtida liminarmente a tutela em caráter antecedente, não fornecer os meios necessá-rios para a citação do requerido no prazo de 5 (cinco) dias;

III – ocorrer a cessação da eficácia da medida em qualquer hipótese legal;

IV – o juiz acolher a alegação de decadência ou prescrição da pretensão do autor.

Parágrafo único. A indenização será liquidada nos autos em que a medida tiver sido concedida, sempre que possível.

Especificamente sobre a tutela antecipada, o Código atual estabelece que:

Art. 300. A tutela de urgência será concedida quando houver elementos que evidenciem a probabilidade do direito e o perigo de dano ou o risco ao resultado útil do processo.

(...)

§ 3º A tutela de urgência de natureza antecipada não será concedida quando houver perigo de irreversibilidade dos efeitos da decisão.

Art. 303. Nos casos em que a urgência for contemporânea à propositura da ação, a petição inicial pode limitar-se ao requerimento da tutela antecipada e à indicação do pedido de tutela final, com a exposição da lide, do direito que se busca realizar e do perigo de dano ou do risco ao resultado útil do processo.

§ 1º Concedida a tutela antecipada a que se refere o *caput* deste artigo:

I – o autor deverá aditar a petição inicial, com a complementação de sua argumentação, a juntada de novos documentos e a confirmação do pedido de tutela final, em 15 (quinze) dias ou em outro prazo maior que o juiz fixar;

II – o réu será citado e intimado para a audiência de conciliação ou de mediação na for-ma do art. 334;

III – não havendo autocomposição, o prazo para contestação será contado na forma do art. 335.

§ 2º Não realizado o aditamento a que se refere o inciso I do § 1º deste artigo, o processo será extinto sem resolução do mérito.

§ 3º O aditamento a que se refere o inciso I do § 1º deste artigo dar-se-á nos mesmos autos, sem incidência de novas custas processuais.

§ 4º Na petição inicial a que se refere o *caput* deste artigo, o autor terá de indicar o valor da causa, que deve levar em consideração o pedido de tutela final.

§ 5º O autor indicará na petição inicial, ainda, que pretende valer-se do benefício previsto no *caput* deste artigo.

§ 6º Caso entenda que não há elementos para a concessão de tutela antecipada, o órgão jurisdicional determinará a emenda da petição inicial em até 5 (cinco) dias, sob pena de ser indeferida e de o processo ser extinto sem resolução de mérito.

Art. 304. A tutela antecipada, concedida nos termos do art. 303, torna-se estável se da decisão que a conceder não for interposto o respectivo recurso.

§ 1º No caso previsto no *caput*, o processo será extinto.

§ 2º Qualquer das partes poderá demandar a outra com o intuito de rever, reformar ou invalidar a tutela antecipada estabilizada nos termos do *caput*.

§ 3º A tutela antecipada conservará seus efeitos enquanto não revista, reformada ou invalidada por decisão de mérito proferida na ação de que trata o § 2º.

§ 4º Qualquer das partes poderá requerer o desarquivamento dos autos em que foi concedida a medida, para instruir a petição inicial da ação a que se refere o § 2º, prevento o juízo em que a tutela antecipada foi concedida.

§ 5º O direito de rever, reformar ou invalidar a tutela antecipada, previsto no § 2º deste artigo, extingue-se após 2 (dois) anos, contados da ciência da decisão que extinguiu o processo, nos termos do § 1º.

§ 6º A decisão que concede a tutela não fará coisa julgada, mas a estabilidade dos respectivos efeitos só será afastada por decisão que a revir, reformar ou invalidar, proferida em ação ajuizada por uma das partes, nos termos do § 2º deste artigo.

Contrariamente ao que previa o art. 273 do CPC revogado, o CPC atual não condiciona o deferimento da antecipação de tutela à demonstração, pelo requerente, de prova inequívoca de sua pretensão, capaz de levar o magistrado a formar um juízo de verossimilhança quanto ao alegado. Basta, agora, a demonstração de "elementos que evidenciem a probabilidade do direito e o perigo de dano ou o risco ao resultado útil do processo" (arts. 300 e 303), ou seja, a demonstração dos tradicionais *fumus boni iuris* e *periculum in mora*.

O § 3º do art. 300 do CPC/2015, da mesma forma que o § 2º do art. 273 do Código revogado, estabelece que "a tutela de urgência de natureza antecipada não será concedida quando houver perigo de irreversibilidade dos efeitos da decisão", o que bem demonstra a preocupação do legislador em não onerar excessivamente a posição jurídica do requerido, a ele transferindo consequências drásticas e irremediáveis a partir de uma cognição ainda não exauriente. A necessária detecção da reversibilidade, ou não, do provimento é tarefa que se impõe ao juiz a partir da necessidade de resguardo do direito de ampla defesa, evitando-se o próprio esvaziamento da relação processual[640]. Conforme apontado por Dinamarco, um dos mecanismos utilizados pela lei com vistas a evitar a irreversibilidade consiste em aplicar à tutela antecipada as regras relativas à execução provisória[641], conforme expressamente previsto no art. 297, parágrafo único, do CPC/2015 (equivalente ao § 3º do art. 273 do CPC/73).

Aponta a doutrina, no entanto, sob pena de esvaziamento do instituto[642], a necessidade de uma interpretação flexível do requisito "irreversibilidade", o que será possível, excepcionalmente, sempre que o juiz puder verificar, com segurança, que os riscos relativos à fruição do direito do autor apresentam maior densidade que as consequências advindas da irreversibilidade da medida, aplicando, neste passo, o princípio da proporcionalidade ou ponderação de bens. No âmbito do direito de família, exemplo eloquente nos é fornecido pela antecipação de alimentos, onde a irrepetibilidade é manifesta.

Cuidando de tão tormentosa questão, afirma Joel Dias Figueira Jr. que "... a pura e radical proibição de concessão da tutela diante de perigo de irreversibilidade do provimento antecipado poderá significar, para o autor, o perecimento do seu próprio direito, ou seja, a perda do objeto da demanda", pugnando pela aplicação do princípio da proporcionalidade com vistas a que se evite "um mal maior"[643].

---

640 "... antecipar irreversivelmente seria antecipar a própria vitória definitiva do autor, sem assegurar ao réu o exercício do seu direito fundamental de se defender, exercício esse que, ante a irreversibilidade da situação de fato, tornar-se-ia absolutamente inútil, como inútil seria, nestes casos, o prosseguimento do próprio processo" (Teori Albino Zavascki, ob. cit., p. 97, em lição ainda válida).

641 Ob. cit., p. 147. A lição continua válida.

642 Para Fux, o requisito da reversibilidade é "uma impossibilidade jurídica odiosa criada pela lei" porque "em grande parte dos casos da prática judiciária, a tutela urgente é irreversível sob o ângulo da realizabilidade prática do direito" (ob. cit., p. 350).

643 *Comentários ao Código de Processo Civil*, p. 228, em lição ainda válida frente ao CPC/2015. O STJ, em importante precedente, já teve a oportunidade de assentar que: "A exigência de irreversibilidade inserta no § 2º do art. 273 do CPC [§ 3º do art. 300 do CPC/2015] não pode ser levada a extremos, sob pena de o novel insti-

No art. 298 do CPC em vigor exige o legislador que o juiz, ao conceder, negar, modificar ou revogar a tutela provisória, indique, de modo claro e preciso, as razões de seu convencimento[644], regra ociosa em razão do comando imperativo constante do art. 93, IX, da Constituição Federal, devendo considerar-se, ainda, que clareza e precisão são requisitos inafastáveis de toda e qualquer decisão judicial.

Diga-se, em complemento a essa visão geral do instituto, que o art. 296 do CPC/2015 afirma a revogabilidade e a modificabilidade (ampliação ou restrição) da decisão que concede a antecipação dos efeitos da tutela, devendo o juiz, também aqui, fundamentar a decisão, que é, dada a sua natureza interlocutória, agravável de instrumento (art. 1.015, I, do CPC/2015). A revogação da medida, que pressupõe o desaparecimento dos motivos que levaram o magistrado a determiná-la, produz efeitos *ex tunc*, salvo raríssimas exceções (*v.g.*: alimentos provisórios).

Por fim, o art. 311 do CPC/2015 cuida da chamada "tutela de evidência", estabelecendo o seu cabimento quando: I – ficar caracterizado o abuso do direito de defesa ou o manifesto propósito protelatório da parte; II – as alegações de fato puderem ser comprovadas apenas documentalmente e houver tese firmada em julgamento de casos repetitivos ou em súmula vinculante; III – se tratar de pedido reipersecutório fundado em prova documental adequada do contrato de depósito, caso em que será decretada a ordem de entrega do objeto custodiado, sob cominação de multa; IV – a petição inicial for instruída com prova documental suficiente dos fatos constitutivos do direito do autor, a que o réu não oponha prova capaz de gerar dúvida razoável. Nas hipóteses II e III o juiz poderá decidir liminarmente (art. 311, parágrafo único).

16.2. Cabimento, ou não, na Ação Civil de Improbidade

Vista a antecipação de tutela em suas linhas gerais, cabe analisar o seu cabimento, ou não, no campo da ação civil de improbidade, parecendo-nos afirmativa a resposta, salvo, evidentemente, em razão do princípio constitucional da presunção de não culpabilidade, no que respeita à aplicação das *sanções* do art. 12 (perda da função pública[645], suspensão de

---

tuto da tutela antecipatória não cumprir a excelsa missão a que se destina" (STJ, REsp n. 144.656-ES, 2ª T, rel. Min. Adhemar Maciel, v.u., j. em 6/10/1997, *DJU* de 27/10/1997, p. 54778).

644 "A decisão que antecipar a tutela haverá de mostrar que, além de presente um dos requisitos dos itens I e II do art. 273 do CPC [arts. 294 e ss. do CPC/2015], havia razões suficientes, baseadas em prova inequívoca, capazes de convencer da verossimilhança da alegação. O não atendimento a essa exigência conduz à nulidade" (STJ, REsp n. 162.700-MT, 3ª T., rel. Min. Eduardo Ribeiro, v.u., j. em 2/4/1998, *DJU* de 3/8/1998, p. 235, *apud* Theotonio Negrão, ob. cit., p. 356, nota n. 9a ao art. 273).

645 Admite-se, no entanto, o afastamento cautelar do agente quando tal medida se fizer necessária à instrução processual (art. 20, parágrafo único, da Lei n. 8.429/92). Trata-se de medida cautelar, esvaziada de qualquer conteúdo antecipatório ou sancionatório. Sobre a aplicabilidade do princípio da presunção de não culpabilidade para além do campo do processo penal, confira-se o decidido pelo STF no RE n. 482.006-4/MG, Pleno, rel. Min. Ricardo Lewandowski, j. em 7/11/2007.

direitos políticos, pagamento de multa civil e proibição de contratar com o Poder Público ou dele receber benefícios ou incentivos fiscais ou creditícios[646-647].

Admitindo a incidência do instituto, tem-se a valiosa opinião de Wallace Paiva Martins Júnior, em lição ainda atual, que fornece os exemplos de suspensão de"julgamento de licitação viciada, homologação de resultado ou posse de concurso público imoral, prestação de serviços por funcionários públicos contratados irregularmente, recebimento a maior de subsídios por agentes políticos etc."[648]. A tais exemplos poderíamos agregar vários outros, relacionados a *pretensões constitutivas negativas*: suspensão de execução de obra ou serviço público lesivos; suspensão de"privatização"contrária ao interesse público; suspensão de ordem de pagamento quando as despesas não forem autorizadas por lei (art. 10, IX, da Lei n. 8.429/92 c.c. Lei Complementar n. 101/2000) etc. No que respeita a *pretensões mandamentais*[649], poderíamos formular os seguintes exemplos: ordem de imediata aplicação dos valores correspondentes às verbas mínimas em educação, desde que orçamentariamente previstos; determinação de publicação de atos oficiais (art. 11, IV, da Lei n. 8.429/92) ou de prestação de contas (art. 11, VI) etc.

Nestes casos, tem-se genuína hipótese de cumulação de pedidos (sancionatórios e descontitutivos/mandamentais), incidindo o art. 12 da Lei da Ação Civil Pública, ou seja, a possibilidade de requerer a providência antecipatória nos próprios autos da ação de im-

---

646 Outra lógica limitação decorre da impossibilidade de o juiz conceder, a título de antecipação, mais do que o autor logrará obter na sentença final (cf. FUX, Luiz, ob. cit., p. 341).

647 O procedimento especial instituído pelas Medidas Provisórias n. 2.088-35 e 2.225-45 não afasta a possibilidade de antecipação de tutela, não só em função da regra do art. 19 da Lei da Ação Civil Pública (Art. 19. *Aplica-se à ação civil pública, prevista nesta Lei, o Código de Processo Civil, aprovado pela Lei n. 5.869, de 11 de janeiro de 1973, naquilo em que não contrarie suas disposições*), como também em vista do que estabelece o art. 318, parágrafo único, do CPC/2015 ("O procedimento comum aplica-se subsidiariamente aos demais procedimentos especiais e ao processo de execução"). Ressalte-se, inclusive, que após o recebimento da inicial pelo juiz o procedimento da ação civil de improbidade se torna"comum". No sentido da aplicabilidade da antecipação dos efeitos da tutela aos procedimentos especiais, ver as lições de Nelson Nery Junior e Rosa Maria de Andrade Nery, *Código de Processo Civil comentado*, p. 548 (nota 13 ao art. 273), e Carlos Roberto Feres, *Antecipação da tutela jurisdicional*, p. 39, em lições ainda válidas.

648 Ob. cit., p. 322. Admitindo, genericamente, a tutela antecipada no campo dos interesses difusos, ver MANCUSO, Rodolfo de Camargo, *Ação civil pública*, p. 94-96 e 184-187; FIGUEIREDO, Lúcia Valle, Ação civil pública – Considerações..., p. 329 e s. Sérgio Ferraz, Provimentos antecipatórios na ação civil pública, p. 781 e s.; NERY JUNIOR, Nelson e NERY, Rosa Maria de Andrade. *Código de Processo Civil Comentado*, p. 1149 (nota 2 ao art. 12 da Lei da Ação Civil Pública), cujas lições continuam válidas frente ao CPC/2015.

649 "... a nota peculiar à sentença mandamental reside na circunstância de conter a respectiva demanda, de que ela é consequência, uma virtualidade especial, para *por si só e independentemente de uma futura demanda, realizar transformações no mundo exterior*, no mundo dos fatos. E, ainda, diversamente do que acontece com as ações executivas, sejam estas execuções forçadas, por créditos, sejam ações executivas *lato sensu*, por consistir o resultado final da ação mandamental num mandado que se caracteriza por sua *estatalidade* e não, como acontece com os atos de execução, que são atos privados da parte, praticados pelo juiz que, para tanto, se substitui à atividade dos particulares" (SILVA, Ovídio A. Baptista da. *Sentença e coisa julgada*, p. 87).

probidade administrativa, em tópico específico da petição inicial. Antecipação, naturalmente, apenas dos pedidos de natureza não sancionatória (a suspensão da licitação viciada, por exemplo). Em razão disso, na hipótese de cumulação de pedidos, é destituída de interesse prático a discussão a respeito da possibilidade, ou não, de tutela antecipada requerida em caráter *antecedente* (arts. 303 e 304 do CPC/2015), que prevê a necessidade de posterior aditamento da inicial pelo autor, quando concedida a antecipação (art. 303, § 1º, I), e a possibilidade de "estabilização" da tutela antecipada, se da decisão que a conceder não for interposto o respectivo recurso (art. 304). Não seria sequer cabível tal modalidade de antecipação, na medida em que as sanções previstas no art. 12 da LIA não podem ser aplicadas sem a observância plena do devido processo legal, que pressupõe o contraditório e a ampla defesa, ou seja, não podem ser aplicadas antecipadamente, mesmo que o réu deixe de manejar o recurso cabível (caso em que, de acordo com o art. 304, se daria a denominada "estabilização da tutela antecipada"). Nada impede, contudo, a formulação de requerimento de tutela antecipada em caráter antecedente (art. 303) apenas no que diz respeito à pretensão desconstitutiva (a anulação da licitação ou do concurso público, por exemplo) ou mandamental, ajuizando-se a ação de improbidade administrativa *a posteriori*, caso em que haverá clara conexão.

A bem de ver, nas ações de improbidade a antecipação recairá sobre os *efeitos desconstitutivos* ou *mandamentais*, não propriamente sobre os efeitos condenatórios[650]. Realmente, no que diz respeito às *sanções* do art. 12, como já afirmado, nenhuma possibilidade de antecipação haverá em razão da cláusula de presunção de não culpabilidade. Já quanto à *reparação integral do dano*, o óbice residiria na irreversibilidade da medida, a menos que se exigisse do autor a prestação de caução idônea ou a garantia de reparação dos danos sofridos pelo executado, o que soaria desarrazoado[651-652]. Na verdade, a reparação do dano vai

---

[650] A doutrina, majoritariamente, vem admitindo a antecipação da tutela em todas as ações de conhecimento (declaratórias, constitutivas, condenatórias e mandamentais). Nesse sentido, dentre tantos: NERY JUNIOR, Nelson; NERY, Rosa Maria de Andrade (*Código de Processo Civil comentado*, p. 548, nota 13 ao art. 273), DINAMARCO, Cândido Rangel (*A Reforma do Código de Processo Civil*, p. 142), FUX, Luiz (*Tutela de segurança e tutela de evidência*, p. 342), FERES, Carlos Roberto (*Antecipação da tutela jurisdicional*, p. 38-39), MARINONI, Luiz Guilherme (*Tutela antecipatória, julgamento antecipado e execução imediata da sentença*, p. 150), LOPES, João Batista (*Tutela antecipada no processo civil brasileiro*, p. 46 e s.), ZAVASCKI, Teori Albino (*Antecipação da tutela*, p. 90). Este último autor admite a antecipação quando "... se tratar de efeitos (a) que *provoquem* mudanças ou (b) que *impeçam* mudanças no *plano da realidade fática*, ou seja, quando a tutela comportar, de alguma forma, *execução*. Execução em sentido o mais amplo possível: pela via executiva *lato sensu*, pela via mandamental ou pela ação de execução propriamente dita" (p. 83).

[651] Admitindo, em hipóteses excepcionais, a irreversibilidade desde que o autor preste caução idônea, confira-se a lição de Teori Albino Zavascki, ob. cit., p. 88.

[652] O autor acima referido, à p. 95, aponta as dificuldades para cumprimento da medida que antecipe o pagamento de quantia certa: "É outra, no entanto, a situação em se tratando de medida que antecipe pagamento de quantia certa, cujo cumprimento depende do concurso da vontade do executado ou, então, de atos de expropriação extremamente burocratizados, insuscetíveis de serem praticados na própria ação cognitiva e nem sempre compatíveis com a situação de urgência presente no caso concreto". Registre-se, apenas, que

encontrar na medida de indisponibilidade de bens (art. 7º) a sua única garantia, não havendo que se falar, deste modo, em antecipação da tutela.

Conforme sustentado por Fux, "obedecendo à regra da reversibilidade, amplos devem ser os poderes do juiz no afã de efetivar a antecipação, aplicando-se analogicamente, para esse fim, o § 5º do art. 461 do CPC (art. 536, § 1º, do CPC/2015), alterado pela mesma lei, que previu a utilização de todos os meios necessários pelo juiz para a implementação da tutela específica, tal como buscas e apreensões, remoção de pessoas, requisição de força policial etc. Ainda sob esse ângulo e mantida a reversibilidade, caracteriza-se desobediência o descumprimento da ordem contida no provimento antecipado, porque é da essência deste a mandamentalidade como instrumento viabilizador da antecipação dos efeitos do provimento final"[653]. Diga-se, outrossim, que havendo fundado receio que de a prévia oitiva da parte requerida esvaziará a medida, nada impede que o magistrado a conceda *inaudita altera pars*, diferindo o contraditório[654].

A antecipação da tutela será possível também nas hipóteses previstas no art. 311, I, II e IV (tutela da evidência), por óbvio apenas com relação aos pedidos não sancionatórios. Quanto à hipótese do inciso I (caracterização do abuso do direito de defesa ou do manifesto propósito protelatório do réu) "verdade que se pode objetar que na ação civil pública se lobrigam bens, interesses e valores indisponíveis (meio ambiente, patrimônio público), de sorte que a hipótese de antecipação de tutela com base em defesa meramente formal, inconsistente (CPC, art. 273, II [art. 311, I, do CPC/2015]), poderia encontrar óbice nos arts. 302, I, e 351 do CPC [arts. 341, I, e 392 do CPC/2015]. Todavia, ainda uma vez se deve ter presente que, no plano da ação civil pública, o raciocínio do operador do Direito deve se pautar, primordialmente, pela imperiosidade de uma efetiva tutela ao interesse metaindividual objetivado, de sorte que, em princípio, ainda nessa hipótese pode ser cabível a antecipação da tutela (pense-se, *v.g.*, na ação fundada em ato de improbidade administrativa – Lei 8.429/92, art. 16)"[655]. O "abuso do direito de defesa", que não se confunde com a defesa meramente infundada, é situação aferível por meio da prática de atos processuais, isto é,

---

o art. 588 do CPC/73 foi revogado pela Lei n. 11.232/2005, sendo a matéria hoje regulada pelo art. 520 do CPC/2015 em termos mais favoráveis à execução provisória.

653 Ob. cit., p. 359. De acordo com Teori Albino Zavascki, "em se tratando de antecipação de tutela em ação que não tenha natureza condenatória (ações declaratórias, constitutivas, mandamentais e executivas *lato sensu*), o cumprimento da medida ocorrerá na própria ação de conhecimento, mediante ordens ou mandados. Assim, sempre que as providências puderem ser cumpridas diretamente pelo Estado, através de oficial de justiça, independentemente do concurso da vontade ou da participação efetiva do demandado, expedir-se-á mandado com tal finalidade" (ob. cit., p. 90). Sob pena de desobediência (art. 330 do CP), em se tratando de particular, ou de prevaricação (art. 319 do CP), quando cuidar-se de agente público. Aplicável, também, o art. 774, IV, e parágrafo único, do CPC/2015.

654 Não há que se exigir, por óbvio, a notificação prévia do demandado (art. 17, § 7º, da Lei n. 8.429/92, com a redação dada pela Medida Provisória n. 2.088-35). O tema foi tratado acima por ocasião da análise dos "Requisitos das Providências Cautelares".

655 MANCUSO, ob. cit., p. 185-186.

durante o processo (*v.g.*: art. 77, II e III, do CPC/2015). Já o "manifesto propósito protelatório" pode ser dimensionado a partir do comportamento do réu fora do processo, como, por exemplo, a ocultação de prova, o não atendimento de diligência etc.[656] A nosso juízo, também o comportamento pré-processual ensejará a antecipação da tutela com fundamento no "manifesto propósito protelatório", o que se verifica, por exemplo, na ocultação de elementos investigatórios na fase do inquérito civil, no injustificado desatendimento a notificações para comparecimento etc.[657]

Por tratar-se de decisão interlocutória, tanto a decisão que concede quanto a que denega a medida serão passíveis de agravo de instrumento (art. 12 da Lei n. 7.347/85 c.c. art. 1.015, I, do CPC/2015). Nesta última hipótese (denegação), o próprio relator do recurso pode, liminarmente, conceder a medida indeferida pelo juízo *a quo*, o que se denomina "efeito ativo do agravo"[658].

Diga-se, por relevante, que embora o art. 1º da Lei n. 9.494/97 estenda à tutela antecipada o regime restritivo de concessão de cautelares e liminares, objeto das Leis n. 4.348/64, 5.021/66 e 8.437/92, é manifesta a sua inaplicabilidade no que respeita à ação civil de improbidade uma vez que, como já dito com relação às medidas cautelares, a atuação dos legitimados, na hipótese, não vai de encontro aos interesses da pessoa jurídica de direito público. Muito ao contrário, buscam os substitutos processuais, justamente, a recomposição do patrimônio público (pecuniário e/ou moral) desfalcado pelo agente ímprobo, daí resultando, claramente, a inaplicabilidade das restrições contidas na Lei n. 8.437/92, voltada a escopos absolutamente diversos[659].

Por último, considerando-se que a Lei n. 9.494, de 10 de setembro de 1997, manda aplicar à tutela antecipatória a disciplina contida no art. 4º da Lei n. 8.437, de 30 de junho de 1992, é possível, em tese, que a pessoa jurídica interessada ou o Ministério Público requeiram, ao Presidente do respectivo Tribunal, a suspensão da medida decretada pelo juízo *a quo*, sempre que se apresentar "manifesto interesse público" ou "flagrante ilegitimidade" e para evitar "grave lesão à ordem, à saúde, à segurança e à economia públicas", o que, no entanto, deve ser adotado com cautela a fim de que não se esvazie a tutela do patrimônio público. Não custa lembrar que o agente público não detém legitimidade para formular o

---

656 Cf. ZAVASCKI, Teori Albino. Ob. cit., p. 77.
657 Aludindo ao comportamento pré-processual do demandado, confira-se a lição de Luiz Fux, ob. cit., p. 347.
658 Quando a decisão agravada tiver conteúdo negativo, como, por exemplo, no caso de o juiz de primeiro grau indeferir pedido de liminar, pode o relator conceder a medida pleiteada no primeiro grau (art. 1.019, I, do CPC/2015).
659 Relembre-se que o STJ, por ocasião do julgamento do RMS n. 5621-0-RS, 1ª T., rel. Min. Humberto Gomes de Barros, un., j. em 31/5/1995, *DJU* de 7/8/1995, afastou a aplicação da Lei n. 8.437/92 ao campo da ação popular, entendendo que neste tipo de ação "o autor não é adversário do Estado, mas seu substituto processual". Por ocasião do julgamento do REsp n. 293.797-AC, a mesma Turma, rel. Min. Garcia Vieira, j. em 13/3/2001, *DJU* de 11/6/2001, chegou a idêntica conclusão no que respeita à ação civil de improbidade.

pedido de suspensão e que o Presidente do Tribunal se limitará a avaliar a presença dos riscos aludidos pelo legislador (ordem pública, saúde etc.), não podendo, assim, analisar a juridicidade da decisão, o que será objeto do recurso próprio (agravo de instrumento)[660].

17. SENTENÇA

A prolação da sentença de mérito é o momento culminante da relação processual, representando, concretamente, a solução, substitutiva e imperativa, dada pelo Poder Judiciário à lide tal como delineada pelas partes. De acordo como art. 203, § 1º, do CPC/2015, *sentença é o pronunciamento por meio do qual o juiz (...) põe fim à fase cognitiva do procedimento comum, bem como extingue a execução*.

Evidentemente, os limites impostos pelos objetivos perseguidos no presente trabalho nos conduzem a uma reflexão mais detida sobre os casos de extinção do processo *com julgamento do mérito* (art. 487 do CPC/2015), onde há prestação jurisdicional em sentido forte, apresentando pouco interesse prático a apreciação das hipóteses de extinção do processo sem que tal tenha ocorrido (art. 485 da Lei de Ritos). Para tanto, procuraremos apreciar, separadamente, os casos de procedência e improcedência do pedido inicial. Antes, porém, cabem algumas considerações sobre os requisitos da sentença na ação civil de improbidade.

17.1. Requisitos da Sentença na Ação Civil de Improbidade – Fundamentação, Clareza e Precisão

A partir do comando contido no art. 93, IX, da Constituição da República, o primeiro e inafastável requisito da sentença é a sua *fundamentação*, o que, se desatendido, gerará a nulidade insanável do *decisum*.

Como se sabe, adota o Brasil, no que respeita à avaliação dos elementos probatórios pelo magistrado, o *sistema do livre convencimento motivado*, ponto de equilíbrio entre os sistemas da íntima convicção, no qual o juiz não se vê adstrito aos elementos produzidos pelas partes, podendo decidir livremente e, se lhe convier, a partir de dados estranhos ao processo, e o da prova tarifada ou legal, que, não obstante a sua forte carga garantista, acaba, no mais das vezes, por frustrar a possibilidade de justa composição da lide, parecendo evidente que o legislador, dadas as peculiaridades de seu atuar, não dispõe da possibilidade de tarifar, aprioristicamente, o valor dos elementos de formação do convencimento judicial.

A exigência de fundamentação das decisões decorre do próprio Estado Democrático de Direito, erigindo-se, a um só tempo, em importante garantia individual contra o arbítrio

---

660 RODRIGUES, Marcelo Abelha, *apud* DIAS JÚNIOR, Joel. Ob. cit., p. 271. Veja-se o que ficou ditou sobre o afastamento cautelar do agente público e o descabimento da suspensão de liminar, acima.

judicial e em verdadeiro "selo de qualidade" da própria prestação jurisdicional. Permite às partes e à própria sociedade, deste modo, a aferição da razoabilidade do percurso intelectivo levado a cabo pelo magistrado, possibilitando-lhes não só a correta compreensão do alcance do decidido como também a própria insurgência recursal ao órgão *ad quem*, garantia que também decorre do texto constitucional[661]. O atendimento ao comando constitucional demanda a análise, pelo julgador, dos fundamentos fáticos e jurídicos apresentados pelas partes, o que está longe de significar a sua vinculação aos "dispositivos legais" por elas indicados, aplicando-se, aqui, a máxima *iura novit curia*.

Não satisfaz a exigência constitucional, segundo nos parece, a pura e simples remissão aos argumentos lançados pelas partes em seus pronunciamentos finais[662], o que demonstra o pouco zelo do juiz quanto ao desempenho de sua função soberana de julgar[663].

É preciso atentar, no entanto, que a integral e fundamentada adesão do julgador a determinada tese, do autor (sentença de procedência) ou do réu (sentença de improcedência), significa a lógica refutação do argumento contraposto, não havendo a necessidade, assim, da análise exauriente de todos os *tópicos* componentes da argumentação da parte[664]. Atente-se, contudo, que, por força do art. 489, § 1º, IV, do CPC/2015, o juiz deve enfrentar "todos os argumentos deduzidos no processo capazes de, em tese, infirmar a conclusão adotada". Ou seja, se determinada linha argumentativa da parte é capaz de fazer ruir todo o edifício lógico construído pelo magistrado, o seu enfrentamento é indeclinável.

Diga-se, por último, que o cumprimento do preceito constitucional não exige do juiz a declinação de longa e extensa fundamentação, mais apropriada às elucubrações teóricas do campo doutrinário[665].

---

661 Como não se ignora, grassa imensa controvérsia na doutrina a respeito do *status* constitucional, ou não, do princípio do duplo grau de jurisdição. Para uma visão mais completa sobre o tema, recomenda-se consulta ao substancioso voto do Min. Sepúlveda Pertence, lançado no RHC n. 79.785/RJ (*Informativo STF* n. 187).

662 "É nula a sentença, por falta de fundamentação, quando o Juiz, à guisa de evitar tautologia jurídica, adota, como razões de decidir, as alegações finais do Promotor de Justiça, transcrevendo-as *ipsis litteris*" (*JTAERGS* 86/122).

663 O STF admitiu a remissão pelo juiz, na sentença, às razões lançadas pelo Ministério Público no papel de fiscal da lei (*custos legis*), sempre que "... sua cota é absolutamente completa, e tudo quanto se lhe acrescentasse nada faria no sentido seja de melhorar a qualidade do julgamento, seja de dar-lhe um escopo maior" (*RT* 732/547).

664 STF: "A circunstância de o Juiz, na sentença, diante de discussão existente sobre matéria estritamente jurídica, a ponto de configurar uma *vexata quaestio*, ter inequivocamente aderido a uma das teses admissíveis, sem indicar os argumentos jurídicos que o levaram a tal adesão, não caracteriza a ausência de fundamentação da sentença" (*RTJ* 84/797). Não se pode perder de vista, sem prejuízo, que em qualquer hipótese a sentença não pode omitir-se quanto à análise de "fundamento relevante em que se apoia a defesa" (*RTJ* 164/971), sob pena de nulidade absoluta.

665 STF: "O juiz ou o tribunal deve dar as razões de seu convencimento, não sendo exigida fundamentação ampla e extensa, dado que a decisão com motivação sucinta é decisão motivada" (*RTJ* 73/200).

Quanto ao requisito *clareza*, recomenda a boa doutrina que o magistrado se utilize de linguagem acessível e direta[666], propiciando a boa compreensão não só das razões que o levaram a decidir em determinado sentido como também a própria dimensão e alcance do capítulo dispositivo. Desatendido tal imperativo, podem as partes manejar os embargos declaratórios, a teor do art. 1.022 do CPC/2015[667].

Por fim, a sentença deve, em regra, adstrirgir-se ao pedido formulado pelo autor em sua inicial, sendo vedado ao magistrado decidir questões não suscitadas pelas partes (arts. 141 e 492 do CPC/2015).

Vimos que o autor da ação de improbidade pode, no que respeita à pretensão sancionatória, a partir de critérios lógicos de exclusão, delimitar a *qualidade* da sanção a ser imposta ao ímprobo, o que, evidentemente, bitolará a prestação jurisdicional. Pense-se, por exemplo, num absurdo pedido de "suspensão dos direitos políticos" de uma pessoa jurídica ou de "perda da função pública" relativamente ao *extraneus*. Fora de tais hipóteses, no entanto, uma vez identificadas as sanções razoavelmente passíveis de incidência, inviável será a limitação do pedido sob o fundamento de suposta "desproporcionalidade" das sanções ao caso concreto, o que deverá ser analisado pelo magistrado no momento da sentença[668].

Do ponto de vista *quantitativo*, também foi visto que nenhuma possibilidade de limitação do pedido se apresenta ao autor, sob pena de usurpação da função jurisdicional de balizamento das sanções abstratamente previstas pelo legislador, frustrando-se, por isso mesmo, o imperativo constitucional de individualização da pena (art. 5º, XLVI).

E se o fizer, nas duas situações acima aludidas, não estará o juiz vinculado ao pedido tal como formulado, dele podendo desprender-se em sua sentença, porque: a) os direitos difusos, tais como o de tutela do patrimônio público, são indisponíveis, vedando a lei a possibilidade de transação, acordo ou conciliação (art. 17, § 1º, da Lei n. 8.429/92); b) a obrigatoriedade e a indisponibilidade do atuar dos legitimados públicos, meros substitutos processuais, exclui a tese da adstrição do órgão jurisdicional a uma possível delimitação do pedido, cabendo ao autor deduzir a pretensão, genérica, de que sejam aplicadas *as sanções adequadas* à causa de pedir por ele narrada na inicial. A bem de ver, o princípio da obrigatoriedade funciona como uma inafastável ferramenta de *acesso* dos direitos difusos *à justiça*; c) os parâmetros sancionatórios, qualitativa e quantitativamente, já foram previamente

---

[666] "A clareza recomenda linguagem simples, em bom vernáculo, com aproveitamento, quando for o caso, da palavra técnica, do vocabulário jurídico" (Moacyr Amaral Santos, *Comentários ao Código de Processo Civil*, p. 437).

[667] "Art. 1.022. Cabem embargos de declaração contra qualquer decisão judicial para: I – esclarecer obscuridade ou eliminar contradição; II – suprir omissão de ponto ou questão sobre o qual devia se pronunciar o juiz de ofício ou a requerimento". De acordo com a jurisprudência do STF, "o interesse em recorrer na via dos embargos declaratórios prescinde da sucumbência" (EDRE n. 221.196-5-RS, 2ª T., rel. Min. Marco Aurélio, j. em 30/6/1998, *DJU* de 23/10/1998, p. 9, *apud* Theotonio Negrão, *Código de Processo Civil e legislação processual em vigor*, p. 597, nota 1f ao art. 535).

[668] Sobre a dosimetria das sanções e a excepcional possibilidade de afastamento da regra da cumulatividade, ver a primeira parte desta obra.

fixados pelo legislador, não se constituindo a dosimetria da pena num momento de "arbitrariedade judicial", o que afasta qualquer possível comprometimento da imparcialidade do julgador no momento em que se desvincula do pedido restritivo formulado pelo autor.

Por tais motivos, a adstrição da sentença na ação de improbidade, no que se refere à pretensão sancionatória, deve sofrer os temperamentos decorrentes das próprias peculiaridades da pretensão deduzida em juízo, sendo possível afirmar que somente quanto à *causa petendi* haverá uma estreita vinculação entre a inicial e a prestação jurisdicional, sob pena, aqui sim, de injustificável inquisitorialismo e mácula ao princípio constitucional da ampla defesa.

17.2. A Sentença de Procedência

Presentes as condições da ação e os pressupostos processuais, provados os fatos constitutivos do direito do autor, habilita-se o juiz ao acolhimento do pedido contido na petição inicial, dando abrigo à pretensão veiculada. A procedência do pedido, como se sabe, pode ser total ou parcial (art. 490 do CPC/2015), não sendo demais lembrar a possibilidade de cumulação de pedidos na ação de improbidade[669].

Reconhecida a ocorrência da improbidade, tal como prevista, *numerus apertus*, nos arts. 9º, 10 e 11 da Lei n. 8.429/92, impõe-se ao magistrado não só a condenação do réu ao integral ressarcimento do dano, se existente, como também a aplicação, a princípio cumulativa, das sanções previstas no art. 12 da referida lei[670]. Para tanto, no que respeita à fixação da "reprimenda base", deverá sopesar os reflexos de sua conduta sobre o patrimônio público quanto à consecução, ou não, do interesse coletivo, bem assim a sua personalidade e grau de participação no ilícito, aferindo, ao depois, a possível presença de circunstâncias agravantes e atenuantes (reincidência ou bom comportamento anterior do agente, seu nível intelectual, confissão espontânea do fato etc.), análise que, no entanto, não pode levar o julgador a extrapolar os limites mínimo e máximo das sanções variáveis[671].

Como em toda e qualquer sentença, mostra-se inafastável, sob pena de *error in judicando*, a fundamentação de todo o percurso adotado na individualização e dosimetria das sanções[672], ressalvada a hipótese de sua fixação em patamar mínimo (fixação *quantitativa*

---

669 Sobre o tema, ver tópico específico, acima.
670 Em razão da indisponibilidade dos direitos e pretensões em jogo, não incidirão as hipóteses de extinção do processo com julgamento do mérito previstas no art. 487, III, *a* (*quando o réu reconhecer a procedência do pedido*), III, *b* (*quando as partes transigirem*) e III, *c* (*quando o autor renunciar ao direito sobre que se funda a ação*) do CPC/2015.
671 No campo do direito penal, embora a partir de outros parâmetros, a matéria está sumulada pelo STJ nos seguintes termos: *A incidência da circunstância atenuante não pode conduzir à redução da pena abaixo do mínimo legal* (Enunciado n. 231).
672 Nesse sentido, no STF: *RTJ* 165/668; 143/600; 136/218; 140/97 e 131/1168. Especificamente quanto à aplicação das sanções por ato de improbidade administrativa, o STJ, por sua 1ª Turma, rel. Min. Teori Albino Za-

das penas variáveis), caso em que se poderá presumir que todas as circunstâncias alusivas ao atuar ímprobo são favoráveis ao agente[673].

Feitas tais considerações de cunho genérico, cumpre assinalar ainda que:

a) ao julgar procedente o pedido inicial, deve o magistrado, independentemente de pleito expresso[674], condenar o réu ao pagamento de honorários periciais, se for o caso, e advocatícios[675], utilizando-se, quanto a estes últimos, dos parâmetros dos arts. 85 do CPC/2015.

b) Deve também a sentença fixar, independentemente de pedido do autor, os juros legais e a correção monetária incidentes sobre o valor do dano causado ao patrimônio público[676].

c) Havendo a aplicação da sanção de suspensão dos direitos políticos, deve o magistrado comunicar a decisão à Justiça Eleitoral, a quem competirá a implementação da medida (art. 77 do Código Eleitoral)[677].

d) Quanto à proibição de contratar com o Poder Público ou dele receber benefícios ou incentivos fiscais ou creditícios, em se tratando de lesão causada ao patrimônio municipal, deve o juiz comunicar tal decisão aos respectivos órgãos administrativos do ente, bem assim ao Estado Federado e à União. Em se tratando de lesão ao patrimônio destes dois últimos entes, deve a decisão ser comunicada aos órgãos administrativos dos três poderes, nada impedindo que, a depender da hipótese, seja determinada uma publicidade maior à decisão, via meios de comunicação social[678].

---

vascki, decidiu ser indispensável, sob pena de nulidade, que a sentença indique as razões para a aplicação de cada uma das sanções, tudo à luz do princípio da razoabilidade e do que dispõe o art. 12, parágrafo único, da LIA (REsp n. 507.574/MG, j. em 15/9/2005, *DJ* de 20/2/2006).

673 "Se as penas são fixadas no mínimo legal, não há dificuldade em conhecer e julgar a atividade mental que as determinou, e a falta de motivação não acarreta prejuízo e não constitui nulidade" (TACrimSP, HC n. 129.434, rel. Dante Busana, *apud Código Penal e sua interpretação jurisprudencial*, Alberto Silva Franco *et alii*, p. 703). No STF, *RT* 568/385 e 675/447; *RTJ* 70/502 e 68/348. Insuficiente a sanção, caberá ao autor buscar o seu incremento através do recurso de apelação, não havendo que se alegar a nulidade do *decisum* por falta de fundamentação. A 2ª Turma do STJ, rel. Min. Eliana Calmon, entendeu que: "Não havendo diferença no procedimento dos réus partícipes dos atos de improbidade, desnecessária a individualização das sanções" (REsp n. 287.728/SP, j. em 1º/9/2004).

674 Ver, a esse respeito, inclusive com a indicação de jurisprudência dos Tribunais Superiores, o tópico sobre "Pedidos Implícitos".

675 A condenação do réu ao pagamento de honorários advocatícios quanto proposta a ação pelo Ministério Público foi devidamente analisada no tópico sobre "Pedidos Implícitos".

676 Remetemos o leitor, mais uma vez, ao tópico sobre "Pedidos Implícitos".

677 Sobre o procedimento para a implementação da suspensão dos direitos políticos, ver, amplamente, a primeira parte do livro.

678 Tal solução, a partir do art. 94 da Lei n. 8.078/90, vem sendo adotada no âmbito das ações coletivas relativas ao Direito do Consumidor. Consideradas as dimensões continentais de nosso país, o ideal seria a criação de

e) Os valores da indenização ao patrimônio público e da multa civil não são destinados ao Fundo de que cuida o art. 13 da Lei da Ação Civil Pública, mas sim ao ente lesado (art. 18 da Lei n. 8.429/92)[679].

f) A condenação do ímprobo, independentemente de expressa menção na parte dispositiva da sentença, produz o efeito específico previsto no art. 1º, I, *h* e *l*, da Lei Complementar n. 64, de 18 de maio de 1990[680].

Transitada em julgado a condenação ao ressarcimento integral do dano, qualquer dos legitimados pode promover o cumprimento do julgado, sendo aplicáveis os arts. 15 da Lei da Ação Civil Pública[681] e 16 da Lei da Ação Popular[682]. A esse respeito cumpre ressaltar que é sempre permitido às pessoas de direito público lesadas (art. 1º, *caput*, da Lei de Improbidade), ainda que hajam contestado o pedido inicial (art. 17, § 3º, da Lei n. 8.429/92 c.c. o art. 6º da Lei n. 4.717/65), promover, em qualquer tempo, e no que as beneficiar, o cumprimento da sentença contra os demais réus (art. 16 da Lei da Ação Popular, aplicável por analogia).

Considerando que nem sempre será possível a incidência da sanção de perda da função pública, por desproporcional ou por já prescrita, nada impede a aplicação analógica do

---

um cadastro nacional, de consulta obrigatória, capaz de evitar, em todo o território nacional, a burla da proibição. Imagine-se, por exemplo, que a condenação do ímprobo se tenha dado por ofensa ao patrimônio da União. A efetividade da sanção, neste caso, demandaria que o magistrado comunicasse o decidido a todos os Estados Federados e a todos os municípios do País, o que soa desarrazoado do ponto de vista prático. Numa tentativa de superar tais dificuldades, o CNJ criou um cadastro nacional de condenados por atos de improbidade administrativa.

679 STJ, REsp n. 167.344-SP, 1ª T., rel. Min. Garcia Vieira, *DJ* de 19/10/1998.

680 "Art. 1º São inelegíveis: I – para qualquer cargo: (...) h) os detentores de cargo na administração pública direta, indireta ou fundacional, que beneficiarem a si ou a terceiros, pelo abuso do poder econômico ou político, que forem condenados em decisão transitada em julgado ou proferida por órgão judicial colegiado, para a eleição na qual concorrem ou tenham sido diplomados, bem como para as que se realizarem nos 8 (oito) anos seguintes; (...) l) os que forem condenados à suspensão dos direitos políticos, em decisão transitada em julgado ou proferida por órgão judicial colegiado, por ato doloso de improbidade administrativa que importe lesão ao patrimônio público e enriquecimento ilícito, desde a condenação ou o trânsito em julgado até o transcurso do prazo de 8 (oito) anos após o cumprimento da pena."

681 "Art. 15. Decorridos 60 (sessenta) dias do trânsito em julgado da sentença condenatória, sem que a associação autora lhe promova a execução, deverá fazê-lo o Ministério Público, facultada igual iniciativa aos demais legitimados." Por conta disso, o STJ entendeu que "o Ministério Público tem plena legitimidade para proceder à execução das sentenças condenatórias provenientes das ações civis públicas que move para proteger o patrimônio público, sendo certo, outrossim, que é inadmissível conferir-se à Fazenda Pública Municipal a exclusividade na defesa de seu erário, mostrando-se cabível a atuação do *Parquet* quando o sistema de legitimação ordinária falhar" (REsp n. 1.162.074/MG, rel. Min. Castro Meira, j. em 16/3/10, *Informativo STJ* n. 427).

682 "Art. 16. Caso decorridos 60 (sessenta) dias da publicação da sentença condenatória de segunda instância, sem que o autor ou terceiro promova a respectiva execução, o representante do Ministério Público a promoverá nos 30 (trinta) dias seguintes, sob pena de falta grave."

art. 14, § 3º, da Lei da Ação Popular quanto ao integral ressarcimento do dano: "Quando o réu condenado perceber dos cofres públicos, a execução far-se-á por desconto em folha até o integral ressarcimento do dano causado, se assim mais convier ao interesse público". A doutrina denomina a hipótese de "execução imprópria" (Mancuso, *Ação popular*, p. 246), cuja natureza é administrativa (José Afonso da Silva, *apud* Mancuso, ob. cit., p. 247). Ressalte-se, não obstante, que tal modo de ressarcimento do dano deve preservar a dignidade da pessoa humana, o que significa que o desconto deve ser feito em percentual razoável (Mancuso informa que a Lei paulista n. 8.989/79 limita o desconto à décima parte dos vencimentos, sendo no mesmo sentido o art. 46, § 1º, da Lei n. 8.112/90), de modo a não pôr em risco a própria sobrevivência do agente e de sua família. O STF, por ocasião do julgamento do MS n. 24.544, considerou legítimo o desconto em folha (*vide Informativos* n. 355 e 356).

Ressalte-se, por derradeiro, que a sentença que julga procedente o pedido da ação civil de improbidade não está sujeita ao duplo grau obrigatório de jurisdição previsto no art. 496 do CPC/2015[683], parecendo óbvio que o *decisum*, quando proposta a ação pelo Ministério Público ou pelas Associações (art. 17, § 3º, da Lei n. 8.429/92), não vai de encontro aos interesses da pessoa jurídica de direito público. Muito ao contrário.

17.3. A Sentença de Improcedência

A improcedência do pedido formulado na inicial pode resultar de variados fatores, como, por exemplo, a falta de prova quanto à existência do fato; a prova cabal de sua inexistência; a falta de prova de ter o réu concorrido para o ato de improbidade; a prova cabal de sua não concorrência; a ausência de dolo no atuar, não se admitindo, para a hipótese, sancionamento a título de culpa (arts. 9º e 11); a falta de nexo causal entre a omissão do agente e a improbidade verificada etc. Em resumo, pode-se dizer que a sentença de impro-

---

[683] "Art. 496. Está sujeita ao duplo grau de jurisdição, não produzindo efeito senão depois de confirmada pelo tribunal, a sentença: I – proferida contra a União, os Estados, o Distrito Federal, os Municípios e suas respectivas autarquias e fundações de direito público; II – que julgar procedentes, no todo ou em parte, os embargos à execução fiscal. § 1º Nos casos previstos neste artigo, não interposta a apelação no prazo legal, o juiz ordenará a remessa dos autos ao tribunal, e, se não o fizer, o presidente do respectivo tribunal avocá-los-á. § 2º Em qualquer dos casos referidos no § 1º, o tribunal julgará a remessa necessária. § 3º Não se aplica o disposto neste artigo quando a condenação ou o proveito econômico obtido na causa for de valor certo e líquido inferior a: I – 1.000 (mil) salários-mínimos para a União e as respectivas autarquias e fundações de direito público; II – 500 (quinhentos) salários-mínimos para os Estados, o Distrito Federal, as respectivas autarquias e fundações de direito público e os Municípios que constituam capitais dos Estados; III – 100 (cem) salários-mínimos para todos os demais Municípios e respectivas autarquias e fundações de direito público. § 4º Também não se aplica o disposto neste artigo quando a sentença estiver fundada em: I – súmula de tribunal superior; II – acórdão proferido pelo Supremo Tribunal Federal ou pelo Superior Tribunal de Justiça em julgamento de recursos repetitivos; III – entendimento firmado em incidente de resolução de demandas repetitivas ou de assunção de competência; IV – entendimento coincidente com orientação vinculante firmada no âmbito administrativo do próprio ente público, consolidada em manifestação, parecer ou súmula administrativa."

cedência resultará de não ter o autor se desincumbido do ônus de provar os fatos narrados na inicial (enriquecimento ilícito, lesão ao patrimônio público ou violação dos princípios reitores da administração pública: arts. 9º, 10 e 11, respectivamente), constitutivos de seu direito (art. 373, I, do CPC/2015)[684].

Em razão do princípio da presunção de não culpabilidade, constitucionalmente consagrado (art. 5º, LVII) e aplicável, *modus in rebus*, ao campo da improbidade[685], a dúvida sobre a ocorrência dos fatos imputados ao réu deve levar o magistrado à prolação de sentença de improcedência (*in dubio pro reo*), não parecendo razoável a incidência das graves sanções previstas no art. 12 a não ser diante de prova firme da ocorrência da improbidade[686]. A incidência do referido princípio no campo da improbidade trará as seguintes consequências: a) as restrições cautelares de cunho patrimonial (indisponibilidade de bens e sequestro) e pessoal (afastamento do agente do exercício de cargo, emprego, função ou mandato eletivo), embora possíveis, só devem incidir quando estritamente necessárias; b) como já dito, a aplicação das sanções previstas no art. 12 só pode ocorrer a partir de prova segura (*in dubio pro reo*); c) salvo prova expressa em sentido contrário, deve o agente ser tido como portador de bons antecedentes para fins de dosimetria das sanções; d) o processo deve ser público (arts. 93, IX, e 5º, LX, da CF); e) deve-se garantir o contraditório e a ampla defesa.

Trata-se, na verdade, de aplicar as regras relativas à distribuição do ônus da prova, previstas no art. 373 do CPC/2015. Assim, a dúvida capaz de levar à improcedência do

---

[684] Referindo-se ao alcance da verdade processual e ao critério da verossimilhança, Marinoni e Arenhart indagam se "... deverá o juiz, em uma ação de investigação de paternidade, exigir 100% de probabilidade para julgar o pedido procedente, ou poderá contentar-se com 90%?", para depois responderem: "Ora, o juiz, na busca de seu juízo de certeza, não pode estrangular o direito subjetivo material. O que importa, efetivamente, é que o juiz procure descobrir a sua verdade, até mesmo determinando provas de ofício, mas sem exigir um grau de probabilidade que torne impossível a demonstração da existência do direito" (*Comentários ao Código de Processo Civil*, p. 196-197).

[685] Sobre a aplicabilidade do princípio da presunção de não culpabilidade para além do campo do processo penal, confira-se o decidido pelo STF no RE n. 482.006-4/MG, Pleno, rel. Min. Ricardo Lewandowski, j. em 7/11/2007.

[686] A doutrina e a jurisprudência, a partir da regra contida no *caput* do art. 370 do CPC/2015 ("Art. 370. Caberá ao juiz, de ofício ou a requerimento da parte, determinar as provas necessárias ao julgamento do mérito"), regra correspondente ao art. 130 do CPC revogado, vêm admitindo um maior "ativismo judicial" no campo probatório (produção de provas de ofício). Tal tendência se verifica sobretudo quanto aos "direitos indisponíveis", como é o caso da tutela do patrimônio público. Marinoni e Arenhart, no entanto, vão além ao sustentarem a prova de ofício pelo magistrado mesmo no campo dos chamados "direitos disponíveis": "Entender que nos casos de direitos disponíveis o juiz pode se limitar a acolher o que as partes levaram ao processo é o mesmo que se concluir que o Estado não está muito preocupado com o que se passa como os direitos disponíveis, ou que o processo que tratar de direitos disponíveis não é o mesmo processo que é instrumento público destinado a cumprir os fins do Estado" (*Comentários ao Código de Processo Civil*, p. 194). No campo do Processo Penal, o fantasma do juiz inquisidor tem levado alguns, com justa razão, a proscreverem a prova de ofício pelo juiz quando desfavorável ao réu (cf. HAMILTON, Sérgio Demoro, A ortodoxia do sistema acusatório no processo penal brasileiro: uma falácia).

pedido é daquelas que recaem sobre os *fatos constitutivos do direito do autor* (o ato ilícito), sendo estes, a nosso juízo, o sentido e alcance do *in dubio pro reo*. Deste modo, alegando o réu, por exemplo, a ocorrência de prescrição ou que reparou integralmente o dano, fatos extintivos do direito do autor, cumpre-lhe a prova de tais circunstâncias (art. 373, II, do CPC/2015) sob pena de procedência do pedido, desde que, evidentemente, tenha o autor, de sua parte, logrado provar os fatos narrados na inicial[687]. Em resumo: é importante a boa compreensão da "distribuição do ônus da prova" para que se possa extrair a correta solução da hipótese, sendo certo que a depender do campo no qual a dúvida incida, o magistrado será levado a resultados cognitivos absolutamente diferentes (recaindo a dúvida sobre o "campo probatório do autor", a sentença será de improcedência; recaindo sobre o "campo do réu", o resultado será a procedência do pedido)[688].

É de ressaltar que a sentença de improcedência, quando proposta a demanda pelo ente de direito público lesado, reclama a incidência do art. 496 do CPC/2015[689], sujeitando-

---

[687] A teor do art. 374, I, do CPC/2015, o notório dispensa prova (ex.: a notoriedade do exercício de mandato eletivo, cargo ou função em determinados períodos por algumas pessoas; a existência de um prédio, ilegalmente demolido, em determinado local, por muitos anos etc.). Alerte-se, no entanto, que "a circunstância de o fato encontrar certa publicidade na imprensa não basta para tê-lo como notório, de maneira a dispensar a prova. Necessário que seu conhecimento integre o comumente sabido, ao menos em determinado estrato social, por parcela da população a que interesse" (STJ, 3ª T., REsp n. 7.555-SP, rel. Min. Eduardo Ribeiro, j. em 30/4/1991, *DJU de* 3/6/1991, *apud* Theotonio Negrão, ob. cit., p. 417). O fato evidente também dispensa prova.

[688] Como sustentam Marinoni e Arenhart, citando Comoglio, Ferri e Taruffo, "... uma vez que o juiz não pode deixar de decidir, aplicando-se um *non liquet*, importa determinar critérios que permitam resolver a controvérsia quando não resulte provada a existência dos fatos principais. Tais critérios são constituídos pelas regras que disciplinam o ônus da prova. Estes são, de fato, destinados a entrar em jogo quando um fato principal resultar destituído de prova. A sua função é a de estabelecer a parte que deveria provar o fato, e determinar as consequências que recaem sobre a parte por não ter ela provado o fato. O art. 33 é aplicável, em princípio, como norma de julgamento..." (*Comentários ao Código de Processo Civil*, p. 182-183).

[689] "Art. 496. Está sujeita ao duplo grau de jurisdição, não produzindo efeito senão depois de confirmada pelo tribunal, a sentença: I – proferida contra a União, os Estados, o Distrito Federal, os Municípios e suas respectivas autarquias e fundações de direito público; II – que julgar procedentes, no todo ou em parte, os embargos à execução fiscal. § 1º Nos casos previstos neste artigo, não interposta a apelação no prazo legal, o juiz ordenará a remessa dos autos ao tribunal, e, se não o fizer, o presidente do respectivo tribunal avocá--los-á. § 2º Em qualquer dos casos referidos no § 1º, o tribunal julgará a remessa necessária. § 3º Não se aplica o disposto neste artigo quando a condenação ou o proveito econômico obtido na causa for de valor certo e líquido inferior a: I – 1.000 (mil) salários-mínimos para a União e as respectivas autarquias e fundações de direito público; II – 500 (quinhentos) salários-mínimos para os Estados, o Distrito Federal, as respectivas autarquias e fundações de direito público e os Municípios que constituam capitais dos Estados; III – 100 (cem) salários-mínimos para todos os demais Municípios e respectivas autarquias e fundações de direito público. § 4º Também não se aplica o disposto neste artigo quando a sentença estiver fundada em: I – súmula de tribunal superior; II – acórdão proferido pelo Supremo Tribunal Federal ou pelo Superior Tribunal de Justiça em julgamento de recursos repetitivos; III – entendimento firmado em incidente de resolução de demandas repetitivas ou de assunção de competência; IV – entendimento coincidente com orientação vinculante firmada no âmbito administrativo do próprio ente público, consolidada em manifestação, parecer ou súmula administrativa."

-se ao duplo grau obrigatório de jurisdição[690]. O mesmo ocorrerá quando proposta a ação pelo Ministério Público ou pelas associações, incidindo, agora, a regra do art. 19 da Lei da Ação Popular[691], uma vez que, por agirem os legitimados em defesa do patrimônio público, é possível entender que a sentença, na hipótese, foi proferida "contra" a União, o Estado ou o Município, mesmo que tais entes tenham contestado o pedido inicial (art. 17, § 3º, da Lei n. 8.429/92 c.c. o art. 6º, § 3º, da Lei n. 4.717/65). Naturalmente, ao conhecer do "recurso de ofício" não pode o Tribunal, em qualquer hipótese, agravar a situação do sucumbente, em cujo benefício é a regra estabelecida, sob pena de verdadeira *reformatio in pejus*[692]. Nada impede que em segundo grau, no entanto, se explicite o alcance da sentença, sanando-se suas omissões[693]. A remessa obrigatória deve constar da parte final do dispositivo do *decisum*, podendo o Tribunal avocar os autos no caso de inobservância da remessa necessária (art. 496, § 1º, do CPC/2015)[694].

Por último, considerando-se que, ontologicamente, o recurso nada mais é do que o desdobramento do próprio direito de ação[695], nada impede que o legitimado que não participou da relação processual recorra da sentença de improcedência, o que não constitui

---

690 "O princípio *tantum devolutum quantum appellatum* não inibe a apreciação de demais questões quando o processo sobe ao órgão *ad quem* por força, inclusive, de remessa *ex officio* que, indubitavelmente, não é recurso e, sim, obrigatoriedade imposta ao magistrado de submeter ao duplo grau de jurisdição o *decisum* proferido" (*RSTJ* 6/59, *apud* Theotonio Negrão, ob. cit., p. 491, nota 3 ao art. 475).

691 "Art. 19. A sentença que concluir pela carência ou pela improcedência da ação está sujeita ao duplo grau de jurisdição, não produzindo efeito senão depois de confirmada pelo tribunal; da que julgar a ação procedente, caberá apelação, como efeito suspensivo." No sentido do texto, Sérgio Ferraz, Aspectos processuais na Lei sobre Improbidade Administrativa, p. 372. Confira-se o decidido pelo STJ no REsp n. 1108542, 2ª T., rel. Min. Castro Meira, j. em 19/5/2009, *DJ* de 29/5/2009, em acórdão que, honrando-nos com a citação, ficou assim ementado: "PROCESSUAL CIVIL. AÇÃO CIVIL PÚBLICA. REPARAÇÃO DE DANOS AO ERÁRIO. SENTENÇA DE IMPROCEDÊNCIA. REMESSA NECESSÁRIA. ART. 19 DA LEI N. 4.717/64. APLICAÇÃO. 1. Por aplicação analógica da primeira parte do art. 19 da Lei n. 4.717/65, as sentenças de improcedência de ação civil pública sujeitam-se indistintamente ao reexame necessário. Doutrina. 2. Recurso especial provido".

692 É esse o sentido do Enunciado n. 45 do STJ (No reexame necessário, é defeso, ao Tribunal, agravar a condenação imposta à Fazenda Pública).

693 TFR, 1ª T., AC n. 95.645-PR, e STJ, 2ª T., REsp n. 12.965/SP, *apud* Theotonio Negrão, ob. cit., p. 493.

694 O Enunciado n. 423 do STF (*Não transita em julgado a sentença por haver omitido o recurso* ex officio, *que se considera interposto* ex lege) deixa claro que a remessa obrigatória é condição de eficácia da sentença, não se tratando, propriamente, de recurso.

695 "A maior parte da doutrina prefere conceituar o poder de recorrer como simples aspecto, elemento ou modalidade do próprio direito de ação exercido no processo. Não obsta a esse entendimento a interponibilidade de recurso pelo réu: tenha-se em mente o caráter *bilateral* da ação. Restariam os casos em que se faculta o recurso a terceiros prejudicados, ou ao Ministério Público ainda quando não seja parte (artigo 499, § 2º, *fine*). Aí, o que se tem de entender é que o recorrente exerce por essa forma *abreviada* o direito de ação, que não quis ou não pode exercer pela forma normal" (MOREIRA, José Carlos Barbosa. *Comentários ao Código de Processo Civil*, p. 194).

nenhuma novidade em nosso sistema jurídico[696]. Quanto ao Ministério Público, que se não figurar como autor atuará, necessariamente, como *custos legis* (art. 17, § 4º, da Lei n. 8.429/92), a sua legitimação decorre do art. 996 do CPC/2015[697], aspecto já pacificado pela jurisprudência[698].

17.4. Sucumbência e Litigância de Má-Fé

No que respeita à condenação do vencido ao pagamento das despesas do processo, o direito processual evoluiu da inicial consideração de seu cabimento apenas na hipótese de litigância de má-fé para a concepção de que tal condenação resulta do "fato objetivo da derrota"[699]. De acordo com Chiovenda, "...a justificação desse instituto está em que a atuação da lei não deve representar uma diminuição patrimonial para a parte a cujo favor se efetiva; por ser do interesse do Estado que o emprego do processo não se resolva em prejuízo de quem tem razão, e por ser, de outro turno, interesse do comércio jurídico que os direitos tenham um valor tanto quanto possível nítido e constante"[700]. Na verdade, a condenação do sucumbente não se reveste de qualquer feição punitiva, servindo, antes, como uma indenização ao vencedor. Nesse sentido, dispõem os arts. 82, § 2º, e 85 do CPC/2015 que *a sentença condenará o vencido a pagar ao vencedor as despesas que antecipou e os honorários advocatícios (neste último caso, ao advogado do vencedor)*, esclarecendo o art. 84 do CPC/2015 que *as despesas abrangem as custas dos atos do processo, a indenização de viagem, a remuneração do assistente técnico e a diária de testemunha*.

Especificamente no campo dos interesses difusos, prevê o art. 17 da Lei da Ação Civil Pública, com a redação que lhe foi dada pelo art. 115 do CDC, a possibilidade de condenação da *associação autora e de seus diretores*, solidariamente, no pagamento de *honorários advocatícios, despesas processuais* e no *décuplo das custas, sem prejuízo da indenização por perdas e danos*, em se verificando a "litigância de má-fé", regra confirmada pelo art. 18 da

---

696 Art. 499, *caput*, do CPC revogado (O recurso pode ser interposto pela parte vencida, pelo terceiro prejudicado e pelo Ministério Público), regra que corresponde ao art. 996 do CPC/2015, e, *mutatis mutandis*, ao art. 19, § 2º, da Lei da Ação Popular (Das sentenças e decisões proferidas contra o autor da ação e suscetíveis de recurso, poderá recorrer qualquer cidadão e também o Ministério Público). De toda forma, "cumpre ao terceiro demonstrar a possibilidade de a decisão sobre a relação jurídica submetida à apreciação judicial atingir direito de que se afirme titular ou que possa discutir em juízo como substituto processual" (parágrafo único do art. 996 do CPC/2015).

697 "Art. 996. O recurso pode ser interposto pela parte vencida, pelo terceiro prejudicado e pelo Ministério Público, como parte ou como fiscal da ordem jurídica."

698 Súmula n. 99 do STJ: "O Ministério Público tem legitimidade para recorrer no processo em que oficiou como fiscal da lei, ainda que não haja recurso da parte".

699 A expressão foi cunhada por Chiovenda (*Instituições de processo civil*, p. 242).

700 CHIOVENDA, *Instituições de processo civil*, p. 242. O autor aponta a existência de um período intermédio no qual, "não se percebendo a exata natureza do instituto" considerou-se que a base da condenação do sucumbente residiria na culpa.

mesma lei[701]. Como se sabe, a redação primitiva do art. 17 falava em "pretensão manifestamente infundada", expressão que, por imprecisa, acabou levando o legislador a substituí-la pela atualmente constante. Para Mancuso, "... a pretensão manifestamente infundada ocorreria quando, já antes do ajuizamento da ação, a associação autora deveria saber que era descabida". E, noutra passagem, correlacionando as expressões "litigância de má-fé" e "pretensão manifestamente infundada", afirma o mesmo autor que: "Por outras palavras, não poderia a associação, razoavelmente, desconhecer o nenhum fundamento de seu pedido, quando flagrante fosse sua antijuridicidade. Por aí, aquela expressão legal – 'manifestamente infundada' – se aproxima do disposto no art. 17, I, do CPC (art. 180, I, do CPC/2015), onde se considera 'litigante de má-fé' aquele que deduz 'pretensão ou defesa contra texto expresso de lei ou fato incontroverso, ou seja, cuja falta de fundamento não possa razoavelmente desconhecer"[702].

Ou seja, muito embora tenha o legislador alterado o dispositivo em comento, a sua interpretação, ontem e hoje, passa, *num primeiro momento*, pela consideração de um prévio conhecimento quanto ao insucesso da demanda, do que decorre a presença do *dolo* de, levianamente, dar causa a relação processual absurda, fadada ao insucesso. Exclui-se, assim, a demonstração de improcedência do pedido no curso do processo, capaz de levar à sentença de improcedência, caso em que se estará a demonstrar que a demanda é infundada, mas não "manifestamente infundada"[703].

Além de tal hipótese (dolo preexistente), possível também será o reconhecimento de litigância de má-fé quando a parte (autor ou réu) "alterar a verdade dos fatos" (art. 80, II, do CPC/2015), "opuser resistência injustificada ao andamento do processo" (art. 80, IV, do CPC/2015), "proceder de modo temerário em qualquer incidente ou ato do processo" (art. 80, V, do CPC/2015), "provocar incidentes manifestamente infundados" (art. 80, VI, do CPC/2015) ou "interpuser recurso com intuito manifestamente protelatório" (art. 80, VII, do CPC/2015), situações que, verificadas no curso da relação processual, ensejarão a aplicação dos arts. 17 e 18 da Lei da Ação Civil Pública.

Fica claro, assim, que *o só fato da sucumbência* nas ações coletivas, em razão das regras específicas da Lei n. 7.347/85, não acarreta para o autor a condenação em honorários advocatícios e nas despesas processuais, sendo plenamente justificável tal normativa, uma vez que os legitimados são meros substitutos processuais, não fazendo qualquer sentido, por isto, considerá-los "vencidos" numa ação proposta em defesa da coletividade. Também

---

701 "Art. 18. Nas ações de que trata esta Lei, não haverá adiantamento de custas, emolumentos, honorários periciais e quaisquer outras despesas, nem condenação da associação autora, salvo comprovada má-fé, em honorários de advogado, custas e despesas processuais."

702 *Ação Civil Pública em defesa do meio ambiente, do patrimônio cultural e dos consumidores*, 7ª ed., p. 341. A nosso juízo, a expressão "manifestamente infundada" aproxima-se, igualmente, das hipóteses contempladas no art. 80, II e III, do CPC/2015 ("Art. 80. Considera-se litigante de má-fé aquele que: (...) II – alterar a verdade dos fatos; III – usar do processo para conseguir objetivo ilegal").

703 Nesse sentido, Mancuso, ob. cit., indicando a lição de Paulo Affonso Leme Machado.

porque o afastamento da regra de que "a condenação resulta do fato objetivo da derrota" concede maior acessibilidade judiciária aos direitos difusos uma vez que a possibilidade de condenação em honorários advocatícios e despesas processuais pela só sucumbência acabaria por representar um poderoso e inafastável desestímulo à ação dos legitimados extraordinários[704].

Em havendo *má-fé*, a situação é absolutamente diferente, justificando-se, aqui sim, a condenação da parte desleal (autor ou réu) ao pagamento de custas (décuplo das custas), despesas processuais e honorários advocatícios, "sem prejuízo da responsabilidade por perdas e danos" (arts. 17 e 18). De fato, "o processo, como instrumento de que se servem as partes para verem solvidos os seus litígios pelo Estado, não pode, de forma alguma, receber o influxo de condutas malévolas, capazes de distorcer os seus objetivos. Urge que as partes se conduzam com boa-fé, limitando-se a apresentar suas razões e a produzir as provas que possam respaldá-las. Se agem com má-fé, acabam por prejudicar os demais integrantes da relação processual, inclusive o juiz, que precisa sempre da lealdade dos interessados para poder formar seu convencimento sobre a solução que decidirá a lide"[705]. E, segundo pensamos, a caracterização de má-fé vai alcançar todos os legitimados[706]. A hipó-

---

[704] Nesse sentido a jurisprudência do STJ: REsp. n. 120.290-RS, 1ªT, rel. Min. Garcia Vieira, j. 22/9/1998, *DJU* de 17/5/1999, p. 128; 198.827-SP, 1ªT., rel. Min. José Delgado, j. 4/3/1999, *DJU* de 26/4/1999, p. 66; 168.569-SP, 1ªT., rel. Min. Garcia Vieira, j. 8/6/1998, *DJU* de 24/9/1998, p. 26; 26.140-SP, 2ªT., rel. Min. Antônio de Pádua Ribeiro, j. 11/10/1995, *DJU* de 30/10/1995, p. 36748. REsp n. 261.307-MG, rel. Min. Antônio de Pádua Ribeiro, 3ªT., j. 25/9/2000, *Informativo STJ* 72. Na doutrina, Mauro Loch, Álvaro Azevedo Gomes e Sílvia Cappelli (Três ideias a respeito do ônus da prova na ação civil pública ambiental). Em sentido contrário, sustentando a incidência da normativa do CPC, José Maria Rosa Tesheiner (*Ações coletivas pró-consumidor*). Especificamente quanto à possibilidade de condenação do Ministério Público, Adilson Abreu Dallari (Limitações à atuação do Ministério Público na ação civil pública, p. 19 e s.). José dos Santos Carvalho Filho, com apoio em Mancuso, distingue "ônus da sucumbência" (art. 20 do CPC revogado, correspondente aos arts. 82 e 85 do CPC/2015), que decorre do fato objetivo da derrota, de "ônus decorrente da responsabilidade por dano processual" (art. 17 da Lei n. 7.347/85), só verificável em caso de má-fé. Admite, assim, a caracterização da primeira hipótese com relação aos entes públicos legitimados, mas não com relação ao Ministério Público, em razão do "especial papel que desempenha". Quanto ao "ônus decorrente da responsabilização por dano processual" (art. 17 da LACP), este só incidirá sobre a maliciosa atuação das associações (má-fé), não sobre os demais legitimados, cujos atos "trazem em si a presunção de legitimidade" (*Ação civil pública*, p. 395 e s.).

[705] CARVALHO FILHO, José dos Santos. Ob. cit., p. 396.

[706] Nesse sentido, Nelson Nery Junior e Rosa Maria de Andrade Nery (*Código de Processo Civil comentado*, p. 1158, nota 4 ao art. 17 da Lei n. 7.347/85). Também Ada Pellegrini Grinover que, comentando o art. 87 do Código do Consumidor, regra idêntica à regra dos arts. 17 e 18 da Lei n. 7.347/85, afirma: "A lealdade processual é um dever que se impõe a todos os litigantes, sejam eles pessoas físicas ou jurídicas, privadas ou públicas. O parágrafo único do art. 87 não teve o objetivo de limitar às associações as responsabilidades pela litigância de má-fé. Apenas procurou deixar claro que, pela desconsideração da personalidade jurídica, também os diretores responsáveis pela propositura da ação deverão ser condenados, e não apenas a associação por eles representada...." (*Código Brasileiro de Defesa do Consumidor comentado pelos autores do Anteprojeto*, p. 759). Contrariamente, sustenta Mancuso, com apoio em aresto do STJ (REsp. n. 28.715-0-SP, rel. Min. Milton Luiz Pereira), que o Ministério Público e os entes públicos "... gozam de uma presunção de legitimidade em suas ações, sendo impensável que o *Parquet*, tendo entre suas funções institucionais a pro-

tese de má-fé do *Parquet* e das pessoas jurídicas lesadas, legitimados constitucionalmente ao resguardo do interesse público, queremos crer, será bastante rara, mas, de qualquer forma, não pode ser excluída[707].

Bem vista a sistemática que atualmente informa a ação civil por improbidade administrativa, tem-se como bastante improvável a caracterização da "má-fé antecedente" (*deduzir pretensão ou defesa contra texto expresso de lei ou fato incontroverso*, alterando, em algumas hipóteses, *a verdade dos fatos*), uma vez que, como visto, um dos principais papéis do inquérito civil é, justamente, o de evitar o ajuizamento de lides temerárias pelo Ministério Público, servindo, nesse sentido, como importante "filtro", aproveitando a mesma observação quanto à atuação dos demais legitimados (pessoa jurídica lesada e associações), que também devem arrimar a sua pretensão num "lastro probatório mínimo"[708].

---

positura da ação civil pública (CF, art. 129, III), venha a nela proceder como um *improbus litigator* (no máximo, poderia o julgador oficiar à Corregedoria do Ministério Público, denunciando algum procedimento menos correto, adotado pelo promotor oficiante)" (ob. cit., p. 346).

707 O STJ, em diversos precedentes, vem admitindo a atribuição de litigância de má-fé ao Ministério Público, o que, no entanto, demanda comprovação cabal. Merece destaque, nessa linha, o acórdão prolatado pela 1ª Turma por ocasião do julgamento do REsp n. 152.447/MG, rel. Min. Milton Luiz Pereira, assim ementado: "Processual Civil. Ação Civil Pública. Ministério Público. Desnecessidade de prévio Inquérito Civil. Honorários Advocatícios Indevidos. Lei n. 7.347/85 (arts. 8º, 9º e 17). Súmula 7/STJ. (...) 2. Existente fundamentação razoável, vivificados os objetivos e funções do órgão ministerial, cuja participação é reputada de excepcional significância, tanto que, se não aparecer como autor, obrigatoriamente, deverá intervir como *custos legis* (§ 1º, art. 5º, ref.), não se compatibiliza com o espírito da lei de regência, no caso de improcedência da ação civil pública, atribuir-lhe a litigância de má-fé (art. 17, Lei ant., c/c o art. 115, Lei n. 8.078/90), com a condenação em honorários advocatícios. Demais, no caso, a pretensão não se mostra infundada, não revela propósito inadvertido ou clavado pelo sentimento pessoal de causar dano à parte ré ou que a ação resultante de manifestação sombreada por censurável iniciativa. Grampea-se que a litigância de má-fé sempre reclama convincente demonstração" (DJU de 25/2/2002, p. 203). No mesmo sentido, dentre diversos: REsp n. 28.715-0/SP, rel. Min. Milton Luiz Pereira, *DJU* de 19/9/1994; REsp n. 26.140-9/SP, rel. Min. Antônio de Pádua Ribeiro, *DJU* de 30/10/1995; REsp n. 168.569/SP, rel. Min. Garcia Vieira, *DJU* de 24/8/1998; REsp n. 47.242-3/RS, rel. Min. Humberto Gomes de Barros, *DJU* de 17/10/1994; REsp n. 198.827/SP, rel. Min. José Delgado, *DJU* de 26/4/1999; REsp n. 987798, rel. Min. Luiz Fux, *DJ* de 11/2/2009; REsp n. 976555/RS, rel. Min. José Delgado, *DJ* de 5/5/2008; Ag. n. 1261697, rel. Min. Herman Benjamin, *DJ* de 2/3/2010; REsp n. 764.278/SP, rel. Min. Teori Albino Zavascki, *DJ* de 28/5/2008; REsp n. 896.679/RS, rel. Min. Luiz Fux, *DJ* de 12/5/2008; REsp n. 419.110/SP, rel. Min. Herman Benjamin, *DJ* de 27/11/2007; AGRG no Ag. n. 542.821/MT, rel. Min. João Otávio de Noronha, *DJ* de 6/12/2006; AGRG no REsp n. 868.279/MG, rel. Min. Denise Arruda, *DJ* de 6/11/2008; REsp n. 577.804/RS, rel. Min. Teori Albino Zavascki, *DJ* de 14/12/2006; REsp n. 945203, rel. Min. Herman Benjamin, *DJ* de 14/12/2009; REsp n. 1125189, rel. Min. Humberto Martins, *DJ* de 6/10/2009. No **STF**, no mesmo sentido: RE n. 233585/SP, rel. Min. Celso de Mello, *Informativo STF* n. 560, *DJ* de 28/9/2009. Sendo o caso de condenação do Ministério Público aos ônus da sucumbência, tal condenação deve ser suportada pela pessoa jurídica de direito público (União ou Estados), conforme decidiu o STF no AGR no AI n. 552366, 2ª T., rel. Min. Ellen Gracie, j. em 6/10/2009, *DJ* de 29/10/2009.

708 A Medida Provisória n. 2.088-35, de 27/12/2000, alterou o art. 17 da Lei n. 8.429/92, que passou a contar com um § 6º, assim redigido: "*A ação será instruída com documentos ou justificação que contenham indícios suficientes da existência do ato de improbidade ou com razões fundamentadas da impossibilidade de apresentação de qualquer dessas provas*".

Ressalte-se, nessa linha, que o atual procedimento da ação civil de improbidade, instituído pela Medida Provisória n. 2088-35[709-710], acaba por reduzir, praticamente, a possibilidade de alegação de "litigância de má-fé", prevendo a lei não só a necessidade de a inicial ser instruída "com documentos ou justificação que contenham indícios suficientes da existência do ato de improbidade" como também um prazo para o oferecimento de resposta prévia pelo demandado[711], dispondo que o juiz deverá julgar "improcedente a ação" quando considerá-la manifestamente infundada[712].

Parece-nos, deste modo, que o juízo positivo de admissibilidade da demanda, precedido que é pelo oferecimento de resposta prévia, impede, em regra, a alegação de dolo por parte do legitimado ativo, ressalvada a hipótese em que ele, ardilosamente, induza o magistrado em erro, circunstância verificada ao tempo da sentença. Em tal ocorrendo, não temos dúvida em sustentar a possibilidade de condenação ao pagamento de custas e honorários advocatícios, que, em se tratando do Ministério Público, recairá sobre o Estado ou a União, a depender da hipótese, com a possibilidade de regresso sobre o membro do *Parquet*[713].

Mesmo quando inexigível a resposta prévia do réu[714], o juízo positivo de admissibilidade da inicial, também aqui, evitará a caracterização de má-fé porque fundado em elementos indiciários já apresentados pelo autor e tidos como suficientes pelo magistrado.

---

709 Ver, sobre o tema do procedimento, o que já foi dito anteriormente.

710 A Medida Provisória 2.088-35, de 27/12/2000, caracterizava como ato de improbidade o instaurar temerariamente inquérito policial ou procedimento administrativo ou propor ação de natureza civil, criminal ou de improbidade, atribuindo a outrem fato de que o sabe inocente, prevendo a possibilidade de reconvenção do réu com vistas à imputação de tal modalidade de improbidade ao autor e também que em caso de imputação "manifestamente improcedente", o juiz ou tribunal condenariam o "agente público proponente da ação" ao pagamento de multa não superior ao valor de R$ 151.000,00 (cento e cinquenta e um mil reais). Em sua reedição seguinte (36ª), tais esdrúxulos mecanismos foram abolidos, dando-se ao § 6º do art. 17 a seguinte redação: "A ação será instruída com documentos ou justificação que contenham indícios suficientes da existência do ato de improbidade ou com razões fundamentadas da impossibilidade de apresentação de qualquer dessas provas, **observada a legislação vigente, inclusive as disposições inscritas nos arts. 16 a 18 do Código de Processo Civil (arts. 79 a 81 do CPC/2015)**".

711 Art. 17, § 7º: "Estando a inicial em devida forma, o juiz mandará autuá-la e ordenará a notificação do indiciado, para oferecer resposta por escrito, que poderá ser instruída com documentos e justificações, dentro do prazo de quinze dias".

712 Art. 17, § 8º: "O juiz rejeitará a ação, em despacho fundamentado, se convencido, pela resposta do réu, da inexistência do ato de improbidade ou da improcedência da ação". A Medida Provisória n. 2225-45, de 4/9/2001, confere ao § 8º uma redação semelhante: "Recebida a manifestação, o juiz, no prazo de trinta dias, em decisão fundamentada, rejeitará a ação, se convencido da inexistência do ato de improbidade, da improcedência da ação ou da inadequação da via eleita". Como já ressaltado, a rejeição da inicial por insuficiência de provas não leva, por si só, à caracterização de má-fé processual do autor, o que demanda prova segura.

713 Exatamente no sentido do texto, honrando-nos com a citação, REsp 1.105.782/SP, 2ª T., rel. Min. Castro Meira, j. em 5/5/2009, *DJ* de 15/5/2009.

714 Sobre a desnecessidade de notificação do réu ao oferecimento de defesa prévia quando já ofertados pelo autor elementos suficientes à formação do juízo de admissibilidade pelo magistrado, ver, amplamente, o tópico específico sobre o procedimento ("Imputação e Defesa Prévia").

Em resumo, pode-se dizer que: a) quando verificada a "má-fé antecedente" por parte do autor – o que cumpre seja específica e fundamentadamente apontado na sentença de improcedência ou mesmo na decisão de rejeição da inicial – hipótese pouco provável no âmbito da ação de improbidade, pelas razões acima expostas –, suportará ele o pagamento de custas, despesas processuais e honorários advocatícios, sem prejuízo da responsabilidade por perdas e danos[715]; b) a mesma consequência se verificará com relação à má-fé, de qualquer das partes, apurada *no curso do processo* (art. 80, II, IV, V, VI e VII, do CPC/2015); c) não havendo má-fé "antecedente" ou no curso do processo, o só fato da sucumbência do autor não dá ensejo à sua condenação em honorários advocatícios e despesas processuais, incidindo, novamente aqui, a normativa específica da Lei da Ação Civil Pública (arts. 17 e 18)[716-717].

18. COISA JULGADA

18.1. Visão Panorâmica do Instituto

Ao submeterem as suas pretensões ao Estado-Juiz, nutrem as partes a esperança de que a sentença, fulcrada na prova dos autos e no convencimento seguro do magistrado, seja capaz de dar cabal e definitiva solução à lide, resgatando a paz social maculada pela conduta violadora da regra jurídica. Com efeito, é a definitividade uma das mais marcantes características da jurisdição, estabelecendo a Constituição Federal, no art. 5º, XXXVI, que a lei *não prejudicará o direito adquirido, o ato jurídico perfeito e a coisa julgada.*

Inicialmente concebida como um dos efeitos da decisão final, com Liebman a coisa julgada passou a ser vista como uma *qualidade da sentença e de seus efeitos,* capaz de crista-

---

[715] A Medida Provisória n. 2.088, em sua 36ª reedição, alterando a redação do art. 17 da Lei n. 8.429/92, manda aplicar a normativa dos arts. 16 a 18 do Código de Processo Civil, como visto (regras correspondentes aos arts. 79 a 81 do CPC/2015). Tal redação foi mantida pela Medida Provisória n. 2.225-45, de 4/9/2001. Tanto o CPC como a Lei da Ação Civil pública preveem, para o caso de litigância de má-fé, a condenação em custas, despesas processuais, honorários advocatícios e perdas e danos. A diferença é que o Código também prevê o pagamento de uma *multa que deverá ser superior a 1% (um por cento) e inferior a 10% (dez por cento) do valor corrigido da causa* (art. 81, *caput*) enquanto a LACP fala em pagamento *no décuplo das custas,* o que não deixa de ser uma multa. Além disso, o Código já autoriza o juiz a fixar o valor da indenização por perdas na própria sentença (art. 81, § 3º).

[716] O STF, em antigo precedente relativo a uma ação de desapropriação, teve a oportunidade de assentar que a existência de regras específicas a respeito de honorários advocatícios afasta a incidência genérica do CPC (Pleno, ERE n. 85.893-SP, rel. Min. Cunha Peixoto, j. 20/6/1978, *RTJ* 87/572). No STJ tem-se, no mesmo sentido, o aresto lançado no REsp n. 47.242-RS, 1ª T., rel. Min. Humberto Gomes de Barros, j. 19/9/1994, *DJU* de 17/10/1994, p. 27863.

[717] As sucessivas medidas provisórias que alteraram o art. 17 da Lei n. 8.429/92 em momento algum preveem a aplicação do art. 20 do CPC (correspondente aos arts. 82 e 85 do CPP/2015), o que confirma o acima exposto.

lizar a prestação jurisdicional[718]. Realmente, se o que se deseja é a estabilização da solução dada ao conflito pelo juiz, a coisa julgada, ou a autoridade que dela decorre, deve ser algo diverso dos efeitos da prestação jurisdicional. Algo que sobre eles incida, tornando-os insuscetíveis, em regra, de alteração.

São largamente difundidas pela doutrina as noções de *coisa julgada formal* e *material*, representando a primeira a imutabilidade da sentença dentro da própria relação processual, que pode verificar-se tanto com relação às *sentenças terminativas* quanto com relação às chamadas *sentenças de mérito*, e a segunda, a imutabilidade capaz de projetar – com o perdão do pleonasmo – para fora do processo a imutabilidade dos efeitos declaratório, constitutivo, mandamental ou condenatório da sentença (de mérito). Coisa julgada formal representaria a imutabilidade do julgado, pelo esgotamento ou pela não interposição dos recursos cabíveis, de modo a vincular as partes e o próprio juiz prolator da sentença. Já a coisa julgada material, só verificável nas decisões de mérito[719], representaria, degrau mais elevado, a projeção de tais efeitos a outros órgãos jurisdicionais, impedindo, em regra, a rediscussão da causa[720].

Nos termos do art. 503 do CPC/2015, *a decisão que julgar total ou parcialmente o mérito tem força de lei nos limites da questão principal expressamente decididas*, o que significa que a

---

[718] Na fecunda visão de Enrico Tullio Liebman, a autoridade da coisa julgada consiste na "imutabilidade do comando emergente de uma sentença", tornando imutáveis "além do ato em sua existência formal, os efeitos, qualquer que sejam, do próprio ato" (*Eficácia e autoridade da sentença*, p. 54). Após distinguir a *eficácia jurídica da sentença* da *autoridade da coisa julgada*, servindo-se, para tanto, das noções carnelutianas de *imperatividade* e *imutabilidade da sentença*, afirma o mestre que "... a autoridade da coisa julgada não é efeito da sentença, como postula a doutrina unânime, mas, sim, modo de manifestar-se e produzir-se dos efeitos da própria sentença, algo que a esses efeitos se ajunta para qualificá-los e reforçá-los em sentido bem determinado". Esta visão, embora vencedora na processualística pátria, encontra sérias resistências. Alexandre Freitas Câmara, encampando uma visão crítica, assevera que "os efeitos da sentença definitiva são, por natureza, mutáveis, e não se destinam a durar para sempre. Basta pensar em algumas hipóteses: o efeito condenatório de uma sentença consiste em abrir caminho para a execução forçada da prestação cujo cumprimento foi imposto ao devedor. Parece óbvio que, após o adimplemento da obrigação (voluntário ou por meio de execução forçada), nada restará daquele efeito. Da mesma forma, pode-se pensar numa sentença constitutiva, como a de divórcio, cujo efeito é fazer desaparecer a relação jurídica de casamento, rompendo o vínculo entre os cônjuges. Nada impede, porém, que os ex-cônjuges voltem a se casar entre si, tornando ao estado de casados, o que torna insubsistente o efeito daquela sentença... Não são, pois, os efeitos da sentença que se tornam imutáveis com a coisa julgada material, mas sim o seu conteúdo..." (*Lições de direito processual civil*, p. 397). Tal crítica à concepção de Liebman, parece ter sido inaugurada, no Brasil, por José Carlos Barbosa Moreira (Ainda e sempre a coisa julgada).

[719] LIEBMAN, ob. cit., p. 60.

[720] Relembre-se que o § 8º do art. 17 da Lei de Improbidade, com a redação dada pelas Medidas Provisórias n. 2.088 e 2.225, autoriza o magistrado, depois de oferecida a "defesa prévia" pelo demandado, a "rejeitar a ação" por sua "improcedência" ou pela "inadequação da via eleita", hipóteses de extinção do processo sem julgamento do mérito pela ausência de pressuposto processual ou condição da ação (art. 485, IV e VI, do CPC/2015). Em tal ocorrendo, nada impede, a princípio, a renovação da demanda desde que preenchidos os mencionados requisitos (art. 486 do CPC/2015). Já ao aludir à "rejeição da ação" pela "inexistência do ato de improbidade", instituiu o legislador uma excepcional hipótese de julgamento antecipado do mérito, que produz, por isso, coisa julgada formal e material. Discorreremos sobre o tema acima.

imutabilidade, fruto da sentença que não mais comporta recursos, incidirá sobre o *objeto do processo*, ou seja, *o pedido* formulado pelo autor na inicial. Trata-se do que a doutrina denomina limite objetivo da coisa julgada[721]. De atentar-se, não obstante, que, a teor do art. 504 do CPC/2015, *não fazem coisa julgada: I – os motivos, ainda que importantes para determinar o alcance da parte dispositiva da sentença; II – a verdade dos fatos, estabelecida como fundamento da sentença.*

Já quanto aos limites subjetivos da coisa julgada, estabelece o art. 506 do CPC/2015 que *a sentença faz coisa julgada às partes entre as quais é dada, não prejudicando terceiros*. A regra estabelece a singela premissa de que aquele que não foi parte na relação processual, por não ter participado da solução adotada, imperativamente, pelo Estado-Juiz, não pode suportar os efeitos prejudiciais da sentença, sendo a ele possível discutir a mesma relação jurídica em outro processo, perante o mesmo ou outro Juízo[722].

18.2. Coisa Julgada nas Demandas Coletivas

No campo dos interesses metaindividuais, dispõe o art. 16 da Lei n. 7.347/85 que *a sentença civil fará coisa julgada* erga omnes, *nos limites da competência territorial do órgão prolator, exceto se o pedido for julgado improcedente por insuficiência de provas, hipótese em que qualquer legitimado poderá intentar outra ação com idêntico fundamento, valendo-se de nova*

---

[721] É comum afirmar-se que a coisa julgada se estenderia "às questões debatidas e decididas", o que não é exato: "Em primeiro lugar, porque se estende também a questões não debatidas nem decididas: se uma questão pudesse ser discutida no processo, mas de fato não o foi, também a ela se estende, não obstante, a coisa julgada, no sentido de que aquela questão não poderia ser utilizada para negar ou contestar o resultado a que se chegou naquele processo. Por exemplo, o réu não opôs uma série de deduções defensivas que teria podido opor, e foi condenado. Não poderá ele valer-se daquelas deduções para contestar a coisa julgada. A finalidade prática do instituto exige que a coisa julgada permaneça firme, embora a discussão das questões relevantes tenha sido eventualmente incompleta... Em segundo lugar, pelo contrário, não se abrangem na coisa julgada, ainda que discutidas e decididas, as questões que, sem constituir objeto do processo em sentido estrito, o juiz deverá examinar, como premissa da questão principal (questões prejudiciais em sentido estrito): foram elas conhecidas, mas não decididas, porque sobre elas o juiz não sentenciou, e por isso podem ser julgadas livremente em outro processo, mas para fim diverso do objetivado no processo anterior" (GRINOVER, Ada Pellegrini, *apud* LIEBMAN, Enrico Tullio, *Eficácia e autoridade da sentença*, p. 56, nota "i"). É, quanto ao primeiro aspecto (questões não discutidas), o que Luiz Machado Guimarães e José Carlos Barbosa Moreira denominam "eficácia preclusiva pan-processual da coisa julgada material", disciplinada no art. 287, parágrafo único, do antigo Código de Processo Civil, dispositivo que corresponde ao art. 474 do CPC/73 e ao art. 508 do CPC/2015.

[722] Sobre o ponto, é imprescindível o conhecimento da distinção feita por Liebman entre *coisa julgada* e *eficácia natural da sentença*. A primeira, limitada às partes; a segunda, decorrência da presunção de legitimidade dos atos estatais, alcançando também os terceiros: "As partes, como sujeitos da relação a que se refere a decisão, são certamente as primeiras que sofrem a sua eficácia, mas não há motivo que exima os terceiros de sofrê-la igualmente. Uma vez que o juiz é o órgão ao qual atribui o Estado o mister de fazer atuar a vontade da lei no caso concreto, apresenta-se a sua sentença como eficaz exercício dessa função perante todo o ordenamento jurídico e todos os sujeitos que nele operam" (ob. cit., p. 123).

prova[723]. Tal regra, como se percebe facilmente, busca estabelecer duas disciplinas bastante peculiares à coisa julgada nas ações coletivas, quais sejam, a) a de que a autoridade da coisa julgada, dentro dos limites territoriais do órgão judicial[724], alcança não só as partes da relação processual mas, também, toda a coletividade (*erga omnes*); b) que a improcedência do pedido em razão da carência de provas não impede a renovação da demanda, desde que surja prova nova.

A primeira regra vai encontrar sua justificação na própria natureza difusa dos interesses em jogo, parecendo óbvio que se a titulação do direito material está dispersa, a sentença também deve alcançar a todos os membros da coletividade, beneficiando-os e, a princípio, prejudicando-os também[725]. Rompe-se, assim, com a normativa tradicional constante do art. 506 do CPC/2015 (correspondente, em parte, ao art. 472 do CPC de 1973), de acordo com a qual *a sentença faz coisa julgada às partes entre as quais é dada, e não a terceiros*[726]. Trata-se de norma que, dando um adequado dimensionamento ao processo

---

[723] No mesmo sentido, já há muito tempo, dispõe o art. 18 da Lei da Ação Popular (A sentença terá eficácia de coisa julgada oponível *erga omnes*, exceto no caso de haver sido a ação julgada improcedente por deficiência de prova; neste caso, qualquer cidadão poderá intentar outra ação com idêntico fundamento, valendo-se de nova prova). Mais recentemente, também o Código de Defesa do Consumidor, art. 103, I (Nas ações coletivas de que trata este Código, a sentença fará coisa julgada: I – *erga omnes*, exceto se o pedido for julgado improcedente por insuficiência de provas, hipótese em que qualquer legitimado poderá intentar outra ação, com idêntico fundamento, valendo-se de nova prova, na hipótese do inciso I do parágrafo único do artigo 81).

[724] A atual redação conferida ao art. 16 da Lei n. 7.347/85 é fruto da Lei n. 9.494/97, que inseriu a expressão "nos limites da competência territorial do órgão prolator". Para José dos Santos Carvalho Filho, o objetivo da norma foi o de, simplesmente, reduzir a eficácia territorial dos efeitos *erga omnes* nas ações civis públicas, "... tomando em consideração o território dentro do qual o juiz de primeiro grau tem competência para processamento e julgamento desses feitos" (ob. cit., p. 391). Alexandre Freitas Câmara, adotando uma visão crítica, afirma que o novo texto "... revela uma inegável contradição em seus próprios termos: não se pode admitir coisa julgada erga omnes (ou seja, para todos) que não atinja a todos, mas somente àqueles que se encontram em determinados limites territoriais", concluindo pela inconstitucionalidade da alteração em razão da afronta que ela representa ao princípio constitucional da razoabilidade (ob. cit., p. 416). Do mesmo ponto de vista participa a Professora Ada Pellegrini Grinover (*Código Brasileiro de Defesa do Consumidor comentado pelos autores do anteprojeto*, p. 814). Há um importante precedente do Colendo Supremo Tribunal Federal no sentido da eficácia nacional da sentença prolatada em sede de ação civil pública (Rcl. n. 602-6-SP, rel. Min. Ilmar Galvão, j. 3/9/1997), decisão prolatada já na vigência da Medida Provisória n. 1.570/97, que resultou na Lei n. 9.494/97. Sobre a inconstitucionalidade da restrição contida no art. 16 da Lei n. 7.347/85, permitimo-nos recomendar o nosso *As prerrogativas da Administração Pública nas ações coletivas*.

[725] "Se tivermos em mente o caráter *indivisível* do objeto do litígio, nos casos de que trata este relatório (*supra*, Introdução, n. 3, "a"), e ao mesmo tempo a impossibilidade de exigir a presença de todos os legitimados no processo, desde logo chegaremos à conclusão de que os efeitos do julgamento necessariamente hão de estender-se a pessoas – em regra, a um grande número de pessoas – que não ocuparam a posição de partes. Todas serão igualmente beneficiadas, ou todas igualmente prejudicadas, conforme a sentença conceda ou recuse a tutela pleiteada para o interesse que lhes é comum" (MOREIRA, José Carlos Barbosa. Tutela jurisdicional dos interesses coletivos ou difusos).

[726] Esta é uma afirmativa comum entre os autores, muito embora, conforme alertado por Liebman, os substituídos não sejam, propriamente, terceiros (ob. cit., p. 97).

coletivo, representa eloquente economicidade na medida em que dispensa a multiplicação de demandas veiculadoras de idênticas pretensões, fundadas na mesma causa de pedir, permitindo-se desde logo uma múltipla fruição dos resultados do processo[727]. Por outro lado, também o demandado vai encontrar sua situação jurídica assegurada na hipótese de improcedência da primeira demanda *por razões de mérito*, alcançando a garantia, conferida pela coisa julgada, de não ser novamente chamado a juízo pelo mesmo motivo (mesma *causa petendi*).

A segunda regra, atenta à peculiaridade de que os legitimados à ação coletiva agem na qualidade de meros substitutos processuais, não encerrando em suas mãos, com exclusividade, o direito material, permite a renovação da demanda na hipótese de improcedência do pedido por *insuficiência de provas*, evitando-se, com isso, que a incúria na condução da causa, ou mesmo a má-fé do autor, venham a prejudicar a coletividade[728]. Tal possibilidade de renovação da demanda, que pressupõe a existência de "prova nova", legitima mesmo o autor da primeira ação, referindo-se a lei a "qualquer legitimado"[729].

E o art. 16 em comento é aplicável ao campo da ação civil por improbidade: a) a uma, em razão da natureza difusa da tutela do patrimônio público (art. 129, III, da Constituição Federal), premissa fundamental à incidência da "técnica de tutela processual" concebida pela Lei n. 7.347/85[730]; b) a duas, em razão da inexistência de qualquer disciplina a esse respeito na Lei n. 8.429/92, o que chama a incidência supletiva das regras da Lei da Ação Civil Pública e da própria Lei da Ação Popular; c) a três, em razão da conveniência da adoção da técnica da coisa julgada *secundum eventum litis* e *in utilibus*, única capaz de potencializar a tutela do patrimônio público, evitando que demandas mal propostas pelos substitutos

---

[727] O entendimento francamente dominante, na doutrina pátria e alienígena, é no sentido de que há plena compatibilidade entre as cláusulas do devido processo legal e do contraditório e o sistema da coisa julgada nas demandas coletivas. Costuma-se considerar que os representados ou substituídos (a coletividade) têm tais garantias asseguradas por intermédio de seu representante ideológico. Ademais, conforme alertado acima, "... a extensão da coisa julgada a quem não foi pessoalmente parte no processo, mas nele foi, na fórmula norte-americana, *adequadamente representado* pelo portador em juízo dos interesses metaindividuais ou dos direitos subjetivos coletivamente tratados, não seria, em última análise, uma verdadeira ampliação *ultra partes*" (GRINOVER, Ada Pellegrini. *Código Brasileiro de Defesa do Consumidor comentado pelos autores do anteprojeto*, p. 803-804).

[728] Costuma-se afirmar que a coisa julgada nas ações coletivas se dá *secundum eventum litis* e que quando o pedido é julgado improcedente por insuficiência de provas não se formaria a chamada "autoridade da coisa julgada" (cf. CARNEIRO, Paulo Cezar Pinheiro. A coisa julgada nas ações coletivas). Tal técnica legislativa, embora criticada por respeitáveis autores em razão do sacrifício que acaba por impor ao réu, forçado a renovar a sua defesa em sucessivas demandas, representa, em verdade, a melhor alternativa com vistas à efetividade da tutela dos interesses difusos.

[729] Nesse sentido, GRINOVER, Ada Pellegrini, *Código de Defesa do Consumidor comentado...*, p. 823; Barbosa Moreira, A ação popular no direito brasileiro como instrumento de tutela jurisdicional dos chamados interesses difusos. Contra, SILVA, José Afonso da. *Ação popular constitucional*, p. 273.

[730] Sobre o tema, ver, amplamente, a Introdução desta segunda parte.

processuais, intencionalmente ou não, acabem por aviltar os escopos perseguidos pelo legislador constituinte e pela própria Lei n. 8.429/92[731].

Por evidente, o art. 23 da Lei de Improbidade, que cuida dos prazos prescricionais, representa uma inafastável limitação temporal à renovação da demanda, o que minimiza, de forma razoável e em homenagem a um bem de *status* constitucional (a probidade administrativa), a insegurança jurídica a que se vê submetido o agente público pela possibilidade de renovação da demanda. Limitação temporal que, contudo, só se refere à aplicação das sanções do art. 12, uma vez que, a teor do art. 37, § 5º, da Constituição Federal, não há que se falar em prescrição quanto à reparação do dano. Diga-se, aliás, que a incidência do art. 16 da LACP encontra na regra constitucional da imprescritibilidade da pretensão de reparação dos danos causados ao erário um poderoso argumento de reforço.

Tem-se assim, em resumo, que a *improcedência* do pedido veiculado na ação civil de improbidade *por insuficiência de provas* não inviabiliza a renovação da demanda, pelo mesmo ou por outro legitimado, desde que, nos termos da lei, surjam novas provas[732]. O requisito "prova nova" funciona como verdadeira condição específica da segunda ação coletiva (condição de procedibilidade) e a sua existência deve ser aferida em cognição superficial. O que significa dizer: não deve o magistrado, no momento de recebimento, ou não, da inicial, aferir a boa qualidade, ou não, do elemento novo, a sua capacidade, ou não, de convencer, o que será objeto de análise por ocasião da sentença.

18.3. Ação Civil de Improbidade e Ação Popular

Como visto anteriormente, a ação civil de improbidade convive harmonicamente com a ação popular, instrumentos voltados pela própria Constituição Federal ao resguardo do patrimônio público. É dizer: a mesma conduta dilapidatória da *res* pública pode ensejar o ajuizamento das duas ações, sendo o objeto da ação de improbidade mais amplo do que

---

731 No sentido do texto, Fábio Medina Osório, ob. cit., p. 234, alertando que a aplicabilidade da regra em comento evitará os prejuízos que podem advir de um resultado desfavorável fruto de um prematuro – muitas vezes proposital – ajuizamento da ação. Em sentido parcialmente contrário, Teori Zavascki, que exclui a possibilidade de renovação da demanda relativamente às sanções, não à reparação do dano (*Processo coletivo*, p. 131).

732 "A prova, para caracterizar-se como nova, tem que ser interpretada sob dois ângulos, considerando-se os fatores *espécie* e *forma* da prova. Assim, se o autor oferece prova de *espécie diversa*, estará obedecendo ao requisito da prova nova. Suponha-se que na primeira ação civil, tenha o autor, para comprovar determinado fato, oferecido prova apenas *testemunhal*; se, em outra ação civil, consegue provar o mesmo fato através de prova pericial, deverá ser esta considerada *prova nova* para os efeitos de viabilizar a renovação da demanda. É possível, ainda, que o autor se valha da mesma espécie de prova, mas a empregue de *forma diversa*. Imagine-se que, anteriormente, tenha o autor usado prova *documental* através dos documentos A e B. Proposta nova ação, se o autor emprega a mesma espécie de prova (a documental), mas agora através dos documentos C e D, haverá de considerar-se, também nesse caso, presente a prova nova" (CARVALHO FILHO, José dos Santos, ob. cit., p. 388).

o da ação popular em razão da impossibilidade de aplicação das sanções do art. 12 da Lei n. 8.429/92 através desta última. Trata-se, assim, de mera continência (art. 56 do CPC/2015), causa modificadora da competência que leva à reunião de processos (art. 57 do CPC/2015)[733].

Em razão da coincidência entre as Leis n. 4.717/65 e 7.347/85 no trato da coisa julgada (*erga omnes* e *secundum eventum litis*), pode-se concluir, com facilidade, que a decisão de *improcedência* do pedido veiculado na ação popular *por deficiência de provas* não impede o ajuizamento da ação civil de improbidade, desde que surjam novas provas. E vice-versa (a improcedência desta última, por falta de provas, não inviabilizará a ação popular).

De notar-se, por outro lado, que a *procedência* da ação popular (*rectius*: do pedido) não inviabiliza o ajuizamento da ação civil de improbidade, não só para a possível complementação da reparação do dano (art. 17, § 2º, da Lei n. 8.429/92)[734] como também para a aplicação das sanções de perda da função pública, suspensão dos direitos políticos, pagamento de multa civil e proibição de contratar com o Poder Público ou dele receber benefícios ou incentivos fiscais ou creditícios (art. 12), que não podem ser buscadas pelo autor popular. Seria até interessante que, se previsse, *de lege ferenda*, uma *eficácia preclusiva*[735] das questões de fato e de direito decididas na ação popular, de modo a que na ação de improbidade não se discutisse mais sobre a lesividade ao patrimônio público, mas apenas a "dosimetria das sanções".

Já o julgamento de *improcedência* da ação popular pelo *mérito* inviabiliza o ajuizamento da ação civil de improbidade, desde que, por óbvio, haja identidade de causa de pedir[736].

---

733 Relembre-se que a teor do art. 17, § 5º, da Lei de Improbidade, com a redação dada pela Medida Provisória n. 2.180-34, de 27/7/2001, a mera *propositura da ação* previne "... a jurisdição do juízo para todas as ações posteriormente intentadas que possuam a mesma causa de pedir ou o mesmo objeto", critério (propositura da ação) também adotado no âmbito da Lei da Ação Popular (art. 5º, § 3º). O art. 57 do CPC/2015 estabelece que "Quando houver continência e a ação continente tiver sido proposta anteriormente, no processo relativo à ação contida será proferida sentença sem resolução de mérito, caso contrário, as ações serão necessariamente reunidas". Contudo, como já visto, considerando que a legitimação para a ação popular e para a ação civil pública encontram, ambas, fundamento constitucional, pouco importa a anterioridade do ajuizamento da ação continente (no caso, a ação civil pública), ou seja, o juiz não deve extinguir a ação popular e a única forma de não violar o texto constitucional é a reunião das ações para decisão simultânea (art. 58 do CPC/2015).

734 Como visto na primeira parte desta obra, a atuação complementar prevista no art. 17, § 2º, somente será admitida quando: a) a Fazenda Pública não tiver ocupado o polo ativo; b) a dimensão do dano não tiver sido discutida na ação de improbidade; c) fatos supervenientes, até então não valorados na lide originária, puderem embasar uma lide posterior.

735 Machado Guimarães (*Preclusão, coisa julgada, efeito preclusivo*, p. 23, nota 50), invocando Aguiar Dias, recorre à figura da *eficácia preclusiva* para explicar a regra contida no arts. 1.525 do Código Civil (art. 935 do atual Código Civil), que dispõe que, embora independentes as responsabilidades civil e criminal, "... não se poderá, porém, questionar mais sobre a existência do fato, ou quem seja o seu autor, quando estas questões se acharem decididas no crime".

736 Súmula n. 1 do Conselho Superior do Ministério Público do Estado de São Paulo: "Se os mesmos fatos investigados no inquérito civil foram objeto de ação popular julgada improcedente pelo mérito e não por

E vice-versa (a improcedência da ação civil de improbidade por razões de mérito inviabiliza o ajuizamento da ação popular).

18.4. Ação Civil de Improbidade e Ações Individuais

Como não se ignora, do mesmo fato jurídico poderão surgir diferentes pretensões, o que legitima o exercício do direito de ação por diferentes personagens. Neste contexto, uma conduta caracterizadora de improbidade pode, a um só tempo, deflagrar o ajuizamento da ação coletiva por parte dos legitimados extraordinários (art. 17 da Lei n. 8.429/92 e art. 5º da Lei n. 7.347/85) e, por exemplo, a impetração de mandado de segurança individual ou mesmo a propositura de uma ação ordinária de anulação do ato administrativo. Imagine-se uma licitação fraudulenta ou um concurso público ilegal.

Note-se que a relação existente entre a ação civil de improbidade e a ação individual é de mera conexão (art. 55 do CPC/2015), do que resultará a reunião de processos (art. 55, § 1º, do CPC/2015)[737] perante o Juízo da primeira propositura, cumprindo ressaltar que o art. 17, § 5º, da Lei de Improbidade exige, para a caracterização da prevenção, apenas a identidade de *causa de pedir* ou de *pedido*, não distinguindo entre ações coletivas e individuais[738]. É dizer: a propositura da ação individual prevenirá a competência para a ação coletiva e vice-versa.

Excluída tal hipótese, que não apresentará dificuldades quanto à coisa julgada em razão do *simultaneus processus*, resta analisar a situação em que uma das ações, coletiva ou individual, já tenha sido definitivamente julgada, não tendo havido, por qualquer razão, a unidade de processo e julgamento.

Diga-se, desde logo, que a *improcedência* de uma ação coletiva (ação popular ou ação civil pública), *pelo mérito* ou *por falta de provas*, não inviabiliza a propositura das ações individuais, uma vez que a sistemática adotada pelo legislador pátrio é no sentido da extensão da autoridade da coisa julgada (*erga omnes*) apenas *in utilibus*[739]. E ressalte-se que o exercício

---

falta de provas, o caso é de arquivamento do procedimento instaurado". Fundamento: Cotejando uma ação popular e uma ação civil pública, pode haver o mesmo pedido e a mesma causa de pedir (p. ex., na defesa do meio ambiente ou do patrimônio público, cf. LAP e LACP, e art. 5º, LXXIII, da CR). Numa e noutra, tanto o cidadão como o Ministério Público agem por legitimação extraordinária, de forma que, em tese, é possível que a decisão de uma ação popular seja óbice à propositura de uma ação civil pública (coisa julgada), o que pode ocorrer tanto se a ação popular for julgada procedente, como também se for julgada improcedente pelo mérito, e não por falta de provas (art. 18 da Lei n. 4.717/65 e 16 da Lei n. 7.347/85; Protocolado n. 32.600/93, *apud* Mazzilli, *O inquérito civil*, p. 405).

737 Salvo se um dos Juízos for absolutamente incompetente para julgar um dos processos (*RT* n. 610/54 e 711/139).
738 O tema foi tratado acima.
739 Art. 103 do Código de Defesa do Consumidor: "Nas ações coletivas de que trata este Código, a sentença fará coisa julgada: I – *erga omnes*, exceto se o pedido for julgado improcedente por insuficiência de provas, hipó-

da ação individual, em qualquer hipótese de improcedência da ação coletiva, não demandará a superveniência de prova nova, tratando-se de ações diversas (partes e objeto).

Por outro lado, pelas mesmas razões, aqueles que já tiverem obtido resultados favoráveis em suas ações individuais, com sentenças transitadas em julgado, não se verão alcançados por resultados desfavoráveis experimentados nas ações coletivas[740], o que é óbvio[741].

E a *improcedência* numa ação individual (ex.: mandado de segurança) inviabiliza o ajuizamento da ação coletiva? Não, uma vez que os objetos das ações são distintos (o da ação de improbidade é reparatório-sancionatório, podendo ser, em algumas hipóteses, reparatório-sancionatório-desconstitutivo; o da ação individual será, em regra, desconstitutivo, não podendo, jamais, revestir-se de caráter sancionatório)[742], verificando-se a autoridade da coisa julgada apenas *inter partes*. Ademais, somente o legislador pode ampliar o

---

tese em que qualquer legitimado poderá intentar outra ação, com idêntico fundamento, valendo-se de nova prova, na hipótese do inciso I do parágrafo único do artigo 81; II – *ultra partes*, mas limitadamente ao grupo, categoria ou classe, salvo improcedência por insuficiência de provas, nos termos do inciso anterior, quando se tratar da hipótese prevista no inciso II do parágrafo único do artigo 81; III – *erga omnes*, apenas no caso de procedência do pedido, para beneficiar todas as vítimas e seus sucessores, na hipótese do inciso III do parágrafo único do artigo 81. **§ 1º Os efeitos da coisa julgada previstos nos incisos I e II não prejudicarão interesses e direitos individuais dos integrantes da coletividade, do grupo, categoria ou classe.** § 2º Na hipótese prevista no inciso III, em caso de improcedência do pedido, os interessados que não tiverem intervindo no processo como litisconsortes poderão propor ação de indenização a título individual. **§ 3º Os efeitos da coisa julgada de que cuida o artigo 16, combinado com o art. 13 da Lei n. 7.347, de 24 de julho de 1985, não prejudicarão as ações de indenização por danos pessoalmente sofridos, propostas individualmente ou na forma prevista neste Código, mas, se procedente o pedido, beneficiarão as vítimas e seus sucessores, que poderão proceder à liquidação e à execução, nos termos dos artigos 96 a 99.** § 4º Aplica-se o disposto no parágrafo anterior à sentença penal condenatória". De acordo com Ada Pellegrini Grinover, a solução da lei "... leva em conta todas as circunstâncias apontadas, visando harmonizar a índole da coisa julgada nas ações coletivas e sua necessária extensão a terceiros com as garantias do devido processo legal, do contraditório e da ampla defesa (art. 5º, incs. LIV e LV, da CF), as quais obstam a que o julgado possa desfavorecer aquele que não participou da relação jurídico-processual, sem o correlato, efetivo controle sobre a representatividade adequada e sem a segurança da efetiva possibilidade de utilização de técnicas de intervenção no processo e de exclusão da coisa julgada" (*Código de Defesa do Consumidor comentado...*, p. 809).

740 Nesse sentido, Mancuso, A concomitância de ações coletivas, entre si, e em face das ações individuais, p. 35.

741 "E se for julgado procedente o pedido feito em ação coletiva, com efeitos *erga omnes*, e, ao mesmo tempo, for julgado improcedente o pedido em ação individual com a mesma causa de pedir? Suponhamos que, na ação coletiva, a coisa julgada reconheça um direito para todos os servidores públicos; ao mesmo tempo, em ação individual, o servidor X viu formar-se coisa julgada a negar-lhe esse direito, acreditamos que o lesado deve ser beneficiado pela coisa julgada coletiva. Não teria sentido que o mesmo demandado fosse obrigado a pagar um benefício a todos os seus funcionários, *menos a um único que o acionou individualmente*, sem êxito. Além de negação ao princípio isonômico, seria a existência de coisas julgadas contraditórias, uma, aliás, de maior abrangência que a outra" (MAZZILLI, *apud* MANCUSO, ob. cit., p. 46). No mesmo sentido: CARVALHO FILHO, José dos Santos. *Ação civil pública*, p. 386.

742 Distintas também serão as partes.

objeto do processo, como o faz, por exemplo, no CDC (art. 103, §§ 3º, *in fine*, e 4º) e no CP (art. 91, I)[743]. E sempre, sob pena de violação aos princípios do devido processo legal e do contraditório, *in utilibus*. Do contrário, possível incúria na condução e instrução da ação individual, fruto ou não de dolo, acabaria por impor um injustificável prejuízo à coletividade, esvaziando a tutela do patrimônio público.

18.5. Influência Recíproca entre as Jurisdições Civil e Criminal

A questão da independência e comunicabilidade entre as instâncias penal, civil e administrativa foi longamente analisada na primeira parte deste livro. Aqui, cabe apenas recordar:

a) a condenação criminal torna certa a obrigação de reparar o dano (art. 91 do CP), ostentando a sentença criminal a qualidade de título executivo judicial (art. 515, VI, do CPC/2015). Tal sistemática permite que qualquer dos legitimados (art. 17 da Lei n. 8.429/92 e 5º da Lei n. 7.347/85) promova a ação de execução com vistas à efetiva reparação do dano, sendo desnecessário, quanto a este aspecto, o processo de conhecimento. Remanesce, não obstante, o interesse processual no ajuizamento da ação civil de improbidade para a aplicação das sanções previstas no art. 12 da Lei n. 8.429/92[744];

b) de acordo com a regra do art. 935 do CC[745], as jurisdições penal e civil são, a princípio, independentes, não se podendo mais questionar no cível, no entanto, "a existência do fato, ou quem seja o seu autor, quando estas questões se acharem decididas no juízo criminal"[746];

c) assim, a sentença absolutória criminal fundada no art. 386, I (*estar provada* a inexistência do fato), IV (*estar provado* que o réu não concorreu para a infração penal) e

---

743 "Art. 91. São efeitos da condenação: I – tornar certa a obrigação de indenizar o dano causado pelo crime".

744 Se a condenação criminal importar na aplicação de pena privativa de liberdade por tempo igual ou superior a um ano, o agente, em se tratando dos chamados crimes funcionais (abuso de poder ou violação de dever para com a Administração Pública), perderá o cargo, função pública ou mandato eletivo como efeito da condenação (art. 92, I, *a*, do CP). Fora de tais hipóteses (crimes não funcionais), a perda do cargo, função pública ou mandato eletivo só se verificará se a condenação for a pena privativa de liberdade superior a quatro anos (art. 92, I, *b*, do CP). Tanto num caso como noutro, transitada em julgado a sentença criminal, não haverá, por evidente, interesse processual em requerer-se a perda do cargo, função ou mandato através da ação civil de improbidade.

745 "Art. 935. A responsabilidade civil é independente da criminal, não se podendo questionar mais sobre a existência do fato, ou sobre quem seja o seu autor, quando estas questões se acharem decididas no juízo criminal." O art. 935 do atual Código Civil corresponde ao art. 1.525 do Código revogado. O art. 18 da Lei Anticorrupção (Lei n. 12.846/2013) estatui que: "Na esfera administrativa, a responsabilidade da pessoa jurídica não afasta a possibilidade de sua responsabilização na esfera judicial".

746 Art. 66 do CPP: "Não obstante a sentença absolutória no juízo criminal, a ação civil poderá ser proposta quando não tiver sido, categoricamente, reconhecida a inexistência material do fato".

VI (existência de circunstância que exclua o crime ou isente o réu de pena)[747-748] do CPP inviabiliza o ajuizamento da ação civil de improbidade;

d) tal não ocorrerá quando a absolvição criminal vier fundada nos incisos II (*falta de prova* da existência do fato), III (não constituir o fato infração penal), V (*inexistência de prova* de ter o réu concorrido para o ilícito) e VII (*inexistência de prova suficiente* para a condenação) do mesmo diploma legal[749];

e) ao teor do art. 315 do CPC/2015, *se o conhecimento do mérito depender de verificação da existência de fato delituoso, o juiz pode determinar a suspensão do processo até que se pronuncie a justiça criminal*[750], entendendo a maioria da doutrina que a suspensão do processo cível é uma mera faculdade[751-752];

f) a improcedência da ação civil de improbidade não vincula, em hipótese alguma, o juízo criminal; o contrário (vinculação do juízo cível à sentença criminal) é que, a depender da hipótese, ocorrerá, como visto acima[753];

---

747 Legítima defesa, estado de necessidade etc.
748 Art. 65 do CPP: "Faz coisa julgada no cível a sentença penal que reconhecer ter sido o ato praticado em estado de necessidade, em legítima defesa, em estrito cumprimento de dever legal ou no exercício regular de direito."
749 O art. 67 do CPP estabelece que também não impedirão a propositura da ação civil o arquivamento do inquérito policial e a decisão que julgar extinta a punibilidade.
750 Pelo prazo máximo de um ano (art. 313, § 4º, do CPC/2015).
751 Em sentido contrário, sustentando tratar-se de uma obrigatoriedade, Fernando da Costa Tourinho, *Processo penal*, p. 247.
752 Retomando o Juízo cível o julgamento ou mesmo recusando-se a suspender o processo, imagine-se que o pedido seja julgado *procedente*. Posteriormente, o Juízo criminal profere sentença *absolutória* adotando um daqueles fundamentos que vinculariam o cível (arts. 65 e 66 c.c. art. 386 do CPP). O que fazer? A hipótese foi apreciada pela 4ª Turma do STJ, no REsp n. 118.449-GO, rel. Min. Cesar Asfor Rocha, acórdão publicado na *Revista do Ministério Público do Estado do Rio de Janeiro* n. 9, p. 503 e s., assim ementado: "Civil e Processual civil. Sentença criminal absolutória. Legítima defesa reconhecida. Efeito na pretensão indenizatória. Causa superveniente. Arts. 65/CPP, 160/CC e 741, VI/CPC. A absolvição criminal com base em legítima defesa exclui a *actio civilis ex delicto*, fazendo coisa julgada no cível. A absolvição no juízo criminal, pelo motivo acima apontado, posterior à sentença da ação civil reparatória por ato ilícito, importa em causa superveniente extintiva da obrigação, por isso que pode ser versada nos embargos à execução fundada em título judicial, na previsão do art. 741, VI, do Código de Processo Civil (art. 535, VI, do CPC/2015). Recurso provido".
753 Nesse sentido a jurisprudência do STF: RHC n. 54.376-SP, 1ª T., rel. Min. Rodrigues Alckmin, *RTJ* n. 79/430; RHC n. 55.795-RS, 1ª T., rel. Min. Soares Muñoz, *RTJ* n. 85/783; HC n. 73.372/DF, 1ª T., rel. Min. Sydney Sanches, *DJU* de 17/5/1996, Ementário n. 1828-4. O STJ, no entanto, no Inquérito n. 33-SP, por sua Corte Especial, rel. o Min. Vicente Cernichiaro, reconheceu a vinculação do juízo criminal à decisão do cível que entendera inexistente qualquer ilicitude na conduta dos imputados. Eis a ementa do acórdão: "Inquérito – Direito – Unidade – Denúncia – Ação Cível – Prejudicial. O Direito, como sistema, é unitário. Inexiste contradição lógica. A ilicitude é uma, não obstante, repercussão distinta nas várias áreas dogmáticas. A denúncia deve imputar fato ilícito, atribuível (ação, ou omissão) ao acusado. Se o narrado da denúncia foi declarado lícito, no juízo cível, enquanto não desconstituído o julgado, impede a imputação criminal. Aque-

g) tratando-se de conduta criminosa mas que não configure ilícito administrativo (crimes não funcionais), a sentença *absolutória criminal*, em qualquer hipótese, vinculará a esfera administrativa, uma vez que a competência para a valoração de tais condutas será do Poder Judiciário, com exclusividade;

h) a sentença de *improcedência na ação civil de improbidade* vincula a esfera administrativa uma vez que soaria absurdo considerar-se a conduta ilícita sob o ponto de vista administrativo em afronta ao decidido, definitivamente e em sentido contrário, pelo Poder Judiciário[754].

19. JURISPRUDÊNCIA CONSOLIDADA DO SUPERIOR TRIBUNAL DE JUSTIÇA EM MATÉRIA PROCESSUAL

Com o objetivo de facilitar o leitor na identificação e compreensão do estágio atual da jurisprudência do Superior Tribunal de Justiça em matéria processual, transcrevemos abaixo as súmulas publicadas nas edições de número 38 e 40 do ementário "Jurisprudência em Teses do STJ", uma importante ferramenta tecnológica disponibilizada aos operadores do direito. Como se verá com facilidade, tal jurisprudência consolidada está alinhada, em sua quase totalidade, às teses que temos defendido nesta obra, desde as primeiras edições.

EMENTÁRIO N. 38:

– *O Ministério Público tem legitimidade* ad causam *para a propositura de Ação Civil Pública objetivando o ressarcimento de danos ao erário, decorrentes de atos de improbidade.*

---

la decisão configura prejudicial (CPP, art. 93). Denúncia rejeitada". O Ministro Fontes de Alencar, em seu voto, rejeitou a denúncia oferecida pelo *Parquet* não, propriamente, em razão da sentença proferida pelo Juízo cível, mas sim pela ausência de *fumus boni iuris* que a sua existência representava no campo penal. Este entendimento foi seguido, expressamente, pelos Mins. Sálvio de Figueiredo e Barros Monteiro, que fizeram questão de ressaltar a prevalência da esfera penal sobre a cível (j. 11/6/1992). Mesmo este último argumento deve ser recebido com cautela, uma vez que o afastamento do caráter ilícito da conduta na esfera cível, em razão da diversidade de objetos, pode se relacionar a motivos irrelevantes no campo do direito penal. Foi o que se verificou, por exemplo, por ocasião do julgamento do REsp n. 11.722/MT, 5ª Turma, rel. Min. José Arnaldo da Fonseca. O caso dizia respeito a cirurgia feita por médico do SUS em seu consultório particular, comportando a hipótese realização pela rede pública. No cível, a ação por improbidade administrativa buscou discutir se tal conduta violaria o dever de probidade, tendo sido o pedido julgado improcedente em primeira instância. No crime, como ressaltado, na ocasião, pelo parecer do *Parquet* federal, o que se buscava analisar era a existência, ou não, de concussão (art. 316 do CP), "... isto é, se o recorrente, ao propor a realização da cirurgia em seu consultório particular, exigindo determinado valor em dinheiro para tanto, teria a intenção de, valendo-se do cargo público, exigir vantagem indevida da vítima". Por tal motivo, negou-se provimento ao recurso, reafirmando-se a independência da esfera criminal em face da esfera cível (j. 20/9/2001, *DJU* de 5/11/2001, p. 124).

754 Ver sobre o tema, mais detidamente, a primeira parte desta obra. Afastando a possível influência impeditiva da responsabilização administrativa sobre a judicial, o art. 18 da Lei Anticorrupção (Lei n. 12.846/2013) estatui que: "Na esfera administrativa, a responsabilidade da pessoa jurídica não afasta a possibilidade de sua responsabilização na esfera judicial".

Acórdãos:

REsp 1261660/SP, Rel. Ministro Napoleão Nunes Maia Filho, Rel. p/ Acórdão Ministro Benedito Gonçalves, Primeira Turma, Julgado em 24/03/2015, *DJE* 16/04/2015

REsp 1435550/PR, Rel. Ministro Humberto Martins, Segunda Turma, Julgado em 16/10/2014, *DJE* 11/11/2014

EDcl no REsp 723296/SP, Rel. Ministro Mauro Campbell Marques, Segunda Turma, Julgado em 03/04/2014, *DJE* 19/12/2014

REsp 1153738/SP, Rel. Ministro Og Fernandes, Segunda Turma, Julgado em 26/08/2014, *DJE* 05/09/2014

REsp 1203232/SP, Rel. Ministro Napoleão Nunes Maia Filho, Primeira Turma, Julgado em 03/09/2013, *DJE* 17/09/2013

REsp 817921/SP, Rel. Ministro Castro Meira, Segunda Turma, Julgado em 27/11/2012, *DJE* 06/12/2012

AgRg no AREsp 076985/MS, Rel. Ministro Cesar Asfor Rocha, Segunda Turma, Julgado em 03/05/2012, *DJE* 18/05/2012

REsp 1219706/MG, Rel. Ministro Herman Benjamin, Segunda Turma, Julgado em 15/03/2011, *DJE* 25/04/2011

REsp 1089492/RO, Rel. Ministro Luiz Fux, Primeira Turma, Julgado em 04/11/2010, *DJE* 18/11/2010

Decisões Monocráticas:

AREsp 484423/MS, Rel. Ministra Assusete Magalhães, Segunda Turma, Julgado em 26/03/2015, Publicado em 10/04/2015

– O Ministério Público estadual possui legitimidade recursal para atuar como parte no Superior Tribunal de Justiça nas ações de improbidade administrativa, reservando-se ao Ministério Público Federal a atuação como fiscal da lei.

Acórdãos:

AgRg no AREsp 528143/RN, Rel. Ministro Benedito Gonçalves, Primeira Turma, Julgado em 07/05/2015, *DJE* 14/05/2015

AgRg no REsp 1323236/RN, Rel. Ministro Herman Benjamin, Segunda Turma, Julgado em 10/06/2014, *DJE* 28/11/2014

– A ausência da notificação do réu para a defesa prévia, prevista no art. 17, § 7º, da Lei de Improbidade Administrativa, só acarreta nulidade processual se houver comprovado prejuízo (pas de nullité sans grief).

Acórdãos:

EREsp 1008632/RS, Rel. Ministro Mauro Campbell Marques, Primeira Seção, Julgado em 11/02/2015, *DJE* 09/03/2015

AgRg no REsp 1336055/GO, Rel. Ministro Herman Benjamin, Segunda Turma, Julgado em 10/06/2014, *DJE* 14/08/2014

REsp 1101585/MG, Rel. Ministro Napoleão Nunes Maia Filho, Rel. p/ Acórdão Ministro Benedito Gonçalves, Primeira Turma, Julgado em 21/11/2013, *DJE* 25/04/2014

AgRg no REsp 1134408/RJ, Rel. Ministra Eliana Calmon, Segunda Turma, Julgado em 11/04/2013, *DJE* 18/04/2013

EDcl no REsp 1194009/SP, Rel. Ministro Arnaldo Esteves Lima, Primeira Turma, Julgado em 17/05/2012, *DJE* 30/05/2012

AgRg no REsp 1225295/PB, Rel. Ministro Francisco Falcão, Primeira Turma, Julgado em 22/11/2011, *DJE* 06/12/2011

AgRg no REsp 1218202/MG, Rel. Ministro Cesar Asfor Rocha, Segunda Turma, Julgado em 12/04/2011, *DJE* 29/04/2011

Decisões Monocráticas:

AREsp 484423/MS, Rel. Ministra Assusete Magalhães, Segunda Turma, Julgado em 26/03/2015, Publicado em 10/04/2015

AREsp 408104/SP, Rel. Ministro Og Fernandes, Segunda Turma, Julgado em 22/08/2014, Publicado em 03/09/2014

REsp 1269404/SE, Rel. Ministro Sérgio Kukina, Primeira Turma, Julgado em 24/02/2014, Publicado em 06/03/2014

– A presença de indícios de cometimento de atos ímprobos autoriza o recebimento fundamentado da petição inicial nos termos do art. 17, §§ 7º, 8º e 9º, da Lei n. 8.429/92, devendo prevalecer, no juízo preliminar, o princípio do in dubio pro societate.

Acórdãos:

AgRg no AREsp 604949/RS, Rel. Ministro Herman Benjamin, Segunda Turma, Julgado em 05/05/2015, *DJE* 21/05/2015

AgRg no REsp 1466157/MG, Rel. Ministro Mauro Campbell Marques, Segunda Turma, Julgado em 18/06/2015, *DJE* 26/06/2015

REsp 1504744/MG, Rel. Ministro Sérgio Kukina, Primeira Turma, Julgado em 16/04/2015, *DJE* 24/04/2015

AgRg nos EDcl no AREsp 605092/RJ, Rel. Ministra Marga Tessler (Juíza Federal Convocada do TRF 4ª Região), Primeira Turma, Julgado em 24/03/2015, *DJE* 06/04/2015

AgRg no AREsp 612342/RJ, Rel. Ministro Humberto Martins, Segunda Turma, Julgado em 05/03/2015, *DJE* 11/03/2015

AgRg no AREsp 444847/ES, Rel. Ministro Benedito Gonçalves, Primeira Turma, Julgado em 05/02/2015, *DJE* 20/02/2015

AgRg no REsp 1455330/MG, Rel. Ministro Og Fernandes, Segunda Turma, Julgado em 16/12/2014, *DJE* 04/02/2015

REsp 1259350/MS, Rel. Ministro Napoleão Nunes Maia Filho, Primeira Turma, Julgado em 22/10/2013, DJE 29/08/2014

AgRg no AREsp 318511/DF, Rel. Ministra Eliana Calmon, Segunda Turma, Julgado em 05/09/2013, DJE 17/09/2013

Decisões Monocráticas:

AREsp 531550/RJ, Rel. Ministra Assusete Magalhães, Segunda Turma, Julgado em 23/02/2015, Publicado em 05/03/2015

– A eventual prescrição das sanções decorrentes dos atos de improbidade administrativa não obsta o prosseguimento da demanda quanto ao pleito de ressarcimento dos danos causados ao erário, que é imprescritível (art. 37, § 5º da CF).

Acórdãos:

AgRg no AREsp 663951/MG, Rel. Ministro Humberto Martins, Segunda Turma, Julgado em 14/04/2015, DJE 20/04/2015

AgRg no REsp 1481536/RJ, Rel. Ministro Mauro Campbell Marques, Segunda Turma, Julgado em 18/12/2014, DJE 19/12/2014

REsp 1289609/DF, Rel. Ministro Benedito Gonçalves, Primeira Seção, Julgado em 12/11/2014, DJE 02/02/2015

AgRg no REsp 1287471/PA, Rel. Ministro Castro Meira, Segunda Turma, Julgado em 06/12/2012, DJE 04/02/2013

Decisões Monocráticas:

AREsp 622765/PE, Rel. Ministro Herman Benjamin, Segunda Turma, Julgado em 11/05/2015, Publicado em 17/06/2015

AREsp 650163/MT, Rel. Ministra Regina Helena Costa, Primeira Turma, Julgado em 23/04/2015, Publicado em 28/04/2015

REsp 1422063/RJ, Primeira Turma, Julgado em 24/03/2015, Publicado em 26/03/2015

– É inviável a propositura de ação civil de improbidade administrativa exclusivamente contra o particular, sem a concomitante presença de agente público no polo passivo da demanda.

Acórdãos:

AgRg no AREsp 574500/PA, Rel. Ministro Humberto Martins, Segunda Turma, Julgado em 02/06/2015, DJE 10/06/2015

REsp 1282445/DF, Rel. Ministro Napoleão Nunes Maia Filho, Primeira Turma, Julgado em 24/04/2014, DJE 21/10/2014

REsp 1409940/SP, Rel. Ministro Og Fernandes, Segunda Turma, Julgado em 04/09/2014, DJE 22/09/2014

REsp 1171017/PA, Rel. Ministro Sérgio Kukina, Primeira Turma, Julgado em 25/02/2014, DJE 06/03/2014

REsp 896044/PA, Rel. Ministro Herman Benjamin, Segunda Turma, Julgado em 16/09/2010, *DJE* 19/04/2011

REsp 1181300/PA, Rel. Ministro Castro Meira, Segunda Turma, Julgado em 14/09/2010, *DJE* 24/09/2010

Decisões Monocráticas:

REsp 1504052/RJ, Rel. Ministra Assusete Magalhães, Segunda Turma, Julgado em 29/05/2015, Publicado em 17/06/2015

– Nas ações de improbidade administrativa, não há litisconsórcio passivo necessário entre o agente público e os terceiros beneficiados com o ato ímprobo.

Acórdãos:

AgRg no REsp 1421144/PB, Rel. Ministro Benedito Gonçalves, Primeira Turma, Julgado em 26/05/2015, *DJE* 10/06/2015

REsp 1261057/SP, Rel. Ministro Humberto Martins, Segunda Turma, Julgado em 05/05/2015, *DJE* 15/05/2015

AgRg no AREsp 355372/MS, Rel. Ministra Marga Tessler (Juíza Federal Convocada do TRF 4ª Região), Primeira Turma, Julgado em 05/03/2015, *DJE* 11/03/2015

AgRg no REsp 1461489/MG, Rel. Ministro Mauro Campbell Marques, Segunda Turma, Julgado em 18/12/2014, *DJE* 19/12/2014

EDcl no REsp 987598/PR, Rel. Ministro Napoleão Nunes Maia Filho, Primeira Turma, Julgado em 05/11/2013, *DJE* 22/11/2013

REsp 896044/PA, Rel. Ministro Herman Benjamin, Segunda Turma, Julgado em 16/09/2010, *DJE* 19/04/2011

AgRg no REsp 759646/SP, Rel. Ministro Teori Albino Zavascki, Primeira Turma, Julgado em 23/03/2010, *DJE* 30/03/2010

Decisões Monocráticas:

AREsp 299316/MG, Rel. Ministro Og Fernandes, Segunda Turma, Julgado em 11/12/2014, Publicado em 16/12/2014

– A revisão da dosimetria das sanções aplicadas em ação de improbidade administrativa implica reexame do conjunto fático-probatório dos autos, encontrando óbice na súmula 7/STJ, salvo se da leitura do acórdão recorrido verificar-se a desproporcionalidade entre os atos praticados e as sanções impostas.

Acórdãos:

AgRg no REsp 1452792/SC, Rel. Ministro Benedito Gonçalves, Primeira Turma, Julgado em 26/05/2015, *DJE* 10/06/2015

AgRg no REsp 1500812/SE, Rel. Ministro Mauro Campbell Marques, Segunda Turma, Julgado em 21/05/2015, *DJE* 28/05/2015

AgRg no REsp 1372421/SP, Rel. Ministro Herman Benjamin, Segunda Turma, Julgado em 07/04/2015, *DJE* 22/05/2015

AgRg no REsp 1362789/MG, Rel. Ministro Humberto Martins, Segunda Turma, Julgado em 12/05/2015, *DJE* 19/05/2015

AgRg no AREsp 589448/RS, Rel. Ministro Og Fernandes, Segunda Turma, Julgado em 10/03/2015, *DJE* 18/03/2015

AgRg no AREsp 097571/RS, Rel. Ministra Marga Tessler (Juíza Federal convocada do TRF 4ª Região), Primeira Turma, Julgado em 10/03/2015, *DJE* 17/03/2015

AgRg no AREsp 353745/RO, Rel. Ministra Assusete Magalhães, Segunda Turma, Julgado em 03/03/2015, *DJE* 10/03/2015

EREsp 1215121/RS, Rel. Ministro Napoleão Nunes Maia Filho, Primeira Seção, Julgado em 14/08/2014, *DJE* 01/09/2014

REsp 1203149/RS, Rel. Ministra Eliana Calmon, Segunda Turma, Julgado em 17/12/2013, *DJE* 07/02/2014

REsp 1113820/SP, Rel. Ministro Castro Meira, Segunda Turma, Julgado em 11/06/2013, *DJE* 18/06/2013

– *É possível o deferimento da medida acautelatória de indisponibilidade de bens em ação de improbidade administrativa nos autos da ação principal sem audiência da parte adversa e, portanto, antes da notificação a que se refere o art. 17, § 7º, da Lei n. 8.429/92.*

Acórdãos:

AgRg no AREsp 460279/MS, Rel. Ministro Herman Benjamin, Segunda Turma, Julgado em 07/10/2014, *DJE* 27/11/2014

REsp 1197444/RJ, Rel. Ministro Napoleão Nunes Maia Filho, Primeira Turma, Julgado em 27/08/2013, *DJE* 05/09/2013

AgRg no AgRg no REsp 1328769/BA, Rel. Ministra Eliana Calmon, Segunda Turma, Julgado em 13/08/2013, *DJE* 20/08/2013

AgRg no Ag 1262343/SP, Rel. Ministro Teori Albino Zavascki, Primeira Turma, Julgado em 28/08/2012, *DJE* 21/09/2012

AgRg no REsp 1256287/MT, Rel. Ministro Humberto Martins, Segunda Turma, Julgado em 15/09/2011, *DJE* 21/09/2011

EDcl no REsp 1163499/MT, Rel. Ministro Mauro Campbell Marques, Segunda Turma, Julgado em 16/11/2010, *DJE* 25/11/2010

REsp 1078640/ES, Rel. Ministro Luiz Fux, Primeira Turma, Julgado em 09/03/2010, *DJE* 23/03/2010

REsp 1040254/CE, Rel. Ministra Denise Arruda, Primeira Turma, Julgado em 15/12/2009, *DJE* 02/02/2010

– É possível a decretação da indisponibilidade de bens do promovido em ação civil Pública por ato de improbidade administrativa, quando ausente (ou não demonstrada) a prática de atos (ou a sua tentativa) que induzam a conclusão de risco de alienação, oneração ou dilapidação patrimonial de bens do acionado, dificultando ou impossibilitando o eventual ressarcimento futuro.

Acórdãos:

AgRg no AREsp 460279/MS, Rel. Ministro Herman Benjamin, Segunda Turma, Julgado em 07/10/2014, *DJE* 27/11/2014

REsp 1197444/RJ, Rel. Ministro Napoleão Nunes Maia Filho, Primeira Turma, Julgado em 27/08/2013, *DJE* 05/09/2013

AgRg no AgRg no REsp 1328769/BA, Rel. Ministra Eliana Calmon, Segunda Turma, Julgado em 13/08/2013, *DJE* 20/08/2013

AgRg no Ag 1262343/SP, Rel. Ministro Teori Albino Zavascki, Primeira Turma, Julgado em 28/08/2012, *DJE* 21/09/2012

AgRg no REsp 1256287/MT, Rel. Ministro Humberto Martins, Segunda Turma, Julgado em 15/09/2011, *DJE* 21/09/2011

REsp 1163499/MT, Rel. Ministro Mauro Campbell Marques, Segunda Turma, Julgado em 21/09/2010, *DJE* 08/10/2010

REsp 1078640/ES, Rel. Ministro Luiz Fux, Primeira Turma, Julgado em 09/03/2010, *DJE* 23/03/2010

REsp 1040254/CE, Rel. Ministra Denise Arruda, Primeira Turma, Julgado em 15/12/2009, *DJE* 02/02/2010

– Na ação de improbidade, a decretação de indisponibilidade de bens pode recair sobre aqueles adquiridos anteriormente ao suposto ato, além de levar em consideração, o valor de possível multa civil como sanção autônoma.

Acórdãos:

REsp 1461892/BA, Rel. Ministro Herman Benjamin, Segunda Turma, Julgado em 17/03/2015, *DJE* 06/04/2015

REsp 1461882/PA, Rel. Ministro Sérgio Kukina, Primeira Turma, Julgado em 05/03/2015, *DJE* 12/03/2015

REsp 1176440/RO, Rel. Ministro Napoleão Nunes Maia Filho, Primeira Turma, Julgado em 17/09/2013, *DJE* 04/10/2013

AgRg no REsp 1191497/RS, Rel. Ministro Humberto Martins, Segunda Turma, Julgado em 20/11/2012, *DJE* 28/11/2012

AgRg no AREsp 020853/SP, Rel. Ministro Benedito Gonçalves, Primeira Turma, Julgado em 21/06/2012, *DJE* 29/06/2012

Decisões Monocráticas:

REsp 1426699/MA, Rel. Ministra Regina Helena Costa, Primeira Turma, Julgado em 16/06/2015, Publicado em 23/06/2015

AREsp 391067/SP, Rel. Ministro Og Fernandes, Segunda Turma, Julgado em 27/02/2015, Publicado em 19/03/2015

REsp 924142/ES, Rel. Ministro Mauro Campbell Marques, Segunda Turma, Julgado em 03/08/2009, Publicado em 13/08/2009

EMENTÁRIO N. 40:

– A ação de improbidade administrativa proposta contra agente político que tenha foro por prerrogativa de função é processada e julgada pelo juiz de primeiro grau, limitada à imposição de penalidades patrimoniais e vedada a aplicação das sanções de suspensão dos direitos políticos e de perda do cargo do réu[755].

Acórdãos:

REsp 1138173/RN, Rel. Ministro Humberto Martins, Segunda Turma, Julgado em 23/06/2015, *DJE* 30/06/2015

AgRg no AgRg no REsp 1316294/RJ, Rel. Ministro Olindo Menezes (Desembargador convocado do TRF 1ª Região), Primeira Turma, Julgado em 16/06/2015, *DJE* 24/06/2015

AgRg na MC 020742/MG, Rel. Ministra Maria Thereza De Assis Moura, Corte Especial, Julgado em 06/05/2015, *DJE* 27/05/2015

AgRg no AREsp 553972/MG, Rel. Ministro Herman Benjamin, Segunda Turma, Julgado em 16/12/2014, *DJE* 03/02/2015

REsp 1407862/RO, Rel. Ministro Mauro Campbell Marques, Segunda Turma, Julgado em 09/12/2014, *DJE* 19/12/2014

REsp 1489024/SP, Rel. Ministro Benedito Gonçalves, Primeira Turma, Julgado em 04/12/2014, *DJE* 11/12/2014

AgRg na MC 022064/SP, Rel. Ministro Sérgio Kukina, Primeira Turma, Julgado em 11/11/2014, *DJE* 14/11/2014

AgRg no AREsp 461084/SP, Rel. Ministro Og Fernandes, Segunda Turma, Julgado em 16/10/2014, *DJE* 14/11/2014

EDcl na AIA 000045/AM, Rel. Ministra Laurita Vaz, Corte Especial, Julgado em 21/05/2014, *DJE* 28/05/2014

---

755 Somente a primeira parte do enunciado (competência do juízo de primeira instância para o julgamento da ação de improbidade proposta em face de agente político) expressa a jurisprudência consolidada do STJ. Já o tema da segunda parte do enunciado (limitação de aplicação de penalidades patrimoniais e vedação de aplicação das sanções de suspensão de direitos políticos e de perda do cargo aos agentes políticos) foi tratado apenas, em passant, por ocasião do julgamento dos EDcl na AIA 000045/AM, rel. Min. Laurita Vaz, Corte Especial, j. 21/5/2014, *DJE* 28/5/2014, sem maiores considerações para além do caso concreto.

Decisões Monocráticas:

AREsp 653826/RJ, Rel. Ministra Regina Helena Costa, Primeira Turma, Julgado em 29/04/2015, Publicado em 04/05/2015

– *Havendo indícios de improbidade administrativa, as instâncias ordinárias poderão decretar a quebra do sigilo bancário.*

Acórdãos:

REsp 1402091/SP, Rel. Ministro Napoleão Nunes Maia Filho, Rel. p/ Acórdão Ministro Benedito Gonçalves, Primeira Turma, Julgado em 08/10/2013, *DJE* 04/12/2013

AgRg no AREsp 354881/SP, Rel. Ministro Og Fernandes, Segunda Turma, Julgado em 19/11/2013, *DJE* 29/11/2013

AgRg no Ag 1423453/DF, Rel. Ministro Francisco Falcão, Primeira Turma, Julgado em 22/05/2012, *DJE* 11/06/2012

AgRg no Ag 1386161/SP, Rel. Ministro Mauro Campbell Marques, Segunda Turma, Julgado em 03/05/2011, *DJE* 09/05/2011

REsp 996983/PE, Rel. Ministro Herman Benjamin, Segunda Turma, Julgado em 18/06/2009, *DJE* 30/09/2010

REsp 1060976/DF, Rel. Ministro Luiz Fux, Primeira Turma, Julgado em 17/11/2009, *DJE* 04/12/2009

Decisões Monocráticas:

REsp 1350228/MA, Primeira Turma, Julgado em 10/12/2014, Publicado em 15/12/2014

– *O afastamento cautelar do agente público de seu cargo, previsto no parágrafo único, do art. 20, da Lei n. 8.429/92, é medida excepcional que pode perdurar por até 180 dias*[756].

Acórdãos:

AgRg na SLS 001957/PB, Rel. Ministro Francisco Falcão, Corte Especial, Julgado em 17/12/2014, *DJE* 09/03/2015

Rcl 009706/MG, Rel. Ministro Felix Fischer, Corte Especial, Julgado em 21/11/2012, *DJE* 06/12/2012

MC 019214/PE, Rel. Ministro Humberto Martins, Segunda Turma, Julgado em 13/11/2012, *DJE* 20/11/2012

AgRg na SLS 001498/RJ, Rel. Ministro Ari Pargendler, Rel. p/ Acórdão Ministro presidente do STJ, Corte Especial, Julgado em 15/02/2012, *DJE* 26/03/2012

---

756 Do que se vê dos acórdãos apontados como paradigmas, a necessidade de fixação de prazo para a duração da medida cautelar de afastamento do agente público (art. 20, parágrafo único, da LIA) é já pacificada na jurisprudência do STJ, mas não necessariamente o prazo de *180* dias.

– *O especialíssimo procedimento estabelecido na Lei 8.429/92, que prevê um juízo de delibação para recebimento da petição inicial (art. 17, §§ 8º e 9º), precedido de notificação do demandado (art. 17, § 7º), somente é aplicável para ações de improbidade administrativa típicas. (Tese julgada sob o rito do artigo 543-C do CPC – TEMA 344 [art. 1.036 do CPC/2015]).*

Acórdão:

REsp 1163643/SP, Rel. Ministro Teori Albino Zavascki, Primeira Seção, Julgado em 24/03/2010, DJE 30/03/2010

– *A indisponibilidade de bens prevista na LIA pode alcançar tantos bens quantos necessários a garantir as consequências financeiras da prática de improbidade, excluídos os bens impenhoráveis assim definidos por lei.*

Acórdãos:

AgRg no AREsp 436929/RS, Rel. Ministro Benedito Gonçalves, Primeira Turma, Julgado em 21/10/2014, DJE 31/10/2014

REsp 1461892/BA, Rel. Ministro Herman Benjamin, Segunda Turma, Julgado em 17/03/2015, DJE 06/04/2015

– *Os bens de família podem ser objeto de medida de indisponibilidade prevista na Lei de Improbidade Administrativa, uma vez que há apenas a limitação de eventual alienação do bem.*

Acórdãos:

REsp 1461882/PA, Rel. Ministro Sérgio Kukina, Primeira Turma, Julgado em 05/03/2015, DJE 12/03/2015

REsp 1260731/RJ, Rel. Ministra Eliana Calmon, Segunda Turma, Julgado em 19/11/2013, DJE 29/11/2013

AgRg no REsp 956039/PR, Rel. Ministro Francisco Falcão, Primeira Turma, Julgado em 03/06/2008, DJE 07/08/2008

Decisões Monocráticas:

REsp 1414794/GO, Rel. Ministro Humberto Martins, Segunda Turma, Julgado em 05/12/2014, Publicado em 12/12/2014

REsp 1477939/SP, Rel. Ministro Herman Benjamin, Segunda Turma, Julgado em 15/12/2014, Publicado em 04/02/2015

AREsp 468836/SP, Rel. Ministro Mauro Campbell Marques, Segunda Turma, Julgado em 07/02/2014, Publicado em 24/02/2014

– *Aplica-se a medida cautelar de indisponibilidade dos bens do art. 7º aos atos de improbidade administrativa que impliquem violação dos princípios da administração pública (art. 11 da LIA).*

Acórdãos:

AgRg no REsp 1311013/RO, Rel. Ministro Humberto Martins, Segunda Turma, Julgado em 04/12/2012, DJE 13/12/2012

AgRg no REsp 1299936/RJ, Rel. Ministro Mauro Campbell Marques, Segunda Turma, Julgado em 18/04/2013, *DJE* 23/04/2013

REsp 957766/PR, Rel. Ministro Luiz Fux, Primeira Turma, Julgado em 09/03/2010, *DJE* 23/03/2010

– *Nas ações de improbidade administrativa é admissível a utilização da prova emprestada, colhida na persecução penal, desde que assegurado o contraditório e a ampla defesa.*

Acórdãos:

AgRg no REsp 1299314/DF, Rel. Ministro Og Fernandes, Segunda Turma, Julgado em 23/10/2014, *DJE* 21/11/2014

REsp 1230168/PR, Rel. Ministro Humberto Martins, Segunda Turma, Julgado em 04/11/2014, *DJE* 14/11/2014

AgRg no AREsp 296593/SC, Rel. Ministro Arnaldo Esteves Lima, Primeira Turma, Julgado em 04/02/2014, *DJE* 11/02/2014

REsp 1297021/PR, Rel. Ministra Eliana Calmon, Segunda Turma, Julgado em 12/11/2013, *DJE* 20/11/2013

AgRg no AREsp 030706/MG, Rel. Ministro Benedito Gonçalves, Primeira Turma, Julgado em 07/02/2012, *DJE* 13/02/2012

REsp 1190244/RJ, Rel. Ministro Castro Meira, Segunda Turma, Julgado em 05/05/2011, *DJE* 12/05/2011

REsp 1122177/MT, Rel. Ministro Herman Benjamin, Segunda Turma, Julgado em 03/08/2010, *DJE* 27/04/2011

REsp 1163499/MT, Rel. Ministro Mauro Campbell Marques, Segunda Turma, Julgado em 21/09/2010, *DJE* 08/10/2010

Decisões Monocráticas:

AREsp 217241/SE, Primeira Turma, Julgado em 05/05/2015, Publicado em 07/05/2015

20. POR UMA NOVA DISCIPLINA PROCESSUAL DA LIA. O ANTEPROJETO ENCCLA

No momento em que a comunidade jurídica nacional discute a necessidade de aperfeiçoamento do sistema legal de tutela de direitos transindividuais, sentimo-nos animados a oferecer algumas sugestões de aperfeiçoamento dos aspectos processuais da LIA[757].

---

[757] Os dois anteprojetos de Código de Processo Civil Coletivo, apresentados ao Congresso Nacional, foram elaborados pelos Professores Aluísio Gonçalves de Castro Mendes (UERJ/UNESA) e Ada Pellegrini Grinover (USP). Lamentavelmente, tais iniciativas foram rapidamente sepultadas pelo Legislativo, o que é de se

Como será facilmente percebido, as sugestões aqui feitas seguem as ideias desenvolvidas ao longo do presente trabalho, acrescidas de algumas outras amadurecidas por força de nossa atuação como membro do Ministério Público do Estado do Rio de Janeiro com atribuição na área de patrimônio público e improbidade administrativa. Os *principais aspectos* da proposta podem ser assim resumidos:

- ampliação da legitimidade ativa *ad causam* às associações civis;
- regulamentação da possibilidade de celebração de acordos com o Ministério Público e a pessoa jurídica de direito público lesada nas hipóteses dos denominados "atos de improbidade administrativa de menor potencial ofensivo";
- previsão da possibilidade de a pessoa jurídica de direito público lesada aderir ao polo ativo, eliminando-se a possibilidade de sua atuação ao lado do réu e também a possibilidade de omitir-se, tal como atualmente admitidas pela conjugação do art. 17, § 3º, da Lei de Improbidade Administrativa com o art. 6º, § 3º, da Lei da Ação Popular;
- possibilidade de inclusão no polo passivo de beneficiários e responsáveis pelo ato de improbidade administrativa cuja existência ou identidade se tornem conhecidas no curso do processo, tal como hoje se dá no âmbito da Lei da Ação Popular, respeitados os princípios do contraditório e ampla defesa;
- alteração do procedimento atualmente previsto pelo art. 17 da Lei de Improbidade Administrativa, eliminando-se a notificação para fins de defesa prévia, que só vem retardando o bom andamento dos atuais processos, e incluindo o interrogatório do réu como primeiro ato do procedimento;
- suspensão do processo em caso de não comparecimento do réu citado por edital e que não tenha constituído advogado;
- nova disciplina da competência territorial, estabelecendo-se, como regra, a sede da pessoa jurídica de direito público lesada como "lugar do dano"; além disso, sugere-se que nas comarcas que não sejam sede de Juízo Federal a competência

---

lamentar, sobretudo quando se tem um inútil "novo CPC" (2015), numa demonstração clara de nosso desprezo pelo direito processual coletivo. Gostaríamos de registrar os nossos agradecimentos, pelas valiosas sugestões e observações críticas, aos colegas Emerson Garcia e Luciano Oliveira Mattos de Souza, do Ministério Público do Estado do Rio de Janeiro; aos colegas Reginaldo Pereira da Trindade, Samantha Chantal Dobrowolski, Victor de Cavalho Veggi, Marina Filgueira de Carvalho, Tiago Alzuguir Gutierrez, Israel Gonçalves Santos Silva, Tarcísio Humberto Parreiras Henriques, Alexandre Melz Nardes, Rodolfo Alves Silva, Denise Vinci Túlio, Allan Versiani de Paula, Sergei Medeiros Araújo, todos do Ministério Público Federal, com quem tive a oportunidade de debater as propostas aqui veiculadas por ocasião de curso ministrado através da internet; e, finalmente, aos colegas do Ministério Público do Espírito Santo, em especial ao Dr. Marcelo Zenkner, com quem tive a grata satisfação de debater as propostas por ocasião de palestra ministrada sobre o assunto.

seja exercida pelo Juízo Estadual, na forma autorizada pelo art. 109, § 3º, da Constituição Federal;

- disciplinamento mais adequado da medida cautelar de indisponibilidade de bens, para cuja decretação será suficiente a prova da ocorrência do dano ao patrimônio público e a presença de indícios suficientes de autoria, independentemente de qualquer demonstração de dilapidação ou ocultamento de bens pelo réu. A proposta também busca deixar clara a possibilidade de a medida alcançar a integralidade dos bens do réu, mesmo que adquiridos antes do exercício da função pública, ressalvadas as restrições previstas em lei;

- disciplinamento mais adequado da medida cautelar de sequestro, para cuja decretação será suficiente a prova da ocorrência do enriquecimento ilícito e a presença de indícios suficientes de autoria, independentemente de qualquer indício de dilapidação ou ocultamento de bens pelo réu. A proposta busca esclarecer que não serão oponíveis as alegações de impenhorabilidade ou inalienabilidade no caso de enriquecimento ilícito, esclarecendo também que a medida não poderá recair sobre bens adquiridos pelo agente público antes do exercício da função pública;

- disciplinamento mais adequado da medida cautelar de afastamento do agente público, inclusive no caso de necessidade de garantia da ordem pública administrativa;

- previsão expressa da possibilidade de adoção, pelo juiz da causa, do denominado poder geral de cautela;

- disciplinamento mais adequado da sentença condenatória, deixando claro, dentre outros diversos aspectos, que a sanção de perda da função alcançará todos os vínculos que o agente mantenha com o Poder Público ao tempo do trânsito em julgado da condenação. A proposta também prevê a criação de um Cadastro Nacional onde serão registradas as sanções de suspensão dos direitos políticos e proibição de contratar com o Poder Público ou receber incentivos fiscais ou creditícios, de consulta obrigatória[758];

- disciplinamento expresso da cooperação jurídica internacional em matéria de improbidade administrativa e corrupção de um modo geral;

- previsão de aplicabilidade, no âmbito da improbidade, da Lei n. 9.807, de 13 de julho de 1999, que cuida da proteção de testemunhas e prevê a incidência de medidas de atenuação e extinção de responsabilização em benefício dos réus colaboradores;

---

758 A Resolução n. 44, de 20 de novembro de 2007, dispõe sobre a criação do Cadastro Nacional de Condenados por Ato de Improbidade Administrativa no âmbito do Poder Judiciário.

– alteração do art. 14 da Lei n. 9.613, de 3 de março de 1998 a fim de incluir no âmbito de atribuições do COAF o exame e a identificação, dentre outros, dos ilícitos previstos no art. 9º da Lei de Improbidade Administrativa (enriquecimento ilícito).

Vamos a elas.

"Art. A. A ação civil pública para a aplicação das sanções previstas na Lei n. 8.429, de 2 de junho de 1992, será proposta pelo Ministério Público, pela pessoa jurídica de direito público lesada ou por associações legalmente constituídas e em funcionamento há pelo menos um ano e que incluam entre seus fins institucionais a defesa da probidade administrativa, dispensada a autorização assemblear, aplicando-se, se for o caso, o art. 806 do Código de Processo Civil.

§ 1º É vedada a transação, acordo ou conciliação nas ações de que trata o *caput* deste artigo, sendo facultada, contudo, a celebração de acordo com o Ministério Público ou a pessoa jurídica de direito público lesada, a juízo do respectivo órgão, com vistas à reparação integral do dano causado ao patrimônio público. Ressalvado o disposto no parágrafo seguinte, o acordo celebrado não impedirá o ajuizamento da ação civil pública para a aplicação das demais sanções previstas na Lei n. 8.429, de 2 de junho de 1992, devendo o juiz, contudo, levá-lo em conta no momento de prolação da sentença.

§ 2º Em se tratando de danos ao patrimônio público que não ultrapassem o valor de 60 (sessenta) salários mínimos, o acordo celebrado pelo Ministério Público ou pela pessoa jurídica de direito público lesada, a juízo do respectivo órgão, que também poderá prever a aplicação de multa civil e a proibição de contratar com o Poder Público ou receber benefícios ou incentivos fiscais ou creditícios, direta ou indiretamente, ainda que por intermédio de pessoa jurídica da qual seja sócio majoritário, impedirá o ajuizamento da ação civil pública para a aplicação das sanções previstas na Lei n. 8.429, de 2 de junho de 1992.

§ 3º Quando a conduta ilícita importar exclusivamente a violação dos princípios da Administração Pública, nos termos do art. 11 da Lei n. 8.429, de 2 de junho de 1992, será também facultada a celebração de acordo, pelo Ministério Público, a juízo do respectivo órgão, desde que tal medida se mostre a mais adequada à cessação da conduta ou à prevenção de novos ilícitos. Nesse caso, o acordo celebrado, que também poderá prever a aplicação de multa civil e a proibição de contratar com o Poder Público ou receber benefícios ou incentivos fiscais ou creditícios, direta ou indiretamente, ainda que por intermédio de pessoa jurídica da qual seja sócio majoritário, impedirá o ajuizamento da ação civil pública para a aplicação das sanções previstas na Lei n. 8.429, de 2 de junho de 1992.

§ 4º O descumprimento do acordo a que aludem os §§ 2º e 3º deste artigo importará o ajuizamento da ação civil para a aplicação das sanções previstas na Lei n. 8.429, de 2 de junho de 1992, sem prejuízo da imediata execução do valor referente à reparação do dano causado ao patrimônio público e das demais cominações.

§ 5º Será vedada a celebração do acordo a que aludem os §§ 2º e 3º deste artigo nos casos de enriquecimento ilícito.

§ 6º Será também vedada a celebração do acordo a que aludem os §§ 2º e 3º deste artigo aos agentes públicos que já tenham sido condenados pela prática de atos de improbidade administrativa ou por crimes contra a Administração Pública.

§ 7º No caso de a ação ter sido proposta pelo Ministério Público ou por associação civil, a pessoa jurídica de direito público lesada, após devidamente intimada, poderá aderir ao polo ativo, desde que isso se afigure útil ao interesse público, a juízo do respectivo representante legal ou dirigente, cabendo-lhe apresentar ou indicar os meios de prova de que disponha.

§ 8º O Ministério Público, se não ajuizar a ação ou não intervier no processo como parte, atuará obrigatoriamente como fiscal da lei, sendo-lhe vedado, em qualquer hipótese, assumir a defesa do demandado. Em caso de desistência infundada ou abandono da ação, o Ministério Público ou outro legitimado, havendo justa causa, assumirá a titularidade ativa.

§ 9º Qualquer pessoa, beneficiada ou responsável pelo ato de improbidade administrativa, cuja existência ou identidade se torne conhecida no curso do processo e antes de proferida sentença, poderá integrar o polo passivo, a critério do autor, respeitado o contraditório e a ampla defesa, aplicando-se, no que cabível, o procedimento regulado por este artigo.

§ 10. O juiz poderá determinar o desmembramento do processo em razão do excessivo número de réus ou por qualquer outro motivo relevante.

§ 11. A petição inicial será instruída, sob pena de indeferimento liminar, com documentos que contenham indícios suficientes da existência e da autoria do ato de improbidade administrativa ou, excepcionalmente, com razões fundamentadas da impossibilidade de apresentação de qualquer dessas provas.

§ 12. Estando a inicial em devida forma, o juiz mandará autuá-la e designará, imediatamente, dia e hora para o interrogatório, ordenando a citação do réu.

§ 13. Feito o interrogatório, o juiz, em decisão fundamentada, receberá a petição inicial desde que presentes indícios suficientes da existência e da autoria do ato de improbidade administrativa, intimando o demandado, por seu advogado ou por defensor público ou dativo, para oferecer contestação, dentro do prazo de quinze dias.

§ 14. Ausentes indícios suficientes da existência e da autoria do ato de improbidade administrativa, o juiz, em decisão fundamentada, rejeitará a petição inicial.

§ 15. O juiz proferirá decisão antecipatória de mérito, rejeitando a inicial, se convencido, por prova cabal, da inexistência do ato de improbidade administrativa, da não responsabilidade do demandado ou quando já ocorrida a prescrição.

§ 16. Encerrada a fase postulatória, o juiz, fundamentadamente, fixará os pontos controvertidos, decidirá as questões processuais pendentes e determinará as provas a serem produzidas, designando audiência de instrução e julgamento, se for o caso.

§ 17. Aberta a audiência serão ouvidas as testemunhas do autor e do réu, passando-se imediatamente aos debates orais e à prolação da sentença, se possível.

§ 18. Quando a causa apresentar questões complexas de fato ou de direito, o debate oral poderá ser substituído por memoriais, que deverão ser apresentados pelas partes no prazo fixado pelo juiz, que não poderá ser inferior a 10 (dez) dias.

§ 19. Não sendo o caso de designação de audiência de instrução e julgamento, o juiz, não havendo mais provas a produzir, concederá às partes o prazo de 10 (dez) para o oferecimento de alegações finais.

§ 20. Nas hipóteses previstas nos §§ 2º e 3º deste artigo, o juiz deverá, se for o caso, instar as partes à celebração de acordo. Em caso de descumprimento do acordado entre as partes o processo retomará o seu curso normal, sem prejuízo da imediata execução do valor referente à reparação do dano causado ao patrimônio público e das demais cominações.

§ 21. Se o acusado, citado por edital, não comparecer, nem constituir advogado, ficarão suspensos o processo e o curso do prazo prescricional, podendo o juiz determinar a produção antecipada das provas consideradas urgentes, na presença do Ministério Público e do defensor dativo. Comparecendo o acusado, ter-se-á por citado pessoalmente, prosseguindo o processo em seus ulteriores atos.

§ 22. Aplica-se aos depoimentos e inquirições realizados nos processos regidos por esta lei o disposto no art. 221, *caput* e § 1º, do Código de Processo Penal.

Art. B. Aplica-se às testemunhas e aos acusados da prática de ato de improbidade administrativa, no que couber, o disposto na Lei n. 9.807, de 13 de julho de 1999.

Art. C. Ressalvado o disposto no art. 109, § 1º, da Constituição Federal, é competente para a causa o foro do lugar do dano, assim considerado o da sede da pessoa jurídica de direito público lesada.

§ 1º O juiz declinará de sua competência sempre que a aplicação da regra prevista no *caput* puder causar dificuldade na produção de provas. Nesse caso, será competente para a causa o Juízo que mais próximo estiver dos elementos probatórios.

§ 2º Compete à justiça estadual processar e julgar a causa nas comarcas que não sejam sede de vara do juízo federal, ainda que a União Federal figure no processo, admitindo-se o litisconsórcio facultativo entre o Ministério Público Estadual, o Ministério Público Federal e a União Federal.

Art. D. O juiz, havendo prova da ocorrência de dano ao patrimônio público e indícios suficientes de sua autoria, decretará, a requerimento do autor, em qualquer fase do procedimento, a indisponibilidade de bens do demandado, comunicando a decisão, preferencialmente por meio eletrônico, aos órgãos e entidades que promovem registros de transferências de bens, especialmente ao registro público de imóveis e às autoridades supervisoras do mercado bancário e do mercado de capitais, que deverão, no âmbito de suas atribuições, fazer cumprir a ordem judicial.

§ 1º A indisponibilidade a que se refere o *caput* deste artigo recairá sobre bens, presentes e futuros, que assegurem o integral ressarcimento do dano, ressalvadas as restrições previstas em lei.

§ 2º Ressalvado o disposto no art. 10, § 3º, da Lei n. 9.637/98 e o disposto no art. 13, § 3º, da Lei n. 9.790/99, o próprio indiciado ou demandado, não havendo notícia de dilapidação dos bens tornados indisponíveis, figurará como seu depositário, lavrando-se termo. Nesse caso, o indiciado ou demandado prestará contas ao juiz, em periodicidade por este indicada, sobre a administração dos bens tornados indisponíveis.

§ 3º A parte condenada a reparar os danos causados ao patrimônio público ficará sujeita à indisponibilidade de bens que assegurem o seu integral ressarcimento, desde a prolação da sentença condenatória.

Art. E. O juiz, havendo prova da ocorrência de enriquecimento ilícito e indícios suficientes de sua autoria, decretará, a requerimento do autor, em qualquer fase do procedimento, o sequestro do acréscimo patrimonial resultante do enriquecimento ilícito, comunicando a decisão, preferencialmente por meio eletrônico, aos órgãos e entidades que promovem registros de transferências de bens, especialmente ao registro público de imóveis e às autoridades supervisoras do mercado bancário e do mercado de capitais, que deverão, no âmbito de suas atribuições, fazer cumprir a ordem judicial.

§ 1º O sequestro a que se refere o *caput* deste artigo recairá sobre o acréscimo patrimonial, de qualquer espécie, resultante do enriquecimento ilícito, não podendo recair sobre bens adquiridos pelo agente público antes do exercício do mandato, cargo, emprego ou função nas entidades mencionadas no art. 1º da Lei n. 8.429, de 2 de junho de 1992.

§ 2º Não serão oponíveis as alegações de impenhorabilidade ou inalienabilidade contra a decisão que tenha determinado o sequestro do acréscimo patrimonial resultante do enriquecimento ilícito.

§ 3º Ressalvado o disposto no art. 10, § 3º, da Lei n. 9.637/98 e o disposto no art. 13, § 3º, da Lei n. 9.790/99, o próprio indiciado ou demandado, não havendo notícia de dilapidação dos bens sequestrados, figurará como seu depositário, lavrando-se termo. Nesse caso, o indiciado ou demandado prestará contas ao juiz, em periodicidade por este indicada, sobre a administração dos bens sequestrados.

§ 4º Recaindo o sequestro sobre dinheiro, a sua administração se dará por entidade financeira a ser indicada pelo magistrado, ficando a quantia depositada em conta vinculada ao Juízo.

§ 5º A parte condenada ao perdimento dos bens havidos ilicitamente ficará sujeita ao sequestro do acréscimo patrimonial ilícito, desde a prolação da sentença condenatória.

§ 6º Quando for o caso, o pedido incluirá a investigação, o exame e o bloqueio de bens, contas bancárias e aplicações financeiras mantidas pelo indiciado no exterior, nos termos da lei e dos tratados internacionais.

§ 7º O Ministério Público e a pessoa jurídica de direito público lesada adotarão, se necessário com o auxílio do Ministério da Justiça, todas as medidas administrativas e processuais tendentes ao sequestro e recuperação de bens e ativos resultantes de enriquecimento ilícito de agentes públicos brasileiros e que estejam localizados no exterior.

§ 8º O juiz determinará, na hipótese de existência de tratado ou convenção internacional e por solicitação de autoridade estrangeira competente, o sequestro de bens, direitos ou valores situados no País, pertencentes a funcionários públicos estrangeiros acusados de enriquecimento ilícito ou de corrupção, prestando a mais ampla assistência para identificar, bloquear, apreender e confiscar referidos bens.

§ 9º Aplica-se o disposto no § 8º, independentemente de tratado ou convenção internacional, quando o governo do país da autoridade solicitante prometer reciprocidade ao Brasil.

Art. F. A perda da função pública e a suspensão dos direitos políticos só se efetivam com o trânsito em julgado da sentença condenatória.

Art. G. A autoridade judicial competente poderá determinar o afastamento do agente público do exercício do mandato, cargo, emprego ou função, sem prejuízo da remuneração, quando a medida se fizer necessária à instrução processual e houver indícios suficientes da prática do ato de improbidade administrativa e de sua autoria.

§ 1º Igual medida poderá ser decretada por autoridade administrativa competente relativamente aos exercentes de cargo, emprego ou função, sem prejuízo da remuneração, na forma das respectivas leis de direito administrativo.

§ 2º Na hipótese prevista no *caput* deste artigo, o afastamento do agente público conservará a sua eficácia durante a instrução processual, ou durante prazo menor a ser fixado pelo juiz, não podendo exceder o prazo de 120 (cento e vinte) dias, salvo se o excesso se der por atuação da defesa, por motivos razoáveis ou por razões de força maior.

§ 3º Será também cabível o afastamento do agente público como forma de garantir a eficácia das investigações realizadas pelo Ministério Público, devendo a ação principal, neste caso, ser proposta no prazo de 30 (trinta) dias a contar da efetivação da medida.

§ 4º Na hipótese prevista no § 3º ou quando o afastamento tiver sido decretado por autoridade administrativa competente, no curso de inquérito administrativo, o juiz poderá manter o afastamento do agente público, por ocasião do ajuizamento da ação principal, a pedido do autor, quando a medida se fizer necessária à instrução processual, aplicando-se o § 2º deste artigo.

§ 5º Cessado o motivo do afastamento do agente público, o juiz revogará a medida imediatamente.

Art. H. Será também cabível o afastamento do agente público quando, havendo indícios suficientes da prática do ato de improbidade administrativa e de sua autoria, a medida se fizer necessária à garantia da ordem pública administrativa.

Parágrafo único. No caso previsto no *caput* deste artigo, a medida de afastamento conservará a sua eficácia na pendência do processo principal, salvo determinação judicial em contrário, se cessado o motivo de ordem pública determinante do afastamento.

Art. I. Não será cabível o afastamento do agente público como forma de garantia da instrução processual ou da ordem pública administrativa na hipótese de dano ao patrimônio público que não ultrapasse o valor de 60 (sessenta) salários mínimos.

Art. J. O juiz, sempre que possível e suficiente à garantia da instrução processual ou da ordem pública administrativa, adotará outras medidas cautelares, mesmo que inominadas, abstendo-se de determinar o afastamento do agente público.

Art. L. Além das medidas cautelares previstas nos artigos D, E, G e H, o juiz poderá determinar outras que se mostrem adequadas, aplicando-se o art. 798 do Código de Processo Civil.

Art. M. O art. 12 da Lei n. 8.429, de 2 de junho de 1992, passa a vigorar com as seguintes alterações:

>Art. 12 ....
>
>§ 1º Na fixação das penas previstas nesta lei o juiz levará em conta a extensão do dano causado e o proveito patrimonial obtido, se for o caso, assim como a culpabilidade, os antecedentes, a conduta social, a personalidade do agente, os motivos, as circunstâncias e consequências do ato de improbidade administrativa, conforme seja necessário, razoável e suficiente para reprovação e prevenção do ilícito.
>
>§ 2º A sentença que julgar procedente ação civil de reparação de dano ou decretar a perda dos bens havidos ilicitamente determinará o pagamento ou o perdimento dos bens, conforme o caso, em favor da pessoa jurídica prejudicada pelo ilícito.
>
>§ 3º Se o valor da lesão ficar provado no curso do processo, será indicado na sentença.
>
>§ 4º Quando o réu condenado perceber dos cofres públicos, a execução far-se-á por desconto mensal em folha até o integral ressarcimento do dano causado, se assim mais convier ao interesse público, limitado o desconto a 10% da remuneração, subsídio, vencimento ou provento.
>
>§ 5º A perda da função alcançará todos os vínculos que o agente mantenha com o Poder Público ao tempo do trânsito em julgado da sentença condenatória. Em caso de agente público aposentado, a condenação importará a perda do provento, desde que se trate de ato de improbidade administrativa praticado no exercício do respectivo cargo ou função.
>
>§ 6º A multa civil fixada na sentença condenatória será recolhida em favor da pessoa jurídica prejudicada pelo ilícito.
>
>§ 7º A aplicação da sanção de suspensão dos direitos políticos deve ser comunicada pelo juiz da causa à Justiça Eleitoral e à pessoa jurídica de direito público lesada, tão logo ocorra o trânsito em julgado da condenação.
>
>§ 8º A proibição de contratar com o Poder Público ou receber benefícios ou incentivos fiscais ou creditícios será comunicada pelo juiz da causa à pessoa jurídica de direito público lesada pelo ilícito.

§ 9º Sem prejuízo do disposto no § 8º, a União criará, no prazo de 90 dias a contar do início de vigência desta lei, cadastro nacional onde serão registradas as sanções de proibição de contratar com o Poder Público ou receber benefícios ou incentivos fiscais ou creditícios, de consulta obrigatória por todos os entes federativos.

§ 10. O cadastro nacional previsto no parágrafo anterior também conterá informações sobre a sanção de suspensão dos direitos políticos, cuja consulta condicionará a nomeação, posse e exercício de qualquer agente público.

Art. N. De conformidade com os princípios da não intervenção em assuntos internos, da igualdade jurídica e do respeito à integridade territorial dos Estados e às leis e aos regulamentos nacionais em vigor, e observados os instrumentos jurídicos internacionais dos quais o País seja signatário, a República Federativa do Brasil prestará, quando solicitada, a mais ampla cooperação a outros países e organismos internacionais com vistas à obtenção de provas e à realização de outros atos necessários para facilitar as diligências ligadas à investigação ou processo por atos de improbidade e corrupção de funcionários públicos de um modo geral.

§ 1º Na forma do *caput* deste artigo, a República Federativa do Brasil, quando necessário, solicitará a colaboração a outros países e organismos internacionais para a investigação e o processo por atos de improbidade administrativa e corrupção de funcionários públicos brasileiros de um modo geral.

§ 2º Respeitado o princípio da especialidade e as garantias previstas na Constituição Federal, os elementos probatórios produzidos em atos de cooperação jurídica penal podem ser aproveitados na apuração dos atos de improbidade administrativa previstos no art. 9º da Lei n. 8.429/92, de 2 de junho de 1992.

Art. O. O art. 14 da Lei n. 9.613, de 3 de março de 1998, passa a vigorar com a seguinte redação:

> "Art. 14. É criado, no âmbito do Ministério da Fazenda, o Conselho de Controle de Atividades Financeiras – COAF, com a finalidade de disciplinar, aplicar penas administrativas, receber, examinar e identificar as ocorrências suspeitas de atividades ilícitas previstas nesta Lei *e no art. 9º da Lei n. 8.429, de 2 de junho de 1992*, sem prejuízo da competência de outros órgãos e entidades.
>
> ..."

Art. P. Aplica-se o previsto nesta lei à ação civil pública para a aplicação das sanções previstas na Lei n. 8.429, de 2 de junho de 1992, no que for compatível, não se admitindo a ação coletiva passiva prevista no art. 42 desta lei.

Art. Q. Revogam-se os arts. 7º, 16, 17, 18 e 20 da Lei n. 8.429, de 2 de junho de 1992.

Grande parte das sugestões aqui submetidas aos leitores foram acolhidas pela ENCCLA[759], de cujas reuniões tive a oportunidade de participar, nos anos de 2009 e 2010, na qualidade de representante do Ministério Público do Estado do Rio de Janeiro. A seguir veremos o texto final do anteprojeto, que foi em grande parte aproveitado no Projeto de Lei do Senado n. 543/2013, de autoria do Senador Blairo Maggi.

---

759 A Estratégia Nacional de Combate à Corrupção e à Lavagem de Dinheiro (ENCCLA), iniciativa do Ministério da Justiça, foi criada em 2003 para contribuir com o combate sistemático à lavagem de dinheiro no País. Consiste na articulação de diversos órgãos dos três poderes da República, Ministérios Públicos e da sociedade civil que atuam, direta ou indiretamente, na prevenção e combate à corrupção e à lavagem de dinheiro. Atualmente, cerca de 60 órgãos e entidades fazem parte da ENCCLA, tais como, Ministérios Públicos, Polícias, Judiciário, órgãos de controle e supervisão – Controladoria-Geral da União (CGU), Tribunal de Contas da União (TCU), Comissão de Valores Mobiliários (CVM), Conselho de Controle de Atividades Financeiras (COAF), Superintendência Nacional de Previdência Complementar (Previc), Susep, Banco Central do Brasil (BACEN), Agência Brasileira de Inteligência (ABIN), Advocacia Geral da União (AGU), Federação Brasileira de Bancos (FEBRABAN) etc. A ENCCLA funciona da seguinte forma:
i. uma Reunião Plenária anual, em que participam todos os órgãos. Nessa reunião discute-se o trabalho realizado ao longo do ano que passou e delibera-se ações a serem realizadas no(s) ano(s) subsequente(s);
ii. várias reuniões dos Grupos de Trabalho, formados pelos órgãos participantes ou convidados, com o objetivo de executar as ações deliberadas pela Plenária; e,
iii. reuniões bimestrais do Gabinete de Gestão Integrada (GGI). O GGI é um grupo de 25 órgãos participantes da ENCCLA com o objetivo de acompanhar a execução das ações, bem como propor as ações e recomendações a serem discutidas nas Reuniões Plenárias.
Todas as decisões são tomadas por consenso. O Departamento de Recuperação de Ativos e Cooperação Jurídica Internacional da Secretaria Nacional de Justiça funciona como Secretaria Executiva da ENCCLA. Ao longo desses anos, os trabalhos desenvolvidos pela ENCCLA trouxeram diversos resultados positivos no combate ao crime de lavagem de dinheiro e às práticas de corrupção (*extraído do sítio do Ministério da Justiça, em 16/10/2012*).

ANTEPROJETO DA LEI DE IMPROBIDADE ADMINISTRATIVA ELABORADO PELA ENCCLA (REVOGAÇÃO DA LEI N. 8.429/1992)

Dispõe sobre as sanções aplicáveis aos agentes públicos nos casos de enriquecimento ilícito no exercício de mandato, cargo, emprego ou função na administração pública direta, indireta ou fundacional e dá outras providências.

LEI N. ...

O PRESIDENTE DA REPÚBLICA, Faço saber que o Congresso Nacional decreta e eu sanciono a seguinte lei:

CAPÍTULO I
DAS DISPOSIÇÕES GERAIS

Art. 1º Os atos de improbidade praticados por qualquer agente público, inclusive agentes políticos, servidor ou não, contra a administração direta, indireta ou fundacional de qualquer dos Poderes da União, dos Estados, do Distrito Federal, dos Municípios, de Território, de empresa incorporada ao patrimônio público ou de entidade para cuja criação ou custeio o erário haja concorrido ou concorra com mais de cinquenta por cento do patrimônio ou da receita anual, serão punidos na forma desta lei.

Parágrafo único. Estão também sujeitos às penalidades desta lei os atos de improbidade praticados contra o patrimônio de entidade que receba subvenção, benefício ou incentivo, fiscal ou creditício, de órgão público bem como daquelas para cuja criação ou custeio o erário haja concorrido ou concorra com menos de cinquenta por cento do patrimônio ou da receita anual, limitando-se, nestes casos, a sanção patrimonial à repercussão do ilícito sobre a contribuição dos cofres públicos.

Art. 2º Reputa-se agente público, para os efeitos desta lei, todo aquele que exerce, ainda que transitoriamente ou sem remuneração, por eleição, nomeação, designação, contratação ou qualquer outra forma de investidura ou vínculo, mandato, cargo, emprego ou função nas entidades mencionadas no artigo anterior, inclusive os agentes políticos.

Art. 3º As disposições desta lei são aplicáveis, no que couber, à pessoa jurídica e à pessoa natural que, mesmo não sendo agente público, induza ou concorra para a prática do ato de improbidade ou dele se beneficie sob qualquer forma, direta ou indireta.

§ 1º A responsabilidade da pessoa jurídica na forma do *caput* deste artigo não exclui nem atenua a da pessoa natural que induziu ou concorreu para a prática do ato, ou dele se beneficiou.

§ 2º Havendo prova da prática do ato de improbidade, a responsabilidade de que cuida o *caput* deste artigo independe da identificação ou da condenação do agente público.

Art. 4º Os agentes públicos de qualquer nível ou hierarquia são obrigados a velar pela estrita observância dos princípios de legalidade, impessoalidade, moralidade, publicidade e eficiência no trato dos assuntos que lhe são afetos.

Art. 5º Ocorrendo lesão ao patrimônio público por ação ou omissão, dolosa ou culposa, do agente público ou de terceiro, dar-se-á o integral ressarcimento do dano.

Parágrafo único. A pessoa jurídica ou natural beneficiada, direta ou indiretamente, pelo ato de improbidade responderá solidariamente pela recomposição do patrimônio público.

Art. 6º No caso de enriquecimento ilícito, o agente público e as pessoas de que trata o art. 3º perderão os bens ou valores acrescidos ao seu patrimônio.

Art. 7º O patrimônio do sucessor daquele que praticar, concorrer para a prática ou se beneficiar de ato de improbidade está sujeito às cominações desta lei até o limite do valor da herança ou do patrimônio transferido.

Art. 8º Para apurar qualquer ilícito previsto nesta lei, o Ministério Público, de ofício, a requerimento de autoridade administrativa ou mediante representação formulada de acordo com o disposto no art. 14, poderá instaurar inquérito civil público, requisitar a instauração de inquérito policial ou de procedimento administrativo.

CAPÍTULO II
DOS ATOS DE IMPROBIDADE ADMINISTRATIVA
SEÇÃO I
DOS ATOS DE IMPROBIDADE ADMINISTRATIVA QUE IMPORTAM ENRIQUECIMENTO ILÍCITO

Art. 9º Constitui ato de improbidade administrativa que importa enriquecimento ilícito auferir qualquer tipo de vantagem indevida, para si ou para outrem, que tenha relação direta ou indireta com o exercício de cargo, mandato, função, emprego ou atividade nas entidades mencionadas no art. 1º desta lei, e notadamente:

I – receber dinheiro, bem móvel ou imóvel, ou qualquer outra vantagem econômica, direta ou indireta, a título de comissão, percentagem, gratificação ou presente de quem tenha interesse, direto ou indireto, que possa ser atingido ou amparado por ação ou omissão decorrente das atribuições do agente público;

II – perceber vantagem econômica, direta ou indireta, para facilitar a aquisição, permuta ou locação de bem móvel ou imóvel, ou a contratação de serviços pelas entidades referidas no art. 1º por preço superior ao valor de mercado;

III – perceber vantagem econômica, direta ou indireta, para facilitar a alienação, permuta ou locação de bem público ou o fornecimento de serviço por ente estatal por preço inferior ao valor de mercado;

IV – utilizar, em obra ou serviço particular, veículos, máquinas, equipamentos ou material de qualquer natureza, de propriedade ou à disposição de qualquer das entidades mencionadas no art. 1º desta lei, bem como o trabalho de servidores públicos, empregados ou terceiros contratados por essas entidades;

V – receber vantagem econômica de qualquer natureza, direta ou indireta, para tolerar a exploração ou a prática de jogos de azar, de lenocínio, de narcotráfico, de contrabando, de usura ou de qualquer outra atividade ilícita, ou aceitar promessa de tal vantagem;

VI – receber vantagem econômica de qualquer natureza, direta ou indireta, para fazer declaração falsa sobre medição ou avaliação em obras públicas ou qualquer outro serviço, ou sobre quantidade, peso, medida, qualidade ou característica de mercadorias ou bens fornecidos a qualquer das entidades mencionadas no art. 1º desta lei;

VII – adquirir, possuir, manter, usufruir ou dispor de bens, direitos ou serviços de qualquer natureza, ou movimentar valores, durante o exercício do mandato, cargo, emprego ou função pública, que sejam incompatíveis com as suas fontes de renda e seu patrimônio legítimos e que não possam ser justificados;

VIII – aceitar emprego, comissão ou exercer atividade de consultoria ou assessoramento para pessoa física ou jurídica que tenha interesse suscetível de ser atingido ou amparado por ação ou omissão decorrente das atribuições do agente público, durante a atividade;

IX – perceber vantagem econômica para intermediar a liberação ou aplicação de verba pública de qualquer natureza;

X – receber vantagem econômica de qualquer natureza, direta ou indiretamente, para omitir ato de ofício, providência ou declaração a que esteja obrigado;

XI – incorporar, por qualquer forma, ao seu patrimônio bens, rendas, verbas ou valores integrantes do acervo patrimonial das entidades mencionadas no art. 1º desta lei;

XII – usar, em proveito próprio, bens, rendas, verbas ou valores integrantes do acervo patrimonial das entidades mencionadas no art. 1º desta lei.

§ 1º Na hipótese do inciso VII, cabe ao autor da ação a prova da situação de incompatibilidade e, provada esta, cabe ao agente público a produção de provas tendentes a desconstituí-la ou, de qualquer outra forma, justificá-la.

§ 2º A responsabilidade decorrente do inciso VII independe da comprovação do ato ou do fato do qual derivou a situação de incompatibilidade.

SEÇÃO II
DOS ATOS DE IMPROBIDADE ADMINISTRATIVA QUE CAUSAM PREJUÍZO AO ERÁRIO

Art. 10. Constitui ato de improbidade administrativa que causa lesão ao erário qualquer ação ou omissão, dolosa ou culposa, que enseje perda patrimonial, desvio, apropriação, malbaratamento ou dilapidação dos bens ou haveres das entidades referidas no art. 1º desta lei, e notadamente:

I – facilitar ou concorrer por qualquer forma para a incorporação ao patrimônio particular, de pessoa natural ou jurídica, de bens, rendas, verbas ou valores integrantes do acervo patrimonial das entidades mencionadas no art. 1º desta lei, fora dos casos expressamente admitidos por lei, ou sem a observância das formalidades legais ou regulamentares aplicáveis à espécie;

II – permitir ou concorrer para que pessoa física ou jurídica privada utilize bens, rendas, verbas ou valores integrantes do acervo patrimonial das entidades mencionadas no art. 1º desta lei, sem a observância das formalidades legais ou regulamentares aplicáveis à espécie;

III – doar à pessoa física ou jurídica bem como ao ente despersonalizado, ainda que de fins educativos ou assistenciais, bens, rendas, verbas ou valores do patrimônio de qualquer das entidades mencionadas no art. 1º desta lei, sem observância das formalidades legais e regulamentares aplicáveis à espécie.

IV – permitir ou facilitar a alienação, permuta ou locação de bem integrante do patrimônio de qualquer das entidades referidas no art. 1º desta lei, ou ainda a prestação de serviço por parte delas, por preço inferior ao de mercado;

V – permitir ou facilitar a aquisição, permuta ou locação de bem ou serviço por preço superior ao de mercado;

VI – realizar operação financeira sem observância das normas legais e regulamentares ou aceitar garantia insuficiente ou inidônea;

VII – conceder benefício administrativo ou fiscal sem a observância das formalidades legais ou regulamentares aplicáveis à espécie;

VIII – frustrar a licitude de processo licitatório ou afastá-lo sem observância das formalidades legais;

IX – admitir, possibilitar ou dar causa a qualquer modificação ou vantagem, durante a execução dos contratos celebrados com o Poder Público, sem autorização em lei, em ato convocatório da licitação ou nos respectivos instrumentos contratuais;

X – ordenar ou permitir a realização de despesas não autorizadas em lei ou regulamento;

XI – agir contra os interesses da fazenda pública na arrecadação de tributo ou renda ou na conservação do patrimônio público;

XII – liberar verba pública sem a estrita observância das normas pertinentes ou influir de qualquer forma para a sua aplicação irregular;

XIII – permitir, facilitar ou concorrer para que terceiro enriqueça ilicitamente;

XIV – permitir que se utilize, em obra ou serviço particular, veículos, máquinas, equipamentos ou material de qualquer natureza, de propriedade ou à disposição de qualquer das entidades mencionadas no art. 1º desta lei, bem como o trabalho de servidor público, empregados ou terceiros contratados por essas entidades;

XV – celebrar contrato ou outro instrumento que tenha por objeto a prestação de serviços públicos por meio da gestão associada sem observar as formalidades previstas na lei;

XVI – celebrar contrato de rateio de consórcio público sem suficiente e prévia dotação orçamentária, ou sem observar as formalidades previstas na lei.

Parágrafo único. As condutas previstas neste artigo são puníveis ainda que não se quantifique o prejuízo.

SEÇÃO III

DOS ATOS DE IMPROBIDADE ADMINISTRATIVA QUE ATENTAM CONTRA OS PRINCÍPIOS DA ADMINISTRAÇÃO PÚBLICA

Art. 11. Constitui ato de improbidade administrativa que atenta contra os princípios da administração pública qualquer ação ou omissão que viole os deveres de honestidade, imparcialidade, legalidade e lealdade às instituições, e notadamente:

I – praticar ato visando fim proibido em lei ou regulamento ou diverso daquele previsto, na regra de competência;

II – retardar ou deixar de praticar, indevidamente, ato de ofício;

III – revelar fato ou circunstância de que tem ciência em razão das atribuições e que deva permanecer em segredo;

IV – negar publicidade aos atos oficiais;

V – frustrar a licitude de concurso público;

VI – deixar de prestar contas quando esteja obrigado a fazê-lo;

VII – revelar ou permitir que chegue ao conhecimento de terceiro, antes da respectiva divulgação oficial, teor de medida política ou econômica capaz de afetar o preço de mercadoria, bem ou serviço;

VIII – revelar ou divulgar, indevidamente, informação sigilosa contida em documentos, sistemas ou banco de dados da Administração Pública, ou permitir sua divulgação;

IX – nomear, dar posse, permitir o exercício de agente público ou contratar, conceder benefícios e incentivos fiscais e creditícios a pessoa natural ou jurídica, quando constar registro impeditivo no Cadastro Nacional de Condenações Cíveis por Ato de Improbidade Administrativa;

X – exercer, direta ou indiretamente, consultoria ou assessoramento ou qualquer outra atividade que em razão da sua natureza seja incompatível com as atribuições do cargo, mandato, função ou emprego.

CAPÍTULO III

DAS PENAS

Art. 12. Independentemente das sanções penais, civis, administrativas e por crime de responsabilidade previstas na legislação específica, o responsável pelo ato de improbidade está sujeito às seguintes cominações, que podem ser aplicadas isolada ou cumulativamente:

I – na hipótese do art. 9º, perda dos bens ou valores acrescidos ilicitamente ao patrimônio, ressarcimento integral do dano, quando houver, perda da função pública, suspensão dos direitos políticos de oito a dez anos, pagamento de multa civil de até três vezes o valor do acréscimo patrimonial e proibição de contratar com o Poder Público ou receber benefícios ou incentivos fiscais ou creditícios, direta ou indiretamente, ainda que por intermédio de pessoa jurídica da qual seja sócio majoritário, pelo prazo de dez anos;

II – na hipótese do art. 10, ressarcimento integral do dano, perda dos bens ou valores acrescidos ilicitamente ao patrimônio, se concorrer esta circunstância, perda da função pública, suspensão dos direitos políticos de cinco a oito anos, pagamento de multa civil de até duas vezes o valor do dano e proibição de contratar com o Poder Público ou receber benefícios ou incentivos fiscais ou creditícios, direta ou indiretamente, ainda que por intermédio de pessoa jurídica da qual seja sócio majoritário, pelo prazo de cinco anos;

III – na hipótese do art. 11, ressarcimento integral do dano, se houver, perda da função pública, suspensão dos direitos políticos de três a cinco anos, pagamento de multa civil de até cem vezes o valor da remuneração percebida pelo agente e proibição de contratar com o Poder Público ou receber benefícios ou incentivos fiscais ou creditícios, direta ou indiretamente, ainda que por intermédio de pessoa jurídica da qual seja sócio majoritário, pelo prazo de três anos.

Art. 13. Independentemente das sanções penais, civis e administrativa previstas na legislação específica e sem prejuízo da aplicação, no que couber, das sanções previstas no artigo anterior, são aplicáveis, isolada ou cumulativamente às pessoas jurídicas de que cuida o art. 3º, as seguintes penalidades:

I – multa de até vinte por cento do valor do faturamento bruto no exercício em que ocorreu o fato, a qual nunca será inferior à vantagem auferida ou pretendida, nem ao valor do dano causado ao erário;

II – suspensão total ou parcial de atividades, inclusive daquelas que exijam autorização ou licença do Poder Público;

III – dissolução;

IV – publicação, em meia página e a expensas do apenado, em jornal indicado na decisão, de extrato da decisão condenatória transitada em julgado, por dois dias seguidos, de uma a três semanas consecutivas.

§ 1º A dissolução da pessoa jurídica será decretada quando:

I – criada para a prática de ilícito previsto nesta lei; ou

II – configurada a intenção, exclusiva ou predominante, dos responsáveis por participarem ou se beneficiarem, por meio dela, dos atos previstos nesta lei.

§ 2º No caso de a pessoa jurídica não possuir patrimônio suficiente para garantir o ressarcimento ou o adimplemento da multa, a execução poderá ser realizada mediante desconto calculado sobre o valor do seu faturamento bruto mensal.

Art. 14. Na fixação das penas previstas nesta lei, a autoridade judiciária levará em conta, conforme o caso, a gravidade da infração, a extensão do dano causado, o proveito patrimonial obtido ou pretendido, o prejuízo ao erário, a reiteração da conduta, a situação econômica da pessoa jurídica, o grau de responsabilidade funcional e a capacidade decisória do agente público, assim como a repercussão social dos fatos.

§ 1º A sentença que julgar procedente o pedido fixará o valor da lesão, sempre que possível, e determinará o ressarcimento do dano, o perdimento dos bens e o recolhimento da multa, conforme o caso, em favor da pessoa jurídica prejudicada pelo ilícito.

§ 2º A execução da condenação pecuniária alcançará quaisquer bens, direitos e valores, decorrentes ou não do ato de improbidade, que assegurem o integral ressarcimento do dano, o perdimento dos valores correspondentes ao enriquecimento ilícito e o adimplemento da multa civil.

§ 3º Constará, ainda, da sentença determinação para inserir os dados relativos à condenação no Cadastro Nacional de Condenados por Atos de Improbidade Administrativa – CNCIA instituído por esta Lei.

Art. 15. Caso o agente público condenado não possua patrimônio suficiente para efetuar a reparação do dano e o pagamento da multa civil, a execução poderá ser realizada mediante desconto mensal em folha, observado o limite previsto na lei, se assim mais convier ao interesse público.

Art. 16. A perda da função alcançará todos os vínculos que o agente mantenha com o Poder Público ao tempo do trânsito em julgado da sentença condenatória, inclusive a perda dos proventos, quando o ato de improbidade administrativa tenha sido praticado no exercício da atividade.

Parágrafo único. A perda da função pública em decorrência de condenação por ato de improbidade administrativa implicará inabilitação para o exercício de qualquer função pública pelo prazo de cinco anos, sem prejuízo, quando for o caso, dos efeitos da suspensão dos direitos políticos.

Art. 17. A aplicação da sanção de suspensão dos direitos políticos deve ser comunicada pela autoridade judiciária da causa à Justiça Eleitoral e à pessoa jurídica de direito público interessada, tão logo ocorra o trânsito em julgado da condenação ou a decisão proferida por órgão judicial colegiado.

Art. 18. A perda do cargo, emprego ou função pública, sem prejuízo daquela decorrente de procedimento administrativo, será efetivada com o trânsito em julgado da sentença condenatória.

Art. 19. A aplicação, isolada ou cumulativa, das sanções previstas nesta lei independe:

I – da efetiva ocorrência de dano ao patrimônio público;

II – da aprovação ou rejeição das contas pelo órgão de controle interno ou pelo Tribunal ou Conselho de Contas.

CAPÍTULO IV
DA EVOLUÇÃO PATRIMONIAL

Art. 20. A Administração Pública acompanhará, de forma sistemática e anual, a evolução patrimonial do agente público, com a finalidade de prevenir e reprimir o enriquecimento ilícito.

§ 1º A posse e o exercício de agente público ficam condicionados à autorização de acesso, inclusive por meio eletrônico, às informações existentes nos bancos de dados da Secretaria da Receita Federal do Brasil.

§ 2º O acesso a que se refere o § 1º será exclusivo aos órgãos correicionais, de controle interno e externo do ente federativo a que vinculado o agente, sem prejuízo do poder de requisição do Ministério Público e do órgão de representação judicial da pessoa jurídica de direito público interessada.

§ 3º Não será necessária a renovação anual da autorização.

§ 4º Os órgãos mencionados no § 2º também poderão acessar as informações relativas aos cinco anos subsequentes ao término do exercício do mandato, cargo, emprego ou função.

§ 5º Sem prejuízo do disposto nos parágrafos anteriores, a Administração Pública poderá exigir de seus agentes declarações específicas, quanto a seu patrimônio, renda e valores, abrangendo os de seu cônjuge ou companheiro, filhos, e também de pessoas que vivam sob a sua dependência econômica.

§ 6º Será punido com pena de demissão, sem prejuízo de outras sanções cabíveis, o agente público que prestar falsamente a declaração de que trata o § 5º.

§ 7º O descumprimento do dever de prestar a declaração de que trata o § 5º ensejará a imediata suspensão do pagamento da remuneração do agente público até o efetivo cumprimento da obrigação.

§ 8º Havendo indícios de enriquecimento ilícito, previsto no artigo 9º, inciso VII, desta Lei, apurados em procedimento administrativo preliminar, as informações sobre o acompanhamento da evolução patrimonial do agente público deverão ser encaminhadas às autoridades competentes.

§ 9º A Secretaria da Receita Federal do Brasil comunicará às autoridades competentes, para instauração dos procedimentos cabíveis, a existência de indícios de evolução patrimonial incompatível com as fontes de renda e o patrimônio legítimo de agente público.

§ 10. O agente público que dispuser das informações mencionadas no § 7º ou que, nos termos deste Capítulo, tiver acesso aos dados das declarações de que trata o § 1º, estará obrigado a zelar pelo seu efetivo sigilo, sob pena de responder nas esferas civil, penal e administrativa por sua divulgação indevida.

§ 11. Os órgãos públicos poderão celebrar convênios e acordos de cooperação técnica para viabilizar o intercâmbio e a análise de informações de suas respectivas bases de dados.

CAPÍTULO V
DO PROCEDIMENTO ADMINISTRATIVO

Art. 21. Qualquer pessoa poderá representar à autoridade administrativa competente para que seja instaurada investigação destinada a apurar a prática de ato de improbidade, e a autoridade deverá proceder de ofício, se vier a tomar conhecimento, por qualquer outro meio, da irregularidade.

§ 1º A representação, que será escrita ou reduzida a termo e assinada, conterá a qualificação do representante, as informações sobre o fato e sua autoria e a indicação das provas de que tenha conhecimento.

§ 2º A autoridade administrativa poderá rejeitar a representação, em despacho fundamentado, sem prejuízo de o noticiante representar ao Ministério Público.

§ 3º Atendidos os requisitos da representação ou tendo de outra forma ciência da irregularidade, a autoridade determinará a imediata apuração dos fatos que, em se tratando de servidores federais, será processada na forma prevista nos arts. 148 a 182 da Lei n. 8.112, de 11 de dezembro de 1990, e, em se tratando de servidor militar, de acordo com os respectivos regulamentos disciplinares, independentemente das ações civis e penais cabíveis.

Art. 22. A comissão processante dará conhecimento ao Ministério Público, ao Tribunal ou Conselho de Contas e ao órgão de representação judicial da pessoa jurídica interessada da existência do procedimento administrativo para apurar a prática de ato de improbidade.

Parágrafo único. O Ministério Público, o Tribunal ou Conselho de Contas ou o órgão de representação da pessoa jurídica interessada poderá, a requerimento, designar representante para acompanhar o procedimento administrativo.

Art. 23. Independentemente da existência de processo judicial em curso, caberá à autoridade administrativa responsável pelo procedimento administrativo ou à comissão respectiva representar ao Ministério Público e comunicar ao órgão de representação judicial da pessoa jurídica interessada para que promovam as medidas judiciais cabíveis, inclusive de caráter cautelar.

Art. 24. O Ministério Público e o órgão de representação judicial da pessoa jurídica de direito público interessada poderão instaurar procedimento preparatório ao ajuizamento de ação de improbidade administrativa, de ressarcimento ao erário ou as medidas cautelares respectivas.

Art. 25. O órgão de representação judicial da pessoa jurídica de direito público interessada poderá requisitar de qualquer organismo público certidões, informações, exames ou perícias que julgar necessárias para a instrução do procedimento preparatório, no prazo que assinalar, o qual não poderá ser inferior a 10 (dez) dias úteis, ressalvadas as hipóteses legais de sigilo.

CAPÍTULO VI

DO PROCESSO JUDICIAL

Art. 26. A ação principal, que terá o rito ordinário, será proposta em até cento e vinte dias da efetivação da medida cautelar:

I – pela pessoa jurídica interessada (art. 1º);

II – pelo Ministério Público Federal, quando o ato de improbidade for praticado:

a) em detrimento de bens, serviços ou interesse da União ou de suas entidades autárquicas, fundações ou empresas públicas;

b) na administração de recursos sujeita a prestação de contas à União ou a suas entidades autárquicas, fundações ou empresas públicas;

III – pelo Ministério Público Estadual e do Distrito Federal e Territórios, nos casos não previstos no inciso II.

§ 1º A critério da autoridade judiciária, o prazo previsto no *caput* poderá ser prorrogado em casos de especial complexidade, desde que o Ministério Público ou a pessoa jurídica interessada demonstre periodicamente o progresso da investigação.

§ 2º A pessoa jurídica de direito público interessada promoverá as ações necessárias à complementação do ressarcimento do patrimônio público lesado pelo ato de improbidade.

§ 3º No caso de a ação principal ter sido proposta pelo Ministério Público, aplica-se, no que couber, o disposto no § 3º do art. 6º da Lei n. 4.717, de 29 de junho de 1965.

§ 4º O Ministério Público, se não intervier no processo como parte, atuará obrigatoriamente como fiscal da lei, em todos os graus de jurisdição, sob pena de nulidade.

§ 5º A propositura da ação prevenirá a jurisdição do juízo para todas as ações posteriormente intentadas que possuam a mesma causa de pedir ou o mesmo objeto.

§ 6º A ação será instruída com documentos ou justificação que contenham indícios suficientes da existência do ato de improbidade ou com razões fundamentadas da impossibilidade de apresentação de qualquer dessas provas, observada a legislação vigente, inclusive as disposições inscritas nos arts. 16 a 18 do Código de Processo Civil.

§ 7º A autoridade judiciária mandará autuar a inicial e ordenará a citação do requerido para oferecer resposta, no prazo de trinta dias ou, havendo mais de um réu, sessenta dias, que se contará a partir da juntada do respectivo mandado ou carta de citação.

§ 8º Recebida a resposta, a autoridade judiciária, no prazo de trinta dias, em decisão fundamentada:

I – rejeitará a ação, se convencida da inexistência do ato de improbidade, da improcedência da ação ou quando não presentes as condições da ação; ou

II – resolverá as questões processuais fundadas no art. 301 do Código de Processo Civil e, verificando a viabilidade da ação, fixará os pontos controvertidos, deferirá as provas que devam ser produzidas e designará audiência de conciliação, quando cabível.

§ 9º Da decisão que rejeitar em parte a ação ou que determinar o seu seguimento caberá agravo de instrumento.

§ 10. A autoridade judiciária poderá determinar o desmembramento do processo em razão do excessivo número de réus ou por outro motivo relevante.

§ 11. Em qualquer fase do processo, reconhecida a inadequação da ação de improbidade, a autoridade judiciária extinguirá o processo sem julgamento do mérito.

§ 12. Aplica-se aos depoimentos ou inquirições realizadas nos processos regidos por esta Lei o disposto no art. 221, *caput* e § 1º, do Código de Processo Penal.

§ 13. Aplica-se às testemunhas e aos acusados da prática de ato de improbidade administrativa, no que couber, o disposto na Lei n. 9.807, de 13 de julho de 1999.

§ 14. Frustrada a conciliação, a ação prosseguirá pelo rito ordinário.

§ 15. O processo e julgamento da ação de improbidade principal e cautelar competem:

I – ao juiz federal com jurisdição sobre o local dos fatos, quando a ação for proposta pela União suas autarquias, empresas públicas ou pelo Ministério Público Federal, ressalvado o disposto no § 1º do art. 109 da Constituição Federal; ou

II – ao juiz de direito com jurisdição sobre o local dos fatos, nos demais casos.

Art. 27. Será facultada a celebração de acordo, pelo Ministério Público ou pela pessoa jurídica de direito público interessada, a juízo do respectivo órgão, desde que sejam observadas as seguintes condições cumulativas:

I – fique assegurada a efetiva e integral reparação do dano quando verificada essa circunstância;

II – o requerido aceite se submeter a pelo menos uma das demais sanções previstas nos arts. 12 e 13, conforme o caso;

III – as características pessoais do requerido e as circunstâncias do ato ímprobo indiquem que a solução adotada é suficiente para a prevenção e repressão da improbidade administrativa; e

IV – não ter sido o requerido beneficiado pelo mesmo instituto nos últimos cinco anos.

§ 1º O descumprimento do acordo a que alude o *caput* deste artigo importará o ajuizamento da ação de improbidade para a aplicação das sanções previstas nos arts. 12 e 13 desta Lei, sem prejuízo da imediata execução do valor referente à reparação do dano causado ao patrimônio público e das demais cominações.

§ 2º Será vedada a celebração do acordo a que alude o *caput* deste artigo nos casos de enriquecimento ilícito.

§ 3º O acordo será homologado judicialmente, ouvindo-se obrigatoriamente o Ministério Público e a pessoa jurídica de direito público interessada.

§ 4º A decisão que homologa o acordo será comunicada ao Tribunal de Contas respectivo.

§ 5º A celebração do acordo a que alude este artigo suspende o prazo de prescrição previsto nesta Lei.

§ 6º A transação não implica confissão de culpa, nem produz efeitos nas esferas administrativa e penal.

Art. 28. Havendo prova da ocorrência de enriquecimento ilícito ou de dano ao patrimônio público e indícios suficientes de sua autoria, a autoridade judiciária decretará, a requerimento do autor, medidas cautelares necessárias, em qualquer fase do processo.

§ 1º A decisão judicial será comunicada preferencialmente por sistema eletrônico disponibilizado pelas autoridades supervisoras do mercado bancário e do mercado de capitais, aos órgãos e entidades que promovem registros de transferências de bens, especialmente ao registro público de imóveis, os quais deverão, no âmbito de suas atribuições, dar-lhe cumprimento.

§ 2º Em caso de dano ao patrimônio público, a medida cautelar a que se refere o *caput* deste artigo recairá sobre quaisquer bens, decorrentes ou não do ato de improbidade, que assegurem o integral ressarcimento do dano e o adimplemento da multa civil.

§ 3º Nas hipóteses previstas no art. 9º desta Lei, a medida cautelar a que se refere o *caput* deste artigo recairá sobre o acréscimo patrimonial ou vantagem econômica, de qualquer espécie, ou o seu equivalente, decorrente ou não do ato de improbidade.

§ 4º Não serão oponíveis as alegações de impenhorabilidade ou inalienabilidade contra a decisão que tenha determinado medidas cautelares que recaiam sobre o acréscimo patrimonial resultante do enriquecimento ilícito.

§ 5º A autoridade judiciária, ao reconhecer a procedência dos pedidos cautelares, determinará ou confirmará a constrição patrimonial de que trata o *caput*, cuja eficácia será mantida até a execução da sentença condenatória.

§ 6º Proceder-se-á à alienação antecipada para preservação do valor dos bens sempre que estiverem sujeitos a qualquer grau de deterioração ou depreciação, ou quando houver dificuldade para sua manutenção, depositando-se o produto em conta judicial remunerada, até o trânsito em julgado da sentença.

§ 7º Quando for o caso, o pedido incluirá a investigação, o exame e o bloqueio de bens, contas bancárias e aplicações financeiras mantidas pelo investigado no exterior, nos termos da lei e dos tratados.

§ 8º Ouvido o autor da ação, a indisponibilidade poderá ser levantada no todo ou em parte, se o requerido apresentar caução ou outra garantia idônea.

Art. 29. A autoridade judiciária competente poderá determinar o afastamento do agente público do exercício do mandato, cargo, emprego ou função, sem prejuízo da remuneração, quando a medida se fizer necessária à instrução processual e houver indícios suficientes da prática do ato de improbidade administrativa e de sua autoria.

§ 1º Igual medida poderá ser decretada por autoridade administrativa competente relativamente aos exercentes de cargo, emprego ou função, sem prejuízo da remuneração.

§ 2º Na hipótese prevista no *caput* deste artigo, o afastamento do agente público conservará a sua eficácia durante a instrução processual, ou durante prazo menor a ser fixado pela autoridade judiciária, não podendo exceder o prazo de 120 (cento e vinte) dias, salvo se o excesso se der por atuação da defesa, por motivos razoáveis ou por razões de força maior.

§ 3º Quando o afastamento tiver sido decretado por autoridade administrativa competente ou a requerimento do Ministério Público, no curso de inquérito administrativo, a autoridade judiciária poderá manter o afastamento do agente público, por ocasião do ajuizamento da ação principal, a pedido do autor, quando a medida se fizer necessária à instrução processual, aplicando-se o § 2º deste artigo.

§ 4º Cessado o motivo do afastamento do agente público, a autoridade judiciária, ouvido o Ministério Público, revogará a medida de ofício ou a pedido da parte.

Art. 30. Será também cabível o afastamento do agente público, sem prejuízo da remuneração quando, havendo indícios suficientes da prática do ato de improbidade administrativa e de sua autoria, a medida se fizer necessária à garantia da ordem pública administrativa ou ao bom andamento dos seus serviços.

Parágrafo único. No caso previsto no *caput* deste artigo, a medida de afastamento conservará a sua eficácia na pendência do processo principal, salvo determinação judicial em contrário, se cessado o motivo de ordem pública determinante do afastamento.

Art. 31. A autoridade judiciária, sempre que possível e suficiente à garantia da instrução processual, da ordem pública administrativa ou do bom andamento dos seus serviços, adotará outras medidas cautelares, mesmo que inominadas, abstendo-se de determinar o afastamento do agente público.

CAPÍTULO VII
DAS PROVAS

Art. 32. Em qualquer fase da investigação ou do processo, serão permitidos, sem prejuízo de outros já previstos em lei, os seguintes meios de obtenção da prova.

I – captação ambiental de sinais eletromagnéticos, óticos ou acústicos, mediante autorização judicial;

II – acesso a registros de ligações telefônicas, a dados cadastrais constantes de bancos de dados públicos ou privados e a informações eleitorais, comerciais, de concessionárias de serviços públicos e de provedores da rede mundial de computadores;

III – quebra dos sigilos financeiro, bancário e fiscal, nos termos da legislação específica;

IV – busca e apreensão em qualquer recinto público ou privado, mediante autorização judicial.

Art. 33. Para apurar os fatos de que trata esta lei, poderão ser utilizadas as provas obtidas no âmbito da investigação ou processo penal.

Art. 34. A diligência pendente, cujo sigilo seja imprescindível para o bom êxito das investigações, será autuada em apartado e o acesso pelo defensor só se dará uma vez concluída a medida.

CAPÍTULO VIII
DA PRESCRIÇÃO

Art. 35. As ações destinadas a levar a efeito as sanções previstas nesta Lei podem ser propostas:

I – até quinze anos após o término do exercício de cargo em comissão, de função de confiança ou de mandato, contando-se o prazo, nesta última hipótese, do término do último mandato sucessivo do agente processado, em caso de reeleição ou recondução;

II – até quinze anos a contar da prática do ato nos casos de exercício de cargo efetivo, emprego ou função pública;

III – até quinze anos a contar da prática do ato para os que não sejam agentes públicos, mas que induzam ou concorram para a prática do ato de improbidade ou dele se beneficiem sob qualquer forma, direta ou indiretamente.

Parágrafo único. É vedada a vinculação e aplicação de prazos de prescrição estabelecidos em outras legislações para os prazos previstos no *caput* deste artigo.

Art. 36. Interrompe a prescrição a instauração de procedimentos administrativos tendentes a apurar os fatos previstos nesta lei, por parte do gestor ou de órgão de controle interno ou externo, de natureza disciplinar ou não, até o final do julgamento.

CAPÍTULO IX
DAS DISPOSIÇÕES PENAIS

Art. 37. Recusar, retardar ou omitir injustificadamente dados técnicos, informações e documentos indispensáveis à propositura ou instrução da ação de improbidade administrativa, quando requisitados pelo Ministério Público ou pelo órgão de representação judicial da pessoa jurídica de direito público interessada:

Pena: reclusão de um a três anos e multa.

CAPÍTULO X
DAS DISPOSIÇÕES FINAIS

Art. 38. A existência dos procedimentos administrativos referidos no art. 21 desta Lei não constitui condição de procedibilidade para a propositura da ação de improbidade.

Art. 39. Os agentes públicos em exercício na data de publicação desta Lei deverão apresentar, no prazo de noventa dias, a autorização de acesso a que se refere o art. 20.

Parágrafo único. O descumprimento do disposto no *caput* ensejará a imediata suspensão do pagamento da remuneração do agente público até o efetivo cumprimento da obrigação.

Art. 40. Os dados relativos às condenações pelos atos de improbidade previstos nesta Lei serão registrados no Cadastro Nacional de Condenações Cíveis por Ato de Improbidade Administrativa – CNCIA.

Parágrafo único. A nomeação, posse e exercício de qualquer agente público, bem como as contratações e as concessões de benefícios e incentivos fiscais ou creditícios ficarão condicionados a prévia consulta ao cadastro nacional de que trata o *caput* deste artigo pela administração direta, indireta ou fundacional de qualquer dos Poderes da União, dos Estados, do Distrito Federal, dos Municípios e de Território.

Art. 41. Esta Lei entra em vigor na data de sua publicação.

Art. 42. Fica revogada a Lei n. 8.429, de 2 de junho de 1992, e demais disposições em contrário.

Brasília, ____; 189º da Independência e 122º da República.

Referências Bibliográficas

Da Primeira Parte do Livro:

ADÃO, Marco Aurélio. Novo CPC, inversão do ônus da prova e ações de improbidade administrativa. In: GODINHO, Robson Renault; HENRIQUES DA COSTA, Susana. *Ministério Público*. Salvador: Juspodivm, 2015, p. 101-114. Coleção Repercussões do Novo CPC, v. 6.

ALBUQUERQUE, Demóstenes Tres. A imprescritibilidade da ação de regresso prevista no art. 37, § 5º, da Constituição Federal. *Revista do Tribunal de Contas da União* n. 102/43, 2004.

ALESSI, Renato. *Sistema istituzionale di diritto amministrativo italiano*. 3ª ed. Milão: Giuffrè, 1960.

ALEXY, Robert. Colisão de direitos fundamentais e realização de direitos fundamentais no Estado de Direito Democrático. Trad. de Luís Afonso Heck. *Revista de Direito Administrativo* n. 217/67, 1999.

_____. Direito constitucional e direito ordinário. Jurisdição constitucional e jurisdição especializada. Trad. de Luís Afonso Heck, *Revista dos Tribunais* n. 799/33, 2002.

_____. Direitos fundamentais no Estado Constitucional Democrático, para a relação entre direitos do homem, direitos fundamentais, democracia e jurisdição constitucional. Trad. de Luís Afonso Heck. *Revista de Direito Administrativo* n. 217/55, 1999.

_____. *Teoria da argumentação jurídica*. Trad. de Zilda Hutchinson Silva. São Paulo: Landy, 2001.

_____. *Teoria de los derechos fundamentales*. Trad. de Ernesto Garzón Valdés. Madrid: Centro de Estudios Constitucionales, 1993.

ALMEIDA, Alberto Carlos. *A cabeça do brasileiro*. Rio de Janeiro – São Paulo: Editora Record, 2007.

ALMEIDA, João Batista de. Adequação da ação e combate à improbidade administrativa. In: *Improbidade administrativa, 10 anos da Lei n. 8.429/92*. SAMPAIO, José Adércio Leite; COSTA NETO, Nicolao Dino de Castro e; SILVA FILHO, Nívio de Freitas; ANJOS FILHO, Robério Nunes dos, orgs.). Belo Horizonte: Editora Del Rey, 2002.

ALVARENGA, Aristides Junqueira. Reflexões sobre improbidade administrativa no direito brasileiro. In: *Improbidade administrativa, questões polêmicas e atuais* (BUENO, Cassio

Scarpinella; PORTO FILHO, Pedro Paulo de Rezende, orgs.). São Paulo: Malheiros, 2001.

_____. Improbidade administrativa. *Revista Síntese de Direito Penal e Processual Penal* n. 18/08, fevereiro-março/2003.

ALVES FILHO, Ivan. *Brasil 500 anos de documentos.* Rio de Janeiro: Editora Mauad, 1999.

AMISY NETO, Abrão. A interrupção da prescrição nas ações civis públicas por ato de improbidade administrativa. In: *Livro de Teses do V Congresso do Ministério Público do Estado de Goiás*, 2005.

ANJOS NETO, Francisco Chaves dos. *Princípio da probidade administrativa.* Regime igualitário no julgamento dos agentes políticos. Belo Horizonte: Editora Del Rey, 2004.

ARAGÃO, Orlando Miranda de. Inconstitucionalidade de lei, não aplicação, por esse motivo, pelo Poder Executivo. *Revista de Direito Público* n. 26/68.

ARAMAYO, Maria Silvia Velarde. Corrupción y transparencia en el ámbito financiero internacional". In: *La corrupción*: aspectos jurídicos y económicos. Eduardo A. Fabián Caparrós (org.). Salamanca: Ratio Legis, 2000.

ARISTÓTELES. *A ética.* Trad. de Cássio M. Fonseca. Rio de Janeiro: Edições de Ouro.

_____. *A política.* Trad. de Roberto Leal Ferreira. São Paulo: Martins Fontes, 1998.

_____. *Constituição dos Atenienses.* Trad. de Delfim Ferreira Leão. Lisboa: Fundação Calouste Gulbenkian, 2003.

ASENCIO MELLADO, José Maria. La lucha contra la corrupción. El delito de enriquecimiento ilícito. In: *El Estado de Derecho frente a la corrupción urbanística.* Madrid: La Ley, 2007.

ASSIS, Alexandre Camanho de. Inconstitucionalidade de lei – Poder Executivo e repúdio de lei sob a alegação de inconstitucionalidade. *Revista de Direito Público* n. 91/117.

ASSUNÇÃO, Leandro Garcia Algarte. Disposições finais: comentários aos artigos 22 a 31. In: CAMBI, Eduardo; GUARAGNI, Fábio André. *Lei Anticorrupção*: comentários à Lei 12.846/2013. São Paulo: Almedina, 2014, p. 247-271.

AUBERT, Jean-François. *Traité de droit constitutionnel suisse.* Neuchatel: Éditions Ides et Calendes, 1967. v. I.

AVELAR FREIRE SANT'ANNA, Alayde. *A radicalização do direito.* Porto Alegre: Sérgio Antonio Fabris Editor, 2004.

ÁVILA, Humberto Bergmann. A distinção entre princípios e regras e a redefinição do dever de proporcionalidade. *Revista de Direito Administrativo* n. 215/151, 1999.

BACHOFF, Otto. *Normas constitucionais inconstitucionais.* Trad. de José Manuel M. Cardoso da Costa. Coimbra: Almedina, 1994.

BAHENA, Kele Cristiani Diogo. *O princípio da moralidade administrativa e seu controle pela Lei de Improbidade.* Curitiba: Editora Juruá, 2004.

BALAGUER CALLEJÓN, Maria Luisa. *El derecho fundamental al honor.* Madrid: Editorial Tecnos, 1992.

BALEEIRO, Aliomar. *Direito tributário brasileiro.* 10ª ed. atualizada por Flávio Bauer Novelli. Rio de Janeiro: Forense, 1991.

BAPTISTA, Renata Ribeiro. Dilemas e boas práticas do modelo multijurisdicional no combate ao ilícitos transfronteiriços: algumas pautas para a aplicação da Lei n. 12.846/13. In: SOUZA, Jorge Munhós; QUEIROZ, Ronaldo Pinheiro de. *Lei Anticorrupção.* Salvador: Juspodivm, 2015, p. 111-127.

BARACHO, José Alfredo de Oliveira. O dever de probidade e o administrador público. In: *Improbidade administrativa, 10 anos da Lei n. 8.429/92.* SAMPAIO, José Adércio Leite; COSTA NETO, Nicolao Dino de Castro e; SILVA FILHO, Nívio de Freitas; ANJOS FILHO, Robério Nunes dos (Orgs.). Belo Horizonte: Editora Del Rey, 2002.

_____. O enriquecimento injusto como princípio geral do direito administrativo. *Revista dos Tribunais* n. 755/11, 1998.

_____. *Teoria geral das comissões parlamentares – Comissões Parlamentares de Inquérito.* 2ª ed. Rio de Janeiro: Forense, 2001.

BARBALHO, João. *Constituição Federal Brasileira – comentários.* 2ª ed. Rio de Janeiro: Briguiet, 1924.

BARBOSA, Rui. *Oração aos Moços.* 2ª ed. Rio de Janeiro: Fundação Casa de Rui Barbosa, 1985.

_____. *Commentarios à Constituição Federal brasileira.* Coligidos e ordenados por Homero Pires, São Paulo: Saraiva, 1932. v. I.

_____. *Commentarios à Constituição Federal Brasileira.* Coligidos e ordenados por Homero Pires. São Paulo: Saraiva, 1933. v. II.

_____. *Commentarios à Constituição Federal brasileira.* São Paulo: Saraiva, 1933. v. 3.

BARBOSA MOREIRA, José Carlos. *O novo processo civil brasileiro.* 17ª ed. Rio de Janeiro: Forense, 1995.

BARBOZA, Márcia Noll. *O princípio da moralidade administrativa:* uma abordagem de seu significado e suas potencialidades à luz da noção de moral crítica. Porto Alegre: Livraria do Advogado Editora, 2002.

BARCELOS, Ana Paula de. *A eficácia jurídica dos princípios constitucionais, o princípio da dignidade da pessoa humana.* Rio de Janeiro: Renovar, 2002.

BARRA, Rodolfo Carlos. Comentários acerca de la discrecionalidad administrativa y su control judicial. In: *La protección jurídica del ciudadano, estudios en homenaje al Professor Jesus Gonzalez Perez.* Madrid: Civitas Ediciones, 1993. t. III.

BARRON, Anne. Acquisition in interlanguage pragmatics: learning how to do things with words in a study abroad cotext. *Pragmatics & beyond,* Philadelphia: John Benjamins Publishing Company, v. 108, 2003.

BARROS, Suzana de Toledo. *O princípio da proporcionalidade e o controle de constitucionalidade das leis restritivas de direitos fundamentais.* 2ª ed. Brasília: Brasília Jurídica, 2000.

BARROSO, Luís Roberto. Comissões Parlamentares de Inquérito e suas competências: política, direito e devido processo legal. *Revista Interesse Público* n. 6/59, 2000.

_____. *Interpretação e aplicação da Constituição.* 3ª ed. São Paulo: Saraiva, 1999.

_____. *O direito constitucional e a efetividade de suas normas, limites e possibilidades da Constituição brasileira.* Rio de Janeiro: Renovar, 1993.

_____. Princípio da legalidade, delegações legislativas, poder regulamentar, repartição constitucional das competências legislativas. Parecer divulgado no *site* www.forense.com.br, acessado em 3/6/2002.

BARTHÉLEMY, Joseph; DUEZ, Paul. *Traité élémentaire de droit constitutionnel.* Paris: Dalloz, 1926.

BASSI, Franco. *Lezioni di diritto amministrativo.* 7ª ed. Milano: Dott A. Giuffrè Editore, 2003.

BASTOS, Celso Ribeiro. *Direito público, estudos e pareceres.* São Paulo: Saraiva, 1998.

_____. Lei de Responsabilidade Fiscal. *Revista de Direito Constitucional e Internacional* n. 33/285.

BASTOS, Celso Ribeiro; MARTINS, Ives Gandra da Silva. *Comentários à Constituição do Brasil.* São Paulo: Saraiva, 1989. v. II.

BAYLE, Gabriel. *L'enrichissement sans cause em droit administratif.* Paris: Librairie Générale de Droit et de Jurisprudence, 1973.

BECCARIA, Cesare. *Dos delitos e das penas.* Trad. de Paulo M. Oliveira. 4ª ed. São Paulo: Atena, 1954.

BELADIEZ ROJO, Margarita. *Los principios jurídicos.* Madrid: Tecnos, 1994.

BELLERT, Irena. *La linguistica testuale (On a Condition of the Coherence of Text).* Trad. de M. Elisabeth Conte. Milano: Feltrinelli, 1977.

BELLO FILHO, Ney de Barros. Aplicabilidade da Lei de Improbidade Administrativa à atuação da administração ambiental brasileira. *Revista de Direito Ambiental* n. 18/57.

BERNARDI, Ovídio. Ação de enriquecimento ilícito e ação popular. *Revista dos Tribunais* n. 314/30, 1961.

BERTHÉLEMY, H. *Traité élémentaire de droit administratif.* 9ª ed. Paris: Rousseau, 1920.

BERTONCINI, Mateus. *Ato de improbidade administrativa.* 15 anos da Lei 8.429/1992. São Paulo: Revista dos Tribunais, 2007.

BERTONCINI, Mateus. Do Acordo de Leniência: comentários aos artigos 16 e 17. In: CAMBI, Eduardo; GUARAGNI, Fábio André. *Lei Anticorrupção*: comentários à Lei 12.846/2013. São Paulo: Almedina, 2014, p. 189-220.

BEVILÁQUA, Clóvis. *Código Civil dos Estados Unidos do Brasil comentado.* v. IV, 6ª ed.; v. V, 5ª ed. Rio de Janeiro: Francisco Alves, 1943.

_____. *Direito das successões*. Salvador: Livraria Magalhães, 1899.

BEZERRA FILHO, Aluízio. *Lei de Improbidade Administrativa aplicada e comentada*. São Paulo: Editora Juruá, 2005.

BIELSA, Rafael. A Ação popular e o poder discricionário da administração. *Revista Forense* n. 157/34, 1955.

_____. *Derecho administrativo*. 6ª ed. Buenos Aires: La Ley, 1964.

BIGNOTTO, Newton. Republicanismo, *in* Corrupção. Ensaios e Críticas. AVRITZER, Leonardo, BIGNOTTO, Newton, GUIMARÃES, Juarez; STARLING, Heloísa Maria Murgel. Belo Horizonte: Editora UFMG, 2008, p. 103.

BINENBOJM, Gustavo. *A nova jurisdição constitucional brasileira, legitimidade democrática e instrumentos de realização*. Rio de Janeiro: Renovar, 2001.

BITENCOURT NETO, Eurico. *Improbidade administrativa e violação de princípios*. Belo Horizonte: Livraria Del Rey Editora, 2005.

BOBBIO, Norberto. *Teoria do ordenamento jurídico*. Brasília: UNB, 1989.

_____. *Il positivismo giuridico*. Torino: G. Giappichelli Editore, 1979.

_____. *A era dos direitos*. 9ª ed. Rio de Janeiro: Campus, 2004.

BÖCKENFÖRDE, Ernest W. Los derechos fundamentales sociales en la estructura de la constitución. In: *Escritos sobre derechos fundamentales*. Trad. de Juan Luis Requejo Pagés. Baden-Baden: Nomos, 1993.

BONARD, Roger. *Précis de droit public*. 7ª ed. por Maurice Duverger. Paris: Recueil Sirey, 1946.

BONAVIDES, Paulo. *Curso de direito constitucional*. 4ª ed. São Paulo: Malheiros, 1993.

BORGES, Alice Gonzales. Valores a serem considerados no controle jurisdicional da administração pública: segurança jurídica – boa-fé – conceitos indeterminados – interesse público". *Revista Interesse Público* n. 15/83, 2002.

BOSCO, Maria Goretti Dal. *Responsabilidade do agente público por ato de improbidade*. Rio de Janeiro: Editora Lumen Juris, 2004.

BOTTALLO, Eduardo Domingos. Competência dos Tribunais de Contas na Constituição de 1988. *Revista de Direito Público* n. 89/216.

BRADLEY, A. W.; EWING, K. D. *Constitutional and administrative law*. 13ª ed. Harlow: Pearson Education Limited, 2003.

BRANDÃO, Antônio José. Moralidade administrativa. *Revista de Direito Administrativo* n. 25/457.

BRINDEIRO, Geraldo. O devido processo legal e o Estado Democrático de Direito. *Revista Trimestral de Direito Público*, n. 19/49.

_____. O Ministério Público Eleitoral e a revisão constitucional. *Revista da Procuradoria Geral da República*, n. 4/104, 1993.

BRITO, Carlos Ayres. O regime constitucional dos Tribunais de Contas. *Revista Interesse Público* n. 13/177, 2002.

BRITO, Edvaldo. Questões sobre o afastamento de titular de mandato eletivo na fase de instrução da ação de responsabilidade civil por ato de improbidade. In: *Improbidade administrativa, 10 anos da Lei n. 8.429/92* (SAMPAIO, José Adércio Leite; COSTA NETO, Nicolao Dino de Castro e; SILVA FILHO, Nívio de Freitas; ANJOS FILHO, Robério Nunes dos (Orgs.). Belo Horizonte: Editora Del Rey, 2002.

BRUNO, Aníbal. *Direito penal.* 3ª ed. Rio de Janeiro: Forense, 1967. t. 2.

BUENO, Cassio Scarpinella; PORTO FILHO, Pedro Paulo de Rezende (Orgs.). *Improbidade administrativa, questões polêmicas e atuais.* São Paulo: Malheiros, 2001.

BUENO, Paulo Eduardo. Improbidade administrativa no exercício da atividade policial. In: *Improbidade administrativa, 10 anos da Lei n. 8.429/92.* SAMPAIO, José Adércio Leite; COSTA NETO, Nicolao Dino de Castro e; SILVA FILHO, Nívio de Freitas; ANJOS FILHO, Robério Nunes dos (Orgs.). Belo Horizonte: Editora Del Rey, 2002.

BUENO, Vera Scarpinella. O art. 37, § 1º, da Constituição Federal e a Lei de Improbidade Administrativa. In: *Improbidade administrativa, questões polêmicas e atuais.* BUENO, Cassio Scarpinella e PORTO FILHO, Pedro Paulo de Rezende (Orgs.). São Paulo: Malheiros, 2001.

BÚRIGO, Vandré Augusto. O controle de constitucionalidade dos atos normativos pelo Tribunal de Contas. *Revista do Tribunal de Contas da União* n. 94/48, 2002.

BUZAID, Alfredo. *Ação direta de declaração de inconstitucionalidade.* São Paulo: Saraiva, 1958.

CAETANO, Marcelo. *Princípios fundamentais do direito administrativo.* Rio de Janeiro: Forense, 1977.

CAIRES, Felipe Gustavo Gonçalves. A contrariedade à legislação e à Constituição Federais das decisões judiciais que exigem prova de desonestidade, imoralidade ou de má-fé para caracterização de todo e qualquer ato de improbidade. *Caderno de Teses do IX Congresso Estadual do Ministério Público de Minas Gerais,* com o tema "O Ministério Público e os Desafios do Novo Processo. realizado entre os dias 26 e 28 de maio de 2010 em Belo Horizonte.

CÂMARA, Alexandre Freitas. Efeitos civis e processuais da sentença condenatória criminal. Reflexões sobre a Lei n. 11.719/2008. *REMERJ* n. 46/111, 2009.

CÂMARA, Jacintho de Arruda. A Lei de Improbidade Administrativa e os contratos inválidos já executados. In: *Improbidade administrativa, questões polêmicas e atuais.* BUENO, Cassio Scarpinella; PORTO FILHO, Pedro Paulo de Rezende (Orgs.). São Paulo: Malheiros, 2001.

CÂMARA LEAL, Antônio Luiz da. *Comentários ao Código de Processo Penal brasileiro.* São Paulo: Freitas Bastos, 1942. v. I.

_____. Da prescrição e da decadência. In: *Teoria geral do direito civil.* 2ª ed. Rio de Janeiro: Forense, 1959.

CAMAROSANO, Márcio. *O princípio constitucional da moralidade e o exercício da função administrativa*. Belo Horizonte: Fórum, 2006.

CAMBI, Eduardo. CAMBI, Eduardo. A atuação do Ministério Público no combate à corrupção na Lei 12.846/13, *in* Revista do Ministério Público do Estado do Rio de Janeiro, n. 56, abr,-jun./2015, p. 93-136.

_____. Dos Atos Lesivos à Administração Pública Nacional ou Estrangeira: comentário ao artigo 5º. In: CAMBI, Eduardo; GUARAGNI, Fábio André. *Lei Anticorrupção*: comentários à Lei 12.846/2013. São Paulo: Almedina, 2014, p. 103-161.

CAMPOS, Francisco. *Direito constitucional*. Rio de Janeiro: Freitas Bastos, 1956.

CAMPOS, Lilian Maria Salvador Guimarães. Da ilegalidade das multas aplicadas pelos Tribunais de Contas ao Chefe do Executivo. *Revista Fórum de Contratação e Gestão Pública*, junho de 2002.

CANARIS, Claus-Wilhelm. *Pensamento sistemático e conceito de sistema na ciência do direito*. Trad. de A. Menezes Cordeiro. 2ª ed. Lisboa: Fundação Calouste Gulbenkian, 1996.

CANOTILHO, J. J. Gomes. *Direito constitucional e teoria da Constituição*. 3ª ed. Coimbra: Almedina, 1998.

CAPARRÓS, Eduardo A. Fabián. La corrupción política y económica: anotaciones para el desarollo de su estudio". In: *La corrupción*: aspectos jurídicos y económicos. Org. por Eduardo A. Fabián Caparrós. Salamanca: Ratio Legis, 2000.

CAPPELLETTI, Mauro; GARTH, Bryant. *Acesso à justiça*. Trad. de Ellen Gracie Northfleet. Porto Alegre: Fabris, 1988.

CARRARA, Francesco. *Programa do curso de direito criminal:* parte geral. Trad. de José Luiz V. de A. Franceschini e J. R. Prestes Barra. São Paulo: Saraiva, 1957. v. II.

_____. *Programma del corso di diritto criminale*: parte especial. 9ª ed. Firenze: Fratelli Cammelli, 1911. vol. V.

CARVALHO FILHO, José dos Santos. *Ação civil pública, comentários por artigo, Lei 7.347, de 24/7/1985*. 2ª ed. Rio de Janeiro: Lumen Juris, 1999.

_____. *Manual de direito administrativo*. 15ª ed. Rio de Janeiro: Lumen Juris, 2006.

CARVALHO SANTOS, José Maria de. *Código Civil brasileiro interpretado*, v. XII, 8ª ed. 1963; v. XX e XXI, 2ª ed., 1938; v. XXII, 5ª ed., 1952. Rio de Janeiro: Livraria Freitas Bastos.

CARVALHOSA, Modesto. *Considerações sobre a Lei Anticorrupção das Pessoas Jurídicas – Lei 12.846/2013*. São Paulo: Revista dos Tribunais, 2015.

CASCÓN, Fernando Carbajo. Aspectos jurídico-mercantiles de la corrupción. In: *La corrupción*: aspectos jurídicos y económicos. Org. por Eduardo A. Fabián Caparrós. Salamanca: Ratio Legis, 2000.

CASSESE, Sabino. *Le bassi del diritto amministrativo*. 6ª ed. Milano: Garzanti, 2003.

CASTRO, Carlos Roberto de Siqueira. A atuação do Tribunal de Contas em face da separação dos poderes do Estado. *Revista de Direito Constitucional e Internacional* n. 31/57.

_____. *O princípio da isonomia e a igualdade da mulher no direito constitucional*. Rio de Janeiro: Forense, 1983.

CASTRO, José Nilo. Improbidade administrativa municipal. *Cadernos de Direito Municipal*, n. 8/2000.

CAVALARI, Cláudia; BIM, Eduardo Fortunato. Uso da máquina estatal para fins eleitorais pelos agentes públicos: inconstitucionalidade da autorização do inc. II do art. 73 da Lei 9.504/97. *Revista de Direito Administrativo* n. 226/33, 2001.

CAVALCANTI, Pedro. *A corrupção no Brasil*. São Paulo: Edições Siciliano, 1991.

CAVALCANTI, Themístocles Brandão. *Do controle de constitucionalidade*. Rio de Janeiro: Forense, 1966.

_____. Lei – declaração de inconstitucionalidade pelo Poder Executivo. *Revista de Direito Administrativo* n. 82/376.

_____. *O funcionário público e seu regime jurídico*. Rio de Janeiro: Editora Borsoi, 1958.

CEREIJIDO, Juliano Henrique da Cruz. O princípio constitucional da eficiência na administração pública. *Revista de Direito Administrativo* n. 226/231, 2001.

CERULLI IRELLI, Vincenzo. *Corso di diritto amministrativo*. Torino: G. Giappiachelli Editore, 2002.

CHAPUS, René. *Droit administratif general*. 9ª ed. Paris: Montchrestien, 1995. t. I.

_____. *Droit administratif general*. 15ª ed. Paris: Montchrestien, 2001. t. I.

CLÈVE, Clèmerson Merlin. *A fiscalização abstrata de constitucionalidade no direito brasileiro*. São Paulo: Revista dos Tribunais, 1995.

COLE, Charles D. Interpretação constitucional – dois séculos de reflexão. Trad. de Rui Cascaldi. *Revista de Direito Público* n. 90/21.

COLEMAN, James William. *A elite do crime*. Para entender o crime de colarinho branco. 5ª ed. São Paulo: Manole, 2002.

COMPARATO, Fábio Konder. A "questão política" nas Medidas Provisórias: um estudo de caso. *Revista de Direito do Ministério Público do Estado do Rio de Janeiro* n. 15/121, 2002.

_____. Ações de improbidade administrativa. *Revista Trimestral de Direito Público* n. 26/153, 1999.

COMTE-SPONVILLE, André. *Pequeno tratado das grandes virtudes*. Trad. de Eduardo Brandão. São Paulo: Martins Fontes, 1998.

CONSTANTINO PETRI, Maria José. *Manual de linguagem jurídica*. 2ª tiragem. São Paulo: Saraiva, 2009.

COPOLA, Gina. *A improbidade administrativa no direito brasileiro*. Belo Horizonte: Editora Fórum, 2011.

CORDEIRO, Maria Leiliane Xavier. Lei n. 8.429/92 – Breves considerações sobre a morosidade do Sistema Administrativo Brasileiro. *Revista Jurídica Consulex* n. 175/50, 2004.

CORTESE, Wanda. *La responsabilità per danno all'immagine della pubblica amministrazione.* Padova: CEDAM, 2004.

COSSIO, Manuel de. *Derecho al honor. Técnicas de protección y limites.* Valencia: Tirant lo Blanch, 1993.

COSTA, Adriano Soares da. *Teoria da inelegibilidade e o direito processual eleitoral.* Belo Horizonte: Del Rey, 1998.

COSTA, Eduardo Silva. Judiciário e moralidade: a norma do art. 10 da Lei 9.421, de 24-12-1996. *Revista de Informação Legislativa* n. 156/225, 2002.

COSTA, Epaminondas da. Os agentes públicos, a Lei de Responsabilidade Fiscal e as sanções da Lei de Improbidade Administrativa. *Revista Fórum Administrativo,* nov. 2001.

COSTA, Humberto Pimentel. Da natureza dos atos de improbidade administrativa. *Revista do Ministério Público de Alagoas* n. 2/69, 1999.

COSTA, José Armando da. *Contorno jurídico da Improbidade administrativa.* Brasília: Brasília Jurídica, 2000.

COSTA, José Marcelo Ferreira. A atuação do Ministério Público face a Lei n. 8.429/92 (LIA). *Revista Jurídica do Ministério Público do Rio Grande do Norte* n. 2/47, 1998.

COSTA, Regina Helena. Conceitos jurídicos indeterminados e discricionariedade administrativa. *Revista de Direito Público* n. 95/125.

COSTA, Werton Magalhães. Improbidade no Estatuto da Cidade. In: *Improbidade administrativa, 10 anos da Lei n. 8.429/92.* SAMPAIO, José Adércio Leite; COSTA NETO, Nicolao Dino de Castro; SILVA FILHO, Nívio de Freitas; ANJOS FILHO, Robério Nunes dos (Orgs.). Belo Horizonte: Editora Del Rey, 2002.

COSTA JÚNIOR, Eduardo Carone. As funções jurisdicional e opinativa do Tribunal de Contas. *Revista Fórum Administrativo,* out. 2001.

COSTA NETO, Nicolao Dino de Castro e. Da moralidade administrativa à improbidade administrativa: a (indesejável) rota migratória da má gestão dos negócios públicos. *Revista de Direitos Difusos* v. 2, n. 10/1.339, 2001.

_____. Improbidade administrativa no exercício da atividade policial. In: *Improbidade administrativa, 10 anos da Lei n. 8.429/92.* SAMPAIO, José Adércio Leite; COSTA NETO, Nicolao Dino de Castro e; SILVA FILHO, Nívio de Freitas; ANJOS FILHO, Robério Nunes dos (Orgs.). Belo Horizonte: Editora Del Rey, 2002.

COULANGES, Numa Denis Fustel de. *A cidade antiga.* Trad. de Jonas Camargo Leite e Eduardo Fonseca. São Paulo: Hemus, 1975.

COUTURE, Eduardo J. *Fundamentos del derecho procesal civil.* Buenos Aires: Aniceto Lopez, 1942.

_____. *Introducción al estudio del proceso civil.* 2ª ed. Buenos Aires: Depalma.

CRAIG, Paul. *Administrative law.* 5ª ed. London: Sweet & Maxwell Limited, 2003.

CRESPO, Eduardo Demetrio. Corrupción y delitos contra la Administración Pública. In: *La corrupción*: aspectos jurídicos y económicos. Org. por Eduardo A. Fabián Caparrós. Salamanca: Ratio Legis, 2000.

CRETELLA JÚNIOR, José. Prescrição administrativa. *Revista dos Tribunais* n. 542/12.

_____. *Tratado de direito administrativo.* Rio de Janeiro: Forense, 1967. vol. IV.

DALLARI, Adílson de Abreu. A Lei de Responsabilidade Fiscal e a Constituição Federal. *Revista Interesse Público* n. 11/133, 2001.

_____. A responsabilidade do agente político. *Boletim de Direito Administrativo*, fevereiro de 2001, p. 100.

_____. Constituição e orçamento. *Cadernos de Direito Constitucional e Ciência Política* n. 15/18, 1996.

D'ALESSIO, Francesco. *Istituzioni di diritto amministrativo italiano.* Turim: Torinese, 1932.

DALLARI, Dalmo de Abreu. Constituição e orçamento. *Revista dos Tribunais* n. 15/18.

_____. *Elementos de teoria geral do Estado.* 11ª ed. São Paulo: Saraiva, 1985.

D'ANGELO, Élcio; D'ANGELO, Suzi. *O princípio da probidade administrativa e a atuação do Ministério Público.* 2ª ed. Campinas: LZN Editora, 2004.

DEBBASCH, Charles. *Institutions et droit administratifs.* 5ª ed. Paris: PUF, 1999. v. 2.

DECOMAIN, Pedro Roberto. *Improbidade administrativa.* São Paulo: Dialética, 2007.

DELGADO, José Augusto. A Lei de Responsabilidade Fiscal e os Tribunais de Contas. *Revista Interesse Público* n. 7/11, 2000.

_____. A supremacia dos princípios informativos do direito administrativo. interpretação e aplicação. *Revista dos Tribunais* n. 701/34, 1994.

_____. O princípio da moralidade administrativa e a constituição federal de 1988. *Revista dos Tribunais* n. 680/34, 1992.

_____. Improbidade administrativa: algumas controvérsias doutrinárias e jurisprudenciais sobre a Lei de Improbidade Administrativa. In: *Improbidade administrativa, questões polêmicas e atuais.* BUENO, Cassio Scarpinella; PORTO FILHO, Pedro Paulo de Rezende (Orgs.). São Paulo: Malheiros, 2001.

DERZI, Misabel Abreu Machado *et alii. Comentários à Lei de Responsabilidade Fiscal.* São Paulo: Saraiva, 2001.

DE SOUZA, Antonio Francisco. *"Conceitos indeterminados" no direito administrativo.* Coimbra: Livraria Almedina, 1994.

DIANA, Antonio Gerardo. *La motivazione dell'atto amministrativo.* Padova: Casa Editrice Dott. Antonio Milani, 2001.

DIAS, Eduardo Rocha. Os Tribunais de Contas e o sancionamento administrativo de licitantes e contratados. *Revista Trimestral de Direito Público* n. 19/203.

DIAS, Jefferson Aparecido. Atos de corrupção relacionados com licitações e contratos. In: SOUZA, Jorge Munhós; QUEIROZ, Ronaldo Pinheiro de. *Lei Anticorrupção*. Salvador: Juspodivm, 2015, p. 89-109.

DIAS, José de Aguiar. *Da responsabilidade civil*. 6ª ed. Rio de Janeiro: Forense, 1979. vol. II.

DINIZ, Cláudio Smirne. Do processo administrativo de responsabilização: comentários aos artigos 8º a 15º. In: CAMBI, Eduardo; GUARAGNI, Fábio André. *Lei Anticorrupção*: comentários à Lei 12.846/2013. São Paulo: Almedina, 2014, p. 163-187.

_____; ROCHA, Mauro Sérgio. Da aplicação da lei de improbidade administrativa aos agentes políticos. *Revista Jurídica do Ministério Público do Estado do Paraná*, ano 2, n. 2, p. 407, ago./2015.

DINIZ DE AYALA, Bernardo. O (défice de) controlo judicial da margem de livre decisão administrativa. Lisboa: Lex, 1995.

DOREN, Charles Van. *Constitution des États Unis*. Paris: Editions Correa, Buchet/ Chastel, 1956.

DUARTE, André Macedo. Totalitarismo. In: AVRITZER, Leonardo, BIGNOTTO, Newton, GUIMARÃES, Juarez; STARLING, Heloísa Maria Murgel. Corrupção. *Ensaios e críticas*. Belo Horizonte: Editora UFMG, 2008, p. 117.

DUBOIS, J.; MITTERAND, H.; DAUZART, A. *Dictionnaire d'étymologie*. Paris: Larousse, 2004.

DUEZ, Paul; DEBEYERE, Guy. *Traité de droit administrative*. Paris: Dalloz, 1952.

DUGUIT, Léon. *Manuel de droit constitutionnel*. 4ª ed. Paris: E. de Boccard, 1923.

_____. *Traité de droit constitutionnel*. 3ª ed. Paris: Ancienne Librairie, 1927. t 1.

_____. *Traité de droit constitutionnel*. 2ª ed. Paris: Ancienne Librairie, 1923. t. 12.

DUMONT, Ét. *Theorie des peines et des récompenses extraits des manuscrits des Jérémie Bentham*. Bruxelas: Societé Belge de Librarie, 1840.

DUVERGER, Maurice. *Manuel de droit constitutionnel et de Science Politique*. 5ª ed. Paris: Presses Universitaires de France, 1948.

DWORKIN, Ronald. *Sovereign virtue, the theory and practice of equality*. 4ª tiragem. London: Harvard University Press, 2002.

_____. *Taking rights seriously*. Massachusetts: Harvard University Press, 1980.

EISENMANN, Charles. O direito administrativo e o princípio da legalidade. *Revista de Direito Administrativo* n. 56/47, 1959.

EISGRUBER, Christopher L.; SAGER, Lawrence G. Good Constitutions and Bad Choices. In: *Constitutional Stupidities, Constitutional Tragedies*. Org. por William N. Eskridge Jr. e Sanford Levinson. New York: New York University Press, 1998.

ELIAS NETO, Abrahão. Terceirização de mão de obra que se refere à substituição de servidores e empregados públicos. *Revista Fórum de Contratação e Gestão Pública*, junho de 2002.

ENGISH, Karl. *Introdução ao pensamento jurídico*. Trad. de J. Batista Machado. 7ª ed. Lisboa: Fundação Calouste Gulbenkian, 1996.

ERGUN, Gune Okuyucu. Anti-Corruption Legislation in Turkish Law. *German Law Journal* n. 9, setembro de 2007.

ESMEIN, A. *Éléments de droit constitutionnel français et compare*. 7ª ed. Paris: Recueil Sirey, 1921.

FACCO, Adauto Salvador Reis; CHOINSKI, Carlos Alberto Hohmann; TEIXEIRA, Maria Lúcia Figueiredo Moreira e; LIMA, Paulo Ovídio dos Santos. Lei de Improbidade Administrativa não é inconstitucional. *O Estado do Paraná*, edição de 8 de setembro de 2002.

FAGUNDES, M. Seabra. Conceito de mérito no direito administrativo. *Revista de Direito Administrativo* n. 23/1.

_____. *O controle dos atos administrativos pelo Poder Judiciário*. 3ª ed. Rio de Janeiro: Revista Forense, 1957.

FARIAS, Edilsom Pereira de. *Colisão de direitos: a honra, a intimidade, a vida privada e a imagem versus a liberdade de expressão e informação*. 2ª ed. Porto Alegre: Fabris, 2000.

FAZZIO JÚNIOR, Waldo. *Improbidade administrativa e crimes de prefeitos*. 2ª ed. São Paulo: Atlas, 2001.

_____. *Atos de improbidade administrativa*. Doutrina, legislação e jurisprudência. São Paulo: Editora Atlas, 2007.

FERNANDES, Flávio Sátiro. Improbidade administrativa. *Revista de Direito Administrativo* n. 210/171, 1997.

FERNANDES, Jorge Ulisses Jacoby. A Lei de Responsabilidade Fiscal e os novos desafios do ordenador de despesas. *Revista Fórum Administrativo*, junho 2001.

_____. A limitação de empenho de despesas e a Lei de Responsabilidade Fiscal. *Revista Fórum Administrativo*, dezembro de 2001.

_____. Competência dos Tribunais de Contas para sustação de contratos. *Revista Fórum Administrativo*, junho de 2002.

_____. Empenho de despesa pública: o que mudou com a Lei de Responsabilidade Fiscal. *Revista Fórum Administrativo*, agosto de 2001.

_____. Multa administrativa na Lei de Responsabilidade Fiscal. *Revista Fórum Administrativo*, outubro de 2001.

_____. Os princípios da legalidade e eficiência na ação do controle interno – uma perspectiva prática. *Revista Fórum de Contratação e Gestão Pública*, maio de 2002.

_____. *Tomada de contas especial*. Brasília: Editora Brasília Jurídica, 1998.

FERNANDES, Luciana Medeiros. *Reforma do Estado e terceiro setor*. Curitiba: Juruá, 2003.

FERRAZ, Antônio Augusto Mello de Camargo; BENJAMIN, Antônio Herman de V. e. A inversão do ônus da prova na Lei da Improbidade – Lei n. 8.429/92. Teses aprovadas no X Congresso Nacional do Ministério Público. *Cadernos – Temas Institucionais*, Associação Paulista do Ministério Público, 1995.

FERRAZ, Luciano. A Lei de Responsabilidade Fiscal e terceirização de mão de obra no serviço público. *Revista Fórum Administrativo*, abril de 2001.

FERRAZ, Sérgio. O controle da administração pública na Constituição de 1988. *Revista de Direito Administrativo* n. 188/64.

_____. Aspectos processuais na Lei sobre Improbidade Administrativa. In: *Improbidade administrativa, questões polêmicas e atuais*. BUENO, Cassio Scarpinella; PORTO FILHO, Pedro Paulo de Rezende (Orgs.). São Paulo: Malheiros, 2001.

FERRAZ, Sérgio; FIGUEIREDO, Lúcia Valle. *Dispensa e inexigibilidade de licitação*, 1994.

FERREIRA, Antonio Carlos. Improbidade administrativa: uma passeio de avião e o questionamento da referida lei. *Revista Jurídica Consulex* vol. 7, n. 147, fevereiro de 2003.

FERREIRA, Luiz Pinto. *Comentários à Constituição brasileira*. São Paulo: Saraiva, 1990. v. II.

FERREIRA, Sérgio de Andreia. A moralidade na principiologia da atuação governamental. *Revista de Direito Administrativo* n. 220/121, 2000.

_____. A probidade na administração pública. *Boletim de Direito Administrativo*, agosto de 2002, p. 617.

_____. As organizações sociais e as organizações da sociedade civil de interesse público: considerações sobre seu regime jurídico. *Revista de Direito Administrativo* n. 217/105, 1999.

FERREIRA, Wolgran Junqueira. *Enriquecimento ilícito dos servidores públicos no exercício da função, Lei 8.429, de 2 de junho de 1992*. São Paulo: Edipro, 1992.

FERREIRA FILHO, Manoel Gonçalves. Corrupção e democracia. *Revista de Direito Administrativo* n. 226/213, 2001.

_____. *Curso de direito constitucional*. 17ª ed. São Paulo: Saraiva, 1989.

FIGUEIREDO, Lúcia Valle. *Controle da administração pública*. São Paulo: Revista dos Tribunais, 1991.

_____. Corrupção administrativa: causas e remédios. *Revista de Direito Público* n. 81/182, 1987.

FIGUEIREDO, Marcelo. A Lei de Responsabilidade Fiscal – notas essenciais e alguns aspectos da improbidade administrativa. *Revista Interesse Público* 12/108, 2001.

_____. *O controle da moralidade na Constituição*. São Paulo: Malheiros, 1999.

_____. *Probidade administrativa, comentários à Lei 8.429/92 e legislação complementar*. 3ª ed. São Paulo: Malheiros, 1998.

_____. Responsabilidade por atos de improbidade. *Revista Cadernos de Direito Constitucional e Ciência Política* n. 19/123, abr./jun. 1997.

FILGUEIRAS, Fernando. *Corrupção, democracia e legitimidade*. Belo Horizonte: Editora UFMG, 2008.

FORSTHOFF, Ernest. *Traité de droit administratif allemande*. Trad. de Michel Fromont. Bruxelles: Émile Bruylant, 1969.

FRANÇA, Vladimir da Rocha. Considerações sobre o controle de moralidade dos atos administrativos. *Revista dos Tribunais* n. 774/108, 2000.

_____. Eficiência administrativa na Constituição Federal. *Revista de Direito Administrativo* n. 220/165, 2000.

FREITAS, Juarez. Do princípio da probidade administrativa e de sua máxima efetivação. *Revista de Informação Legislativa* n. 129/51.

_____. Regime peculiar das organizações sociais e o indispensável aperfeiçoamento do modelo federal. *Revista de Direito Administrativo* n. 214/99, 1998.

_____. Responsabilidade fiscal: exame de conjunto e alguns aspectos relevantes da Lei Complementar 101/2000. *Revista Interesse Público* n. 9/34, 2001.

FREITAS DO AMARAL, Diogo. *Curso de direito administrativo*. Coimbra: Livraria Almedina, 2003. v. II.

FREITAS JÚNIOR, Antônio Rodrigues de. Improbidade administrativa e responsabilidade fiscal. *Revista Fórum Administrativo*, julho de 2001.

FRIER, Pierre-Laurent. *Précis de droit administrative*. Paris: Monstchrestien, 2001.

FURTADO, J. R. Caldas. A lista dos gestores com contas irregulares: dúvidas a dissipar. *Revista do Tribunal de Contas do Município do Rio de Janeiro*, Ano XXX, n. 59, p. 37, dez./2014.

FURTADO, Lucas Rocha. Devolução de quantias pagas indevidamente a servidores públicos: análise e fixação de critérios para a aplicação das Súmulas 106 e 235 do TCU. *Revista do Tribunal de Contas da União* n. 91/64, 2002.

GABBA, C. F. *Teoria della retroatività delle Leggi*. Milano-Roma-Napoli: Torino Unione Tipografico-Editrice, 1891. v. 1.

GALETTA, Diana-Urania. *Principio di proporzionalità e sindacato giurisdizionale nel diritto amministrativo*. Milano: Giuffrè Editore, 1998.

GALLI, Rocco. *Corso di diritto amministrativo*. Padova: CEDAM, 1991.

GARCIA, Emerson. A autonomia financeira do Ministério Público. *Revista dos Tribunais* n. 803/59, 2002.

_____. A corrupção: uma visão jurídico-sociológica. *Revista dos Tribunais* n. 820/440, 2004.

_____. A liberdade de expressão dos membros do Ministério Público e a impossibilidade de serem responsabilizados por seus atos quando agirem no estrito cumprimento de seus deveres-poderes. *Revista de Direito Administrativo* n. 228/373, 2002.

_____. A moralidade administrativa e sua densificação. *Revista de Informação Legislativa do Senado Federal* n. 155/153.

_____. *Abuso de poder nas eleições, meios de coibição*. Rio de Janeiro: Lumen Juris, 2000.

_____. *Conflito entre normas constitucionais, esboço de uma teoria geral*. 2ª ed. São Paulo: Saraiva, 2015.

_____. Da legitimidade do Ministério Público para a defesa dos contribuintes. *Revista de Direito do Ministério Público do Estado do Rio de Janeiro* n. 12/367, 2000.

_____. Legalidade da medida de indisponibilidade dos bens adquiridos antes da vigência da Lei n. 8.429/92, visando à garantia do ressarcimento dos danos causados ao Erário. *Revista dos Tribunais* n. 807/166, 2003.

_____. O Ministério Público e a defesa do princípio da impessoalidade. *Revista dos Tribunais* n. 799/145, 2002.

_____. O nepotismo. *Boletim de Direito Administrativo* n. 6/461, 2003.

_____. A relevância da má-fé no delineamento da improbidade administrativa. *Boletim de Direito Administrativo* n. 7, julho de 2012.

_____. Improbidade é sinônimo de desonestidade?. *Revista Jus*, ano 43, n. 26, p. 11, jan./jun. 2012.

_____. GARCIA, Emerson. O Conselho Nacional do Ministério Público e a semântica do controle. *Boletim de Direito Administrativo* n. 7, ano XXX, julho de 2014, p. 737.

_____. O direito comunitário e o controle do poder discricionário pela justiça administrativa. In: GARCIA, Emerson (org.). *Discricionariedade administrativa*. Rio de Janeiro: Editora Lumen Juris, 2005.

GARCÍA, Gustavo Santos. Recursos en la red sobre la corrupción. In: *La corrupción*: aspectos jurídicos y económicos. Org. por Eduardo A. Fabián Caparrós. Salamanca: Ratio Legis, 2000.

GARCÍA, Nicolás Rodrígues. Los sistemas procesales penales frente al reto de controlar la corrupción. In: *La corrupción:* aspectos jurídicos y económicos. Org. por Eduardo A. Fabián Caparrós. Salamanca: Ratio Legis, 2000.

GARCÍA DE ENTERRÍA, Eduardo. Constituição como norma. *Revista de Direito Público* n. 78/5.

_____. *La Constitución como norma y el Tribunal Constitucional*. 3ª ed. Madrid: Civitas Ediciones, 2001.

GARCIA DE ENTERRÍA, Eduardo; FERNÁNDEZ, Tomás-Ramón. *Curso de derecho administrativo*. 12ª ed. Madrid: Civitas Ediciones, 2004. v. I.

_____. Hermeneutica e supremacia constitucional – el principio de la interpretación conforme a la Constitución de todo el ordenamiento. *Revista de Direito Público* n. 77/33.

_____. *Curso de derecho administrativo*. 2ª ed. Madrid: Civitas Ediciones, 1977.

_____. *Curso de derecho administrativo*. 12ª ed. Madrid: Civitas Ediciones, 2004. v. I.

_____. *Curso de derecho administrativo*. 9ª ed. Madrid: Editorial Civitas, 2004. v. II.

GASPARETTO, Patrick Roberto. Improbidade, prescrição e reeleição: uma crítica à jurisprudência. *BDA* n. 6, junho de 2016, p. 572.

GASPARINI, Diógenes. *Direito administrativo*. 4ª ed. São Paulo: Saraiva, 1996.

_____. Lei Municipal – inconstitucionalidade. *Revista de Direito Público* n. 78/152.

GATTO, Ruy Alberto. A atuação do Ministério Público em face da Lei n. 8.429/92 (Lei Anticorrupção). *Justitia* n. 161/54, 1993.

GAVAZZI, Ugo. *Trattato di diritto penale*: dei delitti contro la pubblica amministrazione. Milão: Dott. s. n.

GHIZZO NETO, Affonso. Responsabilização por atos de corrupção. *Revista Atuação Jurídica* n. 7/57, da Associação Catarinense do Ministério Público, 2001.

GIACOMUZZI, José Guilherme. *A moralidade administrativa e a boa-fé da administração pública, o conteúdo dogmático da moralidade administrativa*. São Paulo: Malheiros Editores, 2002.

GISBERT, Rafael Bustos. La corrupción de los gobernantes: responsabilidad política y responsabilidad penal. In: *La corrupción*: aspectos jurídicos y económicos. Org. por Eduardo A. Fabián Caparrós. Salamanca: Ratio Legis, 2000.

GOMES, José Jairo. Apontamentos sobre a improbidade administrativa. In: *Improbidade administrativa, 10 anos da Lei n. 8.429/92*. SAMPAIO, José Adércio Leite; COSTA NETO, Nicolao Dino de Castro e; SILVA FILHO, Nívio de Freitas; ANJOS FILHO, Robério Nunes dos (Orgs.). Belo Horizonte: Editora Del Rey, 2002.

GOMES, Laurentino. *1808 – Como uma rainha louca, um príncipe medroso e uma corte corrupta enganaram Napoleão e mudaram a História de Portugal e do Brasil*. São Paulo: Planeta, 2007.

GOMES, Orlando. *Introdução ao direito civil*. 10ª ed., 2ª tiragem. Rio de Janeiro: Forense, 1993.

GOMES CANOTILHO, José Joaquim. *Direito constitucional e teoria da Constituição*. 6ª ed. Coimbra: Livraria Almedina, 2002.

GOMES DE MATTOS, Mauro Roberto. Contratação de advogado sem licitação e ação de improbidade administrativa. *Revista Fórum Administrativo*, dezembro de 2002.

_____. Improbidade administrativa e atos judiciais. *Revista Fórum Administrativo*, outubro de 2002.

_____. O contrato administrativo e as cooperativas. *Seleções Jurídicas da COAD*, jun./jul. 2002.

_____. Responsabilidade civil do poder público pelo manejo indevido de ação de improbidade administrativa. *ADV Advocacia Dinâmica, seleções jurídicas*, n. 11, nov. 2004.

GOMES JÚNIOR, Luiz Manoel. *Ação popular, aspectos polêmicos*. Rio de Janeiro: Forense, 2001.

GONÇALVES, Sylvino. *Rui Barbosa: coletânea forense para os estudantes de direito, igualdade perante a lei*. Rio de Janeiro: Casa de Rui Barbosa, 1959.

GONZÁLEZ PÉREZ, Jesús. *Administración pública y moral*. Madrid: Editorial Civitas, 1995.

_____. *Corrupción, ética y moral en las administraciones públicas*. Navarra: Editorial Aranzadi, 2006.

_____. *La ética en la administración pública*. 2ª ed. Madrid: Editorial Civitas, 2000.

GORDILLO, Agostin. Un corte transversal al derecho administrativo: la Convención Interamericana Contra la Corrupción. *LL* 1997-E.

GRANDE ENCICLOPÉDIA LAROUSSE CULTURAL. São Paulo: Nova Cultural., 1998.

GRAU, Eros Roberto. Lei Municipal Inconstitucional, recusa do prefeito municipal à sua execução. *Revista de Direito Público* n. 88/89.

_____. Nota sobre os conceitos jurídicos. *Revista de Direito Público* n. 74/217.

_____. Poder discricionário. *Revista de Direito Público* n. 93/41.

GUARAGNI, Fábio André. Disposições gerais: comentários aos artigos 1º a 4º. In: CAMBI, Eduardo; GUARAGNI, Fábio André. *Lei Anticorrupção*: comentários à Lei 12.846/2013. São Paulo: Almedina, 2014, p. 47-101.

GUASQUE, Luiz Fabião. A responsabilidade da Lei de Enriquecimento Ilícito. *Revista de Direito da Procuradoria Geral de Justiça do Rio de Janeiro*, v. 1, n. 2, 1995.

_____. *Lei de Improbidade Administrativa comentada*. Rio de Janeiro: Freitas Bastos Editora, 2008.

GUERRA FILHO, Willis Santiago. *Processo constitucional e direitos fundamentais*. 4ª ed. São Paulo: RCS Editora, 2005.

GUIMARÃES, Rodrigo Régnier Chemim. Da Responsabilização Administrativa: comentários aos artigos 6º e 7º. In: CAMBI, Eduardo; GUARAGNI, Fábio André. *Lei Anticorrupção*: comentários à Lei 12.846/2013. São Paulo: Almedina, 2014, p. 137-161.

HÄBERLE, Peter. Function und Bedeutung der Verfassungsgerichte in vergleichender Perspektive. In: *Europäische Grundrechte Zeitschrift* 32. Jg. Heft 22-23, 2005.

HAGER, Marcelo. A inexistência de improbidade administrativa na modalidade culposa. *Interesse Público* n. 58, p. 178, 2010 e *Boletim de Direito Administrativo* v. 26, n. 8, agosto de 2010.

_____. *Improbidade administrativa. Comentários à Lei n. 8.429/92*. São Paulo: Atlas, 2015.

HAMON, Francis; TROPER, Michel; BURDEAU, Georges. *Droit constitutionnel*. 27ª ed. Paris: Librairie Générale de Droit et de Jurisprudence, 2001.

HARADA, Kiyoshi. Administração Pública: relação direta entre carga tributária elevada e mau administrador. *Revista Jurídica Consulex* n. 183/45, 2004.

HART, H. L. *Law, liberty and morality*. Stanford: Stanford University Press, 1963.

HAURIOU, Maurice. La Déclaration de Volonté dans le droit administratif français. *Revue Trimestrielle de Droit Civil* n. 3/543, 1903.

_____. *Précis de droit administratif et de droit public.* 8ª ed. Paris: Recueil Sirey, 1914.

HEIDENHEIMER, Arnold. Perspectives on the perception of corruption. In: *Political Corruption. A Handbook.* Arnold Heidenheimer, Michael Johnston e Victor Levine (Orgs.), 3ª ed. Londres: Transaction Pub., 1993.

HENRIQUES FILHO, Tarcísio. *Improbidade administrativa ambiental.* Belo Horizonte: Arraes Editores, 2010.

HESSE, Konrad. *Elementos de direito constitucional da República Federal da Alemanha.* Trad. de Luís Afonso Heck. Porto Alegre: Sérgio Antonio Fabris Editor, 1998.

HOLANDA, Aurélio Buarque de. *Novo dicionário Aurélio da língua portuguesa.* 2ª ed., 32ª impressão. Rio de Janeiro: Nova Fronteira, 1986.

HOMERCHER, Evandro. *Anotações à Lei de Acesso às Informações Públicas* – Lei n. 12.527, de 18 de novembro de 2011. Porto Alegre: Livraria e Editora Padre Reus, 2012.

HORTA, Raul Machado. Improbidade e corrupção. *Revista de Direito Administrativo* n. 236/121, 2004.

HUNGRIA, Nélson. *Comentários ao Código Penal.* 6ª ed. Rio de Janeiro: Forense, 1983. v. I, t. II.

_____. *Comentários ao Código Penal.* Rio de Janeiro: Forense, 1977. v. I, t. I.

_____. *Comentários ao Código Penal.* Rio de Janeiro: Forense, 1955. v. IX.

IRONS, Peter. *A people's History of the Supreme Court.* Nova York: Penguin Books, 1999.

ISENSEE, Josef; KIRCHHOF, Paul. *Handbuch des Staatrechts der Bundesrepublik Deutschland.* 2ª ed. Heidelberg: C.F. Müller Justicher Verlag, 2000, v. V.

JELLINEK, Georg. *Gesetz und Verordnung.* Tübingen: Scientia Verlag Aalen, 1887 (reimp. de 1964).

JESUS, Damásio E. de. *Direito penal*: parte geral. 25ª ed. São Paulo: Saraiva, 2002. v. 1.

JUSTEN FILHO, Marçal. *Comentários à Lei de Licitações e Contratos Administrativos.* 4ª ed. Rio de Janeiro: Aide.

_____. *Comentários à Lei de Licitações e Contratos Administrativos.* 7ª ed. São Paulo: Dialética, 2000.

_____. *Curso de direito administrativo.* 10ª ed. São Paulo: Revista dos Tribunais, 2014.

KELSEN, Hans. *Teoria geral do direito e do Estado.* Trad. de Luís Carlos Borges. São Paulo: Martins Fontes, 1998.

KIRCHHOF, Paul. *Der Staat als Garant und Gegner der Freiheit – Von Privileg und Überfluss zu einer Kultur des Masses.* München: Ferdinand Schöningh, 2004.

LAGASSE, Dominique. *L'erreur manifeste d'appréciation en droit administratif, essai sur les limites du pouvoir discrétionnaire de l'administration.* Bruxelas: Etablissements Emile Bruylant, 1986.

LAGO, Cristiano Álvares Valladares do. Improbidade administrativa. *Revista dos Tribunais* n. 786/791, 2001.

LARENZ, Karl. *Metodologia da ciência do direito*. Trad. de José Lamego. 3ª ed. Lisboa: Fundação Calouste Gulbenkian, 1997.

LASSALLE, Ferdinand. *A essência da Constituição.* 5ª ed. Rio de Janeiro: Lumen Juris, 2000.

LATORRINHA, Francisco. *Dicionário latino português.* 2ª ed. Porto: Gráficos Reunidos, 1942.

LAUN, Rudolf. *La démocratie, essai sociologique, juridique et de politique morale.* Paris: IIDP, 1933.

LAVAGNA, Carlos. *Costituzione e socialismo.* Bologna: Il Mulino, 1977.

LAZZARINI, Álvaro. *Temas de direito administrativo.* São Paulo: Revista dos Tribunais, 2000.

LEAL, Víctor Nunes. *Problemas de direito público.* Rio de Janeiro: Editora Forense, 1960.

LEITE, Rosimeire Ventura. O princípio da eficiência na administração pública. *Revista de Direito Administrativo* n. 226/251, 2001.

LENTINI, Arturo. *Istituzioni di direto amministrativo.* Milão: Società Editrice Libraria, 1939.

LESSA, Sebastião José. O enriquecimento ilícito do agente público e os meios de apuração. Sindicância patrimonial. *L & C Revista de Administração Pública e Política* n. 162, p. 4, dezembro de 2011.

LEVY, Leonard W. *Origins of the Fifth Amendment – The Right Against Self-Incrimination.* Chicago: Ivan R. Dee, 1999.

LIEBMAN, Enrico Tullio. *Manual de direito processual civil.* Trad. de Cândido Rangel Dinamarco. 2ª ed. Rio de Janeiro: Forense, 1985. v. I.

LIMA, Aluísio de Souza. Visão do Nepotismo numa perspectiva histórica, política e sociológica. *Revista Cearense Independente do Ministério Público.*

LIMA, Edmilson da Costa. Positivação da probidade administrativa: neokelsenianismo. In: *Revista da Escola Superior da Magistratura do Maranhão* v. 7, n. 7, janeiro-dezembro de 2011.

LIMA, Maria Rosynete Oliveira. *Devido processo legal.* Porto Alegre: Fabris, 1999.

LIMA, Rogério Medeiros Garcia de. Justiça Eleitoral e improbidade administrativa. *Revista de Direito Administrativo* n. 229/211, 2002.

LINDLEY, Thomas. *Narrativa de uma viagem ao Brasil.* São Paulo: Cia Editora Nacional, 1969.

LOMBARD, Martine. *Droit administratif.* 2ª ed. Paris: Dalloz Éditions, 1998.

LÓPEZ, Fernando Rodríguez. Introducción al análisis económico de la corrupción. In: *La corrupción*: aspectos jurídicos y económicos. Org. por Eduardo A. Fabián Caparrós. Salamanca: Ratio Legis, 2000.

MACÊDO, Marcus Paulo Queiroz. As três ações coletivas previstas na Lei n. 8.429/1992 – algumas breves anotações. *Jus*, ano 43, n. 26, janeiro-junho de 2012.

MACHADO, João Baptista. *Introdução ao Direito e ao Discurso Legitimador.* Coimbra: Almedina, 2008.

MACHADO JÚNIOR, J. Teixeira; REIS, Heraldo da Costa. *A Lei 4.320 comentada*. 16ª ed. Rio de Janeiro: IBAM, 1983.

MACIEL, Adhemar Ferreira. *Dimensões do direito público*. Belo Horizonte: Del Rey, 2000.

MADISON, James; HAMILTON, Hamilton; JAY, John. *Os artigos federalistas*. Trad. de Maria Luíza X. de A. Borges. Rio de Janeiro: Nova Fronteira, 1999.

MAGALHÃES, Sérgio. As ruas e o projeto completo. *Revista do Tribunal de Contas do Rio de Janeiro*, ano XXX, n. 55, p. 4-5, jun./ago. 2013.

MALATESTA, Nicola Framarino Dei. *A lógica das provas em matéria criminal*. Trad. da 3ª ed., de 1912, por Waleska Girotto Silverberg. Campinas: Conan, 1995.

MALEM SEÑA, Jorge F. *La corrupción*: aspectos éticos, económicos, políticos y jurídicos. Barcelona: Editorial Gedisa, 2002.

MANCUSO, Rodolfo de Camargo. Advocacia do Setor Público: riscos e obstáculos no limiar do novo milênio. *Revista dos Tribunais* n. 807/27, 2003.

MAQUIAVEL, Nicolai. *O Príncipe*. Trad. de Maria Lúcia Cumo. 2ª ed. Rio de Janeiro: Paz e Terra, 1998.

MARANHÃO, Délio; SÜSSEKIND, Arnaldo; VIANA, J. de Segadas. *Instituições de direito do trabalho* 2ª ed. Rio de Janeiro: Freitas Bastos, 1961.

MARQUES, João Benedito de Azevedo. O papel do promotor na sociedade democrática. *Revista Justitia* n. 110/138, 1980.

MARQUES, José Frederico. As ações populares no direito brasileiro. *Revista Forense* n. 178/47.

MARQUES, Silvio Antonio. Harmonização entre a lei de improbidade administrativa e a lei anticorrupção. *Apontamentos à Lei Anticorrupção Empresarial* (Lei n. 12.846/13). São Paulo: MPSP, 2015, p. 37.

_____. *Improbidade administrativa*: ação civil e cooperação jurídica internacional. São Paulo: Saraiva, 2010.

MARTÍNEZ SORIA, José. Die Kodizes für gute Verwaltungs Praxis. *Europarecht* n. 5, set./out. de 2001.

MARTINS, Fernando Rodrigues. *Controle do patrimônio público*. São Paulo: Revista dos Tribunais, 2000.

MARTINS, Ives Gandra da Silva. Aspectos procedimentais do instituto jurídico do 'impeachment' e conformação da figura da improbidade administrativa. In: *Revista dos Tribunais* n. 685/286.

MARTINS, Ives Gandra da Silva; BASTOS, Celso Ribeiro. *Comentários à Constituição do Brasil*. São Paulo: Saraiva, 1989. v. II.

MARTINS, Ives Gandra da Silva; NASCIMENTO, Carlos Valder do (Orgs.). *Comentários à Lei de Responsabilidade Fiscal*. São Paulo: Saraiva, 2001.

MARTINS, Tiago do Carmo. *Anotações à Lei de Improbidade Administrativa*. Porto Alegre: Verbo Jurídico, 2012.

MARTINS-COSTA, Judith. As cláusulas gerais como fatores de mobilidade do sistema jurídico. *Revista dos Tribunais*, n. 680/47.

MARTINS JÚNIOR, Wallace Paiva. A Lei de Improbidade Administrativa. *Justitia*. São Paulo n. 58(174)/46, abr./jun. 1996.

_____. Enriquecimento ilícito de agentes públicos. Evolução patrimonial desproporcional à renda ou patrimônio – Lei Federal n. 8.429/92. *Justitia* n. 59 (177), 1997.

_____. *Probidade administrativa*. São Paulo: Saraiva, 2001.

_____. Providências estruturais na investigação da improbidade administrativa. *Revista dos Tribunais* n. 727/339.

MARTINS NETO, Floriano Peixoto de Azevedo. A execução de obras em face da Lei de Responsabilidade Fiscal. *Revista Fórum Administrativo*, jan. 2002.

MATTOS NETO, Antonio José de. Responsabilidade civil por improbidade administrativa. *Revista dos Tribunais* n. 752/40, 1998.

MAURER, Hartmut. *Manuel de droit administratif allemand (Allgemeines Verwaltungsrecht)*. Trad. de Michel Fromont; Paris: LGDJ, 1994.

MAXIMILIANO, Carlos. *Hermenêutica e aplicação do direito*. 18ª ed. Rio de Janeiro: Forense, 1999.

MAZEAUD, Henri; MAZEAUD, Léon. *Traité Théorique et Pratique de la Responabilité Civile Délictuelle et Contractuelle*. 2ª ed. Paris: Recueil Sirey, 1934. t. II.

MAZZILLI, Hugo Nigro. *Regime jurídico do Ministério Público*. 5ª ed. São Paulo: Editora Saraiva, 2001.

MEDAUAR, Odete. *Direito administrativo moderno*. 5ª ed. São Paulo: Revista dos Tribunais, 2001.

_____. Poder discricionário da administração. *Revista dos Tribunais* n. 610/38, 1986.

MEDEIROS, Sérgio Monteiro. *Lei de Improbidade administrativa, comentários e anotações jurisprudenciais*. São Paulo: Editora Juarez de Oliveira, 2003.

MEIRELLES, Hely Lopes. *Direito administrativo brasileiro*. 19ª ed. São Paulo: Malheiros, 1993.

MELLO, Celso Antonio Bandeira de. *Curso de direito administrativo*. 5ª ed. São Paulo: Malheiros, 1994.

_____. *Discricionariedade e controle judicial*. 2ª ed., 4ª tir. São Paulo: Malheiros, 2000.

_____. Legalidade, motivo e motivação do ato administrativo. *Revista de Direito Público* n. 90/57.

_____. O controle judicial dos atos administrativos. *Revista de Direito Administrativo* n. 152/01.

_____. O desvio de poder. *Revista de Direito Administrativo* n. 172/1, 1988.

MELLO, Cláudio Ari. Fragmentos teóricos sobre a moralidade administrativa. *Revista de Direito Administrativo* n. 235/93, 2004.

MELLO, Marco Aurélio. A ética nas funções de Estado. *Revista Ibero-Americana de Direito Público*, jan./mar. de 2003, p. 167.

MELLO, Oswaldo Aranha Bandeira de. Tribunais de Contas: natureza, alcance e efeitos de suas funções. *Revista de Direito Público* n. 73/18.

MENEZES, Sydnei. Projeto básico: delimitação, controle e efetividade. *Revista do Tribunal de Contas do Rio de Janeiro* ano XXX, n. 55, jun./ago. 2013, p. 9.

MENEZES CORDEIRO, António Manuel da Rocha e. *Da boa-fé no direito civil*. 3ª tir. Coimbra: Almedina, 2007.

MERTZ, Elisabeth. *The language of Law school: learning to "think like a lawyer"*. New York: Oxford University Press, 2007.

MILESKI, Helio Saul. Algumas questões jurídicas controvertidas da Lei Complementar n. 101, de 5/5/2000 – controle da despesa total com pessoal, fiscalização e julgamento da prestação de contas da gestão fiscal. *Revista Fórum Administrativo*, jun. 2001.

_____. Lei de Responsabilidade Fiscal – novas regras para a gestão e a transparência fiscal. *Revista Fórum Administrativo*, jul. 2001, p. 556.

MIOLA, Cézar. Novos Tribunais de Contas. *Revista Interesse Público* 12/191, 2001.

MIRANDA, Jorge. *Manual de direito constitucional*. 6ª ed. Coimbra: Coimbra Ed., 1997. t. I.

_____. *Manual de direito constitucional*. 3ª ed. Coimbra: Coimbra Ed., 2000. v. IV.

_____. Sobre as Comissões Parlamentares de Inquérito em Portugal. *Revista de Direito Constitucional e Internacional* n. 33/61, 2000.

MIRANDA, Jorge; MEDEIROS, Rui. *Constituição Portuguesa anotada*. Coimbra: Coimbra Editora, 2005. t. I.

MODES, Marcos Antonio da Silva. As decisões dos Tribunais de Contas e o Ministério Público – defesa do interesse social e patrimônio público. *Revista Fórum Administrativo*, jul. 2001.

MODESTO, Paulo. Reforma do marco legal do Terceiro Setor no Brasil. *Revista de Direito Administrativo* n. 214/55, 1998.

MODUGNO, Franco. *Interpretazione giuridica*. Padova: CEDAM, 2009.

MONTEIRO, Ruy Carlos de Barros. O argumento de inconstitucionalidade e o repúdio da lei pelo Poder Executivo. *Revista Forense* n. 284/101.

MONTEIRO, Vera. Responsabilização de agente público autor de parecer jurídico pelo TCU – análise do posicionamento do TCU. *Revista Zênite de Direito Administrativo e LRF* n. 96/1105, 2009.

MONTESQUIEU, Charles Secondat, Barão de. *L'ésprit des lois*. Paris: Recueil Sirey.

MOOR, Pierre. *Droit administratif*. 2ª ed. Berna: Editions Staempfli, 1994. v. I.

MORAES, Alexandre de. *Direito constitucional*. 6ª ed. São Paulo: Atlas, 1999.

_____. Improbidade administrativa e a questão do princípio do juiz natural como garantia constitucional. *Revista dos Tribunais* n. 822/52, 2004.

MORAES, Antonio Carlos Flores de. Prestações de contas no Brasil: impropriedades e consequências. *Revista do Tribunal de Contas do Município do Rio de Janeiro*, n. 64, abril/2016, p. 19.

MORAES, Germana de Oliveira. *Controle jurisdicional da administração pública.* São Paulo: Dialética, 1999.

MORAND-DEVILLER, Jacqueline. *Cours de droit administraif.* 4ª ed. Paris: Montchrestien, 1995.

MOREIRA, Egon Bockmann. Terceiro setor da administração pública. Organizações sociais. contrato de gestão. Organizações sociais, organizações da sociedade civil de interesse público e seus "vínculos contratuais"com o Estado. *Revista de Direito Administrativo* n. 227/309, 2002.

MOREIRA NETO, Diogo Figueiredo. *Legitimidade e discricionariedade, novas reflexões sobre os limites e controle da discricionariedade.* 2ª ed. Rio de Janeiro: Forense, 1991.

_____. Moralidade administrativa: do conceito à efetivação. *Revista de Direito Administrativo* n. 190/1, 1992.

MOREIRA NETO, Diogo Figueiredo; FREITAS, Rafael Veras de. A juridicidade da Lei Anticorrupção – reflexões e interpretações prospectivas. *Fórum Administrativo*, v. 156, 2014.

MORENO, Pedro T. Nevado-Batalla. Responsabilidad de los servidores públicos: rendimiento como garantía a la legalidad de la actuación pública. *La corrupción*: aspectos jurídicos y económicos. Org. por Eduardo A. Fabián Caparrós. Salamanca: Ratio Legis, 2000.

MOTTA, Carlos Pinto Coelho. Responsabilidade e independência do parecer jurídico e de seu subscritor. *Boletim de Direito Administrativo*, dezembro de 2001, p. 933.

_____. et alii. *Responsabilidade fiscal, estudos e orientações, uma primeira abordagem.* São Paulo: NDJ, 2001.

MOTA DE CAMPOS, João et alii. *Organizações internacionais.* Lisboa: Fundação Calouste-Gulbenkian, 1999.

NABUCO, Joaquim. *Minha formação.* Rio de Janeiro: Garnier, 1900.

NALINI, José Renato. Anotações sobre corrupção & honestidade. *Revista dos Tribunais* n. 768/439, 1999.

NASCIMENTO, Rogério José Bento Soares do. Improbidade legislativa. In: *Improbidade administrativa, 10 anos da Lei n. 8.429/92.* SAMPAIO, José Adércio Leite; COSTA NETO, Nicolao Dino de Castro e; SILVA FILHO, Nívio de Freitas; ANJOS FILHO, Robério Nunes dos (Orgs.). Belo Horizonte: Editora Del Rey, 2002.

NEIVA, José Antonio Lisbôa. *Improbidade administrativa:* estudo sobre a demanda na ação de conhecimento e cautelar. Niterói: Editora Impetus, 2005.

_____. *Improbidade administrativa.* Legislação comentada artigo por artigo. Niterói: Editora Impetus, 2009.

NEVES, Daniel Amorim Assumpção; OLIVEIRA, Rafael Carvalho Rezende. *Manual de improbidade administrativa*. São Paulo: Grupo Editorial Nacional, 2012.

NIESS, Pedro Henrique Távora. *Direitos políticos*. 2ª ed. São Paulo: Edipro, 2000.

NIETO, Alejandro. *Derecho administrativo sancionador*. 3ª ed. Madrid: Editorial Tecnos, 2002.

_____. *Corrupción en la España Democrática*. Barcelona: Ariel, 1997.

NOBRE JÚNIOR, Edílson Pereira. Improbidade administrativa: alguns aspectos controvertidos. *Revista de Direito Administrativo* n. 235/61, 2004 e *Revista do TRF-5ª Região* n. 56/320, 2004.

NÓBREGA, Aírton Rocha. Licitações públicas e responsabilidade na gestão fiscal. *Revista Fórum de Contratação e Gestão Pública*, jan. 2002, p. 10.

_____. O Edital de Licitação e suas particularidades. *Revista Fórum de Contratação e Gestão Pública*, fev. 2002, p. 179.

NÓBREGA, Antonio Carlos Vasconcellos. A importância dos programas de compliance na nova lei da empresa limpa. *Revista do Tribunal de Contas do Município do Rio de Janeiro*, n. 60, p. 6, março de 2015.

NUCCI, Guilherme de Souza. *Corrupção e Anticorrupção*. Rio de Janeiro: Forense, 2015.

OLIVEIRA, Anselmo Jerônimo de. Criação de cargos ditos de confiança – ofensa aos princípios da moralidade, impessoalidade, razoabilidade – poder dever do Ministério Público – ação direta de inconstitucionalidade – meio adequado. *Revista Atuação Jurídica* n. 7/21, da Associação Catarinense do Ministério Público, 2001.

OLIVEIRA, José Roberto Pimenta. As exigências de razoabilidade/proporcionalidade inerentes ao devido processo legal substantivo e à improbidade administrativa. *Improbidade administrativa, 10 anos da Lei n. 8.429/92*. SAMPAIO, José Adércio Leite; COSTA NETO, Nicolao Dino de Castro e; SILVA FILHO, Nívio de Freitas; ANJOS FILHO, Robério Nunes dos (Orgs.). Belo Horizonte: Editora Del Rey, 2002.

_____. *Improbidade administrativa e sua autonomia constitucional*. Belo Horizonte: Editora Fórum, 2009.

OLIVEIRA, Rafael Carvalho Rezende; NEVES, Daniel Amorim Assumpção. *Manual de improbidade administrativa*. 2ª parte. São Paulo: Grupo Editorial Nacional, 2012.

_____. O Sistema Brasileiro de Combate à Corrupção e a Lei n. 12.846/2013 (Lei Anticorrupção). *BDA* n. 7, p. 751, julho de 2014.

OLIVEIRA, Regis Fernandes de. *Responsabilidade fiscal*. São Paulo: Revista dos Tribunais, 2001.

ORTEGA, Ricardo Rivero. Instituciones jurídico-administrativas y prevención de la corrupción. In: *La corrupción*: aspectos jurídicos y económicos. Org. por Eduardo A. Fabián Caparrós. Salamanca: Ratio Legis, 2000.

OSÓRIO, Fábio Medina. As sanções da Lei 8.429/92 aos atos de improbidade administrativa. *Revista dos Tribunais* n. 766/88.

_____. *Direito administrativo sancionador.* São Paulo: Editora Revista dos Tribunais, 2000.

_____. *Improbidade administrativa, observações sobre a Lei 8.429/92.* 2ª ed. Porto Alegre: Síntese, 1998.

_____. Observações acerca dos sujeitos do ato de improbidade administrativa. *Revista dos Tribunais* n. 750/69.

_____. Uma reflexão sobre a improbidade culposa. *Revista Atuação Jurídica* n. 7/75, da Associação Catarinense do Ministério Público, 2001.

_____. *Teoria da improbidade administrativa.* São Paulo: Revista dos Tribunais, 2007.

OTERO, Paulo. *Conceito e fundamento da hierarquia administrativa.* Coimbra: Coimbra Editora, 1992.

_____. *Legalidade e Administração Pública, o sentido da vinculação administrativa à juridicidade.* Coimbra: Livraria Almedina, 2003.

PAGANELLA, Carlos Roberto Lima; MACIEL, Heriberto Roos; LIMBERGER, Têmis. Considerações jurídicas sobre a Lei de Responsabilidade Fiscal e algumas questões atinentes ao Ministério Público. *Revista de Direito do Ministério Público do Estado do Rio de Janeiro* n. 13/55, 2001.

PALERMO, Fernanda Keller de Oliveira. O princípio da proporcionalidade e as sanções penais nos contratos administrativos. *Revista de Direito Administrativo* n. 227/321, 2002.

PATINO, María Victoria Muriel. Economía, corrupción y desarrollo. In: *La corrupción*: aspectos jurídicos y económicos. Org. por Eduardo A. Fabián Caparrós; Salamanca: Ratio Legis, 2000.

PAZZAGLINI FILHO, Marino. *Lei de Improbidade Administrativa comentada.* São Paulo: Atlas, 2002.

PAZZAGLINI FILHO, Marino; ROSA, Márcio Fernando Elias; FAZZIO JÚNIOR, Waldo. *Improbidade administrativa, aspectos jurídicos da defesa do patrimônio público.* 4ª ed. São Paulo: Atlas, 1999.

PÉAN, PIERRE. *L'Argent Noir – corruption et sous développement.* França: Éditions Fayard, 1988.

PEREIRA, Caio Mário da Silva. *Instituições de direito civil.* 11ª ed. Rio de Janeiro: Forense, 1996. v. VI.

PEREIRA JR., Jessé Torres *et alii. Responsabilidade fiscal, estudos e orientações, uma primeira abordagem.* São Paulo: NDJ, 2001.

PEREIRA NETO, Miguel. A Lei Anticorrupção e a Administração Pública Estrangeira. *Revista dos Tribunais*, v. 947, p. 331, set. de 2014.

PETRELLUZZI, Marco Vinicio; RIZEK JUNIOR, Rubens Naman. *Lei Anticorrupção*: origens, comentários e análise da legislação correlata. São Paulo: Saraiva, 2014.

PHILIPPE, Xavier. *Le controle de proportionnalité dans les jurisprudences constitutionnelle et administrative françaises.* Marseille: Aix-Marseille, 1990.

PIETRO, Maria Sylvia Zanella di. *Direito administrativo.* 4ª ed. São Paulo: Editora Atlas, 1994.

_____. *Discricionariedade administrativa na Constituição de 1988.* 2ª ed. São Paulo: Editora Atlas, 2001.

_____ *et alii. Comentários à Lei de Responsabilidade Fiscal.* São Paulo: Saraiva, 2001.

PIMENTA BUENO, José Antonio. *Direito público brasileiro e análise da Constituição do Império.* Ministério da Justiça e Negócios Interiores, 1958.

PIMENTEL FILHO, André. Comentários aos artigos 1º ao 4º da Lei Anticorrupção. In: SOUZA, Jorge Munhós; QUEIROZ, Ronaldo Pinheiro de. *Lei Anticorrupção.* Salvador: Juspodivm, 2015, p. 63-82.

PINHEIRO, Haroldo. Um antídoto para os aditivos das obras públicas. *Revista do Tribunal de Contas do Município do Rio de Janeiro,* n. 59, p. 9, dez. de 2014.

PINHO, Henrique Helder de Lima. Reeleição, improbidade administrativa e prescrição: interpretações teleológica e histórico-evolutiva para um novo olhar sobre a aplicabilidade da Lei n. 8.429/92. *Revista do Ministério Público do Estado do Maranhão* n. 14, p. 253, 2007.

PINTO, Francisco Bilac Moreira. *Enriquecimento ilícito no exercício de cargos públicos.* Rio de Janeiro: Forense, 1960.

PINTO, Paulo Brossard de Souza. Competência – julgamento de membro de Tribunal Regional do Trabalho. *Revista Interesse Público* n. 2/108, 1999.

PIOVESAN, Flávia. *Direitos humanos e o direito constitucional internacional.* São Paulo: Max Limonad, 1996.

PIRES, Lilian Regina Gabriel Moreira; LEÃO, Raisa Reis. O ato de imposição de improbidade administrativa e suas restrições. *BDA* n. 7, p. 759, julho de 2014.

POLETTI, Ronaldo. *Controle da constitucionalidade das leis.* 2ª ed. Rio de Janeiro: Forense, 1995.

PONTES DE MIRANDA, Francisco Cavalcanti. *Comentários à Constituição de 1946.* Rio de Janeiro: Henrique Cahen Editor, 1947. v. III.

_____. Independência e harmonia dos Poderes. *Revista de Direito Público* n. 20/09.

PORTO FILHO, Pedro Paulo de Rezende. Improbidade administrativa – requisitos para tipicidade. *Revista Interesse Público* n. 11/81, 2001.

POSNER, Richard. *How Judges Think?* Cambridge: Harvard University Press, 2008.

POZZO, Antonio Araldo Ferraz dal; POZZO, Augusto Neves dal. Afastamento de prefeito municipal no curso de processo instaurado por prática de ato de improbidade administrativa. In: *Improbidade administrativa*: questões polêmicas e atuais. BUENO, Cassio Scarpinella e PORTO FILHO, Pedro Paulo de Rezende (Orgs.). São Paulo: Malheiros, 2001.

PRADO, Francisco Octávio de Almeida. *Improbidade administrativa.* São Paulo: Malheiros, 2001.

QUEIROZ, Ronaldo Pinheiro. Responsabilização Judicial da Pessoa Jurídica na Lei Anticorrupção. In: SOUZA, Jorge Munhos; QUEIROZ, Ronaldo Pinheiro. *Lei Anticorrupção*. Salvador: JusPodivm, 2015.

RAMOS, André de Carvalho. O combate internacional à corrupção e a Lei de Improbidade. In: *Improbidade administrativa, 10 anos da Lei n. 8.429/92*. SAMPAIO, José Adércio Leite; COSTA NETO, Nicolao Dino de Castro e; SILVA FILHO, Nívio de Freitas; ANJOS FILHO, Robério Nunes dos (Orgs.). Belo Horizonte: Editora Del Rey, 2002.

RÁO, Vicente. *O direito e a vida dos direitos*. 3ª ed. São Paulo: Revista dos Tribunais, 1991. v. I.

RAWS, John. *Uma teoria da justiça*. Lisboa: Editorial Presença, 1993.

REALE, Miguel. Poderes das Comissões Parlamantares de Inquérito. *Questões de Direito Público*. São Paulo: Saraiva, 1997.

_____. *Revogação e anulamento do ato administrativo*. 2ª ed. Rio de Janeiro: Forense, 1980.

RESTA, Raffaele. *La revoca degli atti amministrativi*. Milano: Giuffrè, 1939.

REVIDATI, Gustavo Adolfo. La técnica como limitante de la discrecionalidad (la ampliación de defensa de derechos, libertades y garantias como consecuencia de la influencia de normas no jurídicas). In: *La protección jurídica del ciudadano*: estudios en homenaje al profesor Jesus Gonzalez Perez. Madrid: Civitas Ediciones, 1993. t. III.

RIBAS JR., Salomão. Improbidade administrativa sob a ótica das Cortes de Contas. *Revista Atuação Jurídica* n. 7/17, da Associação Catarinense do Ministério Público, 2001.

RIBEIRO, Fávila. *Direito eleitoral*. 4ª ed. Rio de Janeiro: Forense, 1996.

RIGOLIN, Ivan Barbosa. Aplicação temporal da Lei de Responsabilidade Fiscal. *Responsabilidade fiscal, estudos e orientações*. São Paulo: NDJ, 2001.

_____. Lei de Responsabilidade Fiscal: a) art. 21, par. único; b) art. 24, § 2º; c) art. 42; d) art. 44; e) art. 56. *Revista Fórum Administrativo*, outubro de 2001.

RIPERT, Georges. *A regra moral nas obrigações civis*. Trad. da 3ª ed. francesa de Osório de Oliveira. Campinas: Bookseller, 2000.

RIVERO, Jean. *Droit administratif*. 19ª ed. Paris: Éditions Dalloz, 2002.

RIZZARDO, Arnaldo. *Ação civil pública e ação de improbidade administrative*. Rio de Janeiro: GZ, 2009.

ROBBERS, Gerhard. *Einführung in das deutsche Recht*. 3ª ed. Baden-Baden: Nomos Verlagsgesellschaft, 2002.

ROCHA, Alexandre Amorim. Especialização e autonomia funcional no âmbito do Tribunal de Contas da União. *Revista de Informação Legislativa* n. 157/223, 2003.

ROCHA, Cármen Lúcia Antunes. Improbidade administrativa e controle das finanças públicas. *Revista do Tribunal de Contas do Estado de Minas Gerais*, v. 37, n. 4, 2000.

_____. *Princípios constitucionais da Administração Pública*. Belo Horizonte: Del Rey, 2009.

ROCHA, César Asfor. *Breves reflexões críticas sobre a ação de improbidade administrativa.* Ribeirão Preto: Editora Migalhas, 2012.

ROCHA, Lincoln Magalhães da. Probidade administrativa, equidade, e responsabilidade fiscal e social num mundo globalizado. *Revista do Tribunal de Contas da União* n. 92/310, 2002.

ROCHA, Mauro Sérgio. Da responsabilização judicial: comentários aos artigos 18 a 21. In: CAMBI, Eduardo; GUARAGNI, Fábio André. *Lei Anticorrupção*: comentários à Lei 12.846/2013. São Paulo: Almedina, 2014, p. 221-245.

ROSA, Alexandre e GHIZZO NETO, Affonso. *Improbidade administrativa e Lei de Responsabilidade Fiscal.* Florianópolis: Habitus, 2001.

ROSADO IGLESIAS, Gema. *La titularidad de derechos fudnamentales por la persona jurídica.* Valencia: Tirant lo Blanch, 2004.

ROSE-ACKERMAN, Susan. *Corrupção e governo.* Trad. de A. Mata. Lisboa: Prefácio-Edição de Livros e Revistas Lda, 2002.

ROTHENBURG, Walter Claudius. Ação por improbidade administrativa: aspectos de relevo. In: *Improbidade administrativa, 10 anos da Lei n. 8.429/92.* SAMPAIO, José Adércio Leite; COSTA NETO, Nicolao Dino de Castro e; SILVA FILHO, Nívio de Freitas; ANJOS FILHO, Robério Nunes dos (Orgs.). Belo Horizonte: Editora Del Rey, 2002.

_____. Lei 8.429/92: distinção da improbidade administrativa em relação aos crimes de responsabilidade. Inaplicação do critério da especialidade. Mimeo, 2002.

_____. *Princípios constitucionais.* Porto Alegre: Sergio Antonio Fabris Editor, 1999.

ROTUNDA, Ronald D.; NOVAK, John E. *Treatise on constitutional law*: substance and procedure. 2ª ed. St. Paul: West Publishing, 1992. v. 2.

ROUBIER, Paul. *Les conflits de lois dans le temps (Théorie Dite de La Non-Retroactivité des Lois).* Paris: Librairie du Recueil Sirey, 1933.

SALLES, Carlos Alberto de. Peculiaridades do objeto do processo de improbidade administrativa. *Justitia* n. 200, jan./jul. 2009.

SALVIA, Filippo. Attività amministrativa e discrezionalità tecnica. *Diritto Processuale Amministrativo*, n. 4, 1992.

SAMPAIO, João Adércio Leite. A probidade na Era dos Desencantos. Crise e propostas de restauração da integridade dogmática da Lei n. 8.429/92. In: *Improbidade administrativa, 10 anos da Lei n. 8.429/92.* SAMPAIO, José Adércio Leite; COSTA NETO, Nicolao Dino de Castro e; SILVA FILHO, Nívio de Freitas; ANJOS FILHO, Robério Nunes dos (Orgs.). Belo Horizonte: Editora Del Rey, 2002.

SAMPAIO, Nelson de Souza. *Do inquérito parlamentar.* Rio de Janeiro: Fundação Getulio Vargas, 1964.

SÁNCHEZ MORÓN, Miguel. *Discrecionalidad administrativa y control judicial.* Madrid: Editorial Tecnos, 1995.

SANDULLI, Aldo M. *Manuale de diritto amministrativo*. 15ª ed. Napoli: Jovene Editore, 1989. vol. 1.

SANTANA, Jair Eduardo. A questão do mandato na Lei de Responsabilidade Fiscal. *Revista do Tribunal de Contas da União* n. 92/44.2002.

_____. Lei de Responsabilidade Fiscal e improbidade administrativa: renovado um problema de competência para processo e julgamento de prefeitos. *Revista Fórum Administrativo*, out. de 2001.

SANTIAGO NINO, Carlos. *Introducción al analisis del derecho*. 2ª ed., 13ª reimp. Buenos Aires: Editorial Astrea, 2005.

SANTOS, Carlos Frederico Brito dos. A irresponsabilidade fiscal do gestor público como improbidade administrativa. *Revista Atuação Jurídica* n. 7/53, da Associação Catarinense do Ministério Público, 2001.

_____. A prescrição do ato de improbidade administrativa. Disponível em: <www.amperj.org.br>. Acesso em: 12 fev. 2002.

_____. *Improbidade administrativa, reflexões sobre a Lei n. 8.429/92*. Rio de Janeiro: Editora Forense, 2002.

_____. Os agentes políticos e a responsabilidade por culpa em face do art. 10 da Lei de Improbidade Administrativa. *Revista Atuação Jurídica* n. 7/41, da Associação Catarinense do Ministério Público, 2001.

SANTOS, Ernane Fidélis do. Aspectos processuais da Lei de Improbidade Administrativa. In: *Improbidade Administrativa, 10 anos da Lei n. 8.429/92*. SAMPAIO, José Adércio Leite; COSTA NETO, Nicolao Dino de Castro e; Silva Filho, Nívio de Freitas; ANJOS FILHO, Robério Nunes dos (Orgs.). Belo Horizonte: Editora Del Rey, 2002.

SANTOS, Luís Cláudio Almeida. Reflexões sobre a Lei n. 8.429, de 2/6/1992, "Lei Anticorrupção". *Revista do Ministério Público do Estado do Sergipe* n. 5/25, 1993.

SARAIVA, Oscar. Declaração de inconstitucionalidade das leis – empresas de seguros – acionistas estrangeiros. *Revista Forense* n. CXVI/42, 1948.

SARMENTO, Daniel. *A ponderação de interesses na Constituição Federal*. Rio de Janeiro: Lumes Juris, 2000.

SARMENTO, George. *Improbidade administrativa*. Porto Alegre: Editora Síntese, 2002.

SCHIER, Paulo Ricardo. *Filtragem constitucional*: construindo uma nova dogmática jurídica. Porto Alegre: Sérgio Antônio Fabris Editor, 1999.

SCHMITZ, Cid Luiz Ribeiro. Propaganda irregular. *Revista Atuação Jurídica* n. 7/35, da Associação Catarinense do Ministério Público, 2001.

SCHNEIDEREIT, Gaby. *Legal Language as a Special Language: Structural Features of English Legal Language*. Germany: GreenVerlag, 2007.

SCHOLLER, Heinrich. O princípio da proporcionalidade no direito constitucional e administrativo da Alemanha. Trad. de Ingo Wolfgang Sarlet. *Revista Interesse Público* n. 2/93, 1999.

SEELMANN, Kurt. *Rechtsphilosophie*. 4ª ed. München: Verlag C. H. Beck, 2007.

SÉRVULO CORREIA, José Manuel. *Legalidade e autonomia contratual nos contratos administrativos*. Coimbra: Livraria Almedina, reimpressão, 2003.

SEVERO GIANINI, Massimo. *Diritto amministrativo*. 3ª ed. Milano: Dott. A. Giuffrè Editore, 1993. v. 2.

SIEYÈS, Emmanuel Joseph. *Qu'est-ce que le Tiers État?*. Trad. de Norma Azevedo sob o título *A Constituinte Burguesa*. Rio de Janeiro: Lumen Juris, 2001.

SILVA, Almiro do Couto e. Poder discricionário no direito administrativo brasileiro. *Revista de Direito Administrativo*, v. 179/180, 1990.

_____. Princípios da legalidade da administração pública e da segurança jurídica no Estado de Direito Contemporâneo. *Revista de Direito Público* n. 84/53.

SILVA, De Plácido e. *Vocabulário jurídico*. 2ª ed. Rio de Janeiro: Forense, 1967. v. III.

SILVA, Fernanda Duarte Lopes Lucas da. *Princípio constitucional da igualdade*. Rio de Janeiro: Lumen Juris, 2001.

SILVA, Francisco Rodrigues da. *CPIS federais, estaduais e municipais, poderes e limitações*. 3ª ed. Recife: Bagaço, 2001.

SILVA, José Afonso da. *Aplicabilidade das normas constitucionais*. 4ª ed. São Paulo: Malheiros, 2000.

_____. *Curso de direito constitucional positivo*. 7ª ed. São Paulo: Revista dos Tribunais, 1991.

SILVA, José Manuel Braz da. *Os paraísos fiscais, casos práticos com empresas portuguesas*. 2ª imp. Coimbra: Livraria Almedina, 2000.

SIMÃO, Calil. *Improbidade administrativa*: teoria e prática. Leme: J. H. Mizuno, 2011.

SLAIBI FILHO, Nagib. *Anotações à Constituição de 1988, aspectos fundamentais*. 4ª ed. Rio de Janeiro: Forense, 1993.

SOBRANE, Sérgio Turra. *Improbidade administrativa*. Aspectos materiais, dimensão difusa e coisa julgada. São Paulo: Editora Atlas, 2010.

SOBRINHO, Manoel de Oliveira Franco. História breve do constitucionalismo no Brasil. *Revista de Direito Público* n. 3/62, 1968.

_____. *O princípio constitucional da moralidade administrativa*. 2ª ed. Curitiba: Genesis, 1993.

SOTTO, Ignazio. *Diritto amministrativo*. 3ª ed. Milano: Dott. A. Giuffrè Editore, 1995.

SOULIER, Gérard. *L'inviolabilité parlementaire en droit français*. Paris: Librarie Générale de Droit et de Jurisprudence, 1966.

SOURDAT, M. A. *Traité général de la responsabilité ou de l'action en dommages-intérêts en dehors des contrats*. 5ª ed. Paris: Marchal et Billard, 1902.

SOUSA, Octávio Tarquínio de. *História dos fundadores do Império do Brasil*: a vida de D. Pedro I. São Paulo: EDUSP, 1988. v. 2.

SOUTO, Marcos Juruena Villela. Dispensa de licitação para a contratação de advogados e ações de improbidade contra prefeitos: critérios de razoabilidade. *Revista do Tribunal de Contas do Município do Rio de Janeiro* n. 37/77, 2008.

SOUZA, José Carlos Rodrigues de. Improbidade administrativa e meio ambiente. *Revista de Direito Ambiental* n. 14/83.

SOUZA, Patrícia Verônica Nunes Carvalho Sobral de. *Corrupção e improbidade*. Críticas e controle. 1ª reimpr. Belo Horizonte: Editora Fórum, 2012.

SOUZA, Zoraide Amaral de. *A associação sindical no sistema das liberdades públicas*. Rio de Janeiro: Editora Lumen Juris, 1996.

SUNDFELD, Carlos Ari. *Fundamentos de direito público*. São Paulo: Malheiros, 1992.

SWISHER, Carl Brent. *Decisões históricas da Corte Suprema*. Trad. de Arlette Pastor Centurion. Rio de Janeiro: Forense, 1964.

SZKLAROWSKY, Leon Frejda. Improbidade administrativa e suspensão dos direitos políticos. *Boletim de Direito Administrativo*, março de 2001, p. 188.

TÁCITO, Caio. Anulação de leis inconstitucionais. *Revista de Direito Administrativo* n. 59/338.

_____. Legalidade, motivo e motivação do ato administrativo. *Revista de Direito Administrativo* n. 37/8.

_____. Moralidade administrativa. *Revista de Direito Administrativo* n. 218/1, 1999.

_____. *Temas de direito público*. Rio de Janeiro: Renovar, 1997. v. I e II.

TARULLO, Stefano. Discrezionalità tecnica e sindicato giurisdizionale: l'ottica comunitária ed i profilli evolutivi. *Rivista Italiana di Diritto Pubblico Comunitario* n. 6, p. 1385 a 1419, 2002.

TAVARES, Anna Rita. Desconsideração da pessoa jurídica em matéria licitatória. *Revista Trimestral de Direito Público* n. 25/107.

TERÇAROLLI, Carlos Eduardo. *Improbidade administrativa no exercício das funções do Ministério Público*. Curitiba: Juruá Editora, 2002.

TOLEDO JR., Flávio C. de. Fim de mandato – as despesas proibidas. *RTCU* n. 111, p. 43, jan./abr. 2008.

TOLEDO JR., Flávio C. de.; ROSSI, Sérgio Siqueira. A Lei de Responsabilidade Fiscal e a tormentosa questão dos restos a pagar do município. *Revista Interesse Público* n. 11/104, 2001.

_____. Aumento da despesa com pessoal nos 180 dias que ultimam os mandatos – uma análise sistemática do parágrafo único do artigo 21 da Lei de Responsabilidade Fiscal. *Revista Interesse Público* n. 13/119, 2002.

_____. As despesas de manutenção e desenvolvimento do ensino. *Revista do Tribunal de Contas da União* n. 107/64, 2006.

TOLOSA FILHO, Benedicto de. *Comentários à Lei de Improbidade Administrativa*. Rio de Janeiro: Editora Forense, 2003.

TORNAGHI, Hélio. *Curso de processo penal*. 9ª ed. São Paulo: Saraiva, 1995. v. I.

TORRES, Ricardo Lobo. A legitimidade democrática e o Tribunal de Contas. *Revista de Direito Administrativo* n. 194/31.

TOSTES, Alécia Paolucci N. Bicalho. A interpretação do conceito de empresa estatal dependente na Lei de Responsabilidade Fiscal. *Revista Fórum de Contratação e Gestão Pública*, março de 2002, p. 308.

TOURINHO, Rita Andréa Rehem Almeida. A eficácia social da atuação do Ministério Público no combate à improbidade administrativa. *Revista de Direito Administrativo* n. 227/253, 2002.

_____. O Estado como sujeito passivo de danos morais decorrentes do ato de improbidade administrativa. *Revista Fórum Administrativo*, jan. 2002, p. 39.

_____. *Discricionariedade administrativa, ação de improbidade & controle principiológico*. Curitiba: Editora Juruá, 2004.

TOURINHO FILHO, Fernando da Costa. *Processo penal*. 12ª ed. São Paulo: Saraiva, 1990. vol. II.

TOURINHO NETO, Fernando. Corrupção da administração pública. *Revista Ibero-Americana de Direito Público*, jan./mar. 2003, p. 51.

TRÊS, Celso Antônio. A atuação do Ministério Público contra a improbidade administrativa. Probidade no combate à improbidade. In: *Improbidade administrativa, 10 anos da Lei n. 8.429/92*. SAMPAIO, José Adércio Leite; COSTA NETO, Nicolao Dino de Castro e; SILVA FILHO, Nívio de Freitas; ANJOS FILHO, Robério Nunes dos. (Orgs.). Belo Horizonte: Editora Del Rey, 2002.

TRIMARCHI, Pietro. *Istituzioni di Diritto Privato*. 6ª ed. Milano: Giuffrè, 1983.

TUCCI, Rogério Lauria. Ação civil pública: abusiva utilização pelo Ministério Público e distorção pelo Poder Judiciário. *Revista dos Tribunais* n. 802/27, 2002.

UNGARO, Gustavo. Controle interno e efetividade da lei anticorrupção – responsabilização administrativa em âmbito estadual. *Apontamentos à Lei Anticorrupção Empresarial (Lei n. 12.846/13)*. São Paulo: MPSP, 2015, p. 25-29.

VASCONCELOS, Edson Aguiar de. *Controle administrativo e parlamentar*. Rio de Janeiro: Lumen Juris, 1997.

VAZ, Lúcio. *Sanguessugas do Brasil*. São Paulo: Geração Editorial, 2012.

VECCHIO, Giorgio Del. Les principes généraux de droit. In: *Recueil d'études sur les sources du droit em l'honneur de Françoise Geny*. Paris: Sirey. v. II.

VEDEL, Georges. *Droit administratif*. 5ª ed. Paris: Presses Universitaires de France, 1973.

VELLOSO FILHO, Carlos Mário. A indisponibilidade de bens na Lei 8.429, de 1992. In: *Improbidade administrativa, questões polêmicas e atuais*. BUENO, Cassio Scarpinella e PORTO FILHO, Pedro Paulo de Rezende. (Orgs.). São Paulo: Malheiros, 2001, p. 108.

VERGOTTINI, Guiseppe de. *Diritto costituzionale*. 3ª ed. Milano: CEDAM, 2001.

VICENTE, José-Ramón García. Corrupción y derecho privado: notas generales. In: *La corrupción*: aspectos jurídicos y económicos. Org. por Eduardo A. Fabián Caparrós. Salamanca: Ratio Legis, 2000.

VIEIRA, António. Sermão do bom ladrão. In: *Obras completas do Padre António Vieira*. Porto: Livraria Chardron, 1907. v. V.

VIEIRA DE ANDRANDE, José Carlos. *A justiça administrativa (lições)*. 4ª ed. Coimbra: Livraria Almedina, 2003.

_____. *O dever de fundamentação expressa de actos administrativos*. reimpr. Coimbra: Livraria Almedina, 2003.

VILLAR PALASI, José Luis. *La Interpretación y los apotegmas jurídico-lógicos*. Madrid: Editorial Tecnos, 1975.

VILLORIA MENDIETA, Manuel. *Ética pública y corrupción:* curso de ética administrativa. Madrid: Editorial Tecnos, 2000.

VIOLA, Francesco e ZACCARIA, Giuseppe. *Diritto e interpretazione:* lineamenti di teoria ermeneutica del diritto. 6ª ed. Roma: Laterza, 2009.

VIPIANA PERPETUA, Piera Maria. *Gli atti amministrativi*: vizi di legitimità e di merito, cause di nullità ed irregolarità. Padova: CEDAM, 2003.

VIRGA, Pietro. *Diritto amministrativo*. 5ª ed. Milano: Dott A. Giuffrè Editore, 1999. v. 2.

VON LISZT, Franz. *Tratado de direito penal allemão* (*Lehrbuch des deutchen Strafrechts*). Trad. de José Hygino Duarte Pereira. Rio de Janeiro: F. Briguiet & C. – Editores, 1899. t. I.

WALD, Arnoldo; MENDES, Gilmar Ferreira. Competência para julgar ação de improbidade administrativa. *Revista de Informação Legislativa* n. 138/213, 1998.

WALINE, Marcel. *Droit administrative*. 9ª ed. Paris: Sirey, 1963.

_____. *Notion juridique de l'excès de pouvoirs du juge*. Paris: Recueil Sirey, 1926.

WEICHERT, Marlon Alberto. A sentença condenatória na ação de improbidade administrativa. Profundidade e extensão das sanções. *Revista de Informação Legislativa* n. 170/57, 2006.

WERHANE, Patricia H.; et al. *Obstacles to Ethical Decision-Making*. Cambridge: Cambridge University Press, 2013.

YOUNG, Roland. *O Congresso Americano*. Trad. de Regina Zingoni. Rio de Janeiro: Forense, 1966.

ZAFFARONI, Eugenio Raúl; PIERANGELLI, José Henrique. *Da tentativa, doutrina e jurisprudência*. 4ª ed. São Paulo: Revista dos Tribunais, 1995.

ZAGREBELSKI, Gustavo. *Il diritto mite*. Torino: Einaudi, 1992 (12ª reimp. de 2010).

ZANCANER, Weida. Razoabilidade e moralidade na Constituição de 1988. *Revista Trimestral de Direito Público* n. 2/205.

ZANOBINI, Guido. *Corso di diritto amministrativo.* Milano: Giuffrè, 1937.

ZAVASCKI, Teori Albino. *Processo coletivo. Tutela de direitos coletivos e tutela coletiva de direitos.* São Paulo: Revista dos Tribunais, 2006.

ZERBOGLIO, Adolfo. *Trattato di diritto penale.* Milano: Casa Editrice Dottor Francesco Vallardi, 1903. v. III.

VERHOEVEN, Joe. *Droit international public.* Bruxelas: Larcer, 2000.

ZYMLER, Benjamin. A atuação do Tribunal de Contas da União no controle das obras públicas. *Revista Fórum de Contratação e Gestão Pública,* fev. 2002, p. 165.

_____. A interpretação da Lei de Responsabilidade Fiscal frente à Constituição. *Revista Fórum Administrativo,* jun. 2002, p. 721.

Da Segunda Parte do Livro:

AGUIAR, Pestana de. *Comentários ao Código de Processo Civil.* São Paulo: Revista dos Tribunais, 1977. v. IV.

ALMEIDA, Renato Franco de. A competência constitucional do TJ para julgamento de mandado de segurança contra ato de promotor de justiça. *Revista CEJ* n. 34, jul./set. de 2006, p. 84 e s.

ALMEIDA JR., João Mendes de. *O processo criminal brasileiro.* 4ª ed. Rio de Janeiro: Freitas Bastos, 1959. v. I.

ALONSO JÚNIOR, Hamilton. A valoração probatória do inquérito civil e suas consequências processuais. In: *Ação civil pública – Lei 7.347/85 – 15 anos.* São Paulo: Revista dos Tribunais, 2001.

ALVARENGA, Aristides Junqueira. Reflexões sobre a improbidade administrativa no direito brasileiro. In: *Improbidade administrativa – questões polêmicas e atuais.* São Paulo: Malheiros, 2001.

ALVES, Francisco Glauber Pessoa. Ação por improbidade administrativa e ação civil pública: inconfundibilidade e equívocos dogmáticos. In: *Temas de improbidade administrativa.* Flávio Cheim Jorge, Marcelo Abelha Rodrigues e Eduardo Arruda Alvim (Coords.). Rio de Janeiro: Lumen Juris, 2010.

_____. Tutelas sumárias e afastamento dos agentes públicos na Lei n. 8.429/92. In: *Improbidade administrativa. Aspectos processuais da Lei n. 8.429/92.* São Paulo: Atlas, 2015, p. 198 e ss.

ALVES, Rogério Pacheco. A transação penal como ato da denominada jurisdição voluntária. *Revista do Ministério Público do Estado do Rio de Janeiro* n. 11, jan./jun. 2000, p. 235 e s.

_____. O poder geral de cautela no processo penal. *Revista do Ministério Público do Estado do Rio de Janeiro* n. 15, jan./jun. de 2002, p. 229 e ss.

_____. Tutela de urgência no direito processual internacional. *Revista do Ministério Público do Estado do Rio de Janeiro* n. 23, jan./jun. de 2006, p. 207 e ss.

_____. As *prerrogativas da administração pública nas ações coletivas*. Rio de Janeiro: Lumen Juris, 2007.

_____. Zona de luminosidade dos agentes públicos. In: *Estudos sobre improbidade administrativa em homenagem ao professor J. J. Calmon de Passos*. Cristiano Chaves de Farias, Alexandre Albagli Oliveira e Luciano Taques Ghignone (Orgs.). 2ª ed. Salvador: Juspodium, 2012.

ALVIM, Arruda. *Manual de direito processual civil*. 3ª ed. São Paulo: Revista dos Tribunais, 1986. v. I.

_____. A declaração concentrada de inconstitucionalidade pelo STF impõe limites à ação civil pública e ao Código de Proteção e Defesa do Consumidor. In: *Ação civil pública – Lei 7.347/85 – reminiscências e reflexões após dez anos de aplicação*. São Paulo: Revista dos Tribunais, 1995.

ANDOLINA, Italo. La cooperazione internazionale nel processo civile. *Rivista Trimestrale di Diritto e Procedura Civile*, settembre, 1996, ano LI, n. 3.

ANDRADE, Manuel A. Domingues de. *Ensaio sobre a teoria da interpretação das leis*. 4ª ed. Coimbra: Armênio Amado, 1987.

ANTUNES, Carla Heidrich. Prova emprestada: algumas considerações. *Revista Síntese de Direito Civil e Processual Civil*, v. 5.

ANTUNES, Paulo de Bessa. O inquérito civil (considerações críticas). In: *Ação civil pública – Lei 7.347/85 – 15 anos*. São Paulo: Revista dos Tribunais, 2001.

ARAÚJO, Edemir Netto de. *O ilícito administrativo e seu processo*. São Paulo: Revista dos Tribunais, 1994.

ARAÚJO, Nadia de. *Direito internacional privado:* teoria e prática brasileira. Rio de Janeiro: Renovar, 2003.

_____. As novidades da Resolução n. 9 do STJ, que dispõe sobre cartas rogatórias e sentenças estrangeiras. Disponível em: <www.dip.com.br>. Acesso em: 24 ago. 2006.

BARBI, Celso Agrícola. *Comentários ao Código de Processo Civil*. Rio de Janeiro: Forense, 1977. v. I, t 2.

BARROS, Romeu Pires de Campos. *Processo penal cautelar*. Rio de Janeiro: Forense, 1982.

BARROSO, Luís Roberto. *Constituição da República Federativa do Brasil anotada e legislação complementar*. São Paulo: Saraiva, 1998.

_____. Os princípios da razoabilidade e da proporcionalidade no direito constitucional. *Revista do Ministério Público do Estado do Rio de Janeiro* n. 4, jul./dez. 1996, p. 160 e s.

BASTOS, Celso. A tutela dos interesses difusos no direito constitucional brasileiro. *Revista de Processo* n. 23, p. 36-44.

BEDAQUE, José Roberto dos Santos. Tutela jurisdicional cautelar e atos de improbidade administrativa. In: *Improbidade administrativa*: questões polêmicas e atuais. São Paulo: Malheiros, 2001.

BELLINETTI, Luiz Fernando. Limitações legais ao sigilo bancário. *Direito do Consumidor* n. 18, p. 141-161.

BENJAMIN, Antônio Herman. A insurreição da aldeia global contra o processo civil clássico. Apontamentos sobre a opressão e a libertação judiciais do meio ambiente e do consumidor. In: *Ação civil pública – Lei 7.347/85 – Reminiscências e reflexões após dez anos de aplicação*. Édis Milaré (Coord.). São Paulo: Revista dos Tribunais, 1995.

BOBBIO, Norberto. *A era dos direitos*. Rio de Janeiro: Campus, 1992;

BRAGA, Renato Rocha. *A coisa julgada nas demandas coletivas*. Rio de Janeiro: Lumen Juris, 2000.

BROSSARD, Paulo. Competência – julgamento de membro de Tribunal Regional do Trabalho (parecer). *Interesse Público* n. 2, 1999, p. 108-115.

BUENO, Cassio Scarpinella. Conexão e continência entre ações de improbidade administrativa (Lei 8.429, de 1992, art. 17, § 5º). In: *Improbidade administrativa*: questões polêmicas e atuais. São Paulo: Malheiros, 2001.

_____. O procedimento especial da ação de improbidade administrativa (Medida Provisória 2.088). In: *Improbidade administrativa*: questões polêmicas e atuais. São Paulo: Malheiros, 2001.

_____. O foro especial para as ações de improbidade administrativa e a Lei 10.628/02. In: *Improbidade administrativa*: questões polêmicas e atuais, 2ª ed. São Paulo: Malheiros, 2003.

_____. *Liminar em mandado de segurança:* um tema com variações. São Paulo: Revista dos Tribunais, 1997.

_____. Processo civil de interesse público: uma proposta de sistematização. In: *Processo civil de interesse público*: o processo como instrumento de defesa social. São Paulo: Revista dos Tribunais e Associação Paulista do Ministério Público, 2003.

BURLE FILHO, José Emmanuel. Principais aspectos do inquérito civil, como função institucional do Ministério Público. In: *Ação civil pública – Lei 7.347/85:* reminiscências e reflexões após dez anos de aplicação. São Paulo: Revista dos Tribunais, 1995.

CAHALI, Yussef Said. *Dano moral*. 2ª ed. São Paulo: Revista dos Tribunais, 1999.

CALAMANDREI, Piero. *Introducción al estudio sistemático de las providencias cautelares.* Buenos Aires: Librería El Foro, 1996.

CALDAS, Gilberto. *Dicionário de latim forense.* São Paulo: Brasiliense. [198-].

CÂMARA, Alexandre Freitas. *Lições de direito processual civil*. 3ª ed. Rio de Janeiro: Lumen Juris, 1999. v. I.

CAMBI, Eduardo. Papel do Ministério Público na Lei Anticorrupção (Lei n. 12.846/2013). *Revista do Ministério Público do Estado do Rio de Janeiro* n. 56, abr./jun. de 2015, p. 93 e ss.

CAPEZ, Fernando. Polícia judiciária: persecução penal, defesa e sigilo. *Boletim do Instituto Brasileiro de Ciências Criminais* n. 88, março de 2000, p. 9.

CAPPELLETTI, Mauro. Tutela dos interesses difusos. *Ajuris* n. 33, p. 169-182.

CAPPELLETTI, Mauro; GARTH, Bryant. *Acesso à justiça.* Trad. de Ellen Gracie Northfleet do original *Acess to justice: the worldwide movement to make rights effective. a general report.* Porto Alegre: Fabris, 1988.

CAPPONI, Bruno. Attualità e prospettive della coperazione giudiziaria civile nell'Unione Europea. *Rivista Trimestrale di Diritto e Procedura Civile*, marzo, 1998, ano LII, n.1.

CARNEIRO, Paulo Cezar Pinheiro. *Acesso à justiça – Juizados Especiais Cíveis e ação civil pública:* uma nova sistematização da teoria geral do processo. Rio de Janeiro: Forense, 1999.

_____. *O Ministério Público no processo civil e penal:* promotor natural, atribuição e conflito com base na Constituição de 1988. 5ª ed. Rio de Janeiro: Forense, 1995.

_____. A proteção dos direitos difusos através do compromisso de ajustamento de conduta previsto na lei que disciplina a ação civil pública (Lei n. 7.347/85 – artigo 5º, § 6º). *Revista da Faculdade de Direito da Universidade do Estado do Rio de Janeiro* n. 1, v. I, 1993, p. 263-272.

_____. A coisa julgada nas ações coletivas. *Revista do Ministério Público do Estado do Rio de Janeiro* n. 1, janeiro/julho de 1995, p. 138-142.

CARNEIRO, Paulo Cezar Pinheiro; PINHO, Humberto Dalla Bernardina de. *Novo Código de Processo Civil anotado e comparado.* Rio de Janeiro: Forense, 2015.

CARRAZA, Roque Antonio. *Curso de direito constitucional tributário.* 16ª ed. São Paulo: Malheiros, 2001.

CARVALHO, Luis Gustavo Grandinetti Castanho de. *O processo penal em face da Constituição.* Rio de Janeiro: Forense, 1998.

CARVALHO, Milton Paulo de. *Do pedido no processo civil.* Porto Alegre: Fabris, 1992.

CARVALHO, Vladimir Souza. *Competência da Justiça Federal.* 3ª ed. Curitiba: Juruá, 1998.

CARVALHO FILHO, José dos Santos. *Ação civil pública – comentários por artigo – Lei 7.347, de 24/7/85.* 2ª ed. Rio de Janeiro: Lumen Juris, 1999.

_____. Ação civil pública e inconstitucionalidade incidental de lei ou ato normativo. *Revista do Ministério Público do Estado do Rio de Janeiro* n. 12, jul./dez. 2000, p. 101 e s.

_____. O processo administrativo de apuração da improbidade administrativa. In: *Estudos sobre improbidade administrativa em homenagem ao Professor J. J. Calmon de Passos.* Cristiano Chaves de Farias, Alexandre Albagli Oliveira e Luciano Taques Ghignone (Orgs.). 2ª ed. Salvador: Juspodium, 2012.

CASTRO, Aldemario Araújo. Sigilo bancário: um aspecto inexplorado. *Revista dos Procuradores da Fazenda Nacional,* ano 1, número 1, jan. 1997.

CHIOVENDA, Giuseppe. *Instituições de direito processual civil.* 2ª ed. Campinas: Bookseller, 2000. v. II.

CHOUKR, Fauzi Hassan. *Garantias constitucionais na investigação criminal*. 2ª ed. Rio de Janeiro: Lumen Juris, 2001.

CIANCI, Mirna; QUIARTIERI, Rita. Indisponibilidade de bens na improbidade administrativa. In: *Improbidade administrativa. Aspectos processuais da Lei n. 8.429/92*. São Paulo: Atlas, 2015, p. 321 e ss.

CINTRA, Antônio Carlos de Araújo; GRINOVER, Ada Pellegrini; DINAMARCO, Cândido Rangel. *Teoria geral do processo*. 7ª ed. São Paulo: Revista dos Tribunais, 1990.

CLÈVE, Clèmerson Merlin. *A fiscalização abstrata de constitucionalidade no direito brasileiro*. São Paulo: Revista dos Tribunais, 1995.

COELHO, Fábio Ulhoa. *Manual de direito comercial*. São Paulo: Saraiva, 1995.

COSTA, Eduardo José da Fonseca. Tutela de evidência e tutela de urgência na ação de improbidade administrativa (ou a indisponibilidade liminar de bens à luz da teoria da "imagem global"). In: *Improbidade administrativa. Aspectos processuais da Lei n. 8.429/92*. São Paulo: Atlas, 2015, p. 159 e ss.

COSTA, Guilherme Recena. A ambivalência da ação de improbidade administrativa e a sua conformação processual. In: *Improbidade administrativa. Aspectos processuais da Lei n. 8.429/92*. São Paulo: Atlas, 2015, p. 233 e ss.

COSTA JÚNIOR, Paulo José da. *O direito de estar só – tutela penal da intimidade*. São Paulo: Revista dos Tribunais, 1995.

COUTURE, Eduardo. *Fundamentos del derecho procesal civil*. 3ª ed., 17ª reimpr. Buenos Aires: Depalma, 1997.

COVELLO, Sérgio Carlos. *O sigilo bancário*. São Paulo: Leud, 1991.

_____. Limitações legais ao sigilo bancário. *Revista de Direito do Consumidor* n. 18, p. 144.

CREDIE, Ricardo Arcoverde. *Bem de família*. São Paulo: Malheiros, 2000.

CUNHA, Alcides Munhoz da. *Comentários ao Código de Processo Civil*. São Paulo: Revista dos Tribunais, 2000. v. XI.

DALLARI, Adilson de Abreu. Limitações à atuação do Ministério Público na ação civil pública. In: *Improbidade administrativa:* questões polêmicas e atuais. São Paulo: Malheiros, 2001.

D'AMBROSO, Marcelo José Ferlin. Moralidade pública nas relações de trabalho: a responsabilidade do agente público perante o Ministério Público do Trabalho e a Justiça do Trabalho. Disponível em: <www.anpt.org.br>. Acesso em: 27 mar. 2008.

DAWALIBI, Marcelo. Limites subjetivos da coisa julgada em ação civil pública. In: *Ação civil pública – Lei 7.347/85 – 15 anos*. São Paulo: Revista dos Tribunais, 2001.

DELGADO, José Augusto. Improbidade administrativa: algumas controvérsias doutrinárias e jurisprudenciais sobre a Lei de Improbidade Administrativa. In: *Improbidade administrativa:* questões polêmicas e atuais. São Paulo: Malheiros, 2001.

DESTEFENNI, Marcos. Estabilidade, congruência e flexibilidade no processo civil individual, coletivo e na ação de improbidade. In: *Improbidade administrativa. Aspectos processuais da Lei n. 8.429/92*. São Paulo: Atlas, 2015, p. 279 e ss.

DIDIER JR., Fredie; ZANETI JR., Hermes. *Curso de direito processual civil:* processo coletivo. Salvador: JusPodivm, 2007.

_____. Coisa julgada no processo jurisdicional de improbidade administrativa. In: *Estudos sobre improbidade administrativa em homenagem ao Professor J.J.Calmon de Passos*. Cristiano Chaves de Farias, Alexandre Albagli Oliveira e Luciano Taques Ghignone (Orgs.). 2ª ed. Salvador: Juspodivm, 2012.

DINAMARCO, Cândido Rangel. *A Reforma do Código de Processo Civil.* 2ª ed. São Paulo: Malheiros, 1995.

_____. *Litisconsórcio.* 6ª ed. São Paulo: Malheiros, 2001.

_____. *A instrumentalidade do processo.* 9ª ed. São Paulo: Malheiros, 2001.

_____. Suspensão do mandado de segurança pelo presidente do Tribunal. In: *Fundamentos do processo civil moderno*. 5ª ed. São Paulo: Malheiros, 2005.

DINAMARCO, Pedro da Silva. Requisitos para a procedência das ações por improbidade administrativa. In: *Improbidade administrativa:* questões polêmicas e atuais. São Paulo: Malheiros, 2001.

FABRÍCIO, Adroaldo Furtado. *Comentários ao Código de Processo Civil.* 5ª ed. Rio de Janeiro: Forense, 1993. v.VIII, t. III.

FARIAS, Bianca Oliveira de; PINHO, Humberto Dalla Bernardina de. Apontamentos sobre o compromisso de ajustamento de conduta na Lei de Improbidade Administrativa e no Projeto de Lei da Ação Civil Pública. In: *Temas de improbidade administrativa*. Flávio Cheim Jorge, Marcelo Abelha Rodrigues e Eduardo Arruda Alvim (Coords.). Rio de Janeiro: Lumen Juris, 2010.

FARIAS, Cristiano Chaves de. A múltipla intervenção processual das pessoas jurídicas de direito público nas ações de improbidade administrativa. In: *Estudos sobre improbidade administrativa em homenagem ao Professor J.J.Calmon de Passos*. Cristiano Chaves de Farias, Alexandre Albagli Oliveira e Luciano Taques Ghignone (Orgs.). 2ª ed. Salvador: Juspodivm, 2012.

FARIAS, Edilson Pereira de. *Colisão de direitos:* a honra, a intimidade, a vida privada e a imagem *versus* a liberdade de expressão e informação. 2ª ed. Porto Alegre: Fabris, 2000.

FARIAS, Luciano Chaves. Apontamentos sobre a legitimidade ativa para execução das decisões dos Tribunais de Contas. In: *Estudos sobre improbidade administrativa em homenagem ao Professor J.J.Calmon de Passos*. Cristiano Chaves de Farias, Alexandre Albagli Oliveira e Luciano Taques Ghignone (Orgs.). 2ª ed. Salvador: Juspodivm, 2012.

FARIAS, Paulo José Leite. Ação civil pública e o controle de constitucionalidade. *Jornal da Associação do Ministério Público do Distrito Federal e Territórios* n. 16, p. 3.

FÉDER, João. *O Estado e a sobrevida da corrupção*. Curitiba: Tribunal de Contas do Estado do Paraná, 1994.

FERES, Carlos Roberto. *Antecipação da tutela jurisdicional*. São Paulo: Saraiva, 1999.

FERNANDES, Antônio Scarance. *Processo penal constitucional*. 2ª ed. São Paulo: Revista dos Tribunais, 2000.

FERRAZ, Antônio Augusto Mello de Camargo. Inquérito civil: dez anos de um instrumento de cidadania. In: *Ação civil pública – Lei 7.347/85 – reminiscências e reflexões após dez anos de aplicação*. São Paulo: Revista dos Tribunais, 1995.

_____. Ação civil pública, inquérito civil e Ministério Público. In: *Ação civil pública – Lei 7.347/85 – 15 anos*. São Paulo: Revista dos Tribunais, 2001.

FERRAZ, Sérgio. Aspectos processuais na Lei de Improbidade Administrativa. In: *Improbidade administrativa:* questões polêmicas e atuais. São Paulo: Malheiros, 2001.

_____. Provimentos antecipatórios na ação civil pública. In: *Ação civil pública – Lei 7.347/85 – reminiscências e reflexões após dez anos de aplicação*. São Paulo: Revista dos Tribunais, 1995.

_____. *Mandado de segurança (individual e coletivo)*. Aspectos polêmicos. 2ª ed. São Paulo: Malheiros, 1993.

FIGUEIRA JÚNIOR, Joel. *Comentários ao Código de Processo Civil*. São Paulo: Revista dos Tribunais, 2001. v. IV, t. 1 e 2.

FIGUEIREDO, Lúcia Valle. Ação civil pública – considerações na outorga e no pedido de suspensão da liminar, na concessão de efeito suspensivo aos recursos e na tutela antecipatória. In: *Ação civil pública – Lei 7.347/85 – reminiscências e reflexões após dez anos de aplicação*. São Paulo: Revista dos Tribunais, 1995.

FIGUEIREDO, Marcelo. *Probidade administrativa:* comentários à Lei 8.429/92 e legislação complementar. 3ª ed. São Paulo: Malheiros, 1998.

_____. Ação de improbidade administrativa, suas peculiaridades e inovações. In: *Improbidade administrativa:* questões polêmicas e atuais. São Paulo: Malheiros, 2001.

FIORILLO, Celso Antônio Pacheco. A ação civil pública e a defesa dos direitos constitucionais difusos. In: *Ação civil pública – Lei 7.347/85 – reminiscências e reflexões após dez anos de aplicação*. São Paulo: Revista dos Tribunais, 1995.

FRAGOSO, Heleno Cláudio. *Lições de direito penal:* parte geral. 2ª ed. São Paulo: José Bushatsky, 1977.

FRANCO, Alberto Silva; SILVA JÚNIOR, José; BETANHO, Luiz Carlos; STOCO, Rui; FELTRIN, Sebastião Oscar; GUASTINI, Vicente Celso da Rocha e NINNO, Wilson. *Código Penal e sua interpretação jurisprudencial*. 5ª ed. São Paulo: Revista dos Tribunais, 1995.

FUX, Luiz. *Tutela de segurança e tutela de evidência* (fundamentos da tutela antecipada). São Paulo: Saraiva, 1996.

FUX, Luiz; BATISTA, Weber Martins. *Juizados Especiais Cíveis e Criminais e suspensão condicional do processo*. Rio de Janeiro: Forense, 1996.

GARCIA, Emerson. Da legitimidade do Ministério Público para a defesa dos contribuintes. *Revista do Ministério Público do Estado do Rio de Janeiro* n. 12, jul./dez. 2000, p. 367 e s.

GASPARINI, Diogenes. Disregard administrativa. *Estudos em homenagem ao Professor Adilson Abreu Dallari*. Luiz Guilherme da Costa Wagner Jr. (coord.). Belo Horizonte: Del Rey, 2004.

GHIGNONE, Monia Lopes de Souza. A interceptação telefônica e a ação civil pública por ato de improbidade administrativa. In: *Estudos sobre improbidade administrativa em homenagem ao Professor J.J.Calmon de Passos*. Cristiano Chaves de Farias, Alexandre Albagli Oliveira e Luciano Taques Ghignone (Orgs.). 2ª ed. Salvador: Juspodivm, 2012.

GÓES, Gisele Santos Fernandes. O pedido de dano moral coletivo na ação civil pública do Ministério Público. In: *Processo civil coletivo*. São Paulo: Quartier Latin, 2005.

GOMES, Fábio. *Comentários ao Código de Processo Civil*. São Paulo: Revista dos Tribunais, 2000. v. III.

GOMES, Luiz Flávio; CERVINI, Raúl. *Interceptação telefônica*. São Paulo: Revista dos Tribunais, 1997.

GOMES JÚNIOR, Luiz Manoel. *Ação popular*: aspectos polêmicos. Rio de Janeiro: Forense, 2001.

GRECO, Leonardo. Execução de liminar em sede de mandado de segurança. *Série Cadernos do Centro de Estudos Judiciários do Conselho da Justiça Federal*, n. 23. Ricardo Perlingeiro Mendes da Silva (Org.), Brasília, 2003.

GRECO FILHO, Vicente. *Direito processual civil brasileiro*. 15ª ed. São Paulo: Saraiva, 2000, v. I; 9ª ed., 1995, v. III.

_____. *Interceptação telefônica*. São Paulo: Saraiva, 1996.

_____. *Manual de processo penal*. 4ª ed. São Paulo: Saraiva, 1997.

_____. *Comentários ao Código de Proteção ao Consumidor*. São Paulo: Saraiva, 1991.

GRINOVER, Ada Pellegrini. Uma nova modalidade de legitimação à ação popular. Possibilidade de conexão, continência e litispendência. In: *Ação civil pública – Lei 7.347/85 – reminiscências e reflexões após dez anos de aplicação*. São Paulo: Revista dos Tribunais, 1995.

_____. O regime brasileiro das interceptações telefônicas. *Revista Doutrina* n. 3, 1997, p. 41.

_____. Novas tendências na tutela jurisdicional dos interesses difusos. *Ajuris* n. 31, p. 80-108.

_____. As garantias constitucionais do processo nas ações coletivas. *Revista de Processo* n. 43, p. 19-30.

_____. Ações coletivas para a tutela do ambiente e dos consumidores – a Lei 7.347, de 24.7.85. *Revista de Processo* n. 44, p. 113-128.

GRINOVER, Ada Pellegrini; BENJAMIN, Antônio Herman de Vasconcellos; FINK, Daniel Roberto; FILOMENO, José Geraldo Brito; WATANABE, Kazuo; NERY JUNIOR, Nelson; DENARI, Zelmo. *Código de Defesa do Consumidor comentado pelos autores do anteprojeto.* 6ª ed. Rio de Janeiro: Forense Universitária, 2000.

GRINOVER, Ada Pellegrini; GOMES FILHO, Antônio Magalhães; FERNANDES, Antônio Scarance; GOMES, Luiz Flávio. *Juizados especiais criminais – comentários à Lei 9.099, de 26/9/1995.* 3ª ed. São Paulo: Revista dos Tribunais, 1999.

GRINOVER, Ada Pellegrini; GOMES FILHO, Antônio Magalhães; FERNANDES, Antônio Scarance. *As nulidades no processo penal.* 6ª ed. São Paulo: Revista dos Tribunais, 1997.

GUASQUE, Luiz Fabião. A responsabilidade da Lei de Enriquecimento Ilícito. *RT* n. 712, p. 358-361.

GUIMARÃES, Luiz Machado. Carência de ação. In: *Estudos de direito processual civil.* Rio de Janeiro: Editora Jurídica e Universitária, 1969.

_____. Preclusão, coisa julgada, efeito preclusivo. In: *Estudos de direito processual civil.* Rio de Janeiro: Editora Jurídica e Universitária, 1969.

GUIMARÃES, Márcio Souza. Aspectos modernos da teoria da desconsideração da personalidade jurídica. Disponível em: < www.amperj.org.br>.

GUTIÉRREZ, Cristina. *Suspensão de liminar e de sentença na tutela do interesse público.* Rio de Janeiro: Forense, 2000.

HAMILTON, Sérgio Demoro. *Temas de processo penal.* Rio de Janeiro: Lumen Juris, 1998.

_____. A importância do sigilo no inquérito policial. *Revista do Ministério Público do Estado do Rio de Janeiro* n. 1, 1975, p. 28-35.

_____. A ortodoxia do sistema acusatório no processo penal brasileiro: uma falácia. *Revista do Ministério Público do Estado do Rio de Janeiro* n. 12, jul./dez. 2000, p. 191 e s.

JARDIM, Afrânio Silva. *Direito processual penal.* 7ª ed. Rio de Janeiro: Forense, 1999.

JUNGSTEDT, Luiz Oliveira Castro. *Direito administrativo – legislação.* 6ª ed. Rio de Janeiro: Thex, 1999.

JUSTEN FILHO, Marçal. *Comentários à Lei de Licitações e contratos administrativos.* 5ª ed. São Paulo: Dialética, 1998.

KARAM, Maria Lúcia. Prisão e liberdade processuais. *Revista Brasileira de Ciências Criminais* n. 2, p. 83 e s.

KRAMER, Evane Beiguelman. Considerações acerca do sequestro de bens de que trata a Lei 8.429, de 1992: enfoque da questão sob a ótica da execução da sentença condenatória. In: *Improbidade administrativa – questões polêmicas e atuais.* São Paulo: Malheiros, 2001.

LACERDA, Galeno. *Despacho saneador*. 3ª ed. Porto Alegre: Fabris, 1990.

_____. *Comentários ao Código de Processo Civil*. 4ª ed. Rio de Janeiro: Forense, 1992. v. VIII, t. I.

LACERDA, Galeno; OLIVEIRA, Carlos Alberto Álvaro de. *Comentários ao Código de Processo Civil*, 2ª ed. Rio de Janeiro: Forense, 1991. v. VIII, t. II.

LACOURT, Bárbara Dalla Bernardina. A indisponibilidade de bens e a multa civil. In: *Temas de improbidade administrativa*. Flávio Cheim Jorge, Marcelo Abelha Rodrigues e Eduardo Arruda Alvim (Coords.). Rio de Janeiro: Lumen Juris, 2010.

LIEBMAN, Enrico Túlio. *Processo de execução*. 4ª ed. São Paulo: Saraiva, 1980.

_____. *Eficácia e autoridade da sentença e outros escritos sobre a coisa julgada*. 3ª ed. Rio de Janeiro: Forense, 1984.

_____. *Estudos sobre o processo civil brasileiro*. São Paulo: José Bushatsky, 1976.

LIMA, Marcellus Polastri. *Ministério Público e persecução criminal*. Rio de Janeiro: Lumen Juris, 1997.

LIMA, Walberto Fernandes de. A quebra do sigilo bancário por ato do Ministério Público. *Revista do Ministério Público do Estado do Rio de Janeiro* n. 1, janeiro/junho de 1995, p. 167 e s.

LOCH, Mauro; GOMES, Álvaro Azevedo; CAPPELLI, Sílvia. Três ideias a respeito do ônus da prova na ação civil pública ambiental. *Revista do Ministério Público do Rio Grande do Sul* n. 34, p. 95 e s.

LOPES, João Batista. *Tutela antecipada no processo civil brasileiro*. São Paulo: Saraiva, 2001.

LOPES, Júlio Aurélio Vianna. *A invasão do direito, a expansão jurídica sobre o estado, o mercado e a moral*. Rio de Janeiro: FGV, 2005.

LUCON, Paulo Henrique dos Santos. Litisconsórcio necessário e eficácia da sentença na Lei de Improbidade Administrativa. In: *Improbidade administrativa – questões polêmicas e atuais*. São Paulo: Malheiros, 2001.

MACHADO, Jónatas E. M. *Liberdade de expressão:* dimensões constitucionais da esfera pública no sistema social. Coimbra: Coimbra Editora, 2002.

MACHADO NETO, Manoel Cabral; VIEIRA JUNIOR, Nilzir Soares. A cumulação de pedidos nas ações de improbidade administrativa. In: *Estudos sobre improbidade administrativa em homenagem ao Professor J.J.Calmon de Passos*. Cristiano Chaves de Farias, Alexandre Albagli Oliveira e Luciano Taques Ghignone (Orgs.). 2ª ed. Salvador: JusPodivm, 2012.

MAGIERA, Siegfried. The Emergence of a "Europe of Citizens" *in* "*a Community without Frontiers*. Speyer (Alemanha): Speyer Research Institute for Public Administration, 1989.

MAIA Filho, Napoleão Nunes. A desconsideração da pessoa jurídica em face da evolução do direito obrigacional e os limites de sua aplicação judicial. *Doutrina – Revista* do *Superior Tribunal de Justiça – Edição Comemorativa – 20 anos*. Brasília: STJ, 2009, p. 37 e s.

MAMERI, Debora Maria Akel. As prerrogativas de foro incidem nos processos de improbidade administrativa?. In: *Temas de improbidade administrativa*. Flávio Cheim Jorge, Marcelo Abelha Rodrigues e Eduardo Arruda Alvim (Coords.). Rio de Janeiro: Lumen Juris, 2010.

MANCUSO, Rodolfo de Camargo. *Ação civil pública em defesa do meio ambiente, do patrimônio cultural e dos consumidores*. 3ª e 7ª eds. São Paulo: Revista dos Tribunais, 1994 e 2001.

_____. *Interesses difusos: conceito e legitimação para agir*. 5ª ed. São Paulo: Revista dos Tribunais, 2000.

_____. *Ação popular*. 2ª ed. São Paulo: Revista dos Tribunais, 1996.

_____. A concomitância de ações coletivas, entre si, e em face das ações individuais. *Revista dos Tribunais* n. 782, p. 20-47.

MANCUSO, Rodolfo de Camargo; SANTIN, Valter Foleto. Bem de Família e sua inoponibilidade em penhora de bens por improbidade administrativa. *Ação civil pública após 30 anos*. São Paulo: Revista dos Tribunais, 2015.

MARINONI, Luiz Guilherme. *Efetividade do processo e tutela de urgência*. Porto Alegre: Fabris, 1994.

_____. *Tutela antecipatória, julgamento antecipado e execução imediata da sentença*. 4ª ed. São Paulo: Revista dos Tribunais, 2000.

MARINONI, Luiz Guilherme; ARENHART, Sérgio Cruz. *Comentários ao Código de Processo Civil*. São Paulo: Revista dos Tribunais, 2000. v. V, t. I e II.

MARQUES, Carlos Alexandre. A natureza do pedido de quebra de sigilo bancário e fiscal e alguns comentários práticos da atuação do Ministério Público. *Revista dos Tribunais* n. 736, p. 535-538.

MARQUES, José Frederico. *Elementos de direito processual penal*. Campinas: Bookseller, 1997. v. I.

_____. *Tratado de direito processual penal*. São Paulo: Saraiva, 1980. v. II.

MARQUES. Mauro Campbell. A indisponibilidade de bens em ação civil pública de improbidade administrativa: requisitos e limites na jurisprudência do STJ. In: *Improbidade administrativa. Temas atuais e controvertidos*. Rio de Janeiro: Forense, 2017, p. 241 e ss.

MARQUES, Mauro Campbell; TESOLIN, Fabiano da Rosa. Aspectos processuais relacionados à competência e ao recebimento da petição inicial da ação civil de improbidade administrativa. In: *Improbidade administrativa. Temas atuais e controvertidos*. Rio de Janeiro: Forense, 2017, p. 257 e ss.

MARTINS, Fernando Rodrigues. *Controle do patrimônio público*. São Paulo: Saraiva, 2000.

MARTINS, Raphael Manhães. A Defensoria Pública e o acesso à Justiça. *Revista CEJ* n. 30, jul./set. 2005, p. 26-33.

MARTINS JÚNIOR, Wallace Paiva. *Probidade administrativa*. São Paulo: Saraiva, 2001.

_____. Alguns meios de investigação da improbidade administrativa. *Revista dos Tribunais* n. 727, p. 325-344.

MATOS, Thyego. A prova obtida a partir da colaboração premiada e sua utilização em processo de improbidade administrativa. *Livro de Teses do XXI Congresso Nacional do Ministério Público*. Rio de Janeiro: Amperj, 2015, p. 587-594.

MATTOS NETO, Antônio José de."Responsabilidade civil por improbidade administrativa. *Revista dos Tribunais* n. 752, p. 31-41.

MAXIMILIANO, Carlos. *Hermenêutica e aplicação do direito*. 9ª ed. Rio de Janeiro: Forense, 1975.

MAZZEI, Rodrigo. A intervenção móvel da pessoa jurídica na ação popular e ação de improbidade administrativa. In: *Temas de improbidade administrativa*. Flávio Cheim Jorge, Marcelo Abelha Rodrigues e Eduardo Arruda Alvim (Coords.). Rio de Janeiro: Lumen Juris, 2010.

MAZZILLI, Hugo Nigro. *O inquérito civil*. São Paulo: Saraiva, 1999.

_____. *A defesa dos interesses difusos em juízo:* meio ambiente, consumidor e patrimônio cultural. 3ª e 12ª eds. São Paulo: Saraiva, 2000.

_____. O inquérito civil e o enriquecimento ilícito de administradores públicos. *Revista dos Tribunais* n. 676, p. 60-62.

MEDEIROS, Sérgio Monteiro. *Lei de Improbidade Administrativa, comentários e anotações jurisprudenciais*. São Paulo: Editora Juarez de Oliveira, 2003.

MEIRELLES, Hely Lopes. *Mandado de segurança, ação popular, ação civil pública, mandado de injunção, "habeas data"*. 13ª ed. São Paulo: Revista dos Tribunais, 1989.

_____. *Direito administrativo brasileiro*. 17ª ed. São Paulo: Malheiros, 1992.

MELLO, Celso Antônio Bandeira de. *Curso de direito administrativo*. 5ª ed. São Paulo: Malheiros, 1994.

_____. Representatividade e democracia. In: *Direito eleitoral*. Carlos Mário da Silva Velloso e Cármen Lúcia Antunes Rocha (coords.). Belo Horizonte: Del Rey, 1996.

MELLO, Cláudio Ari. Improbidade administrativa – considerações sobre a Lei n. 8.429/92. *Cadernos de Direito Constitucional e Ciência Política*, v. 11, p. 61.

MENDES, Aluísio Gonçalves de Castro; SILVA, Larissa Clare Pochmann da; ALMEIDA, Marcelo Pereira. *Novo Código de Processo Civil comparado e anotado*. Rio de Janeiro: LMJ Mundo Jurídico, 2015.

MENDRONI, Marcelo Batloni. O sigilo da fase pré-processual. *Boletim do Instituto Brasileiro de Ciências Criminais* n. 83, outubro de 1999, p. 10 e s.

MIRABETE, Júlio Fabbrini. *Juizados Especiais Criminais*. 2ª ed. São Paulo: Atlas, 1997.

_____. *Processo penal*. 3ª ed. São Paulo: Atlas, 1994.

_____. *Código de Processo Penal interpretado*. São Paulo: Atlas, 1997.

MIRANDA, Darcy Arruda. *Comentários à Lei de Imprensa*. 3ª ed. São Paulo: Revista dos Tribunais, 1995.

MIRANDA, Gustavo Senna. *Princípio do juiz natural e sua aplicação na lei de improbidade administrativa*. São Paulo: Revista dos Tribunais, 2007.

MIRANDA, Pontes de. *Comentários ao Código de Processo Civil*. Rio de Janeiro: Forense, 1974.

MONTEIRO, Washington de Barros. *Curso de direito civil*. 6ª ed. São Paulo: Saraiva, 1964. v. I.

MORAES, Alexandre de. *Direito constitucional*. 6ª ed. São Paulo: Atlas, 1999.

_____. *Direitos humanos fundamentais*. 2ª ed. São Paulo: Atlas, 1998.

MORAES, Voltaire de Lima. Dos bens jurídicos tutelados, da legitimidade passiva e do foro competente. In: *Ação civil pública – Lei 7.347/85 – 15 anos*. São Paulo: Revista dos Tribunais, 2001.

MOREIRA, Anamélia Grafanassi. Responsabilidade dos Sócios de Sociedade Limitada e a Improbidade Administrativa. In: *Temas de improbidade administrativa*. Flávio Cheim Jorge, Marcelo Abelha Rodrigues e Eduardo Arruda Alvim (Coords.). Rio de Janeiro: Lumen Juris, 2010.

MOREIRA, José Carlos Barbosa. *O novo processo civil brasileiro*. 3ª ed. Rio de Janeiro: Forense, 1978.

_____. *Comentários ao Código de Processo Civil* Rio de Janeiro: Forense, 1974. v.V.

_____. *Estudos sobre o novo Código de Processo Civil*. Rio de Janeiro: Liber Juris, 1974.

_____. Ação civil pública e língua portuguesa. In: *Ação civil pública – Lei 7.347/85 – 15 anos*. São Paulo: Revista dos Tribunais, 2001.

_____. A ação popular do direito brasileiro como instrumento de tutela jurisdicional dos chamados "interesses difusos". *Revista de Processo* n. 28, p. 7-19.

_____. Tutela jurisdicional dos interesses coletivos ou difusos. *Revista de Processo* n. 39, p. 55-77.

_____. A legitimação para a defesa dos interesses difusos no direito brasileiro. In: *Revista Forense* n. 276, p. 1-6.

_____. A Constituição e as provas ilicitamente obtidas. *Revista do Ministério Público do Estado do Rio de Janeiro* n. 4, jul./dez. 1996, p. 111.

_____. Notas sobre o problema da "efetividade" do processo. In: *Temas de direito processual – 3ª série*. São Paulo: Saraiva, 1984.

_____. Ainda e sempre a coisa julgada. *Revista dos Tribunais* n. 416.

MOREIRA NETO, Diogo de Figueiredo. *Legitimidade e discricionariedade – novas reflexões sobre os limites e controle da discricionariedade*. 4ª ed. Rio de Janeiro: Forense, 2001.

MOSSIN, Heráclito Antônio; MOSSIN, Júlio César O. G. *Delação premiada. Aspectos jurídicos*. São Paulo: J. H. Mizuno, 2016.

MOTTA, Reuder Cavalcante. *Tutela do patrimônio público e da moralidade administrativa*: interpretação e aplicação. Belo Horizonte: Fórum, 2012.

MUKAI, Toshio. Comentários à Lei n. 12.846/2013 (Lei Anticorrupção contra Pessoa Física e Jurídica de Direito Privado). *Revista Síntese de Direito Administrativo*, n. 97, p. 107-127, jan. 2014.

NASCIMENTO, Luiz Salles. A legitimidade do Ministério Público para a proteção do patrimônio público e social. In: *Funções institucionais do Ministério Público*. Org.: Airton Buzzo Alves, Almir Gasquez Rufino e José Antônio Franco da Silva. São Paulo: Saraiva, 2001.

NEGRÃO, Theotonio. *Código de Processo Civil e legislação processual em vigor*. 32ª ed. São Paulo: Saraiva, 2001.

_____. *Código de Processo Civil e legislação processual em vigor*. 47ª ed. São Paulo: Saraiva, 2016.

NEIVA, José Antônio Lisboa. *Improbidade administrativa*: estudos sobre a demanda na ação de conhecimento e cautelar. Rio de Janeiro: Impetus, 2005.

NEMETZ, Luiz Carlos. O novo regime do agravo e o efeito suspensivo ativo. *Revista Doutrina* n. 3, Rio de Janeiro, 1997, p. 473 e s.

NERY JR., Nelson. O Ministério Público e as ações coletivas. In: *Ação civil pública – Lei 7.347/85 – reminiscências e reflexões após dez anos de aplicação*. São Paulo: Revista dos Tribunais, 1995.

_____. O sistema do processo coletivo e o interesse público. In: *Direito processual público:* a Fazenda Pública em juízo. Carlos Ari Sundfeld e Cassio Scarpinella Bueno (coords.). São Paulo: Malheiros, 2000.

_____. *Princípios do processo civil na Constituição Federal*. 8ª ed. São Paulo: Revista dos Tribunais, 2004.

NERY JR., Nelson; ANDRADE NERY, Rosa Maria. *Código de Processo Civil comentado e legislação processual civil extravagante em vigor*. 3ª ed. São Paulo: Revista dos Tribunais, 1997.

_____. Declaração incidente da inconstitucionalidade de lei e a ação civil pública. Considerações em face do CPC 503. *Ação civil pública após 30 anos*. São Paulo: Revista dos Tribunais, 2015.

NEVES, Daniel Amorim Assumpção. *Novo CPC comparado*. 2ª ed. Rio de Janeiro: Forense, 2015.

NEVES, Daniel Amorim Assumpção; OLIVEIRA, Rafael Carvalho Rezende. *Manual de improbidade administrativa*. São Paulo: Método, 2012.

NORONHA, Magalhães. *Curso de direito processual penal*. 3ª ed. São Paulo: Saraiva, 1969.

NORTHFLEET, Ellen Gracie. Suspensão de sentença e de liminar. *Revista de Processo*, n. 97, p. 184.

NUCCI, Guilherme de Souza. *O valor da confissão como meio de prova no processo penal*. São Paulo: Revista dos Tribunais, 1999.

OLIVEIRA JÚNIOR, Waldemar Mariz de. *Substituição processual*. São Paulo: Revista dos Tribunais, 1971.

OSÓRIO, Fábio Medina. *Improbidade administrativa – observações sobre a Lei 8.429/92*. 2ª ed. Porto Alegre: Síntese, 1998.

PASSOS, J. J. Calmon de. *Comentários ao Código de Processo Civil*. São Paulo: Revista dos Tribunais, 1984. v. X, t. I.

PAVAN, Dorival Renato; CAPELARI, Bruna. O art. 17 da Lei n. 8.429/92 e os principais aspectos processuais da ação de improbidade administrativa. In: *Improbidade administrativa. Aspectos processuais da Lei n. 8.429/92*. 2ª ed. São Paulo: Atlas, 2015, p. 66 e ss.

PAZZAGLINI FILHO, Marino; ROSA, Márcio Fernando Elias; FAZZIO JÚNIOR, Waldo. *Improbidade administrativa:* aspectos jurídicos da defesa do patrimônio público. 3ª ed. São Paulo: Atlas, 1998.

PÊCEGO, Antônio José. Polícia judiciária: persecução penal, defesa e sigilo. *Boletim do Instituto Brasileiro de Ciências Criminais* n. 88, março de 2000.

PEREIRA, Caio Mário da Silva. *Instituições de direito civil*. 5ª ed. Rio de Janeiro: Forense, 1980. v. I e II.

PIETRO, Maria Sylvia Zanella di. *Direito administrativo*. 10ª ed. São Paulo: Atlas, 1998.

PINHO, Humberto Dalla Bernardina de. A inconstitucionalidade como questão prejudicial no controle difuso incidental da constitucionalidade das leis perante órgãos jurisdicionais de primeira instância. *Revista do Ministério Público do Estado do Rio de Janeiro* n. 11, jan./jun. de 2000, p. 151 e s.

POZZO, Antônio Araldo Ferraz dal; POZZO, Augusto Neves dal. Afastamento de prefeito municipal no curso de processo instaurado por prática de ato de improbidade administrativa. In: *Improbidade administrativa:* questões polêmicas e atuais. Cassio Scarpinella Bueno e Pedro Paulo de Rezende Porto Filho (Orgs.). São Paulo: Malheiros, 2001.

PRADO, Francisco Octavio de Almeida. *Improbidade administrativa*. São Paulo: Malheiros, 2001.

PRICLADNITZKY, Cinara Bueno Santos. Do foro privilegiado: os limites da competência especial *ratione personae*. Disponível em: <www.ambito-juridico.com.br>. Acesso em: 17 nov. 2012.

RAMOS, André de Carvalho. O combate internacional à corrupção e a Lei de Improbidade. In: *Improbidade administrativa – 10 anos da Lei n. 8.429/92*. Belo Horizonte: Del Rey e ANPR, 2002, p. 1 e s.

RAMOS, João Gualberto Garcez. *A tutela de urgência no processo penal brasileiro*. Belo Horizonte: Del Rey, 1998.

REMÉDIO, José Antônio; FREITAS, José Fernando Seifarth de; LOZANO JÚNIOR, José Júlio. *Dano moral:* doutrina, jurisprudência e legislação. São Paulo: Saraiva, 2000.

REQUIÃO, Rubens. Abuso de direito e fraude através da personalidade jurídica. *Revista dos Tribunais* n. 410, p. 12-24.

REZENDE FILHO, Gabriel. *Curso de direito processual civil*. São Paulo: Saraiva, 1960. v. II.

ROCHA, Cármen Lúcia Antunes. *O princípio constitucional da igualdade*. Belo Horizonte: Lê Ed., 1990.

_____. Justiça eleitoral e representação democrática. In: *Direito eleitoral*. Belo Horizonte: Del Rey, 1996.

_____. Direito à privacidade e os sigilos fiscal e bancário. *Revista Interesse Público* n. 20, 2003, p. 13-43.

RODRIGUES, Marcelo Abelha. A suspensão de segurança. In: *Direito processual público:* a Fazenda Pública em juízo. Carlos Ari Sundfeld e Cassio Scarpinella Bueno (coords.). São Paulo: Malheiros, 2000.

_____. *Suspensão de segurança:* sustação da eficácia de decisão judicial proferida contra o Poder Público. São Paulo: Revista dos Tribunais, 2000.

RODRIGUES, Marcelo Abelha; JORGE, Flávio Cheim. A tutela processual da probidade administrativa (Lei 8.429, de 1992). In: *Improbidade administrativa:* questões polêmicas e atuais. São Paulo: Malheiros, 2001.

ROSA, Eliézer. *Leituras de processo civil*. Rio de Janeiro: 1970.

_____. *Dicionário de processo civil*. São Paulo: José Bushatsky, 1973.

ROSAS, Roberto. *Direito processual constitucional – Princípios constitucionais do processo civil*. 3ª ed. São Paulo: Revista dos Tribunais, 1999.

SACCO NETO, Fernando. Análise das novas redações dos incisos IX e X da Constituição Federal de acordo com a EC 45. In: *Reforma do Judiciário*: primeiras reflexões sobre a Emenda Constiticional n. 45/2004. São Paulo: Revistas dos Tribunais, 2005.

SALLES, Carlos Alberto. Legitimidade para agir: desenho processual da atuação do Ministério Público. In: *Ministério Público:* instituição e processo. São Paulo: Atlas, 1997.

SANCHIS, Luis Prieto. *Neoconstitucionalismo y ponderación judicial*. In: *Neoconstitucionalismo(s)*. 2ª ed. Madrid: Editora Trotta, Edición de Miguel Carbonell, 2005.

SANTOS, Carlos Frederico Brito dos. A competência para o julgamento do ato de improbidade administrativa na aplicação dos recursos do FUNDEF. Disponível em: <www.amperj.org.br>.

_____. *Improbidade administrativa:* reflexões sobre a Lei n. 8.429/92. Rio de Janeiro: Forense, 2002.

SANTOS, Eduardo Sens dos. Tac em improbidade administrativa. *Livro de Teses do XXI Congresso Nacional do Ministério Público*. Rio de Janeiro: Amperj, 2015, p. 396-405.

SANTOS, Moacyr Amaral. *Primeiras linhas de direito processual civil*. 6ª ed. São Paulo: Saraiva, 1978.

_____. *Comentários ao Código de Processo Civil*. 2ª ed. Rio de Janeiro: Forense, 1977.

_____. *Prova judiciária no cível e comercial*. São Paulo: Max Limonad, 1968.

SARMENTO, Daniel. Interesses públicos *vs.* interesses privados na perspectiva da teoria e da filosofia constitucional. In: *Interesses públicos versus interesses privados:* desconstruindo o princípio de supremacia do interesse público. Rio de Janeiro: Lumen Juris, 2005.

SENNA, Gustavo. Tutela repressiva da improbidade administrativa: princípios informadores e micorrossistema. In: *Estudos sobre improbidade administrativa em homenagem ao Professor J.J.Calmon de Passos.* Cristiano Chaves de Farias, Alexandre Albagli Oliveira e Luciano Taques Ghignone (Orgs.). 2ª ed. Salvador: Juspodivm, 2012.

SHIMURA, Sérgio. *Arresto cautelar*. 3ª ed. São Paulo: Revista dos Tribunais, 2005.

SILVA, De Plácido e. *Vocabulário jurídico*. Rio de Janeiro: Forense, 1987.

SILVA, José Afonso. *Aplicabilidade das normas constitucionais*. 3ª ed. São Paulo: Malheiros.

_____. *Curso de direito constitucional positivo*. 6ª ed. São Paulo: Revista dos Tribunais, 1990.

_____. *Ação popular constitucional*. São Paulo: Revista dos Tribunais, 1968.

SILVA, Ovídio Batista. *Sentença e coisa julgada*. 3ª ed. Porto Alegre: Fabris, 1995.

_____. *Comentários ao Código de Processo Civil*. São Paulo: Revista dos Tribunais, 2000. v. I.

SILVA, Wilney Magno de Azevedo. *Ação civil pública e controle jurisdicional dos atos administrativos*. Rio de Janeiro: Aldebarã/Femperj, 1996.

SILVEIRA, Felipe Feliz da; BABILON, Júlio Cesar. Tutelas urgentes na ação de improbidade administrativa – limites cognitivos em face da fase preliminar de defesa. In: *Temas de improbidade administrativa*. Flávio Cheim Jorge, Marcelo Abelha Rodrigues e Eduardo Arruda Alvim (Coords.). Rio de Janeiro: Lumen Juris, 2010.

SOUZA, Luiz Antônio de. O efeito da revelia nas ações coletivas. In: *Ação civil pública – Lei 7.347/85 – 15 anos*. São Paulo: Revista dos Tribunais, 2001.

SOUZA, Solange Mendes de. *Cooperação jurídica penal no mercosul: novas possibilidades*. Rio de Janeiro: Renovar, 2001.

STRECK, Lenio Luiz; NUNES, Dierle; CUNHA, Leonardo Carneiro; FREIRE, Alexandre. *Comentários ao Código de Processo Civil. De acordo com a Lei 13.256/2016*. São Paulo: Saraiva, 2016.

SUNDFELD, Carlos Ari. O direito processual e o direito administrativo. In: *Direito processual público:* a Fazenda Pública em juízo. São Paulo: Malheiros, 2000.

SZANIAWSKI, Elimar. *Direitos da personalidade e sua tutela*. São Paulo: Revista dos Tribunais, 1993.

TESHEINER, José Maria Rosa. Ações coletivas pró-consumidor. In: *Ajuris* n. 54, p. 90-92.

THEODORO JÚNIOR, Humberto. *Curso de direito processual civil*. 16ª ed. Rio de Janeiro: Forense, 1995. v. I.

_____. *Processo cautelar*. 19ª ed. São Paulo: Leud, 2000.

_____. *Processo de execução*. 16ª ed. São Paulo: Leud, 1993.

TOJAL, Sebastião Botto de Barros; CAETANO, Flávio Crocce. Competência e prerrogativa de foro em ação civil de improbidade. In: *Improbidade administrativa:* questões polêmicas e atuais. São Paulo: Malheiros, 2001.

TORNAGHI, Hélio. *Comentários ao Código de Processo Penal.* Rio de Janeiro: Forense, 1956. vol. I, tomo I.

TOURINHO FILHO, Fernando da Costa. *Processo penal.* 19ª ed. São Paulo: Saraiva, 1997. v. I.

_____. *Código de Processo Penal comentado.* São Paulo: Saraiva, 1999. v. I e II.

VELLOSO FILHO, Carlos Mário. A indisponibilidade de bens na Lei 8.429, de 1992. In: *Improbidade administrativa:* questões polêmicas e atuais. São Paulo: Malheiros, 2001.

VENTURI, Elson. *Suspensão de liminares e sentenças contrárias ao Poder Público.* São Paulo: Revista dos Tribunais, 2005.

VESCOVI, Enrique. La participación de la sociedad civil en el proceso. La defensa del interés colectivo y difuso. Las nuevas formas de legitimación. In: *Estudos de direito processual em memória de Luiz Machado Guimarães.* Rio de Janeiro: Forense, 1999.

VIEIRA, Fernando Grella. A transação na esfera da tutela dos interesses difusos e coletivos: compromisso de ajustamento de conduta. In: *Ação civil pública – Lei 7.347/85 – 15 anos.* São Paulo: Revista dos Tribunais, 2001.

VIGLIAR, José Marcelo Menezes. Pode o Ministério Público combater a improbidade administrativa? In: *Improbidade administrativa:* questões polêmicas e atuais. São Paulo: Malheiros, 2001.

_____. *Ação civil pública.* 4ª ed. São Paulo: Atlas, 1999.

_____. Ação civil pública ou ação coletiva? In: *Ação civil pública – Lei 7.347/85 – 15 anos.* São Paulo: Revista dos Tribunais, 2001.

VHOSS, Moser. *Dano moral e improbidade administrativa.* Porto Alegre: Sergio Antonio Fabris Editor, 2008.

WATANABE, Kazuo. Processo civil de interesse público: introdução. In: *Processo civil de interesse público:* o processo como instrumento de defesa social. São Paulo: Editora Revista dos Tribunais e Associação Paulista do Ministério Público, 2003.

YARSHELL, Flávio Luiz. Lei 8.429, de 1992: Ação cautelar sem correspondente "ação principal"? In: *Improbidade administrativa:* questões polêmicas e atuais. São Paulo: Malheiros, 2001.

ZAVASCKI, Teori Albino. *Antecipação da tutela.* 3ª ed. São Paulo: Saraiva, 2000.

_____. *Processo coletivo, tutela de direitos coletivos e tutela coletiva de direitos.* São Paulo: Revista dos Tribunais, 2006.

ZENKNER, Marcelo. Legitimação ativa nas ações protetivas do patrimônio público. In: *Improbidade administrativa:* responsabilidade social na prevenção e controle. Vitória:

Centro de Estudos e Aperfeiçoamento Funcional do Ministério Público do Estado do Espírito Santo, 2005.

_____. Efetividade das ações por ato de improbidade administrativa e regras de competência: uma proposta de sistematização. In: *Estudos sobre improbidade administrativa em homenagem ao Professor J. J. Calmon de Passos*. Cristiano Chaves de Farias, Alexandre Albagli Oliveira e Luciano Taques Ghignone (Orgs.). 2ª ed. Salvador: Juspodivm, 2012.

Sítios de Jurisprudência

Jurisprudência norte-americana: http://www.findlaw.com
Jurisprudência administrativa francesa: http://www.conseil-etat.fr
Supremo Tribunal Federal: http://www.stf.gov.br
Superior Tribunal de Justiça: http://www.stj.gov.br
Tribunal de Justiça do Distrito Federal: www.tjdf.gov.br
Tribunal de Justiça do Estado de Goiás: www.tj.go.gov.br
Tribunal de Justiça do Estado de Minas Gerais: http://www.tj.mg.gov.br
Tribunal de Justiça do Estado do Paraná: http://www.tj.pr.gov.br
Tribunal de Justiça do Estado do Rio de Janeiro: http://www.tj.rj.gov.br
Tribunal de Justiça do Estado do Rio Grande do Sul: http://www.tj.rs.gov.br
Tribunal de Justiça do Estado de Santa Catarina: http://www.tj.sc.gov.br
Tribunal Regional Federal da 2ª Região: http://www.trf2.gov.br
Tribunal Regional Federal da 3ª Região: http://www.trf3.gov.br
Tribunal Superior Eleitoral: http://www.tse.gov.br